Bíblia de estudos da Mulher

NVT

Publicações Pão Diário

Missão de Publicações Pão Diário:
Contribuir para que a sabedoria transformadora da Bíblia seja compreensível e acessível a todos.

Bíblia de estudos da mulher. Curitiba: Publicações Pão Diário, 2023
1.648 p., 140x210mm.

Contém introdução aos livros bíblicos, reflexões, estudos bíblicos e plano de leitura bíblica anual.

1.Bíblia Sagrada 2.Estudo Bíblico 3.Reflexões 4.Mulheres

Organizadora: Dayse Fontoura
Tradução: Dayse Fontoura, Elisa Tisserant de Castro, Hedy Silvado, Irene Giglio, Renata Balarini, Sandra Pina
Adaptação: Rita Rosário
Revisão: Dalila de Assis, Dayse Fontoura, Lozane Winter, Rita Rosário, Thaís Soler
Projeto gráfico: Felipe Marques, Audrey Novac Ribeiro
Diagramação: Felipe Marques

Texto Bíblico
Bíblia Sagrada, Nova Versão Transformadora
Copyright © 2016 por Editora Mundo Cristão
Rua Antônio Carlos Tacconi, 69 - São Paulo, SP, CEP 04810-020
Telefone (11) 2127-4147 - www.mundocristao.com.br

Todos os direitos reservados em língua portuguesa.
A *Nova Versão Transformadora* (NVT) e seu logotipo são marcas registradas da Tyndale House Publishers, Inc.
Usados com permissão.

Textos complementares
© 2019 Publicações Pão Diário
Publicações Pão Diário
Caixa Postal 9740, 82620-981 Curitiba/PR, Brasil
publicacoes@paodiario.org • www.publicacoespaodiario.com.br
Telefone: (41) 3257-4028

Proibida a reprodução total ou parcial dos textos complementares, sem prévia autorização, por escrito, da editora.
Todos os direitos reservados e protegidos pela Lei 9.610, de 19/02/1998.
Permissão para reprodução: permissao@paodiario.org

Introduções bíblicas extraídas e adaptadas do livro *Thru the Bible* de J. Vernon MacGee.
Demais autores:
Textos da seção *Pão Diário*
Fonte: *Devocional Especial Pão Diário*, autores Pão Diário
Copyright © 2019 Ministérios Pão Diário

Textos da seção *Refletindo Sobre*
Fonte: Adaptado do livro *Um ano com Mulheres da Bíblia*, Dianne Neal Matthews
Copyright © 2016 Publicações Pão Diário
Permissão de Tyndale House Publishers, Inc. Todos os direitos reservados

Textos da seção *Aprendendo com as mulheres da Bíblia*
Fonte: Adaptado dos livros de Alice Mathew
A mulher que Deus usa, Copyright © 2015 Publicações Pão Diário;
A mulher a quem Jesus ensina, Copyright © 2015 Publicações Pão Diário;
A mulher orientada pelo Espírito de Deus, Copyright © 2019 Publicações Pão Diário

Texto da seção *O período intertestamentário*: Dayse Fontoura
2ª impressão: 2024
Impresso na China

Cor rosa
Código: PA160
ISBN: 978-65-5350-339-7

Cor azul
Código: FY841
ISBN: 978-65-5350-338-0

DEATH BY EFFIGY: A CASE FROM ROMAN EGYPT

BÍBLIA DE ESTUDOS DA MULHER

SUMÁRIO

Prefácio vii
Introdução à *Nova Versão Transformadora* ix

Antigo Testamento

Gênesis	3	Eclesiastes	775
Êxodo	71	Cântico dos Cânticos	786
Levítico	123	Isaías	795
Números	160	Jeremias	874
Deuteronômio	210	Lamentações	947
Josué	254	Ezequiel	956
Juízes	285	Daniel	1013
Rute	317	Oseias	1032
1Samuel	324	Joel	1046
2Samuel	366	Amós	1052
1Reis	400	Obadias	1062
2Reis	440	Jonas	1065
1Crônicas	475	Miqueias	1069
2Crônicas	510	Naum	1077
Esdras	552	Habacuque	1081
Neemias	565	Sofonias	1086
Ester	584	Ageu	1091
Jó	597	Zacarias	1094
Salmos	637	Malaquias	1106
Provérbios	735	O período intertestamentário	1112

Novo Testamento

Mateus	1123	1Timóteo	1449
Marcos	1172	2Timóteo	1456
Lucas	1204	Tito	1462
João	1253	Filemom	1467
Atos	1292	Hebreus	1472
Romanos	1343	Tiago	1488
1Coríntios	1370	1Pedro	1494
2Coríntios	1392	2Pedro	1501
Gálatas	1407	1João	1505
Efésios	1416	2João	1512
Filipenses	1425	3João	1515
Colossenses	1432	Judas	1517
1Tessalonicenses	1439	Apocalipse	1520
2Tessalonicenses	1445		

Estudos bíblicos

A vida espiritual em uma cultura secular 1547
Como ficar em paz ao educar seus filhos? 1561
Supere os desafios da vida 1573
Quem é este homem que diz ser Deus? 1589
Por que o bom Deus permite o sofrimento? 1605

Plano de leitura da Bíblia em um ano 1623

SUMÁRIO

Índice da seção *Pão Diário* 1629
Índice da seção *Refletindo sobre* 1633
Índice da seção *Aprendendo com as mulheres da Bíblia* 1635

PREFÁCIO

As demandas que pesam sobre a mulher moderna vêm crescendo assustadoramente. No campo da família, além do atendimento a marido e filhos (no caso de serem casadas), há a preocupação com os pais idosos. Profissionalmente, o próprio mercado exige uma constante atualização. O diploma superior não é mais suficiente, outros campos do conhecimento se tornam necessários e as especializações se multiplicam. E tudo isso tem de ser feito por uma mulher apresentável: peso ideal, cabelos, unhas, roupas e... (pasmem!) até certa definição de músculos são aguardados. Além disso, ela precisa ter resiliência para aguentar pressões que, até pouco tempo atrás, eram inéditas ao universo feminino. Não surpreende que problemas de saúde, como enfartos e acidentes vasculares, antes muito mais frequentes entre homens, estejam atingindo números exponenciais entre as mulheres.

Para a cristã, há ainda outros desafios: como manter o equilíbrio entre corpo, mente e espírito? Como se preservar pura numa sociedade que valoriza a promiscuidade nos relacionamentos e a corrupção nos procedimentos? Como guardar a fé, diante das zombarias, dos questionamentos e do menosprezo por tudo que se classifique como cristão? Como resistir às pressões sobre aquilo que a Palavra de Deus define como família, e outros valores, como a vida, por exemplo?

A *Bíblia de estudos da mulher* foi especialmente planejada para atender a essa mulher que deseja, de coração, agradar a Deus e cumprir o seu papel de forma que traga glória a Ele. Os textos selecionados trazem orientação sobre temas muito relevantes e sensíveis à realidade da cristã brasileira, e também encorajamento, força e consolo.

Para os textos internos à Bíblia, além do conhecido e amado devocional *Pão Diário*, temos como fontes os livros: *Um ano com mulheres da Bíblia*, de Dianne Neal Matthews; e a adaptação de capítulos de *A mulher que Deus usa*, *A mulher a quem Jesus ensina* e *A mulher orientada pelo Espírito de Deus*, todos de Alice Mathews. Entre o Antigo e o Novo Testamentos, inserimos um extenso artigo que esclarece todas as transformações cultural, religiosa, política, social e geográfica — ocorridas nos 400 anos do silêncio profético entre o livro de Zacarias e o ministério de João Batista —, que influenciaram determinantemente o ministério de Jesus, dos apóstolos e da Igreja Primitiva. Na seção final, anexamos o conteúdo, praticamente integral, de cinco livros dos *Estudos Bíblicos da Série Descobrindo a Palavra*. Todas essas obras estão licenciadas e impressas em português por Publicações Pão Diário.

Dianne Neal Matthews é uma reconhecida e premiada autora norte-americana, palestrante e empresária. Seu talento para escrever, embora revelado ainda na infância, só foi descoberto pelo mercado editorial quando Dianne tinha 40 anos. Desde então, ela já escreveu vários livros e contribui regularmente com artigos para sites e revistas.

A Dra. Alice Mathews foi missionária na França e na Áustria por 17 anos. Desde 1970, tem atuado em ministérios orientados a mulheres, e seus muitos livros são fruto de toda essa vivência. Durante anos, foi professora no Seminário Gordon-Conwell e também participou do programa de televisão *Day of Discovery*, de Ministérios Pão Diário. Atualmente detém o título de ilustre Professora Emérita "Lois W. Bennet" de ministérios educacionais e para mulheres no Seminário Gordon-Conwell.

Na seleção dos temas que nos proporíamos a versar, buscamos a correlação com a realidade da mulher brasileira em sua vida familiar, social, profissional e na comunidade cristã. Para isso, procuramos fugir da abordagem que limita os interesses das mulheres apenas a assuntos relacionados à aparência e à criação de filhos. Entendemos que as enormes mudanças na sociedade atual têm ampliado a gama das escolhas pessoais femininas. Se anteriormente somente a mulher casada, com filhos e boa dona de casa seria bem vista, hoje temos, além desse modelo válido: (1) as que optam por permanecerem solteiras; (2) as que se casam, mas não querem ter filhos; (3) as que decidem investir fortemente na profissão ou nos estudos; (4) as divorciadas; (5) as mães solo; (6) as empresárias; (7) as pastoras, e tantos outros modelos que surgem em decorrência das necessidades produzidas pelas mudanças sociais. Nosso desejo foi nos comunicar com cada uma delas de forma bíblica. Afinal, podem-se passar séculos, os interesses podem ser alargados, as transformações, se multiplicarem, mas a constituição feminina ainda é a mesma que Deus lhe deu quando criou Eva.

Como diz Alice Mathews, Eva, nossa primeira mãe, teve diante de si uma escolha que parecia insignificante: comer ou não de um fruto. No entanto, as consequências dessa decisão foram avassaladoras para a humanidade, para o planeta e, inclusive, para o Universo. Como ela, toda mulher tem diante de si escolhas que podem determinar um caminho de vida, ou de morte; de prosperidade, ou falência; de paz, ou conflito; de construção, ou destruição. Nosso desejo é que as reflexões produzidas pela leitura da Palavra de Deus e desses textos adicionais possam estimulá-la a se aproximar do Senhor, conhecê-lo mais intimamente e, assim, fazer escolhas que tragam frutos de paz para seu coração, para seus relacionamentos e principalmente glória ao Deus que a criou com tanto cuidado e amor!

Seus amigos de Publicações Pão Diário

INTRODUÇÃO À NOVA VERSÃO TRANSFORMADORA

A *Nova Versão Transformadora* (NVT) é o resultado de um projeto iniciado em 2010 pela Mundo Cristão, juntamente com um comitê de tradutores especializados nas línguas originais em que o texto bíblico foi redigido. O objetivo, desde o princípio, foi produzir uma versão fiel e acessível, que comunicasse sua mensagem aos leitores de hoje de modo tão claro e relevante quanto os textos originais comunicaram aos leitores e ouvintes do mundo antigo.

Filosofia e metodologia de tradução
Os tradutores da NVT se propuseram a transpor com clareza a mensagem dos textos originais das Escrituras para o português contemporâneo. Ao fazê-lo, levaram em consideração tanto aspectos da equivalência formal como da equivalência dinâmica. Isto é, traduziram o original do modo mais simples e literal possível quando essa abordagem resultou num texto acessível e preciso. Em contrapartida, buscaram uma abordagem mais dinâmica à mensagem quando a tradução literal era de difícil compreensão, ambígua ou exigia o uso de termos arcaicos ou incomuns. Primeiro, os tradutores procuraram identificar o significado das palavras e das expressões no contexto antigo; depois, traduziram a mensagem para o português com clareza e naturalidade. O resultado, acreditamos, é uma tradução exegeticamente precisa e idiomaticamente eficaz.

Processo e equipe de tradução
O projeto tomou como ponto de partida os métodos de tradução da edição mais recente da *New Living Translation* (NLT), tradução em língua inglesa publicada pela Tyndale House Publishers e conhecida por sua comunicabilidade e acessibilidade. Para o projeto NVT, a Mundo Cristão estabeleceu um Comitê de Tradução, composto por alguns dos principais eruditos em línguas originais da comunidade evangélica brasileira. Valendo-se das melhores ferramentas exegéticas e do que há de mais recente em estudos acadêmicos da Bíblia, esses especialistas buscaram apresentar uma tradução inteligível e dinâmica, sem sacrificar a precisão e a fidelidade aos textos originais. Aliada à erudição, uma equipe editorial se ocupou especialmente da adequação da linguagem do texto, procurando torná-la amplamente compreensível, a fim de produzir uma tradução adequada tanto para o estudo individual como para a leitura em voz alta.

Os textos por trás da NVT
Na tradução do Antigo Testamento, empregou-se o Texto Massorético da Bíblia hebraica, representado na *Biblia Hebraica Stuttgartensia* (1977), com seu amplo sistema de notas textuais e que constitui uma atualização da *Biblia Hebraica* de Rudolf Kittel (Stuttgart, 1937). Também houve comparações com os Manuscritos do Mar Morto, a Septuaginta e outros manuscritos gregos, o Pentateuco Samaritano, a Peshita Siríaca, a Vulgata Latina e outras versões ou manuscritos que esclarecem o significado de passagens difíceis.

Os tradutores do Novo Testamento usaram as duas edições clássicas do Novo Testamento em grego: o *Greek New Testament*, publicado pela United Bible Societies (UBS, 4ª edição revisada, 1993), e o *Novum Testamentum Graece*, editado por Nestle e Aland (NA, 27ª edição, 1993). No entanto, os tradutores escolheram diferir dos textos gregos da UBS e de NA nos casos em que fortes evidências textuais ou outras evidências acadêmicas corroboravam sua decisão, seguindo variações encontradas em outras testemunhas textuais antigas. Essas variações significativas são sempre indicadas nas notas textuais da NVT.

Questões de tradução
No trabalho de tradução, buscou-se deliberadamente oferecer um texto que pudesse ser entendido com facilidade por um leitor típico da língua portuguesa contemporânea. Assim, procuramos usar apenas vocabulário e estruturas gramaticais de uso comum nos dias de hoje. Nossa preocupação com a facilidade de leitura, no entanto, foi além das questões de vocabulário e estrutura gramatical. Também levamos em conta barreiras históricas e culturais para a compreensão da Bíblia e procuramos traduzir termos fortemente associados à história e à cultura de forma que pudessem ser entendidos sem dificuldade. Para isso:

- Convertemos pesos e medidas antigos (p. ex., "efa" [unidade de medida de secos] ou "côvado" [unidade de comprimento]) para equivalentes contemporâneos em nossa língua, apontando, nas notas de rodapé, as medidas literais em hebraico, aramaico ou grego. O mesmo se dá com referências às horas do dia.
- Em vez de traduzir literalmente valores monetários antigos, procuramos expressá-los em termos que transmitissem o sentido mais amplo. Por exemplo, no Antigo Testamento, "dez siclos de prata" foi traduzido como "dez moedas de prata", a fim de comunicar a ideia pretendida.
- Visto que o calendário lunar hebraico varia de um ano para outro em relação ao calendário solar usado hoje, procuramos maneiras claras de comunicar a época do ano correspondente ao mês hebraico. Nos casos em que é possível definir uma data antiga conforme nosso calendário, usamos as datas modernas no texto. Uma nota textual de rodapé indica, então, a data hebraica literal e o raciocínio pelo qual chegamos à nossa tradução.
- A linguagem metafórica por vezes é de difícil compreensão para o leitor atual, de modo que, em certas ocasiões, optamos por traduzir ou esclarecer o significado de determinada metáfora. Por exemplo, o poeta escreve: "Seu pescoço é como a torre de Davi" (Ct 4.4). Traduzimos: "Seu pescoço é belo, como a torre de Davi", para esclarecer o sentido positivo pretendido pela símile.
- Quando o conteúdo da linguagem original é de caráter poético, traduzimos para o português de forma poética. Procuramos quebrar as linhas visando esclarecer e destacar a relação entre as frases do texto.
- Um dos desafios enfrentados foi como traduzir o texto bíblico escrito originalmente num contexto em que termos masculinos eram usados para se referir à humanidade em geral. Assim, respeitando a natureza do contexto antigo e, ao mesmo tempo, procurando tornar a tradução mais clara para o público atual, muitas vezes onde a tradução tradicional traz "homem" como sinônimo de espécie humana, optamos por "seres humanos" ou "humanidade", dentre outras escolhas. Por sua vez, as distinções de gênero entre homem e mulher nos textos originais foram rigidamente preservadas.

Coerência léxica na terminologia

Por uma questão de clareza, traduzimos certos termos das línguas originais sempre da mesma forma, especialmente nas passagens sinópticas e em expressões retóricas repetidas com frequência. Nas ocorrências de termos teológicos, deixamos espaço para um âmbito semântico mais amplo de palavras ou expressões aceitáveis em português como tradução para uma palavra hebraica ou grega. Evitamos alguns termos teológicos que muitos leitores teriam dificuldade de compreender. Por exemplo, procuramos evitar palavras como "justificação" e "santificação", que são empréstimos de traduções para o latim. No lugar dessas palavras, oferecemos traduções como "declarar justo" e "tornar santos", entre outras.

Notas textuais de rodapé

A NVT fornece vários tipos de notas textuais de rodapé:

- Quando, por uma questão de clareza, a NVT traduz de forma dinâmica uma frase difícil ou que pode causar confusão, geralmente acrescentamos uma nota de rodapé, permitindo que o leitor veja a fonte literal de nossa tradução dinâmica e como ela é relacionada a outras traduções mais literais.
- Também usamos notas textuais de rodapé para mostrar traduções alternativas. Nesses casos, a nota começa com o termo "Ou". Em geral, ocorre em passagens em que um aspecto do significado é controverso.
- Quando nossos tradutores seguem uma variação textual que difere consideravelmente de alguns textos hebraicos ou gregos, registramos essa diferença numa nota de rodapé.
- Todas as passagens do Antigo Testamento citadas no Novo Testamento são identificadas por uma nota de rodapé na passagem do Novo Testamento. Quando o Novo Testamento cita claramente a tradução grega do Antigo Testamento (a Septuaginta), e quando ela difere consideravelmente dos termos usados no texto em hebraico, também acrescentamos uma nota de rodapé na passagem do Antigo Testamento.
- Algumas notas textuais fornecem informações culturais e históricas sobre lugares, coisas e pessoas na Bíblia que provavelmente são desconhecidos para o leitor de hoje.
- Quando o significado de um nome próprio é relevante para o significado do texto, ele é esclarecido numa nota de rodapé.

Nossa expectativa, por fim, é que a NVT tenha superado algumas barreiras históricas, culturais e linguísticas que podem dificultar a leitura e a compreensão da palavra de Deus. Esperamos que, para os leitores que não conhecem a Bíblia, o texto seja claro e fácil de entender, e desejamos que os leitores versados nas Escrituras possam vê-las com um novo olhar. É nosso desejo, também, que os leitores adquiram instrução e sabedoria para viver, mas, acima de tudo, que encontrem o Deus da Bíblia, venham a conhecê-lo e, com isso, sejam transformados para sempre.

Comitê de Tradução da Bíblia
Outubro de 2016

possam vê-las com um novo olhar e nosso desejo, caríssimo leitor, é que eles o inspirem a tomar essa decisão para viver mais perto de tudo que encontram o Deus da Bíblia, vejam-na a conhecê-lo e, com isso, sejam transformados para sempre.

Comitê de Tradução da Bíblia
Campinas, 2016

ANTIGO TESTAMENTO

GÊNESIS

INTRODUÇÃO

O nome significa princípio, origem ou criação. Portanto, o pensamento principal é a criação e devemos estudá-lo com o objetivo de descobrir o início de tudo, conforme registrado neste livro. Indiscutivelmente, temos o registro de: (1) O princípio do mundo criado por Deus. (2) O início do homem como criatura de Deus. (3) O início do pecado, que entrou no mundo por meio da desobediência do homem. (4) O início da redenção, vista tanto nas promessas quanto nos tipos do livro e na família escolhida. (5) O início da condenação, vista na destruição e punição de indivíduos, de cidades e do mundo.

Propósito. O propósito principal do livro é registrar uma história religiosa, mostrando como, depois que o homem caiu em pecado, Deus começou a dar-lhe uma religião e a lhe descortinar o plano da salvação. Ao fazer isso, Deus é revelado como Criador, Preservador, Legislador, Juiz e Soberano Misericordioso.

A importância de Gênesis para a ciência. Embora o livro não tente explicar muitos assuntos que são deixados à investigação, ele estabelece vários fatos que indicam o plano geral do Universo e fornecem uma base para pesquisas científicas. Entre as coisas indicadas mais importantes estão: (1) Houve um começo para todas as coisas. (2) Elas não surgiram por acaso. (3) Há um Criador que continua a se interessar e a controlar o Universo. (4) Houve uma progressão ordenada na criação — do menor e mais simples ao maior e mais complexo. (5) Tudo mais foi criado para o homem, que é a coroa da criação.

A importância religiosa do livro. O embrião de toda a verdade que se desenrola nas Escrituras é encontrado em Gênesis, e conhecer bem este livro é conhecer o plano de Deus para abençoar o homem. Acima de tudo, nele aprendemos sobre a natureza e a obra de Deus.

ESBOÇO

Observação. Em um estudo comum, não sobrecarregue os estudantes com a memorização de mais do que as divisões gerais indicadas. Nesse e em todos os outros esboços, estimule os alunos a explorarem essas divisões, com as passagens bíblicas incluídas, até que elas sejam perfeitamente conhecidas. Eu também tentaria destacar algum evento mencionado em cada parte.

1. Criação, Caps. 1–2
   1.1. Criação em geral, Cap. 1
   1.2. Criação do homem em particular, Cap. 2
2. Queda, Cap. 3
   2.1. Tentação, vv.1-5
   2.2. Queda, vv.6-8
   2.3. Aparição do Senhor, vv.9-13
   2.4. Maldição, vv.14-21
   2.5. Expulsão do jardim, vv.22-24
3. Dilúvio, Caps. 4–9
   3.1. O pecado aumenta por meio de Caim, 4.1-24
   3.2. Genealogia de Noé, 4.25–5.32
   3.3. Construção da Arca, Cap. 6
   3.4. Entrada na Arca, Cap. 7
   3.5. Saída da Arca, Cap. 8
   3.6. Aliança com Noé, Cap. 9
4. Nações, 10.1–11.9
   4.1. Fundação das Nações, filhos de Noé, Cap. 10. Como?
   4.2. Ocasião da formação das nações, 11.1-9. Por quê?

5. Abraão, 11.10–25.18
   5.1. Genealogia de Abrão a partir de Sem, 11.10-32
   5.2. Chamado e promessa, Cap. 12
   5.3. Abrão e Ló, Caps. 13–14
   5.4. Aliança, 15.1–18.15
   5.5. Destruição de Sodoma e Gomorra, 18.16–19.38
   5.6. Vida em Gerar, Cap. 20
   5.7. Nascimento de Isaque, Cap. 21
   5.8. Deus prova Abraão, Cap. 22
   5.9. Morte de Sara, Cap. 23
   5.10. Casamento de Isaque, Cap. 24
   5.11. Morte de Abraão e Ismael, 25.1-18

6. Isaque, 25.19–36.43
   6.1. Seus dois filhos, 25.19-34
   6.2. Aliança divina, Cap. 26
   6.3. A mentira de Jacó, Cap. 27
   6.4. A fuga de Jacó para Padã-Arã, Cap. 28
   6.5. O casamento e a prosperidade de Jacó, Caps. 29–30
   6.6. O retorno de Jacó a Canaã, Caps. 31–35
   6.7. Gerações de Esaú, Cap. 36

7. Jacó, incluindo José, Caps. 37–50
   7.1. Jacó e José, Caps. 37–45
   7.2. Permanência no Egito, Caps. 46–48
   7.3. Morte de Jacó e José, Caps. 49–50

PARA ESTUDO E DISCUSSÃO

[1] Tudo o que podemos aprender deste livro sobre a natureza e a obra de Deus.
[2] A origem das diferentes coisas sobre as quais este livro fala: (a) As coisas inanimadas; (b) A vida vegetal; (c) A vida animal; (d) A vida humana; (e) Os aparatos para conforto e segurança; (f) O pecado e seus vários efeitos; (g) O comércio e os costumes; (h) A redenção; (i) A condenação.
[3] A adoração como aparece em Gênesis, sua forma e desenvolvimento.
[4] Os principais personagens do livro e os elementos de fraqueza e força no caráter de cada um deles. O professor pode fazer uma lista e dar como tarefa para diferentes grupos de alunos. Liste as decepções, problemas familiares e tristezas de Jacó, no início da vida dele, e estude-os à luz de sua mentira e fraude.
[5] A providência divina dominante na vida de José, com as lições atuais tiradas dos incidentes de sua vida.
[6] O valor fundamental da fé na vida e no destino dos homens.
[7] As promessas, tipos e símbolos messiânicos de todo o livro. Liste e classifique-os.

A criação

1 No princípio, Deus criou os céus e a terra.[a] ²A terra era sem forma e vazia, a escuridão cobria as águas profundas, e o Espírito de Deus se movia sobre a superfície das águas.

³Então Deus disse: "Haja luz", e houve luz. ⁴E Deus viu que a luz era boa, e separou a luz da escuridão. ⁵Deus chamou a luz de "dia" e a escuridão de "noite".

A noite passou e veio a manhã, encerrando o primeiro dia.

⁶Então Deus disse: "Haja um espaço entre as águas, para separar as águas dos céus das águas da terra". ⁷E assim aconteceu. Deus criou um espaço para separar as águas da terra das águas dos céus. ⁸Deus chamou o espaço de "céu".

A noite passou e veio a manhã, encerrando o segundo dia.

⁹Então Deus disse: "Juntem-se as águas que estão debaixo do céu num só lugar, para que apareça uma parte seca". E assim aconteceu. ¹⁰Deus chamou a parte seca de "terra" e as águas de "mares". E Deus viu que isso era bom. ¹¹Então Deus disse: "Produza a terra vegetação: toda espécie de plantas com sementes e árvores que dão frutos com sementes. As sementes produzirão plantas e árvores, cada uma conforme a sua espécie". E assim aconteceu. ¹²A terra produziu vegetação: toda espécie de plantas com sementes e árvores que dão frutos com sementes. As sementes produziram plantas e árvores, cada uma conforme a sua espécie. E Deus viu que isso era bom.

¹³A noite passou e veio a manhã, encerrando o terceiro dia.

¹⁴Então Deus disse: "Haja luzes no céu para separar o dia da noite e marcar as estações, os dias e os anos. ¹⁵Que essas luzes brilhem no céu para iluminar a terra". E assim aconteceu. ¹⁶Deus criou duas grandes luzes: a maior para governar o dia e a menor para governar a noite, e criou também as estrelas. ¹⁷Deus colocou essas luzes no céu para iluminar a terra, ¹⁸para governar o dia e a noite e para separar a luz da escuridão. E Deus viu que isso era bom.

Do nada

No princípio, Deus criou os céus e a terra.
—Gênesis 1.1

Nada. Absolutamente nada. Nada de luz. Nada de céu. Nada de Terra. É incompreensível, para o pensamento finito humano, imaginar que simplesmente nada existisse antes de Gênesis 1.1.

Então, de repente, pela obra do Altíssimo, Deus substituiu o completo nada pelos "céus e a terra". A mão divina atravessou o vazio e produziu um lugar: o mundo, o Universo. Pela grandiosa convergência das obras da divindade — com o Filho cumprindo a vontade do Pai como agente da criação, e com o Espírito Santo atuando como a presença que pairava sobre a face das águas —, o nada tornou-se algo. A história começou seu longo percurso em direção aos dias de hoje.

O primeiro versículo de Gênesis nos fornece conceitos suficientes para examinarmos durante a vida toda. Essa declaração introdutória fala de tanta glória, de tanta majestade e assombro que nos deixa sem palavras diante de Deus. Assim como hoje não teríamos vida, nem fôlego ou existência sem Sua ação mantenedora, também não teríamos o cosmo sem Seu ato poderoso no momento da criação.

Assombradas, imaginamos o que houve antes do "princípio". Com louvor ardente, nos maravilhamos com as palavras: "...Deus criou os céus e a terra". Lemos e permanecemos em adoração. O "nada" nunca foi tão fascinante!

Pai celestial, permanecemos extasiadas diante de ti. Do nada, tu criaste o Universo. Tal conhecimento é tão surpreendente que não podemos deixar de entoar cânticos de louvores. Em adoração, oramos.

A natureza é nada mais do que o nome de um efeito cuja causa é Deus.

---

¹⁹A noite passou e veio a manhã, encerrando o quarto dia.

²⁰Então Deus disse: "Encham-se as águas de seres vivos, e voem as aves no céu acima da terra". ²¹Assim, Deus criou os grandes animais marinhos e todos os seres vivos que se movem em grande número pelas águas, bem como uma grande variedade de aves, cada um

---

[a] 1.1 Ou *No princípio, quando Deus criou os céus e a terra...*; ou *Quando Deus começou a criar os céus e a terra...*

conforme a sua espécie. E Deus viu que isso era bom. ²²Então Deus os abençoou: "Sejam férteis e multipliquem-se. Que os seres encham os mares e as aves se multipliquem na terra".

²³A noite passou e veio a manhã, encerrando o quinto dia.

²⁴Então Deus disse: "Produza a terra grande variedade de animais, cada um conforme a sua espécie: animais domésticos, animais que rastejam pelo chão e animais selvagens". E assim aconteceu. ²⁵Deus criou grande variedade de animais selvagens, animais domésticos e animais que rastejam pelo chão, cada um conforme a sua espécie. E Deus viu que isso era bom.

²⁶Então Deus disse: "Façamos o ser humano[a] à nossa imagem; ele será semelhante a nós. Dominará sobre os peixes do mar, sobre as aves do céu, sobre os animais domésticos, sobre todos os animais selvagens da terra[b] e sobre os animais que rastejam pelo chão".

²⁷Assim, Deus criou os seres humanos[c] à
    sua própria imagem,
à imagem de Deus os criou;
    homem e mulher[d] os criou.

²⁸Então Deus os abençoou e disse: "Sejam férteis e multipliquem-se. Encham e governem a terra. Dominem sobre os peixes do mar, sobre as aves do céu e sobre todos os animais que rastejam pelo chão".

²⁹Então Deus disse: "Vejam! Eu lhes dou todas as plantas com sementes em toda a terra e todas as árvores frutíferas, para que lhes sirvam de alimento. ³⁰E dou todas as plantas verdes como alimento a todos os seres vivos: aos animais selvagens, às aves do céu e aos animais que rastejam pelo chão". E assim aconteceu.

³¹Então Deus olhou para tudo que havia feito e viu que era muito bom.

A noite passou e veio a manhã, encerrando o sexto dia.

2 Desse modo, completou-se a criação dos céus e da terra e de tudo que neles há. ²No sétimo dia, Deus havia terminado sua obra de criação e descansou de[e] todo o seu trabalho. ³Deus abençoou o sétimo dia e o declarou santo, pois foi o dia em que ele descansou de toda a sua obra de criação.

⁴Esse é o relato da criação dos céus e da terra.

O homem e a mulher no jardim

Quando o S<small>ENHOR</small> Deus criou a terra e os céus, ⁵nenhuma planta silvestre nem grãos haviam brotado na terra, pois o S<small>ENHOR</small> Deus ainda não tinha mandado chuva para regar a terra, e não havia quem a cultivasse. ⁶Mas do solo brotava água,[f] que regava toda a terra. ⁷Então o S<small>ENHOR</small> Deus formou o homem do pó da terra. Soprou o fôlego da vida em suas narinas, e o homem se tornou ser vivo.

⁸O S<small>ENHOR</small> Deus plantou um jardim no Éden, para os lados do leste, e ali colocou o homem que havia criado. ⁹O S<small>ENHOR</small> Deus fez brotar do solo árvores de todas as espécies, árvores lindas que produziam frutos deliciosos. No meio do jardim, colocou a árvore da vida e a árvore do conhecimento do bem e do mal.

¹⁰Da terra do Éden nascia um rio que regava o jardim e depois se dividia em quatro braços. ¹¹O primeiro braço, chamado Pisom, rodeava toda a terra de Havilá, onde existe ouro. ¹²O ouro dessa terra é de grande pureza; lá também há resina aromática e pedra de ônix. ¹³O segundo braço, chamado Giom, rodeava toda a terra de Cuxe. ¹⁴O terceiro braço, chamado Tigre, corria para o leste da terra da Assíria. O quarto braço era chamado de Eufrates.

¹⁵O S<small>ENHOR</small> Deus colocou o homem no jardim do Éden para cultivá-lo e tomar conta dele, ¹⁶mas o S<small>ENHOR</small> Deus lhe ordenou: "Coma à vontade dos frutos de todas as árvores do jardim, ¹⁷exceto da árvore do conhecimento do bem e do mal. Se você comer desse fruto, com certeza morrerá".

¹⁸O S<small>ENHOR</small> Deus disse: "Não é bom que o homem esteja sozinho. Farei alguém que o ajude e o complete". ¹⁹O S<small>ENHOR</small> Deus formou da terra todos os animais selvagens e todas as aves do céu. Trouxe-os ao homem[g] para ver como os

---

[a] **1.26a** Ou *homem*; o hebraico traz *adam*. [b] **1.26b** [c] **1.27a** Ou *o homem*; o hebraico traz *ha-adam*. [d] **1.27b** Em hebraico, *macho e fêmea*. [e] **2.2** Ou *e cessou*; também em 2.3. [f] **2.6** Ou *névoa*. [g] **2.19** Ou *Adão*; também no restante do capítulo.

chamaria, e o homem escolheu um nome para cada um deles. ²⁰Deu nome a todos os animais domésticos, a todas as aves do céu e a todos os animais selvagens. O homem, porém, continuava sem alguém que o ajudasse e o completasse.

²¹Então o Senhor Deus o fez cair num sono profundo. Enquanto o homem dormia, tirou dele uma das costelas[a] e fechou o espaço que ela ocupava. ²²Dessa costela o Senhor Deus fez uma mulher e a trouxe ao homem.

²³"Finalmente!", exclamou o homem.

"Esta é osso dos meus ossos,
  e carne da minha carne!
Será chamada 'mulher',
  porque foi tirada do 'homem'".[b]

²⁴Por isso o homem deixa pai e mãe e se une à sua mulher, e os dois se tornam um só. ²⁵O homem e a mulher estavam nus, mas não sentiam vergonha.

O pecado do homem e da mulher

3 A serpente era o mais astuto de todos os animais selvagens que o Senhor Deus havia criado. Certa vez, ela perguntou à mulher: "Deus realmente disse que vocês não devem comer do fruto de nenhuma das árvores do jardim?".

²"Podemos comer do fruto das árvores do jardim", respondeu a mulher. ³"É só do fruto da árvore que está no meio do jardim que não podemos comer. Deus disse: 'Não comam e nem sequer toquem no fruto daquela árvore; se o fizerem, morrerão'."

⁴"É claro que vocês não morrerão!", a serpente respondeu à mulher. ⁵"Deus sabe que, no momento em que comerem do fruto, seus olhos se abrirão e, como Deus, conhecerão o bem e o mal."

⁶A mulher viu que a árvore era linda e que seu fruto parecia delicioso, e desejou a sabedoria que ele lhe daria. Assim, tomou do fruto e o comeu. Depois, deu ao marido, que estava com ela, e ele também comeu. ⁷Naquele momento, seus olhos se abriram, e eles perceberam que estavam nus. Por isso, costuraram folhas de figueira umas às outras para se cobrirem.

⁸Quando soprava a brisa do entardecer, o homem[c] e sua mulher ouviram o Senhor Deus caminhando pelo jardim e se esconderam dele entre as árvores. ⁹Então o Senhor Deus chamou o homem e perguntou: "Onde você está?".

¹⁰Ele respondeu: "Ouvi que estavas andando pelo jardim e me escondi. Tive medo, pois eu estava nu".

 PÃO DIÁRIO

A escolha

Coma à vontade dos frutos de todas as árvores do jardim, exceto da árvore do conhecimento do bem e do mal.
—Gênesis 2.16,17

Enquanto uma jovem mãe tentava induzir o filho de 2 anos a fazer uma escolha, eu a observava. "Você pode comer peixe ou frango", ela lhe dizia. Assim, limitava a escolha do filho a somente duas opções, porque ele era novo demais para entender além disso. Muitas vezes, a escolha permite uma variedade mais ampla de opções e também deve permitir que a pessoa rejeite as alternativas.

Adão e Eva estavam no melhor ambiente possível. Deus lhes dera a liberdade de comer de todas as árvores do jardim do Éden. Ele traçara limites apenas ao redor de uma única árvore! O casal teve uma escolha e, por motivos óbvios, deveria ter escolhido com sabedoria. Porém, a escolha deles foi trágica.

Alguns culpam Deus pelo que entendem como restrições divinas. Tais pessoas podem até acusá-lo de tentar controlar a vida delas. Contudo, Deus nos dá uma escolha assim como Ele o fez com Adão e Eva.

Sim, Deus estabelece limites, mas eles servem para a nossa proteção. Davi entendia isso, pois escreveu: "Teus mandamentos me fazem mais sábio que os meus inimigos [...]. Tenho mais entendimento que os anciãos, pois obedeço às tuas ordens. Recuso-me a andar em todo caminho mau, a fim de obedecer à tua palavra" (Sl 119.98-101).

Deus se importa tanto conosco que estabelece limites para escolhermos o que é correto.

Senhor, ajuda-me a obedecer à Tua palavra e a ouvir a Tua voz suave e tranquila. Não quero ser influenciada pelas pessoas, mas fazer da Tua vontade a minha escolha.

Os mandamentos de Deus nos foram concedidos para nos preservar, não para nos punir.

---

[a] 2.21 Ou *tirou uma parte do lado do homem*. [b] 2.23 Os termos usados aqui para homem (*ish*) e mulher (*ishah*) formam um jogo de palavras no hebraico. [c] 3.8 Ou *Adão*; também no restante do capítulo.

Aprendendo com as mulheres da Bíblia

EVA

Como prever consequências de pequenas decisões em longo prazo

A vida de Adão era maravilhosa no Éden, aquele jardim planejado por Deus e digno de ser admirado. Mesmo assim, Deus disse: "Não é bom que o homem esteja sozinho. Farei alguém que o ajude e o complete" (2.18).

Adão fora criado à imagem de Deus, e os animais não. O Deus triúno estabeleceu no homem a necessidade de comunhão com outra criatura que também compartilhasse dessa imagem divina. Todo aspecto feminino que havia na natureza precisava de uma representação humana. Eva não foi um apêndice. Ela era indispensável. Deus concluiu que a existência de Adão sem a companhia de Eva não era boa (2.18).

O Senhor mudou o Seu método quando criou Eva. Até ali, Ele criara os organismos a partir do solo. Fez o homem do pó da terra, (2.7), fez todo tipo de árvores brotar (2.9) e também formou os animais e as aves (2.19). Poderíamos pensar que, como o Seu método funcionou, o Senhor o repetiria. Mas não foi assim. Deus utilizou um novo procedimento que removeria qualquer sombra de dúvida de que o homem e a mulher compartilhavam uma essência idêntica: ambos foram criados à imagem de Deus, tinham o domínio sobre a Terra e compartilhavam a incumbência de povoá-la.

No entanto, em meio à opulência do Éden, havia uma árvore cujo fruto Deus os alertou a não comerem. Será que o Senhor estava fazendo algum tipo de brincadeira com eles?

Para entendermos o porquê dessa árvore, precisamos compreender algo mais sobre sermos criadas à imagem de Deus. Toda a natureza está programada para responder como Deus a planejou. Os pássaros voam. Os peixes nadam. Os cervos correm. Mas no centro da criação está o homem e a mulher que foram criados com o diferencial de poderem escolher amar e obedecer a Deus ou virar-lhe as costas e seguir seu caminho de independência. Eles eram os únicos elementos não programados no Universo. A árvore, portanto, estava lá no jardim para que Adão e Eva pudessem optar por permanecer em comunhão com o Senhor.

O amor está associado à escolha. Sem o direito de escolher, não faz sentido dizer que amamos. Podemos exigir obediência, mas não amor. Aquela árvore concedia a Adão e a Eva a oportunidade de amar a Deus de forma significativa.

Escolhas. Qual foi a escolha de Eva? A decisão quanto a um pedaço do fruto. Por detrás das nossas pequenas escolhas, normalmente escondemos grandes decisões. Para Eva, a decisão foi duvidar da bondade de Deus.

Eva optou por dar ouvidos à mentira de Satanás. Ela escolheu crer que Deus mentiu por não querer que Suas criaturas se tornassem como Ele. A decisão dela, e a de Adão, demonstrou o paradoxo de terem sido criados à imagem de Deus: eram livres para colocar sua vontade acima da divina e para ignorar nosso Criador.

Dessa escolha, surgiram três consequências. A primeira: seus olhos se abriram e perceberam que estavam nus. O simbolismo é claro: eles compreenderam o que haviam feito. Sentiram-se culpados pela desobediência. Em razão disso, destruíram a comunhão com Deus. Adão e Eva se esconderam. A primeira alienação que vivenciaram foi a separação de Deus, seu Criador.

Não foi somente o relacionamento vertical que se rompeu. Observe as respostas que o casal deu às perguntas de Deus: Adão transferiu a culpa para Eva, e ela, por sua vez, à serpente.

A culpa substituiu a confiança e o amor. A raça humana estava agora dividida. Psicólogos e psiquiatras ocupam-se de uma sociedade inteira que tenta lidar com a culpa, responsabilidades, recriminações e a inimizade que nos separam uns dos outros. Vivemos num mundo cheio de problemas que brotam de separações nos relacionamentos interpessoais. O número de divórcios em nossos tribunais atesta isso. Também o testificam as organizações que auxiliam os abusados e os abusadores. As mulheres enfrentam problemas terríveis dentro ou fora do casamento, ou do local de trabalho, pois a culpa e a responsabilidade substituíram o amor e a confiança.

Porém nem a mulher, nem o homem foram amaldiçoados, mas a serpente e a Terra, sim. Entretanto, o casal sofreria as consequências naturais de viver num mundo decaído e lidaria com a natureza hostil.

Sabemos que as profecias que Deus entregou ao casal se referem à perda de sua condição original. Eva, que no Éden tinha a mesma posição que Adão, seria agora governada por seu marido. Adão, criado a partir do solo e tendo domínio sobre a Terra, agora trabalharia arduamente para produzir alimento e voltaria a ser pó — "...você foi feito do pó, e ao pó voltará" (3.19).

À medida que os acompanhamos fora do jardim, encontramos Eva somente em mais duas ocasiões. No capítulo 4, lemos que ela deu à luz Caim, em seguida Abel, e depois a um terceiro filho, que chamou de Sete. Todos os outros filhos não foram mencionados e nada foi dito sobre a morte de Eva. Sua vida foi uma sucessão de anos de fadiga e cansaço. Sim, ela ganhou o que lhe fora prometido: o conhecimento do bem e do mal. Mas com isso conheceu a labuta, a dor, a perda e a morte. Deu à luz dois filhos cujo antagonismo terminou em assassinato e exílio.

Muitas mulheres viveram grandes tragédias, mas nenhuma jamais conheceu a angústia de Eva ao ser expulsa do Éden e afastada de Deus, de seu marido e de um meio ambiente aprazível. Conhecer o bem, como ela conheceu, certamente intensificava o horror do mal. Eva foi cortada da comunhão com Deus com o qual deveria se relacionar. Conheceu o vazio e a angústia ao lembrar-se do propósito para o qual fora criada!

Em meio ao trágico desfecho dessa história, encontramos um minúsculo raio de esperança para Eva e toda a humanidade. Na maldição evocada sobre Satanás estava embutida a promessa divina de um descendente que o derrotaria (3.15).

Em meio às punições e profecias, Deus preocupou-se em restabelecer o relacionamento com os que portavam a Sua imagem. Ele advertiu a Satanás de que a sua vitória não seria para sempre. Chegaria o dia em que alguém nascido da semente da mulher — uma afirmação incomum pois "semente" ou sêmen provém do homem — feriria a cabeça da serpente.

Nessa primeira promessa temos a primeira indicação de um futuro livre de pecados. Deus não desistira de Suas criaturas. A peça continua. A cortina ainda não havia baixado no ato final.

A história de Eva é trágica para ela e para a raça humana. Decidindo erradamente, não podia mais mudar o final da história nem para si, nem para Adão, Caim, Abel, Sete ou qualquer de seus descendentes. Mas o Autor mudaria o final da história. Deus usaria as más decisões, a dor e a tristeza para obter um final feliz.

Não vivemos como Eva, esperando pelo cumprimento da promessa do Senhor, pois ela já foi cumprida. Jesus Cristo veio, e, por meio dele, podemos nos relacionar com Deus.

O apóstolo Paulo escreveu séculos mais tarde: "Assim como todos morremos em Adão, todos que são de Cristo receberão nova vida" (1 Coríntios 15.22). Em Cristo, somos vivificadas. Nele, podemos vivenciar um relacionamento vertical com nosso Criador, o relacionamento que Eva e Adão desprezaram em troca da sua ambição. Podemos escolher o Senhor para que Ele escreva o final feliz para o drama de nossa vida. Para que Ele estabeleça o relacionamento que não é rompido por nossa independência, nem por nossas más escolhas. Dessa maneira, veremos como Deus traz cura aos relacionamentos humanos que, muitas vezes, nos oprimem.

A história não acaba em Eva, apenas começa. Houve outra mulher, que ao dizer "sim" para Deus, trouxe o nosso Salvador ao mundo. Entre Eva e Maria, há milhares de anos e milhares de mulheres.

—Alice Mathews

QUESTÕES PARA REFLEXÃO

1. Descreva uma decisão sua que na ocasião parecia importante, mas, a longo prazo, não surtiu grande efeito em sua vida.
2. Descreva uma decisão que na ocasião parecia pequena, porém teve grande consequência em sua vida.
3. O que você pensa das consequências ao escolher viver sem levar em consideração a vontade de Deus?
4. O que significa "graça" e como ela se aplica a nós quando reconhecemos que, de alguma forma, com as decisões que fazemos, "nos opomos a Deus"?

PÃO DIÁRIO

Escondendo-se de Deus

Então o Senhor Deus perguntou à mulher: "O que foi que você fez?".

—Gênesis 3.13

Dois irmãos eram extremamente travessos, e os seus pais não sabiam mais o que fazer. Então, pediram ao pastor que conversasse com os meninos.

O pastor sentou-se primeiro com o mais novo. Ele queria que o garoto pensasse em Deus e, por isso, iniciou perguntando: "Onde está Deus?". O menino não respondeu, e o pastor repetiu a pergunta num tom mais firme. Mais uma vez, não houve resposta. Frustrado, o pastor apontou o dedo para o menino e perguntou em alta voz: "Onde está Deus?!".

O menino escapuliu da sala, correu para casa e escondeu-se no guarda-roupa. O irmão dele o seguiu e perguntou: "O que aconteceu?". O mais novo respondeu: "Estamos numa encrenca agora. Deus está desaparecido, e acham que fomos nós!".

Essa situação lembra um pouco a de Adão e Eva, que sentiam-se muito culpados e tentaram esconder-se de Deus (Gn 3.10). Eles já haviam experimentado a comunhão íntima com o Senhor, mas agora sentiam medo de encontrá-lo. Contudo, Deus os procurou e perguntou à mulher: "O que foi que você fez?" Em vez de se arrependerem, Adão culpou Eva e o Senhor, e, por sua vez, Eva culpou a serpente.

De que forma reagimos quando pecamos contra Deus? Será que nos escondemos na expectativa de que Ele não perceba? Se formos dele, Ele insistirá e virá ao nosso encontro. A melhor escolha é sairmos do nosso esconderijo, confessarmos o nosso pecado e restaurarmos a nossa comunhão com Deus.

Perdoa-me, Senhor, por sempre tentar me esconder de ti. Ajuda-me a confessar francamente os meus erros e a não permitir que algo interfira em nosso relacionamento.

O pecado gera medo; a confissão gera liberdade.

---

[11]"Quem lhe disse que você estava nu?", perguntou Deus. "Você comeu do fruto da árvore que eu lhe ordenei que não comesse?"

[12]O homem respondeu: "Foi a mulher que me deste! Ela me ofereceu do fruto, e eu comi".

[13]Então o Senhor Deus perguntou à mulher: "O que foi que você fez?".

"A serpente me enganou", respondeu a mulher. "Foi por isso que comi do fruto."

[14]Então o Senhor Deus disse à serpente:

"Uma vez que fez isso, maldita é você
  entre todos os animais, domésticos e
  selvagens.
Você se arrastará sobre o próprio ventre,
  rastejará no pó enquanto viver.
[15]Farei que haja inimizade entre você e a
  mulher,
e entre a sua descendência e o
  descendente dela.
Ele lhe ferirá[a] a cabeça,
  e você lhe ferirá o calcanhar".

[16]À mulher ele disse:

"Farei mais intensas as dores de sua
  gravidez,
  e com dor você dará à luz.
Seu desejo será para seu marido,
  e ele a dominará".[b]

[17]E ao homem ele disse:

"Uma vez que você deu ouvidos à sua
  mulher
  e comeu da árvore cujo fruto ordenei
  que não comesse,
maldita é a terra por sua causa;
  por toda a vida, terá muito trabalho para
  tirar da terra seu sustento.
[18]Ela produzirá espinhos e ervas daninhas,
  mas você comerá de seus frutos e grãos.
[19]Com o suor do rosto você obterá
  alimento,
  até que volte à terra da qual foi formado.
Pois você foi feito do pó,
  e ao pó voltará".

Paraíso perdido

[20]O homem, Adão, deu à sua mulher o nome de Eva,[c] pois ela seria a mãe de toda a humanidade. [21]E o Senhor Deus fez roupas de peles de animais para Adão e sua mulher.

[22]Então o Senhor Deus disse: "Vejam, agora os seres humanos[d] se tornaram semelhantes a nós, pois conhecem o bem e o mal. Se

---

[a]3.15 Ou *pisará*; também em 3.15b. [b]3.16 Ou *Desejará controlar seu marido, mas ele a dominará*. [c]3.20 O som do nome *Eva* é semelhante ao de um termo hebraico que significa "dar vida". [d]3.22 Ou *o homem*; o hebraico traz *ha-adam*.

> **REFLETINDO SOBRE:** Batalha dos sexos
>
> # Eva
>
> *Sujeitem-se uns aos outros por temor a Cristo.*
> —Efésios 5.21
>
> Adão e Eva perderam muitas bênçãos como resultado de sua desobediência, incluindo o relacionamento conjugal perfeito que haviam desfrutado. Antes, tinham o conforto e abertura um com o outro como crianças correndo nuas sem pudor algum. Após a desastrosa escolha de comer o fruto proibido, eles sentiram a necessidade de cobrir seus corpos e sua culpa. Estavam agora em conflito com Deus e um com o outro. O pronunciamento de Deus (Gênesis 3.16-19) indicou que nenhum homem ou mulher jamais seria novamente capaz de alcançar a perfeita harmonia física, emocional e espiritual que Adão e Eva conheceram.
>
> Algumas mulheres reinterpretam as partes da Bíblia que descrevem o seu papel. Antes que Deus formasse Eva, Sua clara intenção era de formar uma ajudadora para Adão. À primeira vista, isso pode parecer um papel secundário, mas o mesmo termo é usado para referir-se a Deus em vários versículos, como em Salmo 70.5 e 115.9. Deus formou Adão para ser o líder, mas ele e Eva funcionavam como parceiros igualitários até que o pecado entrou em cena. Desde então, homens e mulheres lutam com conflitos em seus relacionamentos em vez de desfrutarem plenamente a unidade que Deus tinha em mente.
>
> O "politicamente correto" infiltrou-se na Igreja fazendo muitos evitarem passagens como Efésios 5, no qual se discute o projeto de Deus para a família. Versículos sobre a submissão parecem ultrapassados e indignam algumas mulheres. A Palavra de Deus deixa claro que, ainda que homens e mulheres sejam igualmente importantes, temos papéis diferentes. Quando nos submetemos à liderança de alguém, não estamos nos rebaixando; estamos concordando com o plano de Deus para relacionamentos amorosos e harmoniosos que incluem o respeito mútuo. O que chamamos de "batalha dos sexos" é, na verdade, uma batalha contra a natureza rebelde que herdamos de nossos ancestrais.

eles tomarem do fruto da árvore da vida e dele comerem, viverão para sempre". ²³Para impedir que isso acontecesse, o Senhor Deus os expulsou do jardim do Éden, e Adão passou a cultivar a terra da qual tinha sido formado. ²⁴Depois de expulsá-los, colocou querubins a leste do jardim do Éden e uma espada flamejante que se movia de um lado para o outro, a fim de guardar o caminho até a árvore da vida.

Caim e Abel

4 Adão[a] teve relações com Eva, sua mulher, que engravidou. Quando deu à luz Caim, ela disse: "Com a ajuda do Senhor, tive[b] um filho!". ²Tempos depois, deu à luz o irmão de Caim e o chamou de Abel.

Quando os meninos cresceram, Abel se tornou pastor de ovelhas, e Caim cultivava o solo. ³No tempo da colheita, Caim apresentou parte de sua produção como oferta ao Senhor. ⁴Abel, por sua vez, ofertou as melhores porções dos cordeiros dentre as primeiras crias de seu rebanho. O Senhor aceitou Abel e sua oferta, ⁵mas não aceitou Caim e sua oferta. Caim se enfureceu e ficou transtornado.

⁶"Por que você está tão furioso?", o Senhor perguntou a Caim. "Por que está tão transtornado? ⁷Se você fizer o que é certo, será aceito. Mas, se não o fizer, tome cuidado! O pecado está à porta, à sua espera, e deseja controlá-lo, mas é você quem deve dominá-lo."

⁸Caim sugeriu a seu irmão: "Vamos ao campo".[c] E, enquanto estavam lá, Caim atacou seu irmão Abel e o matou.

⁹Então o Senhor perguntou a Caim: "Onde está seu irmão? Onde está Abel?".

"Não sei", respondeu Caim. "Por acaso sou responsável por meu irmão?"

---

[a] 4.1a Ou *o homem*; também em 4.25. [b] 4.1b Ou *adquiri*; o som do nome *Caim* é semelhante a um termo hebraico que pode significar "produzir" ou "adquirir". [c] 4.8 Conforme o Pentateuco Samaritano, a Septuaginta, a versão siríaca e a Vulgata; o Texto Massorético não traz *"Vamos ao campo"*.

REFLETINDO SOBRE: Vivendo com pesar

Eva

...Disse comigo: "Confessarei ao SENHOR minha rebeldia", e tu perdoaste toda a minha culpa.
—Salmo 32.5

Quando Belinda abriu seus olhos, ela sentiu imediatamente em seu espírito o peso familiar. Na realidade, isso nunca a havia deixado, mas certas conversas, eventos, feriados e memórias o intensificaram a ponto de sentir-se consumida. Após o jantar da noite anterior, Belinda sabia como seria o seu dia. Ela compararia o sucesso no casamento de suas amigas e filhos emocionalmente estáveis com sua própria família. Ela se prenderia a seus erros passados como esposa e mãe, reviveria os detalhes das más escolhas que fez. Ela se perguntaria como sua vida seria diferente — se apenas... *Se apenas eu pudesse viver o resto de minha vida livre dessa carga de pesar.*

Eva deve ter conhecido o fardo de viver com pesar. Quantas vezes ela voltou àquela conversa fatídica com Satanás e sua decisão de ouvi-lo? Será que não se sentia tomada pela enormidade das consequências e imaginava como sua vida teria sido — se apenas? Ainda que o pecado de Adão e Eva os tenha banido do ambiente perfeito que conheciam, eles olharam para o futuro e para a promessa divina de um Salvador.

Como mulheres, temos a tendência de reviver uma cena, uma conversa ou decisão, várias vezes em nossa mente, por dias, semanas e até mesmo anos. Essa atitude pode ser benéfica se revivemos nossas ações e decisões em oração, pedindo a Deus que nos mostre nossas áreas fracas para que possamos agir de maneira mais piedosa na próxima vez que enfrentarmos circunstâncias semelhantes. Frequentemente, ficamos presas em culpas e pesares que nos roubam a alegria de viver. A Bíblia diz que se confessarmos e abandonarmos os nossos pecados, eles são levados para tão longe que Deus não mais os considera. O Senhor não quer que vivamos com um pesado fardo de tristeza. Independentemente de quão escuro o nosso passado possa parecer, se pertencemos a Ele, o futuro se torna brilhante.

---

¹⁰Então Deus disse: "O que você fez? Ouça! O sangue de seu irmão clama a mim da terra! ¹¹O próprio solo, que bebeu o sangue de seu irmão, sangue que você derramou, amaldiçoa você. ¹²O solo não lhe dará boas colheitas, por mais que você se esforce! E, de agora em diante, você não terá um lar e andará sem rumo pela terra".

¹³Caim disse ao Senhor: "Meu castigo ᵃ é pesado demais. Não posso aguentá-lo! ¹⁴Tu me expulsaste da terra e de tua presença e me transformaste num andarilho sem lar. Qualquer um que me encontrar me matará!".

¹⁵O Senhor respondeu: "Eu castigarei sete vezes mais quem matar você". Então o Senhor pôs em Caim um sinal para alertar qualquer um que tentasse matá-lo. ¹⁶Caim saiu da presença do Senhor e se estabeleceu na terra de Node,ᵇ a leste do Éden.

Os descendentes de Caim

¹⁷Caim teve relações com sua mulher, que engravidou e deu à luz Enoque. Então Caim fundou uma cidade, à qual deu o nome de Enoque, como seu filho. ¹⁸Enoque teve um filho chamado Irade. Irade gerouᶜ Meujael; Meujael gerou Metusael; Metusael gerou Lameque.

¹⁹Lameque se casou com duas mulheres. A primeira se chamava Ada, e a segunda, Zilá. ²⁰Ada deu à luz Jabal; ele foi o precursor dos que criam rebanhos e moram em tendas. ²¹Seu irmão se chamava Jubal, o precursor dos que tocam harpa e flauta. ²²Zilá, a outra mulher de Lameque, deu à luz um filho chamado Tubalcaim, que se tornou mestre em criar ferramentas de bronze e ferro. Tubalcaim teve uma irmã chamada Naamá. ²³Certo dia, Lameque disse a suas mulheres:

"Ada e Zilá, ouçam minha voz;
    escutem o que vou dizer, mulheres de Lameque.

ᵃ **4.13** Ou *Meu pecado*. ᵇ **4.16** *Node* significa "andança sem rumo". ᶜ **4.18** Ou *foi o antepassado de*; também no restante do versículo.

Matei um homem que me atacou,
   um rapaz que me feriu.
²⁴Se aquele que matar Caim será castigado
   sete vezes,
quem me matar será castigado setenta e
   sete vezes!".

O nascimento de Sete

²⁵Adão teve relações com sua mulher novamente, e ela deu à luz outro filho. Chamou-o de Sete,ᵃ pois disse: "Deus me concedeu outro filho no lugar de Abel, a quem Caim matou". ²⁶Quando Sete chegou à idade adulta, teve um filho e o chamou de Enos. Nessa época, as pessoas começaram a invocar o nome do SENHOR.

Os descendentes de Adão

5 Este é o relato dos descendentes de Adão. Quando Deus criou os seres humanos,ᵇ formou-os semelhantes a ele. ²Criou-os homem e mulher;ᶜ quando foram criados, Deus os abençoou e os chamou de "humanidade".

³Aos 130 anos, Adão teve um filho chamado Sete, que era semelhante a ele, à sua imagem. ⁴Depois do nascimento de Sete, Adão viveu mais 800 anos e teve outros filhos e filhas. ⁵Adão viveu 930 anos e morreu.

⁶Aos 105 anos, Sete gerouᵈ Enos. ⁷Depois do nascimento deᵉ Enos, Sete viveu mais 807 anos e teve outros filhos e filhas. ⁸Sete viveu 912 anos e morreu.

⁹Aos 90 anos, Enos gerou Cainã. ¹⁰Depois do nascimento de Cainã, Enos viveu mais 815 anos e teve outros filhos e filhas. ¹¹Enos viveu 905 anos e morreu.

¹²Aos 70 anos, Cainã gerou Maalaleel. ¹³Depois do nascimento de Maalaleel, Cainã viveu mais 840 anos e teve outros filhos e filhas. ¹⁴Cainã viveu 910 anos e morreu.

¹⁵Aos 65 anos, Maalaleel gerou Jarede. ¹⁶Depois do nascimento de Jarede, Maalaleel viveu mais 830 anos e teve outros filhos e filhas. ¹⁷Maalaleel viveu 895 anos e morreu.

¹⁸Aos 162 anos, Jarede gerou Enoque. ¹⁹Depois do nascimento de Enoque, Jarede viveu mais 800 anos e teve outros filhos e filhas. ²⁰Jarede viveu 962 anos e morreu.

²¹Aos 65 anos, Enoque gerou Matusalém. ²²Depois do nascimento de Matusalém, Enoque viveu em comunhão com Deus por mais 300 anos e teve outros filhos e filhas. ²³Enoque

PÃO DIÁRIO

Cada passo conta

Enoque viveu 365 anos, andando em comunhão com Deus...
—Gênesis 5.23,24

As pessoas que querem sentir-se melhor, reduzir o estresse e eliminar quilos indesejados estão descobrindo que andar pode ser o melhor exercício de todos. Uma teoria da área de fitness que defende 10 mil passos por dia se desenvolveu no Japão e está ganhando popularidade em outros países. Os especialistas aconselham a começar devagar e a trabalhar rumo a um objetivo maior, percebendo, todos os dias, que cada passo conta.

É até mais importante permanecer espiritualmente em forma "andando em comunhão com Deus", algo que a Bíblia descreve como um relacionamento íntimo e crescente com o Senhor. "Enoque viveu em comunhão com Deus por mais 300 anos" (Gn 5.22). "Noé era um homem justo [...] e andava em comunhão com Deus" (6.9). Ambos são mencionados em Hebreus 11, capítulo em que são elogiados pela fé. Enoque "era conhecido por agradar a Deus" (v.5). "Noé [...] recebeu a justiça que vem por meio da fé" (v.7).

Para andar com Deus, precisamos manter o ritmo; nada de correr na frente nem de ficar para trás. Ao longo do caminho, conversamos com o Senhor, ouvimos o que Ele tem a dizer e usufruímos da Sua presença. Confiamos em Sua direção quando não podemos ver o que está adiante. Não é simplesmente o destino que importa, mas a jornada que percorremos juntos.

Agora é o melhor momento para começarmos a andar com Deus, porque, todos os dias, cada passo conta.

Querido Mestre e Amigo, o desejo do meu coração é andar contigo. Quero conhecer-te, Senhor. Por favor, conduz, guia e segura-me quando eu cair.

Você está na direção correta quando anda com Deus.

ᵃ **4.25** É provável que *Sete* queira dizer "concedido"; o nome também pode significar "designado". ᵇ **5.1** Ou *o homem*; o hebraico traz *adam*; também em 5.2. ᶜ **5.2** Em hebraico, *macho e fêmea*. ᵈ **5.6** Ou *foi o antepassado de*; também em 5.9,12,15,18,21,25. ᵉ **5.7** Ou *do nascimento desse antepassado de*; também em 5.10,13,16,19,22,25.

viveu 365 anos, ²⁴andando em comunhão com Deus até que, um dia, desapareceu, porque Deus o levou para junto de si. ²⁵Aos 187 anos, Matusalém gerou Lameque. ²⁶Depois do nascimento de Lameque, Matusalém viveu mais 782 anos e teve outros filhos e filhas. ²⁷Matusalém viveu 969 anos e morreu. ²⁸Aos 182 anos, Lameque gerou um filho. ²⁹Chamou-o de Noé,ª pois disse: "Que ele nos traga alívio de nossas tarefas e do trabalho doloroso de cultivar esta terra que o Senhor amaldiçoou". ³⁰Depois do nascimento de Noé, Lameque viveu mais 595 anos e teve outros filhos e filhas. ³¹Lameque viveu 777 anos e morreu. ³²Depois que completou 500 anos, Noé gerou três filhos: Sem, Cam e Jafé.

Corrupção da raça humana

6 Os seres humanos começaram a se multiplicar na terra e tiveram filhas. ²Os filhos de Deus perceberam que as filhas dos homens eram belas, tomaram para si as que os agradaram e se casaram com elas. ³Então o Senhor disse: "Meu Espírito não toleraráᵇ os humanos por muito tempo, pois são apenas carne mortal. Seus dias serão limitados a 120 anos".

⁴Naqueles dias, e por algum tempo depois, havia na terra gigantes,ᶜ pois quando os filhos de Deus tiveram relações com as filhas dos homens, elas deram à luz filhos que se tornaram os guerreiros famosos da antiguidade.

⁵O Senhor observou quanto havia aumentado a perversidade dos seres humanos na terra e viu que todos os seus pensamentos e seus propósitos eram sempre inteiramente maus. ⁶E o Senhor se arrependeu de tê-los criado e colocado na terra. Isso lhe causou imensa tristeza. ⁷O Senhor disse: "Eliminarei da face da terra esta raça humana que criei. Sim, e também destruirei todos os seres vivos: as pessoas, os grandes animais, os animais que rastejam pelo chão e até as aves do céu. Arrependo-me de tê-los criado". ⁸Noé, porém, encontrou favor diante do Senhor.

A história de Noé

⁹Este é o relato de Noé e sua família. Noé era um homem justo, a única pessoa íntegra naquele tempo, e andava em comunhão com Deus. ¹⁰Noé gerou três filhos: Sem, Cam e Jafé.

¹¹Deus viu que a terra tinha se corrompido e estava cheia de violência. ¹²Deus observou a grande maldade no mundo, pois todos na terra haviam se corrompido. ¹³Assim, Deus disse a Noé: "Decidi acabar com todos os seres vivos, pois encheram a terra de violência. Sim, destruirei todos eles e também a terra!

¹⁴"Construa uma grande embarcação, uma arca de madeira de cipreste,ᵈ e cubra-a com betume por dentro e por fora, para que não entre água. Divida toda a parte interna em pisos e compartimentos. ¹⁵A arca deve ter 135 metros de comprimento, 22,5 metros de largura e 13,5 metros de altura.ᵉ ¹⁶Deixe uma abertura de 45 centímetrosᶠ debaixo do teto ao redor de toda a arca. Coloque uma porta lateral e construa três pisos na parte interna: inferior, médio e superior.

¹⁷"Preste atenção! Em breve, cobrirei a terra com um dilúvio que destruirá todos os seres vivos que respiram. Tudo que há na terra morrerá. ¹⁸Com você, porém, firmarei minha aliança. Portanto, entre na arca com sua mulher, seus filhos e as mulheres deles. ¹⁹Leve na arca com você um casal de cada espécie de animal selvagem e doméstico, um macho e uma fêmea, para mantê-los com vida. ²⁰Um casal de cada espécie de ave, de cada espécie de animal e de cada espécie de animal que rasteja pelo chão virá até você, para que os mantenha com vida. ²¹Cuide bem para que haja alimento suficiente para sua família e para todos os animais".

²²Noé fez tudo exatamente como Deus lhe havia ordenado.

O dilúvio

7 O Senhor disse a Noé: "Entre na arca com toda a sua família, pois vejo que, de todas as pessoas na terra, apenas você é justo. ²Leve com você sete casais, macho e fêmea, de cada espécie de animal puro, e um casal, macho e fêmea, de cada espécie de animal impuro. ³Leve

---

ª **5.29** O som do nome *Noé* é semelhante ao de um termo hebraico que significa "alívio" ou "descanso". ᵇ **6.3** A Septuaginta traz *não permanecerá em*. ᶜ **6.4** Em hebraico, *nefilim*. ᵈ **6.14** Ou *madeira de Gofer*. ᵉ **6.15** Em hebraico, *300 côvados de comprimento, 50 côvados de largura e 30 côvados de altura*. ᶠ **6.16** Em hebraico, *uma abertura de 1 côvado*.

também sete casais de cada espécie de ave. Cada casal deve ter um macho e uma fêmea para garantir que todas as espécies sobreviverão na terra depois do dilúvio. ⁴Daqui a sete dias, farei chover sobre a terra. Choverá por quarenta dias e quarenta noites, até que eu tenha eliminado da terra todos os seres vivos que criei".

⁵Noé fez tudo exatamente como o Senhor lhe havia ordenado.

⁶Noé tinha 600 anos quando o dilúvio cobriu a terra. ⁷Entrou na arca, junto com a mulher, os filhos e as mulheres deles, para escapar do dilúvio. ⁸Entraram com eles animais de todas as espécies: os puros e os impuros, as aves e todos os animais que rastejam pelo chão. ⁹Entraram na arca em pares, macho e fêmea, como Deus tinha ordenado a Noé. ¹⁰Depois de sete dias, vieram as águas do dilúvio e cobriram a terra.

¹¹Quando Noé tinha 600 anos, no décimo sétimo dia do segundo mês, todas as fontes subterrâneas de água jorraram da terra, e a chuva caiu do céu em grandes temporais ¹²e continuou sem parar por quarenta dias e quarenta noites.

¹³Naquele mesmo dia, Noé tinha entrado na arca com a esposa, os filhos, Sem, Cam e Jafé, e as mulheres deles. ¹⁴Entraram com eles na arca casais de todas as espécies de animais: animais domésticos e selvagens, grandes e pequenos, e aves de toda espécie. ¹⁵Entraram de dois em dois na arca, representando todos os seres vivos que respiram. ¹⁶Um macho e uma fêmea de cada espécie entraram, como Deus tinha ordenado a Noé. Então o Senhor fechou a porta.

¹⁷Durante quarenta dias, as águas do dilúvio se tornaram cada vez mais profundas, cobriram o solo e elevaram a arca bem acima da terra. ¹⁸Enquanto as águas subiam cada vez mais acima do solo, a arca flutuava em segurança em sua superfície. ¹⁹Por fim, as águas cobriram até as montanhas mais altas da terra ²⁰e se elevaram quase sete metros[a] acima dos picos mais altos. ²¹Todos os seres vivos que havia na terra morreram: as aves, os animais domésticos, os animais selvagens, os animais que rastejavam pelo chão e todos os seres humanos. ²²Tudo que respirava e vivia em terra firme morreu. ²³Deus exterminou todos os seres vivos que havia na terra: os seres humanos, os animais domésticos, os animais que rastejavam pelo chão e as aves do céu. Todos foram destruídos. Apenas Noé e os que estavam com ele na arca sobreviveram. ²⁴E as águas do dilúvio cobriram a terra por 150 dias.

As águas do dilúvio baixam

8 Então Deus se lembrou de Noé e de todos os animais selvagens e domésticos que estavam com ele na arca. Deus fez soprar um vento sobre a terra, e as águas do dilúvio começaram a baixar. ²As fontes subterrâneas pararam de jorrar, e as chuvas torrenciais cessaram. ³As águas do dilúvio foram baixando aos poucos. Depois de 150 dias, ⁴exatamente cinco meses depois do início do dilúvio,[b] a arca repousou sobre as montanhas de Ararate. ⁵Dois meses e meio depois,[c] à medida que as águas continuaram a baixar, apareceram os picos de outras montanhas.

⁶Passados mais quarenta dias, Noé abriu a janela que havia feito na arca ⁷e soltou um corvo, que ia e voltava até as águas do dilúvio secarem sobre a terra. ⁸Noé também soltou uma pomba para ver se as águas tinham baixado e se ela encontraria terra seca, ⁹mas a pomba não encontrou lugar para pousar, pois a água ainda cobria todo o solo. Então a pomba retornou à arca, e Noé estendeu a mão e a trouxe de volta para dentro. ¹⁰Depois de esperar mais sete dias, Noé soltou a pomba mais uma vez. ¹¹Quando ela voltou ao entardecer, trouxe no bico uma folha nova de oliveira. Noé concluiu que restava pouca água do dilúvio. ¹²Esperou outros sete dias e soltou a pomba novamente. Dessa vez, ela não voltou.

¹³Noé tinha completado 601 anos. No primeiro dia do novo ano, dez meses e meio depois do início do dilúvio,[d] quase não havia mais água sobre a terra. Noé levantou a cobertura da arca e viu que o solo estava praticamente seco. ¹⁴Mais dois meses se passaram[e] e, por fim, a terra estava completamente seca.

¹⁵Então Deus disse a Noé: ¹⁶"Saiam da arca, você, sua mulher, seus filhos e as mulheres

---

[a] **7.20** Em hebraico, *15 côvados*. [b] **8.4** Em hebraico, *no sétimo dia do sétimo mês*; ver 7.11. [c] **8.5** Em hebraico, *No primeiro dia do décimo mês*; ver 7.11 e nota em 8.4. [d] **8.13** Em hebraico, *No primeiro dia do primeiro mês*; ver 7.11. [e] **8.14** Em hebraico, *Chegou o vigésimo sétimo dia do segundo mês*; ver nota em 8.13.

Deus se lembra

Então Deus se lembrou de Noé e de todos os animais selvagens e domésticos que estavam com ele na arca.
—Gênesis 8.1

Um festival chinês chamado de Qing Ming celebra o momento de expressar a dor pela perda de parentes. A tradição inclui cuidar dos túmulos e dar passeios no campo com os entes queridos. Conta a lenda que esse dia começou quando o comportamento tolo e grosseiro de um jovem resultou na morte da mãe dele. Assim, o filho decidiu que, a partir de então, passaria a visitar a sepultura da mãe todos os anos para se lembrar do que ela fizera por ele. Infelizmente, foi somente após a morte da mãe que o filho lembrou-se dela.

Deus lida conosco de maneira tão diferente! Em Gênesis, lemos a respeito de como o dilúvio destruiu o mundo. Apenas aqueles que estavam com Noé na arca permaneceram vivos. Porém, Deus lembrou-se deles (8.1) e enviou um vento sobre a Terra para secar as águas a fim de que pudessem sair da arca.

Deus também se lembrou de Ana quando ela clamou por um filho (1Sm 1.19). Ele lhe deu um filho, Samuel.

O Senhor se lembrou do ladrão moribundo que dizia: "Jesus, lembre-se de mim quando vier no seu reino". E Jesus lhe respondeu: "Eu lhe asseguro que hoje você estará comigo no paraíso" (Lc 23.42,43).

Deus se lembra de nós onde quer que estejamos. Nossas preocupações são Suas também. Nossa dor é Sua dor. Entregue os seus desafios e as suas dificuldades ao Senhor. Ele é o Deus que tudo vê e que se lembra de nós como a mãe que se lembra dos filhos. O Senhor deseja suprir as nossas necessidades.

Pai, sou grata porque nunca me esqueces e jamais me deixarás nem me abandonarás. Assim como te lembras de mim hoje, por favor, guia os meus passos para que eu te honre em tudo que eu fizer.

Saber que Deus nos vê traz convicção e consolo.

---

deles desembarcaram. ¹⁹Todos os animais, grandes e pequenos, e as aves saíram da arca, um casal de cada vez.

²⁰Em seguida, Noé construiu um altar ao Senhor e ali ofereceu como holocaustos alguns animais e aves puros. ²¹O aroma do sacrifício agradou ao Senhor, que disse consigo: "Nunca mais amaldiçoarei a terra por causa do ser humano, embora todos os seus pensamentos e seus propósitos se inclinem para o mal desde a infância. Nunca mais destruirei todos os seres vivos. ²²Enquanto durar a terra, haverá plantio e colheita, frio e calor, verão e inverno, dia e noite".

Deus confirma sua aliança

9 Então Deus abençoou Noé e seus filhos e lhes disse: "Sejam férteis e multipliquem-se. Encham a terra. ²Todos os animais da terra, todas as aves do céu, todos os animais que rastejam pelo chão e todos os peixes do mar terão medo e pavor de vocês. Eu os coloquei sob o seu domínio. ³Assim como dei a vocês os cereais e os vegetais por alimento, também lhes dou os animais. ⁴Mas nunca comam carne com sangue, pois sangue é vida.

⁵"Exigirei o sangue de todo aquele que tirar a vida de alguém. Se um animal selvagem matar alguém, deverá ser morto; quem cometer assassinato, também deverá morrer. ⁶Quem tirar a vida humana, por mãos humanas perderá a vida. Pois eu criei o ser humano[a] à minha imagem. ⁷Agora, sejam férteis e multipliquem-se, povoem a terra outra vez".

⁸Então Deus disse a Noé e seus filhos: ⁹"Confirmo aqui a minha aliança com vocês, seus descendentes ¹⁰e todos os animais que estavam com vocês na embarcação: as aves, os animais domésticos e os animais selvagens, todos os seres vivos da terra. ¹¹Sim, confirmo a minha aliança com vocês. Nunca mais os seres vivos serão exterminados pelas águas; nunca mais a terra será destruída por um dilúvio".

¹²Então Deus disse: "Eu lhes dou um sinal da minha aliança com vocês e com todos os seres vivos, para todas as gerações futuras. ¹³Coloquei o arco-íris nas nuvens. Ele é o sinal da minha aliança com toda a terra. ¹⁴Quando

deles. ¹⁷Solte todos os animais, as aves, os animais domésticos e os animais que rastejam pelo chão, para que sejam férteis e se multipliquem na terra".

¹⁸Noé, sua mulher, seus filhos e as mulheres

---

[a] 9.6 Ou *o homem;* o hebraico traz *ha-adam.*

eu enviar nuvens sobre a terra, nelas aparecerá o arco-íris, ¹⁵e eu me lembrarei da minha aliança com vocês e com todos os seres vivos. Nunca mais as águas de um dilúvio destruirão toda a vida. ¹⁶Ao olhar para o arco-íris nas nuvens, eu me lembrarei da aliança eterna entre Deus e todos os seres vivos da terra". ¹⁷Então Deus disse a Noé: "Este arco-íris é o sinal da aliança que confirmo com todas as criaturas da terra".

Os filhos de Noé

¹⁸Os filhos de Noé que saíram da arca com o pai foram Sem, Cam e Jafé. (Cam é o pai de Canaã.) ¹⁹Desses três filhos de Noé vêm todas as pessoas que agora povoam a terra.

²⁰Depois do dilúvio, Noé começou a cultivar o solo e plantou uma videira. ²¹Certo dia, bebeu do vinho que ele próprio havia produzido, ficou embriagado e foi deitar-se nu em sua tenda. ²²Cam, pai de Canaã, viu que seu pai estava nu e saiu para contar aos irmãos. ²³Então Sem e Jafé pegaram um manto e o colocaram sobre os ombros. Em seguida, entraram na tenda de costas e, olhando para o outro lado a fim de não ver a nudez do pai, cobriram-no com o manto.

²⁴Quando Noé se recuperou da bebedeira e descobriu que Cam, seu filho mais novo, havia feito, ²⁵exclamou:

"Maldito seja Canaã!
  Que ele seja o servo mais insignificante
  de seus parentes!".

²⁶E disse ainda:

"Bendito seja o Senhor, o Deus de Sem,
  e que Canaã seja servo de seu irmão!
²⁷Que Deus amplie o território de Jafé!
  Que Jafé compartilhe da prosperidade
  de Sem,ᵃ
  e Canaã seja seu servo".

²⁸Depois do dilúvio, Noé viveu mais 350 anos. ²⁹Viveu, ao todo, 950 anos e morreu.

10 Este é o relato das famílias de Sem, Cam e Jafé, os três filhos de Noé, que geraram muitos filhos depois do dilúvio.

Os descendentes de Jafé

²Os descendentes de Jafé foram: Gômer, Magogue, Madai, Javã, Tubal, Meseque e Tirás. ³Os descendentes de Gômer foram: Asquenaz, Rifate e Togarma. ⁴Os descendentes de Javã foram: Elisá, Társis, Quitim e Rodanim.ᵇ ⁵Seus descendentes se espalharam por vários territórios junto ao mar, formando nações de acordo com suas línguas, seus clãs e seus povos.

Os descendentes de Cam

⁶Os descendentes de Cam foram: Cuxe, Mizraim, Pute e Canaã.

⁷Os descendentes de Cuxe foram: Sebá, Havilá, Sabtá, Raamá e Sabtecá. Os descendentes de Raamá foram: Sabá e Dedã.

⁸Cuxe também foi o antepassado de Ninrode, o primeiro guerreiro valente da terra. ⁹Porque era o mais corajoso dos caçadores,ᶜ seu nome deu origem ao provérbio: "Este homem é como Ninrode, o mais corajoso dos caçadores". ¹⁰Ninrode construiu seu reino na terra da Babilônia,ᵈ fundando as cidades de Babel, Ereque, Acade e Calné. ¹¹Expandiu seu território até a Assíria,ᵉ onde construiu as cidades de Nínive, Reobote-Ir, Calá ¹²e Resém, a grande cidade situada entre Nínive e Calá.

¹³Mizraim foi o antepassado dos luditas, anamitas, leabitas, naftuítas, ¹⁴patrusitas, casluítas e dos caftoritas, dos quais descendem os filisteus.ᶠ

¹⁵O filho mais velho de Canaã foi Sidom, antepassado dos sidônios. Canaã foi o antepassado dos hititas,ᵍ ¹⁶jebuseus, amorreus, girgaseus, ¹⁷heveus, arqueus, sineus, ¹⁸arvadeus, zemareus e hamateus. Com o tempo, os clãs cananeus se espalharam. ¹⁹O território de Canaã se estendia desde Sidom, ao norte, até Gerar e Gaza, ao sul, e, a leste, até Sodoma, Gomorra, Admá e Zeboim, próximo a Lasa.

²⁰Esses foram os descendentes de Cam, de acordo com seus clãs, línguas, territórios e povos.

ᵃ 9.27 Em hebraico, *Que ele habite nas tendas de Sem*. ᵇ 10.4 Conforme alguns manuscritos hebraicos e a Septuaginta (ver tb. 1Cr 1.7); a maioria dos manuscritos hebraicos traz *Dodanim*. ᶜ 10.9 Em hebraico, *grande caçador diante do Senhor*; também em 10.9b. ᵈ 10.10 Em hebraico, *Sinar*. ᵉ 10.11 Ou *Dessa terra partiu a Assíria*. ᶠ 10.14 Em hebraico, *casluítas, dos quais descendem os filisteus, e caftoritas*. Comparar com Jr 47.4; Am 9.7. ᵍ 10.15 Em hebraico, *antepassado de Hete*.

Os descendentes de Sem

²¹Sem, irmão mais velho de Jafé,ᵃ também teve filhos. Sem foi o antepassado de todos os descendentes de Héber.
²²Os descendentes de Sem foram: Elão, Assur, Arfaxade, Lude e Arã.
²³Os descendentes de Arã foram: Uz, Hul, Géter e Más.
²⁴Arfaxade gerou Salá,ᵇ e Salá gerou Héber.
²⁵Héber teve dois filhos. O primeiro recebeu o nome de Pelegue,ᶜ pois em sua época a terra foi dividida. O irmão de Pelegue recebeu o nome de Joctã.
²⁶Joctã foi o antepassado de Almodá, Salefe, Hazarmavé, Jerá, ²⁷Adorão, Uzal, Dicla, ²⁸Obal, Abimael, Sabá, ²⁹Ofir, Havilá e Jobabe. Todos eles foram descendentes de Joctã. ³⁰O território que ocupavam se estendia desde Messa até Sefar, nas montanhas ao leste.
³¹Esses foram os descendentes de Sem, de acordo com seus clãs, línguas, territórios e povos.

Conclusão

³²Esses foram os clãs descendentes dos filhos de Noé, de acordo com suas linhagens. Todas as nações da terra vieram desses clãs depois do dilúvio.

A torre de Babel

11 Houve um tempo em que todos os habitantes do mundo falavam a mesma língua e usavam as mesmas palavras. ²Ao migrarem do leste, encontraram uma planície na terra da Babilônia,ᵈ onde se estabeleceram.

³Começaram a dizer uns aos outros: "Venham, vamos fazer tijolos e endurecê-los no fogo". (Naquela região, era costume usar tijolos em vez de pedras, e betume em vez de argamassa.) ⁴Depois, disseram: "Venham, vamos construir uma cidade com uma torre que chegue até o céu. Assim, ficaremos famosos e não seremos espalhados pelo mundo".

⁵O Senhor, porém, desceu para ver a cidade e a torre que estavam construindo. ⁶"Vejam!", disse o Senhor. "Todos se uniram e falam a mesma língua. Se isto é o começo do que fazem, nada do que se propuserem a fazer daqui em diante lhes será impossível. ⁷Venham, vamos descer e confundi-los com línguas diferentes, para que não consigam mais entender uns aos outros."

⁸Assim, o Senhor os espalhou pelo mundo inteiro, e eles pararam de construir a cidade. ⁹Ela recebeu o nome de Babel,ᵉ pois ali o Senhor confundiu as pessoas com línguas diferentes e as espalhou pelo mundo.

A descendência de Sem até Abrão

¹⁰Este é o relato da família de Sem.

Dois anos depois do dilúvio, aos 100 anos, Sem gerouᶠ Arfaxade. ¹¹Depois do nascimento deᵍ Arfaxade, Sem viveu mais 500 anos e teve outros filhos e filhas.
¹²Aos 35 anos, Arfaxade gerou Salá. ¹³Depois do nascimento de Salá, Arfaxade viveu mais 403 anos e teve outros filhos e filhas.ʰ
¹⁴Aos 30 anos, Salá gerou Héber. ¹⁵Depois do nascimento de Héber, Salá viveu mais 403 anos e teve outros filhos e filhas.
¹⁶Aos 34 anos, Héber gerou Pelegue. ¹⁷Depois do nascimento de Pelegue, Héber viveu mais 430 anos e teve outros filhos e filhas.
¹⁸Aos 30 anos, Pelegue gerou Reú. ¹⁹Depois do nascimento de Reú, Pelegue viveu mais 209 anos e teve outros filhos e filhas.
²⁰Aos 32 anos, Reú gerou Serugue. ²¹Depois do nascimento de Serugue, Reú viveu mais 207 anos e teve outros filhos e filhas.
²²Aos 30 anos, Serugue gerou Naor. ²³Depois do nascimento de Naor, Serugue viveu mais 200 anos e teve outros filhos e filhas.
²⁴Aos 29 anos, Naor gerou Terá. ²⁵Depois do nascimento de Terá, Naor viveu mais 119 anos e teve outros filhos e filhas.
²⁶Depois que completou 70 anos, Terá gerou Abrão, Naor e Harã.

ᵃ **10.21** Ou *Sem, cujo irmão mais velho era Jafé*. ᵇ **10.24** A Septuaginta traz *Arfaxade gerou Cainã; Cainã gerou Selá*. Comparar com Lc 3.36. ᶜ **10.25** *Pelegue* significa "divisão". ᵈ **11.2** Em hebraico, *Sinar*. ᵉ **11.9** Ou *Babilônia*. O som de *Babel* é semelhante ao de um termo hebraico que significa "confusão". ᶠ **11.10** Ou *foi o antepassado de*; também em 11.12,14,16,18,20,22,24. ᵍ **11.11** Ou *do nascimento desse antepassado de*; também em 11.13,15,17,19,21,23,25. ʰ **11.12-13** A Septuaginta traz ¹²*Aos 135 anos, Arfaxade gerou Cainã*. ¹³*Depois do nascimento de Cainã, Arfaxade viveu mais 430 anos, teve outros filhos e filhas e morreu. Aos 130 anos, Cainã gerou Salá. Depois do nascimento de Salá, Cainã viveu mais 330 anos, teve outros filhos e filhas e morreu*. Comparar com Lc 3.35-36.

A família de Terá

²⁷Este é o relato da família de Terá, pai de Abrão, Naor e Harã. Harã, que foi o pai de Ló, ²⁸morreu em Ur dos caldeus, sua terra natal, enquanto seu pai, Terá, ainda vivia. ²⁹Tanto Abrão como Naor se casaram. A mulher de Abrão se chamava Sarai, e a mulher de Naor, Milca. (Milca e sua irmã, Iscá, eram filhas de Harã, irmão de Naor.) ³⁰Sarai, porém, não conseguia engravidar e não tinha filhos.

³¹Certo dia, Terá tomou seu filho Abrão, sua nora Sarai (mulher de seu filho Abrão) e seu neto Ló (filho de seu filho Harã) e se mudou de Ur dos caldeus. Partiram em direção à terra de Canaã, mas pararam em Harã e se estabeleceram ali. ³²Terá viveu 205 anos[a] e morreu enquanto ainda estava em Harã.

O chamado de Abrão

12 O Senhor tinha dito a Abrão: "Deixe sua terra natal, seus parentes e a família de seu pai e vá à terra que eu lhe mostrarei. ²Farei de você uma grande nação, o abençoarei e o tornarei famoso, e você será uma bênção para outros. ³Abençoarei os que o abençoarem e amaldiçoarei os que o amaldiçoarem. Por meio de você, todas as famílias da terra serão abençoadas".

⁴Então Abrão partiu, como o Senhor havia instruído, e Ló foi com ele. Abrão tinha 75 anos quando saiu de Harã. ⁵Tomou sua mulher, Sarai, seu sobrinho Ló e todos os seus bens, os rebanhos e os servos que havia agregado à sua casa em Harã, e seguiu para a terra de Canaã. Quando chegaram a Canaã, ⁶Abrão atravessou a terra até Siquém, onde acampou junto ao carvalho de Moré. Naquele tempo, os cananeus habitavam a região.

⁷Então o Senhor apareceu a Abrão e disse: "Darei esta terra a seus descendentes". Abrão construiu um altar ali e o dedicou ao Senhor, que lhe havia aparecido. ⁸Dali, Abrão viajou para o sul e acampou na região montanhosa, entre Betel, a oeste, e Ai, a leste. Construiu ali mais um altar dedicado ao Senhor e invocou o nome do Senhor. ⁹Abrão prosseguiu em sua jornada para o sul, acampando ao longo do caminho em direção ao Neguebe.

PÃO DIÁRIO

Promessas, promessas

Farei de você uma grande nação, o abençoarei e o tornarei famoso, e você será uma bênção para outros.
—Gênesis 12.2

Quando as pessoas dizem com um suspiro: "Promessas, promessas", geralmente elas se mostram decepcionadas com alguém que deixou de honrar algum compromisso. Quanto mais isso acontece, maior é a tristeza e mais profundo é o suspiro.

Você já sentiu como se Deus não cumprisse as Suas promessas? Essa é uma atitude nossa que pode se desenvolver sutilmente com o tempo.

Depois que Deus prometeu a Abraão: "Farei de você uma grande nação" (Gn 12.2), 25 anos se passaram até o nascimento de seu filho Isaque (21.5). Durante esse período, Abraão questionou Deus a respeito da falta de um filho (15.2) e até apelou à paternidade por meio da serva de sua esposa (16.15).

Ainda assim, mesmo nos altos e baixos, Deus continuou lembrando Abraão da Sua promessa de lhe dar um filho enquanto o aconselhava a andar fielmente com Ele e a crer (17.1,2).

Quando reivindicamos uma das promessas de Deus na Bíblia, quer seja por paz de espírito, por coragem ou por provisão de nossas necessidades, colocamo-nos em Suas mãos e em Seus planos. Enquanto esperamos, às vezes pode até parecer que o Senhor nos esqueceu. Mas a confiança demonstra que, enquanto permanecemos na promessa de Deus, Ele continua fiel. A segurança está em nosso coração, e o tempo certo está em Suas mãos.

Ajuda-me, querido Deus, a reivindicar Tuas promessas e a confiar em Teu senhorio em minha vida. Dá-me paciência de esperar a cada dia o Teu tempo perfeito.

Todas as promessas de Deus são sustentadas por Sua sabedoria, amor e poder.

Abrão e Sarai no Egito

¹⁰Naquele tempo, uma fome terrível atingiu a terra de Canaã, e Abrão foi obrigado a descer ao Egito, onde viveu como estrangeiro. ¹¹Aproximando-se da fronteira do Egito, Abrão disse a Sarai, sua mulher: "Você é muito bonita. ¹²Quando os egípcios a virem, dirão: 'É mulher dele. Vamos matá-lo para ficarmos com ela'.

---

[a] 11.32 Algumas versões antigas trazem *145 anos*. Comparar com 11.26 e 12.4.

¹³Diga, portanto, que é minha irmã. Eles pouparão minha vida e, por sua causa, me tratarão bem".

¹⁴De fato, chegando Abrão ao Egito, todos notaram a grande beleza de sua mulher. ¹⁵Quando os oficiais do palácio a viram, falaram maravilhas dela ao faraó e a levaram para o palácio. ¹⁶Por causa de Sarai, o faraó deu muitos presentes a Abrão: ovelhas, bois, jumentos e jumentas, servos e servas, e camelos.

¹⁷Mas, por causa de Sarai, mulher de Abrão, o Senhor enviou pragas terríveis sobre o faraó e sobre os membros de sua casa. ¹⁸Por isso, o faraó mandou chamar Abrão e disse: "O que você fez comigo? Por que não me disse que ela era sua mulher? ¹⁹Por que disse que era sua irmã e permitiu que eu a tomasse como esposa? Aqui está sua mulher. Tome-a e vá embora daqui!". ²⁰O faraó ordenou que alguns de seus homens escoltassem Abrão, com sua mulher e todos os seus bens, para fora de sua terra.

A separação de Abrão e Ló

13 Abrão saiu do Egito e subiu para o Neguebe, junto com sua mulher, com Ló e com tudo que possuíam. ²(Abrão era muito rico e tinha muitos rebanhos, prata e ouro.) ³Do Neguebe, prosseguiram em sua jornada, acampando ao longo do caminho em direção a Betel. Por fim, armaram as tendas entre Betel e Ai, onde haviam acampado anteriormente, ⁴e onde Abrão havia construído um altar. Ali, Abrão invocou o nome do Senhor outra vez.

⁵Ló, que viajava com Abrão, também havia enriquecido e possuía rebanhos de ovelhas, gado e muitas tendas. ⁶Os recursos da terra, porém, não eram suficientes para sustentar Abrão e Ló, com todos os seus rebanhos, vivendo tão próximos um do outro. ⁷Logo, surgiram desentendimentos entre os pastores de Abrão e os de Ló. (Naquele tempo, os cananeus e os ferezeus também viviam na terra.)

⁸Então Abrão disse a Ló: "Não haja conflito entre nós, ou entre nossos pastores. Afinal, somos parentes próximos! ⁹A região inteira está à sua disposição. Escolha a parte da terra que desejar e nos separaremos. Se você escolher as terras à esquerda, ficarei com as terras à direita. Se preferir as terras à direita, ficarei com as terras à esquerda".

¹⁰Ló olhou demoradamente para as planícies férteis do vale do Jordão, na direção de Zoar. A região toda era bem irrigada, como o jardim do Senhor, ou como a terra do Egito. (Isso foi antes de o Senhor destruir Sodoma e Gomorra.) ¹¹Ló escolheu para si todo o vale do Jordão a leste de onde estavam. Partiu para lá e se separou de seu tio Abrão. ¹²Assim, Abrão continuou na terra de Canaã, e Ló mudou suas tendas para um lugar próximo de Sodoma e se estabeleceu entre as cidades da planície. ¹³O povo dessa região, porém, era extremamente perverso e vivia pecando contra o Senhor.

¹⁴Depois que Ló partiu, o Senhor disse a Abrão: "Olhe até onde sua vista alcançar, em todas as direções: norte e sul, leste e oeste. ¹⁵Toda esta terra que você está vendo, até onde sua vista alcança, eu dou a você e a seus descendentes como propriedade para sempre. ¹⁶Eu lhe darei tantos descendentes quanto o pó da terra, de modo que, se fosse possível contar o pó da terra, seria possível contar seus descendentes! ¹⁷Vá e percorra a terra em todas as direções, porque eu a dou a você".

¹⁸Então Abrão mudou seu acampamento para Hebrom e se estabeleceu junto ao bosque de carvalhos que pertencia a Manre. Ali, construiu mais um altar ao Senhor.

Abrão resgata Ló

14 Por esse tempo, houve guerra na região. Anrafel, rei da Babilônia,[a] Arioque, rei de Elasar, Quedorlaomer, rei de Elão, e Tidal, rei de Goim, ²lutaram contra Bera, rei de Sodoma, Birsa, rei de Gomorra, Sinabe, rei de Admá, Semeber, rei de Zeboim, e contra o rei de Belá (também chamada Zoar).

³Esse segundo grupo de reis reuniu suas tropas no vale de Sidim (ou seja, no vale do mar Morto).[b] ⁴Por doze anos, estiveram sob o domínio do rei Quedorlaomer, mas no décimo terceiro ano se rebelaram contra ele.

⁵Um ano depois, Quedorlaomer e seus aliados vieram e derrotaram os refains em Asterote-Carnaim, os zuzins em Hã, os emins em Savé-Quiriatim, ⁶e os horeus no monte Seir, até El-Parã, à beira do deserto.

---

[a] **14.1** Em hebraico, *Sinar*; também em 14.9. [b] **14.3** Em hebraico, *mar Salgado*.

⁷Em seguida, voltaram e foram a En-Mispate (hoje chamada Cades) e conquistaram o território dos amalequitas e dos amorreus que viviam em Hazazom-Tamar.

⁸Então os reis de Sodoma, Gomorra, Admá, Zeboim e Belá (também chamada Zoar) se prepararam para a batalha no vale do mar Morto.ᵃ ⁹Lutaram contra Quedorlaomer, rei de Elão, Tidal, rei de Goim, Anrafel, rei da Babilônia, e Arioque, rei de Elasar, quatro reis contra cinco. ¹⁰Acontece que o vale do mar Morto era cheio de poços de betume. Quando o exército dos reis de Sodoma e Gomorra fugiu, alguns dos soldados caíram nos poços de betume, enquanto o restante escapou para as montanhas. ¹¹Os invasores vitoriosos saquearam Sodoma e Gomorra e partiram para casa, levando consigo todos os espólios da guerra e os mantimentos. ¹²Também capturaram Ló, o sobrinho de Abrão que morava em Sodoma, e tudo que ele possuía.

¹³Um dos homens de Ló, porém, conseguiu escapar e contou tudo a Abrão, o hebreu, que morava junto ao bosque de carvalhos pertencente a Manre, o amorreu. Manre e seus parentes, Escol e Aner, eram aliados de Abrão.

¹⁴Quando Abrão soube que seu sobrinho Ló havia sido capturado, mobilizou os 318 homens treinados que tinham nascido em sua casa. Perseguiu o exército de Quedorlaomer até alcançá-los em Dã, ¹⁵onde dividiu os homens em grupos e atacou durante a noite. O exército de Quedorlaomer fugiu, mas Abrão o perseguiu até Hobá, ao norte de Damasco. ¹⁶Abrão recuperou todos os bens saqueados e trouxe de volta Ló, seu sobrinho, com todos os seus bens, as mulheres e os outros prisioneiros.

Melquisedeque abençoa Abrão

¹⁷Depois que Abrão regressou vitorioso do conflito com Quedorlaomer e todos os seus aliados, o rei de Sodoma saiu ao seu encontro no vale de Savé (conhecido como vale do Rei). ¹⁸Melquisedeque, rei de Salém e sacerdote do Deus Altíssimo,ᵇ trouxe pão e vinho ¹⁹e abençoou Abrão, dizendo:

"Bendito seja Abrão pelo Deus Altíssimo,
    Criador dos céus e da terra.

²⁰E bendito seja o Deus Altíssimo,
    que derrotou seus inimigos por você".

Então Abrão entregou a Melquisedeque um décimo de todos os bens que havia recuperado.

²¹O rei de Sodoma disse a Abrão: "Devolva-me apenas as pessoas que foram capturadas. Fique com os bens que você recuperou".

²²Abrão respondeu ao rei de Sodoma: "Juro solenemente diante do Senhor, o Deus Altíssimo, Criador dos céus e da terra, ²³que não ficarei com coisa alguma do que é seu, nem sequer um fio ou uma correia de sandália. Do contrário, o rei poderia dizer: 'Fui eu que enriqueci Abrão'. ²⁴Aceito apenas aquilo que meus jovens guerreiros comeram e peço que dê uma parte justa dos bens a Aner, Escol e Manre, meus aliados".

A promessa da aliança entre o Senhor e Abrão

15 Algum tempo depois, o Senhor falou a Abrão em uma visão e lhe disse: "Não tenha medo, Abrão, pois eu serei seu escudo, e sua recompensa será muito grande".

²Abrão, porém, respondeu: "Ó Senhor Soberano, de que me adiantam todas as tuas bênçãos se eu nem mesmo tenho um filho? Uma vez que não me deste filhos, Eliézer de Damasco, servo em minha casa, herdará toda a minha riqueza. ³Não me deste nenhum descendente próprio e, por isso, um dos meus servos será meu herdeiro".

⁴O Senhor lhe disse: "Não, não será esse o seu herdeiro; você terá seu próprio filho, e ele será seu herdeiro". ⁵Em seguida, levou Abrão para fora e lhe disse: "Olhe para o céu e conte as estrelas, se for capaz. Este é o número de descendentes que você terá".

⁶Abrão creu no Senhor, e assim foi considerado justo.

⁷Então o Senhor lhe disse: "Eu sou o Senhor, que o tirei de Ur dos caldeus para lhe dar esta terra como posse".

⁸Abrão perguntou: "Ó Senhor Soberano, como posso ter certeza de que a possuirei de fato?".

⁹O Senhor respondeu: "Traga-me uma novilha, uma cabra e um carneiro, todos com três anos, mais uma rolinha e um pombinho".

ᵃ **14.8** Em hebraico, *vale de Sidim* (ver 14.3); também em 14.10. ᵇ **14.18** Em hebraico, *El-Elyon*; também em 14.19,20,22.

PÃO DIÁRIO

A espera

Abrão creu no Senhor, e assim foi considerado justo.
—Gênesis 15.6

Qualquer mãe pode dizer que a espera para dar à luz é uma experiência que desenvolve a paciência. Mas pobrezinha da mamãe elefante. Leva aproximadamente 22 meses para que um elefante esteja preparado para nascer! O tubarão conhecido como cação-espinho tem uma gestação que dura entre 22 e 24 meses. E em elevações superiores a 1.400 metros, a salamandra alpina suporta o período gestacional de até 38 meses!

Abraão poderia ter se identificado com esses exemplos da natureza. Em sua velhice, o Senhor lhe fez uma promessa: "Farei de você uma grande nação" (Gn 12.2). Mas, à medida que os anos passavam, Abraão questionava como o cumprimento da promessa seria possível sem ele nem mesmo ter o elemento básico: um filho (15.2). Assim, Deus lhe garantiu: "...você terá seu próprio filho, e ele será seu herdeiro" (v.4).

Apesar da idade avançada, Abraão creu em Deus e foi chamado justo (v.6). Ainda assim, ele esperou 25 anos, a partir da promessa inicial, até que Isaque nascesse (21.5).

Esperar pelo cumprimento das promessas de Deus faz parte de nossa confiança nele. Independentemente do quanto isso demore, devemos esperar no Senhor. Como o autor da carta aos Hebreus nos relembra: "Apeguemo-nos firmemente, sem vacilar, à esperança que professamos, porque Deus é fiel para cumprir sua promessa" (10.23).

Pai celestial, às vezes é difícil ser paciente. Preciso da Tua força e coragem para segurar-me firmemente às Tuas promessas e à Tua vontade para a minha vida.

Deus sempre cumpre o que promete.

"Esteja certo de que seus descendentes serão forasteiros em terra alheia, onde sofrerão opressão como escravos por quatrocentos anos. ¹⁴Mas eu castigarei a nação que os escravizar e, por fim, eles sairão de lá com grande riqueza. ¹⁵(Você, por sua vez, morrerá em paz e será sepultado em idade avançada.) ¹⁶Depois de quatro gerações, seus descendentes voltarão a esta terra, pois a maldade dos amorreus ainda não chegou ao ponto de provocar meu castigo".

¹⁷Quando o sol se pôs e veio a escuridão, Abrão viu um fogareiro fumegante e uma tocha ardente passarem por entre as metades das carcaças. ¹⁸Então o Senhor fez uma aliança com Abrão naquele dia e disse: "Dei esta terra a seus descendentes, desde a fronteira com o Egito[a] até o grande rio Eufrates, ¹⁹a terra hoje ocupada pelos queneus, quenezeus, cadmoneus, ²⁰hititas, ferezeus, refains, ²¹amorreus, cananeus, girgaseus e jebuseus".

O nascimento de Ismael

16 Sarai, mulher de Abrão, não havia conseguido lhe dar filhos. Tinha, porém, uma serva egípcia chamada Hagar. ²Sarai disse a Abrão: "O Senhor me impediu de ter filhos. Vá e deite-se com minha serva. Talvez, por meio dela, eu consiga ter uma família". Abrão aceitou a proposta de Sarai. ³Então Sarai, mulher de Abrão, tomou Hagar, a serva egípcia, e a entregou a Abrão como mulher. (Isso aconteceu dez anos depois que Abrão havia se estabelecido na terra de Canaã.)

⁴Abrão teve relações com Hagar, e ela engravidou. Quando Hagar soube que estava grávida, começou a tratar Sarai, sua senhora, com desprezo. ⁵Então Sarai disse a Abrão: "Você é o culpado da vergonha que estou passando! Entreguei minha serva a você, mas, agora que engravidou, ela me trata com desprezo. O Senhor mostrará quem está errado: você ou eu!".

⁶Abrão respondeu: "Hagar é sua serva. Faça com ela o que lhe parecer melhor". Então Sarai a tratou tão mal que, por fim, Hagar fugiu.

⁷O anjo do Senhor encontrou Hagar no deserto, perto de uma fonte de água junto à estrada para Sur, ⁸e perguntou: "Hagar, serva de Sarai, de onde você vem e para onde vai?".

¹⁰Abrão lhe apresentou todos esses animais e os matou. Em seguida, cortou cada um deles ao meio e colocou as metades lado a lado; as aves, porém, não cortou ao meio. ¹¹Aves de rapina mergulharam para comer as carcaças, mas Abrão as afugentou.

¹²Enquanto o sol se punha, Abrão caiu em sono profundo, e uma escuridão apavorante desceu sobre ele. ¹³Então o Senhor disse a Abrão:

[a] 15.18 Em hebraico, *o rio do Egito*, referência ao braço oriental do rio Nilo ou ao ribeiro do Egito no Sinai (ver Nm 34.5).

"Estou fugindo de minha senhora, Sarai", respondeu ela.

⁹Então o anjo do Senhor disse: "Volte para sua senhora e sujeite-se à autoridade dela". ¹⁰E acrescentou: "Eu lhe darei tantos descendentes que será impossível contá-los".

¹¹O anjo do Senhor também disse: "Você está grávida e dará à luz um filho. Dê a ele o nome de Ismael,ᵃ pois o Senhor ouviu seu clamor angustiado. ¹²Seu filho será um homem solitário e indomável, como um jumento selvagem. Levantará o punho contra todos, e todos serão contra ele. Sim, ele viverá em franca oposição a todos os seus parentes".ᵇ

¹³Então Hagar passou a usar outro nome para se referir ao Senhor, que havia falado com ela. Chamou-o de "Tu és o Deus que me vê",ᶜ pois tinha dito: "Aqui eu vi aquele que me vê!". ¹⁴Por isso, aquela fonte que fica entre Cades e Berede recebeu o nome de Beer-Laai-Roi.ᵈ

¹⁵Assim, Hagar deu um filho a Abrão, e Abrão o chamou de Ismael. ¹⁶Quando Ismael nasceu, Abrão tinha 86 anos.

Abrão recebe o nome de Abraão

17 Quando Abrão estava com 99 anos, o Senhor lhe apareceu e disse: "Eu sou o Deus Todo-poderoso.ᵉ Seja fiel a mim e tenha uma vida íntegra. ²Farei uma aliança com você e lhe darei uma descendência incontável".

³Ao ouvir essas palavras, Abrão se prostrou com o rosto no chão, e Deus lhe disse: ⁴"Esta é a minha aliança com você: farei de você o pai de numerosas nações! ⁵Além disso, mudarei seu nome. Você já não será chamado Abrão, mas sim Abraão,ᶠ pois será o pai de muitas nações. ⁶Eu o tornarei extremamente fértil. Seus descendentes formarão muitas nações, e haverá reis entre eles.

⁷"Confirmarei a minha aliança com você e seus descendentes, de geração em geração. Esta é a aliança sem fim: serei sempre o seu Deus e o Deus de seus descendentes. ⁸Darei a você e a seus descendentes toda a terra de Canaã, onde hoje você vive como estrangeiro. Será propriedade deles para sempre, e eu serei o seu Deus".

O sinal da aliança

⁹Então Deus disse a Abraão: "É sua responsabilidade permanente, e de seus descendentes, obedecer aos termos da aliança. ¹⁰Este é o sinal da aliança que você e seus descendentes devem guardar: todo indivíduo do sexo masculino entre vocês deve ser circuncidado. ¹¹Cortem a carne do prepúcio como sinal da aliança entre mim e vocês. ¹²Todo menino deve ser circuncidado no oitavo dia depois do nascimento, de geração em geração. Isso se aplica não apenas aos membros de sua família, mas também aos servos nascidos em sua casa e aos servos estrangeiros que você comprou. ¹³Quer sejam nascidos em sua casa, quer os tenha comprado, todos devem ser circuncidados. Terão no corpo o sinal da minha aliança sem fim. ¹⁴O indivíduo do sexo masculino que não for circuncidado será excluído do seu povo, pois quebrou a minha aliança".

Sarai recebe o nome de Sara

¹⁵Deus também disse a Abraão: "Quanto à sua mulher, não se chamará mais Sarai. De agora em diante ela se chamará Sara.ᵍ ¹⁶Eu a abençoarei e por meio dela darei a você um filho! Sim, eu a abençoarei, e ela se tornará mãe de muitas nações. Haverá reis de nações entre seus descendentes".

¹⁷Abraão se prostrou com o rosto no chão e riu consigo. Pensou: "Como eu, aos 100 anos, poderia ser pai? E como Sara, aos 90 anos, teria um filho?". ¹⁸Então Abraão disse a Deus: "Que Ismael viva sob a tua bênção!".

¹⁹Mas Deus respondeu: "Na verdade, Sara, sua mulher, lhe dará um filho. Você o chamará Isaque,ʰ e eu confirmarei com ele e com seus descendentes, para sempre, a minha aliança. ²⁰Quanto a Ismael, também o abençoarei, como você pediu. Eu o tornarei extremamente fértil e multiplicarei seus descendentes. Ele será pai de doze príncipes, e farei dele uma grande nação. ²¹Minha aliança, porém, será confirmada com Isaque, filho que Sara lhe dará por esta época, no ano que vem". ²²Quando Deus terminou de falar, retirou-se da presença de Abraão.

ᵃ **16.11** *Ismael* significa "Deus ouve". ᵇ **16.12** O significado do hebraico é incerto. ᶜ **16.13** Em hebraico, *El-Roi*. ᵈ **16.14** *Beer-Laai-Roi* significa "fonte daquele que vive e me vê". ᵉ **17.1** Em hebraico, *Eu sou El-Shaddai*. ᶠ **17.5** *Abrão* significa "pai exaltado"; o som do nome *Abraão* é semelhante ao de um termo hebraico que significa "pai de muitos". ᵍ **17.15** Tanto *Sarai* como *Sara* significam "princesa"; a mudança na grafia talvez reflita a diferença entre os dialetos de Ur e Canaã. ʰ **17.19** *Isaque* significa "ele ri".

removendo o prepúcio, como Deus havia ordenado. ²⁴Abraão tinha 99 anos quando foi circuncidado, ²⁵e Ismael, seu filho, tinha 13 anos. ²⁶Ambos foram circuncidados naquele mesmo dia, ²⁷junto com todos os outros homens e meninos da casa, tanto os nascidos ali como os comprados. Todos foram circuncidados com Abraão.

A promessa de um filho para Sara

18 O SENHOR apareceu novamente a Abraão junto ao bosque de carvalhos que pertencia a Manre. Abraão estava sentado à entrada de sua tenda na hora mais quente do dia. ²Olhando para fora, viu três homens em pé, próximos à tenda. Quando os viu, correu até onde estavam e lhes deu as boas-vindas, curvando-se até o chão.

³Abraão disse: "Meu senhor, se assim desejar, pare aqui um pouco. ⁴Descanse à sombra desta árvore enquanto mando trazer água para lavarem os pés. ⁵E, uma vez que honraram seu servo com esta visita, prepararei uma refeição para restaurar suas forças antes de seguirem viagem".

"Está bem", responderam eles. "Faça como você disse."

⁶Abraão voltou correndo para a tenda e disse a Sara: "Rápido! Pegue três medidas^a da melhor farinha, amasse-a e faça alguns pães". ⁷Em seguida, Abraão correu ao rebanho, escolheu um novilho tenro e o entregou a seu servo, que o preparou rapidamente. ⁸Quando a comida estava pronta, Abraão pegou coalhada, leite e a carne assada e os serviu aos visitantes. Enquanto comiam, Abraão permaneceu à disposição deles, à sombra das árvores.

⁹"Onde está Sara, sua mulher?", perguntaram os visitantes.

"Está dentro da tenda", respondeu Abraão. ¹⁰Então um deles disse: "Voltarei a visitar você por esta época, no ano que vem, e sua mulher, Sara, terá um filho".

Sara estava ouvindo a conversa de dentro da tenda. ¹¹Abraão e Sara já eram bem velhos, e Sara tinha passado, havia muito tempo, da idade de ter filhos. ¹²Por isso, riu consigo e disse: "Como poderia uma mulher da minha idade

---

PÃO DIÁRIO

Nunca se é velho demais

Existe alguma coisa difícil demais para o Senhor?
—Gênesis 18.14

Após terem constituído família e se aposentado de suas carreiras, algumas mulheres, que já não podiam mais tomar conta de si mesmas, mudaram-se para um condomínio para idosos e idosas numa cidade no interior, como uma espécie de "última parada antes do Céu". Elas desfrutavam da companhia umas das outras, mas frequentemente lutavam com os sentimentos de inutilidade. Às vezes, até questionavam o porquê da demora de Deus levá-las para o Céu.

Uma das mulheres, alguém que vivera anos como pianista profissional, muitas vezes tocava hinos de louvor no piano do centro de convivência. As outras mulheres uniam-se a ela e, juntas, erguiam a voz em adoração e louvor a Deus.

Certo dia, um auditor do governo estava conduzindo uma inspeção de rotina durante um daqueles cultos espontâneos de adoração. Quando as ouviu cantar "Morri na cruz por ti; que fazes tu por mim?" (HCC 124), o Espírito de Deus tocou o coração desse homem. Ele se lembrou da canção que cantava em sua infância e reconheceu que escolhera abandonar Jesus. Naquele dia, Deus falou novamente com ele dando-lhe uma nova oportunidade de responder àquela pergunta de forma diferente. E assim ele o fez.

Como as mulheres daquele local de convivência, Sara pensou que fosse idosa demais para receber de Deus a benção de ser mãe (Gn 18.11,12). Contudo, Deus lhe deu um filho na velhice o qual foi o predecessor de Jesus (21.1-3; Mt 1.2,17). Assim como Sara e as mulheres mencionadas nesse texto, nunca somos idosas demais para sermos abençoadas por Deus.

O que faço, Senhor, se me sinto tão inútil hoje? Será que tu poderias me mostrar como posso brilhar ou trabalhar para ti de maneira nova? Senhor, por favor, não permitas que algo me impeça de servir-te.

Deus pode usá-la em qualquer idade se você estiver disposta a servi-lo.

---

²³Naquele mesmo dia, Abraão tomou Ismael, seu filho, e todos os indivíduos do sexo masculino em sua casa, tanto os nascidos ali como os comprados, e os circuncidou,

---

^{a} **18.6** Em hebraico, *3 seás*, cerca de 22 litros.

ter esse prazer, ainda mais quando meu senhor, meu marido, também é idoso?".

¹³Então o Senhor disse a Abraão: "Por que Sara riu? Por que disse: 'Pode uma mulher da minha idade ter um filho'? ¹⁴Existe alguma coisa difícil demais para o Senhor? Voltarei por esta época, no ano que vem, e Sara terá um filho".

¹⁵Sara teve medo e, por isso, mentiu: "Eu não ri".

Mas ele disse: "Não é verdade. Você riu".

Abraão intercede por Sodoma

¹⁶Depois da refeição, os visitantes se levantaram e olharam em direção a Sodoma. Quando partiram, Abraão os acompanhou para despedir-se deles.

¹⁷Então o Senhor disse: "Devo esconder meu plano de Abraão? ¹⁸Afinal, Abraão certamente se tornará uma grande e poderosa nação, e todas as nações da terra serão abençoadas por meio dele. ¹⁹Eu o escolhi para que ordene a seus filhos e às famílias deles que guardem o caminho do Senhor, praticando o que é certo e justo. Então farei por Abraão tudo que prometi".

²⁰Portanto, o Senhor disse a Abraão: "Ouvi um grande clamor vindo de Sodoma e Gomorra, porque o pecado dessas duas cidades é extremamente grave. ²¹Descerei para investigar se seus atos são, de fato, tão perversos quanto tenho ouvido. Se não forem, quero saber".

²²Os outros visitantes partiram para Sodoma, mas Abraão permaneceu diante do Senhor. ²³Aproximou-se dele e disse: "Exterminarás tanto os justos como os perversos? ²⁴Suponhamos que haja cinquenta justos na cidade. Mesmo assim os exterminarás e não a pouparás por causa deles? ²⁵Claro que não farias tal coisa: destruir o justo com o perverso. Afinal, estarias tratando o justo e o perverso da mesma maneira! Certamente não farias isso! Acaso o Juiz de toda a terra não faria o que é certo?".

²⁶O Senhor respondeu: "Se eu encontrar cinquenta justos em Sodoma, pouparei a cidade toda por causa deles".

²⁷Abraão voltou a falar: "Embora eu seja apenas pó e cinza, permita-me dizer mais uma coisa ao meu Senhor. ²⁸Suponhamos que haja apenas quarenta e cinco justos, e não cinquenta. Destruirás a cidade toda por falta de cinco justos?".

O Senhor disse: "Se encontrar ali quarenta e cinco justos, não a destruirei".

²⁹Abraão levou seu pedido ainda mais longe: "Suponhamos que haja apenas quarenta".

O Senhor respondeu: "Por causa dos quarenta, não a destruirei".

³⁰"Por favor, não fiques irado comigo, meu Senhor", suplicou Abraão. "Permita-me falar. Suponhamos que haja apenas trinta justos".

O Senhor disse: "Se encontrar ali trinta justos, não a destruirei".

³¹Abraão prosseguiu: "Uma vez que tive a ousadia de falar ao Senhor, permita-me continuar. Suponhamos que haja apenas vinte".

O Senhor respondeu: "Por causa dos vinte, não a destruirei".

³²Por fim, Abraão disse: "Senhor, não fiques irado comigo por eu falar mais uma vez. Suponhamos que haja apenas dez".

O Senhor respondeu: "Por causa dos dez, não a destruirei".

³³Quando terminou a conversa com Abraão, o Senhor partiu, e Abraão voltou para sua tenda.

A destruição de Sodoma e Gomorra

19 Ao anoitecer, os dois anjos chegaram à entrada da cidade de Sodoma. Ló estava sentado ali. Ao avistá-los, levantou-se para recebê-los. Deu-lhes boas-vindas, curvou-se com o rosto no chão ²e disse: "Meus senhores, venham à minha casa para lavar os pés e sejam meus hóspedes esta noite. Amanhã, poderão levantar-se cedo e seguir viagem".

"Não", responderam eles. "Passaremos a noite aqui, na praça da cidade".

³Mas Ló insistiu muito e, por fim, eles o acompanharam até sua casa. Ló lhes preparou um banquete completo, com pão fresco sem fermento, e eles comeram. ⁴Ainda não tinham ido se deitar quando todos os homens de Sodoma, jovens e velhos, chegaram de toda parte da cidade e cercaram a casa. ⁵Gritaram para Ló: "Onde estão os homens que vieram passar a noite em sua casa? Traga-os aqui fora para nós, para que tenhamos relações com eles!".

⁶Ló saiu para conversar com os homens e fechou a porta atrás de si. ⁷"Por favor, meus

> **REFLETINDO SOBRE: Pai menos que perfeito**
>
> ## As filhas de Ló
>
> *Vejam como é grande o amor do Pai por nós, pois ele nos chama de filhos, o que de fato somos!*
> —1João 3.1
>
> "Pai, você sempre esteve ao meu lado!", Sierra devolveu o cartão no suporte. "Como posso te agradecer por tudo o que você me ensinou quando criança?" *Também não estava muito certo.* Ela torceu o nariz. *Onde vou achar um cartão que não me faça sentir uma hipócrita? Algo como:* "Você esteve sempre ocupado demais com sua carreira para ir aos meus recitais e peças da escola, então eu realmente não tenho memórias de infância de momentos divertidos com você e agora somos tão distantes um do outro que nossa conversa é em grande parte sobre o clima ou o noticiário, mas Feliz Dia dos Pais mesmo assim".
>
> Nenhum pai é perfeito. A Bíblia descreve Ló como um homem justo (2 Pedro 2.7,8), mas ele falhou com suas filhas de uma forma que lhes causou muito sofrimento e degradação. Quando os homens de Sodoma exigiram sexo com os dois homens que eram convidados de Ló, ele ofereceu as suas filhas virgens. Ló deu mais importância ao seu papel de anfitrião do que ao seu papel de pai e protetor.
>
> É difícil imaginar como as meninas se sentiram por serem oferecidas a uma multidão desejosa de prazer sexual, e além de tudo oferecidas por seu próprio pai. Sabemos que elas não tinham respeito por si próprias ou por Ló. As meninas mais tarde enganaram seu pai bêbado para ele ter relações sexuais com elas. Deram mais importância a manter a linhagem da família do que às leis básicas da moralidade. Seus filhos se tornaram os ancestrais de dois dos inimigos mais terríveis de Israel.
>
> Todas nós, de alguma maneira, já nos sentimos frustradas com os nossos pais, seja por pequenas decepções ou feridas profundas de negligência ou abuso. É útil lembrar que ainda que os nossos pais terrenos sejam humanos e predispostos a errar, o nosso Pai celestial é perfeito e o Seu amor nunca nos decepcionará. Ele também está pronto para nos ajudar a perdoar todos os males que nos causaram. Em casos como o de Sierra, Ele pode nos ajudar a reconstruir o relacionamento entre pai e filha para que a compra de um cartão para o Dia dos Pais seja mais fácil.

irmãos, não cometam tamanha maldade", suplicou. ⁸"Escutem, tenho duas filhas virgens. Deixem-me trazê-las para fora, e vocês poderão fazer com elas o que desejarem. Mas, por favor, deixem os homens em paz, pois são meus hóspedes e estão sob minha proteção."

⁹"Saia da frente!", gritaram eles. "Esse sujeito é um estrangeiro que se mudou para a cidade e, agora, age como se fosse nosso juiz! Faremos a você coisas bem piores do que a seus hóspedes!" Então partiram para cima de Ló, tentando arrombar a porta.

¹⁰Os dois anjos,[a] porém, estenderam a mão, puxaram Ló para dentro da casa e trancaram a porta. ¹¹Depois, cegaram todos os homens, jovens e velhos, que estavam à porta, de modo que eles se cansaram e desistiram de invadir a casa.

¹²Os anjos perguntaram a Ló: "Você tem outros parentes na cidade? Tire-os todos daqui: genros, filhos, filhas ou qualquer outro parente, ¹³pois estamos prestes a destruir toda a cidade. O clamor contra ela é tão grande que chegou ao Senhor, e ele nos enviou para destruí-la".

¹⁴Então Ló correu para avisar os noivos de suas filhas: "Saiam depressa da cidade! O Senhor está prestes a destruí-la". Os rapazes, porém, pensaram que ele estava brincando.

¹⁵No dia seguinte, ao amanhecer, os anjos insistiram: "Rápido! Tome sua mulher e suas duas filhas que estão aqui! Saia agora mesmo, ou também morrerá quando a cidade for castigada!".

¹⁶Visto que Ló ainda hesitava, os anjos o tomaram pela mão, e também sua mulher e as duas filhas, e correram com eles para um lugar seguro, fora da cidade, pois o Senhor foi misericordioso. ¹⁷Quando estavam em segurança, fora da cidade, um dos anjos ordenou:

---

[a] **19.10** Em hebraico, *homens*; também em 19.12,16.

"Corram e salvem-se! Não olhem para trás nem parem no vale! Fujam para as montanhas, ou serão destruídos!".

¹⁸Mas Ló suplicou: "Não, meu senhor! ¹⁹Os senhores foram muito bondosos comigo, salvaram minha vida e mostraram grande compaixão. Não posso, contudo, ir para as montanhas. A calamidade também me alcançaria ali, e bem depressa eu morreria. ²⁰Vejam, aqui perto há um vilarejo. É um lugar bem pequeno. Por favor, deixem-me ir para lá, e minha vida será salva".

²¹"Está bem", disse o anjo. "Atenderei a seu pedido. Não destruirei o vilarejo. ²²Mas vá logo! Fuja para ele, pois não posso fazer nada enquanto você não chegar lá." (Isso explica por que a vila era conhecida como Zoar.ª)

²³Ló chegou a Zoar quando o sol aparecia no horizonte. ²⁴Então o Senhor fez chover do céu fogo e enxofre sobre Sodoma e Gomorra. ²⁵Destruiu-as completamente, além de outras cidades e vilas da planície, e exterminou todos os habitantes e toda a vegetação. ²⁶A mulher de Ló, porém, olhou para trás enquanto o seguia e se transformou numa coluna de sal.

²⁷Naquela manhã, Abraão se levantou cedo e correu para o lugar onde tinha estado na presença do Senhor. ²⁸Olhou para a planície, em direção a Sodoma e Gomorra, e viu colunas de fumaça subindo do lugar onde antes ficavam as cidades, como fumaça de uma fornalha.

²⁹Contudo, Deus atendeu ao pedido de Abraão e salvou Ló, tirando-o do meio da destruição que engoliu as cidades da planície.

Ló e suas filhas

³⁰Algum tempo depois, Ló deixou Zoar, pois tinha medo do povo de lá, e foi morar numa caverna nas montanhas com suas duas filhas. ³¹Certo dia, a filha mais velha disse à irmã: "Nesta região não resta homem algum com quem possamos ter relações, como fazem todas as pessoas. E logo nosso pai será velho demais para ter filhos. ³²Vamos embebedá-lo com vinho e então nos deitaremos com ele. Com isso, preservaremos nossa descendência por meio de nosso pai".

³³Naquela noite, portanto, embebedaram o pai com vinho, e a filha mais velha teve relações com ele. E ele não percebeu quando ela se deitou nem quando se levantou.

³⁴Na manhã seguinte, a filha mais velha disse à irmã mais nova: "Ontem à noite, tive relações com nosso pai. Vamos embebedá-lo com vinho outra vez hoje à noite, e você terá relações com ele. Com isso, preservaremos nossa descendência por meio de nosso pai".

³⁵Naquela noite, portanto, voltaram a embebedar o pai com vinho, e a filha mais nova teve relações com ele. Mais uma vez, ele não percebeu quando ela se deitou nem quando se levantou.

³⁶Como resultado, as duas filhas de Ló engravidaram do próprio pai. ³⁷Quando a filha mais velha deu à luz um menino, chamou-o de Moabe.ᵇ Ele se tornou o antepassado do povo conhecido até hoje como moabitas. ³⁸Quando a filha mais nova deu à luz um menino, chamou-o de Ben-Ami.ᶜ Ele se tornou o antepassado do povo conhecido até hoje como amonitas.

Abraão mente para Abimeleque

20 Abraão se mudou para o Neguebe, ao sul. Permaneceu por algum tempo entre Cades e Sur e depois seguiu até Gerar. Enquanto morava ali como estrangeiro, ²Abraão apresentava Sara, sua mulher, dizendo: "Ela é minha irmã". Por isso, o rei Abimeleque, de Gerar, mandou buscar Sara para seu palácio.

³Naquela noite, Deus apareceu a Abimeleque num sonho e lhe disse: "Você vai morrer! A mulher que tomou já é casada!".

⁴Abimeleque, porém, ainda não havia dormido com ela. Assim, disse: "Senhor, castigarás uma nação inocente? ⁵Não foi Abraão quem me disse: 'Ela é minha irmã'? E ela própria afirmou: 'Sim, ele é meu irmão'? Agi com total inocência. Minhas mãos estão limpas!".

⁶No sonho, Deus respondeu: "Sim, eu sei que você é inocente. Por isso o impedi de pecar e não deixei que a tocasse. ⁷Agora, devolva a mulher ao marido dela, e ele orará por você, pois é profeta. Então você viverá. Mas, se não

---

ª **19.22** *Zoar* significa "lugarejo". ᵇ **19.37** O som do nome *Moabe* é semelhante ao de um termo hebraico que significa "do pai".
ᶜ **19.38** *Ben-Ami* significa "filho do meu povo".

a devolver, esteja certo de que você e todo o seu povo morrerão".

⁸Na manhã seguinte, Abimeleque se levantou cedo e, sem demora, reuniu todos os seus servos. Quando contou o que havia acontecido, seus homens se encheram de medo. ⁹Então Abimeleque mandou chamar Abraão. "O que você fez conosco?", perguntou. "Que crime cometi para merecer este tratamento que nos torna, a mim e ao meu reino, culpados deste grande pecado? O que você me fez não se faz a ninguém! ¹⁰O que deu em você para agir desse jeito?".

¹¹Abraão respondeu: "Pensei comigo: 'Este é um lugar onde ninguém teme a Deus, e vão me matar para ficarem com minha mulher'. ¹²Além do mais, ela é, de fato, minha irmã por parte de pai, mas não de mãe, e eu me casei com ela. ¹³Quando Deus me chamou para deixar a casa de meu pai e viajar de um lugar para outro, eu disse a ela: 'Faça-me este favor: por onde formos, diga que eu sou seu irmão'".

¹⁴Então Abimeleque pegou ovelhas e bois, servos e servas, e os deu de presente a Abraão. Também lhe devolveu Sara, sua mulher. ¹⁵Abimeleque disse: "Veja, minha terra está à sua disposição. More onde lhe parecer melhor". ¹⁶E disse a Sara: "Estou dando a seu irmão mil peças[a] de prata diante de todas estas testemunhas para reparar qualquer dano que eu lhe tenha causado. Assim, todos saberão que você é inocente".

¹⁷Então Abraão orou a Deus, e Deus curou Abimeleque, sua mulher e suas servas, de modo que pudessem ter filhos, ¹⁸pois o Senhor havia tornado estéreis todas as mulheres do harém de Abimeleque por causa do que tinha acontecido com Sara, mulher de Abraão.

O nascimento de Isaque

21 O Senhor agiu em favor de Sara e cumpriu o que lhe tinha prometido. ²Ela engravidou e deu à luz um filho para Abraão na velhice dele, exatamente no tempo indicado por Deus. ³Abraão deu o nome Isaque ao filho que Sara lhe deu. ⁴No oitavo dia depois do nascimento de Isaque, Abraão o circuncidou, como Deus havia ordenado. ⁵Abraão tinha 100 anos quando Isaque nasceu.

⁶Sara declarou: "Deus me fez sorrir.[b] Todos que ficarem sabendo do que aconteceu vão rir comigo!". ⁷E disse mais: "Quem diria a Abraão que sua mulher amamentaria um bebê? E, no entanto, em sua velhice, eu lhe dei um filho!".

Abraão expulsa Hagar e Ismael

⁸Quando Isaque cresceu e estava para ser desmamado, Abraão preparou uma grande festa para comemorar a ocasião. ⁹Sara, porém, viu Ismael, filho de Abraão e da serva egípcia Hagar, caçoar de seu filho, Isaque,[c] ¹⁰e disse a Abraão: "Livre-se da escrava e do filho dela! Ele jamais será herdeiro junto com meu filho, Isaque!".

¹¹Abraão ficou muito perturbado com isso, pois Ismael era seu filho. ¹²Deus, porém, lhe disse: "Não se perturbe por causa do menino e da serva. Faça tudo que Sara lhe pedir, pois Isaque é o filho de quem depende a sua descendência. ¹³Contudo, também farei uma nação dos descendentes do filho de Hagar, pois ele é seu filho".

¹⁴Na manhã seguinte, Abraão se levantou cedo, preparou mantimentos e uma vasilha cheia de água e os pôs sobre os ombros de Hagar. Então, mandou-a embora com seu filho, e ela andou sem rumo pelo deserto de Berseba.

¹⁵Quando acabou a água, Hagar colocou o menino à sombra de um arbusto ¹⁶e foi sentar-se sozinha, uns cem metros adiante.[d] "Não quero ver o menino morrer", disse ela, chorando sem parar.

¹⁷Mas Deus ouviu o choro do menino e, do céu, o anjo de Deus chamou Hagar: "Que foi, Hagar? Não tenha medo! Deus ouviu o menino chorar, dali onde ele está. ¹⁸Levante-o e anime-o, pois farei dos descendentes dele uma grande nação".

¹⁹Então Deus abriu os olhos de Hagar, e ela viu um poço cheio de água. Sem demora, encheu a vasilha de água e deu para o menino beber.

²⁰Deus estava com o menino enquanto ele crescia no deserto. Ismael se tornou flecheiro

---

[a] **20.16** Em hebraico, *1.000 (siclos)*, cerca de 12 quilos. [b] **21.6** O nome *Isaque* significa "ele ri". [c] **21.9** Conforme a Septuaginta e a Vulgata; o hebraico não traz *de seu filho, Isaque*. [d] **21.16** Em hebraico, *à distância de um tiro de flecha*.

> **REFLETINDO SOBRE:** Jamais abandonada

Hagar

Porque Deus disse: "Não o deixarei; jamais o abandonarei".
—Hebreus 13.5

Ashley olhou para o bilhete em sua mão, tentando compreender as palavras. Ela havia se apaixonado por Todd mesmo ele ainda sendo legalmente casado. Logo ele se mudara para seu apartamento. Sempre que Ashley perguntava sobre os extensos procedimentos do divórcio, Todd a tranquilizava e falava de sua vida futura juntos. Agora Ashley chegou em casa e encontrou um bilhete informando-lhe que ele havia decidido voltar para sua esposa — e não queria contato com a bebê de dois meses chorando de fome ao lado de sua cama.

Hagar também se sentiu abandonada e sem esperança. Durante a festa para celebrar o desmame de Isaque, o filho adolescente de Hagar havia zombado de Isaque. Sara, esposa de Abraão, exigiu que Abraão se livrasse de sua concubina e seu filho. Considerando que Isaque era o filho por meio de quem a aliança de Deus com Abraão seria cumprida, Deus aprovou a separação, mas Ele não abandonou Hagar e Ismael.

Abraão mandou Hagar embora com um pouco de comida e um recipiente com água. Ela e Ismael perambularam a esmo pelo deserto até que a água acabou e então Hagar se separou de seu filho. Ela não podia suportar a angústia de assisti-lo morrer. Mas o mesmo Deus que instruiu Hagar a chamar seu filho de Ismael — "Deus ouve" —, ouviu os clamores do menino. O Deus a quem Hagar chamou de "Aquele que me vê" (16.13) abriu os seus olhos para ver um poço de água. Deus continuou com ela e seu filho conforme ele crescia até se tornar pai de uma nação.

Algumas vezes nos sentimos abandonadas exatamente pelas pessoas que deveriam nos amar e proteger. É uma situação assustadora ser mãe solteira criando seus filhos sem ajuda alguma ou estar separada de alguém com quem tínhamos um relacionamento próximo. Às vezes pode parecer que ninguém se importa conosco, mas Deus ouve os nossos clamores e vê as nossas necessidades. Ele nos protegerá e proverá o que precisamos — quer estejamos sozinhas em nossos lares ou no meio de um deserto.

[21] e se estabeleceu no deserto de Parã, e sua mãe conseguiu para ele uma esposa egípcia.

A aliança de Abraão com Abimeleque

[22] Por esse tempo, Abimeleque, acompanhado de Ficol, comandante do seu exército, foi visitar Abraão. "É evidente que Deus está com você, ajudando-o em tudo que faz", disse Abimeleque. [23] "Jure, em nome de Deus, que não enganará nem a mim, nem a meus filhos, nem a nenhum de meus descendentes. Tenho sido leal a você, por isso jure que será leal a mim e a esta terra onde vive como estrangeiro."

[24] Abraão respondeu: "Eu juro!". [25] Contudo, Abraão reclamou com Abimeleque sobre um poço que os servos de Abimeleque lhe haviam tomado à força.

[26] "Eu não sabia disso", respondeu Abimeleque. "Não faço ideia de quem seja o responsável. Você nunca se queixou a esse respeito."

[27] Então Abraão deu ovelhas e bois a Abimeleque, e os dois fizeram um acordo. [28] Quando Abraão também separou do rebanho mais sete cordeirinhas, [29] Abimeleque lhe perguntou: "Por que você separou estas sete das demais?".

[30] Abraão respondeu: "Por favor, aceite estas sete cordeirinhas como testemunho de que eu cavei este poço". [31] Por isso Abraão chamou o lugar de Berseba,[a] porque ali os dois fizeram o juramento.

[32] Depois de firmarem a aliança em Berseba, Abimeleque e Ficol, comandante do seu exército, voltaram para a terra dos filisteus. [33] Abraão plantou uma tamargueira em Berseba e ali invocou o nome do Senhor, o Deus Eterno.[b] [34] E Abraão morou na terra dos filisteus como estrangeiro por longo tempo.

---

[a] **21.31** *Berseba* significa "poço do juramento". [b] **21.33** Em hebraico, *El-Olam*.

PÃO DIÁRIO

O melhor da vida

Agora sei que você teme a Deus de fato. Não me negou nem mesmo seu filho, seu único filho!
—Gênesis 22.12

O coração de Abraão devia estar disparado ao chegar com seu filho Isaque no local indicado para o sacrifício no monte Moriá. Ele já havia oferecido tantos sacrifícios durante a vida... mas aquele era diferente. Deus estava lhe pedindo que colocasse o seu filho prometido no altar e, que ainda assim, mantivesse a confiança no amor e na integridade do Senhor.

Quando ficou evidente que Abraão estava preparado para sacrificar Isaque, um anjo o interrompeu e providenciou um carneiro para o lugar do menino. Abraão tinha entregado completamente tudo o que tinha ao Senhor, e seu filho lhe foi devolvido.

Esta ideia de total submissão é ilustrada no reino animal. Quando dois lobos lutam por um limite territorial, o conflito termina de modo pouco comum. Quando um animal percebe que não pode vencer, indica a rendição expondo a parte de baixo do pescoço aos dentes do adversário. Por algum motivo inexplicável, o vitorioso não o mata. Em vez disso, permite que o subjugado vá embora.

Devemos estar dispostas a entregar a Cristo aquilo que consideramos mais precioso. Ele quer mais do que o nosso tempo de folga e o que sobra dos nossos rendimentos; Jesus quer ser o Senhor de tudo em nossa vida. Podemos experimentar a liberdade que vem da rendição a Ele apenas quando estamos prontas a deixar o que mais amamos. A entrega é o segredo para viver o melhor da vida!

Senhor, entrego a ti tudo o que tenho e tudo o que sou. Tudo o que considero mais valioso, coloco aos Teus pés. Somente ali, encontro a verdadeira liberdade e descanso.

Deixe Deus controlar a sua vida; Ele pode fazer mais coisas com ela do que você!

Deus prova Abraão

22 Algum tempo depois, Deus pôs Abraão à prova. "Abraão!", Deus chamou.

"Sim", respondeu Abraão. "Aqui estou!"

²Deus disse: "Tome seu filho, seu único filho, Isaque, a quem você tanto ama, e vá à terra de Moriá. Lá, em um dos montes que eu lhe mostrarei, ofereça-o como holocausto."

³Na manhã seguinte, Abraão se levantou cedo e preparou seu jumento. Levou consigo dois de seus servos e seu filho Isaque. Cortou lenha para o fogo do holocausto e partiu para o lugar que Deus tinha indicado. ⁴No terceiro dia da viagem, Abraão levantou os olhos e viu o lugar de longe. ⁵"Fiquem aqui com o jumento", disse ele aos servos. "O rapaz e eu iremos mais adiante. Vamos adorar e depois voltaremos."

⁶Abraão pôs a lenha para o holocausto nos ombros de Isaque, e ele próprio levou o fogo e a faca. Enquanto os dois caminhavam juntos, ⁷Isaque se virou para Abraão e disse: "Pai?".

"Sim, meu filho", respondeu Abraão.

"Temos fogo e lenha", disse Isaque. "Mas onde está o cordeiro para o holocausto?"

⁸"Deus providenciará o cordeiro para o holocausto, meu filho", respondeu Abraão. E continuaram a caminhar juntos.

⁹Quando chegaram ao lugar que Deus havia indicado, Abraão construiu um altar e arrumou a lenha sobre ele. Em seguida, amarrou seu filho Isaque e o colocou no altar, sobre a lenha. ¹⁰Então, pegou a faca para sacrificar o filho. ¹¹Nesse momento, o anjo do Senhor o chamou do céu: "Abraão! Abraão!".

"Aqui estou!", respondeu Abraão.

¹²"Não toque no rapaz", disse o anjo. "Não lhe faça mal algum. Agora sei que você teme a Deus de fato. Não me negou nem mesmo seu filho, seu único filho!"

¹³Então Abraão levantou os olhos e viu um carneiro preso pelos chifres num arbusto. Pegou o carneiro e o ofereceu como holocausto em lugar do filho. ¹⁴Abraão chamou aquele lugar de Javé-Jiré.[a] Até hoje, as pessoas usam esse nome como provérbio: "No monte do Senhor se providenciará".

¹⁵Então o anjo do Senhor chamou Abraão novamente do céu: ¹⁶"Assim diz o Senhor: Uma vez que você me obedeceu e não me negou nem mesmo seu filho, seu único filho, juro pelo meu nome que ¹⁷certamente o abençoarei. Multiplicarei grandemente seus descendentes, e eles serão como as estrelas no céu e a areia na beira do mar. Seus descendentes conquistarão as cidades de seus inimigos ¹⁸e, por meio deles, todas as nações da terra serão

---

[a] 22.14 *Javé-Jiré* significa "o Senhor providenciará".

abençoadas. Tudo isso porque você me obedeceu".

¹⁹Então voltaram até onde estavam os servos e partiram para Berseba, onde Abraão continuou a morar.

²⁰Pouco tempo depois, Abraão ficou sabendo que Milca, mulher de Naor, irmão dele, lhe tinha dado filhos. ²¹O mais velho recebeu o nome de Uz, o segundo mais velho, Buz, seguido de Quemuel (antepassado dos arameus), ²²Quésede, Hazo, Pildás, Jidlafe e Betuel ²³(que foi o pai de Rebeca). Esses foram os oito filhos que Milca deu a Naor, irmão de Abraão. ²⁴Além desses, Reumá, sua concubina, lhe deu quatro filhos: Tebá, Gaã, Taás e Maaca.

O sepultamento de Sara

23 Quando Sara estava com 127 anos, ²morreu em Quiriate-Arba (hoje chamada Hebrom), na terra de Canaã. Abraão lamentou a morte de Sara e chorou por ela.

³Depois, deixou ali o corpo de sua mulher e disse aos hititas: ⁴"Tenho vivido como forasteiro e estrangeiro entre vocês. Por favor, vendam-me um pedaço de terra, para que eu possa dar um sepultamento digno à minha mulher".

⁵Os hititas responderam a Abraão: ⁶"Ouça-nos; o senhor é um príncipe honrado em nosso meio. Escolha o melhor dos nossos túmulos e nele sepulte sua mulher. Nenhum de nós se recusará a dar ao senhor o local para a sepultura".

⁷Abraão curvou-se diante dos hititas ⁸e disse: "Visto que estão dispostos a me dar o local para a sepultura, façam a gentileza de pedir a Efrom, filho de Zoar, ⁹que me permita comprar sua caverna em Macpela, na fronteira do seu campo. Ele me venderá a terra pelo preço que vocês considerarem justo, e assim terei uma sepultura permanente para minha família".

¹⁰Efrom estava sentado no meio do seu povo e respondeu a Abraão enquanto os demais ouviam, pronunciando-se publicamente diante dos hititas que se reuniam à porta da cidade. ¹¹"Não, meu senhor", disse ele a Abraão. "Ouça-me; eu lhe dou o campo e a caverna. Aqui, na presença do meu povo, eu lhe dou a propriedade. Vá e sepulte a sua falecida."

¹²Abraão se curvou outra vez diante do povo daquela terra ¹³e respondeu a Efrom, enquanto todos ouviam: "Ouça-me, por favor; eu os comprarei de você. Deixe-me pagar o preço justo pelo campo, para que possa sepultar ali a minha falecida".

¹⁴Efrom respondeu a Abraão: ¹⁵"Meu senhor, ouça-me; a propriedade vale quatrocentas peçasª de prata, mas o que é isso entre amigos? Vá e sepulte a sua falecida".

¹⁶Abraão concordou com o preço e pagou a quantia que Efrom sugeriu: quatrocentas peças de prata, pesadas de acordo com o padrão do mercado. E os hititas testemunharam a transação.

¹⁷Assim, Abraão comprou o pedaço de terra pertencente a Efrom em Macpela, perto de Manre. A propriedade incluía o campo, a caverna e todas as árvores ao redor. ¹⁸Foi transferida a Abraão como sua propriedade permanente, na presença dos anciãos hititas à porta da cidade. ¹⁹Então Abraão sepultou Sara, sua mulher, em Canaã, na caverna de Macpela, perto de Manre (também chamado Hebrom). ²⁰O campo e a caverna foram transferidos dos hititas para Abraão como sepultura permanente.

Uma mulher para Isaque

24 Abraão estava bem velho, e o Senhor o havia abençoado em tudo. ²Certo dia, Abraão disse a seu servo mais antigo, o homem encarregado de sua casa: "Faça um juramento colocando a mão debaixo da minha coxa. ³Jure pelo Senhor, o Deus dos céus e da terra, que não deixará meu filho se casar com uma das mulheres cananitas que aqui vivem, ⁴mas irá à minha terra natal, aos meus parentes, procurar uma mulher para meu filho Isaque".

⁵O servo perguntou: "E se eu não encontrar uma moça disposta a viajar para um lugar tão distante de sua terra? Devo levar Isaque para morar entre seus parentes na terra de onde o senhor veio?".

⁶"Não!", respondeu Abraão. "Cuidado! Não leve meu filho para lá de jeito nenhum. ⁷O Senhor, o Deus dos céus, que me tirou da casa de

---
ª **23.15** Em hebraico, *400 siclos*, cerca de 4,8 quilos; também em 23.16.

meu pai e de minha terra natal, prometeu solenemente dar esta terra a meus descendentes. Ele enviará um anjo à sua frente e providenciará para que você encontre ali uma mulher para meu filho. ⁸Se ela não estiver disposta a acompanhá-lo de volta, você estará livre do seu juramento. Mas não leve meu filho para lá, de maneira nenhuma."

⁹Então o servo colocou a mão debaixo da coxa de Abraão, seu senhor, e jurou seguir suas instruções. ¹⁰Em seguida, pegou dez camelos de Abraão, carregou-os com presentes valiosos de todo tipo da parte de seu senhor e viajou para a terra distante de Arã-Naaraim. Chegando lá, dirigiu-se à cidade onde Naor, irmão de Abraão, havia se estabelecido. ¹¹Ao entardecer, quando as mulheres saíam para tirar água, ele fez os camelos se ajoelharem perto de um poço nos arredores da cidade.

¹²Então o servo orou: "Ó Senhor, Deus do meu senhor Abraão, por favor, dá-me sucesso hoje e sê bondoso com o meu senhor Abraão. ¹³Como vês, estou aqui junto desta fonte, e as moças da cidade estão vindo tirar água. ¹⁴Esta é minha súplica. Pedirei a uma delas: 'Por favor, dê-me um pouco de água do seu cântaro para eu beber'. Se ela disser: 'Sim, beba. Também darei água a seus camelos', que seja ela a moça que escolheste para ser mulher do teu servo Isaque. Desse modo, saberei que foste bondoso com o meu senhor".

¹⁵Antes de terminar a oração, o servo viu aproximar-se uma moça chamada Rebeca, que trazia um cântaro no ombro. Ela era filha de Betuel, filho do irmão de Abraão, Naor, e de sua mulher, Milca. ¹⁶Rebeca era muito bonita, tinha idade para casar e era virgem. Ela desceu à fonte, encheu o cântaro e voltou. ¹⁷O servo de Abraão correu até ela e lhe pediu: "Por favor, dê-me um pouco de água do seu cântaro para eu beber".

¹⁸"Sim, meu senhor, beba", respondeu ela e, prontamente, baixou o cântaro do ombro e lhe deu de beber. ¹⁹Depois que lhe deu de beber, disse: "Tirarei água para seus camelos também, até que estejam satisfeitos". ²⁰Esvaziou depressa o cântaro no bebedouro e correu de volta ao poço a fim de tirar água para todos os camelos.

²¹O homem a observou em silêncio, pensando se o Senhor lhe tinha dado sucesso em sua missão. ²²Por fim, quando os camelos terminaram de beber, o servo deu à moça uma argola de ouro para o nariz e duas pulseiras grandes de ouro[a] para os braços.

²³"De quem você é filha?", perguntou ele. "Diga-me, por favor, se seu pai tem lugar para nos hospedar esta noite."

²⁴"Sou filha de Betuel, e meus avós são Naor e Milca", respondeu ela. ²⁵"Temos bastante palha e forragem para os camelos e espaço para hóspedes."

²⁶O homem se prostrou e adorou o Senhor. ²⁷"Louvado seja o Senhor, Deus do meu senhor Abraão!", disse ele. "O Senhor demonstrou bondade e fidelidade ao meu senhor, pois me conduziu até seus parentes."

²⁸A moça correu para casa e contou à família tudo que havia acontecido. ²⁹Rebeca tinha um irmão chamado Labão, que foi prontamente à fonte para conhecer o homem. ³⁰Ele havia visto a argola para o nariz e as pulseiras nos braços da irmã, e tinha ouvido Rebeca contar o que o homem dissera. Assim, apressou-se até a fonte, onde o homem ainda estava parado perto dos camelos. ³¹Labão lhe disse: "Venha e fique conosco, abençoado do Senhor! Por que ficar aí fora? Já mandei arrumar acomodações para você e seus homens e lugar para os camelos".

³²Então o homem foi com ele para casa. Labão mandou descarregar os camelos, dar palha para os animais se deitarem e forragem para comerem, e água para o homem e seus ajudantes lavarem os pés. ³³Quando a refeição foi servida, porém, o servo de Abraão disse: "Não comerei enquanto não explicar o motivo da minha vinda".

"Está bem", disse Labão. "Fale."

³⁴"Sou servo de Abraão", explicou ele. ³⁵"O Senhor abençoou grandemente o meu senhor, e ele se tornou um homem rico. O Senhor lhe deu rebanhos de ovelhas e bois, uma fortuna em prata e ouro, e muitos servos e servas, camelos e jumentos.

---

[a] 24.22 Em hebraico, *uma argola de nariz pesando 1 beca* (6 gramas) e *duas pulseiras de ouro pesando 10 (siclos)* (120 gramas).

³⁶"Quando Sara, mulher do meu senhor, era muito idosa, deu à luz o filho dele. Meu senhor deu tudo que possui a esse filho ³⁷e me fez jurar, dizendo: 'Não permita que meu filho se case com uma das mulheres cananitas que aqui vivem. ³⁸Vá à casa de meu pai, aos meus parentes, procurar uma mulher para meu filho'. ³⁹"Mas eu perguntei ao meu senhor: 'E se eu não encontrar uma moça disposta a voltar comigo?'. ⁴⁰Ele respondeu: 'O SENHOR, em cuja presença tenho vivido, enviará um anjo com você e lhe dará sucesso em sua missão. Encontre uma mulher para meu filho entre os meus parentes, da família de meu pai. ⁴¹Então você terá cumprido sua obrigação. Se, porém, você for aos meus parentes e eles não deixarem a moça acompanhá-lo, estará livre do juramento'.

⁴²"Hoje, quando cheguei à fonte, fiz a seguinte oração: 'Ó SENHOR, Deus do meu senhor Abraão, por favor, dá-me sucesso em minha missão. ⁴³Como vês, estou aqui junto desta fonte. Esta é minha súplica. Quando uma jovem vier tirar água, eu lhe direi: 'Por favor, dê-me um pouco de água do seu cântaro'. ⁴⁴Se ela disser: 'Sim, beba. Também darei água a seus camelos', que seja ela a moça que escolheste para ser mulher do filho do meu senhor'.

⁴⁵"Antes de terminar de orar em meu coração, vi Rebeca vindo com o cântaro no ombro. Ela desceu à fonte e tirou água. Eu lhe disse: 'Por favor, dê-me um pouco de água do seu cântaro para eu beber'. ⁴⁶Prontamente, ela baixou o cântaro do ombro e disse: 'Sim, beba. Também darei água aos seus camelos'. Eu bebi, e ela deu água aos camelos.

⁴⁷"Em seguida, perguntei-lhe: 'De quem você é filha?'. Ela respondeu: 'Sou filha de Betuel, e meus avós são Naor e Milca'. Então coloquei a argola em seu nariz e as pulseiras em seus braços.

⁴⁸"Depois, prostrei-me e adorei o SENHOR. Louvei o SENHOR, Deus do meu senhor Abraão, pois ele havia me conduzido até a sobrinha--neta do meu senhor, para que ela seja mulher do filho do meu senhor. ⁴⁹Agora, digam-me se mostrarão bondade e fidelidade ao meu senhor. Por favor, respondam-me 'sim' ou 'não', para que eu saiba o que fazer em seguida."

⁵⁰Labão e Betuel responderam: "É evidente que o SENHOR o trouxe até aqui. Sendo assim, não há nada que possamos dizer. ⁵¹Aqui está Rebeca; tome-a e leve-a com você. Que ela seja mulher do filho do seu senhor, como disse o SENHOR".

⁵²Quando o servo de Abraão ouviu a resposta, prostrou-se no chão e adorou o SENHOR. ⁵³Em seguida, entregou a Rebeca joias de prata e ouro e vestidos. Também deu presentes valiosos ao irmão e à mãe de Rebeca. ⁵⁴Então o servo e os homens que o acompanhavam comeram e passaram a noite ali.

Logo cedo na manhã seguinte, o servo de Abraão disse: "Enviem-me de volta ao meu senhor". ⁵⁵Mas o irmão e a mãe de Rebeca disseram: "Queremos que Rebeca fique conosco pelo menos dez dias; depois, ela poderá partir".

⁵⁶O servo, porém, disse: "Não me detenham. O SENHOR me deu sucesso em minha missão; agora, enviem-me de volta ao meu senhor".

⁵⁷"Pois bem", disseram eles. "Chamaremos Rebeca e pediremos a opinião dela." ⁵⁸Chamaram Rebeca e lhe perguntaram: "Você está disposta a ir com este homem?".

E ela respondeu: "Sim, estou".

⁵⁹Com isso, eles se despediram de Rebeca e a enviaram com o servo de Abraão e seus homens. A serva que havia amamentado Rebeca a acompanhou. ⁶⁰Na hora da partida, abençoaram Rebeca, dizendo:

"Nossa irmã, que você se torne
  mãe de muitos milhares!
Que seus descendentes
  conquistem as cidades de seus
  inimigos!".

⁶¹Então Rebeca e suas servas montaram nos camelos e seguiram o homem. Assim, o servo de Abraão partiu levando Rebeca.

⁶²Nesse meio-tempo, Isaque, que morava no Neguebe, havia regressado de Beer-Laai--Roi. ⁶³Ao entardecer, enquanto caminhava pelo campo e meditava, levantou os olhos e viu que camelos se aproximavam. ⁶⁴Quando Rebeca levantou os olhos e viu Isaque, desceu do camelo no mesmo instante ⁶⁵e perguntou ao servo: "Quem é aquele homem que vem pelo campo ao nosso encontro?".

Quando ele respondeu: "É meu senhor", Rebeca cobriu o rosto com o véu. ⁶⁶Depois, o servo contou a Isaque tudo que havia feito.

⁶⁷Isaque a levou para a tenda de Sara, sua mãe, e Rebeca se tornou sua mulher. Ele a amava profundamente e nela encontrou consolação depois que sua mãe morreu.

A morte de Abraão

25 Abraão se casou outra vez, com uma mulher chamada Quetura. ²Ela deu à luz Zinrã, Jocsã, Medã, Midiã, Isbaque e Suá. ³Jocsã gerou Sabá e Dedã. Os descendentes de Dedã foram os assuritas, os letusitas e os leumitas. ⁴Os filhos de Midiã foram Efá, Éfer, Enoque, Abida e Elda. Todos eles foram descendentes de Abraão por meio de Quetura.

⁵Abraão deu tudo que possuía a seu filho Isaque. ⁶Antes de morrer, porém, deu presentes aos filhos de suas concubinas e os separou de Isaque, enviando-os para as terras do leste.

⁷Abraão viveu 175 anos ⁸e morreu em boa velhice, depois de uma vida longa e feliz. Deu o último suspiro e, ao morrer, reuniu-se a seus antepassados. ⁹Seus filhos Isaque e Ismael o sepultaram na caverna de Macpela, perto de Manre, no campo de Efrom, filho de Zoar, o hitita. ¹⁰Esse era o campo que Abraão havia comprado dos hititas e onde havia sepultado Sara, sua mulher. ¹¹Depois da morte de Abraão, Deus abençoou Isaque, e ele se estabeleceu perto de Beer-Laai-Roi, no Neguebe.

Os descendentes de Ismael

¹²Este é o relato da família de Ismael, filho de Abraão com Hagar, serva egípcia de Sara. ¹³São estes os descendentes de Ismael por nome e clã: Nebaiote, o mais velho, seguido de Quedar, Adbeel, Misbão, ¹⁴Misma, Dumá, Massá, ¹⁵Hadade, Temá, Jetur, Nafis e Quedemá. ¹⁶Esses doze filhos de Ismael deram origem a doze tribos, cada uma com o nome de seu fundador, relacionadas de acordo com o lugar onde se estabeleceram e acamparam. ¹⁷Ismael viveu 137 anos. Deu o último suspiro e, ao morrer, reuniu-se a seus antepassados. ¹⁸Os descendentes de Ismael ocuparam a região que vai de Havilá a Sur, a leste do Egito, na direção de Assur. Ali, viveram em franca oposição a todos os seus parentes.[a]

O nascimento de Esaú e Jacó

¹⁹Este é o relato da família de Isaque, filho de Abraão. ²⁰Quando Isaque tinha 40 anos, casou-se com Rebeca, filha de Betuel, o arameu de Padã-Arã, e irmã de Labão, o arameu.

²¹Isaque orou ao S<small>ENHOR</small> em favor de sua mulher, pois ela não podia ter filhos. O S<small>ENHOR</small> ouviu a oração de Isaque, e Rebeca ficou grávida de gêmeos. ²²Os dois bebês lutavam um com o outro no ventre da mãe, de modo que ela consultou o S<small>ENHOR</small> a esse respeito. "Por que isso está acontecendo comigo?", perguntou ela.

²³O S<small>ENHOR</small> respondeu: "Os filhos em seu ventre se tornarão duas nações. Desde o começo, elas serão rivais. Uma nação será mais forte que a outra, e seu filho mais velho servirá a seu filho mais novo".

²⁴Quando chegou a hora de dar à luz, Rebeca descobriu que, de fato, eram gêmeos. ²⁵O primeiro a nascer era ruivo e coberto de pelos; por isso o chamaram de Esaú.[b] ²⁶Depois, nasceu o outro gêmeo, com a mão agarrada ao calcanhar de Esaú; por isso o chamaram de Jacó.[c] Isaque tinha 60 anos quando os gêmeos nasceram.

Esaú vende seu direito de filho mais velho

²⁷Os meninos cresceram. Esaú se tornou um caçador habilidoso que vivia ao ar livre, enquanto Jacó era mais pacato e preferia ficar em casa. ²⁸Isaque amava Esaú porque gostava de comer a carne de caça que ele trazia, mas Rebeca amava Jacó.

²⁹Certo dia, quando Jacó preparava um ensopado, Esaú chegou do deserto, exausto e faminto. ³⁰"Estou faminto!", disse ele a Jacó. "Dê-me um pouco desse ensopado vermelho!" (Por isso Esaú também ficou conhecido como Edom.[d])

³¹"Está bem", respondeu Jacó. "Mas, em troca, dê-me seus direitos de filho mais velho."

³²"Estou morrendo de fome!", disse Esaú. "De que me servem meus direitos de filho mais velho?"

---

[a] 25.18 O significado do hebraico é incerto. [b] 25.25 O som do nome *Esaú* é semelhante ao de um termo hebraico que significa "pelo". [c] 25.26 O som do nome *Jacó* é semelhante ao dos termos hebraicos para "calcanhar" e "enganador". [d] 25.30 *Edom* significa "vermelho".

³³Mas Jacó disse: "Primeiro, jure que seus direitos de filho mais velho agora são meus". Esaú fez um juramento e, desse modo, vendeu todos os seus direitos de filho mais velho a seu irmão, Jacó. ³⁴Então Jacó deu a Esaú um pedaço de pão e o ensopado de lentilhas. Esaú comeu, levantou-se e foi embora. Assim, ele desprezou seu direito de filho mais velho.

Isaque mente para Abimeleque

26 ¹Uma fome terrível atingiu a região, como havia acontecido antes no tempo de Abraão. Por isso, Isaque se mudou para Gerar, onde vivia Abimeleque, rei dos filisteus. ²O Senhor apareceu a Isaque e disse: "Não desça ao Egito. Faça o que eu mandar. ³Habite aqui como estrangeiro, e eu estarei com você e o abençoarei. Com isso, confirmo que darei todas estas terras a você e a seus descendentes, conforme prometi solenemente a Abraão, seu pai. ⁴Farei que seus descendentes sejam tão numerosos quanto as estrelas do céu e darei a eles todas estas terras. Por meio de sua descendência, todas as nações da terra serão abençoadas. ⁵Farei isso porque Abraão me deu ouvidos e obedeceu ao que lhe ordenei: meus mandamentos, decretos e instruções". ⁶Portanto, Isaque ficou em Gerar.

⁷Quando os homens que viviam na região perguntaram a Isaque sobre Rebeca, sua mulher, ele disse: "É minha irmã". Teve medo de dizer "É minha mulher", pois pensou: "Ela é tão bonita que os homens vão me matar por causa dela". ⁸Algum tempo depois, porém, Abimeleque, rei dos filisteus, olhou pela janela e viu Isaque acariciar Rebeca.

⁹No mesmo instante, Abimeleque mandou chamar Isaque e exclamou: "É evidente que ela é sua mulher! Por que você disse que era sua irmã?".

"Porque tive medo que alguém me matasse por causa dela", respondeu Isaque.

¹⁰"Como você pôde fazer uma coisa dessas conosco?", exclamou Abimeleque. "Um dos meus homens poderia ter tomado sua mulher e dormido com ela e, por sua causa, seríamos culpados de grande pecado!"

¹¹Então Abimeleque declarou a todo o povo: "Quem tocar neste homem ou em sua mulher será executado!".

Conflito pelo uso da água

¹²Naquele ano, quando Isaque plantou lavouras, colheu cem vezes mais cereais do que havia semeado, pois o Senhor o abençoou. ¹³Isaque prosperou e se tornou rico e influente. ¹⁴Adquiriu tantos rebanhos de ovelhas e bois e tantos servos que os filisteus o invejaram. ¹⁵Por isso, os filisteus fecharam com terra todos os poços de Isaque, que tinham sido cavados pelos servos de seu pai, Abraão.

¹⁶Por fim, Abimeleque ordenou que Isaque deixasse aquela terra. "Vá para outro lugar", disse ele. "Você se tornou poderoso demais para nós."

¹⁷Então Isaque partiu de onde estava e se estabeleceu no vale de Gerar, onde armou suas tendas. ¹⁸Reabriu os poços que seu pai havia cavado e que os filisteus haviam fechado depois da morte de Abraão e lhes deu os mesmos nomes que Abraão tinha dado.

¹⁹Os servos de Isaque também cavaram no vale de Gerar e encontraram uma fonte de água corrente. ²⁰Contudo, os pastores de Gerar entraram em conflito com os pastores de Isaque. "Esta água é nossa!", diziam eles. Por isso, Isaque chamou o poço de Eseque.[a] ²¹Em seguida, os homens de Isaque cavaram outro poço, mas, novamente, houve conflito por causa dele. Por isso, Isaque o chamou de Sitna.[b] ²²Isaque abandonou esse poço e mandou cavar outro mais adiante. Dessa vez, ninguém discutiu por causa dele, de modo que Isaque o chamou de Reobote,[c] pois disse: "Finalmente o Senhor criou espaço suficiente para prosperarmos nesta terra!".

²³Dali, Isaque se mudou para Berseba, ²⁴onde o Senhor lhe apareceu na noite de sua chegada e disse: "Eu sou o Deus de seu pai, Abraão. Não tenha medo, pois estou com você e o abençoarei. Multiplicarei seus descendentes, e eles se tornarão uma grande nação. Farei isso por causa da minha promessa ao meu servo, Abraão".

²⁵Isaque construiu ali um altar e invocou o nome do Senhor. Armou acampamento naquele local, e seus servos cavaram outro poço.

---

[a] 26.20 *Eseque* significa "discussão". [b] 26.21 *Sitna* significa "hostilidade". [c] 26.22 *Reobote* significa "lugar espaçoso".

A aliança de Isaque com Abimeleque

²⁶Certo dia, o rei Abimeleque veio de Gerar com Auzate, seu conselheiro, e com Ficol, comandante do seu exército. ²⁷"Por que vocês vieram?", perguntou Isaque. "É evidente que me odeiam, já que me expulsaram de sua terra."

²⁸Eles responderam: "Podemos ver claramente que o Senhor está com você. Por isso, queremos fazer com você um acordo sob juramento, uma aliança. ²⁹Jure que não nos fará mal, assim como nós nunca lhe fizemos mal. Sempre o tratamos bem e o despedimos em paz. E agora, veja como o Senhor o abençoou!".

³⁰Então Isaque lhes preparou um banquete, e eles comeram e beberam juntos. ³¹Logo cedo, na manhã seguinte, cada um fez o juramento solene de não interferir com o outro. Isaque se despediu deles, e partiram em paz.

³²Naquele mesmo dia, os servos de Isaque vieram lhe falar de um novo poço que tinham cavado. "Encontramos água!", exclamaram. ³³Por isso, Isaque chamou o poço de Seba.ᵃ E, até hoje, a cidade que se formou ali é conhecida como Berseba.ᵇ

³⁴Quando Esaú tinha 40 anos, casou-se com duas mulheres hititas: Judite, filha de Beeri, e Basemate, filha de Elom. ³⁵Essas duas mulheres causaram grande desgosto a Isaque e Rebeca.

Jacó rouba a bênção de Esaú

27 Certo dia, quando Isaque era velho e estava ficando cego, chamou Esaú, seu filho mais velho: "Meu filho!".

Esaú respondeu: "Aqui estou!".

²Isaque disse: "Estou velho e não sei quando vou morrer. ³Pegue suas armas, o arco e as flechas, e vá ao campo caçar um animal para mim. ⁴Depois, prepare meu prato favorito e traga-o aqui para eu comer. Então pronunciarei a bênção que pertence a você, meu filho mais velho, antes de eu morrer".

⁵Rebeca, porém, ouviu o que Isaque tinha dito a seu filho Esaú. Quando Esaú saiu para caçar, ⁶ela disse a seu filho Jacó: "Ouvi seu pai dizer a Esaú: ⁷'Traga-me uma carne de caça e prepare-me uma refeição saborosa. Então abençoarei você na presença do Senhor antes de eu morrer'. ⁸Agora, meu filho, preste atenção e faça exatamente o que lhe direi. ⁹Vá ao rebanho e traga-me dois dos melhores cabritos. Eu os usarei para preparar o prato favorito de seu pai. ¹⁰Depois, leve a comida para seu pai, para que ele a coma e o abençoe antes de morrer".

¹¹Jacó respondeu a Rebeca: "Mas meu irmão Esaú é peludo, enquanto eu tenho pele lisa. ¹²E se meu pai me tocar? Perceberá que estou tentando enganá-lo e, em vez de me abençoar, me amaldiçoará!".

¹³Sua mãe, porém, respondeu: "Que caia sobre mim essa maldição, meu filho! Apenas faça o que lhe digo. Vá e traga-me os cabritos".

¹⁴Jacó foi e trouxe os cabritos para sua mãe. Rebeca os usou para preparar uma refeição saborosa, do jeito que Isaque gostava. ¹⁵Em seguida, pegou as roupas prediletas de Esaú que estavam na casa dela e as entregou a Jacó, seu filho mais novo. ¹⁶Com a pele dos cabritos, cobriu-lhe os braços e a parte lisa do pescoço. ¹⁷Depois, entregou-lhe a refeição saborosa, acompanhada do pão que havia acabado de assar.

¹⁸Jacó levou a comida para o pai e disse: "Meu pai?".

"Sim, meu filho", respondeu Isaque. "Quem é você, Esaú ou Jacó?"

¹⁹Jacó disse: "Sou Esaú, seu filho mais velho. Fiz o que o senhor mandou. Aqui está a carne de caça. Sente-se e coma, para que me dê sua bênção".

²⁰Isaque perguntou: "Como encontrou a caça tão depressa, meu filho?".

Jacó respondeu: "O Senhor, seu Deus, a colocou no meu caminho".

²¹Então Isaque disse a Jacó: "Chegue mais perto, para que eu possa tocá-lo e ter certeza de que você é mesmo Esaú". ²²Jacó se aproximou do pai, e Isaque o tocou e disse: "A voz é de Jacó, mas as mãos são de Esaú". ²³Não o reconheceu, porém, pois as mãos de Jacó estavam peludas, como as de Esaú. Assim, Isaque se preparou para abençoar Jacó. ²⁴"Mas você é mesmo meu filho Esaú?", perguntou ele.

"Sim, eu sou", respondeu Jacó.

²⁵Então Isaque disse: "Agora, meu filho, traga-me a carne de caça. Depois que comer, eu lhe darei a minha bênção". Jacó trouxe a comida para o pai, e Isaque comeu. Também bebeu

---

ᵃ **26.33a** *Seba* significa "juramento". ᵇ **26.33b** *Berseba* significa "poço do juramento".

o vinho que Jacó lhe serviu. ²⁶Por fim, Isaque disse a Jacó: "Aproxime-se, por favor, e dê-me um beijo, meu filho".

²⁷Jacó se aproximou e o beijou. Quando Isaque sentiu o cheiro das roupas, finalmente abençoou o filho. Disse: "Ah! O cheiro de meu filho é como o cheiro do campo que o Senhor abençoou!

²⁸"Do orvalho do céu
    e da riqueza da terra,
Deus lhe conceda fartas colheitas de
    cereais
    e vinho novo de sobra.
²⁹Que muitas nações o sirvam
    e se curvem à sua frente.
Que você seja senhor de seus irmãos
    e os filhos de sua mãe se curvem à sua
    frente.
Todos que o amaldiçoarem serão
    amaldiçoados,
    e todos que o abençoarem serão
    abençoados".

³⁰Assim que Isaque terminou de abençoar Jacó, e logo depois de Jacó ter saído da presença de seu pai, Esaú voltou da caçada. ³¹Preparou uma refeição saborosa, levou-a para seu pai e disse: "Sente-se, meu pai, e coma da minha caça, para me abençoar".

³²Isaque lhe perguntou: "Quem é você?".

Ele respondeu: "Sou Esaú, seu filho mais velho".

³³Isaque começou a tremer incontrolavelmente e disse: "Então quem me serviu a carne de caça? Acabei de comê-la, pouco antes de você chegar, e abençoei quem a trouxe. Essa bênção deve permanecer!".

³⁴Quando Esaú ouviu as palavras do pai, soltou um forte grito amargurado e suplicou: "Ah, meu pai, e eu? Abençoe-me também!".

³⁵Mas Isaque disse: "Seu irmão esteve aqui e me enganou. Levou embora a bênção que pertencia a você!".

³⁶Esaú exclamou: "Não é de admirar que ele se chame Jacó, pois é a segunda vez que me engana.ᵃ Primeiro, tomou meus direitos de filho mais velho e, agora, roubou minha bênção.

ᵃ **27.36** Ver nota de 25.26.

> **PÃO DIÁRIO**
>
> ## O fingido
>
> *Ah, meu pai, e eu? Abençoe-me também!*
> —Gênesis 27.34
>
> Quando uma garçonete pediu para ver a carteira de motorista de uma cliente, ela ficou chocada ao olhar para a foto da habilitação. Era sua própria foto! A garçonete tinha perdido sua carteira de motorista havia um mês, e aquela jovem a usava para que tivesse uma "prova" de que já tinha a idade suficiente para ingerir bebidas alcoólicas. Chamaram a polícia, e a cliente foi presa por roubo de identidade. Tentando ganhar o que queria, fingira ser alguém que não era.
>
> No Antigo Testamento, Jacó fez algo semelhante. Com a ajuda de sua mãe, Rebeca, ele enganou o pai, levando-o a acreditar que era o seu irmão Esaú. Assim, poderia ganhar a bênção destinada ao filho mais velho. Jacó foi descoberto após esse ato enganador, mas já era tarde demais para que Esaú recebesse a bênção.
>
> Fingir é algo que também acontece em nossas igrejas hoje em dia. Algumas pessoas usam máscaras. Usam as palavras "cristãs" corretas, frequentam a igreja quase todos os domingos e até oram antes das refeições. Fingem que "têm tudo sob controle" para ganhar a aprovação dos outros; mas lutam interiormente com transgressões, culpa, dúvida, algum vício ou outro pecado recorrente.
>
> Deus nos colocou no Corpo de Cristo para nos sustentarmos mutuamente. Admita que você não é perfeita. Em seguida, busque aconselhamento com um irmão ou irmã firmemente alicerçado em Cristo.
>
> *Pai, tu sabes que não sou perfeita. Ajuda-me a reconhecer a minha fraqueza diante dos outros.*
>
> **Seja o que Deus planejou para você, não finja ser o que não é.**

O senhor não guardou uma bênção sequer para mim?".

³⁷Isaque disse a Esaú: "Fiz de Jacó o seu senhor e declarei que todos os irmãos dele o servirão. Garanti a ele fartura de cereais e vinho. O que me resta para dar a você, meu filho?".

³⁸Esaú suplicou: "Por acaso o senhor tem apenas uma bênção? Ah, meu pai, abençoe-me também!". Então Esaú chorou em alta voz.

GÊNESIS 28

> **PÃO DIÁRIO**
>
> ### Eu não havia percebido!
>
> Certamente o Senhor está neste lugar, e eu não havia percebido!
>
> —Gênesis 28.16
>
> Como Jacó fez em Gênesis 28, gosto de me lembrar, a cada manhã quando acordo, que Deus está aqui, "neste lugar", presente comigo (v.16). À medida que invisto o meu tempo com Ele a cada manhã, lendo Sua Palavra e orando, mais isso reforça minha percepção de Sua presença — de que Ele está perto. Embora não o vejamos, Pedro nos lembra de que podemos amá-lo e nos regozijarmos em Seu amor por nós "com alegria inexprimível e gloriosa" (1Pe 1.8).
>
> Levamos a presença do Senhor conosco durante todo o dia, na medida em que combinamos o trabalho e a diversão com a oração. Ele é o nosso mestre, nosso filósofo, nosso companheiro e nosso melhor amigo: gentil e bondoso.
>
> Deus está conosco em todos os lugares. Ele é o lugar-comum quer saibamos ou não. "Certamente o Senhor está neste lugar", disse Jacó de um local muito improvável, "e eu não havia percebido" (Gn 28.16). Podemos até não perceber que Ele está próximo e nos sentirmos solitários e tristes. Nosso dia pode parecer sombrio, desolado e sem um visível raio de esperança; mesmo assim, Ele está presente.
>
> Em meio a todos os clamores e sons deste mundo visível e audível, escutamos cuidadosamente a voz suave de Deus. Escute-o em Sua Palavra, a Bíblia. Fale frequentemente com Ele em oração. Procure-o em suas circunstâncias. Busque-o. Ele está com você por onde você for!
>
> *Quero buscar-te hoje durante todo o dia e te agradeço por nunca me esqueceres.*
>
> **Nosso maior privilégio é usufruir da presença de Deus.**

39 Por fim, seu pai, Isaque, lhe disse:

"Você viverá longe das riquezas da terra
  e longe do orvalho do alto céu.
40 Viverá por sua espada
  e servirá a seu irmão.
Quando, porém, conseguir se libertar,
  sacudirá do pescoço esse jugo".

Jacó foge para Padã-Arã

41 Daquele momento em diante, Esaú passou a odiar Jacó porque seu pai o havia abençoado. Começou a tramar: "Em breve meu pai morrerá. Então, matarei meu irmão Jacó".

42 Quando Rebeca soube das intenções de Esaú, mandou chamar Jacó e lhe disse: "Ouça, Esaú se consola com planos para matar você. **43** Portanto, preste atenção, meu filho. Apronte-se e fuja para a casa de meu irmão Labão, em Harã. **44** Fique lá até que diminua a fúria de seu irmão. **45** Quando ele se acalmar e se esquecer do que você lhe fez, mandarei buscá-lo. Por que eu perderia meus dois filhos no mesmo dia?".

46 Depois, Rebeca disse a Isaque: "Estou cansada dessas mulheres hititas que vivem aqui! Prefiro morrer a ver Jacó se casar com uma delas!".

28 Então Isaque mandou chamar Jacó, o abençoou e disse: "Não se case com uma mulher cananita. **2** Em vez disso, vá de imediato a Padã-Arã, à casa de seu avô Betuel, e case-se com uma das filhas de seu tio Labão. **3** Que o Deus Todo-poderoso[a] o abençoe e lhe dê muitos filhos, e que eles se multipliquem e venham a ser muitas nações. **4** Que Deus dê a você e a seus descendentes as bênçãos que ele prometeu a Abraão. Que você venha a possuir esta terra na qual vive agora como estrangeiro, pois Deus entregou esta terra a Abraão".

5 Assim, Isaque se despediu de Jacó, que foi a Padã-Arã morar com seu tio Labão, irmão de Rebeca, filho de Betuel, o arameu.

6 Esaú soube que seu pai, Isaque, havia abençoado Jacó e o enviado a Padã-Arã para encontrar uma esposa e que, ao abençoá-lo, tinha advertido a seu irmão: "Não se case com uma mulher cananita". **7** Também soube que Jacó havia obedecido aos pais e ido a Padã-Arã. **8** Quando ficou evidente que seu pai não aprovava as mulheres cananitas, **9** Esaú foi visitar a família de seu tio Ismael e, além das duas mulheres cananitas com as quais havia se casado, tomou para si uma das filhas de Ismael. O nome de sua nova mulher era Maalate, irmã de Nebaiote e filha de Ismael, filho de Abraão.

O sonho de Jacó em Betel

10 Nesse meio-tempo, Jacó partiu de Berseba e rumou para Harã. **11** Quando o sol se pôs,

---

[b] **28.3** Em hebraico, *El-Shaddai.*

chegou a um bom local para acampar e ali passou a noite. Encontrou uma pedra para descansar a cabeça e se deitou para dormir. ¹²Enquanto dormia, sonhou com uma escada que ia da terra ao céu e viu os anjos de Deus, que subiam e desciam pela escada.

¹³No topo da escada estava o Senhor, que lhe disse: "Eu sou o Senhor, o Deus de seu avô, Abraão, e o Deus de seu pai, Isaque. A terra na qual você está deitado lhe pertence. Eu a darei a você e a seus descendentes. ¹⁴Seus descendentes serão tão numerosos quanto o pó da terra! Eles se espalharão por todas as direções: leste e oeste, norte e sul. E todas as famílias da terra serão abençoadas por seu intermédio e de sua descendência. ¹⁵Além disso, estarei com você e o protegerei aonde quer que vá. Um dia, trarei você de volta a esta terra. Não o deixarei enquanto não tiver terminado de lhe dar tudo que prometi".

¹⁶Então Jacó acordou e disse: "Certamente o Senhor está neste lugar, e eu não havia percebido!". ¹⁷Contudo, também teve medo e disse: "Como é temível este lugar! Não é outro, senão a casa de Deus; é a porta para os céus!".

¹⁸Na manhã seguinte, Jacó se levantou bem cedo. Pegou a pedra na qual havia descansado a cabeça, colocou-a em pé, como coluna memorial, e derramou azeite de oliva sobre ela. ¹⁹Chamou o lugar de Betel,ª embora anteriormente se chamasse Luz.

²⁰Então Jacó fez o seguinte voto: "Se, de fato, Deus for comigo e me proteger nesta jornada, se ele me providenciar alimento e roupa, ²¹e se eu voltar são e salvo à casa de meu pai, então o Senhor certamente será o meu Deus. ²²E esta coluna memorial que eu levantei será um lugar de adoração a Deus, e eu entregarei a Deus a décima parte de tudo que ele me der".

Jacó chega a Padã-Arã

29 Jacó seguiu viagem e, por fim, chegou à terra do leste. ²Viu um poço ao longe e, junto ao poço, no campo, três rebanhos de ovelhas, à espera de que lhes dessem água. Uma pedra pesada cobria a boca do poço.

³Era costume naquele lugar esperar que todos os rebanhos chegassem para, então, remover a pedra e dar água aos animais. Depois, a pedra era recolocada na boca do poço. ⁴Jacó se aproximou dos pastores e perguntou: "De onde vocês são, amigos?".

"Somos de Harã", disseram eles.

⁵"Conhecem um homem chamado Labão, neto de Naor?", perguntou Jacó.

"Sim, conhecemos", responderam eles.

⁶"Ele vai bem?", perguntou Jacó.

"Sim, vai bem", disseram. "Olhe, ali vem Raquel, filha dele, com o rebanho."

⁷Jacó disse: "Ainda é dia claro, cedo demais para recolher os animais. Por que vocês não dão de beber às ovelhas, para que elas possam voltar a pastar?".

⁸"Não podemos dar de beber aos animais enquanto não chegarem todos os rebanhos", responderam. "Só então os pastores removem a pedra da boca do poço e damos de beber a todas as ovelhas."

⁹Jacó ainda conversava com eles quando Raquel chegou com o rebanho de seu pai, pois era pastora. ¹⁰Uma vez que Raquel era sua prima, filha de Labão, irmão de sua mãe, e as ovelhas pertenciam a seu tio Labão, Jacó foi até o poço, removeu a pedra que o cobria e deu de beber ao rebanho de seu tio. ¹¹Então Jacó beijou Raquel e chorou em alta voz. ¹²Explicou para Raquel que era seu primo por parte do pai dela e filho de Rebeca, tia dela. Raquel foi correndo contar a seu pai, Labão.

¹³Assim que Labão soube que seu sobrinho Jacó havia chegado, correu ao seu encontro. Ele o abraçou, o beijou e o levou para casa. Depois que Jacó lhe contou sua história, ¹⁴Labão exclamou: "Você é, de fato, sangue do meu sangue!".

Jacó se casa com Lia e Raquel

Quando Jacó estava na casa de Labão havia cerca de um mês, ¹⁵Labão lhe disse: "Você não deve trabalhar de graça para mim só porque somos parentes. Diga-me qual deve ser o seu salário".

¹⁶Labão tinha duas filhas. A mais velha se chamava Lia, e a mais nova, Raquel. ¹⁷Os olhos de Lia eram sem brilho,ᵇ mas Raquel tinha bela aparência e rosto atraente. ¹⁸Visto que Jacó estava apaixonado por Raquel, disse a Labão:

ª **28.19** *Betel* significa "casa de Deus". ᵇ **29.17** Ou *Lia tinha olhos apagados*, ou *Lia tinha olhos meigos*. O significado do hebraico é incerto.

Aprendendo com as mulheres da Bíblia

LIA

Como viver com um homem que não a ama

Lia e Raquel eram irmãs e esposas rivais, presas a um relacionamento polígamo. Raquel era a preferida do marido. Lia não era amada.

Se Lia esperava o amor de Jacó, se ousou pensar que poderia competir com sua formosa irmã caçula, suas ilusões se esvaíram quando Jacó indignou-se com a fraude de seu casamento. E, mais tarde, quando Jacó tomou Raquel para si, Lia tornou-se a esposa substituída.

Raquel era esplêndida "...tinha bela aparência e rosto atraente" (29.17). Ela aparece pela primeira vez em Gênesis 29.6-12 cheia de vitalidade e energia como se saltasse das páginas. Não surpreende que Jacó tenha se encantado ao vê-la.

Sabemos que os olhos de Lia eram "sem brilho" (v.17). Os comentaristas e tradutores têm dificuldade para entender a tradução dessa palavra hebraica "sem brilho". Talvez os olhos dela fossem "apagados" ou "meigos" e apenas essa característica chamasse a atenção — seus olhos "meigos". Quem sabe, por serem tão desfigurados, faziam o restante parecer insignificante. Por isso, Lia cresceu à sombra da sua formosa irmã.

Lia não era amada, mas Deus viu isso e a tornou fértil. Ela deu à luz não uma, mas pelo menos sete vezes. Sempre que Lia segurava em seus braços um novo filho e lhe dava um nome, temos uma ideia do que lhe vinha à mente.

Inicialmente Lia teve quatro meninos. Veja o amadurecimento da sua fé, ao observar o significado dos nomes deles:

Rúben — "Aqui está o filho". Lia reconhece que Deus viu a sua aflição dando-lhe um filho e, dessa forma, capacitando-a a conquistar o amor de Jacó. Porém, isso não aconteceu.

Simeão — Menos de um ano depois, nasceu Simeão. Disse Lia: "O Senhor ouviu que eu não era amada" por isso deu ao seu filho o nome que significa "aquele que ouve". Desta vez Jacó a amaria, ela pensou. Mas isso não aconteceu!

Levi — Novamente, Lia concebeu e a este filho deu o nome que significa "unido", e explicou: "Certamente, desta vez meu marido terá afeição por mim, pois lhe dei três filhos!".

Lia esperava, com Rúben, Simeão, e Levi, que cada novo filho fizesse diferença em seu casamento; que Jacó, de alguma maneira, a amasse como amava Raquel. Com o passar do tempo, essa esperança foi protelada e depois desfeita.

Muitas esposas fazem o impossível para ganhar ou preservar o amor não correspondido do marido. E com a mesma frequência, essa esperança é adiada ou frustrada. É difícil viver num relacionamento sem experimentar o amor comprometido, mútuo e profundo. Tudo em nós anela por isso. Afinal, esse foi o propósito original de Deus para o casamento.

No entanto, é fácil se decepcionar com um relacionamento imperfeito. Assim, buscamos algo melhor. Se perdemos a esperança com o Sr. Maravilhoso n.º 1, podemos talvez conseguir com Sr. Maravilhoso n.º 2, ou, quem sabe, com o Sr. Maravilhoso n.º 3.

Quando nasceu o quarto filho de Lia, ela lhe deu o nome de *Judá*, que significa "louvor", e explicou: "Agora louvarei ao Senhor!" (v.35). Pela primeira vez, Lia deixou de lutar pelo amor de Jacó e passou a alegrar-se no amor de Deus.

A atenção de Lia mudou daquilo que necessitava para o que recebia. Em relação a Jacó, Lia não podia mudá-lo, mas poderia mudar a si mesma, o seu foco e reconhecer a mão de Deus em sua vida.

O passo mais importante em direção à alegria num casamento sem amor é transferir a atenção daquilo que *não* temos para o que *temos*. Lia teve quatro filhos na época em que filhos homens eram tudo e, ao perceber sua situação abençoada, disse: "Agora louvarei ao Senhor!".

Então, vemos a competição entre as duas esposas se intensificar. Raquel deu sua serva Bila a Jacó para que tivessem um filho, e este se tornou legalmente filho de sua senhora. Raquel o chamou *Dã*, dizendo: "Deus me fez justiça! Ouviu meu pedido e me deu um filho!" (30.6).

Raquel enviou Bila novamente a Jacó e o outro filho foi chamado de *Naftali*, que significa "a minha luta" e ela explicou: "Tive uma luta intensa com minha irmã e venci!" (v.8).

Na realidade, o placar estava quatro a dois, a favor de Lia. Mas, nervosa pensando que a sua irmã poderia alcançá-la, Lia também entregou a sua serva Zilpa a Jacó. A esse filho, Lia chamou de *Gade*, que significa "boa fortuna". Sim, as suas riquezas estavam aumentando.

Lia enviou Zilpa mais uma vez para dormir com Jacó, e chamou o menino de *Aser*, que significa: "feliz", e disse: "Como estou alegre!" (v.13).

Que mudança! A infeliz e desprezada Lia exclamou: "Como estou alegre!". A esposa que desejara desesperadamente o amor de seu marido aprendera a se concentrar no que tinha e não no que lhe faltava e pôde dizer: "Como estou alegre!"

Teria sido bom se isso perdurasse pelo resto da sua vida. Mas as nossas batalhas raramente permanecem ganhas. Na rivalidade do dia a dia entre Raquel e Lia, a luta de Lia em viver acima de seu casamento sem amor travou-se uma e outra vez.

Certo dia, o pequeno Rúben havia encontrado algumas mandrágoras no campo. As pessoas acreditavam que essa planta tornava as mulheres férteis. Raquel faria qualquer coisa para engravidar. Na negociação, Raquel consentiu que Jacó dormisse com Lia naquela noite em troca das mandrágoras.

Ironicamente, foi a mulher sem as mandrágoras que engravidou. Quando o quinto filho de Lia nasceu, ela o chamou de Issacar, que significa "recompensa". Ela explicou o nome dizendo: "Deus me recompensou porque entreguei minha serva por mulher a meu marido" (v.18). Não temos certeza do que ela quis dizer com isso. Mas o fato foi que Lia viu o nascimento de Issacar como uma recompensa de Deus.

Parece que, quase imediatamente, Lia concebeu de novo e deu à luz ao sexto filho, *Zebulom*, que significa "morada". A sua explicação foi: "Deus me deu uma boa recompensa. Agora meu marido me tratará com respeito, porque lhe dei seis filhos" (v.20).

Observe como a compreensão de Lia havia aumentado. Após seu primeiro filho nascer, disse: "O Senhor viu minha infelicidade, e agora meu marido me amará" (29.32). Depois de nascer seu terceiro filho, declarou: "...desta vez meu marido terá afeição por mim" (v.34). E, com o sexto filho, as suas expectativas haviam se reduzido. Ela estava se tornando mais realista sobre o que aconteceria ou não em seu casamento.

O contentamento jamais chegará se nos apegarmos ao idealismo do amor romântico e perdermos de vista as boas dádivas que já recebemos de Deus.

Deus ouviu o clamor de Raquel por um filho após muitos anos de espera. Ela teve um filho, José, e ainda pediu: "Que o Senhor me acrescente ainda outro filho" (30.24).

Deus ouviu a sua oração, mas com consequências que ela não previa. Enquanto a família viajava para Canaã, Raquel morreu no parto. A mulher que tinha todas as razões para ser feliz, morreu dando à luz um filho a quem chamou de *Benoni*, que significa: "Filho da minha dor" (35.18).

É fácil olhar para uma bela mulher amada por seu marido e pensar que ela deveria ser a mais feliz dentre todas as mulheres. Mas veja o sofrimento de Raquel, ouça a sua queixa. Muitas vezes, as coisas não são o que aparentam.

Lia tornou-se a esposa número um. Não sabemos se Jacó aprendeu a amá-la, nem quantos anos mais viveram juntos. Sabemos que Jacó a sepultou em Macpela, onde foram sepultados Abraão, Sara, Isaque e Rebeca. Jacó a honrou em sua morte.

Da tristeza de Lia fluíram ricas bênçãos para Israel. Ela concebeu Judá, de quem veio Davi, o maior rei de Israel, e de quem veio o Leão da tribo de Judá: nosso Senhor Jesus Cristo.

Como Lia, podemos nos concentrar no que nos falta e sermos infelizes ou nos centrarmos no que temos e prontas a dizer: "Agora louvarei ao Senhor!".

Como viver com um marido que não corresponde ao seu amor? Se mudamos o centro da atenção, terminaremos exclamando com Lia: "Como estou alegre!". Um dia você descobrirá que Deus fez um milagre e usou sua tristeza abençoando o mundo por seu intermédio.

—Alice Mathews

QUESTÕES PARA REFLEXÃO

1. Em sua opinião, quais são os elementos para um bom casamento?
2. Qual a importância do amor em um bom casamento?
3. De que maneira a presença do amor é perceptível no casamento?
4. O que a mulher pode fazer caso sinta que o marido não a ama?

"Trabalharei para o senhor por sete anos se me der Raquel, sua filha mais nova, para ser minha esposa".

¹⁹"Melhor entregá-la a você do que a qualquer outro", respondeu Labão. "Fique aqui e trabalhe comigo." ²⁰Então Jacó trabalhou sete anos por Raquel. Ele a amava tanto que lhe pareceram apenas alguns dias.

²¹Chegada a hora, Jacó disse a Labão. "Cumpri minha parte do acordo. Agora, dê-me minha esposa, para que eu me deite com ela."

²²Labão convidou toda a vizinhança e preparou uma grande festa de casamento. ²³À noite, porém, quando estava escuro, Labão tomou Lia e a entregou a Jacó, e Jacó se deitou com ela. ²⁴(Labão deu sua serva Zilpa a Lia para servi-la.)

²⁵Na manhã seguinte, quando Jacó acordou, viu que era Lia. Então Jacó perguntou a Labão: "O que o senhor fez comigo? Trabalhei sete anos por Raquel! Por que o senhor me enganou?".

²⁶Labão respondeu: "Aqui não é costume casar a filha mais nova antes da mais velha. ²⁷Espere, contudo, até terminar a semana de núpcias, e eu também lhe entregarei Raquel, desde que você prometa trabalhar mais sete anos para mim".

²⁸Jacó concordou em trabalhar mais sete anos. Uma semana depois de Jacó ter se casado com Lia, Labão lhe entregou Raquel. ²⁹(Labão deu sua serva Bila a Raquel para servi-la.) ³⁰Jacó se deitou também com Raquel, a quem ele amava muito mais que a Lia. Então permaneceu ali e trabalhou mais sete anos para Labão.

Os filhos de Jacó

³¹Quando o S<small>ENHOR</small> viu que Lia não era amada, permitiu que ela tivesse filhos; Raquel, porém, era estéril. ³²Lia engravidou e deu à luz um filho. Chamou-o de Rúben,ᵃ pois disse: "O S<small>ENHOR</small> viu minha infelicidade, e agora meu marido me amará".

³³Pouco tempo depois, Lia engravidou novamente e deu à luz outro filho. Chamou-o de Simeão,ᵇ pois disse: "O S<small>ENHOR</small> ouviu que eu não era amada e me deu outro filho".

³⁴Lia engravidou pela terceira vez e deu à luz outro filho. Chamou-o de Levi,ᶜ pois disse: "Certamente, desta vez meu marido terá afeição por mim, pois lhe dei três filhos!".

³⁵Lia engravidou mais uma vez e deu à luz outro filho. Chamou-o de Judá,ᵈ pois disse: "Agora louvarei ao S<small>ENHOR</small>!". Então, parou de ter filhos.

30

Quando Raquel viu que não dava filhos a Jacó, teve inveja da irmã e implorou a Jacó: "Dê-me filhos, ou morrerei!".

²Jacó se enfureceu com Raquel. "Por acaso sou Deus?", perguntou ele. "Foi ele que não permitiu que você tivesse filhos!"

³Raquel lhe disse: "Tome minha serva Bila e deite-se com ela. Ela dará à luz filhos em meu lugarᵉ e, por meio dela, também terei uma família". ⁴Então Raquel entregou sua serva Bila a Jacó por mulher, e Jacó se deitou com ela. ⁵Bila engravidou e deu um filho a Jacó. ⁶Raquel o chamou de Dã,ᶠ pois disse: "Deus me fez justiça! Ouviu meu pedido e me deu um filho!". ⁷Bila engravidou novamente e deu a Jacó o segundo filho. ⁸Raquel o chamou de Naftali,ᵍ pois disse: "Tive uma luta intensa com minha irmã e venci!".

⁹Quando Lia percebeu que tinha parado de engravidar, tomou sua serva Zilpa e a entregou a Jacó por mulher. ¹⁰Pouco tempo depois, Zilpa deu um filho a Jacó. ¹¹Lia o chamou de Gade,ʰ pois disse: "Como sou afortunada!". ¹²Então Zilpa deu a Jacó o segundo filho. ¹³Lia o chamou de Aser,ⁱ pois disse: "Como estou alegre! Agora as outras mulheres celebrarão comigo".

¹⁴Certo dia, durante a colheita do trigo, Rúben encontrou algumas mandrágoras que cresciam no campo e as trouxe para Lia, sua mãe. Raquel suplicou a Lia: "Por favor, dê-me algumas das mandrágoras de seu filho".

¹⁵Lia, porém, respondeu: "Não basta ter roubado meu marido? Agora também quer roubar as mandrágoras de meu filho?".

ᵃ 29.32 *Rúben* significa "Veja, um filho!". O som do nome *Rúben* é semelhante à expressão hebraica que significa "Ele viu minha infelicidade". ᵇ 29.33 *Simeão* provavelmente significa "aquele que ouve". ᶜ 29.34 O som do nome *Levi* é semelhante ao termo hebraico que significa "ser apegado" ou "ter afeição por". ᵈ 29.35 O nome *Judá* é relacionado ao termo hebraico para "louvor". ᵉ 30.3 Em hebraico, *dará à luz nos meus joelhos*. ᶠ 30.6 *Dã* significa "ele julgou" ou "ele vindicou". ᵍ 30.8 *Naftali* significa "minha luta". ʰ 30.11 *Gade* significa "boa fortuna". ⁱ 30.13 *Aser* significa "feliz".

Raquel propôs: "Em troca de algumas mandrágoras, deixarei que Jacó se deite com você esta noite".

¹⁶Ao entardecer, quando Jacó estava voltando do campo, Lia foi ao seu encontro e disse: "Esta noite você deve se deitar comigo. Paguei por você com algumas mandrágoras que meu filho encontrou". Assim, naquela noite Jacó se deitou com Lia. ¹⁷Deus respondeu às orações de Lia, que engravidou novamente e deu a Jacó o quinto filho. ¹⁸Chamou-o de Issacar,ᵃ pois disse: "Deus me recompensou porque entreguei minha serva por mulher a meu marido". ¹⁹Lia engravidou outra vez e deu a Jacó o sexto filho. ²⁰Chamou-o de Zebulom,ᵇ pois disse: "Deus me deu uma boa recompensa. Agora meu marido me tratará com respeito, porque lhe dei seis filhos". ²¹Depois, Lia deu à luz uma filha e a chamou de Diná.

²²Então Deus se lembrou de Raquel e, em resposta a suas orações, permitiu que ela se tornasse fértil. ²³Ela engravidou e deu à luz um filho. "Deus tirou a minha humilhação", declarou, ²⁴e o chamou de José,ᶜ pois disse: "Que o Senhor me acrescente ainda outro filho!".

As riquezas de Jacó aumentam

²⁵Logo depois que Raquel deu à luz José, Jacó disse a Labão: "Por favor, libere-me para que eu volte à minha terra natal. ²⁶Permita-me levar minhas mulheres e meus filhos, pelos quais o servi, e deixe-me partir. O senhor sabe muito bem como trabalhei arduamente a seu serviço".

²⁷Labão respondeu: "Se mereço seu favor, fique. Eu enriqueci, poisᵈ o Senhor me abençoou por sua causa. ²⁸Diga-me qual será seu salário e, qualquer que seja o valor, eu lhe pagarei".

²⁹Jacó respondeu: "O senhor sabe como trabalhei arduamente a seu serviço e como seus rebanhos cresceram sob meus cuidados. ³⁰De fato, o senhor tinha pouco antes de eu chegar, mas sua riqueza aumentou consideravelmente. O Senhor o abençoou por meio de tudo que eu fiz. Mas e quanto a mim? Quando começarei a cuidar de minha própria família?".

³¹"Quanto quer receber de salário?", perguntou Labão mais uma vez.

Jacó respondeu: "Não me dê coisa alguma. Se o senhor fizer o que lhe direi, continuarei a cuidar de seus rebanhos: ³²deixe-me inspecionar seus rebanhos hoje e remover todas as ovelhas e cabras salpicadas e malhadas, além de todas as ovelhas pretas. Elas serão o meu salário. ³³No futuro, quando o senhor conferir os animais que me deu como salário, verá que fui honesto. Se encontrar em meu rebanho alguma cabra que não seja salpicada ou malhada, ou alguma ovelha que não seja preta, saberá que as roubei do senhor".

³⁴"Está bem", respondeu Labão. "Será como você diz." ³⁵Naquele mesmo dia, porém, Labão saiu e tirou do rebanho todos os bodes listrados e malhados, todas as cabras salpicadas e malhadas ou com manchas brancas, e todas as ovelhas pretas. Colocou os animais sob os cuidados de seus filhos, ³⁶que os levaram a um lugar a três dias de viagem de onde Jacó estava. Assim, Jacó ficou e tomou conta do resto do rebanho de Labão.

³⁷Então Jacó pegou alguns galhos verdes de álamo, amendoeira e plátano e removeu tiras das cascas, formando listras brancas nos galhos. ³⁸Em seguida, colocou os galhos descascados junto aos bebedouros onde os rebanhos iam beber água, pois era ali que se acasalavam. ³⁹Quando se acasalavam diante desses galhos descascados com listras brancas, davam crias listradas, salpicadas e malhadas. ⁴⁰Jacó separava esses cordeiros do rebanho de Labão. Na época do cio, colocava o rebanho de frente para os animais listrados e pretos de Labão. Assim, Jacó foi formando seu próprio rebanho, que mantinha separado do de Labão.

⁴¹Sempre que as fêmeas mais fortes estavam no cio, Jacó colocava os galhos descascados nos bebedouros em frente delas, para que acasalassem diante dos galhos. ⁴²Não fazia o mesmo, porém, com as fêmeas mais fracas, de modo que as crias mais fracas ficavam com Labão, e as mais fortes, com Jacó. ⁴³O resultado foi que Jacó se tornou muito rico, dono de grandes rebanhos e também de servos e servas e muitos camelos e jumentos.

ᵃ **30.18** O som do nome *Issacar* é semelhante ao do termo hebraico que significa "recompensa". ᵇ **30.20** *Zebulom* provavelmente significa "honra". ᶜ **30.24** *José* significa "que ele acrescente". ᵈ **30.27** Ou *Eu descobri por meio de adivinhação que*.

Jacó foge de Labão

31 Logo, porém, Jacó percebeu que os filhos de Labão estavam reclamando dele: "Jacó roubou tudo que era de nosso pai! À custa de nosso pai, adquiriu toda a sua riqueza!". ²Jacó também começou a notar uma mudança na atitude de Labão para com ele.

³Então o S<small>ENHOR</small> disse a Jacó: "Volte para a terra de seu pai e de seu avô, a terra de seus parentes, e eu estarei com você".

⁴Jacó mandou chamar Raquel e Lia ao campo onde ele cuidava de seus rebanhos ⁵e disse a elas: "Notei que seu pai mudou de atitude em relação a mim. O Deus de meu pai, porém, tem estado comigo. ⁶Vocês sabem como tenho trabalhado arduamente a serviço de seu pai. ⁷Contudo, ele me enganou e mudou meu salário dez vezes. Mas Deus não permitiu que ele me prejudicasse. ⁸Se ele dizia: 'Os salpicados serão o seu salário', o rebanho começava a dar crias salpicadas. E, quando mudava de ideia e dizia: 'Os listrados serão o seu salário', então o rebanho inteiro dava crias listradas. ⁹Desse modo, Deus tirou os animais de seu pai e os deu a mim.

¹⁰"Certa vez, na época do acasalamento, tive um sonho e vi que os bodes que se acasalavam com as cabras eram listrados, salpicados e malhados. ¹¹Então, em meu sonho, o anjo de Deus me disse: 'Jacó!'. E eu respondi: 'Aqui estou!'.

¹²"E o anjo disse: 'Levante os olhos e você verá que apenas os machos listrados, salpicados e malhados estão se acasalando com as fêmeas de seu rebanho, pois vejo como Labão tem tratado você. ¹³Eu sou o Deus que lhe apareceu em Betel,ᵃ o lugar onde você ungiu a coluna de pedra e fez seu voto a mim. Agora, apronte-se, saia desta terra e volte à sua terra natal'".

¹⁴Raquel e Lia responderam: "Da nossa parte, tudo bem! Afinal, não herdaremos coisa alguma da riqueza de nosso pai. ¹⁵Ele reduziu nossos direitos aos mesmos que têm as mulheres estrangeiras. Depois que nos vendeu, desperdiçou todo o dinheiro que você pagou por nós. ¹⁶Toda a riqueza que Deus tirou de nosso pai e deu a você é, por direito, nossa e de nossos filhos. Por isso, faça o que Deus ordenou".

¹⁷Então Jacó montou suas mulheres e seus filhos em camelos ¹⁸e conduziu adiante todos os seus rebanhos. Juntou todos os bens que havia adquirido em Padã-Arã e partiu para a terra de Canaã, onde vivia Isaque, seu pai. ¹⁹Quando partiram, Labão estava num lugar afastado, tosquiando suas ovelhas. Raquel roubou os ídolos da casa que pertenciam a seu pai e os levou consigo. ²⁰Assim, Jacó enganou Labão, o arameu, partindo sem avisá-lo de que iam embora. ²¹Jacó levou todos os seus bens e atravessou o rio Eufrates,ᵇ rumo à região montanhosa de Gileade.

Conflito entre Labão e Jacó

²²Três dias depois, Labão foi informado de que Jacó havia fugido. ²³Reuniu um grupo de parentes e saiu em perseguição a Jacó. Sete dias depois o alcançou, na região montanhosa de Gileade. ²⁴Na noite anterior, porém, Deus havia aparecido em sonho a Labão, o arameu, e dito a ele: "Estou avisando: deixe Jacó em paz!".

²⁵Labão o alcançou enquanto Jacó estava acampado na região montanhosa de Gileade e armou seu acampamento ali perto. ²⁶"O que você fez?", perguntou Labão. "Como ousou me enganar e levar minhas filhas embora, como se fossem prisioneiras de guerra? ²⁷Por que fugiu em segredo? Por que me enganou? E por que não avisou que desejava partir? Eu lhe teria dado uma festa de despedida, com canções e música, ao som de tamborins e harpas. ²⁸Por que não me deixou beijar minhas filhas e meus netos e me despedir deles? Você agiu de forma extremamente tola! ²⁹Eu poderia destruí-lo, mas o Deus de seu pai me apareceu ontem à noite e me advertiu: 'Deixe Jacó em paz!'. ³⁰Entendo sua vontade de partir e seu desejo de voltar à casa de seu pai. Mas por que roubou meus deuses?"

³¹Jacó respondeu: "Fugi porque tive medo. Pensei que o senhor tiraria suas filhas de mim à força. ³²Quanto a seus deuses, veja se consegue encontrá-los, e quem os tiver roubado deve morrer! Se encontrar qualquer outra coisa que lhe pertença, identifique-a diante de todos estes nossos parentes, e eu a devolverei". Jacó, porém, não sabia que Raquel havia roubado os ídolos da casa.

³³Labão foi procurar primeiro na tenda de Jacó e, depois, nas tendas de Lia e das duas

---

ᵃ **31.13** Conforme a Septuaginta e um targum aramaico; o hebraico traz *o Deus de Betel*. ᵇ **31.21** Em hebraico, *o rio*.

servas, mas nada encontrou. Por fim, entrou na tenda de Raquel. ³⁴Acontece que Raquel havia pego os ídolos da casa e os escondido na sela do seu camelo, e estava sentada em cima deles. Quando Labão terminou de vasculhar toda a sua tenda sem encontrar os ídolos, ³⁵Raquel disse ao pai: "Por favor, perdoe-me por não me levantar para o senhor, mas estou em meu período menstrual". Labão continuou a busca, mas não encontrou os ídolos da casa.

³⁶Jacó se enfureceu e discutiu com Labão. "Qual foi o meu crime?", perguntou ele. "O que fiz de errado para o senhor me perseguir como se eu fosse um criminoso? ³⁷O senhor vasculhou todos os meus bens. Por acaso encontrou algum objeto que lhe pertença? Coloque-o aqui, diante de nossos parentes, para que todos vejam. Que eles julguem entre nós dois!

³⁸"Estive vinte anos com o senhor, cuidando de seus rebanhos. Ao longo de todo esse tempo, suas ovelhas e cabras nunca abortaram. Não me servi de um carneiro sequer de seu rebanho para alimento. ³⁹Quando algum deles era despedaçado por um animal selvagem, eu nunca lhe mostrava a carcaça. Não, eu mesmo arcava com o prejuízo! O senhor me obrigava a pagar por todo animal roubado, quer à plena luz do dia, quer na escuridão da noite.

⁴⁰"Trabalhei para o senhor em dias de calor escaldante e também em noites frias e insones. ⁴¹Sim, por vinte anos trabalhei feito um escravo em sua casa! Trabalhei catorze anos por suas duas filhas e, depois, mais seis anos para formar meu rebanho. E dez vezes o senhor mudou meu salário. ⁴²De fato, se o Deus de meu pai não estivesse comigo, o Deus de Abraão e o Deus temível de Isaque,ᵃ o senhor teria me mandado embora de mãos vazias. Mas Deus viu como fui maltratado, apesar de meu árduo trabalho. Por isso ele lhe apareceu na noite passada e o repreendeu!"

O acordo entre Labão e Jacó

⁴³Labão respondeu a Jacó. "Essas mulheres são minhas filhas, as crianças são meus netos, e os rebanhos são meus rebanhos. Na verdade, tudo que você vê é meu. Mas o que posso fazer agora por minhas filhas e pelos filhos delas? ⁴⁴Façamos, portanto, você e eu, uma aliança que sirva de testemunho do nosso compromisso".

⁴⁵Então Jacó pegou uma pedra e a colocou em pé como monumento. ⁴⁶Em seguida, disse aos membros de sua família: "Juntem algumas pedras". Eles pegaram as pedras e as amontoaram. Jacó e Labão se sentaram perto do monte de pedras e fizeram uma refeição para selar a aliança. ⁴⁷A fim de comemorar a ocasião, Labão chamou o lugar de Jegar-Saaduta, e Jacó o chamou de Galeede.ᵇ

⁴⁸Labão declarou: "Este monte de pedras servirá de testemunha para nos lembrar da aliança que fizemos hoje". Isso explica por que o lugar foi chamado de Galeede. ⁴⁹Também foi chamado de Mispá,ᶜ pois Labão disse: "Vigie o Senhor a você e a mim para garantir que guardaremos esta aliança quando estivermos longe um do outro. ⁵⁰Se você maltratar minhas filhas ou se casar com outras mulheres, mesmo que ninguém mais veja, Deus verá. Ele é testemunha desta aliança entre nós."

⁵¹"Veja este monte de pedras", prosseguiu Labão. "Veja também este monumento que levantei entre nós dois. ⁵²Estão entre mim e você como testemunhas dos nossos votos. Nunca atravessarei para o lado de lá do monte de pedras a fim de prejudicá-lo, e você jamais deve atravessar para o lado de cá a fim de prejudicar-me. ⁵³Invoco o Deus de nossos antepassados, o Deus de seu avô Abraão e o Deus de meu avô Naor, para que sirva de juiz entre nós."

Assim, diante do Deus temível de seu pai, Isaque,ᵈ Jacó jurou respeitar a linha divisória. ⁵⁴Então Jacó ofereceu sacrifício a Deus na montanha e convidou todos para a refeição comemorativa. Depois de comerem, passaram a noite ali.

⁵⁵ᵉNa manhã seguinte, Labão se levantou cedo, beijou seus netos e suas filhas e os abençoou. Depois, partiu e voltou para casa.

32 ¹ᶠQuando Jacó seguiu viagem, anjos de Deus vieram encontrar-se com ele. ²Ao

---

ᵃ **31.42** Ou *e o Temor de Isaque*. ᵇ **31.47** *Jegar-Saaduta* e *Galeede* significam "monte de pedras do testemunho", em aramaico e hebreu, respectivamente. ᶜ **31.49** *Mispá* significa "torre de vigia". ᵈ **31.53** Ou *do Temor de seu pai, Isaque*. ᵉ **31.55** No texto hebraico, o versículo 31.55 é numerado 32.1. ᶠ **32.1** No texto hebraico, os versículos 32.1-32 são numerados 32.2-33.

PÃO DIÁRIO

As mãos fortes de Deus

Jacó ficou sozinho no acampamento. Veio então um homem, que lutou com ele até o amanhecer.
—Gênesis 32.24

Em Gênesis, parece que quase toda pessoa e família mencionada é disfuncional. O texto está repleto de relatos de ciúme, ira, violência e engano que deixam um rastro de relacionamentos arruinados. Até mesmo Noé, Abraão, Isaque e Jacó — enaltecidos como heróis da fé em Hebreus 11 — demonstram deslizes espirituais e de caráter. Contudo, Deus nunca os deixa permanecer dessa maneira.

Jacó enganou o seu irmão gêmeo mais velho, Esaú, que jurou matá-lo (Gn 27.41). No entanto, antes que os irmãos distanciados se encontrassem depois de 20 anos, Jacó lutou com Deus. Quando lhe perguntaram seu nome, o ardiloso irmão caçula finalmente admitiu de quem se tratava: Jacó, o enganador (32.24-27). Isso assinalou uma reviravolta espiritual.

O renomado pregador Carlyle Marney disse que, pelo fato de Deus não desistir de nós, também não devemos desistir de nós mesmos. "A última pessoa na Terra cuja fraqueza você perdoará é você mesmo", ele escreveu. "Somente no evangelho os homens podem continuar amando-se a si mesmos. Espere em Deus! Veja o que Suas fortes mãos moldarão quando você se permitir perdoar-se a si mesmo."

Quando voltamos ao Senhor, Deus pode nos reorientar. Quando destruímos, Deus pode reconstruir. O evangelho significa: "Cristo, nas fortes mãos de Deus, domina a minha fraqueza".

Querido Deus, embora sejamos fracas, tu és forte. Quando nos voltamos a ti arrependidas, somos perdoadas e libertas. Ajuda-nos a entregar-te a nossa autodepreciação e a aceitar o Teu completo perdão.

Há vitória na rendição quando somos conquistadas por Cristo.

vê-los, Jacó exclamou: "Este é o acampamento de Deus!". Por isso, chamou o lugar de Maanaim.ª

Jacó envia presentes a Esaú

³Então Jacó enviou adiante dele mensageiros a seu irmão Esaú, que vivia na região de Seir, na terra de Edom. ⁴Disse-lhes: "Deem a seguinte mensagem ao meu senhor Esaú: 'Assim diz seu servo Jacó: Até o momento, estava morando com nosso tio Labão ⁵e, agora, tenho bois, jumentos, rebanhos de ovelhas e cabras, além de muitos servos e servas. Enviei estes mensageiros para informar meu senhor da minha chegada, na esperança de que me receba amistosamente'".

⁶Depois de transmitirem a mensagem, voltaram a Jacó e lhe disseram: "Estivemos com seu irmão Esaú, e ele está vindo ao seu encontro com um bando de quatrocentos homens!". ⁷Quando ouviu a notícia, Jacó ficou apavorado. Dividiu em dois grupos sua família e seus servos, e também os rebanhos, os bois e os camelos, ⁸pois pensou: "Se Esaú encontrar um dos grupos e atacá-lo, talvez o outro consiga escapar".

⁹Então Jacó orou: "Ó Deus de meu avô, Abraão, e Deus de meu pai, Isaque; ó SENHOR, tu me disseste: 'Volte para sua terra natal, para seus parentes'. E prometeste: 'Tratarei bem de você'. ¹⁰Não sou digno de toda a bondade e fidelidade que tens mostrado a mim, teu servo. Quando saí de casa e atravessei o rio Jordão, não possuía nada além de um cajado. Agora, minha família e meus servos formam duas caravanas! ¹¹Por favor, salva-me de meu irmão, Esaú. Estou com medo de que ele venha atacar tanto a mim quanto a minhas mulheres e meus filhos. ¹²Mas tu prometeste: 'Certamente tratarei bem de você e multiplicarei seus descendentes até que se tornem tão numerosos quanto a areia à beira do mar, que não se pode contar'".

¹³Jacó passou a noite ali. Depois, escolheu entre seus bens os seguintes presentes para seu irmão, Esaú: ¹⁴duzentas cabras, vinte bodes, duzentas ovelhas, vinte carneiros, ¹⁵trinta fêmeas de camelo com seus filhotes, quarenta vacas, dez touros, vinte jumentas e dez jumentos. ¹⁶Dividiu esses animais em rebanhos, entregou cada rebanho a um servo e lhes disse: "Vão à minha frente com os animais, mas mantenham certa distância entre os rebanhos".

¹⁷Aos homens encarregados do primeiro grupo, deu as seguintes instruções: "Quando meu irmão, Esaú, se encontrar com vocês, ele perguntará: 'De quem são servos? Para onde vão?

ª **32.2** *Maanaim* significa "dois acampamentos".

Quem é o dono destes animais?'. ¹⁸Respondam: 'Eles pertencem ao seu servo Jacó, mas são um presente para Esaú, o senhor dele. Veja, ele está vindo atrás de nós'".

¹⁹Jacó deu a mesma instrução aos encarregados do segundo e do terceiro grupo e a todos que seguiam os rebanhos: "Digam a mesma coisa a Esaú quando o encontrarem, ²⁰e não se esqueçam de acrescentar: 'Veja, seu servo Jacó está vindo atrás de nós'".

Jacó pensou: "Tentarei apaziguá-lo com os presentes que estou enviando à minha frente. Quando o vir, quem sabe ele me receberá amistosamente". ²¹Assim, os presentes foram enviados à frente, enquanto Jacó passou aquela noite no acampamento.

Jacó luta com Deus

²²Durante a noite, Jacó se levantou, tomou suas duas mulheres, suas duas servas e seus onze filhos e atravessou com eles o rio Jaboque. ²³Depois de levá-los para a outra margem, fez passar todos os seus bens.

²⁴Com isso, Jacó ficou sozinho no acampamento. Veio então um homem, que lutou com ele até o amanhecer. ²⁵Quando o homem viu que não poderia vencer, tocou a articulação do quadril de Jacó e a deslocou. ²⁶O homem disse: "Deixe-me ir, pois está amanhecendo!".

Jacó, porém, respondeu: "Não o deixarei ir enquanto não me abençoar".

²⁷"Qual é seu nome?", perguntou o homem.

"Jacó", respondeu ele.

²⁸O homem disse: "Seu nome não será mais Jacó. De agora em diante, você se chamará Israel,ᵃ pois lutou com Deus e com os homens e venceu".

²⁹"Por favor, diga-me qual é seu nome", disse Jacó.

"Por que quer saber meu nome?", replicou o homem. E abençoou Jacó ali.

³⁰Jacó chamou aquele lugar de Peniel,ᵇ pois disse: "Vi Deus face a face e, no entanto, minha vida foi poupada". ³¹O sol estava nascendo quando Jacó partiu de Peniel,ᶜ mancando por causa do quadril deslocado. ³²(Até hoje, o povo de Israel não come o tendão perto da articulação do quadril, por causa do que aconteceu naquela noite em que o homem feriu o tendão do quadril de Jacó.)

A reconciliação de Jacó e Esaú

33 Jacó levantou os olhos e viu Esaú aproximando-se com seus quatrocentos homens. Assim, dividiu os filhos entre Lia, Raquel e as duas servas. ²Colocou as servas e os filhos delas à frente, Lia e seus filhos em seguida, e Raquel e José por último. ³Jacó passou à frente e, ao aproximar-se de seu irmão, curvou-se até o chão sete vezes. ⁴Esaú correu ao encontro de Jacó e o abraçou; pôs os braços em volta do pescoço do irmão e o beijou. E os dois choraram.

⁵Então Esaú viu as mulheres e as crianças e perguntou: "Quem são estas pessoas que estão com você?".

Jacó respondeu: "São os filhos que Deus, em sua bondade, concedeu a seu servo". ⁶As servas e seus filhos se aproximaram e se curvaram diante de Esaú. ⁷Em seguida, Lia e seus filhos vieram e se curvaram diante dele. Por fim, José e Raquel se aproximaram e se curvaram diante dele.

⁸"E o que eram todos aqueles rebanhos que encontrei no caminho?", perguntou Esaú.

Jacó respondeu: "São presentes, meu senhor, para garantir sua amizade".

⁹"Meu irmão, eu já tenho muitos bens", disse Esaú. "Guarde para você o que é seu".

¹⁰Mas Jacó insistiu: "Não! Se obtive seu favor, peço que aceite meu presente. E que alívio é ver seu sorriso amigável! É como ver a face de Deus! ¹¹Por favor, aceite o presente que eu lhe trouxe, pois Deus tem sido muito bondoso comigo. Tenho mais que suficiente". Diante da insistência de Jacó, Esaú acabou aceitando o presente.

¹²Então Esaú disse: "Vamos andando. Eu o acompanharei".

¹³Jacó, porém, respondeu: "Como meu senhor pode ver, algumas das crianças são bem pequenas, e os rebanhos também têm crias. Se os forçarmos demais, mesmo que por um dia, pode ser que os animais morram. ¹⁴Por favor, meu senhor, vá adiante do seu servo. Seguiremos mais devagar, em um ritmo que os rebanhos e as crianças possam acompanhar. Encontrarei com meu senhor em Seir.

ᵃ **32.28** *Israel* significa "Deus luta". ᵇ **32.30** *Peniel* significa "face de Deus". ᶜ **32.31** Em hebraico, *Penuel*, variação de Peniel.

¹⁵"Está bem", disse Esaú. "Mas, pelo menos, permita-me deixar alguns dos meus homens para acompanhá-lo."

Jacó respondeu: "Não é necessário. Para mim, ter sido bem recebido por meu senhor já é o bastante!".

¹⁶Esaú deu meia-volta e regressou a Seir naquele mesmo dia. ¹⁷Jacó, por sua vez, viajou até Sucote, onde construiu uma casa para si e abrigos para seus rebanhos. Por isso, aquele lugar é chamado de Sucote.[a]

¹⁸Depois de percorrer todo o caminho desde Padã-Arã, Jacó chegou em segurança à cidade de Siquém, na terra de Canaã, e acampou em seus arredores. ¹⁹Jacó comprou da família de Hamor, pai de Siquém, o terreno onde estava acampado, por cem peças de prata.[b] ²⁰Ali, construiu um altar e o chamou de El-Elohe-Israel.[c]

Vingança contra Siquém

34 Certa vez, Diná, filha de Jacó e Lia, saiu para visitar algumas moças que viviam na região. ²O príncipe daquela terra era Siquém, filho de Hamor, o heveu. Quando ele viu Diná, a agarrou e a violentou, ³mas depois apaixonou-se por ela e tentou conquistar sua afeição com palavras carinhosas. ⁴Disse a seu pai, Hamor: "Consiga-me essa moça, pois quero me casar com ela".

⁵Jacó logo soube que Siquém tinha violentado Diná, sua filha. Mas, como seus filhos estavam no campo cuidando dos rebanhos, não disse nada até que eles voltassem. ⁶Hamor, pai de Siquém, foi tratar da questão com Jacó. ⁷Nesse meio-tempo, os filhos de Jacó voltaram do campo assim que souberam o que havia acontecido. Ficaram abalados e furiosos porque sua irmã havia sido violentada. Siquém tinha cometido um ato vergonhoso contra a família de Jacó,[d] algo que jamais se deve fazer.

⁸Hamor fez um pedido a Jacó e seus filhos: "Meu filho Siquém se apaixonou por sua filha. Por favor, permitam que ele se case com ela. ⁹Aliás, podemos arranjar outros casamentos: vocês entregam suas filhas para nossos filhos, e nós entregamos nossas filhas para seus filhos. ¹⁰Vocês poderão viver em nosso meio; a terra está à sua disposição! Estabeleçam-se aqui e façam negócios conosco. Fiquem à vontade para comprar propriedades na região".

¹¹Então o próprio Siquém falou ao pai e aos irmãos de Diná: "Por favor, sejam bondosos comigo e deixem que eu me case com ela", implorou. "Eu lhes darei o que me pedirem. ¹²Seja qual for o dote ou o presente que pedirem, eu o pagarei, por maior que seja; só peço que me entreguem a moça para ser minha mulher."

¹³Os filhos de Jacó responderam com falsidade a Siquém e a seu pai, Hamor, uma vez que Siquém tinha violado Diná, a irmã deles. ¹⁴Disseram: "Não podemos permitir uma coisa dessas, pois você não é circuncidado. Seria uma vergonha para nossa irmã casar-se com um homem como você. ¹⁵Porém, temos uma solução. Se todos os homens do seu povo forem circuncidados, como nós somos, ¹⁶entregaremos nossas filhas e nos casaremos com suas filhas. Viveremos entre vocês e nos tornaremos um só povo. ¹⁷Mas, se não concordarem em ser circuncidados, tomaremos nossa irmã e iremos embora".

¹⁸Hamor e seu filho Siquém aceitaram a proposta. ¹⁹Sem demora, Siquém fez o que tinham pedido, pois desejava ardentemente a filha de Jacó. Siquém era o mais respeitado dos membros de sua família ²⁰e foi com seu pai, Hamor, apresentar a proposta aos líderes que estavam à porta da cidade.

²¹"Esses homens são nossos amigos", disseram eles. "Devemos convidá-los para viver entre nós e negociar livremente conosco. Há bastante espaço para eles nesta terra. Podemos nos casar com as filhas deles, e eles, com as nossas. ²²Mas eles só aceitarão ficar aqui e tornar-se um só povo conosco se todos os nossos homens forem circuncidados, como eles são. ²³Se o fizermos, todos os seus rebanhos e bens passarão, com o tempo, a ser nossos. Aceitemos a condição deles e deixemos que se estabeleçam entre nós."

²⁴Todos os membros do conselho da cidade concordaram com Hamor e Siquém, e todos os homens da cidade foram circuncidados.

²⁵Três dias depois, quando eles ainda sentiam dores, dois filhos de Jacó, Simeão e Levi, irmãos de Diná por parte de pai e mãe, tomaram suas espadas e entraram na cidade sem encontrar

---

[a] **33.17** *Sucote* significa "abrigos". [b] **33.19** Em hebraico, *100 quesitas*; não se sabe mais o peso ou o valor da quesita. [c] **33.20** *El-Elohe-Israel* significa "Deus, o Deus de Israel". [d] **34.7** Em hebraico, *coisa vergonhosa em Israel*.

resistência. Então, massacraram todos os homens de lá ²⁶e mataram Hamor e seu filho Siquém ao fio da espada. Depois, tiraram Diná da casa de Siquém e voltaram para o acampamento. ²⁷Enquanto isso, os outros filhos de Jacó chegaram à cidade. Vendo eles que todos os homens estavam mortos, saquearam a cidade, pois sua irmã tinha sido violentada ali. ²⁸Levaram as ovelhas, os bois e os jumentos, tudo que conseguiram encontrar dentro da cidade e nos campos. ²⁹Tomaram todas as riquezas, saquearam as casas e levaram as crianças e mulheres como prisioneiras.

³⁰Depois de tudo isso, Jacó disse a Simeão e a Levi: "Vocês arruinaram minha vida! Serei odiado por todos os povos desta terra, pelos cananeus e ferezeus. Somos tão poucos que eles se unirão e nos esmagarão. Eles me atacarão, e toda a minha família será exterminada!".

³¹Mas eles responderam: "Por acaso deveríamos permitir que nossa irmã fosse tratada como prostituta?".

O retorno de Jacó a Betel

35 Deus disse a Jacó: "Apronte-se, mude-se para Betel e estabeleça-se ali. Ao chegar, construa um altar para o Deus que lhe apareceu quando você estava fugindo de seu irmão, Esaú".

²Jacó disse à sua família e a todos que estavam com ele: "Joguem fora todos os seus ídolos pagãos, purifiquem-se e vistam roupas limpas. ³Vamos a Betel, onde construirei um altar para o Deus que respondeu às minhas orações quando eu estava angustiado. Ele tem estado comigo por onde ando".

⁴Então entregaram a Jacó todos os ídolos pagãos e as argolas que usavam nas orelhas, e ele os enterrou ao pé da grande árvore perto de Siquém. ⁵Quando partiram, o terror de Deus se espalhou de tal forma entre os moradores das cidades próximas que ninguém atacou a família de Jacó.

⁶Por fim, Jacó e todos que estavam com ele chegaram a Luz (também chamada Betel), em Canaã. ⁷Jacó construiu um altar ali e chamou o lugar de El-Betel,ᵃ pois Deus lhe havia aparecido em Betel quando ele estava fugindo de seu irmão.

⁸Pouco tempo depois, Débora, a serva que havia amamentado Rebeca, morreu e foi sepultada ao pé do carvalho no vale perto de Betel. Desde então, a árvore é chamada de Alom-Bacute.ᵇ

⁹Agora que Jacó havia regressado de Padã-Arã, Deus lhe apareceu outra vez em Betel e o abençoou: ¹⁰"Seu nome é Jacó, mas você não se chamará mais Jacó. De agora em diante, seu nome será Israel". Assim, Deus deu a ele o nome de Israel.

¹¹Deus também lhe disse: "Eu sou o Deus Todo-poderoso.ᶜ Seja fértil e multiplique-se. Você se tornará uma grande nação, até mesmo muitas nações. Haverá reis entre seus descendentes. ¹²Eu lhe darei a terra que dei a Abraão e Isaque. Sim, eu a darei a você e a seus descendentes". ¹³Em seguida, Deus se elevou do lugar onde havia falado a Jacó.

¹⁴Jacó levantou uma coluna de pedra para marcar o lugar onde Deus lhe havia falado. Depois, derramou vinho sobre a coluna, como oferta a Deus, e a ungiu com azeite de oliva. ¹⁵Chamou o lugar de Betel,ᵈ pois ali Deus lhe havia falado.

A morte de Raquel e de Isaque

¹⁶Depois que partiram de Betel, rumaram para Efrata. Raquel, porém, sentiu fortes dores e entrou em trabalho de parto quando ainda estavam a certa distância da cidade. ¹⁷As dores de parto aumentaram, e a parteira lhe disse: "Não tenha medo! Você terá outro menino!". ¹⁸Raquel estava quase morrendo, mas, com seu último suspiro, chamou o menino de Benoni.ᵉ O pai do bebê, no entanto, o chamou de Benjamim.ᶠ ¹⁹Assim, Raquel morreu e foi sepultada junto ao caminho para Efrata (ou seja, Belém). ²⁰Sobre o túmulo de Raquel, Jacó levantou um monumento de pedra, que está lá até hoje.

²¹Então Jacóᵍ seguiu viagem e acampou além de Migdal-Éder. ²²Enquanto moravam ali, Rúben teve relações com Bila, concubina de seu pai, e Jacó ficou sabendo disso.

ᵃ **35.7** *El-Betel* significa "Deus de Betel". ᵇ **35.8** *Alom-Bacute* significa "carvalho do choro". ᶜ **35.11** Em hebraico, *Eu sou El-Shaddai*. ᵈ **35.15** *Betel* significa "casa de Deus". ᵉ **35.18a** *Benoni* significa "filho da minha aflição". ᶠ **35.18b** *Benjamim* significa "filho da minha mão direita". ᵍ **35.21** Em hebraico, *Israel*; também em 35.22a. Os nomes "Jacó" e "Israel" são usados de forma intercambiável ao longo de todo o Antigo Testamento e se referem, por vezes, ao patriarca e, em outras ocasiões, à nação.

Estes são os nomes dos doze filhos de Jacó:

²³Os filhos de Lia foram Rúben (o filho mais velho de Jacó), Simeão, Levi, Judá, Issacar e Zebulom. ²⁴Os filhos de Raquel foram José e Benjamim. ²⁵Os filhos de Bila, serva de Raquel, foram Dã e Naftali. ²⁶Os filhos de Zilpa, serva de Lia, foram Gade e Aser.

Esses são os filhos que nasceram a Jacó em Padã-Arã.

²⁷Então Jacó voltou à casa de seu pai, Isaque, em Manre, perto de Quiriate-Arba (hoje chamada Hebrom), onde Abraão e Isaque viveram como estrangeiros. ²⁸Isaque viveu 180 anos. ²⁹Deu o último suspiro e, ao morrer em boa velhice, reuniu-se a seus antepassados. Seus filhos, Esaú e Jacó, o sepultaram.

Os descendentes de Esaú

36 Este é o relato dos descendentes de Esaú (também chamado Edom). ²Esaú se casou com duas moças de Canaã: Ada, filha de Elom, o hitita, e Oolibama, filha de Aná e neta de Zibeão, o heveu. ³Também se casou com sua prima Basemate, que era filha de Ismael e irmã de Nebaiote. ⁴Ada deu à luz um filho chamado Elifaz. Basemate deu à luz um filho chamado Reuel. ⁵Oolibama deu à luz filhos chamados Jeús, Jalão e Corá. Todos esses filhos nasceram a Esaú na terra de Canaã.

⁶Esaú tomou suas mulheres, seus filhos e filhas e todos os de sua casa, além de seus rebanhos e o gado, toda a riqueza que havia adquirido na terra de Canaã, e se mudou para longe de seu irmão, Jacó. ⁷Seus rebanhos e bens eram tantos que a terra onde moravam não era suficiente para sustentá-los. ⁸Portanto, Esaú (também chamado Edom) se estabeleceu na região montanhosa de Seir.

⁹Este é o relato dos descendentes de Esaú, os edomitas, que viviam na região montanhosa de Seir.

¹⁰Estes são os nomes dos filhos de Esaú: Elifaz, filho de Ada, mulher de Esaú; e Reuel, filho de Basemate, mulher de Esaú. ¹¹Os descendentes de Elifaz foram: Temã, Omar, Zefô, Gaetã e Quenaz. ¹²Timna, concubina de Elifaz, filho de Esaú, deu à luz um filho chamado Amaleque. Esses são os descendentes de Ada, mulher de Esaú.

¹³Os descendentes de Reuel foram: Naate, Zerá, Samá e Mizá. Esses são os descendentes de Basemate, mulher de Esaú.

¹⁴Esaú também teve filhos com Oolibama, filha de Aná, neta de Zibeão. Seus nomes eram: Jeús, Jalão e Corá.

¹⁵Estes são os descendentes de Esaú que se tornaram chefes de vários clãs:

Os descendentes de Elifaz, filho mais velho de Esaú, se tornaram chefes dos clãs de Temã, Omar, Zefô, Quenaz, ¹⁶Corá, Gaetã e Amaleque. Esses são os chefes de clãs descendentes de Elifaz na terra de Edom. Todos eles foram descendentes de Ada, mulher de Esaú.

¹⁷Os descendentes de Reuel, filho de Esaú, se tornaram chefes dos clãs de Naate, Zaerá, Samá e Mizá. Esses são os chefes dos clãs descendentes de Reuel na terra de Edom. Todos eles foram descendentes de Basemate, mulher de Esaú.

¹⁸Os descendentes de Esaú e sua mulher Oolibama se tornaram os chefes dos clãs de Jeús, Jalão e Corá. Esses são os chefes dos clãs descendentes de Oolibama, mulher de Esaú, filha de Aná.

¹⁹Esses são os clãs que descenderam de Esaú (também chamado de Edom), cada um identificado pelo nome de seu chefe.

Os habitantes originais de Edom

²⁰Estes são os nomes das tribos que descenderam de Seir, o horeu, que habitavam na terra de Edom: Lotã, Sobal, Zibeão e Aná, ²¹Disom, Ézer e Disã. Estes são os chefes dos clãs horeus, descendentes de Seir, que habitavam na terra de Edom.

²²Os descendentes de Lotã foram: Hori e Hemã. A irmã de Lotã se chamava Timna.

²³Os descendentes de Sobal foram: Alvã, Manaate, Ebal, Sefô e Onã.

²⁴Os descendentes de Zibeão foram: Aiá e Aná. (Foi este Aná que descobriu as fontes de águas quentes no deserto enquanto levava os jumentos de seu pai para pastar.)

²⁵Os descendentes de Aná foram: seu filho Disom e sua filha Oolibama.

²⁶Os descendentes de Disom[a] foram: Hendã, Esbã, Itrã e Querã.
²⁷Os descendentes de Ézer foram: Bilã, Zaavã e Acã.
²⁸Os descendentes de Disã foram Uz e Arã.
²⁹Estes, portanto, foram os chefes dos clãs horeus: Lotã, Sobal, Zibeão, Aná, ³⁰Disom, Ézer e Disã. Os clãs horeus são identificados pelo nome de seus chefes, que habitavam na terra de Seir.

Reis de Edom

³¹Estes são os reis que governaram na terra de Edom antes de os israelitas terem rei:[b]
³²Belá, filho de Beor, reinou em Edom, na cidade de Dinabá.
³³Quando Belá morreu, Jobabe, filho de Zerá, de Bozra, foi seu sucessor.
³⁴Quando Jobabe morreu, Husã, da terra dos temanitas, foi seu sucessor.
³⁵Quando Husã morreu, Hadade, filho de Bedade, foi seu sucessor na cidade de Avite. Foi Hadade quem derrotou os midianitas na terra de Moabe.
³⁶Quando Hadade morreu, Samlá, da cidade de Masreca, foi seu sucessor.
³⁷Quando Samlá morreu, Saul, da cidade de Reobote, próxima ao Eufrates,[c] foi seu sucessor.
³⁸Quando Saul morreu, Baal-Hanã, filho de Acbor, foi seu sucessor.
³⁹Quando Baal-Hanã, filho de Acbor, morreu, Hadade[d] foi seu sucessor na cidade de Paú. Sua mulher era Meetabel, filha de Matrede e neta de Mezaabe.

⁴⁰Estes são os nomes dos chefes dos clãs descendentes de Esaú, que habitavam nos lugares que têm seus nomes: Timna, Alvá, Jetete, ⁴¹Oolibama, Elá, Pinom, ⁴²Quenaz, Temã, Mibzar, ⁴³Magdiel e Irã. Esses são os chefes dos clãs de Edom, relacionados de acordo com seus assentamentos na terra que ocupavam. Todos eles foram descendentes de Esaú, antepassado dos edomitas.

Os sonhos de José

37 Jacó passou a morar na terra de Canaã, onde seu pai tinha vivido como estrangeiro.
²Este é o relato de Jacó e sua família. Quando José tinha 17 anos, cuidava dos rebanhos de seu pai. Trabalhava com seus meios-irmãos, os filhos de Bila e Zilpa, mulheres de seu pai, e contava para seu pai algumas das coisas erradas que seus irmãos faziam.

³Jacó[e] amava José mais que a qualquer outro de seus filhos, pois José havia nascido quando Jacó era idoso. Por isso, certo dia Jacó encomendou um presente especial para José: uma linda túnica.[f] ⁴Os irmãos de José, por sua vez, o odiavam, pois o pai deles o amava mais que a todos os outros filhos. Não eram capazes de lhe dizer uma única palavra amigável.

⁵Certa noite, José teve um sonho e, quando o contou a seus irmãos, eles o odiaram ainda mais. ⁶"Ouçam este sonho que tive", disse ele. ⁷"Estávamos no campo, amarrando feixes de trigo. De repente, meu feixe se levantou e ficou em pé, e seus feixes se juntaram ao redor do meu e se curvaram diante dele!"

⁸Seus irmãos responderam: "Você imagina que será nosso rei? Pensa mesmo que nos governará?". E o odiaram ainda mais por causa de seus sonhos e da maneira como os contava.

⁹Pouco tempo depois, José teve outro sonho e, mais uma vez, contou-o a seus irmãos. "Ouçam, tive outro sonho", disse ele. "O sol, a lua e onze estrelas se curvavam diante de mim!"
¹⁰Dessa vez, contou o sonho não apenas aos irmãos, mas também ao pai, que o repreendeu, dizendo: "Que sonho é esse? Por acaso eu, sua mãe e seus irmãos viremos e nos curvaremos até ao chão diante de você?". ¹¹Os irmãos de José ficaram com inveja dele, mas seu pai se perguntou qual seria o significado dos sonhos.

José é vendido como escravo

¹²Pouco depois, os irmãos de José levaram os rebanhos de seu pai para pastar junto de Siquém. ¹³Então Jacó disse a José: "Seus irmãos estão cuidando das ovelhas em Siquém. Apronte-se, e eu o enviarei até eles."

---

[a] **36.26** Em hebraico, *Disam*, variação de Disom; comparar com 36.21,28. [b] **36.31** Ou *antes de um rei israelita governá-los*. [c] **36.37** Em hebraico, *ao rio*. [d] **36.39** Conforme alguns manuscritos hebraicos, o Pentateuco Samaritano e a versão siríaca (ver tb. 1Cr 1.50); a maioria dos manuscritos hebraicos traz *Hadar*. [e] **37.3a** Em hebraico, *Israel*; também em 37.13. Ver nota em 35.21. [f] **37.3b** Traduzido tradicionalmente como *uma túnica de várias cores*. O significado exato do hebraico é incerto.

PÃO DIÁRIO

Uma dura ordenança

Veja o que encontramos. Não é a túnica de seu filho?
—Gênesis 37.32

Não mentir está no topo da lista das instruções difíceis de Deus para nós. Quando o meu filho estava no Ensino Fundamental, eu lhe disse muitas vezes que, se quisesse que confiássemos um carro a ele dentro de alguns anos (com todas as responsabilidades de ainda ser um adolescente), teria de dizer a verdade em relação a tudo no momento presente!

Verdade, honestidade e confiança são a base para todo bom relacionamento. Porém, ser alguém de confiança para os outros é apenas uma das razões pelas quais é tão importante a ordenança de Deus para que digamos a verdade ao "próximo" (Ef 4.25). Outro bom motivo é que o Senhor detesta a mentira. O texto de Provérbios 6.19 indica a mentira como uma das sete coisas que Deus considera detestáveis: "testemunha falsa que diz mentiras". E Jesus afirma que Satanás é um mentiroso e o "pai da mentira" (Jo 8.44).

Mentir pode ser bem fácil. Muitas vezes, parece a melhor maneira de evitarmos um problema desagradável ou de nos protegermos dos resultados de escolhas ruins. Mas o tiro sempre sai pela culatra. Por isso, quando os irmãos de José mentiram sobre o fato de o terem vendido como escravo, passaram o restante da vida preocupados com as consequências da sua mentira (Gn 37.31-33; 50.15).

Não minta. Essa é uma ordenança dura do Senhor, mas é a melhor maneira de agradá-lo e de ganhar o respeito das outras pessoas.

Purifica-me, Senhor, de todo engano e ensina-me a ser verdadeira. Quero ter uma vida íntegra diante de ti e de quem me conhece.

A mentira encobre os pecados apenas temporariamente.

"Estou pronto para ir", respondeu José.

¹⁴"Vá ver como estão seus irmãos e os rebanhos", disse Jacó. "E traga-me notícias deles." Jacó o enviou, e José viajou de sua casa no vale de Hebrom até Siquém.

¹⁵Quando José chegou a Siquém, um homem da região notou que ele andava perdido pelos campos. "O que você está procurando?", perguntou o homem.

¹⁶"Estou procurando meus irmãos", respondeu José. "O senhor sabe onde eles estão cuidando dos rebanhos?"

¹⁷O homem lhe disse: "Sim, eles foram embora daqui, mas eu os ouvi dizer: 'Vamos a Dotã'". Então José foi atrás de seus irmãos e os encontrou em Dotã.

¹⁸Quando os irmãos de José o viram, o reconheceram de longe. Antes que ele se aproximasse, planejaram uma forma de matá-lo. ¹⁹"Lá vem o sonhador!", disseram uns aos outros. ²⁰"Vamos matá-lo e jogá-lo numa dessas cisternas. Diremos a nosso pai: 'Um animal selvagem o devorou'. Então veremos o que será dos seus sonhos!"

²¹Mas, quando Rúben ouviu o plano, tratou de livrar José. "Não o matemos", disse ele. ²²"Por que derramar sangue? Joguem-no nesta cisterna vazia aqui no deserto e não toquemos nele." Rúben planejava resgatar José e levá-lo de volta ao pai.

²³Assim, quando José chegou, os irmãos lhe arrancaram a linda túnica que ele estava usando, ²⁴o agarraram e o jogaram na cisterna vazia, ou seja, sem água. ²⁵Mais tarde, quando se sentaram para comer, viram ao longe uma caravana de camelos vindo em sua direção. Era um grupo de negociantes ismaelitas, que transportavam especiarias, bálsamo e mirra de Gileade para o Egito.

²⁶Judá disse a seus irmãos: "O que ganharemos se matarmos nosso irmão e encobrirmos o crime?[a] ²⁷Em vez de matá-lo, vamos vendê-lo aos negociantes ismaelitas. Afinal, ele é nosso irmão, sangue do nosso sangue!". Seus irmãos concordaram. ²⁸Então, quando os ismaelitas, que eram negociantes midianitas, se aproximaram, os irmãos de José o tiraram da cisterna e o venderam para eles por vinte peças[b] de prata. E os negociantes o levaram para o Egito.

²⁹Algum tempo depois, Rúben voltou para tirar José da cisterna. Quando descobriu que seu irmão não estava lá, rasgou as roupas. ³⁰Voltou a seus irmãos e lamentou-se: "O menino sumiu! E agora, o que farei?".

³¹Então os irmãos mataram um bode e mergulharam a túnica de José no sangue do animal. ³²Enviaram a linda túnica para o pai, com

---

[a] **37.26** Em hebraico, *encobrirmos seu sangue*. [b] **37.28** Em hebraico, *20 (siclos)*, cerca de 240 gramas.

a seguinte mensagem: "Veja o que encontramos. Não é a túnica de seu filho?".

³³O pai a reconheceu de imediato e disse: "Sim, é a túnica de meu filho. Um animal selvagem o deve ter devorado. Com certeza José morreu despedaçado!". ³⁴Jacó rasgou suas roupas e vestiu-se de pano de saco. Por longo tempo, lamentou profundamente a morte do filho. ³⁵A família toda tentou consolá-lo, mas ele se recusava. "Descerei à sepultura[a] lamentando a morte de meu filho", dizia, e continuou a lamentar-se.

³⁶Enquanto isso, os negociantes midianitas[b] chegaram ao Egito, onde venderam José a Potifar, oficial e capitão da guarda do faraó.

Judá e Tamar

38 Por essa época, Judá saiu de casa e se mudou para Adulão, onde foi morar na casa de um homem chamado Hira. ²Ali, Judá viu uma mulher cananita, filha de Suá, e se casou com ela. Teve relações com a mulher, ³e ela engravidou e deu à luz um filho, que ele chamou de Er. ⁴Ela engravidou novamente e deu à luz outro filho, que chamou de Onã. ⁵Quando estavam morando em Quezibe, ela deu à luz o terceiro filho e o chamou de Selá.

⁶No devido tempo, Judá arranjou o casamento de Er, seu filho mais velho, com uma moça chamada Tamar. ⁷Mas Er era um homem perverso aos olhos do Senhor, por isso o Senhor lhe tirou a vida. ⁸Então Judá disse a Onã, irmão de Er: "Case-se com Tamar, como é exigido para com a viúva do irmão. Você deve gerar um herdeiro para seu irmão".

⁹Onã, porém, não estava disposto a ter um filho que não seria seu herdeiro. Por isso, cada vez que tinha relações com a mulher de seu irmão, derramava o sêmen no chão. Desse modo, evitava que Tamar tivesse um filho que pertenceria ao irmão dele. ¹⁰O Senhor, porém, considerou maldade a sua atitude e, por isso, também tirou a vida de Onã.

¹¹Então Judá disse à sua nora Tamar: "Volte para a casa de seus pais e permaneça viúva até que meu filho Selá tenha idade suficiente para se casar com você". (Na verdade, Judá disse isso apenas porque temia que Selá também morresse, como seus dois irmãos.) Assim, Tamar voltou para a casa do pai.

¹²Alguns anos depois, a mulher de Judá morreu. Quando terminou o período de luto, Judá e seu amigo Hira, o adulamita, subiram a Timna para supervisionar a tosquia das ovelhas de Judá. ¹³Alguém disse a Tamar: "Seu sogro está subindo a Timna para tosquiar as ovelhas".

¹⁴Tamar sabia que Selá já era adulto, mas nenhuma providência havia sido tomada para que ela se casasse com ele. Por isso, trocou suas roupas de viúva e, para disfarçar-se, cobriu-se com um véu. Depois, foi sentar-se junto à entrada da vila de Enaim, no caminho para Timna. ¹⁵Judá a viu e pensou que fosse uma prostituta, pois ela estava com o rosto coberto. ¹⁶Ele parou à beira da estrada e, sem saber que era sua própria nora, disse: "Quero me deitar com você".

"Quanto você me pagará para deitar-se comigo?", perguntou Tamar.

¹⁷"Eu lhe mandarei um cabrito do meu rebanho", prometeu Judá.

"Mas o que me dá como garantia de que mandará o cabrito?", perguntou ela.

¹⁸"Que tipo de garantia você quer?", replicou ele.

Ela disse: "Deixe comigo seu selo pessoal, junto com o cordão dele e o cajado que você está segurando". Judá entregou os objetos. Depois, teve relações com Tamar, e ela engravidou. ¹⁹Em seguida, Tamar voltou para casa, tirou o véu e tornou a vestir as roupas de viúva, como de costume.

²⁰Mais tarde, Judá pediu que seu amigo Hira, o adulamita, levasse o cabrito para a mulher e pegasse de volta as coisas que ele havia deixado como garantia. Hira, porém, não conseguiu encontrá-la. ²¹Perguntou aos homens que moravam lá: "Onde posso encontrar a prostituta do templo que estava sentada junto à entrada de Enaim?".

"Aqui nunca houve uma prostituta do templo", responderam eles.

²²Então Hira voltou para onde Judá estava e lhe disse: "Não consegui encontrá-la em lugar algum, e os homens da vila disseram que lá nunca houve uma prostituta do templo".

---

[a] 37.35 Em hebraico, *ao Sheol*. [b] 37.36 Em hebraico, *os medanitas*. A relação entre midianitas e medanitas não é clara; comparar com 37.28. Ver também 25.2.

PÃO DIÁRIO

Um pecado com outro nome

Como poderia eu cometer tamanha maldade? Estaria pecando contra Deus!

—Gênesis 39.9

Certo dia, José encontrou-se numa posição difícil quando a esposa de seu mestre tentou seduzi-lo. Para um jovem saudável, deve ter sido difícil resistir a essa mulher sedutora! E deve ter passado pela cabeça de José o quanto a ira dela seria apavorante no momento em que ele rejeitasse suas investidas.

Mesmo assim, José resistiu sem rodeios. Suas convicções morais brotavam de seu claro ponto de vista do pecado e de sua reverência por Deus. Ele disse à mulher: "...Como poderia eu cometer tamanha maldade? Estaria pecando contra Deus!" (Gn 39.9).

Hoje em dia, é popular chamar o pecado por nomes mais aceitáveis. Porém, usar tais eufemismos para denominar as ofensas a Deus apenas enfraquecerá a nossa resistência e banalizará os danos que o pecado nos causa.

Para José, o pecado não era apenas um "erro de julgamento". Também não era simplesmente "algo dito sem pensar" ou uma "imprudência" num "momento de fraqueza". José via o pecado como ele realmente era — uma séria ofensa contra o Senhor — e não subestimava a gravidade da afronta.

Os padrões morais de Deus são absolutos. Apenas quando virmos o pecado como algo abominável ao Senhor, seremos motivadas a fazer julgamentos morais corretos.

Chamar o pecado por um nome mais brando não mudará seu caráter ofensivo a Deus nem o preço que isso nos custará.

Senhor, ajuda-me a levar a sério o pecado — especialmente, os meus próprios. Foi pago um alto preço por eles, e não quero tratar superficialmente o Teu sacrifício por mim.

Não há desculpa para justificar o pecado.

---

²³"Que ela fique com as minhas coisas", disse Judá. "Mandei o cabrito como tínhamos combinado, mas você não a encontrou. Se voltássemos para procurá-la, o povo da vila zombaria de nós."

²⁴Uns três meses depois, disseram a Judá: "Sua nora, Tamar, se comportou como prostituta e, por isso, está grávida".

Judá ordenou: "Tragam-na para fora e queimem-na!".

²⁵Quando a estavam tirando de casa para matá-la, ela enviou a seguinte mensagem a seu sogro: "Estou grávida do homem que é dono destes objetos. Olhe com atenção. De quem são este selo, este cordão e este cajado?".

²⁶Judá os reconheceu de imediato e disse: "Ela é mais justa que eu, pois não tomei as providências para que ela se casasse com meu filho Selá". E Judá nunca mais teve relações com Tamar.

²⁷Quando chegou a época de Tamar dar à luz, descobriu que teria gêmeos. ²⁸Durante o trabalho de parto, um dos bebês pôs a mão para fora. A parteira segurou a mão do bebê, amarrou um fio vermelho no pulso e anunciou: "Este saiu primeiro". ²⁹O bebê, porém, recolheu a mão, e seu irmão saiu. Então a parteira disse: "Como você conseguiu sair primeiro?". Por isso, ele recebeu o nome de Perez.[a] ³⁰Logo depois, o bebê com o fio vermelho no pulso nasceu e recebeu o nome de Zerá.[b]

José na casa de Potifar

39 Quando José foi levado para o Egito pelos negociantes ismaelitas, eles o venderam a Potifar, um oficial egípcio. Potifar era capitão da guarda do faraó, o rei do Egito.

²O Senhor estava com José, por isso ele era bem-sucedido em tudo que fazia no serviço da casa de seu senhor egípcio. ³Potifar percebeu que o Senhor estava com José e lhe dava sucesso em tudo que ele fazia. ⁴Satisfeito com isso, nomeou José seu assistente pessoal e o encarregou de toda a sua casa e de todos os seus bens. ⁵A partir do dia em que José foi encarregado de toda a casa e de todas as propriedades de Potifar, o Senhor começou a abençoar a casa do egípcio por causa de José. Tudo corria bem na casa, e as plantações e os animais prosperavam. ⁶Assim, Potifar entregou tudo que possuía aos cuidados de José e, tendo-o como administrador, não se preocupava com nada, exceto com o que iria comer.

José era um rapaz muito bonito, de bela aparência, ⁷e logo a esposa de Potifar começou a olhar para ele com desejo. "Venha e deite-se comigo", ordenou ela.

---

[a] **38.29** *Perez* significa "romper". [b] **38.30** *Zerá* significa "vermelho" ou "brilho".

> **REFLETINDO SOBRE:** Uma dona de casa desesperada

A esposa de Potifar

Ouve meu clamor, pois estou muito fraco.
—Salmo 142.6

A série de televisão *Desperate Housewives* (Donas de casa desesperadas) estreou em 2004. O site oficial descrevia o programa como uma "novela de horário nobre" que "tem um olhar cômico sobre a classe média-alta, onde a vida secreta de donas de casa não é sempre o que parece". Segundo o programa, a vida secreta de uma dona de casa inclui sexo promíscuo. Infelizmente, esse seriado se tornou sucesso imediato.

A esposa de Potifar teria se sentido muito confortável na vizinhança dessas donas de casa. Ela era uma mulher com tempo de sobra em suas mãos. Casada com um homem rico e importante e possuindo muitos servos, nada melhor tinha a fazer a não ser pensar em como seduzir o jovem e belo escravo recém-chegado. A sra. Potifar teria agido melhor se tivesse investido seu tempo em limpar e não em desejar.

Talvez Potifar fosse tão ocupado e cheio de preocupações que sua esposa sentia desesperadamente a necessidade da atenção de um homem. Talvez ela estivesse em meio à crise de meia-idade e ansiava se sentir desejada novamente. Talvez lutasse com questões de infância ainda não resolvidas, necessidades não satisfeitas ou uma personalidade viciada. Independentemente do motivo que tivesse para tentar fazer José dormir com ela, não havia desculpa para o seu comportamento.

Conforme nossa sociedade se aparta de padrões objetivos para o certo e o errado, o adultério começa a parecer aceitável. Revistas e jornais registram os casos de estrelas e outros famosos, e o público devora os detalhes. Filmes e programas de televisão retratam frequentemente os relacionamentos extraconjugais como algo belo. Eles quase nunca mostram a triste verdade.

Deus nos alerta contra o adultério por boas razões. Os casos destroem o laço entre marido e mulher e destroem muitos casamentos e famílias em que tocam. Geralmente o cônjuge acaba se sentindo vazio e insatisfeito. Quando sentimos uma forte atração por um amigo, vizinho ou colega de trabalho, precisamos limitar nossa interação com essa pessoa. E precisamos dizer a Deus que precisamos desesperadamente de Sua ajuda.

⁸José recusou e disse: "Meu senhor me confiou todos os bens de sua casa e não precisa se preocupar com nada. ⁹Ninguém aqui tem mais autoridade que eu. Ele não me negou coisa alguma, exceto a senhora, pois é mulher dele. Como poderia eu cometer tamanha maldade? Estaria pecando contra Deus!".

¹⁰A mulher continuava a assediar José diariamente, mas ele se recusava a deitar-se com ela. ¹¹Certo dia, porém, quando José entrou para fazer seu trabalho, não havia mais ninguém na casa. ¹²Ela se aproximou, agarrou-o pelo manto e exigiu: "Venha, deite-se comigo!". José se desvencilhou e fugiu da casa, mas o manto ficou na mão da mulher.

¹³Quando ela viu que José tinha fugido, mas que o manto havia ficado na mão dela, ¹⁴chamou seus servos. "Vejam!", disse ela. "Meu marido trouxe esse escravo hebreu para nos fazer de bobos! Ele entrou no meu quarto para me violentar, mas eu gritei. ¹⁵Quando ele me ouviu gritar, saiu correndo e escapou, mas largou seu manto comigo."

¹⁶Ela guardou o manto até o marido voltar para casa. ¹⁷Então, contou-lhe sua versão da história. "O escravo hebreu que você trouxe para nossa casa tentou aproveitar-se de mim", disse ela. ¹⁸"Mas, quando eu gritei, ele saiu correndo e largou seu manto comigo!"

José é preso

¹⁹Ao ouvir a mulher contar como José a havia tratado, Potifar se enfureceu. ²⁰Pegou José e o lançou na prisão onde ficavam os prisioneiros do rei, e ali José permaneceu. ²¹Mas o Senhor estava com ele na prisão e o tratou com bondade. Fez José conquistar a simpatia do carcereiro, que, ²²em pouco tempo, encarregou José de todos os outros presos e de todas as tarefas

PÃO DIÁRIO

Paciência na prisão

O chefe dos copeiros, porém, se esqueceu completamente de José e não pensou mais nele.

—Gênesis 40.23

Você já observou que o esquecimento das pessoas pode testar a sua paciência? Como professor universitário, percebo que a minha paciência chega ao limite quando um aluno esquece de fazer algum trabalho que faz parte das exigências do curso e que eu expliquei claramente.

Na história de José, observamos um exemplo de esquecimento ainda pior e, como resultado, só podemos imaginar o quanto ele lutou para manter sua paciência.

Enquanto esteve na prisão, José interpretou um sonho do copeiro do rei, o que levou à libertação daquele homem. José lhe disse: "Quando a situação estiver bem para você, peço que se lembre de mim. Fale de mim ao faraó, para que ele me tire deste lugar" (Gn 40.14). Poderíamos imaginar que, após José ter ajudado o chefe dos copeiros a ganhar a liberdade, lembrar-se dele seria uma das prioridades desse mordomo. Porém, passaram-se dois anos antes que o copeiro mencionasse aquela história ao Faraó (41.9). Finalmente, o servo de Deus foi solto.

Imagine a impaciência que José sentiu esperando diariamente naquela prisão (40.15) — talvez, achando que havia passado sua única chance de liberdade. Ainda assim, ele tinha um recurso: a presença de Deus (39.21), o mesmo recurso que temos hoje (Hb 13.5). Quando você estiver se sentindo impaciente, descanse em Deus, que está sempre ao seu lado. Ele transformará a sua impaciência em confiança paciente.

Senhor, sei que a minha paciência será testada muitas vezes hoje. Que eu possa permanecer calma e confiante quando deixar tudo contigo e esperar pelo Teu tempo.

Paciência significa esperar pelo tempo de Deus sem duvidar do Seu amor.

---

ofenderam seu senhor, o rei do Egito. ²O faraó se enfureceu com os dois oficiais ³e os mandou para a prisão onde José estava, no palácio do capitão da guarda. ⁴Eles ficaram presos por um bom tempo, e o capitão da guarda os colocou sob a responsabilidade de José, para que cuidasse deles.

⁵Certa noite, enquanto estavam presos, o copeiro e o padeiro tiveram, cada um, um sonho, e cada sonho tinha o seu significado. ⁶Quando José os viu no dia seguinte, notou que os dois estavam perturbados ⁷e perguntou: "Por que vocês estão preocupados?".

⁸Eles responderam: "Esta noite, nós dois tivemos sonhos, mas ninguém sabe nos dizer o que significam".

"A interpretação dos sonhos vem de Deus", disse José. "Contem-me o que sonharam."

⁹O chefe dos copeiros foi o primeiro a relatar seu sonho a José. "Em meu sonho, vi na minha frente uma videira", disse ele. ¹⁰"Havia três ramos que começaram a brotar e florescer e, em pouco tempo, produziram cachos de uvas. ¹¹Eu tinha na mão o copo do faraó. Tomei um dos cachos de uva, espremi o suco na taça e a coloquei na mão do faraó."

¹²José disse: "Este é o significado do sonho: os três ramos representam três dias. ¹³Dentro de três dias, o faraó o elevará de volta ao seu cargo de chefe dos copeiros. ¹⁴Quando a situação estiver bem para você, peço que se lembre de mim. Fale de mim ao faraó, para que ele me tire deste lugar, ¹⁵pois fui trazido à força da minha terra natal, a terra dos hebreus, e agora estou nesta prisão, onde fui lançado sem motivo justo".

¹⁶Ao ouvir a interpretação favorável de José para o primeiro sonho, o chefe dos padeiros lhe disse: "Também tive um sonho. Nele, havia três cestos de pães brancos empilhados sobre a minha cabeça. ¹⁷No cesto de cima, havia pães e doces de todo tipo para o faraó, mas as aves vieram e comeram do cesto que estava sobre a minha cabeça".

¹⁸José lhe disse: "Este é o significado do sonho: os três cestos também representam três dias. ¹⁹Dentro de três dias, o faraó pendurará sua cabeça em um poste, e as aves comerão sua carne".

da prisão. ²³O carcereiro não precisava mais se preocupar com nada, pois José cuidava de tudo. O Senhor estava com ele e lhe dava sucesso em tudo que ele fazia.

José interpreta o sonho de dois prisioneiros

40 Algum tempo depois, o chefe dos copeiros e o chefe dos padeiros do faraó

²⁰Três dias depois, era o aniversário do faraó, e ele preparou um banquete para todos os seus oficiais e funcionários. Convocou o chefe dos copeiros e o chefe dos padeiros para comparecerem à festa. ²¹Elevou o chefe dos copeiros de volta a seu cargo, para que voltasse a entregar o copo ao faraó. ²²Quanto ao chefe dos padeiros, mandou enforcá-lo, como José havia previsto ao interpretar o sonho dele. ²³O chefe dos copeiros, porém, se esqueceu completamente de José e não pensou mais nele.

O sonho do faraó

41 Dois anos inteiros se passaram, e o faraó sonhou que estava em pé na margem do rio Nilo. ²Em seu sonho, viu sete vacas gordas e saudáveis saírem do rio e começarem a pastar no meio dos juncos. ³Em seguida, viu outras sete vacas saírem do Nilo. Eram feias e magras e pararam junto das vacas gordas à beira do rio. ⁴Então as vacas feias e magras comeram as sete vacas gordas e saudáveis. Nessa parte do sonho, o faraó acordou.

⁵Depois, voltou a dormir e teve outro sonho. Dessa vez, viu sete espigas de trigo, cheias e boas, que cresciam em um só talo. ⁶Em seguida, apareceram mais sete espigas, mas elas eram murchas e ressequidas pelo vento do leste. ⁷Então as espigas miúdas engoliram as sete espigas cheias e bem formadas. O faraó acordou novamente e percebeu que era um sonho.

⁸Na manhã seguinte, perturbado com os sonhos, o faraó chamou todos os magos e os sábios do Egito. Contou-lhes os sonhos, mas ninguém conseguiu interpretá-los.

⁹Por fim, o chefe dos copeiros se pronunciou. "Hoje eu me lembrei do meu erro", disse ao faraó. ¹⁰"Algum tempo atrás, o senhor se irou com o chefe dos padeiros e comigo e mandou prender-nos no palácio do capitão da guarda. ¹¹Certa noite, o chefe dos padeiros e eu tivemos, cada um, um sonho, e cada sonho tinha o seu significado. ¹²Estava conosco na prisão um rapaz hebreu que era escravo do capitão da guarda. Contamos a ele nossos sonhos, e ele explicou o que cada um significava. ¹³E tudo aconteceu exatamente como ele havia previsto. Fui restaurado ao meu cargo de chefe dos copeiros, e o chefe dos padeiros foi enforcado em público."

¹⁴Na mesma hora, o faraó mandou chamar José, e ele foi trazido depressa da prisão. Depois de barbear-se e trocar de roupa, apresentou-se ao faraó. ¹⁵Disse o faraó a José: "Tive um sonho esta noite e ninguém aqui conseguiu me dizer o que ele significa. Soube, porém, que ao ouvir um sonho você é capaz de interpretá-lo".

¹⁶José respondeu: "Essa capacidade não está em minhas mãos, mas Deus pode revelar o significado ao faraó e acalmá-lo".

¹⁷Então o faraó contou o sonho a José: "Em meu sonho, eu estava em pé na margem do rio Nilo ¹⁸e vi sete vacas gordas e saudáveis saírem do rio e começarem a pastar no meio dos juncos. ¹⁹Em seguida, vi saírem do rio sete vacas feias e magras que pareciam doentes. Nunca vi animais tão horríveis em toda a terra do Egito. ²⁰Essas vacas feias e magras comeram as sete vacas gordas. ²¹Contudo, não parecia que haviam acabado de comer as outras vacas, pois continuavam tão magras e feias quanto antes. Então, acordei.

²²"Em meu sonho, também vi sete espigas de trigo, cheias e boas, que cresciam em um só talo. ²³Em seguida, apareceram outras sete espigas, mas elas eram murchas, miúdas e ressequidas pelo vento do leste. ²⁴As espigas miúdas engoliram as sete espigas saudáveis. Contei os sonhos aos magos, mas ninguém foi capaz de dizer o que significam".

²⁵José respondeu: "Os dois sonhos do faraó significam a mesma coisa. Deus está dizendo ao faraó de antemão o que ele vai fazer. ²⁶As sete vacas saudáveis e as sete espigas de trigo cheias representam sete anos de prosperidade. ²⁷As sete vacas feias e magras e as sete espigas miúdas e ressequidas pelo vento do leste representam sete anos de fome.

²⁸"Acontecerá exatamente como eu descrevi, pois Deus revelou ao faraó de antemão o que ele vai fazer. ²⁹Os próximos sete anos serão um período de grande prosperidade em toda a terra do Egito. ³⁰Depois, haverá sete anos de fome tão grande que toda essa prosperidade será esquecida no Egito, pois a fome destruirá a terra. ³¹A escassez de alimento será tão terrível que apagará até a lembrança dos anos de fartura. ³²Quanto ao fato de terem sido dois sonhos parecidos, significa que esses acontecimentos

foram decretados por Deus, e ele os fará ocorrer em breve.

³³"Portanto, o faraó deve encontrar um homem inteligente e sábio e encarregá-lo de administrar o Egito. ³⁴O faraó também deve nomear supervisores sobre a terra, para que recolham um quinto de todas as colheitas durante os sete anos de fartura. ³⁵Encarregue-os de juntar todo o alimento produzido nos anos bons que virão e levá-lo para os armazéns do faraó. Mande-os estocar e guardar os cereais, para que haja mantimento nas cidades. ³⁶Desse modo, quando os sete anos de fome vierem sobre a terra do Egito, haverá comida suficiente. Assim, a fome não destruirá a terra".

O faraó coloca José no poder

³⁷O faraó e seus oficiais gostaram das sugestões de José. ³⁸Por isso, o faraó perguntou aos oficiais: "Será que encontraremos alguém como este homem? Sem dúvida, há nele o espírito de Deus!". ³⁹Então o faraó disse a José: "Uma vez que Deus lhe revelou o significado dos sonhos, é evidente que não há ninguém tão inteligente ou sábio quanto você. ⁴⁰Ficará encarregado de minha corte, e todo o meu povo obedecerá às suas ordens. Apenas eu, que ocupo o trono, terei uma posição superior à sua".

⁴¹O faraó acrescentou: "Eu o coloco oficialmente no comando de toda a terra do Egito". ⁴²Então o faraó tirou do dedo o seu anel com o selo real e o pôs no dedo de José. Mandou vesti-lo com roupas de linho fino e pôs uma corrente de ouro em seu pescoço. ⁴³Também o fez andar na carruagem reservada para quem era o segundo no poder, e, por onde José passava, gritava-se a ordem: "Ajoelhem-se!". Assim, o faraó colocou José no comando de todo o Egito ⁴⁴e lhe disse: "Eu sou o faraó, mas ninguém levantará a mão ou o pé em toda a terra do Egito sem a sua permissão".

⁴⁵O faraó deu a José um nome egípcio: Zafenate-Paneia.ᵃ Também lhe deu uma mulher, que se chamava Azenate. Ela era filha de Potífera, sacerdote de Om.ᵇ Assim, José recebeu autoridade sobre todo o Egito. ⁴⁶Tinha 30 anos quando começou a servir na corte do faraó, o rei do Egito. Depois de sair da presença do faraó, José foi inspecionar toda a terra do Egito.

⁴⁷Como previsto, durante sete anos a terra produziu fartas colheitas. ⁴⁸Ao longo desse tempo, José juntou todas as colheitas do Egito e armazenou nas cidades os cereais produzidos nos campos ao redor. ⁴⁹Armazenou uma quantidade imensa de cereais, como a areia do mar. Por fim, parou de manter registros, pois havia demais para medir.

⁵⁰Durante esse tempo, antes do primeiro ano de fome, José e sua mulher, Azenate, filha de Potífera, sacerdote de Om, tiveram dois filhos. ⁵¹José chamou o filho mais velho de Manassés,ᶜ pois disse: "Deus me fez esquecer todas as minhas dificuldades e toda a família de meu pai". ⁵²José chamou o segundo filho de Efraim,ᵈ pois disse: "Deus me fez prosperar na terra da minha aflição".

⁵³Por fim, terminaram os sete anos de colheitas fartas em toda a terra do Egito, ⁵⁴e começaram os sete anos de fome, como José havia previsto. A fome também afetou as regiões vizinhas, mas havia alimento de sobra em todo o Egito. ⁵⁵Depois de algum tempo, porém, a fome também se espalhou pelo Egito. Quando o povo clamou ao faraó para que lhe desse alimento, ele respondeu a todos os egípcios: "Dirijam-se a José e sigam as instruções dele". ⁵⁶Quando faltou alimento em toda parte, José mandou abrir os armazéns e vendeu cereais aos egípcios, pois a fome era terrível em toda a terra do Egito. ⁵⁷Gente de todos os lugares ia ao Egito comprar cereais de José, pois a fome era terrível no mundo inteiro.

Os irmãos de José vão ao Egito

42 Quando Jacó soube que no Egito havia cereais, disse a seus filhos: "Por que vocês estão aí parados, olhando uns para os outros? ²Ouvi dizer que há cereais no Egito. Desçam até lá e comprem cereais em quantidade suficiente para nos mantermos vivos. Do contrário, morreremos".

³Então os dez irmãos mais velhos de José desceram ao Egito para comprar cereais. ⁴Mas

---

ᵃ **41.45a** É provável que *Zafenate-Paneia* signifique "Deus fala e vive". ᵇ **41.45b** A Septuaginta traz *Heliópolis*; também em 41.50. ᶜ **41.51** O som do nome *Manassés* é semelhante ao do termo hebraico que significa "fazer esquecer". ᵈ **41.52** O som do nome *Efraim* é semelhante ao do termo hebraico que significa "frutífero".

Jacó não deixou Benjamim, o irmão mais novo de José, ir com eles, pois tinha medo de que algum mal lhe acontecesse. ⁵Os filhos de Jacó[a] chegaram ao Egito junto com outros para comprar mantimentos, porque também havia fome em Canaã.

⁶Uma vez que José era governador do Egito e o encarregado de vender cereais a todos, foi a ele que seus irmãos se dirigiram. Quando chegaram, curvaram-se diante dele com o rosto no chão. ⁷José reconheceu os irmãos de imediato, mas fingiu não saber quem eram e lhes perguntou com aspereza: "De onde vocês vêm?".

"Da terra de Canaã", responderam eles. "Viemos comprar mantimentos."

⁸Embora José tivesse reconhecido seus irmaos, eles não o reconheceram. ⁹José se lembrou dos sonhos que tivera a respeito deles muitos anos antes e lhes disse: "Vocês são espiões! Vieram para descobrir os pontos fracos de nossa terra".

¹⁰"Não, meu senhor!", responderam eles. "Seus servos vieram apenas para comprar mantimentos. ¹¹Somos todos irmãos, membros da mesma família. Somos homens honestos, meu senhor, e não espiões!"

¹²Mas José insistiu: "São espiões, sim! Vieram para descobrir os pontos fracos de nossa terra".

¹³Eles disseram: "Senhor, na verdade, nós, seus servos, éramos doze irmãos, todos filhos de um homem que vive na terra de Canaã. Nosso irmão mais novo está em casa com o pai, e um de nossos irmãos já não está conosco."

¹⁴José, porém, continuou a insistir: "Como eu disse, voces são espiões! ¹⁵Mas há uma forma de verificar sua história. Juro pela vida do faraó que vocês só deixarão o Egito quando seu irmão mais novo vier para cá. ¹⁶Um de vocês deve buscá-lo. Os outros ficarão presos aqui. Então veremos se sua história é verdadeira ou não. Pela vida do faraó, se não tiverem um irmão mais novo, saberei com certeza que são espiões".

¹⁷Então José os colocou na prisão por três dias. ¹⁸No terceiro dia, José lhes disse: "Sou um homem temente a Deus. Façam o que direi e viverão. ¹⁹Se são mesmo homens honestos, escolham um de seus irmãos para continuar preso. Os demais podem voltar para casa com cereais para seus parentes que estão passando fome. ²⁰Tragam-me, porém, seu irmão mais novo. Com isso, provarão que estão dizendo a verdade e não morrerão".

Eles concordaram e, ²¹conversando entre si, disseram: "É evidente que estamos sendo castigados por aquilo que fizemos a José tanto tempo atrás. Vimos sua angústia quando ele implorou por sua vida, mas nós o ignoramos. Por isso estamos nesta situação difícil".

²²Rúben disse: "Não lhes falei que não pecassem contra o rapaz? Mas vocês não quiseram me ouvir. Agora, temos de prestar contas pelo sangue dele!".

²³Não sabiam, porém, que José os entendia, pois falava com eles por meio de um intérprete. ²⁴José se afastou dos irmãos e começou a chorar. Quando se recompôs, voltou a falar com eles. Escolheu Simeão e mandou amarrá-lo diante dos demais.

²⁵Em seguida, José ordenou que seus servos enchessem de cereais os sacos que os irmãos haviam trazido e, em segredo, devolvessem o pagamento, colocando o dinheiro na boca de cada saco. Também mandou que lhes dessem mantimentos para a viagem, e assim fizeram. ²⁶Os irmãos colocaram os sacos de cereal sobre seus jumentos e partiram de volta para casa.

²⁷Contudo, quando um deles abriu a bagagem a fim de pegar cereal para seu jumento, encontrou o dinheiro na boca do saco. ²⁸"Vejam só!", exclamou para seus irmãos. "Devolveram meu dinheiro; está aqui no saco!" O coração deles desfaleceu e, tremendo, disseram uns aos outros: "O que Deus fez conosco?".

²⁹Quando os irmãos chegaram à casa de Jacó, seu pai, na terra de Canaã, relataram-lhe tudo que havia acontecido com eles. ³⁰Disseram: "O homem que governa o país falou conosco asperamente e nos acusou de sermos espiões em sua terra, ³¹mas nós lhe garantimos: 'Somos homens honestos, e não espiões. ³²Somos doze irmãos, filhos do mesmo pai. Um de nossos irmãos já não está conosco, e

---

[a] 42.5 Em hebraico, *Israel*. Ver nota em 35.21.

o mais novo está em casa com nosso pai, na terra de Canaã'.

³³"Então o homem que governa o país disse: 'Saberei com certeza se vocês são homens honestos da seguinte forma: deixem um de seus irmãos comigo e voltem para casa levando cereais para seus parentes que estão passando fome. ³⁴Tragam-me, porém, seu irmão mais novo e saberei que são homens honestos, e não espiões. Então eu lhes devolverei seu irmão, e vocês poderão negociar livremente nesta terra'".

³⁵Ao esvaziarem os sacos, viram que dentro de cada um havia uma bolsa com o dinheiro do pagamento pelos cereais. Os irmãos e o pai ficaram apavorados quando viram as bolsas de dinheiro. ³⁶Jacó disse: "Vocês estão tirando meus filhos de mim! José se foi, Simeão não está aqui, e agora querem levar Benjamim também. Tudo está contra mim!".

³⁷Então Rúben disse ao pai: "Se eu não trouxer Benjamim de volta, o senhor pode matar meus dois filhos. Eu me responsabilizo por ele e prometo trazê-lo de volta".

³⁸Jacó, porém, respondeu: "Meu filho não descerá com vocês. Seu irmão José morreu, e Benjamim é tudo que me resta. Se alguma coisa acontecesse com ele na viagem, vocês me mandariam velho e infeliz para a sepultura".ᵃ

Os irmãos voltam ao Egito

43 A fome se agravou na terra de Canaã. ²Quando os cereais que eles haviam trazido do Egito estavam para acabar, Jacó disse a seus filhos: "Voltem e comprem um pouco mais de mantimento para nós".

³Judá, porém, respondeu: "O homem estava falando sério quando nos advertiu: 'Vocês não me verão novamente se não trouxerem seu irmão'. ⁴Se o senhor enviar Benjamim conosco, desceremos e compraremos mais mantimento, ⁵mas, se não deixar Benjamim ir, nós também não iremos. Lembre-se de que o homem disse: 'Vocês não me verão novamente se não trouxerem seu irmão'".

⁶"Por que vocês foram tão cruéis comigo?", lamentou-se Jacó.ᵇ "Por que disseram ao homem que tinham outro irmão?"

⁷"Ele fez uma porção de perguntas sobre nossa família", responderam. "Quis saber: 'Seu pai ainda está vivo? Vocês têm outro irmão?'. Nós apenas respondemos às perguntas dele. Como poderíamos imaginar que ele diria: 'Tragam seu irmão'?"

⁸Judá disse a seu pai: "Deixe o rapaz ir comigo e partiremos. Do contrário, todos nós morreremos de fome, e não apenas nós, mas também nossos pequeninos. ⁹Garanto pessoalmente a segurança dele. O senhor pode me responsabilizar se eu não o trouxer de volta. Carregarei a culpa para sempre. ¹⁰Se não tivéssemos perdido todo esse tempo, poderíamos ter ido e voltado duas vezes".

¹¹Por fim, Jacó, seu pai, lhes disse: "Se não há outro jeito, pelo menos façam o seguinte. Coloquem na bagagem os melhores produtos desta terra: bálsamo, mel, especiarias e mirra, pistache e amêndoas, e levem de presente para o homem. ¹²Levem também o dobro do dinheiro que foi devolvido, pois alguém deve tê-lo colocado nos sacos por engano. ¹³Depois, peguem seu irmão e voltem àquele homem. ¹⁴Que o Deus Todo-poderosoᶜ lhes conceda misericórdia quando estiverem diante daquele homem, para que ele liberte Simeão e deixe Benjamim voltar. Mas, se devo perder meus filhos, que assim seja".

¹⁵Então os homens pegaram os presentes de Jacó e o dobro do dinheiro e partiram com Benjamim. Por fim, chegaram ao Egito e se apresentaram a José. ¹⁶Quando José viu Benjamim com eles, disse ao administrador de sua casa: "Estes homens almoçarão comigo ao meio-dia. Leve-os ao palácio, mate um animal e prepare um grande banquete". ¹⁷O homem fez conforme José ordenou e os levou ao palácio de José.

¹⁸Quando os irmãos viram que estavam sendo levados à casa de José, ficaram apavorados. "É por causa do dinheiro que alguém colocou de volta nos sacos da outra vez que estivemos aqui", disseram uns aos outros. "Ele planeja nos acusar de roubo e, depois, nos prender, nos tornar escravos e tomar nossos jumentos."

O banquete no palácio de José

¹⁹À entrada do palácio, os irmãos se dirigiram ao administrador de José e lhe disseram:

ᵃ **42.38** Em hebraico, *para o Sheol*. ᵇ **43.6** Em hebraico, *Israel*; também em 43.11. Ver nota em 35.21. ᶜ **43.14** Em hebraico, *El-Shaddai*.

²⁰"Ouça, senhor. Viemos ao Egito anteriormente para comprar mantimentos. ²¹No caminho de volta para casa, paramos para pernoitar e abrimos os sacos. Descobrimos que o dinheiro de cada um, a quantia exata que havíamos pago, estava na boca do saco. Trouxemos o dinheiro de volta. Aqui está. ²²Também trouxemos mais dinheiro para comprar mantimentos. Não fazemos ideia de quem colocou o dinheiro nos sacos".

²³"Fiquem tranquilos", disse o administrador. "Não tenham medo. Seu Deus, o Deus de seu pai, deve ter colocado esse tesouro nos sacos. Tenho certeza de que recebi seu pagamento." Depois disso, soltou Simeão e o levou até onde eles estavam.

²⁴Em seguida, o administrador os conduziu para dentro do palácio de José. Deu-lhes água para lavar os pés e providenciou ração para seus jumentos. ²⁵Quando foram avisados que almoçariam lá, os irmãos prepararam os presentes para a chegada de José ao meio-dia.

²⁶Assim que José chegou em casa, entregaram-lhe os presentes que haviam trazido e curvaram-se até o chão diante dele. ²⁷Depois de cumprimentá-los, José quis saber: "Como está seu pai, o senhor idoso do qual me falaram? Ainda está vivo?".

²⁸"Sim", responderam eles. "Nosso pai, seu servo, ainda está vivo e vai bem." E curvaram-se mais uma vez.

²⁹Então José olhou para seu irmão Benjamim, o filho de sua mãe, e perguntou: "Este é o irmão mais novo de que vocês me falaram?". E disse a Benjamim: "Deus seja bondoso com você, meu filho". ³⁰Muito emocionado por causa do irmão, José saiu depressa da sala. Foi para o quarto, onde chorou. ³¹Depois de lavar o rosto, voltou mais controlado e ordenou: "Tragam a comida!".

³²José foi servido em sua própria mesa, e seus irmãos, em uma mesa separada. Os egípcios que comiam com José, por sua vez, foram servidos em outra mesa, pois os egípcios desprezavam os hebreus e se recusavam a comer com eles. ³³José disse a cada um dos irmãos onde deviam sentar-se e, para espanto deles, colocou-os ao redor da mesa em ordem de idade, do mais velho para o mais novo. ³⁴Mandou encher os pratos deles com comida de sua própria mesa, e deram a Benjamim uma porção cinco vezes maior que a dos outros. E eles comeram e beberam à vontade com José.

O copo de prata de José

44 Então José deu a seguinte ordem ao administrador do palácio: "Coloque nos sacos que eles trouxeram todo o cereal que puderem carregar, e coloque o dinheiro de cada um de volta no saco. ²Depois, coloque meu copo de prata na boca do saco de mantimento do mais novo, junto com o dinheiro dele". O administrador fez tudo conforme José ordenou.

³Assim que amanheceu, os irmãos se levantaram e partiram com os jumentos carregados. ⁴Quando haviam percorrido apenas uma distância curta e mal haviam saído da cidade, José disse ao administrador do palácio: "Vá atrás deles e detenha-os. Quando os alcançar, diga-lhes: 'Por que retribuíram o bem com o mal? ⁵Por que roubaram o copo de prata[a] do meu senhor, que ele usa para prever o futuro? Vocês agiram muito mal!'".

⁶Quando o administrador do palácio alcançou os homens, repetiu para eles as palavras de José.

⁷"Do que o senhor está falando?", disseram os irmãos. "Somos seus servos e jamais faríamos uma coisa dessas! ⁸Por acaso não devolvemos o dinheiro que encontramos nos sacos? Nós o trouxemos de volta da terra de Canaã. Por que roubaríamos ouro ou prata da casa do seu senhor? ⁹Se encontrar o copo de prata com um de nós, que morra quem estiver com ele! E nós, os restantes, seremos seus escravos."

¹⁰"Sua proposta é justa", respondeu ele. "Mas apenas aquele que roubou o copo de prata se tornará meu escravo. Os outros estarão livres."

¹¹Sem demora, eles descarregaram os sacos e os abriram. ¹²O administrador do palácio examinou a bagagem de cada um, começando pelo mais velho até o mais novo. E o copo foi encontrado no saco de mantimento de Benjamim. ¹³Quando os irmãos viram isso, rasgaram as roupas. Depois, colocaram a carga de volta sobre os jumentos e retornaram à cidade.

---

[a] 44.5 Conforme a Septuaginta; o texto em hebraico não traz essa frase.

¹⁴José ainda estava em seu palácio quando Judá e seus irmãos chegaram, e eles se curvaram até o chão diante dele. ¹⁵"O que vocês fizeram?", exigiu ele. "Não sabem que um homem como eu é capaz de prever o que vai acontecer?"

¹⁶Judá respondeu: "Meu senhor, o que podemos dizer? Que explicação podemos dar? Como podemos provar nossa inocência? Deus está nos castigando por causa de nossa maldade. Todos nós voltamos para ser seus escravos, todos nós, e não apenas nosso irmão com quem foi encontrado o copo de prata".

¹⁷José, no entanto, disse: "Eu jamais faria uma coisa dessas! Apenas o homem que roubou o copo será meu escravo. Os outros podem voltar em paz para a casa de seu pai".

Judá intercede por Benjamim

¹⁸Então Judá deu um passo à frente e disse: "Por favor, meu senhor, permita que seu servo lhe diga apenas uma palavra. Peço que não perca a paciência comigo, embora o senhor seja tão poderoso quanto o próprio faraó. ¹⁹Meu senhor perguntou a nós, seus servos: 'Vocês têm pai ou irmão?'. ²⁰E nós respondemos: 'Sim, meu senhor, nosso pai é idoso e tem um filho mais novo, nascido em sua velhice. O irmão desse filho, por parte de pai e mãe, morreu. Ele é o único filho de sua mãe, e nosso pai o ama muito'.

²¹"O senhor nos disse: 'Tragam-no aqui para que eu possa vê-lo com os próprios olhos'. ²²E nós respondemos: 'Meu senhor, o rapaz não pode deixar o pai, pois, se o fizesse, o pai morreria'. ²³Mas o senhor nos disse: 'Vocês não me verão novamente se não trouxerem seu irmão'.

²⁴"Assim, voltamos para seu servo, nosso pai, e contamos a ele o que o senhor tinha dito. ²⁵Passado algum tempo, quando ele disse: 'Voltem e comprem mais mantimentos', ²⁶nós respondemos: 'Só poderemos voltar se nosso irmão mais novo nos acompanhar. Não temos como ver o homem outra vez, a menos que nosso irmão mais novo esteja conosco'.

²⁷"Então meu pai nos disse: 'Como vocês sabem, minha mulher teve dois filhos, ²⁸e um deles foi embora e nunca mais voltou. Sem dúvida, foi despedaçado por algum animal selvagem, e eu nunca mais o vi. ²⁹Se agora vocês levarem de mim o irmão dele e lhe acontecer algum mal, vocês me mandarão velho e infeliz para a sepultura'.ᵃ

³⁰"E agora, meu senhor, não posso voltar para a casa de meu pai sem o rapaz. A vida de nosso pai está ligada à vida do rapaz. ³¹Quando ele vir que o rapaz não está conosco, morrerá. Nós, seus servos, seremos, de fato, responsáveis por mandar para a sepultura seu servo, nosso pai, em profunda tristeza. ³²Meu senhor, garanti a meu pai que levaria o rapaz de volta. Disse-lhe: 'Se não o trouxer de volta, carregarei a culpa para sempre'.

³³"Por isso, peço ao senhor que me permita ficar aqui como escravo no lugar do rapaz e que o deixe voltar com os irmãos dele. ³⁴Pois, como poderei voltar a meu pai sem o rapaz? Não suportaria ver a angústia que isso lhe causaria!".

José revela sua identidade

45 José não conseguiu mais se conter. Havia muita gente na sala, e ele disse a seus assistentes: "Saiam todos daqui!". Assim, ficou a sós com seus irmãos e lhes revelou sua identidade. ²José se emocionou e começou a chorar. Chorou tão alto que os egípcios o ouviram, e logo a notícia chegou ao palácio do faraó.

³"Sou eu, José!", disse a seus irmãos. "Meu pai ainda está vivo?" Mas seus irmãos ficaram espantados ao se dar conta de que o homem diante deles era José e perderam a fala. ⁴"Cheguem mais perto", disse José. Quando eles se aproximaram, José continuou: "Eu sou José, o irmão que vocês venderam como escravo ao Egito. ⁵Agora, não fiquem aflitos ou furiosos uns com os outros por terem me vendido para cá. Foi Deus quem me enviou adiante de vocês para lhes preservar a vida. ⁶A fome que assola a terra há dois anos continuará por mais cinco anos, e não haverá plantio nem colheita. ⁷Deus me enviou adiante para salvar a vida de vocês e de suas famílias, e para salvar muitas vidas.ᵇ ⁸Portanto, foi Deus quem me mandou para cá, e não vocês! E foi ele quem me fez conselheiroᶜ do

---

ᵃ **44.29** Em hebraico, *para o Sheol*; também em 44.31. ᵇ **45.7** Ou *para salvá-los com livramento extraordinário*. O significado do hebraico é incerto. ᶜ **45.8** Em hebraico, *pai*.

faraó, administrador de todo o seu palácio e governador de todo o Egito.

⁹"Agora, voltem depressa a meu pai e digam-lhe: 'Assim diz seu filho José: Deus me fez senhor de toda a terra do Egito. Venha para cá sem demora! ¹⁰O senhor poderá viver na região de Gósen, onde estará perto de mim com todos os seus filhos e netos, rebanhos e gado, e todos os seus bens. ¹¹Ali eu cuidarei do senhor, pois ainda haverá cinco anos de escassez. Do contrário, o senhor e toda a sua família perderão tudo que têm'".

¹²José acrescentou: "Vejam! Vocês podem comprovar com seus próprios olhos, e também meu irmão Benjamim, que sou eu mesmo, José, que falo com vocês! ¹³Contem a meu pai a posição de honra que ocupo aqui no Egito. Descrevam para ele tudo que viram e tragam-no para cá o mais rápido possível". ¹⁴Chorando de alegria, ele abraçou Benjamim, e Benjamim também o abraçou e chorou. ¹⁵Então José beijou cada um de seus irmãos e chorou com eles; depois os irmãos conversaram à vontade com ele.

O faraó convida Jacó para morar no Egito

¹⁶A notícia não demorou a chegar ao palácio do faraó: "Os irmãos de José estão aqui!". O faraó e seus oficiais se alegraram muito quando souberam disso.

¹⁷O faraó disse a José: "Diga a seus irmãos: 'Coloquem as cargas em seus animais e voltem depressa à terra de Canaã. ¹⁸Tragam seu pai e todas as suas famílias para cá. Eu lhes darei a melhor terra do Egito, e vocês comerão do que esta terra produz de melhor'".

¹⁹O faraó prosseguiu: "Diga a seus irmãos: 'Levem carruagens do Egito para transportar as crianças pequenas, as mulheres e também seu pai. ²⁰Não se preocupem com seus pertences, pois o melhor de toda a terra do Egito será de vocês'".

²¹Os filhos de Jacó[a] seguiram essas instruções. José providenciou carruagens, conforme o faraó havia ordenado, e lhes deu mantimentos para a viagem. ²²Também presenteou cada irmão com um traje novo, mas a Benjamim deu cinco roupas novas e trezentos peças de prata.[b] ²³E, a seu pai, enviou dez jumentos carregados com os melhores produtos do Egito e dez jumentas carregadas com cereais, pães e outros mantimentos para a viagem.

PÃO DIÁRIO

Da perda ao ganho

Deus me enviou adiante [...] para salvar muitas vidas. Portanto, foi Deus quem me mandou para cá, e não vocês!
—Gênesis 45.7,8

O livro *Em seus passos o que faria Jesus?* (Ed. Mundo Cristão, 2010) pode ter arrecadado menos dinheiro para o seu autor do que qualquer outro best-seller da história. Charles M. Sheldon o escreveu em 1896, e o texto foi publicado por uma revista religiosa semanal. Como o editor da revista não conseguiu atender às normas de direitos reservados ao autor, Sheldon perdeu a propriedade legal do livro. Vários editores, a partir de então, venderam milhões de cópias da obra, e o autor não podia reivindicar o pagamento pelos direitos autorais.

Quarenta anos depois de Sheldon ter "perdido" seu livro, ele afirmou: "Sou muito grato, porque, por causa dos problemas com os direitos autorais, o livro foi muito mais lido por ter sido amplamente publicado".

José também experimentou perdas. Ele foi vendido como escravo pelos próprios irmãos (Gn 37.20-27). Depois, perdeu o cargo na casa de Potifar devido a uma acusação falsa (39.1-20). E, mesmo assim, não culpou ninguém. Em vez disso, o jovem reconheceu que Deus havia orquestrado os acontecimentos de sua vida para o bem final de outras pessoas (45.7,8). José tornou-se administrador do Egito e, durante um período de fome, foi capaz de ajudar muitas pessoas.

Nossas perdas podem ser parte do plano que Deus tem para nós ou o resultado das escolhas que fazemos em obediência a Ele. O que parece ser uma tragédia humana muitas vezes é a semente do triunfo divino.

Senhor, embora eu não entenda porque as coisas acontecem desse jeito, rendo-me à Tua vontade. Sei que posso confiar que os Teus intentos são bons e são também um bom caminho para mim.

Quando você segura, você perde; quando você entrega a Deus, você ganha.

---

[a] **45.21** Em hebraico, *Israel*; também em 45.28. Ver nota em 35.21. [b] **45.22** Em hebraico, *300 (siclos)*, cerca de 3,6 quilos.

²⁴Depois, José se despediu de seus irmãos e, enquanto partiam, disse a eles: "Não briguem no caminho por causa do que aconteceu". ²⁵Eles saíram do Egito e voltaram a seu pai, Jacó, na terra de Canaã.

²⁶"José ainda está vivo!", eles disseram a seu pai. "É o governador de toda a terra do Egito!" Jacó ficou atônito com a notícia. Não podia acreditar. ²⁷Quando, porém, repetiram para Jacó tudo que José lhes tinha dito, e quando ele viu as carruagens que José havia mandado para levá-lo, encheu-se de ânimo.

²⁸Então Jacó exclamou: "Deve ser verdade! Meu filho José está vivo! Preciso ir e vê-lo antes que eu morra!".

Jacó e sua família se mudam para o Egito

46 Jacó[a] partiu para o Egito com todos os seus bens. Quando chegou a Berseba, ofereceu sacrifícios ao Deus de Isaque, seu pai. ²Durante a noite, Deus lhe falou numa visão. "Jacó! Jacó!", chamou ele.

"Aqui estou!", respondeu Jacó.

³"Eu sou Deus,[b] o Deus de seu pai", disse a voz. "Não tenha medo de descer ao Egito, pois lá farei de sua família uma grande nação. ⁴Descerei com você ao Egito e certamente o trarei de volta. E José estará ao seu lado quando você morrer."

⁵Então Jacó saiu de Berseba, e seus filhos o levaram para o Egito. Transportaram o pai, as crianças e as mulheres nas carruagens que o faraó lhes havia providenciado. ⁶Também levaram todos os seus rebanhos e os bens que haviam adquirido na terra de Canaã. Assim, Jacó e toda a sua família foram para o Egito: ⁷filhos e netos, filhas e netas, todos os seus descendentes.

⁸Estes são os nomes dos descendentes de Israel, os filhos de Jacó, que foram ao Egito:

Rúben foi o filho mais velho de Jacó. ⁹Os filhos de Rúben foram: Enoque, Palu, Hezrom e Carmi.

¹⁰Os filhos de Simeão foram: Jemuel, Jamim, Oade, Jaquim, Zoar e Saul. (A mãe de Saul era cananita.)

¹¹Os filhos de Levi foram: Gérson, Coate e Merari.

¹²Os filhos de Judá foram: Er, Onã, Selá, Perez e Zerá (embora Er e Onã tivessem morrido na terra de Canaã). Os filhos de Perez foram: Hezrom e Hamul.

¹³Os filhos de Issacar foram: Tolá, Puá,[c] Jasube[d] e Sinrom.

¹⁴Os filhos de Zebulom foram: Serede, Elom e Jaleel.

¹⁵Esses foram os filhos de Lia e Jacó nascidos em Padã-Arã, além de sua filha Diná. Por meio de Lia, Jacó teve 33 descendentes, tanto homens quanto mulheres.

¹⁶Os filhos de Gade foram: Zefom,[e] Hagi, Suni, Esbom, Eri, Arodi e Areli.

¹⁷Os filhos de Aser foram: Imná, Isvá, Isvi e Berias. A irmã deles se chamava Sera. Os filhos de Berias foram: Héber e Malquiel.

¹⁸Esses foram os filhos de Zilpa, serva dada a Lia por Labão, seu pai. Por meio de Zilpa, Jacó teve dezesseis descendentes.

¹⁹Os filhos de Raquel, mulher de Jacó, foram: José e Benjamim.

²⁰Os filhos de José, nascidos no Egito, foram: Manassés e Efraim. Sua mãe foi Azenate, filha de Potífera, sacerdote de Om.[f]

²¹Os filhos de Benjamim foram: Belá, Bequer, Asbel, Gera, Naamã, Eí, Rôs, Mupim, Hupim e Arde.

²²Esses foram os filhos de Raquel e Jacó. Por meio de Raquel, Jacó teve catorze descendentes.

²³O filho de Dã foi Husim.

²⁴Os filhos de Naftali foram: Jazeel, Guni, Jezer e Silém.

²⁵Esses foram os filhos de Bila, serva dada a Raquel por Labão, seu pai. Por meio de Bila, Jacó teve sete descendentes.

²⁶No total, 66 descendentes diretos de Jacó foram com ele para o Egito, sem contar as esposas de seus filhos. ²⁷Além deles, José teve dois filhos[g] que nasceram no Egito, totalizando setenta[h] membros da família de Jacó no Egito.

---

[a] **46.1** Em hebraico, *Israel*; também em 46.29,30. Ver nota em 35.21. [b] **46.3** Em hebraico, *Eu sou El*. [c] **46.13a** Conforme a versão siríaca e o Pentateuco Samaritano (ver tb. 1Cr 7.1); o hebraico traz *Puvá*. [d] **46.13b** Conforme alguns manuscritos gregos e o Pentateuco Samaritano (ver tb. Nm 26.24; 1Cr 7.1); o hebraico traz *Iobe*. [e] **46.16** Conforme a Septuaginta e o Pentateuco Samaritano (ver tb. Nm 26.15); o hebraico traz *Zifiom*. [f] **46.20** A Septuaginta traz *Heliópolis*. [g] **46.27a** A Septuaginta traz *nove filhos*, provavelmente incluindo os netos de José, filhos de Efraim e Manassés (ver 1Cr 7.14-20). [h] **46.27b** A Septuaginta traz *75*; ver nota em Êx 1.5.

A família de Jacó chega a Gósen

28Quando estavam quase chegando, Jacó enviou Judá adiante para encontrar-se com José e pedir-lhe informações sobre o caminho para Gósen. **29**José mandou preparar sua carruagem e partiu para Gósen, a fim de encontrar-se com seu pai, Jacó. Quando José chegou, abraçou fortemente seu pai e, sem soltá-lo, chorou por longo tempo. **30**Por fim, Jacó disse a José: "Agora estou pronto para morrer, pois vi seu rosto novamente e sei que você está vivo".

31José disse a seus irmãos e a toda a família de seu pai: "Irei ao faraó e lhe direi: 'Meus irmãos e toda a família de meu pai chegaram da terra de Canaã. **32**Eles são pastores e criadores de gado. Trouxeram consigo seus rebanhos, seu gado e todos os seus bens'".

33Disse também: "Quando o faraó mandar chamá-los e perguntar-lhes em que vocês trabalham, **34**digam o seguinte: 'Durante toda a vida, nós, seus servos, criamos rebanhos e gado, como sempre fizeram nossos antepassados'. Quando lhe disserem isso, ele permitirá que vivam aqui na região de Gósen, pois os egípcios desprezam os pastores".

Jacó abençoa o faraó

47 José foi ver o faraó e lhe disse: "Meus pais e meus irmãos chegaram da terra de Canaã. Trouxeram seus rebanhos, seu gado e todos os seus bens, e agora estão na região de Gósen".

2José levou consigo cinco de seus irmãos e os apresentou ao faraó. **3**"Em que vocês trabalham?", o faraó perguntou aos irmãos.

Eles responderam: "Nós, seus servos, somos pastores, como nossos antepassados. **4**Viemos morar no Egito por algum tempo, pois não há pastagem para nossos rebanhos em Canaã. A fome é terrível naquela região. Por isso, pedimos sua permissão para morar na região de Gósen".

5Então o faraó disse a José: "Agora que seu pai e seus irmãos estão com você, **6**escolha qualquer lugar em todo o Egito para morarem. Dê-lhes a melhor terra do Egito. Que vivam na região de Gósen. Se você descobrir entre eles homens capazes, coloque-os para cuidar de meus rebanhos".

7Em seguida, José trouxe seu pai, Jacó, e o apresentou ao faraó. E Jacó abençoou o faraó. **8**"Quantos anos o senhor tem?", perguntou o faraó.

9Jacó respondeu: "Tenho andado por este mundo há 130 árduos anos. Comparada à vida de meus antepassados, minha vida foi curta". **10**Então Jacó abençoou o faraó novamente antes de deixar a corte.

11José deu a seu pai e a seus irmãos a melhor terra do Egito, a região de Ramessés, e os

---

PÃO DIÁRIO

A grandeza da santidade

Então Jacó abençoou o faraó novamente antes de deixar a corte.
—Gênesis 47.10

Aos olhos de muitas pessoas, o irmão de Jacó, Esaú, era o mais importante dos dois e, durante anos, ele havia acumulado imensa riqueza e poder. Esaú governava a terra de Edom e poderia ter se encontrado com o Faraó em seus próprios termos. Ainda assim, Esaú, com toda a sua autoridade terrena, não poderia ter abençoado o Faraó. Apenas Jacó tinha esse poder (Gn 47.10).

O espiritual é superior ao natural. Deus pode dotar um ser humano humilde de incrível força moral. A santidade tem em si o poder de dominar todos os outros poderes.

O termo grego que corresponde a poder ou autoridade (exousia) contém a preposição "ex", que significa "fora de" ou "de". Isso sugere que a habilidade de influenciar os outros flui de dentro. Está enraizada no que somos. "Queres ser grande?", perguntou Agostinho. "Começa por ser humilde." A grandeza vem da santidade e de nada mais.

Tenho um amigo que circula pelos corredores do poder, encontrando-se com os homens e as mulheres mais proeminentes do mundo. Ele fala uma ou duas palavras, ora e, depois, segue o seu caminho. No entanto, ele deixa atrás de si a influência prolongada e convincente de Cristo. Ele tem a aura da grandeza que cerca a vida dos que refletem o caráter de Jesus. É a grandeza da santidade.

Senhor, quero que um mundo atento veja a Tua semelhança brilhar em mim. Quero ser semelhante a Jesus. Por favor, transforma-me e habita em mim.

Até mesmo um pequeno exemplo pode ter uma grande influência para Cristo.

acomodou ali, conforme o faraó havia ordenado. ¹²José também providenciou mantimentos para seu pai e seus irmãos, em quantidades proporcionais ao número de seus dependentes, incluindo as crianças pequenas.

A administração de José durante a fome

¹³A essa altura, a escassez era tanta que se esgotaram todos os mantimentos, e havia gente passando fome em toda a terra do Egito e de Canaã. ¹⁴Com o tempo, vendendo cereais para o povo, José arrecadou todo o dinheiro do Egito e de Canaã e o depositou no tesouro do faraó. ¹⁵Quando acabou o dinheiro do povo do Egito e de Canaã, todos os egípcios foram implorar a José: "Não temos mais dinheiro! Mas, por favor, dê-nos alimento, ou morreremos de fome diante dos seus olhos!".

¹⁶José respondeu: "Visto que seu dinheiro acabou, tragam-me seus animais. Eu lhes darei alimento em troca". ¹⁷Então eles entregaram seus animais a José em troca de alimento. José lhes forneceu mantimentos para mais um ano em troca de seus cavalos, rebanhos de ovelhas, bois e jumentos.

¹⁸Mas aquele ano chegou ao fim e, no ano seguinte, o povo voltou a José, dizendo: "Não podemos esconder a verdade. Nosso dinheiro acabou, e nossos rebanhos e gado lhe pertencem. Não nos resta coisa alguma para oferecer além de nosso corpo e nossas terras. ¹⁹Por que morreríamos de fome diante dos seus olhos? Compre nossas terras em troca de mantimento; oferecemos nossas propriedades e a nós mesmos como servos do faraó. Dê-nos cereais para que vivamos e não morramos, e para que a terra não fique vazia e desolada".

²⁰Assim, José comprou toda a terra do Egito para o faraó. Todos os egípcios venderam seus campos, pois a fome era terrível, e em pouco tempo todas as terras passaram a ser propriedade do faraó. ²¹Quanto ao povo, José os tornou todos escravos,ᵃ de uma extremidade do Egito à outra. ²²As únicas terras que ele não comprou foram as dos sacerdotes. Eles recebiam do faraó uma porção regular de mantimentos, por isso não precisaram vender suas terras.

²³Então José disse ao povo: "Hoje eu comprei vocês e suas terras para o faraó. Em troca, fornecerei sementes para cultivarem os campos. ²⁴Quando vocês os ceifarem, um quinto da colheita será do faraó. Fiquem com os outros quatro quintos e usem como alimento para vocês, para os membros de sua casa e para suas crianças".

²⁵"O senhor salvou nossa vida!", exclamaram. "Permita-nos servir ao faraó." ²⁶Então José mandou publicar um decreto que vale até hoje na terra do Egito, segundo o qual um quinto de todas as colheitas pertence ao faraó. Apenas as terras dos sacerdotes não foram entregues ao faraó.

²⁷Enquanto isso, o povo de Israel se estabeleceu na região de Gósen, no Egito. Ali, adquiriram propriedades e tiveram muitos filhos, e sua população cresceu rapidamente. ²⁸Depois de chegar ao Egito, Jacó viveu mais dezessete anos; portanto, viveu ao todo 147 anos.

²⁹Quando se aproximava a hora de sua morte, Jacóᵇ chamou seu filho José e lhe disse: "Peço que me faça um favor. Coloque sua mão debaixo da minha coxa e jure que mostrará sua bondade e lealdade a mim atendendo a este último desejo: não me sepulte no Egito. ³⁰Quando eu morrer, leve meu corpo para fora do Egito e sepulte-me com meus antepassados".

José prometeu: "Farei como o senhor me pede".

³¹"Jure que o fará", insistiu. José fez o juramento, e Jacó se curvou humildemente à cabeceira de sua cama.ᶜ

Jacó abençoa Manassés e Efraim

48 Certo dia, não muito tempo depois, avisaram José: "Seu pai está bastante doente". José foi visitá-lo e levou consigo seus dois filhos, Manassés e Efraim.

²Quando José chegou, anunciaram a Jacó: "Seu filho José está aqui para vê-lo". Com as forças que lhe restavam, Jacóᵈ se sentou na cama.

ᵃ **47.21** Conforme a Septuaginta e o Pentateuco Samaritano; o hebraico traz *os transferiu todos para as cidades*. ᵇ **47.29** Em hebraico, *Israel*; também em 47.31b. Ver nota em 35.21. ᶜ **47.31** A Septuaginta traz *Israel se curvou em adoração, apoiado em seu bordão*. Comparar com Hb 11.21. ᵈ **48.2** Em hebraico, *Israel*; também em 48.8,10,11,13,14,21. Ver nota em 35.21.

³Jacó disse a José: "O Deus Todo-poderoso[a] me apareceu em Luz, na terra de Canaã, e me abençoou. ⁴Ele me disse: 'Eu o tornarei fértil e multiplicarei seus descendentes. Farei de você muitas nações e darei esta terra de Canaã a seus descendentes como propriedade permanente'.

⁵"Agora, tomo para mim, como meus próprios filhos, seus dois rapazes, Efraim e Manassés, nascidos aqui na terra do Egito antes de minha chegada. Eles serão meus filhos, como são Rúben e Simeão. ⁶Os filhos que você tiver depois deles, porém, serão seus e herdarão propriedades dentro do território dos irmãos deles, Efraim e Manassés.

⁷"Muito tempo atrás, quando eu voltava de Padã-Arã,[b] Raquel morreu na terra de Canaã. Ainda estávamos viajando, a certa distância de Efrata (ou seja, Belém). Com grande tristeza, sepultei-a ali mesmo, junto ao caminho para Efrata".

⁸Em seguida, Jacó olhou para os dois rapazes e perguntou: "Quem são estes?".

⁹José respondeu: "Estes são os filhos que Deus me deu aqui no Egito".

Jacó disse: "Traga-os mais perto, para que eu os abençoe".

¹⁰Os olhos de Jacó estavam enfraquecidos por causa da idade, e ele quase não conseguia enxergar. José levou os rapazes para perto dele, e Jacó os beijou e abraçou. ¹¹Então Jacó disse a José: "Nunca imaginei que voltaria a ver seu rosto, mas agora Deus me permitiu ver também seus filhos!".

¹²José tirou os rapazes de junto dos joelhos do avô e se curvou com o rosto no chão. ¹³Em seguida, colocou os rapazes na frente de Jacó. Com a mão direita, colocou Efraim diante da mão esquerda de Jacó e, com a mão esquerda, colocou Manassés sob a mão direita de Jacó. ¹⁴Mas, ao estender as mãos para colocá-las sobre a cabeça dos rapazes, Jacó cruzou os braços. Pôs a mão direita sobre a cabeça de Efraim, embora fosse o mais novo, e a mão esquerda sobre a cabeça de Manassés, embora fosse o mais velho. ¹⁵Em seguida, abençoou José, dizendo:

"Que o Deus diante do qual andaram
  meu avô, Abraão, e meu pai, Isaque,
o Deus que tem sido meu pastor
  toda a minha vida, até o dia de hoje,
¹⁶o Anjo que me resgatou de todo o mal,
  abençoe estes rapazes.
Que eles preservem meu nome
  e o nome de Abraão e Isaque,
e seus descendentes se multipliquem
  grandemente na terra".

¹⁷José, porém, não se agradou quando viu o pai colocar a mão direita sobre a cabeça de Efraim. Por isso, levantou-a para passá-la da cabeça de Efraim para a cabeça de Manassés. ¹⁸"Não, meu pai", disse ele. "Este é o mais velho; coloque a mão direita sobre a cabeça dele."

¹⁹Mas seu pai se recusou e disse: "Eu sei, meu filho; eu sei. Manassés também se tornará um grande povo, mas seu irmão mais novo será ainda maior. E seus descendentes se tornarão muitas nações".

²⁰Assim, Jacó abençoou os rapazes naquele dia com a seguinte bênção: "O povo de Israel usará seus nomes quando pronunciarem uma bênção. Dirão: 'Deus os faça prosperar como Efraim e Manassés!'". Desse modo, Jacó pôs Efraim adiante de Manassés.

²¹Então Jacó disse a José: "Morrerei em breve, mas Deus estará com vocês e os levará de volta a Canaã, a terra de seus antepassados. ²²Em razão de sua autoridade sobre seus irmãos, eu lhe dou uma porção a mais da terra,[c] que tomei dos amorreus com a minha espada e o meu arco".

Jacó abençoa seus filhos

49 Então Jacó mandou chamar todos os seus filhos e lhes disse: "Reúnam-se ao meu redor, e eu direi o que acontecerá a cada um de vocês nos dias que virão.

²"Venham e ouçam, filhos de Jacó,
  ouçam Israel, seu pai!

³"Rúben, você é meu filho mais velho,
    minha força,
  o filho da minha juventude vigorosa;
  é o primeiro em importância e o
    primeiro em poder.

---

[a] **48.3** Em hebraico, *El-Shaddai*. [b] **48.7** Em hebraico, *Padã*; comparar com 35.9. [c] **48.22** Ou *uma região montanhosa*. O significado do hebraico é incerto.

⁴É, contudo, impetuoso como uma enchente,
e não será mais o primeiro.
Pois deitou-se em minha cama,
desonrou meu leito conjugal.

⁵"Simeão e Levi são iguais em tudo;
suas armas são instrumentos de violência.
⁶Que eu jamais esteja presente em suas reuniões
e nunca participe de seus planos.
Pois, em sua ira, mataram homens
e, por diversão, aleijaram bois.
⁷Maldita seja sua ira, pois é feroz;
maldita sua fúria, pois é cruel.
Eu os espalharei entre os descendentes de Jacó,
eu os dispersarei por todo o Israel.

⁸"Judá, seus irmãos o louvarão;
você agarrará seus inimigos pelo pescoço,
e todos os seus parentes se curvarão à sua frente.
⁹Judá, meu filho, é um leão novo
que acabou de comer sua presa.
Como o leão, ele se agacha, e como a leoa, se deita;
quem tem coragem de acordá-lo?
¹⁰O cetro não se afastará de Judá,
nem o bastão de autoridade de seus descendentes,ᵃ
até que venha aquele a quem pertence,ᵇ
aquele que todas as nações honrarão.
¹¹Ele amarra seu potro a uma videira,
seu jumentinho a uma videira seleta.
Lava suas roupas em vinho,
suas vestes, no sangue das uvas.
¹²Seus olhos são mais escuros que o vinho,
seus dentes, mais brancos que o leite.

¹³"Zebulom se estabelecerá à beira-mar
e será um porto para os navios;
suas fronteiras se estenderão até Sidom.

¹⁴"Issacar é um jumento forte,
que descansa entre dois sacos de carga.ᶜ
¹⁵Quando vir como o campo é bom
e como a terra é agradável,
curvará seus ombros para a carga
e se sujeitará a trabalhos forçados.

¹⁶"Dã governará seu povo,
como qualquer outra tribo de Israel.
¹⁷Dã será uma serpente à beira da estrada,
uma víbora junto ao caminho
que morde o calcanhar do cavalo
e faz o cavaleiro cair.
¹⁸Ó Senhor, espero pelo teu livramento!

¹⁹"Gade será atacado por bandos de saqueadores,
mas os atacará quando baterem em retirada.

²⁰"Aser se alimentará de comidas deliciosas
e produzirá iguarias dignas de reis.

²¹"Naftali é uma gazela solta
que dá à luz lindos filhotes.

²²"José é árvore frutífera,
árvore frutífera junto à fonte;
seus ramos se estendem por cima do muro.ᵈ
²³Arqueiros o atacaram brutalmente;
atiraram nele e o atormentaram.
²⁴Seu arco, porém, permaneceu esticado,
e seus braços foram fortalecidos
pelas mãos do Poderoso de Jacó,
pelo Pastor, a Rocha de Israel.
²⁵Que o Deus de seu pai o ajude;
o Todo-poderoso o abençoe
com bênçãos dos altos céus,
bênçãos das profundezas das águas,
bênçãos dos seios e do ventre.
²⁶Que as bênçãos de seu pai ultrapassem
as bênçãos de meus antepassados
e alcancem as alturas das antigas colinas.
Que essas bênçãos descansem sobre a cabeça de José,
que é príncipe entre seus irmãos.

²⁷"Benjamim é um lobo voraz;
pela manhã devora seus inimigos,
ao entardecer divide o despojo".

ᵃ **49.10a** Em hebraico, *de entre seus pés.* ᵇ **49.10b** Ou *até que lhe paguem tributo.* Traduzido tradicionalmente como *até que venha Siló.* ᶜ **49.14** Ou *apriscos,* ou *fogueiras.* ᵈ **49.22** Ou *José é o potro de um jumento selvagem, / potro de um jumento selvagem junto à fonte, / um dos jumentos selvagens no penhasco.* O significado do hebraico é incerto.

²⁸Essas são as doze tribos de Israel, e foi isso que seu pai disse ao despedir-se de seus filhos. Deu a cada um deles a bênção que lhe era adequada.

A morte e o sepultamento de Jacó

²⁹Em seguida, Jacó lhes deu a seguinte instrução: "Em breve morrerei e me reunirei a meus antepassados. Sepultem-me com meu pai e com meu avô na caverna no campo de Efrom, o hitita. ³⁰É a caverna de Macpela, perto de Manre, em Canaã, que Abraão comprou do hitita como sepultura permanente. ³¹Ali estão sepultados Abraão e sua mulher, Sara. Ali também estão sepultados Isaque e sua mulher, Rebeca. E ali sepultei Lia. ³²É o campo e a caverna que meu avô, Abraão, comprou dos hititas".

³³Quando Jacó terminou de dar essa instrução a seus filhos, deitou-se em sua cama, deu o último suspiro e, ao morrer, reuniu-se a seus antepassados.

50 José atirou-se sobre seu pai, chorou sobre ele e o beijou. ²Em seguida, deu ordens aos médicos que o serviam para que embalsamassem o corpo de seu pai, e Jacó[a] foi embalsamado. ³O processo de embalsamamento levou os quarenta dias habituais. E os egípcios lamentaram sua morte durante setenta dias.

⁴Quando terminou o período de luto, José procurou os conselheiros do faraó e lhes disse: "Por gentileza, peço que falem com o faraó em meu favor. ⁵Digam-lhe que meu pai me fez prestar um juramento. Disse: 'Morrerei em breve. Leve meu corpo de volta para a terra de Canaã e coloque-me na sepultura que preparei para mim'. Portanto, peço que me deixe ir sepultar meu pai; depois, voltarei sem demora".

⁶O faraó atendeu ao pedido de José e disse: "Vá e sepulte seu pai, como ele o fez prometer". ⁷Então José partiu para sepultar seu pai. Foi acompanhado de todos os oficiais do faraó, todos os membros mais importantes da casa do faraó e todos os oficiais de alto escalão do Egito. ⁸José também levou consigo toda a sua família, seus irmãos e a família deles. As crianças pequenas, os rebanhos e o gado, porém, deixaram na terra de Gósen. ⁹Muitas carruagens e seus condutores acompanharam José, formando um grande cortejo.

¹⁰Quando chegaram à eira de Atade, perto do rio Jordão, realizaram uma grande cerimônia fúnebre, com um período de sete dias de luto pelo pai de José. ¹¹Os cananeus que moravam na região os viram chorar na eira de Atade e mudaram o nome do lugar (que fica próximo ao Jordão) para Abel-Mizraim,[b] pois disseram: "Este é um lugar de lamento profundo para esses egípcios".

¹²Assim, os filhos de Jacó fizeram o que ele lhes havia ordenado. ¹³Levaram seu corpo para a terra de Canaã e o sepultaram na caverna no campo de Macpela, perto de Manre. Essa é a caverna que Abraão havia comprado de Efrom, o hitita, como sepultura permanente.

José tranquiliza seus irmãos

¹⁴Depois de sepultar Jacó, José voltou para o Egito com seus irmãos e com todos que o haviam acompanhado. ¹⁵Uma vez que seu pai estava morto, porém, os irmãos de José ficaram temerosos e disseram: "Agora José mostrará sua ira e se vingará de todo o mal que lhe fizemos".

¹⁶Por isso, enviaram a seguinte mensagem a José: "Antes de morrer, nosso pai mandou ¹⁷que lhe disséssemos: 'Por favor, perdoe seus irmãos pelo grande mal que eles lhe fizeram, pelo pecado que cometeram ao tratá-lo com tanta crueldade'. Por isso, nós, servos do Deus de seu pai, suplicamos que você perdoe nosso pecado". Quando José recebeu a mensagem, começou a chorar. ¹⁸Depois, seus irmãos chegaram e se curvaram com o rosto no chão diante de José. "Somos seus escravos!", disseram eles.

¹⁹José, porém, respondeu: "Não tenham medo de mim. Por acaso sou Deus para castigá-los? ²⁰Vocês pretendiam me fazer o mal, mas Deus planejou tudo para o bem. Colocou-me neste cargo para que eu pudesse salvar a vida de muitos. ²¹Não tenham medo. Continuarei a cuidar de vocês e de seus filhos". Desse modo, ele os tranquilizou ao tratá-los com bondade.

A morte de José

²²José, seus irmãos e suas famílias continuaram a viver no Egito. José viveu 110 anos. ²³Chegou a ver três gerações de descendentes de seu filho Efraim e o nascimento dos filhos de

---

[a] 50.2 Em hebraico, *Israel*. Ver nota em 35.21. [b] 50.11 *Abel-Mizraim* significa "choro dos egípcios".

Maquir, filho de Manassés, os quais ele tomou para si como se fossem seus.ª

²⁴José disse a seus irmãos: "Em breve morrerei, mas certamente Deus os ajudará e os tirará desta terra. Ele os levará de volta para a terra que prometeu solenemente dar a Abraão, Isaque e Jacó".

²⁵Então José fez os filhos de Israel prestarem um juramento e disse: "Quando Deus vier ajudá-los e conduzi-los de volta, levem meus ossos com vocês". ²⁶José morreu com 110 anos. Os egípcios o embalsamaram e o colocaram em um caixão no Egito.

ª 50.23 Em hebraico, *que nasceram sobre os joelhos de José*.

ÊXODO

INTRODUÇÃO

Nome. O nome Êxodo significa saída ou partida.

Assunto. O assunto e a palavra-chave do livro é a redenção (3.7,8; 12.13 etc.), particularmente a parte da redenção indicada pela libertação de uma situação maligna. O livro registra a redenção do povo escolhido da escravidão imposta pelo Egito, e a forma como ela foi concretizada torna esse acontecimento um símbolo de toda a redenção: (1) plena através do poder de Deus, (2) por meio de um libertador (3) sob a cobertura de sangue.

Propósito. Neste momento, a história do Antigo Testamento muda do relato sobre uma família, registrado em biografias individuais e registros familiares, para a história da nação escolhida para propósitos divinos. A vontade divina já não é revelada a alguns líderes, mas a todo o povo. O livro começa com a cruel escravidão de Israel no Egito, traça os notáveis acontecimentos de sua libertação e termina com o estabelecimento completo da dispensação da Lei. O objetivo parece ser fornecer um relato da primeira etapa no cumprimento das promessas feitas por Deus aos patriarcas com referência ao lugar e ao crescimento dos israelitas.

Conteúdo. Há duas seções distintas: a histórica, incluída nos capítulos 1–19, e a legislativa, que abarca os capítulos 20–40. A primeira seção registra: a necessidade de libertação; o nascimento, treinamento e a chamada do libertador; o confronto com o Faraó; a libertação e a caminhada através do deserto ao Sinai. A segunda registra a consagração do povo e a aliança sobre a qual se tornou uma nação. As leis serviam para cobrir todas as necessidades morais, cerimoniais e cívicas de um povo primitivo e também forneciam orientações para o estabelecimento do sacerdócio e do santuário.

O Êxodo e a ciência. A pesquisa científica tem avançado no sentido de estabelecer a veracidade do registro de Êxodo, mas não tem trazido à luz nada [de concreto] que, de qualquer maneira, possa negá-lo. Ela mostrou quem era o Faraó da opressão e o do Êxodo (Ramsés II, o Faraó da opressão, e Merneptah II, o Faraó do Êxodo) e descobriu Sucote. A pesquisa mostrou que a escrita era usada muito antes do Êxodo e descobriu documentos escritos antes desse período. Confirmando assim a condição das coisas narradas na Bíblia.

ESBOÇO

1. Israel no Egito, 1.1–12.38
   1.1. A escravidão, Cap. 1
   1.2. O libertador, Caps. 2–4
   1.3. O confronto com Faraó, 5.1–12.36
2. Israel caminhando para o Sinai, 12.37–18.27
   2.1. O êxodo e a Páscoa, 12.37–13.16
   2.2. A caminhada através de Sucote ao mar Vermelho, 13.17–15.21
   2.3. Do mar Vermelho ao Sinai, 15.22–18.27
3. Israel no Sinai, Caps. 19–40
   3.1. O povo preparado, Cap. 19
   3.2. A lei moral, Cap. 20
   3.3. A lei civil, 21.1–23.19
   3.4. A aliança entre Javé e Israel, 23.20–24.18
   3.5. Instruções para a construção do tabernáculo, Caps. 25–31
   3.6. A aliança quebrada e renovada, Caps. 32–34
   3.7. A construção e dedicação do tabernáculo, Caps. 35–40

PARA ESTUDO E DISCUSSÃO

[1] A preparação de Israel e Moisés para a libertação.
[2] O conhecimento sobre Deus encontrado em Êxodo: (a) Quanto à Sua relação com a natureza; (b) Quanto à Sua relação com Seus inimigos; (c) Quanto à Sua relação com o Seu povo; (d) quanto à Sua natureza e propósitos.

[3] O conceito sobre o homem encontrado em Êxodo. (a) A necessidade e o valor da adoração para a humanidade; (b) Seu dever de obedecer a Deus.
[4] As pragas.
[5] As divisões do decálogo: (a) No tocante ao nosso relacionamento com Deus; (b) No tocante ao nosso relacionamento com as pessoas.
[6] Os diversos encontros entre Javé e Moisés, incluindo a oração de Moisés.
[7] Os males atuais contra os quais as leis civis foram promulgadas e as condições similares encontradas atualmente.
[8] O caráter de diferentes pessoas mencionadas no livro: (a) Faraó; (b) Moisés; (c) Arão; (d) Jetro; (e) Magos; (f) Amaleque etc.
[9] Os ensinamentos messiânicos do livro: (a) Os sacrifícios; (b) O material, cores etc., do tabernáculo; (c) A pedra ferida; (d) Moisés e sua família.

> **REFLETINDO SOBRE:** As parteiras
>
> ## Mulheres na vida de Moisés
>
> *Juntos, todos vocês são o corpo de Cristo, e cada um é uma parte dele.*
> —1 Coríntios 12.27
>
> Deus permitiu que Moisés realizasse coisas incríveis quando confrontou o poderoso Faraó do Egito e então liderou aproximadamente 2 milhões de pessoas e seu gado em uma jornada pelo deserto. Ainda que Moisés fosse o guia, principal juiz e líder espiritual de Israel, Deus designou papéis cruciais a várias mulheres enquanto executava Seu plano para libertar o Seu povo da escravidão.
>
> Quando o Faraó ordenou a morte de todos os meninos hebreus recém-nascidos, as parteiras hebreias se recusaram a obedecê-lo. Joquebede, a mãe de Moisés, traçou um plano para salvar seu filho. A filha de Faraó resistiu ao decreto de seu pai quando sua compaixão foi despertada pelo bebê flutuando no Nilo. Graças à coragem de Miriã e sua rapidez em agir, a própria mãe de Moisés foi escolhida para amamentá-lo. Isso lhe deu a oportunidade de influenciar o seu filho durante seus primeiros anos de vida antes que ele fosse viver no palácio com a filha do Faraó, onde ele recebeu a melhor educação disponível.
>
> Cada uma dessas mulheres exerceu um importante papel no processo que preparou Moisés para ser o libertador de Israel. Provavelmente nenhuma delas percebeu que suas ações estavam colaborando com a execução do plano que mudaria a história do mundo. Mais tarde, quando os eventos dramáticos se desdobraram, será que elas olharam para trás maravilhadas ao ver como Deus as tinha envolvido em Sua obra?
>
> Em certos momentos, pode não parecer que temos um papel importante entre os seguidores de Cristo, mas não há tarefas insignificantes na obra de Deus. Quando somos fiéis em executar as tarefas que Ele nos dá, exercemos papel-chave no desenvolvimento do Seu plano mesmo que nossa parte seja imperceptível ao mundo. Não importa se nosso papel é principal ou coadjuvante, contanto que ajamos conforme o Senhor nos dirigir.

Os israelitas no Egito

1 Estes são os nomes dos filhos de Israel[a] que se mudaram para o Egito com Jacó, cada um com sua família: ²Rúben, Simeão, Levi, Judá, ³Issacar, Zebulom, Benjamim, ⁴Dã, Naftali, Gade e Aser. ⁵Ao todo, desceram ao Egito setenta[b] descendentes de Jacó, incluindo José, que já estava lá.

⁶Com o tempo, José e seus irmãos morreram, e toda aquela geração chegou ao fim ⁷Mas seus descendentes, os israelitas, tiveram muitos filhos e netos. Multiplicaram-se tanto que se fortaleceram e encheram a terra.

⁸Por fim, subiu ao poder no Egito um novo rei, que não sabia coisa alguma sobre José. ⁹O rei disse a seu povo: "Vejam, agora o povo de Israel é mais numeroso e mais forte que nós. ¹⁰Precisamos tramar um plano para evitar que se tornem ainda mais numerosos. Se não o fizermos e houver guerra, eles se unirão a nossos inimigos, lutarão contra nós e depois fugirão desta terra".[c]

¹¹Assim, os egípcios nomearam capatazes para dirigir o trabalho do povo. Sob opressão, os israelitas construíram Pitom e Ramessés, duas cidades que serviam de centros de armazenamento para o faraó. ¹²Porém, quanto mais eram oprimidos, mais os israelitas se multiplicavam e se espalhavam, e mais preocupados os egípcios ficavam. ¹³Por isso, os egípcios os forçavam com crueldade a trabalhar pesado. ¹⁴Tornaram a vida deles amarga, obrigando-os a preparar argamassa, produzir tijolos e fazer todo o trabalho nos campos. Eram cruéis em todas as suas exigências.

¹⁵O faraó, rei do Egito, deu a seguinte ordem às parteiras hebreias Sifrá e Puá: ¹⁶"Quando ajudarem as hebreias a dar à luz, prestem

---

[a] 1.1 Os nomes "Israel" e "Jacó" são frequentemente usados de forma intercambiável ao longo de todo o Antigo Testamento e se referem, por vezes, ao patriarca e, em outras ocasiões, à nação. [b] 1.5 Os manuscritos do mar Morto e a Septuaginta trazem *75*; ver notas em Gn 46.27. [c] 1.10 Ou *tomarão posse desta terra*.

> **REFLETINDO SOBRE: Mãe protetora**
>
> ## Joquebede
>
> *Estende sobre eles tua proteção...*
> —Salmo 5.11
>
> No século 21, as mães com frequência temem pela segurança de seus filhos. Tiroteios em escolas como a tragédia há algum tempo na Virgínia, EUA, que deixou 32 pessoas mortas, tornou até mesmo as salas de aula perigosas. Muitas de nós têm medo de deixar nossos filhos brincarem nos parques ou pátios da vizinhança devido ao sequestro de crianças que vemos no noticiário. Enquanto lutamos com medos e incertezas, a morte seria o fim para o filho de Joquebede se os egípcios o descobrissem.
>
> O Faraó tinha ordenado a seu povo: "Lancem no rio Nilo todos os meninos hebreus recém-nascidos" (Êx 1.22). Joquebede conseguiu esconder Moisés dos guardas egípcios por três meses, temendo o dia em que isso se tornaria impossível. Quando já não podia mais escondê-lo, ela impermeabilizou com betume e piche um cesto feito de juncos de papiro onde colocou seu filho e o deixou entre os juncos à margem do Nilo. Lá, onde a filha do Faraó fora se banhar enquanto suas servas caminhavam pela margem do rio.
>
> Joquebede não teve escolha a não ser confiar a vida de seu bebê a Deus. Apesar de seu povo ser escravo, ela sabia que Javé estava no controle da sorte de sua família. Contudo, ela fez mais do que orar e esperar — ela agiu. Joquebede usou seu bom senso e recursos para proteger o seu filho.
>
> Não há nada mais importante que possamos fazer por nossos filhos do que os cobrir de oração. Podemos dar passos básicos para garantir sua segurança checando o ambiente em que convivem e seus amigos, revisando regras de segurança com eles e nos envolvendo em suas atividades. Após termos feito tudo o que é humanamente possível, precisamos confiar nossos filhos às mãos de Deus — o mesmo Deus em quem Joquebede confiou para cuidar de seu bebê enquanto ele flutuava em um cesto no rio Nilo.

atenção durante o parto.ª Se for menino, matem o bebê; se for menina, deixem que viva". ¹⁷Mas as parteiras temiam a Deus e se recusaram a obedecer à ordem do rei; assim, deixaram os meninos viver.

¹⁸Então o rei do Egito mandou chamar as parteiras e lhes perguntou: "Por que fizeram isso? Por que deixaram os meninos viver?".

¹⁹"As mulheres hebreias não são como as egípcias", responderam as parteiras ao faraó. "São mais vigorosas e dão à luz com tanta rapidez que não conseguimos chegar a tempo."

²⁰Deus foi bondoso com as parteiras, e os israelitas continuaram a multiplicar-se e tornaram-se cada vez mais fortes. ²¹E, porque as parteiras temeram a Deus, ele deu a cada uma delas a sua própria família.

²²Então o faraó deu a seguinte ordem a todo o seu povo: "Lancem no rio Nilo todos os meninos hebreus recém-nascidos, mas deixem as meninas viver".

O nascimento de Moisés

2 Por essa época, um homem e uma mulher da tribo de Levi se casaram. ²A mulher engravidou e deu à luz um menino. Viu que era um lindo bebê e o escondeu por três meses. ³Quando não conseguia mais escondê-lo, pegou um cesto feito de juncos de papiro e o revestiu com betume e piche. Acomodou o bebê no cesto e o colocou entre os juncos, à margem do rio Nilo. ⁴A irmã do bebê ficou observando a certa distância, para ver o que lhe aconteceria.

⁵Pouco depois, a filha do faraó desceu ao Nilo para tomar banho, e suas servas foram caminhar pela margem do rio. Quando a princesa viu o cesto entre os juncos, mandou sua serva buscá-lo. ⁶Ao abrir o cesto, a princesa viu o bebê. O menino chorava, e ela sentiu pena dele. "Deve ser um dos meninos hebreus", disse ela.

⁷Então a irmã do menino se aproximou e perguntou à princesa: "A senhora quer que eu

---

[d] 1.16 Em hebraico, *olhem para as duas pedras*. O significado do hebraico é incerto.

chame uma mulher hebreia para amamentar o bebê?".

⁸"Quero", respondeu a princesa. A moça foi e chamou a mãe do bebê. ⁹A princesa disse à mãe do bebê: "Leve este menino e amamente-o para mim. Eu pagarei por sua ajuda". A mulher levou o bebê para casa e o amamentou. ¹⁰Quando o menino cresceu, ela o levou de volta à filha do faraó, que o adotou como seu próprio filho. A princesa o chamou de Moisés,[a] pois disse: "Eu o tirei da água".

Moisés foge para Midiã

¹¹Anos depois, já adulto, Moisés foi visitar seu povo e descobriu que eles eram forçados a realizar trabalhos pesados. Durante sua visita, viu um egípcio espancar um hebreu, um homem de seu povo. ¹²Olhou para todos os lados e, não avistando ninguém por perto, matou o egípcio. Em seguida, escondeu o corpo na areia. ¹³No dia seguinte, quando Moisés saiu novamente para visitar seu povo, viu dois hebreus brigando. "Por que você está espancando seu amigo?", perguntou Moisés ao que havia começado a briga. ¹⁴O homem respondeu: "Quem o nomeou nosso príncipe e juiz? Vai me matar como matou o egípcio?".

Moisés teve medo e pensou: "Com certeza todos já sabem o que aconteceu!". ¹⁵E, de fato, o faraó tomou conhecimento do que havia acontecido e tentou matar Moisés, mas ele fugiu e foi morar na terra de Midiã.

Quando chegou a Midiã, estabeleceu-se junto a um poço. ¹⁶O sacerdote de Midiã tinha sete filhas, que foram ao poço tirar água e encher os bebedouros para o rebanho de seu pai. ¹⁷Então alguns pastores chegaram e as expulsaram de lá. Moisés, porém, defendeu as moças e tirou água para o rebanho delas.

¹⁸Quando as moças voltaram para seu pai, Reuel, ele lhes perguntou: "Por que voltaram tão cedo hoje?".

¹⁹Elas responderam: "Um egípcio nos defendeu dos pastores; depois, tirou água e deu de beber ao nosso rebanho".

²⁰"E onde está ele?", perguntou o pai. "Por que o deixaram lá? Convidem-no para comer conosco."

²¹Moisés aceitou o convite e foi morar com Reuel. Depois de algum tempo, Reuel entregou sua filha Zípora em casamento a Moisés. ²²Mais tarde, ela deu à luz um menino, a quem Moisés chamou de Gérson,[b] pois disse: "Sou forasteiro em terra alheia".

²³Depois de muitos anos, o rei do Egito morreu. Os israelitas, porém, continuavam a gemer sob o peso da escravidão. Clamaram por socorro, e seu clamor subiu até Deus. ²⁴Ele ouviu os gemidos e se lembrou da aliança que havia feito com Abraão, Isaque e Jacó. ²⁵Olhou para os israelitas e percebeu sua necessidade.

Moisés e o arbusto em chamas

3 Certo dia, Moisés estava cuidando do rebanho de seu sogro, Jetro,[c] sacerdote de Midiã. Ele levou o rebanho para o deserto e chegou ao Sinai,[d] o monte de Deus. ²Ali, o anjo do Senhor lhe apareceu no fogo que ardia no meio de um arbusto. Moisés olhou admirado, pois embora o arbusto estivesse envolto em chamas, o fogo não o consumia. ³"Que coisa espantosa!", pensou ele. "Por que o fogo não consome o arbusto? Preciso ver isso de perto."

⁴Quando o Senhor viu Moisés se aproximar para observar melhor, Deus o chamou do meio do arbusto: "Moisés! Moisés!".

"Aqui estou!", respondeu ele.

⁵"Não se aproxime mais", o Senhor advertiu. "Tire as sandálias, pois você está pisando em terra santa. ⁶Eu sou o Deus de seu pai,[e] o Deus de Abraão, o Deus de Isaque e o Deus de Jacó." Quando Moisés ouviu isso, cobriu o rosto, porque teve medo de olhar para Deus.

⁷Então o Senhor lhe disse: "Por certo, tenho visto a opressão do meu povo no Egito. Tenho ouvido seu clamor por causa de seus capatazes. Sei bem quanto eles têm sofrido. ⁸Por isso, desci para libertá-los do poder dos egípcios e levá-los do Egito a uma terra fértil e espaçosa. É uma terra que produz leite e mel com fartura, onde hoje habitam os cananeus, os hititas,

---

[a] 2.10 O som do nome *Moisés* é semelhante ao de um termo hebraico que significa "tirar para fora". [b] 2.22 O som do nome *Gérson* é semelhante ao de um termo hebraico que significa "forasteiro ali". [c] 3.1a O sogro de Moisés era conhecido por dois nomes, *Jetro* e *Reuel*. Ver 2.18. [d] 3.1b Em hebraico, *Horebe*, outro nome para o Sinai. [e] 3.6 A Septuaginta traz *de seus pais*.

ÊXODO 3

PÃO DIÁRIO

Quem é Deus?

Deus respondeu a Moisés: Eu Sou o que Sou.
—Êxodo 3.14

Há 3.500 anos, Moisés perguntou a Deus quem Ele era e recebeu dele uma resposta peculiar. Deus disse: "Diga ao povo de Israel: Eu Sou me enviou a vocês [...] Esse é meu nome para sempre" (Êx 3.14,15).

Ao longo dos anos, tenho me perguntado o motivo de Deus ter chamado a si mesmo por esse nome, mas lentamente estou aprendendo o seu significado. Uma sentença precisa encerrar um sentido completo, pode ser formada por apenas uma ou mais palavras, podendo ter: um sujeito e um verbo. Então, quando Deus diz que o nome dele é "Eu Sou", isso transmite o conceito de que Ele é completo em si mesmo. Ele é o sujeito e o verbo. Ele é tudo o que poderíamos precisar.

Jesus personifica a imaterialidade de Deus na resposta dada à pergunta de Moisés sobre Sua identidade. O Filho de Deus deixou o Céu para nos revelar o que significa conter em si o nome de Seu pai. Ele disse aos Seus discípulos: "Eu sou o caminho, a verdade, e a vida" (Jo 14.6), "Sim, eu sou o pão da vida!" (6.48), "Eu sou a luz do mundo" (8.12), "Eu sou o bom pastor" (10.11) e "Eu sou a ressurreição e a vida" (11.25). Em Apocalipse, Jesus declarou: "Eu sou o Alfa e o Ômega, o Primeiro e o Último, o Princípio e o Fim" (22.13). E Ele disse: "antes mesmo de Abraão nascer, Eu Sou" (Jo 8.58).

Se você está perguntando quem Deus é, separe um momento para conhecer Jesus nas páginas de Sua Palavra.

Obrigada, Pai, por seres o "Eu Sou". Obrigada por esse nome, que nos fala da Tua completude, da Tua eternidade e do Teu poder vivificador. Obrigada por seres o "Princípio e o Fim" — e tudo o que eu preciso.

Jesus é a imagem do Deus invisível.
—Colossenses 1.15

---

¹¹Moisés, porém, disse a Deus: "Quem sou eu para me apresentar ao faraó? Quem sou eu para tirar o povo de Israel do Egito?" ¹²Deus respondeu: "Eu estarei com você. Este é o sinal de que eu sou aquele que o envia: depois que você tirar o povo do Egito, vocês adorarão a Deus neste monte". ¹³Moisés disse a Deus: "Se eu for aos israelitas e lhes disser: 'O Deus de seus antepassados me enviou a vocês', eles perguntarão: 'Qual é o nome dele?'. O que devo dizer?". ¹⁴Deus respondeu a Moisés: "Eu Sou o que Sou.ª Diga ao povo de Israel: Eu Sou me enviou a vocês". ¹⁵Deus também instruiu Moisés: "Diga ao povo de Israel: Javé,ᵇ o Deus de seus antepassados, o Deus de Abraão, o Deus de Isaque e o Deus de Jacó, me enviou a vocês.

Esse é meu nome para sempre,
  o nome pelo qual serei lembrado de
  geração em geração.

¹⁶"Agora vá e reúna os líderes de Israel. Diga-lhes que Javé, o Deus de seus antepassados, o Deus de Abraão, Isaque e Jacó, lhe apareceu e disse: 'Tenho observado atentamente e vejo como os egípcios os têm tratado. ¹⁷Prometi libertá-los da opressão no Egito e levá-los a uma terra que produz leite e mel com fartura, onde hoje habitam os cananeus, os hititas, os amorreus, os ferezeus, os heveus e os jebuseus'.

¹⁸"Os líderes de Israel aceitarão sua mensagem. Em seguida, você e eles se apresentarão ao rei do Egito e lhe dirão: 'O Senhor, o Deus dos hebreus, veio ao nosso encontro. Agora, pedimos que nos permita fazer uma viagem de três dias ao deserto para oferecermos sacrifícios ao Senhor, nosso Deus'. ¹⁹Eu sei que o rei do Egito não os deixará ir, a não ser que uma mão poderosa o force.ᶜ ²⁰Por isso, levantarei minha mão e ferirei os egípcios com todo tipo de milagres que farei no meio deles. Então, por fim, o faraó os deixará ir. ²¹Farei que os egípcios sejam bondosos com os israelitas, e assim vocês não sairão do Egito de mãos vazias. ²²Toda mulher israelita pedirá de suas vizinhas egípcias e das mulheres que as visitam artigos de ouro e prata e

os amorreus, os ferezeus, os heveus e os jebuseus. ⁹Sim, o clamor do povo de Israel chegou até mim, e eu tenho visto como os egípcios os tratam cruelmente. ¹⁰Agora vá, pois eu o envio ao faraó. Você deve tirar meu povo, Israel, do Egito".

ª**3.14** Ou *Eu Serei o que Serei*. ᵇ**3.15** *Javé* é a transliteração mais provável do nome próprio YHWH; nesta tradução aparece, em geral, como "Senhor". ᶜ**3.19** Conforme a Septuaginta e a Vulgata; o hebraico traz *não os deixará sair, nem por mão poderosa*.

roupas caras, com as quais vestirão seus filhos e suas filhas. Desse modo, vocês tomarão para si as riquezas dos egípcios".

Sinais do poder do SENHOR

4 Moisés respondeu: "E se não acreditarem em mim ou não quiserem me ouvir? E se disserem: 'O SENHOR nunca lhe apareceu'?".

²Então o SENHOR lhe perguntou: "O que você tem na mão?".

"Uma vara", respondeu Moisés.

³"Jogue-a no chão", disse o SENHOR. Moisés jogou a vara no chão, e ela se transformou numa serpente. Moisés fugia dela, ⁴mas o SENHOR lhe disse: "Estenda a mão e pegue-a pela cauda". Moisés estendeu a mão e pegou a serpente, e ela voltou a ser uma vara.

⁵Então o SENHOR lhe disse: "Faça esse sinal e eles acreditarão que o SENHOR, o Deus de seus antepassados, o Deus de Abraão, o Deus de Isaque e o Deus de Jacó, de fato lhe apareceu".

⁶O SENHOR também disse a Moisés: "Agora, coloque a mão dentro do seu manto". Moisés colocou a mão dentro do manto e, quando a tirou, ela estava com lepra,ᵃ branca como neve.

⁷"Coloque a mão dentro do manto outra vez", disse o SENHOR. Moisés colocou a mão dentro do manto outra vez e, quando a tirou, ela estava tão saudável quanto o resto do corpo.

⁸Disse ainda: "Se eles não acreditarem em você e não se deixarem convencer pelo primeiro sinal, serão convencidos pelo segundo. ⁹E, se não acreditarem em você nem o ouvirem depois desses dois sinais, tire um pouco de água do rio Nilo e derrame-a sobre a terra seca. Quando o fizer, a água do Nilo se transformará em sangue na terra".

¹⁰Moisés, porém, disse ao SENHOR: "Ó Senhor, não tenho facilidade para falar, nem antes, nem agora que falaste com teu servo! Não consigo me expressar e me atrapalho com as palavras".

¹¹O SENHOR perguntou a Moisés: "Quem forma a boca do ser humano? Quem torna o homem mudo ou surdo? Quem o torna cego ou o faz ver? Por acaso não sou eu, o SENHOR? ¹²Agora vá! Eu estarei com você quando falar e o instruirei a respeito do que deve dizer".

¹³"Por favor, Senhor!", suplicou Moisés. "Envia qualquer outra pessoa!"

¹⁴Então o SENHOR se irou com Moisés e lhe disse: "E quanto a seu irmão Arão, o levita? Sei que ele fala bem. Veja, ele está vindo ao seu encontro e se alegrará em vê-lo. ¹⁵Fale

---

PÃO DIÁRIO

O que você tem na mão?

Então o SENHOR lhe perguntou: "O que você tem na mão?".
—Êxodo 4.2

Se você tem a tendência de se desesperar pelas oportunidades perdidas ou se preocupa com o futuro, pergunte a si mesma: "O que está diante de mim?". Em outras palavras, quais circunstâncias e relacionamentos estão disponíveis para você neste momento? Essa pergunta pode tirar seu foco de um arrependimento passado ou de um futuro assustador e redirecioná-lo para aquilo que Deus pode fazer em sua vida.

Ela é semelhante à pergunta que Deus fez a Moisés no arbusto em chamas. Moisés estava enfrentando problemas. Consciente da sua própria fraqueza, ele demonstrou medo quando o Senhor o chamou para liderar Israel à libertação do cativeiro. E Deus simplesmente lhe perguntou: "O que você tem na mão?" (Êx 4.2). O Senhor lhe tirou a atenção de sua ansiedade a respeito do futuro e sugeriu que Moisés percebesse o que estava bem à sua frente: o cajado de um pastor. Deus lhe mostrou que poderia usar pessoas comuns para realizar milagres como um sinal para os incrédulos. À medida que crescia a confiança de Moisés em Deus, crescia também a magnitude dos milagres de Deus manifestados por intermédio de Seu servo.

Os fracassos do passado voltam à sua mente com frequência? Você tem pensamentos que a amedrontam a respeito do futuro? Lembre-se da pergunta de Deus: "O que você tem na mão?". Quais as circunstâncias e os relacionamentos atuais que Deus pode usar para o seu benefício e para a Sua glória? Entregue-se a Ele e confie.

Querido Deus, ajuda-me a não me preocupar ou me irritar, mas confiar o meu passado e futuro aos Teus cuidados. Capacita-me a focar nas oportunidades diante de mim para melhor poder te servir.

Você não pode mudar o passado, mas arruinará o presente ao preocupar-se com o futuro.

ᵃ **4.6** O termo hebraico não se refere somente à hanseníase, mas também a diversas doenças de pele.

com ele e diga as palavras que ele deve transmitir. Estarei com vocês dois quando falarem e os instruirei a respeito do que devem fazer. ¹⁶Arão falará por você diante do povo. Ele será seu porta-voz, e você será como Deus para ele. ¹⁷Leve com você a vara e use-a para realizar os sinais que eu lhe mostrei".

Moisés volta ao Egito

¹⁸Moisés voltou à casa de Jetro, seu sogro, e lhe disse: "Por favor, permita-me voltar ao Egito para procurar meus parentes. Nem sei se ainda vivem".

"Vá em paz", respondeu Jetro.

¹⁹Antes de Moisés partir de Midiã, o Senhor lhe disse: "Volte ao Egito, pois todos que queriam matá-lo já morreram".

²⁰Então Moisés tomou sua mulher e seus filhos, montou-os num jumento e voltou para a terra do Egito. Levava na mão a vara de Deus. ²¹O Senhor disse a Moisés: "Quando chegar ao Egito, apresente-se ao faraó e faça todos os milagres para os quais eu o capacitei. Contudo, endurecerei o coração dele, para que se recuse a deixar o povo sair. ²²Você dirá ao faraó: 'Assim diz o Senhor: Israel é meu filho mais velho. ²³Ordenei que você deixasse meu filho sair para me adorar. Mas, uma vez que você se recusou, matarei seu filho mais velho'".

²⁴No caminho para o Egito, no lugar onde Moisés e sua família haviam parado a fim de passar a noite, o Senhor o confrontou e estava prestes a matá-lo. ²⁵Mas Zípora pegou uma faca de pedra e circuncidou seu filho. Com o prepúcio, tocou os pés[a] de Moisés e lhe disse: "Agora você é para mim um marido de sangue". ²⁶(Quando disse "um marido de sangue", estava se referindo à circuncisão.) Depois disso, o Senhor deixou Moisés.

²⁷O Senhor tinha dito a Arão: "Vá ao deserto, ao encontro de Moisés". Arão foi, encontrou Moisés no monte de Deus e o saudou com um beijo. ²⁸Moisés contou a Arão tudo que o Senhor havia ordenado que ele dissesse e falou também sobre os sinais que deveria realizar.

²⁹Então Moisés e Arão voltaram ao Egito e convocaram uma reunião com todos os líderes de Israel. ³⁰Arão lhes comunicou tudo que o Senhor tinha dito a Moisés, que realizou os sinais diante deles. ³¹O povo de Israel se convenceu de que o Senhor tinha enviado Moisés e Arão. Quando ouviram que o Senhor se preocupava com eles e tinha visto seu sofrimento, prostraram-se e o adoraram.

Moisés e Arão falam com o faraó

5 Depois disso, Moisés e Arão foram ver o faraó e declararam: "Assim diz o Senhor, o Deus de Israel: 'Deixe meu povo sair para celebrar uma festa em minha honra no deserto'".

²"Quem é o Senhor?", retrucou o faraó. "Por que devo dar ouvidos a ele e deixar Israel sair? Não conheço o Senhor e não deixarei Israel sair."

³Então Arão e Moisés disseram: "O Deus dos hebreus se encontrou conosco. Portanto, deixe-nos fazer uma viagem de três dias ao deserto para oferecermos sacrifícios ao Senhor, nosso Deus. Do contrário, ele nos castigará com alguma praga ou pela espada".

⁴O rei do Egito respondeu: "Moisés e Arão, por que distraem o povo de suas tarefas? Voltem ao trabalho! ⁵Olhem! Há muitos do seu povo nesta terra, e vocês os estão impedindo de trabalhar!".

O faraó oprime Israel ainda mais

⁶Naquele mesmo dia, o faraó deu a seguinte ordem aos capatazes egípcios e aos supervisores israelitas: ⁷"Não forneçam mais palha para o povo fazer tijolos. De agora em diante, eles mesmos devem juntá-la. ⁸No entanto, continuem a exigir que produzam a mesma quantidade de tijolos que antes. Não reduzam a cota. Eles são preguiçosos e, por isso, clamam: 'Deixe-nos sair para sacrificar ao nosso Deus'. ⁹Aumentem a carga de trabalho deles e cobrem o cumprimento das tarefas. Isso os ensinará a não dar ouvidos a mentiras!".

¹⁰Os capatazes e os supervisores saíram e informaram o povo: "Assim diz o faraó: 'Vocês não receberão mais palha. ¹¹Saiam e juntem-na onde puderem encontrá-la. No entanto, continuarão a produzir a mesma quantidade de tijolos que antes'". ¹²Então o povo se espalhou por toda a terra do Egito para juntar a palha que sobrava das colheitas.

---

[a] **4.25** O termo hebraico para "pés" pode se referir ao órgão sexual masculino.

¹³Enquanto isso, os capatazes egípcios continuavam a pressioná-los: "Completem sua cota diária de tijolos, como faziam quando nós lhes forneciamos palha!". ¹⁴E açoitavam os supervisores israelitas que haviam sido encarregados das equipes de trabalhadores. "Por que não completaram as cotas nem ontem nem hoje?", perguntavam.

¹⁵Então os supervisores israelitas foram suplicar ao faraó: "Por favor, não trate seus servos desse modo. ¹⁶Não recebemos palha, mas os capatazes continuam a exigir: 'Façam tijolos!'. Somos açoitados constantemente, mas a culpa é do seu próprio povo!".

¹⁷O faraó, porém, gritou: "Vocês são preguiçosos! Preguiçosos! Por isso, andam dizendo: 'Deixe-nos sair para oferecer sacrifícios ao Senhor'. ¹⁸Voltem agora mesmo ao trabalho! Não receberão palha, mas terão de produzir a mesma cota de tijolos".

¹⁹Quando os supervisores israelitas ouviram: "Vocês não poderão reduzir a quantidade de tijolos produzidos por dia", perceberam que estavam em sérios apuros. ²⁰Ao sair do palácio do faraó, encontraram Moisés e Arão, que os esperavam do lado de fora. ²¹Eles disseram aos dois irmãos: "O Senhor os julgue e os castigue por terem feito o faraó e seus oficiais nos odiarem. Vocês colocaram uma espada na mão deles e lhes deram uma desculpa para nos matar!".

²²Moisés voltou ao Senhor e disse: "Por que trouxeste toda essa desgraça sobre este povo, Senhor? Por que me enviaste? ²³Desde que me apresentei ao faraó como teu porta-voz, ele passou a tratar teu povo com ainda mais crueldade. E tu não fizeste coisa alguma para libertá-lo!".

Promessas de libertação

6 Então o Senhor disse a Moisés: "Agora você verá o que vou fazer ao faraó. Quando ele sentir o peso de minha mão forte, deixará o povo sair. Sim, pelo peso de minha mão forte, fará o povo ir embora de sua terra!".

²Deus também disse a Moisés: "Eu sou Javé, 'o Senhor'.[a] ³Apareci a Abraão, Isaque e Jacó como El-Shaddai, 'o Deus Todo-poderoso',[b] mas não lhes revelei meu nome, Javé. ⁴Estabeleci com eles a minha aliança, mediante a qual prometi lhes dar a terra de Canaã, onde viviam como estrangeiros. ⁵Esteja certo de que ouvi os gemidos dos israelitas, que agora são escravos dos egípcios, e me lembrei da aliança que fiz com eles.

⁶"Portanto, diga ao povo de Israel: 'Eu sou o Senhor. Eu os libertarei da opressão e os livrarei da escravidão no Egito. Eu os resgatarei com meu braço poderoso e com grandes atos de julgamento. ⁷Eu os tomarei como meu povo e serei o seu Deus. Então vocês saberão que eu sou o Senhor, seu Deus, que os libertou da opressão no Egito. ⁸Eu os levarei à terra que jurei dar a Abraão, Isaque e Jacó. Eu a darei a vocês como propriedade. Eu sou o Senhor!'".

⁹Moisés transmitiu ao povo essa mensagem do Senhor, mas eles já não quiseram lhe dar ouvidos. Estavam desanimados demais por causa da escravidão brutal que sofriam.

¹⁰Então o Senhor disse a Moisés: ¹¹"Volte ao faraó, o rei do Egito, e diga a ele que deixe o povo de Israel sair de sua terra".

¹²"Mas Senhor!", retrucou Moisés. "Os israelitas já não querem me dar ouvidos. Como posso esperar que o faraó me escute? Tenho tanta dificuldade para falar!"[c]

¹³O Senhor, porém, falou com Moisés e Arão e lhes deu ordens, sobre os israelitas e sobre o faraó, rei do Egito, para tirarem o povo de Israel do Egito.

Os antepassados de Moisés e Arão

¹⁴Estes são os chefes de clãs dos antepassados de Israel:

Os filhos de Rúben, o filho mais velho de Israel, foram: Enoque, Palu, Hezrom e Carmi. Seus descendentes formaram os clãs de Rúben. ¹⁵Os filhos de Simeão foram: Jemuel, Jamim, Oade, Jaquim, Zoar e Saul. (A mãe de Saul era cananeia.) Seus descendentes se tornaram os clãs de Simeão.

¹⁶Estes são os descendentes de Levi, conforme relacionados nos registros de família. Os

---

[a] 6.2 *Javé* é a transliteração mais provável do nome próprio hebraico YHWH; nesta tradução aparece, em geral, como "Senhor". [b] 6.3 O nome hebraico *El-Shaddai*, que significa "Deus Todo-poderoso", é o nome de Deus usado em Gn 17.1; 28.3; 35.11; 43.14; 48.3. [c] 6.12 Em hebraico, *Tenho lábios incircuncisos;* também em 6.30.

filhos de Levi foram Gérson, Coate e Merari. (Levi viveu 137 anos.)

¹⁷Os descendentes de Gérson foram: Libni e Simei; cada um deles se tornou antepassado de um clã.

¹⁸Os descendentes de Coate foram: Anrão, Isar, Hebrom e Uziel. (Coate viveu 133 anos.)

¹⁹Os descendentes de Merari foram: Mali e Musi.

Estes são os clãs dos levitas, conforme relacionados nos registros de família.

²⁰Anrão se casou com Joquebede, irmã de seu pai, e ela deu à luz dois filhos: Arão e Moisés. (Anrão viveu 137 anos.)

²¹Os filhos de Isar foram: Corá, Nefegue e Zicri.

²²Os filhos de Uziel foram: Misael, Elzafã e Sitri.

²³Arão se casou com Eliseba, filha de Aminadabe e irmã de Naassom. Ela deu à luz seus filhos Nadabe, Abiú, Eleazar e Itamar.

²⁴Os filhos de Corá foram: Assir, Elcana e Abiasafe.

²⁵Eleazar, filho de Arão, se casou com uma das filhas de Putiel, e ela deu à luz seu filho Fineias.

Esses são os chefes dentre os antepassados das famílias levitas, relacionados de acordo com seus clãs.

²⁶Foi a estes dois, Arão e Moisés, que o Senhor disse: "Tirem os israelitas do Egito, organizados segundo seus clãs". ²⁷Foram eles, Moisés e Arão, que se dirigiram ao faraó, rei do Egito, para falar sobre a saída dos israelitas daquela terra.

²⁸Quando o Senhor falou com Moisés na terra do Egito, ²⁹disse-lhe: "Eu sou o Senhor! Transmita ao faraó, rei do Egito, tudo que eu lhe disser". ³⁰Contudo, Moisés questionou o Senhor e disse: "Não posso fazer isso! Tenho tanta dificuldade para falar! Por que o faraó me daria ouvidos?".

A vara de Arão se transforma em serpente

7 Então o Senhor disse a Moisés: "Preste atenção ao que vou dizer. Eu o farei parecer Deus para o faraó, e Arão, seu irmão, será seu profeta. ²Diga a Arão tudo que eu lhe ordenar, e Arão mandará o faraó deixar o povo de Israel sair de sua terra. ³Contudo, endurecerei o coração do faraó e depois multiplicarei meus sinais e maravilhas na terra do Egito. ⁴Mesmo assim, o faraó se recusará a ouvi-lo, de modo que farei minha mão pesar sobre o Egito. Então resgatarei meu exército — meu povo, os israelitas — da terra do Egito com grandes atos de julgamento. ⁵Quando eu levantar minha mão e tirar os israelitas do meio deles, os egípcios saberão que eu sou o Senhor".

⁶Moisés e Arão fizeram conforme o Senhor lhes ordenou. ⁷Quando falaram com o faraó, Moisés tinha 80 anos, e Arão, 83.

⁸O Senhor disse a Moisés e a Arão: ⁹"O faraó exigirá: 'Mostre-me um milagre'. Quando ele o fizer, diga a Arão: 'Tome sua vara e jogue-a no chão, na frente do faraó, e ela se transformará numa serpente'".ᵃ

¹⁰Então Moisés e Arão foram ver o faraó e fizeram conforme o Senhor havia ordenado. Arão jogou a vara no chão, diante do faraó e de seus oficiais, e ela se transformou numa serpente. ¹¹O faraó mandou chamar seus sábios e feiticeiros e, por meio de suas artes mágicas, esses magos egípcios fizeram a mesma coisa: ¹²jogaram suas varas no chão, e elas também se transformaram em serpentes. Mas a vara de Arão engoliu as varas dos magos. ¹³O coração do faraó, porém, permaneceu endurecido. Ele continuou se recusando a ouvir, exatamente como o Senhor tinha dito.

A praga de sangue

¹⁴O Senhor disse a Moisés: "O coração do faraó é duro, e ele continua se recusando a deixar o povo sair. ¹⁵Portanto, vá ao faraó pela manhã, quando ele estiver descendo até o rio. Pare à margem do Nilo e encontre-se com ele ali. Não se esqueça de levar a vara que se transformou em serpente. ¹⁶Então diga-lhe: 'O Senhor, o Deus dos hebreus, me enviou para lhe falar: 'Deixe meu povo sair para me adorar no deserto'. Até agora, você se recusou a ouvi-lo, ¹⁷por isso, assim diz o Senhor: 'Eu lhe mostrarei que sou o Senhor'. Veja! Com esta vara que tenho na mão, baterei nas águas do Nilo, e elas se transformarão em sangue. ¹⁸Os peixes do

---

ᵃ 7.9 Em hebraico, *tannin*, termo que, em outras passagens, refere-se a um monstro marinho. A Septuaginta traduz como "dragão".

rio morrerão, e o rio ficará malcheiroso. Os egípcios não poderão beber de sua água'".

¹⁹O S{senhor} disse a Moisés: "Diga a Arão: 'Tome sua vara e estenda a mão sobre as águas do Egito, sobre todos os seus rios, canais, açudes e reservatórios. Toda a água se transformará em sangue, até mesmo a água armazenada em vasilhas de madeira e pedra'".

²⁰Moisés e Arão fizeram conforme o S{senhor} ordenou. Diante dos olhos do faraó e de todos os seus oficiais, Arão levantou a vara e bateu nas águas do Nilo, e o rio inteiro se transformou em sangue. ²¹Os peixes do rio morreram, e a água ficou tão malcheirosa que os egípcios não podiam bebê-la. Havia sangue em toda a terra do Egito. ²²Mais uma vez, porém, os magos do Egito usaram sua mágica e também transformaram água em sangue, e o coração do faraó continuou endurecido. Ele se recusou a ouvir Moisés e Arão, como o S{senhor} tinha dito. ²³O faraó voltou para seu palácio e não pensou mais no assunto. ²⁴Todos os egípcios cavaram às margens do rio para encontrar água potável, pois não podiam beber da água do Nilo.

²⁵Sete dias se passaram desde o momento em que o S{senhor} feriu o Nilo.

A praga das rãs

8 ¹ᵃEntão o S{senhor} disse a Moisés: "Volte ao faraó e anuncie: 'Assim diz o S{senhor}: Deixe meu povo sair para me adorar. ²Se você se recusar a deixá-lo sair, enviarei uma praga de rãs sobre todo o seu território. ³O rio Nilo fervilhará de rãs. Elas subirão do rio e invadirão seu palácio, e até mesmo seu quarto e sua cama. Entrarão nas casas de seus oficiais e de seu povo. Saltarão para dentro dos fornos e das tigelas de amassar pão. ⁴As rãs avançarão sobre você, sobre seu povo e sobre todos os seus oficiais'".

⁵ᵇO S{senhor} também disse a Moisés: "Diga a Arão: 'Estenda a vara que traz em sua mão sobre todos os rios, canais e açudes do Egito e faça subir rãs sobre toda a terra'". ⁶Arão estendeu a mão sobre as águas do Egito, e as rãs subiram e cobriram toda a terra. ⁷Os magos, porém, usaram suas artes mágicas para imitar a praga e também fizeram aparecer rãs sobre a terra do Egito.

⁸Então o faraó convocou Moisés e Arão e disse: "Supliquem ao S{senhor} que afaste as rãs de mim e de meu povo. Deixarei seu povo sair para oferecer sacrifícios ao S{senhor}".

⁹"Pois escolha a hora!", respondeu Moisés. "Diga-me quando deseja que eu suplique pelo faraó, por seus oficiais e por seu povo. Então o faraó e suas casas ficarão livres das rãs, e elas permanecerão apenas no rio Nilo."

¹⁰"Que seja amanhã", disse o faraó.

"Será como o faraó disse", respondeu Moisés. "Então saberá que não há ninguém como o S{senhor}, nosso Deus. ¹¹As rãs deixarão o faraó e suas casas, seus oficiais e seu povo e permanecerão apenas no rio Nilo."

¹²Moisés e Arão saíram do palácio do faraó, e Moisés clamou ao S{senhor} a respeito das rãs que ele havia mandado para afligir o faraó. ¹³O S{senhor} fez exatamente conforme Moisés tinha dito. Todas as rãs nas casas, nos pátios e nos campos morreram. ¹⁴Os egípcios as juntaram em montões, e um fedor terrível encheu a terra. ¹⁵Mas, quando o faraó percebeu que a situação havia melhorado, seu coração se endureceu, e ele se recusou a dar ouvidos a Moisés e a Arão, como o S{senhor} tinha dito.

A praga dos piolhos

¹⁶Então o S{senhor} disse a Moisés: "Diga a Arão: 'Estenda a vara e bata no chão. O pó se transformará em enxames de piolhos^c em toda a terra do Egito'". ¹⁷Moisés e Arão assim fizeram. Quando Arão estendeu a mão e bateu no chão com a vara, piolhos infestaram toda a terra e cobriram os egípcios e seus animais. Todo o pó da terra do Egito se transformou em piolhos. ¹⁸Os magos do faraó tentaram fazer o mesmo com suas artes mágicas, mas não conseguiram. E os piolhos cobriram tudo, tanto as pessoas como os animais.

¹⁹"Isso é o dedo de Deus!", exclamaram os magos ao faraó. Mas o coração do faraó continuou endurecido. Recusou-se a ouvi-los, como o S{senhor} tinha dito.

ᵃ 8.1 No texto hebraico, os versículos 8.1-4 são numerados 7.26-29. ᵇ 8.5 No texto hebraico, os versículos 8.5-32 são numerados 8.1-28. ᶜ 8.16 Ou *mosquitos*; também em 8.17-18. O termo hebraico é de identificação incerta.

> **PÃO DIÁRIO**

A lição dos insetos

*"Isso é o dedo de Deus!", exclamaram os magos ao faraó. Mas o coração do faraó continuou endurecido. Recusou-se a ouvi-los, como o S*ENHOR *tinha dito.*
—Êxodo 8.19

Durante uma de minhas caminhadas diárias, inadvertidamente entrei numa pequena nuvem de insetos. Na hora não prestei muita atenção, porém, mais tarde, encontrei todos os tipos de picadas em meus tornozelos e braços. Parece que eu tinha andado no meio de um enxame de mosquitos cujas picadas resultaram em feridas e desconfortável coceira.

Essa experiência deu-me uma nova perspectiva sobre a praga dos mosquitos que Deus infligiu sobre o Egito quando o Faraó não libertou os israelitas. A palavra hebraica traduzida por "piolhos" em Êxodo 8.16-18 também pode significar "mosquitos". Pelo fato de os insetos serem comparados à areia do deserto, um enxame de mosquitos parece o mais provável. Os sacerdotes pagãos do Faraó, que se orgulhavam de seus banhos frequentes e da barba raspada, estavam agora cobertos com inúmeras picadas de insetos. Ao enviar essa praga, o plano de Deus era que o Faraó se arrependesse e libertasse Israel, mas, em vez disso, ele endureceu o seu coração.

Deus está procurando chamar a sua atenção por meio de algumas circunstâncias em sua vida? Ele está tentando persuadi-lo a retroceder alguns passos com Ele (Gl 5.25)? Devemos resistir ao impulso de endurecer o nosso coração. Em vez disso, devemos nos submeter a Deus (Tg 4.6-8) e perguntar-lhe quais lições espirituais Ele quer que aprendamos.

Querido Deus, obrigada por Tua contínua presença. Apesar de não te ver com meus olhos, meu coração sabe que estás presente. Amolece o meu coração nas áreas em que tenho lutado, pois sei que não posso escondê-las do Senhor. Ajuda-me a entregar-te essas lutas.

Deus nos faz sentir tristes por meio da convicção e alegres mediante a confissão.

A praga das moscas

20 Em seguida, o SENHOR disse a Moisés: "Levante-se cedo amanhã e coloque-se diante do faraó quando ele descer ao rio. Diga-lhe: 'Assim diz o SENHOR: Deixe meu povo sair para me adorar. **21** Se você se recusar, enviarei enxames de moscas sobre você, seus oficiais, seu povo e sobre todas as casas. Os lares dos egípcios e todo o chão ficarão cheios de moscas. **22** Desta vez, porém, pouparei a região de Gósen, onde meu povo vive. Lá, não aparecerão moscas. Então você saberá que eu sou o SENHOR e que estou presente até mesmo no meio de sua terra. **23** Farei clara distinção entre[a] o meu povo e o seu. Esse sinal acontecerá amanhã'".

24 O SENHOR fez exatamente o que disse. Um denso enxame de moscas encheu o palácio do faraó e as casas de seus oficiais. Todo o Egito ficou em estado de calamidade por causa das moscas.

25 O faraó mandou chamar Moisés e Arão e disse: "Vão e ofereçam sacrifícios ao seu Deus. Mas façam-no aqui mesmo, nesta terra".

26 "Não seria certo", respondeu Moisés. "Os sacrifícios que oferecemos ao SENHOR, nosso Deus, são detestáveis aos egípcios. Se apresentarmos aqui mesmo nossos sacrifícios, que os egípcios consideram detestáveis, eles nos apedrejarão. **27** Para oferecer sacrifícios ao SENHOR, nosso Deus, precisamos fazer uma viagem de três dias ao deserto, como ele ordenou."

28 "Podem ir", respondeu o faraó. "Deixarei que viajem ao deserto para oferecer sacrifícios ao SENHOR, seu Deus, mas não se afastem demais. E supliquem por mim."

29 Moisés respondeu: "Assim que sairmos de sua presença, suplicaremos ao SENHOR, e amanhã os enxames de moscas deixarão o faraó, seus oficiais e todo o seu povo. Mas fique avisado, ó faraó, de que não deve mentir novamente, recusando-se a deixar o povo sair para sacrificar ao SENHOR".

30 Moisés saiu do palácio do faraó e suplicou ao SENHOR que removesse todas as moscas. **31** O SENHOR atendeu Moisés e fez os enxames de moscas deixarem o faraó, seus oficiais e seu povo. Não restou uma só mosca. **32** Mas o coração do faraó se endureceu outra vez, e ele se recusou a deixar o povo sair.

A praga sobre os animais

9 O SENHOR ordenou a Moisés: "Volte ao faraó e diga-lhe: 'Assim diz o SENHOR, o Deus dos hebreus: Deixe meu povo sair para me adorar.

---

[a] **8.23** Conforme a Septuaginta e a Vulgata; o hebraico traz *Colocarei redenção entre*.

²Se você continuar a detê-lo e a recusar-se a deixá-lo sair, ³a mão do Senhor ferirá com uma praga mortal todos os seus animais: cavalos, jumentos, camelos, bois e ovelhas. ⁴Mais uma vez, porém, o Senhor fará distinção entre os animais dos israelitas e os dos egípcios. Não morrerá um só animal de Israel. ⁵O Senhor já definiu quando a praga começará: amanhã o Senhor ferirá a terra'".

⁶O Senhor fez como tinha dito. Na manhã seguinte, todos os animais dos egípcios morreram, mas os israelitas não perderam um só animal. ⁷O faraó mandou investigar e confirmou que o povo de Israel não havia perdido um só animal. Ainda assim, o coração do faraó permaneceu endurecido, e ele continuou se recusando a deixar o povo sair.

A praga das feridas purulentas

⁸O Senhor disse a Moisés e a Arão: "Peguem um punhado de cinzas de um forno de olaria. Moisés deve lançá-las no ar, diante dos olhos do faraó. ⁹As cinzas se espalharão sobre a terra do Egito como poeira fina e provocarão feridas purulentas nas pessoas e nos animais em todo o Egito".

¹⁰Então Moisés e Arão pegaram um punhado de cinzas de um forno de olaria e se colocaram diante do faraó. Moisés lançou as cinzas no ar, e surgiram feridas tanto nas pessoas como nos animais. ¹¹Nem mesmo os magos conseguiram permanecer diante de Moisés, pois surgiram feridas neles, e também em todos os egípcios. ¹²Mas o Senhor endureceu o coração do faraó e, como o Senhor tinha dito a Moisés, o faraó se recusou a ouvir.

A praga do granizo

¹³O Senhor disse a Moisés: "Amanhã, levante-se cedo, vá até o faraó e diga-lhe. 'Assim diz o Senhor, o Deus dos hebreus: Deixe meu povo sair para me adorar. ¹⁴Do contrário, enviarei mais pragas sobre você,ᵃ sobre seus oficiais e sobre seu povo. Então você saberá que não há ninguém como eu em toda a terra. ¹⁵A esta altura, eu poderia ter estendido minha mão e ferido você e seu povo com uma praga que os apagaria da face da terra. ¹⁶Mas eu o poupei a fim de lhe mostrar meu poderᵇ e propagar meu nome por toda a terra. ¹⁷Ainda assim, você se exalta sobre meu povo, recusando-se a deixá-lo sair. ¹⁸Por isso, amanhã, a esta hora, enviarei a tempestade de granizo mais devastadora de toda a história do Egito. ¹⁹Rápido! Mande seus animais e servos deixarem os campos e procurarem abrigo. Quando o granizo cair, todas as pessoas e animais que estiverem ao ar livre morrerão'".

²⁰Alguns dos oficiais do faraó se atemorizaram com o que o Senhor tinha dito. Sem demora, recolheram seus servos e animais dos campos. ²¹Mas aqueles que não deram atenção à palavra do Senhor deixaram seus rebanhos e servos no campo.

²²Então o Senhor disse a Moisés: "Estenda a mão em direção ao céu para que caia granizo sobre toda a terra do Egito, sobre as pessoas, sobre os animais e sobre todas as plantas em toda a terra do Egito".

²³Moisés estendeu a vara em direção ao céu, e o Senhor mandou trovões e granizo, além de raios que caíam sobre a terra. O Senhor enviou uma horrível tempestade de granizo sobre todo o Egito. ²⁴Nunca em toda a história do Egito houve uma tempestade como aquela, com granizo tão devastador e raios tão constantes. ²⁵A chuva de granizo deixou toda a terra do Egito em ruínas. Destruiu tudo que estava no campo, tanto pessoas como animais e plantas, e até mesmo as árvores foram despedaçadas. ²⁶O único lugar em que não caiu granizo foi a região de Gósen, onde vivia o povo de Israel.

²⁷Então o faraó mandou chamar Moisés e Arão. "Desta vez eu pequei", disse ele. "O Senhor é justo, e eu e meu povo somos culpados. ²⁸Por favor, supliquem ao Senhor que ele ponha fim à tempestade horrível de trovões e granizo. Já chega! Eu os deixarei ir. Não precisam mais ficar aqui."

²⁹Moisés respondeu: "Assim que eu sair da cidade, estenderei as mãos ao Senhor. Os trovões e o granizo cessarão, e o faraó saberá que a terra pertence ao Senhor. ³⁰Mas sei que o faraó e seus oficiais ainda não temem o Senhor Deus.

³¹(Todo o linho e a cevada foram destruídos pelo granizo, pois a cevada estava na espiga, e o linho, em flor. ³²O trigo comum e o trigo

---

ᵃ 9.14 Em hebraico, *sobre o seu coração*. ᵇ 9.16 A Septuaginta traz *para mostrar em você meu poder*. Comparar com Rm 9.17.

candeal, porém, foram poupados, pois ainda não tinham brotado do solo.) ³³Moisés deixou a corte do faraó e saiu da cidade. Quando estendeu as mãos ao Senhor, os trovões e o granizo cessaram, e a chuva torrencial parou. ³⁴Ao perceber que a chuva, o granizo e os trovões haviam cessado, o faraó voltou a pecar, e seu coração mais uma vez se endureceu, assim como o de seus oficiais. ³⁵Uma vez que seu coração continuava endurecido, o faraó se recusou a deixar o povo sair, como o Senhor tinha dito por meio de Moisés.

A praga dos gafanhotos

10 O Senhor disse a Moisés: "Volte ao faraó, pois endureci o coração dele e o de seus oficiais, para que eu demonstre meus sinais entre eles, ²e também para que você conte a seus filhos e netos como eu ridicularizei os egípcios e lhes fale dos sinais que realizei no meio deles. Assim, vocês saberão que eu sou o Senhor".

³Moisés e Arão foram ver o faraó novamente e lhe disseram: "Assim diz o Senhor, o Deus dos hebreus: 'Até quando você se recusará a submeter-se a mim? Deixe meu povo sair para me adorar. ⁴Se você se recusar, tome cuidado! Amanhã trarei sobre seu território uma nuvem de gafanhotos. ⁵Cobrirão toda a terra, de modo que não se poderá ver o chão. Devorarão o que restou de suas colheitas depois da tempestade de granizo, e também todas as árvores que estiverem crescendo nos campos. ⁶Invadirão seus palácios, as casas de seus oficiais e todas as casas do Egito. Nunca em toda a história do Egito seus antepassados viram uma praga como esta!'". Quando terminou de falar, Moisés deu as costas ao faraó e saiu.

⁷Os oficiais da corte se aproximaram do faraó e suplicaram: "Até quando o faraó permitirá que esse Moisés seja uma ameaça para nós? Deixe os homens saírem para adorar o Senhor, o Deus deles! O faraó não vê que o Egito está em ruínas?".

⁸Logo, Moisés e Arão foram trazidos de volta à presença do faraó. "Está bem", disse ele. "Vão e adorem o Senhor, seu Deus. Mas quem exatamente irá?"

⁹Moisés respondeu: "Iremos todos: jovens e velhos, nossos filhos e filhas, e todos os nossos rebanhos, pois celebraremos uma festa em honra ao Senhor".

¹⁰O faraó retrucou: "Sem dúvida precisarão que o Senhor esteja com vocês se eu permitir que levem seus filhos pequenos! Eu sei do seu plano mal-intencionado. ¹¹De jeito nenhum! Só os homens poderão sair para adorar o Senhor, pois foi isso que vocês pediram". E o faraó mandou expulsá-los do palácio.

¹²Então o Senhor disse a Moisés: "Estenda a mão sobre a terra do Egito para que venham os gafanhotos. Que eles cubram a terra do Egito e devorem todas as plantas que sobreviveram à tempestade de granizo".

¹³Assim, Moisés estendeu a vara sobre a terra do Egito, e o Senhor fez soprar um vento leste sobre a terra durante todo o dia e toda a noite. Quando amanheceu, o vento leste havia trazido os gafanhotos. ¹⁴Eles invadiram todo o Egito e desceram em nuvens densas sobre seu território, de uma extremidade à outra. Foi a pior praga de gafanhotos em toda a história do Egito e jamais houve outra igual, ¹⁵pois os gafanhotos cobriram toda a superfície e escureceram a terra. Devoraram todas as plantas nos campos e todas as frutas nas árvores que tinham sobrevivido à tempestade de granizo. Não restou uma só folha nas árvores nem nas plantas em toda a terra do Egito.

¹⁶Sem demora, o faraó mandou chamar Moisés e Arão e lhes disse: "Pequei contra o Senhor, seu Deus, e contra vocês. ¹⁷Perdoem meu pecado apenas mais esta vez e supliquem ao Senhor, seu Deus, que ele me livre desta morte".

¹⁸Moisés deixou a corte do faraó e suplicou ao Senhor. ¹⁹O Senhor respondeu e mudou a direção do vento. Fez soprar um forte vento oeste que levou os gafanhotos para o mar Vermelho.ᵃ Não sobrou um só gafanhoto em toda a terra do Egito. ²⁰Mas o Senhor endureceu o coração do faraó, e ele se recusou a deixar o povo de Israel sair.

A praga da escuridão

²¹O Senhor disse a Moisés: "Estenda a mão em direção ao céu, e a terra do Egito ficará coberta de escuridão tão densa que poderá ser

---

ᵃ **10.19** Em hebraico, *mar de juncos*.

apalpada". ²²Moisés estendeu a mão em direção ao céu, e uma escuridão profunda cobriu toda a terra do Egito por três dias. ²³Nesse período, as pessoas não conseguiam ver umas às outras e ninguém saía do lugar. Mas, onde viviam os israelitas, havia luz, como de costume.

²⁴Por fim, o faraó mandou chamar Moisés. "Vão e adorem o S{\sc enhor}", disse ele. "Podem até levar seus filhos pequenos, mas deixem seus rebanhos aqui."

²⁵"De jeito nenhum!", respondeu Moisés. "Por acaso o faraó nos daria os animais necessários para as ofertas e os holocaustos ao S{\sc enhor}, nosso Deus? ²⁶Todos os nossos animais devem ir conosco; não podemos deixar nem um casco para trás. Temos de escolher dentre esses animais para adorar o S{\sc enhor}, nosso Deus, e só saberemos como adorar o S{\sc enhor} quando chegarmos lá."

²⁷Mais uma vez, porém, o S{\sc enhor} lhe endureceu o coração, e o faraó se recusou a deixá-los sair. ²⁸"Fora daqui!", gritou para Moisés. "Estou avisando: nunca mais apareça diante de mim! No dia em que vir meu rosto, você morrerá!"

²⁹"Muito bem", respondeu Moisés. "Nunca mais verei seu rosto novamente."

A morte dos filhos mais velhos dos egípcios

11 Então o S{\sc enhor} disse a Moisés: "Atingirei o faraó e a terra do Egito com mais uma praga. Depois disso, o faraó os deixará sair de seu território. Quando, por fim, ele permitir que saiam, praticamente os expulsará. ²Diga a todos os homens e mulheres israelitas que peçam objetos de prata e ouro a seus vizinhos egípcios". ³(O S{\sc enhor} havia feito os egípcios verem o povo com bons olhos. Moisés era tido em alta consideração na terra do Egito e respeitado tanto pelos oficiais do faraó como pelo povo egípcio.)

⁴Moisés disse: "Assim diz o S{\sc enhor}: À meia-noite de hoje, passarei pelo meio do Egito. ⁵Morrerão todos os filhos mais velhos do sexo masculino, em todas as famílias do Egito, desde o filho mais velho do faraó, sentado em seu trono, até o filho mais velho da serva mais humilde que trabalha no moinho. Até mesmo os primeiros machos dentre todos os animais morrerão. ⁶Então se ouvirá um grande lamento na terra do Egito, um lamento como nunca houve e nunca mais haverá. ⁷Quanto aos israelitas, porém, nem um cão latirá contra eles ou seus animais. Com isso vocês saberão que o S{\sc enhor} faz distinção entre os egípcios e os israelitas. ⁸Todos os oficiais do Egito virão até mim e se curvarão, suplicando: 'Por favor, vá embora! Saia logo do Egito e leve com você

PÃO DIÁRIO

Coração endurecido

O S{\sc enhor} lhe endureceu o coração, e ele se recusou a deixar o povo de Israel sair de sua terra.

—Êxodo 11.10

Quando o Faraó se recusou a permitir que o povo de Israel deixasse o Egito, milhares de egípcios inocentes morreram por causa dessa obstinação. Talvez o conhecimento do que estivesse para acontecer aos primogênitos do Egito naquela primeira noite de Páscoa tenha causado a grande ira que Moisés sentiu quando saiu da presença do Faraó (Êx 11.8). Essa seria uma noite de devastação e tristeza, porque o governante estava com seu coração mortalmente endurecido.

Para mim é muito fácil condenar a desobediência deliberada do Faraó a Deus e muito difícil enfrentar a minha própria desobediência. Mas essa passagem me obriga a perguntar: "Minha atitude está sufocando a vida de alguém próximo a mim?".

Oswald Chambers disse: "Na Bíblia, o direito à vida é assegurado a todos. Desde que eu não cause a morte de alguém de forma consciente, a lei não pode me tocar, mas há alguém dependente de mim a quem, de alguma forma, eu não esteja dando o direito de viver? Alguma pessoa pela qual eu acalente uma antipatia implacável? 'Quem odeia seu irmão já é assassino'" (1Jo 3.15).

Nosso coração se torna duro após diversas recusas para se render a Deus. Mas ele pode ser amolecido por meio da obediência. Quando dizemos "sim" a Deus, recebemos o alívio e a vida abundante para nossos familiares, colegas e amigos.

Qual é o meu estado de espírito hoje?

Senhor Jesus, neste momento, reconheço que preciso rever minha atitude. Por favor, não permita que eu tenha um coração endurecido. Meu desejo é trazer esperança e cura por meio de atitudes que fluam de minha obediência ao Senhor. Preciso de Tua ajuda.

O caminho da obediência é o caminho da bênção.

PÃO DIÁRIO

L'Chayim!

...pois o Senhor [...] passará por sobre aquela casa. Não permitirá que o anjo da morte entre em suas casas para matar vocês.

—Êxodo 12.23

Meus amigos foram convidados por seus amigos judeus para participar de um jantar *seder*. Esta é uma celebração realizada por famílias judaicas para comemorar a primeira Páscoa no Egito (Êx 12.24-27). A família inteira se envolve, incluindo as crianças pequenas.

Eles pensaram que teriam uma noite melancólica, mas descobriram que seria uma celebração muito alegre. No início da refeição, um pedaço de pão foi partido pela metade. Uma das metades foi partilhada pelos convidados; e a outra foi escondida pelo membro mais novo da família. Todos os adultos procuraram por ela para o deleite da criança. Como o pão não foi encontrado, ele foi devolvido pela criança em meio a muitas gargalhadas. Depois disso, o programa da noite continuou com histórias e canções, e uma frase era continuamente repetida: *"L'Chayim!* À vida!".

E por que não uma celebração alegre? A Páscoa marca a libertação de Israel da escravidão e do "anjo da morte".

A refeição da Páscoa que Jesus e Seus discípulos compartilharam na véspera de Sua morte também foi uma celebração, mas com sérias implicações. Indicou o início dos acontecimentos que conduziram Jesus ao Seu sacrifício e consequentemente à nossa redenção do pecado e de Satanás.

Da escravidão espiritual à liberdade espiritual. Da morte à vida. Ao celebrarmos nossa libertação, também podemos dizer com alegria um ao outro: *"L'Chayim!* À vida!".

Pai, obrigada pela libertação que Jesus nos concedeu por meio do sacrifício na cruz. Alegro-me por podermos também dizer: "À vida!" quando celebramos a nossa liberdade da escravidão do pecado!

A libertação do pecado é a maior de todas as liberdades.

---

todo este povo que o segue!'. Só então eu sairei!". E, ardendo de ira, Moisés saiu da presença do faraó.

⁹O Senhor tinha avisado a Moisés: "O faraó não lhe dará ouvidos, por isso farei milagres ainda mais poderosos na terra do Egito". ¹⁰Moisés e Arão fizeram todos esses milagres na presença do faraó, mas o Senhor lhe endureceu o coração, e ele se recusou a deixar o povo de Israel sair de sua terra.

A primeira Páscoa

12 Então o Senhor disse a Moisés e a Arão no Egito: ²"De agora em diante, este mês será para vocês o primeiro do ano. ³Anunciem a toda a comunidade de Israel que, no décimo dia deste mês, cada família escolherá um cordeiro ou um cabrito para fazer um sacrifício, um animal para cada casa. ⁴A família que for pequena demais para comer um animal inteiro deverá compartilhá-lo com outra família da vizinhança. O animal será dividido de acordo com o número de pessoas e a quantidade que cada um puder comer. ⁵O animal escolhido deverá ser um cordeiro ou um cabrito de um ano, sem defeito algum.

⁶"Guardem bem o animal escolhido até a tarde do décimo quarto dia do primeiro mês. Nesse dia, toda a comunidade de Israel sacrificará seu cordeiro ou cabrito ao anoitecer. ⁷Em seguida, tomarão um pouco do sangue e o passarão nos batentes laterais e no alto das portas das casas onde comerem o animal. ⁸Nessa mesma noite, assarão a carne no fogo e a comerão acompanhada de folhas verdes amargas e de pão sem fermento. ⁹Não comerão a carne crua nem cozida. O animal todo, incluindo a cabeça, as pernas e as vísceras, deverá ser assado no fogo. ¹⁰Não deixem sobras para a manhã seguinte. Queimem o que não for consumido antes do amanhecer.

¹¹"Estas são as instruções para quando fizerem a refeição. Estejam vestidos para a viagem,ᵃ de sandálias nos pés e cajado na mão. Façam a refeição apressadamente, pois é a Páscoa do Senhor. ¹²Nessa noite, passarei pela terra do Egito e matarei todos os filhos mais velhos e todos os primeiros machos dentre os animais na terra do Egito. Executarei juízo sobre todos os deuses do Egito, pois eu sou o Senhor. ¹³Mas o sangue nos batentes das portas servirá de sinal e marcará as casas onde vocês estão. Quando eu vir o sangue, passarei

---

ᵃ **12.11** Em hebraico, *Cinjam os lombos.*

por sobre aquela casa. E, quando eu ferir a terra do Egito, a praga de morte não os tocará. ¹⁴"Este será um dia a ser recordado. Todo ano, de geração em geração, vocês o celebrarão como festa especial para o Senhor. Essa é uma lei permanente. ¹⁵Durante sete dias, comerão pão sem fermento. No primeiro dia da festa, removerão das casas qualquer mínima quantidade de fermento. Quem comer pão com fermento durante algum dos sete dias da festa será eliminado do meio de Israel. ¹⁶No primeiro e no sétimo dia da festa, todo o povo celebrará um dia oficial de reunião sagrada. Não será permitido nenhum tipo de trabalho nessas datas, exceto o preparo da comida.

¹⁷"Celebrem a Festa dos Pães sem Fermento, pois ela os lembrará de que eu tirei suas multidões da terra do Egito exatamente nesse dia. A festa será uma lei permanente para vocês; celebrem-na nesse dia de geração em geração. ¹⁸O pão que comerem será preparado sem fermento desde a tarde do décimo quarto dia do primeiro mês até a tarde do vigésimo primeiro dia do mesmo mês. ¹⁹Durante os sete dias, não deverá haver qualquer mínima quantidade de fermento em suas casas. Quem comer algo preparado com fermento durante a semana será eliminado do meio de Israel. Essas regras se aplicam tanto aos estrangeiros que vivem entre vocês como aos israelitas de nascimento. ²⁰Durante esses dias, não comam coisa alguma preparada com fermento. Onde quer que morarem, comam apenas pão sem fermento".

²¹Em seguida, Moisés mandou chamar todos os líderes de Israel e lhes disse: "Vão, escolham um cordeiro ou um cabrito para cada família e sacrifiquem o animal para a Páscoa. ²²Deixem o sangue escorrer para uma vasilha. Tomem um feixe de ramos de hissopo e molhem-no com o sangue. Usando o hissopo, passem o sangue nos batentes laterais e no alto da porta das casas. Ninguém saia de casa até o amanhecer, ²³pois o Senhor passará pela terra para ferir mortalmente os egípcios. Mas, quando ele vir o sangue nas laterais e no alto da porta, passará por sobre aquela casa. Não permitirá que o anjo da morte entre em suas casas para matar vocês.

²⁴"Lembrem-se de que estas instruções são uma lei que vocês e seus descendentes deverão cumprir para sempre. ²⁵Quando entrarem na terra que o Senhor prometeu lhes dar, continuarão a realizar essa cerimônia. ²⁶Então seus filhos perguntarão: 'O que significa esta cerimônia?', ²⁷e vocês responderão: 'É o sacrifício da Páscoa para o Senhor, pois ele passou por sobre as casas dos israelitas no Egito. E, embora tenha abatido os egípcios, poupou nossas famílias'". Então todos que ali estavam se prostraram e adoraram.

²⁸Assim, o povo de Israel fez conforme o Senhor havia ordenado por meio de Moisés e Arão. ²⁹À meia-noite, o Senhor feriu mortalmente todos os filhos mais velhos da terra do Egito, desde o filho mais velho do faraó, sentado em seu trono, até o filho mais velho do prisioneiro no calabouço. Até mesmo os primeiros machos dentre os animais foram mortos. ³⁰O faraó, todos os seus oficiais e todo o povo egípcio acordaram durante a noite, e ouviu-se um grande lamento em toda a terra do Egito. Não houve uma só casa onde não morresse alguém.

O êxodo de Israel do Egito

³¹No meio da noite, o faraó mandou chamar Moisés e Arão. "Saiam daqui!", ordenou ele. "Deixem meu povo e levem os demais israelitas com vocês. Vão e adorem o Senhor, como pediram. ³²Levem seus rebanhos, como disseram, e sumam daqui! Vão embora, mas abençoem-me ao sair." ³³Os egípcios pressionavam o povo de Israel para que deixasse a terra quanto antes, pois pensavam: "Vamos todos morrer!".

³⁴Os israelitas levaram a massa de pão sem fermento, embrulharam as vasilhas em seus mantos e as colocaram sobre os ombros. ³⁵Seguindo as instruções de Moisés, pediram aos egípcios que lhes dessem roupas e objetos de prata e ouro. ³⁶O Senhor fez os egípcios serem bondosos com o povo, de modo que lhes entregaram tudo que pediram. Assim, os israelitas tomaram para si as riquezas dos egípcios.

³⁷Naquela mesma noite, os israelitas partiram de Ramessés rumo a Sucote. Havia cerca de seiscentos mil homens,ᵃ além das mulheres e crianças. ³⁸Saiu com eles uma mistura de

---

ᵃ12.37 Ou *homens de guerra*; o hebraico traz *homens a pé*.

gente que não era israelita, além de imensos rebanhos de ovelhas, bois e outros animais. ³⁹Com a massa sem fermento que haviam levado do Egito, assaram pães achatados. A massa era sem fermento, pois foram expulsos do Egito com tanta pressa que não tiveram tempo de preparar alimento para a viagem.

⁴⁰O povo de Israel tinha vivido 430 anos no Egito.ª ⁴¹Na verdade, essa grande multidão do Senhor deixou a terra exatamente no dia em que se completaram os 430 anos. ⁴²O Senhor passou a noite toda em vigília para tirar seu povo do Egito. Essa, portanto, é a noite do Senhor e deverá ser celebrada por todos os israelitas, de geração em geração.

Mais instruções para a Páscoa

⁴³Então o Senhor disse a Moisés e a Arão: "Estas são as instruções para a festa da Páscoa. Nenhum estrangeiro poderá comer a ceia de Páscoa. ⁴⁴O escravo comprado poderá participar se for circuncidado. ⁴⁵Os residentes temporários e os empregados não poderão participar. ⁴⁶Cada cordeiro de Páscoa será comido em uma só casa. Nenhum pedaço de carne será levado para fora, e nenhum osso do cordeiro será quebrado. ⁴⁷Toda a comunidade de Israel celebrará a festa da Páscoa.

⁴⁸"Se os estrangeiros que vivem entre vocês quiserem celebrar a Páscoa do Senhor, todos os homens dentre eles devem ser circuncidados. Só então poderão celebrar a Páscoa com vocês, como qualquer israelita de nascimento. Os homens que não forem circuncidados, porém, jamais poderão participar da ceia de Páscoa. ⁴⁹Essa instrução se aplica a todos, tanto aos israelitas de nascimento como aos estrangeiros que vivem entre vocês".

⁵⁰Todo o povo de Israel seguiu as ordens que o Senhor deu a Moisés e a Arão. ⁵¹Naquele mesmo dia, o Senhor tirou os israelitas da terra do Egito como um exército.

A consagração do primeiro filho

13 O Senhor disse a Moisés: ²"Consagre a mim todos os primeiros filhos homens dos israelitas. O primeiro filho de cada família e a primeira cria dos animais me pertencem".

³Então Moisés disse ao povo: "Este é um dia a ser lembrado: é o dia em que vocês deixaram o Egito, onde eram escravos. Hoje o Senhor os tirou de lá pela força de sua mão poderosa. (Lembrem-se de não comer coisa alguma com fermento.) ⁴Neste dia, no mês de abibe,ᵇ vocês foram libertos. ⁵Depois que o Senhor os fizer entrar na terra dos cananeus, dos hititas, dos amorreus, dos heveus e dos jebuseus, celebrem esta cerimônia neste mesmo mês, a cada ano. (Ele jurou a seus antepassados que lhes daria essa terra, uma terra que produz leite e mel com fartura.) ⁶Durante sete dias, vocês deverão comer pão sem fermento. No sétimo dia, façam uma festa ao Senhor. ⁷Comam pão sem fermento nos sete dias. Nesse período, não deverá haver nenhuma comida fermentada nem a mínima quantidade de fermento dentro do seu território.

⁸"No sétimo dia, cada um explique a seus filhos: 'Hoje celebro aquilo que o Senhor fez por mim quando saí do Egito'. ⁹Essa festa anual será um sinal visível para vocês, como uma marca gravada na mão ou um símbolo colocado na testa. Ela servirá para lembrá-los sempre de manter as instruções do Senhor em seus lábios, pois o Senhor os resgatou do Egito com mão poderosa.ᶜ ¹⁰Portanto, cumpram a ordem de realizar a festa a cada ano na data estabelecida.

¹¹"É isto que farão quando o Senhor cumprir o juramento dele a seus antepassados. Quando ele lhes der a terra onde hoje vivem os cananeus, ¹²apresentem ao Senhor todos os primeiros filhos homens e todos os machos das primeiras crias, pois pertencem ao Senhor. ¹³Para resgatar a primeira cria dos jumentos, entreguem ao Senhor, como substituto, um cordeiro ou um cabrito. Caso não resgatem o animal, terão de quebrar o pescoço dele. Quanto aos primeiros filhos homens, será obrigatório resgatá-los.

¹⁴"No futuro, seus filhos lhes perguntarão: 'O que significa tudo isso?', e vocês responderão: 'Com a força de sua mão poderosa, o Senhor nos tirou do Egito, onde éramos escravos. ¹⁵O faraó se recusou teimosamente a

---

ª **12.40** O Pentateuco Samaritano traz *em Canaã e no Egito*; a Septuaginta traz *no Egito e em Canaã*. ᵇ **13.4** No antigo calendário lunar hebraico, esse primeiro mês normalmente caía entre março e abril, quando começava a colheita da cevada. ᶜ **13.9** Ou *Que ela sirva para lembrá-los de recitar sempre o ensinamento do Senhor: "Com mão poderosa, o Senhor resgatou seu povo do Egito".*

nos deixar sair, por isso o Senhor matou todos os primeiros filhos homens da terra do Egito, e também os machos das primeiras crias dos animais. É por isso que hoje sacrificamos todos os machos das primeiras crias ao Senhor, mas sempre resgatamos os primeiros filhos homens'. ¹⁶Essa cerimônia será como uma marca gravada na mão ou um símbolo colocado na testa. É uma lembrança de que a força da mão poderosa do Senhor nos tirou do Egito".

O desvio pelo deserto

¹⁷Quando, por fim, o faraó deixou o povo sair, Deus não os conduziu pela estrada principal que corta o território dos filisteus, embora fosse o caminho mais curto. Deus disse: "Se eles tiverem de enfrentar uma batalha, pode ser que mudem de ideia e voltem ao Egito". ¹⁸Por isso, Deus fez o povo dar a volta pelo deserto, rumo ao mar Vermelho.ª Assim, os israelitas saíram do Egito como um exército preparado para marchar.

¹⁹Moisés levou consigo os ossos de José, pois José havia feito os filhos de Israel jurarem, dizendo: "Deus certamente virá ajudá-los. Quando isso acontecer, levem meus ossos daqui com vocês".

²⁰O povo saiu de Sucote e acampou em Etã, à beira do deserto. ²¹O Senhor ia adiante deles. Durante o dia, guiava-os com uma coluna de nuvem e, durante a noite, fornecia luz com uma coluna de fogo. Isso permitia que caminhassem de dia e de noite. ²²E a coluna de nuvem não se afastava do povo durante o dia, nem a coluna de fogo durante a noite.

14 O Senhor disse a Moisés: ²"Ordene aos israelitas que deem a volta e acampem em Pi-Hairote, entre Migdol e o mar. Acampem ali, à beira do mar, em frente a Baal-Zefom. ³O faraó pensará: 'Os israelitas estão vagando perdidos, prisioneiros do deserto!'. ⁴Mais uma vez, endurecerei o coração do faraó, e ele os perseguirá. Planejei tudo isso para mostrar minha glória por meio do faraó e de todo o seu exército. Então os egípcios saberão que eu sou o Senhor". E os israelitas assim fizeram.

Os egípcios perseguem Israel

⁵Quando o rei do Egito soube que o povo de Israel havia fugido, ele e seus oficiais mudaram de ideia. "O que fizemos?", perguntavam. "Como pudemos deixar todos os escravos israelitas escaparem?" ⁶Então o faraó mandou preparar sua carruagem e convocou suas tropas. ⁷Levou consigo seiscentos dos melhores carros de guerra, além das demais carruagens de batalha do Egito, cada uma com seu comandante. ⁸O Senhor endureceu o coração do faraó, rei do Egito, para que ele perseguisse os israelitas, que haviam partido triunfantemente. ⁹Os egípcios os perseguiram com todas as forças do exército do faraó — todos os seus cavalos e carros de guerra, cavaleiros e tropas — e os alcançaram no acampamento em Pi-Hairote, à beira do mar, em frente a Baal-Zefom.

¹⁰Quando o faraó se aproximava, os israelitas levantaram os olhos e viram os egípcios marchando contra eles. Em pânico, clamaram ao Senhor ¹¹e disseram a Moisés: "Por que você nos trouxe ao deserto para morrer? Não havia sepulturas no Egito? O que você fez conosco? Por que nos forçou a sair do Egito? ¹²Quando ainda estávamos no Egito, não lhe avisamos que isso aconteceria? Dissemos: 'Deixe-nos em paz! Continuaremos a servir os egípcios. Afinal, é melhor ser escravo no Egito que ser um cadáver no deserto!'".

¹³Moisés, porém, disse: "Não tenham medo. Apenas permaneçam firmes e vejam como o Senhor os resgatará neste dia. Vocês nunca mais verão os egípcios que estão vendo hoje. ¹⁴O próprio Senhor lutará por vocês. Fiquem calmos!".

A fuga pelo mar Vermelho

¹⁵Então o Senhor disse a Moisés: "Por que você está clamando a mim? Diga ao povo que marche! ¹⁶Tome sua vara e estenda a mão sobre o mar. Divida as águas para que os israelitas atravessem pelo meio do mar, em terra seca. ¹⁷Endurecerei o coração dos egípcios, e eles virão atrás de vocês. Mostrarei minha glória por meio do faraó e de suas tropas, seus carros de guerra e seus cavaleiros. ¹⁸Quando minha glória se manifestar por meio do faraó e de seus

---

ª **13.18** Em hebraico, *mar de juncos*.

carros de guerra e seus cavaleiros, todo o Egito a verá e saberá que eu sou o Senhor".

¹⁹Então o anjo de Deus que ia adiante do acampamento de Israel se posicionou atrás do povo. A coluna de nuvem também mudou de lugar; foi para a retaguarda ²⁰e ficou entre o acampamento egípcio e o acampamento de Israel. A nuvem escura trouxe trevas para os egípcios, mas luz para os israelitas. Com isso, os dois grupos não se aproximaram durante toda a noite.

²¹Então Moisés estendeu a mão sobre o mar e, com um forte vento leste, o Senhor abriu caminho no meio das águas. O vento soprou a noite toda, transformando o fundo do mar em terra seca. ²²E o povo de Israel atravessou pelo meio do mar, caminhando em terra seca, com uma parede de água de cada lado.

²³Os egípcios, com todos os seus cavalos, carros de guerra e cavaleiros, perseguiram o povo até o meio do mar. ²⁴Mas, pouco antes de amanhecer, do alto da coluna de fogo e de nuvem o Senhor olhou para o exército dos egípcios e causou grande confusão entre eles. ²⁵Ele travou[a] as rodas dos carros, dificultando sua condução. "Fujamos daqui, para longe do povo de Israel!", gritaram os egípcios. "O Senhor está lutando por eles e contra o Egito!"

²⁶Então o Senhor disse a Moisés: "Estenda a mão sobre o mar outra vez, e as águas correrão fortemente de volta a seu lugar e cobrirão os egípcios, seus carros de guerra e seus cavaleiros". ²⁷Assim, ao amanhecer, Moisés estendeu a mão sobre o mar, e as águas voltaram fortemente a seu lugar. Quando os egípcios tentaram escapar, foram de encontro às águas, e o Senhor os arrastou para dentro do mar. ²⁸As águas voltaram e cobriram todos os carros de guerra e cavaleiros, todo o exército do faraó. Nenhum dos egípcios que havia perseguido os israelitas até o meio do mar sobreviveu.

²⁹O povo de Israel, por sua vez, atravessou pelo meio do mar, em terra seca, enquanto as águas formavam uma parede de cada lado. ³⁰Foi assim que o Senhor libertou Israel das mãos dos egípcios naquele dia, e os israelitas conseguiam ver os cadáveres dos egípcios na praia. ³¹Quando o povo de Israel viu o grande poder do Senhor contra os egípcios, encheu-se de temor diante dele e passou a confiar no Senhor e em seu servo Moisés.

Cântico de libertação

15 Então Moisés e o povo de Israel entoaram este cântico ao Senhor:

"Cantarei ao Senhor,
    pois ele triunfou gloriosamente;
lançou no mar
    o cavalo e seu cavaleiro.
²O Senhor é minha força e minha canção;
    ele é meu salvador.
É o meu Deus e eu o louvarei;
    é o Deus de meu pai e eu o exaltarei.
³O Senhor é guerreiro;
    Javé[b] é seu nome!
⁴Lançou no mar
    os carros de guerra e as tropas do faraó;
os melhores oficiais egípcios
    se afogaram no mar Vermelho.[c]
⁵Águas profundas os encobriram,
    e afundaram como pedra.

⁶"Tua mão direita, ó Senhor,
    é gloriosa em poder.
Tua mão direita, ó Senhor,
    despedaça o adversário.
⁷Na grandeza de tua majestade,
    derrubas os que se levantam contra ti.
Envias tua fúria ardente,
    que os consome como palha.
⁸Com o forte sopro de tuas narinas,
    as águas se amontoaram;
como muralhas se levantaram
    e no coração do mar se endureceram.

⁹"O inimigo dizia:
'Eu os perseguirei e os alcançarei;
    eu os saquearei e deles me vingarei.
Puxarei minha espada
    e com forte mão os destruirei'.
¹⁰Mas tu sopraste com teu fôlego,
    e o mar os encobriu.
Afundaram como chumbo
    nas águas poderosas.

---

[a] **14.25** Conforme a Septuaginta, o Pentateuco Samaritano e a versão siríaca; o hebraico traz *Ele removeu*. [b] **15.3** *Javé* é a transliteração mais provável do nome próprio YHWH; nesta tradução aparece, em geral, como "Senhor". [c] **15.4** Em hebraico, *mar de juncos*; também em 15.22.

¹¹"Quem entre os deuses é semelhante a ti,
　　ó Senhor,
　glorioso em santidade,
　temível em esplendor,
　　autor de grandes maravilhas?
¹²Estendeste tua mão direita,
　e a terra engoliu nossos inimigos.

¹³"Com o teu fiel amor,
　conduzes o povo que resgataste.
Com teu poder,
　o guias à tua santa habitação.
¹⁴Os povos ouvem e estremecem,
　a angústia se apodera dos que vivem na
　　Filístia.
¹⁵Aterrorizam-se os líderes de Edom,
　estremecem os nobres de Moabe.
Desfalecem os habitantes de Canaã;
　¹⁶espanto e terror caem sobre eles.
O poder do teu braço
　os deixa paralisados, como pedra,
até teu povo passar, ó Senhor,
　até passar o povo que compraste.
¹⁷Tu os trarás e os plantarás
　em teu próprio monte,
no lugar reservado, ó Senhor,
　para tua habitação:
　o santuário, ó Soberano,
　que tuas mãos estabeleceram.
¹⁸O Senhor reinará para todo o sempre!".

¹⁹Quando os cavalos, os carros de guerra e os cavaleiros do faraó entraram no mar, o Senhor fez as águas do mar voltarem sobre eles. Mas o povo de Israel atravessou pelo meio do mar em terra seca.

²⁰Então a profetisa Miriã, irmã de Arão, pegou um tamborim e todas as mulheres a seguiram, tocando tamborins e dançando. ²¹E Miriã entoava esta canção:

"Cantem ao Senhor,
　pois ele triunfou gloriosamente;
lançou no mar
　o cavalo e seu cavaleiro."

Água amarga em Mara

²²Em seguida, Moisés conduziu o povo de Israel do mar Vermelho para o deserto de Sur. Caminharam pelo deserto por três dias sem encontrar água. ²³Quando chegaram a Mara,

---

PÃO DIÁRIO

A vida depois dos milagres

...Moisés conduziu o povo de Israel do mar Vermelho para o deserto de Sur.
　　　　　　　　　　　　　　　　　—Êxodo 15.22

Do outro lado de cada intervenção miraculosa de Deus a nosso favor, há um caminho de fé para percorrer. Se o poder divino tocou a nossa saúde, nossas finanças ou nossos relacionamentos familiares, devemos não apenas louvar e agradecer a Deus, mas também obedecê-lo.

Depois que Deus abriu o mar Vermelho para o Seu povo e, em seguida, lançou as águas sobre o exército de Faraó que perseguia os israelitas, houve uma grande celebração de louvor ao Senhor (Êx 15.1-21). Contudo, em seguida, era hora de ir em frente na jornada em direção à terra da promessa. "Moisés conduziu o povo de Israel do mar Vermelho para o deserto de Sur" (v.22). Eles viajaram por três dias sem encontrar água e, então, começaram a reclamar.

No plano divino, a intervenção sobrenatural não é um fim em si mesmo, mas um meio de nos ensinar que podemos sempre confiar e obedecer à liderança do Deus Todo-Poderoso. Ouviremos a Sua voz e obedeceremos Sua Palavra? Se Ele nos conduz através do mar, não nos guiará também à fonte?

Os impressionantes acontecimentos registrados em Êxodo demonstram que é possível experimentar o poder de Deus e ainda permanecer no mesmo estado espiritual. Para impedir que isso aconteça conosco, usemos a doce lembrança do milagre de ontem para nos encorajar a um passo maior de fé hoje.

Senhor, se não consigo pensar em um milagre, faz-me lembrar de minha salvação. Se não consigo pensar numa intervenção divina, faz-me lembrar da Tua encarnação. Se não consigo ver o Teu plano para mim, faz-me lembrar do Teu amor. E ajuda-me a continuar confiando e obedecendo a ti, Senhor, meu Rei Todo-Poderoso.

O Deus que nos libertou ontem é merecedor de nossa obediência hoje.

---

descobriram que a água era amarga demais para beber. Por isso chamaram aquele lugar de Mara.ᵃ

²⁴O povo começou a se queixar e se voltou contra Moisés. "O que beberemos?", perguntavam. ²⁵Então Moisés clamou ao Senhor, e o

---

ᵃ **15.23** *Mara* significa "amarga".

Senhor lhe mostrou um pedaço de madeira. Moisés o jogou na água, e ela se tornou boa para beber.

Foi em Mara que o Senhor instituiu o seguinte decreto como norma, para provar a fidelidade do povo. ²⁶Ele disse: "Se ouvirem com atenção a voz do Senhor, seu Deus, e fizerem o que é certo aos olhos dele, obedecendo a seus mandamentos e cumprindo todos os seus decretos, não os farei sofrer nenhuma das doenças que enviei sobre o Egito, pois eu sou o Senhor que os cura".

²⁷Depois que saíram de Mara, os israelitas viajaram até Elim, onde encontraram doze fontes de água e setenta palmeiras, e acamparam ali, junto às águas.

Maná e codornas

16 A comunidade de Israel partiu de Elim e chegou ao deserto de Sim, entre Elim e o monte Sinai, no décimo quinto dia do segundo mês, após a saída do Egito.ᵃ ²Também ali, toda a comunidade de Israel se queixou de Moisés e Arão.

³"Se ao menos o Senhor tivesse nos matado no Egito!", lamentavam-se. "Lá, nós nos sentávamos em volta de panelas cheias de carne e comíamos pão à vontade. Mas agora vocês nos trouxeram a este deserto para nos matar de fome!"

⁴Então o Senhor disse a Moisés: "Vejam, farei chover comida do céu para vocês. Diariamente o povo sairá e recolherá a quantidade de alimento que precisar para aquele dia. Com isso, eu os provarei para ver se seguirão ou não minhas instruções. ⁵No sexto dia, quando recolherem o alimento e o prepararem, haverá o dobro do normal".

⁶Assim, Moisés e Arão disseram a todos os israelitas: "Ao entardecer, vocês saberão que foi o Senhor quem os tirou da terra do Egito. ⁷Pela manhã, verão a glória do Senhor, pois ele ouviu suas queixas, que são contra ele, e não contra nós. O que fizemos para vocês se queixarem de nós?". ⁸E Moisés acrescentou: "O Senhor lhes dará carne para comer à tarde e os saciará com pão pela manhã, pois ouviu suas queixas contra ele. O que fizemos? Sim, suas queixas são contra o Senhor, e não contra nós".

⁹Em seguida, Moisés disse a Arão: "Anuncie a toda a comunidade de Israel: 'Apresentem-se diante do Senhor, pois ele ouviu suas queixas'". ¹⁰Enquanto Arão falava a toda a comunidade de Israel, o povo olhou em direção ao deserto e viu a glória do Senhor na nuvem.

¹¹O Senhor disse a Moisés: ¹²"Ouvi as queixas dos israelitas. Agora diga-lhes: 'Ao entardecer, vocês terão carne para comer e, pela manhã, pão à vontade. Assim, saberão que eu sou o Senhor, seu Deus'".

¹³Ao entardecer, muitas codornas apareceram, cobrindo o acampamento. Na manhã seguinte, os arredores do acampamento estavam úmidos de orvalho. ¹⁴Quando o orvalho se evaporou, havia sobre o chão uma camada de flocos finos como geada. ¹⁵Quando os israelitas viram aquilo, perguntaram uns aos outros: "O que é isso?", pois não faziam ideia do que era.

Moisés lhes disse: "Este é o alimento que o Senhor lhes deu para comer. ¹⁶E estas são as instruções do Senhor: 'Cada família deve recolher a quantidade necessária, dois litrosᵇ para cada pessoa de sua tenda'".

¹⁷Os israelitas seguiram as instruções. Alguns recolheram mais, outros menos. ¹⁸Contudo, quando mediram,ᶜ cada um tinha o suficiente. Não sobrou alimento para os que recolheram mais nem faltou para os que recolheram menos. Cada família recolheu exatamente a quantidade necessária.

¹⁹Moisés lhes disse: "Não guardem coisa alguma para o dia seguinte". ²⁰Alguns deles, porém, não deram ouvidos e guardaram um pouco de alimento até a manhã seguinte. A essa altura, a comida estava cheia de vermes e cheirava muito mal. Moisés ficou furioso com eles.

²¹Depois disso, as famílias passaram a recolher, a cada manhã, a quantidade necessária de alimento. E, quando o sol esquentava, os flocos que não tinham sido recolhidos derretiam e desapareciam. ²²No sexto dia, recolheram o dobro do habitual, ou seja, quatro litrosᵈ para cada pessoa. Então todos os líderes da comunidade se dirigiram a Moisés e o informaram a esse respeito. ²³Moisés lhes disse: "Foi o que o Senhor ordenou: 'Amanhã será um dia de descanso, o sábado consagrado

---

ᵃ **16.1** O êxodo havia ocorrido no décimo quinto dia do primeiro mês (ver Nm 33.3). ᵇ **16.16** Em hebraico, *1 ômer*; também em 16.32,33. ᶜ **16.18** Em hebraico, *mediram com 1 ômer*. ᵈ **16.22** Em hebraico, *2 ômeres*.

para o Senhor. Portanto, assem ou cozinhem hoje a quantidade que desejarem e guardem o restante para amanhã'".

²⁴Eles separaram uma porção para o dia seguinte, como Moisés havia ordenado. Pela manhã, a comida restante não tinha mau cheiro nem vermes. ²⁵Moisés disse: "Comam o alimento hoje, pois é o sábado do Senhor. Hoje não haverá alimento no chão para recolher. ²⁶Durante seis dias vocês podem recolher alimento, mas o sétimo dia é o sábado, quando não haverá alimento algum no chão". ²⁷Ainda assim, algumas pessoas saíram para recolhê-lo no sétimo dia, mas não o encontraram. ²⁸O Senhor disse a Moisés: "Até quando este povo se recusará a obedecer às minhas ordens e instruções? ²⁹Entendam que o sábado é um presente do Senhor para vocês. Por isso, no sexto dia, ele lhes dá uma porção dobrada de alimento, suficiente para dois dias. No sábado, cada um deve ficar onde está. Não saiam para recolher alimento no sétimo dia". ³⁰No sétimo dia, portanto, o povo descansou.

³¹Os israelitas chamaram aquela comida de maná.ᵃ Era branco como a semente de coentro e tinha gosto de massa folhada de mel.

³²Então Moisés disse: "É isto que o Senhor ordenou: 'Encham uma vasilha de dois litros com maná e preservem-no para seus descendentes. Assim, as gerações futuras poderão ver o alimento que eu lhes dei no deserto quando os libertei do Egito'".

³³Moisés disse a Arão: "Pegue uma vasilha e encha-a com dois litros de maná. Em seguida, coloque-a diante do Senhor, a fim de preservar o maná para as gerações futuras." ³⁴Arão fez conforme o Senhor havia ordenado a Moisés e colocou a vasilha de maná diante das tábuas da aliança,ᵇ para guardá-la. ³⁵Os israelitas comeram maná durante quarenta anos, até chegarem à terra onde se estabeleceriam. Comeram maná até chegarem à fronteira da terra de Canaã.

³⁶(A vasilha usada para medir o maná continha um ômer, que era a décima parte da medida padrão.ᶜ

PÃO DIÁRIO

Um mau hábito

...o povo de Israel discutiu com Moisés e pôs o Senhor à prova, dizendo: "O Senhor está conosco ou não?".
—Êxodo 17.7

A maioria das pessoas tem um ou dois maus hábitos. Alguns hábitos são simplesmente irritantes, tais como falar demais ou muito rápido. Outros são bem mais sérios.

Reflita, por exemplo, sobre o mau hábito desenvolvido pelo povo de Israel nos tempos bíblicos. Eles tinham acabado de ser libertos da escravidão (Êx 14.30), motivo pelo qual deveriam ser gratos. Em vez disto, começaram a reclamar com Moisés e Arão: "Se ao menos o Senhor tivesse nos matado no Egito!" (16.3).

Lemos em Êxodo 17 que os murmuradores começaram uma discussão. Na verdade, a reclamação deles era contra Deus, mas se voltaram contra Moisés porque ele era o líder. E disseram: "Por que você nos tirou do Egito? Quer matar de sede a nós, nossos filhos e nossos animais?" (v.3). O povo começou até a questionar se Deus realmente estava com eles (v.7). No entanto, o Senhor sempre havia atendido suas necessidades.

Se formos honestos, teremos que admitir que às vezes nos queixamos quando Deus não se revela da maneira que desejamos. Nós o acusamos de parecer ausente ou desinteressado. Mas, quando o nosso coração está preocupado com os Seus propósitos ao invés dos nossos próprios, tornamo-nos pacientes e confiamos nele para suprir todas as nossas necessidades. Desta maneira não desenvolveremos o mau hábito de reclamar.

Pai, quando nos queixamos, mostramos ingratidão e falta de confiança. Não existiríamos e nada teríamos se tu não nos desses fôlego. Ajuda-nos a proferir o louvor em vez de reclamações.

Conte as suas bênçãos e você vencerá o hábito de reclamar.

Água da rocha

17 Por ordem do Senhor, toda a comunidade de Israel partiu do deserto de Sim e andou de um lugar para outro. Por fim, acamparam em Refidim, mas ali não havia água para beberem. ²Mais uma vez, o povo se queixou de Moisés e exigiu: "Dê-nos água para beber!"

ᵃ **16.31** *Maná* é semelhante à expressão hebraica que significa "O que é isso?". Ver 16.15. ᵇ **16.34** Em hebraico, *diante do testemunho*; ver nota em 25.16. ᶜ **16.36** Em hebraico, *1 ômer é 1/10 de efa*.

Moisés retrucou: "Por que brigam comigo? Por que põem o Senhor à prova?".

³Afligido pela sede, o povo continuou a se queixar de Moisés. "Por que você nos tirou do Egito? Quer matar de sede a nós, nossos filhos e nossos animais?".

⁴Então Moisés clamou ao Senhor: "O que devo fazer com este povo? Estão a ponto de me apedrejar!".

⁵O Senhor disse a Moisés: "Passe à frente do povo. Leve sua vara, aquela que você usou para bater nas águas do Nilo, e chame alguns dos líderes de Israel para acompanhá-lo. ⁶Eu me colocarei diante de você sobre a rocha no monte Sinai.ª Bata na rocha e dela jorrará água que o povo poderá beber". Assim, na presença dos líderes de Israel, Moisés fez conforme ordenado.

⁷Moisés chamou aquele lugar de Massá e Meribá,ᵇ pois o povo de Israel discutiu com Moisés e pôs o Senhor à prova, dizendo: "O Senhor está conosco ou não?".

Israel derrota os amalequitas

⁸Quando os israelitas ainda estavam em Refidim, os guerreiros de Amaleque os atacaram. ⁹Moisés ordenou a Josué: "Escolha homens para saírem e lutarem contra o exército de Amaleque. Amanhã, ficarei no alto da colina, segurando em minha mão a vara de Deus".

¹⁰Josué fez o que Moisés lhe ordenou e lutou contra o exército de Amaleque. Moisés, Arão e Hur subiram até o topo de uma colina que ficava perto dali. ¹¹Enquanto Moisés mantinha os braços erguidos, os israelitas tinham a vantagem. Quando abaixava os braços, a vantagem era dos amalequitas. ¹²Os braços de Moisés, porém, logo se cansaram. Então Arão e Hur encontraram uma pedra para Moisés se sentar e, um de cada lado, mantiveram as mãos dele erguidas. Assim, as mãos permaneceram firmes até o pôr do sol. ¹³Como resultado, Josué aniquilou o exército de Amaleque na batalha.

¹⁴Então o Senhor disse a Moisés: "Escreva isto em um rolo como lembrança permanente e leia-o em voz alta para Josué: 'Apagarei toda e qualquer recordação de Amaleque de debaixo do céu'". ¹⁵Moisés construiu um altar ali e o chamou de Javé-Nissi.ᶜ ¹⁶E disse: "Uma mão foi erguida perante o trono do Senhor; de geração em geração, o Senhor guerreará contra os amalequitas".

Jetro visita Moisés

18 Jetro, sogro de Moisés e sacerdote de Midiã, soube de tudo que Deus havia feito por Moisés e seu povo, os israelitas, e de como o Senhor os havia tirado do Egito.

²Moisés tinha mandado Zípora, sua mulher, e seus dois filhos de volta para a casa de Jetro, que os acolheu. ³(O primeiro filho de Moisés se chamava Gérson, pois quando o menino nasceu, Moisés disse: "Sou forasteiro em terra alheia".ᵈ ⁴O segundo filho se chamava Eliézer,ᵉ pois Moisés disse: "O Deus de meus antepassados foi meu ajudador e me livrou da espada do faraó".) ⁵Jetro, sogro de Moisés, foi visitá-lo no deserto, levando consigo a mulher e os dois filhos de Moisés. Quando chegaram, Moisés e o povo estavam acampados perto do monte de Deus. ⁶Jetro havia mandado um recado a Moisés, dizendo: "Eu, seu sogro Jetro, estou indo vê-lo com sua mulher e seus dois filhos".

⁷Então Moisés saiu ao encontro de seu sogro, curvou-se e o beijou. Depois de perguntarem um ao outro se estavam bem, entraram na tenda de Moisés. ⁸Ele contou ao sogro tudo que o Senhor havia feito ao faraó e aos egípcios em favor de Israel. Contou também dos apuros que tinham passado ao longo do caminho e de como o Senhor os tinha livrado de todas as dificuldades. ⁹Jetro se alegrou imensamente ao ouvir tudo de bom que o Senhor havia feito por Israel ao libertar o povo das mãos dos egípcios.

¹⁰"Louvado seja o Senhor!", disse Jetro. "Ele os libertou da mão dos egípcios e do faraó! ¹¹Agora sei que o Senhor é maior que todos os outros deuses, pois libertou seu povo da opressão dos arrogantes egípcios."

¹²Em seguida, Jetro, sogro de Moisés, ofereceu um holocausto e outros sacrifícios a Deus. Arão e os líderes de Israel vieram e, na presença de Deus, participaram com ele da refeição.

ª **17.6** Em hebraico, *Horebe*, outro nome para o Sinai. ᵇ **17.7** *Massá* e *Meribá* significam, respectivamente, "prova" e "contenda". ᶜ **17.15** *Javé-Nissi* significa "o Senhor é minha bandeira". ᵈ **18.3** O som do nome *Gérson* é semelhante ao de um termo hebraico que significa "forasteiro ali". ᵉ **18.4** *Eliézer* significa "Deus é meu ajudador".

O sábio conselho de Jetro

¹³No dia seguinte, Moisés sentou-se para resolver problemas que surgiram entre os israelitas. O povo esperou diante dele, em pé, desde a manhã até a tarde. ¹⁴Quando o sogro de Moisés viu tudo que ele tentava fazer pelo povo, perguntou: "O que você está fazendo com este povo? Por que você se senta sozinho para julgar e os obriga a ficarem de pé diante de você o dia inteiro?".

¹⁵Moisés respondeu: "O povo me procura para conhecer as decisões de Deus. ¹⁶Quando surge algum problema, eles me procuram e eu resolvo a questão entre as partes em conflito. Informo o povo sobre os decretos de Deus e transmito suas instruções".

¹⁷"O que você está fazendo não é bom", disse o sogro de Moisés. ¹⁸"Você ficará esgotado e deixará o povo exausto. É um trabalho pesado demais para uma pessoa só. ¹⁹Agora ouça-me e escute meu conselho, e Deus esteja com você. Continue a ser o representante do povo diante de Deus, apresentando-lhe as questões trazidas pelo povo. ²⁰Ensine a eles os decretos e as instruções de Deus. Mostre aos israelitas como devem viver e o que devem fazer. ²¹No entanto, escolha dentre todo o povo homens capazes e honestos que temam a Deus e odeiem suborno. Nomeie-os líderes de grupos de mil, cem, cinquenta e dez pessoas. ²²Eles deverão estar sempre disponíveis para resolver os problemas cotidianos do povo e só lhe trarão os casos mais difíceis. Deixe que os líderes decidam as questões mais simples por conta própria. Eles dividirão com você o peso da responsabilidade e facilitarão seu trabalho. ²³Se você seguir esse conselho, e se Deus assim lhe ordenar, poderá suportar as pressões, e todo este povo voltará para casa em paz."

²⁴Moisés aceitou o conselho do sogro e seguiu todas as suas recomendações. ²⁵Escolheu homens capazes dentre todo o povo de Israel e os nomeou líderes de grupos de mil, cem, cinquenta e dez pessoas. ²⁶Os homens ficavam à disposição para resolver os problemas cotidianos do povo. Traziam para Moisés os casos mais difíceis, mas cuidavam, eles mesmos, das questões mais simples.

²⁷Pouco tempo depois, Moisés se despediu de seu sogro, que voltou para sua terra.

O Senhor se revela no Sinai

19 Exatamente dois meses depois de saírem do Egito,ᵃ chegaram ao deserto do Sinai. ²Depois de levantar acampamento em Refidim, chegaram ao deserto do Sinai e acamparam ao pé do monte.

³Então Moisés subiu ao monte para apresentar-se diante de Deus. Lá de cima, o Senhor o chamou e disse: "Transmita esta mensagem à família de Jacó; anuncie-a aos descendentes de Israel: ⁴'Vocês viram o que fiz aos egípcios. Sabem como carreguei vocês sobre asas de águias e os trouxe para mim. ⁵Agora, se me obedecerem e cumprirem minha aliança, serão meu tesouro especial dentre todos os povos da terra, pois toda a terra me pertence. ⁶Serão meu reino de sacerdotes, minha nação santa'. Essa é a mensagem que você deve transmitir ao povo de Israel."

⁷Moisés voltou do monte, convocou os líderes do povo e lhes comunicou tudo que o Senhor havia ordenado. ⁸Todo o povo respondeu a uma só voz: "Faremos tudo que o Senhor ordenou!". E Moisés comunicou ao Senhor a resposta do povo.

⁹O Senhor disse a Moisés: "Virei até você numa nuvem densa, para que o povo me ouça quando eu lhe falar e, assim, confie sempre em você".

Moisés relatou ao Senhor o que o povo tinha declarado. ¹⁰Então o Senhor disse a Moisés: "Desça e consagre o povo, hoje e amanhã. Providencie que eles lavem suas roupas ¹¹e estejam prontos no terceiro dia, pois nesse dia o Senhor descerá sobre o monte Sinai à vista de todos. ¹²Marque um limite ao redor de todo o monte e avise o povo: 'Tenham cuidado! Não subam ao monte, nem mesmo toquem o limite. Quem tocar o monte certamente será morto. ¹³Ninguém ponha a mão na pessoa ou no animal que ultrapassar o limite; antes, apedreje-o ou atravesse-o com flechas. Quem cruzar o limite não poderá continuar a viver'. Mas, quando soar o toque longo da trombeta, o povo poderá subir ao monte".

ᵃ 19.1 Em hebraico, *No terceiro mês depois que os israelitas deixaram o Egito, naquele mesmo dia*, isto é, dois meses lunares depois do êxodo. Comparar com Nm 33.3.

PÃO DIÁRIO

Cuidado com o que deseja

Não cobice...
—Êxodo 20.17

Às vezes me pergunto por que Deus não listou os Dez Mandamentos em ordem inversa, já que o décimo mandamento se relaciona com o primeiro pecado da humanidade: a cobiça, que gera a desobediência. O pecado de Eva não foi simplesmente desejar um pedaço do fruto; mas o desejo pelo conhecimento que, conforme Satanás lhe havia dito, a tornaria semelhante a Deus (Gn 3.5). A cobiça de Eva a levou a violar ambos os mandamentos que Deus dera a Moisés, o primeiro e o décimo.

Quando não cobiçamos, praticamente eliminamos nossos motivos para desobedecer aos outros mandamentos. Querer o que não é nosso nos leva a mentir, roubar, cometer adultério, assassinato e à recusa em honrar nossos pais. Recusamo-nos a descansar porque não conseguimos o que queremos em seis dias de trabalho. Fazemos mau uso do nome de Deus quando o usamos para justificar algo que queremos fazer. Permitimos que as riquezas e os relacionamentos sejam os nossos deuses porque não queremos depositar toda a nossa confiança no Senhor.

Acho difícil haver pecado que não contenha alguma forma de cobiça. Contudo, pelo fato de ser o último na lista dos Dez Mandamentos, tendemos a pensar nele como o menos importante. Mas não é. Quando detemos o pecado enquanto ele ainda está em nosso coração e em nossa mente, evitamos que outras pessoas se tornem vítimas de nossos erros, e evitamos muitas de suas graves consequências.

Pai celestial, ajuda-me a desejar mais de ti, e menos as coisas deste mundo, especialmente aquelas que não me pertencem. Estou verdadeiramente agradecida por tudo o que recebi de ti, porém tu és tudo o que realmente preciso.

O contentamento é a percepção de que Deus já me deu tudo o que preciso.

---

[14] Moisés desceu do monte e foi até onde o povo estava. Ele os consagrou, providenciou que lavassem suas roupas [15] e lhes disse: "Preparem-se para o terceiro dia e, até lá, não tenham relações sexuais".

[16] Na manhã do terceiro dia, houve estrondo de trovões e clarão de raios, e uma nuvem densa envolveu o monte. Um toque longo de trombeta ressoou, e todo o povo que estava no acampamento tremeu. [17] Moisés conduziu o povo para fora do acampamento, ao encontro de Deus, e todos pararam ao pé do monte. [18] O monte Sinai estava todo coberto de fumaça, pois o Senhor havia descido em forma de fogo. Nuvens de fumaça subiam ao céu, como de uma imensa fornalha, e todo o monte tremia violentamente. [19] Enquanto o barulho da trombeta aumentava, Moisés falava e Deus respondia com voz de trovão. [20] O Senhor desceu sobre o topo do Sinai e chamou Moisés para o alto do monte, e ele subiu.

[21] Então o Senhor disse a Moisés: "Desça e alerte o povo que não ultrapasse o limite para ver o Senhor. Do contrário, muitos morrerão. [22] Até mesmo os sacerdotes, que se aproximam do Senhor, deverão purificar-se para que o Senhor não os destrua".

[23] Moisés respondeu ao Senhor: "Mas o povo não pode subir ao monte Sinai. Tu já nos advertiste: 'Marque um limite ao redor de todo o monte para separá-lo como lugar sagrado'".

[24] O Senhor, porém, disse: "Desça do monte e depois suba de novo, acompanhado de Arão. Enquanto isso, não permita que os sacerdotes nem o povo ultrapassem o limite para se aproximar do Senhor. Do contrário, ele os destruirá".

[25] Moisés desceu até onde o povo estava e lhes comunicou o que tinha sido dito.

Os dez mandamentos

20 Então o Senhor deu ao povo todas estas palavras:

[2] "Eu sou o Senhor, seu Deus, que o libertou da terra do Egito, onde você era escravo.

[3] "Não tenha outros deuses além de mim.

[4] "Não faça para si espécie alguma de ídolo ou imagem de qualquer coisa no céu, na terra ou no mar. [5] Não se curve diante deles nem os adore, pois eu, o Senhor, seu Deus, sou um Deus zeloso. Trago as consequências do pecado dos pais sobre os filhos até a terceira e quarta geração dos que me rejeitam, [6] mas demonstro amor por até mil gerações[a] dos que me amam e obedecem a meus mandamentos.

---

[a] **20.6** Em hebraico, *milhares*.

⁷"Não use o nome do Senhor, seu Deus, de forma indevida. O Senhor não deixará impune quem usar o nome dele de forma indevida.
⁸"Lembre-se de guardar o sábado, fazendo dele um dia santo. ⁹Você tem seis dias na semana para fazer os trabalhos habituais, ¹⁰mas o sétimo dia é o sábado do Senhor, seu Deus. Nesse dia, ninguém em sua casa fará trabalho algum: nem você, nem seus filhos e filhas, nem seus servos e servas, nem seus animais, nem os estrangeiros que vivem entre vocês. ¹¹O Senhor fez os céus, a terra, o mar e tudo que neles há em seis dias; no sétimo dia, porém, descansou. Por isso o Senhor abençoou o sábado e fez dele um dia santo.
¹²"Honre seu pai e sua mãe. Assim você terá vida longa e plena na terra que o Senhor, seu Deus, lhe dá.
¹³"Não mate.
¹⁴"Não cometa adultério.
¹⁵"Não roube.
¹⁶"Não dê falso testemunho contra o seu próximo.
¹⁷"Não cobice a casa do seu próximo. Não cobice a mulher dele, nem seus servos ou servas, nem seu boi ou jumento, nem qualquer outra coisa que lhe pertença".

¹⁸Quando o povo ouviu os trovões e o som forte da trombeta, e quando viu o clarão dos raios e a fumaça que subia do monte, ficou a distância, tremendo de medo. ¹⁹Disseram a Moisés: "Fale você conosco e ouviremos; mas não deixe que Deus nos fale diretamente, pois morreríamos!".
²⁰Moisés respondeu: "Não tenham medo, pois Deus veio desse modo para prová-los e para que o temor a ele os impeça de pecar".
²¹Enquanto o povo continuava a distância, Moisés se aproximou da nuvem escura onde Deus estava.

O uso apropriado dos altares

²²O Senhor disse a Moisés: "Diga ao povo de Israel: Vocês viram com os próprios olhos que eu lhes falei do céu. ²³Lembrem-se de que não devem fazer ídolos de prata ou ouro que tomem o meu lugar.

²⁴"Construam para mim um altar feito de terra e nele ofereçam holocaustos e ofertas de paz, sacrifícios de ovelhas e bois. Em todo lugar onde eu exaltar meu nome, construam um altar. Eu virei até vocês e os abençoarei. ²⁵Se usarem pedras para construir meu altar, que sejam apenas pedras inteiras, em sua forma natural. Não alterem a forma das pedras com alguma ferramenta, pois isso tornaria o altar impróprio para o uso sagrado. ²⁶E não usem degraus para chegarem diante do meu altar, para que sua nudez não seja exposta".

O justo tratamento dos escravos

21 "Estes são os decretos que você apresentará a Israel:
²"Se você comprar um escravo hebreu, ele não poderá servi-lo por mais de seis anos. Liberte-o no sétimo ano, e ele nada lhe deverá pela liberdade. ³Se ele era solteiro quando se tornou seu escravo, partirá solteiro. Mas, se era casado antes de se tornar seu escravo, a esposa deverá ser liberta com ele.
⁴"Se seu senhor lhe deu uma mulher em casamento enquanto ele era escravo, e se o casal teve filhos e filhas, somente o homem será liberto no sétimo ano. A mulher e os filhos continuarão a pertencer ao senhor. ⁵O escravo, contudo, poderá declarar: 'Amo meu senhor, minha esposa e meus filhos. Não desejo ser liberto'. ⁶Nesse caso, seu senhor o apresentará aos juízes.ᵃ Em seguida, o levará até a porta ou até o batente da porta e furará a orelha dele com um furador. Depois disso, o escravo servirá a seu senhor pelo resto da vida.
⁷"Quando um homem vender a filha como escrava, ela não será liberta como os homens. ⁸Se ela não agradar seu senhor, ele permitirá que alguém lhe pague o resgate, mas não poderá vendê-la a estrangeiros, pois rompeu o contrato com ela. ⁹Mas, se o senhor da escrava a entregar como mulher ao filho dele, não a tratará mais como escrava, mas sim como filha.
¹⁰"Se um homem que se casou com uma escrava tomar para si outra esposa, não deverá descuidar dos direitos da primeira mulher com respeito à alimentação, vestuário e intimidade sexual. ¹¹Se ele não cumprir alguma

---

ᵃ **21.6** Ou *a Deus*.

dessas obrigações, ela poderá sair livre, sem pagar coisa alguma."

Casos de danos pessoais

¹²"Quem agredir e matar outra pessoa será executado, ¹³mas se for apenas um acidente permitido por Deus, definirei um lugar de refúgio para onde o responsável pela morte possa fugir. ¹⁴Se, contudo, alguém matar outra pessoa intencionalmente, o assassino será preso e executado, mesmo que tenha buscado refúgio em meu altar.

¹⁵"Quem agredir seu pai ou sua mãe será executado.

¹⁶"Quem sequestrar alguém será executado, quer a vítima seja encontrada em seu poder, quer ele a tenha vendido como escrava.

¹⁷"Quem ofender a honra de[a] seu pai ou de sua mãe será executado.

¹⁸"Se dois homens brigarem e um deles acertar o outro com uma pedra ou com o punho e o outro não morrer, mas ficar de cama, ¹⁹o agressor não será castigado se, posteriormente, o que foi ferido conseguir voltar a andar fora de casa, mesmo que precise de muletas; o agressor indenizará a vítima pelos salários que ela perder e se responsabilizará por sua total recuperação.

²⁰"Se um senhor espancar seu escravo ou sua escrava com uma vara e, como resultado, o escravo morrer, o senhor será castigado. ²¹Mas, se o escravo se recuperar em um ou dois dias, o senhor não receberá castigo algum, pois o escravo é sua propriedade.

²²"Se dois homens brigarem e um deles atingir, por acidente, uma mulher grávida e ela der à luz prematuramente,[b] sem que haja outros danos, o homem que atingiu a mulher pagará a indenização que o marido dela exigir e os juízes aprovarem. ²³Mas, se houver outros danos, o castigo deverá corresponder à gravidade do dano causado: vida por vida, ²⁴olho por olho, mão por mão, pé por pé, ²⁵queimadura por queimadura, ferida por ferida, contusão por contusão.

²⁶"Se um senhor ferir seu escravo ou sua escrava no olho e o cegar, libertará o escravo como compensação pelo olho. ²⁷Se quebrar o dente de seu escravo ou de sua escrava, libertará o escravo como compensação pelo dente.

²⁸"Se um boi[c] matar a chifradas um homem ou uma mulher, o boi será apedrejado, e não será permitido comer sua carne. Nesse caso, porém, o dono do boi não será responsabilizado. ²⁹Mas, se o boi costumava chifrar pessoas e o dono havia sido informado, porém não manteve o animal sob controle, se o boi matar alguém, será apedrejado, e o dono também será executado. ³⁰Os parentes do morto, no entanto, poderão aceitar uma indenização pela vida perdida. O dono do boi poderá resgatar a própria vida ao pagar o que for exigido.

³¹"A mesma lei se aplica se o boi chifrar um menino ou uma menina. ³²Mas, se o boi chifrar um escravo ou uma escrava, o dono do boi pagará trinta moedas[d] de prata ao senhor do escravo, e o boi será apedrejado.

³³"Se alguém cavar ou destampar um poço e um boi ou jumento cair dentro dele, ³⁴o proprietário do poço indenizará totalmente o dono do animal, mas poderá ficar com o animal morto.

³⁵"Se o boi de alguém ferir o boi do vizinho e o animal ferido morrer, os dois donos venderão o animal vivo e dividirão o dinheiro entre si em partes iguais; também dividirão entre si o animal morto. ³⁶Mas, se o boi costumava chifrar e o dono não manteve o animal sob controle, o dono entregará um boi vivo como indenização pelo boi morto e poderá ficar com o animal morto."

Proteção da propriedade

22 ¹ᵉ"Se alguém roubar um boi[f] ou uma ovelha e matar o animal ou vendê-lo, o ladrão pagará cinco bois para cada boi roubado e quatro ovelhas para cada ovelha roubada.

²ᵍ"Se um ladrão for pego em flagrante arrombando uma casa e for ferido e morto no confronto, a pessoa que matou o ladrão não será culpada de homicídio. ³Mas, se isso acontecer durante o dia, a pessoa que matou o ladrão será culpada de homicídio.

"O ladrão que for pego restituirá o valor total daquilo que roubou. Se não puder restituir

---

[a] **21.17** A Septuaginta traz *Quem insultar*. Comparar com Mt 15.4; Mc 7.10. [b] **21.22** Em hebraico, e *seu filho sair*. [c] **21.28** Ou *touro*, ou *vaca*; também em 21.29-36. [d] **21.32** Em hebraico, *30 siclos*, cerca de 360 gramas. [e] **22.1a** No texto hebraico, o versículo 22.1 é numerado 21.37. [f] **22.1b** Ou *touro*, ou *vaca*; também em 22.4,9,10. [g] **22.2** No texto hebraico, os versículos 22.2-31 são numerados 22.1-30.

o valor, será vendido como escravo para pagar pelos bens roubados. ⁴Se alguém roubar um boi, um jumento ou uma ovelha e o animal for encontrado vivo, em poder do ladrão, ele pagará o dobro do valor do animal roubado.

⁵"Se um animal estiver pastando no campo ou na videira e o dono o soltar para pastar no campo de outra pessoa, o dono do animal entregará como indenização o melhor de seus cereais ou de suas uvas.

⁶"Se alguém estiver queimando espinheiros e o fogo se espalhar para o campo de outra pessoa e destruir o cereal já colhido, ou a plantação pronta para a colheita, ou a lavoura inteira, aquele que começou o fogo pagará por todo o prejuízo.

⁷"Se alguém entregar valores ou bens a um vizinho para que este os guarde e eles forem roubados da casa do vizinho, o ladrão, se for pego, restituirá o dobro do valor dos itens roubados. ⁸Mas, se o ladrão não for pego, o dono da casa comparecerá diante dos juízes ͣ para que se determine se foi ele quem roubou os bens.

⁹"Em qualquer caso de disputa entre vizinhos em que ambos afirmem ser donos de determinado boi, jumento, ovelha, peça de roupa ou objeto perdido, as duas partes comparecerão diante dos juízes, e a pessoa que eles considerarem ᵇ culpada pagará o dobro à outra.

¹⁰"Se alguém deixar um jumento, um boi, uma ovelha ou outro animal sob os cuidados de outra pessoa e o animal morrer, for ferido ou levado embora, e ninguém vir o que aconteceu, ¹¹a pessoa que estava cuidando do animal fará diante do S<small>ENHOR</small> um juramento de que não roubou o animal; o dono aceitará o juramento e não será exigido pagamento algum. ¹²Mas, se o animal for roubado do vizinho, ele indenizará o dono. ¹³Se tiver sido despedaçado por um animal selvagem, o que restou da carcaça será apresentado como prova, e não será exigido pagamento algum.

¹⁴"Se alguém pedir um animal emprestado ao vizinho e o animal for ferido ou morrer na ausência do dono, a pessoa que pediu o animal emprestado indenizará o dono totalmente. ¹⁵Mas, se o dono estiver presente, não será exigido pagamento algum. Também não será exigida indenização alguma se o animal tiver sido alugado, pois o valor do aluguel cobrirá a perda."

Responsabilidades gerais

¹⁶"Se um homem seduzir uma moça virgem que não esteja comprometida e tiver relações

---

PÃO DIÁRIO

Tenho um coração

Não maltrate nem oprima os estrangeiros...
—Êxodo 22.21

Pessoas que não têm sensibilidade com os outros são como as frentes frias no mapa meteorológico durante o inverno — você prefere vê-las indo embora a vê-las se aproximando. Um exemplo disso é o proprietário de uma casa que trata o entregador de panfletos como a chatice do bairro. Ele detesta juntar os papéis que são arremessados em seu quintal ou colocados em sua caixa de correio quase diariamente. Não estou dizendo que às vezes não haja motivo para frustrações. Pode haver razões legítimas para a insatisfação com o serviço dessas pessoas. Mas nunca é correto ser rude, maltratar ou oprimir os que são mais vulneráveis ou que estão em posição socioeconômica inferior.

Deus deixou isso muito claro aos israelitas quando lhes disse para tratar as pessoas de classe social inferior como eles próprios gostariam de ser tratados. Ele lhes lembrou de que, pelo fato de haverem sido estrangeiros, deveriam saber qual o sentimento de um trabalhador quando serve pessoas que não lhe demonstram qualquer simpatia (Êx 22.21).

Assim como Israel, os que seguem a Cristo têm a mesma responsabilidade em relação aos pobres e oprimidos. Podemos argumentar que, se nós mesmos deixarmos de nos preocupar conosco, ninguém mais o fará. Mas Deus nos disse para amarmos o nosso próximo. O Senhor também nos lembra de que, se esquecemos como é estar em situação inferior, já não somos aptos para estarmos em situação melhor.

Senhor, preciso tanto de ti para quebrantar e amolecer o meu coração! Quero olhar os que estão ao meu redor com os Teus olhos de amor e compaixão. Ajuda-me a lembrar que todos nós somos igualmente carentes e de igual modo valiosos diante de ti.

Quando Jesus muda o seu coração, ele se torna sensível aos outros.

ᵃ**22.8** Ou *diante de Deus.* ᵇ**22.9** Ou *diante de Deus, e a pessoa que Deus declarar.*

sexuais com ela, pagará à família dela o preço costumeiro do dote e se casará com ela. ¹⁷Mas, se o pai da moça não permitir o casamento, o homem lhe pagará o equivalente ao dote de uma virgem.

¹⁸"Não deixe que a feiticeira viva.

¹⁹"Quem tiver relações sexuais com um animal certamente será executado.

²⁰"Quem sacrificar a qualquer outro deus além do Senhor será destruído.

²¹"Não maltrate nem oprima os estrangeiros. Lembre-se de que vocês também foram estrangeiros na terra do Egito.

²²"Não explore a viúva nem o órfão. ²³Se você os explorar e eles clamarem a mim, certamente ouvirei seu clamor. ²⁴Minha ira se acenderá contra você e o matarei pela espada. Então sua esposa ficará viúva e seus filhos ficarão órfãos.

²⁵"Se você emprestar dinheiro a alguém do meu povo que esteja necessitado, não cobre juros visando lucro, como fazem os credores. ²⁶Se tomar a capa do seu próximo como garantia para um empréstimo, devolva-a antes do pôr do sol. ²⁷Talvez a capa seja a única coberta que ele tem para se aquecer. Como ele poderá dormir sem ela? Se não a devolver e se o seu próximo pedir socorro a mim, eu o ouvirei, pois sou misericordioso.

²⁸"Não blasfeme contra Deus nem amaldiçoe as autoridades do seu povo.

²⁹"Quando entregar as ofertas das colheitas, do vinho e do azeite, não retenha coisa alguma.

"Consagre a mim seu primeiro filho.

³⁰"Também entregue a mim os machos das primeiras crias das vacas, das ovelhas e das cabras. Deixe o animal com a mãe por sete dias e, no oitavo, entregue-o a mim.

³¹"Vocês serão meu povo santo. Por isso, não comam a carne de animais despedaçados e mortos por feras no campo; joguem a carne para os cães."

Um chamado à prática da justiça

23 "Não espalhe boatos falsos. Não coopere com pessoas perversas sendo falsa testemunha.

²"Não se deixe levar pela maioria na prática do mal. Quando o chamarem para testemunhar em um processo legal, não permita que a multidão o influencie a perverter a justiça. ³E não incline seu testemunho em favor de uma pessoa só porque ela é pobre.

⁴"Se você deparar com o boi ou o jumento perdido de seu inimigo, leve-o de volta ao dono. ⁵Se vir o jumento de alguém que o odeia cair sob o peso de sua carga, não faça de conta que não viu. Pare e ajude o dono a levantá-lo.

⁶"Não negue a justiça ao pobre em um processo legal.

⁷"Jamais acuse alguém falsamente. Jamais condene à morte uma pessoa inocente ou íntegra, pois eu nunca declaro inocente aquele que é culpado.

⁸"Não aceite subornos, pois eles o levam a fazer vista grossa para algo que se pode ver claramente. O suborno faz até o justo distorcer a verdade.

⁹"Não explore os estrangeiros. Vocês sabem o que significa viver em terra estranha, pois foram estrangeiros no Egito.

¹⁰"Plantem e colham os produtos da terra por seis anos, ¹¹mas, no sétimo ano, deixem que ela se renove e descanse sem cultivo. Permitam que os pobres do povo colham o que crescer espontaneamente durante esse ano. Deixem o resto para servir de alimento aos animais selvagens. Façam o mesmo com os vinhedos e os olivais.

¹²"Vocês têm seis dias da semana para realizar suas tarefas habituais, mas não devem trabalhar no sétimo. Desse modo, seu boi e seu jumento descansarão, e os escravos e estrangeiros que vivem entre vocês recuperarão as forças.

¹³"Prestem muita atenção a todas as minhas instruções. Não invoquem o nome de outros deuses; nem mesmo mencionem o nome deles."

Três festas anuais

¹⁴"A cada ano, celebrem três festas em minha honra. ¹⁵Primeiro, celebrem a Festa dos Pães sem Fermento. Durante sete dias, o pão que vocês comerem será preparado sem fermento, conforme eu lhes ordenei. Celebrem essa festa anualmente no tempo determinado, no mês de abibe,[a] pois é o aniversário de sua

---

[a] 23.15 No antigo calendário lunar hebraico, esse primeiro mês normalmente caía entre março e abril, quando começava a colheita da cevada.

partida do Egito. Ninguém deve se apresentar diante de mim de mãos vazias.

¹⁶"Celebrem também a Festa da Colheita,ª quando me trarão os primeiros frutos de suas colheitas.

"Por fim, celebrem a Festa da Última Colheitaᵇ no final da safra, quando tiverem colhido todos os produtos de seus campos. ¹⁷A cada ano, nessas três ocasiões, todos os homens de Israel devem comparecer diante do Soberano, o Senhor.

¹⁸"Não ofereçam o sangue de meus sacrifícios com pão que contenha fermento. E não guardem até a manhã seguinte a gordura das ofertas da festa.

¹⁹"Quando fizerem a colheita, levem à casa do Senhor, seu Deus, o melhor de seus primeiros frutos.

"Não cozinhem o cabrito no leite da mãe dele."

Promessa da presença do Senhor

²⁰"Vejam, eu enviarei um anjo à sua frente para protegê-los ao longo da jornada e conduzi--los em segurança ao lugar que lhes preparei. ²¹Prestem muita atenção nele e obedeçam a suas instruções. Não se rebelem contra ele, pois é meu representante e não perdoará sua rebeldia. ²²Mas, se tiverem o cuidado de lhe obedecer e de seguir todas as minhas instruções, serei inimigo de seus inimigos e farei oposição aos que se opuserem a vocês. ²³Meu anjo irá à sua frente e os conduzirá à terra dos amorreus, hititas, ferezeus, cananeus, heveus e jebuseus, e eu destruirei todas essas nações. ²⁴Não adorem seus deuses, nem os sirvam de maneira alguma, e nem sequer imitem suas práticas. Antes, destruam-nas completamente e despedacem suas colunas sagradas. ²⁵Sirvam somente ao Senhor, seu Deus, e eu os abençoarei com alimento e água e os protegereiᶜ de doenças. ²⁶Em sua terra, nenhuma grávida sofrerá aborto e nenhuma mulher será estéril. Eu lhes darei vida longa e plena. ²⁷Enviarei pavor à sua frente e criarei pânico entre os povos cujas terras vocês invadirem. Farei todos os seus inimigos darem meia-volta e fugirem. ²⁸Sim, enviarei terrorᵈ adiante de vocês para expulsar os heveus, os cananeus e os hititas, ²⁹mas não os expulsarei num só ano, pois a terra ficaria deserta e os animais se multiplicariam e se tornariam uma ameaça para vocês. ³⁰Eu os expulsarei aos poucos, até que sua população tenha aumentado o suficiente para tomar posse da terra. ³¹Estabelecerei os limites de seu território desde o mar Vermelho até o mar Mediterrâneo,ᵉ e do deserto do leste até o rio Eufrates.ᶠ Entregarei em suas mãos os povos que hoje vivem na terra e os expulsarei de diante de vocês.

³²"Não façam tratados com eles nem com seus deuses. ³³Esses povos não devem habitar em sua terra, pois os fariam pecar contra mim. Se vocês servirem aos deuses deles, cairão na armadilha da idolatria".

Israel aceita a aliança do Senhor

24 Então o Senhor disse a Moisés: "Suba ao monte para encontrar-se comigo e traga Arão, Nadabe, Abiú e setenta líderes de Israel. Todos devem adorar de longe. ²Somente Moisés está autorizado a se aproximar do Senhor. Os outros não devem chegar perto, e ninguém mais do povo tem permissão de subir ao monte com ele".

³Moisés desceu e transmitiu ao povo todas as instruções e ordens do Senhor, e todo o povo respondeu em uma só voz: "Faremos tudo que o Senhor ordenou!".

⁴Moisés anotou com exatidão todas as instruções do Senhor. Logo cedo na manhã seguinte, levantou-se e construiu um altar ao pé do monte. Também ergueu doze colunas, uma para cada tribo de Israel. ⁵Em seguida, enviou alguns rapazes israelitas para apresentarem ao Senhor holocaustos e touros sacrificados como ofertas de paz. ⁶Moisés colocou em vasilhas metade do sangue desses animais e aspergiu a outra metade sobre o altar.

⁷Depois, pegou o Livro da Aliança e o leu em voz alta para o povo. Mais uma vez, todos

---

ª**23.16a** Ou *Festa das Semanas*. Chamada posteriormente de *Festa de Pentecostes* (ver At 2.1) e comemorada hoje com o nome *Shavuot*. ᵇ**23.16b** Ou *Festa de Recolha das Colheitas*. Chamada posteriormente de *Festa das Cabanas* ou *Festival dos Tabernáculos* (ver Lv 23.33-36) e comemorada hoje com o nome *Sucot*. ᶜ**23.25** Conforme a Septuaginta e a Vulgata; o hebraico traz *ele os abençoará [...] e os protegerá*. ᵈ**23.28** Traduzido habitualmente como *vespas*. O significado do hebraico é incerto. ᵉ**23.31a** Em hebraico, *do mar de juncos até o mar dos filisteus*. ᶠ**23.31b** Em hebraico, *do deserto até o rio*.

responderam: "Obedeceremos ao Senhor! Faremos tudo que ele ordenou!".

⁸Moisés pegou o sangue das vasilhas, aspergiu-o sobre o povo e declarou: "Este sangue confirma a aliança que o Senhor fez com vocês quando lhes deu estas instruções".

⁹Depois, Moisés, Arão, Nadabe, Abiú e os setenta líderes de Israel subiram ao monte, ¹⁰onde viram o Deus de Israel, e sob os pés dele havia uma superfície azulada como a safira e clara como o céu. ¹¹E, embora esses nobres de Israel tenham visto Deus, ele não os destruiu, e eles participaram de uma refeição na presença dele.

¹²Então o Senhor disse a Moisés: "Suba ao monte para encontrar-se comigo. Fique lá e eu lhe darei tábuas de pedra nas quais gravei a lei e os mandamentos para ensinar ao povo". ¹³Moisés e seu auxiliar, Josué, partiram e subiram ao monte de Deus.

¹⁴"Esperem aqui até voltarmos", disse Moisés aos líderes. "Arão e Hur ficarão com vocês. Quem tiver algum problema para resolver durante minha ausência poderá consultá-los."

¹⁵Então Moisés subiu ao monte, e a nuvem cobriu o monte. ¹⁶A glória do Senhor pousou sobre o monte Sinai, e a nuvem o cobriu por seis dias. No sétimo dia, o Senhor chamou Moisés de dentro da nuvem. ¹⁷Para os israelitas que estavam ao pé do monte, a glória do Senhor no alto do Sinai parecia um fogo consumidor. ¹⁸Moisés desapareceu na nuvem ao subir ao monte e ali permaneceu quarenta dias e quarenta noites.

Ofertas para o tabernáculo

25 O Senhor disse a Moisés: ²"Diga ao povo de Israel que me traga suas ofertas. Aceite as contribuições de todos cujo coração os dispuser a doar. ³Aqui está uma lista das ofertas que você aceitará deles:

ouro, prata e bronze;
⁴fios de tecido azul, roxo e vermelho;
    linho fino e pelos de cabra para confeccionar tecido;
⁵peles de carneiro tingidas de vermelho e couro fino;
    madeira de acácia;
⁶óleo de oliva para as lâmpadas;
    especiarias para o óleo da unção e para o incenso perfumado;
⁷pedras de ônix e outras pedras preciosas para serem fixadas no colete e no peitoral do sacerdote.

⁸"Instrua os israelitas a construírem para mim um santuário, para que eu viva no meio deles. ⁹Devem fazer esse tabernáculo e sua mobília de acordo com o modelo que eu lhe mostrarei."

Instruções sobre a arca da aliança

¹⁰"Faça para mim uma arca de madeira de acácia, com 1,15 metro de comprimento, 67,5 centímetros de largura e 67,5 centímetros de altura.ᵃ ¹¹Revista-a com ouro puro por dentro e por fora e coloque uma moldura de ouro ao seu redor. ¹²Mande fundir quatro argolas de ouro e prenda-as aos quatro pés da arca, duas argolas de cada lado. ¹³Faça varas de madeira de acácia e revista-as com ouro. ¹⁴Passe-as por dentro das argolas dos lados da arca para transportá-la. ¹⁵Essas varas ficarão dentro das argolas; nunca as remova. ¹⁶Coloque dentro da arca as tábuas da aliançaᵇ que eu lhe darei.

¹⁷"Faça a tampa da arca, que é o lugar de expiação, de ouro puro. Deve medir 1,15 metro de comprimento e 67,5 centímetros de largura.ᶜ ¹⁸Em seguida, faça dois querubins de ouro batido e coloque um em cada extremidade da tampa. ¹⁹Modele um querubim em cada extremidade da tampa, para formar uma só peça de ouro com a tampa. ²⁰Os querubins ficarão de frente um para o outro, com o rosto voltado para a tampa da arca. Estenderão as asas sobre a tampa para protegê-la. ²¹Coloque dentro da arca as tábuas da aliança que eu lhe darei. Ponha a tampa sobre a arca. ²²Ali, sobre a tampa, que é o lugar de expiação, entre os querubins de ouro que estão sobre a arca da aliança,ᵈ virei ao seu encontro e falarei com você. Dali eu lhe darei meus mandamentos para o povo de Israel."

ᵃ 25.10 Em hebraico, *2,5 côvados de comprimento, 1,5 côvado de largura e 1,5 côvado de altura.* ᵇ 25.16 Em hebraico, *Coloque dentro dela o testemunho*; também em 25.21. O termo hebraico para "testemunho" se refere aos termos da aliança do Senhor com Israel gravados nas tábuas de pedra, e também à aliança em si. ᶜ 25.17 Em hebraico, *2,5 côvados de comprimento e 1,5 côvado de largura.* ᵈ 25.22 Ou *arca do testemunho.*

Instruções sobre a mesa

²³"Faça também uma mesa de madeira de acácia com 90 centímetros de comprimento, 45 centímetros de largura e 67,5 centímetros de altura.ᵃ ²⁴Revista-a com ouro puro e coloque uma moldura de ouro ao seu redor. ²⁵Enfeite-a com uma borda de 8 centímetros de larguraᵇ e com uma moldura de ouro ao redor da borda. ²⁶Faça quatro argolas de ouro para a mesa e prenda-as aos quatro cantos, junto aos quatro pés. ²⁷Prenda as argolas junto à borda para sustentar as varas que serão usadas para transportar a mesa. ²⁸Faça essas varas de madeira de acácia e revista-as com ouro; com elas a mesa será carregada. ²⁹Faça recipientes especiais de ouro puro para a mesa: tigelas, colheres, vasilhas e jarras, que serão usados para as ofertas derramadas. ³⁰Coloque sobre a mesa os pães da presença, de modo que fiquem diante de mim o tempo todo."

Instruções sobre o candelabro

³¹"Faça um candelabro de ouro puro batido. Todo o candelabro e seus enfeites formarão uma só peça: a base, a haste central, as lâmpadas, os botões e as flores. ³²Da haste central sairão seis ramos, três de cada lado. ³³Cada um dos seis ramos terá três lâmpadas em forma de flor de amendoeira, com botões e pétalas. ³⁴A haste central do candelabro terá quatro lâmpadas em forma de flor de amendoeira, cada uma com botões e flores. ³⁵Também haverá um botão de amendoeira debaixo de cada par dos seis ramos que saem da haste central. ³⁶Os botões de amendoeira e os ramos formarão uma só peça com a haste central e serão feitos de ouro puro batido. ³⁷Em seguida, faça sete lâmpadas para o candelabro e posicione-as de modo que reflitam a luz para a frente. ³⁸Os cortadores de pavio e os apagadores também serão de ouro puro. ³⁹Serão necessários 35 quilosᶜ de ouro puro para o candelabro e seus acessórios.

⁴⁰"Cuide para que tudo seja feito de acordo com o modelo que eu lhe mostrei aqui no monte."

Instruções sobre o tabernáculo

26 "Faça o tabernáculo com dez cortinas de linho finamente tecido. Enfeite as cortinas com fios de tecido azul, roxo e vermelho e com querubins bordados com habilidade. ²Essas dez cortinas devem ser todas exatamente do mesmo tamanho, com 12,6 metros de comprimento e 1,8 metro de

---

PÃO DIÁRIO

Ajuste perfeito

Ali, [...] virei ao seu encontro e falarei com você.
—Êxodo 25.22

Muito comprida. Muito curta. Muito grande. Muito pequena. Muito apertada. Muito larga. Tais palavras descrevem a maioria das roupas que experimentamos. Parece impossível encontrar o ajuste perfeito.

Encontrar uma igreja que tenha um "ajuste perfeito" traz questões semelhantes. Cada igreja tem um aspecto que não é exatamente o que procuramos. Nossos dons não são reconhecidos. Nossos talentos não são apreciados. Nosso senso de humor é incompreendido. Certas atitudes, crenças, pessoas ou programações nos fazem sentir desconfortáveis. Sentimo-nos desajustadas. Lutamos para encontrar o nosso lugar.

Sabemos, no entanto, que Deus quer que nos ajustemos uns aos outros. O apóstolo Paulo diz: "Nele somos firmemente unidos, constituindo um templo santo para o Senhor" (Ef 2.21).

Os cristãos na igreja hoje, como o Tabernáculo nos dias de Moisés (Êx 25.1-9) e como o Templo nos dias de Salomão (1Re 6.1-14), são o lugar da morada de Deus na Terra. O Senhor quer que nos ajustemos — para que não haja divisões em Sua Igreja. Isto significa que nós, os blocos de construção, devemos viver "de modo a sempre honrar e agradar ao Senhor, dando todo tipo de bom fruto e aprendendo a conhecer a Deus cada vez mais" (Cl 1.10).

Nenhuma igreja terá o ajuste perfeito, mas todas nós podemos nos esforçar para nos ajustarmos a ela com mais perfeição.

Não sou perfeita, contudo, busco a igreja perfeita. Senhor, encaixa-me no local que tu queres onde os meus dons possam ser usados para o reino. Ajuda-me a trabalhar em união com outros cristãos imperfeitos. Juntos, traremos glória a ti, Senhor.

O amor de Cristo cria a unidade em meio à diversidade.

ᵃ**25.23** Em hebraico, *2 côvados de comprimento, 1 côvado de largura e 1,5 côvado de altura.* ᵇ**25.25** Em hebraico, *4 dedos de largura.* ᶜ**25.39** Em hebraico, *1 talento.*

largura.ᵃ ³Junte cinco cortinas para formar uma cortina longa e depois junte as cinco restantes para formar outra cortina longa. ⁴Faça laços de tecido azul na borda da última cortina de cada conjunto. ⁵Os cinquenta laços ao longo da borda da cortina do primeiro conjunto devem coincidir com os cinquenta laços da cortina do outro conjunto. ⁶Em seguida, faça cinquenta colchetes de ouro e use-os para prender as cortinas longas uma à outra. Desse modo, o tabernáculo será formado de uma só peça contínua.

⁷"Faça onze cortinas de tecido de pelo de cabra para cobrir o tabernáculo. ⁸Essas onze cortinas devem ser todas exatamente do mesmo tamanho, com 13,5 metros de comprimento e 1,8 metro de largura.ᵇ ⁹Junte cinco cortinas para formar uma cortina longa e depois junte as seis restantes para formar outra cortina longa. No segundo conjunto de cortinas, deixe uma sobra de 90 centímetros de tecido pendurada sobre a parte da frente da tenda.ᶜ ¹⁰Faça cinquenta laços para a borda de cada cortina longa. ¹¹Em seguida, faça cinquenta colchetes de bronze e prenda com eles os laços das cortinas longas. Assim, a cobertura da tenda será formada de uma só peça contínua. ¹²Os 90 centímetros restantesᵈ do tecido da cobertura ficarão pendurados na parte de trás do tabernáculo. ¹³Deixe pendurados de cada lado os 45 centímetrosᵉ restantes de tecido, para que o tabernáculo fique inteiramente coberto. ¹⁴Complete a cobertura da tenda com uma camada protetora feita de peles de carneiro tingidas de vermelho e uma camada de couro fino.

¹⁵"Para a estrutura do tabernáculo, construa armações de madeira de acácia. ¹⁶Cada armação deve ter 4,5 metros de altura e 67,5 centímetros de largura,ᶠ ¹⁷com duas hastes na parte inferior de cada armação. Todas as armações devem ser idênticas. ¹⁸Construa vinte armações para sustentar as cortinas do lado sul do tabernáculo. ¹⁹Faça também quarenta bases de prata, duas para cada armação, para que as hastes se encaixem firmemente nas bases.

²⁰Para o lado norte do tabernáculo, construa outras vinte armações, ²¹com quarenta bases de prata, duas bases para cada armação. ²²Construa seis armações para a parte de trás, o lado oeste do tabernáculo, ²³junto com mais duas armações para reforçar os cantos das duas extremidades do tabernáculo. ²⁴As armações dos cantos serão emparelhadas na parte inferior e firmemente ligadas uma à outra na parte superior com uma argola, formando um só suporte de canto. Siga o mesmo procedimento para ambos os suportes de canto. ²⁵O tabernáculo, portanto, terá oito armações na parte de trás, encaixadas sobre dezesseis bases de prata, duas bases para cada armação.

²⁶"Faça travessões de madeira de acácia para ligar as armações, cinco travessões para o lado norte do tabernáculo ²⁷e cinco travessões para o lado sul. Faça também cinco travessões para a parte de trás do tabernáculo, que ficará virada para o oeste. ²⁸O travessão central, ligado a meia altura às armações, se estenderá de uma ponta à outra do tabernáculo. ²⁹Revista as armações com ouro e faça argolas de ouro para sustentar os travessões. Também revista com ouro os travessões.

³⁰"Arme o tabernáculo de acordo com o modelo que lhe foi mostrado no monte.

³¹"Para o interior do tabernáculo, confeccione uma cortina especial de linho finamente tecido. Enfeite-a com fios de tecido azul, roxo e vermelho e com querubins bordados com habilidade. ³²Pendure a cortina em ganchos de ouro presos em quatro colunas de madeira de acácia revestidas de ouro e apoiadas sobre quatro bases de prata. ³³Pendure a cortina interna com colchetes e coloque a arca da aliançaᵍ atrás da cortina. Essa cortina separará o lugar santo do lugar santíssimo.

³⁴"Coloque a tampa, o lugar de expiação, sobre a arca da aliança, dentro do lugar santíssimo. ³⁵Coloque a mesa do lado de fora da cortina interna, no lado norte do tabernáculo, e posicione o candelabro em frente à mesa, ou seja, no lado sul.

ᵃ**26.2** Em hebraico, *28 côvados de comprimento e 4 côvados de largura*. ᵇ**26.8** Em hebraico, *30 côvados de comprimento e 4 côvados de largura*. ᶜ**26.9** Em hebraico, *Dobre a sexta cortina na parte dianteira da tenda*. ᵈ**26.12** Em hebraico, *A meia cortina que sobrou*. ᵉ**26.13** Em hebraico, *1 côvado*. ᶠ**26.16** Em hebraico, *10 côvados de altura e 1,5 côvado de largura*. ᵍ**26.33** Ou *a arca do testemunho*; também em 26.34.

³⁶"Confeccione outra cortina para a entrada da tenda. Ela deve ser de linho finamente tecido e artisticamente bordada com fios de tecido azul, roxo e vermelho. ³⁷Faça cinco colunas de madeira de acácia, revista-as com ouro e pendure nelas a cortina com ganchos de ouro. Mande fundir cinco bases de bronze para as colunas."

Instruções sobre o altar dos holocaustos

27 "Usando madeira de acácia, construa um altar quadrado com 2,25 metros de largura e comprimento e 1,35 metro de altura.ᵃ ²Faça uma ponta em forma de chifre para cada um dos quatro cantos, de modo que as pontas e o altar formem uma só peça. Revista o altar com bronze. ³Faça baldes para recolher as cinzas, e também pás, bacias, garfos para a carne e braseiros, todos de bronze. ⁴Faça ainda uma grelha de bronze e quatro argolas de bronze, uma para cada canto da grelha. ⁵Coloque-a a meia altura do altar, debaixo da borda. ⁶Para transportar o altar, faça varas de madeira de acácia e revista-as com bronze. ⁷Passe as varas por dentro das argolas dos dois lados do altar quando ele for transportado. ⁸O altar deve ser oco e feito de tábuas. Faça-o de acordo com o que lhe foi mostrado no monte."

Instruções para o pátio

⁹"Em seguida, faça um pátio para o tabernáculo, fechado com cortinas de linho finamente tecido. As cortinas do lado sul terão 45 metros de comprimentoᵇ ¹⁰e serão penduradas em vinte colunas apoiadas firmemente em vinte bases de bronze. Pendure as cortinas com ganchos e argolas de prata. ¹¹Coloque do lado norte cortinas idênticas a essas, com 45 metros de comprimento, penduradas em vinte colunas apoiadas firmemente em vinte bases de bronze. Pendure as cortinas com ganchos e argolas de prata. ¹²As cortinas do lado oeste do pátio terão 22,5 metros de comprimentoᶜ e serão penduradas em dez colunas apoiadas em dez bases. ¹³No lado leste do pátio, ou seja, na parte da frente, as cortinas também terão 22,5 metros de comprimento. ¹⁴A entrada do pátio ficará do lado leste, situada entre duas cortinas. A cortina do lado direito terá 6,75 metros de comprimentoᵈ e será pendurada em três colunas apoiadas em três bases. ¹⁵A cortina do lado esquerdo também terá 6,75 metros de comprimento e será pendurada em três colunas apoiadas em três bases.

¹⁶Para a entrada do pátio, confeccione uma cortina com 9 metros de comprimento.ᵉ Faça-a de linho finamente tecido e enfeite-a com lindos bordados de fio azul, roxo e vermelho. Pendure-a em quatro colunas, cada uma firmemente apoiada em sua própria base. ¹⁷Todas as colunas ao redor do pátio devem ter argolas e ganchos de prata e bases de bronze. ¹⁸No total, o pátio terá 45 metros de comprimento e 22,5 metros de largura, com divisórias feitas de cortinas de linho finamente tecido com 2,25 metros de altura.ᶠ As bases das colunas serão de bronze.

¹⁹"Serão de bronze todos os utensílios para as cerimônias do tabernáculo, além das estacas usadas para sustentar o santuário e as cortinas do pátio."

A iluminação do tabernáculo

²⁰"Ordene aos israelitas que lhe tragam óleo puro de oliva para a iluminação, a fim de manter as lâmpadas sempre acesas. ²¹O candelabro ficará na tenda do encontro, do lado de fora da cortina interna que protege a arca da aliança.ᵍ Arão e seus filhos manterão as lâmpadas acesas na presença do Senhor a noite toda. Essa é uma lei permanente para o povo de Israel e deve ser cumprida de geração em geração."

As roupas dos sacerdotes

28 "Mande chamar seu irmão Arão e os filhos dele, Nadabe, Abiú, Eleazar e Itamar. Separe-os dos demais israelitas para que me sirvam e sejam meus sacerdotes. ²Faça para Arão roupas sagradas, trajes de grande beleza e esplendor. ³Instrua todos os artesãos habilidosos que eu enchi de espírito de sabedoria a fim de que confeccionem para Arão roupas que o consagrarão como sacerdote para o meu serviço. ⁴Estas são as roupas que devem

---

ᵃ 27.1 Em hebraico, *5 côvados de largura, 5 côvados de comprimento, um quadrado, e 3 côvados de altura*. ᵇ 27.9 Em hebraico, *100 côvados*; também em 27.11. ᶜ 27.12 Em hebraico, *50 côvados*; também em 27.13. ᵈ 27.14 Em hebraico, *15 côvados*; também em 27.15. ᵉ 27.16 Em hebraico, *20 côvados*. ᶠ 27.18 Em hebraico, *100 côvados de comprimento por 50 de largura [...] e 5 côvados de altura*. ᵍ 27.21 Ou *a arca do testemunho*.

ÊXODO 28

confeccionar: um peitoral, um colete, um manto, uma túnica bordada, um turbante e um cinturão. Devem fazer essas roupas sagradas para seu irmão Arão e para os filhos deles vestirem quando me servirem como sacerdotes. ⁵Dê a eles, portanto, linho finamente tecido com fios de ouro e de tecido azul, roxo e vermelho."

O modelo do colete sacerdotal

⁶"Os artesãos devem fazer o colete sacerdotal de linho finamente tecido e artisticamente bordado, usando fios de ouro e fios de tecido azul, roxo e vermelho. ⁷O colete terá duas peças, unidas nos ombros por duas ombreiras. ⁸O cinturão decorativo será feito dos mesmos materiais: linho finamente tecido bordado com fios de ouro e fios de tecido azul, roxo e vermelho.

⁹"Grave em duas pedras de ônix os nomes das tribos de Israel, ¹⁰seis nomes em cada pedra, organizados de acordo com a ordem de nascimento dos filhos de Israel. ¹¹Grave esses nomes nas duas pedras da mesma forma que o ourives grava um selo. Em seguida, encrave-as em suportes de filigranas de ouro. ¹²Prenda-as às ombreiras do colete sacerdotal como recordação de que Arão representa os israelitas. Arão levará esses nomes sobre seus ombros como lembrança contínua sempre que se apresentar diante do Senhor. ¹³Faça suportes para as pedras com filigranas de ouro, ¹⁴trance duas correntes de ouro puro e prenda-as aos suportes de filigrana sobre as ombreiras do colete."

O modelo do peitoral

¹⁵"Em seguida, faça com grande habilidade o peitoral para decisões. Confeccione-o de modo que combine com o colete sacerdotal, usando linho finamente tecido com fios de ouro e fios de tecido azul, roxo e vermelho. ¹⁶Faça o peitoral de uma só peça dobrada de tecido, formando um bolso quadrado com 22,5 centímetros de lado.ᵃ ¹⁷Fixe no peitoral quatro fileiras de pedras preciosas.ᵇ A primeira fileira terá um rubi, um topázio e um berilo. ¹⁸A segunda fileira será composta de uma turquesa, uma safira e uma esmeralda. ¹⁹A terceira fileira será composta de um jacinto, uma ágata e uma ametista. ²⁰A quarta fileira terá um crisólito, um ônix e um jaspe. Todas essas pedras serão presas a suportes de filigranas de ouro. ²¹Cada pedra representará um dos doze filhos de Israel, e o nome da tribo correspondente será gravado na pedra como um selo.

²²"Para prender o peitoral ao colete sacerdotal, faça correntes de fios trançados de ouro puro. ²³Faça também duas argolas de ouro e prenda-as aos cantos superiores do peitoral. ²⁴Amarre as duas correntes de ouro nas duas argolas dos cantos superiores do peitoral. ²⁵Amarre as outras pontas das correntes às filigranas de ouro sobre as ombreiras do colete. ²⁶Em seguida, faça mais duas argolas de ouro e prenda-as às bordas interiores do peitoral, junto ao colete. ²⁷Faça outras duas argolas de ouro e prenda-as à parte da frente do colete, abaixo das ombreiras e logo acima do nó com o qual o cinturão decorativo é amarrado ao colete. ²⁸Depois, prenda as argolas inferiores do peitoral às argolas do colete com cordões azuis, para que o peitoral fique firmemente preso ao colete acima do cinturão decorativo.

²⁹"Com isso, Arão levará os nomes das tribos de Israel sobre seu coração no peitoral para decisões quando entrar no lugar santo. Essa será uma lembrança contínua de que ele representa o povo diante do Senhor. ³⁰Dentro do peitoral para decisões, coloque o Urim e o Tumim para que Arão os leve sobre o coração quando se apresentar diante do Senhor. Assim, sempre que se apresentar diante do Senhor, Arão levará sobre o coração os objetos usados para determinar as decisões a respeito do povo de Israel."

Outras peças de roupa para os sacerdotes

³¹"De uma só peça de tecido azul, confeccione o manto que é usado com o colete sacerdotal. ³²Faça uma abertura para a cabeça de Arão no meio da peça e reforce a abertura com uma gola,ᶜ para que não se rasgue. ³³Faça romãs de fios de tecido azul, roxo e vermelho e prenda-as à borda do manto, com sinos de ouro entre elas. ³⁴Os sinos de ouro e as romãs serão intercalados por toda a volta da borda. ³⁵Arão vestirá esse manto sempre

---

ᵃ **28.16** Em hebraico, *1 palmo*. ᵇ **28.17** Não é possível identificar com precisão algumas dessas pedras preciosas. ᶜ **28.32** O significado do hebraico é incerto.

que servir diante do Senhor, e os sinos tocarão quando ele entrar na presença do Senhor no lugar santo e também quando sair. Se ele usar o manto, não morrerá.

³⁶"Em seguida, faça uma tiara de ouro puro e grave nela, como em um selo, as palavras Santo para o Senhor. ³⁷Prenda a tiara com um cordão azul à parte da frente do turbante de Arão. ³⁸Arão a usará na testa, para que tome sobre si toda a culpa dos israelitas quando consagrarem suas ofertas sagradas. Terá de usá-la sempre na testa para que o Senhor aceite seu povo.

³⁹"Teça a túnica bordada de Arão com linho fino. Com o mesmo linho, faça o turbante. Confeccione também um cinturão e enfeite-o com bordados coloridos.

⁴⁰"Para os filhos de Arão, confeccione túnicas, cinturões e turbantes especiais, trajes de grande beleza e esplendor. ⁴¹Vista seu irmão Arão e os filhos dele com essas roupas e, em seguida, unja-os e consagre-os. Santifique-os para que sirvam como meus sacerdotes. ⁴²Faça também roupas de baixo de linho para serem usadas diretamente sobre a pele, indo da cintura até as coxas. ⁴³Arão e seus filhos deverão usar esses calções sempre que entrarem na tenda do encontro ou se aproximarem do altar para servir no lugar santo. Desse modo, não levarão culpa alguma sobre si e não morrerão. Essa é uma lei permanente para Arão e todos os seus descendentes."

A consagração dos sacerdotes

29 "Quando consagrar Arão e seus filhos para me servirem como sacerdotes, realize a seguinte cerimônia: tome um novilho e dois carneiros sem defeito. ²Em seguida, usando farinha de trigo da melhor qualidade e sem fermento, faça pães, bolos misturados com azeite e pães finos untados com azeite. ³Coloque-os em um só cesto e apresente-os, junto com o novilho e os dois carneiros.

⁴"Apresente Arão e seus filhos à entrada da tenda do encontro e lave-os com água. ⁵Vista Arão com as roupas sacerdotais: a túnica, o manto usado com o colete sacerdotal, o colete propriamente dito e o peitoral. Amarre o cinturão do colete na cintura. ⁶Ponha-lhe o turbante na cabeça e prenda no devido lugar a tiara sagrada do turbante. ⁷Unja Arão derramando o óleo da unção sobre a cabeça dele. ⁸Em seguida, apresente os filhos de Arão e vista-os com as respectivas túnicas. ⁹Amarre o cinturão em volta da cintura de Arão e de seus filhos e coloque o turbante especial na cabeça de cada um. Assim, o direito de sacerdócio lhes pertencerá por lei para sempre. Desse modo, você consagrará Arão e seus filhos.

¹⁰"Leve o novilho até a entrada da tenda do encontro, onde Arão e seus filhos colocarão as mãos sobre a cabeça do animal. ¹¹Sacrifique o novilho na presença do Senhor, à entrada da tenda do encontro. ¹²Com o dedo, coloque um pouco do sangue do animal nas pontas do altar e derrame o restante na base do altar. ¹³Tome toda a gordura que envolve os órgãos internos, o lóbulo do fígado, os dois rins e a gordura ao redor deles e queime tudo no altar. ¹⁴Depois, tome o restante do novilho, incluindo o couro, a carne e o excremento, e queime-o fora do acampamento como oferta pelo pecado.

¹⁵"Em seguida, Arão e seus filhos colocarão as mãos sobre a cabeça de um dos carneiros. ¹⁶Sacrifique o carneiro e derrame o sangue dele em todos os lados do altar. ¹⁷Corte o carneiro em pedaços e lave os órgãos internos e as pernas. Coloque-os junto à cabeça e aos demais pedaços do corpo ¹⁸e queime o animal inteiro no altar. Esse é um holocausto ao Senhor, é aroma agradável, uma oferta especial apresentada ao Senhor.

¹⁹"Tome o outro carneiro e peça a Arão e seus filhos que coloquem as mãos sobre a cabeça do animal. ²⁰Sacrifique-o e coloque um pouco do sangue na ponta da orelha direita de Arão e seus filhos. Coloque também um pouco do sangue no polegar da mão direita e do pé direito de cada um deles. Derrame o sangue restante em todos os lados do altar. ²¹Recolha um pouco do sangue do altar e um pouco do óleo da unção e aspirja sobre Arão e seus filhos e sobre as roupas deles. Desse modo, tanto eles como as roupas serão consagrados.

²²"Uma vez que esse é o carneiro da consagração de Arão e seus filhos, pegue a gordura do animal, incluindo a parte gorda da cauda, a gordura que envolve os órgãos internos, o lóbulo do fígado, os dois rins, a gordura em volta deles e a coxa direita. ²³Pegue também

um pão redondo, um bolo misturado com azeite e um pão fino de dentro do cesto de pães sem fermento colocado na presença do Senhor. ²⁴Coloque todo o alimento nas mãos de Arão e seus filhos para que seja movido para o alto como oferta especial para o Senhor. ²⁵Depois, tome os pães das mãos deles e queime-os no altar junto com o holocausto. É aroma agradável, uma oferta especial apresentada ao Senhor. ²⁶Separe o peito do carneiro da consagração de Arão e mova-o para o alto na presença do Senhor como oferta especial para ele. Depois, tome-o para si como sua porção.

²⁷"Divida as porções do carneiro da consagração pertencentes a Arão e seus filhos, incluindo o peito e a coxa que foram movidos para o alto diante do Senhor como oferta especial. ²⁸No futuro, sempre que os israelitas moverem para o alto uma oferta de paz, uma parte dela deverá ser separada para Arão e seus descendentes. Será direito permanente deles e oferta sagrada dos israelitas para o Senhor.

²⁹"As roupas sagradas de Arão deverão ser preservadas para seus descendentes, que as vestirão quando forem ungidos e consagrados. ³⁰O descendente que o suceder como sumo sacerdote vestirá essas roupas por sete dias quando entrar na tenda do encontro para servir no lugar santo.

³¹"Tome o carneiro usado na cerimônia de consagração e cozinhe a carne dele em um lugar sagrado. ³²Arão e seus filhos comerão a carne, junto com os pães do cesto, à entrada da tenda do encontro. ³³Somente eles poderão comer a carne e o pão usados para sua expiação na cerimônia de consagração. Ninguém mais poderá consumir esses alimentos, pois são sagrados. ³⁴Se sobrar alguma carne ou pão da consagração até a manhã seguinte, essa sobra deverá ser queimada. Não se deve comer desse alimento, pois é sagrado.

³⁵"É desse modo que você realizará a consagração de Arão e seus filhos, de acordo com todas as minhas instruções. A cerimônia de consagração durará sete dias. ³⁶A cada dia, sacrifique um novilho como oferta pelo pecado, para fazer expiação. Depois, purifique o altar, fazendo expiação por ele, e unja-o com óleo, para consagrá-lo. ³⁷Faça expiação pelo altar e consagre-o diariamente por sete dias. No final desse período, o altar será absolutamente santo, e tudo que o tocar se tornará santo.

³⁸"Estes são os sacrifícios que você deve oferecer regularmente sobre o altar: a cada dia, ofereça dois cordeiros de um ano, ³⁹um pela manhã e outro ao entardecer. ⁴⁰Junto com um deles, ofereça duas medidas de farinha da melhor qualidade misturada com um litro de azeite puro de azeitonas prensadas; ofereça também um litro de vinho[a] como oferta derramada. ⁴¹Ofereça o outro cordeiro ao entardecer, junto com ofertas de farinha e vinho iguais às da manhã. Será aroma agradável, uma oferta especial apresentada ao Senhor.

⁴²"Esses holocaustos devem ser oferecidos todos os dias, de geração em geração. Ofereça-os à entrada da tenda do encontro, na presença do Senhor; ali eu virei ao encontro do povo e falarei com você. ⁴³Eu me reunirei ali com os israelitas, no lugar santificado por minha presença gloriosa. ⁴⁴Sim, consagrarei a tenda do encontro e o altar e consagrarei Arão e seus filhos para me servirem como sacerdotes. ⁴⁵Então viverei no meio dos israelitas e serei seu Deus. ⁴⁶e eles saberão que eu sou o Senhor, seu Deus. Eu os tirei da terra do Egito a fim de viver no meio deles. Eu sou o Senhor, seu Deus."

Instruções sobre o altar de incenso

30 "Construa um altar de madeira de acácia para queimar incenso. ²Faça-o quadrado, com 45 centímetros de lado e 90 centímetros de altura,[b] com pontas em forma de chifre nos cantos entalhados da mesma peça de madeira que o altar. ³Revista o topo, os lados e as pontas do altar com ouro puro e coloque uma moldura de ouro ao seu redor. ⁴Faça duas argolas de ouro e prenda-as nos lados opostos do altar, debaixo da moldura de ouro, para sustentar as varas usadas para transportá-lo. ⁵Faça as varas de madeira de acácia e revista-as com ouro. ⁶Coloque o altar de incenso diante da cortina que protege a arca da aliança,[c] em frente à tampa da

---

[a] **29.40** Em hebraico, *1/10 (de efa de) farinha da melhor qualidade* [...] *1/4 de him de azeite puro* [...] *1/4 de him de vinho*. [b] **30.2** Em hebraico, *1 côvado de comprimento e 1 côvado de largura, um quadrado, e 2 côvados de altura*. [c] **30.6a** Ou *arca do testemunho*; também em 30.6b.

arca, o lugar de expiação, que cobre as tábuas da aliança.[a] Ali eu me encontrarei com você.

⁷"Todas as manhãs, quando cuidar das lâmpadas, Arão queimará incenso perfumado no altar. ⁸E todas as noites, quando acender as lâmpadas, ele queimará incenso novamente na presença do Senhor. Esse ato deverá ser repetido de geração em geração. ⁹Não ofereçam sobre o altar incenso algum que não seja sagrado e não o usem para holocaustos, ofertas de cereal ou ofertas derramadas.

¹⁰"Uma vez por ano, Arão fará expiação pelo altar, aplicando em suas pontas o sangue da oferta realizada para a expiação pelo pecado do povo. Essa cerimônia será realizada todos os anos de geração em geração, pois esse é o altar santíssimo do Senhor".

Recursos para o tabernáculo

¹¹Então o Senhor disse a Moisés: ¹²"Toda vez que você fizer o censo dos israelitas, cada homem que for contado pagará ao Senhor um resgate por si mesmo. Com isso, nenhuma praga ferirá o povo quando você o contar. ¹³Cada pessoa contada entregará uma pequena quantidade de prata como oferta sagrada ao Senhor. (O pagamento corresponderá a meio siclo, com base no siclo padrão do santuário, equivalente a doze gramas.[b]) ¹⁴Todos os homens de 20 anos para cima entregarão ao Senhor essa oferta sagrada. ¹⁵Quando entregarem ao Senhor a oferta para fazer expiação pela vida deles, os ricos não darão mais que a quantia especificada, e os pobres não darão menos. ¹⁶Receba o dinheiro de resgate dos israelitas e use-o para cuidar da tenda do encontro. Será uma lembrança diante do Senhor em favor dos israelitas e fará expiação pela vida deles".

Instruções sobre a bacia de bronze

¹⁷O Senhor também disse a Moisés: ¹⁸"Faça uma bacia de bronze com um suporte de bronze para a lavagem cerimonial. Coloque-a entre a tenda do encontro e o altar e encha-a de água. ¹⁹Ali, Arão e seus filhos lavarão as mãos e os pés. ²⁰Cada vez que entrarem na tenda do encontro, deverão se lavar com água; do contrário, morrerão. Cada vez que se aproximarem do altar para servir ao Senhor e queimar ofertas especiais para ele, ²¹deverão lavar as mãos e os pés; do contrário, morrerão. Essa é uma lei permanente para Arão e seus descendentes e deve ser cumprida de geração em geração".

O óleo da unção

²²O Senhor disse ainda a Moisés: ²³"Junte as seguintes especiarias da melhor qualidade: seis quilos de mirra líquida, três quilos de canela perfumada, três quilos de cálamo perfumado, ²⁴e seis quilos de cássia,[c] medidos de acordo com o siclo do santuário. Junte também quatro litros de azeite.[d] ²⁵Usando as técnicas de um perfumista habilidoso, misture esses ingredientes para fazer o óleo sagrado para a unção. ²⁶Use esse óleo sagrado para ungir a tenda do encontro, a arca da aliança, ²⁷a mesa e todos os seus utensílios, o candelabro e todos os seus acessórios, o altar de incenso, ²⁸o altar do holocausto e todos os seus utensílios, e a bacia com o seu suporte. ²⁹Consagre-os para que sejam absolutamente santos. Depois disso, tudo que tiver contato com eles também se tornará santo.

³⁰"Unja também Arão e seus filhos e consagre-os para que me sirvam como sacerdotes. ³¹E diga ao povo de Israel: 'Este óleo sagrado é reservado para mim de geração em geração. ³²Jamais usem o óleo para ungir qualquer outra pessoa e nunca preparem uma mistura igual a essa para si mesmos. Ele é sagrado e deve ser tratado como tal. ³³Quem preparar uma mistura igual a essa ou ungir com ela alguém que não seja sacerdote será eliminado do meio do povo'".

O incenso

³⁴Em seguida, o Senhor disse a Moisés: "Junte especiarias perfumadas: gotas de resina, conchas de moluscos e gálbano. Misture-as com incenso puro, tudo em quantidades iguais. ³⁵Usando as técnicas de um perfumista, misture as especiarias e acrescente um pouco de sal, a fim de produzir um incenso puro e santo. ³⁶Moa uma parte da mistura até formar um pó bem fino e coloque-o diante da arca da aliança,[e] na tenda do encontro, onde me encontrarei com você. Considerem o incenso algo

---

[a] 30.6b Em hebraico, *que cobre o testemunho*; ver nota em 25.16. [b] 30.13 Em hebraico, *equivalente a 20 geras*. [c] 30.23-24a Em hebraico, *500 (siclos) de mirra pura, 250 (siclos) de canela perfumada, 250 (siclos) de cálamo perfumado,* ²⁴*e 500 (siclos) de cássia*. [d] 30.24b Em hebraico, *1 him de azeite de oliva*. [e] 30.36 Em hebraico, *diante do testemunho*; ver nota em 25.16.

santíssimo. ³⁷Jamais usem essa fórmula para preparar incenso para si mesmos. Ele é reservado para o Senhor e deve ser considerado santo. ³⁸Quem fizer incenso igual a esse para uso pessoal será eliminado do meio do povo".

Os artesãos: Bezalel e Aoliabe

31 O Senhor disse a Moisés: ²"Veja, escolhi especificamente Bezalel, filho de Uri e neto de Hur, da tribo de Judá. ³Enchi-o do Espírito de Deus e lhe dei grande sabedoria, habilidade e perícia para trabalhos artísticos de todo tipo. ⁴Ele é exímio artesão, perito no trabalho com ouro, prata e bronze. ⁵Tem aptidão para gravar e encravar pedras preciosas e entalhar madeira. É mestre em todo trabalho artístico.

⁶"Para ajudá-lo, designei pessoalmente Aoliabe, filho de Aisamaque, da tribo de Dã. Além disso, conferi habilidade especial a todos os artesãos de talento para que façam tudo que lhe ordenei:

⁷a tenda do encontro;
a arca da aliança;ᵃ
a tampa da arca, que é o lugar de expiação;
todos os objetos do tabernáculo;
⁸a mesa e seus utensílios;
o candelabro de ouro puro e todos os seus acessórios;
o altar de incenso;
⁹o altar do holocausto e todos os seus utensílios;
a bacia de bronze e seu suporte;
¹⁰o vestuário finamente confeccionado: as roupas sagradas para o sacerdote Arão e as roupas para seus filhos usarem em seu serviço como sacerdotes;
¹¹o óleo da unção;
o incenso perfumado para o lugar santo.

Os artesãos deverão fazer tudo conforme eu lhe ordenei".

Instruções sobre o sábado

¹²Em seguida, o Senhor disse a Moisés: ¹³"Diga ao povo de Israel: 'Guardem o meu sábado, pois ele é um sinal entre mim e vocês de geração em geração, para que saibam que eu sou o Senhor, que os santifica. ¹⁴Guardem o sábado, pois é dia santo para vocês. Quem o profanar será executado; quem trabalhar nesse dia será eliminado do meio do povo. ¹⁵Vocês têm seis dias na semana para fazer os trabalhos habituais, mas o sétimo dia será um sábado de descanso total, um dia consagrado ao Senhor. Quem trabalhar no sábado será executado. ¹⁶Os israelitas guardarão o sábado, celebrando-o de geração em geração, como uma aliança para sempre. ¹⁷É um sinal permanente entre mim e o povo de Israel, pois em seis dias o Senhor fez os céus e a terra, mas no sétimo dia descansou e se revigorou".

¹⁸Quando o Senhor terminou de falar com Moisés no monte Sinai, entregou-lhe as duas tábuas de pedra gravadas com os termos da aliança,ᵇ escritas pelo dedo de Deus.

O bezerro de ouro

32 Quando o povo viu que Moisés demorava a descer do monte, reuniu-se ao redor de Arão e disse: "Tome uma providência! Faça para nós deuses que nos guiem. Não sabemos o que aconteceu com esse Moisés, que nos trouxe da terra do Egito para cá".

²Arão respondeu: "Tirem as argolas de ouro das orelhas de suas mulheres e de seus filhos e filhas e tragam-nas para mim".

³Todos tiraram as argolas de ouro e as levaram a Arão. ⁴Ele recebeu o ouro, derreteu-o e trabalhou nele, dando-lhe a forma de um bezerro. Quando o povo viu o bezerro, começou a exclamar: "Ó Israel, estes são os seus deuses que o tiraram da terra do Egito!".

⁵Percebendo o entusiasmo do povo, Arão construiu um altar diante do bezerro e anunciou: "Amanhã haverá uma festa para o Senhor!".

⁶Na manhã seguinte, o povo se levantou cedo para apresentar holocaustos e ofertas de paz. Depois, todos comeram e beberam e se entregaram à farra.

⁷O Senhor disse a Moisés: "Rápido! Desça do monte! Seu povo, que você tirou da terra do Egito, se corrompeu. ⁸Como se desviaram depressa do caminho que eu lhes havia ordenado! Derreteram ouro e fizeram um bezerro, curvaram-se diante dele e lhe ofereceram sacrifícios. Dizem: 'Ó Israel, estes são os seus deuses que o tiraram da terra do Egito!'".

⁹Então o Senhor declarou: "Vi como este povo é teimoso e rebelde. ¹⁰Agora fique de lado, e

---

ᵃ **31.7** Em hebraico, *arca do testemunho*. ᵇ **31.18** Em hebraico, *as duas tábuas do testemunho*; ver nota em 25.16.

eu lançarei contra eles minha ira ardente e os destruirei. Depois, farei de você, Moisés, uma grande nação".

¹¹Moisés, porém, tentou apaziguar o Senhor, seu Deus. "Ó Senhor!", exclamou ele. "Por que estás tão irado com teu próprio povo, que tiraste do Egito com tão grande poder e mão forte? ¹²Por que deixar os egípcios dizerem: 'O Deus deles os resgatou com a má intenção de exterminá-los nos montes e apagá-los da face da terra'? Deixa de lado tua ira ardente! Arrepende-te quanto a esta calamidade terrível que ameaçaste enviar sobre teu povo! ¹³Lembra-te dos teus servos Abraão, Isaque e Jacó.ᵃ Assumiste um compromisso com eles por meio de juramento, dizendo: 'Tornarei seus descendentes tão numerosos quanto as estrelas do céu. Eu lhes darei toda esta terra que lhes prometi, e eles a possuirão para sempre'."

¹⁴Então o Senhor se arrependeu da calamidade terrível que havia ameaçado enviar sobre seu povo.

¹⁵Em seguida, Moisés se virou e desceu o monte. Trazia nas mãos as duas tábuas da aliança,ᵇ que estavam escritas dos dois lados, frente e verso. ¹⁶As tábuas eram obra de Deus; cada palavra tinha sido gravada pelo próprio Deus.

¹⁷Quando Josué ouviu o alvoroço do povo que gritava lá embaixo, disse a Moisés: "Parece que há guerra no acampamento!".

¹⁸Moisés respondeu: "Não são gritos de vitória nem lamentos de derrota. Ouço barulho de festa".

¹⁹Quando se aproximaram do acampamento, Moisés viu o bezerro e as danças e ficou furioso. Jogou as tábuas de pedra no chão e as despedaçou ao pé do monte. ²⁰Tomou o bezerro que haviam feito e o queimou. Moeu-o até virar pó, jogou-o na água e obrigou os israelitas a bebê-la.

²¹Por fim, dirigiu-se a Arão e perguntou: "O que este povo lhe fez para que você os levasse a cometer tamanho pecado?".

²²"Não fique tão furioso comigo, meu senhor", respondeu Arão. "Você sabe como este povo é mau. ²³Eles me disseram: 'Faça para nós deuses que nos guiem. Não sabemos o que aconteceu com esse Moisés, que nos trouxe da terra do Egito para cá'. ²⁴Então eu lhes disse: 'Quem tiver joias de ouro, tire-as'. Quando eles as trouxeram para mim, simplesmente as joguei no fogo e saiu este bezerro!"

²⁵Moisés viu que Arão havia permitido que o povo se descontrolasse completamente, dando motivo de zombaria a seus inimigos.ᶜ ²⁶Portanto, colocou-se à entrada do acampamento e gritou: "Todos que estiverem do lado do Senhor, venham até aqui e juntem-se a mim!". E todos os levitas se reuniram ao redor dele.

²⁷Moisés lhes disse: "Assim diz o Senhor, o Deus de Israel: 'Cada um de vocês pegue sua espada e vão e voltem de uma extremidade à outra do acampamento. Matem todos, até mesmo seus irmãos, amigos e vizinhos'". ²⁸Os levitas obedeceram à ordem de Moisés, e cerca de três mil pessoas morreram naquele dia.

²⁹Então Moisés disse aos levitas: "Hoje vocês se consagraramᵈ para o serviço do Senhor, pois lhe obedeceram mesmo quando tiveram de matar seus próprios filhos e irmãos. Hoje vocês receberam dele uma bênção".

Moisés intercede por Israel

³⁰No dia seguinte, Moisés disse ao povo: "Vocês cometeram um pecado terrível, mas eu subirei ao monte e me encontrarei com o Senhor outra vez. Talvez eu consiga fazer expiação por este pecado!".

³¹Moisés voltou ao Senhor e disse: "Que pecado terrível este povo cometeu! Fizeram para si deuses de ouro. ³²Agora, porém, eu te suplico que lhes perdoes o pecado; do contrário, apaga meu nome do registro que escreveste!".

³³O Senhor, porém, respondeu a Moisés: "Apagarei o nome de todos que pecaram contra mim. ³⁴Agora vá e leve o povo ao lugar do qual eu lhe falei. Veja, meu anjo irá à sua frente. E, no dia do acerto de contas, certamente eu castigarei este povo pelo pecado que cometeram".

³⁵Então o Senhor castigou severamente o povo, por causa do que fizeram com o bezerro que Arão lhes tinha construído.

ᵃ **32.13** Em hebraico, *Israel*. Ver nota em 1.1. ᵇ **32.15** Em hebraico, *as duas tábuas do testemunho*; ver nota em 25.16. ᶜ **32.25** Ou *perdesse todo o controle e zombasse de quem se opunha a eles*. O significado do hebraico é incerto. ᵈ **32.29** Conforme a Septuaginta e a Vulgata; o hebraico traz *Consagrem-se hoje*.

ÊXODO 33

PÃO DIÁRIO

Simplesmente temos que conversar

Ali o SENHOR falava com Moisés face a face, como quem fala com um amigo.
—Êxodo 33.11

Laura e Sheila são amigas desde o Ensino Fundamental. Os seus caminhos as levaram a diferentes direções desde os dias do colegial, mas elas continuam a ser bem próximas.

Sheila é casada, mora no centro-oeste e tem filhos pequenos. Laura é solteira e, mais recentemente, está envolvida com o trabalho missionário na Rússia. "Volta e meia temos que conversar", diz Sheila. De tempos em tempos, elas ligam uma para a outra para atualizar os acontecimentos na vida de cada uma e compartilhar o que está em seus corações.

Em Êxodo 33.11 lemos: "Ali o SENHOR falava com Moisés face a face, como quem fala com um amigo". Moisés desfrutava de algo muito melhor do que uma conversa ocasional a longa distância com Deus, pois, com frequência, ele conversava com o Senhor face a face. Nessas conversas íntimas, o Senhor o instruiu para liderar o povo de Israel.

Por causa do que Jesus Cristo fez por nós, e porque o Espírito Santo agora habita em todos os seguidores de Cristo, também podemos desfrutar de uma amizade especial e de comunhão com Deus. Ele nos fala por meio da Sua Palavra e por Seu Espírito, e temos o privilégio de falar com o Senhor em oração.

Se você for como eu, ao longo do dia, dirá a Deus: "Simplesmente, temos que conversar".

Querido Jesus, perdoa-me quando não te busco face a face diariamente. Ajuda-me a lembrar que estás sempre presente e que precisamos conversar.

A oração é uma conversa íntima com Deus — nosso melhor amigo.

---

33 O SENHOR disse a Moisés: "Ponha-se a caminho, junto com o povo que você tirou da terra do Egito. Subam à terra que eu jurei dar a Abraão, Isaque e Jacó, dizendo: 'Darei esta terra a seus descendentes'. ²Enviarei um anjo à sua frente para expulsar os cananeus, os amorreus, os hititas, os ferezeus, os heveus e os jebuseus. ³Subam à terra que produz leite e mel com fartura. Mas eu não viajarei no meio de vocês, pois são um povo teimoso e rebelde. Se eu os acompanhasse, certamente os destruiria ao longo do caminho".

⁴Quando o povo ouviu essas palavras severas, chorou e deixou de usar seus ornamentos. ⁵Pois o SENHOR havia ordenado a Moisés: "Diga ao povo de Israel: 'Vocês são um povo teimoso e rebelde. Se eu os acompanhasse, mesmo que só por um momento, eu os destruiria. Deixem de usar seus ornamentos enquanto decido o que fazer com vocês'". ⁶Assim, desde quando partiram do monte Sinai,[a] os israelitas deixaram de usar ornamentos.

⁷Moisés costumava montar uma tenda fora do acampamento, a certa distância dele, e a chamava de tenda da reunião. Quem quisesse fazer uma petição ao SENHOR ia até essa tenda, fora do acampamento.

⁸Sempre que Moisés se dirigia a essa tenda, todo o povo se levantava e permanecia em pé, cada um junto à entrada de sua própria tenda. Observavam Moisés até ele entrar na tenda. ⁹Logo que Moisés entrava, uma coluna de nuvem descia e ficava suspensa no ar, à entrada da tenda, enquanto o SENHOR falava com ele. ¹⁰Quando o povo via a nuvem à entrada da tenda, cada um permanecia em frente à própria tenda e se curvava. ¹¹Ali o SENHOR falava com Moisés face a face, como quem fala com um amigo. Depois Moisés voltava ao acampamento, mas seu jovem auxiliar Josué, filho de Num, ficava na tenda.

Moisés vê a glória do SENHOR

¹²Então Moisés disse ao SENHOR: "Tu me ordenaste: 'Leve este povo', mas não disseste quem enviarias comigo. Declaraste: 'Eu o conheço pelo nome e me agrado de você'. ¹³Se é verdade que te agradas de mim, permita-me conhecer teus caminhos para que eu te conheça melhor e continue a contar com teu favor. E lembra-te de que esta nação é teu povo".

¹⁴O SENHOR respondeu: "Acompanharei você pessoalmente e lhe darei descanso".

¹⁵Então Moisés disse: "Se não nos acompanhares pessoalmente, não nos faças sair deste lugar. ¹⁶Se não nos acompanhares, como os outros saberão que meu povo e eu contamos com

---

[a] **33.6** Em hebraico, *Horebe*, outro nome para o Sinai.

teu favor? Pois é tua presença em nosso meio que nos distingue, teu povo e eu, de todos os outros povos da terra".

¹⁷O SENHOR respondeu a Moisés: "Certamente farei o que me pede, pois me agrado de você e o conheço pelo nome".

¹⁸Moisés disse: "Então peço que me mostres tua presença gloriosa".

¹⁹O SENHOR respondeu: "Farei passar diante de você toda a minha bondade e anunciarei diante de você o meu nome, Javé.ᵃ Pois terei misericórdia de quem eu quiser, e mostrarei compaixão a quem eu quiser. ²⁰Mas você não poderá olhar diretamente para minha face, pois ninguém pode me ver e continuar vivo". ²¹O SENHOR disse ainda: "Fique nesta rocha, perto de mim. ²²Quando minha presença gloriosa passar, eu o colocarei numa abertura da rocha e o cobrirei com minha mão até que eu tenha passado. ²³Depois, tirarei minha mão e você me verá pelas costas. Meu rosto, porém, ninguém poderá ver".

O SENHOR renova a aliança

34 O SENHOR disse a Moisés: "Corte duas tábuas de pedra como as primeiras. Nelas escreverei as mesmas palavras que estavam nas tábuas que você despedaçou. ²Esteja pronto amanhã cedo para subir ao Sinai e apresentar-se diante de mim no topo do monte. ³Ninguém deve acompanhá-lo. Aliás, ninguém deve aparecer em parte alguma do monte. Não permita sequer que os rebanhos pastem próximo ao monte".

⁴Moisés cortou as duas tábuas de pedra como as primeiras. Logo de manhã, subiu ao monte Sinai conforme o SENHOR havia ordenado, levando nas mãos as duas tábuas de pedra.

⁵Então o SENHOR desceu em uma nuvem, ficou ali com Moisés e anunciou seu nome, Javé.ᵇ ⁶O SENHOR passou diante de Moisés, proclamando:

"Javé! O SENHOR!
  O Deus de compaixão e misericórdia!
Sou lento para me irar
  e cheio de amor e fidelidade.
⁷Cubro de amor mil geraçõesᶜ

e perdoo o mal, a rebeldia e o pecado.
Contudo, não absolvo o culpado;
  trago as consequências do pecado
  dos pais sobre os filhos
  até a terceira e quarta geração".

⁸No mesmo instante, Moisés se prostrou com o rosto no chão e adorou. ⁹Em seguida, disse: "Senhor, se é verdade que te agradas de mim, peço que nos acompanhes na jornada. É verdade que o povo é teimoso e rebelde, mas eu te peço que perdoes nossa maldade e nosso pecado. Toma-nos como tua propriedade especial".

¹⁰O SENHOR respondeu: "Faço hoje uma aliança com você na presença de todo o seu povo. Realizarei maravilhas jamais vistas em nação alguma ou lugar algum da terra. E todos ao seu redor verão o poder do SENHOR, o poder temível que demonstrarei em seu favor. ¹¹Observe com atenção, porém, tudo que eu lhe ordeno hoje. Irei à sua frente e expulsarei os amorreus, os cananeus, os hititas, os ferezeus, os heveus e os jebuseus.

¹²"Tenha muito cuidado para não assinar tratados com os povos que vivem na terra para a qual você está indo. Se o fizer, seguirá pelos maus caminhos deles e cairá numa armadilha. ¹³Em vez disso, destrua os altares idólatras, despedace as colunas sagradas e derrube os postes dedicados à deusa Aserá. ¹⁴Não adore outros deuses, pois o SENHOR, cujo nome é Zeloso, é Deus zeloso de seu relacionamento com vocês.

¹⁵"Não faça tratado algum com os povos que vivem na terra. No culto a seus deuses, eles se prostituem e oferecem sacrifícios. Eles o convidarão para comer dessas ofertas, e você aceitará o convite. ¹⁶Depois, aceitará que as filhas deles, as quais sacrificam a outros deuses, se casem com seus filhos. Elas seduzirão seus filhos para que se prostituam adorando outros deuses. ¹⁷Não faça para si deuses de metal fundido.

¹⁸"Celebre a Festa dos Pães sem Fermento. Durante sete dias, coma seu pão sem fermento, conforme eu lhe ordenei. Celebre essa festa anualmente no tempo determinado, no mês

---

ᵃ **33.19** *Javé* é a transliteração mais provável do nome próprio YHWH; nesta tradução aparece, em geral, como "SENHOR". ᵇ **34.5** *Javé* é a transliteração mais provável do nome próprio YHWH; nesta tradução aparece, em geral, como "SENHOR". ᶜ **34.7** Em hebraico, *milhares*.

de abibe,[a] pois é o aniversário de sua partida do Egito.

[19]"As primeiras crias de todos os animais me pertencem, incluindo os machos das primeiras crias de seus rebanhos de bois e ovelhas. [20]Para resgatar a primeira cria de uma jumenta, entregue ao Senhor, como substituto, um cordeiro ou um cabrito. Caso você não resgate o animal, terá de quebrar o pescoço dele. Quanto aos primeiros filhos homens, será obrigatório resgatá-los.

"Ninguém deve se apresentar diante de mim de mãos vazias.

[21]"Você tem seis dias na semana para fazer os trabalhos habituais, mas no sétimo dia não deve trabalhar, mesmo nas épocas de arar e colher. [22]"Celebre a Festa da Colheita[b] com os primeiros frutos da colheita do trigo. Celebre também a Festa da Última Colheita[c] no final da safra. [23]Três vezes por ano, todos os homens de Israel comparecerão diante do Soberano, o Senhor, o Deus de Israel. [24]Expulsarei as outras nações de diante de você e aumentarei seu território, para que ninguém cobice sua terra enquanto você comparece diante do Senhor, seu Deus, três vezes por ano.

[25]"Não ofereça o sangue de meus sacrifícios com pão que contenha fermento. Não guarde até a manhã seguinte carne alguma do sacrifício de Páscoa.

[26]"Quando fizer a colheita, leve à casa do Senhor, seu Deus, o melhor de seus primeiros frutos.

"Não cozinhe o cabrito no leite da mãe dele".

[27]O Senhor também disse a Moisés: "Escreva todas essas palavras, pois elas representam os termos da aliança que eu faço com você e com Israel".

[28]Moisés permaneceu no monte com o Senhor quarenta dias e quarenta noites. Durante todo esse tempo, não comeu pão nem bebeu água. E escreveu os termos da aliança, os dez mandamentos,[d] nas tábuas de pedra.

[29]Quando Moisés desceu do monte Sinai carregando as duas tábuas da aliança,[e] não percebeu que seu rosto brilhava, pois ele havia falado com o Senhor. [30]Quando Arão e os israelitas viram o brilho do rosto de Moisés, tiveram medo de se aproximar dele.

[31]Moisés, porém, chamou Arão e os líderes da comunidade, que se aproximaram, e Moisés falou com eles. [32]Em seguida, todo o povo se aproximou, e Moisés lhes transmitiu todas as instruções que o Senhor lhe tinha dado no monte Sinai. [33]Quando Moisés terminou de falar com eles, cobriu o rosto com um véu. [34]No entanto, sempre que entrava na tenda da reunião para falar com o Senhor, tirava o véu até sair. Depois, transmitia ao povo as instruções que o Senhor lhe dava, [35]e os israelitas viam o brilho de seu rosto. Então Moisés cobria novamente o rosto com o véu até voltar para falar com o Senhor.

Instruções sobre o sábado

35 Moisés reuniu toda a comunidade de Israel e disse: "Estas são as instruções que o Senhor mandou que seguissem. [2]Vocês têm seis dias na semana para fazer o trabalho habitual, mas o sétimo dia será um sábado de descanso total, um dia consagrado ao Senhor. Quem trabalhar no sábado será executado. [3]Nem sequer acendam fogo em suas casas no sábado".

Ofertas para o tabernáculo

[4]Então Moisés disse a toda a comunidade de Israel: "Foi isto que o Senhor ordenou: [5]entreguem uma oferta ao Senhor. Todas as pessoas de coração generoso apresentem as seguintes ofertas ao Senhor:

ouro, prata e bronze;
[6]fios de tecido azul, roxo e vermelho;
linho fino e pelos de cabra para confeccionar tecidos;
[7]peles de carneiro tingidas de vermelho e couro fino;
madeira de acácia;
[8]óleo de oliva para as lâmpadas;
especiarias para o óleo da unção e para o incenso perfumado;

---

[a]**34.18** No antigo calendário lunar hebraico, esse primeiro mês normalmente caía entre março e abril, quando começava a colheita da cevada. [b]**34.22a** Em hebraico, *Festa das Semanas*; comparar com 23.16. Chamada posteriormente de *Festa de Pentecostes* (ver At 2.1) e comemorada hoje com o nome *Shavuot*. [c]**34.22b** Ou *Festa de Recolha das Colheitas*. Chamada posteriormente de *Festa das Cabanas* ou *Festival dos Tabernáculos* (ver Lv 23.33-36) e comemorada hoje com o nome *Sucot*. [d]**34.28** Em hebraico, *as dez palavras*. [e]**34.29** Em hebraico, *as duas tábuas do testemunho*; ver nota em 25.16.

⁹pedras de ônix e outras pedras preciosas para serem fixadas no colete e no peitoral do sacerdote.

¹⁰"Todos que são artesãos talentosos, venham e façam tudo que o Senhor ordenou:

¹¹o tabernáculo, tanto a tenda como a cobertura, os colchetes, as armações, os travessões, as colunas e as bases;

¹²a arca e as varas para transportá-la; a tampa da arca, que é o lugar de expiação; a cortina interna que protege a arca;

¹³a mesa, as varas para transportá-la e todos os seus utensílios; os pães da presença;

¹⁴o candelabro, seus acessórios, as lâmpadas e o óleo de oliva para a iluminação;

¹⁵o altar de incenso e as varas para transportá-lo; o óleo da unção e o incenso perfumado; a cortina para a entrada do tabernáculo;

¹⁶o altar do holocausto; a grelha de bronze do altar, as varas para transportá-lo e seus utensílios; a bacia de bronze e seu suporte;

¹⁷a cortina para as divisórias do pátio; as colunas e suas bases; a cortina para a entrada do pátio;

¹⁸as estacas do tabernáculo e do pátio e suas cordas;

¹⁹as roupas finamente confeccionadas para os sacerdotes vestirem durante o serviço no lugar santo, as roupas sagradas do sacerdote Arão e de seus filhos que também são sacerdotes".

²⁰Então toda a comunidade de Israel se despediu de Moisés. ²¹Todos aqueles cujo coração foi movido e cujo espírito foi tocado voltaram com ofertas para o Senhor. Trouxeram todos os materiais necessários para a construção da tenda do encontro, para a realização das cerimônias e para a confecção das roupas sagradas. ²²Todos os que tinham o coração disposto, tanto homens como mulheres, vieram e trouxeram para o Senhor suas ofertas de ouro na forma de argolas, brincos, anéis e colares. Apresentaram todo tipo de objeto de ouro como oferta especial para o Senhor. ²³Todos os que tinham fios de tecido azul, roxo e vermelho, linho fino e pelo de cabra para fazer tecidos, peles de carneiro tingidas de vermelho e couro fino os trouxeram. ²⁴Todos os que tinham objetos de prata e bronze os entregaram como oferta para o Senhor. E todos os que tinham madeira de acácia a trouxeram para ser usada na obra.

²⁵Todas as mulheres com habilidade para costurar e fiar prepararam fios de tecido azul,

---

PÃO DIÁRIO

Com toda a minha arte

O Senhor encheu Bezalel com o Espírito de Deus e lhe deu grande sabedoria, habilidade e perícia para trabalhos artísticos de todo tipo.

—Êxodo 35.31

"Por que plantar flores? Você não pode comê-las", disse o meu sogro depois de testemunhar o meu ritual de primavera — encher vasos com tesouros perfumados e coloridos comprados na floricultura. O pai do meu marido é engenheiro e muito prático em tudo. Ele pode fazer qualquer coisa funcionar, mas torná-la bonita não é a sua prioridade. Meu sogro valoriza a função em vez da forma, a utilidade acima da estética.

O Senhor nos criou com dons diferentes. Os engenheiros que trabalham para a glória de Deus projetam máquinas que tornam a vida mais fácil. O Senhor também criou artistas, que tornam a vida mais agradável criando coisas lindas para a glória de Deus e deleite das pessoas.

Quando pensamos em arte na adoração, geralmente pensamos em música. Mas, no passado, outras formas de arte tiveram papel importante para glorificar a Deus. O chamado de Bezalel demonstra a consideração de Deus pela arte (Êx 35.30-35). Deus o designou para embelezar o primeiro local oficial de culto: o Tabernáculo. O propósito de Deus para as artes é glorificar o Seu nome e manifestar a beleza.

Quando o talento artístico é impulsionado pelo Espírito de Deus, ele se transforma em um ato de adoração que pode se tornar uma ferramenta para conduzir pessoas a Cristo. Deus enriquece grandemente a nossa vida com a beleza. E nós, por nossa vez, manifestamos a nossa gratidão, exibindo a Sua glória em nossa arte.

Pai, que o nosso trabalho — seja qual for — atraia a atenção de outros e os incentive a louvar e adorar ao Senhor.

Faça todas as coisas para a glória de Deus.

roxo e vermelho e tecido de linho fino. ²⁶Todas as mulheres que se dispuseram usaram sua habilidade para fiar o pelo de cabra. ²⁷Os líderes trouxeram pedras de ônix e as outras pedras preciosas para serem colocadas no colete sacerdotal e no peitoral das decisões. ²⁸Trouxeram também especiarias e óleo de oliva para a iluminação, para o óleo da unção e para o incenso perfumado. ²⁹Assim, todos os israelitas, todos os homens e mulheres dispostos a ajudar no trabalho que o Senhor havia ordenado por meio de Moisés, trouxeram suas ofertas e as entregaram de bom grado ao Senhor.

³⁰Então Moisés disse ao povo de Israel: "O Senhor escolheu especificamente Bezalel, filho de Uri e neto de Hur, da tribo de Judá. ³¹O Senhor encheu Bezalel com o Espírito de Deus e lhe deu grande sabedoria, habilidade e perícia para trabalhos artísticos de todo tipo. ³²Ele é exímio artesão, perito no trabalho com ouro, prata e bronze. ³³Tem aptidão para gravar e encravar pedras preciosas e entalhar madeira. É mestre em todo trabalho artístico. ³⁴O Senhor capacitou tanto Bezalel como Aoliabe, filho de Aisamaque, da tribo de Dã, para ensinarem suas aptidões a outros. ³⁵O Senhor lhes deu habilidade especial para gravar, projetar, tecer e bordar linho fino com fios de tecido azul, roxo e vermelho. São excelentes artesãos e projetistas."

36 "O Senhor deu sabedoria a Bezalel, a Aoliabe e aos demais artesãos talentosos e os capacitou com habilidade e entendimento para realizarem todas as tarefas relacionadas à construção do tabernáculo. Eles o construirão conforme o Senhor ordenou".

²Moisés chamou Bezalel, Aoliabe e os demais artesãos especialmente capacitados pelo Senhor e que estavam dispostos a realizar a obra. ³Moisés lhes deu os materiais doados pelos israelitas como ofertas para a construção do santuário. O povo, porém, continuava a trazer voluntariamente mais ofertas todas as manhãs. ⁴Por fim, os artesãos que estavam trabalhando no santuário interromperam a obra ⁵e informaram a Moisés: "O povo trouxe mais que o suficiente para completarmos o trabalho que o Senhor nos ordenou!".

⁶Então Moisés deu a seguinte ordem, que foi transmitida a todo o acampamento: "Homens e mulheres, não preparem mais ofertas para o santuário. Temos o suficiente!". Assim, o povo parou de trazer suas ofertas. ⁷Suas contribuições foram mais que suficientes para completar todo o projeto.

A construção do tabernáculo

⁸Os artesãos habilidosos fizeram para o tabernáculo dez cortinas de linho finamente tecido. Bezalel[a] enfeitou as cortinas com fios de tecido azul, roxo e vermelho e com querubins bordados com habilidade. ⁹As dez cortinas eram exatamente do mesmo tamanho, com 12,6 metros de comprimento e 1,8 metro de largura.[b] ¹⁰Juntaram cinco das cortinas para formar uma cortina longa e depois juntaram as cinco restantes para formar outra cortina longa. ¹¹Bezalel fez cinquenta laços de tecido azul e prendeu-os ao longo da borda da última cortina de cada conjunto. ¹²Os cinquenta laços ao longo da borda de uma cortina coincidiam com os cinquenta laços ao longo da borda da outra cortina. ¹³Em seguida, fez cinquenta colchetes de ouro e prendeu as cortinas longas uma à outra. Desse modo, o tabernáculo foi formado de uma só peça contínua.

¹⁴Fez também onze cortinas de tecido de pelo de cabra para cobrir o tabernáculo. ¹⁵Essas onze cortinas eram todas exatamente do mesmo tamanho, com 13,5 metros de comprimento e 1,8 metro de largura.[c] ¹⁶Bezalel juntou cinco das cortinas para formar uma cortina longa e depois juntou as seis restantes para formar outra cortina longa. ¹⁷Fez cinquenta laços para a borda de cada cortina longa. ¹⁸Fez ainda cinquenta colchetes de bronze para prender as cortinas longas uma à outra. Desse modo, a cobertura da tenda foi formada de uma só peça contínua. ¹⁹Por fim, completou a cobertura da tenda com uma camada protetora feita de peles de carneiro tingidas de vermelho e uma camada de couro fino.

²⁰Para a estrutura do tabernáculo, Bezalel construiu armações de madeira de acácia.

ᵃ **36.8** Em hebraico, *ele*; também em 36.16,20,35. Ver 37.1. ᵇ **36.9** Em hebraico, *28 côvados de comprimento e 4 côvados de largura*. ᶜ **36.15** Em hebraico, *30 côvados de comprimento e 4 côvados de largura*.

²¹Cada armação tinha 4,5 metros de altura e 67,5 centímetros de largura,ᵃ ²²com duas hastes na parte inferior de cada armação. Todas as armações eram idênticas. ²³Construiu vinte armações para sustentar as cortinas do lado sul do tabernáculo. ²⁴Fez também quarenta bases de prata, duas para cada armação, de modo que as hastes se encaixavam firmemente nas bases. ²⁵Para o lado norte do tabernáculo, construiu outras vinte armações, ²⁶com quarenta bases de prata, duas bases para cada armação. ²⁷Fez seis armações para a parte de trás, o lado oeste do tabernáculo, ²⁸junto com mais duas armações para reforçar os cantos das duas extremidades do tabernáculo. ²⁹As armações dos cantos foram emparelhadas na parte inferior e firmemente ligadas uma à outra na parte superior com uma argola, formando um só suporte de canto. Ambos os suportes de canto foram feitos dessa maneira. ³⁰Havia, portanto, oito armações na parte de trás do tabernáculo, encaixadas sobre dezesseis bases de prata, duas bases debaixo de cada armação.

³¹Em seguida, fez travessões de madeira de acácia para ligar as armações, cinco travessões para o lado norte do tabernáculo ³²e cinco travessões para o lado sul. Fez também cinco travessões para a parte de trás do tabernáculo, que ficava virada para o oeste. ³³Fez o travessão central ligado a meia altura às armações, estendendo-se de uma ponta à outra do tabernáculo. ³⁴Revestiu as armações com ouro e fez argolas de ouro para sustentar os travessões. Depois, revestiu com ouro os travessões.

³⁵Para o interior do tabernáculo, Bezalel confeccionou uma cortina especial de linho fino, trançado com fios de tecido azul, roxo e vermelho e com querubins bordados com habilidade. ³⁶Fez para a cortina quatro colunas de madeira de acácia e quatro ganchos de ouro. Revestiu as colunas com ouro e apoiou-as sobre quatro bases de prata.

³⁷Em seguida, fez outra cortina para a entrada da tenda. Confeccionou-a com linho finamente tecido e bordou-a artisticamente, usando fios de tecido azul, roxo e vermelho. ³⁸Pendurou a cortina em ganchos de ouro presos a cinco colunas. Revestiu com ouro as colunas, seus capitéis e seus ganchos e mandou fundir para elas cinco bases de bronze.

A arca da aliança

37 Em seguida, Bezalel fez uma arca de madeira de acácia, com 1,15 metro de comprimento, 67,5 centímetros de largura e 67,5 centímetros de altura.ᵇ ²Revestiu-a com ouro puro por dentro e por fora e fez uma moldura de ouro ao seu redor. ³Mandou fundir quatro argolas de ouro e prendeu-as aos quatro pés da arca, duas argolas de cada lado. ⁴Fez varas de madeira de acácia e revestiu-as com ouro. ⁵Passou-as por dentro das argolas dos lados da arca para transportá-la.

⁶Fez ainda a tampa da arca, o lugar de expiação, de ouro puro. Media 1,15 metro de comprimento e 67,5 centímetros de largura.ᶜ ⁷Fez dois querubins de ouro batido e colocou um em cada extremidade da tampa. ⁸Modelou o querubim em cada extremidade da tampa de modo a formar uma só peça de ouro com a tampa. ⁹Os querubins ficavam de frente um para o outro, com o rosto voltado para a tampa da arca. Estendiam suas asas sobre a tampa para cobri-la.

A mesa

¹⁰Bezaleldᵈ fez a mesa de madeira de acácia com 90 centímetros de comprimento, 45 centímetros de largura e 67,5 centímetros de altura.ᵉ ¹¹Revestiu-a com ouro puro e colocou uma moldura de ouro ao seu redor. ¹²Enfeitou-a com uma borda de 8 centímetros de larguraᶠ e com uma moldura de ouro ao redor da borda. ¹³Fez quatro argolas de ouro para a mesa e prendeu-as aos quatro cantos, junto aos quatro pés. ¹⁴Prendeu as argolas junto da borda para sustentar as varas usadas para transportar a mesa. ¹⁵Fez essas varas de madeira de acácia e revestiu-as com ouro. ¹⁶Fez ainda recipientes especiais de ouro puro para a mesa: tigelas, colheres, vasilhas e jarras para as ofertas derramadas.

ᵃ **36.21** Em hebraico, *10 côvados de altura e 1,5 côvado de largura*. ᵇ **37.1** Em hebraico, *2,5 côvados de comprimento, 1,5 côvado de largura e 1,5 côvado de altura*. ᶜ **37.6** Em hebraico, *2,5 côvados de comprimento e 1,5 côvado de largura*. ᵈ **37.10a** Em hebraico, *ele*; também em 37.17,25. ᵉ **37.10b** Em hebraico, *2 côvados de comprimento, 1 côvado de largura e 1,5 côvado de altura*. ᶠ **37.12** Em hebraico, *4 dedos de largura*.

O candelabro

17 Bezalel fez um candelabro de ouro puro batido. Todo o candelabro e seus enfeites formavam uma só peça: a base, a haste central, as lâmpadas, os botões e as flores. **18** Da haste central saíam seis ramos, três de cada lado. **19** Cada um dos seis ramos tinha três lâmpadas em forma de flor de amendoeira, com botões e flores. **20** A haste central do candelabro tinha quatro lâmpadas em forma de flor de amendoeira, cada uma com botões e flores. **21** Havia um botão de amendoeira debaixo de cada par dos seis ramos que saíam da haste central. **22** Os botões de amendoeira e os ramos formavam uma só peça com a haste central e eram feitos de ouro puro batido.

23 Fez também sete lâmpadas para o candelabro, cortadores de pavio e apagadores, todos de ouro puro. **24** Foram necessários 35 quilos[a] de ouro puro para o candelabro e seus acessórios.

O altar de incenso

25 Depois, Bezalel usou madeira de acácia para construir o altar de incenso. Ele o fez quadrado, com 45 centímetros de lado e 90 centímetros de altura,[b] com pontas em forma de chifre nos cantos entalhados da mesma peça de madeira que o altar. **26** Revestiu o topo, os lados e as pontas do altar com ouro puro e fez uma moldura de ouro ao seu redor. **27** Fez duas argolas de ouro e prendeu-as nos lados opostos do altar, debaixo da moldura de ouro, para sustentar as varas usadas para transportá-lo. **28** Fez as varas de madeira de acácia e revestiu-as com ouro.

29 Em seguida, preparou o óleo sagrado da unção e o incenso perfumado usando as técnicas de um perfumista.

O altar dos holocaustos

38 Usando madeira de acácia, Bezalel[c] construiu um altar quadrado para o holocausto, com 2,25 metros de largura e comprimento e 1,35 metro de altura.[d] **2** Fez uma ponta em forma de chifre para cada um dos quatro cantos, de modo que as pontas e o altar formavam uma só peça. Revestiu o altar com bronze. **3** Depois, fez os utensílios do altar: baldes para recolher as cinzas, pás, bacias, garfos para a carne e braseiros, todos de bronze. **4** Fez também uma grelha de bronze e a colocou a meia altura do altar, debaixo da borda. **5** Fez quatro argolas de bronze e prendeu-as aos cantos da grelha de bronze, para sustentar as varas usadas para carregar o altar. **6** Fez as varas de madeira de acácia e as revestiu com bronze. **7** Por dentro das argolas dos dois lados do altar, passou as varas usadas para transportá-lo. O altar era oco e feito de tábuas.

A bacia de bronze

8 Bezalel fez a bacia de bronze e seu suporte de bronze com espelhos doados pelas mulheres que serviam à entrada da tenda do encontro.

O pátio

9 Bezalel fez ainda o pátio, que era fechado com cortinas de linho finamente tecido. As cortinas do lado sul tinham 45 metros de comprimento[e] **10** e eram penduradas em vinte colunas apoiadas firmemente em vinte bases de bronze. Pendurou as cortinas com ganchos e argolas de prata. **11** Colocou do lado norte cortinas idênticas a essas, com 45 metros de comprimento, penduradas em vinte colunas apoiadas firmemente em bases de bronze. Pendurou as cortinas com ganchos e argolas de prata. **12** As cortinas do lado oeste do pátio tinham 22,5 metros de comprimento[f] e eram penduradas com ganchos e argolas de prata em dez colunas apoiadas em dez bases. **13** O lado leste do pátio também tinha 22,5 metros de comprimento.

14 A entrada do pátio ficava do lado leste, situada entre duas cortinas. A cortina do lado sul tinha 6,75 metros de comprimento[g] e era pendurada em três colunas apoiadas em três bases. **15** A cortina do lado norte também tinha 6,75 metros de comprimento e era pendurada em três colunas apoiadas em três bases. **16** Todas as cortinas ao redor do pátio eram de linho finamente tecido. **17** Cada uma das colunas tinha uma base de bronze, e todos os ganchos e argolas eram de prata. Os capitéis das colunas do pátio eram revestidos de prata, e as argolas usadas para pendurar as cortinas eram de prata.

---

[a] **37.24** Em hebraico, *1 talento*. [b] **37.25** Em hebraico, *1 côvado de comprimento e 1 côvado de largura, um quadrado, e 2 côvados de altura*. [c] **38.1a** Em hebraico, *ele*; também em 38.8,9. [d] **38.1b** Em hebraico, *5 côvados de largura, 5 côvados de comprimento, um quadrado, e 3 côvados de altura*. [e] **38.9** Em hebraico, *100 côvados*; também em 38.11. [f] **38.12** Em hebraico, *50 côvados*; também em 38.13. [g] **38.14** Em hebraico, *15 côvados*; também em 38.15.

¹⁸Para a entrada do pátio, confeccionou uma cortina de linho finamente tecido e a enfeitou com lindos bordados de fios de tecido azul, roxo e vermelho. A cortina tinha 9 metros de comprimento e 2,25 metros de altura,ᵃ como as cortinas das divisórias do pátio. ¹⁹Era pendurada em quatro colunas, cada uma apoiada firmemente em sua própria base de bronze. Os capitéis das colunas eram revestidos de prata, e os ganchos e argolas também eram de prata. ²⁰Todas as estacas usadas para sustentar o tabernáculo e o pátio eram de bronze.

Relação dos materiais

²¹Esta é uma relação dos materiais usados na construção do tabernáculo, o santuário da aliança.ᵇ Os levitas registraram os valores totais conforme Moisés os havia instruído, e Itamar, filho do sacerdote Arão, supervisionou esse trabalho. ²²Bezalel, filho de Uri e neto de Hur, da tribo de Judá, fez tudo exatamente conforme o SENHOR havia ordenado a Moisés. ²³Recebeu a ajuda de Aoliabe, filho de Aisamaque, da tribo de Dã, artesão perito em gravar, projetar e bordar em linho fino com fios de tecido azul, roxo e vermelho.

²⁴O povo contribuiu com ofertas especiais de ouro que totalizaram 1.024 quilos,ᶜ calculados de acordo com o siclo do santuário. Esse ouro foi usado em toda a construção do santuário. ²⁵A comunidade toda de Israel contribuiu com 3.520 quilosᵈ de prata, calculados de acordo com o siclo do santuário. ²⁶Essa prata veio do imposto recolhido de cada homem registrado no censo (o imposto era de uma beca, isto é, meio siclo, conforme o siclo do santuário). O imposto foi arrecadado de 603.550 homens de 20 anos para cima. ²⁷Para fazer as cem bases para as armações das paredes do santuário e das colunas que sustentavam a cortina interna foram necessários 3.500 quilos de prata, cerca de 35 quilos para cada base.ᵉ ²⁸Os 20 quilosᶠ de prata restantes foram usados para fazer os ganchos e argolas e para revestir os capitéis das colunas.

²⁹O povo também contribuiu com uma oferta especial de 2.480 quilosᵍ de bronze, ³⁰usados para fundir as bases das colunas à entrada da tenda do encontro e para o altar de bronze com sua grelha de bronze e todos os utensílios do altar. ³¹O bronze também foi usado para fazer as bases das colunas nas quais era pendurada a cortina da entrada do pátio e para todas as estacas ao redor do tabernáculo e o pátio.

As roupas dos sacerdotes

39 Os artesãos confeccionaram belas roupas sagradas de tecido azul, roxo e vermelho para Arão vestir ao servir no lugar santo, conforme o SENHOR havia ordenado a Moisés.

A confecção do colete sacerdotal

²Bezalelʰ fez o colete sacerdotal de linho finamente tecido e bordou-o usando fios de ouro e fios de tecido azul, roxo e vermelho. ³Para fazer os fios de ouro, bateu o metal até formar lâminas finas e as cortou em fios. Com grande habilidade e cuidado, bordou os fios de ouro no linho fino, com fios de tecido azul, roxo e vermelho.

⁴O colete sacerdotal tinha duas peças, unidas nos ombros por duas ombreiras. ⁵O cinturão decorativo era feito dos mesmos materiais: linho finamente tecido bordado com fios de ouro e fios de tecido azul, roxo e vermelho, conforme o SENHOR havia ordenado a Moisés. ⁶Duas pedras de ônix foram presas em suportes de filigranas de ouro. Nas pedras tinham sido gravados os nomes das tribos de Israel, da mesma forma que se grava um selo. ⁷Bezalel prendeu as pedras às ombreiras do colete como recordação de que o sacerdote representa os israelitas. Tudo isso foi feito conforme o SENHOR havia ordenado a Moisés.

A confecção do peitoral

⁸Bezalel fez o peitoral com grande habilidade e cuidado. Confeccionou-o de modo que combinasse com o colete sacerdotal, usando linho finamente tecido, bordado com ouro e com fios de tecido azul, roxo e vermelho. ⁹Fez o peitoral de uma só peça dobrada de tecido, formando um bolso quadrado com 22,5 centímetros

---

ᵃ **38.18** Em hebraico, *20 côvados de comprimento e 5 côvados de altura*. ᵇ **38.21** Em hebraico, *tabernáculo, o tabernáculo do testemunho*. ᶜ **38.24** Em hebraico, *29 talentos e 730 siclos*. *O siclo equivalia a 12 gramas*. ᵈ **38.25** Em hebraico, *100 talentos e 1.775 siclos*. ᵉ **38.27** Em hebraico, *100 talentos de prata, 1 talento para cada base*. ᶠ **38.28** Em hebraico, *1.775 [siclos]*. ᵍ **38.29** Em hebraico, *70 talentos e 2.400 siclos*. ʰ **39.2** Em hebraico, *ele*; também em 39.8,22.

de lado.ª ¹⁰Fixou no peitoral quatro fileiras de pedras preciosas.ᵇ A primeira fileira tinha um rubi, um topázio e um berilo. ¹¹A segunda fileira era composta de uma turquesa, uma safira e uma esmeralda. ¹²A terceira fileira era composta de um jacinto, uma ágata e uma ametista. ¹³A quarta fileira tinha um crisólito, um ônix e um jaspe. Todas essas pedras eram presas a suportes de filigranas de ouro. ¹⁴Cada pedra representava um dos doze filhos de Israel e trazia gravado o nome da tribo correspondente, como em um selo.

¹⁵Para prender o peitoral ao colete sacerdotal, fizeram correntes de fios trançados de ouro puro. ¹⁶Fizeram também dois suportes de filigranas de ouro e duas argolas de ouro, que foram presas aos cantos superiores do peitoral. ¹⁷Amarraram as duas correntes de ouro nas duas argolas do peitoral. ¹⁸Amarraram as outras pontas das correntes aos suportes de filigrana de ouro sobre as ombreiras do colete. ¹⁹Em seguida, fizeram mais duas argolas de ouro e as prenderam às bordas interiores do peitoral, junto ao colete. ²⁰Fizeram outras duas argolas de ouro e as prenderam à parte da frente do colete, abaixo das ombreiras e logo acima do nó que amarrava o cinturão decorativo ao colete. ²¹Prenderam as argolas inferiores do peitoral às argolas do colete com cordões azuis, para que o peitoral ficasse firmemente preso ao colete acima do cinturão. Tudo isso foi feito conforme o Senhor havia ordenado a Moisés.

Outras peças de roupa para os sacerdotes

²²Bezalel fez de uma só peça de tecido azul o manto que é usado com o colete sacerdotal, ²³com uma abertura no meio da peça para a cabeça de Arão. A abertura foi reforçada com uma gola,ᶜ para que não se rasgasse. ²⁴Fizeram romãs de fios de tecido azul, roxo e vermelho e as prenderam à borda do manto. ²⁵Fizeram também sinos de ouro puro e os prenderam entre as romãs à borda do manto, ²⁶intercalando sinos e romãs por toda a volta da borda. Esse manto deveria ser usado sempre que o sacerdote realizasse seu serviço, conforme o Senhor havia ordenado a Moisés.

²⁷Confeccionaram para Arão e seus filhos túnicas de linho fino. ²⁸O turbante especial e os outros turbantes também foram confeccionados de linho fino, e as roupas de baixo foram feitas de linho finamente tecido. ²⁹Os cinturões foram feitos de linho finamente tecido e bordados com fios de tecido azul, roxo e vermelho, conforme o Senhor havia ordenado a Moisés.

³⁰Fizeram de ouro puro a tiara sagrada, o emblema de santidade. Gravaram nela, como em um selo, as palavras Santo para o Senhor. ³¹Prenderam a tiara com um cordão azul à parte da frente do turbante de Arão, conforme o Senhor havia ordenado a Moisés.

Moisés inspeciona o trabalho

³²Assim, a construção do tabernáculo, a tenda do encontro, foi concluída. Os israelitas fizeram tudo conforme o Senhor havia ordenado a Moisés. ³³Então apresentaram a Moisés o tabernáculo completo:

a tenda com toda a sua mobília, os colchetes, as armações, os travessões, as colunas e as bases;

³⁴as coberturas da tenda, feitas de peles de carneiro tingidas de vermelho e couro fino; a cortina interna que protegia a arca;

³⁵a arca da aliançaᵈ e as varas para transportá-la;

a tampa da arca, que é o lugar de expiação;

³⁶a mesa e todos os seus utensílios;

os pães da presença;

³⁷o candelabro de ouro puro, com suas lâmpadas simétricas, todos os seus acessórios e o óleo de oliva para a iluminação;

³⁸o altar de ouro;

o óleo da unção e o incenso perfumado;

a cortina para a entrada da tenda;

³⁹o altar de bronze com a grelha de bronze, as varas para transportá-lo e seus utensílios;

a bacia de bronze e seu suporte;

⁴⁰a cortina para as divisórias do pátio;

as colunas e suas bases;

a cortina para a entrada do pátio;

as cordas e as estacas;

todos os utensílios a serem usados durante as cerimônias no tabernáculo, a tenda do encontro;

ª**39.9** Em hebraico, *1 palmo*. ᵇ**39.10** Não é possível identificar com precisão algumas dessas pedras preciosas. ᶜ**39.23** O significado do hebraico é incerto. ᵈ**39.35** Ou *arca do testemunho*.

⁴¹as roupas finamente confeccionadas para os sacerdotes vestirem enquanto estiverem servindo no lugar santo, as roupas sacerdotais sagradas de Arão e as roupas que seus filhos vestiriam durante o serviço.

⁴²Os israelitas seguiram todas as instruções que o Senhor tinha dado a Moisés acerca da obra. ⁴³Então Moisés inspecionou todo o trabalho. Quando verificou que tinha sido feito conforme o Senhor havia ordenado, abençoou o povo.

O tabernáculo é armado

40 O Senhor disse a Moisés: ²"Arme o tabernáculo, a tenda do encontro, no primeiro dia do primeiro mês.ᵃ ³Coloque a arca da aliançaᵇ dentro dele e pendure a cortina interna para proteger a arca. ⁴Depois, traga a mesa para dentro e coloque sobre ela os utensílios. Traga também o candelabro e instale suas lâmpadas.

⁵"Ponha o altar de ouro para o incenso diante da arca da aliança e pendure a cortina à entrada do tabernáculo. ⁶Coloque o altar do holocausto diante da entrada do tabernáculo, a tenda do encontro. ⁷Ponha a bacia entre a tenda do encontro e o altar e encha-a de água. ⁸Em seguida, arme o pátio ao redor da tenda e pendure a cortina da entrada do pátio.

⁹"Pegue o óleo da unção e unja o tabernáculo e toda a sua mobília, para consagrá-los; assim, ele será santo. ¹⁰Unja o altar do holocausto e seus utensílios para consagrá-los; assim, ele será santíssimo. ¹¹Depois, unja a bacia e seu suporte para consagrá-los.

¹²"Traga Arão e seus filhos até a entrada da tenda do encontro e lave-os com água. ¹³Vista Arão com as roupas sagradas, unja-o e consagre-o, para que me sirva como sacerdote. ¹⁴Traga os filhos de Arão e vista-os com as túnicas. ¹⁵Unja-os como ungiu o pai deles, para que também me sirvam como sacerdotes. Com a unção, os descendentes de Arão são separados para o sacerdócio para sempre, de geração em geração".

¹⁶Moisés fez tudo que o Senhor lhe havia ordenado. ¹⁷O tabernáculo foi armado no primeiro dia do primeiro mês do segundo ano. ¹⁸Para armar o tabernáculo, Moisés colocou as bases em seus lugares, encaixou as armações, prendeu os travessões e levantou as colunas. ¹⁹Em seguida, estendeu a tenda sobre a estrutura do tabernáculo e, por cima, colocou a cobertura, conforme o Senhor havia ordenado.

²⁰Pegou as tábuas da aliança e as colocouᶜ dentro da arca. Prendeu à arca as varas para transportá-la e a cobriu com a tampa, o lugar de expiação. ²¹Depois, trouxe a arca da aliança para dentro da tenda do encontro e pendurou a cortina interna que a protegia, conforme o Senhor havia ordenado.

²²Em seguida, Moisés colocou a mesa da tenda do encontro do lado norte do lugar santo, do lado de fora da cortina interna. ²³Arrumou sobre a mesa os pães da presença diante do Senhor, conforme o Senhor havia ordenado.

²⁴Pôs o candelabro dentro da tenda do encontro, em frente à mesa, do lado sul do lugar santo. ²⁵Acendeu as lâmpadas na presença do Senhor, conforme o Senhor havia ordenado. ²⁶Colocou também o altar de ouro para o incenso na tenda do encontro diante da cortina interna ²⁷e queimou sobre ele incenso perfumado, conforme o Senhor havia ordenado.

²⁸Pendurou a cortina à entrada do tabernáculo ²⁹e colocou o altar do holocausto perto da entrada do tabernáculo, a tenda do encontro. Apresentou sobre o altar um holocausto e uma oferta de cereal, conforme o Senhor havia ordenado.

³⁰Em seguida, Moisés colocou a bacia entre a tenda do encontro e o altar e encheu-a de água para que os sacerdotes pudessem se lavar. ³¹Moisés, Arão e os filhos de Arão usavam a água da bacia para lavar as mãos e os pés. ³²Lavavam-se cada vez que se aproximavam do altar e entravam na tenda do encontro, conforme o Senhor havia ordenado.

³³Moisés pendurou as cortinas que cercavam o pátio ao redor do tabernáculo e do altar e colocou a cortina à entrada do pátio. Assim, Moisés finalmente terminou o trabalho.

A glória do Senhor enche o tabernáculo

³⁴Então a nuvem cobriu a tenda do encontro, e a glória do Senhor encheu o tabernáculo.

ᵃ **40.2** No antigo calendário lunar hebraico, esse dia normalmente caía em março ou abril. ᵇ **40.3** Ou *arca do testemunho*; também em 40.5,21. ᶜ **40.20** Em hebraico, *Colocou o testemunho*; ver nota em 25.16.

³⁵Moisés não podia mais entrar na tenda do encontro, pois a nuvem estava sobre ela, e a glória do SENHOR a enchia. ³⁶Sempre que a nuvem se levantava de cima do tabernáculo, os israelitas seguiam viagem. ³⁷Mas, se a nuvem não se levantava, permaneciam onde estavam até a nuvem se elevar. ³⁸Durante o dia, a nuvem do SENHOR pairava no ar acima do tabernáculo e, à noite, fogo ardia dentro da nuvem, de modo que todo o povo de Israel podia vê-la. E isso ocorreu ao longo de todas as jornadas dos israelitas.

LEVÍTICO

INTRODUÇÃO

Nome. Por parte dos rabinos, chamava-se "A Lei do Sacerdote" e "A Lei das Ofertas", mas, desde o tempo da Vulgata, tem sido chamado Levítico, porque trata dos serviços do santuário executados pelos levitas.

Conexão com os livros anteriores. Em Gênesis, o homem é expulso do Jardim, e a solução para a sua ruína é vista na semente prometida. Em Êxodo, o homem não está apenas fora do Éden, mas é escravo de um inimigo maligno, e sua libertação da escravidão é revelada no sangue do cordeiro — considerado suficiente para satisfazer a necessidade do homem e a justiça de Deus. Em Levítico, é indicado o lugar do sacrifício e a expiação pelo pecado, também é revelado que Deus aceitou o sacrifício da vítima em vez da morte do pecador. É uma continuação de Êxodo, contendo a legislação sinaítica a partir do momento da conclusão do tabernáculo.

Conteúdo. Exceto pelas breves seções históricas encontradas nos capítulos 8–10 e 24.10-14, o livro contém um sistema de leis, que pode ser dividido em (1) civis, (2) sanitárias, (3) cerimoniais, (4) morais e (5) religiosas, que põem maior ênfase em deveres morais e religiosos.

Propósito. (1) Mostrar que Deus é santo e o homem é pecador. (2) Mostrar como Deus mantém sua santidade e expõe a pecaminosidade do homem. (3) Mostrar como um povo pecador pode se aproximar do Deus santo. (4) Fornecer um manual de lei e de culto para Israel. (5) Tornar Israel uma nação santa.

Palavra-chave. A palavra-chave é, então, Santidade, que é encontrada 87 vezes no livro [N.E.: Em suas variáveis, puro, purificado, santo, sem defeito, consagrado etc.], enquanto, em contraste com ela, as palavras pecado, impureza, culpa (de várias formas) ocorrem 194 vezes, mostrando assim a necessidade de purificação. Por outro lado, o sangue, como meio de purificação, ocorre 72 vezes. O versículo-chave é, penso eu, 19.2, embora alguns considerem 10.10 como o melhor versículo.

Os sacrifícios, ou ofertas. Eles podem ser divididos de várias maneiras, entre as quais a mais instrutiva é a seguinte: (1) *Sacrifícios nacionais*, que incluem: (a) Sequenciais, como ofertas diárias, semanais e mensais; (b) Festivos, como a Páscoa, ciclo de meses etc.; (c) para o serviço do Santo Lugar, como óleo sagrado, incenso precioso, doze pães etc. (2) *Sacrifícios oficiais*, que incluem: (a) Aqueles para os sacerdotes; (b) Aqueles para príncipes e governantes; (c) Aqueles para as mulheres consagradas, Ex. 38.8; 1Sm 2.22. (3) *Sacrifícios pessoais*, incluindo (a) oferta de sangue — oferta de paz, oferta pelo pecado e oferta pela transgressão; (b) ofertas sem sangue — a oferta de carne ou farinha.

Além dessa divisão geral, as ofertas estão divididas em dois tipos, da seguinte forma: (1) *Ofertas de aroma*. Estas são expiatórias na natureza e mostram que Jesus é aceitável para Deus, pois Ele não peca e faz todo o bem, assim o pecador é apresentado a Deus em toda a aceitação de Cristo. Essas ofertas são: (a) holocausto, na qual Cristo, voluntariamente, se oferece imaculado a Deus por nossos pecados; (b) a oferta de manjares, na qual a perfeita humanidade de Cristo, testada e provada, torna-se o pão de Seu povo; (c) a oferta pacífica que representa Cristo como nossa paz, gerando comunhão com Deus e gratidão. (2) *Ofertas que não são de aroma*. Estas são ofertas perfeitas, revestidas com a culpa humana. Elas são: (a) a oferta pelo pecado, que é expiatório, substitutivo e eficaz, referindo-se mais aos pecados contra Deus, com pouca consideração aos danos ao homem; (b) a oferta pela culpa, que se refere particularmente aos pecados contra o homem, que também são pecados contra Deus.

ESBOÇO

1. Leis de sacrifícios, Caps. 1–10
    1.1. Holocausto, Cap. 1
    1.2. Oferta de cereal, Cap. 2
    1.3. Oferta pacífica, Cap. 3
    1.4. Oferta pelo pecado, Cap. 4
    1.5. Oferta pela culpa, 5.1–6.7
    1.6. Instruções aos sacerdotes a respeito das ofertas, 6.8–7.38
    1.7. Consagração dos sacerdotes, Caps. 8–10

2. Leis de pureza, Caps. 11-22
   2.1. Alimentos puros, animais para consumo, Cap. 11
   2.2. Corpo e casa limpos, regras para purificação, Caps. 12-13
   2.3. Nação pura, oferta pelo pecado no Dia da Expiação, Caps. 16-17
   2.4. Práticas sexuais proibidas, Cap. 18
   2.5. Moralidade pura, Caps. 19-20
   2.6. Sacerdotes puros, Caps. 21-22
3. Leis das festas, Caps. 23-25
   3.1. Festas sagradas, Cap. 23
   3.2. Parêntese, ou interpolação, candelabro do tabernáculo, pães sagrados, o blasfemador, Cap. 24
   3.3. Anos sabáticos, Cap. 25
4. Leis especiais, Caps. 26-27
   4.1. Bênção e maldição, Cap. 26
   4.2. Votos e dízimos, Cap. 27

PARA ESTUDO E DISCUSSÃO

[1] Faça uma lista das várias ofertas, familiarize-se com o que é oferecido e como é oferecido, relacione o resultado a ser alcançado em cada caso.

[2] As leis: (a) Para a consagração e purificação dos sacerdotes (Caps. 8-10 e 21-22); (b) Regulamento para conduta sexual (Cap. 18); (c) Relativas a animais limpos e o que pode ser usado como alimento (Cap. 11); (d) Regulamento para votos e dízimos (Cap. 27).

[3] O sacrifício de dois cordeiros e duas aves: (a) Os detalhes do que é feito com cada cordeiro e cada ave; (b) As lições ou verdades tipificadas por cada cordeiro e ave.

[4] O nome, ocasião, propósito, tempo e modo de observar cada uma das festas.

[5] Como a redenção é vista em Levítico: (a) O papel do sacerdote; (b) A substituição; (c) A imputação; (d) O sacrifício e o sangue na redenção.

[6] Como a natureza do pecado é vista em Levítico: (a) Seu efeito na natureza do homem; (b) Seu efeito em seu relacionamento com Deus.

Procedimentos para o holocausto

1 Da tenda do encontro, o Senhor chamou Moisés e lhe disse: ²"Dê as seguintes instruções ao povo de Israel. Quando você apresentar um animal como oferta para o Senhor, escolha-o dos rebanhos de gado, ovelhas ou cabras.

³"Se o animal que apresentar como holocausto for do rebanho de gado, deverá ser um macho sem defeito. Leve-o até a entrada da tenda do encontro, para que seja aceito pelo Senhor. ⁴Coloque a mão sobre a cabeça do animal, para que seja aceito em seu lugar como expiação. ⁵Mate o novilho na presença do Senhor, e os filhos de Arão, os sacerdotes, oferecerão o sangue do animal, derramando-o em todos os lados do altar que está à entrada da tenda do encontro. ⁶Depois, tire a pele do animal e corte-o cm pedaços. ⁷Os filhos do sacerdote Arão acenderão o fogo no altar e ali arrumarão a lenha. ⁸Arrumarão também os pedaços da oferta, incluindo a cabeça e a gordura, sobre a lenha acesa no altar, ⁹mas os órgãos internos e as pernas serão lavados primeiro com água. Então o sacerdote queimará tudo no altar como holocausto. É uma oferta especial, um aroma agradável ao Senhor.

¹⁰"Se o animal que apresentar como holocausto for um carneiro ou um cabrito, deverá ser um macho sem defeito. ¹¹Mate o animal junto ao lado norte do altar, na presença do Senhor, e os filhos de Arão, os sacerdotes, derramarão o sangue do animal em todos os lados do altar. ¹²Depois, corte o animal em pedaços, incluindo a cabeça e a gordura. Os sacerdotes arrumarão os pedaços da oferta sobre a lenha acesa no altar, ¹³mas os órgãos internos e as pernas serão lavados primeiro com água. Então o sacerdote queimará tudo no altar como holocausto. É uma oferta especial, um aroma agradável ao Senhor.

¹⁴"Se apresentar ao Senhor uma ave como holocausto, deverá ser uma rolinha ou um pombinho. ¹⁵O sacerdote levará a ave até o altar, destroncará a cabeça dela e deixará o sangue escorrer na lateral do altar. Em seguida, queimará a ave. ¹⁶O sacerdote removerá o papo e as penas da cauda[a] da ave e os lançará do lado leste do altar, sobre as cinzas. ¹⁷Depois, segurando a ave pelas asas, o sacerdote a partirá, mas sem despedaçá-la, e a apresentará como holocausto sobre a lenha acesa no altar. É uma oferta especial, um aroma agradável ao Senhor."

Procedimentos para a oferta de cereal

2 "Quando apresentar ao Senhor uma oferta de cereal, deverá ser de farinha da melhor qualidade. Derrame azeite sobre a farinha, acrescente um pouco de incenso ²e leve-a aos filhos de Arão, os sacerdotes. O sacerdote pegará um punhado da farinha umedecida com azeite, junto com todo o incenso, e queimará essa porção memorial no altar. É uma oferta especial, um aroma agradável ao Senhor. ³O restante da oferta de cereal será entregue a Arão e a seus filhos. Essa oferta será considerada parte santíssima das ofertas especiais apresentadas ao Senhor.

⁴"Se a oferta for de cereal assado no forno, deverá ser de farinha da melhor qualidade, mas sem fermento: bolos misturados com azeite ou pães finos untados com azeite. ⁵Se a oferta de cereal for preparada numa assadeira, deverá ser de farinha da melhor qualidade misturada com azeite, mas sem fermento. ⁶Divida-a em pedaços e derrame azeite sobre ela. É oferta de cereal. ⁷Se a oferta de cereal for preparada numa panela, deverá ser de farinha da melhor qualidade misturada com azeite.

⁸"Quando trouxer a oferta de cereal que foi preparada para o Senhor, entregue-a ao sacerdote, que a apresentará no altar. ⁹O sacerdote tomará uma porção memorial da oferta de cereal e a queimará no altar. É uma oferta especial, um aroma agradável ao Senhor. ¹⁰O restante da oferta de cereal será entregue a Arão e a seus filhos como alimento. Essa oferta será considerada parte santíssima das ofertas especiais apresentadas ao Senhor.

¹¹"Não use fermento ao preparar qualquer das ofertas de cereal a ser apresentada ao Senhor, pois nem fermento nem mel devem ser queimados como oferta especial apresentada ao Senhor. ¹²É permitido acrescentar fermento e mel às ofertas dos primeiros frutos da colheita, mas nunca devem ser oferecidos no

---

[a] 1.16 Ou *o papo e o seu conteúdo.* O significado do hebraico é incerto.

altar como aroma agradável ao S‍enhor. ¹³Tempere com sal todas as suas ofertas de cereal. Não deixe de usar o sal da aliança do seu Deus em todas as suas ofertas de cereal. Todas as ofertas que trouxerem deverão ter sal.

¹⁴"Se apresentar ao S‍enhor uma oferta de cereal dos primeiros frutos de sua colheita, apresente grãos frescos moídos grosseiramente e tostados no fogo. ¹⁵Derrame azeite sobre essa oferta de cereal e acrescente um pouco de incenso. ¹⁶O sacerdote tomará uma porção memorial dos grãos umedecidos com azeite, junto com todo o incenso, e queimará como oferta especial apresentada ao S‍enhor."

Procedimentos para a oferta de paz

3 "Se apresentar ao S‍enhor um animal do rebanho de gado como oferta de paz, poderá ser macho ou fêmea, desde que seja sem defeito. ²Coloque a mão sobre a cabeça do animal e mate-o à entrada da tenda do encontro. Os filhos de Arão, os sacerdotes, derramarão o sangue do animal em todos os lados do altar. ³Dessa oferta de paz, uma parte será apresentada como oferta especial para o S‍enhor. Incluirá toda a gordura que envolve os órgãos internos, ⁴os dois rins, a gordura ao redor deles perto dos lombos e o lóbulo do fígado. Todas essas partes serão removidas junto com os rins, ⁵e os filhos de Arão queimarão tudo sobre a lenha acesa no altar. É uma oferta especial, um aroma agradável ao S‍enhor.

⁶"Se apresentar ao S‍enhor um animal dos rebanhos de ovelhas ou de cabras como oferta de paz, poderá ser macho ou fêmea, desde que seja sem defeito. ⁷Se apresentar como oferta um cordeiro, traga-o perante o S‍enhor, ⁸coloque a mão sobre a cabeça do animal e mate-o à entrada da tenda do encontro. Os filhos de Arão derramarão o sangue do cordeiro em todos os lados do altar. ⁹Dessa oferta de paz, a gordura será apresentada como oferta especial para o S‍enhor. Incluirá a gordura da parte gorda da cauda, cortada rente à espinha, toda a gordura que envolve os órgãos internos, ¹⁰os dois rins, a gordura ao redor deles perto dos lombos e o lóbulo do fígado. Todas essas partes serão removidas junto com os rins, ¹¹e o sacerdote queimará tudo no altar. É uma oferta especial de alimento apresentada ao S‍enhor.

¹²"Se apresentar um cabrito como oferta, traga-o perante o S‍enhor, ¹³coloque a mão sobre a cabeça do animal e mate-o à entrada da tenda do encontro. Os filhos de Arão derramarão o sangue do cabrito em todos os lados do altar. ¹⁴Dessa oferta, uma parte será apresentada como oferta especial para o S‍enhor. Incluirá toda a gordura que envolve os órgãos internos, ¹⁵os dois rins, a gordura ao redor deles perto dos lombos e o lóbulo do fígado. Todas essas partes serão removidas junto com os rins, ¹⁶e o sacerdote queimará tudo no altar. É uma oferta especial de alimento, um aroma agradável ao S‍enhor. Toda a gordura pertence ao S‍enhor.

¹⁷"Jamais coma a gordura ou o sangue. Essa é uma lei permanente para você e deve ser cumprida de geração em geração, onde quer que morarem".

Procedimentos para a oferta pelo pecado

4 Então o S‍enhor disse a Moisés: ²"Dê as seguintes instruções ao povo de Israel. É isto que devem fazer aqueles que pecam sem intenção, quebrando algum dos mandamentos do S‍enhor.

³"Se o sacerdote ungido pecar, trazendo culpa sobre todo o povo, apresentará ao S‍enhor um novilho sem defeito como oferta pelo pecado que cometeu. ⁴Trará o novilho perante o S‍enhor à entrada da tenda do encontro, colocará a mão sobre a cabeça do animal e o matará diante do S‍enhor. ⁵O sacerdote ungido levará um pouco do sangue do novilho para dentro da tenda do encontro, ⁶molhará o dedo no sangue e com ele aspergirá sete vezes diante do S‍enhor, em frente à cortina interna do santuário. ⁷Em seguida, o sacerdote colocará um pouco do sangue nas pontas do altar de incenso perfumado que está na presença do S‍enhor dentro da tenda do encontro. O restante do sangue do novilho ele derramará na base do altar do holocausto, à entrada da tenda do encontro. ⁸Depois, removerá toda a gordura do novilho a ser apresentado como oferta pelo pecado, incluindo a gordura que envolve os órgãos internos, ⁹os dois rins, a gordura ao redor deles perto dos lombos e o lóbulo do fígado. Removerá todas essas partes

junto com os rins, ¹⁰como se faz com os animais apresentados como oferta de paz, e queimará tudo no altar do holocausto. ¹¹Mas o que restar do novilho — o couro, a carne, a cabeça, as pernas, os órgãos internos e os excrementos — ¹²ele tomará e levará para um lugar cerimonialmente puro, fora do acampamento, onde são jogadas as cinzas. Ali, sobre o monte de cinzas, queimará os restos num fogo feito com lenha.

¹³"Se toda a comunidade de Israel pecar, quebrando algum dos mandamentos do Senhor, mas não se der conta disso, ainda assim será culpada. ¹⁴Quando perceber seu pecado, o povo trará um novilho como oferta pelo pecado e o apresentará à entrada da tenda do encontro. ¹⁵As autoridades da comunidade colocarão as mãos sobre a cabeça do novilho e o matarão diante do Senhor. ¹⁶O sacerdote ungido levará um pouco do sangue do novilho para dentro da tenda do encontro, ¹⁷molhará o dedo no sangue e com ele aspergirá sete vezes diante do Senhor, em frente à cortina interna. ¹⁸Em seguida, colocará um pouco do sangue nas pontas do altar que está na presença do Senhor, dentro da tenda do encontro. O restante do sangue do novilho ele derramará na base do altar do holocausto, à entrada da tenda do encontro. ¹⁹Depois, removerá toda a gordura do novilho e a queimará no altar, ²⁰como se faz com o novilho apresentado como oferta pelo pecado. Desse modo, o sacerdote fará expiação pelo povo, e eles serão perdoados. ²¹Então o sacerdote tomará o que restar do novilho, levará para fora do acampamento e o queimará ali, como se faz com a oferta pelo pecado. Essa oferta é pelo pecado de toda a comunidade de Israel.

²²"Se um dos líderes do povo pecar, quebrando algum dos mandamentos do Senhor, seu Deus, mas não se der conta disso, ainda assim será culpado. ²³Quando perceber seu pecado, o líder apresentará como oferta um bode sem defeito. ²⁴Colocará a mão sobre a cabeça do bode e o matará diante do Senhor, no mesmo lugar onde são mortos os animais para os holocaustos. É uma oferta pelo pecado. ²⁵O sacerdote molhará o dedo no sangue da oferta pelo pecado e o colocará nas pontas do altar do holocausto. O restante do sangue ele derramará na base do altar. ²⁶Em seguida, queimará no altar toda a gordura do bode, como se faz com a oferta de paz. Desse modo, o sacerdote fará expiação pelo líder, e ele será perdoado.

²⁷"Se outra pessoa do povo pecar, quebrando algum dos mandamentos do Senhor, mas não se der conta disso, ainda assim será culpada. ²⁸Quando perceber seu pecado, ela apresentará como oferta pelo pecado uma cabra sem defeito. ²⁹Colocará a mão sobre a cabeça do animal da oferta pelo pecado e o matará no mesmo lugar onde são mortos os animais para os holocaustos. ³⁰O sacerdote molhará o dedo no sangue e o colocará nas pontas do altar do holocausto. O restante do sangue ele derramará na base do altar. ³¹Em seguida, removerá toda a gordura da cabra, como se faz com a oferta de paz, e a queimará sobre o altar como um aroma agradável ao Senhor. Desse modo, o sacerdote fará expiação pela pessoa, e ela será perdoada.

³²"Se alguém trouxer uma ovelha como oferta pelo pecado, deverá ser sem defeito. ³³A pessoa colocará a mão sobre a cabeça do animal da oferta pelo pecado e o matará no mesmo lugar onde são mortos os animais para os holocaustos. ³⁴O sacerdote molhará o dedo no sangue da oferta pelo pecado e o colocará nas pontas do altar do holocausto. O restante do sangue ele derramará na base do altar. ³⁵Em seguida, removerá toda a gordura da ovelha, como se faz com a gordura do cordeiro apresentado como oferta de paz, e a queimará no altar como oferta especial apresentada ao Senhor. Desse modo, o sacerdote fará expiação pela pessoa, e ela será perdoada."

Pecados que exigem uma oferta pelo pecado

5 "Se alguém for chamado para testemunhar a respeito de algo que tenha visto ou que seja de seu conhecimento, mas se recusar a fazê-lo, comete pecado e deverá ser castigado por causa de seu pecado.

²"Se alguém, mesmo sem saber, tocar em algo cerimonialmente impuro, como o cadáver de um animal impuro, seja um animal selvagem, um animal doméstico ou um animal que rasteja pelo chão, quando perceber o que

> **PÃO DIÁRIO**
>
> ## Propriedade de quem?
>
> Quando alguém pecar, enganando seu próximo, também estará cometendo um delito contra o Senhor...
> —Levítico 6.2
>
> Um ladrão roubou de uma viúva o equivalente a R$ 7.000 em joias, moedas antigas e dinheiro. Os itens roubados eram tudo o que lhe havia restado da herança do marido.
>
> Ao verificar o produto de seu roubo, o ladrão se deparou com vários envelopes de ofertas contendo dinheiro que a mulher pretendia dar ao Senhor. Sem mexer no conteúdo deles, colocou-os em outro envelope e os endereçou à igreja da mulher e, em seguida, os enviou via correio.
>
> Quando o pastor descobriu o que havia acontecido, comentou: "É uma característica da confusão moral dos nossos tempos o fato de alguém ser capaz de roubar uma viúva e seus filhos, mas achar condenável roubar a igreja".
>
> Aquele ladrão negligenciou uma verdade importante: o pecado contra o nosso próximo é pecado contra Deus (Lv 6.2). Temo que todos nós tenhamos a tendência de pensar que a propriedade de Deus termina à porta da igreja. Mas não é assim. Tudo e todos pertencem a Deus. Reverenciá-lo implica respeitar a propriedade que Ele confiou aos Seus filhos.
>
> Sábio é quem teme a Deus e reconhece que pecar contra os outros é o mesmo que pecar contra o Senhor.
>
> *Senhor, ajuda-nos a sermos sábios em nossas escolhas e a respeitar o nosso próximo. Quando ferimos o outro, também ferimos a ti, Senhor. Ajuda-nos a amar mais, a ferir menos e a honrar-te sempre.*
>
> **Uma ofensa contra o seu próximo constrói um obstáculo entre você e Deus.**

aconteceu, deverá reconhecer sua contaminação e culpa.

³"Se alguém, mesmo sem saber, tocar em algo que o torne impuro, quando perceber o que aconteceu, deverá reconhecer sua culpa.

⁴"Se alguém, mesmo sem saber, fizer um voto impensado de qualquer tipo, para o bem ou para o mal, quando perceber a imprudência do voto, deverá reconhecer sua culpa.

⁵"Quando alguém perceber sua culpa, em qualquer um desses casos, deverá confessar seu pecado. ⁶Como castigo pelo pecado, trará ao Senhor uma ovelha ou uma cabra do rebanho. É uma oferta pelo pecado, com a qual o sacerdote fará expiação pelo pecado da pessoa.

⁷"Se a pessoa não tiver recursos para oferecer uma ovelha, trará ao Senhor duas rolinhas ou dois pombinhos como castigo pelo pecado. Uma das aves será para a oferta pelo pecado, e a outra, para o holocausto. ⁸Ela as entregará ao sacerdote, que apresentará a primeira ave como oferta pelo pecado. Ele torcerá o pescoço da ave, mas não arrancará a cabeça. ⁹Em seguida, aspergirá os lados do altar com um pouco do sangue da oferta pelo pecado e deixará o sangue restante escorrer para a base do altar. É uma oferta pelo pecado. ¹⁰Depois disso, o sacerdote preparará a segunda ave como holocausto, de acordo com a forma prescrita. Desse modo, o sacerdote fará expiação pelo pecado da pessoa, e ela será perdoada.

¹¹"Se a pessoa não tiver condições de oferecer sequer duas rolinhas ou dois pombinhos, trará dois litros[a] de farinha da melhor qualidade como oferta pelo pecado. Uma vez que é uma oferta pelo pecado, não misturará azeite com a farinha nem acrescentará incenso. ¹²Trará a farinha ao sacerdote, que pegará um punhado como porção memorial e queimará a porção no altar, sobre as ofertas especiais apresentadas ao Senhor. É uma oferta pelo pecado. ¹³Desse modo, o sacerdote fará expiação por aqueles que forem culpados de algum desses pecados, e eles serão perdoados. O restante da farinha será do sacerdote, como se faz com a oferta de cereal".

Procedimentos para a oferta pela culpa

¹⁴O Senhor disse a Moisés: ¹⁵"Se alguém cometer um delito religioso, violando, mesmo sem intenção, algum mandamento sobre as coisas consagradas do Senhor, deverá trazer ao Senhor uma oferta pela culpa. A oferta será um carneiro sem defeito do seu próprio rebanho, calculado em prata de acordo com o siclo[b] do santuário. ¹⁶A pessoa pagará uma indenização referente ao delito religioso que cometeu, com um acréscimo de um quinto do valor. Quando entregar o pagamento ao sacerdote, ele fará

---

[a] **5.11** Em hebraico, *1/10 de efa*. [b] **5.15** Cada siclo equivalia a 12 gramas.

expiação pela pessoa com o carneiro sacrificado como oferta pela culpa, e ela será perdoada. ¹⁷"Se alguém pecar, quebrando algum dos mandamentos do Senhor, mesmo que não tenha consciência do que fez, é culpado e será castigado por causa de seu pecado. ¹⁸Como oferta pela culpa, trará ao sacerdote um carneiro sem defeito do próprio rebanho, devidamente avaliado. Desse modo, o sacerdote fará expiação pelo pecado não intencional que a pessoa cometeu, e ela será perdoada. ¹⁹Essa é uma oferta pela culpa, pois a pessoa certamente se tornou culpada diante do Senhor".

Pecados que exigem uma oferta pela culpa

6 ¹ᵃEntão o Senhor disse a Moisés: ²"Quando alguém pecar, enganando seu próximo, também estará cometendo um delito contra o Senhor. Se esse alguém for desonesto num negócio que envolve depósito como garantia, ou roubar, ou praticar extorsão, ³ou encontrar um objeto e negar que o encontrou, ou mentir depois de jurar dizer a verdade a respeito desse pecado, ou alguma prática semelhante, ⁴será culpado pelo pecado que cometeu. Devolverá o que roubou, ou o valor que extorquiu, ou o depósito feito como garantia, ou o objeto perdido que encontrou, ⁵ou qualquer coisa que tenha obtido com juramento falso. Fará restituição pagando à pessoa prejudicada o total, com um acréscimo de um quinto do valor. No mesmo dia, apresentará uma oferta pela culpa. ⁶Como oferta pela culpa para o Senhor, trará ao sacerdote um carneiro sem defeito do próprio rebanho, devidamente avaliado. ⁷Desse modo, o sacerdote fará expiação pela pessoa diante do Senhor, e ela será perdoada de qualquer desses pecados que tenha cometido".

Instruções adicionais para os holocaustos

⁸ᵇEntão o Senhor disse a Moisés: ⁹"Dê a Arão e a seus filhos as seguintes instruções para os holocaustos. Os holocaustos serão deixados sobre o altar até a manhã seguinte, e o fogo sobre o altar será mantido aceso a noite toda. ¹⁰Pela manhã, depois que o sacerdote de serviço tiver vestido suas roupas oficiais de linho e as roupas de baixo, também de linho, limpará as cinzas do holocausto e as colocará ao lado do altar. ¹¹Em seguida, removerá as roupas de linho, vestirá suas roupas habituais e levará as cinzas para fora do acampamento, até um lugar cerimonialmente puro. ¹²Enquanto isso, o fogo do altar será mantido aceso; nunca deverá se apagar. A cada manhã, o sacerdote acrescentará mais lenha ao fogo, arrumará sobre ele o holocausto e queimará nele a gordura das ofertas de paz. ¹³Lembrem-se de que o fogo deverá ser mantido aceso no altar o tempo todo; nunca deverá se apagar".

Instruções adicionais para as ofertas de cereal

¹⁴"Estas são as instruções para as ofertas de cereal. Os filhos de Arão apresentarão esta oferta ao Senhor diante do altar. ¹⁵O sacerdote de serviço pegará da oferta de cereal um punhado de farinha da melhor qualidade, umedecida com azeite, junto com todo o incenso, e queimará essa porção memorial no altar como aroma agradável ao Senhor. ¹⁶Arão e seus filhos poderão comer o restante da farinha, mas deverão assá-la sem fermento e comê-la num lugar sagrado dentro do pátio da tenda do encontro. ¹⁷Lembrem-se de que essa oferta nunca deverá ser preparada com fermento. Eu a dei aos sacerdotes como porção das ofertas especiais apresentadas a mim. É santíssima, como a oferta pelo pecado e a oferta pela culpa. ¹⁸Todos os homens descendentes de Arão poderão comer das ofertas especiais apresentadas ao Senhor. É seu direito permanente, de geração em geração. Qualquer pessoa ou objeto que tocar nessas ofertas se tornará santo".

Procedimentos para a oferta de consagração

¹⁹Então o Senhor disse a Moisés: ²⁰"No dia em que Arão e seus filhos forem ungidos, apresentarão ao Senhor a oferta padrão de cereal de dois litrosᶜ de farinha da melhor qualidade; metade pela manhã e metade à tarde. ²¹Misture-a cuidadosamente com azeite e cozinhe-a numa assadeira. Corte em fatiasᵈ a oferta de cereal e apresente-a como aroma

---

ᵃ **6.1** No texto hebraico, os versículos 6.1-7 são numerados 5.20-26. ᵇ **6.8** No texto hebraico, os versículos 6.8-30 são numerados 6.1-23. ᶜ **6.20** Em hebraico, *1/10 de efa*. ᵈ **6.21** O significado do termo hebraico é incerto.

agradável ao Senhor. ²²A cada geração, o sacerdote ungido que suceder a Arão preparará essa mesma oferta. Ela pertence ao Senhor e será totalmente queimada. Essa é uma lei permanente. ²³Todas as ofertas de cereal do sacerdote serão totalmente queimadas. Nenhuma parte poderá ser consumida como alimento".

Instruções adicionais para a oferta pelo pecado

²⁴O Senhor também disse a Moisés: ²⁵"Dê a Arão e a seus filhos as seguintes instruções para a oferta pelo pecado. O animal apresentado como oferta pelo pecado é oferta santíssima e será morto diante do Senhor, onde são mortos os animais para os holocaustos. ²⁶O sacerdote que apresentar o sacrifício como oferta pelo pecado comerá sua porção num lugar sagrado dentro do pátio da tenda do encontro. ²⁷Qualquer pessoa ou objeto que tocar a carne do sacrifício se tornará santo. Se o sangue do sacrifício respingar na roupa de alguém, a peça manchada será lavada num lugar sagrado. ²⁸Se for usada uma panela de barro para cozinhar a carne do sacrifício, terá de ser quebrada em seguida. Se for usada uma panela de bronze, terá de ser esfregada e bem enxaguada com água. ²⁹Qualquer homem da família dos sacerdotes poderá comer dessa oferta. É oferta santíssima. ³⁰Mas a oferta pelo pecado não poderá ser comida se o sangue for levado à tenda do encontro como oferta para fazer expiação no lugar santo. Nesse caso, será totalmente queimada no fogo."

Instruções adicionais para a oferta pela culpa

7 "Estas são as instruções para a oferta pela culpa. É oferta santíssima. ²O animal sacrificado como oferta pela culpa será morto onde são mortos os animais para os holocaustos, e seu sangue será derramado em todos os lados do altar. ³Em seguida, o sacerdote oferecerá toda a gordura sobre o altar, incluindo a gordura da parte gorda da cauda, a gordura que envolve os órgãos internos, ⁴os dois rins, a gordura ao redor deles perto dos lombos e o lóbulo do fígado. Ele removerá todas essas partes junto com os rins ⁵e queimará tudo no altar como oferta especial apresentada ao Senhor. É a oferta pela culpa. ⁶Qualquer homem da família dos sacerdotes poderá comer a carne. Deverá comê-la num lugar sagrado, pois é santíssima.

⁷"As mesmas instruções se aplicam tanto à oferta pela culpa como à oferta pelo pecado. Ambas pertencem ao sacerdote que as utiliza para fazer expiação. ⁸No caso dos holocaustos, o sacerdote poderá ficar com o couro do animal sacrificado. ⁹Toda oferta de cereal assada no forno, preparada numa panela ou cozida numa assadeira, pertence ao sacerdote que a apresenta. ¹⁰Todas as outras ofertas de cereal, preparadas com farinha seca ou farinha umedecida com azeite, deverão ser divididas em partes iguais entre todos os sacerdotes, os descendentes de Arão."

Instruções adicionais para a oferta de paz

¹¹"Estas são as instruções sobre os diferentes tipos de oferta de paz que podem ser apresentados ao Senhor. ¹²Se alguém apresentar sua oferta de paz para expressar gratidão, o animal que normalmente é oferecido será acompanhado de bolos sem fermento misturados com azeite, pães finos sem fermento untados com azeite e bolos feitos de farinha da melhor qualidade misturada com azeite. ¹³Essa oferta de paz para expressar gratidão também será acompanhada de pães preparados com fermento. ¹⁴Um pão de cada tipo será apresentado como oferta para o Senhor. Os pães serão do sacerdote que derramar o sangue da oferta de paz no altar. ¹⁵A carne da oferta de paz para expressar gratidão será comida no mesmo dia em que for oferecida. Nada poderá ser guardado até a manhã seguinte.

¹⁶"Se alguém apresentar uma oferta como cumprimento de um voto ou como oferta voluntária, a carne será comida no mesmo dia em que o sacrifício for oferecido, mas o que restar poderá ser comido no dia seguinte. ¹⁷A carne que restar até o terceiro dia deverá ser totalmente queimada. ¹⁸Se alguma porção da carne da oferta de paz for comida no terceiro dia, a pessoa que a trouxe não será aceita pelo Senhor e a oferta não terá valor. A essa altura, a carne estará contaminada, e quem a comer será castigado por causa de seu pecado.

¹⁹"A carne que tocar qualquer coisa cerimonialmente impura não poderá ser comida; deverá ser totalmente queimada. Mas a carne do sacrifício poderá ser comida por quem estiver cerimonialmente puro. ²⁰Se alguém estiver cerimonialmente impuro e comer a carne da oferta de paz apresentada ao Senhor, será eliminado do meio do povo. ²¹Se tocar em algo impuro, seja contaminação humana, de um animal impuro ou de qualquer outra coisa impura e detestável, e depois comer a carne de uma oferta de paz apresentada ao Senhor, será eliminado do meio do povo".

O sangue e a gordura são proibidos

²²Então o Senhor disse a Moisés: ²³"Dê as seguintes instruções ao povo de Israel. Jamais comam gordura, seja de boi, carneiro ou cabrito. ²⁴A gordura de um animal encontrado morto ou despedaçado por animais selvagens jamais deverá ser comida, embora possa ser usada para outros fins. ²⁵Quem comer a gordura de um animal apresentado como oferta especial para o Senhor será eliminado do meio do povo. ²⁶Onde quer que morarem, jamais consumam o sangue de qualquer ave ou animal. ²⁷Quem consumir sangue será eliminado do meio do povo".

A porção dos sacerdotes

²⁸O Senhor disse a Moisés: ²⁹"Dê as seguintes instruções ao povo de Israel. Quando apresentarem uma oferta de paz ao Senhor, levem uma parte dela como oferta para o Senhor. ³⁰Apresentem-na com suas próprias mãos como oferta especial para o Senhor. Levem a gordura do animal junto com o peito e movam o peito para o alto como oferta especial para o Senhor. ³¹Em seguida, o sacerdote queimará a gordura no altar, mas o peito será de Arão e seus descendentes. ³²Entreguem como oferta ao sacerdote a coxa direita da oferta de paz. ³³A coxa direita será sempre a porção entregue ao sacerdote que apresentar o sangue e a gordura da oferta de paz. ³⁴Pois reservei para os sacerdotes o peito da oferta especial e a coxa direita da oferta sagrada. Arão e seus descendentes têm o direito permanente de participar das ofertas de paz que os israelitas apresentarem. ³⁵Essa é sua porção por direito das ofertas especiais apresentadas ao Senhor, reservada para Arão e seus descendentes desde o dia em que eles foram separados para servir ao Senhor como sacerdotes. ³⁶No dia em que foram ungidos, o Senhor ordenou que os israelitas entregassem essas partes aos sacerdotes como sua porção permanente, de geração em geração".

³⁷Essas são as instruções para o holocausto, a oferta de cereal, a oferta pelo pecado e a oferta pela culpa e também para a oferta de consagração e a oferta de paz. ³⁸O Senhor deu essas instruções a Moisés no monte Sinai, quando ordenou que os israelitas apresentassem suas ofertas ao Senhor no deserto do Sinai.

A consagração dos sacerdotes

8 Então o Senhor disse a Moisés: ²"Traga Arão e seus filhos, as roupas sagradas, o óleo da unção, o novilho para a oferta pelo pecado, os dois carneiros e o cesto de pães sem fermento, ³e reúna toda a comunidade à entrada da tenda do encontro".

⁴Moisés seguiu as instruções do Senhor, e toda a comunidade se reuniu à entrada da tenda do encontro. ⁵"É isto que o Senhor ordenou que façamos!", anunciou Moisés. ⁶Em seguida, apresentou Arão e seus filhos e os lavou com água. ⁷Colocou a túnica oficial em Arão e amarrou o cinturão ao redor de sua cintura. Vestiu-o com o manto, sobre o qual colocou o colete sacerdotal, que prendeu firmemente com o cinturão decorativo. ⁸Colocou em Arão o peitoral e, dentro dele, o Urim e o Tumim. ⁹Pôs na cabeça de Arão o turbante e, na parte da frente do turbante, prendeu a tiara sagrada, o emblema de santidade, conforme o Senhor havia ordenado.

¹⁰Depois, Moisés pegou o óleo da unção e ungiu o tabernáculo e tudo que nele havia, a fim de consagrá-los. ¹¹Aspergiu o altar com óleo sete vezes para ungi-lo, bem como todos os seus utensílios, a bacia e seu suporte, para também consagrá-los. ¹²Derramou um pouco do óleo sobre a cabeça de Arão, para ungi-lo e consagrá-lo. ¹³Em seguida, Moisés apresentou os filhos de Arão. Vestiu-os com as túnicas, amarrou neles o cinturão e pôs-lhes na cabeça o turbante especial, conforme o Senhor tinha ordenado.

¹⁴Então Moisés apresentou o novilho para a oferta pelo pecado. Arão e seus filhos

colocaram as mãos sobre a cabeça do novilho, ¹⁵e Moisés o matou. Pegou um pouco do sangue e, com o dedo, colocou-o nas quatro pontas do altar, a fim de purificá-lo. O restante do sangue ele derramou na base do altar. Desse modo, consagrou o altar e fez expiação por ele.ᵃ ¹⁶Depois, pegou toda a gordura que envolvia os órgãos internos, o lóbulo do fígado, os dois rins e a gordura ao redor deles e os queimou no altar. ¹⁷Pegou o restante do novilho, incluindo o couro, a carne e os excrementos, e o queimou num fogo fora do acampamento, conforme o Senhor tinha ordenado.

¹⁸Então Moisés apresentou o carneiro para o holocausto. Arão e seus filhos colocaram as mãos sobre a cabeça do animal, ¹⁹e Moisés o matou. Pegou o sangue do carneiro e o derramou em todos os lados do altar. ²⁰Cortou o carneiro em pedaços e o queimou no altar, junto com a cabeça e a gordura. ²¹Depois de lavar os órgãos internos e as pernas com água, queimou todo o carneiro sobre o altar como holocausto. Foi um aroma agradável, uma oferta especial apresentada ao Senhor, conforme o Senhor tinha ordenado.

²²Então Moisés apresentou o outro carneiro, o carneiro da consagração. Arão e seus filhos colocaram as mãos sobre a cabeça do animal, ²³e Moisés o matou. Pegou um pouco do sangue e o colocou na ponta da orelha direita, no polegar da mão direita e no polegar do pé direito de Arão. ²⁴Depois, apresentou os filhos de Arão e colocou um pouco do sangue na ponta da orelha direita, no polegar da mão direita e no polegar do pé direito deles. O restante do sangue ele derramou em todos os lados do altar.

²⁵Em seguida, pegou a gordura, incluindo a gordura da parte gorda da cauda, a gordura que envolve os órgãos internos, o lóbulo do fígado, os dois rins e a gordura ao redor deles, bem como a coxa direita. ²⁶Sobre essas partes colocou um pão sem fermento, um pão de massa misturada com azeite e um pão fino untado com azeite, que tirou do cesto de pães sem fermento que estava na presença do Senhor. ²⁷Colocou tudo nas mãos de Arão e seus filhos e moveu os alimentos para o alto como oferta especial para o Senhor. ²⁸Pegou as ofertas de volta das mãos deles e as queimou no altar, sobre o holocausto. Essa foi a oferta de consagração. Foi um aroma agradável, uma oferta especial apresentada ao Senhor. ²⁹Moisés pegou o peito e o moveu para o alto como oferta especial para o Senhor. Era a porção de Moisés do carneiro da consagração, conforme o Senhor tinha ordenado.

³⁰Então Moisés pegou um pouco do óleo da unção e um pouco do sangue que estava sobre o altar e aspergiu sobre Arão e suas roupas e sobre seus filhos e suas roupas. Desse modo, consagrou Arão, seus filhos e suas roupas.

³¹Por fim, Moisés disse a Arão e a seus filhos: "Cozinhem o restante da carne das ofertas à entrada da tenda do encontro e comam-na ali, junto com os pães que estão no cesto de ofertas para a consagração, conforme ordenei quando disse: 'Arão e seus filhos os comerão'. ³²Queimem qualquer carne ou pão que sobrar. ³³Não saiam da entrada da tenda do encontro por sete dias, pois só então estará concluída a cerimônia de consagração. ³⁴Tudo que fizemos hoje foi ordenado pelo Senhor a fim de fazer expiação por vocês. ³⁵Agora, permaneçam à entrada da tenda do encontro dia e noite por sete dias e cumpram todas as exigências do Senhor. Se não o fizerem, morrerão, pois foi isso que o Senhor me ordenou". ³⁶Arão e seus filhos fizeram tudo que o Senhor tinha ordenado por meio de Moisés.

Os sacerdotes iniciam seu serviço

9 No oitavo dia, depois da cerimônia de consagração, Moisés reuniu Arão, seus filhos e os líderes de Israel ²e disse a Arão: "Escolha um bezerro para a oferta pelo pecado e um carneiro para o holocausto, ambos sem defeito, e apresente-os ao Senhor. ³Depois, diga aos israelitas: 'Escolham um bode para a oferta pelo pecado e um bezerro e um cordeiro, ambos de um ano e sem defeito, para o holocausto. ⁴Escolham também um boiᵇ e um carneiro para oferta de paz, além de farinha misturada com azeite para a oferta de cereal. Apresentem todas essas ofertas ao Senhor, pois hoje o Senhor aparecerá a vocês'".

⁵O povo trouxe todas essas coisas à entrada da tenda do encontro, conforme Moisés tinha

---

ᵃ **8.15** Ou *para se fazer expiação sobre ele.* ᵇ **9.4** Ou *uma vaca;* também em 9.18,19.

ordenado. Assim, toda a comunidade se aproximou e permaneceu em pé diante do SENHOR.

⁶Então Moisés disse: "É isto que o SENHOR ordenou que façam para que a glória do SENHOR lhes apareça".

⁷Em seguida, Moisés disse a Arão: "Venha até o altar e apresente sua oferta pelo pecado e seu holocausto para fazer expiação por si mesmo e pelo povo. Apresente as ofertas do povo para fazer expiação por eles, conforme o SENHOR ordenou".

⁸Arão foi até o altar e matou o bezerro como oferta pelo pecado por si mesmo. ⁹Seus filhos lhe trouxeram o sangue, e Arão molhou o dedo nele e o colocou nas pontas do altar. O restante do sangue ele derramou na base do altar. ¹⁰Queimou no altar a gordura, os rins e o lóbulo do fígado da oferta pelo pecado, conforme o SENHOR havia ordenado a Moisés. ¹¹A carne e o couro, porém, queimou fora do acampamento.

¹²Então Arão matou o animal para o holocausto. Seus filhos lhe trouxeram o sangue, e ele o derramou em todos os lados do altar. ¹³Entregaram-lhe cada um dos pedaços do holocausto, incluindo a cabeça, e ele os queimou no altar. ¹⁴Lavou os órgãos internos e as pernas e os queimou no altar junto com o restante do holocausto.

¹⁵Em seguida, Arão apresentou as ofertas do povo. Matou o bode do povo e o apresentou como oferta pelo pecado deles, como havia feito com a oferta por seu próprio pecado. ¹⁶Depois, apresentou o holocausto e o ofereceu de acordo com a forma prescrita. ¹⁷Apresentou também a oferta de cereal e queimou no altar um punhado dela, além do holocausto da manhã.

¹⁸Arão matou o boi e o carneiro para a oferta de paz do povo. Seus filhos lhe trouxeram o sangue, e ele o derramou em todos os lados do altar. ¹⁹Depois, pegou a gordura do boi e do carneiro, incluindo a gordura da parte gorda da cauda e a gordura que envolve os órgãos internos, bem como os rins e o lóbulo do fígado de cada animal, ²⁰colocou as porções de gordura sobre o peito dos animais e as queimou no altar. ²¹Arão moveu o peito e a coxa direita dos animais para o alto como oferta especial para o SENHOR, conforme Moisés havia ordenado.

²²Por fim, Arão ergueu as mãos na direção do povo e o abençoou. Depois de apresentar a oferta pelo pecado, o holocausto e a oferta de paz, desceu do altar. ²³Então Moisés e Arão entraram na tenda do encontro e, quando voltaram, abençoaram o povo novamente, e a glória do SENHOR apareceu a todo o povo. ²⁴Fogo saiu da presença do SENHOR e consumiu o holocausto e a gordura no altar. Quando eles viram isso, gritaram de alegria e se prostraram com o rosto no chão.

O pecado de Nadabe e Abiú

10 Nadabe e Abiú, filhos de Arão, colocaram brasas em seus incensários e as salpicaram com incenso. Com isso, trouxeram fogo estranho diante do SENHOR, diferente do que ele havia ordenado. ²Por isso, fogo saiu da presença do SENHOR e os devorou, e eles morreram diante do SENHOR.

³Então Moisés disse a Arão: "Foi isto que o SENHOR declarou:

'Mostrarei minha santidade
   entre aqueles que se aproximarem de
      mim.
Mostrarei minha glória
   diante de todo o povo'".

E Arão ficou em silêncio.

⁴Moisés chamou Misael e Elzafã, primos de Arão e filhos de Uziel, tio de Arão, e lhes disse: "Venham cá e levem o corpo de seus parentes da frente do santuário para um lugar fora do acampamento". ⁵Eles se aproximaram e os puxaram pelas roupas para fora do acampamento, conforme Moisés havia ordenado.

⁶Então Moisés disse a Arão e a seus filhos Eleazar e Itamar: "Não deixem o cabelo despenteadoᵃ nem rasguem suas roupas em sinal de luto. Se o fizerem, morrerão, e a ira do SENHOR ferirá toda a comunidade de Israel. Mas outros israelitas, seus parentes, poderão ficar de luto porque o SENHOR destruiu Nadabe e Abiú com fogo. ⁷Não saiam da entrada da tenda do encontro, ou morrerão, pois foram ungidos com o óleo da unção do SENHOR". E fizeram conforme Moisés ordenou.

ᵃ 10.6 Ou *Não descubram a cabeça.*

Instruções para a conduta sacerdotal

⁸Então o Senhor disse a Arão: ⁹"Você e seus descendentes jamais deverão beber vinho ou qualquer outra bebida fermentada antes de entrar na tenda do encontro. Se o fizerem, morrerão. Essa é uma lei permanente para vocês e deve ser cumprida de geração em geração. ¹⁰Façam distinção entre o que é santo e o que é comum, entre o que é impuro e o que é puro, ¹¹e ensinem aos israelitas todos os decretos que o Senhor lhes deu por meio de Moisés".

¹²Moisés disse a Arão e aos filhos que lhe restaram, Eleazar e Itamar: "Peguem o que sobrar da oferta de cereal depois que uma porção tiver sido apresentada como oferta especial para o Senhor e comam-na junto do altar. Não deverá conter fermento, pois é santíssima. ¹³Comam-na num lugar sagrado, pois foi dada a vocês e a seus descendentes como sua porção das ofertas especiais apresentadas ao Senhor. Foram essas as ordens que recebi. ¹⁴Quanto ao peito e à coxa que foram movidos para o alto como oferta especial, poderão comê-los em qualquer lugar cerimonialmente puro. Essas são as partes que foram dadas a você e a seus descendentes como sua porção das ofertas de paz apresentadas pelos israelitas. ¹⁵Movam para o alto o peito e a coxa como oferta especial para o Senhor, junto com a gordura das ofertas especiais. Essas partes pertencerão a vocês e a seus descendentes como direito permanente, conforme o Senhor ordenou".

¹⁶Depois, Moisés procurou cuidadosamente pelo bode da oferta pelo pecado. Quando descobriu que tinha sido queimado, ficou furioso com Eleazar e Itamar, os filhos que restaram a Arão, e lhes disse: ¹⁷"Por que não comeram a oferta pelo pecado no lugar sagrado? É uma oferta santíssima! O Senhor a deu a vocês para remover a culpa da comunidade e fazer expiação por ela. ¹⁸Uma vez que o sangue do animal não foi levado ao lugar santo, vocês tinham a obrigação de comer a carne no lugar sagrado, conforme eu ordenei!".

¹⁹Arão respondeu a Moisés: "Hoje meus filhos apresentaram ao Senhor sua oferta pelo pecado e seu holocausto. E, no entanto, esta tragédia aconteceu comigo. Será que o Senhor teria se agradado se eu tivesse comido a oferta pelo pecado do povo num dia como este?". ²⁰Quando Moisés ouviu isso, deu-se por satisfeito.

Animais cerimonialmente puros e impuros

11 O Senhor disse a Moisés e a Arão: ²"Deem as seguintes instruções ao povo de Israel. "De todos os animais que vivem em terra,ª estes são os que vocês poderão consumir como alimento: ³qualquer animal que tenha os cascos divididos em duas partes e que rumine. ⁴Mas, se o animal não apresentar essas duas características, não pode ser consumido. O camelo rumina, mas não tem os cascos divididos, de modo que é impuro para vocês. ⁵O coelho silvestreª rumina, mas não tem cascos divididos, por isso é impuro. ⁶A lebre rumina, mas não tem cascos divididos, de modo que é impura. ⁷O porco, embora tenha os cascos divididos, não rumina e, portanto, também é impuro. ⁸Não comerão a carne desses animais nem tocarão em seu cadáver. São cerimonialmente impuros para vocês.

⁹"De todos os animais que vivem nas águas, estes são os que vocês poderão consumir como alimento: qualquer animal aquático que tenha barbatanas e escamas, seja de água salgada ou de rios. ¹⁰Contudo, jamais comerão animais de mar ou de rio que não tenham barbatanas e escamas. São detestáveis para vocês. Isso se aplica tanto às criaturas pequenas que vivem em águas rasas como a todas as criaturas que vivem em águas profundas. ¹¹Serão sempre detestáveis para vocês. Não comerão a carne delas nem tocarão em seu cadáver. ¹²Qualquer animal aquático que não tem barbatanas e escamas é detestável para vocês.

¹³"Estes são os animais voadores que vocês considerarão detestáveis e não comerão: o abutre-fouveiro, o abutre-barbudo, o abutre-fusco, ¹⁴o milhafre e todas as espécies de falcão, ¹⁵todas as espécies de corvos, ¹⁶a coruja-de-chifres, a coruja-do-campo, a gaivota, todas as espécies de gaviões, ¹⁷o mocho-galego, o cormorão, o corujão, ¹⁸a coruja-das-torres, a coruja-do-deserto, o abutre-do-egito, ¹⁹a

---

ª 11.2 A identificação de alguns dos animais, aves e insetos deste capítulo é incerta.

cegonha, todas as espécies de garças, a poupa e o morcego. ²⁰"Não comerão insetos alados que rastejam pelo chão, pois são detestáveis para vocês. ²¹Contudo, poderão comer insetos alados que andam pelo chão e têm pernas articuladas para saltar. ²²Os insetos que vocês poderão comer incluem todas as espécies de gafanhotos, gafanhotos migradores, grilos e gafanhotos devoradores. ²³Todos os outros insetos alados que andam pelo chão são detestáveis para vocês.

²⁴"Por causa dessas criaturas vocês se tornarão cerimonialmente impuros. Quem tocar em seus cadáveres ficará contaminado até o entardecer. ²⁵Quem carregar o cadáver delas deverá lavar as roupas e ficará contaminado até o entardecer.

²⁶"Todo animal com cascos divididos de forma desigual ou que não rumina é impuro para vocês. Quem tocar em algum desses animais ficará contaminado. ²⁷Dentre os quadrúpedes, aqueles que andam sobre a planta dos pés são impuros. Se alguém tocar no cadáver de algum desses animais, ficará impuro até o entardecer. ²⁸Se carregar o cadáver deles, deverá lavar as roupas e ficará contaminado até o entardecer. Esses animais são impuros para vocês.

²⁹"Dos animais pequenos que rastejam pelo chão, estes são impuros para vocês: a doninha, o rato, todas as espécies de lagartos grandes, ³⁰a lagartixa, o lagarto pintado, o lagarto comum, o lagarto da areia e o camaleão. ³¹Todos esses animais pequenos são impuros para vocês. Se alguém tocar no cadáver de um deles, ficará contaminado até o entardecer. ³²Se um deles morrer e cair sobre algo, tornará impuro esse objeto, seja de madeira, tecido, couro ou pano de saco. Qualquer que seja seu uso, deverá ser colocado de molho em água e ficará impuro até o entardecer. Depois disso, estará cerimonialmente puro e poderá ser usado novamente.

³³"Se um desses animais cair numa vasilha de barro, tudo que estiver dentro da vasilha ficará contaminado, e a vasilha deverá ser despedaçada. ³⁴Se a água dessa vasilha cair sobre algum alimento, ele ficará contaminado. Qualquer bebida que estiver dentro da vasilha ficará

ᵃ11.5 Ou *hírace*, ou *arganaz*.

PÃO DIÁRIO

O lembrete de Levítico

...pois eu sou o Senhor, seu Deus. Consagrem-se e sejam santos, pois eu sou santo.
—Levítico 11.44

Talvez Levítico seja um dos livros menos lidos da Bíblia, e você deve estar se perguntando qual realmente é o seu propósito. Por que todas aquelas leis e regras sobre animais puros e impuros (como as registradas no capítulo 11)? Que mensagem Deus deu aos israelitas — e qual dá a nós?

Gordon Wenham, comentarista bíblico, diz: "Como as leis faziam distinção entre animais puros e impuros, as pessoas lembravam-se de que Deus as havia separado de todas as outras nações da Terra para torná-las sua própria posse. O mais elevado dever do homem é imitar o seu Criador".

Em Levítico, Deus diz cinco vezes: "sejam santos, pois eu sou santo..." (11.44,45; 19.2; 20.7,26). E 47 vezes Ele diz: "Eu sou o Senhor" ou "Eu sou o Senhor seu Deus". O chamado de Deus para o Seu povo ser santo é um dos temas mais importantes do livro. Jesus o repetiu quando disse: "Portanto, sejam perfeitos, como perfeito é seu Pai celestial" (Mt 5.48).

Ao ler Levítico 11, lembre-se de que você é especial para Deus e que deve proclamar "...como é admirável aquele que os chamou das trevas para sua maravilhosa luz" (1Pe 2.9).

Precisamos desse lembrete do livro de Levítico todos os dias.

Só tu, ó Senhor, és santo, e somente tu podes me tornar santa. Ajuda-me a demonstrar que pertenço a ti, Senhor, praticando a Tua palavra e trazendo luz e bondade aos que cruzarem o meu caminho. Oro em Teu nome, Jesus.

Estude a Bíblia para ser sábia; creia nela para ser salva; pratique-a para ser santa.

---

contaminada. ³⁵Qualquer objeto no qual o cadáver de um desses animais cair ficará contaminado. Se o objeto for um fogão ou um forno de barro, deverá ser destruído, pois está contaminado e deverá ser tratado como tal.

³⁶"Se o cadáver de um desses animais cair numa fonte ou cisterna, a água continuará pura. Quem tocar no cadáver, porém, ficará cerimonialmente impuro. ³⁷Se o cadáver cair sobre sementes a serem plantadas no campo, ainda

assim as sementes serão consideradas puras. ³⁸Mas, se já tiverem sido regadas quando o cadáver cair sobre elas, as sementes serão impuras.

³⁹"Se morrer um animal que vocês têm permissão de comer e alguém tocar no cadáver, ficará impuro até o entardecer. ⁴⁰Se alguém comer da carne do animal ou carregar o cadáver, deverá lavar as roupas e ficará impuro até o entardecer.

⁴¹"Todos os animais pequenos que rastejam pelo chão são detestáveis, e vocês jamais devem comê-los. ⁴²Isso inclui todos os animais que se arrastam sobre o ventre, bem como os que têm quatro pernas e os que têm muitas patas. Todos esses animais que rastejam pelo chão são detestáveis, e vocês jamais devem comê-los. ⁴³Não se contaminem com eles. Não se tornem cerimonialmente impuros por causa deles, ⁴⁴pois eu sou o Sᴇɴʜᴏʀ, seu Deus. Consagrem-se e sejam santos, pois eu sou santo. Não se contaminem com nenhum desses animais pequenos que rastejam pelo chão. ⁴⁵Eu, o Sᴇɴʜᴏʀ, sou aquele que os tirou da terra do Egito para ser o seu Deus. Por isso, sejam santos, pois eu sou santo.

⁴⁶"Essas são as instruções acerca dos animais que vivem em terra, dos animais voadores, das criaturas aquáticas e dos animais que rastejam pelo chão. ⁴⁷Com essas instruções, vocês saberão o que é impuro e o que é puro, os animais que vocês podem comer e os que não podem".

A purificação depois do parto

12 O Sᴇɴʜᴏʀ disse a Moisés: ²"Dê as seguintes instruções ao povo de Israel. Se uma mulher engravidar e der à luz um filho, ficará cerimonialmente impura por sete dias, como acontece durante a menstruação. ³No oitavo dia, circuncidem o menino. ⁴Depois de esperar 33 dias, a mulher estará purificada do sangramento do parto. Durante o período de purificação, não deverá tocar em coisa alguma que seja consagrada. Também não poderá entrar no santuário enquanto não terminar o período de purificação. ⁵Se a mulher der à luz uma filha, ficará cerimonialmente impura por duas semanas, como acontece durante a menstruação. Depois de esperar 66 dias, estará purificada do sangramento do parto.

⁶"Quando se completar o tempo de purificação pelo nascimento de um filho ou de uma filha, a mulher levará um cordeiro de um ano como holocausto e um pombinho ou rolinha para a oferta pelo pecado. Levará as ofertas ao sacerdote à entrada da tenda do encontro. ⁷O sacerdote as apresentará ao Sᴇɴʜᴏʀ para fazer expiação pela mulher. Ela voltará a ficar cerimonialmente pura depois do sangramento do parto. Essas são as instruções para a mulher depois do nascimento de um filho ou de uma filha.

⁸"Se a mulher não tiver condições de levar um cordeiro, levará duas rolinhas ou dois pombinhos. Um será para o holocausto, e o outro, para a oferta pelo pecado. O sacerdote os sacrificará para fazer expiação pela mulher, e ela ficará cerimonialmente pura".

Doenças graves de pele

13 O Sᴇɴʜᴏʀ disse a Moisés e a Arão: ²"Se alguém tiver um inchaço, uma erupção ou uma descoloração que possa ser sinal de lepra,ᵃ essa pessoa será levada ao sacerdote Arão ou a um de seus filhos. ³O sacerdote examinará a região afetada da pele. Se houver ali pelos que ficaram brancos e parecer que o problema é mais profundo que a pele, é lepra, e o sacerdote que examinar a pessoa a declarará cerimonialmente impura.

⁴"Se, contudo, a região afetada da pele apresentar apenas uma descoloração branca e a mancha não for mais profunda que a pele, e se os pelos da região não se tornaram brancos, o sacerdote isolará a pessoa por sete dias. ⁵No sétimo dia, ele a examinará novamente. Se constatar que a região afetada não mudou e o problema não se espalhou pela pele, isolará a pessoa por mais sete dias. ⁶No sétimo dia, voltará a examiná-la. Se constatar que a área afetada diminuiu e não se espalhou, o sacerdote declarará a pessoa cerimonialmente pura; era apenas uma erupção. A pessoa lavará suas roupas e ficará pura. ⁷Mas, se a erupção vier a se espalhar depois de o sacerdote examinar a pessoa e a declarar pura, ela voltará para ser examinada. ⁸Se o sacerdote constatar que a erupção se espalhou, declarará a pessoa cerimonialmente impura, pois é, de fato, lepra.

ᵃ **13.2** O termo hebraico não se refere somente à hanseníase, mas também a diversas doenças de pele.

⁹"Quem apresentar algum sinal de lepra irá ao sacerdote para ser examinado. ¹⁰Se o sacerdote encontrar um inchaço branco na pele, se alguns pelos sobre a mancha tiverem ficado brancos e se houver uma ferida aberta na região afetada, ¹¹é um caso crônico de lepra, e o sacerdote declarará a pessoa cerimonialmente impura. Nesses casos, não será necessário isolar a pessoa para avaliá-la, pois é evidente que a pele está contaminada pela doença.

¹²"Se a lepra se espalhar por toda a pele da pessoa e cobrir seu corpo da cabeça aos pés, o sacerdote examinará a pessoa infectada. ¹³Se constatar que a doença cobre todo o corpo, declarará a pessoa cerimonialmente pura. Uma vez que a pele se tornou completamente branca, a pessoa está pura. ¹⁴Mas, se aparecerem feridas abertas, a pessoa infectada será declarada cerimonialmente impura. ¹⁵O sacerdote fará essa declaração assim que vir uma ferida aberta, pois esse tipo de ferida indica a presença de lepra. ¹⁶Se, contudo, as feridas sararem e se tornarem brancas como o resto da pele, a pessoa voltará ao sacerdote ¹⁷para ser examinada. Se as regiões afetadas tiverem, de fato, se tornado brancas, o sacerdote declarará a pessoa cerimonialmente pura, e assim ela estará.

¹⁸"Se alguém tiver na pele uma ferida purulenta e ela sarar, ¹⁹mas surgir em seu lugar um inchaço branco ou uma mancha branca avermelhada, a pessoa irá ao sacerdote para ser examinada. ²⁰Se o sacerdote a examinar e constatar que a mancha é mais profunda que a pele, e se os pelos da região afetada tiverem ficado brancos, o sacerdote declarará a pessoa cerimonialmente impura. A ferida purulenta indica lepra. ²¹Mas, se o sacerdote não encontrar pelos brancos na região afetada e parecer que a mancha não é mais profunda que a pele, e até diminuiu, o sacerdote isolará a pessoa por sete dias. ²²Se, nesse período, a mancha ou o inchaço se espalharem na pele, o sacerdote declarará a pessoa cerimonialmente impura, pois é sinal de lepra. ²³Se, contudo, a região afetada não aumentar nem se espalhar, é apenas a cicatriz da ferida, e o sacerdote declarará a pessoa cerimonialmente pura.

²⁴"Se alguém sofrer uma queimadura na pele e aparecerem na região feridas abertas de cor branca avermelhada ou completamente branca, ²⁵o sacerdote a examinará. Se constatar que os pelos na região afetada ficaram brancos, e se parecer que a mancha é mais profunda que a pele, surgiu lepra na queimadura. O sacerdote declarará a pessoa cerimonialmente impura, pois, sem dúvida, é lepra. ²⁶Mas, se não encontrar pelos brancos na região afetada, e se parecer que a ferida não é mais profunda que a pele e tiver diminuído, o sacerdote isolará a pessoa por sete dias. ²⁷No sétimo dia, examinará a pessoa novamente. Se o problema tiver se espalhado na pele, o sacerdote declarará a pessoa cerimonialmente impura, pois, sem dúvida, é lepra. ²⁸Se, contudo, a região afetada não tiver mudado ou se o problema não tiver se espalhado na pele, mas tiver diminuído, é apenas o inchaço da queimadura. O sacerdote declarará a pessoa cerimonialmente pura, pois é apenas a cicatriz da queimadura.

²⁹"Se um homem ou uma mulher tiver uma ferida na cabeça ou no queixo, ³⁰o sacerdote a examinará. Se constatar que a mancha é mais profunda que a pele e tem pelos amarelados e finos, o sacerdote declarará a pessoa cerimonialmente impura. É uma ferida causada por sarna na cabeça ou no queixo. ³¹Se o sacerdote examinar a ferida e constatar que não é mais profunda que a pele, mas não tem pelos escuros, isolará a pessoa por sete dias. ³²No sétimo dia, o sacerdote examinará a ferida novamente. Se constatar que ela não se espalhou, que não há pelos amarelados e que não parece mais profunda que a pele, ³³a pessoa raspará todos os pelos, exceto na região afetada. Em seguida, o sacerdote isolará a pessoa infectada por mais sete dias. ³⁴No sétimo dia, examinará a ferida novamente. Se ela não tiver se espalhado, e se não parecer mais profunda que a pele, o sacerdote declarará a pessoa cerimonialmente pura. A pessoa lavará suas roupas e ficará pura. ³⁵Mas, se a ferida de sarna começar a se espalhar depois de a pessoa ter sido declarada cerimonialmente pura, ³⁶o sacerdote a examinará novamente. Se constatar que a ferida se espalhou, não é necessário procurar pelos amarelados; a pessoa infectada está cerimonialmente impura. ³⁷Se, contudo, a cor da ferida de sarna não mudar e pelos pretos voltarem a crescer na região afetada, a sarna

está curada, e o sacerdote declarará a pessoa cerimonialmente pura.

⁃⁸"Se um homem ou uma mulher tiver manchas brancas na pele, ³⁹o sacerdote examinará a região afetada. Se constatar que as manchas brancas são opacas, é uma simples erupção de pele, e a pessoa está cerimonialmente pura.

⁴⁰"Se os cabelos de um homem caírem e ele ficar calvo, continua cerimonialmente puro. ⁴¹Se caírem os cabelos da parte da frente da cabeça, ele simplesmente ficou calvo na frente e continua puro. ⁴²Mas, se uma ferida branca avermelhada aparecer na região calva no alto ou na parte de trás da cabeça, é lepra. ⁴³O sacerdote o examinará e, se constatar que há inchaço ao redor da ferida branca avermelhada em qualquer parte da calva do homem com aparência de lepra, ⁴⁴o homem está, de fato, infectado com lepra e está impuro. O sacerdote o declarará cerimonialmente impuro por causa da ferida na cabeça.

⁴⁵"Quem sofrer de lepra rasgará as roupas e deixará o cabelo despenteado.ᵃ Cobrirá a boca e gritará: 'Impuro! Impuro!'. ⁴⁶Enquanto durar a lepra, ficará cerimonialmente impuro e viverá isolado, fora do acampamento."

O procedimento para roupas contaminadas

⁴⁷"Quando o mofoᵇ contaminar uma peça de roupa de lã ou de linho, ⁴⁸um tecido de lã ou de linho, a pele de um animal ou qualquer objeto de couro, ⁴⁹e quando a região contaminada da roupa, da pele do animal, do tecido liso ou trançado, ou do artigo de couro se tornar esverdeada ou avermelhada, está contaminada com mofo e deverá ser mostrada ao sacerdote. ⁵⁰Depois de examinar a região afetada, o sacerdote isolará o objeto afetado por sete dias. ⁵¹No sétimo dia, examinará o objeto novamente. Se a região afetada tiver se espalhado, a peça de roupa, o tecido liso ou trançado ou o artigo de couro foi, sem dúvida, contaminado por mofo corrosivo e está cerimonialmente impuro. ⁵²O sacerdote queimará a peça de roupa, o tecido de lã ou de linho ou o artigo de couro, pois foi contaminado por mofo corrosivo. Deve ser completamente destruído com fogo.

⁵³"Se, contudo, o sacerdote examinar o objeto e constatar que a região contaminada não se espalhou pela peça de roupa, pelo tecido liso ou trançado, ou pelo artigo de couro, ⁵⁴ordenará que o objeto seja lavado e, depois, isolado por mais sete dias. ⁵⁵O sacerdote examinará novamente o objeto depois de lavado. Se constatar que a região contaminada não mudou de cor depois de ser lavada, mesmo que a mancha não tenha se espalhado, o objeto está contaminado. Deve ser completamente queimado, quer o mofo esteja do lado de dentro ou de fora. ⁵⁶Mas, se o sacerdote examinar o objeto e constatar que a região contaminada diminuiu depois de ser lavada, cortará a mancha da peça de roupa, do tecido liso ou trançado, ou do couro. ⁵⁷Se a mancha reaparecer na peça de roupa, no tecido liso ou trançado, ou no artigo de couro, é evidente que o mofo está se espalhando, e o objeto contaminado deverá ser queimado. ⁵⁸Se, contudo, a mancha desaparecer da peça de roupa, do tecido, ou do artigo de couro depois de ter sido lavado, o objeto será lavado novamente e, por fim, estará cerimonialmente puro.

⁵⁹"Essas são as instruções referentes ao mofo que contamina roupas de lã ou linho, tecidos lisos ou trançados ou qualquer objeto de couro. É dessa forma que o sacerdote determinará se os objetos estão cerimonialmente puros ou impuros".

A purificação das doenças de pele

14 O Senhor disse a Moisés: ²"Estas são as instruções a respeito da purificação da pessoa com lepra.ᶜ Ela deverá comparecer perante o sacerdote, ³que a levará para fora do acampamento e examinará a infecção. Se o sacerdote constatar que a lepra foi curada, ⁴realizará uma cerimônia de purificação usando duas aves vivas cerimonialmente puras, um pedaço de madeira de cedro, um pano vermelho e um ramo de hissopo. ⁵O sacerdote mandará matar uma das aves sobre uma vasilha de barro cheia de água limpa. ⁶Em seguida, pegará a ave viva, o pedaço de madeira de cedro, o pano

---

ᵃ **13.45** Ou *e descobrirá a cabeça*. ᵇ **13.47** O termo hebraico usado aqui e ao longo desta passagem é o mesmo traduzido anteriormente por "lepra"; ver nota em 13.2. ᶜ **14.2** O termo hebraico não se refere somente à hanseníase, mas também a diversas doenças de pele.

vermelho e o ramo de hissopo e os molhará no sangue da ave que foi morta sobre a água limpa. ⁷Depois disso, o sacerdote aspergirá sete vezes o sangue da ave morta sobre a pessoa que está sendo purificada da lepra. Quando o sacerdote tiver purificado a pessoa, soltará a ave viva em campo aberto.

⁸"A pessoa que está sendo purificada lavará suas roupas, raspará todos os pelos e se banhará com água. Estará cerimonialmente pura e poderá voltar ao acampamento. Contudo, ficará fora de sua tenda por sete dias. ⁹No sétimo dia, raspará novamente todos os pelos, cabelos, pelos faciais e sobrancelhas. Lavará também suas roupas e se banhará com água. Desse modo, estará cerimonialmente pura.

¹⁰"No oitavo dia, a pessoa que está sendo purificada trará dois cordeiros sem defeito e uma cordeira de um ano e sem defeito, junto com uma oferta de cereal de seis litrosª de farinha da melhor qualidade umedecida com azeite e uma canecaᵇ de azeite. ¹¹O sacerdote encarregado da cerimônia apresentará a pessoa a ser purificada, junto com as ofertas, diante do Senhor, à entrada da tenda do encontro. ¹²O sacerdote pegará um dos cordeiros e o azeite e os apresentará como oferta pela culpa, movendo-os para o alto como oferta especial para o Senhor. ¹³Em seguida, matará o cordeiro no lugar sagrado onde são mortos os animais para as ofertas pelo pecado e para os holocaustos. Assim como a oferta pelo pecado, a oferta pela culpa pertence ao sacerdote. É uma oferta santíssima. ¹⁴Depois disso, o sacerdote pegará um pouco do sangue da oferta pela culpa e o colocará na ponta da orelha direita, no polegar da mão direita e no polegar do pé direito da pessoa que está sendo purificada.

¹⁵"O sacerdote também colocará um pouco do azeite na palma de sua mão esquerda. ¹⁶Molhará o dedo direito no azeite na palma da mão esquerda e com ele aspergirá sete vezes diante do Senhor. ¹⁷Parte do azeite que está em sua mão ele colocará na ponta da orelha direita, no polegar da mão direita e no polegar do pé direito da pessoa que está sendo purificada, em cima do sangue da oferta pela culpa.

¹⁸O sacerdote colocará o azeite restante em sua mão na cabeça da pessoa que está sendo purificada. Desse modo, o sacerdote fará expiação pela pessoa diante do Senhor.

¹⁹"Então o sacerdote apresentará a oferta pelo pecado para fazer expiação pela pessoa que foi curada da lepra. Em seguida, o sacerdote matará o animal para o holocausto ²⁰e o apresentará sobre o altar junto com a oferta de cereal. Desse modo, o sacerdote fará expiação pela pessoa que foi curada, e ela ficará cerimonialmente pura.

²¹"Quem for muito pobre e não tiver recursos para apresentar essas ofertas poderá levar um cordeiro para a oferta pela culpa, que será movido para o alto como oferta especial para a purificação. Levará também dois litrosᶜ de farinha da melhor qualidade umedecida com azeite para a oferta de cereal e uma caneca de azeite. ²²A oferta incluirá ainda duas rolinhas ou dois pombinhos, de acordo com os recursos da pessoa. Uma das aves será usada para a oferta pelo pecado, e a outra, para o holocausto. ²³No oitavo dia da cerimônia de purificação, a pessoa que está sendo purificada levará as ofertas ao sacerdote na presença do Senhor, à entrada da tenda do encontro. ²⁴O sacerdote pegará o cordeiro para a oferta pela culpa, junto com o azeite, e os moverá para o alto como oferta especial para o Senhor. ²⁵Depois disso, o sacerdote matará o cordeiro para a oferta pela culpa. Pegará um pouco do sangue e o colocará na ponta da orelha direita, no polegar da mão direita e no polegar do pé direito da pessoa que está sendo purificada.

²⁶"O sacerdote também derramará um pouco do azeite na palma de sua mão esquerda. ²⁷Molhará o dedo direito no azeite na palma de sua mão esquerda e com ele aspergirá sete vezes diante do Senhor. ²⁸Parte do azeite que está em sua mão ele colocará na ponta da orelha direita, no polegar da mão direita e no polegar do pé direito da pessoa que está sendo purificada, em cima do sangue da oferta pela culpa. ²⁹O sacerdote colocará o azeite restante em sua mão na cabeça da pessoa que está sendo purificado. Desse modo, o sacerdote fará expiação pela pessoa diante do Senhor.

ª 14.10a Em hebraico, 3/10 de efa. ᵇ 14.10b Em hebraico, 1 logue (0,3 litro); também em 14.21. ᶜ 14.21 Em hebraico, 1/10 de efa.

[30]"Então o sacerdote oferecerá as duas rolinhas ou os dois pombinhos, de acordo com os recursos da pessoa. [31]Uma das aves é uma oferta pelo pecado, e a outra é um holocausto; serão apresentadas junto com a oferta de cereal. Desse modo, o sacerdote fará expiação pela pessoa diante do Senhor. [32]Essas são as instruções para a purificação daqueles que se recuperaram da lepra, mas que não têm recursos para levar as ofertas requeridas para a cerimônia de purificação".

O procedimento para casas contaminadas

[33]Então o Senhor disse a Moisés e a Arão: [34]"Quando chegarem a Canaã, a terra que eu lhes dou como propriedade, e eu contaminar com manchas de mofo[a] algumas das casas de sua terra, [35]o dono de uma dessas casas irá ao sacerdote e dirá: 'Minha casa parece ter manchas de mofo'. [36]Antes de entrar para examinar a casa, o sacerdote mandará esvaziá-la, a fim de que nada dentro dela seja declarado cerimonialmente impuro. Em seguida, entrará na casa [37]e examinará o mofo nas paredes. Se encontrar manchas esverdeadas ou avermelhadas e a contaminação parecer mais profunda que a superfície da parede, [38]o sacerdote sairá pela porta e isolará a casa por sete dias. [39]No sétimo dia, o sacerdote voltará para examiná-la. Se constatar que as manchas se espalharam nas paredes, [40]o sacerdote ordenará que as pedras das áreas afetadas sejam removidas e levadas para fora da cidade, até um lugar cerimonialmente impuro. [41]Depois disso, as paredes internas da casa serão inteiramente raspadas, e o material raspado será jogado num lugar impuro fora da cidade. [42]Outras pedras serão trazidas para substituir as que foram removidas, e as paredes serão rebocadas com barro novo.

[43]"Se, contudo, o mofo reaparecer depois de todas as pedras terem sido substituídas e de a casa ter sido raspada e rebocada de novo, [44]o sacerdote voltará e examinará a casa. Se constatar que as manchas de mofo se espalharam, é evidente que as paredes foram contaminadas por mofo corrosivo, e a casa está impura. [45]Será demolida e suas pedras, madeiras e todo o seu reboco serão levados para fora da cidade, até um lugar cerimonialmente impuro. [46]Quem entrar na casa durante o período de isolamento ficará cerimonialmente impuro até o entardecer. [47]Quem dormir ou comer na casa deverá lavar suas roupas.

[48]"Se, contudo, o sacerdote voltar para examinar a casa e constatar que as manchas de mofo não reapareceram depois de colocado o reboco novo, ele a declarará pura, pois é evidente que o mofo desapareceu. [49]A fim de purificar a casa, o sacerdote pegará duas aves, um pedaço de madeira de cedro, um pano vermelho e um ramo de hissopo. [50]Matará uma das aves sobre uma vasilha de barro cheia de água limpa. [51]Pegará o pedaço de madeira de cedro, o ramo de hissopo, o pano vermelho e a ave viva e os molhará no sangue da ave morta e na água limpa. Em seguida, aspergirá a mistura sobre a casa sete vezes. [52]Quando o sacerdote tiver purificado a casa exatamente dessa forma, [53]soltará a ave viva em campo aberto fora da cidade. Desse modo, o sacerdote fará expiação pela casa, e ela ficará cerimonialmente pura.

[54]"Essas são as instruções para lidar com a lepra, incluindo feridas de sarna, [55]com manchas de mofo sobre peças de roupa ou numa casa, [56]e com inchaços, erupções ou descolorações da pele. [57]Esse procedimento determinará se a pessoa ou objeto está cerimonialmente puro ou impuro.

"Essas são as instruções a respeito da lepra e do mofo".

Secreções corporais

15 O Senhor disse a Moisés e a Arão: [2]"Deem as seguintes instruções ao povo de Israel.

"Qualquer homem que tiver fluxo corporal estará cerimonialmente impuro. [3]A contaminação é causada pelo fluxo, prosseguindo ou não. De qualquer modo, o homem está impuro. [4]A cama onde o homem com o fluxo se deitar e qualquer coisa sobre a qual ele se sentar ficará cerimonialmente impura. [5]Se alguém tocar na cama dele, terá de lavar as roupas e banhar-se com água, e ficará impuro até o entardecer. [6]Se alguém se sentar onde ele se sentou, terá de lavar as roupas e banhar-se com água, e ficará

---

[a]14.34 O termo hebraico usado aqui e ao longo desta passagem é o mesmo traduzido anteriormente por "lepra"; ver nota em 13.2.

impuro até o entardecer. ⁷Se alguém tocar nesse homem que tiver fluxo, terá de lavar as roupas e banhar-se com água, e ficará impuro até o entardecer. ⁸Se o homem cuspir em alguém cerimonialmente puro, essa pessoa terá de lavar as roupas e banhar-se com água, e ficará impura até o entardecer. ⁹Qualquer manta de sela sobre a qual o homem se sentar quando cavalgar ficará cerimonialmente impura. ¹⁰Se alguém tocar em qualquer coisa que tenha estado debaixo dele, ficará impuro até o entardecer; terá de lavar as roupas e banhar-se com água, e ficará impuro até o entardecer. ¹¹Se o homem tocar em alguém sem antes lavar as mãos, essa pessoa terá de lavar as roupas e banhar-se com água, e ficará impura até o entardecer. ¹²Qualquer vasilha de barro em que o homem tocar terá de ser quebrada, e qualquer utensílio de madeira em que o homem tocar terá de ser lavado com água.

¹³"Quando o fluxo do homem cessar, ele contará sete dias para o período de purificação. Em seguida, lavará suas roupas e se banhará em água limpa, e ficará cerimonialmente puro. ¹⁴No oitavo dia, pegará duas rolinhas ou dois pombinhos, se apresentará diante do SENHOR à entrada da tenda do encontro e entregará suas ofertas ao sacerdote. ¹⁵O sacerdote apresentará uma ave como oferta pelo pecado, e a outra, como holocausto. Desse modo, o sacerdote fará expiação pelo homem diante do SENHOR por causa do fluxo.

¹⁶"Quando um homem expelir sêmen, lavará o corpo todo com água e ficará cerimonialmente impuro até o entardecer. ¹⁷Qualquer peça de roupa ou de couro que tiver sêmen será lavada com água, e ficará impura até o entardecer. ¹⁸Depois que um homem e uma mulher tiverem relações sexuais, ambos terão de banhar-se com água, e ficarão impuros até o entardecer.

¹⁹"Quando uma mulher tiver sua menstruação, ficará cerimonialmente impura por sete dias. Quem tocar nela durante esse período ficará impuro até o entardecer. ²⁰Qualquer coisa sobre a qual a mulher se deitar ou se sentar durante a menstruação ficará cerimonialmente impura. ²¹Se alguém tocar na cama dela, terá de lavar as roupas e banhar-se com água, e ficará impuro até o entardecer. ²²Se alguém tocar em alguma coisa sobre a qual ela se sentou, terá de lavar as roupas e banhar-se com água, e ficará impuro até o entardecer.

²³Isso inclui a cama e qualquer outro objeto sobre o qual ela tenha se sentado; se alguém os tocar, ficará impuro até o entardecer. ²⁴Se um homem tiver relações sexuais com ela e o sangue dela o tocar, a impureza menstrual será transmitida para ele; ficará impuro por sete dias, e qualquer cama onde ele se deitar ficará impura.

²⁵"Se uma mulher tiver por muitos dias um fluxo de sangue que não seja sua menstruação normal, ou se ela continuar a sangrar depois da menstruação normal, ficará cerimonialmente impura. Enquanto durar o sangramento, a mulher ficará impura, como acontece durante a menstruação. ²⁶Qualquer cama onde ela se deitar e qualquer objeto sobre o qual ela se sentar durante esse período ficará impuro, como em sua menstruação normal. ²⁷Se alguém tocar nessas coisas ficará cerimonialmente impuro. Terá de lavar as roupas e banhar-se com água, e ficará impuro até o entardecer.

²⁸"Quando o sangramento da mulher parar, ela contará sete dias e depois estará cerimonialmente pura. ²⁹No oitavo dia, tomará duas rolinhas ou dois pombinhos e os entregará ao sacerdote à entrada da tenda do encontro. ³⁰O sacerdote apresentará uma das aves como oferta pelo pecado, e a outra, como holocausto. Desse modo, o sacerdote fará expiação por ela diante do SENHOR por causa da impureza cerimonial causada pelo sangramento.

³¹"Agindo assim, você manterá os israelitas separados da impureza cerimonial. Do contrário, eles morreriam, pois sua impureza contaminaria meu tabernáculo que está no meio deles. ³²Essas são as instruções referentes a qualquer pessoa que tenha um fluxo que sai do corpo, seja um homem que está impuro por expelir sêmen ³³ou uma mulher durante sua menstruação. Aplicam-se a qualquer homem ou mulher que tiver fluxo e ao homem que tiver relações sexuais com uma mulher cerimonialmente impura".

O Dia da Expiação

16 O SENHOR falou com Moisés depois que os dois filhos de Arão morreram ao

PÃO DIÁRIO

O outro bode

Colocará as duas mãos sobre a cabeça do bode [...]. Assim, transferirá os pecados do povo para a cabeça do bode [...] o bode levará sobre si todos os pecados do povo para um lugar distante.
—Levítico 16.21,22

O bode expiatório (Ed. Record, 1957) é um romance de Daphne du Maurier sobre dois homens que estão chocados com a impressionante semelhança entre eles. Eles passam algumas horas juntos, mas, ao final, um deles foge, roubando a identidade do outro, deixando-o, a partir de então, mergulhado em muitos problemas. O segundo homem torna-se um bode expiatório.

A origem dessas palavras vem de uma cerimônia realizada com dois bodes no Dia do Perdão hebraico (conhecido como *Iom Kipur*). O sumo sacerdote sacrificava um bode e depositava simbolicamente os pecados do povo sobre a cabeça do outro — o bode expiatório — antes que este fosse enviado para o deserto, levando consigo a culpa do pecado (Lv 16.7-10).

Mas, quando Jesus veio, *Ele* se tornou nosso bode expiatório. Jesus ofereceu-se a si mesmo "de uma vez por todas" como sacrifício para pagar os pecados de "todo o mundo" (Hb 7.27; 1Jo 2.2). Aquele primeiro bode havia sido sacrificado como oferta pelo povo de Deus e simbolizava o sacrifício de Jesus na cruz pelo pecado. O outro bode era a representação de Jesus completamente inocente aceitando remover o nosso pecado e culpa.

Nenhuma de nós está sem pecado, mas o Pai depositou sobre Jesus "os pecados de todos nós" (Is 53.6). Deus vê os seguidores de Seu filho como inculpáveis — porque Jesus levou toda a culpa que merecíamos.

Senhor, mesmo inocente te ofereceste como sacrifício por nós. Tomaste o peso do nosso pecado e a culpa sobre ti. Obrigado, Jesus, por nos dares a prova definitiva do amor verdadeiro. Digno é o Cordeiro que foi morto!

Jesus perdoa os nossos pecados e nos concede a Sua salvação.

entrar na presença do Senhor. ²Disse o Senhor a Moisés: "Avise seu irmão Arão que não entre quando bem entender no lugar santíssimo, atrás da cortina interna; se o fizer, morrerá. Ali fica a tampa da arca, o lugar de expiação, e eu mesmo estou presente na nuvem sobre a tampa da arca.

³"Quando Arão entrar no santuário, seguirá todas estas instruções. Levará um novilho para oferta pelo pecado e um carneiro para holocausto. ⁴Vestirá a túnica sagrada de linho e a roupa de baixo de linho, diretamente sobre a pele. Amarrará na cintura o cinturão de linho e colocará na cabeça o turbante de linho. As roupas são sagradas, de modo que ele deverá se banhar com água antes de vesti-las. ⁵Arão receberá da comunidade de Israel dois bodes para uma oferta pelo pecado e um carneiro para um holocausto.

⁶"Arão apresentará seu próprio novilho como oferta pelo pecado para fazer expiação por si mesmo e por sua família. ⁷Em seguida, pegará os dois bodes e os apresentará ao Senhor à entrada da tenda do encontro. ⁸Depois, fará um sorteio para determinar qual bode será separado como oferta para o Senhor e qual levará os pecados do povo para o deserto de Azazel. ⁹Então Arão apresentará ao Senhor o bode escolhido por sorteio e o sacrificará como oferta pelo pecado. ¹⁰O outro animal, o bode escolhido por sorteio para ser enviado para o deserto, será apresentado vivo diante do Senhor. Ao ser enviado para Azazel no deserto, servirá para fazer expiação pelo povo.

¹¹"Arão apresentará seu próprio novilho como oferta pelo pecado para fazer expiação por si mesmo e por sua família. Depois de matar o novilho como oferta pelo pecado, ¹²pegará um incensário e o encherá com brasas ardentes do altar que está diante do Senhor. Pegará também dois punhados do incenso perfumado em pó e levará o incensário e o incenso para trás da cortina interna. ¹³Ali, na presença do Senhor, colocará o incenso sobre as brasas ardentes, para que uma nuvem de incenso se eleve sobre a tampa da arca, o lugar de expiação, que está sobre a arca da aliança.ᵃ Se seguir essas instruções, não morrerá. ¹⁴Depois, pegará um pouco do sangue do novilho, molhará nele o dedo e aspergirá o lado leste da tampa. Então, com o dedo,

---

ᵃ **16.13** Em hebraico, *sobre o testemunho*. O termo hebraico para "testemunho" se refere aos termos da aliança do Senhor com Israel escritos em tábuas de pedra guardadas na arca, e também à aliança em si.

aspergirá com o sangue sete vezes diante da tampa. ¹⁵"Arão matará o primeiro bode como oferta pelo pecado em favor do povo e levará o sangue para trás da cortina interna. Ali, aspergirá o sangue do bode sobre a tampa e diante dela, como fez com o sangue do novilho. ¹⁶Desse modo, fará expiação pelo lugar santíssimo e fará o mesmo com toda a tenda do encontro por causa da contaminação pelo pecado e da rebeldia do povo. ¹⁷Ninguém mais poderá ficar na tenda do encontro quando Arão entrar para realizar a cerimônia de expiação no lugar santíssimo. Ninguém entrará até que ele saia depois de fazer expiação por si mesmo, por sua família e por toda a comunidade de Israel.

¹⁸"Em seguida, Arão sairá para fazer expiação pelo altar que está diante do Senhor. Para isso, pegará um pouco do sangue do novilho e do bode e o colocará em cada ponta do altar. ¹⁹Então, com o dedo, aspergirá o sangue sete vezes sobre o altar. Desse modo, ele o purificará da contaminação dos israelitas e o tornará santo.

²⁰"Quando Arão terminar de fazer expiação pelo lugar santíssimo, pela tenda do encontro e pelo altar, apresentará o bode vivo. ²¹Colocará as duas mãos sobre a cabeça do bode e confessará sobre ele toda a maldade, a rebeldia e os pecados dos israelitas. Assim, transferirá os pecados do povo para a cabeça do bode. Depois, um homem escolhido especialmente para essa tarefa levará o bode para o deserto. ²²Ao sair para o deserto, o bode levará sobre si todos os pecados do povo para um lugar distante. ²³"Quando Arão voltar para dentro da tenda do encontro, tirará as roupas de linho que vestia ao entrar no lugar santíssimo e as deixará ali. ²⁴Ele se banhará com água num lugar sagrado, vestirá suas roupas habituais e sairá para apresentar um holocausto para si mesmo e um holocausto para o povo. Desse modo, fará expiação por si mesmo e pelo povo. ²⁵Por fim, queimará no altar toda a gordura da oferta pelo pecado.

²⁶"O homem escolhido para levar o bode expiatório para o deserto de Azazel lavará suas roupas e se banhará com água antes de voltar ao acampamento.

²⁷"O novilho e o bode apresentados como ofertas pelo pecado, cujo sangue Arão trouxer ao lugar santíssimo para a cerimônia de expiação, serão levados para fora do acampamento. O couro, a carne e os excrementos dos animais serão queimados. ²⁸O homem que os queimar lavará suas roupas e se banhará com água antes de voltar ao acampamento.

²⁹"No décimo dia do sétimo mês,[a] vocês se humilharão.[b] Nem os israelitas de nascimento nem os estrangeiros que vivem entre vocês farão qualquer tipo de trabalho. Essa é uma lei permanente para vocês. ³⁰Nesse dia, serão apresentadas ofertas de expiação por vocês, a fim de purificá-los, e vocês serão purificados de todos os seus pecados na presença do Senhor. ³¹Será um sábado de descanso absoluto, no qual se humilharão. Essa é uma lei permanente para vocês. ³²Nas gerações futuras, a cerimônia de expiação será realizada pelo sacerdote ungido e consagrado para servir como sacerdote no lugar de seu antepassado Arão. Ele vestirá as roupas sagradas de linho ³³e fará expiação pelo lugar santíssimo, pela tenda do encontro, pelo altar, pelos sacerdotes e por toda a comunidade. ³⁴Essa é uma lei permanente para vocês, para que se faça expiação pelos pecados dos israelitas uma vez por ano".

Moisés seguiu todas essas instruções exatamente conforme o Senhor havia ordenado.

Normas sobre o sangue

17 Então o Senhor disse a Moisés: ²"Dê as seguintes instruções a Arão, a seus filhos e a todo o povo de Israel. Isto é o que o Senhor ordenou.

³"Se algum israelita de nascimento sacrificar um boi,[c] um cordeiro ou um cabrito em qualquer lugar dentro ou fora do acampamento ⁴em vez de levá-lo à entrada da tenda do encontro e apresentá-lo como oferta ao Senhor, será tão culpado quanto um assassino.[d] Derramou sangue e será eliminado do meio do povo. ⁵A finalidade é evitar que os israelitas

---

[a] 16.29a No antigo calendário lunar hebraico, esse dia caía em setembro ou outubro. [b] 16.29b Ou *jejuarão*; também em 16.31. [c] 17.3 Ou *uma vaca*. [d] 17.4 Em hebraico, *será culpado de sangue*.

> **PÃO DIÁRIO**
>
> ## Um livro para os peregrinos
>
> *Obedeçam aos meus estatutos e cumpram os meus decretos, pois eu sou o Senhor, seu Deus.*
> —Levítico 18.4
>
> Muitas pessoas que tomam a decisão de ler a Bíblia em um ano ficam desanimadas e param na metade do caminho quando se deparam com o livro de Levítico. Localizado depois da fascinante narrativa em Gênesis e a dramática libertação do povo de Israel em Êxodo, Levítico parece se desenvolver com todo o "encanto" que um manual técnico para sacerdotes antigos possa causar. Mas não se engane com os detalhes sacerdotais. Esse é um livro para os peregrinos, um guia de vida para as pessoas que entregaram seu passado ao Senhor e estão a caminho de um glorioso futuro planejado por Deus.
>
> Nas páginas centrais desse livro, encontramos uma incumbência de Deus para o Seu povo, os israelitas. Ele lhes disse que não deveriam imitar o povo do Egito, de onde haviam saído, nem as práticas dos moradores de Canaã, para onde estavam indo. Em Levítico 18.4, Ele lhes orienta: "Obedeçam aos meus estatutos e cumpram os meus decretos, pois eu sou o Senhor, seu Deus".
>
> Levítico também está repleto de figuras de linguagem sobre a salvação de Deus, que foram colocadas ali há quase 1.500 anos antes de Jesus nascer. Cada oferta e sacrifício simbolizam a cruz de Cristo, "É o Cordeiro de Deus, que tira o pecado do mundo!" (Jo 1.29).
>
> Não deixe que o livro de Levítico o impeça de continuar sua jornada de Gênesis a Apocalipse. Em vez disso, permita que ele seja uma maravilhosa ponte que a conduz dos sacrifícios ao Salvador.
>
> *Senhor, sei que és o autor de Levítico, mas às vezes tenho dificuldade com essa questão. Por favor, mantém os meus olhos fixos nas figuras significativas sobre Jesus que incluíste nesse livro e, por favor, ajuda-me a ver a ligação entre o que ensinaste aos israelitas e o que estás ensinando a mim.*
>
> **O altar do Antigo Testamento simboliza a cruz no Novo Testamento.**

sacrifiquem animais em campo aberto. Isso garantirá que levem os sacrifícios ao sacerdote à entrada da tenda do encontro, para que ele os apresente ao Senhor como ofertas de paz. ⁶Então o sacerdote derramará o sangue no altar do Senhor à entrada da tenda do encontro e queimará a gordura como aroma agradável ao Senhor. ⁷Não deverão mais oferecer sacrifícios a ídolos em forma de bode,ᶜ cometendo prostituição. Essa é uma lei permanente para eles e deverá ser cumprida de geração em geração.

⁸"Dê-lhes também a seguinte ordem. Se um israelita de nascimento ou um estrangeiro que vive entre vocês apresentar um holocausto ou outro sacrifício, ⁹mas não o trouxer à entrada da tenda do encontro para oferecê-lo ao Senhor, será eliminado do meio do povo.

¹⁰"Se algum israelita de nascimento ou um estrangeiro que vive entre vocês comer sangue, sob qualquer circunstância, eu me voltarei contra ele e o eliminarei do meio do povo, ¹¹pois a vida do corpo está no sangue. Eu lhes dei o sangue no altar para fazer expiação por vocês. É o sangue oferecido que faz a expiação em lugar de uma vida. ¹²Por isso eu disse aos israelitas: 'Jamais comam sangue, nem vocês, nem os estrangeiros que vivem entre vocês'.

¹³"Se um israelita de nascimento ou um estrangeiro que vive entre vocês sair para caçar e matar um animal ou uma ave que lhes é permitido comer, deixará o sangue do animal escorrer e o cobrirá com terra. ¹⁴A vida de toda criatura está no sangue. Por isso eu disse aos israelitas: 'Jamais comam sangue, pois a vida de toda criatura está no sangue'. Quem consumir sangue será eliminado.

¹⁵"E, se um israelita de nascimento ou um estrangeiro comer a carne de um animal que morreu de forma natural ou foi despedaçado por animais selvagens, lavará as roupas e se banhará com água. Ficará cerimonialmente impuro até o entardecer, mas depois disso estará puro. ¹⁶Se, contudo, não lavar as roupas e não se banhar, será castigado por causa de seu pecado".

Práticas sexuais proibidas

18 Então o Senhor disse a Moisés: ²"Dê as seguintes instruções ao povo de Israel. Eu sou o Senhor, seu Deus. ³Portanto, não se comportem como o povo do Egito, onde vocês viviam, nem como o povo de Canaã, para onde os estou levando. Não imitem o estilo de vida

---
ᶜ 17.7 Ou *demônios em forma de bode*.

deles. ⁴"Obedeçam aos meus estatutos e cumpram os meus decretos, pois eu sou o Senhor, seu Deus. ⁵Sim, obedeçam aos meus decretos e aos meus estatutos; quem os praticar viverá por eles. Eu sou o Senhor.

⁶"Jamais tenha relações sexuais com uma parenta próxima, pois eu sou o Senhor. ⁷"Não desonre seu pai, tendo relações sexuais com sua mãe. Ela é sua mãe; não tenha relações sexuais com ela.

⁸"Não tenha relações sexuais com nenhuma das esposas de seu pai, pois isso desonraria seu pai.

⁹"Não tenha relações sexuais com sua irmã ou meia-irmã, filha de seu pai ou de sua mãe, nascida em sua casa ou em outra casa.

¹⁰"Não tenha relações sexuais com sua neta, filha de seu filho ou de sua filha, pois com isso você desonraria a si mesmo.

¹¹"Não tenha relações sexuais com a filha de nenhuma das esposas de seu pai, pois ela é sua irmã.

¹²"Não tenha relações sexuais com sua tia, irmã de seu pai, pois ela é parenta próxima de seu pai.

¹³"Não tenha relações sexuais com sua tia, irmã de sua mãe, pois ela é parenta próxima de sua mãe.

¹⁴"Não desonre seu tio, irmão de seu pai, tendo relações sexuais com a mulher dele, pois ela é sua tia.

¹⁵"Não tenha relações sexuais com sua nora; ela é mulher de seu filho, de modo que você não deve ter relações sexuais com ela.

¹⁶"Não tenha relações sexuais com a mulher de seu irmão, pois desonraria seu irmão.

¹⁷"Não tenha relações sexuais com uma mulher e a filha dela. E não tomeª a neta dela, filha do filho ou da filha dela, e tenha relações sexuais com ela, pois são parentas próximas. Isso é perversão.

¹⁸"Enquanto sua esposa estiver viva, não se case nem tenha relações sexuais com a irmã dela, pois elas se tornariam rivais.

¹⁹"Não tenha relações sexuais com uma mulher durante o período de impureza menstrual dela.

²⁰"Não tenha relações sexuais com a mulher do seu próximo, contaminando-se com ela.

²¹"Não permita que nenhum de seus filhos seja oferecido como sacrifício a Moloque. Não desonre o nome do seu Deus. Eu sou o Senhor.

²²"Não pratique a homossexualidade, tendo relações sexuais com outro homem como se fosse com uma mulher. Isso é detestável.

²³"Homem nenhum deve se contaminar tendo relações sexuais com um animal. E mulher nenhuma deve se oferecer para um animal macho para ter relações com ele. Isso é depravação.

²⁴"Não se contaminem de nenhuma dessas formas, pois os povos que expulsarei da presença de vocês se contaminaram com todas essas práticas. ²⁵Uma vez que a terra toda foi contaminada, castigarei seus habitantes. Farei a terra vomitá-los. ²⁶Obedeçam aos meus decretos e aos meus estatutos. Não cometam nenhum desses atos detestáveis. Isso se aplica tanto aos israelitas de nascimento como aos estrangeiros que vivem entre vocês.

²⁷"Todos esses atos detestáveis são praticados pelos povos da terra para onde eu os estou levando, e foi assim que a terra ficou contaminada. ²⁸Por isso, não contaminem a terra e não lhe deem motivo para vomitá-los, como fará com os povos que agora vivem ali. ²⁹Quem cometer algum desses pecados detestáveis será eliminado do meio do povo. ³⁰Portanto, obedeçam às minhas instruções e não se contaminem por adotar alguma dessas práticas detestáveis dos povos que viveram na terra antes de vocês. Eu sou o Senhor, seu Deus".

Santidade na conduta pessoal

19 O Senhor também disse a Moisés: ²"Dê as seguintes instruções a toda a comunidade de Israel. Sejam santos, pois eu, o Senhor, seu Deus, sou santo.

³"Mostrem respeito, cada um de vocês, por sua mãe e por seu pai; guardem também meus sábados. Eu sou o Senhor, seu Deus.

⁴"Não depositem sua confiança em ídolos nem façam para si imagens de metal representando deuses. Eu sou o Senhor, seu Deus.

⁵"Quando sacrificarem uma oferta de paz ao Senhor, apresentem-na de forma apropriada, para que sejam aceitos. ⁶Comam o sacrifício

---
ª **18.17** Ou *não se case com*.

> **PÃO DIÁRIO**
>
> ## Tesouro enterrado
>
> *Temam o seu Deus. Eu sou o Senhor.*
> —Levítico 19.14
>
> Como cresci na zona rural de Missouri, EUA, onde viveu o americano fora da lei Jesse James (1847–82), meus amigos e eu estávamos convencidos de que ele havia enterrado seu tesouro nas proximidades. Vagávamos pela floresta na esperança do sonho de desenterrar um alforje ou outro tesouro. Muitas vezes nos deparávamos com um senhor idoso cortando lenha com um machado gigante. Por anos vimos esse misterioso "homem do machado" caminhar pelas estradas em busca de latas de refrigerante, o seu tesouro particular. Depois de trocar as latas por dinheiro, ele voltava ao seu barraco em estado degradante, sem telhado, sem pintura, com uma garrafa de bebida escondida em um saco de papel marrom. Após sua morte, a família dele encontrou maços de dinheiro estocados na casa caindo aos pedaços.
>
> Assim como o "homem do machado" havia ignorado o seu tesouro, nós cristãos, às vezes, ignoramos partes das Escrituras. Esquecemo-nos de que tudo que as Escrituras contém é nosso e para usarmos; que cada passagem tem uma razão para ter sido incluída ao cânon. Quem diria que em Levítico haveria tanto tesouro enterrado? No capítulo 19, Deus nos ensina em sete versículos como devemos: suprir os pobres e deficientes sem roubar-lhes sua dignidade (vv.9,10,13), administrar nossas empresas eticamente (vv.11,13,15) e, também, como praticar o respeito a Deus em nosso cotidiano (v.12). E o Senhor sempre relembra o Seu povo o motivo pelo qual essas leis devem ser obedecidas — porque Ele é o Senhor.
>
> Se alguns versículos podem conter tantos tesouros, pense em tudo o que podemos encontrar se os garimparmos em nossas Bíblias diariamente.
>
> *Querido Deus, ao lermos a Tua palavra descobrimos tesouros incríveis nela! Aumenta o nosso desejo de ler as Escrituras tão intensamente a ponto de desejarmos, ansiosamente, o momento de garimparmos nela mais uma vez.*
>
> **Cada palavra da Bíblia tem o seu propósito; qualquer parte não lida é um tesouro enterrado.**

sacrifício for comido no terceiro dia, estará contaminado e não será aceito. [8]Quem o comer no terceiro dia será castigado, pois contaminou aquilo que é santo ao Senhor, e será eliminado do meio do povo.

[9]"Quando fizerem a colheita de sua terra, não colham as espigas nos cantos dos campos nem apanhem aquilo que os ceifeiros deixarem cair. [10]O mesmo se aplica à colheita da uva. Não cortem até o último cacho de cada videira nem apanhem as uvas que caírem no chão. Deixem-nas para os pobres e estrangeiros que vivem entre vocês. Eu sou o Senhor, seu Deus.

[11]"Não roubem.

"Não mintam nem enganem uns aos outros.

[12]"Não desonrem o nome do seu Deus, usando-o para jurar falsamente. Eu sou o Senhor.

[13]"Não explorem nem roubem o seu próximo.

"Não fiquem até o dia seguinte com o pagamento de seus empregados.

[14]"Não insultem o surdo nem façam o cego tropeçar. Temam o seu Deus. Eu sou o Senhor.

[15]"Não distorçam a justiça em questões legais, favorecendo os pobres ou tomando partido dos ricos e poderosos. Julguem sempre com imparcialidade.

[16]"Não vivam como difamadores no meio do povo.

"Não fiquem de braços cruzados quando a vida do seu próximo correr perigo. Eu sou o Senhor.

[17]"Não alimentem ódio no coração contra algum de seus parentes.[a] Confrontem sem rodeios aqueles que errarem, para não serem responsabilizados pelo pecado deles.

[18]"Não procurem se vingar nem guardem rancor de alguém do seu povo, mas cada um ame o seu próximo como a si mesmo. Eu sou o Senhor.

[19]"Obedeçam a todos os meus decretos.

"Não cruzem dois animais de espécies diferentes. Não plantem em seu campo duas espécies de sementes. Não usem roupas tecidas com dois tipos de pano.

[20]"Se um homem tiver relações sexuais com uma escrava cuja liberdade não foi comprada, mas que está prometida para ser mulher de

no mesmo dia em que o oferecerem, ou no dia seguinte. O que restar até o terceiro dia será completamente queimado. [7]Se algo do

[a] 19.17 Em hebraico, *contra seu irmão.*

outro, indenizará totalmente o senhor da escrava. Uma vez que ela não é livre, nem o homem nem a mulher serão mortos. ²¹O homem levará um carneiro como oferta pela culpa e o apresentará ao Senhor à entrada da tenda do encontro. ²²O sacerdote fará expiação por ele com o carneiro da oferta pela culpa, e seu pecado será perdoado.

²³"Quando entrarem na terra e plantarem árvores frutíferas de todo tipo, não colham os frutos nos três primeiros anos. Considerem esses frutos proibidos[a] e não os comam. ²⁴No quarto ano, consagrem toda a colheita ao Senhor como uma celebração de louvor. ²⁵Por fim, no quinto ano, vocês poderão comer os frutos. Se procederem desse modo, sua colheita aumentará. Eu sou o Senhor, seu Deus.

²⁶"Não comam carne em que ainda houver sangue.

"Não pratiquem adivinhação nem feitiçaria.

²⁷"Não cortem o cabelo dos lados da cabeça nem raspem a barba rente à pele.

²⁸"Quando lamentarem a morte de alguém, não façam cortes no corpo nem marcas na pele. Eu sou o Senhor.

²⁹"Ninguém contamine sua filha tornando-a uma prostituta, pois a terra ficaria cheia de prostituição e perversão.

³⁰"Guardem meus sábados e tratem meu santuário com reverência. Eu sou o Senhor.

³¹"Não se contaminem procurando médiuns e os que consultam os espíritos dos mortos. Eu sou o Senhor, seu Deus.

³²"Levantem-se na presença dos idosos e honrem os anciãos. Temam o seu Deus. Eu sou o Senhor.

³³"Não se aproveitem dos estrangeiros que vivem entre vocês na terra. ³⁴Tratem-nos como se fossem israelitas de nascimento e amem-nos como a si mesmos. Lembrem-se de que vocês eram estrangeiros quando moravam na terra do Egito. Eu sou o seu Deus.

³⁵"Não usem medidas desonestas ao medirem comprimento, peso ou volume. ³⁶Suas balanças e seus pesos devem ser exatos, assim como suas vasilhas para medir produtos secos ou líquidos.[b] Eu sou o Senhor, seu Deus, que os tirou da terra do Egito.

³⁷"Obedeçam a todos os meus decretos e a todos os meus estatutos pondo-os em prática. Eu sou o Senhor".

Castigos pela desobediência

20 O Senhor disse a Moisés: ²"Dê as seguintes instruções ao povo de Israel. Elas se aplicam tanto aos israelitas de nascimento como aos estrangeiros que vivem em Israel.

"Se algum deles oferecer seus filhos como sacrifício a Moloque, será executado. Os membros da comunidade o apedrejarão até que ele morra. ³Eu mesmo me voltarei contra ele e o eliminarei do meio do povo, pois contaminou meu santuário e desonrou meu nome santo ao oferecer seus filhos a Moloque. ⁴E, se os membros da comunidade fizerem vista grossa àquele que ofereceu seus filhos a Moloque e se recusarem a executá-lo, ⁵eu mesmo me voltarei contra ele e sua família. Eu eliminarei do meio do povo tanto aquele homem como os que o seguiram em sua prostituição, no culto a Moloque.

⁶"Também me voltarei contra aqueles que procuram médiuns ou que consultam os espíritos dos mortos, cometendo prostituição. Eu os eliminarei do meio do povo. ⁷Portanto, consagrem-se e sejam santos, pois eu sou o Senhor, seu Deus. ⁸Guardem meus decretos pondo-os em prática, pois eu sou o Senhor, que os santifica.

⁹"Quem ofender a honra de[c] seu pai ou sua mãe será executado; decretou a própria morte quando amaldiçoou seus pais.

¹⁰"Se um homem cometer adultério com a mulher do seu próximo, o homem e a mulher que cometeram adultério serão executados.

¹¹"Se um homem desonrar seu pai tendo relações sexuais com qualquer das esposas de seu pai, o homem e a mulher serão executados; decretaram a própria morte.

¹²"Se um homem tiver relações sexuais com sua nora, ambos serão executados, pois cometeram uma depravação; decretaram a própria morte.

---

[a] 19.23 Em hebraico, *Considerem-nos incircuncisos.* [b] 19.36 Em hebraico, *Usem 1 efa* [medida para secos] *honesto e 1 him* [medida para líquidos] *honesto.* [c] 20.9 A Septuaginta traz *Quem insultar.* Comparar com Mt 15.4; Mc 7.10.

¹³"Se um homem adotar práticas homossexuais e tiver relações sexuais com outro homem como se fosse com uma mulher, os dois cometem um ato detestável e serão executados; decretaram a própria morte.

¹⁴"Se um homem se casar com uma mulher e com a mãe dela, comete uma perversão; o homem e as duas mulheres serão queimados vivos para acabar com a perversidade entre vocês.

¹⁵"Se um homem tiver relações sexuais com um animal, ele deverá ser executado, e o animal será morto.

¹⁶"Se uma mulher se entregar a um animal macho para ter relações sexuais com ele, tanto ela como o animal serão executados. Matem ambos; decretaram a própria morte.

¹⁷"Se um homem se casar com sua irmã, filha de seu pai ou de sua mãe, e se tiverem relações sexuais, cometeram uma infâmia. Ambos serão eliminados do meio do povo, à vista de todos. Uma vez que o homem desonrou sua irmã, será castigado por causa de seu pecado.

¹⁸"Se um homem tiver relações sexuais com uma mulher durante a menstruação, ambos serão eliminados do meio do povo, pois, juntos, expuseram a fonte do fluxo de sangue da mulher.

¹⁹"Não tenha relações sexuais com sua tia, irmã de sua mãe ou de seu pai, pois causaria desonra a uma parenta próxima. As duas partes são culpadas e serão castigadas por causa de seu pecado.

²⁰"Se um homem tiver relações sexuais com a mulher de seu tio, desonrou seu tio. O homem e a mulher serão castigados por causa de seu pecado e morrerão sem filhos.

²¹"Se um homem se casar com a mulher de seu irmão, comete um ato de impureza. Desonrou seu irmão, e o casal culpado ficará sem filhos.

²²"Guardem todos os meus decretos e todos os meus estatutos pondo-os em prática; do contrário, a terra para onde os estou levando para ser seu novo lar os vomitará. ²³Não vivam de acordo com os costumes dos povos que expulsarei de diante de vocês. Eu os detesto porque praticam essas coisas vergonhosas. ²⁴A vocês, porém, prometi: 'Possuirão a terra deles, pois a darei a vocês como sua propriedade, uma terra que produz leite e mel com fartura'. Eu sou o SENHOR, seu Deus, que os separou de todos os outros povos.

²⁵"Portanto, façam distinção entre animais puros e impuros e entre aves puras e impuras. Não se contaminem com nenhum animal, ave ou criatura que rasteja pelo chão; eu determinei o que é impuro para vocês. ²⁶Sejam santos, pois eu, o SENHOR, sou santo. Separei-os de todos os outros povos para serem meus.

²⁷"Os homens e mulheres entre vocês que forem médiuns ou que consultarem espíritos dos mortos serão apedrejados até morrer; decretaram a própria morte".

Instruções para os sacerdotes

21 O SENHOR disse a Moisés: "Dê as seguintes instruções aos sacerdotes, os filhos de Arão.

"Nenhum sacerdote deverá se tornar cerimonialmente impuro por causa da morte de alguém do povo. ²As únicas exceções são seus parentes mais próximos: mãe ou pai, filho ou filha, irmão ³ou irmã virgem que dependa dele, uma vez que não tem marido. Nesse caso, poderá contaminar-se. ⁴O sacerdote não deverá contaminar-se e tornar-se cerimonialmente impuro por causa de algum parente de sua esposa.

⁵"Os sacerdotes não rasparão a cabeça, não rasparão a barba rente à pele, nem farão cortes no corpo. ⁶Serão consagrados ao seu Deus e jamais desonrarão o nome de Deus, pois são eles que apresentam as ofertas especiais para o SENHOR, ofertas de alimento para o seu Deus.

⁷"Os sacerdotes não se casarão com uma mulher contaminada pela prostituição, nem se casarão com uma mulher divorciada do marido, pois o sacerdote é consagrado ao seu Deus. ⁸Tratem-no como santo, pois ele traz as ofertas de alimento perante o seu Deus. Considerem-no santo, pois eu, o SENHOR, sou santo e santifico vocês.

⁹"Se a filha de um sacerdote se tornar prostituta e, desse modo, se contaminar, também contamina a santidade de seu pai e deverá morrer queimada.

¹⁰"O sumo sacerdote ocupa a posição mais elevada entre todos os sacerdotes. O óleo da unção foi derramado sobre sua cabeça, e ele

> **REFLETINDO SOBRE:** Uma punição severa
>
> ## Filhas dos sacerdotes
>
> *Fujam da imoralidade sexual! Nenhum outro pecado afeta o corpo como esse, pois a imoralidade sexual é um pecado contra o próprio corpo.*
> —1 Coríntios 6.18
>
> Uma adolescente saiu da clínica, esperando não encontrar nenhuma pessoa que a conhecesse. *Isto é tão injusto*, ela disse a si mesma. *Isto não deveria estar acontecendo comigo.* O rapaz fora seu primeiro namorado, e ela acreditou quando ele disse que era sua primeira namorada. Quando descobriu que o seu parceiro estava dizendo o mesmo a outra menina, ela desmoronou, até porque ele a havia deixado com um lembrete do relacionamento. Essa jovem havia se juntado a outras 20 milhões de americanas com papilomavírus humano. Ela nunca ouvira falar de HPV antes, e agora havia contraído o tipo de alto risco. A garota também não sabia que uma adolescente de 16 anos podia desenvolver câncer cervical.
>
> A imoralidade sexual é tão prejudicial que Deus fixou penalidades severas para a desobediência quando escolheu a nação de Israel como Seu povo. Mulheres culpadas de infringir a lei de pureza eram condenadas à morte, mas as filhas de sacerdotes eram queimadas vivas porque o pecado delas depreciava a santidade de seus pais. Podemos pensar que tais punições brutais impediriam as mulheres de se envolver em relações imorais, mas, por sermos humanas, racionalizamos nosso comportamento e nos convencemos de que não seremos pegas.
>
> Ficamos horrorizadas com as punições severas dispostas no Antigo Testamento para a imoralidade sexual. Infelizmente, não ficamos tão chocadas quanto deveríamos com a atitude comum relativa ao sexo nos dias de hoje. Deus planejou a intimidade sexual como parte de um relacionamento marital; qualquer outra expressão sexual é pecado. Não vivemos sob a lei mosaica, mas ainda há consequências por desobedecer às leis espirituais. O pecado sexual danifica o nosso caráter, destrói os relacionamentos, fere outras pessoas e nos expõe a doenças que podem ter efeitos permanentes ou fatais. Nossa sociedade retrata o sexo extraconjugal como inofensivo, mas a Bíblia nos lembra de que esse comportamento pode acarretar severas punições.

foi consagrado para vestir as roupas sacerdotais. Nunca deixará o cabelo despenteado[a] nem rasgará suas roupas em sinal de luto. ¹¹Não se contaminará por aproximar-se de um cadáver. Não se tornará cerimonialmente impuro nem mesmo por causa de seu pai ou de sua mãe. ¹²Não deixará o santuário, nem contaminará o santuário do seu Deus, pois foi consagrado pelo óleo da unção de seu Deus. Eu sou o SENHOR.

¹³"O sumo sacerdote somente se casará com uma virgem. ¹⁴Não se casará com uma viúva, nem com uma mulher divorciada, nem com uma mulher contaminada pela prostituição. Sua esposa deverá ser uma virgem de seu próprio clã, ¹⁵para que ele não desonre seus descendentes entre o povo, pois eu sou o SENHOR, que o santifico".

¹⁶Então o SENHOR disse a Moisés: ¹⁷"Dê as seguintes instruções a Arão. Nas gerações futuras, nenhum de seus descendentes portador de algum defeito físico estará qualificado para trazer ofertas de alimento ao seu Deus. ¹⁸Nenhum homem que tenha algum defeito estará qualificado, seja ele cego, aleijado, mutilado ou deformado, ¹⁹ou tenha o pé ou braço quebrado, ²⁰ou seja corcunda, ou anão, ou tenha um olho defeituoso, ou feridas na pele, ou sarna, ou testículos defeituosos. ²¹Nenhum descendente de Arão que tenha algum defeito se aproximará do altar para apresentar ofertas especiais para o SENHOR. Uma vez que tem defeito, não poderá se aproximar do altar para trazer ofertas de alimento ao seu Deus. ²²No entanto, poderá comer do alimento oferecido a Deus, das ofertas santas e das ofertas santíssimas. ²³Mas, por causa de seu defeito físico, não passará adiante da cortina interna nem se aproximará do altar, pois contaminaria meus

---

[a] 21.10 Ou *Nunca descobrirá a cabeça*.

lugares santos. Eu sou o Senhor, que santifico esses lugares".

²⁴Moisés deu essas instruções a Arão, a seus filhos e a todos os israelitas.

22 O Senhor disse a Moisés: ²"Diga a Arão e a seus filhos que tenham muito respeito pelas ofertas sagradas que os israelitas consagrarem a mim, a fim de não desonrarem meu santo nome. Eu sou o Senhor. ³Dê a eles as seguintes instruções.

"Nas gerações futuras, se algum de seus descendentes estiver cerimonialmente impuro ao se aproximar das ofertas sagradas que os israelitas consagrarem ao Senhor, ele será eliminado de minha presença. Eu sou o Senhor.

⁴"Se algum dos descendentes de Arão tiver lepra[a] ou qualquer tipo de fluxo que o torne cerimonialmente impuro, não comerá das ofertas sagradas enquanto não for declarado puro. Também se tornará impuro se tocar num cadáver, expelir sêmen, ⁵tocar num animal que rasteja pelo chão e seja impuro ou tocar em alguém que, por qualquer motivo, esteja cerimonialmente impuro. ⁶Quem se contaminar de alguma dessas formas ficará impuro até o entardecer. Não comerá das ofertas sagradas enquanto não tiver se banhado com água. ⁷Depois do pôr do sol, estará cerimonialmente puro outra vez e poderá comer das ofertas sagradas, pois são seu alimento. ⁸Não comerá um animal que morreu de forma natural ou que foi despedaçado por animais selvagens, pois se contaminaria. Eu sou o Senhor.

⁹"Os sacerdotes obedecerão fielmente às minhas ordens. Do contrário, serão culpados de pecado e morrerão, pois menosprezaram o que lhes ordenei. Eu sou o Senhor, que os santifica. ¹⁰"Ninguém de fora da família do sacerdote comerá das ofertas sagradas. Nem mesmo hóspedes e empregados da casa do sacerdote poderão comê-las. ¹¹Mas, se o sacerdote comprar um escravo, esse escravo poderá comer das ofertas sagradas. E, se o escravo tiver filhos, eles também poderão comer de seu alimento. ¹²Se a filha do sacerdote se casar com alguém de fora da família sacerdotal, não poderá mais comer das ofertas sagradas. ¹³Se, contudo, ficar viúva ou divorciar-se, sem ter filhos para sustentá-la, e voltar a morar na casa do pai, como quando era jovem, poderá comer novamente do alimento do pai. Com exceção desses casos, ninguém de fora da família do sacerdote comerá das ofertas sagradas.

¹⁴"Se alguém não autorizado comer das ofertas sagradas por engano, pagará ao sacerdote aquilo que comeu, mais um quinto do valor. ¹⁵Os sacerdotes não contaminarão as ofertas sagradas apresentadas pelos israelitas ao Senhor, ¹⁶permitindo que sejam consumidas por pessoas não autorizadas. Elas se tornariam culpadas e teriam de fazer reparação. Eu sou o Senhor, que os santifica".

Ofertas dignas e indignas

¹⁷O Senhor também disse a Moisés: ¹⁸"Dê as seguintes instruções a Arão, a seus filhos e a todo o povo de Israel. Elas se aplicam tanto aos israelitas de nascimento como aos estrangeiros que vivem entre vocês.

"Se alguém apresentar ao Senhor um holocausto, seja como cumprimento de um voto ou como oferta voluntária, ¹⁹só será aceito se o animal oferecido for um macho sem defeito. Poderá ser um boi, um carneiro ou um bode. ²⁰Não apresentem um animal defeituoso, pois o Senhor não o aceitará em favor de vocês.

²¹"Se alguém apresentar ao Senhor uma oferta de paz, seja como cumprimento de um voto ou como oferta voluntária, escolha do gado ou do rebanho um animal perfeito, sem defeito algum. ²²Não ofereçam um animal cego, aleijado, ferido, ou que tenha um quisto, um ferimento na pele ou sarna. Nunca ofereçam nenhum desses animais no altar como ofertas especiais para o Senhor. ²³Se um boi[b] ou um cordeiro tiver uma perna mais comprida ou mais curta que as outras, poderá ser apresentado como oferta voluntária, mas não como cumprimento de um voto. ²⁴Se um animal tiver testículos danificados ou for castrado, não poderá ser oferecido ao Senhor. Nunca façam isso em sua própria terra ²⁵e não recebam de estrangeiros animais como esses em pagamento, para depois oferecê-los como sacrifício a Deus. Não serão aceitos em seu favor, pois são mutilados ou defeituosos".

---

[a] **22.4** O termo hebraico não se refere somente à hanseníase, mas também a diversas doenças de pele. [b] **22.23** Ou *uma vaca*.

²⁶E o S ᴇɴʜᴏʀ disse a Moisés: ²⁷"Quando nascer um bezerro, cordeiro ou cabrito, ficará sete dias com a mãe. Do oitavo dia em diante, será aceitável como oferta especial para o Sᴇɴʜᴏʀ. ²⁸Não matem a mãe e sua cria no mesmo dia, seja uma vaca, uma ovelha ou uma cabra.

²⁹Quando levarem uma oferta de gratidão ao Sᴇɴʜᴏʀ, sacrifiquem-na corretamente para que sejam aceitos. ³⁰Comam todo o animal sacrificado no dia em que for apresentado. Não deixem parte alguma do animal até a manhã seguinte. Eu sou o Sᴇɴʜᴏʀ.

³¹"Guardem fielmente meus mandamentos pondo-os em prática, pois eu sou o Sᴇɴʜᴏʀ. ³²Não desonrem meu santo nome, pois demonstrarei minha santidade no meio dos israelitas. Eu sou o Sᴇɴʜᴏʀ, que os santifica. ³³Eu os libertei da terra do Egito para ser o seu Deus. Eu sou o Sᴇɴʜᴏʀ".

As festas de Israel

23 O Sᴇɴʜᴏʀ disse a Moisés: ²"Dê as seguintes instruções ao povo de Israel. Estas são as festas que o Sᴇɴʜᴏʀ estabeleceu e que vocês proclamarão como reuniões sagradas.

³"Vocês têm seis dias na semana para fazer os trabalhos habituais, mas o sétimo dia é o sábado, o dia de descanso absoluto e de reunião sagrada. Não façam trabalho algum, pois é o sábado do Sᴇɴʜᴏʀ e deve ser guardado onde quer que morarem.

⁴"Além do sábado, estas são as festas que o Sᴇɴʜᴏʀ estabeleceu, as reuniões sagradas que serão celebradas anualmente no devido tempo."

A Páscoa e a Festa dos Pães sem Fermento

⁵"A Páscoa do Sᴇɴʜᴏʀ começa ao entardecer do décimo quarto dia do primeiro mês.ᵃ ⁶No dia seguinte, o décimo quinto dia, comecem a celebrar a Festa dos Pães sem Fermento. Essa celebração em homenagem ao Sᴇɴʜᴏʀ continuará por sete dias e, durante esse tempo, o pão que comerem será preparado sem fermento. ⁷No primeiro dia da festa, todos suspenderão seus trabalhos habituais e realizarão uma reunião sagrada. ⁸Durante sete dias, apresentarão ofertas especiais para o Sᴇɴʜᴏʀ. No sétimo dia, suspenderão novamente seus trabalhos habituais para realizar uma reunião sagrada".

A Celebração do Início da Colheita

⁹O Sᴇɴʜᴏʀ disse a Moisés: ¹⁰"Dê as seguintes instruções ao povo de Israel. Quando entrarem na terra que eu lhes dou e começarem a primeira colheita, levem ao sacerdote um feixe dos primeiros cereais que colherem. ¹¹No dia depois do sábado, o sacerdote moverá o feixe para o alto diante do Sᴇɴʜᴏʀ, para que seja aceito em favor de vocês. ¹²Nesse mesmo dia, ofereçam um cordeiro de um ano, sem defeito, como holocausto para o Sᴇɴʜᴏʀ. ¹³Junto com o sacrifício, apresentem uma oferta de cereal de quatro litrosᵇ de farinha da melhor qualidade umedecida com azeite. Será uma oferta especial, um aroma agradável ao Sᴇɴʜᴏʀ. Ofereçam também um litroᶜ de vinho como oferta derramada. ¹⁴Nesse dia, não comam pão algum, nem cereal torrado ou fresco, enquanto não apresentarem a oferta ao seu Deus. Essa é uma lei permanente para vocês e deve ser cumprida de geração em geração, onde quer que morarem."

A Festa da Colheita

¹⁵"A partir do dia seguinte ao sábado, o dia em que levarem o feixe de cereal a fim de ser movido para o alto como oferta especial, contem sete semanas completas. ¹⁶Continuem contando até o dia depois do sétimo sábado, isto é, cinquenta dias depois. Então apresentem uma oferta de cereal novo para o Sᴇɴʜᴏʀ. ¹⁷Onde quer que morarem, levem dois pães que serão movidos para o alto como oferta especial diante do Sᴇɴʜᴏʀ. Preparem os pães com quatro quilos de farinha da melhor qualidade e assem-nos com fermento. Serão uma oferta para o Sᴇɴʜᴏʀ dos primeiros frutos de sua colheita. ¹⁸Junto com o pão, apresentem sete cordeiros de um ano e sem defeito, um novilho e dois carneiros como holocaustos para o Sᴇɴʜᴏʀ. Esses holocaustos, junto com as ofertas de cereal e ofertas derramadas, serão uma oferta especial, um aroma agradável ao Sᴇɴʜᴏʀ. ¹⁹Em seguida, ofereçam um bode como oferta pelo pecado e dois cordeiros de um ano como ofertas de paz.

ᵃ**23.5** No antigo calendário lunar hebraico, esse dia caía no fim de março, em abril ou no começo de maio. ᵇ**23.13a** Em hebraico, *2/10 de efa*; também em 23.17. ᶜ**23.13b** Em hebraico, *1/4 de him*.

²⁰"O sacerdote levantará os dois cordeiros como oferta especial para o Senhor, junto com os pães que representam os primeiros frutos de suas colheitas. Essas ofertas, que são santas para o Senhor, pertencem aos sacerdotes. ²¹Esse mesmo dia será declarado dia de reunião sagrada, um dia em que não farão nenhum trabalho habitual. Essa é uma lei permanente para vocês e deve ser cumprida de geração em geração, onde quer que morarem.ᵃ

²²"Quando fizerem a colheita da sua terra, não colham as espigas nos cantos dos campos e não apanhem aquilo que cair das mãos dos ceifeiros. Deixem esses grãos para os pobres e estrangeiros que vivem entre vocês. Eu sou o Senhor, seu Deus".

A Festa das Trombetas

²³O Senhor disse a Moisés: ²⁴"Dê as seguintes instruções ao povo de Israel. No primeiro dia do sétimo mês,ᵇ tenham um dia de descanso absoluto. Será uma reunião sagrada, uma celebração memorial comemorada com toques de trombeta. ²⁵Não façam nenhum trabalho habitual nesse dia, mas apresentem ofertas especiais para o Senhor".

O Dia da Expiação

²⁶O Senhor disse a Moisés: ²⁷"Comemorem o Dia da Expiação no décimo dia do mesmo sétimo mês.ᶜ Celebrem-no como uma reunião sagrada, um dia para se humilharemᵈ e apresentarem ofertas especiais para o Senhor. ²⁸Não façam trabalho algum durante todo esse dia, pois é o Dia da Expiação, no qual se fará expiação em seu favor diante do Senhor, seu Deus. ²⁹Todos aqueles que não se humilharem nesse dia serão eliminados do meio do povo. ³⁰Destruirei aqueles que, dentre vocês, trabalharem em algo nesse dia. ³¹Não façam trabalho algum. Essa é uma lei permanente para vocês e deve ser cumprida de geração em geração, onde quer que morarem. ³²Será um sábado de descanso absoluto para vocês e, nesse dia, deverão se humilhar. O dia de descanso começará ao entardecer do nono dia do mês e se estenderá até o entardecer do décimo dia".

A Festa das Cabanas

³³O Senhor também disse a Moisés: ³⁴"Dê as seguintes instruções ao povo de Israel. Comecem a celebrar a Festa das Cabanasᵉ no décimo quinto dia do sétimo mês. Essa festa em homenagem ao Senhor durará sete dias. ³⁵O primeiro dia da festa será declarado reunião sagrada, na qual não farão nenhum trabalho habitual. ³⁶Durante sete dias, vocês apresentarão ofertas especiais para o Senhor. No oitavo dia, haverá outra reunião sagrada, na qual apresentarão ofertas especiais para o Senhor. Será uma ocasião solene, e ninguém fará nenhum trabalho habitual.

³⁷("Essas são as festas que o Senhor estabeleceu. Celebrem-nas a cada ano como reuniões sagradas, apresentando para o Senhor, no dia apropriado, as ofertas especiais de sacrifícios queimados, ofertas de cereal, sacrifícios e ofertas derramadas. ³⁸Celebrem-nas além dos sábados habituais do Senhor e apresentem as ofertas além das ofertas pessoais que vocês trazem no cumprimento de votos e das ofertas voluntárias para o Senhor.)

³⁹"Lembrem-se de que essa festa de sete dias em homenagem ao Senhor, a Festa das Cabanas, começa no décimo quinto dia do sétimo mês, depois de terem colhido tudo que a terra produziu. Celebrem a festa do Senhor por sete dias. O primeiro e o oitavo dia da festa serão de descanso absoluto. ⁴⁰No primeiro dia, recolham galhos das mais belas árvores,ᶠ folhagens de palmeiras, ramos de árvores verdejantes e de salgueiros que crescem junto dos riachos. Celebrem com alegria diante do Senhor, seu Deus, por sete dias. ⁴¹Comemorem essa festa em homenagem ao Senhor por sete dias a cada ano. Essa é uma lei permanente para vocês e deve ser cumprida no sétimo mês, de geração em geração. ⁴²Durante sete dias, morarão ao ar livre em pequenas cabanas. Todos os israelitas de nascimento morarão em cabanas. ⁴³Desse modo, lembrarão cada nova geração

---

ᵃ **23.21** Essa celebração, também conhecida como *Festa da Colheita* ou *Festa das Semanas*, passou a ser chamada posteriormente de *Festa de Pentecostes* (ver At 2.1) e é comemorada hoje com o nome *Shavuot*. ᵇ **23.24** No antigo calendário lunar hebraico, esse dia caía em setembro ou outubro. Comemorada hoje com o nome *Rosh Hashanah*, o ano-novo judeu. ᶜ **23.27a** No antigo calendário lunar hebraico, esse dia caía em setembro ou outubro. Comemorada hoje com o nome *Yom Kippur*. ᵈ **23.27b** Ou *jejuarem*; também em 23.29,32. ᵉ **23.34** Ou *Festa dos Tabernáculos*. Chamada anteriormente de *Festa da Última Colheita* (ver Êx 23.16b) e comemorada hoje com o nome *Sucot*. ᶠ **23.40** Ou *recolham frutos de árvores imponentes*.

de israelitas que eu fiz seus antepassados morarem em cabanas quando os libertei da terra do Egito. Eu sou o Senhor, seu Deus".

⁴⁴Assim, Moisés transmitiu aos israelitas essas instruções sobre as festas anuais do Senhor.

Óleo puro e pães sagrados

24 O Senhor disse a Moisés: ²"Ordene aos israelitas que tragam óleo puro de azeitonas prensadas para a iluminação do candelabro, a fim de manter as lâmpadas sempre acesas. ³É o candelabro que fica na tenda do encontro, em frente à cortina interna que protege a arca da aliança.ᵃ Arão manterá as lâmpadas acesas na presença do Senhor a noite toda. Essa é uma lei permanente para vocês e deve ser cumprida de geração em geração. ⁴Arão e os sacerdotes manterão sempre em ordem, na presença do Senhor, as lâmpadas do candelabro de ouro puro.

⁵"Asse doze pães de farinha da melhor qualidade usando quatro litrosᵇ de farinha para cada pão. ⁶Coloque os pães diante do Senhor sobre a mesa de ouro puro e arrume-os em duas fileiras, com seis pães em cada fileira. ⁷Coloque um pouco de incenso sobre cada fileira como oferta memorial, uma oferta especial apresentada ao Senhor. ⁸A cada sábado, coloque regularmente diante do Senhor esses pães como oferta da parte dos israelitas; é uma expressão contínua da aliança sem fim. ⁹Os pães pertencerão a Arão e seus descendentes, que os comerão num lugar sagrado, pois são santíssimos. Os sacerdotes terão direito permanente a essa porção das ofertas especiais apresentadas ao Senhor".

A pena para quem blasfemar

¹⁰Certo dia, um homem, filho de uma israelita e de um egípcio, saiu de sua tenda e se envolveu numa briga com um dos israelitas. ¹¹Durante a briga, o filho da israelita blasfemou o Nome com uma maldição. Por isso, foi levado a Moisés para ser julgado. A mãe dele se chamava Selomite, filha de Dibri, da tribo de Dã. ¹²O homem foi mantido preso até ficar clara a vontade do Senhor a respeito de sua situação.

¹³Então o Senhor disse a Moisés: ¹⁴"Leve o blasfemador para fora do acampamento e diga a todos que ouviram a maldição que coloquem as mãos sobre a cabeça dele. Depois, a comunidade toda o executará por apedrejamento.

¹⁵Diga ao povo de Israel: Quem amaldiçoar o seu Deus será castigado por causa do seu pecado. ¹⁶Quem blasfemar o nome do Senhor será morto por apedrejamento por toda a comunidade de Israel. Qualquer israelita de nascimento ou estrangeiro entre vocês que blasfemar o Nome será morto.

¹⁷"Quem tirar a vida de outra pessoa será morto.

PÃO DIÁRIO

O pão de cada dia

A cada sábado, coloque regularmente diante do Senhor esses pães como oferta da parte dos israelitas; é uma expressão contínua da aliança sem fim.

—Levítico 24.8

O pão, nos dias de hoje, tem sido considerado como algo de menor importância do que o era nos tempos bíblicos. Geralmente não pensamos nele como um símbolo das necessidades da vida. Contudo, na época de Jesus, o pão representava nutrição em todas as suas diversas formas.

Isso nos ajuda a compreender por que o Senhor disse a Israel para colocar o pão no Lugar Santo do Tabernáculo — Sua "casa dos símbolos". Na primeira sala, doze pães eram colocados sobre uma mesa de ouro "diante do Senhor" (Lv 24.6). Aqueles pães relembravam Israel de que Deus sempre oferece provisão para os Seus quando eles vêm a Ele da maneira como o Senhor deseja. O pão refletia a promessa de Deus em suprir todos os que têm fome e sede de justiça (Mt 5.6; 6.31-34).

Para o cristão, o pão pode representar a Bíblia, Jesus, a comunhão cristã ou qualquer provisão que Deus tenha oferecido para suprir as nossas necessidades espirituais. Ele cuida de nós e está pronto a nos nutrir, mas a Sua oferta exige reciprocidade. Ele prometeu fornecer "pão" diariamente para aqueles que, em obediência, separaram a si mesmos para viver e alimentar-se da Palavra de Deus.

O Senhor cuida de todos aqueles que, de bom grado e humildemente, recebem o seu alimento físico e espiritual vindos dele.

Senhor, a Tua palavra é o pão da vida — ela é mais importante do que o pão em minha mesa. Concede-me a fome e a sede de Tua Palavra à minha alma.

Somente Cristo, o Pão da Vida, pode satisfazer nossa fome espiritual.

ᵃ 24.3 Em hebraico, *fora da cortina interna do testemunho*; ver nota em 16.13. ᵇ 24.5 Em hebraico, *2/10 de efa*.

LEVÍTICO 25

PÃO DIÁRIO

Momento de reequilíbrio

...mas no sétimo ano a terra terá um ano sabático de descanso absoluto. É o sábado do Senhor.
—Levítico 25.4

A órbita solar da Terra leva 365 dias mais um quarto de dia para completar seu ciclo. Por esse motivo, a cada quatro anos, um dia extra é adicionado ao calendário para que acompanhemos o ciclo natural das coisas. A cada ano bissexto, esse dia é adicionado ao final do mês de fevereiro. Desta forma, o calendário é reajustado ao calendário astronômico.

No calendário de Israel nos tempos bíblicos, Deus criou um meio notável para reajustar as coisas. Assim como a humanidade recebeu a ordem de descansar a cada sete dias (Êx 20.8-10), também a Terra recebeu permissão para descansar durante o sétimo ano (Lv 25.4). Esse ano sabático permitia que a terra cultivada recuperasse suas forças para continuar produzindo. Além disso, as dívidas eram canceladas (Dt 15.1-11) e os escravos hebreus recebiam a sua libertação (vv.12-18).

Com nossas agendas lotadas e ritmo de vida agitado, também precisamos de reajustes. As demandas do trabalho, da família e da igreja podem exigir reavaliações. Uma maneira de fazermos isso é observarmos o princípio sabático, certificando-nos de separar tempo para o descanso e, em oração, reavaliar nossas prioridades. Jesus, por exemplo, "se levantou e foi a um lugar isolado para orar" (Mc 1.35).

Quando você poderá colocar de lado suas atividades e, em oração, pedir a Deus para redefinir seu calendário espiritual de acordo com a Sua Palavra e Sua vontade? Será este o momento para o reequilíbrio?

Obrigada, Senhor, pois sabes tão perfeitamente o quanto precisamos de descanso e novo vigor físico e espiritual. Ajuda-nos a separar tempo, regularmente, para recolocarmos nosso equilíbrio e esperança em ti e naquilo que desejas que façamos, mesmo com nossas agendas cheias.

Para aproveitar ao máximo o seu tempo, separe momentos para orar.

---

¹⁸"Quem matar um animal pertencente a outra pessoa a indenizará com um animal vivo. ¹⁹Quem ferir outra pessoa será tratado de acordo com o ferimento que causou: ²⁰fratura por fratura, olho por olho, dente por dente. O dano que alguém fizer a outra pessoa, será feito a ele.

²¹"Quem matar um animal indenizará seu dono totalmente, mas quem matar uma pessoa será morto.

²²"A mesma lei se aplica tanto aos israelitas de nascimento como aos estrangeiros que vivem entre vocês. Eu sou o Senhor, seu Deus".

²³Depois que Moisés transmitiu todas essas instruções aos israelitas, eles levaram o blasfemador para fora do acampamento e o executaram por apedrejamento. Os israelitas fizeram exatamente conforme o Senhor havia ordenado a Moisés.

O ano sabático

25 Quando Moisés estava no monte Sinai, o Senhor lhe disse: ²"Dê as seguintes instruções ao povo de Israel. Quando entrarem na terra que eu lhes dou, a terra deverá observar um sábado para o Senhor a cada sete anos. ³Durante seis anos, vocês semearão os campos, podarão os vinhedos e farão a colheita, ⁴mas no sétimo ano a terra terá um ano sabático de descanso absoluto. É o sábado do Senhor. Durante esse ano, não semeiem os campos nem façam a poda dos vinhedos. ⁵Não ceifem o que crescer espontaneamente nem colham as uvas dos vinhedos não podados. A terra terá um ano de descanso absoluto. ⁶Comam o que a terra produzir espontaneamente durante seu descanso. Isso se aplica a vocês, a seus filhos, a seus servos e servas, e também aos trabalhadores contratados e aos residentes temporários que vivem em seu meio. ⁷Seus rebanhos e todos os animais selvagens de sua terra também poderão comer o que a terra produzir."

O Ano do Jubileu

⁸"Contem sete anos sabáticos,[a] sete vezes sete anos, no total de 49 anos. ⁹Então, no Dia da Expiação do ano seguinte,[b] façam soar por toda a terra um toque longo e alto de trombeta. ¹⁰Consagrem esse ano, o quinquagésimo ano, como um tempo de proclamar a liberdade por toda a terra para todos os seus habitantes. Será um ano de jubileu para vocês, no qual cada um poderá voltar à terra que pertencia a seus

---

[a] 25.8 Em hebraico, *sete semanas de anos*. [b] 25.9 Em hebraico, *no décimo dia do sétimo mês, no Dia da Expiação*; ver 23.27a e respectiva nota.

antepassados e regressar a seu próprio clã. ¹¹O quinquagésimo ano será um jubileu para vocês. Nesse ano, não semearão os campos, nem ceifarão o que crescer espontaneamente, nem colherão as uvas dos vinhedos não podados. ¹²Será um ano de jubileu para vocês e deverão mantê-lo santo. Comam o que a terra produzir espontaneamente. ¹³No Ano do Jubileu, cada um poderá retornar à terra que pertencia a seus antepassados.

¹⁴"Quando alguém fizer um acordo com o seu próximo para comprar ou vender uma propriedade, não deverá tirar vantagem do outro. ¹⁵Ao comprar um terreno do seu próximo, o preço a ser pago será baseado no número de anos desde o último jubileu. O vendedor estipulará o preço levando em conta os anos que ainda restam de colheitas. ¹⁶Quanto mais colheitas faltarem para o próximo jubileu, mais alto será o preço; quanto menos anos faltarem, mais baixo será o preço. Afinal, o que ele está vendendo é certo número de colheitas. ¹⁷Mostrem seu temor a Deus não tirando vantagem um do outro. Eu sou o SENHOR, seu Deus.

¹⁸"Se quiserem viver seguros na terra, sigam os meus decretos e obedeçam aos meus estatutos. ¹⁹Então a terra produzirá colheitas fartas, vocês comerão até se saciarem e viverão em segurança. ²⁰Talvez vocês perguntem: 'O que comeremos no sétimo ano, uma vez que não temos permissão de semear nem de colher nesse ano?'. ²¹Podem ter certeza de que no sexto ano eu lhes enviarei a minha bênção, de modo que a terra produzirá o suficiente para três anos. ²²No oitavo ano, quando semearem seus campos, ainda estarão comendo da colheita farta do sexto ano. De fato, ainda estarão comendo dessa colheita quando fizerem a nova colheita no nono ano."

O resgate de propriedades

²³"A terra jamais será vendida em caráter definitivo, pois ela me pertence. Vocês são apenas estrangeiros e arrendatários que trabalham para mim.

²⁴"Sempre que uma propriedade for negociada, o vendedor deverá ter o direito de comprá-la de volta. ²⁵Se alguém do seu povo empobrecer e for obrigado a vender parte das terras da família, um parente próximo deverá comprar a propriedade de volta para ele. ²⁶Se não houver qualquer parente próximo para comprar a propriedade, mas a pessoa que a vendeu conseguir dinheiro suficiente para comprá-la de volta, ²⁷terá o direito de resgatá-la de quem a comprou. Do preço da terra será descontado um valor proporcional ao número de anos até o próximo Ano do Jubileu. Desse modo, o primeiro dono da propriedade terá condições de retornar à sua terra. ²⁸Se, contudo, o primeiro dono não tiver condições de comprar de volta a propriedade, ela ficará com o novo dono até o Ano do Jubileu seguinte. Nesse ano, a propriedade será devolvida aos primeiros donos, a fim de que voltem à terra de sua família.

²⁹"Quem vender uma casa dentro de uma cidade murada terá, por um ano completo, o direito de comprá-la de volta. Durante esse ano, o vendedor poderá resgatar a casa. ³⁰Mas, se não a comprar de volta durante esse ano, a venda da casa dentro da cidade murada não poderá ser revertida. A casa se tornará propriedade permanente do comprador. Não será devolvida ao primeiro dono no Ano do Jubileu. ³¹Já uma casa num povoado, num assentamento sem muros ao redor, será considerada uma propriedade rural. Poderá ser comprada de volta a qualquer momento e será devolvida ao primeiro proprietário no Ano do Jubileu.

³²"Os levitas sempre terão o direito de comprar de volta uma casa que tiverem vendido dentro das cidades reservadas para eles. ³³Qualquer propriedade vendida pelos levitas, ou seja, todas as casas dentro das cidades deles, será devolvida no Ano do Jubileu. Afinal, essas casas são suas únicas propriedades em todo o Israel. ³⁴As pastagens em volta das cidades dos levitas não serão vendidas. São propriedade permanente deles."

O resgate dos pobres e dos escravos

³⁵"Se alguém do seu povo empobrecer e não puder se sustentar, ajudem-no como ajudariam um estrangeiro ou residente temporário e permitam que ele more com vocês. ³⁶Não cobrem juros nem tenham lucro à custa dele. Em vez disso, mostrem seu temor a Deus permitindo que ele viva como parente com vocês.

³⁷Lembrem-se de não cobrar juros sobre o dinheiro que lhe emprestarem nem de ter lucro com o alimento que lhe venderem. ³⁸Eu sou o Senhor, seu Deus, que os tirou da terra do Egito para lhes dar a terra de Canaã e ser o seu Deus.

³⁹"Se alguém do seu povo empobrecer e for obrigado a se vender para vocês, não o tratem como escravo. ⁴⁰Tratem-no como empregado ou residente temporário que mora com vocês e os servirá apenas até o Ano do Jubileu. ⁴¹Então ele e seus filhos estarão livres e voltarão aos clãs e à propriedade que pertencia a seus antepassados. ⁴²Os israelitas são os meus servos que eu tirei da terra do Egito, de modo que jamais devem ser vendidos como escravos. ⁴³Mostrem seu temor a Deus tratando-os sem violência.

⁴⁴"Vocês poderão comprar escravos e escravas de nações vizinhas. ⁴⁵Também poderão comprar os filhos de residentes temporários que moram com vocês, incluindo os que nasceram em sua terra. Poderão considerá-los sua propriedade ⁴⁶e deixá-los para seus filhos como herança permanente. Poderão tratá-los como escravos, mas jamais oprimirão alguém do seu povo.

⁴⁷"Se algum estrangeiro ou residente temporário enriquecer enquanto vive entre vocês, e se algum do seu povo empobrecer e for obrigado a se vender para esse estrangeiro ou para um membro da família dele, ⁴⁸continuará a ter o direito de ser resgatado, mesmo depois de comprado. Poderá ser comprado de volta por um irmão, ⁴⁹tio ou primo. Aliás, qualquer parente próximo poderá resgatá-lo. Se prosperar, também poderá resgatar a si mesmo. ⁵⁰Negociará o preço de sua liberdade com a pessoa que o comprou. O preço será baseado no número de anos transcorridos desde que foi vendido até o próximo Ano do Jubileu, ou seja, o equivalente ao custo de um trabalhador contratado para esse período. ⁵¹Se ainda faltarem muitos anos para o jubileu, pagará na devida proporção aquilo que recebeu quando do vendeu a si mesmo. ⁵²Se faltarem apenas poucos anos até o Ano do Jubileu, pagará proporcionalmente aos anos que faltarem. ⁵³O estrangeiro o tratará como um empregado com contrato anual. Não permitam que um estrangeiro trate israelitas com violência. ⁵⁴Se algum israelita não tiver sido comprado de volta, será liberto quando chegar o Ano do Jubileu, ele e seus filhos, ⁵⁵pois os israelitas me pertencem. São meus servos que eu tirei da terra do Egito. Eu sou o Senhor, seu Deus."

Bênçãos pela obediência

26 "Não façam ídolos nem imagens para si, nem levantem em sua terra colunas sagradas ou pedras esculpidas para adorá-las. Eu sou o Senhor, seu Deus. ²Guardem os meus sábados e tenham reverência pelo meu santuário. Eu sou o Senhor.

³"Se seguirem os meus decretos e obedecerem diligentemente aos meus mandamentos, ⁴enviarei as chuvas nas estações próprias. A terra dará suas colheitas, e as árvores do campo produzirão seus frutos. ⁵A época de debulhar cereais se estenderá até o início da colheita das uvas, e a colheita das uvas, até o início do plantio dos cereais. Vocês comerão até se saciarem e viverão em segurança em sua terra.

⁶"Eu lhes darei paz na terra, e vocês poderão dormir sem medo. Tirarei da terra os animais ferozes e manterei os inimigos afastados de seu território. ⁷De fato, vocês perseguirão seus inimigos e os matarão à espada. ⁸Cinco de vocês perseguirão cem, e cem de vocês perseguirão dez mil. Todos os seus inimigos cairão pela sua espada.

⁹"Olharei para vocês com favor, os tornarei férteis e multiplicarei seu povo. Cumprirei minha aliança com vocês. ¹⁰Suas colheitas serão tão fartas que vocês terão de se desfazer dos cereais velhos a fim de dar espaço à nova safra. ¹¹Habitarei no meio de vocês e não os desprezarei. ¹²Andarei em seu meio; serei o seu Deus, e vocês serão o meu povo. ¹³Eu sou o Senhor, seu Deus, que os tirou da terra do Egito para que não fossem mais escravos. Quebrei o jugo de servidão que vocês carregavam sobre o pescoço e os fiz andar de cabeça erguida."

Castigos pela desobediência

¹⁴"Mas, se vocês não me derem ouvidos e não obedecerem a todos esses mandamentos, ¹⁵e se quebrarem a minha aliança rejeitando meus decretos, desprezando meus estatutos e recusando-se a cumprir meus mandamentos, ¹⁶eu os castigarei. Trarei sobre vocês terrores repentinos, doenças debilitantes e febres

ardentes que farão seus olhos escurecerem e sua vida definhar. Semearão em vão, pois seus inimigos comerão suas colheitas. ¹⁷Eu me voltarei contra vocês, e seus inimigos os derrotarão. Aqueles que odeiam vocês os dominarão, e vocês fugirão mesmo quando ninguém os estiver perseguindo.

¹⁸"E se, apesar disso tudo, vocês continuarem a me desobedecer, eu os castigarei sete vezes mais por seus pecados. ¹⁹Quebrarei seu forte orgulho ao tornar o céu tão duro quanto o ferro e a terra tão impenetrável quanto o bronze. ²⁰Todo o seu trabalho será inútil, pois a terra não dará colheitas, e as árvores não produzirão frutos.

²¹"Se, ainda assim, continuarem se opondo a mim e se recusarem a me obedecer, causarei desastres sete vezes piores por causa de seus pecados. ²²Enviarei animais selvagens que tomarão seus filhos de vocês e destruirão seus rebanhos. Sua população se tornará cada vez menor, e seus caminhos ficarão desertos.

²³"E, se vocês não aprenderem a lição e insistirem em se opor a mim, ²⁴eu mesmo me oporei a vocês e trarei calamidades sete vezes piores por causa de seus pecados. ²⁵Trarei contra vocês a guerra como maldição da aliança que vocês quebraram. Quando correrem para as cidades em busca de segurança, enviarei uma praga que os destruirá ali, e vocês serão entregues nas mãos de seus inimigos. ²⁶Destruirei seus mantimentos, de modo que dez mulheres precisarão de apenas um forno para assar pão para suas famílias. Racionarão o alimento por peso e, mesmo tendo o que comer, não se saciarão.

²⁷"Se, apesar disso tudo, ainda se recusarem a me obedecer e continuarem se opondo a mim, ²⁸eu me oporei a vocês furiosamente. Eu mesmo os castigarei sete vezes mais por seus pecados. ²⁹Então vocês comerão a carne de seus próprios filhos e filhas. ³⁰Destruirei seus altares idólatras e derrubarei seus lugares de culto. Amontoarei seus cadáveres por sobre seus ídolos mortos[a] e os desprezarei por completo. ³¹Farei suas cidades ficarem desoladas e destruirei seus santuários. Não terei prazer em suas ofertas, que deveriam ser um aroma agradável para mim. ³²Sim, eu mesmo devastarei sua terra, e os inimigos que virão ocupá-la ficarão horrorizados com aquilo que virem. ³³Eu os espalharei entre as nações e empunharei minha espada contra vocês. A terra ficará desolada, e as cidades, em ruínas. ³⁴Então, enquanto ela estiver desolada e vocês estiverem exilados na terra de seus inimigos, a terra desfrutará os anos sabáticos que lhe foram negados. Finalmente ela descansará e desfrutará os sábados que perdeu. ³⁵Durante todo o tempo em que a terra permanecer em ruínas, desfrutará o descanso que vocês não permitiram que ela tivesse a cada sete anos quando moravam nela.

³⁶"Quanto àqueles que sobreviverem, eu lhes causarei desespero na terra de seus inimigos. Viverão com tanto medo que até o som de uma folha levada pelo vento os fará fugir. Correrão como se fugissem de uma espada e cairão mesmo quando ninguém os estiver perseguindo. ³⁷Ainda que não haja ninguém atrás deles, tropeçarão uns nos outros como quem foge de uma espada. Não terão forças para resistir a seus inimigos. ³⁸Morrerão em nações estrangeiras, e a terra de seus inimigos os devorará. ³⁹Aqueles que sobreviverem definharão nas terras de seus inimigos por causa de seus pecados e dos pecados de seus antepassados.

⁴⁰"Enfim, porém, meu povo confessará seus pecados e os pecados de seus antepassados por serem infiéis e se oporem a mim. ⁴¹Quando eu me opuser a eles e os levar à terra de seus inimigos, seu coração obstinado[b] se humilhará e receberão o castigo de seus pecados. ⁴²Então me lembrarei de minha aliança com Jacó, de minha aliança com Isaque e de minha aliança com Abraão, e certamente me lembrarei da terra. ⁴³Pois a terra precisará ser abandonada para desfrutar os anos sabáticos de descanso enquanto permanecer deserta. Por fim, o povo receberá o castigo de seus pecados, pois rejeitaram continuamente meus estatutos e desprezaram meus decretos.

⁴⁴"Apesar disso tudo, não os rejeitarei completamente nem os desprezarei enquanto estiverem exilados na terra de seus inimigos. Não cancelarei minha aliança com eles exterminando-os, pois eu sou o Senhor, seu Deus. ⁴⁵Em

---

[a] 26.30 É possível que o termo hebraico usado aqui (lit., *coisas redondas*) se refira a estrume. [b] 26.41 Em hebraico, *incircunciso*.

favor deles, eu me lembrarei da antiga aliança que fiz com seus antepassados, os quais tirei da terra do Egito diante dos olhos de todas as nações, para ser o Deus deles. Eu sou o Senhor".

⁴⁶Esses são os decretos, os estatutos e as instruções que o Senhor estabeleceu entre ele próprio e os israelitas por meio de Moisés no monte Sinai.

Normas acerca de votos e dízimos

27 O Senhor disse a Moisés: ²"Dê as seguintes instruções ao povo de Israel. Se alguém fizer um voto especial de dedicar uma pessoa ao Senhor mediante o pagamento do valor dessa pessoa, ³deve usar a seguinte escala de valores. Um homem de 20 a 60 anos vale 600 gramasª de prata, de acordo com o siclo do santuário; ⁴uma mulher da mesma idade vale 360 gramasᵇ de prata. ⁵Um menino ou rapaz de 5 a 20 anos vale 240 gramas de prata; uma menina ou moça da mesma idade vale 120 gramas de prata.ᶜ ⁶Um menino de 1 mês a 5 anos vale 60 gramas de prata; uma menina da mesma idade vale 36 gramas de prata.ᵈ ⁷Um homem de mais de 60 anos vale 180 gramas de prata; uma mulher da mesma idade vale 120 gramas de prata.ᵉ ⁸Quem desejar fazer o voto, mas não puder pagar a quantia exigida, levará a pessoa ao sacerdote, e ele determinará a quantia a ser paga com base nos recursos de quem fez o voto.

⁹"Se alguém fizer o voto de entregar um animal como oferta para o Senhor, toda oferta ao Senhor será considerada santa. ¹⁰Não trocará nem substituirá o animal por outro, seja um animal bom por um ruim ou um animal ruim por um bom. Mas, se trocar um animal por outro, tanto o primeiro como o segundo serão considerados santos. ¹¹Se o voto for a entrega de um animal impuro que não é aceitável como oferta para o Senhor, levará o animal até o sacerdote, ¹²e ele determinará o valor, e sua avaliação, alta ou baixa, será definitiva. ¹³Quem desejar comprar de volta o animal pagará o valor estipulado pelo sacerdote, mais um quinto do valor.

¹⁴"Se alguém dedicar uma casa ao Senhor, o sacerdote a avaliará. Sua avaliação, seja alta ou baixa, será definitiva. ¹⁵Se a pessoa que dedicou a casa quiser comprá-la de volta, pagará o valor estipulado pelo sacerdote, mais um quinto do valor. Desse modo, a casa voltará a ser sua.

¹⁶"Se alguém dedicar ao Senhor uma parte de sua propriedade familiar, o valor será determinado de acordo com a quantidade de sementes necessária para semeá-la: 600 gramas de prata por um campo semeado com 220 litros de sementes de cevada.ᶠ ¹⁷Se o campo for dedicado ao Senhor no Ano do Jubileu, será aplicado o valor total. ¹⁸Mas, se o campo for dedicado depois do Ano do Jubileu, o sacerdote calculará o valor da terra de modo proporcional ao número de colheitas restantes até o próximo Ano do Jubileu. O valor calculado será reduzido a cada ano que passar. ¹⁹Se a pessoa que dedicou o campo desejar comprá-lo de volta, pagará o valor estipulado pelo sacerdote, mais um quinto do valor. O campo voltará a ser legalmente seu. ²⁰Se, contudo, não quiser reavê-lo e ele for vendido a outra pessoa, o campo não poderá mais ser comprado de volta. ²¹Quando o campo for liberado no Ano do Jubileu, será santo, totalmente dedicado ao Senhor, e se tornará propriedade dos sacerdotes.

²²"Se alguém dedicar ao Senhor um campo que comprou, mas que não faz parte de sua propriedade familiar, ²³o sacerdote determinará o valor com base no número de colheitas restantes até o próximo Ano do Jubileu. Nesse mesmo dia, a pessoa entregará o valor do campo como doação sagrada para o Senhor. ²⁴No Ano do Jubileu, o campo será devolvido a quem o herdou como propriedade familiar. ²⁵(Todos os pagamentos serão calculados de acordo com o peso do siclo do santuário, equivalente a doze gramas.ᵍ)

²⁶"O macho da primeira cria de um animal não poderá ser dedicado ao Senhor, pois a primeira cria de seu gado, de suas ovelhas e de suas cabras já pertence a ele. ²⁷É possível,

---

ª 27.3 Em hebraico, *50 siclos*. ᵇ 27.4 Em hebraico, *30 siclos*. ᶜ 27.5 Em hebraico, *Um menino [...] 20 siclos de prata; uma menina [...] 10 siclos de prata*. ᵈ 27.6 Em hebraico, *Um menino [...] 5 siclos de prata; uma menina [...] 3 siclos de prata*. ᵉ 27.7 Em hebraico, *Um homem [...] 15 siclos de prata; uma mulher [...] 10 siclos de prata*. ᶠ 27.16 Em hebraico, *50 siclos de prata por 1 ômer de sementes de cevada*. ᵍ 27.25 Em hebraico, *equivalente a 20 geras*.

porém, comprar de volta a primeira cria de um animal impuro mediante o pagamento do valor estipulado pelo sacerdote, mais um quinto do valor. Se o animal não for comprado de volta, o sacerdote o venderá pelo valor estipulado.

28 "Contudo, qualquer coisa totalmente dedicada ao SENHOR, seja uma pessoa, um animal ou uma propriedade familiar, jamais será vendida ou comprada de volta. Tudo que é assim consagrado é santíssimo e pertence ao SENHOR.

29 Nenhuma pessoa que tenha sido definitivamente marcada para destruição poderá ser comprada de volta; deverá ser executada.

30 "A décima parte dos produtos da terra, sejam os cereais dos campos ou os frutos das árvores, pertence ao SENHOR e deve ser consagrada a ele. 31Se você desejar comprar de volta a décima parte dos cereais ou frutos pertencente ao SENHOR, pagará o seu valor, mais um quinto do valor. 32Conte um de cada dez animais do seu gado e dos seus rebanhos e separe-os para o SENHOR, considerando-os santos. 33Não faça distinção entre animais bons e ruins nem substitua um pelo outro. Mas, se trocar um animal por outro, tanto o primeiro como o seu substituto serão considerados santos e não poderão ser comprados de volta".

34Esses são os mandamentos que o SENHOR deu aos israelitas por meio de Moisés no monte Sinai.

NÚMEROS

INTRODUÇÃO

Nome. O nome deriva dos dois recenseamentos do povo, no Sinai, Cap. 1, e em Moabe, Cap. 26.

Conexão com os livros anteriores. Gênesis fala da Criação, Êxodo da redenção, Levítico da adoração e comunhão, e Números do serviço e trabalho. Em Levítico, Israel recebe uma instrução e em Números ele está aplicando essa instrução. Neste livro, como em Êxodo e Levítico, Moisés é a figura central.

Pensamento central. O serviço que envolve a jornada, o que, por sua vez, implica a caminhada como um pensamento secundário. Todos os símbolos do livro têm essa dupla ideia de serviço e caminhada.

Frase-chave. "[...] aptos para irem à guerra" ocorre 14 vezes no primeiro capítulo. Havia lutas adiante e todos os que podiam lutar deviam reunir-se.

O livro cobre um período de pouco mais de 38 anos de história (Nm 1.1; Dt 1.3) e é um registro: (1) de como Israel marchou até a fronteira de Canaã; (2) vagou 38 anos no deserto, enquanto a antiga nação morreu e uma nova foi treinada em obediência a Deus; (3) e então retornou à fronteira da Terra Prometida.

ESBOÇO

1. A preparação no Sinai, 1.1–10.10
    1.1. O número e a distribuição das tribos, Caps. 1–2
    1.2. A escolha e a incumbência dos levitas, Caps. 3–4
    1.3. Leis para a purificação do acampamento, Caps. 5–6
    1.4. Leis a respeito das ofertas para a adoração, Caps. 7–8
    1.5. Leis a respeito da Páscoa, 9.1-14
    1.6. Sinais para marchar e reunir-se, 9.15–10.10
2. A jornada para Moabe, 10.11–22.1
    2.1. Do Sinai a Cades, 10.11–18.32
    2.2. De Cades a Cades (andanças pelo deserto), 19.1–20.21
    2.3. De Cades a Moabe, 20.22–22.1
3. A permanência em Moabe, 22.2–36.13
    3.1. Balaque e Balaão, 22.2–25.18
    3.2. O recenseamento do povo, Cap. 26
    3.3. Josué, sucessor de Moisés, Cap. 27
    3.4. Festas e ofertas, Caps. 28–30
    3.5. Triunfo sobre Midiã, Cap. 31
    3.6. Duas tribos e meia recebem terras ao oriente do Jordão, Cap. 32
    3.7. As jornadas pelo deserto são contadas, Cap. 33
    3.8. Divisões de Canaã e as cidades de refúgio, Caps. 34–36

PARA ESTUDO E DISCUSSÃO

[1] Faça uma lista dos diferentes momentos em que Deus interveio para resgatar Israel, fornecendo orientação, proteção, alimento etc., e a partir disso estude os maravilhosos recursos de Deus no cuidado de Seu povo.
[2] Faça uma lista dos diferentes momentos e ocasiões em que Israel ou qualquer indivíduo pecou ou se rebelou contra Deus ou Seus líderes e estude o resultado em cada ocorrência.
[3] Faça uma lista dos milagres narrados no livro e relacione os fatos sobre cada um deles. Mostre quais foram os milagres do juízo e quais foram os milagres da misericórdia.
[4] O episódio dos espias e os resultados do erro cometido como observado em toda a história futura de Israel.
[5] A história de Balaque e Balaão.
[6] O juízo de Deus sobre as nações desobedientes e pecadoras.
[7] A dúvida como fonte de queixa e descontentamento.
[8] Os símbolos de Cristo e experiência cristã: (a) O nazireu; (b) A vara de Arão que floresce, 17.8; Hb 9.4; (c) O cordão azul, 15.38; (d) A novilha vermelha, 19.2; (e) A serpente de bronze, 21.9; (f) As cidades de refúgio, 35.13.

Censo dos soldados de Israel

1 No primeiro dia do segundo mês,[a] no segundo ano desde a saída dos israelitas do Egito, o Senhor falou a Moisés na tenda do encontro, no deserto do Sinai, e disse: ²"Realize um censo de toda a comunidade de Israel, de acordo com seus clãs e famílias. Faça uma lista de todos os homens ³de 20 anos para cima, aptos para irem à guerra. Você e Arão registrarão os soldados ⁴com a ajuda do chefe dos clãs de cada uma das tribos.

⁵"Estes são os chefes dos clãs que os ajudarão, conforme suas tribos:

da tribo de Rúben, Elizur, filho de Sedeur;
⁶da tribo de Simeão, Selumiel, filho de Zurisadai;
⁷da tribo de Judá, Naassom, filho de Aminadabe;
⁸da tribo de Issacar, Natanael, filho de Zuar;
⁹da tribo de Zebulom, Eliabe, filho de Helom;
¹⁰da tribo de Efraim, filho de José, Elisama, filho de Amiúde;
da tribo de Manassés, filho de José, Gamaliel, filho de Pedazur;
¹¹da tribo de Benjamim, Abidã, filho de Gideoni;
¹²da tribo de Dã, Aieser, filho de Amisadai;
¹³da tribo de Aser, Pagiel, filho de Ocrã;
¹⁴da tribo de Gade, Eliasafe, filho de Deuel;
¹⁵da tribo de Naftali, Aira, filho de Enã.

¹⁶Esses são os representantes escolhidos da comunidade, líderes das tribos de seus antepassados, chefes dos clãs de Israel".

¹⁷Assim, Moisés e Arão convocaram os líderes nomeados ¹⁸e, naquele mesmo dia,[b] reuniram toda a comunidade. Todos foram registrados conforme sua linhagem, de acordo com seus clãs e famílias. Os homens de 20 anos para cima foram registrados um a um, ¹⁹como o Senhor tinha ordenado a Moisés. Desse modo, Moisés registrou seus nomes enquanto estavam no deserto do Sinai, na seguinte ordem:

²⁰Da tribo de Rúben, o filho mais velho de Jacó,[c] os homens de 20 anos para cima, aptos para irem à guerra, conforme os nomes anotados nos registros de seus clãs e famílias, ²¹totalizaram 46.500. Esse é o número da tribo de Rúben.

²²Da tribo de Simeão, os homens de 20 anos para cima, aptos para irem à guerra, conforme os nomes anotados nos registros de seus clãs e famílias, ²³totalizaram 59.300. Esse é o número da tribo de Simeão.

²⁴Da tribo de Gade, os homens de 20 anos para cima, aptos para irem à guerra, conforme os nomes anotados nos registros de seus clãs e famílias, ²⁵totalizaram 45.650. Esse é o número da tribo de Gade.

²⁶Da tribo de Judá, os homens de 20 anos para cima, aptos para irem à guerra, conforme os nomes anotados nos registros de seus clãs e famílias, ²⁷totalizaram 74.600. Esse é o número da tribo de Judá.

²⁸Da tribo de Issacar, os homens de 20 anos para cima, aptos para irem à guerra, conforme os nomes anotados nos registros de seus clãs e famílias, ²⁹totalizaram 54.400. Esse é o número da tribo de Issacar.

³⁰Da tribo de Zebulom, os homens de 20 anos para cima, aptos para irem à guerra, conforme os nomes anotados nos registros de seus clãs e famílias, ³¹totalizaram 57.400. Esse é o número da tribo de Zebulom.

³²Da tribo de Efraim, filho de José, os homens de 20 anos para cima, aptos para irem à guerra, conforme os nomes anotados nos registros de seus clãs e famílias, ³³totalizaram 40.500. Esse é o número da tribo de Efraim.

³⁴Da tribo de Manassés, filho de José, os homens de 20 anos para cima, aptos para irem à guerra, conforme os nomes anotados nos registros de seus clãs e famílias, ³⁵totalizaram 32.200. Esse é o número da tribo de Manassés.

³⁶Da tribo de Benjamim, os homens de 20 anos para cima, aptos para irem à guerra, conforme os nomes anotados nos registros de seus clãs e famílias, ³⁷totalizaram 35.400. Esse é o número da tribo de Benjamim.

---

[a] 1.1 No antigo calendário lunar hebraico, esse dia caía em abril ou maio. [b] 1.18 Em hebraico, *no primeiro dia do segundo mês*; ver 1.1. [c] 1.20 Em hebraico, *de Israel*. Os nomes "Israel" e "Jacó" são frequentemente usados de forma intercambiável ao longo de todo o Antigo Testamento e se referem, por vezes, ao patriarca e, em outras ocasiões, à nação.

³⁸Da tribo de Dã, os homens de 20 anos para cima, aptos para irem à guerra, conforme os nomes anotados nos registros de seus clãs e famílias, ³⁹totalizaram 62.700. Esse é o número da tribo de Dã.

⁴⁰Da tribo de Aser, os homens de 20 anos para cima, aptos para irem à guerra, conforme os nomes anotados nos registros de seus clãs e famílias, ⁴¹totalizaram 41.500. Esse é o número da tribo de Aser.

⁴²Da tribo de Naftali, os homens de 20 anos para cima, aptos para irem à guerra, conforme os nomes anotados nos registros de seus clãs e famílias, ⁴³totalizaram 53.400. Esse é o número da tribo de Naftali.

⁴⁴Moisés, Arão e os doze líderes de Israel registraram esses homens, todos incluídos na lista de acordo com suas famílias. ⁴⁵Todos os homens de Israel de 20 anos para cima, aptos para irem à guerra, foram registrados de acordo com suas famílias. ⁴⁶No total, 603.550 homens.

⁴⁷Esse total, porém, não incluía os clãs dos levitas, ⁴⁸pois o Senhor tinha dito a Moisés: ⁴⁹"Não inclua a tribo de Levi no censo e não conte seus membros com o restante dos israelitas. ⁵⁰Encarregue os levitas de cuidarem do tabernáculo da aliança[a] e de toda a sua mobília e todos os seus utensílios. Eles transportarão o tabernáculo e todos os seus utensílios, cuidarão dele e acamparão ao seu redor. ⁵¹Sempre que o tabernáculo tiver de ser transportado, os levitas o desmontarão. Na hora de acampar, eles o armarão novamente. Qualquer pessoa não autorizada que se aproximar do tabernáculo será executada. ⁵²Os israelitas acamparão de acordo com suas divisões numa área designada por sua bandeira. ⁵³Os levitas, por sua vez, acamparão ao redor do tabernáculo da aliança para proteger a comunidade de Israel da ira do Senhor. É responsabilidade dos levitas montar guarda ao redor do tabernáculo da aliança".

⁵⁴Os israelitas fizeram exatamente conforme o Senhor havia ordenado a Moisés.

A organização de Israel no acampamento

2 Então o Senhor deu as seguintes instruções a Moisés e Arão: ²"Quando os israelitas acamparem, cada tribo terá sua própria área designada. As divisões das tribos acamparão ao redor de sua bandeira nos quatro lados da tenda do encontro, a certa distância.

³As divisões da tribo de Judá acamparão na direção do nascer do sol, do lado leste, ao redor de sua bandeira. Naassom, filho de Aminadabe, será seu líder. ⁴Seu número de soldados registrados é de 74.600. ⁵A tribo de Issacar acampará ao lado da tribo de Judá. Natanael, filho de Zuar, será seu líder. ⁶Seu número de soldados registrados é de 54.400. ⁷A tribo de Zebulom acampará logo em seguida. Eliabe, filho de Helom, será seu líder. ⁸Seu número de soldados registrados é de 57.400.

⁹O total de soldados no acampamento do lado de Judá é de 186.400. Essas tribos marcharão sempre à frente.

¹⁰As divisões da tribo de Rúben acamparão no lado sul da tenda do encontro, ao redor de sua bandeira. Elizur, filho de Sedeur, será seu líder. ¹¹Seu número de soldados registrados é de 46.500. ¹²A tribo de Simeão acampará ao lado da tribo de Rúben. Selumiel, filho de Zurisadai, será seu líder. ¹³Seu número de soldados registrados é de 59.300. ¹⁴A tribo de Gade acampará logo em seguida. Eliasafe, filho de Deuel,[b] será seu líder. ¹⁵Seu número de soldados registrados é de 45.650.

¹⁶O total de soldados no acampamento do lado de Rúben é de 151.450. Essas tribos marcharão sempre em segundo lugar.

¹⁷"Em seguida, os levitas sairão do meio do acampamento transportando a tenda do encontro. Todas as tribos marcharão na mesma ordem em que acamparem, cada uma em sua posição, ao redor de sua bandeira.

---

[a] **1.50** Ou *tabernáculo do testemunho*; também em 1.53b. [b] **2.14** Conforme vários manuscritos hebraicos, o Pentateuco Samaritano e a Vulgata (ver tb. 1.14); a maioria dos manuscritos hebraicos traz *filho de Reuel*.

¹⁸As divisões da tribo de Efraim acamparão no lado oeste da tenda do encontro, ao redor de sua bandeira. Elisama, filho de Amiúde, será seu líder. ¹⁹Seu número de soldados registrados é de 40.500. ²⁰A tribo de Manassés acampará ao lado da tribo de Efraim. Gamaliel, filho de Pedazur, será seu líder. ²¹Seu número de soldados registrados é de 32.200. ²²A tribo de Benjamim acampará logo em seguida. Abidã, filho de Gideoni, será seu líder. ²³Seu número de soldados registrados é de 35.400.

²⁴O total de soldados no acampamento do lado de Efraim é de 108.100. Essas tribos marcharão sempre em terceiro lugar.

²⁵As divisões da tribo de Dã acamparão no lado norte da tenda do encontro, ao redor de sua bandeira. Aieser, filho de Amisadai, será seu líder. ²⁶Seu número de soldados registrados é de 62.700. ²⁷A tribo de Aser acampará ao lado da tribo de Dã. Pagiel, filho de Ocrã, será seu líder. ²⁸Seu número de soldados registrados é de 41.500. ²⁹A tribo de Naftali acampará logo em seguida. Aira, filho de Enã, será seu líder. ³⁰Seu número de soldados registrados é de 53.400.

³¹O total de soldados no acampamento no lado de Dã é de 157.600. Essas tribos sempre marcharão por último e marcharão ao redor de sua respectiva bandeira".

³²Esses são os soldados registrados de acordo com suas famílias. O número de israelitas contados nos acampamentos, segundo suas divisões, totalizou 603.550. ³³Por ordem do Senhor a Moisés, os levitas não foram incluídos no registro. ³⁴Os israelitas fizeram tudo conforme o Senhor havia ordenado a Moisés. Cada clã e cada família acampavam e marchavam ao redor de sua bandeira.

A nomeação dos levitas para o serviço

3 Esta é a descendência de Arão e de Moisés, registrada quando o Senhor falou a Moisés no monte Sinai. ²Os nomes dos filhos de Arão eram Nadabe, o mais velho, Abiú, Eleazar e Itamar. ³Esses filhos de Arão foram ungidos e consagrados para o serviço sacerdotal. ⁴Nadabe e Abiú, porém, morreram na presença do Senhor, no deserto do Sinai, quando trouxeram fogo estranho diante do Senhor. Como não tinham filhos, restaram somente Eleazar e Itamar para servir como sacerdotes junto com seu pai, Arão.

⁵Então o Senhor disse a Moisés: ⁶"Chame à frente os membros da tribo de Levi e apresente-os ao sacerdote Arão para serem seus assistentes. ⁷Eles servirão a Arão e a todo o povo no desempenho das funções na tenda do encontro e no serviço do tabernáculo. ⁸Cuidarão de todos os utensílios da tenda do encontro e servirão no tabernáculo como representantes dos israelitas. ⁹Nomeie os levitas como assistentes de Arão e de seus filhos, pois, dentre todos os israelitas, eles foram designados para esse propósito. ¹⁰Encarregue Arão e seus filhos de realizarem as funções do serviço sacerdotal. Qualquer pessoa não autorizada que se aproximar do santuário será executada".

¹¹O Senhor também disse a Moisés: ¹²"Veja, escolhi os levitas dentre os israelitas como substitutos de todos os filhos mais velhos de Israel. Os levitas me pertencem, ¹³pois todos os filhos mais velhos são meus. No dia em que feri mortalmente todos os filhos mais velhos dos egípcios, consagrei para mim todos os filhos mais velhos de Israel e todos os machos das primeiras crias dos animais. Eles são meus. Eu sou o Senhor".

O registro dos levitas

¹⁴O Senhor falou ainda a Moisés no deserto do Sinai: ¹⁵"Registre os nomes dos membros da tribo de Levi por famílias e clãs. Faça uma lista de todos os indivíduos do sexo masculino de um mês de idade para cima". ¹⁶Moisés fez a lista, conforme o Senhor havia ordenado.

¹⁷Levi teve três filhos: Gérson, Coate e Merari. ¹⁸Os clãs de Gérson receberam os nomes de seus descendentes: Libni e Simei. ¹⁹Os clãs de Coate receberam os nomes de seus descendentes: Anrão, Isar, Hebrom e Uziel. ²⁰Os clãs de Merari receberam os nomes de seus descendentes: Mali e Musi. Esses foram os clãs levitas, registrados de acordo com os grupos de suas famílias.

²¹Os descendentes de Gérson eram constituídos dos clãs de Libni e Simei. ²²Nos clãs gersonitas havia 7.500 indivíduos do sexo masculino de um mês de idade para cima. ²³A área designada para seu acampamento ficava no lado oeste, atrás do tabernáculo. ²⁴O líder dos clãs gersonitas era Eliasafe, filho de Lael. ²⁵Os dois clãs eram encarregados de cuidar das seguintes partes da tenda do encontro: a tenda com sua cobertura, a cortina da entrada da tenda, ²⁶as cortinas do pátio ao redor do tabernáculo e do altar, a cortina da entrada do pátio, as cordas e todos os objetos relacionados ao seu uso.

²⁷Os descendentes de Coate eram constituídos dos clãs de Anrão, Isar, Hebrom e Uziel. ²⁸Nos clãs coatitas havia 8.600ª indivíduos do sexo masculino de um mês de idade para cima. Eram encarregados de cuidar do santuário, ²⁹e a área designada para seu acampamento ficava no lado sul do tabernáculo. ³⁰O líder dos clãs coatitas era Elisafã, filho de Uziel. ³¹Eram encarregados de cuidar da arca, da mesa, do candelabro, dos dois altares, dos diversos utensílios do santuário, da cortina interna e de todos os objetos relacionados ao seu uso. ³²Eleazar, filho do sacerdote Arão, era o líder principal de todos os levitas e responsável pela supervisão do santuário.

³³Os descendentes de Merari eram constituídos dos clãs de Mali e Musi. ³⁴Nos clãs meraritas havia 6.200 indivíduos do sexo masculino de um mês de idade para cima. ³⁵A área designada para seu acampamento ficava no lado norte do tabernáculo. O líder dos clãs meraritas era Zuriel, filho de Abiail. ³⁶Os meraritas eram encarregados de cuidar das armações que sustentavam o tabernáculo, além dos travessões, das colunas, das bases e de todos os objetos relacionados ao seu uso. ³⁷Também eram responsáveis pelas colunas do pátio e por todas as suas bases, estacas e cordas.

³⁸A área na frente do tabernáculo, na direção do nascer do sol, do lado leste da tenda do encontro, era reservada para Moisés, Arão e seus filhos, os responsáveis finais pelo santuário em favor do povo de Israel. Qualquer um que não fosse sacerdote ou levita e se aproximasse do santuário seria executado.

³⁹Quando Moisés e Arão contaram os clãs levitas, conforme a ordem do Senhor, chegaram ao total de 22.000 indivíduos do sexo masculino de um mês de idade para cima.

O resgate dos filhos mais velhos

⁴⁰Então o Senhor disse a Moisés: "Conte todos os filhos mais velhos que há em Israel de um mês de idade para cima e registre os nomes numa lista. ⁴¹Os levitas serão reservados para mim como substitutos dos filhos mais velhos dos israelitas. Eu sou o Senhor. Os animais dos levitas serão reservados para mim como substitutos dos machos das primeiras crias dos animais de todo o povo de Israel".

⁴²Moisés contou os filhos mais velhos dos israelitas, exatamente conforme o Senhor havia ordenado. ⁴³O número de filhos mais velhos de um mês de idade para cima foi de 22.273.

⁴⁴O Senhor também disse a Moisés: ⁴⁵"Tome os levitas como substitutos dos filhos mais velhos dos israelitas e tome os animais dos levitas como substitutos dos machos das primeiras crias dos animais de todos os israelitas. Os levitas me pertencem. Eu sou o Senhor. ⁴⁶O número de filhos mais velhos de Israel excede em 273 o número de levitas. Para resgatar o excedente de filhos mais velhos, ⁴⁷recolha cinco peças de prata para cada um deles, com base no siclo do santuário, equivalente a doze gramas cada peça.ᵇ ⁴⁸Entregue a prata a Arão e a seus filhos como resgate pelo número excedente de filhos mais velhos".

⁴⁹Moisés recolheu a prata para o resgate dos filhos mais velhos de Israel que excediam o número de levitas. ⁵⁰Arrecadou 1.365 peças de prata,ᶜ com base no siclo do santuário, em lugar dos filhos mais velhos de Israel. ⁵¹Moisés entregou a prata do resgate a Arão e a seus filhos, conforme o Senhor havia ordenado.

Deveres dos clãs coatitas

4 Então o Senhor disse a Moisés e a Arão: ²"Realizem um censo dos membros dos clãs e das famílias da divisão coatita da tribo de Levi. ³Façam uma lista de todos os homens

---

ª 3.28 Alguns manuscritos gregos trazem 8.300; ver o total em 3.39. ᵇ 3.47 Em hebraico, 5 siclos segundo o siclo do santuário, equivalente a 20 geras. ᶜ 3.50 Em hebraico, 1.365 siclos, cerca de 16,4 quilos.

de 30 a 50 anos qualificados para servir na tenda do encontro. ⁴"Os deveres dos coatitas na tenda do encontro serão relacionados aos objetos mais sagrados. ⁵Quando o acampamento se deslocar de um lugar para outro, Arão e seus filhos entrarão primeiro na tenda do encontro para remover a cortina interna e usá-la para cobrir a arca da aliança.ᵃ ⁶Depois, cobrirão a cortina interna com couro fino e, por cima do couro, estenderão uma peça única de pano azul. Por fim, colocarão no devido lugar as varas usadas para transportar a arca.

⁷"Em seguida, estenderão um pano azul sobre a mesa onde ficam expostos os pães da presença, e sobre o pano azul colocarão as tigelas, as colheres, as jarras e as vasilhas para as ofertas derramadas e o pão da presença. ⁸Sobre tudo isso estenderão um pano vermelho e, por cima dele, uma cobertura de couro fino. Por fim, colocarão no devido lugar as varas usadas para transportar a mesa.

⁹"Depois, cobrirão com um pano azul o candelabro, suas lâmpadas, os cortadores de pavio, os apagadores e as vasilhas especiais para o óleo. ¹⁰Cobrirão o candelabro e seus acessórios com couro fino e os colocarão sobre o suporte usado para transportá-los.

¹¹"Em seguida, estenderão um pano azul sobre o altar de ouro e cobrirão o pano com couro fino. Por fim, colocarão no devido lugar as varas usadas para transportar o altar. ¹²Os demais utensílios usados no serviço do santuário serão embrulhados em pano azul, cobertos com couro fino e colocados sobre o suporte usado para transportá-los.

¹³"Removerão as cinzas do altar de sacrifícios e o cobrirão com um pano roxo. ¹⁴Colocarão todos os utensílios do altar — os braseiros, os garfos para a carne, as pás, as bacias e todos os recipientes — sobre o pano e os cobrirão com couro fino. Por fim, colocarão no devido lugar as varas usadas para transportar o altar. ¹⁵O acampamento estará pronto para se deslocar quando Arão e seus filhos tiverem terminado de cobrir o santuário e todos os objetos sagrados. Os coatitas virão e transportarão tudo até o lugar de destino. Contudo, não tocarão nos objetos sagrados, pois, se o fizerem, morrerão. Esses são os utensílios da tenda do encontro que os coatitas transportarão.

¹⁶"Eleazar, filho do sacerdote Arão, será responsável pelo óleo usado no candelabro, pelo incenso perfumado, pelas ofertas diárias de cereal e pelo óleo da unção. De fato, será responsável por todo o tabernáculo e tudo que nele há, incluindo o santuário e seus objetos".

¹⁷Então o S ENHOR disse a Moisés e a Arão: ¹⁸"Não permitam que os clãs coatitas sejam eliminados do meio dos levitas. ¹⁹Para que eles vivam e não morram quando se aproximarem dos objetos mais sagrados, vocês devem fazer o seguinte: Arão e seus filhos sempre entrarão com os coatitas e dirão a cada um o que deve fazer ou carregar. ²⁰Os coatitas jamais entrarão para ver os objetos sagrados, nem mesmo por um momento, pois, se o fizerem, morrerão".

Deveres dos clãs gersonitas

²¹O S ENHOR disse a Moisés: ²²"Realize um censo dos membros dos clãs e das famílias da divisão gersonita da tribo de Levi. ²³Faça uma lista de todos os homens de 30 a 50 anos qualificados para servir na tenda do encontro.

²⁴"Os clãs gersonitas serão responsáveis pelo serviço geral e pelo transporte de cargas. ²⁵Levarão as cortinas do tabernáculo, a tenda do encontro com suas coberturas, a cobertura externa de couro fino e a cortina da entrada da tenda do encontro. ²⁶Levarão também as cortinas divisórias do pátio ao redor do tabernáculo e do altar, a cortina da entrada do pátio, as cordas e todos os objetos relacionados ao seu uso. Os gersonitas são responsáveis por todos esses itens. ²⁷Arão e seus filhos orientarão os gersonitas a respeito de suas funções, seja o transporte dos objetos ou a execução de outras tarefas. Encarregarão os gersonitas daquilo que devem transportar. ²⁸Essas são as funções dos clãs gersonitas na tenda do encontro. Prestarão contas de suas responsabilidades diretamente a Itamar, filho do sacerdote Arão".

Deveres dos clãs meraritas

²⁹"Registre agora os nomes dos membros dos clãs e das famílias da divisão merarita da tribo de Levi. ³⁰Faça uma lista de todos os homens

---
ᵃ**4.5** Ou *arca do testemunho.*

de 30 a 50 anos qualificados para servir na tenda do encontro.

³¹"Sua única função na tenda do encontro será transportar cargas. Levarão as armações do tabernáculo, os travessões, as colunas e as bases, ³²as colunas das divisórias do pátio com suas bases, estacas e cordas, e todos os utensílios e objetos relacionados ao seu uso. Encarregue cada um, por nome, daquilo que deve transportar. ³³Essa é a função dos clãs meraritas na tenda do encontro. Prestarão contas de sua responsabilidade diretamente a Itamar, filho do sacerdote Arão".

Resumo do registro

³⁴Moisés, Arão e os líderes da comunidade fizeram uma lista com os nomes dos membros da divisão coatita de acordo com seus clãs e famílias. ³⁵A lista incluía todos os homens de 30 a 50 anos qualificados para servir na tenda do encontro, ³⁶totalizando 2.750, de acordo com seus clãs. ³⁷Esse foi, portanto, o total dos membros dos clãs coatitas qualificados para servir na tenda do encontro. Moisés e Arão os registraram conforme o Senhor havia ordenado por meio de Moisés.

³⁸Fizeram uma lista da divisão gersonita de acordo com seus clãs e famílias. ³⁹A lista incluía todos os homens de 30 a 50 anos qualificados para servir na tenda do encontro, ⁴⁰totalizando 2.630, de acordo com seus clãs e famílias. ⁴¹Esse foi, portanto, o total dos membros dos clãs gersonitas qualificados para servir na tenda do encontro. Moisés e Arão os registraram conforme o Senhor havia ordenado.

⁴²Fizeram uma lista da divisão merarita de acordo com seus clãs e famílias. ⁴³A lista incluía todos os homens de 30 a 50 anos qualificados para servir na tenda do encontro, ⁴⁴totalizando 3.200. ⁴⁵Esse foi, portanto, o total dos membros dos clãs meraritas. Moisés e Arão os registraram conforme o Senhor havia ordenado por meio de Moisés.

⁴⁶Assim, Moisés, Arão e os líderes de Israel fizeram uma lista de todos os levitas de acordo com seus clãs e famílias. ⁴⁷O total de homens de 30 a 50 anos qualificados para servir na tenda do encontro e para transportá-la ⁴⁸foi de 8.580. ⁴⁹Quando registraram os nomes, conforme o Senhor havia ordenado, encarregaram cada homem de sua tarefa e lhe disseram o que devia transportar.

Desse modo, o registro foi completado, conforme o Senhor havia ordenado a Moisés.

Pureza no acampamento de Israel

5 O Senhor disse a Moisés: ²"Ordene aos israelitas que removam do acampamento todo aquele que sofrer de lepraª ou fluxos corporais ou que tiver se tornado cerimonialmente impuro ao tocar num cadáver. ³Isso se aplica tanto a homens como a mulheres, para que não contaminem seu próprio acampamento, onde eu habito no meio deles". ⁴Os israelitas fizeram conforme o Senhor havia ordenado a Moisés e removeram essas pessoas do acampamento.

⁵Então o Senhor disse a Moisés: ⁶"Dê as seguintes instruções ao povo de Israel. Se alguém do povo, homem ou mulher, ofender ao Senhor prejudicando outra pessoa, será culpado. ⁷Confessará seu pecado e pagará indenização completa pelo dano causado, com um acréscimo de um quinto do valor, e entregará o total à pessoa prejudicada. ⁸Mas, se a pessoa prejudicada não tiver parentes próximos para receber a indenização, o valor pertencerá ao Senhor e será entregue ao sacerdote. O culpado também levará um carneiro como sacrifício para fazer expiação por ele. ⁹Todas as ofertas sagradas que os israelitas levarem ao sacerdote serão dele. ¹⁰O sacerdote ficará com todas as dádivas sagradas que receber".

Proteção para a fidelidade conjugal

¹¹O Senhor também disse a Moisés: ¹²"Dê as seguintes instruções ao povo de Israel.

"Se a esposa de alguém se desviar, for infiel ao marido ¹³e tiver relações sexuais com outro homem, sem que o marido ou qualquer outra pessoa fique sabendo, ainda que não haja testemunhas e a esposa não tenha sido pega em flagrante, ela ficará contaminada. ¹⁴Se o marido tiver ciúmes, suspeitar da esposa e precisar saber se ela se contaminou ou não, ¹⁵levará a esposa ao sacerdote. Apresentará em favor dela uma oferta de dois litrosᵇ de farinha de

---

ª 5.2 O termo hebraico não se refere somente à hanseníase, mas também a diversas doenças de pele. ᵇ 5.15 Em hebraico, *1/10 de efa*.

cevada. Não a misturará com azeite nem incenso, pois é uma oferta pelo ciúme, isto é, uma oferta de testemunho da suspeita, para provar se a mulher é culpada ou não. ¹⁶"O sacerdote a apresentará para ser julgada diante do S℮nhor. ¹⁷Numa vasilha de barro, colocará um pouco de água sagrada e a misturará com pó do chão do tabernáculo. ¹⁸Uma vez que o sacerdote tiver apresentado a mulher diante do S℮nhor, soltará o cabelo dela e colocará em suas mãos a oferta pelo ciúme como testemunho da suspeita. O sacerdote se colocará diante dela, segurando a vasilha de água amarga que traz maldição sobre os culpados. ¹⁹Em seguida, o sacerdote fará a mulher jurar e lhe dirá: 'Se nenhum outro homem teve relações sexuais com você, e se você não se desviou nem se contaminou enquanto estava debaixo da autoridade de seu marido, que você permaneça imune aos efeitos desta água amarga que traz a maldição. ²⁰Mas, se você se desviou sendo infiel a seu marido, e contaminou a si mesma tendo relações sexuais com outro homem...'

²¹"Nesse momento, o sacerdote fará a mulher jurar: 'Que o povo saiba que a maldição do S℮nhor está sobre você quando ele a tornar estéril, fizer seu útero encolher[a] e seu abdômen inchar. ²²Que esta água que traz a maldição entre no seu corpo e faça seu abdômen inchar e seu útero encolher'. E a mulher responderá: 'Amém. Que assim seja'. ²³O sacerdote escreverá essas maldições num pedaço de couro, as raspará de modo que caiam na água amarga, ²⁴e fará a mulher beber a água amarga que traz a maldição. Se a mulher for culpada, quando a água entrar em seu corpo lhe causará amargo sofrimento. ²⁵"Em seguida, o sacerdote tirará a oferta pelo ciúme da mão da mulher e a moverá para o alto diante do S℮nhor. Depois, levará a oferta até o altar. ²⁶Tomará um punhado da farinha como oferta simbólica, queimando-a no altar, e exigirá que a mulher beba a água. ²⁷Se a mulher tiver se contaminado sendo infiel a seu marido, a água que traz a maldição lhe causará amargo sofrimento. Seu abdômen inchará e seu útero encolherá, e ela se tornará maldição entre seu povo. ²⁸Mas, se ela não tiver se

[a] 5.21 Em hebraico, *sua coxa definhar*; também em 5.27.

PÃO DIÁRIO

Abra o portão

Se alguém do povo, homem ou mulher, ofender ao S℮nhor, prejudicando outra pessoa, será culpado. Confessará seu pecado e pagará indenização completa pelo dano causado.
—Números 5.6,7

Há alguns anos, os pesquisadores de uma renomada universidade relataram que as pessoas que sofrem com o sentimento de culpa experimentam "um forte impulso para se lavar". Para estudar esse efeito, os pesquisadores pediram aos voluntários que recordassem os pecados que haviam cometido no passado. Em seguida, eles tiveram a oportunidade de lavar as mãos como um símbolo da limpeza de sua consciência. Aqueles que haviam recordado seus pecados lavaram suas mãos "duas vezes mais comparados aos que não tinham relembrado as suas transgressões do passado".

A Bíblia propõe a única maneira eficaz de lidar com o pecado: a confissão. No Antigo Testamento, uma das maneiras pelas quais os israelitas deviam purificar-se e manter a pureza diante de Deus e da sua comunidade era confessando os seus pecados (Nm 5.5-8). *Confessar* significa "falar a mesma coisa; estar de acordo com; admitir a verdade". Quando o povo confessava os seus pecados a Deus, eles não estavam lhe dizendo nada que o S℮nhor já não soubesse. Mas a sua confissão era uma demonstração de mudança de coração. Recusar-se a confessar os seus pecados permitiria que raízes cada vez mais profundas se fincassem em cada vida e comunidade.

Admitir o nosso pecado abre as comportas para que tenhamos paz, alegria e perdão. Lemos em 1 João: "Mas, se confessarmos os nossos pecados, ele [Deus] é fiel e justo para perdoar nossos pecados e nos purificar de toda injustiça" (1.9).

Senhor, meus pecados não são um mistério para ti. Tu conheces o meu coração tão bem. Ajuda-me a virar as costas para o que me seduz. Confesso, voluntariamente, meus pecados, Pai, porque és fiel e justo e prometes-te me perdoar.

Confissão é concordar com Deus a respeito do nosso pecado.

---

contaminado e estiver pura, não sofrerá castigo e poderá ter filhos.

²⁹"Essa é a lei ritual para lidar com a suspeita do marido. Se uma esposa se desviar e se

contaminar enquanto estiver debaixo da autoridade do marido, ³⁰ou o marido tiver ciúme e suspeitar que sua esposa foi infiel, ele a apresentará diante do Senhor, e o sacerdote aplicará em sua totalidade essa lei ritual. ³¹O marido será isento de toda a culpa nesse caso, mas a esposa será punida por seu pecado".

Leis acerca do voto nazireu

6 Então o Senhor disse a Moisés: ²"Dê as seguintes instruções ao povo de Israel.

"Se alguém do povo, homem ou mulher, fizer o voto especial de nazireu e se consagrar ao Senhor, ³deixará de beber vinho e outras bebidas fermentadas. Não usará vinagre feito de vinho nem de outras bebidas fermentadas, e não beberá suco de uva nem comerá uvas ou passas. ⁴Enquanto estiver sob o voto de nazireu, não beberá nem comerá coisa alguma que venha da videira, nem mesmo sementes ou cascas de uvas.

⁵"Enquanto durar o voto, o nazireu será consagrado ao Senhor e não cortará o cabelo. Deixará o cabelo crescer até concluir o voto. ⁶Não se aproximará de cadáver enquanto estiver consagrado ao Senhor. ⁷Mesmo que o falecido seja seu pai, mãe, irmão ou irmã, o nazireu não se contaminará, pois o cabelo em sua cabeça simboliza sua consagração a Deus. ⁸Essa exigência é válida enquanto ele estiver consagrado ao Senhor.

⁹"Se alguém cair morto ao lado do nazireu, o cabelo que ele consagrou ficará contaminado. Esperará sete dias e depois raspará a cabeça. Então, estará purificado de sua contaminação. ¹⁰No oitavo dia, levará duas rolinhas ou dois pombinhos para o sacerdote à entrada da tenda do encontro. ¹¹O sacerdote oferecerá uma das aves como oferta pelo pecado, e a outra, como holocausto. Desse modo, fará expiação pela culpa resultante do contato com o cadáver. O nazireu reafirmará seu compromisso e deixará o cabelo crescer outra vez. ¹²Os dias de voto cumpridos antes da contaminação não serão contados. Ele se consagrará novamente ao Senhor por todo o período do voto e apresentará um cordeiro de um ano como oferta pela culpa.

¹³"Essa é a lei ritual para o nazireu. Quando chegar ao fim do período de consagração, irá até a entrada da tenda do encontro ¹⁴e trará suas ofertas ao Senhor: um cordeiro de um ano e sem defeito como holocausto, uma cordeira de um ano e sem defeito como oferta pelo pecado, um carneiro sem defeito como oferta de paz, ¹⁵um cesto de pães sem fermento, bolos de farinha da melhor qualidade misturada com azeite e pães finos untados com azeite, junto com as ofertas de cereal e ofertas derramadas. ¹⁶O sacerdote apresentará as ofertas diante do Senhor: primeiro a oferta pelo pecado e o holocausto, ¹⁷depois o carneiro para a oferta de paz, junto com o cesto de pães sem fermento. O sacerdote também apresentará ao Senhor as ofertas de cereal e ofertas derramadas.

¹⁸"Em seguida, o nazireu raspará a cabeça à entrada da tenda do encontro. Pegará o cabelo que consagrou e o colocará no fogo embaixo do sacrifício da oferta de paz. ¹⁹Depois que o nazireu tiver raspado a cabeça, o sacerdote pegará um ombro cozido de carneiro e, de dentro do cesto, pegará um bolo e um pão fino sem fermento e colocará tudo nas mãos do nazireu. ²⁰Por fim, o sacerdote os moverá para o alto como oferta especial diante do Senhor. Essas são as porções santas para o sacerdote, junto com o peito da oferta movida e a coxa da oferta sagrada movidos diante do Senhor. Depois dessa cerimônia, o nazireu poderá voltar a beber vinho.

²¹"Essa é a lei ritual dos nazireus que fazem o voto de apresentar essas ofertas para o Senhor. Se tiverem recursos materiais, apresentarão outras ofertas além dessas. Devem cumprir o voto que fizeram quando se consagraram como nazireus".

A bênção sacerdotal

²²Então o Senhor disse a Moisés: ²³"Diga a Arão e a seus filhos que abençoem o povo de Israel com esta bênção especial:

²⁴'Que o Senhor o abençoe e
    o proteja.
²⁵Que o Senhor olhe para você com favor
    e lhe mostre bondade.
²⁶Que o Senhor se agrade de você
    e lhe dê paz'.

²⁷Assim, Arão e seus filhos colocarão meu nome sobre os israelitas, e eu mesmo os abençoarei".

Ofertas para a consagração

7 No dia em que Moisés terminou de armar o tabernáculo, ele o ungiu e o consagrou, junto com toda a sua mobília, o altar e seus utensílios. ²Então os líderes de Israel, os chefes das tribos que haviam realizado o censo dos soldados, chegaram com suas ofertas. ³Trouxeram seis carroças cobertas e doze bois, uma carroça para cada dois líderes e um boi para cada líder, e apresentaram essas ofertas ao Senhor na frente do tabernáculo.

⁴O Senhor disse a Moisés: ⁵"Receba as ofertas deles para usar no serviço na tenda do encontro. Distribua-as entre os levitas conforme o trabalho de cada um". ⁶Então Moisés recebeu as carroças e os bois e os entregou aos levitas. ⁷Deu duas carroças e quatro bois à divisão gersonita para seu trabalho ⁸e quatro carroças e oito bois à divisão merarita para seu trabalho. Todos realizavam suas tarefas sob a supervisão de Itamar, filho do sacerdote Arão. ⁹À divisão dos coatitas, porém, não deu carros nem bois, pois era seu dever carregar nos ombros os objetos sagrados.

¹⁰Quando o altar foi ungido, os líderes das tribos apresentaram ofertas para a consagração do altar. Cada um colocou sua oferta diante do altar. ¹¹O Senhor disse a Moisés: "Cada dia um líder trará sua oferta para a consagração do altar".

¹²No primeiro dia, Naassom, filho de Aminadabe e líder da tribo de Judá, apresentou sua oferta.

¹³Ela consistia em uma bandeja de prata que pesava 1.560 gramas e uma bacia de prata que pesava 840 gramas,ᵃ com base no peso do siclo do santuário, ambas cheias de ofertas de cereal de farinha da melhor qualidade umedecida com azeite. ¹⁴Trouxe também uma vasilha de ouro que pesava 120 gramas,ᵇ cheia de incenso. ¹⁵Apresentou ainda um novilho, um carneiro e um cordeiro de um ano como holocausto, ¹⁶e um bode como oferta pelo pecado. ¹⁷Para a oferta de paz, trouxe dois bois, cinco carneiros, cinco bodes e cinco cordeiros de um ano. Essa foi a oferta apresentada por Naassom, filho de Aminadabe.

¹⁸No segundo dia, Natanael, filho de Zuar e líder da tribo de Issacar, apresentou sua oferta. ¹⁹Ela consistia em uma bandeja de prata que pesava 1.560 gramas e uma bacia de prata que pesava 840 gramas, com base no peso do siclo do santuário, ambas cheias de ofertas de cereal de farinha da melhor qualidade umedecida com azeite. ²⁰Trouxe também uma vasilha de ouro que pesava 120 gramas, cheia de incenso. ²¹Apresentou ainda um novilho, um carneiro e um cordeiro de um ano como holocausto, ²²e um bode como oferta pelo pecado. ²³Para a oferta de paz, trouxe dois bois, cinco carneiros, cinco bodes e cinco cordeiros de um ano. Essa foi a oferta apresentada por Natanael, filho de Zuar.

²⁴No terceiro dia, Eliabe, filho de Helom e líder da tribo de Zebulom, apresentou sua oferta. ²⁵Ela consistia em uma bandeja de prata que pesava 1.560 gramas e uma bacia de prata que pesava 840 gramas, com base no peso do siclo do santuário, ambas cheias de ofertas de cereal de farinha da melhor qualidade umedecida com azeite. ²⁶Trouxe também uma vasilha de ouro que pesava 120 gramas, cheia de incenso. ²⁷Apresentou ainda um novilho, um carneiro e um cordeiro de um ano como holocausto, ²⁸e um bode como oferta pelo pecado. ²⁹Para a oferta de paz, trouxe dois bois, cinco carneiros, cinco bodes e cinco cordeiros de um ano. Essa foi a oferta apresentada por Eliabe, filho de Helom.

³⁰No quarto dia, Elizur, filho de Sedeur e líder da tribo de Rúben, apresentou sua oferta. ³¹Ela consistia em uma bandeja de prata que pesava 1.560 gramas e uma bacia de prata que pesava 840 gramas, com base no peso do siclo do santuário, ambas cheias de ofertas de cereal de farinha da melhor qualidade umedecida com azeite. ³²Trouxe também uma vasilha de ouro que pesava 120 gramas, cheia de incenso. ³³Apresentou ainda um novilho, um carneiro e um cordeiro de um ano como holocausto, ³⁴e um bode como oferta pelo pecado. ³⁵Para a oferta de paz, trouxe dois bois, cinco carneiros, cinco bodes e

---

ᵃ **7.13** Em hebraico, *uma bandeja de prata pesando 130 (siclos) e uma bacia de prata pesando 70 siclos*; também em 7.19,25,31, 37,43,49,55,61,67,73,79,85. ᵇ **7.14** Em hebraico, *10 (siclos)*; também em 7.20,26, 32,38,44,50,56,62,68,74,80,86.

cinco cordeiros de um ano. Essa foi a oferta apresentada por Elizur, filho de Sedeur.

³⁶No quinto dia, Selumiel, filho de Zurisadai e líder da tribo de Simeão, apresentou sua oferta. ³⁷Ela consistia em uma bandeja de prata que pesava 1.560 gramas e uma bacia de prata que pesava 840 gramas, com base no peso do siclo do santuário, ambas cheias de ofertas de cereal de farinha da melhor qualidade umedecida com azeite. ³⁸Trouxe também uma vasilha de ouro que pesava 120 gramas, cheia de incenso. ³⁹Apresentou ainda um novilho, um carneiro e um cordeiro de um ano como holocausto, ⁴⁰e um bode como oferta pelo pecado. ⁴¹Para a oferta de paz, trouxe dois bois, cinco carneiros, cinco bodes e cinco cordeiros de um ano. Essa foi a oferta apresentada por Selumiel, filho de Zurisadai.

⁴²No sexto dia, Eliasafe, filho de Deuel e líder da tribo de Gade, apresentou sua oferta. ⁴³Ela consistia em uma bandeja de prata que pesava 1.560 gramas e uma bacia de prata que pesava 840 gramas, com base no peso do siclo do santuário, ambas cheias de ofertas de cereal de farinha da melhor qualidade umedecida com azeite. ⁴⁴Trouxe também uma vasilha de ouro que pesava 120 gramas, cheia de incenso. ⁴⁵Apresentou ainda um novilho, um carneiro e um cordeiro de um ano como holocausto, ⁴⁶e um bode como oferta pelo pecado. ⁴⁷Para a oferta de paz, trouxe dois bois, cinco carneiros, cinco bodes e cinco cordeiros de um ano. Essa foi a oferta apresentada por Eliasafe, filho de Deuel.

⁴⁸No sétimo dia, Elisama, filho de Amiúde e líder da tribo de Efraim, apresentou sua oferta. ⁴⁹Ela consistia em uma bandeja de prata que pesava 1.560 gramas e uma bacia de prata que pesava 840 gramas, com base no peso do siclo do santuário, ambas cheias de ofertas de cereal de farinha da melhor qualidade umedecida com azeite. ⁵⁰Trouxe também uma vasilha de ouro que pesava 120 gramas, cheia de incenso. ⁵¹Apresentou ainda um novilho, um carneiro e um cordeiro de um ano como holocausto, ⁵²e um bode como oferta pelo pecado. ⁵³Para a oferta de paz, trouxe dois bois, cinco carneiros, cinco bodes e cinco cordeiros de um ano. Essa foi a oferta apresentada por Elisama, filho de Amiúde.

⁵⁴No oitavo dia, Gamaliel, filho de Pedazur e líder da tribo de Manassés, apresentou sua oferta. ⁵⁵Ela consistia em uma bandeja de prata que pesava 1.560 gramas e uma bacia de prata que pesava 840 gramas, com base no peso do siclo do santuário, ambas cheias de ofertas de cereal de farinha da melhor qualidade umedecida com azeite. ⁵⁶Trouxe também uma vasilha de ouro que pesava 120 gramas, cheia de incenso. ⁵⁷Apresentou ainda um novilho, um carneiro e um cordeiro de um ano como holocausto, ⁵⁸e um bode como oferta pelo pecado. ⁵⁹Para a oferta de paz, trouxe dois bois, cinco carneiros, cinco bodes e cinco cordeiros de um ano. Essa foi a oferta apresentada por Gamaliel, filho de Pedazur.

⁶⁰No nono dia, Abidã, filho de Gideoni e líder da tribo de Benjamim, apresentou sua oferta. ⁶¹Ela consistia em uma bandeja de prata que pesava 1.560 gramas e uma bacia de prata que pesava 840 gramas, com base no peso do siclo do santuário, ambas cheias de ofertas de cereal de farinha da melhor qualidade umedecida com azeite. ⁶²Trouxe também uma vasilha de ouro que pesava 120 gramas, cheia de incenso. ⁶³Apresentou ainda um novilho, um carneiro e um cordeiro de um ano como holocausto, ⁶⁴e um bode como oferta pelo pecado. ⁶⁵Para a oferta de paz, trouxe dois bois, cinco carneiros, cinco bodes e cinco cordeiros de um ano. Essa foi a oferta apresentada por Abidã, filho de Gideoni.

⁶⁶No décimo dia, Aieser, filho de Amisadai e líder da tribo de Dã, apresentou sua oferta. ⁶⁷Ela consistia em uma bandeja de prata que pesava 1.560 gramas e uma bacia de prata que pesava 840 gramas, com base no peso do siclo do santuário, ambas cheias de ofertas de cereal de farinha da melhor qualidade umedecida com azeite. ⁶⁸Trouxe também uma vasilha de ouro que pesava 120 gramas, cheia de incenso. ⁶⁹Apresentou ainda um novilho, um carneiro e um cordeiro de um ano como holocausto, ⁷⁰e um bode como oferta pelo pecado. ⁷¹Para a oferta de paz, trouxe

dois bois, cinco carneiros, cinco bodes e cinco cordeiros de um ano. Essa foi a oferta apresentada por Aieser, filho de Amisadai.

⁷²No décimo primeiro dia, Pagiel, filho de Ocrã e líder da tribo de Aser, apresentou sua oferta. ⁷³Ela consistia em uma bandeja de prata que pesava 1.560 gramas e uma bacia de prata que pesava 840 gramas, com base no peso do siclo do santuário, ambas cheias de ofertas de cereal de farinha da melhor qualidade umedecida com azeite. ⁷⁴Trouxe também uma vasilha de ouro que pesava 120 gramas, cheia de incenso. ⁷⁵Apresentou ainda um novilho, um carneiro e um cordeiro de um ano como holocausto, ⁷⁶e um bode como oferta pelo pecado. ⁷⁷Para a oferta de paz, trouxe dois bois, cinco carneiros, cinco bodes e cinco cordeiros de um ano. Essa foi a oferta apresentada por Pagiel, filho de Ocrã.

⁷⁸No décimo segundo dia, Aira, filho de Enã e líder da tribo de Naftali, apresentou sua oferta. ⁷⁹Ela consistia em uma bandeja de prata que pesava 1.560 gramas e uma bacia de prata que pesava 840 gramas, com base no peso do siclo do santuário, ambas cheias de ofertas de cereal de farinha da melhor qualidade umedecida com azeite. ⁸⁰Trouxe também uma vasilha de ouro que pesava 120 gramas, cheia de incenso. ⁸¹Apresentou ainda um novilho, um carneiro e um cordeiro de um ano como holocausto, ⁸²e um bode como oferta pelo pecado. ⁸³Para a oferta de paz, trouxe dois bois, cinco carneiros, cinco bodes e cinco cordeiros de um ano. Essa foi a oferta apresentada por Aira, filho de Enã.

⁸⁴Estas foram as ofertas de consagração apresentadas pelos líderes de Israel quando o altar foi ungido: 12 bandejas de prata, 12 bacias de prata e 12 vasilhas de ouro com incenso. ⁸⁵Cada bandeja de prata pesava 1.560 gramas e cada bacia de prata pesava 840 gramas. Ao todo, os objetos de prata pesavam 28,8 quilos,ᵃ com base no peso do siclo do santuário. ⁸⁶Cada uma das vasilhas de ouro cheias de incenso pesava 120 gramas, com base no peso do siclo do santuário. Ao todo, as vasilhas de ouro pesavam 1.440 gramas.ᵇ ⁸⁷Para os holocaustos foram apresentados 12 novilhos, 12 carneiros e 12 cordeiros de um ano, junto com as ofertas obrigatórias de cereal. Para as ofertas pelo pecado, foram apresentados 12 bodes. ⁸⁸Para as ofertas de paz, foram apresentados 24 bois, 60 carneiros, 60 bodes e 60 cordeiros de um ano. Essas foram as ofertas para a consagração do altar depois que este foi ungido.

⁸⁹Cada vez que Moisés entrava na tenda do encontro para falar com o Senhor, ouvia uma voz que falava com ele por entre os dois querubins em cima da tampa da arca, o lugar de expiação, que fica sobre a arca da aliança.ᶜ De lá o Senhor falava com Moisés.

A preparação das lâmpadas

8 O Senhor disse a Moisés: ²"Dê as seguintes instruções a Arão. Quando você colocar as sete lâmpadas, posicione-as de modo que iluminem o espaço à frente do candelabro".

³Arão seguiu essa instrução. Posicionou as sete lâmpadas de modo que iluminassem o espaço à frente do candelabro, conforme o Senhor havia ordenado a Moisés. ⁴O candelabro todo, desde a base até as flores, era de ouro batido. Foi feito exatamente de acordo com o modelo que o Senhor havia mostrado a Moisés.

A consagração dos levitas

⁵O Senhor disse a Moisés: ⁶"Agora, separe os levitas do restante dos israelitas e torne-os cerimonialmente puros. ⁷Para isso, você aspergirá sobre eles a água da purificação e os fará raspar todo o corpo e lavar as roupas. Assim, estarão cerimonialmente puros. ⁸Instrua-os a trazerem um novilho e uma oferta de cereal de farinha da melhor qualidade umedecida com azeite, junto com outro novilho como oferta pelo pecado. ⁹Reúna toda a comunidade de Israel e apresente os levitas à entrada da tenda do encontro. ¹⁰Quando você trouxer os levitas diante do Senhor, os israelitas colocarão as mãos sobre eles. ¹¹Com as mãos levantadas, Arão apresentará os levitas ao Senhor como oferta especial dos israelitas e, desse modo, os consagrará ao serviço do Senhor.

¹²"Em seguida, os levitas colocarão as mãos sobre a cabeça dos novilhos. Você sacrificará um novilho ao Senhor como oferta pelo pecado, e o outro, como holocausto, a fim de fazer

ᵃ 7.85 Em hebraico, *2.400 [siclos]*. ᵇ 7.86 Em hebraico, *120 [siclos]*. ᶜ 7.89 Ou *arca do testemunho*.

expiação pelos levitas. ¹³Coloque os levitas em pé diante de Arão e de seus filhos e, com as mãos levantadas, apresente-os como oferta especial para o Senhor. ¹⁴Assim, você separará os levitas do restante dos israelitas, e os levitas serão meus. ¹⁵Depois disso, eles entrarão na tenda do encontro para realizar o trabalho deles, pois você os purificou e os apresentou como oferta especial.

¹⁶"Dentre todos os israelitas, os levitas são reservados para mim. Tomei-os para mim em lugar de todos os filhos mais velhos dos israelitas; tomei os levitas como seus substitutos. ¹⁷Pois todos os filhos mais velhos e todos os machos das primeiras crias dos animais em Israel são meus. Eu os separei para mim no dia em que feri mortalmente todos os filhos mais velhos dos egípcios e os machos das primeiras crias de seus animais. ¹⁸Sim, tomei para mim os levitas em lugar de todos os filhos mais velhos de Israel. ¹⁹E, dentre todos os israelitas, designei os levitas para Arão e seus filhos. Eles servirão na tenda do encontro em favor dos israelitas e oferecerão sacrifícios para fazer expiação pelo povo, de modo que nenhuma praga os atinja quando se aproximarem do santuário".

²⁰Assim, Moisés, Arão e toda a comunidade de Israel consagraram os levitas, seguindo todas as instruções que o Senhor deu a Moisés. ²¹Os levitas se purificaram e lavaram as roupas, e Arão os apresentou ao Senhor como oferta especial. Em seguida, ofereceu um sacrifício e fez expiação por eles, a fim de purificá-los. ²²Depois disso, os levitas entraram na tenda do encontro para realizar suas tarefas como assistentes de Arão e seus filhos. Assim, fizeram tudo que o Senhor havia ordenado a Moisés a respeito dos levitas.

²³O Senhor também disse a Moisés: ²⁴"Dê a seguinte instrução aos levitas. Começarão a servir na tenda do encontro aos 25 anos ²⁵e deixarão o serviço aos 50 anos. ²⁶Depois que deixarem o serviço, ajudarão seus colegas levitas no trabalho de cuidar da tenda do encontro, mas não realizarão mais as cerimônias. Assim você designará as funções dos levitas".

A segunda Páscoa

9 No primeiro mês[a] do segundo ano desde a saída de Israel do Egito, o Senhor falou com Moisés no deserto do Sinai e disse: ²"Instrua os israelitas a celebrarem a Páscoa no tempo determinado, ³ao entardecer do décimo quarto dia do primeiro mês.[b] Siga todos os meus decretos e estatutos a respeito dessa celebração".

⁴Então Moisés instruiu o povo a celebrar a Páscoa ⁵no deserto do Sinai, ao entardecer do décimo quarto dia do primeiro mês. Eles celebraram a festa ali, conforme o Senhor havia ordenado a Moisés. ⁶Alguns dos homens, porém, estavam cerimonialmente impuros por terem tocado num cadáver, e não puderam celebrar a Páscoa naquele dia. Eles se dirigiram a Moisés e Arão no mesmo dia ⁷e disseram: "Ficamos cerimonialmente impuros, pois tocamos num cadáver. Mas por que estamos impedidos de apresentar a oferta do Senhor no devido tempo como os demais israelitas?".

⁸Moisés respondeu: "Esperem aqui até eu receber instruções do Senhor para vocês".

⁹Então o Senhor disse a Moisés: ¹⁰"Dê as seguintes instruções ao povo de Israel. Se alguém do povo, agora ou nas gerações futuras, estiver cerimonialmente impuro no tempo da Páscoa por haver tocado num cadáver, ou se estiver viajando e não puder comparecer à cerimônia, ainda assim celebrará a Páscoa do Senhor. ¹¹Oferecerá um sacrifício de Páscoa um mês depois, ao entardecer do décimo quarto dia do segundo mês.[c] Nessa ocasião, comerá o cordeiro de Páscoa, acompanhado de folhas verdes amargas e pão sem fermento. ¹²Não deixará sobrar coisa alguma do cordeiro até a manhã seguinte, e não quebrará osso algum do animal. Seguirá todos os decretos acerca da Páscoa.

¹³"Aquele que estiver cerimonialmente puro e não estiver viajando, mas ainda assim não celebrar a Páscoa, será eliminado do meio do povo. Se não apresentar a oferta do Senhor no

---

[a] 9.1 No antigo calendário lunar hebraico, o primeiro mês geralmente caía entre março e abril. [b] 9.3 No antigo calendário lunar hebraico, esse dia caía no final de março, em abril ou no início de maio. [c] 9.11 No antigo calendário lunar hebraico, esse dia caía no final de abril, em maio ou no início de junho.

devido tempo, sofrerá as consequências de sua culpa. ¹⁴E, se algum estrangeiro que vive entre vocês desejar celebrar a Páscoa do Senhor, deverá seguir os mesmos decretos. Esses decretos se aplicam tanto aos israelitas de nascimento como aos estrangeiros que vivem entre vocês".

A nuvem de fogo

¹⁵No dia em que foi armado o tabernáculo, a tenda da aliança,ᵃ a nuvem o cobriu. Desde o entardecer até o amanhecer, a nuvem sobre o tabernáculo parecia uma coluna de fogo. ¹⁶Era assim que sempre acontecia: à noite, a nuvem que cobria o tabernáculo tinha a aparência de fogo. ¹⁷Cada vez que a nuvem se elevava da tenda, o povo de Israel levantava acampamento e a seguia. No lugar onde a nuvem parava, eles acampavam. ¹⁸Assim, viajavam e acampavam por ordem do Senhor, para onde ele os conduzia. Enquanto a nuvem estava sobre o tabernáculo, permaneciam acampados. ¹⁹Se a nuvem ficava sobre o tabernáculo por muito tempo, os israelitas permaneciam ali e cumpriam suas obrigações para com o Senhor. ²⁰Às vezes a nuvem permanecia apenas alguns dias sobre o tabernáculo, de modo que o povo também ficava apenas alguns dias, conforme o Senhor ordenava. Então, por ordem do Senhor, levantavam acampamento e seguiam viagem. ²¹Às vezes a nuvem parava apenas durante a noite e se elevava na manhã seguinte. Dia ou noite, porém, quando a nuvem se elevava, os israelitas levantavam acampamento e seguiam viagem. ²²Se a nuvem permanecia sobre o tabernáculo por dois dias, um mês ou um ano, ficavam acampados e não seguiam viagem. Mas, assim que a nuvem se elevava, levantavam acampamento e seguiam viagem. ²³Com isso, acampavam por ordem do Senhor e viajavam por ordem do Senhor, e cumpriam tudo que o Senhor lhes ordenava por meio de Moisés.

As trombetas de prata

10 O Senhor também disse a Moisés: ²"Faça duas trombetas de prata batida. Com elas você chamará a comunidade para se reunir e dará o sinal para levantar acampamento. ³Quando as duas trombetas soarem, todos se

---

ᵃ **9.15** Ou *tenda do testemunho*.

> **PÃO DIÁRIO**
>
> ## Estacionados por um momento
>
> *Se a nuvem permanecia sobre o tabernáculo por dois dias, um mês ou um ano, ficavam acampados e não seguiam viagem.*
> —Números 9.22
>
> Estacionar o carro sempre foi um problema para mim. Como isso não era uma grande prioridade para o meu instrutor de autoescola, aprendi apenas recentemente a manobrar o carro numa vaga de estacionamento com segurança. Ele também ignorou a aula sobre como estacionar em paralelo, e eu ainda evito estacionar a menos que haja espaço suficiente para dois ou três carros.
>
> Também luto para entender uma declaração que ouvi quando ainda era jovem e recém-convertida: "Deus não pode manobrar um carro estacionado". Tomei isso como um desafio para colocar minha vida em movimento e, ao longo do caminho, Deus me guiaria na direção certa. É um pensamento interessante, mas nem sempre essa é a maneira como Deus age. Ocasionalmente, o Senhor quer que "fiquemos estacionadas" por um tempo.
>
> Às vezes, quando Moisés estava no deserto, Deus mantinha os israelitas em um só lugar. Ele os conduzia por meio de uma nuvem, e, quando ela se detinha por muitos dias, os israelitas "permaneciam ali" (Nm 9.19). A espera nem sempre é fácil, mas às vezes Deus quer que permaneçamos exatamente onde Ele nos colocou. O salmista nos lembra: "Espere pelo Senhor e seja valente e corajoso; sim, espere pelo Senhor" (Sl 27.14).
>
> Se você estiver se sentindo estagnada e apenas andando em círculos, inutilmente, em seu serviço a Deus, permaneça de prontidão para aceitar a orientação do Senhor. Agindo assim, você estará pronta para colocar suas engrenagens para funcionar, quando ouvi-lo dizer: "Vamos por aqui".
>
> *Querido Pai celestial, por qual caminho queres me conduzir hoje? Hoje é um dia em que queres que eu me aquiete e reaprenda as grandes verdades sobre ti, meu Deus? Ajuda-me a reconhecer quando devo ir e quando devo permanecer onde estou; quando devo agir e quando devo parar e orar.*
>
> **Deus comanda as nossas paradas, bem como os nossos passos.**

reunirão diante de você à entrada da tenda do encontro. ⁴Se apenas uma trombeta soar, somente os líderes, os chefes dos clãs de Israel, se apresentarão a você.

⁵"Quando o sinal para seguir viagem soar, as tribos acampadas do lado leste levantarão acampamento e avançarão. ⁶Quando o sinal soar pela segunda vez, as tribos acampadas do lado sul virão em seguida. Mande soar dois toques curtos para indicar que devem partir. ⁷Mas, quando convocar o povo para uma reunião sagrada, mande soar um toque diferente. ⁸Apenas os sacerdotes, os descendentes de Arão, tocarão as trombetas. Essa é uma lei permanente para vocês, a ser cumprida de geração em geração.

⁹"Quando chegarem à sua própria terra e guerrearem contra os inimigos que os atacarem, usem as trombetas para soar o alarme. Então o Senhor, seu Deus, se lembrará de vocês e os livrará de seus inimigos. ¹⁰Façam soar as trombetas também em ocasiões alegres, nas festas anuais e no começo de cada mês, e toquem as trombetas ao apresentarem holocaustos e ofertas de paz. As trombetas lhes servirão de recordação diante de seu Deus. Eu sou o Senhor, seu Deus".

Os israelitas deixam o Sinai

¹¹No segundo ano desde a saída de Israel do Egito, no vigésimo dia do segundo mês,ª a nuvem se elevou acima do tabernáculo da aliança.ᵇ ¹²Então os israelitas saíram do deserto do Sinai e viajaram de um lugar para outro até a nuvem pousar no deserto de Parã.

¹³Da primeira vez que o povo partiu, seguindo as instruções do Senhor a Moisés, ¹⁴o exército da tribo de Judá foi à frente. Marchava atrás de sua bandeira e seu comandante era Naassom, filho de Aminadabe. ¹⁵Em seguida, vieram o exército da tribo de Issacar, comandado por Natanael, filho de Zuar, ¹⁶e o exército da tribo de Zebulom, comandado por Eliabe, filho de Helom.

¹⁷O tabernáculo foi desmontado, e os levitas das divisões gersonita e merarita vieram na sequência, carregando o tabernáculo. ¹⁸O exército de Rúben veio depois, marchando atrás de sua bandeira. Seu comandante era Elizur, filho de Sedeur. ¹⁹Em seguida, vieram o exército da tribo de Simeão, comandado por Selumiel, filho de Zurisadai, ²⁰e o exército da tribo de Gade, comandado por Eliasafe, filho de Deuel.

²¹Então vieram os levitas da divisão coatita carregando os objetos sagrados. Antes que o povo chegasse ao próximo acampamento, o tabernáculo deveria estar armado em seu novo local. ²²O exército de Efraim veio depois, marchando atrás de sua bandeira, comandado por Elisama, filho de Amiúde. ²³Em seguida, vieram o exército da tribo de Manassés, comandado por Gamaliel, filho de Pedazur, ²⁴e o exército da tribo de Benjamim, comandado por Abidã, filho de Gideoni.

²⁵O exército de Dã veio por último, marchando atrás de sua bandeira e formando a retaguarda de todos os acampamentos das tribos. Seu comandante era Aieser, filho de Amisadai. ²⁶Em seguida, vieram o exército da tribo de Aser, comandado por Pagiel, filho de Ocrã, ²⁷e o exército da tribo de Naftali, comandado por Aira, filho de Enã.

²⁸Era nessa sequência que os israelitas marchavam, exército após exército.

²⁹Moisés disse a seu cunhado Hobabe, filho do midianita Reuel: "Estamos a caminho do lugar que o Senhor nos prometeu, pois ele disse: 'Eu o darei a vocês'. Venha conosco e o trataremos bem, pois o Senhor prometeu boas coisas a Israel!".

³⁰"Não irei", respondeu Hobabe. "Preciso voltar para minha própria terra e para minha família."

³¹"Por favor, não nos deixe", pediu Moisés. "Você conhece os lugares do deserto onde poderemos acampar. Venha e seja nosso guia. ³²Se nos acompanhar, compartilharemos com você todas as boas coisas que o Senhor nos der."

³³Depois de partirem do monte do Senhor, marcharam por três dias. A arca da aliança do Senhor ia à frente deles para lhes mostrar onde parar e descansar. ³⁴A cada dia, enquanto seguiam viagem, a nuvem do Senhor permanecia sobre eles. ³⁵Sempre que a arca partia, Moisés exclamava: "Levanta-te, ó Senhor! Que

---

ª **10.11a** No antigo calendário lunar hebraico, esse dia caía no final de abril, em maio ou no início de junho. ᵇ **10.11b** Ou *tabernáculo do testemunho*.

teus inimigos se dispersem e teus adversários fujam de diante de ti!". ³⁶E, quando a arca parava, ele dizia: "Volta, ó Senhor, aos muitos milhares de Israel!".

O povo se queixa a Moisés

11 O povo começou a reclamar de sua situação ao Senhor, que ouviu tudo que diziam. Então a ira do Senhor se acendeu, e ele enviou fogo que ardeu entre o povo, devorando alguns que viviam nas extremidades do acampamento. ²O povo gritou, pedindo ajuda a Moisés, e quando ele orou ao Senhor, o fogo se apagou. ³Depois disso, aquele lugar foi chamado de Taberá,ª pois o fogo do Senhor ardeu ali entre eles.

⁴Então o bando de estrangeiros que viajava com os israelitas começou a desejar intensamente a comida do Egito. E o povo de Israel também começou a se queixar: "Ah, se tivéssemos carne para comer! ⁵Que saudade dos peixes que comíamos de graça no Egito! Também tínhamos pepinos, melões, alhos-porós, cebolas e alhos à vontade. ⁶Mas, agora, perdemos o apetite. Não vemos outra coisa além desse maná!".

⁷O maná era como semente de coentro e tinha aparência de resina. ⁸O povo saía e o recolhia do chão. Usava-o para fazer farinha, triturando-o em moinhos manuais ou socando-o em pilões. Depois, cozinhava o maná numa panela e fazia bolos achatados, que tinham gosto de massa folheada assada com azeite. ⁹O maná caía sobre o acampamento durante a noite, com o orvalho.

¹⁰Moisés ouviu todas as famílias reclamando à entrada de suas tendas, e a ira do Senhor se acendeu. Com isso, Moisés se revoltou ¹¹e disse ao Senhor: "Por que tratas a mim, teu servo, com tanta crueldade? Tem misericórdia de mim! O que fiz para merecer o peso de todo este povo? ¹²Por acaso gerei ou dei à luz este povo? Por que me pedes para carregá-lo nos braços como a mãe carrega o bebê que mama? Como o levarei à terra que juraste dar a seus antepassados? ¹³Onde conseguirei carne para todo este povo? Eles vêm a mim reclamar, dizendo: 'Dê-nos carne para comer!'. ¹⁴Sozinho, não sou capaz de carregar todo este povo. O peso é grande demais! ¹⁵Se é assim que pretendes me tratar, mata-me de uma vez; para mim seria um favor, pois eu não veria esta calamidade!".

PÃO DIÁRIO

Entediante?

Mas, agora, perdemos o apetite. Não vemos outra coisa além desse maná!
—Números 11.6

A maioria de nossas reclamações são sobre as coisas que já possuímos e achamos desinteressantes, e não sobre aquelas que ainda não temos. Seja o nosso trabalho, nossa igreja, nossa casa ou nosso cônjuge, a sensação de enfado sussurra que não é bem isso que queremos ou precisamos. O espírito humano sente essa frustração com a mesmice desde o início.

Observe o protesto do povo de Deus a respeito do alimento que eles receberam no deserto. Recordando a variedade de comida que tinham quando eram escravos no Egito, eles desprezaram a monotonia da provisão diária de Deus, dizendo: "Mas, agora, perdemos o apetite. Não vemos outra coisa além desse maná!" (Nm 11.6).

Deus providenciava exatamente o que precisavam todos os dias, mas eles queriam algo mais empolgante. Será que somos propensos a fazer o mesmo? Oswald Chambers disse: "O trabalho rotineiro e penoso é o critério para avaliar o caráter. Há momentos que não trazem qualquer brilho ou emoção, mas apenas a rotina diária, a tarefa comum. As circunstâncias rotineiras são a forma de Deus poupar a nossa energia entre os nossos momentos de inspiração. Não espere que Deus sempre lhe dê momentos emocionantes com Ele, mas, pelo poder divino, aprenda a viver mesmo em meio às labutas".

Durante os momentos entediantes da vida, o Senhor está agindo para incutir o Seu caráter em nós. A rotina árdua e penosa é a nossa oportunidade de experimentarmos a presença do Senhor.

Pai, ajuda-me a fazer cada dia valer a pena, não importa quão tediosos ou aparentemente banais eles possam vir a ser. Posso servir-te onde eu estiver. Na verdade, tu me chamaste para fazer exatamente isso. Obrigada por me escolheres para ser Tua serva.

Somos abençoadas quando cumprimos as tarefas rotineiras.

ª **11.3** *Taberá* significa "o lugar da queima".

Moisés escolhe setenta líderes

¹⁶Então o SENHOR disse a Moisés: "Reúna diante de mim setenta homens reconhecidos como autoridades e líderes de Israel. Leve-os à tenda do encontro, para que permaneçam ali com você. ¹⁷Eu descerei e falarei com você. Tomarei um pouco do Espírito que está sobre você e o colocarei sobre eles. Assim, dividirão com você o peso do povo, para que não precise carregá-lo sozinho.

¹⁸"Diga ao povo: 'Consagrem-se, pois amanhã terão carne para comer. Vocês reclamaram e o SENHOR os ouviu quando disseram: ‹Ah, se tivéssemos carne para comer! Estávamos melhor no Egito!›. Agora o SENHOR lhes dará carne, e vocês terão de comê-la. ¹⁹E não será apenas um dia, ou dois, ou cinco, ou dez ou mesmo vinte. ²⁰Comerão carne por um mês inteiro, até lhes sair pelo nariz e vocês enjoarem dela, pois rejeitaram o SENHOR que está aqui entre vocês e reclamaram contra ele, dizendo: ‹Por que saímos do Egito?›'".

²¹Moisés, porém, respondeu ao SENHOR: "Tenho comigo um exército de seiscentos mil soldados e, no entanto, dizes: 'Eu lhes darei carne durante um mês inteiro!'. ²²Mesmo que abatêssemos todos os nossos rebanhos, bastaria para satisfazê-los? Mesmo que pegássemos todos os peixes do mar, seria suficiente?".

²³Então o SENHOR disse a Moisés: "Você duvida do meu poder? Agora você verá se minha palavra se cumprirá ou não!".

²⁴Moisés saiu e transmitiu as palavras do SENHOR ao povo. Reuniu os setenta líderes e os colocou ao redor da tenda da reunião.ᵃ ²⁵O SENHOR desceu na nuvem e falou com ele. Depois, deu aos setenta líderes o mesmo Espírito que estava sobre Moisés. E, quando o Espírito pousou sobre eles, os líderes profetizaram, algo que nunca mais aconteceu.

²⁶Dois homens, Eldade e Medade, haviam permanecido no acampamento. Faziam parte da lista de autoridades, mas não tinham ido à tenda da reunião. E, no entanto, o Espírito também pousou sobre eles, de modo que profetizaram ali no acampamento. ²⁷Um rapaz correu e contou a Moisés: "Eldade e Medade estão profetizando no acampamento!".

²⁸Josué, filho de Num, que desde jovem era auxiliar de Moisés, protestou: "Moisés, meu senhor, faça-os parar!".

²⁹Moisés, porém, respondeu: "Você está com ciúmes por mim? Que bom seria se todos do povo do SENHOR fossem profetas e se o SENHOR colocasse seu Espírito sobre todos eles!". ³⁰Então Moisés voltou ao acampamento com as autoridades de Israel.

O SENHOR envia codornas

³¹O SENHOR mandou um vento que trouxe codornas do lado do mar e as fez voar baixo por todo o acampamento. Numa área de vários quilômetros em todas as direções, voavam a uma altura de quase um metro do chão.ᵇ ³²O povo saiu e pegou codornas durante todo aquele dia, toda aquela noite e todo o dia seguinte. Ninguém recolheu menos de dez cestos grandes.ᶜ Em seguida, espalharam as codornas por todo o acampamento para secá-las. ³³Mas, enquanto ainda se empanturravam, com a boca cheia de carne, a ira do SENHOR se acendeu contra o povo, e ele os feriu com uma praga terrível. ³⁴Por isso, aquele lugar foi chamado de Quibrote-Hataavá,ᵈ pois ali sepultaram o povo que cobiçou a carne do Egito. ³⁵De Quibrote-Hataavá o povo viajou para Hazerote, onde ficou algum tempo.

As queixas de Miriã e Arão

12 Miriã e Arão criticaram Moisés porque ele havia se casado com uma mulher cuxita.ᵉ ²Disseram: "Acaso o SENHOR fala apenas por meio de Moisés? Também não falou por meio de nós?". E o SENHOR ouviu isso. ³(Ora, Moisés era muito humilde, mais que qualquer outra pessoa na terra.)

⁴No mesmo instante, o SENHOR chamou Moisés, Arão e Miriã e disse: "Vão à tenda do encontro, vocês três!", e eles foram para lá. ⁵Então o SENHOR desceu na coluna de nuvem e parou à entrada da tenda de encontro. "Arão e Miriã!", chamou ele. Os dois se aproximaram, ⁶e o SENHOR lhes disse: "Ouçam o que vou dizer:

"Se houver profeta entre vocês,

ᵃ **11.24** Em hebraico, *tenda*; também em 11.26. ᵇ **11.31** Ou *cobriam o chão formando uma camada de quase 1 metro* (2 côvados) *de altura*. ᶜ **11.32** Em hebraico, *10 ômeres*, cerca de 2.200 litros. ᵈ **11.34** *Quibrote-Hataavá* significa "túmulos da gula". ᵉ **12.1** O termo *cuxita* possivelmente indica origem etíope.

eu, o Senhor, me revelarei em visões; falarei com ele em sonhos. ⁷Não é assim, porém, com meu servo Moisés; ele tem sido fiel em toda a minha casa.ᵃ ⁸Falo com ele face a face, claramente, e não por meio de enigmas; ele vê a forma do Senhor. Como vocês ousaram criticar meu servo Moisés?".

⁹A ira do Senhor se acendeu contra eles, e ele se retirou. ¹⁰Enquanto a nuvem se afastava da tenda, Miriã ficou ali, com a pele branca como a neve, leprosa.ᵇ Quando Arão viu o que havia acontecido com ela, ¹¹clamou a Moisés: "Ó meu senhor! Por favor, não nos castigue pelo pecado que insensatamente cometemos. ¹²Não permita que ela fique como um bebê que nasce morto, já em decomposição".

¹³Então Moisés clamou ao Senhor: "Ó Deus, eu suplico que a cures!".

¹⁴O Senhor respondeu a Moisés: "Se o pai de Miriã tivesse apenas cuspido no rosto dela, não ficaria contaminada por sete dias? Portanto, mantenham-na fora do acampamento por sete dias. Depois disso, ela poderá ser aceita de volta".

¹⁵Miriã foi mantida fora do acampamento por sete dias, e o povo esperou até ela ser trazida de volta para seguir viagem. ¹⁶Então saíram de Hazerote e acamparam no deserto de Parã.

Doze espiões fazem o reconhecimento de Canaã

13 O Senhor disse a Moisés: ²"Envie homens para fazer o reconhecimento da terra de Canaã, a terra que eu dou aos israelitas. Mande um líder de cada tribo de seus antepassados". ³Moisés fez conforme o Senhor ordenou. O acampamento no deserto de Parã, enviou doze homens, todos eles chefes das tribos de Israel. ⁴Estas eram as tribos e os nomes de seus líderes:

da tribo de Rúben, Samua, filho de Zacur; ⁵da tribo de Simeão, Safate, filho de Hori; ⁶da tribo de Judá, Calebe, filho de Jefoné; ⁷da tribo de Issacar, Igal, filho de José; ⁸da tribo de Efraim, Oseias, filho de Num; ⁹da tribo de Benjamim, Palti, filho de Rafu; ¹⁰da tribo de Zebulom, Gadiel, filho de Sodi; ¹¹da tribo de Manassés, filho de José, Gadi, filho de Susi; ¹²da tribo de Dã, Amiel, filho de Gemali; ¹³da tribo de Aser, Setur, filho de Micael; ¹⁴da tribo de Naftali, Nabi, filho de Vofsi; ¹⁵da tribo de Gade, Geuel, filho de Maqui.

¹⁶Esses são os nomes dos homens que Moisés enviou para explorar a terra. (Moisés deu a Oseias, filho de Num, o nome de Josué.)

¹⁷Quando Moisés os enviou para fazer o reconhecimento da terra, deu-lhes as seguintes instruções: "Subam pelo Neguebe até a região montanhosa. ¹⁸Vejam como é a terra e descubram se seus habitantes são fortes ou fracos, poucos ou muitos. ¹⁹Observem em que tipo de terra vivem, se é boa ou ruim. As cidades têm muralhas ou são desprotegidas como campos abertos? ²⁰O solo é fértil ou pobre? A região tem muitas árvores? Façam todo o possível para trazer de volta amostras das colheitas que encontrarem". (Era a época da colheita das primeiras uvas maduras.)

²¹Eles subiram e fizeram o reconhecimento da terra, desde o deserto de Zim até Reobe, perto de Lebo-Hamate. ²²Subiram pelo Neguebe e chegaram a Hebrom, onde viviam Aimã, Sesai e Talmai, todos descendentes de Enaque. (A antiga cidade de Hebrom foi fundada sete anos antes da cidade egípcia de Zoã.) ²³Quando chegaram ao vale de Escol, cortaram um ramo com um só cacho de uvas tão grande que dois deles precisaram carregá-lo numa vara. Levaram também amostras de romãs e figos. ²⁴Aquele lugar recebeu o nome de vale de Escol,ᶜ por causa do cacho de uvas que os israelitas cortaram ali.

O relatório da missão de reconhecimento

²⁵Depois de passarem quarenta dias explorando a terra, os homens retornaram ²⁶a Moisés, a Arão e a toda a comunidade de Israel em Cades, no deserto de Parã. Relataram o que tinham visto a toda a comunidade e mostraram os frutos que trouxeram da terra. ²⁷Este foi o relatório que deram a Moisés: "Entramos na terra à qual

---

ᵃ **12.7** Ou *de todo o meu povo, é nele que confio*. ᵇ **12.10** O termo hebraico não se refere somente à hanseníase, mas também a diversas doenças de pele. ᶜ **13.24** *Escol* significa "cacho".

Aprendendo com as mulheres da Bíblia

MIRIÃ

Como contentar-se com o dom que Deus lhe deu

Encontramos Miriã em três momentos importantes de sua vida — como líder forte e com mente ágil e criativa. Comecemos por Êxodo 2.1-10. Reflita sobre a coragem que a jovem escrava hebreia precisou ter para ir até a princesa, a filha do hostil governante, e sugerir que tivesse permissão para correr e encontrar uma babá para o bebezinho hebreu. Imagine a mente alerta que permitiu a Miriã elaborar um plano que não apenas salvaria o seu irmãozinho da morte, como também permitiria que a sua própria mãe cuidasse dele. Miriã tinha excelentes dons naturais.

Moisés, após 40 anos no palácio egípcio, e depois 40 anos no deserto de Midiã, tornou-se o perseverante porta-voz do Senhor, o Deus de Israel. Ele confrontou o governante do Egito não uma, mas dez vezes exigindo a libertação do povo hebreu. Deus venceu o Faraó com uma série de milagres, e agora os israelitas estavam na margem leste do mar Vermelho. Após séculos de escravidão, estavam livres e salvos.

Enquanto Moisés e todo o povo entoavam cânticos de louvor a Deus por tê-los libertado dramaticamente do poder dos egípcios, vemos Miriã num segundo momento liderando as mulheres em cânticos e danças. Essa cena deve ter sido maravilhosa!

Não sabemos muito sobre como ela usou seu dom espiritual como profetisa. No entanto, sabemos que Deus lhe deu um papel de liderança na nação de Israel. O profeta Miqueias relata: "Eu os tirei do Egito e os resgatei da escravidão; enviei Moisés, Arão e Miriã para guiá-los" (6.4).

Miriã serviu com seus dois irmãos guiando o povo de Deus. Não sabemos as especificações de sua função na liderança. Sabemos apenas que ela era mais do que apenas a irmã de dois homens famosos. Ela era parte da equipe.

Seria bom fechar o texto sobre Miriã enquanto ela era bem-sucedida. Mas não podemos fazer isso. Precisamos seguir para a cena três.

"Miriã e Arão criticaram Moisés porque ele havia se casado com uma mulher cuxita. Disseram: 'Acaso o Senhor fala apenas por meio de Moisés? Também não falou por meio de nós?'. E o Senhor ouviu isso" (Nm 12.1,2).

Em vez de se manter como parte da equipe de Moisés, Miriã e Arão voltaram-se contra ele. O motivo da reclamação deles era o fato de Moisés ter casado com uma mulher cuxita. Talvez Zípora, sua primeira esposa, filha de Jetro, tivesse morrido e ele se casara novamente. Isso não fica claro no texto. O que está claro é que uma mulher cuxita não é hebreia. Cuxe era a terra ao sul do Egito, portanto, essa mulher era estrangeira.

No entanto, se por um lado o motivo da reclamação era o casamento de Moisés com essa mulher de Cuxe, seus questionamentos entregam o real motivo do descontentamento deles: "Acaso o Senhor fala apenas por meio de Moisés? Também não falou por meio de nós?".

Seria possível que tais pessoas tão sintonizadas espiritualmente — um sumo sacerdote e uma profetisa — estivessem com inveja? Com ciúmes?

Deus decidiu que era hora de deixar claro para Miriã e Arão que, embora tivessem dons, poderes e prestígio espirituais, *não* estavam no mesmo patamar de Moisés. Miriã podia ter visões e sonhos como profetisa, mas Deus tratava com Moisés de forma muito mais direta do que isso.

Essa mulher brilhante estragou tudo. Deixou que sua ambição egoísta a privasse do seu melhor. E Deus a colocou na linha, pois para Ele a arrogância e a presunção não são pecados insignificantes.

A partir do momento que olho para alguém na liderança e começo a comparar os meus dons e os que Deus concedeu a essa pessoa, torno-me propenso à inveja e à ambição egoísta. Miriã teve problemas em aceitar a posição que Deus determinou para *ela*: um lugar de destaque em Israel. Era parte da liderança tripla da nação. Possuía um dom espiritual significativo. Mas perdeu sua perspectiva, insultou seu irmão Moisés e, consequentemente, insultou a Deus.

Milton, o poeta inglês, comentou que no inferno há democracia, enquanto no Céu há teocracia. Os anjos não decidem que papéis querem desempenhar, se serão serafins ou querubins. O Senhor define isso.

O Senhor age conosco da mesma forma. Ele é o mesmo Deus que nos concede dons e determina o lugar onde os usamos. O Senhor sabe quais talentos necessitamos e como melhor podemos nos encaixar nos planos do Seu reino. Desenvolvemos uma mentalidade perigosa quando decidimos fazer melhor juízo de nossos talentos, lugar e serviço, do que Deus faz.

Miriã negligenciou ou ignorou isso, e Deus tratou com ela de forma rápida e assertiva. Ela ficou leprosa — a doença mais repugnante conhecida no mundo antigo. Essa enfermidade contagiosa a colocou em quarentena, fora do acampamento.

Incomoda-a o fato de que, conforme esse relato em Números 12, apenas Miriã tivesse sido acometida de lepra, embora Arão também tenha reclamado contra Moisés? Parece justo?

Observe no versículo 1 qual o nome que vem primeiro: Miriã. O texto em hebraico na verdade relata: "Miriã e Arão, *ela* criticou Moisés". Miriã encabeçou isso. (Talvez Arão tenha sido mais uma vez o homem influenciável, como havia sido no monte Sinai, quando deixou que o povo o convencesse a fazer o bezerro de ouro.) Na punição de Miriã, vemos como era grande o seu prestígio. Àqueles a quem mais foi dado, Jesus nos lembra, mais será cobrado. Miriã era a pessoa mais forte. Ela mereceu essa punição mais severa.

Em Números 12 nos inteiramos sobre como a história termina. Durante sete dias, Miriã ficou exilada fora do acampamento israelita. Durante sete dias, todo o avanço em direção à Terra Prometida permaneceu suspenso. Durante sete dias, o povo de Deus esperou. Miriã havia interpretado mal seus dons e seu chamado e, nesse processo, prejudicou o progresso do povo de Deus. Somente depois de ter sete dias para pensar sobre as coisas e corrigir seu comportamento, Deus ouviu a oração de Moisés e a curou.

Os dons espirituais vêm de Deus, e Ele quer que nós os usemos. Miriã nos ensina que, ao recebermos dons espirituais de Deus, não podemos usá-los mal; devemos usá-los sem trazer prejuízos ao Seu povo.

Deus nos concedeu os talentos. O Céu não é uma democracia onde somos convocadas a votar em nossos dons. Recebemos aquilo que o Deus soberano e bondoso nos concede. E, sejam quais forem os nossos talentos, devemos usá-los com o espírito certo ou podemos causar mais estragos do que coisas boas.

Qual o seu sentimento em relação aos dons espirituais que Deus lhe concedeu? Está confortável com eles? Talvez seus talentos a intriguem. Seu dom é ensinar? Onde pode usá-los? Comece usando-os nas oportunidades que Deus lhe concede. Aprenda com o erro de Miriã e não superestime o seu dom. Não insista em usar seus dons apenas em lugares de maior evidencia para a liderança. Talvez Deus queira que você os use com crianças de 3 anos por certo tempo. Faça uso dos seus dons onde Deus lhe abrir portas. Comece onde lhe é permitido. Quando você tiver comprovado seu dom num lugar, outra porta se abrirá.

Pode ser que você pense que Deus cometeu um erro e deu-lhe um dom que sabe que não pode usar. Mas, se você crê que Deus é soberano e bondoso, também deve crer que Ele pretende usar esse dom, mesmo que neste momento você pense não ter aptidão ou interesse nele. O problema pode ser, simplesmente, uma questão de prática para você desenvolver a sua habilidade no uso desse dom.

Escolha usar os seus talentos onde e da forma que o Senhor a chama para usá-los. E use-os somente para a glória de Deus.

—Alice Mathews

QUESTÕES PARA REFLEXÃO

1. Onde você tem usado os dons espirituais que Deus lhe concedeu?
2. De que forma a comparação com os dons e ministérios de outros pode prejudicar o nosso serviço a Deus?
3. Você é grato a Deus pela posição que Ele lhe colocou na igreja? Se não, é possível mudar sua atitude nesse item?
4. Qual deve ser a atitude correta ao servir com os dons que Deus lhe concedeu?

> PÃO DIÁRIO

Problemas à frente

Não se rebelem contra o Senhor e não tenham medo dos povos da terra [...] o Senhor está conosco! Não tenham medo deles!

—Números 14.9

Inevitavelmente, os problemas invadirão a nossa vida: um laudo de exame médico com más notícias, a traição de um amigo de confiança, um filho que nos rejeita ou um cônjuge que nos abandona. A lista de possibilidades é grande, mas existem apenas duas opções: ir em frente por conta própria ou voltar-se para Deus.

Agir por conta própria diante dos problemas não é uma boa alternativa, pois pode resultar em atitudes inadequadas, tais como: culpar Deus e recuar sentindo-se derrotada. Como os israelitas, podemos nos descontrolar e cair em desespero (Nm 14.1-4).

Quando a maioria dos espias trouxe um relatório intimidador a respeito dos gigantes e dos perigos à frente, eles usaram os verbos empregando o pronome "nós" seis vezes, sem fazer qualquer referência ao Senhor (13.31-33). Os israelitas estavam à beira da derradeira bênção que Deus lhes prometera. Eles eram testemunhas oculares dos milagres no Egito, e seus pés haviam pisado, a seco, o fundo do mar Vermelho, em uma vitória de cair o queixo. A fidelidade de Deus havia sido incrivelmente evidente. Que memória curta! Que falta de fé! Decepcionante! Infelizmente, eles viraram as costas para Deus e abandonaram a bênção.

Calebe e Josué, por outro lado, preferiram voltar-se para o Senhor com confiança: "O Senhor está conosco" (14.9). Qual será a sua reação quando os seus gigantes aparecerem? O que você fará?

Senhor, dá-me coragem para enfrentar os gigantes que surgirem em minha vida, sabendo que estás ao meu lado, porque em Cristo, quando estou fraca, então sou forte. Por favor, ajuda-me a relembrar a Tua bondade e fidelidade ao enfrentarmos essas provas juntos.

A presença de Deus é um salva-vidas que impede a alma de afundar-se num mar de problemas.

---

você nos enviou e, de fato, é uma terra que produz leite e mel com fartura. Aqui está o tipo de fruto que nela há. ²⁸Contudo, o povo que vive ali é poderoso, e suas cidades são grandes e fortificadas. Vimos até os descendentes de Enaque! ²⁹Os amalequitas vivem no Negueb, e os hititas, jebuseus e amorreus vivem na região montanhosa. Os cananeus vivem perto do litoral do mar Mediterrâneo[a] e no vale do Jordão".

³⁰Calebe tentou acalmar o povo que estava diante de Moisés. "Vamos partir agora mesmo para tomar a terra!", disse ele. "Com certeza podemos conquistá-la!"

³¹Mas os outros homens que tinham feito com ele o reconhecimento da terra discordaram: "Não podemos enfrentá-los! São mais fortes que nós!". ³²Então espalharam entre os israelitas um relatório negativo sobre a terra, dizendo: "A terra que atravessamos ao fazer o reconhecimento devorará quem for morar ali! Todas as pessoas que vimos são enormes. ³³Vimos até gigantes,[b] os descendentes de Enaque! Perto deles, nos sentimos como gafanhotos, e também era assim que parecíamos para eles".

O povo se rebela

14 Então toda a comunidade começou a chorar em voz alta e continuou em prantos a noite toda. ²Suas vozes se elevaram em grande protesto contra Moisés e Arão. "Ah, se ao menos tivéssemos morrido no Egito, ou mesmo aqui no deserto!", diziam. ³"Por que o Senhor está nos levando para essa terra só para morrermos em combate? Nossas esposas e crianças serão capturadas como prisioneiros de guerra! Não seria melhor voltarmos para o Egito?" ⁴E disseram uns aos outros: "Vamos escolher um novo líder e voltar para o Egito!".

⁵Moisés e Arão se curvaram com o rosto em terra diante de toda a comunidade de Israel. ⁶Dois dos homens que tinham feito o reconhecimento da terra, Josué, filho de Num, e Calebe, filho de Jefoné, rasgaram suas roupas ⁷e disseram a toda a comunidade de Israel: "A terra da qual fizemos o reconhecimento é muito boa! ⁸E, se o Senhor se agradar de nós, ele nos levará em segurança até ela e a dará a nós. É uma terra que produz leite e mel com fartura. ⁹Não se rebelem contra o Senhor e não tenham medo dos povos da terra. Diante de nós, eles estão indefesos! Não têm quem os proteja, mas o Senhor está conosco! Não tenham medo deles!".

¹⁰Ainda assim, toda a comunidade começou a falar em apedrejar Josué e Calebe. Então a

---

[a] 13.29 Em hebraico, *do mar*. [b] 13.33 Em hebraico, *nefilim*.

presença gloriosa do SENHOR apareceu na tenda do encontro a todos os israelitas, ¹¹e o SENHOR disse a Moisés: "Até quando este povo me tratará com desprezo? Será que nunca confiarão em mim, mesmo depois de todos os sinais que realizei entre eles? ¹²Eu os deserdarei e os destruirei com uma praga. Então, farei de você um povo ainda maior e mais poderoso que eles!".

Moisés intercede pelo povo
¹³Moisés, porém, respondeu ao SENHOR: "O que os egípcios pensarão? Eles sabem muito bem do poder que mostraste ao resgatar o teu povo do meio deles. ¹⁴Os egípcios informarão isso aos habitantes dessa terra, que já ouviram falar que vives entre o teu povo. Sabem, SENHOR, que apareces ao teu povo face a face e que a tua nuvem permanece sobre ele e que vais adiante dele na coluna de nuvem de dia e na coluna de fogo à noite. ¹⁵Se exterminares todo este povo com um só golpe, as nações que ouviram falar de tua fama dirão: ¹⁶'O SENHOR não foi capaz de levá-los à terra que jurou lhes dar, por isso os matou no deserto'.

¹⁷"Por favor, Senhor, mostra que o teu poder é tão grande quanto declaraste. Pois disseste: ¹⁸'O SENHOR é lento para se irar, é cheio de amor e perdoa todo tipo de pecado e rebeldia. Contudo, não absolve o culpado; traz as consequências do pecado dos pais sobre os filhos até a terceira e quarta geração'. ¹⁹De acordo com o teu grande amor, peço que perdoes os pecados deste povo, como os tens perdoado desde que saíram do Egito".

²⁰Então o SENHOR disse: "Eu os perdoarei, como você me pediu. ²¹Mas, tão certo quanto eu vivo e tão certo quanto a terra está cheia da glória do SENHOR, ²²nenhuma dessas pessoas entrará na terra. Todas elas viram a minha presença gloriosa e os sinais que realizei no Egito e no deserto. Repetidamente, porém, me puseram à prova, recusando-se a ouvir a minha voz. ²³Jamais verão a terra que jurei dar a seus antepassados. Nenhum daqueles que me trataram com desprezo a verá. ²⁴Meu servo Calebe, no entanto, teve uma atitude diferente dos demais. Permaneceu fiel a mim, por isso eu o farei entrar na terra da qual fez o reconhecimento, e seus descendentes tomarão posse

dela. ²⁵Agora, deem meia-volta e não sigam rumo à terra onde habitam os amalequitas e cananeus. Amanhã partirão para o deserto, em direção ao mar Vermelho".ᵃ

O SENHOR castiga os israelitas
²⁶Então o SENHOR disse a Moisés e a Arão: ²⁷"Até quando precisarei tolerar esta comunidade perversa e suas queixas contra mim? Sim, ouvi as queixas dos israelitas contra mim. ²⁸Agora, digam-lhes o seguinte: 'Tão certo quanto eu vivo, declara o SENHOR, farei com vocês exatamente aquilo que me ouvi dizerem. ²⁹Todos vocês cairão mortos neste deserto! Uma vez que se queixaram contra mim, todos com mais de 20 anos que foram contados no censo morrerão. ³⁰Não entrarão nem tomarão posse da terra que eu jurei lhes dar, para que nela morassem. As únicas exceções serão Calebe, filho de Jefoné, e Josué, filho de Num.

³¹'Vocês disseram que seus filhos seriam tomados como prisioneiros de guerra. Pois bem, eu os farei entrar na terra em segurança, e eles desfrutarão daquilo que vocês desprezaram. ³²Mas, quanto a vocês, cairão mortos neste deserto. ³³Seus filhos serão como pastores, andando sem rumo pelo deserto durante quarenta anos. Desse modo, sofrerão a consequência de sua infidelidade, até que o último de vocês morra no deserto.

³⁴'Uma vez que seus espiões passaram quarenta dias fazendo o reconhecimento da terra, vocês andarão sem rumo pelo deserto durante quarenta anos, um ano para cada dia, como punição por sua culpa. Assim, saberão o resultado de se opor a mim'. ³⁵Eu, o SENHOR, falei! Certamente farei essas coisas a todos os membros da comunidade que conspiraram contra mim. Serão destruídos neste deserto, e aqui morrerão!".

³⁶Os homens que Moisés tinha enviado para fazer o reconhecimento da terra, aqueles que instigaram a rebelião contra ele com seu relatório negativo, ³⁷morreram repentinamente de uma praga diante do SENHOR. ³⁸Dos homens que haviam feito o reconhecimento da terra, apenas Josué e Calebe sobreviveram.

³⁹Quando Moisés transmitiu essas palavras aos israelitas, eles se encheram de tristeza.

ᵃ 14.25 Em hebraico, *mar de juncos*.

> **PÃO DIÁRIO**
>
> ## Tão perto, porém, tão longe
>
> *Não entrarão nem tomarão posse da terra que eu jurei lhes dar, para que nela morassem. As únicas exceções serão Calebe, filho de Jefoné, e Josué, filho de Num.*
> —Números 14.30
>
> Nos primeiros anos do Canadá, os pioneiros se abrigavam no Forte Babine. Certa ocasião, os seus suprimentos estavam quase esgotados e para conseguir comida um dos pioneiros acompanhado por um guia ainda jovem deixou o local e empreendeu uma caminhada até uma cidade próxima.
>
> No retorno, a neve começou a cair pesadamente. Os dois viajantes ficaram gelados até os ossos por causa do vento fortíssimo e não puderam seguir o caminho na escuridão. Forçados a parar, fizeram uma fogueira e passaram uma noite miseravelmente gelada. No entanto, quando a luz da manhã foi surgindo lentamente, eles avistaram o Forte bem próximo do local onde haviam parado na noite gelada. Viram o esplendor de todo o seu calor e conforto a pouca distância de onde haviam passado a noite. Tão perto, porém, tão longe!
>
> Os israelitas estavam precisamente na fronteira da Terra Prometida (Nm 13). Calebe e Josué, os dois corajosos espiões, haviam trazido alimentos suculentos de Canaã e incentivaram o povo a tomar posse da terra (vv.26,30). Mas o povo duvidou e se autocondenou a 40 anos de caminhada errante e de morte no deserto (14.28-30). Eles também estavam tão perto, porém tão distantes!
>
> Você já ouviu falar muitas vezes sobre o amor que Jesus tem por você, mas ainda não assumiu o compromisso de amá-lo e segui-lo? Está perto, porém ainda tão distante? Decida agora por entrar na "terra prometida" da salvação encontrada em Jesus.
>
> *Querido Senhor Jesus, não quero mais ser uma daquelas que está tão perto, porém tão longe de ti. Quero crer em Tua salvação. Senhor Jesus, entra em meu coração e leva embora o meu pecado. Obrigada por morrer na cruz por mim e dar-me nova vida em ti.*
>
> **Esta é a hora de decidir-se pelo Senhor — amanhã pode ser tarde demais.**

⁴⁰No dia seguinte, levantaram-se cedo e subiram em direção ao alto dos montes. "Vamos!", disseram. "Reconhecemos que pecamos, mas agora estamos prontos para entrar na terra que o Senhor nos prometeu."

⁴¹Moisés, porém, disse: "Por que desobedecem à ordem do Senhor? Isso não dará certo! ⁴²Não subam para a terra agora, pois o Senhor não estará com vocês. Seus inimigos os aniquilarão! ⁴³Quando enfrentarem os amalequitas e cananeus na batalha, serão massacrados. Porque vocês abandonaram o Senhor, ele os abandonará".

⁴⁴Arrogantemente, os israelitas avançaram até o alto dos montes, apesar de Moisés e a arca da aliança do Senhor terem ficado no acampamento. ⁴⁵Então os amalequitas e cananeus que viviam naqueles montes desceram, derrotaram os israelitas e os perseguiram até Hormá.

Leis acerca das ofertas

15 Então o Senhor disse a Moisés: ²"Dê as seguintes instruções ao povo de Israel.

"Quando vocês se estabelecerem na terra que eu lhes dou, ³apresentarão ofertas especiais como aroma agradável ao Senhor. Essas ofertas poderão ser apresentadas de diferentes formas: um holocausto, um sacrifício para cumprir um voto, uma oferta voluntária ou uma oferta em alguma das festas anuais, e serão de seus rebanhos de bois ou ovelhas. ⁴Quando apresentarem essas ofertas, também entregarão ao Senhor uma oferta de cereal de dois litrosª de farinha da melhor qualidade misturada com um litroᵇ de azeite. ⁵Para cada cordeiro apresentado como holocausto ou sacrifício, vocês entregarão também um litro de vinho como oferta derramada.

⁶"Se o sacrifício for um carneiro, apresentem uma oferta de cereal de quatro litrosᶜ de farinha da melhor qualidade misturada com um litro e um terçoᵈ de azeite ⁷e um litro e um terço de vinho como oferta derramada. Será um aroma agradável ao Senhor.

⁸"Quando apresentarem um novilho como holocausto, como sacrifício para cumprir um voto, ou como oferta de paz ao Senhor, ⁹também entregarão uma oferta de cereal de seis litrosᵉ de farinha da melhor qualidade misturada com dois litrosᶠ de azeite ¹⁰e dois litros

---

ª **15.4a** Em hebraico, *1/10 de efa.* ᵇ **15.4b** Em hebraico, *1/4 de him*; também em 15.5. ᶜ **15.6a** Em hebraico, *2/10 de efa.* ᵈ **15.6b** Em hebraico, *1/3 de him*; também em 15.7. ᵉ **15.9a** Em hebraico, *3/10 de efa.* ᶠ **15.9b** Em hebraico, *1/2 de him*; também em 15.10.

de vinho como oferta derramada. Será uma oferta especial, um aroma agradável ao SENHOR. ¹¹"Cada sacrifício de novilho, carneiro, cordeiro ou cabrito deverá ser preparado dessa maneira. ¹²Sigam essas instruções para cada sacrifício que apresentarem. ¹³Todos os israelitas de nascimento seguirão essas instruções quando apresentarem uma oferta especial como aroma agradável ao SENHOR. ¹⁴E, se algum estrangeiro que os visita ou que vive entre vocês ou entre seus descendentes quiser apresentar uma oferta especial como aroma agradável ao SENHOR, deverá seguir os mesmos procedimentos. ¹⁵Os israelitas de nascimento e os estrangeiros são iguais diante do SENHOR e estão sujeitos aos mesmos decretos da comunidade. Essa é uma lei permanente para vocês, a ser cumprida de geração em geração. ¹⁶As mesmas instruções e ordens se aplicam tanto a vocês como aos estrangeiros que vivem em seu meio".

¹⁷Então o SENHOR disse a Moisés: ¹⁸"Dê as seguintes instruções ao povo de Israel.

"Quando chegarem à terra para onde os levo ¹⁹e comerem das colheitas que ela produz, separarão uma parte como oferta para o SENHOR. ²⁰Apresentem um bolo feito da primeira farinha que moerem e separem-no como oferta, como fazem com os primeiros cereais da eira. ²¹Todas as gerações futuras apresentarão ao SENHOR uma oferta da primeira farinha que moerem.

²²"Se vocês, sem intenção, deixarem de cumprir todos esses mandamentos que o SENHOR ordenou a Moisés, ²³sim, tudo que o SENHOR lhes ordenou por meio de Moisés, desde o dia em que ele o ordenou, para vocês e para as gerações futuras, ²⁴e a comunidade não se der conta de seu erro, toda a comunidade apresentará um novilho como holocausto de aroma agradável ao SENHOR. O sacrifício será apresentado junto com a oferta de cereal e a oferta derramada, conforme prescrito, e também com um bode como oferta pelo pecado. ²⁵Com essa oferta, o sacerdote fará expiação por toda a comunidade de Israel, e ela será perdoada. O pecado não foi intencional e foi expiado com as ofertas apresentadas ao SENHOR, a oferta especial e a oferta pelo pecado. ²⁶Toda a comunidade de Israel será perdoada, incluindo os estrangeiros que vivem entre vocês, pois o pecado envolveu todo o povo.

²⁷"Se um único indivíduo cometer um pecado não intencional, apresentará uma cabra de um ano como oferta pelo pecado. ²⁸O sacerdote a sacrificará a fim de fazer expiação pelo culpado diante do SENHOR, e ele será perdoado. ²⁹Essas instruções sobre o pecado involuntário se aplicam tanto aos israelitas de nascimento como aos estrangeiros que vivem em seu meio.

³⁰"Mas aquele que arrogantemente fizer algo contrário à vontade de Deus, seja israelita de nascimento ou estrangeiro, blasfema contra o SENHOR e deverá ser eliminado do meio do povo. ³¹Uma vez que tratou a palavra do SENHOR com desprezo e desobedeceu à sua ordem de propósito, deverá ser eliminado e sofrer o castigo por sua culpa".

O castigo por não guardar o sábado

³²Certo dia, enquanto o povo de Israel estava no deserto, encontraram um homem recolhendo lenha no sábado. ³³As pessoas que o encontraram recolhendo lenha o levaram perante Moisés, Arão e o restante da comunidade. ³⁴Como ainda não estava determinado o que fariam com ele, mantiveram o homem preso. ³⁵Então o SENHOR disse a Moisés: "O homem deve ser executado! Toda a comunidade o apedrejará fora do acampamento". ³⁶Assim, toda a comunidade levou o homem para fora do acampamento e o apedrejou até a morte, conforme o SENHOR havia ordenado a Moisés.

Franjas nas roupas

³⁷O SENHOR disse a Moisés: ³⁸"Dê as seguintes instruções ao povo de Israel. Vocês e as gerações futuras farão franjas na bainha da roupa e as prenderão com um fio azul. ³⁹Quando virem as franjas, recordarão todos os mandamentos do SENHOR e os cumprirão. Assim, não serão infiéis, seguindo os desejos de seu coração e de seus olhos. ⁴⁰As franjas os ajudarão a lembrar que devem obedecer a todos os meus mandamentos e ser santos para o seu Deus. ⁴¹Eu sou o SENHOR, seu Deus, que os tirou da terra do Egito para ser o seu Deus. Eu sou o SENHOR, seu Deus".

A rebelião de Corá

16 Corá, filho de Isar, descendente de Coate, filho de Levi, armou uma conspiração com Datã e Abirão, filhos de Eliabe, e Om, filho de Pelete, da tribo de Rúben. ²Com outros 250 líderes israelitas, todos membros importantes da comunidade, os três instigaram uma rebelião contra Moisés. ³Juntaram-se contra Moisés e Arão e disseram: "Vocês foram longe demais! A comunidade foi consagrada pelo Senhor, e ele está em nosso meio. Que direito vocês têm de agir como se fossem superiores à comunidade do Senhor?".

⁴Quando Moisés ouviu o que disseram, curvou-se com o rosto em terra. ⁵Em seguida, disse a Corá e a seus seguidores: "Amanhã cedo o Senhor nos mostrará quem pertence a ele ͣ e quem é consagrado. Só trará à sua presença aqueles que ele escolher. ⁶Você, Corá, e todos os seus seguidores, preparem incensários. ⁷Amanhã, acendam fogo neles e queimem incenso diante do Senhor. Então veremos quem o Senhor escolherá como consagrado a ele. Vocês, levitas, foram longe demais!".

⁸Moisés falou novamente a Corá: "Agora ouçam, levitas! ⁹Acaso lhes parece de pouca importância que o Deus de Israel os tenha escolhido dentre toda a comunidade de Israel para estar perto dele a fim de trabalharem no tabernáculo do Senhor e estarem perante a comunidade para servi-la? ¹⁰Ele já deu a você, Corá, e a seus companheiros levitas essa função, e agora exigem também o serviço sacerdotal? ¹¹Na verdade, é contra o Senhor que você e seus seguidores estão se rebelando! Afinal, quem é Arão para se queixarem dele?".

¹²Então Moisés mandou chamar Datã e Abirão, filhos de Eliabe, mas eles responderam: "Não iremos! ¹³Não basta você nos ter tirado do Egito, uma terra que produz leite e mel com fartura, para nos matar aqui no deserto? Agora quer nos tratar como se fosse autoridade sobre nós? ¹⁴Além disso, você não nos levou a outra terra que produz leite e mel com fartura, e não nos deu uma nova propriedade com campos e vinhedos. Está tentando enganar estes homens?ᵇ Não iremos!".

¹⁵Moisés ficou furioso e disse ao Senhor: "Não aceites as ofertas de cereais deles! Não tomei deles nem sequer um jumento, e jamais lhes fiz algum mal". ¹⁶E Moisés disse a Corá:

"Você e seus seguidores venham aqui amanhã e apresentem-se diante do Senhor. Arão também virá. ¹⁷Você e cada um de seus 250 seguidores prepararão um incensário e colocarão incenso nele, a fim de apresentá-lo diante do Senhor. Arão também trará seu incensário". ¹⁸Cada um deles preparou um incensário, acendeu o fogo e colocou incenso nele. Depois, todos se apresentaram à entrada da tenda do encontro com Moisés e Arão. ¹⁹Corá havia instigado toda a comunidade contra Moisés e Arão, e todos se reuniram à entrada da tenda do encontro. Então a presença gloriosa do Senhor apareceu a toda a comunidade, ²⁰e o Senhor disse a Moisés e a Arão: ²¹"Afastem-se dessa comunidade, para que eu a destrua agora mesmo!".

²²Moisés e Arão, porém, se prostraram com o rosto em terra e suplicaram. "Ó Deus, tu és aquele que dá fôlego a todas as criaturas. É necessário que fiques irado com toda a comunidade quando somente um homem pecou?".

²³O Senhor disse a Moisés: ²⁴"Então diga a toda a comunidade que se afaste das tendas de Corá, Datã e Abirão".

²⁵Moisés se levantou e foi até as tendas de Datã e Abirão, as autoridades de Israel o seguiram. ²⁶"Vamos!", disse ele ao povo. "Afastem-se das tendas destes homens perversos e não toquem em coisa alguma que seja deles. Do contrário, vocês serão destruídos por causa dos pecados deles." ²⁷Todo o povo se afastou das tendas de Corá, Datã e Abirão, e Datã e Abirão saíram e ficaram em pé à entrada das tendas, junto com suas esposas, seus filhos e suas crianças pequenas.

²⁸Então Moisés disse: "Assim vocês saberão que o Senhor me enviou para fazer todas estas coisas que tenho feito, pois não as realizei por minha própria conta. ²⁹Se estes homens morrerem de causas naturais, ou se nada for a do comum acontecer, então o Senhor não me enviou. ³⁰Mas, se o Senhor fizer algo completamente novo e o chão abrir sua boca e os engolir junto com todos os seus pertences, e eles descerem vivos à sepultura,ᶜ vocês saberão que estes homens mostraram desprezo pelo Senhor".

ᵃ 16.5 A Septuaginta traz *Deus visitou e conhece os que são seus*. Comparar com 2Tm 2.19. ᵇ 16.14 Em hebraico, *Está tentando furar os olhos destes homens?* ᶜ 16.30 Em hebraico, *ao Sheol*; também em 16.33.

³¹Mal ele havia acabado de dizer essas palavras, e o chão debaixo deles rachou. ³²A terra abriu a boca e engoliu os homens, todas as suas famílias, todos os seus seguidores e tudo que possuíam. ³³Desceram vivos à sepultura, junto com todos os seus pertences. A terra se fechou sobre eles, e desapareceram do meio da comunidade. ³⁴Todo o povo que estava ao redor fugiu quando ouviu os gritos deles. "A terra nos engolirá também!", exclamaram. ³⁵Em seguida, um fogo ardente saiu do Senhor e queimou os 250 homens que ofereciam incenso.

³⁶ᵃO Senhor disse a Moisés: ³⁷"Ordene a Eleazar, filho do sacerdote Arão, que tire todos os incensários do meio do fogo, pois são santos. Diga-lhe também que espalhe as brasas. ³⁸Pegue os incensários dos homens que pecaram e pagaram por isso com a própria vida e bata o metal com um martelo, até formar uma lâmina para revestir o altar. Uma vez que esses incensários foram usados na presença do Senhor, eles se tornaram santos. Que sirvam de advertência para o povo de Israel".

³⁹O sacerdote Eleazar recolheu os incensários de bronze usados pelos homens que morreram queimados e bateu o metal com um martelo, até formar uma lâmina para revestir o altar. ⁴⁰Essa lâmina serviria como recordação aos israelitas; ninguém que não fosse descendente de Arão poderia entrar na presença do Senhor para queimar incenso. Se alguém o fizesse, aconteceria a ele o mesmo que havia acontecido a Corá e seus seguidores, conforme o Senhor tinha dito por meio de Moisés.

⁴¹Logo na manhã seguinte, porém, toda a comunidade de Israel começou a se queixar de Moisés e Arão outra vez. "Vocês mataram o povo do Senhor!", diziam eles. ⁴²Mas, enquanto se reuniam para protestar contra Moisés e Arão, voltaram-se para a tenda do encontro e viram a nuvem cobri-la, e a presença gloriosa do Senhor apareceu. ⁴³Moisés e Arão foram para a frente da tenda do encontro, ⁴⁴e o Senhor disse a Moisés: ⁴⁵"Afaste-se desta comunidade, para que eu a destrua agora mesmo!", e Moisés e Arão se prostraram com o rosto em terra.

⁴⁶Então Moisés disse a Arão: "Rápido! Pegue um incensário e coloque nele brasas do altar. Acrescente incenso e leve-o para o meio da comunidade, a fim de fazer expiação por ela, pois a ira do Senhor está acesa, e a praga já começou!".

⁴⁷Arão seguiu a ordem de Moisés e correu para o meio da comunidade. A praga já havia começado a matá-los, mas Arão queimou o incenso e fez expiação por eles. ⁴⁸Colocou-se entre os mortos e os vivos, e a praga cessou. ⁴⁹Ainda assim, 14.700 pessoas morreram da praga, além daqueles que tinham morrido por causa da rebelião de Corá. ⁵⁰Uma vez que a praga cessou, Arão voltou a Moisés, que estava à entrada da tenda do encontro.

A vara de Arão floresce

17 ¹ᵇO Senhor disse a Moisés: ²"Diga aos israelitas que tragam doze varas de madeira, uma para cada líder das tribos de seus antepassados. Escreva o nome de cada líder em sua vara. ³Na vara da tribo de Levi, escreva o nome de Arão, pois é necessário que haja uma vara para cada chefe das tribos de seus antepassados. ⁴Coloque as varas na tenda do encontro, diante da arca que contém as tábuas da aliança,ᶜ onde eu me encontro com você. ⁵A vara daquele que eu escolher florescerá, e eu acabarei de vez com a murmuração e as queixas dos israelitas contra vocês".

⁶Moisés transmitiu as instruções ao povo de Israel, e cada um dos doze líderes das tribos, incluindo Arão, levou uma vara para Moisés. ⁷Então Moisés colocou as varas na presença do Senhor na tenda da aliança.ᵈ ⁸No dia seguinte, quando Moisés entrou na tenda da aliança, viu que a vara de Arão, que representava a tribo de Levi, tinha florescido, produzindo brotos, botões, flores e amêndoas maduras.

⁹Depois que retirou as varas da presença do Senhor, Moisés as mostrou para o povo, e cada líder tomou de volta sua vara. ¹⁰O Senhor disse a Moisés: "Ponha a vara de Arão permanentemente diante da arca da aliança,ᵉ para que

---

ᵃ **16.36** No texto hebraico, os versículos 16.36-50 são numerados 17.1-15. ᵇ **17.1** No texto hebraico, os versículos 17.1-13 são numerados 17.16-28. ᶜ **17.4** Em hebraico, *na tenda do encontro, diante do testemunho*. O termo hebraico para "testemunho" se refere aos termos da aliança do Senhor com Israel escritos em tábuas de pedra guardadas na arca, e também à aliança em si. ᵈ **17.7** Ou *tabernáculo do testemunho*; também em 17.8. ᵉ **17.10** Em hebraico, *diante do testemunho*; ver nota em 17.4.

sirva de advertência aos rebeldes. Isso acabará com as queixas deles contra mim e evitará mais mortes". ¹¹Moisés fez conforme o Senhor lhe ordenou.

¹²Então os israelitas disseram a Moisés: "Estamos condenados! Vamos morrer, vamos todos morrer! ¹³Quem se aproximar do tabernáculo do Senhor morrerá. Será que estamos todos condenados a morrer?".

Deveres dos sacerdotes e levitas

18 O Senhor disse a Arão: "Você, seus filhos e seus parentes da tribo de Levi serão responsabilizados por quaisquer ofensas relacionadas ao santuário. Mas somente você e seus filhos serão responsabilizados por ofensas relacionadas ao serviço sacerdotal.

²"Traga seus parentes da tribo de Levi, a tribo de seus antepassados, para ajudarem você e seus filhos a cumprir o serviço diante da tenda da aliança.ᵃ ³Quando os levitas realizarem as tarefas que lhes foram designadas na tenda, deverão cuidar para que não se aproximem de qualquer dos objetos sagrados nem do altar. Se o fizerem, tanto eles como vocês morrerão. ⁴Junto com vocês, os levitas cumprirão as responsabilidades de cuidar da tenda do encontro e trabalhar nela, mas ninguém que não seja autorizado poderá se aproximar.

⁵"Vocês se encarregarão pessoalmente do serviço no santuário e no altar, para que minha ira não volte a se acender contra o povo de Israel. ⁶Eu mesmo escolhi, dentre todos os israelitas, seus parentes, os levitas, como presente para vocês, consagrados ao Senhor para o serviço na tenda do encontro. ⁷Mas você e seus filhos, os sacerdotes, devem se encarregar pessoalmente de todo o serviço sacerdotal relacionado ao altar e ao que está por trás da cortina interna. Eu lhes dou o serviço sacerdotal como um presente. Qualquer pessoa não autorizada que se aproximar do santuário será morta".

O sustento dos sacerdotes e levitas

⁸O Senhor disse ainda a Arão: "Eu mesmo o encarreguei de todas as ofertas sagradas que os israelitas trazem a mim. Dou todas essas ofertas consagradas a você e a seus filhos como sua porção permanente. ⁹A parte das ofertas santíssimas que não é queimada no fogo é reservada para vocês. Essa porção de todas as ofertas santíssimas trazidas a mim, tanto das ofertas de cereal como das ofertas pelo pecado e das ofertas pela culpa, é santíssima e pertence a você e a seus filhos. ¹⁰Comam-na como oferta santíssima. Todos os sacerdotes a comerão e a considerarão santíssima.

¹¹"Todas as ofertas sagradas e ofertas movidas que os israelitas apresentarem a mim, movendo-as para o alto diante do altar, também pertencerão a vocês. Eu as dou a você e a seus filhos e filhas como sua porção permanente. Qualquer membro de sua família que estiver cerimonialmente puro comerá dessas ofertas.

¹²"Também dou a vocês as primeiras ofertas das colheitas que o povo apresentar ao Senhor: o melhor do azeite, do vinho novo e dos cereais. ¹³Todas as primeiras colheitas da terra que o povo apresentar ao Senhor pertencem a vocês. Qualquer membro de sua família que estiver cerimonialmente puro comerá desses alimentos.

¹⁴"Tudo que em Israel for consagrado para o Senhor também pertence a vocês.

¹⁵"O primeiro filho de cada família e a primeira cria de cada animal, oferecidos ao Senhor, serão seus. Mas o primeiro filho e a primeira cria de animais cerimonialmente impuros serão sempre resgatados. ¹⁶Vocês deverão resgatá-los quando eles tiverem um mês de idade. (O preço do resgate é de cinco peças de prata, com base no siclo do santuário, equivalente a doze gramas cada peça.ᵇ)

¹⁷"Não deverão resgatar, porém, as primeiras crias das vacas, ovelhas e cabras; elas foram separadas. Aspirja seu sangue sobre o altar e queime a gordura como oferta especial, um aroma agradável ao Senhor. ¹⁸A carne desses animais pertencerá a vocês, como o peito e a coxa direita que são movidas para o alto como oferta especial diante do altar. ¹⁹Sim, eu dou a você todas essas ofertas sagradas que os israelitas apresentam ao Senhor. São para você e para seus filhos e filhas, para serem consumidos como sua porção permanente. Essa é uma aliança sem fim e irrevogávelᶜ entre o

---

ᵃ 18.2 Ou *tabernáculo do testemunho*. ᵇ 18.16 Em hebraico, *5 siclos segundo o siclo do santuário, equivalente a 20 geras*. ᶜ 18.19 Em hebraico, *de sal*.

Senhor e você, e também se aplica a seus descendentes".

²⁰O Senhor disse mais a Arão: "Vocês, sacerdotes, não receberão herança nem propriedade alguma na terra do povo. Eu sou sua propriedade e sua herança entre os israelitas. ²¹Darei aos levitas os dízimos de todo o povo de Israel como herança por seus serviços na tenda do encontro.

²²"De agora em diante, nenhum israelita se aproximará da tenda do encontro. Se alguém se aproximar, será declarado culpado e morrerá. ²³Somente os levitas servirão na tenda do encontro, e serão responsabilizados por quaisquer ofensas contra ela. Essa é uma lei permanente para vocês, a ser cumprida de geração em geração. Os levitas não herdarão porção alguma de terra entre os israelitas, ²⁴pois eu lhes dou os dízimos dos israelitas, apresentados como ofertas para o Senhor. Essa será a herança dos levitas. Por isso eu disse que eles não herdariam terra alguma entre os israelitas".

²⁵O Senhor disse ainda a Moisés: ²⁶"Dê as seguintes instruções aos levitas. Quando receberem dos israelitas os dízimos que eu dou a vocês como sua herança, entreguem a décima parte deles — um dízimo dos dízimos — ao Senhor como oferta. ²⁷Essa será considerada sua oferta das colheitas, como se fosse o primeiro cereal de sua eira ou do vinho de sua prensa de uvas. ²⁸Apresentem a décima parte do dízimo recebido dos israelitas como oferta para o Senhor. Essa é a porção sagrada do Senhor, e vocês devem apresentá-la ao sacerdote Arão. ²⁹Entreguem ao Senhor as melhores porções de todas as ofertas sagradas que receberem.

³⁰"Dê também as seguintes instruções aos levitas. Quando apresentarem a melhor parte como sua oferta, ela será considerada como se tivesse vindo de sua própria eira ou de sua prensa de uvas. ³¹Vocês e suas famílias comerão desse alimento onde quiserem, pois é a recompensa por seu serviço na tenda do encontro. ³²Não serão considerados culpados por aceitarem os dízimos, desde que entreguem a melhor porção aos sacerdotes. Mas tomem cuidado para não tratar as ofertas sagradas dos israelitas como se fosse algo qualquer. Se o fizerem, morrerão".

A água da purificação

19 O Senhor disse a Moisés e a Arão: ²"Esta é uma prescrição da lei que o Senhor ordenou: Diga aos israelitas que tragam até vocês uma novilha vermelha, um animal perfeito, sem defeito, sobre o qual nunca tenha sido colocada a canga de um arado. ³Entreguem a novilha ao sacerdote Eleazar. Ele a levará para fora do acampamento e, na presença dele, a novilha será morta. ⁴Eleazar pegará com o dedo um pouco do sangue e dele aspergirá sete vezes na direção da entrada da tenda do encontro. ⁵A novilha inteira — couro, carne, sangue e excrementos — será queimada na presença de Eleazar. ⁶Então ele pegará um pedaço de madeira de cedro, um ramo de hissopo e um pouco de fio vermelho e os lançará no fogo onde a novilha estiver sendo queimada.

⁷"Em seguida, o sacerdote lavará suas roupas e se banhará com água. Depois disso, voltará ao acampamento, mas ficará cerimonialmente impuro até o entardecer. ⁸O homem que queimar a novilha também lavará suas roupas e se banhará com água, e também ficará impuro até o entardecer. ⁹Então uma pessoa cerimonialmente pura juntará as cinzas da novilha e as colocará num lugar cerimonialmente puro fora do acampamento. Elas ficarão guardadas ali para que a comunidade de Israel as use na cerimônia da água de purificação, para a remoção de pecados. ¹⁰O homem que recolher as cinzas da novilha lavará suas roupas e ficará impuro até o entardecer. Essa é uma lei permanente para os israelitas e para os estrangeiros que vivem entre eles.

¹¹"Quem tocar num cadáver humano ficará cerimonialmente impuro por sete dias. ¹²No terceiro e no sétimo dia, ele se purificará com a água da purificação; então, estará puro. Mas, se não seguir esse procedimento no terceiro e no sétimo dia, continuará impuro mesmo depois do sétimo dia. ¹³Quem toca num cadáver e não se purifica corretamente contamina o tabernáculo do Senhor e será eliminado do povo de Israel. Permanecerá impuro, uma vez que a água da purificação não foi aspergida sobre ele.

¹⁴"A seguinte lei se aplica quando alguém morre numa tenda. Quem entrar nessa tenda e quem estiver dentro dela quando a morte

PÃO DIÁRIO

Você está ouvindo?

...reúnam todo o povo. Enquanto eles observam, falem àquela rocha ali, e dela jorrará água.
—Números 20.8

O profeta estava frustrado e irritado, pois estava cansado de ser culpado por tudo o que dava errado. Ano após ano, ele os tinha auxiliado num desastre após outro e intercedia continuamente em nome deles para mantê-los afastado dos problemas. Mas tudo que obtinha por seus esforços era mais sofrimento ainda. Finalmente, em desespero, ele chamou "o povo para se reunir em frente da rocha: 'Ouçam, seus rebeldes!', gritou Moisés, 'Será que é desta rocha que teremos de tirar água para vocês?'". Então Moisés levantou a mão e bateu na rocha duas vezes com a vara" (Nm 20.10,11).

Essa sugestão poderia parecer absurda, mas não era. Quarenta anos antes, a geração que os precedeu tinha a mesma queixa: não havia água. Deus ordenou a Moisés que ferisse uma rocha com sua vara (Êx 17.6). Quando ele o obedeceu, a água jorrou em abundância. Quando a murmuração recomeçou outra vez, muitos anos mais tarde, Moisés fez o que havia funcionado antes. Mas, desta vez, essa não foi a decisão correta. O profeta tinha instruído os israelitas para que ouvissem, mas ele mesmo não tinha ouvido. Desta vez, Deus tinha lhe dito para *falar* à rocha, não para *golpeá-la*.

Às vezes, quando estamos exaustas ou irritadas, não prestamos muita atenção em Deus. Supomos que Ele sempre agirá da mesma maneira. Mas Ele não age. Às vezes, o Senhor nos diz para agir; outras, nos diz para falar; e às vezes nos diz para esperar. Por essa razão, devemos ter sempre o cuidado de ouvir antes de agir.

Deus, tu ages de maneira misteriosa e maravilhosa. Meus pensamentos não são os Teus pensamentos, nem os Teus caminhos são os meus caminhos. Ajuda-me a saber quando esperar, ouvir e agir de acordo com a Tua vontade — não a minha.

Ouça o Senhor, em seguida, obedeça-lhe.

---

ocorrer ficarão cerimonialmente impuros por sete dias. **15**Qualquer vasilha que não tiver sido tampada também ficará contaminada. **16**Se, ao andar pelo campo, alguém tocar no cadáver de uma pessoa morta à espada ou que tenha morrido de causas naturais, ou tocar num osso humano ou num túmulo, ficará impuro por sete dias.

17"Para remover a contaminação, coloquem parte das cinzas do holocausto de purificação num jarro e derramem água corrente por cima. **18**Então uma pessoa cerimonialmente pura pegará um ramo de hissopo e o molhará na água. Em seguida, aspergirá a água sobre a tenda, sobre todos os seus utensílios e sobre as pessoas que estavam na tenda; fará o mesmo com a pessoa que tocou num osso humano, ou num morto, ou em alguém que morreu de causas naturais, ou que tocou num túmulo. **19**No terceiro e no sétimo dia, a pessoa cerimonialmente pura aspergirá água sobre quem estiver contaminado. No sétimo dia, aquele que está sendo purificado lavará suas roupas e se banhará e, ao entardecer, estará puro de sua contaminação.

20"Contudo, aquele que se contaminar e não se purificar será eliminado da comunidade, pois contaminou o santuário do Senhor. Permanecerá impuro, uma vez que a água da purificação não foi aspergida sobre ele. **21**Essa é uma lei permanente para o povo. Quem aspergir a água da purificação lavará, depois, suas roupas, e quem tocar na água usada para a purificação ficará impuro até o entardecer. **22**Qualquer coisa ou pessoa em que o indivíduo contaminado tocar ficará impura até o entardecer".

A desobediência de Moisés

20 No primeiro mês do ano,[a] toda a comunidade chegou ao deserto de Zim e acampou em Cades. Enquanto estavam lá, Miriã morreu e foi sepultada.

2Como não havia água naquele lugar, o povo se rebelou contra Moisés e Arão. **3**Discutiram com Moisés e disseram: "Se ao menos tivéssemos morrido com nossos irmãos diante do Senhor! **4**Por que vocês trouxeram a comunidade do Senhor até este deserto? Foi para morrermos, junto com todos os nossos animais? **5**Por que nos obrigaram a sair do Egito e nos trouxeram para este lugar terrível? Esta terra não

---

[a] 20.1 No antigo calendário lunar hebraico, o primeiro mês geralmente caía entre março e abril. O número de anos desde a saída do Egito não é especificado.

tem cereais, nem figos, nem uvas, nem romãs, nem água para beber!".

⁶Moisés e Arão se afastaram do povo e foram até a frente da tenda do encontro, onde se prostraram com o rosto em terra. Então a presença gloriosa do Senhor lhes apareceu, ⁷e o Senhor disse a Moisés: ⁸"Você e Arão, peguem a vara e reúnam todo o povo. Enquanto eles observam, falem àquela rocha ali, e dela jorrará água. Vocês tirarão água suficiente da rocha para matar a sede de toda a comunidade e de seus animais".

⁹Moisés fez conforme o Senhor havia ordenado. Pegou a vara que ficava guardada diante do Senhor e, ¹⁰em seguida, ele e Arão mandaram chamar o povo para se reunir em frente da rocha. "Ouçam, seus rebeldes!", gritou Moisés. "Será que é desta rocha que teremos de tirar água para vocês?" ¹¹Então Moisés levantou a mão e bateu na rocha duas vezes com a vara, e jorrou muita água. Assim, toda a comunidade e todos os seus animais beberam até matar a sede.

¹²O Senhor, porém, disse a Moisés e a Arão: "Uma vez que vocês não confiaram em mim para mostrar minha santidade aos israelitas, não os conduzirão à terra que eu lhes dou!".

¹³Por isso aquele lugar ficou conhecido como Meribá,ª pois ali os israelitas discutiram com o Senhor, e ali ele mostrou sua santidade entre eles.

Edom não deixa Israel passar

¹⁴Enquanto estava em Cades, Moisés enviou representantes ao rei de Edom com a seguinte mensagem:

"É isto que dizem seus parentes, o povo de Israel: É de seu conhecimento todas as dificuldades que tivemos. ¹⁵Nossos antepassados desceram ao Egito, onde vivemos por muito tempo. Ali, nós e nossos antepassados fomos maltratados pelos egípcios, ¹⁶mas, quando clamamos ao Senhor, ele nos ouviu e enviou um anjo que nos tirou do Egito. Agora estamos acampados em Cades, cidade na fronteira de seu território. ¹⁷Pedimos que nos deixe atravessar sua terra. Tomaremos cuidado para não passar por seus campos e vinhedos, e não beberemos água de seus poços. Seguiremos pela estrada real e só a deixaremos quando tivermos atravessado seu território".

¹⁸O rei de Edom, porém, disse: "Fiquem fora do meu território ou irei ao seu encontro com meu exército!".

¹⁹Os israelitas responderam: "Ficaremos na estrada principal. Se nós ou nossos animais bebermos de sua água, pagaremos por ela. Apenas deixe-nos passar por seu território; é só o que pedimos".

²⁰O rei de Edom retrucou: "Vocês não têm permissão de passar por nossa terra!". Em seguida, mobilizou suas tropas e marchou contra o povo de Israel com um exército poderoso. ²¹Uma vez que o povo de Edom se recusou a deixá-los passar por seu território, os israelitas foram obrigados a desviar-se dele.

A morte de Arão

²²Então toda a comunidade de Israel partiu de Cades e chegou ao monte Hor. ²³Ali, na fronteira com a terra de Edom, o Senhor disse a Moisés e a Arão: ²⁴"É chegado o momento de Arão reunir-se a seus antepassados. Não entrará na terra que dou aos israelitas, pois vocês se rebelaram contra minhas instruções a respeito da água em Meribá. ²⁵Agora, leve Arão e seu filho Eleazar ao monte Hor. ²⁶Em seguida, tire as roupas sacerdotais de Arão e coloque-as em Eleazar, seu filho. Arão morrerá ali e se reunirá a seus antepassados".

²⁷Moisés fez conforme o Senhor lhe ordenou. Os três subiram juntos ao monte Hor, enquanto toda a comunidade observava. ²⁸No topo, Moisés tirou as roupas sacerdotais de Arão e as colocou em Eleazar, filho de Arão. Então Arão morreu no alto do monte, e Moisés e Eleazar desceram. ²⁹Quando a comunidade percebeu que Arão havia morrido, todo o povo de Israel lamentou sua morte por trinta dias.

Vitória sobre os cananeus

21 Quando o rei cananeu de Arade, que vivia no Neguebe, soube que o povo de Israel se aproximava pelo caminho que atravessava Atarim, ele os atacou e capturou alguns deles. ²Então o povo de Israel fez o seguinte voto

---
ª **20.13** *Meribá* significa "discussão".

ao Senhor: "Se entregares este povo em nossas mãos, destruiremos completamente todas as suas cidades". ³O Senhor ouviu o pedido do povo de Israel e lhes deu vitória sobre os cananeus. Os israelitas os destruíram completamente e também suas cidades; desde então, aquele lugar passou a ser chamado de Hormá.ᵃ

A serpente de bronze

⁴Em seguida, partiram do monte Hor e tomaram o caminho para o mar Vermelho,ᵇ a fim de contornar a terra de Edom. Mas o povo ficou impaciente ⁵e começou a se queixar contra Deus e contra Moisés: "Por que você nos tirou do Egito para morrermos aqui no deserto? Aqui não há o que comer nem o que beber. E detestamos este maná horrível!".

⁶Então o Senhor enviou serpentes venenosas que morderam o povo, e muitos morreram. ⁷O povo clamou a Moisés: "Pecamos ao falar contra o Senhor e contra você. Ore para que o Senhor tire as serpentes de nosso meio". E Moisés orou pelo povo.

⁸O Senhor lhe disse: "Faça a réplica de uma serpente venenosa e coloque-a no alto de um poste. Todos que forem mordidos viverão se olharem para ela". ⁹Moisés fez uma serpente de bronze e a colocou no alto de um poste. Quem era mordido por uma serpente e olhava para a réplica de bronze era curado.

A viagem de Israel para Moabe

¹⁰Os israelitas viajaram para Obote e acamparam ali. ¹¹Depois, seguiram para Ijé-Abarim, no deserto, na fronteira leste de Moabe. ¹²De lá, viajaram para o vale do ribeiro de Zerede, onde acamparam. ¹³Em seguida, partiram e acamparam do outro lado do rio Arnom, na região deserta junto ao território dos amorreus. O rio Arnom é a fronteira que separa os moabitas dos amorreus. ¹⁴Por isso, o *Livro das Guerras do Senhor* fala sobre "...Vaebe, na região de Sufá, e os riachos do rio Arnom, ¹⁵e os riachos que se estendem até o povoado de Ar na fronteira de Moabe".

¹⁶De lá os israelitas viajaram até Beer,ᶜ o poço onde o Senhor disse a Moisés: "Reúna o povo, e eu lhe darei água". ¹⁷Ali os israelitas entoaram esta canção:

"Jorre, ó poço!
Sim, cantem seus louvores!
¹⁸Cantem a respeito deste poço,
que príncipes cavaram,
que líderes abriram
com seus cetros e cajados".

Então saíram do deserto e passaram por Mataná, ¹⁹Naaliel e Bamote. ²⁰Depois, seguiram para o vale em Moabe, onde fica o monte Pisga. Do pico desse monte se vê o deserto.ᵈ

Vitória sobre Seom e Ogue

²¹O povo de Israel enviou representantes a Seom, rei dos amorreus, com a seguinte mensagem:

²²"Permita-nos atravessar sua terra. Teremos cuidado de não passar por seus campos e vinhedos, e não beberemos água de seus poços. Seguiremos pela estrada real e só a deixaremos quando tivermos atravessado seu território".

²³O rei Seom, porém, não os deixou atravessar seu território. Em vez disso, mobilizou todo o seu exército e atacou o povo de Israel no deserto. A guerra ocorreu em Jaza, ²⁴e o povo de Israel massacrou pela espada os amorreus e ocupou seu território desde o rio Arnom até o rio Jaboque. Avançaram apenas até a fronteira com os amonitas, pois a divisa era fortificada.ᵉ ²⁵O povo de Israel capturou todas as cidades dos amorreus e se estabeleceu nelas, incluindo Hesbom e os vilarejos ao redor. ²⁶Hesbom era a capital de Seom, rei dos amorreus. Ele havia derrotado o rei moabita anterior e tomado todas as suas terras até o rio Arnom. ²⁷Por isso os poetas dizem a seu respeito:

"Venham a Hesbom! Que ela seja
  reconstruída!
Que seja restaurada a cidade de Seom!
²⁸Fogo saiu de Hesbom,
  uma chama da cidade de Seom.
Consumiu a cidade de Ar em Moabe,
  destruiu os governantes dos altos do
  Arnom.
²⁹Que aflição os espera, povo de Moabe!
  Estão arruinados, adoradores de Camos.

ᵃ 21.3 *Hormá* significa "destruição". ᵇ 21.4 Em hebraico, *mar de juncos*. ᶜ 21.16 *Beer* significa "poço". ᵈ 21.20 Ou *se vê Jesimom*. ᵉ 21.24 Ou *pois o terreno da fronteira com os amonitas era escarpado*; o hebraico traz *pois a divisa com os amonitas era forte*.

Camos entregou seus filhos como
  refugiados,
  suas filhas como prisioneiras a Seom, o
  rei amorreu.
³⁰Nós os aniquilamos,
  desde Hesbom até Dibom.
Nós os exterminamos
  até lugares distantes como Nofá e
  Medeba".ᵃ

³¹Assim, o povo de Israel ocupou o território dos amorreus. ³²Depois que Moisés enviou homens para fazer o reconhecimento de Jazar, os israelitas tomaram todas as cidades da região e expulsaram os amorreus que viviam ali. ³³Em seguida, voltaram e marcharam pelo caminho até Basã, mas o rei Ogue, de Basã, e todo o seu povo os atacaram em Edrei. ³⁴O S<small>ENHOR</small> disse a Moisés: "Não tenha medo dele, pois eu o entreguei a você, junto com todo o seu povo e sua terra. Faça com ele o mesmo que fez com Seom, rei dos amorreus, que vivia em Hesbom". ³⁵Desse modo, mataram o rei Ogue, seus filhos e todo o seu povo; não restou sobrevivente algum. Então ocuparam seu território.

Balaque manda buscar Balaão

22 Então os israelitas viajaram para as campinas de Moabe e acamparam a leste do rio Jordão, do lado oposto de Jericó. ²Balaque, filho de Zipor, viu tudo que o povo de Israel havia feito aos amorreus. ³Quando os moabitas viram como os israelitas eram numerosos, ficaram apavorados. ⁴Disseram aos líderes de Midiã: "Essa multidão devorará tudo que estiver à vista, como um boi devora o capim no pasto!".

Então Balaque, que era rei de Moabe, ⁵enviou mensageiros para chamar Balaão, filho de Beor, que vivia em Petor, sua terra natal, perto do rio Eufrates.ᵇ Sua mensagem dizia:

"Um povo enorme saiu do Egito e cobre a terra, e agora está acampado perto de mim. ⁶Venha e amaldiçoe esse povo, pois é poderoso demais para mim. Então, quem sabe, poderei derrotá-lo e expulsá-lo da terra. Sei que bênçãos vêm sobre aqueles que você abençoa, e maldições caem sobre aqueles que você amaldiçoa".

PÃO DIÁRIO

A grande epidemia

Moisés fez uma serpente de bronze e a colocou no alto de um poste. Quem era mordido por uma serpente e olhava para a réplica de bronze era curado.
—Números 21.9

Em março de 1918, Albert Gitchell, um cozinheiro do exército americano, foi diagnosticado com a gripe espanhola. Antes que o ano terminasse, ela havia se espalhado por todo o mundo, matando cerca de 40 milhões de pessoas. Esse vírus altamente contagioso tornou-se uma pandemia — uma epidemia global.

Um médico relatou que, tão logo os pacientes sentiam os sintomas da gripe, desenvolviam o pior tipo de pneumonia que ele jamais vira, e, em seguida, morriam sufocados dentro de horas. Felizmente, a *influenza* desapareceu tão misteriosamente como havia começado. Porém, os médicos continuaram perplexos em relação à sua origem e foram incapazes de encontrar a cura.

Israel, nos tempos bíblicos, também sofreu uma praga devastadora, mas eles conheciam a sua origem e pediram a cura a Moisés. Eles eram ingratos e murmuraram a respeito da provisão de Deus — o maná. Em Sua justa ira, Deus enviou serpentes cuja picada venenosa causava uma ferida mortal. Então, o Senhor disse a Moisés para fazer uma serpente de bronze e colocá-la sobre uma haste. Todos os que a olhassem seriam curados (Nm 21.4-9).

Séculos mais tarde, Jesus falou a respeito disso como sendo um símbolo de Sua morte na cruz: "E, como Moisés, no deserto, levantou a serpente de bronze numa estaca, também é necessário que o Filho do Homem seja levantado, para que todo o que nele crer tenha a vida eterna" (Jo 3.14,15). Você já confiou em Jesus para curar sua alma?

No deserto, Senhor, tu poderias ter removido as cobras. Em vez disso, enviaste a salvação em meio às serpentes. Hoje, não removeste o pecado do mundo, mas providenciaste a salvação em meio ao pecado. Obrigada por Teu plano de salvação — que podemos ver e viver para sempre. Agradeço-te por curares minha alma da punição do pecado.

Olhe para Cristo hoje ou você poderá perder-se para sempre.

---

⁷Os mensageiros de Balaque, líderes de Moabe e Midiã, partiram levando o valor necessário para pagar Balaão a fim de que ele

---

ᵃ **21.30** Ou *até que o fogo se espalhe até Medeba*. O significado do hebraico é incerto. ᵇ **22.5** Em hebraico, *perto do rio*.

amaldiçoasse Israel.ª Chegaram aonde Balaão estava e lhe transmitiram a mensagem de Balaque. ⁸"Passem a noite aqui", disse Balaão. "Pela manhã eu lhes direi que orientação recebi do Senhor." E os oficiais de Moabe permaneceram com Balaão. ⁹Naquela noite, Deus veio a Balaão e lhe perguntou: "Quem são seus visitantes?".

¹⁰Balaão respondeu a Deus: "Balaque, filho de Zipor, rei de Moabe, me enviou a seguinte mensagem: ¹¹'Um povo enorme saiu do Egito e cobre a terra. Venha e amaldiçoe esse povo. Então, quem sabe, poderei enfrentá-lo e expulsá-lo da terra'".

¹²Mas Deus disse a Balaão: "Não vá com eles nem amaldiçoe esse povo, pois é povo abençoado!".

¹³Na manhã seguinte, Balaão se levantou e disse aos oficiais de Balaque: "Voltem para casa! O Senhor não me permitiu ir com vocês".

¹⁴Os oficiais moabitas voltaram ao rei Balaque e lhe informaram: "Balaão se recusou a vir conosco". ¹⁵Então Balaque fez outra tentativa. Dessa vez, enviou um número maior de oficiais ainda mais importantes que os homens que tinha enviado inicialmente. ¹⁶Eles foram até Balaão e lhe transmitiram a seguinte mensagem:

"É isto que diz Balaque, filho de Zipor: Por favor, não se recuse a vir me ajudar. ¹⁷Pagarei muito bem e farei tudo que me pedir. Por favor, venha e amaldiçoe esse povo para mim".

¹⁸Balaão, porém, respondeu aos oficiais de Balaque: "Mesmo que Balaque me desse seu palácio cheio de prata e ouro, eu não poderia fazer coisa alguma, grande ou pequena, contra a vontade do Senhor, meu Deus. ¹⁹Fiquem, porém, mais esta noite, e eu verei se o Senhor tem algo mais a me dizer".

²⁰Naquela noite, Deus veio a Balaão e lhe disse: "Uma vez que estes homens vieram chamá-lo, levante-se e vá com eles. Contudo, faça apenas o que eu mandar".

Balaão e sua jumenta

²¹Na manhã seguinte, Balaão se levantou, pôs a sela sobre sua jumenta e partiu com os oficiais moabitas. ²²A ira de Deus se acendeu porque Balaão foi com eles, de modo que enviou o anjo do Senhor para se pôr no caminho e impedir sua passagem. Enquanto Balaão ia montado na jumenta, acompanhado por dois servos, ²³a jumenta de Balaão viu o anjo do Senhor em pé no caminho, segurando uma espada. A jumenta se desviou do caminho e saiu para um campo, mas Balaão bateu nela e a fez voltar para o caminho. ²⁴Então o anjo do Senhor se pôs num lugar onde o caminho se estreitava, entre os muros de dois vinhedos. ²⁵Quando a jumenta viu o anjo do Senhor, tentou passar pelo espaço apertado e espremeu o pé de Balaão contra o muro. Por isso, Balaão bateu nela outra vez. ²⁶Então o anjo do Senhor foi mais adiante no caminho e se pôs num lugar estreito demais para a jumenta passar, seja pela direita ou pela esquerda. ²⁷Quando a jumenta viu o anjo, ela se deitou, apesar de Balaão ainda estar montado. Num ataque de raiva, Balaão a espancou com uma vara.

²⁸Então o Senhor fez a jumenta falar. "O que eu lhe fiz para você me bater três vezes?", perguntou ela a Balaão.

²⁹"Você me fez de tolo!", gritou Balaão. "Se eu tivesse uma espada, mataria você!"

³⁰"Mas eu sou a mesma jumenta que você montou a vida toda", disse ela. "Alguma vez eu fiz algo parecido?"

"Não", respondeu Balaão.

³¹Então o Senhor abriu os olhos de Balaão, e ele viu o anjo do Senhor em pé no caminho, segurando a espada. Balaão curvou a cabeça e se prostrou diante dele com o rosto em terra.

³²"Por que você bateu três vezes na jumenta?", perguntou o anjo do Senhor. "Eu vim para impedir sua passagem, pois você insiste em seguir por um caminho que me desagrada. ³³Três vezes a jumenta me viu e se afastou; se ela não tivesse se desviado, certamente eu teria matado você e poupado a vida da jumenta."

³⁴"Pequei", disse Balaão ao anjo do Senhor. "Não percebi que estavas no caminho impedindo minha passagem. Se te opões à minha viagem, voltarei para casa."

³⁵O anjo do Senhor disse a Balaão: "Vá com os homens, mas fale apenas o que eu lhe disser".

ª 22.7 Em hebraico, *partiram com o dinheiro da adivinhação na mão*.

Balaão seguiu viagem com os oficiais de Balaque. ³⁶Quando o rei Balaque soube que Balaão estava a caminho, saiu para se encontrar com ele numa cidade moabita junto ao rio Arnom, na fronteira de seu território.

³⁷Balaque perguntou a Balaão: "Não mandei chamá-lo com urgência? Por que não veio de imediato? Não acreditou em mim quando eu disse que lhe daria uma grande recompensa?".

³⁸Balaão respondeu: "Agora estou aqui, mas não posso falar o que bem entender. Transmitirei apenas a mensagem que Deus puser em minha boca". ³⁹Então Balaão acompanhou Balaque até Quiriate-Huzote. ⁴⁰Ali, Balaque sacrificou bois e ovelhas e mandou entregar porções da carne a Balaão e aos oficiais que estavam com ele. ⁴¹Na manhã seguinte, Balaque subiu com Balaão até Bamote-Baal. De lá, podiam ver uma parte do povo.

A primeira mensagem de Balaão

23 Balaão disse a Balaque: "Construa aqui sete altares e prepare sete novilhos e sete carneiros". ²Balaque seguiu as instruções de Balaão, e os dois ofereceram um novilho e um carneiro em cada altar.

³Então Balaão disse a Balaque: "Fique aqui junto aos holocaustos enquanto eu vejo se o Senhor virá ao meu encontro. Depois lhe direi o que ele me revelar". Em seguida, subiu sozinho até o topo de um monte sem vegetação, ⁴e Deus veio ao encontro dele. Balaão disse: "Preparei sete altares e ofereci um novilho e um carneiro em cada altar".

⁵O Senhor deu a Balaão uma mensagem para o rei Balaque e disse: "Volte até onde Balaque está e transmita-lhe essa mensagem".

⁶Balaão voltou e encontrou o rei junto aos holocaustos e, com ele, todos os líderes de Moabe. ⁷Esta foi a mensagem que Balaão transmitiu:

"Balaque me trouxe desde Arã;
  o rei de Moabe me trouxe dos montes do leste.
'Venha', disse ele, 'amaldiçoe Jacó para mim!
  Venha e anuncie a condenação de Israel!'
⁸Mas como posso amaldiçoar
  aqueles que Deus não amaldiçoou?
Como posso condenar
  aqueles que o Senhor não condenou?
⁹Do alto dos rochedos eu os vejo,
  dos montes os observo.
Vejo um povo que vive só,
  separado das outras nações.
¹⁰Quem pode contar os descendentes de Jacó,
  tão numerosos quanto o pó?
Quem pode contar ao menos um quarto de Israel?
  Que eu morra como os justos!
  Que meu fim seja como o deles!".

¹¹Então o rei Balaque disse a Balaão: "O que você me fez? Eu o trouxe aqui para amaldiçoar meus inimigos; em vez disso, você os abençoou!".

¹²Balaão respondeu: "Como eu poderia transmitir algo diferente daquilo que o Senhor pôs em minha boca?".

A segunda mensagem de Balaão

¹³Então Balaque lhe disse: "Venha comigo a outro lugar. Dali, você verá outra parte do povo, mas não ele todo. Amaldiçoe dali o povo!". ¹⁴Então Balaque levou Balaão ao campo de Zofim, no alto do monte Pisga. Construiu ali sete altares e ofereceu um novilho e um carneiro em cada altar.

¹⁵Balaão disse ao rei: "Fique aqui junto aos holocaustos enquanto eu vou ao encontro do Senhor".

¹⁶Então o Senhor veio ao encontro de Balaão e lhe transmitiu uma mensagem, e depois disse: "Volte até onde Balaque está e transmita-lhe essa mensagem".

¹⁷Balaão voltou e encontrou o rei junto aos holocaustos e, com ele, todos os oficiais de Moabe. "O que o Senhor disse?", perguntou Balaque. ¹⁸Esta foi a mensagem que Balaão transmitiu:

"Levante-se, Balaque, e preste atenção!
  Ouça-me, filho de Zipor!
¹⁹Deus não é homem para mentir,
  nem ser humano para mudar de ideia.
Alguma vez ele falou e não agiu?
  Alguma vez prometeu e não cumpriu?
²⁰Ouça, recebi ordem de abençoar;
  Deus abençoou, e não posso anular sua bênção!
²¹Quando ele olha para Jacó, não vê maldade alguma;

não vê calamidade à espera de Israel.
Pois o Senhor, seu Deus, está com eles;
foi aclamado como seu rei.
²²Deus os tirou do Egito;
ele é forte como o boi selvagem.
²³Encantamento algum pode tocar Jacó,
magia alguma tem poder contra Israel.
Agora se dirá a respeito de Jacó:
'Vejam o que Deus fez por Israel!'.
²⁴Este povo se levanta como leoa,
como leão majestoso que desperta.
Não descansa enquanto não devora a presa
e bebe o sangue dos que foram mortos!".

²⁵Então Balaque disse a Balaão: "Pois bem! Se não os amaldiçoar, pelo menos não os abençoe!".

²⁶Mas Balaão respondeu: "Não lhe avisei que faria apenas o que o Senhor me ordenasse?".

A terceira mensagem de Balaão

²⁷O rei Balaque disse a Balaão: "Venha, eu o levarei a mais um lugar. Quem sabe Deus se agrade de que você os amaldiçoe dali!".

²⁸Balaque levou Balaão até o topo do monte Peor, de onde se vê o deserto.ᵃ ²⁹Mais uma vez, Balaão disse a Balaque: "Construa sete altares e prepare sete novilhos e sete carneiros". ³⁰Balaque seguiu as instruções de Balaão e ofereceu um novilho e um carneiro em cada altar.

24 Quando Balaão percebeu que o Senhor se agradava de abençoar Israel, não recorreu à adivinhação como antes. Em vez disso, voltou-se em direção ao deserto, ²onde viu o povo de Israel acampado de acordo com suas tribos. Então o Espírito de Deus veio sobre Balaão, ³e ele transmitiu a seguinte mensagem:

"Esta é a mensagem de Balaão, filho de Beor,
  a mensagem do homem cujos olhos
    veem com clareza,
⁴a mensagem daquele que ouve as palavras
    de Deus,
  que tem uma visão concedida pelo
    Todo-poderoso,
  que se curva com os olhos bem abertos:
⁵Como são belas suas tendas, ó Jacó!
  Como são lindas suas moradas, ó Israel!
⁶Estendem-se diante de mim como
    palmeiras,ᵇ
como jardins à beira do rio.
São como aloés plantados pelo Senhor,
  como cedros junto às águas.
⁷Águas jorrarão de seus baldes,
  e suas sementes serão bem regadas.
Seu rei será maior que Agague,
  e seu reino será exaltado.
⁸Deus os tirou do Egito;
  ele é forte como o boi selvagem.
Devora todas as nações que se opõem a ele;
  despedaça seus ossos
  e com flechas as atravessa.
⁹Como leão, Israel se agacha e se deita;
  como a leoa, quem tem coragem de
    acordá-lo?
Sejam abençoados os que o abençoarem
  e amaldiçoados os que o amaldiçoarem".

¹⁰O rei Balaque se enfureceu contra Balaão e, batendo as palmas das mãos, gritou: "Eu o chamei para amaldiçoar meus inimigos; em vez disso, você os abençoou três vezes! ¹¹Vá embora! Volte para casa! Eu lhe prometi uma grande recompensa, mas o Senhor o impediu de recebê-la!".

¹²Balaão disse a Balaque: "Você não se lembra do que expliquei a seus mensageiros? Eu lhes avisei: ¹³'Mesmo que Balaque me desse seu palácio cheio de prata e ouro, eu não poderia fazer coisa alguma, boa ou má, contra a vontade do Senhor'! Avisei que só poderia falar aquilo que o Senhor dissesse! ¹⁴Agora, volto para meu povo, mas primeiro lhe direi o que esse povo fará ao seu povo no futuro".

A última mensagem de Balaão

¹⁵Balaão transmitiu a seguinte mensagem:

"Esta é a mensagem de Balaão, filho de Beor,
  a mensagem do homem cujos olhos
    veem com clareza,
¹⁶a mensagem daquele que ouve as
    palavras de Deus,
  que possui conhecimento dado pelo
    Altíssimo,
  que tem uma visão concedida pelo Todo-
    -poderoso,
  que se curva com os olhos bem abertos:
¹⁷Eu o vejo, mas não agora;
  eu o avisto, mas não de perto.

ᵃ 23.28 Ou *de onde se vê Jesimom*. ᵇ 24.6 Ou *como um vale*.

Uma estrela surgirá de Jacó,
um cetro se levantará de Israel.
Esmagará a cabeça[a] do povo de Moabe
e rachará o crânio dos descendentes de Sete.
¹⁸Tomará posse de Edom
e conquistará seu inimigo, Seir,
enquanto Israel marcha adiante em triunfo.
¹⁹De Jacó surgirá um governante
que destruirá os sobreviventes de Ar".

²⁰Então Balaão olhou na direção do povo de Amaleque e transmitiu a seguinte mensagem:

"Amaleque era a primeira de todas as nações,
mas seu destino é a destruição!".

²¹Em seguida, Balaão olhou na direção dos queneus e transmitiu a seguinte mensagem:

"Sua habitação é segura;
seu ninho está apoiado nas rochas.
²²Os queneus, porém, serão destruídos
quando Assur os levar prisioneiros".

²³Balaão concluiu sua mensagem com estas palavras:

"Ai! Quem pode sobreviver
quando Deus fizer essas coisas?
²⁴Navios virão do litoral de Chipre,[b]
oprimirão Assur e afligirão Héber,
mas eles também serão destruídos".

²⁵Então Balaão se levantou e voltou para sua terra, e Balaque também seguiu seu caminho.

Moabe corrompe Israel

25 Enquanto estava acampado em Sitim, os homens de Israel começaram a manter relações sexuais com mulheres moabitas da região. ²Essas mulheres os convidaram para os sacrifícios a seus deuses, e o povo participou da festa e adorou os deuses de Moabe. ³Assim, os israelitas prestaram culto a Baal em Peor, e a ira do Senhor se acendeu contra o povo.

⁴O Senhor disse a Moisés: "Prenda todos os chefes do povo e execute-os diante do Senhor em plena luz do dia, para que sua ira ardente se afaste de Israel".

⁵Então Moisés ordenou aos juízes de Israel: "Cada um de vocês executará os homens sob sua autoridade que participaram do culto a Baal em Peor".

⁶Nesse momento, enquanto todos choravam à entrada da tenda do encontro, um israelita levou para dentro de sua tenda uma mulher midianita, diante dos olhos de Moisés e de toda a comunidade de Israel. ⁷Quando Fineias, filho de Eleazar e neto do sacerdote Arão, viu isso, levantou-se e saiu do meio do povo. Pegou uma lança, ⁸correu atrás do homem até o interior de sua tenda e atravessou o corpo do homem e da mulher, na altura do estômago, com um só golpe. Então a praga contra os israelitas cessou. ⁹A essa altura, porém, 24 mil pessoas já haviam morrido.

¹⁰Então o Senhor disse a Moisés: ¹¹"Fineias, filho de Eleazar e neto do sacerdote Arão, afastou minha ira dos israelitas ao demonstrar tamanho zelo por mim no meio deles, evitando que eu destruísse os israelitas na ira do meu zelo. ¹²Agora, diga-lhe que faço com ele minha aliança especial de paz. ¹³Por meio dessa aliança, dou a Fineias e a seus descendentes direito permanente ao serviço sacerdotal, pois em seu zelo por mim, seu Deus, ele fez expiação pelo povo de Israel".

¹⁴O homem israelita morto com a mulher midianita se chamava Zinri, filho de Salu, chefe de uma das famílias da tribo de Simeão. ¹⁵A mulher se chamava Cosbi e era filha de Zur, chefe de um clã midianita.

¹⁶O Senhor disse a Moisés: ¹⁷"Ataque os midianitas e destrua-os, ¹⁸porque eles atacaram vocês, enganando-os no incidente em Peor, e também por causa de Cosbi, filha do chefe midianita, que foi morta durante a praga causada no incidente em Peor".

O segundo censo dos soldados de Israel

26 Depois que a praga cessou,[c] o Senhor disse a Moisés e a Eleazar, filho do sacerdote Arão: ²"Realizem um censo de toda a comunidade de Israel, de acordo com suas famílias. Façam uma lista de todos os homens de 20 anos para cima, aptos para irem à guerra".

---

[a] **24.17** Conforme o Pentateuco Samaritano; o significado do termo hebraico é incerto. [b] **24.24** Em hebraico, *Quitim*. [c] **26.1** No texto hebraico, a primeira parte do versículo 26.1 é numerada 25.19.

³Portanto, ali nas campinas de Moabe, junto ao rio Jordão e do lado oposto de Jericó, Moisés e o sacerdote Eleazar deram as seguintes instruções aos líderes de Israel: ⁴"Façam uma lista de todos os homens de Israel de 20 anos para cima, conforme o Senhor ordenou a Moisés".
Este é o registro dos israelitas que saíram do Egito.

A tribo de Rúben

⁵Estes foram os clãs descendentes dos filhos de Rúben, o filho mais velho de Jacó:ᵃ
O clã enoquita, assim chamado por causa de seu antepassado Enoque.
O clã paluíta, assim chamado por causa de seu antepassado Palu.
⁶O clã hezronita, assim chamado por causa de seu antepassado Hezrom.
O clã carmita, assim chamado por causa de seu antepassado Carmi.
⁷Esses foram os clãs de Rúben, que totalizaram 43.730 homens registrados.
⁸Palu foi antepassado de Eliabe, ⁹e Eliabe foi o pai de Nemuel, Datã e Abirão. Datã e Abirão foram os mesmos líderes da comunidade que conspiraram contra Moisés e Arão e, com os seguidores de Corá, se rebelaram contra o Senhor. ¹⁰Contudo, a terra abriu sua boca e os engoliu juntamente com Corá, e o fogo devorou 250 de seus seguidores. Isso serviu de advertência a todo o povo. ¹¹A descendência de Corá, porém, não desapareceu por completo.

A tribo de Simeão

¹²Estes foram os clãs descendentes dos filhos de Simeão:
O clã jemuelita, assim chamado por causa de seu antepassado Jemuel.ᵇ
O clã jaminita, assim chamado por causa de seu antepassado Jamim.
O clã jaquinita, assim chamado por causa de seu antepassado Jaquim.
¹³O clã zoarita, assim chamado por causa de seu antepassado Zoar.ᶜ
O clã saulita, assim chamado por causa de seu antepassado Saul.
¹⁴Esses foram os clãs de Simeão, que totalizaram 22.200 homens registrados.

A tribo de Gade

¹⁵Estes foram os clãs descendentes dos filhos de Gade:
O clã zefonita, assim chamado por causa de seu antepassado Zefom.
O clã hagita, assim chamado por causa de seu antepassado Hagi.
O clã sunita, assim chamado por causa de seu antepassado Suni.
¹⁶O clã oznita, assim chamado por causa de seu antepassado Ozni.
O clã erita, assim chamado por causa de seu antepassado Eri.
¹⁷O clã arodita, assim chamado por causa de seu antepassado Arodi.ᵈ
O clã arelita, assim chamado por causa de seu antepassado Areli.
¹⁸Esses foram os clãs de Gade, que totalizaram 40.500 homens registrados.

A tribo de Judá

¹⁹Judá teve dois filhos, Er e Onã, que morreram na terra de Canaã. ²⁰Estes foram os clãs descendentes dos filhos sobreviventes de Judá:
O clã selanita, assim chamado por causa de seu antepassado Selá.
O clã perezita, assim chamado por causa de seu antepassado Perez.
O clã zeraíta, assim chamado por causa de seu antepassado Zerá.
²¹Estas foram as subdivisões dos descendentes dos perezitas:
O clã hezronita, assim chamado por causa de seu antepassado Hezrom.
O clã hamulita, assim chamado por causa de seu antepassado Hamul.
²²Esses foram os clãs de Judá, que totalizaram 76.500 homens registrados.

A tribo de Issacar

²³Estes foram os clãs descendentes dos filhos de Issacar:
O clã tolaíta, assim chamado por causa de seu antepassado Tolá.

ᵃ**26.5** Em hebraico, *Israel*; ver nota em 1.20. ᵇ**26.12** Conforme a versão siríaca (ver tb. Gn 46.10; Êx 6.15); o hebraico traz *nemuelita [...] Nemuel*. ᶜ**26.13** Conforme os textos paralelos em Gn 46.10 e Êx 6.15; o hebraico traz *zeraíta [...] Zerá*. ᵈ**26.17** Conforme o Pentateuco Samaritano, a Septuaginta e a versão siríaca (ver tb. Gn 46.16); o hebraico traz *Arode*.

O clã puíta, assim chamado por causa de seu antepassado Puá.[a]
²⁴O clã jasubita, assim chamado por causa de seu antepassado Jasube.
O clã sinromita, assim chamado por causa de seu antepassado Sinrom.
²⁵Esses foram os clãs de Issacar, que totalizaram 64.300 homens registrados.

A tribo de Zebulom
²⁶Estes foram os clãs descendentes dos filhos de Zebulom:
O clã seredita, assim chamado por causa de seu antepassado Serede.
O clã elonita, assim chamado por causa de seu antepassado Elom.
O clã jaleelita, assim chamado por causa de seu antepassado Jaleel.
²⁷Esses foram os clãs de Zebulom, que totalizaram 60.500 homens registrados.

A tribo de Manassés
²⁸Os clãs de José descenderam de seus dois filhos, Manassés e Efraim.
²⁹Estes foram os clãs descendentes de Manassés:
O clã maquirita, assim chamado por causa de seu antepassado Maquir.
O clã gileadita, assim chamado por causa de seu antepassado Gileade, filho de Maquir.
³⁰Estas foram as subdivisões de descendentes dos gileaditas:
O clã jezerita, assim chamado por causa de seu antepassado Jezer.
O clã helequita, assim chamado por causa de seu antepassado Heleque.
³¹O clã asrielita, assim chamado por causa de seu antepassado Asriel.
O clã siquemita, assim chamado por causa de seu antepassado Siquém.
³²O clã semidaíta, assim chamado por causa de seu antepassado Semida.
O clã heferita, assim chamado por causa de seu antepassado Héfer.
³³(Zelofeade, um dos descendentes de Héfer, não teve filhos, mas suas filhas se chamavam Maala, Noa, Hogla, Milca e Tirza.)

³⁴Esses foram os clãs de Manassés, que totalizaram 52.700 homens registrados.

A tribo de Efraim
³⁵Estes foram os clãs descendentes dos filhos de Efraim:
O clã sutelaíta, assim chamado por causa de seu antepassado Sutela.
O clã bequerita, assim chamado por causa de seu antepassado Bequer.
O clã taanita, assim chamado por causa de seu antepassado Taã.
³⁶Esta foi a subdivisão de descendentes dos sutelaítas:
O clã eranita, assim chamado por causa de seu antepassado Erã.
³⁷Esses foram os clãs de Efraim, que totalizaram 32.500 homens registrados.

Esses foram os descendentes de José, segundo seus clãs.

A tribo de Benjamim
³⁸Estes foram os clãs descendentes dos filhos de Benjamim:
O clã belaíta, assim chamado por causa de seu antepassado Belá.
O clã asbelita, assim chamado por causa de seu antepassado Asbel.
O clã airamita, assim chamado por causa de seu antepassado Airã.
³⁹O clã sufamita, assim chamado por causa de seu antepassado Sufã.[b]
O clã hufamita, assim chamado por causa de seu antepassado Hufã.
⁴⁰Estas foram as subdivisões de descendentes dos belaítas:
O clã ardita, assim chamado por causa de seu antepassado Arde.[c]
O clã naamanita, assim chamado por causa de seu antepassado Naamã.
⁴¹Esses foram os clãs de Benjamim, que totalizaram 45.600 homens registrados.

A tribo de Dã
⁴²Estes foram os clãs descendentes dos filhos de Dã:

---

[a] 26.23 Conforme o Pentateuco Samaritano, a Septuaginta, a versão siríaca e a Vulgata (ver tb. 1Cr 7.1); o hebraico traz *puvita* (...) *Puvá*. [b] 26.39 Conforme alguns manuscritos hebraicos, o Pentateuco Samaritano, a Septuaginta, a versão siríaca e a Vulgata; a maioria dos manuscritos hebraicos traz *Sefufã*. [c] 26.40 Conforme o Pentateuco Samaritano, alguns manuscritos gregos e a Vulgata; o hebraico não traz *por causa de seu antepassado Arde*.

O clã suamita, assim chamado por causa de seu antepassado Suã. ⁴³Esses foram os clãs suamitas de Dã, que totalizaram 64.400 homens registrados.

A tribo de Aser
⁴⁴Estes foram os clãs descendentes dos filhos de Aser:
O clã imnaíta, assim chamado por causa de seu antepassado Imna.
O clã isvita, assim chamado por causa de seu antepassado Isvi.
O clã beriaíta, assim chamado por causa de seu antepassado Berias.

⁴⁵Estas foram as subdivisões de descendentes dos beriaítas:
O clã heberita, assim chamado por causa de seu antepassado Héber.
O clã malquielita, assim chamado por causa de seu antepassado Malquiel.

⁴⁶Aser teve uma filha chamada Sera.

⁴⁷Esses foram os clãs de Aser, que totalizaram 53.400 homens registrados.

A tribo de Naftali
⁴⁸Estes foram os clãs descendentes dos filhos de Naftali:
O clã jazeelita, assim chamado por causa de seu antepassado Jazeel.
O clã gunita, assim chamado por causa de seu antepassado Guni.
⁴⁹O clã jezerita, assim chamado por causa de seu antepassado Jezer.
O clã silemita, assim chamado por causa de seu antepassado Silém.

⁵⁰Esses foram os clãs de Naftali, que totalizaram 45.400 homens registrados.

Resultados do censo
⁵¹Os homens registrados em Israel totalizaram 601.730.

⁵²Então o Senhor disse a Moisés: ⁵³"Divida a terra entre as tribos e distribua as porções de terra de acordo com o número de nomes registrados na lista. ⁵⁴Dê mais terras às tribos maiores e menos terras às tribos menores, para que cada grupo receba uma herança proporcional ao tamanho de sua população. ⁵⁵Distribua a terra por sorteio e dê a cada tribo de seus antepassados a sua porção de acordo com o número de nomes registrados na lista. ⁵⁶Cada porção de terra será distribuída por sorteio entre as famílias tribais maiores e menores".

A tribo de Levi
⁵⁷Este é o registro dos levitas que foram contados de acordo com seus clãs:
O clã gersonita, assim chamado por causa de seu antepassado Gérson.
O clã coatita, assim chamado por causa de seu antepassado Coate.
O clã merarita, assim chamado por causa de seu antepassado Merari.

⁵⁸Os clãs libnita, hebronita, malita, musita e coraíta eram subdivisões de descendentes dos levitas.

Coate foi antepassado de Anrão, ⁵⁹e a esposa de Anrão se chamava Joquebede. Ela também era descendente de Levi, nascida entre os levitas na terra do Egito. Anrão e Joquebede eram pais de Arão, Moisés e sua irmã Miriã. ⁶⁰Os filhos de Arão foram Nadabe, Abiú, Eleazar e Itamar. ⁶¹Nadabe e Abiú morreram quando trouxeram fogo estranho diante do Senhor. ⁶²Os homens dos clãs levitas de um mês de idade ou mais totalizaram 23.000. Os levitas, porém, não foram incluídos no registro do restante dos israelitas, pois não receberam propriedades quando a terra foi dividida.

⁶³Esses foram os resultados do censo dos israelitas realizado por Moisés e pelo sacerdote Eleazar nas campinas de Moabe, junto ao rio Jordão, do lado oposto de Jericó. ⁶⁴Ninguém dessa lista estava registrado no censo anterior dos israelitas feito por Moisés e Arão no deserto do Sinai, ⁶⁵pois o Senhor tinha dito a respeito deles: "Todos morrerão no deserto". Nenhum deles sobreviveu, com exceção de Calebe, filho de Jefoné, e de Josué, filho de Num.

As filhas de Zelofeade
27 Certo dia, Maala, Noa, Hogla, Milca e Tirza, as filhas de Zelofeade, fizeram uma petição. Seu pai pertencia a um dos clãs de Manassés, pois era descendente de Héfer, filho de Gileade, filho de Maquir, filho de Manassés, filho de José. ²Essas mulheres se apresentaram diante de Moisés, do sacerdote Eleazar, dos líderes das tribos e de toda a comunidade à entrada da tenda do encontro e disseram: ³"Nosso pai morreu no deserto. Não era um dos

seguidores de Corá, que se rebelaram contra o Senhor, mas morreu por causa do seu próprio pecado e não teve filhos. ⁴Por que o nome de nosso pai deveria desaparecer de seu clã só porque ele não teve filhos? Dê-nos uma propriedade entre o restante de nossos parentes".

⁵Moisés levou o caso ao Senhor, ⁶e o Senhor respondeu a Moisés: ⁷"A reivindicação das filhas de Zelofeade é justa. Dê a elas uma porção de terra entre os parentes de seu pai, a herança que teria sido entregue a seu pai.

⁸"Dê as seguintes instruções ao povo de Israel. Se um homem morrer e não deixar filhos, passem a herança às filhas. ⁹Se ele também não tiver filhas, transfiram a herança aos irmãos dele. ¹⁰Se ele não tiver irmãos, deem a herança aos irmãos do pai dele. ¹¹Se seu pai não tiver irmãos, deem a herança ao parente mais próximo de seu clã. Essa é uma prescrição definitiva para os israelitas, conforme o Senhor ordenou a Moisés".

Josué é escolhido para liderar Israel

¹²Então o Senhor disse a Moisés: "Suba a um dos montes de Abarim e olhe para a terra que dou ao povo de Israel. ¹³Depois de vê-la, você será reunido a seu povo, como seu irmão Arão, ¹⁴pois vocês desobedeceram às minhas instruções no deserto de Zim. Quando a comunidade se rebelou, vocês não demonstraram minha santidade para eles junto às águas". (Essas águas são as de Meribá, em Cades, no deserto de Zim.)

¹⁵Então Moisés disse ao Senhor: ¹⁶"Senhor, tu és o Deus que dá fôlego a todas as criaturas. Por favor, indica um homem para ser o novo líder da comunidade. ¹⁷Dá a eles alguém que os guie aonde quer que forem e os conduza nas batalhas, para que a comunidade do Senhor não seja como ovelhas sem pastor".

¹⁸O Senhor respondeu: "Convoque Josué, filho de Num, em quem está o Espírito, e coloque as mãos sobre ele. ¹⁹Apresente-o ao sacerdote Eleazar diante de toda a comunidade e encarregue-o publicamente de liderar. ²⁰Transfira a ele parte de sua autoridade, para que toda a comunidade de Israel lhe obedeça. ²¹Quando for necessário receber orientação do Senhor, Josué se apresentará diante do sacerdote Eleazar, que usará o Urim perante o Senhor para determinar sua vontade. É pela palavra de Eleazar que Josué e toda a comunidade de Israel decidirão tudo que devem fazer".

²²Moisés fez o que o Senhor ordenou. Apresentou Josué ao sacerdote Eleazar e a toda a comunidade, ²³colocou as mãos sobre ele e o encarregou de liderar o povo, exatamente como o Senhor havia ordenado por meio de Moisés.

As ofertas diárias

28 O Senhor disse a Moisés: ²"Dê as seguintes instruções ao povo de Israel. Não deixem de trazer o alimento para as ofertas especiais que vocês apresentam a mim. São aroma agradável, que deverão ser oferecidas na ocasião certa.

³"Diga-lhes: Esta é sua oferta especial, que vocês apresentarão ao Senhor como holocausto diário: dois cordeiros de um ano e sem defeito. ⁴Sacrifiquem um cordeiro pela manhã e outro ao entardecer. ⁵Apresentem também uma oferta de cereal de dois quilos[a] de farinha da melhor qualidade misturada com um litro[b] de azeite puro de olivas prensadas. ⁶Esse é o holocausto habitual instituído no monte Sinai como oferta especial, um aroma agradável ao Senhor. ⁷Junto com cada cordeiro, apresentem no santuário um litro de bebida fermentada como oferta para o Senhor. ⁸Apresentem o segundo cordeiro ao entardecer com a mesma oferta de cereal e a oferta derramada. É uma oferta especial, um aroma agradável ao Senhor".

As ofertas do sábado

⁹"No sábado, sacrifiquem dois cordeiros de um ano e sem defeito. Serão acompanhados de uma oferta de cereal de quatro quilos[c] de farinha da melhor qualidade umedecida com azeite e de uma oferta derramada. ¹⁰Esse é o holocausto que será apresentado a cada sábado além do holocausto habitual e da oferta derramada que o acompanha".

As ofertas mensais

¹¹"No primeiro dia de cada mês, apresentem ao Senhor um holocausto adicional de dois

---

[a] 28.5a Em hebraico, *1/10 de efa*; também em 28.13,21,29. [b] 28.5b Em hebraico, *1/4 de him*; também em 28.7. [c] 28.9 Em hebraico, *2/10 de efa*; também em 28.12,20,28.

novilhos, um carneiro e sete cordeiros de um ano, todos sem defeito. ¹²Serão acompanhados de ofertas de cereal de farinha da melhor qualidade umedecida com azeite: seis quilos^a para cada novilho, quatro quilos para o carneiro ¹³e dois quilos para cada cordeiro. Esse holocausto será uma oferta especial, um aroma agradável ao Senhor. ¹⁴Apresentem também uma oferta derramada com cada sacrifício: dois litros^b de vinho para cada novilho, um litro e um terço^c para cada carneiro e um litro^d para cada cordeiro. Apresentem esse holocausto no primeiro dia de cada mês ao longo de todo o ano.

¹⁵"No primeiro dia de cada mês, apresentem também ao Senhor um bode como oferta pelo pecado. Esse é um acréscimo ao holocausto habitual e à oferta derramada que o acompanha."

As ofertas da Páscoa

¹⁶"No décimo quarto dia do primeiro mês,^e celebrem a Páscoa do Senhor. ¹⁷No dia seguinte, o décimo quinto do mês, terá início uma festa de sete dias durante os quais ninguém comerá pão feito com fermento. ¹⁸O primeiro dia da festa será um dia oficial de reunião sagrada, no qual não farão nenhum trabalho habitual. ¹⁹Apresentarão ao Senhor como oferta especial um holocausto de dois novilhos, um carneiro e sete cordeiros de um ano, todos sem defeito. ²⁰Os sacrifícios serão acompanhados de uma oferta de cereal de farinha da melhor qualidade umedecida com azeite: seis quilos para cada novilho, quatro quilos para o carneiro ²¹e dois quilos para cada um dos sete cordeiros. ²²Apresentem também um bode como oferta pelo pecado para fazer expiação por vocês. ²³Apresentem essas ofertas além dos holocaustos habituais da manhã. ²⁴Essa é a forma como devem preparar, em cada um dos sete dias de festa, a oferta de alimento apresentada como oferta especial, um aroma agradável ao Senhor. Será apresentada além do holocausto habitual e das ofertas derramadas. ²⁵O sétimo dia da festa será outro dia oficial de reunião sagrada, um dia em que não farão nenhum trabalho habitual."

As ofertas para a Festa da Colheita

²⁶"Durante a Festa da Colheita,^f quando apresentarem ao Senhor seus primeiros cereais novos, convoquem um dia oficial para reunião sagrada, no qual não farão nenhum trabalho habitual. ²⁷Nesse dia, apresentem um holocausto adicional como aroma agradável ao Senhor. O sacrifício será constituído de dois novilhos, um carneiro e sete cordeiros de um ano. ²⁸Será acompanhado de ofertas de cereal de farinha da melhor qualidade umedecida com azeite: seis quilos para cada novilho, quatro quilos para o carneiro ²⁹e dois quilos para cada um dos sete cordeiros. ³⁰Apresentem também um bode para fazer expiação por vocês. ³¹Preparem esses holocaustos adicionais, junto com suas ofertas derramadas, além do holocausto habitual e da oferta de cereal que o acompanha. Cuidem para que todos os animais sejam sem defeito."

As ofertas para a Festa das Trombetas

29 "No primeiro dia do sétimo mês,^g celebrem a Festa das Trombetas. Convoquem um dia oficial de reunião sagrada, no qual não farão nenhum trabalho habitual. ²Nesse dia, apresentem um holocausto como aroma agradável ao Senhor. O sacrifício será constituído de um novilho, um carneiro e sete cordeiros de um ano, todos sem defeito. ³Será acompanhado de ofertas de cereal de farinha da melhor qualidade umedecida com azeite: seis quilos^h para o novilho, quatro quilosⁱ para o carneiro ⁴e dois quilos^j para cada um dos sete cordeiros. ⁵Apresentem também um bode como oferta pelo pecado para fazer expiação por vocês. ⁶Esses sacrifícios especiais são um acréscimo aos holocaustos mensais e habituais e serão apresentados com as ofertas de cereal e as ofertas derramadas prescritas que os acompanham. São uma oferta especial, um aroma agradável ao Senhor."

---

^a**28.12** Em hebraico, *3/10 de efa*; também em 28.20,28. ^b**28.14a** Em hebraico, *1/2 him*. ^c**28.14b** Em hebraico, *1/3 de him*. ^d**28.14c** Em hebraico, *1/4 de him*. ^e**28.16** No antigo calendário lunar hebraico, esse dia caía no final de março, em abril ou no início de maio. ^f**28.26** Em hebraico, *Festa das Semanas*. Chamada posteriormente de *Festa de Pentecostes* (ver At 2.1) e comemorada hoje com o nome *Shavuot*. ^g**29.1** No antigo calendário lunar hebraico, esse dia caía em setembro ou outubro. Comemorado hoje com o nome *Rosh Hashanah*, o ano-novo judeu. ^h**29.3a** Em hebraico, *3/10 de efa*; também em 29.9,14. ⁱ**29.3b** Em hebraico, *2/10 de efa*; também em 29.9,14. ^j**29.4** Em hebraico, *1/10 de efa*; também em 29.10,15.

As ofertas para o Dia da Expiação

⁷"No décimo dia do sétimo mês,ᵃ convoquem outra reunião sagrada. Nesse dia, o Dia da Expiação, vocês se humilharãoᵇ e não farão nenhum trabalho habitual. ⁸Apresentem um holocausto como aroma agradável ao S<small>ENHOR</small>. Será constituído de um novilho, um carneiro e sete cordeiros de um ano, todos sem defeito. ⁹Os sacrifícios serão acompanhados de ofertas de cereal de farinha da melhor qualidade umedecida com azeite: seis quilos de farinha da melhor qualidade para o novilho, quatro quilos de farinha da melhor qualidade para o carneiro ¹⁰e dois quilos de farinha da melhor qualidade para cada um dos sete cordeiros. ¹¹Apresentem também um bode como oferta pelo pecado. Essa oferta é um acréscimo à oferta pelo pecado apresentada para fazer expiação e ao holocausto habitual com a oferta de cereal e as ofertas derramadas que o acompanham."

Ofertas para a Festa das Cabanas

¹²"No décimo quinto dia do sétimo mês,ᶜ convoquem outra reunião sagrada. Nesse dia, não façam nenhum trabalho habitual. É o início da Festa das Cabanas,ᵈ uma festa de sete dias em homenagem ao S<small>ENHOR</small>. ¹³No primeiro dia da festa, apresentem um holocausto como oferta especial, um aroma agradável ao S<small>ENHOR</small>. Será constituído de treze novilhos, dois carneiros e catorze cordeiros de um ano, todos sem defeito. ¹⁴Cada um desses sacrifícios será acompanhado de uma oferta de cereal de farinha da melhor qualidade umedecida com azeite: seis quilos para cada um dos treze novilhos, quatro quilos para cada um dos dois carneiros ¹⁵e dois quilos para cada um dos catorze cordeiros. ¹⁶Apresentem também um bode como oferta pelo pecado, além do holocausto habitual com a oferta de cereal e a oferta derramada que o acompanham.

¹⁷"No segundo dia da festa, sacrifiquem doze novilhos, dois carneiros e catorze cordeiros de um ano, todos sem defeito. ¹⁸Cada um desses sacrifícios de novilhos, carneiros e cordeiros será acompanhado de sua oferta de cereal e de sua oferta derramada, conforme o número prescrito. ¹⁹Apresentem também um bode como oferta pelo pecado, além do holocausto habitual com a oferta de cereal e a oferta derramada que o acompanham.

²⁰"No terceiro dia da festa, sacrifiquem onze novilhos, dois carneiros e catorze cordeiros de um ano, todos sem defeito. ²¹Cada um desses sacrifícios de novilhos, carneiros e cordeiros será acompanhado de sua oferta de cereal e de sua oferta derramada, conforme o número prescrito. ²²Apresentem também um bode como oferta pelo pecado, além do holocausto habitual com a oferta de cereal e a oferta derramada que o acompanham.

²³"No quarto dia da festa, sacrifiquem dez novilhos, dois carneiros e catorze cordeiros de um ano, todos sem defeito. ²⁴Cada um desses sacrifícios de novilhos, carneiros e cordeiros será acompanhado de sua oferta de cereal e de sua oferta derramada, conforme o número prescrito. ²⁵Apresentem também um bode como oferta pelo pecado, além do holocausto habitual com a oferta de cereal e a oferta derramada que o acompanham.

²⁶"No quinto dia da festa, sacrifiquem nove novilhos, dois carneiros e catorze cordeiros de um ano, todos sem defeito. ²⁷Cada um desses sacrifícios de novilhos, carneiros e cordeiros será acompanhado de sua oferta de cereal e de sua oferta derramada, conforme o número prescrito. ²⁸Apresentem também um bode como oferta pelo pecado, além do sacrifício habitual com a oferta de cereal e a oferta derramada que o acompanham.

²⁹"No sexto dia da festa, sacrifiquem oito novilhos, dois carneiros e catorze cordeiros de um ano, todos sem defeito. ³⁰Cada um desses sacrifícios de novilhos, carneiros e cordeiros será acompanhado de sua oferta de cereal e de sua oferta derramada, conforme o número prescrito. ³¹Apresentem também um bode como oferta pelo pecado, além do holocausto habitual com a oferta de cereal e a oferta derramada que o acompanham.

³²"No sétimo dia da festa, sacrifiquem sete novilhos, dois carneiros e catorze cordeiros de

---

ᵃ**29.7a** No antigo calendário lunar hebraico, esse dia caía em setembro ou outubro. Comemorado hoje com o nome *Yom Kippur*. ᵇ**29.7b** Ou *jejuarão*. ᶜ**29.12a** No antigo calendário lunar hebraico, esse dia caía no final de setembro, em outubro ou no início de novembro. ᵈ**29.12b** Ou *Festa dos Tabernáculos*. Chamada anteriormente de *Festa da Última Colheita* (ver Êx 23.16) e comemorada hoje com o nome *Sucot*.

um ano, todos sem defeito. ³³Cada um desses sacrifícios de novilhos, carneiros e cordeiros será acompanhado de sua oferta de cereal e de sua oferta derramada, conforme o número prescrito. ³⁴Apresentem também um bode como oferta pelo pecado, além do holocausto habitual com a oferta de cereal e a oferta derramada que o acompanham.

³⁵"No oitavo dia da festa, declarem uma reunião solene. Não façam nenhum trabalho habitual nesse dia. ³⁶Apresentem um holocausto como oferta especial, um aroma agradável ao Senhor. O sacrifício consistirá em um novilho, um carneiro e sete cordeiros de um ano, todos sem defeito. ³⁷Cada um desses sacrifícios será acompanhado de sua oferta de cereal e de sua oferta derramada, conforme o número prescrito. ³⁸Apresentem também um bode como oferta pelo pecado, além do holocausto habitual com a oferta de cereal e a oferta derramada que o acompanham.

³⁹"Apresentem essas ofertas ao Senhor em suas festas anuais. São um acréscimo aos sacrifícios e ofertas que vocês apresentam ao cumprirem votos ou ao realizarem ofertas voluntárias, holocaustos, ofertas de cereal, ofertas derramadas e ofertas de paz".

⁴⁰ᵃMoisés transmitiu todas essas instruções aos israelitas, conforme o Senhor lhe havia ordenado.

Leis acerca de votos e juramentos

30 ¹ᵇMoisés mandou chamar os chefes das tribos de Israel e lhes disse: "Foi isto que o Senhor ordenou: ²Se um homem fizer um voto ao Senhor ou uma promessa sob juramento, jamais deverá voltar atrás em sua palavra. Fará exatamente o que prometeu.

³"Se uma moça fizer um voto ao Senhor ou uma promessa sob juramento enquanto ainda estiver morando na casa de seu pai, ⁴e se seu pai ficar sabendo do voto e não levantar objeções, todos os seus votos e promessas continuarão a valer. ⁵Mas, se no dia em que ficar sabendo seu pai se recusar a deixá-la cumprir o voto ou a promessa, todos os seus votos ou promessas serão anulados. O Senhor a perdoará, pois o pai não permitiu que ela os cumprisse.

⁶"Se uma moça fizer um voto ou assumir um compromisso por meio de uma promessa precipitada e depois se casar, ⁷e, no dia em que ficar sabendo do voto ou da promessa, o marido não levantar objeções, os votos e as promessas que ela fez continuarão a valer. ⁸Mas, se no dia em que ficar sabendo seu marido se recusar a deixá-la cumprir o voto ou a promessa precipitada, os compromissos dela serão anulados, e o Senhor a perdoará. ⁹A mulher viúva ou divorciada, porém, deverá cumprir todos os seus votos e promessas.

¹⁰"Se uma mulher já for casada e morar na casa do marido quando fizer o voto ou se comprometer por meio de uma promessa, ¹¹e o marido ficar sabendo e não levantar objeções, os votos ou as promessas que ela fez continuarão a valer. ¹²Mas, se no dia em que ficar sabendo o marido se recusar a aceitá-los, o voto ou a promessa dela será anulada, e o Senhor a perdoará. ¹³Portanto, qualquer voto ou promessa que a esposa tenha feito de humilhar-se,ᶜ o marido poderá confirmar ou anular. ¹⁴Mas, se ele não levantar objeção alguma no dia em que ficar sabendo, indicará desse modo que está de acordo com todos os seus votos ou promessas. ¹⁵Se ele esperar mais de um dia e anular um voto ou uma promessa, sofrerá o castigo que caberia à esposa".

¹⁶Essas são as ordens que o Senhor deu a Moisés a respeito do relacionamento entre um homem e sua esposa e entre um pai e sua filha moça que ainda mora na casa dele.

Israel conquista Midiã

31 O Senhor disse a Moisés: ²"Vingue-se dos midianitas pelo que fizeram aos israelitas. Depois disso, você morrerá e será reunido a seus antepassados".

³Então Moisés disse ao povo: "Escolham e armem alguns homens para lutarem na vingança do Senhor contra Midiã. ⁴De cada tribo de Israel, enviem mil homens para a batalha". ⁵Assim, escolheram mil homens de cada tribo de Israel, no total de doze mil homens armados para guerrear. ⁶Moisés enviou mil homens de

---

ᵃ **29.40** No texto hebraico, o versículo 29.40 é numerado 30.1. ᵇ **30.1** No texto hebraico, os versículos 30.1-16 são numerados 30.2-17. ᶜ **30.13** Ou *jejuar*.

cada tribo, sob o comando de Fineias, filho do sacerdote Eleazar. Fineias levou consigo os objetos sagrados e as trombetas para dar a ordem de ataque. ⁷Atacaram Midiã, como o SENHOR havia ordenado a Moisés, e mataram todos os homens. ⁸Os cinco reis midianitas morreram na batalha: Evi, Requém, Zur, Hur e Reba. Também mataram à espada Balaão, filho de Beor.
⁹Os israelitas capturaram as mulheres e as crianças midianitas e tomaram como despojo o gado, os rebanhos e toda a riqueza deles. ¹⁰Queimaram todas as cidades e acampamentos onde os midianitas moravam. ¹¹Depois de juntarem todos os despojos, tanto os prisioneiros como os animais, ¹²trouxeram tudo a Moisés, ao sacerdote Eleazar e a toda a comunidade de Israel, que estava acampada nas campinas de Moabe, junto ao rio Jordão, do lado oposto de Jericó. ¹³Moisés, o sacerdote Eleazar e todos os líderes da comunidade saíram ao encontro deles fora do acampamento. ¹⁴Moisés, porém, se enfureceu com os generais e os capitães[a] que voltaram da batalha.
¹⁵"Por que deixaram viver todas as mulheres?", perguntou ele. ¹⁶"Foram justamente elas que seguiram o conselho de Balaão e fizeram os israelitas se rebelarem contra o SENHOR no incidente em Peor. Foi por causa delas que uma praga feriu o povo do SENHOR. ¹⁷Agora, matem todos os meninos e todas as mulheres que tiveram relações sexuais com algum homem. ¹⁸Deixem viver somente as meninas virgens; tragam-nas para viver entre vocês. ¹⁹E todos que tiverem matado alguém ou tocado em algum cadáver ficarão fora do acampamento por sete dias. Purifiquem a si mesmos e às prisioneiras no terceiro e no sétimo dia. ²⁰Purifiquem também todas as roupas e todos os objetos de couro, pelo de cabra ou madeira."
²¹Então o sacerdote Eleazar disse aos homens que participaram da batalha: "O SENHOR deu a Moisés as seguintes prescrições legais: ²²Tudo que for feito de ouro, prata, bronze, ferro, estanho e chumbo, ²³ou seja, tudo que resiste ao fogo, será passado pelo fogo para se tornar cerimonialmente puro. Em seguida, esses objetos de metal serão purificados com a água da purificação. Mas tudo que não resistir ao fogo será purificado somente com água. ²⁴No sétimo dia, lavem as roupas e vocês estarão purificados. Então poderão voltar ao acampamento".

A divisão dos despojos

²⁵O SENHOR também disse a Moisés: ²⁶"Você, o sacerdote Eleazar e os chefes das famílias de cada tribo farão uma lista de todos os despojos tomados na batalha, tanto das pessoas como dos animais. ²⁷Dividirão o despojo em duas partes e entregarão metade para os homens que lutaram na batalha e metade para o restante do povo. ²⁸Da metade que pertence ao exército, entreguem primeiro um tributo que cabe ao SENHOR, um de cada quinhentos, tanto das pessoas como do gado, dos jumentos e das ovelhas. ²⁹Entreguem essa porção tirada da parte do exército ao sacerdote Eleazar como oferta ao SENHOR. ³⁰Da metade que pertence aos israelitas, separem um de cada cinquenta, tanto das pessoas como do gado, dos jumentos, das ovelhas e dos outros animais. Entreguem essa porção aos levitas, que estão encarregados de cuidar do tabernáculo do SENHOR". ³¹Moisés e o sacerdote Eleazar fizeram conforme o SENHOR ordenou a Moisés.

³²O despojo restante de tudo que os soldados haviam tomado totalizou 675.000 ovelhas, ³³72.000 cabeças de gado, ³⁴61.000 jumentos ³⁵e 32.000 virgens. ³⁶Metade do despojo foi entregue aos homens que participaram da batalha. Essa parte totalizou 337.500 ovelhas, ³⁷das quais 675 eram o tributo ao SENHOR; ³⁸36.000 cabeças de gado, das quais 72 eram o tributo ao SENHOR; ³⁹30.500 jumentos, dos quais 61 eram o tributo ao SENHOR; ⁴⁰e 16.000 virgens, das quais 32 eram o tributo ao SENHOR. ⁴¹Moisés entregou ao sacerdote Eleazar o tributo que cabia ao SENHOR como oferta movida, conforme o SENHOR havia ordenado.

⁴²Metade do despojo pertencia aos israelitas, e Moisés a separou da metade que pertencia aos homens que lutaram. ⁴³A parte dos israelitas totalizou 337.500 ovelhas, ⁴⁴36.000 cabeças de gado, ⁴⁵30.500 jumentos ⁴⁶e 16.000 virgens. ⁴⁷Da metade entregue ao povo, Moisés separou um de cada cinquenta, tanto das

---

[a] 31.14 Em hebraico, *os comandantes de milhares e os comandantes de centenas*; também em 31.48,52,54.

pessoas como dos animais, e entregou aos levitas encarregados de cuidar do tabernáculo do Senhor. Tudo foi feito conforme o Senhor havia ordenado a Moisés.

⁴⁸Então os generais e os capitães foram a Moisés ⁴⁹e disseram: "Nós, seus servos, contamos todos os homens que saíram para a batalha sob o nosso comando; nenhum de nós está faltando! ⁵⁰Por isso, de nossa parte do despojo, apresentamos os objetos de ouro como oferta ao Senhor: braceletes, pulseiras, anéis, brincos e colares. A oferta fará expiação por nós diante do Senhor".

⁵¹Moisés e o sacerdote Eleazar receberam deles as joias e os objetos artesanais de ouro. ⁵²Ao todo, o ouro que os generais e os capitães apresentaram como oferta ao Senhor pesava por volta de duzentos quilos.ᵃ ⁵³Todos os homens que participaram da batalha tomaram para si uma parte do despojo. ⁵⁴Moisés e o sacerdote Eleazar aceitaram as ofertas dos generais e dos capitães e levaram o ouro para a tenda do encontro como recordação para que o Senhor se lembrasse dos israelitas.

As tribos a leste do Jordão

32 As tribos de Rúben e Gade possuíam rebanhos enormes. Por isso, quando viram que as terras de Jazer e Gileade eram adequadas para os rebanhos, ²foram a Moisés, ao sacerdote Eleazar e aos outros líderes da comunidade e disseram: ³"Vejam as cidades de Atarote, Dibom, Jazar, Ninra, Hesbom, Eleale, Sibma,ᵇ Nebo e Beom. ⁴O Senhor conquistou toda esta região para a comunidade de Israel, e ela é adequada para criar rebanhos e para nós, seus servos, que possuímos rebanhos. ⁵Se contamos com o seu favor, pedimos que nos deixem ocupar esta terra como nossa propriedade em vez de nos dar a terra do outro lado do Jordão".

⁶Moisés perguntou aos homens de Gade e Rúben: "Então vocês querem que seus irmãos vão à guerra enquanto vocês ficam aqui? ⁷Por que querem desanimar o restante dos israelitas de atravessar o rio para a terra que o Senhor lhes deu? ⁸Seus antepassados fizeram a mesma coisa quando eu os enviei de Cades--Barneia para fazer o reconhecimento da terra. ⁹Depois que subiram até o vale de Escol e fizeram o reconhecimento da região, desanimaram os israelitas de entrarem na terra que o Senhor lhes dava. ¹⁰Por isso a ira do Senhor se acendeu contra eles, e ele jurou: ¹¹'De todos aqueles que eu resgatei do Egito, ninguém com 20 anos para cima verá a terra que eu jurei dar a Abraão, Isaque e Jacó, pois não me obedeceram de todo o coração. ¹²As únicas exceções são Calebe, filho do quenezeu Jefoné, e Josué, filho de Num, pois eles seguiram o Senhor de todo o coração'.

¹³"A ira do Senhor se acendeu contra os israelitas, e ele os fez andar sem rumo pelo deserto durante quarenta anos, até que toda a geração que havia pecado contra o Senhor tivesse morrido. ¹⁴Mas aqui estão vocês, uma raça de pecadores, fazendo exatamente a mesma coisa, acendendo ainda mais a ira do Senhor contra Israel. ¹⁵Se vocês se afastarem dele e se ele abandonar o povo no deserto outra vez, vocês serão responsáveis pela destruição de todo este povo!".

¹⁶Eles se aproximaram de Moisés e disseram: "Queremos construir currais para nossos animais e cidades para nossos filhos. ¹⁷Então nos armaremos e sairemos prontamente com os israelitas para a batalha até que os tenhamos levado em segurança para sua terra. Enquanto isso, nossos filhos ficarão nas cidades fortificadas que construirmos aqui e estarão protegidos de ataques dos povos da região. ¹⁸Só voltaremos a nossos lares quando todos os israelitas tiverem recebido suas porções de terra. ¹⁹Não exigimos, porém, terra alguma do outro lado do Jordão. Preferimos viver aqui do lado leste do Jordão e aceitamos esta região como nossa herança na terra".

²⁰Então Moisés lhes disse: "Se fizerem como prometeram e se, armadas para as batalhas do Senhor, ²¹suas tropas atravessarem o Jordão e continuarem a lutar até que o Senhor tenha expulsado seus inimigos, ²²então poderão voltar quando o Senhor tiver conquistado a terra. Assim vocês terão cumprido seu dever para com o Senhor e para com o povo de Israel. A terra do lado leste do Jordão será sua propriedade da parte do Senhor. ²³Mas, se não fizerem como prometeram, terão pecado contra

---

ᵃ **31.52** Em hebraico, *16.750 siclos*. ᵇ **32.3** Conforme o Pentateuco Samaritano e a Septuaginta (ver tb. 32.38); o hebraico traz *Sebã*.

o Senhor e não escaparão das consequências. ²⁴Vão, construam cidades para suas famílias e currais para seus rebanhos, mas façam tudo que prometeram".

²⁵Os homens de Gade e Rúben responderam: "Nós, seus servos, seguiremos suas instruções. ²⁶Nossos filhos, esposas, rebanhos e gado ficarão aqui nas cidades de Gileade. ²⁷Mas nós, seus servos, todos armados para a guerra, atravessaremos o rio e lutaremos pelo Senhor, conforme nos ordenou".

²⁸Moisés deu ordens ao sacerdote Eleazar, a Josué, filho de Num, e aos chefes das famílias das tribos de Israel. ²⁹Disse ele: "Os homens de Gade e Rúben estão armados para a batalha e atravessarão o Jordão com vocês e lutarão pelo Senhor. Se o fizerem, depois que a terra for conquistada entregue lhes o território de Gileade como sua propriedade. ³⁰Mas, se eles se recusarem a armar-se e atravessar o rio com vocês, serão obrigados a aceitar uma porção de terra com o restante de vocês em Canaã".

³¹As tribos de Gade e Rúben disseram outra vez: "Somos seus servos e faremos o que o Senhor ordenou! ³²Atravessaremos bem armados o Jordão até Canaã e lutaremos para o Senhor, mas nossa porção de terra estará aqui deste lado do Jordão".

³³Então Moisés distribuiu terras entre as tribos de Gade e Rúben e a meia tribo de Manassés, filho de José. Deu-lhes o território de Seom, rei dos amorreus, o território de Ogue, rei de Basã, toda a terra com suas cidades e o território ao redor delas.

³⁴Os descendentes de Gade construíram as cidades de Dibom, Atarote, Aroer, ³⁵Atarote-Sofã, Jazar, Jogbeá, ³⁶Bete-Ninra e Bete-Harã, e todas eram cidades fortificadas e com currais para os rebanhos.

³⁷Os descendentes de Rúben construíram as cidades de Hesbom, Eleale, Quiriataim, ³⁸Nebo, Baal-Meom e Sibma, e mudaram o nome de algumas das cidades que conquistaram e reconstruíram.

³⁹Os descendentes de Maquir, da tribo de Manassés, foram até Gileade, tomaram posse dela e expulsaram os amorreus que ali viviam.

⁴⁰Moisés deu Gileade aos maquiritas, descendentes de Manassés, e eles se estabeleceram ali. ⁴¹O povo de Jair, outro clã da tribo de Manassés, capturou muitos dos povoados de Gileade e mudou o nome da região para Cidades de Jair.ᵃ ⁴²Enquanto isso, um homem chamado Noba conquistou a cidade de Quenate e as vilas ao redor e deu seu próprio nome à região, chamando-a de Noba.

Recapitulação da jornada de Israel

33 Este é o percurso que os israelitas fizeram quando saíram do Egito, organizados segundo suas divisões, sob a liderança de Moisés e Arão. ²Por ordem do Senhor, Moisés guardou um registro escrito de seu progresso. Estas são as etapas da jornada, identificadas pelos lugares onde pararam ao longo do caminho.

³Os israelitas partiram da cidade de Ramessés no décimo quinto dia do primeiro mês,ᵇ na manhã seguinte à primeira celebração da Páscoa. Partiram triunfantemente, à vista de todos os egípcios. ⁴Enquanto isso, os egípcios sepultavam o filho mais velho de suas famílias que o Senhor havia ferido mortalmente na noite anterior. Naquela noite, o Senhor derrotou os deuses do Egito com grandes atos de julgamento.

⁵Depois de partirem de Ramessés, os israelitas acamparam em Sucote.

⁶Saíram de Sucote e acamparam em Etã, à beira do deserto.

⁷Saíram de Etã e voltaram para Pi-Hairote, de frente para Baal-Zefom, e acamparam perto de Migdol.

⁸Saíram de Pi-Hairote,ᶜ atravessaram o mar Vermelhoᵈ e chegaram ao deserto. Viajaram três dias pelo deserto de Etã e acamparam em Mara.

⁹Saíram de Mara e acamparam em Elim, onde havia doze fontes de água e setenta palmeiras.

¹⁰Saíram de Elim e acamparam junto ao mar Vermelho.ᵉ

¹¹Saíram do mar Vermelho e acamparam no deserto de Sim.

ᵃ **32.41** Em hebraico, *Havote-Jair*. ᵇ **33.3** No antigo calendário lunar hebraico, esse dia caía no final de março, em abril ou no início de maio. ᶜ **33.8a** Conforme vários manuscritos hebraicos, o Pentateuco Samaritano e a Vulgata (ver tb. 33.7); o hebraico traz *Saíram de diante de Hairote*. ᵈ **33.8b** Em hebraico, *o mar*. ᵉ **33.10** Em hebraico, *mar de juncos*; também em 33.11.

¹²Saíram do deserto de Sim e acamparam em Dofca.
¹³Saíram de Dofca e acamparam em Alus.
¹⁴Saíram de Alus e acamparam em Refidim, onde não havia água para o povo beber.
¹⁵Saíram de Refidim e acamparam no deserto do Sinai.
¹⁶Saíram do deserto do Sinai e acamparam em Quibrote-Hataavá.
¹⁷Saíram de Quibrote-Hataavá e acamparam em Hazerote.
¹⁸Saíram de Hazerote e acamparam em Ritmá.
¹⁹Saíram de Ritmá e acamparam em Rimom-Perez.
²⁰Saíram de Rimom-Perez e acamparam em Libna.
²¹Saíram de Libna e acamparam em Rissa.
²²Saíram de Rissa e acamparam em Queelata.
²³Saíram de Queelata e acamparam no monte Séfer.
²⁴Saíram do monte Séfer e acamparam em Harada.
²⁵Saíram de Harada e acamparam em Maquelote.
²⁶Saíram de Maquelote e acamparam em Taate.
²⁷Saíram de Taate e acamparam em Terá.
²⁸Saíram de Terá e acamparam em Mitca.
²⁹Saíram de Mitca e acamparam em Hasmona.
³⁰Saíram de Hasmona e acamparam em Moserote.
³¹Saíram de Moserote e acamparam em Bene-Jaacã.
³²Saíram de Bene-Jaacã e acamparam em Hor-Gidgade.
³³Saíram de Hor-Gidgade e acamparam em Jotbatá.
³⁴Saíram de Jotbatá e acamparam em Abrona.
³⁵Saíram de Abrona e acamparam em Eziom-Geber.
³⁶Saíram de Eziom-Geber e acamparam em Cades, no deserto de Zim.
³⁷Saíram de Cades e acamparam no monte Hor, na fronteira de Edom. ³⁸Enquanto estavam ao pé do monte Hor, por ordem do Senhor o sacerdote Arão subiu ao monte e morreu ali. Isso aconteceu no primeiro dia do quinto mês,ᵃ quarenta anos depois que Israel saiu do Egito. ³⁹Arão tinha 123 anos quando morreu no monte Hor.
⁴⁰O rei cananeu de Arade, que vivia no Neguebe, na terra de Canaã, soube que os israelitas se aproximavam de sua terra.
⁴¹Saíram do monte Hor e acamparam em Zalmona.
⁴²Saíram de Zalmona e acamparam em Punom.
⁴³Saíram de Punom e acamparam em Obote.
⁴⁴Saíram de Obote e acamparam em Ijé-Abarim, na fronteira de Moabe.
⁴⁵Saíram de Ijé-Abarimᵇ e acamparam em Dibom-Gade.
⁴⁶Saíram de Dibom-Gade e acamparam em Almom-Diblataim.
⁴⁷Saíram de Almom-Diblataim e acamparam nos montes de Abarim, perto do monte Nebo.
⁴⁸Saíram dos montes de Abarim e acamparam nas campinas de Moabe, junto ao rio Jordão, do lado oposto de Jericó.
⁴⁹Junto ao rio Jordão, acamparam desde Bete-Jesimote até Abel-Sitim nas campinas de Moabe.

⁵⁰Enquanto estavam acampados perto do rio Jordão, nas campinas de Moabe, do lado oposto de Jericó, o Senhor disse a Moisés: ⁵¹"Dê as seguintes instruções ao povo de Israel. Quando atravessarem o rio Jordão para entrar na terra de Canaã, ⁵²expulsem todos os povos que vivem ali. Destruam todas as imagens esculpidas ou fundidas e derrubem todos os santuários idólatras. ⁵³Tomem posse da terra e estabeleçam-se nela, pois eu lhes dei a terra para a ocuparem. ⁵⁴Distribuam a terra entre os clãs por sorteio e de forma proporcional ao tamanho de cada clã. Os clãs maiores receberão uma porção maior, e os clãs menores, uma porção menor. A decisão por sorteio é definitiva. Assim, as porções de terra serão distribuídas entre as tribos de seus antepassados. ⁵⁵Mas, se vocês não expulsarem os povos que vivem na terra, aqueles que restarem serão como farpas em seus olhos e espinhos em suas costas. Serão um tormento para vocês na terra em que habitarem. ⁵⁶E eu farei a vocês aquilo que planejava fazer a eles".

ᵃ 33.38 No antigo calendário lunar hebraico, esse dia caía em julho ou agosto. ᵇ 33.45 Em hebraico, *Ijim*, outro nome para Ijé-Abarim.

As fronteiras da terra

34 Então o Senhor disse a Moisés: ²"Dê as seguintes instruções ao povo de Israel. Quando entrarem na terra de Canaã, que eu lhes dou como sua propriedade especial, estas serão as fronteiras. ³A região sul se estenderá desde o deserto de Zim, ao longo da divisa com Edom. A fronteira sul começará no leste, na extremidade do mar Morto.ᵃ ⁴Ela se estenderá pelo sul, passando pela ladeira do Escorpião,ᵇ em direção a Zim. Seu extremo ao sul será Cades-Barneia, de onde seguirá até Hazar-Adar e, de lá, até Azmom. ⁵De Azmom, a fronteira fará uma curva em direção ao ribeiro do Egito e terminará no mar Mediterrâneo.ᶜ

⁶"A fronteira oeste será o litoral do mar Mediterrâneo.

⁷"A fronteira norte começará no mar Mediterrâneo e se estenderá para o leste até o monte Hor ⁸e, de lá, até Lebo-Hamate, seguindo em direção a Zedade, ⁹e continuando até Zifrom e, daí, até Hazar-Enã. Essa será a fronteira norte.

¹⁰"A fronteira leste começará em Hazar-Enã, se estenderá para o sul até Sefã ¹¹e descerá até Ribla, do lado leste de Aim. De lá, descerá beirando o lado leste do mar da Galileiaᵈ ¹²e, depois, acompanhando o rio Jordão até o mar Morto. Essas são as fronteiras de sua terra".

¹³Então Moisés disse aos israelitas: "Este território é a herança que vocês repartirão entre si por sorteio. O Senhor ordenou que a terra seja dividida entre as nove tribos e meia restantes. ¹⁴As famílias das tribos de Rúben e Gade e da metade da tribo de Manassés já receberam suas porções de terra ¹⁵do lado leste do Jordão, do lado oposto de Jericó, na direção do nascer do sol".

Líderes para repartir a terra

¹⁶O Senhor disse a Moisés: ¹⁷"O sacerdote Eleazar e Josué, filho de Num, são os homens escolhidos para repartir a terra entre o povo. ¹⁸Nomeiem um líder de cada tribo para ajudá-los com a tarefa. ¹⁹Estas são as tribos e os nomes dos líderes:

da tribo de Judá, Calebe, filho de Jefoné;
²⁰da tribo de Simeão, Samuel, filho de Amiúde;
²¹da tribo de Benjamim, Elidade, filho de Quislom;
²²da tribo de Dã, Buqui, filho de Jogli;
²³da tribo de Manassés, filho de José, Haniel, filho de Éfode;
²⁴da tribo de Efraim, filho de José, Quemuel, filho de Siftã;
²⁵da tribo de Zebulom, Elisafã, filho de Parnaque;
²⁶da tribo de Issacar, Paltiel, filho de Azã;
²⁷da tribo de Aser, Aiúde, filho de Selomi;
²⁸da tribo de Naftali, Pedael, filho de Amiúde.

²⁹Esses são os homens que o Senhor nomeou para repartir as porções da terra de Canaã entre os israelitas".

Cidades para os levitas

35 O Senhor disse a Moisés junto ao rio Jordão, nas campinas de Moabe, do lado oposto de Jericó: ²"Ordene aos israelitas que, das propriedades que receberem por herança, deem algumas cidades para os levitas morarem. Entreguem também as pastagens ao redor delas. ³As cidades serão para moradia dos levitas, e as terras ao redor servirão de pasto para seu gado, suas ovelhas e todos os seus animais. ⁴As pastagens reservadas para os levitas ao redor dessas cidades se estenderão em todas as direções por 450 metrosᵉ a partir dos muros da cidade. ⁵Meçam 900 metrosᶠ fora dos muros da cidade em todas as direções — leste, sul, oeste e norte —, com a cidade no centro. Essa será a área de pastagem das cidades.

⁶"Seis das cidades que vocês derem aos levitas serão cidades de refúgio, para onde uma pessoa que tiver matado alguém acidentalmente poderá fugir e ficar a salvo. Além disso, deem a eles 42 cidades. ⁷No total, vocês darão aos levitas 48 cidades, com as pastagens ao redor. ⁸As cidades virão da herança dos israelitas. As tribos maiores darão mais cidades aos levitas, enquanto as tribos menores darão menos cidades. Cada tribo entregará propriedades de forma proporcional ao tamanho do território que receber.

ᵃ 34.3 Em hebraico, *mar Salgado*; também em 34.12. ᵇ 34.4 Ou *ladeira de Acrabim*. ᶜ 34.5 Em hebraico, *no mar*; também em 34.6,7. ᵈ 34.11 Em hebraico, *mar de Quinerete*. ᵉ 35.4 Em hebraico, *1.000 côvados*. ᶠ 35.5 Em hebraico, *2.000 côvados*.

As cidades de refúgio

⁹O Senhor disse a Moisés: ¹⁰"Dê as seguintes instruções ao povo de Israel.

"Quando atravessarem o Jordão para entrar na terra de Canaã, ¹¹escolham cidades de refúgio para onde uma pessoa que tiver matado alguém acidentalmente poderá fugir. ¹²Essas cidades serão lugares de proteção contra os parentes da vítima que quiserem vingar sua morte. A pessoa que tirou a vida de alguém não será executada antes de ser julgada pela comunidade. ¹³Escolham para si seis cidades de refúgio: ¹⁴três do lado leste do rio Jordão e três do lado oeste, na terra de Canaã. ¹⁵Essas cidades servirão para proteger os israelitas, os estrangeiros que vivem entre vocês e os que estiverem de passagem. Qualquer um que matar alguém acidentalmente poderá fugir para lá.

¹⁶"Se, contudo, alguém atacar uma pessoa e matá-la com um pedaço de ferro, é assassinato e o assassino deverá ser executado. ¹⁷Ou, se alguém com uma pedra na mão atacar e matar outra pessoa, é assassinato e o assassino deverá ser executado. ¹⁸Ou ainda, se alguém atacar outra pessoa e matá-la com um pedaço de madeira, é assassinato e o assassino deverá ser executado. ¹⁹O parente mais próximo da vítima é responsável pela execução do assassino. Quando o encontrar, o vingador deverá executar o assassino. ²⁰Portanto, se alguém odeia outra pessoa e fica à espreita dela, e a empurra ou joga contra ela um objeto perigoso e ela morre, ²¹ou se alguém odeia outra pessoa e a fere com as mãos e ela morre, é assassinato. Nesses casos, o vingador deverá executar o assassino quando o encontrar.

²²"Se, contudo, alguém empurrar outra pessoa sem ter demonstrado anteriormente nenhuma hostilidade, ou jogar algo que acerte a pessoa acidentalmente, ²³ou, sem intenção, deixar cair sobre ela uma pedra grande, embora não fossem inimigos, e a outra pessoa morrer, ²⁴a comunidade usará as seguintes normas para julgar entre o acusado e o vingador, o parente mais próximo da vítima: ²⁵a comunidade protegerá o acusado do vingador e cuidará para que ele chegue à cidade de refúgio para onde fugiu. Ali ele ficará até a morte do sumo sacerdote, que foi ungido com o óleo sagrado.

²⁶"Se, contudo, o acusado sair alguma vez dos limites da cidade de refúgio ²⁷e o vingador o encontrar fora da cidade e o executar, essa morte não será considerada assassinato. ²⁸O acusado deveria ter ficado dentro da cidade de refúgio até a morte do sumo sacerdote. Depois da morte do sumo sacerdote, porém, o acusado poderá voltar à sua propriedade. ²⁹Essas são as prescrições legais a serem cumpridas de geração em geração, onde quer que morarem.

³⁰"Todos os assassinos deverão ser executados, mas apenas se mais de uma testemunha apresentar provas. Ninguém será executado com base no depoimento de apenas uma testemunha. ³¹Jamais aceitem resgate pela vida de alguém que foi declarado culpado de assassinato e condenado à morte. Os assassinos deverão sempre ser executados. ³²E jamais aceitem resgate de alguém que fugiu para uma cidade de refúgio, permitindo, com isso, que o acusado volte à sua propriedade antes da morte do sumo sacerdote. ³³Essa medida garantirá que a terra em que vivem não seja contaminada, pois o assassinato contamina a terra. O único sacrifício que fará expiação pela terra em caso de assassinato é a execução do assassino. ³⁴Não contaminem a terra onde habitam, pois eu mesmo habito ali. Eu sou o Senhor e habito entre o povo de Israel".

Mulheres que herdam propriedades

36 Os chefes das famílias do clã de Gileade, descendentes de Maquir, filho de Manassés, filho de José, apresentaram uma petição a Moisés e aos líderes de Israel, os chefes das famílias. ²Disseram eles: "O Senhor o instruiu a repartir a terra por sorteio entre os israelitas. O Senhor também o instruiu a entregar a herança que pertencia a nosso irmão Zelofeade às filhas dele. ³Mas, se elas se casarem com homens de outra tribo de Israel, levarão consigo suas propriedades para a tribo dos homens com quem se casarem. Com isso, a área total do território de nossa tribo será reduzida. ⁴Quando chegar o Ano do Jubileu, a porção de terra que elas receberam será anexada à porção dessa nova tribo, e essa propriedade será tirada da tribo de nossos antepassados para sempre".

⁵Então Moisés deu aos israelitas a seguinte ordem do Senhor: "A preocupação dos homens

da tribo de José é justa. ⁶É isto que o SENHOR ordenou acerca das filhas de Zelofeade: Elas poderão se casar com quem quiserem, desde que seja alguém da tribo de seus antepassados. ⁷Nenhuma terra poderá ser transferida de uma tribo para outra, pois a porção entregue a cada tribo deve permanecer com a tribo para a qual foi inicialmente designada. ⁸As filhas de todas as tribos de Israel que têm direito a herdar propriedades deverão se casar com homens de um dos clãs de sua própria tribo, para que todos os israelitas mantenham a propriedade de seus antepassados. ⁹Nenhuma porção de terra poderá ser transferida de uma tribo para outra; cada tribo de Israel manterá a porção de terra que recebeu como herança".

¹⁰As filhas de Zelofeade fizeram conforme o SENHOR ordenou a Moisés. ¹¹Maala, Tirza, Hogla, Milca e Noa se casaram com primos da família de seu pai, ¹²membros dos clãs de Manassés, filho de José. Assim, sua herança permaneceu no clã e na tribo de seus antepassados.

¹³Esses são os mandamentos e os estatutos que o SENHOR deu aos israelitas por meio de Moisés enquanto estavam acampados nas campinas de Moabe junto ao rio Jordão, do lado oposto de Jericó.

DEUTERONÔMIO

INTRODUÇÃO

Nome. O nome vem da palavra grega que significa segunda lei ou lei repetida. Contém as últimas palavras de Moisés, que provavelmente foram proferidas durante os últimos sete dias de sua vida. Não é uma mera repetição da Lei, mas, sim uma aplicação da Lei em vista das novas condições que Israel encontraria em Canaã e por causa de sua desobediência anterior.

Propósito. Levar Israel à obediência e adverti-lo contra a desobediência. O espírito e o propósito da Lei são explicados de forma a apresentar encorajamento e advertências.

Conteúdo. Consiste em três abordagens de Moisés dadas nas planícies de Moabe, no final das andanças de Israel pelo deserto, nas quais ele apresenta grandes partes da Lei anteriormente revelada, com as necessárias adições para cumprir as novas condições. Há também a nomeação de Josué como o sucessor de Moisés, a canção de despedida e de bênção proferida por Moisés e o registro de sua morte.

Estilo. O estilo é mais caloroso e mais oratório do que o dos livros anteriores. Seu tom é mais espiritual e ético e seu apelo é "conhecer, amar e obedecer a Deus".

Ocasião e necessidade desse livro. (1) Uma crise havia sobrevindo a Israel. A vida do povo deveria mudar do vagar pelo deserto para o residir em cidades e aldeias; e da dependência do maná celestial ao cultivo dos campos. A paz e a justiça dependeriam de uma estrita observância das leis. (2) Uma nova religião de Canaã contra a qual deviam ficar atentos. As formas mais sedutoras de idolatria seriam encontradas em todos os lugares e haveria um grande risco de ceder a elas.

A palavra-chave. "Não", muitas vezes repetido como, "você deve" e "você não deve". Os versículos-chave são 11.26-28.

ESBOÇO

1. Revisão das jornadas, Caps. 1–4
    1.1. Local do acampamento, 1.1-5
    1.2. Sua história desde a saída do Egito, 1.6–3.29
    1.3. Exortação à obediência, 4.1-40
    1.4. Três cidades de refúgio no lado leste do Jordão, 4.41-49
2. Revisão da Lei, Caps. 5–26
    2.1. Seção histórica e exortatória, Caps. 5–11
    2.2. Leis para religião, 12.1–16.17
    2.3. Leis para vida política, 16.18–20.20
    2.4. Leis para relacionamentos sociais e domésticos, Caps. 21–26
3. Futuro de Israel previsto, Caps. 27–30
    3.1. Pedras como memorial, Cap. 27
    3.2. Bênção e maldição, Cap. 28
    3.3. Aliança renovada e o futuro de Israel previsto, Caps. 29–30
4. Últimos dias de Moisés, Caps. 31–34
    4.1. Encargo de Josué, Cap. 31
    4.2. Cântico de Moisés, Cap. 32
    4.3. Bênção de Moisés, Cap. 33
    4.4. Morte de Moisés, Cap. 34

PARA ESTUDO E DISCUSSÃO

[1] Faça uma lista da principal história do povo, da qual Moisés lembra Israel nos Capítulos 1–4 e encontre onde cada um dos incidentes é registrado nos livros anteriores.

[2] Do capítulo 11, faça uma lista de razões para a obediência, as recompensas da obediência e a importância do estudo da Lei de Deus.
[3] As leis da bênção e da maldição (capítulo 28). Faça uma lista das maldições, do pecado e da punição; e das bênçãos indicando a bênção e a promessa referente a ela.
[4] Faça uma lista das diferentes nações ou povos a respeito dos quais Israel recebeu mandamento ou advertência.
[5] A bênção de despedida de Moisés para as várias tribos (capítulo 33). Faça uma lista do que deve acontecer a cada tribo.
[6] Os nomes, localização e propósito das cidades de refúgio, as lições para hoje a serem extraídas delas e sua utilidade.
[7] A inflexibilidade da Lei de Deus.

Introdução ao primeiro discurso de Moisés

1 Estas são as palavras que Moisés disse a todo o povo de Israel quando estavam no deserto, a leste do rio Jordão, acampados no vale do Jordão,[a] perto de Sufe, entre Parã, de um lado, e Tofel, Labã, Hazerote e Di-Zaabe, do outro.

²Normalmente, são necessários apenas onze dias para viajar do monte Sinai[b] até Cades-Barneia pelo caminho do monte Seir. ³No entanto, quarenta anos depois da saída do Egito, no primeiro dia do décimo primeiro mês,[c] Moisés se dirigiu aos israelitas e lhes transmitiu tudo que o Senhor lhe havia ordenado. ⁴Isso aconteceu depois que ele derrotou Seom, rei dos amorreus que vivia em Hesbom, e, em Edrei, derrotou Ogue, o rei de Basã que vivia em Astarote.

⁵Enquanto estavam na terra de Moabe, a leste do Jordão, Moisés começou a lhes explicar as seguintes instruções.

A ordem para deixar Horebe

⁶"Quando estávamos no monte Sinai, o Senhor, nosso Deus, nos disse: 'Vocês já ficaram muito tempo neste monte. ⁷É hora de levantar acampamento e seguir viagem. Vão à região montanhosa dos amorreus e a todas as regiões vizinhas: o vale do Jordão, a região montanhosa, as colinas do oeste,[d] o Neguebe e a planície costeira. Vão à terra dos cananeus e ao Líbano, e avancem até o grande rio Eufrates. ⁸Vejam, eu lhes dou toda esta terra! Entrem e tomem posse dela, pois é a terra que o Senhor jurou dar a seus antepassados Abraão, Isaque e Jacó, e a todos os seus descendentes'.

Moisés nomeia líderes de cada tribo

⁹Moisés continuou: "Naquela ocasião, eu lhes disse: 'Vocês são um peso grande demais para eu carregar sozinho. ¹⁰O Senhor, seu Deus, aumentou sua população e os tornou tão numerosos quanto as estrelas do céu. ¹¹Que o Senhor, o Deus de seus antepassados, os multiplique mil vezes mais e os abençoe como ele prometeu. ¹²Mas vocês são um peso grande demais para mim! Como poderei lidar com todos os seus problemas e conflitos? ¹³Escolham alguns homens respeitados de cada tribo, conhecidos por sua sabedoria e entendimento, e eu os designarei para serem seus líderes'.

¹⁴"Então vocês responderam: 'Seu plano é bom!'. ¹⁵Assim, convoquei os homens respeitados que vocês selecionaram de suas tribos e os nomeei para serem juízes e oficiais sobre vocês. Alguns ficaram responsáveis por mil pessoas, outros por cem, outros por cinquenta, e outros por dez.

¹⁶"Naquela ocasião, ordenei aos juízes: 'Deem atenção aos casos de seus irmãos israelitas e também dos estrangeiros que vivem entre vocês. Sejam completamente justos em todas as suas decisões ¹⁷e imparciais em seus julgamentos. Cuidem tanto dos casos dos pobres como dos ricos. Não deixem que ninguém os intimide, pois Deus dará a decisão por seu intermédio. Tragam-me os casos que forem difíceis demais para vocês, e eu cuidarei deles'.

¹⁸"Naquela ocasião, eu lhes ordenei tudo que deveriam fazer."

Espiões fazem o reconhecimento da terra

¹⁹"Em seguida, conforme o Senhor, nosso Deus, ordenou, partimos do monte Sinai e atravessamos o deserto imenso e assustador, como vocês lembram, e nos dirigimos à região montanhosa dos amorreus. Quando chegamos a Cades-Barneia, ²⁰eu lhes disse: 'Vocês chegaram à região montanhosa dos amorreus, que o Senhor, nosso Deus, nos dá. ²¹Vejam, o Senhor, seu Deus, colocou a terra diante de vocês! Vão e tomem posse dela, conforme o Senhor, o Deus de seus antepassados, lhes prometeu. Não tenham medo nem desanimem!'.

²²"Então todos vocês vieram e me disseram: 'Primeiro, enviemos espiões para que façam o reconhecimento da terra para nós. Eles recomendarão o melhor caminho e indicarão em quais cidades devemos entrar'.

²³"A ideia me pareceu boa, por isso escolhi doze espiões, um de cada tribo. ²⁴Eles foram à região montanhosa, chegaram ao vale de Escol e fizeram o reconhecimento. ²⁵Pegaram alguns dos frutos da região e os trouxeram para nós.

---

[a] **1.1** Em hebraico, *na Arabá*; também em 1.7. [b] **1.2** Em hebraico, *Horebe*, outro nome para o Sinai; também em 1.6,19. [c] **1.3** No antigo calendário lunar hebraico, esse dia caía em janeiro ou fevereiro. [d] **1.7** Em hebraico, *a Sefelá*.

Então, relataram: 'A terra que o Senhor, nosso Deus, nos dá é, de fato, uma terra boa'."

A rebelião de Israel contra o Senhor

[26] "Contudo, vocês se rebelaram contra a ordem do Senhor, seu Deus, e se recusaram a entrar. [27] Queixaram-se dentro de suas tendas e disseram: 'Com certeza o Senhor nos odeia. Por isso nos trouxe do Egito, a fim de nos entregar nas mãos dos amorreus para sermos exterminados. [28] Para onde podemos ir? Nossos irmãos nos desanimaram com seu relatório. Eles disseram: "Os habitantes da terra são mais altos e poderosos que nós, e suas cidades são grandes, com muros que sobem até o céu! Vimos até os descendentes de Enaque!".

[29] "Eu lhes disse: 'Não entrem em pânico nem tenham medo deles! [30] O Senhor, seu Deus, irá adiante de vocês. Ele lutará em seu favor, conforme tudo que vocês o viram fazer no Egito. [31] Também viram como o Senhor, seu Deus, cuidou de vocês ao longo do caminho, enquanto viajavam pelo deserto, como um pai cuida de seu filho. Agora ele os trouxe a este lugar'.

[32] "No entanto, mesmo depois de tudo que ele fez, vocês se recusaram a confiar no Senhor, seu Deus, [33] que vai adiante de vocês buscando lugares para acamparem e guiando-os com uma coluna de fogo durante a noite e uma coluna de nuvem durante o dia.

[34] "Quando o Senhor ouviu vocês se queixarem, ficou irado e, por isso, fez um juramento: [35] 'Nenhum de vocês desta geração perversa viverá para ver a boa terra que eu jurei dar a seus antepassados. [36] A única exceção será Calebe, filho de Jefoné. Ele verá a terra, pois seguiu o Senhor em tudo. Darei a ele e a seus descendentes parte da terra que ele explorou durante sua missão de reconhecimento'.

[37] "Foi por causa de vocês que o Senhor se irou contra mim. Ele me disse: 'Você também não entrará na terra! [38] Seu auxiliar, Josué, filho de Num, entrará na terra. Encoraje-o, pois ele conduzirá o povo quando Israel tomar posse dela. [39] Darei a terra a seus filhos pequenos, às crianças que não sabem a diferença entre certo e errado. Vocês temiam que seus pequeninos fossem capturados, mas serão eles que tomarão posse da terra. [40] Quanto a vocês, deem meia-volta e retornem ao deserto, em direção ao mar Vermelho'.[a]

[41] "Então vocês admitiram: 'Pecamos contra o Senhor! Agora, subiremos e lutaremos pela terra, como o Senhor, nosso Deus, ordenou'. Seus homens se armaram para a guerra, pensando que seria fácil atacar a região montanhosa.

[42] "Mas o Senhor me encarregou de lhes dizer: 'Não ataquem, pois não estou com vocês. Se forem por conta própria, serão derrotados por seus inimigos'.

[43] "Foi o que eu lhes disse, mas vocês não deram ouvidos. Em vez disso, rebelaram-se mais uma vez contra a ordem do Senhor e, arrogantemente, foram à região montanhosa para lutar. [44] Os amorreus que viviam ali saíram e os atacaram como um enxame de abelhas. Eles os perseguiram e os massacraram ao longo de todo o caminho, desde Seir até Hormá. [45] Então vocês voltaram e choraram diante do Senhor, mas o Senhor se recusou a ouvi-los. [46] Por isso, ficaram em Cades por um longo tempo."

Recapitulação das andanças de Israel

2 "Depois disso, demos meia-volta e regressamos pelo deserto, em direção ao mar Vermelho,[b] conforme a instrução que o Senhor me deu. Por um longo tempo, vagamos de um lugar para outro na região do monte Seir.

[2] "Finalmente, o Senhor me disse: [3] 'Vocês andaram por esta região montanhosa tempo suficiente; agora, sigam para o norte. [4] Dê as seguintes ordens ao povo: Vocês passarão pelo território de seus parentes edomitas, os descendentes de Esaú, que habitam em Seir. Tenham muito cuidado, pois os edomitas se sentirão ameaçados. [5] Não os perturbem, pois eu dei a eles como propriedade toda a região montanhosa ao redor do monte Seir, e não darei a vocês um metro sequer da terra deles. [6] Paguem por todo alimento que comerem e pela água que beberem. [7] Pois o Senhor, seu Deus, tem abençoado vocês em tudo que têm feito. Ele tem cuidado de cada um de seus passos por este grande deserto. Durante estes quarenta anos, o Senhor, seu Deus, tem estado com vocês, e nada lhes tem faltado'.

---

[a] 1.40 Em hebraico, *mar de juncos*. [b] 2.1 Em hebraico, *mar de juncos*.

PÃO DIÁRIO

O primeiro passo

Então o Senhor me disse: "Veja, eu lhes entrego o rei Seom e seu território. Agora, comecem a conquistar sua terra e a tomar posse dela".

—Deuteronômio 2.31

Há muitas maneiras de lidar com uma tarefa extremamente difícil. Podemos continuar adiando a sua execução, esperando que Deus milagrosamente cuide dela. Ou podemos dar o primeiro passo na direção certa.

Depois de 40 anos no deserto, foi dito a Moisés que era chegada a hora de o povo tomar posse da terra que Deus lhes havia prometido. A primeira ordem na empreitada foi decidir o que fazer com um rei chamado Seom, que estava entre os israelitas e a terra de Canaã. A ordem de Deus era: "Ataquem-no e comecem a tomar posse daquele território" (Dt 2.24). Deus certamente poderia ter eliminado Seom sem qualquer ajuda, mas Ele ordenou que Seu povo desse o primeiro passo.

Geralmente, acontece o mesmo conosco. As circunstâncias difíceis ou os relacionamentos rompidos parecem desafiar as soluções. Quando essas situações persistem por meses ou anos, podemos sentir que nenhuma ação de nossa parte fará alguma diferença. Mas o Senhor diz: "Comece". Devemos dar o primeiro passo — uma palavra gentil, um pedido de perdão, o pagamento de alguma dívida. Devemos ser aquelas que dão o primeiro passo.

A alegria consiste não apenas em alcançar uma meta distante, mas também em andar com o nosso Deus amoroso, o qual diz: "...eu lhes entrego o rei Seom e seu território. Agora, comecem a conquistar sua terra e a tomar posse dela" (v.31).

Você precisa dar um primeiro passo hoje?

Senhor, sabes que às vezes sinto-me tão oprimida. Não posso lidar com minhas circunstâncias, mas prometeste que estarias presente. Não estou sozinha. Ajuda-me a dar o primeiro passo.

Nada pode ser feito sem darmos o primeiro passo.

---

⁸"Assim, contornamos o território de nossos parentes, os descendentes de Esaú, que habitam em Seir. Evitamos o caminho que passa pelo vale de Arabá, que sobe de Elate e Eziom-Geber.

"Então, quando nos dirigimos para o norte pelo caminho do deserto de Moabe, ⁹o Senhor nos advertiu: 'Não perturbem os moabitas, os descendentes de Ló, nem comecem uma guerra contra eles. Eu dei a eles como propriedade a região de Ar, e não darei a vocês parte alguma do território deles'.

¹⁰(Antigamente, um povo chamado emins havia habitado na região de Ar. Eram tão fortes, numerosos e altos quanto os enaquins. ¹¹Os emins e os enaquins também eram conhecidos como refains, embora os moabitas os chamassem de emins. ¹²Em outros tempos, os horeus haviam habitado em Seir, mas os edomitas os expulsaram e ocuparam sua terra, da mesma forma que Israel expulsou os habitantes de Canaã quando o Senhor lhe deu a terra deles.)

¹³"Então o Senhor nos disse: 'Mexam-se! Atravessem o ribeiro de Zerede'. Assim, atravessamos o ribeiro.

¹⁴"Trinta e oito anos se passaram desde que partimos pela primeira vez de Cades-Barneia até atravessarmos, por fim, o ribeiro de Zerede. Àquela altura, todos os homens com idade suficiente para ir à guerra tinham morrido no deserto, como o Senhor havia jurado que aconteceria. ¹⁵A mão do Senhor pesou sobre eles e os eliminou, e eles morreram no meio do acampamento.

¹⁶"Quando todos os homens com idade suficiente para ir à guerra haviam morrido, ¹⁷o Senhor me disse: ¹⁸'Hoje vocês atravessarão a fronteira com Moabe pela região de Ar ¹⁹e se aproximarão da terra dos amonitas, os descendentes de Ló. Não os perturbem nem comecem uma guerra contra eles. Eu dei a eles como propriedade a terra de Amom, e não darei a vocês parte alguma do território deles'.

²⁰(Antigamente, aquela região era considerada terra dos refains que haviam habitado ali, embora os amonitas os chamassem de zanzumins. ²¹Também eram tão fortes, numerosos e altos quanto os enaquins. Mas o Senhor os destruiu para que os amonitas tomassem posse de sua terra. ²²Ele fez o mesmo pelos descendentes de Esaú que habitavam em Seir, pois destruiu os horeus para que os descendentes de Esaú se estabelecessem no lugar deles. Os descendentes de Esaú habitam nessa terra até hoje. ²³Algo parecido aconteceu quando os caftoritas de Creta[a]

---

[a] **2.23** Em hebraico, *de Caftor*.

invadiram e destruíram os aveus, que habitavam em povoados na região de Gaza.)

²⁴"Então o SENHOR disse: 'Mexam-se! Atravessem o vale de Arnom. Vejam, eu lhes entregarei o amorreu Seom, rei de Hesbom, e lhes darei a terra dele. Ataquem-no e comecem a tomar posse daquele território. ²⁵A partir de hoje, farei os povos de toda a terra se encherem de medo por sua causa. Quando ouvirem relatos a seu respeito, tremerão de angústia e pavor'."

Vitória sobre Seom de Hesbom

²⁶"Do deserto de Quedemote, enviei embaixadores ao rei Seom de Hesbom com a seguinte proposta de paz:

²⁷'Deixe-nos atravessar seu território. Ficaremos na estrada principal e não nos desviaremos nem para um lado nem para o outro. ²⁸Venda-nos alimentos para comermos e água para bebermos, e pagaremos por tudo. Queremos apenas permissão para passar por seu território. ²⁹Os descendentes de Esaú, que habitam em Seir, nos permitiram passar pelo território deles, como também fizeram os moabitas, que habitam na região de Ar. Deixe-nos passar até atravessarmos o Jordão e entrarmos na terra que o SENHOR, nosso Deus, nos dá'.

³⁰"Mas Seom, rei de Hesbom, não nos permitiu passar, pois o SENHOR, seu Deus, endureceu-lhe o coração e o tornou hostil, a fim de entregá-lo em nossas mãos, como de fato aconteceu.

³¹"Então o SENHOR me disse: 'Veja, eu lhes entrego o rei Seom e seu território. Agora, comecem a conquistar sua terra e a tomar posse dela'.

³²"Então o rei Seom declarou guerra contra nós e mobilizou todas as suas tropas em Jaza. ³³Mas o SENHOR, nosso Deus, o entregou a nós, e matamos a ele, seus filhos e todo o seu povo. ³⁴Conquistamos todas as suas cidades e as destruímos completamente. Matamos homens, mulheres e crianças. Não poupamos ninguém. ³⁵Tomamos como despojo todos os animais e todos os objetos de valor das cidades que conquistamos.

³⁶"Também conquistamos Aroer, à beira do vale de Arnom, além da cidade no vale e toda a região até Gileade. Nenhuma cidade tinha muralhas fortes o suficiente para nos deter, pois o SENHOR, nosso Deus, nos entregou tudo. ³⁷Evitamos, porém, a terra dos amonitas, ao longo do rio Jaboque, e as cidades da região montanhosa, ou seja, todos os lugares que o SENHOR, nosso Deus, havia ordenado que deixássemos em paz."

Vitória sobre Ogue de Basã

3 "Em seguida, voltamos e nos dirigimos à terra de Basã, onde o rei Ogue e todo o seu exército nos atacaram em Edrei. ²Mas o SENHOR me disse: 'Não tenha medo, pois eu lhe dei vitória sobre Ogue e todo o seu exército, e lhe darei toda a terra dele. Trate-o como você tratou Seom, rei dos amorreus, que vivia em Hesbom'.

³"Então o SENHOR, nosso Deus, entregou em nossas mãos o rei Ogue e todo o seu povo. Nós os aniquilamos, de modo que não restaram sobreviventes. ⁴Conquistamos todas as sessenta cidades deles, a região inteira de Argobe, no reino de Basã. Não deixamos de tomar uma cidade sequer. ⁵Eram todas fortificadas com muralhas altas e portões com trancas. Na mesma ocasião, também conquistamos muitos outros povoados sem muros. ⁶Destruímos completamente o reino de Ogue, como havíamos destruído Seom, rei de Hesbom. Exterminamos todo o povo das cidades que conquistamos, tanto homens como mulheres e crianças. ⁷Ficamos, porém, com todos os animais e levamos os despojos das cidades.

⁸"Assim, tomamos o território dos dois reis amorreus a leste do rio Jordão, desde o vale de Arnom até o monte Hermom. ⁹(Os sidônios chamam o monte Hermom de Siriom, enquanto os amorreus o chamam de Senir.) ¹⁰A essa altura, havíamos conquistado todas as cidades do planalto e todo o território de Gileade e Basã, até as cidades de Salcá e Edrei, que faziam parte do reino de Ogue, em Basã." ¹¹(O rei Ogue de Basã foi o último sobrevivente dos refains. Sua cama era feita de ferro e media mais de quatro metros de comprimento e quase dois metros de largura.ᵃ Ainda hoje é possível vê-la na cidade amonita de Rabá.)

ᵃ **3.11** Em hebraico, *9 côvados de comprimento e 4 côvados de largura*.

A divisão da terra a leste do Jordão

¹²"Quando tomamos posse da terra, dei às tribos de Rúben e Gade o território para além de Aroer, ao longo do vale de Arnom, e também metade do território de Gileade com suas cidades. ¹³Depois, entreguei o restante de Gileade e toda a Basã, o antigo reino de Ogue, à meia tribo de Manassés. (Toda essa região de Argobe, em Basã, era conhecida como a terra dos refains. ¹⁴Jair, um dos descendentes da tribo de Manassés, conquistou toda a região de Argobe, em Basã, até a fronteira com os gesuritas e maacatitas. Jair deu à região seu próprio nome, Cidades de Jair,ᵃ pelo qual ela é conhecida até hoje.) ¹⁵Dei Gileade ao clã de Maquir, ¹⁶mas também dei parte de Gileade às tribos de Rúben e Gade. A região que lhes entreguei se estende desde a metade do vale de Arnom, ao sul, até o rio Jaboque, na fronteira amonita. ¹⁷Eles também receberam o vale do Jordão, desde o mar da Galileia até o mar Morto,ᵇ tendo o Jordão como limite a oeste e, a leste, as encostas do monte Pisga.

¹⁸"Naquela ocasião, dei a seguinte ordem às tribos que habitariam a leste do Jordão: 'Embora o Senhor, seu Deus, lhes tenha dado esta terra como propriedade, todos os seus homens aptos à guerra devem atravessar o Jordão à frente de seus parentes israelitas, armados e prontos para ajudá-los. ¹⁹Suas esposas, filhos e rebanhos numerosos ficarão nas cidades que já lhes dei. ²⁰Quando o Senhor tiver dado segurança aos demais israelitas, como deu a vocês, e quando eles tiverem tomado posse da terra que o Senhor, seu Deus, lhes dá do outro lado do Jordão, então vocês poderão voltar para esta terra que lhes dei'.

Moisés é proibido de entrar na terra

²¹"Naquela ocasião, dei a Josué a seguinte ordem: 'Você viu com os próprios olhos tudo que o Senhor, seu Deus, fez a esses dois reis. Ele fará o mesmo a todos os reinos do lado oeste do Jordão. ²²Não tenham medo dessas nações, pois o Senhor, seu Deus, lutará por vocês'.

²³"Também naquela ocasião, supliquei ao Senhor: ²⁴'Ó Senhor Soberano, tu apenas começaste a mostrar a este teu servo a tua grandeza e a força da tua mão. Existe algum deus no céu ou na terra capaz de realizar obras tão grandiosas e poderosas como as que tu realizas? ²⁵Por favor, peço que me deixes atravessar o Jordão para ver a boa terra do outro lado do rio, a bela região montanhosa e o Líbano'.

²⁶"Mas o Senhor estava irado comigo por causa de vocês e não me atendeu. 'Basta!', declarou ele. 'Não toque mais nesse assunto. ²⁷Suba ao topo do monte Pisga e contemple a terra em todas as direções. Olhe bem, pois você não atravessará o Jordão. ²⁸Encarregue Josué dessa tarefa, encoraje-o e fortaleça-o, pois ele conduzirá o povo para o outro lado do Jordão. Ele lhes dará como herança toda a terra que você está vendo.' ²⁹Assim, ficamos no vale junto a Bete-Peor."

Moisés encoraja Israel a obedecer

4 "Agora, Israel, ouça com atenção estes decretos e estatutos que lhe ensinarei. Cumpram-nos para que vocês vivam, entrem na terra que o Senhor, o Deus de seus antepassados, lhes dá e tomem posse dela. ²Não acrescentem coisa alguma às ordens que eu lhes dou, nem tirem coisa alguma delas. Simplesmente obedeçam aos mandamentos do Senhor, seu Deus, que eu lhes dou.

³"Vocês viram com os próprios olhos o que o Senhor fez no incidente em Baal-Peor. Ali, o Senhor, seu Deus, destruiu todos aqueles que adoraram Baal, o deus de Peor. ⁴Mas vocês, que foram fiéis ao Senhor, seu Deus, estão hoje todos vivos.

⁵"Vejam, agora eu lhes ensino estes decretos e estatutos conforme me ordenou o Senhor, meu Deus, para que vocês os cumpram na terra em que estão prestes a entrar para tomar posse dela. ⁶Obedeçam-lhes por completo, e assim demonstrarão sabedoria e inteligência às nações vizinhas. Quando elas ouvirem estes decretos, exclamarão: 'Como é sábio e prudente o povo dessa grande nação!'. ⁷Pois que grande nação tem um deus tão próximo de si como o Senhor, nosso Deus, está próximo de nós sempre que o invocamos? ⁸E que grande nação tem decretos e estatutos tão justos quanto este conjunto de leis que hoje lhes dou?

⁹"Fiquem muito atentos! Cuidem para que não se esqueçam daquilo que viram com os

---

ᵃ **3.14** Em hebraico, *Havote-Jair*. ᵇ **3.17** Em hebraico, *desde o Quinerete até o mar da Arabá, o mar Salgado*.

próprios olhos. Não deixem que essas lembranças se apaguem de sua memória enquanto viverem. Passem-nas adiante a seus filhos e netos. ¹⁰Nunca se esqueçam do dia em que estiveram diante do Senhor, seu Deus, no monte Sinai,ᵃ onde o Senhor me disse: 'Convoque o povo para que se apresente diante de mim, e eu os instruirei pessoalmente. Eles aprenderão a me temer enquanto viverem e ensinarão seus filhos a também me temer'.

¹¹"Vocês se aproximaram e ficaram ao pé do monte, enquanto o monte ardia em chamas que subiam até o céu. Ao mesmo tempo, o monte foi envolvido por nuvens negras e densa escuridão. ¹²Então o Senhor lhes falou do meio do fogo. Vocês ouviram o som de suas palavras, mas não viram sua forma; havia apenas uma voz. ¹³Ele proclamou sua aliança, os dez mandamentos.ᵇ Gravou-os em duas tábuas de pedra e ordenou que os cumprissem. ¹⁴Foi naquela ocasião que o Senhor me ordenou que lhes ensinasse seus decretos e estatutos, para que vocês os cumprissem na terra em que estão prestes a entrar para tomar posse dela."

Alerta contra a idolatria

¹⁵"Tenham muito cuidado! No dia em que o Senhor lhes falou do meio do fogo no monte Sinai, vocês não viram forma alguma. ¹⁶Portanto, não se corrompam fazendo ídolos de qualquer forma, seja de homem ou de mulher, ¹⁷de animal terrestre, de ave no céu, ¹⁸de animal que rasteja pelo chão ou de peixe das profundezas do mar. ¹⁹E, quando olharem para o céu e virem o sol, a lua e as estrelas, todo o exército do céu, não caiam na tentação de prostrar-se diante deles e adorá-los. O Senhor, seu Deus, os deu a todos os povos da terra. ²⁰Lembrem-se de que o Senhor os libertou do Egito, uma fornalha de fundir ferro, para torná-los seu povo e sua propriedade especial, como hoje se vê.

²¹"E, no entanto, o Senhor se irou contra mim por causa de vocês. Jurou que eu não atravessaria o rio Jordão para entrar na boa terra que o Senhor, seu Deus, lhes dá como propriedade. ²²Vocês atravessarão o Jordão e tomarão posse dessa boa terra, mas eu não. Morrerei aqui, deste lado do rio. ²³Portanto, tenham cuidado para não se esquecerem da aliança que o

---

PÃO DIÁRIO

Sem ir a lugar algum

Fiquem muito atentos! Cuidem para que não se esqueçam daquilo que viram com os próprios olhos. Não deixem que essas lembranças se apaguem de sua memória enquanto viverem.

—Deuteronômio 4.9

Andei o mais rápido possível. Na verdade, me esforcei até suar bastante. Após cerca de um quilômetro, comecei a correr e, então, corri o máximo que pude. Finalmente, depois de quase 25 minutos, parei. Meu coração estava acelerado. Minha blusa estava encharcada. Mas eu não tinha ido a lugar algum. Eu havia acabado de completar 2,5 km na esteira.

Depois que me refresquei, sentei e abri minha Bíblia. Estava seguindo um cronograma de leitura e a indicada para o dia era no livro de Números. Li umas passagens lentamente e outras mais rápido, mas, às vezes, sentia que não estava indo a lugar algum — era como se tivesse voltado à esteira. Os censos tinham sido feitos. A longa jornada fora recapitulada. As tribos tinham sido cadastradas e recadastradas. No dia seguinte, iniciei a leitura em Deuteronômio. Mais andanças. Mais sobre os israelitas e suas terras.

Mas, quando cheguei ao capítulo 4, percebi o motivo de toda essa síntese ser importante. Moisés dissera ao povo "não se esqueçam daquilo que viram com os próprios olhos. Não deixem que essas lembranças se apaguem de sua memória enquanto viverem. Passem-nas adiante a seus filhos e netos" (v.9). A leitura anterior não tinha sido a respeito de Israel ir mais rápido para algum lugar. Era sobre treinamento, sobre uma lição para usar o que Deus havia feito no passado como instrução para uma vida piedosa no futuro.

Toda Escritura nos foi dada por inspiração de Deus. Portanto, mesmo quando a passagem parecer sem importância, continue a ler. Às vezes, temos que ter paciência para perceber qual é o seu propósito integral.

Senhor, quando eu abrir a Tua Palavra, por favor, ajuda-me a compreender o que procuras me ensinar. Permite-me separar um momento para compreender os conceitos que estão sendo apresentados e de que maneira eles podem ser aplicados em minha vida.

Deus nos fala por meio de Sua Palavra; invista o seu tempo para ouvir a Sua voz.

ᵃ**4.10** Em hebraico, *Horebe*, outro nome para o Sinai; também em 4.15.   ᵇ**4.13** Em hebraico, *as dez palavras*.

Senhor, seu Deus, fez com vocês. Não façam ídolos de qualquer aparência ou forma, pois o Senhor, seu Deus, proibiu isso. ²⁴O Senhor, seu Deus, é fogo devorador; é Deus zeloso.

²⁵"No futuro, quando vocês tiverem filhos e netos e já estiverem habitando na terra há muito tempo, não se corrompam fazendo ídolos de qualquer forma. Isso é mau aos olhos do Senhor, seu Deus, e provocará sua ira. ²⁶"Hoje, apelo para o céu e para a terra como testemunhas contra vocês. Se quebrarem a aliança, desaparecerão rapidamente da terra da qual tomarão posse depois de atravessar o Jordão. Habitarão ali por pouco tempo e depois serão totalmente destruídos. ²⁷O Senhor os dispersará entre as nações, onde apenas alguns de vocês sobreviverão. ²⁸Lá, em terra estrangeira, adorarão deuses de madeira e pedra, feitos por mãos humanas, deuses que não podem ver, nem ouvir, nem comer, nem cheirar. ²⁹De lá, porém, vocês buscarão o Senhor, seu Deus, outra vez. E, se o buscarem de todo o coração e de toda a alma, o encontrarão.

³⁰"No futuro distante, quando estiverem sofrendo todas essas coisas, finalmente voltarão para o Senhor, seu Deus, e ouvirão o que ele lhes diz. ³¹Pois o Senhor, seu Deus, é Deus misericordioso; não os abandonará nem os destruirá, nem se esquecerá da aliança solene que fez com seus antepassados."

Há somente um Deus

³²"Investiguem toda a história, desde o dia em que Deus criou os seres humanos sobre a terra até agora, e procurem desde uma extremidade do céu até a outra. Alguma vez se viu ou ouviu coisa tão grandiosa como esta? ³³Algum outro povo ouviu a voz de Deus[a] falar do meio do fogo, como vocês ouviram, e sobreviveu? ³⁴Algum outro deus já tentou tirar uma nação do meio de outra nação e tomá-la para si com provas, sinais, maravilhas, guerra, mão forte, braço poderoso e atos temíveis? E, no entanto, foi isso que o Senhor, seu Deus, fez por vocês no Egito, bem diante de seus olhos!

³⁵"Ele lhes mostrou todas essas coisas para que vocês soubessem que o Senhor é Deus, e não há outro além dele. ³⁶Permitiu que vocês ouvissem sua voz que vinha do céu para instruí-los e permitiu que vissem seu grande fogo na terra para falar-lhes do meio dele. ³⁷Porque amou seus antepassados, ele escolheu abençoar vocês, os descendentes, e ele mesmo os tirou do Egito com grande poder. ³⁸Ele expulsou nações muito maiores e mais poderosas que vocês para estabelecê-los na terra delas e entregá-la a vocês como herança, como hoje se vê.

³⁹"Portanto, reconheçam este fato e guardem-no firmemente na memória: O Senhor é Deus nos céus e na terra, e não há outro além dele. ⁴⁰Se obedecerem a todos os decretos e mandamentos que hoje lhes dou, tudo irá bem com vocês e seus filhos, e vocês terão vida longa na terra que o Senhor, seu Deus, lhes dá para sempre".

As cidades de refúgio do lado leste

⁴¹Então Moisés separou três cidades de refúgio do lado leste do rio Jordão. ⁴²Assim, alguém que tivesse matado outra pessoa acidentalmente, sem hostilidade anterior, poderia fugir para uma dessas cidades e viver em segurança. ⁴³Estas eram as cidades: Bezer, no planalto do deserto, para a tribo de Rúben; Ramote, em Gileade, para a tribo de Gade; Golã, em Basã, para a tribo de Manassés.

Introdução ao segundo discurso de Moisés

⁴⁴Esta é a lei que Moisés apresentou ao povo de Israel. ⁴⁵Estes são os preceitos, decretos e estatutos que Moisés deu aos israelitas quando saíram do Egito, ⁴⁶enquanto estavam acampados no vale junto a Bete-Peor, do lado leste do Jordão. (Em outros tempos, os amorreus ocuparam essa terra durante o reinado de Seom, que vivia em Hesbom. Mas, quando saíram do Egito, Moisés e os israelitas aniquilaram esse rei e seu povo. ⁴⁷Os israelitas tomaram posse do território de Seom e do território de Ogue, rei de Basã, os dois reis dos amorreus que viviam a leste do Jordão. ⁴⁸Conquistaram toda a região, desde Aroer, na beira do vale de Arnom, até o monte Siriom,[b] também chamado de Hermom. ⁴⁹Conquistaram também a margem leste do rio Jordão até o mar Morto,[c] ao sul, abaixo das encostas do monte Pisga.)

---

[a] 4.33 Ou *a voz de um deus.* [b] 4.48 Conforme a versão siríaca (ver tb. 3.9); o hebraico traz *Siom.* [c] 4.49 Em hebraico, *Conquistaram a Arabá, do lado leste do Jordão, até o mar da Arabá.*

Dez mandamentos para a comunidade da aliança

5 Moisés reuniu todo o povo de Israel e disse: "Ouça com atenção, Israel! Ouça os decretos e estatutos que hoje lhes dou, para que os aprendam e os cumpram cuidadosamente! ²"O Senhor, nosso Deus, fez uma aliança conosco no monte Sinai.ᵃ ³Não foi com nossos antepassados que o Senhor fez essa aliança, mas com todos nós que hoje estamos vivos aqui. ⁴No monte, o Senhor falou com vocês face a face do meio do fogo. ⁵Eu servi de intermediário entre o Senhor e vocês, pois vocês tiveram medo do fogo e não quiseram se aproximar do monte. Ele falou comigo, e eu lhes transmiti suas palavras. Foi isto que ele disse:

⁶"Eu sou o Senhor, seu Deus, que o libertou da terra do Egito, onde você era escravo.

⁷"Não tenha outros deuses além de mim.

⁸"Não faça para si espécie alguma de ídolo ou imagens de qualquer coisa no céu, na terra ou no mar. ⁹Não se curve diante deles nem os adore, pois eu, o Senhor, seu Deus, sou um Deus zeloso. Trago as consequências do pecado dos pais sobre os filhos até a terceira e quarta geração dos que me rejeitam, ¹⁰mas demonstro amor por até mil geraçõesᵇ dos que me amam e obedecem a meus mandamentos.

¹¹"Não use o nome do Senhor, seu Deus, de forma indevida. O Senhor não deixará impune quem usar o nome dele de forma indevida.

¹²"Lembre-se de guardar o sábado, fazendo dele um dia consagrado, conforme o Senhor, seu Deus, lhe ordenou. ¹³Você tem seis dias na semana para fazer os trabalhos habituais, ¹⁴mas o sétimo dia é o sábado do Senhor, seu Deus. Nesse dia, ninguém em sua casa fará trabalho algum: nem você, nem seus filhos e filhas, nem seus servos e servas, nem seus bois, jumentos e outros animais, nem os estrangeiros que vivem entre vocês. Todos os seus servos e servas devem descansar como você. ¹⁵Lembre-se de que você era escravo no Egito, e o Senhor, seu Deus, o tirou de lá com mão forte e braço poderoso. Por isso, o Senhor, seu Deus, ordenou que você guarde o sábado.

¹⁶"Honre seu pai e sua mãe, como o Senhor, seu Deus, lhe ordenou. Assim você terá vida longa e plena na terra que o Senhor, seu Deus, lhe dá.

¹⁷"Não mate.

¹⁸"Não cometa adultério.

¹⁹"Não roube.

²⁰"Não dê falso testemunho contra o seu próximo.

²¹"Não cobice a mulher do seu próximo, nem sua casa, nem sua terra, nem seus servos ou servas, nem seu boi ou jumento, nem qualquer outra coisa que lhe pertença.

²²"O Senhor dirigiu essas palavras a toda a comunidade reunida ao pé do monte. Falou em alta voz, do meio do fogo, cercado de nuvens e densa escuridão. Foi tudo que ele disse naquela ocasião. Escreveu suas palavras em duas tábuas de pedra e as entregou a mim.

²³"Quando vocês ouviram a voz que vinha do meio da escuridão, enquanto o monte ardia em chamas, todos os líderes e autoridades de suas tribos se aproximaram de mim ²⁴e disseram: 'O Senhor, nosso Deus, nos mostrou sua glória e grandeza, e ouvimos sua voz do meio do fogo. Hoje vimos que Deus fala com os seres humanos e, no entanto, ainda estamos vivos! ²⁵Mas por que colocaríamos a vida em risco outra vez? Se o Senhor, nosso Deus, falar conosco novamente, sem dúvida morreremos e seremos devorados por seu fogo temível. ²⁶Pode alguém ouvir a voz do Deus vivo falando do meio do fogo, como nós ouvimos, e sobreviver? ²⁷Aproxime-se você, Moisés, e ouça o que diz o Senhor, nosso Deus. Depois, volte e diga-nos tudo que o Senhor, nosso Deus, lhe disser. Nós ouviremos e obedeceremos'.

²⁸"O Senhor atendeu ao pedido que vocês me fizeram e disse: 'Ouvi o que os israelitas lhe disseram, e eles estão certos. ²⁹Como seria bom se o coração deles fosse sempre assim, se estivessem dispostos a me temer e a obedecer a todos os meus mandamentos! Tudo iria bem com eles e seus descendentes para sempre. ³⁰Agora, vá e diga a eles: "Voltem às suas tendas". ³¹Você, porém, ficará aqui comigo, para que eu lhe dê todos os meus mandamentos, decretos e estatutos. Você os ensinará

ᵃ **5.2** Em hebraico, *Horebe*, outro nome para o Sinai. ᵇ **5.10** Em hebraico, *milhares*.

> **PÃO DIÁRIO**

Um legado duradouro

Guarde sempre no coração as palavras que hoje eu lhe dou. Repita-as com frequência a seus filhos.
—Deuteronômio 6.6,7

Meu amigo era um médico de meia-idade e sabia que estava sofrendo de uma doença que gradualmente o debilitaria e, eventualmente, o levaria à morte. Que conflito emocional ele experimentou para aceitar a sua condição! Ele esperava ajudar as crianças doentes por muitos anos. Também esperava proporcionar uma vida confortável para sua família e a melhor educação possível para os seus filhos. Mas como ele poderia fazer isso nessa condição? O que poderia deixar como herança para os seus filhos?

Quando eu o visitava, muitas vezes meu amigo, desesperado, levantava essa questão. Mas, aos poucos, ele passou a acreditar que o mais importante legado que podemos deixar para nossa família não é uma casa confortável e bons rendimentos. O maior legado é o espiritual que jamais pode ser comprado por dinheiro. É um exemplo de confiança inabalável no amor e na sabedoria de Deus. É, igualmente, exemplo de contínua resistência, coragem, paciência e esperança pela eternidade, quando toda a esperança neste mundo já não mais existir. Disse-lhe que, se ele deixasse esse legado à sua família, eles bendiriam a sua memória até o momento de também partirem para a glória.

Estamos deixando um legado espiritual duradouro de inestimável valor para aqueles que amamos?

Senhor, embora tenhamos a esperança de deixar nossa família em situação financeira estável, reconhecemos que desejas que os deixemos espiritualmente preparados para a eternidade contigo. Que o nosso legado seja o fato de termos te amado e servido com todo o nosso coração, alma, força e entendimento.

A vida submissa a Cristo é a melhor herança que podemos deixar aos nossos filhos.

---

aos israelitas para que os cumpram na terra que eu lhes dou para conquistarem".

³²Então Moisés disse ao povo: "Tenham o cuidado de obedecer a todos os mandamentos do Senhor, seu Deus, não se desviando deles em nada. ³³Permaneçam no caminho que o Senhor, seu Deus, ordenou que seguissem. Assim, terão vida longa e plena na terra que em breve vocês possuirão".

Chamado para compromisso total

6 "Estes são os mandamentos, os decretos e os estatutos que o Senhor, seu Deus, me encarregou de lhes ensinar. Não deixem de cumpri-los na terra que em breve vocês possuirão. ²Vocês, seus filhos e netos temerão o Senhor, seu Deus, enquanto viverem. Se obedecerem a todos os seus decretos e mandamentos, desfrutarão de vida longa. ³Ouça com atenção, Israel, e tenha o cuidado de obedecer. Então tudo irá bem com vocês e terão muitos filhos na terra que produz leite e mel com fartura, exatamente como lhes prometeu o Senhor, o Deus de seus antepassados.

⁴"Ouça, ó Israel! O Senhor, nosso Deus, o Senhor é único!ª ⁵Ame o Senhor, seu Deus, de todo o seu coração, de toda a sua alma e de toda a sua força. ⁶Guarde sempre no coração as palavras que hoje eu lhe dou. ⁷Repita-as com frequência a seus filhos. Converse a respeito delas quando estiver em casa e quando estiver caminhando, quando se deitar e quando se levantar. ⁸Amarre-as às mãos e prenda-as à testa como lembrança. ⁹Escreva-as nos batentes das portas de sua casa e em seus portões.

¹⁰"Em breve, o Senhor, seu Deus, os conduzirá à terra que ele jurou dar a seus antepassados Abraão, Isaque e Jacó. É uma terra com cidades grandes e prósperas que vocês não construíram. ¹¹As casas estarão cheias de bens que vocês não produziram. Vocês tirarão água de cisternas que não cavaram, e comerão os frutos de vinhedos e oliveiras que não plantaram. Quando tiverem comido até se fartarem nessa terra, ¹²cuidem para não se esquecerem do Senhor, que os libertou da escravidão na terra do Egito. ¹³Temam o Senhor, seu Deus, e sirvam-no. Quando fizerem um juramento, jurem somente pelo nome dele.

¹⁴"Não sigam nenhum dos deuses das nações vizinhas, ¹⁵pois o Senhor, seu Deus, que vive entre vocês, é Deus zeloso. Se o fizerem, a ira do Senhor, seu Deus, se acenderá contra vocês, e ele os eliminará da face da terra. ¹⁶Não ponham à prova o Senhor, seu Deus,

---

ª 6.4 Ou *O Senhor é nosso Deus, somente o Senhor*; ou *O Senhor, nosso Deus, é um só Senhor*; ou *O Senhor, nosso Deus, o Senhor é um só*; ou *O Senhor é nosso Deus, o Senhor é um só*.

como fizeram quando se queixaram em Massá. ¹⁷Obedeçam cuidadosamente aos mandamentos do Senhor, seu Deus, bem como a todos os preceitos e decretos que ele lhes ordenou. ¹⁸Façam o que é certo e bom aos olhos do Senhor, para que tudo vá bem com vocês e tomem posse da boa terra em que vão entrar, a terra que o Senhor prometeu sob juramento a seus antepassados. ¹⁹Vocês expulsarão todos os inimigos que vivem nela, como o Senhor disse que fariam.

²⁰"No futuro, seus filhos lhes perguntarão: 'O que significam estes preceitos, decretos e estatutos que o Senhor, nosso Deus, lhes deu?'.

²¹"Então vocês lhes dirão: 'Éramos escravos do faraó no Egito, mas o Senhor nos tirou de lá com sua mão forte. ²²O Senhor realizou sinais e maravilhas diante de nossos olhos e enviou castigos terríveis sobre o Egito, o faraó e todo o seu povo. ²³Ele nos tirou do Egito para nos dar esta terra que ele havia prometido sob juramento a nossos antepassados. ²⁴E o Senhor ordenou que cumpramos todos estes decretos e temamos o Senhor, nosso Deus, para que ele sempre nos abençoe e preserve nossa vida, como tem feito até hoje. ²⁵Pois a nossa justiça estará em obedecermos cuidadosamente aos mandamentos que o Senhor, nosso Deus, nos ordenou'."

O privilégio da santidade

7 "Quando o Senhor, seu Deus, os fizer entrar na terra que vocês em breve possuirão, ele removerá de diante de vocês muitas nações: os hititas, os girgaseus, os amorreus, os cananeus, os ferezeus, os heveus e os jebuseus. Essas sete nações são mais numerosas e mais poderosas que vocês. ²Quando o Senhor, seu Deus, entregá-las em suas mãos e vocês as conquistarem, destruam-nas completamente. Não façam tratados nem tenham pena delas. ³Não se unam a elas por meio de casamentos. Não deem suas filhas em casamento aos filhos delas, nem tomem as filhas delas como esposas para seus filhos, ⁴pois farão seus filhos se afastarem de mim para adorar outros deuses. Então a ira do Senhor arderá contra vocês e os destruirá rapidamente. ⁵Portanto, façam o seguinte: quebrem seus altares idólatras e despedacem suas colunas sagradas. Cortem os postes de Aserá e queimem seus ídolos. ⁶Vocês são um povo santo que pertence ao Senhor, seu Deus. Dentre todos os povos da terra, o Senhor, seu Deus, os escolheu para serem sua propriedade especial.

⁷"O Senhor não se afeiçoou a vocês nem os escolheu por serem mais numerosos que outras nações, pois vocês eram a menor de todas as nações! ⁸Antes, foi simplesmente porque o Senhor os amou e foi fiel ao juramento que fez a seus antepassados. Por isso o Senhor os libertou com mão forte da escravidão e da opressão do faraó, rei do Egito. ⁹Reconheçam, portanto, que o Senhor, seu Deus, é, de fato, Deus. Ele é o Deus fiel que cumpre por mil gerações sua aliança de amor com todos que o amam e obedecem a seus mandamentos. ¹⁰Não hesita, porém, em castigar e destruir aqueles que o rejeitam. ¹¹Assim, obedeçam a todos estes mandamentos, decretos e estatutos que hoje lhes dou.

¹²"Se vocês guardarem estes estatutos e os cumprirem com cuidado, o Senhor, seu Deus, cumprirá sua aliança de amor com vocês, como prometeu sob juramento a seus antepassados. ¹³Ele os amará, os abençoará e os fará crescer, tornando férteis seus filhos, sua terra e seus animais. Quando chegarem à terra que ele jurou dar a seus antepassados, vocês terão produção farta de cereais, vinho novo e azeite, e também grandes rebanhos de bois e ovelhas. ¹⁴Vocês serão mais abençoados que todas as nações da terra. Nenhum de seus homens ou mulheres será estéril, e todos os seus animais darão cria. ¹⁵O Senhor os protegerá de toda enfermidade. Não permitirá que sofram as doenças terríveis que conheceram no Egito; em vez disso, ele as enviará sobre todos os seus inimigos!

¹⁶"Destruam todas as nações que o Senhor, seu Deus, lhes entregar. Não tenham pena delas nem adorem seus deuses, pois isso seria uma armadilha para vocês. ¹⁷Talvez vocês se perguntem: 'Como poderemos conquistar essas nações que são muito mais numerosas que nós?'. ¹⁸Não tenham medo delas! Lembrem-se apenas daquilo que o Senhor, seu Deus, fez ao faraó e a toda a terra do Egito. ¹⁹Lembrem-se das grandes demonstrações de poder que o Senhor, seu Deus, enviou contra eles. Vocês viram com os próprios olhos! E lembrem-se dos sinais e maravilhas, da mão forte e do braço

> **PÃO DIÁRIO**
>
> ## Já chegamos?
>
> *Lembrem-se de como o Senhor, seu Deus, os guiou pelo deserto estes quarenta anos.*
>
> —Deuteronômio 8.2
>
> Se existe uma pergunta universal, ela pode ser: "Já chegamos?". Gerações de crianças a fizeram. Elas, em seguida, se transformaram em adultos que precisam responder a mesma pergunta quando seus filhos a fazem.
>
> Sempre que leio os livros de Moisés, fico pensando quantas vezes ele ouviu essa pergunta por parte dos israelitas. Antes de libertá-los da escravidão e tirá-los do Egito, Moisés lhes disse que o Senhor os levaria a "uma terra que produz leite e mel" (Êx 3.8). E assim o fez. Porém, antes disso, eles passaram 40 anos vagando pelo deserto. Contudo, não foi uma jornada comum, não estavam perdidos; estavam vagando com um propósito. Após 400 anos de escravidão, os filhos de Israel precisavam ter seu coração, alma e mente reorientados em relação a Deus. Isso ocorreu no deserto (Dt 8.2,15-18), mas não antes de uma geração inteira morrer por causa de sua desobediência (Nm 32.13).
>
> Na vida, às vezes, parece que estamos andando em círculos. Sentimo-nos perdidas. Queremos perguntar a Deus: "Já chegamos? Quanto tempo falta?". Em tais momentos, isso é bom e ajuda a lembrarmos que para Deus a viagem é importante, não apenas o destino. Ele usa a nossa jornada para nos tornar humildes, nos provar e nos mostrar o que está em nosso coração.
>
> *Querido Pai celestial, enquanto empreendemos esta jornada dia após dia, querendo saber quando nos levarás de volta para casa, ajuda-nos a lembrar que tens contado os nossos dias e ainda tens outras coisas para realizarmos.*
>
> **A jornada é importante, não apenas o destino.**

poderoso com os quais ele os tirou do Egito. O Senhor, seu Deus, usará esse mesmo poder contra todos os povos que vocês temem. ²⁰Sim, o Senhor, seu Deus, enviará terror[a] para expulsar os poucos sobreviventes que ainda estiverem escondidos de vocês!

²¹"Não tenham medo dessas nações, pois o Senhor, seu Deus, está entre vocês, e é Deus grande e temível. ²²O Senhor, seu Deus, expulsará essas nações de diante de vocês, pouco a pouco. Vocês não as eliminarão de uma vez, pois, se assim fosse, os animais selvagens se multiplicariam rápido demais e os ameaçariam. ²³Mas o Senhor, seu Deus, as entregará a vocês. Ele as lançará em total confusão, até que sejam destruídas. ²⁴Entregará os reis dessas nações em suas mãos, e vocês apagarão o nome deles da face da terra. Ninguém poderá lhes resistir, e vocês destruirão a todos.

²⁵"Queimem os ídolos das nações no fogo e não cobicem a prata nem o ouro que os revestem. Não tomem nenhum desses metais para si, pois isso seria uma armadilha para vocês; é algo detestável para o Senhor, seu Deus. ²⁶Não levem para dentro de suas casas objeto algum que seja detestável, pois, como eles, vocês serão destruídos. Considerem essas coisas absolutamente detestáveis, pois estão separadas para a destruição."

Chamado para lembrar e obedecer

8 "Obedeçam cuidadosamente a todos os mandamentos que hoje lhes dou. Assim, vocês viverão e se multiplicarão, e entrarão e tomarão posse da terra que o Senhor jurou dar a seus antepassados. ²Lembrem-se de como o Senhor, seu Deus, os guiou pelo deserto estes quarenta anos, humilhando-os e pondo à prova seu caráter, para ver se vocês obedeceriam ou não a seus mandamentos. ³Sim, ele os humilhou, permitindo que tivessem fome. Em seguida, ele os sustentou com maná, um alimento que nem vocês nem seus antepassados conheciam, a fim de lhes ensinar que as pessoas não vivem só de pão, mas de toda palavra que vem da boca do Senhor. ⁴Ao longo de todos estes quarenta anos, suas roupas não se gastaram e seus pés não incharam nem criaram bolhas. ⁵Pensem nisto: assim como o pai disciplina o filho, também o Senhor, seu Deus, disciplina vocês para o seu próprio bem.

⁶"Portanto, obedeçam aos mandamentos do Senhor, seu Deus, andando em seus caminhos e temendo a ele. ⁷Pois o Senhor, seu Deus, está levando vocês para uma terra boa, com riachos e tanques de água, com fontes que jorram nos vales e colinas. ⁸É uma terra de trigo e cevada, com vinhedos, figueiras e romãzeiras, com azeite e

---

[a] 7.20 Traduzido habitualmente como *vespas*. O significado do hebraico é incerto.

mel. ⁹É uma terra onde há muito alimento e não falta coisa alguma. É uma terra onde há ferro nas rochas e cobre em grande quantidade nos montes. ¹⁰Quando tiverem comido até se saciarem, lembrem-se de louvar o Senhor, seu Deus, pela boa terra que ele lhes deu.

¹¹"Tenham cuidado para que, em meio à fartura, não se esqueçam do Senhor, seu Deus, e desobedeçam aos mandamentos, estatutos e decretos que hoje lhes dou. ¹²Quando ficarem satisfeitos e forem prósperos, quando tiverem construído belas casas onde morar, ¹³e quando seus rebanhos tiverem se tornado numerosos e sua prata e seu ouro tiverem se multiplicado junto com todos os seus bens, tenham cuidado! ¹⁴Não se tornem orgulhosos e não se esqueçam do Senhor, seu Deus, que os libertou da escravidão na terra do Egito. ¹⁵Ele os guiou pelo deserto imenso e assustador, cheio de serpentes venenosas e escorpiões, uma terra quente e seca. Ele lhes deu água da rocha. ¹⁶Sustentou-os no deserto com maná, alimento que seus antepassados não conheciam, para humilhá-los e prová-los para o seu próprio bem. ¹⁷Fez tudo isso para que vocês jamais viessem a pensar: 'Conquistei toda esta riqueza com minha própria força e capacidade'. ¹⁸Lembrem-se do Senhor, seu Deus. É ele que lhes dá força para serem bem-sucedidos, a fim de confirmar a aliança solene que fez com seus antepassados, como hoje se vê.

¹⁹"Uma coisa, porém, eu lhes garanto: se vocês se esquecerem do Senhor, seu Deus, e seguirem outros deuses, adorando-os e curvando-se diante deles, certamente serão destruídos. ²⁰Assim como o Senhor destruiu outras nações em seu caminho, vocês também serão destruídos caso se recusem a obedecer ao Senhor, seu Deus."

Vitória pela graça de Deus

9 "Ouça, ó Israel! Hoje você atravessará o rio Jordão para ocupar a terra que pertence a nações muito maiores e mais poderosas que você, povos que vivem em cidades com muralhas que chegam até o céu. ²Seus habitantes são fortes e altos, descendentes dos famosos enaquins. Você já ouviu o ditado: 'Quem é capaz de resistir aos enaquins?'. ³Esteja certo, porém, que hoje o Senhor, seu Deus, vai adiante de você como fogo devorador. Ele os derrotará e os humilhará diante de você, para que você os expulse e os destrua rapidamente, como o Senhor prometeu.

⁴"Depois que o Senhor, seu Deus, tiver feito isso por você, não diga em seu coração: 'O Senhor me deu esta terra porque sou justo'. Não! É por causa da perversidade das outras nações que ele as expulsa de diante de você. ⁵Você não está prestes a tomar posse da terra deles porque é justo ou íntegro. O Senhor, seu Deus, expulsará essas nações de diante de você somente por causa da perversidade delas, e para cumprir o juramento que fez a seus antepassados Abraão, Isaque e Jacó. ⁶Reconheça, portanto, que o Senhor, seu Deus, não lhe dá essa boa terra como propriedade porque você é justo, pois não é. Na verdade, você é um povo teimoso."

Recapitulação do bezerro de ouro

⁷"Lembrem-se, e jamais se esqueçam, de como vocês provocaram a ira do Senhor, seu Deus, no deserto. Desde o dia em que saíram do Egito até agora, vocês têm se rebelado contra o Senhor constantemente. ⁸Até mesmo no monte Sinai,ᵃ tanto provocaram a ira do Senhor que ele esteve a ponto de destruí-los. ⁹Isso aconteceu quando eu estava no monte, recebendo as tábuas de pedra gravadas com os termos da aliança que o Senhor tinha feito com vocês. Passei quarenta dias e quarenta noites ali e, durante todo esse tempo, não comi nem bebi coisa alguma. ¹⁰O Senhor me deu as duas tábuas nas quais gravou com seu próprio dedo todas as palavras que lhes tinha proclamado do meio do fogo quando estavam reunidos ao pé do monte.

¹¹"Passados os quarenta dias e quarenta noites, o Senhor me entregou as duas tábuas de pedra gravadas com os termos da aliança. ¹²Então o Senhor me disse: 'Levante-se! Desça agora mesmo, pois o povo que você tirou do Egito se corrompeu. Como se desviaram depressa do caminho que eu lhes havia ordenado! Derreteram metal e fizeram um ídolo para si!'.

¹³"O Senhor também me disse: 'Vi como este povo é teimoso e rebelde. ¹⁴Fique de lado, e eu

---

ᵃ **9.8** Em hebraico, *Horebe*, outro nome para o Sinai.

os destruirei e apagarei o nome deles de debaixo do céu. Depois, farei de você e de seus descendentes uma nação mais poderosa e mais numerosa que eles'.

¹⁵"Então, enquanto o monte ardia em chamas, virei-me e comecei a descer, levando nas mãos as duas tábuas de pedra gravadas com os termos da aliança. ¹⁶Quando olhei para baixo, vi que vocês haviam pecado contra o Senhor, seu Deus. Tinham derretido metal e feito para si um ídolo em forma de bezerro. Como se desviaram depressa do caminho que o Senhor lhes havia ordenado! ¹⁷Então peguei as duas tábuas de pedra e as joguei no chão, despedaçando-as diante de vocês.

¹⁸"Em seguida, como havia feito antes, prostrei-me diante do Senhor durante quarenta dias e quarenta noites. Não comi nem bebi coisa alguma por causa do grande pecado que vocês haviam cometido ao fazer o que era mau aos olhos do Senhor, provocando sua ira. ¹⁹Tive muito medo por causa da ira ardente do Senhor, que ameaçava destruir vocês. Mais uma vez, porém, o Senhor me ouviu. ²⁰O Senhor estava tão irado com Arão que também queria destruí-lo, mas eu também orei em favor de Arão. ²¹Tomei o pecado de vocês, o bezerro que haviam feito, o derreti no fogo e o moí até virar pó fino. Em seguida, joguei o pó no riacho que desce do monte.

²²"Vocês também provocaram a ira do Senhor em Taberá,ᵃ em Massáᵇ e em Quibrote-Hataavá.ᶜ ²³E, em Cades-Barneia, o Senhor deu a seguinte ordem: 'Subam e tomem posse da terra que eu lhes dei'. Mas vocês se rebelaram contra a ordem do Senhor, seu Deus, e não confiaram nele nem lhe obedeceram. ²⁴Sim, vocês têm se rebelado contra o Senhor desde que os conheço.

²⁵"Prostrei-me diante do Senhor durante quarenta dias e quarenta noites, porque o Senhor tinha dito que os destruiria. ²⁶Orei ao Senhor e disse: Ó Soberano Senhor, não os destruas! Eles são o teu povo, a tua propriedade especial, a quem resgataste do Egito com teu grande poder e tua forte mão. ²⁷Peço que te lembres dos teus servos Abraão, Isaque e Jacó, e não leves em conta a teimosia, a perversidade e o pecado deste povo. ²⁸Se o destruíres, os egípcios dirão: 'Eles morreram porque o Senhor não foi capaz de levá-los à terra que tinha prometido lhes dar'. Ou talvez digam: 'Ele os destruiu porque os odiava; levou-os ao deserto de propósito para matá-los'. ²⁹No entanto, eles são o teu povo e a tua propriedade especial, que tiraste do Egito com tua grande força e teu braço poderoso'."

Uma nova cópia da aliança

10 "Naquela ocasião, o Senhor me disse: 'Corte duas tábuas de pedra, como as anteriores. Faça também uma arca de madeira e suba ao monte para encontrar-se comigo, ²e eu escreverei nas tábuas as mesmas palavras que estavam nas anteriores, aquelas que você despedaçou. Em seguida, coloque as tábuas na arca'.

³"Fiz, portanto, a arca de madeira de acácia e cortei duas tábuas de pedra, como as anteriores. Subi ao monte levando as tábuas na mão. ⁴Mais uma vez, o Senhor escreveu os dez mandamentosᵈ nas tábuas e as entregou a mim. Eram as mesmas palavras que o Senhor lhes tinha proclamado do meio do fogo no dia em que vocês se reuniram ao pé do monte. ⁵Então virei-me, desci o monte e coloquei as tábuas na arca da aliança que eu tinha feito. As tábuas ainda estão dentro da arca, conforme o Senhor me ordenou.

⁶(Os israelitas saíram dos poços do povo de Jacáᵉ e viajaram para Moserá, onde Arão morreu e foi sepultado. Eleazar, seu filho, serviu como sacerdote em seu lugar. ⁷Em seguida, viajaram para Gudgodá e, de lá, para Jotbatá, terra com muitos ribeiros. ⁸Naquela ocasião, o Senhor separou a tribo de Levi para carregar a arca da aliança do Senhor e para estar diante do Senhor, a fim de servi-lo e de pronunciar bênçãos em seu nome. Essas são suas responsabilidades até hoje. ⁹Por isso os levitas não têm porção alguma de terra como herança entre seus irmãos israelitas. O próprio Senhor é sua herança, conforme o Senhor, seu Deus, lhes prometeu.)

ᵃ**9.22a** *Taberá* significa "lugar da queima". Ver Nm 11.1-3. ᵇ**9.22b** *Massá* significa "prova". Ver Êx 17.1-7. ᶜ**9.22c** *Quibrote-Hataavá* significa "túmulos da gula". Ver Nm 11.31-34. ᵈ**10.4** Em hebraico, *as dez palavras*. ᵉ**10.6** Ou *partiram de Beerote de Benê-Jacá*.

¹⁰"Quanto a mim, fiquei no monte, na presença do Senhor, quarenta dias e quarenta noites, como da primeira vez. E, também dessa vez, o Senhor ouviu minhas súplicas e concordou em não destruí-los. ¹¹Então o Senhor me disse: 'Levante-se, siga viagem e guie o povo, para que entrem e tomem posse da terra que jurei dar a seus antepassados'."

Chamado para amar e obedecer

¹²"Agora, Israel, o que o Senhor, seu Deus, requer de você? Somente que você tema o Senhor, seu Deus, que viva de maneira agradável a ele e que ame e sirva o Senhor, seu Deus, de todo o coração e de toda a alma. ¹³Obedeça sempre aos mandamentos e decretos do Senhor que hoje lhe dou para o seu próprio bem.

¹⁴"Veja, os mais altos céus e a terra, e tudo que nela há, pertencem ao Senhor, seu Deus. ¹⁵E, no entanto, o Senhor escolheu seus antepassados para amá-los, e escolheu vocês, descendentes deles, dentre todas as nações, como hoje se vê. ¹⁶Portanto, submetam-se a ele de coração[a] e deixem de ser teimosos.

¹⁷"Pois o Senhor, seu Deus, é Deus dos deuses e Senhor dos senhores. É o grande Deus, o Deus poderoso e temível, que não mostra parcialidade e não aceita subornos. ¹⁸Ele faz justiça aos órfãos e às viúvas. Ama os estrangeiros que vivem entre vocês e lhes dá alimento e roupas. ¹⁹Portanto, amem também os estrangeiros, pois, em outros tempos, vocês foram estrangeiros na terra do Egito. ²⁰Temam o Senhor, seu Deus, sirvam-no e apeguem-se a ele. Quando fizerem juramentos, jurem somente pelo nome dele. ²¹Somente ele é seu Deus, o único digno de seu louvor, aquele que, por vocês, fez os milagres poderosos que vocês viram com os próprios olhos. ²²Quando seus antepassados desceram até o Egito, eram apenas setenta pessoas. Agora, porém, o Senhor, seu Deus, os tornou tão numerosos quanto as estrelas do céu!"

11 "Amem o Senhor, seu Deus, e obedeçam sempre ao que ele exige: seus estatutos, decretos e mandamentos. ²Lembrem-se de que hoje não falo a seus filhos, que nunca experimentaram a disciplina do Senhor, seu Deus, nem viram a grandeza, a mão forte e o seu braço poderoso. ³Eles não viram os sinais e os atos poderosos que ele realizou no Egito contra o faraó e toda a sua terra. ⁴Não viram o que ele fez aos exércitos dos egípcios e a seus cavalos e carros de guerra, como ele os afogou no mar Vermelho[b] enquanto perseguiam vocês. Ele os destruiu e até hoje não se recuperaram.

> **PÃO DIÁRIO**
>
> ## Temor e amor
>
> *Agora, Israel, o que o Senhor, seu Deus, requer de você? Somente que você tema o Senhor, seu Deus, que viva de maneira agradável a ele e que ame e sirva ao Senhor...*
> —Deuteronômio 10.12
>
> Alguém compartilhou comigo sua observação sobre dois chefes. Um é amado e seus subordinados não o temem. Amam essa pessoa, mas não respeitam a sua autoridade, nem seguem as suas orientações. O outro chefe é temido e amado por aqueles que estão sob a sua liderança, e o bom comportamento dos liderados demonstra isso.
>
> O Senhor deseja que o Seu povo também o tema e o ame. A passagem bíblica de hoje, em Deuteronômio 10, afirma que observar as diretrizes de Deus envolve temer e amar. No versículo 12, lemos "...tema o Senhor, seu Deus [...] e ame...".
>
> "Temer" ao Senhor Deus é prestar-lhe o mais alto respeito. Para o cristão, isso não é uma questão de se sentir intimidado por Ele ou por Seu caráter. Entretanto, pelo respeito à Sua pessoa e autoridade, caminhamos em todos os Seus caminhos e guardamos os Seus mandamentos. Por "amor", nós o servimos com todo o nosso coração e com toda a nossa alma, ao invés de fazê-lo simplesmente por obrigação (v.12).
>
> O amor flui de nossa profunda gratidão por Seu amor por nós ao invés de fluir do que gostamos ou não. Amamos porque Deus nos amou primeiro (1Jo 4.19). Nosso temor e amor pelo Senhor nos capacitam a andar, de bom grado, em obediência à lei de Deus.
>
> *Ensina-me, Senhor, a te temer e amar. Que a Tua maravilhosa grandeza possa me dominar e o Teu amor doce e suave, encher-me. Ajuda-me a me submeter totalmente a ti e a amar os outros como tu os amarias.*
>
> ---
>
> **Se temermos e amarmos a Deus, nós o obedeceremos.**

---

[a] 10.16 Em hebraico, *circuncidem o prepúcio do seu coração*. [b] 11.4 Em hebraico, *mar de juncos*.

⁵"Seus filhos não viram como o Senhor cuidou de vocês no deserto até chegarem aqui. ⁶Não viram o que ele fez a Datã e Abirão (filhos de Eliabe, descendente de Rúben) quando a terra abriu a boca no acampamento israelita e os engoliu, junto com suas famílias, tendas e todos os seres vivos que pertenciam a eles. ⁷Vocês, porém, viram com os próprios olhos que o Senhor realizou todos esses atos poderosos!"

Bênçãos pela obediência

⁸"Portanto, obedeçam a todos os mandamentos que hoje lhes dou, para que tenham forças para avançar e conquistar a terra da qual estão prestes a tomar posse. ⁹Se obedecerem, terão vida longa na terra que o Senhor jurou dar a seus antepassados e a vocês, os descendentes deles, uma terra que produz leite e mel com fartura! ¹⁰Pois a terra em que vocês estão prestes a entrar para tomar posse não é como a terra do Egito, de onde vocês vieram e onde plantavam as sementes e faziam valas de irrigação com o pé, como numa horta. ¹¹A terra da qual em breve tomarão posse é uma terra de montes e vales, com chuva em grande quantidade, ¹²terra da qual o Senhor, seu Deus, cuida continuamente, todo o ano!

¹³"Se obedecerem fielmente aos mandamentos que hoje lhes dou, e se amarem o Senhor, seu Deus, e servirem a ele de todo o seu coração e de toda a sua alma, ¹⁴ele mandará as chuvas na estação apropriada, as chuvas de outono e de primavera, para que vocês juntem suas colheitas de cereais e produzam vinho novo e azeite. ¹⁵Ele dará bons pastos para seus animais, e vocês terão alimento com fartura.

¹⁶"Mas tenham cuidado! Não deixem seu coração ser enganado, levando-os a afastar-se do Senhor e a adorar outros deuses. ¹⁷Se o fizerem, a ira do Senhor se acenderá contra vocês. Ele fechará o céu e reterá a chuva, e a terra não produzirá suas colheitas. Em pouco tempo, vocês serão removidos da boa terra que o Senhor lhes dá.

¹⁸"Gravem estas minhas palavras no coração e na mente. Amarrem-nas às mãos e prendam-nas à testa como lembrança. ¹⁹Ensinem-nas a seus filhos. Conversem a respeito delas quando estiverem em casa e quando estiverem caminhando, quando se deitarem e quando se levantarem. ²⁰Escrevam-nas nos batentes das portas de suas casas e em seus portões, ²¹para que, enquanto o céu permanecer acima da terra, vocês e seus filhos prosperem neste chão que o Senhor jurou dar a seus antepassados.

²²"Obedeçam cuidadosamente a todos os mandamentos que lhes dou. Amem o Senhor, seu Deus, andando em seus caminhos e apegando-se firmemente a ele. ²³Então o Senhor expulsará todas as nações de diante de vocês e, embora elas sejam muito maiores e mais fortes, vocês tomarão posse de suas terras. ²⁴Todo lugar em que puserem os pés será de vocês. Suas fronteiras se estenderão do deserto, ao sul, até o Líbano, ao norte, e do rio Eufrates, a leste, até o mar Mediterrâneo,ᵃ a oeste. ²⁵Aonde quer que forem em toda a terra, ninguém será capaz de lhes resistir, pois o Senhor, seu Deus, fará os povos se apavorarem e temerem vocês, como lhes prometeu.

²⁶"Vejam, hoje lhes dou a escolha entre bênção e maldição! ²⁷Vocês serão abençoados se obedecerem aos mandamentos do Senhor, seu Deus, que hoje lhes dou, ²⁸mas serão amaldiçoados se rejeitarem os mandamentos do Senhor, seu Deus, afastando-se de seus caminhos e adorando deuses que vocês não conheciam.

²⁹"Quando o Senhor, seu Deus, os fizer entrar na terra da qual em breve vocês tomarão posse, pronunciem a bênção no monte Gerizim e a maldição no monte Ebal. ³⁰(Esses dois montes ficam a oeste do rio Jordão, na terra dos cananeus que vivem no vale do Jordão,ᵇ perto da cidade de Gilgal, junto aos carvalhos de Moré.) ³¹Vocês estão prestes a atravessar o rio Jordão para tomar posse da terra que o Senhor, seu Deus, lhes dá. Quando a conquistarem e estiverem vivendo nela, ³²tenham o cuidado de cumprir todos os decretos e estatutos que hoje lhes dou."

O lugar de adoração escolhido pelo Senhor

12 "Estes são os decretos e estatutos que vocês devem ter o cuidado de cumprir todos os dias em que viverem na terra que o

---

ᵃ **11.24** Em hebraico, *mar ocidental*. ᵇ **11.30** Em hebraico, *na Arabá*.

Senhor, o Deus de seus antepassados, lhes dá para tomarem posse. ²"Quando expulsarem as nações que vivem ali, destruam todos os lugares em que elas adoram seus deuses: no alto dos montes, nas colinas e debaixo de toda árvore verdejante. ³Derrubem os altares idólatras e despedacem as colunas sagradas. Queimem os postes de Aserá e quebrem suas imagens esculpidas. Apaguem completamente o nome dos seus deuses!

⁴"Não adorem o Senhor, seu Deus, da forma como esses povos pagãos adoram os deuses deles. ⁵Em vez disso, busquem o Senhor, seu Deus, no lugar que ele escolher dentre todas as tribos para habitar e estabelecer seu nome. ⁶Ali vocês apresentarão os holocaustos, os sacrifícios, os dízimos, as ofertas sagradas, as ofertas para cumprir votos, as ofertas voluntárias e as ofertas da primeira cria do gado e dos rebanhos. ⁷Ali vocês e seus familiares comerão na presença do Senhor, seu Deus, e se alegrarão com tudo que realizaram, porque o Senhor, seu Deus, os abençoou.

⁸"Vocês mudarão sua forma de adorar. Hoje, cada um faz o que bem entende, ⁹pois ainda não chegaram ao lugar de descanso, à terra que o Senhor, seu Deus, lhes dá como herança. ¹⁰Em breve, porém, vocês atravessarão o rio Jordão e se estabelecerão na terra que o Senhor, seu Deus, lhes dá. Quando ele lhes der descanso de todos os inimigos à sua volta e vocês estiverem vivendo em segurança na terra, ¹¹levem ao lugar que o Senhor, seu Deus, escolher para habitação do seu nome tudo que eu lhes ordeno: os holocaustos, os sacrifícios, os dízimos, as ofertas sagradas e as ofertas para cumprir um voto que fizeram ao Senhor.

¹²"Alegrem-se ali, na presença do Senhor, seu Deus, com seus filhos e filhas e com seus servos e servas. Lembrem-se de incluir os levitas que vivem em suas cidades, pois eles não receberão porção alguma de terra como herança entre vocês. ¹³Tenham o cuidado de não sacrificar seus holocaustos onde bem entenderem, ¹⁴mas apresentem-nos apenas no lugar que o Senhor escolher no território de uma das tribos. Ali vocês oferecerão seus holocaustos e farão tudo que lhes ordenei.

¹⁵"Contudo, vocês poderão abater animais e comer a carne em qualquer cidade sempre que desejarem. Comam à vontade os animais com os quais o Senhor, seu Deus, os abençoar. Qualquer pessoa poderá comê-lo, esteja ela cerimonialmente pura ou impura, assim como qualquer um pode comer carne de gazela ou de veado. ¹⁶Não comam, porém, o sangue; derramem-no no chão, como se fosse água.

¹⁷"Não comam em suas cidades o dízimo dos cereais, do vinho novo e do azeite, nem a oferta da primeira cria do gado e dos rebanhos, nem oferta alguma para cumprir votos, nem as ofertas voluntárias, nem as ofertas sagradas. ¹⁸Comam essas ofertas na presença do Senhor, seu Deus, no lugar que ele escolher. Comam com seus filhos e filhas, com seus servos e servas e com os levitas que vivem em suas cidades. Alegrem-se na presença do Senhor, seu Deus, em tudo que fizerem. ¹⁹E tenham muito cuidado para não deixar de fora os levitas enquanto vocês viverem em sua terra.

²⁰"Quando o Senhor, seu Deus, expandir seu território como lhes prometeu, e vocês desejarem comer carne, poderão comer à vontade. ²¹Se o lugar que o Senhor, seu Deus, escolher para estabelecer seu nome ficar distante de onde moram, vocês poderão abater qualquer um dos animais que o Senhor lhes deu, do gado ou dos rebanhos de ovelhas, e comer a carne em suas próprias cidades, conforme lhes ordenei. ²²Qualquer pessoa poderá comê-lo, esteja cerimonialmente pura ou impura, assim como qualquer um pode comer carne de gazela ou de veado. ²³Mas nunca comam o sangue, pois o sangue é a própria vida, e vocês não podem comer carne com o sangue que lhe dá vida. ²⁴Não comam o sangue; derramem-no no chão, como se fosse água. ²⁵Não comam o sangue, para que tudo vá bem com vocês e com seus filhos, pois farão o que é certo aos olhos do Senhor.

²⁶"Levem ao lugar que o Senhor escolher as ofertas sagradas e as ofertas apresentadas para cumprir um voto. ²⁷Apresentem a carne e o sangue dos holocaustos no altar do Senhor, seu Deus. O sangue dos outros sacrifícios será derramado no altar do Senhor, seu Deus, mas vocês poderão comer a carne. ²⁸Tenham o cuidado de obedecer a todas as instruções que lhes dou, para que tudo vá

bem com vocês e com seus descendentes, pois farão o que é bom e certo aos olhos do Senhor, seu Deus.

²⁹"Quando o Senhor, seu Deus, for adiante de vocês e destruir as nações, e vocês as expulsarem e se estabelecerem na terra delas, ³⁰não caiam na armadilha de seguir os costumes das nações e adorar seus deuses. Não fiquem curiosos a respeito de seus deuses, nem perguntem: 'Como essas nações adoram seus deuses? Queremos seguir seu exemplo'. ³¹Não adorem o Senhor, seu Deus, da forma como outras nações adoram os deuses delas, pois realizam para eles todo tipo de atos detestáveis que o Senhor odeia. Chegam até a queimar seus filhos e filhas como sacrifícios a seus deuses.

³²ᵃ"Portanto, tenham o cuidado de cumprir todas as ordens que lhes dou. Não acrescentem nem tirem coisa alguma."

Advertência acerca da idolatria

13 ¹ᵇ"Surgirão entre vocês profetas ou pessoas que têm sonhos sobre o futuro, e eles prometerão sinais ou milagres. ²Se os sinais ou milagres preditos acontecerem, e essas pessoas disserem: 'Venham, vamos adorar outros deuses!', deuses que até então vocês não conheciam, ³não deem ouvidos às palavras deles. É um teste do Senhor, seu Deus, para ver se vocês o amam de todo o seu coração e de toda a sua alma. ⁴Sigam somente o Senhor, seu Deus, e temam a ele somente. Obedeçam a seus mandamentos, ouçam sua voz, sirvam-no e apeguem-se a ele. ⁵Os falsos profetas e sonhadores que tentarem desviá-los devem ser executados, pois incentivaram a rebelião contra o Senhor, seu Deus, que os libertou da escravidão e os tirou da terra do Egito. Uma vez que eles tentaram desviá-los do caminho que o Senhor, seu Deus, ordenou que seguissem, vocês terão de executá-los. Desse modo, vocês eliminarão o mal do seu meio.

⁶"Se alguém o instigar secretamente, seja seu irmão, seu filho ou filha, sua esposa querida ou seu amigo mais chegado, e disser: 'Vamos adorar outros deuses!', deuses que nem você nem seus antepassados conheceram, ⁷deuses dos povos vizinhos ou de povos dos confins da terra,

⁸não ceda nem dê ouvidos. Não tenha pena dele, não o poupe nem o proteja. ⁹Execute-o! Dê o primeiro golpe e, em seguida, todo o povo participará da execução. ¹⁰Apedrejem os culpados até a morte, pois eles tentaram afastá-lo do Senhor, seu Deus, que os libertou da terra do Egito, do lugar de escravidão. ¹¹Então todo o Israel ouvirá e temerá, e ninguém voltará a agir tão perversamente no meio de vocês.

¹²"Quando começarem a viver nas cidades que o Senhor, seu Deus, lhes dá, e ouvirem dizer ¹³que homens perversos fizeram os habitantes da cidade se desviarem, dizendo: 'Venham, vamos adorar outros deuses', deuses que até então vocês não conheciam, ¹⁴examinem os fatos com cuidado. Se descobrirem que a informação for verdadeira e esse ato detestável foi mesmo cometido entre vocês, ¹⁵ataquem a cidade e matem à espada todos os habitantes e todos os animais, destruindo-os completamente. ¹⁶Amontoem os despojos no meio da praça pública e queimem toda a cidade como oferta ao Senhor, seu Deus. A cidade permanecerá em ruínas para sempre; jamais será reconstruída. ¹⁷Não guardem coisa alguma do despojo que foi separado para destruição. Então o Senhor afastará sua ira ardente e os tratará com misericórdia. Terá compaixão de vocês e os transformará numa nação numerosa, como prometeu sob juramento a seus antepassados.

¹⁸"O Senhor, seu Deus, só será misericordioso se vocês ouvirem sua voz e obedecerem a todos os seus mandamentos que hoje lhes dou, para que façam o que é certo aos olhos do Senhor."

Animais cerimonialmente puros e impuros

14 "Uma vez que vocês são filhos do Senhor, seu Deus, não se cortem, nem raspem o cabelo acima da testa em sinal de luto. ²Vocês são um povo consagrado ao Senhor, seu Deus, e ele os escolheu dentre todas as nações da terra para serem sua propriedade especial.

³"Não comam animais detestáveis, cerimonialmente impuros. ⁴São estes os animaisᶜ que vocês podem comer: o boi, a ovelha, o bode, ⁵o

---

ᵃ 12.32 No texto hebraico, o versículo 12.32 é numerado 13.1. ᵇ 13.1 No texto hebraico, os versículos 13.1-18 são numerados 13.2-19. ᶜ 14.4 A identificação de alguns dos animais, aves e insetos deste capítulo é incerta.

> **REFLETINDO SOBRE:** Não-conformistas
>
> ## Mulheres hebreias
>
> *Sejam santos, pois eu, o Senhor, sou santo. Separei-os de todos os outros povos para serem meus.*
> —Levítico 20.26
>
> Quando vi cabeças se virando ao meu redor, desejei poder proteger a mulher dos olhares curiosos. Contudo, seu rosto sereno não revelava sinais de vergonha. *Será que ela está acostumada com isso?*, pensei. Seu vestido totalmente azul fechado com alfinetes em lugar de botões e seu cabelo preso num coque sob uma touca branca gritavam claramente que ela pertencia à comunidade *Amish* vizinha. Ao entrar na clínica, era inevitável que ela chamasse atenção.
>
> Os hebreus que guardavam as leis de Deus não se misturavam na multidão. Suas práticas de adoração, circuncisão dos homens, dieta especial e guardar o dia do sábado eram práticas que os separavam das nações ao seu redor. Como as mulheres se sentiam por serem diferentes de outros grupos de pessoas? Algumas provavelmente desejavam poder simplesmente esquecer as leis de Deus e viver como os outros ao seu redor. Outras certamente sentiam-se numa condição que lhes ensinava humildade e sentiam-se privilegiadas por pertencer ao grupo que Deus escolhera para um papel único na história.
>
> Deus não escolheu os hebreus como Seu povo especial para excluir outros; Ele separou os israelitas para revelar Sua santidade ao mundo e atrair todos a Ele. Hoje, os cristãos têm o privilégio e a responsabilidade de proclamar o Senhor ao mundo. O modo como vivemos e como tratamos os outros deve nos distinguir, demonstrando que temos um conjunto de valores e objetivos diferentes do restante do mundo. Podemos ter vontade de nos misturar com a multidão, mas seguir Deus significa ser diferente. Quando os hebreus começaram a viver como as nações ao seu redor, eles sofreram e perderam sua oportunidade de testemunhar de Deus. Não devemos repetir esses erros.

veado, a gazela, a corça, a cabra-selvagem, o íbex, o antílope e a ovelha montês.

⁶"Vocês podem comer qualquer animal que tenha os cascos divididos em duas partes e que rumine, ⁷mas, se o animal não apresentar essas duas características, não pode ser consumido. Não comam, portanto, o camelo, nem a lebre, nem o coelho silvestre.ᵃ Eles ruminam, mas não têm os cascos divididos, de modo que são impuros para vocês. ⁸Também não comam o porco, pois, embora tenha os cascos divididos, não rumina e, portanto, é impuro para vocês. Não comam a carne desses animais nem toquem em seu cadáver.

⁹"De todos os animais que vivem nas águas, vocês podem comer qualquer um que tenha barbatanas e escamas. ¹⁰Não comam, porém, animais que vivem nas águas, mas não têm barbatanas e escamas. Eles são impuros para vocês.

¹¹"Vocês podem comer qualquer criatura voadora que seja cerimonialmente pura. ¹²Estas são as criaturas voadoras que vocês não podem comer: o abutre-fouveiro, o abutre-barbudo, o abutre-fusco, ¹³o milhafre, o falcão e todas as espécies de condores, ¹⁴todas as espécies de corvos, ¹⁵a coruja-de-chifres, a coruja-do-campo, a gaivota, todas as espécies de gaviões, ¹⁶o mocho-galego, o corujão, a coruja-das-torres, ¹⁷a coruja-do-deserto, o abutre-do-egito, o cormorão, ¹⁸a cegonha, todas as espécies de garças, a poupa e o morcego.

¹⁹"Todos os insetos alados que rastejam pelo chão são impuros para vocês, de modo que não podem comê-los. ²⁰Contudo, podem comer qualquer criatura voadora que seja cerimonialmente pura.

²¹"Não comam animal algum que tenha morrido de causas naturais. Podem dá-lo a um estrangeiro que vive em sua cidade ou vendê-lo a outros estrangeiros. Vocês mesmos, porém, não o comerão, pois são um povo consagrado ao Senhor, seu Deus.

"Não cozinhem o cabrito no leite da mãe dele."

ᵃ **14.7** Ou *hírace*, ou *arganaz*.

PÃO DIÁRIO

Para os pobres

...Por isso, ordeno que compartilhem seus bens generosamente com os pobres e com outros necessitados de sua terra.
—Deuteronômio 15.11

Um homem senta-se na esquina, dia após dia, pedindo esmola. Ele é pobre e está desesperado por um pouco de dinheiro para comprar comida.

Ele não está só. Mais da metade da população do mundo vive abaixo da linha de pobreza, definida internacionalmente. A pobreza e a fome são um grande problema em nosso mundo, de modo que é fácil nos sentirmos impotentes ou nos tornarmos insensíveis e nos omitirmos.

Mas Deus não fecha os Seus olhos para o sofrimento dos pobres. Quando Ele deu ao Seu povo as diretrizes para viver, incluiu também as instruções sobre como deveriam cuidar dos necessitados (Dt 15.11). Deus disse ao Seu povo: "Se, contudo, houver algum israelita pobre em suas cidades quando chegarem à terra que o Senhor, seu Deus, lhes dá, não endureçam o coração e não fechem a mão para eles. Ao contrário, sejam generosos e emprestem-lhes o que for necessário" (vv.7,8).

Deus também ordenou ao Seu povo que não ceifasse nos cantos dos seus campos, para que os menos afortunados pudessem obter comida (Lv 19.9,10). E Jesus demonstrou a Sua compaixão pelos pobres, em Suas palavras e ações.

Como cristãs, não podemos ignorar a condição dos desafortunados nos dias atuais. Indivíduos e igrejas podem juntar-se às organizações que atuam no combate à pobreza enquanto semeiam a Palavra. Deus tem o coração sensível aos pobres. E nós?

Senhor, tens nos abençoado de muitas maneiras. Somos gratas por Teu amor e compaixão. Enche o nosso coração para que tenhamos o mesmo amor e compaixão com as pessoas que precisam dessa dádiva especial hoje. Ajuda-nos a mostrar aos outros que tu és um Pai amoroso.

Deus já nos concedeu tanto, assim podemos compartilhar com os necessitados.

A entrega dos dízimos

²²"Separem o dízimo de suas colheitas, um décimo de toda a sua safra anual. ²³Levem o dízimo ao lugar que o Senhor, seu Deus, escolher para estabelecer seu nome e comam o dízimo ali, na presença do Senhor. Isso se aplica aos dízimos de cereais, do vinho novo, do azeite e dos machos das primeiras crias do gado e dos rebanhos. Com isso, aprenderão a sempre temer o Senhor, seu Deus.

²⁴"Se o Senhor, seu Deus, os abençoar com uma boa colheita, mas o lugar que ele escolher para habitação do seu nome for distante demais para vocês levarem o dízimo, ²⁵vendam a décima parte de suas colheitas e rebanhos, coloquem o dinheiro numa bolsa e levem-no ao lugar que o Senhor, seu Deus, escolheu. ²⁶Quando chegarem, usem o dinheiro para comprar o tipo de alimento que desejarem: bois, ovelhas, vinho ou qualquer outra bebida fermentada. Então, na presença do Senhor, seu Deus, comam e alegrem-se com toda a sua família. ²⁷E não se esqueçam de cuidar dos levitas de sua cidade, pois eles não receberão porção alguma de terra como herança entre vocês.

²⁸"Ao final de cada três anos, levem todo o dízimo da colheita daquele ano à cidade mais próxima e armazenem-no ali. ²⁹Entreguem o dízimo aos levitas, que não receberão porção alguma de terra como herança entre vocês, e também aos estrangeiros que vivem entre vocês, e aos órfãos e às viúvas de suas cidades, para que eles comam até se saciarem. Então o Senhor, seu Deus, os abençoará em todo o seu trabalho."

O cancelamento das dívidas

15 "Ao final de cada sete anos, cancelem as dívidas de todos a quem vocês tiverem feito um empréstimo. ²O cancelamento será efetuado da seguinte forma: todos cancelarão os empréstimos que fizeram a irmãos israelitas. Ninguém exigirá pagamento do seu próximo ou de seus parentes, pois chegou o tempo do Senhor para liberá-los das dívidas. ³Essa liberação se aplica somente aos irmãos israelitas, e não aos estrangeiros que vivem entre vocês.

⁴"Não deverá haver pobres entre vocês, pois o Senhor, seu Deus, os abençoará grandemente na terra que lhes dá como herança. ⁵Receberão essa bênção se tiverem o cuidado de obedecer ao Senhor, seu Deus, e cumprir todos estes mandamentos que hoje lhes dou. ⁶O Senhor, seu Deus, os abençoará conforme prometeu. Vocês emprestarão dinheiro a muitas nações, mas jamais precisarão tomar emprestado.

Governarão muitas nações, mas não serão governados por nação alguma.

⁷"Se, contudo, houver algum israelita pobre em suas cidades quando chegarem à terra que o Senhor, seu Deus, lhes dá, não endureçam o coração e não fechem a mão para ele. ⁸Ao contrário, sejam generosos e emprestem-lhe o que for necessário. ⁹Não sejam mesquinhos nem se recusem a emprestar a alguém só porque o ano de cancelamento das dívidas está próximo. Se vocês se recusarem a fornecer o empréstimo e a pessoa necessitada clamar ao Senhor, vocês serão considerados culpados de pecado. ¹⁰Deem aos pobres com generosidade, e não com má vontade, pois o Senhor, seu Deus, os abençoará em tudo que fizerem. ¹¹Sempre haverá pobres na terra. Por isso, ordeno que compartilhem seus bens generosamente com os pobres e com outros necessitados de sua terra."

A libertação de escravos hebreus

¹²"Se um irmão hebreu, homem ou mulher, vender-se a você como escravo,ᵃ ele lhe servirá por seis anos. Depois disso, liberte-o no sétimo ano.

¹³"Quando libertar um escravo, não o mande embora de mãos vazias. ¹⁴Seja generoso e dê-lhe de despedida um presente dos animais de seu rebanho, dos cereais de sua eira e do vinho de sua prensa de uvas. Compartilhe com ele um pouco da fartura com a qual o Senhor, seu Deus, o abençoou. ¹⁵Lembre-se de que, um dia, você foi escravo na terra do Egito e o Senhor, seu Deus, o libertou. Por isso lhe dou essa ordem.

¹⁶"Mas, se por estar bem com você e amar você e sua família, o servo disser: 'Não quero ir embora', ¹⁷você pegará um furador e furará a ponta da orelha dele contra a porta. Depois disso, ele será seu escravo para o resto da vida. Faça o mesmo com as escravas.

¹⁸"Quando libertar seus escravos, não considere isso uma grande perda. Lembre-se de que, por seis anos, eles lhe prestaram serviços equivalentes a duas vezes o salário de empregados contratados, e o Senhor, seu Deus, o abençoará em tudo que você fizer."

O sacrifício dos machos das primeiras crias

¹⁹"Separem para o Senhor, seu Deus, os machos das primeiras crias do gado e dos rebanhos. Não usem a primeira cria do gado para trabalhar no campo, e não tosquiem a primeira cria das ovelhas. ²⁰Em vez disso, a cada ano, comam esses animais com sua família na presença do Senhor, seu Deus, no lugar que ele escolher. ²¹Mas, se essa primeira cria tiver algum defeito, se o animal for manco, cego ou tiver algum outro problema, não o sacrifiquem ao Senhor, seu Deus. ²²Comam o animal na cidade em que morarem. Qualquer pessoa poderá comê-lo, esteja cerimonialmente pura ou impura, assim como qualquer um pode comer uma gazela ou um veado. ²³Não comam, porém, o sangue do animal; derramem-no no chão, como se fosse água."

A Páscoa e a Festa dos Pães sem Fermento

16 "A cada ano, no mês de abibe,ᵇ celebrem a Páscoa em homenagem ao Senhor, seu Deus, pois foi nesse mês, durante a noite, que o Senhor, seu Deus, os libertou do Egito. ²O sacrifício de Páscoa será um animal do gado ou do rebanho, oferecido ao Senhor, seu Deus, no lugar que ele escolher para habitação do seu nome. ³Comam o sacrifício com pães sem fermento. Durante sete dias, comam pão sem fermento, como fizeram quando fugiram às pressas do Egito. Comam esse pão, o pão do sofrimento, para se lembrarem, por toda a vida, do dia em que saíram do Egito. ⁴Durante esses sete dias, não deve haver a mínima quantidade de fermento nas casas em toda a sua terra. E, quando sacrificarem o cordeiro de Páscoa ao entardecer do primeiro dia, não deixem sobras para a manhã seguinte.

⁵"Não ofereçam o sacrifício de Páscoa em nenhuma das cidades que o Senhor, seu Deus, lhes dá. ⁶Ofereçam-no apenas no lugar que o Senhor, seu Deus, escolher para habitação do seu nome. Sacrifiquem-no ali ao entardecer, enquanto o sol se põe, no mesmo período do dia em que saíram do Egito. ⁷Assem e comam o cordeiro no lugar que o Senhor, seu Deus,

---

ᵃ **15.12** Ou *Se um hebreu, homem ou mulher, lhe for vendido*. ᵇ **16.1** *Abibe*, o primeiro mês no antigo calendário lunar hebraico, normalmente caía entre os meses de março e abril.

escolher. Na manhã seguinte, voltem às suas tendas. ⁸Durante os seis dias seguintes, comam pão sem fermento. No sétimo dia, declarem outra reunião sagrada em homenagem ao Senhor, seu Deus, e não façam trabalho algum."

A Festa da Colheita
⁹"Contem sete semanas a partir do dia em que começarem a colheita de cereais. ¹⁰Então celebrem a Festa da Colheita[a] em homenagem ao Senhor, seu Deus. Levem uma oferta voluntária proporcional às bênçãos que receberam dele. ¹¹Será um tempo de celebração diante do Senhor, seu Deus, no lugar que ele escolher para habitação do seu nome. Celebrem com seus filhos e filhas, com seus servos e servas, com os levitas das suas cidades e com os estrangeiros, órfãos e viúvas que vivem entre vocês. ¹²Lembrem-se de que, um dia, vocês foram escravos no Egito e, portanto, tenham o cuidado de cumprir todos estes decretos."

A Festa das Cabanas
¹³"Celebrem a Festa das Cabanas[b] durante sete dias, no final da época da colheita, depois que ajuntarem os cereais e prensarem as uvas. ¹⁴Essa festa será um tempo de alegria e comemoração com seus filhos e filhas, seus servos e servas, com os levitas, estrangeiros, órfãos e viúvas de suas cidades. ¹⁵Durante sete dias, celebrem essa festa em homenagem ao Senhor, seu Deus, no lugar que ele escolher, pois ele é quem os abençoa em todas as suas colheitas e lhes dá sucesso em todo o seu trabalho. Essa festa será um tempo de grande alegria para vocês.

¹⁶"A cada ano, todos os homens de Israel devem celebrar estas três festas: a Festa dos Pães sem Fermento, a Festa da Colheita e a Festa das Cabanas. Em cada uma dessas ocasiões, todos os homens devem comparecer diante do Senhor, seu Deus, no lugar que ele escolher. Não devem, porém, apresentar-se diante do Senhor de mãos vazias. ¹⁷Todos devem ofertar de acordo com as bênçãos que receberam do Senhor, seu Deus.

Justiça para o povo
¹⁸"Nomeiem juízes e oficiais de cada uma de suas tribos em todas as cidades que o Senhor, seu Deus, lhes dá. Eles julgarão o povo com justiça. ¹⁹Nunca distorçam a justiça nem mostrem parcialidade. Nunca aceitem subornos, pois eles cegam os olhos dos sábios e corrompem as decisões dos íntegros. ²⁰Que a justiça verdadeira prevaleça sempre, para que vocês vivam e tomem posse da terra que o Senhor, seu Deus, lhes dá.

²¹"Jamais levantem um poste de madeira para Aserá junto ao altar que edificarem para o Senhor, seu Deus. ²²Jamais levantem colunas sagradas para adoração, pois isso é detestável para o Senhor, seu Deus."

17 "Nunca sacrifiquem ao Senhor, seu Deus, bois ou ovelhas doentes ou defeituosos, pois esse tipo de oferta é detestável para ele.

²"Quando vocês começarem a viver nas cidades que o Senhor, seu Deus, lhes dá, poderá acontecer de um homem ou uma mulher do povo fazer algo mau aos olhos do Senhor, seu Deus, e quebrar a aliança. ³Pode ser que essa pessoa sirva outros deuses ou adore o sol, a lua ou qualquer das estrelas, o exército do céu, algo que eu proibi expressamente. ⁴Quando ficarem sabendo disso, façam uma investigação cuidadosa. Se for verdade que se fez tal coisa detestável em Israel, ⁵levem o homem ou a mulher que cometeu esse ato perverso até as portas da cidade e executem essa pessoa por apedrejamento. ⁶Jamais executem alguém com base no depoimento de apenas uma testemunha. Deve sempre haver duas ou três testemunhas. ⁷As testemunhas jogarão as primeiras pedras e, em seguida, todo o povo participará da execução. Desse modo, vocês eliminarão o mal do seu meio.

⁸"Se um caso muito difícil de resolver chegar a um tribunal local, como, por exemplo, uma decisão sobre que tipo de homicídio aconteceu, ou entre diferentes ações judiciais, ou entre tipos diferentes de agressão, levem esse caso ao lugar que o Senhor, seu Deus, escolher. ⁹Apresentem o caso aos sacerdotes levitas ou aos juízes que estiverem de serviço na ocasião, e eles ouvirão o caso e declararão o veredicto. ¹⁰Executem o veredicto

---

[a] **16.10** Em hebraico, *Festa das Semanas*; também em 16.16. Chamada posteriormente de *Festa de Pentecostes* (ver At 2.1) e comemorada hoje com o nome *Shavuot*. [b] **16.13** Ou *Festa dos Tabernáculos*; também em 16.16. Chamada anteriormente de *Festa da Última Colheita* (ver Êx 23.16) e comemorada hoje com o nome *Sucot*.

que eles declararem no lugar que o Senhor escolher. Façam exatamente o que eles mandarem. ¹¹Depois que eles tiverem interpretado a lei e declarado o veredicto, executem em sua totalidade a sentença que eles pronunciarem; não façam modificação alguma. ¹²Quem for arrogante a ponto de rejeitar o veredicto do sacerdote ou do juiz que representa o Senhor, seu Deus, naquele lugar deverá ser morto. Desse modo, vocês eliminarão o mal do meio de Israel. ¹³Então todo o povo ficará sabendo o que aconteceu e terá medo de agir novamente com tamanha arrogância."

Diretrizes para o rei

¹⁴"Vocês estão prestes a entrar na terra que o Senhor, seu Deus, lhes dá. Quando a conquistarem, se estabelecerem nela e pensarem: 'Devemos escolher um rei para nos governar, como as outras nações ao nosso redor', ¹⁵tenham cuidado de nomear como rei o homem que o Senhor, seu Deus, escolher. Deverá ser um irmão israelita; não pode ser estrangeiro.

¹⁶"O rei não terá muitos cavalos, nem enviará seu povo ao Egito para comprar cavalos, pois o Senhor lhes disse: 'Jamais voltem ao Egito'. ¹⁷O rei não tomará para si muitas esposas, pois elas afastarão seu coração do Senhor. Também não acumulará para si grandes quantidades de prata e de ouro.

¹⁸"Quando sentar-se no trono para reinar, copiará esta lei para si num rolo, na presença dos sacerdotes levitas. ¹⁹Trará essa cópia sempre consigo e a lerá todos os dias enquanto viver. Assim, aprenderá a temer o Senhor, seu Deus, cumprindo todos os termos desta lei e destes decretos. ²⁰Isso o impedirá de tornar-se orgulhoso e agir como se estivesse acima de seus irmãos israelitas. Evitará também que ele se desvie, por menos que seja, destes mandamentos, e garantirá que ele e seus descendentes tenham longos reinados em Israel."

Ofertas para os sacerdotes e levitas

18 "Lembrem-se de que os sacerdotes levitas e todos os outros membros da tribo de Levi não receberão porção alguma de terra como herança entre as outras tribos de Israel. Em vez disso, os sacerdotes e levitas comerão das ofertas especiais apresentadas ao Senhor, pois essa é a parte que lhes cabe. ²Não terão herança entre os israelitas. O Senhor é sua herança, conforme lhes prometeu.

³"Estas são as partes que os sacerdotes receberão como sua porção dos bois e das ovelhas que o povo entregar como ofertas: a espádua, as queixadas e o estômago. ⁴Deem também aos sacerdotes a primeira porção dos cereais, do vinho novo, do azeite e da lã na época da tosquia, ⁵pois o Senhor, seu Deus, escolheu a tribo de Levi dentre todas as suas tribos para servir em nome do Senhor para sempre.

⁶"Se um levita decidir sair de sua cidade em Israel, seja ela qual for, e mudar-se para o lugar que o Senhor escolher, ⁷ele servirá ali em nome do Senhor, seu Deus, da mesma forma que todos os seus companheiros levitas que servem o Senhor naquele lugar. ⁸Comerá sua porção dos sacrifícios e ofertas, mesmo que também receba sustento de sua família."

Chamado para viver em santidade

⁹"Quando vocês entrarem na terra que o Senhor, seu Deus, lhes dá, tenham muito cuidado para não imitarem os costumes detestáveis das nações que vivem ali. ¹⁰Jamais deverá haver entre vocês alguém que queime seu filho ou sua filha como sacrifício. Não permitam que alguém do povo pratique adivinhação, use encantamentos, interprete agouros, envolva-se com bruxaria, ¹¹lance feitiços, atue como médium ou praticante do ocultismo, ou consulte os espíritos dos mortos. ¹²Quem pratica tais coisas é detestável ao Senhor. É justamente porque as outras nações praticam essas coisas detestáveis que o Senhor, seu Deus, as expulsará de diante de vocês. ¹³Sejam inculpáveis perante o Senhor, seu Deus. ¹⁴As nações cujas terras vocês estão prestes a conquistar consultam feiticeiros e adivinhos, mas o Senhor, seu Deus, os proíbe de fazerem essas coisas.

Verdadeiros e falsos profetas

¹⁵"O Senhor, seu Deus, levantará um profeta como eu do meio de seus irmãos israelitas. Deem ouvidos a ele, ¹⁶pois foi isso que vocês pediram ao Senhor, seu Deus, quando estavam reunidos ao pé do monte Sinai.ᵃ Disseram: 'Não iremos

---

ᵃ **18.16** Em hebraico, *Horebe*, outro nome para o Sinai.

> ### PÃO DIÁRIO
>
> ## Ansiosa por respostas
>
> *Quando vocês entrarem na terra que o Senhor, seu Deus, lhes dá, tenham muito cuidado para não imitarem os costumes detestáveis das nações que vivem ali.*
> —Deuteronômio 18.9
>
> Há alguns anos, um programa popular de televisão exibido às tardes era apresentado por alguém que afirmava ser médium. Ele supostamente recebia mensagens de espíritos dos mortos para transmitir aos seus familiares na plateia. Suas mensagens levaram muitas pessoas a acreditarem nessa prática de ocultismo.
>
> Vivemos numa cultura em que as pessoas estão desesperadas para saber sobre o seu futuro e procuram videntes e médiuns para obter respostas — uma prática expressamente proibida nas Escrituras.
>
> Os israelitas da antiguidade estavam desesperados para conhecer o seu futuro, e Deus sabia que eles desejavam consultar fontes ímpias para obter respostas. Por esse motivo, Ele os alertou para que se mantivessem longe de médiuns e daqueles que consultavam os mortos (Lv 19.26,31; 20.27; Dt 18.9-14).
>
> Deus sabia que essas práticas impediriam o Seu povo de ser santo, separado, para ser bênção para todas as nações. O futuro de Israel estava determinado por sua fidelidade à aliança de Deus, não por palavras de profetas e videntes. Depender dessas práticas malignas indica a falta de confiança em entregar a própria vida ao Senhor.
>
> Quando você estiver desesperada para descobrir como será o seu futuro, volte-se para o soberano Deus dos céus. Ele é o Único que possui as respostas que você procura.
>
> *Querido Deus, é fácil ficar desesperada para saber o que acontecerá no futuro num mundo que parece tão fora de controle. Ajuda-me a confiar tão somente em ti e para esse tipo de orientação disponível em Tua Palavra.*
>
> **O Deus Eterno determina o nosso futuro.**

mais ouvir a voz do Senhor, nosso Deus, nem ver este fogo ardente, pois morreríamos'.

[17]"Então o Senhor me disse: 'Eles estão certos. [18]Levantarei um profeta como você do meio de seus irmãos israelitas e porei minhas palavras em sua boca, e ele dirá ao povo tudo que eu lhe ordenar. [19]Eu mesmo pedirei contas de qualquer um que não ouvir as mensagens que o profeta proclamar em meu nome. [20]Mas o profeta que tiver a presunção de falar em meu nome algo que não lhe ordenei, ou que falar em nome de outros deuses, será morto'.

[21]"Talvez vocês se perguntem: 'Como saberemos se uma profecia vem do Senhor ou não?'. [22]Se o profeta falar em nome do Senhor, mas suas previsões não acontecerem nem se cumprirem, vocês saberão que a mensagem dele não vem do Senhor. Esse profeta presumiu arrogantemente que falava em meu nome, e vocês não precisam temê-lo."

As cidades de refúgio

19 "Quando o Senhor, seu Deus, destruir as nações cujo território ele lhes dá, vocês tomarão posse da terra e se estabelecerão nas cidades e casas que elas construíram. [2]Em seguida, separarão três cidades de refúgio na terra que o Senhor, seu Deus, lhes dá. [3]Preparem estradas[a] e dividam em três regiões a terra que o Senhor, seu Deus, lhes dá como propriedade, com uma dessas cidades em cada região. Quem tiver matado alguém poderá fugir para uma dessas cidades de refúgio e ficar a salvo.

[4]"Isso se aplica a alguém que, sem intenção e sem mostrar hostilidade anterior, matar outra pessoa: ele poderá fugir para uma dessas cidades de refúgio e viver em segurança. [5]Se acontecer, por exemplo, de alguém ir com um vizinho cortar lenha num bosque e, quando um deles levantar o machado para cortar uma árvore, o ferro do machado escapar do cabo, atingir a outra pessoa e causar sua morte, o homicida poderá fugir para uma das cidades de refúgio a fim de salvar a vida.

[6]"Se, contudo, a distância até a cidade de refúgio for muito grande e acontecer que, irado, o parente encarregado de vingar a morte da vítima alcance e mate o homicida, o castigo não seria merecido, pois o fugitivo não mostrou hostilidade anterior à vítima. [7]Por isso, ordeno que separem três cidades de refúgio.

[8]"Se o Senhor, seu Deus, ampliar seu território conforme jurou a seus antepassados e lhes der toda a terra que lhes prometeu, [9]separem mais três cidades de refúgio. (Ele lhes dará a terra se vocês cumprirem cuidadosamente

---

[a] 19.3 Ou *Façam um levantamento do território*.

todos os mandamentos que hoje lhes dou, se sempre amarem o Senhor, seu Deus, e andarem em seus caminhos.) ¹⁰Com isso, vocês evitarão a morte de inocentes na terra que o Senhor, seu Deus, lhes dá como herança. Do contrário, seriam culpados pelo sangue de inocentes.

¹¹"Se, contudo, alguém demonstrar hostilidade a seu vizinho, ficar à espreita dele e o atacar e matar, fugindo depois para uma das cidades de refúgio, ¹²as autoridades da cidade do homicida enviarão representantes à cidade de refúgio para trazê-lo de volta e entregá-lo ao vingador da vítima, para que ele execute o homicida. ¹³Não tenham pena dele. Eliminem de Israel a culpa de matar inocentes. Assim, tudo irá bem com vocês."

O interesse pela justiça

¹⁴"Quando tomarem posse da terra que o Senhor, seu Deus, lhes dá como herança, jamais roubem terras de outros, mudando de lugar os marcos de divisa que seus antepassados colocaram.

¹⁵"Não condenem alguém por um crime ou delito com base no depoimento de apenas uma testemunha. Os fatos a respeito do caso devem ser confirmados pelo depoimento de duas ou três testemunhas.

¹⁶"Se uma testemunha mal-intencionada se apresentar e acusar alguém de ter cometido um crime, ¹⁷tanto o acusador como o acusado comparecerão diante do Senhor, apresentando-se aos sacerdotes e juízes que estiverem de serviço na ocasião. ¹⁸Os juízes farão uma investigação cuidadosa do caso. Se a testemunha fez acusações falsas contra seu irmão israelita, ¹⁹apliquem-lhe a sentença que ela planejava para a outra pessoa. Desse modo, vocês eliminarão o mal do seu meio. ²⁰O restante do povo ficará sabendo disso e terá medo de cometer tamanha maldade. ²¹Não tenham pena do culpado. Sua regra deve ser: vida por vida, olho por olho, dente por dente, mão por mão, pé por pé."

Normas acerca da guerra

20 "Quando saírem para lutar contra seus inimigos e enfrentarem cavalos e carros e um exército maior que o seu, não tenham medo. O Senhor, seu Deus, que os tirou da terra do Egito, está com vocês! ²Quando se prepararem para a batalha, o sacerdote virá à frente e falará aos soldados. ³Dirá: 'Ouçam, homens de Israel! Ao saírem hoje para lutar contra seus inimigos, sejam corajosos. Não tenham medo, nem se apavorem, nem tremam diante deles, ⁴pois o Senhor, seu Deus, vai com vocês. Ele lutará contra seus inimigos em seu favor e lhes dará vitória'.

⁵"Então os oficiais do exército se dirigirão aos soldados e dirão: 'Alguém aqui acabou de construir uma casa, mas ainda não a dedicou? Se houver alguém nessa situação, vá para casa! Se você morresse na batalha, outra pessoa dedicaria sua casa. ⁶Alguém aqui acabou de plantar uma videira, mas ainda não comeu de seus frutos? Se houver alguém nessa situação, vá para casa! Se você morresse na batalha, outra pessoa comeria dos primeiros frutos. ⁷Alguém aqui acabou de ficar noivo de uma mulher, mas ainda não se casou? Vá para casa e tome a mulher como esposa! Se você morresse na batalha, outra pessoa a tomaria como esposa'.

⁸"Os oficiais também dirão: 'Alguém aqui está com medo ou angustiado? Se estiver, vá para casa antes que amedronte mais alguém'. ⁹Quando os oficiais terminarem de falar aos soldados, nomearão comandantes para as tropas.

¹⁰"Quando vocês se aproximarem de uma cidade para atacá-la, primeiro proponham paz a seus habitantes. ¹¹Se eles aceitarem suas condições e abrirem as portas, todo o povo dentro da cidade os servirá com trabalhos forçados. ¹²Se eles recusarem a proposta de paz e se prepararem para lutar, cerquem a cidade. ¹³Quando o Senhor, seu Deus, lhes entregar a cidade, matem à espada todos os homens. ¹⁴Contudo, poderão tomar para si as mulheres, as crianças, os animais e tudo que acharem na cidade. Poderão aproveitar todos os despojos dos inimigos que o Senhor, seu Deus, entregou em suas mãos.

¹⁵"Essas instruções se aplicam somente às cidades muito distantes, e não às cidades dos povos que vivem na terra em que vocês entrarão. ¹⁶Nessas cidades que o Senhor lhes dá como herança, destruam todo ser vivo. ¹⁷Destruam completamente os hititas, os amorreus, os cananeus, os ferezeus, os heveus e os jebuseus, conforme o Senhor, seu Deus, lhes ordenou. ¹⁸Isso evitará que os povos da terra os

ensinem a imitar os atos detestáveis que eles pratiquem quando adoram seus deuses, coisas que fariam vocês pecarem contra o Senhor, seu Deus.

¹⁹"Quando cercarem uma cidade e a guerra se prolongar, não cortem as árvores com machados. Comam dos frutos, mas não cortem as árvores. Acaso as árvores são inimigos para que vocês as ataquem? ²⁰Cortem apenas as árvores que vocês sabem que não dão frutos e usem-nas para fazer o equipamento necessário no cerco à cidade inimiga até que ela caia."

Casos de homicídio não resolvido

21 "Quando estiverem na terra que o Senhor, seu Deus, lhes dá, e alguém for encontrado morto no campo e não se saiba quem o matou, ²as autoridades e os juízes medirão a distância do local onde está o cadáver até as cidades vizinhas. ³Quando se determinar qual é a cidade mais próxima, as autoridades da cidade escolherão do rebanho uma novilha que nunca tenha sido usada para trabalhar no campo e nunca tenha puxado um arado. ⁴Levarão a novilha a um vale que não tenha sido lavrado nem semeado e pelo qual passe um ribeiro. Ali, no vale, quebrarão o pescoço da novilha. ⁵Os sacerdotes levitas se aproximarão, pois o Senhor, seu Deus, os escolheu para servirem diante dele e pronunciarem bênçãos em seu nome. Cabe a eles decidir todos os casos legais e criminais.

⁶"As autoridades daquela cidade lavarão as mãos sobre a novilha cujo pescoço foi quebrado ⁷e dirão: 'Nossas mãos não derramaram o sangue dessa pessoa, nem vimos o crime acontecer. ⁸Ó Senhor, perdoa o teu povo, Israel, o qual libertaste. Não culpes o teu povo pela morte de um inocente'. Assim, serão absolvidos da culpa pelo sangue da pessoa. ⁹Desse modo, vocês removerão do seu meio a culpa pela morte da vítima e farão o que é certo aos olhos do Senhor."

O casamento com uma prisioneira

¹⁰"Quando vocês saírem para guerrear contra seus inimigos e o Senhor, seu Deus, entregá-los em suas mãos e vocês os fizerem prisioneiros, ¹¹pode acontecer de algum de vocês vir uma mulher bonita entre os cativos, sentir-se atraído por ela e desejar casar-se com ela. ¹²Nesse caso, leve-a para casa, onde ela raspará a cabeça, cortará as unhas ¹³e trocará as roupas que estava usando quando foi capturada. Ela ficará em sua casa, mas você deixará que ela fique de luto pelo pai e pela mãe por um mês inteiro. Depois disso, você se casará com ela. Passará a ser seu marido, e ela será sua esposa. ¹⁴Se depois do casamento ela não o agradar, liberte-a. Não a venda nem a trate como escrava, pois você a humilhou."

Direitos do filho mais velho

¹⁵"Se um homem tiver duas esposas e amar apenas uma delas, mas ambas lhe derem filhos homens, e o filho mais velho for da esposa que ele não ama, ¹⁶quando dividir sua herança o homem não poderá dar a porção maior ao filho da esposa amada, como se este fosse o filho mais velho. ¹⁷Terá de reconhecer os direitos do filho mais velho, da esposa não amada, dando-lhe porção dobrada. Ele é o primeiro filho do vigor de seu pai, e os direitos do filho mais velho lhe pertencem."

Como lidar com um filho rebelde

¹⁸"Se um homem tiver um filho teimoso e rebelde, que não obedece ao pai nem à mãe, apesar de eles o disciplinarem, ¹⁹o pai e a mãe levarão o filho até a porta da cidade e dirão às autoridades ali reunidas: ²⁰'Este nosso filho é teimoso e rebelde e se recusa a obedecer. É mau-caráter e vive bêbado'. ²¹Então todos os homens da cidade o executarão por apedrejamento. Desse modo, vocês eliminarão o mal do seu meio, e todo Israel ficará sabendo disso e temerá."

Outras normas

²²"Se alguém cometeu um crime que merece a pena de morte e, por isso, foi executado e pendurado numa árvore,ᵃ ²³não deverá permanecer pendurado ali durante a noite. Enterrem o corpo no mesmo dia, pois todo aquele que é penduradoᵇ é maldito aos olhos de Deus. Desse modo, vocês evitarão a contaminação da terra que o Senhor, seu Deus, lhes dá como herança."

ᵃ **21.22** Ou *empalado numa estaca*; também em 21.23. ᵇ **21.23** A Septuaginta traz *pois todo aquele que é pendurado num madeiro*. Comparar com Gl 3.13.

22 "Se você vir solto por aí o boi ou a ovelha de um israelita, não fuja de sua responsabilidade.[a] Devolva o animal ao dono. ²Se o dono não morar por perto ou se você não o conhecer, leve o animal para sua casa e fique com ele até o dono vir procurá-lo. Então, devolva o animal. ³Faça o mesmo se encontrar um jumento, uma peça de roupa ou qualquer outra coisa que alguém tenha perdido. Não fuja de sua responsabilidade.

⁴"Se você vir o jumento ou o boi de um israelita caído no caminho, não o ignore. Vá e ajude o dono a levantar o animal.

⁵"A mulher não deve usar roupas de homem, e o homem não deve usar roupas de mulher. Quem age desse modo é detestável aos olhos do Senhor, seu Deus.

⁶"Se acontecer de você encontrar o ninho de um pássaro numa árvore ou no chão, e houver nele filhotes ou ovos que a mãe esteja chocando, não leve a mãe junto com os filhotes. ⁷Leve os filhotes, mas deixe a mãe, para que você prospere e tenha vida longa.

⁸"Quando você construir uma casa nova, coloque um parapeito em torno do terraço. Desse modo, se alguém cair do terraço, você e sua família não serão culpados pela morte da vítima.

⁹"Não plantem nenhuma outra semente entre as videiras em seu vinhedo. Se o fizerem, estarão proibidos de usar tanto as uvas desse vinhedo como o fruto da outra plantação que semearam.

¹⁰"Não arem a terra com um boi e um jumento presos ao mesmo jugo.

¹¹"Não usem roupas feitas de fios de lã e linho entrelaçados.

¹²"Coloquem franjas nas quatro pontas do manto com o qual vocês se cobrem."

Normas acerca da pureza sexual

¹³"Se um homem se casar com uma mulher e, depois de ter relações com ela, rejeitá-la ¹⁴e acusá-la publicamente de conduta vergonhosa, dizendo: 'Quando me casei com esta mulher, descobri que ela não era virgem', ¹⁵então o pai e a mãe da mulher levarão a prova da virgindade da filha até a porta da cidade, onde as autoridades estarão reunidas. ¹⁶O pai lhes dirá: 'Dei minha filha em casamento a este homem, e agora ele a rejeitou. ¹⁷Acusou-a de conduta vergonhosa, dizendo: 'Descobri que sua filha não era virgem'. Aqui está, porém, a prova da virgindade de minha filha'. Então os pais estenderão o lençol da filha diante das autoridades, ¹⁸e eles pegarão o homem e o castigarão. ¹⁹Também lhe aplicarão uma multa de cem peças[b] de prata que ele pagará ao pai da mulher, uma vez que acusou publicamente de conduta vergonhosa uma virgem de Israel. Ela continuará a ser esposa do homem, e ele jamais poderá se divorciar dela.

²⁰"Mas, se as acusações do homem forem verdadeiras e ele puder provar que a mulher não era virgem, ²¹então ela será levada até a porta da casa de seu pai e ali será executada por apedrejamento pelos homens da cidade. Ela cometeu um crime vergonhoso em Israel, praticando imoralidade sexual enquanto vivia na casa de seus pais. Desse modo, vocês eliminarão o mal do seu meio.

²²"Se um homem for flagrado cometendo adultério, ele e a mulher terão de morrer. Desse modo, vocês eliminarão o mal do meio de Israel.

²³"Se um homem encontrar uma moça virgem, prometida em casamento, e tiver relações sexuais com ela dentro da cidade, ²⁴levem os dois para a porta da cidade e executem-nos por apedrejamento. A mulher é culpada porque não gritou por socorro, e o homem deverá morrer porque humilhou a esposa de outro homem. Desse modo, vocês eliminarão o mal do seu meio.

²⁵"Mas, se o homem encontrar a moça prometida em casamento no campo e a violentar, somente o homem deverá ser morto. ²⁶Não façam nada à moça; não cometeu crime algum que mereça a pena de morte. É tão inocente quanto uma vítima de homicídio. ²⁷Uma vez que o homem a violentou no campo, deve-se presumir que ela gritou, mas não houve quem a socorresse.

²⁸"Se um homem tiver relações com uma moça virgem, mas que não esteja prometida em casamento, e eles forem descobertos, ²⁹o homem pagará ao pai da moça cinquenta

---

[a] 22.1 Em hebraico, *não se esconda*; também em 22.3. [b] 22.19 Em hebraico, *100 (siclos)*, cerca de 1,2 quilo.

peças[a] de prata. Uma vez que ele humilhou a moça, se casará com ela e jamais poderá se divorciar.

³⁰[b]"Nenhum homem tomará por mulher alguém que foi esposa de seu pai, pois isso desonraria seu pai."

Normas acerca da adoração

23 ¹[c]"Se um homem tiver os testículos esmagados ou o membro amputado, não terá permissão de entrar nas reuniões sagradas do Senhor.

²"Se alguém for filho ilegítimo, nem ele nem seus descendentes, até a décima geração, terão permissão de entrar nas reuniões sagradas do Senhor.

³"Nenhum amonita ou moabita, e nenhum de seus descendentes, até a décima geração, terá permissão de participar das reuniões sagradas do Senhor. ⁴Essas nações não os receberam com alimento e água quando vocês saíram do Egito. Em vez disso, contrataram Balaão, filho de Beor, nascido em Petor, na Mesopotâmia,[d] para amaldiçoá-los. ⁵Mas o Senhor, seu Deus, se recusou a ouvir Balaão e transformou a maldição em bênção, pois o Senhor, seu Deus, os ama. ⁶Enquanto viverem, jamais promovam o bem-estar e a prosperidade dos amonitas ou moabitas.

⁷"Não mostrem ódio aos edomitas, pois são seus parentes, nem aos egípcios, pois vocês viveram como estrangeiros entre eles. ⁸A terceira geração de edomitas e egípcios poderá entrar nas reuniões sagradas do Senhor."

Normas diversas

⁹"Quando saírem para guerrear contra seus inimigos, mantenham-se afastados de tudo que é impuro.

¹⁰"O homem que ficar cerimonialmente impuro por causa de uma polução noturna sairá do acampamento e ficará fora o dia todo. ¹¹Ao entardecer, ele se banhará e, ao pôr do sol, poderá voltar ao acampamento.

¹²"Determinem uma área fora do acampamento onde possam fazer as necessidades. ¹³Cada um deve ter uma pá como parte de seu equipamento. Quando forem evacuar, cavem um buraco com a pá e cubram as fezes. ¹⁴O acampamento deverá ser santo, pois o Senhor, seu Deus, anda no meio dele para proteger vocês e derrotar seus inimigos. Cuidem para que ele não veja em seu meio qualquer coisa vergonhosa e se afaste de vocês.

¹⁵"Se escravos fugirem e se refugiarem com vocês, não os devolvam a seus senhores. ¹⁶Permitam que eles vivam em seu meio em qualquer cidade que escolherem, e não os oprimam.

¹⁷"Nenhum israelita, homem ou mulher, se dedicará à prostituição em templos idólatras. ¹⁸Quando apresentarem uma oferta para cumprir um voto, não tragam à casa do Senhor, seu Deus, nenhuma oferta proveniente dos lucros de uma prostituta ou de um prostituto,[e] pois ambos são detestáveis ao Senhor, seu Deus.

¹⁹"Não cobrem juros sobre os empréstimos que fizerem a um irmão israelita, seja de dinheiro, de alimento ou de qualquer outra coisa. ²⁰Poderão cobrar juros dos estrangeiros, mas não cobrarão juros de israelitas, para que o Senhor, seu Deus, os abençoe em tudo que fizerem na terra da qual estão prestes a tomar posse.

²¹"Quando fizerem um voto ao Senhor, seu Deus, cumpram-no prontamente. O Senhor, seu Deus, cobrará de vocês o cumprimento dos votos, ou serão culpados de pecado. ²²Não é pecado deixar de fazer voto. ²³Mas, se fizerem um voto voluntário, cumpram cuidadosamente a promessa feita ao Senhor, seu Deus.

²⁴"Quando entrarem no vinhedo de seu vizinho, poderão comer uvas até se saciarem, mas não as levem num cesto. ²⁵E, quando entrarem no campo de um vizinho, poderão apanhar as espigas de cereal com a mão, mas não usem a foice para cortá-las."

24 "Se um homem se casar e a esposa não for do seu agrado porque ele descobriu alguma coisa vergonhosa da parte dela, ele escreverá um certificado de divórcio e o dará a ela, mandando-a embora de sua casa. ²Depois de partir, ela poderá casar-se com outro homem. ³E, se este também a rejeitar e escrever um certificado de divórcio e o der a ela, mandando-a embora de sua casa, ou até mesmo se

---

[a] **22.29** Em hebraico, *50 siclos*, cerca de 600 gramas. [b] **22.30** No texto hebraico, o versículo 22.30 é numerado 23.1. [c] **23.1** No texto hebraico, os versículos 23.1-25 são numerados 23.2-26. [d] **23.4** Em hebraico, *em Arã-Naaraim*. [e] **23.18** Em hebraico, *de um cachorro*.

ele morrer, ⁴o primeiro homem que a mandou embora não poderá casar-se de novo com ela, pois ela foi contaminada. Isso seria detestável para o Senhor. Não tragam culpa sobre a terra que o Senhor, seu Deus, lhes dá como herança.

⁵"O homem recém-casado não será recrutado para o serviço militar nem receberá nenhuma outra responsabilidade oficial. Estará livre para passar um ano em casa, proporcionando alegria à mulher com quem se casou.

⁶"Não tomem um conjunto de pedras de moinho, nem mesmo só a pedra de cima, como garantia de uma dívida, pois o dono precisa das pedras para obter seu sustento.

⁷"Se alguém sequestrar um irmão israelita e o tratar como escravo ou o vender, o sequestrador terá de morrer. Desse modo, vocês eliminarão o mal do seu meio.

⁸"Em todos os casos de lepra,ᵃ cumpram com extremo cuidado as instruções dos sacerdotes levitas; obedeçam a todos os mandamentos que eu dei a eles. ⁹Lembrem-se daquilo que o Senhor, seu Deus, fez com Miriã durante sua jornada no deserto, depois que vocês saíram do Egito.

¹⁰"Se um de vocês emprestar algo a seu próximo, não entre na casa dele para pegar o objeto que ele lhe oferecer como garantia. ¹¹Espere do lado de fora enquanto ele pega o objeto e o traz para você. ¹²Se ele for pobre e lhe der o manto como garantia, não o guarde consigo durante a noite. ¹³Devolva-lhe o manto ao pôr do sol, para que ele se aqueça durante a noite e abençoe você. O Senhor, seu Deus, considerará isso um ato de justiça.

¹⁴"Nunca se aproveitem de trabalhadores pobres e necessitados, sejam irmãos israelitas ou estrangeiros que vivem em suas cidades. ¹⁵Paguem o salário deles todos os dias, antes do pôr do sol, pois eles são pobres e contam com isso para viver. Do contrário, quando clamarem contra vocês ao Senhor, vocês serão culpados de pecado diante dele.

¹⁶"Os pais não serão executados por causa do pecado dos filhos, nem os filhos por causa do pecado dos pais. Aqueles que merecem morrer deverão ser executados por causa de seus próprios crimes.

¹⁷"Sejam justos com os estrangeiros e os órfãos que vivem entre vocês, e jamais aceitem a roupa de uma viúva como garantia por sua dívida. ¹⁸Lembrem-se sempre de que vocês foram escravos no Egito e de que o Senhor, seu

---

PÃO DIÁRIO

Não esqueça

Lembrem-se sempre de que vocês foram escravos no Egito e de que o Senhor, seu Deus, os libertou da escravidão.
—Deuteronômio 24.18

Algumas manhãs quando saio para o trabalho, minha esposa me diz: "Não se esqueça de...". Mais tarde, ela me liga e pergunta: "Você se esqueceu?".

Todos nós temos a tendência de esquecer algo. Penso que é por isso que Deus repete verdades importantes para nós. Duas vezes em Deuteronômio 24, o Senhor lembrou aos israelitas que eles tinham sido escravos no Egito, mas que haviam sido resgatados e remidos por Ele (vv.18,22). Por intermédio de Moisés, Deus lhes disse: "Lembrem-se sempre de que vocês foram escravos no Egito e de que o Senhor, seu Deus, os libertou da escravidão. Por isso eu lhes dou estas ordens" (v.18).

Pelo fato de terem sido resgatados, os israelitas tinham certas responsabilidades que o Senhor queria que se lembrassem. Moisés disse: "Por isso eu lhes dou estas ordens" (v.18). Quais "ordens"? Eles deveriam cuidar dos estrangeiros, dos órfãos e das viúvas (v.19). Se parte da colheita fosse deixada nos campos, essa parte deveria ser deixada para essas pessoas carentes. Ele também os relembra dessas pessoas nos versículos 20 e 21.

Somos o povo redimido por meio da morte de Jesus na cruz e da Sua ressurreição. Inúmeras vezes também nos foi dito para estarmos dispostos a compartilhar com as pessoas necessitadas. Na carta aos Hebreus está escrito: "...não se esqueçam de fazer o bem e de repartir o que têm com os necessitados, pois esses são os sacrifícios que agradam a Deus" (13.16).

Querido Deus, obrigada por Teu grande sacrifício. Que nunca esqueçamos que preparaste um caminho para que estejamos com o Senhor eternamente por meio da morte de Teu Filho Jesus, por nossos pecados. Estamos muito agradecidas! Ajuda-nos a servir-te melhor.

Conseguir o que temos é gratificante, e compartilhar traz satisfação.

ᵃ **24.8** O termo hebraico usado aqui não se refere somente à hanseníase, mas também a diversas doenças de pele.

Deus, os libertou da escravidão. Por isso eu lhes dou estas ordens.

¹⁹"Quando estiverem fazendo a colheita de suas lavouras e esquecerem um feixe de cereais no campo, não voltem para buscá-lo. Deixem-no para os estrangeiros, para os órfãos e para as viúvas. Então o Senhor, seu Deus, os abençoará em tudo que fizerem. ²⁰Quando sacudirem as azeitonas de suas oliveiras, não passem pelos mesmos ramos duas vezes. Deixem as azeitonas restantes para os estrangeiros, os órfãos e as viúvas. ²¹Quando colherem uvas em seus vinhedos, não passem novamente pelas videiras. Deixem as uvas restantes para os estrangeiros, os órfãos e as viúvas. ²²Lembrem-se de que vocês foram escravos na terra do Egito. Por isso eu lhes dou estas ordens."

25 "Quando duas pessoas brigarem e o caso chegar a um tribunal, os juízes declararão que uma pessoa tem razão e a outra está errada. ²Se a pessoa que está errada for sentenciada a receber açoites, o juiz ordenará que ela se deite e seja açoitada na presença dele, com um número de açoites proporcional ao crime. ³Jamais ultrapassem, porém, quarenta açoites; mais que quarenta açoites seria uma humilhação pública para seu irmão israelita.

⁴"Não amordacem o boi para impedir que ele coma enquanto debulha os cereais.

⁵"Se dois irmãos estiverem morando juntos na mesma propriedade e um deles morrer sem deixar filhos, a viúva não se casará com alguém de fora da família. O irmão de seu marido se casará com ela, e eles terão relações sexuais. Desse modo, ele cumprirá os deveres de cunhado. ⁶O primeiro filho que ela tiver com ele será considerado filho do irmão falecido, para que seu nome não seja esquecido em Israel.

⁷"Se, contudo, o homem se recusar a casar-se com a viúva de seu irmão, ela irá até a porta da cidade e dirá às autoridades ali reunidas: 'O irmão de meu falecido esposo se recusa a preservar o nome do irmão em Israel. Não quer cumprir os deveres de cunhado, casando-se comigo'. ⁸As autoridades da cidade o convocarão e conversarão com ele. Se, ainda assim, ele insistir e disser: 'Não quero me casar com ela', ⁹a viúva se aproximará do homem na presença das autoridades, tirará a sandália do pé dele e cuspirá em seu rosto. Em seguida, ela declarará: 'É isso que acontece com o homem que se recusa a dar filhos para seu irmão'. ¹⁰Desse dia em diante, a família dele será chamada em Israel de 'família do descalçado'.

¹¹"Se dois israelitas brigarem e a esposa de um deles, na tentativa de livrar o marido de quem o agride, agarrar os órgãos genitais do outro homem, ¹²cortem a mão da mulher. Não tenham pena dela.

¹³"Quando pesarem mercadorias, usem balanças precisas. ¹⁴Usem também medidas completas e justas. ¹⁵Sim, usem sempre pesos e medidas exatos e justos, para que tenham vida longa na terra que o Senhor, seu Deus, lhes dá. ¹⁶Quem engana com pesos e medidas desonestos é detestável ao Senhor, seu Deus.

¹⁷"Nunca se esqueçam daquilo que os amalequitas lhes fizeram quando vocês saíram do Egito. ¹⁸Eles os atacaram quando vocês estavam cansados e esgotados e feriram mortalmente os mais fracos que ficaram para trás. Não temeram a Deus. ¹⁹Portanto, quando o Senhor, seu Deus, lhes proporcionar descanso de todos os seus inimigos na terra que ele lhes dá como herança, destruam os amalequitas e apaguem a memória deles de debaixo do céu. Jamais se esqueçam disso!"

Dízimos e ofertas das colheitas

26 "Quando tiverem entrado na terra que o Senhor, seu Deus, lhes dá como herança e a tiverem conquistado e se estabelecido nela, ²coloquem num cesto alguns dos primeiros frutos de cada colheita que produziram e levem-no ao lugar que o Senhor, seu Deus, escolher para habitação do seu nome. ³Dirijam-se ao sacerdote que estiver de serviço naquela ocasião e digam-lhe: 'Com esta oferta reconheço diante do Senhor, seu Deus, ter entrado na terra que o Senhor jurou a nossos antepassados que nos daria'. ⁴O sacerdote pegará o cesto de suas mãos e o colocará diante do altar do Senhor, seu Deus.

⁵"Então vocês declararão na presença do Senhor, seu Deus: 'Meu antepassado Jacó era um nômade arameu que foi viver no Egito como estrangeiro. Quando chegou, sua família não era numerosa, mas no Egito ela se tornou uma grande e poderosa nação. ⁶Quando os egípcios

nos oprimiram e nos humilharam, sujeitando-nos à escravidão, ⁷clamamos ao Senhor, o Deus de nossos antepassados. O Senhor ouviu nossos clamores e viu nossas dificuldades, nosso trabalho árduo e a opressão que sofríamos. ⁸Por isso, o Senhor nos libertou do Egito com mão forte e braço poderoso, com atos temíveis, sinais e maravilhas. ⁹Trouxe-nos para este lugar e nos deu esta terra que produz leite e mel com fartura. ¹⁰E agora, Senhor, trago os primeiros frutos da colheita que, do solo, me deste'. Em seguida, coloquem o cesto diante do Senhor, seu Deus, e prostrem-se diante dele em adoração. ¹¹Depois disso, alegrem-se por todas as coisas boas que o Senhor, seu Deus, tem dado a vocês e a suas famílias. Lembrem-se de incluir na celebração os levitas e os estrangeiros que vivem entre vocês.

¹²"A cada três anos, separem um dízimo especial de suas colheitas. Nesse ano, entreguem seus dízimos aos levitas, aos estrangeiros, aos órfãos e às viúvas, para que eles comam até se saciarem em suas cidades. ¹³Então declarem na presença do Senhor, seu Deus: 'Dediquei, da minha casa, a oferta sagrada e a entreguei aos levitas, aos estrangeiros, aos órfãos e às viúvas, conforme ordenaste. Não quebrei nenhum dos teus mandamentos nem me esqueci de nenhum deles. ¹⁴Não comi coisa alguma desta oferta enquanto estava de luto, nem a toquei enquanto estava cerimonialmente impuro, e não ofereci coisa alguma dela aos mortos. Obedeci ao Senhor, meu Deus, e fiz tudo que me ordenaste. ¹⁵Agora, olha desde a tua santa habitação no céu e abençoa o teu povo, Israel, e a terra que juraste a nossos antepassados que nos darias, uma terra que produz leite e mel com fartura'.

Chamado à obediência

¹⁶"Hoje o Senhor, seu Deus, ordenou que obedeçam a todos estes decretos e estatutos. Cumpram-nos cuidadosamente, de todo o seu coração e de toda a sua alma. ¹⁷Hoje vocês declararam que o Senhor é o seu Deus e que andarão em seus caminhos, obedecerão a seus decretos, mandamentos e estatutos e farão tudo que ele mandar. ¹⁸O Senhor declarou hoje que vocês são seu povo, sua propriedade especial, conforme ele havia prometido, e que devem obedecer a todos os seus mandamentos. ¹⁹Se o fizerem, ele os colocará muito acima de todas as outras nações que ele fez, e vocês receberão louvores, honra e fama. Serão uma nação santa ao Senhor, seu Deus, exatamente como ele prometeu."

O altar no monte Ebal

27 Então Moisés, acompanhado dos líderes de Israel, deu a seguinte ordem ao povo: "Obedeçam a todos estes mandamentos que hoje lhes dou. ²Quando atravessarem o rio Jordão e entrarem na terra que o Senhor, seu Deus, lhes dá, levantem pedras grandes e pintem-nas com cal. ³Escrevam nelas todos os termos desta lei quando atravessarem o rio para entrar na terra que o Senhor, seu Deus, lhes dá, uma terra que produz leite e mel com fartura, conforme lhes prometeu o Senhor, o Deus de seus antepassados. ⁴Depois de atravessarem o Jordão, levantem essas pedras pintadas de cal no monte Ebal, como hoje lhes ordeno.

⁵"Construam ali um altar para o Senhor, seu Deus, usando pedras inteiras, em sua forma natural. Não alterem a forma das pedras com ferramenta de ferro. ⁶Construam o altar com pedras que não foram cortadas e usem-no para oferecer holocaustos ao Senhor, seu Deus. ⁷Apresentem também sacrifícios de ofertas de paz e celebrem, comendo e alegrando-se na presença do Senhor, seu Deus. ⁸Escrevam de forma bem visível todos os termos desta lei nas pedras pintadas de cal".

⁹Em seguida, Moisés e os sacerdotes levitas disseram a todo o Israel: "Faça silêncio e ouça, ó Israel! Hoje você se tornou o povo do Senhor, seu Deus. ¹⁰Obedeça, portanto, ao Senhor, seu Deus, cumprindo todos estes mandamentos e decretos que hoje lhe dou".

Maldições pronunciadas no monte Ebal

¹¹No mesmo dia, Moisés deu ao povo a seguinte ordem: ¹²"Quando atravessarem o rio Jordão, as tribos de Simeão, Levi, Judá, Issacar, José e Benjamim ficarão no monte Gerizim, de onde proclamarão uma bênção sobre o povo. ¹³As tribos de Rúben, Gade, Aser, Zebulom, Dã e Naftali ficarão no monte Ebal, de onde proclamarão uma maldição.

¹⁴"Então os levitas dirão em alta voz a todo o povo de Israel:

¹⁵'Maldito quem esculpir ou fundir um ídolo e o levantar em segredo. Os ídolos, trabalhos de artesãos, são detestáveis ao Senhor'.

E todo o povo responderá: 'Amém!'.

¹⁶'Maldito quem desonrar pai ou mãe'.

E todo o povo responderá: 'Amém!'.

¹⁷'Maldito quem roubar a propriedade do próximo, movendo um marco de divisa'.

E todo o povo responderá: 'Amém!'.

¹⁸'Maldito quem fizer o cego se desviar de seu caminho'.

E todo o povo responderá: 'Amém!'.

¹⁹'Maldito quem negar justiça aos estrangeiros, aos órfãos ou às viúvas'.

E todo o povo responderá: 'Amém!'.

²⁰'Maldito quem tiver relações sexuais com a esposa de seu pai, pois desonrou seu pai'.

E todo o povo responderá: 'Amém!'.

²¹'Maldito quem tiver relações sexuais com um animal'.

E todo o povo responderá: 'Amém!'.

²²'Maldito quem tiver relações sexuais com sua irmã, seja filha de seu pai ou de sua mãe'.

E todo o povo responderá: 'Amém!'.

²³'Maldito quem tiver relações sexuais com sua sogra'.

E todo o povo responderá: 'Amém!'.

²⁴'Maldito quem matar o seu próximo em segredo'.

E todo o povo responderá: 'Amém!'.

²⁵'Maldito quem aceitar pagamento para matar um inocente'.

E todo o povo responderá: 'Amém!'.

²⁶'Maldito quem não confirmar e cumprir os termos desta lei'.

E todo o povo responderá: 'Amém!'."

Bênçãos resultantes da obediência

28 "Se vocês obedecerem em tudo ao Senhor, seu Deus, e cumprirem fielmente todos estes mandamentos que hoje lhes dou, o Senhor, seu Deus, os colocará muito acima de todas as nações da terra. ²Se obedecerem ao Senhor, seu Deus, vocês receberão as seguintes bênçãos:

³Suas cidades e seus campos
  serão abençoados.
⁴Seus filhos e suas colheitas
  serão abençoados.
As crias de seu gado e de seus rebanhos
  serão abençoadas.
⁵Seus cestos de frutos e tigelas de amassar
  pão
  serão abençoados.
⁶A todo lugar que forem e em tudo que
  fizerem,
  serão abençoados.

⁷"O Senhor derrotará seus inimigos quando eles os atacarem. Eles virão contra vocês de uma direção, mas serão dispersados em sete direções.

⁸"O Senhor lhes garantirá bênção em tudo que fizerem e encherá seus celeiros de cereais. O Senhor, seu Deus, os abençoará na terra que ele lhes dá.

⁹"Se obedecerem aos mandamentos do Senhor, seu Deus, e andarem em seus caminhos, o Senhor os constituirá como seu povo santo, conforme prometeu sob juramento. ¹⁰Assim, todas as nações da terra verão que vocês são um povo que o Senhor tomou para si e os temerão.

¹¹"O Senhor lhes dará prosperidade na terra que ele jurou a seus antepassados que daria a vocês, e os abençoará com muitos filhos, rebanhos numerosos e colheitas fartas. ¹²No tempo certo, o Senhor enviará chuvas de seu rico tesouro no céu e abençoará todo o trabalho que realizarem. Vocês emprestarão a muitas nações, mas jamais precisarão tomar emprestado delas. ¹³Se derem ouvidos a estes mandamentos que hoje lhes dou e se os cumprirem fielmente, o Senhor os fará cabeça, e não cauda, e vocês estarão sempre por cima, e nunca por baixo. ¹⁴Não se desviem, por menos que seja, de nenhum dos mandamentos que hoje lhes dou, e não sigam outros deuses nem os adorem."

Maldições resultantes da desobediência

¹⁵"Mas, se vocês se recusarem a dar ouvidos ao Senhor, seu Deus, e não cumprirem todos os mandamentos e decretos que hoje lhes dou, as seguintes maldições cairão sobre vocês e os atingirão:

¹⁶Suas cidades e seus campos
  serão amaldiçoados.

¹⁷Seus cestos de frutos e suas tigelas de amassar pão serão amaldiçoados. ¹⁸Seus filhos e suas colheitas serão amaldiçoados. As crias de seu gado e de seus rebanhos serão amaldiçoadas. ¹⁹A todo lugar que forem e em tudo que fizerem, serão amaldiçoados.

²⁰"O próprio Senhor enviará maldições, confusão e frustração em tudo que fizerem, até que, por fim, vocês sejam completamente destruídos por terem praticado o mal e me abandonado. ²¹O Senhor os afligirá com pragas, até fazê-los desaparecer da terra em que estão prestes a entrar para tomar posse. ²²O Senhor os ferirá com doenças debilitantes, com febres e inflamações, com calor ardente e secas, com ferrugem e mofo. Essas calamidades os perseguirão até que vocês morram. ²³O céu sobre sua cabeça será tão duro quanto o bronze, e a terra debaixo de vocês será tão impenetrável quanto o ferro. ²⁴O Senhor transformará em pó a chuva que rega sua terra, e cinzas cairão do céu até que vocês sejam destruídos.

²⁵"O Senhor fará seus inimigos os derrotarem. Vocês os atacarão de uma direção, mas serão dispersados em sete direções. Serão motivo de horror para todos os reinos da terra. ²⁶Seus cadáveres serão alimento para as aves do céu e para os animais selvagens, e não haverá ninguém para enxotá-los.

²⁷"O Senhor os afligirá com as feridas purulentas do Egito e com tumores, sarna e coceira incuráveis. ²⁸O Senhor os castigará com loucura, cegueira e pânico. ²⁹Andarão tateando em plena luz do dia, como cegos na escuridão, mas não encontrarão o caminho. Serão oprimidos e roubados continuamente, e ninguém virá para socorrê-los.

³⁰"Você ficará noivo de uma mulher, mas outro homem dormirá com ela. Construirá uma casa, mas outra pessoa morará nela. Plantará um vinhedo, mas não aproveitará seus frutos. ³¹Seu boi será abatido diante de seus olhos, mas você não provará um pedaço sequer da carne. Seu jumento lhe será tomado e não será devolvido. Suas ovelhas serão entregues a seus inimigos, e não haverá quem o ajude. ³²Você verá seus filhos e filhas serem levados embora como escravos. Sentirá intensa saudade deles, mas nada poderá fazer. ³³Uma nação estrangeira desconhecida consumirá as colheitas que vocês trabalharam arduamente para produzir. Vocês sofrerão opressão constante e serão tratados com crueldade. ³⁴Quando virem as tragédias ao seu redor, acabarão enlouquecendo. ³⁵O Senhor lhes cobrirá os joelhos e as pernas com feridas incuráveis. Terão feridas da cabeça aos pés.

³⁶"O Senhor enviará vocês e seu rei para o exílio numa nação que vocês e seus antepassados não conheceram. Ali, adorarão deuses de madeira e de pedra! ³⁷Serão motivo de horror, de ridículo e de zombaria entre as nações para as quais o Senhor os enviar.

³⁸"Semearão muito, mas colherão pouco, pois os gafanhotos devorarão suas plantações. ³⁹Plantarão vinhedos e cuidarão deles, mas não beberão o vinho nem comerão as uvas, pois vermes devorarão as videiras. ⁴⁰Cultivarão oliveiras em todo o seu território, mas nunca usarão azeite, pois os frutos cairão antes de amadurecer. ⁴¹Terão filhos e filhas, mas os perderão, pois eles serão levados para o cativeiro. ⁴²Enxames de insetos destruirão suas árvores e suas plantações.

⁴³"Os estrangeiros que vivem entre vocês se tornarão cada vez mais fortes, enquanto vocês se tornarão cada vez mais fracos. ⁴⁴Eles lhes emprestarão dinheiro, mas vocês não emprestarão a eles. Eles serão a cabeça, e vocês serão a cauda!

⁴⁵"Se vocês se recusarem a dar ouvidos ao Senhor, seu Deus, e a obedecer aos mandamentos e decretos que ele lhes deu, todas estas maldições os perseguirão e os alcançarão até que sejam destruídos. ⁴⁶Estes horrores servirão de sinal e advertência para vocês e seus descendentes para sempre. ⁴⁷Se não servirem ao Senhor, seu Deus, com alegria e entusiasmo pelos muitos benefícios que receberam, ⁴⁸servirão aos inimigos que o Senhor enviará contra vocês. Ficarão famintos, sedentos, despidos e desprovidos de tudo. O Senhor porá um jugo de ferro sobre seu pescoço e os oprimirá severamente até que os tenha destruído.

⁴⁹"Dos confins da terra, o Senhor trará contra vocês uma nação distante que se lançará sobre vocês como um abutre. Será uma nação cuja língua vocês não compreendem, ⁵⁰povo feroz e cruel, que não tem respeito pelos idosos nem pena dos jovens. ⁵¹Os exércitos deles devorarão seus animais e colheitas, e vocês serão destruídos. Não deixarão coisa alguma dos seus cereais, nem vinho novo, azeite, bezerros ou cordeiros, e vocês morrerão de fome. ⁵²Atacarão suas cidades até derrubarem todos os muros fortificados de sua terra, as muralhas nas quais vocês confiavam como proteção. Atacarão todas as cidades da terra que o Senhor, seu Deus, lhes dá.

⁵³"O cerco e a grande aflição que o ataque inimigo causará serão tão terríveis que vocês comerão a carne de seus próprios filhos e filhas, que o Senhor, seu Deus, lhes deu. ⁵⁴Até o homem de coração mais gentil em seu meio não terá pena do próprio irmão, da esposa amada e dos filhos que sobreviverem. ⁵⁵Ele se recusará a dividir com eles a carne que estiver devorando, a carne de um dos próprios filhos, pois não sobrará outra coisa para ele comer durante o cerco e a grande aflição que o inimigo trará sobre todas as suas cidades. ⁵⁶A mulher de coração mais gentil entre vocês, tão delicada que nem sequer tocaria o chão com o pé, será mesquinha com o marido a quem ama e com o próprio filho ou filha. ⁵⁷Esconderá deles a placenta e o bebê recém-nascido que ela deu à luz para comê-los sozinha em segredo. Não terá outra coisa para comer durante o cerco e a grande aflição que o inimigo trará sobre todas as suas cidades.

⁵⁸"Se vocês se recusarem a obedecer a todos os termos desta lei escritos neste livro e se não temerem o nome glorioso e terrível do Senhor, seu Deus, ⁵⁹o Senhor oprimirá vocês e seus filhos com pragas indescritíveis. Serão pragas intensas e sem alívio, doenças agonizantes e insuportáveis. ⁶⁰Ele os afligirá com todas as doenças do Egito, que vocês temiam tanto, e não terão alívio. ⁶¹O Senhor os afligirá com todas as enfermidades e pragas que existem, mesmo aquelas que não são mencionadas neste Livro da Lei, até que sejam destruídos. ⁶²Ainda que se tornem tão numerosos quanto as estrelas do céu, poucos restarão, pois não deram ouvidos ao Senhor, seu Deus.

⁶³"Assim como o Senhor teve grande prazer em fazê-los prosperar e se multiplicar, também terá prazer em destruí-los. Vocês serão arrancados da terra em que estão prestes a entrar para tomar posse. ⁶⁴O Senhor os espalhará entre todas as nações, de uma extremidade à outra do mundo. Ali, adorarão deuses estrangeiros que nem vocês nem seus antepassados conheceram, deuses de madeira e pedra. ⁶⁵Não encontrarão paz nem lugar de descanso entre essas nações. O Senhor fará seu coração estremecer, sua vista falhar e sua alma desanimar. ⁶⁶Sua vida estará sempre por um fio. Passarão os dias e as noites com medo, sem ter certeza se sobreviverão. ⁶⁷Pela manhã dirão: 'Quem nos dera já fosse noite!', e à noite: 'Quem nos dera já fosse dia!'. Pois se encherão de pavor com os horrores que verão ao seu redor. ⁶⁸Então o Senhor os mandará em navios de volta para o Egito, o lugar que eu prometi que nunca mais veriam. Lá, tentarão vender a si mesmos como escravos para seus inimigos, mas ninguém os comprará".

29

¹ᵃEstes são os termos da aliança que o Senhor ordenou que Moisés fizesse com os israelitas enquanto estavam na terra de Moabe, além da aliança que havia feito com eles no monte Sinai.ᵇ

Moisés faz uma recapitulação da aliança

²ᶜMoisés convocou todo o povo de Israel e lhe disse: "Vocês viram com os próprios olhos tudo que o Senhor fez na terra do Egito ao faraó, a todos os seus servos e a toda a sua terra. ³Presenciaram todas as grandes demonstrações de poder, os sinais e as espantosas maravilhas. ⁴Até hoje, porém, o Senhor não lhes deu mente para entender, nem olhos para ver, nem ouvidos para ouvir! ⁵Durante quarenta anos eu os conduzi pelo deserto e, no entanto, suas roupas e sandálias não se gastaram. ⁶Vocês não comeram pão nem beberam vinho ou outra bebida fermentada, mas receberam

---

ᵃ **29.1a** No texto hebraico, o versículo 29.1 é numerado 28.69. ᵇ **29.1b** Em hebraico, *Horebe*, outro nome para o Sinai. ᶜ **29.2** No texto hebraico, os versículos 29.2-29 são numerados 29.1-28.

alimento para que soubessem que ele é o Senhor, seu Deus.

⁷"Quando chegamos aqui, Seom, rei de Hesbom, e Ogue, rei de Basã, nos atacaram, mas nós os derrotamos. ⁸Conquistamos seu território e o entregamos às tribos de Rúben, Gade e à meia tribo de Manassés, como sua herança.

⁹"Portanto, obedeçam aos termos desta aliança, para prosperarem em tudo que fizerem. ¹⁰Todos vocês — chefes de tribos, autoridades, oficiais, e todos os homens de Israel — estão hoje na presença do Senhor, seu Deus. ¹¹Estão acompanhados de suas crianças e esposas, bem como dos estrangeiros que vivem em seu meio, que cortam lenha e carregam água para vocês. ¹²Estão aqui hoje para entrar na aliança solene que o Senhor, seu Deus, faz com vocês, aliança que inclui maldições. ¹³Ao entrarem na aliança hoje, ele os confirmará como seu povo e reafirmará que é o seu Deus, conforme prometeu sob juramento a vocês e a seus antepassados Abraão, Isaque e Jacó.

¹⁴"Não é só com vocês que faço esta aliança, incluindo suas maldições. ¹⁵Faço a aliança com vocês que estão hoje na presença do Senhor, nosso Deus, e também com as gerações futuras que não estão aqui.

¹⁶"Vocês se lembram de como vivemos na terra do Egito e passamos pelo território de nações inimigas quando saímos de lá. ¹⁷Viram as práticas detestáveis delas e seus ídolos[a] de madeira, pedra, prata e ouro. ¹⁸Faço esta aliança com vocês para que ninguém, nenhum homem, mulher, clã ou tribo em seu meio, se afaste do Senhor, nosso Deus, para adorar os deuses das outras nações, e para que nenhuma raiz em seu meio produza frutos amargos e venenosos.

¹⁹"Aqueles que ouvirem as advertências desta maldição não devem se parabenizar e pensar: 'Estou seguro, embora siga os desejos do meu coração obstinado'. Isso levaria à ruína total! ²⁰O Senhor não os perdoará. Ao contrário, sua ira e seu zelo arderão contra eles. Todas as maldições escritas neste livro cairão sobre eles, e o Senhor apagará seus nomes de debaixo do céu. ²¹O Senhor os separará de todas as tribos de Israel a fim de derramar sobre eles todas as maldições da aliança registradas neste Livro da Lei.

²²"Então as gerações futuras, tanto seus descendentes como os estrangeiros que vêm de terras distantes, verão a devastação da terra e as doenças com as quais o Senhor a aflige. ²³Dirão: 'A terra inteira foi devastada por enxofre e sal. É uma terra estéril, onde não há nada plantado e nada cresce, nem uma folha de grama. É como as cidades de Sodoma e Gomorra, Admá e Zeboim, que o Senhor destruiu com sua furiosa ira'.

²⁴"Todas as nações vizinhas perguntarão: 'Por que o Senhor fez isso com esta terra? Por que se irou tanto?'.

²⁵"E a resposta será: 'Foi porque o povo desta terra abandonou a aliança que o Senhor, o Deus de seus antepassados, fez com eles quando os tirou da terra do Egito. ²⁶Afastaram-se dele para servir e adorar outros deuses que não conheciam, deuses que não lhes era permitido adorar. ²⁷Por isso a ira do Senhor ardeu contra esta terra e trouxe sobre ela todas as maldições registradas neste livro. ²⁸Com grande ira e fúria, o Senhor arrancou seu povo da terra e o baniu para outra terra, onde vivem até hoje!'.

²⁹"O Senhor, nosso Deus, tem segredos que ninguém conhece. Não seremos responsabilizados por eles, mas nós e nossos filhos somos responsáveis para sempre por tudo que ele nos revelou, para que obedeçamos a todos os termos desta lei."

Chamado para voltar ao Senhor

30 "No futuro, quando vocês experimentarem todas as bênçãos e maldições que lhes relatei, e quando estiverem vivendo entre as nações onde o Senhor, seu Deus, os exilou, levem todas estas instruções a sério. ²Se, nessa ocasião, vocês e seus filhos voltarem para o Senhor, seu Deus, e se obedecerem de todo o coração e de toda a alma a todos os mandamentos que hoje lhes dou, ³então o Senhor, seu Deus, restaurará sua situação. Ele terá misericórdia de vocês e os reunirá de todas as nações por onde os espalhou. ⁴Embora tenham sido banidos até os confins da terra,[b] o Senhor, seu Deus, os juntará e de lá os trará de volta. ⁵O

---

[a] 29.17 É possível que o termo hebraico usado aqui (lit., *coisas redondas*) se refira a estrume. [b] 30.4 Em hebraico, *confins dos céus*.

Senhor, seu Deus, os trará à terra que pertencia a seus antepassados, e ela será sua outra vez. Então ele os tornará ainda mais prósperos e numerosos que seus antepassados! ⁶"O Senhor, seu Deus, transformaráª o coração de vocês e de todos os seus descendentes, para que o amem de todo o coração e de toda a alma, e para que vivam! ⁷O Senhor, seu Deus, enviará todas essas maldições sobre seus inimigos e sobre aqueles que os odeiam e os perseguem. ⁸Então vocês voltarão a obedecer ao Senhor e a cumprir todos os mandamentos que hoje lhes dou.

⁹"O Senhor, seu Deus, lhes dará sucesso em tudo que fizerem. Também lhes dará muitos filhos e rebanhos numerosos e fará seus campos produzirem colheitas fartas, pois o Senhor voltará a ter prazer em ser bondoso com vocês, como aconteceu com seus antepassados. ¹⁰O Senhor, seu Deus, se alegrará em vocês se lhe obedecerem e cumprirem os mandamentos e decretos escritos neste Livro da Lei, e se voltarem para o Senhor, seu Deus, de todo o coração e de toda a alma."

A escolha entre a vida e a morte

¹¹"Este mandamento que hoje lhes dou não é difícil demais para vocês, nem está fora de seu alcance. ¹²Não está guardado no céu, tão longe que vocês tenham de perguntar: 'Quem subirá ao céu a fim de trazê-lo até nós aqui embaixo, para que possamos ouvir e obedecer?'. ¹³Não está guardado além do mar, tão distante que vocês tenham de perguntar: 'Quem atravessará o mar a fim de trazê-lo até nós, para que possamos ouvir e obedecer?'. ¹⁴Não, a mensagem está bem perto; está em seus lábios e em seu coração, para que possam obedecer.

¹⁵"Agora ouçam! Hoje lhes dou a escolha entre a vida e a morte, entre a prosperidade e a calamidade. ¹⁶Pois hoje ordeno que amem o Senhor, seu Deus, e guardem seus mandamentos, decretos e estatutos, andando em seus caminhos. Se o fizerem, viverão e se multiplicarão, e o Senhor, seu Deus, abençoará vocês e a terra em que estão prestes a entrar para tomar posse dela.

¹⁷"Se, contudo, seu coração se desviar e vocês se recusarem a ouvir, se forem levados a seguir e adorar outros deuses, ¹⁸eu os advirto hoje de que certamente serão destruídos. Não terão uma vida longa e boa na terra que estão atravessando o Jordão para ocupar.

¹⁹"Hoje lhes dei a escolha entre a vida e a morte, entre bênçãos e maldições. Agora, chamo os céus e a terra como testemunhas da escolha que fizerem. Escolham a vida, para que vocês e seus filhos vivam! ²⁰Façam isso amando, obedecendo e apegando-se fielmente ao Senhor, pois ele é a sua vida! Se vocês o amarem e lhe obedecerem, ele lhes dará vida longa na terra que o Senhor jurou dar a seus antepassados Abraão, Isaque e Jacó".

Josué se torna o líder de Israel

31 Quando Moisés havia terminado de dar estas instruçõesᵇ a todo o povo de Israel, ²ele disse: "Estou com 120 anos e já não sou capaz de conduzi-los. O Senhor me disse: 'Você não atravessará o rio Jordão'. ³Mas o próprio Senhor, seu Deus, atravessará adiante de vocês. Ele destruirá as nações que vivem ali, e vocês tomarão posse da terra. Josué os conduzirá até o outro lado do rio, conforme o Senhor prometeu.

⁴"O Senhor destruirá as nações que vivem na terra, como destruiu Seom e Ogue, os reis dos amorreus. ⁵O Senhor lhes entregará os povos que vivem ali, e vocês farão com eles o que eu lhes ordenei. ⁶Portanto, sejam fortes e corajosos! Não tenham medo e não se apavorem diante deles. O Senhor, seu Deus, irá adiante de vocês. Ele não os deixará nem os abandonará".

⁷Então, enquanto todo o Israel observava, Moisés mandou chamar Josué e lhe disse: "Seja forte e corajoso, pois você conduzirá este povo à terra que o Senhor jurou a seus antepassados que lhes daria. Você dividirá entre eles e a entregará como herança. ⁸Não tenha medo nem desanime, pois o próprio Senhor irá adiante de vocês. Ele estará com vocês; não os deixará nem os abandonará".

Leitura pública do Livro da Lei

⁹Moisés escreveu toda esta lei num livro e entregou aos sacerdotes que transportavam

---

ª **30.6** Em hebraico, *circuncidará*. ᵇ **31.1** Conforme os manuscritos do mar Morto e a Septuaginta; o Texto Massorético traz *Moisés foi e falou estas palavras*.

a arca da aliança do SENHOR e às autoridades de Israel. ¹⁰Depois, Moisés lhes deu a seguinte ordem: "Ao final de cada sete anos, no ano do cancelamento das dívidas, durante a Festa das Cabanas, ¹¹leiam este Livro da Lei para todo o povo de Israel, quando estiverem reunidos diante do SENHOR, seu Deus, no lugar que ele escolher. ¹²Convoquem todos: homens, mulheres, crianças e os estrangeiros que vivem em suas cidades, para que ouçam este Livro da Lei e aprendam a temer o SENHOR, seu Deus, e a obedecer fielmente a todos os termos desta lei. ¹³Façam isso para que seus filhos, que não conhecem estas instruções, as ouçam e aprendam a temer o SENHOR, seu Deus. Façam isso enquanto viverem na terra da qual tomarão posse ao atravessar o Jordão".

Predição da desobediência de Israel

¹⁴Então o SENHOR disse a Moisés: "É chegada a hora de você morrer. Chame Josué e apresentem-se na tenda do encontro, onde darei minhas ordens a ele". Moisés e Josué foram e se apresentaram na tenda do encontro. ¹⁵O SENHOR lhes apareceu numa coluna de nuvem, que parou à entrada da tenda sagrada.

¹⁶O SENHOR disse a Moisés: "Você está prestes a morrer e a se reunir a seus antepassados. Quando não estiver mais aqui, este povo começará a se prostituir, adorando deuses estrangeiros, os deuses da terra para onde se dirigem. Eles me abandonarão e quebrarão a aliança que fiz com eles. ¹⁷Então minha ira arderá contra eles. Eu os abandonarei, esconderei deles minha face, e eles serão devorados. Aflições terríveis os atingirão e, naquele dia, dirão: 'Estas calamidades nos atingiram porque o SENHOR não está mais entre nós!'. ¹⁸Naquele dia, esconderei deles minha face por causa de todo o mal que praticaram, adorando outros deuses.

¹⁹"Escrevam, portanto, as palavras desta canção e ensinem-na aos israelitas. Ajudem o povo a aprendê-la, para que ela sirva de testemunha a meu favor e contra eles. ²⁰Pois eu os farei entrar na terra que jurei dar a seus antepassados, uma terra que produz leite e mel com fartura. Lá, eles se tornarão prósperos, comerão à vontade e engordarão. Contudo, começarão a adorar outros deuses; eles me desprezarão e quebrarão a minha aliança. ²¹E, quando grandes calamidades lhes ocorrerem, esta canção servirá de prova contra eles, pois

---

PÃO DIÁRIO

Segure a minha mão

Não tenha medo nem desanime, pois o próprio SENHOR irá adiante de vocês. Ele estará com vocês; não os deixará nem os abandonará.

—Deuteronômio 31.8

As ondas do lago estavam altas e quebravam sobre o cais enquanto eu acompanhava uma família numa visita ao farol. Casualmente, ouvi a menina dizer a seu pai: "Papai, por favor, ande ao meu lado e segure a minha mão nesta parte assustadora".

Às vezes a vida pode ser assustadora para nós também: perda de entes queridos, problemas financeiros ou de saúde. Quando carregamos esses pesados fardos e preocupações, ansiamos por uma mão forte para segurar a nossa e nos manter firmes e em segurança.

Quando Josué assumiu a liderança de Israel, Moisés o fez recordar da ajuda de Deus em tempos árduos. Nos dias difíceis que viriam, Josué precisaria lembrar-se de confiar em Deus e em Suas promessas. Moisés lhe disse: "...o próprio SENHOR irá adiante de vocês. Ele estará com vocês; não os deixará nem os abandonará" (Dt 31.8).

O profeta Isaías nos encoraja com estas palavras de Deus: "Pois eu o seguro pela mão direita, eu, o SENHOR, seu Deus, e lhe digo: 'Não tenha medo, estou aqui para ajudá-lo'" (41.13). Quando a vida se torna assustadora, Deus está conosco, e podemos segurar Sua forte mão.

Esta canção de Alexander Lowell nos recorda da presença de Deus: "Você enfrentará montanhas tão íngremes, desertos tão distantes e vales tão profundos. Às vezes a jornada é suave e, às vezes, sopram os ventos frios. Mas quero que se lembre e que saiba que você nunca andará sozinha... Jesus estará ao seu lado em todo o caminho". Ele caminhará ao nosso lado e segurará a nossa mão nas partes "assustadoras" da jornada.

Deus, tu prometeste ser o meu refúgio e fortaleza, sempre pronto a me ajudar em tempos difíceis. Obrigada por segurares minha mão quando a vida se torna assustadora. Coloco a minha confiança somente em ti e descanso em Tua presença.

Os medos se dissipam à luz da presença de Deus.

> **PÃO DIÁRIO**
>
> ## Enquadre as imagens
>
> *Como a águia que incentiva seus filhotes e paira sobre a ninhada, ele estendeu as asas para tomá-los e levá-los em segurança sobre suas penas. O Senhor, e mais ninguém, os guiou...*
>
> —Deuteronômio 32.11,12
>
> Por três meses pude assistir de camarote ou, talvez deveria dizer, tive uma vista aérea da maravilhosa obra de Deus. Noventa metros acima do solo de um Jardim Botânico, os funcionários tinham instalado uma *webcam* focada no ninho de uma família de águias, e as imagens podiam ser vistas por espectadores online.
>
> Quando os ovos eclodiram, mamãe e papai águia estavam atentos à sua prole, revezando-se para caçar e proteger o ninho. Porém, um dia quando os filhotinhos ainda pareciam bolas com penugem e bicos, ambos os pais desapareceram. Fiquei preocupado com o que aconteceria aos filhotes.
>
> Minha preocupação era infundada. O operador da *webcam* ampliou o ângulo da câmera e, nas proximidades, lá estava a mamãe águia empoleirada num galho.
>
> Quando pensei sobre essa imagem "enquadrada", relembrei das vezes em que tive medo de que Deus tivesse me abandonado. A vista das alturas da floresta lembrou-me de que minha visão é limitada. Vejo apenas uma pequena parte de toda a cena.
>
> Moisés usou a imagem da águia para descrever Deus. Como as águias protegem seus filhotes, Deus protege o Seu povo (Dt 32.11,12). Apesar do que possa parecer, o Senhor não está "longe de nenhum de nós" (At 17.27). Isso continua sendo verdade mesmo quando nos sentimos abandonadas.
>
> *Obrigada, Senhor, por Teu atento cuidado sobre nós. Tua visão é mais nítida e mais aguçada do que o olho da mais poderosa águia. Alarga nossa visão para que nos tornemos mais e mais conscientes de Tua constante presença.*
>
> **Os olhos do Senhor estão fixos sobre nós, não precisamos temer os perigos ao redor.**

²³Então o Senhor deu ordens a Josué, filho de Num, com as seguintes palavras: "Seja forte e corajoso, pois você conduzirá o povo de Israel à terra que jurei lhes dar. Eu estarei com você".

²⁴Quando Moisés terminou de escrever os termos desta lei num livro, ²⁵deu a seguinte ordem aos levitas que transportavam a arca da aliança do Senhor: ²⁶"Peguem este Livro da Lei e coloquem-no ao lado da arca da aliança do Senhor, seu Deus, para que ele fique ali como testemunha contra vocês. ²⁷Pois eu sei como são rebeldes e teimosos. Se, mesmo agora, enquanto ainda estou vivo e em seu meio, vocês se rebelaram, quanto mais rebeldes serão depois da minha morte!

²⁸"Convoquem agora todas as autoridades e os oficiais de suas tribos para que eu lhes fale diretamente e chame os céus e a terra para testemunharem contra eles. ²⁹Sei que depois de minha morte vocês se tornarão inteiramente corruptos e se afastarão do caminho que lhes ordenei que seguissem. Nos dias futuros, a calamidade cairá sobre vocês, pois farão o que é mau aos olhos do Senhor e provocarão a ira dele contra seus atos".

A canção de Moisés

³⁰Então Moisés recitou a canção inteira diante de toda a comunidade de Israel:

32
¹"Escutem, ó céus, e falarei!
Ouça, ó terra, aquilo que digo!
²Que meu ensino desça sobre vocês como chuva,
que minhas palavras se derramem como orvalho.
Caiam como chuva sobre a grama,
como garoa suave sobre o capim novo.
³Proclamarei o nome do Senhor;
exaltemos o nosso Deus!
⁴Ele é a Rocha, e suas obras são perfeitas;
tudo que ele faz é certo.
É um Deus fiel, que nunca erra,
é justo e verdadeiro!

⁵"Seu povo o tratou de maneira desleal,
agiu maldosamente, e não como seus filhos;[a]
são uma geração perversa e corrompida.
⁶É assim que retribuem ao Senhor,

seus descendentes jamais se esquecerão dela. Eu conheço as intenções deles, mesmo antes de entrarem na terra que jurei lhes dar".

²²Assim, naquele mesmo dia, Moisés escreveu as palavras da canção e a ensinou aos israelitas.

---

[a] **32.5** O significado do hebraico é incerto.

povo tolo e sem juízo?
Não é ele o Pai de vocês, que os criou?
Não foi ele que os fez e os estabeleceu?
⁷Lembrem-se dos dias de muito tempo atrás,
pensem nas gerações passadas.
Perguntem a seus pais, e eles os informarão;
consultem os líderes, e eles lhes contarão.
⁸Quando o Altíssimo distribuiu a terra entre as nações,
quando dividiu a humanidade,
fixou os limites dos povos,
de acordo com o número dos filhos de Israel.ª

⁹"Pois o povo de Israel pertence ao Senhor;
Jacó é sua propriedade especial.
¹⁰Encontrou-os numa terra deserta,
numa região desolada e de ventos uivantes.
Cercou-os e cuidou deles,
protegeu-os como a pupila de seus olhos.
¹¹Como a águia que incentiva seus filhotes
e paira sobre a ninhada,
ele estendeu as asas para tomá-los
e levá-los em segurança sobre suas penas.
¹²O Senhor, e mais ninguém, os guiou;
nenhum deus estrangeiro os conduziu.
¹³Ele os fez cavalgar sobre os lugares altos da terra
e alimentar-se dos frutos dos campos.
Nutriu-os com mel da rocha
e azeite dos altos rochedos.
¹⁴Alimentou-os com coalhada do gado
e leite do rebanho,
com a gordura de cordeiros,
de carneiros e de bodes de Basã.
Comeram o melhor do trigo
e beberam do vinho mais fino
que as uvas podem dar.

¹⁵"Mas Jesurumᵇ não demorou a engordar
e se rebelar;
o povo se tornou pesado, corpulento e empanturrado!
Então abandonaram o Deus que os criou,
fizeram pouco caso da Rocha de sua salvação.
¹⁶Provocaram seu zelo,
adorando deuses estrangeiros;
despertaram sua fúria
com ídolos detestáveis.
¹⁷Ofereceram sacrifícios a demônios que não são Deus,
a deuses que não conheciam,
deuses novos, sem história,
deuses que seus antepassados jamais temeram.
¹⁸Abandonaram a Rocha que os gerou,
esqueceram-se do Deus que os fez nascer.

¹⁹"O Senhor viu isso e se afastou,
provocado à ira por seus filhos e filhas.
²⁰Disse: 'Eu os abandonarei;
veremos o que será deles!
Pois são uma geração perversa,
filhos infiéis.
²¹Provocaram meu ciúme adorando coisas que não são Deus;
despertaram minha ira com seus ídolos inúteis.
Agora, provocarei seu ciúme com uma gente que nem sequer é povo;
despertarei sua ira por meio de uma nação insensata.
²²Pois minha ira arde como o fogo
e queima até as profundezas da sepultura.ᶜ
Devora a terra e todas as suas colheitas
e incendeia os alicerces dos montes.
²³Amontoarei calamidades sobre eles
e os derrubarei com minhas flechas.
²⁴Eu os enfraquecerei com fome,
febre alta e enfermidade mortal.
Enviarei as presas de animais selvagens,
e o veneno das serpentes que se arrastam no pó.
²⁵Fora de casa, a espada trará morte;
dentro dela, o pavor atingirá
rapazes e moças, crianças e idosos.

ª **32.8** Os manuscritos do mar Morto trazem *o número dos filhos de Deus*; a Septuaginta traz *o número dos anjos de Deus*.
ᵇ **32.15** Termo carinhoso para *Israel*. ᶜ **32.22** Em hebraico, *do Sheol*.

²⁶Meu desejo era aniquilá-los,
   apagar até sua lembrança dentre os povos.
²⁷Mas temi a reação dos inimigos de Israel,
   que entenderiam mal e diriam:
'Foi o nosso poder que triunfou!
   O Senhor nada teve a ver com isso!'".

²⁸"Israel, porém, é uma nação sem juízo;
   seu povo é tolo, sem entendimento.
²⁹Ah, se fossem sábios e compreendessem estas coisas!
   Ah, se soubessem o fim que os espera!
³⁰Como poderia uma só pessoa perseguir mil deles,
   e duas pessoas fazer dez mil fugirem,
a não ser que sua Rocha os tivesse vendido,
   a não ser que o Senhor os tivesse entregado?
³¹Mas a rocha de nossos inimigos não é como nossa Rocha,
   como até eles mesmos reconhecem.ᵃ
³²A videira deles vem da videira de Sodoma,
   dos campos de Gomorra.
As uvas deles são veneno,
   e seus cachos são amargos.
³³O vinho deles é veneno de cobras,
   peçonha mortal de serpentes.

³⁴"O Senhor diz: 'Acaso não selei estas coisas
   e as guardei em meus tesouros?
³⁵A vingança cabe a mim, eu lhes darei o troco;
   no devido tempo, seus pés escorregarão.
O dia da calamidade chegará,
   e seu destino os alcançará'.

³⁶"Por certo o Senhor julgará seu povo,
   e mudará seus planos paraᵇ seus servos,
quando vir que a força deles se esgotou
   e que ninguém sobrou, nem escravo nem livre.
³⁷Então ele perguntará: 'Onde estão seus deuses,
   as rochas em que se refugiaram?
³⁸Onde estão os deuses que comeram a gordura de seus sacrifícios
   e beberam o vinho de suas ofertas?
Que esses deuses se levantem e os socorram!
   Que eles lhes deem abrigo!
³⁹Vejam agora que eu sou o único;
   não há outro deus além de mim!
Causo a morte e dou a vida,
   causo a ferida e faço sarar;
ninguém pode escapar de minha mão poderosa!
⁴⁰Agora, levanto minha mão para o céu
   e declaro: 'Tão certo quanto eu vivo,
⁴¹quando eu afiar minha espada reluzente,
   e começar a fazer justiça,
eu me vingarei de meus inimigos
   e darei o troco aos que me rejeitaram.
⁴²Farei minhas flechas se embebedarem de sangue,
   e minha espada devorará carne:
o sangue dos massacrados e dos prisioneiros,
   e as cabeças dos líderes inimigos'.

⁴³"Alegrem-se com ele, ó céus,
   e todos os anjos de Deus o adorem.ᶜ
Alegrem-se com seu povo, ó nações,
   e todos os anjos se fortaleçam nele;ᵈ
Pois ele retribuirá o sangue de seus filhosᵉ
   e se vingará de seus inimigos.
Ele dará o troco aos que o odeiamᶠ
   e purificará a terra de seu povo".

⁴⁴Então Moisés foi com Josué,ᵍ filho de Num, e recitou todas as palavras dessa canção para o povo.

⁴⁵Quando Moisés terminou de recitar todas essas palavras ao povo de Israel, ⁴⁶acrescentou: "Levem a sério todas as advertências que hoje lhes dei. Transmitam-nas como ordens a seus filhos, para que eles cumpram fielmente todos

---

ᵃ **32.31** A Septuaginta traz *nossos inimigos são tolos*. O significado do hebraico é incerto. ᵇ **32.36** Ou *se vingará em favor de*. ᶜ **32.43a** Conforme os manuscritos do mar Morto e da Septuaginta; o Texto Massorético não traz as duas primeiras linhas. Comparar com Hb 1.6. ᵈ **32.43b** Conforme a Septuaginta; o hebraico não traz essa linha. Comparar com Rm 15.10. ᵉ **32.43c** Conforme os manuscritos do mar Morto e a Septuaginta; o Texto Massorético traz *seus servos*. ᶠ **32.43d** Conforme os manuscritos do mar Morto e a Septuaginta; o Texto Massorético não traz essa linha. ᵍ **32.44** Em hebraico, *Oseias*, variante do nome *Josué*.

os termos desta lei. ⁴⁷Não são palavras vazias; são a vida de vocês! Se obedecerem a elas, terão vida longa na terra da qual tomarão posse quando atravessarem o rio Jordão".

A morte iminente de Moisés

⁴⁸Naquele mesmo dia, o Senhor disse a Moisés: ⁴⁹"Vá a Moabe, às montanhas a leste do rio,ᵃ e suba o monte Nebo, do lado oposto de Jericó. Veja a terra de Canaã, a terra que dou aos israelitas como sua propriedade. ⁵⁰Você morrerá ali no monte e será reunido a seus antepassados, como Arão morreu no monte Hor e foi reunido a seus antepassados. ⁵¹Será assim porque vocês dois quebraram minha confiança diante dos israelitas nas águas de Meribá, em Cades,ᵇ no deserto de Zim. Não honraram minha santidade para os israelitas. ⁵²Por isso você verá a terra de longe, mas não entrará na terra que dou ao povo de Israel".

Moisés abençoa o povo

33 Esta é a bênção que Moisés, homem de Deus, deu aos israelitas antes de sua morte:

²"O Senhor veio do monte Sinai
   e alvoreceu sobre nós,ᶜ desde o monte
       Seir;
resplandeceu desde o monte Parã
   e veio de Meribá-Cades
   com fogo ardente em sua mão direita.ᵈ
³Por certo ele ama seu povo;ᵉ
   todos os seus santos estão em suas
       mãos.
Seguem seus passos
   e recebem seus ensinamentos.
⁴Moisés nos deu a lei,
   a propriedade especial do povo de
       Israel.ᶠ
⁵O Senhor era rei em Jesurum,ᵍ
   quando os líderes do povo se reuniram,
   quando as tribos de Israel se juntaram
       como uma só".

⁶"Que a tribo de Rúben viva e não
       desapareça,
   embora não seja numerosa".

⁷Foi isto que Moisés disse a respeito da tribo de Judá:

"Ó Senhor, ouve o clamor de Judá
   e reúne-os como um só povo.
Dá-lhes forças para defender sua causa;
   ajuda-os contra seus inimigos".

⁸A respeito da tribo de Levi, disse:

"Ó Senhor, deste o Tumim e o Urim,
   as sortes sagradas, a teus servos fiéis.
Tu os provaste em Massá
   e lutaste com eles junto às águas de
       Meribá.
⁹Os levitas obedeceram à tua palavra
   e guardaram a tua aliança.
Foram mais leais a ti
   que aos próprios pais.
Ignoraram os parentes
   e não reconheceram os próprios filhos.
¹⁰Ensinaram teus estatutos a Jacó,
   deram tuas instruções a Israel.
Oferecem incenso diante de ti
   e apresentam holocaustos inteiros no
       teu altar.
¹¹Abençoa o serviço dos levitas, ó Senhor,
   e aceita todo o trabalho de suas mãos.
Quebra os quadris de seus inimigos;
   derruba seus adversários,
   para que nunca voltem a se levantar".

¹²A respeito da tribo de Benjamim, disse:

"Benjamim é amado pelo Senhor
   e vive em segurança ao seu lado.
Ele o protege continuamente
   e o faz descansar sobre seus ombros".

¹³A respeito da tribo de José, disse:

"O Senhor abençoe suas terras
   com a dádiva preciosa do orvalho do céu
   e água das profundezas da terra;
¹⁴com os ricos frutos que amadurecem ao
       sol
   e as colheitas fartas de cada mês;
¹⁵com as mais excelentes safras dos
       montes antigos,
   e os ricos frutos das colinas eternas;

ᵃ **32.49** Em hebraico, *montanhas de Abarim*. ᵇ **32.51** Em hebraico, *águas de Meribá-Cades*. ᶜ **33.2a** Conforme a Septuaginta e a versão siríaca; o hebraico traz *sobre eles*. ᵈ **33.2b** Ou *veio com miríades de santos, desde o sul, desde as encostas do seu monte*. O significado do hebraico é incerto. ᵉ **33.3** Conforme a Septuaginta; o hebraico traz *Por certo, amante dos povos*. ᶠ **33.4** Em hebraico, *de Jacó*. Os nomes "Jacó" e "Israel" são usados de forma intercambiável ao longo de todo o Antigo Testamento e se referem, por vezes, ao patriarca e, em outras ocasiões, à nação. ᵍ **33.5** Termo carinhoso para *Israel*; também em 33.26.

PÃO DIÁRIO

Braços eternos

O Deus eterno é seu refúgio, e seus braços eternos os sustentam.
—Deuteronômio 33.27

Após um ensaio no piano do teatro, o renomado pianista sentou-se no palco sozinho. Ele tinha praticado, com sucesso, as intricadas composições para piano de Beethoven, Chopin e Liszt para o programa da noite e queria tocar mais uma peça para si mesmo. O que veio em seu coração e em suas mãos foi um antigo hino: "Não recearei, nada temerei, descansando no poder de Deus. Tenho paz e amor junto ao meu Senhor, descansando no poder de Deus. Descansando nos eternos braços do meu Deus" (HCC 330).

Essas palavras repercutem a verdade contida na bênção final de Moisés: "Não há ninguém como o Deus de Jesurum! Ele cavalga pelos céus para ajudá-los e monta as nuvens com majestoso esplendor. O Deus eterno é seu refúgio e seus braços eternos os sustentam" (Dt 33.26,27).

Que presente temos em nossos próprios braços e mãos! Eles podem manejar um martelo, segurar uma criança ou ajudar um amigo. Contudo, embora nossa força seja limitada, o poder imenso de Deus em nosso favor é expresso em Seu cuidado poderoso e gentil. "Ouçam! O braço do Senhor não é fraco demais para salvá-los" (Is 59.1). "...levará os cordeirinhos nos braços e os carregará junto ao coração" (40.11).

Em qualquer desafio ou oportunidade à sua frente, há segurança e paz em Seus braços eternos.

Senhor, que bênção é experimentar os Teus braços poderosos e eternos e mergulhar novamente no conforto da Tua força quando estou fraca. Descanso em Teu cuidado, pois és o meu refúgio, e não há outro igual a ti.

Os braços do Pai celestial jamais se cansam de amparar os Seus filhos.

---

¹⁶com as melhores dádivas da terra e sua fartura,
e o favor daquele que apareceu no arbusto em chamas.
Que essas bênçãos repousem sobre a cabeça de José
e coroem a fronte do príncipe entre seus irmãos.
¹⁷José é majestoso como um touro jovem;
tem a força de um boi selvagem.
Com seus chifres expulsará as nações distantes
até os confins da terra.
Essa é a minha bênção para as multidões de Efraim
e para os milhares de Manassés".

¹⁸A respeito da tribo de Zebulom, disse:

"Que o povo de Zebulom prospere em suas viagens,
que o povo de Issacar prospere em suas tendas.
¹⁹Convocam o povo ao monte
para ali oferecer os sacrifícios apropriados.
Fartam-se das riquezas do mar
e dos tesouros escondidos na areia".

²⁰A respeito da tribo de Gade, disse:

"Abençoado é aquele que expande o território de Gade!
Gade fica à espreita como leão,
para arrancar um braço ou uma cabeça.
²¹O povo de Gade tomou para si a melhor parte da terra;
a ele foi entregue a porção do líder.
Quando os líderes do povo estavam reunidos,
executou a justiça do Senhor
e obedeceu a seus estatutos para Israel".

²²A respeito da tribo de Dã, disse:

"Dã é filhote de leão,
que salta de Basã".

²³A respeito da tribo de Naftali, disse:

"Ó Naftali, você é rico em favor
e repleto das bênçãos do Senhor;
herdará as terras do oeste e do sul".

²⁴E, a respeito da tribo de Aser, disse:

"Que Aser seja mais abençoado que os outros filhos;
seja ele estimado por seus irmãos
e banhe os pés em óleo de oliva.
²⁵Que as trancas de suas portas sejam de ferro e bronze
e sua força dure por todos os seus dias".

²⁶"Não há ninguém como o Deus de Jesurum!

Ele cavalga pelos céus para ajudá-los
e monta as nuvens com majestoso esplendor.
²⁷O Deus eterno é seu refúgio,
e seus braços eternos os sustentam.
Expulsa os inimigos de diante de vocês
e grita: 'Destruam esses povos!'.
²⁸Israel viverá em paz,
a fonte de Jacó estará segura
numa terra de cereais e vinho novo,
onde os céus gotejam orvalho.
²⁹Como você é feliz, ó Israel!
Quem é como você, povo salvo pelo Senhor?
Ele é seu escudo protetor
e sua espada triunfante!
Seus inimigos se encolherão de medo diante de você,
e você lhes pisoteará as costas".

A morte de Moisés

34 Então Moisés subiu das campinas de Moabe ao monte Nebo, até o topo do Pisga, do lado oposto de Jericó. Ali o Senhor lhe mostrou toda a terra, de Gileade a Dã; ²toda a terra de Naftali; a terra de Efraim e Manassés; a terra de Judá, que se estende até o mar Mediterrâneo;[a] ³o Neguebe; o vale do Jordão, com Jericó, a cidade das palmeiras, até Zoar.

⁴O Senhor disse a Moisés: "Esta é a terra que prometi sob juramento a Abraão, Isaque e Jacó, quando disse: 'Eu a darei a seus descendentes'. Sim, permiti que você a visse com seus próprios olhos, mas você não atravessará o rio para entrar nela".

⁵Assim, Moisés, servo do Senhor, morreu ali na terra de Moabe, conforme o Senhor tinha dito. ⁶Ele o sepultou[b] num vale junto a Bete-Peor, em Moabe, mas até hoje ninguém sabe o lugar exato. ⁷Moisés tinha 120 anos quando morreu e, no entanto, ainda enxergava bem e tinha todas as suas forças. ⁸Os israelitas prantearam a morte de Moisés por trinta dias nas campinas de Moabe, até se cumprir o período do ritual de luto.

⁹Josué, filho de Num, estava cheio do espírito de sabedoria, pois Moisés havia imposto as mãos sobre ele. Por isso, os israelitas lhe obedeceram e fizeram o que o Senhor havia ordenado a Moisés.

¹⁰Nunca houve em Israel outro profeta como Moisés, a quem o Senhor conhecia face a face. ¹¹O Senhor o enviou ao Egito para realizar todos os sinais e maravilhas contra o faraó, contra todos os seus servos e contra toda a sua terra. ¹²Com grande poder, Moisés realizou atos temíveis diante dos olhos de todo o Israel.

---

[a] **34.2** Em hebraico, *mar ocidental*. [b] **34.6** O Pentateuco Samaritano e alguns manuscritos gregos trazem *Eles o sepultaram*.

JOSUÉ

INTRODUÇÃO

Os doze livros do Antigo Testamento, de Josué a Ester, são chamados de históricos. Eles narram a história de Israel desde a entrada em Canaã até o retorno do cativeiro e estão divididos em três períodos ou épocas: (1) *As tribos independentes*. Consiste no trabalho da conquista de Canaã e das experiências dos Juízes. Esses registros se encontram em Josué, Juízes e Rute; (2) *O reino de Israel*: (a) Sua ascensão, 1 Samuel, (b) Sua glória, 2 Samuel, 1 Reis 1–11, 1 Crônicas 11–29, 2 Crônicas 1–9, (c) Sua divisão e queda, 1 Reis 12–22, 2 Reis 1–25; 2 Crônicas 10–36; (3) *O retorno do cativeiro*, Esdras, Neemias e Ester.

Nome. Oriundo do personagem principal, Josué, que pode ser descrito como um homem de fé, coragem, entusiasmo, liderança e fiel ao cumprir seu dever.

Conexão com os livros anteriores. Josué completa a história da libertação iniciada em Êxodo. Se Israel não tivesse pecado ao crer nos maus espias e voltado para o deserto, não teríamos os últimos 21 capítulos de Números e o livro de Deuteronômio. Josué então teria iniciado após o capítulo 15 de Números, completando assim a história de Deus conduzindo Israel do Egito para Canaã.

A palavra-chave em Josué é "redenção", com a ênfase colocada sobre o ato de tomar posse da terra, enquanto "redenção" em Êxodo enfatiza a libertação. Essas duas ênfases formam a redenção completa, que requer ser "trazido para fora" e "trazido para dentro".

Propósito do livro. (1) Mostrar como Israel se estabeleceu em Canaã de acordo com a promessa de Deus. (2) Demonstrar como, pela destruição dos cananeus, Deus julga um povo por seus pecados. (3) Reconhecer que o povo de Deus é finalmente herdeiro da terra e que os ímpios serão finalmente despojados.

Algumas questões típicas e espirituais. (1) O conflito com os habitantes de Canaã. No deserto, o conflito foi com Amaleque, que era uma ilustração do interminável conflito entre a carne ou a "antiga natureza" e a "nova natureza". Em Canaã, o conflito é típico de nossa luta "contra governantes e autoridades do mundo invisível, contra grandes poderes neste mundo de trevas e contra espíritos malignos nas esferas celestiais", Ef 6.10-18. (2) A travessia do Jordão é uma ilustração da nossa morte para o pecado e ressurreição com Cristo. (3) O cordão vermelho ilustra nossa segurança sob Cristo e Seu sacrifício. (4) A queda de Jericó ilustra as vitórias espirituais que conquistamos em segredo e por meios que aos homens parecem tolos. (5) Josué. Ele é um antítipo de Cristo conforme ele conduz seus seguidores para a vitória sobre os seus inimigos; é quem batalha por eles em tempo de derrota e na forma como os conduz a um lar permanente.

ESBOÇO

1. Conquista de Canaã, Caps. 1–12
    1.1. Preparação, Caps. 1–2
    1.2. Atravessando o Jordão, Caps. 3–4
    1.3. Conquista de Jericó, Caps. 5–6
    1.4. Conquista do Sul, Caps. 7–10
    1.5. Conquista do Norte, Cap. 11
    1.6. Resumo, Cap. 12
2. Divisão da terra, Caps. 13–22
    2.1. Território das diferentes tribos, Caps. 13–19
    2.2. Cidades de refúgio, Cap. 20
    2.3. Cidades levitas, Cap. 21
    2.4. Retorno das tribos do Oriente, Cap. 22
3. O último conselho de Josué e sua morte, Caps. 23–24
    3.1. Exortação à fidelidade, Cap. 23
    3.2. Despedida e morte, Cap. 24

JOSUÉ

PARA ESTUDO E DISCUSSÃO

[1] A cooperação das duas tribos e meia na conquista de Canaã.
[2] Faça uma lista das diferentes batalhas e indique qualquer uma na qual Israel tenha sido derrotado.
[3] A porção do país atribuída a cada uma das tribos de Israel.
[4] A narrativa dos pecados de Acã. Suas consequências, sua descoberta e punição.
[5] A história dos gibeonitas, seu estratagema e consequente constrangimento de Josué.
[6] Observando a narrativa, faça uma lista de incidentes ou ocorrências que mostram um elemento milagroso.
[7] A história de Raabe, a prostituta.
[8] Os nomes das várias tribos de Canaã e a história de cada uma delas.
[9] O lugar de oração e adoração indicado pela narrativa. Dê exemplos.
[10] Encontre as evidências de que Deus odeia o pecado.

PÃO DIÁRIO

Receita para o sucesso

Relembre continuamente os termos deste Livro da Lei. Medite nele dia e noite [...]. Então você prosperará e terá sucesso em tudo que fizer.

—Josué 1.8

Narizes torcidos e lábios contraídos. Às vezes, essa é a reação da minha família a minha culinária, especialmente quando faço algo novo na cozinha. Há pouco tempo, tive uma excelente experiência com uma versão singular de macarrão e queijo. Anotei os ingredientes e guardei a receita para futuras consultas. Sem essas instruções, eu sabia que a tentativa seguinte seria um fracasso.

Sem as instruções de Deus, Josué teria fracassado em conduzir os israelitas até a Terra Prometida. O primeiro passo era que fosse "forte e corajoso" (Js 1.6). Em seguida, deveria meditar continuamente no Livro de Instruções e, finalmente, deveria fazer tudo o que o Livro dissesse. Deus prometeu que Josué prosperaria e teria "sucesso" em tudo que fizesse, contanto que seguisse tais direções (v.8).

A "receita para o sucesso" vinda de Deus pode funcionar para nós também. No entanto, a ideia divina de sucesso pouco tem a ver com dinheiro, popularidade ou até mesmo boa saúde. No original hebraico, as palavras: "Então você prosperará e terá sucesso em tudo que fizer" significam: "então, você agirá com sabedoria". Assim como Deus chamou Josué para andar em sabedoria, Ele requer o mesmo de nós: "sejam cuidadosos em seu modo de vida. Não vivam como insensatos, mas como sábios" (Ef 5.15).

À medida que nos encorajamos no Senhor, nos regozijamos em Sua Palavra e lhe obedecemos, temos a receita divina para o sucesso. Essa receita é melhor do que qualquer outra que possamos inventar por nossa conta.

Senhor, preciso da Tua ajuda para compreender em que a Tua ideia de sucesso difere da ideia de sucesso do mundo. Enquanto eu estiver lendo o Teu Livro, preciso que me ajudes a discernir as Tuas instruções sobre como viver todos os dias plenamente para ti. Graças te dou por Tua direção em minha vida.

A obediência à Palavra de Deus é a receita para o sucesso espiritual.

A ordem de Deus a Josué

1 Depois que Moisés, servo do Senhor, morreu, o Senhor disse a Josué, filho de Num, auxiliar de Moisés: ²"Meu servo Moisés está morto; chegou a hora de você conduzir todo este povo, os israelitas, para atravessar o rio Jordão e entrar na terra que eu lhes dou. ³Eu darei a vocês todo o lugar em que pisarem, conforme prometi a Moisés, ⁴desde o deserto do Neguebe, ao sul, até os montes do Líbano, ao norte; desde o rio Eufrates, a leste, até o mar Mediterrâneo,ᵃ a oeste, incluindo toda a terra dos hititas. ⁵Enquanto você viver, ninguém será capaz de lhe resistir, pois eu estarei com você, assim como estive com Moisés. Não o deixarei nem o abandonarei.

⁶"Seja forte e corajoso, pois você conduzirá este povo para tomar posse da terra que jurei dar a seus antepassados. ⁷Seja somente forte e muito corajoso. Tenha o cuidado de cumprir toda a lei que meu servo Moisés lhe ordenou. Não se desvie dela nem para um lado nem para o outro. Assim você será bem-sucedido em tudo que fizer. ⁸Relembre continuamente os termos deste Livro da Lei. Medite nele dia e noite, para ter certeza de cumprir tudo que nele está escrito. Então você prosperará e terá sucesso em tudo que fizer. ⁹Esta é minha ordem: Seja forte e corajoso! Não tenha medo nem desanime, pois o Senhor, seu Deus, estará com você por onde você andar".

A ordem de Josué a Israel

¹⁰Então Josué ordenou aos oficiais do povo: ¹¹"Percorram o acampamento e digam ao povo que prepare os suprimentos, pois daqui a três dias vocês atravessarão o rio Jordão e tomarão posse da terra que o Senhor, seu Deus, lhes dá".

¹²Em seguida, Josué convocou as tribos de Rúben e Gade e a meia tribo de Manassés e disse: ¹³"Lembrem-se do que Moisés, servo do Senhor, lhes ordenou: 'O Senhor, seu Deus, lhes concede um lugar de descanso e lhes dá esta terra'. ¹⁴Suas esposas, seus filhos e seus animais ficarão na terra que Moisés designou para vocês a leste do Jordão. Mas seus guerreiros valentes, completamente armados, atravessarão o Jordão à frente das outras tribos e

---

ᵃ **1.4** Em hebraico, *mar Grande*.

as ajudarão. ¹⁵Permaneçam com seus irmãos até que o Senhor conceda descanso a eles como concedeu a vocês, e até que eles também tomem posse da terra que o Senhor, seu Deus, lhes dá. Só então vocês voltarão e se estabelecerão na terra a leste do Jordão, o lugar que Moisés, servo do Senhor, designou para que vocês tomassem posse".

¹⁶Eles responderam a Josué: "Faremos tudo que você ordenar e iremos aonde nos enviar. ¹⁷Obedeceremos a você como obedecemos em tudo a Moisés. Que o Senhor, seu Deus, esteja sempre com você, como esteve com Moisés. ¹⁸Quem se rebelar contra as suas ordens e não obedecer às suas palavras será morto. Seja somente forte e corajoso!".

Raabe ajuda os espiões israelitas

2 Então, do acampamento em Sitim, Josué, filho de Num, enviou secretamente dois espiões, com a seguinte instrução: "Façam o reconhecimento da terra, especialmente dos arredores de Jericó". Os dois homens partiram e chegaram à casa de uma prostituta chamada Raabe, e ali passaram a noite.

²A notícia chegou ao rei de Jericó: "Alguns israelitas vieram aqui esta noite para espionar a terra". ³Então o rei de Jericó enviou a seguinte ordem a Raabe: "Traga para fora os homens que entraram em sua casa, pois vieram espionar toda a terra".

⁴Raabe havia escondido os dois homens, mas respondeu: "Sim, os homens estiveram aqui, mas eu não sabia de onde eram. ⁵Foram embora da cidade ao anoitecer, quase na hora de fechar os portões. Não sei para onde foram. Se vocês os perseguirem, é provável que os alcancem". ⁶Na verdade, ela havia levado os homens para o terraço e os escondido debaixo dos feixes de linho que tinha posto ali. ⁷Os homens do rei procuraram os espiões pelo caminho que ia até a parte rasa do Jordão, onde se podia atravessar. Assim que eles saíram, os portões de Jericó foram fechados.

⁸Antes que os espiões fossem dormir, Raabe foi ao terraço falar com eles. ⁹"Sei que o Senhor lhes deu esta terra", disse ela. "Estamos todos apavorados por sua causa. Todos os habitantes desta terra estão desesperados,

---

PÃO DIÁRIO

Hora da história

O Senhor, seu Deus, é Deus supremo em cima no céu e embaixo na terra.
—Josué 2.11

Você já se questionou por que a prostituta Raabe, que vivia na cidade pagã de Jericó, abriu sua casa para os espias israelitas? E o que lhe deu coragem para que chamasse o Deus de Israel de seu Deus?

Essa conversão, uma dentre as mais improváveis, foi motivada pelas histórias que Raabe ouviu sobre a veracidade do poder de Deus. Embora o seu coração estivesse completamente envolvido em paganismo e imoralidade, ele fora atraído por Deus. Ela disse aos espias: "pois ouvimos que o Senhor secou as águas do mar Vermelho para que vocês passassem, quando saíram do Egito. E sabemos o que fizeram a leste do Jordão aos dois reis amorreus Ogue e Seom, cujos povos vocês destruíram completamente" (Js 2.10).

Em circunstâncias normais, a cidade de Jericó, altamente fortificada, teria sido praticamente invencível. Mesmo assim, tornou-se vulnerável por causa das histórias convincentes do poder do Senhor. Muito antes que o povo de Deus chegasse, o orgulho dessa cultura hostil dissolveu-se em medo quando se deparou com aqueles que pertenciam a Deus e dos quais tanto haviam ouvido falar (v.11). No interior de suas muralhas, um coração pagão tinha sido tocado para receber o Deus de Israel, e Raabe desempenhou uma função estratégica na vitória impressionante do povo do Senhor.

Contemos ousadamente as histórias da grandeza de Deus. Nunca se sabe qual coração pode estar preparado para reagir!

Grande Deus de Josué e Raabe, que as minhas palavras e ações levem as pessoas a ti hoje. Enche-me do Teu amor e coragem enquanto busco ser o Teu vaso moldável — derramando a Tua graça sobre os outros. A Tua grandeza enche a Terra!

Não se intimide; conte as histórias da grandeza de Deus.

---

¹⁰pois ouvimos que o Senhor secou as águas do mar Vermelho[a] para que vocês passassem, quando saíram do Egito. E sabemos o que fizeram a leste do Jordão aos dois reis amorreus Ogue e Seom, cujos povos vocês destruíram

---

[a] **2.10** Em hebraico, *mar de juncos*.

Aprendendo com as mulheres da Bíblia

RAABE

Como seguir a Deus em meio à sua cultura

Raabe já havia feito algumas opções importantes quanto ao valor do seu corpo e de sua alma. Nessa passagem de Josué 2.1-21, ela está diante de outra escolha. Essa cena se descortina com as 12 tribos acampadas no lado oriental do rio Jordão, prontas para começar a conquista de Canaã.

A primeira cidade que os israelitas teriam que conquistar era Jericó, a Cidade das Palmeiras, num exuberante vale verde. Deus prometera ao Seu povo uma terra que manava leite e mel, e esse vale correspondia a essa descrição.

Jericó era a mais poderosa das cidades fortificadas em Canaã. Os muros, com cerca de 7 m de altura, pareciam invencíveis. Ali havia duas muralhas com um espaço entre elas. Se um inimigo conseguisse escalar o primeiro muro, ficaria preso nesse vão, tornando-se alvo fácil. A cidade era bem protegida.

Intercaladas, ao redor de toda a cidade, por cima dos espaços entre os muros, existiam casas sustentadas por fortes troncos. Numa delas morava Raabe.

De alguma forma, os espiões israelitas conseguiram entrar em Jericó. Porém, como descobrir o que necessitavam sem serem vistos? Haveria lugar melhor do que a casa de uma prostituta? Os mercadores que visitavam a cidade perguntavam por esses locais. Logo, não deve nos surpreender os dois espiões terem ido à casa de Raabe.

O rei suspeitou desses visitantes e enviou oficiais à casa exigindo que fossem entregues à força policial de Jericó. Raabe teve que decidir em segundos. Optaria pelo patriotismo e os entregaria ao rei? Ou mentiria, tornando-se traidora?

Raabe não tinha tempo para pensar ou consultar pessoas de confiança e teve que decidir rapidamente. Ela optou por mentir para as autoridades. Os soldados que vieram bater à sua porta acreditaram nela e saíram em busca dos espiões na estrada que leva ao vale do Jordão.

À semelhança de muitas escolhas momentâneas que fazemos, a decisão de Raabe mostrou quem ela era e o que acreditava sobre si mesma, sobre seu mundo e sobre Deus. Sua fé a encorajou a ir contra o seu povo e seu governo quando foi confrontada com aquela decisão súbita.

Raabe decidiu colocar sua vida e seu futuro no Deus de Israel. Estava convencida, ao falar aos espiões, que o Deus deles era o "Deus supremo em cima no céu e embaixo na terra". E essa é a única maneira pela qual podemos confrontar nossa cultura ou ir contra a sociedade ao nosso redor. Encontramos a coragem de fazê-lo somente quando estamos convencidas de que "o Senhor [nosso] Deus, é Deus supremo em cima no céu e embaixo na terra".

Raabe conhecia o suficiente sobre Deus para crer que Ele usaria Seu grande poder para beneficiar Seu povo. Ela sabia quão espessas eram as muralhas de Jericó. Também sabia como eram cruéis os soldados de sua cidade. Ela podia ver como Jericó era impenetrável para qualquer invasor. Mas, apesar de tudo isso, ela creu que o Deus de Israel triunfaria. E creu nisso de maneira tão intensa que se dispôs a arriscar a própria vida. Raabe ousou contrapor-se à sua sociedade porque tinha uma fé sólida no Deus de Israel.

No Novo Testamento, a encontramos como exemplo de uma fé excepcional. "Pela fé, a prostituta Raabe não foi morta com os habitantes de sua cidade que se recusaram a obedecer, pois ela acolheu em paz os espiões" (Hb 11.31). Nessa galeria dos heróis da fé, em Hebreus 11, encontramos apenas duas mulheres — Sara, a esposa de Abraão, e Raabe. Tiago também usou a fé demonstrada por Raabe como exemplo: "Raabe, a prostituta, é outro exemplo. Ela foi declarada justa por causa de suas ações quando escondeu os mensageiros e os fez sair em segurança por um caminho diferente. Assim como o corpo sem fôlego está morto, também a fé sem obras está morta" (2.25,26). A fé dessa mulher não a levou apenas a fazer uma grande afirmação sobre o Deus de Israel. Também a encorajou a uma ação intrépida a favor do povo de Deus. O autor de Hebreus afirma que o fato de Raabe ter acolhido os espiões demonstrou a sua fé, e Tiago realçou o mesmo ponto de vista. Sua decisão de agir foi a partir da sua fé.

Depois de enviar os soldados de Jericó para uma busca inútil fora da cidade, ela teve uma conversa com os dois espias. Confessou a sua fé no Deus de Israel e fez mais uma coisa: pediu que, em troca de salvar a vida dos espias, a vida de seus pais, irmãos e irmãs fossem poupadas quando Deus entregasse Jericó aos invasores.

Os espiões lhe asseguraram que a vida deles lhe serviria de garantia de sua segurança (v.14). Com duas condições: ela não podia falar da missão deles às autoridades de Jericó e devia amarrar um cordão vermelho na janela de sua casa. Somente os que estivessem na casa no momento da conquista seriam salvos.

Depois que eles concordaram com essas condições, ela "os ajudou a descer pela janela por uma corda" (v.15) e lhes disse que se escondessem nas montanhas até que os perseguidores retornassem a Jericó de mãos vazias. Depois, amarrou o cordão vermelho na janela e esperou. Esperou. E esperou!

Após os israelitas marcharem ao redor da cidade sete vezes, no sétimo dia, como Deus lhes instruíra, as trombetas soaram. O povo gritou. E as muralhas de Jericó ruíram. O exército de Israel avançou por sobre os escombros e travou uma batalha contra os soldados de Jericó.

Josué chamou os dois espias e lhes deu uma tarefa: irem à casa de Raabe, tirarem todos de lá e os colocarem em segurança. *Salvos*! Raabe colocou sua vida nas mãos do Deus de Israel, e o Senhor cumpriu Sua promessa: salvou-a e a todos os que estavam em sua casa.

Ainda há mais nessa história. Raabe viveu entre os israelitas e tornou-se parte do povo de Deus. O fato de ter sido uma prostituta já não era relevante. Pela fé, ela passou a fazer parte da comunidade do Senhor.

Uma das coisas extraordinárias que percebemos nos quatro evangelhos, quando olhamos para a interação de Jesus com mulheres, é que Ele muitas vezes dignificou mulheres desprezadas. Repetidamente vemos a compaixão de Cristo estendendo a Sua mão para mulheres que quebraram as normas e viveram de forma que as pessoas "respeitáveis" as menosprezavam. Raabe nos lembra que ser incluída na família de Deus não tem nada a ver com nossa bondade, mas, sim, com a graça divina.

Mas a história de Raabe ainda não terminou. Lemos em Mateus: "Salmom gerou Boaz, cuja mãe foi Raabe; Boaz gerou Obede, cuja mãe foi Rute. Obede gerou Jessé" (1.5). Raabe foi a tataravó de Davi, o grande rei de Israel. Mais surpreendente ainda é ela ter sido uma ancestral na genealogia de Jesus — o Salvador do mundo. Raabe é um tributo às possibilidades que estão dentro de cada uma de nós. Não importa o que tenha sido — o Senhor viu o que ela poderia vir a ser. Isso se aplica a nós. Nosso passado é irrelevante. O que importa para Deus é somente o nosso futuro. O que quer que esteja atrás de nós não é tão importante quanto aquilo que está à nossa frente. As escolhas que fizemos no passado nos trouxeram onde estamos hoje. As decisões que fazemos hoje ou no futuro determinarão nosso destino.

Algumas dessas escolhas serão rápidas. Elas serão consequência daquilo que somos e do que cremos a respeito de nós mesmas, do mundo e de Deus. São decisões que determinarão o comportamento que adotaremos.

Raabe ouviu sobre o Deus de Israel, reagiu com fé e isso lhe trouxe vida em meio à destruição. Trouxe-lhe a salvação de toda a sua família. Deu-lhe um lugar em Israel e o casamento com Salmom, que, conforme nos diz a tradição, foi um dos espias. Isso também lhe garantiu um lugar na genealogia do maior rei de Israel e na genealogia do Salvador, Jesus Cristo.

A que fonte você recorre quando tem que tomar decisões em sua vida? As suas decisões estão fundamentadas na fé no Deus amoroso e compassivo cuja mão está sobre você para o seu bem? Seus atos demonstram a sua fé e como você anda com Deus e com o Seu povo?

—Alice Mathews

QUESTÕES PARA REFLEXÃO

1. Descreva algum momento de decisão que você tenha enfrentado.
2. Quais fatores a motivaram a tomar sua decisão?
3. A decisão tomada foi boa ou ruim? Por quê?
4. De que maneira sua decisão afetou o curso de sua vida?

completamente. ¹¹Não é à toa que estamos dominados pelo medo! Ninguém tem ânimo para lutar depois de ouvir coisas como essas, pois o Senhor, seu Deus, é Deus supremo em cima no céu e embaixo na terra.

¹²"Agora, portanto, jurem-me pelo Senhor que, assim como os tratei com bondade, vocês serão bondosos comigo e com minha família. Deem-me alguma garantia de que, ¹³quando Jericó for conquistada, vocês pouparão a minha vida e a vida de meu pai e minha mãe, e também a de meus irmãos e irmãs e de suas famílias."

¹⁴Os homens responderam: "Oferecemos a própria vida como garantia de sua segurança. Se você não nos entregar, cumpriremos nossa promessa e trataremos vocês com bondade quando o Senhor nos der a terra".

¹⁵Então Raabe os ajudou a descer pela janela por uma corda, pois sua casa fazia parte do muro da cidade. ¹⁶"Fujam para a região montanhosa", disse ela. "Escondam-se ali por três dias. Quando os homens que estão à sua procura tiverem voltado, vocês poderão seguir seu caminho."

¹⁷Antes de partir, os homens disseram a Raabe: "Só estaremos obrigados pelo juramento que fizemos se você seguir nossas instruções. ¹⁸Quando entrarmos na terra, deixe este cordão vermelho pendurado na janela por onde você nos ajudou a descer. Todos os membros de sua família — pai, mãe, irmãos e todos os seus parentes — devem estar dentro desta casa. ¹⁹Se saírem na rua e forem mortos, não teremos culpa. Mas, se alguém fizer mal aos que estiverem dentro desta casa, assumiremos a responsabilidade por sua morte. ²⁰E, se você falar a outros sobre nossa missão, estaremos livres do juramento que fizemos".

²¹"Eu aceito suas condições", respondeu ela, e despediu-se deles, deixando o cordão vermelho pendurado na janela.

²²Os espiões subiram até a região montanhosa e ali ficaram por três dias. Seus perseguidores os procuraram por todo o caminho, mas não os encontraram e voltaram.

²³Então os dois espiões desceram da região montanhosa, atravessaram o Jordão e relataram a Josué, filho de Num, tudo que lhes havia acontecido. ²⁴"Certamente o Senhor nos deu toda a terra", disseram eles. "Todos os seus habitantes estão desesperados por nossa causa."

Israel atravessa o Jordão

3 No dia seguinte, logo cedo, Josué e todos os israelitas partiram de Sitim e chegaram às margens do Jordão, onde acamparam antes de atravessar o rio. ²Três dias depois, os oficiais percorreram o acampamento ³e deram a seguinte ordem ao povo: "Quando virem a arca da aliança do Senhor, seu Deus, sendo carregada pelos sacerdotes levitas, saiam de suas posições e sigam a arca. ⁴Tenham o cuidado de ficar cerca de um quilômetro[a] atrás dela. Não se aproximem demais! Assim vocês saberão por onde ir, pois nunca passaram por este caminho".

⁵Então Josué disse ao povo: "Purifiquem-se, pois amanhã o Senhor fará grandes maravilhas entre vocês!".

⁶Pela manhã, Josué disse aos sacerdotes: "Levantem a arca da aliança e conduzam o povo para o outro lado do rio". Eles levantaram a arca da aliança e foram à frente do povo.

⁷O Senhor disse a Josué: "Hoje começarei a fazer de você um grande líder aos olhos de todo o Israel. Eles saberão que estou com você, assim como estive com Moisés. ⁸Dê a seguinte ordem aos sacerdotes que carregam a arca da aliança: 'Quando chegarem junto às margens do Jordão, parem exatamente ali'".

⁹Então Josué disse aos israelitas: "Aproximem-se e ouçam o que diz o Senhor, seu Deus. ¹⁰Hoje vocês saberão que o Deus vivo está entre vocês. Ele certamente expulsará os cananeus, os hititas, os heveus, os ferezeus, os girgaseus, os amorreus e os jebuseus de diante de vocês. ¹¹Vejam, a arca da aliança, que pertence ao Soberano de toda a terra, os conduzirá para o outro lado do Jordão! ¹²Escolham agora doze homens das tribos de Israel, um de cada tribo. ¹³Os sacerdotes levarão a arca do Senhor, o Soberano de toda a terra. Assim que seus pés tocarem as águas do Jordão, a correnteza será interrompida rio acima, e as águas se levantarão como um muro".

¹⁴O povo deixou o acampamento para atravessar o Jordão, e os sacerdotes que levavam

---

[a] 3.4 Em hebraico, *2.000 côvados*, cerca de 900 metros.

a arca da aliança foram à frente deles. ¹⁵Era a estação da colheita, e o Jordão transbordava sobre as margens. Assim que os sacerdotes que levavam a arca puseram os pés na água junto às margens do rio, ¹⁶a correnteza acima daquele ponto foi interrompida e começou a se acumular a uma grande distância de lá, perto da cidade chamada Adam, nos arredores de Zaretã. E a água abaixo daquele ponto correu para o mar Morto,ᵃ até o leito do rio secar. Então todo o povo atravessou em frente da cidade de Jericó.

¹⁷Os sacerdotes que levavam a arca da aliança do Senhor ficaram parados no meio do leito do rio, em terra seca, enquanto o povo passava. Esperaram ali até que todo Israel tivesse atravessado o Jordão em terra seca.

Os monumentos da travessia do Jordão

4 Quando todo o povo havia atravessado o Jordão, o Senhor disse a Josué: ²"Escolha doze homens, um de cada tribo, ³e dê a eles as seguintes ordens: 'Peguem doze pedras do local onde os sacerdotes estão parados no meio do rio. Levem as pedras com vocês e amontoem-nas no lugar onde vão acampar esta noite'".

⁴Então Josué convocou os doze homens que havia escolhido, um de cada tribo de Israel, ⁵e lhes disse: 'Vão até o meio do Jordão, à frente da arca do Senhor, seu Deus. Cada um de vocês pegue uma pedra e carregue-a sobre o ombro; serão doze pedras no total, uma para cada tribo de Israel. ⁶Elas serão um monumento entre vocês. No futuro, seus filhos perguntarão: 'O que significam estas pedras?', ⁷e vocês dirão: 'Elas servem para nos lembrar que o rio Jordão parou de correr quando a arca da aliança do Senhor passou por ele'. Essas pedras serão uma recordação no meio dos israelitas para sempre".

⁸Assim, os israelitas fizeram como Josué havia ordenado. Pegaram doze pedras do meio do Jordão, uma para cada tribo, exatamente como o Senhor tinha dito a Josué. Levaram as pedras ao lugar onde acamparam aquela noite e as deixaram ali.

⁹Josué também ergueu um monumento com doze pedras no meio do Jordão, no lugar onde haviam parado os sacerdotes que levavam a arca da aliança. Essas pedras estão lá até hoje.

ᵃ **3.16** Em hebraico, *para o mar da Arabá, o mar Salgado*.

PÃO DIÁRIO

As pedras

No futuro, seus filhos perguntarão: "O que significam estas pedras?", e vocês dirão: "Aqui o povo de Israel atravessou o Jordão a pés enxutos".

—Josué 4.21,22

Há pouco tempo, nossos amigos fizeram uma reunião na casa deles e convidaram um grupo de pessoas totalmente apaixonadas por música. O casal, ambos músicos talentosos, pediu que cada pessoa ou casal levasse uma pedra para o local da fogueira, onde frequentemente aconteciam os encontros musicais noturnos. Porém, eles não queriam simplesmente pedras antigas e lisas. Pediram que cada pedra fosse marcada com um nome, uma data ou um acontecimento que indicasse como ou quando cada um deles tinha se tornado amigo.

Deus sentiu que os israelitas precisavam de um lembrete que lhes trouxesse à memória algum acontecimento incrível na vida deles. Embora o rio Jordão estivesse na fase da cheia, os israelitas conseguiram atravessá-lo em terra seca porque Deus impediu que as águas fluíssem (Js 3.13-17). Algo parecido acontecera anos antes numa fuga do Egito (Êx 14.21-31). Nessa ocasião, entretanto, o Senhor instruiu Seu povo a edificar um memorial com pedras a fim de que, no futuro, quando os filhos perguntassem sobre as pedras, os pais pudessem lembrar-lhes da poderosa mão de Deus (Js 4.23,24).

Assim como o Senhor cuidava continuamente dos israelitas, Ele continua a nos sustentar hoje. Que "pedras memoriais" você usará para lembrar de seus descendentes — e até você mesmo — da evidência do poder de Deus?

Pai celestial, lembra-me do Teu poder agindo em minha vida. Abre os meus olhos para que eu veja a Tua contínua fidelidade e bondade ao meu redor. Que eu possa refletir estas qualidades para que outros também vejam a Tua grandeza.

**Relembrar a bondade de Deus
nos liberta da dúvida.**

---

¹⁰Os sacerdotes que levavam a arca ficaram parados no meio do rio até que fossem cumpridas todas as ordens do Senhor transmitidas a Josué por Moisés. E o povo se apressou em atravessar o leito do rio. ¹¹Quando todos chegaram ao outro lado, os sacerdotes

atravessaram com a arca do Senhor, enquanto o povo observava.

¹²Os guerreiros das tribos de Rúben e Gade e da meia tribo de Manassés atravessaram à frente dos israelitas, armados conforme Moisés havia instruído. ¹³Esses homens, cerca de quarenta mil, estavam armados para a guerra, e o Senhor ia com eles enquanto avançavam para a planície de Jericó.

¹⁴Naquele dia, o Senhor fez de Josué um grande líder aos olhos de todo o Israel, e eles o respeitaram enquanto ele viveu, como haviam respeitado Moisés.

¹⁵O Senhor disse a Josué: ¹⁶"Ordene aos sacerdotes que levam a arca da aliança[a] que saiam do meio do rio". ¹⁷Então Josué ordenou: "Saiam do meio do rio!". ¹⁸Assim que os sacerdotes que levavam a arca da aliança do Senhor saíram do leito do rio e pisaram em terra seca, a água do Jordão voltou a fluir e transbordou sobre as margens como antes.

¹⁹O povo atravessou o Jordão no décimo dia do primeiro mês[b] e acampou em Gilgal, a leste de Jericó. ²⁰Foi ali, em Gilgal, que Josué ergueu o monumento com as doze pedras tiradas do Jordão.

²¹Então Josué disse aos israelitas: "No futuro, seus filhos perguntarão: 'O que significam estas pedras?', ²²e vocês dirão: 'Aqui o povo de Israel atravessou o Jordão a pés enxutos'. ²³Pois o Senhor, seu Deus, secou o rio diante de seus olhos e o manteve seco até todos vocês atravessarem, como fez com o mar Vermelho[c] quando o secou até que todos vocês tivessem atravessado. ²⁴Fez isso para que todas as nações da terra saibam que a mão do Senhor é poderosa e para que vocês temam o Senhor, seu Deus, para sempre".

5 Quando todos os reis amorreus a oeste do Jordão e todos os reis cananeus que viviam junto ao mar souberam como o Senhor havia secado o Jordão para que os israelitas atravessassem, perderam o ânimo e se encheram de medo por causa deles.

Israel restabelece cerimônias da aliança

²Naquela ocasião, o Senhor disse a Josué: "Prepare facas de pedra e circuncide esta segunda geração de israelitas". ³Então Josué preparou facas de pedra e circuncidou toda a população masculina de Israel em Gibeate-Aralote.[d]

⁴Josué teve de circuncidá-los porque todos os homens com idade suficiente para ir à guerra quando saíram do Egito haviam morrido no deserto. ⁵Todos os que saíram haviam sido circuncidados, mas isso não aconteceu com os homens que nasceram depois da saída do Egito, durante o tempo no deserto. ⁶Os israelitas andaram quarenta anos pelo deserto, até que tivessem morrido todos os homens com idade suficiente para ir à guerra quando saíram do Egito. O povo havia desobedecido ao Senhor, e o Senhor jurou que não os deixaria entrar na terra que ele tinha prometido solenemente nos dar, uma terra que produz leite e mel com fartura.

⁷Assim, Josué circuncidou os filhos dos israelitas que haviam crescido e tomado o lugar de seus pais, pois não tinham sido circuncidados no caminho. ⁸Depois que toda a população masculina foi circuncidada, o povo permaneceu no acampamento até os homens se recuperarem.

⁹Então o Senhor disse a Josué: "Hoje lancei fora a vergonha de sua escravidão no Egito". Por isso, até hoje aquele lugar se chama Gilgal.[e]

¹⁰Enquanto estavam acampados em Gilgal, na planície de Jericó, os israelitas celebraram a Páscoa ao entardecer do décimo quarto dia do primeiro mês.[f] ¹¹No dia seguinte, começaram a comer pão sem fermento e grãos tostados produzidos na terra. ¹²No dia em que começaram a comer das colheitas da terra, o maná deixou de cair e nunca mais apareceu. Daquele momento em diante, os israelitas passaram a se alimentar do que a terra de Canaã produzia.

O comandante do Senhor confronta Josué

¹³Quando Josué estava perto da cidade de Jericó, olhou para cima e viu um homem em pé

---

[a] **4.16** Em hebraico, *a arca do testemunho*. [b] **4.19** No antigo calendário lunar hebraico, esse dia caía no final de março, em abril ou no início de maio. [c] **4.23** Em hebraico, *mar de juncos*. [d] **5.3** *Gibeate-Aralote* significa "colina dos prepúcios". [e] **5.9** O som de *Gilgal* é semelhante ao do termo hebraico *galal*, traduzido aqui por "lancei fora". [f] **5.10** No antigo calendário lunar hebraico, esse dia caía no final de março, em abril ou no início de maio.

diante dele, com uma espada na mão. Josué se aproximou e lhe perguntou: "Você é amigo ou inimigo?".

¹⁴O homem respondeu: "Na verdade, cheguei agora e sou comandante do exército do Senhor".

Então Josué se prostrou com o rosto no chão em sinal de reverência e disse: "Que ordens meu senhor tem para mim?".

¹⁵O comandante do exército do Senhor respondeu: "Tire as sandálias, pois o lugar em que você está é santo". E Josué obedeceu.

A queda de Jericó

6 Os portões de Jericó estavam muito bem fechados, pois seus habitantes tinham medo dos israelitas. Ninguém podia sair nem entrar. ²Mas o Senhor disse a Josué: "Eu lhe entreguei Jericó, seu rei e todos os seus fortes guerreiros. ³Você e seus homens de guerra marcharão ao redor da cidade uma vez por dia, durante seis dias. ⁴Sete sacerdotes irão à frente da arca, e cada um levará uma trombeta de chifre de carneiro. No sétimo dia, marchem ao redor da cidade sete vezes, enquanto os sacerdotes tocam as trombetas. ⁵Quando os sacerdotes fizerem soar um toque longo, todo o povo dará um forte grito de guerra. Então cairá o muro da cidade e o povo atacará, cada um do ponto onde estiver".

⁶Josué, filho de Num, reuniu os sacerdotes e disse: "Levem a arca da aliança do Senhor e escolham sete sacerdotes para irem à frente dela, cada sacerdote com uma trombeta de chifre de carneiro". ⁷Em seguida, ordenou ao povo: "Marchem ao redor da cidade. Os homens armados irão à frente da arca do Senhor".

⁸Depois que Josué falou ao povo, os sete sacerdotes que levavam as trombetas diante do Senhor começaram a marchar, avançando e tocando os instrumentos. A arca da aliança do Senhor ia atrás deles. ⁹Alguns dos homens armados iam à frente dos sacerdotes que tocavam as trombetas e outros iam atrás da arca, enquanto os sacerdotes tocavam sem parar. ¹⁰Josué ordenou: "Não soltem o grito de guerra! Não digam palavra alguma até que eu lhes dê a ordem. Então, gritem!". ¹¹Assim, a arca do Senhor foi levada ao redor da cidade apenas uma vez naquele dia; depois, voltaram ao acampamento e ali passaram a noite.

¹²Na manhã seguinte, Josué se levantou cedo e, mais uma vez, os sacerdotes levaram a arca do Senhor. ¹³Os sete sacerdotes com as trombetas de chifre de carneiro marcharam à frente da arca do Senhor, tocando seus instrumentos. Os homens armados marcharam à frente dos sacerdotes com as trombetas e atrás da arca do Senhor, enquanto os sacerdotes tocavam sem parar. ¹⁴No segundo dia, marcharam ao redor da cidade uma vez e depois voltaram ao acampamento. Fizeram o mesmo por seis dias.

¹⁵No sétimo dia, os israelitas se levantaram ao amanhecer e marcharam ao redor da cidade, como haviam feito antes. Dessa vez, porém, rodearam a cidade sete vezes. ¹⁶Na sétima vez, enquanto os sacerdotes faziam soar um toque longo das trombetas, Josué ordenou ao povo: "Gritem! O Senhor lhes entregou a cidade! ¹⁷Jericó e tudo que há dentro dela serão completamente destruídos como oferta ao Senhor. Somente a prostituta Raabe e os outros que estiverem em sua casa serão poupados, pois ela protegeu nossos espiões.

¹⁸"Não levem coisa alguma daquilo que foi separado para destruição, ou vocês mesmos serão completamente destruídos e trarão desgraça ao acampamento de Israel. ¹⁹Toda a prata, todo o ouro e todos os objetos de bronze e de ferro serão separados para o Senhor e deverão ser levados para o seu tesouro".

²⁰Quando o povo ouviu o som das trombetas, gritou com toda a força. De repente, o muro de Jericó veio abaixo. O povo atacou a cidade, cada um do ponto onde estava, e a tomou. ²¹Com suas espadas, destruíram completamente tudo que havia dentro dela: homens e mulheres, jovens e velhos, bois, ovelhas e jumentos.

²²Josué disse aos dois espiões: "Cumpram sua promessa! Vão à casa da prostituta e tirem-na de lá com toda a sua família".

²³Então os homens que haviam espionado a terra entraram na cidade e tiraram de lá Raabe, seu pai, sua mãe, seus irmãos e todos os outros parentes que estavam com ela. Levaram a família toda para um lugar seguro fora do acampamento de Israel.

²⁴Os israelitas incendiaram a cidade e tudo que havia dentro dela. Guardaram somente a

PÃO DIÁRIO

A doença mais fatal

Israel pecou e quebrou a minha aliança! Roubou alguns dos objetos que eu ordenei que fossem separados para mim.
—Josué 7.11

A Síndrome Respiratória Aguda Grave (SARS em inglês) foi identificada em 2003 no Vietnã. Quando foi finalmente controlada, a SARS já tinha se espalhado globalmente e matado perto de 800 pessoas. O fato de o vírus não ter sido identificado logo no início causou essa alta taxa de mortalidade. Mas, uma vez que o vírus foi identificado e compreendido, a SARS foi contida.

O pecado é uma doença ainda mais perigosa e está à solta em nosso mundo. É difícil demais controlá-la porque muitas pessoas não reconhecem o seu perigo mortal. E muitas discutem o diagnóstico bíblico do pecado.

Em Josué 7, lemos a trágica história de Acã. Podemos nos horrorizar com a maneira extrema como Deus lidou com ele. Opondo-se à ordenança do Senhor, Acã pegou alguns dos despojos de Jericó e os escondeu em sua tenda (v.21). Ele e toda a sua família pagaram por esse ato com a própria vida (v.25).

Felizmente, Deus não lida conosco desse jeito. Se o fizesse, nenhum de nós permaneceria vivo. Ainda assim, jamais devemos subestimar o perigo mortal do pecado, pois, por causa dele, Cristo foi à cruz em nosso lugar.

Como no caso da SARS, a primeira medida para se lidar com o pecado é reconhecê-lo pelo que ele realmente é. Recebam com gratidão a dádiva da vida eterna. Em seguida, "façam morrer as coisas pecaminosas e terrenas que estão dentro de vocês", as coisas egoístas que desagradam a Deus (Cl 3.5). Essa é a maneira de lidarmos com a nossa doença mais fatal.

Os efeitos do pecado podem destruir a nossa vida como uma doença fatal. Agradecemos-te, Pai, por nos curares enviando o Teu Filho cujo sacrifício por nós na cruz nos trouxe da morte e das trevas à vida e luz.

O pecado é uma doença que pode ser curada apenas pelo Médico dos médicos.

---

prata, o ouro e todos os objetos de bronze e de ferro para o tesouro da casa do Senhor. ²⁵Josué, no entanto, poupou a vida da prostituta Raabe e dos parentes que estavam em sua casa, pois ela escondeu os espiões que Josué tinha enviado a Jericó. E até hoje ela vive no meio de Israel.

²⁶Naquela ocasião, Josué pronunciou esta maldição:

"Que a maldição do Senhor caia sobre qualquer um
que tentar reconstruir a cidade de Jericó.
À custa de seu filho mais velho,
lançará o alicerce.
À custa de seu filho mais novo,
colocará seus portões".

²⁷Assim, o Senhor estava com Josué, e sua fama se espalhou por toda a terra.

Ai derrota os israelitas

7 Mas os israelitas violaram as instruções a respeito das coisas separadas para o Senhor. Um homem chamado Acã roubou algumas delas, e a ira do Senhor se acendeu contra os israelitas. Acã era filho de Carmi, filho de Zimri,[a] filho de Zerá, da tribo de Judá.

²Josué enviou de Jericó alguns de seus homens para espionar a cidade de Ai, a leste de Betel, perto de Bete-Áven. "Subam e espionem a terra", disse ele. ³Quando voltaram, disseram a Josué: "Não é necessário que todo o povo suba até lá; basta mandar dois ou três mil homens para atacarem Ai. Uma vez que eles são tão poucos, não canse todo o povo".

⁴Portanto, subiram apenas cerca de três mil guerreiros, mas eles fugiram diante dos homens de Ai, ⁵que os perseguiram desde o portão da cidade até as pedreiras[b] e mataram 36 soldados que recuavam pela encosta. Com isso, o povo se encheu de medo e perdeu completamente o ânimo.

⁶Josué e as autoridades de Israel rasgaram as roupas, jogaram terra sobre a cabeça e se prostraram com o rosto no chão diante da arca do Senhor até o entardecer. ⁷Então Josué clamou: "Ó Soberano Senhor, por que nos fizeste atravessar o Jordão para nos entregar aos amorreus? Antes tivéssemos nos contentado em ficar do outro lado do rio! ⁸Senhor, o que posso dizer agora que Israel fugiu de seus inimigos? ⁹Quando os cananeus e todos os outros povos que vivem na região souberem do que

---

[a] 7.1 Conforme o texto paralelo em 1Cr 2.6; o hebraico traz *Zabdi*; também em 7.17,18. [b] 7.5 Ou *até Sebarim*.

aconteceu, nos cercarão e apagarão o nosso nome da face da terra. E então, o que será da honra do teu grande nome?".

¹⁰Mas o Senhor disse a Josué: "Levante-se! Por que você está prostrado com o rosto no chão? ¹¹Israel pecou e quebrou a minha aliança! Roubou alguns dos objetos que eu ordenei que fossem separados para mim. E não apenas os roubou, mas também mentiu a respeito e os escondeu no meio de seus pertences. ¹²Por isso os israelitas foram derrotados e fugiram de seus inimigos. Agora Israel foi separado para a destruição. Não permanecerei mais com vocês, a menos que eliminem do seu meio aquilo que foi separado para a destruição.

¹³"Levante-se! Ordene ao povo que se purifique a fim de se preparar para amanhã. Pois isto é o que o Senhor, o Deus de Israel, diz: Ó Israel, há coisas separadas para o Senhor escondidas em seu meio! Vocês não serão capazes de vencer seus inimigos enquanto não removerem de seu meio esses objetos.

¹⁴"Apresentem-se amanhã cedo, uma tribo por vez, e o Senhor mostrará de qual tribo é o culpado. Essa tribo virá à frente com seus clãs, e o Senhor mostrará o clã culpado. Esse clã virá à frente, e o Senhor mostrará a família culpada. Por fim, cada homem da família culpada virá à frente. ¹⁵Aquele que roubou o que foi separado para a destruição será queimado com tudo que lhe pertencer, pois quebrou a aliança do Senhor e fez algo terrível em Israel".

O pecado de Acã

¹⁶Logo cedo no dia seguinte, Josué reuniu Israel de acordo com suas tribos, e a tribo de Judá foi escolhida. ¹⁷Os clãs de Judá vieram à frente, e o clã de Zerá foi escolhido. As famílias de Zerá vieram à frente, e a família de Zimri foi escolhida. ¹⁸Cada homem da família de Zimri foi trazido à frente, e Acã, filho de Carmi, filho de Zimri, filho de Zerá, da tribo de Judá, foi escolhido.

¹⁹Então Josué disse a Acã: "Meu filho, dê glória e louvor ao Senhor, o Deus de Israel. Confesse e conte-me o que você fez. Não o esconda de mim".

²⁰Acã respondeu: "De fato, pequei contra o Senhor, o Deus de Israel. Foi isto o que fiz: ²¹entre os despojos, vi uma bela capa da Babilônia,ᵃ cerca de dois quilos e meio de prataᵇ e uma barra de ouro com pouco mais de meio quilo.ᶜ Eu os desejei tanto que os tomei para mim. Estão escondidos no chão, debaixo de minha tenda, com a prata por baixo".

²²Josué mandou alguns homens fazerem uma busca. Eles correram até a tenda e encontraram escondidos ali os bens roubados como Acã tinha dito, com a prata por baixo. ²³Tiraram os objetos da tenda e os levaram a Josué e a todos os israelitas, e depois os colocaram no chão, na presença do Senhor.

²⁴Então Josué e todos os israelitas tomaram Acã, filho de Zerá, a prata, a capa e a barra de ouro, e também os filhos, as filhas, os bois, os jumentos, as ovelhas, a tenda e tudo que pertencia a Acã, e levaram ao vale de Acor. ²⁵Josué disse a Acã: "Por que você trouxe desgraça sobre nós? Agora o Senhor trará desgraça sobre você!". Então todo o povo apedrejou Acã e sua família e queimou os corpos. ²⁶Ergueram sobre Acã um grande monte de pedras que continua lá até hoje. Por isso, desde então, aquele lugar é chamado de vale de Acor.ᵈ Com isso, a ira ardente do Senhor se apagou.

Os israelitas derrotam Ai

8 O Senhor disse a Josué: "Não tenha medo nem desanime! Pegue todos os seus homens de guerra e avance contra Ai, pois eu lhe entreguei o rei de Ai, seu povo e sua terra. ²Você os destruirá como destruiu Jericó e seu rei. Desta vez, porém, poderão ficar com os despojos e os animais. Prepare uma emboscada atrás da cidade".

³Então Josué e todos os seus homens de guerra partiram para atacar Ai. Josué escolheu trinta mil de seus melhores guerreiros e, de noite, os enviou ⁴com as seguintes ordens: "Armem uma emboscada atrás da cidade, perto dela, e preparem-se para entrar em ação. ⁵Quando nosso exército principal atacar, os homens de Ai sairão para a luta, como fizeram antes, e nós fugiremos deles. ⁶Eles nos perseguirão até que os tenhamos atraído para longe da cidade, pois dirão: 'Os israelitas estão fugindo de nós como fizeram antes'. Então, enquanto corremos deles, ⁷vocês sairão

---

ᵃ **7.21a** Em hebraico, *de Sinear*. ᵇ **7.21b** Em hebraico, *200 siclos*. ᶜ **7.21c** Em hebraico, *50 siclos*. ᵈ **7.26** *Acor* significa "desgraça".

da emboscada e tomarão a cidade, pois o SENHOR, seu Deus, a entregará em suas mãos. ⁸Ponham fogo na cidade, conforme o SENHOR ordenou. Essas são as minhas ordens".

⁹Josué os enviou, e eles foram ao lugar da emboscada, entre Betel e o lado oeste de Ai. Josué, porém, passou a noite com o povo no acampamento. ¹⁰No dia seguinte, logo cedo, Josué passou em revista a tropa e partiu para Ai acompanhado dos líderes de Israel. ¹¹Todos os homens de guerra que estavam com Josué se aproximaram da cidade e acamparam do lado norte de Ai, onde um vale os separava da cidade. ¹²Naquela noite, Josué enviou cerca de cinco mil homens para esperarem escondidos entre Betel e Ai, do lado oeste da cidade. ¹³O exército principal se posicionou ao norte da cidade, e o grupo da emboscada, a oeste. Josué, por sua vez, passou a noite no meio do vale.

¹⁴Quando o rei de Ai viu os israelitas do outro lado do vale, ele e seu exército se apressaram e saíram bem cedo para os atacarem no local de onde se avista o vale do Jordão.ᵃ Não sabiam, porém, que havia uma emboscada atrás da cidade. ¹⁵Josué e o exército de Israel fugiram em direção ao deserto, como se estivessem derrotados. ¹⁶Todos os homens da cidade foram chamados para persegui-los e, com isso, acabaram atraídos para longe da cidade. ¹⁷Não restou um só homem em Ai e em Betel que não perseguisse Israel, e as cidades ficaram totalmente desprotegidas.

¹⁸Então o SENHOR disse a Josué: "Aponte para Ai a lança que você tem na mão, pois eu lhe entregarei a cidade". Josué fez conforme ordenado ¹⁹e, assim que deu esse sinal, todos os homens da emboscada saíram correndo de sua posição e invadiram a cidade. Em pouco tempo, eles a capturaram e a incendiaram.

²⁰Quando os homens de Ai olharam para trás, a fumaça da cidade subia ao céu e eles não tinham para onde ir, pois os israelitas que fugiam em direção ao deserto se voltaram contra seus perseguidores. ²¹Ao perceberem que a emboscada havia sido bem-sucedida e fumaça subia da cidade, Josué e todo o exército de Israel deram meia-volta e atacaram os homens de Ai. ²²Enquanto isso, os israelitas que estavam dentro da cidade saíram e atacaram o inimigo pela retaguarda. Os homens de Ai ficaram presos no meio, com guerreiros israelitas de ambos os lados. Israel os atacou, e nenhum deles sobreviveu nem escapou. ²³Somente o rei de Ai foi capturado vivo e levado a Josué.

²⁴Quando o exército israelita terminou de perseguir e matar todos os homens de Ai nos campos abertos, voltou e acabou com quem tinha ficado dentro da cidade. ²⁵Toda a população de Ai, no total de doze mil homens e mulheres, foi exterminada naquele dia, ²⁶pois Josué manteve sua lança estendida até que todos os moradores de Ai tivessem sido completamente destruídos. ²⁷Somente os animais e os tesouros da cidade não foram destruídos, pois Israel os tomou como despojo, conforme o SENHOR havia ordenado a Josué. ²⁸Então Josué pôs fogo na cidade de Ai,ᵇ e ela se tornou, para sempre, uma pilha de ruínas, um lugar desolado até hoje.

²⁹Josué enforcou o rei de Ai numa árvore e ali o deixou até a tarde. Ao pôr do sol, os israelitas retiraram o corpo da árvore e, por ordem de Josué, o lançaram em frente à porta da cidade. Sobre ele levantaram uma pilha de pedras, que permanece lá até hoje.

A renovação da aliança do SENHOR

³⁰Então Josué construiu no monte Ebal um altar ao SENHOR, o Deus de Israel. ³¹Seguiu as ordens que Moisés, servo do SENHOR, havia escrito no Livro da Lei: "Façam um altar de pedras inteiras, em sua forma natural, que não tenham sido trabalhadas com ferramentas de ferro".ᶜ Sobre o altar, apresentaram ao SENHOR holocaustos e ofertas de paz. ³²E, enquanto os israelitas observavam, Josué copiou nas pedras a lei que Moisés lhes tinha escrito.

³³Todo o Israel, tanto os estrangeiros como os israelitas de nascimento, junto com os líderes, oficiais e juízes, se dividiu em dois grupos. Um grupo ficou em frente ao monte Gerizim, e o outro, em frente ao monte Ebal. Entre os dois grupos, que estavam voltados um para o outro, ficaram os sacerdotes levitas que levavam a arca da aliança do SENHOR. Tudo foi feito de acordo com as ordens transmitidas de

---

ᵃ **8.14** Em hebraico, *a Arabá.* ᵇ **8.28** *Ai* significa "ruína". ᶜ **8.31** Êx 20.25; Dt 27.5-6.

antemão por Moisés, servo do Senhor, para que o povo de Israel fosse abençoado.

³⁴Em seguida, Josué leu todas as bênçãos e maldições que Moisés havia escrito no Livro da Lei. ³⁵Cada palavra de cada ordem de Moisés foi lida para toda a comunidade de Israel, incluindo as mulheres, as crianças e os estrangeiros que viviam entre eles.

Os gibeonitas enganam Israel

9 Todos os reis a oeste do rio Jordão souberam do que havia acontecido. Eram os reis dos hititas, dos amorreus, dos cananeus, dos ferezeus, dos heveus e dos jebuseus que viviam nas montanhas, nas colinas do oeste,[a] ao longo do litoral do mar Mediterrâneo,[b] até as montanhas do Líbano, ao norte. ²Esses reis juntaram suas tropas para lutar como um só exército contra Josué e os israelitas.

³Contudo, quando os habitantes de Gibeom souberam do que Josué tinha feito com Jericó e Ai, ⁴usaram de astúcia para se salvar. Enviaram mensageiros a Josué e carregaram seus jumentos com sacos gastos e vasilhas de couro velhas e rachadas. ⁵Os mensageiros calçavam sandálias gastas e remendadas e vestiam roupas esfarrapadas, e também levavam pães secos e esfarelados. ⁶Quando chegaram ao acampamento em Gilgal, disseram a Josué e aos líderes de Israel: "Viemos de uma terra distante para pedir que vocês façam um tratado de paz conosco".

⁷Os israelitas disseram a esses heveus: "Como podemos ter certeza de que não vivem aqui por perto? Pois, se for o caso, não podemos fazer tratado algum com vocês".

⁸Eles responderam: "Somos seus servos".

"Mas quem são vocês?", insistiu Josué. "De onde vieram?"

⁹Eles disseram: "Seus servos vieram de uma terra muito distante. Ouvimos falar do poder do Senhor, seu Deus, e de tudo que ele fez no Egito. ¹⁰Também soubemos do que ele fez aos dois reis amorreus a leste do Jordão: Seom, rei de Hesbom, e Ogue, rei de Basã, que vivia em Astarote. ¹¹Por isso, nossos líderes e todo o nosso povo nos instruíram: 'Levem provisões para uma viagem longa. Vão encontrar-se com os israelitas e digam-lhes: Somos seus servos; por favor, façam um tratado conosco'.

¹²"Estes pães haviam acabado de sair do forno quando partimos. Agora, como podem ver, estão secos e esfarelados. ¹³Estas vasilhas de couro estavam novas quando as enchemos, mas agora estão rachadas. E nossas roupas e sandálias estão gastas da viagem extremamente longa".

¹⁴Os israelitas examinaram as provisões deles, mas não consultaram o Senhor a respeito. ¹⁵Josué fez um tratado de paz com aqueles homens e garantiu que pouparia a vida deles, e os líderes da comunidade confirmaram o acordo com um juramento.

¹⁶Três dias depois de fazerem esse tratado, os israelitas descobriram que, na verdade, os gibeonitas viviam ali perto. ¹⁷Partiram de imediato naquela direção e, em três dias, chegaram às cidades dos gibeonitas, chamadas Gibeom, Quefira, Beerote e Quiriate-Jearim. ¹⁸Contudo, não atacaram as cidades, pois os líderes da comunidade haviam feito um juramento em nome do Senhor, o Deus de Israel.

Toda a comunidade se queixou contra seus líderes por causa do tratado, ¹⁹mas eles responderam: "Uma vez que fizemos um juramento na presença do Senhor, o Deus de Israel, não podemos tocar neles. ²⁰Temos de deixá-los viver, pois se quebrássemos o juramento a ira divina cairia sobre nós. ²¹Que eles vivam!". Assim, os israelitas os colocaram para cortar lenha e carregar água para toda a comunidade, de acordo com a decisão dos líderes.

²²Josué reuniu os gibeonitas e lhes disse: "Por que vocês mentiram para nós? Por que disseram que viviam numa terra distante da nossa quando, na verdade, vivem aqui perto? ²³Sejam amaldiçoados! De agora em diante, vocês serão sempre servos, encarregados de cortar lenha e carregar água para a casa do meu Deus".

²⁴Eles responderam: "Agimos desse modo porque foi anunciado a nós, seus servos, que o Senhor, seu Deus, havia ordenado a seu servo Moisés que desse a vocês toda esta terra e que destruísse todos os seus habitantes. Tememos muito por nossa vida por causa de vocês.

---

[a] **9.1a** Em hebraico, *na Sefelá*. [b] **9.1b** Em hebraico, *mar Grande*.

²⁵Agora, estamos em suas mãos. Façam conosco o que lhes parecer correto".

²⁶Assim, Josué livrou os gibeonitas e não permitiu que os israelitas os matassem. ²⁷Naquele dia, porém, encarregou-os de cortar lenha e carregar água para toda a comunidade de Israel e para o altar do Senhor, no lugar que o Senhor escolhesse construí-lo. Isso é o que fazem até hoje.

Israel derrota os exércitos do sul

10 Adoni-Zedeque, rei de Jerusalém, soube que Josué havia capturado e destruído completamente a cidade de Ai e matado seu rei, assim como tinha destruído a cidade de Jericó e matado seu rei. Também soube que os gibeonitas haviam feito um tratado de paz com Israel e agora viviam no meio deles. ²Ele e seu povo tiveram muito medo, pois Gibeom era uma cidade grande como as cidades reais, ainda maior que a cidade de Ai, e os gibeonitas eram guerreiros valentes.

³Por isso, Adoni-Zedeque, rei de Jerusalém, enviou mensageiros a vários outros reis: a Hoão, rei de Hebrom, a Piram, rei de Jarmute, a Jafia, rei de Laquis, e a Debir, rei de Eglom. ⁴"Venham e ajudem-me a destruir Gibeom, pois seu povo fez um tratado de paz com Josué e os israelitas", pediu ele. ⁵Então os cinco reis amorreus uniram seus exércitos para atacar juntos. Posicionaram suas tropas perto de Gibeom e avançaram contra ela.

⁶Os homens de Gibeom enviaram mensageiros a Josué em seu acampamento em Gilgal. "Não abandone seus servos!", suplicaram. "Venha depressa e salve-nos! Ajude-nos, pois todos os reis amorreus que vivem na região montanhosa uniram forças para nos atacar!"

⁷Josué e todo o seu exército, incluindo seus melhores guerreiros, partiram de Gilgal para Gibeom. ⁸"Não tenha medo desses reis", disse o Senhor a Josué. "Eu os entreguei em suas mãos. Nenhum deles será capaz de resistir a você."

⁹Josué marchou a noite toda desde Gilgal e pegou os exércitos amorreus de surpresa. ¹⁰O Senhor trouxe pânico sobre os amorreus, e o exército de Israel massacrou muitos deles em Gibeom. Perseguiram o inimigo ao longo da subida para Bete-Horom, matando os amorreus até Azeca e Maquedá. ¹¹Enquanto os amorreus recuavam pelo caminho de Bete-Horom, o Senhor os destruiu com uma terrível chuva de pedras de granizo que ele enviou do céu e que continuou até chegarem a Azeca. As pedras eliminaram mais inimigos do que os israelitas mataram à espada.

¹²No dia em que o Senhor deu aos israelitas vitória sobre os amorreus, Josué orou ao Senhor diante do povo e disse:

"Que o sol pare sobre Gibeom,
    e a lua, sobre o vale de Aijalom!".

¹³O sol parou e a lua ficou onde estava, até que o povo tivesse derrotado seus inimigos.

Acaso esse acontecimento não está registrado no *Livro de Jasar*?ᵃ O sol parou no meio do céu e não se pôs por cerca de um dia inteiro. ¹⁴Nunca antes nem depois houve um dia semelhante, quando o Senhor respondeu a uma oração como essa. Certamente o Senhor lutou por Israel naquele dia!

¹⁵Então Josué e todo o exército de Israel voltaram ao acampamento em Gilgal.

Josué executa os cinco reis do sul

¹⁶Durante a batalha, os cinco reis fugiram e se esconderam numa caverna em Maquedá. ¹⁷Quando Josué soube que eles haviam sido encontrados, ¹⁸deu a seguinte ordem: "Fechem a entrada da caverna com pedras grandes e ponham guardas ali, para que os reis não saiam. ¹⁹Quanto aos demais soldados, continuem a perseguir os inimigos e matem os da retaguarda. Não deixem que voltem às suas cidades, pois o Senhor, seu Deus, lhes deu vitória sobre eles".

²⁰Assim, Josué e o exército israelita continuaram a aniquilar o inimigo. Exterminaram os cinco exércitos, com exceção de uns poucos sobreviventes que conseguiram chegar às cidades fortificadas. ²¹As tropas voltaram em segurança para Josué, no acampamento de Maquedá. Depois disso, ninguém se atreveu a dizer uma palavra contra o povo de Israel.

²²Então Josué ordenou: "Removam as pedras que estão na entrada da caverna e tragam os cinco reis para cá". ²³Eles tiraram da caverna os

---

ᵃ **10.13** Ou *Livro dos Justos*.

cinco reis das cidades de Jerusalém, Hebrom, Jarmute, Laquis e Eglom. ²⁴Os reis foram trazidos para fora, diante de Josué, e ele ordenou aos comandantes de seu exército: "Venham e coloquem o pé sobre o pescoço dos reis". E eles obedeceram.

²⁵"Não tenham medo nem desanimem", disse Josué. "Sejam fortes e corajosos, pois é isso que o Senhor fará com todos os inimigos que vocês enfrentarem." ²⁶Então Josué matou os cinco reis e os pendurou em cinco árvores, onde ficaram até a tarde.

²⁷Ao entardecer, Josué ordenou que os corpos fossem tirados das árvores e lançados na caverna onde os reis haviam se escondido. A entrada da caverna foi fechada com pedras grandes, que estão lá até hoje.

Israel destrói as cidades do sul

²⁸Naquele mesmo dia, Josué tomou a cidade de Maquedá e a destruiu. Matou todos os seus habitantes, incluindo o rei, sem deixar sobreviventes. Destruiu todos eles e matou o rei de Maquedá, como havia feito com o rei de Jericó. ²⁹Então Josué e todo o exército de Israel avançaram para Libna e a atacaram. ³⁰O Senhor entregou a cidade e seu rei nas mãos dos israelitas, que mataram todos os seus habitantes, sem deixar sobreviventes. Depois Josué matou o rei de Libna, como havia feito com o rei de Jericó.

³¹De Libna, Josué e todo o exército israelita avançaram para Laquis e a atacaram. ³²O Senhor também entregou Laquis nas mãos de Israel. Josué a tomou no segundo dia e matou todos os seus habitantes, como havia feito com Libna. ³³Durante o ataque a Laquis, Horão, rei de Gezer, chegou com seu exército para ajudar a defender a cidade, mas os homens de Josué mataram o rei e seu exército, sem deixar sobreviventes.

³⁴Em seguida, Josué e todo o exército israelita avançaram para Eglom e a atacaram. ³⁵Tomaram a cidade naquele dia e mataram todos os seus habitantes. Destruíram todos, como haviam feito com Laquis. ³⁶De Eglom, Josué e todo o exército de Israel subiram para Hebrom e a atacaram. ³⁷Tomaram a cidade e mataram todos os seus habitantes, incluindo o rei, sem deixar sobreviventes. Fizeram o mesmo com todos os povoados vizinhos. Destruíram toda a população, como haviam feito com Eglom.

³⁸Então Josué e todo o exército israelita voltaram e atacaram Debir. ³⁹Tomaram a cidade, o rei e todos os povoados vizinhos. Destruíram todos, sem deixar sobreviventes. Fizeram com Debir e seu rei o mesmo que haviam feito com Hebrom, Libna e seus reis.

⁴⁰Assim, Josué conquistou toda a região: a região montanhosa, o Neguebe, as colinas do oeste[a] e as encostas dos montes, derrotando todos os seus reis. Destruiu todos na terra, sem deixar sobreviventes, conforme o Senhor, o Deus de Israel, havia ordenado. ⁴¹Josué os massacrou de Cades-Barneia a Gaza, e da região ao redor de Gósen até Gibeom. ⁴²Conquistou todos esses reis e suas terras numa só campanha, pois o Senhor, o Deus de Israel, lutou por Israel.

⁴³Então Josué e todo o exército israelita voltaram ao acampamento em Gilgal.

Israel derrota os exércitos do norte

11 Quando Jabim, rei de Hazor, soube do que havia acontecido, enviou mensagens aos seguintes reis: a Jobabe, rei de Madom; ao rei de Sinrom; ao rei de Acsafe; ²a todos os reis da região montanhosa ao norte; aos reis do vale do Jordão, ao sul da Galileia;[b] aos reis das colinas do oeste;[c] aos reis de Nafote-Dor, a oeste; ³aos reis de Canaã, a leste e a oeste; aos reis dos amorreus, dos hititas, dos ferezeus, dos jebuseus da região montanhosa, e dos heveus das cidades nas encostas do Hermom, na região de Mispá.

⁴Todos esses reis saíram para lutar. Juntos, seus exércitos formavam uma grande multidão, como a areia na beira do mar, equipados com muitos cavalos e carros de guerra. ⁵Os reis se uniram e acamparam ao redor das águas perto de Merom, para guerrearem contra Israel.

⁶Então o Senhor disse a Josué: "Não tenha medo deles. Amanhã a esta hora eu os entregarei todos mortos a Israel. Vocês deverão cortar os tendões de seus cavalos e queimar seus carros de guerra".

⁷Josué e todo o exército foram às águas perto de Merom e atacaram de surpresa, ⁸e o Senhor

---

ᵃ **10.40** Em hebraico, *a Sefelá*. ᵇ **11.2a** Em hebraico, *da Arabá, ao sul de Quinerete*. ᶜ **11.2b** Em hebraico, *Sefelá*; também em 11.16.

deu a Israel vitória sobre seus inimigos. Os israelitas os perseguiram até a grande Sidom, até Misrefote-Maim e até o vale de Mispá, a leste, e não sobrou nenhum guerreiro inimigo com vida. ⁹Então Josué cortou os tendões dos cavalos e queimou todos os carros de guerra, conforme o Senhor havia ordenado.

¹⁰Depois, Josué voltou, tomou Hazor e matou seu rei. Em outros tempos, Hazor havia sido a capital de todos esses reinos. ¹¹Os israelitas mataram e destruíram completamente todos que viviam na cidade, sem deixar sobreviventes. Ninguém foi poupado. Por fim, Josué queimou a cidade.

¹²Josué matou todos os outros reis e seus povos e os destruiu completamente, conforme Moisés, servo do Senhor, havia ordenado. ¹³Mas Israel não incendiou nenhuma das cidades construídas nas colinas, exceto Hazor, que Josué queimou. ¹⁴Os israelitas tomaram todos os despojos e os animais das cidades destruídas, mas mataram todos os seus habitantes, sem deixar sobreviventes. ¹⁵Conforme o Senhor havia ordenado a seu servo Moisés, também Moisés ordenou a Josué, e ele obedeceu fielmente a todas as ordens que o Senhor tinha dado a Moisés.

¹⁶Assim, Josué conquistou toda aquela terra: a região montanhosa, todo o Neguebe, toda a região ao redor da cidade de Gósen, as colinas do oeste, o vale do Jordão,ᵃ os montes de Israel e as colinas próximas. ¹⁷O território israelita se estendia agora desde o monte Halaque, que sobe em direção a Seir, até Baal-Gade, no vale do Líbano, ao pé do monte Hermom. Josué capturou e matou todos os reis desses territórios, ¹⁸depois de guerrear contra eles por muito tempo. ¹⁹Ninguém na região fez tratados de paz com os israelitas, exceto os heveus de Gibeom. Todos os outros foram derrotados na guerra, ²⁰pois o Senhor lhes endureceu o coração para que lutassem contra Israel. Por isso, foram completamente destruídos, sem misericórdia, conforme o Senhor havia ordenado a Moisés.

²¹Nesse período, Josué destruiu todos os descendentes de Enaque da região montanhosa de Hebrom, Debir, Anabe, e de toda a região montanhosa de Judá e Israel. Matou todos eles e destruiu completamente suas cidades. ²²Não sobreviveu nenhum descendente de Enaque em todo o território dos israelitas, embora restassem alguns em Gaza, Gate e Asdode.

²³Assim, Josué assumiu o controle de toda a terra, conforme o Senhor havia instruído Moisés. Josué a entregou ao povo de Israel como herança e a repartiu entre as tribos. E, por fim, a terra descansou da guerra.

Reis derrotados a leste do Jordão

12 Estes são os reis a leste do Jordão que os israelitas mataram e de cujas terras se apossaram. Seu território se estendia desde o vale do Arnom até o monte Hermom, e incluía toda a terra no lado leste do vale do Jordão.ᵇ

²Derrotaram Seom, rei dos amorreus, que vivia em Hesbom. Seu reino abrangia Aroer, à beira do vale do Arnom, e se estendia desde a cidade no meio do vale até o rio Jaboque, que é a divisa com os amonitas. Esse território incluía toda a metade sul de Gileade. ³Seom também controlava o vale do Jordão e algumas regiões a leste, desde o mar da Galileia, ao norte, até o mar Morto, ao sul,ᶜ incluindo o caminho para Bete-Jesimote e, mais ao sul, as encostas do monte Pisga.

⁴Derrotaram Ogue, rei de Basã e o último dos refains, que vivia em Astarote e em Edrei. ⁵Ele governava o território que se estendia desde o monte Hermom até Salcá, ao norte; toda a região de Basã, a leste, até a divisa com os reinos de Gesur e Maaca, a oeste. Esse território abrangia a metade norte de Gileade, até a divisa com Seom, rei de Hesbom.

⁶Moisés, servo do Senhor, e os israelitas haviam destruído o povo do rei Seom e o povo do rei Ogue. Moisés havia entregado a terra deles como propriedade às tribos de Rúben e Gade e à meia tribo de Manassés.

Reis derrotados a oeste do Jordão

⁷Esta é a lista dos reis que Josué e os israelitas derrotaram a oeste do rio Jordão, desde Baal-Gade, no vale do Líbano, até o monte Halaque, que sobe em direção a Seir. Josué deu essa terra como propriedade às tribos de Israel e a repartiu entre elas. ⁸A terra abrangia

---

ᵃ **11.16** Em hebraico, *a Arabá*. ᵇ **12.1** Em hebraico, *a Arabá*; também em 12.3,8. ᶜ **12.3** Em hebraico, *desde o mar de Quinerete até o mar da Arabá, o mar Salgado*.

a região montanhosa, as colinas do oeste,ª o vale do Jordão, as encostas dos montes, o deserto e o Neguebe. Nessa região viviam os hititas, os amorreus, os cananeus, os ferezeus, os heveus e os jebuseus. Estes são os reis que Israel derrotou:

⁹O rei de Jericó,
o rei de Ai, próxima a Betel,
¹⁰o rei de Jerusalém,
o rei de Hebrom,
¹¹o rei de Jarmute,
o rei de Laquis,
¹²o rei de Eglom,
o rei de Gezer,
¹³o rei de Debir,
o rei de Geder,
¹⁴o rei de Hormá,
o rei de Arade,
¹⁵o rei de Libna,
o rei de Adulão,
¹⁶o rei de Maquedá,
o rei de Betel,
¹⁷o rei de Tapua,
o rei de Héfer,
¹⁸o rei de Afeque,
o rei de Lasarom,
¹⁹o rei de Madom,
o rei de Hazor,
²⁰o rei de Sinrom-Merom,
o rei de Acsafe,
²¹o rei de Taanaque,
o rei de Megido,
²²o rei de Quedes,
o rei de Jocneão, no Carmelo,
²³o rei de Dor, na cidade de Nafote-Dor,ᵇ
o rei de Goim, em Gilgal,ᶜ
²⁴e o rei de Tirza.

Ao todo, os israelitas derrotaram 31 reis.

A terra ainda por conquistar

13 Josué já era idoso, e o SENHOR lhe disse: "Você está envelhecendo, e ainda há muita terra a ser conquistada. ²Este é o território que resta: todas as regiões dos filisteus e dos gesuritas; ³o território mais amplo dos cananeus, desde o ribeiro de Sior, na divisa com o Egito, até a divisa de Ecrom, ao norte. Abrange o território de cinco governantes filisteus: de Gaza, de Asdode, de Ascalom, de Gate e de Ecrom. ⁴Também falta conquistar a terra dos aveus, ao sul. Ao norte, a seguinte região ainda não foi conquistada: toda a terra dos cananeus, incluindo Meara, pertencente aos sidônios, até Afeca, na divisa com os amorreus; ⁵a terra dos gibleus e toda a região montanhosa do Líbano, a leste, desde Baal-Gade, ao pé do monte Hermom, até Lebo-Hamate; ⁶e toda a região montanhosa, a oeste, desde o Líbano até Misrefote-Maim, incluindo toda a terra dos sidônios.

"Eu mesmo expulsarei esses povos da terra de diante dos israelitas. Não deixem, portanto, de dar esta terra a Israel como herança, conforme eu lhes ordenei. ⁷Dividam todo este território como herança entre as nove tribos e a meia tribo de Manassés".

A terra dividida a leste do Jordão

⁸A outra metade da tribo de Manassés e as tribos de Rúben e Gade já haviam recebido sua porção de terra como herança a leste do Jordão, designada para eles por Moisés, servo do SENHOR.

⁹Seu território se estendia desde Aroer, na beira do vale do Arnom, incluindo a cidade no meio do vale, passando pelo planalto além de Medeba, até Dibom. ¹⁰Também abrangia todas as cidades de Seom, rei dos amorreus, que havia reinado em Hesbom, e se estendia até a divisa de Amom. ¹¹Incluía Gileade, o território dos reinos de Gesur e Maaca, todo o monte Hermom e toda a região de Basã, até Salcá, ¹²e também todo o reino de Ogue, rei de Basã, que havia reinado em Astarote e Edrei. O rei Ogue era o último dos refains, pois Moisés os havia atacado e expulsado. ¹³Mas os israelitas não expulsaram os habitantes de Gesur e Maaca, de modo que vivem no meio de Israel até hoje.

Uma herança para a tribo de Levi

¹⁴Moisés não havia designado porção alguma de terra como herança para a tribo de Levi. Em vez disso, conforme o SENHOR lhes havia

---

ª **12.8** Em hebraico, *a Sefelá*. ᵇ **12.23a** Em hebraico, *Nafate-Dor*, variação de Nafote-Dor. ᶜ **12.23b** A Septuaginta traz *Goim, na Galileia*.

prometido, sua herança vinha das ofertas especiais para o Senhor, o Deus de Israel.

A terra entregue à tribo de Rúben

¹⁵Moisés havia designado a seguinte área aos clãs da tribo de Rúben:

¹⁶Seu território se estendia desde Aroer, na beira do vale do Arnom, incluindo a cidade no meio do vale, até o planalto além de Medeba. ¹⁷Abrangia Hesbom e as outras cidades do planalto: Dibom, Bamote-Baal, Bete-Baal-Meom, ¹⁸Jaza, Quedemote, Mefaate, ¹⁹Quiriataim, Sibma, Zerete-Saar, na colina acima do vale, ²⁰Bete-Peor, as encostas do Pisga e Bete-Jesimote.

²¹O território de Rúben também incluía todas as cidades do planalto e todo o reino de Seom, o rei amorreu que havia reinado em Hesbom. Seom havia sido morto por Moisés junto com os líderes de Midiã: Evi, Requém, Zur, Hur e Reba, príncipes que habitavam naquela região e eram aliados de Seom. ²²Os israelitas também mataram Balaão, filho de Beor, que usava mágica para prever o futuro. ²³O rio Jordão marcava a divisa oeste da tribo de Rúben. As cidades e seus povoados ao redor nessa região foram entregues aos clãs da tribo de Rúben como sua herança.

A terra entregue à tribo de Gade

²⁴Moisés havia designado a seguinte área aos clãs da tribo de Gade:

²⁵Seu território abrangia Jazar, todas as cidades de Gileade e metade da terra de Amom, até a cidade de Aroer, logo a oeste de[a] Rabá. ²⁶Estendia-se desde Hesbom até Ramate-Mispá e Betonim, e desde Maanaim até o território de Lo-Debar.[b] ²⁷No vale, incluía Bete-Arã, Bete-Ninra, Sucote, Zafom, e o restante das terras de Seom, rei de Hesbom. A divisa ocidental acompanhava o rio Jordão e se estendia ao norte até a ponta do mar da Galileia,[c] e depois fazia uma curva para o leste. ²⁸As cidades com os povoados ao redor foram entregues aos clãs da tribo de Gade como sua herança.

A terra entregue à meia tribo de Manassés

²⁹Moisés havia designado a seguinte área aos clãs da meia tribo de Manassés:

³⁰Seu território se estendia desde Maanaim e abrangia toda a região de Basã, todo o antigo território do rei Ogue, e as sessenta cidades de Jair, em Basã. ³¹Também incluía metade de Gileade, bem como Astarote e Edrei, cidades do reino de Ogue em Basã. Tudo isso foi entregue à metade dos descendentes de Maquir, filho de Manassés, segundo seus clãs.

³²Essa foi a divisão de terras como herança que Moisés designou enquanto estava nas campinas de Moabe, do outro lado do rio Jordão, a leste de Jericó. ³³À tribo de Levi, porém, Moisés não deu porção alguma de terra como herança, pois o Senhor, o Deus de Israel, havia prometido que ele próprio seria sua herança.

A terra dividida a oeste do Jordão

14 As demais tribos de Israel receberam como herança as terras em Canaã designadas pelo sacerdote Eleazar, por Josué, filho de Num, e pelos chefes das tribos. ²Essas nove tribos e meia receberam as terras de sua herança por sorteio, como o Senhor havia ordenado por meio de Moisés. ³Ele já havia designado as terras de herança para as duas tribos e meia do lado leste do rio Jordão, mas não tinha dado uma porção de terra como herança para os levitas. ⁴Os descendentes de José haviam se tornado duas tribos separadas: Manassés e Efraim. Os levitas não receberam porção alguma de terra, mas apenas cidades para morarem, com pastagens ao redor para seus animais e todos os seus bens. ⁵Assim, os israelitas distribuíram a terra exatamente de acordo com as ordens do Senhor a Moisés.

Calebe pede sua terra

⁶Uma delegação da tribo de Judá, liderada por Calebe, filho do quenezeu Jefoné, foi a Josué em Gilgal. Calebe disse a Josué: "Lembre-se do que o Senhor disse a Moisés, o homem de Deus, a respeito de você e de mim quando estávamos em Cades-Barneia. ⁷Eu tinha 40 anos quando Moisés, servo do Senhor, me enviou de

---

[a] **13.25** Em hebraico, *em frente de*. [b] **13.26** Em hebraico, *Li-Debir*, aparentemente uma variação de Lo-Debar (comparar com 2Sm 9.4; 17.27; Am 6.13). [c] **13.27** Em hebraico, *mar de Quinerete*.

Cades-Barneia para fazer o reconhecimento da terra de Canaã. Eu voltei e lhe dei um relatório verdadeiro, ⁸mas meus irmãos israelitas que foram comigo assustaram o povo de tal maneira que eles se encheram de medo. De minha parte, segui o Senhor, meu Deus, de todo o coração. ⁹Por isso, naquele dia Moisés me prometeu solenemente: 'A terra de Canaã na qual você caminhou será herança permanente para você e seus descendentes, pois você seguiu o Senhor, meu Deus, de todo o coração'.

¹⁰"Agora, como você vê, em todos estes 45 anos, desde que Moisés disse essas palavras, o Senhor me preservou como havia prometido, mesmo quando Israel vagava pelo deserto. Hoje estou com 85 anos. ¹¹Continuo forte como no dia em que Moisés me enviou, e ainda posso viajar e lutar tão bem quanto naquela época. ¹²Portanto, dê-me a região montanhosa que o Senhor me prometeu. Você certamente se lembra de que, enquanto fazíamos o reconhecimento da terra, descobrimos que os descendentes de Enaque viviam ali em grandes cidades fortificadas. Mas, se o Senhor estiver comigo, eu os expulsarei da terra, como o Senhor prometeu".

¹³Então Josué abençoou Calebe, filho de Jefoné, e lhe deu Hebrom como sua porção de terra. ¹⁴Até hoje Hebrom pertence aos descendentes de Calebe, filho do quenezeu Jefoné, pois ele seguiu fielmente o Senhor, o Deus de Israel. ¹⁵Antes disso, Hebrom era chamada Quiriate-Arba, em homenagem a Arba, um grande herói dos descendentes de Enaque.

E a terra descansou da guerra.

A terra entregue à tribo de Judá

15 As terras distribuídas por sorteio aos clãs da tribo de Judá se estendiam para o sul, até a divisa com Edom, e chegavam ao deserto de Zim, no extremo sul:

²A divisa ao sul começava na extremidade sul do mar Morto,ᵃ ³seguia para o sul pela ladeira do Escorpião,ᵇ passando pelo deserto de Zim e prosseguindo até Hezrom, ao sul de Cades-Barneia. Então subia até Adar e fazia uma curva em direção a Carca. ⁴Dali passava por Azmom, continuava até o ribeiro do Egito e seguia até o mar Mediterrâneo.ᶜ Essa era a divisa ao sul deles.ᵈ

⁵A divisa a leste se estendia ao longo do mar Morto até a foz do rio Jordão.

A divisa ao norte começava na extremidade onde o Jordão deságua no mar Morto,

---

> **PÃO DIÁRIO**
>
> ## Mais velha e mais sábia
>
> *Hoje estou com 85 anos. Continuo forte como no dia em que Moisés me enviou, e ainda posso viajar e lutar tão bem quanto naquela época.*
>
> —Josué 14.10,11
>
> Os membros mais jovens da congregação se admiravam por aquele senhor de 78 anos ter concordado em servir como ancião por mais um período de três anos. Alguns o aconselharam a ir com calma; ele já havia contribuído com a igreja mais do que realmente lhe era exigido.
>
> Mal sabiam eles que o pastor e os membros do conselho administrativo se alegraram muito quando souberam que esse senhor tinha aceitado o convite. A igreja estava enfrentando alguns problemas complicados. Quando foi preciso tomar decisões difíceis, a sabedoria e o discernimento dele foram de valor inestimável. E poucos sabiam que ele orava diligentemente, todos os dias, em favor das pessoas e dos ministros da igreja.
>
> Os cristãos mais idosos frequentemente são mais sábios e podem dar uma contribuição enorme ao escolher uma esfera de atuação compatível com sua energia e experiência. Em nossa leitura bíblica de hoje, Calebe, já idoso, que anos antes fora enviado por Moisés como espia à Terra Prometida, demonstrou sua fé e coragem extraordinária ao pedir, como sua herança, a parte da terra que era mais alta e difícil de atacar (Js 14.12).
>
> É claro que, se você está envelhecendo, está também mais experiente. E, se caminha ao lado de Cristo, está mais sábia. Ao escolher, com cuidado e oração, o seu local de ministério, você poderá fazer grande diferença no bem-estar espiritual e físico de sua congregação.
>
> *Pai, agradecemos-te por nos preparares o lugar perfeito para te servirmos de acordo com a nossa idade e habilidades. Por favor, usa-nos hoje e daremos a ti todo o louvor!*
>
> **À medida que Deus lhe acrescentar anos de vida, peça-lhe que acrescente vida a esses anos.**

ᵃ **15.2** Em hebraico, *mar Salgado*; também em 15.5. ᵇ **15.3** Ou *ladeira de Acrabim*. ᶜ **15.4a** Em hebraico, *mar*; também em 15.11.
ᵈ **15.4b** Em hebraico, *de vocês*.

⁶subia dali para Bete-Hogla e continuava ao norte de Bete-Arabá, até a Pedra de Boã (Boã era filho de Rúben). ⁷A partir desse ponto, passava pelo vale de Acor até Debir, fazendo uma curva para o norte, em direção a Gilgal, que ficava de frente ao desfiladeiro de Adumim, do lado sul do vale. Dali a divisa se estendia para as águas de En-Semes, até En-Rogel. ⁸Depois passava pelo vale de Ben-Hinom, pela encosta sul dos jebuseus, onde fica a cidade de Jerusalém. Em seguida estendia-se para o oeste, até o alto do monte acima do vale de Hinom, e continuava até a extremidade norte do vale de Refaim. ⁹A divisa prosseguia do alto do monte para a fonte nas águas de Neftoa,ᵃ até as cidades do monte Efrom. Então fazia uma curva em direção a Baalá (isto é, Quiriate-Jearim). ¹⁰Rodeava Baalá em direção ao oeste, até o monte Seir, passava pela cidade de Quesalom, na encosta norte do monte Jearim, descia a Bete-Semes e passava por Timna. ¹¹Depois a divisa continuava até a encosta do monte ao norte de Ecrom, onde fazia uma curva em direção a Sicrom e o monte Baalá. Passava por Jabneel e terminava no mar Mediterrâneo.

¹²A divisa ocidental era o litoral do mar Mediterrâneo.ᵇ

Essas são as divisas dos clãs da tribo de Judá.

A terra entregue a Calebe

¹³Por ordem do Senhor, Josué designou uma porção no meio do território de Judá para Calebe, filho de Jefoné. Calebe recebeu a cidade de Quiriate-Arba (isto é, Hebrom), assim chamada por causa de Arba, um antepassado de Enaque. ¹⁴Calebe expulsou três grupos de enaquins: os descendentes de Sesai, de Aimã e de Talmai, filhos de Enaque.

¹⁵Dali ele partiu para lutar contra os habitantes da cidade de Debir (antes chamada de Quiriate-Sefer). ¹⁶Calebe disse: "Darei minha filha Acsa em casamento a quem atacar e tomar Quiriate-Sefer". ¹⁷Otoniel, filho de Quenaz, irmão de Calebe, tomou a cidade, e Calebe lhe deu Acsa como esposa.

¹⁸Quando Acsa se casou com Otoniel, ela insistiu para que eleᶜ pedisse um campo ao pai dela. Assim que ela desceu do jumento, Calebe lhe perguntou: "O que você quer?".

¹⁹Ela respondeu: "Quero mais um presente. O senhor me deu terras no deserto do Neguebe; agora, peço que também me dê fontes de água". Então Calebe lhe deu as fontes superiores e as fontes inferiores.

As cidades separadas para Judá

²⁰Esta foi a herança designada aos clãs da tribo de Judá:

²¹As cidades de Judá situadas ao longo da divisa com Edom, no extremo sul, eram: Cabzeel, Éder, Jagur, ²²Quiná, Dimona, Adada, ²³Quedes, Hazor, Itnã, ²⁴Zife, Telém, Bealote, ²⁵Hazor-Hadata, Queriote-Hezrom (isto é, Hazor), ²⁶Amã, Sema, Moladá, ²⁷Hazar-Gada, Hesmom, Bete-Pelete, ²⁸Hazar-Sual, Berseba, Biziotiá, ²⁹Baalá, Iim, Azém, ³⁰Eltolade, Quesil, Hormá, ³¹Ziclague, Madmana, Sansana, ³²Lebaote, Silim, Aim e Rimom; ao todo, 29 cidades com os povoados ao redor.

³³As seguintes cidades situadas nas colinas do oesteᵈ também foram entregues a Judá: Estaol, Zorá, Asná, ³⁴Zanoa, En-Ganim, Tapua, Enã, ³⁵Jarmute, Adulão, Socó, Azeca, ³⁶Saaraim, Aditaim, Gederá e Gederotaim; catorze cidades com os povoados ao redor.

³⁷Também foram incluídas: Zenã, Hadasa, Migdal-Gade, ³⁸Dileã, Mispá, Jocteel, ³⁹Laquis, Bozcate, Eglom, ⁴⁰Cabom, Laamás, Quitlis, ⁴¹Gederote, Bete-Dagom, Naamá e Maquedá; dezesseis cidades com os povoados ao redor.

⁴²Além dessas, também foram entregues: Libna, Eter, Asã, ⁴³Iftá, Asná, Nezibe, ⁴⁴Queila, Aczibe e Maressa; nove cidades com os povoados ao redor.

⁴⁵O território da tribo de Judá abrangia, ainda, Ecrom com os assentamentos e povoados ao redor. ⁴⁶De Ecrom, a divisa se estendia para o oeste, e incluía as cidades perto de Asdode, com os povoados ao redor. ⁴⁷Também incluía Asdode, com os assentamentos e povoados ao redor, e Gaza, com os assentamentos e povoados ao redor, até

ᵃ **15.9** Ou *fonte de Me-Neftoa*. ᵇ **15.12** Em hebraico, *mar Grande*; também em 15.47. ᶜ **15.18** Alguns manuscritos gregos trazem *ele insistiu para que ela*. ᵈ **15.33** Em hebraico, *na Sefelá*.

o ribeiro do Egito, e ao longo do litoral do mar Mediterrâneo.

⁴⁸Judá também recebeu estas cidades na região montanhosa: Samir, Jatir, Socó, ⁴⁹Daná, Quiriate-Sana (isto é, Debir), ⁵⁰Anabe, Estemo, Anim, ⁵¹Gósen, Holom e Gilo; onze cidades com os povoados ao redor.

⁵²Foram incluídas ainda: Arabe, Dumá, Esã, ⁵³Janim, Bete-Tapua, Afeca, ⁵⁴Hunta, Quiriate-Arba (isto é, Hebrom), e Zior; nove cidades com os povoados ao seu redor.

⁵⁵Além destas, também foram entregues: Maom, Carmelo, Zife, Jutá, ⁵⁶Jezreel, Jocdeão, Zanoa, ⁵⁷Caim, Gibeá e Timna; dez cidades com os povoados ao redor.

⁵⁸E ainda: Halul, Bete-Zur, Gedor, ⁵⁹Maarate, Bete-Anote e Eltecom; seis cidades com os povoados ao redor.

⁶⁰Também: Quiriate-Baal (isto é, Quiriate-Jearim), e Rabá; duas cidades com os povoados ao redor.

⁶¹No deserto ficavam: Bete-Arabá, Midim, Secacá, ⁶²Nibsã, a Cidade do Sal e En-Gedi; seis cidades com os povoados ao redor.

⁶³Contudo, a tribo de Judá não conseguiu expulsar os jebuseus, que habitavam em Jerusalém, de modo que os jebuseus vivem até hoje no meio de Judá.

A terra entregue a Efraim e a Manassés ocidental

16 As terras distribuídas por sorteio aos descendentes de José se estendiam desde o rio Jordão, perto de Jericó, a leste das águas de Jericó, passando pelo deserto, até a região montanhosa de Betel. ²De Betel (isto é, Luz),ª seguiam para Atarote, no território dos arquitas. ³Depois desciam em direção ao oeste, para o território dos jafletitas, até Bete-Horom Baixa e dali para Gezer, até o mar Mediterrâneo.ᵇ

⁴Essa foi a herança designada às famílias de Manassés e Efraim, filhos de José.

A terra entregue a Efraim

⁵A seguinte herança foi designada aos clãs da tribo de Efraim:

Sua divisa começava em Atarote-Adar, a leste. Dali se estendia para Bete-Horom Alta, ⁶e depois para o mar Mediterrâneo. De Micmetá, ao norte, fazia uma curva para o leste e passava por Taanate-Siló, a leste de Janoa. ⁷De Janoa fazia uma curva para o sul, até Atarote e Naarate, chegava até Jericó e terminava no rio Jordão. ⁸De Tapua, a divisa se estendia para o oeste, em direção ao vale de Caná, e dali chegava até o mar Mediterrâneo. Essa foi a porção de terra designada como herança para os clãs da tribo de Efraim.

⁹Além disso, algumas cidades, com os povoados ao redor, no território designado como herança à meia tribo de Manassés, foram separadas para a tribo de Efraim. ¹⁰Eles não expulsaram os cananeus de Gezer, de modo que os habitantes de Gezer vivem até hoje no meio de Efraim, submetidos a trabalhos forçados.

A terra entregue a Manassés ocidental

17 A porção seguinte de terra foi entregue por sorteio à meia tribo de Manassés, os descendentes do filho mais velho de José. Maquir, filho mais velho de Manassés, era pai de Gileade. Guerreiros valentes, ele e seus descendentes receberam as regiões de Gileade e Basã, a leste do rio Jordão. ²Assim, a porção de terra a oeste do Jordão foi para as demais famílias dos clãs da tribo de Manassés: Abiezer, Heleque, Asriel, Siquém, Héfer e Semida. Esses descendentes do sexo masculino representavam os clãs de Manassés, filho de José.

³Contudo, Zelofeade, filho de Héfer, filho de Gileade, filho de Maquir, filho de Manassés, não teve filhos, mas somente filhas. Seus nomes eram: Maala, Noa, Hogla, Milca e Tirza. ⁴Essas mulheres foram ao sacerdote Eleazar, a Josué, filho de Num, e aos líderes israelitas e disseram: "O Senhor ordenou a Moisés que nos entregasse uma porção de terra como herança junto a nossos parentes".

Então Josué lhes deu uma herança entre os irmãos de seu pai, conforme o Senhor havia ordenado. ⁵Assim, a tribo de Manassés recebeu, no total, dez porções de terra, além de Gileade e Basã, do outro lado do Jordão, ⁶pois as descendentes de Manassés receberam uma

---

ª **16.2** Conforme a Septuaginta (ver tb. 18.13); o hebraico traz *De Betel até Luz*. ᵇ **16.3** Em hebraico, *mar*; também em 16.6,8.

herança entre os descendentes dele. (A terra de Gileade foi entregue aos demais descendentes de Manassés.)

⁷A divisa da tribo de Manassés se estendia desde Aser até Micmetá, perto de Siquém. Dali prosseguia para o sul, de Micmetá até o assentamento junto à fonte de Tapua. ⁸As terras ao redor de Tapua pertenciam a Manassés, mas a cidade de Tapua propriamente dita, na divisa do território de Manassés, pertencia à tribo de Efraim. ⁹Da fonte de Tapua a divisa de Manassés seguia pelo vale de Caná e dali chegava até o mar Mediterrâneo.ᵃ Várias cidades ao sul do vale ficavam dentro do território de Manassés, mas, na verdade, pertenciam à tribo de Efraim. ¹⁰Em geral, porém, a terra ao sul do vale pertencia a Efraim, e a terra ao norte do vale pertencia a Manassés. A divisa de Manassés acompanhava o lado norte do ribeiro e terminava no mar Mediterrâneo. Ao norte de Manassés ficava o território de Aser e, a leste, o território de Issacar.

¹¹As seguintes cidades dentro do território de Issacar e Aser foram entregues a Manassés: Bete-Sã,ᵇ Ibleã, Dor (isto é, Nafote-Dor),ᶜ En-Dor, Taanaque e Megido, cada uma com os assentamentos ao redor.

¹²Contudo, os descendentes de Manassés não conseguiram ocupar essas cidades, pois os cananeus estavam determinados a permanecer naquela região. ¹³Mais tarde, quando os israelitas se tornaram fortes o suficiente, submeteram os cananeus a trabalhos forçados, mas não os expulsaram completamente.

¹⁴Os descendentes de José foram a Josué e perguntaram: "Por que você nos deu apenas uma porção de terra como herança, uma vez que o Senhor nos tornou um povo tão numeroso?".

¹⁵Josué respondeu: "Se vocês são tão numerosos, e se a região montanhosa de Efraim não é grande o suficiente para vocês, abram espaço nos bosques onde habitam os ferezeus e os refains".

¹⁶Os descendentes de José disseram: "É verdade que a região montanhosa não é grande o suficiente para nós. Mas todos os cananeus do vale, tanto os de Bete-Sã e dos povoados ao redor como os do vale de Jezreel, têm carros de guerra com rodas de ferro; são fortes demais para nós".

¹⁷Então Josué disse às tribos de Efraim e Manassés, os descendentes de José: "Uma vez que vocês são tão numerosos e fortes, receberão mais de uma porção. ¹⁸Os bosques na região montanhosa também serão seus. Abram todo o espaço que desejarem e tomem posse de seus limites mais distantes. E, embora os cananeus dos vales sejam fortes e tenham carros de guerra com rodas de ferro, vocês conseguirão expulsá-los".

Distribuição do restante da terra

18 Agora que a terra estava sob o controle dos israelitas, toda a comunidade se reuniu em Siló e ali armou a tenda do encontro. ²Mas ainda restavam sete tribos de Israel que não haviam recebido porções de terra como herança.

³Então Josué disse aos israelitas: "Até quando vocês vão esperar para tomar posse do restante da terra que o Senhor, o Deus de seus antepassados, lhes deu? ⁴Escolham três homens de cada tribo, e eu os enviarei para fazer o reconhecimento da terra e mapeá-la. Eles voltarão a mim com um relatório escrito das divisões propostas de sua herança. ⁵Dividirão a terra em sete partes, sem incluir o território de Judá, ao sul, e o território de José, ao norte. ⁶Depois que traçarem um mapa da divisão da terra em sete partes, tragam-no para mim, e eu farei um sorteio na presença do Senhor, nosso Deus.

⁷"Os levitas, porém, não receberão porção alguma de terra entre vocês, pois seu serviço como sacerdotes do Senhor será a sua herança. E as tribos de Gade e Rúben e a meia tribo de Manassés não receberão mais terras, pois já receberam como herança a porção de terra que Moisés, servo do Senhor, lhes deu a leste do Jordão".

⁸Quando os homens estavam de partida para mapear a terra, Josué lhes ordenou: "Vão, façam o reconhecimento da terra e tragam

---

ᵃ **17.9** Em hebraico, *mar*; também em 17.10. ᵇ **17.11a** Em hebraico, *Bete-Seã*, variação de Bete-Sã; também em 17.16. ᶜ **17.11b** O significado do hebraico é incerto.

uma descrição dela por escrito. Depois, voltem e eu distribuirei a terra entre as tribos por sorteio na presença do Senhor, aqui em Siló". ⁹Os homens partiram, atravessaram a terra e traçaram um mapa de todo o território, dividindo-o em sete partes e relacionando as cidades em cada parte. Registraram tudo por escrito e voltaram a Josué, no acampamento em Siló. ¹⁰E, ali em Siló, Josué fez o sorteio na presença do Senhor, determinando qual tribo receberia cada parte.

A terra entregue a Benjamim

¹¹A primeira porção de terra foi entregue por sorteio à tribo de Benjamim. Ficava entre os territórios designados para as tribos de Judá e José:

¹²A divisa norte da terra de Benjamim começava no rio Jordão, passava pela encosta norte de Jericó e continuava para o oeste, atravessando a região montanhosa e terminando no deserto de Bete-Áven. ¹³Dali a divisa prosseguia para o sul, até a cidade de Luz (isto é, Betel), e descia para Atarote-Adar, no monte ao sul de Bete-Horom Baixa.

¹⁴Nesse ponto a divisa fazia uma curva para o sul, pelo lado oeste do monte em frente de Bete-Horom, e terminava em Quiriate-Baal (isto é, Quiriate-Jearim), cidade pertencente à tribo de Judá. Essa era sua divisa ocidental.

¹⁵A divisa ao sul começava nos arredores de Quiriate-Jearim. Desse ponto a oeste se estendia até a fonte nas águas de Neftoaᵃ ¹⁶e descia até o pé do monte que fica junto ao vale de Ben-Hinom, ao norte do vale de Refaim. Descia pelo vale de Hinom, atravessando a encosta sul da cidade onde habitavam os jebuseus, e continuava até En-Rogel. ¹⁷De En-Rogel a divisa prosseguia para o norte, chegava a En-Semes e continuava até Gelilote, que fica em frente do desfiladeiro de Adumim. Depois descia até a Pedra de Boã (Boã era filho de Rúben). ¹⁸Dali passava pela encosta norte, de onde se avista o vale do Jordão,ᵇ e descia para o vale. ¹⁹Continuava pela encosta norte de Bete-Hogla e terminava na extremidade norte do mar Morto,ᶜ que é o extremo sul do rio Jordão. Essa era a divisa ao sul.

²⁰A divisa ao leste era o rio Jordão.

Essas eram as divisas da herança designada aos clãs da tribo de Benjamim.

As cidades entregues a Benjamim

²¹Estas foram as cidades entregues aos clãs da tribo de Benjamim:

Jericó, Bete-Hogla, Emeque-Queziz, ²²Bete-Arabá, Zemaraim, Betel, ²³Avim, Pará, Ofra, ²⁴Quefar-Amonai, Ofni e Geba; doze cidades com os povoados ao redor. ²⁵Também: Gibeom, Ramá, Beerote, ²⁶Mispá, Quefira, Mosa, ²⁷Requém, Irpeel, Tarala, ²⁸Zela, Elefe, a cidade dos jebuseus (isto é, Jerusalém), Gibeá e Quiriate-Jearim;ᵈ catorze cidades com os povoados ao redor.

Essa foi a herança designada aos clãs da tribo de Benjamim.

A terra entregue a Simeão

19 A segunda porção de terra foi entregue por sorteio aos clãs da tribo de Simeão. Sua herança ficava dentro do território de Judá:

²A herança de Simeão incluía: Berseba, Seba, Moladá, ³Hazar-Sual, Balá, Azém, ⁴Eltolade, Betul, Hormá, ⁵Ziclague, Bete-Marcabote, Hazar-Susa, ⁶Bete-Lebaote e Saruém; treze cidades com os povoados ao redor. ⁷Também incluía: Aim, Rimom, Eter e Asã; quatro cidades com os povoados ao redor, ⁸e também os povoados vizinhos até Baalate-Beer (também conhecida como Ramá do Neguebe).

Essa foi a herança designada aos clãs da tribo de Simeão. ⁹Sua porção de terra foi tirada de uma parte da herança de Judá, pois o território de Judá era grande demais para eles. Assim, a tribo de Simeão recebeu sua herança dentro do território de Judá.

A terra entregue a Zebulom

¹⁰A terceira porção de terra foi entregue por sorteio aos clãs da tribo de Zebulom:

A divisa da herança de Zebulom chegava até Saride. ¹¹Dali prosseguia para o oeste, passando por Maralá, chegando até Dabesete

---

ᵃ **18.15** Ou *fonte de Me-Neftoa*. ᵇ **18.18** Em hebraico, *de onde se avista a Arabá*, ou *de onde se avista Bete-Arabá*. ᶜ **18.19** Em hebraico, *mar Salgado*. ᵈ **18.28** Conforme a Septuaginta; o hebraico traz *Quiriate*.

e seguindo para o ribeiro junto a Jocneão. ¹²Na direção oposta, a divisa se estendia para o leste desde Saride até o limite de Quislote-Tabor e, dali, para Daberate, subindo até Jafia. ¹³Depois continuava para o leste, até Gate-Héfer, Ete-Cazim e Rimom, e fazia uma curva na direção de Neá. ¹⁴A divisa norte de Zebulom passava por Hanatom e terminava no vale de Iftá-El. ¹⁵Além das cidades mencionadas, ali estavam: Catate, Naalal, Sinrom, Idala e Belém; doze cidades com os povoados ao redor.

¹⁶A herança designada aos clãs da tribo de Zebulom incluía essas cidades com os povoados ao redor.

A terra entregue a Issacar
¹⁷A quarta porção de terra foi entregue por sorteio aos clãs da tribo de Issacar:

¹⁸Seu território abrangia as seguintes cidades: Jezreel, Quesulote, Suném, ¹⁹Hafaraim, Siom, Anaarate, ²⁰Rabite, Quisiom, Ebes, ²¹Remete, En-Ganim, En-Hadá e Bete-Pazes. ²²A divisa também chegava a Tabor, Saazima e Bete-Semes, e terminava no Jordão; dezesseis cidades com os povoados ao redor.

²³A herança designada aos clãs de Issacar incluía essas cidades com os povoados ao redor.

A terra entregue a Aser
²⁴A quinta porção de terra foi entregue por sorteio aos clãs da tribo de Aser:

²⁵Seu território abrangia as seguintes cidades: Helcate, Hali, Béten, Acsafe, ²⁶Alameleque, Amade e Misal. A divisa a oeste chegava até o Carmelo e Sior-Libnate, ²⁷depois fazia uma curva para o leste, em direção a Bete-Dagom, se estendia até Zebulom, no vale de Iftá-El, ia para o norte, até Bete-Emeque e Neiel. Dali prosseguia para Cabul, ao norte, ²⁸Abdom,ᵃ Reobe, Hamom e Caná, até a grande Sidom. ²⁹Depois a divisa fazia uma curva em direção a Ramá e à cidade fortificada de Tiro, de onde virava em direção a Hosa e terminava no mar Mediterrâneo.ᵇ O território também incluía Meebel, Aczibe, ³⁰Umá, Afeque e Reobe; 22 cidades com os povoados ao redor.

³¹A herança designada aos clãs da tribo de Aser incluía essas cidades com os povoados ao redor.

A terra entregue a Naftali
³²A sexta porção de terra foi entregue por sorteio aos clãs da tribo de Naftali:

³³Sua divisa começava em Helefe, no carvalho de Zaanim, passava por Adami-Neguebe e Jabneel, até Lacum, e terminava no rio Jordão. ³⁴A divisa oeste passava por Aznote-Tabor e ia para Hucoque. Chegava à divisa de Zebulom, ao sul, à divisa de Aser, a oeste, e ao rio Jordão,ᶜ a leste. ³⁵Suas cidades fortificadas eram: Zidim, Zer, Hamate, Racate, Quinerete, ³⁶Adamá, Ramá, Hazor, ³⁷Quedes, Edrei, En-Hazor, ³⁸Irom, Migdal-El, Horém, Bete-Anate e Bete-Semes; dezenove cidades com os povoados ao redor.

³⁹A herança designada aos clãs da tribo de Naftali incluía essas cidades com os povoados ao redor.

A terra entregue a Dã
⁴⁰A sétima porção de terra foi entregue por sorteio aos clãs da tribo de Dã:

⁴¹O território designado como sua herança abrangia estas cidades: Zorá, Estaol, Ir-Semes, ⁴²Saalabim, Aijalom, Itla, ⁴³Elom, Timna, Ecrom, ⁴⁴Elteque, Gibetom, Baalate, ⁴⁵Jeúde, Bene-Beraque, Gate-Rimom, ⁴⁶Me-Jarcom e Racom, e o território em frente de Jope.

⁴⁷Os membros da tribo de Dã tiveram dificuldade em tomar posse de sua terra,ᵈ por isso atacaram a cidade de Lesém. Eles a tomaram, massacraram seu povo e se estabeleceram nela. Mudaram o nome da cidade para Dã, em homenagem a seu antepassado.

⁴⁸A herança designada aos clãs da tribo de Dã incluía essas cidades com os povoados ao redor.

A terra entregue a Josué
⁴⁹Depois que todo o território havia sido repartido entre as tribos, os israelitas deram a

---

ᵃ **19.28** Conforme alguns manuscritos hebraicos (ver tb. 21.30); a maioria dos manuscritos hebraicos traz *Ebrom*. ᵇ **19.29** Em hebraico, *mar*. ᶜ **19.34** Em hebraico, *e a Judá, no rio Jordão*. ᵈ **19.47** Ou *tiveram dificuldade em manter a posse de sua terra*.

Josué uma porção de terra como herança no meio deles, ⁵⁰pois o Senhor tinha dito que ele poderia receber qualquer cidade que quisesse. Ele escolheu Timnate-Sera, na região montanhosa de Efraim. Ali reconstruiu a cidade e habitou nela.

⁵¹Foram esses os territórios que o sacerdote Eleazar, Josué, filho de Num, e os chefes das tribos designaram como herança para as tribos de Israel, por sorteio na presença do Senhor, à entrada da tenda do encontro em Siló. Assim, concluíram a distribuição da terra.

As cidades de refúgio

20 O Senhor disse a Josué: ²"Diga aos israelitas que designem as cidades de refúgio, de acordo com as instruções que dei a Moisés. ³Qualquer um que matar alguém acidentalmente e sem intenção poderá fugir para uma dessas cidades; serão lugares de proteção contra os parentes da vítima que quiserem vingar sua morte.

⁴"Ao chegar a uma dessas cidades, a pessoa que tirou a vida de alguém comparecerá diante das autoridades à porta da cidade e apresentará seu caso. Eles permitirão que essa pessoa entre na cidade e lhe darão um lugar para habitar no meio deles. ⁵Se os parentes da vítima forem até lá para vingar sua morte, as autoridades não entregarão o acusado, pois ele matou alguém sem intenção e sem hostilidade anterior. ⁶O acusado, porém, deve permanecer na cidade e ser julgado pela comunidade, que dará o veredicto. Continuará a viver na cidade até a morte daquele que era o sumo sacerdote na época do acidente. Depois disso, terá liberdade de voltar para sua casa na cidade de onde fugiu".

⁷Estas foram as cidades designadas como cidades de refúgio: Quedes, na Galileia, na região montanhosa de Naftali; Siquém, na região montanhosa de Efraim; e Quiriate-Arba (isto é, Hebrom), na região montanhosa de Judá. ⁸Estas foram as cidades designadas no lado leste do rio Jordão, em frente de Jericó: Bezer, no planalto desértico da tribo de Rúben; Ramote, em Gileade, no território da tribo de Gade; e Golã, em Basã, no território da tribo de Manassés. ⁹Essas cidades foram separadas para todos os israelitas, e também para os estrangeiros que viviam entre eles. Qualquer um que matasse alguém acidentalmente poderia se refugiar numa dessas cidades. Assim, não seria morto por vingança antes de comparecer a julgamento perante a comunidade.

As cidades entregues aos levitas

21 Os líderes da tribo de Levi foram falar com o sacerdote Eleazar, com Josué, filho de Num, e com os líderes das outras tribos de Israel. ²Encontraram-se com eles em Siló, na terra de Canaã, e disseram: "O Senhor ordenou por meio de Moisés que nos fossem dadas cidades para morarmos, além de pastagens para nossos animais". ³Então, por ordem do Senhor, os israelitas deram aos levitas, de sua própria herança, as seguintes cidades com suas pastagens:

⁴Os descendentes de Arão, membros do clã coatita da tribo de Levi, receberam por sorteio treze cidades que antes haviam sido designadas às tribos de Judá, Simeão e Benjamim. ⁵As outras famílias do clã coatita receberam por sorteio dez cidades das tribos de Efraim, Dã e da meia tribo de Manassés.

⁶O clã de Gérson recebeu por sorteio treze cidades das tribos de Issacar, Aser, Naftali e da meia tribo de Manassés estabelecida em Basã.

⁷O clã de Merari recebeu por sorteio doze cidades das tribos de Rúben, Gade e Zebulom.

⁸Assim, os israelitas obedeceram à ordem do Senhor a Moisés e, por sorteio, designaram aos levitas essas cidades com suas pastagens.

⁹Estas foram as cidades das tribos de Judá e Simeão que os israelitas entregaram ¹⁰aos descendentes de Arão, membros do clã coatita da tribo de Levi, os primeiros a serem sorteados: ¹¹Quiriate-Arba (isto é, Hebrom), na região montanhosa de Judá, com as pastagens ao redor. (Arba era antepassado de Enaque.) ¹²Mas os campos com os povoados ao redor foram entregues a Calebe, filho de Jefoné, como sua propriedade.

¹³Estas foram as cidades com suas pastagens que os descendentes do sacerdote Arão receberam: Hebrom (a cidade de refúgio para o homicida involuntário), Libna, ¹⁴Jatir, Estemoa, ¹⁵Holom, Debir, ¹⁶Aim, Jutá e Bete-Semes; foram nove cidades dessas duas tribos.

¹⁷Da tribo de Benjamim os sacerdotes receberam estas cidades com suas pastagens: Gibeom, Geba, ¹⁸Anatote e Almom; foram quatro cidades. ¹⁹Ao todo, portanto, os sacerdotes, descendentes de Arão, receberam treze cidades com suas pastagens.

²⁰Os outros levitas do clã coatita receberam por sorteio da tribo de Efraim estas cidades com suas pastagens: ²¹Siquém, na região montanhosa de Efraim (uma cidade de refúgio para o homicida involuntário), Gezer, ²²Quibzaim e Bete-Horom; foram quatro cidades.

²³Estas foram as cidades com suas pastagens, entregues aos sacerdotes pela tribo de Dã: Elteque, Gibetom, ²⁴Aijalom e Gate-Rimom; foram quatro cidades.

²⁵Da meia tribo de Manassés os sacerdotes receberam estas cidades com suas pastagens: Taanaque e Gate-Rimom; foram duas cidades. ²⁶Ao todo, portanto, foram entregues aos outros clãs coatitas dez cidades com suas pastagens.

²⁷Os descendentes de Gérson, outro clã da tribo de Levi, receberam da meia tribo de Manassés estas cidades com suas pastagens: Golã, em Basã (uma cidade de refúgio para o homicida involuntário), e Beesterá; foram duas cidades.

²⁸Da tribo de Issacar receberam estas cidades com suas pastagens: Quisiom, Daberate, ²⁹Jarmute e En-Ganim; foram quatro cidades.

³⁰Da tribo de Aser receberam estas cidades, com suas pastagens: Misal, Abdom, ³¹Helcate e Reobe; foram quatro cidades.

³²Da tribo de Naftali receberam estas cidades, com suas pastagens: Quedes, na Galileia (a cidade de refúgio para o homicida involuntário), Hamote-Dor e Cartã; foram três cidades. ³³Ao todo, portanto, o clã de Gérson recebeu treze cidades, com suas pastagens.

³⁴Os levitas restantes, o clã de Merari, receberam da tribo de Zebulom estas cidades, com suas pastagens: Jocneão, Cartá, ³⁵Dimna e Naalal; foram quatro cidades.

³⁶Da tribo de Rúben receberam estas cidades com suas pastagens: Bezer, Jaza, ³⁷Quedemote e Mefaate; foram quatro cidades.

³⁸Da tribo de Gade receberam estas cidades com suas pastagens: Ramote, em Gileade (a cidade de refúgio para o homicida involuntário), Maanaim, ³⁹Hesbom e Jazar. ⁴⁰Ao todo, portanto, o clã de Merari recebeu doze cidades.

⁴¹No total, foram entregues aos levitas dentro do território israelita 48 cidades com suas pastagens. ⁴²Cada uma dessas cidades tinha pastagens ao seu redor.

⁴³Assim, o Senhor deu a Israel toda a terra que havia jurado dar a seus antepassados, e eles tomaram posse dela e nela se estabeleceram. ⁴⁴O Senhor lhes deu descanso de todos os lados, como havia prometido solenemente a seus antepassados. Nenhum de seus inimigos resistiu a eles, pois o Senhor os ajudou a conquistar todos os seus adversários. ⁴⁵Nenhuma das boas promessas que o Senhor fez à família de Israel ficou sem se cumprir; tudo que ele tinha dito se realizou.

As tribos do leste voltam para casa

22 Então Josué convocou as tribos de Rúben e Gade e a meia tribo de Manassés ²e lhes disse: "Vocês fizeram tudo que Moisés, servo do Senhor, mandou e obedeceram a todas as minhas ordens. ³Durante todo esse tempo e até hoje, não abandonaram seus irmãos das outras tribos e tiveram o cuidado de obedecer a tudo que o Senhor, seu Deus, ordenou. ⁴Agora o Senhor, seu Deus, concedeu descanso a seus irmãos, como prometeu a eles. Portanto, voltem para casa, para a terra que Moisés, servo do Senhor, lhes deu como sua propriedade do outro lado do rio Jordão. ⁵Mas tenham muito cuidado de cumprir todos os mandamentos e a lei que Moisés, servo do Senhor, lhes deu. Amem o Senhor, seu Deus, andem em todos os seus caminhos, obedeçam a seus mandamentos, apeguem-se a ele firmemente e sirvam-no de todo o coração e de toda a alma". ⁶Então Josué os abençoou e se despediu deles, e eles foram para casa.

⁷Moisés tinha dado o território de Basã, a leste do rio Jordão, à meia tribo de Manassés. À outra metade da tribo, Josué deu terras a oeste do Jordão. Quando Josué se despediu deles e os abençoou, ⁸disse: "Voltem para casa com toda a riqueza que tomaram de seus inimigos: grandes rebanhos, prata, ouro, bronze, ferro e muitas roupas. Repartam os despojos com seus parentes".

⁹Assim, os homens de Rúben, de Gade e da meia tribo de Manassés deixaram os outros

israelitas em Siló, na terra de Canaã, e partiram para sua própria terra em Gileade, da qual haviam tomado posse de acordo com a ordem do Senhor, por meio de Moisés.

As tribos do leste constroem um altar

¹⁰Enquanto ainda estavam em Canaã, chegaram a um lugar chamado Gelilote,ᵃ perto do rio Jordão. Ali os homens de Rúben e Gade e da meia tribo de Manassés pararam e construíram um altar grande e imponente.

¹¹Os outros israelitas souberam que os membros das tribos de Rúben e Gade e da meia tribo de Manassés haviam construído um altar em Gelilote, nos limites da terra de Canaã, do lado oeste do Jordão. ¹²Por isso, toda a comunidade de Israel se reuniu em Siló e se preparou para guerrear contra eles. ¹³Antes, porém, enviaram à terra de Gileade uma delegação liderada por Fineias, filho do sacerdote Eleazar, para conversar com as tribos de Rúben e Gade e a meia tribo de Manassés. ¹⁴A delegação era formada por dez líderes de Israel, um de cada uma das dez tribos, e todos eles eram chefes de suas famílias dentro dos clãs de Israel.

¹⁵Quando chegaram à terra de Gileade, disseram às tribos de Rúben e Gade e à meia tribo de Manassés: ¹⁶"Toda a comunidade do Senhor quer saber por que vocês foram tão infiéis ao Deus de Israel! Como puderam se afastar tanto do Senhor? Vocês construíram para si um altar, rebelando-se contra ele! ¹⁷Não bastou o pecado do incidente em Peor? Até hoje, não estamos completamente purificados dele, mesmo depois que a praga feriu toda a comunidade do Senhor. ¹⁸E, ainda assim, vocês abandonam o Senhor. Se hoje vocês se rebelarem contra o Senhor, amanhã ele voltará sua ira contra toda a comunidade de Israel!

¹⁹"Se a porção de terra que receberam como herança está impura, passem para o nosso lado, para a terra do Senhor, onde está o tabernáculo do Senhor, e tomem posse de um território entre nós. Mas não se rebelem contra o Senhor nem contra nós, construindo para si um altar que não seja o verdadeiro altar do Senhor, nosso Deus. ²⁰Quando Acã, descendente de Zerá, foi infiel ao Senhor, roubando as coisas separadas para o Senhor, a ira divina não caiu sobre toda a comunidade de Israel? E Acã não foi o único que morreu por causa do seu pecado!".

²¹Então os membros das tribos de Rúben e Gade e da meia tribo de Manassés responderam aos chefes dos clãs de Israel: ²²"O Senhor, o

---

ᵃ **22.10** Ou *ao círculo de pedras*; também em 22.11.

> **PÃO DIÁRIO**
>
> ## Precipitação
>
> *Todos os israelitas ficaram satisfeitos, louvaram a Deus e não falaram mais em guerrear contra Rúben e Gade.*
> —Josué 22.33
>
> Em abril de 2006, um dublê tentou saltar do topo do Edifício Empire State, em Nova Iorque. No último minuto, as autoridades o impediram e o acusaram de criar, imprudentemente, uma situação de risco. Após o juiz ter analisado cuidadosamente todos os fatos, ele rejeitou as acusações, alegando que o acusado havia tomado as providências para garantir a segurança dos outros. Com um paraquedas acoplado às costas, Jeb Corliss já havia realizado mais de 3.000 saltos com segurança, incluindo saltos das Torres Petronas, em Kuala Lumpur, com mais de 450 metros de altura, e até da Torre Eiffel, na França.
>
> Por mais radical que seja a prática desse esporte, é mais seguro do que o tipo de salto que quase aconteceu em Josué 22. Israel havia acabado de participar da conquista de Canaã, que durara sete anos. De repente, um boato alarmante levantou a possibilidade de uma guerra civil. O burburinho dizia que as famílias estabelecidas a leste do rio Jordão haviam edificado um altar idólatra (vv.10,11).
>
> Naquele dia, evitou-se uma catástrofe nacional simplesmente porque alguém reservou tempo para investigar os fatos e ouvir ambos os lados da história (vv.16-29). Dessa forma, evitou-se um equívoco terrível e custoso e a sabedoria de Deus foi honrada (v.31). Nosso amoroso Senhor ensinou o Seu povo que o preço de ouvir nem de longe se aproxima do preço de tirar conclusões precipitadas e incorretas.
>
> *Querido Senhor Jesus, confesso que tiro conclusões precipitadas em minha vida. Ajuda-me a ouvir com cuidado e a considerar as circunstâncias em oração antes de chegar a qualquer conclusão. Preciso da Tua ajuda, Senhor.*
>
> **Um dos maiores perigos é tirar conclusões precipitadas.**

Poderoso, é Deus! O Senhor, o Poderoso, é Deus! Ele sabe a verdade, e que Israel a saiba também! Não construímos o altar por rebeldia nem por infidelidade ao Senhor. Se o fizemos, não poupem nossa vida hoje. ²³Se construímos o altar para nos afastarmos do Senhor ou para apresentarmos holocaustos, ofertas de cereal ou ofertas de paz, que o próprio Senhor nos castigue.

²⁴"A verdade é que construímos este altar por medo de que, no futuro, seus descendentes digam aos nossos: 'Que direito vocês têm de adorar o Senhor, o Deus de Israel? ²⁵O Senhor pôs o rio Jordão como barreira entre o nosso povo e o povo de Rúben e Gade. Vocês não têm parte com o Senhor'. Então seus descendentes poderão impedir os nossos de adorarem o Senhor.

²⁶"Por isso, resolvemos construir o altar, não para oferecer holocaustos ou sacrifícios, ²⁷mas como testemunho. Ele lembrará os nossos e os seus descendentes de que nós também temos o direito de servir ao Senhor em seu santuário com holocaustos, sacrifícios e ofertas de paz. Então seus descendentes não poderão dizer aos nossos: 'Vocês não têm parte com o Senhor'.

²⁸"Se disserem isso, nossos descendentes responderão: 'Vejam esta réplica do altar do Senhor que nossos antepassados fizeram. Não é para holocaustos nem sacrifícios; é uma lembrança do relacionamento que vocês e nós temos com o Senhor'. ²⁹Longe de nós nos rebelarmos contra o Senhor, ou nos afastarmos dele, construindo nosso próprio altar para holocaustos, ofertas de cereal ou sacrifícios. Somente o altar do Senhor, nosso Deus, que está diante do seu tabernáculo pode ser usado para esse fim".

³⁰Quando o sacerdote Fineias e os líderes da comunidade, os chefes dos clãs de Israel, ouviram o que os membros das tribos de Rúben e Gade e da meia tribo de Manassés disseram, ficaram satisfeitos. ³¹Fineias, filho do sacerdote Eleazar, lhes respondeu: "Hoje sabemos que o Senhor está no meio de nós, pois vocês não foram infiéis ao Senhor, como havíamos imaginado. Ao contrário, livraram Israel de ser destruído pela mão do Senhor".

³²Então Fineias, filho do sacerdote Eleazar, e os outros líderes deixaram as tribos de Rúben e Gade em Gileade e voltaram à terra de Canaã para relatar aos israelitas o que havia acontecido. ³³Todos os israelitas ficaram satisfeitos, louvaram a Deus e não falaram mais em guerrear contra Rúben e Gade.

³⁴Os membros das tribos de Rúben e Gade chamaram o altar de "Testemunho",[a] pois disseram: "É um testemunho entre nós e eles de que o Senhor é, também, o nosso Deus".

As palavras finais de Josué a Israel

23 Muito tempo se passou depois de o Senhor ter concedido a Israel descanso de todos os seus inimigos. Josué, agora bastante idoso, ²convocou todo o Israel, com seus líderes, chefes, juízes e oficiais, e disse: "Já estou bem idoso. ³Vocês viram tudo que o Senhor, seu Deus, fez por vocês. O Senhor, seu Deus, lutou em seu favor contra seus inimigos. ⁴Eu reparti entre vocês como herança toda a terra das nações que ainda não foram conquistadas, bem como a terra das nações que já derrotamos desde o rio Jordão até o mar Mediterrâneo,[b] a oeste. ⁵Essa terra será de vocês, pois o Senhor, seu Deus, expulsará de diante de vocês os povos que habitam ali. Vocês tomarão posse da terra deles, conforme o Senhor, seu Deus, lhes prometeu.

⁶"Por isso, esforcem-se ao máximo para cumprir cuidadosamente tudo que Moisés escreveu no Livro da Lei. Não se desviem dele, nem para um lado nem para o outro. ⁷Não se misturem com os povos que ainda restam na terra. Nem sequer mencionem o nome dos deuses deles e muito menos jurem por eles. Não sirvam nem adorem esses deuses, ⁸mas apeguem-se firmemente ao Senhor, seu Deus, como fizeram até hoje.

⁹"Pois o Senhor expulsou de diante de vocês grandes e poderosas nações e, até hoje, ninguém conseguiu lhes resistir. ¹⁰Cada um de vocês fará fugir mil homens do inimigo, porque o Senhor, seu Deus, luta por vocês, conforme prometeu. ¹¹Portanto, dediquem-se com empenho a amar o Senhor, seu Deus.

¹²"Mas, se vocês se desviarem dele e se apegarem aos costumes dos sobreviventes das nações que ainda restam no meio de vocês, e se casarem com eles, e eles com vocês, ¹³saibam, com certeza, que o Senhor, seu Deus, não expulsará

---

[a] 22.34 Alguns manuscritos não trazem *Testemunho*. [b] 23.4 Em hebraico, *mar Grande*.

essas nações de diante de vocês. Ao contrário, elas serão isca e armadilha para vocês, chicote em suas costas e espinhos em seus olhos. E vocês desaparecerão para sempre desta boa terra que o Senhor, seu Deus, lhes deu.

¹⁴"Em breve morrerei e irei pelo caminho de toda a terra. Vocês sabem, de todo o coração, que todas as boas promessas do Senhor, seu Deus, se cumpriram. Nenhuma delas falhou! ¹⁵Mas, assim como o Senhor, seu Deus, lhes deu as coisas boas que ele prometeu, também fará vir calamidades sobre vocês se lhe desobedecerem. O Senhor, seu Deus, os eliminará completamente desta boa terra que lhes deu. ¹⁶Se vocês quebrarem a aliança do Senhor, seu Deus, servindo ou adorando outros deuses, a ira do Senhor arderá contra vocês, e desaparecerão rapidamente da boa terra que ele lhes deu".

A renovação da aliança do Senhor

24 Então Josué reuniu todas as tribos de Israel em Siquém. Convocou também os líderes, os chefes, os juízes e os oficiais de Israel, e todos vieram e se apresentaram diante de Deus.

²Josué disse a todo o povo: "Assim diz o Senhor, o Deus de Israel: 'Muito tempo atrás, seus antepassados, incluindo Terá, pai de Abraão e de Naor, viviam além do rio Eufratesᵃ e serviam outros deuses. ³Mas eu tirei seu antepassado Abraão da terra além do Eufrates e o conduzi à terra de Canaã. Dei-lhe muitos descendentes por meio de seu filho Isaque. ⁴A Isaque dei Jacó e Esaú. A Esaú dei os montes de Seir como propriedade, mas Jacó e seus filhos desceram para o Egito.

⁵"'Então enviei Moisés e Arão e lancei pragas terríveis sobre o Egito; depois, tirei vocês de lá. ⁶Quando tirei seus antepassados do Egito e eles chegaram ao mar Vermelho,ᵇ os egípcios os perseguiram com carros de guerra e cavaleiros. ⁷Seus antepassados clamaram ao Senhor, e eu coloquei escuridão entre os israelitas e os egípcios. Fiz o mar desabar sobre eles e os atoguei. Vocês viram com os próprios olhos o que eu fiz contra os egípcios. Depois, vocês viveram muitos anos no deserto.

⁸"'Por fim, eu os trouxe à terra dos amorreus, a leste do Jordão. Os amorreus lutaram contra vocês, mas eu os destruí diante de vocês. Eu os entreguei em suas mãos, e vocês tomaram posse da terra deles. ⁹Então Balaque, rei de Moabe

---

PÃO DIÁRIO

Uma pequena escolha

Escolham hoje a quem servirão [...]. Quanto a mim, eu e minha família serviremos ao Senhor.
—Josué 24.15

Quando meu pai era garoto, ele frequentemente tocava violino na sinfônica local. Sendo um jovem talentoso, ele continuou a se aprimorar nos anos do Ensino Fundamental.

Mas certo dia, ele decidiu juntar-se aos seus amigos numa brincadeirinha inofensiva. Eles saíram correndo pelos corredores da escola, passaram por uma porta de vidro, e meu pai apressou-se a segui-los. A porta bateu e estilhaçou-se assim que meu pai a tocou com a mão esquerda — rompendo os tendões de três dos seus dedos. Tudo o que os médicos puderam fazer para reconstruir foi amarrar os seus tendões em nós, e, dessa forma, os dedos dele foram inutilizados e tiraram o violino de sua vida para sempre.

Imagino como a vida do meu pai poderia ter sido diferente se ele não tivesse feito aquela pequena escolha. O "se..." tem valor duvidoso. Podemos sempre presumir sobre o que teria acontecido "se...". Contudo, não podemos subestimar o impacto das nossas escolhas. Uma escolha pode trazer consequências duradouras, para o bem ou para o mal.

O conselho de Josué é um bom lugar para começar. Ele disse a Israel: "Escolham hoje a quem servirão [...]. Quanto a mim, eu e minha família serviremos ao Senhor" (Js 24.15).

Servir a Deus nem sempre será a escolha mais fácil. Porém, é sempre a escolha que traz a consequência com a qual podemos conviver.

Senhor, parece que todos os dias tenho tantas escolhas a fazer. A maioria delas é insignificante — mas sei que até mesmo uma pequena decisão pode trazer consequências maiores para a minha vida. Ajuda-me, Senhor, a buscar a Tua sabedoria e a permitir que me guies hoje.

O que você será amanhã depende das escolhas que fizer hoje.

ᵃ **24.2** Em hebraico, *do rio*; também em 24.3,14,15. ᵇ **24.6** Em hebraico, *mar de juncos*.

e filho de Zipor, declarou guerra contra Israel. Mandou chamar Balaão, filho de Beor, para amaldiçoá-los, ¹⁰mas eu não dei ouvidos a Balaão. Em vez disso, fiz que ele os abençoasse e, desse modo, os livrei de Balaque.

¹¹"Quando vocês atravessaram o Jordão e chegaram a Jericó, os habitantes de Jericó lutaram contra vocês, como fizeram os amorreus, os ferezeus, os cananeus, os hititas, os girgaseus, os heveus e os jebuseus. Mas eu os entreguei nas mãos de vocês. ¹²Enviei terror[a] adiante de vocês para expulsar os dois reis dos amorreus. Não foram espadas nem arcos que lhes deram a vitória. ¹³Eu lhes dei uma terra que vocês não cultivaram, e cidades que não construíram, as cidades onde agora habitam. Eu lhes dei vinhedos e olivais para alimentá-los, embora vocês não os tenham plantado'.

¹⁴"Portanto, temam o SENHOR e sirvam-no de todo o coração. Lancem fora os ídolos que seus antepassados serviam quando viviam além do Eufrates e no Egito. Sirvam somente ao SENHOR. ¹⁵Mas, se vocês se recusarem a servir ao SENHOR, escolham hoje a quem servirão. Escolherão servir os deuses aos quais seus antepassados serviam além do Eufrates? Ou os deuses dos amorreus, em cuja terra vocês habitam? Quanto a mim, eu e minha família serviremos ao SENHOR".

¹⁶O povo respondeu: "Jamais abandonaríamos o SENHOR para servir outros deuses! ¹⁷Pois foi o SENHOR, nosso Deus, que nos libertou e a nossos antepassados da escravidão na terra do Egito. Ele realizou grandes milagres diante de nossos olhos. Enquanto andávamos pelo deserto, cercados de inimigos, ele nos protegeu. ¹⁸O SENHOR expulsou de diante de nós os amorreus e todas as nações que viviam nesta terra. Portanto, nós também serviremos ao SENHOR, pois só ele é o nosso Deus".

¹⁹Então Josué advertiu o povo: "Vocês não são capazes de servir ao SENHOR, pois ele é Deus santo e zeloso. Não perdoará sua rebeldia e seus pecados. ²⁰Se abandonarem o SENHOR e servirem outros deuses, ele se voltará contra vocês e os exterminará, apesar de todo o bem que ele lhes fez".

²¹Mas o povo respondeu a Josué: "Não! Nós serviremos ao SENHOR!".

²²"Vocês são testemunhas de sua própria decisão", disse Josué. "Escolheram servir ao SENHOR."

"Sim", responderam eles. "Somos testemunhas daquilo que dissemos."

²³"Pois bem", disse Josué. "Então lancem fora os falsos deuses que estão em seu meio e voltem o coração para o SENHOR, o Deus de Israel."

²⁴O povo disse a Josué: "Serviremos ao SENHOR, nosso Deus, e obedeceremos somente a ele!".

²⁵Naquele dia, Josué fez uma aliança com o povo em Siquém e lhes deu decretos e estatutos para obedecerem. ²⁶Josué registrou todas essas coisas no Livro da Lei de Deus. Como lembrança do pacto, pegou uma grande pedra e a ergueu debaixo do carvalho junto ao santuário do SENHOR.

²⁷Josué disse a todo o povo: "Esta pedra ouviu tudo que o SENHOR nos disse. Ela será testemunha contra vocês se não cumprirem o que prometeram a Deus".

²⁸Então Josué se despediu de todo o povo, e cada um voltou para a terra que havia recebido como herança.

Líderes sepultados na terra prometida

²⁹Depois de algum tempo, Josué, filho de Num, servo do SENHOR, morreu aos 110 anos. ³⁰Sepultaram-no na terra que ele havia recebido como herança, em Timnate-Sera, na região montanhosa de Efraim, ao norte do monte Gaás.

³¹O povo de Israel serviu ao SENHOR durante toda a vida de Josué e das autoridades que morreram depois dele e que sabiam pessoalmente tudo que o SENHOR tinha feito por Israel.

³²Os ossos de José, que os israelitas haviam trazido consigo quando saíram do Egito, foram sepultados em Siquém, no terreno que Jacó havia comprado dos filhos de Hamor por cem peças de prata.[b] Esse terreno ficava dentro do território da herança dos descendentes de José.

³³Eleazar, filho de Arão, também morreu. Foi sepultado na região montanhosa de Efraim, na cidade de Gibeá, que havia sido entregue a seu filho, Fineias.

---

[a] 24.12 Traduzido habitualmente como *vespas*. O significado do hebraico é incerto. [b] 24.32 Em hebraico, *100 quesitas*; não se sabe mais o valor ou o peso da quesita.

JUÍZES

INTRODUÇÃO

Nome. O nome é derivado dos juízes cujos atos o livro registra.

Característica do livro. O livro é fragmentado e não é organizado cronologicamente. Os acontecimentos registrados são em grande parte locais e tribais em vez de nacionais, mas são de grande valor, pois revelam a condição e o caráter do povo.

Condição da nação. Israel era desorganizado e um tanto instável e faltavam-lhe a energia moral e o espírito de obediência a Deus. Caíam constantemente na idolatria e sofriam nas mãos das nações pagãs. Essa condição é resumida nas palavras repetidas frequentemente: "Os israelitas fizeram o que era mau aos olhos do Senhor" e "ele os entregou nas mãos de saqueadores que tomaram seus bens".

Conteúdo. Juízes registra o conflito de Israel com o povo cananeu e consigo mesmo; a condição da nação, o povo, as épocas, a fidelidade, a justiça e a misericórdia de Deus. Fornece um relato de "Sete apostasias, sete servidões às sete nações pagãs e sete libertações". Concede uma explicação desses "altos e baixos", pois não é apenas um registro de eventos históricos, mas uma interpretação desses mesmos eventos.

Obra dos Juízes. Os juízes eram levantados conforme a ocasião exigia e eram homens das tribos sobre quem Deus colocava o ônus do Israel apóstata e oprimido. Exerciam funções judiciais e conduziam os exércitos de Israel contra os seus inimigos. Eles, portanto, afirmavam os princípios da nação e confirmavam a causa de Deus. Como libertadores, eram todos antítipos de Cristo.

A palavra-chave do livro é "confusão" e o versículo-chave é "cada um fazia o que parecia certo a seus próprios olhos" (17.6), o que certamente provocava o estado de confusão.

ESBOÇO

1. Da conquista da terra a juízes, 1.1–3.6
2. Os juízes e suas ações, 3.7–16.31
    2.1. Contra a Mesopotâmia, 3.7-12
    2.2. Contra Moabe, 3.13-30
    2.3. Contra a Filístia, 3.31
    2.4. Contra os Cananeus, Caps. 4–5
    2.5. Contra os Midianitas, Caps. 6–10
    2.6. Contra os Amonitas, Caps. 11–12
    2.7. Contra os Filisteus, Caps. 13–16
3. A idolatria de Mica, Caps. 17–18
4. O crime de Gibeá, Caps. 19–21

PARA ESTUDO E DISCUSSÃO

[1] Aprenda os nomes dos juízes na sequência do tempo que cada um serviu, ou do período de repouso após realizarem seu trabalho.
[2] O inimigo que cada juiz teve que combater e que obra foi realizada pelo juiz em questão.
[3] Que elementos de força e de fraqueza são encontrados no caráter de cada juiz.
[4] Destaque verdades do Novo Testamento nas histórias de Gideão e de Sansão.
[5] Extraia lições para a vida prática de hoje das histórias de Jefté e de Débora.
[6] A apostasia religiosa como causa da decadência nacional.
[7] A insensatez política e a imoralidade social como sinal de decadência nacional.
[8] O método de libertação divina.

Judá e Simeão conquistam a terra

1 Depois da morte de Josué, os israelitas perguntaram ao Senhor: "Qual das tribos deve ser a primeira a atacar os cananeus?".

²O Senhor respondeu: "Judá, pois eu entreguei a terra em suas mãos".

³Os homens de Judá disseram a seus parentes da tribo de Simeão: "Venham conosco lutar contra os cananeus que vivem no território que nos foi designado como herança. Depois ajudaremos vocês a conquistar o seu território". Os homens de Simeão foram com Judá.

⁴Quando os homens de Judá atacaram, o Senhor entregou os cananeus e os ferezeus em suas mãos, e eles mataram dez mil guerreiros inimigos em Bezeque. ⁵Naquela cidade, encontraram o rei Adoni-Bezeque, lutaram contra ele e derrotaram os cananeus e os ferezeus. ⁶Adoni-Bezeque fugiu, mas os israelitas o capturaram e cortaram os polegares de suas mãos e de seus pés.

⁷Adoni-Bezeque disse: "Setenta reis com os polegares das mãos e dos pés cortados comiam migalhas debaixo de minha mesa. Agora Deus me retribuiu aquilo que fiz com eles". E o levaram a Jerusalém, onde ele morreu.

⁸Os homens de Judá atacaram Jerusalém e a conquistaram. Mataram todos os seus habitantes e puseram fogo na cidade. ⁹Depois disso, desceram para lutar contra os cananeus que viviam na região montanhosa do Neguebe e nas colinas do oeste.ᵃ ¹⁰Judá marchou contra os cananeus que habitavam em Hebrom (antes chamada de Quiriate-Arba), e derrotou os exércitos de Sesai, Aimã e Talmai.

¹¹Dali avançaram contra os habitantes de Debir (antes chamada de Quiriate-Sefer). ¹²Calebe disse: "Darei minha filha Acsa em casamento a quem atacar e tomar Quiriate-Sefer". ¹³Otoniel, filho de Quenaz, irmão mais novo de Calebe, tomou a cidade, e Calebe lhe deu Acsa como esposa.

¹⁴Quando Acsa se casou com Otoniel, ela insistiu para que eleᵇ pedisse um campo ao pai dela. Assim que ela desceu do jumento, Calebe lhe perguntou: "O que você quer?".

¹⁵Ela respondeu: "Quero mais um presente. O senhor me deu terras no deserto do Neguebe; agora, peço que também me dê fontes de água". Então Calebe lhe deu as fontes superiores e as fontes inferiores.

¹⁶Quando a tribo de Judá deixou Jericó, a cidade das palmeiras, os queneus, descendentes do sogro de Moisés, os acompanharam até o deserto de Judá. Eles se estabeleceram no meio do povo dali, perto da cidade de Arade, no Neguebe.

¹⁷Então a tribo de Judá se uniu com seus parentes da tribo de Simeão para lutar contra os cananeus que habitavam em Zefate, e destruíram completamente a cidade. Por isso, agora ela se chama Hormá.ᶜ ¹⁸A tribo de Judá também conquistou as cidades de Gaza, Ascalom e Ecrom e os territórios ao redor.

Israel não conquista toda a terra

¹⁹O Senhor estava com a tribo de Judá. Ela tomou posse da região montanhosa, mas não conseguiu expulsar os habitantes da planície, pois eles tinham carros de guerra com rodas de ferro. ²⁰A cidade de Hebrom foi entregue a Calebe, conforme Moisés havia prometido, e ele expulsou seus habitantes, descendentes dos três filhos de Enaque.

²¹A tribo de Benjamim, porém, não conseguiu expulsar os jebuseus que moravam em Jerusalém. Por isso, até hoje os jebuseus vivem no meio do povo de Benjamim.

²²Os descendentes de José atacaram a cidade de Betel, e o Senhor estava com eles. ²³Enviaram espiões a Betel (antes conhecida como Luz), ²⁴e eles abordaram um homem que saía da cidade e lhe disseram: "Mostre-nos como entrar na cidade e teremos misericórdia de você". ²⁵Ele mostrou a entrada, e eles mataram todos os habitantes de Betel, exceto aquele homem e sua família. ²⁶Mais tarde, o homem se mudou para a terra dos hititas, onde construiu uma cidade e a chamou de Luz, que é seu nome até hoje.

²⁷A tribo de Manassés, porém, não expulsou os habitantes de Bete-Sã,ᵈ Taanaque, Dor, Ibleã e Megido, nem dos povoados ao seu redor, pois os cananeus estavam decididos a permanecer naquela região. ²⁸Quando Israel se fortaleceu,

---

ᵃ **1.9** Em hebraico, *na Sefelá*. ᵇ **1.14** A Septuaginta e a Vulgata trazem *ele insistiu para que ela*. ᶜ **1.17** *Hormá* significa "destruição".
ᵈ **1.27** Em hebraico, *Bete-Seã*, variação de Bete-Sã.

submeteu os cananeus a trabalhos forçados, mas não os expulsou completamente da terra.

²⁹A tribo de Efraim também não expulsou os habitantes de Gezer, de modo que os cananeus continuaram a viver no meio deles.

³⁰A tribo de Zebulom não expulsou os habitantes de Quitrom e de Naalol, de modo que os cananeus continuaram a viver no meio deles, mas foram submetidos a trabalhos forçados.

³¹A tribo de Aser não expulsou os habitantes de Aco, Sidom, Alabe, Aczibe, Helba, Afeque e Reobe. ³²Estabeleceu-se no meio dos cananeus que habitavam a terra, pois não conseguiu expulsá-los.

³³Da mesma forma, a tribo de Naftali não expulsou os habitantes de Bete-Semes e de Bete-Anate. Estabeleceu-se no meio dos cananeus que habitavam a terra, mas submeteu os habitantes de Bete-Semes e de Bete-Anate a trabalhos forçados.

³⁴Quanto à tribo de Dã, os amorreus os obrigaram a voltar para a região montanhosa e não permitiram que descesse à planície. ³⁵Os amorreus estavam decididos a ficar no monte Heres, em Aijalom e em Saalbim, mas quando os descendentes de José se fortaleceram, submeteram os amorreus a trabalhos forçados. ³⁶A divisa dos amorreus se estendia da ladeira do Escorpião^a até Selá, continuando dali para cima.

O anjo do S<small>ENHOR</small> aparece em Boquim

2 O anjo do S<small>ENHOR</small> subiu de Gilgal a Boquim e disse aos israelitas: "Tirei vocês do Egito e os trouxe a esta terra que jurei dar a seus antepassados, e afirmei que jamais quebraria a minha aliança com vocês. ²De sua parte, vocês não deviam fazer aliança alguma com os habitantes desta terra, mas sim destruir seus altares. Por que vocês desobedeceram à minha ordem? ³Agora, portanto, declaro que não expulsarei mais os povos que habitam em sua terra. Eles serão como espinhos em suas costas,^{b} e os deuses deles serão uma armadilha para vocês".

⁴Quando o anjo do S<small>ENHOR</small> acabou de falar a todos os israelitas, o povo chorou em alta voz. ⁵Por isso, chamaram aquele lugar de Boquim,^{c} e ali ofereceram sacrifícios ao S<small>ENHOR</small>.

A morte de Josué

⁶Depois que Josué se despediu do povo, cada tribo de Israel partiu para tomar posse do território que havia recebido como herança. ⁷O povo serviu ao S<small>ENHOR</small> durante toda a vida de Josué, e também dos líderes que sobreviveram depois dele e que tinham visto as grandes coisas que o S<small>ENHOR</small> havia feito por Israel.

⁸Josué, filho de Num, servo do S<small>ENHOR</small>, morreu aos 110 anos. ⁹Foi sepultado na terra que havia recebido como herança, em Timnate-Sera,^{d} na região montanhosa de Efraim, ao norte do monte Gaás.

Israel desobedece ao S<small>ENHOR</small>

¹⁰Depois que aquela geração morreu e se reuniu a seus antepassados, surgiu uma nova geração que não conhecia o S<small>ENHOR</small> nem tinha visto as grandes coisas que ele havia feito por Israel.

¹¹Os israelitas fizeram o que era mau aos olhos do S<small>ENHOR</small> e serviram às imagens de Baal. ¹²Abandonaram o S<small>ENHOR</small>, o Deus de seus antepassados, que os havia tirado do Egito. Seguiram e adoraram os deuses dos povos ao redor e, com isso, provocaram a ira do S<small>ENHOR</small>. ¹³Abandonaram o S<small>ENHOR</small> para servir a Baal e às imagens de Astarote. ¹⁴Com isso, a ira do S<small>ENHOR</small> ardeu contra Israel, e ele os entregou nas mãos de saqueadores que tomaram seus bens. Entregou-os aos inimigos ao seu redor, aos quais já não conseguiam resistir. ¹⁵Toda vez que saíam para a batalha, o S<small>ENHOR</small> lutava contra eles e provocava sua derrota, conforme lhes havia advertido com juramento. Por isso, o povo vivia em grande angústia.

O S<small>ENHOR</small> livra seu povo

¹⁶Então o S<small>ENHOR</small> levantou juízes para livrar o povo de seus agressores. ¹⁷Contudo, não quiseram ouvir os juízes, mas se prostituíram, adorando outros deuses. Como se desviaram depressa do caminho de seus antepassados, que haviam andado em obediência aos mandamentos do S<small>ENHOR</small>!

¹⁸Sempre que o S<small>ENHOR</small> levantava um juiz sobre os israelitas, o S<small>ENHOR</small> estava com ele e livrava o povo de seus inimigos enquanto o juiz vivia; pois o S<small>ENHOR</small> tinha compaixão de seu povo, que

---

^{a} **1.36** Ou *ladeira de Acrabim*. ^{b} **2.3** Em hebraico, *estarão em seu lado*; comparar com Nm 33.55. ^{c} **2.5** *Boquim* significa "pranteadores". ^{d} **2.9** Conforme o texto paralelo em Js 24.30; o hebraico traz *Timnate-Heres*, variação de Timnate-Sera.

> **PÃO DIÁRIO**
>
> ### As histórias de duas varas
>
> *Depois de Eúde, Sangar, filho de Anate, libertou Israel. Certa vez, ele matou seiscentos filisteus com um ferrão de conduzir bois.*
>
> —Juízes 3.31
>
> A sabedoria convencional questiona sobre o quanto se pode realizar tendo apenas um pouco. Nossa tendência é acreditarmos que poderemos fazer muito mais se tivermos amplos recursos financeiros, mão-de-obra habilidosa e ideias inovadoras. Porém, tais coisas não importam para Deus. Considere estes exemplos.
>
> Em Juízes 3.31, um homem relativamente desconhecido, chamado Sangar, libertou Israel dos filisteus sozinho. Como? Ele obteve grande vitória ao matar 600 filisteus com nada mais do que um ferrão de conduzir bois (vara afiada numa das extremidades para conduzir animais lentos).
>
> Da mesma maneira, o livro de Êxodo narra que, no momento em que Deus pediu a Moisés para retirar o povo de Israel do Egito, o profeta teve medo de não ser ouvido ou seguido pelos israelitas. Então, Deus lhe perguntou: "O que você tem na mão?". "Uma vara", respondeu Moisés. (Êx 4.2) Deus passou a usar essa vara na mão de Moisés para convencer o povo a segui-lo, para transformar as águas do rio Nilo em sangue, para enviar grandes pragas sobre o Egito, para abrir o mar Vermelho e realizar milagres no deserto.
>
> A aguilhada de Sangar e o cajado de Moisés, quando dedicados a Deus, tornaram-se ferramentas poderosas. Isso nos ajuda a perceber que Deus pode usar o pouco que temos para fazer grandes coisas, quando nos rendemos a Ele. Deus não está procurando por pessoas com grandes habilidades, mas por indivíduos dedicados a segui-lo e obedecer-lhe.
>
> *Pai celestial, ajuda-me a ver que minha força e poder se encontram em ti — não nas riquezas nem nas habilidades terrenas. Rendo-me a ti e procuro usar tudo o que sou e tenho, independentemente do quão pouco seja, para a Tua glória.*
>
> O pouco é muito quando Deus está presente.

Seguiam outros deuses, servindo-os e adorando-os. Não abandonavam suas práticas perversas e seus caminhos teimosos.

²⁰Por isso, a ira do Senhor ardeu contra Israel. Disse ele: "Uma vez que este povo violou a minha aliança, que fiz com seus antepassados, e não me deu ouvidos, ²¹não expulsarei mais as nações que Josué deixou por conquistar quando morreu. ²²Fiz isso para pôr Israel à prova, para ver se seguiria os caminhos do Senhor, como fizeram seus antepassados". ²³Assim, o Senhor deixou aquelas nações na terra. Não as expulsou de imediato nem permitiu que Josué conquistasse todas elas.

As nações que ficaram em Canaã

3 Estas são as nações que o Senhor deixou na terra para pôr à prova os israelitas que não haviam participado das guerras em Canaã. ²Ele assim fez apenas para dar treinamento de combate às gerações de israelitas que não tinham experiência no campo de batalha. ³Estas são as nações: os filisteus com seus cinco governantes, todos os cananeus, os sidônios e os heveus que habitavam nos montes do Líbano, desde o monte Baal-Hermom até Lebo-Hamate. ⁴Esses povos foram deixados para pôr Israel à prova, para ver se obedeceriam aos mandamentos que o Senhor tinha dado a seus antepassados por meio de Moisés.

⁵Assim, os israelitas viveram entre os cananeus, os hititas, os amorreus, os ferezeus, os heveus e os jebuseus. ⁶Casaram-se com as filhas deles e deram suas filhas em casamento aos filhos deles. E serviram aos deuses deles.

Otoniel se torna juiz de Israel

⁷Os israelitas fizeram o que era mau aos olhos do Senhor. Esqueceram-se do Senhor, seu Deus, e serviram às imagens de Baal e aos postes de Aserá. ⁸Então a ira do Senhor se acendeu contra Israel, e ele os entregou a Cusã-Risataim, rei de Arã-Naaraim.[a] E os israelitas serviram a Cusã-Risataim durante oito anos.

⁹Mas, quando os israelitas pediram socorro ao Senhor, ele levantou um libertador para salvá-los. Chamava-se Otoniel, filho de Quenaz, irmão mais novo de Calebe. ¹⁰O Espírito do Senhor veio sobre Otoniel, e ele se tornou

sofria sob o peso da aflição provocada por seus opressores. ¹⁹Quando o juiz morria, porém, eles voltavam a seus caminhos corruptos e se comportavam ainda pior que seus antepassados.

---

[a] 3.8 *Arã-Naaraim* significa "Arã dos dois rios"; acredita-se que ficava entre os rios Eufrates e Bali, na região noroeste da Mesopotâmia.

juiz de Israel. Otoniel guerreou contra Cusã-Risataim, rei de Arã, e o derrotou, pois o Senhor o entregou em suas mãos. ¹¹Houve paz na terra durante quarenta anos, até a morte de Otoniel, filho de Quenaz.

Eúde se torna juiz de Israel

¹²Mais uma vez, os israelitas fizeram o que era mau aos olhos do Senhor. Por isso, o Senhor deu a Eglom, rei de Moabe, poder sobre Israel. ¹³Eglom se aliou com os amonitas e os amalequitas, atacou e derrotou Israel e conquistou Jericó, a cidade das palmeiras. ¹⁴Os israelitas serviram a Eglom, rei de Moabe, durante dezoito anos.

¹⁵Mas, quando os israelitas pediram socorro ao Senhor, ele levantou um libertador para salvá-los. Chamava-se Eúde, homem canhoto, filho de Gera, da tribo de Benjamim. Os israelitas encarregaram Eúde de entregar o tributo a Eglom, rei de Moabe. ¹⁶Eúde fez um punhal de dois gumes, com cerca de quarenta centímetros[a] de comprimento, e prendeu a arma à coxa direita, onde ficou escondida debaixo da roupa. ¹⁷Levou o tributo a Eglom, rei de Moabe, que era muito gordo.

¹⁸Depois de entregar o pagamento, Eúde partiu com os homens que haviam ajudado a carregar o tributo. ¹⁹Quando Eúde chegou aos ídolos de pedra perto de Gilgal, deu meia-volta, apresentou-se diante de Eglom e disse: "Tenho uma mensagem secreta para o senhor, ó rei". Eglom ordenou: "Não fale ainda!", e mandou todos os seus servos saírem.

²⁰Eúde se aproximou de Eglom, que estava sentado sozinho na sala do andar superior, um ambiente mais fresco, e disse: "Tenho uma mensagem de Deus para o senhor!". O rei Eglom se levantou, ²¹e Eúde, com a mão esquerda, puxou o punhal de sua coxa direita e o cravou na barriga de Eglom. ²²O punhal foi tão fundo que seu cabo desapareceu sob a gordura do rei. Por isso, Eúde não tirou o punhal, e as fezes do rei vazaram.[b] ²³Então Eúde fechou e trancou as portas da sala e saiu pelo pórtico.[c]

²⁴Depois que Eúde saiu, os servos do rei voltaram e encontraram trancadas as portas da sala no andar superior. Pensaram que ele estivesse usando o banheiro privativo, ²⁵por isso esperaram. Mas, como depois de muita demora o rei não saiu, ficaram preocupados e pegaram a chave. Quando abriram as portas, encontraram seu senhor caído no chão, morto.

²⁶Enquanto os servos esperavam, Eúde escapou e passou pelos ídolos de pedra a caminho de Seirá. ²⁷Quando chegou à região montanhosa de Efraim, tocou a trombeta, chamando o povo para guerrear. Os israelitas desceram os montes, com Eúde à frente.

²⁸Ele disse: "Sigam-me, pois o Senhor entregou Moabe, seu inimigo, em suas mãos". Os israelitas o seguiram e assumiram o controle dos pontos mais rasos do Jordão, onde se atravessava para Moabe, e não deixaram ninguém passar.

²⁹Eles atacaram os moabitas e mataram cerca de dez mil de seus guerreiros mais fortes e valentes. Nenhum deles escapou. ³⁰Naquele dia, Israel derrotou Moabe, e houve paz na terra durante oitenta anos.

Sangar se torna juiz de Israel

³¹Depois de Eúde, Sangar, filho de Anate, libertou Israel. Certa vez, ele matou seiscentos filisteus com um ferrão de conduzir bois.

Débora se torna juíza de Israel

4 Depois da morte de Eúde, os israelitas voltaram a fazer o que era mau aos olhos do Senhor. ²Por isso, o Senhor os entregou nas mãos de Jabim, rei cananeu de Hazor. O comandante de seu exército era Sísera, que habitava em Harosete-Hagoim. ³Sísera, que tinha novecentos carros de guerra com rodas de ferro, oprimiu cruelmente os israelitas durante vinte anos. Então o povo pediu socorro ao Senhor.

⁴Quem julgava Israel nessa época era Débora, uma profetisa, mulher de Lapidote. ⁵Ela costumava sentar-se debaixo da Palmeira de Débora, entre Ramá e Betel, na região montanhosa de Efraim, e os israelitas a procuravam para que ela julgasse suas questões. ⁶Certo dia, mandou chamar Baraque, filho de Abinoão, que morava em Quedes, no território de Naftali, e lhe disse: "O Senhor, o Deus de Israel, lhe dá a seguinte ordem: 'Convoque dez mil guerreiros das tribos de Naftali e Zebulom para irem ao monte

---

[a] **3.16** Em hebraico, *1 gômede*; não se sabe o valor exato dessa medida de comprimento. [b] **3.22** Ou *e o punhal saiu por trás*. [c] **3.23** O significado do hebraico é incerto.

Aprendendo com as mulheres da Bíblia

DÉBORA

Como liderar quando Deus a chama

Débora era profetisa. E Deus deu a ela o dom de falar aos homens e mulheres de Israel fortalecendo-os, encorajando-os e os consolando. O apóstolo Paulo definiu a função do profeta: "aquele que profetiza fortalece, anima e conforta os outros" (1Co 14.3).

Débora não era uma mulher solteira que podia dedicar sua vida inteira a ministrar para Deus. Ela tinha as responsabilidades de esposa, do lar e um marido para cuidar e equilibrava essas práticas dia após dia. Porém, antes de tudo, era porta-voz de Deus. Longe de mim sugerir que coloquemos o trabalho de Deus à frente de nossos lares e famílias. Mas também não podemos torná-los desculpa para evitar usar os dons de Deus onde Ele nos coloca.

Débora era a líder de Israel. Outras traduções a chamam de *juíza*. Quando as tribos de Israel se assentaram e se estabeleceram em Canaã, a maioria dos juízes eram líderes militares que chegaram ao poder em momentos de crise. Eram mais generais do que juízes. Eles eram líderes sábios e capazes de aplicar justiça na família, tribo ou nação.

No período dos Juízes no Antigo Testamento, Israel ainda não era nação e agia como uma confederação de tribos autônomas, cuja ligação era seu ancestral Jacó. Eles adoravam no tabernáculo em Siló.

Durante os três séculos que cobrem esse período, um padrão se repetiu muitas vezes. Sem um governo central estável, cada tribo cuidava de seus próprios negócios nesse tempo de anarquia e apostasia. Assim, as tribos eram conquistadas e escravizadas por poderes estrangeiros. Após anos de servidão, clamavam a Deus implorando por livramento. Então surgia um juiz para organizar uma campanha militar e livrá-los do opressor. Assim, a tribo viveria em paz até que o povo se afastasse novamente da Lei de Deus.

Débora combinava as melhores qualidades de um juiz do Antigo Testamento. Era ótima em estratégia militar e maravilhosa como juíza em suas decisões sobre os problemas que as pessoas lhe traziam. Ela julgou Israel no início da Era do ferro, quando os cananeus tinham começado a fundir esse metal.

Jabim, o rei cananeu, oprimia os israelitas nessa época, e sua arma mais eficaz era seus 900 carros de ferro que eram mais ágeis em terreno plano. Os cavalos poderiam puxar os carros com menos dificuldade em superfícies planas, mas não em região montanhosa.

A situação era ruim, a ponto do povo não poder usar as estradas. Esgueiravam-se por caminhos e trilhas para ir de um povoado a outro. À noite, os agricultores debulhavam seus grãos em cavernas secretamente. Vida e propriedade não valiam nada. Mulheres eram estupradas. Essa opressão cruel e brutal perdurou por 20 anos.

Enquanto isso, sob sua palmeira na região montanhosa de Efraim, Débora dispensava justiça e sabedoria a todos que a procuravam. Ela recebia informações sobre a cruel opressão no Norte. Certo dia, ela mandou chamar Baraque e lhe deu ordens cujas Instruções começaram com as palavras: "O Senhor, o Deus de Israel, lhe dá a seguinte ordem". Era uma mensagem de Deus para Baraque, não de Débora. Isso se torna importante para compreender o que se seguiu.

Baraque diz que só iria se Débora o acompanhasse. Apesar de Baraque ser prudente, Débora viu o medo e a relutância que ele sentiu e acrescentou outra profecia: "Está bem, eu irei", disse ela, "mas você não receberá a honra nesta missão, pois o Senhor entregará Sísera nas mãos de uma mulher" (v.9).

Baraque, então, reuniu um exército de dez mil homens e, com Débora, colocaram-se nas laterais do monte Tabor. Taticamente, isso era sensato. Os carros de ferro precisavam ficar no plano. Enquanto o exército de Baraque permanecesse nas encostas da montanha, estaria relativamente a salvo.

Sísera reuniu seu enorme exército na planície entre o ribeiro Quisom e a cidade de Harosete-Hagoim. Baraque e seu bando de homens desorganizados e mal equipados não ofereciam páreo, humanamente falando, para o poderio militar de Sísera. Mas esse ponto de vista não considera o personagem crucial desse drama: Deus. O *Senhor* prometera que Sísera seria atraído para o ribeiro de Quisom e perderia a batalha.

Naquele dia, a batalha deve ter parecido terrivelmente desigual para Baraque. Ele pode ter duvidado, mas a porta-voz de Deus estava ao seu lado. Não importa o que ele sentiu naquela encosta: teve fé. Em Hebreus 11.32, nós o encontramos na lista dos *heróis da fé*.

Flávio Josefo [N.E.: Historiador judeu do século 1º d.C.] relata que, enquanto Sísera e seu exército marchavam para o leste, uma tempestade de granizo atingiu em cheio os soldados cananeus no rosto, cegando os arqueiros, os condutores dos carros e os cavalos. Sísera encarou granizo ou chuva, porém foi Deus que desencadeou os poderes dos céus.

Assim que o terreno plano se transformou num charco, as rodas dos carros de ferro rapidamente atolaram na lama, e o exército precisou abandonar seus poderosos carros de guerra e seguir a pé. Ao mesmo tempo, o ribeiro Quisom, normalmente um córrego, inundou numa poderosa corrente e varreu para longe muitos soldados cananeus.

Quando Deus está na marcha, as estrelas lutam ao Seu lado. Os céus cumprem Sua vontade. Todas as forças da natureza estão sob o Seu controle e, por isso, podemos seguir firmes e avante!

Lembre-se de que Débora dissera a Baraque que ele não teria a honra de matar o cruel Sísera. A honra seria de uma mulher. Sísera, cansado de fugir do campo de batalha, foi até a tenda da família nômade de Héber, o queneu. Jael, a esposa de Héber, convidou Sísera a entrar para descansar. Mas, quando ele estava dormindo, Jael pegou um martelo e uma estaca da tenda e cravou-a de uma têmpora à outra, pregando sua cabeça no chão.

A crueldade de Sísera era lendária. A tradição rabínica conta que a filha de Jael fora cruelmente estuprada por ele e alguns de seus companheiros. Não temos confirmação bíblica sobre isso. Porém, se os rabinos estão certos, Jael estava repleta de motivação pessoal para matá-lo.

A história termina em Juízes 5.31. Ali ficamos sabendo que, após essa batalha, "houve paz na terra durante quarenta anos". Ela tinha o dom espiritual da profecia, o qual usou para liderar o povo de Deus, e o dom da sabedoria para julgar prudentemente esse povo. Era a porta-voz do Senhor, a quem generais, assim como plebeus, ouviam. Se o seu poder e influência não fossem equilibrados por sua justiça, ela poderia ter se tornado uma déspota.

Débora usava seus dons, poder e influência com maravilhosa humildade. Tinha a palavra vinda de Deus e, em vez de empunhar uma espada e marchar à frente do exército israelita, entregou essa tarefa a Baraque. Assim, garantiu que ele soubesse que *Deus* lhe dera a vitória. Débora não buscou o crédito por essa brilhante estratégia militar.

No cântico de Débora, ela louva a Deus pelo povo em Israel que estava disposto a se oferecer para o trabalho do Senhor. Ela não se importava com quem levaria o crédito, nem em ser a melhor.

Sua inabalável fé no Deus de Israel a orientava no uso de seus dons, poder e influência. Se por um lado ela viu as fraquezas do povo com quem tinha que trabalhar, por outro, foi além e enxergou o poder e o cuidado de Deus.

O que a mulher que recebe dons de Deus que a colocam em posição de liderança deve fazer? Usar tais dons. Mas manter-se com a mão levemente aberta, como sendo um presente de Deus; isso significa não buscar os holofotes, não insistir em levar o crédito pelo que faz. Permita ao Senhor que lhe coloque para servir. Que Ele envergonhe o forte ao usá-la em toda a sua fraqueza. Ele é o Único que exalta e abate.

—Alice Mathews

QUESTÕES PARA REFLEXÃO

1. Como você se sente em relação às mulheres em posições de liderança na igreja ou na vida pública?
2. De que maneira a mulher que tem dons de liderança deveria usar suas habilidades?
3. Como a parábola dos talentos em Mateus 25.14-30 se aplica a mulheres com dons de liderança?
4. Quais qualidades devem caracterizar as mulheres no uso de seus dons espirituais para Cristo e Seu reino?

Tabor. ⁷Eu farei Sísera, comandante do exército de Jabim, ir com seus carros de guerra e guerreiros até o rio Quisom. Ali eu os entregarei em suas mãos'".

⁸Baraque disse a Débora: "Só irei se você for comigo; senão, não irei".

⁹Débora respondeu: "Está bem, eu irei, mas você não receberá a honra nesta missão, pois o S͟e͟n͟h͟o͟r entregará Sísera nas mãos de uma mulher". Então Débora foi com Baraque a Quedes. ¹⁰Ali, Baraque convocou as tribos de Zebulom e Naftali, e dez mil guerreiros subiram com ele. Débora também o acompanhou.

¹¹Héber, o queneu descendente de Hobabe, cunhado[a] de Moisés, havia se separado dos outros membros de sua tribo e armado suas tendas junto ao carvalho de Zaanim, perto de Quedes.

¹²Quando disseram a Sísera que Baraque, filho de Abinoão, havia subido ao monte Tabor, ¹³ele mandou trazer seus novecentos carros de guerra com rodas de ferro e todos os seus guerreiros, e eles marcharam de Harosete-Hagoim até o rio Quisom.

¹⁴Então Débora disse a Baraque: "Prepare-se! Este é o dia em que o S͟e͟n͟h͟o͟r entregará Sísera em suas mãos, pois o S͟e͟n͟h͟o͟r marcha adiante de você". Baraque desceu a encosta do monte Tabor à frente de seus dez mil guerreiros para combater. ¹⁵Quando Baraque atacou, o S͟e͟n͟h͟o͟r trouxe pânico sobre os carros de guerra e sobre os soldados de Sísera, que abandonou sua carruagem e fugiu a pé. ¹⁶Baraque perseguiu os carros de guerra e o exército inimigo até Harosete-Hagoim e matou todos os guerreiros de Sísera. Nenhum deles escapou.

¹⁷Enquanto isso, Sísera correu para a tenda de Jael, esposa de Héber, o queneu, pois havia paz entre a família de Héber e Jabim, rei de Hazor. ¹⁸Jael saiu ao encontro de Sísera e disse: "Venha para minha tenda, senhor. Entre; não tenha medo". Ele entrou na tenda de Jael, e ela o cobriu com uma manta.

¹⁹"Por favor, dê-me um pouco de água", disse ele. "Estou com sede." Ela lhe deu leite de uma vasilha de couro e o cobriu novamente.

²⁰Sísera disse a ela: "Fique à porta da tenda. Se alguém chegar e perguntar se há alguém aqui, diga que não".

²¹Mas, quando Sísera, exausto, dormia um sono profundo, Jael, a esposa de Heber, se aproximou silenciosamente com um martelo e uma estaca de tenda na mão e atravessou o crânio dele com a estaca, que ficou presa ao chão. Foi assim que Sísera morreu.

²²Quando Baraque passou por lá à procura de Sísera, Jael saiu ao seu encontro e disse: "Venha! Eu lhe mostrarei o homem que o senhor está procurando". Ele a seguiu até a tenda, onde encontrou o cadáver de Sísera, com o crânio atravessado pela estaca.

²³Naquele dia, o povo de Israel viu Deus derrotar Jabim, o rei cananeu. ²⁴Dali em diante, os israelitas se fortaleceram cada vez mais contra o rei Jabim, até que o eliminaram por completo.

O cântico de Débora

5 Naquele dia, Débora e Baraque, filho de Abinoão, entoaram este cântico:

²"Os líderes de Israel assumiram o
   comando,
  e o povo os seguiu de boa vontade.
Louvem o S͟e͟n͟h͟o͟r!

³"Ouçam, reis!
   Prestem atenção, governantes!
Pois eu cantarei ao S͟e͟n͟h͟o͟r;
  sim, tocarei música para o S͟e͟n͟h͟o͟r, o
   Deus de Israel!

⁴"S͟e͟n͟h͟o͟r, quando saíste de Seir
  e marchaste desde os campos de Edom,
a terra tremeu,
  e as nuvens do céu despejaram chuva.
⁵Os montes estremeceram na presença do
   S͟e͟n͟h͟o͟r,
  o Deus do monte Sinai,
na presença do S͟e͟n͟h͟o͟r,
  o Deus de Israel.

⁶"Nos dias de Sangar, filho de Anate,
  e nos dias de Jael,
ninguém passava pelas estradas,[b]
  e os viajantes tomavam caminhos
   tortuosos.
⁷Restavam poucos nos povoados de Israel,

---

[a] **4.11** Ou *sogro*. [b] **5.6** Ou *as caravanas cessaram*.

até que Débora se levantou[a] como mãe
para Israel.
⁸Quando Israel escolheu novos deuses,
a guerra chegou às portas das cidades.
Mas não se via um só escudo ou lança,
entre quarenta mil guerreiros de Israel.
⁹Meu coração está com os comandantes de
Israel,
com aqueles que se ofereceram para
lutar.
Louvem o Senhor!

¹⁰"Considerem estas coisas,
vocês que montam em jumentas
brancas,
que se sentam em finas mantas,
vocês que caminham pela estrada.
¹¹Ouçam os músicos dos povoados,
reunidos junto aos bebedouros.
Ali relatam as justas vitórias do Senhor,
as justas vitórias de seus camponeses em
Israel.
Então o povo do Senhor
desceu às portas da cidade.

¹²"Desperte, Débora, desperte!
Desperte, desperte e entoe um cântico!
Levante-se, Baraque!
Leve embora seus cativos, filho de
Abinoão!

¹³"Então os sobreviventes desceram contra
os poderosos;[b]
o povo do Senhor marchou por mim
contra os guerreiros.
¹⁴Desceram de Efraim, terra que antes
pertencia aos amalequitas;
seguiram você, Benjamim, com seus
soldados.
De Maquir, desceram os comandantes;
de Zebulom, os que levam a vara de
comando.
¹⁵Os príncipes de Issacar estavam com
Débora e Baraque;
sob suas ordens, desceram ao vale.
Mas, na tribo de Rúben,
houve grande indecisão.[c]
¹⁶Por que ficaram entre os currais,
ouvindo os pastores assobiarem para
seus rebanhos?
Sim, na tribo de Rúben
houve grande indecisão.
¹⁷Gileade continuou a leste do Jordão,
e por que Dã ficou junto aos navios?
Aser sentou-se inerte na praia
e permaneceu em seus portos.
¹⁸Mas Zebulom arriscou a vida,
assim como fez Naftali,
nas regiões altas do campo.

¹⁹"Os reis de Canaã vieram e lutaram
em Taanaque, perto das águas de
Megido,
mas não levaram despojos de prata.
²⁰Desde o céu as estrelas lutaram;
as estrelas, em suas órbitas, lutaram
contra Sísera.
²¹O rio Quisom os arrastou,
o antigo ribeiro, o Quisom;
que eu marche adiante com coragem!
²²Os cascos dos cavalos martelavam o chão;
galopavam, galopavam seus poderosos
cavalos de guerra.
²³'Amaldiçoem os habitantes de Meroz',
disse o anjo do Senhor.
'Amaldiçoem duramente,
pois não vieram ajudar o Senhor,
ajudar o Senhor contra fortes guerreiros.'

²⁴"Jael, esposa de Héber, o queneu,
é a mais abençoada entre as mulheres.
Que ela seja a mais abençoada das
mulheres
que vivem em tendas!
²⁵Sísera lhe pediu água,
e ela lhe deu leite.
Numa vasilha digna dos nobres,
trouxe-lhe coalhada.
²⁶Com a mão esquerda, pegou uma estaca
de tenda;
com a direita, o martelo de trabalhador.
Com eles atacou Sísera e esmagou sua
cabeça;
de um só golpe, rachou e atravessou seu
crânio.
²⁷Ele se curvou, caiu e ali ficou,

---

[a] **5.7** Ou *até que eu, Débora, me levantei.* [b] **5.13** Ou *Sobreviventes, dominem os poderosos.* O significado do hebraico é incerto.
[c] **5.15** Conforme alguns manuscritos hebraicos e a versão siríaca, que trazem *sondagens do coração*; o Texto Massorético traz *resolução do coração.*

estirado aos pés de Jael.
E, no lugar onde se curvou,
ali caiu e morreu.

²⁸"Da janela, a mãe de Sísera olhava para fora;
atrás da treliça da janela, clamava:
'Por que seu carro de guerra demora tanto?
Por que não se ouve o som de suas carruagens?'.

²⁹"Suas acompanhantes mais sábias respondiam,
e ela repetia estas palavras a si mesma:
³⁰'Devem estar repartindo os despojos que tomaram;
uma ou duas moças para cada homem.
Haverá túnicas coloridas para Sísera,
túnicas coloridas e bordadas.
Sem dúvida, no despojo haverá
túnicas coloridas e bordadas dos dois lados'.

³¹"Senhor, que todos os teus inimigos assim sejam destruídos!
Mas, aqueles que te amam, que se levantem como o sol com toda a sua força!".

Então houve paz na terra durante quarenta anos.

Gideão se torna juiz de Israel

6 Os israelitas fizeram o que era mau aos olhos do Senhor. Por isso, o Senhor os entregou nas mãos dos midianitas durante sete anos. ²Os midianitas eram tão cruéis que os israelitas fizeram para si esconderijos nas montanhas, nas cavernas e nas fortalezas. ³Sempre que os israelitas faziam o plantio, saqueadores de Midiã, de Amaleque e de outros povos do leste atacavam Israel, ⁴acampavam na terra e destruíam as plantações até Gaza. Levavam ovelhas, bois e jumentos, e não deixavam coisa alguma para Israel comer. ⁵Esses bandos inimigos, que vinham com seus rebanhos e tendas, eram como uma praga de gafanhotos. Chegavam em camelos, tão numerosos que era impossível contá-los, e só partiam quando a terra estava devastada. ⁶Os midianitas reduziram Israel à mais absoluta pobreza, e o povo pediu socorro ao Senhor.

⁷Quando os israelitas clamaram ao Senhor por causa de Midiã, ⁸o Senhor lhes enviou um profeta, que disse: "Assim diz o Senhor, Deus de Israel: Eu os tirei da escravidão no Egito. ⁹Eu os livrei dos egípcios e de todos que os oprimiam. Expulsei seus inimigos e dei a vocês a terra deles. ¹⁰Disse a vocês: 'Eu sou o Senhor, seu Deus. Não adorem os deuses dos amorreus, em cujas terras agora vivem'. Mas vocês não me deram ouvidos".

¹¹Então o anjo do Senhor veio e sentou-se debaixo do grande carvalho em Ofra que pertencia a Joás, do clã de Abiezer. Gideão, filho de Joás, estava debulhando trigo no fundo de uma prensa de uvas, a fim de não ser descoberto pelos midianitas. ¹²O anjo do Senhor apareceu a Gideão e disse: "O Senhor está com você, guerreiro corajoso!".

¹³Gideão respondeu: "Meu senhor, se o Senhor está conosco, por que nos aconteceu tudo isso? E onde estão os milagres de que nossos antepassados nos falaram? Acaso não disseram: 'O Senhor nos tirou do Egito'? Agora, porém, o Senhor nos abandonou e nos entregou nas mãos dos midianitas!".

¹⁴Então o Senhor se voltou para ele e disse: "Vá com a força que você tem e liberte Israel dos midianitas. Sou eu quem o envia!".

¹⁵"Mas, Senhor, como posso libertar Israel?", perguntou Gideão. "Meu clã é o mais fraco de toda a tribo de Manassés, e eu sou o menos importante de minha família!"

¹⁶"Certamente estarei com você", disse o Senhor. "E você destruirá os midianitas como se estivesse lutando contra um só homem."

¹⁷Gideão respondeu: "Se, de fato, posso contar com tua ajuda, dá-me um sinal de que é mesmo o Senhor quem fala comigo. ¹⁸Por favor, não vás embora até que eu te traga a minha oferta".

Ele respondeu: "Ficarei aqui até você voltar".

¹⁹Gideão foi depressa para casa. Cozinhou um cabrito e, com cerca de vinte litros[a] de farinha, preparou pães sem fermento. Depois, colocou a carne num cesto e o caldo numa

---

[a] **6.19** Em hebraico, *1 efa*.

panela, os levou para fora e os ofereceu ao anjo que estava debaixo da grande árvore.

²⁰O anjo de Deus lhe disse: "Coloque a carne e os pães sem fermento sobre esta pedra e derrame neles o caldo". Gideão obedeceu. ²¹Então o anjo do Senhor tocou na carne e nos pães com a ponta da vara que estava em sua mão, e fogo subiu da pedra e consumiu tudo que Gideão havia trazido. E o anjo do Senhor desapareceu.

²²Quando Gideão percebeu que era o anjo do Senhor, exclamou: "Ó Soberano Senhor, estou perdido! Vi o anjo do Senhor face a face!".

²³"Fique em paz", respondeu o Senhor. "Não tenha medo; você não morrerá." ²⁴Então Gideão construiu um altar para o Senhor naquele local e o chamou de Javé-Shalom.ᵃ Até hoje o altar está em Ofra, no território do clã de Abiezer.

²⁵Naquela noite, o Senhor disse a Gideão: "Tome o segundo touro do rebanho de seu pai, aquele de sete anos. Derrube o altar que seu pai fez para Baal e corte o poste de Aserá que fica ao lado do altar. ²⁶Depois, construa um altar para o Senhor, seu Deus, no alto desta colina, arrumando as pedras com cuidado. Sacrifique o touro sobre o altar como holocausto e use como lenha a madeira do poste de Aserá que você cortará".

²⁷Gideão levou dez de seus servos e fez o que o Senhor mandou. Porém, fez tudo de noite, com medo de sua família e do povo da cidade.

²⁸Logo cedo no dia seguinte, quando os habitantes da cidade começaram a despertar, alguém descobriu que o altar de Baal havia sido derrubado e que o poste de Aserá ao lado dele tinha sido cortado. Em seu lugar, havia um novo altar, sobre o qual estavam os restos do touro sacrificado. ²⁹Os habitantes perguntaram uns aos outros: "Quem fez isso?". Depois de uma investigação cuidadosa, descobriram que tinha sido Gideão, filho de Joás.

³⁰"Traga seu filho para fora", os homens da cidade exigiram de Joás. "Ele deve morrer, pois derrubou o altar de Baal e cortou o poste de Aserá!"

³¹Joás, porém, gritou para a multidão que o confrontava: "Por que vocês defendem Baal? Acaso pretendem salvá-lo? Quem lutar pela causa dele será morto pela manhã! Se Baal é realmente um deus, que ele próprio se defenda e destrua quem derrubou seu altar!". ³²Dali em diante, Gideão foi chamado de Jerubaal (isto é, "Que Baal lute com ele"), pois derrubou o altar de Baal.

PÃO DIÁRIO

Fortalecimento à meia-noite

Ouça o que os midianitas estão dizendo e você se encherá de coragem e terá ânimo para atacar.
—Juízes 7.11

Os midianitas e seus aliados tinham invadido Israel. Era a época dos juízes, e Gideão poderia reunir apenas 32 mil homens contra um exército que era "como uma nuvem de gafanhotos" (Jz 7.12). Porém, Deus reduziu o exército de Israel a 300 soldados (vv.2-7). Como Gideão estava com medo, Deus o enviou ao campo do inimigo durante a noite. Agachado atrás do abrigo, o capitão israelita ouviu um soldado midianita contar um sonho a outro: "Tive um sonho, no qual um pão de cevada veio rolando para dentro do acampamento midianita, bateu numa tenda e ela virou, desmontando-se!". Seu amigo viu o sonho como um sinal claro de que Gideão venceria a batalha (vv.13,14). Gideão foi grandemente fortalecido. Depois de adorar a Deus, ele voltou ao acampamento, organizou seus 300 soldados com suas trombetas e tochas e foi derrotar as tropas midianitas, superiores em números (vv.15-22).

Como seguidoras de Cristo, não lutamos contra exércitos, mas estamos em guerra. Os inimigos espirituais nos atacam (Ef 6.10-12). Eles minam nossa confiança e sugam a nossa força. Também lutamos contra nós mesmas — contra nossas fraquezas, medos e dúvidas (Rm 7.15-25). Depois de certo tempo, podemos nos sentir sem forças.

Mas o nosso Deus é o grande Fortalecedor. Quando nossa determinação enfraquece ou nossa visão desfalece, pelo Seu poder, Ele nos dará a força que precisamos (Ef 3.16) — mesmo quando o inimigo parecer mais numeroso do que uma nuvem de gafanhotos.

Senhor, há momentos em que tenho medo e me sinto derrotada. Fortalece o meu coração e revigora a minha alma com o Teu poder para que eu possa prevalecer contra os meus inimigos, sabendo que a vitória já pertence a ti.

Confiar é vencer, porque a batalha é do Senhor.

ᵃ **6.24** *Javé-Shalom* significa "O Senhor é paz".

Gideão pede um sinal

³³Pouco tempo depois, os exércitos de Midiã, de Amaleque e de outros povos do leste se uniram. Eles atravessaram o Jordão e acamparam no vale de Jezreel. ³⁴Então o Espírito do Senhor veio sobre Gideão, que tocou a trombeta de chifre de carneiro, convocando para a batalha, e os homens do clã de Abiezer o seguiram. ³⁵Também enviou mensageiros às tribos de Manassés, Aser, Zebulom e Naftali, convocando seus guerreiros, e todos atenderam ao chamado.

³⁶Então Gideão disse a Deus: "Se de fato vais me usar para salvar Israel, como prometeste, ³⁷dá-me uma prova da seguinte forma. Hoje à noite, deixarei um pouco de lã na eira, onde se peneiram os grãos. Se pela manhã a lã estiver molhada de orvalho, mas o chão estiver seco, saberei que vais me ajudar a salvar Israel, como prometeste". ³⁸E foi exatamente o que aconteceu. Na manhã seguinte, bem cedo, Gideão se levantou, espremeu a lã e recolheu uma tigela cheia de água.

³⁹Então Gideão disse a Deus: "Peço que não fiques irado comigo, mas que me permitas fazer mais um pedido. Deixa-me usar esta lã para mais uma prova. Desta vez, que a lã fique seca e o chão ao redor dela fique coberto de orvalho". ⁴⁰Naquela noite, Deus fez o que Gideão havia pedido. Pela manhã, a lã estava seca, mas o chão estava coberto de orvalho.

Gideão derrota os midianitas

7 Jerubaal (isto é, Gideão) e todo o seu exército se levantaram de madrugada e acamparam junto à fonte de Harode. Os exércitos de Midiã estavam acampados ao norte deles, no vale perto da colina de Moré. ²O Senhor disse a Gideão: "Você tem guerreiros demais. Se eu deixar todos vocês lutarem contra os midianitas, Israel se vangloriará diante de mim, dizendo que se libertou por sua própria força. ³Portanto, diga ao povo: 'Quem estiver com medo e assustado pode deixar este monte[a] e voltar para casa'". Vinte e dois mil homens voltaram para casa, restando apenas dez mil.

⁴O Senhor, porém, disse a Gideão: "Seu exército ainda está grande demais. Desça com eles até a fonte, e eu os provarei para determinar quem irá com você e quem não irá". ⁵Quando Gideão desceu com os guerreiros até a fonte, o Senhor lhe disse: "Separe os homens em dois grupos. Num grupo, coloque todos que bebem água das mãos, lambendo-a como fazem os cães. No outro grupo, coloque todos que se ajoelham e põem a boca na água para beber". ⁶Apenas trezentos homens beberam água das mãos; os demais se ajoelharam e puseram a boca na água.

⁷O Senhor disse a Gideão: "Com estes trezentos homens eu livrarei Israel e entregarei os midianitas em suas mãos. Mande para casa os demais". ⁸Gideão ordenou que recolhessem as provisões e as trombetas de chifre de carneiro dos outros guerreiros e os mandou para casa, mas manteve consigo os trezentos homens.

O acampamento midianita ficava à frente de Gideão, descendo o vale. ⁹Naquela noite, o Senhor lhe disse: "Levante-se! Desça ao acampamento dos midianitas, pois eu os entreguei em suas mãos! ¹⁰Mas, se você tem medo de atacá-los, desça até o acampamento com seu servo Purá. ¹¹Ouça o que os midianitas estão dizendo e você se encherá de coragem e terá ânimo para atacar".

Então Gideão e seu servo Purá desceram até os limites do acampamento inimigo. ¹²Os exércitos de Midiã, de Amaleque e dos povos do leste cobriam o vale como uma nuvem de gafanhotos. Seus camelos eram tão numerosos como os grãos de areia da praia, impossíveis de contar. ¹³Gideão se aproximou no exato momento em que um homem contava um sonho a seu amigo. O homem disse: "Tive um sonho, no qual um pão de cevada veio rolando para dentro do acampamento midianita; então, bateu numa tenda e ela virou, desmontando-se!".

¹⁴O amigo respondeu: "O sonho só pode significar uma coisa: a espada de Gideão, filho de Joás, o israelita. Deus entregou todo o exército midianita nas mãos dele!".

¹⁵Quando Gideão ouviu o sonho e sua interpretação, prostrou-se em adoração. Voltou para o acampamento de Israel e gritou: "Levantem-se! O Senhor entregou o exército midianita em

---

[a] 7.3 Em hebraico, *pode deixar o monte Gileade*. A identificação do monte Gileade é incerta neste contexto. Talvez seja usado aqui como outro nome para o monte Gilboa.

suas mãos!". ¹⁶Em seguida, dividiu os trezentos homens em três grupos e deu a cada homem uma trombeta e um vaso de barro com uma tocha dentro.

¹⁷"Olhem para mim", disse ele. "Quando chegarmos à beira do acampamento, façam o que eu fizer. ¹⁸Assim que eu e todos que estiverem comigo tocarmos nossas trombetas, toquem as suas também ao redor de todo o acampamento e gritem: 'Pelo Senhor e por Gideão!'"

¹⁹Pouco depois da meia-noite^a e da troca da guarda inimiga, Gideão e seus cem homens chegaram aos limites do acampamento midianita. De repente, tocaram as trombetas e quebraram os vasos de barro. ²⁰Então os três grupos tocaram as trombetas e quebraram os vasos. Segurando a tocha na mão esquerda e a trombeta na direita, todos gritaram: "À espada, pelo Senhor e por Gideão!".

²¹Cada homem manteve sua posição ao redor do acampamento e viu todos os midianitas correrem de um lado para o outro, gritando apavorados enquanto fugiam. ²²Quando os trezentos israelitas tocaram as trombetas, o Senhor fez os guerreiros que estavam no acampamento lutarem uns contra os outros com suas espadas. Os que sobreviveram fugiram para lugares distantes como Bete-Sita, perto de Zererá, e para a divisa de Abel-Meolá, perto de Tabate.

²³Então Gideão convocou os guerreiros de Naftali, Aser e Manassés, que se juntaram aos demais para perseguir o exército midianita. ²⁴Gideão também enviou mensageiros a toda a região montanhosa de Efraim, dizendo: "Desçam e ataquem os midianitas! Não permitam que eles cheguem aos pontos mais rasos de travessia do Jordão em Bete-Bara".

Todos os homens de Efraim obedeceram. ²⁵Capturaram Orebe e Zeebe, os dois comandantes midianitas, e mataram Orebe na rocha de Orebe e Zeebe na prensa de uvas de Zeebe. Depois, continuaram a perseguir os midianitas. Por fim, levaram a cabeça de Orebe e a de Zeebe para Gideão, que estava do outro lado do Jordão.

Gideão mata Zeba e Zalmuna

8 Então os homens da tribo de Efraim perguntaram a Gideão: "Por que você nos tratou dessa forma? Por que não nos chamou quando foi lutar com os midianitas?". E o repreenderam duramente.

²Gideão, porém, respondeu: "O que eu fiz em comparação com vocês? A sobra das uvas da colheita de Efraim não são melhores que toda a colheita do pequeno clã de Abiezer? ³Deus entregou em suas mãos Orebe e Zeebe, os comandantes do exército midianita. O que eu fiz em comparação com isso?". Quando ouviram a resposta de Gideão, a indignação dos homens de Efraim diminuiu.

⁴Então Gideão atravessou o rio Jordão com os trezentos homens e, embora estivessem exaustos, continuaram a perseguir o inimigo. ⁵Quando chegaram a Sucote, Gideão pediu ao povo da cidade: "Por favor, deem um pouco de comida aos meus guerreiros. Eles estão muito cansados. Estou perseguindo Zeba e Zalmuna, reis de Midiã".

⁶Mas os líderes de Sucote responderam: "Primeiro capture Zeba e Zalmuna, e então daremos comida ao seu exército".

⁷"Muito bem", disse Gideão. "Depois que o Senhor entregar Zeba e Zalmuna em minhas mãos, voltarei e rasgarei a carne de vocês com espinhos e com espinheiros do deserto."

⁸Dali Gideão subiu a Peniel,^b onde também pediu comida e recebeu a mesma resposta. ⁹Disse ele ao povo de Peniel: "Quando eu voltar vitorioso, derrubarei esta torre".

¹⁰A essa altura, Zeba e Zalmuna estavam em Carcor com cerca de quinze mil guerreiros. Era tudo que restava dos exércitos aliados do leste, pois 120 mil já haviam sido mortos. ¹¹Gideão subiu pela rota das caravanas, a leste de Noba e Jogbeá, e atacou de surpresa o exército midianita. ¹²Zeba e Zalmuna, os dois reis midianitas, fugiram, mas Gideão os perseguiu e os capturou, derrotando seu exército.

¹³Gideão, filho de Joás, voltou da batalha pelo desfiladeiro de Heres. ¹⁴Ali, capturou um jovem de Sucote e exigiu que ele escrevesse o nome dos 77 oficiais e autoridades da cidade. ¹⁵Então Gideão retornou a Sucote e disse

---

^a **7.19** Em hebraico, *No começo da segunda vigília*. ^a **8.8** Em hebraico, *Penuel*, variação de Peniel; também em 8.9,17.

> PÃO DIÁRIO

Boas intenções

Todo o Israel, porém, se prostituiu, fazendo do colete objeto de adoração, e ele se tornou uma armadilha para Gideão e sua família.

—Juízes 8.27

Você já teve um daqueles momentos em que pensou: "Mas eu só estava tentando ajudar"? Talvez, você tenha se oferecido para levar o bolo até a mesa e o deixou cair. Ou talvez tenha se oferecido para cuidar do cachorrinho do seu vizinho, e o animalzinho fugiu.

Em Juízes 8, parece que Gideão tentou fazer a coisa certa. Contudo, o resultado foi trágico. Impressionados com as façanhas militares, os homens de Israel pediram que Gideão fosse seu rei. Num gesto louvável, ele recusou o convite (Jz 8.22,23). Porém, em seguida lhes pediu que doassem as argolas de ouro, com as quais fez um "colete sacerdotal" (v.27). Esse colete podia ser uma vestimenta sagrada ou algum tipo de símbolo. Por que ele fez isto? Não sabemos ao certo, mas Gideão pode ter tentado prover algum tipo de liderança espiritual. Independentemente de qual fosse a sua motivação, Deus não lhe tinha dito para agir assim.

Quando Gideão colocou o colete em Ofra, ele desviou a atenção das pessoas da adoração a Deus e levou-as à idolatria (v.27). E, assim que Gideão morreu, o povo voltou facilmente a adorar imagens de Baal (v.33).

Gideão pode ter tido boas intenções, mas cometeu o erro de agir sem consultar primeiramente o Senhor. Tenhamos cuidado para não permitir que coisa alguma tire os nossos olhos do Deus santo e amoroso — caso contrário, nós nos desviaremos e levaremos outros a se desviarem.

Senhor, temos boas intenções. Mas sabemos que até as melhores das nossas intenções são capazes de nos desviar e desviar outras pessoas se não mantivermos os olhos em ti. Ajuda-nos a sempre obedecer a ti e a Tua Palavra.

As boas intenções não substituem a obediência.

---

ao povo: "Aqui estão Zeba e Zalmuna. Quando estivemos aqui antes, vocês zombaram de mim e disseram: 'Primeiro capture Zeba e Zalmuna, e então daremos comida aos seus guerreiros exaustos'". ¹⁶Gideão prendeu as autoridades da cidade e os castigou com espinhos e espinheiros do deserto. ¹⁷Também derrubou a torre de Peniel e matou os homens da cidade.

¹⁸Depois disso, Gideão perguntou a Zeba e a Zalmuna: "Como eram os homens que vocês mataram em Tabor?".

"Como você", responderam eles. "Todos pareciam filhos de rei."

¹⁹"Eram meus irmãos, filhos de minha mãe!", exclamou Gideão. "Tão certo como vive o Senhor, eu não mataria vocês se tivessem poupado a vida deles!"

²⁰Gideão se voltou para Jéter, seu filho mais velho, e disse: "Mate-os!". Mas Jéter não tirou sua espada, pois ainda era jovem e teve medo.

²¹Então Zeba e Zalmuna disseram a Gideão: "Seja homem! Mate-nos você mesmo!". Gideão os matou e tirou os enfeites que estavam no pescoço dos camelos deles.

O colete sacerdotal de Gideão

²²Então os israelitas disseram a Gideão: "Seja nosso governante! Você, seu filho e seu neto nos governarão, pois nos libertou de Midiã".

²³Gideão, porém, respondeu: "Nem eu nem meu filho governaremos vocês. O Senhor os governará! ²⁴Mas tenho um pedido a fazer. Cada um de vocês me dê uma argola de ouro que tomou de seus inimigos como despojo". (Uma vez que os inimigos eram ismaelitas, todos usavam argolas de ouro.)

²⁵"Com todo o prazer!", responderam eles. Estenderam uma capa, e cada um jogou ali uma argola de ouro que havia tomado como despojo. ²⁶O peso das argolas de ouro totalizou pouco mais de vinte quilos,[a] sem contar os enfeites, os pendentes e as roupas de púrpura que os reis de Midiã usavam, além das correntes que estavam no pescoço de seus camelos.

²⁷Com esse ouro, Gideão fez um colete sacerdotal e o colocou em Ofra, sua cidade. Todo o Israel, porém, se prostituiu, fazendo do colete objeto de adoração, e ele se tornou uma armadilha para Gideão e sua família.

²⁸Esse é o relato de como os israelitas derrotaram Midiã, que nunca se recuperou. Durante quarenta anos do restante da vida de Gideão, houve paz na terra.

²⁹Então Gideão,[b] filho de Joás, voltou para casa. ³⁰Gerou setenta filhos do sexo masculino,

---

[a] 8.26 Em hebraico, *1.700 (siclos)*. [b] 8.29 Em hebraico, *Jerubaal*; ver 6.32.

pois teve muitas esposas. ³¹Também teve uma concubina em Siquém que deu à luz um filho seu, a quem ele chamou Abimeleque. ³²Gideão, filho de Joás, morreu quando era muito idoso e foi sepultado no túmulo de seu pai, Joás, em Ofra, no território do clã de Abiezer.

³³Logo depois da morte de Gideão, os israelitas se prostituíram, adorando imagens de Baal e fazendo de Baal-Berite seu deus. ³⁴Os israelitas se esqueceram do Senhor, seu Deus, que os havia livrado de todos os inimigos em redor. ³⁵Também não demonstraram lealdade alguma para com a família de Jerubaal (isto é, Gideão), apesar de todo o bem que ele havia feito a Israel.

Abimeleque governa sobre Siquém

9 Certo dia, Abimeleque, filho de Gideão,ᵃ foi a Siquém visitar os irmãos de sua mãe e disse a eles e aos demais membros do seu clã materno: ²"Perguntem aos líderes de Siquém se preferem ser governados por todos os setenta filhos de Gideão ou por um só homem. E lembrem-se de que eu sou da mesma carne e do mesmo sangue de vocês!".

³Então os tios de Abimeleque transmitiram sua mensagem a todos os líderes de Siquém, que, depois de ouvirem a proposta, decidiram em favor de Abimeleque, pois era parente deles. ⁴Deram-lhe setenta moedas de prata do templo de Baal-Berite, que ele usou para contratar indivíduos desocupados e desordeiros que concordaram em segui-lo. ⁵Ele foi à casa de seu pai em Ofra e ali, sobre uma pedra, matou todos os seus setenta meios-irmãos, os filhos de Gideão, exceto Jotão, o filho mais novo, que fugiu e se escondeu. ⁶Então os líderes de Siquém e Bete-Milo convocaram uma reunião debaixo do carvalho perto da colunaᵇ em Siquém e proclamaram Abimeleque rei.

A parábola de Jotão

⁷Quando Jotão soube disso, subiu ao topo do monte Gerizim e gritou:

"Ouçam-me, cidadãos de Siquém!
 Ouçam-me se querem que Deus os ouça!
⁸Certa vez as árvores resolveram ungir um rei.
 Primeiro disseram à oliveira:
 'Seja nosso rei!'.
⁹Mas a oliveira se recusou e disse:
 'Devo deixar de produzir o óleo que
  agrada a Deus e às pessoas,
 só para ser a mais alta das árvores que o
  vento agita?'.

¹⁰"Então disseram à figueira:
 'Seja nosso rei!'.
¹¹Mas a figueira também se recusou e disse:
 'Devo deixar de produzir meus frutos
  doces e deliciosos,
 só para ser a mais alta das árvores que o
  vento agita?'.

¹²"Então disseram à videira:
 'Seja nosso rei!'.
¹³Mas a videira também se recusou e disse:
 'Devo deixar de produzir o vinho que
  alegra a Deus e às pessoas,
 só para ser a mais alta das árvores que o
  vento agita?'.

¹⁴"Por fim, todas as árvores se voltaram
  para o espinheiro e disseram:
 'Seja nosso rei!'.
¹⁵E o espinheiro respondeu às árvores:
 'Se querem mesmo ungir-me seu rei,
  venham abrigar-se à minha sombra.
 Se não, que saia fogo de mim
  e queime os cedros do Líbano'".

¹⁶Jotão prosseguiu: "Será que vocês de fato agiram de forma honrada e íntegra ao proclamar Abimeleque seu rei? Será que foram justos com Gideão e seus descendentes? Vocês o trataram como ele merece, tendo em vista tudo que realizou? ¹⁷Meu pai lutou por vocês e arriscou a vida para libertá-los dos midianitas. ¹⁸Mas hoje vocês se rebelaram contra ele e seus descendentes e mataram seus setenta filhos sobre uma pedra. Escolheram Abimeleque, filho da escrava dele, para ser rei só porque ele é seu parente.

¹⁹"Se hoje agirem de forma honrada e íntegra com Gideão e seus descendentes, então que sejam felizes com Abimeleque, e ele seja feliz com vocês. ²⁰Mas, se não o fizeram, então que saia fogo de Abimeleque e queime

---

ᵃ **9.1** Em hebraico, *Jerubaal* (ver 6.32); também em 9.2,16,19,24,28,57. ᵇ **9.6** O significado do hebraico é incerto.

os líderes de Siquém e Bete-Milo, e saia fogo dos líderes de Siquém e Bete-Milo e queime Abimeleque!".

²¹Então Jotão fugiu e foi morar em Beer, pois tinha medo de seu irmão Abimeleque.

Siquém se rebela contra Abimeleque

²²Depois que Abimeleque havia governado Israel por três anos, ²³Deus enviou um espírito que gerou discórdia entre Abimeleque e os líderes de Siquém, que se rebelaram. ²⁴Foi um castigo para Abimeleque por ele ter assassinado os setenta filhos de Gideão e para os líderes de Siquém por terem apoiado Abimeleque no assassinato de seus irmãos. ²⁵Os líderes de Siquém prepararam uma emboscada para Abimeleque no alto dos montes e assaltavam todos os que passavam por ali. Contudo, alguém alertou Abimeleque sobre essa conspiração.

²⁶Nessa época, Gaal, filho de Ebede, se mudou para Siquém com seus irmãos e ganhou a confiança dos líderes da cidade. ²⁷Depois de irem ao campo, colherem as uvas e pisarem nelas, realizaram uma festa da colheita, no templo do deus local. Foi servido vinho à vontade, e todos começaram a amaldiçoar Abimeleque. ²⁸"Quem é Abimeleque?", disse em alta voz Gaal, filho de Ebede. "Se não é um verdadeiro filho de Siquém,ᵃ por que devemos servi-lo? É apenas filho de Gideão, e esse Zebul é apenas seu ajudante. Sirvam aos verdadeiros filhos de Hamor, o fundador de Siquém! Por que devemos servir a Abimeleque? ²⁹Se eu estivesse no comando, me livraria de Abimeleque. Diria a ele: 'Convoque seus soldados e venha lutar!'."

³⁰Mas, quando Zebul, que governava a cidade, tomou conhecimento das palavras de Gaal, ficou furioso. ³¹Enviou mensageiros a Abimeleque em Arumáᵇ para lhe dizer: "Gaal, filho de Ebede, e seus irmãos se mudaram para Siquém e estão instigando a cidade a se rebelar contra você. ³²Venha de noite com seu exército e esconda-se nos campos. ³³Pela manhã, assim que o sol nascer, ataque a cidade. Quando Gaal e aqueles que o acompanham saírem para lutar contra você, faça com eles o que desejar".

³⁴Então Abimeleque e todos os seus homens saíram de noite, dividiram-se em quatro grupos e armaram uma emboscada ao redor de Siquém. ³⁵Gaal, filho de Ebede, estava à porta da cidade quando Abimeleque e seu exército saíram de seus esconderijos. ³⁶Quando Gaal os viu, disse a Zebul: "Olhe, há pessoas descendo do alto das colinas!".

Zebul respondeu: "São apenas as sombras dos montes que se parecem com homens".

³⁷Mas Gaal insistiu: "Não! São pessoas descendo das colinas.ᶜ E outro grupo vem pela estrada que passa pelo Carvalho dos Adivinhos".ᵈ

³⁸Zebul se voltou para ele e perguntou: "Onde foi parar toda a sua conversa? Não foi você que disse: 'Quem é Abimeleque e por que deveríamos servi-lo?'. Os homens dos quais você zombou estão logo ali do lado de fora da cidade! Saia e lute contra eles!".

³⁹Então Gaal marchou à frente dos líderes de Siquém para a batalha contra Abimeleque. ⁴⁰Abimeleque perseguiu Gaal, e muitos homens de Siquém foram feridos e caíram pelo caminho enquanto recuavam até o portão da cidade. ⁴¹Abimeleque voltou a Arumá, e Zebul expulsou Gaal e seus irmãos de Siquém.

⁴²No dia seguinte, o povo de Siquém saiu para guerrear nos campos. Abimeleque soube disso, ⁴³dividiu seus homens em três grupos e armou emboscadas nos campos. Quando Abimeleque viu o povo sair da cidade, ele e seus homens saíram de seus esconderijos e atacaram. ⁴⁴Abimeleque e seu grupo tomaram de assalto o portão da cidade para impedir que os homens de Siquém voltassem para dentro. Enquanto isso, os outros dois grupos atacaram e mataram aqueles que estavam nos campos. ⁴⁵A batalha durou o dia inteiro. Por fim, Abimeleque tomou Siquém e matou seus habitantes. Depois, destruiu a cidade e espalhou sal em todo o solo.

⁴⁶Ao tomarem conhecimento do que havia acontecido, os líderes que viviam na torre de Siquém correram e se esconderam na fortaleza do templo de Baal-Berite.ᵉ ⁴⁷Quando

---

ᵃ **9.28** Em hebraico, *Quem é Siquém?* ᵇ **9.31** Ou *em segredo*. ᶜ **9.37a** Ou *do centro da terra*. ᵈ **9.37b** Em hebraico, *Elom-Meonenim*. ᵉ **9.46** Em hebraico, *El-Berite*, outro nome para Baal-Berite; comparar com 9.4.

alguém informou Abimeleque de que esses habitantes estavam reunidos ali, ⁴⁸ele levou seu exército ao monte Zalmom. Pegou um machado, cortou alguns galhos de uma árvore e os pôs sobre os ombros. "Rápido! Façam como eu!", disse a seus homens. ⁴⁹Assim, cada um cortou alguns galhos e fez como Abimeleque. Então amontoaram os galhos junto às paredes do templo e puseram fogo. Todos que viviam na torre de Siquém morreram, cerca de mil homens e mulheres.

⁵⁰Em seguida, Abimeleque atacou a cidade de Tebes e a conquistou. ⁵¹No meio da cidade, porém, havia uma torre forte, e toda a população, homens e mulheres, fugiu para lá. Trancaram-se por dentro e subiram até o terraço. ⁵²Abimeleque foi até a torre e a atacou. Mas, quando se preparava para incendiar a entrada da torre, ⁵³uma mulher que estava no terraço jogou na cabeça de Abimeleque uma pedra de moinho, que rachou seu crânio.

⁵⁴Sem demora, ele disse a seu jovem escudeiro: "Tire a espada e mate-me! Assim ninguém dirá que uma mulher matou Abimeleque!". O jovem o atravessou com sua espada, e ele morreu. ⁵⁵Quando os israelitas viram que Abimeleque estava morto, debandaram e voltaram para casa.

⁵⁶Desse modo, Deus castigou Abimeleque pelo mal que ele havia feito a seu pai, matando os setenta irmãos. ⁵⁷Deus também castigou os homens de Siquém por toda a sua maldade. Assim cumpriu-se a maldição de Jotão, filho de Gideão.

Tolá se torna juiz de Israel

10 Depois da morte de Abimeleque, Tolá, filho de Puá, filho de Dodô, foi o próximo libertador de Israel. Era da tribo de Issacar, mas morava na cidade de Samir, na região montanhosa de Efraim. ²Julgou Israel por 23 anos. Quando morreu, foi sepultado em Samir.

Jair se torna juiz de Israel

³Depois que Tolá morreu, Jair, de Gileade, julgou Israel por 22 anos. ⁴Seus trinta filhos montavam trinta jumentos e possuíam na terra de Gileade trinta cidades que até hoje são chamadas de Cidades de Jair.ᵃ ⁵Quando morreu, foi sepultado em Camom.

Os amonitas oprimem Israel

⁶Mais uma vez, os israelitas fizeram o que era mau aos olhos do Senhor. Serviram às imagens de Baal e Astarote e aos deuses da Síria,

---

PÃO DIÁRIO

A dor divina

Então eles se desfizeram dos deuses estrangeiros e serviram ao Senhor. E ele teve compaixão deles por causa de seu sofrimento.

—Juízes 10.16

No Antigo Testamento, o livro de Juízes, de certa forma, é um relato deprimente sobre o povo de Deus fechado num ciclo recorrente de rebelião, castigo, arrependimento e libertação. Após cada intervenção divina, o processo se repete. Era sempre a dor que sentiam que levava o povo de Deus a clamar por Ele: "Mas os israelitas suplicaram ao Senhor: 'Sim, pecamos! Castiga-nos como te parecer melhor, mas livra-nos hoje de nossos inimigos'" (Jz 10.15).

Os israelitas clamaram a Deus seis vezes neste livro, e, em todas elas, o Senhor os resgatou. Todavia, o próprio Senhor também sofria. Numa afirmação impressionante, a Bíblia diz que o Deus Todo-Poderoso "teve compaixão deles por causa de seu sofrimento" (v.16).

A desgraça que sofremos por causa de nossa rebeldia espiritual sempre causará sofrimento ao Senhor. Como o profeta Isaías escreveu: "Em todo o sofrimento deles, ele também sofreu" (63.9).

O sofrimento de Deus alcançou o apogeu quando Seu Filho Jesus Cristo foi à cruz para morrer pelos nossos pecados. Jamais compreenderemos completamente o que significou a interrupção da intimidade entre o Pai e o Filho (Mt 27.46-50).

É bom refletirmos sobre a dor de Deus até mesmo quando o louvamos pela alegria da nossa salvação.

Pai, como é devastador pensar que as minhas ações ou atitudes te causam verdadeiro sofrimento. Ajuda-me a lembrar disso quando eu for tentada pelo pecado. Ajuda-me a me entristecer com o pecado assim como te entristeces também.

O pecado gera dor e sofrimento a Deus e a nós também.

ᵃ **10.4** Em hebraico, *Havote-Jair*.

de Sidom, Moabe, Amom e da Filístia. Abandonaram o Senhor e deixaram de servi-lo. ⁷Então a ira do Senhor se acendeu contra Israel, e ele os entregou nas mãos dos filisteus e dos amonitas, ⁸que começaram a oprimi-los cruelmente naquele mesmo ano. Durante dezoito anos, oprimiram todos os israelitas a leste do Jordão na terra dos amorreus (isto é, em Gileade). ⁹Os amonitas também atravessaram para o lado oeste do Jordão e atacaram as tribos de Judá, Benjamim e Efraim.

Os israelitas ficaram muito angustiados ¹⁰e, por fim, pediram socorro ao Senhor. "Pecamos contra ti", disseram, "pois abandonamos nosso Deus e servimos às imagens de Baal!"

¹¹O Senhor respondeu: "Acaso não os livrei dos egípcios, dos amorreus, dos amonitas, dos filisteus, ¹²dos sidônios, dos amalequitas e dos maonitas? Quando eles os oprimiram, vocês me pediram socorro, e eu os livrei. ¹³E, no entanto, vocês me abandonaram e serviram a outros deuses. Por isso, não os livrarei mais. ¹⁴Vão e clamem aos deuses que vocês escolheram! Que eles os livrem neste momento de angústia!".

¹⁵Mas os israelitas suplicaram ao Senhor: "Sim, pecamos! Castiga-nos como te parecer melhor, mas livra-nos hoje de nossos inimigos". ¹⁶Então eles se desfizeram dos deuses estrangeiros e serviram ao Senhor. E ele teve compaixão deles por causa de seu sofrimento.

¹⁷Quando os exércitos de Amom foram convocados para guerrear e acamparam em Gileade, os israelitas se reuniram e acamparam em Mispá. ¹⁸Os líderes de Gileade disseram uns aos outros: "O primeiro que atacar os amonitas governará todo o povo de Gileade".

Jefté se torna juiz de Israel

11 Jefté era um guerreiro corajoso. Era filho de Gileade, mas sua mãe era uma prostituta. ²A esposa de Gileade teve muitos filhos, e quando esses meios-irmãos cresceram, expulsaram Jefté, dizendo: "Você não receberá parte alguma da herança de nosso pai, pois é filho de outra mulher". ³Então Jefté fugiu de seus irmãos e foi viver na terra de Tobe. Em pouco tempo, passou a chefiar um bando de desocupados que se uniram a ele.

⁴Por essa época, os amonitas começaram a guerrear contra Israel. ⁵Quando os amonitas atacaram, os líderes de Gileade mandaram buscar Jefté na terra de Tobe. ⁶"Venha e seja nosso comandante!", disseram. "Ajude-nos a lutar contra os amonitas!"

⁷Mas Jefté lhes disse: "Não são vocês os mesmos que me odiavam e que me expulsaram da casa de meu pai? Por que me chamam agora que estão em apuros?".

⁸"Porque precisamos de você", responderam os líderes. "Se você nos comandar na batalha contra os amonitas, nós o proclamaremos governante de todo o povo de Gileade."

⁹Jefté lhes disse: "Quer dizer que se eu for com vocês e o Senhor me der a vitória sobre os amonitas, governarei todo o povo?".

¹⁰Os líderes de Gileade responderam: "O Senhor é nossa testemunha de que faremos exatamente como você disse".

¹¹Então Jefté foi com os líderes de Gileade, e o povo o fez governante e comandante do exército. Em Mispá, na presença do Senhor, Jefté repetiu o que tinha dito aos líderes.

¹²Jefté enviou mensageiros ao rei de Amom para perguntar: "Por que você saiu para guerrear contra minha terra?".

¹³O rei de Amom respondeu aos mensageiros de Jefté: "Quando saíram do Egito, os israelitas roubaram minhas terras desde o rio Arnom até o rio Jaboque, e até o Jordão. Agora, devolva-nos pacificamente esse território".

¹⁴Jefté enviou a seguinte mensagem em resposta ao rei amonita:

¹⁵"Assim diz Jefté: Israel não roubou terra alguma de Moabe nem de Amom. ¹⁶Quando o povo de Israel veio do Egito e chegou a Cades, depois de atravessar o mar Vermelho,ᵃ ¹⁷enviou mensageiros ao rei de Edom e pediu: 'Deixe-nos passar por sua terra'. Contudo, seu pedido foi negado. Então fizeram o mesmo pedido ao rei de Moabe, mas ele também não os deixou passar. Por isso, o povo de Israel ficou em Cades.

¹⁸"Depois, passaram pelo deserto, contornando Edom e Moabe. Acompanharam a divisa de Moabe a leste e acamparam do

---

ᵃ **11.16** Em hebraico, *mar de juncos*.

outro lado do rio Arnom. Em momento algum atravessaram o Arnom para entrar em Moabe, pois o Arnom era a divisa de Moabe.

¹⁹"Então Israel enviou mensageiros a Seom, rei dos amorreus, que governava em Hesbom, e pediu: 'Deixe-nos passar por sua terra, para chegarmos ao nosso destino'. ²⁰O rei Seom, porém, não confiava em Israel o suficiente para deixar o povo passar por seu território. Em vez disso, mobilizou seu exército em Jaza e atacou Israel. ²¹Mas o Senhor, o Deus de Israel, entregou o rei Seom nas mãos de seu povo, que derrotou os amorreus. Israel tomou posse de toda a terra dos amorreus que viviam naquela região, ²²desde o Arnom até o Jaboque, e desde o deserto até o Jordão.

²³"Como você vê, foi o Senhor, o Deus de Israel, que tirou a terra dos amorreus e a entregou a Israel. Por que, então, haveríamos de devolvê-la? ²⁴Fique com o que seu deus Camos lhe der, e nós ficaremos com o que o Senhor, nosso Deus, nos der. ²⁵Acaso você é melhor que Balaque, filho de Zipor, rei de Moabe? Ele tentou disputar esses territórios com Israel? Entrou em guerra contra os israelitas?

²⁶"Israel vive aqui há trezentos anos. Habita em Hesbom e nos povoados ao redor, até Aroer e seus povoados, e todas as cidades às margens do rio Arnom. Por que, até agora, vocês não fizeram esforço algum para reaver esse território? ²⁷Portanto, não pequei contra você. Pelo contrário, você fez mal ao me atacar. Que o Senhor, o Juiz, decida hoje qual de nós está certo: Israel ou Amom".

²⁸Mas o rei de Amom não deu atenção à mensagem de Jefté.

O voto de Jefté

²⁹Então o Espírito do Senhor veio sobre Jefté. Ele atravessou o território de Gileade e Manassés, incluindo Mispá em Gileade, e dali avançou contra os amonitas. ³⁰Jefté fez um voto ao Senhor: "Se entregares os amonitas em minhas mãos, ³¹darei ao Senhor o que sair primeiro de minha casa quando eu regressar vitorioso. Eu o oferecerei como holocausto".

³²Jefté saiu com seu exército para combater os amonitas, e o Senhor os entregou em suas mãos. ³³Ele aniquilou os amonitas e destruiu vinte cidades, desde Aroer até os arredores de Minite, chegando até Abel-Queramim. Assim, os israelitas derrotaram os amonitas.

³⁴Quando Jefté voltou para casa em Mispá, sua filha saiu ao seu encontro, tocando tamborim e dançando. Era sua única filha; ele não tinha nenhum outro filho nem filha. ³⁵Quando Jefté a viu, rasgou as próprias roupas e gritou. "Ah, minha filha! Você acabou comigo! Trouxe desgraça sobre mim! Fiz um voto ao Senhor e não posso voltar atrás!".

³⁶Ela disse: "Pai, se fez um voto ao Senhor, faça comigo o que prometeu, pois o Senhor lhe deu grande vitória sobre seus inimigos, os amonitas. ³⁷Mas, primeiro, permita que eu ande pelos montes e chore com minhas amigas por dois meses, pois morrerei virgem".

³⁸"Pode ir", disse Jefté, e deixou que ela se ausentasse por dois meses. Ela e suas amigas foram para os montes e lamentaram, pois ela jamais teria filhos. ³⁹Quando ela voltou para casa, seu pai cumpriu o voto que havia feito, e ela morreu sem ter tido relações com homem algum.

Por isso, tornou-se costume em Israel ⁴⁰as moças israelitas saírem por quatro dias todos os anos para lamentar o destino da filha de Jefté, de Gileade.

Efraim luta contra Jefté

12 Então os homens de Efraim mobilizaram um exército e atravessaram o Jordão para Zafom. Enviaram a seguinte mensagem a Jefté: "Por que você não pediu nossa ajuda para lutar contra os amonitas? Vamos queimar sua casa, com você dentro!".

²Jefté respondeu: "Eu os convoquei no início do conflito, mas vocês se recusaram a vir! Não nos ajudaram na luta contra Amom. ³Por isso, quando vi que vocês não viriam, arrisquei a vida e saí para a batalha sem vocês, e o Senhor entregou os amonitas em minhas mãos. Por que agora vocês vêm lutar contra mim?".

⁴Os homens de Efraim responderam: "Vocês, de Gileade, não passam de fugitivos de Efraim e Manassés". Então Jefté reuniu todos os guerreiros de Gileade, atacou os homens de Efraim e os derrotou.

> **REFLETINDO SOBRE:** Desventurada, mas não desprovida de graça
>
> ## A mãe de Sansão
>
> *Mas ele disse. "Minha graça é tudo de que você precisa. Meu poder opera melhor na fraqueza".*
> —2 Coríntios 12.9
>
> Não sabemos se a mãe de Sansão estava viva quando ele acabou moendo grãos em uma prisão filisteia. Se sim, ela deve ter ficado profundamente entristecida. Sua mente sem dúvida a levou a tempos passados, dias mais alegres. Como não podia ter filhos, ela provavelmente se encheu de felicidade quando um anjo anunciou que teria um menino. Ainda mais empolgante: seu filho seria separado para o serviço especial a Deus como um nazireu. O Senhor o havia designado para começar a libertação de Israel de seus opressores filisteus.
>
> Conforme Sansão crescia, sua mãe deve tê-lo impressionado com os privilégios e responsabilidades de seu chamado especial. Todavia, apesar de sua força sobrenatural, Sansão agiu a partir de sua fraqueza. Permitiu que seus desejos físicos e sentimentos o controlassem. Ele desonrou seu voto de nazireu, transgrediu a Lei de Deus repetidamente e usou seus dons especiais para pregar peças e exigir vingança pessoal. O comportamento de Sansão provavelmente envergonhava a sua mãe e fazia o seu coração sofrer quando ela ponderava sobre o potencial desperdiçado de seu filho.
>
> Há momentos em que nos sentimos desventuradas pelo comportamento de alguém a quem amamos. Podemos considerar as ações pecaminosas dessa pessoa como resultado de uma falha de nossa parte. Talvez nos sintamos desonradas por causa de nossas próprias escolhas impiedosas e oportunidades desperdiçadas. Podemos questionar se algum dia teremos de volta o que perdemos.
>
> Qualquer decepção que a mãe de Sansão tenha sentido teria se tornado em exaltação se ela soubesse que o nome de seu filho seria incluído na lista de heróis da fé em Hebreus 11. Apesar dos penosos erros de Sansão, Deus permitiu que ele cumprisse seu propósito de vida por meio de um último ato heroico antes de sua morte (Jz 16.30). Deus pode trazer vitória mesmo em uma situação de fracasso em nossa vida também. Mesmo quando nos sentimos desventuradas, Ele ainda nos oferece a Sua graça.

⁵Os homens de Gileade tomaram os pontos mais rasos de travessia do Jordão, e sempre que um fugitivo de Efraim tentava voltar para a outra margem, eles o confrontavam. "Você pertence à tribo de Efraim?", perguntavam. Se o homem negasse, ⁶eles o mandavam dizer "Chibolete". Se ele era de Efraim, dizia "Sibolete", pois o povo de Efraim não consegue pronunciar essa palavra corretamente. Então eles o capturavam e o matavam no lugar de travessia do Jordão. Ao todo, foram mortos 42 mil homens de Efraim naquela ocasião.

⁷Jefté julgou Israel durante seis anos. Quando morreu, foi sepultado numa das cidades de Gileade.

Ibsã se torna juiz de Israel

⁸Depois que Jefté morreu, Ibsã, de Belém, julgou Israel. ⁹Ele teve trinta filhos e trinta filhas. Deu suas filhas em casamento a homens de fora de seu clã, e trouxe trinta moças de fora de seu clã para se casarem com seus filhos. Ibsã julgou Israel durante sete anos. ¹⁰Quando morreu, foi sepultado em Belém.

Elom se torna juiz de Israel

¹¹Depois que Ibsã morreu, Elom, da tribo de Zebulom, julgou Israel durante dez anos. ¹²Quando morreu, foi sepultado em Aijalom, no território de Zebulom.

Abdom se torna juiz de Israel

¹³Depois que Elom morreu, Abdom, filho de Hilel, de Piratom, julgou Israel. ¹⁴Ele teve quarenta filhos e trinta netos que montavam setenta jumentos. Abdom julgou Israel durante oito anos. ¹⁵Quando morreu, foi sepultado em Piratom, no território de Efraim, na região montanhosa dos amalequitas.

O nascimento de Sansão

13 Mais uma vez, os israelitas fizeram o que era mau aos olhos do Senhor. Por isso, o Senhor os entregou nas mãos dos filisteus, que os oprimiram durante quarenta anos.

²Naqueles dias, um homem chamado Manoá, da tribo de Dã, vivia na cidade de Zorá. Sua esposa era estéril, e eles não tinham filhos. ³O anjo do Senhor apareceu à esposa de Manoá e disse: "Embora você não tenha conseguido ter filhos até agora, ficará grávida e dará à luz um filho. ⁴Portanto, tenha cuidado; não beba vinho e nenhuma outra bebida fermentada, nem coma nenhum alimento que seja impuro. ⁵Você ficará grávida e dará à luz um filho, do qual jamais cortará o cabelo, porque ele será consagrado a Deus como nazireu desde o nascimento. Ele começará a libertar Israel das mãos dos filisteus".

⁶A mulher foi correndo contar ao marido: "Um homem de Deus apareceu para mim! Era como um dos anjos de Deus, e sua aparência era assustadora. Não perguntei de onde era, e ele não me disse seu nome. ⁷Mas ele me disse: 'Você ficará grávida e dará à luz um filho. Não beba vinho e nenhuma outra bebida fermentada, nem coma nenhum alimento que seja impuro. Seu filho será consagrado a Deus como nazireu desde o nascimento até o dia de sua morte'".

⁸Então Manoá orou ao Senhor: "Senhor, eu peço que o homem de Deus que enviaste volte e nos dê mais instruções a respeito desse filho que vai nascer".

⁹Deus atendeu à oração de Manoá, e o anjo de Deus apareceu outra vez à esposa quando ela estava sentada no campo. Seu marido, Manoá, não estava com ela. ¹⁰Então ela foi correndo contar ao marido: "O homem que apareceu outro dia está aqui de novo!".

¹¹Manoá voltou depressa com sua esposa e perguntou: "O senhor é o homem que falou com minha esposa outro dia?".

"Sim, sou eu", respondeu ele.

¹²Então Manoá perguntou: "Quando suas palavras se cumprirem, como devemos criar o menino? Qual será o trabalho dele?".

¹³O anjo do Senhor respondeu: "Sua esposa deverá seguir as instruções que lhe dei. ¹⁴Ela não deve comer uvas nem passas, não deve beber vinho e nenhuma outra bebida fermentada, nem deve comer nenhum alimento que seja impuro. Ela deverá fazer tudo que ordenei".

¹⁵Manoá disse ao anjo do Senhor: "Por favor, fique aqui até prepararmos um cabrito para o senhor".

¹⁶"Está bem, só que não comerei nada", respondeu o anjo do Senhor. "Mas você pode preparar um holocausto como sacrifício ao Senhor." Manoá ainda não havia percebido que era o anjo do Senhor.

¹⁷Manoá perguntou ao anjo do Senhor: "Qual é seu nome? Queremos lhe prestar homenagem quando isso tudo se cumprir".

¹⁸"Por que quer saber meu nome?", disse o anjo do Senhor. "Ele é tão maravilhoso que você não conseguiria entender!"

¹⁹Então Manoá tomou um cabrito e uma oferta de cereal e os apresentou sobre uma rocha como sacrifício ao Senhor. Enquanto Manoá e sua esposa observavam, o Senhor fez algo extraordinário. ²⁰Quando as chamas do altar subiram ao céu, o anjo do Senhor subiu nas chamas. Ao verem isso, Manoá e sua esposa se curvaram com o rosto no chão.

²¹O anjo do Senhor não voltou a aparecer a Manoá e sua esposa. Então Manoá finalmente percebeu que era o anjo do Senhor ²²e disse à sua esposa: "Com certeza vamos morrer, pois vimos a Deus!".

²³Sua esposa, porém, disse: "Se o Senhor quisesse nos matar, não teria aceitado o holocausto e a oferta de cereal. Não teria aparecido a nós, nem nos teria revelado essas coisas maravilhosas!".

²⁴Quando o menino nasceu, ela o chamou de Sansão. O Senhor o abençoou enquanto ele crescia, ²⁵e o Espírito do Senhor começou a agir nele quando ele morava em Maané-Dã, entre Zorá e Estaol.

O enigma de Sansão

14 Certo dia, Sansão estava em Timna e viu uma moça do povo filisteu. ²Quando voltou para casa, disse a seu pai e a sua mãe: "Vi uma moça filisteia em Timna. Quero me casar com ela. Consigam aquela moça para mim".

³Seu pai e sua mãe se opuseram: "Não há uma moça sequer em nossa tribo ou entre todo o nosso povo com quem você possa se casar? Por que tem de procurar uma esposa entre os filisteus pagãos?".[a]

---

[a] **14.3** Em hebraico, *filisteus incircuncisos*.

> **REFLETINDO SOBRE:** Lábios frouxos
>
> ## A mulher de Sansão
>
> *O fofoqueiro espalha segredos, mas a pessoa confiável sabe guardar confidências.*
> —Provérbios 11.13
>
> Catherine escondeu-se atrás do suporte para cartões, quase derrubando-o. *Preciso sair daqui sem que ela me veja,* pensou desesperada. Era difícil acreditar que há apenas um ano ela e Brianna eram boas amigas. Mas isso mudou quando Catherine foi jantar com algumas amigas e falou um pouco demais. Não tinha sido sua intenção, mas as palavras simplesmente saíram. Quando percebeu havia compartilhado algo que Brianna lhe contara em total confiança. Hoje, pela milionésima vez, Catherine desejou poder aprender a controlar sua boca.
>
> A nova esposa de Sansão também traiu a confiança de alguém, com consequências muito mais sérias do que as que Catherine vivenciou. Após alguns dias suplicando e chorando, ela finalmente conseguiu que Sansão explicasse a charada que propôs durante sua festa de casamento. Ela compartilhou a informação com os homens que a ameaçaram, e Sansão ficou irado com o fato de os homens saberem a resposta. Ele só havia dito a uma pessoa, e, de antemão, sabia quem o havia traído. Ainda que sua noiva tenha agido dessa forma para salvar a vida de seus familiares, o temperamento explosivo de Sansão o fez matar e roubar 30 dos compatriotas de sua esposa para pagar a aposta.
>
> Muitas pessoas têm dificuldades para guardar segredos. No calor da conversa, é muito fácil compartilhar informações pessoais sobre outras pessoas e que, preferivelmente, deveriam ser mantidas em segredo. Palavras descuidadas podem ter consequências diversas desde sentimentos de desconforto, reputações arruinadas e relacionamentos destruídos. A amizade verdadeira gira em torno da confiança de que estamos seguros com a outra pessoa e não precisamos nos preocupar com o quanto ela sabe sobre nós. Nossa boca pode causar grandes estragos, seja quando traímos a confiança de alguém acidentalmente ou quando compartilhamos os nossos segredos com alguém não confiável.

Mas Sansão disse a seu pai: "Consiga a moça para mim. É ela que eu quero". ⁴Seus pais não sabiam que o Senhor estava agindo no meio disso tudo, para criar uma oportunidade de agir contra os filisteus que, na época, dominavam Israel.

⁵Quando Sansão e seus pais estavam descendo a Timna, de repente um jovem leão atacou Sansão perto dos vinhedos de Timna. ⁶Naquele momento, o Espírito do Senhor veio sobre Sansão com tamanho poder que ele rasgou o animal pelas mandíbulas usando as próprias mãos, com a mesma facilidade que se despedaça um cabrito. Contudo, não contou a seus pais o que havia acontecido. ⁷Quando chegou a Timna, conversou com a moça e se agradou muito dela.

⁸Algum tempo depois, quando voltou a Timna para o casamento, saiu do caminho para ver o cadáver do leão. Descobriu que um enxame de abelhas havia feito mel dentro da carcaça. ⁹Pegou um pouco de mel com as mãos e foi comendo pelo caminho. Também deu um pouco a seu pai e a sua mãe, e eles comeram. Mas Sansão não lhes contou que havia tirado o mel da carcaça do leão.

¹⁰Enquanto seu pai estava em Timna para o casamento, Sansão ofereceu uma festa ali, como era costume entre os noivos. ¹¹Quando os pais da noiva[a] o viram, escolheram trinta rapazes da cidade para o acompanharem na festa.

¹²Sansão lhes disse: "Vou lhes propor um enigma. Se conseguirem decifrá-lo durante estes sete dias de celebração, darei a vocês trinta camisas de linho fino e trinta conjuntos de roupa. ¹³Mas, se não conseguirem decifrá-lo, vocês me darão trinta camisas de linho fino e trinta conjuntos de roupa".

"Está bem", concordaram eles. "Proponha seu enigma."

¹⁴Ele disse:

"Do que come veio algo para comer,
    do que é forte veio algo doce".

---

[a] **14.11** Em hebraico, *Quando eles*.

Três dias depois, eles ainda tentavam encontrar a resposta. ¹⁵No quarto[a] dia, disseram à esposa de Sansão: "Convença seu marido a explicar o enigma; caso contrário, queimaremos vivos você e sua família! Você nos convidou à festa só para nos deixar pobres?".
¹⁶Então a esposa de Sansão lhe disse, aos prantos: "Você não me ama! Você me odeia! Propôs um enigma ao meu povo, mas não me contou a resposta!".
Ele respondeu: "Não revelei o enigma nem a meu pai e minha mãe. Por que deveria contá-lo a você?". ¹⁷Ela chorava cada vez que estava com ele, e assim continuou até o último dia da festa. Por fim, de tanto importunar Sansão, no sétimo dia ele lhe contou a resposta. Então ela explicou o enigma aos rapazes.
¹⁸Antes do pôr do sol do sétimo dia, os homens da cidade vieram dar a resposta a Sansão:

"O que é mais doce que o mel?
O que é mais forte que o leão?".

Sansão respondeu: "Se vocês não tivessem arado com minha novilha, não teriam resolvido meu enigma!".
¹⁹Então o Espírito do Senhor veio com poder sobre Sansão. Ele desceu à cidade de Ascalom, matou trinta homens, tomou seus pertences e deu as roupas deles aos homens que haviam resolvido o enigma. Contudo, ficou furioso com o que tinha acontecido e voltou a morar na casa de seus pais. ²⁰A noiva de Sansão foi dada como esposa ao rapaz que o havia acompanhado na cerimônia.

Sansão se vinga dos filisteus

15 Algum tempo depois, durante a colheita do trigo, Sansão levou um cabrito de presente para sua esposa. "Vou ao quarto de minha esposa para dormir com ela", disse ele. Mas o pai dela não o deixou entrar.
²"Eu tinha certeza de que você a odiava", explicou ele. "Por isso eu a dei como esposa a seu acompanhante de casamento. Mas veja, a irmã mais nova dela é ainda mais bonita. Case-se com ela."
³Sansão disse: "Desta vez ninguém poderá me culpar de tudo que eu fizer a vocês, filisteus". ⁴Então saiu e capturou trezentas raposas. Amarrou-as em pares pela cauda e prendeu uma tocha em cada par de caudas. ⁵Depois, acendeu as tochas e soltou as raposas no meio das plantações de cereais dos filisteus. Assim, queimou tudo, tanto os feixes já ceifados como o cereal que ainda seria colhido. Também destruiu os vinhedos e os olivais.
⁶"Quem fez isto?", perguntaram os filisteus.
E responderam: "Foi Sansão, pois seu sogro, de Timna, deu a esposa de Sansão a seu acompanhante de casamento". Então os filisteus queimaram vivos a mulher e seu pai.
⁷Sansão disse aos filisteus: "Não descansarei enquanto não me vingar de vocês pelo que fizeram!". ⁸Ele os atacou com grande violência e matou muitos deles. Depois, foi morar numa caverna na rocha de Etã.
⁹Então os filisteus acamparam em Judá e se espalharam pelos arredores da cidade de Leí.
¹⁰Os homens de Judá perguntaram aos filisteus: "Por que vieram nos atacar?".
Os filisteus responderam: "Viemos capturar Sansão e nos vingar dele".
¹¹Então três mil homens de Judá desceram para buscar Sansão na caverna da rocha de Etã. "Você não sabe que os filisteus nos dominam?", disseram a Sansão. "O que você está fazendo conosco?"
Sansão respondeu: "Só fiz a eles o que fizeram a mim".
¹²Mas os homens de Judá lhe disseram: "Viemos amarrá-lo e entregá-lo aos filisteus".
"Está bem", disse Sansão. "Mas prometam que vocês mesmos não me farão mal."
¹³"Vamos apenas amarrá-lo e entregá-lo aos filisteus", responderam eles. "Não vamos matá-lo." Então o amarraram com duas cordas novas e o fizeram sair da rocha.
¹⁴Quando Sansão chegou a Leí, os filisteus vieram ao seu encontro, dando gritos de vitória. Mas o Espírito do Senhor veio com poder sobre Sansão, e ele rompeu as cordas em seus braços como se fossem barbantes de linho queimados, e as amarras caíram de suas mãos. ¹⁵Sansão encontrou a queixada de um jumento que tinha sido morto havia pouco

---

[a] **14.15** Conforme a Septuaginta; o hebraico traz *sétimo*.

PÃO DIÁRIO

Uma mecha de cabelo

Dalila fez Sansão dormir com a cabeça em seu colo e então chamou um homem para cortar as sete tranças do cabelo dele. Desse modo, começou a enfraquecê-lo, e suas forças o deixaram.

—Juízes 16.19

O astronauta Neil Armstrong foi o primeiro homem a pisar na Lua em 1969. Ele era frequentemente importunado pela mídia. Em busca de maior privacidade, ele e sua família mudaram-se para uma pequena cidade do interior. Contudo, a sua notoriedade lhe foi incômoda até naquele novo lugar. O barbeiro de Armstrong descobriu que as pessoas pagariam um bom dinheiro para ter uma mecha dos cabelos do astronauta. Assim, depois de cortar, algumas vezes, os cabelos do herói do espaço, ele vendeu as aparas para um comprador por uma quantia equivalente a 6.900 reais! Armstrong ficou chocado com o oportunismo desse barbeiro.

As Escrituras contam outra história de deslealdade e corte de cabelo. Como um símbolo do chamado de Deus a Sansão, o nazireu, ele jamais deveria cortar os cabelos (Jz 13.5). Quando o Espírito de Deus vinha sobre ele, Sansão recebia força sobre-humana para vencer os seus inimigos (15.14). Desejando dominá-lo, os filisteus contrataram Dalila, uma mulher que tinha um relacionamento com ele, para descobrir o segredo daquela força. Eles prometeram à jovem uma grande quantia de prata em troca da informação (16.5). Assim, Dalila dedicou-se a descobrir o segredo de Sansão. Em pouco tempo, ele fez a tolice de contar-lhe que a sua força física acabaria se o seu cabelo fosse cortado. Ela o fez dormir e cortaram suas tranças (v.19).

A cobiça pode nos impulsionar a agir com deslealdade com os outros e também com Deus, levando-nos a fazer escolhas pecaminosas. Nosso desejo deveria ser demonstrar um coração plenamente comprometido a amar o Senhor e as pessoas. "Os olhos do Senhor, passam por toda a terra para mostrar sua força àqueles cujo coração é inteiramente dedicado a ele." (2Cr 16.9).

Ajuda-me, Pai, a demonstrar sempre lealdade às pessoas que confiam em mim. Perdoa-me se te decepcionei ao fazer escolhas pecaminosas. Desejo ser leal em todos os meus relacionamentos — mas meu desejo mais profundo é ser sempre fiel a ti.

A lealdade é a prova do verdadeiro amor.

---

tempo. Ele a pegou e a usou para matar mil filisteus. ¹⁶Então disse:

"Com uma queixada de jumento,
  fiz deles montões!
Com uma queixada de jumento,
  matei mil homens!".

¹⁷Quando acabou de celebrar sua vitória, jogou fora a queixada; e aquele lugar foi chamado de Ramate-Leí.[a]

¹⁸Sansão sentiu muita sede e clamou ao Senhor: "Por meio da força de teu servo, concedeste este grande livramento. Acaso devo morrer de sede e cair nas mãos desses incircuncisos?". ¹⁹Então Deus fez jorrar água de um buraco no chão em Leí. Sansão bebeu e se reanimou. Chamou aquele lugar de En-Hacoré,[b] que existe em Leí até hoje.

²⁰Sansão julgou Israel durante vinte anos, no período em que os filisteus dominavam a terra.

Sansão leva embora os portões de Gaza

16 Certo dia, Sansão foi à cidade filisteia de Gaza e conheceu uma prostituta, com quem passou a noite. ²Logo correu a notícia[c] de que Sansão estava lá, e os homens de Gaza se reuniram e esperaram a noite toda junto aos portões da cidade. Ficaram em silêncio a noite inteira, pois pensavam: "Quando o dia clarear, vamos matá-lo".

³Mas Sansão ficou deitado só até a meia-noite. Então levantou-se, agarrou os portões da cidade, com os dois batentes, e os ergueu, junto com a tranca. Colocou-os sobre os ombros e os levou para o alto da colina que fica em frente de Hebrom.

Sansão e Dalila

⁴Algum tempo depois, Sansão se apaixonou por uma mulher chamada Dalila, que morava no vale de Soreque. ⁵Os governantes dos filisteus foram vê-la e disseram: "Seduza Sansão para que ele lhe diga o que o torna tão forte e como podemos dominá-lo e amarrá-lo sem que consiga se soltar. Então cada um de nós dará a você 1.100 peças[d] de prata".

---

[a] **15.17** *Ramate-Leí* significa "colina da queixada". [b] **15.19** *En-Hacoré* significa "a fonte daquele que clamou". [c] **16.2** Conforme a Septuaginta, a versão siríaca e a Vulgata; o hebraico não traz *Logo correu a notícia*. [d] **16.5** Em hebraico, *1.100 (siclos)*, cerca de 13,2 quilos.

> **REFLETINDO SOBRE: Abusando de nosso poder**
>
> ## Dalila
>
> *Pensei muito sobre tudo que acontece debaixo do sol, onde as pessoas têm poder para prejudicar umas às outras.*
> —Eclesiastes 8.9
>
> Ela acabara de escovar os cabelos e olhara para o seu relógio. Ele chegaria a qualquer momento. É claro que traria flores ou chocolates e talvez uma caixinha com algo brilhante em seu interior. A jovem realmente deveria acabar com tudo— afinal de contas, não era justo com o rapaz. Ela não estava atraída de verdade por ele, ainda que este parecesse estar levando o relacionamento a sério desde o início. Mas não lhe contaria já — era bom ser adorada e tomar todas as decisões. Tudo o que precisava fazer era dizer o nome do restaurante ou uma peça de teatro, mencionar um conserto que precisava ser feito em sua casa ou falar sobre alguma preocupação financeira. Ela sabia que tinha algo muito bom em mãos e queria desfrutar disso um pouco mais.
>
> Dalila vivia situação semelhante, e quando Sansão se apaixonou por ela, a jovem poderia ter insistido em iniciar um relacionamento adequado como marido e mulher. Poderia tê-lo influenciado a ir além de sua tendência de pregar peças maliciosas e o encorajado a assumir seriamente seu papel de juiz de Israel. Dalila poderia ter ajudado Sansão a se tornar um homem a quem outros poderiam respeitar e admirar por mais do que suas demonstrações ocasionais de força física. Mas ela usou seu poder para traí-lo, entregando-o a seus inimigos em troca de riquezas.
>
> Geralmente não percebemos o poder que temos em relacionamentos com namorados, maridos, filhos, parentes e amigos. Quanto mais íntimo o relacionamento, mais vulnerável a outra pessoa é. Percebendo ou não, usamos essa influência de formas que ajudam ou prejudicam os nossos queridos. Podemos usar o relacionamento para nosso benefício, sem considerar as necessidades da outra pessoa, ou podemos trazer à tona o melhor dela ao encorajá-la a se tornar a pessoa que Deus planejou que fosse. Ser o objeto do amor de alguém nos traz grande responsabilidade. No fim das contas, teremos que nos justificar a Deus pelo modo como lidamos com isso.

⁶Assim, Dalila disse a Sansão: "Conte-me, por favor, o que o torna tão forte e como poderia ser amarrado sem conseguir se soltar".

⁷Sansão respondeu: "Se eu fosse amarrado com sete cordas de arco novas, ainda não secas, ficaria tão fraco como qualquer outro homem".

⁸Então os governantes filisteus levaram para Dalila sete cordas de arco novas, e ela amarrou Sansão. ⁹Ela havia escondido alguns homens num dos quartos interiores da casa e gritou: "Sansão! Os filisteus vieram atacá-lo!". Mas Sansão arrebentou as cordas de arco de uma vez, como se rompe um pedaço de barbante queimado. E não descobriram o segredo de sua força.

¹⁰Mais tarde, Dalila disse a Sansão: "Você zombou de mim e mentiu! Agora conte-me, por favor, como poderia ser amarrado".

¹¹Sansão respondeu: "Se eu fosse amarrado firmemente com cordas novas em folha, que nunca foram usadas, ficaria tão fraco como qualquer outro homem".

¹²Assim, Dalila pegou cordas novas e o amarrou com elas. Os homens estavam escondidos no quarto interior como antes e, de novo, Dalila gritou: "Sansão! Os filisteus vieram atacá-lo!". Mais uma vez, porém, Sansão arrebentou as cordas em seus braços como se fossem fios.

¹³Então Dalila disse: "Você zombou de mim e mentiu! Agora conte-me, por favor, como poderia ser amarrado".

Sansão respondeu: "Se você tecesse as sete tranças de meu cabelo no pano de seu tear e o prendesse com o pino do tear, eu ficaria tão fraco como qualquer outro homem".

Enquanto Sansão dormia, Dalila teceu as sete tranças do cabelo dele no pano. ¹⁴Depois, prendeu-o com o pino do tear.ª De novo, ela gritou: "Sansão! Os filisteus vieram atacá-lo!".

ª 16.13-14 Conforme a Septuaginta e a Vulgata; o hebraico não traz todo o trecho *eu ficaria tão fraco como qualquer outro homem. [...] Depois, prendeu-o com o pino do tear.*

Mas Sansão acordou e soltou, de uma vez, o cabelo do tear e do pano.

¹⁵Então Dalila disse: "Como você pode dizer que me ama, se não me conta seus segredos? Zombou de mim três vezes e ainda não me disse o que o torna tão forte!". ¹⁶Todos os dias ela o atormentava com sua importunação, até ele não suportar mais.

¹⁷Por fim, contou-lhe seu segredo: "Meu cabelo nunca foi cortado, pois fui consagrado a Deus como nazireu desde o nascimento. Se minha cabeça fosse raspada, eu perderia as forças e ficaria tão fraco como qualquer outro homem".

¹⁸Dalila percebeu que, finalmente, Sansão havia lhe contado a verdade e mandou chamar os governantes filisteus. "Venham mais uma vez!", disse ela. "Sansão finalmente me contou seu segredo." Os governantes foram ao encontro dela e lhe deram o dinheiro. ¹⁹Dalila fez Sansão dormir com a cabeça em seu colo e então chamou um homem para cortar as sete tranças do cabelo dele. Desse modo, começou a enfraquecê-lo,[a] e suas forças o deixaram.

²⁰Então ela gritou: "Sansão! Os filisteus vieram atacá-lo!".

Ao acordar, ele pensou: "Farei como das outras vezes e me livrarei deles". Não sabia, porém, que o Senhor o havia deixado.

²¹Os filisteus o capturaram e furaram seus olhos. Levaram-no para Gaza, onde o prenderam com duas correntes de bronze, obrigando-o a moer cereais na prisão.

²²Não demorou muito, porém, e seu cabelo começou a crescer de novo.

A vitória final de Sansão

²³Os governantes filisteus realizaram uma grande festa, na qual ofereceram sacrifícios e louvaram seu deus, Dagom. "Nosso deus nos deu a vitória sobre nosso inimigo Sansão!", diziam eles.

²⁴Ao ver Sansão, o povo louvou o seu deus. "Nosso deus nos entregou nosso inimigo!", diziam. "Aquele que destruía a nossa terra e matou muitos de nós agora está em nosso poder!"

²⁵A essa altura, já estavam muito bêbados e começaram a gritar: "Tragam Sansão para que nos divirta!". Assim, trouxeram Sansão da prisão para diverti-los e o fizeram ficar em pé entre as duas colunas que sustentavam o teto.

²⁶Sansão disse ao jovem servo que o guiava pela mão: "Ponha minhas mãos nas duas colunas que sustentam o templo. Quero me apoiar nelas". ²⁷O templo estava lotado. Todos os governantes filisteus estavam presentes, e havia cerca de três mil homens e mulheres na cobertura vendo Sansão e se divertindo às custas dele.

²⁸Então Sansão orou ao Senhor: "Soberano Senhor, lembra-te de mim novamente. Por favor, ó Deus, fortalece-me só mais esta vez. Permite que, com um só golpe, eu me vingue dos filisteus pela perda de meus dois olhos". ²⁹Então Sansão se apoiou nas colunas centrais que sustentavam o templo, empurrou-as com as duas mãos ³⁰e exclamou: "Que eu morra com os filisteus!". E o templo desabou sobre os governantes filisteus e sobre todo o povo. Assim, Sansão matou mais pessoas quando morreu do que em toda a sua vida.

³¹Mais tarde, seus irmãos e outros parentes desceram para buscar o corpo. Eles o levaram de volta para casa e o sepultaram entre Zorá e Estaol, onde seu pai, Manoá, estava enterrado. Sansão julgou Israel durante vinte anos.

Os ídolos de Mica

17 Havia um homem chamado Mica, que vivia na região montanhosa de Efraim. ²Certo dia, disse à sua mãe: "Eu a ouvi amaldiçoar a pessoa que roubou suas 1.100 peças[b] de prata. Na verdade, fui eu quem roubou essa prata; ela está comigo".

"O Senhor o abençoe, meu filho", respondeu a mãe. ³Ele devolveu a prata, e ela disse: "Dedico solenemente estas peças de prata ao Senhor. Em favor de meu filho, mandarei fazer uma imagem esculpida e um ídolo de metal".

⁴Assim, quando ele devolveu a prata à mãe, ela separou duzentas peças e as entregou a um ourives. Delas ele fez uma imagem esculpida e um ídolo de metal, que foram colocados na casa de Mica. ⁵Esse homem, Mica, construiu um santuário para o ídolo e também fez um colete sacerdotal e alguns ídolos

---

[a] **16.19** Ou *começou a atormentá-lo*. A Septuaginta traz *ele começou a enfraquecer*. [b] **17.2** Em hebraico, *1.100 (siclos)*, cerca de 13,2 quilos.

do lar. Então nomeou um de seus filhos como seu sacerdote pessoal.

⁶Naqueles dias, Israel não tinha rei; cada um fazia o que parecia certo a seus próprios olhos. ⁷Certo dia, um jovem levita que vivia em Belém de Judá chegou àquela região. ⁸Havia saído de Belém à procura de outro lugar para morar. Em sua viagem, chegou à região montanhosa de Efraim e aconteceu de parar na casa de Mica. ⁹"De onde você vem?", perguntou Mica. Ele respondeu: "Sou levita, de Belém de Judá, e estou à procura de um lugar para morar".

¹⁰"Fique aqui comigo e seja pai e sacerdote para mim", disse Mica. "Eu lhe darei dez peças[a] de prata por ano, além de roupa e comida." ¹¹O jovem levita concordou e se tornou como um dos filhos de Mica.

¹²Então Mica nomeou o levita seu sacerdote pessoal, e o jovem ficou morando em sua casa. ¹³Mica disse: "Agora sei que o SENHOR será bondoso comigo, pois tenho um levita como meu sacerdote!".

Idolatria na tribo de Dã

18 Naqueles dias, Israel não tinha rei. A tribo de Dã procurava um lugar onde se estabelecer, pois ainda não tinha tomado posse do território que havia recebido como herança quando a terra foi dividida entre as tribos de Israel. ²Então os homens de Dã escolheram dentre seus clãs cinco guerreiros corajosos das cidades de Zorá e Estaol para explorar um território onde a tribo pudesse se estabelecer.

Quando esses guerreiros chegaram à região montanhosa de Efraim, pararam na casa de Mica e passaram a noite ali. ³Enquanto estavam na casa de Mica, reconheceram o sotaque do jovem levita, de modo que se aproximaram dele e perguntaram: "Quem o trouxe para cá e o que você está fazendo neste lugar? Por que está aqui?". ⁴O jovem respondeu: "Fiz um acordo com Mica, e ele me contratou como seu sacerdote pessoal".

⁵Então eles disseram: "Pergunte a Deus se nossa viagem será bem-sucedida".

⁶"Vão em paz", respondeu o sacerdote. "O SENHOR está cuidando de sua viagem."

⁷Os cinco homens prosseguiram até a cidade de Laís, onde notaram que os habitantes levavam uma vida tranquila, como os sidônios. Eram pacíficos e viviam em segurança, pois não havia quem os oprimisse em sua terra. Estavam longe de Sidom e não tinham nenhum aliado por perto.

⁸Quando os homens voltaram a Zorá e a Estaol, seus parentes lhes perguntaram: "O que vocês descobriram?".

⁹Eles responderam: "Vamos atacá-los! Vimos a terra, e ela é muito boa. O que vocês estão esperando? Não hesitem em avançar e tomar posse dela. ¹⁰Quando chegarem lá, verão que o povo leva uma vida tranquila. Deus nos deu uma terra espaçosa e fértil, onde não falta nada!".

¹¹Então seiscentos homens da tribo de Dã armados para a guerra partiram de Zorá e de Estaol. ¹²Acamparam num lugar a oeste de Quiriate-Jearim, em Judá, conhecido hoje como Maané-Dã.[b] ¹³Dali prosseguiram para a região montanhosa de Efraim e chegaram à casa de Mica.

¹⁴Os cinco homens que haviam explorado a terra nos arredores de Laís explicaram aos outros: "Numa destas casas há um colete sacerdotal, e também alguns ídolos do lar, uma imagem esculpida e um ídolo de metal. O que vocês acham que devem fazer?". ¹⁵Os cinco homens saíram da estrada principal e foram à casa de Mica, onde morava o jovem levita, e o saudaram. ¹⁶Os seiscentos guerreiros armados da tribo de Dã ficaram à entrada da porta, ¹⁷e os cinco espiões entraram no santuário e removeram a imagem esculpida, o colete sacerdotal, os ídolos do lar e o ídolo de metal. Enquanto isso, o sacerdote ficou junto à porta, com os seiscentos guerreiros armados.

¹⁸Quando o sacerdote viu que os homens estavam levando todos os objetos sagrados do santuário de Mica, perguntou: "O que vocês estão fazendo?".

¹⁹"Fique quieto e venha conosco", responderam. "Seja nosso pai e sacerdote. Não é melhor ser sacerdote de uma tribo inteira e de um clã de Israel do que da casa de um só homem?"

²⁰O jovem sacerdote aceitou de bom grado acompanhá-los. Pegou o colete sacerdotal, os ídolos do lar e a imagem esculpida e se

---

[a] 17.10 Em hebraico, *10 (siclos)*, cerca de 120 gramas. [b] 18.12 *Maané-Dã* significa "o acampamento de Dã".

REFLETINDO SOBRE: Traída e usada
A concubina do levita

Ele mesmo carregou nossos pecados em seu corpo na cruz.
—1 Pedro 2.24

Janet jogou o jornal com desgosto. Uma semana antes, ela havia visto o anúncio sobre a promoção de seu ex-marido no escritório de advocacia; o jornal dessa semana incluía o relato extravagante do casamento dele com a filha do sócio sênior. *Um estilo de vida bem diferente de nossos anos juntos,* ela pensou amargamente, ao olhar seu apartamento escassamente mobiliado. Janet tinha parado de estudar para trabalhar longas horas como garçonete enquanto seu marido concluía a universidade. Assim que passou no Exame de Ordem, ele a informou que não precisava mais dela.

A mulher em Juízes 19 sabia o que era ser traída e usada por homens. Quando uma multidão cercou a casa e exigiu que o levita saísse para ter relações sexuais, ele usou sua concubina para se proteger. Como ela deve ter ficado aterrorizada quando seu próprio marido a empurrou pela porta! Só podemos imaginar os horrores que ela sofreu enquanto a multidão enlouquecida a estuprava, em turnos, durante toda a noite.

O último versículo em Juízes explica este período triste na história de Israel: "...cada um fazia o que parecia certo a seus próprios olhos" (Jz 21.25). Hoje vivemos numa atmosfera semelhante. Os padrões de Deus para o certo e errado foram substituídos por relativismo moral e ética circunstancial. As pessoas fazem o que lhes parece certo e esperam que os outros sejam tolerantes.

Como resultado de tal decadência moral, as pessoas usam umas às outras de modo egoísta, para conseguir o que querem, magoando e amargurando outros. Mas, mesmo quando nos sentimos traídas exatamente por quem deveria nos amar e proteger, podemos ter a certeza de que há Alguém que sempre coloca o nosso bem-estar em primeiro lugar. Quando o pecado exigiu a penalidade de morte, Jesus não nos empurrou porta afora. Ele mesmo foi enfrentar a punição — e morreu na cruz por nós.

---

uniu a eles. ²¹Então deram a volta, colocaram as crianças, o gado e os bens na frente do grupo e partiram.

²²Quando os membros da tribo de Dã estavam longe da casa de Mica, ele e seus vizinhos foram atrás deles. ²³Gritavam para os homens de Dã, que se voltaram e disseram a Mica: "Qual é o problema? Por que você convocou esses homens para nos perseguir?".

²⁴Mica respondeu: "Como é que vocês me perguntam qual é o problema? Tomaram todos os deuses que fiz e levaram meu sacerdote! Não me restou nada!".

²⁵Os homens de Dã disseram: "Cuidado com o que você diz! Temos em nosso meio alguns homens agressivos que poderiam ficar com raiva e matar você e sua família". ²⁶Assim, os homens de Dã seguiram seu caminho. Quando Mica viu que eram numerosos demais para atacá-los, deu meia-volta e foi para casa.

²⁷Então os homens de Dã, levando os ídolos de Mica e seu sacerdote, chegaram à cidade de Laís, cujo povo era pacífico e vivia em segurança. Mataram à espada os habitantes e queimaram a cidade. ²⁸Não havia ninguém que livrasse os habitantes da cidade, pois estavam longe de Sidom e não tinham nenhum aliado por perto. Isso aconteceu no vale de Bete-Reobe.

Então o povo da tribo de Dã reconstruiu a cidade e passou a habitar nela. ²⁹Mudaram seu nome para Dã, em homenagem ao antepassado deles, o filho de Jacó.ᵃ Antes disso, a cidade se chamava Laís.

³⁰Levantaram ali a imagem esculpida e nomearam Jônatas, filho de Gérson, filho de Moisés,ᵇ como seu sacerdote. Os descendentes de Jônatas serviram como sacerdotes da tribo de Dã até a época do exílio. ³¹Assim, a tribo de Dã adorou a imagem esculpida de

---

ᵃ**18.29** Em hebraico, *Israel*. Os nomes "Jacó" e "Israel" são usados de forma intercambiável ao longo de todo o Antigo Testamento e se referem, por vezes, ao patriarca e, em outras ocasiões, à nação. ᵇ**18.30** Conforme antiga tradição hebraica, alguns manuscritos gregos e a Vulgata; o Texto Massorético traz *filho de Manassés*.

Mica durante todo o tempo em que a casa de Deus permaneceu em Siló.

O levita e sua concubina

19 Naqueles dias, Israel não tinha rei. Havia um homem da tribo de Levi que morava num lugar afastado, na região montanhosa de Efraim. Certo dia, ele trouxe para casa uma mulher de Belém de Judá para ser sua concubina. ²Mas ela se irou com ele[a] e voltou para a casa de seu pai, em Belém.

Cerca de quatro meses depois, ³seu marido foi a Belém para reconquistá-la e convencê-la a voltar com ele. Levou consigo um servo e dois jumentos. Quando ele chegou, a mulher o levou até seu pai, que o recebeu com alegria. ⁴O sogro insistiu para que ficasse algum tempo, e ele permaneceu ali três dias, comendo, bebendo e dormindo.

⁵No quarto dia, levantaram-se cedo e ele estava pronto para partir, mas o pai da mulher disse a seu genro: "Coma alguma coisa antes de sair". ⁶Os dois se sentaram, comeram e beberam. Então o pai da mulher disse: "Por favor, fique mais uma noite e alegre seu coração". ⁷O homem se levantou para partir, mas o sogro continuou a insistir para que ele ficasse. Por fim, ele cedeu e passou mais uma noite ali.

⁸Na manhã do quinto dia, ele se levantou cedo e estava pronto para partir, e outra vez o pai da mulher disse: "Coma alguma coisa; deixe para sair à tarde". Assim, fizeram mais uma refeição juntos. ⁹Mais tarde, quando o homem, a concubina e o servo se preparavam para partir, o sogro disse: "Já está escurecendo. Passe a noite aqui e alegre seu coração. Amanhã você pode levantar cedo e partir".

¹⁰Dessa vez, porém, o homem estava decidido a partir. Rumou para Jebus (isto é, Jerusalém), levando consigo os jumentos com suas selas e a concubina. ¹¹Chegaram perto de Jebus quase no final do dia, e o servo disse ao homem: "Vamos parar nesta cidade dos jebuseus e passar a noite aqui".

¹²Seu senhor respondeu: "Não podemos ficar numa cidade estrangeira, que não pertence aos israelitas. Vamos prosseguir até Gibeá. ¹³Venha, vamos tentar chegar a Gibeá ou a Ramá e passaremos a noite numa dessas cidades".

¹⁴Então prosseguiram. O sol estava se pondo quando chegaram a Gibeá, uma cidade no território de Benjamim, ¹⁵e pararam ali para passar a noite. Sentaram-se na praça da cidade, mas ninguém se ofereceu para hospedá-los.

¹⁶Ao anoitecer, um homem idoso voltava para casa do trabalho no campo. Era da região montanhosa de Efraim, mas morava em Gibeá, onde os habitantes eram da tribo de Benjamim. ¹⁷Quando viu os viajantes sentados na praça da cidade, perguntou de onde vinham e para onde iam.

¹⁸O homem respondeu: "Estamos viajando de Belém de Judá para um lugar afastado na região montanhosa de Efraim, onde eu moro. Fui a Belém e agora estou voltando para casa.[b] Ninguém quis nos hospedar, ¹⁹embora tenhamos tudo de que precisamos. Temos palha e forragem para os jumentos e bastante pão e vinho para nós".

²⁰"Vocês são bem-vindos em minha casa", disse o homem idoso. "Eu lhes darei o que precisarem. Não passem a noite na praça, de jeito nenhum!" ²¹Ele os levou para casa e alimentou os jumentos. Depois que lavaram os pés, comeram e beberam juntos.

²²Enquanto eles se alegravam, um grupo de homens perversos da cidade cercou a casa. Começaram a bater na porta e gritar para o velho, o dono da casa: "Traga para fora o homem que está hospedado com você, para que tenhamos relações com ele!".

²³O dono da casa saiu e falou com eles: "Não, meus irmãos, não façam tamanha maldade. O homem é hóspede em minha casa, e uma coisa dessas seria uma vergonha. ²⁴Tomem minha filha virgem e a concubina do homem. Eu as trarei para fora, e vocês poderão violentá-las e fazer o que desejarem. Mas não façam uma coisa vergonhosa dessas com meu hóspede".

²⁵Eles, porém, não deram ouvidos. Então o levita pegou sua concubina e a empurrou para fora. Os homens da cidade abusaram dela e a estupraram a noite toda. Por fim, quando o sol começou a nascer, eles a largaram. ²⁶Ao amanhecer, a mulher voltou para casa onde o

---

[a] 19.2 Ou *foi infiel a ele*. [b] 19.18 Conforme a Septuaginta (ver tb. 19.29); o hebraico traz *agora estou indo para o tabernáculo do SENHOR*.

marido estava hospedado. Caiu junto à porta da casa e ali ficou até o dia clarear.

²⁷Quando o marido se levantou e abriu a porta para sair e seguir viagem, lá estava a concubina, caída à porta, com as mãos na soleira. ²⁸Ele disse: "Levante-se! Vamos embora!". Mas não houve resposta.ᵃ Então ele pôs o corpo da mulher sobre o jumento e a levou para casa.

²⁹Quando chegou em casa, pegou uma faca, desmembrou o corpo da concubina em doze partes e enviou uma parte para cada tribo em todo o território de Israel.

³⁰Todos que viram isso disseram: "Desde que os israelitas saíram do Egito, nunca se cometeu um crime tão horrível. Pensem bem! O que vamos fazer? Quem vai se pronunciar?".

Guerra entre Israel e Benjamim

20 Então todos os israelitas se uniram como um só homem, desde Dã, ao norte, até Berseba, ao sul, incluindo os que moravam na terra de Gileade. A comunidade toda se reuniu na presença do Senhor, em Mispá. ²Os líderes de todo o povo e todas as tribos de Israel, quatrocentos mil guerreiros armados com espadas, tomaram seus lugares na reunião sagrada do povo de Deus. ³Logo chegou à terra de Benjamim a notícia de que as outras tribos haviam subido a Mispá. E os israelitas se perguntaram: "Como esse crime horrível pôde acontecer?".

⁴O levita, marido da mulher assassinada, disse: "Minha concubina e eu chegamos para passar a noite em Gibeá, cidade da tribo de Benjamim. ⁵Naquela noite, alguns dos líderes da cidade cercaram a casa com a intenção de me matar, e violentaram minha concubina até ela morrer. ⁶Então desmembrei o corpo dela em doze partes e as enviei por todos os territórios da herança de Israel, pois esses homens cometeram um crime terrível e vergonhoso. ⁷Portanto, todos vocês, israelitas, decidam agora o que se deve fazer a esse respeito!".

⁸Todos se levantaram ao mesmo tempo e declararam: "Nenhum de nós voltará para casa! Nem um só homem! ⁹Mas é isto que faremos a Gibeá: realizaremos um sorteio para resolver quem a atacará. ¹⁰A décima parte dos homensᵇ de cada tribo ficará responsável por providenciar a alimentação dos guerreiros, e o restante se vingará de Gibeáᶜ de Benjamim por esse ato vergonhoso cometido em Israel". ¹¹Todos os israelitas estavam plenamente de acordo e se uniram para atacar a cidade.

¹²As tribos de Israel enviaram mensageiros à tribo de Benjamim para lhes dizer: "Que crime terrível foi cometido em seu meio! ¹³Entreguem os homens perversos de Gibeá, para que os executemos e eliminemos esse mal de Israel".

Mas o povo da tribo de Benjamim não deu ouvidos. ¹⁴Em vez disso, vieram de suas cidades e se reuniram em Gibeá para lutar contra os israelitas. ¹⁵Ao todo, 26 mil guerreiros armados com espadas chegaram a Gibeá para se juntar à tropa especial de setecentos homens que viviam ali. ¹⁶Dentre todos esses guerreiros, havia um grupo de setecentos canhotos, e cada um deles conseguia atirar uma pedra com uma funda e acertar um fio de cabelo com precisão. ¹⁷Sem os guerreiros de Benjamim, Israel tinha quatrocentos mil soldados hábeis no uso da espada.

¹⁸Antes da batalha, os israelitas foram a Betel e perguntaram a Deus: "Qual das tribos deve ir primeiro e atacar o povo de Benjamim?".

O Senhor respondeu: "Judá irá primeiro".

¹⁹Na manhã seguinte, os israelitas partiram bem cedo e acamparam perto de Gibeá. ²⁰Então avançaram em direção a Gibeá para atacar os homens de Benjamim. ²¹Os guerreiros de Benjamim que estavam defendendo a cidade saíram e mataram 22 mil israelitas no campo de batalha naquele dia.

²²Mas os israelitas animaram uns aos outros e, mais uma vez, assumiram suas posições no mesmo lugar do dia anterior. ²³Eles tinham subido a Betel e chorado na presença do Senhor até a tarde. Haviam perguntado ao Senhor: "Devemos lutar novamente contra nossos parentes de Benjamim?".

E o Senhor tinha dito: "Saiam e lutem contra eles".

²⁴Saíram no dia seguinte para lutar novamente contra os homens de Benjamim, ²⁵mas os homens de Benjamim que haviam partido

---

ᵃ **19.28** A Septuaginta acrescenta *pois ela estava morta*. ᵇ **20.10a** Em hebraico, *dez homens para cada cem, cem homens para cada mil e mil homens para cada dez mil.* ᶜ **20.10b** Em hebraico, *Geba*, neste caso uma variação de Gibeá; também em 20.33.

de Gibeá mataram mais dezoito mil israelitas, todos hábeis no uso da espada.

²⁶Então todos os israelitas subiram a Betel, choraram na presença do Senhor e jejuaram até a tarde. Também apresentaram ao Senhor holocaustos e ofertas de paz. ²⁷Os israelitas subiram para buscar a direção do Senhor. (Naqueles dias, a arca da aliança de Deus estava em Betel, ²⁸e Fineias, filho de Eleazar e neto de Arão, era o sacerdote.) Eles perguntaram ao Senhor: "Devemos lutar novamente contra nossos parentes de Benjamim, ou devemos parar?".

O Senhor disse: "Vão! Amanhã eu os entregarei em suas mãos".

²⁹Então os israelitas armaram emboscadas ao redor de Gibeá. ³⁰Avançaram contra os guerreiros de Benjamim no terceiro dia e tomaram suas posições nos mesmos lugares de antes. ³¹Quando os homens de Benjamim saíram para atacar, foram atraídos para longe da cidade. Como antes, começaram a matar os israelitas. Cerca de trinta israelitas morreram nos campos abertos, ao longo da estrada que vai para Betel e da estrada que leva de volta a Gibeá.

³²Os guerreiros de Benjamim gritaram: "Derrotamos vocês, como antes!". Mas os israelitas já haviam planejado fugir para que os homens de Benjamim os perseguissem pelas estradas e fossem atraídos para longe da cidade.

³³Quando os guerreiros israelitas chegaram a Baal-Tamar, voltaram-se e assumiram suas posições. Enquanto isso, os israelitas que estavam escondidos na emboscada a oeste[a] de Gibeá entraram em combate. ³⁴Dez mil soldados da tropa especial de Israel avançaram contra Gibeá. A luta foi tão intensa que Benjamim não percebeu a calamidade que estava por vir. ³⁵O Senhor ajudou Israel a derrotar Benjamim e, naquele dia, os israelitas mataram 25.100 guerreiros de Benjamim, todos hábeis no uso da espada. ³⁶Então os homens de Benjamim viram que estavam derrotados.

Os israelitas bateram em retirada diante dos guerreiros de Benjamim a fim de dar aos homens que estavam escondidos na emboscada mais espaço para atacar Gibeá. ³⁷Aqueles que estavam escondidos avançaram de todos os lados e mataram todos os habitantes. ³⁸Tinham combinado de mandar como sinal de dentro da cidade uma grande nuvem de fumaça. ³⁹Quando os israelitas viram a fumaça, voltaram e atacaram os guerreiros de Benjamim.

Àquela altura, os guerreiros de Benjamim haviam matado cerca de trinta israelitas e gritaram: "Derrotamos vocês, como antes!". ⁴⁰Mas, quando os guerreiros de Benjamim olharam para trás e viram que, em todas as partes da cidade, a fumaça subia ao céu, ⁴¹os guerreiros de Israel se voltaram e atacaram. Os homens de Benjamim ficaram apavorados, pois perceberam a calamidade que estava prestes a vir sobre eles. ⁴²Deram meia-volta e fugiram diante dos israelitas em direção ao deserto, mas não conseguiram escapar da batalha, pois soldados que saíram das cidades vizinhas também os atacaram.[b] ⁴³Os israelitas cercaram os homens de Benjamim e os perseguiram até os alcançarem no local de descanso, a leste de Gibeá.[c] ⁴⁴Naquele dia, dezoito mil dos guerreiros mais corajosos de Benjamim morreram na batalha. ⁴⁵Os sobreviventes fugiram para o deserto, em direção à rocha de Rimom, mas os israelitas mataram cinco mil deles ao longo da estrada. Eles continuaram a perseguição e mataram mais dois mil homens perto de Gidom.

⁴⁶Naquele dia, portanto, a tribo de Benjamim perdeu 25 mil guerreiros valentes e hábeis no uso da espada, ⁴⁷e restaram apenas seiscentos homens que fugiram para a rocha de Rimom, onde viveram durante quatro meses. ⁴⁸Os israelitas voltaram e mataram todo ser vivo que restou nas cidades, pessoas, animais e tudo que encontraram. Também queimaram todas as cidades por onde passaram.

Esposas para os homens de Benjamim

21 Os israelitas haviam jurado em Mispá: "Jamais entregaremos nossas filhas em casamento a homens da tribo de Benjamim". ²Então o povo foi a Betel e permaneceu na presença de Deus até a tarde, chorando sem parar em alta voz: ³"Ó Senhor, Deus de Israel, por que aconteceu isso com Israel?", diziam. "Agora está faltando uma de nossas tribos!"

⁴Na manhã seguinte, bem cedo, construíram um altar e ali apresentaram holocaustos

---

[a] **20.33** Conforme a Septuaginta, a versão siríaca e a Vulgata; o hebraico traz *escondidos no espaço aberto*. [b] **20.42** Ou *e as pessoas que saíram das cidades vizinhas também foram mortas*. [c] **20.43** O significado do hebraico é incerto.

e ofertas de paz. ⁵Então os israelitas disseram: "Quem dentre as tribos de Israel não participou da reunião sagrada que realizamos em Mispá, na presença do Senhor?". Naquela ocasião, haviam feito um juramento solene na presença do Senhor de que matariam quem se recusasse a comparecer.

⁶Os israelitas tiveram pena de seu irmão Benjamim e disseram: "Hoje foi eliminada uma das tribos de Israel. ⁷Como conseguiremos esposas para os poucos que restam, se juramos pelo Senhor que não lhes daríamos nossas filhas em casamento?".

⁸Então perguntaram: "Quem dentre as tribos de Israel não compareceu conosco a Mispá quando nos reunimos na presença do Senhor?". E descobriram que ninguém de Jabes-Gileade havia participado da reunião sagrada. ⁹Ao contarem o povo, verificaram que ninguém de Jabes-Gileade estava presente.

¹⁰Então a comunidade enviou doze mil de seus melhores guerreiros a Jabes-Gileade com ordens para matar seus habitantes, incluindo mulheres e crianças. ¹¹"É isto que vocês devem fazer", disseram. "Destruam completamente todos os homens e também todas as mulheres que não forem virgens." ¹²Entre os habitantes de Jabes-Gileade, encontraram quatrocentas moças que nunca haviam se deitado com um homem e as levaram para o acampamento em Siló, na terra de Canaã.

¹³Toda a comunidade enviou uma delegação de paz aos homens restantes de Benjamim que estavam na rocha de Rimom. ¹⁴Os homens de Benjamim voltaram e receberam como esposas as quatrocentas mulheres de Jabes-Gileade que tinham sido poupadas. Mas não havia mulheres em número suficiente para todos eles.

¹⁵O povo teve pena de Benjamim, pois o Senhor havia aberto uma lacuna entre as tribos de Israel. ¹⁶Então os líderes da comunidade perguntaram: "Como conseguiremos esposas para os poucos homens que restam, uma vez que as mulheres da tribo de Benjamim foram mortas? ¹⁷Os sobreviventes precisam ter herdeiros, para que não seja eliminada uma tribo inteira de Israel. ¹⁸Contudo, não podemos lhes dar nossas filhas em casamento, pois juramos solenemente que quem o fizer ficará sob a maldição de Deus".

¹⁹Então eles se lembraram da festa anual do Senhor, em Siló, ao sul de Lebona e ao norte de Betel, do lado leste da estrada que vai de Betel a Siquém. ²⁰Disseram aos homens de Benjamim que ainda precisavam de esposas: "Vão e escondam-se nos vinhedos. ²¹Quando virem as moças de Siló irem para as danças, saiam correndo dos esconderijos e cada um leve uma delas para a terra de Benjamim, para ser sua esposa. ²²E quando os pais e os irmãos delas vierem se queixar a nós, diremos: 'Por favor, tenham compaixão. Deixem que fiquem com suas filhas, pois não encontramos esposas para todos eles quando destruímos Jabes-Gileade. E vocês não são culpados de quebrarem seu juramento, pois, na verdade, não deram suas filhas para eles em casamento'".

²³Os homens de Benjamim seguiram essas instruções. Cada um pegou uma das moças que dançavam na comemoração e a levou para ser sua esposa. Voltaram para sua terra, reconstruíram suas cidades e habitaram nelas.

²⁴Então os israelitas partiram, por tribos e famílias, e cada um voltou para sua terra.

²⁵Naqueles dias, Israel não tinha rei; cada um fazia o que parecia certo a seus próprios olhos.

RUTE

INTRODUÇÃO

Este livro, e também o de Juízes, trata da vida de Israel desde a morte de Josué até o governo de Eli.

Nome. Derivado do personagem principal, Rute.

Conteúdo. É propriamente uma continuação do livro de Juízes, mostrando a vida da época em sua maior simplicidade. Também é especialmente importante porque mostra a linhagem de Davi através de toda a história de Israel e, portanto, é um elo na genealogia de Cristo.

Assuntos típicos. (1) Rute é um tipo de noiva gentia de Cristo e sua experiência é semelhante à de qualquer cristão devoto. (2) Boaz, o rico belemita, aceitando esta mulher estrangeira ilustra a obra redentora de Jesus.

As palavras-chave do livro de Rute são "amor e fé".

ESBOÇO

1. Residência em Moabe, 1.1-5
2. Retorno a Jerusalém, 1.6-22
3. Rute e Boaz, Caps. 2–4
   3.1. Colhendo nos campos de Boaz, Cap. 2
   3.2. Rute casa-se com Boaz, Caps. 3–4
      a) Uma ação ousada, Cap. 3
      b) Redenção da herança de Noemi, 4.1-12
      c) Rute se torna a esposa de Boaz, 4.13-17
      d) Genealogia de Davi, 4.18-22

Diz-se que o capítulo 1 é Rute *decidindo*, o capítulo 2 é Rute *servindo*, o capítulo 3 é Rute *descansando* e o capítulo 4 é Rute *recompensada*.

PARA ESTUDO E DISCUSSÃO

[1] Cada um dos personagens do livro.
[2] Toda a história de Rute comparada às histórias de Juízes (Caps. 17–21) para ter uma visão do melhor e do pior da condição social deles.
[3] O valor da alma que confia (Rute).

A família de Elimeleque se muda para Moabe

1 Nos dias em que os juízes governavam Israel, houve grande fome na terra. Por isso, um homem deixou seu lar, em Belém de Judá, e foi morar na terra de Moabe, levando consigo esposa e dois filhos. ²O homem se chamava Elimeleque, e a esposa, Noemi. Os filhos se chamavam Malom e Quiliom. Eram efrateus de Belém de Judá. Quando chegaram a Moabe, estabeleceram-se ali.

³Elimeleque morreu, e Noemi ficou com os dois filhos. ⁴Eles se casaram com mulheres moabitas, que se chamavam Rute e Orfa. Cerca de dez anos depois, ⁵Malom e Quiliom também morreram. Noemi ficou sozinha, sem os dois filhos e sem o marido.

Noemi e Rute se mudam para Belém

⁶Noemi soube em Moabe que o Senhor havia abençoado seu povo, dando-lhe boas colheitas. Então Noemi e suas noras se prepararam para deixar Moabe. ⁷Ela partiu com suas noras do lugar onde havia morado e seguiram para a terra de Judá.

⁸A certa altura, porém, Noemi disse às noras: "Voltem para a casa de suas mães! Que o Senhor as recompense pelo amor que demonstraram por seus maridos e por mim. ⁹Que o Senhor as abençoe com a segurança de um novo casamento". Então deu-lhes um beijo de despedida, e as três começaram a chorar em alta voz.

¹⁰"Não!", disseram elas. "Queremos ir com você para o seu povo!"

¹¹Noemi, porém, respondeu: "Voltem, minhas filhas. Por que vocês viriam comigo? Acaso eu ainda poderia dar à luz outros filhos que cresceriam e se tornariam seus maridos? ¹²Não, minhas filhas, voltem, pois sou velha demais para me casar outra vez. E, mesmo que fosse possível eu me casar esta noite e ter filhos, o que aconteceria então? ¹³Vocês esperariam que eles crescessem, deixando assim de se casarem com outro homem? Claro que não, minhas filhas! Esta situação é muito mais amarga para mim do que para vocês, pois o próprio Senhor está contra mim".

¹⁴Então choraram juntas mais uma vez. Orfa se despediu de sua sogra com um beijo, mas Rute se apegou firmemente a Noemi. ¹⁵"Olhe, sua cunhada voltou para o povo e para os deuses dela", disse Noemi a Rute. "Você deveria fazer o mesmo!"

¹⁶Rute respondeu: "Não insista comigo para deixá-la e voltar. Aonde você for, irei; onde você viver, lá viverei. Seu povo será o meu povo, e seu Deus, o meu Deus. ¹⁷Onde você morrer, ali morrerei e serei sepultada. Que o Senhor me castigue severamente se eu permitir que qualquer coisa, a não ser a morte, nos separe!". ¹⁸Quando Noemi viu que Rute estava decidida a ir com ela, não insistiu mais.

¹⁹Então as duas seguiram viagem. Quando chegaram a Belém, toda a cidade se agitou por causa delas. "Será que é mesmo Noemi?", perguntavam as mulheres.

²⁰"Não me chamem de Noemi", respondeu ela. "Chamem-me de Mara,[a] pois o Todo-poderoso tornou minha vida muito amarga. ²¹Cheia eu parti, mas o Senhor me trouxe de volta vazia. Por que me chamar de Noemi se o Senhor me fez sofrer e se o Todo-poderoso trouxe calamidade sobre mim?"

²²Assim, Noemi voltou de Moabe acompanhada de sua nora Rute, a jovem moabita. Elas chegaram a Belém quando começava a colheita da cevada.

Rute trabalha no campo de Boaz

2 Havia em Belém um homem rico e respeitado chamado Boaz. Ele era parente de Elimeleque, o marido de Noemi.

²Certo dia, Rute, a moabita, disse a Noemi: "Deixe-me ir ao campo ver se alguém, em sua bondade, me permite recolher as espigas de cereal que sobrarem".

Noemi respondeu: "Está bem, minha filha, pode ir". ³Rute saiu para colher espigas após os ceifeiros. Aconteceu de ela ir trabalhar num campo que pertencia a Boaz, parente de seu sogro, Elimeleque.

⁴Enquanto Rute estava ali, Boaz chegou de Belém e saudou os ceifeiros: "O Senhor esteja com vocês!".

"O Senhor o abençoe!", responderam os ceifeiros.

---

[a] **1.20** *Noemi* significa "agradável"; *Mara* significa "amarga".

⁵Então Boaz perguntou a seu capataz: "Quem é aquela moça? A quem ela pertence?".

⁶O capataz respondeu: "É a moça que veio de Moabe com Noemi. ⁷Hoje de manhã ela me pediu permissão para colher espigas após os ceifeiros. Desde que chegou, não parou de trabalhar um instante sequer, a não ser por alguns minutos de descanso no abrigo".

⁸Boaz foi até Rute e disse: "Ouça, minha filha. Quando for colher espigas, fique conosco; não vá a nenhum outro campo. Acompanhe as moças que trabalham para mim. ⁹Observe em que parte do campo estão colhendo e vá atrás delas. Avisei os homens para não a tratarem mal. E, quando tiver sede, sirva-se da água que os servos tiram do poço".

¹⁰Rute se curvou diante dele, com o rosto no chão, e disse: "O que fiz para merecer tanta bondade? Sou apenas uma estrangeira!".

¹¹"Eu sei", respondeu Boaz. "Mas também sei de tudo que você fez por sua sogra desde a morte de seu marido. Ouvi falar de como você deixou seu pai, sua mãe e sua própria terra para viver aqui no meio de desconhecidos. ¹²Que o Senhor, o Deus de Israel, sob cujas asas você veio se refugiar, a recompense ricamente pelo que você fez."

¹³Ela respondeu: "Espero que eu continue a receber sua bondade, meu senhor, pois me animou com suas palavras gentis, embora eu nem seja uma de suas servas".

¹⁴Na hora da refeição, Boaz lhe disse: "Venha cá e sirva-se de comida; também pode molhar o pão no vinagre". Rute sentou-se junto aos ceifeiros, e Boaz lhe deu grãos tostados. Ela comeu até ficar satisfeita, e ainda sobrou alimento.

¹⁵Quando Rute voltou ao trabalho, Boaz ordenou a seus servos: "Permitam que ela colha espigas entre os feixes e não a incomodem. ¹⁶Tirem dos feixes algumas espigas de cevada e deixem-nas cair para que ela as recolha. Não a atrapalhem!".

¹⁷Assim, Rute colheu cevada o dia todo e, à tarde, quando debulhou o cereal, encheu quase um cesto inteiro.ª ¹⁸Carregou tudo para a cidade e mostrou à sua sogra. Também lhe deu o que havia sobrado da refeição.

¹⁹"Onde você colheu todo esse cereal?", perguntou Noemi. "Onde você trabalhou hoje? Que seja abençoado quem a ajudou!"

Então Rute contou à sogra com quem havia trabalhado: "O homem com quem trabalhei hoje se chama Boaz".

²⁰"O Senhor o abençoe!", disse Noemi à nora. "O Senhor não deixou de lado sua bondade tanto pelos vivos como pelos mortos. Esse homem é um de nossos parentes mais próximos, o resgatador de nossa família."

²¹Rute, a moabita, acrescentou: "Boaz disse que devo voltar e trabalhar com seus ceifeiros até que terminem toda a colheita".

²²"Muito bom!", exclamou Noemi. "Faça o que ele disse, minha filha. Fique com as servas dele até o final da colheita. Em outros campos, poderiam maltratá-la."

²³Assim, Rute trabalhou com as servas nos campos de Boaz e recolheu espigas com elas até o final das colheitas da cevada e do trigo. Nesse tempo, ficou morando com sua sogra.

O encontro na eira

3 Certo dia, Noemi disse a Rute: "Minha filha, é hora de eu encontrar para você um lar seguro e feliz. ²Esse Boaz, senhor das moças com quem você trabalhou, é nosso parente próximo. Hoje à noite, ele estará na eira, onde se debulha a cevada. ³Faça o que lhe direi: tome banho, perfume-se e vista sua melhor roupa. Depois vá até lá, mas não deixe que Boaz a veja enquanto ele não tiver terminado de comer e beber. ⁴Repare bem no lugar onde ele se deitar. Então vá, descubra os pés dele e deite-se ali. Ele lhe dirá o que fazer".

⁵"Farei tudo que você disse", respondeu Rute. ⁶Assim, naquela noite, ela desceu até a eira e seguiu as instruções de sua sogra.

⁷Quando Boaz terminou de comer e beber e estava alegre, foi deitar-se perto de um monte de grãos e pegou no sono. Rute se aproximou em silêncio, descobriu os pés dele e se deitou. ⁸Por volta da meia-noite, Boaz acordou de repente. Ele se virou e ficou admirado de encontrar uma mulher deitada a seus pés. ⁹"Quem é você?", perguntou ele.

ª **2.17** Em hebraico, *quase 1 efa*, cerca de 20 litros.

Aprendendo com as mulheres da Bíblia

RUTE

Como ver Deus no cotidiano da vida

A trama da história de Rute se desenrola no tempo dos juízes, um período de bárbara opressão e derramamento de sangue, e a fome era somada à sua desgraça. Em Belém não havia comida, então Elimeleque escolheu levar sua família para Moabe.

Lá, a família enfrentou primeiramente a perda de Elimeleque. Nessa mesma época, os filhos, que haviam se casado com mulheres moabitas, também morreram. Portanto, essa narrativa começa com três viúvas numa situação triste e desesperadora. Porém, em Belém, a fome havia passado.

Orfa e Rute enfrentariam um futuro incerto se voltassem com Noemi para Belém. As duas jovens deveriam permanecer em Moabe. Noemi as beijou e com isso as liberou de qualquer obrigação familiar. Elas haviam ficado voluntariamente com Noemi após a morte de seus maridos, mas não podiam perder sua própria felicidade para cuidar da sogra. Sem poder fazer qualquer coisa pelas noras, Noemi orou para que Deus as sustentasse e lhes desse um marido que cuidasse delas.

No entanto, Orfa e Rute responderam: "Queremos ir com você para o seu povo!". Quer tenha sido por lealdade aos maridos mortos, quer por amor à sogra, Rute e Orfa decidiram seguir para Belém, mas Noemi tentou demovê-las dessa decisão.

O argumento de Noemi foi mais do que um esforço para as persuadir a não permanecerem com ela. É também um lamento acusando Deus de arruinar a sua vida. Basicamente Noemi disse a Orfa e Rute que, se Deus a estava castigando, permanecer na companhia dela seria buscar o infortúnio.

O segundo esforço em persuadi-las foi eficaz para Orfa. Mas Rute ficou inabalável em sua decisão de permanecer com Noemi e declarou-lhe o seu amor e a sua amizade (1.16,17), que convenceram a sogra a desistir de persuadi-la do contrário.

O amor leal de Rute a fez decidir pelo povo e pelo Deus de Noemi. Ambas enfrentariam dificuldades. Porém, Rute estava disposta a enfrentar isso numa cultura estrangeira, onde não tinha qualquer certeza ou garantia.

As duas seguiram viagem e, quando chegaram a Belém, "toda a cidade se agitou por causa delas" (1.19). Mais de dez anos tinham se passado desde que Noemi e sua família haviam deixado a cidade. "Será que é mesmo Noemi?", as mulheres questionavam.

Ao ouvir o seu nome, Noemi se lembrou da ironia que ele continha. *Noemi* significa "agradável" ou "adorável". "Agradável?", indagou ela. "Chamem-me de *Mara*, Amarga." E, conforme falava, sua indignação com Deus foi manifesta mais uma vez ao afirmar que o Senhor lhe tirara tudo. Concentrou-se no negativo e se tornou amarga.

Sua chegada a Belém se deu no início da colheita de cevada. Ambas precisavam de comida, então Rute decidiu seguir os ceifeiros durante a colheita para recolher do chão qualquer grão que fosse deixado para trás.

Rute acabou entrando no campo pertencente a Boaz, parente de Elimeleque, seu sogro. Por trás do que parece ser "sorte", repousa o propósito divino. Mesmo nos "acasos" da vida, a mão de Deus está agindo por nós. De repente, esse parente rico e influente de Noemi apareceu na cena enquanto Rute estava lá!

Depois de uma rápida conversa com seu capataz, Boaz concedeu a Rute o status de "respigadora favorecida" em seus campos. Seguindo cuidadosamente suas instruções, Rute estaria protegida dos jovens que poderiam incomodá-la. Ela poderia recolher muito mais grãos do que o normal.

Boaz também a convidou para uma refeição adequada com seus ceifeiros. Ao final de seu primeiro dia, ela voltou para Noemi com um cesto com cerca de 22 kg de grãos. O sucesso de Rute excedera, em muito, as expectativas que ela tinha quando saíra pela manhã.

Noemi quis ouvir um relato completo. Um cesto tão grande e cheio de grãos significava que tinha recolhido num bom lugar. Onde fora? Nos campos de quem rebuscou? Quando informada de que fora nos campos de Boaz, Noemi louvou a Deus. Ele era parente da família e isso tinha um significado especial.

De certa forma, o plano de Noemi nos exemplifica a forma como Deus age por meio das ações humanas. Não devemos esperar passivamente que as situações ocorram. Quando uma oportunidade se apresenta, talvez precisemos tomar a iniciativa. Noemi fez exatamente isso.

Nos tempos do Antigo Testamento, os locais de debulha eram associados à libertinagem. Noemi estava apostando no caráter de Boaz, e que ele não se aproveitaria de Rute. Ela pediu à nora que se colocasse numa situação incerta e comprometedora.

A lei do levirato (Dt 25.5-10) determinava que se um homem morresse sem deixar herdeiros, seu irmão deveria casar-se com a viúva. O primeiro filho a nascer se tornaria o herdeiro legal do marido falecido e daria continuidade ao seu nome herdando suas propriedades. Se não houvesse irmão disponível para casar-se com a viúva, ela poderia pedir a um parente chegado que o fizesse. Aqui vemos Rute, a pedido de Noemi, usando um antigo e estranho costume para propor casamento a Boaz. Ela lhe pediu total proteção quando solicitou que colocasse sua capa sobre ela, como seu resgatador.

Eles não ficaram noivos naquela noite. Mas Rute sabia que se casariam caso o resgatador mais próximo declinasse. Boaz faria as coisas da maneira correta, e ela deixaria o resultado nas mãos de Deus.

As estratégias de homens e mulheres podem ser usadas por Deus para cumprir os Seus propósitos. Noemi apostou seu plano na integridade de Boaz que provou ser um homem honrado.

Reunindo dez testemunhas no portão da cidade, Boaz fala com o resgatador mais próximo sobre a propriedade de Elimeleque. "Claro", ele respondeu. "Eu a resgatarei". Parecia muito fácil. Ele teria que casar com a viúva para isso, mas achou que Noemi era idosa demais para ter filhos e ele acabaria ficando com a propriedade sem nenhum herdeiro para reclamá-la. Financeiramente, o investimento era uma barganha sem riscos.

Então Boaz expôs o argumento final: Rute viria com a propriedade. Se o resgatador mais próximo a comprasse, compraria Rute também. O homem seria obrigado a ter um filho com Rute para perpetuar o nome da família de Elimeleque. Em outras palavras, o parente não poderia ficar com a propriedade quando o filho atingisse a idade de reclamar sua herança. De repente, o plano do resgatador mais próximo sofreu uma alteração. Rapidamente ele abriu mão de seu direito. Boaz ficaria com Rute!

O que vem a seguir amarra todas as pontas soltas em nossa história. Não é suficiente que o rapaz fique com a garota, ou que a garota consiga o rapaz. Tudo isso tem um propósito maior.

Um dos propósitos é a continuidade do nome de Elimeleque sobre a herança. Para tal, Noemi precisaria de um filho. Quando seu resgatador, Boaz, e Rute, sua nora, tiveram um filho, vemos uma procissão pelas ruas de Belém. As mulheres estão carregando um bebezinho e o colocam nos braços de Noemi, dizendo: "Noemi agora tem um filho". A mulher amarga e de mãos vazias agora está com as suas mãos cheias. Tem um neto para dar continuidade ao nome de seu marido. Esse filho de Boaz e Rute é o herdeiro legal de Elimeleque.

A história não termina aqui. Ainda há a genealogia como o ápice. "...Salmom gerou Boaz. Boaz gerou Obede. Obede gerou Jessé. Jessé gerou a Davi"

(4.21,22). *Davi!* De repente, a simples e inteligente história humana sobre a dificuldade de duas viúvas assume uma nova dimensão e um propósito ainda mais amplo. A mulher amarga e uma estrangeira se tornam fios reluzentes no tecido da história de Israel.

Deus proveu pão, segurança e posteridade para Elimeleque e Noemi. Mais ainda, Deus proveu um grande rei para a nação de Israel por meio de uma mulher estrangeira. Deus usou a fidelidade de pessoas comuns para realizar grandes coisas.

Encontramos esses nomes mencionados na genealogia em Mateus 1.3-6. Mas esta não para em Davi. Após muitos nomes, lemos: "Jacó gerou José, marido de Maria. Maria deu à luz Jesus, que é chamado Cristo". A fiel Rute e o justo Boaz não apenas foram os tataravôs do grande rei de Israel. Eles também estão na genealogia daqueles escolhidos por Deus para o Senhor enviar Seu Filho ao mundo a fim de trazer a salvação.

Muitas vezes, podemos achar difícil acreditar que Deus está realmente agindo em nossa vida. Ele parece estar escondido de nós. Como Noemi, podemos menosprezar a vida porque não temos certeza de que o Senhor está ativamente envolvido nela.

Nosso viver pode parecer aleatório e acidental. Mas Deus está agindo em meio aos acontecimentos, naquilo que parece "acaso" em nossa vida. Naquilo que parece comum, Ele está fazendo algo extraordinário.

O Senhor não é encontrado apenas no que é miraculoso e extraordinário. Ele está trabalhando em nós e por nosso intermédio no cotidiano. Podemos pensar que a vida está em nossas mãos. Mas, mesmo quando não vemos Deus em ação, podemos ter a certeza de que o Senhor está agindo em nosso favor.

Rute escolheu entregar sua lealdade a Deus e ao Seu povo. Essa decisão pode ter parecido insignificante, mas transformou a vida de Noemi e mudou a história.

Como cristãs, estamos envolvidas numa trama incrível. Não há dias comuns ou escolhas insignificantes. Se víssemos a nossa vida como Deus a vê, ficaríamos surpresas.

—Alice Mathews

QUESTÕES PARA REFLEXÃO

1. Descreva algum acontecimento em sua vida que aos seus olhos pareceu ter sido coincidência.
2. O que aconteceu que a fez olhar para trás e concluir que tal coincidência, na verdade, era ação de Deus?
3. Isso afetou a forma de olhar para outras "coincidências"?
4. Como você vê o cuidado de Deus com sua vida?

RUTE 4

PÃO DIÁRIO

Bênção inesperada

Que ele restaure seu vigor e cuide de você em sua velhice, pois ele é filho de sua nora, que a ama e que tem sido melhor para você do que sete filhos!

—Rute 4.15

Noemi e Rute aproximaram-se em circunstâncias pouco favoráveis. Para escapar da fome em Israel, a família de Noemi mudou-se para Moabe, e, enquanto viviam nesse local, seus dois filhos se casaram com mulheres moabitas: Orfa e Rute. Mais tarde, o marido e os filhos de Noemi vieram a falecer. Naquela cultura, as mulheres eram dependentes dos homens, o que deixava as três viúvas em difícil situação.

Noemi foi avisada de que o período de fome havia terminado em Israel e, por isso, decidiu fazer a longa jornada de volta à sua terra natal. Orfa e Rute começaram a acompanhá-la, mas Noemi as encorajou a voltar para casa, dizendo-lhes: "não, minhas filhas! Esta situação é muito mais amarga para mim do que para vocês, pois o próprio Senhor está contra mim" (Rt 1.13). Orfa voltou para casa, mas Rute permaneceu ali, afirmando sua crença no Deus de Noemi apesar da fé debilitada da própria sogra (vv.15-18).

A história começou em circunstâncias extremamente desagradáveis: fome, morte e desespero (vv.1-5). Mudou de direção, contudo, por causa de atos de bondade imerecidos: de Rute para Noemi (vv.16,17; 2.11,12) e de Boaz com Rute (2.13,14). Envolveu pessoas improváveis: duas viúvas (uma judia mais idosa e uma jovem gentia) e Boaz, o filho de uma prostituta (Js 2.1; Mt 1.5).

Que intervenção inexplicável. Simplesmente uma "casualidade" o fato de Rute colher no campo de Boaz (Rt 2.3), que terminou numa bênção inimaginável: um bebê que seria da linhagem do Messias (4.16,17).

Deus realiza milagres a partir do que parece insignificante: fé debilitada, um pouco de bondade e pessoas comuns.

Querido Deus, por favor, faz-me consciente das bênçãos inesperadas que envias hoje ao meu caminho. Ajuda-me a não buscar sempre as evidências "grandiosas" da Tua bondade, mas a ver a Tua mão na beleza do mundo que criaste, na bondade das pessoas que colocas em meu caminho e nos lembretes da Tua fidelidade em Tua Palavra.

Em todos os empecilhos da sua vida cristã, Deus está planejando todas as coisas para a sua alegria.
—John Piper

"Sou sua serva Rute", respondeu ela. "Estenda as abas de sua capa[a] sobre mim, pois o senhor é o resgatador de minha família."

[10] Então Boaz exclamou: "O Senhor a abençoe, minha filha! Você demonstra agora ainda mais lealdade por sua família que antes, pois não foi atrás de um homem mais jovem, seja rico ou pobre. [11] Não se preocupe com nada, minha filha. Farei o que me pediu, pois toda a cidade sabe que você é uma mulher virtuosa. [12] Mas, embora eu seja de fato um dos resgatadores de sua família, há outro homem que é parente mais próximo que eu. [13] Fique aqui esta noite e pela manhã conversarei com ele. Se ele estiver disposto a resgatá-la, muito bem; que ele se case com você. Se não quiser, tão certo como vive o Senhor, eu mesmo a resgatarei."

[14] Rute ficou deitada aos pés de Boaz até de manhã, mas levantou-se antes de raiar o dia, pois Boaz tinha dito: "Ninguém deve saber que uma mulher esteve na eira". [15] Então Boaz lhe disse: "Traga-me sua capa e estenda-a aqui". Ele despejou sobre a capa seis medidas[b] de cevada e a pôs sobre as costas de Rute. Depois ele[c] retornou à cidade.

[16] Quando Rute voltou à sua sogra, ela lhe perguntou: "Como foi, minha filha?".

Rute contou a Noemi tudo que Boaz havia feito [17] e acrescentou: "Ele me deu estas seis medidas de cevada e disse: 'Não volte para sua sogra de mãos vazias'".

[18] Então Noemi disse: "Tenha paciência, minha filha, até sabermos o que vai acontecer. Boaz não descansará enquanto não resolver esta questão ainda hoje".

Boaz se casa com Rute

4 Boaz foi à porta da cidade e sentou-se ali. Nesse momento, ia passando o parente resgatador que ele havia mencionado. Boaz o chamou: "Venha cá e sente-se, amigo. Quero conversar com você". O homem foi e se sentou. [2] Então Boaz chamou dez autoridades da cidade e pediu que se sentassem com eles. [3] Em seguida, disse ao resgatador da família: "Você conhece Noemi, que voltou de Moabe. Ela está vendendo a propriedade de nosso parente

---

[a] 3.9 Em hebraico, *Estenda suas asas*. [b] 3.15a Quantidade desconhecida; também em 3.17. [c] 3.15b A maioria dos manuscritos hebraicos traz *ele*; vários manuscritos hebraicos, a versão siríaca e a Vulgata trazem *ela*.

Elimeleque. ⁴Pensei que devia falar com você a esse respeito, para que você a resgate, caso tenha interesse. Se quer a propriedade, compre-a na presença das autoridades do meu povo. Se não tiver interesse por ela, diga-me logo, porque, depois de você, sou o resgatador mais próximo".

O homem respondeu: "Está certo; eu resgatarei a propriedade".

⁵Então Boaz lhe disse: "É claro que, ao comprar a propriedade de Noemi, você também deve se casar com Rute, a viúva moabita. Desse modo, ela poderá ter filhos que levem o nome de seu marido e mantenham a herança na família dele".

⁶"Se é assim, não posso resgatá-la", respondeu o parente resgatador. "Isso poria em risco minha própria herança. Resgate você a propriedade. Eu não posso fazê-lo."

⁷Naqueles dias, havia o seguinte costume em Israel: quando alguém queria transferir o direito de resgate e troca, tirava a sandália e a entregava à outra pessoa para validar publicamente a transação. ⁸Assim, o outro parente resgatador tirou a sandália e disse a Boaz: "Compre você a propriedade".

⁹Então Boaz disse às autoridades da cidade e ao povo ao redor: "Vocês são testemunhas de que hoje comprei de Noemi toda a propriedade de Elimeleque, Quiliom e Malom. ¹⁰E, junto com a propriedade, tomei como esposa Rute, a viúva moabita de Malom. Assim, ela poderá ter um filho que leve o nome da família de seu falecido marido e herde a propriedade da família aqui na cidade natal dele. Vocês hoje são testemunhas disso".

¹¹As autoridades da cidade e todo o povo que estava na porta responderam: "Somos testemunhas! Que o S{\sc enhor} faça a esta mulher que chega à sua família o que ele fez a Raquel e Lia, das quais descendeu toda a nação de Israel! Que você seja próspero em Efrata e famoso em Belém! ¹²Que o S{\sc enhor} lhe dê com esta jovem uma descendência numerosa como a de nosso antepassado Perez, filho de Tamar e Judá!".

Os descendentes de Boaz

¹³Boaz levou Rute para a casa dele, e ela se tornou sua esposa. Quando Boaz teve relações com ela, o S{\sc enhor} permitiu que ela engravidasse, e ela deu à luz um filho. ¹⁴Então as mulheres da cidade disseram a Noemi: "Louvado seja o S{\sc enhor}, que hoje proveu um resgatador para sua família! Que este menino seja famoso em Israel! ¹⁵Que ele restaure seu vigor e cuide de você em sua velhice, pois ele é filho de sua nora, que a ama e que tem sido melhor para você do que sete filhos!".

¹⁶Noemi pegou o bebê, aninhou-o junto ao peito e passou a cuidar dele como se fosse seu filho. ¹⁷As mulheres da vizinhança disseram: "Noemi tem um filho outra vez!", e lhe deram o nome de Obede. Ele é o pai de Jessé, pai de Davi.

¹⁸Esta é a genealogia de Perez:

Perez gerou Hezrom.
¹⁹Hezrom gerou Rão.
Rão gerou Aminadabe.
²⁰Aminadabe gerou Naassom.
Naassom gerou Salmom.ᵃ
²¹Salmom gerou Boaz.
Boaz gerou Obede.
²²Obede gerou Jessé.
Jessé gerou Davi.

ᵃ **4.20** Conforme alguns manuscritos gregos (ver tb. 4.21); o hebraico traz *Salma*.

1 SAMUEL

INTRODUÇÃO

Nome. O nome, *Primeiro Samuel*, é derivado da história de Samuel registrada no início do livro. Samuel significa "pedido a Deus". Antigamente, 1 e 2 Samuel eram um único livro e chamado de o "Primeiro Livro de Reis", e os dois livros de Reis eram um só livro chamado de "Segundo Livro de Reis". Samuel e Reis formam uma história contínua e nos fornecem o registro da ascensão, da glória e da queda da monarquia judaica.

Conteúdo. Este livro começa com a história de Eli. O idoso sacerdote, juiz e líder do povo. Registra o nascimento e a infância de Samuel, que mais tarde se torna sacerdote e profeta do povo. Ele conta a ascensão de Saul ao trono e sua queda final. Concomitantemente, também é mostrado o poder crescente de Davi, que sucede a Saul como rei.

Os profetas. Samuel não foi apenas juiz, sacerdote e profeta, mas, como profeta, ele prestou serviços notórios. Provavelmente o mais notável de todo o seu trabalho foi o estabelecimento de escolas de profetas, que muito dignificaram o trabalho destes. A partir deste tempo, o profeta, e não o sacerdote, era o meio de comunicação entre Deus e o Seu povo.

Saul. Como rei, Saul começou bem e em circunstâncias favoráveis. Ele se dedicou a façanhas militares e negligenciou os assuntos espirituais mais excelentes, desse modo criou uma ruptura completa com Samuel, que representava a classe religiosa nacional — e, assim, perdeu o apoio dos melhores elementos da nação. Ele tornou-se moroso, melancólico e insanamente ciumento em sua conduta e não podia, portanto, entender as experiências religiosas superiores que eram necessárias como representante de Deus no trono de Israel.

ESBOÇO

1. Vida de Samuel, Caps. 1–7
   1.1. Seu nascimento e chamado, Caps. 1–3
   1.2. Seu conflito com os filisteus, Caps. 4–7
2. Ascensão de Saul até sua rejeição, Caps. 8–15
   2.1. Escolhido como rei, Caps. 8–10
   2.2. Guerras contra os filisteus, Caps. 11–14
   2.3. Ele é rejeitado, Cap. 15
3. Vida de Saul depois de sua rejeição, Caps. 16–31
   3.1. Enquanto Davi está na corte de Saul, Caps. 16–20
   3.2. Enquanto Davi é refugiado em Judá, Caps. 21–26
   3.3. Enquanto Davi é refugiado na Filístia, Caps. 27–31

PARA ESTUDO E DISCUSSÃO

[1] A história de Eli e seus filhos.
[2] O nascimento e o chamado de Samuel.
[3] A unção de Saul.
[4] A unção de Davi.
[5] Os males do ciúme observados em Saul.
[6] A importância do respeito pelas formas de governo existentes — veja a atitude de Davi em relação a Saul.
[7] Como a atitude de um homem em relação a Deus e aos seus servos pode construir ou arruinar seu destino.
[8] Exemplos de como Deus usa o bem e o mal na execução de Seus propósitos.

Elcana e sua família

1 Havia um homem chamado Elcana, que vivia em Ramá, na região de Zufe,[a] na região montanhosa de Efraim. Era filho de Jeroão, filho de Eliú, filho de Toú, filho de Zufe, de Efraim. ²Elcana tinha duas esposas: a primeira se chamava Ana, e a segunda, Penina. Penina tinha filhos; Ana, porém, não os tinha.

³Todos os anos, Elcana subia de sua cidade até Siló para adorar o Senhor dos Exércitos e oferecer sacrifícios a ele. Nesse tempo, os sacerdotes do Senhor eram Hofni e Fineias, os dois filhos de Eli. ⁴Quando Elcana apresentava seu sacrifício, dava porções de carne à sua esposa Penina e a cada um dos filhos e filhas dela. ⁵A Ana, porém, dava uma porção especial, porque a amava,[b] apesar de o Senhor não lhe ter dado filhos. ⁶E sua rival a provocava e zombava dela, porque o Senhor não lhe tinha dado filhos. ⁷Todos os anos era a mesma coisa: Penina provocava Ana quando iam à casa do Senhor e, a cada vez, Ana chorava muito e ficava sem comer.

⁸"Ana, por que você chora?", perguntava Elcana, seu marido. "Por que não come? Por que está tão triste? Será que não sou melhor para você do que dez filhos?"

Ana ora pedindo um filho

⁹Certa vez, depois que comeram e beberam em Siló, Ana se levantou. O sacerdote Eli estava sentado ao lado da entrada do templo do Senhor. ¹⁰Ana estava muito angustiada e chorava sem parar enquanto orava ao Senhor. ¹¹Então fez o seguinte voto: "Ó Senhor dos Exércitos, se olhares com atenção para o sofrimento de tua serva, se responderes à minha oração e me deres um filho, eu o dedicarei para sempre ao Senhor, e o cabelo dele nunca será cortado".

¹²Enquanto ela fazia sua oração ao Senhor, Eli a observava. ¹³Viu que os lábios dela se moviam, mas, como não ouvia som algum, pensou que ela estivesse bêbada. ¹⁴"Até quando vai se embriagar?", disse ele. "Largue esse vinho!"

¹⁵Ana respondeu: "Meu senhor, não bebi vinho, nem outra coisa mais forte. Eu estava derramando meu coração diante do Senhor, pois sou uma mulher profundamente triste. ¹⁶Não pense que sou uma mulher sem caráter! Estava apenas orando por causa de minha grande angústia e aflição".

¹⁷"Nesse caso, vá em paz", disse Eli. "Que o Deus de Israel lhe conceda o que você pediu."

PÃO DIÁRIO

A alegria da espera

Pedi ao Senhor que me desse este menino, e o Senhor atendeu a meu pedido. Agora, eu o dedico ao Senhor. Por toda a sua vida ele pertencerá ao Senhor...
—1 Samuel 1.27,28

Nove meses podem parecer uma eternidade para a futura mamãe. Às vezes, no primeiro trimestre, as mudanças hormonais causam enjoos matinais prolongados. As emoções ficam à flor da pele, prolongando a melancolia da tarde. Em seguida, o apetite aguçado se estende por horas com desejos de pizza, chocolate e salgadinhos no meio da madrugada.

Durante os três meses seguintes, a mamãe perde suas roupas antigas e passa horas à procura de novos "modelitos". O último trimestre transforma as atividades rotineiras em tarefas difíceis à medida que o momento do parto se aproxima.

Então, de repente, a interminável espera chega ao fim. Nove meses se tornam algo semelhante às notícias de jornal do dia anterior. Fazem parte do passado. Tornam-se insignificantes, uma lembrança desbotada, vencida pela alegria. Pergunte à nova mamãe se ela se arrepende de ter engravidado. Jamais!

A espera de Ana começou ainda mais lentamente. Durante anos, ela fora impossibilitada de ter um filho. Sentia-se muito incompleta e tão desonrada (1Sm 1). Contudo, o Senhor lembrou-se dela, e Ana engravidou. Sua alegria estava completa. Ana esperou pacientemente e viu o Senhor transformar a sua tristeza em alegria transbordante. Seu cântico (2.1-10) é um lembrete de que a decepção e a mais amarga agonia podem levar à realização e ao júbilo. Para aqueles que esperam no Senhor, as longas horas de sofrimento um dia darão lugar ao regozijo.

Meu Deus, tu conheces as perguntas não respondidas e os anseios profundos do meu coração. Como desejo ver o Teu mover em minha vida e experimentar a obra da Tua mão! Mesmo assim, escolho esperar com paciência. Sei que, no tempo certo, eu me alegrarei e te louvarei por Tuas obras perfeitas.

A dádiva divina da alegria é digna da espera.

---

[a] **1.1** Conforme a Septuaginta; o hebraico traz *Ramataim-Zofim*; comparar com 1.19. [b] **1.5** Ou *E, embora amasse Ana, lhe dava somente uma porção seleta*. O significado do hebraico é incerto.

Aprendendo com as mulheres da Bíblia

ANA

Como lidar com a depressão

À medida que vamos nos familiarizando com a história de Ana, descobrimos que ela tinha diversas fontes de estresse. Teve depressão, mas pela fé a superou.

Ana viveu num período estressante na política e na religião, corrompida por sacerdotes maldosos, em Israel. Mas também teve que conviver com o estresse em sua própria família. Esse clã piedoso vivia em Ramataim-Zofim, na região montanhosa atribuída à tribo de Efraim. Elcana, seu marido, era um levita ou um sacerdote. Todos os anos a família fazia a viagem de 16 km a pé até o tabernáculo de Siló para adorar. Elcana tinha duas esposas: Ana, a amada, porém estéril, e Penina, que era menos amada, mas muito fértil.

A poligamia era corriqueira no antigo Israel. As esposas garantiam filhos, e uma mulher que fracassasse em tê-los era considerada um elo inútil na corrente que levaria ao Messias prometido. No caso de Ana, é provável que ela fosse a primeira esposa de Elcana. Mas como era estéril, ele tomou outra esposa para garantir que o nome da família não se perdesse.

A situação de Ana era deprimente. Ano após ano Penina dava à luz, e Ana sofria emocionalmente com sua infertilidade, suas esperanças de gravidez diminuindo a cada período menstrual. Seu estresse, no entanto, foi agravado pelo fato de sua rival nunca parar de alfinetá-la por sua esterilidade.

Como sabemos que estava deprimida? Quais eram os seus sintomas? As perguntas de Elcana no versículo 8 nos dão algumas pistas: "Ana, por que você chora? Por que não come? Por que está tão triste?".

Timothy Foster lista os sete principais sintomas da depressão em seu livro *How to Deal with Depression* (Como lidar com a Depressão — tradução livre):

1. Perdemos os sentimentos emocionais e os chamamos de "insatisfação". Isso é aquela queda no humor quando dizemos: "Não me sinto tão mal; não me sinto tão bem. Só não sinto muita coisa".

2. Tornamo-nos excessivamente autoconscientes. A maior parte das vezes fazemos as coisas "no piloto automático". Mas, de repente, temos que pensar sobre o que normalmente são decisões inconscientes. Tornamo-nos autoconscientes.

3. O padrão do nosso sono muda. Se normalmente dormimos à noite, podemos experimentar a insônia. Se geralmente sete ou oito horas de sono são suficientes, podemos descobrir que queremos dormir o tempo todo.

4. O padrão de nossa alimentação se altera. Podemos nos descobrir em busca comida constantemente, ou perder o apetite e não nos forçarmos a comer.

5. O padrão de nosso choro muda. Isso, também, pode assumir duas formas. Se choramos regularmente, podemos descobrir algo retendo nossas lágrimas. Ou podemos sentir necessidade constante de chorar.

6. Perdemos a confiança em nossa habilidade de realização. Com isso, podemos experimentar a perda de energia ou falta de iniciativa.

7. Nosso humor sofre uma queda. Sentimo-nos tristes. A depressão normalmente começa com um sentimento de "vazio" ou de insatisfação, mas em algum momento o humor decai e vira uma combinação de tristeza e de não se importar com nada mais.

Foster afirma que se estamos vivenciando três ou mais desses sintomas, talvez estejamos em depressão. Ana exibia três deles. E o esforço bem-intencionado de Elcana em consolá-la não surtiu efeito. Entretanto, ela não havia perdido seu vínculo com Deus.

Até o momento da sua fala, Ana era uma mulher que sofria silenciosamente. A depressão rouba-nos da habilidade de comunicação com as pessoas ao nosso redor. Podemos pensar que ninguém vai nos entender.

Com amargura de alma, Ana chorou. Mas ela fez algo mais: orou ao Senhor. O voto que fez é conhecido como o voto do nazireu. Os judeus acreditavam que tudo que não tivesse sido tocado, ou cortado pertencia ao Senhor. Um campo era do Senhor até que fosse arado. Uma vez que um agricultor o cavasse, ele era seu, e não mais do Senhor. Uma pessoa dedicada ao Senhor desde o nascimento não poderia ter seu cabelo cortado. Uma vez que fosse cortado, ela não teria mais o mesmo relacionamento com Deus.

Ouça Ana enquanto ela barganha por um filho. Sinta o seu desespero e a urgência de sua petição. "Ó Senhor dos Exércitos, se olhares com atenção para o sofrimento de tua serva, se responderes à minha oração e me deres um filho" (1Sm 1.11). Sentimos o peso nas palavras de sua oração. Vemos isso na forma como ela ora.

Juntando-se ao sarcasmo de Penina e ao esforço ineficaz de consolo de Elcana, ela ouviu a repreensão do sumo sacerdote. Em meio ao seu sofrimento, Ana ainda teve que lidar com essa crítica injustificada.

Após ouvir a explicação de Ana, o sumo sacerdote a compreendeu. Eli lhe disse: "Nesse caso, vá em paz. [...] Que o Deus de Israel lhe conceda o que você pediu" (v.17). Observe que Eli não sabia o que Ana havia pedido a Deus. Ainda assim, algo aconteceu a Ana enquanto estava ali orando. Independentemente do que tenha sido, produziu o resultado que vemos no versículo 18: "Ana voltou e começou a se alimentar novamente, e seu rosto já não estava triste".

Ana participou da adoração ao Senhor na manhã seguinte, voltou para Ramataim-Zofim com Elcana, e *voilá!* —, logo ela engravidou e deu à luz Samuel, cujo nome significa "pedido a Deus". O Senhor a ouviu e respondeu sua oração.

Se essa história terminasse no capítulo 1, poderíamos pensar que a única forma de sair da depressão é com a intervenção miraculosa de Deus. Mas a história não termina aí. A chave para entender a dramática reviravolta de Ana está descrita em sua oração de louvor. Lá percebemos que ela saiu da depressão quando tirou sua atenção de si mesma, e de sua situação, e a colocou em Deus. Em meio ao seu sofrimento, concentrou-se em três fatos importantes sobre o Senhor.

A *primeira coisa que Ana aprendeu sobre Deus*: "Ninguém é santo como o SENHOR; não há outro além de ti não há Rocha como o nosso Deus!" (1Sm 2.2). *Ela reconheceu a santidade de Deus.*

O que a santidade de Deus poderia significar para uma mulher em depressão? Bem, se apenas definirmos santidade negativamente — como uma separação de tudo que é imundo — podemos nos sentir piores sobre nós mesmas. Longe de ser consolador, isso poderia intensificar os sentimentos de inutilidade e a culpa.

A santidade é também a presença do que é positivamente correto. É Deus agindo, providenciando o que é certo para nós. É a parte da natureza do Senhor que não o deixa fazer nada em nossa vida que não seja para o nosso bem. Seu amor é santo, puro, comprometido com o melhor para nós.

A *segunda coisa que Ana aprendeu sobre Deus*: "o SENHOR é um Deus que tudo sabe" (1Sm 2.3). *Ela reconheceu o perfeito conhecimento de Deus.*

Não apenas a santidade de Deus o mantém comprometido com o nosso bem; Seu perfeito conhecimento não o deixa fazer nada que não seja perfeitamente certo para nós. Deus *sabe* o que é melhor para nós, Nada de tentativa e erro. Isso nos dá confiança em Seu agir em nossa vida.

A *terceira coisa que Ana aprendeu sobre Deus* ocupa a maior parte de seu cântico. *Ela reconheceu o poder de Deus* (1Sm 2.6-8). O Senhor da Criação tem todo o poder. Ele pode fazer o que quiser.

Esse fato, sem os dois primeiros, poderia nos aterrorizar. Se soubéssemos apenas que Deus tem todo o poder, sem conhecer mais nada sobre Ele, teríamos motivos para uma depressão em massa. Mas Deus dosa o Seu poder com o Seu comprometimento com o nosso bem-estar. Ele controla o Seu poder com o Seu conhecimento do que é melhor para nós.

O que tirou Ana de sua depressão? Ela viu o Senhor como Ele realmente é. A história de Ana teve um final feliz. Samuel nasceu. Ela o entregou ao Senhor, e Deus lhe deu mais três filhos e duas filhas. Ainda assim, no começo (1Sm 1.18), depois que orou, comeu alguma coisa e deixou de parecer triste. Ana não sabia como a história terminaria. Conseguiu fazê-lo porque tinha se encontrado com Deus, compreendido quem Ele é e o que pode fazer.

Os psicólogos acreditam que a depressão está frequentemente relacionada à maneira como pensamos sobre nós mesmas. Também é verdade que a depressão é relacionada à forma como pensamos sobre Deus. Uma vez que nos vinculamos ao Deus grande como o nosso, temos um recurso para lidar com a depressão. Podemos nos focar nele e enfrentar nossos medos e ansiedades à luz do Seu caráter e comprometimento conosco.

Robert Browning [N.E.: Poeta inglês do século 19.] nos lembra que "ficar olhando para baixo deixa a pessoa tonta". Olhar para baixo leva à depressão. O olhar para cima leva embora o nosso medo. Olhe para o Deus de Ana, Aquele que dissipou sua depressão com um novo entendimento de Seu amor, conhecimento e poder.

—Alice Mathews

QUESTÕES PARA REFLEXÃO

1. O que a amorosa santidade de Deus significa para você quando enfrenta situações difíceis em sua vida?
2. O que significa para sua vida diária o fato de Deus ter o conhecimento absoluto de tudo?
3. Para você o que significa Deus ter pleno poder para fazer o que Ele quiser?
4. Como esses três atributos de Deus a ajudam ou dificultam ao enfrentar circunstâncias depressivas?

¹⁸"Muito obrigada!", exclamou ela. Então Ana voltou e começou a se alimentar novamente, e seu rosto já não estava triste.

Nascimento e dedicação de Samuel

¹⁹Na manhã seguinte, a família toda se levantou bem cedo e foi adorar o Senhor novamente. Depois, voltaram para casa, em Ramá. Elcana teve relações com Ana, e o Senhor se lembrou dela. ²⁰No devido tempo, Ana engravidou e teve um filho. Ela lhe deu o nome de Samuel,[a] e disse: "Eu o pedi ao Senhor".

²¹No ano seguinte, Elcana e sua família fizeram a viagem anual para oferecer sacrifícios ao Senhor e cumprir seu voto. ²²Ana, porém, não foi. "Vamos esperar até o menino ser desmamado", disse ela ao marido. "Então o levarei ao Senhor e o deixarei lá para sempre."

²³"Faça como lhe parecer melhor", respondeu Elcana. "Fique aqui até ele desmamar, e que o Senhor a ajude a cumprir sua promessa."[b] Então ela ficou em casa e cuidou de seu filho até desmamá-lo.

²⁴Quando o menino foi desmamado, Ana o levou à casa do Senhor em Siló, embora ele ainda fosse pequeno. Também levou um novilho de três anos[c] para o sacrifício, um cesto[d] de farinha e uma vasilha de couro cheia de vinho. ²⁵Depois que sacrificaram o novilho, levaram o menino a Eli, ²⁶e Ana lhe disse: "Com certeza o senhor se lembra de mim. Sou a mulher que esteve aqui anos atrás, orando ao Senhor. ²⁷Pedi ao Senhor que me desse este menino, e o Senhor atendeu a meu pedido. ²⁸Agora, eu o dedico ao Senhor. Por toda a sua vida ele pertencerá ao Senhor". E ali adoraram o Senhor.

Oração de louvor de Ana

2 Então Ana orou:

"Meu coração se alegra no Senhor;
  o Senhor me fortaleceu![e]
Agora dou risada de meus inimigos;
  sim, eu me alegro porque me libertaste!
²Ninguém é santo como o Senhor;
  não há outro além de ti,
  não há Rocha como o nosso Deus!

³"Deixem de ser tão orgulhosos e soberbos!
  Não falem com tamanha arrogância!
Pois o Senhor é um Deus que tudo sabe;
  ele julgará as ações de todos.
⁴O arco dos poderosos foi quebrado,
  e os que tropeçavam agora estão firmes.
⁵Os que tinham fartura de comida agora passam fome,
  e os que passavam fome estão saciados.
A mulher que não tinha filhos agora tem sete,
  e a que tinha muitos desfalece.
⁶O Senhor tira a vida e dá a vida,
  faz descer à sepultura[f] e de lá faz subir.
⁷O Senhor empobrece alguns e enriquece outros,
  humilha e também exalta.
⁸Levanta o pobre do pó
  e do monte de cinzas tira o necessitado.
Coloca-os entre príncipes
  e os faz sentar em lugares de honra.
Ao Senhor pertencem os alicerces da terra,
  e sobre eles firmou o mundo.

⁹"Ele protegerá os fiéis,
  mas os perversos desaparecerão nas trevas,
pois ninguém vencerá só pela força.
¹⁰Os que lutam contra o Senhor serão despedaçados.
Do céu ele troveja contra eles;
  o Senhor julga em toda a terra.
Ele dá poder a seu rei,
  concede força a[g] seu ungido".

¹¹Então Elcana voltou para casa em Ramá. E o menino servia ao Senhor ajudando o sacerdote Eli.

Os filhos perversos de Eli

¹²Os filhos de Eli eram homens perversos, que não tinham nenhuma consideração pelo Senhor, ¹³nem por seus deveres de sacerdotes. Cada vez que alguém oferecia um sacrifício, vinha um servo do sacerdote com um garfo grande, de três dentes. Enquanto a carne do

---

[a] **1.20** O nome *Samuel* tem um som parecido com a expressão hebraica correspondente a "pedido a Deus" ou "ouvido por Deus". [b] **1.23** Conforme os manuscritos do mar Morto e a Septuaginta; o Texto Massorético traz *que o Senhor cumpra sua promessa*. [c] **1.24a** Conforme os manuscritos do mar Morto, a Septuaginta e a versão siríaca; o Texto Massorético traz *três novilhos*. [d] **1.24b** Em hebraico, *1 efa*, cerca de 20 litros. [e] **2.1** Em hebraico, *exaltou meu chifre*. [f] **2.6** Em hebraico, *ao Sheol*. [g] **2.10** Em hebraico, *exalta o chifre de*.

animal sacrificado ainda estava cozinhando, ¹⁴o servo colocava o garfo na panela, no tacho ou no caldeirão, e exigia que tudo que viesse com o garfo fosse entregue aos filhos de Eli. Assim eles tratavam todos os israelitas que iam adorar em Siló. ¹⁵Às vezes, o servo chegava antes mesmo que a gordura do animal fosse queimada no altar, exigindo: "Não dê a carne cozida, mas sim a carne crua, para que o sacerdote a asse".

¹⁶Se o homem que oferecia o sacrifício dizia: "Leve quanto quiser, mas antes é preciso queimar a gordura", o servo retrucava: "Não! Entregue a carne agora, ou eu a tomarei à força". ¹⁷O pecado desses homens era muito sério aos olhos do Senhor, pois eles tratavam com desprezo as ofertas para o Senhor.

¹⁸Samuel, porém, embora ainda fosse apenas um menino, servia ao Senhor. Ele usava uma veste de linho semelhante à do sacerdote.ᵃ ¹⁹Cada ano, sua mãe lhe fazia uma pequena túnica e a levava quando ia com o marido oferecer o sacrifício anual. ²⁰Antes de Elcana e sua esposa voltarem para casa, Eli os abençoava e dizia: "Que o Senhor lhes dê outros filhos em lugar deste que foi dedicado ao Senhor". ²¹E o Senhor abençoou Ana, e ela engravidou e deu à luz três filhos e duas filhas. Enquanto isso, Samuel crescia na presença do Senhor.

²²Eli já estava muito idoso, mas sabia o que seus filhos faziam ao povo de Israel, e que eles seduziam as moças que serviam junto à entrada da tenda do encontro.ᵇ ²³Por isso lhes disse: "Ouvi de todo o povo o mal que vocês praticam. Por que continuam a agir assim? ²⁴Parem com isso, meus filhos! Não são bons os comentários que escuto entre o povo do Senhor. ²⁵Se alguém peca contra outra pessoa, Deus poderáᶜ intervir em favor do culpado. Mas, se alguém peca contra o Senhor, quem poderá interceder?". Contudo, os filhos de Eli não deram atenção ao pai, pois o Senhor já havia decidido matá-los.

²⁶Enquanto isso, o menino Samuel crescia e era cada vez mais estimado pelo Senhor e pelo povo.

Uma advertência para a família de Eli

²⁷Certo dia, veio a Eli um homem de Deus e lhe transmitiu a seguinte mensagem: "Assim diz o Senhor: Eu me revelei a seus antepassados quando eles eram escravos do faraó, no Egito. ²⁸Escolhi seus antepassados dentre todas as tribos de Israel para serem meus sacerdotes, oferecerem sacrifícios sobre meu altar, queimarem incenso e usarem o colete sacerdotal em minha presença. Além disso, designei as ofertas queimadas dos israelitas a vocês, sacerdotes. ²⁹Então por que você despreza meus sacrifícios e ofertas? Por que honra seus filhos mais que a mim? Pois você e eles engordaram com as melhores partes das ofertas de meu povo, Israel!

³⁰"Portanto, assim declara o Senhor, Deus de Israel: Prometi que membros de sua família, da tribo de Levi,ᵈ sempre seriam meus sacerdotes. Agora, porém, declara o Senhor: Isso não acontecerá! Honrarei aqueles que me honram, e desprezarei aqueles que me desprezam. ³¹Está chegando o tempo em que acabarei com a força de sua família, e nenhum de seus descendentes chegará à velhice. ³²Você verá a aflição de minha casa, e, quando eu trouxer todo o bem sobre Israel, ninguém em sua família chegará à velhice para testemunhar! ³³Sobreviverão os poucos que eu não eliminar do serviço em meu altar, mas seus olhos ficarão cegos e seu coração se partirá, e seus filhos morrerão pela espada.ᵉ ³⁴E, para provar que minhas palavras se cumprirão, farei que seus dois filhos, Hofni e Fineias, morram no mesmo dia!

³⁵"Então levantarei um sacerdote fiel que me servirá e fará tudo que desejo. Estabelecerei a família dele, e eles serão sacerdotes diante do meu ungido para sempre. ³⁶Então todos que restarem de sua família se curvarão diante dele, mendigando dinheiro e alimento e pedindo: 'Por favor, consiga para nós algum trabalho entre os sacerdotes, para termos o que comer'".

O Senhor fala com Samuel

3 Enquanto isso, o menino Samuel servia ao Senhor ajudando Eli. Naqueles dias, as

---

ᵃ **2.18** Em hebraico, *usava um colete sacerdotal de linho*. ᵇ **2.22** Alguns manuscritos não trazem toda a segunda parte do versículo. ᶜ **2.25** Ou *os juízes poderão*. ᵈ **2.30** Em hebraico, *que sua casa e a casa de seu pai*. ᵉ **2.33** Conforme os manuscritos do mar Morto e a Septuaginta; o Texto Massorético traz *morrerão como homens*.

mensagens do S{\sc enhor} eram muito raras, e visões não eram comuns.

²Certa noite, Eli, que estava quase cego, tinha ido se deitar. ³A lâmpada de Deus ainda não havia se apagado, e Samuel dormia na casa do S{\sc enhor}, onde estava a arca de Deus. ⁴De repente, o S{\sc enhor} chamou: "Samuel!".

O menino respondeu: "Estou aqui!". ⁵Ele se levantou e correu até onde estava Eli. "Estou aqui! O senhor me chamou?"

"Não o chamei", respondeu Eli. "Volte para a cama." E Samuel voltou a se deitar.

⁶Então o S{\sc enhor} o chamou novamente: "Samuel!".

Mais uma vez, Samuel se levantou e foi até Eli. "Estou aqui! O senhor me chamou?"

Mas Eli respondeu: "Meu filho, não o chamei. Volte para a cama".

⁷Samuel ainda não conhecia o S{\sc enhor}, porque nunca havia recebido uma mensagem dele. ⁸O S{\sc enhor} o chamou pela terceira vez, e novamente Samuel se levantou e foi até Eli. "Estou aqui! O senhor me chamou?"

Então Eli entendeu que era o S{\sc enhor} que chamava o menino. ⁹Por isso, disse a Samuel: "Vá e deite-se novamente. Se alguém o chamar, diga: 'Fala, S{\sc enhor}, pois teu servo está ouvindo'". E Samuel voltou para a cama.

¹⁰Então o S{\sc enhor} veio e o chamou, como antes: "Samuel! Samuel!".

Samuel respondeu: "Fala, pois teu servo está ouvindo".

¹¹Então o S{\sc enhor} disse a Samuel: "Estou prestes a realizar algo em Israel que fará tinir os ouvidos daqueles que ouvirem a respeito. ¹²Cumprirei do começo ao fim todas as ameaças que fiz contra Eli e sua família. ¹³Eu o adverti de que castigaria sua família para sempre, pois seus filhos blasfemaram contra Deus,ᵃ e ele não os repreendeu por seus pecados. ¹⁴Por isso, jurei que os pecados de Eli e de seus filhos jamais serão perdoados por meio de sacrifícios nem de ofertas".

Samuel fala em nome do S{\sc enhor}

¹⁵Samuel ficou deitado até de manhã, e então se levantou e abriu as portas da casa do S{\sc enhor}. Estava com medo de contar para Eli a visão que tivera. ¹⁶Mas Eli o chamou: "Samuel, meu filho".

"Estou aqui", respondeu Samuel.

¹⁷"O que o S{\sc enhor} lhe disse?", perguntou Eli. "Conte-me tudo. E que o S{\sc enhor} o castigue severamente se você esconder de mim alguma coisa do que ele disse!" ¹⁸Então Samuel contou tudo a Eli e não escondeu nada. Eli respondeu: "É a vontade do S{\sc enhor}. Que ele faça o que lhe parecer melhor".

¹⁹À medida que Samuel crescia, o S{\sc enhor} estava com ele, e todas as suas palavras se cumpriam. ²⁰E todo o Israel, desde Dã, ao norte, até Berseba, ao sul, sabia que Samuel havia sido confirmado como profeta do S{\sc enhor}. ²¹O S{\sc enhor} continuou a aparecer em Siló e a transmitir mensagens a Samuel ali.

4 E as palavras de Samuel chegavam a todo o povo de Israel.

Os filisteus tomam a arca

Naquele tempo, Israel estava em guerra com os filisteus. O exército israelita tinha acampado perto de Ebenézer, e os filisteus acamparam em Afeque. ²Os filisteus atacaram e derrotaram o exército de Israel, matando cerca de quatro mil homens. ³Terminada a batalha, os soldados voltaram para o acampamento, e as autoridades de Israel se perguntaram: "Por que o S{\sc enhor} causou nossa derrota diante dos filisteus? Vamos trazer a arca da aliança do S{\sc enhor} desde Siló, para que esteja conosco e nos livre do poder do inimigo!".

⁴Então enviaram homens a Siló para trazer a arca da aliança do S{\sc enhor} dos Exércitos, que está entronizado entre os querubins. Hofni e Fineias, os dois filhos de Eli, acompanharam a arca da aliança de Deus. ⁵Quando todos os israelitas viram a arca da aliança do S{\sc enhor} entrando no acampamento, soltaram gritos de alegria tão altos que fizeram o chão tremer.

⁶"O que está acontecendo?", perguntaram os filisteus. "Que significam esses gritos no acampamento dos hebreus?" Quando souberam que era porque a arca do S{\sc enhor} havia chegado, ⁷entraram em pânico. "Os deuses vieramᵇ ao acampamento deles!", disseram. "Estamos perdidos! Nunca enfrentamos uma coisa assim antes! ⁸Estamos perdidos! Quem

---

ᵃ **3.13** Conforme a Septuaginta; o hebraico traz *seus filhos se fizeram desprezíveis*. ᵇ **4.7** Ou *Um deus veio*.

nos salvará desses deuses poderosos? São os mesmos deuses que destruíram os egípcios com pragas, quando Israel estava no deserto. ⁹Tenham coragem, filisteus! Sejam homens! Do contrário, acabaremos como escravos dos hebreus, assim como eles se tornaram nossos escravos. Sejam homens e lutem!"

¹⁰Então os filisteus saíram para a batalha, e Israel foi derrotado. A matança foi grande: trinta mil soldados israelitas morreram naquele dia. Os sobreviventes deram meia-volta e fugiram para suas tendas. ¹¹A arca de Deus foi tomada, e Hofni e Fineias, os dois filhos de Eli, foram mortos.

A morte de Eli

¹²Um homem da tribo de Benjamim correu do campo de batalha e chegou a Siló ainda naquele dia. Tinha rasgado suas roupas e colocado pó sobre a cabeça. ¹³Eli estava sentado numa cadeira, ao lado da estrada, esperando para ouvir as notícias da batalha, pois seu coração tremia pela segurança da arca de Deus. Quando o mensageiro chegou e contou o que havia acontecido, gritos ressoaram por toda a cidade.

¹⁴Eli ouviu os gritos e perguntou: "O que é esse barulho todo?".

O mensageiro correu até Eli e contou-lhe a notícia. ¹⁵Eli estava com 98 anos e já não conseguia enxergar. ¹⁶"Acabo de chegar do campo de batalha", disse o mensageiro. "Fugi de lá hoje mesmo."

Eli perguntou: "O que aconteceu, meu filho?".

¹⁷O mensageiro respondeu: "Israel foi derrotado pelos filisteus, e o povo foi massacrado. Seus dois filhos, Hofni e Fineias, também morreram, e a arca de Deus foi tomada".

¹⁸Quando ele mencionou o que havia acontecido com a arca de Deus, Eli caiu da cadeira para trás, ao lado do portão. Quebrou o pescoço e morreu, pois era velho e pesado. Havia sido juiz em Israel durante quarenta anos.

¹⁹A nora de Eli, esposa de Fineias, estava grávida e perto de dar à luz. Quando soube que a arca de Deus havia sido tomada e que o sogro e o marido estavam mortos, teve contrações violentas e deu à luz. ²⁰Ela morreu no parto, mas antes de falecer as parteiras tentaram animá-la. "Não tenha medo!", disseram. "Você teve um menino!" Mas ela não respondeu nem se importou.

²¹Deu ao menino o nome de Icabode,[a] e disse: "Foi-se embora a glória de Israel", pois a arca de Deus havia sido tomada, e seu sogro e seu marido estavam mortos. ²²Disse ainda: "Foi-se embora a glória de Israel, pois a arca de Deus foi tomada!".

A arca em território filisteu

5 Depois que tomaram a arca de Deus, os filisteus a levaram do campo de batalha em Ebenézer para a cidade de Asdode. ²Levaram a arca de Deus para o templo de Dagom e a colocaram ao lado de uma estátua de Dagom. ³Contudo, na manhã seguinte, quando os moradores de Asdode se levantaram, viram que Dagom estava caído com o rosto em terra diante da arca do SENHOR. Então levantaram Dagom e o puseram de volta em seu lugar. ⁴Na manhã do outro dia, porém, viram que tinha acontecido a mesma coisa: Dagom estava caído novamente com o rosto em terra diante da arca do SENHOR. Dessa vez, a cabeça e as mãos de Dagom tinham se quebrado e estavam junto à porta de entrada. Somente o corpo permaneceu intacto. ⁵Por isso, até hoje os sacerdotes de Dagom e aqueles que entram em seu templo, em Asdode, não pisam na soleira da porta.

⁶Então a mão do SENHOR pesou sobre os moradores de Asdode e dos povoados vizinhos e os feriu com uma praga de tumores.[b] ⁷Quando o povo de Asdode viu o que estava acontecendo, exclamou: "Não podemos mais ficar com a arca do Deus de Israel! A mão dele pesou sobre nós e sobre Dagom, nosso deus!". ⁸Então reuniram os governantes das cidades dos filisteus e lhes perguntaram: "O que devemos fazer com a arca do Deus de Israel?".

Os governantes responderam: "Levem a arca para a cidade de Gate". Então levaram a arca do Deus de Israel para Gate. ⁹Mas, quando a arca chegou a Gate, a mão do SENHOR pesou sobre a cidade, ferindo com uma praga de tumores os homens de lá, tanto os jovens como os velhos, e houve grande pânico.

---

[a] 4.21 *Icabode* significa "onde está a glória?". [b] 5.6 A Septuaginta e a Vulgata acrescentam *e ratos apareceram em sua terra, e houve morte e destruição por toda a cidade.*

¹⁰Por isso, enviaram a arca de Deus para a cidade de Ecrom, mas quando os habitantes dali viram que ela entrava na cidade, exclamaram: "Por que estão trazendo a arca do Deus de Israel para cá? Querem matar todo o nosso povo?". ¹¹Reuniram mais uma vez os governantes filisteus e suplicaram: "Mandem a arca do Deus de Israel de volta para sua própria terra, para que não mate todo o nosso povo!". Pois a mão de Deus já pesava sobre a cidade, e um pavor mortal se espalhava por todo o lugar. ¹²Os que não morreram foram afligidos com tumores, e o clamor da cidade subiu até o céu.

Os filisteus devolvem a arca

6 Ao todo, a arca do Senhor permaneceu sete meses em território filisteu. ²Então os filisteus chamaram seus sacerdotes e adivinhos e lhes perguntaram: "O que faremos com a arca do Senhor? Digam-nos como devemos mandá-la de volta para sua própria terra".

³Eles responderam: "Se vocês vão mandar a arca do Deus de Israel de volta, enviem com ela uma oferta pela culpa, para que cesse a praga. Então, se forem curados, saberão que foi a mão dele que causou a praga".

⁴"Que tipo de oferta pela culpa devemos enviar?", perguntaram os filisteus.

Eles responderam: "Uma vez que a mesma praga atingiu vocês e seus cinco governantes, façam cinco tumores de ouro e cinco ratos de ouro, como os que devastaram sua terra. ⁵Façam essas imagens de tumores e de ratos para demonstrar honra ao Deus de Israel. Quem sabe ele pare de afligir vocês, seus deuses e sua terra! ⁶Não endureçam o coração como fizeram o faraó e os egípcios, que só deixaram Israel partir quando Deus os castigou severamente.

⁷"Agora, construam uma carroça nova e escolham duas vacas que tenham acabado de dar cria e sobre as quais nunca tenha sido colocada a canga de um arado. Atrelem as vacas à carroça, mas prendam num curral os bezerros recém-nascidos. ⁸Coloquem a arca do Senhor sobre a carroça e, ao lado dela, ponham uma caixa com os objetos de ouro que vocês enviarão como oferta pela culpa. Então deixem as vacas irem para onde quiserem. ⁹Se elas atravessarem a fronteira de nossa terra e se dirigirem a Bete-Semes, saberemos que foi o Senhor que trouxe sobre nós essa grande calamidade. Do contrário, saberemos que não foi a mão dele que pesou sobre nós, mas que isso aconteceu por acaso".

¹⁰Os filisteus seguiram as instruções. Atrelaram duas vacas à carroça e prenderam num curral os bezerros recém-nascidos. ¹¹Colocaram sobre a carroça a arca do Senhor e a caixa com os ratos de ouro e os tumores de ouro. ¹²E, de fato, as vacas não se desviaram nem para um lado nem para o outro, mas seguiram direto pela estrada para Bete-Semes, mugindo por todo o caminho. Os governantes filisteus as acompanharam até a fronteira de Bete-Semes.

¹³Os moradores de Bete-Semes estavam colhendo trigo no vale e, quando viram a arca, se encheram de alegria. ¹⁴A carroça entrou no campo de um homem chamado Josué e parou ao lado de uma grande pedra. Então o povo quebrou a madeira da carroça para fazer fogo, matou as vacas e as ofereceu ao Senhor como holocausto. ¹⁵Os homens da tribo de Levi retiraram da carroça a arca do Senhor e a caixa com os objetos de ouro e os colocaram sobre a grande pedra. Naquele dia, o povo de Bete-Semes ofereceu ao Senhor sacrifícios e holocaustos. ¹⁶Os cinco governantes filisteus viram tudo isso e, no mesmo dia, voltaram para Ecrom.

¹⁷Os cinco tumores de ouro enviados pelos filisteus ao Senhor como oferta pela culpa eram presentes dos governantes de Asdode, Gaza, Ascalom, Gate e Ecrom. ¹⁸Os cinco ratos de ouro representavam as cinco cidades filisteias e os povoados ao redor, controlados pelos cinco governantes. A grande pedra[a] sobre a qual a arca do Senhor foi colocada se encontra até hoje no campo de Josué, de Bete-Semes, como testemunha do que aconteceu ali.

A arca é levada para Quiriate-Jearim

¹⁹O Senhor matou setenta homens[b] de Bete-Semes, porque olharam para dentro da arca do Senhor. E o povo chorou muito por causa da

---

[a] **6.18** Conforme alguns manuscritos hebraicos e a Septuaginta; a maioria dos manuscritos hebraicos traz *O grande prado* ou *Abel-Hagedola.* [b] **6.19** Conforme alguns manuscritos hebraicos; a maioria dos manuscritos hebraicos traz *setenta homens, cinquenta mil homens.*

grande matança. ²⁰"Quem pode estar na presença do Senhor, este Deus santo?", clamaram. "Para onde mandaremos a arca daqui?"

²¹Então enviaram mensageiros ao povo de Quiriate-Jearim e disseram: "Os filisteus devolveram a arca do Senhor. Venham buscá-la!".

7 Então os homens de Quiriate-Jearim foram buscar a arca do Senhor. Eles a levaram até a casa de Abinadabe, numa colina, e consagraram seu filho Eleazar para tomar conta da arca do Senhor. ²A arca permaneceu em Quiriate-Jearim por muito tempo: vinte anos no total. Durante esse período, todo o Israel lamentava à espera de alguma ação do Senhor.

Samuel conduz Israel à vitória

³Então Samuel disse a todo o povo de Israel: "Se, de fato, vocês desejam de todo o coração voltar ao Senhor, livrem-se de seus deuses estrangeiros e de suas imagens de Astarote. Voltem o coração para o Senhor e obedeçam somente a ele; então ele os livrará das mãos dos filisteus". ⁴Assim, os israelitas se desfizeram de suas imagens de Baal e de Astarote e serviram somente ao Senhor.

⁵Então Samuel lhes disse: "Reúnam todo o Israel em Mispá, e eu orarei ao Senhor por vocês". ⁶Eles se reuniram em Mispá e tiraram água do poço e a derramaram diante do Senhor. Também jejuaram o dia todo e confessaram que haviam pecado contra o Senhor. (Foi em Mispá que Samuel se tornou juiz em Israel.)

⁷Quando os governantes filisteus ouviram que os israelitas haviam se reunido em Mispá, mobilizaram seu exército e avançaram. Ao saber que os filisteus se aproximavam, os israelitas ficaram muito assustados. ⁸"Não pare de clamar ao Senhor, nosso Deus, para que ele nos salve dos filisteus!", imploraram a Samuel. ⁹Então Samuel escolheu um cordeiro que ainda mamava e o ofereceu ao Senhor como holocausto. Suplicou ao Senhor em favor de Israel, e o Senhor o atendeu.

¹⁰Enquanto Samuel oferecia o holocausto, os filisteus chegaram para atacar Israel. Naquele dia, porém, o Senhor falou do céu com voz poderosa de trovão, provocando pânico entre os filisteus, e eles foram derrotados diante dos israelitas. ¹¹Os soldados de Israel os perseguiram desde Mispá até um lugar abaixo de Bete-Car, matando-os ao longo do caminho.

¹²Então Samuel pegou uma pedra grande e a colocou entre as cidades de Mispá e Jesana.[a] Deu à pedra o nome de Ebenézer,[b] pois disse: "Até aqui o Senhor nos ajudou!".

¹³Assim, os filisteus foram derrotados e não voltaram a invadir Israel por algum tempo. Durante toda a vida de Samuel, a mão do Senhor esteve contra os filisteus. ¹⁴As cidades israelitas que os filisteus tinham conquistado entre Ecrom e Gate foram devolvidas a Israel, junto com o restante do território que os filisteus haviam tomado. E houve paz entre Israel e os amorreus naqueles dias.

¹⁵Samuel continuou como juiz em Israel pelo resto de sua vida. ¹⁶A cada ano, viajava pelo território e julgava o povo de Israel em três locais: primeiro em Betel, depois em Gilgal e, por fim, em Mispá. ¹⁷Então voltava para sua casa em Ramá, de onde liderava Israel como juiz. Ali Samuel construiu um altar ao Senhor.

Israel pede um rei

8 Quando Samuel ficou idoso, nomeou seus filhos para serem juízes sobre Israel. ²Joel, seu filho mais velho, e Abias, o segundo mais velho, julgavam em Berseba, ³mas não eram como seu pai. Eram gananciosos, aceitavam subornos e pervertiam a justiça.

⁴Por fim, as autoridades de Israel se reuniram em Ramá para discutir essa questão com Samuel. ⁵Eles disseram: "Olhe, o senhor está idoso e seus filhos não seguem seu exemplo. Escolha um rei para nos julgar, como ocorre com todas as outras nações".

⁶Samuel não gostou de que lhe tivessem pedido um rei e buscou a orientação do Senhor. ⁷O Senhor lhe respondeu: "Faça tudo que eles pedem, pois é a mim que rejeitam, e não a você. Eles me rejeitaram como seu rei. ⁸Desde que os tirei do Egito até hoje, eles têm me abandonado e seguido outros deuses. Agora, tratam você da mesma forma. ⁹Faça o que eles pedem, mas advirta-os solenemente a respeito de como o rei os governará".

---

[a] **7.12a** Conforme a Septuaginta e a versão siríaca; o hebraico traz *Sem*. [b] **7.12b** *Ebenézer* significa "pedra de ajuda".

Samuel adverte o povo sobre o rei

¹⁰Então Samuel transmitiu a advertência do Senhor ao povo que lhe pedia um rei. ¹¹Disse ele: "Este é o modo como o rei governará sobre vocês. Ele convocará seus filhos para servi-lo em seus carros de guerra e como seus cavaleiros e os fará correr à frente dos carros dele. ¹²Colocará alguns como generais e capitães de seu exército,[a] obrigará outros a arar seus campos e a fazer as colheitas e forçará outros mais a fabricar armas e equipamentos para os carros de guerra. ¹³Tomará suas filhas e as obrigará a cozinhar, assar pães e fazer perfumes para ele. ¹⁴Tomará de vocês o melhor de seus campos, vinhedos e olivais e os dará aos servos dele. ¹⁵Tomará um décimo de sua colheita de cereais e uvas para distribuir entre seus oficiais e servos. ¹⁶Tomará seus escravos e escravas e o melhor do gado[b] e dos jumentos para uso próprio. ¹⁷Exigirá um décimo de seus rebanhos, e vocês se tornarão escravos dele. ¹⁸Quando esse dia chegar, lamentarão por causa desse rei que agora pedem, mas o Senhor não lhes dará ouvidos".

¹⁹Mas o povo se recusou a ouvir a advertência de Samuel. "Mesmo assim, queremos um rei", disseram. ²⁰"Queremos ser como todas as nações ao nosso redor. Nosso rei nos julgará e nos conduzirá nas batalhas."

²¹Samuel repetiu para o Senhor aquilo que o povo tinha dito, ²²e o Senhor lhe respondeu: "Faça o que eles pedem e dê-lhes um rei". Então Samuel ordenou aos israelitas que voltassem cada um para sua cidade.

Saul e Samuel se encontram

9 Havia um homem de alta posição chamado Quis, da tribo de Benjamim. Era filho de Abiel, filho de Zeror, filho de Becorate, filho de Afia, da tribo de Benjamim. ²Seu filho Saul era o jovem mais atraente de todo o Israel; era tão alto que os outros chegavam apenas a seus ombros.

³Certo dia, as jumentas de Quis se perderam, e ele disse a Saul: "Leve um servo com você e vá procurar as jumentas". ⁴Então Saul e o servo percorreram toda a região montanhosa de Efraim, a terra de Salisa, a região de Saalim e toda a terra de Benjamim, mas não encontraram as jumentas em parte alguma.

⁵Por fim, chegaram à região de Zufe, e Saul disse ao servo: "Vamos voltar para casa. Não quero que meu pai fique mais preocupado comigo do que com as jumentas".

⁶O servo, porém, disse: "Tenho uma ideia! Nesta cidade mora um homem de Deus. O povo daqui o respeita muito, pois tudo que ele diz acontece. Vamos procurá-lo. Talvez ele possa nos dizer para onde devemos ir".

⁷Saul respondeu: "Está bem, vamos! Mas não temos nada a oferecer ao homem de Deus. Até nossa comida acabou, e não temos nada para lhe dar em troca".

⁸O servo disse: "Tenho comigo uma pequena quantidade de prata.[c] Pelo menos poderemos oferecer isso ao homem de Deus e ver o que acontece". ⁹(Naquele tempo, em Israel, quando alguém queria receber uma mensagem de Deus, dizia: "Vamos perguntar ao vidente", pois os profetas de hoje eram chamados de videntes.)

¹⁰Saul concordou: "Está bem, vamos!". Então foram para a cidade onde morava o homem de Deus.

¹¹Quando subiam a colina para chegar à cidade, encontraram algumas jovens descendo para buscar água. Então Saul e o servo lhes perguntaram: "O vidente está aqui hoje?".

¹²Elas responderam: "Sim, basta seguir em frente! Mas é preciso correr, porque ele acabou de chegar à cidade para realizar um sacrifício no lugar de adoração. ¹³Quando entrarem na cidade, tentem encontrá-lo antes que ele suba para a refeição no alto da colina. O povo não começará a comer até que ele chegue para abençoar o sacrifício. Subam logo, pois é agora que poderão encontrá-lo!".

¹⁴Então chegaram à cidade e, quando entravam pelos portões, Samuel vinha na direção deles, subindo para o lugar de adoração.

¹⁵No dia anterior à chegada de Saul, o Senhor tinha dito a Samuel: ¹⁶"Amanhã, por volta desta hora, enviarei a você um homem da terra de Benjamim. Você o ungirá para ser líder do meu povo, Israel. Ele os livrará dos filisteus,

---

[a] **8.12** Em hebraico, *comandantes de mil e comandantes de cinquenta*. [b] **8.16** Conforme a Septuaginta; o hebraico traz *dos jovens*. [c] **9.8** Em hebraico, *1/4 de 1 siclo de prata*, cerca de 3 gramas.

pois olhei para meu povo com misericórdia e ouvi seu clamor".

¹⁷Quando Samuel viu Saul, o Senhor disse: "Este é o homem de quem lhe falei! Ele governará meu povo".

¹⁸Saul se aproximou de Samuel na entrada da cidade e perguntou: "O senhor pode me dizer onde fica a casa do vidente?".

¹⁹"Eu sou o vidente", respondeu Samuel. "Suba adiante de mim até o lugar de adoração. Ali comeremos juntos e, pela manhã, eu lhe direi o que você quer saber, e depois poderá seguir viagem. ²⁰E não se preocupe com as jumentas que se perderam há três dias, pois foram encontradas. Eu lhe digo que as esperanças de Israel estão centradas em você e sua família!"ᵃ

²¹Saul respondeu: "Mas sou apenas da tribo de Benjamim, a menor das tribos de Israel, e minha família é a mais insignificante de todas as famílias dessa tribo! Por que o senhor fala comigo dessa maneira?".

²²Então Samuel levou Saul e seu servo para uma sala de jantar e lhes deu o lugar de honra entre os convidados, cerca de trinta pessoas. ²³Em seguida, Samuel pediu ao cozinheiro: "Traga o pedaço de carne separado para o convidado de honra!". ²⁴O cozinheiro trouxe a coxa do sacrifício e a colocou diante de Saul. "Coma", disse Samuel. "Reservei este pedaço para você desde que decidi convidar estes homens para a refeição." E Saul comeu com Samuel naquele dia.

²⁵Quando desceram do lugar de adoração e voltaram para a cidade, Samuel levou Saul ao terraço da casa e preparou uma cama para ele.ᵇ ²⁶Ao amanhecer do dia seguinte, Samuel chamou Saul novamente: "Levante-se!", disse ele. "É hora de seguir viagem." Saul se aprontou, e ele e Samuel saíram juntos. ²⁷Quando chegaram à saída da cidade, Samuel disse a Saul que enviasse seu servo adiante. Depois que o servo partiu, Samuel disse: "Fique aqui, pois recebi de Deus uma mensagem para você".

Samuel unge Saul rei

10 Samuel pegou uma vasilha de óleo e o derramou sobre a cabeça de Saul. Depois, beijou Saul e disse: "Faço isto porque o Senhor o nomeou como líder de Israel, sua propriedade especial. ²Hoje, quando você partir, verá dois homens ao lado do túmulo de Raquel, em Zelza, na divisa de Benjamim. Eles lhe dirão que as jumentas foram encontradas e que seu pai deixou de se preocupar com elas e agora está preocupado com vocês, perguntando: 'Que farei para encontrar meu filho?'.

³"Quando você chegar ao carvalho de Tabor, encontrará três homens vindo em sua direção; estão a caminho de Betel, onde vão adorar a Deus. Um deles estará levando três cabritos, outro, três pães, e o terceiro, uma vasilha de couro cheia de vinho. ⁴Eles o cumprimentarão e lhe oferecerão dois pães, que você deve aceitar.

⁵"Quando chegar a Gibeá-Eloim,ᶜ onde fica o destacamento dos filisteus, encontrará um grupo de profetas descendo do lugar de adoração. Virão tocando harpa, tamborim, flauta e lira, e estarão profetizando. ⁶Nesse momento, o Espírito do Senhor virá poderosamente sobre você, e você profetizará com eles. Será transformado numa pessoa diferente. ⁷Depois que esses sinais se cumprirem, faça o que tiver de fazer, pois Deus está com você. ⁸Em seguida, vá a Gilgal adiante de mim. Eu o encontrarei ali para sacrificar holocaustos e ofertas de paz. Espere lá durante sete dias, até eu chegar e lhe dar mais instruções".

Os sinais mencionados se cumprem

⁹Assim que Saul se virou para partir, Deus lhe deu um novo coração, e todos os sinais anunciados por Samuel se cumpriram naquele dia. ¹⁰Ao chegarem a Gibeá, Saul e o servo viram um grupo de profetas vindo em sua direção. Então o Espírito de Deus veio poderosamente sobre Saul, e ele começou a profetizar com eles. ¹¹Quando aqueles que o conheciam souberam disso, perguntaram uns aos outros: "O que aconteceu com o filho de Quis? Acaso Saul também é profeta?".

¹²Um dos que estavam ali perguntou: "Qualquer um pode se tornar profeta, seja quem for seu pai?".ᵈ Essa é a origem do ditado: "Acaso Saul também é profeta?".

¹³Depois que Saul terminou de profetizar, subiu ao lugar de adoração. ¹⁴O tio de Saul

---

ᵃ **9.20** Ou *as riquezas de Israel serão para você e sua família*. ᵇ **9.25** Conforme a Septuaginta; o hebraico traz *e ali conversou com ele*. ᶜ **10.5** Ou *Gibeá de Deus*. ᵈ **10.12** Em hebraico, *Quem é o pai deles?*

perguntou a ele e ao servo: "Onde vocês estavam?".

Saul respondeu: "Saímos para procurar as jumentas, mas não conseguimos encontrá-las. Então fomos a Samuel para lhe perguntar onde elas estavam".

¹⁵"E o que foi que Samuel lhe disse?", perguntou o tio.

¹⁶"Disse que as jumentas já haviam sido encontradas", respondeu Saul. Contudo, não contou ao tio o que Samuel tinha dito sobre o reino.

Saul é proclamado rei

¹⁷Algum tempo depois, Samuel convocou todo o povo para se reunir diante do Senhor em Mispá. ¹⁸Disse ele aos israelitas: "Assim diz o Senhor, o Deus de Israel: Eu os tirei do Egito e os livrei dos egípcios e de todas as nações que os oprimiam. ¹⁹Mas, apesar de eu ter resgatado vocês de suas angústias e aflições, hoje vocês rejeitaram seu Deus e disseram: 'Queremos um rei!'. Agora, portanto, apresentem-se diante do Senhor, de acordo com suas tribos e seus clãs".

²⁰Então Samuel reuniu todas as tribos de Israel, e a tribo de Benjamim foi escolhida por sorteio. ²¹Em seguida, Samuel reuniu cada família da tribo de Benjamim, e a família de Matri foi sorteada. Por fim, Saul, filho de Quis foi escolhido dentre eles. Quando o procuraram, porém, não o encontraram. ²²Por isso, perguntaram ao Senhor: "Ele já chegou?".

O Senhor respondeu: "Está escondido no meio da bagagem". ²³Eles correram até lá e o trouxeram. Era tão alto que os outros chegavam apenas a seus ombros.

²⁴Samuel disse ao povo: "Este é o homem que o Senhor escolheu para ser seu rei. Não há ninguém semelhante a ele em todo o Israel".

E todo o povo gritou: "Viva o rei!".

²⁵Então Samuel explicou ao povo os direitos e deveres do rei. Escreveu-os num rolo e o colocou diante do Senhor. Depois, mandou todo o povo para casa.

²⁶Saul também voltou para sua casa, em Gibeá, acompanhado por um grupo de homens cujo coração Deus tinha tocado. ²⁷Havia, no entanto, alguns desocupados que debochavam: "Esse sujeito nunca nos salvará!". Desprezaram Saul e se recusaram a lhe trazer presentes. Mas Saul não lhes deu atenção.

Saul derrota os amonitas

11 Cerca de um mês depois,[a] Naás, rei de Amom, avançou com seu exército contra a cidade de Jabes-Gileade. Mas os habitantes de Jabes clamaram: "Faça um tratado conosco, e o serviremos!".

²Então Naás disse: "Está bem, mas só com uma condição. Arrancarei o olho direito de cada um de vocês como humilhação para todo o Israel!".

³As autoridades de Jabes pediram: "Dê-nos sete dias para que enviemos mensageiros a todo o Israel. Se ninguém vier nos salvar, nós nos entregaremos ao rei".

⁴Os mensageiros chegaram a Gibeá, cidade onde Saul morava, e relataram ao povo a difícil situação em Jabes-Gileade. Todos choraram em alta voz. ⁵Quando Saul voltou à cidade, trazendo seus bois do campo, perguntou: "O que está acontecendo? Por que todos estão chorando?". Então contaram-lhe sobre a mensagem de Jabes.

⁶O Espírito de Deus veio poderosamente sobre Saul, e ele se enfureceu. ⁷Pegou dois bois, cortou-os em pedaços e enviou mensageiros para levá-los a todo o Israel com o seguinte aviso: "Isto é o que acontecerá aos bois de quem se recusar a seguir Saul e Samuel na batalha!". E o terror do Senhor caiu sobre o povo, de modo que todos saíram para guerrear como um só homem. ⁸Quando Saul os reuniu em Bezeque, viu que havia trezentos mil homens de Israel e trinta mil[b] homens de Judá.

⁹Então Saul enviou os mensageiros de volta a Jabes-Gileade com o seguinte aviso: "Salvaremos vocês amanhã, antes do meio-dia". Quando os habitantes de Jabes receberam a mensagem, houve grande alegria em toda a cidade.

¹⁰Então os homens de Jabes disseram a seus inimigos: "Amanhã nos entregaremos a vocês, e poderão fazer conosco o que desejarem". ¹¹No dia seguinte, porém, antes do amanhecer, Saul chegou com seu exército dividido

---

[a] **11.1** Conforme a Septuaginta e um manuscrito do mar Morto; o Texto Massorético não traz *Cerca de um mês depois*. [b] **11.8** Os manuscritos do mar Morto e a Septuaginta trazem *setenta mil*.

em três destacamentos. Atacou os amonitas de surpresa e, na hora mais quente do dia, já os tinha derrotado completamente. O restante do exército amonita se dispersou de tal modo que não ficaram dois soldados juntos.

¹²Então o povo disse a Samuel: "Onde estão aqueles que perguntaram: 'Por que Saul deveria nos governar?' Tragam esses homens aqui, e os mataremos".

¹³Saul, porém, respondeu: "Ninguém será morto hoje, pois neste dia o Senhor livrou Israel".

¹⁴Então Samuel disse ao povo: "Venham, vamos todos a Gilgal renovar o compromisso do reino". ¹⁵Então todos foram a Gilgal e, numa cerimônia solene diante do Senhor, proclamaram Saul como rei. Depois, trouxeram ao Senhor ofertas de paz, e Saul e todos os israelitas muito se alegraram.

O discurso de despedida de Samuel

12 Então Samuel falou a todo o Israel: "Fiz o que pediram e lhes dei um rei. ²Agora ele é seu líder. Quanto a mim, estou aqui diante de vocês, um homem velho e de cabelos brancos, e meus filhos estão com vocês. Estive a seu serviço como seu líder desde minha juventude até hoje. ³Aqui estou: testemunhem contra mim diante do Senhor e diante do rei que ele ungiu. De quem roubei um boi ou um jumento? Acaso enganei ou oprimi alguém? De quem aceitei suborno para perverter a justiça? Digam-me, e farei restituição se cometi alguma injustiça".

⁴Eles responderam: "O senhor nunca nos enganou nem nos oprimiu, e nunca aceitou suborno".

⁵Então Samuel declarou: "Hoje o Senhor e o rei que ele ungiu são testemunhas de que minhas mãos estão limpas".

Eles responderam: "Sim, eles são testemunhas".

⁶E Samuel continuou: "Foi o Senhor que escolheu Moisés e Arão e tirou seus antepassados da terra do Egito. ⁷Agora, fiquem aqui diante do Senhor enquanto eu os confronto com todos os atos de justiça que o Senhor fez por vocês e por seus antepassados.

⁸"Quando Israelᵃ estava no Egito e seus antepassados clamaram ao Senhor, ele enviou Moisés e Arão para tirá-los de lá e trazê-los a esta terra. ⁹Mas o povo logo se esqueceu do Senhor, seu Deus, por isso ele os entregou a Sísera, comandante do exército de Hazor, e também aos filisteus e ao rei de Moabe, que lutaram contra eles.

¹⁰"Então clamaram novamente ao Senhor e disseram: 'Pecamos quando abandonamos o Senhor e servimos às imagens de Baal e de Astarote. Agora, se nos livrares de nossos inimigos, serviremos somente a ti'. ¹¹O Senhor enviou Gideão,ᵇ Bedã,ᶜ Jefté e Samuelᵈ para livrá-los, e vocês viveram em segurança.

¹²"No entanto, quando ficaram com medo de Naás, rei de Amom, vieram a mim e disseram que queriam um rei para governá-los, embora o Senhor, seu Deus, já fosse seu rei. ¹³Pois bem, aqui está o rei que vocês escolheram. Vocês o pediram e o Senhor os atendeu.

¹⁴"Agora, se temerem e servirem ao Senhor, derem ouvidos à sua voz e não se rebelarem contra os seus mandamentos, tanto vocês como seu rei mostrarão que reconhecem que o Senhor é seu Deus. ¹⁵Mas, se vocês se rebelarem contra os mandamentos do Senhor e se recusarem a ouvir a sua voz, a mão do Senhor pesará sobre vocês, como fez a seus antepassados.

¹⁶"Agora, fiquem aqui e vejam o maravilhoso feito que o Senhor está prestes a realizar. ¹⁷Vocês sabem que não chove nesta época do ano, durante a colheita do trigo. Pedirei ao Senhor que envie trovões e chuva forte hoje. Assim, vocês reconhecerão quão grande foi sua maldade ao pedir que o Senhor lhes desse um rei!".

¹⁸Então Samuel clamou ao Senhor, e o Senhor enviou trovões e chuva forte naquele mesmo dia. E todo o povo ficou com muito medo do Senhor e de Samuel. ¹⁹Disseram a Samuel: "Ore ao Senhor, seu Deus, em favor de seus servos, ou morreremos! Pois, a todas as nossas faltas, acrescentamos o pecado de pedir um rei".

ᵃ **12.8** Em hebraico, *Quando Jacó*. Os nomes "Jacó" e "Israel" são usados de forma intercambiável ao longo de todo o Antigo Testamento e se referem, por vezes, ao patriarca e, em outras ocasiões, à nação. ᵇ **12.11a** Em hebraico, *Jerubaal*, outro nome para Gideão; ver Jz 6.32. ᶜ **12.11b** A Septuaginta e a versão siríaca trazem *Baraque*. ᵈ **12.11c** A Septuaginta e a versão siríaca trazem *Sansão*.

PÃO DIÁRIO

Por causa do Seu nome

O Senhor não abandonará seu povo, pois isso traria desonra para seu grande nome. Pois agradou ao Senhor fazer de vocês seu próprio povo.

—1 Samuel 12.22

Os antigos israelitas se reuniram em Gilgal para a coroação de Saul como o seu primeiro rei (1Sm 11.15). O Senhor não se agradou por Seu povo ter pedido um rei; apesar disso, nesta ocasião, Samuel proferiu as seguintes palavras: "O Senhor não abandonará seu povo, pois isso traria desonra para seu grande nome. Pois agradou ao Senhor fazer de vocês seu próprio povo" (12.22).

Se confiamos em Jesus como Salvador, somos "povo exclusivo de Deus" (1Pe 2.9). Ele não nos abandonará ainda que saiba que falharemos. Ele sabe que somos pecadores, fracas e frágeis. O Senhor já sabia disso antes de nos chamar e nos atrair para si. A certeza da nossa salvação está no caráter de Deus, não em nós mesmas (1Jo 5.20). Ele nos guardará até o fim.

Isso não serve como desculpa para continuarmos no pecado. Paulo foi claro ao dizer: "Uma vez que morremos para o pecado, como podemos continuar vivendo nele?" (Rm 6.2). Com certeza, nossas escolhas refletem a reputação de Deus, nosso testemunho no mundo e nossa comunhão com Ele. Porém, Deus jamais rejeitará Seu povo, aqueles que são verdadeiramente dele. O Senhor não pode e não abandonará os Seus (Hb 13.5).

Podemos descansar confiantes de que o que Deus salva, Ele guarda — por causa do Seu grande nome!

Pai, graças te dou pela minha salvação. Embora eu ainda enfrente lutas com o pecado, tu me vês como Tua filha por causa da morte do Teu Filho Jesus Cristo na cruz. Aumenta o meu desejo de honrar a ti e ao Teu grande nome.

É impossível arrancar a vida que está enraizada na imutável graça de Deus.

---

²⁰"Não tenham medo", disse Samuel. "Certamente agiram mal, mas, agora, sirvam ao Senhor de todo o coração e não se afastem dele. ²¹Não se desviem dele para adorar deuses sem valor que não podem ajudar ou livrar vocês; eles são completamente inúteis! ²²O Senhor não abandonará seu povo, pois isso traria desonra para seu grande nome. Pois agradou ao Senhor fazer de vocês seu próprio povo.

²³"Quanto a mim, certamente não pecarei contra o Senhor, deixando de orar por vocês. Continuarei a lhes ensinar o que é bom e correto. ²⁴Temam o Senhor e sirvam a ele fielmente, de todo o coração. Pensem em todas as coisas maravilhosas que ele fez por vocês. ²⁵Mas, se continuarem a pecar, vocês e seu rei serão destruídos."

Guerra constante contra os filisteus

13 Saul tinha 30[a] anos quando se tornou rei, e reinou por 42 anos.[b]

²Saul escolheu três mil soldados do exército de Israel e mandou o restante dos homens para casa. Levou consigo dois mil desses homens a Micmás e à região montanhosa de Betel. Os outros mil foram com Jônatas, filho de Saul, para Gibeá, na terra de Benjamim.

³Logo depois disso, Jônatas atacou e derrotou o destacamento dos filisteus em Geba. A notícia se espalhou entre os filisteus. Então Saul tocou a trombeta por toda a terra, anunciando: "Ouçam bem, hebreus!". ⁴E todo o Israel ouviu que Saul tinha destruído o destacamento dos filisteus e que agora eles odiavam os israelitas mais que nunca. Então os soldados israelitas foram convocados para se unir a Saul em Gilgal.

⁵Os filisteus reuniram um exército de três mil[c] carros de guerra, seis mil cavaleiros e tantos guerreiros como os grãos de areia na praia. Acamparam em Micmás, a leste de Bete-Áven. ⁶Os homens de Israel se viram em apuros e, como estavam sendo fortemente pressionados pelo inimigo, tentaram se esconder em cavernas, em matagais, entre rochas, em buracos e em cisternas. ⁷Alguns dos hebreus atravessaram o rio Jordão e fugiram para a terra de Gade e de Gileade.

Samuel repreende Saul

Enquanto isso, Saul permaneceu em Gilgal, e os homens que estavam com ele tremiam de medo. ⁸Saul esperou ali por Samuel durante

---

[a] **13.1a** Conforme alguns manuscritos gregos; o número não aparece no texto hebraico. [b] **13.1b** Em hebraico, *reinou... e dois*; o número está incompleto no texto hebraico. Comparar com At 13.21. [c] **13.5** Conforme a Septuaginta e a versão siríaca; o hebraico traz *trinta mil*.

sete dias, conforme Samuel o havia instruído, mas ele não chegou. Vendo que os soldados debandavam rapidamente, ⁹Saul ordenou: "Tragam-me o holocausto e as ofertas de paz!". E ele próprio ofereceu o holocausto.

¹⁰No exato instante em que Saul terminava de oferecer o holocausto, Samuel chegou. Saul foi ao seu encontro para cumprimentá-lo, ¹¹mas Samuel disse: "O que você fez?".

Saul respondeu: "Vi que meus homens estavam debandando, e que o senhor não chegou no prazo que havia prometido. Além disso, os filisteus estavam em Micmás, prontos para a batalha. ¹²Assim, pensei: 'Os filisteus estão prontos para lutar contra nós em Gilgal, e eu não pedi ajuda ao Senhor'. Por isso me senti na obrigação de oferecer o holocausto".

¹³"Você agiu como um tolo!", exclamou Samuel. "Não guardou o mandamento que o Senhor, seu Deus, lhe deu. Se tivesse obedecido, o Senhor teria estabelecido para sempre seu reinado sobre Israel. ¹⁴Agora, porém, seu reinado não permanecerá, pois o Senhor escolheu um homem segundo o coração dele. O Senhor já designou esse homem para ser líder de seu povo, pois você não obedeceu ao mandamento do Senhor."

A desvantagem militar de Israel

¹⁵Então Samuel partiu de Gilgal e subiu para Gibeá, na terra de Benjamim. Quando Saul contou os soldados que ainda estavam com ele, viu que havia cerca de seiscentos homens. ¹⁶Saul, Jônatas e os soldados que estavam com eles ficaram em Geba, na terra de Benjamim. Os filisteus acamparam em Micmás. ¹⁷Três grupos de ataque deixaram o acampamento filisteu: um foi para o norte, em direção a Ofra, na região de Sual, ¹⁸outro foi para oeste, a Bete-Horom, e o terceiro rumou para a fronteira acima do vale de Zeboim, na direção do deserto.

¹⁹Naqueles dias, não havia ferreiros na terra de Israel, pois os filisteus não permitiam que os hebreus fizessem espadas ou lanças. ²⁰Assim, sempre que o povo de Israel precisava afiar seus arados, enxadas, machados e foices,ᵃ tinha de levá-los a um ferreiro filisteu.

²¹O custo para afiar um arado ou uma enxada era de oito gramasᵇ de prata, e, para afiar um machado, uma foice ou a ponta de ferro de uma vara de tocar bois, quatro gramas.ᶜ ²²Por isso, no dia da batalha, ninguém em Israel tinha espada ou lança, exceto Saul e Jônatas. ²³Nesse meio-tempo, os filisteus mandaram um destacamento para o desfiladeiro de Micmás.

O plano audacioso de Jônatas

14 Certo dia, Jônatas, filho de Saul, disse a seu escudeiro: "Venha, vamos ao lugar onde fica o destacamento dos filisteus". Mas Jônatas não contou a seu pai o que pretendia fazer.

²Enquanto isso, Saul estava acampado nos arredores de Gibeá, em volta da árvore de romãsᵈ em Migrom, junto com cerca de seiscentos homens. ³Entre eles estava Aías, o sacerdote, que levava o colete sacerdotal. Aías era filho de Aitube, irmão de Icabode, filho de Fineias, filho de Eli, que tinha servido como sacerdote do Senhor em Siló.

Ninguém percebeu que Jônatas havia saído do acampamento. ⁴Para chegar ao destacamento dos filisteus, teve de passar por entre dois penhascos; um se chamava Bozez, e o outro, Sené. ⁵Um ficava ao norte, de frente para Micmás, e o outro, ao sul, de frente para Geba. ⁶Jônatas disse a seu escudeiro: "Vamos atravessar até o destacamento daqueles incircuncisos! Quem sabe o Senhor nos ajudará, pois nada pode deter o Senhor. Ele pode vencer com muitos guerreiros e, também, com apenas uns poucos!".

⁷"Faça o que lhe parecer melhor", respondeu o escudeiro. "Eu o seguirei para onde o senhor for!"

⁸"Pois bem", disse Jônatas. "Vamos atravessar e deixar que nos vejam. ⁹Se disserem: 'Fiquem onde estão, ou mataremos vocês', ficaremos parados e não iremos até eles. ¹⁰Mas, se disserem: 'Subam até aqui e lutem', então subiremos. Será sinal de que o Senhor os entregará em nossas mãos."

¹¹Quando os filisteus os viram chegando, gritaram: "Vejam! Os hebreus estão saindo dos buracos onde estavam escondidos!". ¹²Então

---

ᵃ **13.20** Conforme a Septuaginta; o hebraico traz *e arados*. ᵇ **13.21a** Em hebraico, *1 pim*. ᶜ **13.21b** Em hebraico, *1/3 [de 1 siclo]*.
ᵈ **14.2** Ou *em volta da rocha de Rimom*; comparar com Jz 20.45,47; 21.13.

os homens do destacamento gritaram para Jônatas e seu escudeiro: "Subam até aqui, e nós lhes daremos uma lição!".

"Venha, suba logo atrás de mim", disse Jônatas a seu escudeiro. "O Senhor entregou os filisteus nas mãos de Israel!"

¹³Então subiram usando os pés e as mãos. Jônatas derrubava os filisteus e, atrás dele, seu escudeiro os matava. ¹⁴Mataram, no total, cerca de vinte homens, numa pequena porção de terra.ᵃ

¹⁵De repente, o pânico tomou conta do exército filisteu, tanto no acampamento como no campo, e também nos destacamentos e nos grupos de ataque. Naquele instante, houve um terremoto, e todos se encheram de terror.

Israel derrota os filisteus

¹⁶As sentinelas de Saul em Gibeá de Benjamim viram que o imenso exército dos filisteus começou a debandar em todas as direções. ¹⁷Saul ordenou ao povo: "Façam a chamada e verifiquem quem está faltando!". Quando fizeram a chamada, descobriram que Jônatas e seu escudeiro não estavam ali.

¹⁸Então Saul gritou para Aías: "Traga o colete sacerdotal!", pois, naquele tempo, Aías usava o colete sacerdotal diante dos israelitas.ᵇ ¹⁹Enquanto Saul falava com o sacerdote, o tumulto e a gritaria no acampamento dos filisteus aumentaram. Então Saul disse ao sacerdote: "Não precisa mais usar o colete!".ᶜ

²⁰Então Saul e todos os soldados correram para a batalha e encontraram os filisteus matando uns aos outros. Havia grande confusão por toda parte. ²¹Até os hebreus que antes haviam desertado para o lado dos filisteus se rebelaram e se uniram a Saul, a Jônatas e ao restante dos israelitas. ²²Quando os homens de Israel que haviam se escondido na região montanhosa de Efraim ouviram que os filisteus fugiam, também os perseguiram. ²³Assim, o Senhor livrou Israel naquele dia, e a batalha continuou até além de Bete-Áven.

O juramento insensato de Saul

²⁴Os homens de Israel estavam exaustos naquele dia, pois Saul lhes havia imposto este juramento: "Maldito seja aquele que comer antes do anoitecer, antes de eu ter me vingado inteiramente de meus inimigos". Por isso, ninguém comeu nada o dia todo, ²⁵embora tivessem encontrado favos de mel no chão do bosque. ²⁶Não se atreveram a provar o mel, pois temiam o juramento exigido por Saul.

²⁷Jônatas, porém, não sabendo do juramento de seu pai, enfiou a ponta de uma vara num favo e comeu o mel. Depois de comer, recuperou as forças.ᵈ ²⁸Vendo isso, um dos soldados lhe disse: "Seu pai obrigou o exército a fazer um juramento severo, pelo qual quem comer alguma coisa hoje será maldito. Por isso todos estão exaustos".

²⁹"Meu pai trouxe desgraça sobre o povo!", exclamou Jônatas. "Vejam como recuperei as forças depois de provar um pouco de mel. ³⁰Se os homens tivessem recebido permissão para comer à vontade do alimento que encontraram entre os inimigos, imaginem quantos filisteus mais teríamos matado!"

³¹Os israelitas perseguiram e mataram filisteus o dia todo, desde Micmás até Aijalom, e ficaram cada vez mais enfraquecidos. ³²Naquela noite, tomaram apressadamente os despojos da batalha; mataram ovelhas, bois e bezerros e comeram a carne com sangue. ³³Alguém foi dizer a Saul: "Veja, os soldados estão pecando contra o Senhor, comendo carne com sangue".

"Vocês cometeram um grande pecado!", disse Saul. "Procurem uma pedra grande e tragam-na para cá. ³⁴Depois, saiam entre os soldados e digam-lhes: 'Tragam os bois e as ovelhas até aqui! Abatam os animais e deixem o sangue escorrer antes de comer. Não pequem contra o Senhor, comendo carne ainda com sangue'."

Naquela noite, portanto, todos os soldados levaram os animais e os abateram ali. ³⁵Então Saul construiu um altar para o Senhor; foi o primeiro altar que ele construiu para o Senhor.

³⁶Depois Saul disse: "Vamos perseguir os filisteus a noite toda, saqueá-los até o amanhecer e destruir até o último deles".

Seus homens responderam: "Faremos o que o rei achar melhor".

ᵃ **14.14** Em hebraico, *em meia jeira de terra*. A "jeira" era uma medida equivalente à terra arada por uma junta de bois em um dia. ᵇ **14.18** Conforme alguns manuscritos gregos; o hebraico traz *"Tragam a arca de Deus", pois, naquele tempo, a arca de Deus estava com os israelitas*. ᶜ **14.19** Em hebraico, *Retire sua mão!* ᵈ **14.27** Ou *seus olhos brilharam*; também em 14.29.

O sacerdote, porém, disse: "Primeiro vamos consultar Deus". ³⁷Então Saul perguntou a Deus: "Devemos ir atrás dos filisteus? Tu os entregarás nas mãos de Israel?". Mas Deus não lhe respondeu naquele dia. ³⁸Então Saul ordenou: "Todos os comandantes do exército, apresentem-se a mim! Descubram como e por que aconteceu esse pecado! ³⁹Tão certo como vive o SENHOR, aquele que resgatou Israel, o culpado morrerá, mesmo que seja meu filho Jônatas!". Contudo, ninguém lhe disse nada.

⁴⁰Saul disse a todo o Israel: "Jônatas e eu ficaremos aqui, e todos vocês ficarão ali". E os homens responderam: "Faça o que o rei achar melhor". ⁴¹Em seguida, Saul orou: "Ó SENHOR, o Deus de Israel, mostra-nos quem é culpado e quem é inocente".ᵃ Por sorteio, Jônatas e Saul foram escolhidos como sendo os culpados, e o povo foi declarado inocente. ⁴²Saul disse: "Façam outro sorteio entre mim e Jônatas". E Jônatas foi escolhido como o culpado. ⁴³"Diga-me o que você fez", ordenou Saul. "Provei um pouco de mel", confessou Jônatas. "Foi apenas uma pequena porção, na ponta de minha vara. Estou pronto para morrer!"ᵇ ⁴⁴Então Saul disse: "Sim, Jônatas, você deve morrer. Que Deus me castigue severamente se você não for morto por isso". ⁴⁵Os soldados, porém, disseram a Saul: "Jônatas conquistou esta grande vitória para Israel. Acaso ele deve morrer? De maneira nenhuma! Tão certo como o SENHOR vive, ninguém tocará num fio de cabelo da cabeça dele, pois hoje Deus o ajudou a realizar um grande feito". E assim o povo salvou Jônatas da morte. ⁴⁶Então Saul deixou de perseguir os filisteus, e eles voltaram para sua terra.

As vitórias militares de Saul

⁴⁷Depois que Saul havia se firmado como rei de Israel, lutou contra seus inimigos ao redor: contra Moabe, Amom e Edom, contra os reis de Zobá e contra os filisteus. E, para qualquer lado que se voltava, era vitorioso.ᶜ ⁴⁸Realizou grandes feitos e derrotou os amalequitas, livrando Israel de todos que o haviam saqueado.

⁴⁹Os filhos de Saul eram Jônatas, Isbosete ᵈ e Malquisua. Também tinha duas filhas: Merabe, a mais velha, e Mical, a mais nova. ⁵⁰A esposa de Saul se chamava Ainoã, filha de Aimaás. O comandante do exército de Saul era Abner, filho de Ner, tio de Saul. ⁵¹Quis, pai de Saul, e Ner, pai de Abner, eram filhos de Abiel.

⁵²Os israelitas lutaram ferrenhamente contra os filisteus durante toda a vida de Saul. Por isso, sempre que Saul via um jovem forte e valente, logo o convocava para seu exército.

Saul derrota os amalequitas

15 Certo dia, Samuel disse a Saul: "Foi o SENHOR que me enviou para ungi-lo rei de seu povo, Israel. Agora ouça esta mensagem do SENHOR! ²Assim diz o SENHOR dos Exércitos: Resolvi acertar as contas com a nação de Amaleque por ter se colocado contra Israel quando o povo saía do Egito. ³Agora vá e destrua completamente a nação amalequita: homens, mulheres, crianças, recém-nascidos, gado, ovelhas, camelos e jumentos".

⁴Então Saul reuniu seu exército em Telaim. Havia duzentos mil soldados de Israel e dez mil homens de Judá. ⁵Em seguida, Saul e o exército foram à cidade dos amalequitas e armaram uma emboscada no vale. ⁶Saul mandou este aviso aos queneus: "Afastem-se de onde vivem os amalequitas, para que não morram com eles, pois vocês demonstraram bondade a todos os israelitas quando eles saíram do Egito". Então os queneus saíram do meio dos amalequitas.

⁷Saul atacou e derrotou os amalequitas desde Havilá até Sur, a leste do Egito. ⁸Capturou Agague, o rei amalequita, e destruiu completamente todo o povo. ⁹Saul e seus homens pouparam a vida de Agague, bem como o melhor das ovelhas, do gado, dos bezerros gordos e dos cordeiros. Destruíram apenas o que não tinha valor ou que era de qualidade inferior.

O SENHOR rejeita Saul

¹⁰Então o SENHOR disse a Samuel: ¹¹"Arrependo-me de ter colocado Saul como rei, pois ele

---

ᵃ **14.41** A Septuaginta acrescenta *Se a culpa for minha ou de meu filho, Jônatas, responde com Urim; mas, se a culpa for dos homens de Israel, responde com Tumim.* ᵇ **14.43** Ou *Mereço morrer por causa disso?* ᶜ **14.47** Conforme a Septuaginta; o hebraico traz *agia de modo perverso.* ᵈ **14.49** Em hebraico, *Isvi*, variação de Isbosete; também conhecido como *Esbaal.*

PÃO DIÁRIO

Há toupeiras ao redor?

Ouça! A obediência é melhor que o sacrifício, e a submissão é melhor que ofertas de gordura de carneiros.
—1 Samuel 15.22

Enquanto cortava a grama de casa, descobri montinhos redondos de argila arenosa no que tinha sido um gramado lisinho até pouco tempo. Uma família de toupeiras havia emigrado dos bosques próximos para estabelecer sua residência debaixo do nosso jardim. As criaturinhas roedoras estavam gerando um caos no nosso gramado ao escavar o solo, dividindo o lindo território.

De alguma maneira, a atividade das toupeiras ilustra o lado sombrio do coração humano. Superficialmente, podemos parecer educados e elegantes. Porém, a avareza, a lascívia, a intolerância e os vícios podem causar destruição interna. Cedo ou tarde, tais pecados se tornarão evidentes.

O rei Saul cometeu um erro fatal que apodreceu debaixo da superfície: sua rebelião contra Deus. O Senhor havia ordenado que não se tomasse nenhum dos despojos de guerra dos amalequitas (1Sm 15.3). Todavia, depois de uma vitória decisiva, Saul permitiu que os israelitas ficassem com o melhor das ovelhas e dos bois (v.9).

Quando o profeta Samuel o confrontou, Saul se justificou dizendo que mantivera o melhor do gado para oferecer a Deus como sacrifício. Porém, esse era um mero disfarce para seu orgulho pecaminoso, o qual irrompera como um desacato ao Deus que ele afirmava servir.

A confissão e o arrependimento são as soluções de Deus para a rebelião. Como Saul, você pode estar justificando o seu pecado. Confesse-o e o abandone antes que seja tarde demais.

Querido Deus, por favor, perdoa-me por desviar-me tanto de ti e buscar o meu jeito rebelde de fazer as coisas. Não quero continuar em pecado. Tira-me das trevas e leva-me para a Tua luz.

Quando defendemos um pecado, cometemos mais um.

---

monumento para si próprio; depois, seguiu para Gilgal".

[13] Quando Samuel finalmente o encontrou, Saul o cumprimentou com alegria: "Que o Senhor o abençoe!", disse Saul. "Cumpri a ordem do Senhor!"

[14] Samuel perguntou: "Então o que é esse balido de ovelhas e esse mugido de bois que estou ouvindo?"

[15] Saul respondeu: "É verdade que os soldados pouparam o melhor das ovelhas e dos bois que pertenciam aos amalequitas. Mas eles vão sacrificá-los ao Senhor, seu Deus. Quanto ao resto, destruímos tudo".

[16] Então Samuel disse a Saul: "Basta! Ouça o que o Senhor me disse na noite passada".

"O que foi?", perguntou Saul.

[17] Samuel respondeu: "Embora a seus próprios olhos você se considerasse insignificante, não se tornou o líder das tribos de Israel? Sim, o Senhor o ungiu rei sobre o povo! [18] Então o Senhor o enviou numa missão e disse: 'Vá e destrua completamente aqueles pecadores, os amalequitas. Lute contra eles até exterminá-los'. [19] Por que você não obedeceu ao Senhor? Por que tomou apressadamente os despojos e fez o que era mau aos olhos do Senhor?".

[20] "Mas eu obedeci ao Senhor!", insistiu Saul. "Cumpri a missão de que ele me encarregou. Trouxe o rei Agague, mas destruí todos os outros amalequitas. [21] Então meus soldados trouxeram o melhor das ovelhas e dos bois, bem como o melhor dos despojos, a fim de sacrificá-los ao Senhor, seu Deus, em Gilgal".

[22] Samuel respondeu:

"O que agrada mais ao Senhor:
   holocaustos e sacrifícios
   ou obediência à voz dele?
Ouça! A obediência é melhor que o
   sacrifício,
   e a submissão é melhor que
   ofertas de gordura de carneiros.
[23] A rebeldia é um pecado tão grave quanto
   a feitiçaria,
   e persistir no erro é um mal tão grave
   quanto adorar ídolos.
Assim como você rejeitou a ordem do
   Senhor,
   ele o rejeitou como rei".

---

se afastou de mim e se recusou a obedecer às minhas ordens". Samuel ficou tão frustrado ao ouvir essas palavras que clamou ao Senhor a noite toda.

[12] Na manhã seguinte, bem cedo, Samuel foi procurar Saul. Alguém lhe disse: "Saul foi para a região do Carmelo, onde levantou um

Saul suplica por perdão

²⁴Então Saul confessou: "Sim, pequei! Desobedeci às suas instruções e à ordem do Senhor, pois tive medo do povo e fiz o que eles exigiram. ²⁵Agora, imploro que perdoe meu pecado e volte comigo, para que eu possa adorar o Senhor!".

²⁶Samuel, porém, respondeu: "Não voltarei com você! Uma vez que você rejeitou a ordem do Senhor, ele o rejeitou como rei de Israel".

²⁷Quando Samuel se virou para ir embora, Saul tentou detê-lo segurando a barra de seu manto, que se rasgou. ²⁸Então Samuel lhe disse: "Hoje o Senhor rasgou de você o reino de Israel e o entregou a outro, alguém melhor que você. ²⁹E aquele que é a Glória de Israel não mente nem se arrepende, pois não é ser humano para se arrepender!".

³⁰Saul implorou novamente: "Sei que pequei! Mas, por favor, pelo menos honre-me diante das autoridades de meu povo e diante de Israel ao voltar comigo, para que eu possa adorar o Senhor, seu Deus!". ³¹Por fim, Samuel concordou e voltou com ele, e Saul adorou o Senhor.

Samuel executa o rei Agague

³²Então Samuel disse: "Traga-me Agague, rei dos amalequitas". Agague veio cheio de esperança, pois pensou: "Com certeza a ira deles já passou, e eu fui poupado!".[a] ³³Mas Samuel disse: "Assim como sua espada matou os filhos de muitas mães, agora sua mãe ficará sem o filho". E Samuel cortou Agague em pedaços diante do Senhor em Gilgal.

³⁴Depois, Samuel foi para Ramá, e Saul voltou para casa em Gibeá, sua cidade. ³⁵Até o dia em que morreu, Samuel não voltou a ver Saul, embora sempre lamentasse o que aconteceu com ele. E o Senhor se arrependeu de ter estabelecido Saul como rei de Israel.

Samuel unge Davi rei

16 O Senhor disse a Samuel: "Você já lamentou o suficiente por Saul. Eu o rejeitei como rei de Israel. Agora, encha uma vasilha com óleo e vá a Belém. Procure um homem chamado Jessé, que vive ali, pois escolhi um dos filhos dele para ser rei".

²"Como posso fazer isso?", perguntou Samuel. "Se Saul ficar sabendo, me matará."

O Senhor respondeu: "Leve um novilho com você e diga: 'Vim oferecer um sacrifício ao Senhor'. ³Convide Jessé para o sacrifício, e eu lhe

---

PÃO DIÁRIO

"O boi calado"

O Senhor não vê as coisas como o ser humano as vê. As pessoas julgam pela aparência exterior, mas o Senhor olha para o coração.

—1 Samuel 16.7

Tomás de Aquino raramente participava dos debates em classe quando começou a frequentar as aulas na Universidade de Paris, no século 13. Seus colegas pensavam que o silêncio dele significava falta de inteligência e por isso o apelidaram de "o boi calado".

Seus colegas devem ter-se surpreendido quando ele se destacou nos estudos e acabou por escrever grandes obras de teologia que perduram até os dias atuais. Tomás de Aquino foi um gênio mal compreendido.

Como seus colegas de classe puderam errar tanto? Eles o julgaram apenas pela aparência exterior. Não tinham noção sobre como era o seu perfil interior.

Deus disse ao profeta Samuel que ungisse um novo rei para governar o Seu povo, Israel. Davi, o menino pastor de ovelhas, não tinha aparência para ser um futuro rei majestoso. Sua jovialidade não estava à altura da idade e da estatura de seu irmão mais velho Eliabe (1 Sm 16.6). Contudo, o Senhor corrigiu a percepção original de Samuel (v.7). Davi se tornaria um grande guerreiro e o escolhido do Senhor para governar o Seu povo (13.14; 18.8; 2Sm 7.1-17).

Quando você estiver predisposta a julgar alguém pela aparência exterior, lembre-se de Tomás de Aquino e do rei Davi. Para Deus, o que importa é o interior do coração.

Senhor, é tão fácil julgarmos pela aparência! Nossa sociedade nos incentiva a agir assim. Mas ajuda-nos a remar contra a maré e a descobrir com diligência o que há no interior do coração das pessoas.

O verdadeiro valor de uma pessoa está no seu coração.

---

[a] **15.32** Os manuscritos do mar Morto e a Septuaginta trazem *Agague chegou hesitante, pois pensou: "Certamente esta é a amargura da morte".*

mostrarei o que você deve fazer e qual dos filhos dele deve ungir para mim".

⁴Samuel fez o que o Senhor disse. Quando chegou a Belém, as autoridades da cidade foram encontrá-lo, tremendo de medo. "O senhor vem em paz?", perguntaram.

⁵"Sim", respondeu Samuel. "Vim oferecer um sacrifício ao Senhor. Purifiquem-se e venham comigo para o sacrifício." Então Samuel realizou a cerimônia para purificar Jessé e seus filhos e também os convidou para o sacrifício.

⁶Quando chegaram, Samuel olhou para Eliabe e pensou: "Com certeza este é o homem que o Senhor ungirá!".

⁷O Senhor, porém, disse a Samuel: "Não o julgue pela aparência nem pela altura, pois eu o rejeitei. O Senhor não vê as coisas como o ser humano as vê. As pessoas julgam pela aparência exterior, mas o Senhor olha para o coração".

⁸Então Jessé chamou seu filho Abinadabe e o levou até Samuel. Ele, porém, disse: "Não foi este que o Senhor escolheu". ⁹Em seguida, Jessé chamou Simeia,ᵃ mas Samuel disse: "Também não foi este que o Senhor escolheu". ¹⁰Da mesma forma, todos os sete filhos de Jessé foram apresentados a Samuel. Mas Samuel disse a Jessé: "O Senhor não escolheu nenhum deles". ¹¹Então Samuel perguntou: "São estes todos os seus filhos?".

Jessé respondeu: "Ainda tenho o mais novo, mas ele está no campo, tomando conta do rebanho".

"Mande chamá-lo", disse Samuel. "Não nos sentaremos para comer enquanto ele não chegar."

¹²Jessé mandou chamá-lo. Era um jovem ruivo,ᵇ de boa aparência e olhos bonitos.

E o Senhor disse: "É este; levante-se e unja-o com óleo".

¹³Enquanto Davi estava entre seus irmãos, Samuel pegou a vasilha com óleo que havia trazido e o ungiu. A partir daquele dia, o Espírito do Senhor veio poderosamente sobre Davi. Depois disso, Samuel voltou a Ramá.

Davi serve na corte de Saul

¹⁴O Espírito do Senhor se retirou de Saul, e o Senhor enviou um espírito maligno, que o atormentava.

¹⁵Os servos de Saul lhe disseram: "Um espírito maligno enviado por Deus está atormentando o senhor. ¹⁶Permita que procuremos um bom músico para tocar harpa sempre que o espírito o afligir. Ele tocará música para acalmar o senhor e o fará sentir-se melhor".

¹⁷"Está bem", respondeu Saul. "Encontrem alguém que saiba tocar bem e tragam-no para cá."

¹⁸Um dos servos disse a Saul: "Um dos filhos de Jessé, de Belém, sabe tocar harpa. Além disso, é um rapaz corajoso, apto para ir à guerra, e tem bom senso. Também é moço de boa aparência, e o Senhor está com ele".

¹⁹Então Saul enviou mensageiros a Jessé para lhe dizer: "Envie-me seu filho Davi, o pastor de ovelhas". ²⁰Jessé enviou Davi a Saul e, com ele, mandou um jumento carregado de pão, um cabrito e uma vasilha de couro cheia de vinho.

²¹Davi se apresentou a Saul e começou a servi-lo. Saul gostou muito de Davi e o tornou seu escudeiro.

²²Então Saul enviou uma mensagem a Jessé, pedindo: "Deixe que Davi continue a meu serviço, pois estou muito satisfeito com ele".

²³Assim, sempre que o espírito maligno enviado por Deus aflige Saul, Davi tocava a harpa. Saul se sentia melhor, e o espírito se retirava dele.

Golias desafia os israelitas

17 Os filisteus reuniram seu exército para a batalha e acamparam em Efes-Damim, entre Socó, em Judá, e Azeca. ²Em resposta, Saul reuniu as tropas israelitas perto do vale de Elá. ³Assim, os filisteus e os israelitas ficaram frente a frente, em colinas opostas, com o vale entre eles.

⁴Então Golias, um guerreiro filisteu de Gate, saiu das fileiras do exército filisteu. Ele tinha 2,90 metrosᶜ de altura, ⁵usava um capacete de bronze e vestia uma couraça de escamas de bronze que pesava sessenta quilos.ᵈ ⁶Também

---

ᵃ **16.9** Em hebraico, *Samá*, variação de Simeia; comparar com 1Cr 2.13; 20.7. ᵇ **16.12** Ou *moreno*. ᶜ **17.4** Em hebraico, *6 côvados e 1 palmo*; os manuscritos do mar Morto e a Septuaginta trazem *4 côvados e 1 palmo*, ou seja, cerca de 2 metros. ᵈ **17.5** Em hebraico, *5.000 siclos*.

usava caneleiras de bronze e carregava no ombro um dardo de bronze. ⁷A haste de sua lança era pesada e grossa, como o eixo de um tear, e a ponta de ferro da lança pesava cerca de sete quilos.ª Seu escudeiro caminhava à frente dele.

⁸Golias parou e gritou para as tropas israelitas: "Por que saíram todos para lutar? Eu sou filisteu, e vocês são servos de Saul. Escolham um homem para vir aqui e lutar comigo! ⁹Se ele me matar, seremos seus escravos. Mas, se eu o matar, vocês serão nossos escravos! ¹⁰Desafio hoje os exércitos de Israel. Mandem um homem para lutar comigo!". ¹¹Quando Saul e os israelitas ouviram isso, ficaram aterrorizados e muito abalados.

Jessé envia Davi ao acampamento de Saul

¹²Davi era filho de Jessé, efrateu de Belém, na terra de Judá. Na época do rei Saul, Jessé já era idoso e tinha oito filhos. ¹³Os três filhos mais velhos de Jessé — Eliabe, Abinadabe e Simeiaᵇ — haviam se alistado no exército de Saul para lutar contra os filisteus. ¹⁴Davi era o mais novo. Seus três irmãos mais velhos seguiam o exército de Saul, ¹⁵enquanto Davi ia e voltava para ajudar seu pai a cuidar das ovelhas em Belém. ¹⁶Durante quarenta dias, pela manhã e à tarde, o guerreiro filisteu se apresentava diante do exército israelita e o desafiava.

¹⁷Um dia, Jessé disse a Davi: "Leve depressa para seus irmãos que estão no acampamento este cestoᶜ com grãos tostados e estes dez pães. ¹⁸Leve também estes dez queijos para o capitão deles. Veja como estão seus irmãos e traga notíciasᵈ deles". ¹⁹Os irmãos de Davi estavam com Saul e o exército israelita no vale de Elá, lutando contra os filisteus.

²⁰Davi deixou as ovelhas com outro pastor e, na manhã seguinte, partiu bem cedo com os presentes, como Jessé havia ordenado. Chegou ao acampamento quando o exército israelita saía para o campo de batalha com gritos de guerra. ²¹Logo, filisteus e israelitas estavam frente a frente, exército contra exército. ²²Davi deixou suas coisas com o responsável pelos suprimentos e correu até a frente de batalha para saudar seus irmãos. ²³Enquanto falava com eles, Golias, o guerreiro filisteu de Gate, saiu das fileiras do exército filisteu. Davi o ouviu gritar seu desafio habitual.

²⁴Quando os israelitas viram Golias, começaram a fugir, apavorados. ²⁵"Vocês viram aquele homem?", perguntavam uns aos outros. "Ele sai todos os dias para desafiar Israel. O rei ofereceu uma grande recompensa para quem o matar. Dará uma de suas filhas como esposa e isentará toda a família dele de pagar impostos!"

²⁶Então Davi perguntou aos soldados que estavam por perto: "O que receberá o homem que matar esse filisteu e acabar com suas provocações contra Israel? Afinal de contas, quem é esse filisteu incircunciso para desafiar os exércitos do Deus vivo?".

²⁷Os soldados repetiram o que tinham dito e confirmaram: "Sim, essa será a recompensa para quem o matar".

²⁸Quando Eliabe, irmão mais velho de Davi, o ouviu falando com os soldados, ficou furioso e perguntou: "O que você está fazendo aqui? Não devia estar tomando conta daquelas poucas ovelhas? Conheço sua arrogância e suas más intenções. Você quer apenas ver a batalha!".

²⁹"O que eu fiz agora?", disse Davi. "Só fiz uma pergunta!" ³⁰Então foi até outros soldados, fez a mesma pergunta e recebeu a mesma resposta. ³¹Alguém contou ao rei Saul o que Davi tinha dito, e o rei mandou chamá-lo.

Davi mata Golias

³²Davi disse a Saul: "Ninguém se preocupe por causa desse filisteu. Seu servo vai lutar contra ele".

³³Saul respondeu: "Você não conseguirá lutar contra esse filisteu e vencer! É apenas um rapaz, e ele é guerreiro desde a juventude".

³⁴Davi, porém insistiu: "Tomo conta das ovelhas de meu pai e, quando um leão ou um urso aparece para levar um cordeiro do rebanho, ³⁵vou atrás dele com meu cajado e tiro o cordeiro de sua boca. Se o animal me ataca, eu o seguro pela mandíbula e dou golpes nele com

---

ª **17.7** Em hebraico, *600 siclos*. ᵇ **17.13** Em hebraico, *Samá*, variação de Simeia; comparar com 1Cr 2.13; 20.7. ᶜ **17.17** Em hebraico, *1 efa*, cerca de 20 litros. ᵈ **17.18** Em hebraico, *traga uma garantia*.

PÃO DIÁRIO

A síndrome do centavo

...O Senhor que me livrou das garras do leão e do urso também me livrará desse filisteu.

—1 Samuel 17.37

A moeda de um centavo já foi considerada a unidade mais desprezada dentre as moedas. Muitas pessoas não investirão o seu tempo em se agachar para pegar uma moeda de um centavo se a virem caída ao chão. Porém, algumas instituições de caridade descobriram que os centavos somados geram quantias significativas, e que os pequeninos são doadores generosos. Como disse um participante: "As pequenas contribuições podem fazer uma enorme diferença".

O relato bíblico de Davi e Golias descreve uma pessoa aparentemente insignificante cuja confiança em Deus foi maior do que a de qualquer pessoa poderosa de seu meio. Quando Davi se ofereceu como voluntário para enfrentar o gigante Golias, o rei Saul falou: "Você não conseguirá lutar contra esse filisteu e vencer! É apenas um rapaz, e ele é guerreiro desde a juventude" (1Sm 17.33). Mas Davi teve fé no Senhor, que o havia livrado no passado (v.37).

Davi não sofria da "síndrome do centavo" — um sentimento de inferioridade e de inutilidade diante de um problema devastador. Se ele tivesse dado ouvidos ao pessimismo de Saul ou às ameaças de Golias, nada teria feito. Em vez disso, ele agiu com coragem porque confiava em Deus.

É fácil se sentir como um centavo num déficit de um trilhão de reais. Mas, quando obedecemos ao Senhor em todas as circunstâncias, tudo se soma. Coletivamente, nossos atos de fé, grandes ou pequenos, fazem uma diferença enorme. E todo centavo conta.

Pai, para mim é um mistério o fato de me considerares valiosa. Mesmo assim, quando me comparo com outras pessoas, sinto-me tão inadequada. Com humildade e fé, entrego-te os meus pensamentos, palavras e ações. Por favor, usa-os para a Tua glória.

Quando a fé assume a liderança, a coragem vem junto.

---

livrou das garras do leão e do urso também me livrará desse filisteu!".

Por fim, Saul consentiu. "Está bem, então vá", disse. "E que o Senhor esteja com você!" ³⁸Então Saul deu a Davi sua própria armadura, incluindo uma couraça e um capacete de bronze. ³⁹Davi prendeu a espada sobre a armadura e tentou dar alguns passos, pois nunca tinha usado essas coisas.

"Não consigo andar com tudo isso, pois não estou acostumado", disse a Saul, e tirou a armadura. ⁴⁰Pegou cinco pedras lisas de um riacho e as colocou em sua bolsa de pastor. Armado apenas com seu cajado e sua funda, foi enfrentar o filisteu.

⁴¹Golias, com seu escudeiro à frente, caminhava em direção a Davi, ⁴²rindo com desprezo do belo jovem ruivo.[a] ⁴³Gritou para Davi: "Por acaso sou um cão para que você venha a mim com um pedaço de pau?". E amaldiçoou Davi em nome de seus deuses. ⁴⁴"Venha cá, e darei sua carne às aves e aos animais selvagens!", berrou Golias.

⁴⁵Davi respondeu ao filisteu: "Você vem a mim com uma espada, uma lança e um dardo, mas eu vou enfrentá-lo em nome do Senhor dos Exércitos, o Deus dos exércitos de Israel, que você desafiou. ⁴⁶Hoje o Senhor entregará você em minhas mãos, e eu o matarei e cortarei sua cabeça. Então darei os cadáveres de seus homens às aves e aos animais selvagens, e o mundo todo saberá que há Deus em Israel! ⁴⁷E todos que estão aqui reunidos saberão que o Senhor salva seu povo, mas não com espada nem com lança. A batalha é do Senhor, e ele entregará vocês em nossas mãos!".

⁴⁸Quando o filisteu se aproximou para atacar, Davi foi correndo enfrentá-lo. ⁴⁹Enfiou a mão na bolsa, pegou uma pedra e atirou-a com sua funda. A pedra acertou o filisteu na testa e ficou encravada ali. E Golias caiu com o rosto em terra.

⁵⁰Assim, Davi venceu o filisteu e o matou com apenas uma funda e uma pedra, pois não tinha espada. ⁵¹Em seguida, correu até o filisteu, puxou da bainha a espada dele e a usou para matá-lo e cortar-lhe a cabeça.

o cajado até ele morrer. ³⁶Fiz isso com o leão e o urso, e farei o mesmo com esse filisteu incircunciso, pois ele desafiou os exércitos do Deus vivo!". ³⁷E disse ainda: "O Senhor que me

---

[a] **17.42** Ou *moreno*.

Israel derrota os filisteus

Quando os filisteus viram que seu melhor guerreiro estava morto, deram meia-volta e fugiram. ⁵²Os soldados de Israel e de Judá soltaram um forte grito de vitória e perseguiram os filisteus até Gate[a] e até os portões de Ecrom. E os corpos dos filisteus mortos e feridos ficaram espalhados pelo caminho de Saarim até Gate e Ecrom. ⁵³Então o exército israelita voltou e saqueou o acampamento abandonado dos filisteus. ⁵⁴(Davi levou a cabeça do filisteu para Jerusalém, mas guardou as armas dele em sua própria tenda.)

⁵⁵Quando Saul viu Davi sair para lutar contra os filisteus, perguntou a Abner, o comandante de seu exército: "Abner, quem é o pai desse rapaz?".

"Não faço ideia, ó rei!", disse Abner.

⁵⁶"Então descubra quem é o pai dele!", ordenou.

⁵⁷Assim que Davi voltou, depois de matar Golias, Abner o levou a Saul. Ele ainda carregava a cabeça do filisteu em suas mãos. ⁵⁸Saul perguntou: "Quem é seu pai, meu rapaz?".

E Davi respondeu: "Sou filho de Jessé, que vive em Belém".

Saul tem inveja de Davi

18 Depois que Davi terminou de falar com Saul, formou-se de imediato um forte laço de amizade entre ele e Jônatas, filho do rei, por causa do amor que Jônatas tinha por Davi.

²A partir daquele dia, Saul manteve Davi consigo e não o deixou voltar para a casa de seu pai. ³Jônatas assumiu um compromisso solene com Davi, pois o amava como a si mesmo. ⁴Para selar essa aliança, Jônatas tirou seu manto e o entregou a Davi, junto com sua armadura, sua espada, seu arco e seu cinturão.

⁵Davi cumpria com êxito todas as missões de que Saul o encarregava. Então Saul lhe deu uma posição de comando no exército, o que agradou tanto ao povo como aos oficiais de Saul.

⁶Quando o exército israelita regressou vitorioso, depois que Davi matou o gigante filisteu, mulheres de todas as cidades saíram ao encontro do rei Saul. Cantavam e dançavam de alegria, com tamborins e címbalos.[b] ⁷Esta era a canção:

"Saul matou milhares,
  e Davi, dezenas de milhares!".

⁸Saul ficou indignado com essas palavras. "O que é isso?", disse ele. "Atribuem a Davi dezenas de milhares, e a mim, apenas milhares? Só falta o declararem rei!" ⁹Daquele momento em diante, Saul começou a olhar para Davi com suspeita.

¹⁰No dia seguinte, um espírito maligno enviado por Deus se apoderou de Saul, e ele começou a delirar em sua casa, como se fosse louco. Davi tocava a harpa, como fazia todos os dias. Mas Saul tinha uma lança na mão ¹¹e, de repente, atirou-a contra Davi, com a intenção de encravá-lo na parede. Davi, porém, escapou duas vezes.

¹²Saul tinha medo de Davi, pois o Senhor o havia abandonado e agora estava com Davi. ¹³Por fim, Saul o afastou de sua presença e o nomeou comandante de mil soldados, e Davi conduzia as tropas vitoriosamente nas batalhas.

¹⁴Davi continuou a ter êxito em tudo que fazia, pois o Senhor estava com ele. ¹⁵Quando Saul viu isso, teve ainda mais medo. ¹⁶Mas todo o Israel e todo o Judá amavam Davi, porque ele conduzia as tropas vitoriosamente nas batalhas.

Davi se casa com a filha de Saul

¹⁷Certo dia, Saul disse a Davi: "Estou pronto a lhe dar minha filha mais velha, Merabe, por esposa. Antes, porém, sirva-me como um guerreiro valente, lutando nas batalhas do Senhor". Pois Saul pensou: "Em vez de matá-lo eu mesmo, vou enviá-lo aos filisteus, e eles o matarão".

¹⁸Davi, porém, respondeu a Saul: "Quem sou eu, e quem é minha família em Israel para que eu me torne genro do rei?". ¹⁹Assim, quando chegou o tempo de Saul dar sua filha Merabe em casamento a Davi, ele a deu a Adriel, um homem de Meolá.

²⁰Contudo, a outra filha de Saul, Mical, amava Davi, e Saul ficou contente quando soube

---

[a] 17.52 Conforme alguns manuscritos gregos; o hebraico traz *até um vale*. [b] 18.6 Não se sabe ao certo a que tipo de instrumento esse termo se refere.

disso. ²¹"É mais uma oportunidade de os filisteus matarem Davi!", pensou ele. Para Davi, porém, ele disse: "Você tem mais uma oportunidade de se tornar meu genro".

²²Então Saul instruiu seus servos a dizerem a Davi, em particular: "O rei gosta muito de você, e nós também. Por que não aceita a oferta do rei e se torna genro dele?".

²³Quando disseram isso a Davi, ele respondeu: "Como um homem pobre e de família humilde terá condições de pagar o dote da filha de um rei?".

²⁴Então os homens de Saul contaram-lhe o que Davi disse, ²⁵e Saul respondeu: "Digam a Davi que o único dote que quero são cem prepúcios de filisteus! Desejo apenas me vingar de meus inimigos". Mas Saul planejava que Davi fosse morto na luta.

²⁶Quando os servos de Saul trouxeram essa notícia a Davi, ele aceitou a oferta de bom grado. Antes do prazo estipulado, ²⁷ele e seus homens saíram e mataram duzentos filisteus. Davi cumpriu a exigência para tornar-se genro do rei, trazendo-lhe os prepúcios. Então Saul deu sua filha Mical por esposa a Davi.

²⁸Quando Saul percebeu que o Senhor estava com Davi, e viu como sua filha Mical o amava, ²⁹temeu Davi ainda mais e continuou a ser inimigo dele pelo resto de sua vida.

³⁰Sempre que os comandantes dos filisteus atacavam, Davi era mais bem-sucedido contra eles que todos os outros oficiais de Saul. Assim, o nome de Davi se tornou muito famoso.

Saul tenta matar Davi

19 Saul instigou seus servos e seu filho Jônatas a matarem Davi. Mas Jônatas, por causa de seu grande afeto por Davi, ²contou-lhe os planos de Saul. "Meu pai busca uma oportunidade para matá-lo", disse ele. "Amanhã cedo você precisa encontrar um lugar para se esconder. ³Pedirei a meu pai que saia comigo até o campo e falarei com ele a seu respeito. Então lhe contarei tudo que conseguir descobrir."

⁴Na manhã seguinte, Jônatas falou com seu pai sobre Davi e disse muitas coisas boas a respeito dele. "O rei não deve pecar contra seu servo Davi", disse Jônatas. "Ele nunca fez nada para prejudicá-lo. Sempre o ajudou como pôde. ⁵O senhor se esqueceu da ocasião em que ele arriscou a vida para matar o guerreiro filisteu e, assim, o Senhor deu grande vitória a Israel? Certamente o senhor se alegrou naquela ocasião. Então por que pecar matando um homem inocente como Davi? Não há motivo algum para isso!"

⁶Saul atendeu Jônatas e jurou: "Tão certo como o Senhor vive, Davi não será morto".

⁷Depois Jônatas chamou Davi e contou-lhe o que havia acontecido. Em seguida, levou Davi até Saul, e Davi voltou a servi-lo, como antes.

⁸Houve guerra novamente, e Davi conduziu as tropas contra os filisteus. Ele os atacou e os derrotou com tamanha fúria que eles bateram em retirada.

⁹Um dia, porém, quando Saul estava sentado em casa, com uma lança na mão, outra vez o espírito maligno enviado pelo Senhor se apoderou dele. Enquanto Davi tocava sua harpa, ¹⁰Saul atirou a lança em sua direção, mas Davi se desviou e a lança encravou na parede. Naquela mesma noite, Davi fugiu e conseguiu escapar.

Mical salva a vida de Davi

¹¹Saul enviou soldados para vigiar a casa de Davi e matá-lo quando ele saísse na manhã seguinte. Mical, porém, esposa de Davi, o alertou: "Se você não fugir esta noite, pela manhã estará morto!". ¹²Então ela o ajudou a descer por uma janela, e ele correu e escapou. ¹³Em seguida, Mical pegou um ídolo do lar,ᵃ colocou-o na cama, cobriu-o com um cobertor e pôs uma almofada de pelos de cabra na cabeceira.

¹⁴Quando os oficiais de Saul vieram prender Davi, Mical lhes disse que ele estava doente e não podia sair da cama.

¹⁵Saul, porém, enviou os oficiais de volta para prenderem Davi. "Tragam-no aqui com cama e tudo, para que eu o mate!", ordenou. ¹⁶Mas, quando chegaram para levar Davi, descobriram que na cama havia apenas um ídolo do lar, com uma almofada de pelos de cabra na cabeceira.

¹⁷Saul perguntou a Mical: "Por que você me traiu e deixou meu inimigo escapar?".

ᵃ **19.13** Em hebraico, *terafim*; também em 19.16.

> **REFLETINDO SOBRE:** No melhor e no pior

Mical

O amor é paciente e bondoso... Não exige que as coisas sejam à sua maneira.
—1 Coríntios 13.4,5

Natalie limpou o cereal do queixo de seu marido e se perguntou se hoje ele a reconheceria. Havia momentos em que sentia que o *Alzheimer* tinha roubado seu marido e sua própria vida. Quando foi a última vez em que ela conseguiu dormir a noite toda e passar um dia com as amigas ou...? Enquanto ajudava seu marido a sentar-se na poltrona, seus olhos encontraram a foto de casamento, tirada há 36 longos anos. *Agora lembro porque estou fazendo isto.*

Os sentimentos de Mical por Davi no fim das contas eram mais superficiais do que o amor autossacrificial de Natalie. Quando Saul enviou homens para matar Davi, Mical o ajudou a escapar por uma janela e disse aos soldados que ele estava na cama doente. Quando Saul descobriu que sua filha os havia enganado, Mical afirmou que Davi a forçou a ajudá-lo ameaçando matá-la. Em vez de contar a seu pai que Davi era inocente, como seu irmão Jônatas havia feito, sua mentira foi o combustível para o fogo da ira invejosa de Saul. Imediatamente após salvar a vida de Davi, Mical colocou-a em risco novamente. Ela lidou com a situação pensando em seu próprio bem, não no bem de Davi.

Algumas de nós poderíamos ter dúvidas sobre o casamento, se pudéssemos contemplar o futuro. Estaríamos dispostas a aceitar nossos maridos em todos os momentos, "nos melhores e nos piores", se soubéssemos quão terrível seria? Nossas circunstâncias mudam e as pessoas mudam, nem sempre para melhor. É nesse momento que enfrentamos o verdadeiro teste do amor. Conseguiremos nos manter em nosso comprometimento com nossos cônjuges, sempre buscando seu bem acima do nosso próprio bem-estar?

Quando Deus nos aceita como Suas filhas, Ele vê o futuro. Sabe que em certos momentos nossa devoção a Ele esfriará e voltaremos a servir aos nossos próprios interesses em vez dos interesses divinos. O Senhor sabe que nosso comportamento algumas vezes o decepcionará. Em contrapartida, o Seu amor por nós nunca vacila. Deus demonstra o que há de maior em termos de amor autossacrificial.

"Fui obrigada a deixá-lo fugir", respondeu Mical. "Ele ameaçou me matar se eu não o ajudasse."

¹⁸Assim, Davi escapou e foi a Ramá para encontrar-se com Samuel e contou-lhe tudo que Saul havia feito. Então Davi foi morar com Samuel em Naiote. ¹⁹Quando Saul foi informado de que Davi estava em Naiote, em Ramá, ²⁰enviou oficiais para o prenderem. Chegando lá, viram Samuel à frente de um grupo de profetas que profetizavam. Então o Espírito de Deus se apoderou dos oficiais de Saul, e eles também começaram a profetizar. ²¹Quando Saul ouviu o que havia acontecido, enviou outros oficiais, mas eles também profetizaram. A mesma coisa aconteceu com um terceiro grupo. ²²Por fim, o próprio Saul foi a Ramá e chegou ao grande poço no lugar chamado Seco. "Onde estão Samuel e Davi?", perguntou ele.

Alguém informou: "Estão em Naiote, em Ramá".

²³Mas, no caminho para Naiote, em Ramá, o Espírito de Deus veio até mesmo sobre Saul, e ele também profetizou até chegar a Naiote. ²⁴Saul rasgou suas roupas e, despido, deitou-se no chão o dia todo e a noite toda, profetizando na presença de Samuel. Por isso surgiu o ditado popular: "Acaso Saul também é profeta?".

Jônatas ajuda Davi

20 Davi fugiu de Naiote, em Ramá, e se encontrou com Jônatas. "O que eu fiz?", disse Davi. "Qual é meu crime? Que pecado cometi contra seu pai para que ele esteja tão decidido a me matar?"

²"Isso não vai acontecer!", respondeu Jônatas. "Você não será morto. Ele sempre me conta tudo que pretende fazer, até mesmo as coisas de pouca importância. Sei que meu pai não esconderia de mim algo dessa natureza. Não é assim!"

PÃO DIÁRIO

Amigos em todo o tempo

...Vá em paz, pois juramos lealdade um ao outro em nome do Senhor, dizendo: Que o Senhor nos ajude a preservar para sempre o forte laço de amizade entre nós e entre nossos descendentes.

—1 Samuel 20.42

Você tem alguém a quem poderia telefonar no meio da noite se precisasse de ajuda? Um professor de ensino bíblico chama essas pessoas de "amigos das duas da manhã". Se você tivesse uma emergência, esse tipo de amigo lhe faria duas perguntas: "Onde você está?" e "O que você precisa?".

Amigos como esses são fundamentais em tempos de dificuldade. Jônatas foi esse tipo de amigo para Davi. O pai de Jônatas, o rei Saul, sentia muita inveja da popularidade de Davi e da bênção de Deus sobre ele e, por essa razão, tentou matá-lo (1Sm 19.9,10). Davi escapou e pediu a ajuda de seu amigo (1Sm 20). Enquanto Davi escondia-se no campo, Jônatas sentou-se para jantar com o pai e rapidamente percebeu que Saul pretendia de fato matar seu amigo (vv.24-34).

Por causa da profunda amizade que os unia, Jônatas, "frustrado pelo modo como seu pai havia desonrado Davi publicamente" (v.34), o alertou sobre o plano de seu pai e lhe disse que deveria partir. Davi reconheceu que Jônatas era um amigo fiel. A Bíblia relata que "ambos choravam, especialmente Davi" (v.41). A amizade entre eles incluía uma aliança com Deus, "pois [juraram] lealdade um ao outro em nome do Senhor" (v.42).

Você tem amigos cristãos valorosos com quem é possível contar durante uma crise? Você é o tipo de pessoa que os seus amigos teriam a liberdade de chamar em plena madrugada?

Senhor, tu sabes que não é fácil ser uma amiga em prontidão 24 horas por dia e sete dias por semana. Mesmo assim, sei que queres que eu esteja disponível aos que eu amo e que me amam sempre que precisarem do meu consolo ou incentivo. Por favor, dá-me um coração semelhante ao de Cristo, cheio de amor pelos amigos e familiares ainda que precisem de mim em horas impróprias.

O verdadeiro amigo permanece conosco em momentos de provações

---

³Então Davi fez um juramento diante de Jônatas: "Seu pai, sabendo muito bem de nossa amizade, disse a si mesmo: 'Não contarei a Jônatas. Ele ficaria magoado'. Mas, tão certo como vive o Senhor e como você mesmo vive, eu estou a apenas um passo da morte!".

⁴Jônatas perguntou: "O que posso fazer para ajudá-lo?".

⁵Davi respondeu: "Amanhã celebraremos a festa da lua nova. Sempre me sentei com o rei para comer nessa ocasião, mas amanhã me esconderei no campo e ficarei ali até o entardecer do terceiro dia. ⁶Se seu pai perguntar onde estou, diga a ele: 'Davi insistiu que eu o deixasse ir para casa, em Belém, participar do sacrifício que toda a família dele oferece a cada ano'. ⁷Se ele disser: 'Está bem', então você saberá que não corro perigo. Mas, se ele se enfurecer, você saberá que ele está decidido a me fazer mal. ⁸Mostre-me sua lealdade como amigo, pois assumimos um compromisso solene diante do Senhor. Se, por acaso, você acha que cometi alguma ofensa contra seu pai, mate-me você mesmo, aqui e agora! Não é necessário me entregar a seu pai".

⁹"Nunca!", exclamou Jônatas. "Você sabe que, se eu tivesse qualquer suspeita de que meu pai planeja matá-lo, avisaria você no mesmo instante."

¹⁰Então Davi perguntou: "Como saberei se seu pai ficou irado?".

¹¹Jônatas respondeu: "Venha ao campo comigo", e os dois foram juntos para lá. ¹²Então Jônatas disse a Davi: "Prometo diante do Senhor, o Deus de Israel, que amanhã ou, no máximo, depois de amanhã, a esta hora, conversarei com meu pai e avisarei você logo em seguida do que ele pensa a seu respeito. Se ele falar a seu respeito de modo favorável, informarei você. ¹³Mas, se ele estiver irado e quiser matá-lo, que o Senhor me castigue severamente se eu não avisar você, para que possa escapar em segurança. Que o Senhor esteja com você como esteve com meu pai. ¹⁴E que você me trate com o amor leal do Senhor enquanto eu viver. Mas, se eu morrer, ¹⁵trate minha família com esse amor leal, mesmo quando o Senhor eliminar da face da terra todos os seus inimigos".

¹⁶Então Jônatas assumiu um compromisso solene com Davi e sua descendência e disse: "Que o Senhor destrua todos os inimigos de Davi!". ¹⁷E Jônatas fez Davi reafirmar seu

juramento de amizade, pois Jônatas o amava como a si mesmo.

¹⁸Então Jônatas disse: "Amanhã celebraremos a festa da lua nova. Darão por sua falta quando virem que seu lugar à mesa está vazio. ¹⁹Depois de amanhã, ao entardecer, vá ao lugar onde você se escondeu antes e espere ali, junto à pedra de Ezel.ᵃ ²⁰Eu sairei e atirarei três flechas para o lado da pedra, como se atirasse num alvo. ²¹Então mandarei um ajudante trazer de volta as flechas. Se você me ouvir dizer a ele: 'As flechas estão deste lado', saberá, tão certo como vive o Senhor, que tudo está bem e que não há perigo algum. ²²Mas, se eu disser a ele: 'Vá mais para frente; as flechas estão adiante', significará que você deve partir de imediato, pois o Senhor o manda ir embora. ²³E que o Senhor nos ajude a preservar para sempre o forte laço de amizade que existe entre nós".

²⁴Então Davi se escondeu no campo e, quando começou a festa da lua nova, o rei sentou-se para comer. ²⁵Ocupou seu lugar de costume, encostado à parede, com Jônatas sentado diante deleᵇ e Abner ao seu lado. O lugar de Davi, porém, ficou vazio. ²⁶Saul não disse nada sobre isso naquele dia, pois pensou: "Deve ter acontecido algo que deixou Davi cerimonialmente impuro". ²⁷Mas, quando o lugar de Davi também ficou vazio no dia seguinte, Saul perguntou a Jônatas: "Por que o filho de Jessé não veio para a refeição nem ontem nem hoje?".

²⁸Jônatas respondeu: "Davi me pediu, com insistência, para ir a Belém. ²⁹Disse: 'Por favor, deixe-me ir, pois nossa família oferecerá um sacrifício na cidade. Meu irmão exigiu que eu estivesse presente. Portanto, peço que me deixe ir ver meus irmãos'. Por isso ele não está aqui, à mesa do rei".

³⁰Saul se enfureceu com Jônatas e disse: "Seu traidor, filho de uma prostituta! Pensa que não sei que você quer que ele seja rei, para sua própria vergonha e de sua mãe? ³¹Enquanto esse filho de Jessé viver, você jamais será rei. Agora vá buscá-lo para que eu o mate!"

³²"Por que ele deve morrer?", perguntou Jônatas a seu pai. "O que ele fez?" ³³Então Saul atirou sua lança contra Jônatas, com a intenção de matá-lo. Assim, Jônatas viu que seu pai estava mesmo decidido a matar Davi.

³⁴Enfurecido, Jônatas levantou-se da mesa e, durante o segundo dia da festa, recusou-se a comer, frustrado pelo modo como seu pai havia desonrado Davi publicamente.

³⁵Na manhã seguinte, como combinado, Jônatas foi ao campo e levou consigo um ajudante para apanhar as flechas. ³⁶Disse ao ajudante: "Comece a correr, para que possa encontrar as flechas quando eu as atirar". O ajudante correu, e Jônatas atirou uma flecha para além dele. ³⁷Quando o ajudante estava quase chegando ao lugar onde a flecha havia caído, Jônatas gritou: "A flecha está mais à frente! ³⁸Rápido! Não fique aí parado!". Então o ajudante apanhou a flecha e correu de volta para seu senhor. ³⁹O ajudante não suspeitava de nada; apenas Jônatas e Davi entenderam o sinal. ⁴⁰Então Jônatas entregou o arco e as flechas ao ajudante e ordenou que os levasse de volta à cidade.

⁴¹Assim que o ajudante foi embora, Davi saiu de seu esconderijo no lado sul da pedra de Ezel. Davi se curvou diante de Jônatas três vezes, com o rosto em terra. E, quando se beijaram e se despediram, ambos choravam, especialmente Davi.

⁴²Por fim, Jônatas disse a Davi: "Vá em paz, pois juramos lealdade um ao outro em nome do Senhor. Que o Senhor nos ajude a preservar para sempre o forte laço de amizade entre nós e entre nossos descendentes". Então Davi partiu, e Jônatas voltou à cidade.ᶜ

Davi foge de Saul

21 ¹ᵈDavi foi à cidade de Nobe para encontrar-se com o sacerdote Aimeleque. Ao vê-lo, Aimeleque tremeu. "Por que você está sozinho?", perguntou. "Por que ninguém o acompanhou?"

²"O rei me enviou para tratar de um assunto secreto", respondeu Davi. "Pediu que eu não contasse a ninguém por que estou aqui. Eu disse a meus homens onde podem me encontrar depois. ³Agora, o que tem para comer? Dê-me cinco pães, ou qualquer outra coisa que tiver."

⁴"Não temos pão comum", respondeu o sacerdote. "Mas há o pão sagrado, que vocês

---

ᵃ**20.19** O significado do termo hebraico é incerto. ᵇ**20.25** Conforme a Septuaginta; o hebraico traz *com Jônatas em pé*. ᶜ**20.42** No texto hebraico, essa frase é numerada 21.1. ᵈ**21.1** No texto hebraico, os versículos 21.1-15 são numerados 21.2-16.

PÃO DIÁRIO

O Mestre da redenção

Logo, outros começaram a chegar, pessoas aflitas, endividadas e descontentes. Davi acabou se tornando o líder de cerca de quatrocentos homens.
— 1 Samuel 22.2

Enquanto checava a correspondência, algumas palavras de um cartão enviado por uma organização beneficente me chamaram a atenção: "Precisamos do que você descarta!". O significado era direto e simples: tudo o que você não quiser nos servirá. Aqueles itens domésticos que você chama de refugo, lixo, entulho e tralha servirão para ajudarmos pessoas carentes.

À medida que pensava naquela coleção de objetos usados, lembrei-me de algo que tinha lido no livro de 1 Samuel. Um grupo de homens desesperados se reuniria ao redor de um rei que ainda não tinha sido coroado e lutava para salvar a própria vida. Os quatrocentos homens que tinham se unido a Davi na caverna de Adulão estavam angustiados, endividados e amargurados. Cada um enfrentava dificuldades e desânimo. E Davi "acabou se tornando o líder" (1Sm 22.2).

Em muitos aspectos, os cristãos são um grupo de pessoas desesperadas que responderam ao chamado de Jesus: "Venham a mim" (Mt 11.28). Pela fé, confessamos Cristo como nosso Comandante, Salvador, Líder e Senhor. Viemos como somos para nos tornarmos o que Ele quer que sejamos.

Se você se sente como um descarte moral ou espiritual, venha à presença de Jesus. Os solitários e fracassados são bem-vindos. O Cristo crucificado e ressurreto é o Mestre da redenção de todos os que se voltam para Ele.

Jesus, venho a ti com minhas falhas e meu quebrantamento. Por Tua graça, recebo-te como meu Mestre e Senhor da minha vida. Graças te dou pelo sacrifício que fizeste por mim. Creio em ti e recebo a salvação e o perdão de pecados que apenas tu podes oferecer.

Jesus veio para salvar os perdidos, os esquecidos e os menos valorizados.

---

em viagens comuns, quanto mais nesta missão!".

⁶Uma vez que não havia outro alimento disponível, o sacerdote lhe deu os pães sagrados, chamados de pães da presença, que eram colocados diante do Senhor no santuário. Naquele dia, tinham sido substituídos por pães frescos.

⁷Doegue, o edomita, chefe dos pastores de Saul, estava lá naquela ocasião, pois estava cumprindo um ritual diante do Senhor.[a]

⁸Davi perguntou a Aimeleque: "Você tem uma lança ou espada? O assunto do rei era tão urgente que não tive tempo nem de pegar uma espada ou outra arma!".

⁹O sacerdote respondeu: "Tenho apenas a espada de Golias, o gigante filisteu que você matou no vale de Elá. Está enrolada num pano atrás do colete sacerdotal. Pode levá-la, pois não há nenhuma outra arma aqui".

"Dê-me essa espada", respondeu Davi. "Não há outra melhor que ela."

¹⁰Então Davi fugiu de Saul e foi até Aquis, rei de Gate. ¹¹Os oficiais de Aquis, porém, disseram: "Não é este Davi, o rei da terra de Israel? Não é a ele que o povo honra com danças e cânticos, dizendo:

'Saul matou milhares,
 e Davi, dezenas de milhares'?".

¹²Davi ouviu esses comentários e teve muito medo do que Aquis, rei de Gate, poderia fazer com ele. ¹³Por isso, agiu de modo estranho, fingindo estar louco, arranhando as portas e deixando saliva escorrer pela barba.

¹⁴Por fim, Aquis disse a seus homens: "Precisavam me trazer um doido? ¹⁵Temos doidos suficientes aqui! Por que trouxeram alguém assim ao meu palácio?".

Davi na caverna de Adulão

22 Davi fugiu de Gate e se escondeu na caverna de Adulão. Quando souberam disso, seus irmãos e parentes foram encontrá-lo ali. ²Logo, outros começaram a chegar, pessoas aflitas, endividadas e descontentes. Davi acabou se tornando o líder de cerca de quatrocentos homens.

³Mais tarde, Davi foi a Mispá, em Moabe, e pediu ao rei: "Por favor, permita que meu pai

podem comer, desde que seus homens não tenham se deitado com mulheres recentemente."

⁵Davi respondeu: "Nunca permito que meus homens toquem em mulheres quando saímos numa campanha. E, se eles permanecem puros

---

[a] 21.7 O significado do hebraico é incerto.

e minha mãe morem aqui até que eu saiba o que Deus fará comigo". ⁴Assim, os pais de Davi permaneceram com o rei de Moabe por todo o tempo que Davi ficou na fortaleza.

⁵Certo dia, o profeta Gade disse a Davi: "Deixe a fortaleza e volte à terra de Judá". Então Davi foi para o bosque de Herete.

⁶Saul logo soube da chegada de Davi e dos homens que o acompanhavam. Nessa ocasião, o rei estava sentado com a lança na mão, cercado por seus oficiais, sob uma tamargueira na colina em Gibeá.

⁷Quando ouviu a notícia, Saul gritou a seus oficiais: "Escutem, homens de Benjamim! Por acaso aquele filho de Jessé prometeu campos e videiras a todos vocês? Prometeu torná-los generais e capitães de seu exército?ᵃ ⁸Foi por isso que conspiraram contra mim? Pois nenhum de vocês me informou quando meu filho assumiu um compromisso solene com o filho de Jessé. Não tiveram pena de mim. Sim, meu próprio filho, instigando Davi a me matar, como ele procura fazer hoje mesmo!".

⁹Então Doegue, o edomita, que estava ali com os oficiais de Saul, disse: "Quando estava em Nobe, vi o filho de Jessé falar com o sacerdote Aimeleque, filho de Aitube. ¹⁰Aimeleque consultou o Senhor em favor dele. Depois, deu-lhe alimento e a espada de Golias, o filisteu".

O massacre dos sacerdotes

¹¹Então o rei Saul mandou chamar Aimeleque e toda a sua família, que serviam como sacerdotes em Nobe, e todos vieram até o rei. ¹²Quando chegaram, Saul gritou: "Escute, filho de Aitube!".

"Sim, meu senhor", respondeu Aimeleque.

¹³"Por que você e o filho de Jessé conspiraram contra mim?", perguntou Saul. "Por que você lhe deu alimento e uma espada? Por que consultou Deus em favor dele? Por que o instigou a me matar, como ele procura fazer hoje mesmo?"

¹⁴Aimeleque respondeu: "Ó rei, não existe entre todos os seus servos alguém tão fiel quanto Davi, seu genro. Ele é capitão de sua guarda pessoal e membro muito honrado de sua casa. ¹⁵Com certeza essa não foi a primeira vez que consultei a Deus em favor dele. Que o rei não me acuse nesta questão, nem à minha família, pois eu não sabia de conspiração alguma contra o senhor!".

¹⁶O rei, porém, disse: "Certamente você será morto, junto com toda a família de seu pai!". ¹⁷Então ordenou à sua guarda pessoal: "Matem estes sacerdotes do Senhor, pois eles são aliados de Davi e conspiraram com ele! Sabiam que ele estava fugindo de mim, mas não me avisaram!". Contudo, os homens de Saul se recusaram a matar os sacerdotes do Senhor.

¹⁸Então o rei disse a Doegue: "Mate-os você". E, naquele dia, Doegue, o edomita, os atacou e, ao todo, matou 85 sacerdotes, ainda vestidos com suas túnicas sacerdotais de linho. ¹⁹Depois foi a Nobe, a cidade dos sacerdotes, e matou as famílias deles: homens, mulheres, crianças e recém-nascidos, além de todo o gado, jumentos e ovelhas.

²⁰Somente Abiatar, um dos filhos de Aimeleque, filho de Aitube, escapou e fugiu para juntar-se a Davi. ²¹Quando contou a Davi que Saul havia matado os sacerdotes do Senhor, ²²Davi exclamou: "Eu sabia! Quando vi Doegue, o edomita, naquele dia, sabia que ele contaria a Saul. Agora sou responsável pela morte de toda a família de seu pai. ²³Fique aqui comigo, e não tenha medo. Eu o protegerei, pois a mesma pessoa quer matar nós dois. Comigo você estará seguro".

Davi protege a cidade de Queila

23 Um dia, Davi recebeu a notícia de que os filisteus estavam atacando a cidade de Queila e roubando cereais das eiras. ²Davi perguntou ao Senhor: "Devo ir e atacá-los?".

E o Senhor lhe respondeu: "Sim, vá, lute contra os filisteus e liberte Queila".

³Contudo, os homens de Davi disseram: "Estamos com medo mesmo aqui, em Judá. Imagine como seria em Queila para lutar contra os exércitos filisteus!".

⁴Davi consultou o Senhor novamente e, mais uma vez, o Senhor respondeu: "Vá a Queila, pois eu entregarei os filisteus em suas mãos".

⁵Então Davi e seus homens foram a Queila. Massacraram os filisteus, tomaram todos os seus rebanhos e libertaram o povo daquela cidade. ⁶Quando Abiatar, filho de Aimeleque,

---

ᵃ **22.7** Em hebraico, *comandantes de milhares e comandantes de centenas?*

fugiu para juntar-se a Davi em Queila, trouxe consigo o colete sacerdotal.

⁷Saul soube que Davi estava em Queila. "Agora ele não tem como escapar de nós!", exclamou. "Deus o entregou em minhas mãos, pois ele se enfiou numa cidade com portões e trancas!" ⁸Saul reuniu todo o seu exército para marchar até Queila e cercar Davi e seus homens.

⁹Contudo, Davi soube do plano de Saul e pediu a Abiatar, o sacerdote: "Traga o colete sacerdotal!". ¹⁰Então Davi orou: "Ó Senhor, Deus de Israel, ouvi que Saul planeja vir e destruir Queila porque estou aqui. ¹¹Será que os líderes de Queila vão me trair e me entregar a ele?ᵃ E Saul virá, de fato, conforme ouvi? Ó Senhor, Deus de Israel, por favor, responde-me!".

E o Senhor respondeu: "Ele virá".

¹²Mais uma vez, Davi perguntou: "Os líderes de Queila entregarão a mim e a meus homens a Saul?".

E o Senhor respondeu: "Sim, entregarão".

Davi se esconde no deserto

¹³Então Davi e seus homens, que agora eram cerca de seiscentos, partiram de Queila e começaram a andar sem rumo por aquela região. Quando Saul foi informado de que Davi tinha escapado, desistiu de ir a Queila. ¹⁴Davi permaneceu nas fortalezas do deserto e na região montanhosa de Zife. Saul o perseguia continuamente, mas Deus não permitiu que o encontrasse.

¹⁵Então, perto de Horesa, Davi recebeu a notícia de que Saul estava a caminho do deserto de Zife para procurá-lo e matá-lo. ¹⁶Jônatas, o filho de Saul, foi encontrar Davi e o animou a permanecer firme em Deus. ¹⁷"Não tenha medo!", disse Jônatas. "Meu pai jamais o encontrará! Você será o rei de Israel, e eu serei o segundo no comando, como meu pai, Saul, sabe muito bem." ¹⁸Então os dois renovaram seu compromisso solene diante do Senhor. Depois Jônatas voltou para casa, enquanto Davi ficou em Horesa.

¹⁹Os habitantes de Zife, porém, foram até Saul em Gibeá e disseram: "Sabemos onde Davi está escondido. Está nas fortalezas de Horesa, na colina de Haquilá, no sul de Jesimom. ²⁰Desça quando estiver preparado, ó rei, e nós apanharemos Davi e o entregaremos em suas mãos!".

²¹"Que o Senhor os abençoe!", disse Saul. "Finalmente alguém se preocupou comigo. ²²Vão e verifiquem onde ele está e quem o viu ali, pois dizem que ele é muito astuto. ²³Descubram o esconderijo dele e voltem quando tiverem certeza. Então irei com vocês. E, se ele estiver naquela região, eu o encontrarei, mesmo que precise procurar por todo canto de Judá!" ²⁴Os homens de Zife voltaram para casa à frente de Saul.

Enquanto isso, Davi e seus homens foram para o deserto de Maom, no vale de Arabá, ao sul de Jesimom. ²⁵Quando Davi soube que Saul e seus homens o procuravam, foi ainda mais para o interior do deserto, até a grande rocha, e permaneceu no deserto de Maom. Saul, porém, continuou a persegui-lo naquela região.

²⁶Saul e Davi agora estavam em lados opostos de uma montanha, e Davi fugia apressadamente de Saul. No mesmo instante que Saul e seus homens cercaram Davi e seus homens para prendê-los, ²⁷chegou uma mensagem urgente para o rei, informando que os filisteus estavam atacando Israel outra vez. ²⁸Então Saul deixou de perseguir Davi e voltou para lutar contra os filisteus. A partir dessa ocasião, o lugar onde Davi estava acampado passou a ser chamado de Selá-Hamalecote.ᵇ ²⁹ᶜDepois, Davi saiu dali e foi viver nas fortalezas da região de En-Gedi.

Davi poupa a vida de Saul

24 ¹ᵈDepois que Saul voltou da luta contra os filisteus, foi informado de que Davi tinha ido para o deserto de En-Gedi. ²Então Saul escolheu três mil dos melhores soldados de todo o Israel e foi à procura de Davi e seus homens perto das rochas onde viviam cabras selvagens.

³No lugar onde a estrada passava por alguns currais, Saul entrou numa caverna para fazer suas necessidades. Aconteceu, porém, que Davi e seus homens estavam escondidos no fundo daquela mesma caverna.

⁴"É sua oportunidade!", disseram os homens de Davi para ele. "Hoje o Senhor lhe diz: 'Certamente entregarei o inimigo em suas mãos, para que faça com ele o que quiser'." Então,

---

ᵃ **23.11** Alguns manuscritos não trazem toda essa frase. ᵇ **23.28** *Selá-Hamalecote* significa "pedra de escape". ᶜ **23.29** No texto hebraico, o versículo 23.29 é numerado 24.1. ᵈ **24.1** No texto hebraico, os versículos 24.1-22 são numerados 24.2-23.

campo. ¹⁶Na verdade, dia e noite eles foram como um muro de proteção para nós e para as ovelhas. ¹⁷É bom que a senhora leve esses fatos em consideração e resolva o que fazer, pois haverá problemas para nosso senhor e para toda a sua família. Nabal é um homem tão cruel que ninguém consegue conversar com ele!".

¹⁸Sem perder tempo, Abigail providenciou duzentos pães, duas vasilhas de couro cheias de vinho, cinco ovelhas preparadas, cinco cestos[a] de grãos tostados, cem bolos de passas[b] e duzentos bolos de figo. Colocou tudo em jumentos ¹⁹e disse aos servos: "Vão adiante, e logo os seguirei". Mas não contou a seu marido, Nabal, o que estava fazendo.

²⁰Quando Abigail entrava num desfiladeiro montada em seu jumento, avistou Davi e seus homens vindo em sua direção. ²¹Davi tinha acabado de dizer: "De nada adiantou ajudarmos esse sujeito. Protegemos seus rebanhos no deserto, e nenhum de seus bens se perdeu ou foi roubado. Mas ele me pagou o bem com o mal. ²²Que Deus me castigue severamente[c] se eu deixar um homem ou menino vivo na casa de Nabal até amanhã de manhã!".

Abigail intercede por Nabal

²³Quando Abigail viu Davi, desceu depressa do jumento e se curvou diante de Davi com o rosto em terra. ²⁴Caiu a seus pés e disse: "A culpa é toda minha, meu senhor! Por favor, ouça o que sua serva tem a dizer. ²⁵Nabal é um homem perverso; não dê atenção ao que ele disse. Ele é um insensato, como seu nome indica.[d] Mas eu nem sequer vi os rapazes que o senhor enviou.

²⁶"Agora, meu senhor, tenha certeza de que, tão certo como vive o SENHOR, e tão certo como a sua própria vida, foi o SENHOR que o impediu de matar e se vingar com as próprias mãos! Que todos os seus inimigos e os que procuram matá-lo acabem como Nabal! ²⁷Aqui está um presente que sua serva trouxe para o senhor e seus companheiros. ²⁸Por favor, perdoe-me se o ofendi de algum modo. Que o SENHOR lhe conceda uma dinastia duradoura, pois está lutando as batalhas do SENHOR. Que ele o livre de fazer o mal durante toda a sua vida!

²⁹"Mesmo quando for perseguido por aqueles que procuram matá-lo, sua vida estará segura sob o cuidado do SENHOR, seu Deus, protegida como um tesouro. Mas a vida de seus inimigos desaparecerá como pedras atiradas de uma funda! ³⁰Quando o SENHOR tiver feito tudo que prometeu e o tiver colocado como líder de Israel, ³¹não haverá em sua consciência a tristeza e o peso de ter derramado sangue e se vingado sem necessidade. E, quando o SENHOR tiver feito grandes coisas em seu favor, lembre-se de sua serva!".

³²Davi respondeu a Abigail: "Louvado seja o SENHOR, Deus de Israel, que hoje a enviou ao meu encontro! ³³Graças a Deus por seu bom senso! Que você seja abençoada por me impedir de matar e me vingar com minhas próprias mãos. ³⁴Pois, tão certo como vive o SENHOR, o Deus de Israel, que me impediu de lhe fazer mal, se você não tivesse vindo depressa ao meu encontro, amanhã pela manhã não haveria nenhum homem ou menino vivo na casa de Nabal". ³⁵Então Davi aceitou o presente de Abigail e lhe disse: "Volte para casa em paz. Ouvi o que você disse e farei o que me pediu".

³⁶Quando Abigail chegou em casa, viu que Nabal estava oferecendo um banquete digno de rei. Ele se divertia e já estava muito bêbado, de modo que ela só lhe contou sobre o encontro com Davi na manhã seguinte.

³⁷Pela manhã, quando Nabal estava sóbrio, sua esposa lhe contou o que havia acontecido. Como consequência, ele teve um mal súbito e ficou completamente paralisado.[e] ³⁸Passados cerca de dez dias, o SENHOR o feriu, e ele morreu.

Davi se casa com Abigail

³⁹Quando Davi soube que Nabal estava morto, disse: "Louvado seja o SENHOR, que vingou o insulto que recebi de Nabal e me impediu de fazer o mal. O SENHOR retribuiu a Nabal o castigo por seu pecado". Então Davi enviou

---

[a] **25.18a** Em hebraico, *5 seás*, cerca de 35 litros. [b] **25.18b** Ou *cachos de passas*. [c] **25.22** Conforme a Septuaginta; o hebraico traz *Que Deus castigue severamente os inimigos de Davi*. [d] **25.25** O nome *Nabal* significa "insensato". [e] **25.37** Em hebraico, *seu coração morreu dentro dele e ele ficou como uma pedra*.

Aprendendo com as mulheres da Bíblia

ABIGAIL

Como viver com um marido difícil

Nos dias atuais, a agressão contra mulheres é uma realidade na sociedade e um fato dentro de nossas igrejas evangélicas. No Brasil, a cada 15 segundos uma mulher é agredida fisicamente. Destas, 43% dizem sofrer violência doméstica, e 36,8% em vias públicas. Ocupamos o 5.º lugar no ranking internacional de homicídios femininos.

Além disso, nove em cada dez casos de abuso físico não são informados à polícia. Os peritos da lei chamam a agressão contra as esposas de "crime silencioso", um dos delitos menos relatados ou denunciados.

Muitas mulheres, embora não sejam maltratadas fisicamente, ainda são abusadas. Por exemplo, uma das principais causas da depressão é a baixa autoestima, nutrida pelo fato de sermos constantemente subestimadas por pessoas mais próximas — aquelas que deveriam nos encorajar.

Abigail era uma mulher casada com um homem abusivo. Nabal era de difícil convivência, descrito por Deus como "rude e perverso". A força das palavras hebraicas está no fato de que ele era áspero, arrogante, um malfeitor com mão de ferro.

Um dos servos de Nabal fala a Abigail sobre o seu senhor e marido dela dizendo: "é um homem tão cruel que ninguém consegue conversar com ele". A própria Abigail descreve o seu marido para Davi: "Nabal é um homem perverso; não dê atenção ao que ele disse. Ele é um insensato, como seu nome indica" (1Sm 25.25).

Abigail provavelmente casou-se com ele contra a sua vontade. Nessa época, os casamentos eram arranjados pelos pais. Nabal era um dos homens mais ricos da região, tinha mil cabras e 3.000 ovelhas. Ele era importante e influente. Casar-se com um partido desses era considerado uma bem-aventurança. O fato de que ela poderia ser infeliz com tal casamento era irrelevante.

Infelizmente, muitas mulheres na atualidade vivem casamentos tão miseráveis quanto o de Abigail. O belo príncipe torna-se um sapo. O excelente líder cristão não passa de um abusador.

Quando encontramos essa mulher pela primeira vez, ela está fazendo todo o possível para reduzir o dano que o seu marido provocara. E ele ocasionou um verdadeiro prejuízo, tanto que toda a família estava em perigo de extermínio.

Tudo começa durante o período do ano em que as 3.000 ovelhas de Nabal foram tosquiadas. São muitas ovelhas, muitos tosquiadores e muito trabalho para todos se preocuparem.

Naquela época, era costume o dono das ovelhas dar uma festa quando a tosquia terminava. Na festa, ele presenteava a todos que, de alguma forma, o tinham ajudado durante o ano. Essa era uma maneira de agradecer a Deus e um gesto de boa vontade para com o próximo. Quando Davi enviou os seus jovens guerreiros para cobrar o que devia ser-lhes pago pela proteção que haviam dado aos pastores de Nabal naquele ano, eles tinham toda a razão para esperar que esse homem fosse generoso.

Mas, em vez disso, Nabal insultou os homens de Davi de duas formas: não só se recusou a dar-lhes algo quando deveria ter sido generoso, mas também desdenhou o caráter de Davi diante de seus guerreiros. Davi entendeu bem o insulto. Sua resposta foi essencialmente: "Peguem suas espadas" (1Sm 25.13). Vamos terminar com este tipo e com todos os seus familiares (v.22).

Ao mesmo tempo, um servo sábio correu para Abigail e lhe contou tudo o que havia ocorrido. Ela tinha uma situação difícil em suas mãos e teria que agir rapidamente para reduzir o dano que seu marido provocara.

Abigail se apressou para interceptar o problema. Primeiramente, ela fez o contrário do que Nabal ordenara. Segundo, ela o fez escondido de Nabal. O texto indica que não comunicou a seu marido o que estava fazendo.

Davi viu a ação independente de Abigail, contrária aos desejos de Nabal, como advindas de Deus. Nisso, ela é para nós um modelo de mulher sábia diante de uma situação difícil. Agiu pensando no que seria melhor para a sua família e seu marido. A primeira pessoa que teria sentido o fio da espada de Davi seria Nabal. Ao agir contra os desejos do marido, Abigail salvou-lhe a vida. Ela tinha em mente o melhor para ele e para todos os seus.

Nem toda a situação que as mulheres enfrentam em casamentos ruins é uma questão de vida ou de morte. No caso de Abigail era. Nesses casos, a obrigação da esposa cristã ser submissa termina quando a vida dela está em risco. Uma mulher sábia faz todo o possível para reduzir o dano que um homem difícil provoca em seu lar. Pode ser que essa mulher tenha que agir imediatamente para proteger a si mesma e a seus filhos. Se a situação é fisicamente perigosa, ela deve sair dessa situação com os seus filhos enquanto é possível. Deve procurar o melhor para todos. Isso inclui o marido, ela mesma e todos os filhos envolvidos.

É importante saber que uma mulher não é um fracasso como esposa nem é desobediente a Deus se ela der passos firmes para preservar sua vida em uma situação abusiva.

Em seguida, a mulher deve tratar de converter as situações ruins em boas. O objetivo é fazer mais do que reduzir o prejuízo. Queremos transformar uma situação negativa em algo bom. Abigail conseguiu deter com sucesso o exército de Davi para que ele não exterminasse a casa de Nabal.

Não foi suficiente evitar o perigo. Ela confrontou Nabal com respeito à sua maneira de lidar com a vida. Ele precisava entender as consequências de seu comportamento reprovável. Abigail escolheu o momento certo para falar com Nabal. Muitas vezes, quando confrontamos uma pessoa difícil, escolhemos o momento e o lugar errados para abordá-la.

Embora Abigail tivesse escolhido sabiamente o momento de falar, ela correu grandes riscos ao confrontá-lo. Ela não tinha certeza de que Nabal a escutaria. Não tinha como saber se ele ficaria furioso e se lhe faria algum mal. Mas ela sabia que deveria fazê-lo, mesmo que as coisas não terminassem bem.

Pelo menos para Nabal não saíram bem. O impacto em saber o quão próximo estava da ira de Davi, provocou-lhe um problema cardíaco. O texto bíblico não nos permite saber se isso ocorreu porque ele se irou com Abigail pelo fato de ela ter se intrometido em seus assuntos, ou se ficou furioso porque Davi se saiu melhor do que ele. Talvez fosse o terror por se dar conta de quão perto esteve da morte. Seja o que for que provocou o derrame ou o ataque cardíaco, acabou por ser fatal.

Num relacionamento difícil, não tente simplesmente reduzir o prejuízo. Procure transformar uma situação negativa, ajudando a pessoa difícil de se conviver a ver o que está fazendo a si mesma e às pessoas importantes de sua vida. O amor, às vezes, tem que ser firme porque procura o que é o melhor para todos os envolvidos. Um homem que abusa de sua esposa ou com o qual é difícil de conviver tem os seus próprios problemas. Essas dificuldades o impedem de ser a pessoa alegre e ativa que Deus planejou que fosse.

Muitas mulheres confinadas em casamentos abusivos pensam que a confrontação é quase impossível. E as razões são muitas. Com frequência, elas passam a crer nas repetidas afirmações do marido de que, se elas fossem diferentes, eles as tratariam melhor. Ou talvez elas tenham uma compreensão antibíblica sobre o que é submissão. Ou a sua autoestima foi destruída e suas forças não são suficientes para resistir à agressão.

Para dar o indispensável passo de confrontar a fim de que ocorra uma mudança, uma mulher vítima de abuso deve estar segura de seu próprio valor diante de Deus de forma que a pessoa difícil não reduza a sua autoestima. A vida com Nabal não deve ter sido feliz. Todavia, Abigail não permitiu que o caráter maligno de seu marido a amargurasse. Essa mulher bonita e inteligente era suficientemente forte em seu interior para suportar a irracionalidade de Nabal.

A história de Abigail teve um final feliz, pelo menos isso é o que as Escrituras relatam. No entanto, essa não é a maneira como termina a história para muitas mulheres cristãs confinadas num casamento difícil. Muitas vezes, não somos liberadas da aflição, mas devemos aprender novas formas de lidar com a infelicidade e convertê-la em algo bom.

Você convive com um marido difícil? Tem uma amiga confinada em um casamento no qual a maltratam? Tome Abigail como um bom exemplo. Procure converter o mal em bem. Permita que Deus aja em e por meio de você, pelo Seu poder, com o propósito de recuperar um relacionamento ruim.

—Alice Mathews

QUESTÕES PARA REFLEXÃO

1. O que a Bíblia ensina a respeito da submissão?
2. De que maneira a submissão se aplica quando o marido é intratável ou abusivo?
3. A mulher de espírito submisso pode agir de forma independente?
4. Quais princípios bíblicos deveriam orientá-la?

mensageiros a Abigail para pedir que se tornasse sua esposa. ⁴⁰Quando os mensageiros chegaram ao Carmelo, disseram a Abigail: "Davi mandou buscá-la para que se case com ele". ⁴¹Ela se curvou com o rosto em terra e respondeu: "Eu, sua serva, ficarei contente em me casar com Davi e, como uma serva, lavar os pés de seus servos!". ⁴²Sem demora, Abigail montou num jumento e, levando consigo cinco moças que a serviam, voltou com os mensageiros de Davi. E assim se tornou esposa dele. ⁴³Davi também se casou com Ainoã, de Jezreel, e ambas foram suas esposas. ⁴⁴Nesse meio-tempo, Saul tinha dado sua filha Mical, esposa de Davi, a um homem de Galim chamado Palti, filho de Laís.

Davi poupa a vida de Saul novamente

26 Alguns homens de Zife foram até Saul, em Gibeá, para lhe dizer: "Davi está escondido na colina de Haquilá, em frente ao deserto de Jesimom". ²Então Saul escolheu três mil dos melhores soldados de Israel e saiu para perseguir Davi no deserto de Zife. ³Acampou à beira da estrada, ao lado da colina de Haquilá, junto ao deserto de Jesimom, onde Davi estava escondido. Quando Davi soube que Saul tinha vindo atrás dele no deserto, ⁴enviou espiões para confirmar a notícia de que Saul havia chegado.

⁵Então Davi foi ao acampamento de Saul para ver o que se passava por lá. Saul e Abner, filho de Ner, comandante do seu exército, dormiam dentro de um círculo formado por seus guerreiros. ⁶"Quem se oferece para ir até lá comigo?", perguntou Davi ao hitita Aimeleque e a Abisai, filho de Zeruia, irmão de Joabe.

"Eu irei com o senhor", respondeu Abisai. ⁷Então Davi e Abisai entraram no acampamento de Saul à noite e o encontraram dormindo, com a lança fincada no chão, perto da cabeça. Abner e os soldados dormiam à sua volta.

⁸Abisai disse a Davi: "Certamente desta vez Deus entregou o inimigo em suas mãos! Agora, deixe-me cravá-lo na terra com um só golpe da lança. Não precisarei de outro!".

⁹"Não o mate!", disse Davi. "Ninguém será considerado inocente se atacar o ungido do Senhor! ¹⁰Por certo o Senhor ferirá Saul algum dia, ou ele morrerá de velhice, ou na batalha. ¹¹Que o Senhor me livre de matar o homem que ele ungiu! Mas vamos pegar a lança e o jarro de água que estão perto de sua cabeça, e depois vamos embora."

¹²Davi pegou a lança e o jarro de água que estavam perto da cabeça de Saul. Depois, ele e Abisai saíram sem que ninguém os visse nem acordasse, pois o Senhor os tinha feito cair num sono profundo.

¹³Davi subiu a colina e passou para o outro lado, até estar a uma distância segura. ¹⁴Então gritou para os soldados e para Abner, filho de Ner: "Acorde, Abner!".

Abner perguntou de volta: "Quem é você? E como ousa acordar o rei aos gritos?".

¹⁵"Você é um grande homem, não é mesmo, Abner?", disse Davi. "Quem, em todo o Israel, pode se comparar a você? Por que então não protegeu seu senhor, o rei, quando alguém chegou tão perto dele que poderia matá-lo? ¹⁶Isso não é nada bom! Tão certo como o Senhor vive, você e seus homens merecem morrer, pois não protegeram seu rei, o ungido do Senhor. Olhe em volta! Onde estão a lança e o jarro de água do rei, que estavam perto da cabeça dele?"

¹⁷Saul reconheceu a voz de Davi e disse: "É você, meu filho Davi?".

Davi respondeu: "Sim, meu senhor, o rei. ¹⁸Por que meu senhor persegue seu servo? O que eu fiz? Qual é meu crime? ¹⁹Agora, porém, peço que o rei ouça seu servo. Se o Senhor incitou o rei contra mim, então que ele aceite minha oferta. Mas, se isso tudo não passa de um plano de homens, que o Senhor os amaldiçoe! Pois eles me expulsaram de meu lar, de modo que não posso mais viver entre o povo do Senhor, e disseram: 'Vá servir outros deuses!'. ²⁰Devo morrer em terra estrangeira, longe da presença do Senhor? Por que o rei de Israel sai à procura de uma pulga? Por que me persegue como uma perdiz nos montes?".

²¹Então Saul disse: "Pequei. Volte para casa, Davi, meu filho, e não procurarei mais lhe fazer mal, pois hoje você considerou minha vida preciosa. Tenho sido insensato e cometi erros muito graves".

²²"Aqui está sua lança, ó rei!", respondeu Davi. "Mande um dos seus servos vir pegá-la. ²³O Senhor recompensa quem age com justiça e

lealdade, e eu me recusei a matar o rei, mesmo quando o Senhor o entregou em minhas mãos, pois é o ungido do Senhor. ²⁴Agora, que o Senhor considere minha vida preciosa, como hoje considerei preciosa a vida do rei. Que ele me livre de todos os meus sofrimentos."

²⁵E Saul disse a Davi: "Seja abençoado, Davi, meu filho. Você realizará muitos feitos heroicos e certamente será bem-sucedido". Então Davi foi embora, e Saul voltou para casa.

Davi entre os filisteus

27 Davi, porém, pensou: "Um dia, Saul me apanhará. O melhor que tenho a fazer é fugir para a terra dos filisteus. Então Saul deixará de me perseguir em todo o território de Israel e, por fim, estarei seguro".

²Assim, Davi levou os seiscentos homens e foi até Aquis, filho de Maoque, rei de Gate. ³Davi, seus soldados e suas famílias se estabeleceram ali com Aquis, em Gate. Davi levou suas duas esposas, Ainoã, de Jezreel, e Abigail, viúva de Nabal, do Carmelo. ⁴Quando Saul soube que Davi tinha fugido para Gate, deixou de persegui-lo.

⁵Certo dia, Davi disse a Aquis: "Se parecer bem ao meu senhor, preferimos viver em uma das cidades no campo. Seu servo não precisa morar na cidade real".

⁶Então Aquis lhe deu a cidade de Ziclague, que pertence aos reis de Judá até hoje, ⁷e Davi viveu um ano e quatro meses entre os filisteus.

⁸Partindo de Ziclague, Davi e seus homens atacavam os gesuritas, os gersitas e os amalequitas, povos que desde tempos muito antigos viviam perto de Sur, até a terra do Egito. ⁹Davi não deixava nenhum sobrevivente, homem ou mulher, nos povoados que atacava. Antes de comparecer à presença do rei Aquis, tomava ovelhas, gado, jumentos, camelos e roupas.

¹⁰"Que lugar você atacou hoje?", perguntava Aquis.

E Davi respondia: "O sul de Judá, a região dos jerameelitas e dos queneus".

¹¹Davi não deixava nenhum sobrevivente, homem ou mulher, para ir a Gate e contar onde ele havia estado de fato. Isso acontecia repetidamente, enquanto ele vivia entre os filisteus. ¹²Aquis acreditava em Davi e pensava: "A esta altura, o povo de Israel deve odiá-lo muito. Agora ele ficará aqui e me servirá para sempre!".

Saul consulta uma médium

28 Naqueles dias, os filisteus reuniram suas tropas para outra guerra contra Israel. O rei Aquis disse a Davi: "Saiba que você e seus homens sairão à batalha comigo".

²"Está bem", disse Davi. "Agora o senhor verá por si mesmo o que somos capazes de fazer."

Então Aquis disse a Davi: "Colocarei você como meu guarda pessoal enquanto eu viver".

³Nesse tempo, Samuel já havia morrido, e todo o Israel tinha chorado sua morte. Estava sepultado em Ramá, sua cidade natal. Saul havia expulsado da nação todos os médiuns e todos os que consultam os espíritos dos mortos.

⁴Os filisteus acamparam em Suném, e Saul reuniu todo o exército israelita e acampou em Gilboa. ⁵Quando Saul viu o imenso exército dos filisteus, entrou em pânico. ⁶Consultou o Senhor a respeito do que deveria fazer, mas o Senhor não lhe respondeu, nem por sonhos, nem pelo Urim, nem por profetas. ⁷Então Saul disse a seus conselheiros: "Procurem uma mulher que seja médium, para que eu pergunte a ela o que fazer".

Seus conselheiros responderam: "Há uma médium em En-Dor".

⁸Então Saul se disfarçou com roupas comuns e, acompanhado de dois de seus homens, foi à noite à casa da mulher.

"Preciso falar com um homem que está morto", disse ele à mulher. "Você pode invocar o espírito dele para mim?"

⁹"Quer que me matem?", respondeu ela. "Você sabe que Saul expulsou todos os médiuns e todos os que consultam os espíritos dos mortos. Por que prepara uma armadilha contra a minha vida?"

¹⁰Saul, porém, jurou em nome do Senhor e prometeu: "Tão certo como vive o Senhor, nenhum mal lhe acontecerá por isso".

¹¹Por fim, a mulher disse: "De quem é o espírito que devo invocar?".

"De Samuel", respondeu Saul.

¹²Quando a mulher viu Samuel, gritou: "Você me enganou! Você é Saul!".

¹³"Não tenha medo", disse o rei. "O que você vê?"

> **REFLETINDO SOBRE:** Contato perigoso
>
> ## A médium de En-Dor
>
> *Talvez alguém lhes diga: "Vamos perguntar aos médiuns e aos que consultam os espíritos dos mortos. Com sussurros e murmúrios eles nos dirão o que fazer". Mas será que o povo não deve pedir orientação a Deus? Será que os vivos devem buscar a orientação de mortos?*
> —Isaías 8.19
>
> O programa de televisão *Crossing Over* (Atravessando para o outro lado) ficou no ar por quatro anos, lançando à fama o apresentador John Edward. Em cada episódio, o médium tentava conectar membros da plateia com os espíritos de pessoas amadas já falecidas. Edward continua sendo um autor de best-seller e palestrante muito requisitado além de ser convidado para outros programas de televisão. Seus clientes geralmente gastam dois anos em uma lista de espera para conseguir uma sessão privada com ele.
>
> Quando Deus não respondeu às indagações do rei Saul da maneira comum, ele encontrou uma médium que supostamente tinha a habilidade de contatar os mortos. Estudiosos da Bíblia sugerem três possíveis explicações para o que aconteceu a seguir: (1) A mulher fez uso de fraude para enganar Saul; (2) ela conectou-se com poder demoníaco para invocar um falso Samuel ou (3) Deus trouxe o espírito de Samuel de volta para profetizar uma última vez.
>
> Ainda que a médium parecesse confiante em suas habilidades, ela gritou quando o espírito de Samuel apareceu; então ela provavelmente foi pega de surpresa. Talvez ela tenha visto que desta vez o poder de Deus estava agindo, não suas artes das trevas. Não era ela quem estava no controle.
>
> Algumas pessoas ficam obcecadas com a ideia de contatar o espírito de alguém que morreu. Nossa sociedade alimenta esse desejo por meio de artigos, livros e programas de TV retratando histórias de pessoas que supostamente obtiveram sucesso. Essas pessoas ou estão nos enganando ou foram enganadas.
>
> Contatar espíritos pode parecer inofensivo, mas essa prática é proibida por Deus (Dt 18.10,11), por uma boa razão. Práticas ocultas são fundamentadas nos poderes de Satanás e seus demônios. Podemos experimentar um "sucesso" inicial, para sermos seduzidos. Mas eventualmente descobriremos que nós é que estamos sendo controlados. Tentar "atravessar para o outro lado" é contrário ao que Deus ordena.

"Vejo um deus[a] subindo da terra", disse a mulher.

¹⁴"Qual é a aparência dele?", perguntou Saul.

"É um ancião envolto num manto", respondeu ela. Saul entendeu que era Samuel e se curvou diante dele com o rosto em terra.

¹⁵Então Samuel perguntou a Saul: "Por que me perturba, chamando-me de volta?".

"Porque estou muito angustiado", respondeu Saul. "Os filisteus estão em guerra contra mim! Deus me abandonou e não me responde por meio de profetas nem por sonhos. Por isso chamei o senhor, para que me diga o que fazer."

¹⁶Samuel, porém, disse: "Por que me consultar, se o SENHOR o abandonou e se tornou seu inimigo? ¹⁷O SENHOR fez exatamente conforme tinha dito por meu intermédio. Rasgou de suas mãos o reino e o entregou a outro, Davi.

¹⁸O SENHOR lhe fez isso hoje porque você se recusou a executar a ira ardente dele contra os amalequitas. ¹⁹Além disso, o SENHOR entregará você e o exército de Israel nas mãos dos filisteus e, amanhã, você e seus filhos estarão aqui comigo. O SENHOR entregará o exército de Israel nas mãos dos filisteus".

²⁰No mesmo instante, Saul caiu estendido no chão, paralisado de terror com as palavras de Samuel. Estava fraco de fome, pois não havia comido nada durante todo aquele dia e toda aquela noite.

²¹Quando a mulher viu quanto ele estava perturbado, disse: "Meu senhor, obedeci à sua ordem e arrisquei minha vida. ²²Agora, faça o que digo e deixe que eu lhe dê alguma coisa para comer, a fim de que recupere as forças para a viagem de volta".

---

[a] **28.13** Ou *Vejo deuses*.

²³Mas Saul se recusou a comer. Seus servos também insistiram para que ele se alimentasse, até que, por fim, ele concordou. Então ele se levantou do chão e foi sentar-se na cama. ²⁴A mulher estava engordando um bezerro, de modo que saiu depressa e o matou. Pegou um punhado de farinha, preparou a massa e assou um pão sem fermento. ²⁵Trouxe a refeição para Saul e seus conselheiros, e eles comeram. Depois, saíram naquela mesma noite.

Os filisteus rejeitam Davi

29 As tropas dos filisteus estavam reunidas em Afeca, e os israelitas acamparam junto à fonte de Jezreel. ²Enquanto os governantes filisteus iam à frente de suas tropas de centenas e de milhares, Davi e seus homens marchavam na retaguarda com o rei Aquis. ³Então os comandantes filisteus perguntaram: "O que estes hebreus fazem aqui?".

Aquis respondeu: "Este é Davi, servo do rei Saul, de Israel. Já faz tempo que está comigo e, desde o dia em que chegou até hoje, não encontrei nele nenhuma falta".

⁴Mas os comandantes filisteus se iraram. "Mande-o de volta para a cidade que o senhor deu para ele!", exigiram. "Não pode ir à guerra conosco. E se ele se voltar contra nós na batalha e se tornar nosso adversário? Existe maneira melhor de ele se reconciliar com seu senhor do que entregando-lhe nossa cabeça? ⁵Não é este o mesmo Davi a respeito de quem as mulheres de Israel cantavam em suas danças:

'Saul matou milhares,
 e Davi, dezenas de milhares'?"

⁶Então Aquis chamou Davi e lhe disse: "Tão certo como vive o Senhor, você foi um aliado fiel. A meu ver, deveria acompanhar-me na batalha, pois, desde o dia em que chegou até hoje, nunca encontrei nenhuma falha em você. Mas os outros governantes filisteus não o aprovam. ⁷Por favor, não os desagrade; volte para casa em paz".

⁸"O que fiz para merecer esse tratamento?", perguntou Davi. "O que o senhor viu de errado em mim desde que comecei a servi-lo? Por que não posso lutar contra os inimigos do meu senhor, o rei?"

⁹Aquis, porém, insistiu: "Para mim, você é tão leal quanto um anjo de Deus, mas os comandantes filisteus não querem que você os acompanhe na batalha. ¹⁰Agora, levante-se bem cedo e vá embora com seus homens assim que o dia clarear".

¹¹Então Davi e seus soldados voltaram bem cedo para a terra dos filisteus, enquanto o exército filisteu prosseguiu para Jezreel.

Davi extermina os amalequitas

30 Três dias depois, quando Davi e seus homens chegaram à cidade de Ziclague, viram que os amalequitas haviam invadido o Neguebe e atacado Ziclague; tinham destruído e queimado a cidade. ²Não mataram ninguém, mas tomaram como prisioneiros as mulheres, as crianças e os demais e foram embora.

³Quando Davi e seus homens viram a cidade queimada e se deram conta do que havia acontecido com suas mulheres, seus filhos e suas filhas, ⁴lamentaram e choraram em alta voz até não aguentar mais. ⁵As duas esposas de Davi, Ainoã, de Jezreel, e Abigail, viúva de Nabal, do Carmelo, estavam entre os que foram capturados. ⁶Davi ficou muito aflito, pois os homens estavam amargurados por terem perdido seus filhos e suas filhas e começaram a falar em apedrejá-lo. Mas Davi encontrou forças no Senhor, seu Deus.

⁷Então disse ao sacerdote Abiatar: "Traga o colete sacerdotal!", e Abiatar, filho de Aimeleque, o trouxe. ⁸Davi perguntou ao Senhor: "Devo perseguir esse bando de saqueadores? Conseguirei apanhá-los?".

E o Senhor lhe respondeu: "Sim, vá atrás deles. Certamente conseguirá recuperar tudo que foi tomado de vocês".

⁹Davi e os seiscentos homens partiram e chegaram ao ribeiro de Besor, onde ficaram alguns deles. ¹⁰Duzentos dos homens estavam exaustos demais para atravessar o ribeiro, e Davi continuou a perseguição com quatrocentos homens.

¹¹No caminho, encontraram um rapaz egípcio num campo e o levaram até Davi. Deram-lhe um pouco de pão para comer e água para beber. ¹²Também lhe deram um pedaço de bolo de figo e dois bolos de passas,ᵃ pois fazia três

---

ᵃ **30.12** Ou *cachos de passas*.

PÃO DIÁRIO

Quando a vida vai mal

...Mas Davi encontrou forças no Senhor, seu Deus.
—1 Samuel 30.6

Tudo pareceu desanimador para Davi e seus guerreiros quando eles chegaram a Ziclague (1Sm 30.1-6). Os amalequitas haviam atacado a cidade e levado cativos suas mulheres e filhos. Os homens estavam tão desencorajados que choraram até não ter mais energia. E Davi, o líder do grupo, "ficou muito aflito" porque o povo estava pensando em apedrejá-lo (v.6).

Por fim, o exército de Davi resgatou suas famílias e derrotou os amalequitas. Contudo, antes a história deu uma grande reviravolta quando "Davi encontrou forças no Senhor, seu Deus" (v.6). Outras traduções usam as palavras reanimou-se ou encorajou-se.

O texto não diz exatamente como isso aconteceu. Mas me faz pensar: em quais aspectos podemos ser fortalecidas, encorajadas ou revigoradas no Senhor quando nos sentimos tão desanimadas?

Inicialmente, podemos lembrar-nos do que Deus tem feito. Podemos fazer uma lista das maneiras como Deus já nos carregou e nos sustentou no passado, e a maneira como Ele supriu ou respondeu um pedido de oração.

Em seguida, podemos nos lembrar do que Deus prometeu: "Não tenha medo nem desanime, pois o Senhor, seu Deus, estará com você por onde você andar" (Js 1.9).

Como Davi, aprendamos a nos fortalecer no Senhor e, depois, deixemos o restante com Ele.

Pai querido, graças te damos porque podemos nos reanimar e nos fortalecer em ti. Independentemente de quais sejam as dificuldades, a Tua grandeza e o Teu poder muito as excedem. Ajuda-me a lembrar o que fizeste em minha vida e a não esquecer das promessas incríveis que me ofereces. Que eu possa aprender a confiar cada vez mais em ti.

Muitas vezes, a nossa maior força é demonstrada em nossa capacidade de silenciar e confiar em Deus.

---

dias e três noites que não comia nem bebia nada. Em pouco tempo, recuperou as forças.

[13] Davi lhe perguntou: "A quem você pertence e de onde veio?".

"Sou egípcio, escravo de um amalequita", respondeu ele. "Meu senhor me abandonou três dias atrás porque fiquei doente. [14] Estávamos voltando de um ataque aos queretitas, no Neguebe, ao território de Judá e à terra de Calebe, e tínhamos queimado Ziclague."

[15] "Você pode me levar até esse bando de saqueadores?", perguntou Davi.

O rapaz respondeu: "Se o senhor jurar por Deus que não me matará nem me entregará ao meu senhor, eu o levarei até eles".

[16] O rapaz o levou até os amalequitas. Estavam espalhados pelos campos, comendo, bebendo e festejando por causa da grande quantidade de bens que haviam tomado da terra dos filisteus e da terra de Judá. [17] Davi e seus homens massacraram os amalequitas, atacando-os durante toda a noite e todo o dia seguinte, até o entardecer. Nenhum deles escapou, exceto quatrocentos rapazes que fugiram montados em camelos. [18] Davi recuperou tudo que os amalequitas haviam tomado e resgatou suas duas esposas. [19] Não faltava coisa alguma: nem pequena nem grande, nem filho nem filha, nem qualquer outra coisa que havia sido tomada. Davi trouxe tudo de volta. [20] Também recuperou todos os rebanhos, e seus companheiros os levaram à frente dos outros animais. "Este despojo pertence a Davi!", disseram.

[21] Então Davi voltou ao ribeiro de Besor, onde estavam os duzentos homens que tinham sido deixados para trás porque estavam exaustos demais para acompanhá-los. Saíram ao encontro de Davi e seus companheiros, e ele os cumprimentou com alegria. [22] Contudo, entre os que tinham acompanhado Davi havia alguns homens perversos que disseram: "Como eles não foram conosco, não devem receber nada dos despojos que recuperamos. Devolvam as esposas e os filhos deles e mandem todos embora".

[23] Davi, porém, disse: "Não, meus irmãos! Não sejam egoístas com aquilo que o Senhor nos deu. Ele nos guardou e nos ajudou a derrotar o bando de saqueadores que nos atacou. [24] Quem lhes dará ouvidos quando falam desse modo? Dividiremos igualmente entre os que foram à batalha e os que guardaram a bagagem". [25] A partir daquele dia, Davi fez disso decreto e estatuto em Israel, e assim é até hoje.

²⁶Quando Davi chegou a Ziclague, enviou parte dos despojos aos líderes de Judá, que eram seus amigos. Disse: "Eis um presente para vocês, tirado dos inimigos do SENHOR!".

²⁷Os presentes foram enviados ao povo das seguintes cidades: Betel, Ramote do Neguebe, Jatir, ²⁸Aroer, Sifmote, Estemoa, ²⁹Racal,ᵃ as cidades dos jerameelitas e as cidades dos queneus, ³⁰Hormá, Borasã, Atace, ³¹Hebrom e todos os outros lugares por onde Davi e seus homens haviam passado.

A morte de Saul

31 Enquanto isso, os filisteus atacaram Israel, e os israelitas fugiram deles. Muitos foram mortos nas encostas do monte Gilboa. ²Os filisteus cercaram Saul e seus filhos e mataram três deles: Jônatas, Abinadabe e Malquisua. ³O combate se tornou cada vez mais intenso em volta de Saul, e os arqueiros filisteus o alcançaram e o feriram gravemente.

⁴Saul disse a seu escudeiro: "Pegue sua espada e mate-me antes que esses filisteus incircuncisos venham, me torturem e zombem de mim".

Mas o escudeiro teve medo e não quis matá-lo. Então Saul pegou sua própria espada e se lançou sobre ela. ⁵Quando viu que Saul estava morto, o escudeiro se lançou sobre sua espada e morreu ao lado do rei. ⁶Foi assim que Saul e seus três filhos, seu escudeiro e seus soldados morreram juntos naquele mesmo dia.

⁷Quando os israelitas do outro lado do vale de Jezreel e além do Jordão souberam que o exército israelita havia fugido e que Saul e seus filhos estavam mortos, abandonaram suas cidades e fugiram. Então os filisteus vieram e ocuparam essas cidades.

⁸No dia seguinte, quando os filisteus foram saquear os mortos, encontraram os corpos de Saul e seus três filhos no monte Gilboa. ⁹Cortaram a cabeça de Saul e removeram sua armadura. Então anunciaram o ocorrido no templo de seus ídolos e ao povo de toda a terra da Filístia. ¹⁰Colocaram a armadura de Saul no templo de Astarote e penduraram o corpo no muro da cidade de Bete-Sã.

¹¹Quando os habitantes de Jabes-Gileade souberam o que os filisteus haviam feito a Saul, ¹²todos os seus guerreiros mais valentes viajaram a noite toda para Bete-Sã e baixaram do muro os corpos de Saul e seus filhos. Levaram os corpos para Jabes, onde os queimaram. ¹³Depois, enterraram os ossos debaixo de uma tamargueira em Jabes e jejuaram durante sete dias.

ᵃ **30.29** A Septuaginta traz *Carmelo*.

2SAMUEL

INTRODUÇÃO

Nome. O nome, *Segundo Samuel*, é derivado da história da vida de Samuel. Esse nome significa "pedido a Deus". Antigamente, 1 e 2 Samuel eram um único livro e chamado de o "Primeiro Livro de Reis", e os dois livros de Reis eram um só livro chamado de "Segundo Livro de Reis". Samuel e Reis formam uma história contínua e nos fornecem o registro da ascensão, da glória e da queda da monarquia judaica.

Este livro apresenta a história de Davi como rei de Israel. Ele foi o rei mais forte que Israel teve e foi descrito como ótimo comandante, hábil soldado e de disposição profundamente religiosa. Davi não era infalível, mas apesar de suas falhas desenvolveu um grande reinado.

ESBOÇO

1. O reinado de Davi sobre Judá, em Hebrom, Caps. 1–4
2. O reinado de Davi sobre todo Israel, Caps. 5–10
3. O grande pecado de Davi e suas consequências, Caps. 11–20
4. Apêndice, Caps. 21–24

PARA ESTUDO E DISCUSSÃO

[1] Como Davi tornou-se rei.
[2] Suas vitórias na guerra.
[3] Seu grande pecado e algumas de suas consequências.
[4] Sua bondade em relação a seus inimigos (veja também sua atitude em relação a Saul registrado em 1 Samuel).
[5] A bondade de Deus, como ilustrado pela história da bondade de Davi em relação Mefibosete, Cap. 9.
[6] O salmo de louvor de Davi, Caps. 22–23.
[7] As diferentes ocasiões em que Davi mostrou um espírito penitente.
[8] A grande praga, Cap. 24.

Davi é informado da morte de Saul

1 Depois da morte de Saul, Davi retornou de sua vitória sobre os amalequitas e passou dois dias em Ziclague. ²No terceiro dia, apareceu um homem do exército de Saul. Ele havia rasgado as roupas e colocado terra sobre a cabeça. Ao chegar, curvou-se diante de Davi com o rosto no chão.

³"De onde você vem?", perguntou Davi.

O homem respondeu: "Escapei do acampamento israelita".

⁴"O que aconteceu?", disse Davi. "Conte-me como foi a batalha."

"Todo o nosso exército fugiu do conflito", disse o homem. "Muitos morreram, e Saul e seu filho Jônatas também estão mortos."

⁵"Como você sabe que Saul e Jônatas estão mortos?", perguntou Davi.

⁶O homem respondeu: "Aconteceu de eu chegar ao monte Gilboa e ver Saul apoiado em sua lança, enquanto carros de guerra e cavaleiros inimigos se aproximavam dele. ⁷Quando ele se virou e me viu, gritou para que eu me aproximasse dele. 'Aqui estou, senhor', eu lhe disse. ⁸Ele perguntou: 'Quem é você?'. E eu respondi: 'Sou amalequita'. ⁹Então ele me suplicou: 'Venha cá e mate-me, pois a dor é terrível e quero morrer'. ¹⁰Então o matei, pois sabia que ele não sobreviveria. Em seguida, tomei sua coroa e seu bracelete e os trouxe para cá, para o meu senhor".

¹¹Quando ouviram a notícia, Davi e seus homens rasgaram as vestes. ¹²Lamentaram, choraram e jejuaram o dia todo por Saul e seu filho Jônatas, pelo exército do Senhor e pela nação de Israel, pois naquele dia muitos haviam morrido pela espada.

¹³Depois, Davi disse ao jovem que havia trazido a notícia: "De onde você é?".

Ele respondeu: "Sou filho de um estrangeiro, um amalequita que vive em sua terra".

¹⁴Davi perguntou: "Como você não teve medo de matar o ungido do Senhor?".

¹⁵Então Davi chamou um de seus soldados e lhe ordenou: "Mate-o!". O soldado feriu o amalequita com sua espada e o matou. ¹⁶Davi disse: "Você condenou a si mesmo ao confessar que matou o ungido do Senhor".

O cântico de Davi para Saul e Jônatas

¹⁷Davi entoou uma canção fúnebre para Saul e Jônatas ¹⁸e ordenou que fosse ensinada ao povo de Judá. Ela é conhecida como Cântico do Arco e está registrada no *Livro de Jasar*.[a]

¹⁹Seu esplendor, ó Israel, está morto sobre os montes!
Como caíram os valentes!
²⁰Não contem essa notícia em Gate,
não a proclamem nas ruas de Ascalom,
para que não se alegrem as filhas dos filisteus,
para que as filhas dos incircuncisos não festejem em triunfo.
²¹Ó montes de Gilboa,
que não haja orvalho nem chuva sobre vocês,
nem campos férteis que produzam ofertas de cereais.[b]
Pois ali foram profanados os escudos de valentes;
o escudo de Saul não será mais ungido com óleo.
²²O arco de Jônatas não recuava,
e a espada de Saul era invencível.
Derramaram o sangue de seus inimigos
e atravessaram o corpo de guerreiros.
²³Quão amados e estimados eram Saul e Jônatas!
Estiveram juntos na vida e na morte.
Eram mais velozes que as águias,
mais fortes que os leões.
²⁴Ó filhas de Israel, chorem por Saul,
pois ele as vestia com finos trajes vermelhos,
com roupas adornadas de ouro.

²⁵Como caíram os valentes na batalha!
Jônatas está morto sobre os montes.
²⁶Como choro por você, meu irmão Jônatas,
quanto eu o estimava!
Seu amor por mim era precioso,
mais que o amor das mulheres.
²⁷Como caíram os valentes!
Estão mortos, despojados de suas armas.

---

[a] 1.18 Ou *Livro do Justo*. [b] 1.21 O significado do hebraico é incerto.

PÃO DIÁRIO

Lamento por um amigo

O arco de Jônatas não recuava, e a espada de Saul era invencível.

—2 Samuel 1.22

Por ser pastor, frequentemente me pediam para realizar cultos fúnebres. Normalmente, o organizador do funeral me entregava uma folha de papel com todos os detalhes sobre o falecido, e assim eu tinha em mãos algumas informações a respeito da pessoa. Entretanto, jamais me acostumei com isso. Por mais prático e necessário que isso possa ter sido, parecia um pouco banal reduzir a vivência da pessoa na Terra a um pedaço de papel contendo algumas informações pessoais. A vida é muito maior do que isso.

Depois que Davi recebeu a notícia da morte de Jônatas, ele pôs-se a relembrar a vida do amigo — escrevendo um lamento para que os outros pudessem cantar e demonstrar respeito por Jônatas (2Sm 1.17-27). Davi relembrou-se da coragem e das habilidades do amigo e falou sobre a dor que o fazia lamentar-se profundamente. Ele honrou a preciosa, agradável e heroica vida de Jônatas. Para Davi, este foi um momento intenso de luto e recordação.

É fundamental recordarmos os detalhes queridos e as experiências que compartilhamos quando lamentamos a morte de alguém que amamos. Essas lembranças enchem o nosso coração de mais pensamentos do que uma folha de papel possa conter. O dia em que o luto visita o nosso coração não é o momento apenas de lembranças e fotos da vida de alguém tão estimado. É um momento de profundas recordações, de agradecer a Deus pelos detalhes, as histórias e o impacto de uma vida toda. É tempo de fazer uma pausa, refletir e honrar.

Senhor, quando o nosso coração é oprimido pela dor, clamamos a ti. Ao lamentarmos a perda de um ente querido, lembramos que tivemos a bênção especial de ter um relacionamento valioso. Ajuda-nos a nos alegrarmos com as lembranças dessa vida.

As valiosas lembranças da vida podem abrandar a profunda tristeza da morte.

Davi é ungido rei de Judá

2 Depois disso, Davi perguntou ao Senhor: "Devo voltar para alguma das cidades de Judá?".

"Sim", respondeu o Senhor.

Então Davi perguntou: "Para que cidade devo ir?".

"Para Hebrom", disse o Senhor. ²Então Davi partiu com suas duas esposas, Ainoã, de Jezreel, e Abigail, a viúva de Nabal, do Carmelo, ³e também com os homens que o acompanhavam e suas famílias. Eles se estabeleceram nos povoados vizinhos a Hebrom. ⁴Então vieram os homens de Judá e ungiram Davi rei do povo de Judá.

Quando Davi soube que os moradores de Jabes-Gileade haviam sepultado Saul, ⁵enviou-lhes a seguinte mensagem: "Que o Senhor os abençoe por terem sido tão fiéis a Saul, seu senhor, e lhe terem dado um sepultamento digno. ⁶Que, em troca, o Senhor seja fiel a vocês e os recompense com sua bondade. E eu também os recompensarei pelo que fizeram. ⁷Agora que Saul está morto, peço que continuem a ser fortes e corajosos. E saibam que o povo de Judá me ungiu para ser seu novo rei".

Isbosete é proclamado rei de Israel

⁸Contudo, Abner, filho de Ner, comandante do exército de Saul, já havia levado Isbosete, filho de Saul, para Maanaim. ⁹Ali, proclamou Isbosete rei sobre Gileade, Jezreel, Efraim, Benjamim e sobre a terra dos assuritas e todo o restante de Israel.

¹⁰Isbosete, filho de Saul, tinha 40 anos quando começou a reinar sobre Israel, e reinou por dois anos. Enquanto isso, o povo de Judá permaneceu leal a Davi, ¹¹que fez de Hebrom sua capital e reinou sobre Judá por sete anos e meio.

Guerra entre Israel e Judá

¹²Certo dia, Abner, filho de Ner, conduziu as tropas de Isbosete, filho de Saul, de Maanaim para Gibeom. ¹³Ao mesmo tempo, Joabe, filho de Zeruia, saiu com as tropas de Davi e foi ao encontro deles na represa de Gibeom, onde os dois exércitos ficaram frente a frente, posicionando-se em lados opostos da represa.

¹⁴Então Abner disse a Joabe: "Proponho que alguns de nossos guerreiros lutem em confronto direto diante de nós".

"Está bem", respondeu Joabe. ¹⁵Então foram escolhidos doze soldados de Benjamim para representar Isbosete, filho de Saul, e doze soldados para representar Davi. ¹⁶Cada um agarrou seu adversário pela cabeça e cravou a espada um no lado do outro, e todos morreram juntos. Por isso, desde então, esse lugar em Gibeom é conhecido como Helcate-Hazurim.[a]

¹⁷Seguiu-se nesse dia uma violenta batalha, na qual Abner e os homens de Israel foram derrotados pelos soldados de Davi.

A morte de Asael

¹⁸Joabe, Abisai e Asael, os três filhos de Zeruia, participaram da batalha nesse dia. Asael, que era rápido como uma gazela, ¹⁹começou a perseguir Abner. Continuou decididamente em seu encalço, sem perdê-lo de vista. ²⁰Quando Abner olhou para trás e viu que ele se aproximava, perguntou: "É você, Asael?".

"Sou eu mesmo", respondeu ele.

²¹"Saia do meu encalço!", disse Abner. "Enfrente um dos soldados mais jovens e tome suas armas." Mas Asael continuou a persegui-lo.

²²Mais uma vez, Abner o advertiu: "Pare de me perseguir! Não quero matá-lo. Como poderia encarar seu irmão Joabe?".

²³Asael, porém, se recusou a dar meia-volta, e Abner lhe cravou no estômago a parte de trás da lança, que saiu pelas costas. Asael caiu morto no chão. E todos que passavam por ali paravam ao ver Asael caído e morto.

²⁴Então Joabe e Abisai saíram em perseguição a Abner. O sol estava se pondo quando chegaram ao monte Amá, perto de Gia, no caminho para o deserto de Gibeom. ²⁵Os soldados de Abner, da tribo de Benjamim, se reuniram no alto do monte para resistir ao ataque.

²⁶Então Abner gritou para Joabe: "Será que não há como evitar matarmos uns aos outros? Não vê que isso só resultará em amargura? Quando você vai ordenar que seus homens parem de perseguir seus irmãos israelitas?".

²⁷Joabe respondeu: "Só Deus sabe o que teria acontecido se você não tivesse falado, pois, se fosse preciso, nós os teríamos perseguido a noite toda". ²⁸Então Joabe tocou a trombeta e seus homens pararam de perseguir os soldados de Israel, e a batalha cessou.

²⁹Durante toda aquela noite, Abner e seus homens recuaram pelo vale do Jordão.[b] Atravessaram o rio, marcharam a manhã inteira[c] e só pararam quando chegaram a Maanaim.

³⁰Enquanto isso, Joabe e seus homens também voltaram da perseguição a Abner. Quando Joabe fez a contagem, viu que faltavam apenas dezenove homens, além de Asael. ³¹Os soldados de Davi, por sua vez, haviam matado 360 homens da tribo de Benjamim e dos demais soldados de Abner. ³²Joabe e seus homens levaram o corpo de Asael para Belém e o sepultaram no túmulo de seu pai. Então caminharam a noite toda e chegaram a Hebrom ao amanhecer.

3 Assim começou uma longa guerra entre a família de Saul e a família de Davi. Com o tempo, Davi se fortaleceu cada vez mais, e a família de Saul foi se enfraquecendo.

Os filhos de Davi nascidos em Hebrom

²Estes são os filhos de Davi que nasceram em Hebrom:

O mais velho era Amnom, filho de Ainoã, de Jezreel.

³O segundo era Daniel,[d] filho de Abigail, a viúva de Nabal, do Carmelo.

O terceiro era Absalão, filho de Maaca, filha de Talmai, rei de Gesur.

⁴O quarto era Adonias, filho de Hagite.

O quinto era Sefatias, filho de Abital.

⁵O sexto era Itreão, filho de Eglá, esposa de Davi.

Todos esses filhos de Davi nasceram em Hebrom.

Abner une forças com Davi

⁶Enquanto continuava a guerra entre as famílias de Saul e de Davi, Abner se tornou um líder cada vez mais influente entre a família de Saul. ⁷Um dia, Isbosete, filho de Saul, acusou Abner de ter relações com uma das concubinas de Saul, uma mulher chamada Rispa, filha de Aiá.

⁸Abner ficou furioso com as palavras de Isbosete. "Por acaso sou um cão de Judá para ser tratado dessa maneira?", gritou ele. "Depois de tudo que fiz por seu pai, Saul, e pela família e os amigos dele ao não entregar você

---

[a] **2.16** *Helcate-Hazurim* significa "campo das espadas". [b] **2.29a** Em hebraico, *pela Arabá*. [c] **2.29b** Ou *prosseguiram pelo Bitrom*. O significado do hebraico é incerto. [d] **3.3** Conforme o texto paralelo em 1Cr 3.1 (ver tb. Septuaginta, que traz *Daluia*, e o possível apoio dos manuscritos do mar Morto); o hebraico traz *Quileabe*.

a Davi, minha recompensa é ser acusado por causa dessa mulher? ⁹Que Deus me castigue severamente se eu não fizer por Davi tudo que o Senhor prometeu a ele! ¹⁰Tomarei o reino da família de Saul e o entregarei a Davi. Estabelecerei o trono de Davi tanto sobre Israel como sobre Judá, desde Dã, ao norte, até Berseba, ao sul!" ¹¹Isbosete não se atreveu a dizer nem mais uma palavra, pois teve medo do que Abner poderia fazer.

¹²Então Abner enviou mensageiros para dizer a Davi: "Afinal, a quem pertence esta terra? Faça um acordo comigo, e eu o ajudarei a conseguir o apoio de todo o Israel".

¹³"Está bem", respondeu Davi. "Mas só farei acordo com você se, quando vier para cá, trouxer de volta minha esposa Mical, filha de Saul."

¹⁴Davi enviou a seguinte mensagem a Isbosete, filho de Saul: "Devolva minha esposa Mical, pois eu conquistei o direito de me casar com ela com os prepúcios de cem filisteus".

¹⁵Então Isbosete mandou tirar Mical de seu marido, Palti,ᵃ filho de Laís. ¹⁶Palti a seguiu até Baurim, chorando ao longo de todo o caminho, até que Abner lhe disse: "Volte para casa!", e ele voltou.

¹⁷Abner reuniu as autoridades de Israel e lhes disse: "Faz algum tempo que vocês querem declarar Davi seu rei. ¹⁸Chegou a hora de agir! Pois o Senhor disse: 'Escolhi meu servo Davi para livrar meu povo, Israel, das mãos dos filisteus e de todos os seus inimigos'". ¹⁹Abner também falou com os homens de Benjamim. Depois, foi a Hebrom para dizer a Davi que todo o povo de Israel e de Benjamim tinha concordado em apoiá-lo.

²⁰Quando Abner, acompanhado de vinte homens, chegou a Hebrom, Davi os recebeu com um grande banquete. ²¹Então Abner disse a Davi: "Deixe que eu vá e convoque uma reunião de todo o Israel para apoiar meu senhor, o rei. Farão uma aliança com o senhor para que reine sobre eles, e o senhor governará sobre tudo que seu coração desejar". Davi se despediu dele, e Abner partiu em paz.

Abner é assassinado por Joabe

²²Contudo, logo depois que Davi despediu Abner em paz, Joabe e alguns dos soldados de Davi retornaram de um ataque, trazendo muitos despojos. ²³Quando Joabe chegou, foi informado de que Abner, filho de Ner, tinha acabado de visitar o rei, que o havia despedido em paz.

²⁴Joabe foi até o rei e perguntou: "O que foi que o senhor fez? Por que deixou Abner escapar? ²⁵O senhor conhece muito bem Abner, filho de Ner! Sabe que ele veio espioná-lo e descobrir tudo que o senhor anda fazendo!".

²⁶Então Joabe saiu da presença de Davi e enviou mensageiros para alcançar Abner. Eles o encontraram perto do poço de Sirá e o trouxeram de volta, sem que Davi soubesse. ²⁷Quando Abner chegou a Hebrom, Joabe o chamou para um lado, junto ao portão da cidade, como se fosse falar com ele em particular. Então, apunhalou-o no estômago e o matou para vingar a morte de Asael, seu irmão.

²⁸Quando Davi soube o que havia acontecido, declarou: "Juro pelo Senhor que eu e meu reino somos para sempre inocentes desse crime contra Abner, filho de Ner. ²⁹Que essa culpa permaneça sobre Joabe e sua família! Que em todas as gerações da família de Joabe nunca falte um homem que tenha fluxo ou lepra,ᵇ que use muletas,ᶜ que morra pela espada, ou que tenha de mendigar o alimento!".

³⁰Assim, Joabe e seu irmão Abisai assassinaram Abner, pois ele havia matado Asael, irmão deles, na batalha em Gibeom.

Davi lamenta a morte de Abner

³¹Então Davi disse a Joabe e a todos que estavam com ele: "Rasguem suas roupas e vistam pano de saco. Lamentem a morte de Abner", e o próprio rei seguiu o cortejo fúnebre. ³²Sepultaram Abner em Hebrom, e o rei chorou em alta voz junto ao túmulo, e todo o povo lamentou com ele. ³³Então o rei entoou esta canção fúnebre:

"Acaso Abner devia morrer como um
    vilão?
³⁴Suas mãos não estavam atadas,
    nem seus pés acorrentados.

ᵃ **3.15** Conforme 1Sm 25.44; o hebraico traz *Paltiel*, variação de Palti. ᵇ **3.29a** O termo hebraico não se refere somente à hanseníase, mas também a diversas doenças de pele. ᶜ **3.29b** Ou *que seja efeminado*; o hebraico traz *que manuseie um fuso*.

Não, você foi assassinado,
vítima de uma trama perversa".

Todo o povo lamentou uma vez mais por Abner. ³⁵Davi tinha se recusado a comer no dia do funeral, e todos insistiram para que ele se alimentasse. Mas ele havia feito um voto: "Que Deus me castigue severamente se eu comer alguma coisa antes do pôr do sol".

³⁶Seu voto agradou muito o povo. De fato, aprovavam tudo que o rei fazia. ³⁷Assim, todos em Judá e em Israel entenderam que Davi não era responsável pelo assassinato de Abner, filho de Ner.

³⁸Então o rei disse a seus oficiais: "Não percebem que um grande comandante caiu hoje em Israel? ³⁹E, embora eu seja o rei ungido, esses dois filhos de Zeruia, Joabe e Abisai, são fortes demais para que eu os controle. Que o Senhor retribua a esses homens maus por sua maldade".

O assassinato de Isbosete

4 Quando Isbosete, filho de Saul, soube da morte de Abner em Hebrom, perdeu completamente o ânimo, e todo o Israel ficou sem reação. ²Dois de seus irmãos, Baaná e Recabe, eram capitães dos grupos de ataque de Isbosete. Eram filhos de Rimom, membro da tribo de Benjamim, que vivia em Beerote. A cidade de Beerote fazia parte do território de Benjamim, ³pois seus habitantes originais fugiram para Gitaim, onde ainda vivem como estrangeiros.

⁴(Jônatas, filho de Saul, tinha um filho chamado Mefibosete, que ficou aleijado quando era criança. Mefibosete tinha 5 anos quando chegou de Jezreel a notícia de que Saul e Jônatas haviam sido mortos na batalha. Ao ouvir isso, a ama do menino o tomou nos braços e fugiu. Na pressa, porém, deixou-o cair, e ele ficou aleijado.)

⁵Certo dia, Recabe e Baaná, filhos de Rimom, de Beerote, foram à casa de Isbosete por volta do meio-dia, quando ele estava descansando. ⁶A mulher que ficava à porta estava peneirando trigo, mas ficou sonolenta e cochilou. Então Recabe e Baaná passaram por ela sem serem notados[a] ⁷e entraram na casa, onde encontraram Isbosete dormindo em sua cama. Eles o feriram e o mataram, e depois cortaram sua cabeça. Então, levando a cabeça, fugiram durante a noite pelo vale do Jordão.[b] ⁸Chegando a Hebrom, entregaram a cabeça de Isbosete a Davi. "Veja!", disseram ao rei. "Aqui está a cabeça de Isbosete, filho de seu inimigo, Saul, que tentou matá-lo. Hoje o Senhor concedeu ao rei vingança sobre Saul e toda a sua família!"

⁹Davi, porém, disse a Recabe e Baaná, filhos de Rimom, de Beerote: "O Senhor, que me tem livrado de todos os meus sofrimentos, é minha testemunha. ¹⁰Quando alguém me informou que Saul estava morto, pensando que trazia uma boa notícia, eu o agarrei e o matei em Ziclague. Foi essa a recompensa que recebeu pela notícia! ¹¹Quanto mais devo recompensar os perversos que mataram um homem inocente em sua própria casa e em sua própria cama? Não devo responsabilizá-los pela morte dele e eliminá-los da face da terra?".

¹²Então Davi ordenou a seus soldados que os matassem, e assim eles fizeram. Cortaram as mãos e os pés deles e penduraram os corpos junto à represa em Hebrom. Depois, pegaram a cabeça de Isbosete e a sepultaram no túmulo de Abner, em Hebrom.

Davi se torna rei de todo o Israel

5 Então todas as tribos de Israel vieram a Hebrom para encontrar-se com Davi. "Somos do mesmo povo e raça",[c] disseram. ²"No passado, quando Saul era nosso rei, era você que liderava o exército de Israel. E o Senhor lhe disse: 'Você será o pastor do meu povo, Israel. Será o líder de Israel'."

³Então, ali em Hebrom, o rei Davi fez um acordo diante do Senhor com todas as autoridades de Israel, e elas o ungiram rei de Israel.

⁴Davi tinha 30 anos quando começou a reinar e, ao todo, reinou por quarenta anos. ⁵Havia reinado sobre Judá sete anos e seis meses e, em Jerusalém, reinou sobre todo o Israel e Judá por 33 anos.

Davi conquista Jerusalém

⁶Então o rei partiu com seus soldados para Jerusalém, a fim de lutar contra os jebuseus, que viviam naquele lugar. Os jebuseus zombavam de Davi: "Você jamais entrará aqui! Até os

---

[a] 4.6 Conforme a Septuaginta; o hebraico traz *Entraram na casa como se fossem buscar trigo, mas o apunhalaram no estômago. Então Recabe e Baaná fugiram.* [b] 4.7 Em hebraico, *pela Arabá.* [c] 5.1 Em hebraico, *Somos seu osso e sua carne.*

cegos e aleijados são capazes de impedi-lo!". Diziam isso porque imaginavam estar seguros, ⁷mas Davi tomou a fortaleza de Sião, que hoje é chamada de Cidade de Davi.

⁸No dia do ataque, Davi disse a seus soldados: "Odeio esses jebuseus 'cegos' e 'aleijados'.ᵃ Quem os atacar deve entrar na cidade pelo túnel de água".ᵇ Essa é a origem do ditado: "Os cegos e os aleijados não entrarão na casa".ᶜ

⁹Então Davi foi morar na fortaleza de Sião e a chamou de Cidade de Davi. Ampliou a cidade, desde o aterroᵈ até a parte interna. ¹⁰Davi foi se tornando cada vez mais poderoso, pois o Senhor, o Deus dos Exércitos, estava com ele.

¹¹Hirão, rei de Tiro, enviou a Davi mensageiros com madeira de cedro, carpinteiros e pedreiros, que construíram um palácio para Davi. ¹²E Davi compreendeu que o Senhor o havia confirmado como rei sobre Israel e exaltado seu reino por causa de seu povo, Israel.

¹³Depois de mudar-se de Hebrom para Jerusalém, Davi tomou mais concubinas e esposas e teve mais filhos e filhas. ¹⁴Estes são os nomes dos filhos de Davi que nasceram em Jerusalém: Samua, Sobabe, Natã, Salomão, ¹⁵Ibar, Elisua, Nefegue, Jafia, ¹⁶Elisama, Eliada e Elifelete.

Davi derrota os filisteus

¹⁷Quando os filisteus souberam que Davi tinha sido ungido rei de Israel, mobilizaram suas tropas para capturá-lo. Davi, porém, foi informado disso e desceu para a fortaleza. ¹⁸Os filisteus chegaram e se espalharam pelo vale de Refaim. ¹⁹Então Davi perguntou ao Senhor: "Devo sair e lutar contra os filisteus? Tu os entregarás em minhas mãos?".

O Senhor respondeu a Davi: "Sim, vá, pois eu certamente os entregarei em suas mãos".

²⁰Então Davi foi a Baal-Perazim e ali derrotou os filisteus, e exclamou: "O Senhor irrompeu no meio de meus inimigos como uma violenta inundação!". Por isso, chamou aquele lugar de Baal-Perazim.ᵉ ²¹Davi e seus homens levaram os ídolos que os filisteus haviam abandonado ali.

²²Pouco tempo depois, os filisteus voltaram a se espalhar pelo vale de Refaim. ²³Mais uma vez, Davi consultou o Senhor. "Não os ataque pela frente", respondeu o Senhor. "Em vez disso, dê a volta por trás deles e ataque-os perto dos álamos.ᶠ ²⁴Quando ouvir um som como de pés marchando por cima dos álamos, ataque! É o sinal de que o Senhor vai à sua frente para derrotar o exército filisteu." ²⁵Davi fez como o Senhor ordenou e derrotou os filisteus por todo o caminho, desde Gibeomᵍ até Gezer.

A arca é levada para Jerusalém

6 Davi reuniu novamente todos os melhores guerreiros de Israel, trinta mil ao todo. ²Partiu com eles para Baalá de Judáʰ a fim de buscar a arca de Deus, junto à qual era invocado o nome do Senhor dos Exércitos,ⁱ que está entronizado entre os querubins. ³Puseram a arca de Deus num carro novo e a levaram da casa de Abinadabe, que ficava num monte. Saindo da casa, Uzá e Aiô, filhos de Abinadabe, guiavam a carroça nova ⁴que transportava a arca de Deus.ʲ Aiô estava à frente da arca. ⁵Davi e todo o povo de Israel celebravam diante do Senhor, entoando cânticosᵏ e tocando todo tipo de instrumentos musicais: liras, harpas, tamborins, chocalhos e címbalos.

⁶Quando chegaram à eira de Nacom, os bois tropeçaram, e Uzá estendeu a mão e segurou a arca. ⁷A ira do Senhor se acendeu contra Uzá, e Deus o feriu por causa disso.ˡ E ele morreu ali mesmo, ao lado da arca de Deus.

⁸Davi ficou indignado porque a ira do Senhor irrompeu contra Uzá e chamou aquele lugar de Perez-Uzá,ᵐ como é conhecido até hoje.

⁹Davi teve medo do Senhor e perguntou: "Como poderei levar a arca do Senhor?". ¹⁰Então resolveu não transferir mais a arca do Senhor para a Cidade de Davi. Em vez disso, levou-a para a casa de Obede-Edom, na cidade de

---

ᵃ **5.8a** Ou *Esses jebuseus 'cegos' e 'aleijados' me odeiam*. ᵇ **5.8b** Ou *com ganchos de escalar*. O significado do hebraico é incerto. ᶜ **5.8c** O significado desse ditado é incerto. ᵈ **5.9** Em hebraico, *desde o Milo*. O significado do hebraico é incerto. ᵉ **5.20** *Baal-Perazim* significa "o Senhor que irrompe". ᶠ **5.23** Ou *das amoreiras*, ou *dos bálsamos*; também em 5.24. A identificação da árvore é incerta. ᵍ **5.25** Conforme a Septuaginta (ver tb. 1Cr 15.16); o hebraico traz *Geba*. ʰ **6.2a** Outro nome para *Quiriate-Jearim*; comparar com 1Cr 13.6. ⁱ **6.2b** Ou *que é chamada pelo nome do Senhor dos Exércitos*. ʲ **6.4** Conforme os manuscritos do mar Morto e alguns manuscritos gregos; o Texto Massorético traz *e o trouxeram da casa de Abinadabe, que ficava numa colina, com a arca de Deus*. ᵏ **6.5** Conforme os manuscritos do mar Morto e a Septuaginta (ver tb. 1Cr 13.8); o Texto Massorético traz *diante do Senhor com toda espécie de madeira de cipreste*. ˡ **6.7** Conforme os manuscritos do mar Morto; o Texto Massorético traz *por causa de sua irreverência*. ᵐ **6.8** *Perez-Uzá* significa "irrompimento contra Uzá".

Gate. ¹¹A arca do Senhor ficou na casa de Obede-Edom, em Gate, por três meses, e o Senhor abençoou Obede-Edom e toda a sua família.

¹²Disseram ao rei Davi: "O Senhor tem abençoado a família de Obede-Edom e tudo que ele possui por causa da arca de Deus". Então Davi foi até lá e, com grande festa, levou a arca de Deus da casa de Obede-Edom para a Cidade de Davi. ¹³Quando os homens que carregavam a arca do Senhor davam seis passos, Davi sacrificava um boi e um novilho gordo. ¹⁴Davi usava um colete sacerdotal de linho e dançava diante do Senhor com todas as suas forças. ¹⁵Assim, Davi e todo o povo de Israel levaram a arca do Senhor com gritos de alegria e ao som de trombetas.

Mical trata Davi com desprezo

¹⁶Enquanto a arca do Senhor entrava na Cidade de Davi, Mical, filha de Saul, olhava pela janela. Quando viu o rei Davi saltando e dançando diante do Senhor, encheu-se de desprezo por ele.

¹⁷Trouxeram a arca do Senhor e a colocaram em seu lugar, dentro de uma tenda especial que Davi tinha preparado para ela. E Davi ofereceu ao Senhor holocaustos e ofertas de paz. ¹⁸Depois que terminou de oferecer os sacrifícios, abençoou o povo em nome do Senhor dos Exércitos. ¹⁹Para cada homem e mulher israelita na multidão, ele deu um pão, um bolo de tâmaras[a] e um bolo de passas. Então todos voltaram para casa.

²⁰Quando Davi voltou para casa a fim de abençoar sua família, Mical, filha de Saul, saiu ao encontro dele e disse: "Como o rei de Israel se mostrou digno de honra hoje, exibindo-se sem qualquer vergonha diante das servas, como um homem vulgar!"

²¹Davi respondeu a Mical: "Eu dançava diante do Senhor, que me escolheu em lugar de seu pai e de toda a sua família! Ele me nomeou líder de Israel, o povo do Senhor, por isso continuarei a celebrar diante do Senhor. ²²Estou disposto a me tornar ainda mais desprezível e até mesmo a ser humilhado aos meus próprios olhos! Mas as servas que você mencionou certamente me considerarão digno de honra".

²³E Mical, filha de Saul, não teve filhos até o final de sua vida.

---

[a] 6.19 Ou *um pedaço de carne*. O significado do hebraico é incerto.

> **PÃO DIÁRIO**
>
> ### Liberemos o nosso louvor!
>
> *Davi usava um colete sacerdotal de linho e dançava diante do Senhor com todas as suas forças.*
> —2 Samuel 6.14
>
> No lado esquerdo do corredor, três pessoas estavam sentadas eretas no banco; do lado direito, sentava um homem numa cadeira de rodas. Quando a congregação se levantou para cantar, alguém ajudou o homem à direita da cadeira de rodas a levantar-se. As três pessoas à esquerda mantiveram seus braços cruzados; o homem à direita esforçou-se para erguer os braços enfraquecidos em direção ao céu. Quando a música se tornou mais intensa, esse homem fechou os seus olhos e lutou para que a boca pronunciasse as palavras da familiar canção; as três pessoas à esquerda permaneciam olhando para frente com seus lábios fechados.
>
> Obviamente, não conheço o que se passava no coração de cada um deles, mas, ao observá-los, percebi que tinha de examinar também o meu. Isso me fez lembrar de que, muitas vezes, eu mais enceno do que louvo na igreja. Em vez de me concentrar no Deus que adoro, frequentemente critico a forma como os outros o adoram.
>
> Quando o rei Davi adorou o Senhor com entusiasmo, sua esposa o chamou de vulgar. E ele lhe disse: "Estou disposto a me tornar ainda mais desprezível e até mesmo a ser humilhado aos meus próprios olhos!" (2Sm 6.22). Davi sabia que estar consciente da presença de Deus não poderia coexistir com a preocupação consigo mesmo.
>
> Levar a adoração a sério significa não nos levarmos tão a sério. A adoração não se restringe apenas a ater-se à nossa dignidade, mas em liberar o nosso louvor.
>
> *Senhor, quando for o momento de louvar-te, amado Pai celestial, ajuda-me a voltar os meus pensamentos apenas a ti, não aos que me cercam. Ainda que eu te adore em silêncio e discretamente ou com mais entusiasmo, ajuda-me a assegurar que o meu louvor venha de um coração que transborda de reconhecimento e amor por ti.*
>
> ---
>
> **Por mais que louvemos o Senhor, nunca é demais!**

A aliança do Senhor com Davi

7 Quando o rei Davi já havia se estabelecido em seu palácio e o Senhor lhe tinha dado descanso de todos os inimigos ao redor,

²mandou chamar o profeta Natã. O rei disse: "Veja, moro num palácio, uma casa de cedro, enquanto a arca de Deus está lá fora, numa simples tenda".
³Natã respondeu ao rei: "Faça o que tem em mente, pois o Senhor está com o rei".
⁴Naquela mesma noite, porém, o Senhor disse a Natã:

⁵"Vá e diga a meu servo Davi que assim diz o Senhor: 'Acaso cabe a você construir uma casa para eu habitar? ⁶Desde o dia em que tirei os israelitas do Egito até hoje, nunca morei numa casa. Sempre acompanhei o povo de um lugar para o outro numa tenda, num tabernáculo. ⁷E, no entanto, onde quer que eu tenha ido com os israelitas, nunca me queixei às tribos de Israel e aos pastores de meu povo. Nunca lhes perguntei: Por que não construíram para mim um palácio, uma casa de cedro?'.

⁸"Agora vá e diga a meu servo Davi que assim diz o Senhor dos Exércitos: 'Eu o tirei das pastagens onde você cuidava das ovelhas e o escolhi para ser o líder de meu povo, Israel. ⁹Estive com você por onde andou e destruí todos os seus inimigos diante de seus olhos. Agora, tornarei seu nome tão conhecido quanto o dos homens mais importantes da terra! ¹⁰Providenciarei uma terra para meu povo, Israel, e os plantarei num lugar seguro, onde jamais serão perturbados. Nações perversas não os oprimirão como fizeram no passado, ¹¹desde o tempo em que nomeei juízes para governar meu povo, Israel. Eu lhes darei descanso de todos os seus inimigos'.

"'Além disso, o Senhor declara que fará uma casa para você, uma dinastia real! ¹²Pois, quando você morrer e for sepultado com seus antepassados, escolherei um de seus filhos, de sua própria descendência, e estabelecerei seu reino. ¹³Ele é que construirá uma casa para meu nome, e estabelecerei seu trono para sempre. ¹⁴Eu serei seu pai, e ele será meu filho. Se ele pecar, eu o corrigirei e disciplinarei com a vara, como qualquer outro pai faria. ¹⁵Contudo, não retirarei dele meu favor, como o retirei de Saul, quando o removi do seu caminho. ¹⁶Sua casa e seu reino continuarão para sempre diante de mim,ᵃ e seu trono será estabelecido para sempre'".

¹⁷Natã voltou até Davi e contou ao rei tudo que o Senhor lhe tinha revelado.

Oração de gratidão de Davi

¹⁸Então o rei Davi entrou no santuário, pôs-se diante do Senhor e orou:

"Quem sou eu, ó Soberano Senhor, e o que é minha família, para que me trouxesses até aqui? ¹⁹E agora, Soberano Senhor, como se isso não bastasse, dizes que darás a teu servo uma dinastia duradoura! Tratas a todos dessa forma, ó Soberano Senhor?ᵇ

²⁰"Que mais posso dizer-te? Tu sabes como teu servo é de fato, ó Soberano Senhor. ²¹Por causa de tua promessa e de acordo com tua vontade, fizeste todas estas grandes coisas e as tornaste conhecidas a teu servo.

²²"Quão grande és, ó Soberano Senhor! Não há ninguém igual a ti! Jamais ouvimos falar de outro Deus como tu! ²³Engrandeceste teu nome ao livrar teu povo do Egito. Realizaste milagres impressionantes e removeste as nações e os deuses do caminho de teu povo.ᶜ ²⁴Fizeste de Israel teu próprio povo para sempre, e tu, ó Senhor, te tornaste seu Deus.

²⁵"E agora, ó Senhor Deus, sou teu servo; faze o que prometeste a meu respeito e de minha família. Confirma-o como uma promessa que durará para sempre. ²⁶Que o teu nome seja honrado para sempre, a fim de que todos digam: 'O Senhor dos Exércitos é o Deus de Israel!'. E que a dinastia de teu servo Davi permaneça diante de ti para sempre.

²⁷"Ó Senhor dos Exércitos, o Deus de Israel, tive a coragem de fazer-te esta oração porque revelaste tudo isso a teu servo ao dizer: 'Farei uma casa para você, uma dinastia real!'. ²⁸Pois tu és Deus, ó Soberano Senhor. Tuas palavras são verdadeiras, e tu prometeste estas coisas boas a teu servo. ²⁹E agora, que seja do teu agrado abençoar a casa

---

ᵃ **7.16** Conforme alguns manuscritos hebraicos e a Septuaginta; o hebraico traz *diante de você*. ᵇ **7.19** Ou *Esta é tua instrução para toda a humanidade, ó Soberano Senhor?* ᶜ **7.23** Conforme a Septuaginta (ver tb. 1Cr 17.21); o hebraico traz *Fizeste um nome para ti mesmo e milagres impressionantes para tua terra à vista de teu povo, que redimiste do Egito, das nações e de seus deuses*.

de teu servo, para que ela permaneça para sempre diante de ti. Pois tu falaste, ó Soberano Senhor, e quando concedes uma bênção a teu servo, é uma bênção para sempre!".

Vitórias militares de Davi

8 Depois disso, Davi derrotou e sujeitou os filisteus, conquistando Gate, sua maior cidade.ª ²Também conquistou a terra de Moabe. Fez os moabitas se deitarem no chão numa fileira e os mediu com uma corda, formando grupos. Para cada grupo que poupou, executou dois grupos. Assim Davi sujeitou os moabitas, e eles lhe pagaram tributo.

³Davi também derrotou Hadadezer, filho de Reobe, rei de Zobá, quando Hadadezer tentou recuperar o controle da região do rio Eufrates. ⁴Davi tomou mil carros de guerra, sete mil cavaleirosᵇ e vinte mil soldados da infantaria. Levou cavalos suficientes para cem carros de guerra e aleijou o restante.

⁵Quando os sírios de Damasco chegaram para ajudar o rei Hadadezer, Davi matou 22 mil deles. ⁶Então colocou destacamentos de seu exército em Damasco, a capital dos sírios. Assim Davi sujeitou os sírios, e eles lhe pagaram tributo. O Senhor concedia vitórias a Davi por onde quer que ele fosse.

⁷Davi levou para Jerusalém os escudos de ouro dos oficiais de Hadadezer, ⁸além de grande quantidade de bronze de Tebáᶜ e de Berotai, cidades que pertenciam a Hadadezer.

⁹Quando Toí, rei de Hamate, soube que Davi tinha destruído todo o exército de Hadadezer, ¹⁰enviou seu filho Jorão para parabenizar Davi por sua campanha bem-sucedida. Hadadezer e Toí eram inimigos e sempre estavam em guerra. Jorão presenteou Davi com objetos de prata, ouro e bronze.

¹¹O rei Davi dedicou todos esses presentes ao Senhor, como fez com a prata e o ouro das outras nações que havia derrotado: ¹²de Edom,ᵈ Moabe, Amom, da Filístia e de Amaleque, além de Hadadezer, filho de Reobe, rei de Zobá.

¹³Davi se tornou ainda mais conhecido ao voltar da batalha em que matou dezoito mil edomitasᵉ no vale do Sal. ¹⁴Davi colocou destacamentos de seu exército em todo o território de Edom, e assim sujeitou todos os edomitas. O Senhor concedia vitórias a Davi por onde quer que ele fosse.

¹⁵Davi reinou sobre todo o Israel e fazia o que era justo e correto para seu povo. ¹⁶Joabe, filho de Zeruia, era comandante de seu exército. Josafá, filho de Ailude, era o historiador do reino. ¹⁷Zadoque, filho de Aitube, e Aimeleque, filho de Abiatar, eram os sacerdotes. Seraías era o secretário da corte. ¹⁸Benaia, filho de Joiada, era comandante da guarda pessoal do rei.ᶠ E os filhos de Davi serviam como líderes sacerdotais.ᵍ

Davi trata Mefibosete com bondade

9 Certo dia, Davi perguntou: "Resta alguém da família de Saul, a quem eu possa mostrar bondade por causa de Jônatas?". ²Havia um servo da família de Saul, cujo nome era Ziba, e o trouxeram a Davi. "Você é Ziba?", perguntou o rei.

"Sim, seu servo, meu senhor!", respondeu Ziba.

³Então o rei lhe perguntou: "Resta alguém da família de Saul? Se resta, gostaria de mostrar a bondade de Deus para com ele".

"Um dos filhos de Jônatas ainda está vivo", respondeu Ziba. "Ele é aleijado dos dois pés."

⁴"Onde ele está?", perguntou o rei.

Ziba respondeu: "Em Lo-Debar, na casa de Maquir, filho de Amiel".

⁵Então Davi mandou buscá-lo na casa de Maquir. ⁶Seu nome era Mefibosete, filho de Jônatas, filho de Saul. Quando compareceu diante de Davi, curvou-se com o rosto no chão. Davi disse: "Saudações, Mefibosete".

Mefibosete respondeu: "Aqui está seu servo, meu senhor!".

⁷"Não tenha medo", disse Davi. "Quero mostrar bondade a você por causa de Jônatas, seu pai. Vou lhe dar todas as terras que

---

ª **8.1** Em hebraico, *conquistando Metegue-Amá*; comparar com 1Cr 18.1. ᵇ **8.4** Conforme os manuscritos do mar Morto e a Septuaginta (ver tb. 1Cr 18.4); o Texto Massorético traz *capturou 1.700 cavaleiros*. ᶜ **8.8** Conforme alguns manuscritos (ver tb 1Cr 18.8); o hebraico traz *Betá*. ᵈ **8.12** Conforme alguns manuscritos hebraicos, a Septuaginta e a versão siríaca (ver tb. 2Sm 8.14; 1Cr 18.11); a maioria dos manuscritos hebraicos traz *Aram*. ᵉ **8.13** Conforme alguns manuscritos hebraicos, a Septuaginta e a versão siríaca (ver tb. 2Sm 8.14; 1Cr 18.12); a maioria dos manuscritos hebraicos traz *sírios*. ᶠ **8.18a** Em hebraico, *dos queretitas e dos peletitas*. ᵍ **8.18b** Em hebraico, *sacerdotes*; comparar com o texto paralelo em 1Cr 18.17.

pertenciam a seu avô Saul, e você comerá sempre aqui comigo, à mesa do rei."

⁸Mefibosete se prostrou e disse: "Quem é seu servo, para que o senhor mostre bondade a alguém como eu, que não vale mais que um cão morto?".

⁹Então o rei mandou chamar Ziba, servo de Saul, e disse: "Dei ao neto de seu senhor tudo que pertencia a Saul e sua família. ¹⁰Você, seus filhos e servos cultivarão a terra para ele, a fim de produzir alimento para a casa de seu senhor.ᵃ Mefibosete, neto de seu senhor, comerá sempre à minha mesa". Ziba tinha quinze filhos e vinte servos.

¹¹"Sou seu servo", respondeu Ziba. "Farei tudo que meu senhor, o rei, mandou." E, daquele momento em diante, Mefibosete passou a comer à mesa de Davi,ᵇ como se fosse um de seus filhos.

¹²Mefibosete tinha um filho ainda jovem chamado Mica. Daquele momento em diante, todos os membros da casa de Ziba se tornaram servos de Mefibosete. ¹³E Mefibosete, que era aleijado dos dois pés, morava em Jerusalém e comia sempre à mesa do rei.

Davi derrota os amonitas

10 Algum tempo depois, morreu Naás, rei dos amonitas, e seu filho Hanum subiu ao trono. ²Davi disse: "Vou demonstrar lealdade a Hanum, assim como seu pai, Naás, sempre foi leal a mim". Então Davi enviou representantes para expressar seu pesar a Hanum pela morte do pai dele.

Mas, quando os representantes de Davi chegaram à terra de Amom, ³os líderes amonitas disseram a Hanum, seu senhor: "O rei acredita mesmo que esses homens estão aqui para honrar seu pai? Não! Davi os enviou com o objetivo de espionar a cidade para vir e conquistá-la!". ⁴Então Hanum prendeu os representantes de Davi e raspou metade da barba de cada um, cortou metade de suas roupas até as nádegas e os expulsou de sua terra.

⁵Quando Davi soube o que havia acontecido, enviou mensageiros ao encontro dos homens, para que lhes dissessem: "Fiquem em Jericó até que sua barba tenha crescido e voltem em seguida", pois estavam muito envergonhados.

⁶Quando os amonitas perceberam quanto haviam enfurecido Davi, contrataram vinte mil soldados de infantaria dos sírios das terras de Bete-Reobe e Zobá, mil homens do rei de Maaca e doze mil da terra de Tobe. ⁷Davi foi informado disso e enviou Joabe e todos os seus guerreiros para lutarem contra eles. ⁸As tropas amonitas avançaram e formaram sua frente de batalha à entrada da cidade, enquanto os sírios de Zobá e Reobe e os homens de Tobe e Maaca se posicionaram para lutar nos campos abertos.

⁹Joabe viu que teria de lutar em duas frentes ao mesmo tempo, por isso escolheu alguns dos melhores guerreiros de Israel e os pôs sob seu comando pessoal para enfrentar os sírios. ¹⁰Deixou o restante do exército sob o comando de seu irmão Abisai, que atacou os amonitas. ¹¹Joabe disse a seu irmão: "Se os sírios forem fortes demais para mim, venha me ajudar. E, se os amonitas forem fortes demais para você, eu irei ajudá-lo. ¹²Coragem! Lutemos bravamente por nosso povo e pelas cidades de nosso Deus. E que seja feita a vontade do Senhor!".

¹³Joabe e suas tropas atacaram, e os sírios começaram a fugir. ¹⁴Quando os amonitas viram que os sírios batiam em retirada, também fugiram de Abisai e recuaram para dentro da cidade. Terminada a batalha, Joabe voltou para Jerusalém.

¹⁵Os sírios viram que não tinham como enfrentar Israel. Assim, ao se reagrupar, ¹⁶receberam o reforço de soldados sírios convocados por Hadadezer do outro lado do rio Eufrates.ᶜ Essas tropas chegaram a Helã conduzidas por Sobaque, comandante das forças de Hadadezer.

¹⁷Quando Davi foi informado do que estava acontecendo, reuniu todo o Israel, atravessou o Jordão e levou o exército até Helã. Os sírios se posicionaram para a batalha e lutaram contra Davi. ¹⁸Mais uma vez, porém, os sírios fugiram dos israelitas. O exército de Davi matou setecentos homens em carros de guerra e quarenta mil soldados de infantaria,ᵈ incluindo Sobaque, comandante de seu exército.

ᵃ **9.10** Conforme a Septuaginta; o hebraico traz *para o neto de seu senhor*. ᵇ **9.11** Conforme a Septuaginta; o hebraico traz *à minha mesa*. ᶜ **10.16** Em hebraico, *do rio*. ᵈ **10.18** Conforme alguns manuscritos gregos (ver tb. 1Cr 19.18); o hebraico traz *cavaleiros*.

¹⁹Quando todos os reis aliados a Hadadezer viram que ele havia sido derrotado pelos israelitas, renderam-se a Israel e se tornaram súditos de Davi. Depois disso, os sírios tiveram medo de voltar a ajudar os amonitas.

Davi e Bate-Seba

11 No começo do ano,ᵃ época em que os reis costumavam ir à guerra, Davi enviou Joabe e as tropas israelitas para lutarem contra os amonitas. Eles destruíram o exército inimigo e cercaram a cidade de Rabá. Mas Davi ficou em Jerusalém.

²Certa tarde, Davi se levantou da cama depois de seu descanso e foi caminhar pelo terraço do palácio. Enquanto olhava do terraço, reparou numa mulher muito bonita que tomava banho. ³Davi mandou alguém descobrir quem era a mulher. Disseram-lhe: "É Bate-Seba, filha de Eliã e esposa de Urias, o hitita". ⁴Então Davi enviou mensageiros para que a trouxessem, e teve relações com ela. Bate-Seba havia acabado de completar o ritual de purificação depois da menstruação. E ela voltou para casa. ⁵Passado algum tempo, quando Bate-Seba descobriu que estava grávida, enviou um mensageiro a Davi para lhe dizer: "Estou grávida".

⁶Então Davi mandou uma mensagem para Joabe: "Envie-me Urias, o hitita", e Joabe o enviou a Davi. ⁷Quando Urias chegou, Davi perguntou como estavam Joabe e o exército e como ia a guerra. ⁸Então disse a Urias: "Vá para casa e descanse".ᵇ Depois que Urias deixou o palácio, Davi lhe enviou um presente. ⁹Urias, porém, não foi para casa. Passou a noite na entrada do palácio com os guardas do rei.

¹⁰Quando Davi soube que Urias não tinha ido para casa, mandou chamá-lo e perguntou: "O que aconteceu? Depois de ter ficado tanto tempo fora, por que você não foi para casa ontem à noite?".

¹¹Urias respondeu: "A arca e os exércitos de Israel e de Judá estão em tendas,ᶜ e Joabe, meu comandante, e seus soldados estão acampados ao ar livre. Como eu poderia ir para casa para beber, comer e dormir com minha mulher? Juro diante do rei que jamais faria uma coisa dessas".

PÃO DIÁRIO

Lixo espacial

A carta continha a seguinte instrução: "Coloque Urias na linha de frente, onde o combate estiver mais intenso. Depois, recue para que ele seja morto".
—2 Samuel 11.15

Orbitando nosso planeta a mais de sete quilômetros por segundo, encontra-se um acúmulo crescente de lixo espacial. Peças, parafusos e outros fragmentos descartados de naves espaciais representam verdadeiro perigo para os futuros veículos espaciais. A alta velocidade com que se movem faz o objeto mais minúsculo ser arremessado com o mesmo impacto de um projétil de arma de fogo. Durante uma das missões de lançamento, uma lasca de tinta criou um buraco de dez centímetros numa janela da espaçonave.

Um estudo revelou que existem 110 mil objetos maiores do que um centímetro em órbita. O peso combinado de todos é de quase 20 mil toneladas! Para evitar um desastre com o lixo espacial, os especialistas monitoram esses fragmentos para a NASA.

As escolhas pecaminosas criam o seu próprio tipo de lixo — as consequências não intencionais. Quando Acã furtou e escondeu os despojos proibidos, isso lhe custou a vida (Js 7). Após o rei Davi ter cometido adultério e assassinato, a discórdia familiar foi intensa (2Sm 11–12;15–18).

Há algum "lixo" em sua vida? As consequências do pecado estão se acumulando? Se confessamos os nossos pecados a Deus, Ele promete nos perdoar e nos purificar de toda injustiça (1Jo 1.9). Podemos buscar maneiras de corrigir a situação por meio da restituição àqueles que magoamos (Lc 19.1-8). O Deus da graça nos dará sabedoria para lidar com as más decisões do nosso passado e nos ajudará a tomar boas decisões no futuro.

Deus, venho a ti com os meus pecados. Ao me arrepender e afastar-me deles, por favor purifica-me e ajuda-me a andar em Tua santidade. Não quero que o lixo deste mundo continue a encher o meu coração e a atrapalhar a minha comunhão contigo. Rendo-te graças pelos Teus inúmeros modos de perdoar.

A lei do plantio e da colheita nunca foi revogada.

---

¹²Então Davi lhe disse: "Pois bem. Fique aqui hoje, e amanhã poderá retornar". Urias ficou em Jerusalém aquele dia e o dia seguinte.

ᵃ **11.1** O primeiro dia do ano no antigo calendário lunar hebraico caía em março ou abril. ᵇ **11.8** Em hebraico, *e lave os pés*, expressão que também pode indicar um banho cerimonial. ᶜ **11.11** Ou *em Sucote*.

> **REFLETINDO SOBRE: Mulheres belas**
>
> ## Sara, Rebeca, Ester e Bate-Seba
>
> *Vistam-se com a beleza que vem de dentro e que não desaparece, a beleza de um espírito amável e sereno, tão precioso para Deus.*
> —1 Pedro 3.4
>
> Tonya Ruiz começou sua carreira de modelo aos 15 anos e em pouco tempo assinou contrato com uma prestigiada agência de modelos em Paris. Ela passou os dois anos seguintes viajando pelo mundo para posar para capas de revistas, outdoors e *posters* e aparecer em comerciais e filmes. Em seu livro, *Beauty Quest. A Model's Journey* (Missão beleza. A jornada de uma modelo), Tonya admite que se envolveu com o lado negro da indústria da beleza e da moda, com álcool, drogas e distúrbios alimentares. Aos 18 anos, ela decidiu acabar com sua vida, mas Deus tinha outros planos para ela.
>
> Ser bela não nos garante felicidade, e a Bíblia contém histórias de mulheres para quem a beleza notável causou sérios problemas. Duas vezes, quando Sara e Abraão viajaram a um novo local, o patriarca temeu que alguém o matasse para ficar com sua bela esposa. Ele pediu a Sara que fingisse ser sua irmã, o que levava a dificuldades traiçoeiras. Isaque, filho de Abraão, agiu da mesma forma com sua esposa, Rebeca. A jovem judia, Ester, tinha uma beleza que chamou atenção dos oficiais persas que procuravam moças para o harém do rei. A bela Bate-Seba ao se banhar chamou a atenção do rei Davi que iniciou um caso de adultério, que causou muito sofrimento a ambos.
>
> Nossa sociedade tenta convencer as mulheres de que teríamos vidas melhores se fôssemos belas, mas isso não é verdade. A Bíblia ensina que a verdadeira beleza vem de quem somos interiormente, não de uma preocupação excessiva com nossa aparência externa. Deus quer que desenvolvamos um coração puro, uma atitude gentil e amorosa com outros e um espírito que confia calmamente nele em todo o tempo. Quando permitimos que o Espírito Santo nos controle, exibimos o tipo de beleza que chama a atenção de Deus. Por meio do relacionamento de Tonya com Cristo, ela descobriu a verdadeira beleza que nunca acaba e jamais causa problemas.

[13] Davi o convidou para jantar e o embriagou. Outra vez, porém, ele dormiu numa esteira, com os guardas do rei, e não foi para sua casa.

Davi trama a morte de Urias

[14] Na manhã seguinte, Davi escreveu uma carta para Joabe e mandou Urias entregá-la. [15] A carta continha a seguinte instrução: "Coloque Urias na linha de frente, onde o combate estiver mais intenso. Depois, recue para que ele seja morto". [16] Então Joabe colocou Urias numa posição próxima do muro da cidade, onde sabia que estavam os principais guerreiros do inimigo. [17] Quando os soldados inimigos saíram da cidade para lutar, Urias, o hitita, foi morto junto com muitos outros soldados israelitas.

[18] Joabe enviou a Davi um relatório da batalha. [19] Disse a seu mensageiro: "Conte ao rei tudo que aconteceu na batalha. [20] Pode ser que ele fique irado e pergunte: 'Por que as tropas se aproximaram tanto da cidade? Não sabiam que atirariam contra eles dos muros? [21] Acaso Abimeleque, filho de Gideão,[a] não foi morto em Tebes por uma mulher que atirou uma pedra de moinho do alto da muralha? Por que chegaram tão perto dos muros?'. Então diga-lhe: 'Seu soldado Urias, o hitita, também foi morto'".

[22] O mensageiro foi a Jerusalém e deu um relatório completo a Davi. [23] "O inimigo saiu contra nós em campo aberto", disse o mensageiro. "Quando os perseguíamos de volta até o portão da cidade, [24] os arqueiros no alto do muro atiraram flechas contra nós. Alguns dos homens do rei foram mortos; entre eles estava Urias, o hitita."

[25] Davi respondeu: "Diga a Joabe que não desanime. A espada devora este hoje e aquele amanhã. Lutem bravamente e conquistem a cidade!".

[26] Quando a esposa de Urias soube que seu marido havia morrido, chorou por ele.

---

[a] 11.21 Em hebraico, *filho de Jerubesete*, variação de Jerubaal, outro nome para Gideão; ver Jz 6.32.

²⁷Terminado o período de luto, Davi mandou trazê-la para o palácio. Ela se tornou uma de suas esposas e deu à luz um filho. Mas o que Davi fez desagradou o Senhor.

Natã repreende Davi

12 Então o Senhor enviou o profeta Natã a Davi. Ele foi até o rei e lhe disse: "Havia dois homens em certa cidade. Um era rico, e o outro, pobre. ²O rico era dono de muitas ovelhas e muito gado. ³O pobre não tinha nada, exceto uma cordeirinha que ele havia comprado. Ele criou a cordeirinha, e ela cresceu com os filhos dele. Comia de seu prato, bebia de seu copo e até dormia em seus braços; ela era como sua filha. ⁴Certo dia, um visitante chegou à casa do rico. Em vez de matar um dos animais de seu próprio rebanho, o rico tomou a cordeirinha do pobre, a matou e a preparou para seu visitante".

⁵Davi ficou furioso com esse homem rico e jurou: "Tão certo como vive o Senhor, o homem que faz uma coisa dessas merece morrer! ⁶Deve restituir quatro ovelhas ao pobre por ter roubado a cordeirinha e não ter mostrado compaixão".

⁷Então Natã disse a Davi: "Você é esse homem! Assim diz o Senhor, o Deus de Israel: 'Eu o ungi rei de Israel e o livrei das mãos de Saul. ⁸Dei-lhe a casa e as mulheres de seu senhor e os reinos de Israel e Judá. E, se isso não bastasse, teria lhe dado muito mais. ⁹Por que, então, você desprezou a palavra do Senhor e fez algo tão horrível? Você assassinou Urias, o hitita, com a espada dos amonitas e roubou a esposa dele! ¹⁰De agora em diante, a espada não se afastará de sua família, pois você me desprezou ao tomar para si a mulher de Urias'.

¹¹"Assim diz o Senhor: 'De sua própria família farei surgir seu castigo. Tomarei suas mulheres diante de seus olhos e as darei a outro homem; ele se deitará com elas à vista de todos. ¹²O que você fez em segredo, eu farei acontecer abertamente, diante de todo o Israel'".

Davi confessa sua culpa

¹³Então Davi confessou a Natã: "Pequei contra o Senhor".

Natã respondeu: "Sim, mas o Senhor o perdoou, e você não morrerá por causa do seu pecado. ¹⁴Contudo, uma vez que você demonstrou o mais absoluto desprezo pela palavra do Senhor[a] ao agir desse modo, seu filho morrerá".

¹⁵Depois que Natã voltou para casa, o Senhor fez adoecer gravemente o filho de Davi com a mulher de Urias. ¹⁶Davi suplicou ao Senhor

---

PÃO DIÁRIO

A resposta é não

Então Davi levantou-se do chão, lavou-se, perfumou-se e trocou de roupa. Foi ao santuário e adorou o Senhor.
—2 Samuel 12.20

As crianças são tão amáveis e inocentes — até que os pais digam "não" ao que elas querem. Quando isso acontece, algumas crianças gritam descontroladamente, insistindo no que desejam.

Quando os nossos filhos eram pequenos, minha esposa e eu achávamos importante que eles aprendessem a aceitar o "não" como resposta. Sentíamos que isso os ajudaria a lidar com as decepções da vida de maneira mais efetiva. Orávamos para que isso também os ajudasse a submeter-se à vontade de Deus.

A leitura bíblica de hoje registra a confissão de culpa do rei Davi quando foi confrontado por Natã. Davi foi perdoado, mas Deus permitiu que a consequência do seu pecado caísse sobre o bebê concebido fora do casamento. O rei jejuou e orou ao Senhor dia e noite pela cura de seu filho. Apesar de suas petições sinceras, o bebê faleceu.

Em vez de se comportar como uma criança exigente e irar-se com Deus, Davi levantou, lavou-se, trocou de roupa, e "Foi ao santuário e adorou o Senhor" (2Sm 12.20). Suas ações nos ensinam uma importante lição: às vezes, devemos aceitar o "não" de Deus como resposta às nossas orações.

Em tempos de dificuldade ou perda, devemos buscar a ajuda e a libertação de Deus. Porém, devemos continuar a confiar nele, mesmo que o Senhor não responda as nossas orações da maneira que desejamos.

Será que já aprendemos a aceitar o "não" como resposta?

Pai celestial, ajuda-nos a aceitar a Tua resposta à nossa oração, seja ela sim, ou não. Que possamos desejar a Tua vontade acima da nossa, porque sempre tens o que é melhor para nós em mente.

Em Sua vontade, está a nossa paz. —Dante

---

[a] **12.14** Conforme os manuscritos do mar Morto; o Texto Massorético traz *pelos inimigos do Senhor*.

que poupasse a criança. Jejuou e passou a noite prostrado no chão. ¹⁷Os oficiais do palácio insistiram para que ele se levantasse e comesse com eles, mas Davi se recusou.

¹⁸No sétimo dia, a criança morreu. Os servos de Davi ficaram com medo de contar para ele. "Não ouviu nossos conselhos quando a criança estava doente", disseram. "Se lhe contarmos que a criança morreu, poderá cometer uma insanidade."

¹⁹Davi percebeu que estavam cochichando e compreendeu o que havia acontecido. "A criança morreu?", perguntou.

"Sim", responderam eles. "Está morta."

²⁰Então Davi levantou-se do chão, lavou-se, perfumou-se[a] e trocou de roupa. Foi ao santuário e adorou o Senhor. Depois, voltou ao palácio, pediu que lhe trouxessem alimento e comeu.

²¹Seus servos ficaram perplexos. "Não o entendemos", disseram. "Enquanto a criança estava viva, o senhor chorou e jejuou. Agora que a criança morreu, o senhor parou de lamentar e voltou a comer."

²²Davi respondeu: "Enquanto a criança estava viva, jejuei e chorei, pois pensava: 'Quem sabe o Senhor terá compaixão de mim e deixará a criança viver'. ²³Mas por que jejuar agora que ela morreu? Poderia eu fazê-la voltar? Um dia irei até ela, mas ela não voltará a mim".

²⁴Então Davi consolou Bate-Seba, sua mulher, e teve relações com ela. Bate-Seba engravidou e deu à luz um filho, a quem Davi chamou Salomão. O Senhor amou a criança ²⁵e enviou uma mensagem por meio do profeta Natã, dizendo que o menino devia se chamar Jedidias,[b] conforme o Senhor havia ordenado.[c]

Davi conquista Rabá

²⁶Enquanto isso, Joabe continuou a lutar contra Rabá, a capital de Amom, e tomou a cidade real. ²⁷Joabe enviou mensageiros a Davi para lhe dizer: "Lutei contra Rabá e capturei seus reservatórios de água. ²⁸Traga o restante do exército aqui e conquiste a cidade. De outro modo, eu a tomarei e levarei o crédito pela vitória".

²⁹Então Davi reuniu o restante do exército e foi a Rabá. Eles atacaram a cidade e a conquistaram. ³⁰Davi removeu a coroa da cabeça do rei,[d] e ela foi colocada sobre sua cabeça. A coroa era feita de ouro, enfeitada com pedras preciosas, e pesava cerca de 35 quilos.[e] Davi tomou grande quantidade de despojos da cidade. ³¹Também tornou os habitantes de Rabá seus escravos e os obrigou a trabalhar com[f] serras, picaretas e machados de ferro, e também nos fornos de tijolos.[g] Foi assim que Davi tratou o povo de todas as cidades amonitas. Então ele e todo o exército voltaram para Jerusalém.

Tamar é violentada

13 Absalão, filho de Davi, tinha uma irmã muito bonita chamada Tamar. Amnom, outro filho de Davi, apaixonou-se por ela. ²Amnom ficou tão obcecado por Tamar que adoeceu. Ela era virgem, e Amnom imaginou que seria impossível possuí-la.

³Contudo, Amnom tinha um amigo muito astuto, seu primo Jonadabe. Ele era filho de Simeia, irmão de Davi. ⁴Certo dia, Jonadabe disse a Amnom: "Qual é o problema? Por que o filho do rei parece tão abatido todos os dias?".

Amnom lhe respondeu: "Estou apaixonado por Tamar, irmã de meu irmão Absalão".

⁵"Faça o seguinte", disse Jonadabe. "Deite-se e finja que está doente. Quando seu pai o visitar, peça-lhe que deixe Tamar vir e preparar algo para você comer. Peça que ela prepare o alimento aqui mesmo, para que você a veja e ela o sirva."

⁶Então Amnom se deitou e fingiu que estava doente. Quando o rei foi vê-lo, Amnom lhe pediu: "Por favor, permita que minha irmã Tamar venha e prepare dois bolos aqui mesmo, para que eu a veja e ela os sirva para mim". ⁷Davi concordou e mandou Tamar ir à casa de Amnom preparar algo para ele comer.

⁸Quando Tamar chegou à casa de Amnom, foi até o lugar onde ele estava deitado, para que ele pudesse vê-la preparar a massa. Então ela assou os bolos, conforme ele tinha pedido. ⁹Contudo, quando ela colocou a bandeja diante de

---

[a] **12.20** Em hebraico, *ungiu-se*. [b] **12.25a** *Jedidias* significa "amado do Senhor". [c] **12.25b** Conforme a Septuaginta; o hebraico traz *por causa do Senhor*. [d] **12.30a** Ou *da cabeça de Milcom* (cf. Septuaginta), deus dos amonitas também chamado de Moloque. [e] **12.30b** Em hebraico, *1 talento*. [f] **12.31a** Ou *Também tirou o povo de Rabá e os colocou sob*. [g] **12.31b** Ou *e os fez passar pelos fornos de tijolos*.

> **REFLETINDO SOBRE:** Traída

Tamar

Até meu melhor amigo, em quem eu confiava e com quem repartia meu pão, voltou-se contra mim.
—Salmo 41.9

A jovem destrancou a porta de seu apartamento e se jogou no sofá. *Não acredito que fiz isso de novo*, pensou. Após vários encontros, eles já haviam descoberto muitos interesses em comum e desfrutavam da companhia um do outro. Mas como sempre, quando um relacionamento começava a ficar sério, ela rompia. Não era culpa de Josh — ele sempre fora gentil e atencioso. Ah, como ela queria confiar nele! Mas ela não suportava ser tocada. Isso sempre trazia de volta as memórias de sua infância... aquelas noites em que sua mãe trabalhava no período da noite... os passos de seu padrasto em direção ao seu quarto...

Tamar também sabia como era ser traída. Quando seu meio-irmão Amnom se apaixonou cegamente por ela, ele fingiu estar doente para se aproximar de Tamar envolvendo inclusive o seu pai, Davi, em seu plano. Por estar preocupada com Amnom, Tamar foi até à casa dele para cozinhar o prato favorito do rapaz. Amnom ordenou aos servos que saíssem e agarrou Tamar. Ainda que Tamar tenha suplicado que ele não fizesse tal perversidade, Amnom a estuprou. Tamar, por consideração, fora à casa de Amnom para atender o irmão doente, mas acabou sendo violada quando ele a usou para satisfazer sua luxúria.

Uma organização de auxílio às vítimas de estupro, abuso e incesto estima que uma em seis mulheres americanas foram vítimas de tentativa de estupro ou efetivamente estupradas. Muitas mulheres vivenciam o abuso pelas mesmas pessoas que deveriam protegê-las e preocupar-se com elas. Memórias de estupro ou abuso sexual geralmente impedem que as vítimas confiem em outras pessoas, o que dificulta o estabelecimento de relacionamentos saudáveis. Ainda que a ajuda profissional possa ser necessária, podemos encontrar consolo em sermos amadas por Deus. O Senhor jamais trairá a nossa confiança. Jesus Cristo vivenciou traição, a tortura e uma terrível morte por amor a nós. Por causa do Seu amor por nós, podemos confiar nossa vida sempre a Deus mesmo quando outros acabam sendo indignos de confiança.

Amnom, ele se recusou a comer. "Saiam todos daqui", disse ele a seus servos. E todos saíram.

¹⁰Então Amnom disse a Tamar: "Agora traga os bolos ao meu quarto e dê-me de comer". Tamar fez conforme ele pediu. ¹¹Quando, porém, ela lhe ofereceu a comida, ele a agarrou e exigiu: "Venha para a cama comigo, minha irmã!".

¹²"Não, meu irmão! Não me violente!", exclamou Tamar. "Isso não se faz em Israel! Não faça essa loucura! ¹³Como eu poderia viver com tamanha vergonha? E você cairia em desgraça em Israel! Por favor, fale com o rei, e ele permitirá que você se case comigo!"

¹⁴Mas Amnom não quis ouvi-la e, como era mais forte que ela, violentou-a. ¹⁵Então a paixão de Amnom se transformou em profundo desprezo, e seu desprezo por ela foi mais intenso que a paixão que havia sentido. "Saia daqui!", gritou para ela.

¹⁶"Não, não!", respondeu Tamar. "Mandar-me embora agora seria pior do que o mal que você me fez."

Amnom, porém, não quis ouvi-la. ¹⁷Chamou seu servo e ordenou: "Ponha esta mulher para fora daqui e tranque a porta!".

¹⁸O servo a pôs para fora e trancou a porta. Tamar vestia uma túnica longa,[a] como era costume naqueles dias entre as filhas virgens do rei. ¹⁹Então rasgou sua túnica, jogou cinzas sobre a cabeça e, cobrindo o rosto com as mãos, foi embora chorando.

²⁰Seu irmão Absalão a viu e perguntou: "É verdade que Amnom esteve com você? Bem, minha irmã, é melhor ficar quieta, pois Amnom é seu irmão. Não se aflija com isso".

---

[a] **13.18** Ou *uma túnica com mangas*, ou *uma túnica com enfeites*. O significado do hebraico é incerto.

Então Tamar, como uma mulher desolada, foi morar na casa de seu irmão Absalão.

²¹Quando o rei Davi soube o que havia acontecido, ficou furioso.[a] ²²E, embora Absalão não tivesse dito nada a Amnom a esse respeito, odiou Amnom profundamente pelo que ele havia feito à sua irmã.

Absalão se vinga de Amnom

²³Dois anos depois, quando as ovelhas de Absalão estavam sendo tosquiadas em Baal-Hazor, perto de Efraim, Absalão convidou todos os filhos do rei para uma festa. ²⁴Foi até o rei e disse: "Meus tosquiadores estão trabalhando. Gostaria que o rei e seus servos celebrassem essa ocasião comigo".

²⁵Mas o rei respondeu: "Não, meu filho. Se todos nós fôssemos, seria um peso para você". Embora Absalão insistisse, o rei se recusou a ir, mas abençoou Absalão.

²⁶"Está bem", disse Absalão. "Se o senhor não pode vir, permita que meu irmão Amnom vá conosco."

"Por que Amnom?", perguntou o rei. ²⁷Mas Absalão continuou a insistir até que, finalmente, o rei concordou em deixar seus filhos, incluindo Amnom, irem à festa.[b]

²⁸Absalão disse a seus homens: "Esperem até Amnom estar bêbado; então, quando eu ordenar, matem-no. Não tenham medo. A responsabilidade é minha. Sejam corajosos e valentes!". ²⁹Assim, quando Absalão deu o sinal, eles mataram Amnom. Os outros filhos do rei montaram em suas mulas e fugiram.

³⁰Quando ainda estavam a caminho de Jerusalém, a notícia chegou a Davi: "Absalão matou todos os filhos do rei; não restou um sequer com vida!". ³¹O rei se levantou, rasgou suas roupas e lançou-se no chão. Seus conselheiros também rasgaram suas roupas.

³²Nesse momento, Jonadabe, filho de Simeia, irmão de Davi, chegou e disse: "Não pense, meu senhor, que todos os filhos do rei foram mortos! Foi apenas Amnom! Absalão tramava isso desde que Amnom violentou sua irmã Tamar. ³³O meu senhor, o rei, não deve acreditar que todos os seus filhos estão mortos! Apenas Amnom morreu". ³⁴Enquanto isso, Absalão fugiu.

Então a sentinela sobre o muro de Jerusalém viu muita gente descendo o monte pela estrada que vinha do oeste.[c]

³⁵E Jonadabe disse ao rei: "Veja! Lá estão eles! São os filhos do rei voltando, como eu tinha dito".

³⁶Logo eles chegaram, chorando e soluçando, e o rei e todos os seus servos choraram amargamente com eles. ³⁷Davi chorou muitos dias por seu filho Amnom.

Absalão fugiu para a terra de Talmai, filho de Amiúde, rei de Gesur, ³⁸onde permaneceu por três anos. ³⁹E o rei Davi, conformado com a morte de Amnom, abandonou a ideia de perseguir Absalão.[d]

Joabe providencia o retorno de Absalão

14 Joabe, filho de Zeruia, percebeu que o rei agora desejava ver Absalão. ²Por isso, mandou trazer de Tecoa uma mulher conhecida por sua sabedoria. Disse-lhe: "Finja que está de luto; vista roupas de luto e não se perfume.[e] Aja como uma mulher que está lamentando a morte de alguém há muito tempo. ³Depois, vá até o rei e apresente a história que vou lhe contar". Então Joabe disse o que ela deveria falar.

⁴Quando a mulher de Tecoa se aproximou do rei, curvou-se com o rosto no chão e disse: "Ó rei! Ajude-me!".

⁵"Qual é o problema?", perguntou o rei.

"Pobre de mim, sou viúva!", respondeu ela. "Meu marido morreu. ⁶Meus dois filhos brigaram no campo. Como não havia ninguém por perto para separá-los, um deles acabou matando o outro. ⁷Agora, o resto da família está exigindo de sua serva: 'Entregue-nos seu filho. Vamos executá-lo por ter matado o irmão. Ele não merece herdar a propriedade da família'. Querem apagar a última brasa que me restou; se o fizerem, o nome e a família de meu marido desaparecerão da face da terra."

⁸"Eu cuidarei disso", disse o rei. "Vá para casa."

⁹A mulher de Tecoa respondeu: "Ó meu senhor, o rei, que a culpa caia sobre mim e sobre

---

[a] **13.21** Os manuscritos do mar Morto e a Septuaginta acrescentam *mas não castigou seu filho Amnom porque o amava, pois ele era seu primeiro filho.* [b] **13.27** Alguns manuscritos gregos acrescentam *Então Absalão preparou um banquete digno de um rei.* [c] **13.34** A Septuaginta acrescenta *Ele correu para contar ao rei: "Vejo uma multidão vindo pela estrada de Horonaim, na encosta do monte".* [d] **13.39** Ou *desejava se reencontrar com Absalão.* [e] **14.2** Em hebraico, *não se unja com óleo.*

a família de meu pai, e que o rei e seu trono sejam inocentes!".

¹⁰"Se alguém criar problemas, traga-o a mim", disse o rei. "Eu lhe garanto que ele nunca mais o incomodará."

¹¹Então ela disse: "Por favor, prometa pelo Senhor, seu Deus, que não deixará o vingador da vítima matar meu filho. Não quero mais derramamento de sangue".

Ele respondeu: "Tão certo como vive o Senhor, ninguém tocará num fio de cabelo da cabeça de seu filho!".

¹²"Permita-me pedir mais uma coisa ao meu senhor, o rei", disse a mulher.

"Fale", respondeu ele.

¹³Então ela disse: "Por que o senhor não faz pelo povo de Deus o mesmo que prometeu fazer por mim? Ao tomar essa decisão, o senhor condenou a si mesmo, pois se recusou a trazer para casa seu filho banido. ¹⁴Um dia, todos nós morreremos. Nossa vida é como água que, depois de derramada na terra, não pode mais ser recolhida. Mas Deus não apaga a vida; ao contrário, ele cria meios de trazer de volta aqueles que foram banidos de sua presença.

¹⁵"Vim suplicar ao meu senhor, o rei, porque outros me ameaçaram. Pensei: 'Talvez o rei me escute ¹⁶e nos livre daqueles que desejam nos eliminar da herança que Deus nos deu. ¹⁷Sim, o meu senhor, o rei, restaurará nossa paz de espírito'. Sei que o senhor é como um anjo de Deus, capaz de discernir entre o bem e o mal. Que o Senhor, seu Deus, esteja com o rei".

¹⁸"Preciso saber uma coisa", disse o rei. "Diga-me a verdade."

"Sim, ó meu senhor, o rei", disse a mulher.

¹⁹"Foi Joabe quem a mandou aqui?", perguntou o rei.

A mulher respondeu: "Ó meu senhor, o rei, como posso negar? Ninguém é capaz de esconder coisa alguma do senhor. Sim, foi Joabe, servo do rei, que me enviou e me disse o que falar. ²⁰Agiu desse modo para que o senhor pudesse ver a questão com outros olhos. Mas o senhor é sábio como um anjo de Deus e entende tudo que acontece em nosso meio!".

²¹Então o rei mandou chamar Joabe e lhe disse: "Muito bem, vá e traga de volta o jovem Absalão".

²²Joabe se curvou com o rosto no chão e disse: "Finalmente sei que obtive o favor do meu senhor, o rei, pois atendeu a meu pedido!".

²³Joabe foi a Gesur e trouxe Absalão de volta a Jerusalém. ²⁴O rei, porém, deu a seguinte ordem: "Absalão pode ir para casa, mas não deve vir à minha presença". Portanto, Absalão não viu o rei.

A reconciliação de Absalão e Davi

²⁵Não havia nenhum homem em todo o Israel tão elogiado por sua beleza como Absalão; era perfeito da cabeça aos pés. ²⁶Cortava o cabelo uma vez por ano por causa de seu peso: 2,4 quilos,ᵃ segundo o peso real. ²⁷Tinha três filhos e uma filha. Sua filha se chamava Tamar e era muito bonita.

²⁸Absalão morou dois anos em Jerusalém sem ver o rei. ²⁹Então mandou chamar Joabe para pedir que intercedesse por ele, mas Joabe não quis vir. Mandou chamá-lo de novo e, mais uma vez, ele se recusou a vir. ³⁰Então Absalão disse a seus servos: "Vão e ponham fogo no campo de cevada de Joabe que fica junto de minha propriedade". Os servos foram e puseram fogo no campo, como Absalão havia ordenado.

³¹Então Joabe foi à casa de Absalão e lhe perguntou: "Por que seus servos puseram fogo em meu campo?".

³²Absalão respondeu: "Eu quero que você pergunte ao rei por que ele me trouxe de Gesur se não pretendia me receber. Teria sido melhor eu ficar onde estava. Quero ver o rei; se ele me considera culpado de algo, então que mande me matar".

³³Joabe contou ao rei o que Absalão tinha dito. Por fim, Davi mandou chamar Absalão. Ele veio, curvou-se com o rosto no chão diante do rei, e o rei o beijou.

A rebelião de Absalão

15 Algum tempo depois, Absalão providenciou para si uma carruagem com cavalos e contratou cinquenta guardas para servirem como sua guarda de honra.ᵇ ²Todas as manhãs, ele se levantava cedo e ia até o portão da cidade.

ᵃ **14.26** Em hebraico, *200 siclos*. ᵇ **15.1** Em hebraico, *para correrem adiante dele*.

Quando alguém trazia uma causa para ser julgada pelo rei, Absalão perguntava de que cidade a pessoa era, e ela lhe respondia a qual tribo de Israel pertencia. ³Então Absalão dizia: "Sua causa é justa e legítima. É pena que o rei não tenha ninguém para ouvi-la". ⁴E dizia ainda: "Quem me dera ser juiz. Então todos me apresentariam suas questões legais, e eu lhes faria justiça!".

⁵Quando alguém ia se prostrar diante dele, Absalão não o permitia. Ao contrário, tomava-o pela mão e o beijava. ⁶Fazia isso com todos que vinham ao rei pedir justiça e, desse modo, ia conquistando o coração de todos em Israel.

⁷Passados quatro anos,[a] Absalão disse ao rei: "Deixe-me ir a Hebrom para cumprir o voto que fiz ao Senhor. ⁸Enquanto eu estava em Gesur, na Síria, prometi oferecer sacrifícios ao Senhor em Hebrom[b] caso ele me trouxesse de volta a Jerusalém".

⁹"Está bem", disse o rei. "Vá e cumpra seu voto."

Então Absalão foi a Hebrom. ¹⁰Enquanto estava lá, porém, enviou em segredo mensageiros para todas as tribos de Israel. Eles diziam às pessoas: "Assim que ouvirem as trombetas, digam: 'Absalão foi coroado rei em Hebrom!'". ¹¹Absalão levou consigo duzentos homens de Jerusalém como seus convidados, mas eles não faziam ideia de suas intenções. ¹²Enquanto Absalão oferecia os sacrifícios, mandou chamar Aitofel, um dos conselheiros de Davi que vivia na cidade de Gilo. Em pouco tempo, muitos outros se uniram a Absalão, e a conspiração ganhou força.

Davi foge de Jerusalém

¹³Logo, um mensageiro chegou a Jerusalém para informar Davi: "Todo o Israel se uniu a Absalão!".

¹⁴"Então devemos fugir de imediato, ou será tarde demais!", disse Davi a seus conselheiros. "Rápido! Se sairmos de Jerusalém antes que Absalão chegue, escaparemos e impediremos que ele mate todos os moradores da cidade."

¹⁵"O senhor tem o nosso apoio", responderam seus conselheiros. "Faça o que lhe parecer melhor."

¹⁶Então o rei e toda a sua família partiram de imediato. Ele deixou para trás apenas dez concubinas para cuidarem do palácio. ¹⁷O rei e todos que o acompanhavam foram a pé e pararam na última casa da cidade, ¹⁸a fim de deixar os soldados do rei passarem e tomarem a dianteira. Também iam com Davi sua guarda pessoal[c] e seiscentos homens de Gate.

¹⁹Então o rei se voltou para Itai, comandante dos homens de Gate, e disse: "Por que você está vindo conosco? Volte para o novo rei, pois Israel não é sua pátria; você é um estrangeiro no exílio. ²⁰Chegou faz pouco tempo, e não seria certo eu obrigá-lo a vir conosco. Nem sei para onde vamos. Volte e leve consigo seus parentes, e que a bondade e a fidelidade o acompanhem!".

²¹Itai, porém, disse ao rei: "Tão certo como vive o Senhor e como vive o rei, eu juro que, não importa o que aconteça, irei aonde for o meu senhor, o rei, seja para viver ou para morrer!".

²²Davi respondeu: "Muito bem, venha conosco". E Itai, todos os seus homens e suas famílias acompanharam Davi.

²³Por onde passavam o rei e os que o seguiam, todo o povo chorava em alta voz. Atravessaram o vale de Cedrom e foram em direção ao deserto.

²⁴Zadoque e todos os levitas também os acompanharam, carregando a arca da aliança de Deus. Puseram a arca no chão, e Abiatar ofereceu sacrifícios até que todos tivessem saído da cidade.

²⁵Então Davi ordenou a Zadoque: "Leve a arca de Deus de volta para a cidade. Se for da vontade do Senhor, ele me trará de volta para ver novamente a arca e o santuário.[d] ²⁶Mas, se ele não se agradar mais de mim, que faça comigo o que lhe parecer melhor".

²⁷O rei também disse ao sacerdote Zadoque: "Preste atenção. Você deve voltar à cidade, com seu filho Aimaás e com Jônatas, filho de Abiatar. ²⁸Farei uma parada em um dos pontos de travessia do Jordão[e] e ficarei

---

[a] 15.7 Conforme a Septuaginta e a versão siríaca; o hebraico traz *quarenta anos*. [b] 15.8 Conforme alguns manuscritos gregos; o hebraico não traz *em Hebrom*. [c] 15.18 Em hebraico, *os queretitas e os peletitas*. [d] 15.25 Em hebraico, *e o lugar de sua habitação*. [e] 15.28 Em hebraico, *da região desabitada*.

ali esperando notícias suas". ²⁹Então Zadoque e Abiatar levaram a arca de Deus de volta para Jerusalém e ali permaneceram.

³⁰Davi prosseguiu pelo caminho para o monte das Oliveiras, chorando enquanto andava. Estava com a cabeça coberta e os pés descalços. Os que iam com ele também tinham a cabeça coberta e choravam enquanto subiam ao monte. ³¹Quando alguém informou a Davi que Aitofel, seu conselheiro, agora apoiava Absalão, Davi orou: "Ó Senhor, faze que Aitofel dê conselhos errados a Absalão!".

³²Quando Davi chegou ao alto do monte, onde o povo costumava adorar a Deus, Husai, o arquita, o esperava ali. Husai havia rasgado suas roupas e colocado terra sobre a cabeça. ³³Mas Davi lhe disse: "Se você vier comigo, será apenas um peso. ³⁴Volte à cidade e diga a Absalão: 'Agora serei seu conselheiro, ó rei, como no passado fui conselheiro de seu pai'. Assim, você poderá frustrar os conselhos de Aitofel. ³⁵Os sacerdotes Zadoque e Abiatar estarão lá. Informe-os dos planos feitos no palácio, ³⁶e eles enviarão seus filhos Aimaás e Jônatas para me contar o que se passa".

³⁷Assim, Husai, amigo de Davi, voltou para Jerusalém e ali chegou na mesma hora em que Absalão entrava na cidade.

Davi e Ziba

16 Quando Davi tinha acabado de passar pelo alto do monte, Ziba, servo de Mefibosete, estava à sua espera. Tinha dois jumentos carregados com duzentos pães, cem bolos de passas,ª cem frutas de verão e uma vasilha de couro cheia de vinho.

²"Para que tudo isso?", perguntou o rei.

Ziba respondeu: "Os jumentos são para a família do rei montar, e o pão e as frutas de verão são para os servos comerem. O vinho é para os que ficarem exaustos no deserto".

³"E onde está Mefibosete, neto de seu senhor Saul?", perguntou o rei.

Ziba respondeu: "Ficou em Jerusalém, pois disse: 'Hoje o povo de Israel me devolverá o reino de meu avô Saul'".

⁴Então o rei disse a Ziba: "Nesse caso, dou a você tudo que pertence a Mefibosete".

ª **16.1** Ou *cachos de passas*.

> **PÃO DIÁRIO**
>
> ### Deslocada
>
> *Se for da vontade do Senhor, ele me trará de volta para ver novamente a arca e o santuário. Mas, se ele não se agradar mais de mim, que faça comigo o que lhe parecer melhor.*
> —2 Samuel 15.25,26
>
> Davi fugiu de Jerusalém afugentado de seu lar por seu filho Absalão, que havia reunido um exército de partidários. Ao fugir, Davi instruiu Zadoque, seu sacerdote, a levar a arca de Deus de volta a Jerusalém e a conduzir seu povo em adoração para lá. "Se for da vontade do Senhor, ele me trará de volta para ver novamente a arca e o santuário. Mas, se ele não se agradar mais de mim, que faça comigo o que lhe parecer melhor" (2Sm15.25,26).
>
> Talvez, como Davi, você tenha perdido o poder de autodeterminação. Alguém tomou o controle sobre a sua vida, ou algo parecido.
>
> Talvez você tema que as circunstâncias e a inconstância humana tenham arruinado seus planos. Mas nada pode frustrar a intenção amorosa de Deus. Tertuliano (150–220 d.C.) escreveu: "[Não se lamente] por algo que lhe tenha sido tirado [...] pelo Senhor Deus, pois, sem Ele, nem uma folha sequer cai de uma árvore, nem um pardal de pouca importância cai por terra".
>
> Nosso Pai celestial sabe cuidar dos Seus filhos e permitirá que aconteça apenas o que Ele considera o melhor. Podemos descansar em Sua infinita sabedoria e bondade.
>
> Dessa maneira, podemos repetir as palavras de Davi: "faça de mim como melhor lhe parecer".
>
> *Senhor, às vezes este mundo é um lugar difícil, em que as circunstâncias podem nos deprimir. Ajuda-nos a lembrar que estamos sob o Teu cuidado amoroso e que nunca nos deixarás, nem nos abandonarás.*
>
> **Podemos entregar as nossas preocupações ao Senhor porque Ele se importa.**

"Humildemente me prostro", respondeu Ziba. "Que o meu senhor, o rei, sempre se agrade de mim."

Simei amaldiçoa Davi

⁵Quando o rei Davi chegou a Baurim, um homem do povoado saiu ao seu encontro e começou a amaldiçoá-lo. Era Simei, filho de Gera, do mesmo clã da família de Saul. ⁶Atirava pedras contra o rei, seus oficiais e os guerreiros

PÃO DIÁRIO

Papai sabe-tudo

Talvez o Senhor veja que tenho sido injustiçado e me abençoe por causa dessas maldições de hoje.
—2 Samuel 16.12

Ao contrário de Davi em 2 Samuel 16, gostamos de nos vingar, silenciar os nossos críticos, insistir na justiça e consertar todas as coisas. Porém, Davi falou àqueles que quiseram defendê-lo: "Deixem-no em paz. Que ele me amaldiçoe, pois foi o Senhor que o mandou" (v.11).

Parece que, à medida que os anos passam, como aconteceu com Davi, crescemos na percepção do amor protetor de Deus. Preocupamo-nos menos com o que os outros dizem a nosso respeito e nos dispomos ainda mais a nos entregarmos ao nosso Pai. Aprendemos a humilde submissão à vontade de Deus.

É claro que podemos pedir que os nossos oponentes provem suas acusações ou revidar com negativas firmes se nos acusam falsamente. Porém, depois que tivermos feito tudo que pudermos, a única coisa que nos restará será esperar pacientemente a vingança do Senhor.

Enquanto isso, é bom olharmos além das palavras daqueles que nos difamam para conhecermos a vontade do Único que nos ama com amor infinito. Precisamos dizer que aquilo que o Senhor permite visa o Seu bem maior em nós ou em outros — ainda que o nosso coração seja ferido, e que choremos amargamente.

Você está nas mãos de Deus, independentemente do que digam a seu respeito. Ele vê a sua angústia e, no tempo certo, o compensará com o bem. Confie nele e permaneça em Seu amor.

Graças te damos, Pai, porque podemos confiar que tu queres sempre o nosso bem maior. Em nossos momentos mais difíceis, quando o nosso coração está partido, ali estás. Não importa o que os outros possam dizer contra nós, tu és por nós. És o nosso abrigo em tempos de tempestade.

É preciso uma tempestade para conhecermos o verdadeiro abrigo.

---

que o cercavam. ⁷"Saia daqui, assassino, bandido!", gritava para Davi. ⁸"O Senhor lhe está retribuindo por todo o sangue derramado no clã de Saul. Você roubou o trono, e agora o Senhor o entregou a seu filho Absalão. Finalmente está provando de seu próprio remédio, pois é assassino!".

⁹Então Abisai, filho de Zeruia, disse: "Por que este cão morto amaldiçoa meu senhor, o rei? Dê a ordem, e eu cortarei a cabeça dele!".

¹⁰O rei, porém, disse: "Quem pediu a opinião de vocês, filhos de Zeruia? Se o Senhor mandou este homem me amaldiçoar, quem são vocês para questioná-lo?".

¹¹Então Davi disse a Abisai e a todos os seus servos: "Meu próprio filho procura me matar. Não teria este parente de Saul[a] ainda mais motivos para fazer o mesmo? Deixem-no em paz. Que ele me amaldiçoe, pois foi o Senhor que o mandou. ¹²Talvez o Senhor veja que tenho sido injustiçado[b] e me abençoe por causa dessas maldições de hoje". ¹³Assim, Davi e seus homens prosseguiram em seu caminho. Simei os seguia pela encosta de um monte próximo, amaldiçoando Davi e atirando pedras e terra contra ele.

¹⁴O rei e todos que o acompanhavam chegaram exaustos ao rio Jordão[c] e, por isso, descansaram ali.

Aitofel aconselha Absalão

¹⁵Nesse meio-tempo, Absalão e uma multidão de israelitas entraram em Jerusalém, acompanhados por Aitofel. ¹⁶Quando Husai, o arquita, amigo de Davi, chegou à cidade, foi logo ao encontro de Absalão. "Viva o rei!", exclamou. "Viva o rei!"

¹⁷"É assim que você mostra lealdade a seu amigo Davi?", perguntou-lhe Absalão. "Por que não está com ele?"

¹⁸Husai respondeu: "Estou aqui porque pertenço àquele que é escolhido pelo Senhor e por todos os homens de Israel. ¹⁹Além do mais, é natural que eu sirva ao filho de Davi. Assim como fui conselheiro de seu pai, agora serei seu conselheiro".

²⁰Então Absalão se voltou para Aitofel e perguntou: "O que devo fazer agora?".

²¹Aitofel respondeu: "Tenha relações com as concubinas que seu pai deixou aqui para tomar conta do palácio. Então todo o Israel saberá que você insultou seu pai de tal modo que será impossível haver reconciliação; isso

---

[a] **16.11** Em hebraico, *este benjamita*. [b] **16.12** Conforme a Septuaginta e a versão siríaca; o hebraico traz *veja minha iniquidade*.
[c] **16.14** Conforme a Septuaginta (ver tb. 2Sm 17.16); o hebraico traz *ao seu destino*.

encorajará os que estão do seu lado". ²²Então armaram uma tenda no terraço do palácio, e ali Absalão teve relações com as concubinas de seu pai à vista de todo o Israel.

²³Absalão seguiu os conselhos de Aitofel, como Davi tinha feito, pois as palavras de Aitofel pareciam sábias, como se fossem um conselho dado pelo próprio Deus.

17 Aitofel disse a Absalão: "Permita-me escolher doze mil homens para sair em perseguição a Davi ainda esta noite. ²Eu o alcançarei enquanto está exausto e desanimado. Farei que ele entre em pânico, e assim todos os seus soldados fugirão. Então matarei apenas o rei ³e trarei todo o exército para o senhor. A morte do homem a quem o senhor busca lhe trará de volta os demais. Assim, ficará em paz com todo o povo". ⁴O plano pareceu bom a Absalão e a todas as autoridades de Israel.

Husai contesta o conselho de Aitofel

⁵Depois, porém, Absalão disse: "Tragam Husai, o arquita. Vejamos qual é a opinião dele". ⁶Quando Husai chegou, Absalão lhe contou o que Aitofel tinha dito. Então perguntou: "Qual é sua opinião? Devemos seguir o conselho de Aitofel? Se não, o que você sugere?".

⁷Husai respondeu a Absalão: "Desta vez o conselho de Aitofel está equivocado. ⁸O senhor conhece seu pai e os homens dele; são guerreiros valentes. No momento, estão tão furiosos quanto uma ursa da qual roubaram os filhotes. E lembre-se de que seu pai é um soldado experiente; ele não passará a noite com o povo. ⁹É provável que já esteja escondido em alguma cova ou caverna. Quando ele sair e atacar, e alguns de nossos soldados forem mortos, a notícia de que os homens de Absalão foram massacrados se espalhará. ¹⁰Então, até os soldados mais destemidos, embora sejam corajosos como um leão, serão tomados de pavor. Afinal, todo o Israel sabe como seu pai é um guerreiro poderoso e como são valentes os homens que o acompanham.

¹¹"Recomendo que o senhor reúna todo o exército de Israel e convoque soldados desde Dã, ao norte, até Berseba, ao sul, tão numerosos quanto a areia da praia. Aconselho, também, que o senhor mesmo vá à frente das tropas. ¹²Quando encontrarmos Davi, cairemos sobre ele como o orvalho cai sobre a terra. Nem ele nem nenhum de seus homens sobreviverão. ¹³E, caso Davi consiga escapar para alguma cidade, o senhor terá todo o Israel sob seu comando. Levaremos cordas e arrastaremos os muros da cidade para o vale mais próximo, até que não reste uma pedrinha sequer".

¹⁴Então Absalão e todos os homens de Israel disseram: "O conselho de Husai é melhor que o de Aitofel", pois o Senhor havia decidido frustrar o sensato conselho de Aitofel a fim de trazer desgraça sobre Absalão.

Husai avisa Davi

¹⁵Husai contou aos sacerdotes Zadoque e Abiatar o que Aitofel tinha dito a Absalão e às autoridades de Israel e o que ele próprio havia aconselhado. ¹⁶"Rápido!", disse ele aos sacerdotes. "Encontrem Davi e insistam para que ele não passe esta noite nos pontos de travessia do Jordão,ª mas que atravesse o rio e vá para o deserto. Do contrário, ele e todos que o acompanham morrerão."

¹⁷Jônatas e Aimaás haviam ficado em En-Rogel, para não serem vistos entrando e saindo da cidade. Tinham pedido que uma serva lhes trouxesse a mensagem que deviam transmitir ao rei Davi. ¹⁸Contudo, um rapaz os viu em En-Rogel e avisou Absalão. Por isso, fugiram depressa para Baurim, onde um homem os escondeu dentro de um poço em seu quintal. ¹⁹A esposa desse homem estendeu um grande pedaço de pano sobre o poço e em cima espalhou grãos de cereal para secar ao sol, para que ninguém suspeitasse que estivessem ali.

²⁰Os homens de Absalão chegaram e perguntaram à mulher: "Você viu Aimaás e Jônatas?".

A mulher respondeu: "Estiveram aqui, mas atravessaram o riacho". Os homens de Absalão os procuraram sem sucesso e voltaram para Jerusalém.

²¹Jônatas e Aimaás saíram do poço e correram para onde o rei Davi estava. "Depressa!", disseram ao rei. "Atravessem o Jordão ainda esta noite!" E lhe contaram que Aitofel havia aconselhado que ele fosse capturado e morto. ²²Então Davi e todos que o acompanhavam

---

ª **17.16** Em hebraico, *da região desabitada*.

atravessaram o rio durante a noite e chegaram à outra margem antes do amanhecer.

²³Quando Aitofel viu que Absalão não havia seguido seu conselho, selou seu jumento, foi para sua cidade natal, pôs seus negócios em ordem e se enforcou. Assim morreu, e foi sepultado no túmulo da família.

²⁴Davi chegou logo a Maanaim. A essa altura, Absalão havia reunido todo o exército de Israel e conduzia as tropas até o outro lado do Jordão. ²⁵Absalão havia nomeado Amasa para comandar seu exército em lugar de Joabe. (Amasa era primo de Joabe. Seu pai era Jéter,ᵃ um ismaelita,ᵇ e sua mãe, Abigail, era filha de Naás, irmã de Zeruia, mãe de Joabe.) ²⁶Absalão e o exército israelita acamparam na terra de Gileade.

²⁷Quando Davi chegou a Maanaim, foi recebido por Sobi, filho de Naás, de Rabá dos amonitas, e por Maquir, filho de Amiel, de Lo-Debar, e por Barzilai, de Rogelim, em Gileade. ²⁸Trouxeram camas, vasilhas, tigelas, trigo e cevada, farinha e grãos tostados, feijão e lentilha, ²⁹mel, coalhada, ovelhas e queijo para Davi e os que o acompanhavam, pois disseram: "Vocês devem estar muito famintos, cansados e sedentos depois da longa caminhada pelo deserto".

A derrota e a morte de Absalão

18 Davi passou em revista os soldados que estavam com ele e nomeou generais e capitães para liderá-los.ᶜ ²Em seguida, enviou-os em três grupos: um sob o comando de Joabe; outro sob o comando de Abisai, irmão de Joabe, filho de Zeruia; e o outro sob o comando de Itai, de Gate. O rei disse a seus soldados: "Também vou com vocês".

³Os homens, porém, se opuseram. "O senhor não deve ir", disseram. "Se tivermos de recuar ou fugir, ou mesmo se metade de nós morrer, para eles não fará diferença. O senhor vale por dez mil de nós;ᵈ por isso, é melhor que fique na cidade e nos envie ajuda, se for necessário."

⁴"Farei o que acharem melhor", disse o rei. Assim, ficou junto ao portão da cidade, enquanto os soldados saíam marchando em grupos de cem e de mil.

⁵O rei deu a seguinte ordem a Joabe, Abisai e Itai: "Por minha causa, tratem o jovem Absalão com bondade". Todas as tropas ouviram o rei dar essa ordem a seus comandantes.

⁶Então saíram para o campo, e a batalha começou no bosque de Efraim. ⁷Os soldados israelitas foram derrotados pelos homens de Davi. Houve grande matança naquele dia, e vinte mil homens perderam a vida. ⁸A batalha se espalhou por toda a região, e morreram mais homens no bosque do que os que foram mortos pela espada.

⁹Durante a batalha, Absalão deparou com alguns homens de Davi. Tentou fugir montado numa mula, mas, ao passar debaixo dos galhos espessos de uma grande árvore, ficou enroscado neles pela cabeça. A mula continuou a correr e o deixou ali, pendurado na árvore. ¹⁰Um dos soldados de Davi presenciou a cena e disse a Joabe: "Vi Absalão pendurado numa árvore".

¹¹"Você o viu?", perguntou Joabe. "E por que não o matou ali mesmo? Eu o teria recompensado com dez peçasᵉ de prata e um cinturão de guerreiro!"

¹²Mas o soldado respondeu a Joabe: "Eu não mataria o filho do rei nem por mil peçasᶠ de prata! Todos nós ouvimos o rei dizer ao senhor, a Abisai e a Itai: 'Por minha causa, poupem o jovem Absalão'. ¹³E, se eu tivesse traído o rei e matado seu filho, certamente ele ficaria sabendo, e o senhor seria o primeiro a ficar contra mim".

¹⁴"Não vou perder mais tempo discutindo com você!", disse Joabe. Então pegou três dardos e atravessou com eles o peito de Absalão quando ele ainda estava vivo, pendurado na árvore. ¹⁵Em seguida, dez jovens escudeiros de Joabe cercaram Absalão e o mataram.

¹⁶Então Joabe tocou a trombeta, e seus homens pararam de perseguir o exército de Israel. ¹⁷Atiraram o corpo de Absalão numa cova profunda no bosque e sobre ela colocaram um monte de pedras. E todos os israelitas fugiram para suas casas.

¹⁸Quando ainda estava vivo, Absalão havia construído para si um monumento no vale do Rei, pois disse: "Não tenho filho para

---

ᵃ **17.25a** Em hebraico, *Itra*, variação de Jéter. ᵇ **17.25b** Conforme alguns manuscritos gregos (ver tb. 1Cr 2.17); o hebraico traz *um israelita*. ᶜ **18.1** Em hebraico, *nomeou comandantes de milhares e comandantes de centenas*. ᵈ **18.3** Conforme dois manuscritos hebraicos e alguns manuscritos gregos e latinos; a maioria dos manuscritos hebraicos traz *O senhor ainda teria dez mil como nós*. ᵉ **18.11** Em hebraico, *10 (siclos)*, cerca de 120 gramas. ᶠ **18.12** Em hebraico, *1.000 (siclos)*, cerca de 12 quilos.

dar continuidade a meu nome". Chamou-o de Monumento de Absalão, como é conhecido até hoje.

Davi lamenta a morte de Absalão

¹⁹Então Aimaás, filho de Zadoque, disse: "Deixe-me ir correndo dar ao rei a boa notícia de que o Senhor o livrou de seus inimigos!".

²⁰"Não", disse Joabe. "Não será uma boa notícia para o rei saber que o filho dele morreu. Você pode servir de mensageiro em outra ocasião, mas não hoje."

²¹Então Joabe disse a um etíope:[a] "Vá e conte ao rei o que você viu". O homem se curvou diante de Joabe e partiu correndo.

²²Contudo, Aimaás, filho de Zadoque, insistiu com Joabe: "Não importa o que aconteça, deixe-me ir também".

"Por que você quer ir, meu filho?", disse Joabe. "Não haverá recompensa alguma pela notícia."

²³"Eu sei, mas deixe-me ir mesmo assim", implorou.

Por fim, Joabe disse: "Está bem, pode ir". Então Aimaás pegou o caminho mais fácil, pela planície, e correu até Maanaim à frente do etíope.

²⁴Enquanto Davi estava entre os portões interno e externo da cidade, o guarda subiu até o terraço sobre a porta, junto ao muro. Ao olhar dali, viu um homem correndo na direção deles. ²⁵Gritou para avisar Davi, e o rei respondeu: "Se está sozinho, traz boas notícias".

Quando o mensageiro se aproximou, ²⁶o guarda viu outro homem correndo na direção deles e avisou: "Outro homem se aproxima!".

E disse o rei: "Também traz boas notícias".

²⁷"O primeiro homem corre como Aimaás, filho de Zadoque", disse o guarda.

"Ele é um homem bom e traz boas notícias", respondeu o rei.

²⁸Então Aimaás gritou para o rei: "Tudo está bem!". Curvou-se diante do rei com o rosto no chão e disse: "Louvado seja o Senhor, seu Deus, que entregou os rebeldes que ousaram se levantar contra o meu senhor, o rei!".

²⁹"E quanto a Absalão?", perguntou o rei. "Ele está bem?"

---

[a] 18.21 Em hebraico, *cuxita*; também em 18.23,31,32.

PÃO DIÁRIO

Evitando a tristeza

O rei ficou muito abalado. Foi para o quarto que ficava sobre o portão da cidade e começou a chorar.
—2 Samuel 18.33

Nos anos de 1980, a banda britânica *Mike and the Mechanics* (Mike e os mecânicos) gravou uma canção impactante chamada *The Living Years* (Os anos da vida). O autor lamenta a morte do pai, porque o relacionamento dos dois fora hostil e marcado pelo silêncio em vez de ter sido marcado pelo compartilhar mútuo. O cantor diz com remorso: "Não consegui dizer tudo o que eu tinha para lhe dizer". Lutando com tristeza por palavras não ditas e amor não manifesto, lamenta: "Só queria ter-lhe dito essas coisas enquanto ele vivia".

O rei Davi, da mesma forma, se lamentou pelo mau relacionamento com o seu filho Absalão. Enraivecido com a recusa de Davi em punir Amnon por ter estuprado a irmã deles, Tamar, Absalão matou Amnom e fugiu (2Sm 13.21-34). Jonadabe, servo de Davi, soube que o rei ansiava por ter notícias do filho fugitivo e possibilitou que Absalão fosse levado ao pai. Contudo, o relacionamento entre o pai e o filho jamais foi o mesmo. A amargura de Absalão incitou o conflito que terminou com a própria morte dele (18.14). Foi uma vitória amarga para o rei Davi, algo que o fez chorar pelo filho que perdera e pelo relacionamento fracassado (v.33). No entanto, por mais que Davi o pranteasse, isso não poderia desfazer o seu sofrimento.

Podemos aprender com os lamentos de Davi se também enfrentamos relacionamentos fracassados. A dor por tentar consertar as coisas pode ser dura. Todavia, é muito melhor fazer o possível para acertar o que é necessário "nos anos da vida".

Senhor, clamo por cura e reconciliação em meus relacionamentos. Dá-me a humildade que preciso para admitir meus fracassos. Ajuda-me a liberar toda a amargura. Por favor, intervém com a Tua paz e o Teu amor para restaurar esse relacionamento rompido para que tu possas ser glorificado.

Um relacionamento rompido pode ser restaurado — se você estiver disposta a tentar.

Aimaás respondeu: "Quando Joabe me enviou, havia grande confusão, mas não sei o que aconteceu".

³⁰"Espere aqui", disse o rei. E Aimaás ficou esperando ao lado.

³¹Então chegou o etíope e disse: "Tenho boas notícias para o meu senhor, o rei. Hoje o Senhor o livrou de todos que se rebelaram contra o rei".

³²"E quanto ao jovem Absalão?", perguntou o rei. "Ele está bem?"

O etíope respondeu: "Que todos os inimigos do meu senhor, o rei, e todos os que se levantam para lhe fazer mal tenham o mesmo destino daquele jovem!".

³³ᵃO rei ficou muito abalado. Foi para o quarto que ficava sobre o portão da cidade e começou a chorar. Andando de um lado para o outro, clamava: "Ah, meu filho Absalão! Meu filho, meu filho Absalão! Quem me dera eu tivesse morrido em seu lugar! Ah, Absalão, meu filho, meu filho!".

Joabe repreende o rei

19 ¹ᵇLogo chegou a Joabe a notícia de que o rei chorava e lamentava a morte de Absalão. ²Quando o povo soube da grande tristeza do rei pela morte de seu filho, a alegria da vitória daquele dia se transformou em profundo pesar. ³Os soldados entraram na cidade sem chamar a atenção, como se estivessem envergonhados e houvessem fugido da batalha. ⁴O rei cobriu o rosto com as mãos e continuou a chorar: "Ah, meu filho Absalão! Ah, Absalão, meu filho, meu filho!".

⁵Então Joabe foi até o quarto do rei e disse: "Hoje salvamos sua vida e a vida de seus filhos e filhas e de suas esposas e concubinas. E, no entanto, o senhor age desse modo e nos faz sentir envergonhados. ⁶Parece amar os que o odeiam e odiar os que o amam. Hoje deixou claro que todos os seus comandantes e soldados não significam nada para o senhor. Pelo visto, se Absalão tivesse sobrevivido e todos nós tivéssemos morrido, o senhor estaria satisfeito. ⁷Agora saia e vá parabenizar seus soldados, pois juro pelo Senhor que, se o rei não for, nem um só deles permanecerá aqui esta noite. Isso seria pior que todo o mal que já lhe aconteceu na vida".

⁸Assim, o rei saiu e se sentou à entrada da cidade, e quando se espalhou a notícia de que o rei estava ali, todos foram vê-lo.

Enquanto isso, os israelitas haviam fugido para suas casas, ⁹e em todas as tribos de Israel houve muita discussão. O povo dizia: "O rei nos livrou de nossos inimigos e nos libertou dos filisteus, mas teve de fugir por causa de Absalão. ¹⁰Agora Absalão, a quem ungimos para reinar sobre nós, está morto. Não devemos demorar para trazer o rei Davi de volta!".

¹¹Então Davi enviou uma mensagem aos sacerdotes Zadoque e Abiatar: "Perguntem às autoridades de Judá: 'Por que vocês demoram tanto para receber o rei de volta? Até eu já sei que todo o Israel deseja a minha volta. ¹²Vocês são meus parentes, minha própria tribo, meu povo e minha raça.ᶜ Então por que são os últimos a receber o rei de volta?'". ¹³E Davi pediu que dissessem a Amasa: "Você é meu parente, meu povo e minha raça. Que Deus me castigue severamente se, de hoje em diante, você não se tornar comandante de meu exército em lugar de Joabe".

¹⁴A mensagem de Davi convenceu todas as autoridades de Judá, e eles deram uma resposta unânime. Mandaram dizer ao rei: "Volte para nós e traga todos que estão com o senhor!".

Davi volta para Jerusalém

¹⁵Então o rei começou a viagem de volta para Jerusalém. Quando chegou ao rio Jordão, o povo de Judá foi a Gilgal para encontrar-se com ele e acompanhá-lo até o outro lado do rio. ¹⁶Simei, filho de Gera, de Baurim, na terra de Benjamim, atravessou com os homens de Judá para dar as boas-vindas ao rei Davi. ¹⁷Estavam com ele mil homens da tribo de Benjamim, incluindo Ziba, servo da casa de Saul, e os quinze filhos e vinte servos de Ziba. Desceram apressadamente ao Jordão para receber o rei. ¹⁸Atravessaram o rio, para ajudar a família do rei a chegar à outra margem e para fazer o que ele lhes solicitasse.

Davi tem misericórdia de Simei

Quando o rei estava prestes a atravessar o rio, Simei, filho de Gera, curvou-se diante dele e suplicou: ¹⁹"Ó meu senhor, o rei, por favor,

---

ᵃ **18.33** No texto hebraico, o versículo 18.33 é numerado 19.1. ᵇ **19.1** No texto hebraico, os versículos 19.1-43 são numerados 19.2-44. ᶜ **19.12** Em hebraico, *meu osso e minha carne*; também em 19.13.

perdoe-me. Esqueça as coisas terríveis que seu servo disse quando o senhor saiu de Jerusalém. ²⁰Sei quanto pequei. Por isso vim aqui hoje, a primeira pessoa em todo o Israel[a] a receber o meu senhor, o rei".

²¹Então Abisai, filho de Zeruia, disse: "Simei deve ser morto, pois amaldiçoou o rei ungido do Senhor!".

²²"Quem pediu a opinião de vocês, filhos de Zeruia?", disse Davi. "Por que agem como se fossem meus inimigos?[b] Hoje não é um dia de execuções, pois hoje voltei a ser rei em Israel!" ²³Então, virando-se para Simei, Davi prometeu: "Sua vida será poupada".

O reencontro de Davi e Mefibosete

²⁴Mefibosete, neto de Saul, veio para encontrar-se com o rei. Desde que Davi havia saído de Jerusalém até o dia em que voltou em segurança, Mefibosete não tinha lavado os pés, nem feito a barba, nem lavado as roupas. ²⁵Quando ele chegou a Jerusalém, o rei lhe perguntou: "Por que você não veio comigo, Mefibosete?".

²⁶Ele respondeu: "Ó meu senhor, o rei, meu servo Ziba me enganou. Pedi que ele selasse meu jumento para que eu pudesse acompanhar o rei, pois, como o senhor sabe, sou aleijado. ²⁷Ele, no entanto, falou mal de mim e disse que eu havia me recusado a vir. Mas sei que meu senhor, o rei, é como um anjo de Deus. Portanto, faça o que lhe parecer melhor. ²⁸Meus parentes e eu só poderíamos esperar que o senhor mandasse nos matar. Contudo, o senhor me honrou ao permitir que eu comesse à sua mesa. Que mais eu poderia pedir?".

²⁹"Não precisa continuar se explicando", respondeu Davi. "Resolvi que você e Ziba dividirão sua terra igualmente entre si."

³⁰"Dê tudo a ele", disse Mefibosete. "Para mim, basta saber que meu senhor, o rei, voltou para casa em segurança."

Davi trata Barzilai com bondade

³¹Barzilai, de Gileade, havia descido de Rogelim para acompanhar o rei na travessia do Jordão. ³²Era bastante idoso — tinha 80 anos — e era muito rico. Foi ele quem providenciou alimento para o rei durante sua estada em Maanaim.

³³O rei disse a Barzilai: "Venha comigo para Jerusalém, e eu cuidarei de você".

³⁴Barzilai, porém, respondeu: "Sou idoso demais para ir com o rei a Jerusalém. ³⁵Tenho 80 anos e não consigo mais apreciar coisa alguma. A comida e a bebida já não têm sabor, e já não consigo ouvir a voz dos cantores. Seria apenas um peso para meu senhor, o rei. ³⁶Atravessar o Jordão com o rei é honra suficiente para mim! ³⁷Depois, permita que eu volte para morrer em minha cidade, onde meu pai e minha mãe foram sepultados. Mas aqui está seu servo, Quimã; permita que ele vá com meu senhor, o rei, e receba o que o senhor quiser lhe dar".

³⁸"Está bem", concordou o rei. "Quimã virá comigo, e eu o ajudarei da maneira como você achar melhor. E farei por você qualquer coisa que me pedir." ³⁹Assim, todo o povo atravessou o Jordão com o rei. Depois que Davi abençoou Barzilai e o beijou, Barzilai voltou para casa.

⁴⁰O rei atravessou para Gilgal, levando Quimã consigo. Todo o povo de Judá e metade do povo de Israel o acompanharam.

Discussão sobre o rei

⁴¹Contudo, os homens de Israel vieram queixar-se ao rei: "Os homens de Judá se apropriaram do rei e não nos deram a honra de ajudar a levar o senhor, sua família e todos os seus acompanhantes até o outro lado do Jordão".

⁴²Os homens de Judá argumentaram: "O rei é nosso parente próximo. Por que vocês estão irados? Não comemos à custa do rei nem recebemos favor especial algum!".

⁴³"Mas há dez tribos em Israel", responderam os outros. "Portanto, temos dez vezes mais direito ao rei do que vocês. Que direito vocês têm de nos tratar com desprezo? Não fomos nós os primeiros a propor trazer nosso rei de volta?" A discussão continuou, e os homens de Judá falaram com ainda mais rispidez que os de Israel.

A rebelião de Seba

20 Estava ali por acaso um homem perverso chamado Seba, filho de Bicri, da tribo de Benjamim. Seba tocou a trombeta e começou a gritar:

"Abaixo a dinastia de Davi!

---

[a] **19.20** Em hebraico, *na casa de José*. [b] **19.22** Ou *meus acusadores?*

> **REFLETINDO SOBRE:** Precisando de consolo

As concubinas do rei Davi

Transformarei seu pranto em alegria; eu os consolarei e lhes darei exultação em lugar de tristeza.
—Jeremias 31.13

"Cinco ou seis homens nos estupraram, um após o outro, por mais de seis dias, todas as noites. Meu marido não conseguiu me perdoar depois disto; ele me rejeitou." Esta jovem de Darfur no Sudão se tornou uma vítima inocente quando homens de milícia apoiados pelo governo atacaram seu vilarejo em retaliação contra grupos insurgentes na área. Além dos efeitos devastadores comuns da violência sexual, ela teve que lidar com a rejeição de seu marido. Ela está diante de um futuro austero em uma sociedade em que as mulheres dependem dos homens para sobreviver.

A sociedade israelita via as dez concubinas estupradas por Absalão como desonradas. Quando o rei Davi retornou a Jerusalém e ao seu trono, ele colocou essas mulheres em estrita reclusão, onde permaneceram até que morressem. Ele lhes provia por suas necessidades, mas não tinha relações com elas. Além da memória do abuso cometido, essas mulheres tiveram que viver com a vergonha de serem tratadas como viúvas apesar do seu marido ainda estar vivo. Sem culpa alguma, elas carregaram as consequências do pecado de outra pessoa enquanto viveram.

Na verdade, cada uma de nós é desonrada no nascimento por causa da natureza pecaminosa que nos é peculiar. Assim que aceitamos o perdão de Deus por meio do sacrifício de Cristo, ninguém pode fazer nada para nos desonrar ou nos tornar indignas aos olhos de Deus. Apesar do que outros pensam sobre nós, Ele quer nos ajudar a reconstruir a nossa vida. Infelizmente, um profundo senso de vergonha e culpa pode nos fazer afastar todos, inclusive Deus. Ele anseia por nos consolar e restaurar nossa alegria, mas nós precisamos receber o Seu consolo investindo tempo em Sua Palavra e em oração. Não importa o que nos acontecer, Deus promete nos dar o consolo que ninguém mais pode dar, se quisermos recebê-lo.

O filho de Jessé nada tem a nos oferecer!
Vamos, homens de Israel,
 todos de volta para casa!"

2 Então todo o povo de Israel que estava ali abandonou Davi e seguiu Seba, filho de Bicri. O povo de Judá, porém, permaneceu com o rei e o acompanhou do rio Jordão até Jerusalém.

3 Quando Davi chegou a seu palácio em Jerusalém, mandou confinar as dez concubinas que haviam ficado ali. O rei lhes providenciou sustento, mas não teve mais relações com elas. Permaneceram como viúvas até o fim da vida.

4 O rei disse a Amasa: "Reúna o exército de Judá e apresente-se aqui em três dias". **5** Amasa saiu para convocar os soldados de Judá, mas levou mais tempo que o prazo definido pelo rei.

6 Então Davi disse a Abisai: "Seba, filho de Bicri, vai nos prejudicar mais que Absalão. Leve minhas tropas e persiga-o antes que ele entre numa cidade fortificada, onde não possamos alcançá-lo".

7 Os soldados de Joabe, junto com a guarda pessoal do rei[a] e os guerreiros valentes, saíram de Jerusalém para perseguir Seba. **8** Quando chegaram à grande rocha em Gibeom, Amasa foi ao encontro deles. Joabe vestia seu traje militar e levava um punhal preso ao cinto. Quando deu um passo à frente para saudar Amasa, tirou o punhal da bainha.[b]

9 "Como vai, meu primo?", disse Joabe, e o pegou pela barba com a mão direita, como se fosse beijá-lo. **10** Amasa não percebeu o punhal na mão esquerda dele, e Joabe o feriu no estômago, de modo que suas entranhas se derramaram no chão. Joabe não precisou feri-lo outra vez, pois Amasa morreu rapidamente. Joabe e seu irmão Abisai deixaram o corpo ali e continuaram a perseguir Seba.

11 Um dos soldados de Joabe gritou: "Se estiverem do lado de Joabe e Davi, venham e sigam Joabe!" **12** Amasa, porém, estava estendido numa poça de sangue no meio do caminho, e os soldados de Joabe viram que todos paravam

---

[a] **20.7** Em hebraico, *os queretitas e os peletitas*; também em 20.23. [b] **20.8** Em hebraico, *Quando deu um passo à frente, [o punhal] caiu.*

para olhar. Então um dos soldados o arrastou para fora do caminho, até um campo, e o cobriu com um manto. ¹³Com o corpo de Amasa fora do caminho, todos seguiram Joabe em perseguição a Seba, filho de Bicri.

¹⁴Enquanto isso, Seba passou por todas as tribos de Israel e, por fim, chegou à cidade de Abel-Bete-Maaca. Todos os membros de seu clã, os bicritas,ᵃ se reuniram para lutar e o seguiram até à cidade. ¹⁵Quando os soldados de Joabe chegaram, cercaram Abel-Bete-Maaca. Construíram uma rampa junto às fortificações da cidade e começaram a derrubar o muro. ¹⁶Então uma mulher sábia da cidade gritou: "Ouçam! Digam a Joabe que se aproxime, pois desejo falar com ele!". ¹⁷Quando ele se aproximou, a mulher perguntou: "O senhor é Joabe?".

"Sim, sou eu", respondeu ele.

Então ela disse: "Ouça sua serva com atenção".

"Estou ouvindo", disse ele.

¹⁸A mulher continuou: "Antigamente era costume dizer: 'Se precisar resolver um desentendimento, peça conselho na cidade de Abel'. ¹⁹Somos pacíficos e fiéis em Israel, mas o senhor está prestes a destruir uma cidade importante de nossa terra.ᵇ Por que deseja destruir aquilo que pertence ao Senhor?".

²⁰"De maneira nenhuma!", respondeu Joabe. "Não quero arruinar nem destruir sua cidade. ²¹Não é essa a minha intenção. Quero apenas capturar um homem chamado Seba, filho de Bicri, da região montanhosa de Efraim, que se rebelou contra o rei Davi. Se vocês o entregarem para mim, deixarei a cidade em paz."

"Está bem", respondeu a mulher. "Jogaremos a cabeça dele para você por cima do muro." ²²Então a mulher levou o seu bom conselho até o povo. Eles cortaram a cabeça de Seba e a jogaram para Joabe. Ele tocou a trombeta, e seus soldados se retiraram da cidade. Todos voltaram para suas casas, e Joabe voltou para o rei, em Jerusalém.

²³Joabe era o comandante de todo o exército de Israel. Benaia, filho de Joiada, era o comandante da guarda pessoal do rei. ²⁴Adonirãoᶜ era encarregado daqueles que realizavam trabalhos forçados. Josafá, filho de Ailude, era o historiador do reino. ²⁵Seva era o secretário da corte. Zadoque e Abiatar eram os sacerdotes. ²⁶E Ira, descendente de Jair, servia Davi como sacerdote.

Davi vinga os gibeonitas

21 Durante o reinado de Davi, houve uma terrível fome que durou três anos, e o rei consultou o Senhor a esse respeito. O Senhor disse: "A fome veio porque Saul e sua família são culpados de terem matado os gibeonitas".

²Então o rei mandou chamar os gibeonitas. Eles não faziam parte do povo de Israel, mas eram tudo que restava dos amorreus. Os israelitas tinham jurado que não os matariam, mas Saul, em seu zelo por Israel e Judá, havia tentado exterminá-los. ³Davi lhes perguntou: "O que posso fazer por vocês? Como posso reparar o mal que lhes foi feito, para que vocês abençoem o povo do Senhor?".

⁴Os gibeonitas responderam: "Prata e ouro não resolverão a questão entre nós e a família de Saul. Também não temos o direito de exigir a vida de ninguém em Israel".

"Que farei por vocês, então?", perguntou Davi.

⁵Eles responderam: "Saul planejava nos destruir; queria nos impedir de ter um lugar no território de Israel. ⁶Portanto, entregue-nos sete dos filhos de Saul, para que os executemos diante do Senhor em Gibeá, no monte do Senhor".ᵈ

"Está bem", disse o rei. "Farei o que me pedem." ⁷O rei poupou a vida de Mefibosete, filho de Jônatas, filho de Saul, por causa do juramento que Davi e Jônatas haviam feito diante do Senhor. ⁸Contudo, entregou-lhes Armoni e Mefibosete, os dois filhos de Saul com Rispa, filha de Aiá. Também entregou-lhes os cinco filhos de Merabe,ᵉ filha de Saul, esposa de Adriel, filho de Barzilai, de Meolá. ⁹Os homens de Gibeom os executaram no monte, diante do Senhor. Os sete foram mortos ao mesmo tempo, no início da colheita da cevada.

ᵃ **20.14** Conforme a Septuaginta e a Vulgata; o hebraico traz *Todos os beritas.* ᵇ **20.19** Em hebraico, *uma cidade que é mãe em Israel.* ᶜ **20.24** Conforme a Septuaginta (ver tb. 1Rs 4.6; 5.14); o hebraico traz *Adorão.* ᵈ **21.6** Conforme a Septuaginta (ver tb. 2Sm 21.9); o hebraico traz *em Gibeá de Saul, o escolhido do Senhor.* ᵉ **21.8** Conforme alguns manuscritos hebraicos e gregos e a versão siríaca (ver tb. 1Sm 18.19); a maioria dos manuscritos hebraicos traz *Mical.*

¹⁰Então Rispa, filha de Aiá, estendeu um pano de saco sobre uma rocha e ficou ali todo o período da colheita. Não deixou que as aves de rapina despedaçassem os corpos deles durante o dia e impediu os animais selvagens de os devorarem durante a noite. ¹¹Quando Davi soube o que Rispa, concubina de Saul, havia feito, ¹²foi até o povo de Jabes-Gileade para reaver os ossos de Saul e de seu filho Jônatas. (Quando os filisteus mataram Saul e Jônatas no monte Gilboa, o povo de Jabes-Gileade tinha roubado os corpos deles da praça de Bete-Sã, onde os filisteus os haviam pendurado.) ¹³Davi trouxe os ossos de Saul e de Jônatas, e também os ossos dos homens que os gibeonitas haviam executado.

¹⁴O rei ordenou que os ossos de Saul e de Jônatas fossem enterrados na sepultura de Quis, pai de Saul, na cidade de Zela, na terra de Benjamim. Depois disso, Deus atendeu às orações em favor do povo.

Batalhas contra gigantes filisteus

¹⁵Mais uma vez, houve guerra entre os filisteus e Israel. Quando Davi e seus soldados estavam no meio de uma batalha, Davi perdeu as forças e ficou exausto. ¹⁶Isbibenobe era descendente de gigantes,ᵃ e a ponta de sua lança de bronze pesava cerca de 3,5 quilos.ᵇ Ele estava armado com uma espada nova e jurou que ia matar Davi. ¹⁷Mas Abisai, filho de Zeruia, veio socorrer Davi e matou o filisteu. Então os homens de Davi exigiram: "O senhor não vai mais sair conosco para lutar! Por que correr o risco de apagar a lâmpada de Israel?".

¹⁸Depois disso, houve outra batalha contra os filisteus, em Gobe. Enquanto lutavam, Sibecai, de Husate, matou Safe, outro descendente de gigantes.

¹⁹Durante uma batalha em Gobe, Elanã, filho de Jair,ᶜ de Belém, matou o irmão de Golias, de Gate.ᵈ O cabo de sua lança era da grossura de um eixo de tecelão.

²⁰Em outra batalha com os filisteus em Gate, havia um homem de grande estaturaᵉ com seis dedos em cada mão e seis dedos em cada pé, 24 dedos ao todo, que também era descendente de gigantes. ²¹Mas, quando ele desafiou os israelitas e zombou deles, foi morto por Jônatas, filho de Simeia,ᶠ irmão de Davi.

²²Esses quatro filisteus eram descendentes dos gigantes de Gate, mas Davi e seus guerreiros os mataram.

Cântico de louvor de Davi

22 Davi entoou esta canção ao Senhor no dia em que o Senhor o livrou de todos os seus inimigos e de Saul. ²Assim cantou:

"O Senhor é minha rocha, minha fortaleza
    e meu libertador;
³meu Deus é minha rocha,
    em quem encontro proteção.
Ele é meu escudo, o poder que me salva
    e meu lugar seguro.
Ele é meu refúgio, meu salvador,
    aquele que me livra da violência.
⁴Clamei ao Senhor, que é digno de louvor,
    e ele me livrou de meus inimigos.

⁵"As ondas da morte me cercaram,
    torrentes de destruição caíram sobre
      mim.
⁶A sepulturaᵍ me envolveu em seus laços,
    a morte pôs uma armadilha em meu
      caminho.
⁷Em minha aflição, clamei ao Senhor;
    sim, clamei a Deus por socorro.
Do seu santuário ele me ouviu;
    meu clamor chegou a seus ouvidos.

⁸"A terra se abalou e estremeceu;
    tremeram os alicerces dos céus,
    agitaram-se por causa de sua ira.
⁹De suas narinas saiu fumaça,
    de sua boca, fogo consumidor;
    brasas vivas saíram dele.
¹⁰Ele abriu os céus e desceu,
    com nuvens escuras de tempestade sob
      os pés.
¹¹Montado num querubim,
    pairavaʰ sobre as asas do vento.
¹²Envolveu-se num manto de escuridão,
    em densas nuvens de chuva.

ᵃ **21.16a** Ou *descendente de Rafa*; também em 21.18,20,22. ᵇ **21.16b** Em hebraico, *300 (siclos)*. ᶜ **21.19a** Conforme o texto paralelo em 1Cr 20.5; o hebraico traz *filho de Jaaré-Oregim*. ᵈ **21.19b** Conforme o texto paralelo em 1Cr 20.5; o hebraico traz *matou Golias, de Gate*. ᵉ **21.20** Conforme o texto paralelo em 1Cr 20.6; o hebraico traz *um midianita*. ᶠ **21.21** Conforme o texto paralelo em 1Cr 20.7; o hebraico traz *Simei*, variação de Simeia. ᵍ **22.6** Em hebraico, *Sheol*. ʰ **22.11** Conforme alguns manuscritos hebraicos (ver tb. Sl 18.10); outros manuscritos hebraicos trazem *surgia*.

¹³Um clarão resplandeceu ao seu redor,
e dele saíram brasas vivas.ᵃ
¹⁴O Senhor trovejou dos céus;
a voz do Altíssimo ressoou.
¹⁵Atirou flechas e dispersou seus inimigos,
lançou raios e os fez fugir em confusão.
¹⁶Então, por ordem do Senhor,
com o forte sopro de suas narinas,
o fundo do mar apareceu,
e os alicerces da terra ficaram expostos.
¹⁷"Dos céus estendeu a mão e me resgatou;
tirou-me de águas profundas.
¹⁸Livrou-me de inimigos poderosos,
dos que me odiavam
e eram fortes demais para mim.
¹⁹Quando eu estava angustiado, eles me atacaram,
mas o Senhor me sustentou.
²⁰Ele me levou a um lugar seguro,
e me livrou porque se agrada de mim.
²¹O Senhor me recompensou por minha justiça;
por causa de minha inocência, me restaurou.
²²Pois guardei os caminhos do Senhor,
não me afastei de Deus para seguir o mal.
²³Cumpri todos os seus estatutos
e nunca abandonei seus decretos.
²⁴Sou inculpável diante de Deus;
do pecado me guardei.
²⁵O Senhor me recompensou por minha justiça;
ele viu minha inocência.
²⁶"Aos fiéis te mostras fiel,
e, aos íntegros, mostras integridade.
²⁷Aos puros te mostras puro,
mas, aos perversos, te mostras astuto.
²⁸Livras os humildes,
mas teus olhos observam os orgulhosos,
e tu os humilhas.
²⁹Ó Senhor, tu és minha lâmpada!
O Senhor ilumina minha escuridão.
³⁰Com tua força, posso atacar qualquer exército;
com meu Deus, posso saltar qualquer muralha.
³¹"O caminho de Deus é perfeito:
as promessasᵇ do Senhor sempre se cumprem;
ele é escudo para todos que nele se refugiam.
³²Pois quem é Deus, senão o Senhor?
Quem é rocha firme, senão o nosso Deus?
³³Deus é minha fortaleza inabalável
e remove os obstáculos de meu caminho.

ᵃ **22.13** Ou *relâmpagos*. ᵇ **22.31** Em hebraico, *a palavra*.

PÃO DIÁRIO

As pessoas mais fortes

Deus é minha fortaleza inabalável e remove os obstáculos de meu caminho.

—2 Samuel 22.33

Aquela foto no jornal chamou a minha atenção. Acima da legenda "Homem Forte", estava a foto de um trabalhador exibindo o que parecia ser uma força sobre-humana. Parecia que um homem erguia um piano até a varanda do apartamento no segundo andar. Entretanto, uma explicação sob a imagem e uma pista perceptível contavam a história que não se via. Olhando com atenção, podia-se ver um cabo preso ao piano. A verdadeira força para levantá-lo vinha de um guindaste localizado na parte de cima (não do homem que o segurava).

Essa cena me lembrou como o Senhor age naqueles e por meio daqueles que confiam nele. Olhando para as nossas circunstâncias, não vemos Deus. Mesmo assim, Ele está presente.

Deus revelou essa verdade a homens como Davi, cujo salmo de libertação está registrado no livro de 2 Samuel. Aqueles que observavam esse rei podem ter atribuído muito do que ele fez ao seu próprio esforço, mas Davi sabia que o Senhor o fortalecia. Deus estava lhe suprindo força do alto, enquanto Seu servo agia e lutava com fé obediente aqui embaixo.

Se confiarmos em Cristo como a nossa principal fonte de poder, também poderemos conhecer o segredo das pessoas mais fortes deste mundo.

Senhor Jesus, admito que sou fraca e que tu és forte. Preciso do poder do Espírito Santo se quiser fazer algo para ti. Guia-me hoje a vencer minhas deficiências confiando total e completamente em Tua força para que eu possa louvar-te por tudo que acontece.

A força de Deus se evidencia em nossas fraquezas.

³⁴Torna meus pés ágeis como os da corça
e me sustenta quando ando pelos montes.
³⁵Treina minhas mãos para a batalha
e fortalece meus braços para vergar o arco de bronze.
³⁶Tu me deste teu escudo de vitória;
teu socorro me engrandece.
³⁷Abriste um caminho largo para meus pés,
de modo que não vacilem.

³⁸"Persegui meus inimigos e os destruí;
não retornei enquanto não foram derrotados.
³⁹Acabei com eles e os feri até que não pudessem se levantar;
tombaram diante de meus pés.
⁴⁰Tu me armaste fortemente para a batalha,
ajoelhaste meus inimigos diante de mim.
⁴¹Puseste o pescoço deles sob os meus pés;
destruí todos que me odiavam.
⁴²Procuraram ajuda, mas ninguém os socorreu;
clamaram ao Senhor, mas ele não respondeu.
⁴³Eu os moí tão fino como o pó da terra;
eu os esmaguei e os pisoteei como a lama das ruas.

⁴⁴"Tu me livraste de meus acusadores
e me preservaste como governante de nações;
povos que eu não conhecia agora me servem.
⁴⁵Nações estrangeiras se encolhem diante de mim;
rendem-se assim que ouvem sobre os meus feitos.
⁴⁶Todos eles perdem a coragem
e, tremendo,[a] saem de suas fortalezas.

⁴⁷"O Senhor vive! Louvada seja minha Rocha!
Exaltado seja Deus, a Rocha da minha salvação!
⁴⁸Ele é o Deus que se vinga dos que me fazem o mal;
sujeita as nações ao meu poder
⁴⁹e me livra de meus adversários.
Tu me manténs em segurança, fora do alcance de meus inimigos;
de homens violentos me livras.
⁵⁰Por isso, ó Senhor, te louvarei entre as nações;
sim, cantarei louvores ao teu nome.
⁵¹Concedes grandes vitórias a teu rei
e mostras amor por teu ungido,
por Davi e todos os seus descendentes,
para sempre!".

Palavras finais de Davi

23 Estas são as últimas palavras de Davi:

"Isto é o que diz Davi, filho de Jessé;
Davi, que foi tão exaltado,
Davi, o homem ungido pelo Deus de Jacó,
Davi, o amável salmista de Israel.[b]

²"O Espírito do Senhor fala por meu intermédio;
suas palavras estão em minha língua.
³O Deus de Israel falou,
a Rocha de Israel me disse:
'Aquele que governa com justiça,
que governa no temor de Deus,
⁴é como a luz da manhã ao nascer do sol,
como a manhã sem nuvens,
como o brilho do sol
que faz crescer a grama nova depois da chuva'.

⁵"Acaso não foi minha família que Deus escolheu?
Sim, ele fez comigo uma aliança sem fim,
bem definida e garantida em cada detalhe;
ele me dará segurança e êxito.
⁶Os perversos, porém, são como espinhos lançados fora,
pois ferem a mão de quem os toca.
⁷É preciso usar ferramentas de ferro para cortá-los;
serão inteiramente consumidos pelo fogo".

Os guerreiros mais valentes de Davi

⁸Estes são os nomes dos guerreiros mais valentes de Davi. O primeiro era Jabesão, o hacmonita,[c] líder dos Três,[d] isto é, dos três

---

[a] **22.46** Conforme o texto paralelo em Sl 18.45; o hebraico traz *cingindo-se*. [b] **23.1** Ou *o tema predileto dos cânticos de Israel*, ou *o predileto do Poderoso de Israel*. [c] **23.8a** Conforme o texto paralelo em 1Cr 11.11; o hebraico traz *Josebe-Bassebete, o tacmonita*. [d] **23.8b** Conforme a Septuaginta e a Vulgata (ver tb. 1Cr 11.11); o significado do hebraico é incerto.

guerreiros mais valentes dentre os soldados de Davi. Certa ocasião, usou sua lança para matar oitocentos soldados inimigos numa só batalha.[a]

[9] O segundo era Eleazar, filho de Dodô, descendente de Aoí. Ele era um dos três guerreiros que estavam com Davi quando enfrentaram os filisteus depois que todo o exército israelita havia recuado. [10] Eleazar matou filisteus até que sua mão ficou cansada demais para levantar a espada, e o SENHOR lhe deu grande vitória naquele dia. Quando o exército voltou, os soldados só tiveram de recolher os despojos.

[11] Depois dele vinha Samá, filho de Agé, de Harar. Certa ocasião, os filisteus se reuniram em Leí e atacaram os israelitas numa plantação de lentilhas. O exército israelita fugiu, [12] mas Samá permaneceu em sua posição no meio do campo e derrotou os filisteus. Desse modo, o SENHOR lhe deu grande vitória.

[13] Durante a colheita, quando Davi estava na caverna de Adulão, o exército filisteu acampou no vale de Refaim. Os Três — que faziam parte dos Trinta, um grupo de elite entre os valentes de Davi — desceram para encontrá-lo em Adulão. [14] Nessa ocasião, Davi estava na fortaleza, e um destacamento filisteu havia ocupado a cidade de Belém.

[15] Davi comentou: "Ah, como seria bom beber a água pura do poço que fica junto ao portão de Belém!". [16] Então os Três atravessaram as fileiras dos filisteus, tiraram água do poço e a trouxeram a Davi. Ele, porém, se recusou a bebê-la. Em vez disso, derramou-a no chão como oferta ao SENHOR. [17] "Que o SENHOR não permita que eu beba desta água!", exclamou. "Ela é tão preciosa quanto o sangue destes homens[b] que arriscaram a vida para trazê-la." E Davi não a bebeu. Esses são exemplos dos feitos desses três guerreiros.

Os trinta valentes de Davi

[18] Abisai, filho de Zeruia, irmão de Joabe, era líder dos Trinta.[c] Certa ocasião, usou sua lança para matar trezentos soldados inimigos numa só batalha. Foi por causa de feitos como esse que ele se tornou tão famoso quanto os Três. [19] Abisai era o mais conhecido dos Trinta[d] e era seu comandante, embora não fosse um dos Três.

[20] Também havia Benaia, filho de Joiada, soldado valente[e] de Cabzeel. Realizou muitos feitos heroicos, como matar dois grandes guerreiros[f] de Moabe. Em outra ocasião, num dia de neve, perseguiu um leão até uma cova e o matou. [21] Uma vez, com apenas um cajado, matou um imponente guerreiro egípcio armado com uma lança. Benaia arrancou a lança da mão do egípcio e com ela o matou. [22] Feitos como esses tornaram Benaia tão famoso quanto os três guerreiros mais valentes. [23] Foi mais honrado que qualquer outro membro dos Trinta, embora não fosse um dos Três. Davi o nomeou comandante de sua guarda pessoal.

[24] Entre os Trinta estavam:

Asael, irmão de Joabe;
Elanã, filho de Dodô, de Belém;
[25] Samá, de Harode;
Elica, de Harode;
[26] Helez, de Pelom;[g]
Ira, filho de Iques, de Tecoa;
[27] Abiezer, de Anatote;
Sibecai,[h] de Husate;
[28] Zalmom, de Aoí;
Maarai, de Netofate;
[29] Helede,[i] filho de Baaná, de Netofate;
Itai, filho de Ribai, de Gibeá, na terra de Benjamim;
[30] Benaia, de Piratom;
Hurai,[j] de Naal-Gaás;[k]
[31] Abi-Albom, de Arbate;
Azmavete, de Baurim;
[32] Eliaba, de Saalbom;
os filhos de Jasém;

---

[a] 23.8c Conforme alguns manuscritos gregos (ver tb. 1Cr 11.1). O significado do hebraico é incerto, embora possa ser traduzido como *Foi Adino, o esnita, que matou oitocentos homens de uma só vez.* [b] 23.17 Em hebraico, *Acaso beberei do sangue destes homens?* [c] 23.18 Conforme alguns manuscritos hebraicos e a versão siríaca; a maioria dos manuscritos hebraicos traz *dos Três.* [d] 23.19 Conforme a versão siríaca; o hebraico traz *dos Três.* [e] 23.20a Ou *filho de Joiada, filho de Isai.* [f] 23.20b Em hebraico, *dois de Ariel.* [g] 23.26 Conforme o texto paralelo em 1Cr 11.27 (ver tb. 1Cr 27.10); o hebraico traz *Palti.* [h] 23.27 Conforme alguns manuscritos gregos (ver tb. 1Cr 11.29); o hebraico traz *Mebunai.* [i] 23.29 Conforme alguns manuscritos hebraicos (ver tb. 1Cr 11.30); a maioria dos manuscritos hebraicos traz *Helebe.* [j] 23.30a Conforme alguns manuscritos gregos (ver tb. 1Cr 11.32); o hebraico traz *Hidai.* [k] 23.30b Ou *dos ribeiros de Gaás.*

> **PÃO DIÁRIO**
>
> ## Um par de mocassins
>
> *Faço questão de pagar por tudo. Não apresentarei ao Senhor, meu Deus, holocaustos que nada me custaram.*
> —2 Samuel 24.24
>
> Muitos anos atrás, um médico trabalhava numa área remota quando uma família de índios americanos implorou que ele os acompanhasse e ajudasse a sua avó idosa que estava gravemente enferma. Ele foi, diagnosticou a enfermidade dela e deu instruções detalhadas aos familiares sobre como deveriam cuidar da idosa.
>
> A vovó se recuperou, e, poucas semanas depois, a família inteira fez uma viagem ao consultório do médico na cidade. Nessa ocasião, cerimonialmente, o presentearam com um par de mocassins de 150 anos que tinha sido confeccionado por um tetravô. Quando o médico protestou, pois reconheceu que o presente era muito valioso e estimado, o líder do clã replicou: "Você salvou a vida da minha mãe. Insistimos em que você aceite os mocassins. Não manifestamos uma grande estima com um presente barato".
>
> Vemos esse mesmo princípio em 2 Samuel 24. Disseram a Davi que oferecesse um sacrifício a Deus na terra que pertencia a Araúna. Como rei, ele poderia simplesmente ter se apropriado da terra e dos animais para realizar o sacrifício, mas, em vez disso, preferiu comprá-los. Araúna ofereceu-se para dar a Davi tudo o que ele precisasse, mas o rei falou: "Não apresentarei ao Senhor, meu Deus, holocaustos que nada me custaram" (v.24).
>
> Por definição, o sacrifício tem um custo. Assim, quando você der algo ao Senhor, dê com generosidade.
>
> *Pai celestial, que a minha vida na Terra reflita a minha gratidão por tudo o que fizeste. Voluntária e generosamente, escolho dar tudo o que tenho para a Tua glória. Desejo sacrificar o meu tempo, talentos e tesouros como a expressão do meu amor por ti.*
>
> **O sacrifício é a verdadeira medida da nossa doação.**

Jônatas, ³³filho de Sage,ᵃ de Harar;
Aião, filho de Sarar, de Harar;
³⁴Elifelete, filho de Aasbai, de Maaca;
Eliã, filho de Aitofel, de Gilo;
³⁵Hezro, do Carmelo;
Paarai, de Arba;
³⁶Igal, filho de Natã, de Zobá;
Bani, de Gade;
³⁷Zeleque, de Amom;
Naarai, de Beerote, escudeiro de Joabe, filho de Zeruia;
³⁸Ira, de Jatir;
Garebe, de Jatir;
³⁹Urias, o hitita.

Ao todo, eram 37.

Davi realiza um censo

24 Mais uma vez, a ira do Senhor ardeu contra Israel e incitou Davi contra eles. "Vá e conte o povo de Israel e de Judá", disse-lhe o Senhor.

²Então o rei disse a Joabe, comandante de seu exército: "Faça uma contagem de todas as tribos de Israel, desde Dã, ao norte, até Berseba, ao sul, para que eu saiba o número exato do povo".

³Joabe, porém, respondeu ao rei: "Que o Senhor, seu Deus, dê ao rei vida longa para ver a população cem vezes mais numerosa do que é hoje! Mas por que meu senhor, o rei, deseja fazer essa contagem?".

⁴Apesar da objeção de Joabe, o rei insistiu que fizessem o censo. Então Joabe e os comandantes do exército saíram para contar o povo de Israel. ⁵Primeiro atravessaram o Jordão e acamparam em Aroer, ao sul da cidade, no meio do vale de Gade. Em seguida, foram a Jazer, ⁶depois, a Gileade, na terra de Tatim-Hodsiᵇ e a Dã-Jaã, e deram a volta para Sidom. ⁷Então chegaram à fortaleza de Tiro, e a todas as cidades dos heveus e dos cananeus. Por fim, dirigiram-se ao sul de Judá,ᶜ até Berseba.

⁸Tendo percorrido toda a terra em nove meses e vinte dias, voltaram para Jerusalém. ⁹Joabe informou ao rei o total da contagem. Havia em Israel oitocentos mil homens aptos para irem à guerra que sabiam manejar a espada e, em Judá, havia quinhentos mil.

Julgamento por causa do pecado de Davi

¹⁰Depois que Davi fez o censo, sua consciência começou a incomodá-lo. Ele disse ao Senhor: "Pequei grandemente ao fazer essa contagem. Perdoe meu pecado, ó Senhor, pois cometi uma insensatez".

ᵃ **23.32-33** Conforme o texto paralelo em 1Cr 11.34; o hebraico traz *Jônatas, Samá*; a Septuaginta traz *Jônatas, filho de Samá*.
ᵇ **24.6** A Septuaginta traz *a Gileade e a Cades, na terra dos hititas*. ᶜ **24.7** Ou *ao Neguebe de Judá*.

¹¹Na manhã seguinte, a palavra do Senhor veio ao profeta Gade, vidente de Davi. Esta foi a mensagem: ¹²"Vá e diga a Davi que assim diz o Senhor: 'Darei a você três opções. Escolha um destes castigos, e eu o aplicarei a você'".

¹³Gade foi a Davi e lhe perguntou: "Qual destas opções você escolhe: três[a] anos de fome por toda a terra, três meses fugindo de seus inimigos, ou três dias de praga intensa por toda a terra? Pense bem e decida o que devo responder àquele que me enviou".

¹⁴"Não tenho para onde correr nesta situação!", respondeu Davi a Gade. "Mas é melhor cair nas mãos do Senhor, pois sua misericórdia é grande. Que eu não caia nas mãos de homens."

¹⁵Então, naquela manhã, o Senhor enviou sobre Israel uma praga que durou o tempo determinado. Morreram setenta mil pessoas em todo o Israel, desde Dã, ao norte, até Berseba, ao sul. ¹⁶Mas, quando o anjo estava pronto para destruir Jerusalém, o Senhor teve compaixão e disse ao anjo da morte: "Pare! Já basta!". Naquele momento, o anjo do Senhor estava perto da eira de Araúna, o jebuseu.

¹⁷Quando Davi viu o anjo, disse ao Senhor: "Fui eu que pequei e fiz o que era mau! O povo é inocente. O que fizeram? Que tua ira caia sobre mim e minha família".

Davi constrói um altar

¹⁸Naquele dia, Gade foi a Davi e disse: "Vá e construa um altar para o Senhor na eira de Araúna, o jebuseu".

¹⁹Então Davi subiu até lá para cumprir a ordem do Senhor. ²⁰Quando Araúna viu o rei e seus servos se aproximando, saiu e curvou-se diante do rei com o rosto no chão. ²¹"Por que meu senhor, o rei, veio aqui?", perguntou Araúna.

Davi respondeu: "Vim comprar sua eira e construir nela um altar para o Senhor, a fim de que ele faça cessar a praga".

²²"Pode ficar com a eira, meu senhor, o rei", disse Araúna. "Use-a como lhe parecer melhor. Aqui estão os bois para o holocausto, e o senhor pode usar as tábuas de trilhar e as cangas dos bois como lenha para o fogo do altar. ²³Eu lhe darei tudo, ó rei. E que o Senhor, seu Deus, aceite seu sacrifício."

²⁴O rei, porém, respondeu a Araúna: "Não! Faço questão de pagar por tudo. Não apresentarei ao Senhor, meu Deus, holocaustos que nada me custaram". Então Davi pagou cinquenta peças[b] de prata pela eira e pelos bois.

²⁵Davi construiu ali um altar ao Senhor e ofereceu holocaustos e ofertas de paz. O Senhor respondeu à sua oração em favor da terra, e a praga sobre Israel cessou.

---

[a]24.13 Conforme a Septuaginta (ver tb. 1Cr 21.12); o hebraico traz *sete*. [c]24.24 Em hebraico, *50 siclos*, cerca de 600 gramas.

1 REIS

INTRODUÇÃO

Nome. O nome do livro é derivado dos reis cujas ações são nele narradas.

Conteúdo. Ele continua a história de Israel onde 2 Samuel terminou e apresenta o relato da morte de Davi, o reinado de Salomão, o Reino dividido e o cativeiro.

Propósito. As mudanças políticas de Israel são fornecidas para mostrar a condição religiosa. Em todos os lugares há conflito entre fé e incredulidade, entre a adoração de Deus e o culto a Baal. Vemos reis perversos que introduziram a idolatria na nação e reis justos que fizeram reformas e tentaram derrubar a falsa adoração. Israel cede ao mal e é finalmente cortado, mas Judá se arrepende e é restaurado para perpetuar o reino e ser o meio pelo qual Jesus viria.

O reinado de Salomão. Salomão começou em glória, floresceu por um pouco de tempo e findou em desgraça. Ele sacrificou os princípios mais sagrados da nação para formar alianças com outras nações. Tentou concentrar toda adoração no monte Moriá, provavelmente esperando que, dessa forma, pudesse controlar todas as nações. Finalmente, ele se tornou um tirano e roubou a liberdade do povo.

Os dois reinos. Esta é uma triste história de dissensão, guerra e derrota. Israel, ou o Reino do Norte, sempre teve ciúmes de Judá. Era, de longe, mais forte e possuía um território muito maior e mais fértil. Teve 19 reis, de Jeroboão a Oseias, cujos nomes e o número de anos que reinaram deveriam ser estudados com a quantidade de Escrituras incluídas na história de cada um deles. Judá, ou o Reino do Sul, sempre foi um pouco mais fiel à verdadeira adoração. Teve 20 reis, de Roboão a Zedequias, cujas vidas com o número de anos que reinaram e as passagens das Escrituras que descrevem cada um deles deveriam ser tabuladas e estudadas.

O cativeiro. Está claro que o cativeiro é por causa do pecado. Deus os poupou por muito tempo. (1) Israel foi levado cativo pelo Império Assírio, cuja capital era Nínive. Isso marca o fim das tribos do Norte. (2) Judá foi capturada pelo Império Babilônico, mas, após um período de 70 anos, o povo retornou à sua própria terra.

ESBOÇO

1. O reinado de Salomão, Caps. 1–11
   1.1. Seu início, Caps. 1–4
   1.2. Construção do Templo, Caps. 5–8
   1.3. Sua grandiosidade e pecado, Caps. 9–11
2. A revolta e pecado das dez tribos, Caps. 12–16
3. O reinado de Acabe e a vida de Elias, Caps. 17–22

PARA ESTUDO E DISCUSSÃO

[1] Contraste o caráter de Davi com o de Salomão. Escreva as qualidades e os defeitos de cada um. Também os compare como governantes.
[2] Estude isto como o berço da liberdade. Observe a resistência de Elias contra os tiranos e Acabe na vinha de Nabote. Procure outros exemplos.
[3] Considere o lugar dos profetas. Observe sua atividade nos assuntos de governo. Faça uma pesquisa nos livros de 1 e 2 Reis, liste todos os profetas que são nomeados nele e observe o caráter de sua mensagem e o rei ou nação para quem cada um falou.
[4] Faça uma lista dos reis de Israel e aprenda sobre a história de Jeroboão I, Onri, Acabe, Jeú, Jeroboão II e Oseias.
[5] Identifique e liste os reis de Judá, os principais acontecimentos e o caráter geral do reinado de Roboão, Josafá, Joás, Uzias, Acaz, Ezequias, Manassés, Josias e Zedequias.
[6] A queda de Judá.
[7] O fracasso dos governos humanos: (a) a causa; (b) a manifestação e o resultado.

A velhice de Davi

1 O rei Davi já estava muito idoso e, por mais cobertores que pusessem sobre ele, não se aquecia. ²Então seus conselheiros lhe disseram: "Vamos procurar uma jovem virgem para servi-lo e cuidar do senhor, o rei. Ela se deitará em seus braços e o manterá aquecido".

³Então procuraram em toda a terra de Israel uma jovem bonita e encontraram Abisague, de Suném, e a levaram ao rei. ⁴A jovem, muito bela, passou a cuidar do rei e a servi-lo. O rei, porém, não teve relações sexuais com ela.

Adonias reivindica o trono

⁵Por essa época, Adonias, filho de Davi e Hagite, começou a se gabar: "Eu assumirei o trono". Providenciou carruagens e cavaleiros, e também cinquenta homens que serviam como sua guarda de honra.ª ⁶Seu pai nunca o havia disciplinado, nem sequer lhe perguntava: "Por que está fazendo isso?". Adonias havia nascido depois de Absalão e também era muito bonito.

⁷Adonias buscou conselho com Joabe, filho de Zeruia, e com o sacerdote Abiatar, e eles o apoiaram em seu plano. ⁸Mas o sacerdote Zadoque, Benaia, filho de Joiada, o profeta Natã, Simei, Reí e a guarda pessoal de Davi se recusaram a apoiar Adonias.

⁹Adonias foi à pedra de Zoelete,ᵇ perto de En-Rogel, onde ofereceu sacrifícios de ovelhas, bois e novilhos gordos. Convidou todos os seus irmãos, os outros filhos do rei Davi, e todos os homens de Judá, oficiais do rei. ¹⁰Mas não convidou o profeta Natã, nem Benaia, nem a guarda pessoal do rei, nem seu irmão Salomão.

¹¹Então Natã foi falar com Bate-Seba, mãe de Salomão, e lhe perguntou: "Você está sabendo que Adonias, filho de Hagite, se proclamou rei, e nosso senhor Davi nem sabe? ¹²Se deseja salvar a sua vida e a de seu filho Salomão, siga meu conselho. ¹³Vá depressa ao rei Davi e diga-lhe: 'Meu senhor, o rei, não jurou a mim que meu filho Salomão certamente seria o próximo rei e se sentaria em seu trono? Então por que Adonias se proclamou rei?'. ¹⁴E, enquanto você ainda estiver falando com ele, eu virei e confirmarei tudo que disse".

¹⁵O rei Davi, já bastante idoso, estava em seu quarto, onde Abisague cuidava dele. Bate-Seba foi até lá ¹⁶e curvou-se diante do rei.

"O que você quer?", perguntou ele.

¹⁷Ela respondeu: "Meu senhor jurou diante do Senhor, seu Deus, que Salomão, o filho de sua serva, certamente seria o próximo rei e se sentaria em seu trono. ¹⁸Mas, agora, Adonias se proclamou rei, e meu senhor, o rei, nem sabe. ¹⁹Ele ofereceu muitos sacrifícios de bois, novilhos gordos e ovelhas, e convidou todos os filhos do rei para a celebração. Também convidou o sacerdote Abiatar e Joabe, o comandante do exército. Mas não convidou seu servo Salomão. ²⁰Agora, ó meu senhor, o rei, todo o Israel espera que o senhor anuncie quem o sucederá no trono. ²¹Se o senhor não tomar uma providência, meu filho Salomão e eu seremos tratados como criminosos quando meu senhor, o rei, morrer".

²²Enquanto ela ainda falava com o rei, chegou o profeta Natã. ²³Os servos do rei lhe disseram: "O profeta Natã deseja vê-lo".

Natã entrou, curvou-se com o rosto no chão diante do rei ²⁴e perguntou: "Meu senhor, o rei, decidiu que Adonias será o próximo rei e se sentará em seu trono? ²⁵Hoje ele ofereceu muitos sacrifícios de bois, novilhos gordos e ovelhas, e convidou todos os filhos do rei para a celebração. Também convidou os comandantes do exército e o sacerdote Abiatar. Estão comendo e bebendo com ele e gritando: 'Viva o rei Adonias!'. ²⁶Mas ele não convidou a mim, seu servo, nem ao sacerdote Zadoque, nem a Benaia, filho de Joiada, nem a seu servo Salomão. ²⁷Meu senhor, o rei, fez isso sem informar nenhum de seus conselheiros quem será o próximo rei?".

Salomão é proclamado rei

²⁸O rei Davi respondeu: "Chamem Bate-Seba!". Então ela voltou e ficou em pé diante dele. ²⁹O rei repetiu seu juramento: "Tão certo como vive o Senhor, que me livrou de todos os perigos, ³⁰seu filho Salomão será o próximo rei e se sentará em meu trono hoje mesmo, como jurei a você diante do Senhor, o Deus de Israel!".

ª 1.5 Em hebraico, *que corriam adiante dele.* ᵇ 1.9 Ou *pedra da Serpente;* a Septuaginta apoia o uso de *Zoelete* como nome próprio.

³¹Então Bate-Seba se curvou diante do rei com o rosto no chão e exclamou: "Que o rei Davi, meu senhor, viva para sempre!".

³²O rei Davi ordenou: "Chamem o sacerdote Zadoque, o profeta Natã e Benaia, filho de Joiada". Quando eles chegaram à presença do rei, ³³ele lhes disse: "Levem Salomão e meus conselheiros à fonte de Giom. Salomão deve ir montado em minha mula. ³⁴Ali o sacerdote Zadoque e o profeta Natã o ungirão rei sobre Israel. Toquem a trombeta e gritem: 'Viva o rei Salomão!'. ³⁵Em seguida, acompanhem Salomão de volta para cá, e ele se sentará em meu trono. Será meu sucessor, pois eu decretei que ele reinará sobre Israel e Judá".

³⁶"Amém!", respondeu Benaia, filho de Joiada. "Que o Senhor, o Deus de meu senhor, o rei, confirme suas palavras. ³⁷E que o Senhor esteja com Salomão como esteve com meu senhor, o rei, e que torne o reinado de Salomão ainda maior que o seu!"

³⁸Então o sacerdote Zadoque, o profeta Natã, Benaia, filho de Joiada, e a guarda pessoal do rei[a] levaram Salomão à fonte de Giom, e Salomão foi montado na mula que pertencia ao rei Davi. ³⁹Ali o sacerdote Zadoque pegou uma vasilha de óleo da tenda sagrada e ungiu Salomão. Em seguida, tocaram a trombeta, e todo o povo gritou: "Viva o rei Salomão!". ⁴⁰E todos acompanharam Salomão, tocando flautas e soltando gritos de alegria. A celebração era tão animada e barulhenta que fazia o chão tremer.

⁴¹Adonias e seus convidados ouviram a celebração bem na hora em que terminavam o banquete. Quando Joabe ouviu o som da trombeta, perguntou: "O que está acontecendo? Por que a cidade está nesse alvoroço?".

⁴²Enquanto ele ainda falava, chegou Jônatas, filho do sacerdote Abiatar. "Entre", disse-lhe Adonias. "Você é um homem de bem. Com certeza traz boas notícias."

⁴³"Pelo contrário!", respondeu Jônatas. "O rei Davi, nosso senhor, proclamou Salomão o novo rei! ⁴⁴Enviou-o à fonte de Giom acompanhado do sacerdote Zadoque, do profeta Natã e de Benaia, filho de Joiada, sob a proteção da guarda pessoal do rei. Salomão ia montado na mula que pertence ao rei, ⁴⁵e Zadoque e Natã o ungiram rei na fonte de Giom. Acabam de voltar, e a cidade inteira está festejando com grande alegria. Esse é o motivo de todo esse alvoroço. ⁴⁶Além disso, agora mesmo Salomão está sentado no trono real, ⁴⁷e todos os oficiais do rei foram cumprimentar Davi e lhe disseram: 'Que o seu Deus torne a fama de Salomão ainda maior que a sua, e que o reinado de Salomão seja ainda maior que o seu!'. E, deitado na cama, o rei curvou-se em adoração ⁴⁸e disse: 'Louvado seja o Senhor, o Deus de Israel, que hoje escolheu um sucessor para sentar-se em meu trono enquanto ainda estou vivo para ver isso acontecer'."

⁴⁹Então, em pânico, os convidados de Adonias se levantaram da mesa do banquete e se dispersaram. ⁵⁰Adonias, com medo de Salomão, correu para a tenda sagrada e se agarrou às pontas do altar. ⁵¹Salomão soube que Adonias, por medo, estava agarrado às pontas do altar e dizia: "Que o rei Salomão jure hoje que não matará a mim, seu servo!".

⁵²Salomão respondeu: "Se ele for leal, não se tocará num só fio de cabelo de sua cabeça. Mas, se ele demonstrar más intenções, morrerá". ⁵³Então o rei Salomão mandou chamar Adonias, e eles o retiraram de junto do altar. Ele veio e se curvou diante do rei Salomão, que lhe disse: "Vá para casa".

Instruções finais de Davi a Salomão

2 Quando se aproximava o momento de sua morte, Davi deu as seguintes instruções a seu filho Salomão:

²"Vou para onde todos na terra irão algum dia. Seja corajoso e seja homem. ³Obedeça às ordens do Senhor, seu Deus, e siga os caminhos dele. Guarde os decretos, mandamentos, estatutos e preceitos escritos na lei de Moisés, para que seja bem-sucedido em tudo que fizer e por onde quer que for. ⁴Desse modo, o Senhor manterá a promessa que me fez: 'Se seus descendentes viverem como devem e me seguirem fielmente de todo o coração e de toda a alma, sempre haverá um deles no trono de Israel'.

⁵"Além disso, você sabe o mal que Joabe, filho de Zeruia, me fez quando assassinou os

---

[a] **1.38** Em hebraico, *os queretitas e peletitas*; também em 1.44.

dois comandantes do exército de Israel, Abner, filho de Ner, e Amasa, filho de Jéter. Ele os matou como se fossem inimigos de guerra, mas era tempo de paz. Assim, manchou seu cinto e sua sandália com sangue inocente. ⁶Faça com ele o que lhe parecer melhor, mas não deixe que envelheça e desça à sepultura em paz.ᵃ ⁷"Seja bondoso com os filhos de Barzilai, de Gileade. Faça deles convidados permanentes à sua mesa, pois cuidaram de mim quando eu fugia de seu irmão Absalão.

⁸"E lembre-se de Simei, filho de Gera, de Baurim, da tribo de Benjamim. Ele lançou contra mim uma terrível maldição quando fui a Maanaim. Quando ele desceu ao meu encontro no rio Jordão, jurei pelo SENHOR que não o mataria. ⁹Contudo, esse juramento não o torna inocente. Você é um homem sábio e saberá providenciar para ele uma morte sangrenta em sua velhice".ᵇ

¹⁰Então Davi morreu e foi sepultado na Cidade de Davi com seus antepassados. ¹¹Reinou por quarenta anos sobre Israel: sete em Hebrom e 33 em Jerusalém. ¹²Salomão se sentou no trono de seu pai, Davi, e seu reinado foi firmemente estabelecido.

Salomão estabelece seu governo

¹³Certo dia, Adonias, filho de Hagite, foi falar com Bate-Seba, mãe de Salomão. Ela lhe perguntou: "Você vem em paz?".

"Sim, venho em paz", disse ele. ¹⁴"Na verdade, tenho um favor a lhe pedir."

"O que é?", perguntou ela.

¹⁵Ele respondeu: "Como você sabe, o reino era meu por direito; todo o Israel esperava que eu fosse o próximo rei. Mas a situação mudou e o reino foi para meu irmão, pois o SENHOR quis assim. ¹⁶Agora, tenho apenas uma coisa a lhe pedir. Por favor, não deixe de me atender".

"O que você quer?", perguntou ela.

¹⁷Ele disse: "Fale em meu favor ao rei Salomão, pois sei que ele a atenderá. Peça que ele permita que eu me case com Abisague, a jovem de Suném".

¹⁸"Está bem", respondeu Bate-Seba. "Vou falar com o rei por você."

¹⁹Então Bate-Seba foi até o rei Salomão para falar com ele sobre o pedido de Adonias. O rei se levantou do trono para recebê-la e se curvou diante dela. Depois que o rei voltou a sentar-se, ordenou que trouxessem um trono para sua mãe, e ela se sentou à sua direita.

²⁰"Tenho um pequeno pedido a lhe fazer", disse ela. "Espero que não deixe de me atender."

"O que é, minha mãe?", perguntou ele. "Eu não recusaria um pedido seu."

²¹Ela respondeu: "Permita que seu irmão Adonias se case com Abisague, a jovem de Suném".

²²"Como pode me pedir que entregue Abisague a Adonias?", disse o rei Salomão. "Peça de uma vez que eu dê o reino para ele! Sabe bem que ele é meu irmão mais velho e que conta com o apoio do sacerdote Abiatar e de Joabe, filho de Zeruia."

²³Então o rei Salomão fez um juramento diante do SENHOR: "Que Deus me castigue severamente se Adonias não tiver selado seu destino com esse pedido. ²⁴O SENHOR me confirmou e me colocou no trono de meu pai, Davi, e estabeleceu minha dinastia como prometeu. Portanto, tão certo como vive o SENHOR, Adonias morrerá ainda hoje!". ²⁵E o rei Salomão ordenou a Benaia, filho de Joiada, que atacasse Adonias, e ele foi morto.

²⁶Depois, o rei disse ao sacerdote Abiatar: "Volte para sua casa em Anatote. Você merece morrer, mas não o matarei hoje, pois você carregou a arca do SENHOR Soberano para meu pai, Davi, e o acompanhou em todas as dificuldades dele". ²⁷Então Salomão depôs Abiatar de seu cargo de sacerdote do SENHOR e, desse modo, cumpriu a profecia do SENHOR em Siló a respeito dos descendentes de Eli.

²⁸Essas notícias chegaram até Joabe. Embora não houvesse apoiado a revolta de Absalão, ele tinha dado seu apoio a Adonias. Por isso, fugiu para a tenda sagrada do SENHOR e se agarrou às pontas do altar. ²⁹Salomão soube disso e enviou Benaia, filho de Joiada, para executá-lo.

³⁰Benaia foi à tenda sagrada do SENHOR e disse a Joabe: "O rei ordena que você saia!".

ᵃ 2.6 Em hebraico, *não deixe que sua cabeça grisalha desça ao Sheol em paz.* ᵇ 2.9 Em hebraico, *saberá providenciar que a cabeça grisalha dele desça ao Sheol com sangue.*

> **PÃO DIÁRIO**
>
> ## Afastando-se da sabedoria
>
> *Dá a teu servo um coração compreensivo, para que eu possa governar bem o teu povo e saber a diferença entre o certo e o errado.*
> —1 Reis 3.9
>
> Se Deus lhe oferecesse qualquer coisa que você quisesse, o que pediria?
>
> Quando Salomão teve essa escolha, pediu um coração sábio e compreensivo a fim de que pudesse governar bem o povo de Deus e saber a diferença entre o certo e o errado (1Rs 3.9). "Por isso, Deus respondeu: Uma vez que você pediu sabedoria para governar meu povo com justiça, [...] atenderei a seu pedido. [...] Também lhe darei o que não pediu: riquezas e fama" (vv.11-13). Até os dias de hoje, esse rei é lembrado pela grande sabedoria que Deus lhe concedeu.
>
> Salomão começou a reinar com devoção à sabedoria e com o desejo profundo de edificar um templo magnífico que honrasse a Deus. Porém, algo aconteceu ao longo do caminho. Sua paixão por viver segundo a sabedoria divina foi substituída pelo encantamento da riqueza e pela posição que Deus lhe havia concedido. Seu casamento com mulheres estrangeiras, que adoravam os deuses pagãos, terminou por levá-lo à idolatria — e, por fim, levou toda a nação ao mesmo pecado.
>
> A lição é clara. O objetivo básico para os que desejam viver para agradar a Deus em toda a sua trajetória é continuar a amar a Cristo e a Sua sabedoria suprema. O compromisso de seguir as riquezas da sabedoria divina nos permitirá evitar o desvio que destruiu Salomão.
>
> Guarde o seu coração em harmonia com a sabedoria de Deus e obedeça à Sua voz. Essa é a maneira de terminar bem.
>
> *Pai celestial, preciso desesperadamente da Tua sabedoria em minha vida. Por favor, dá-me um coração sábio e compassivo a fim de que eu possa te bendizer e abençoar os outros por meio das minhas palavras e ações. Que a minha vida possa refletir minha paixão profunda por ti e por Tua sábia instrução.*
>
> **Vigie diariamente o seu coração para evitar que ele se afaste da sabedoria de Deus.**

"Não", respondeu Joabe. "Vou morrer aqui." Então Benaia voltou ao rei e lhe contou o que Joabe tinha dito.

[31] "Faça o que ele diz", respondeu o rei. "Mate-o ali, junto ao altar, e sepulte-o. Assim, removerá de mim e da família de meu pai a culpa pelos crimes injustificados que Joabe cometeu. [32] O Senhor o punirá por sua culpa[a] no assassinato de dois homens mais justos e melhores que ele. Sem que meu pai soubesse, Joabe matou Abner, filho de Ner, comandante do exército de Israel, e Amasa, filho de Jéter, comandante do exército de Judá. [33] Que o sangue deles recaia sobre Joabe e seus descendentes para sempre, e que o Senhor conceda paz a Davi, seus descendentes, sua dinastia e seu trono para sempre!"

[34] Benaia, filho de Joiada, voltou à tenda sagrada e matou Joabe, que foi sepultado em sua casa no deserto. [35] Então o rei nomeou Benaia, filho de Joiada, comandante do exército em lugar de Joabe, e o sacerdote Zadoque em lugar de Abiatar.

[36] Depois, o rei mandou chamar Simei e lhe disse: "Construa uma casa em Jerusalém e more aqui. Não dê um passo fora da cidade para ir a qualquer outro lugar. [37] No dia em que sair e atravessar o vale de Cedrom, certamente morrerá e será responsável por sua própria morte".[b]

[38] Simei respondeu: "Sua sentença é justa; farei o que meu senhor, o rei, ordena". E Simei morou em Jerusalém durante muito tempo.

[39] Três anos mais tarde, porém, dois escravos de Simei fugiram para a casa de Aquis, filho de Maaca, rei de Gate. Quando alguém disse a Simei onde eles estavam, [40] ele selou um jumento e foi até Gate procurá-los. Ao encontrá-los, levou-os de volta a Jerusalém.

[41] Salomão soube que Simei tinha saído de Jerusalém, ido a Gate e voltado. [42] O rei mandou chamá-lo e perguntou: "Não o fiz jurar pelo Senhor e não o adverti de que não fosse a lugar algum, pois do contrário certamente morreria? E você respondeu: 'Sua sentença é justa; farei o que ordena'. [43] Então por que não manteve o juramento ao Senhor e não obedeceu à minha ordem?".

[44] O rei também disse a Simei: "Certamente você se lembra de todas as maldades que fez a meu pai, Davi. Que o Senhor faça esse mal

---

[a] 2.32 Em hebraico, *fará seu sangue recair sobre sua cabeça*. [b] 2.37 Em hebraico, *e seu sangue cairá sobre sua cabeça*.

recair sobre sua cabeça. ⁴⁵Mas que eu, o rei Salomão, receba as bênçãos do Senhor e que sempre haja um descendente de Davi neste trono na presença do Senhor". ⁴⁶Então, por ordem do rei, Benaia, filho de Joiada, levou Simei para fora e o matou.

Assim, o reino de Salomão foi firmemente estabelecido.

Salomão pede sabedoria

3 Salomão fez um acordo com o faraó, rei do Egito, e se casou com uma das filhas dele. Trouxe-a para morar na Cidade de Davi até terminar a construção do palácio real, do templo do Senhor e do muro ao redor de Jerusalém. ²Nessa época, o povo de Israel oferecia sacrifícios nos altares das colinas de suas regiões, pois ainda não havia sido construído um templo em honra ao nome do Senhor.

³Salomão amava o Senhor, seguindo os decretos de seu pai, Davi, exceto pelo fato de oferecer sacrifícios e queimar incenso nos altares das colinas. ⁴O lugar de adoração mais importante ficava em Gibeom, por isso o rei Salomão foi para lá e ofereceu mil holocaustos. ⁵Naquela noite, o Senhor apareceu a Salomão num sonho e lhe disse: "Peça o que quiser, e eu lhe darei".

⁶Salomão respondeu: "Tu mostraste grande amor leal ao teu servo, meu pai, Davi, pois ele foi fiel, justo e verdadeiro diante de ti. Agora, continuaste a mostrar teu grande amor leal dando-lhe um filho para sentar-se em seu trono.

⁷"Agora, ó Senhor, meu Deus, tu me fizeste reinar em lugar de meu pai, Davi, mas sou como uma criança pequena que não sabe o que fazer. ⁸Aqui estou, no meio do teu povo escolhido, uma nação tão grande e numerosa que nem se pode contar! ⁹Dá a teu servo um coração compreensivo, para que eu possa governar bem o teu povo e saber a diferença entre o certo e o errado. Pois quem é capaz de governar sozinho este teu grande povo?".

¹⁰O Senhor se agradou do pedido de Salomão. ¹¹Por isso, Deus respondeu: "Uma vez que você pediu sabedoria para governar meu povo com justiça, e não vida longa, nem riqueza, nem a morte de seus inimigos, ¹²atenderei a seu pedido. Eu lhe darei um coração sábio e compassivo, como ninguém teve nem jamais terá. ¹³Também lhe darei o que não pediu: riquezas e fama. Nenhum outro rei em todo o mundo se comparará a você pelo resto de sua vida. ¹⁴E, se você me seguir e obedecer a meus decretos e mandamentos, como fez seu pai, Davi, eu lhe darei vida longa".

¹⁵Então Salomão acordou e percebeu que tinha sido um sonho. Voltou a Jerusalém e se colocou diante da arca da aliança do Senhor, onde apresentou holocaustos e ofertas de paz. Depois, ofereceu um grande banquete a todos os seus oficiais.

Salomão julga com sabedoria

¹⁶Algum tempo depois, duas prostitutas compareceram diante do rei para resolver uma questão. ¹⁷Disse uma delas: "Por favor, meu senhor, esta mulher e eu moramos na mesma casa. Eu dei à luz um filho quando ela estava comigo na casa. ¹⁸Três dias depois, esta mulher também deu à luz um filho. Estávamos só nós duas na casa; não havia mais ninguém ali.

¹⁹"O bebê dela morreu durante a noite, porque ela rolou sobre ele enquanto dormia. ²⁰Então ela se levantou de noite, tirou meu filho do meu lado enquanto eu dormia e o pôs para dormir ao lado dela. Depois, colocou o filho dela, que estava morto, em meus braços. ²¹De manhã, bem cedo, quando fui amamentar meu filho, ele estava morto! Quando o observei mais de perto, na claridade do dia, vi que não era meu".

²²"Não!", interrompeu a outra mulher. "O filho morto era seu, e o vivo é meu!"

"Não!", disse a primeira mulher. "O filho vivo é meu, e o morto era seu!" E assim elas discutiram diante do rei.

²³Então o rei disse: "Vamos esclarecer as coisas. As duas afirmam que o filho vivo é seu, e cada uma diz que o morto é da outra. ²⁴Pois bem, tragam-me uma espada". E trouxeram uma espada para o rei.

²⁵Ele disse: "Cortem a criança viva ao meio e deem metade a uma mulher e metade à outra!".

²⁶Então, por causa de seu amor pelo menino, a verdadeira mãe gritou: "Não, meu senhor! Dê o menino a ela. Por favor, não o mate!".

> **REFLETINDO SOBRE: Escolhendo a vida**
>
> ## Uma mãe verdadeira
>
> *Escolham a vida, para que vocês e seus filhos vivam!*
> —Deuteronômio 30.19
>
> Allie hesitou, mordeu os lábios e, em seguida, assinou o papel. Seu coração partiu ao pensar que em apenas alguns segundos ela havia aberto mão de seus direitos de mãe da menininha que havia gerado há três dias. Allie sabia que precisava terminar a faculdade e amadurecer antes que estivesse pronta para ser mãe. Ela estava agradecida por poder escolher o casal que adotaria sua filha — sabia que os Fosters já amavam a bebê e lhe dariam a vida que ela não poderia lhe prover. Mas, enquanto seus pais a levavam para casa, Allie sofria ao lembrar-se de quando segurou aquele pacotinho quente pela última vez.
>
> Allie demonstrou amor por sua filha de forma semelhante ao amor de uma das duas mulheres que foram diante do rei Salomão. Quando ambas reivindicaram o mesmo bebê, o rei ordenou que a criança fosse cortada ao meio com uma espada para que as mulheres pudessem compartilhá-la. Salomão sabia que a mãe verdadeira seria a mulher que estivesse disposta a abrir mão do bebê. Ainda que fosse profundamente doloroso renunciar seu filho, ela colocaria a segurança do bebê em primeiro lugar. Ela abandonaria seus direitos de mãe para que o bebê permanecesse vivo.
>
> Meninas e moças jovens que abrem mão de seus bebês para a adoção são algumas das mães mais corajosas que existem. Nossa sociedade oferece a mulheres que passam por uma gravidez inesperada uma saída supostamente fácil por meio do aborto. Mas, na verdade, o aborto significa morte para um bebê e riscos de saúde física e emocional para a mãe. Mesmo após escolher dar à luz, as mulheres lutam contra os seus instintos maternos naturais ao entregarem seus bebês para outro casal. Não importa o quão bom seja o lar que o casal adotivo possa prover, jovens como Allie já concederam aos seus filhos uma preciosa dádiva que ninguém poderia lhes ter dado: o dom da vida.

A outra mulher, porém, disse: "Muito bem, ele não será nem meu nem seu. Dividam a criança ao meio!".

²⁷Então o rei disse: "Não matem o bebê. Deem o menino à mulher que deseja que ele viva, pois ela é a mãe".

²⁸Quando todo o Israel soube da decisão do rei, teve grande respeito por ele, pois viu a sabedoria que Deus lhe tinha dado para fazer justiça.

Oficiais e governadores de Salomão

4 O rei Salomão governou sobre todo o Israel, ²e estes foram seus oficiais mais importantes:

Azarias, filho de Zadoque, era o sacerdote.

³Eliorefe e Aías, filhos de Sisa, eram os secretários da corte.

Josafá, filho de Ailude, era o historiador do reino.

⁴Benaia, filho de Joiada, era o comandante do exército.

Zadoque e Abiatar eram os sacerdotes.

⁵Azarias, filho de Natã, era supervisor dos governadores distritais.

Zabude, filho de Natã, era sacerdote e conselheiro pessoal do rei.

⁶Aisar era administrador do palácio.

Adonirão, filho de Abda, era encarregado dos trabalhos forçados.

⁷Salomão tinha também em todo Israel doze governadores distritais responsáveis por fornecer alimento para a casa do rei. Cada um deles fornecia provisões durante um mês do ano. ⁸Estes são os nomes dos doze governadores:

Ben-Hur, da região montanhosa de Efraim.

⁹Ben-Dequer, em Macaz, Saalbim, Bete-Semes e Elom-Bete-Hanã.

¹⁰Ben-Hesede, em Arubote, Socó e toda a região de Héfer.

¹¹Ben-Abinadabe, em toda a Nafote-Dor.[a] (Ele era casado com Tafate, uma das filhas de Salomão.)

---

[a] 4.11 Em hebraico, *Nafate-Dor*, variação de Nafote-Dor.

¹²Baaná, filho de Ailude, em Taanaque e em Megido, e em toda a Bete-Sã, próxima de Zaretã, abaixo de Jezreel, e todo o território desde Bete-Sã até Abel-Meolá e para além de Jocmeão.

¹³Ben-Geber, em Ramote-Gileade, incluindo as Cidades de Jair (assim chamadas por causa de Jair, da tribo de Manassés^a), em Gileade, e na região de Argobe, em Basã, incluindo sessenta grandes cidades fortificadas com trancas de bronze nos portões.

¹⁴Ainadabe, filho de Ido, em Maanaim.

¹⁵Aimaás, em Naftali. (Ele era casado com Basemate, outra filha de Salomão.)

¹⁶Baaná, filho de Husai, em Aser e em Bealote.

¹⁷Josafá, filho de Parua, em Issacar.

¹⁸Simei, filho de Elá, em Benjamim.

¹⁹Geber, filho de Uri, na terra de Gileade,^b incluindo os territórios de Seom, rei dos amorreus, e de Ogue, rei de Basã. Ele era o único governador dessa região.^c

A prosperidade e a sabedoria de Salomão

²⁰O povo de Judá e Israel era tão numeroso quanto a areia na beira do mar. Todos estavam muito contentes, e tinham comida e bebida com fartura. ²¹^dSalomão governava sobre todos os reinos, desde o rio Eufrates,^e ao norte, até a terra dos filisteus e a fronteira do Egito, ao sul. Os povos conquistados enviavam tributos a Salomão e continuaram a servi-lo durante toda a vida.

²²Para a provisão diária do palácio de Salomão, eram necessários trinta cestos grandes^f de farinha da melhor qualidade, sessenta cestos grandes de farinha comum,^g ²³dez bois dos currais de engorda, vinte bois do pasto, cem ovelhas, e também veados, gazelas, corças e aves seletas.^h

²⁴Salomão dominava sobre todos os reinos a oeste do rio Eufrates, desde Tifsa até Gaza, e havia paz em todas as fronteiras. ²⁵Durante a vida de Salomão, Judá e Israel viveram em paz e segurança. E, desde Dã, ao norte, até Berseba, ao sul, cada família possuía sua própria videira e sua própria figueira.

²⁶Salomão possuía quatro mil^i estábulos para os cavalos de seus carros de guerra e doze mil cavalos.

PÃO DIÁRIO

Adquirindo sabedoria

Deus concedeu a Salomão grande sabedoria e entendimento, e conhecimento tão vasto quanto a areia na beira do mar.

—1 Reis 4.29

Salomão era um jovem incumbido da responsabilidade de governar um dos reinos mais prósperos do antigo Oriente Médio. Israel era uma força significativa na época, e seu domínio estendia-se do rio Eufrates à fronteira do Egito. Responsável por tudo isso, Salomão sabia que precisava de ajuda. Assim, quando Deus perguntou ao jovem rei o que poderia fazer por ele, Salomão não pediu saúde nem riquezas. Pediu sabedoria (1Rs 3.9). Esse pedido agradou ao Senhor.

Deus fez conforme prometera, dando a Salomão "grande sabedoria e entendimento, e conhecimento tão vasto quanto a areia na beira do mar" (4.29).

A palavra traduzida como "entendimento" na realidade significa "capacidade de ouvir". Deus deu a Salomão um coração capaz de ouvir a fim de que pudesse julgar o povo, e "saber a diferença entre o certo e o errado" (3.9).

Os sábios, homens e mulheres, ouvem a mensagem do Senhor por intermédio do Seu Livro. Eles leem outros livros, é claro, mas julgam todos a partir da Palavra de Deus. Não existe sabedoria maior.

Se você deseja ter sabedoria, peça-a a Deus. Tiago afirmou: "Se algum de vocês precisar de sabedoria, peça a nosso Deus generoso, e receberá. Ele não os repreenderá por pedirem" (Tg 1.5).

Senhor, abre os meus olhos e faz-me ouvir a Tua voz quando me aproximo de ti. Que a sabedoria e o entendimento me encham à medida que eu explorar os tesouros da Tua Palavra. Que o Teu Santo Espírito me guie enquanto eu aplicar a sabedoria das Escrituras e ouvir atentamente a Tua instrução.

Deus abre a porta de Sua sabedoria aos que estudam a Sua Palavra.

---

^a **4.13** Em hebraico, *Jair, filho de Manassés*; comparar com 1Cr 2.22. ^b **4.19a** A Septuaginta traz *Gade*; comparar com 4.13. ^c **4.19b** A Septuaginta traz *E havia um governador sobre a terra de Judá*. ^d **4.21a** No texto hebraico, os versículos 4.21-34 são numerados 5.1-14. ^e **4.21b** Em hebraico, *o rio*; também em 4.24. ^f **4.22a** Em hebraico, *30 coros*, cerca de 6.600 quilos. ^g **4.22b** Em hebraico, *60 coros*, cerca de 13.200 quilos. ^h **4.23** Ou *gansos engordados*. ^i **4.26** Conforme alguns manuscritos gregos (ver tb. 2Cr 9.25); o hebraico traz *quarenta mil*.

²⁷Os governadores distritais forneciam, com regularidade, o alimento para o rei Salomão e sua corte: cada um providenciava para que nada faltasse no mês que lhe havia sido designado. ²⁸Também providenciavam a cevada e a palha necessárias para os cavalos de guerra e os cavalos de carga nos estábulos do rei.

²⁹Deus concedeu a Salomão grande sabedoria e entendimento, e conhecimento tão vasto quanto a areia na beira do mar. ³⁰Sua sabedoria era maior que a de todos os sábios do Oriente e de todos os sábios do Egito. ³¹Ele era mais sábio que qualquer outra pessoa, incluindo Etã, o ezraíta, e Hemã, Calcol e Darda, filhos de Maol. Sua fama se espalhou por todas as nações vizinhas. ³²Compôs 3.000 provérbios e escreveu 1.005 canções. ³³Podia falar com entendimento sobre plantas de toda espécie, desde o grande cedro do Líbano até o pequeno hissopo que cresce nas fendas dos muros. Também tinha conhecimento de animais, aves, répteis e peixes. ³⁴Reis de todas as nações enviavam seus representantes para ouvirem a sabedoria de Salomão.

Preparativos para a construção do templo

5 ¹ᵃHirão, rei de Tiro, sempre havia sido um fiel aliado de Davi. Quando soube que Salomão, filho de Davi, tinha sido ungido como o novo rei de Israel, Hirão mandou representantes para cumprimentá-lo.

²Salomão enviou esta mensagem a Hirão:

³"Você sabe que meu pai, Davi, não pôde construir um templo em honra ao nome do Senhor, seu Deus, por causa das muitas guerras que as nações vizinhas travaram contra ele. Não podia construir enquanto o Senhor não lhe desse vitória sobre todos os seus inimigos. ⁴Agora, porém, o Senhor, meu Deus, me deu paz em todas as fronteiras; não tenho inimigos, e tudo vai bem. ⁵Por isso, planejo construir um templo em honra ao nome do Senhor, meu Deus, exatamente como ele instruiu meu pai, Davi. Pois o Senhor lhe disse: 'Seu filho, a quem eu colocarei em seu trono, construirá o templo em honra ao meu nome'.

⁶"Portanto, peço-lhe que ordene que cortem para mim cedros do Líbano. Meus servos trabalharão ao lado dos seus, e pagarei aos seus servos o salário que você pedir. Como bem sabe, ninguém aqui corta madeira como vocês, sidônios".

⁷Hirão ficou muito contente quando recebeu a mensagem de Salomão e disse: "Louvado seja o Senhor neste dia, pois deu a Davi um filho sábio para ser rei dessa grande nação!". ⁸Então enviou esta resposta a Salomão:

"Recebi sua mensagem e fornecerei toda a madeira de cedro e de cipreste que precisar. ⁹Meus servos levarão as toras das montanhas do Líbano para o mar Mediterrâneo;ᵇ ali, colocarão as toras em balsas e as farão flutuar ao longo da costa até o lugar que você escolher. Ao chegar, desembarcaremos as toras, e seus servos as levarão. O pagamento poderá ser feito com alimentos para o meu palácio".

¹⁰Assim, Hirão forneceu toda a madeira de cedro e de cipreste que Salomão desejava. ¹¹Em troca, Salomão lhe enviava um pagamento anual de vinte mil cestos grandesᶜ de trigo para o consumo de sua corte e vinte mil tonéisᵈ de azeite puro de oliva. ¹²O Senhor deu sabedoria a Salomão, como lhe havia prometido. E Hirão e Salomão fizeram um acordo de paz.

¹³Então Salomão convocou trinta mil trabalhadores de todo o Israel. ¹⁴Enviou-os ao Líbano em grupos de dez mil por mês, de modo que cada homem passava um mês no Líbano e dois meses em casa. Adonirão era encarregado desses trabalhadores. ¹⁵Salomão também tinha 70.000 carregadores, 80.000 cortadores de pedra na região montanhosa ¹⁶e 3.600ᵉ chefes que supervisionavam as obras. ¹⁷Por ordem do rei, eles extraíram grandes blocos de pedra de alta qualidade e os modelaram para o alicerce do templo. ¹⁸Homens da cidade de Gebal ajudaram os construtores de Salomão

---

ᵃ **5.1** No texto hebraico, os versículos 5.1-18 são numerados 5.15-32. ᵇ **5.9** Em hebraico, *o mar*. ᶜ **5.11a** Em hebraico, *20.000 coros*, cerca de 4.400.000 litros. ᵈ **5.11b** Conforme a Septuaginta, que traz *20.000 batos*, cerca de 420.000 litros (ver tb. 2Cr 2.10); o hebraico traz *20 coros*, cerca de 4.400 litros. ᵉ **5.16** Conforme alguns manuscritos gregos (ver tb. 2Cr 2.2,18); o hebraico traz *3.300*.

e Hirão a prepararem a madeira e as pedras para o templo.

Salomão constrói o templo

6 No mês de zive,ª o segundo mês, durante o quarto ano de seu reinado, Salomão começou a construir o templo do Senhor. Isso ocorreu 480 anos depois que o povo de Israel foi liberto da escravidão na terra do Egito.

²O templo que o rei Salomão construiu para o Senhor media 27 metros de comprimento, 9 metros de largura e 13,5 metros de altura.ᵇ ³A sala de entrada na frente do templo media 9 metrosᶜ de largura, a mesma largura do templo, e se projetava 4,5 metrosᵈ à frente do templo. ⁴Salomão também fez janelas com grades e molduraseᵉ por todo o templo.

⁵Junto às paredes externas do edifício, nas laterais e nos fundos, ele construiu um anexo com salas. ⁶Esse anexo tinha três andares; o andar de baixo media 2,25 metros de largura, o segundo andar media 2,7 metros de largura, e o terceiro, 3,15 metros de largura.ᶠ As salas eram ligadas às paredes do templo por vigas apoiadas em saliências nas paredes, por isso as vigas não eram inseridas nas paredes em si.

⁷O acabamento das pedras usadas na construção do templo era feito na própria pedreira, de modo que não havia barulho algum de martelo, machado ou qualquer outra ferramenta de ferro no local da construção.

⁸A entrada para o andar de baixoᵍ ficava no lado sul do templo. Havia uma escada em caracol que subia para o segundo andar, e outro lance de escadas que ia do segundo para o terceiro andar. ⁹Uma vez concluída a estrutura do templo, Salomão colocou um forro de vigas e tábuas de cedro. ¹⁰Além disso, construiu um anexo com salas junto aos lados do edifício, ligado às paredes do templo por vigas de cedro. Cada andar do anexo media 2,25 metrosʰ de altura.

¹¹Então esta mensagem do Senhor veio a Salomão: ¹²"Quanto a este templo que você está construindo, se seguir todos os meus decretos e estatutos e obedecer a todos os meus mandamentos, cumprirei a promessa que fiz a seu pai, Davi. ¹³Habitarei no meio dos israelitas e jamais abandonarei meu povo, Israel".

O interior do templo

¹⁴Assim, Salomão terminou a construção do templo. ¹⁵Todo o interior, desde o piso até o teto, foi revestido com madeira. Revestiu as paredes e o teto com tábuas de cedro e, para o piso, usou tábuas de cipreste. ¹⁶Na parte de trás do templo, separou um santuário interno, o lugar santíssimo. Esse santuário interno media 9 metros de profundidade e era revestido com cedro do piso ao teto. ¹⁷O salão principal do templo, fora do lugar santíssimo, media 18 metrosⁱ de comprimento. ¹⁸Em todo o interior do templo, tábuas de cedro cobriam completamente as paredes de pedra, e as tábuas eram enfeitadas com entalhes de frutos e flores abertas.

¹⁹Ele preparou o santuário interno na parte de trás do templo, onde seria colocada a arca da aliança do Senhor. ²⁰Esse santuário interno media 9 metros de comprimento, 9 metros de largura e 9 metros de altura. Revestiu com ouro puro o interior do santuário e também o altar de cedro.ʲ ²¹Depois, Salomão revestiu com ouro puro o interior do restante do templo e fez correntes de ouro para a entrada do lugar santíssimo. ²²Assim, terminou de revestir com ouro o interior de todo o templo, incluindo o altar do lugar santíssimo.

²³Fez dois querubins de madeira de oliveira,ᵏ cada um medindo 4,5 metrosˡ de altura, e os colocou no santuário interno. ²⁴As asas abertas de cada querubim mediam de uma ponta à outra 4,5 metros, e cada asa media 2,25 metrosᵐ de comprimento. ²⁵Os dois querubins tinham a mesma forma e o mesmo tamanho; ²⁶cada um media 4,5 metros de altura. ²⁷Ele os colocou lado a lado no santuário interno do templo. Suas asas abertas iam de uma parede à outra, enquanto as asas internas se tocavam no meio da sala. ²⁸Revestiu os dois querubins com ouro.

ª **6.1** Mês do antigo calendário lunar hebraico que geralmente ocorria entre abril e maio. ᵇ **6.2** Em hebraico, *60 côvados de comprimento, 20 côvados de largura e 30 côvados de altura*. ᶜ **6.3a** Em hebraico, *20 côvados*; também em 6.16,20. ᵈ **6.3b** Em hebraico, *10 côvados*. ᵉ **6.4** O significado do hebraico é incerto. ᶠ **6.6** Em hebraico, *o andar de baixo media 5 côvados de largura, o segundo, 6 côvados de largura, e o terceiro, 7 côvados de largura*. ᵍ **6.8** Conforme a Septuaginta; o hebraico traz *andar do meio*. ʰ **6.10** Em hebraico, *5 côvados*. ⁱ **6.17** Em hebraico, *40 côvados*. ʲ **6.20** Ou *também revestiu o altar com cedro*. O significado do hebraico é incerto. ᵏ **6.23a** Ou *pinho*; o hebraico traz *árvore de azeite*; também em 6.31,33. ˡ **6.23b** Em hebraico, *10 côvados*; também em 6.24,26. ᵐ **6.24** Em hebraico, *5 côvados*.

²⁹Enfeitou todas as paredes do santuário interno e do salão principal com entalhes de querubins, palmeiras e flores abertas. ³⁰Revestiu o piso do santuário e do salão com ouro.

³¹Para a entrada do santuário interno, fez portas de duas folhas de madeira de oliveira e batentes de cinco lados.ᵃ ³²Essas portas de duas folhas eram enfeitadas com entalhes de querubins, palmeiras e flores abertas. As portas, incluindo os enfeites de querubins e palmeiras, foram revestidas com ouro.

³³Depois, para a entrada do templo, fez batentes de quatro lados de madeira de oliveira. ³⁴Fez também duas portas articuladas de cipreste, cada uma com dobradiças que permitiam dobrar uma folha sobre a outra. ³⁵Essas portas eram enfeitadas com entalhes de querubins, palmeiras e flores abertas e eram completamente revestidas com ouro.

³⁶As paredes do pátio interno foram construídas com uma camada de vigas de cedro entre cada três camadas de pedras cortadas.

³⁷O alicerce do templo do S{\sc enhor} foi lançado no mês de zive, durante o quarto ano do reinado de Salomão. ³⁸A construção toda foi completada no oitavo mês, no mês de bul,ᵇ durante o décimo primeiro ano de seu reinado. Portanto, a construção do templo levou sete anos.

Salomão constrói seu palácio

7 Salomão também construiu para si um palácio e levou treze anos para terminá-lo.

²Um dos edifícios que Salomão construiu se chamava Palácio da Floresta do Líbano. Media 45 metros de comprimento, 22,5 metros de largura e 13,5 metros de altura.ᶜ Nele havia quatro fileiras de colunas de cedro, com grandes vigas de cedro assentadas sobre as colunas. ³O teto do salão era de cedro e ficava acima das vigas, que eram sustentadas por colunas. Havia 45 vigas, dispostas em três fileiras com 15 vigas em cada uma. ⁴Em cada lado do longo salão havia três fileiras de janelas, uma de frente para a outra. ⁵Todas as portas e suas vergasᵈ tinham batentes retangulares e eram dispostas de três em três, uma de frente para a outra.

⁶Salomão também construiu o Salão das Colunas, que media 22,5 metros de comprimento e 13,5 metros de largura.ᵉ Tinha na frente uma varanda com colunas e uma cobertura acima delas.

⁷Salomão construiu ainda a sala do trono, conhecida como Salão do Julgamento, onde se sentava para ouvir as questões a serem julgadas. A sala era revestida de madeira de cedro desde o piso até o teto.ᶠ ⁸A residência onde ele morava ficava em torno de um pátio atrás do Salão do Julgamento e era construída da mesma forma. Ele também construiu uma residência semelhante para a filha do faraó, com quem havia se casado.

⁹Todos esses edifícios foram construídos com grandes blocos de pedra de alta qualidade, cortados na medida exata de todos os lados, do alicerce até o beiral do telhado, desde o lado externo até o grande pátio. ¹⁰Algumas das grandes pedras do alicerce mediam 4,5 metros por 3,6 metros.ᵍ ¹¹Por cima dos alicerces foram colocados blocos de pedra de alta qualidade, cortados sob medida, e vigas de cedro. ¹²As paredes do grande pátio foram construídas com uma camada de vigas de cedro entre cada três camadas de pedras cortadas, como as paredes do pátio interno do templo do S{\sc enhor}, com sua sala de entrada.

Os utensílios do templo

¹³O rei Salomão mandou que viesse de Tiro um homem chamado Hirão.ʰ ¹⁴Ele era israelita por parte de mãe, uma viúva da tribo de Naftali, e seu pai, originário de Tiro, havia sido artífice em bronze. Hirão era extremamente hábil e talentoso em qualquer obra em bronze e veio realizar todo o trabalho com metais para o rei Salomão.

¹⁵Hirão fundiu duas colunas de bronze, cada uma com 8,1 metros de altura e 5,4 metros de circunferência.ⁱ ¹⁶Para o alto das colunas, fundiu capitéis de bronze, com 2,25 metrosʲ de altura cada um. ¹⁷Cada capitel era enfeitado

---

ᵃ **6.31** O significado do hebraico é incerto. ᵇ **6.38** Mês do antigo calendário lunar hebraico que geralmente ocorria entre outubro e novembro. ᶜ **7.2** Em hebraico, *100 côvados de comprimento, 50 côvados de largura e 30 côvados de altura.* ᵈ **7.5** A Septuaginta traz *janelas.* ᵉ **7.6** Em hebraico, *50 côvados de comprimento e 30 côvados de largura.* ᶠ **7.7** Conforme a versão siríaca e a Vulgata; o hebraico traz *de piso a piso.* ᵍ **7.10** Em hebraico, *10 côvados por 8 côvados.* ʰ **7.13** Não é a mesma pessoa mencionada em 5.1. ⁱ **7.15** Em hebraico, *18 côvados de altura e 12 côvados de circunferência.* ʲ **7.16** Em hebraico, *5 côvados.*

com sete conjuntos de correntes entrelaçadas. ¹⁸Para enfeitar os capitéis no alto das colunas, fez duas fileiras de romãs ao redor desses conjuntos de correntes. ¹⁹Os capitéis no alto das colunas da sala de entrada tinham forma de lírios e mediam 1,8 metro[a] de altura. ²⁰Nos capitéis das duas colunas havia duzentas romãs dispostas em duas fileiras, perto da superfície arredondada e do conjunto de correntes entrelaçadas. ²¹Hirão colocou as colunas na entrada do templo, uma à direita e outra à esquerda. À que estava à direita deu o nome de Jaquim; e à outra, à esquerda, deu o nome de Boaz.[b] ²²Os capitéis no alto das colunas tinham a forma de lírios. E assim foi terminada a obra das colunas.

²³Depois, Hirão fundiu um grande tanque redondo, que chamaram de Mar. O tanque media 4,5 metros de uma borda à outra, 2,25 metros de profundidade e 13,5 metros de circunferência.[c] ²⁴Logo abaixo da borda, tinha ao seu redor duas fileiras de frutos decorativos. Havia cerca de vinte frutos por metro[d] em toda a circunferência, formando uma única peça de fundição com o tanque.

²⁵O tanque ficava apoiado sobre doze touros,[e] todos voltados para fora: três voltados para o norte, três para o oeste, três para o sul e três para o leste. ²⁶As paredes do tanque tinham 8 centímetros[f] de espessura, e sua borda se projetava para fora como uma taça, semelhante a um lírio. Tinha capacidade para cerca de 42 mil litros[g] de água.

²⁷Hirão também fez dez bases móveis de bronze para levar água. Cada uma media 1,8 metro de comprimento, 1,8 metro de largura e 1,35 metro de altura.[h] ²⁸Foram construídos com painéis laterais presos com travessões. ²⁹Tanto os painéis como os travessões eram enfeitados com entalhes de leões, bois e querubins. Acima e abaixo dos leões e bois havia guirlandas decorativas. ³⁰Cada uma das bases tinha quatro rodas de bronze e eixos de bronze. Nos cantos das bases, havia suportes para as pias de bronze; os suportes eram decorados, de cada lado, com entalhes de guirlandas. ³¹Na parte superior de cada base havia um encaixe redondo para a bacia. Projetava-se 45 centímetros[i] acima da parte superior da base, como um pedestal redondo, e sua abertura tinha 67,5 centímetros[j] de um lado ao outro; do lado de fora, era enfeitada com entalhes de guirlandas. Os painéis das bases eram quadrados, e não redondos. ³²Sob os painéis ficavam as quatro rodas ligadas aos eixos que haviam sido fundidos como parte da base. As rodas tinham 67,5 centímetros de diâmetro ³³e eram semelhantes a rodas de carros de guerra. Os eixos, raios, aros e cubos das rodas eram todos de bronze fundido.

³⁴Em cada um dos quatro cantos da base havia alças, que também eram fundidas como parte da estrutura. ³⁵Em volta da parte superior de cada base havia uma borda com 22,5 centímetros[k] de largura. Os suportes nos cantos e os painéis laterais eram fundidos com a base, como se fossem uma só peça. ³⁶Entalhes de querubins, leões e palmeiras enfeitavam os painéis e os suportes nos cantos em todos os espaços disponíveis, e havia guirlandas ao redor de tudo. ³⁷As dez bases tinham todas o mesmo tamanho e foram feitas iguais, cada uma fundida no mesmo molde.

³⁸Hirão também fez dez pias menores de bronze, uma para cada base móvel. Cada pia media 1,8 metro de diâmetro e tinha capacidade para cerca de 840 litros[l] de água. ³⁹Ele colocou cinco bases do lado sul do templo e cinco do lado norte. O grande tanque de bronze chamado Mar foi colocado perto do canto sudeste do templo. ⁴⁰Também fez as bacias, pás e tigelas necessárias.

Assim, Hirão terminou tudo que o rei Salomão havia ordenado que ele fizesse para o templo do SENHOR:

⁴¹as duas colunas;
  os dois capitéis em forma de taça no alto das colunas;

---

[a]**7.19** Em hebraico, *4 côvados.* [b]**7.21** *Jaquim* provavelmente significa "ele estabelece"; *Boaz* provavelmente significa "nele há força". [c]**7.23** Em hebraico, *10 côvados de uma borda à outra, 5 côvados de profundidade e 30 côvados de circunferência.* [d]**7.24** Em hebraico, *10 para cada côvado.* [e]**7.25** Comparar com 2Rs 16.17, que especifica *touros de bronze.* [f]**7.26a** Em hebraico, *1 palmo menor.* [g]**7.26b** Em hebraico, *2.000 batos.* [h]**7.27** Em hebraico, *4 côvados de comprimento, 4 côvados de largura e 3 côvados de altura.* [i]**7.31a** Em hebraico, *1 côvado.* [j]**7.31b** Em hebraico, *1,5 côvado*; também em 7.32. [k]**7.35** Em hebraico, *1/2 côvado.* [l]**7.38** Em hebraico, *40 batos.*

os dois conjuntos de correntes entrelaçadas que enfeitavam os capitéis;
⁴²as quatrocentas romãs penduradas nas correntes nos capitéis (duas fileiras de romãs para cada conjunto de correntes que enfeitavam os capitéis no alto das colunas);
⁴³as dez bases móveis para levar água com as dez pias;
⁴⁴o Mar e os doze bois debaixo dele;
⁴⁵os baldes das cinzas, as pás e as tigelas.

Hirão fez todos esses objetos de bronze polido para o templo do Senhor, conforme as instruções do rei Salomão. ⁴⁶O rei ordenou que fossem fundidos em moldes de barro no vale do Jordão, entre Sucote e Zaretã. ⁴⁷Salomão não pesou todos esses objetos, porque eram muitos; o peso do bronze não pôde ser medido.

⁴⁸Salomão também fez toda a mobília do templo do Senhor:

o altar de ouro;
a mesa de ouro para os pães da presença;
⁴⁹os candelabros de ouro maciço, cinco do lado direito e cinco do lado esquerdo, em frente ao lugar santíssimo;
os enfeites de flores, as lâmpadas e as tenazes, todos de ouro;
⁵⁰os baldes pequenos, os cortadores de pavio, as tigelas, as colheres e os incensários, todos de ouro maciço;
as dobradiças das portas de entrada para o lugar santíssimo e do salão principal do templo, revestidas com ouro.

⁵¹Assim, o rei Salomão concluiu toda a sua obra no templo do Senhor. Então trouxe todos os presentes que seu pai, Davi, havia consagrado — a prata, o ouro e os diversos objetos — e os guardou na tesouraria do templo do Senhor.

O transporte da arca para o templo

8 Em seguida, Salomão mandou chamar a Jerusalém todas as autoridades de Israel e todos os líderes das tribos, os chefes das famílias israelitas. Eles levariam a arca da aliança do Senhor do lugar onde estava, na Cidade de Davi, também conhecida como Sião, para o templo. ²Todos os homens de Israel se reuniram diante do rei Salomão durante a Festa das Cabanas, celebrada no mês de etanim,ª o sétimo mês.

³Quando todos os líderes de Israel chegaram, os sacerdotes ergueram a arca. ⁴Os sacerdotes e os levitas levaram a arca do Senhor, junto com a tenda do encontroᵇ e todos os seus utensílios sagrados. ⁵Ali, diante da arca, o rei Salomão e toda a comunidade de Israel ofereceram tantos sacrifícios de ovelhas e bois que não puderam ser contados.

⁶Então os sacerdotes levaram a arca da aliança do Senhor para o santuário interno do templo, o lugar santíssimo, e a colocaram sob as asas dos querubins. ⁷Os querubins tinham as asas abertas sobre a arca, e elas cobriam a arca e as varas usadas para transportá-la. ⁸Essas varas eram tão compridas que suas pontas podiam ser vistas do lugar santo, diante do lugar santíssimo, mas não de fora; e estão ali até hoje. ⁹Na arca havia só as duas tábuas de pedra que Moisés tinha colocado dentro dela no monte Sinai,ᶜ onde o Senhor fez uma aliança com os israelitas depois que eles saíram da terra do Egito.

¹⁰Quando os sacerdotes saíram do lugar santo, uma densa nuvem encheu o templo do Senhor. ¹¹Com isso, os sacerdotes não puderam dar continuidade a seus serviços, pois a presença gloriosa do Senhor encheu o templo do Senhor.

Salomão louva o Senhor

¹²Então Salomão orou: "Ó Senhor, tu disseste que habitarias numa densa nuvem. ¹³Agora, construí para ti um templo majestoso, um lugar para habitares para sempre!".

¹⁴Então o rei se voltou para toda a comunidade de Israel que estava em pé diante dele e abençoou o povo. ¹⁵Em seguida, orou: "Louvado seja o Senhor, o Deus de Israel, que cumpriu o que prometeu a meu pai, Davi, pois lhe disse: ¹⁶'Desde o dia em que tirei Israel, meu povo, do Egito, não escolhi nenhuma cidade das tribos de Israel como lugar onde deveria ser construído um templo em honra ao meu nome. Contudo, escolhi Davi para reinar sobre meu povo, Israel'".

¹⁷Salomão disse: "Meu pai, Davi, queria construir este templo em honra ao nome do Senhor,

---

ª **8.2** Em hebraico, *durante a festa no mês de etanim*. A Festa das Cabanas começava no décimo quinto dia do sétimo mês do antigo calendário lunar hebraico. Esse dia ocorria em final de setembro, outubro ou início de novembro. ᵇ **8.4** Isto é, a tenda mencionada em 2Sm 6.17 e 1Cr 16.1. ᶜ **8.9** Em hebraico, *Horebe*, outro nome para o Sinai.

o Deus de Israel. ¹⁸Mas o Senhor lhe disse: 'Sua intenção de construir um templo em honra ao meu nome é boa, ¹⁹mas essa tarefa não caberá a você. Um de seus filhos construirá o templo em honra ao meu nome'.

²⁰"O Senhor cumpriu sua promessa, pois eu sou o sucessor de meu pai, Davi, e agora ocupo o trono de Israel, como o Senhor havia prometido. Construí este templo em honra ao nome do Senhor, o Deus de Israel, ²¹e preparei nele um lugar para a arca que contém a aliança que o Senhor fez com nossos antepassados quando os tirou do Egito".

Oração de dedicação do templo

²²Então Salomão se pôs diante do altar do Senhor, na presença de toda a comunidade de Israel. Levantou as mãos para o céu ²³e orou:

"Ó Senhor, o Deus de Israel, não há Deus como tu em cima, nos céus, nem embaixo, na terra. Tu guardas a tua aliança e mostras amor leal àqueles que andam diante de ti de todo o coração. ²⁴Cumpriste tua promessa a teu servo Davi, meu pai. Fizeste essa promessa com a tua própria boca, e hoje a cumpriste com as tuas próprias mãos.

²⁵"Agora, ó Senhor, o Deus de Israel, cumpre a outra promessa que fizeste a teu servo Davi, meu pai, quando lhe disseste: 'Se seus descendentes viverem como devem e me seguirem fielmente como você fez, sempre haverá um deles no trono de Israel'. ²⁶Agora, ó Deus de Israel, cumpre a promessa que fizeste a teu servo Davi, meu pai.

²⁷"Contudo, será possível que Deus habite na terra? Nem mesmo os mais altos céus podem contê-lo, muito menos este templo que construí! ²⁸Ainda assim, ouve minha oração e minha súplica, ó Senhor, meu Deus. Ouve o clamor e a oração que teu servo te faz hoje. ²⁹Guarda noite e dia este templo, o lugar do qual disseste: 'Meu nome estará ali'. Ouve sempre as orações que teu servo fizer voltado para este lugar. ³⁰Ouve as súplicas de teu servo e de Israel, teu povo, quando orarmos voltados para este lugar. Sim, ouve-nos dos céus onde habitas e, quando ouvires, perdoa-nos.

³¹"Se alguém pecar contra outra pessoa e se for exigido que faça um juramento de inocência diante do teu altar neste templo, ³²ouve dos céus e julga entre teus servos, entre o acusador e o acusado. Castiga o culpado e declara justo o inocente, cada um conforme merece.

³³"Se o teu povo, Israel, for derrotado por seus inimigos porque pecou contra ti, e se voltar para ti, invocar o teu nome e orar a ti neste templo, ³⁴ouve dos céus, perdoa o pecado de teu povo, Israel, e traze-o de volta a esta terra que deste a seus antepassados.

³⁵"Se o céu se fechar e não houver chuva porque o povo pecou contra ti, e se eles orarem voltados para este templo, invocarem o teu nome e se afastarem de seus pecados porque tu os castigaste, ³⁶ouve dos céus e perdoa os pecados de teus servos, o teu povo, Israel. Ensina-os a seguir o caminho certo e envia chuva à terra que deste por herança a teu povo.

³⁷"Se houver fome na terra, ou peste, ou praga nas lavouras, ou se elas forem atacadas por gafanhotos ou lagartas, ou se os inimigos do teu povo invadirem a terra e sitiarem suas cidades, seja qual for o desastre ou epidemia que ocorrer, ³⁸e se alguém do teu povo, ou toda a nação de Israel, orar a respeito de suas aflições com as mãos levantadas para este templo, ³⁹ouve dos céus onde habitas e perdoa. Trata o teu povo como ele merece, pois somente tu conheces o coração de cada um. ⁴⁰Assim eles te temerão enquanto viverem na terra que deste a nossos antepassados.

⁴¹"No futuro, estrangeiros que não pertencem a teu povo, Israel, ouvirão falar de ti. Virão de terras distantes por causa do teu nome, ⁴²porque ouvirão falar do teu grande nome, da tua mão forte e do teu braço poderoso. E, quando orarem voltados para este templo, ⁴³ouve dos céus onde habitas e concede o que pedem. Assim, todos os povos da terra conhecerão teu nome e te temerão, como faz teu povo, Israel. Também saberão que neste templo que construí teu nome é honrado.

⁴⁴"Se o teu povo sair para onde o enviares a fim de lutar contra seus inimigos, e se orarem ao Senhor voltados para esta cidade que escolheste e para este templo que construí

em honra ao teu nome, ⁴⁵ouve dos céus suas orações e defende sua causa.

⁴⁶"Quando pecarem contra ti, pois não há quem não peque, tua ira cairá sobre eles e tu permitirás que seus inimigos os conquistem e os levem como escravos para outras terras, próximas ou distantes. ⁴⁷Se caírem em si nessa terra de exílio e se arrependerem, suplicando-te: 'Pecamos, praticamos o mal e agimos perversamente', ⁴⁸e se voltarem para ti de todo o coração e de toda a alma na terra de seus inimigos e orarem voltados para a terra que deste a seus antepassados, para esta cidade que escolheste e para este templo que construí em honra ao teu nome, ⁴⁹ouve dos céus onde habitas suas orações e súplicas e defende sua causa. ⁵⁰Perdoa teu povo que pecou contra ti. Perdoa todas as ofensas que cometeram contra ti. Faze que seus conquistadores os tratem com misericórdia, ⁵¹pois são o teu povo, a tua propriedade especial, que libertaste do Egito, uma fornalha de fundir ferro.

⁵²"Olha atentamente para as súplicas do teu servo e para as súplicas do teu povo, Israel. Ouve e responde sempre que clamarmos a ti. ⁵³Pois, quando tiraste nossos antepassados do Egito, ó Soberano Senhor, disseste a teu servo Moisés que separarias Israel de todas as nações da terra para ser tua propriedade especial".

A dedicação do templo

⁵⁴Quando Salomão terminou de fazer essas orações e súplicas ao Senhor, levantou-se de diante do altar do Senhor, onde havia se ajoelhado com as mãos estendidas para o céu. ⁵⁵Ficou em pé e, em alta voz, abençoou toda a comunidade de Israel:

⁵⁶"Louvado seja o Senhor, que deu descanso ao seu povo, Israel, como prometeu. Nenhuma só palavra falhou das maravilhosas promessas que ele fez por meio de seu servo Moisés. ⁵⁷Que o Senhor, nosso Deus, seja conosco assim como foi com nossos antepassados; que ele jamais nos deixe nem nos abandone. ⁵⁸Que ele nos dê a disposição de fazer sua vontade e obedecer a todos os seus mandamentos, decretos e estatutos que ele deu a nossos antepassados. ⁵⁹E que as palavras dessa minha oração na presença do Senhor estejam sempre diante dele, dia e noite, para que o Senhor, nosso Deus, defenda a causa de seu servo e de seu povo, Israel, conforme as necessidades de cada dia. ⁶⁰Então os povos de toda a terra saberão que somente o Senhor é Deus, e que não há nenhum outro. ⁶¹Quanto a vocês, sejam inteiramente fiéis ao Senhor, nosso Deus, e obedeçam sempre a seus decretos e mandamentos, como fazem hoje".

⁶²Então o rei e todo o Israel ofereceram sacrifícios ao Senhor. ⁶³Salomão apresentou ao Senhor uma oferta de paz de 22 mil bois e 120 mil ovelhas. Assim, o rei e todo o povo de Israel fizeram a dedicação do templo do Senhor.

⁶⁴Naquele mesmo dia, o rei consagrou a parte central do pátio em frente ao templo do Senhor. Ali apresentou holocaustos, ofertas de cereal e a gordura das ofertas de paz, pois o altar de bronze, na presença do Senhor, era pequeno demais para tantos holocaustos, ofertas de cereal e gordura das ofertas de paz.

⁶⁵Então Salomão e todo o Israel celebraram a Festa das Cabanas[a] na presença do Senhor, nosso Deus. Uma grande multidão havia se reunido, de lugares distantes como Lebo-Hamate, ao norte, e o ribeiro do Egito, ao sul. A celebração durou, no total, catorze dias: sete dias para a dedicação do altar e sete dias para a Festa das Cabanas.[b] ⁶⁶Terminada a festa,[c] Salomão mandou o povo para casa. Eles abençoaram o rei e foram embora alegres e exultantes, pois o Senhor tinha mostrado sua bondade a seu servo Davi e a seu povo, Israel.

A resposta do Senhor a Salomão

9 Salomão terminou de construir o templo do Senhor e o palácio real. Concluiu tudo que havia planejado fazer. ²Então o Senhor apareceu a Salomão pela segunda vez, como havia aparecido em Gibeom. ³O Senhor lhe disse:

"Ouvi sua oração e sua súplica. Consagrei este templo que você construiu, onde meu nome será honrado para sempre. Olharei continuamente para ele, com todo o meu coração.

---

[a] **8.65a** Em hebraico, *a festa*; ver nota em 8.2. [b] **8.65b** Em hebraico, *sete dias e sete dias, catorze dias*; comparar com o texto paralelo em 2Cr 7.8-10. [c] **8.66** Em hebraico, *No oitavo dia*, provável referência ao dia depois da Festa das Cabanas, que durava sete dias; comparar com o texto paralelo em 2Cr 7.9-10.

⁴"Quanto a você, se me seguir com integridade e retidão, como fez seu pai, Davi, obedecendo a todos os meus mandamentos, decretos e estatutos, ⁵estabelecerei o trono de sua dinastia sobre Israel para sempre. Pois fiz esta promessa a seu pai, Davi: 'Um de seus descendentes sempre se sentará no trono de Israel'.

⁶"Mas, se você ou seus descendentes me abandonarem e desobedecerem a meus mandamentos e decretos, seguindo e adorando outros deuses, ⁷arrancarei Israel desta terra que lhe dei. Rejeitarei este templo que consagrei em honra ao meu nome, e farei de Israel objeto de zombaria e desprezo entre as nações. ⁸E, embora este templo seja agora imponente, todos que passarem perto dele ficarão chocados e horrorizados. Perguntarão: 'Por que o Senhor fez coisas tão terríveis com esta terra e com este templo?'.

⁹"E a resposta será: 'Porque os israelitas abandonaram o Senhor, seu Deus, que tirou seus antepassados da terra do Egito e, em lugar dele, adoraram outros deuses e se prostraram diante deles. Por isso o Senhor trouxe sobre eles essas calamidades'".

O acordo de Salomão com Hirão

¹⁰Salomão levou vinte anos para construir o templo do Senhor e o palácio real. Depois desse tempo, ¹¹Salomão deu a Hirão, rei de Tiro, vinte cidades da Galileia. Hirão havia fornecido toda a madeira de cedro e de cipreste e todo o ouro que Salomão havia pedido. ¹²Contudo, quando Hirão veio de Tiro para ver as cidades que Salomão lhe tinha dado, não ficou nada satisfeito com elas. ¹³"Que espécie de cidades são essas, meu irmão?", perguntou ele. Então Hirão chamou aquela região de Cabul,[a] como é conhecida até hoje. ¹⁴Hirão tinha enviado a Salomão 4.200 quilos[b] de ouro.

As muitas realizações de Salomão

¹⁵Este é o relato do trabalho forçado que o rei Salomão impôs para a construção do templo do Senhor, do palácio real, do aterro[c] e do muro de Jerusalém, além das cidades de Hazor, Megido e Gezer. ¹⁶(O faraó, rei do Egito, havia atacado e conquistado Gezer. Matou seus habitantes cananeus, incendiou a cidade e a deu como presente à sua filha quando ela se casou com Salomão. ¹⁷Assim, Salomão reconstruiu a cidade de Gezer.) Também construiu Bete-Horom Baixa, ¹⁸Baalate e Tamar,[d] no deserto daquela região. ¹⁹Construiu cidades para servirem como centros de armazenamento e também cidades para seus carros de guerra e cavalos. Construiu tudo que desejou em Jerusalém, no Líbano e em todo o reino.

²⁰Ainda havia na terra habitantes que não eram israelitas: amorreus, hititas, ferezeus, heveus e jebuseus. ²¹Eram descendentes das nações que os israelitas não haviam destruído completamente. Salomão os recrutou para trabalhos forçados, e é nessa condição que trabalham até hoje. ²²Mas Salomão não recrutou nenhum israelita para trabalhos forçados; eles o serviram como soldados, funcionários do governo, oficiais e capitães de seu exército, comandantes de carros de guerra e cavaleiros. ²³Nomeou 550 israelitas para supervisionarem os trabalhadores de seus vários projetos.

²⁴Salomão transferiu a residência de sua esposa, a filha do faraó, da Cidade de Davi para o novo palácio que ele havia construído para ela. Depois, construiu o aterro.

²⁵Três vezes por ano, Salomão apresentava holocaustos e ofertas de paz sobre o altar que havia construído para o Senhor e também queimava incenso perante o Senhor. Assim, ele terminou o trabalho de construção do templo.

²⁶O rei Salomão também construiu navios em Eziom-Geber, um porto próximo a Elate,[e] na terra de Edom, às margens do mar Vermelho.[f] ²⁷Hirão enviou uma frota com marinheiros experientes para servirem nas tripulações dos navios, junto com os marinheiros de Salomão. ²⁸Navegaram a Ofir e trouxeram para Salomão 14.700 quilos[g] de ouro.

A visita da rainha de Sabá

10 Quando a rainha de Sabá ouviu falar da fama de Salomão, que honrava o nome do

---

[a] 9.13 *Cabul* significa "inútil". [b] 9.14 Em hebraico, *120 talentos*. [c] 9.15 Em hebraico, *do Milo*; também em 9.24. O significado do hebraico é incerto. [d] 9.18 Uma leitura alternativa no Texto Massorético traz *Tadmor*. [e] 9.26a Conforme a Septuaginta (ver tb. 2Rs 14.22; 16.6); o hebraico traz *Elote*, variação de Elate. [f] 9.26b Em hebraico, *mar de juncos*. [g] 9.28 Em hebraico, *420 talentos*.

> **PÃO DIÁRIO**
>
> ## Uma causa para louvar
>
> *Louvado seja o Senhor, seu Deus, que se agradou de você e o colocou no trono de Israel. Por causa do amor eterno do Senhor por Israel, ele o fez rei para governar com justiça e retidão.*
>
> —1 Reis 10.9
>
> A cerimônia de abertura dos Jogos Olímpicos de Verão em Pequim, em 8 de agosto de 2008, impressionou o mundo. Assisti ao evento pela televisão enquanto mais de 90 mil pessoas estavam presentes no Estádio Nacional de Pequim, o *Ninho do Pássaro*. Foi uma inspiração ouvir sobre os 5.000 anos de história da China e sobre as invenções com as quais a nação contribuiu com o mundo: a arte de fazer papel, a prensa móvel, a bússola e os fogos de artifício.
>
> A rainha de Sabá ficou extremamente impressionada com o que viu durante sua visita a Salomão (1Rs 10.4,5). A visão de Jerusalém a deixou tão deslumbrada que exclamou: "não tinham me contado nem a metade" (v.7)! Acima de tudo, ficou impressionada com a sabedoria de Salomão (vv.6,7). Ela estava convencida de que os súditos desse rei eram felizes porque estavam continuamente na presença dele e ouviam de sua sabedoria (v.8). Assim, a rainha concluiu enaltecendo o Deus de Salomão por tê-lo feito rei "para governar com justiça e retidão" (v.9).
>
> O impacto de Salomão sobre o seu povo me fez pensar sobre a nossa contribuição para o mundo. Não estamos preocupadas em impressionar outras pessoas com nossos bens ou habilidades, mas todas nós deveríamos desejar fazer a diferença na vida das pessoas. E se houvesse alguma coisa que pudéssemos fazer hoje capaz de levar as pessoas a louvar o Senhor?
>
> *Grande Deus, louvo-te com todo o meu ser, pois és digno de toda a minha adoração, Senhor majestoso, perfeito em amor, justiça e retidão. Que as coisas que eu disser e fizer levem outras pessoas a louvar-te com todo o coração.*
>
> **Os cristãos são janelas através das quais Jesus pode brilhar.**

Senhor,[a] foi até ele para pô-lo à prova com perguntas difíceis. ²Chegou a Jerusalém com uma comitiva numerosa e uma imensa caravana de camelos carregados de especiarias, grande quantidade de ouro e pedras preciosas. Quando se encontrou com Salomão, conversou com ele a respeito de tudo que tinha em mente. ³Salomão respondeu a todas as suas perguntas; nada era difícil demais para o rei explicar. ⁴Quando a rainha de Sabá percebeu quanto Salomão era sábio e viu o palácio que ele havia construído, ⁵a comida que era servida às mesas do rei, os alojamentos e a organização de seus oficiais e servos, os trajes esplêndidos que vestiam, os copeiros da corte e os holocaustos que Salomão oferecia no templo do Senhor, ficou muito admirada.

⁶Disse ela ao rei: "É verdade tudo que ouvi em meu país a respeito de suas realizações[b] e de sua sabedoria! ⁷Não acreditava no que diziam até que cheguei aqui e vi com os próprios olhos. Aliás, não tinham me contado nem a metade! Sua sabedoria e prosperidade vão muito além do que ouvi. ⁸Como deve ser feliz o seu povo![c] Que privilégio para seus oficiais estarem em sua presença todos os dias, ouvindo sua sabedoria! ⁹Louvado seja o Senhor, seu Deus, que se agradou de você e o colocou no trono de Israel. Por causa do amor eterno do Senhor por Israel, ele o fez rei para governar com justiça e retidão".

¹⁰Então ela presenteou o rei com 4.200 quilos[d] de ouro, especiarias em grande quantidade e pedras preciosas. Nunca mais foram recebidas tantas especiarias quanto as que a rainha de Sabá deu ao rei Salomão.

¹¹(Além disso, os navios de Hirão trouxeram ouro de Ofir e grandes carregamentos de madeira de sândalo[e] e pedras preciosas. ¹²O rei usou a madeira de sândalo para fazer corrimões[f] para o templo e para o palácio real, e também liras e harpas para os músicos. Nunca antes nem depois se viu tamanho suprimento de madeira de sândalo.)

¹³O rei Salomão deu à rainha de Sabá tudo que ela pediu, além dos presentes costumeiros que ele já havia entregado com generosidade. Então ela e sua comitiva regressaram para sua terra.

---

[a] 10.1 Ou *que se devia ao nome do Senhor*. O significado do hebraico é incerto. [b] 10.6 Em hebraico, *suas palavras*. [c] 10.8 A Septuaginta, a versão siríaca e a Vulgata trazem *Como devem ser felizes suas esposas!* [d] 10.10 Em hebraico, *120 talentos*. [e] 10.11 Ou *madeira de junípero*; também em 10.12. [f] 10.12 Ou *colunas*. O significado do hebraico é incerto.

A riqueza e o esplendor de Salomão

¹⁴A cada ano, Salomão recebia cerca de 23.300 quilos[a] de ouro, ¹⁵sem contar a renda adicional proveniente dos mercadores e comerciantes, de todos os reis da Arábia e dos governadores do país.

¹⁶O rei Salomão fez duzentos escudos grandes de ouro batido, cada um pesando 7,2 quilos.[b] ¹⁷Também fez trezentos escudos menores de ouro batido, cada um pesando 1,8 quilo.[c] O rei colocou esses escudos no Palácio da Floresta do Líbano.

¹⁸Então o rei fez um grande trono de marfim revestido de ouro puro. ¹⁹O trono tinha seis degraus e um encosto arredondado. De cada lado do assento havia um apoio para o braço e, junto de cada apoio, a escultura de um leão. ²⁰Também havia outros doze leões, um de cada lado dos seis degraus. Nenhum outro trono em todo o mundo se comparava ao de Salomão.

²¹Todas as taças do rei Salomão eram de ouro, e todos os utensílios do Palácio da Floresta do Líbano eram de ouro puro. Não eram de prata, pois nos dias de Salomão a prata era considerada um metal sem valor.

²²O rei tinha uma frota de navios mercantes[d] que navegavam com os navios de Hirão. Uma vez a cada três anos, as embarcações voltavam trazendo ouro, prata, marfim, macacos e pavões.[e]

²³Salomão se tornou o mais rico e sábio de todos os reis da terra. ²⁴Gente de todas as nações vinha consultá-lo e ouvir a sabedoria que Deus lhe tinha dado. ²⁵A cada ano, os visitantes traziam presentes de prata e ouro, roupas, armas, especiarias, cavalos e mulas.

²⁶Salomão ajuntou muitos carros de guerra e cavalos. Possuía 1.400 carros de guerra e 12.000 cavalos. Mantinha alguns deles nas cidades designadas para guardar esses carros de guerra e outros perto dele, em Jerusalém. ²⁷O rei tornou a prata tão comum em Jerusalém como as pedras. E havia tanta madeira valiosa de cedro como as figueiras-bravas que crescem nas colinas de Judá.[f] ²⁸Os cavalos

---

[a] **10.14** Em hebraico, *666 talentos*. [b] **10.16** Em hebraico, *600 siclos*. [c] **10.17** Em hebraico, *3 minas*. [d] **10.22a** Em hebraico, *navios de Társis*. [e] **10.22b** Ou *babuínos*. [f] **10.27** Em hebraico, *na Sefelá*.

PÃO DIÁRIO

As seis palavras do rei Salomão

Com isso, Salomão fez o que era mau aos olhos do Senhor; recusou-se a seguir inteiramente o Senhor, como seu pai, Davi, tinha feito.
—1 Reis 11.6

A revista SMITH, uma comunidade online que celebra a "alegria que existe na arte da contação de histórias", convidou os leitores a apresentarem um texto autobiográfico com seis palavras que descrevessem a vida deles. Milhares responderam com biografias curtas que abrangiam desde a alegria da frase: "Esposa querida, bons filhos — sou rico" até a dolorosa conclusão: "Sessenta. Ainda não perdoei meus pais".

Com base nas Escrituras, tentei imaginar como o rei Salomão poderia ter resumido sua vida em poucas palavras. Quando jovem, poderia ter escrito: "O Senhor me concedeu grande sabedoria". Porém, anos mais tarde, poderia ter dito: "Deveria ter praticado o que preguei".

Durante um reinado conhecido por paz e prosperidade, Salomão desenvolveu problemas espirituais profundos. Quando se tornou idoso, suas mulheres estrangeiras "o induziram a adorar outros deuses em vez de ser inteiramente fiel ao Senhor, seu Deus, como seu pai, Davi, tinha sido" (1Rs 11.4). Os resultados foram a ira e o desagrado de Deus e um triste final para uma vida que outrora fora exemplar (v.9).

Em algum ponto de sua caminhada — talvez, perto do fim —, Salomão escreveu o livro de Eclesiastes. Nele, a expressão "nada faz sentido" é usada muitas vezes, indicando, talvez, sua desilusão com a vida. Esse rei, anteriormente sábio, que teve o melhor, perdeu isso, refletiu sobre os acontecimentos de sua vida e encerrou o livro com a conclusão: "...tema a Deus e obedeça a seus mandamentos" (Ec 12.13).

Vale a pena prestar atenção a essas palavras finais de Salomão.

Pai celestial, por favor, não me deixes cair na apatia espiritual. Quero andar em obediência, seguindo a ti e a Tua instrução — que me concede vida. Em reverente temor, prostro-me diante de ti e reconheço que os Teus caminhos são os melhores.

A obediência a Deus é a chave para uma vida abençoada.

> **REFLETINDO SOBRE:** Mulheres de primeira classe

Concubinas

Não há mais judeu nem gentio, escravo nem livre, homem nem mulher, pois todos vocês são um em Cristo Jesus.
—Gálatas 3.28

Enquanto Patsy ouvia suas amigas falarem cheias de empolgação sobre seus planos de desfrutar de um dia num *SPA*, sua mente procurava freneticamente por uma desculpa para não as acompanhar. Por que se expor a mais vergonha e embaraço? Ela poderia passar por isso todos os dias. Não importava o lugar onde fosse com suas duas melhores amigas, Patsy sentia a ferroada da discriminação. Em restaurantes e lojas, elas recebiam atenção enquanto Patsy se sentia negligenciada e ignorada. Suas amigas tinham boas intenções, mas eram desatentas — e eram magras. *Estou cansada de ser tratada como uma pessoa de segunda classe só por causa do meu tamanho,* Patsy pensou.

As concubinas na época do Antigo Testamento sabiam como era serem cidadãs de segunda classe. Mesmo que Deus não aceitasse essa prática, havia se tornado aceitável na sociedade israelita que um homem tivesse escravas, servas ou prisioneiras de guerra como esposas secundárias. Tornar-se a concubina do mestre significava uma elevação de condição para uma escrava ou serva, mas ela permanecia em posição inferior à esposa. Os filhos de uma concubina eram considerados filhos legais de sua ama, mas não tinham herança ou direitos de propriedade a não ser que seu pai escolhesse adotá-los.

Muitas mulheres lutam com sentimentos de inferioridade e se veem como pessoas de segunda categoria. Sentimentos que podem ser fundamentados na condição social ou econômica, origem étnica, história familiar, grau de educação ou até mesmo aparência.

Ainda que o mundo encoraje essas percepções, aos olhos de Deus não há pessoas de segunda categoria. Não importa em que circunstâncias tenhamos nascido, somos todas igualmente culpadas do pecado que nos separa dele. Felizmente, Deus vê cada uma de nós como alguém por quem valeu a pena morrer. Uma vez que nascemos em Sua família ao crermos em Jesus, somos igualmente aceitas e perdoadas. Deus não tem filhos de segunda classe em Sua família.

de Salomão eram importados do Egito[a] e da Cilícia;[b] os comerciantes do rei os adquiriam da Cilícia pelo preço de mercado. ²⁹Naquela época, um carro de guerra do Egito custava 600 peças[c] de prata, e um cavalo, 150 peças[d] de prata. Depois, eram exportados aos reis dos hititas e aos reis da Síria.

As muitas esposas de Salomão

11 O rei Salomão amou muitas mulheres estrangeiras. Além da filha do faraó, ele se casou com mulheres de Moabe, de Amom, de Edom, de Sidom e dos hititas. ²O S<small>ENHOR</small> havia instruído os israelitas claramente: "Não se casem com mulheres dessas nações, pois desviarão seu coração para os deuses delas". E, no entanto, Salomão amou essas mulheres. ³No total, casou-se com setecentas princesas e teve trezentas concubinas. E elas desviaram seu coração do S<small>ENHOR</small>.

⁴Quando Salomão era idoso, elas o induziram a adorar outros deuses em vez de ser inteiramente fiel ao S<small>ENHOR</small>, seu Deus, como seu pai, Davi, tinha sido. ⁵Salomão adorou Astarote, a deusa dos sidônios, e Moloque,[e] o repulsivo deus dos amonitas. ⁶Com isso, Salomão fez o que era mau aos olhos do S<small>ENHOR</small>; recusou-se a seguir inteiramente o S<small>ENHOR</small>, como seu pai, Davi, tinha feito.

⁷No monte que fica a leste de Jerusalém, chegou a construir um lugar de culto para Camos, o repulsivo deus de Moabe, e outro para Moloque, o repulsivo deus dos amonitas. ⁸Salomão construiu esses lugares de culto para que suas esposas estrangeiras queimassem incenso e oferecessem sacrifícios aos deuses delas.

---

[a]**10.28a** Possivelmente, *de Muzur*, região próxima da Cilícia; também em 10.29. [b]**10.28b** Em hebraico, *de Cuve*, provavelmente outro nome para Cilícia. [c]**10.29a** Em hebraico, *600 [siclos]*, cerca de 7,2 quilos. [d]**10.29b** Em hebraico, *150 [siclos]*, cerca de 1,8 quilo. [e]**11.5** Em hebraico, *Milcom*, variação de Moloque; também em 11.33.

⁹O Senhor se irou com Salomão, porque o coração dele tinha se desviado do Senhor, o Deus de Israel, que lhe havia aparecido duas vezes. ¹⁰Ele tinha advertido Salomão especificamente de que não adorasse outros deuses, mas Salomão não obedeceu à ordem do Senhor. ¹¹Por isso, o Senhor lhe disse: "Uma vez que você não cumpriu minha aliança e desobedeceu a meus decretos, certamente tirarei de você o reino e o entregarei a um de seus servos. ¹²Mas, por causa de seu pai, Davi, não farei isso enquanto você estiver vivo. Tirarei o reino de seu filho ¹³e, ainda assim, não tirarei dele o reino inteiro; deixarei que governe sobre uma tribo, por causa do meu servo Davi e de Jerusalém, a cidade que escolhi".

Os adversários de Salomão

¹⁴Então o Senhor levantou o edomita Hadade, da família real de Edom, para ser adversário de Salomão. ¹⁵Anos antes, Davi tinha derrotado Edom. Joabe, comandante do exército de Davi, tinha ficado para trás a fim de enterrar alguns soldados israelitas mortos na batalha. Enquanto estavam ali, mataram todos os homens de Edom. ¹⁶Joabe e o exército de Israel tinham permanecido ali seis meses, até matarem todos os edomitas.

¹⁷Contudo, Hadade e alguns dos oficiais de seu pai conseguiram fugir e seguiram para o Egito. Na época, Hadade ainda era bem jovem. ¹⁸Partiram de Midiã e foram a Parã, onde outros se juntaram a eles. Em seguida, foram ao Egito e se apresentaram ao faraó, o rei do Egito, que lhes ofereceu casas, sustento e terras. ¹⁹O faraó se agradou de Hadade e lhe deu em casamento sua cunhada, a irmã da rainha Tafnes. ²⁰A esposa de Hadade deu à luz um filho chamado Genubate. Tafnes o criou na casa do faraó, entre os próprios filhos do faraó.

²¹Quando chegou a Hadade no Egito a notícia de que Davi e seu comandante Joabe estavam mortos, ele disse ao faraó: "Deixe-me voltar para minha terra".

²²"Por quê?", perguntou o faraó. "O que lhe falta aqui para que você queira voltar para sua terra?"

"Não me falta nada", respondeu ele. "Ainda assim, peço que me deixe voltar."

²³Deus também levantou Rezom, filho de Eliada, para ser adversário de Salomão. Rezom havia fugido de seu senhor Hadadezer, rei de Zobá, ²⁴e se tornado líder de um bando de rebeldes. Depois que Davi derrotou Hadadezer, Rezom e seus homens fugiram para Damasco, onde Rezom se tornou rei. ²⁵Ele foi inimigo ferrenho de Israel durante o resto do reinado de Salomão e, assim como Hadade, causou muitos problemas. Rezom continuou a reinar na Síria e odiava Israel profundamente.

Jeroboão se rebela contra Salomão

²⁶Outro líder rebelde foi Jeroboão, filho de Nebate, um dos próprios oficiais de Salomão. Veio da cidade de Zereda, em Efraim; sua mãe era viúva e se chamava Zerua.

²⁷Esta é a história por trás de sua rebelião. Salomão estava construindo o aterro[a] e reparando os muros da Cidade de Davi, seu pai. ²⁸Jeroboão era um jovem muito capaz e, quando Salomão viu como era diligente, encarregou-o dos trabalhadores das tribos de Efraim e Manassés, os descendentes de José.

²⁹Certo dia, quando Jeroboão saía de Jerusalém, Aías, profeta de Siló, encontrou-se com ele no caminho. Aías vestia uma capa nova. Enquanto os dois estavam sozinhos no campo, ³⁰Aías pegou sua capa nova e a rasgou em doze partes. ³¹Disse a Jeroboão: "Fique com dez pedaços, pois assim diz o Senhor, o Deus de Israel: 'Estou prestes a tirar o reino das mãos de Salomão e entregar dez tribos a você. ³²Contudo, deixarei uma tribo para ele, por causa do meu servo Davi e de Jerusalém, a cidade que escolhi dentre todas as tribos de Israel. ³³Pois Salomão me abandonou e adorou[b] Astarote, a deusa dos sidônios, Camos, o deus de Moabe, e Moloque, o deus dos amonitas. Não seguiu meus caminhos nem fez o que me agrada. Não obedeceu a meus decretos e estatutos, como fez seu pai, Davi.

³⁴"'Contudo, não tirarei o reino inteiro de Salomão agora. Por causa do meu servo Davi, a quem escolhi e que obedeceu a meus mandamentos e decretos, manterei Salomão no

---

[a] 11.27 Em hebraico, *o Milo*. O significado do hebraico é incerto. [b] 11.33 Conforme a Septuaginta, a versão siríaca e a Vulgata; o hebraico traz *Pois eles me abandonaram e adoraram*.

governo enquanto ele viver. ³⁵Mas tirarei o reino do filho dele e darei dez tribos a você. ³⁶O filho de Salomão terá uma tribo, para que os descendentes de meu servo Davi continuem a brilhar como uma lâmpada em Jerusalém, a cidade que escolhi como lugar para o meu nome. ³⁷Eu o colocarei no trono de Israel, e você governará sobre tudo que seu coração desejar. ³⁸Se der ouvidos ao que digo, seguir meus caminhos e fizer o que me agrada, e se obedecer a meus estatutos e mandamentos, como fez meu servo Davi, sempre estarei com você. Estabelecerei para você uma dinastia, como fiz com Davi, e lhe darei Israel. ³⁹Por causa do pecado de Salomão, castigarei os descendentes de Davi, mas não para sempre'".

⁴⁰Salomão tentou matar Jeroboão, mas ele fugiu para junto de Sisaque, rei do Egito, e ficou ali até a morte de Salomão.

Resumo do reinado de Salomão

⁴¹Os demais acontecimentos do reinado de Salomão, incluindo todos os seus feitos e sua sabedoria, estão registrados no *Livro dos Atos de Salomão*. ⁴²Salomão reinou por quarenta anos sobre todo o Israel, em Jerusalém. ⁴³Quando morreu e se reuniu a seus antepassados, foi sepultado na Cidade de Davi, seu pai. Seu filho Roboão foi seu sucessor.

As tribos do norte se rebelam

12 Roboão foi a Siquém, onde todo o Israel havia se reunido para proclamá-lo rei. ²Quando Jeroboão, filho de Nebate, soube disso, voltou do Egito,ᵃ para onde havia fugido do rei Salomão. ³Os líderes de Israel convocaram Jeroboão, e ele e toda a comunidade de Israel foram falar com Roboão. ⁴"Seu pai foi muito duro conosco", disseram. "Alivie a carga pesada de trabalho e de impostos altos que seu pai nos obrigou a carregar. Então seremos seus súditos leais."

⁵Roboão respondeu: "Deem-me três dias para pensar. Depois, voltem para saber minha resposta". E o povo foi embora.

⁶O rei Roboão discutiu o assunto com os homens mais velhos que haviam sido conselheiros de seu pai, Salomão. "O que vocês aconselham?", perguntou ele. "Como devo responder a este povo?"

⁷Eles disseram: "Se o senhor estiver disposto a servir este povo hoje e lhe der uma resposta favorável, eles serão seus súditos leais para sempre".

⁸Mas Roboão rejeitou o conselho dos homens mais velhos e pediu a opinião dos jovens que haviam crescido com ele e agora o acompanhavam. ⁹"O que vocês aconselham?", perguntou ele. "Como devo responder a este povo que deseja que eu alivie as cargas impostas por meu pai?"

¹⁰Os jovens responderam: "Você deve dizer o seguinte a essa gente que diz que seu pai foi muito duro com eles e que pede alívio: 'Meu dedo mínimo é mais grosso que a cintura de meu pai! ¹¹Sim, meu pai lhes impôs cargas pesadas, mas eu as tornarei ainda mais pesadas! Meu pai os castigou com chicotes comuns, mas eu os castigarei com chicotes de pontas de metal!'".ᵇ

¹²Três dias depois, Jeroboão e todo o povo voltaram para saber a decisão do rei, como ele havia ordenado. ¹³Roboão lhes respondeu com aspereza, pois rejeitou o conselho dos homens mais velhos ¹⁴e seguiu o conselho dos mais jovens. Disse ao povo: "Meu pai lhes impôs cargas pesadas, mas eu as tornarei ainda mais pesadas! Meu pai os castigou com chicotes comuns, mas eu os castigarei com chicotes de pontas de metal!".

¹⁵Assim, o rei não atendeu o povo. Essa mudança nos acontecimentos foi da vontade do Senhor, pois cumpriu a mensagem do Senhor a Jeroboão, filho de Nebate, por meio do profeta Aías, de Siló.

¹⁶Quando todo o Israel viu que o rei não iria atender a seu pedido, respondeu:

"Abaixo a dinastia de Davi!
  O filho de Jessé nada tem a nos oferecer!
Volte para casa, Israel!
  E você, Davi, cuide de sua própria casa!".

Então o povo de Israel voltou para casa. ¹⁷Roboão, porém, continuou a governar sobre os israelitas que moravam nas cidades de Judá.

ᵃ **12.2** Conforme a Septuaginta e a Vulgata (ver tb. 2Cr 10.2); o hebraico traz *ele vivia no Egito*. ᵇ **12.11** Em hebraico, *com escorpiões*; também em 12.14.

¹⁸O rei Roboão enviou Adonirão,ª encarregado dos trabalhos forçados, para restaurar a ordem, mas o povo de Israel o apedrejou até a morte. Quando essa notícia chegou ao rei Roboão, ele subiu rapidamente em sua carruagem e fugiu para Jerusalém. ¹⁹E até hoje as tribos do norte de Israel se recusam a ser governadas por um descendente de Davi.

²⁰Quando o povo de Israel soube que Jeroboão tinha voltado do Egito, convocou uma assembleia e o proclamou rei sobre todo o Israel. Apenas a tribo de Judá permaneceu leal à família de Davi.

A profecia de Semaías

²¹Quando Roboão chegou a Jerusalém, mobilizou os homens das tribos de Judá e Benjamim, 180 mil dos melhores soldados, para guerrearem contra Israel e recuperarem o reino. ²²Deus, porém, falou a Semaías, homem de Deus: ²³"Diga a Roboão, filho de Salomão, rei de Judá, e a todo o povo de Judá e Benjamim, e ao restante do povo: ²⁴'Assim diz o SENHOR: Não lutem contra seus compatriotas, os israelitas. Voltem para casa, pois eu mesmo fiz isso acontecer!'". Eles obedeceram à palavra do SENHOR e voltaram para casa, conforme o SENHOR havia ordenado.

Jeroboão faz bezerros de ouro

²⁵Então Jeroboão fortificou a cidade de Siquém, na região montanhosa de Efraim, e se estabeleceu ali. Mais tarde, fortificou Peniel.ᵇ

²⁶Jeroboão pensou: "Se eu não tiver cuidado, o reino voltará à dinastia de Davi. ²⁷Quando o povo for a Jerusalém para oferecer sacrifícios no templo do SENHOR, voltará a ser leal a Roboão, rei de Judá. Eles me matarão e o proclamarão rei deles".

²⁸Então, seguindo a recomendação de seus conselheiros, o rei fez dois bezerros de ouro. Disse ao povo: "É complicado demais ir a Jerusalém para adorar. Veja, Israel, estes são os deuses que tiraram vocês do Egito!".

²⁹Colocou um dos bezerros em Betel e o outro em Dã, nos dois extremos de seu reino. ³⁰Isso se tornou um grande pecado, pois o povo viajava até Dã, ao norte, para adorar o ídolo que ficava ali.

³¹Jeroboão também construiu santuários idólatras e designou para serem sacerdotes homens do povo, que não eram da tribo sacerdotal de Levi. ³²Instituiu uma festa religiosa em Betel, no décimo quinto dia do oitavo mês,ᶜ uma imitação da festa celebrada todos os anos em Judá. Ali em Betel, Jeroboão ofereceu sacrifícios aos bezerros que havia feito e designou sacerdotes para os santuários idólatras que havia construído. ³³No décimo quinto dia do oitavo mês, data que ele mesmo tinha definido, ofereceu sacrifícios no altar em Betel. Instituiu, desse modo, uma festa religiosa para Israel e subiu ao altar para queimar incenso.

Um profeta condena Jeroboão

13 Por ordem do SENHOR, um homem de Deus, vindo de Judá, foi até Betel e chegou ali quando Jeroboão se aproximava do altar para queimar incenso. ²Então, por ordem do SENHOR, ele gritou: "Altar, altar! Assim diz o SENHOR: 'Um menino chamado Josias nascerá na dinastia de Davi. Sobre você ele sacrificará os sacerdotes dos santuários idólatras que queimam incenso aqui, e sobre você serão queimados ossos humanos!'". ³Naquele mesmo dia, o homem de Deus deu um sinal. Disse ele: "O SENHOR anunciou este sinal: O altar se rachará, e suas cinzas se derramarão pelo chão".

⁴Quando o rei Jeroboão ouviu o homem de Deus falar contra o altar em Betel, apontou para o homem e ordenou: "Prendam-no!". No mesmo instante, porém, a mão do rei ficou paralisada nessa posição, e ele não conseguia fazê-la voltar à posição normal. ⁵Ao mesmo tempo, uma grande rachadura apareceu no altar e as cinzas se derramaram, exatamente como o homem de Deus tinha dito na mensagem recebida do SENHOR.

⁶O rei disse ao homem de Deus: "Por favor, peça ao SENHOR, seu Deus, que restaure a minha mão!". O homem de Deus orou ao SENHOR e a mão do rei foi restaurada, e ele pôde movimentá-la novamente.

ª **12.18** Conforme alguns manuscritos gregos e a versão siríaca (ver tb. 1Rs 4.6; 5.14); o hebraico traz *Adorão*. ᵇ **12.25** Em hebraico, *Penuel*, variação de Peniel. ᶜ **12.32** No antigo calendário lunar hebraico, esse dia ocorria no final de outubro ou no início de novembro, exatamente um mês depois da celebração anual da Festa das Cabanas em Judá (ver Lv 23.34).

> **PÃO DIÁRIO**
>
> ## É o que Deus diz
>
> *Quando o profeta que o trouxe de volta soube do que havia acontecido, disse: "É o homem de Deus que desafiou a palavra do Senhor. O Senhor cumpriu sua palavra ao fazer que o leão o atacasse e matasse".*
>
> —1 Reis 13.26
>
> Uma pesquisa com adolescentes demonstrou como eles lidam com a pressão dos seus colegas. Os adolescentes foram levados a uma sala, em grupos de dez, e instruídos a levantar as mãos quando o professor apontasse para a linha mais longa de três gráficos. Nove deles tinham sido orientados antecipadamente a votar na segunda linha mais longa. Porém, uma pessoa do grupo não tinha recebido essa mesma instrução.
>
> O experimento começou com nove adolescentes votando na linha errada. A décima pessoa normalmente olhava ao redor, intimidada em meio à confusão, e levantava a mão com o grupo por não ter tido a coragem de desafiá-lo.
>
> Em 1 Reis 13, um homem de Deus, não identificado, realizou sinais miraculosos no altar de Betel (vv.1-6). Contudo, após essa grande vitória, ele aceitou como verdade a palavra de outro profeta mesmo sabendo que Deus tivesse lhe dito o contrário (vv.15-19) e, por causa de sua desobediência, ele foi morto por um leão (vv.20-24).
>
> A história nos ensina que a Palavra de Deus é superior à palavra de qualquer um e, portanto, deve ser obedecida. Quando estamos propensas a sucumbir à pressão, devemos permanecer firmes. Na dúvida, devemos sempre confiar na Palavra de Deus, pois ela é a verdade.
>
> *Jesus, tu experimentaste os resultados mortais do que acontece quando as pessoas escolhem seguir a multidão em vez de seguir a verdade. Ajuda-me a seguir somente a ti quando sentir a pressão da sociedade atual. Quero permanecer na Rocha — em Tua Palavra — não nas areias movediças do homem.*
>
> **A Palavra de Deus é a bússola que nos mantém na direção certa.**

⁷Então o rei disse ao homem de Deus: "Venha ao palácio comigo e coma alguma coisa, e eu lhe darei um presente".

⁸Mas o homem de Deus respondeu a Jeroboão: "Mesmo que o rei me desse metade de tudo que possui, eu não o acompanharia. Não comeria nem beberia coisa alguma neste lugar, ⁹pois o Senhor me ordenou: 'Não coma nem beba coisa alguma enquanto estiver lá e não volte pelo mesmo caminho por onde foi'".

¹⁰Então ele partiu de Betel e voltou para casa por outro caminho.

¹¹Acontece que morava em Betel um profeta idoso. Seus filhos[a] foram até ele e lhe contaram o que o homem de Deus havia feito em Betel naquele dia. Também contaram ao pai o que o homem de Deus tinha dito ao rei. ¹²O profeta idoso lhes perguntou: "Por onde ele foi?". Eles mostraram ao pai[b] o caminho por onde o homem de Deus tinha ido. ¹³"Selem o jumento", disse o profeta idoso. Eles selaram o jumento para o pai, e ele montou.

¹⁴Foi atrás do homem de Deus e o encontrou sentado debaixo de uma grande árvore. Perguntou-lhe: "Você é o homem de Deus que veio de Judá?".

"Sim, sou eu", respondeu ele.

¹⁵Então o profeta disse ao homem de Deus: "Venha para casa comigo e coma alguma coisa".

¹⁶"Não posso ir com você", respondeu ele. "Não tenho permissão para comer nem beber coisa alguma neste lugar, ¹⁷pois o Senhor me ordenou: 'Não coma nem beba coisa alguma enquanto estiver lá e não volte pelo mesmo caminho por onde foi'."

¹⁸O profeta idoso, porém, respondeu: "Também sou profeta como você. E um anjo me deu esta ordem da parte do Senhor: 'Traga-o para casa com você, para que ele coma pão e beba água'". No entanto, estava mentindo. ¹⁹Eles voltaram juntos, e o homem de Deus comeu e bebeu na casa do profeta.

²⁰Então, enquanto estavam sentados à mesa, veio uma ordem do Senhor ao profeta idoso. ²¹Ele falou ao homem de Deus que tinha vindo de Judá: "Assim diz o Senhor: 'Você desafiou a palavra do Senhor e desobedeceu à ordem que o Senhor, seu Deus, lhe deu. ²²Voltou a este lugar e comeu e bebeu onde ele lhe disse que não comesse nem bebesse. Por isso seu corpo não será sepultado no túmulo de seus antepassados'".

---

[a] **13.11** Conforme a Septuaginta; o hebraico traz *Seu filho*. [b] **13.12** Conforme a Septuaginta; o hebraico traz *Eles tinham visto*.

> **REFLETINDO SOBRE: Sem disfarce**
>
> ## A esposa de Jeroboão
>
> *Por que finge ser outra pessoa?*
> —1 Reis 14.6
>
> Jackie sentou-se no escritório do reitor perguntando-se como foi que alguém conseguiu reconhecê-la naquela brincadeira estúpida. Quando ela e sua amiga decidiram empurrar as bicicletas que ficavam à frente dos dormitórios, Jackie estava usando um disfarce absolutamente seguro. Ela usara uma peruca vermelha, óculos escuros, máscara cirúrgica e um traje de hospital. O que Jackie esqueceu é que ela também usava uma calça de agasalho com seu sobrenome gravado na parte detrás.
>
> O disfarce da esposa do rei Jeroboão não funcionou muito melhor. Seu marido havia liderado Israel à adoração de ídolos e perseguira os sacerdotes, mas, quando seu filho ficou gravemente doente, Jeroboão enviou sua esposa para perguntar a um profeta se o menino se recuperaria. Seguindo as instruções de seu marido, ela retirou suas joias e vestimentas majestosas e se disfarçou como uma mulher comum. Andou pelas ruas até a casa de Aías, confiante de que ninguém a reconheceria. Imagine seu choque ao ouvir o velho cego profeta chamá-la antes mesmo que ela batesse à porta: "... Entre, esposa de Jeroboão...".
>
> Muitas de nós passamos pela vida tentando usar disfarces, seja intencional ou inconscientemente. Algumas pessoas tentam desesperadamente parecer mais virtuosas ou inteligentes do que são. Outras agem de uma forma durante a semana e depois colocam seus disfarces de domingo para irem à igreja. Se estivermos tentando impressionar pessoas ou simplesmente nos enganando, Deus vê através de qualquer máscara. Ele conhece nossas palavras antes mesmo que as pronunciemos e nossos pensamentos antes que cheguem à mente. Se não entendemos o amor e a misericórdia de Deus, isso pode parecer aterrorizante, porém aqueles que conhecem Sua misericórdia e aceitação são libertos. Sejam quais forem as nossas falhas, não precisamos fingir para o nosso Pai celestial que somos alguém que realmente não somos.

²³Quando o homem de Deus terminou de comer e beber, o profeta idoso selou seu próprio jumento para ele, ²⁴e o homem de Deus partiu. Enquanto estava a caminho, apareceu um leão e o matou. Seu corpo ficou na estrada, com o jumento e o leão parados ao lado dele. ²⁵Algumas pessoas que passaram viram o corpo estendido ali, com o leão parado ao lado dele, e deram a notícia em Betel, onde morava o profeta idoso.

²⁶Quando o profeta que o trouxe de volta soube do que havia acontecido, disse: "É o homem de Deus que desafiou a palavra do Senhor. O Senhor cumpriu sua palavra ao fazer que o leão o atacasse e matasse."

²⁷Então o profeta disse a seus filhos: "Selem o jumento para mim". Eles selaram o jumento, ²⁸e o profeta foi e encontrou o corpo estendido na estrada. O jumento e o leão ainda estavam parados ao lado dele; o leão não havia comido o corpo nem atacado o jumento. ²⁹O profeta colocou o corpo do homem de Deus sobre o jumento e o levou de volta à cidade para lamentar por ele e sepultá-lo. ³⁰Pôs o corpo em sua própria sepultura e lamentou por ele, exclamando: "Ah, meu irmão!".

³¹Depois de sepultá-lo, o profeta disse a seus filhos: "Quando eu morrer, enterrem-me no túmulo onde está sepultado o homem de Deus. Ponham meus ossos ao lado dos ossos dele, ³²pois a mensagem que o Senhor ordenou que ele proclamasse contra o altar em Betel e contra os santuários idólatras nas cidades de Samaria certamente se cumprirá".

³³Mesmo depois disso, Jeroboão não se arrependeu de seus maus caminhos. Continuou a nomear sacerdotes dentre o povo comum; qualquer um que desejasse podia se tornar sacerdote dos santuários idólatras. ³⁴Com isso, por causa desse pecado, a dinastia de Jeroboão foi eliminada da face da terra.

A profecia de Aías contra Jeroboão

14 Por esse tempo, Abias, filho de Jeroboão, ficou doente. ²Jeroboão disse à sua esposa:

"Ponha um disfarce para que ninguém reconheça que você é minha esposa e vá a Siló falar com o profeta Aías, o homem que me disse que eu seria rei sobre este povo. ³Leve para ele um presente de dez pães, alguns bolos e uma vasilha de mel. Ele lhe dirá o que acontecerá com o menino".

⁴A esposa de Jeroboão foi à casa de Aías, em Siló. Ele já estava velho e não podia mais enxergar. ⁵O Senhor, porém, tinha dito a Aías: "A esposa de Jeroboão virá aqui, fingindo que é outra pessoa. Perguntará a respeito do filho dela, pois ele está doente. Transmita-lhe a resposta que eu darei a você".

⁶Quando Aías ouviu os passos dela junto à porta, disse: "Entre, esposa de Jeroboão! Por que finge ser outra pessoa? Tenho más notícias para você. ⁷Leve a seu marido, Jeroboão, esta mensagem: 'Assim diz o Senhor, o Deus de Israel: Eu o exaltei dentre o povo e o fiz líder de Israel, meu povo. ⁸Arranquei o reino da família de Davi e o entreguei a você. Mas você não tem sido como meu servo Davi, que obedeceu a meus mandamentos e me seguiu de todo o coração, e sempre fez o que me agrada. ⁹Você pecou mais que todos os que vieram antes. Fez para si outros deuses e me enfureceu com seus bezerros de ouro. Sim, você me deu as costas! ¹⁰Por isso, trarei desgraça sobre sua família e destruirei todos os seus descendentes do sexo masculino em Israel, tanto escravos como livres. Queimarei sua dinastia como se queima lixo, até que tenha desaparecido. ¹¹Os membros da família de Jeroboão que morrerem na cidade serão comidos pelos cães, e os que morrerem no campo serão comidos pelos abutres. Eu, o Senhor, falei!'".

¹²Então Aías disse à esposa de Jeroboão: "Volte para casa; quando você puser os pés na cidade, o menino morrerá. ¹³Todo o Israel lamentará a morte dele e o sepultará. Ele será o único membro de sua família que terá um sepultamento digno, pois esse menino é o único de toda a família de Jeroboão do qual o Senhor, o Deus de Israel, se agradou.

¹⁴"Além disso, o Senhor levantará um rei sobre Israel que destruirá a família de Jeroboão. Isso acontecerá hoje, agora mesmo! ¹⁵O Senhor sacudirá Israel como a corrente de água agita as canas de junco. Arrancará os israelitas desta boa terra que deu a seus antepassados e os dispersará além do rio Eufrates,ᵃ pois enfureceram o Senhor com os postes que levantaram para adorar a deusa Aserá. ¹⁶Ele abandonará Israel, porque Jeroboão pecou e fez Israel pecar com ele".

¹⁷Então a esposa de Jeroboão voltou a Tirza, e o menino morreu no instante em que ela entrou em casa. ¹⁸E todo o Israel o sepultou e lamentou por ele, conforme o Senhor havia anunciado por meio do profeta Aías.

¹⁹Os demais acontecimentos do reinado de Jeroboão, as guerras e o modo como governou, estão registrados no *Livro da História dos Reis de Israel*. ²⁰Jeroboão reinou em Israel por 22 anos. Quando morreu e se reuniu a seus antepassados, seu filho Nadabe foi seu sucessor.

Roboão reina em Judá

²¹Enquanto isso, Roboão, filho de Salomão, reinava em Judá. Tinha 41 anos quando começou a reinar, e reinou por dezessete anos em Jerusalém, a cidade que o Senhor havia escolhido dentre todas as tribos de Israel como lugar para o seu nome. A mãe de Roboão era uma mulher amonita chamada Naamá.

²²O povo de Judá fez o que era mau aos olhos do Senhor e provocou sua ira com os pecados que cometeu, pois foram ainda piores que os de seus antepassados. ²³Construíram santuários idólatras e levantaram colunas sagradas e postes de Aserá em todos os montes e debaixo de toda árvore verdejante. ²⁴Havia até mesmo prostitutos cultuais por toda a terra. O povo imitava as práticas detestáveis das nações que o Senhor havia expulsado de diante dos israelitas.

²⁵No quinto ano do reinado de Roboão, Sisaque, rei do Egito, subiu e atacou Jerusalém. ²⁶Saqueou os tesouros do templo do Senhor e do palácio real; roubou tudo, incluindo os escudos de ouro que Salomão havia feito. ²⁷Mais tarde, o rei Roboão fez escudos de bronze para substituí-los e os confiou aos oficiais da guarda que protegiam a entrada do palácio real. ²⁸Sempre que o rei ia ao templo do Senhor, os

---

ᵃ **14.15** Em hebraico, *rio*.

guardas levavam os escudos e, em seguida, os devolviam à sala da guarda.

²⁹Os demais acontecimentos do reinado de Roboão e tudo que ele fez estão registrados no *Livro da História dos Reis de Judá*. ³⁰Houve guerra constante entre Roboão e Jeroboão. ³¹Quando Roboão morreu, foi sepultado com seus antepassados na Cidade de Davi. Sua mãe era uma mulher amonita chamada Naamá. Seu filho Abias[a] foi seu sucessor.

Abias reina em Judá

15 No décimo oitavo ano do reinado de Jeroboão, filho de Nebate, Abias[b] começou a reinar em Judá. ²Reinou por três anos em Jerusalém. Sua mãe se chamava Maaca e era neta de Absalão.

³Cometeu os mesmos pecados que seu pai e não foi inteiramente fiel ao Senhor, seu Deus, como seu antepassado Davi. ⁴Mas, por causa de Davi, o Senhor, seu Deus, permitiu que seus descendentes continuassem a brilhar como uma lâmpada em Jerusalém e deu a Abias um filho para reinar depois dele. ⁵Pois Davi tinha feito o que era certo aos olhos do Senhor e obedecido a seus mandamentos durante toda a vida, exceto no caso de Urias, o hitita.

⁶Durante todo o reinado de Abias, houve guerra entre Abias e Jeroboão.[c] ⁷Os demais acontecimentos do reinado de Abias e tudo que ele fez estão registrados no *Livro da História dos Reis de Judá*. Houve guerra constante entre Abias e Jeroboão. ⁸Quando Abias morreu e se reuniu a seus antepassados, foi sepultado na Cidade de Davi. Seu filho Asa foi seu sucessor.

Asa reina em Judá

⁹No vigésimo ano do reinado de Jeroboão em Israel, Asa começou a reinar em Judá. ¹⁰Reinou em Jerusalém por 41 anos. Sua avó[d] se chamava Maaca e era neta de Absalão.

¹¹Asa fez o que era certo aos olhos do Senhor, como seu antepassado Davi. ¹²Expulsou da terra os prostitutos cultuais e removeu todos os ídolos[e] que seus antepassados haviam feito. ¹³Chegou a depor sua avó Maaca da posição de rainha-mãe, pois ela havia feito um poste obsceno para a deusa Aserá. Derrubou esse poste obsceno e o queimou no vale de Cedrom. ¹⁴Embora os santuários idólatras não tivessem sido removidos, o coração de Asa permaneceu inteiramente fiel ao Senhor durante toda a sua vida. ¹⁵Ele trouxe para o templo do Senhor a prata, o ouro e os diversos utensílios que ele e seu pai haviam consagrado.

¹⁶Houve guerra constante entre Asa e Baasa, rei de Israel. ¹⁷Baasa, rei de Israel, invadiu Judá e fortificou Ramá, a fim de impedir que qualquer um entrasse ou saísse do território de Asa, rei de Judá.

¹⁸Em resposta, Asa juntou toda a prata e todo o ouro que restavam na tesouraria do templo do Senhor e no palácio real. Enviou alguns de seus oficiais a Ben-Hadade, rei da Síria, que governava em Damasco, filho de Tabrimom e neto de Heziom, com a prata e o ouro e a seguinte mensagem:

¹⁹"Façamos um acordo, você e eu, como aquele que houve entre seu pai e o meu. Envio um presente de prata e ouro. Rompa seu acordo com Baasa, rei de Israel, para que ele me deixe em paz".

²⁰Ben-Hadade aceitou a proposta do rei Asa e enviou os comandantes de seu exército para atacarem as cidades de Israel. Eles conquistaram Ijom, Dã, Abel-Bete-Maaca e todo o Quinerete, bem como a terra de Naftali. ²¹Quando Baasa, rei de Israel, soube do que havia acontecido, abandonou seu projeto de fortificar Ramá e permaneceu em Tirza. ²²Então o rei Asa decretou que todos os homens de Judá, sem exceção, ajudassem a levar embora as pedras e a madeira usadas por Baasa para fortificar Ramá. Asa empregou esses materiais para fortificar a cidade de Geba, em Benjamim, e a cidade de Mispá.

²³Os demais acontecimentos do reinado de Asa, a extensão de seu poder, tudo que ele fez e o nome das cidades que ele construiu, estão registrados no *Livro da História dos Reis de Judá*. Em sua velhice, sofreu de uma doença nos pés. ²⁴Quando Asa morreu, foi sepultado

---

[a] **14.31** Também conhecido como *Abião*. [b] **15.1** Também conhecido como *Abião*. [c] **15.6** Conforme alguns manuscritos hebraicos e gregos; a maioria dos manuscritos hebraicos traz *entre Roboão e Jeroboão*. [d] **15.10** Ou *A rainha-mãe*; o hebraico traz *Sua mãe* (tb. em 15.13); comparar com 15.2. [e] **15.12** É provável que o termo hebraico (lit. *coisas redondas*) se refira a esterco.

> **REFLETINDO SOBRE: Uma vida desperdiçada**
>
> ## Jezabel
>
> *Sim, todas as outras coisas são insignificantes comparadas ao ganho inestimável de conhecer a Cristo Jesus, meu Senhor.*
> —Filipenses 3.8
>
> Chegando tarde em casa, Casey caiu no sofá, exausta. Ela sabia que não deveria ter sido desta forma — trabalhar num emprego que odiava enquanto estudava à noite. Ela crescera em uma família amorosa e encorajadora. Depois do Ensino Médio, começou a faculdade com bolsa integral. Olhando para trás, Casey acreditava que enlouquecera naquele primeiro semestre. Ela desistira da faculdade, passara por uma série de relacionamentos imprestáveis e tinha até sido sem-teto por um ano. Agora, desejava recuperar metade das oportunidades que havia jogado fora.
>
> Jezabel também desperdiçou as oportunidades. Como princesa dos sidônios, ela desfrutava de riqueza, poder, educação e inteligência aguçada. Mais importante: Jezabel teve a chance de ir além de sua educação pagã quando se casou com o rei de Israel. Ainda que Acabe não fosse um homem piedoso, Jezabel teve acesso aos profetas israelitas e ouviu sobre os milagres de Deus. Na verdade, testemunhou pelo menos um milagre. Entretanto, escolheu direcionar suas energias e recursos para uma luta contra o Senhor. Jezabel ordenou a morte de muitos profetas e pressionou inúmeros israelitas a adorar ídolos. No fim das contas, ela foi traída por um servo e nada que viesse dela restou exceto alguns ossos espalhados em um campo e o ciclo contínuo de depravação que, por fim, eliminou sua linhagem familiar.
>
> Cada uma de nós representa uma combinação singular de histórico familiar, habilidades naturais, educação e experiências de vida. Podemos nos sentir ressentidas quando olhamos para alguém que parece ter recebido mais oportunidades do que nós, mas o que determina a direção de nossa vida é a nossa resposta à oportunidade de conhecer e seguir a Deus. Mesmo que derramemos nossas energias e recursos em alguma causa nobre, no fim das contas nada de valor eterno permanecerá se negligenciarmos o nosso relacionamento com o Senhor. Por mais que aparentemos ser bem-sucedidas aos olhos do mundo, nossa vida terá sido desperdiçada.

com seus antepassados na Cidade de Davi. Seu filho Josafá foi seu sucessor.

Nadabe reina em Israel

²⁵Nadabe, filho de Jeroboão, começou a reinar em Israel no segundo ano do reinado de Asa, rei de Judá. Reinou em Israel por dois anos. ²⁶Fez o que era mau aos olhos do Senhor; seguiu o exemplo de seu pai, Jeroboão, e persistiu nos pecados que ele havia levado Israel a cometer.

²⁷Baasa, filho de Aías, da tribo de Issacar, conspirou contra Nadabe e o assassinou enquanto ele e o exército israelita sitiavam a cidade filisteia de Gibetom. ²⁸Baasa matou Nadabe no terceiro ano do reinado de Asa, rei de Judá, e se tornou seu sucessor.

²⁹Assim que Baasa subiu ao poder, matou todos os descendentes de Jeroboão. Não restou ninguém de sua família, exatamente como o Senhor havia anunciado por meio do profeta Aías, de Siló. ³⁰Isso aconteceu porque Jeroboão havia provocado a ira do Senhor com os pecados que tinha cometido e levado Israel a cometer.

³¹Os demais acontecimentos do reinado de Nadabe e tudo que ele fez estão registrados no *Livro da História dos Reis de Israel*.

Baasa reina em Israel

³²Houve guerra constante entre Asa, rei de Judá, e Baasa, rei de Israel. ³³Baasa, filho de Aías, começou a reinar sobre todo o Israel no terceiro ano do reinado de Asa, rei de Judá. Reinou em Tirza por 24 anos. ³⁴Fez o que era mau aos olhos do Senhor; seguiu o exemplo de Jeroboão e persistiu nos pecados que Jeroboão havia levado Israel a cometer.

16 Esta mensagem do Senhor foi transmitida ao rei Baasa pelo profeta Jeú, filho de Hanani: ²"Eu o levantei do pó a fim de torná-lo líder do meu povo, Israel, mas você seguiu o exemplo de Jeroboão. Provocou minha ira ao fazer meu povo, Israel, pecar. ³Por isso, destruirei você e sua família, assim como destruí os descendentes de Jeroboão, filho de Nebate. ⁴Os membros da família de Baasa que morrerem na cidade serão comidos pelos cães, e os que morrerem no campo serão comidos pelos abutres".

⁵Os demais acontecimentos do reinado de Baasa, o que ele fez e a extensão de seu poder estão registrados no *Livro da História dos Reis de Israel*. ⁶Quando Baasa morreu e se reuniu a seus antepassados, foi sepultado em Tirza. Seu filho Elá foi seu sucessor.

⁷A mensagem do SENHOR contra Baasa e sua família veio por meio do profeta Jeú, filho de Hanani. Foi transmitida porque Baasa havia feito o que era mau aos olhos do SENHOR, como a família de Jeroboão, e também porque Baasa havia destruído a família de Jeroboão. Os pecados de Baasa provocaram a ira do SENHOR.

Elá reina em Israel
⁸Elá, filho de Baasa, começou a reinar em Israel no vigésimo sexto ano do reinado de Asa, rei de Judá. Reinou em Tirza por dois anos.

⁹Então Zinri, comandante de metade dos carros de guerra do rei, conspirou contra ele. Certo dia, em Tirza, Elá estava se embebedando na casa de Arza, supervisor do palácio. ¹⁰Zinri entrou, feriu Elá e o matou. Isso aconteceu no vigésimo sétimo ano do reinado de Asa, rei de Judá. Zinri se tornou o sucessor de Elá.

¹¹Logo que Zinri subiu ao poder, matou toda a família de Baasa. Não deixou vivo nenhum filho do sexo masculino. Exterminou até mesmo parentes e amigos. ¹²Desse modo, Zinri destruiu a dinastia de Baasa, como o SENHOR havia anunciado por meio do profeta Jeú. ¹³Isso aconteceu por causa de todos os pecados que Baasa e seu filho Elá haviam cometido e levado Israel a cometer. Com seus ídolos inúteis, provocaram a ira do SENHOR, Deus de Israel.

¹⁴Os demais acontecimentos do reinado de Elá e tudo que ele fez estão registrados no *Livro da História dos Reis de Israel*.

Zinri reina em Israel
¹⁵Zinri começou a reinar em Israel no vigésimo sétimo ano do reinado de Asa, rei de Judá. Reinou em Tirza por apenas sete dias. Nessa ocasião, o exército de Israel estava acampado próximo à cidade filisteia de Gibetom. ¹⁶Quando souberam que Zinri havia traído e assassinado o rei, naquele mesmo dia proclamaram Onri, comandante do exército, o novo rei de Israel. ¹⁷Onri levou todo o exército de Israel de Gibetom a Tirza e cercou a cidade. ¹⁸Quando Zinri viu que a cidade havia sido conquistada, foi para a parte mais protegida do palácio real, ateou fogo ao edifício e morreu no meio das chamas. ¹⁹Ele também havia feito o que era mau aos olhos do SENHOR. Seguiu o exemplo de Jeroboão nos pecados que tinha cometido e levado Israel a cometer.

²⁰Os demais acontecimentos do reinado de Zinri e sua conspiração estão registrados no *Livro da História dos Reis de Israel*.

Onri reina em Israel
²¹O povo de Israel se dividiu em dois partidos. Metade queria proclamar rei Tibni, filho de Ginate, e a outra metade apoiava Onri. ²²Os partidários de Onri derrotaram os de Tibni, filho de Ginate. Tibni morreu, e Onri se tornou rei.

²³Onri começou seu reinado no trigésimo primeiro ano do reinado de Asa, rei de Judá. Ao todo, reinou por doze anos, seis deles em Tirza. ²⁴Então Onri comprou de Sêmer o monte de Samaria por setenta quilos[a] de prata. Construiu ali uma cidade que chamou de Samaria, em homenagem a Sêmer, o antigo proprietário do monte.

²⁵Onri fez o que era mau aos olhos do SENHOR, pior que todos os reis antes dele. ²⁶Seguiu o exemplo de Jeroboão, filho de Nebate, em todos os pecados que tinha cometido e levado Israel a cometer. Com seus ídolos inúteis, o povo provocou a ira do SENHOR, Deus de Israel.

²⁷Os demais acontecimentos do reinado de Onri, o que ele fez e a extensão de seu poder estão registrados no *Livro da História dos Reis de Israel*. ²⁸Quando Onri morreu e se reuniu a seus antepassados, foi sepultado em Samaria. Seu filho Acabe foi seu sucessor.

---
[a] **16.24** Em hebraico, *2 talentos*.

Acabe reina em Israel

²⁹Acabe, filho de Onri, começou a reinar em Israel no trigésimo oitavo ano do reinado de Asa, rei de Judá. Reinou em Samaria por 22 anos. ³⁰Acabe, filho de Onri, fez o que era mau aos olhos do Senhor, pior que todos os reis antes dele. ³¹E, como se não bastasse seguir o exemplo pecaminoso de Jeroboão, casou-se com Jezabel, filha de Etbaal, rei dos sidônios, e começou a se prostrar diante de Baal e adorá-lo. ³²Primeiro, Acabe construiu um templo e um altar para Baal em Samaria. ³³Depois, levantou um poste para a deusa Aserá. Fez mais coisas para provocar a ira do Senhor, Deus de Israel, que todos os reis de Israel antes dele.

³⁴Durante o reinado de Acabe, Hiel, um homem de Betel, reconstruiu Jericó. Quando lançou os alicerces, morreu seu filho mais velho, Abirão. E, quando terminou a reconstrução e colocou as portas, morreu seu filho mais novo, Segube. Tudo isso aconteceu de acordo com a mensagem do Senhor a respeito de Jericó, transmitida por meio de Josué, filho de Num.

Elias é alimentado por corvos

17 Elias, que era de Tisbe, em Gileade, disse ao rei Acabe: "Tão certo como vive o Senhor, o Deus de Israel, a quem sirvo, não haverá orvalho nem chuva durante os próximos anos, até que eu ordene!".

²Então o Senhor disse a Elias: ³"Vá para o leste e esconda-se junto ao riacho de Querite, que fica a leste do rio Jordão. ⁴Beba água do riacho e coma o que os corvos lhe trouxerem, pois eu dei ordem para levarem alimento até você".

⁵Elias fez o que o Senhor ordenou e acampou junto ao riacho de Querite, a leste do Jordão. ⁶Os corvos lhe traziam pão e carne de manhã e à tarde, e ele bebia água do riacho. ⁷Depois de algum tempo, porém, o riacho secou, pois não caía chuva em parte alguma da terra.

A viúva de Sarepta

⁸Então o Senhor disse a Elias: ⁹"Vá morar em Sarepta, perto da cidade de Sidom. Dei ordem a uma viúva que mora ali para lhe dar alimento".

¹⁰Elias foi a Sarepta. Quando chegou ao portão da cidade, viu uma viúva apanhando gravetos e lhe perguntou: "Pode me dar um pouco de água para beber, por favor?". ¹¹Enquanto ela ia buscar a água, ele disse: "Traga também um pedaço de pão".

¹²Mas ela respondeu: "Tão certo como vive o Senhor, seu Deus, não tenho um pedaço sequer de pão em casa. Tenho apenas um punhado de farinha que restou numa vasilha e um pouco de azeite no fundo do jarro. Estava apanhando alguns gravetos para preparar esta última refeição, e depois meu filho e eu morreremos".

¹³Elias, porém, disse: "Não tenha medo! Faça o que acabou de dizer, mas primeiro faça um pouco de pão para mim. Depois, use o resto para preparar uma refeição para você e seu filho. ¹⁴Pois assim diz o Senhor, Deus de Israel: 'Sempre haverá farinha na vasilha e azeite no jarro, até o dia em que o Senhor enviar chuva'".

¹⁵Ela fez conforme Elias disse. Assim, Elias, a mulher e a família dela tiveram alimento para muitos dias. ¹⁶Sempre havia farinha na vasilha e azeite no jarro, exatamente como o Senhor tinha prometido por meio de Elias.

¹⁷Algum tempo depois, o filho da mulher ficou doente. Foi piorando e, por fim, morreu. ¹⁸Disse ela a Elias: "Homem de Deus, o que você me fez? Veio para lembrar-me de meus pecados e matar meu filho?".

¹⁹Elias, porém, respondeu: "Dê-me seu filho". Tomou o corpo do menino dos braços dela, carregou-o para o andar de cima, onde estava hospedado, e o pôs na cama. ²⁰Então Elias clamou ao Senhor: "Ó Senhor, meu Deus, por que trouxeste desgraça a esta viúva que me recebeu em seu lar e fizeste o filho dela morrer?".

²¹Em seguida, Elias se deitou sobre o menino três vezes e clamou ao Senhor: "Ó Senhor, meu Deus, por favor, permite que a vida volte a este menino!". ²²O Senhor ouviu a oração de Elias, e o menino voltou a viver. ²³Elias o levou para baixo e o entregou à mãe. "Veja, seu filho está vivo", disse ele.

²⁴Então a mulher disse a Elias: "Agora tenho certeza de que você é um homem de Deus, e de que o Senhor verdadeiramente fala por seu intermédio!".

Confronto no monte Carmelo

18 Algum tempo depois, no terceiro ano da seca, o Senhor disse a Elias: "Vá apresentar-se ao rei Acabe. Diga-lhe que enviarei chuva". ²Elias foi apresentar-se a Acabe.

A fome era severa em Samaria. ³Acabe mandou chamar Obadias, o administrador do palácio. (Obadias temia profundamente o SENHOR. ⁴Certa vez, quando Jezabel havia tentado matar todos os profetas do SENHOR, Obadias escondeu cem deles em duas cavernas. Colocou cinquenta em cada caverna e forneceu alimento e água para eles.) ⁵Acabe disse a Obadias: "Precisamos ir a todas as fontes e vales na terra. Quem sabe encontraremos pasto suficiente para salvar pelo menos alguns de meus cavalos e mulas!". ⁶Então dividiram o território entre si. Acabe foi para um lado, e Obadias, para o outro.

⁷Enquanto Obadias caminhava, viu de repente Elias vindo em sua direção. Ao reconhecê-lo, Obadias curvou-se diante dele com o rosto no chão. "É o senhor mesmo, meu senhor Elias?", perguntou.

⁸"Sim, sou eu", respondeu Elias. "Agora vá e diga ao rei: 'Elias está aqui'."

⁹Obadias, porém, protestou: "Que mal lhe fiz para que me envie para morrer nas mãos de Acabe? ¹⁰Pois, tão certo como vive o SENHOR, seu Deus, o rei o procurou em todas as nações e reinos da terra, de uma extremidade à outra. E cada vez que lhe diziam: 'Elias não está aqui', o rei Acabe fazia o rei daquela nação jurar que tinha falado a verdade. ¹¹E agora o senhor diz: 'Vá e diga ao rei: Elias está aqui'. ¹²Mas, assim que eu o deixar, o Espírito do SENHOR o levará embora, sabe-se lá para onde, e quando Acabe chegar e não o encontrar, ele me matará. E, no entanto, tenho servido fielmente ao SENHOR toda a minha vida. ¹³Ninguém lhe falou da ocasião em que Jezabel tentou matar os profetas do SENHOR? Escondi cem deles em duas cavernas e lhes forneci alimento e água. ¹⁴E agora o senhor diz: 'Vá e diga ao rei: Elias está aqui'. Se eu fizer isso, certamente Acabe me matará!".

¹⁵Mas Elias disse: "Tão certo como vive o SENHOR dos Exércitos, em cuja presença estou, hoje mesmo me apresentarei ao rei Acabe".

¹⁶Então Obadias foi dizer a Acabe que Elias tinha vindo, e Acabe saiu para encontrar-se com Elias. ¹⁷Quando Acabe o viu, disse: "É você mesmo, perturbador de Israel?".

¹⁸"Não causei problema algum a Israel", respondeu Elias. "O senhor e sua família é que são os perturbadores, pois se recusaram a obedecer aos mandamentos do SENHOR e, em vez disso, adoraram imagens de Baal. ¹⁹Agora, convoque todo o Israel para encontrar-se comigo no monte Carmelo, além dos 450 profetas de Baal e os 400 profetas de Aserá que comem à mesa de Jezabel."

²⁰Acabe convocou todo o povo de Israel e os profetas para se reunirem no monte Carmelo. ²¹Elias se colocou diante do povo e disse: "Até quando ficarão oscilando de um lado para o outro? Se o SENHOR é Deus, sigam-no! Mas, se Baal é Deus, então sigam Baal!". O povo, contudo, ficou em silêncio.

²²Então Elias lhes disse: "Sou o único que resta dos profetas do SENHOR, mas Baal tem 450 profetas. ²³Agora, tragam para cá dois novilhos. Que os profetas de Baal escolham um deles, cortem o animal em pedaços e o coloquem sobre a lenha do altar, mas não ponham fogo na lenha. Eu prepararei o outro novilho e o colocarei sobre a lenha no altar, mas não porei fogo na lenha. ²⁴Então invoquem o nome de seu deus, e eu invocarei o nome do SENHOR. O deus que responder com fogo, esse é o Deus verdadeiro!". E todo o povo concordou.

²⁵Então Elias disse aos profetas de Baal: "Comecem vocês, pois são muitos. Escolham um dos novilhos, preparem-no e invoquem o nome de seu deus. Mas não ponham fogo na lenha".

²⁶Eles prepararam um dos novilhos e o colocaram sobre o altar. Invocaram o nome de Baal desde a manhã até o meio-dia e gritavam: "Ó Baal, responde-nos!", mas não houve resposta alguma. E dançavam em volta do altar que haviam feito.

²⁷Por volta do meio-dia, Elias começou a zombar deles: "Vocês precisam gritar mais alto", dizia ele. "Sem dúvida ele é um deus! Talvez esteja meditando ou ocupado em outro lugar.ᵃ Ou talvez esteja viajando, ou dormindo, e precise ser acordado!"

²⁸Então gritaram mais alto e, como era seu costume, cortaram-se com facas e espadas, até sangrarem. ²⁹Agitaram-se em transe desde o meio-dia até a hora do sacrifício da tarde, mas não houve sequer um som, nem resposta ou reação alguma.

ᵃ 18.27 Ou *fazendo suas necessidades*.

Aprendendo com as mulheres da Bíblia

A VIÚVA DE SAREPTA

Como enfrentar tempos de adversidade

Após tomarem posse de Canaã, os israelitas rapidamente deram as costas ao Senhor e aderiram às práticas pagãs das nações vizinhas. De tempos em tempos, líderes devotos despontavam no cenário e traziam o povo de volta ao seu Deus. Porém, na maior parte do tempo, o povo estava afastado do Senhor.

Então vieram os grandes reis de Israel — Davi e Salomão. Sob sua liderança, a nação se expandiu, enriqueceu e ficou mais forte. Após a morte de Salomão, entretanto, as tribos se dividiram em duas nações: Israel, ao norte, e Judá, ao sul. O povo do Norte logo deu as costas à adoração ao Senhor e se voltou à adoração de ídolos pagãos.

Nossa história começa durante o período de um rei do Norte chamado Acabe. Ele foi considerado o pior rei de Israel em termos de práticas pagãs. Acabe casou-se com uma princesa estrangeira chamada Jezabel, que introduziu a adoração a Baal em Israel.

Elias, o profeta de Tisbe, era de Gileade, a leste do rio Jordão. Na primeira vez que o vemos, ele está levando um recado de Deus para Acabe. Não sabemos como ele conseguiu entrar no palácio em Samaria, nem o que o rei falou ao ouvir as palavras do profeta, ou se Jezabel estava presente. Apenas escutamos a profecia de Elias. Então o vemos seguir as instruções de Deus, saindo do palácio e seguindo para um esconderijo ao leste do Jordão, perto da torrente de Querite. Deus cuidou do profeta, enviando corvos com pão e carne todas as manhãs e tardes. Ele sobreviveu com a água da torrente, até que ela "secou, pois não caía chuva em parte alguma da terra" (1Rs 17.7).

A ordem divina, a seguir, parecia estranha: ir para Sarepta, um vilarejo ligado à grande cidade de Sidom. Era um tipo de subúrbio da cidade natal de Jezabel. Elias estava escondido para evitar a ira de Acabe e Jezabel. Morar perto dessa localidade lhe parecia muito arriscado. Mas essa era a estratégia de Deus para o profeta.

É também estranho que Deus lhe tenha prometido que uma viúva cuidaria dele. Deus raramente faz uma coisa de cada vez. Ele não estava cuidando apenas de Elias. O passo seguinte do profeta, também envolvia a forma como Deus cuidaria de uma viúva pobre numa terra estrangeira. Quando as coisas que não fazem sentido acontecem, é provável que não compreendamos quantos projetos complexos Deus está tecendo, agindo não apenas em nossa vida, mas também na de outros.

Elias saiu a pé para Sarepta, a cerca de 160 km. Se Acabe e Jezabel já tinham oferecido um preço pela cabeça do profeta, ele provavelmente fez essa viagem por estradas secundárias e caminhos montanhosos raramente usados.

Quando chegou perto da cidade de Sarepta, Elias viu uma viúva apanhando gravetos. Não há menção de nome. Nenhum detalhe é fornecido sobre a idade dela, aparência ou situação na vida. Era apenas uma viúva apanhando os gravetos. E, sem dúvida, ela se assustou quando um homem estranho a chamou e pediu que lhe desse água para beber.

Observe que Elias sofria com a seca da mesma forma que o maligno rei Acabe. Poderíamos pensar que aquilo afetava apenas as pessoas más, e que as boas eram poupadas do sofrimento. Mas não é assim. Vivemos num mundo decadente contaminado pelo pecado. *Todas* nós temos que conviver com as consequências de um mundo decaído. *Todas* vivenciamos coisas ruins que acontecem porque pessoas más tomam decisões ruins. Elias sofria. A viúva sofria. Milhares de pessoas sofriam porque Acabe abandonara o seu Deus e introduzira a adoração a Baal em Israel.

Agora essa viúva enfrentaria um teste de fé. Ela era estrangeira e provavelmente não crescera ouvindo sobre o Deus de Israel. Naquele momento, precisaria decidir se acreditava na palavra de Deus por meio desse estranho fazendo o que ele solicitava, ou se ele era louco e ignoraria seu pedido.

A viúva poderia concluir que ela e o filho morreriam de qualquer forma, então dividiriam aquele pouco que tinham com um estranho necessitado. Ou também pode ter sentido um forte ímpeto em sua alma de que o Senhor, o Deus de Israel, havia enviado esse profeta até ali. Naquele tempo, abrigar um profeta era uma grande honra. Ou pode ter se apegado à promessa de que, se desse o que tinha, o Deus de Israel cuidaria das necessidades que tivessem enquanto durasse a seca. Seja o que for que tenha acontecido, ela estava disposta a apostar sua vida e a de seu filho naquela palavra.

Algumas vezes, quando estamos contra a parede, precisamos decidir se obedeceremos às Escrituras ou faremos o que parece ser o melhor para nós. Isso é real, especialmente para mulheres sozinhas. Com frequência, os recursos são poucos e as necessidades grandes. Talvez precisemos atravessar os 31 dias do mês com um salário suficiente para 21 dias. Quando Deus nos pede para ir além e dividir o pouco que temos com alguém que precisa ainda mais, pode ser difícil obedecer.

Da próxima vez que você estiver tentada a ignorar a Palavra de Deus e optar pela autoproteção, lembre-se da viúva de Sarepta. O que teria acontecido a ela e a seu filho naquele dia se tivesse se recusado a obedecer à Palavra do Senhor?

Esse não é o final da história. No primeiro momento Elias, essa viúva foi testada na área de suas necessidades. No segundo instante: comida para a próxima refeição. No ao seu futuro: seu estava sendo testada com relação era o rapaz que cuidaria estava lhe sendo tirado. Esse sustentaria quando ela não pud em sua velhice, que a futuro dependia dele. E agora ele hav e mais fazê-lo. Seu morrido.

No primeiro teste, ela precisou tomar uma decisão e agir. No segundo, não havia decisões a tomar. Nada havia que pudesse fazer. Estava totalmente impotente diante dessa tragédia.

Contudo, Deus não a havia deixado sem recursos. Ela tinha a presença do Senhor na pessoa de Elias, o profeta de Deus. E Elias intercedeu pela viúva quando ela não tinha mais aonde recorrer. O Senhor ouviu a oração do profeta e restaurou a vida do filho daquela viúva.

Deus não costuma suprir as nossas necessidades com milagres óbvios. Mas o fato de não vermos um profeta como Elias, ou vivenciarmos intervenções sobrenaturais dramáticas, não significa que Deus não esteja preocupado com a nossa vida e nossas necessidades.

Você percebeu o que aconteceu com a fé dessa viúva? No versículo 12, ela disse "o SENHOR, seu Deus". Não era o Deus dela. Mas de alguma forma, ela teve fé suficiente para agir a partir da declaração de Elias de que o Senhor proveria para eles todos os dias enquanto a seca durasse.

Entretanto, quando seu filho morreu, a viúva acusou Elias de vir para lembrá-la de algum pecado do passado e para puni-la, tirando-lhe o filho. Chamou-o de mensageiro da vingança de Deus. Ela realmente não entendia que ele era também um mensageiro do amor do Senhor por ela.

Suas necessidades imediatas foram cuidadas e seu futuro foi garantido quando seu filho voltou à vida. Então, a viúva fez a seguinte declaração de fé que fecha o capítulo 17: "Agora tenho certeza de que você é um homem de Deus, e de que o SENHOR verdadeiramente fala por seu intermédio!".

Se essa mulher nunca tivesse sido provada, sua fé não teria crescido. Sua compreensão de quem Deus é não teria avançado. Teria continuado ignorante e incrédula.

É por meio das terríveis provas da vida — testes nos quais precisamos tomar decisões difíceis e vezes nas quais não temos decisão alguma a tomar — que a fé cresce.

Na maior parte do tempo não *vemos* Deus agindo. A panela de farinha *realmente* é usada. A botija de azeite *fica* vazia. Nosso futuro nos é tirado de uma forma ou de outra. Podemos ficar desprovidas de tudo o que consideramos importante. Podemos ser privadas de tudo o que dá sentido à vida. Mas, como a viúva de Sarepta, quando estamos contra a parede, não estamos sós. Podemos nos *sentir* sós. Porém, com fé — algumas vezes com a fé emprestada de alguém — começamos a perceber que Deus *está* ali. Talvez nas sombras. Mas Ele continua cuidando dos Seus.

O Deus que viu uma pobre viúva pagã num vilarejo costeiro chamado Sarepta também vê você e a mim. Deus a ensinou sobre Si mesmo, levando-a ao limite dela própria e de seus recursos. Com frequência Ele nos ensina a confiar mais nele quando chegamos ao limite de nós mesmas e de nossa autossuficiência.

Quando se acabam os recursos e ficamos contra a parede, o Deus de Elias e da viúva de Sarepta é ainda o nosso Deus. Ele está presente. Podemos confiar e não ter medo.

—Alice Mathews

QUESTÕES PARA REFLEXÃO

1. Como você administra a vida quando o salário não é suficiente até o fim do mês?
2. Como Deus entra em cena quando as coisas não estão bem?
3. Quais recursos espirituais você pensa que existem, mas acredita que são difíceis de alcançar?
4. Nas dificuldades, o que faria diferença para ajudá-la a confiar mais em Deus?

³⁰Então Elias disse ao povo: "Venham aqui!". Todos se reuniram em volta dele enquanto ele consertava o altar do Senhor que havia sido derrubado. ³¹Pegou doze pedras, uma para cada tribo dos filhos de Jacó, a quem o Senhor disse: "Teu nome será Israel", ³²e com elas reconstruiu o altar em nome do Senhor. Depois, cavou ao redor do altar uma valeta com capacidade suficiente para doze litros de água.ᵃ ³³Empilhou lenha sobre o altar, cortou o novilho em pedaços e colocou os pedaços sobre a lenha.

ᵇEm seguida, ordenou: "Encham quatro jarras grandes com água e derramem a água sobre o holocausto e a lenha".

³⁴Depois que fizeram isso, disse: "Façam a mesma coisa novamente". Quando terminaram, ele disse: "Agora façam o mesmo pela terceira vez". Eles seguiram sua instrução, ³⁵e a água corria ao redor do altar e encheu a valeta.

³⁶Na hora costumeira de oferecer o sacrifício da tarde, o profeta Elias se aproximou do altar e orou: "Ó Senhor, Deus de Abraão, Isaque e Jacó,ᶜ prova hoje que és Deus em Israel e que sou teu servo. Prova que fiz tudo isso por ordem tua. ³⁷Ó Senhor, responde-me! Que este povo saiba que tu, ó Senhor, és o verdadeiro Deus e estás buscando o povo de volta para ti!".

³⁸No mesmo instante, fogo do Senhor desceu do céu e queimou o novilho, a madeira, as pedras e o chão, e secou até a água da valeta. ³⁹Quando o povo viu isso, todos se prostraram com o rosto no chão e gritaram: "O Senhor é Deus! Sim, o Senhor é Deus!".

⁴⁰Então Elias ordenou: "Prendam todos os profetas de Baal. Não deixem nenhum escapar!". O povo os prendeu, e Elias os levou para o riacho de Quisom e ali os matou.

Elias ora pedindo chuva

⁴¹Em seguida, Elias disse a Acabe: "Vá comer e beber, pois ouço uma forte tempestade chegando!".

⁴²Acabe foi comer e beber. Elias, porém, subiu ao topo do monte Carmelo, prostrou-se até o chão com o rosto entre os joelhos e orou.

⁴³Depois, disse a seu servo: "Vá e olhe na direção do mar".

O servo foi e olhou, depois voltou e disse: "Não vi nada".

Sete vezes Elias mandou que ele fosse e olhasse. ⁴⁴Por fim, na sétima vez, o servo lhe disse: "Vi subir do mar uma pequena nuvem, do tamanho da mão de um homem".

Então Elias lhe disse: "Vá depressa dizer a Acabe: 'Apronte seu carro e volte para casa. Se não se apressar, a chuva o impedirá!'".

⁴⁵Em pouco tempo, o céu ficou escuro com nuvens. Um vento forte trouxe uma grande tempestade, e Acabe partiu em sua carruagem a toda velocidade para Jezreel. ⁴⁶E o Senhor concedeu força extraordinária para Elias. Ele prendeu a capa no cinto e correu à frente do carro de Acabe até a entrada de Jezreel.

Elias foge para o Sinai

19 Acabe contou a Jezabel tudo que Elias havia feito, incluindo o modo como havia matado todos os profetas de Baal. ²Por isso, Jezabel enviou esta mensagem a Elias: "Que os deuses me castiguem severamente se, até amanhã nesta hora, eu não fizer a você o que você fez aos profetas de Baal!".

³Elias teve medo e fugiu para salvar a vida. Foi para Berseba, uma cidade em Judá, e ali deixou seu servo. ⁴Depois, foi sozinho para o deserto, caminhando o dia todo. Sentou-se debaixo de um pé de giesta e orou, pedindo para morrer. "Já basta, Senhor", disse ele. "Tira minha vida, pois não sou melhor que meus antepassados que já morreram."

⁵Então ele se deitou debaixo do pé de giesta e dormiu. Enquanto dormia, um anjo o tocou e disse: "Levante-se e coma!". ⁶Elias olhou em redor e viu, perto de sua cabeça, um pão assado sobre pedras quentes e um jarro de água. Ele comeu, bebeu e se deitou novamente.

⁷O anjo do Senhor voltou, tocou-o mais uma vez e disse: "Levante-se e coma um pouco mais, do contrário não aguentará a viagem que tem pela frente".

⁸Elias se levantou, comeu e bebeu, e o alimento lhe deu forças para uma jornada de

---

ᵃ **18.32** Em hebraico, *2 seás de sementes*. ᵇ **18.33** No texto hebraico, o versículo 18.34 começa aqui. ᶜ **18.36** Em hebraico, *Israel*. Os nomes "Jacó" e "Israel" são usados de forma intercambiável ao longo de todo o Antigo Testamento e se referem, por vezes, ao patriarca e, em outras ocasiões, à nação. ᵈ **18.46** Em hebraico, *cingiu os lombos*.

quarenta dias e quarenta noites até o monte Sinai,[a] o monte de Deus. [9]Ali encontrou uma caverna onde passou a noite.

O Senhor fala com Elias

Então o Senhor lhe disse: "O que você faz aqui, Elias?".

[10]Ele respondeu: "Tenho servido com zelo ao Senhor, o Deus dos Exércitos. Contudo, os israelitas quebraram a aliança contigo, derrubaram teus altares e mataram todos os teus profetas. Sou o único que restou, e agora também procuram me matar".

[11]"Saia e ponha-se diante de mim no monte", disse o Senhor. E, enquanto Elias estava ali, o Senhor passou, e um forte vendaval atingiu o monte. Era tão intenso que as pedras se soltavam do monte diante do Senhor, mas o Senhor não estava no vento. Depois do vento houve um terremoto, mas o Senhor não estava no terremoto. [12]Depois do terremoto houve fogo, mas o Senhor não estava no fogo. E, depois do fogo, veio um suave sussurro. [13]Quando Elias o ouviu, cobriu o rosto com a capa, saiu e ficou na entrada da caverna.

E uma voz disse: "O que você faz aqui, Elias?".

[14]Ele respondeu outra vez: "Tenho servido com zelo ao Senhor, o Deus dos Exércitos. Contudo, os israelitas quebraram a aliança contigo, derrubaram teus altares e mataram todos os teus profetas. Sou o único que restou, e agora também procuram me matar".

[15]Então o Senhor lhe disse: "Volte pelo caminho por onde veio e vá para o deserto de Damasco. Quando chegar lá, unja Hazael para ser rei da Síria. [16]Depois, unja também Jeú, neto de[b] Ninsi, para ser rei de Israel, e unja Eliseu, filho de Safate, da cidade de Abel-Meolá, para substituir você como meu profeta. [17]Quem escapar da espada de Hazael será morto por Jeú, e quem escapar da espada de Jeú será morto por Eliseu. [18]No entanto, preservarei sete mil de Israel que nunca se prostraram diante de Baal nem o beijaram!".

O chamado de Eliseu

[19]Elias partiu e encontrou Eliseu, filho de Safate, arando um campo. Havia doze parelhas de bois no campo, e Eliseu arava com a última parelha. Elias se aproximou de Eliseu, lançou sua capa sobre os ombros dele e continuou a caminhar. [20]Eliseu deixou os bois ali, correu

---

PÃO DIÁRIO

Suave sussurro

Depois do terremoto houve fogo, mas o Senhor não estava no fogo. E, depois do fogo, veio um suave sussurro.
—1 Reis 19.12

Quando Deus falou com Elias no monte Sinai, Ele poderia ter usado o vento, o terremoto ou o fogo para se manifestar. Porém, não o fez. Deus falou pelo som de "um suave sussurro". "Então o Senhor lhe disse: 'O que você faz aqui, Elias?'" (1Rs 19.9) quando o profeta fugia da rainha Jezabel, que o tinha ameaçado de morte.

A resposta de Elias revelou o que Deus já sabia: a intensidade de seu medo e desânimo. Ele falou sinceramente: "Tenho servido com zelo ao Senhor, o Deus dos Exércitos. Contudo, os israelitas quebraram a aliança contigo. Sou o único que restou, e agora também procuram me matar" (v.14).

Será que Elias era de fato o único que servia a Deus? Não. Deus tinha ainda 7.000 pessoas em Israel cujos joelhos "nunca se prostraram diante de Baal" (v.18).

Nas profundezas do nosso medo ou desespero, também podemos pensar que somos as únicas a servir a Deus. Isso pode acontecer logo após o auge de um sucesso, como aconteceu com Elias. O Salmo 46.10 nos relembra de que devemos aquietar-nos e saber que o Senhor é Deus. Quanto antes buscarmos a Ele e ao Seu poder, mais rapidamente teremos alívio do nosso medo e autocomiseração.

Tanto os címbalos ressonantes de nossos fracassos quanto as altas trombetas de nossos sucessos podem abafar o ciclo tranquilo e suave de Deus. É hora de aquietarmos o coração para ouvir o Senhor enquanto meditamos em Sua Palavra.

Meu Deus, Deus de Elias, trago todos os meus sucessos e todos os meus fracassos a ti e os coloco diante de Teus pés. Apenas tu podes me dar a perspectiva que preciso, fazendo-me abandonar meu orgulho ou autocomiseração. Que eu me aquiete em Tua presença e que encontre minha verdadeira identidade apenas em ti.

Para nos sintonizarmos com a voz de Deus, devemos desligar-nos do barulho do mundo.

---

[a] **19.8** Em hebraico, *Horebe*, outro nome para o Sinai. [b] **19.16** Em hebraico, *descendente de*; comparar com 2Rs 9.2,14.

atrás de Elias e disse: "Primeiro deixe-me dar um beijo de despedida em meu pai e em minha mãe; então o seguirei!".

Elias respondeu: "Pode voltar, mas pense no que lhe fiz".

²¹Eliseu voltou para sua parelha de bois e os matou. Usou a madeira do arado para fazer fogo e assar a carne. Distribuiu a carne para o povo da cidade, e todos eles comeram. Então partiu com Elias, como seu ajudante.

Ben-Hadade ataca Samaria

20 Por esse tempo, Ben-Hadade, rei da Síria, mobilizou seu exército com o apoio de 32 reis aliados e seus carros de guerra e cavalos. Eles cercaram Samaria e a atacaram. ²Ben-Hadade enviou mensageiros à cidade para dizer a Acabe, rei de Israel: "Assim diz Ben-Hadade: ³'Sua prata e seu ouro são meus, bem como suas esposas e os melhores de seus filhos'".

⁴"Está bem, ó meu senhor, o rei", respondeu o rei de Israel. "Tudo que tenho é seu."

⁵Pouco depois, os mensageiros voltaram e disseram: "Assim diz Ben-Hadade: 'Já exigi que entregasse sua prata, seu ouro, suas esposas e seus filhos. ⁶Mas amanhã, a esta hora, enviarei meus oficiais para vasculharem seu palácio e as casas de seus oficiais e tomarem tudo que considerarem de valor'".

⁷Então Acabe convocou todas as autoridades de Israel e lhes disse: "Vejam como esse homem quer nossa desgraça! Já concordei em lhe entregar minhas esposas, meus filhos, minha prata e meu ouro".

⁸"Não ceda a nenhuma outra exigência!", aconselharam as autoridades e o povo.

⁹Portanto, Acabe respondeu aos mensageiros de Ben-Hadade: "Digam ao meu senhor, o rei: 'Eu lhe darei tudo que pediu da primeira vez, mas não posso aceitar sua última exigência'". Os mensageiros voltaram a Ben-Hadade com essa resposta.

¹⁰Então Ben-Hadade enviou a seguinte mensagem a Acabe: "Que os deuses me castiguem severamente se restar pó suficiente de Samaria para dar um punhado a cada um de meus soldados!".

¹¹O rei de Israel respondeu: "O guerreiro que se arma com sua espada para lutar não deve se vangloriar como o guerreiro que já venceu".

¹²A resposta de Acabe chegou a Ben-Hadade e aos outros reis quando bebiam em suas tendas.ᵃ "Preparem-se para atacar!", ordenou Ben-Hadade a seus oficiais. E eles se prepararam para atacar a cidade.

A vitória de Acabe sobre Ben-Hadade

¹³Enquanto isso, um profeta foi a Acabe, rei de Israel, e lhe disse: "Assim diz o SENHOR: 'Está vendo esse enorme exército inimigo? Hoje eu o entregarei em suas mãos. Com isso, você saberá que eu sou o SENHOR'".

¹⁴Acabe perguntou: "Por meio de quem ele fará isso acontecer?".

O profeta respondeu: "Assim diz o SENHOR: 'Os soldados dos comandantes das províncias o farão'".

"Devemos atacar primeiro?", perguntou Acabe.

"Sim", respondeu o profeta.

¹⁵Então Acabe convocou os 232 soldados dos comandantes das províncias. Em seguida, reuniu o restante do exército de Israel, cerca de sete mil homens. ¹⁶Por volta do meio-dia, quando Ben-Hadade e os 32 reis aliados ainda estavam em suas tendas, bebendo até ficarem bêbados, ¹⁷o primeiro contingente, formado pelos soldados dos comandantes das províncias, saiu da cidade.

Quando eles se aproximavam, os espiões de Ben-Hadade o avisaram: "Há alguns soldados vindo de Samaria".

¹⁸Ele ordenou: "Quer tenham vindo em paz, quer para guerrear, tragam esses soldados com vida!".

¹⁹Os soldados dos comandantes das províncias de Acabe e todo o exército haviam saído para lutar. ²⁰Cada soldado israelita matou seu adversário sírio e, de repente, todo o exército sírio fugiu. Os israelitas os perseguiram, mas o rei Ben-Hadade e alguns dos cavaleiros fugiram a cavalo. ²¹O rei de Israel destruiu os outros cavalos e carros de guerra e massacrou os sírios.

²²Depois disso, o profeta disse ao rei Acabe: "Prepare-se para outro ataque. Comece a

---

ᵃ **20.12** Ou *em Sucote*; também em 20.16.

> **PÃO DIÁRIO**

Nenhuma boa ação

Louvado seja o Senhor, que vingou o insulto que recebi de Nabal e me impediu de fazer o mal. O Senhor retribuiu a Nabal o castigo por seu pecado.

—1 Samuel 25.39

Muitas vezes, temos a impressão de que a máxima "Nenhuma boa ação fica sem retorno" é realmente verdadeira.

Davi, que logo seria o rei de Israel, teve uma experiência que corrobora essa ideia. Enquanto se escondia de Saul, ele e seus guerreiros tomaram conta da propriedade de um rico proprietário de terras chamado Nabal. Porém, mais tarde, quando Davi pediu um favor a Nabal, ele foi tratado com desdém. "Davi tinha acabado de dizer: 'De nada adiantou ajudarmos esse sujeito. Protegemos seus rebanhos no deserto, e nenhum de seus bens se perdeu ou foi roubado. Mas ele me pagou o bem com o mal'" (1Sm 25.21).

Antes que Davi pudesse vingar-se, a esposa de Nabal interferiu e impediu que Davi agisse impulsivamente. Não muito tempo depois, Deus feriu a Nabal, "e ele morreu" (v.38). Nessa ocasião, Davi louvou ao Senhor que vingou o insulto que recebera de Nabal e o impediu de fazer o mal. O Senhor retribuiu a Nabal o castigo por seu pecado.

Talvez, você tenha tido uma experiência parecida, na qual a sua bondade foi retribuída com ingratidão, quando um presente generoso foi tratado como um direito merecido, quando as boas ações foram interpretadas como uma tentativa de controle ou quando um conselho bem-intencionado foi recebido com desprezo.

A história de Davi nos lembra que, até mesmo quando parece que estamos recebendo o mal por ter feito o bem, não precisamos controlar a situação pessoalmente; podemos confiar em Deus.

Querido Senhor, como nos sentimos feridas quando as pessoas retribuem nossas ações corretas e bondosas com ingratidão e desdém. Mas lembramos que foi exatamente assim que tu foste tratado quando andaste entre nós. Confiamos que, um dia, tu acertarás todas as coisas.

Um dia, Deus corrigirá todos os erros.

A morte de Samuel

25 Samuel morreu, e todo o Israel se reuniu para lamentar sua morte. Foi sepultado em Ramá, onde tinha vivido.

Davi se enfurece contra Nabal

Então Davi desceu para o deserto de Maom.[a] ²Havia um homem rico em Maom, que tinha propriedades perto da região do Carmelo. Possuía três mil ovelhas e mil cabras, e era época da tosquia das ovelhas. ³O homem se chamava Nabal; sua esposa, Abigail, era uma mulher inteligente e bonita. Mas Nabal, descendente de Calebe, era um homem rude e perverso em tudo que fazia.

⁴Quando Davi soube que Nabal estava tosquiando as ovelhas, ⁵chamou dez rapazes e lhes disse: "Subam ao Carmelo e vão a Nabal; enviem saudações em meu nome. ⁶E digam a ele: 'Paz e prosperidade ao senhor e à sua família, e a tudo que é seu. ⁷Disseram-me que é época da tosquia. Enquanto seus pastores estiveram entre nós perto do Carmelo, nunca lhes fizemos mal, e nada foi roubado deles. ⁸Pergunte a seus homens, e eles lhe dirão que isso é verdade. Diante disso, pedimos que o senhor seja bondoso conosco, pois chegamos numa época de celebração. Por favor, reparta conosco e com seu amigo Davi o que puder dos seus mantimentos'". ⁹Os rapazes transmitiram essa mensagem a Nabal em nome de Davi e esperaram pela resposta.

¹⁰"Quem é esse tal de Davi?", perguntou-lhes Nabal. "Quem esse filho de Jessé pensa que é? Hoje em dia, há muitos servos que fogem de seus senhores. ¹¹Devo pegar meu pão, minha água e a carne dos animais que abati para meus tosquiadores e entregar a um bando que vem não se sabe de onde?"

¹²Então os rapazes enviados por Davi voltaram e lhe contaram tudo que Nabal tinha dito. ¹³"Peguem suas espadas!", disse Davi, e pôs sua espada à cintura, e seus homens fizeram a mesma coisa. Quatrocentos deles partiram com Davi, enquanto duzentos ficaram para guardar a bagagem.

¹⁴Enquanto isso, um dos servos de Nabal foi até Abigail e lhe disse: "Davi enviou mensageiros do deserto para saudar nosso senhor, mas ele lhes respondeu com insultos. ¹⁵Os homens de Davi foram muito bons conosco e nunca nos fizeram mal. Nada foi roubado de nós durante o tempo em que estiveram conosco no

---

[a] **25.1** Conforme a Septuaginta (ver tb. 25.2); o hebraico traz *Parã*.

com todo o cuidado, Davi se aproximou e cortou um pedaço da borda do manto de Saul. ⁵Sua consciência, porém, começou a perturbá-lo por ter cortado a borda do manto de Saul. ⁶Por isso, disse a seus homens: "Que o Senhor me livre de fazer tal coisa a meu senhor, o ungido do Senhor, e atacar aquele que o Senhor ungiu como rei". ⁷Assim, Davi conteve seus homens e não deixou que matassem Saul.

Depois que Saul deixou a caverna para seguir seu caminho, ⁸Davi saiu e gritou para ele: "Ó meu senhor, o rei!". E, quando Saul olhou para trás, Davi se curvou com o rosto em terra. ⁹Então ele gritou para Saul: "Por que o senhor dá ouvidos àqueles que dizem que eu procuro lhe fazer mal? ¹⁰Hoje mesmo o rei pode ver com os próprios olhos que isso não é verdade. O Senhor o entregou em minhas mãos na caverna. Alguns de meus homens me disseram que o matasse, mas eu o poupei, pois disse: 'Jamais farei mal ao rei, pois ele é o ungido do Senhor'. ¹¹Veja, meu pai, o que tenho em minha mão. É um pedaço da borda do seu manto! Cortei seu manto, mas não matei o rei. Isso prova que não procuro lhe fazer mal e que não me rebelei nem pequei contra o rei, embora esteja me perseguindo para me matar.

¹²"Que o Senhor julgue entre nós dois. Talvez o Senhor castigue o rei por aquilo que procura fazer contra mim, mas eu jamais lhe farei mal. ¹³Como diz o antigo provérbio: 'De pessoas perversas vêm atos perversos', por isso o rei pode estar certo de que eu jamais lhe farei mal. ¹⁴Afinal de contas, a quem o rei de Israel procura capturar? A quem persegue? A um cão morto? A uma pulga? ¹⁵Que o Senhor julgue entre nós dois e mostre quem está certo! Que ele seja meu defensor e me livre de suas mãos!".

¹⁶Quando Davi terminou de falar, Saul respondeu: "É você mesmo, meu filho Davi?". Então começou a chorar ¹⁷e disse a Davi: "Você é mais justo que eu, pois me pagou o mal com o bem. ¹⁸Sim, você foi extremamente bondoso comigo, pois o Senhor me entregou em suas mãos, mas você não me matou. ¹⁹Quem mais deixaria seu inimigo escapar quando o tinha em suas mãos? Que o Senhor o recompense com o bem pela bondade que mostrou por mim hoje. ²⁰Agora vejo que certamente você será rei, e que o reino de Israel prosperará sob seu governo. ²¹Jure-me pelo Senhor que, quando isso acontecer, você não eliminará minha família nem destruirá meus descendentes!".

²²Então Davi fez a Saul esse juramento. Saul voltou para casa, mas Davi e seus homens foram para sua fortaleza.

PÃO DIÁRIO

Minha mão não será contra ti

...Jamais farei mal ao rei, pois ele é o ungido do Senhor.
—1 Samuel 24.10

Existem momentos em que o melhor é esperar Deus agir em vez de tentarmos fazer as coisas acontecerem. Vemos isso claramente quando Davi recusou-se a tirar a vida de Saul ainda que aquele rei estivesse tentando matá-lo (1Sm 24). Quando Saul estava sozinho e vulnerável numa caverna, os guerreiros de Davi lhe disseram que aquela era a oportunidade concedida por Deus para tomar posse do reino que lhe pertencia por direito (v.4). Contudo, Davi recusou-se, dizendo: "Que o Senhor me livre de fazer tal coisa a meu senhor, o ungido do Senhor, e atacar aquele que o Senhor ungiu como rei" (v.6).

Depois que Saul deixou a caverna, Davi gritou para ele: "Que o Senhor julgue entre nós dois. Talvez o Senhor castigue o rei por aquilo que procura fazer contra mim, mas eu jamais lhe farei mal" (v.12). Davi sabia que Deus o tinha escolhido para ser rei. Porém, sabia também que matar Saul não era a maneira correta de fazer isso acontecer. Ele esperaria até que Deus retirasse Saul do trono.

Existe algum obstáculo entre você e algo que lhe pertence por direito? Você acredita que esta seja a vontade de Deus, mas o método e o momento de alcançá-la não lhe parecem corretos. Reflita bastante e ore muito antes de decidir pelo caminho errado rumo ao objetivo correto.

Esperar o agir de Deus é a melhor oportunidade para que as coisas certas aconteçam do Seu jeito.

Senhor, não quero passar à Tua frente e à frente do Teu plano e, por isso, busco a Tua direção. Dá-me a paciência que preciso para esperar, sabendo que tu vês todas as coisas e que o Teu tempo é perfeito.

O tempo de Deus é sempre perfeito — espere pacientemente por Ele.

planejar desde já, pois o rei da Síria voltará na virada do ano".ᵃ

O segundo ataque de Ben-Hadade

²³Depois da derrota, os oficiais de Ben-Hadade lhe disseram: "Os deuses israelitas são deuses dos montes; por isso venceram. Mas podemos derrotá-los com facilidade nas planícies. ²⁴Desta vez, porém, substitua os reis por outros comandantes. ²⁵Reúna outro exército como o que o senhor perdeu. Dê-nos o mesmo número de cavalos e carros de guerra, e lutaremos contra os israelitas nas planícies. Certamente os derrotaremos!". O rei Ben-Hadade fez conforme aconselharam.

²⁶Na virada do ano, convocou o exército sírio e marchou novamente contra Israel, dessa vez em Afeque. ²⁷Israel reuniu seu exército, organizou linhas de abastecimento e saiu para lutar. Mas, em comparação com o enorme exército sírio que cobria todo o campo, os israelitas pareciam dois pequenos rebanhos de cabras.

²⁸O homem de Deus foi ao rei de Israel e lhe disse: "Assim diz o Senhor: 'Os sírios pensam que o Senhor é um deus dos montes, e não das planícies. Por isso, entregarei todo o enorme exército sírio em suas mãos. Então vocês saberão que eu sou o Senhor'".

²⁹Os dois exércitos acamparam um de frente para o outro durante sete dias e, no sétimo dia, a batalha começou. Os israelitas mataram cem mil soldados de infantaria dos sírios em um só dia. ³⁰O restante fugiu para a cidade de Afeque, mas o muro caiu sobre eles e matou mais 27 mil. Ben-Hadade fugiu para a cidade e se escondeu num quarto secreto.

³¹Os oficiais de Ben-Hadade lhe disseram: "Senhor, ouvimos que os reis de Israel são misericordiosos. Vamos nos humilhar, usar panos de saco na cintura e cordas na cabeça e nos render ao rei de Israel. Talvez ele deixe o senhor viver".

³²Então vestiram panos de saco e cordas, foram ao rei de Israel e suplicaram: "Seu servo Ben-Hadade diz: 'Peço que me deixe viver!'".

O rei de Israel respondeu: "Ele ainda está vivo? Ele é meu irmão!".

³³Os homens interpretaram isso como um bom sinal e, aproveitando essas palavras, responderam: "Sim, seu irmão Ben-Hadade!".

"Vão buscá-lo", disse o rei de Israel. E, quando Ben-Hadade chegou, Acabe o convidou para subir em sua carruagem.

³⁴Ben-Hadade lhe disse: "Devolverei as cidades que meu pai tomou de seu pai, e você poderá estabelecer centros de comércio em Damasco, como meu pai fez em Samaria".

Acabe disse: "Sob essas condições, eu o libertarei". Então os dois fizeram um acordo, e Ben-Hadade foi liberto.

Um profeta condena Acabe

³⁵Enquanto isso, o Senhor instruiu um dos membros de um grupo de profetas a dizer a outro: "Dê um soco em mim!", mas o homem se recusou a fazê-lo. ³⁶Então o profeta lhe disse: "Como você não obedeceu à voz do Senhor, um leão o matará assim que você sair daqui". E, quando ele partiu, um leão o atacou e o matou.

³⁷Em seguida, o profeta se dirigiu a outro homem e disse: "Dê um soco em mim!". O homem deu um soco no profeta e o feriu.

³⁸O profeta colocou uma faixa de pano sobre os olhos para se disfarçar e esperou pelo rei junto à estrada. ³⁹Quando o rei ia passando, o profeta gritou: "Eu, seu servo, estava no meio da batalha acirrada quando, de repente, alguém me trouxe um prisioneiro e disse: 'Vigie este homem. Se ele escapar, você morrerá ou pagará uma multa de 35 quilosᵇ de prata!'. ⁴⁰Contudo, enquanto eu estava ocupado fazendo outra coisa, o prisioneiro desapareceu".

"A culpa é sua", respondeu o rei. "Você mesmo pronunciou sua condenação."

⁴¹Então, sem demora, o profeta tirou a faixa dos olhos, e o rei de Israel reconheceu que era um dos profetas. ⁴²O profeta lhe disse: "Assim diz o Senhor: 'Uma vez que você poupou o homem que eu havia ordenado que fosse destruído, você deve morrer em lugar dele, e seu povo, em lugar do povo dele'". ⁴³O rei de Israel foi para casa, em Samaria, indignado e aborrecido.

A videira de Nabote

21 Naquela época, um homem chamado Nabote, de Jezreel, possuía um vinhedo que ficava ao lado do palácio de Acabe, rei de

---

ᵃ **20.22** No antigo calendário lunar hebraico, o primeiro dia do ano ocorria em março ou abril. ᵇ **20.39** Em hebraico, *1 talento*.

Samaria. ²Certo dia, Acabe disse a Nabote: "Como sua videira fica tão próxima do meu palácio, quero comprá-la para fazer uma horta. Em troca, darei a você uma videira melhor, ou, se preferir, pagarei o valor em dinheiro".

³Nabote, porém, respondeu: "O Senhor me livre de lhe entregar a herança que recebi de meus antepassados!".

⁴Então Acabe foi para casa indignado e aborrecido por causa da resposta de Nabote. O rei foi deitar-se, virou o rosto e não quis comer.

⁵"Qual é o problema?", perguntou sua esposa Jezabel. "Por que você está tão aborrecido que nem quer comer?"

⁶Acabe respondeu: "Pedi a Nabote, de Jezreel, que me vendesse sua videira ou que a trocasse por outra, mas ele não quis".

⁷"Afinal, você é o rei de Israel ou não é?", disse Jezabel. "Levante-se e coma alguma coisa, e não se preocupe com isso. Conseguirei para você a videira de Nabote."

⁸Então ela escreveu cartas em nome de Acabe, selou-as com o selo do rei e as enviou para as autoridades e outros líderes da cidade onde Nabote morava. ⁹Nas cartas, ela ordenava: "Reúnam os habitantes da cidade para jejuar e coloquem Nabote num lugar onde todos possam vê-lo. ¹⁰Mandem sentar-se em frente dele dois homens de mau caráter que o acusem de amaldiçoar a Deus e o rei. Depois, levem-no para fora e matem-no por apedrejamento".

¹¹As autoridades e os outros líderes da cidade seguiram as instruções dadas por Jezabel em suas cartas. ¹²Convocaram os habitantes da cidade para um jejum e colocaram Nabote num lugar onde todos podiam vê-lo. ¹³Então dois homens de mau caráter vieram, sentaram-se de frente para ele e o acusaram diante de todo o povo, dizendo: "Ele amaldiçoou a Deus e o rei!". Em seguida, foi arrastado para fora da cidade e morto por apedrejamento. ¹⁴Os líderes da cidade mandaram avisar Jezabel: "Nabote foi apedrejado e está morto".

¹⁵Quando Jezabel ouviu a notícia, disse a Acabe: "Lembra-se da videira que Nabote se recusou a vender? Agora você pode ficar com ela. Nabote está morto". ¹⁶Acabe desceu de imediato à videira de Nabote para tomar posse dela.

¹⁷Contudo, o Senhor disse a Elias, de Tisbe: ¹⁸"Vá encontrar-se com Acabe, rei de Israel, que governa em Samaria. Ele estará na videira de Nabote, para tomar posse dela. ¹⁹Transmita-lhe esta mensagem: 'Assim diz o Senhor: Não foi suficiente para você matar Nabote? Era preciso que também roubasse a propriedade dele? Por causa do que você fez, os cães lamberão seu sangue no mesmo lugar onde lamberam o sangue de Nabote'".

²⁰"Quer dizer que você me encontrou, meu inimigo!", disse Acabe a Elias.

"Sim", respondeu Elias. "Vim porque você se vendeu para fazer o que é mau aos olhos do Senhor. ²¹Agora o Senhor diz:ª 'Trarei desgraça sobre você e o exterminarei, e destruirei todos os seus descendentes do sexo masculino em Israel, tanto escravos como livres. ²²Acabarei com sua família como fiz com a família de Jeroboão, filho de Nebate, e com a família de Baasa, filho de Aías, pois você provocou minha ira e levou Israel a pecar'.

²³"E quanto a Jezabel, o Senhor diz: 'Cães devorarão o corpo de Jezabel no campoᵇ em Jezreel'.

²⁴"Os membros da família de Acabe que morrerem na cidade serão comidos pelos cães, e os que morrerem no campo serão comidos pelos abutres."

²⁵Não houve ninguém que tenha se vendido tão completamente para fazer o que é mau aos olhos do Senhor como Acabe, influenciado por sua esposa Jezabel. ²⁶Sua prática mais repugnante foi adorar ídolosᶜ como haviam feito os amorreus, povo que o Senhor tinha expulsado de diante dos israelitas.

²⁷Quando Acabe ouviu essa mensagem, rasgou suas roupas, vestiu-se de pano de saco e jejuou. Passou a dormir em cima de panos de saco e a andar cabisbaixo.

²⁸Então Elias, de Tisbe, recebeu outra mensagem do Senhor: ²⁹"Vê como Acabe se humilhou diante de mim? Por isso, não trarei calamidade durante sua vida. Farei cair a calamidade sobre os filhos dele; destruirei sua dinastia".

ª **21.21** Conforme a Septuaginta; o hebraico não traz *Agora o Senhor diz*. ᵇ **21.23** Conforme vários manuscritos hebraicos, a versão siríaca e a Vulgata (ver tb. 2Rs 9.26,36); a maioria dos manuscritos hebraicos traz *junto ao muro da cidade*. ᶜ **21.26** É provável que o termo hebraico (lit. *coisas redondas*) se refira a esterco.

Josafá e Acabe

22 Durante três anos, não houve guerra entre a Síria e Israel. ²No terceiro ano, porém, Josafá, rei de Judá, foi visitar o rei de Israel. ³Durante a visita, o rei de Israel disse a seus oficiais: "Não sabem que a cidade de Ramote-Gileade nos pertence? E, no entanto, não fizemos coisa alguma para retomá-la do rei da Síria!".

⁴Então se voltou para Josafá e perguntou: "Você se juntará a mim na batalha para reconquistar Ramote-Gileade?".

Josafá respondeu ao rei de Israel: "Claro que sim! Você e eu somos como um só. Meus soldados são seus soldados, e meus cavalos são seus cavalos". ⁵E acrescentou: "Antes, porém, consulte o Senhor".

⁶Então o rei de Israel convocou os profetas, cerca de quatrocentos no total, e lhes perguntou: "Devo ir à guerra contra Ramote-Gileade ou não?".

Todos eles responderam: "Sim, deve! O Senhor entregará o inimigo nas mãos do rei".

⁷Josafá, porém, perguntou: "Acaso não há aqui um profeta do Senhor? Devemos consultá-lo também".

⁸O rei de Israel respondeu a Josafá: "Há mais um homem que pode consultar o Senhor para nós, mas eu o odeio, pois nunca profetiza nada de bom a meu respeito, só coisas ruins! Chama-se Micaías, filho de Inlá".

"O rei não devia falar assim", respondeu Josafá.

⁹Então o rei de Israel chamou um de seus oficiais e disse: "Traga Micaías, filho de Inlá. Rápido!".

Micaías profetiza contra Acabe

¹⁰Vestidos com seus trajes reais, o rei de Israel e Josafá, rei de Judá, estavam sentados cada um em seu trono na eira, junto à porta de Samaria. Todos os profetas estavam profetizando diante deles. ¹¹Um dos profetas, Zedequias, filho de Quenaaná, fez chifres de ferro e declarou: "Assim diz o Senhor: 'Com estes chifres o rei ferirá os sírios até a morte!'".

¹²Todos os outros profetas concordaram, dizendo: "Sim, suba a Ramote-Gileade e seja vitorioso, pois o Senhor a entregará nas mãos do rei!".

PÃO DIÁRIO

Confusão na sala da redação do jornal

O rei de Israel respondeu a Josafá: "Há mais um homem que pode consultar o Senhor para nós, mas eu o odeio, pois nunca profetiza nada de bom a meu respeito, só coisas ruins!

—1 Reis 22.8

Certo homem foi a uma renomada emissora de rádio para uma entrevista de emprego. Porém, um produtor apressado o confundiu com uma autoridade que tinha sido convidada para o programa de entrevistas ao vivo naquele mesmo horário. Conduziu o candidato, desnorteado, mas complacente, ao estúdio de notícias e fixou o microfone em sua roupa.

Quando foi dado o sinal "no ar", o entrevistador não percebeu o olhar de pânico estampado no rosto daquele candidato a emprego, e o confuso desempregado tentou desajeitadamente responder as perguntas que lhe foram feitas. Quando o próprio equívoco se tornou notícia, a emissora desculpou-se pelo erro.

Aquele homem, desafortunado, não estava fingindo ser uma autoridade — ele fora confundido. Em contrapartida, Acabe, o rei de Israel, optou por ignorar a verdade ao buscar respostas de falsos profetas que se passavam por autoridades religiosas. Acabe não quis consultar o Senhor por intermédio do piedoso profeta Micaías, dizendo: "pois nunca profetiza nada de bom a meu respeito, só coisas ruins!" (1Rs 22.8). O rei tinha aversão à verdade.

Às vezes, preferimos ouvir o conforto de uma mentira do que as palavras da verdade. Contudo, precisamos buscar a orientação de conselheiros que creem que "Toda a Escritura é [...] útil para nos ensinar o que é verdadeiro e para nos fazer perceber o que não está em ordem em nossa vida. Ela nos corrige quando erramos e nos ensina a fazer o que é certo" (2Tm 3.16). Não podemos permitir que os nossos desejos nos levem a trocar a verdade de Deus por uma mentira.

Senhor, tu és a Verdade! Ajuda-nos a reconhecer que as Tuas palavras destinadas a nós, conforme as Escrituras afirmam, nos oferecem as diretrizes que precisamos para reagir às mentiras que o mundo nos diz. Ajuda-nos a discernir a verdade quando a ouvirmos e a viver de acordo com o que dizes nas páginas da Tua Palavra, a Bíblia.

Melhor ouvir a verdade dura do que uma mentira agradável.

¹³Enquanto isso, o mensageiro que foi buscar Micaías lhe disse: "Veja, todos os profetas prometem vitória para o rei. Concorde com eles e também prometa sucesso".

¹⁴Micaías, porém, respondeu: "Tão certo como vive o Senhor, direi apenas o que o Senhor ordenar".

¹⁵Quando Micaías chegou, o rei lhe perguntou: "Micaías, devemos ir à guerra contra Ramote-Gileade ou não?".

Micaías respondeu: "Sim, suba e será vitorioso, pois o Senhor a entregará nas mãos do rei!".

¹⁶Mas o rei disse: "Quantas vezes preciso exigir que diga somente a verdade quando falar em nome do Senhor?".

¹⁷Então Micaías respondeu: "Vi todo o Israel espalhado pelos montes, como ovelhas sem pastor. E o Senhor disse: 'Seu líder foi morto.ª Mande-os para casa em paz'".

¹⁸O rei de Israel disse a Josafá: "Não falei? Ele nunca profetiza nada de bom a meu respeito, mas somente coisas ruins".

¹⁹Micaías prosseguiu: "Ouça o que o Senhor diz! Vi o Senhor sentado em seu trono, com todo o exército do céu ao redor, à sua direita e à sua esquerda. ²⁰E o Senhor perguntou: 'Quem enganará Acabe para que vá à guerra contra Ramote-Gileade e seja morto ali?'.

"Houve muitas sugestões, ²¹até que, por fim, um espírito se aproximou do Senhor e disse: 'Eu o enganarei!'.

²²"'De que maneira?', perguntou o Senhor.

"E o espírito respondeu: 'Sairei e porei um espírito mentiroso na boca de todos os seus profetas'.

"O Senhor disse: 'Você conseguirá enganá-lo!'.

²³"Como vê, o Senhor pôs um espírito mentiroso na boca de todos os seus profetas, pois o Senhor decretou sua desgraça".

²⁴Então Zedequias, filho de Quenaaná, se aproximou de Micaías e lhe deu uma bofetada. "Como foi que o Espírito do Senhor me deixou para falar com você?",ᵇ perguntou ele.

²⁵Micaías respondeu: "Você descobrirá em breve, quando tentar se esconder em algum quarto secreto!".

²⁶Então o rei de Israel ordenou: "Prendam Micaías e levem-no de volta a Amom, governador da cidade, e a meu filho Joás, ²⁷com a seguinte ordem: 'Ponham este homem na prisão e deem-lhe apenas pão e água até que eu volte da batalha em segurança!'".

²⁸Micaías, porém, respondeu: "Se voltar em segurança, significará que o Senhor não falou por meu intermédio!". E acrescentou aos que estavam ao redor: "Todos vocês, prestem atenção às minhas palavras!".

A morte de Acabe

²⁹Então o rei de Israel e Josafá, rei de Judá, levaram seus exércitos para atacar Ramote-Gileade. ³⁰O rei de Israel disse a Josafá: "Quando entrarmos no combate, usarei um disfarce para que ninguém me reconheça, mas você vestirá seus trajes reais". O rei de Israel se disfarçou, e os dois foram à batalha.

³¹Enquanto isso, o rei da Síria tinha dado as seguintes ordens aos 32 comandantes dos carros de guerra: "Ataquem somente o rei de Israel. Não lutem contra ninguém mais!". ³²Quando os comandantes dos carros de guerra sírios viram Josafá em seus trajes reais, foram atrás dele. "É o rei de Israel!", disseram. Contudo, quando Josafá gritou, ³³os comandantes dos carros perceberam que não era o rei de Israel e pararam de persegui-lo.

³⁴Então um soldado sírio disparou uma flecha ao acaso e acertou o rei de Israel entre as juntas de sua armadura. "Dê a volta e tire-me daqui!", exclamou Acabe para o condutor de seu carro. "Estou gravemente ferido!"

³⁵A batalha, cada vez mais violenta, prosseguiu durante todo o dia, e o rei permaneceu em pé, apoiado em seu carro, de frente para os sírios. O sangue de seu ferimento escorria para o piso do carro e, ao entardecer, ele morreu. ³⁶Quando o sol se punha, um clamor se espalhou entre seus soldados: "Estamos perdidos! Voltem para suas casas!".

³⁷Assim, o rei morreu, e seu corpo foi levado para Samaria e sepultado ali. ³⁸Seu carro de guerra foi lavado junto ao tanque de Samaria, e os cães vieram e lamberam seu sangue no lugar onde as prostitutas se banhavam,ᶜ exatamente como o Senhor havia prometido.

ª **22.17** Em hebraico, *Esse povo não tem senhor*. ᵇ **22.24** Ou *Por onde saiu o Espírito do Senhor para falar com você?* ᶜ **22.38** Ou *seu sangue, e as prostitutas se banharam (nele)*; ou *seu sangue, e lavaram sua armadura*. O significado do hebraico é incerto.

³⁹Os demais acontecimentos do reinado de Acabe, e tudo que ele fez, incluindo o palácio de marfim e as cidades que construiu, estão escritos no *Livro da História dos Reis de Israel*. ⁴⁰Acabe morreu e se reuniu a seus antepassados, e seu filho Acazias foi seu sucessor.

O reinado de Josafá em Judá

⁴¹Josafá, filho de Asa, começou a reinar em Judá no quarto ano do reinado de Acabe, rei de Israel. ⁴²Josafá tinha 35 anos quando começou a reinar e reinou em Jerusalém por 25 anos. Sua mãe se chamava Azuba e era filha de Sili.

⁴³Josafá foi um bom rei, que seguiu o exemplo de seu pai, Asa, e fez o que era certo aos olhos do S ENHOR.ª Contudo, não removeu todos os santuários idólatras, e o povo continuou a oferecer sacrifícios e queimar incenso neles. ⁴⁴Josafá manteve paz com o rei de Israel.

⁴⁵Os demais acontecimentos do reinado de Josafá, a extensão de seu poder e suas guerras estão registrados no *Livro da História dos Reis de Judá*. ⁴⁶Ele expulsou da terra os prostitutos cultuais dos santuários idólatras que restaram do tempo de seu pai, Asa.

⁴⁷(Naquela época, não havia rei em Edom, mas apenas um governador.)

⁴⁸Josafá construiu uma frota de navios mercantes[b] para buscar ouro em Ofir. As embarcações, porém, nunca chegaram a navegar, pois naufragaram no porto de Eziom-Geber. ⁴⁹Certa vez, Acazias, filho de Acabe, propôs a Josafá: "Deixe que meus homens naveguem com os seus", mas Josafá não aceitou a proposta.

⁵⁰Quando Josafá morreu, foi sepultado com seus antepassados na Cidade de Davi. Seu filho Jeorão foi seu sucessor.

O reinado de Acazias em Israel

⁵¹Acazias, filho de Acabe, começou a reinar em Israel no décimo sétimo ano do reinado de Josafá em Judá. Reinou em Samaria por dois anos. ⁵²Contudo, fez o que era mau aos olhos do S ENHOR, pois seguiu o exemplo de seu pai e sua mãe e o exemplo de Jeroboão, filho de Nebate, que levou Israel a pecar. ⁵³Serviu a Baal e o adorou, provocando a ira do S ENHOR, Deus de Israel, como seu pai havia feito.

ª **22.43** No texto hebraico, os versículos 22.43b-53 são numerados 22.44-54. ᵇ **22.48** Em hebraico, *navios de Társis*.

2 REIS

INTRODUÇÃO

Nome. O nome é derivado dos reis cujas ações narra.

Conteúdo. Ele continua a história de Israel onde 2 Samuel terminou, e dá o relato da morte de Davi, o reinado de Salomão, o Reino dividido e o cativeiro.

Propósito. As mudanças políticas de Israel são fornecidas para mostrar a condição religiosa. Em todos os lugares há um conflito entre fé e incredulidade, entre a adoração de Deus e o culto a Baal. Vemos reis perversos que introduziram a idolatria na nação e reis justos que fazem reformas e tentam derrubar a falsa adoração. Israel cede ao mal e é finalmente cortado, mas Judá se arrepende e é restaurado para perpetuar o reino e ser o meio pelo qual Jesus viria.

Os dois reinos. Esta é uma triste história de dissensão, guerra e derrota. Israel, ou o Reino do Norte, sempre teve ciúmes de Judá. Era, de longe, mais forte e possuía um território muito maior e mais fértil. Teve 19 reis, de Jeroboão a Oseias, cujos nomes e o número de anos que reinaram deveriam ser estudados juntos com a quantidade de Escrituras incluídas na história de cada um deles. Judá, ou o Reino do Sul, sempre foi um pouco mais fiel à verdadeira adoração. Teve 20 reis, de Roboão a Zedequias, cujas vidas, com o número de anos que reinaram e as passagens das Escrituras que descrevem cada um deles, deveriam ser tabuladas e estudadas.

O cativeiro. Está claro que o cativeiro é por causa do pecado. Deus os poupou por muito tempo. (1) Israel foi levado cativo pelo Império Assírio, cuja capital era Nínive. Isso marca o fim das tribos do Norte. (2) Judá foi capturada pelo Império Babilônico, mas, após um período de 70 anos, o povo retornou à sua própria terra.

ESBOÇO

1. Os últimos dias de Elias, Caps. 1–2
2. A vida de Eliseu, Caps. 3–8
3. A dinastia de Jeú, Caps. 9–14
4. A queda de Israel, Caps. 15–17
5. O reino de Judá, Caps. 18–25

PARA ESTUDO E DISCUSSÃO

[1] Contraste o caráter de Davi com o de Salomão. Escreva as qualidades e os defeitos de cada um. Compare-os também como governantes.

[2] Contraste o caráter de Elias com o de Eliseu. Indique os aspectos de força e fraqueza em cada um. Compare a grande verdade moral e religiosa aprendida com cada um, bem como os grandes feitos realizados por eles.

[3] Considere o lugar dos profetas. Observe sua atividade nos assuntos de governo. Faça uma pesquisa nos livros de 1 e 2 Reis, liste todos os profetas que são nomeados neles e observe o caráter de sua mensagem e o rei ou nação para quem cada um falou.

[4] Faça uma lista dos reis de Israel e aprenda sobre a história de Jeroboão I, Onri, Acabe, Jeú, Jeroboão II e Oseias.

[5] Liste os reis de Judá e aprenda sobre os principais acontecimentos e o caráter geral do reinado de Roboão, Josafá, Joás, Uzias, Acaz, Ezequias, Manassés, Josias e Zedequias.

[6] A queda de Judá.

[7] O fracasso dos governos humanos: (a) a causa; (b) a manifestação e o resultado

Elias confronta o rei Acazias

1 Depois da morte do rei Acabe, a terra de Moabe se rebelou contra Israel.

²Certo dia, Acazias caiu pela grade de um cômodo no terraço de seu palácio em Samaria e ficou gravemente ferido. Ele enviou mensageiros ao templo de Baal-Zebube, deus de Ecrom, para saber se iria se recuperar.

³O anjo do Senhor, porém, disse a Elias, de Tisbe: "Vá ao encontro dos mensageiros do rei de Samaria e diga-lhes: 'Acaso não há Deus em Israel? Por que vão consultar Baal-Zebube, o deus de Ecrom? ⁴Por isso, assim diz o Senhor: Você nunca mais se levantará da cama onde está; certamente morrerá!'". Então Elias partiu.

⁵Quando os mensageiros voltaram ao rei, ele lhes perguntou: "Por que voltaram tão depressa?".

⁶Eles responderam: "Um homem veio ao nosso encontro e nos instruiu a voltarmos ao rei e lhe darmos esta mensagem: 'Assim diz o Senhor: Acaso não há Deus em Israel? Por que enviou seus homens para consultar Baal-Zebube, o deus de Ecrom? Por isso, nunca mais se levantará da cama onde está; certamente morrerá'".

⁷"Como era o homem que lhes anunciou essa mensagem?", perguntou o rei.

⁸Eles responderam: "Vestia roupas feitas de pelos[a] e usava um cinto de couro".

"Era Elias, de Tisbe!", exclamou o rei.

⁹Em seguida, enviou um capitão de seu exército com cinquenta soldados para prender Elias. Eles o encontraram sentado no alto de um monte. O capitão lhe disse: "Homem de Deus, o rei ordena que você desça conosco".

¹⁰Elias respondeu ao capitão: "Se sou homem de Deus, que desça fogo do céu e destrua você e seus cinquenta soldados!". Então desceu fogo do céu e matou todos eles.

¹¹O rei enviou outro capitão com cinquenta soldados. O capitão disse a Elias: "Homem de Deus, o rei ordena que você desça imediatamente".

¹²Elias, porém, respondeu: "Se sou homem de Deus, que desça fogo do céu e destrua você e seus cinquenta soldados!". Novamente desceu fogo do céu e matou todos eles.

---

[a] **1.8** Ou *Era um homem peludo*.

PÃO DIÁRIO

Um título que vale a pena buscar

Pela terceira vez, o rei enviou um capitão com cinquenta soldados. Esse capitão, porém, subiu o monte todo, ajoelhou-se diante de Elias e implorou: "Ó homem de Deus, por favor, poupe minha vida e a vida destes seus cinquenta servos.

—2 Reis 1.13

Não é incomum ouvir um preletor ser apresentado com a entusiástica frase: "Ele é verdadeiramente um homem de Deus". Muitas vezes, questiono-me sobre como reagir quando alguém é descrito em termos tão elevados. Preocupo-me ao colocar alguém num pedestal alto demais; talvez, preparando-o para uma perigosa queda. Na verdade, o que significa ser homem ou mulher de Deus?

Nos tempos bíblicos, não era comum um profeta de Deus receber esse título. Na realidade, ele é usado por volta de 80 vezes na Palavra de Deus para descrever pessoas como Moisés (Dt 33.1), Elias (2Rs 1.13) e até mesmo o anjo do Senhor (Jz 13.8). Era um título concedido a um representante do Altíssimo. Estes mensageiros que vinham em nome do rei para falar com Elias reconheceram que o profeta não era um homem comum — era um "homem de Deus".

Existe outro significado para o título o qual é um desafio que devemos desejar. Em 2 Reis 4, lemos que uma mulher de Suném vinha observando o profeta Eliseu. Ela até comentou com o marido: "Sem dúvida esse homem que sempre passa por aqui é um santo homem de Deus". Referir-se a Elias como "santo" pode indicar que ela havia notado que o profeta não era apenas um homem de Deus, mas um homem temente e dedicado.

Em 1 Pedro 1.13-16, o apóstolo nos convoca a sermos santos, como um reflexo da santidade divina. Talvez nunca tenhamos o ilustre título de "porta-voz" de Deus, mas devemos ser santas. Esse é um título que vale a pena buscarmos.

Pai, as Escrituras afirmam que devo ser santa, porque tu és santo. Leva-me à Tua presença e ensina-me a representar-te verdadeiramente. Oro para que, à medida que eu buscar a santidade, os outros vejam que estou crescendo em semelhança a ti.

Toda filha de Deus deve crescer em semelhança ao Filho de Deus.

¹³Pela terceira vez, o rei enviou um capitão com cinquenta soldados. Esse capitão, porém, subiu o monte todo, ajoelhou-se diante de Elias e implorou: "Ó homem de Deus, por favor, poupe minha vida e a vida destes seus cinquenta servos. ¹⁴Sabemos que desceu fogo do céu e destruiu os outros dois capitães e seus grupos de soldados. Mas, agora, peço que poupe minha vida!".

¹⁵Então o anjo do Senhor disse a Elias: "Desça com ele e não tenha medo". Assim, Elias se levantou, desceu e foi falar com o rei.

¹⁶Elias disse ao rei: "Assim diz o Senhor: Por que enviou mensageiros para consultar Baal-Zebube, o deus de Ecrom? Acaso não há Deus em Israel? Por isso, você nunca mais se levantará da cama onde está; certamente morrerá".

¹⁷Então Acazias morreu, conforme o Senhor havia anunciado por meio de Elias. Acazias não tinha nenhum filho para reinar em seu lugar, de modo que seu irmão Jorão[a] foi seu sucessor. Isso aconteceu no segundo ano do reinado de Jeorão, filho de Josafá, rei de Judá.

¹⁸Os demais acontecimentos do reinado de Acazias e tudo que ele fez estão registrados no *Livro da História dos Reis de Israel*.

Elias é levado ao céu

2 Quando o Senhor estava para levar Elias ao céu num redemoinho, Elias e Eliseu partiram de Gilgal. ²No caminho, Elias disse a Eliseu: "Fique aqui, pois o Senhor me mandou ir a Betel".

Eliseu, porém, respondeu: "Tão certo como vive o Senhor, e tão certo como a sua própria vida, não o deixarei!". E desceram juntos a Betel.

³O grupo de profetas de Betel foi ao encontro de Eliseu e lhe perguntou: "Você sabe que o Senhor levará seu mestre hoje?".

"Sim, eu sei", respondeu Eliseu. "Mas não falem sobre isso."

⁴Então Elias disse a Eliseu: "Fique aqui, pois o Senhor me mandou ir a Jericó".

Mas Eliseu respondeu novamente: "Tão certo como vive o Senhor, e tão certo como a sua própria vida, não o deixarei". E foram juntos a Jericó.

⁵O grupo de profetas de Jericó foi ao encontro de Eliseu e lhe perguntou: "Você sabe que o Senhor levará seu mestre hoje?".

"Sim, eu sei", respondeu Eliseu. "Mas não falem sobre isso."

⁶Então Elias disse a Eliseu: "Fique aqui, pois o Senhor me mandou ir ao rio Jordão".

Mais uma vez, porém, Eliseu respondeu: "Tão certo como vive o Senhor, e tão certo como a sua própria vida, não o deixarei". E seguiram juntos pelo caminho.

⁷Cinquenta homens do grupo de profetas também foram e observaram de longe quando Elias e Eliseu pararam junto ao rio Jordão. ⁸Elias dobrou seu manto e bateu com ele nas águas. O rio se abriu, e os dois atravessaram em terra seca.

⁹Quando chegaram à outra margem, Elias disse a Eliseu: "Diga-me, o que posso fazer por você antes de ser levado embora?".

Eliseu respondeu: "Peço-lhe que eu receba uma porção dobrada do seu espírito e me torne seu sucessor".

¹⁰Elias respondeu: "O que você pediu é uma tarefa difícil, mas, se me vir quando eu for separado de você, receberá o que pediu; caso contrário, não será atendido".

¹¹De repente, enquanto caminhavam e conversavam, surgiu uma carruagem de fogo, puxada por cavalos de fogo. Passou entre os dois e os separou, e Elias foi levado para o céu num redemoinho. ¹²Eliseu viu isso e gritou: "Meu pai, meu pai! Você era como os carros de guerra de Israel e seus cavaleiros!". E, quando ele sumiu de vista, Eliseu rasgou as roupas ao meio.

¹³Em seguida, pegou o manto de Elias, que tinha caído, e voltou à margem do Jordão. ¹⁴Bateu nas águas com o manto e gritou: "Onde está o Senhor, o Deus de Elias?". Então o rio se dividiu, e Eliseu o atravessou.

¹⁵Quando os membros do grupo de profetas de Jericó viram o que havia acontecido, exclamaram: "O espírito de Elias repousa sobre Eliseu!". Então foram encontrar-se com Eliseu e se curvaram com o rosto no chão diante dele. ¹⁶Disseram: "Nós, seus servos, temos cinquenta homens corajosos que podem procurar seu mestre no deserto. Talvez o Espírito do Senhor o tenha deixado em algum monte ou em algum vale".

---

[a] **1.17** Em hebraico, *Jeorão*, variação de Jorão.

"Não enviem ninguém", disse Eliseu. ¹⁷Mas insistiram tanto que, por fim, constrangido, ele consentiu: "Está bem, enviem os homens". Os cinquenta homens procuraram por três dias, mas não encontraram Elias. ¹⁸Eliseu ainda estava em Jericó quando eles voltaram, e disse: "Não lhes falei que não fossem?".

Os primeiros milagres de Eliseu

¹⁹Certo dia, alguns moradores de Jericó disseram a Eliseu: "Temos um problema, meu senhor. A cidade está situada numa boa região, como o senhor pode ver. Contudo, a água não é boa, e a terra é improdutiva".

²⁰Eliseu disse: "Tragam-me uma tigela nova cheia de sal", e fizeram o que ele pediu. ²¹Eliseu foi à nascente que abastecia a cidade com água e jogou ali o sal. Disse ele: "Assim diz o Senhor: 'Purifiquei esta água. Ela não causará mais morte nem tornará a terra improdutiva'". ²²E, desde então, a água permanece pura, conforme a palavra de Eliseu.

²³Eliseu saiu dali e foi a Betel. Enquanto subia pelo caminho, um grupo de adolescentes da cidade começou a zombar dele. "Vá embora, careca! Vá embora, careca!", gritavam. ²⁴Eliseu se voltou para trás, olhou para eles e os amaldiçoou em nome do Senhor. Então duas ursas saíram do bosque e despedaçaram 42 adolescentes. ²⁵Dali Eliseu foi para o monte Carmelo e, por fim, voltou a Samaria.

Guerra entre Israel e Moabe

3 Jorão,ᵃ filho de Acabe, começou a reinar em Israel no décimo oitavo ano do reinado de Josafá, rei de Judá. Reinou em Samaria por doze anos. ²Fez o que era mau aos olhos do Senhor, mas não tanto quanto seu pai e sua mãe. Pelo menos derrubou a coluna sagrada de Baal que seu pai havia levantado. ³Contudo, persistiu nos pecados que Jeroboão, filho de Nebate, havia cometido e levado o povo de Israel a cometer.

⁴Messa, rei de Moabe, era criador de ovelhas. Costumava pagar ao rei de Israel um tributo anual de cem mil cordeiros e a lã de cem mil carneiros. ⁵Depois da morte de Acabe, porém, o rei de Moabe se rebelou contra o rei de Israel. ⁶Então, sem demora, o rei Jorão partiu de Samaria e reuniu o exército de Israel. ⁷No caminho, enviou esta mensagem a Josafá, rei de Judá: "O rei de Moabe se rebelou contra mim. Você sairá comigo para batalhar contra ele?".

Josafá respondeu: "Claro que sim! Meus soldados são seus soldados, e meus cavalos são seus cavalos". ⁸E perguntou: "Que caminho vamos tomar?".

"Vamos atacar pelo deserto de Edom", respondeu o rei de Israel.

⁹O rei de Edom e seus soldados se uniram ao rei de Israel e ao rei de Judá, e os três exércitos seguiram pelo caminho. Depois que andaram sete dias pelo deserto, já não havia água para os homens nem para os animais.

¹⁰"O que vamos fazer?", exclamou o rei de Israel. "Será que o Senhor trouxe os três reis até aqui só para permitir que o rei de Moabe nos derrote?"

¹¹Então Josafá perguntou: "Não há aqui um profeta do Senhor? Se houver, podemos consultar o Senhor por meio dele".

Um dos oficiais do rei de Israel respondeu: "Eliseu, filho de Safate, está aqui. Ele era o ajudante de Elias".ᵇ

¹²"Sim, o Senhor fala por meio dele", disse Josafá. Então o rei de Israel, Josafá, o rei de Judá, e o rei de Edom foram consultar Eliseu.

¹³"Por que veio me procurar?",ᶜ perguntou Eliseu ao rei de Israel. "Vá consultar os profetas idólatras de seu pai e de sua mãe!"

O rei de Israel, porém, disse: "Vim procurá-lo porque foi o Senhor que chamou esses três reis só para entregá-los nas mãos do rei de Moabe!".

¹⁴Eliseu respondeu: "Tão certo como vive o Senhor dos Exércitos, a quem sirvo, eu não lhe daria atenção alguma se não fosse por respeito a Josafá, rei de Judá. ¹⁵Agora, tragam-me alguém que saiba tocar harpa".

Enquanto o músico tocava, a mão do Senhor veio sobre Eliseu, ¹⁶e ele disse: "Assim diz o Senhor: 'Este vale seco se encherá de poços de água'. ¹⁷Pois assim diz o Senhor: 'Vocês não verão vento nem chuva, mas o vale se encherá de água. Terão o suficiente para vocês, seus rebanhos e outros animais'. ¹⁸E, como se isso não bastasse, o Senhor ainda entregará o exército de Moabe em suas mãos! ¹⁹Vocês conquistarão

---

ᵃ **3.1** Em hebraico, *Jeorão*, variação de Jorão; também em 3.6. ᵇ **3.11** Em hebraico, *Ele derramava água nas mãos de Elias*. ᶜ **3.13** Em hebraico, *O que tenho em comum com você?*

as melhores cidades deles, até mesmo as fortificadas. Cortarão as árvores frutíferas, taparão todas as fontes e entulharão com pedras as terras de plantio".

²⁰No dia seguinte, por volta da hora em que se oferecia o sacrifício da manhã, começou a aparecer água, descendo desde Edom, e, em pouco tempo, havia água por toda parte.

²¹Enquanto isso, o povo de Moabe soube que os três exércitos marchavam contra eles, e todos os homens com idade suficiente para lutar foram convocados e se posicionaram ao longo da fronteira. ²²Quando se levantaram na manhã seguinte, o sol brilhava sobre a água. Para os moabitas, ela parecia vermelha como sangue. ²³"É sangue!", exclamaram. "Os três exércitos atacaram uns aos outros e se mataram! Venha, povo de Moabe, vamos tomar os despojos!"

²⁴Mas, quando os moabitas chegaram ao acampamento de Israel, o exército israelita se levantou e os atacou até que deram meia-volta e fugiram. Os israelitas os perseguiram até Moabe, avançando pelo território e derrotando Moabe definitivamente.[a] ²⁵Arrasaram as cidades, entulharam com pedras as terras de plantio, taparam as fontes de água e cortaram as árvores frutíferas. Por fim, só restou Quir-Haresete com suas muralhas de pedra, mas atiradores com fundas a cercaram e a atacaram.

²⁶Quando o rei de Moabe percebeu que estava perdendo a batalha, liderou setecentos homens com espadas, numa tentativa de romper as linhas inimigas próximas do rei de Edom, mas fracassou. ²⁷Então o rei de Moabe pegou seu filho mais velho, que devia sucedê-lo, e o ofereceu como holocausto sobre o muro da cidade. Por isso, houve grande ira contra Israel,[b] e os israelitas se retiraram e voltaram para sua terra.

Eliseu ajuda uma viúva pobre

4 Certo dia, a viúva de um dos membros do grupo de profetas foi pedir ajuda a Eliseu: "Meu marido, que o servia, morreu, e o senhor sabe como ele temia o Senhor. Agora, veio um credor que ameaça levar meus dois filhos como escravos".

²"O que posso fazer para ajudá-la?", perguntou Eliseu. "Diga-me, o que você tem em casa?"

"Não tenho nada, exceto uma vasilha de azeite", respondeu ela.

³Então Eliseu disse: "Tome emprestadas muitas vasilhas de seus amigos e vizinhos, quantas conseguir. ⁴Depois, entre em casa com seus filhos e feche a porta. Derrame nas vasilhas o azeite que você tem e separe-as quando estiverem cheias".

⁵A viúva seguiu as instruções de Eliseu. Seus filhos traziam vasilhas, e ela as enchia. ⁶Logo, todas estavam cheias até a borda.

"Traga mais uma vasilha", disse ela a um dos filhos.

"Acabaram as vasilhas!", respondeu ele. E o azeite parou de correr.

⁷Quando ela contou ao homem de Deus o que havia acontecido, ele lhe disse: "Agora venda o azeite e pague suas dívidas. Você e seus filhos poderão viver do que sobrar".

Eliseu e a mulher de Suném

⁸Certo dia, Eliseu foi à cidade de Suném. Uma mulher rica que morava na cidade o convidou para fazer uma refeição em sua casa. Depois disso, sempre que ele passava por lá, parava na casa dela para comer.

⁹A mulher disse ao marido: "Sem dúvida esse homem que sempre passa por aqui é um santo homem de Deus. ¹⁰Vamos construir um quartinho para ele no terraço e mobiliá-lo com uma cama, uma mesa, uma cadeira e uma lâmpada. Assim, quando ele passar por aqui, terá um lugar para ficar".

¹¹Um dia, Eliseu voltou a Suném e subiu ao quarto para descansar. ¹²Disse a seu servo, Geazi: "Chame a sunamita". Quando ela veio, ¹³Eliseu disse a Geazi: "Diga-lhe: 'Somos gratos por sua bondade e seu cuidado conosco. O que podemos fazer por você? Podemos falar em seu favor ao rei ou ao comandante do exército?'".

"Não", respondeu ela. "Minha família cuida bem de mim".

¹⁴Mais tarde, Eliseu perguntou a Geazi: "O que podemos fazer por ela?".

Geazi respondeu: "Ela não tem filhos, e o marido é idoso".

¹⁵"Chame-a de novo", disse Eliseu. A mulher voltou e, enquanto ela estava à porta do quarto,

---

[a] **3.24** O significado do hebraico é incerto. [b] **3.27** Ou *a ira de Israel foi grande*. O significado do hebraico é incerto.

¹⁶Eliseu lhe disse: "Ano que vem, por esta época, você estará com um filho nos braços!".

"Não, meu senhor!", exclamou ela. "Por favor, homem de Deus, não me dê falsas esperanças."

¹⁷Mas, de fato, a mulher ficou grávida. No ano seguinte, naquela mesma época, teve um filho, como Eliseu tinha dito.

¹⁸Certo dia, quando o menino estava mais crescido, saiu para acompanhar o pai, que estava no campo com os ceifeiros. ¹⁹De repente, o menino gritou: "Ai! Que dor de cabeça!".

Seu pai disse a um dos servos: "Leve-o para casa, para a mãe dele". ²⁰O servo levou o menino para casa, e a mãe o segurou no colo. Mas, por volta do meio-dia, ele morreu. ²¹Ela o carregou para cima e o deitou na cama do homem de Deus; fechou a porta e o deixou ali. ²²Então enviou um recado para o marido: "Mande um dos servos e uma jumenta, para que eu vá depressa falar com o homem de Deus e volte em seguida".

²³"Por que hoje?", perguntou ele. "Não é a festa da lua nova nem sábado."

Ela, porém, respondeu: "Não se preocupe".

²⁴Então ela mandou selar a jumenta e disse ao servo: "Rápido! Só diminua o passo quando eu mandar". ²⁵E partiu para encontrar-se com o homem de Deus no monte Carmelo.

Quando ele a viu a distância, disse a Geazi: "Olhe! Lá vem a sunamita! ²⁶Corra ao seu encontro e pergunte: 'Está tudo bem com a senhora, com seu marido e com seu filho?'".

A mulher respondeu: "Sim, está tudo bem".

²⁷Mas, quando ela chegou ao homem de Deus no monte, abraçou os pés dele. Geazi quis afastá-la, mas o homem de Deus disse: "Deixe-a em paz. Ela está profundamente angustiada, mas o S\ENHOR não me revelou o motivo".

²⁸Então a mulher disse: "Acaso eu lhe pedi um filho, meu senhor? Não lhe disse que não me desse falsas esperanças?".

²⁹Eliseu disse a Geazi: "Prepare-se para viajar;ᵃ pegue meu cajado e vá! Não cumprimente ninguém pelo caminho. Quando chegar, coloque o cajado sobre o rosto do menino".

³⁰Mas a mãe do menino disse: "Tão certo como vive o S\ENHOR, e tão certo como a sua própria vida, não voltarei para casa se o senhor não for comigo". Então Eliseu voltou com ela.

³¹Geazi foi à frente e pôs o cajado sobre o rosto do menino, mas não aconteceu nada.

ᵃ **4.29** Em hebraico, *Cinja os lombos*.

PÃO DIÁRIO

Mais do que o suficiente

Mas Eliseu repetiu: "Distribua entre o povo para que comam, pois assim diz o S\ENHOR: 'Todos comerão e ainda sobrará!'".

—2 Reis 4.43

Foi uma provisão inesperada em um momento de necessidade. O profeta Eliseu, assim como outros em Israel, passava grandes dificuldades por causa da fome. Porém, o profeta resolveu que deveria dividir com outros israelitas necessitados os 20 pães de cevada que ele tinha acabado de receber (2Rs 4.42-44). O servo de Eliseu questionou a sabedoria em colocar a comida diante de cem homens famintos, pois obviamente não havia o bastante para todos.

Apesar disso, Eliseu ordenou que ele alimentasse seus companheiros profetas, acrescentando a promessa de que essa provisão limitada seria o suficiente: "pois assim diz o S\ENHOR: 'Todos comerão e ainda sobrará!'" (v.43).

Em cumprimento à Palavra de Deus, quando o servo de Eliseu colocou os pães diante das pessoas, "houve suficiente para todos e ainda sobrou" (v.44). Foi suficiente — e mais do que suficiente. Será que essa história lhe parece familiar? Um milagre parecido aconteceu quando Jesus alimentou mais de 5.000 pessoas com apenas cinco pães de cevada e dois peixes (Jo 6.1-14). Esses exemplos sugerem o seguinte princípio: quando Deus dá, Ele é capaz de dar mais do que o suficiente.

Quando sentimos que Deus está pedindo que sirvamos a Ele de maneira nova ou diferente do que estamos acostumadas, jamais devemos dizer não, simplesmente por nos sentirmos inadequadas. "Temos apenas uns poucos pães", podemos dizer. Mas o Senhor responde: "Confie em mim. Eles são mais do que suficientes".

Senhor Amado, estamos ouvindo. Ajuda-nos a confiar que, quando nos chamares para servir, proverás tudo o que precisarmos para cumprir a Tua vontade.

Sendo Deus o nosso provedor, sempre temos o suficiente.

Não havia sinal de vida. Geazi voltou para encontrar-se com Eliseu e lhe disse: "O menino ainda não despertou".

³²De fato, quando Eliseu chegou, o menino estava morto, deitado em sua cama. ³³Eliseu entrou sozinho no quarto, fechou a porta e orou ao Senhor. ³⁴Depois, deitou-se sobre o corpo do menino e colocou sua boca sobre a dele, seus olhos sobre os dele e suas mãos sobre as dele. E, enquanto se estendia sobre ele, o corpo do menino começou a se aquecer. ³⁵Eliseu se levantou, andou de um lado para o outro no quarto e, em seguida, se estendeu novamente sobre ele. Dessa vez, o menino espirrou sete vezes e abriu os olhos.

³⁶Eliseu chamou Geazi e lhe disse: "Chame a sunamita!". Quando ela entrou, Eliseu disse: "Aqui está seu filho". ³⁷Ela caiu aos pés do profeta e se curvou diante dele. Então pegou o filho e saiu.

Milagres durante o período de fome

³⁸Eliseu voltou a Gilgal, onde havia fome na terra. Certo dia, quando o grupo de profetas estava sentado diante dele, ordenou a seu servo: "Ponha no fogo uma panela grande e faça um ensopado para o resto do grupo".

³⁹Um dos profetas foi ao campo apanhar ervas. Encontrou uma trepadeira do campo e voltou trazendo frutos silvestres em sua capa. Cortou os frutos em pedaços e os colocou na panela, sem saber exatamente o que eram. ⁴⁰O ensopado foi servido aos homens, mas, assim que provaram alguns bocados, gritaram: "Homem de Deus, há veneno neste ensopado!". E não puderam comê-lo.

⁴¹Eliseu disse: "Tragam-me um pouco de farinha". Jogou a farinha na panela e disse: "Agora podem comer". E o ensopado não lhes fez mal.

⁴²Outro dia, um homem de Baal-Salisa trouxe comida para o homem de Deus, vinte pães de cevada feitos dos primeiros grãos da colheita e também grãos frescos. Eliseu disse: "Distribua entre o povo para que comam".

⁴³"Como vamos alimentar cem pessoas só com isso?", perguntou seu servo.

Mas Eliseu repetiu: "Distribua entre o povo para que comam, pois assim diz o Senhor: 'Todos comerão e ainda sobrará!'". ⁴⁴E, quando distribuíram o alimento, houve suficiente para todos e ainda sobrou, como o Senhor tinha dito.

A cura de Naamã

5 O rei da Síria tinha grande respeito por Naamã, comandante do seu exército, pois, por meio dele, o Senhor tinha dado grandes vitórias à Síria. Mas, embora Naamã fosse um guerreiro valente, sofria de lepra.ᵃ

²Naquela época, saqueadores sírios tinham invadido o território de Israel, e entre os cativos havia uma menina que se tornou serva da esposa de Naamã. ³Certo dia, a menina disse à sua senhora: "Como seria bom se meu senhor fosse ver o profeta em Samaria! Ele o curaria da lepra!".

⁴Naamã contou ao rei o que a menina israelita tinha dito. ⁵Então o rei da Síria lhe respondeu: "Vá visitar o profeta. Eu lhe darei uma carta de apresentação ao rei de Israel". Naamã partiu levando 350 quilos de prata, 72 quilos de ouroᵇ e dez roupas de festa. ⁶A carta para o rei de Israel dizia: "Com esta carta apresento meu servo Naamã. Quero que o rei o cure da lepra".

⁷Quando o rei de Israel leu a carta, rasgou as roupas e disse: "Acaso sou Deus, capaz de dar ou de tirar a vida? Por que esse homem me pede que cure um leproso? Como vocês podem ver, ele procura um pretexto para nos atacar!".

⁸Mas, quando Eliseu, o homem de Deus, soube que o rei de Israel havia rasgado as roupas, mandou-lhe esta mensagem: "Por que o rei ficou tão aflito? Envie Naamã a mim, e ele saberá que há um profeta verdadeiro em Israel".

⁹Então Naamã foi com seus cavalos e carruagens e parou à porta da casa de Eliseu. ¹⁰Ele mandou um mensageiro dizer a Naamã: "Vá e lave-se sete vezes no rio Jordão. Sua pele será restaurada, e você ficará curado da lepra".

¹¹Naamã ficou indignado e disse: "Imaginei que ele sairia para me receber! Esperava que movesse as mãos sobre a lepra, invocasse o nome do Senhor, seu Deus, e me curasse! ¹²Não são os rios Abana e Farfar, em Damasco, melhores que qualquer rio de Israel? Será que eu não poderia me lavar em um deles e

---

ᵃ **5.1** O termo hebraico não se refere somente à hanseníase, mas também a diversas doenças de pele. ᵇ **5.5** Em hebraico, *10 talentos de prata, 6 mil (siclos) de ouro*.

ser curado?". Naamã deu meia-volta e partiu furioso.

¹³Mas seus oficiais tentaram convencê-lo, dizendo: "Meu senhor, se o profeta lhe tivesse pedido para fazer algo muito difícil, o senhor não teria feito? Por certo o senhor deve obedecer à instrução dele, pois disse apenas: 'Vá, lave-se e será curado'". ¹⁴Assim, Naamã desceu ao Jordão e mergulhou sete vezes, conforme a instrução do homem de Deus. Sua pele ficou saudável como a de uma criança, e ele foi curado.

¹⁵Então Naamã e toda a sua comitiva voltaram para onde morava o homem de Deus. Ao chegar diante dele, Naamã disse: "Agora sei que no mundo inteiro não há Deus, senão em Israel. Por favor, aceite um presente de seu servo".

¹⁶Eliseu, porém, respondeu: "Tão certo como vive o Senhor, a quem sirvo, não aceitarei presente algum". Embora Naamã insistisse, Eliseu recusou.

¹⁷Então Naamã disse: "Está bem, mas peço que permita que este seu servo leve para casa duas mulas carregadas com a terra deste lugar. De agora em diante, nunca mais oferecerei holocaustos ou sacrifícios a qualquer outro deus, senão ao Senhor. ¹⁸Mas que o Senhor me perdoe por uma coisa: quando meu senhor, o rei, for ao templo do deus Rimom para adorar ali e se apoiar em meu braço, que o Senhor me perdoe quando eu também me curvar".

¹⁹"Vá em paz", disse Eliseu. Então Naamã partiu para casa.

A ganância de Geazi

²⁰Mas Geazi, servo de Eliseu, o homem de Deus, pensou: "Meu senhor não deveria ter deixado esse sírio, Naamã, partir sem aceitar os presentes. Tão certo como vive o Senhor, vou correr atrás dele para ver se consigo alguma coisa". ²¹E Geazi correu atrás de Naamã.

Quando Naamã viu que Geazi corria atrás dele, desceu de sua carruagem e foi ao encontro dele. "Está tudo bem?", perguntou Naamã.

²²"Sim, está tudo bem", respondeu Geazi. "Meu senhor me enviou para dizer que acabaram de chegar dois jovens profetas da região montanhosa de Efraim. Meu senhor pediu 35 quilos[a] de prata e duas roupas de festa para eles."

²³"Claro, leve setenta quilos[b] de prata", insistiu Naamã. Ele lhe deu duas roupas de festa, colocou a prata em duas sacolas e enviou dois servos para carregarem os presentes para Geazi. ²⁴Ao chegarem à colina,[c] Geazi pegou as sacolas, enviou os servos de volta e escondeu os presentes dentro de casa.

---

[a] 5.22 Em hebraico, *1 talento*. [b] 5.23 Em hebraico, *2 talentos*. [c] 5.24 Em hebraico, *a Ofel*.

PÃO DIÁRIO

Sem opções?

Agora sei que no mundo inteiro não há Deus, senão em Israel.

—2 Reis 5.15

Por ser o mais poderoso comandante militar da antiga Síria, o general Naamã tinha todos os benefícios que o império poderia oferecer: influência, riqueza e poder. Tudo, exceto saúde! Naamã era leproso (2Rs 5.1-3).

Em contrapartida, a serva que pertencia à família do general não tinha opções nem poder algum. Levada cativa depois de uma invasão do exército, ela era obrigada a viver na escravidão (v.2). Contudo, a menina não se permitiu ser vencida pelo desespero e amargura. Ao invés disso, ela foi além de sua condição de escrava para servir, de todo o coração, aos melhores interesses de seu senhor.

Essa serva não viu a lepra de seu senhor como um castigo de Deus, mas como uma oportunidade para sugerir que Naamã se encontrasse com o profeta de Deus em Samaria (v.3). Sua recomendação trouxe a cura completa para o general. Ele declarou: "Agora sei que no mundo inteiro não há Deus, senão em Israel" (v.15).

Hoje, muitas pessoas têm fartas opções. Outras, contudo, têm as suas escolhas reduzidas pela pobreza, saúde debilitada ou outras circunstâncias adversas. Quando surge uma crise, até mesmo suas limitadas opções se evaporam.

Mesmo assim, sempre permanece uma escolha. Como a serva de Naamã, ainda podemos escolher servir a Deus e conduzir os outros a Ele independentemente de nossas limitadas circunstâncias.

Senhor, não importa quais sejam as minhas circunstâncias neste momento, pois tu sabes o que está acontecendo, escolho servir a ti hoje. Ajuda-me a ser um exemplo da Tua fidelidade para todos aqueles que me cercam.

Enfrentar uma impossibilidade nos dá a oportunidade de confiar em Deus.

> **PÃO DIÁRIO**
>
> ## As pequenas coisas
>
> *Quando mostraram o lugar para Eliseu, ele cortou um galho e o jogou na água, e fez o ferro do machado flutuar.*
> —2 Reis 6.6
>
> As árvores estavam sendo cortadas quando um dos trabalhadores quebrou o machado que tinha emprestado, e a parte de ferro caiu no rio (2Rs 6.4,5).
>
> "Onde caiu?", perguntou o profeta Eliseu (v.6). Quando o homem lhe mostrou o lugar, Eliseu lançou um pedaço de madeira na água e "fez o ferro do machado flutuar" (v.6). "Pegue-o", ele disse. "E o homem estendeu a mão e o pegou" (v.7).
>
> Esse milagre ilustra uma verdade simples, mas profunda: Deus se importa com as pequenas coisas da vida — machados, moedas, arquivos, chaves e lentes de contato perdidas —, pequenas coisas que nos trazem inquietação e preocupação. Ele nem sempre restaura o que foi perdido (por motivos que só dizem respeito a Ele), mas compreende a nossa perda e nos consola em nosso sofrimento.
>
> Lembro-me das vezes em que meus netos sofreram por alguma pequena perda, e meu coração foi tocado por esse sofrimento. O que tinha sido quebrado ou perdido não significava nada para mim, mas para eles era de enorme valor. Aquilo me importava porque era importante para eles, e amo muito os meus netos.
>
> O mesmo acontece com o nosso Pai celestial. Nossas pequenas preocupações significam muito para Deus, porque significamos tudo para Ele. Podemos lançar sobre o Senhor todas as nossas ansiedades, porque Ele tem cuidado de nós (1Pe 5.7).
>
> *Senhor, como é encorajador saber que te preocupas com as pequenas coisas da minha vida. Agradeço-te por me amares tanto!*
>
> **Deus se importa com o que nos preocupa porque Ele cuida de nós.**

⁲⁵Quando entrou para ver seu senhor, Eliseu, este lhe perguntou: "Onde você esteve, Geazi?".

"Não estive em lugar algum", respondeu Geazi.

²⁶Mas Eliseu lhe disse: "Você não percebe que eu estava presente em espírito quando Naamã desceu da carruagem para encontrar-se com você? Esta definitivamente não era ocasião de receber dinheiro e roupas, oliveiras e videiras, ovelhas, gado e servos. ²⁷Por isso, você e seus descendentes sofrerão da lepra de Naamã para sempre". Quando Geazi saiu dali, seu corpo estava coberto de lepra; sua pele estava branca como a neve.

O ferro do machado

6 Certo dia, os membros do grupo de profetas disseram a Eliseu: "Como vê, este lugar onde nos reunimos é pequeno demais. ²Vamos descer ao rio Jordão, onde há muitos troncos, e construir ali um lugar para nos reunirmos".

"Está bem", disse Eliseu. "Podem ir."

³"Venha conosco", sugeriu um deles.

"Eu irei", disse ele. ⁴E foi com eles.

Quando chegaram ao Jordão, começaram a derrubar árvores. ⁵Enquanto um deles cortava um tronco, a parte de ferro do machado caiu no rio. "Ai, meu senhor!", gritou. "O machado era emprestado!"

⁶"Onde caiu?", perguntou o homem de Deus. Quando mostraram o lugar para Eliseu, ele cortou um galho e o jogou na água, e fez o ferro do machado flutuar. ⁷"Pegue-o", disse Eliseu. E o homem estendeu a mão e o pegou.

Eliseu frustra o exército da Síria

⁸Quando o rei da Síria estava em guerra contra Israel, consultava seus oficiais e dizia: "Posicionaremos nossas tropas em tal lugar".

⁹De imediato, o homem de Deus advertia o rei de Israel: "Não se aproxime de tal lugar, pois os sírios planejam posicionar suas tropas ali". ¹⁰E o rei de Israel mandava um aviso para o lugar indicado pelo homem de Deus. Várias vezes ele advertiu o rei de que ficasse alerta naqueles lugares.

¹¹Furioso com essa situação, o rei sírio reuniu seus oficiais e perguntou: "Qual de vocês anda informando o rei de Israel sobre meus planos?".

¹²"Ó meu senhor, o rei, não somos nós", respondeu um dos oficiais. "Eliseu, o profeta de Israel, revela ao rei de Israel até as palavras que o senhor diz em seus aposentos!"

¹³O rei ordenou: "Vão e descubram onde ele está, para que eu mande capturá-lo!".

Então lhe informaram: "Eliseu está em Dotã". ¹⁴Assim, certa noite, o rei da Síria mandou um grande exército com muitos carros de guerra e cavalos para cercar a cidade.

¹⁵Na manhã seguinte, o servo do homem de Deus se levantou bem cedo. Ao sair, viu que havia soldados, cavalos e carros de guerra por toda parte. "Ai, meu senhor, o que faremos agora?", exclamou o servo.

¹⁶"Não tenha medo!", disse Eliseu. "Pois do nosso lado há muitos mais que do lado deles!" ¹⁷Então Eliseu orou: "Ó S‍enhor, abre os olhos dele, para que veja". O S‍enhor abriu os olhos do servo, e ele viu as colinas ao redor de Eliseu cheias de cavalos e carruagens de fogo.

¹⁸Quando os sírios avançaram na direção de Eliseu, ele orou: "Ó S‍enhor, faze que fiquem cegos". E o S‍enhor fez que ficassem cegos, conforme Eliseu havia pedido.

¹⁹Então Eliseu saiu e lhes disse: "Vocês tomaram o caminho errado! Esta não é a cidade certa! Sigam-me, e eu os levarei até o homem que procuram". Então ele os guiou à cidade de Samaria.

²⁰Assim que entraram em Samaria, Eliseu orou: "Ó S‍enhor, agora abre os olhos deles, para que vejam". O S‍enhor abriu os olhos deles, e descobriram que estavam no meio de Samaria.

²¹Quando o rei de Israel os viu, perguntou a Eliseu: "Devo matá-los, meu senhor? Devo matá-los?".

²²"Claro que não!", respondeu Eliseu. "Eles não são prisioneiros que você capturou na batalha. Dê-lhes comida e bebida e mande-os de volta para casa, para o senhor deles."

²³Então o rei lhes ofereceu um grande banquete e os mandou de volta para casa, para o senhor deles. Depois disso, os invasores sírios não invadiram mais a terra de Israel.

Ben-Hadade cerca Samaria

²⁴Algum tempo depois, porém, Ben-Hadade, rei da Síria, reuniu todo o seu exército e cercou Samaria. ²⁵Como resultado, houve grande fome na cidade. O cerco durou tanto tempo que uma cabeça de jumento era vendida por 960 gramas[a] de prata, e um terço de litro de esterco de pombo, por 60 gramas[b] de prata.

²⁶Um dia, quando o rei de Israel caminhava pelos muros da cidade, uma mulher gritou para ele: "Ó meu senhor, o rei! Por favor, ajude-me!".

²⁷Ele respondeu: "Se o S‍enhor não a ajudar, o que poderei fazer? Não tenho alimento na eira, nem vinho na prensa de uvas". ²⁸Mas depois o rei perguntou: "Qual é o problema?".

Ela respondeu: "Esta mulher me disse: 'Vamos comer o seu filho hoje, e amanhã

PÃO DIÁRIO

Por que estou com medo?

"Não tenha medo!", disse Eliseu. "Pois do nosso lado há muitos mais que do lado deles!"
—2 Reis 6.16

Muitos dentre nós se identificam com o sentimento de medo. Quando crianças, podemos ter acordado no meio da noite imaginando criaturas assustadoras espreitando de fora do nosso quarto ou embaixo da cama. Às vezes, pode ser que tenhamos chamado os nossos pais, pensando que nada nos machucaria enquanto estivéssemos perto deles.

A necessidade da criança de ter alguma evidência física da presença dos pais lembra-me o jovem servo de Eliseu. Certa manhã, ele acordou bem cedo e descobriu que o exército sírio tinha cercado a cidade. Alarmado e com medo, o jovem gritou para Eliseu: "Ai, meu senhor, o que faremos agora?" (2Rs 6.15). Depois que o profeta orou, o Senhor abriu os olhos do servo. O que ele viu deve tê-lo enchido de assombro e admiração. A Bíblia diz que "O S‍enhor abriu os olhos do servo, e ele viu as colinas ao redor de Eliseu cheias de cavalos e carruagens de fogo" (v.17). O exército do Senhor estava lá para protegê-los.

Muitas vezes, nós também desejamos que Deus nos dê algum tipo de garantia de que Ele está por perto; e, às vezes, Ele o faz. Mas são exceções. O Senhor quer que aprendamos a confiar em Sua promessa de que Ele está conosco. Não importa quão assustadora seja a situação, pois o povo de Deus tem sempre mais ao seu lado do que o inimigo tem no dele.

Que incrível, Senhor, pensar que estamos cercadas por forças invisíveis prontas e disponíveis para vir em nosso auxílio. Ajuda-nos a confiar e a verdadeiramente crer nisso quando nos depararmos com dificuldades aparentemente intransponíveis.

A fé é a certeza de que Deus está agindo nos bastidores.

---

[a] 6.25a Em hebraico, *80 (siclos).* [b] 6.25b Em hebraico, *1/4 de cabo de esterco de pombo era vendido por 5 (siclos).* É possível que *esterco de pombo* fosse uma espécie de vegetal silvestre.

comeremos o meu'. ²⁹Então cozinhamos meu filho e o comemos. No dia seguinte, eu disse a ela: 'Mate seu filho para que o comamos', mas ela o havia escondido".

³⁰Quando o rei ouviu isso, rasgou as roupas. E, enquanto ele caminhava pelos muros, o povo viu que, por baixo do manto, ele usava pano de saco junto à pele. ³¹Então o rei jurou: "Que Deus me castigue severamente se eu não separar a cabeça de Eliseu de seus ombros ainda hoje!".

³²Eliseu estava sentado em sua casa com as autoridades de Israel quando o rei mandou um mensageiro até ele. Antes, porém, que o mensageiro chegasse, Eliseu disse às autoridades: "O filho do assassino enviou um homem para cortar minha cabeça. Quando o mensageiro chegar, fechem a porta e não o deixem entrar. Logo ouviremos os passos de seu senhor atrás dele".

³³Enquanto Eliseu ainda falava, o mensageiro chegou e comunicou a mensagem do rei:ª "Toda essa desgraça vem do Senhor! Por que devo continuar a esperar no Senhor?".

7 Eliseu respondeu: "Ouçam esta mensagem do Senhor! Assim diz o Senhor: 'Amanhã a esta hora, na porta de Samaria, seis litros de farinha fina custarão apenas doze gramasᵇ de prata, e doze litros de cevada também custarão apenas doze gramas de prata'".ᶜ

²O oficial que auxiliava o rei disse ao homem de Deus: "Ainda que o Senhor abrisse as janelas do céu, isso não poderia acontecer!".

Eliseu, porém, respondeu: "Você verá com os próprios olhos, mas não comerá coisa alguma!".

Leprosos vão ao acampamento inimigo

³Havia quatro homens com leprad sentados junto à porta da cidade. "Por que ficarmos sentados aqui, esperando a morte?", perguntaram uns aos outros. ⁴"Morreremos de fome se ficarmos aqui, mas também morreremos de fome se entrarmos na cidade, pois não há alimento lá. Vamos sair e nos render ao exército sírio. Se eles nos deixarem viver, melhor. Mas, se nos matarem, de qualquer maneira teríamos morrido."

⁵Ao anoitecer, partiram para o acampamento dos sírios. Quando chegaram às extremidades do acampamento, viram que não havia ninguém ali. ⁶Pois o Senhor havia feito o exército sírio ouvir o ruído de carros de guerra e o galope de cavalos e os sons de um grande exército que se aproximava. Disseram uns aos outros: "O rei de Israel contratou mercenários hititas e egípcios para nos atacarem!". ⁷Por isso, fugiram ao anoitecer, abandonando tendas, cavalos, jumentos e tudo mais, e correram para salvar a vida.

⁸Quando os leprosos chegaram às extremidades do acampamento, foram de uma tenda à outra, comendo e bebendo. Pegaram a prata, o ouro e as roupas que encontraram e esconderam tudo. ⁹Por fim, disseram uns aos outros: "Isto não está certo. Este é um dia de boas notícias e não contamos a ninguém! Se esperarmos até o amanhecer, seremos castigados. Venham! Vamos voltar e dar as notícias no palácio".

¹⁰Então voltaram à cidade e relataram aos guardas do portão o que havia acontecido. "Fomos ao acampamento sírio e não havia ninguém!", disseram eles. "Os cavalos e os jumentos estavam amarrados, e as tendas, todas armadas, mas não havia ninguém por ali." ¹¹Os guardas gritaram, anunciando a notícia no palácio.

Israel saqueia o acampamento

¹²O rei se levantou no meio da noite e disse a seus oficiais: "Vou explicar o que aconteceu. Os sírios sabem que estamos morrendo de fome, por isso deixaram o acampamento e se esconderam nos campos. Estão à nossa espera para nos capturar com vida e conquistar a cidade quando sairmos".

¹³Um de seus oficiais disse: "Seria melhor que enviássemos espiões para ver. Eles podem usar cinco dos cavalos que sobraram. Se acontecer alguma coisa com eles, não será pior que se ficarem aqui e morrerem com o restante de nós".

¹⁴Assim, prepararam dois carros de guerra com cavalos, e o rei enviou espiões para ver o

---

ª **6.33** Em hebraico, *e o rei disse*. ᵇ **7.1a** Em hebraico, *1 seá de farinha fina custará 1 siclo*; também em 7.16,18. ᶜ **7.1b** Em hebraico, *2 seás de cevada custarão 1 siclo*; também em 7.16,18. ᵈ **7.3** O termo hebraico não se refere somente à hanseníase, mas também a diversas doenças de pele.

que havia acontecido ao acampamento sírio. ¹⁵Foram até o rio Jordão, seguindo o rastro de roupas e equipamentos que os sírios tinham abandonado em sua fuga desesperada. Os espiões voltaram e contaram tudo ao rei. ¹⁶Então o povo correu e saqueou o acampamento sírio. E, de fato, naquele dia seis litros de farinha fina foram vendidos por apenas doze gramas de prata, e doze litros de cevada também foram vendidos por apenas doze gramas de prata, como o Senhor tinha dito. ¹⁷O rei colocou o oficial que o auxiliava para controlar o movimento à porta da cidade, mas ele foi derrubado, pisoteado e morto quando a multidão correu para fora.

Tudo aconteceu, portanto, conforme o homem de Deus tinha dito quando o rei foi à sua casa. ¹⁸O homem de Deus tinha dito ao rei: "Amanhã a esta hora, na porta de Samaria, seis litros de farinha fina custarão apenas doze gramas de prata, e doze litros de cevada também custarão apenas doze gramas de prata".

¹⁹O oficial do rei havia respondido: "Ainda que o Senhor abrisse as janelas do céu, isso não poderia acontecer!". E o homem de Deus tinha dito: "Você verá com os próprios olhos, mas não comerá coisa alguma!". ²⁰E assim aconteceu, pois ele foi pisoteado pelo povo à porta da cidade e morreu.

A mulher de Suném volta para casa

8 Eliseu tinha dito à mulher cujo filho ele havia ressuscitado: "Reúna sua família e mude-se para outro lugar, pois o Senhor proclamou sobre a terra de Israel uma fome que durará sete anos". ²A mulher seguiu a instrução do homem de Deus. Reuniu sua família e mudou-se para a terra dos filisteus, onde ficou sete anos.

³Ao final dos sete anos, a mulher voltou da terra dos filisteus e foi ao rei para reaver sua casa e suas terras. ⁴Quando ela chegou, o rei falava com Geazi, o servo do homem de Deus. O rei havia acabado de dizer: "Conte-me alguns dos grandes feitos de Eliseu", ⁵e Geazi lhe falava sobre a ocasião em que Eliseu havia ressuscitado um menino. Naquele exato momento, a mãe do menino entrou e apresentou ao rei sua petição para reaver a casa e as terras.

"Veja, ó meu senhor, o rei!", exclamou Geazi. "Esta é a mulher, e este é o filho dela, que Eliseu ressuscitou!"

⁶"É verdade?", perguntou o rei à mulher. E ela lhe contou o que havia acontecido. Então o rei ordenou a um de seus oficiais: "Providencie que tudo seja devolvido a ela, incluindo o valor das colheitas realizadas durante o tempo em que esteve ausente".

Hazael mata Ben-Hadade

⁷Eliseu foi a Damasco, capital da Síria, onde o rei Ben-Hadade estava doente. Quando alguém disse ao rei que o homem de Deus tinha chegado, ⁸o rei disse a Hazael: "Leve um presente para o homem de Deus. Depois, peça que ele pergunte ao Senhor se vou me recuperar desta doença".

⁹Hazael levou consigo o presente, quarenta camelos carregados com os melhores produtos de Damasco. Foi vê-lo e disse: "Seu servo Ben-Hadade, rei da Síria, me enviou para perguntar se ele vai se recuperar de sua doença".

¹⁰Eliseu respondeu: "Vá e diga-lhe: 'Certamente se recuperará'. Na verdade, porém, o Senhor me mostrou que ele certamente morrerá". ¹¹Eliseu olhou fixamente para Hazael[a] até deixá-lo constrangido.[b] Então o homem de Deus começou a chorar.

¹²"Por que o senhor está chorando?", perguntou Hazael.

Eliseu respondeu: "Sei das coisas terríveis que você fará com os israelitas. Queimará as cidades fortificadas, matará os jovens à espada, esmagará as criancinhas e rasgará o ventre das mulheres grávidas!".

¹³Hazael disse: "Como é que alguém tão sem importância[c] como eu poderia fazer coisas tão grandes?".

Eliseu respondeu: "O Senhor me mostrou que você será rei da Síria".

¹⁴Hazael se despediu de Eliseu e, quando voltou, o rei lhe perguntou: "O que Eliseu lhe disse?".

Hazael respondeu: "Disse que o senhor certamente se recuperará".

¹⁵Mas, no dia seguinte, Hazael pegou uma coberta, encharcou-a em água e a segurou

---

[a] **8.11a** Em hebraico, *Ele o olhou fixamente*. [b] **8.11b** O significado do hebraico é incerto. [c] **8.13** Em hebraico, *um cão*.

sobre o rosto do rei, até que morresse. E Hazael foi seu sucessor na Síria.

Jeorão reina em Judá

¹⁶No quinto ano de Jorão, filho de Acabe, rei de Israel, enquanto Josafá ainda reinava em Judá, Jeorão, filho de Josafá, começou a reinar em Judá. ¹⁷Jeorão tinha 32 anos quando começou a reinar, e reinou em Jerusalém por oito anos. ¹⁸Seguiu o exemplo dos reis de Israel e foi tão perverso quanto a família do rei Acabe, pois se casou com uma das filhas de Acabe. Jeorão fez o que era mau aos olhos do Senhor. ¹⁹Mas o Senhor não quis destruir Judá, pois havia prometido a seu servo Davi que os descendentes dele continuariam a brilhar como uma lâmpada para sempre.

²⁰Durante o reinado de Jeorão, os edomitas se rebelaram contra Judá e proclamaram seu próprio rei. ²¹Então Jeorão[a] saiu com todos os seus carros de guerra para atacar a cidade de Zair.[b] Os edomitas cercaram o rei e os comandantes de seus carros, mas ele saiu à noite e os atacou.[c] Contudo, o exército de Jeorão desertou e voltou para casa. ²²Até hoje, portanto, Edom é independente de Judá. A cidade de Libna também se rebelou nessa ocasião.

²³Os demais acontecimentos do reinado de Jeorão e tudo que ele fez estão registrados no *Livro da História dos Reis de Judá*. ²⁴Quando Jeorão morreu, foi sepultado com seus antepassados na Cidade de Davi. Seu filho Acazias foi seu sucessor.

Acazias reina em Judá

²⁵Acazias, filho de Jeorão, começou a reinar em Judá no décimo segundo ano do reinado de Jorão, filho de Acabe, rei de Israel. ²⁶Acazias tinha 22 anos quando começou a reinar, e reinou em Jerusalém por um ano. Sua mãe era Atalia, neta de Onri, rei de Israel. ²⁷Acazias seguiu o exemplo da família do rei Acabe. Fez o que era mau aos olhos do Senhor, como a família de Acabe, pois se casou com uma mulher dessa família.

²⁸Acazias se uniu a Jorão, filho de Acabe, na guerra contra Hazael, rei da Síria, em Ramote-Gileade. Quando os sírios feriram o rei Jorão na batalha, ²⁹ele voltou a Jezreel para se recuperar dos ferimentos sofridos em Ramote.[d] Acazias, filho de Jeorão, rei de Judá, foi visitar Jorão, filho de Acabe, em Jezreel, pois ele ainda se recuperava de seus ferimentos.

Jeú é ungido rei de Israel

9 Enquanto isso, o profeta Eliseu chamou um membro do grupo de profetas e lhe disse: "Prepare-se para viajar[e] e leve esta vasilha de óleo. Vá a Ramote-Gileade ²e procure Jeú, filho de Josafá, filho de Ninsi. Chame-o a uma sala à parte, longe de seus companheiros, ³e derrame o óleo sobre a cabeça dele. Diga-lhe: 'Assim diz o Senhor: Eu o ungi rei de Israel'. Depois, abra a porta e saia correndo".

⁴O jovem profeta fez o que Eliseu ordenou e foi a Ramote-Gileade. ⁵Quando chegou lá, encontrou Jeú sentado com outros oficiais do exército. "Comandante, tenho uma mensagem para o senhor", disse o profeta.

"Para qual de nós?", perguntou Jeú.

"Para o senhor, comandante", respondeu ele.

⁶Jeú se levantou e entrou na casa. O jovem profeta derramou o óleo sobre a cabeça de Jeú e disse: "Assim diz o Senhor, o Deus de Israel: 'Eu o ungi rei de Israel, o povo do Senhor. ⁷Destrua a família de Acabe, seu senhor. Desse modo, vingarei o assassinato de meus profetas e de todos os servos do Senhor mortos por Jezabel. ⁸Toda a família de Acabe deve ser exterminada. Destruirei todos os seus descendentes do sexo masculino em Israel, tanto escravos como livres. ⁹Destruirei a família de Acabe como destruí as famílias de Jeroboão, filho de Nebate, e de Baasa, filho de Aías. ¹⁰Cães comerão Jezabel no campo em Jezreel, e ninguém a sepultará'". Então o jovem profeta abriu a porta e saiu correndo.

¹¹Jeú voltou aos outros oficiais do rei, e um deles lhe perguntou: "O que esse louco queria? Está tudo bem?".

"Vocês conhecem gente desse tipo e as coisas que eles dizem", respondeu Jeú.

¹²"Você está escondendo algo", disseram. "Conte-nos o que ele disse."

Então Jeú lhes contou: "Ele me disse: 'Assim diz o Senhor: Eu o ungi rei de Israel'".

---

[a] **8.21a** Em hebraico, *Jorão*, variação de Jeorão; também em 8.23,24. [b] **8.21b** A Septuaginta traz *Seir*. [c] **8.21c** Ou *ele saiu e escapou*. O significado do hebraico é incerto. [d] **8.29** Em hebraico, *Ramá*, variação de Ramote. [e] **9.1** Em hebraico, *Cinja os lombos*.

¹³No mesmo instante, eles estenderam suas capas sobre os degraus para Jeú passar, tocaram a trombeta e gritaram: "Jeú é rei!".

Jeú mata Jorão e Acazias

¹⁴Assim, Jeú, filho de Josafá, filho de Ninsi, liderou uma conspiração contra o rei Jorão. (O rei Jorão havia estado com o exército em Ramote-Gileade, onde defendeu Israel do exército de Hazael, rei da Síria. ¹⁵Contudo, o rei Jorão[a] tinha sido ferido na batalha e voltou a Jezreel para se recuperar dos ferimentos causados pelos sírios.) Jeú disse aos homens que estavam com ele: "Se querem que eu seja rei, não deixem que ninguém saia da cidade e vá a Jezreel contar o que fizemos".

¹⁶Em seguida, Jeú subiu numa carruagem e foi a Jezreel, onde o rei Jorão se recuperava de seus ferimentos. Acazias, rei de Judá, também estava ali, pois tinha ido visitar Jorão. ¹⁷Quando a sentinela na torre de Jezreel viu Jeú e sua tropa se aproximarem, gritou: "Uma tropa se aproxima!".

O rei Jorão ordenou: "Envie um cavaleiro para perguntar se eles vêm em paz".

¹⁸O cavaleiro foi ao encontro de Jeú e disse: "O rei quer saber se vocês vêm em paz".

Jeú respondeu: "O que lhe interessa a paz? Junte-se a nós!".

A sentinela informou: "O mensageiro se encontrou com eles, mas não está voltando!".

¹⁹Então o rei enviou outro cavaleiro. Ele foi ao encontro deles e disse: "O rei quer saber se vocês vêm em paz".

Jeú respondeu novamente: "O que lhe interessa a paz? Junte-se a nós!".

²⁰A sentinela exclamou: "O mensageiro se encontrou com eles, mas também não está voltando! Deve ser Jeú, filho de Ninsi, pois conduz seu carro de guerra como um louco!".

²¹"Rápido! Prepare meu carro de guerra!", ordenou o rei Jorão.

Jorão, rei de Israel, e Acazias, rei de Judá, cada um em seu carro, saíram ao encontro de Jeú e o acharam no campo de Nabote, em Jezreel. ²²O rei Jorão perguntou: "Você vem em paz, Jeú?".

Jeú respondeu: "Como pode haver paz enquanto estamos cercados da idolatria e da feitiçaria de sua mãe, Jezabel?".

²³Então o rei Jorão deu meia-volta com seus cavalos e fugiu, gritando para o rei Acazias: "Traição, Acazias!". ²⁴Jeú disparou seu arco com toda a força e atingiu Jorão entre os ombros. A flecha atravessou seu coração, e ele caiu morto dentro do carro de guerra.

²⁵Jeú disse a Bidcar, seu oficial: "Jogue-o no campo que pertencia a Nabote de Jezreel. Lembra-se de quando você e eu acompanhávamos a cavalo o pai dele, Acabe? O SENHOR pronunciou esta mensagem contra ele: ²⁶'Assim diz o SENHOR: Ontem vi o assassinato de Nabote e seus filhos. Juro solenemente que o farei pagar por ele neste campo'. Portanto, jogue-o na propriedade de Nabote, como o SENHOR disse".

²⁷Quando Acazias, rei de Judá, viu o que estava acontecendo, fugiu pela estrada para Bete-Hagã. Jeú foi atrás dele, gritando: "Atirem nele também!". E atingiram Acazias[b] em seu carro de guerra, na subida para Gur, perto de Ibleã. Ele conseguiu ir até Megido, mas morreu ali. ²⁸Os servos de Acazias levaram seu corpo no carro de guerra para Jerusalém, onde o sepultaram com seus antepassados na Cidade de Davi. ²⁹Acazias havia começado a reinar em Judá no décimo primeiro ano do reinado de Jorão, filho de Acabe.

A morte de Jezabel

³⁰Quando Jezabel soube que Jeú tinha chegado a Jezreel, pintou os olhos, arrumou os cabelos e sentou-se em frente a uma janela. ³¹Quando Jeú entrou pela porta do palácio, ela gritou para ele: "Veio em paz, assassino? Você é como Zinri, que matou seu senhor!"[c].

³²Jeú olhou para cima, viu Jezabel na janela e gritou: "Quem está do meu lado?". Dois ou três eunucos olharam para ele. ³³"Joguem-na para baixo!", ordenou Jeú. Eles a jogaram pela janela, e o sangue espirrou na parede e nos cavalos. E Jeú atropelou o corpo com as patas de seus cavalos.

³⁴Em seguida, Jeú entrou no palácio, comeu e bebeu. Depois, disse: "Alguém vá sepultar aquela maldita mulher, pois era filha de rei". ³⁵Mas,

---

[a] 9.15 Em hebraico, *Jeorão*, variação de Jorão; também em 9.17,21,22,23,24. [b] 9.27 Conforme a Septuaginta e a versão siríaca; o hebraico não traz *E atingiram Acazias*. [c] 9.31 Ver 1Rs 16.9-10.

quando foram sepultá-la, só encontraram o crânio, os pés e as mãos.

³⁶Quando voltaram e contaram a Jeú, ele disse: "Isso cumpre a mensagem do Senhor, anunciada por meio de seu servo Elias, de Tisbe: 'Cães devorarão o corpo de Jezabel no campo em Jezreel. ³⁷Seus restos serão espalhados como esterco no campo, de modo que ninguém será capaz de reconhecê-la'".

Jeú mata a família de Acabe

10 Acabe tinha setena filhos que moravam na cidade de Samaria. Jeú escreveu uma carta às autoridades e aos oficiais da cidade[a] e aos guardiões dos filhos do rei Acabe, em que dizia: ²"Os filhos do rei estão sob seus cuidados, e vocês têm carros de guerra, cavalos, uma cidade fortificada e armas. Assim que receberem esta carta, ³escolham para ser rei o melhor e mais capaz dos filhos de seu senhor e preparem-se para lutar pela dinastia de Acabe".

⁴Eles ficaram apavorados e disseram: "Dois reis não foram capazes de enfrentar esse homem! O que podemos fazer?".

⁵Então os administradores do palácio e da cidade, juntamente com as autoridades e os guardiões dos filhos do rei, enviaram esta mensagem a Jeú: "Somos seus servos e faremos o que o senhor ordenar. Não proclamaremos nenhum rei; faça o que lhe parecer melhor".

⁶Jeú respondeu com outra carta: "Se estão do meu lado e vão me obedecer, tragam-me as cabeças dos filhos de seu senhor a Jezreel, amanhã a esta hora". Os setenta filhos de Acabe estavam sob os cuidados dos líderes de Samaria, onde haviam sido criados desde a infância. ⁷Quando a carta chegou, os líderes mataram os setenta filhos do rei. Colocaram as cabeças em cestos e as entregaram a Jeú, em Jezreel.

⁸Um mensageiro foi a Jeú e disse: "Eles trouxeram as cabeças dos filhos do rei".

Então Jeú ordenou: "Façam com elas dois montões junto ao portão de entrada da cidade e deixem que fiquem lá até amanhã cedo".

⁹Na manhã seguinte, ele saiu e se dirigiu à multidão que havia se reunido ali. "Vocês não têm culpa", disse ele. "Conspirei contra meu senhor e o matei. Mas quem matou todos estes? ¹⁰Podem ter certeza de que a mensagem do Senhor a respeito da família de Acabe se cumprirá. O Senhor declarou por meio de seu servo Elias que isso aconteceria." ¹¹Então Jeú matou todos os parentes de Acabe que restavam em Jezreel e todos os seus oficiais mais importantes, seus amigos pessoais e seus sacerdotes. Nenhum descendente de Acabe sobreviveu.

¹²Depois, Jeú partiu para Samaria. No caminho, em Bete-Equede dos Pastores, ¹³encontrou alguns parentes de Acazias, rei de Judá. "Quem são vocês?", perguntou.

Eles responderam: "Somos parentes do rei Acazias. Vamos visitar a família do rei Acabe e da rainha-mãe".

¹⁴"Prendam-nos vivos!", ordenou Jeú a seus homens. Eles os capturaram, 42 pessoas ao todo, e os mataram junto ao poço de Bete-Equede. Nenhum deles escapou.

¹⁵Quando Jeú partiu dali, encontrou Jonadabe, filho de Recabe, que vinha falar com ele. Depois de cumprimentá-lo, Jeú lhe disse: "Você é leal a mim como sou a você?".

"Sim, eu sou", respondeu Jonadabe.

"Então dê-me sua mão", disse Jeú. Jonadabe estendeu a mão, e Jeú o ajudou a subir à carruagem. ¹⁶E lhe disse: "Venha comigo, e você verá a minha dedicação ao Senhor". Jonadabe foi com ele.

¹⁷Quando Jeú chegou a Samaria, matou todos que restavam ali da família de Acabe, como o Senhor havia anunciado por meio de Elias.

Jeú mata os sacerdotes de Baal

¹⁸Jeú reuniu todo o povo da cidade e lhes disse: "A adoração de Acabe a Baal não foi nada comparado ao modo como eu o adorarei! ¹⁹Portanto, convoquem todos os profetas e adoradores de Baal e reúnam todos os seus sacerdotes. Todos devem vir, pois vou oferecer um grande sacrifício a Baal. Quem não comparecer será morto". O plano astuto de Jeú, porém, era destruir todos os adoradores de Baal.

²⁰Então Jeú ordenou: "Preparem uma reunião solene para prestar culto a Baal!". A convocação foi feita, ²¹e ele enviou mensageiros por todo o Israel. Todos os adoradores de Baal vieram, e ninguém faltou. Encheram o templo

---

[a] **10.1** Conforme alguns manuscritos gregos e a Vulgata (ver tb. 10.6); o hebraico traz *de Jezreel*.

de Baal de uma extremidade à outra. ²²Jeú instruiu o responsável pela sala de vestimentas: "Todos os adoradores de Baal devem usar estas roupas". E as roupas foram distribuídas.

²³Em seguida, Jeú entrou no templo de Baal com Jonadabe, filho de Recabe. Disse aos adoradores de Baal: "Certifiquem-se de que ninguém que adora o Senhor esteja aqui, mas somente aqueles que adoram Baal". ²⁴Estavam todos dentro do templo para oferecer sacrifícios e holocaustos. Jeú havia colocado oitenta homens do lado de fora do edifício e os avisado: "Se deixarem alguém escapar, pagarão com a própria vida".

²⁵Assim que Jeú terminou de oferecer o holocausto, deu ordem a seus guardas e oficiais: "Entrem e matem todos. Não deixem ninguém escapar!". Os guardas e os oficiais mataram todos e arrastaram os corpos para fora.ᵃ Então os homens de Jeú entraram na câmara mais interna do templo de Baal. ²⁶Levaram para fora a coluna sagrada usada no culto a Baal e a jogaram no fogo. ²⁷Despedaçaram a coluna sagrada, demoliram o templo de Baal e o transformaram em banheiros públicos, como é até hoje.

²⁸Desse modo, Jeú destruiu todos os vestígios do culto a Baal em Israel. ²⁹Contudo, não destruiu os bezerros de ouro em Betel e Dã com os quais Jeroboão, filho de Nebate, havia levado Israel a pecar.

³⁰Ainda assim, o Senhor disse a Jeú: "Você fez bem em seguir minhas instruções e destruir a família de Acabe. Por isso, seus descendentes serão reis de Israel até a quarta geração". ³¹Mas Jeú não obedeceu de todo o coração à lei do Senhor, o Deus de Israel. Não se afastou dos pecados que Jeroboão havia levado Israel a cometer.

A morte de Jeú

³²Naquele tempo, o Senhor começou a reduzir o território de Israel. O rei Hazael conquistou várias regiões do reino ³³a leste do rio Jordão, incluindo toda a terra de Gileade, de Gade, de Rúben e de Manassés. Conquistou a região desde a cidade de Aroer, perto do vale do Arnom, até Gileade e Basã, ao norte.

³⁴Os demais acontecimentos do reinado de Jeú, tudo que ele fez e a extensão de seu poder, estão registrados no *Livro da História dos Reis de Israel*.

³⁵Quando Jeú morreu e se reuniu a seus antepassados, foi sepultado em Samaria. Seu filho Jeoacaz foi seu sucessor. ³⁶Ao todo, Jeú reinou por 28 anos sobre Israel em Samaria.

A rainha Atalia reina em Judá

11 Quando Atalia, mãe de Acazias, rei de Judá, soube que seu filho estava morto, começou a exterminar o restante da família real. ²Mas Jeoseba, filha do rei Jeorãoᵇ e irmã de Acazias, pegou Joás, o filho ainda pequeno de Acazias, dentre os outros filhos do rei que estavam para ser mortos, e o colocou com sua ama num quarto para escondê-los de Atalia. Assim, a criança não foi morta. ³Joás ficou escondido no templo do Senhor durante seis anos, enquanto Atalia governava o país.

Rebelião contra Atalia

⁴No sétimo ano do reinado de Atalia, o sacerdote Joiada mandou chamar ao templo do Senhor os comandantes dos mercenários cários e dos guardas do palácio. Firmou com eles um pacto solene e os fez jurar lealdade ali, no templo do Senhor; então lhes mostrou o filho do rei.

⁵Disse-lhes: "Vocês devem fazer o seguinte: Uma terça parte dos que entrarem em serviço no sábado ficará de guarda no palácio real. ⁶Outra terça parte ficará de guarda na porta de Sur. E a última terça parte ficará na porta atrás dos outros guardas do palácio. Esses três grupos vigiarão o palácio. ⁷As outras duas companhias, que não estiverem em serviço no sábado, guardarão o rei no templo do Senhor. ⁸Posicionem-se em volta do rei, de armas na mão. Matem qualquer pessoa que tentar romper a defesa. Permaneçam com o rei aonde ele for".

⁹Os comandantes fizeram tudo que o sacerdote Joiada ordenou. Cada um levou seus oficiais ao sacerdote Joiada, tanto os que iam entrar em serviço naquele sábado como os que iam sair. ¹⁰O sacerdote lhes forneceu lanças e escudos que haviam pertencido ao rei Davi e que estavam guardados no templo do

---

ᵃ **10.25** Ou *e deixaram os corpos estendidos ali*, ou *e lançaram os corpos no pátio mais externo*. ᵇ **11.2** Em hebraico, *Jorão*, variação de Jeorão.

SENHOR. ¹¹Os guardas do palácio se posicionaram em volta do rei, de armas na mão. Formaram uma fileira desde o lado sul do templo até o lado norte e ao redor do altar.

¹²Então Joiada trouxe Joás, o filho do rei, para fora, pôs a coroa em sua cabeça e lhe entregou uma cópia da lei.ᵃ Depois, ungiram Joás e o proclamaram rei, e todos bateram palmas e gritaram: "Viva o rei!".

A morte de Atalia

¹³Quando Atalia ouviu o barulho dos guardas e do povo, foi para o templo do SENHOR, onde o povo estava reunido. ¹⁴Ao chegar, viu o rei em pé, no lugar de honra junto à coluna, como era costume durante as coroações. Estava rodeado pelos comandantes e tocadores de trombeta, e gente de toda a terra se alegrava e tocava trombetas. Quando Atalia viu tudo isso, rasgou suas roupas e gritou: "Traição! Traição!".

¹⁵Então o sacerdote Joiada ordenou aos comandantes encarregados das tropas: "Levem-na aos soldados que estão na frente do temploᵇ e matem qualquer pessoa que a seguir". Pois o sacerdote tinha dito: "Ela não deve ser morta dentro do templo do SENHOR". ¹⁶Eles a prenderam e a levaram à porta por onde os cavalos entram no palácio, e ela foi morta ali.

As reformas religiosas de Joiada

¹⁷Joiada fez uma aliança entre o SENHOR, o rei e o povo, estabelecendo que eles seriam o povo do SENHOR. Também firmou uma aliança entre o rei e o povo. ¹⁸Todo o povo foi ao templo de Baal e o derrubou. Demoliram os altares, despedaçaram os ídolos e executaram Matã, sacerdote de Baal, em frente aos altares.

O sacerdote Joiada pôs guardas no templo do SENHOR. ¹⁹Em seguida, os comandantes dos mercenários cários e todo o povo escoltaram o rei para fora do templo do SENHOR. Passaram pela porta da guarda e entraram no palácio, onde o rei se sentou no trono real. ²⁰Todo o povo do reino se alegrou e a cidade ficou em paz, pois Atalia tinha sido morta no palácio real.

²¹ᶜJoásᵈ tinha 7 anos quando começou a reinar.

Joás faz reparos no templo

12 ¹ᵉJoásᶠ começou a reinar em Judá no sétimo ano do reinado de Jeú, rei de Israel. Reinou em Jerusalém por quarenta anos. Sua mãe se chamava Zíbia e era de Berseba. ²Durante toda a vida, Joás fez o que era certo aos olhos do SENHOR, como o sacerdote Joiada o orientava. ³Mesmo assim, não destruiu os santuários idólatras, e o povo continuou a oferecer sacrifícios e a queimar incenso nesses lugares.

⁴Certo dia, o rei Joás disse aos sacerdotes: "Juntem toda a prata trazida como oferta sagrada ao templo do SENHOR, tanto o imposto do censo e os pagamentos de votos como as ofertas voluntárias. ⁵Cada sacerdote deve recolher a prata com um dos tesoureiros e usá-la para fazer os reparos necessários no templo".

⁶Contudo, no vigésimo terceiro ano do reinado de Joás, os sacerdotes ainda não haviam feito os reparos no templo. ⁷Então o rei Joás chamou Joiada e os outros sacerdotes e lhes perguntou: "Por que ainda não fizeram os reparos no templo? Não recebam mais a prata dos tesoureiros, exceto a que for usada para reparar o templo". ⁸Os sacerdotes concordaram em não aceitar mais a prata do povo e em deixar que outros assumissem a responsabilidade de fazer os reparos no templo.

⁹O sacerdote Joiada fez uma abertura na tampa de uma caixa grande e a colocou do lado direito do altar, na entrada do templo do SENHOR. Os sacerdotes que guardavam a entrada colocavam na caixa todas as contribuições do povo. ¹⁰Sempre que a caixa ficava cheia, o secretário da corte e o sumo sacerdote pesavam a prata trazida ao templo do SENHOR e a colocavam em sacolas. ¹¹Entregavam a prata aos supervisores da construção, que a usavam para pagar os homens que trabalhavam no templo do SENHOR: os carpinteiros, os construtores, ¹²os pedreiros e os cortadores de pedra. Também compravam a madeira e as pedras lavradas necessárias para fazer os reparos no templo do SENHOR e pagavam outras despesas relacionadas à reforma do templo.

ᵃ **11.12** Ou *uma cópia da aliança*; o hebraico traz *entregou o testemunho*. ᵇ **11.15** Ou *Tirem-na dentre as fileiras*, ou *Tirem-na das dependências do templo*. O significado do hebraico é incerto. ᶜ **11.21a** No texto hebraico, o versículo 11.21 é numerado 12.1. ᵈ **11.21b** Em hebraico, *Jeoás*, variação de Joás. ᵉ **12.1a** No texto hebraico, os versículos 12.1-21 são numerados 12.2-22. ᶠ **12.1b** Em hebraico, *Jeoás*, variação de Joás; também em 12.2,4,6,7,18.

¹³A contribuição trazida ao templo não era usada para fazer taças de prata, nem cortadores de pavio, nem bacias, nem trombetas, nem outros utensílios de ouro ou prata para o templo do Senhor. ¹⁴Era entregue aos trabalhadores, que a usavam para fazer os reparos no templo. ¹⁵Não se pedia que os supervisores da construção prestassem contas desse valor, pois eram homens de confiança. ¹⁶Mas as contribuições das ofertas pela culpa e das ofertas pelo pecado não eram trazidas ao templo do Senhor. Eram entregues aos sacerdotes para seu uso pessoal.

O final do reino de Joás

¹⁷Nessa época, Hazael, rei da Síria, guerreou contra Gate e a conquistou. Então resolveu atacar Jerusalém. ¹⁸O rei Joás recolheu todos os objetos sagrados que Josafá, Jeorão e Acazias, os reis anteriores de Judá, tinham consagrado e os que ele mesmo consagrara. Enviou-os a Hazael, junto com todo o ouro que havia na tesouraria do templo do Senhor e no palácio real. Com isso, Hazael suspendeu o ataque a Jerusalém.

¹⁹Os demais acontecimentos do reinado de Joás e tudo que ele fez estão registrados no *Livro da História dos Reis de Judá*.

²⁰Os oficiais de Joás conspiraram contra ele e o assassinaram em Bete-Milo, na estrada para Sila. ²¹Os oficiais que o assassinaram foram Jozacar,[a] filho de Simeate, e Jeozabade, filho de Somer.

Joás foi sepultado com seus antepassados na Cidade de Davi. Seu filho Amazias foi seu sucessor.

Jeoacaz reina em Israel

13 Jeoacaz, filho de Jeú, começou a reinar em Israel no vigésimo terceiro ano do reinado de Joás, filho de Acazias, rei de Judá. Reinou em Samaria por dezessete anos. ²Fez o que era mau aos olhos do Senhor; seguiu o exemplo de Jeroboão, filho de Nebate, e persistiu nos pecados que Jeroboão havia levado Israel a cometer. ³O Senhor se irou grandemente com Israel e permitiu que Hazael, rei da Síria, e seu filho Ben-Hadade, derrotassem os israelitas repetidas vezes.

⁴Então Jeoacaz orou ao Senhor pedindo ajuda, e o Senhor atendeu à sua oração, pois viu como o rei da Síria oprimia Israel cruelmente. ⁵O Senhor providenciou um libertador para salvar os israelitas da tirania dos sírios, e Israel voltou a viver em segurança, como em outros tempos.

⁶Ainda assim, continuaram a seguir o mau exemplo de Jeroboão. Também permitiram que o poste de Aserá permanecesse em pé em Samaria. ⁷Por fim, o exército de Jeoacaz foi reduzido a cinquenta cavaleiros, dez carros de guerra e dez mil soldados de infantaria. O rei da Síria havia destruído o restante, como se fosse pó debaixo de seus pés.

⁸Os demais acontecimentos do reinado de Jeoacaz, tudo que ele fez e a extensão de seu poder, estão registrados no *Livro da História dos Reis de Israel*. ⁹Quando Jeoacaz morreu e se reuniu a seus antepassados, foi sepultado em Samaria. Seu filho Jeoás[b] foi seu sucessor.

Jeoás reina em Israel

¹⁰Jeoás, filho de Jeoacaz, começou a reinar em Israel no trigésimo sétimo ano do reinado de Joás, rei de Judá. Reinou em Samaria por dezesseis anos. ¹¹Fez o que era mau aos olhos do Senhor. Não se afastou dos pecados que Jeroboão, filho de Nebate, havia levado Israel a cometer.

¹²Os demais acontecimentos do reinado de Jeoás e tudo que ele fez, incluindo a extensão de seu poder e a guerra contra Amazias, estão registrados no *Livro da História dos Reis de Israel*. ¹³Quando Jeoás morreu e se reuniu a seus antepassados, foi sepultado em Samaria, com os reis de Israel. Seu filho Jeroboão II foi seu sucessor.

A profecia final de Eliseu

¹⁴Quando Eliseu estava sofrendo da doença da qual morreria, Jeoás, rei de Israel, o visitou e chorou por ele, dizendo: "Meu pai, meu pai! Você era como os carros de guerra de Israel e seus cavaleiros!".

¹⁵Eliseu lhe disse: "Pegue um arco e algumas flechas", e o rei fez o que ele pediu. ¹⁶Então Eliseu lhe disse: "Ponha a mão sobre o arco", e pôs suas mãos sobre as mãos do rei.

¹⁷Em seguida, ordenou: "Abra a janela que dá para o leste", e o rei a abriu. Depois, Eliseu disse: "Atire!", e o rei atirou uma flecha. "Essa é a flecha do Senhor", anunciou Eliseu. "É uma flecha de vitória sobre a Síria, pois você conquistará completamente os sírios em Afeque.

---

[a] **12.21** Conforme a Septuaginta e a versão siríaca; o hebraico traz *Jozabade*. [b] **13.9** Em hebraico, *Joás*, variação de Jeoás; também em 13.10,12,13,14,25.

¹⁸Depois, Eliseu disse: "Agora pegue as outras flechas e atire-as contra o chão". O rei pegou as flechas e atirou-as contra o chão três vezes. ¹⁹O homem de Deus se irou com ele. "Você deveria ter atirado contra o chão cinco ou seis vezes!", exclamou. "Assim, teria ferido os sírios até que fossem completamente destruídos. Agora você será vitorioso apenas três vezes." ²⁰Eliseu morreu e foi sepultado.

Grupos de saqueadores moabitas costumavam invadir a terra na virada do ano. ²¹Certa vez, enquanto alguns israelitas sepultavam um homem, viram um desses bandos. Rapidamente, jogaram o corpo no túmulo de Eliseu e fugiram. Assim que o corpo tocou os ossos de Eliseu, o homem voltou à vida e se pôs em pé.

²²Hazael, rei da Síria, oprimiu Israel durante todo o reinado de Jeoacaz. ²³O Senhor, porém, foi bondoso e misericordioso com os israelitas, e eles não foram totalmente destruídos. Teve compaixão deles por causa da aliança que havia feito com Abraão, Isaque e Jacó. Naquela ocasião, como até hoje, não quis destruí-los completamente nem expulsá-los de sua presença.

²⁴Hazael, rei da Síria, morreu, e seu filho Ben-Hadade foi seu sucessor. ²⁵Então Jeoás, filho de Jeoacaz, reconquistou as cidades que Ben-Hadade havia tomado de seu pai, Jeoacaz. Jeoás derrotou Ben-Hadade em três ocasiões e recuperou as cidades israelitas.

Amazias reina em Judá

14 Amazias, filho de Joás, começou a reinar em Judá no segundo ano do reinado de Jeoás,ª filho de Jeoacaz, rei de Israel. ²Amazias tinha 25 anos quando começou a reinar, e reinou em Jerusalém por 29 anos. Sua mãe se chamava Jeoadã e era de Jerusalém. ³Amazias fez o que era certo aos olhos do Senhor, mas não como seu antepassado Davi. Seguiu o exemplo de seu pai, Joás. ⁴Amazias não destruiu os santuários idólatras, e o povo continuou a oferecer sacrifícios e a queimar incenso nesses lugares.

⁵Quando Amazias se firmou no poder, executou os oficiais que haviam assassinado seu pai. ⁶Contudo, não matou os filhos dos assassinos, em obediência ao mandamento do Senhor registrado por Moisés no Livro da Lei: "Os pais não serão executados por causa do pecado dos filhos, nem os filhos por causa do pecado dos pais. Aqueles que merecem morrer deverão ser executados por causa de seus próprios crimes".ᵇ

⁷Amazias também matou dez mil edomitas no vale do Sal. Conquistou a cidade de Selá e mudou seu nome para Jocteel, como se chama até hoje.

⁸Certo dia, ele enviou mensageiros a Jeoás, filho de Jeoacaz, filho de Jeú, rei de Israel, com este desafio: "Venha enfrentar-me numa batalha!".

⁹Mas Jeoás, rei de Israel, respondeu a Amazias, rei de Judá, com a seguinte história: "Nos montes do Líbano, o espinheiro enviou esta mensagem ao poderoso cedro: 'Dê sua filha em casamento a meu filho'. No entanto, um animal selvagem do Líbano veio, pisoteou o espinheiro e o esmagou.

¹⁰"De fato, você derrotou Edom e está orgulhoso disso. Mas contente-se com sua vitória e fique em casa! Por que trazer desgraça sobre você e o povo de Judá?".

¹¹Amazias, porém, se recusou a ouvir. Então Jeoás, rei de Israel, mobilizou seu exército contra Amazias, rei de Judá. Os dois exércitos se enfrentaram em Bete-Semes, em Judá. ¹²O exército de Judá foi derrotado pelo exército de Israel, e os soldados fugiram para casa. ¹³Jeoás, rei de Israel, capturou Amazias, filho de Joás, filho de Acazias, rei de Judá, em Bete-Semes. Em seguida, marchou para Jerusalém, onde destruiu 180 metrosᶜ do muro da cidade, desde a porta de Efraim até a porta da Esquina. ¹⁴Levou embora todo o ouro, toda a prata e todos os utensílios do templo do Senhor. Também levou os tesouros do palácio real e fez reféns; depois, voltou para Samaria.

¹⁵Os demais acontecimentos do reinado de Jeoás e tudo que ele fez, incluindo a extensão de seu poder e sua guerra contra Amazias, rei de Judá, estão registrados no *Livro da História dos Reis de Israel*. ¹⁶Quando Jeoás morreu e se reuniu a seus antepassados, foi sepultado em Samaria, com os reis de Israel. Seu filho Jeroboão II foi seu sucessor.

¹⁷Amazias, filho de Joás, rei de Judá, viveu ainda mais quinze anos depois da morte de

---

ª **14.1** Em hebraico, *Joás*, variação de Jeoás; também em 14.13,23,27. ᵇ **14.6** Dt 24.16. ᶜ **14.13** Em hebraico, *400 côvados*.

Jeoás, filho de Jeoacaz, rei de Israel. ¹⁸Os demais acontecimentos do reinado de Amazias estão registrados no *Livro da História dos Reis de Judá.*

¹⁹Houve uma conspiração contra Amazias em Jerusalém, e ele fugiu para Laquis. Seus inimigos, porém, mandaram assassinos atrás dele e o mataram ali. ²⁰Seu corpo foi trazido de volta para Jerusalém num cavalo, e ele foi sepultado com seus antepassados na Cidade de Davi.

²¹Todo o povo de Judá proclamou rei seu filho Uzias,ᵃ de 16 anos, como sucessor de seu pai, Amazias. ²²Depois que seu pai morreu e se reuniu a seus antepassados, Uzias reconstruiu a cidade de Elate e a recuperou para Judá.

Jeroboão II reina em Israel

²³Jeroboão II, filho de Jeoás, começou a reinar em Israel no décimo quinto ano do reinado de Amazias, filho de Joás, rei de Judá. Reinou em Samaria por 41 anos. ²⁴Fez o que era mau aos olhos do Senhor. Não se afastou dos pecados que Jeroboão, filho de Nebate, havia levado Israel a cometer. ²⁵Jeroboão II recuperou os territórios de Israel entre Lebo-Hamate e o mar Morto,ᵇ conforme o Senhor, o Deus de Israel, havia anunciado por meio de Jonas, filho de Amitai, profeta de Gate-Héfer.

²⁶O Senhor viu como era grande o sofrimento em Israel, tanto para escravos como para livres, e não havia ninguém em Israel que pudesse socorrê-los. ²⁷E, porque o Senhor não tinha dito que apagaria completamente o nome de Israel, usou Jeroboão II, filho de Jeoás, para socorrê-los.

²⁸Os demais acontecimentos do reinado de Jeroboão II, tudo que ele fez, a extensão de seu poder, as guerras que travou e como ele recuperou para Israel as cidades de Damasco e de Hamate, que haviam pertencido a Judá,ᶜ estão registrados no *Livro da História dos Reis de Israel.* ²⁹Quando Jeroboão II morreu e se reuniu a seus antepassados, foi sepultado em Samaria,ᵈ com os reis de Israel. Seu filho Zacarias foi seu sucessor.

Uzias reina em Judá

15 Uzias,ᵉ filho de Amazias, começou a reinar em Judá no vigésimo sétimo ano do reinado de Jeroboão II, rei de Israel. ²Tinha 16 anos quando começou a reinar, e reinou em Jerusalém por 52 anos. Sua mãe se chamava Jecolias e era de Jerusalém.

³Fez o que era certo aos olhos do Senhor, como seu pai, Amazias. ⁴Contudo, não destruiu os santuários idólatras, e o povo continuou a oferecer sacrifícios e a queimar incenso nesses lugares. ⁵O Senhor feriu o rei com lepra,ᶠ enfermidade que durou até o dia de sua morte. Vivia isolado, numa casa separada. Jotão, filho do rei, tomava conta do palácio e governava o povo.

⁶Os demais acontecimentos do reinado de Uzias e tudo que ele fez estão registrados no *Livro da História dos Reis de Judá.* ⁷Quando Uzias morreu, foi sepultado com seus antepassados na Cidade de Davi. Seu filho Jotão foi seu sucessor.

Zacarias reina em Israel

⁸Zacarias, filho de Jeroboão II, começou a reinar em Israel no trigésimo oitavo ano do reinado de Uzias, rei de Judá. Reinou em Samaria por seis meses. ⁹Fez o que era mau aos olhos do Senhor, como seus antepassados. Não se afastou dos pecados que Jeroboão, filho de Nebate, havia levado Israel a cometer. ¹⁰Então Salum, filho de Jabes, conspirou contra Zacarias, matou-o diante do povo e se tornou seu sucessor.

¹¹Os demais acontecimentos do reinado de Zacarias estão registrados no *Livro da História dos Reis de Israel.* ¹²Assim se cumpriu a mensagem do Senhor a Jeú: "Seus descendentes serão reis de Israel até a quarta geração".

Salum reina em Israel

¹³Salum, filho de Jabes, começou a reinar em Israel no trigésimo nono ano do reinado de Uzias, rei de Judá. Reinou em Samaria por apenas um mês. ¹⁴Então Menaém, filho de Gadi, veio de Tirza a Samaria, matou Salum, filho de Jabes, e se tornou seu sucessor.

¹⁵Os demais acontecimentos do reinado de Salum, incluindo a conspiração que liderou,

---

ᵃ **14.21** Em hebraico, *Azarias*, variação de Uzias. ᵇ **14.25** Em hebraico, *mar da Arabá.* ᶜ **14.28** Ou *a Iaudi*. O significado do hebraico é incerto. ᵈ **14.29** Conforme alguns manuscritos gregos; o hebraico não traz *foi sepultado em Samaria.* ᵉ **15.1** Em hebraico, *Azarias*, variação de Uzias; também em 15.6,7,8,17,23,27. ᶠ **15.5** O termo hebraico não se refere somente à hanseníase, mas também a diversas doenças de pele.

estão registrados no *Livro da História dos Reis de Israel*.

Menaém reina em Israel

16 Nessa ocasião, Menaém destruiu a cidade de Tapua[a] e seus arredores, até Tirza, pois seus habitantes se recusaram a entregar a cidade. Matou toda a população e rasgou o ventre das mulheres grávidas.

¹⁷Menaém, filho de Gadi, começou a reinar em Israel no trigésimo nono ano do reinado de Uzias, rei de Judá. Reinou em Samaria por dez anos. ¹⁸Fez o que era mau aos olhos do Senhor. Durante todo o seu reinado, não se afastou dos pecados que Jeroboão, filho de Nebate, havia levado Israel a cometer.

¹⁹Então Tiglate-Pileser,[b] rei da Assíria, invadiu a terra de Israel. Contudo, Menaém lhe pagou 35 toneladas[c] de prata a fim de obter seu apoio e firmar-se no poder. ²⁰Menaém extorquiu esse valor dos ricos de Israel e exigiu que cada um contribuísse com seiscentos gramas[d] de prata para o tributo pago ao rei da Assíria. Assim, o rei da Assíria parou de atacar Israel e foi embora.

²¹Os demais acontecimentos do reinado de Menaém e tudo que ele fez estão registrados no *Livro da História dos Reis de Israel*. ²²Quando Menaém morreu e se reuniu a seus antepassados, seu filho Pecaías se tornou seu sucessor.

Pecaías reina em Israel

²³Pecaías, filho de Menaém, começou a reinar em Israel no quinquagésimo ano do reinado de Uzias, rei de Judá. Reinou em Samaria por dois anos. ²⁴Fez o que era mau aos olhos do Senhor. Não se afastou dos pecados que Jeroboão, filho de Nebate, havia levado Israel a cometer.

²⁵Então Peca, filho de Remalias e comandante do exército de Pecaías, conspirou contra ele. Acompanhado de cinquenta homens de Gileade, assassinou o rei, e também Argobe e Arié, na fortaleza do palácio em Samaria. E Peca se tornou seu sucessor.

²⁶Os demais acontecimentos do reinado de Pecaías e tudo que ele fez estão registrados no *Livro da História dos Reis de Israel*.

Peca reina em Israel

²⁷Peca, filho de Remalias, começou a reinar em Israel no quinquagésimo segundo ano do reinado de Uzias, rei de Judá. Reinou em Samaria por vinte anos. ²⁸Fez o que era mau aos olhos do Senhor. Não se afastou dos pecados que Jeroboão, filho de Nebate, havia levado Israel a cometer.

²⁹Durante o reinado de Peca, Tiglate-Pileser, rei da Assíria, atacou Israel novamente e conquistou as cidades de Ijom, Abel-Bete-Maaca, Janoa, Quedes e Hazor. Também conquistou as regiões de Gileade e da Galileia, e todo o território de Naftali, e levou os habitantes cativos para a Assíria. ³⁰Então Oseias, filho de Elá, conspirou contra Peca, filho de Remalias, e o assassinou. Começou a reinar em Israel no vigésimo ano do reinado de Jotão, filho de Uzias.

³¹Os demais acontecimentos do reinado de Peca e tudo que ele fez estão registrados no *Livro da História dos Reis de Israel*.

Jotão reina em Judá

³²Jotão, filho de Uzias, começou a reinar em Judá no segundo ano do reinado de Peca, filho de Remalias, rei de Israel. ³³Tinha 25 anos quando começou a reinar, e reinou em Jerusalém por dezesseis anos. Sua mãe se chamava Jerusa e era filha de Zadoque.

³⁴Jotão fez o que era certo aos olhos do Senhor, como seu pai, Uzias. ³⁵Contudo, não destruiu os santuários idólatras, e o povo continuou a oferecer sacrifícios e a queimar incenso nesses lugares. Jotão reconstruiu a porta superior do templo do Senhor.

³⁶Os demais acontecimentos do reinado de Jotão e tudo que ele fez estão registrados no *Livro da História dos Reis de Judá*. ³⁷Naqueles dias, o Senhor começou a instigar Rezim, rei da Síria, e Peca, filho de Remalias, a atacarem Judá. ³⁸Quando Jotão morreu, foi sepultado com seus antepassados na Cidade de Davi. Seu filho Acaz foi seu sucessor.

Acaz reina em Judá

16 Acaz, filho de Jotão, começou a reinar em Judá no décimo sétimo ano do reinado de Peca, filho de Remalias. ²Tinha 20 anos quando começou a reinar, e reinou em

---

[a] **15.16** Conforme alguns manuscritos gregos; o hebraico traz *Tifsa*. [b] **15.19a** Em hebraico, *Pul*, outro nome para Tiglate-Pileser. [c] **15.19b** Em hebraico, *1.000 talentos*. [d] **15.20** Em hebraico, *50 siclos*.

Jerusalém por dezesseis anos. Ao contrário de seu antepassado Davi, não fez o que era certo aos olhos do Senhor, seu Deus. ³Em vez disso, seguiu o exemplo dos reis de Israel e até sacrificou seu filho no fogo. Desse modo, seguiu as práticas detestáveis das nações que o Senhor havia expulsado da terra diante dos israelitas. ⁴Ofereceu sacrifícios e queimou incenso nos santuários idólatras, nos montes e debaixo de toda árvore verdejante.

⁵Então Rezim, rei da Síria, e Peca, filho de Remalias, rei de Israel, subiram para atacar Jerusalém. Cercaram Acaz, mas não conseguiram derrotá-lo. ⁶Nessa época, o rei de Edom[a] recuperou a cidade de Elate para os edomitas.[b] Expulsou o povo de Judá e colocou edomitas[c] para morarem ali, onde estão até hoje.

⁷O rei Acaz enviou mensageiros para dizer a Tiglate-Pileser, rei da Assíria: "Sou seu servo e seu súdito.[d] Venha salvar-me dos exércitos da Síria e de Israel que estão me atacando". ⁸Então Acaz pegou a prata e o ouro do templo do Senhor e dos tesouros do palácio e os enviou como pagamento para o rei da Assíria. ⁹O rei da Assíria atendeu ao pedido e atacou Damasco, a capital da Síria, e deportou seus habitantes para Quir. Também matou Rezim, rei da Síria.

¹⁰Então o rei Acaz foi a Damasco para encontrar-se com Tiglate-Pileser, rei da Assíria. Enquanto estava lá, viu o altar da cidade e enviou ao sacerdote Urias um modelo e um desenho detalhado do altar. ¹¹O sacerdote Urias seguiu as instruções do rei e construiu um altar exatamente igual, que ficou pronto antes de o rei voltar de Damasco. ¹²Quando o rei voltou, viu o altar e ofereceu sacrifícios sobre ele. ¹³Apresentou um holocausto, uma oferta de cereal e uma oferta derramada e aspergiu o altar com o sangue de uma oferta de paz.

¹⁴O rei Acaz removeu o antigo altar de bronze de seu lugar, na frente do templo do Senhor, entre o novo altar e a entrada, e o colocou do lado norte do novo altar. ¹⁵Disse ao sacerdote Urias: "Use o novo altar[e] para o holocausto da manhã, para a oferta de cereal da tarde, para o holocausto e a oferta de cereal do rei, e para o holocausto, a oferta de cereal e a oferta derramada de todo o povo. Com o sangue de todos os holocaustos e sacrifícios, faça aspersão sobre o novo altar. O altar de bronze será apenas para meu uso pessoal". ¹⁶Urias fez como o rei Acaz ordenou.

¹⁷Depois, o rei Acaz tirou os painéis e as bacias das dez bases móveis usadas para levar água. Também removeu o grande tanque de bronze chamado Mar de cima dos touros e o colocou sobre o pavimento de pedra. ¹⁸Por causa do rei da Assíria, removeu a cobertura construída dentro do templo para ser usada aos sábados,[f] bem como a entrada externa do rei para o templo do Senhor.

¹⁹Os demais acontecimentos do reinado de Acaz e tudo que ele fez estão registrados no *Livro da História dos Reis de Judá*. ²⁰Quando Acaz morreu, foi sepultado com seus antepassados na Cidade de Davi. Seu filho Ezequias foi seu sucessor.

Oseias reina em Israel

17 Oseias, filho de Elá, começou a reinar em Israel no décimo segundo ano do reinado de Acaz, rei de Judá. Reinou em Samaria por nove anos. ²Fez o que era mau aos olhos do Senhor, mas não tanto quanto os reis que governaram Israel antes dele.

³Salmaneser, rei da Assíria, atacou o rei Oseias e o obrigou a lhe pagar tributos. ⁴Oseias, porém, conspirou contra o rei da Assíria. Deixou de pagar o tributo anual e pediu ajuda a Sô, rei do Egito.[g] Quando o rei da Assíria descobriu a traição de Oseias, mandou colocá-lo na prisão.

Os assírios conquistam Samaria

⁵O rei da Assíria ocupou todo o território de Israel e, durante três anos, cercou a cidade de Samaria. ⁶Por fim, no nono ano do reinado de Oseias, o rei assírio conquistou Samaria e exilou os israelitas na Assíria. Criou assentamentos para eles em Hala, ao longo das margens do rio Habor, em Gozã, e nas cidades da Média.

---

[a] **16.6a** Conforme a Vulgata; o hebraico traz *Rezim, rei da Síria*. [b] **16.6b** Conforme a Vulgata; hebraico traz *para a Síria*. [c] **16.6c** Conforme a Septuaginta, a Vulgata e uma leitura alternativa do Texto Massorético; a outra leitura traz *sírios*. [d] **16.7** Em hebraico, *e seu filho*. [e] **16.15** Em hebraico, *o grande altar*. [f] **16.18** O significado do hebraico é incerto. [g] **17.4** Ou *pediu ajuda ao rei do Egito em Sais*.

> **REFLETINDO SOBRE: Intrusos indesejados**
>
> ## Mulheres sofrendo com invasores
>
> *Concentrem-se em tudo que é verdadeiro, tudo que é nobre, tudo que é correto, tudo que é puro, tudo que é amável e tudo que é admirável. Pensem no que é excelente e digno de louvor.*
> —Filipenses 4.8
>
> Eu não estava preparada para este aspecto da vida entre os milharais: os fazendeiros colhem suas plantações atrás de minha casa e por isso alguns intrusos indesejados invadiram o nosso lar. Reencontrei excrementos de camundongos aqui e ali e, mesmo com ratoeiras, ocasionalmente via um camundongo passar correndo pela sala. Mas o melhor de tudo veio quando certa noite o meu marido e eu nos sentamos para assistir a um filme. Ao olhar para a lareira de tijolos na sala de estar, vi que tínhamos a companhia de um camundongo que também gostava de filmes.
>
> As mulheres de 2 Reis 17 sofriam invasões muito mais sérias. Todas as vezes que o povo hebreu escolhia ídolos no lugar de Deus ou um estilo de vida pecaminoso em vez de obedecer aos Seus mandamentos, o Senhor os disciplinava permitindo que seus inimigos invadissem sua terra. Uma invasão inimiga destruía a vida das mulheres, pois sua cidade era sitiada ou saqueada. Seus corações se partiam quando os opressores as carregavam ou a seus entes queridos como prisioneiros. Deus permitiu que cada nação vencedora controlasse o Seu povo até que seu coração retornasse a Ele e mais uma vez reconhecessem o controle divino sobre a sua vida.
>
> Todas estamos sujeitas a invasões inimigas no campo de batalha de nossas mentes. Se nos concentrarmos somente em evitar comportamentos pecaminosos em detrimento de nossos pensamentos, abrimo-nos à intrusão de Satanás. Se não notarmos quando Satanás sutilmente insere pensamentos e devaneios em nossas mentes, ele pode gradualmente começar a controlar nossas atitudes e comportamento. O que permitimos em nossa mente também afeta os nossos pensamentos. Estamos permitindo que filmes, programas de TV ou leituras perniciosas influenciem o nosso modo de pensar? Ou estamos nos concentrando em coisas convenientes e apreendendo a Palavra de Deus todos os dias? Com a ajuda de Deus podemos aprender a guardar a nossa mente para que se feche à entrada de intrusos.

⁷Isso aconteceu porque os israelitas adoraram outros deuses. Pecaram contra o Senhor, seu Deus, que os havia tirado da terra do Egito e os livrado do poder do faraó, o rei do Egito. ⁸Seguiram as práticas das nações que o Senhor tinha expulsado de diante deles, bem como as práticas introduzidas pelos reis de Israel. ⁹Os israelitas também fizeram, em segredo, muitas coisas que não eram corretas diante do Senhor, seu Deus. Construíram santuários idólatras em todas as cidades, desde o menor posto de vigilância até a maior cidade murada. ¹⁰Ergueram colunas sagradas e postes de Aserá no alto de todo monte e debaixo de toda árvore verdejante. ¹¹Queimaram incenso no topo dos montes, como faziam as nações que o Senhor havia expulsado de diante deles. Os israelitas praticaram muitos atos perversos que provocaram a ira do Senhor. ¹²Adoraram ídolos,[a] apesar das advertências claras do Senhor contra isso.

¹³Repetidamente, o Senhor enviou profetas e videntes para advertirem Israel e Judá, com esta mensagem: "Afastem-se de seus maus caminhos. Obedeçam a meus mandamentos e decretos, a toda a lei que ordenei a seus antepassados e que lhes entreguei por meio de meus servos, os profetas".

¹⁴Mas os israelitas se recusaram a ouvir. Foram tão teimosos quanto seus antepassados que não quiseram crer no Senhor, seu Deus. ¹⁵Rejeitaram seus decretos e a aliança que ele havia feito com seus antepassados e desprezaram todas as suas advertências. Adoraram ídolos inúteis, de modo que eles próprios se tornaram inúteis. Seguiram o exemplo das nações ao redor e desobedeceram à ordem do Senhor para que não as imitassem.

---

[a] **17.12** É provável que o termo hebraico (lit. *coisas redondas*) se refira a esterco.

¹⁶Rejeitaram todos os mandamentos do Senhor, seu Deus, e fizeram dois bezerros de metal. Ergueram um poste de Aserá e adoraram Baal e todos os astros do céu. ¹⁷Chegaram a sacrificar os próprios filhos e filhas no fogo. Consultaram adivinhos, praticaram feitiçaria, venderam-se para fazer o que é mau aos olhos do Senhor e provocaram sua ira.

¹⁸O Senhor se indignou muito com Israel e o expulsou de sua presença. Com isso, restou somente a tribo de Judá. ¹⁹Mesmo o povo de Judá, porém, não obedeceu aos mandamentos do Senhor, seu Deus, pois seguiu as práticas perversas introduzidas por Israel. ²⁰O Senhor rejeitou todos os descendentes de Israel. Como castigo, entregou-os a seus inimigos, até que expulsou Israel de sua presença.

²¹Pois quando o Senhor[a] arrancou Israel do reino de Davi, os israelitas escolheram Jeroboão, filho de Nebate, como rei. Mas Jeroboão afastou Israel do Senhor e os levou a cometer grande pecado. ²²E os israelitas continuaram a seguir todos os caminhos maus de Jeroboão. Não se afastaram desses pecados, ²³até que, por fim, o Senhor os expulsou de sua presença, como todos os seus profetas haviam advertido. Assim, Israel foi deportado de sua terra para a Assíria, onde permanece até hoje.

Estrangeiros se estabelecem em Israel

²⁴O rei da Assíria trouxe povos da Babilônia, de Cuta, de Ava, de Hamate e de Sefarvaim e os estabeleceu nas cidades de Samaria, em lugar dos israelitas. Eles tomaram posse de Samaria e habitaram em suas cidades. ²⁵Assim que chegaram, esses estrangeiros não adoravam o Senhor, de modo que o Senhor mandou leões, que mataram alguns deles.

²⁶Por isso, enviaram uma mensagem ao rei da Assíria: "O povo que o senhor deportou para as cidades de Samaria não conhece os costumes do deus da terra. Ele mandou leões para destruí-los, porque não conhecem suas exigências".

²⁷Então o rei da Assíria deu esta ordem: "Enviem um dos sacerdotes exilados de volta a Samaria. Ele viverá ali e ensinará aos novos habitantes os costumes do deus da terra". ²⁸Um dos sacerdotes exilados de Samaria voltou a Betel e ensinava os novos habitantes a adorarem corretamente o Senhor.

²⁹Contudo, cada um desses povos estrangeiros continuou a fazer seus deuses e adorá-los. Em todas as cidades onde habitavam, colocaram seus ídolos nos santuários idólatras que o povo de Samaria havia construído. ³⁰Os da Babilônia adoravam as imagens do deus Sucote-Benote. Os de Cuta adoravam o deus Nergal. Os de Hamate adoravam o deus Asima. ³¹Os aveus adoravam os deuses Nibaz e Tartaque. E o povo de Sefarvaim até queimava os próprios filhos como sacrifício aos deuses Adrameleque e Anameleque.

³²Esses novos habitantes adoravam o Senhor, mas também nomeavam qualquer pessoa como sacerdote para oferecer sacrifícios nos lugares de culto. ³³E, embora adorassem o Senhor, continuavam a seguir seus próprios deuses, de acordo com os costumes de suas nações de origem. ³⁴Até hoje, continuam com suas antigas práticas em vez de adorar verdadeiramente o Senhor e obedecer aos decretos, estatutos, leis e mandamentos que o Senhor deu aos descendentes de Jacó, cujo nome ele mudou para Israel.

³⁵Pois o Senhor havia feito uma aliança com eles e ordenado: "Não adorem outros deuses, nem se prostrem diante deles, não os sirvam, nem lhes ofereçam sacrifícios. ³⁶Adorem somente o Senhor, que os tirou do Egito com grande força e com braço poderoso. Curvem-se somente diante dele e ofereçam sacrifícios a ele somente. ³⁷Tomem sempre o cuidado de obedecer aos decretos, estatutos, leis e mandamentos que ele lhes prescreveu. Não adorem outros deuses. ³⁸Não se esqueçam da aliança que fiz com vocês e não adorem outros deuses. ³⁹Adorem somente o Senhor, seu Deus. Ele os livrará de todos os seus inimigos".

⁴⁰Mas o povo se recusou a ouvir e continuou com suas antigas práticas. ⁴¹Assim, embora os novos habitantes adorassem o Senhor, também adoravam seus ídolos. E até hoje seus descendentes fazem a mesma coisa.

Ezequias reina em Judá

18 Ezequias, filho de Acaz, começou a reinar em Judá no terceiro ano do reinado

---

[a] **17.21** Em hebraico, *ele*; compare com 1Rs 11.31-32.

de Oseias, filho de Elá, rei de Israel. ²Tinha 25 anos quando começou a reinar, e reinou em Jerusalém por 29 anos. Sua mãe se chamava Abi e era filha de Zacarias. ³Ezequias fez o que era certo aos olhos do Senhor, como seu antepassado Davi. ⁴Removeu os santuários idólatras, quebrou as colunas sagradas e derrubou os postes de Aserá. Despedaçou a serpente de bronze que Moisés havia feito, pois os israelitas queimavam incenso para ela. A serpente de bronze se chamava Neustã.ᵃ

⁵Ezequias confiava no Senhor, o Deus de Israel. Não houve ninguém como ele entre todos os reis de Judá, nem antes nem depois. ⁶Ezequias se apegou ao Senhor, não se afastou dele e teve o cuidado de obedecer a todos os mandamentos que o Senhor tinha ordenado por meio de Moisés. ⁷Assim, o Senhor estava com Ezequias, e ele era bem-sucedido em tudo que fazia. Rebelou-se contra o rei da Assíria e não lhe pagou tributo. ⁸Derrotou os filisteus até Gaza e seu território, desde o menor posto de vigilância até a maior cidade fortificada.

⁹No quarto ano do reinado de Ezequias, o sétimo ano do reinado de Oseias, filho de Elá, rei de Israel, Salmaneser, rei da Assíria, atacou a cidade de Samaria e a cercou. ¹⁰Três anos depois, no sexto ano do reinado de Ezequias e no nono ano do reinado de Oseias, rei de Israel, Samaria foi conquistada. ¹¹O rei assírio deportou os israelitas para a Assíria e os colocou em assentamentos em Hala, ao longo das margens do rio Habor, em Gozã, e nas cidades da Média. ¹²Isso aconteceu porque eles não ouviram nem obedeceram ao Senhor, seu Deus. Em vez disso, violaram sua aliança, todas as leis às quais Moisés, servo do Senhor, havia ordenado que obedecessem.

A Assíria invade Judá

¹³No décimo quarto ano do reinado de Ezequias, Senaqueribe, rei da Assíria, atacou as cidades fortificadas de Judá e as conquistou. ¹⁴Ezequias, rei de Judá, enviou esta mensagem ao rei da Assíria, em Laquis: "Cometi um erro. Se você se retirar, eu lhe pagarei qualquer tributo que exigir". O rei da Assíria exigiu 10.500 quilos de prata e 1.050 quilos de ouro.ᵇ ¹⁵Para juntar essa quantia, Ezequias usou toda a prata guardada no templo do Senhor e nos tesouros do palácio. ¹⁶Arrancou até o ouro das portas e dos batentes do templo do Senhor que ele havia coberto com ouro e entregou tudo ao rei da Assíria.

Senaqueribe ameaça Jerusalém

¹⁷Apesar disso, o rei da Assíria enviou, de Laquis, seu comandante em chefe, seu comandante de campo e seu porta-voz,ᶜ juntamente com um grande exército, para confrontar o rei Ezequias em Jerusalém. Os assírios se posicionaram ao lado do aqueduto que abastece o tanque superior, perto do caminho para o campo onde se lavaᵈ roupa. ¹⁸Mandaram chamar o rei Ezequias, mas ele enviou os seguintes oficiais ao encontro deles: Eliaquim, filho de Hilquias, o administrador do palácio; Sebna, o secretário da corte; e Joá, filho de Asafe, o historiador do reino.

¹⁹O porta-voz do rei assírio mandou que transmitissem esta mensagem a Ezequias:

"Assim diz o grande rei da Assíria: Em que você confia, que lhe dá tanta segurança? ²⁰Pensa que meras palavras podem substituir experiência e força militar? Com quem você conta para se rebelar contra mim? ²¹Com o Egito? Se você se apoiar no Egito, ele será como um junco que se quebra sob seu peso e perfura sua mão. O faraó, rei do Egito, não é digno de nenhuma confiança!

²²"Talvez vocês digam: 'Confiamos no Senhor, nosso Deus!'. Mas não foi a ele que Ezequias insultou? Ezequias não destruiu os santuários e altares dele e obrigou todos em Judá e Jerusalém a adorarem somente no altar em Jerusalém?

²³"Vou lhes dizer uma coisa: Façam um acordo com meu senhor, o rei da Assíria. Eu lhes darei dois mil cavalos se forem capazes de encontrar homens em número suficiente para montá-los! ²⁴Com seu exército minúsculo, como podem pensar em desafiar até o contingente mais fraco do exército de meu senhor, mesmo com a ajuda dos

---

ᵃ **18.4** O som da palavra *Neustã* é semelhante ao de termos hebraicos que significam "serpente", "bronze" e "coisa impura". ᵇ **18.14** Em hebraico, *300 talentos de prata e 30 talentos de ouro*. ᶜ **18.17a** Ou *o rabsaqué*; também em 18.19,26,27,28,37. ᵈ **18.17b** Ou *onde se branqueia*.

carros de guerra e dos cavaleiros do Egito? ²⁵Além disso, imaginam que invadimos sua terra sem a direção do Senhor? Foi o próprio Senhor que nos disse: 'Ataquem essa terra e destruam-na!'".

²⁶Então Eliaquim, filho de Hilquias, Sebna e Joá disseram ao porta-voz: "Por favor, fale conosco em aramaico, pois entendemos bem essa língua. Não fale em hebraico,ᵃ pois o povo sobre o muro o ouvirá".

²⁷O porta-voz, no entanto, respondeu: "Vocês pensam que meu senhor enviou essa mensagem apenas para vocês e para seu senhor? Ele quer que todo o povo a ouça, pois, quando cercarmos esta cidade, eles sofrerão junto com vocês. Ficarão tão famintos e sedentos que comerão as próprias fezes e beberão a própria urina!".

²⁸Então o porta-voz se levantou e gritou em hebraico: "Ouçam esta mensagem do grande rei da Assíria! ²⁹Assim diz o rei: Não deixem que Ezequias os engane. Ele jamais será capaz de livrá-los de meu poder. ³⁰Não deixem que ele os convença a confiar no Senhor, dizendo: 'Certamente o Senhor nos livrará; esta cidade jamais cairá nas mãos do rei da Assíria!'.

³¹Não deem ouvidos a Ezequias! Estas são as condições que o rei da Assíria oferece: Façam as pazes comigo, abram as portas e saiam. Então, cada um de vocês continuará a comer de sua própria videira e de sua própria figueira e a beber de seu próprio poço. ³²Depois, providenciarei que sejam levados a outra terra como esta, uma terra com cereais e vinho novo, com pão e vinhedos, com olivais e mel. Escolham a vida, e não a morte!

"Não deem ouvidos a Ezequias quando ele tentar enganá-los, dizendo: 'O Senhor nos livrará'. ³³Acaso os deuses de alguma outra nação livraram seu povo do rei da Assíria? ³⁴O que aconteceu aos deuses de Hamate e de Arpade? E quanto aos deuses de Sefarvaim, de Hena e de Iva? Acaso algum deus livrou Samaria de meu poder? ³⁵Qual dos deuses de qualquer nação foi capaz de livrar seu povo de meu poder? O que os faz pensar que o Senhor pode livrar Jerusalém de minhas mãos?".

³⁶Mas o povo permaneceu em silêncio e não disse uma palavra sequer, pois Ezequias havia ordenado: "Não lhe respondam".

³⁷Então Eliaquim, filho de Hilquias, administrador do palácio, Sebna, secretário da corte, e

---

ᵃ 18.26 Em hebraico, *no dialeto de Judá*; também em 18.28.

PÃO DIÁRIO

Enfrentando o perigo com oração

Agora, Senhor, nosso Deus, salva-nos do poder desse rei; então todos os reinos da terra saberão que somente tu, Senhor, és Deus.
—2 Reis 19.19

Surgiu um problema para o rei Ezequias de Judá. Ele tinha acabado de receber uma carta ameaçadora de Senaqueribe, rei da Assíria. Este monarca saqueador havia conquistado muitas cidades, e Jerusalém era a próxima de sua lista. Em sua carta, Senaqueribe zombava do Deus de Israel e ameaçava destruir a cidade santa.

Lemos em 2 Reis 19, que Ezequias foi imediatamente ao Templo e apresentou a carta ao Senhor. Ele o reconheceu como o Criador de todas as coisas (v.15). E lhe disse que Senaqueribe tinha desafiado o Deus vivo (v.16). Finalmente, clamou a Deus para que livrasse Judá a fim de que todas as nações do mundo soubessem que só o Senhor é Deus (v.19). As ações de Ezequias diziam na verdade: "Veja, Senhor! Leia isto! Preciso da Sua ajuda. Sua honra está em risco!".

Que exemplo de fé no Deus verdadeiro que está presente e consciente das nossas necessidades! Como Ezequias, às vezes, nós também enfrentamos o perigo iminente de alguém que deseja nos ferir. Ou pode ser algum outro tipo de situação ameaçadora. Em última análise, independentemente do que façamos, nossa primeira reação deveria ser contar a Deus sobre o perigo e louvá-lo por Sua grandeza. Em seguida, podemos confiar que Ele proverá o tipo de ajuda que trará glória ao Seu nome.

Enfrentando perigo? Deus honra as súplicas como as de Ezequias.

Senhor, dá-nos coragem para enfrentar os perigos — primeiro, compartilhando as nossas necessidades contigo; depois, confiando que tu proverás a ajuda que precisamos e, por fim, honrando a Tua grandeza ao descansar em Teus braços fortes sabendo que te importas conosco.

Quando estiver diante do perigo, enfrente-o com oração.

Joá, filho de Asafe, historiador do reino, voltaram a Ezequias. Rasgaram suas roupas e foram contar ao rei o que o porta-voz tinha dito.

Ezequias busca a ajuda do Senhor

19 Quando o rei Ezequias ouviu esse relato, rasgou as roupas, vestiu-se com panos de saco e entrou no templo do Senhor. ²Enviou Eliaquim, o administrador do palácio, Sebna, o secretário da corte, e os principais sacerdotes, todos vestidos com panos de saco, ao profeta Isaías, filho de Amoz. ³Eles lhe disseram: "Assim diz o rei Ezequias: 'Hoje é um dia de angústia, insulto e humilhação. É como quando a criança está prestes a nascer, mas a mãe não tem forças para dar à luz. ⁴Contudo, talvez o Senhor, seu Deus, tenha ouvido o porta-voz[a] que o rei da Assíria enviou para desafiar o Deus vivo e o castigue por suas palavras. Por favor, ore por nós que restamos!'".

⁵Depois que os oficiais do rei Ezequias transmitiram a mensagem ao profeta Isaías, ⁶ele respondeu: "Digam ao rei que assim diz o Senhor: 'Não se assuste com os insultos que os mensageiros do rei da Assíria lançaram contra mim. ⁷Ouça! Eu mesmo agirei contra o rei da Assíria,[b] e ele receberá notícias que o farão voltar para sua terra. Ali eu providenciarei que ele seja morto à espada'".

⁸Enquanto isso, o porta-voz partiu de Jerusalém e foi consultar o rei da Assíria, pois tinha sido informado de que o rei havia deixado Laquis e estava atacando Libna.

⁹Logo depois, o rei Senaqueribe recebeu a notícia de que Tiraca, rei da Etiópia,[c] havia saído com seu exército para lutar contra ele. Então enviou seus homens de volta a Ezequias em Jerusalém com a seguinte mensagem:

¹⁰"Esta é uma mensagem para Ezequias, rei de Judá. Não deixe que seu Deus, em quem você confia, o engane com promessas de que Jerusalém não será conquistada pelo rei da Assíria. ¹¹Você sabe muito bem o que os reis da Assíria fizeram por onde passaram. Destruíram completamente todos que atravessaram seu caminho! Quem é você para escapar? ¹²Acaso os deuses de outras nações, como Gozã, Harã, Rezefe, e o povo de Éden, que estava em Telassar, as livraram? Meus antecessores destruíram todos eles! ¹³O que aconteceu ao rei de Hamate e ao rei de Arpade? O que aconteceu aos reis de Sefarvaim, de Hena e de Iva?".

¹⁴Depois que Ezequias recebeu a carta dos mensageiros e a leu, subiu ao templo do Senhor e a estendeu diante do Senhor. ¹⁵Então Ezequias fez esta oração na presença do Senhor: "Ó Senhor, o Deus de Israel, que estás entronizado entre os querubins! Só tu és Deus de todos os reinos da terra. Sim, tu criaste os céus e a terra. ¹⁶Inclina teus ouvidos, ó Senhor, e ouve! Abre teus olhos, ó Senhor, e vê! Ouve as palavras com as quais Senaqueribe desafia o Deus vivo!

¹⁷"É verdade, Senhor, que os reis da Assíria destruíram todas essas nações. ¹⁸Lançaram os deuses dessas nações no fogo e os queimaram. É claro que os assírios conseguiram destruí-los! Não eram deuses de verdade, mas apenas ídolos de madeira e pedra moldados por mãos humanas. ¹⁹Agora, Senhor, nosso Deus, salva-nos do poder desse rei; então todos os reinos da terra saberão que somente tu, Senhor, és Deus!".

Isaías prediz o livramento de Judá

²⁰Então Isaías, filho de Amoz, enviou esta mensagem a Ezequias: "Assim diz o Senhor, o Deus de Israel: Ouvi sua oração a respeito de Senaqueribe, rei da Assíria. ²¹E o Senhor proferiu esta palavra contra ele:

"A filha virgem de Sião
  o despreza e ri de você.
A filha de Jerusalém
  balança a cabeça com desdém enquanto você foge.

²²"A quem você desafiou e de quem zombou?
  Contra quem levantou a voz?
Para quem olhou com arrogância?
  Para o Santo de Israel!
²³Por meio de seus mensageiros, desafiou o Senhor.
  Disse: 'Com meus numerosos carros de guerra,
conquistei os montes mais elevados,
  sim, os picos mais remotos do Líbano.

---

[a] **19.4** Ou *o rabsaqué*; também em 19.8. [b] **19.7** Em hebraico, *Eu porei nele um espírito*. [c] **19.9** Em hebraico, *de Cuxe*.

Cortei seus cedros mais altos
e seus melhores ciprestes.
Cheguei a suas regiões mais distantes
e explorei suas florestas mais densas.
²⁴Cavei poços em muitas terras
estrangeiras
e me refresquei com sua água.
Com a sola de meu pé,
sequei todos os rios do Egito!'.

²⁵"Mas você não sabe?
Eu decidi tudo isso há muito tempo.
Planejei essas coisas no passado distante,
e agora as realizo.
Planejei que você transformaria cidades
fortificadas
em montes de escombros.
²⁶Por isso, seus habitantes perdem as
forças
e ficam assustados e envergonhados.
São frágeis como a relva,
indefesos como brotos verdes e tenros.
São como capim que surge no telhado,
queimado antes mesmo de crescer.

²⁷"Mas eu o conheço bem:
sei onde está
e sei de suas idas e vindas;
sei como se enfureceu contra mim.
²⁸E, por causa de sua raiva contra mim
e de sua arrogância, que eu mesmo ouvi,
porei minha argola em seu nariz
e meu freio em sua boca.
Eu o farei voltar
pelo mesmo caminho por onde veio".

²⁹Então Isaías disse a Ezequias: "Esta é a prova de que minhas palavras são verdadeiras:

"Neste ano vocês comerão somente o que
crescer por si,
e, no ano seguinte, o que brotar disso.
Mas, no terceiro ano, semeiem e colham,
cuidem de suas videiras e comam de
seus frutos.
³⁰Vocês que restarem em Judá,
os que escaparem da destruição,
lançarão raízes em seu próprio solo,
crescerão e darão frutos.

³¹Pois um remanescente de meu povo sairá
de Jerusalém,
um grupo de sobreviventes partirá
do monte Sião.
O zelo do S͟e͟n͟h͟o͟r dos Exércitos[a]
fará que isso aconteça!

³²"E assim diz o S͟e͟n͟h͟o͟r a respeito do rei da Assíria:

"Seus exércitos não entrarão em
Jerusalém,
nem dispararão contra ela uma só
flecha.
Não marcharão com escudos fora de suas
portas,
nem construirão rampas de terra contra
seus muros.
³³O rei voltará à terra dele
pelo mesmo caminho por onde veio.
Não entrará na cidade,
diz o S͟e͟n͟h͟o͟r.
³⁴Por minha própria honra e por causa de
meu servo Davi,
defenderei esta cidade e a libertarei".

³⁵Naquela noite, o anjo do S͟e͟n͟h͟o͟r foi ao acampamento assírio e matou 185 mil soldados assírios. Quando os sobreviventes[b] acordaram na manhã seguinte, encontraram cadáveres por toda parte. ³⁶Então Senaqueribe, rei da Assíria, levantou acampamento e partiu para sua terra. Voltou para Nínive e ali ficou.

³⁷Certo dia, enquanto ele adorava no templo de seu deus Nisroque, seus filhos[c] Adrameleque e Sarezer o mataram à espada. Fugiram para a terra de Ararate, e outro filho, Esar-Hadom, se tornou seu sucessor na Assíria.

A doença e a recuperação de Ezequias

20 Por esse tempo, Ezequias ficou doente e estava para morrer. O profeta Isaías, filho de Amoz, foi visitá-lo e transmitiu-lhe a seguinte mensagem: "Assim diz o S͟e͟n͟h͟o͟r: 'Ponha suas coisas em ordem, pois você vai morrer. Não se recuperará dessa doença'".

²Quando Ezequias ouviu isso, virou o rosto para a parede e orou ao S͟e͟n͟h͟o͟r: ³"Ó S͟e͟n͟h͟o͟r, lembra-te de como sempre te servi com

---

[a] **19.31** Conforme a Septuaginta, a versão siríaca, a Vulgata e uma leitura alternativa do Texto Massorético (ver tb. Is 37.32); o hebraico traz *do S͟e͟n͟h͟o͟r*. [b] **19.35** Em hebraico, *Quando eles*. [c] **19.37** Conforme a Septuaginta e uma leitura alternativa do Texto Massorético (ver tb. Is 37.38); a outra leitura do Texto Massorético não traz *seus filhos*.

fidelidade e devoção, e de como sempre fiz o que é certo aos teus olhos". Depois, o rei chorou amargamente.

⁴Então, antes que Isaías deixasse o pátio intermediário,ᵃ recebeu esta mensagem do Senhor: ⁵"Volte a Ezequias, líder de meu povo, e diga-lhe: Assim diz o Senhor, o Deus de seu antepassado Davi: 'Ouvi sua oração e vi suas lágrimas. Vou curá-lo e, daqui a três dias, você sairá da cama e irá ao templo do Senhor. ⁶Acrescentarei quinze anos à sua vida e livrarei você e esta cidade do rei da Assíria. Defenderei esta cidade por causa de minha honra e por causa de meu servo Davi'".

⁷Então Isaías disse: "Preparem uma pasta de figos". Os servos de Ezequias fizeram a pasta e a espalharam sobre a ferida, e Ezequias se recuperou.

⁸Ezequias tinha perguntado a Isaías: "Que sinal o Senhor dará como prova de que ele vai me curar e de que irei ao templo do Senhor daqui a três dias?".

⁹Isaías respondeu: "Este é o sinal do Senhor de que cumprirá o que prometeu. Você prefere que a sombra do relógio de sol avance dez graus ou recue dez graus?".ᵇ

¹⁰"É natural que a sombra avance", disse Ezequias. "Isso seria fácil. Faça-a voltar dez graus.

¹¹O profeta Isaías orou ao Senhor, e ele fez a sombra recuar dez graus no relógio de solᶜ de Acaz.

Mensageiros da Babilônia

¹²Pouco tempo depois, Merodaque-Baladã,ᵈ filho de Baladã, rei da Babilônia, enviou cartas e um presente para Ezequias, pois soube que o rei tinha estado muito doente. ¹³Ezequias recebeu os mensageiros babilônios e lhes mostrou tudo que havia na casa do tesouro: a prata, o ouro, as especiarias e os óleos aromáticos. Também os levou para conhecer seu arsenal e lhes mostrou tudo que havia nos tesouros do rei. Não houve nada em seu palácio nem em seu reino que Ezequias não lhes mostrasse.

¹⁴Então o profeta Isaías foi ver o rei Ezequias e lhe perguntou: "O que esses homens queriam? De onde vieram?".

Ezequias respondeu: "Vieram da Babilônia, uma terra distante".

¹⁵"O que viram em seu palácio?", perguntou Isaías.

"Viram tudo", Ezequias respondeu. "Eu lhes mostrei tudo que possuo, todos os meus tesouros."

¹⁶Então Isaías disse a Ezequias: "Ouça esta mensagem do Senhor: ¹⁷'Está chegando o dia em que tudo em seu palácio, todos os tesouros que seus antepassados acumularam até agora, será levado para a Babilônia. Não ficará coisa alguma', diz o Senhor. ¹⁸'Até mesmo alguns de seus descendentes serão levados para o exílio. Eles se tornarão eunucos e servirão no palácio do rei da Babilônia'".

¹⁹Ezequias disse a Isaías: "A mensagem do Senhor que você transmitiu é boa". Pois o rei pensava: "Pelo menos haverá paz e segurança durante minha vida".

²⁰Os demais acontecimentos do reinado de Ezequias, incluindo a extensão de seu poder e como construiu uma represa e cavou um túnelᵉ para abastecer a cidade com água, estão registrados no *Livro da História dos Reis de Judá*. ²¹Ezequias morreu e se reuniu a seus antepassados, e seu filho Manassés foi seu sucessor.

Manassés reina em Judá

21 Manassés tinha 12 anos quando começou a reinar, e reinou em Jerusalém por 55 anos. Sua mãe se chamava Hefzibá. ²Manassés fez o que era mau aos olhos do Senhor e seguiu as práticas detestáveis das nações que o Senhor havia expulsado de diante dos israelitas. ³Reconstruiu os santuários idólatras que seu pai, Ezequias, havia destruído. Construiu altares para Baal e ergueu um poste de Aserá, como Acabe, rei de Israel, havia feito. Também se curvou diante de todos os astros dos céus e lhes prestou culto.

⁴Construiu altares idólatras no templo do Senhor, sobre o qual o Senhor tinha dito: "Meu nome permanecerá em Jerusalém para sempre". ⁵Nos dois pátios do templo do Senhor, construiu altares para os astros do céu. ⁶Manassés também sacrificou seu filho no fogo.

ᵃ **20.4** Conforme a Septuaginta e uma leitura alternativa do Texto Massorético (ver tb. Is 37.38); a outra leitura do Texto Massorético traz *o meio da cidade*. ᵇ **20.9** Ou *Você prefere que a sombra da escadaria avance dez degraus ou recue dez degraus?* ᶜ **20.11** Ou *dez degraus na escadaria*. ᵈ **20.12** Conforme alguns manuscritos hebraicos, a Septuaginta e a versão siríaca (ver tb. Is 39.1); o hebraico traz *Berodaque-Baladã*. ᵉ **20.20** Em hebraico, *um curso de água*.

Praticou feitiçaria e adivinhação e consultou médiuns e praticantes do ocultismo. Fez muitas coisas perversas aos olhos do Senhor e, com isso, provocou sua ira.

⁷Manassés chegou a fazer uma imagem esculpida da deusa Aserá e colocá-la no templo, sobre o qual o Senhor tinha dito a Davi e a seu filho Salomão: "Meu nome será honrado para sempre neste templo em Jerusalém, a cidade que escolhi dentre todas as tribos de Israel. ⁸Se os israelitas tiverem o cuidado de obedecer a meus mandamentos, todas as leis que meu servo Moisés lhes deu, não os expulsarei desta terra que dei a seus antepassados". ⁹Mas o povo se recusou a ouvir, e Manassés os levou a fazer coisas piores do que as nações que o Senhor tinha destruído quando os israelitas entraram na terra.

¹⁰Então o Senhor disse por meio de seus servos, os profetas: ¹¹"Manassés, rei de Judá, fez muitas coisas detestáveis. É ainda mais perverso que os amorreus que habitavam nesta terra antes de Israel e fez o povo de Judá pecar com seus ídolos.ᵃ ¹²Portanto, assim diz o Senhor, o Deus de Israel: Trarei desgraça tão grande sobre Jerusalém e Judá que fará tinir os ouvidos daqueles que ouvirem a respeito. ¹³Julgarei Jerusalém de acordo com o mesmo critério que usei para julgar Samariaᵇ e a família de Acabe. Limparei Jerusalém como quem limpa um prato e depois o vira de cabeça para baixo. ¹⁴Rejeitarei até mesmo o remanescente de meu povo e o entregarei a seus inimigos como despojo. ¹⁵Pois eles fizeram o que era mau aos meus olhos e provocaram minha ira desde que seus antepassados saíram do Egito".

¹⁶Além de levar o povo de Judá a pecar e fazer o que era mau aos olhos do Senhor, Manassés assassinou muitos inocentes, até encher Jerusalém do sangue deles, de uma extremidade à outra.

¹⁷Os demais acontecimentos do reinado de Manassés e tudo que ele fez, incluindo os pecados que cometeu, estão registrados no *Livro da História dos Reis de Judá*. ¹⁸Quando Manassés morreu e se reuniu a seus antepassados, foi sepultado no jardim de seu palácio, o jardim de Uzá. Seu filho Amom foi seu sucessor.

Amom reina em Judá

¹⁹Amom tinha 22 anos quando começou a reinar, e reinou em Jerusalém por dois anos. Sua mãe se chamava Mesulemete e era filha de Haruz, de Jotbá. ²⁰Fez o que era mau aos olhos do Senhor, como seu pai, Manassés, havia feito. ²¹Seguiu o exemplo de seu pai e adorou os mesmos ídolos que ele. ²²Abandonou o Senhor, o Deus de seus antepassados, e não andou nos caminhos do Senhor.

²³Os próprios oficiais de Amom conspiraram contra ele e o assassinaram em seu palácio. ²⁴Mas o povo da terra matou todos que haviam conspirado contra o rei Amom e proclamou rei seu filho Josias.

²⁵Os demais acontecimentos do reinado de Amom e tudo que ele fez estão registrados no *Livro da História dos Reis de Judá*. ²⁶Ele foi sepultado em seu túmulo no jardim de Uzá. Seu filho Josias foi seu sucessor.

Josias reina em Judá

22 Josias tinha 8 anos quando começou a reinar, e reinou por 31 anos em Jerusalém. Sua mãe se chamava Jedida e era filha de Adaías, de Bozcate. ²Josias fez o que era certo aos olhos do Senhor e seguiu o exemplo de seu antepassado Davi, não se desviando nem para um lado nem para o outro.

³No décimo oitavo ano de seu reinado, o rei Josias enviou Safã, secretário da corte, filho de Azalias, filho de Mesulão, ao templo do Senhor. Disse-lhe: ⁴"Vá ao sumo sacerdote Hilquias e peça-lhe que pese a prata que os guardas das portas recolheram do povo no templo do Senhor. ⁵Entregue a prata aos homens encarregados de supervisionar a reforma do templo. Eles a usarão para pagar os trabalhadores que farão reparos no templo do Senhor. ⁶Precisarão de carpinteiros, construtores e pedreiros. Também deverão comprar a madeira e as pedras cortadas necessárias para os reparos no templo. ⁷Contudo, não exija que os supervisores prestem contas do valor que receberam, pois são homens de confiança".

ᵃ **21.11** É provável que o termo hebraico (lit. *coisas redondas*) se refira a esterco. ᵇ **21.13** Em hebraico, *Estenderei sobre Jerusalém o mesmo cordel que usei para Samaria e o mesmo prumo*.

PÃO DIÁRIO

Fora da escuridão

*O sumo sacerdote Hilquias disse a Safã, secretário da corte: "Encontrei o Livro da Lei no templo do S*ENHOR*". E Hilquias entregou o livro a Safã, que o leu.*

—2 Reis 22.8

Numa velha casa perto de um campo de batalha da Guerra Civil no estado norte-americano da Virgínia, os trabalhadores estão restaurando meticulosamente os grafites. Rabiscos disformes parecidos com o que apagamos do olhar público são considerados uma pista para conhecer o passado. Os trabalhadores sentem-se felizes quando uma nova letra ou palavra surge da obscuridade para fornecer informações que permaneceram ocultas por mais de 145 anos.

A história traz à mente uma cena ocorrida no Israel da antiguidade: o sacerdote Hilquias encontrou o Livro da Lei, perdido há muito tempo, no Templo do Senhor. As palavras do próprio Deus, confiadas à nação de Israel, haviam sido ignoradas, esquecidas e finalmente perdidas. Mas o rei Josias estava determinado a seguir o Senhor e, por isso, instruiu que o sacerdote restaurasse a adoração no Templo. Nesse processo, eles descobriram a Lei de Moisés.

Contudo, uma descoberta ainda maior estava para acontecer. Muitos anos mais tarde, após ter encontrado Jesus, Filipe relatou ao seu amigo Natanael: "Encontramos aquele sobre quem Moisés, na lei, e os profetas escreveram! Seu nome é Jesus de Nazaré, filho de José" (Jo 1.45).

Hoje em dia, as pessoas se entusiasmam ao descobrir os rabiscos dos soldados da Guerra Civil. Muito mais empolgante é descobrir as palavras do Deus Todo-Poderoso expressas na Palavra que se fez carne: Jesus, o Messias.

A Tua Palavra se renova a cada manhã, assim como a Tua misericórdia. Dá-nos sabedoria e discernimento ao descobrirmos hoje o que nos preparaste. Fala conosco e abre os nossos ouvidos para que te ouçamos e entendamos plenamente. Que o Espírito da Verdade nos revele a Tua Palavra.

A Bíblia foi escrita há séculos, porém, suas verdades são sempre atuais.

Hilquias encontra a lei de Deus

⁸O sumo sacerdote Hilquias disse a Safã, secretário da corte: "Encontrei o Livro da Lei no templo do S ENHOR!". E Hilquias entregou o livro a Safã, que o leu.

⁹Safã voltou ao rei e relatou: "Seus oficiais entregaram a prata recolhida no templo do S ENHOR aos trabalhadores e supervisores no templo". ¹⁰Safã também disse ao rei: "O sacerdote Hilquias me entregou um livro". E Safã leu o livro para o rei.

¹¹Quando o rei ouviu o que estava escrito no Livro da Lei, rasgou suas roupas. ¹²Em seguida, deu estas ordens ao sacerdote Hilquias, a Aicam, filho de Safã, a Acbor, filho de Micaías, a Safã, o secretário da corte, e a Asaías, conselheiro pessoal do rei: ¹³"Vão consultar o S ENHOR por mim, pelo povo e por todo o Judá. Perguntem a respeito das palavras escritas neste livro que foi encontrado. A grande ira do S ENHOR arde contra nós, pois nossos antepassados não obedeceram às palavras deste livro. Eles não fizeram tudo que ele diz que devemos fazer".

¹⁴Então o sacerdote Hilquias, Aicam, Acbor, Safã e Asaías foram ao Bairro Novo[a] de Jerusalém consultar a profetisa Hulda. Ela era esposa de Salum, filho de Ticvá, filho de Harás, responsável pelo guarda-roupa do templo.

¹⁵Ela lhes disse: "O S ENHOR, o Deus de Israel, falou! Voltem e digam ao homem que os enviou ¹⁶que assim diz o S ENHOR: 'Trarei desgraça sobre esta cidade[b] e sobre seus habitantes. Todas as palavras escritas no livro que o rei de Judá leu se cumprirão. ¹⁷Pois meu povo me abandonou e queimou incenso a outros deuses, e estou grandemente irado com eles por tudo que fizeram. Minha ira arderá contra este lugar e não será apagada'.

¹⁸"Mas vão ao rei de Judá que os enviou para consultarem o S ENHOR e digam-lhe que assim diz o S ENHOR a respeito da mensagem que acabaram de ouvir: ¹⁹'Você se arrependeu e se humilhou diante do S ENHOR quando ouviu o que eu disse contra esta cidade e contra seus habitantes, que esta terra seria amaldiçoada e se tornaria desolada. Você rasgou as roupas e chorou diante de mim. E eu certamente o ouvi, diz o S ENHOR. ²⁰Portanto, só enviarei a calamidade anunciada depois que você tiver se reunido a seus antepassados e tiver sido sepultado

---

[a] **22.14** Ou *Segundo Bairro*, uma parte mais nova de Jerusalém. O hebraico traz *o Mishneh*; também em 22.19,20. [b] **22.16** Em hebraico, *sobre este lugar*;

em paz. Você não verá a desgraça que trarei sobre esta cidade'".

Então eles levaram a mensagem ao rei.

As reformas religiosas de Josias

23 Josias mandou chamar todas as autoridades de Judá e de Jerusalém. ²Então o rei subiu ao templo do Senhor com os sacerdotes e os profetas e com todo o povo de Judá e de Jerusalém, dos mais simples até os mais importantes. Leu para eles todo o Livro da Aliança encontrado no templo do Senhor. ³O rei ficou em pé no lugar de honra junto à coluna e renovou a aliança na presença do Senhor. Comprometeu-se a obedecer ao Senhor e a cumprir seus mandamentos, preceitos e decretos de todo o coração e de toda a alma. Confirmou, desse modo, os termos da aliança escritos no livro, e todo o povo se comprometeu com a aliança.

⁴Em seguida, o rei deu ordens ao sumo sacerdote Hilquias, aos sacerdotes auxiliares e aos guardas das portas do templo para que removessem do templo do Senhor todos os utensílios usados para o culto a Baal, a Aserá e a todos os astros do céu. Mandou queimar tudo fora de Jerusalém, nos terraços do vale de Cedrom, e levou as cinzas para Betel. ⁵Eliminou os sacerdotes idólatras nomeados por reis anteriores de Judá, pois haviam oferecido sacrifícios nos santuários idólatras em todo o território de Judá e nos arredores de Jerusalém. Também haviam oferecido sacrifícios a Baal, ao sol, à lua, às constelações e a todos os astros dos céus. ⁶Removeu do templo do Senhor o poste de Aserá e o levou para fora de Jerusalém, para o vale de Cedrom, onde o queimou. Depois, moeu as cinzas do poste e lançou o pó sobre os túmulos do povo. ⁷Também demoliu os alojamentos dos prostitutos e das prostitutas cultuais dentro do templo do Senhor, onde as mulheres teciam enfeites[a] para o poste de Aserá.

⁸Josias trouxe para Jerusalém todos os sacerdotes que moravam em outras cidades de Judá. Profanou os santuários idólatras, onde haviam queimado incenso, desde Geba até Berseba. Destruiu os santuários na entrada da porta de Josué, governador de Jerusalém, à esquerda de quem entra pela porta da cidade. ⁹Os sacerdotes que haviam servido nos santuários idólatras não tinham permissão de servir no[b] altar do Senhor, em Jerusalém, mas podiam comer dos pães sem fermento junto com os outros sacerdotes.

¹⁰O rei profanou o altar de Tofete, no vale de Ben-Hinom, a fim de que ninguém mais pudesse usá-lo para sacrificar no fogo um filho ou uma filha como oferta a Moloque. ¹¹Removeu da entrada do templo do Senhor as estátuas de cavalos que os reis anteriores de Judá haviam dedicado ao sol. Ficavam perto do alojamento do eunuco Natã-Meleque, oficial do templo.[c] O rei também queimou os carros de guerra consagrados ao sol.

¹²Derrubou os altares que os reis de Judá haviam construído no terraço do palácio, sobre a sala de Acaz. Destruiu os altares que Manassés havia construído nos dois pátios do templo do Senhor. Despedaçou-os[d] e espalhou o entulho no vale de Cedrom. ¹³O rei também profanou os santuários idólatras a leste de Jerusalém, ao sul do monte da Corrupção, que Salomão, rei de Israel, havia construído para Astarote, a repulsiva deusa dos sidônios, e para Camos, o repulsivo deus dos moabitas, e para Moloque,[e] o repugnante deus dos amonitas. ¹⁴Fez em pedaços as colunas sagradas e cortou os postes de Aserá. Depois, espalhou sobre eles ossos humanos.

¹⁵O rei também demoliu o altar em Betel, o santuário idólatra que Jeroboão, filho de Nebate, havia construído quando levou Israel a pecar. Queimou o santuário e o reduziu a pó e queimou o poste de Aserá. ¹⁶Então Josias olhou ao redor e viu várias sepulturas na encosta do monte. Mandou retirar os ossos das sepulturas e os queimou no altar em Betel para profaná-lo. Tudo isso aconteceu exatamente como o Senhor havia anunciado por meio do homem de Deus, quando Jeroboão estava junto ao altar durante a festa.

Depois, Josias se voltou e viu o túmulo do homem de Deus[f] que havia predito essas coisas.

---

[a] **23.7** Ou *tendas*. [b] **23.9** Em hebraico, *não subiam para o*. [c] **23.11** Ou *no pátio anexo ao templo*. O significado do hebraico é incerto. [d] **23.12** Ou *Removeu-os rapidamente*. [e] **23.13** Em hebraico, *Milcom*, variação de Moloque. [f] **23.16** Conforme a Septuaginta; o hebraico não traz todo o trecho *quando Jeroboão [...] o túmulo do homem de Deus*.

¹⁷"Que monumento é aquele ali?", o rei perguntou.

E o povo da cidade lhe disse: "É o túmulo do homem de Deus que veio de Judá e anunciou exatamente o que o senhor acaba de fazer ao altar em Betel!".

¹⁸Josias respondeu: "Deixem-no em paz. Não mexam nos ossos". Assim, não queimaram seus ossos, nem os ossos do profeta de Samaria.

¹⁹Então Josias demoliu todos os santuários idólatras nas cidades de Samaria, como havia feito em Betel. Tinham sido construídos pelos reis de Israel e haviam provocado a ira do Senhor.ᵃ ²⁰Matou os sacerdotes dos santuários idólatras em seus próprios altares e queimou ossos humanos sobre os altares para profaná-los. Por fim, voltou para Jerusalém.

Josias celebra a Páscoa

²¹O rei Josias deu a seguinte ordem a todo o povo: "Celebrem a Páscoa do Senhor, seu Deus, como requer este Livro da Aliança". ²²A Páscoa não havia sido celebrada dessa forma desde o tempo em que os juízes governavam Israel, nem nos dias dos reis de Israel e de Judá. ²³Mas, no décimo oitavo ano do reinado de Josias, a Páscoa foi celebrada ao Senhor em Jerusalém.

²⁴Josias também exterminou os médiuns e os praticantes de ocultismo, os ídolos do lar, os ídolos em geralᵇ e toda espécie de prática repulsiva tanto em Jerusalém como em todo o território de Judá. Fez isso em obediência às leis escritas no livro que o sacerdote Hilquias havia encontrado no templo do Senhor. ²⁵Nunca antes houve um rei como Josias, que se voltasse para o Senhor de todo o coração, de toda a alma e de todas as forças, e obedecesse a toda a lei de Moisés. E nunca mais houve um rei como ele.

²⁶Ainda assim, o Senhor continuou grandemente irado contra Judá, por causa de todas as coisas que Manassés havia feito para provocá-lo. ²⁷Pois o Senhor disse: "Também expulsarei Judá de minha presença, como expulsei Israel. E rejeitarei Jerusalém, a cidade que escolhi, e o templo onde meu nome deveria ser honrado".

²⁸Os demais acontecimentos do reinado de Josias e tudo que ele fez estão registrados no *Livro da História dos Reis de Judá*.

²⁹Durante o reinado de Josias, o faraó Neco, rei do Egito, foi ao rio Eufrates dar apoio ao rei da Assíria. O rei Josias e seu exército saíram para lutar contra ele, mas o faraóᶜ o matou quando se enfrentaram em Megido. ³⁰Os oficiais de Josias levaram seu corpo de volta num carro, de Megido para Jerusalém, e o sepultaram em seu próprio túmulo. Então o povo ungiu Jeoacaz, filho de Josias, e o proclamou rei.

Jeoacaz reina em Judá

³¹Jeoacaz tinha 23 anos quando começou a reinar, e reinou em Jerusalém por três meses. Sua mãe se chamava Hamutal e era filha de Jeremias, de Libna. ³²Fez o que era mau aos olhos do Senhor, como seus antepassados.

³³O faraó Neco prendeu Jeoacaz em Ribla, na terra de Hamate, para impedir que reinasseᵈ em Jerusalém. Também exigiu que Judá pagasse um tributo de 3.500 quilos de prata e 35 quilos de ouro.ᵉ

Jeoaquim reina em Judá

³⁴Em seguida, o faraó Neco escolheu Eliaquim, outro filho de Josias, como sucessor de seu pai e mudou o nome dele para Jeoaquim. Jeoacaz foi levado como prisioneiro para o Egito, onde morreu.

³⁵A fim de obter o ouro e a prata que o faraó Neco havia exigido como tributo, Jeoaquim cobrou dos habitantes de Judá um imposto proporcional às posses de cada um.

³⁶Jeoaquim tinha 25 anos quando começou a reinar, e reinou em Jerusalém por onze anos. Sua mãe se chamava Zebida e era filha de Pedaías, de Ruma. ³⁷Ele fez o que era mau aos olhos do Senhor, como seus antepassados.

24 Durante o reinado de Jeoaquim, Nabucodonosor, rei da Babilônia, invadiu a terra de Judá. Jeoaquim se rendeu e lhe pagou tributo por três anos, mas depois se rebelou. ²Então o Senhor enviou bandos de saqueadores babilônios,ᶠ sírios, moabitas e amonitas contra o

---

ᵃ **23.19** Conforme a Septuaginta, a versão siríaca e a Vulgata; o hebraico não traz *do Senhor*. ᵇ **23.24** É provável que o termo hebraico (lit. *coisas redondas*) se refira a esterco. ᶜ **23.29** Em hebraico, *mas ele*. ᵈ **23.33a** O significado do hebraico é incerto. ᵉ **23.33b** Em hebraico, *100 talentos de prata e 1 talento de ouro*. ᶠ **24.2** Ou *caldeus*.

reino de Judá para destruí-lo, como tinha anunciado por meio de seus profetas. ³Essas desgraças aconteceram a Judá por ordem do Senhor. Ele havia resolvido expulsar Judá de sua presença por causa dos muitos pecados de Manassés, ⁴que havia enchido Jerusalém de sangue inocente. O Senhor não perdoou esse pecado.

⁵Os demais acontecimentos do reinado de Jeoaquim e tudo que ele fez estão registrados no *Livro da História dos Reis de Judá*. ⁶Quando Jeoaquim morreu e se reuniu a seus antepassados, seu filho Joaquim foi seu sucessor.

⁷Depois disso, o rei do Egito não se atreveu a sair de suas fronteiras, pois o rei da Babilônia conquistou toda a região que antes havia pertencido ao Egito, desde o ribeiro do Egito até o rio Eufrates.

Joaquim reina em Judá

⁸Joaquim tinha 18 anos quando começou a reinar, e reinou em Jerusalém por três meses. Sua mãe se chamava Neústa e era filha de Elnatã, de Jerusalém. ⁹Fez o que era mau aos olhos do Senhor, como seus antepassados.

¹⁰Durante o reinado de Joaquim, os oficiais de Nabucodonosor, rei da Babilônia, subiram contra Jerusalém e a cercaram. ¹¹O próprio Nabucodonosor chegou à cidade durante o cerco. ¹²Então Joaquim, rei de Judá, a rainha-mãe, os conselheiros, os comandantes e os oficiais se renderam aos babilônios.

No oitavo ano de seu reinado, Nabucodonosor levou Joaquim como prisioneiro. ¹³Conforme o Senhor havia declarado de antemão, Nabucodonosor levou embora todos os tesouros do templo do Senhor e do palácio real. Removeuª todos os utensílios de ouro que Salomão, rei de Israel, havia colocado no templo. ¹⁴O rei Nabucodonosor deportou gente de toda a cidade de Jerusalém, incluindo todos os comandantes e os melhores soldados, artífices e ferreiros, dez mil pessoas ao todo. Só ficaram na terra os mais pobres.

¹⁵Nabucodonosor levou cativos para a Babilônia o rei Joaquim, a rainha-mãe, as esposas e os oficiais do rei e todos os nobres de Jerusalém. ¹⁶Também deportou sete mil soldados, todos fortes e aptos para a guerra, além de mil artífices e ferreiros. ¹⁷Então o rei da Babilônia escolheu Matanias, tio de Joaquim,[b] como rei de Judá e mudou o nome dele para Zedequias.

Zedequias reina em Judá

¹⁸Zedequias tinha 21 anos quando começou a reinar, e reinou em Jerusalém por onze anos. Sua mãe se chamava Hamutal e era filha de Jeremias, de Libna. ¹⁹Fez o que era mau aos olhos do Senhor, como Jeoaquim antes dele. ²⁰Estas coisas aconteceram por causa da ira do Senhor contra o povo de Jerusalém e de Judá. Por fim, ele os expulsou de sua presença e os mandou para o exílio.

A queda de Jerusalém

Zedequias se rebelou contra o rei da Babilônia.

25 Assim, no dia 15 de janeiro,[c] durante o nono ano do reinado de Zedequias, Nabucodonosor, rei da Babilônia e todo o seu exército cercaram Jerusalém e construíram rampas de ataque contra os muros. ²Jerusalém permaneceu cercada até o décimo primeiro ano do reinado de Zedequias.

³Em 18 de julho, no décimo primeiro ano do reinado de Zedequias,[d] a fome na cidade tinha se tornado tão severa que não havia mais nenhum alimento. ⁴Assim, abriram uma brecha no muro da cidade. Como a cidade estava cercada pelos babilônios,[e] os soldados esperaram até o anoitecer e fugiram[f] pelo portão entre os dois muros atrás do jardim do rei. Então seguiram em direção ao vale do Jordão.[g]

⁵Contudo, o exército babilônio[h] perseguiu o rei e o alcançou nas planícies de Jericó, pois todos os seus soldados o haviam abandonado e se dispersado. ⁶Capturaram Zedequias e o levaram ao rei da Babilônia, em Ribla, onde ele recebeu sua sentença. ⁷Mataram seus filhos diante dele, depois lhe arrancaram os olhos, o prenderam com correntes de bronze e o levaram para a Babilônia.

ª **24.13** Ou *Cortou em pedaços*. ᵇ **24.17** Em hebraico, *tio dele*. ᶜ **25.1** Em hebraico, *no décimo dia do décimo mês*, do antigo calendário lunar hebraico. Vários acontecimentos de 2Reis podem ser verificados com base em datas de registos babilônicos ainda existentes e relacionados com precisão ao calendário moderno. O ano foi 588 a.C. ᵈ **25.3** Em hebraico, *No nono dia do (quarto) mês* (do décimo primeiro ano do reinado de Zedequias) (cp. com Jr 39.2; 52.6 e as respectivas notas). O ano foi 586 a.C.; ver também nota em 25.1. ᵉ **25.4a** Ou *caldeus*; também em 25.5, 13, 24,25,26. ᶠ **25.4b** Conforme a Septuaginta (ver tb. Jr 39.4; 52.7); o hebraico não traz *fugiram*. ᵍ **25.4c** Em hebraico, *à Arabá*. ʰ **25.5** Ou *caldeu*; também em 25.10.

O templo é destruído

⁸Em 14 de agosto daquele ano,ᵃ o décimo nono do reinado de Nabucodonosor, Nebuzaradã, capitão da guarda e oficial do rei da Babilônia, chegou a Jerusalém. ⁹Queimou o templo do SENHOR, o palácio real e todas as casas de Jerusalém. Pôs fogo em todos os edifícios importantesᵇ da cidade. ¹⁰Depois, supervisionou o exército babilônio na demolição de todos os muros de Jerusalém. ¹¹Em seguida, Nebuzaradã, capitão da guarda, deportou o povo que havia ficado na cidade, os desertores que se entregaram ao rei da Babilônia e o restante da população. ¹²Permitiu, no entanto, que alguns dos mais pobres ficassem para cuidar das videiras e dos campos.

¹³Os babilônios despedaçaram as colunas de bronze na frente do templo do SENHOR, as bases móveis de bronze e o grande tanque de bronze chamado Mar, e levaram todo o bronze para a Babilônia. ¹⁴Também levaram os baldes para cinzas, as pás, os cortadores de pavios, as colheres e todos os outros utensílios de bronze usados para o serviço no templo. ¹⁵O capitão da guarda levou ainda os incensários e as bacias e todos os outros utensílios de ouro puro ou prata.

¹⁶Era impossível calcular o peso do bronze das duas colunas, do Mar e das bases móveis para levar água. Esses objetos tinham sido feitos para o templo do SENHOR nos dias de Salomão. ¹⁷Cada coluna media 8,1 metrosᶜ de altura. O capitel de bronze no alto de cada coluna media cerca de 2,25 metrosᵈ de altura e era enfeitado ao redor com correntes entrelaçadas de romãs feitas de bronze.

¹⁸O capitão da guarda levou como prisioneiros o sumo sacerdote Seraías, o sacerdote auxiliar Sofonias e três dos principais guardas das portas. ¹⁹Dentre o povo que ainda estava escondido na cidade, levou um oficial responsável pelo exército de Judá, cinco dos conselheiros pessoais do rei, o secretário do comandante do exército, que era encarregado do alistamento de soldados, e outros sessenta homens do povo. ²⁰Nebuzaradã, capitão da guarda, levou-os ao rei da Babilônia, em Ribla. ²¹E ali em Ribla, na terra de Hamate, o rei da Babilônia mandou executá-los. Assim, o povo de Judá foi enviado para o exílio, para longe de sua terra.

Gedalias governa em Judá

²²Nabucodonosor, rei da Babilônia, nomeou Gedalias, filho de Aicam, filho de Safã, como governador do povo que ele havia deixado em Judá. ²³Quando os comandantes do exército e seus homens souberam que o rei da Babilônia havia nomeado Gedalias governador, foram vê-lo em Mispá. Entre eles estavam Ismael, filho de Netanias, Joanã, filho de Careá, Seraías, filho do netofatita Tanumete, Jezanias,ᵉ filho do maacatita, e todos os seus homens.

²⁴Gedalias jurou a eles que os oficiais babilônios não tinham intenção de lhes fazer nenhum mal. "Não tenham medo deles", disse. "Vivam na terra e sirvam ao rei da Babilônia, e tudo lhes irá bem."

²⁵Mas, no sétimo mês desse mesmo ano,ᶠ Ismael, filho de Netanias, filho de Elisama, que era da família real, foi com dez homens a Mispá e matou Gedalias. Também matou todos os judeus e babilônios que estavam com ele em Mispá.

²⁶Então todo o povo de Judá, dos mais simples até os mais importantes, bem como os comandantes do exército, fugiu para o Egito, com medo do que os babilônios lhe fariam.

Esperança para a linhagem real de Israel

²⁷No trigésimo sétimo ano do exílio de Joaquim, rei de Judá, Evil-Merodaque começou a reinar na Babilônia. Foi bondoso comᵍ Joaquim e o libertouʰ da prisão em 2 de abril daquele ano.ⁱ ²⁸Falou com ele gentilmente e o colocou num lugar mais elevado que o de outros reis exilados na Babilônia. ²⁹Providenciou roupas novas para Joaquim, no lugar das roupas de prisioneiro, e permitiu que ele comesse na presença do rei enquanto vivesse. ³⁰Assim o rei lhe deu uma provisão diária de alimento pelo resto de sua vida.

ᵃ **25.8** Em hebraico, *No sétimo dia do quinto mês*, do antigo calendário lunar hebraico. O ano foi 586 a.C.; ver também nota em 25.1. ᵇ **25.9** Ou *Incendiou as casas de todas as pessoas importantes*. ᶜ **25.17a** Em hebraico, *18 côvados*. ᵈ **25.17b** Conforme os textos paralelos em 1Rs 7.16; 2Cr 3.15; Jr 52.22, que trazem *5 côvados*; o hebraico traz *3 côvados*. ᵉ **25.23** Conforme o texto paralelo em Jr 40.8; o hebraico traz *Jazanias*, variação de Jezanias. ᶠ **25.25** Esse mês ocorreu entre outubro e novembro de 586 a.C.; ver também nota em 25.1. ᵍ **25.27a** Em hebraico, *Levantou a cabeça de*. ʰ **25.27b** Conforme alguns manuscritos hebraicos, a Septuaginta e a versão siríaca (ver tb. Jr 52.31); o Texto Massorético não traz *e o libertou*. ⁱ **25.27c** Em hebraico, *no vigésimo sétimo dia do décimo segundo mês*, do antigo calendário lunar hebraico. O ano foi 561 a.C.; ver também nota em 25.1.

1 CRÔNICAS

INTRODUÇÃO

Nome. O nome de Crônicas foi dado por Jerônimo. Elas eram as "palavras dos dias" e os tradutores da Septuaginta as chamavam de "coisas omitidas". Originalmente, 1 e 2 Crônicas eram um único livro.

Conteúdo. Começando com Adão, a história de Israel é reescrita até o retorno de Judá do cativeiro.

Conexão com os livros anteriores. Abrange o mesmo campo que todos os outros. A essa altura, os livros se encaixavam um no outro e formavam uma história contínua. Aqui, voltamos e revisamos toda a história, começando com Adão e chegando ao edito de Ciro, que permitiu que os judeus exilados retornassem a Jerusalém.

Propósito religioso das narrativas. Várias coisas mostram que 1 e 2 Crônicas têm um propósito religioso: (1) O cuidado de Deus com Seu povo e o Seu propósito de salvá-lo recebe ênfase especial; (2) A construção do Templo tem muita proeminência; (3) Aos reis que serviram a Deus e destruíram ídolos é dado o lugar mais notório; (4) Segue a linhagem de Judá, apenas mencionando Israel onde pareceu necessário. Desta forma, seguia a linhagem messiânica através de Davi; (5) O espírito sacerdotal permeia esses livros em vez dos elementos proféticos como nos livros históricos anteriores. O objetivo, portanto, parece ser ensinar, em vez de narrar. Parece ensinar que a virtude e os vícios, em assuntos privados ou nacionais, certamente receberão sua paga — que Deus deve ser levado em conta na vida dos indivíduos e das nações.

ESBOÇO

1. Genealogias, Caps. 1–9
2. O reinado de Davi, Caps. 10–29
    2.1. Início e grandes guerreiros, Caps. 10–12
    2.2. Zelo pela casa de Deus, Caps. 13–17
    2.3. Suas vitórias, Caps. 18–20
    2.4. O recenseamento do povo, Caps. 21
    2.5. Provisão para o Templo, Caps. 22–29

PARA ESTUDO E DISCUSSÃO

[1] Os grandes guerreiros de Davi.
[2] As diferentes vitórias conquistadas por Davi.
[3] Instruções de Davi a Salomão.
[4] Oração de Davi.

De Adão aos filhos de Noé

1 Os descendentes de Adão foram: Sete, Enos, ²Cainã, Maalalel, Jarede, ³Enoque, Matusalém, Lameque ⁴e Noé.
Os filhos de Noé foram:ᵃ Sem, Cam e Jafé.

Descendentes de Jafé

⁵Os descendentes de Jafé foram: Gômer, Magogue, Madai, Javã, Tubal, Meseque e Tirás.
⁶Os descendentes de Gômer foram: Asquenaz, Rifateᵇ e Togarma.
⁷Os descendentes de Javã foram: Elisá, Társis, Quitim e Rodanim.

Descendentes de Cam

⁸Os descendentes de Cam foram: Cuxe, Mizraim,ᶜ Pute e Canaã.
⁹Os descendentes de Cuxe foram: Sebá, Havilá, Sabtá, Raamá e Sabtecá. Os descendentes de Raamá foram: Sabá e Dedã. ¹⁰Cuxe também foi o antepassado de Ninrode, o primeiro guerreiro valente da terra.
¹¹Mizraim foi o antepassado dos luditas, anamitas, leabitas, naftuítas, ¹²patrusitas, casluítas e dos caftoritas, dos quais descendem os filisteus.ᵈ
¹³O filho mais velho de Canaã foi Sidom. Canaã também foi o antepassado dos hititas,ᵉ ¹⁴jebuseus, amorreus, girgaseus, ¹⁵heveus, arqueus, sineus, ¹⁶arvadeus, zemareus e hamateus.

Descendentes de Sem

¹⁷Os descendentes de Sem foram: Elão, Assur, Arfaxade, Lude e Arã.
Os descendentes de Arã foram:ᶠ Uz, Hul, Géter e Más.ᵍ
¹⁸Arfaxade gerou Salá, e Salá gerou Héber.
¹⁹Héber teve dois filhos. O primeiro recebeu o nome de Pelegue,ʰ pois em sua época a terra foi dividida. O irmão de Pelegue recebeu o nome de Joctã.
²⁰Joctã foi o antepassado de Almodá, Salefe, Hazarmavé, Jerá, ²¹Adorão, Uzal, Dicla, ²²Obal,ⁱ Abimael, Sabá, ²³Ofir, Havilá e Jobabe. Todos eles foram descendentes de Joctã.
²⁴Os descendentes de Sem foram: Arfaxade, Selá,ʲ ²⁵Héber, Pelegue, Reú, ²⁶Serugue, Naor, Terá ²⁷e Abrão, mais tarde chamado de Abraão.

Descendentes de Abraão

²⁸Os filhos de Abraão foram: Isaque e Ismael.
²⁹Estes são seus registros genealógicos:
Os filhos de Ismael foram: Nebaiote, o mais velho, Quedar, Adbeel, Mibsão, ³⁰Misma, Dumá, Massá, Hadade, Temá, ³¹Jetur, Nafis e Quedemá. Esses foram os filhos de Ismael.

³²Estes foram os filhos de Quetura, concubina de Abraão: Zinrã, Jocsã, Medã, Midiã, Isbaque e Suá.
Os filhos de Jocsã foram: Sabá e Dedã.
³³Os filhos de Midiã foram: Efá, Éfer, Enoque, Abida e Elda.
Todos esses foram descendentes de Abraão com sua concubina Quetura.

Descendentes de Isaque

³⁴Abraão gerou Isaque. Os filhos de Isaque foram: Esaú e Israel.ᵏ

Descendentes de Esaú

³⁵Os filhos de Esaú foram: Elifaz, Reuel, Jeús, Jalão e Corá.
³⁶Os descendentes de Elifaz foram: Temã, Omar, Zefô,ˡ Gaetã, Quenaz e Amaleque, que nasceu a Timna.ᵐ
³⁷Os descendentes de Reuel foram: Naate, Zerá, Samá e Mizá.

Povos de Edom

³⁸Os descendentes de Seir foram: Lotã, Sobal, Zibeão, Aná, Disom, Ézer e Disã.
³⁹Os descendentes de Lotã foram: Hori e Hemã.ⁿ A irmã de Lotã se chamava Timna.

ᵃ **1.4** Conforme a Septuaginta (ver tb. Gn 5.3-32); o hebraico não traz *Os filhos de Noé foram*. ᵇ **1.6** Conforme alguns manuscritos hebraicos e a Septuaginta (ver tb. Gn 10.3); a maioria dos manuscritos hebraicos traz *Difate*. ᶜ **1.8** Ou *Egito*; também em 1.11. ᵈ **1.12** Em hebraico, *casluítas, dos quais descendem os filisteus, caftoritas*. Ver Jr 47.4; Am 9.7. ᵉ **1.13** Em hebraico, *antepassado de Hete*. ᶠ **1.17a** Conforme um manuscrito hebraico e alguns manuscritos gregos (ver tb. Gn 10.23); a maioria dos manuscritos hebraicos não traz *Os descendentes de Arã foram*. ᵍ **1.17b** Conforme o texto paralelo em Gn 10.23; o hebraico traz *e Meseque*. ʰ **1.19** *Pelegue* significa "divisão". ⁱ **1.22** Conforme alguns manuscritos hebraicos e a versão siríaca (ver tb. Gn 10.28); a maioria dos manuscritos hebraicos traz *Ebal*. ʲ **1.24** Alguns manuscritos gregos trazem *Arfaxade, Cainã, Selá*. Ver notas em Gn 10.24; 11.12-13. ᵏ **1.34** *Israel* é o nome que Deus deu a Jacó. ˡ **1.36a** Conforme alguns manuscritos hebraicos e gregos (ver tb. Gn 36.11); a maioria dos manuscritos hebraicos traz *Zefi*. ᵐ **1.36b** Conforme alguns manuscritos gregos (ver tb. Gn 36.12); o hebraico traz *Quenaz, Timna e Amaleque*. ⁿ **1.39** Conforme o texto paralelo em Gn 36.22; o hebraico traz *e Homã*.

⁴⁰Os descendentes de Sobal foram: Alvã,ª Maanate, Ebal, Sefôᵇ e Onã.

Os descendentes de Zibeão foram: Aiá e Aná.

⁴¹O filho de Aná foi Disom.

Os descendentes de Disom foram: Hendã,ᶜ Esbã, Itrã e Querã.

⁴²Os descendentes de Ézer foram: Bilã, Zaavã e Acã.ᵈ

Os descendentes de Disãᵉ foram: Uz e Arã.

Reis de Edom

⁴³Estes são os reis que governaram na terra de Edom antes de os israelitas terem rei:ᶠ

Belá, filho de Beor, reinou na cidade de Dinabá.

⁴⁴Quando Belá morreu, Jobabe, filho de Zerá, de Bozra, foi seu sucessor.

⁴⁵Quando Jobabe morreu, Husã, da terra dos temanitas, foi seu sucessor.

⁴⁶Quando Husã morreu, Hadade, filho de Bedade, foi seu sucessor na cidade de Avite. Foi Hadade quem derrotou os midianitas na terra de Moabe.

⁴⁷Quando Hadade morreu, Samlá, da cidade de Masreca, foi seu sucessor.

⁴⁸Quando Samlá morreu, Saul, da cidade de Reobote, próxima ao Eufrates,ᵍ foi seu sucessor.

⁴⁹Quando Saul morreu, Baal-Hanã, filho de Acbor, foi seu sucessor.

⁵⁰Quando Baal-Hanã morreu, Hadade foi seu sucessor na cidade de Paú.ʰ Sua mulher era Meetabel, filha de Matrede e neta de Mezaabe. ⁵¹Então Hadade morreu.

Os chefes dos clãs de Edom foram: Timna, Alvá,ⁱ Jetete, ⁵²Oolibama, Elá, Pinom, ⁵³Quenaz, Temã, Mibzar, ⁵⁴Magdiel e Irã. Esses foram os chefes dos clãs de Edom.

Descendentes de Israel

2 Os filhos de Israelʲ foram: Rúben, Simeão, Levi, Judá, Issacar, Zebulom, ²Dã, José, Benjamim, Naftali, Gade e Aser.

Descendentes de Judá

³Judá teve três filhos com Bate-Suá, uma mulher cananeia: Er, Onã e Selá. Mas o Senhor viu que Er, o filho mais velho, era perverso, e por isso o matou. ⁴Algum tempo depois, Judá teve filhos gêmeos com sua nora, Tamar. Chamavam-se Perez e Zerá. Ao todo, Judá teve cinco filhos.

⁵Os filhos de Perez foram: Hezrom e Hamul.

⁶Os filhos de Zerá foram: Zinri, Etã, Hemã, Calcol e Darda,ᵏ cinco ao todo.

⁷O filho de Carmi se chamava Acãˡ e trouxe calamidade sobre Israel ao tomar para si despojos consagrados para o Senhor.

⁸O filho de Etã foi Azarias.

De Hezrom, neto de Judá, a Davi

⁹Os filhos de Hezrom foram: Jerameel, Rão e Calebe.ᵐ

¹⁰Rão gerou Aminadabe.

Aminadabe gerou Naassom, um dos líderes de Judá.

¹¹Naassom gerou Salmom.ⁿ

Salmom gerou Boaz.

¹²Boaz gerou Obede.

Obede gerou Jessé.

¹³O primeiro filho de Jessé foi Eliabe; o segundo, Abinadabe; o terceiro, Simeia; ¹⁴o quarto, Natanael; o quinto, Radai; ¹⁵o sexto, Ozém; e o sétimo, Davi.

¹⁶As irmãs deles se chamavam Zeruia e Abigail. Os três filhos de Zeruia foram: Abisai, Joabe e Asael. ¹⁷Abigail se casou com Jéter, um ismaelita, e tiveram um filho chamado Amasa.

ª **1.40a** Conforme alguns manuscritos hebraicos e gregos (ver tb. Gn 36.23); a maioria dos manuscritos hebraicos traz *Aliã*. ᵇ **1.40b** Conforme alguns manuscritos hebraicos (ver tb. Gn 36.23); a maioria dos manuscritos hebraicos traz *Sefi*. ᶜ **1.41** Conforme alguns manuscritos hebraicos e gregos (ver tb. Gn 36.26); a maioria dos manuscritos hebraicos traz *Hanrão*. ᵈ **1.42a** Conforme alguns manuscritos hebraicos e gregos (ver tb. Gn 36.27); a maioria dos manuscritos hebraicos traz *Jaacã*. ᵉ **1.42b** Em hebraico, *Disom*; comparar com 1.38 e o texto paralelo em Gn 36.28. ᶠ **1.43** Ou *antes de um rei israelita governá-los*. ᵍ **1.48** Em hebraico, *ao rio*. ʰ **1.50** Conforme alguns manuscritos hebraicos e gregos, a versão siríaca e a Vulgata (ver tb. Gn 36.39); a maioria dos manuscritos hebraicos traz *Paí*. ⁱ **1.51** Conforme uma leitura alternativa do Texto Massorético (ver tb. Gn 36.40); a outra leitura traz *Aliã*. ʲ **2.1** *Israel* é o nome que Deus deu a Jacó. ᵏ **2.6** Conforme alguns manuscritos hebraicos e gregos e a versão siríaca (ver tb. 1Rs 4.31); a maioria dos manuscritos hebraicos traz *Dara*. ˡ **2.7** Em hebraico, *Acar*; comparar com Js 7.1. *Acar* significa "calamidade". ᵐ **2.9** Em hebraico, *Quelubai*, variação de Calebe; comparar com 2.18. ⁿ **2.11** Conforme a Septuaginta (ver tb. Rt 4.21); o hebraico traz *Salma*.

Outros descendentes de Hezrom

¹⁸Calebe, filho de Hezrom, teve filhos com sua esposa Azuba e com Jeriote.ª Os filhos de Azuba foram: Jeser, Sobabe e Ardom. ¹⁹Quando Azuba morreu, Calebe se casou com Efrata,ᵇ e teve com ela um filho chamado Hur. ²⁰Hur gerou Uri. Uri gerou Bezalel.

²¹Quando Hezrom tinha 60 anos, casou-se com a irmã de Gileade, filha de Maquir. Tiveram um filho chamado Segube. ²²Segube gerou Jair, que governou 23 cidades na terra de Gileade. ²³(Contudo, Gesur e Arã tomaram as Cidades de Jair,ᶜ além de Quenate e os sessenta povoados ao redor.) Todos esses foram descendentes de Maquir, pai de Gileade.

²⁴Logo depois que Hezrom morreu na cidade de Calebe-Efrata, sua esposa Abia deu à luz um filho chamado Asur, pai deᵈ Tecoa.

Descendentes de Jerameel, filho de Hezrom

²⁵Os filhos de Jerameel, filho mais velho de Hezrom, foram: Rão, o mais velho, Buna, Orém, Ozém e Aías. ²⁶Atara, segunda esposa de Jerameel, teve um filho chamado Onã.

²⁷Os filhos de Rão, filho mais velho de Jerameel, foram: Maaz, Jamim e Equer.

²⁸Os filhos de Onã foram: Samai e Jada.
Os filhos de Samai foram: Nadabe e Abisur.

²⁹Os filhos de Abisur com sua esposa Abiail foram: Abã e Molide.

³⁰Os filhos de Nadabe foram Selede e Apaim. Selede morreu sem filhos, ³¹mas Apaim teve um filho chamado Isi. O filho de Isi se chamava Sesã, e o filho de Sesã, Alai.

³²Os filhos de Jada, irmão de Samai, foram: Jéter e Jônatas. Jéter morreu sem filhos, ³³mas Jônatas teve dois filhos: Pelete e Zaza.
Todos esses foram descendentes de Jerameel.

³⁴Sesã não teve filhos, mas teve filhas. Tinha também um servo egípcio chamado Jará. ³⁵Sesã deu uma de suas filhas em casamento a Jará, e eles tiveram um filho chamado Atai.

³⁶Atai gerou Natã.
Natã gerou Zabade.

³⁷Zabade gerou Eflal.
Eflal gerou Obede.

³⁸Obede gerou Jeú.
Jeú gerou Azarias.

³⁹Azarias gerou Helez.
Helez gerou Eleasá.

⁴⁰Eleasá gerou Sismai.
Sismai gerou Salum.

⁴¹Salum gerou Jecamias.
Jecamias gerou Elisama.

Descendentes de Calebe, filho de Hezrom

⁴²Um dos descendentes de Calebe, irmão de Jerameel, foi Messa, o filho mais velho. Messa gerou Zife. Outros descendentes de Calebe foram os filhos de Maressa, pai de Hebrom.

⁴³Os filhos de Hebrom foram: Corá, Tapua, Requém e Sema. ⁴⁴Sema gerou Raão. Raão gerou Jorqueão. Requém gerou Samai. ⁴⁵O filho de Samai se chamava Maom. Maom foi o pai de Bete-Zur.

⁴⁶Efá, concubina de Calebe, deu à luz Harã, Moza e Gazez. Harã gerou Gazez.

⁴⁷Os filhos de Jadai foram: Regém, Jotão, Gesã, Pelete, Efá e Saafe.

⁴⁸Maaca, outra concubina de Calebe, deu à luz Seber e Tiraná. ⁴⁹Também deu à luz Saafe, pai de Madmana, e Seva, pai de Macbena e de Gibeá. Calebe também teve uma filha chamada Acsa.

⁵⁰Todos esses foram descendentes de Calebe.

Descendentes de Hur, filho de Calebe

Os filhos de Hur, filho mais velho de Efrata, esposa de Calebe, foram: Sobal, fundador de Quiriate-Jearim, ⁵¹Salma, fundador de Belém, e Harefe, fundador de Bete-Gader.

⁵²Os descendentes de Sobal, fundador de Quiriate-Jearim, foram: o povo de Haroé, metade dos manaatitas, ⁵³e os clãs de Quiriate-Jearim: os itritas, os fateus, os sumateus e os misraeus, dos quais descenderam os povos de Zorá e Estaol.

⁵⁴Os descendentes de Salma foram: o povo de Belém, os netofatitas, o povo de Atarote-Bete-Joabe, a outra metade dos manaatitas, os zoreus, ⁵⁵e as famílias dos escribas que viviam em Jabez: os tiratitas, os simeatitas e os sucatitas. Todos esses foram os queneus, descendentes de Hamate, pai do clã de Recabe.ᵉ

ª **2.18** Ou *Azuba, também conhecida como Jeriote*. O significado do hebraico é incerto. ᵇ **2.19** Em hebraico, *Efrate*, variação de Efrata; comparar com 2.50 e 4.4. ᶜ **2.23** Ou *tomaram Havote-Jair*. ᵈ **2.24** Ou *fundador de*; também em 2.42,45,49. ᵉ **2.55** Ou *o fundador de Bete-Recabe*.

Descendentes de Davi

3 Estes são os filhos de Davi que nasceram em Hebrom:

O mais velho era Amnom, filho de Ainoã, de Jezreel.
O segundo era Daniel, filho de Abigail, do Carmelo. ²O terceiro era Absalão, filho de Maaca, filha de Talmai, rei de Gesur.
O quarto era Adonias, filho de Hagite. ³O quinto era Sefatias, filho de Abital.
O sexto era Itreão, filho de Eglá, esposa de Davi.
⁴Esses foram os seis filhos de Davi nascidos em Hebrom, onde ele reinou por sete anos e meio.

Depois Davi reinou por 33 anos em Jerusalém. ⁵Os filhos de Davi nascidos em Jerusalém foram: Samua,ª Sobabe, Natã e Salomão; a mãe deles era Bate-Seba,ᵇ filha de Amiel. ⁶Davi também teve outros nove filhos: Ibar, Elisua,ᶜ Elpalete,ᵈ ⁷Nogá, Nefegue, Jafia, ⁸Elisama, Eliada e Elifelete.

⁹Todos esses foram filhos de Davi, além dos filhos que teve com suas concubinas. Davi também teve uma filha chamada Tamar.

Descendentes de Salomão

¹⁰Os descendentes de Salomão foram: Roboão, Abias, Asa, Josafá, ¹¹Jeorão,ᵉ Acazias, Joás, ¹²Amazias, Uzias,ᶠ Jotão, ¹³Acaz, Ezequias, Manassés, ¹⁴Amom, Josias. ¹⁵Os filhos de Josias foram: o mais velho, Joanã; o segundo, Jeoaquim; o terceiro, Zedequias; e o quarto, Jeoacaz.ᵍ

¹⁶Os sucessores de Jeoaquim foram: seu filho Joaquim e seu irmão Zedequias.ʰ

Descendentes de Joaquim

¹⁷Os filhos de Joaquim,ⁱ exilado pelos babilônios, foram: Sealtiel, ¹⁸Malquirão, Pedaías, Senazar, Jecamias, Hosama e Nedabias.

¹⁹Os filhos de Pedaías foram: Zorobabel e Simei.

Os filhos de Zorobabel foram: Mesulão e Hananias. A irmã deles se chamava Selomite. ²⁰Seus outros cinco filhos foram: Hasubá, Oel, Berequias, Hasadias e Jusabe-Hesede. ²¹Os filhos de Hananias foram: Pelatias e Jesaías. O filho de Jesaías foi Refaías. O filho de Refaías foi Arnã. O filho de Arnã foi Obadias. O filho de Obadias foi Secanias.ʲ

²²Os descendentes de Secanias foram: Semaías e seus filhos Hatus, Igal, Bariá, Nearias e Safate, seis ao todo.

²³Os filhos de Nearias foram: Elioenai, Ezequias e Azricão, três ao todo.

²⁴Os filhos de Elioenai foram: Hodavias, Eliasibe, Pelaías, Acube, Joanã, Delaías e Anani, sete ao todo.

Outros descendentes de Judá

4 Os descendentes de Judá foram: Perez, Hezrom, Carmi, Hur e Sobal.

²Reaías, filho de Sobal, gerou Jaate. Jaate gerou Aumai e Laade. Esses foram os clãs dos zoratitas.

³Os descendentes deᵏ Etã foram: Jezreel, Isma e Idbás, sua irmã Hazelelponi, ⁴Penuel, pai deˡ Gedor, e Ézer, pai de Husá. Todos esses foram descendentes de Hur, o filho mais velho de Efrata, antepassado de Belém.

⁵Asur, pai de Tecoa, teve duas esposas: Helá e Naará. ⁶Naará deu à luz Auzã, Héfer, Temeni e Haastari. ⁷Helá deu à luz Zerete, Izar,ᵐ Etnã ⁸e Coz, antepassado de Anube, Zobeba e todos os clãs de Aarel, filho de Harum.

⁹Havia um homem chamado Jabez, mais respeitado que qualquer um de seus irmãos. Sua mãe lhe deu o nome de Jabez,ⁿ porque disse: "Eu o dei à luz com muita dor". ¹⁰Jabez orou ao Deus de Israel: "Ah, como seria bom se me abençoasses e expandisses meu território! Sê comigo em tudo que eu fizer e guarda-me

---

ª **3.5a** Conforme a versão siríaca (ver tb. 14.4; 2Sm 5.14); o hebraico traz *Simeia*. ᵇ **3.5b** Em hebraico, *Bate-Sua*, variação de Bate-Seba. ᶜ **3.6a** Conforme alguns manuscritos hebraicos e gregos (ver tb. 14.5-7; 2Sm 5.15); a maioria dos manuscritos hebraicos traz *Elisama*. ᵈ **3.6b** Em hebraico, *Elifelete*; comparar com o texto paralelo em 14.5-7. ᵉ **3.11** Em hebraico, *Jorão*, variação de Jeorão. ᶠ **3.12** Em hebraico, *Azarias*, variação de Uzias. ᵍ **3.15** Em hebraico, *Salum*, outro nome para Jeoacaz. ʰ **3.16** Em hebraico, *Os filhos de Jeoaquim foram: seu filho Jeconias* [variação de Joaquim] *e seu filho Zedequias*. ⁱ **3.17** Em hebraico, *Jeconias*, variação de Joaquim. ʲ **3.21** Em hebraico, *Pelatias e Jesaías, os filhos de Refaías, os filhos de Arnã, os filhos de Obadias, os filhos de Secanias*. O significado do hebraico é incerto. ᵏ **4.3** Conforme a Septuaginta; o hebraico traz *O pai de*. O significado do hebraico é incerto. ˡ **4.4** Ou *fundador de*; também em 4.5,12,14,17,18 e, talvez, em outras ocasiões em que o texto diz *pai de* ou *gerou*. ᵐ **4.7** Conforme leitura alternativa do Texto Massorético (ver tb. Vulgata); a outra leitura e a Septuaginta trazem *Zoar*. ⁿ **4.9** *Jabez* tem um som semelhante ao termo hebraico que significa "angústia" ou "dor".

> **REFLETINDO SOBRE:** Vendo além da dor
>
> ## A mãe de Jabez
>
> *Eu os purifiquei, não como a prata é purificada, mas na fornalha do sofrimento.*
> —Isaías 48.10
>
> A mulher em 1 Crônicas 4.9 deu a seu filho o nome de Jabez [N.E.: significa "gerado com dor"] porque seu nascimento foi doloroso demais. Muitas mulheres podem se identificar com a agonia de um parto longo e doloroso, mas, depois que o bebê finalmente chega, as mulheres geralmente esquecem o sofrimento. Elas não escolhem para seus filhos nomes que as lembrem sua provação permanentemente. A mãe de Jabez deve ter ficado tão consumida por seu sofrimento que não conseguia pensar em mais nada quando ele nasceu.
>
> Ah! Se essa mulher pudesse ter previsto o futuro no momento do parto. A Bíblia nos dá pouca informação sobre seu filho, mas nos diz que ele cresceu e se tornou "...mais respeitado que qualquer um de seus irmãos..." (v.9). Como testemunho adicional de seu caráter piedoso, as Escrituras registram uma de suas orações. Jabez pediu a Deus que o abençoasse, expandisse seu território, estivesse com ele e o guardasse de todo mal e aflição.
>
> A mãe de Jabez deve ter ficado orgulhosa e alegre ao observar o seu filho crescer amando e obedecendo a Deus. O sofrimento pelo qual ela passou no nascimento do menino valeu a pena, quando pôde testemunhar Deus concedendo o pedido de seu filho. Ela não sabia que séculos depois a oração de seu filho se tornaria o fundamento para um best-seller (*A oração de Jabez*, Ed. Mundo Cristão, 2001) e seria impressa em objetos como: canecas, camisetas e chaveiros.
>
> Quando passamos por uma provação dolorosa, só conseguimos enxergar o sofrimento. Podemos ser propensas a nos voltar contra Deus e a nos amargurarmos com a vida. Mas Deus vê o futuro e somente Ele conhece o propósito de nossa dor. Nossas piores lutas algumas vezes acabam sendo as nossas maiores bênçãos. Se confiarmos na liderança de Deus, a memória de nosso sofrimento eventualmente será substituída por alegria profunda e duradoura — como a mãe de Jabez aprendeu.

de todo mal e aflição!". E Deus atendeu seu pedido.

¹¹Quelube, irmão de Suá, gerou Meir. Meir gerou Estom. ¹²Estom gerou Bete-Rafa, Paseia e Teína. Teína gerou Ir-Naás. Esses foram os habitantes de Reca.

¹³Os filhos de Quenaz foram: Otniel e Seraías. Os filhos de Otniel foram: Hatate e Meonotai.[a]

¹⁴Meonotai gerou Ofra. Seraías gerou Joabe, fundador de Ge-Harasim,[b] assim chamada porque seus habitantes eram artesãos.

¹⁵Os filhos de Calebe, filho de Jefoné, foram: Iru, Elá e Naã. O filho de Elá foi Quenaz.

¹⁶Os filhos de Jealelel foram: Zife, Zifa, Tiria e Asareel.

¹⁷Os filhos de Ezra foram: Jéter, Merede, Éfer e Jalom. Uma das esposas de Merede deu à luz[c] Miriã, Samai e Isbá, pai de Estemoa. ¹⁸Ele se casou com uma mulher de Judá que deu à luz Jerede, pai de Gedor, Héber, pai de Socó, e Jecutiel, pai de Zanoa. Merede também se casou com Bitia, filha do faraó, e ela lhe deu filhos.

¹⁹A esposa de Hodias era irmã de Naã. Um de seus filhos gerou Queila, o garmita, e o outro gerou Estemoa, o maacatita.

²⁰Os filhos de Simão foram: Amnom, Rina, Ben-Hanã e Tilom.

Os filhos de Isi foram: Zoete e Ben-Zoete.

Descendentes de Selá, filho de Judá

²¹Os descendentes de Selá, filho de Judá, foram: Er, pai de Leca; Laada, pai de Maressa; os clãs dos que trabalham com linho em Bete-Asbeia; ²²Joquim; os homens de Cozeba; Joás e Sarafe, que governaram Moabe e Jasubi-Leém. Esses nomes vêm de registros antigos. ²³Eram oleiros que habitavam em Netaim e em Gederá e que trabalhavam para o rei.

---

[a] 4.13 Conforme alguns manuscritos gregos e a Vulgata; o hebraico não traz *e Meonotai*. [b] 4.14 *Ge-Harasim* significa "vale dos artesãos". [c] 4.17 Ou *A esposa de Jéter deu à luz*; o hebraico traz *Ela foi mãe de*.

Descendentes de Simeão

²⁴Os filhos de Simeão foram: Jemuel,ª Jamim, Jaribe, Zoarᵇ e Saul. ²⁵Os descendentes de Saul foram: Salum, Mibsão e Misma. ²⁶Os descendentes de Misma foram: Hamuel, Zacur e Simei. ²⁷Simei teve dezesseis filhos e seis filhas, mas nenhum de seus irmãos teve uma família grande. Por isso a tribo de Simeão nunca chegou a ser tão numerosa quanto a tribo de Judá. ²⁸Habitavam em Berseba, Moladá, Hazar-Sual, ²⁹Bila, Azém, Tolade, ³⁰Betuel, Hormá, Ziclague, ³¹Bete-Marcabote, Hazar-Susim, Bete-Biri e Saaraim. Essas cidades permaneceram sob seu controle até o tempo do rei Davi. ³²Seus descendentes também habitavam em Etã, Aim, Rimom, Toquém e Asa, cinco cidades ³³com os povoados ao seu redor, até Baalate.ᶜ Esse era seu território, e esses nomes estão listados em seus registros genealógicos.

³⁴Outros descendentes de Simeão foram: Mesobabe, Janleque, Josa, filho de Amazias; ³⁵Joel, Jeú, filho de Josibias, filho de Seraías, filho de Asiel; ³⁶Elioenai, Jaacobá, Jesoaías, Asaías, Adiel, Jesimiel, Benaia ³⁷e Ziza, filho de Sifi, filho de Alom, filho de Jedaías, filho de Sinri e filho de Semaías.

³⁸Esses foram os nomes de alguns dos chefes dos clãs de Simeão. Suas famílias cresceram muito ³⁹e mudaram-se para a região de Gerar,ᵈ na parte leste do vale, à procura de pastos para seus rebanhos. ⁴⁰Encontraram ali muitas pastagens boas, e a terra era ampla, tranquila e pacífica.

Alguns dos descendentes de Cam tinham vivido naquela região. ⁴¹Mas, durante o reinado de Ezequias, rei de Judá, esses líderes de Simeão invadiram a região e destruíram completamente as habitações dos descendentes de Cam e dos meunitas. Hoje não resta vestígio deles. Mataram todos que viviam ali e tomaram a terra para si, pois queriam bons pastos para seus rebanhos. ⁴²Quinhentos homens da tribo de Simeão invadiram o monte Seir, liderados por Pelatias, Nearias, Refaías e Uziel, filhos de Isi. ⁴³Destruíram os amalequitas que haviam sobrevivido, e habitam ali até hoje.

Descendentes de Rúben

5 O filho mais velho de Israelᵉ era Rúben, mas ele teve relações com uma das concubinas de seu pai e o desonrou.ᶠ Por isso seus direitos de filho mais velho foram dados aos filhos de seu irmão José. Desse modo, Rúben não aparece nos registros genealógicos como filho mais velho. ²Os descendentes de Judá se tornaram a tribo mais poderosa e dela veio um governante para a nação,ᵍ mas os direitos de filho mais velho pertenciam a José.

³Os filhos de Rúben, filho mais velho de Israel, foram: Enoque, Palu, Hezrom e Carmi. ⁴Os descendentes de Joel foram: Semaías, Gogue, Simei, ⁵Mica, Reaías, Baal ⁶e Beera. Beera era o chefe dos rubenitas quando foram levados ao cativeiro por Tiglate-Pileser,ʰ rei da Assíria.

⁷Os parentes de Beera, listados em seus registros genealógicos de acordo com seus clãs, foram: Jeiel, o chefe, Zacarias ⁸e Belá, filho de Azaz, filho de Sema, filho de Joel.

Os rubenitas habitavam na região que se estende de Aroer até Nebo e Baal-Meom. ⁹Uma vez que tinham tantos rebanhos na terra de Gileade, espalharam-se para o leste, em direção ao limite do deserto que se estende para o rio Eufrates.

¹⁰Durante o reinado de Saul, os rubenitas guerrearam contra os hagarenos e os derrotaram. Então passaram a viver nos acampamentos deles em toda a região a leste de Gileade.

Descendentes de Gade

¹¹Ao lado dos rubenitas, ficaram os descendentes de Gade, que habitavam na terra de Basã até Salcá. ¹²Joel foi o chefe na terra de Basã, e Safã, o segundo no poder, seguido de Janai e Safate.

¹³Seus parentes, chefes de outros sete clãs, foram: Micael, Mesulão, Seba, Jorai, Jacã, Zia e

---

ª **4.24a** Conforme a versão siríaca (ver tb. Gn 46.10 e Êx 6.15); o hebraico traz *Nemuel*. ᵇ **4.24b** Conforme os textos paralelos em Gn 46.10 e Êx 6.15; o hebraico traz *Zerá*. ᶜ **4.33** Conforme alguns manuscritos gregos (ver tb. Js 19.8); o hebraico traz *Baal*. ᵈ **4.39** Conforme a Septuaginta; o hebraico traz *Gedor*. ᵉ **5.1a** *Israel* é o nome que Deus deu a Jacó. ᶠ **5.1b** Em hebraico, *ele desonrou o leito de seu pai*. Ver Gn 35.22; 49.8. ᵍ **5.2** Ou *e de Judá veio um príncipe*. ʰ **5.6** Em hebraico, *Tiglate-Pilneser*, variação de Tiglate-Pileser; também em 5.26.

Héber. ¹⁴Todos esses foram descendentes de Abiail, filho de Huri, filho de Jaroa, filho de Gileade, filho de Micael, filho de Jesisai, filho de Jado, filho de Buz. ¹⁵Aí, filho de Abdiel, filho de Guni, foi o chefe de seus clãs.

¹⁶Os gaditas habitaram na terra de Gileade, em Basã e em seus povoados, e em toda a região de pastagens de Sarom. ¹⁷Todos foram listados nos registros genealógicos no tempo de Jotão, rei de Judá, e de Jeroboão, rei de Israel.

As tribos a leste do Jordão

¹⁸Havia 44.760 homens aptos para a guerra nos exércitos de Rúben e Gade e da meia tribo de Manassés. Eram todos hábeis no combate e armados com escudos, espadas e arcos. ¹⁹Guerrearam contra os hagarenos e contra Jetur, Nafis e Nodabe. ²⁰Durante a batalha, clamaram a Deus e ele atendeu às orações, pois confiaram nele. Assim, os hagarenos e todos os seus aliados foram derrotados. ²¹Tomaram dos hagarenos como despojo 50 mil camelos, 250 mil ovelhas e 2 mil jumentos, e fizeram 100 mil prisioneiros. ²²Muitos dos hagarenos foram mortos na batalha, pois Deus lutou contra eles. As tribos se estabeleceram na terra deles, até que foram levadas para o exílio.

²³A meia tribo de Manassés era numerosa e se espalhou por toda a terra, desde Basã até Baal-Hermom, Senir e o monte Hermom. ²⁴Os chefes de seus clãs foram: Éfer, Isi, Eliel, Azriel, Jeremias, Hodavias e Jadiel. Esses homens foram guerreiros valentes de grande reputação e chefes de seus clãs.

²⁵Contudo, essas tribos foram infiéis ao Deus de seus antepassados. Adoraram os deuses das nações que Deus havia destruído diante deles. ²⁶Por isso, o Deus de Israel fez Pul, rei da Assíria, também conhecido como Tiglate-Pileser, invadir a terra e levar cativos os membros das tribos de Rúben e Gade e da meia tribo de Manassés. Os assírios os deportaram para Hala, Habor, Hara e para o rio Gozã, onde estão até hoje.

A linhagem sacerdotal

6 ¹ᵃOs filhos de Levi foram: Gérson, Coate e Merari.

²Os descendentes de Coate foram: Anrão, Isar, Hebrom e Uziel.
³Os filhos de Anrão foram: Arão, Moisés e Miriã.

Os filhos de Arão foram: Nadabe, Abiú, Eleazar e Itamar.
⁴Eleazar gerou Fineias.
Fineias gerou Abisua.
⁵Abisua gerou Buqui.
Buqui gerou Uzi.
⁶Uzi gerou Zeraías.
Zeraías gerou Meraiote.
⁷Meraiote gerou Amarias.
Amarias gerou Aitube.
⁸Aitube gerou Zadoque.
Zadoque gerou Aimaás.
⁹Aimaás gerou Azarias.
Azarias gerou Joanã.
¹⁰Joanã gerou Azarias, sumo sacerdote no templo que Salomão construiu em Jerusalém.
¹¹Azarias gerou Amarias.
Amarias gerou Aitube.
¹²Aitube gerou Zadoque.
Zadoque gerou Salum.
¹³Salum gerou Hilquias.
Hilquias gerou Azarias.
¹⁴Azarias gerou Seraías.
Seraías gerou Jeozadaque, ¹⁵que foi deportado quando o SENHOR enviou o povo de Judá e de Jerusalém para o exílio por meio de Nabucodonosor.

Os clãs dos levitas

¹⁶ᵇOs filhos de Levi foram: Gérson,ᶜ Coate e Merari.
¹⁷Os descendentes de Gérson foram: Libni e Simei.
¹⁸Os descendentes de Coate foram: Anrão, Isar, Hebrom e Uziel.
¹⁹Os descendentes de Merari foram: Mali e Musi.

Estes foram os clãs dos levitas, listados de acordo com seus antepassados:

²⁰Os descendentes de Gérson foram: Libni, Jaate, Zima, ²¹Joá, Ido, Zerá e Jeaterai.

ᵃ **6.1** No texto hebraico, os versículos 6.1-15 são numerados 5.27-41. ᵇ **6.16a** No texto hebraico, os versículos 6.16-81 são numerados 6.1-66. ᶜ **6.16b** Em hebraico, *Gersom*, variação de Gérson (ver 6.1); também em 6.17,20,43,62,71.

²²Os descendentes de Coate foram: Aminadabe, Coré, Assir, ²³Elcana, Abiasafe,ª Assir, ²⁴Taate, Uriel, Uzias e Saul.
²⁵Os descendentes de Elcana foram: Amasai, Aimote, ²⁶Elcana, Zofai, Naate, ²⁷Eliabe, Jeroão, Elcana e Samuel.[b]
²⁸Os filhos de Samuel foram: Joel,[c] o mais velho, e Abias, o segundo.
²⁹As gerações de descendentes de Merari foram: Mali, Libni, Simei, Uzá, ³⁰Simeia, Hagias e Asaías.

Os músicos do templo

³¹Estes foram os homens que Davi nomeou para dirigirem a música na casa do SENHOR depois que a arca foi colocada ali. ³²Ministravam com música no tabernáculo, na tenda do encontro, até que Salomão construiu o templo do SENHOR em Jerusalém. Realizavam seu trabalho de acordo com as normas que lhes haviam sido transmitidas. ³³Estes são os homens que serviram ali, junto com seus filhos.

O músico Hemã era do clã de Coate. Os antepassados de Hemã foram: Joel, Samuel, ³⁴Elcana, Jeroão, Eliel, Toá, ³⁵Zufe, Elcana, Maate, Amasai, ³⁶Elcana, Joel, Azarias, Sofonias, ³⁷Taate, Assir, Abiasafe, Coré, ³⁸Isar, Coate, Levi e Israel.[d]

³⁹O primeiro ajudante de Hemã foi seu irmão Asafe. Os antepassados de Asafe foram: Berequias, Simeia, ⁴⁰Micael, Baaseias, Malquias, ⁴¹Etni, Zerá, Adaías, ⁴²Etã, Zima, Simei, ⁴³Jaate, Gérson e Levi.

⁴⁴O segundo ajudante de Hemã foi Etã, do clã de Merari. Os antepassados de Etã foram: Quisi, Abdi, Maluque, ⁴⁵Hasabias, Amazias, Hilquias, ⁴⁶Anzi, Bani, Sêmer, ⁴⁷Mali, Musi, Merari e Levi.

⁴⁸Seus parentes levitas foram encarregados de muitas outras tarefas no tabernáculo, a casa de Deus.

Descendentes de Arão

⁴⁹Somente Arão e seus descendentes serviam na função de sacerdotes. Apresentavam as ofertas no altar do holocausto e no altar de incenso e realizavam todas as tarefas relacionadas ao lugar santíssimo. Faziam expiação por Israel conforme tudo que Moisés, servo de Deus, havia ordenado.

⁵⁰Os descendentes de Arão foram: Eleazar, Fineias, Abisua, ⁵¹Buqui, Uzi, Zeraías, ⁵²Meraiote, Amarias, Aitube, ⁵³Zadoque e Aimaás.

Território para os levitas

⁵⁴Este é um registro das cidades e do território que, por sorteio, foram entregues aos descendentes de Arão, do clã de Coate. ⁵⁵Seu território abrangia Hebrom, em Judá, e as pastagens ao redor, ⁵⁶mas os campos e os povoados vizinhos foram entregues a Calebe, filho de Jefoné. ⁵⁷Assim, os descendentes de Arão receberam as seguintes cidades, cada uma com as pastagens ao redor: Hebrom (uma cidade de refúgio),[e] Libna, Jatir, Estemoa, ⁵⁸Holom,[f] Debir, ⁵⁹Aim,[g] Jutá[h] e Bete-Semes. ⁶⁰E, do território de Benjamim, receberam: Gibeom,[i] Geba, Alemete e Anatote, cada uma com suas pastagens. Ao todo, os descendentes de Arão receberam treze cidades, de acordo com seus clãs. ⁶¹Os demais descendentes de Coate receberam, por sorteio, dez cidades no território da meia tribo de Manassés.

⁶²Os descendentes de Gérson receberam, por sorteio, de acordo com seus clãs, treze cidades nos territórios de Issacar, Aser, Naftali e da região de Basã, de Manassés, a leste do Jordão.

⁶³Os descendentes de Merari receberam, por sorteio, de acordo com seus clãs, doze cidades nos territórios de Rúben, Gade e Zebulom.

⁶⁴Os israelitas entregaram todas essas cidades e pastagens aos levitas. ⁶⁵As cidades nos territórios de Judá, Simeão e Benjamim, mencionadas anteriormente, foram entregues por sorteio.

⁶⁶Os descendentes de Coate receberam as seguintes cidades no território de Efraim,

---

[a] **6.23** Em hebraico, *Ebiasafe*, variação de Abiasafe (ver tb. Êx 6.24); também em 6.37. [b] **6.27** Conforme alguns manuscritos gregos (ver tb. 6.33-34); o hebraico não traz *e Samuel*. [c] **6.28** Conforme alguns manuscritos gregos e a versão siríaca (ver tb. 6.33 e 1Sm 8.2); o hebraico não traz *Joel*. [d] **6.38** *Israel* é o nome que Deus deu a Jacó. [e] **6.57** Conforme o texto paralelo em Js 21.13, o hebraico traz *receberam as cidades de refúgio: Hebrom e as seguintes cidades, com as pastagens ao redor*. [f] **6.58** Conforme o texto paralelo em Js 21.15; o hebraico traz *Hilez*; outros manuscritos trazem *Hilém*. [g] **6.59a** Conforme o texto paralelo em Js 21.16; o hebraico traz *Asã*. [h] **6.59b** Conforme a versão siríaca (ver tb. Js 21.16); o hebraico não traz *Jutá*. [i] **6.60** Conforme o texto paralelo em Js 21.17; o hebraico não traz *Gibeom*.

cada uma com suas pastagens: ⁶⁷Siquém, uma das cidades de refúgio na região montanhosa de Efraim, e Gezer, ⁶⁸Jocmeão, Bete-Horom, ⁶⁹Aijalom e Gate-Rimom. ⁷⁰Os demais descendentes de Coate receberam as seguintes cidades no território da meia tribo de Manassés: Aner e Bileã, cada uma com suas pastagens.

⁷¹Os descendentes de Gérson receberam as cidades de Golã, em Basã, e Asterote, no território da meia tribo de Manassés, cada uma com suas pastagens. ⁷²No território de Issacar, receberam Quedes, Daberate, ⁷³Ramote e Aném, cada uma com suas pastagens. ⁷⁴No território de Aser, receberam Masal, Abdom, ⁷⁵Hucoque e Reobe, cada uma com suas pastagens. ⁷⁶No território de Naftali, receberam Quedes, na Galileia, Hamom e Quiriataim, cada uma com suas pastagens.

⁷⁷Os demais descendentes de Merari receberam as seguintes cidades: Jocneã, Carta,ᵃ Rimomᵇ e Tabor, no território de Zebulom, cada uma com suas pastagens. ⁷⁸No território de Rúben, a leste do rio Jordão, defronte de Jericó, receberam Bezer (uma cidade no deserto), Jaza, ⁷⁹Quedemote e Mefaate, cada uma com suas pastagens. ⁸⁰E, no território de Gade, receberam Ramote, em Gileade, Maanaim, ⁸¹Hesbom e Jazer, cada uma com suas pastagens.

Descendentes de Issacar

7 Os quatro filhos de Issacar foram: Tolá, Puá, Jasube e Sinrom.
²Os filhos de Tolá foram: Uzi, Refaías, Jeriel, Jamai, Ibsão e Samuel. Cada um deles foi chefe de um clã. No tempo do rei Davi, o total de homens aptos para a guerra listados no registro desses clãs era de 22.600.
³O filho de Uzi foi Israías. Os filhos de Israías foram: Micael, Obadias, Joel e Issias. Os cinco foram chefes de clãs. ⁴Todos eles tiveram muitas esposas e muitos filhos, por isso o total de homens disponíveis para o serviço militar entre seus descendentes era de 36.000.
⁵O total de homens aptos para a guerra de todos os clãs da tribo de Issacar era de 87.000. Todos eles foram listados nos registros genealógicos.

Descendentes de Benjamim

⁶Os três filhos de Benjamim foram: Belá, Bequer e Jediael.
⁷Os cinco filhos de Belá foram: Esbom, Uzi, Uziel, Jerimote e Iri. Cada um deles foi chefe de um clã. O total de homens aptos para a guerra desses clãs era de 22.034, conforme listado nos registros genealógicos.
⁸Os filhos de Bequer foram: Zemira, Joás, Eliézer, Elioenai, Onri, Jeremote, Abias, Anatote e Alemete. ⁹Cada um deles foi chefe de um clã. O total de homens aptos para a guerra e chefes desses clãs era de 20.200, conforme listado nos registros genealógicos.
¹⁰O filho de Jediael foi Bilã. Os filhos de Bilã foram: Jeús, Benjamim, Eúde, Quenaaná, Zetã, Társis e Aisaar. ¹¹Cada um deles foi chefe de um clã. O total de homens aptos para a guerra desses clãs era de 17.200.
¹²Os filhos de Ir foram: Supim e Hupim. O filho de Aer foi Husim.

Descendentes de Naftali

¹³Os filhos de Naftali foram: Jazeel,ᶜ Guni, Jezer e Silém.ᵈ Todos eles foram descendentes de Bila, concubina de Jacó.

Descendentes de Manassés

¹⁴Os descendentes de Manassés com sua concubina arameia foram: Asriel e Maquir, pai de Gileade. ¹⁵Maquir se casou com uma mulher do clã de Hupim e Supim. A irmã de Maquir se chamava Maaca. Outro descendente de Manassés foi Zelofeade, que só teve filhas.
¹⁶Maaca, esposa de Maquir, deu à luz um filho e lhe deu o nome de Perez. Seu irmão se chamava Seres. Os filhos de Perez foram: Ulão e Requém. ¹⁷O filho de Ulão foi Bedã. Todos esses foram descendentes de Gileade, filho de Maquir, filho de Manassés.
¹⁸Hamolequete, irmã de Maquir, deu à luz Isode, Abiezer e Maalá.
¹⁹Os filhos de Semida foram: Aiã, Siquém, Liqui e Anião.

ᵃ **6.77a** Conforme a Septuaginta (ver tb. Js 21.34); o hebraico não traz *Jocneã, Carta*. ᵇ **6.77b** Conforme a Septuaginta (ver tb. Js 19.13); o hebraico traz *Rimono*. ᶜ **7.13a** Conforme o texto paralelo em Gn 46.24; o hebraico traz *Jaziel*, variação de Jazeel. ᵈ **7.13b** Conforme alguns manuscritos hebraicos e gregos (ver tb. Gn 46.24; Nm 26.49); a maioria dos manuscritos hebraicos traz *Salum*.

Descendentes de Efraim

²⁰Os descendentes de Efraim foram: Sutela, Berede, Taate, Eleada, Taate, ²¹Zabade, Sutela, Ézer e Eleade. Estes dois foram mortos quando tentavam roubar o gado de moradores dos arredores de Gate. ²²Seu pai, Efraim, lamentou sua morte por muito tempo, e seus parentes vieram consolá-lo.

²³Depois, Efraim teve relações com sua esposa, e ela engravidou e deu à luz um filho. Efraim lhe deu o nome de Berias,[a] por causa da desgraça que sua família havia sofrido. ²⁴Sua filha se chamava Seerá. Ela construiu as cidades de Bete-Horom Baixa, Bete-Horom Alta e Uzém-Seerá.

²⁵Os descendentes de Efraim foram: Refa, Resefe, Telá, Taã, ²⁶Ladã, Amiúde, Elisama, ²⁷Num e Josué.

²⁸Os descendentes de Efraim habitavam no território que incluía Betel e seus povoados ao sul, Naarã a leste, Gezer e seus povoados a oeste, e Siquém e seus povoados ao norte, até Aiá e seus povoados. ²⁹Ao longo da divisa de Manassés, ficavam as cidades de Bete-Sã, Taanaque, Megido e Dor, com seus povoados. Os descendentes de José, filho de Israel,[b] habitavam nessas cidades.

Descendentes de Aser

³⁰Os filhos de Aser foram: Imna, Isvá, Isvi e Berias. A irmã deles se chamava Sera.

³¹Os filhos de Berias foram: Héber e Malquiel, pai de Birzavite.

³²Os filhos de Héber foram: Jaflete, Somer e Hotão. A irmã deles se chamava Suá.

³³Os filhos de Jaflete foram: Pasaque, Bimal e Asvate.

³⁴Os filhos de Somer foram: Aí,[c] Roga, Jeubá e Arã.

³⁵Os filhos de Helém,[d] irmão de Somer, foram: Zofa, Imna, Seles e Amal.

³⁶Os filhos de Zofa foram: Suá, Harnefer, Sual, Beri, Inra, ³⁷Bezer, Hode, Samá, Silsa, Itrã[e] e Beera.

³⁸Os filhos de Jéter foram: Jefoné, Pispa e Ara.

³⁹Os filhos de Ula foram: Ará, Haniel e Rizia.

⁴⁰Cada um desses descendentes de Aser foi chefe de um clã. Eram todos homens escolhidos, guerreiros valentes e líderes de destaque. O total de homens disponíveis para o serviço militar era de 26.000, conforme listado nos registros genealógicos.

Descendentes de Benjamim

8 O primeiro filho de Benjamim foi Belá, o segundo, Asbel, o terceiro, Aará, ²o quarto, Noá, e o quinto, Rafa.

³Os filhos de Belá foram: Adar, Gera, Abiúde,[f] ⁴Abisua, Naamã, Aoá, ⁵Gera, Sefufá e Hurão.

⁶Os filhos de Eúde, chefes dos clãs que habitavam em Geba, foram deportados para Maanate. ⁷Os filhos de Eúde foram: Naamã, Aías e Gera. Gera, que os exilou, foi o pai de Uzá e Aiúde.[g]

⁸Depois que Saarim se divorciou de suas esposas Husim e Baara, teve filhos na terra de Moabe. ⁹Hodes, sua esposa, deu à luz Jobabe, Zíbia, Messa, Malcã, ¹⁰Jeús, Saquias e Mirma. Todos esses filhos foram chefes de clãs.

¹¹Husim, esposa de Saarim, deu à luz Abitube e Elpaal. ¹²Os filhos de Elpaal foram Héber, Misã, Semede (que construiu as cidades de Ono e Lode, com seus povoados), ¹³Berias e Sema. Todos eles foram chefes de clãs que habitavam em Aijalom; eles expulsaram os moradores de Gate.

¹⁴Aiô, Sasaque, Jeremote, ¹⁵Zebadias, Arade, Éder, ¹⁶Micael, Ispa e Joá foram os filhos de Berias.

¹⁷Zebadias, Mesulão, Hizqui, Héber, ¹⁸Ismerai, Izlias e Jobabe foram filhos de Elpaal.

¹⁹Jaquim, Zicri, Zabdi, ²⁰Elienai, Ziletai, Eliel, ²¹Adaías, Beraías e Sinrate foram filhos de Simei.

²²Ispã, Héber, Eliel, ²³Abdom, Zicri, Hanã, ²⁴Hananias, Elão, Antotias, ²⁵Ifdeias e Penuel foram filhos de Sasaque.

²⁶Sanserai, Searias, Atalias, ²⁷Jaaresias, Elias e Zicri foram filhos de Jeroão.

²⁸Esses foram os chefes dos clãs, conforme listados em seus registros genealógicos; todos moravam em Jerusalém.

---

[a] **7.23** *Berias* tem um som parecido com o termo hebraico que significa "tragédia" ou "desgraça". [b] **7.29** *Israel* é o nome que Deus deu a Jacó. [c] **7.34** Ou *Os filhos de Somer, seu irmão, foram.* [d] **7.35** Possivelmente outro nome para *Hotão*; comparar com 7.32. [e] **7.37** Possivelmente outro nome para *Jéter*; comparar com 7.38. [f] **8.3** Possivelmente *Gera, pai de Eúde*; comparar com 8.6. [g] **8.7** Ou *Gera, isto é, Eglã, gerou Uzá e Aiúde*.

A família de Saul

29Jeiel,[a] pai de[b] Gibeom, morava em Gibeom. Sua esposa se chamava Maaca, **30**e seu filho mais velho, Abdom. Os outros filhos de Jeiel foram: Zur, Quis, Baal, Ner,[c] Nadabe, **31**Gedor, Aiô, Zacarias[d] **32**e Miclote, que gerou Simeão.[e] Todos moravam com suas famílias, próximos uns dos outros, em Jerusalém.

33Ner gerou Quis.
Quis gerou Saul.
Os filhos de Saul foram: Jônatas, Malquisua, Abinadabe e Isbosete.[f]
34O filho de Jônatas se chamava Mefibosete.[g]
Mefibosete gerou Mica.
35Os filhos de Mica foram: Pitom, Meleque, Tareia e Acaz.
36Acaz gerou Jadá.[h]
Os filhos de Jadá foram: Alemete, Azmavete e Zinri.
Zinri gerou Moza.
37Moza gerou Bineá.
Bineá gerou Refaías.[i]
Refaías gerou Eleasá.
Eleasá gerou Azel.
38Azel teve seis filhos: Azricão, Bocru, Ismael, Searias, Obadias e Hanã. Todos esses foram filhos de Azel.
39Eseque, irmão de Azel, teve três filhos: o primeiro se chamava Ulão, o segundo, Jeús, e o terceiro, Elifelete. **40**Todos os filhos de Ulão foram guerreiros valentes e arqueiros habilidosos. Tiveram muitos filhos e netos, 150 ao todo.

Todos esses foram descendentes de Benjamim.

9

Todo o Israel foi listado nos registros genealógicos do *Livro dos Reis de Israel*.

Os exilados que voltaram

O povo de Judá foi exilado na Babilônia por causa de sua infidelidade. **2**Os primeiros exilados a regressar a suas propriedades em suas respectivas cidades foram os sacerdotes, os levitas, os servidores do templo, além de outros israelitas. **3**Alguns membros das tribos de Judá, Benjamim, Efraim e Manassés se estabeleceram em Jerusalém.

4Uma das famílias a voltar foi a de Utai, filho de Amiúde, filho de Onri, filho de Inri, filho de Bani, descendente de Perez, filho de Judá.
5Do clã dos silonitas, alguns dos que voltaram foram: Asaías, o mais velho, e seus filhos.
6Do clã dos zeraítas, alguns dos que voltaram foram: Jeuel e seus parentes.
Ao todo, voltaram 690 famílias da tribo de Judá.

7Da tribo de Benjamim, alguns dos que voltaram foram: Salu, filho de Mesulão, filho de Hodavias, filho de Hassenua; **8**Ibneias, filho de Jeroão; Elá, filho de Uzi, filho de Micri; e Mesulão, filho de Sefatias, filho de Reuel, filho de Ibnias.
9Todos esses homens foram chefes de clãs e estão listados nos registros genealógicos. Ao todo, voltaram 956 famílias da tribo de Benjamim.

Os sacerdotes que voltaram

10Dos sacerdotes, alguns dos que voltaram foram: Jedaías, Jeoiaribe, Jaquim, **11**Azarias, filho de Hilquias, filho de Mesulão, filho de Zadoque, filho de Meraiote, filho de Aitube. Azarias era o principal encarregado da casa de Deus.
12Outros sacerdotes que voltaram foram: Adaías, filho de Jeroão, filho de Pasur, filho de Malquias; e Masai, filho de Adiel, filho de Jazera, filho de Mesulão, filho de Mesilemite, filho de Imer.
13Ao todo, voltaram 1.760 sacerdotes. Foram chefes de clãs e homens muito capazes. Eram responsáveis por servir na casa de Deus.

Os levitas que voltaram

14Dos levitas, os que voltaram foram: Semaías, filho de Hassube, filho de Azricão, filho de Hasabias, descendente de Merari; **15**Baquebacar; Heres; Galal; Matanias, filho de Mica, filho de Zicri, filho de Asafe; **16**Obadias, filho de Semaías, filho de Galal, filho de Jedutum;

---

[a] **8.29a** Conforme alguns manuscritos gregos (ver tb. 9.35); o hebraico não traz *Jeiel*. [b] **8.29b** Ou *fundador de*. [c] **8.30** Conforme alguns manuscritos gregos (ver tb. 9.36); o hebraico não traz *Ner*. [d] **8.31** Conforme o texto paralelo em 9.37; o hebraico traz *Zequer*, variação de *Zacarias*. [e] **8.32** Conforme o texto paralelo em 9.38; o hebraico traz *Simeia*, variação de *Simeão*. [f] **8.33** Em hebraico, *Esbaal*, outro nome para *Isbosete* (ver tb. 1Sm 14.49). [g] **8.34** Em hebraico, *Meribe-baal*, outro nome para *Mefibosete* (ver tb. 2Sm 4.4). [h] **8.36** Conforme o texto paralelo em 9.42; o hebraico traz *Jeoada*, variação de *Jadá*. [i] **8.37** Conforme o texto paralelo em 9.43; o hebraico traz *Rafa*, variação de *Refaías*.

e Berequias, filho de Asa, filho de Elcana, que morava na região de Netofate.

¹⁷Dos guardas das portas, os que voltaram foram: Salum, Acube, Talmom, Aimã e seus parentes. Salum era o chefe dos guardas. ¹⁸Antes dessa época, eram responsáveis pela Porta do Rei, do lado leste. Eram guardas das portas dos acampamentos dos levitas. ¹⁹Salum era filho de Coré, descendente de Abiasafe,[a] do clã de Corá. Ele e seus parentes, os coraítas, eram responsáveis por guardar a entrada do santuário, como seus antepassados haviam guardado a entrada do tabernáculo.

²⁰Naquele tempo, Fineias, filho de Eleazar, era o encarregado dos guardas das portas, e o Senhor estava com ele. ²¹Mais tarde, Zacarias, filho de Meselemias, foi o responsável por guardar a entrada.

²²Ao todo, havia 212 guardas das portas naquele tempo, e foram listados nos registros genealógicos de seus povoados. Os antepassados deles haviam sido nomeados por Davi e por Samuel, o vidente, porque eram homens de confiança. ²³Esses guardas das portas e seus descendentes, conforme suas divisões, eram responsáveis por guardar a entrada da casa do Senhor quando ela era uma tenda. ²⁴Os guardas das portas ficavam nos quatro lados: leste, oeste, norte e sul. ²⁵Seus parentes nos povoados vinham de tempo em tempo dividir essa responsabilidade com eles por períodos de sete dias.

²⁶Os quatro principais guardas das portas, todos levitas, eram oficiais de confiança, pois eram responsáveis pelas salas e pelos tesouros da casa de Deus. ²⁷Passavam a noite ao redor da casa de Deus, pois era seu dever guardá-la e abrir suas portas todas as manhãs.

²⁸Alguns dos guardas das portas foram nomeados para cuidar dos diversos objetos usados no culto. Conferiam tudo que era retirado e devolvido, para que nada se perdesse. ²⁹Outros eram responsáveis pela mobília, pelos utensílios do santuário e pelos suprimentos, como farinha da melhor qualidade, vinho, azeite, incenso e especiarias. ³⁰Eram os sacerdotes, porém, que misturavam as especiarias. ³¹Matitias, levita e filho mais velho de Salum, o coraíta, era encarregado de assar os pães para as ofertas. ³²E alguns membros do clã de Coate eram encarregados de preparar os pães colocados sobre a mesa todos os sábados.

³³Os músicos, todos chefes de famílias levitas, moravam no templo. Eram isentos de outras responsabilidades, pois realizavam seu serviço dia e noite. ³⁴Todos esses homens moravam em Jerusalém. Eram chefes de famílias levitas, listados como líderes nos registros genealógicos.

Genealogia do rei Saul

³⁵Jeiel, pai de[b] Gibeom, morava na cidade de Gibeom. Sua esposa se chamava Maaca, ³⁶e seu filho mais velho, Abdom. Os outros filhos de Jeiel foram: Zur, Quis, Baal, Ner, Nadabe, ³⁷Gedor, Aiô, Zacarias e Miclote. ³⁸Miclote gerou Simeão. Todos moravam com suas famílias, próximos uns dos outros, em Jerusalém. ³⁹Ner gerou Quis.

Quis gerou Saul.

Os filhos de Saul foram: Jônatas, Malquisua, Abinadabe e Isbosete.[c]

⁴⁰Jônatas gerou Mefibosete.[d]

Mefibosete gerou Mica.

⁴¹Os filhos de Mica foram: Pitom, Meleque, Tareia e Acaz.[e]

⁴²Acaz gerou Jadá.[f]

Os filhos de Jadá foram: Alemete, Azmavete e Zinri.

Zinri gerou Moza.

⁴³Moza gerou Bineá.

O filho de Bineá foi Refaías.

O filho de Refaías foi Eleasá.

O filho de Eleasá foi Azel.

⁴⁴Estes foram os seis filhos de Azel: Azricão, Bocru, Ismael, Searias, Obadias e Hanã. Todos esses foram filhos de Azel.

A morte de Saul

10 Os filisteus atacaram Israel, e os israelitas fugiram deles. Muitos foram mortos nas encostas do monte Gilboa. ²Os filisteus cercaram Saul e seus filhos e mataram três deles:

---

[a] **9.19** Em hebraico, *Ebiasafe*, variação de Abiasafe; comparar com Êx 6.24. [b] **9.35** Ou *fundador de*. [c] **9.39** Em hebraico, *Esbaal*, outro nome para Isbosete (ver tb. 1Sm 14.49). [d] **9.40** Em hebraico, *Meribe-baal*, outro nome para Mefibosete (ver tb. 2Sm 4.4). [e] **9.41** Conforme a versão siríaca e a Vulgata (ver tb. 8.35); o hebraico não traz *e Acaz*. [f] **9.42** Conforme alguns manuscritos hebraicos e a Septuaginta (ver tb. 1Cr 8.36), o hebraico traz *Jaerá*.

Jônatas, Abinadabe e Malquisua. ³O combate se tornou cada vez mais intenso em volta de Saul, e os arqueiros filisteus o alcançaram e o feriram.

⁴Saul disse a seu escudeiro: "Pegue sua espada e mate-me antes que esses filisteus incircuncisos venham e me torturem".

Mas o escudeiro teve medo e não quis matá-lo. Então Saul pegou sua própria espada e se lançou sobre ela. ⁵Quando viu que Saul estava morto, o escudeiro se lançou sobre sua espada e morreu. ⁶Saul e seus três filhos morreram juntos, e sua dinastia chegou ao fim.

⁷Quando os israelitas no vale de Jezreel viram que o exército israelita havia fugido e que Saul e seus filhos estavam mortos, abandonaram suas cidades e fugiram. Então os filisteus vieram e ocuparam essas cidades.

⁸No dia seguinte, quando os filisteus foram saquear os mortos, encontraram os corpos de Saul e seus três filhos no monte Gilboa. ⁹Removeram a armadura de Saul e cortaram sua cabeça. Então anunciaram o ocorrido diante de seus ídolos e ao povo de toda a terra da Filístia. ¹⁰Colocaram a armadura de Saul no templo de seus deuses e penduraram sua cabeça no templo de Dagom.

¹¹Quando os habitantes de Jabes-Gileade souberam o que os filisteus haviam feito a Saul, ¹²todos os seus guerreiros mais valentes foram e trouxeram os corpos de Saul e seus filhos de volta para Jabes. Enterraram os ossos debaixo de uma grande árvore em Jabes e jejuaram durante sete dias.

¹³Saul morreu porque foi infiel ao Senhor. Não obedeceu ao mandamento do Senhor e chegou a consultar uma médium, ¹⁴em vez de pedir orientação ao Senhor. Por isso o Senhor o matou e entregou o reino a Davi, filho de Jessé.

Davi se torna rei de todo o Israel

11 Então todo o Israel se reuniu diante de Davi, em Hebrom. "Somos do mesmo povo e raça",ᵃ disseram. ²"No passado, quando Saul era rei, era você que liderava o exército de Israel. E o Senhor, seu Deus, lhe disse: 'Você será o pastor do meu povo, Israel. Será o líder do meu povo, Israel'."

³Então, ali em Hebrom, Davi fez um acordo diante do Senhor com todas as autoridades de Israel, e elas o ungiram rei de Israel, conforme o Senhor havia anunciado por meio de Samuel.

Davi conquista Jerusalém

⁴Então Davi e todo o Israel foram a Jerusalém (isto é, Jebus), onde moravam os jebuseus, que viviam naquele lugar. ⁵Os jebuseus zombaram de Davi: "Você jamais entrará aqui!", mas Davi tomou a fortaleza de Sião, que hoje é chamada de Cidade de Davi.

⁶Davi tinha dito a seus soldados: "O primeiro que atacar os jebuseus se tornará o comandante de meus exércitos!". Joabe, filho de Zeruia, foi o primeiro a atacar, e assim se tornou o comandante dos exércitos de Davi.

⁷Davi foi morar na fortaleza, e ela passou a ser chamada de Cidade de Davi. ⁸Ampliou a cidade, desde o aterroᵇ até a região ao redor, enquanto Joabe reconstruiu o restante da cidade. ⁹Davi foi se tornando cada vez mais poderoso, pois o Senhor dos Exércitos estava com ele.

Os guerreiros mais valentes de Davi

¹⁰Estes foram os líderes dos guerreiros valentes de Davi. Junto com todo o Israel, apoiaram firmemente o reinado de Davi, conforme o Senhor havia prometido a respeito de Israel.

¹¹Este é o registro dos guerreiros mais valentes de Davi. O primeiro era Jasobeão, o hacmonita, líder dos Três, isto é, dos guerreiros mais valentes dentre os soldados de Davi.ᶜ Certa ocasião, usou sua lança para matar trezentos soldados inimigos numa só batalha.

¹²O segundo era Eleazar, filho de Dodai,ᵈ descendente de Aoí. ¹³Estava com Davi quando os filisteus se reuniram para a batalha em Pas-Damim e atacaram os israelitas numa plantação de cevada. O exército israelita fugiu, ¹⁴mas Eleazar e Daviᵉ mantiveram sua posição no meio do campo e derrotaram os filisteus. O Senhor os salvou e lhes deu grande vitória.

¹⁵Certa vez, Davi estava na rocha junto à caverna de Adulão, e o exército filisteu estava acampado no vale de Refaim. Os Três — que faziam parte dos Trinta, um grupo de elite entre os valentes de Davi — desceram para encontrá-lo em

---

ᵃ**11.1** Em hebraico, *Somos seu osso e sua carne*. ᵇ**11.8** Em hebraico, *o Milo*. O significado do hebraico é incerto. ᶜ**11.11** Conforme alguns manuscritos gregos (ver tb. 2Sm 23.8); o hebraico traz *líder dos Trinta*, ou *líder dos capitães*. ᵈ**11.12** Conforme o texto paralelo em 2Sm 23.9 (ver tb. 27.4); o hebraico traz *Dodô*, variação de Dodai. ᵉ**11.14** Em hebraico, *eles*.

Adulão. ¹⁶Nessa ocasião, Davi estava na fortaleza, e um destacamento filisteu havia ocupado a cidade de Belém.

¹⁷Davi comentou: "Ah, como seria bom beber a água pura do poço que fica junto ao portão de Belém!". ¹⁸Então os Três atravessaram as fileiras dos filisteus, tiraram água do poço junto ao portão de Belém e a trouxeram a Davi. Ele, porém, se recusou a bebê-la. Em vez disso, derramou-a no chão como oferta ao Senhor. ¹⁹"Que Deus não permita que eu beba desta água!", exclamou. "Ela é tão preciosa quanto o sangue destes homens[a] que arriscaram a vida para trazê-la." E Davi não a bebeu. Esses são exemplos dos feitos desses três guerreiros.

Os trinta valentes de Davi

²⁰Abisai, irmão de Joabe, era o líder dos Trinta.[b] Certa ocasião, usou sua lança para matar trezentos soldados inimigos numa só batalha. Foi por causa de feitos como esse que ele se tornou tão famoso quanto os Três. ²¹Abisai era o mais conhecido dos Trinta e era seu comandante, embora não fosse um dos Três.

²²Também havia Benaia, filho de Joiada, soldado valente[c] de Cabzeel. Realizou muitos feitos heroicos, como matar dois grandes guerreiros[d] de Moabe. Em outra ocasião, num dia de neve, perseguiu um leão até uma cova e o matou. ²³Uma vez, com apenas um cajado, matou um guerreiro egípcio de 2,25 metros[e] de altura armado com uma lança da grossura de um eixo de tecelão. Benaia arrancou a lança da mão do egípcio e com ela o matou. ²⁴Feitos como esses tornaram Benaia tão famoso quanto os três guerreiros mais valentes. ²⁵Foi mais honrado que qualquer outro membro dos Trinta, embora não fosse um dos Três. Davi o nomeou comandante de sua guarda pessoal.

²⁶Outros guerreiros valentes de Davi foram:

Asael, irmão de Joabe;
Elanã, filho de Dodô, de Belém;
²⁷Samá, de Harode;[f]
Helez, de Pelom;
²⁸Ira, filho de Iques, de Tecoa;
Abiezer, de Anatote;
²⁹Sibecai, de Husate;
Zalmom,[g] de Aoí;
³⁰Maarai, de Netofate;
Helede, filho de Baaná, de Netofate;
³¹Itai, filho de Ribai, de Gibeá, na terra de Benjamim;
Benaia, de Piratom;
³²Hurai, de Naal-Gaás;[h]
Abi-Albom,[i] de Arbate;
³³Azmavete, de Baurim;[j]
Eliaba, de Saalbom;
³⁴os filhos de Jasém,[k] de Gizom;
Jônatas, filho de Sage, de Harar;
³⁵Aião, filho de Sarar,[l] de Harar;
Elifal, filho de Ur;
³⁶Héfer, de Maquerate;
Aías, de Pelom;
³⁷Hezro, do Carmelo;
Paarai,[m] filho de Ezbai;
³⁸Joel, irmão de Natã;
Mibar, filho de Hagri;
³⁹Zeleque, de Amom;
Naarai, de Beerote, escudeiro de Joabe, filho de Zeruia;
⁴⁰Ira, de Jatir;
Garebe, de Jatir;
⁴¹Urias, o hitita;
Zabade, filho de Alai;
⁴²Adina, filho de Siza, líder rubenita que tinha consigo trinta homens;
⁴³Hanã, filho de Maaca;
Josafá, de Mitene;
⁴⁴Uzia, de Asterote;
Sama e Jeiel, filhos de Hotão, de Aroer;
⁴⁵Jediael, filho de Sinri;
Joá, de Tiz;
⁴⁶Eliel, de Maave;
Jeribai e Josavias, filhos de Elnaão;
Itma, de Moabe;
⁴⁷Eliel e Obede;
Jaasiel, de Zobá.[n]

---

[a] **11.19** Em hebraico, *Acaso beberei do sangue destes homens?* [b] **11.20** Conforme a versão siríaca; o hebraico traz *dos Três* (tb. em 11.21). [c] **11.22a** Ou *filho de Joiada, filho de Isai*. [d] **11.22b** Em hebraico, *dois de Ariel*. [e] **11.23** Em hebraico, *5 côvados*. [f] **11.27** Conforme o texto paralelo em 2Sm 23.25; o hebraico traz *Samote, de Haror*. [g] **11.29** Conforme o texto paralelo em 2Sm 23.28; o hebraico traz *Ilai*. [h] **11.32a** Ou *dos ribeiros de Gaás*. [i] **11.32b** Conforme o texto paralelo em 2Sm 23.31; o hebraico traz *Abiel*. [j] **11.33** Conforme o texto paralelo em 2Sm 23.31; o hebraico traz *Baarum*. [k] **11.34** Conforme o texto paralelo em 2Sm 23.32; o hebraico traz *filhos de Hasém*. [l] **11.35** Conforme o texto paralelo em 2Sm 23.33; o hebraico traz *filho de Sacar*. [m] **11.37** Conforme o texto paralelo em 2Sm 23.35; o hebraico traz *Naarai*. [n] **11.47** Ou *o mezobaíta*.

Guerreiros se unem ao exército de Davi

12 Estes foram os homens que se juntaram a Davi em Ziclague, quando ele estava escondido de Saul, filho de Quis. Estavam entre os guerreiros que lutaram ao lado de Davi na batalha. ²Todos eles eram arqueiros habilidosos, capazes de atirar flechas com o arco, ou pedras com a funda, tanto com a mão esquerda como com a direita. Eram todos parentes de Saul, da tribo de Benjamim. ³Seu chefe era Aiezer, filho de Semaá, de Gibeá; seu irmão Joás era o segundo no comando. Os outros guerreiros foram:

Jeziel e Pelete, filhos de Azmavete;
Beraca;
Jeú, de Anatote;
⁴Ismaías, de Gibeom, guerreiro valente e líder entre os Trinta;
[a]Jeremias, Jaaziel, Joanã e Jozabade, de Gederá;
⁵Eluzai, Jerimote, Bealias, Semarias e Sefatias, de Harufe;
⁶Elcana, Issias, Azareel, Joezer e Jasobeão, todos coraítas;
⁷Joela e Zebadias, filhos de Jeroão, de Gedor.

⁸Alguns guerreiros valentes e treinados para o combate da tribo de Gade também se juntaram a Davi quando ele estava na fortaleza no deserto. Eram hábeis com o escudo e a lança, ferozes como leões e ágeis como gazelas nos montes.

⁹Ézer era o chefe;
Obadias, o segundo;
Eliabe, o terceiro;
¹⁰Mismana, o quarto;
Jeremias, o quinto;
¹¹Atai, o sexto;
Eliel, o sétimo;
¹²Joanã, o oitavo;
Elzabade, o nono;
¹³Jeremias, o décimo;
e Macbanai, o décimo primeiro.

¹⁴Esses guerreiros de Gade eram comandantes do exército. O mais fraco deles era capaz de enfrentar cem soldados, e o mais forte, capaz de enfrentar mil. ¹⁵Esses foram os homens que atravessaram o Jordão durante a época de cheia do rio, no início do ano, e expulsaram todos que habitavam nos vales nas margens leste e oeste.

¹⁶Outros de Benjamim e de Judá se juntaram a Davi na fortaleza. ¹⁷Davi foi ao encontro deles e lhes disse: "Se vieram em paz, para me ajudar, somos amigos. Mas, se vieram para me entregar a meus inimigos, embora eu seja inocente, que o Deus de seus antepassados veja isso e castigue vocês!".

¹⁸Então o Espírito veio sobre Amasai, chefe dos Trinta, e ele disse:

"Somos seus, Davi!
Estamos do seu lado, filho de Jessé!
Paz e prosperidade sejam com você
e com todos que o ajudam,
pois o seu Deus o ajuda!".

Davi os recebeu e os nomeou oficiais de suas tropas.

¹⁹Alguns homens de Manassés desertaram do exército israelita e se juntaram a Davi quando ele saiu com os filisteus para guerrear contra Saul. Os governantes filisteus, porém, não permitiram que Davi e seus homens fossem com eles. Depois de discutirem, mandaram-no embora, pois disseram: "Se Davi passar para o lado de Saul e voltar-se contra nós, isso custará nossa cabeça".

²⁰Os homens de Manassés que se uniram a Davi quando ele voltava para Ziclague foram: Adna, Jozabade, Jediael, Micael, Jozabade, Eliú e Ziletai. Cada um deles comandava mil soldados da tribo de Manassés. ²¹Ajudaram Davi a perseguir bandos de saqueadores, pois eram guerreiros valentes que se tornaram comandantes de seu exército. ²²A cada dia, mais homens se juntavam a Davi, até que ele passou a ter um grande exército, como o exército de Deus.

²³Estes são os números de guerreiros armados que se uniram a Davi em Hebrom. Todos queriam que Davi se tornasse rei no lugar de Saul, como o Senhor havia prometido.

²⁴Da tribo de Judá, 6.800 guerreiros armados com escudos e com lanças.
²⁵Da tribo de Simeão, 7.100 guerreiros valentes preparados para a guerra.
²⁶Da tribo de Levi, 4.600 guerreiros, ²⁷incluindo Joiada, chefe da família de Arão, com 3.700 homens sob seu comando, ²⁸e

---

[a] **12.4** No texto hebraico, os versículos 12.4b-40 são numerados 12.5-41.

Zadoque, jovem guerreiro valente, com 22 oficiais, membros de sua família. ²⁹Da tribo de Benjamim, parente de Saul, 3.000 guerreiros. Até então, a maioria dos homens de Benjamim tinha permanecido leal a Saul. ³⁰Da tribo de Efraim, 20.800 guerreiros valentes, cada um deles muito respeitado em seu próprio clã. ³¹Da meia tribo de Manassés a oeste do Jordão, 18.000 foram indicados por nome para ajudarem Davi a se tornar rei. ³²Da tribo de Issacar, 200 chefes com seus parentes. Todos eles entendiam bem os acontecimentos daquele tempo e sabiam qual era o melhor caminho para Israel seguir. ³³Da tribo de Zebulom, 50.000 guerreiros treinados. Estavam bem armados e preparados para a batalha e eram inteiramente leais a Davi. ³⁴Da tribo de Naftali, 1.000 oficiais e 37.000 guerreiros armados com escudos e lanças. ³⁵Da tribo de Dã, 28.600 guerreiros, todos preparados para a batalha. ³⁶Da tribo de Aser, 40.000 guerreiros treinados, todos preparados para a batalha. ³⁷Do lado leste do rio Jordão, onde habitavam as tribos de Rúben e Gade e a meia tribo de Manassés, 120.000 soldados equipados com todos os tipos de armas.

³⁸Todos esses soldados vieram a Hebrom em ordem de batalha, com o único propósito de fazer Davi rei sobre todo o Israel. Na verdade, todo o Israel concordava que ele devia ser seu rei. ³⁹Durante três dias, comeram e beberam com Davi, pois seus parentes haviam feito preparativos para recebê-los. ⁴⁰Pessoas de lugares tão distantes como Issacar, Zebulom e Naftali trouxeram provisões sobre jumentos, camelos, mulas e bois. Trouxeram grandes quantidades de farinha, bolos de figo, bolos de passas,ᵃ vinho, azeite, bois e ovelhas para a celebração. Houve grande alegria em todo o Israel.

Davi tenta levar a arca para Jerusalém

13 Davi consultou todos os seus oficiais, incluindo os generais e capitães de seu exército.ᵇ ²Em seguida, dirigiu-se a toda a comunidade de Israel e disse: "Se vocês estiverem de acordo, e se for da vontade do Senhor, nosso Deus, enviemos uma mensagem aos israelitas por toda a terra, incluindo os sacerdotes e levitas em suas cidades, com suas pastagens, para que se unam a nós. ³É hora de trazermos

---

> **PÃO DIÁRIO**
>
> ## Demonstrando respeito
>
> *A ira do Senhor irrompeu contra nós da primeira vez, pois não foram vocês, os levitas, que levaram a arca. Não consultamos a Deus sobre o modo apropriado de transportá-la.*
> —1Crônicas 15.13
>
> Em Mianmar, as crianças aprendem a dar os objetos aos pais e às pessoas mais velhas com as duas mãos. Eu moro perto de Singapura e sei que, na Ásia, não é educado usar apenas uma das mãos para entregar a alguém um cartão de visita. Além disso, culturalmente, é muito grosseiro dá-lo à pessoa esticando a mão sobre a mesa. Para demonstrar respeito, devo usar as duas mãos para entregar meu cartão de visita a alguém.
>
> Em 1 Crônicas 13, vemos a importância de demonstrar respeito a Deus. Davi tinha boas intenções quando decidiu trazer a arca de volta para Jerusalém. Durante o processo, no entanto, Uzá tocou a arca na tentativa de impedir que esta caísse do carro de boi. Deus o feriu mortalmente. Davi ficou espantado e desgostoso com a ira de Deus. Por que o Senhor reagira com tamanha severidade?
>
> Davi percebeu que o que desejava fazer para Deus deveria ser feito com respeito ao Senhor e Suas instruções específicas. Deus ordenara que a arca fosse carregada pelos filhos de Coate "com varas de madeira de acácia", não num carro de boi, e que ninguém a tocasse (Êx 25.14,15; Nm 3.30,31; 4.15).
>
> O que Davi aprendeu é algo que também devemos levar a sério. Demonstrar respeito a Deus significa aprender o que Ele quer que façamos e, em seguida, obedecê-lo completamente. Para agradar ao Senhor, devemos fazer a obra dele do Seu jeito.
>
> *Pai, digo que te amo e respeito, no entanto, como é fácil obedecer a ti com indiferença. Minha tendência é fazer vistas grossas para as coisas que podem me causar dor ou desconforto. Quero te obedecer, mas também quero permanecer confortável. Ajuda-me a obedecer a ti completamente — custe o que custar.*
>
> ---
>
> **Demonstramos o nosso respeito a Deus quando obedecemos a Ele.**

ᵃ 12.40 Ou *cachos de passas.* ᵇ 13.1 Em hebraico, *comandantes de milhares e de centenas.*

de volta a arca de nosso Deus, pois descuidamos dela durante o reinado de Saul".

⁴Toda a comunidade concordou, pois o povo entendeu que era a coisa certa a fazer. ⁵Então Davi convocou todos os israelitas, desde o ribeiro Sior, no Egito, ao sul, até Lebo-Hamate, ao norte, para trazerem a arca de Deus, que estava em Quiriate-Jearim. ⁶Davi e todo o Israel foram a Baalá de Judá (também chamada de Quiriate-Jearim), a fim de buscar a arca de Deus, junto à qual era invocado o nome do Senhor,ᵃ que está entronizado entre os querubins. ⁷Puseram a arca de Deus numa carroça nova e a levaram da casa de Abinadabe. Uzá e Aiô guiavam a carroça. ⁸Davi e todo o Israel se alegravam diante de Deus com todas as suas forças, entoando cânticos e tocando todo tipo de instrumentos musicais: liras, harpas, tamborins, címbalos e trombetas.

⁹Quando chegaram à eira de Nacom,ᵇ os bois que puxavam a carroça tropeçaram, e Uzá estendeu a mão para segurar a arca. ¹⁰A ira do Senhor se acendeu contra Uzá, e ele o matou por haver tocado na arca. E Uzá morreu ali mesmo, na presença de Deus.

¹¹Davi ficou indignado porque a ira do Senhor irrompeu contra Uzá e chamou aquele lugar de Perez-Uzá,ᶜ como é conhecido até hoje.

¹²Davi teve medo do Senhor e perguntou: "Como poderei levar a arca do Senhor?". ¹³Assim, não transferiu a arca do Senhor para a Cidade de Davi. Em vez disso, levou-a para a casa de Obede-Edom, na cidade de Gate. ¹⁴A arca do Senhor ficou na casa de Obede-Edom por três meses, e o Senhor abençoou a família de Obede-Edom e tudo que ele possuía.

O palácio e a família de Davi

14 Hirão, rei de Tiro, enviou a Davi mensageiros com madeira de cedro, pedreiros e carpinteiros, para que lhe construíssem um palácio. ²E Davi compreendeu que o Senhor o havia confirmado como rei sobre Israel e exaltado seu reino por causa de seu povo, Israel.

³Em Jerusalém, Davi tomou para si outras mulheres, que lhe deram mais filhos e filhas. ⁴Estes são os nomes dos filhos de Davi que nasceram em Jerusalém: Samua, Sobabe, Natã, Salomão, ⁵Ibar, Elisua, Elpalete, ⁶Nogá, Nefegue, Jafia, ⁷Elisama, Eliadaᵈ e Elifelete.

Davi derrota os filisteus

⁸Quando os filisteus souberam que Davi tinha sido ungido rei de Israel, mobilizaram suas tropas para capturá-lo. Davi, porém, foi informado disso e saiu para enfrentá-los. ⁹Os filisteus chegaram e invadiram o vale de Refaim. ¹⁰Então Davi perguntou a Deus: "Devo sair e lutar contra os filisteus? Tu os entregarás em minhas mãos?".

O Senhor respondeu a Davi: "Sim, vá, pois eu certamente os entregarei em suas mãos".

¹¹Então Davi e seus soldados foram a Baal-Perazim e ali derrotaram os filisteus. Davi exclamou: "Por meu intermédio, Deus irrompeu no meio de meus inimigos como uma violenta inundação!". Por isso, chamou aquele lugar de Baal-Perazim.ᵉ ¹²Os filisteus haviam deixado seus ídolos ali, e Davi ordenou que fossem queimados.

¹³Pouco tempo depois, os filisteus voltaram a invadir o vale. ¹⁴Mais uma vez, Davi consultou a Deus. "Não os ataque pela frente", respondeu Deus. "Em vez disso, dê a volta por trás deles e ataque-os perto dos álamos.ᶠ ¹⁵Quando ouvir um som como de pés marchando por cima dos álamos, saia e ataque! É o sinal de que Deus vai à sua frente para derrotar o exército filisteu". ¹⁶Davi fez como Deus ordenou e derrotou os filisteus por todo o caminho, desde Gibeom até Gezer.

¹⁷Assim, a fama de Davi se espalhou por toda parte, e o Senhor fez que todas as nações o temessem.

Preparativos para transportar a arca

15 Davi construiu várias casas para si na Cidade de Davi. Também preparou um lugar para a arca de Deus e armou uma tenda especial para ela. ²Em seguida, ordenou: "Ninguém, a não ser os levitas, levará a arca de Deus.

ᵃ **13.6** Ou *que é chamada pelo nome do Senhor*. ᵇ **13.9** Conforme o texto paralelo em 2Sm 6.6; o hebraico traz *Quidom*. ᶜ **13.11** *Perez-Uzá* significa "irrompimento contra Uzá". ᵈ **14.7** Em hebraico, *Beeliada*, variação de Eliada; comparar com 3.8 e com o texto paralelo em 2Sm 5.16. ᵉ **14.11** *Baal-Perazim* significa "o Senhor que irrompe". ᶠ **14.14** Ou *das amoreiras*, ou *dos bálsamos*; também em 14.15. A identificação da árvore é incerta.

O Senhor os escolheu para carregarem a arca de Deus e o servirem para sempre".

³Então Davi convocou todo o Israel para ir a Jerusalém a fim de trazer a arca do Senhor para o lugar que ele havia preparado. ⁴Este é o número de descendentes de Arão e de levitas convocados:

⁵Do clã de Coate, 120, e seu chefe era Uriel.
⁶Do clã de Merari, 220, e seu chefe era Asaías.
⁷Do clã de Gérson,ª 130, e seu chefe era Joel.
⁸Dos descendentes de Elisafã, 200, e seu chefe era Semaías.
⁹Dos descendentes de Hebrom, 80, e seu chefe era Eliel.
¹⁰Dos descendentes de Uziel, 112, e seu chefe era Aminadabe.

¹¹Em seguida, Davi convocou os sacerdotes Zadoque e Abiatar, e os chefes dos levitas Uriel, Asaías, Joel, Semaías, Eliel e Aminadabe. ¹²Disse-lhes: "Vocês são os chefes das famílias levitas. Consagrem-se, vocês e todos os seus parentes levitas, para trazerem a arca do Senhor, o Deus de Israel, para o lugar que preparei para ela. ¹³A ira do Senhor irrompeu contra nós da primeira vez, pois não foram vocês, os levitas, que levaram a arca. Não consultamos a Deus sobre o modo apropriado de transportá-la". ¹⁴Então os sacerdotes e os levitas se consagraram a fim de trazer para Jerusalém a arca do Senhor, Deus de Israel. ¹⁵Os levitas carregaram a arca de Deus sobre os ombros, usando as varas presas a ela, conforme o Senhor havia instruído por meio de Moisés.

¹⁶Davi também ordenou aos chefes dos levitas que nomeassem cantores e músicos para entoarem cânticos alegres acompanhados por harpas, liras e címbalos. ¹⁷Os levitas escolheram Hemã, filho de Joel, e seus parentes levitas: Asafe, filho de Berequias, e Etã, filho de Cuxaías, do clã de Merari. ¹⁸Foram escolhidos como seus ajudantes os seguintes homens: Zacarias, Jaaziel,ᵇ Semiramote, Jeiel, Uni, Eliabe, Benaia, Maaseias, Matitias, Elifeleu, Micneias e os guardas das portas: Obede-Edom e Jeiel.

¹⁹Os músicos Hemã, Asafe e Etã foram escolhidos para tocar os címbalos de bronze. ²⁰Zacarias, Aziel, Semiramote, Jeiel, Uni, Eliabe, Maaseias e Benaia foram escolhidos para tocar as harpas, em tons agudos.ᶜ ²¹Matitias, Elifeleu, Micneias, Obede-Edom, Azazias e Jeiel foram escolhidos para tocar as liras, em tons de oitava.ᵈ ²²Quenanias, chefe dos levitas, foi escolhido para dirigir o canto, pois tinha habilidade para isso.

²³Berequias e Elcana foram escolhidos para cuidarᵉ da arca. ²⁴Sebanias, Josafá, Natanael, Amasai, Zacarias, Benaia e Eliézer, todos sacerdotes, foram escolhidos para tocar as trombetas enquanto iam à frente da arca de Deus. Obede-Edom e Jeías também foram escolhidos para cuidar da arca.

A arca é levada para Jerusalém

²⁵Então Davi, as autoridades de Israel e os generais do exércitoᶠ foram à casa de Obede-Edom a fim de trazer a arca da aliança do Senhor para Jerusalém com grande celebração. ²⁶E, como Deus estava claramente ajudando os levitas enquanto carregavam a arca da aliança do Senhor, ofereceram como sacrifício sete novilhos e sete carneiros.

²⁷Davi vestia um manto de linho fino, assim como os levitas que carregavam a arca, os músicos e Quenanias, o dirigente do canto. Davi também vestia um colete sacerdotal. ²⁸Assim, todo o Israel trouxe a arca da aliança do Senhor com gritos de alegria, ao som de trombetas, cornetas, címbalos, harpas e liras.

²⁹Enquanto a arca da aliança do Senhor entrava na Cidade de Davi, Mical, filha de Saul, olhava pela janela. Quando viu o rei Davi saltando e rindo de alegria, encheu-se de desprezo por ele.

16 Trouxeram a arca de Deus e a colocaram dentro da tenda especial que Davi tinha preparado para ela. Em seguida, apresentaram a Deus holocaustos e ofertas de paz. ²Quando Davi terminou de oferecer os holocaustos e ofertas de paz, abençoou o povo em nome do

---

ª **15.7** Em hebraico, *Gersom*, variação de Gérson. ᵇ **15.18** Conforme alguns manuscritos hebraicos e a Septuaginta (ver tb. listas paralelas em 15.20; 16.5); a maioria dos manuscritos hebraicos traz *Zacarias ben* [ou *filho de*] *Jaaziel*. ᶜ **15.20** Em hebraico, *de acordo com Alamote*. O significado do hebraico é incerto. ᵈ **15.21** Em hebraico, *de acordo com Seminite*. O significado do hebraico é incerto. ᵉ **15.23** Em hebraico, *foram escolhidos como guardas das portas*; também em 15.24. ᶠ **15.25** Em hebraico, *comandantes de milhares*.

PÃO DIÁRIO

Gracias!

Deem graças ao Senhor e proclamem seu nome, anunciem entre os povos o que ele tem feito.
—1Crônicas 16.8

Quando visitei o México, queria saber falar espanhol. Eu conseguia dizer *gracias* (obrigado), *muy bien* (muito bem) e *hola* (oi). Mas era só isso. Acabei me cansando de dizer apenas *gracias* para toda pessoa que falasse comigo ou fizesse algo por mim.

Porém, nunca devemos nos cansar de render graças a Deus. Davi conhecia a importância do agradecimento. Depois que ele se tornou rei de Israel e armou uma tenda para abrigar a arca da aliança (onde habitava a presença de Deus), nomeou alguns levitas para "invocarem as bênçãos dele e darem graças e louvarem o Senhor, o Deus de Israel" (1Cr 16.4). Muitas pessoas permaneceram ali para oferecer sacrifícios e dar graças ao Senhor diariamente (vv.37,38).

Davi também entregou um cântico de agradecimento a Asafe e seus irmãos e os incumbiu de celebrar ao Senhor (vv.8-36). O salmo de Davi rendia graças ao Senhor pelo "que ele tem feito" (v.8), por todas as "suas maravilhas" (v.9), "das maravilhas que ele fez, dos milagres que realizou e dos juízos que pronunciou" (v.12) e Sua "salvação" (v.35). O cântico de Davi também louvava ao Senhor por quem Ele é: bom, fiel e santo (vv.34,35).

Como Davi, jamais devemos nos cansar de agradecer a Deus por quem Ele é e por tudo o que Ele faz por nós. Separe um tempo hoje para oferecer o seu sacrifício de louvor a Ele.

Pai, a lista do que tens feito por mim é longa. Dou-te graças pela salvação e por Tuas muitas provisões. Tu és bom. Agradeço-te agora, por_____.

O coração cheio de louvor agrada a Deus.

Senhor. ³Depois, para cada homem e mulher em todo o Israel, deu um pão, um bolo de tâmaras[a] e um bolo de passas.

⁴Davi nomeou os seguintes levitas para servirem diante da arca do Senhor, invocarem as bênçãos dele e darem graças e louvarem o Senhor, o Deus de Israel: ⁵Asafe, o chefe do grupo, tocava os címbalos. Depois dele vinha Zacarias, seguido de Jeiel, Semiramote, Jeiel, Matitias, Eliabe, Benaia, Obede-Edom e Jeiel, que tocavam harpas e liras. ⁶Os sacerdotes Benaia e Jaaziel tocavam trombetas continuamente diante da arca da aliança de Deus.

O cântico de louvor de Davi

⁷Naquele dia, Davi encarregou Asafe e seus parentes levitas de louvarem com ação de graças ao Senhor:

⁸"Deem graças ao Senhor e proclamem seu nome,
   anunciem entre os povos o que ele tem feito.
⁹Cantem a ele, sim, cantem louvores a ele,
   falem a todos de suas maravilhas.
¹⁰Exultem em seu santo nome,
   alegrem-se todos que buscam o Senhor.
¹¹Busquem o Senhor e sua força,
   busquem sua presença todo o tempo.
¹²Lembrem-se das maravilhas que ele fez,
   dos milagres que realizou e dos juízos que pronunciou,
¹³vocês que são filhos de seu servo Israel,
   descendentes de Jacó, seus escolhidos.

¹⁴"Ele é o Senhor, nosso Deus;
   vemos sua justiça em toda a terra.
¹⁵Lembrem-se de sua aliança para sempre,
   do compromisso que ele firmou com mil gerações.
¹⁶É a aliança que fez com Abraão,
   o juramento que fez a Isaque.
¹⁷Ele a confirmou a Jacó por decreto,
   ao povo de Israel como aliança sem fim:
¹⁸'Darei a vocês a terra de Canaã,
   como a porção de sua herança'.

¹⁹"Assim declarou quando vocês ainda eram poucos,
   um punhado de estrangeiros em Canaã.
²⁰Vagaram de uma nação a outra,
   de um reino a outro.
²¹E, no entanto, ele não permitiu que ninguém os oprimisse
   e, em seu favor, repreendeu reis:
²²'Não toquem em meu povo escolhido,[b]
   não façam mal a meus profetas'.
²³"Toda a terra cante ao Senhor!
   Proclamem todos os dias a sua salvação.

---

[a] **16.3** Ou *um pedaço de carne*. O significado do hebraico é incerto. [b] **16.22** Em hebraico, *em meus ungidos*.

²⁴Anunciem a sua glória entre as nações,
contem a todos as suas maravilhas.
²⁵Grande é o Senhor! Digno de muito louvor!
Ele é mais temível que todos os deuses.
²⁶Os deuses de outros povos não passam de ídolos,
mas o Senhor fez os céus!
²⁷Glória e majestade o cercam,
força e alegria enchem sua habitação.

²⁸"Ó nações do mundo, reconheçam o Senhor,
reconheçam que o Senhor é glorioso e forte.
²⁹Deem ao Senhor a glória que seu nome merece,
tragam ofertas e venham à sua presença.
Adorem o Senhor em todo o seu santo esplendor;
³⁰toda a terra trema diante dele.
O mundo permanece firme
e não pode ser abalado.

³¹"Alegrem-se os céus e exulte a terra!
Digam entre as nações: 'O Senhor reina!'.
³²Deem louvor o mar e tudo que nele há!
Os campos e suas colheitas gritem de alegria!
³³As árvores do bosque exultem diante do Senhor,
pois ele vem para julgar a terra.

³⁴"Deem graças ao Senhor, porque ele é bom;
seu amor dura para sempre!
³⁵Clamem: 'Salva-nos, ó Deus de nossa salvação!
Reúne-nos e livra-nos das nações,
para darmos graças ao teu santo nome,
para nos alegrarmos no teu louvor'.

³⁶"Louvem o Senhor, o Deus de Israel,
que vive de eternidade a eternidade!"

Todo o povo disse em alta voz: "Amém!" e louvou o Senhor.

Culto em Jerusalém e em Gibeom

³⁷Davi providenciou que Asafe e seus parentes levitas servissem continuamente diante da arca da aliança do Senhor e cumprissem seus deveres de cada dia. ³⁸Faziam parte desse grupo: Obede-Edom, filho de Jedutum, Hosa e 68 levitas que eram guardas das portas.

³⁹Enquanto isso, Davi deixou o sacerdote Zadoque e seus parentes no tabernáculo do Senhor, no lugar de adoração em Gibeom, onde continuaram a servir diante do Senhor. ⁴⁰Todas as manhãs e todas as tardes, ofereciam holocaustos ao Senhor no altar separado para essa finalidade, em obediência a tudo que estava escrito na lei do Senhor, conforme ele tinha ordenado a Israel. ⁴¹Davi também designou Hemã, Jedutum e outros escolhidos por nome para darem graças ao Senhor, pois "seu amor dura para sempre". ⁴²Acompanhavam os cânticos de louvor a Deus com trombetas, címbalos e outros instrumentos. Os filhos de Jedutum foram nomeados guardas das portas.

⁴³Então todos voltaram para casa, e Davi também voltou para abençoar sua família.

A aliança do Senhor com Davi

17 Quando Davi já havia se estabelecido em seu palácio, mandou chamar o profeta Natã. Disse: "Veja, moro num palácio, uma casa de cedro, enquanto a arca da aliança do Senhor está lá fora, numa simples tenda".

²Natã respondeu a Davi: "Faça o que tem em mente, pois Deus está com o rei".

³Naquela mesma noite, porém, Deus disse a Natã:

⁴"Vá e diga a meu servo Davi que assim diz o Senhor: 'Não será você que construirá uma casa para eu habitar. ⁵Desde o dia em que tirei os israelitas do Egito até hoje, nunca morei numa casa. Sempre acompanhei o povo de um lugar para o outro numa tenda, num tabernáculo. ⁶E, no entanto, onde quer que tenha ido com os israelitas, nunca me queixei aos líderes de Israel, aos pastores de meu povo. Nunca lhes perguntei: Por que não construíram para mim um palácio, uma casa de cedro?'.

⁷"Agora vá e diga a meu servo Davi que assim diz o Senhor dos Exércitos: 'Eu o tirei das pastagens onde você cuidava das ovelhas e o escolhi para ser o líder de meu povo, Israel. ⁸Estive com você por onde andou e destruí todos os seus inimigos diante de seus olhos. Agora, tornarei seu nome tão conhecido

quanto o dos homens mais importantes da terra! ⁹Providenciarei uma terra para meu povo, Israel, e os plantarei num lugar seguro, onde jamais serão perturbados. Nações perversas não os oprimirão como fizeram no passado, ¹⁰desde o tempo em que nomeei juízes para governar meu povo, Israel. Também derrotarei todos os seus inimigos.

"'Além disso, eu declaro que o Senhor fará uma casa para você, uma dinastia real! ¹¹Pois, quando você morrer e se reunir a seus antepassados, escolherei um de seus filhos, de sua própria descendência, e estabelecerei seu reino. ¹²Ele é que construirá uma casa para mim, e estabelecerei seu trono para sempre. ¹³Eu serei seu pai, e ele será meu filho. Jamais retirarei dele meu favor, como o retirei daquele que governou antes de você. ¹⁴Eu o confirmarei para sempre como rei sobre minha casa e sobre meu reino, e seu trono será estabelecido para sempre'".

¹⁵Natã voltou até Davi e contou ao rei tudo que o Senhor lhe tinha revelado.

Oração de gratidão de Davi

¹⁶Então o rei Davi entrou no santuário, pôs-se diante do Senhor e orou:

"Quem sou eu, ó Senhor Deus, e o que é minha família, para que me trouxesses até aqui? ¹⁷E agora, ó Deus, como se isso não bastasse, dizes que darás a teu servo uma dinastia duradoura! Como alguém pode ser tão privilegiado, ó Senhor Deus?[a]

¹⁸"Que mais posso dizer sobre o modo como me honraste? Tu sabes como teu servo é de fato. ¹⁹Por causa de teu servo, ó Senhor, e de acordo com tua vontade, fizeste todas estas grandes coisas e as tornaste conhecidas.

²⁰"Ó Senhor, não há ninguém igual a ti! Jamais ouvimos falar de outro Deus como tu! ²¹Que outra nação na terra é como teu povo, Israel? Que outra nação, ó Deus, resgataste da escravidão para ser teu povo? Engrandeceste teu nome ao livrar teu povo do Egito. Realizaste milagres impressionantes e removeste as nações do caminho de teu povo. ²²Escolheste Israel para ser teu próprio povo para sempre, e tu, ó Senhor, te tornaste seu Deus.

²³"E agora, ó Senhor, sou teu servo; faze o que prometeste a meu respeito e de minha família. Confirma-o como uma promessa que durará para sempre. ²⁴Que o teu nome seja estabelecido e honrado para sempre, a fim de que todos digam: 'O Senhor dos Exércitos, o Deus de Israel, é Deus para Israel!'. E que a dinastia de teu servo Davi permaneça diante de ti para sempre.

²⁵"Ó Deus meu, tive a coragem de fazer-te esta oração porque revelaste a teu servo que farás uma casa para mim, uma dinastia real! ²⁶Pois tu és Deus, ó Senhor, e prometeste estas coisas boas a teu servo. ²⁷E agora, que seja do teu agrado abençoar a casa de teu servo, para que ela permaneça para sempre diante de ti. Pois, quando concedes uma bênção, ó Senhor, é uma bênção para sempre!".

Vitórias militares de Davi

18 Depois disso, Davi derrotou e sujeitou os filisteus, conquistando Gate e seus povoados. ²Também conquistou a terra de Moabe, e os moabitas que foram poupados se tornaram súditos de Davi e lhe pagaram tributo.

³Davi também destruiu o exército de Hadadezer, rei de Zobá, derrotando-o em Hamate, quando Hadadezer tentou fortalecer seu controle ao longo do rio Eufrates. ⁴Davi tomou mil carros de guerra, sete mil cavaleiros e vinte mil soldados da infantaria. Levou cavalos suficientes para cem carros de guerra e aleijou o restante.

⁵Quando os sírios de Damasco chegaram para ajudar Hadadezer, rei de Zobá, Davi matou 22 mil deles. ⁶Então colocou destacamentos de seu exército[b] em Damasco, a capital dos sírios. Assim Davi sujeitou os sírios, e eles lhe pagaram tributo. O Senhor concedia vitórias a Davi por onde quer que ele fosse.

⁷Davi levou para Jerusalém os escudos de ouro dos oficiais de Hadadezer, ⁸bem como grande quantidade de bronze de Tebá[c] e de Cum, cidades que pertenciam a Hadadezer. Mais tarde, Salomão derreteu o bronze e o

---

[a] **17.17** O significado do hebraico é incerto. [b] **18.6** Conforme a Septuaginta e a Vulgata (ver tb. 2Sm 8.6); o hebraico não traz *destacamentos de seu exército*. [c] **18.8** O hebraico traz *Tibate*, variação de Tebá; comparar com o texto paralelo em 2Sm 8.8.

usou para fazer o grande tanque de bronze chamado Mar, as colunas e os diversos utensílios de bronze do templo.

⁹Quando Toí,ᵃ rei de Hamate, soube que Davi tinha destruído todo o exército de Hadadezer, rei de Zobá, ¹⁰enviou seu filho Jorãoᵇ para parabenizar Davi por sua campanha bem-sucedida. Hadadezer e Toí eram inimigos e sempre estavam em guerra. Jorão presenteou Davi com objetos de prata, ouro e bronze.

¹¹O rei Davi dedicou todos esses presentes ao Senhor, junto com a prata e o ouro que ele havia tomado de outras nações: de Edom, Moabe, Amom, da Filístia e de Amaleque.

¹²Abisai, filho de Zeruia, destruiu dezoito mil edomitas no vale do Sal. ¹³Colocou destacamentos do exército em Edom e, assim, todos os edomitas se tornaram súditos de Davi. O Senhor concedia vitórias a Davi por onde quer que ele fosse.

¹⁴Davi reinou sobre todo o Israel e fazia o que era justo e correto para seu povo. ¹⁵Joabe, filho de Zeruia, era comandante de seu exército. Josafá, filho de Ailude, era o historiador do reino. ¹⁶Zadoque, filho de Aitube, e Aimeleque,ᶜ filho de Abiatar, eram sacerdotes. Seraíasᵈ era o secretário da corte. ¹⁷Benaia, filho de Joiada, era comandante da guarda pessoal do rei.ᵉ E os filhos de Davi eram seus assistentes diretos.

Davi derrota os amonitas

19 Algum tempo depois, morreu Naás, rei dos amonitas, e seu filho Hanumᶠ subiu ao trono. ²Davi disse: "Vou demonstrar lealdade a Hanum assim como seu pai, Naás, sempre foi leal a mim". Então Davi enviou representantes para expressar seu pesar a Hanum pela morte do pai dele.

Mas, quando os representantes de Davi chegaram à terra de Amom, ³os líderes amonitas disseram a Hanum: "O rei acredita mesmo que esses homens estão aqui para honrar seu pai? Não! Davi os enviou com o objetivo de espionar a terra para vir e conquistá-la!". ⁴Então Hanum prendeu os representantes de Davi, raspou a barba de cada um, cortou metade de suas roupas até as nádegas e os mandou de volta a Davi.

⁵Quando Davi soube do que havia acontecido, enviou mensageiros ao encontro dos homens, para que lhes dissessem: "Fiquem em Jericó até que sua barba tenha crescido e voltem em seguida", pois estavam muito envergonhados.

⁶Quando Hanum e os amonitas perceberam quanto haviam enfurecido Davi, enviaram 35 toneladasᵍ de prata para Arã-Naarim, Arã-Maaca e Zobá, a fim de contratarem seus carros de guerra e cavaleiros. ⁷Também contrataram 32 mil carros de guerra e obtiveram o apoio do rei de Maaca e de seu exército. Esses soldados acamparam em Medeba, onde se juntaram a eles tropas amonitas que Hanum havia recrutado em suas próprias cidades. ⁸Davi foi informado disso e enviou Joabe e todos os seus guerreiros para lutarem contra eles. ⁹As tropas amonitas avançaram e formaram sua frente de batalha à entrada da cidade, enquanto os outros reis se posicionaram para lutar nos campos abertos.

¹⁰Joabe viu que teria de lutar em duas frentes ao mesmo tempo, por isso escolheu alguns dos melhores guerreiros de Israel e os pôs sob seu comando pessoal para enfrentar os sírios. ¹¹Deixou o restante do exército sob o comando de seu irmão Abisai, que atacou os amonitas. ¹²Joabe disse a seu irmão: "Se os sírios forem fortes demais para mim, venha me ajudar. E, se os amonitas forem fortes demais para você, eu irei ajudá-lo. ¹³Coragem! Lutemos bravamente por nosso povo e pelas cidades de nosso Deus. E que seja feita a vontade do Senhor!".

¹⁴Joabe e suas tropas atacaram, e os sírios começaram a fugir. ¹⁵Quando os amonitas viram que os sírios batiam em retirada, também fugiram de Abisai e recuaram para dentro da cidade. Então Joabe voltou para Jerusalém.

¹⁶Os sírios viram que não tinham como enfrentar Israel. Assim, enviaram mensageiros

---

ᵃ **18.9** Conforme o texto paralelo em 2Sm 8.9; o hebraico traz *Toú*; também em 18.10. ᵇ **18.10** Conforme o texto paralelo em 2Sm 8.10; o hebraico traz *Adorão*. ᶜ **18.16a** Conforme alguns manuscritos hebraicos, a versão siríaca e a Vulgata (ver tb. 2Sm 8 17); a maioria dos manuscritos hebraicos traz *Abimeleque*. ᵈ **18.16b** Conforme o texto paralelo em 2Sm 8.17; o hebraico traz *Sausa*. ᵉ **18.17** Em hebraico, *dos queretitas e dos peletitas*. ᶠ **19.1** Conforme o texto paralelo em 2Sm 10.1; o hebraico não traz *Hanum*. ᵍ **19.6** Em hebraico, *1.000 talentos*.

para convocar mais soldados do outro lado do rio Eufrates.ª Essas tropas eram conduzidas por Sobaque,[b] comandante do exército de Hadadezer.

[17] Quando Davi foi informado do que estava acontecendo, reuniu todo o Israel, atravessou o Jordão e posicionou suas tropas em formação de batalha. Entrou em combate com os sírios, que lutaram contra ele. [18] Mais uma vez, porém, os sírios fugiram dos israelitas. O exército de Davi matou sete mil homens em carros de guerra e quarenta mil soldados de infantaria, incluindo Sobaque, comandante de seu exército. [19] Quando os aliados de Hadadezer viram que ele havia sido derrotado por Israel, renderam-se a Davi e se tornaram seus súditos. Depois disso, os sírios não quiseram mais ajudar os amonitas.

Davi conquista Rabá

20 No começo do ano,[c] época em que os reis costumavam ir à guerra, Joabe conduziu o exército israelita em ataques bem-sucedidos contra a terra dos amonitas. Durante essas operações, cercou a cidade de Rabá, a atacou e a destruiu. Mas Davi ficou em Jerusalém. Joabe conquistou Rabá e a destruiu.

[2] Então Davi chegou a Rabá, removeu a coroa da cabeça do rei,[d] e ela foi colocada sobre sua cabeça. A coroa era feita de ouro, enfeitada com pedras preciosas, e pesava cerca de 35 quilos.[e] Davi tomou grande quantidade de despojos da cidade. [3] Também tornou os habitantes de Rabá seus escravos e os obrigou a trabalhar com serras, picaretas e machados de ferro.[f] Foi assim que Davi tratou o povo de todas as cidades amonitas. Então ele e todo o exército voltaram para Jerusalém.

Batalhas contra gigantes filisteus

[4] Depois disso, houve guerra contra os filisteus em Gezer. Enquanto lutavam, Sibecai, de Husate, matou Safe,[g] um descendente de gigantes,[h] e, desse modo, os filisteus foram subjugados.

[5] Durante outra batalha contra os filisteus, Elanã, filho de Jair, matou Lami, irmão de Golias, de Gate. O cabo da lança de Lami era da grossura de um eixo de tecelão.

[6] Em outra batalha com os filisteus em Gate, havia um homem de grande estatura com seis dedos em cada mão e seis dedos em cada pé, 24 dedos ao todo, que também era descendente de gigantes. [7] Mas, quando ele desafiou os israelitas e zombou deles, foi morto por Jônatas, filho de Simeia, irmão de Davi.

[8] Esses filisteus eram descendentes dos gigantes de Gate, mas Davi e seus guerreiros os mataram.

Davi realiza um censo

21 Satanás[i] se levantou contra Israel e incitou Davi a fazer um censo. [2] Davi disse a Joabe e aos comandantes do exército: "Façam uma contagem de todo o Israel, desde Berseba, ao sul, até Dã, ao norte, e tragam-me um relatório para que eu saiba o número exato do povo".

[3] Joabe, porém, respondeu: "Que o Senhor torne a população cem vezes mais numerosa do que é hoje! Mas por que meu senhor, o rei, deseja fazer essa contagem? Eles não são todos seus servos? Por que levar Israel a pecar?".

[4] Apesar da objeção de Joabe, o rei insistiu que fizessem o censo. Então Joabe saiu para contar o povo de Israel. Depois, voltou para Jerusalém [5] e informou a Davi o número de pessoas. Havia em Israel 1.100.000 homens aptos para irem à guerra que sabiam manejar a espada e, em Judá, havia 470.000. [6] Mas Joabe não incluiu no censo as tribos de Levi e Benjamim, pois achou absurda a ordem do rei.

Julgamento por causa do pecado de Davi

[7] Deus se desagradou muito do censo e castigou Israel por isso. [8] Então Davi disse a Deus: "Pequei grandemente ao fazer essa contagem. Perdoe meu pecado, pois cometi uma insensatez".

[9] O Senhor falou a Gade, o vidente de Davi. Esta foi a mensagem: [10] "Vá e diga a Davi que assim diz o Senhor: 'Darei a você três opções. Escolha um destes castigos, e eu o aplicarei a você'".

ª **19.16a** Em hebraico, *do rio*. [b] **19.16b** Conforme o texto paralelo em 2Sm 10.16; o hebraico traz *Sofaque*; também em 19.18. [c] **20.1** O primeiro dia do ano no antigo calendário lunar hebraico caía em março ou abril. [d] **20.2a** Ou *da cabeça de Milcom* (cf. Septuaginta e Vulgata), deus dos amonitas também chamado de Moloque. [e] **20.2b** Em hebraico, *1 talento*. [f] **20.3** Conforme o texto paralelo em 2Sm 12.31; o hebraico traz *e os cortou com serras, picaretas de ferro e serras*. [g] **20.4a** Conforme o texto paralelo em 2Sm 21.18; o hebraico traz *Sipai*. [h] **20.4b** Em hebraico, *descendente dos refains*; também em 20.6,8. [i] **21.1** Ou *Um adversário*.

¹¹Gade foi a Davi e disse: "Estas são as três opções que o Senhor lhe deu: ¹²três anos de fome, três meses de destruição pela espada de seus inimigos, ou três dias de praga intensa, durante os quais o anjo do Senhor trará devastação sobre toda a terra de Israel. Decida o que devo responder àquele que me enviou".

¹³"Não tenho para onde correr nesta situação!", respondeu Davi a Gade. "Mas é melhor cair nas mãos do Senhor, pois sua misericórdia é grande. Que eu não caia nas mãos de homens."

¹⁴Então o Senhor enviou uma praga sobre Israel, e setenta mil pessoas morreram. ¹⁵E Deus enviou um anjo para destruir Jerusalém. Mas, quando o anjo estava prestes a fazê-lo, o Senhor teve compaixão e disse ao anjo da morte: "Pare! Já basta!". Naquele momento, o anjo do Senhor estava perto da eira de Araúna,[a] o jebuseu.

¹⁶Davi olhou para cima e viu o anjo do Senhor entre o céu e a terra, com a espada desembainhada na mão, estendida sobre Jerusalém. Então Davi e as autoridades de Israel se vestiram de pano de saco e se prostraram com o rosto no chão. ¹⁷Davi disse a Deus: "Fui eu que ordenei o censo! Eu pequei e fiz o que era mau! Mas o povo é inocente, como ovelhas. O que fizeram? Ó Senhor, meu Deus, que tua ira caia sobre mim e minha família, mas não castigue teu povo!".

Davi constrói um altar

¹⁸Então o anjo do Senhor disse a Gade que mandasse Davi construir um altar ao Senhor na eira de Araúna, o jebuseu. ¹⁹Davi subiu para lá a fim de cumprir a ordem que o Senhor deu por meio de Gade. ²⁰Araúna debulhava o trigo quando virou-se e viu o anjo. Seus quatro filhos, que estavam com ele, fugiram e se esconderam. ²¹Quando Araúna viu que o rei se aproximava, saiu da eira e curvou-se diante de Davi com o rosto no chão.

²²Davi disse a Araúna: "Quero comprar de você esta eira pelo preço justo. Construirei nela um altar para o Senhor, a fim de que ele faça cessar a praga".

²³"Pode ficar com a eira, meu senhor, o rei", disse Araúna. "Use-a como lhe parecer melhor. Eu lhe darei os bois para os holocaustos, as tábuas de trilhar como lenha para o fogo do altar e o trigo como oferta de cereais. Eu lhe darei tudo, ó rei."

²⁴O rei Davi, porém, respondeu a Araúna: "Não! Faço questão de comprá-la pelo preço justo. Não tomarei o que é seu para oferecer ao Senhor. Não apresentarei holocaustos que nada me custaram". ²⁵Então Davi pagou a Araúna seiscentas peças[b] de ouro pela eira.

²⁶Davi construiu ali um altar ao Senhor e ofereceu holocaustos e ofertas de paz. E, quando Davi orou, o Senhor respondeu com fogo do céu para queimar a oferta sobre o altar. ²⁷Então o Senhor deu ordem para que o anjo pusesse a espada de volta na bainha.

²⁸Quando Davi percebeu que o Senhor havia respondido à sua oração, ofereceu sacrifícios ali na eira de Araúna, o jebuseu. ²⁹Naquela época, o tabernáculo do Senhor, que Moisés havia feito no deserto, e o altar de holocaustos estavam no lugar de adoração em Gibeom. ³⁰Mas Davi não podia ir até lá para consultar Deus, pois tinha pavor da espada do anjo do Senhor.

22

Então Davi disse: "Este será o lugar do templo do Senhor Deus e o lugar do altar para os holocaustos de Israel!".

Preparativos para o templo

²Davi deu ordens para reunir os estrangeiros que viviam em Israel e os encarregou de preparar as pedras cortadas para a construção do templo de Deus. ³Davi providenciou grandes quantidades de ferro para os pregos necessários para as portas e suas dobradiças, e deu tanto bronze que não se podia pesar. ⁴Também providenciou inúmeras toras de cedro, pois os homens de Tiro e Sidom lhe haviam trazido grandes quantidades dessa madeira.

⁵Davi disse: "Meu filho Salomão ainda é jovem e inexperiente. Uma vez que o templo do Senhor deve ser um edifício magnífico, famoso e glorioso por todo o mundo, começarei desde já a fazer os preparativos". Assim, antes de sua morte, Davi juntou grandes quantidades de materiais para a construção.

⁶Então mandou chamar seu filho Salomão e lhe ordenou que construísse um templo para

---

[a] 21.15 Conforme o texto paralelo em 2Sm 24.16; o hebraico traz *Ornã*, outro nome de Araúna; também em 21.18-28. [a] 21.25 Em hebraico, *600 siclos*, cerca de 7,2 quilos.

1CRÔNICAS 22

PÃO DIÁRIO

Dar o nosso melhor a Deus

Uma vez que o templo do Senhor deve ser um edifício magnífico, famoso e glorioso por todo o mundo, começarei desde já a fazer os preparativos.

—1Crônicas 22.5

Tínhamos ensaiado a canção durante diversas semanas e parecia que já a cantávamos bem. Porém, havia um trecho complicado que simplesmente não conseguíamos acertar. De qualquer maneira, já estávamos prontos para dizer que a canção estava suficientemente ensaiada. O diretor do nosso coral parecia concordar. Ele também estava exausto de ensaiar o mesmo trecho várias vezes.

Finalmente, ele falou: "Trabalhamos com empenho nisto. Vocês estão cansados. Eu estou cansado. E nosso tempo já está se esgotando. Além disso, 99% das pessoas nem sequer saberão se cantamos certo ou não". Quando começamos a colocar as partituras de lado, ele continuou: "Mas nós cantaremos para o 1% das pessoas que reconhecem a diferença". Suspiramos ao abrir novamente nossa partitura na página amarrotada.

No domingo pela manhã, quando a cantamos corretamente, poucas pessoas perceberam. Mas isso não importava. O que realmente contava era que havíamos cantado com todo o coração para o espectador número 1 — o Único que merece o louvor excelente.

O rei Davi queria construir uma casa "magnífica" para o Senhor (1Cr 22.5). Por isso, antes de morrer, ele se certificou de que o seu filho Salomão tinha tudo o que precisava para edificar o Templo: quantidade abundante de ouro, prata, bronze, ferro, madeira, pedras e carpinteiros habilidosos (vv.14,15).

Tudo quanto fizermos para o Espectador número 1 merece o nosso melhor.

Pai celestial, desejo fazer o meu melhor em tudo para dar-te honra e glória. Não importa quem mais estiver me observando, tu és o Único a quem reverencio, adoro e sirvo de todo o meu coração.

Quando adoramos a Deus, apenas o nosso melhor é bom o bastante.

---

o Senhor, o Deus de Israel. ⁷Disse-lhe: "Meu filho, eu quis construir um templo em honra ao nome do Senhor, meu Deus, ⁸mas o Senhor me disse: 'Você matou muitos homens nas batalhas em que lutou. Derramou muito sangue diante de mim, por isso não será você quem construirá um templo em honra ao meu nome. ⁹Contudo, você terá um filho que será um homem de paz. Darei a ele descanso de seus inimigos de todas as terras vizinhas. Seu nome será Salomão,[a] e darei paz e tranquilidade a Israel durante seu reinado. ¹⁰Ele construirá um templo em honra ao meu nome. Ele será meu filho, e eu serei seu pai, e eu estabelecerei o trono de seu reino sobre Israel para sempre'.

¹¹"Agora, meu filho, que o Senhor seja com você e lhe dê êxito na construção do templo do Senhor, seu Deus, exatamente como ele prometeu a seu respeito. ¹²E que o Senhor lhe dê sabedoria e entendimento, para que você obedeça à lei do Senhor, seu Deus, ao governar Israel. ¹³Você terá êxito se for cuidadoso em obedecer aos decretos e estatutos que o Senhor ordenou a Israel por meio de Moisés. Seja forte e corajoso; não tenha medo nem desanime!

¹⁴"Trabalhei arduamente para providenciar os materiais para a construção do templo do Senhor: 3.500 toneladas de ouro, 35.000 toneladas de prata[b] e tanto ferro e bronze que não se pode pesar. Também juntei madeira e pedra, embora talvez você precise providenciar mais. ¹⁵Você tem muitos trabalhadores habilidosos: cortadores de pedra, pedreiros, carpinteiros e artesãos de todo tipo, ¹⁶peritos nos trabalhos com ouro, prata, bronze e ferro. Agora comece a obra, e que o Senhor esteja com você!".

¹⁷Então Davi ordenou a todos os líderes de Israel que ajudassem Salomão nesse projeto. ¹⁸"O Senhor, seu Deus, está com vocês", declarou. "Ele lhes deu descanso das nações ao redor. Entregou-as em minhas mãos, e agora estão sujeitas ao Senhor e ao seu povo. ¹⁹Agora busquem o Senhor, seu Deus, de todo o coração e de toda a alma. Construam o santuário do Senhor Deus, a fim de trazer a arca da aliança do Senhor e os utensílios sagrados para o templo edificado em honra ao nome do Senhor."

---

[a] 22.9 *Salomão* tem um som parecido com o termo hebraico que significa "paz" e provavelmente é derivado dele. [b] 22.14 Em hebraico, *100 mil talentos de ouro, 1 milhão de talentos de prata*.

Deveres dos levitas

23 Quando Davi já era bem idoso, nomeou seu filho Salomão rei sobre Israel. ²Convocou todos os líderes de Israel, e também os sacerdotes e os levitas. ³Foram contados os levitas com 30 anos ou mais, e o total chegou a 38 mil. ⁴De todos os levitas, 24 mil foram designados para supervisionar o trabalho no templo do Senhor, 6 mil para ser oficiais e juízes, ⁵4 mil para ser guardas das portas e 4 mil para louvar o Senhor com os instrumentos musicais que Davi fez para esse fim. ⁶Davi dividiu os levitas em grupos com os nomes dos clãs descendentes dos três filhos de Levi: Gérson, Coate e Merari.

Os gersonitas

⁷Os descendentes de Gérson foram: Libni[a] e Simei, filhos de Gérson. ⁸Os três filhos de Libni foram: Jeiel, o chefe da família, Zetã e Joel. ⁹Esses foram os chefes da família de Libni. Três descendentes de Simei foram: Selemote, Haziel e Harã. ¹⁰Outros quatro descendentes de Simei foram: Jaate, Ziza,[b] Jeús e Berias. ¹¹Jaate era o chefe da família, e Ziza, o segundo. Jeús e Berias foram contados como uma só família, pois nenhum dos dois teve muitos filhos.

Os coatitas

¹²Quatro descendentes de Coate foram: Anrão, Isar, Hebrom e Uziel.
¹³Os filhos de Anrão foram: Arão e Moisés. Arão e seus descendentes foram separados para consagrar as coisas santíssimas, queimar incenso na presença do Senhor, servi-lo e pronunciar bênçãos em seu nome para sempre.
¹⁴Quanto a Moisés, homem de Deus, seus filhos foram contados com a tribo de Levi. ¹⁵Os filhos de Moisés foram: Gérson e Eliézer. ¹⁶Um dos descendentes de Gérson foi Sebuel, chefe da família. ¹⁷Eliézer teve apenas um filho, Reabias, o chefe da família. Reabias teve muitos descendentes.
¹⁸Um dos descendentes de Isar foi Selomite, chefe da família.

¹⁹Os descendentes de Hebrom foram: Jerias, o chefe da família, Amarias, o segundo, Jaaziel, o terceiro, e Jecameão, o quarto.
²⁰Os descendentes de Uziel foram: Mica, o chefe da família, e Issias, o segundo.

Os meraritas

²¹Os descendentes de Merari foram: Mali e Musi.
Os filhos de Mali foram: Eleazar e Quis. ²²Eleazar morreu sem ter filhos; teve apenas filhas. Suas filhas se casaram com os primos delas, os filhos de Quis.
²³Três descendentes de Musi foram: Mali, Éder e Jeremote.

²⁴Estes foram os descendentes de Levi conforme seus clãs, os chefes de suas famílias, registrados por nome. Cada um precisava ter 20 anos ou mais a fim de se qualificar para o serviço na casa do Senhor. ²⁵Pois Davi disse: "O Senhor, Deus de Israel, nos deu paz e habitará sempre em Jerusalém. ²⁶Os levitas não precisam mais carregar o tabernáculo nem seus utensílios de um lugar para outro". ²⁷De acordo com as últimas instruções de Davi, foram registrados para o serviço todos os levitas de 20 anos ou mais.

²⁸O trabalho dos levitas era ajudar os sacerdotes, os descendentes de Arão, no serviço da casa do Senhor. Também cuidavam dos pátios e das salas laterais, ajudavam a realizar as cerimônias de purificação e serviam na casa de Deus de várias outras maneiras. ²⁹Eram encarregados dos pães da presença colocados sobre a mesa, da farinha da melhor qualidade para as ofertas de cereais, dos bolos sem fermento, dos pães assados em azeite e da mistura das massas. Eram responsáveis, ainda, por verificar todos os pesos e medidas. ³⁰Todas as manhãs e todas as tardes, apresentavam-se diante do Senhor para entoar cânticos de ação de graças e louvor. ³¹Ajudavam nos holocaustos oferecidos ao Senhor nos sábados, nas festas de lua nova e em todas as outras festas fixas. O número requerido de levitas estava sempre de serviço na presença do Senhor, e seguiam todos os procedimentos que lhes haviam sido prescritos.

---

[a] **23.7** Em hebraico, *Ladã* (tb. em 23.8,9), variação de Libni; comparar com 6.17. [b] **23.10** Conforme a Septuaginta e a Vulgata (ver tb. 23.11); o hebraico traz *Zina*.

³²E assim, sob a supervisão dos sacerdotes, os descendentes de Arão, os levitas guardavam a tenda do encontro e o santuário e cumpriam seus deveres no serviço da casa do Senhor.

Deveres dos sacerdotes

24 Os descendentes de Arão, os sacerdotes, foram divididos em turnos para o serviço. Os filhos de Arão foram: Nadabe, Abiú, Eleazar e Itamar. ²Mas Nadabe e Abiú morreram antes de seu pai e não tinham filhos. Então Eleazar e Itamar deram continuidade ao sacerdócio.

³Com a ajuda de Zadoque, descendente de Eleazar, e de Aimeleque, descendente de Itamar, Davi dividiu os descendentes de Arão em turnos, de acordo com suas responsabilidades. ⁴Os descendentes de Eleazar foram divididos em dezesseis turnos, e os de Itamar, em oito, pois havia mais chefes de família entre os descendentes de Eleazar.

⁵As tarefas foram designadas aos grupos por sorteio, para que não houvesse nenhuma preferência, pois havia entre os descendentes de Eleazar e de Itamar muitos líderes qualificados para servir a Deus no santuário. ⁶Semaías, filho do levita Natanael, foi o secretário e anotou os nomes e as tarefas na presença do rei, dos líderes, do sacerdote Zadoque, de Aimeleque, filho de Abiatar, e dos chefes das famílias dos sacerdotes e dos levitas. Os descendentes de Eleazar e de Itamar foram designados por sorteio alternadamente.

⁷A primeira sorte caiu para Jeoiaribe;
a segunda, para Jedaías;
⁸a terceira, para Harim;
a quarta, para Seorim;
⁹a quinta, para Malquias;
a sexta, para Miamim;
¹⁰a sétima, para Hacoz;
a oitava, para Abias;
¹¹a nona, para Jesua;
a décima, para Secanias;
¹²a décima primeira, para Eliasibe;
a décima segunda, para Jaquim;
¹³a décima terceira, para Hupá;
a décima quarta, para Jesebeabe;
¹⁴a décima quinta, para Bilga;
a décima sexta, para Imer;
¹⁵a décima sétima, para Hezir;
a décima oitava, para Hapises;
¹⁶a décima nona, para Petaías;
a vigésima, para Jeezquel;
¹⁷a vigésima primeira, para Jaquim;
a vigésima segunda, para Gamul;
¹⁸a vigésima terceira, para Delaías;
a vigésima quarta, para Maazias.

¹⁹Cada grupo realizava as tarefas que lhe haviam sido designadas na casa do Senhor, de acordo com os procedimentos definidos por seu antepassado Arão em obediência às ordens do Senhor, o Deus de Israel.

Chefes de famílias levitas

²⁰Os outros chefes de famílias descendentes de Levi foram:

Dos descendentes de Anrão: Sebuel.[a]
Dos descendentes de Sebuel: Jedias.
²¹Dos descendentes de Reabias: Issias.
²²Dos descendentes de Isar: Selomite.[b]
Dos descendentes de Selomite: Jaate.
²³Dos descendentes de Hebrom: Jerias, o chefe,[c] Amarias, o segundo, Jaaziel, o terceiro, e Jecameão, o quarto.
²⁴Dos descendentes de Uziel: Mica.
Dos descendentes de Mica: Samir ²⁵e Issias, irmão de Mica.
Dos descendentes de Issias: Zacarias.
²⁶Dos descendentes de Merari: Mali e Musi.
Dos descendentes de Jaazias: Beno.
²⁷Dos descendentes de Merari, por Jaazias: Beno, Soão, Zacur e Ibri.
²⁸Dos descendentes de Mali: Eleazar, que não teve filhos.
²⁹Dos descendentes de Quis: Jerameel.
³⁰Dos descendentes de Musi: Mali, Éder e Jerimote.

Esses foram os descendentes de Levi, de acordo com suas famílias. ³¹Como os descendentes de Arão, suas tarefas foram designadas por sorteio, sem distinção de idade nem de posição entre as famílias. As sortes foram lançadas na presença do rei Davi, de Zadoque,

---

[a] **24.20** Em hebraico, *Subael* (tb. em 1Cr 24.20b), variação de Sebuel; comparar com 23.16 e 26.24. [b] **24.22** Em hebraico, *Selomote* (tb. em 1Cr 24.22b), variação de Selomite; comparar com 23.18. [c] **24.23** Em hebraico, *Dos descendentes de Jerias*; comparar com 23.19.

Responsabilidades dos músicos

25 Depois, Davi e os comandantes do exército nomearam homens das famílias de Asafe, Hemã e Jedutum para profetizar, com o acompanhamento de liras, harpas e címbalos. Esta é a lista de seus nomes e de suas responsabilidades:

²Dos filhos de Asafe: Zacur, José, Netanias e Asarela. Trabalhavam sob a direção de seu pai, Asafe, que profetizava por ordem do rei. ³Dos filhos de Jedutum: Gedalias, Zeri, Jesaías, Simei,ª Hasabias e Matitias, seis ao todo. Trabalhavam sob a direção de seu pai, Jedutum, que profetizava com o acompanhamento da lira, dando graças e louvando o Senhor. ⁴Dos filhos de Hemã: Buquias, Matanias, Uziel, Subael,ᵇ Jerimote, Hananias, Hanani, Eliata, Gidalti, Romanti-Ézer, Josbecasa, Maloti, Hotir e Maaziote. ⁵Todos eram filhos de Hemã, vidente do rei, pois Deus lhe tinha dado o privilégio de ter catorze filhos e filhas, de acordo com sua promessa.

⁶Todos esses homens estavam sob a direção de seus pais e serviam como músicos na casa do Senhor. Eram responsáveis por tocar címbalos, harpas e liras na casa de Deus. Asafe, Jedutum e Hemã se reportavam diretamente ao rei. ⁷Eles e suas famílias estavam preparados para cantar diante do Senhor, e todos, 288 no total, eram músicos talentosos. ⁸Os músicos foram nomeados para seu serviço por sorteio, tanto jovens como idosos, mestres ou aprendizes.

⁹A primeira sorte caiu para José, do clã de Asafe, e doze de seus filhos e parentes;ᶜ a segunda, para Gedalias e doze de seus filhos e parentes; ¹⁰a terceira, para Zacur e doze de seus filhos e parentes; ¹¹a quarta, para Zeriᵈ e doze de seus filhos e parentes; ¹²a quinta, para Netanias e doze de seus filhos e parentes; ¹³a sexta, para Buquias e doze de seus filhos e parentes; ¹⁴a sétima, para Asarelaᵉ e doze de seus filhos e parentes; ¹⁵a oitava, para Jesaías e doze de seus filhos e parentes; ¹⁶a nona, para Matanias e doze de seus filhos e parentes; ¹⁷a décima, para Simei e doze de seus filhos e parentes; ¹⁸a décima primeira, para Uzielᶠ e doze de seus filhos e parentes; ¹⁹a décima segunda, para Hasabias e doze de seus filhos e parentes; ²⁰a décima terceira, para Subael e doze de seus filhos e parentes; ²¹a décima quarta, para Matitias e doze de seus filhos e parentes; ²²a décima quinta, para Jerimoteᵍ e doze de seus filhos e parentes; ²³a décima sexta, para Hananias e doze de seus filhos e parentes; ²⁴a décima sétima, para Josbecasa e doze de seus filhos e parentes; ²⁵a décima oitava, para Hanani e doze de seus filhos e parentes; ²⁶a décima nona, para Maloti e doze de seus filhos e parentes; ²⁷a vigésima, para Eliata e doze de seus filhos e parentes; ²⁸a vigésima primeira, para Hotir e doze de seus filhos e parentes; ²⁹a vigésima segunda, para Gidalti e doze de seus filhos e parentes; ³⁰a vigésima terceira, para Maaziote e doze de seus filhos e parentes; ³¹a vigésima quarta, para Romanti-Ézer e doze de seus filhos e parentes.

Deveres dos guardas das portas

26 Estas são as divisões dos guardas das portas:

Dos coraítas: Meselemias, filho de Coré, da família de Abiasafe.ʰ ²O primeiro filho de Meselamias foi Zacarias, o segundo, Jediael, o

---

ª **25.3** Conforme um manuscrito hebraico e alguns manuscritos gregos (ver tb. 25.17); a maioria dos manuscritos hebraicos não traz *Simei*. ᵇ **25.4** Em hebraico, *Sebuel*, variação de Subael; comparar com 25.20. ᶜ **25.9** Conforme a Septuaginta; o hebraico não traz *e doze de seus filhos e parentes*. ᵈ **25.11** Em hebraico, *Izri*, variação de Zeri; comparar com 25.3. ᵉ **25.14** Em hebraico, *Jesarela*, variação de Asarela; comparar com 25.2. ᶠ **25.18** Em hebraico, *Azareel*, variação de Uziel; comparar com 25.4. ᵍ **25.22** Em hebraico, *Jeremote*, variação de Jerimote; comparar com 25.4. ʰ **26.1** Conforme a Septuaginta (ver tb. Êx 6.24); o hebraico traz *Asafe*.

PÃO DIÁRIO

Guarde o seu coração

Essas divisões de guardas das portas foram feitas conforme os chefes de suas famílias. Os guardas, como os outros levitas, serviam na casa do Senhor.

—1Crônicas 26.12

Qual era a propriedade nacional mais estimada de Israel? Não era o palácio, aquela mansão luxuosa onde o rei morava. Também não eram os quartéis militares, onde os generais planejavam estratégias de defesa ou ataque. Era o Templo — a "casa do Senhor" — o lugar especial onde Israel adorava a Deus.

Os descendentes de Levi eram responsáveis por guardar o local mais sagrado de Israel. O texto de 1 Crônicas 26.1-19 nomeia esses homens e os qualifica. Por causa da importância da tarefa que deveriam fazer, eles deviam ter grande habilidade e força (vv.6-8). Eram os responsáveis por abrir e fechar as enormes portas do Templo e proteger os objetos sagrados que estavam dentro do santuário para que não fossem roubados.

O Novo Testamento afirma que nós, que cremos em Cristo, também somos templos (1Co 6.19,20). Nosso centro espiritual, que a Bíblia afirma ser o coração, contém tesouros preciosos também: retidão, lealdade a Deus, confiança, amor, pureza. O sábio Salomão nos instruiu: "Acima de todas as coisas, guarde seu coração, pois ele dirige o rumo de sua vida" (Pv 4.23).

De que forma guardamos o nosso coração contra o mal? Pensando no que é correto (Pv 4.20-23), meditando na Palavra de Deus (Sl 119.11) e confessando os nossos pecados (1Jo 1.9).

Seja uma boa porteira. Guarde o seu coração!

Pai celestial, preciso da Tua proteção. No mundo saturado de tentações e enganos, preciso da Tua ajuda para conseguir guardar o meu coração de tudo o que possa me prejudicar espiritualmente ou interferir em meu relacionamento contigo. Preciso que me dês amor por Tua Palavra e libertação dos laços do pecado. Por favor, guarda o meu coração.

Previna-se contra o mal, ou você será influenciada por ele.

o sétimo, Issacar, e o oitavo, Peuletai. Deus havia abençoado Obede-Edom. ⁶Semaías, filho de Obede-Edom, teve filhos muito capazes, que ocuparam posições de grande autoridade no clã. ⁷Estes eram os nomes deles: Otni, Rafael, Obede e Elzabade. Seus parentes, Eliú e Semaquias, também foram homens muito capazes.

⁸Todos esses descendentes de Obede-Edom, incluindo seus filhos e parentes, 62 ao todo, foram homens muito capazes e aptos para seu trabalho.

⁹Os dezoito filhos e parentes de Meselamias também foram homens muito capazes.

¹⁰Os filhos de Hosa, do clã de Merari, foram: Sinri, nomeado chefe por seu pai, embora não fosse o mais velho, ¹¹Hilquias, o segundo, Tebalias, o terceiro, e Zacarias, o quarto. Os filhos e parentes de Hosá foram treze ao todo.

¹²Essas divisões de guardas das portas foram feitas conforme os chefes de suas famílias. Os guardas, como os outros levitas, serviam na casa do Senhor. ¹³Foram encarregados de guardar as portas por sorteio, de acordo com as famílias, sem levar em conta idade ou treinamento.

¹⁴Meselemias[a] e seu grupo ficaram responsáveis pela porta leste. Seu filho Zacarias, conselheiro de grande sabedoria, ficou responsável pela porta norte. ¹⁵Obede-Edom ficou responsável pela porta sul, e seus filhos, pelo depósito. ¹⁶Supim e Hosa ficaram responsáveis pela porta oeste e pela passagem que dava para o templo.[b] O serviço dos guardas foi dividido de forma igual. ¹⁷Todos os dias, seis levitas ficavam encarregados da porta leste, quatro da porta norte, quatro da porta sul, e duas duplas do depósito. ¹⁸Cada dia, seis ficavam encarregados da porta oeste, quatro da passagem que dava para o templo, e dois do pátio.[c]

¹⁹Essas foram as divisões dos guardas das portas dos clãs de Coré e de Merari.

Tesoureiros e outros oficiais

²⁰Outros levitas, sob a liderança de Aías, eram encarregados dos tesouros da casa de Deus e dos depósitos onde ficavam os objetos

terceiro, Zebadias, o quarto, Jatniel, ³o quinto, Elão, o sexto, Joanã, e o sétimo, Elioenai. ⁴O primeiro filho de Obede-Edom foi Semaías, o segundo, Jeozabade, o terceiro, Joá, o quarto, Sacar, o quinto, Natanael, ⁵o sexto, Amiel,

---

[a] **26.14** Em hebraico, *Selemias*, variação de Meselemias; comparar com 26.2. [b] **26.16** Ou *pela porta de Saleque, na rua de cima* (tb. em 26.18). O significado do hebraico é incerto. [c] **26.18** Ou *da colunata*. O significado do hebraico é incerto.

consagrados. ²¹Da família de Libni,ª no clã de Gérson, Jeielᵇ era o chefe. ²²Os filhos de Jeiel, Zetã e seu irmão Joel, eram encarregados dos tesouros da casa do Senhor.

²³Os líderes descendentes de Anrão, de Isar, de Hebrom e de Uziel foram:

²⁴Do clã de Anrão, Sebuel foi descendente de Gérson, filho de Moisés. Era o oficial encarregado dos tesouros. ²⁵Suas gerações de parentes por parte de Eliézer foram: Reabias, Jesaías, Jorão, Zicri e Selemote.

²⁶Selemote e seus parentes eram encarregados dos tesouros que o rei Davi, os chefes das famílias, os generais e capitãesᶜ e outros oficiais do exército haviam dedicado ao Senhor. ²⁷Esses homens dedicaram parte dos despojos que haviam obtido nas batalhas para a manutenção da casa do Senhor. ²⁸Selomoteᵈ e seus parentes também cuidavam de todas as ofertas dedicadas ao Senhor pelo vidente Samuel, por Saul, filho de Quis, por Abner, filho de Ner, e por Joabe, filho de Zeruia. Eram responsáveis, ainda, pelas demais ofertas dedicadas ao Senhor.

²⁹Do clã de Isar, Quenanias e seus filhos receberam as responsabilidades administrativasᵉ de Israel como oficiais e juízes.

³⁰Do clã de Hebrom, Hasabias e seus parentes, 1.700 homens capazes, foram encarregados das terras israelitas a oeste do rio Jordão. Eram responsáveis por todas as questões relacionadas ao serviço do Senhor e do rei nessa região.

³¹Também do clã de Hebrom, Jerias era o chefe dos hebronitas, de acordo com os registros genealógicos. No quadragésimo ano do reinado de Davi, fez-se uma busca nos registros e foram encontrados homens capazes do clã de Hebrom em Jazer, na terra de Gileade. ³²Havia 2.700 homens capazes e chefes de família entre os parentes de Jerias. O rei Davi os enviou para o lado leste do Jordão e os encarregou das tribos de Rúben e Gade e da meia tribo de Manassés. Eram responsáveis por todas as questões relacionadas a Deus e ao rei.

Comandantes e divisões militares

27 Esta é a lista dos israelitas, chefes de família, generais e capitãesᶠ que serviam o rei na supervisão das divisões do exército de serviço a cada mês do ano. Cada divisão tinha 24 mil homens e servia durante um mês.

²Jasobeão, filho de Zabdiel, era comandante da primeira divisão de 24 mil homens, de serviço durante o primeiro mês. ³Era descendente de Perez e chefe de todos os oficiais do exército para o primeiro mês.

⁴Dodai, descendente de Aoí, era comandante da segunda divisão de 24 mil homens, de serviço durante o segundo mês. Miclote era o chefe da divisão.

⁵Benaia, filho do sacerdote Joiada, era comandante da terceira divisão de 24 mil homens, de serviço durante o terceiro mês. ⁶Esse Benaia comandou o grupo militar de elite de Davi, conhecido como os Trinta. Seu filho Amizabade era o chefe da divisão.

⁷Asael, irmão de Joabe, era comandante da quarta divisão de 24 mil homens, de serviço durante o quarto mês. Asael foi sucedido por seu filho Zebadias.

⁸Sama,ᵍ o izraíta, era comandante da quinta divisão de 24 mil homens, de serviço durante o quinto mês.

⁹Ira, filho de Iques, de Tecoa, era comandante da sexta divisão de 24 mil homens, de serviço durante o sexto mês.

¹⁰Helez, de Pelom, descendente de Efraim, era comandante da sétima divisão de 24 mil homens, de serviço durante o sétimo mês.

¹¹Sibecai, de Husate, descendente de Zera, comandante da oitava divisão de 24 mil homens, de serviço durante o oitavo mês.

¹²Abiezer, de Anatote, da tribo de Benjamim, era comandante da nona divisão de 24 mil homens, de serviço durante o nono mês.

¹³Maarai, de Netofate, descendente de Zera, era comandante da décima divisão de 24 mil homens, de serviço durante o décimo mês.

¹⁴Benaia, de Piratom, em Efraim, era comandante da décima primeira divisão de 24 mil

---

ª**26.21a** Em hebraico, *Ladã*, variação de Libni; comparar com 6.17. ᵇ**26.21b** Em hebraico, *Jeieli* (tb. em 26.22), variação de Jeiel; comparar com 23.8. ᶜ**26.26** Em hebraico, *comandantes de milhares e de centenas*. ᵈ**26.28** Em hebraico, *Selomite*, variação de Selomote. ᵉ**26.29** Ou *receberam responsabilidades externas*, ou *receberam responsabilidades fora da área do templo*. ᶠ**27.1** Em hebraico, *comandantes de milhares e de centenas*. ᵍ**27.8** Em hebraico, *Samute*, variação de Sama; comparar com 11.27 e 2Sm 23.25.

homens, de serviço durante o décimo primeiro mês. ¹⁵Helede,[a] de Netofate, descendente de Otniel, era comandante da décima segunda divisão de 24 mil homens, de serviço durante o décimo segundo mês.

Líderes das tribos

¹⁶Estas foram as tribos de Israel e seus líderes:

da tribo de Rúben: Eliézer, filho de Zicri;
da tribo de Simeão: Sefatias, filho de Maaca;
¹⁷da tribo de Levi: Hasabias, filho de Quemuel;
da tribo de Arão: o sacerdote, Zadoque;
¹⁸da tribo de Judá: Eliú, irmão de Davi;
da tribo de Issacar: Onri, filho de Micael;
¹⁹da tribo de Zebulom: Ismaías, filho de Obadias;
da tribo de Naftali: Jeremote, filho de Azriel;
²⁰da tribo de Efraim: Oseias, filho de Azazias;
da tribo de Manassés, a oeste: Joel, filho de Pedaías;
²¹da tribo de Manassés, em Gileade, a leste: Ido, filho de Zacarias;
da tribo de Benjamim: Jaasiel, filho de Abner;
²²da tribo de Dã: Azareel, filho de Jeroão.

Esses foram os líderes das tribos de Israel.

²³Quando Davi fez o censo, não contou os que tinham menos de 20 anos, pois o Senhor havia prometido que os israelitas seriam numerosos como as estrelas no céu. ²⁴Joabe, filho de Zeruia, começou o censo, mas nunca o terminou, porque a ira de Deus caiu sobre Israel. O número total nunca foi anotado nos registros oficiais do rei Davi.

Oficiais do reino de Davi

²⁵Azmavete, filho de Adiel, era encarregado dos depósitos do palácio.

Jônatas, filho de Uzias, era encarregado dos depósitos nos campos, nas cidades, nos povoados e nas fortalezas.

²⁶Ezri, filho de Quelube, era encarregado dos trabalhadores nos campos, que cultivavam as terras.

²⁷Simei, de Ramá, era encarregado dos vinhedos.

Zabdi, de Sifá, era encarregado das uvas e do fornecimento de vinho.

²⁸Baal-Hanã, de Gederá, era encarregado das plantações de oliveiras e figueiras-bravas do rei nas colinas de Judá.[b]

Joás era encarregado dos depósitos de azeite. ²⁹Sitrai, de Sarom, era encarregado do gado na planície de Sarom.

Safate, filho de Adlai, era encarregado do gado nos vales.

³⁰Obil, o ismaelita, era encarregado dos camelos.

Jedias, de Meronote, era encarregado dos jumentos.

³¹Jaziz, o hagareno, era encarregado das ovelhas.

Todos esses oficiais administravam as propriedades do rei Davi.

³²Jônatas, tio de Davi, era conselheiro do rei, homem sábio e também escriba. Jeiel, filho de Hacmoni, era responsável por ensinar os filhos do rei. ³³Aitofel era conselheiro do rei. Husai, o arquita, era amigo do rei. ³⁴Aitofel foi sucedido por Joiada, filho de Benaia, e por Abiatar. Joabe era comandante do exército do rei.

Instruções de Davi a Salomão

28 Davi convocou todos os oficiais de Israel para irem a Jerusalém: os líderes das tribos, os comandantes das divisões do exército, os generais e os capitães,[c] os administradores das propriedades e dos rebanhos do rei, os oficiais do palácio, os guerreiros valentes, e todos os outros soldados do reino. ²Davi se pôs em pé e disse: "Meus irmãos e meu povo! Era meu desejo construir um templo onde a arca da aliança do Senhor, o lugar de descanso dos pés de nosso Deus, repousasse para sempre. Fiz os preparativos necessários para construí-lo, ³mas Deus me disse: 'Você não construirá um templo em honra ao meu nome, pois é homem de guerra e derramou muito sangue'.

⁴"Contudo, o Senhor, o Deus de Israel, me escolheu dentre toda a família de meu pai para ser rei em Israel, para sempre. Escolheu a tribo de Judá para governar e, dentre as famílias de Judá, escolheu a de meu pai. Dentre os filhos de meu pai, agradou-se de me fazer rei sobre

---

[a] **27.15** Em hebraico, *Heldai*, variação de Helede; comparar com 11.30 e 2Sm 23.29. [b] **27.28** Em hebraico, *na Sefelá*. [c] **28.1** Em hebraico, *os comandantes de milhares e os comandantes de centenas*.

todo o Israel. ⁵E, dentre os muitos filhos que o Senhor me deu, escolheu Salomão para ser meu sucessor no trono de Israel e para governar o reino do Senhor. ⁶Ele me disse: 'Seu filho Salomão construirá meu templo e meus pátios, pois eu o escolhi para ser meu filho, e eu serei seu pai. ⁷E, se ele continuar a obedecer a meus mandamentos e estatutos, como obedece hoje, farei seu reino durar para sempre'.

⁸"Agora, portanto, com Deus como nossa testemunha, e diante de todo o Israel, a comunidade do Senhor, eu lhes digo: tenham o cuidado de obedecer a todos os mandamentos do Senhor, seu Deus, para que continuem a possuir esta boa terra e a deixem para seus filhos como herança permanente.

⁹"E, você, meu filho Salomão, aprenda a conhecer o Deus de seus antepassados. Sirva-o de todo o coração e com a alma alegre. Pois o Senhor vê todos os corações e conhece todos os planos e pensamentos. Se você o buscar, o encontrará. Mas, se você o abandonar, ele o rejeitará para sempre. ¹⁰Portanto, leve isto a sério. O Senhor o escolheu para construir um templo que sirva de santuário. Seja forte e faça o trabalho".

¹¹Então Davi entregou a seu filho Salomão as plantas do templo e de tudo que ficava ao redor, incluindo a sala de entrada, os depósitos, as salas dos andares superiores, as salas internas e o lugar de expiação. ¹²Davi também entregou a Salomão as plantas de tudo que havia planejado para os pátios do templo do Senhor, das salas externas, dos tesouros e dos depósitos para as ofertas dedicadas ao Senhor. ¹³Deu, ainda, instruções a respeito das divisões dos sacerdotes e dos levitas, além das responsabilidades no templo do Senhor e das especificações para os objetos usados no serviço do templo.

¹⁴Davi deu instruções a respeito de quanto ouro e quanta prata deviam ser usados para confeccionar esses objetos para o serviço. ¹⁵Informou a quantidade de ouro necessária para os candelabros e as lâmpadas de ouro, e a quantidade de prata necessária para os candelabros e as lâmpadas de prata, de acordo com o uso de cada um. ¹⁶Especificou a quantidade de ouro para a mesa sobre a qual seriam colocados os pães da presença, e a quantidade de prata para as outras mesas.

PÃO DIÁRIO

Experiências turbulentas

Seja forte e corajoso e faça o trabalho. Não tenha medo nem desanime, pois o Senhor Deus, meu Deus, está com você. Ele não o deixará nem o abandonará.
—1Crônicas 28.20

Estava aproveitando minha primeira experiência de descer as corredeiras espumosas num bote inflável, até ouvir o rugido das correntezas adiante. Minhas emoções foram inundadas, ao mesmo tempo, por sentimentos de incerteza, medo e insegurança. Passar pelas águas turbulentas foi uma experiência excelente, emocionante, cheia de tensão e ansiedade! Mas, de repente, tudo tinha acabado. O guia, que estava na parte de trás do bote, tinha nos conduzido até o fim daquele trecho. Eu estava sã e salva, pelo menos, até as próximas corredeiras.

As mudanças em nossa vida são como as águas turbulentas. Os saltos inevitáveis de uma época da vida à época seguinte — da faculdade ao início da carreira, da vida de solteira ao casamento, da carreira à aposentadoria, do casamento à viuvez — são momentos marcados por incerteza e insegurança.

Em uma das mudanças mais significativas registradas na história do Antigo Testamento, Salomão assumiu o trono que pertencera ao seu pai, Davi. Tenho certeza de que ele estava repleto de "tensão" e incerteza sobre o futuro. Qual foi o conselho de seu pai? "Seja forte e corajoso e faça o trabalho [...] o Senhor Deus, meu Deus, está com você" (1Cr 28.20).

Você terá sua cota justa de transições difíceis na vida. Entretanto, com Deus, você não estará sozinha. Mantenha os olhos nele, pois Ele a conduz pelas corredeiras. Ele já conduziu muitos outros. As águas tranquilas estão logo adiante.

Pai, meus medos diminuem quando olho para ti, pois és o meu Guia. Rendo-te graças por Tua presença ao meu lado. Quando eu estiver confusa ou insegura, fixarei minha atenção em ti, pois sei que me conduzirás no caminho certo.

Deus a guiará ao passar por mudanças turbulentas.

---

¹⁷Davi também especificou a quantidade de ouro puro para os garfos, as bacias, os jarros e as tigelas, bem como a quantidade de prata para as tigelas. ¹⁸Especificou, ainda, a quantidade de ouro refinado para o altar de incenso. E, por fim, entregou-lhe o projeto para o

trono do Senhor, os querubins[a] de ouro cujas asas se estendiam sobre a arca da aliança do Senhor. ¹⁹Davi disse a Salomão: "Todos os detalhes dessas plantas me foram escritos sob a direção do Senhor".

²⁰E continuou: "Seja forte e corajoso e faça o trabalho. Não tenha medo nem desanime, pois o Senhor Deus, meu Deus, está com você. Ele não o deixará nem o abandonará durante toda a construção do templo do Senhor. ²¹As divisões dos sacerdotes e dos levitas servirão no templo do Senhor. Outros, com todo tipo de habilidade, se oferecerão para ajudar, e os oficiais e todo o povo estarão às suas ordens".

Ofertas para a construção do templo

29 O rei Davi se voltou para toda a comunidade e disse: "Meu filho Salomão, que Deus escolheu, ainda é jovem e inexperiente. O trabalho que ele tem pela frente é enorme, pois o templo que ele construirá não será para meros humanos, mas para o Senhor Deus. ²Usando todos os recursos a meu dispor, juntei o que pude para a construção do templo de meu Deus. Agora, há ouro, prata, bronze, ferro e madeira suficientes, bem como grandes quantidades de ônix e outras pedras preciosas, joias caras, todo tipo de pedra da melhor qualidade e mármore.

³"E agora, por causa de minha alegria com a construção do templo de meu Deus, entrego todos os meus tesouros pessoais, ouro e prata, para ajudar na construção, além de todos os materiais que juntei para o santo templo. ⁴Ofereço 105 toneladas de ouro de Ofir e 245 toneladas de prata[b] refinada para revestir as paredes das construções, ⁵e para os outros trabalhos em ouro e prata a serem feitos pelos artesãos. Quem seguirá meu exemplo e entregará, hoje, ofertas ao Senhor?".

⁶Então os chefes das famílias, os líderes das tribos, os generais e os capitães,[c] e os administradores do rei ofertaram voluntariamente. ⁷Para a construção do templo de Deus, entregaram 175 toneladas de ouro, 10.000 peças de ouro, 350 toneladas de prata, 630 toneladas de bronze e 3.500 toneladas de ferro.[d] ⁸Também contribuíram com pedras preciosas, que foram guardadas no tesouro da casa do Senhor, sob os cuidados de Jeiel, descendente de Gérson. ⁹O povo se alegrou com as ofertas, pois as entregou ao Senhor voluntariamente e de todo o coração, e o rei Davi também se encheu de alegria.

Oração de louvor de Davi

¹⁰Então Davi louvou o Senhor na presença de toda a comunidade:

"Ó Senhor, Deus de nosso antepassado Israel,[e] louvado sejas para sempre! ¹¹Ó Senhor, a ti pertencem a grandeza, o poder, a glória, a vitória e a majestade. Tudo que há nos céus e na terra é teu, ó Senhor, e este é teu reino. Tu estás acima de tudo. ¹²Riqueza e honra vêm somente de ti, pois tu governas sobre tudo. Poder e força estão em tuas mãos, e cabe a ti exaltar e dar força.

¹³"Ó nosso Deus, damos graças e louvamos teu nome glorioso! ¹⁴Mas quem sou eu, e quem é meu povo, para que pudéssemos te dar alguma coisa? Tudo que temos vem de ti, e demos apenas o que primeiro de ti recebemos! ¹⁵Somos estrangeiros e peregrinos na terra, como nossos antepassados antes de nós. Nossos dias na terra são como uma sombra, passam rápido, sem deixar vestígio.

¹⁶"Ó Senhor, nosso Deus, até mesmo estes materiais que juntamos para construir um templo em honra ao teu nome santo vêm de ti! Tudo pertence a ti! ¹⁷Eu sei, meu Deus, que examinas nosso coração e te regozijas quando nele encontras integridade. Tu sabes que fiz tudo isso com boas intenções e vi teu povo entregar ofertas voluntariamente e com alegria.

¹⁸"Ó Senhor, o Deus de nossos antepassados Abraão, Isaque e Israel, leva teu povo a sempre desejar te obedecer. Mantém o coração deles sempre leal a ti. ¹⁹Dá a meu filho Salomão o desejo sincero de obedecer a todos os teus mandamentos, preceitos e decretos, e de fazer todo o necessário a fim de construir este templo, para o qual realizei estes preparativos".

---

[a] **28.18** Em hebraico, *para a carruagem de ouro do querubim*. [b] **29.4** Em hebraico, *3.000 talentos de ouro de Ofir e 7.000 talentos de prata*. [c] **29.6** Em hebraico, *os comandantes de milhares e os comandantes de centenas*. [d] **29.7** Em hebraico, *5.000 talentos de ouro, 10.000 dáricos* [uma moeda persa], *10.000 talentos de prata, 18.000 talentos de bronze e 100.000 talentos de ferro*. [e] **29.10** *Israel* é o nome que Deus deu a Jacó.

²⁰Então Davi disse a toda a comunidade: "Louvem o Senhor, seu Deus!". E toda a comunidade louvou o Senhor, o Deus de seus antepassados, e eles se prostraram e se ajoelharam diante do Senhor e do rei.

Salomão é proclamado rei

²¹No dia seguinte, trouxeram mil novilhos, mil carneiros e mil cordeiros e os apresentaram ao Senhor como sacrifícios e holocaustos. Também trouxeram ofertas derramadas e muitos outros sacrifícios em favor de todo o Israel. ²²Naquele dia, festejaram e comeram na presença do Senhor com grande alegria.

Mais uma vez, proclamaram Salomão, filho de Davi, como rei. Ungiram Salomão diante do Senhor, como seu líder, e ungiram Zadoque como sacerdote. ²³Salomão se sentou no trono do Senhor em lugar de seu pai, Davi. Foi bem-sucedido em tudo, e todo o Israel lhe obedecia. ²⁴Todos os oficiais, os guerreiros e os filhos de Davi prometeram ser leais ao rei Salomão. ²⁵O Senhor exaltou Salomão diante de todo o Israel e lhe deu mais esplendor que qualquer outro rei de Israel antes dele.

Resumo do reinado de Davi

²⁶Davi, filho de Jessé, reinou sobre todo o Israel. ²⁷Reinou em Israel por quarenta anos, sete anos em Hebrom e 33 em Jerusalém. ²⁸Morreu em boa velhice, depois de desfrutar uma vida longa, cheia de riqueza e honra. Seu filho Salomão foi seu sucessor.

²⁹Todos os acontecimentos do reinado de Davi, do início ao fim, estão escritos no *Registro do Vidente Samuel*, no *Registro do Profeta Natã* e no *Registro do Vidente Gade*, ³⁰incluindo os grandes feitos de seu reinado e tudo que aconteceu com ele, com Israel e com todos os reinos vizinhos.

2CRÔNICAS

INTRODUÇÃO

Nome. O nome de Crônicas foi dado por Jerônimo. Elas eram as "palavras dos dias" e os tradutores da Septuaginta as chamavam de "coisas omitidas". Originalmente, 1 e 2 Crônicas eram um único livro.

Conteúdo. A história de Israel é reescrita até o retorno de Judá do cativeiro.

Conexão com os livros anteriores. Abrange o mesmo campo que todos os outros. A essa altura, os livros se encaixavam um no outro e formavam uma história contínua. Aqui, voltamos e revisamos toda a história, começando com Adão e chegando ao edito de Ciro, que permitiu que os judeus exilados retornassem a Jerusalém.

Propósito religioso das narrativas. Várias coisas mostram que 1 e 2 Crônicas têm um propósito religioso: (1) O cuidado de Deus com Seu povo e o Seu propósito de salvá-lo recebe ênfase especial; (2) A construção do Templo tem muita proeminência; (3) Aos reis que serviram a Deus e destruíram ídolos é dado o lugar mais notório; (4) Segue a linhagem de Judá, apenas mencionando Israel onde pareceu necessário. Desta forma, seguia a linhagem messiânica através de Davi; (5) O espírito sacerdotal permeia esses livros em vez dos elementos proféticos como nos livros históricos anteriores. O objetivo, portanto, parece ser ensinar, em vez de narrar. Parece ensinar que a virtude e os vícios, em assuntos privados ou nacionais, certamente receberão sua paga — que Deus deve ser levado em conta na vida dos indivíduos e das nações.

ESBOÇO

1. O reinado de Salomão, Caps. 1–9
   1.1. Construção do Templo, Caps. 1–4
   1.2. Dedicação do Templo, Caps. 5–7
   1.3. A grandeza e riqueza de Salomão, Caps. 8–9
2. Judá depois da revolta das dez tribos, Caps. 10–36
   2.1. Reinado de Roboão, Caps. 10–12
   2.2. Vitória de Abias, Caps. 13
   2.3. Reinado de Asa, Caps. 14–16
   2.4. Reinado de Josafá, Caps. 17–20
   2.5. Reinado de Jeorão e outros reis, Caps. 21–28
   2.6. Reinado de Ezequias, Caps. 29–32
   2.7. Reinado de Manassés e Amom, Cap. 33
   2.8. Reinado de Josias, Caps. 34–35
   2.9. O cativeiro, Cap. 36

PARA ESTUDO E DISCUSSÃO

[1] A dedicação do Templo, especialmente a oração.
[2] A riqueza e as loucuras de Salomão.
[3] As Escrituras e a casa de Deus como um meio e fonte de toda informação, veja: (a) A restauração do altar e seus vasos realizada pelo rei Asa; (b) Josafá ensina ao povo a Lei de Deus; (c) Joás e a casa restaurada de Deus; (d) As reformas de Josias.
[4] O reinado de Manassés.
[5] A natureza da adoração de Judá.
[6] O cativeiro.
[7] O valor da verdadeira religião para uma nação.
[8] Os resultados malignos da idolatria.

Salomão pede sabedoria

1 Salomão, filho de Davi, estabeleceu firme controle sobre seu reino, pois o Senhor, seu Deus, estava com ele e o tornou muito poderoso.

² Salomão convocou todas as autoridades de Israel: os generais e capitães do exército,ª os juízes e todos os líderes e chefes dos clãs. ³ Então conduziu toda a comunidade ao lugar de culto em Gibeom, pois ali ficava a tenda do encontro. Essa era a tenda que Moisés, servo do Senhor, havia feito no deserto.

⁴ Davi tinha transportado a arca de Deus de Quiriate-Jearim para a tenda que ele havia preparado para ela em Jerusalém. ⁵ Mas o altar de bronze feito por Bezalel, filho de Uri e neto de Hur, ainda estava aliᵇ em Gibeom, em frente ao tabernáculo do Senhor. Então Salomão e o povo se reuniram nesse local para consultar o Senhor.ᶜ ⁶ Na presença do Senhor, Salomão ofereceu mil holocaustos sobre o altar de bronze, que estava na tenda do encontro.

⁷ Naquela noite, Deus apareceu a Salomão e lhe disse: "Peça o que quiser, e eu lhe darei".

⁸ Salomão respondeu a Deus: "Tu mostraste grande amor leal a meu pai, Davi, e agora me fizeste rei em seu lugar. ⁹ Ó Senhor Deus, cumpre a promessa que fizeste a meu pai, Davi, pois me fizeste rei sobre um povo tão numeroso como o pó da terra! ¹⁰ Dá-me sabedoria e conhecimento para que eu os lidere bem,ᵈ pois quem é capaz de governar este teu grande povo?".

¹¹ Deus disse a Salomão: "Uma vez que esse é seu desejo, e não pediu riqueza, nem bens, nem fama, nem a morte de seus inimigos, nem vida longa, mas sabedoria e conhecimento para governar bem meu povo, sobre o qual o fiz rei, ¹² certamente lhe darei a sabedoria e o conhecimento que pediu. Também lhe darei riqueza, bens e fama como nenhum rei teve nem jamais terá".

¹³ Então Salomão voltou da tenda do encontro, no lugar de culto em Gibeom, para Jerusalém, e reinou sobre todo o Israel.

¹⁴ Salomão ajuntou muitos carros de guerra e cavalos. Possuía 1.400 carros de guerra e 12.000 cavalos. Mantinha alguns deles nas cidades designadas para guardar esses carros de guerra e outros perto dele, em Jerusalém. ¹⁵ O rei tornou a prata e o ouro tão comuns em

---

PÃO DIÁRIO

O melhor pedido

Dá-me sabedoria e conhecimento para que eu os lidere bem, pois quem é capaz de governar este teu grande povo?
—2 Crônicas 1.10

Podemos aprender algo com a declaração de um filósofo persa quando lhe perguntaram como havia adquirido tanto conhecimento. Ele respondeu: "Não fui orgulhoso e perguntei sobre as coisas que eu desconhecia".

Salomão também se dispôs a admitir sua ignorância, embora fosse o poderoso rei de Israel. Porém, ele queria mais do que simples conhecimento — ele desejava a sabedoria! Quando o Senhor lhe disse: "Peça o que quiser, e eu lhe darei" (2Cr 1.7), Salomão fez um único pedido: discernimento e capacidade para julgar o povo com justiça. Deus lhe concedeu o que pedira e ainda lhe acrescentou riqueza e honra como bônus. Muitas vezes, queremos conhecimento e sabedoria para conseguir o bônus. Deus não age dessa maneira. Ele concede sabedoria àqueles que o honrarão, independentemente do que vier a acontecer.

Ao entrarem no período da adolescência, os jovens sofrem com a questão: "O que devo fazer com a minha vida?". Os jovens adultos enfrentam mudanças de emprego, responsabilidades familiares e muitas outras decisões de longo alcance. Nesses momentos, precisamos examinar o nosso coração e questionar: "Onde encontro a sabedoria?". As Escrituras nos prometem o seguinte: "O temor do Senhor é o princípio do conhecimento" (Pv 1.7).

A sabedoria está no ato de confiar em Deus. É sempre apropriado pedirmos a sabedoria divina quando o desejo do nosso coração é honrar o Senhor e fazer o que é certo. É a melhor oração em todas as situações, e é o clamor que Deus sempre responde.

Querido Deus, quero ser sábia e viver com sabedoria. Anseio pela sabedoria que vem de ti, o Único que é sábio. Abre o meu coração para ouvir-te.

É sábia aquela que aceita Deus como seu Mestre.

ª **1.2** Em hebraico, *comandantes de milhares e de centenas*. ᵇ **1.5a** Conforme a Septuaginta, a Vulgata e alguns manuscritos em hebraico; o Texto Massorético traz *ele colocou*. ᶜ **1.5b** Em hebraico, *para consultá-lo*. ᵈ **1.10** Em hebraico, *para sair e entrar diante deste povo*.

Jerusalém como as pedras. E havia tanta madeira valiosa de cedro como as figueiras-bravas que crescem nas colinas de Judá.ª ¹⁶Os cavalos de Salomão eram importados do Egito[b] e da Cilícia;[c] os comerciantes do rei os adquiriam da Cilícia pelo preço de mercado. ¹⁷Naquela época, um carro de guerra do Egito custava 600 peças[d] de prata, e um cavalo, 150 peças[e] de prata. Depois, eram exportados aos reis dos hititas e aos reis da Síria.

Preparativos para a construção do templo

2 ¹[f]Salomão resolveu construir um templo em honra ao nome do Senhor, e um palácio para si próprio. ²[g]Convocou 70.000 carregadores, 80.000 homens para cortarem pedras na região montanhosa e 3.600 chefes para supervisionarem as obras.

³Salomão enviou a seguinte mensagem a Hirão,[h] rei de Tiro:

"Peço que me forneça madeira de cedro, como fez com meu pai, Davi, quando ele construiu seu palácio. ⁴Estou para construir um templo em honra ao nome do Senhor, meu Deus. Será um lugar consagrado para queimar incenso aromático diante dele, para apresentar os pães da presença e para oferecer holocaustos todas as manhãs e todas as tardes, nos sábados, nas luas novas e nas festas fixas estabelecidas pelo Senhor, nosso Deus. Ele ordenou que Israel fizesse isso para sempre.

⁵"O templo que vou construir será imponente, pois nosso Deus é maior que todos os outros deuses. ⁶Contudo, quem poderia construir uma casa digna dele? Nem mesmo os mais altos céus seriam capazes de contê-lo! E quem sou eu para pensar em construir um templo para ele, a não ser como lugar para queimar sacrifícios diante dele?

⁷"Portanto, envie-me um mestre artífice competente, que saiba trabalhar com ouro, prata, bronze, ferro, com tecido púrpura, vermelho e azul, que seja habilidoso para fazer entalhes e que trabalhe com os artífices de Judá e Jerusalém que meu pai, Davi, escolheu.

⁸"Mande-me, também, madeira de cedro, cipreste e sândalo[i] do Líbano, pois sei que ninguém no Líbano corta madeira como seus servos. Enviarei meus servos para ajudá-los. ⁹Será necessária muita madeira, pois o templo que vou construir será grande e imponente. ¹⁰Como pagamento a seus cortadores de madeira, enviarei vinte mil cestos grandes de trigo batido, vinte mil cestos grandes de cevada,[j] vinte mil tonéis de vinho e vinte mil tonéis de azeite".[k]

¹¹Hirão, rei de Tiro, enviou esta resposta a Salomão:

"O Senhor ama seu povo, por isso o fez rei sobre ele! ¹²Louvado seja o Senhor, o Deus de Israel, que criou os céus e a terra! Ele deu ao rei Davi um filho sábio, que tem inteligência e entendimento, e que construirá um templo para o Senhor e um palácio para si próprio.

¹³"Envio-lhe Hurão-Abi, mestre artífice muito talentoso. ¹⁴Sua mãe é da tribo de Dã, em Israel, e seu pai é de Tiro. Ele tem habilidade para trabalhar com ouro, prata, bronze e ferro, e também com pedra, madeira, tecido púrpura, vermelho e azul e linho fino. É habilidoso para fazer entalhes e capaz de executar qualquer projeto que você lhe der. Ele trabalhará com seus artífices e com os homens indicados por meu senhor Davi, seu pai.

¹⁵"Agora, envie o trigo, a cevada, o azeite e o vinho, conforme meu senhor mencionou. ¹⁶Cortaremos toda a madeira necessária das montanhas do Líbano, colocaremos as toras em balsas e as faremos flutuar ao longo da costa do mar Mediterrâneo[l] até Jope. Dali você as transportará até Jerusalém".

¹⁷Salomão fez um censo de todos os estrangeiros na terra de Israel, como o censo que seu pai, Davi, havia feito, e descobriu que eram

---

ª **1.15** Em hebraico, *na Sefelá*. [b] **1.16a** Possivelmente, *de Muzur*, região próxima da Cilícia; também em 1.17. [c] **1.16b** Em hebraico, *de Cuve*, provavelmente outro nome para Cilícia. [d] **1.17a** Em hebraico, *600 (siclos)*, cerca de 7,2 quilos. [e] **1.17b** Em hebraico, *150 (siclos)*, cerca de 1,8 quilo. [f] **2.1** No texto hebraico, o versículo 2.1 é numerado 1.18. [g] **2.2** No texto hebraico, os versículos 2.2-18 são numerados 2.1-17. [h] **2.3** Em hebraico, *Hurão*, variação de Hirão; também em 2.11. [i] **2.8** Ou *junípero*. [j] **2.10a** Em hebraico, *20.000 coros de trigo batido, 20.000 coros de cevada*, cerca de 4.400.000 litros, respectivamente. [k] **2.10b** Em hebraico, *20.000 batos de vinho e 20.000 batos de azeite*, cerca de 420.000 litros, respectivamente. [l] **2.16** Em hebraico, *do mar*.

153.600. ¹⁸Designou 70.000 deles como carregadores, 80.000 como cortadores de pedra na região montanhosa e 3.600 como chefes para supervisionar a obra.

Salomão constrói o templo

3 Então Salomão começou a construir o templo do SENHOR em Jerusalém, no monte Moriá, onde o SENHOR havia aparecido a seu pai, Davi. O templo foi construído na eira de Araúna,ª o jebuseu, o local escolhido por Davi. ²A construção começou no segundo dia do segundo mêsᵇ do quarto ano do reinado de Salomão.

³O alicerce do templo de Deus construído por Salomão tinha 27 metros de comprimento e 9 metros de largura,ᶜ conforme a medida antiga.ᵈ ⁴A sala de entrada na frente do templo media 9 metrosᵉ de largura, a mesma largura do templo, e 9 metros de altura.ᶠ Salomão revestiu seu interior com ouro puro.

⁵Cobriu todas as paredes do salão principal do templo com madeira de cipreste revestida com ouro puro e enfeitada com entalhes de palmeiras e de correntes. ⁶Enfeitou as paredes do templo com pedras preciosas e com ouro da terra de Parvaim. ⁷Revestiu com ouro as vigas, os batentes, as paredes e as portas de todo o templo e entalhou nas paredes figuras de querubins.

⁸Fez o lugar santíssimo com 9 metros de largura, a mesma largura do templo, e 9 metros de comprimento. Revestiu seu interior com 21 toneladasᵍ de ouro puro. ⁹Cada um dos pregos de ouro pesava 600 gramas.ʰ Também revestiu com ouro as paredes das salas superiores.

¹⁰Fez duas figuras em forma de querubins, as revestiu com ouro e as colocou no lugar santíssimo. ¹¹As asas abertas dos querubins mediam, juntas, 9 metros. Uma das asas do primeiro querubim media 2,25 metrosⁱ e tocava a parede do templo. A outra asa, que também media 2,25 metros, tocava a asa do segundo querubim. ¹²De igual modo, uma das asas do segundo querubim media 2,25 metros e tocava a parede oposta. A outra asa, que também media 2,25 metros, tocava a asa do primeiro querubim. ¹³Portanto, as asas abertas dos querubins mediam, juntas, 9 metros. Os querubins ficavam em pé, de frente para o salão principal do templo.

¹⁴Na entrada do lugar santíssimo, colocou uma cortina de linho fino, enfeitada com fio azul, púrpura e vermelho, e bordada com figuras de querubins.

¹⁵Para a frente do templo, fez duas colunas, cada uma com 8,1 metrosʲ de altura e com um capitel de 2,25 metros de altura. ¹⁶Fez conjuntos de correntes entrelaçadasᵏ e os colocou para enfeitar o alto das colunas. Também fez cem romãs decorativas e as prendeu às correntes. ¹⁷Depois, levantou as duas colunas na frente do templo, uma ao sul da entrada e outra ao norte. Chamou a coluna ao sul de Jaquim, e a coluna ao norte, de Boaz.ˡ

A mobília do templo

4 Salomãoᵐ também fez um altar de bronze com 9 metros de comprimento, 9 metros de largura e 4,5 metros de altura.ⁿ ²Depois, fundiu um grande tanque redondo, chamado Mar. O tanque media 4,5 metros de uma borda à outra, 2,25 metros de profundidade e 13,5 metros de circunferência.ᵒ ³Logo abaixo da borda, tinha ao seu redor duas fileiras de figuras semelhantes a touros. Havia cerca de vinte figuras por metroᵖ em toda a circunferência, formando uma única peça de fundição com o tanque.

⁴O tanque ficava apoiado sobre doze touros, todos voltados para fora: três voltados para o norte, três para o oeste, três para o sul e três para o leste. ⁵As paredes do tanque tinham oito centímetrosᵠ de espessura, e sua borda se projetava para fora como uma taça,

---

ª **3.1** Em hebraico, *Orná*, variação de Araúna; comparar com 2Sm 24.16. ᵇ **3.2** Esse dia do antigo calendário lunar hebraico caía em abril ou maio. ᶜ **3.3a** Em hebraico, *60 côvados de comprimento e 20 côvados de largura*. ᵈ **3.3b** A "medida antiga" era o côvado de 45 centímetros; a medida nova era o côvado real, de 53 centímetros. ᵉ **3.4a** Em hebraico, *20 côvados*; também em 3.8,11,13. ᶠ **3.4b** Conforme alguns manuscritos gregos e siríacos, que trazem *20 côvados*; o hebraico traz *120 côvados*, isto é, 54 metros. ᵍ **3.8** Em hebraico, *600 talentos*. ʰ **3.9** Em hebraico, *50 siclos*. ⁱ **3.11** Em hebraico, *5 côvados*; também em 3.11b,12,15. ʲ **3.15** Conforme a versão siríaca (ver tb. 1Rs 7.15; 2Rs 25.17; Jr 52.21), que traz *18 côvados*; o hebraico traz *35 côvados*, isto é, 15,7 metros. ᵏ **3.16** Em hebraico, *Fez correntes no santuário interno*. O significado do hebraico é incerto. ˡ **3 17** *Jaquim* provavelmente significa "ele estabelece"; *Boaz* provavelmente significa "nele há força". ᵐ **4.1a** Ou *Hurão-Abi*; o hebraico traz *Ele*. ⁿ **4.1b** Em hebraico, *20 côvados de comprimento, 20 côvados de largura e 10 côvados de altura*. ᵒ **4.2** Em hebraico, *10 côvados de uma borda à outra, 5 côvados de profundidade e 30 côvados de circunferência*. ᵖ **4.3** Em hebraico, *10 para cada côvado*. ᵠ **4.5a** Em hebraico, *1 palmo menor*.

semelhante a um lírio. Tinha capacidade para cerca de sessenta mil litros[a] de água.

⁶Fez também dez pias menores para lavar os utensílios para os holocaustos. Colocou cinco do lado sul e cinco do lado norte. Os sacerdotes, porém, se lavavam no tanque chamado Mar.

⁷Fez dez candelabros de ouro, de acordo com as especificações que havia recebido, e os colocou no templo, cinco do lado sul e cinco do lado norte.

⁸Fez dez mesas e as colocou no templo, cinco do lado sul e cinco do lado norte. Também fez cem bacias de ouro.

⁹Depois, construiu o pátio dos sacerdotes e o grande pátio externo. Fez portas para as entradas dos pátios e as revestiu com bronze. ¹⁰O grande tanque de bronze chamado Mar foi colocado perto do canto sudeste do templo.

¹¹Hurão-Abi também fez as bacias, pás e tigelas necessárias.

Assim, Hurão-Abi terminou tudo que o rei Salomão havia ordenado que ele fizesse para o templo de Deus:

¹²as duas colunas;
os dois capitéis em forma de taça no alto das colunas;
os dois conjuntos de correntes entrelaçadas que enfeitavam os capitéis;
¹³as quatrocentas romãs penduradas nas correntes dos capitéis (duas fileiras de romãs para cada conjunto de correntes que enfeitavam os capitéis no alto das colunas);
¹⁴as bases móveis para levar água com as pias;
¹⁵o Mar e os doze bois debaixo dele;
¹⁶os baldes das cinzas, as pás, os garfos de carne e os demais utensílios.

Hurão-Abi fez todos esses utensílios de bronze polido para o templo do Senhor, conforme as instruções do rei Salomão. ¹⁷O rei ordenou que fossem fundidos em moldes de barro no vale do Jordão, entre Sucote e Zaretã.[b] ¹⁸Salomão usou uma quantidade tão grande de bronze que seu peso não pôde ser medido.

¹⁹Salomão também fez toda a mobília para o templo de Deus:

o altar de ouro;
as mesas para os pães da presença;
²⁰os candelabros e suas lâmpadas de ouro maciço, para serem acesas diante do lugar santíssimo, conforme determinado;
²¹os enfeites de flores, as lâmpadas e as tenazes, todos do ouro mais puro;
²²os cortadores de pavio, as tigelas, as colheres e os incensários, todos de ouro maciço;
as dobradiças das portas de entrada do lugar santíssimo e do salão principal do templo, revestidas com ouro.

5 Assim, o rei Salomão concluiu toda a sua obra no templo do Senhor. Então trouxe todos os presentes que seu pai, Davi, havia consagrado — a prata, o ouro e os diversos objetos — e os guardou na tesouraria do templo de Deus.

O transporte da arca para o templo

²Em seguida, Salomão mandou chamar a Jerusalém todas as autoridades de Israel e todos os líderes das tribos, os chefes das famílias israelitas. Eles levariam a arca da aliança do Senhor do lugar onde estava, na Cidade de Davi, também conhecida como Sião, para o templo. ³Todos os homens de Israel se reuniram diante do rei durante a Festa das Cabanas, celebrada anualmente no sétimo mês.[c]

⁴Quando todos os líderes de Israel chegaram, os levitas ergueram a arca. ⁵Os sacerdotes e os levitas levaram a arca do Senhor, junto com a tenda do encontro[d] e todos os seus utensílios sagrados. ⁶Ali, diante da arca, o rei Salomão e toda a comunidade de Israel ofereceram tantos sacrifícios de ovelhas e bois que não puderam ser contados.

⁷Então os sacerdotes levaram a arca da aliança do Senhor para o santuário interno do templo, o lugar santíssimo, e a colocaram sob as asas dos querubins. ⁸Os querubins tinham as asas abertas sobre a arca, e elas cobriam a arca e as varas usadas para transportá-la. ⁹Essas varas eram tão compridas que suas pontas

---

[a] **4.5b** Em hebraico, *3.000 batos*. [b] **4.17** Conforme o texto paralelo em 1Rs 7.46; o hebraico traz *Zeredá*. [c] **5.3** Em hebraico, *durante a festa no sétimo mês*. A Festa das Cabanas começava no décimo quinto dia do sétimo mês do antigo calendário lunar hebraico. Esse dia caía no final de setembro, em outubro, ou no início de novembro. [d] **5.5** Isto é, a tenda mencionada em 2Sm 6.17 e 1Cr 16.1.

podiam ser vistas do lugar santo,[a] diante do lugar santíssimo, mas não de fora; e estão ali até hoje. [10]Na arca havia só as duas tábuas de pedra que Moisés tinha colocado dentro dela no monte Sinai,[b] onde o Senhor fez uma aliança com os israelitas depois que eles saíram da terra do Egito.

[11]Então os sacerdotes saíram do lugar santo. Todos eles haviam se purificado, estivessem ou não de serviço naquele dia. [12]E os levitas que eram músicos — Asafe, Hemã, Jedutum, e todos os seus filhos e parentes — vestiam roupas de linho fino e estavam em pé do lado leste do altar, tocando címbalos, liras e harpas. Cento e vinte sacerdotes tocando trombetas os acompanhavam. [13]Os que tocavam trombetas e os cantores, em uníssono, louvaram e agradeceram ao Senhor. Acompanhados de trombetas, címbalos e outros instrumentos, levantaram as vozes e louvaram o Senhor com estas palavras:

"Ele é bom!
Seu amor dura para sempre!".

Nesse momento, uma densa nuvem encheu o templo do Senhor. [14]Com isso, os sacerdotes não puderam dar continuidade a seus serviços, pois a presença gloriosa do Senhor encheu o templo de Deus.

Salomão louva o Senhor

6 Então Salomão orou: "Ó Senhor, tu disseste que habitarias numa densa nuvem. [2]Agora, construí para ti um templo majestoso, um lugar para habitares para sempre!".

[3]Então o rei se voltou para toda a comunidade de Israel que estava em pé diante dele e abençoou o povo. [4]Em seguida, orou: "Louvado seja o Senhor, o Deus de Israel, que cumpriu o que prometeu a meu pai, Davi, pois lhe disse: [5]'Desde o dia em que tirei meu povo da terra do Egito, não escolhi nenhuma cidade das tribos de Israel como lugar onde deveria ser construído um templo em honra ao meu nome. Também não escolhi um líder para meu povo, Israel. [6]Agora, porém, escolhi Jerusalém como lugar para que meu nome seja honrado, e escolhi Davi para reinar sobre Israel, meu povo'".

[7]Salomão disse: "Meu pai, Davi, queria construir este templo em honra ao nome do Senhor, o Deus de Israel. [8]Mas o Senhor lhe disse: 'Sua intenção de construir um templo em honra ao meu nome é boa, [9]mas essa tarefa não caberá a você. Um de seus filhos construirá o templo em honra ao meu nome'.

[10]"O Senhor cumpriu sua promessa, pois eu sou o sucessor de meu pai, Davi, e agora ocupo o trono de Israel, como o Senhor havia prometido. Construí este templo em honra ao nome do Senhor, o Deus de Israel, [11]e coloquei nele a arca que contém a aliança que o Senhor fez com os israelitas".

Oração de dedicação do templo

[12]Então Salomão se pôs diante do altar do Senhor, na presença de toda a comunidade de Israel, e levantou as mãos para orar. [13]Ele havia feito uma plataforma de bronze com 2,25 metros de comprimento, 2,25 metros de largura e 1,35 metro de altura,[c] e a havia colocado no centro do pátio externo do templo. Ficou em pé na plataforma e depois ajoelhou-se diante de toda a comunidade de Israel. Levantou as mãos para o céu [14]e orou:

"Ó Senhor, o Deus de Israel, não há Deus como tu em cima, nos céus, nem embaixo, na terra. Tu guardas a tua aliança e mostras amor leal àqueles que andam diante de ti de todo o coração. [15]Cumpriste tua promessa a teu servo Davi, meu pai. Fizeste essa promessa com a tua própria boca e hoje a cumpriste com as tuas próprias mãos.

[16]"Agora, ó Senhor, o Deus de Israel, cumpre a outra promessa que fizeste a teu servo Davi, meu pai, quando lhe disseste: 'Se seus descendentes viverem como devem e seguirem fielmente minha lei, como você fez, sempre haverá um deles no trono de Israel'. [17]Agora, ó Senhor, o Deus de Israel, cumpre a promessa que fizeste a teu servo Davi.

[18]"Contudo, será possível que Deus habite na terra com os seres humanos? Nem mesmo os mais altos céus podem contê-lo, muito menos este templo que construí! [19]Ainda assim, ouve minha oração e minha súplica, ó Senhor, meu Deus. Ouve o clamor e a oração

---

[a] **5.9** Conforme alguns manuscritos hebraicos e a Septuaginta (ver tb. 1Rs 8.8); o Texto Massorético traz *da arca*. [b] **5.10** Em hebraico, *Horebe*, outro nome para o Sinai. [c] **6.13** Em hebraico, *5 côvados de comprimento, 5 côvados de largura e 3 côvados de altura*.

que teu servo te faz hoje. ²⁰Guarda noite e dia este templo, o lugar no qual disseste que colocarias teu nome. Ouve sempre as orações que teu servo fizer voltado para este lugar. ²¹Ouve as súplicas de teu servo e de Israel, teu povo, quando orarmos voltados para este lugar. Sim, ouve-nos dos céus onde habitas e, quando ouvires, perdoa-nos.

²²"Se alguém pecar contra outra pessoa, e se for exigido que faça um juramento de inocência diante do teu altar neste templo, ²³ouve dos céus e julga entre teus servos, entre o acusador e o acusado. Castiga o culpado e declara justo o inocente, cada um conforme merece.

²⁴"Se o teu povo, Israel, for derrotado por seus inimigos porque pecou contra ti, e se voltar para ti, invocar teu nome e orar a ti neste templo, ²⁵ouve dos céus, perdoa o pecado de teu povo, Israel, e traze-o de volta a esta terra que deste a ele e a seus antepassados.

²⁶"Se o céu fechar e não houver chuva porque o povo pecou contra ti, e se eles orarem voltados para este templo, invocarem teu nome e se afastarem de seus pecados porque tu os castigaste, ²⁷ouve dos céus e perdoa os pecados de teus servos, o teu povo, Israel. Ensina-os a seguir o caminho certo e envia chuva à terra que deste por herança a teu povo.

²⁸"Se houver fome na terra, ou peste, ou praga nas lavouras, ou se elas forem atacadas por gafanhotos ou lagartas, ou se os inimigos do teu povo invadirem a terra e sitiarem suas cidades, seja qual for o desastre ou epidemia que ocorrer, ²⁹e se alguém do teu povo, ou toda a nação de Israel, orar a respeito de suas dificuldades e aflições com as mãos levantadas para este templo, ³⁰ouve dos céus onde habitas e perdoa. Trata o teu povo como ele merece, pois somente tu conheces o coração de cada um. ³¹Assim eles te temerão e andarão em teus caminhos enquanto viverem na terra que deste a nossos antepassados.

³²"No futuro, estrangeiros que não pertencem a teu povo, Israel, ouvirão falar de ti. Virão de terras distantes quando ouvirem falar do teu grande nome, da tua mão forte e do teu braço poderoso. E, quando orarem voltados para este templo, ³³ouve dos céus onde habitas e concede o que pedem. Assim, todos os povos da terra conhecerão teu nome e te temerão, como faz teu povo, Israel. Também saberão que neste templo que construí teu nome é honrado.

³⁴"Se o teu povo sair para onde o enviares a fim de lutar contra seus inimigos, e se orarem a ti voltados para esta cidade que escolheste e para este templo, que construí em honra ao teu nome, ³⁵ouve dos céus suas orações e defende sua causa.

³⁶"Quando pecarem contra ti, pois não há quem não peque, tua ira cairá sobre eles e tu permitirás que seus inimigos os conquistem e os levem como escravos para terras estrangeiras, próximas ou distantes. ³⁷Se caírem em si nessa terra de exílio e se arrependerem, suplicando-te: 'Pecamos, praticamos o mal e agimos perversamente', ³⁸e se voltarem para ti de todo o coração e de toda a alma na terra de seu cativeiro e orarem voltados para a terra que deste a seus antepassados, para esta cidade que escolheste e para este templo que construí em honra ao teu nome, ³⁹ouve dos céus onde habitas suas orações e súplicas e defende sua causa. Perdoa teu povo que pecou contra ti.

⁴⁰"Ó meu Deus, olha e ouve atentamente todas as orações feitas a ti neste lugar.

⁴¹"E, agora, levanta-te, ó Senhor Deus,
  e entra neste teu lugar de descanso,
junto à arca,
  o símbolo do teu poder.
Estejam teus sacerdotes,
  ó Senhor Deus,
  vestidos de salvação;
alegrem-se teus servos leais
  em tua bondade.
⁴²Ó Senhor Deus, não rejeites
  o rei que ungiste.
Lembra-te do teu amor leal
  por teu servo Davi".

A dedicação do templo

7 Quando Salomão terminou de orar, desceu fogo do céu e queimou os holocaustos e os sacrifícios, e a presença gloriosa do Senhor encheu o templo. ²Os sacerdotes não podiam entrar no templo do Senhor, pois a presença gloriosa do Senhor havia enchido o templo. ³Quando todos os israelitas viram o fogo descer e a presença gloriosa do Senhor encher o templo, prostraram-se com o rosto no chão, adoraram e louvaram o Senhor, dizendo:

"Ele é bom!
Seu amor dura para sempre!".

⁴Então o rei e todo o povo ofereceram sacrifícios ao Senhor. ⁵O rei Salomão apresentou um sacrifício de 22 mil bois e 120 mil ovelhas. Assim, o rei e todo o povo fizeram a dedicação do templo do Senhor. ⁶Os sacerdotes tomaram seus lugares designados, bem como os levitas, que cantavam: "Seu amor dura para sempre!". Os levitas acompanhavam o cântico com os instrumentos musicais que o rei Davi tinha feito para louvar o Senhor. Os sacerdotes, de frente para os levitas, tocavam as trombetas, e todo o Israel estava em pé.

⁷Em seguida, Salomão consagrou a parte central do pátio em frente ao templo do Senhor. Ali apresentou holocaustos e a gordura das ofertas de paz, pois o altar de bronze que ele havia construído era pequeno demais para tantos holocaustos, ofertas de cereal e gordura das ofertas de paz.

⁸Durante os sete dias seguintes, Salomão e todo o Israel celebraram a Festa das Cabanas.ᵃ Uma grande multidão havia se reunido, de lugares distantes como Lebo-Hamate, ao norte, e o ribeiro do Egito, ao sul. ⁹No oitavo dia, foi realizada uma cerimônia de encerramento, pois haviam comemorado a dedicação do altar por sete dias e a Festa das Cabanas por mais sete dias. ¹⁰Terminada a festa,ᵇ Salomão mandou o povo para casa. Foram embora alegres e exultantes, pois o Senhor tinha mostrado toda a sua bondade a Davi, a Salomão e a seu povo, Israel.

A resposta do Senhor a Salomão

¹¹Salomão terminou o templo do Senhor e o palácio real. Concluiu tudo que havia planejado fazer na construção do templo e do palácio. ¹²Então, certa noite, o Senhor lhe apareceu e disse:

"Ouvi sua oração e escolhi este templo como o lugar para se fazer sacrifícios. ¹³Se, por vezes, eu fechar o céu para que não chova, ou ordenar que gafanhotos devorem suas colheitas, ou enviar pragas entre meu povo, ¹⁴então, se meu povo, que se chama pelo meu nome, humilhar-se e orar, buscar minha presença e afastar-se de seus maus

---

PÃO DIÁRIO

Nossa bússola moral

...então, se meu povo, que se chama pelo meu nome, humilhar-se e orar, buscar minha presença e afastar-se de seus maus caminhos, eu os ouvirei dos céus, perdoarei seus pecados e restaurarei sua terra.
—2 Crônicas 7.14

Quando o ex-presidente americano Abraham Lincoln foi apresentado à autora Harriet Beecher Stowe, relata-se que ele teria dito: "Esta pequena mulher escreveu o livro que deu início a esta grande guerra".

Embora esse comentário não tivesse sido totalmente sério, o romance de Harriet, *A cabana do Pai Tomás* (Ediouro, 2002), serviu de instrumento para abolir a escravatura nos Estados Unidos. A descrição vívida de racismo e a injustiça da escravidão descrita no livro ajudaram a deflagrar a Guerra Civil Americana. Mais tarde, a 13.ª emenda à Constituição dos Estados Unidos aboliria toda a escravidão. Na verdade, a obra literária de Harriet ajudou a mudar a bússola moral de uma nação.

Séculos antes, foi revelado ao rei Salomão o que mudaria a bússola moral do povo de Deus, Israel. Era necessário começar com humildade e confissão. O Senhor disse a Salomão: "então, se meu povo, que se chama pelo meu nome, humilhar-se e orar, buscar minha presença e afastar-se de seus maus caminhos, eu os ouvirei dos céus, perdoarei seus pecados e restaurarei sua terra" (2Cr 7.14).

Como comunidade cristã, devemos primeiro preparar um inventário de nossa vida pessoal. As mudanças em nossa vida começam quando buscamos a Deus, humildemente, em oração e nos arrependemos do pecado. Deus, então, pode nos usar para modificar a bússola moral da nação.

Senhor Jesus, como seguidoras de Cristo, reconhecemos a nossa responsabilidade de sondar o nosso coração, confessar humildemente nossos pecados e nos arrependermos diante de ti, nosso Deus santo. Ajuda-nos, Senhor, a influenciar o nosso país a buscar a Tua vontade acima de tudo.

Nada que seja moralmente errado é politicamente correto. —Daniel O'Connell

---

ᵃ **7.8** Em hebraico, *a festa*; também em 7.9; ver nota em 5.3. ᵇ **7.10** Em hebraico, *No vigésimo terceiro dia do sétimo mês.* Esse dia do antigo calendário lunar hebraico caía em outubro ou no início de novembro.

caminhos, eu os ouvirei dos céus, perdoarei seus pecados e restaurarei sua terra. ¹⁵Olharei e ouvirei atentamente cada oração feita neste lugar. ¹⁶Pois escolhi e consagrei este templo, onde meu nome será honrado para sempre. Olharei continuamente para ele, com todo o meu coração.

¹⁷"Quanto a você, se me seguir fielmente, como fez seu pai, Davi, obedecendo a todos os meus mandamentos, decretos e estatutos, ¹⁸estabelecerei o trono de sua dinastia. Pois fiz esta aliança com seu pai, Davi: 'Um de seus descendentes sempre governará Israel'.

¹⁹"Mas, se você ou seus descendentes me abandonarem e desobedecerem a meus decretos e mandamentos, seguindo e adorando outros deuses, ²⁰arrancarei o povo desta terra que lhe dei. Rejeitarei este templo que consagrei em honra ao meu nome, e farei dele objeto de zombaria e desprezo entre as nações. ²¹E, embora este templo seja agora imponente, todos que passarem perto dele ficarão chocados. Perguntarão: 'Por que o Senhor fez coisas tão terríveis com esta terra e com este templo?'.

²²"E a resposta será: 'Porque os israelitas abandonaram o Senhor, o Deus de seus antepassados, que os tirou da terra do Egito e, em lugar dele, adoraram outros deuses e se prostraram diante deles. Por isso ele trouxe sobre eles todas essas calamidades'".

As muitas realizações de Salomão

8 Salomão levou vinte anos para construir o templo do Senhor e o palácio real. Depois desse tempo, ²voltou sua atenção para a reconstrução das cidades que o rei Hirão[a] lhe tinha dado e nelas estabeleceu israelitas.

³Salomão também lutou contra a cidade de Hamate-Zobá e a conquistou. ⁴Reconstruiu Tadmor, no deserto, e construiu na região de Hamate cidades para servirem como centros de armazenamento. ⁵Fortificou as cidades de Bete-Horom Alta e Bete-Horom Baixa, reconstruindo seus muros e colocando portões com trancas. ⁶Também reconstruiu Baalate e outros centros de armazenamento e construiu cidades para seus carros de guerra e cavalos. Construiu tudo que desejou em Jerusalém, no Líbano e em todo o reino.

⁷Ainda havia na terra habitantes que não eram israelitas: hititas, amorreus, ferezeus, heveus e jebuseus. ⁸Eram descendentes das nações que os israelitas não haviam destruído completamente. Salomão os recrutou para trabalhos forçados, e é nessa condição que trabalham até hoje. ⁹Mas Salomão não recrutou nenhum israelita para trabalhos forçados; eles o serviram como soldados, oficiais de seu exército, comandantes de carros de guerra e cavaleiros. ¹⁰Nomeou 250 oficiais para supervisionarem os trabalhadores.

¹¹Salomão transferiu a residência de sua esposa, a filha do faraó, da Cidade de Davi para o novo palácio que ele havia construído para ela. Disse: "Minha esposa não deve morar no palácio de Davi, rei de Israel, pois a arca do Senhor esteve ali, e é lugar sagrado".

¹²Depois, Salomão ofereceu holocaustos ao Senhor sobre o altar que havia construído para ele diante da sala de entrada do templo. ¹³Conforme Moisés havia ordenado, oferecia sacrifícios aos sábados, nas festas de lua nova e nas três festas anuais: a Páscoa, a Festa da Colheita[b] e a Festa das Cabanas.

¹⁴Segundo as instruções de seu pai, Davi, designou os turnos dos sacerdotes. Também encarregou os levitas de dirigirem o louvor e ajudarem os sacerdotes em suas responsabilidades diárias. Designou, por divisões, os guardas das portas, de acordo com as ordens de Davi, homem de Deus. ¹⁵Todas as ordens de Davi com respeito aos sacerdotes, aos levitas e aos tesouros foram cumpridas à risca.

¹⁶Salomão certificou-se de que fosse realizado todo o trabalho relacionado à construção do templo do Senhor, desde o dia em que foram lançados os alicerces até a conclusão das obras.

¹⁷Por fim, Salomão foi a Eziom-Geber e a Elate,[c] portos às margens do mar Vermelho,[d] na terra de Edom. ¹⁸Hirão lhe enviou embarcações comandadas por seus próprios oficiais, com uma tripulação de marinheiros

---

[a] **8.2** Em hebraico, *Hurão*, variação de Hirão; também em 8.18. [b] **8.13** Ou *Festa das Semanas*. [c] **8.17a** Conforme a Septuaginta (ver tb. 2Rs 14.22; 16.6); o hebraico traz *Elote*, variação de Elate. [d] **8.17b** Conforme o texto paralelo em 1Rs 9.26; o hebraico traz *do mar*.

experientes. Essas embarcações navegaram com os marinheiros de Salomão para Ofir e trouxeram de volta para o rei Salomão 15.750 quilos[a] de ouro.

A visita da rainha de Sabá

9 Quando a rainha de Sabá ouviu falar da fama de Salomão, foi até Jerusalém para pô-lo à prova com perguntas difíceis. Chegou à cidade com uma comitiva numerosa e uma imensa caravana de camelos carregados de especiarias, grande quantidade de ouro e pedras preciosas. Quando se encontrou com Salomão, conversou com ele a respeito de tudo que tinha em mente. ²Salomão respondeu a todas as suas perguntas; nada era difícil demais para ele explicar. ³Quando a rainha de Sabá percebeu quanto Salomão era sábio e viu o palácio que ele havia construído, ⁴a comida que era servida às mesas do rei, os alojamentos e a organização de seus oficiais e servos, os trajes esplêndidos que vestiam, os copeiros da corte e suas roupas, e os holocaustos[b] que Salomão oferecia no templo do S<small>ENHOR</small>, ficou muito admirada.

⁵Disse ela ao rei: "É verdade tudo que ouvi em meu país a respeito de suas realizações[c] e de sua sabedoria! ⁶Não acreditava no que diziam até que cheguei aqui e vi com os próprios olhos. Aliás, não tinham me contado nem a metade a respeito de sua grande sabedoria! Vai muito além do que ouvi. ⁷Como deve ser feliz o seu povo! Que privilégio para seus oficiais estarem em sua presença todos os dias, ouvindo sua sabedoria! ⁸Louvado seja o S<small>ENHOR</small>, seu Deus, que se agradou de você e o fez rei para governar para ele. Por causa do amor de Deus por Israel, e porque ele deseja estabelecer para sempre este reino, ele o fez rei para governar com justiça e retidão".

⁹Então ela presenteou o rei com 4.200 quilos[d] de ouro, especiarias em grande quantidade e pedras preciosas. Nunca houve especiarias tão finas como as que a rainha de Sabá deu ao rei Salomão.

¹⁰(Além disso, os marinheiros de Hirão e de Salomão trouxeram ouro de Ofir, madeira de sândalo[e] e pedras preciosas. ¹¹O rei usou a madeira de sândalo para fazer os degraus das escadas[f] do templo e do palácio real, e também liras e harpas para os músicos. Nunca se tinham visto coisas tão belas em Judá.)

¹²O rei Salomão deu à rainha de Sabá tudo que ela pediu, muito mais que os presentes que ela havia trazido. Então ela e sua comitiva regressaram para sua terra.

A riqueza e o esplendor de Salomão

¹³A cada ano, Salomão recebia 23.300 quilos[g] de ouro, ¹⁴sem contar a renda adicional proveniente dos mercadores e comerciantes. Todos os reis da Arábia e os governadores das províncias também lhe traziam ouro e prata.

¹⁵O rei Salomão fez duzentos escudos grandes de ouro batido, cada um pesando 7,2 quilos.[h] ¹⁶Também fez trezentos escudos menores de ouro batido, cada um pesando 3,6 quilos.[i] O rei colocou esses escudos no Palácio da Floresta do Líbano.

¹⁷Então o rei fez um grande trono de marfim revestido de ouro puro. ¹⁸O trono tinha seis degraus e um lugar de descanso para os pés feito de ouro. De cada lado do assento havia um apoio para o braço e, junto de cada apoio, a escultura de um leão. ¹⁹Também havia outros doze leões, um de cada lado dos seis degraus. Nenhum outro trono em todo o mundo se comparava ao de Salomão.

²⁰Todas as taças do rei Salomão eram de ouro, e todos os utensílios do Palácio da Floresta do Líbano eram de ouro puro. Não eram de prata, pois nos dias de Salomão a prata era considerada um metal sem valor.

²¹O rei tinha uma frota de navios mercantes[j] que navegavam com os marinheiros enviados por Hirão.[k] Uma vez a cada três anos, as embarcações voltavam trazendo ouro, prata, marfim, macacos e pavões.[l]

²²Salomão se tornou o mais rico e sábio de todos os reis da terra. ²³Reis de todas as nações vinham consultá-lo e ouvir a sabedoria

---

[a] **8.18** Em hebraico, *450 talentos*. [b] **9.4** Conforme a Septuaginta e a versão siríaca (ver tb. 1Rs 10.5); o hebraico traz *e a subida*. [c] **9.5** Em hebraico, *suas palavras*. [d] **9.9** Em hebraico, *120 talentos*. [e] **9.10** Ou *madeira de junípero*; também em 9.11. [f] **9.11** Ou *os portais*. O significado do hebraico é incerto. [g] **9.13** Em hebraico, *666 talentos*. [h] **9.15** Em hebraico, *600 (siclos)*. [i] **9.16** Em hebraico, *300 (siclos)*. [j] **9.21a** Em hebraico, *navios que podiam ir para Társis*. [k] **9.21b** Em hebraico, *Hurão*, variação de Hirão. [l] **9.21c** Ou *babuínos*.

que Deus lhe tinha dado. ²⁴A cada ano, os visitantes traziam presentes de prata e ouro, roupas, armas, especiarias, cavalos e mulas.

²⁵Salomão tinha quatro mil estábulos para seus cavalos e carros de guerra, e doze mil cavalos. Mantinha alguns deles nas cidades designadas para guardar esses carros de guerra e outros perto dele, em Jerusalém. ²⁶Governava sobre todos os reis, desde o rio Eufrates,ᵃ ao norte, até a terra dos filisteus e a fronteira do Egito, ao sul. ²⁷O rei tornou a prata tão comum em Jerusalém como as pedras. E havia tanta madeira valiosa de cedro como as figueiras-bravas que crescem nas colinas de Judá.ᵇ ²⁸Os cavalos de Salomão eram importados do Egitoᶜ e de muitos outros países.

Resumo do reinado de Salomão

²⁹Os demais acontecimentos do reinado de Salomão, do início ao fim, estão anotados no *Registro do Profeta Natã*, na *Profecia de Aías, de Siló* e nas *Visões do Vidente Ido*, acerca de Jeroboão, filho de Nebate. ³⁰Salomão reinou por quarenta anos sobre todo o Israel, em Jerusalém. ³¹Quando morreu e se reuniu a seus antepassados, foi sepultado na Cidade de Davi, seu pai. Seu filho Roboão foi seu sucessor.

As tribos do norte se rebelam

10 Roboão foi a Siquém, onde todo o Israel havia se reunido para proclamá-lo rei. ²Quando Jeroboão, filho de Nebate, soube disso, voltou do Egito, para onde havia fugido do rei Salomão. ³Os líderes de Israel convocaram Jeroboão, e ele e todo o Israel foram falar com Roboão. ⁴"Seu pai foi muito duro conosco", disseram. "Alivie a carga pesada de trabalho e de impostos altos que seu pai nos obrigou a carregar. Então seremos seus súditos leais."

⁵Roboão respondeu: "Voltem daqui três dias para saber minha resposta". E o povo foi embora.

⁶O rei Roboão discutiu o assunto com os homens mais velhos que haviam sido conselheiros de seu pai, Salomão. "O que vocês aconselham?", perguntou ele. "Como devo responder a este povo?"

⁷Eles disseram: "Se o senhor tratar este povo com bondade, se agradá-los e lhes der uma resposta favorável, eles serão seus súditos leais para sempre".

⁸Mas Roboão rejeitou o conselho dos homens mais velhos e pediu a opinião dos jovens que haviam crescido com ele e agora o acompanhavam. ⁹"O que vocês aconselham?", perguntou ele. "Como devemos responder a este povo que deseja que eu alivie as cargas impostas por meu pai?"

¹⁰Os jovens responderam: "Você deve dizer o seguinte a essa gente que diz que seu pai foi muito duro com eles e que pede alívio: 'Meu dedo mínimo é mais grosso que a cintura de meu pai! ¹¹Sim, meu pai lhes impôs cargas pesadas, mas eu as tornarei ainda mais pesadas! Meu pai os castigou com chicotes comuns, mas eu os castigarei com chicotes de pontas de metal!'".ᵈ

¹²Três dias depois, Jeroboão e todo o povo voltaram para saber a decisão do rei, como ele havia ordenado. ¹³Roboão lhes respondeu com aspereza, pois rejeitou o conselho dos homens mais velhos ¹⁴e seguiu o conselho dos mais jovens. Disse ao povo: "Meu pai lhes impôseˆ cargas pesadas, mas eu as tornarei ainda mais pesadas! Meu pai os castigou com chicotes comuns, mas eu os castigarei com chicotes de pontas de metal!".

¹⁵Assim, o rei não atendeu o povo. Essa mudança nos acontecimentos foi da vontade de Deus, pois cumpriu a mensagem do Senhor a Jeroboão, filho de Nebate, por meio do profeta Aías, de Siló.

¹⁶Quando todo o Israel viuᶠ que o rei não iria atender a seu pedido, respondeu:

"Abaixo a dinastia de Davi!
    O filho de Jessé nada tem a nos oferecer!
Volte para casa, Israel!
    E você, Davi, cuide de sua própria casa!".

Então todo o povo de Israel voltou para casa. ¹⁷Roboão, porém, continuou a governar sobre os israelitas que moravam nas cidades de Judá.

ᵃ**9.26** Em hebraico, *o rio*. ᵇ**9.27** Em hebraico, *na Sefelá*. ᶜ**9.28** Possivelmente, *de Muzur*, região próxima da Cilícia. ᵈ**10.11** Em hebraico, *com escorpiões*; também em 10.14. ᵉ**10.14** Conforme a Septuaginta e alguns manuscritos hebraicos (ver tb. 1Rs 12.14); o Texto Massorético traz *Eu lhes imporei*. ᶠ**10.16** Conforme a versão siríaca, a Vulgata e alguns manuscritos hebraicos (ver tb. 1Rs 12.16); o Texto Massorético não traz *viu*.

¹⁸O rei Roboão enviou Adonirão,ᵃ encarregado dos trabalhos forçados, para restaurar a ordem, mas o povo de Israel o apedrejou até a morte. Quando essa notícia chegou ao rei Roboão, subiu rapidamente em sua carruagem e fugiu para Jerusalém. ¹⁹E até hoje as tribos do norte de Israel se recusam a ser governadas por um descendente de Davi.

A profecia de Semaías

11 Quando Roboão chegou a Jerusalém, mobilizou os homens das tribos de Judá e Benjamim, 180 mil dos melhores soldados, para guerrearem contra Israel e recuperarem o reino.

²O Senhor, porém, disse a Semaías, homem de Deus: ³"Diga a Roboão, filho de Salomão, rei de Judá, e a todos os israelitas em Judá e Benjamim: ⁴'Assim diz o Senhor: Não lutem contra seus compatriotas. Voltem para casa, pois eu mesmo fiz isto acontecer!'". Eles obedeceram à palavra do Senhor e não lutaram contra Jeroboão.

Roboão fortifica Judá

⁵Roboão permaneceu em Jerusalém e fortificou várias cidades para defender Judá. ⁶Fortificou Belém, Etã, Tecoa, ⁷Bete-Zur, Socó, Adulão, ⁸Gate, Maressa, Zife, ⁹Adoraim, Laquis, Azeca, ¹⁰Zorá, Aijalom e Hebrom. Essas cidades foram fortificadas em Judá e em Benjamim. ¹¹Roboão fortaleceu suas defesas, colocou nelas comandantes e armazenou provisões de alimento, azeite e vinho. ¹²Também colocou nessas cidades escudos e lanças, fortalecendo-as ainda mais. Assim, apenas Judá e Benjamim permaneceram sob seu controle.

¹³Todos os sacerdotes e levitas que moravam nas tribos do norte de Israel apoiaram Roboão. ¹⁴Os levitas abandonaram suas pastagens e seus bens e se mudaram para Judá e Jerusalém, pois Jeroboão e seus filhos não permitiam que eles servissem ao Senhor como sacerdotes. ¹⁵Jeroboão nomeou seus próprios sacerdotes para servirem nos santuários idólatras, onde prestavam culto aos ídolos em forma de bodes e bezerros que ele havia feito. ¹⁶De todas as tribos de Israel, aqueles que desejavam sinceramente adorar o Senhor, o Deus de Israel, acompanharam os levitas até Jerusalém, onde podiam oferecer sacrifícios ao Senhor, o Deus de seus antepassados. ¹⁷Fortaleceram o reino de Judá e, durante três anos, apoiaram Roboão, filho de Salomão, pois durante esse tempo seguiram fielmente os passos de Davi e de Salomão.

A família de Roboão

¹⁸Roboão se casou com sua prima Maalate, filha de Jerimote, filho de Davi. A mãe dela era Abiail, filha de Eliabe, filho de Jessé. ¹⁹Maalate deu à luz três filhos: Jeús, Semarias e Zaão.

²⁰Depois Roboão se casou com Maaca, neta de Absalão. Maaca deu à luz Abias, Atai, Ziza e Selomite. ²¹Roboão amava Maaca mais que a qualquer outra de suas esposas e concubinas. Ao todo, teve 18 esposas e 60 concubinas, que deram à luz 28 filhos e 60 filhas.

²²Roboão nomeou Abias, filho de Maaca, como líder entre seus irmãos e, desse modo, deixou claro que ele seria seu sucessor. ²³Com inteligência, espalhou os outros filhos por toda a terra de Judá e de Benjamim e por todas as cidades fortificadas. Deu-lhes grande quantidade de suprimentos e arranjou muitas esposas para eles.

O Egito invade Judá

12 Quando Roboão havia se fortalecido e se estabelecido firmemente, ele e todo o Israel abandonaram a lei do Senhor. ²Por causa dessa infidelidade ao Senhor, no quinto ano do reinado de Roboão, Sisaque, rei do Egito, subiu e atacou Jerusalém. ³Veio com 1.200 carros de guerra, 60.000 cavaleiros e um exército incontável de soldados de infantaria líbios, suquitas e etíopes.ᵇ ⁴Sisaque conquistou as cidades fortificadas de Judá e avançou para atacar Jerusalém.

⁵Então o profeta Semaías foi ao encontro de Roboão e dos líderes de Judá, que haviam todos fugido para Jerusalém por causa de Sisaque. Semaías lhes disse: "Assim diz o Senhor: 'Vocês me abandonaram, por isso agora eu os abandonei, entregando-os nas mãos de Sisaque'".

⁶Então os líderes de Israel e o rei se humilharam e disseram: "O Senhor é justo!"

⁷Quando o Senhor viu que eles se humilharam, deu a Semaías esta mensagem: "Visto que se humilharam, não os destruirei completamente, mas logo lhes darei algum alívio. Não

---

ᵃ **10.18** Em hebraico, *Adorão*, variação de Adonirão; comparar com 1Rs 4.6; 5.14; 12.18. ᵇ **12.3** Em hebraico, *e cuxitas*.

usarei Sisaque para derramar minha ira sobre Jerusalém. ⁸Eles, contudo, se tornarão servos dele, para que aprendam a diferença entre servir a mim e servir aos governantes da terra".

⁹Então Sisaque, rei do Egito, subiu e atacou Jerusalém. Saqueou os tesouros do templo do Senhor e do palácio real; levou tudo, incluindo os escudos de ouro que Salomão havia feito. ¹⁰Mais tarde, o rei Roboão fez escudos de bronze para substituí-los e os confiou aos oficiais da guarda que protegiam a entrada do palácio real. ¹¹Sempre que o rei ia ao templo do Senhor, os guardas levavam os escudos e, em seguida, os devolviam à sala da guarda. ¹²Porque Roboão se humilhou, a ira do Senhor se afastou dele, e ele não foi completamente destruído. Ainda havia coisas boas na terra de Judá.

Resumo do reinado de Roboão

¹³O rei Roboão se estabeleceu firmemente em Jerusalém e continuou a reinar. Tinha 41 anos quando começou a reinar, e reinou por dezessete anos em Jerusalém, a cidade que o Senhor havia escolhido dentre todas as tribos de Israel como lugar para o seu nome. A mãe de Roboão se chamava Naamá e era de Amom. ¹⁴Ele foi um rei perverso, pois não buscou o Senhor de todo o coração.

¹⁵Os demais acontecimentos do reinado de Roboão, do início ao fim, estão anotados no *Registro do Profeta Semaías* e no *Registro do Vidente Ido*, que fazem parte do registro genealógico. Houve guerra constante entre Roboão e Jeroboão. ¹⁶Quando Roboão morreu e se reuniu a seus antepassados, foi sepultado na Cidade de Davi. Seu filho Abias foi seu sucessor.

A guerra entre Abias e Jeroboão

13 No décimo oitavo ano do reinado de Jeroboão em Israel, Abias começou a reinar em Judá. ²Reinou por três anos em Jerusalém. Sua mãe se chamava Maaca[a] e era filha de Uriel, de Gibeá.

Houve guerra entre Abias e Jeroboão. ³Judá, sob o comando do rei Abias, foi à batalha com quatrocentos mil de seus melhores soldados, e Jeroboão reuniu oitocentos mil dos melhores soldados de Israel.

⁴Quando o exército de Judá chegou à região montanhosa de Efraim, Abias ficou em pé no alto do monte Zemaraim e gritou para Jeroboão e todo o Israel: "Ouçam-me! ⁵Não sabem que o Senhor, o Deus de Israel, fez uma aliança permanente[b] com Davi e deu o trono de Israel a seus descendentes para sempre? ⁶Mesmo assim, Jeroboão, filho de Nebate, servo de Salomão, filho de Davi, rebelou-se contra seu senhor. ⁷Homens desocupados e perversos se juntaram a ele e conspiraram contra Roboão, filho de Salomão, quando ele era jovem, inexperiente e incapaz de enfrentá-los.

⁸"Vocês acreditam, de fato, que podem resistir ao reino do Senhor, que ele entregou aos descendentes de Davi? Seu exército é enorme, e vocês têm os bezerros de ouro que Jeroboão fez para serem seus deuses. ⁹No entanto, expulsaram os sacerdotes do Senhor, descendentes de Arão, e os levitas e nomearam seus próprios sacerdotes, como fazem as outras nações. Qualquer um que se apresente com um novilho ou sete carneiros para ser consagrado pode se tornar sacerdote de seus falsos deuses!

¹⁰"Quanto a nós, o Senhor é nosso Deus, e não o abandonamos. Somente os descendentes de Arão servem ao Senhor como sacerdotes, e somente os levitas os ajudam em seu trabalho. ¹¹Eles apresentam holocaustos e incenso aromático ao Senhor todas as manhãs e todas as tardes. Colocam os pães da presença sobre a mesa sagrada e todas as tardes acendem o candelabro de ouro. Nós seguimos as instruções do Senhor, nosso Deus, mas vocês o abandonaram. ¹²Podem ver, portanto, que Deus está conosco. Ele é nosso líder. Os sacerdotes dele tocam as trombetas e nos conduzem à batalha contra vocês. Ó israelitas, não lutem contra o Senhor, o Deus de seus antepassados, pois não serão bem-sucedidos!".

¹³Enquanto isso, Jeroboão tinha mandado uma parte de seu exército dar a volta por trás do exército de Judá, formando uma emboscada. ¹⁴Quando os homens de Judá perceberam que eram atacados pela frente e por trás, clamaram ao Senhor. Então os sacerdotes tocaram as trombetas, ¹⁵e os homens de Judá gritaram. Ao som desse brado de guerra, Deus

---

[a] 13.2 Conforme a maioria dos manuscritos gregos e a versão siríaca (ver tb. 2Cr 11.20-21; 1Rs 15.2); o hebraico traz *Micaías*, variação de Maaca. [b] 13.5 Em hebraico, *uma aliança de sal*.

derrotou Jeroboão e dispersou todo o Israel diante de Abias e do exército de Judá. ¹⁶Os israelitas fugiram dos soldados de Judá, e Deus os entregou em suas mãos. ¹⁷Abias e seu exército lhes infligiram grandes perdas; quinhentos mil dos melhores soldados de Israel foram mortos naquele dia. ¹⁸Nessa ocasião, portanto, o exército de Judá derrotou os israelitas, pois confiou no Senhor, o Deus de seus antepassados. ¹⁹Abias e seu exército perseguiram os soldados de Jeroboão e conquistaram as cidades de Betel, Jesana e Efrom, e os povoados ao redor.

²⁰Jeroboão, rei de Israel, não recuperou seu poder enquanto Abias viveu; por fim, o Senhor feriu Jeroboão, e ele morreu. ²¹Enquanto isso, Abias de Judá se tornou cada vez mais poderoso. Casou-se com 14 mulheres e teve 22 filhos e 16 filhas.

²²Os demais acontecimentos do reinado de Abias, incluindo suas palavras e seus atos, estão registrados no *Comentário do Profeta Ido*.

Os primeiros anos do reinado de Asa

14 ¹ᵃQuando Abias morreu e se reuniu a seus antepassados, foi sepultado na Cidade de Davi. Seu filho Asa foi seu sucessor. Houve paz na terra durante dez anos. ²ᵇAsa fez o que era bom e certo aos olhos do Senhor, seu Deus. ³Removeu os altares estrangeiros e os santuários idólatras, despedaçou as colunas sagradas e derrubou os postes de Aserá. ⁴Ordenou ao povo de Judá que buscasse o Senhor, o Deus de seus antepassados, e obedecesse a suas leis e a seus mandamentos. ⁵Asa também removeu os santuários idólatras e os altares de incenso de todas as cidades de Judá. Assim, o reino de Asa desfrutou um tempo de paz. ⁶Nesse período, ele construiu cidades fortificadas em toda a terra de Judá. Ninguém lutou contra ele durante esses anos, pois o Senhor lhe deu descanso.

⁷Asa disse ao povo de Judá: "Vamos construir essas cidades e fortificá-las com muros, torres, portões e trancas. A terra ainda é nossa porque buscamos o Senhor, nosso Deus, e ele nos deu descanso de todos os lados". Assim, eles prosseguiram com os projetos e os concluíram com êxito.

⁸O rei Asa tinha um exército de 300 mil guerreiros da tribo de Judá, armados com

---

PÃO DIÁRIO

Ele ajuda o desamparado

Então Asa clamou ao Senhor, seu Deus: "Ó Senhor, ninguém além de ti pode ajudar os fracos contra os poderosos. Ajuda-nos, ó, Senhor, nosso Deus, pois em ti confiamos...".
—2 Crônicas 14.11

Rubens cresceu no Peru num lar onde havia pouco amor. Aos 16 anos, foi expulso de casa e, aos 19, ingressou nas Forças Armadas de seu país. Quando criança, ele tinha recebido Cristo como seu Salvador pessoal, e agora a sua fé em Jesus estava sendo mais rigorosamente provada do que jamais havia sido. O sargento de sua unidade estava determinado a destruir a fé que ele possuía em Cristo. Rubens foi ridicularizado, espancado e zombado publicamente e, além disso, executou as tarefas mais sujas a serem feitas.

Sentindo-se totalmente desamparado, ele clamou a Deus. O Senhor honrou a decisão dele e o auxiliou a permanecer fiel. Quando o jovem completou o seu serviço militar, seus colegas, um após outro lhe disseram o quanto respeitavam a sua fé. E alguns aceitaram a Cristo como resultado do testemunho desse jovem.

O rei Asa havia reunido um grande exército composto por 580.000 homens. Contudo, os etíopes levaram um exército de um milhão de soldados e 300 carros de guerra para enfrentá-lo. Percebendo sua impotência diante de tal disparidade, Asa orou e Deus lhe concedeu uma vitória surpreendente.

Ambos, Rubens e Asa, foram honestos ao falar do quanto se sentiam desamparados e impotentes. Porém, reconheceram que, com a ajuda de Deus, poderiam triunfar. E por esse motivo, clamaram ao Senhor.

Esse mesmo Deus prometeu nos ajudar. Portanto, da próxima vez que você for intimidada por uma provação, lembre-se de que Deus ajuda os desamparados. Ele ouvirá o seu clamor.

"Socorro, Senhor!" Às vezes, isso é tudo o que tenho a dizer. Dou-te graças por ouvires o meu clamor.

Quando os problemas surgirem, invoque o Senhor Deus.

ᶜ**14.1** No texto hebraico, o versículo 14.1 é numerado 13.23. ᵇ**14.2** No texto hebraico, os versículos 14.2-15 são numerados 14.1-14.

escudos grandes e lanças. Também tinha um exército de 280 mil guerreiros da tribo de Benjamim, armados com escudos pequenos e arcos. Os dois exércitos eram formados por homens valentes.

⁹Certa vez, um etíope[a] chamado Zerá atacou Judá com um exército de um milhão de soldados[b] e trezentos carros de guerra. Avançaram até a cidade de Maressa, ¹⁰de modo que Asa saiu com seu exército para a batalha no vale ao norte de Maressa.[c] ¹¹Então Asa clamou ao Senhor, seu Deus: "Ó Senhor, ninguém além de ti pode ajudar os fracos contra os poderosos! Ajuda-nos, ó Senhor, nosso Deus, pois em ti confiamos. Em teu nome enfrentamos esse exército imenso. Ó Senhor, tu és nosso Deus; não permitas que simples homens prevaleçam contra ti!".

¹²Então o Senhor derrotou os etíopes[d] diante de Asa e do exército de Judá, e eles fugiram. ¹³Asa e seu exército os perseguiram até Gerar, e caíram tantos etíopes que não conseguiram se recuperar. Foram destruídos pelo Senhor e por seu exército, e os soldados de Judá levaram grande quantidade de despojos.

¹⁴Enquanto estavam em Gerar, atacaram todas as cidades da região, e o terror do Senhor veio sobre o povo dali. Como resultado, os soldados de Judá levaram muitos despojos também dessas cidades. ¹⁵Atacaram, ainda, os acampamentos onde havia rebanhos e levaram muitas ovelhas e camelos. Em seguida, voltaram para Jerusalém.

As reformas religiosas de Asa

15 Então o Espírito de Deus veio sobre Azarias, filho de Odede, ²e ele foi ao encontro do rei Asa. "Ouça-me, Asa!", disse ele. "Ouça-me todo o povo de Judá e de Benjamim! O Senhor estará com vocês enquanto estiverem com ele! Sempre que o buscarem, o encontrarão. Mas, se o abandonarem, ele os abandonará. ³Durante muito tempo, Israel esteve sem o verdadeiro Deus, sem sacerdote para ensiná-los e sem lei para instruí-los. ⁴No entanto, sempre que se viram em dificuldades e se voltaram para o Senhor, o Deus de Israel, e o buscaram, eles o encontraram.

⁵"Naquele tempo, não era seguro viajar. Problemas afligiam os habitantes de todas as terras. ⁶Uma nação lutava contra outra, e uma cidade contra outra, pois Deus os afligia com todo tipo de angústia. ⁷Quanto a vocês, porém, sejam fortes e corajosos, pois seu trabalho será recompensado."

⁸Quando Asa ouviu essa mensagem do profeta Azarias,[e] encheu-se de coragem e removeu todos os ídolos repulsivos da terra de Judá e de Benjamim e das cidades que ele havia capturado na região montanhosa de Efraim. Além disso, restaurou o altar do Senhor, que ficava na frente da sala de entrada do templo do Senhor.

⁹Depois, Asa reuniu todo o povo de Judá e de Benjamim, e também o povo de Efraim, de Manassés e de Simeão que havia se estabelecido entre eles. Muita gente de Israel tinha se mudado para Judá no reinado de Asa, quando viu que o Senhor, seu Deus, estava com ele. ¹⁰Reuniram-se em Jerusalém no terceiro mês[f] do décimo quinto ano do reinado de Asa.

¹¹Naquele dia, sacrificaram ao Senhor setecentos bois e sete mil ovelhas dos despojos que haviam tomado na batalha. ¹²Então fizeram um acordo de buscar o Senhor, o Deus de seus antepassados, de todo o coração e de toda a alma. ¹³Concordaram que qualquer um que não buscasse o Senhor, o Deus de Israel, deveria morrer, jovem ou idoso, homem ou mulher. ¹⁴Fizeram esse juramento de lealdade ao Senhor em alta voz, ao som de trombetas e clarins. ¹⁵Todo o Judá se alegrou com esse acordo, pois o fizeram de todo o coração. Buscaram o Senhor com sinceridade e o encontraram. E Senhor lhes deu descanso de todos os lados.

¹⁶O rei Asa chegou a depor sua avó[g] Maaca da posição de rainha-mãe, pois ela havia feito um poste obsceno para a deusa Aserá. Derrubou esse poste obsceno, o quebrou e o queimou no vale de Cedrom. ¹⁷Embora os santuários idólatras não tivessem sido removidos de Israel, o coração de Asa permaneceu inteiramente fiel durante toda a sua vida. ¹⁸Ele

---

[a] **14.9a** Em hebraico, *um cuxita*. [b] **14.9b** Ou *um exército de milhares e milhares*; o hebraico traz *um exército de mil milhares*. [c] **14.10** Conforme a Septuaginta; o hebraico traz *no vale de Zefatá, perto de Maressa*. [d] **14.12** Em hebraico, *os cuxitas*; também em 14.13. [e] **15.8** Conforme a versão siríaca e a Vulgata (ver tb. 15.1); o hebraico traz *do profeta Odede*. [f] **15.10** Esse mês do antigo calendário lunar hebraico caía entre os meses de maio e junho. [g] **15.16** Em hebraico, *sua mãe*.

> **REFLETINDO SOBRE:** Avós
>
> ## Maaca e Loide
>
> *Lembro-me de sua fé sincera, como era a de sua avó, Loide, e de sua mãe, Eunice, e sei que em você essa mesma fé continua firme.*
> —2 Timóteo 1.5
>
> Parei ao lado do caixão de minha avó, quase não reconhecendo a mulher com o cabelo espetado e maquiagem. Lembrei-me dela como uma mulher trabalhadora, de riso fácil e que se vestia com um simples vestido de algodão. Como eu amava as minhas visitas de verão quando era criança, ir à escola bíblica de férias na igreja da área rural que minha avó frequentava. No começo da semana, vovó colhia uma abóbora amarela, que havia crescido demais para servir de alimento, desenhava um rosto na casca e colocava um gorro que ela havia costurado. Não era exatamente a última *Barbie* lançada no mercado, mas eu me sentia amada porque tinha sido feita especialmente para mim. Quase 50 anos depois, ainda me lembro de minhas bonecas de abóbora.
>
> 2 Crônicas 15.16 e 2 Timóteo 1.15 contrastam a influência de duas avós. Quando o rei Asa decidiu libertar Judá da adoração de ídolos, ele destituiu sua avó de sua posição de rainha-mãe porque Maaca havia feito uma imagem a Aserá, um símbolo cananeu de fertilidade. Em contrapartida, a avó de Timóteo transmitiu seu amor pela Palavra de Deus ao seu neto e ele se tornou um líder influente na Igreja Primitiva. Maaca exerceu seu poder de um modo que lhe trouxe desonra, enquanto a Bíblia elogia Loide por sua influência na vida de seu neto.
>
> Avós estão em uma posição em que podem afetar a próxima geração de modo poderoso. Segundo um relatório de 2005 da Associação Americana de Pessoas Aposentadas, 4,5 milhões de crianças moram com seus avós e muitas mais têm seus avós como cuidadores. Se os nossos netos moram longe, é necessário mais esforço e criatividade para nos envolvermos na vida deles, mas, com e-mail, ligações telefônicas e fotos, ainda é possível. Mesmo que não tenhamos netos, provavelmente moramos perto de uma jovem família que adoraria ter uma avó postiça. Não é preciso muito para fazer diferença na vida de uma criança — apenas amor, tempo e, talvez, um vegetal bem grande.

trouxe para o templo de Deus a prata, o ouro e os diversos utensílios que ele e seu pai haviam consagrado.

¹⁹Não houve mais guerra até o trigésimo quinto ano do reinado de Asa.

Os últimos anos do reinado de Asa

16 No trigésimo sexto ano do reinado de Asa, Baasa, rei de Israel, invadiu Judá e fortificou Ramá, a fim de impedir que qualquer um entrasse ou saísse do território de Asa, rei de Judá.

²Em resposta, Asa removeu a prata e o ouro dos tesouros do templo do Senhor e do palácio real. Enviou a prata e o ouro a Ben-Hadade, rei da Síria, que governava em Damasco, com a seguinte mensagem:

³"Façamos um acordo, você e eu, como aquele que houve entre seu pai e o meu. Envio lhe prata e ouro. Rompa seu acordo com Baasa, rei de Israel, para que ele me deixe em paz".

⁴Ben-Hadade aceitou a proposta do rei Asa e enviou os comandantes de seu exército para atacarem as cidades de Israel. Eles conquistaram Ijom, Dã, Abel-Bete-Maaca[a] e todas as cidades de Naftali que serviam como centros de armazenamento. ⁵Quando Baasa, rei de Israel, soube o que havia acontecido, abandonou seu projeto de fortificar Ramá e parou todas as obras ali. ⁶Então o rei Asa ordenou aos homens de Judá que levassem embora as pedras e a madeira usadas por Baasa para fortificar Ramá. Asa empregou esses materiais para fortificar as cidades de Geba e Mispá.

⁷Por esse tempo, o vidente Hanani foi a Asa, rei de Judá, e lhe disse: "Uma vez que você confiou no rei da Síria, em vez de confiar no Senhor, seu Deus, perdeu a oportunidade de

---

[a] 16.4 Conforme o texto paralelo em 1Rs 15.20; o hebraico traz *Abel-Maim*, outro nome para Abel-Bete-Maaca.

PÃO DIÁRIO

O olho de Deus

*Os olhos do S*ENHOR*, passam por toda a terra para mostrar sua força àqueles cujo coração é inteiramente dedicado a ele.*

—2 Crônicas 16.9

O Telescópio Espacial *Hubble* tirou fotos da Nebulosa de Hélix. Alguns astrônomos a descrevem como "um túnel de gases reluzentes de mais de um trilhão de quilômetros de comprimento". No seu centro, existe uma estrela agonizante que emite gás e poeira que se estendem em direção à sua borda exterior. As incríveis fotos da nebulosa a fazem parecer como a íris azul de um olho humano e suas pálpebras. Por essa razão, alguns a apelidaram de "O olho de Deus".

Embora essa nebulosa não seja, num sentido literal, o olho de Deus, as Escrituras falam sobre o olhar de Deus sobre a nossa vida. O profeta Hananias afirmou: "Os olhos do S ENHOR passam por toda a terra para mostrar sua força àqueles cujo coração é inteiramente dedicado a ele" (2Cr 16.9).

Essa proclamação do olho de Deus, que tudo vê, foi dada em resposta à confiança que o rei Asa depositara em outro rei para garantir a sua segurança militar. Parece que Asa tinha esquecido que não tinham sido apenas os soldados, mas o Senhor Deus, que lhe concedera as vitórias sobre os seus inimigos (14.11,12). Essa deslealdade espiritual não deixou de ser vista por Deus, que deseja derramar bênçãos sobre os atos de obediência a Ele.

Apesar de não podermos ver os olhos de Deus, podemos estar seguras de que Ele nos vê. Seu desejo é mostrar-se forte àqueles que são leais a Ele de todo o seu coração.

Senhor, tu vês toda a Terra e tudo o que nela há; nada escapa ao Teu olhar cuidadoso. Perdoa-me nas áreas em que falhei e ajuda-me a seguir-te, sabendo que desejas derramar o Teu amor sobre mim.

Saber que Deus nos vê traz convicção e consolo.

---

destruir o exército do rei da Síria. ⁸Você não se lembra do que aconteceu aos etíopes,[a] aos líbios e a seu exército enorme, com todos os seus carros de guerra e cavaleiros? Naquela ocasião, você confiou no SENHOR, e ele os entregou em suas mãos. ⁹Os olhos do SENHOR passam por toda a terra para mostrar sua força àqueles cujo coração é inteiramente dedicado a ele. Como você foi tolo! De agora em diante, haverá guerras contra você".

¹⁰Asa se irou tanto com o vidente por lhe ter dito isso que mandou prendê-lo e colocá-lo no tronco. Nessa época, Asa também começou a oprimir duramente alguns do povo.

Resumo do reinado de Asa

¹¹Os demais acontecimentos do reinado de Asa, do início ao fim, estão registrados no *Livro dos Reis de Judá e de Israel*. ¹²No trigésimo nono ano de seu reinado, Asa foi atacado por uma doença nos pés. Embora a doença fosse muito grave, ele não buscou a ajuda do SENHOR, mas só dos médicos. ¹³Então, no quadragésimo primeiro ano de seu reinado, morreu e se reuniu a seus antepassados. ¹⁴Foi sepultado no túmulo que havia mandado abrir na Cidade de Davi. Foi colocado num leito perfumado com especiarias e vários óleos aromáticos, e o povo fez uma imensa fogueira em sua honra.

Josafá reina em Judá

17 Josafá, filho de Asa, foi seu sucessor. Ele fortaleceu Judá, para que pudesse resistir a Israel. ²Colocou tropas em todas as cidades fortificadas de Judá e designou guarnições adicionais para a terra de Judá e para as cidades de Efraim que seu pai, Asa, havia conquistado.

³O SENHOR esteve com Josafá, pois ele seguiu o exemplo dos primeiros anos de seu pai[b] e não adorou as imagens de Baal. ⁴Buscou o Deus de seu pai e obedeceu a seus mandamentos, em vez de seguir as práticas perversas do reino de Israel. ⁵Por isso, o SENHOR estabeleceu o controle de Josafá sobre o reino de Judá. Todo o povo de Judá trazia tributos a Josafá, e ele se tornou muito rico e respeitado. ⁶Comprometeu-se de coração a seguir os caminhos do SENHOR. Removeu de Judá os santuários idólatras e os postes de Aserá.

⁷No terceiro ano de seu reinado, enviou seus oficiais Ben-Hail, Obadias, Zacarias, Natanael e Micaías para ensinarem em todas as cidades de Judá. ⁸Com eles foram os levitas Semaías, Netanias, Zebadias, Asael, Semiramote, Jônatas, Adonias, Tobias e Tobe-Adonias e

---

[a] **16.8** Em hebraico, *aos cuxitas*. [b] **17.3** Alguns manuscritos hebraicos trazem *o exemplo de seu pai Davi*.

os sacerdotes Elisama e Jeorão. ⁹Eles levaram consigo cópias do Livro da Lei do Senhor e foram por todas as cidades de Judá, ensinando o povo.

¹⁰Então o temor do Senhor caiu sobre todos os reinos vizinhos, de modo que nenhum deles declarou guerra a Josafá. ¹¹Alguns filisteus trouxeram presentes e prata como tributo, e os árabes trouxeram 7.700 carneiros e 7.700 bodes.

¹²Josafá se tornou cada vez mais poderoso e construiu fortalezas e cidades para servirem como centros de armazenamento em toda a terra de Judá. ¹³Guardou muitos suprimentos nas cidades de Judá e colocou em Jerusalém um exército com guerreiros experientes. ¹⁴Seu exército foi registrado de acordo com os clãs.

De Judá havia 300 mil soldados organizados em grupos de mil, sob o comando de Adna. ¹⁵Em seguida, vinha Joanã, que comandava 280 mil soldados. ¹⁶Depois dele vinha Amazias, filho de Zicri, que se apresentou voluntariamente para o serviço do Senhor e que comandava 200 mil soldados.

¹⁷De Benjamim havia 200 mil soldados equipados com arcos e escudos. Seu comandante era Eliada, guerreiro experiente. ¹⁸Em seguida, vinha Jozabade, que comandava 180 mil homens armados.

¹⁹Essas eram as tropas que estavam à disposição do rei, além daquelas que ele havia colocado nas cidades fortificadas em toda a terra de Judá.

Josafá e Acabe

18 Josafá, muito rico e respeitado, aliou-se a Acabe por meio do casamento de seu filho com a filha de Acabe. ²Alguns anos depois, foi a Samaria visitar Acabe, que ofereceu a ele e a seus oficiais um enorme banquete, para o qual abateu um grande número de ovelhas e bois. Então Acabe persuadiu Josafá a unir forças com ele para recuperar Ramote-Gileade.

³Acabe, rei de Israel, perguntou a Josafá, rei de Judá: "Você irá comigo a Ramote-Gileade?".

Josafá respondeu: "Claro que sim! Você e eu somos como um só. Meus soldados são seus soldados. Certamente iremos com você à batalha!". ⁴E acrescentou: "Antes, porém, consulte o Senhor".

⁵Então o rei de Israel convocou os profetas, cerca de quatrocentos no total, e perguntou: "Devemos ir à guerra contra Ramote-Gileade ou não?".

Todos eles responderam: "Sim, devem! Deus entregará o inimigo nas mãos do rei".

⁶Josafá, porém perguntou: "Acaso não há aqui um profeta do Senhor? Devemos consultá-lo também".

⁷O rei de Israel respondeu a Josafá: "Há mais um homem que pode consultar o Senhor para nós, mas eu o odeio, pois nunca profetiza nada de bom a meu respeito, só coisas ruins! Chama-se Micaías, filho de Inlá".

"O rei não devia falar assim", respondeu Josafá.

⁸Então o rei de Israel chamou um de seus oficiais e disse: "Traga Micaías, filho de Inlá. Rápido!".

Micaías profetiza contra Acabe

⁹Vestidos com seus trajes reais, o rei de Israel e Josafá, rei de Judá, estavam sentados cada um em seu trono na eira junto à porta de Samaria. Todos os profetas estavam profetizando diante deles. ¹⁰Um dos profetas, Zedequias, filho de Quenaaná, fez chifres de ferro e declarou: "Assim diz o Senhor: 'Com estes chifres o rei ferirá os sírios até a morte!'".

¹¹Todos os outros profetas concordaram, dizendo: "Sim, suba a Ramote-Gileade e seja vitorioso, pois o Senhor a entregará nas mãos do rei!".

¹²Enquanto isso, o mensageiro que foi buscar Micaías lhe disse: "Veja, todos os profetas prometem vitória para o rei. Concorde com eles e também prometa sucesso".

¹³Micaías, porém, respondeu: "Tão certo como vive o Senhor, direi apenas o que meu Deus ordenar".

¹⁴Quando Micaías chegou, o rei lhe perguntou: "Micaías, devemos ir à guerra contra Ramote-Gileade ou não?".

Micaías respondeu: "Sim, suba e será vitorioso, pois eles serão entregues em suas mãos!".

¹⁵Mas o rei disse: "Quantas vezes preciso exigir que diga somente a verdade quando falar em nome do Senhor?".

¹⁶Então Micaías respondeu: "Vi todo o Israel espalhado pelos montes, como ovelhas sem

pastor. E o SENHOR disse: 'Seu líder foi morto.[a] Mande-os para casa em paz'".

¹⁷O rei de Israel disse a Josafá: "Não falei? Ele nunca profetiza nada de bom a meu respeito, mas apenas coisas ruins".

¹⁸Micaías prosseguiu: "Ouça o que o SENHOR diz! Vi o SENHOR sentado em seu trono, com todo o exército do céu ao redor, à sua direita e à sua esquerda. ¹⁹E o SENHOR perguntou: 'Quem enganará Acabe, rei de Israel, para que vá à guerra contra Ramote-Gileade e seja morto ali?'.

"Houve muitas sugestões, ²⁰até que, por fim, um espírito se aproximou do SENHOR e disse: 'Eu o enganarei!'.

"'De que maneira?', perguntou o SENHOR.

²¹"E o espírito respondeu: 'Sairei e porei um espírito mentiroso na boca de todos os seus profetas'.

"O SENHOR disse: 'Você conseguirá enganá-lo. Vá e faça isso!'.

²²"Como vê, o SENHOR pôs um espírito mentiroso na boca de todos os seus profetas, pois o SENHOR decretou sua desgraça".

²³Então Zedequias, filho de Quenaaná, se aproximou de Micaías e lhe deu uma bofetada. "Como foi que o Espírito do SENHOR me deixou para falar com você?",[b] perguntou ele.

²⁴Micaías respondeu: "Você descobrirá em breve, quando tentar se esconder em algum quarto secreto!".

²⁵Então o rei de Israel ordenou: "Prendam Micaías e levem-no de volta a Amom, governador da cidade, e a meu filho Joás, ²⁶com a seguinte ordem: 'Ponham este homem na prisão e deem-lhe apenas pão e água até que eu volte da batalha em segurança!'".

²⁷Micaías, porém, respondeu: "Se voltar em segurança, significará que o SENHOR não falou por meu intermédio!". E acrescentou aos que estavam ao redor: "Todos vocês, prestem atenção às minhas palavras!".

A morte de Acabe

²⁸Então o rei de Israel e Josafá, rei de Judá, levaram seus exércitos para atacar Ramote-Gileade. ²⁹O rei de Israel disse a Josafá: "Quando entrarmos no combate, usarei um disfarce para que ninguém me reconheça, mas você vestirá seus trajes reais". O rei de Israel se disfarçou, e os dois foram à batalha.

³⁰Enquanto isso, o rei da Síria tinha dado as seguintes ordens aos comandantes dos carros de guerra: "Ataquem somente o rei de Israel. Não lutem contra ninguém mais!". ³¹Quando os comandantes dos carros de guerra sírios viram Josafá em seus trajes reais, foram atrás dele. "É o rei de Israel!", disseram. Contudo, Josafá clamou, e o SENHOR o salvou. Deus o ajudou e afastou dele seus inimigos. ³²Assim que os comandantes dos carros perceberam que ele não era o rei de Israel, pararam de persegui-lo.

³³Então um soldado sírio disparou uma flecha a esmo e acertou o rei de Israel entre as juntas de sua armadura. "Dê a volta e tire-me daqui!", exclamou Acabe para o condutor de seu carro. "Estou gravemente ferido!".

³⁴A batalha, cada vez mais violenta, prosseguiu durante todo o dia, e o rei permaneceu em pé, apoiado em seu carro, de frente para os sírios. Ao entardecer, quando o sol se punha, ele morreu.

Josafá nomeia juízes

19 Quando Josafá, rei de Judá, voltou em segurança a seu palácio, em Jerusalém, ²o vidente Jeú, filho de Hanani, saiu ao encontro dele. "Por que o rei ajuda os perversos e ama os que odeiam o SENHOR?", perguntou-lhe Hanani. "Por causa disso, o SENHOR está muito irado com você. ³Mas ainda há algo de bom em você, pois removeu os postes de Aserá de toda a terra e buscou a Deus de todo o coração."

⁴Josafá morava em Jerusalém, mas saía para visitar o povo por todo o território, desde Berseba até a região montanhosa de Efraim, a fim de animar todos a voltarem para o SENHOR, o Deus de seus antepassados. ⁵Nomeou juízes na terra, em todas as cidades fortificadas, ⁶e lhes disse: "Sejam cuidadosos! Lembrem-se de que não estão julgando para agradar as pessoas, mas para agradar o SENHOR. Ele estará com vocês sempre que derem um veredito. ⁷Temam o SENHOR e julguem com integridade, pois o SENHOR, nosso Deus, não tolera injustiça, nem parcialidade, nem suborno".

⁸Em Jerusalém, Josafá nomeou alguns levitas, sacerdotes e chefes de famílias de Israel

---

[a] **18.16** Em hebraico, *Esse povo não tem senhor*. [b] **18.23** Ou *Por onde saiu o Espírito do SENHOR para falar com você?*

para julgarem os casos que envolvessem a lei do Senhor e questões civis. ⁹Estas foram suas ordens para eles: "Ajam sempre no temor do Senhor, com fidelidade e coração íntegro. ¹⁰Toda vez que chegar até vocês uma causa de seus compatriotas israelitas de outras cidades, seja de homicídio, seja de outra violação da lei, dos mandamentos, dos decretos ou dos estatutos de Deus, advirtam-nos para que eles não pequem contra o Senhor, a fim de que a ira dele não venha sobre vocês e sobre eles. Se agirem desse modo, estarão livres de culpa. ¹¹Amarias, o sumo sacerdote, terá a última palavra nos casos relacionados ao Senhor. Zebadias, filho de Ismael, líder da tribo de Judá, terá a última palavra em todas as questões relativas ao reino. Os levitas os ajudarão nesses trabalhos. Sejam corajosos no cumprimento de seus deveres, e que o Senhor esteja com aqueles que agirem corretamente!".

Guerra com as nações vizinhas

20 Depois disso, os exércitos dos moabitas e dos amonitas e alguns meunitas[a] declararam guerra a Josafá. ²Mensageiros informaram a Josafá: "Um exército enorme de Edom[b] vem de além do mar Morto[c] contra o rei. Já está em Hazazom-Tamar (isto é, em En-Gedi)".

³Josafá ficou amedrontado com essa notícia e pediu orientação ao Senhor. Ordenou um jejum em todo o Judá, ⁴e habitantes de todas as cidades de Judá vieram a Jerusalém para buscar a ajuda do Senhor.

⁵Josafá se pôs em pé diante da comunidade de Judá e de Jerusalém, em frente ao pátio novo do templo do Senhor, ⁶e orou: "Ó Senhor, o Deus de nossos antepassados, somente tu és o Deus que está nos céus. Tu governas todos os reinos da terra. És forte e poderoso, e ninguém pode resistir a ti! ⁷Ó nosso Deus, acaso não expulsaste os habitantes desta terra quando Israel, teu povo, chegou? Não deste esta terra para sempre aos descendentes de teu amigo Abraão? ⁸Teu povo se estabeleceu aqui e construiu este templo em honra ao teu nome. ⁹Disseram: 'Se enfrentarmos alguma calamidade, como guerra, praga ou fome, nos colocaremos em tua presença diante deste templo onde teu nome é honrado. Clamaremos a ti em nossa angústia, e tu nos ouvirás e nos salvarás'.

PÃO DIÁRIO

Louvor de guerra

Depois de consultar o povo, o rei nomeou cantores para irem adiante do exército, cantando e louvando o Senhor, por sua santa majestade. Cantavam assim: "Deem graças ao Senhor; seu amor dura para sempre!".
—2 Crônicas 20.21

As pessoas que visitam o Museu Militar em Istambul, na Turquia, podem ouvir uma música motivadora que remonta aos primeiros anos do Império Otomano. Sempre que suas tropas marchavam para a guerra, eram acompanhadas de bandas.

Séculos antes, os cantores que faziam parte do louvor e adoração conduziam o povo de Judá à batalha, contudo, havia uma grande diferença. Enquanto os otomanos usavam a música para instilar autoconfiança em seus soldados, os judeus a usavam para demonstrar sua confiança em Deus.

Ameaçado por exércitos enormes, o rei Josafá de Judá sabia que o seu povo não tinha capacidade de se defender. Então, clamou pela ajuda de Deus (2Cr 20.12). A resposta do Senhor veio por intermédio de Jaaziel, que declarou: "Não tenham medo! Não fiquem desanimados por causa desse exército imenso, pois a batalha não é sua, mas de Deus" (v.15).

Josafá reagiu adorando ao Senhor e, então, designando cantores para conduzir o exército (vv.18,21). À medida que o povo cantava: "Deem graças ao Senhor, seu amor dura para sempre!", Deus confundiu os invasores, que se mataram entre si (vv.22-24).

Não importa quais batalhas enfrentaremos no dia de hoje, o Senhor nos ajudará quando clamarmos a Ele. Em vez de fugirmos temerosas, podemos marchar adiante com confiança no poder de Deus e cantar louvores a Ele.

Senhor, por favor, lembra-me de entrar nas batalhas e nos desafios de hoje com palavras de louvor e gratidão em minha mente e em meus lábios. E que o louvor e a gratidão sejam meu grito de confiança em ti enquanto me conduzes cada dia. Não sei o que há de vir, mas coloco a minha confiança totalmente em ti.

O louvor é a voz da fé.

---

[a] **20.1** Conforme alguns manuscritos gregos (ver tb. 26.7); o hebraico repete *amonitas*. [b] **20.2a** Conforme um manuscrito hebraico; a maioria dos manuscritos hebraicos e versões antigas traz *da Síria*. [c] **20.2b** Em hebraico, *do mar*.

¹⁰"Agora, vê o que fazem os exércitos de Amom, de Moabe e do monte Seir. Tu não permitiste que nossos antepassados invadissem essas nações quando Israel saiu do Egito, por isso os israelitas se desviaram deles e não os destruíram. ¹¹Vê como nos retribuem! Vieram nos expulsar de nossa terra, que nos deste por herança. ¹²Ó nosso Deus, não os castigarás por isso? Não temos forças para lutar com esse exército imenso que está prestes a nos atacar. Não sabemos o que fazer, mas esperamos o socorro que vem de ti".

¹³Enquanto todos os homens de Judá estavam diante do Senhor com suas crianças de colo, suas esposas e seus filhos, ¹⁴o Espírito do Senhor veio sobre um homem ali no meio. Seu nome era Jaaziel, filho de Zacarias, filho de Benaia, filho de Jeiel, filho de Matanias, levita descendente de Asafe.

¹⁵Ele disse: "Escutem-me, todos vocês, povo de Judá e de Jerusalém! Escute, rei Josafá! Assim diz o Senhor: Não tenham medo! Não fiquem desanimados por causa desse exército imenso, pois a batalha não é sua, mas de Deus. ¹⁶Amanhã, marchem contra eles. Vocês os encontrarão vindo pela subida de Ziz, no fim do vale que abre para o deserto de Jeruel. ¹⁷Quando os encontrarem, porém, não terão de lutar. Tomem suas posições; depois, fiquem parados e vejam o livramento do Senhor. Ele está com vocês, povo de Judá e de Jerusalém. Não tenham medo nem desanimem. Saiam para enfrentá-los amanhã, pois o Senhor está com vocês!".

¹⁸Então o rei Josafá se prostrou com o rosto no chão, e todo o povo de Judá e de Jerusalém fez o mesmo, em adoração ao Senhor. ¹⁹Em seguida, os levitas dos clãs de Coate e de Coré se levantaram para louvar em alta voz o Senhor, o Deus de Israel.

²⁰Bem cedo, na manhã seguinte, o exército de Judá saiu para o deserto de Tecoa. No caminho, Josafá parou e disse: "Escutem-me, povo de Judá e de Jerusalém! Creiam no Senhor, seu Deus, e permanecerão firmes. Creiam em seus profetas e terão êxito".

²¹Depois de consultar o povo, o rei nomeou cantores para irem adiante do exército, cantando e louvando o Senhor por sua santa majestade.[a] Cantavam assim:

"Deem graças ao Senhor,
seu amor dura para sempre!".

²²No momento em que começaram a cantar e louvar, o Senhor trouxe confusão sobre[b] os exércitos de Amom, Moabe e do monte Seir, e eles começaram a lutar entre si. ²³Os exércitos de Moabe e Amom se voltaram contra seus aliados do monte Seir e mataram todos eles. Depois que haviam destruído o exército de Seir, começaram a atacar uns aos outros. ²⁴Quando os homens de Judá chegaram ao local de onde se avista o deserto, viram apenas cadáveres no chão, até onde se podia enxergar. Não escapou nem um só dos inimigos.

²⁵O rei Josafá e seus homens saíram para recolher os despojos. Encontraram grande quantidade de suprimentos, roupas[c] e outros objetos de valor, mais do que eram capazes de carregar. Havia tantos despojos que levaram três dias para recolher tudo. ²⁶No quarto dia, reuniram-se no vale de Beracá,[d] que recebeu esse nome depois daquele dia, pois louvaram o Senhor ali. Por isso, até hoje é chamado de vale de Beracá.

²⁷Então todos os soldados de Judá e de Jerusalém voltaram, com Josafá à frente, muito alegres porque o Senhor lhes tinha dado vitória sobre seus inimigos. ²⁸Entraram marchando em Jerusalém, ao som de harpas, liras e trombetas, e foram ao templo do Senhor.

²⁹Quando todos os reinos vizinhos souberam que o próprio Senhor havia lutado contra os inimigos de Israel, o temor de Deus veio sobre eles. ³⁰E o reino de Josafá teve paz, pois seu Deus lhe deu descanso de todos os lados.

Resumo do reinado de Josafá

³¹Assim, Josafá reinou sobre a terra de Judá. Tinha 35 anos quando começou a reinar, e reinou em Jerusalém por 25 anos. Sua mãe se chamava Azuba e era filha de Sili.

³²Josafá foi um bom rei, que seguiu o exemplo de seu pai, Asa, e fez o que era certo aos olhos do Senhor. ³³Contudo, não removeu todos os santuários idólatras, e o povo não se

---

[a] 20.21 Ou *com vestimentas sagradas*. [b] 20.22 Em hebraico, *montou emboscadas para*. [c] 20.25 Conforme alguns manuscritos hebraicos e a Vulgata; a maioria dos manuscritos traz *cadáveres*. [d] 20.26 Beracá significa "bênção" ou "louvor"; também em 20.26b.

comprometeu a seguir o Deus de seus antepassados.

³⁴Os demais acontecimentos do reinado de Josafá, do início ao fim, estão anotados nos *Registros de Jeú, filho de Hanani*, e foram incluídos no *Livro dos Reis de Israel*.

³⁵Algum tempo depois, Josafá, rei de Judá, fez um acordo com Acazias, rei de Israel, que era um homem muito perverso.ᵃ ³⁶Juntos, construíram uma frota de navios mercantesᵇ no porto em Eziom-Geber. ³⁷Então Eliézer, filho de Dodava, de Maressa, profetizou contra Josafá, dizendo: "Porque você se aliou ao rei Acazias, o Senhor destruirá o que você construiu". Assim, as embarcações naufragaram e nunca chegaram a navegar.ᶜ

Jeorão reina em Judá

21 Quando Josafá morreu, foi sepultado com seus antepassados na Cidade de Davi. Seu filho Jeorão foi seu sucessor.

²Os irmãos de Jeorão, os outros filhos de Josafá, foram: Azarias, Jeiel, Zacarias, Micael e Sefatias; todos foram filhos de Josafá, rei de Judá.ᵈ ³Seu pai tinha dado a cada um deles presentes caros de prata, ouro e objetos de valor, e também algumas das cidades fortificadas de Judá. Contudo, nomeou Jeorão para ser seu sucessor, pois era o filho mais velho. ⁴Quando Jeorão havia se estabelecido firmemente no reino de seu pai, matou todos os seus irmãos e outros líderes de Judá.

⁵Jeorão tinha 32 anos quando começou a reinar, e reinou em Jerusalém por oito anos. ⁶Seguiu o exemplo dos reis de Israel e foi tão perverso quanto a família do rei Acabe, pois se casou com uma das filhas de Acabe. Jeorão fez o que era mau aos olhos do Senhor. ⁷Mas o Senhor não quis destruir a dinastia de Davi, pois havia feito uma aliança com Davi e prometido que seus descendentes continuariam a brilhar como uma lâmpada para sempre.

⁸Durante o reinado de Jeorão, os edomitas se rebelaram contra Judá e proclamaram seu próprio rei. ⁹Então Jeorão saiu com todo o seu exército e todos os seus carros de guerra. Os edomitas cercaram o rei e os comandantes de seus carros, mas ele saiu à noite e os atacou.ᵉ ¹⁰Ainda assim, até hoje Edom é independente de Judá. A cidade de Libna também se rebelou nessa ocasião. Tudo isso aconteceu porque Jeorão havia abandonado o Senhor, o Deus de seus antepassados. ¹¹Havia construído santuários idólatras na região montanhosa de Judá e levado o povo de Judá e de Jerusalém a prostituir-se e desviar-se.

¹²Então o profeta Elias escreveu esta carta para Jeorão:

"Assim diz o Senhor, o Deus de seu antepassado Davi: Você não seguiu o bom exemplo de seu pai, Josafá, nem de seu avô, Asa, rei de Judá. ¹³Em vez disso, tem sido tão perverso quanto os reis de Israel e tem levado o povo de Jerusalém e de Judá a prostituir-se, como fez o rei Acabe em Israel. E chegou a matar seus próprios irmãos, homens melhores que você. ¹⁴Por isso, agora o Senhor está prestes a castigar você, seu povo, seus filhos, suas esposas e tudo que lhe pertence, com uma terrível praga. ¹⁵Você sofrerá de uma séria doença intestinal que se agravará a cada dia, até que seus intestinos saiam do corpo".

¹⁶Então o Senhor instigou os filisteus e os árabes que moravam perto dos etíopesᶠ a atacarem Jeorão. ¹⁷Eles marcharam contra Judá, romperam suas defesas e levaram tudo que era de valor do palácio real, e também os filhos e as esposas do rei. Somente Acazias,ᵍ seu filho mais novo, foi poupado.

¹⁸Depois de tudo isso, o Senhor feriu Jeorão com uma doença intestinal incurável. ¹⁹Ela se tornou cada vez mais grave e, ao fim de dois anos, seus intestinos saíram do corpo e ele morreu em agonia. Seu povo não fez nenhuma fogueira em sua homenagem, como havia feito para seus antepassados.

²⁰Jeorão tinha 32 anos quando começou a reinar, e reinou em Jerusalém por oito anos. Ninguém lamentou sua morte. Ele foi sepultado na Cidade de Davi, mas não no cemitério dos reis.

ᵃ **20.35** Ou *que o levou a praticar o mal.* ᵇ **20.36** Em hebraico, *navios que podiam ir para Társis.* ᶜ **20.37** Ou *nunca foram para Társis.* ᵈ **21.2** O Texto Massorético traz *de Israel*; também em 21.4. Para o autor de Crônicas, Judá representa o verdadeiro Israel. (Alguns manuscritos hebraicos, a Septuaginta, a versão siríaca e a Vulgata trazem *Judá*.) ᵉ **21.9** Ou *ele saiu e escapou.* O significado do hebraico é incerto. ᶠ **21.16** Em hebraico, *dos cuxitas.* ᵍ **21.17** Em hebraico, *Jeoacaz*, variação de Acazias; comparar com 22.1.

Acazias reina em Judá

22 Então o povo de Jerusalém proclamou Acazias, filho mais novo de Jeorão, o novo rei, pois os bandos de saqueadores que vieram com os árabes[a] tinham matado todos os filhos mais velhos de Jeorão. Assim, Acazias, filho de Jeorão, reinou em Judá.

² Acazias tinha 22 anos[b] quando começou a reinar, e reinou em Jerusalém por um ano. Sua mãe era Atalia, neta do rei Onri. ³ Acazias também seguiu o exemplo da família do rei Acabe, pois sua mãe o incentivou a praticar o mal. ⁴ Fez o que era mau aos olhos do Senhor, como a família de Acabe. Depois da morte de seu pai, eles se tornaram seus conselheiros e o levaram à ruína.

⁵ Seguindo o conselho deles, Acazias se uniu a Jorão,[c] filho de Acabe, rei de Israel, na guerra contra Hazael, rei da Síria, em Ramote-Gileade. Quando os sírios[d] feriram Jorão na batalha, ⁶ ele voltou a Jezreel para se recuperar dos ferimentos sofridos em Ramote.[e] Visto que Jorão estava ferido, Acazias,[f] rei de Judá, foi visitá-lo em Jezreel.

⁷ Deus havia decidido que essa visita seria a ruína de Acazias. Enquanto Acazias estava em Jezreel, saiu com Jorão ao encontro de Jeú, neto de Ninsi,[g] a quem o Senhor havia escolhido para destruir a dinastia de Acabe.

⁸ Quando Jeú executava o juízo contra a família de Acabe, encontrou alguns oficiais de Judá e parentes de Acazias[h] que o serviam, e os matou. ⁹ Então os homens de Jeú partiram em busca de Acazias e o encontraram escondido na cidade de Samaria. Eles o trouxeram a Jeú e o mataram. Acazias recebeu um sepultamento digno, pois o povo disse: "Ele era neto de Josafá, homem que buscou o Senhor de todo o coração". Contudo, nenhum dos membros da família de Acazias que sobreviveram conseguiu reinar em seu lugar.

A rainha Atalia reina em Judá

¹⁰ Quando Atalia, mãe de Acazias, rei de Judá, soube que seu filho estava morto, mandou exterminar o restante da família real de Judá. ¹¹ Mas Jeoseba,[i] filha do rei Jeorão, pegou Joás, o filho ainda pequeno de Acazias, dentre os outros filhos do rei que estavam para ser mortos, e o colocou num quarto com sua ama. Assim, Jeoseba, esposa do sacerdote Joiada e irmã de Acazias, escondeu o menino para que Atalia não o matasse. ¹² Joás ficou escondido com eles no templo de Deus durante seis anos, enquanto Atalia governava o país.

Rebelião contra Atalia

23 No sétimo ano do reinado de Atalia, o sacerdote Joiada decidiu agir. Criou coragem e fez um acordo com os comandantes dos batalhões: Azarias, filho de Jeroão; Ismael, filho de Joanã; Azarias, filho de Obede; Maaseias, filho de Adaías; e Elisafate, filho de Zicri. ² Esses homens viajaram por todo o reino de Judá e convocaram os levitas e os chefes das famílias de todas as cidades para irem a Jerusalém. ³ Todos se reuniram no templo de Deus, onde firmaram um pacto solene com o jovem rei Joás.

Joiada lhes disse: "Aqui está o filho do rei! Chegou a hora de ele governar! O Senhor prometeu que um descendente de Davi seria nosso rei. ⁴ Vocês devem fazer o seguinte: quando os sacerdotes e os levitas entrarem em serviço no sábado, uma terça parte de vocês ficará de guarda nas portas. ⁵ Outra terça parte irá ao palácio real. E a última terça parte ficará de guarda na Porta do Alicerce. Os demais permanecerão nos pátios do templo do Senhor. ⁶ Lembrem-se: apenas os sacerdotes e os levitas de serviço podem entrar no templo do Senhor, pois foram consagrados. O restante do povo deve obedecer às instruções do Senhor e ficar do lado de fora. ⁷ Vocês, levitas, posicionem-se em volta do rei, de armas na mão. Matem qualquer pessoa que tentar entrar no templo. Permaneçam com o rei aonde ele for".

⁸ Então os levitas e o povo de Judá fizeram tudo que o sacerdote Joiada ordenou. Os comandantes se encarregaram dos homens que

---

[a] **22.1** Ou *bandos de saqueadores árabes*. [b] **22.2** Conforme alguns manuscritos gregos e a versão siríaca (ver tb. 2Rs 8.26); o hebraico traz *42 anos*. [c] **22.5a** Em hebraico, *Jeorão*, variação de Jorão; também em 22.6,7. [d] **22.5b** Conforme dois manuscritos hebraicos e a Vulgata (ver tb. 2Rs 8.28); o Texto Massorético traz *os arqueiros*. [e] **22.6a** Em hebraico, *Ramá*, variação de Ramote. [f] **22.6b** Conforme alguns manuscritos hebraicos, a Septuaginta, a versão siríaca e a Vulgata (ver tb. 2Rs 8.29); a maioria dos manuscritos hebraicos traz *Azarias*. [g] **22.7** Em hebraico, *filho de Ninsi*; comparar com 2Rs 9.2,14. [h] **22.8** Conforme a Septuaginta (ver tb. 2Rs 10.13); o hebraico traz *e filhos dos irmãos de Acazias*. [i] **22.11** Em hebraico, *Jeosabeate*, variação de Jeoseba.

iam entrar em serviço naquele sábado e dos que iam sair. O sacerdote Joiada não deixou ninguém ir para casa no fim do turno. ⁹Depois, Joiada forneceu aos comandantes as lanças e os escudos grandes e pequenos que haviam pertencido ao rei Davi e que estavam guardados no templo de Deus. ¹⁰Posicionou todos os homens em volta do rei, de armas na mão. Formaram uma fileira desde o lado sul do templo até o lado norte e ao redor do altar.

¹¹Então Joiada e seus filhos trouxeram Joás, o filho do rei, para fora, puseram a coroa em sua cabeça e lhe entregaram uma cópia da lei.ᵃ Depois, ungiram Joás e o proclamaram rei, e todos gritaram: "Viva o rei!".

A morte de Atalia

¹²Quando Atalia ouviu o barulho do povo correndo e os gritos de louvor ao rei, foi para o templo do Senhor, onde o povo estava reunido. ¹³Ao chegar, viu o rei em pé, no lugar de honra junto à coluna na entrada do templo. Estava rodeado pelos comandantes e tocadores de trombeta, e gente de toda a terra se alegrava e tocava trombetas. Cantores com instrumentos musicais dirigiam o povo numa grande celebração. Quando Atalia viu tudo isso, rasgou suas roupas e gritou: "Traição! Traição!".

¹⁴Então o sacerdote Joiada ordenou aos comandantes encarregados das tropas: "Levem-na aos soldados que estão na frente do temploᵇ e matem qualquer pessoa que a seguir". Pois o sacerdote tinha dito: "Ela não deve ser morta dentro do templo do Senhor". ¹⁵Eles a prenderam e a levaram à porta dos Cavalos, no terreno do palácio, e a mataram ali.

As reformas religiosas de Joiada

¹⁶Joiada fez uma aliança entre ele, o povo e o rei, estabelecendo que eles seriam o povo do Senhor. ¹⁷Todo o povo foi ao templo de Baal e o derrubou. Demoliram os altares, despedaçaram os ídolos e executaram Matã, sacerdote de Baal, em frente aos altares.

¹⁸Joiada encarregou os sacerdotes e os levitas de cuidarem do templo do Senhor, segundo as instruções de Davi. Ordenou que apresentassem holocaustos ao Senhor, como ordenava a lei de Moisés, com cânticos e alegria, conforme Davi tinha instruído. ¹⁹Também pôs guardas às portas do templo do Senhor, para que não entrasse ninguém que, por algum motivo, estivesse cerimonialmente impuro.

²⁰Então os comandantes dos batalhões, os nobres, os governantes e todo o povo da terra escoltaram o rei para fora do templo do Senhor. Passaram pela porta Superior e entraram no palácio, onde o rei se sentou no trono real. ²¹Todo o povo do reino se alegrou e a cidade ficou em paz, pois Atalia tinha sido morta.

Joás faz reparos no templo

24 Joás tinha 7 anos quando começou a reinar, e reinou em Jerusalém por quarenta anos. Sua mãe se chamava Zíbia e era de Berseba. ²Joás fez o que era certo aos olhos do Senhor enquanto o sacerdote Joiada estava vivo. ³Joiada escolheu duas esposas para Joás, e ele teve filhos e filhas.

⁴Algum tempo depois, Joás resolveu fazer reparos no templo do Senhor. ⁵Reuniu os sacerdotes e os levitas e lhes deu as seguintes instruções: "Vão a todas as cidades de Judá e recolham o imposto anual para fazer os reparos no templo do Senhor. Façam isso logo!". Os levitas, porém, não se apressaram.

⁶Então o rei mandou chamar o sumo sacerdote Joiada e lhe perguntou: "Por que você não exigiu que os levitas saíssem e recolhessem os impostos que as cidades de Judá e a cidade de Jerusalém devem pagar para o templo? Moisés, servo do Senhor, estabeleceu que a comunidade de Israel pagasse esse imposto para a manutenção do tabernáculo da aliança".ᶜ

⁷Ao longo dos anos, os seguidores da perversa Atalia haviam arrombado o templo de Deus e usado os objetos sagrados do templo do Senhor para adorar as imagens de Baal.

⁸Por isso, o rei ordenou que fizessem uma caixa grande e a colocassem do lado de fora da porta do templo do Senhor. ⁹Então foi proclamado em Judá e em Jerusalém que o povo devia trazer ao Senhor o imposto que Moisés, servo de Deus, havia requerido dos israelitas no deserto. ¹⁰Isso agradou todos os

---

ᵃ **23.11** Ou *uma cópia da aliança*; o hebraico traz *entregaram o testemunho*. ᵇ **23.14** Ou *Tirem-na dentre as fileiras e levem-na para fora*, ou *Tirem-na das dependências do templo*. O significado do hebraico é incerto. ᶜ **24.6** Em hebraico, *tenda do testemunho*.

líderes e o povo, e eles trouxeram de bom grado suas contribuições e as colocaram na caixa até enchê-la. ¹¹Sempre que a caixa ficava cheia, os levitas a levavam aos oficiais do rei. O secretário da corte e um oficial do sumo sacerdote a esvaziavam e a levavam de volta ao templo. Assim faziam diariamente e reuniram muitos recursos. ¹²O rei e Joiada entregavam o valor aos supervisores da construção, que contratavam pedreiros, carpinteiros e artífices que trabalhavam com ferro e bronze para reformar o templo do Senhor.

¹³Os homens encarregados da reforma trabalhavam com dedicação, e a obra foi progredindo. Restauraram o templo de Deus de acordo com o modelo original e o reforçaram. ¹⁴Quando todos os reparos foram concluídos, trouxeram ao rei e a Joiada os recursos que sobraram. O valor foi usado para fazer diversos objetos para o templo do Senhor, utensílios para o serviço e para os holocaustos, além de vasilhas e outros objetos de ouro e de prata. Enquanto o sacerdote Joiada viveu, os holocaustos eram oferecidos continuamente no templo do Senhor.

¹⁵Joiada viveu muitos anos e morreu em idade avançada, com 130 anos. ¹⁶Foi sepultado entre os reis na Cidade de Davi, pois havia feito o bem em Israel para Deus e seu templo.

As reformas de Joiada são desfeitas

¹⁷Depois da morte de Joiada, os líderes de Judá vieram ao rei Joás e se curvaram diante dele, e ele ouviu seus conselhos. ¹⁸Abandonaram o templo do Senhor, o Deus de seus antepassados, e adoraram postes de Aserá e ídolos. Por causa desse pecado, a ira de Deus veio sobre Judá e Jerusalém. ¹⁹Ainda assim, o Senhor enviou profetas para trazê-los de volta para ele. Os profetas os advertiram, mas o povo não quis ouvir.

²⁰Então o Espírito de Deus veio sobre Zacarias, filho do sacerdote Joiada. Ele se pôs em pé diante do povo e disse: "Isto é o que Deus diz: 'Por que vocês desobedecem aos mandamentos do Senhor e, com isso, deixam de prosperar? Visto que abandonaram o Senhor, agora ele os abandonou!'"

²¹Então os líderes conspiraram contra Zacarias, e o rei ordenou que ele fosse morto por apedrejamento no pátio do templo do Senhor. ²²O rei Joás não levou em conta a lealdade que Joiada, pai de Zacarias, lhe havia demonstrado, e matou seu filho. As últimas palavras de Zacarias antes de morrer foram: "Que o Senhor veja o que estão fazendo e vingue a minha morte!".

O fim do reinado de Joás

²³Na virada do ano,[a] o exército sírio marchou contra Joás. Invadiram Judá e Jerusalém e mataram todos os líderes do povo. Enviaram para seu rei em Damasco tudo que haviam saqueado. ²⁴Embora os sírios tivessem atacado com apenas um exército pequeno, o Senhor entregou em suas mãos o exército muito maior de Judá. O povo de Judá havia abandonado o Senhor, o Deus de seus antepassados, por isso o juízo foi executado contra Joás.

²⁵Os sírios se retiraram e deixaram Joás gravemente ferido. Seus próprios oficiais conspiraram contra ele porque havia assassinado o filho do sacerdote Joiada e o mataram em sua cama. Ele foi sepultado na Cidade de Davi, mas não no cemitério dos reis. ²⁶Os assassinos foram Jozacar,[b] filho de uma amonita chamada Simeate, e Jeozabade, filho de uma moabita chamada Somer.[c]

²⁷O relato sobre os filhos de Joás, as muitas profecias a respeito dele e o registro da reforma do templo de Deus estão registrados no *Comentário sobre o Livro dos Reis*. Seu filho Amazias foi seu sucessor.

Amazias reina em Judá

25 Amazias tinha 25 anos quando começou a reinar, e reinou em Jerusalém por 29 anos. Sua mãe se chamava Jeoadã e era de Jerusalém. ²Amazias fez o que era certo aos olhos do Senhor, mas não de todo o coração.

³Quando Amazias se firmou no poder, executou os oficiais que haviam assassinado seu pai. ⁴Contudo, não matou os filhos dos assassinos, em obediência ao mandamento do Senhor registrado por Moisés no Livro da Lei:

---

[a] **24.23** O primeiro dia do ano no antigo calendário lunar hebraico caía em março ou abril. [b] **24.26a** Conforme o texto paralelo em 2Rs 12.21; o hebraico traz *Zabade*. [c] **24.26b** Conforme o texto paralelo em 2Rs 12.21; o hebraico traz *Sinrite*, variação de Somer.

"Os pais não serão executados por causa do pecado dos filhos, nem os filhos por causa do pecado dos pais. Aqueles que merecem morrer deverão ser executados por causa de seus próprios crimes".ᵃ

⁵Amazias organizou o exército e nomeou generais e capitãesᵇ para todo o Judá e para Benjamim. Fez um censo e constatou que tinha um exército de trezentos mil soldados de elite, com mais de 20 anos, todos treinados no uso da espada e do escudo. ⁶Também pagou 3.500 quilosᶜ de prata para contratar cem mil guerreiros experientes de Israel.

⁷Então um homem de Deus foi até ele e lhe disse: "Ó rei, não contrate soldados de Israel, pois o Senhor não está com Israel. Ele não ajudará o povo de Efraim! ⁸Se deixar que acompanhem seus soldados na batalha, mesmo que lutem com coragem, serão derrotados pelo inimigo. Deus o derrubará, pois ele tem poder para ajudá-lo ou fazê-lo tropeçar".

⁹Amazias perguntou ao homem de Deus: "E quanto à prata que paguei para contratar o exército de Israel?".

O homem de Deus respondeu: "O Senhor pode lhe dar muito mais que isso!". ¹⁰Então Amazias dispensou os soldados que havia contratado e os mandou de volta para Efraim. Eles ficaram furiosos com Judá e voltaram para casa indignados.

¹¹Amazias criou coragem e conduziu seu exército até o vale do Sal, onde mataram dez mil soldados edomitas da região de Seir. ¹²Capturaram outros dez mil e os levaram para o alto de um penhasco, de onde os atiraram, e eles se despedaçaram.

¹³Enquanto isso, os soldados que Amazias havia contratado e depois mandado de volta atacaram muitas cidades de Judá entre Samaria e Bete-Horom. Mataram três mil pessoas e levaram grande quantidade de despojos.

¹⁴Quando o rei Amazias voltou da matança dos edomitas, trouxe os deuses que havia tomado do povo de Seir. Estabeleceu-os como seus próprios deuses, prostrou-se diante deles e ofereceu-lhes sacrifícios. ¹⁵O Senhor se irou grandemente e lhe enviou um profeta para perguntar: "Por que você se volta para deuses que não foram capazes nem de salvar de suas mãos o próprio povo deles?".

¹⁶O rei, porém, o interrompeu e disse: "Desde quando você é conselheiro do rei? Cale-se antes que eu mande matá-lo!".

O profeta parou, mas o advertiu: "Sei que Deus resolveu destruí-lo, porque você fez isso e porque não quis aceitar meu conselho".

¹⁷Depois de consultar seus conselheiros, Amazias, rei de Judá, enviou este desafio a Jeoás,ᵈ filho de Jeoacaz e neto de Jeú, rei de Israel: "Venha enfrentar-me numa batalha!".

¹⁸Mas Jeoás, rei de Israel, respondeu a Amazias, rei de Judá, com a seguinte história: "Nos montes do Líbano, o espinheiro enviou esta mensagem ao poderoso cedro: 'Dê sua filha em casamento a meu filho'. No entanto, um animal selvagem do Líbano veio, pisoteou o espinheiro e o esmagou.

¹⁹"Você diz: 'Derrotei Edom', e está muito orgulhoso disso. Mas meu conselho é que fique em casa. Por que causar problemas que só trarão desgraça sobre você e o povo de Judá?".

²⁰Amazias, porém, se recusou a ouvir, pois Deus havia resolvido destruí-lo por ter se voltado para os deuses de Edom. ²¹Então Jeoás, rei de Israel, mobilizou seu exército contra Amazias, rei de Judá. Os dois exércitos se enfrentaram em Bete-Semes, em Judá. ²²O exército de Judá foi derrotado pelo exército de Israel, e os soldados fugiram para casa. ²³Jeoás, rei de Israel, capturou Amazias, filho de Joás e neto de Acazias, em Bete-Semes. Trouxe-o para Jerusalém, onde destruiu 180 metrosᵉ do muro da cidade, desde a porta de Efraim até a porta da Esquina. ²⁴Levou embora todo o ouro, toda a prata e todos os utensílios do templo de Deus guardados por Obede-Edom. Também levou os tesouros do palácio real e fez reféns; depois, voltou para Samaria.

²⁵Amazias, filho de Joás, rei de Judá, viveu ainda mais quinze anos depois da morte de Jeoás, filho de Jeoacaz, rei de Israel. ²⁶Os demais acontecimentos do reinado de Amazias, do início ao fim, estão registrados no *Livro dos Reis de Judá e de Israel*.

²⁷Depois que Amazias se afastou do Senhor, houve uma conspiração contra ele em

---

ᵃ **25.4** Dt 24.16. ᵇ **25.5** Em hebraico, *comandantes de milhares e comandantes de centenas*. ᶜ **25.6** Em hebraico, *100 talentos*. ᵈ **25.17** Em hebraico, *Joás*, variação de Jeoás; também em 25.18,21,23,25. ᵉ **25.23** Em hebraico, *400 côvados*.

PÃO DIÁRIO

Vivendo em humildade

Quando Uzias se tornou poderoso, também se encheu de orgulho, o que o levou à ruína.

—2 Crônicas 26.16

O evangelista Dwight L. Moody afirmou: "Quando alguém acredita ter força suficiente, e é autoconfiante, pode-se esperar por sua ruína. Talvez anos se passem antes que ela aconteça, mas o processo já terá sido iniciado". Isso se aplica ao rei Uzias.

Tudo parecia ir muito bem na vida dele. Ele era obediente, submisso ao aconselhamento espiritual e buscou a direção de Deus durante a maior parte de seu reinado. Enquanto ele clamou pela ajuda de Deus, o Senhor lhe concedeu grande sucesso — comprovado por suas muitas realizações (2Cr 26.3-15).

A vida de Uzias foi de grande poder e sucesso humano, a ponto de esse mesmo sucesso vir a cegá-lo. Seu orgulho era evidente em vários aspectos: ele desafiou a santidade de Deus ao violar os limites do Templo e atreveu-se a exercer uma função que não lhe cabia (v.16); ele considerava o poder de Deus como algo bom, mas não absolutamente necessário para sua liderança (vv.5,16); recusou a correção e o conselho vindos de Deus; perdeu a oportunidade de arrepender-se e ignorou as consequências de seu pecado em vez de temê-las (vv.18,19).

Quando Deus nos torna bem-sucedidas em qualquer área da nossa vida, não nos esqueçamos da Fonte do nosso sucesso. Que possamos escolher a humildade, porque Deus concede graça ao humilde.

Senhor, tu demonstraste o que é ser humilde de coração. Todas as minhas realizações se devem apenas à Tua graça em minha vida. Ajuda-me a nunca me achar melhor do que convém. Por favor, faz-me retroceder quando eu começar a me orgulhar.

Deus nos exalta quando escolhemos a humildade.

Jerusalém, e ele fugiu para Laquis. Seus inimigos, porém, mandaram assassinos atrás dele e o mataram ali. [28]Seu corpo foi trazido de volta para Jerusalém num cavalo, e ele foi sepultado com seus antepassados na Cidade de Davi.[a]

Uzias governa em Judá

26 Todo o povo de Judá proclamou Uzias, de 16 anos, rei, como sucessor de seu pai, Amazias. [2]Depois que seu pai morreu e se reuniu a seus antepassados, Uzias reconstruiu a cidade de Elate[b] e a recuperou para Judá.

[3]Uzias tinha 16 anos quando começou a reinar, e reinou em Jerusalém por 52 anos. Sua mãe se chamava Jecolias e era de Jerusalém. [4]Fez o que era certo aos olhos do Senhor, como seu pai, Amazias. [5]Uzias buscou a Deus durante a vida de Zacarias, que o ensinou a temer a Deus.[c] Enquanto o rei buscou a direção do Senhor, Deus lhe deu êxito.

[6]Uzias declarou guerra contra os filisteus e derrubou os muros de Gate, Jabne e Asdode. Ele construiu novas cidades na região de Asdode e em outras partes da Filístia. [7]Deus o ajudou nas guerras contra os filisteus, nas batalhas contra os árabes de Gur[d] e nas guerras contra os meunitas. [8]Os meunitas[e] lhe pagavam tributo anual, e sua fama se espalhou até o Egito, pois ele havia se tornado muito poderoso.

[9]Uzias construiu torres fortificadas em Jerusalém, junto à porta da Esquina, à porta do Vale e no canto do muro. [10]Também construiu fortalezas no deserto e cavou muitas cisternas, pois tinha grandes rebanhos nas colinas de Judá[f] e na planície. Era um homem que amava a terra. Tinha muitos trabalhadores que cuidavam de seus campos e vinhedos, tanto nas colinas como nos vales férteis.

[11]Uzias tinha um exército de guerreiros bem treinados, prontos para irem à batalha, divididos em tropas. Esse exército havia sido convocado e organizado pelo secretário Jeiel e pelo oficial Maaseias. Estavam sob o comando de Hananias, um dos oficiais do rei. [12]As tropas de guerreiros valentes eram comandadas por 2.600 chefes de famílias. [13]O exército era formado por uma elite de 307.500 homens, preparados para ajudar o rei contra qualquer inimigo.

[14]Uzias providenciou para todo o exército escudos, lanças, capacetes, couraças, arcos e fundas de atirar pedras. [15]Construiu sobre os

---

[a] 25.28 Conforme alguns manuscritos hebraicos e outras versões antigas (ver tb. 2Rs 14.20); a maioria dos manuscritos hebraicos traz *na cidade de Judá*. [b] 26.2 Conforme a Septuaginta (ver tb. 2Rs 14.22; 16.6); o hebraico traz *Elote*, variação de Elate. [c] 26.5 Conforme a Septuaginta e a versão siríaca; o hebraico traz *que o instruiu em visões divinas*. [d] 26.7 Conforme a Septuaginta; o hebraico traz *Gur-Baal*. [e] 26.8 Conforme a Septuaginta; o hebraico traz *amonitas*. Comparar com 26.7. [f] 26.10 Em hebraico, *na Sefelá*.

muros de Jerusalém máquinas de guerra criadas por peritos; elas atiravam flechas e lançavam grandes pedras das torres e dos cantos dos muros. Sua fama se espalhou até lugares distantes, pois o Senhor o ajudou extraordinariamente e ele se tornou muito poderoso.

O pecado e o castigo de Uzias

¹⁶Quando Uzias se tornou poderoso, também se encheu de orgulho, o que o levou à ruína. Pecou contra o Senhor, seu Deus, ao entrar no santuário do templo do Senhor para queimar incenso no altar de incenso. ¹⁷O sacerdote Azarias foi atrás dele com outros oitenta sacerdotes do Senhor, todos homens corajosos. ¹⁸Confrontaram o rei Uzias e disseram: "Não cabe a você, Uzias, queimar incenso ao Senhor. Isso é tarefa somente dos sacerdotes, os descendentes de Arão, consagrados para esse trabalho. Saia do santuário, pois você pecou. O Senhor Deus não o honrará".

¹⁹Uzias, que segurava um incensário, ficou indignado. Enquanto ele demonstrava sua raiva contra os sacerdotes diante do altar de incenso no templo do Senhor, apareceu lepra[a] em sua testa. ²⁰Quando viram a lepra, o sumo sacerdote Azarias e todos os outros sacerdotes o expulsaram imediatamente do templo. O próprio rei se apressou em sair dali, pois o Senhor o havia ferido. ²¹O rei Uzias ficou leproso até o dia de sua morte. Vivia isolado, numa casa separada, e havia sido excluído do templo do Senhor. Seu filho Jotão tomava conta do palácio e governava o povo.

²²Os demais acontecimentos do reinado de Uzias, do início ao fim, foram registrados pelo profeta Isaías, filho de Amoz. ²³Quando Uzias morreu, foi sepultado com seus antepassados. Seu túmulo ficava num campo próximo que pertencia aos reis, pois o povo disse: "Era leproso". Seu filho Jotão foi seu sucessor.

Jotão reina em Judá

27 Jotão tinha 25 anos quando começou a reinar, e reinou em Jerusalém por dezesseis anos. Sua mãe se chamava Jerusa e era filha de Zadoque.

²Jotão fez o que era certo aos olhos do Senhor, como seu pai, Uzias, mas não cometeu o pecado de entrar no templo do Senhor. Mesmo assim, o povo continuou com suas práticas perversas.

³Jotão reconstruiu a porta superior do templo do Senhor. Também realizou trabalhos extensos de reparo no muro, sobre o monte Ofel. ⁴Construiu cidades na região montanhosa de Judá e edificou fortalezas e torres nos bosques. ⁵Guerreou contra os amonitas e os derrotou. Durante os três anos seguintes, recebeu deles um tributo anual de 3.500 quilos[b] de prata, dez mil cestos grandes de trigo e dez mil cestos grandes de cevada.[c]

⁶O rei Jotão se tornou poderoso porque teve o cuidado de viver em obediência ao Senhor, seu Deus.

⁷Os demais acontecimentos do reinado de Jotão, incluindo suas guerras e outras atividades, estão registrados no *Livro dos Reis de Israel e de Judá*. ⁸Tinha 25 anos quando começou a reinar, e reinou em Jerusalém por dezesseis anos. ⁹Quando Jotão morreu e se reuniu a seus antepassados, foi sepultado na Cidade de Davi. Seu filho Acaz foi seu sucessor.

Acaz reina em Judá

28 Acaz tinha 20 anos quando começou a reinar, e reinou em Jerusalém por dezesseis anos. Ao contrário de seu antepassado Davi, não fez o que era certo aos olhos do Senhor. ²Em vez disso, seguiu o exemplo dos reis de Israel. Fez ídolos de metal para adorar Baal, ³queimou incenso no vale de Ben-Hinom e chegou a sacrificar os próprios filhos no fogo. Desse modo, seguiu as práticas detestáveis das nações que o Senhor havia expulsado da terra diante dos israelitas. ⁴Ofereceu sacrifícios e queimou incenso nos santuários idólatras, nos montes e debaixo de toda árvore verdejante.

⁵Por isso, o Senhor, seu Deus, entregou Acaz nas mãos do rei da Síria, que o derrotou e levou muitos de seu povo para o exílio em Damasco. Também o entregou nas mãos do rei de Israel, que derrotou Acaz e matou muitos de seus soldados. ⁶Em um só dia, Peca, filho de Remalias, matou 120 mil soldados de Judá, todos guerreiros experientes, pois haviam abandonado o Senhor, o Deus de seus antepassados. ⁷Então

---

[a] **26.19** O termo hebraico não se refere somente à hanseníase, mas também a diversas doenças de pele. [b] **27.5a** Em hebraico, *100 talentos*. [c] **27.5b** Em hebraico, *10.000 coros de trigo e 10.000 coros de cevada*, cerca de 2.200.000 litros, respectivamente.

Zicri, um guerreiro de Efraim, matou Maaseias, filho do rei, Azricão, oficial encarregado do palácio do rei, e Elcana, o segundo no comando depois do rei. ⁸Os soldados de Israel capturaram duzentas mil mulheres e crianças de Judá e tomaram enormes quantidades de despojos, que levaram para Samaria.

⁹Odede, profeta do Senhor, estava em Samaria quando o exército de Israel voltou. Saiu ao encontro deles e lhes disse: "O Senhor, o Deus de seus antepassados, estava irado com Judá e o entregou em suas mãos, mas vocês foram longe demais e os mataram com fúria que chegou até os céus. ¹⁰Agora, pretendem escravizar esse povo de Judá e de Jerusalém. E quanto a seus próprios pecados contra o Senhor, seu Deus? ¹¹Ouçam-me e mandem de volta esses prisioneiros que vocês capturaram, pois são seus parentes. Tenham cuidado, pois a ira ardente do Senhor se voltou contra vocês!".

¹²Então alguns dos líderes de Israel[a] — Azarias, filho de Joanã, Berequias, filho de Mesilemote, Jeizquias, filho de Salum, e Amasa, filho de Hadlai — confrontaram os homens que voltavam da batalha. ¹³"Não tragam os prisioneiros para cá!", disseram. "Se o fizerem, aumentaremos nossos pecados e nossa culpa diante do Senhor. Nossa culpa já é grande, e a ira ardente do Senhor se voltou contra Israel!"

¹⁴Então os guerreiros libertaram os prisioneiros e colocaram os despojos diante dos líderes do povo. ¹⁵Os quatro homens já mencionados por nome vieram à frente e deram roupas dos despojos aos presos que estavam nus. Vestiram-nos, deram-lhes sandálias, providenciaram comida e bebida para eles e aplicaram bálsamo sobre seus ferimentos. Puseram sobre jumentos aqueles que estavam fracos e levaram todos os prisioneiros de volta para seu povo em Jericó, a cidade das palmeiras. Depois, voltaram para Samaria.

Acaz fecha o templo

¹⁶Nessa época, o rei Acaz pediu ajuda ao rei da Assíria. ¹⁷Os exércitos de Edom tinham invadido Judá outra vez e levado prisioneiros. ¹⁸Os filisteus haviam atacado cidades nas colinas de Judá[b] e no Neguebe. Conquistaram e ocuparam Bete-Semes, Aijalom e Gederote, além de Socó, Timna e Ginzo, com seus povoados. ¹⁹O Senhor humilhou Judá por causa de Acaz, rei de Judá,[c] pois ele havia incentivado o povo a pecar e havia sido inteiramente infiel ao Senhor.

²⁰Quando Tiglate-Pileser,[d] rei da Assíria, chegou, atacou Acaz em vez de ajudá-lo. ²¹Acaz tomou objetos de valor do templo do Senhor, do palácio real e das casas de seus oficiais e os entregou ao rei da Assíria como tributo, mas de nada adiantou.

²²Mesmo nesse tempo de grande dificuldade, o rei Acaz foi ainda mais infiel ao Senhor. ²³Ofereceu sacrifícios aos deuses de Damasco que o haviam derrotado, pois disse: "Visto que esses deuses ajudaram o rei da Síria, também me ajudarão se eu lhes oferecer sacrifícios". Em vez disso, porém, eles foram a causa de sua ruína e da ruína de todo o Judá.

²⁴Acaz pegou os utensílios do templo de Deus e os despedaçou. Trancou as portas do templo do Senhor para que ninguém pudesse adorar ali e fez altares idólatras em cada esquina de Jerusalém. ²⁵Colocou santuários idólatras em todas as cidades de Judá para queimar incenso a outros deuses. Com isso, provocou a ira do Senhor, o Deus de seus antepassados.

²⁶Os demais acontecimentos do reinado de Acaz e tudo que ele fez, do início ao fim, estão registrados no *Livro dos Reis de Judá e de Israel*. ²⁷Quando Acaz morreu e se reuniu a seus antepassados, foi sepultado em Jerusalém, mas não no cemitério dos reis de Judá. Seu filho Ezequias foi seu sucessor.

Ezequias reina em Judá

29 Ezequias tinha 25 anos quando começou a reinar, e reinou em Jerusalém por 29 anos. Sua mãe se chamava Abia e era filha de Zacarias. ²Fez o que era certo aos olhos do Senhor, como seu antepassado Davi.

Ezequias reabre o templo

³Logo no primeiro mês do primeiro ano de seu reinado, Ezequias reabriu as portas do templo do Senhor e as consertou. ⁴Mandou chamar os sacerdotes e os levitas para se encontrarem

---

[a] **28.12** Em hebraico, *de Efraim*, referência a Israel, o reino do norte. [b] **28.18** Em hebraico, *na Sefelá*. [c] **28.19** O Texto Massorético traz *de Israel*; também em 28.23,27. Para o autor de Crônicas, Judá representa o verdadeiro Israel. (Alguns manuscritos hebraicos, a Septuaginta, a versão siríaca e a Vulgata trazem *Judá*.) [d] **28.20** Em hebraico, *Tiglate-Pilneser*, variação de Tiglate-Pileser.

com ele na praça do lado leste do templo. ⁵"Ouçam-me, levitas!", disse ele. "Purifiquem-se e purifiquem o templo do Senhor, o Deus de seus antepassados. Removam do santuário todos os objetos impuros. ⁶Nossos antepassados foram infiéis e fizeram o que era mau aos olhos do Senhor, nosso Deus. Abandonaram o Senhor e seu lugar de habitação; deram as costas para ele. ⁷Também fecharam as portas da sala de entrada do templo e apagaram as lâmpadas. Deixaram de queimar incenso e de apresentar holocaustos no santuário do Deus de Israel.
⁸"Por isso a ira do Senhor veio sobre Judá e sobre Jerusalém. Ele fez deles objeto de espanto, horror e zombaria, como vocês veem com os próprios olhos. ⁹Por causa disso, nossos pais foram mortos pela espada, e nossos filhos, filhas e esposas foram capturados. ¹⁰Agora, porém, farei uma aliança com o Senhor, o Deus de Israel, para que sua ira ardente se afaste de nós. ¹¹Meus filhos, não sejam mais negligentes quanto a seus deveres! O Senhor os escolheu para estarem diante dele, para o servirem, para dirigirem o povo no culto e para lhe queimarem incenso."

¹²Os levitas que começaram a trabalhar de imediato foram:

Do clã de Coate: Maate, filho de Amasai, e Joel, filho de Azarias.

Do clã de Merari: Quis, filho de Abdi, e Azarias, filho de Jealelel.

Do clã de Gérson: Joá, filho de Zima, e Éden, filho de Joá.

¹³Da família de Elisafã: Sinri e Jeuel.

Da família de Asafe: Zacarias e Matanias.

¹⁴Da família de Hemã: Jeuel e Simei.

Da família de Jedutum: Semaías e Uziel.

¹⁵Esses homens reuniram seus parentes levitas, e todos se purificaram. Em seguida, começaram a purificar o templo do Senhor, obedecendo às ordens do rei, de acordo com as instruções do Senhor. ¹⁶Os sacerdotes foram até o interior do templo do Senhor para purificá-lo e trouxeram para fora, ao pátio do templo, todas as coisas impuras que encontraram. Os levitas as levaram dali para o vale de Cedrom.

¹⁷Começaram o trabalho no primeiro dia do primeiro mês[a] e, em oito dias, haviam chegado à sala de entrada do templo do Senhor. Depois, levaram oito dias para purificar o templo do Senhor, de modo que todo o trabalho foi completado em dezesseis dias.

A rededicação do templo

¹⁸Então os levitas foram ao rei Ezequias e lhe relataram: "Purificamos todo o templo do Senhor, o altar de holocaustos com todos os seus utensílios e a mesa dos pães da presença com todos os seus utensílios. ¹⁹Recuperamos todos os objetos que o rei Acaz jogou fora quando foi infiel e fechou o templo. Agora estão diante do altar do Senhor, purificados e prontos para o uso".

²⁰Logo cedo na manhã seguinte, o rei Ezequias reuniu os líderes da cidade e subiu ao templo do Senhor. ²¹Trouxeram sete novilhos, sete carneiros e sete cordeiros como holocausto e sete bodes como oferta pelo pecado em favor do reino, do templo e de Judá. O rei ordenou que os sacerdotes, descendentes de Arão, sacrificassem os animais no altar do Senhor. ²²Os sacerdotes abateram os novilhos, pegaram o sangue e o aspergiram no altar. Em seguida, abateram os carneiros e aspergiram o sangue sobre o altar. Por fim, fizeram o mesmo com os cordeiros. ²³Os bodes para a oferta pelo pecado foram levados para diante do rei e da comunidade, que impuseram as mãos sobre eles. ²⁴Depois disso, os sacerdotes abateram os bodes como oferta pelo pecado e aspergiram o sangue sobre o altar para fazer expiação pelos pecados de todo o Israel. O rei havia ordenado que o holocausto e a oferta pelo pecado fossem apresentados em favor de todo o Israel.

²⁵O rei Ezequias colocou os levitas no templo do Senhor, com címbalos, harpas e liras. Ele obedeceu a todas as instruções que o Senhor tinha dado ao rei Davi por meio de Gade, o vidente do rei, e por meio do profeta Natã. ²⁶Os levitas tomaram seus lugares com os instrumentos musicais de Davi, e os sacerdotes tomaram seus lugares com as trombetas.

²⁷Ezequias ordenou que o holocausto fosse oferecido sobre o altar. Enquanto o sacrifício era oferecido, tiveram início os cânticos de

---

[a] 29.17 Esse dia do antigo calendário lunar hebraico caiu em março ou no início de abril de 715 a.C.

louvor ao Senhor, acompanhados das trombetas e dos outros instrumentos musicais de Davi, rei de Israel. ²⁸Toda a comunidade adorou ao som dos cânticos dos músicos e do toque das trombetas, até que terminaram todos os holocaustos. ²⁹Em seguida, o rei e todos ali presentes se prostraram em adoração. ³⁰O rei Ezequias e os oficiais ordenaram aos levitas que louvassem o Senhor com os cânticos escritos por Davi e pelo vidente Asafe. Eles o louvaram com alegria e se prostraram em adoração.

³¹Então Ezequias declarou: "Agora que vocês se consagraram ao Senhor, tragam seus sacrifícios e ofertas de gratidão ao templo do Senhor". E a comunidade trouxe sacrifícios e ofertas de gratidão, e alguns, voluntariamente, também trouxeram holocaustos. ³²No total, a comunidade ofereceu ao Senhor setenta novilhos, cem carneiros e duzentos cordeiros como holocaustos. ³³Também trouxeram seiscentos bois e três mil ovelhas como ofertas consagradas.

³⁴Não havia, porém, sacerdotes em número suficiente para preparar todos os holocaustos. Então seus parentes, os levitas, os ajudaram até que o trabalho fosse concluído e mais sacerdotes fossem purificados, pois os levitas haviam respondido mais depressa que os sacerdotes à ordem para se purificarem. ³⁵Houve grande quantidade de holocaustos, além das ofertas derramadas que os acompanhavam e da gordura das muitas ofertas de paz.

Assim, o templo do Senhor foi restaurado para o culto. ³⁶Ezequias e todo o povo se alegraram com o que Deus havia feito pelo povo, pois tudo foi realizado sem demora.

Preparativos para a Páscoa

30 O rei Ezequias enviou uma mensagem a todo o Israel e Judá e escreveu cartas para o povo de Efraim e Manassés. Convidou todos a virem ao templo do Senhor em Jerusalém para celebrar a Páscoa do Senhor, o Deus de Israel. ²O rei, seus oficiais e toda a comunidade de Jerusalém decidiram celebrar a Páscoa um mês depois da data estabelecida.[a] ³Não conseguiram celebrá-la na data prescrita, porque não havia como purificar sacerdotes em número suficiente até esse dia, e o povo ainda não tinha se reunido em Jerusalém.

⁴Esse plano para celebrar a Páscoa pareceu bom ao rei e a toda a comunidade. ⁵Assim, fizeram uma proclamação em todo Israel, desde Berseba, ao sul, até Dã, ao norte, convidando todos a virem a Jerusalém para celebrar a Páscoa do Senhor, o Deus de Israel. Fazia tempo que essa festa não era celebrada por um grande número de pessoas,[b] como a lei exigia.

⁶Por ordem do rei, mensageiros foram enviados a todo o Israel e Judá. Levavam cartas que diziam:

"Ó israelitas, voltem para o Senhor, o Deus de Abraão, Isaque e Israel,[c] para que ele se volte para nós, os poucos que sobrevivemos à conquista pelos reis assírios. ⁷Não sejam como seus antepassados e parentes que foram infiéis ao Senhor, o Deus de seus antepassados, e se tornaram objeto de desprezo, como vocês mesmos podem ver. ⁸Não sejam teimosos, como eles foram, mas submetam-se ao Senhor. Venham a este templo que ele consagrou para sempre. Adorem o Senhor, seu Deus, para que sua ira ardente se desvie de vocês.

⁹"Pois, se voltarem para o Senhor, seus parentes e seus filhos serão tratados com bondade por aqueles que os capturaram e voltarão a esta terra. Pois o Senhor, seu Deus, é cheio de graça e compaixão. Não os rejeitará se voltarem para ele".

A celebração da Páscoa

¹⁰Os mensageiros foram de cidade em cidade em Efraim e Manassés e até o território de Zebulom, mas a maioria do povo riu e zombou deles. ¹¹Contudo, alguns de Aser, Manassés e Zebulom se humilharam e vieram a Jerusalém.

¹²Ao mesmo tempo, a mão de Deus estava sobre o povo da terra de Judá, dando-lhes um só coração para obedecer às ordens do rei e de seus oficiais, conforme a palavra do Senhor. ¹³Assim, uma grande multidão se reuniu em Jerusalém no segundo mês,[d] para

---

[a] 30.2 Em hebraico, *no segundo mês*. Costumava-se celebrar a Páscoa no primeiro mês do antigo calendário lunar hebraico.
[b] 30.5 O significado do hebraico é incerto. [c] 30.6 *Israel* é o nome que Deus deu a Jacó. [d] 30.13 O segundo mês do antigo calendário lunar hebraico normalmente caía entre os meses de abril e maio.

comemorar a Festa dos Pães sem Fermento. ¹⁴Começaram a trabalhar e removeram os santuários idólatras de Jerusalém. Também removeram todos os altares de incenso e os jogaram no vale de Cedrom.

¹⁵No décimo quarto dia do segundo mês,ᵃ o povo abateu o cordeiro pascal. Isso deixou os sacerdotes e levitas envergonhados, por isso se purificaram e trouxeram holocaustos ao templo do Senhor. ¹⁶Tomaram seus lugares no templo, conforme a instrução da lei de Moisés, homem de Deus. Os levitas trouxeram sangue dos sacrifícios para os sacerdotes, que o aspergiram sobre o altar.

¹⁷Visto que muitas pessoas não haviam se purificado, os levitas tiveram de abater para elas o cordeiro pascal, a fim de consagrá-las ao Senhor. ¹⁸A maioria dos que vieram de Efraim, Manassés, Issacar e Zebulom não havia se purificado. Mas o rei Ezequias orou por eles e foi permitido que comessem a refeição pascal, embora isso fosse contrário aos requisitos da lei. Pois Ezequias orou: "Que o Senhor, que é bondoso, perdoe ¹⁹aqueles que resolveram buscar o Senhor, o Deus de seus antepassados, mesmo que não estejam devidamente purificados conforme os padrões do santuário". ²⁰E o Senhor ouviu a oração de Ezequias e perdoouᵇ o povo.

²¹Então os israelitas que estavam em Jerusalém comemoraram com grande alegria durante sete dias a Festa dos Pães sem Fermento. A cada dia, os levitas e os sacerdotes louvavam o Senhor com instrumentos ressoantes.ᶜ ²²Ezequias elogiou todos os levitas pela aptidão que demonstraram no serviço ao Senhor. A celebração prosseguiu por sete dias. Apresentaram ofertas de paz, e o povo agradeceu ao Senhor, o Deus de seus antepassados.

²³Toda a comunidade resolveu continuar com a festa por mais sete dias, de modo que celebraram com alegria por mais uma semana. ²⁴Ezequias, rei de Judá, deu à comunidade mil novilhos e sete mil ovelhas para as ofertas, e os oficiais deram mil novilhos e dez mil ovelhas e cabras. Nesse meio-tempo, muitos outros sacerdotes se purificaram.

²⁵Toda a comunidade de Judá se alegrou, incluindo os sacerdotes, os levitas, todos que vieram da terra de Israel, os estrangeiros residentes em Israel que vieram para a festa e todos que moravam em Judá. ²⁶Houve grande alegria

---

PÃO DIÁRIO

Um milagre contínuo

Então, os sacerdotes e os levitas se levantaram e abençoaram o povo, e Deus, de sua santa habitação nos céus, ouviu sua oração.
—2 Crônicas 30.27

Você já pensou numa reunião de oração como se ela fosse um milagre? Esse pensamento me veio à mente certa noite na igreja depois que nos dividimos em pequenos grupos para orar. Enquanto alguém de cada grupo orava, ouviam-se diversas pessoas conversando com Deus ao mesmo tempo. Parecia uma confusão de palavras, mas é esse o milagre. Deus estava ouvindo cada oração — junto a milhões de outros clamores que subiam até Ele vindos de todo mundo em muitos idiomas diferentes.

Para as que se sentem frustradas e irritadas quando dois filhos estão falando ao mesmo tempo, na verdade, é um verdadeiro milagre o fato de Deus ouvir tantos dos Seus filhos simultaneamente.

Na celebração da Páscoa, Ezequias convocou os israelitas para unir-se a ele em Jerusalém a fim de orar e louvar (2Cr 30.1). As multidões vieram para o que mais tarde se transformaria num culto de adoração que duraria duas semanas. Foi incontável o número das pessoas que se alegraram e louvaram a Deus ao mesmo tempo (v.25). Quando os líderes religiosos oraram: "... Deus, de sua santa habitação nos céus, ouviu sua oração" (v.27).

Esse milagre continua! Hoje em dia, ao redor do mundo, milhões de pessoas estão orando a Deus. Alegremo-nos ao saber que Ele ouve cada uma dessas orações.

Deus Pai, que maravilha saber que me ouves quando oro. Até mesmo entre o clamar de um milhão de vozes, tu me ouves. Ouves a minha voz, como se eu estivesse sentada em Teu colo sussurrando em Teu ouvido. Obrigada.

Você jamais ouvirá o sinal de ocupado na linha de oração para o Céu.

ᵃ **30.15** Normalmente a Páscoa começava no décimo quarto dia do primeiro mês (ver Lv 23.5). ᵇ **30.20** Em hebraico, *curou*. ᶜ **30.21** Ou *cantavam ao Senhor com toda a força*.

em Jerusalém, pois a cidade não via uma celebração como essa desde os dias de Salomão, filho do rei Davi.

²⁷Então os sacerdotes e os levitas se levantaram e abençoaram o povo, e Deus, de sua santa habitação nos céus, ouviu sua oração.

As reformas religiosas de Ezequias

31 Quando a festa terminou, os israelitas que haviam participado saíram pelas cidades de Judá, Benjamim, Efraim e Manassés e despedaçaram todas as colunas sagradas, derrubaram os postes de Aserá e removeram os santuários e altares idólatras. Depois disso, voltaram para suas cidades e casas.

²Ezequias organizou os sacerdotes e os levitas em divisões, para oferecerem os holocaustos e as ofertas de paz e para servirem, darem graças e louvarem ao Senhor junto às portas da habitação do Senhor. ³O rei também contribuiu pessoalmente com animais para os holocaustos diários da manhã e da tarde e para os holocaustos dos sábados, das festas da lua nova e das festas anuais prescritas pela lei do Senhor.

⁴Além disso, ordenou ao povo de Jerusalém que trouxesse uma parte de seus bens para os sacerdotes e os levitas, a fim de que pudessem se dedicar inteiramente à lei do Senhor.

⁵Quando os israelitas souberam dessa exigência, responderam generosamente e trouxeram a primeira porção de seus cereais, do vinho novo, do azeite, do mel e de tudo que os campos produziam. Trouxeram uma grande quantidade, o dízimo de tudo que haviam produzido. ⁶Os habitantes de Israel que tinham se mudado para Judá, e os próprios habitantes de Judá, trouxeram o dízimo do gado, das ovelhas, bem como das coisas que haviam sido consagradas ao Senhor, seu Deus, e juntaram tudo em vários montões. ⁷Começaram a amontoar as ofertas no terceiro mês e terminaram no sétimo.ª ⁸Quando Ezequias e seus oficiais viram esses montões, agradeceram ao Senhor e a seu povo, Israel.

⁹"De onde veio tudo isto?", perguntou Ezequias aos sacerdotes e aos levitas.

¹⁰Azarias, o sumo sacerdote, da família de Zadoque, respondeu: "Desde que o povo começou a trazer ofertas para o templo do Senhor, temos alimento suficiente e ainda tem sobrado muito. O Senhor abençoou seu povo, e tudo isto é o que sobra".

¹¹Ezequias mandou preparar depósitos no templo do Senhor. Quando estavam prontos, ¹²o povo trouxe fielmente as ofertas, os dízimos e os objetos consagrados para serem usados no templo. O levita Conanias foi encarregado desses depósitos, e seu irmão Simei era seu auxiliar. ¹³Os supervisores subordinados a eles eram Jeiel, Azazias, Naate, Asael, Jerimote, Jozabade, Eliel, Ismaquias, Maate e Benaia. As nomeações foram feitas pelo rei Ezequias e por Azarias, o principal encarregado do templo de Deus.

¹⁴Coré, filho do levita Imna, guarda da porta do Leste, foi encarregado de distribuir as ofertas voluntárias feitas a Deus, as contribuições e os objetos consagrados ao Senhor. ¹⁵Seus assistentes fiéis eram Eden, Miniamim, Jesua, Semaías, Amarias e Secanias. Distribuíam as ofertas entre as famílias dos sacerdotes em suas cidades, de acordo com suas divisões, e as repartiam por igual entre idosos e jovens.

¹⁶Distribuíam as ofertas a todos os homens e meninos, de 3 anos para cima, que constavam dos registros genealógicos. A distribuição incluía todos que vinham ao templo do Senhor para realizar suas tarefas diárias, de acordo com suas divisões. ¹⁷Repartiam as ofertas entre os sacerdotes que estavam listados nos registros genealógicos, de acordo com suas famílias, e entre os levitas de 20 anos para cima, anotados de acordo com suas tarefas e divisões. ¹⁸Também entregavam porções de alimento às famílias de todos que estavam listados nos registros genealógicos, incluindo as crianças pequenas, as esposas, os filhos e as filhas, pois toda a comunidade havia sido fiel ao se purificar.

¹⁹Quanto aos sacerdotes, os descendentes de Arão, que viviam nos campos ao redor das cidades, foram nomeados homens para distribuir em porções a todos os sacerdotes e

---

ª **31.7** O terceiro mês do antigo calendário lunar hebraico normalmente caía entre maio e junho; o sétimo mês, entre setembro e outubro.

a todos os levitas listados nos registros genealógicos.

²⁰Assim, o rei Ezequias organizou a distribuição em todo o Judá, e fez o que era bom, certo e verdadeiro aos olhos do Senhor, seu Deus. ²¹Em tudo que fez no serviço do templo de Deus e em seus esforços para obedecer à lei e aos mandamentos de Deus, Ezequias buscou seu Deus de todo o coração. Como resultado, foi muito bem-sucedido.

A Assíria invade Judá

32 Depois de Ezequias ter sido tão fiel em todas essas situações, Senaqueribe, rei da Assíria, invadiu Judá. Cercou as cidades fortificadas e deu ordem para que seu exército rompesse os muros. ²Quando Ezequias percebeu que Senaqueribe também pretendia atacar Jerusalém, ³consultou seus oficiais e conselheiros militares, e eles resolveram fechar a passagem das águas das fontes que havia do lado de fora da cidade. ⁴Organizaram uma enorme equipe de trabalho para fechar as fontes de água e o riacho que atravessava os campos, pois disseram: "Não devemos permitir que os reis da Assíria encontrem toda essa água quando chegarem aqui".

⁵Então Ezequias se dedicou a reparar todos os trechos onde o muro estava quebrado, construiu torres e fez outro muro do lado de fora do primeiro. Também reforçou o aterro[a] da Cidade de Davi e fabricou grande quantidade de armas e escudos. ⁶Nomeou oficiais militares sobre o povo, os reuniu diante dele na praça junto à porta da cidade e os encorajou, dizendo: ⁷"Sejam fortes e corajosos! Não tenham medo nem desanimem por causa do rei da Assíria e de seu exército poderoso, pois um poder muito maior está do nosso lado! ⁸Ele tem um grande exército, mas são apenas homens. Nós, porém, temos o Senhor, nosso Deus, para nos ajudar e lutar nossas batalhas!". As palavras de Ezequias deram grande ânimo a seu povo.

Senaqueribe ameaça Jerusalém

⁹Enquanto Senaqueribe, rei da Assíria, cercava a cidade de Laquis, enviou seus oficiais a Jerusalém com esta mensagem para Ezequias, rei de Judá, e para todo o povo da cidade:

¹⁰"Assim diz Senaqueribe, rei da Assíria: Em que vocês confiam, para imaginar que sobreviverão quando eu cercar Jerusalém? ¹¹Ezequias disse: 'O Senhor, nosso Deus, nos salvará do rei da Assíria'. Não é verdade! Ele está enganando vocês e os condenando a morrer de fome e sede! ¹²Não percebem que o próprio Ezequias destruiu todos os santuários e altares do Senhor? Ordenou que Judá e Jerusalém adorassem somente no altar do templo e queimassem incenso apenas ali.

¹³"Sem dúvida, vocês sabem o que eu e os reis da Assíria antes de mim fizemos a todos os povos da terra! Acaso algum dos deuses dessas nações livrou seu povo de minhas mãos? ¹⁴Qual de seus deuses foi capaz de salvar seu povo do poder destruidor de meus antecessores? O que os faz pensar que seu Deus poderá livrá-los de minhas mãos? ¹⁵Não permitam que Ezequias os engane! Não se deixem iludir por ele! Volto a dizer: nenhum deus de qualquer nação ou reino foi capaz de livrar seu povo das minhas mãos ou das mãos de meus antepassados. Muito menos o Deus de vocês os salvará de meu poder!".

¹⁶Os oficiais de Senaqueribe zombaram ainda mais do Senhor Deus e de seu servo Ezequias. ¹⁷O rei Senaqueribe também enviou cartas insultando o Senhor, o Deus de Israel. Escreveu: "Assim como os deuses de todas as outras nações não foram capazes de salvar seu povo das minhas mãos, também o Deus de Ezequias fracassará". ¹⁸Os oficiais assírios que trouxeram as cartas gritaram isso em hebraico[b] para o povo sobre os muros da cidade, tentando amedrontá-lo para que fosse mais fácil conquistar a cidade. ¹⁹Falaram do Deus de Jerusalém como se fosse um dos deuses estrangeiros, feito por mãos humanas.

²⁰Então o rei Ezequias e o profeta Isaías, filho de Amoz, oraram e clamaram aos céus. ²¹E o Senhor enviou um anjo que destruiu o exército assírio com todos os seus comandantes e oficiais. O rei da Assíria voltou envergonhado para sua terra. Quando entrou no templo de seu deus, alguns de seus próprios filhos o mataram ali à espada.

---

[a] **32.5** Em hebraico, *o Milo*. O significado do hebraico é incerto. [b] **32.18** Em hebraico, *no dialeto de Judá*.

²²Foi assim que o Senhor salvou Ezequias e o povo de Jerusalém das mãos de Senaqueribe, rei da Assíria, e de todos os outros que os ameaçavam. Então houve paz em toda a terra. ²³Daquela ocasião em diante, o rei Ezequias se tornou muito respeitado entre todas as nações, e muitos traziam a Jerusalém ofertas para o Senhor e presentes valiosos para o rei.

A doença e a recuperação de Ezequias

²⁴Por esse tempo, Ezequias ficou doente e estava para morrer. Orou ao Senhor, que respondeu à sua oração e lhe deu um sinal miraculoso. ²⁵Ezequias, porém, não correspondeu como devia à bondade com que foi tratado e se tornou orgulhoso. Por isso, a ira do Senhor veio sobre ele e sobre Judá e Jerusalém. ²⁶Então Ezequias se humilhou e se arrependeu de seu orgulho, como também os habitantes de Jerusalém. Com isso, a ira do Senhor não caiu sobre eles durante a vida de Ezequias.

²⁷Ezequias era muito rico e respeitado. Construiu depósitos especiais para guardar prata, ouro, pedras preciosas, especiarias, escudos e outros objetos de valor que lhe pertenciam. ²⁸Também construiu armazéns para guardar cereais, vinho novo e azeite e fez muitos estábulos para o gado e currais para as ovelhas. ²⁹Construiu cidades e adquiriu muitos rebanhos e gado, pois o Senhor lhe deu grande riqueza. ³⁰Bloqueou a fonte superior de Giom e trouxe a água por um túnel para o lado oeste da Cidade de Davi. Ezequias foi bem-sucedido em tudo que fez.

³¹No entanto, quando chegaram representantes da Babilônia para perguntar sobre os acontecimentos extraordinários que haviam ocorrido na terra, Deus se afastou de Ezequias para testá-lo e ver o que havia, de fato, em seu coração.

Resumo do reinado de Ezequias

³²Os demais acontecimentos do reinado de Ezequias e seus atos de devoção estão registrados na *Visão do Profeta Isaías, Filho de Amoz*, incluída no *Livro dos Reis de Judá e de Israel*. ³³Quando Ezequias morreu e se reuniu a seus antepassados, foi sepultado na parte superior do cemitério dos reis, e todo o Judá e os habitantes de Jerusalém o honraram por ocasião de sua morte. Seu filho Manassés foi seu sucessor.

Manassés reina em Judá

33 Manassés tinha 12 anos quando começou a reinar, e reinou em Jerusalém por 55 anos. ²Fez o que era mau aos olhos do Senhor e seguiu as práticas detestáveis das nações que o Senhor havia expulsado de diante dos israelitas. ³Reconstruiu os santuários idólatras que seu pai, Ezequias, havia destruído. Construiu altares para Baal e ergueu postes de Aserá. Também se curvou diante de todos os astros dos céus e lhes prestou culto.

⁴Construiu altares idólatras no templo do Senhor, sobre o qual o Senhor tinha dito: "Meu nome permanecerá em Jerusalém para sempre". ⁵Nos dois pátios do templo do Senhor, construiu altares para os astros do céu. ⁶Manassés também sacrificou seus filhos no fogo no vale de Ben-Hinom. Praticou feitiçaria, adivinhação e magia e consultou médiuns e praticantes do ocultismo. Fez muitas coisas perversas aos olhos do Senhor e, com isso, provocou sua ira.

⁷Manassés chegou a fazer uma imagem esculpida e colocá-la no templo de Deus, sobre o qual Deus tinha dito a Davi e a seu filho Salomão: "Meu nome será honrado para sempre neste templo e em Jerusalém, a cidade que escolhi dentre todas as tribos de Israel. ⁸Se os israelitas tiverem o cuidado de obedecer a meus mandamentos, todas as leis, estatutos e decretos que meu servo Moisés lhes deu, não os expulsarei desta terra que dei a seus antepassados". ⁹Manassés, porém, levou o povo de Judá e de Jerusalém a fazer coisas piores do que as nações que o Senhor tinha destruído diante dos israelitas.

¹⁰O Senhor falou a Manassés e a seu povo, mas eles ignoraram seus avisos. ¹¹Por isso, o Senhor enviou os comandantes dos exércitos assírios, e eles capturaram Manassés. Puseram um gancho em seu nariz, o prenderam com correntes de bronze e o levaram para a Babilônia. ¹²Em sua angústia, Manassés buscou o Senhor, seu Deus, e se humilhou com sinceridade diante do Deus de seus antepassados. ¹³Quando ele orou, Deus ouviu sua súplica, atendeu a seu pedido e o trouxe de volta

a Jerusalém e a seu reino. Então Manassés reconheceu que o Senhor é Deus.

¹⁴Depois disso, Manassés reconstruiu o muro externo da Cidade de Davi, bem alto, desde o oeste da fonte de Giom, no vale de Cedrom, até a porta do Peixe e ao redor da colina de Ofel. Colocou comandantes militares em todas as cidades fortificadas de Judá. ¹⁵Manassés também removeu do templo do Senhor os deuses estrangeiros e o ídolo que havia colocado ali. Derrubou todos os altares que havia construído na colina do templo e todos os altares em Jerusalém e os jogou fora da cidade. ¹⁶Depois, restaurou o altar do Senhor e apresentou sobre ele sacrifícios de paz e ofertas de gratidão. Também incentivou o povo de Judá a adorar o Senhor, o Deus de Israel. ¹⁷O povo continuou a sacrificar naqueles lugares de adoração, mas somente ao Senhor, seu Deus.

¹⁸Os demais acontecimentos do reinado de Manassés, sua oração a Deus e as palavras que os videntes lhe disseram em nome do Senhor, o Deus de Israel, estão registrados no *Livro dos Reis de Israel*. ¹⁹A oração de Manassés, o modo como Deus lhe respondeu e um relato de todos os seus pecados e de sua infidelidade se encontram no *Registro dos Videntes*.ᵃ Inclui uma lista dos locais onde ele construiu altares idólatras e levantou postes de Aserá e ídolos antes de se humilhar e se arrepender. ²⁰Quando Manassés morreu e se reuniu a seus antepassados, foi sepultado em seu palácio. Seu filho Amom foi seu sucessor.

Amom reina em Judá

²¹Amom tinha 22 anos quando começou a reinar, e reinou em Jerusalém por dois anos. ²²Fez o que era mau aos olhos do Senhor, como seu pai, Manassés. Adorou todos os ídolos que seu pai havia feito e lhes ofereceu sacrifícios. ²³Mas, ao contrário de seu pai, não se humilhou diante do Senhor. Em vez disso, Amom pecou ainda mais.

²⁴Os próprios oficiais de Amom conspiraram contra ele e o assassinaram em seu palácio. ²⁵O povo de Judá, porém, matou todos que haviam conspirado contra o rei Amom e proclamou seu filho Josias como rei em seu lugar.

Josias reina em Judá

34 Josias tinha 8 anos quando começou a reinar, e reinou em Jerusalém por 31 anos. ²Fez o que era certo aos olhos do Senhor e seguiu o exemplo de seu antepassado Davi, não se desviando nem para um lado nem para o outro.

³No oitavo ano de seu reinado, enquanto ainda era jovem, começou a buscar o Deus de seu antepassado Davi. Então, no décimo segundo ano, começou a purificar Judá e Jerusalém, destruindo os santuários idólatras, os postes de Aserá, os ídolos esculpidos e as imagens de metal. ⁴Deu ordens para que fossem destruídos os altares de Baal e despedaçados os altares de incenso que ficavam acima deles. Também ordenou que os postes de Aserá, os ídolos esculpidos e as imagens de metal fossem despedaçados e espalhados sobre os túmulos daqueles que lhes haviam oferecido sacrifícios. ⁵Queimou os ossos dos sacerdotes idólatras sobre seus próprios altares e, com isso, purificou Judá e Jerusalém.

⁶Fez a mesma coisa nas cidades de Manassés, Efraim e Simeão, e até na distante Naftali, bem como nas ruínasᵇ ao seu redor. ⁷Destruiu os santuários idólatras e os postes de Aserá, reduziu os ídolos a pó e despedaçou todos os altares de incenso em toda a terra de Israel. Por fim, voltou a Jerusalém.

⁸No décimo oitavo ano do reinado de Josias, depois de ele purificar a terra e o templo, nomeou Safã, filho de Azalias, Maaseias, governador de Jerusalém, e Joá, filho de Joacaz, o historiador do reino, para restaurarem o templo do Senhor, seu Deus. ⁹Eles entregaram ao sumo sacerdote Hilquias a prata recolhida pelos levitas que guardavam as portas do templo de Deus. As ofertas foram trazidas pelo povo de Manassés, de Efraim e de todo o remanescente de Israel, bem como de Judá e de Benjamim, e pelos habitantes de Jerusalém.

¹⁰Hilquias e os outros líderes entregaram a prata aos homens encarregados de supervisionar a reforma do templo do Senhor. Eles pagaram os trabalhadores que faziam os reparos e a restauração do templo. ¹¹Também

---

ᵃ **33.19** Ou *Registro de Hozai*. ᵇ **34.6** O significado do hebraico é incerto.

Aprendendo com as mulheres da Bíblia

HULDA

Como usar seus dons espirituais com sabedoria

Hulda viveu em Jerusalém em um momento crítico da história de Israel. Após a morte de Salomão, a nação estava dividida em dois grupos rivais. As dez tribos do Norte se autodenominavam "Israel", e as duas tribos no Sul eram conhecidas como "Judá". Tanto no Norte como no Sul, a idolatria, a adoração a Baal, rituais de prostituição e de sacrifício humano haviam se misturado à religiosidade do povo. O Senhor Deus de Israel algumas vezes era visto apenas como um deus entre muitos. Outras vezes simplesmente não era cultuado. Os líderes de Israel eram tão maus que, em 722 a.C., as dez tribos do Norte foram capturadas pelos assírios e levadas para o exílio ao leste do Rio Eufrates. No Sul, a pequena nação de Judá rechaçou invasores. Mas foi apenas uma questão de tempo até também ser capturada. A maioria dos reis de Judá eram homens maus, e a nação era corrupta.

Em meio a isso, nasceu um príncipe chamado Josias. Seu avô, Manassés, fora um dos reis mais perversos de Judá. Seu pai, Amom, não era muito melhor e foi assassinado por seus servos quando Josias tinha 8 anos.

Esse menino de apenas 8 anos de repente se viu no trono de Judá. Entretanto, uma coisa boa aconteceu. De alguma forma, talvez com sua mãe, Jedida, ou com seus tutores, Josias aprendeu a andar na Lei do Senhor Deus e a seguir o exemplo de seu ancestral, o rei Davi. Dentre gerações de governantes totalmente corruptos, surge um garoto cujo coração estava direcionado para Deus.

Quando Josias tinha 26 anos, e já estava reinando há 18, ordenou que fossem feitas restaurações no Templo que Salomão havia construído. A casa de Deus havia sido profanada por cultos pagãos e estava em ruínas. A quantidade de trabalho a ser feito era estarrecedora, mas o dinheiro havia sido coletado para esse propósito, e Josias ordenou que as obras começassem.

Durante essa reforma, um trabalhador tropeçou num antigo pergaminho. O que era aquilo? O que dizia? Qual o seu significado? Ninguém sabia. Mesmo Hilquias, o sumo sacerdote, não conhecia o significado desse escrito sagrado. Ele informou o achado a Safã, o secretário, e Safã informou a Josias, o rei.

Quando Josias ouviu as palavras do pergaminho que Safã leu, sua reação foi imediata. Ele rasgou suas roupas e ordenou que todos que estivessem dentro da distância de um grito descobrissem algo sobre aquele "Livro da Lei do Senhor" (2Cr 34.14). Seja o que for que Safã tenha lido para Josias, falava claramente da destruição que Deus traria ao Seu povo se este se afastasse de Seu caminho. Não havia dúvida na mente de Josias de que, se aquilo tudo fosse verdade, seu reino corria grande perigo.

Embora assustado, Josias também era um homem de ação. Ordenou a todos os líderes do reino que descobrissem o que aquele livro significava. Para isso, teriam que encontrar um profeta, alguém que pudesse discernir o significado por trás daquelas palavras.

Havia alguns profetas em Jerusalém naquele tempo. Em Jeremias 1.2, ficamos sabendo que Jeremias vinha recebendo mensagens proféticas de Deus para Judá há pelo menos cinco anos, na época em que o pergaminho foi encontrado. Em Sofonias 1.1, descobrimos que esse profeta também estava em ação em Judá durante o reinado de Josias. Não parece estranho então que, em 2 Reis 22.14, lemos que Hilquias, o sacerdote, e o restante dos conselheiros do rei tenham procurado uma *mulher* para explicar a palavra do Senhor? Procuraram Hulda, uma profetisa que era esposa de Salum, que cuidava do guarda-roupa real.

Algumas vezes ouvimos declarações de que Deus é forçado a usar mulheres para fazer o trabalho de homens quando estes não estão disponíveis. Muitos usam essa argumentação para justificar o trabalho que mulheres realizam no campo missionário. É difícil sustentar essa ideia a partir do nosso texto. Havia profetas homens em Jerusalém, mas Deus havia concedido um dom espiritual especial a Hulda, e o Senhor a usou para enviar Sua mensagem ao sumo sacerdote e ao rei.

Sabemos muito pouco sobre Hulda. O versículo 14 nos diz que ela vivia na cidade baixa de Jerusalém. Em alguns mapas antigos de Jerusalém, o Bairro Novo é chamado de bairro universitário, e a tradição judaica nos diz que Hulda provavelmente era uma professora.

O que sabemos sobre ela é que era uma profetisa. Ela recebia a palavra de Deus e a transmitia para homens e mulheres. O fato de Hilquias, o sumo sacerdote, e os outros servos do palácio terem procurado por ela sem hesitação, nos diz que era bem conhecida por seu discernimento e devoção. Ela podia ser confiável para lhes falar as palavras de Deus com nitidez, clareza e precisão.

Uma coisa é clara: quando procurada, Hulda não mediu palavras. Ela falou de um jeito forte, incisivo e foi direto ao ponto. Não suavizou a mensagem do Senhor com desculpas. Não se recusou a responder por ser mulher ou por não querer ofender os homens. Hulda simplesmente usou seu dom.

Outra coisa evidente na mensagem de Hulda é que vinha do Senhor, o Deus de Israel. Ela destacou isso em suas palavras proféticas: "O Senhor, o Deus de Israel, falou! [...] assim diz o Senhor a respeito da mensagem que acabaram de ouvir". Ela sabia que Deus estava falando por seu intermédio. E não enrolou, dizendo: "Bem, se vocês querem a minha opinião sobre esse pergaminho..." ou, "Minha ideia sobre esse livro é...". Ela sabia que era a porta-voz de Deus.

O sumo sacerdote Hilquias e as demais pessoas do palácio também sabiam disso. Elas não ficaram discutindo se deveriam buscar uma segunda opinião. Levaram a mensagem ao rei. E por ter acreditado que a mensagem de Hulda era de Deus, o rei instituiu uma reforma religiosa em Judá, que foi a mais arrebatadora durante os séculos dos reinos divididos.

Não ouvimos falar novamente de Hulda, a profetisa. Num momento dramático da cena, ela esteve no palco por um instante, e, em seguida, saiu. Porém, ela se destaca como uma mulher que usou os dons espirituais que Deus lhe concedeu para o benefício de uma nação.

Com Hulda, aprendemos que, ao recebermos dons espirituais do Senhor, devemos usá-los sem o subterfúgio da excessiva modéstia, sem desculpas e sem rodeios.

Aceitar que Deus nos deu talentos para beneficiar o Seu povo deve ser o nosso primeiro passo. Precisamos tirá-los da prateleira de nossa vida, desembrulhá-los e colocá-los em uso. Não devemos usufruí-los com ambição egoísta, mas humildemente, para a glória de Deus. Com uma atitude santa e vontade de usar nossos dons livre e plenamente, ficaremos maravilhadas com tudo o que Deus pode fazer através de nós.

Quando usamos os nossos dons para servir ao povo de Deus, o Seu poder trabalhará por intermédio de nossos talentos. Esses dons são, afinal, a expressão do poder e da presença de Deus em nossa vida. São a evidência do trabalho de Deus em nós. Eles podem nos transformar quando os colocamos em ação. Isso é motivo suficiente para os desembrulharmos e os colocarmos em uso.

—Alice Mathews

QUESTÕES PARA REFLEXÃO

1. Que dons espirituais você recebeu de Deus?
2. Como você sabe que os tem?
3. Descreva como você aperfeiçoou seus dons para um serviço mais eficaz.
4. Descreva as formas que encontrou para usar seus dons.

contrataram carpinteiros e construtores que compraram pedras cortadas para as paredes e madeiram para os suportes e as vigas. Restauraram aquilo que reis anteriores de Judá haviam deixado ficar em ruínas.

¹²Os trabalhadores realizaram a obra com fidelidade, sob a liderança de Jaate e Obadias, levitas do clã de Merari, e de Zacarias e Mesulão, levitas do clã de Coate. Outros levitas, todos músicos talentosos, ¹³ficaram responsáveis pelos carregadores e pelos trabalhadores em várias funções. Ainda outros auxiliavam como secretários, oficiais e guardas das portas.

Hilquias encontra a lei de Deus

¹⁴Enquanto estavam retirando a prata recolhida no templo do Senhor, o sacerdote Hilquias encontrou o Livro da Lei do Senhor, escrito por Moisés. ¹⁵Hilquias disse a Safã, secretário da corte: "Encontrei o Livro da Lei no templo do Senhor!". E Hilquias entregou o livro a Safã.

¹⁶Safã levou o livro ao rei e relatou: "Seus oficiais estão fazendo tudo que lhes foi ordenado. ¹⁷A prata recolhida no templo do Senhor foi entregue aos supervisores e trabalhadores". ¹⁸Safã também disse ao rei: "O sacerdote Hilquias me entregou um livro". E Safã leu o livro para o rei.

¹⁹Quando o rei ouviu o que estava escrito na Lei, rasgou suas roupas. ²⁰Em seguida, deu estas ordens a Hilquias, a Aicam, filho de Safã, a Acbor, filho de Micaías,ª a Safã, secretário da corte, e a Asaías, conselheiro pessoal do rei: ²¹"Vão consultar o Senhor por mim e por todo o remanescente de Israel e de Judá. Perguntem a respeito das palavras escritas no livro que foi encontrado. A grande ira do Senhor foi derramada sobre nós, pois nossos antepassados não obedeceram à palavra do Senhor. Não temos feito o que este livro ordena".

²²Então Hilquias e os outros homens foram ao Bairro Novoᵇ de Jerusalém consultar a profetisa Hulda. Ela era esposa de Salum, filho de Tocate, filho de Harás,ᶜ responsável pelo guarda-roupa do templo.

²³Ela lhes disse: "O Senhor, o Deus de Israel, falou! Voltem e digam ao homem que os enviou ²⁴que assim diz o Senhor: 'Trarei desgraça sobre esta cidadeᵈ e sobre seus habitantes. Todas as maldições escritas no livro que foi lido para o rei de Judá se cumprirão. ²⁵Pois o meu povo me abandonou e queimou incenso a outros deuses, e estou grandemente irado com eles por tudo que fizeram. Minha ira será derramada sobre este lugar e não será apagada'.

²⁶"Mas vão ao rei de Judá que os enviou para consultarem o Senhor e digam-lhe que assim diz o Senhor, o Deus de Israel, a respeito da mensagem que acabaram de ouvir: ²⁷'Você se arrependeu e se humilhou diante de Deus quando ouviu as palavras dele contra esta cidade e contra seus habitantes. Você se humilhou, rasgou suas roupas e chorou diante de mim. E eu certamente o ouvi, diz o Senhor. ²⁸Portanto, só enviarei a calamidade anunciada depois que você tiver se reunido a seus antepassados e tiver sido sepultado em paz. Você não verá a desgraça que trarei sobre esta cidade e sobre seus habitantes'".

Então eles levaram a mensagem ao rei.

As reformas religiosas de Josias

²⁹Josias mandou chamar todas as autoridades de Judá e de Jerusalém. ³⁰Subiu ao templo do Senhor com os sacerdotes e os levitas e com todo o povo de Judá e de Jerusalém, dos mais importantes até os mais simples. Leu para eles todo o Livro da Aliança encontrado no templo do Senhor. ³¹O rei tomou seu lugar de honra junto à coluna e renovou a aliança na presença do Senhor. Comprometeu-se a obedecer ao Senhor e a cumprir seus mandamentos, preceitos e decretos de todo o coração e de toda a alma. Prometeu cumprir todos os termos da aliança escritos no livro. ³²Exigiu o mesmo de todos em Jerusalém e do povo de Benjamim. Os habitantes de Jerusalém fizeram essa promessa e renovaram sua aliança com Deus, o Deus de seus antepassados.

³³Josias removeu todos os ídolos repulsivos de toda a terra de Israel e exigiu que todos adorassem o Senhor, seu Deus. E, pelo restante da vida do rei, eles não se afastaram do Senhor, o Deus de seus antepassados.

ª **34.20** Conforme o texto paralelo em 2Rs 22.12; o hebraico traz *Abdom, filho de Mica.* ᵇ **34.22a** Ou *Segundo Bairro*, uma parte mais nova de Jerusalém. O hebraico traz *o Mishneh.* ᶜ **34.22b** Conforme o texto paralelo em 2Rs 22.14; o hebraico traz *filho de Tocate, filho de Hasrá.* ᵈ **34.24** Em hebraico, *este lugar*; também em 34.27,28.

Josias celebra a Páscoa

35 Então Josias celebrou a Páscoa do Senhor em Jerusalém, e assim o cordeiro pascal foi abatido no décimo quarto dia do primeiro mês.[a] ²Josias também nomeou os sacerdotes para suas atribuições e os encorajou a realizar seu trabalho no templo do Senhor. ³Deu a seguinte ordem aos levitas encarregados de instruir todo o Israel e consagrados para servir ao Senhor: "Coloquem a arca sagrada no templo construído por Salomão, filho de Davi, rei de Israel. Não precisam mais levá-la de um lado para outro sobre os ombros. Agora, dediquem seu tempo a servir ao Senhor, seu Deus, e a seu povo, Israel. ⁴Apresentem-se para o serviço de acordo com as divisões de seus antepassados por famílias, conforme as instruções de Davi, rei de Israel, e de seu filho Salomão.

⁵"Fiquem no santuário, no lugar indicado para cada divisão, e ajudem as famílias das quais foram encarregados quando elas trouxerem suas ofertas ao templo. ⁶Abatam os cordeiros pascais, consagrem-se e preparem-se para ajudar os que chegarem. Sigam todas as instruções que o Senhor deu por meio de Moisés".

⁷Então Josias deu ao povo 30.000 cordeiros e cabritos para as ofertas de Páscoa, além de 3.000 bois, todos dos rebanhos e do gado do rei. ⁸Os oficiais do rei também deram contribuições voluntárias para o povo, para os sacerdotes e para os levitas. Hilquias, Zacarias e Jeiel, os chefes do templo de Deus, deram aos sacerdotes 2.600 cordeiros e cabritos e 300 bois como ofertas de Páscoa. ⁹Os líderes dos levitas — Conanias e seus irmãos Semaías e Natanael, bem como Hasabias, Jeiel e Jozabade — deram 5.000 cordeiros e cabritos e 500 bois aos levitas para suas ofertas de Páscoa.

¹⁰Quando tudo estava pronto para a comemoração da Páscoa, os sacerdotes e os levitas tomaram seus lugares, organizados de acordo com suas divisões, conforme o rei havia ordenado. ¹¹Então os levitas abateram os cordeiros da Páscoa e apresentaram o sangue aos sacerdotes, que o aspergiram sobre o altar enquanto os levitas preparavam os animais. ¹²Repartiram os holocaustos entre o povo de acordo com suas divisões, para que as famílias os oferecessem ao Senhor conforme prescrito no Livro de Moisés, e fizeram o mesmo com os bois. ¹³Assaram os cordeiros da Páscoa, como prescrito, cozinharam as ofertas sagradas em potes, caldeirões e panelas e os levaram depressa ao povo.

¹⁴Em seguida, os levitas prepararam as ofertas de Páscoa para si mesmos e para os sacerdotes, os descendentes de Arão, pois os sacerdotes haviam ficado ocupados desde a manhã até a noite, oferecendo os holocaustos e as porções de gordura. Os levitas se encarregaram de todos os preparativos.

¹⁵Os músicos, descendentes de Asafe, estavam em seus lugares, segundo as ordens de Davi, Asafe, Hemã e Jedutum, vidente do rei. Os guardas das portas não precisaram deixar seus postos, pois seus parentes, os levitas, também lhes prepararam as ofertas de Páscoa.

¹⁶Toda a cerimônia para a Páscoa do Senhor foi realizada naquele dia. Os holocaustos foram sacrificados no altar do Senhor, como o rei Josias havia ordenado. ¹⁷Todos os israelitas presentes em Jerusalém celebraram a Páscoa e a Festa dos Pães sem Fermento por sete dias. ¹⁸A Páscoa não havia sido celebrada dessa maneira desde o tempo do profeta Samuel. Nenhum dos reis de Israel havia comemorado a Páscoa como o rei Josias, com todos os sacerdotes e os levitas, os habitantes de Jerusalém e o povo de todo o Judá e Israel que estavam presentes na cidade. ¹⁹Essa comemoração de Páscoa ocorreu no décimo oitavo ano do reinado de Josias.

Josias morre na batalha

²⁰Depois que Josias terminou de restaurar o templo, Neco, rei do Egito, levou seu exército para Carquemis, junto ao rio Eufrates, e Josias e seu exército saíram para lutar contra ele. ²¹O rei Neco, porém, enviou mensageiros a Josias para lhe dizer:

"O que quer comigo, rei de Judá? Hoje não tenho nada contra você! Estou a caminho da batalha contra outra nação, e Deus ordenou que eu me apressasse! Não interfira com Deus, que está comigo, ou ele o destruirá".

---

[a] **35.1** Esse dia do antigo calendário lunar hebraico correspondeu a 5 de abril de 622 a.C.

PÃO DIÁRIO

É uma longa história

No entanto, eles zombaram dos mensageiros de Deus e desprezaram suas palavras. Caçoaram dos profetas até que a ira do Senhor não pôde mais ser contida e nada mais se pôde fazer.
—2 Crônicas 36.16

O calor intenso de um incêndio de grandes proporções numa rodovia interestadual deformou partes dessa estrada e forçou o fechamento da passagem para outra via importante. O governador do estado afirmou que essa era a pior crise em anos.

Uma investigação trouxe à luz um problema muito antigo. Revelou que o incêndio irrompera num depósito de lixo onde os restos de construções eram despejados por muitos anos. Os proprietários daquele local tinham sido acusados e condenados por uma conspiração multimilionária para permitir o descarregamento ilegal de entulhos. Mas os recursos movidos nos tribunais estaduais e federais tinham frustrado os esforços das autoridades estaduais para limpar aquela área. No entanto, apenas um dia após o incêndio, um recurso de apelação ao tribunal finalmente exigiu que o gestor do depósito parasse de aceitar lixo e limpasse o local.

Esse incêndio ilustra algo bem básico. A maior parte dos nossos problemas não acontecem por acaso, pois são o resultado de uma longa série de decisões erradas. O texto de 2 Crônicas 36 ilustra bem isso e nos lembra de que Deus não permitirá que os Seus filhos continuem em pecado. Ainda que o Senhor seja longânimo, a Sua paciência tem limite. Se não corrigirmos o problema por iniciativa própria, podemos ter certeza de que Ele nos disciplinará.

Limpemos o lixo da nossa vida hoje!

Prostro-me diante de ti agora, Senhor Jesus, e peço que me livres de todo o lixo acumulado, de todos os pecados, grandes e pequenos, que permitir que entrassem sorrateiramente em meu coração e em minha vida. Somente tu podes me tornar consciente de cada um deles antes que comecem a assumir o controle do meu dia a dia. E somente tu podes eliminá-los. Por favor, disciplina e purifica-me quando necessário, Jesus.

Os pecados não nos envolvem de súbito, mas nos enredam sorrateiramente.

²²Josias, porém, não deu ouvidos às palavras de Neco, que ele havia falado a mando de Deus, e não quis voltar atrás. Em vez disso, disfarçou-se e levou seu exército para a batalha na planície de Megido. ²³Arqueiros do inimigo atingiram o rei Josias com suas flechas, e ele gritou para seus homens: "Tirem-me da batalha, pois estou gravemente ferido!".

²⁴Então tiraram Josias de sua carruagem e o colocaram em outra. Levaram-no de volta para Jerusalém, onde morreu e foi sepultado no cemitério dos reis. Todo o Judá e Jerusalém lamentaram por ele. ²⁵O profeta Jeremias compôs cânticos fúnebres em homenagem a Josias, e até hoje os cantores e cantoras ainda entoam esses lamentos sobre sua morte. Eles se tornaram uma tradição e estão registrados no *Livro das Lamentações*.

²⁶Os demais acontecimentos do reinado de Josias e seus atos de devoção, realizados de acordo com a lei do Senhor, ²⁷do início ao fim, estão registrados no *Livro dos Reis de Israel e de Judá*.

Jeoacaz reina em Judá

36 O povo da terra proclamou Jeoacaz, filho de Josias, como seu sucessor em Jerusalém. ²Jeoacaz[a] tinha 23 anos quando começou a reinar, e reinou em Jerusalém por três meses.

³Foi deposto pelo rei do Egito, que exigiu de Judá o pagamento de 3.500 quilos de prata e 35 quilos de ouro[b] como tributo.

Jeoaquim reina em Judá

⁴O rei do Egito nomeou Eliaquim, irmão de Jeoacaz, rei sobre Judá e sobre Jerusalém, e mudou o nome dele para Jeoaquim. Depois, Neco levou Jeoacaz para o Egito como prisioneiro.

⁵Jeoaquim tinha 25 anos quando começou a reinar, e reinou em Jerusalém por onze anos. Fez o que era mau aos olhos do Senhor, seu Deus.

⁶Então Nabucodonosor, rei da Babilônia, atacou Jerusalém e prendeu Jeoaquim com correntes de bronze. Depois, levou-o para a Babilônia. ⁷Nabucodonosor também levou alguns dos tesouros do templo do Senhor e os colocou em seu palácio,[c] na Babilônia.

⁸Os demais acontecimentos do reinado de Jeoaquim, incluindo todas as coisas detestáveis que fez e tudo que foi achado contra ele, estão

[a] 36.2 Em hebraico, *Joacaz*, variação de Jeoacaz; também em 36.4. [b] 36.3 Em hebraico, *100 talentos de prata e 1 talento de ouro*. [c] 36.7 Ou *em seu templo*.

registrados no *Livro dos Reis de Israel e de Judá*. Seu filho Joaquim foi seu sucessor.

Joaquim reina em Judá

⁹Joaquim tinha 18 anos[a] quando começou a reinar, e reinou em Jerusalém por três meses e dez dias. Fez o que era mau aos olhos do Senhor. ¹⁰Na virada do ano,[b] o rei Nabucodonosor levou Joaquim para a Babilônia. Nessa ocasião, também levou os tesouros do templo do Senhor. Nabucodonosor nomeou Zedequias, tio[c] de Joaquim, rei sobre Judá e sobre Jerusalém.

Zedequias reina em Judá

¹¹Zedequias tinha 21 anos quando começou a reinar, e reinou em Jerusalém por onze anos. ¹²Zedequias fez o que era mau aos olhos do Senhor, seu Deus, e não se humilhou quando o profeta Jeremias lhe falou diretamente da parte do Senhor. ¹³Também se rebelou contra o rei Nabucodonosor, embora lhe tivesse jurado lealdade em nome de Deus. Zedequias era um homem duro e teimoso e se recusou a voltar para o Senhor, o Deus de Israel.

¹⁴Da mesma forma, todos os líderes dos sacerdotes e o povo se tornaram cada vez mais infiéis. Seguiram todas as práticas detestáveis das nações vizinhas e profanaram o templo do Senhor que havia sido consagrado em Jerusalém. ¹⁵Repetidamente, o Senhor, o Deus de seus antepassados, enviou profetas para adverti-los, pois tinha compaixão de seu povo e do lugar de sua habitação. ¹⁶No entanto, eles zombaram dos mensageiros de Deus e desprezaram suas palavras. Caçoaram dos profetas até que a ira do Senhor não pôde mais ser contida e nada mais se pôde fazer.

A queda de Jerusalém

¹⁷Então o Senhor trouxe o rei da Babilônia contra eles. Os babilônios[d] mataram os jovens e foram atrás deles até dentro do santuário. Não tiveram piedade nem dos rapazes, nem das moças, nem dos idosos e doentes. Deus os entregou todos nas mãos do rei. ¹⁸Ele levou para a Babilônia todos os utensílios, grandes e pequenos, do templo de Deus e todos os tesouros do templo do Senhor e do palácio do rei e de seus oficiais. ¹⁹Seu exército queimou o templo de Deus, derrubou os muros de Jerusalém, queimou todos os palácios e destruiu tudo que era de valor.[e] ²⁰Os poucos habitantes que sobreviveram foram levados para o exílio na Babilônia e se tornaram servos do rei e de seus filhos, até que o reino da Pérsia conquistou o poder.

²¹Cumpriu-se, desse modo, a mensagem do Senhor transmitida por Jeremias. A terra finalmente desfrutou seu descanso sabático e permaneceu desolada até que se completaram os setenta anos, conforme o profeta havia anunciado.

Ciro permite que os exilados regressem

²²No primeiro ano do reinado de Ciro, rei da Pérsia,[f] o Senhor cumpriu a profecia que havia anunciado por meio de Jeremias.[g] O Senhor despertou o coração de Ciro para registrar por escrito a seguinte proclamação e enviá-la a todo o seu reino:

²³"Assim diz Ciro, rei da Pérsia:

"O Senhor, o Deus dos céus, me deu todos os reinos da terra. Ele me encarregou de construir para ele um templo em Jerusalém, na terra de Judá. Quem pertence ao povo dele, volte para realizar essa tarefa. E que o Senhor, seu Deus, esteja com vocês!".

---

[a] **36.9** Conforme um manuscrito hebraico, alguns manuscritos gregos e a versão siríaca (ver tb. 2Rs 24.8); a maioria dos manuscritos hebraicos traz *8 anos*. [b] **36.10a** Esse dia do antigo calendário lunar hebraico correspondeu a 13 de abril de 597 a.C. [c] **36.10b** Conforme o texto paralelo em 2Rs 24.17; o hebraico traz *irmão*, ou *parente*. [d] **36.17** Ou *Os caldeus*. [e] **36.19** Ou *destruiu todos os objetos de valor do templo*. [f] **36.22a** O primeiro ano do reinado de Ciro sobre a Babilônia foi 538 a.C. [g] **36.22b** Ver Jr 25.11-12; 29.10.

ESDRAS

INTRODUÇÃO

Esdras e Neemias

Nome. Esdras e Neemias, anteriormente, eram considerados como um único livro. Eles contêm o relato do retorno dos exilados a Jerusalém e o restabelecimento do culto. Logo passaram a ser chamados de 1 e 2 Esdras. Jerônimo foi o primeiro a intitular o segundo livro de Neemias. Wycliffe os chamou de 1 e 2 Esdras e mais tarde os chamaram de livros de Esdras. Os nomes atuais apareceram pela primeira vez na Bíblia de Genebra (1560). Esdras recebe o nome do autor e do personagem principal, cujo nome significa "ajuda". Neemias recebe o nome do personagem principal, cujo significado é "Deus conforta".

Outros livros. Três outros livros devem ser lidos em conjunto com este estudo. (1) O livro de Ester, que se refere a essa época e deve ser lido entre os capítulos 6 e 7 do livro de Esdras. (2) Os livros de Ageu e Zacarias. Esses dois profetas foram associados ao primeiro retorno de Zorobabel e suas palavras incitaram os judeus a terminarem a reconstrução do Templo apesar da oposição.

Retorno do cativeiro. O retorno consistiu em três expedições lideradas, respectivamente, por Zorobabel, Esdras e Neemias. O tempo que abrange não pode ser calculado com precisão. Provavelmente não é menos de 90 anos. Alguns acreditam que podem abranger até 110 anos.

ESBOÇO

1. A reconstrução do Templo, Caps. 1–6
   1.1. A proclamação de Ciro, Cap. 1
   1.2. Os que retornaram, Cap. 2
   1.3. A fundação é lançada, Cap. 3
   1.4. O trabalho interrompido, Cap. 4
   1.5. O trabalho finalizado, Caps. 5–6
2. As reformas de Esdras, Caps. 7–10
   2.1. A jornada de Esdras, Caps. 7–8
   2.2. A confissão de pecado, Cap. 9
   2.3. A aliança para guardar a Lei, Cap. 10

PARA ESTUDO E DISCUSSÃO

[1] Os traços de caráter demonstrados por Esdras.
[2] As reformas de Esdras. Quais foram elas? Paralelos com as condições de hoje.
[3] Os adversários de Judá. Quem eram eles? A natureza dessa oposição.
[4] O decreto de Ciro.
[5] A expedição de Zorobabel e Esdras.
[6] A comissão de Esdras e as ordens do rei, 7.1-26.
[7] Amigos e inimigos usados por de Deus no cumprimento de Seus propósitos.

Ciro permite que os exilados regressem

1 No primeiro ano de Ciro, rei da Pérsia,[a] o Senhor cumpriu a profecia que havia anunciado por meio de Jeremias.[b] Despertou o coração de Ciro para registrar por escrito a seguinte proclamação e enviá-la a todo o seu reino:

²"Assim diz Ciro, rei da Pérsia:

"O Senhor, o Deus dos céus, me deu todos os reinos da terra. Ele me encarregou de lhe construir um templo em Jerusalém, em Judá. ³Quem pertence ao povo de Deus, volte a Jerusalém, em Judá, para reconstruir o templo do Senhor, o Deus de Israel, que habita em Jerusalém. E que seu Deus esteja com vocês! ⁴Onde quer que se encontre esse remanescente judeu, que seus vizinhos ajudem com as despesas, dando-lhes prata e ouro, suprimentos e animais, além de ofertas voluntárias para o templo de Deus, em Jerusalém".

⁵Então o Senhor despertou o coração dos sacerdotes, dos levitas e dos chefes das tribos de Judá e Benjamim, para que fossem a Jerusalém e reconstruíssem o templo do Senhor. ⁶Todos os seus vizinhos ajudaram, dando-lhes utensílios de prata e ouro, suprimentos e animais. Também lhes deram muitos presentes valiosos, além de todas as ofertas voluntárias.

⁷O rei Ciro tirou os utensílios que o rei Nabucodonosor havia levado do templo do Senhor, em Jerusalém, e colocado no templo de seus próprios deuses. ⁸Ciro, rei da Pérsia, deu instruções a Mitredate, seu tesoureiro, para que contasse esses utensílios e os entregasse a Sesbazar, líder dos exilados que voltavam para Judá.[c] ⁹Esta é uma lista dos objetos que foram devolvidos:

30 bacias de ouro,
1.000 bacias de prata,
29 incensários[d] de prata,
¹⁰30 tigelas de ouro,
410 tigelas de prata,
1.000 objetos diversos.

¹¹Ao todo, havia 5.400 utensílios de ouro e prata. Sesbazar trouxe tudo isso consigo quando os exilados voltaram da Babilônia para Jerusalém.

Exilados que regressaram com Zorobabel

2 Esta é uma lista dos judeus da província que regressaram do cativeiro. O rei Nabucodonosor os havia deportado para a Babilônia, mas eles voltaram para Jerusalém e Judá, cada um para sua cidade de origem. ²Seus líderes eram Zorobabel, Jesua, Neemias, Seraías, Reelaías, Mardoqueu, Bilsã, Mispar, Bigvai, Reum e Baaná.

Este é o número de homens de Israel que regressaram do exílio:

³da família de Parós, 2.172;
⁴da família de Sefatias, 372;
⁵da família de Ará, 775;
⁶da família de Paate-Moabe (descendentes de Jesua e Joabe), 2.812;
⁷da família de Elão, 1.254;
⁸da família de Zatu, 945;
⁹da família de Zacai, 760;
¹⁰da família de Bani, 642;
¹¹da família de Bebai, 623;
¹²da família de Azgade, 1.222;
¹³da família de Adonicam, 666;
¹⁴da família de Bigvai, 2.056;
¹⁵da família de Adim, 454;
¹⁶da família de Ater (descendentes de Ezequias), 98;
¹⁷da família de Bezai, 323;
¹⁸da família de Jora, 112;
¹⁹da família de Hasum, 223;
²⁰da família de Gibar, 95;
²¹do povo de Belém, 123;
²²do povo de Netofa, 56;
²³do povo de Anatote, 128;
²⁴do povo de Bete-Azmavete,[e] 42;
²⁵do povo de Quiriate-Jearim,[f] Quefira e Beerote, 743;
²⁶do povo de Ramá e Geba, 621;
²⁷do povo de Micmás, 122;
²⁸do povo de Betel e Ai, 223;
²⁹dos cidadãos de Nebo, 52;
³⁰dos cidadãos de Magbis, 156;
³¹dos cidadãos de Elão Ocidental,[g] 1.254;
³²dos cidadãos de Harim, 320;
³³dos cidadãos de Lode, Hadide e Ono, 725;

---

[a] **1.1a** O primeiro ano do reinado de Ciro sobre a Babilônia foi 538 a.C. [b] **1.1b** Ver Jr 25.11-12; 29.10. [c] **1.8** Em hebraico, *Sesbazar, príncipe de Judá*. [d] **1.9** O significado do termo hebraico é incerto. [e] **2.24** Conforme o texto paralelo em Ne 7.28; o hebraico traz *Azmavete*. [f] **2.25** Conforme alguns manuscritos hebraicos e a Septuaginta (ver tb. Ne 7.29); o hebraico traz *Quiriate-Arim*. [g] **2.31** Ou *do outro Elão*.

³⁴dos cidadãos de Jericó, 345;
³⁵dos cidadãos de Senaá, 3.630.

³⁶Estes são os sacerdotes que regressaram do exílio:
  da família de Jedaías (da linhagem de Jesua), 973;
  ³⁷da família de Imer, 1.052;
  ³⁸da família de Pasur, 1.247;
  ³⁹da família de Harim, 1.017.

⁴⁰Estes são os levitas que regressaram do exílio:
  das famílias de Jesua e Cadmiel (descendentes de Hodavias), 74;
  ⁴¹os cantores da família de Asafe, 128;
  ⁴²os guardas das portas das famílias de Salum, Ater, Talmom, Acube, Hatita e Sobai, 139.

⁴³Os descendentes destes servidores do templo regressaram do exílio:
  Zia, Hasufa, Tabaote,
  ⁴⁴Queros, Sia, Padom,
  ⁴⁵Lebana, Hagaba, Acube,
  ⁴⁶Hagabe, Salmai,[a] Hanã,
  ⁴⁷Gidel, Gaar, Reaías,
  ⁴⁸Rezim, Necoda, Gazão,
  ⁴⁹Uzá, Paseá, Besai,
  ⁵⁰Asná, Meunim, Nefusim,
  ⁵¹Baquebuque, Hacufa, Harur,
  ⁵²Baslute, Meída, Harsa,
  ⁵³Barcos, Sísera, Tamá,
  ⁵⁴Nesias, Hatifa.

⁵⁵Os descendentes destes servidores do rei Salomão regressaram do exílio:
  Sotai, Soferete, Peruda,
  ⁵⁶Jaala, Darcom, Gidel,
  ⁵⁷Sefatias, Hatil, Poquerete-Hazebaim e Ami.

⁵⁸Ao todo, os servidores do templo e os descendentes dos servos de Salomão eram 392.

⁵⁹Nessa ocasião, outro grupo regressou das cidades de Tel-Melá, Tel-Harsa, Querube, Adã e Imer. Contudo, não puderam comprovar que eles ou suas famílias eram descendentes de Israel. ⁶⁰Estavam nesse grupo as famílias de Delaías, Tobias e Necoda, 652 pessoas ao todo.

⁶¹Também regressaram as famílias de três sacerdotes: Habaías, Hacoz e Barzilai. (Esse Barzilai havia se casado com uma mulher descendente de Barzilai, de Gileade, e assumido o nome da família dela.) ⁶²Procuraram seus nomes nos registros genealógicos, mas não os encontraram, por isso não se qualificaram para servir como sacerdotes. ⁶³O governador ordenou que não comessem das porções dos sacrifícios separadas para os sacerdotes até que um sacerdote consultasse o S\ENHOR a esse respeito usando o Urim e o Tumim.

⁶⁴Portanto, os que regressaram para Judá foram 42.360, ⁶⁵além dos 7.337 servos e servas e dos 200 cantores e cantoras. ⁶⁶Levaram consigo 736 cavalos, 245 mulas, ⁶⁷435 camelos e 6.720 jumentos.

⁶⁸Quando chegaram ao templo do S\ENHOR, em Jerusalém, alguns dos chefes das famílias entregaram ofertas voluntárias para a reconstrução do templo de Deus em seu local original. ⁶⁹Cada chefe contribuiu com o que pôde. Suas ofertas totalizaram 525 quilos de ouro, 3.000 quilos de prata[b] e 100 vestes para os sacerdotes.

⁷⁰Assim, os sacerdotes, os levitas, os cantores, os guardas das portas, os servidores do templo e alguns do povo se estabeleceram em povoados perto de Jerusalém. O restante do povo regressou às suas cidades em todo o Israel.

A reconstrução do altar

3 No sétimo mês,[c] quando os israelitas já haviam se estabelecido em suas cidades, todo o povo se reuniu em Jerusalém com um só propósito. ²Então Jesua, filho de Jeozadaque,[d] juntou-se a seus colegas, os sacerdotes, e a Zorobabel, filho de Sealtiel, e seus companheiros, para reconstruir o altar do Deus de Israel. Queriam apresentar holocaustos ali, conforme a instrução da lei de Moisés, homem de Deus. ³Embora o povo tivesse medo dos habitantes daquela região, reconstruíram o altar no mesmo lugar original. Assim, começaram a oferecer holocaustos no altar do S\ENHOR todas as manhãs e todas as tardes.

---

[a] **2.46** Conforme leitura alternativa do Texto Massorético (ver tb. Ne 7.48); a outra leitura traz *Samlai*. [b] **2.69** Em hebraico, *61.000 dáricos de ouro, 5.000 minas de prata*. [c] **3.1** O ano não é especificado, de modo que pode ter sido no primeiro ano do reinado de Ciro (538 a.C.) ou no segundo (537 a.C.). Esse sétimo mês do antigo calendário lunar hebraico caiu entre setembro e outubro de 538 a.C., ou entre outubro e novembro de 537 a.C. [d] **3.2** Em hebraico, *Jozadaque*, variação de Jeozadaque; também em 3.8.

> **REFLETINDO SOBRE:** Os bons e velhos tempos

Mulheres lembrando o templo original

Meu coração se enche de tristeza, [...]. Por que está tão abatida, ó minha alma? Por que está tão triste? Espere em Deus...
—Salmo 42.4,5

Ela tirou um álbum de fotos da estante e começou a virar as páginas indiferentemente. As memórias enchiam sua mente enquanto olhava as fotos do seu casamento, sua família crescendo, viagens de férias e festas frequentes. Olhar fixamente as fotos de sua antiga e enorme casa com seus jardins e pátios espaçosos a fizeram examinar o seu pequeno apartamento com desgosto. Os álbuns mostravam apenas o que ela não mais possuía. Seu marido tinha falecido há muito tempo, os filhos crescido e se mudado. Mais uma vez ela começava o seu dia almejando pelos bons e velhos tempos.

Algumas das mulheres israelitas que assistiram à reconstrução do Templo tinham sentimentos semelhantes. Muitas pessoas se alegravam em ver o progresso feito, mas aquelas que se lembravam do Templo original choravam em voz alta. A nova versão não se comparava com as riquezas e o esplendor do Templo de Salomão que havia sido destruído há mais de 60 anos. Deus entendeu os sentimentos de profunda decepção e desencorajamento dessas mulheres e lhes lembrou de que Ele sempre estaria com elas, como esteve no passado. Olhando adiante para o reinado de Cristo, o Senhor prometeu que "A glória deste novo templo será maior que a glória do antigo" (Ag 2.9).

Quando parece que perdemos aquilo que concedia significado à nossa vida, é fácil cair na armadilha de permanecermos nos "bons e velhos tempos". Olhar para trás, para aquilo que perdemos nos faz sentir o desejo de chorar em voz alta. Essa comparação pode nos desencorajar ou deprimir e fazer crer que a nossa vida já não vale mais a pena. Contudo, se pertencemos a Deus, Ele tem um propósito para cada estágio de nossa vida. Concentrarmo-nos no Seu amor e na Sua misericórdia tira de nossa mente o foco na insatisfação com as circunstâncias. Contanto que nossa prioridade máxima seja buscar e obedecer a Deus, todos os estágios de nossa vida serão "bons e velhos tempos".

---

⁴Celebraram a Festa das Cabanas, conforme prescrito pela lei, e ofereceram o número de holocaustos especificado para cada dia da festa. ⁵Ofereceram ainda os holocaustos regulares e as ofertas exigidas para as celebrações da lua nova e para as festas anuais do Senhor. O povo também trouxe ofertas voluntárias para o Senhor. ⁶Quinze dias antes do início da Festa das Cabanas,[a] os sacerdotes haviam começado a oferecer ao Senhor os holocaustos, antes mesmo de lançarem os alicerces do templo do Senhor.

O povo começa a reconstruir o templo

⁷Então contrataram pedreiros e carpinteiros e lhes pagaram com moedas de prata. Também compraram toras de cedro dos povos de Tiro e de Sidom e lhes pagaram com alimento, vinho e azeite. As toras eram trazidas dos montes do Líbano e vinham pela costa do mar Mediterrâneo[b] até Jope, pois Ciro, rei da Pérsia, havia permitido que assim se fizesse.

⁸A construção do templo de Deus começou no segundo mês[c] do segundo ano depois da chegada a Jerusalém. O grupo de trabalhadores era constituído de todos que haviam regressado do exílio, incluindo Zorobabel, filho de Sealtiel, Jesua, filho de Jeozadaque, e seus colegas, os sacerdotes, bem como todos os levitas. Os levitas de 20 anos para cima foram encarregados de supervisionar a construção do templo do Senhor. ⁹Jesua, seus filhos e seus parentes, Cadmiel e seus filhos e os descendentes de Hodavias[d] supervisionavam aqueles que trabalhavam no templo de Deus. Os levitas da família de Henadade os auxiliavam nessa tarefa.

---

[a] 3.6 Em hebraico, *No primeiro dia do sétimo mês*. Esse dia do antigo calendário lunar hebraico caía em setembro ou outubro. A Festa das Cabanas começava no décimo quinto dia do sétimo mês. [b] 3.7 Em hebraico, *do mar*. [c] 3.8 Esse segundo mês do antigo calendário lunar hebraico caiu entre abril e maio de 536 a.C. [d] 3.9 Em hebraico, *os filhos de Judá* (i.e., *bene Yehudah*). Bene também pode ser lido aqui como o nome próprio Binui; é provável que *Yehudah* seja outro nome para Hodavias. Comparar com 2.40; Ne 7.43.

¹⁰Quando os construtores terminaram os alicerces do templo do Senhor, os sacerdotes puseram suas vestes e tomaram seus lugares para tocar as trombetas. Os levitas, descendentes de Asafe, fizeram soar os címbalos para louvar o Senhor, conforme o rei Davi havia prescrito. ¹¹Com louvores e ação de graças, entoaram este cântico ao Senhor:

"Ele é bom!
Seu amor por Israel dura para sempre!".

Então todo o povo louvou o Senhor em alta voz, pois haviam sido lançados os alicerces do templo do Senhor.

¹²Muitos dos sacerdotes, dos levitas e dos outros chefes de família mais velhos, que tinham visto o primeiro templo, choraram alto quando viram os alicerces do novo templo. Outros tantos, porém, gritavam de alegria. ¹³Os gritos alegres e o choro se misturavam num barulho tão forte que se podia ouvir de muito longe.

Inimigos se opõem à reconstrução

4 Os inimigos de Judá e Benjamim souberam que os exilados estavam reconstruindo o templo do Senhor, o Deus de Israel. ²Eles foram a Zorobabel e aos outros chefes de família e disseram: "Queremos participar da construção, pois também adoramos seu Deus, como vocês. Temos oferecido sacrifícios para ele desde que Esar-Hadom, rei da Assíria, nos trouxe para cá".

³Mas Zorobabel, Jesua e os outros chefes de família de Israel responderam: "De maneira nenhuma! Vocês não podem participar desse trabalho. Somente nós construiremos o templo para o Senhor, o Deus de Israel, conforme Ciro, rei da Pérsia, nos ordenou".

⁴Então os habitantes da região tentaram desanimar e amedrontar o povo de Judá, para que não continuassem a construção. ⁵Subornaram agentes para trabalhar contra eles e frustrar seus planos. Isso prosseguiu durante todo o reinado de Ciro, rei da Pérsia, até que Dario, rei da Pérsia, subiu ao poder.ᵃ

Oposição durante os reinados de Xerxes e Artaxerxes

⁶Anos depois, quando Xerxesᵇ começou a reinar, os inimigos de Judá escreveram uma carta de acusação contra o povo de Judá e de Jerusalém.

⁷Mais tarde, durante o reinado de Artaxerxes, rei da Pérsia,ᶜ os inimigos de Judá, liderados por Bislão, Mitredate e Tabeel, enviaram a Artaxerxes uma carta em aramaico, que foi traduzida para o rei.

⁸ᵈO comandante Reum e o secretário da corte Sinsai escreveram a carta, na qual apresentaram ao rei Artaxerxes um relatório negativo sobre Jerusalém. ⁹Saudaram o rei em nome de todos os seus colegas: os juízes e as autoridades locais, o povo de Tarpel, os persas, os babilônios e o povo de Ereque e de Susã (isto é, Elão). ¹⁰Também enviaram saudações do restante do povo que o grande e renomado Assurbanípalᵉ havia deportado e estabelecido em Samaria e em todas as terras vizinhas da província a oeste do rio Eufrates.ᶠ ¹¹Esta é uma cópia da carta:

"Ao rei Artaxerxes, de seus súditos leais na província a oeste do rio Eufrates.

¹²"Informamos ao rei que os judeus que saíram da Babilônia para Jerusalém estão reconstruindo esta cidade rebelde e má. Já restauraram os alicerces e, em breve, terminarão os muros. ¹³É bom o rei saber que, se esta cidade for reconstruída e seus muros forem concluídos, haverá grande prejuízo para o tesouro real, pois os judeus se recusarão a lhe pagar tributos, impostos e taxas.

¹⁴"Visto que somos seus súditos leaisᵍ e não desejamos vê-lo desonrado desse modo, enviamos ao rei estas informações. ¹⁵Sugerimos que se faça uma busca no registro de seus antepassados, no qual o rei descobrirá como esta cidade foi rebelde em outros tempos. Aliás, foi destruída por causa de sua longa e problemática história de rebelião contra os reis e as nações que a dominavam. ¹⁶Declaramos ao rei que, se esta

---

ᵃ 4.5 Dario reinou de 521 a 486 a.C. ᵇ 4.6 Em hebraico, *Assuero*, outro nome para Xerxes. Ele reinou de 486 a 465 a.C. ᶜ 4.7 Artaxerxes reinou de 465 a 424 a.C. ᵈ 4.8 O texto original de 4.8—6.18 está em aramaico. ᵉ 4.10a Em aramaico, *Osnapar*, outro nome para Assurbanípal. ᶠ 4.10b Em aramaico, *província além do rio*; também em 4.11,16,17,20. ᵍ 4.14 Em aramaico, *Visto que comemos o sal do palácio*.

cidade for reconstruída e seus muros forem concluídos, o rei perderá a província a oeste do rio Eufrates".

¹⁷O rei Artaxerxes enviou a seguinte resposta:

"Ao comandante Reum, ao secretário da corte Sinsai, e a seus companheiros em Samaria e em toda a província a oeste do rio Eufrates. Saudações.

¹⁸"A carta que vocês enviaram foi traduzida e lida para mim. ¹⁹Ordenei que se fizesse uma busca nos registros e descobri que, de fato, Jerusalém tem sido, ao longo dos anos, foco de insurreição contra vários reis. Aliás, rebeliões e revoltas são normais ali. ²⁰Reis poderosos governaram sobre Jerusalém e sobre toda a província a oeste do rio Eufrates e receberam tributos, impostos e taxas. ²¹Portanto, deem ordens para que esses homens parem seu trabalho. A cidade não deve ser reconstruída enquanto eu não mandar. ²²Sejam diligentes e não descuidem desse assunto, pois não devemos permitir que a situação prejudique os interesses do rei".

²³Quando a carta do rei Artaxerxes foi lida para Reum, Sinsai e seus companheiros, eles foram depressa a Jerusalém e, fazendo uso de força, obrigaram os judeus a parar a construção.

A reconstrução é retomada

²⁴Assim, a obra no templo de Deus em Jerusalém foi interrompida e ficou parada até o segundo ano do reinado de Dario, rei da Pérsia.[a]

5 Nessa época, os profetas Ageu e Zacarias, filho de Ido, profetizaram aos judeus de Judá e Jerusalém. Falavam em nome do Deus de Israel, que estava sobre eles. ²Em resposta, Zorobabel, filho de Sealtiel, e Jesua, filho de Jeozadaque,[b] começaram outra vez a reconstruir o templo de Deus em Jerusalém. E os profetas de Deus estavam com eles e os auxiliavam.

³Tatenai, governador da província a oeste do rio Eufrates,[c] Setar-Bozenai e seus companheiros foram a Jerusalém e perguntaram: "Quem lhes deu permissão para reconstruir este templo e restaurar esta estrutura?". ⁴Também perguntaram[d] os nomes de todos os homens que trabalhavam no templo. ⁵Mas os olhos de Deus estavam sobre os líderes judeus, e eles não foram impedidos de prosseguir com a construção até que um relatório fosse enviado a Dario e ele comunicasse sua decisão.

A carta de Tatenai ao rei Dario

⁶Esta é uma cópia da carta que o governador Tatenai, Setar-Bozenai e os outros oficiais da província a oeste do rio Eufrates enviaram ao rei Dario:

⁷"Ao rei Dario. Saudações.

⁸"Informamos ao rei que fomos até o local da construção do templo do grande Deus na província de Judá. O templo está sendo reconstruído com pedras especialmente preparadas, e as vigas já estão sendo colocadas nas paredes. A obra avança com muita energia e êxito.

⁹"Perguntamos aos líderes: 'Quem lhes deu permissão para reconstruir este templo e restaurar esta estrutura?'. ¹⁰E exigimos os nomes deles, para que pudéssemos dizer ao rei quem eram os líderes.

¹¹"Esta foi a resposta: 'Somos servos do Deus dos céus e da terra e estamos reconstruindo o templo que foi construído aqui muitos anos atrás, por um grande rei de Israel. ¹²Nossos antepassados, porém, provocaram a ira do Deus dos céus, e ele os entregou a Nabucodonosor, rei da Babilônia,[e] que destruiu este templo e deportou o povo para a Babilônia. ¹³No entanto, Ciro, rei da Babilônia,[f] no primeiro ano de seu reinado, publicou um decreto ordenando que o templo de Deus fosse reconstruído. ¹⁴O rei Ciro também devolveu os utensílios de ouro e de prata que Nabucodonosor havia tirado do templo de Deus, em Jerusalém, e colocado no templo da Babilônia. Esses utensílios foram removidos dali e entregues a um homem chamado Sesbazar, a quem o rei Ciro nomeou governador de Judá. ¹⁵O

---

[a] **4.24** O segundo ano do reinado de Dario foi 520 a.C. O versículo 24 retoma a narrativa iniciada em 4.1-5. [b] **5.2** Em aramaico, *Jozadaque*, variação de Jeozadaque. [c] **5.3** Em aramaico, *província além do rio*, também em 5.6. [d] **5.4** Conforme um manuscrito hebraico, a Septuaginta e a versão siríaca; o Texto Massorético traz *Então lhes dissemos*. [e] **5.12** Em aramaico, *Nabucodonosor, o caldeu*. [f] **5.13** Ciro, rei da Pérsia, é identificado aqui como rei da Babilônia porque a Pérsia havia conquistado o império babilônico.

rei instruiu Sesbazar a colocar os utensílios de volta em seu lugar, em Jerusalém, e a reconstruir o templo de Deus em seu antigo local. ¹⁶Então Sesbazar veio e lançou os alicerces do templo de Deus em Jerusalém. O povo tem trabalhado nele desde então, embora ainda não esteja acabado'.

¹⁷"Portanto, se parecer bem ao rei, pedimos que se faça uma busca nos arquivos reais da Babilônia, para descobrir se o rei Ciro de fato publicou esse decreto ordenando a reconstrução do templo de Deus, em Jerusalém. E que o rei nos informe sua decisão sobre esse assunto".

Dario aprova a reconstrução

6 Então o rei Dario ordenou que se fizesse uma busca nos arquivos da Babilônia, que ficavam guardados junto aos tesouros. ²Mas foi na fortaleza em Ecbatana, na província da Média, que se encontrou um documento que dizia:

"Memorando:

³"No primeiro ano do reinado do rei Ciro, foi publicado um decreto a respeito do templo de Deus, em Jerusalém.

"Que o templo seja reconstruído para ser um local onde se ofereçam sacrifícios, usando os alicerces originais. Ele terá 27 metros de altura e 27 metros de largura.ᵃ ⁴A cada três camadas de grandes pedras, será colocada uma camada de madeira. Todas as despesas serão pagas pela tesouraria real. ⁵Além disso, os utensílios de ouro e de prata que Nabucodonosor levou do templo de Deus, em Jerusalém, para a Babilônia devem ser devolvidos a Jerusalém e colocados em seus devidos lugares. Que sejam levados de volta ao templo de Deus".

⁶O rei Dario enviou esta mensagem:

"Agora, portanto, Tatenai, governador da província a oeste do rio Eufrates,ᵇ Setar-Bozenai, seus companheiros e outros oficiais a oeste do rio Eufrates, permaneçam afastados de lá! ⁷Não interfiram na construção do templo de Deus. Deixem que seja reconstruído em seu antigo local, e não impeçam o governador de Judá e os líderes dos judeus de realizarem seu trabalho.

⁸"Além disso, decreto que ajudem esses líderes dos judeus a reconstruir o templo de Deus. Paguem, sem demora, todos os custos da construção, usando os impostos recolhidos na província a oeste do rio Eufrates, para que a obra não seja interrompida.

⁹"Deem aos sacerdotes em Jerusalém tudo que eles precisarem: novilhos, carneiros e cordeiros para os holocaustos oferecidos ao Deus dos céus. Providenciem, sem falta, a quantidade de trigo, sal, vinho e azeite que for necessária para cada dia. ¹⁰Assim, eles poderão oferecer sacrifícios agradáveis ao Deus dos céus e orar pelo bem-estar do rei e de seus filhos.

¹¹"Se alguém desobedecer a este decreto de alguma maneira, terá uma viga de sua casa arrancada. Ele será amarrado a essa viga e pendurado nela, e sua casa será transformada num monte de entulho.ᶜ ¹²Que o Deus que escolheu a cidade de Jerusalém como lugar para que seu nome seja honrado destrua qualquer rei ou nação que desobedecer a esta ordem e destruir este templo.

"Eu, Dario, publiquei este decreto. Que ele seja obedecido com toda a diligência".

A dedicação do templo

¹³Tatenai, governador da província a oeste do rio Eufrates, Setar-Bozenai e seus companheiros obedeceram de imediato à ordem do rei Dario. ¹⁴Com isso, os líderes dos judeus puderam continuar seu trabalho e foram encorajados pela pregação dos profetas Ageu e Zacarias, filho de Ido. Finalmente, o templo foi terminado, como havia sido ordenado pelo Deus de Israel e decretado por Ciro, Dario e Artaxerxes, reis da Pérsia. ¹⁵O templo foi concluído no dia 12 de março,ᵈ no sexto ano do reinado do rei Dario.

¹⁶Então o templo de Deus foi dedicado com grande alegria pelos israelitas, pelos sacerdotes, pelos levitas e pelo restante do povo que

---

ᵃ 6.3 Em aramaico, *60 côvados de altura e 60 côvados de largura*. ᵇ 6.6 Em aramaico, *província além do rio*; também em 6.6b,8,13. ᶜ 6.11 Em aramaico, *num monte de esterco*. ᵈ 6.15 Em aramaico, *no terceiro dia do mês de adar*, do antigo calendário lunar hebraico. Vários acontecimentos em Esdras podem ser confirmados por datas em registros persas que sobreviveram ao tempo e relacionados com precisão ao calendário moderno. O ano foi 515 a.C.

regressou do exílio. ¹⁷Durante a cerimônia de dedicação, foram sacrificados cem novilhos, duzentos carneiros e quatrocentos cordeiros. Doze bodes foram apresentados como oferta pelo pecado de todo o Israel, de acordo com o número das tribos. ¹⁸Em seguida, os sacerdotes e os levitas foram divididos em vários grupos para servirem no templo de Deus, em Jerusalém, conforme prescrito no Livro de Moisés.

A celebração da Páscoa

¹⁹No dia 21 de abril,ᵃ o povo que havia regressado do exílio celebrou a Páscoa. ²⁰Os sacerdotes e os levitas haviam se purificado e estavam cerimonialmente puros. Abateram o cordeiro da Páscoa por todos que regressaram, por seus colegas, os sacerdotes, e por si mesmos. ²¹Todo o povo de Israel que havia regressado do exílio participou da refeição de Páscoa, junto com todos que haviam deixado os costumes impuros dos povos que ali viviam a fim de adorar o Senhor, o Deus de Israel. ²²Em seguida, comemoraram durante sete dias a Festa dos Pães sem Fermento. Houve grande alegria em toda a terra, pois o Senhor tornou o rei da Assíriaᵇ favorável a eles e o levou a ajudá-los a reconstruir o templo de Deus, o Deus de Israel.

Esdras chega a Jerusalém

7 Muitos anos depois, durante o reinado de Artaxerxes, rei da Pérsia,ᶜ havia um homem chamado Esdras. Ele era filho deᵈ Seraías, filho de Azarias, filho de Hilquias, ²filho de Salum, filho de Zadoque, filho de Aitube, ³filho de Amarias, filho de Azarias, filho deᵉ Meraiote, ⁴filho de Zeraías, filho de Uzi, filho de Buqui, ⁵filho de Abisua, filho de Fineias, filho de Eleazar, filho do sumo sacerdoteᶠ Arão. ⁶Esdras era escriba, conhecedor da lei de Moisés, dada ao povo pelo Senhor, o Deus de Israel. Esdras foi da Babilônia a Jerusalém, e o rei lhe deu tudo que ele pediu, porque a mão do Senhor, seu Deus, estava sobre ele. ⁷Alguns dos israelitas, e também alguns sacerdotes, levitas, cantores, guardas das portas e servidores do templo, viajaram com ele para Jerusalém no sétimo ano do reinado de Artaxerxes.

⁸Esdras chegou a Jerusalém em agostoᵍ desse mesmo ano. ⁹Partiu da Babilônia em 8 de abril, o primeiro dia do novo ano,ʰ e chegou

---

> **PÃO DIÁRIO**
>
> ## Vendo a mão de Deus
>
> *Partiu da Babilônia em 8 de abril, o primeiro dia do novo ano, e chegou a Jerusalém em 4 de agosto, porque a bondosa mão do Senhor, seu Deus, estava sobre ele.*
> —Esdras 7.9
>
> No 101º aniversário de Jaques Borges, ele acordou às 5h da manhã, tomou um nutritivo desjejum e às 6h30 estava em seu escritório de advocacia começando o dia. Quando lhe perguntaram sobre o segredo de sua longevidade, o advogado sorriu e, em tom de brincadeira, respondeu sarcástico: "Não morrer".
>
> Entretanto é mais do que isso. O Sr. Borges, que tinha sido batizado aos 11 anos no rio, disse ao repórter de um jornal: "Creio plenamente que a mão de Deus está em tudo o que acontece. Ele está me permitindo viver por alguma razão. Procuro fazer as coisas que acredito que Ele quer que eu faça". O sacerdote Esdras experimentou "a bondosa mão do Senhor" quando levou um grupo para Jerusalém a fim de prover liderança espiritual aos antigos cativos que estavam reconstruindo o Templo e a cidade (Ed 7.9,10). Esdras encontrou força e coragem na certeza de que o Senhor estava com eles em cada passo do caminho. "Senti-me encorajado porque a mão do Senhor, meu Deus, estava sobre mim e reuni alguns dos líderes de Israel para voltar comigo a Jerusalém" (v.28).
>
> Quando vemos a mão de Deus em nossa vida, sentimos profunda gratidão e o crescente desejo de fazer o que Ele quer que façamos.
>
> *Senhor, obrigada por estares em cada detalhe de minha vida. Saber que a Tua mão está me guiando em cada momento traz profunda paz a minha alma! Faz crescer em mim o desejo de fazer o que te glorifica.*
>
> ---
>
> **Se você sabe que a mão de Deus está em tudo, você pode deixar tudo nas mãos dele.**

ᵃ **6.19** Em aramaico, *No décimo quarto dia do primeiro mês*, do antigo calendário lunar hebraico. O ano foi 515 a.C.; ver também nota em 6.15. ᵇ **6.22** Dario, rei da Pérsia, é identificado aqui como rei da Assíria porque a Pérsia havia conquistado o império babilônico, que incluía o império assírio, anterior ao babilônico. ᶜ **7.1a** Artaxerxes reinou de 465 a 424 a.C. ᵈ **7.1b** Ou *descendente de*; ver 1Cr 6.14. ᵉ **7.3** Ou *descendente de*; ver 1Cr 6.6-10. ᶠ **7.5** Ou *do primeiro sacerdote*. ᵍ **7.8** Em hebraico, *no quinto mês*, do antigo calendário lunar hebraico. O ano foi 458 a.C. ʰ **7.9a** Em hebraico, *no primeiro dia do primeiro mês*, do antigo calendário lunar hebraico. O ano foi 458 a.C.; ver também nota em 6.15.

a Jerusalém em 4 de agosto,[a] porque a bondosa mão do Senhor, seu Deus, estava sobre ele. [10]Pois Esdras tinha decidido estudar a lei do Senhor, obedecer a ela e ensinar seus decretos e estatutos ao povo de Israel.

A carta de Artaxerxes a Esdras

[11]O rei Artaxerxes tinha dado uma cópia da seguinte carta a Esdras, o sacerdote e escriba que estudava os mandamentos e decretos do Senhor e os ensinava a Israel:

[12][b]"De Artaxerxes, rei dos reis, ao sacerdote Esdras, mestre da lei do Deus dos céus. Saudações.

[13]"Eu decreto que qualquer israelita em meu reino, incluindo os sacerdotes e os levitas, que desejar regressar com você para Jerusalém, poderá ir. [14]Eu e meus sete conselheiros o instruímos a investigar a situação em Judá e em Jerusalém, com base na lei de seu Deus, que está em suas mãos. [15]Também o encarregamos de levar consigo a prata e o ouro que lhe entregamos voluntariamente como oferta para o Deus de Israel, que habita em Jerusalém.

[16]"Além disso, você levará toda prata e todo ouro que obtiver na província da Babilônia, bem como as ofertas voluntárias do povo e dos sacerdotes para o templo de seu Deus, em Jerusalém. [17]Use esses recursos para comprar novilhos, carneiros, cordeiros e as respectivas ofertas de cereal e ofertas derramadas. Tudo isso será oferecido no altar do templo de seu Deus, em Jerusalém. [18]A prata e o ouro que restarem poderão ser usados como parecer melhor a você e a seu povo, conforme a vontade de Deus.

[19]"Quanto aos utensílios que lhe confiamos para o serviço no templo de seu Deus, entregue-os todos diante do Deus de Jerusalém. [20]Se precisar de mais alguma coisa para o templo de seu Deus, ou para qualquer necessidade semelhante, use recursos da tesouraria real.

[21]"Eu, o rei Artaxerxes, envio o seguinte decreto a todos os tesoureiros da província a oeste do rio Eufrates:[c] 'Deem a Esdras, sacerdote e mestre da lei do Deus dos céus, tudo que ele requisitar. [22]Deem-lhe até 3.500 quilos[d] de prata, 100 cestos grandes[e] de trigo, 100 tonéis de vinho, 100 tonéis de azeite[f] e sal à vontade. [23]Tenham o cuidado de providenciar tudo que o Deus dos céus ordenar para seu templo; afinal, por que provocar a ira de Deus contra este império do rei e de seus filhos? [24]Também decreto que nenhum sacerdote, levita, cantor, guarda das portas, servidor do templo, nem qualquer outro trabalhador no templo será obrigado a pagar tributos, impostos e taxas de qualquer tipo'.

[25]"E você, Esdras, use a sabedoria que seu Deus lhe deu para nomear magistrados e juízes que conheçam as leis de seu Deus para governarem todo o povo na província a oeste do rio Eufrates. Ensine a lei a todos que não a conhecem. [26]Qualquer um que se recusar a obedecer à lei de seu Deus e do rei será castigado de imediato com a morte, com o exílio, com o confisco dos bens ou com a prisão".

Esdras louva o Senhor

[27]Louvem o Senhor, o Deus de nossos antepassados, que colocou no coração do rei o desejo de embelezar o templo do Senhor, em Jerusalém, [28]e que me mostrou seu amor leal ao honrar-me diante do rei, de seu conselho e de todos os seus oficiais poderosos! Senti-me encorajado porque a mão do Senhor, meu Deus, estava sobre mim e reuni alguns dos líderes de Israel para voltar comigo a Jerusalém.

Exilados que regressaram com Esdras

8 Esta é uma lista dos chefes de família, com suas genealogias, aqueles que regressaram comigo da Babilônia durante o reinado do rei Artaxerxes:

[2]da família de Fineias: Gérson;
da família de Itamar: Daniel;
da família de Davi: Hatus, [3]descendente de Secanias;
da família de Parós: Zacarias e 150 homens registrados com ele;

---

[a] **7.9b** Em hebraico, *no primeiro dia do quinto mês*, do antigo calendário lunar hebraico. O ano foi 458 a.C.; ver também nota em 6.15. [b] **7.12** O texto original de 7.12-26 está em aramaico. [c] **7.21** Em aramaico, *província além do rio*; também em 7.25. [d] **7.22a** Em aramaico, *100 talentos*. [e] **7.22b** Em aramaico, *100 coros*, cerca de 22.000 litros. [f] **7.22c** Em aramaico, *100 batos de vinho, 100 batos de azeite*, cerca de 2.100 litros.

⁴da família de Paate-Moabe: Elioenai, filho de Zeraías, e 200 homens registrados com ele;
⁵da família de Zatu:ª Secanias, filho de Jaaziel, e 300 homens registrados com ele;
⁶da família de Adim: Ebede, filho de Jônatas, e 50 homens registrados com ele;
⁷da família de Elão: Jesaías, filho de Atalias, e 70 homens registrados com ele;
⁸da família de Sefatias: Zebadias, filho de Micael, e 80 homens registrados com ele;
⁹da família de Joabe: Obadias, filho de Jeiel, e 218 homens registrados com ele;
¹⁰da família de Bani:ᵇ Selomite, filho de Josifias, e 160 homens registrados com ele;
¹¹da família de Bebai: Zacarias, filho de Bebai, e 28 homens registrados com ele;
¹²da família de Azgade: Joana, filho de Hacatã, e 110 homens registrados com ele;
¹³da família de Adonicam, que chegaram depois:ᶜ Elifelete, Jeiel e Semaías, e 60 homens registrados com eles;
¹⁴da família de Bigvai: Utai e Zacur,ᵈ e 70 homens registrados com eles.

A viagem de Esdras a Jerusalém

¹⁵Reuni os exilados perto do canal de Aava, e acampamos ali por três dias enquanto eu revisava as listas do povo e dos sacerdotes que haviam chegado. Descobri que nenhum levita se havia oferecido para nos acompanhar. ¹⁶Por isso, mandei chamar Eliézer, Ariel, Semaías, Elnatã, Jaribe, Elnatã, Natã, Zacarias e Mesulão, líderes do povo. Também mandei chamar Joiaribe e Elnatã, dois homens com discernimento. ¹⁷Enviei-os a Ido, chefe dos levitas em Casifia, para que pedissem a ele, a seus parentes e aos servidores do templo que nos enviassem ministros para o templo de Deus, em Jerusalém.

¹⁸Visto que a bondosa mão de nosso Deus estava sobre nós, eles nos enviaram Serebias, junto com 18 de seus filhos e parentes. Era um homem inteligente, descendente de Mali, descendente de Levi, filho de Israel.ᵉ ¹⁹Também nos enviaram Hasabias, junto com Jesaías, dos descendentes de Merari, 20 de seus filhos e parentes, ²⁰e 220 servidores do templo. Os servidores do templo eram assistentes dos levitas, um grupo de trabalhadores do templo instituído pelo rei Davi e por seus oficiais. Todos estavam registrados por nome.

²¹Ali, junto ao canal de Aava, ordenei que todos nós jejuássemos e nos humilhássemos diante de nosso Deus. Oramos para que ele nos proporcionasse uma viagem segura e nos protegesse, como também a nossos filhos e a nossos bens. ²²Pois tive vergonha de pedir ao rei soldados e cavaleiros para nos acompanhar e nos proteger de inimigos ao longo do caminho. Afinal, tínhamos dito ao rei: "A bondosa mão de nosso Deus está sobre todos que o adoram, mas seu poder e sua ira estão contra todos que o abandonam". ²³Assim, jejuamos e pedimos com fervor que nosso Deus cuidasse de nós, e ele atendeu à nossa oração.

²⁴Nomeei doze chefes dos sacerdotes — Serebias, Hasabias e outros dez sacerdotes — ²⁵para ficarem encarregados do transporte da prata, do ouro e dos outros objetos que o rei, seu conselho, seus oficiais e todo o povo de Israel haviam doado para o templo de Deus. ²⁶Pesei o tesouro ao entregá-lo, e seu total era:

22.750 quilosᶠ de prata,
3.500 quilosᵍ de utensílios de prata,
3.500 quilos de ouro,
²⁷20 tigelas de ouro, cada uma pesando 8,6 quilos;ʰ
2 utensílios finos de bronze polido, tão valiosos como ouro.

²⁸Eu disse aos sacerdotes: "Vocês e esses tesouros foram consagrados ao SENHOR. A prata e o ouro são ofertas voluntárias ao SENHOR, o Deus de nossos antepassados. ²⁹Guardem bem esses tesouros até que os apresentem aos líderes dos sacerdotes, aos levitas e aos chefes de família de Israel, que os pesarão nos depósitos do templo do SENHOR, em Jerusalém". ³⁰Os sacerdotes e os levitas aceitaram a responsabilidade de transportar esses tesouros de prata e de ouro até o templo de nosso Deus, em Jerusalém.

ª**8.5** Conforme alguns manuscritos gregos; o hebraico não traz *Zatu*. ᵇ**8.10** Conforme alguns manuscritos gregos; o hebraico não traz *Bani*. ᶜ**8.13** Ou *que foram os últimos de sua família*. ᵈ**8.14** Conforme a Septuaginta, a versão siríaca e uma leitura alternativa do Texto Massorético; a outra leitura traz *Zabude*. ᵉ**8.18** *Israel* é o nome que Deus deu a Jacó. ᶠ**8.26a** Em hebraico, *650 talentos*. Cada talento equivalia a 35 quilos. ᵍ**8.26b** Em hebraico, *100 talentos*; também em 8.26c. ʰ**8.27** Em hebraico, *1.000 dáricos*.

> **PÃO DIÁRIO**
>
> ## A tradução da mamãe
>
> *Se seguirem essas instruções, serão fortes, desfrutarão das coisas boas que a terra produz e deixarão essa prosperidade como herança para seus filhos para sempre.*
> —Esdras 9.12
>
> Quatro pastores estavam discutindo os méritos de várias traduções da Bíblia. Um gostava mais de uma versão em particular por causa de sua linguagem simples e bela. Outro preferia uma edição mais erudita porque era mais próxima do original hebraico e grego. E ainda outro gostava de uma versão contemporânea por causa do vocabulário atual.
>
> O quarto pastor ficou em silêncio por um momento e depois disse: "Eu gosto mais da tradução da minha mãe". Surpresos, os outros três homens lhe disseram que não sabiam que a mãe dele tinha feito uma tradução da Bíblia. "Sim", respondeu ele, "Ela a traduziu para a vida real, e foi a tradução mais convincente que eu vi na minha vida".
>
> Em vez de discutir as preferências pessoais, o pastor lhes relembrou que o mais importante é concentrar-se em aprender a Palavra de Deus e cumprir o que ela diz. Essa era a prioridade da vida de Esdras. Como escriba, ele estudou a Lei, a obedecia e a ensinou aos israelitas (Ed 7.10). Por exemplo, Deus ordenou que Seu povo não se casasse com mulheres das nações vizinhas que serviam a deuses pagãos (9.1,2). Esdras confessou os pecados da nação ao Senhor (9.10-12) e os corrigiu. Eles se arrependeram em seguida (10.10-12).
>
> Vamos seguir o exemplo de Esdras: aprender a Palavra de Deus e aplicá-la a nossa vida.
>
> *Senhor, a Tua Palavra é a verdade e preciso conhecê-la melhor. Ajuda-me hoje e a cada dia a descobrir pelo menos uma verdade bíblica e começar a aplicá-la mais fielmente em minha vida. Guia-me para que eu viva as verdades e princípios das Escrituras como um ato de adoração por tudo o que tens feito por mim.*
>
> ---
>
> **O melhor comentarista da Bíblia é aquele que a pratica.**

[31] Levantamos acampamento junto ao canal de Aava, no dia 19 de abril,[a] e partimos para Jerusalém. E a mão de nosso Deus nos protegeu e nos guardou de inimigos e bandidos ao longo do caminho. [32] Assim, chegamos em segurança a Jerusalém, onde descansamos por três dias.

[33] No quarto dia depois de nossa chegada, a prata, o ouro e os utensílios valiosos foram pesados no templo de nosso Deus e entregues a Meremote, filho do sacerdote Urias. Estavam com ele Eleazar, filho de Fineias, e os levitas Jozabade, filho de Jesua, e Noadias, filho de Binui. [34] Pesaram e contaram tudo, e o peso total foi registrado oficialmente.

[35] Os exilados que haviam regressado do cativeiro ofereceram holocaustos ao Deus de Israel. Apresentaram 12 touros por todo o povo de Israel, 96 carneiros e 77 cordeiros. Também apresentaram 12 bodes como oferta pelo pecado. Tudo isso foi oferecido como holocausto ao Senhor. [36] Os decretos do rei foram entregues aos oficiais que ocupavam os cargos mais elevados e aos governadores da província a oeste do rio Eufrates,[b] que passaram a apoiar o povo e o templo de Deus.

A oração de Esdras a respeito dos casamentos mistos

9 Depois que essas coisas foram feitas, os líderes judeus vieram e me disseram: "Muitos israelitas, e até mesmo alguns sacerdotes e levitas, não se mantiveram separados dos outros povos que habitam nesta terra. Adotaram as práticas detestáveis dos cananeus, dos hititas, dos ferezeus, dos jebuseus, dos amonitas, dos moabitas, dos egípcios e dos amorreus. [2] Os homens de Israel se casaram com mulheres desses povos e as tomaram como esposas para seus filhos. A descendência santa se contaminou por meio desses casamentos mistos. E, pior ainda, os líderes e os oficiais foram os primeiros a cometer essa infidelidade".

[3] Quando ouvi isso, rasguei minha túnica e meu manto, arranquei cabelos da cabeça e da barba e me sentei, absolutamente pasmo. [4] Então todos que tremiam diante das palavras do Deus de Israel vieram e sentaram-se comigo por causa dessa infidelidade cometida pelos exilados que haviam regressado. E fiquei sentado ali, atônito, até o sacrifício da tarde.

[5] Na hora do sacrifício, levantei-me de onde havia sentado em lamentação, com as roupas

---

[a] **8.31** Em hebraico, *no décimo segundo dia do primeiro mês*, do antigo calendário lunar hebraico. O ano foi 458 a.C.; ver também nota em 6.15. [b] **8.36** Em hebraico, *província além do rio*.

rasgadas. Caí de joelhos, ergui as mãos ao Senhor, meu Deus, ⁶e orei:

"Ó meu Deus, estou profundamente humilhado e tenho vergonha de levantar meu rosto para ti. Pois nossos pecados se elevam acima de nossa cabeça, e nossa culpa chegou até os céus. ⁷Desde os dias de nossos antepassados até agora, temos vivido cheios de pecado. Por isso, nós, nossos reis e nossos sacerdotes fomos entregues nas mãos dos reis da terra. Fomos mortos, capturados, roubados e desprezados, como acontece hoje.

⁸"Agora, porém, a graça do Senhor, nosso Deus, nos foi concedida por um breve momento. Ele permitiu que alguns de nós sobrevivêssemos como um remanescente e nos deu segurança neste lugar santo. Nosso Deus iluminou nossos olhos e nos concedeu um pouco de alívio de nossa escravidão. ⁹Éramos escravos, mas, em seu amor leal, nosso Deus não nos abandonou na escravidão. Em vez disso, fez os reis da Pérsia nos tratarem com bondade. Ele renovou nossas forças, para que reconstruíssemos o templo de nosso Deus e restaurássemos suas ruínas. Deu-nos um muro de proteção em Judá e em Jerusalém.

¹⁰"Agora, ó nosso Deus, o que podemos dizer depois de tudo isso? Pois, mais uma vez, abandonamos teus mandamentos! ¹¹Tu nos advertiste por meio de teus servos, os profetas, quando eles disseram: 'A terra em que estão entrando está inteiramente contaminada pelas práticas detestáveis dos povos que nela habitam. Está cheia de corrupção, de uma extremidade à outra. ¹²Não permitam que suas filhas se casem com os filhos deles, nem tomem as filhas deles como esposas para seus filhos. Jamais promovam a paz e a prosperidade dessas nações. Se seguirem essas instruções, serão fortes, desfrutarão das coisas boas que a terra produz e deixarão essa prosperidade como herança para seus filhos para sempre'.

¹³"Tudo que nos aconteceu é castigo de nossa maldade e de nossa grande culpa. Ainda assim, recebemos um castigo muito menor do que merecíamos, pois tu, nosso Deus, permitiste que alguns de nós sobrevivêssemos como um remanescente. ¹⁴E, no entanto, quebramos teus mandamentos outra vez e nos casamos com pessoas que praticam essas coisas detestáveis. Acaso tua ira não será suficiente para nos destruir, a ponto de não sobreviver nem mesmo este pequeno remanescente? ¹⁵Ó Senhor, Deus de Israel, tu és justo. Aqui estamos diante de ti com nossa culpa, um mero remanescente que escapou, embora, por sermos culpados, nenhum de nós tenha o direito de estar em tua presença".

O povo confessa seu pecado

10 Enquanto Esdras orava e fazia essa confissão, chorando e com o rosto no chão diante do templo de Deus, uma grande multidão de israelitas — homens, mulheres e crianças — se reuniu e chorou amargamente com ele. ²Então Secanias, filho de Jeiel, descendente de Elão, disse a Esdras: "Fomos infiéis a nosso Deus, pois nos casamos com mulheres estrangeiras, dos povos desta terra. Apesar disso, há esperança para Israel. ³Façamos agora uma aliança com nosso Deus, firmando que nos divorciaremos de nossas esposas estrangeiras e as mandaremos embora com seus filhos. Seguiremos seu conselho e o conselho dos outros que tremem diante dos mandamentos de nosso Deus. Que tudo seja feito de acordo com a lei de Deus. ⁴Levante-se, pois é seu dever nos dizer como corrigir esta situação. Nós o apoiaremos; portanto, seja forte e faça o que tem de ser feito!".

⁵Então Esdras se levantou e exigiu que os líderes dos sacerdotes, os levitas e todo o povo de Israel jurassem que fariam o que Secanias tinha dito. E todos fizeram um juramento solene. ⁶Em seguida, Esdras se retirou de diante do templo de Deus e foi à sala de Joanã, filho de Eliasibe. Não bebeu nem comeu nada enquanto esteve ali, pois ainda lamentava a infidelidade dos exilados que haviam regressado.

⁷Depois disso, foi feita uma proclamação por todo o Judá e Jerusalém, para que todos os que vieram do exílio se reunissem em Jerusalém. ⁸Aqueles que não viessem em três dias perderiam todas as suas propriedades e seriam expulsos da comunidade dos exilados, conforme a decisão dos líderes e das autoridades.

⁹Dentro de três dias, todo o povo de Judá e de Benjamim havia se reunido em Jerusalém.

A reunião aconteceu no dia 19 de dezembro,[a] e todo o povo estava sentado na praça diante do templo de Deus. Tremiam por causa da seriedade do assunto e porque chovia. [10]Então o sacerdote Esdras se levantou e disse: "Vocês agiram de modo infiel. Aumentaram a culpa de Israel ao se casar com mulheres estrangeiras. [11]Agora, confessem seu pecado ao Senhor, o Deus de seus antepassados, e façam o que agrada a ele. Separem-se do povo da terra e dessas mulheres estrangeiras".

[12]Toda a comunidade respondeu em alta voz: "Você tem razão! Faremos o que disse! [13]No entanto, não é algo que possa ser feito em um dia ou dois, pois há muitos de nós envolvidos neste grande pecado. E agora é a estação das chuvas, portanto não podemos ficar aqui fora por muito mais tempo. [14]Que nossos líderes decidam por toda a comunidade. Todo aquele que tiver uma esposa estrangeira virá num dia marcado, acompanhado das autoridades e dos juízes de sua cidade, para que a ira ardente de nosso Deus a esse respeito seja afastada de nós".

[15]Os únicos que se opuseram à proposta foram Jônatas, filho de Asael, e Jazeías, filho de Ticvá, apoiados por Mesulão e pelo levita Sabetai.

[16]Foi esse, portanto, o plano que seguiram. Esdras escolheu líderes para representarem suas famílias e designou cada representante por nome. No dia 29 de dezembro,[b] os líderes se reuniram para tratar da questão. [17]Assim, em 27 de março, o primeiro dia do novo ano,[c] haviam terminado de resolver todos os casos de homens que tinham se casado com mulheres estrangeiras.

Os culpados de casamento misto

[18]Os sacerdotes que se casaram com mulheres estrangeiras foram:

Da família de Jesua, filho de Jeozadaque,[d] e de seus irmãos: Maaseias, Eliézer, Jaribe e Gedalias. [19]Assumiram o compromisso de divorciar-se de suas esposas, e cada um ofereceu um carneiro como sacrifício por causa de sua culpa.

[20]Da família de Imer: Hanani e Zebadias.

[21]Da família de Harim: Maaseias, Elias, Semaías, Jeiel e Uzias.

[22]Da família de Pasur: Elioenai, Maaseias, Ismael, Natanael, Jozabade e Elasa.

[23]Os levitas culpados desse pecado foram: Jozabade, Simei, Quelaías (também chamado Quelita), Petaías, Judá e Eliézer.

[24]O cantor culpado desse pecado foi: Eliasibe. Os porteiros culpados desse pecado foram: Salum, Telém e Uri.

[25]Os outros israelitas culpados desse pecado foram:

Da família de Parós: Ramias, Jezias, Malquias, Miamim, Eleazar, Malquias e Benaia.

[26]Da família de Elão: Matanias, Zacarias, Jeiel, Abdi, Jeremote e Elias.

[27]Da família de Zatu: Elioenai, Eliasibe, Matanias, Jeremote, Zabade e Aziza.

[28]Da família de Bebai: Joanã, Hananias, Zabai e Atlai.

[29]Da família de Bani: Mesulão, Maluque, Adaías, Jasube, Seal e Jeremote.

[30]Da família de Paate-Moabe: Adna, Quelal, Benaia, Maaseias, Matanias, Bezaleel, Binui e Manassés.

[31]Da família de Harim: Eliézer, Issias, Malquias, Semaías, Simeão, [32]Benjamim, Maluque e Semarias.

[33]Da família de Hasum: Matenai, Matatá, Zabade, Elifelete, Jeremai, Manassés e Simei.

[34]Da família de Bani: Maadai, Anrão, Uel, [35]Benaia, Bedias, Queluí, [36]Vanias, Meremote, Eliasibe, [37]Matanias, Matenai e Jaasai.

[38]Da família de Binui:[e] Simei, [39]Selemias, Natã, Adaías, [40]Macnadbai, Sasai, Sarai,

[41]Azareel, Selemias, Semarias, [42]Salum, Amarias e José.

[43]Da família de Nebo: Jeiel, Matitias, Zabade, Zebina, Jadai, Joel e Benaia.

[44]Todos esses homens se casaram com mulheres estrangeiras, e alguns tiveram filhos com essas esposas.[f]

---

[a] 10.9 Em hebraico, *no vigésimo dia do nono mês*, do antigo calendário lunar hebraico. O ano foi 458 a.C.; ver também nota em 6.15. [b] 10.16 Em hebraico, *No primeiro dia do décimo mês*, do antigo calendário lunar hebraico. O ano foi 458 a.C.; ver também nota em 6.15. [c] 10.17 Em hebraico, *No primeiro dia do primeiro mês*, do antigo calendário lunar hebraico. O ano foi 457 a.C.; ver também nota em 6.15. [d] 10.18 Em hebraico, *Jozadaque*, variação de Jeozadaque. [e] 10.37-38 Conforme a Septuaginta; o hebraico traz *Jaasai*, [38]*Bani, Binui*. [f] 10.44 Ou *e as mandaram embora com seus filhos*. O significado do hebraico é incerto.

NEEMIAS

INTRODUÇÃO

Esdras e Neemias

Nome. Esdras e Neemias, anteriormente, eram considerados como um único livro. Eles contêm o relato do retorno dos exilados a Jerusalém e o restabelecimento do culto. Logo passaram a ser chamados de 1 e 2 Esdras. Jerônimo foi o primeiro a intitular o segundo livro de Neemias. Wycliffe os chamou de 1 e 2 Esdras e mais tarde os chamaram de livros de Esdras. Os nomes atuais apareceram pela primeira vez na Bíblia de Genebra (1560). Esdras recebe o nome do autor e do personagem principal, cujo nome significa "ajuda". Neemias recebe o nome do personagem principal, cujo significado é "Deus conforta".

Outros livros. Três outros livros devem ser lidos em conjunto com este estudo. (1) O livro de Ester, que se refere a essa época e deve ser lido entre os capítulos 6 e 7 do livro de Esdras. (2) Os livros de Ageu e Zacarias. Esses dois profetas foram associados ao primeiro retorno de Zorobabel e suas palavras incitaram os judeus a terminarem a reconstrução do Templo apesar da oposição.

Retorno do cativeiro. O retorno consistiu em três expedições lideradas, respectivamente, por Zorobabel, Esdras e Neemias. O tempo que abrange não pode ser calculado com precisão. Provavelmente não é menos de 90 anos. Alguns acreditam que podem abranger até 110 anos.

ESBOÇO

1. A reconstrução dos muros, Caps. 1–7
    1.1. Neemias recebe permissão para ir a Jerusalém, Caps. 1–2
    1.2. O trabalho nos muros e sua interrupção, Caps. 3–7
2. A aliança para guardar a Lei, Caps. 8–10
    2.1. A Lei é lida, Cap. 8
    2.2. Confissão é feita, Cap. 9
    2.3. Aliança estabelecida, Cap. 10
3. A dedicação dos muros e a reforma de Neemias, Caps. 11–13
    3.1. Os que habitavam a cidade, 11.1–12.26
    3.2. Os muros dedicados, 12.27-47
    3.3. A correção dos males, Cap. 13

PARA ESTUDO E DISCUSSÃO

[1] Indique elementos de força no caráter e obra de Neemias.
[2] A grandeza e a dificuldade da tarefa de Neemias: (a) o lixo; (b) o tamanho e o comprimento dos muros; (c) a força de seus inimigos.
[3] As reformas de Neemias: (a) religiosas; (b) morais; (c) políticas.
[4] A reunião pública e a Festa das Cabanas, Cap. 8.
[5] A aliança, Caps. 9–10.
[6] O repovoamento de Jerusalém, Caps. 11–12.

1 Estas são as memórias de Neemias, filho de Hacalias.

A preocupação de Neemias com Jerusalém

No mês de quisleu, no vigésimo ano do reinado do rei Artaxerxes,[a] eu estava na fortaleza de Susã. ²Hanani, um de meus irmãos, veio me visitar com alguns homens que haviam chegado de Judá. Perguntei-lhes a respeito dos judeus que haviam regressado do cativeiro e da situação em Jerusalém.

³Eles responderam: "As coisas não vão bem para os que regressaram à província de Judá. Eles estão passando por dificuldades e humilhações. O muro de Jerusalém foi derrubado, e suas portas foram destruídas pelo fogo".

⁴Quando ouvi isso, sentei-me e chorei. Durante alguns dias, lamentei, jejuei e orei ao Deus dos céus. ⁵Então disse:

"Ó Senhor, Deus dos céus, Deus grande e temível, que guardas tua aliança de amor leal para com os que te amam e obedecem a teus mandamentos, ⁶ouve minha oração! Olha do alto e vê que oro noite e dia por teu povo, Israel. Confesso que temos pecado contra ti. Sim, minha própria família e eu temos pecado! ⁷Temos pecado terrivelmente contra ti. Não temos obedecido a teus mandamentos, decretos e estatutos, que nos deste por meio de teu servo Moisés.

⁸"Por favor, lembra-te do que disseste a teu servo Moisés: 'Se forem infiéis a mim, eu os dispersarei entre as nações, ⁹mas, se voltarem para mim e obedecerem a meus mandamentos e viverem de acordo com eles, então, mesmo que estejam exilados nos confins da terra,[b] eu os reunirei e os trarei de volta ao lugar que escolhi para estabelecer meu nome'.

¹⁰"O povo que tu resgataste com teu grande poder e com tua forte mão é teu servo. ¹¹Ó Senhor, por favor, ouve a oração deste teu servo! Ouve as orações de teus servos que se agradam em te honrar. Peço que me concedas êxito hoje e que o rei me seja favorável".[c]

Nesse tempo, eu era copeiro do rei.

Neemias recebe permissão para ir a Jerusalém

2 No mês de nisã,[d] no vigésimo ano do reinado do rei Artaxerxes, eu estava servindo vinho ao rei. Nunca eu tinha estado triste em sua presença. ²O rei me perguntou: "Por que está com o rosto tão triste? Você não parece doente. Deve estar profundamente angustiado".

Fiquei com muito medo, ³mas respondi: "Que o rei viva para sempre! Como meu rosto não pareceria triste? A cidade onde estão sepultados meus antepassados está em ruínas, e suas portas foram destruídas pelo fogo".

⁴"O que você deseja que eu faça?", perguntou o rei.

Depois de orar ao Deus dos céus, ⁵respondi: "Se lhe parecer bem, e se o rei for favorável a mim, seu servo, peço que me envie a Judá para reconstruir a cidade onde meus antepassados estão sepultados".

⁶O rei, com a rainha sentada ao seu lado, perguntou: "Quanto tempo você ficará ausente? Quando voltará?". Respondi ao rei quanto tempo ficaria ausente, e ele atendeu a meu pedido.

⁷Disse também: "Se lhe parecer bem, gostaria que o rei me desse cartas para levar aos governadores da província a oeste do rio Eufrates,[e] com instruções para que eles permitam que eu viaje em segurança por seus territórios até chegar a Judá. ⁸Peço ainda que o rei me dê uma carta para levar a Asafe, administrador da floresta real, com instruções para que me forneça madeira. Precisarei desse material para as vigas das portas da fortaleza junto ao templo, para o muro da cidade e para minha própria casa". O rei atendeu a esses pedidos, pois a bondosa mão de Deus estava sobre mim.

⁹Fui aos governadores da província a oeste do rio Eufrates e lhes entreguei as cartas do rei. Além disso, o rei enviou oficiais do exército e cavaleiros para me protegerem. ¹⁰Mas, quando Sambalate, o horonita, e Tobias, o oficial

---

[a] **1.1** Em hebraico, *No mês de quisleu do vigésimo ano*. Vários acontecimentos em Neemias podem ser confirmados por datas em registros persas que sobreviveram ao tempo e relacionados com precisão ao calendário moderno. Esse mês do antigo calendário lunar hebraico caiu entre novembro e dezembro de 446 a.C. O *vigésimo ano* provavelmente se refere ao reinado de Artaxerxes I; comparar com 2.1; 5.14. [b] **1.9** Em hebraico, *dos céus*. [c] **1.11** Em hebraico, *hoje aos olhos deste homem*. [d] **2.1** Esse mês do antigo calendário lunar hebraico caiu entre abril e maio de 445 a.C. [e] **2.7** Em hebraico, *província além do rio*; também em 2.9.

amonita, souberam de minha chegada, ficaram muito irritados porque alguém veio promover o bem dos israelitas.

Neemias inspeciona o muro de Jerusalém

¹¹Assim, cheguei a Jerusalém. Três dias depois, ¹²saí discretamente durante a noite, levando comigo uns poucos homens. Não havia contado a ninguém os planos para Jerusalém que Deus tinha colocado em meu coração. Não levamos nenhum animal de carga além daquele que eu montava. ¹³Depois que escureceu, saí pela porta do Vale, passei pelo poço do Chacal[a] e fui até a porta do Esterco para inspecionar o muro de Jerusalém, que tinha sido derrubado, e as portas, que haviam sido destruídas pelo fogo. ¹⁴Em seguida, fui à porta da Fonte e ao tanque do Rei, mas, por causa do entulho, não havia espaço para meu animal passar. ¹⁵Por isso, embora ainda estivesse escuro, subi pelo vale de Cedrom[b] e inspecionei os muros ali, antes de voltar e entrar de novo pela porta do Vale.

¹⁶Os oficiais da cidade não sabiam aonde eu tinha ido nem o que estava fazendo, pois não havia contado meus planos a ninguém. Ainda não tinha falado com os líderes judeus: os sacerdotes, os nobres, os oficiais e outros que realizariam o trabalho. ¹⁷Mas, então, eu lhes disse: "Vocês sabem muito bem da terrível situação em que estamos. Jerusalém está em ruínas, e suas portas foram destruídas pelo fogo. Venham, vamos reconstruir o muro de Jerusalém e acabar com essa vergonha!". ¹⁸Então lhes contei como a mão de Deus tinha estado sobre mim e lhes relatei minha conversa com o rei.

Eles responderam: "Sim, vamos reconstruir o muro!", e ficaram animados para realizar essa boa obra.

¹⁹Mas, quando Sambalate, o horonita, Tobias, o oficial amonita, e Gesém, o árabe, souberam de nosso plano, zombaram de nós com desprezo e perguntaram: "O que estão fazendo? Estão se rebelando contra o rei?".

²⁰Eu lhes respondi: "O Deus dos céus nos dará êxito. Nós, seus servos, começaremos a reconstruir este muro. Vocês, porém, não têm nenhuma parte, nenhum direito legal ou histórico sobre Jerusalém".

A reconstrução do muro de Jerusalém

3 Então o sumo sacerdote Eliasibe e os outros sacerdotes começaram a reconstruir a porta das Ovelhas. Eles a consagraram, colocaram as portas no lugar e reconstruíram o muro até a torre dos Cem, que também consagraram, e até a torre de Hananel. ²Os habitantes da cidade de Jericó trabalharam ao lado deles, e mais adiante estava Zacur, filho de Inri.

³A porta do Peixe foi construída pelos filhos de Hassenaá. Colocaram as vigas, levantaram as portas e puseram os ferrolhos e as trancas. ⁴Meremote, filho de Urias e neto de Hacoz, consertou o trecho seguinte do muro. Ao seu lado estava Mesulão, filho de Berequias e neto de Mesezabel, e mais adiante, Zadoque, filho de Baaná. ⁵Os habitantes de Tecoa consertaram o trecho seguinte, embora seus líderes se recusassem a trabalhar com os supervisores da construção.

⁶Os reparos da porta Antiga[c] foram realizados por Joiada, filho de Paseia, e por Mesulão, filho de Besodias. Colocaram as vigas, levantaram as portas e puseram os ferrolhos e as trancas. ⁷Ao lado deles estavam Melatias, de Gibeom, Jadom, de Meronote, homens de Gibeom e homens de Mispá, cidades sob a autoridade do governador da província a oeste do rio Eufrates.[d] ⁸Uziel, filho de Haraías, ourives de profissão, consertou o trecho seguinte, e mais adiante estava Hananias, fabricante de perfumes. Reconstruíram Jerusalém até o muro Largo.

⁹Refaías, filho de Hur, governador de metade do distrito de Jerusalém, trabalhou ao lado deles no muro. ¹⁰No trecho seguinte, Jedaías, filho de Harumafe, consertou o muro em frente de sua própria casa, e ao lado dele estava Hatus, filho de Hasabneias. ¹¹Em seguida vinham Malquias, filho de Harim, e Hassube, filho de Paate-Moabe, que consertaram outra parte do muro e a torre dos Fornos. ¹²Salum, filho de Haloes, e as filhas dele, consertaram o trecho seguinte. Salum era governador da outra metade do distrito de Jerusalém.

---

[a] **2.13** Ou *poço da Serpente*. [b] **2.15** Em hebraico, *pelo vale*. [c] **3.6** Ou *porta de Mishneh*, ou *porta de Jesana*. [d] **3.7** Em hebraico, *província além do rio*.

> **REFLETINDO SOBRE: Mulheres patriotas**
>
> ## As filhas de Salum
>
> *...então, se meu povo, que se chama pelo meu nome, humilhar-se e orar, buscar minha presença e afastar-se de seus maus caminhos, eu os ouvirei dos céus, perdoarei seus pecados e restaurarei sua terra.*
> —2 Crônicas 7.14
>
> Na época de Neemias, o muro ao redor de Jerusalém era uma desgraça que ameaçava a segurança da cidade. Como Salum não tinha nenhum filho homem, suas filhas trabalhavam com ele para restaurar a porção do muro que fora designada à sua família. Como responsável por metade do distrito de Jerusalém, Salum podia facilmente reunir trabalhadores para ajudá-lo, mas talvez suas filhas tenham insistido em fazer parte do trabalho. Enquanto trabalhavam ao lado dos homens, sua alegria em contribuir com a segurança de sua nação provavelmente ofuscava sua fadiga e desconforto pelo árduo trabalho físico. Essas jovens mulheres sabiam que estavam investindo seu tempo e energia no futuro de Israel.
>
> O evento histórico da reconstrução da muralha de Jerusalém inspirou o nome de uma organização chamada *WallBuilders* (Construtores de Muralha). Fundada por um educador e ex-diretor de escolas chamado David Barton, a organização se dedica a "apresentar heróis e a história esquecida da América, com ênfase na fundação moral, religiosa e constitucional sobre a qual os Estados Unidos foram construídos — uma fundação que em anos recentes tem sido seriamente atacada e solapada". A organização educa e encoraja os americanos a exercerem seu papel na reconstrução dos fundamentos originais do país.
>
> Quando temos uma vida confortável, é tentador focar exclusivamente em nossos interesses pessoais, mas Deus também nos chama para nos responsabilizarmos pelo bem-estar de nosso país. Algumas dentre nós podem se envolver com a política em nível local ou nacional. Algumas já servem em conselhos municipais ou diretorias de escolas, enquanto outras representam Cristo em suas vizinhanças. Todas nós somos chamadas para interceder por nossa nação e seus líderes. Se cada uma de nós trabalhar na área que nos foi designada, assim como as filhas de Salum fizeram, poderemos reconstruir a muralha de nossa nação e investir em seu futuro.

[13] Os reparos da porta do Vale foram realizados pelos habitantes de Zanoa, sob a liderança de Hanum. Levantaram as portas e puseram os ferrolhos e as trancas. Também consertaram os 450 metros[a] seguintes do muro até a porta do Esterco.

[14] Os reparos da porta do Esterco foram realizados por Malquias, filho de Recabe, governador do distrito de Bete-Haquerém. Ele a reconstruiu, levantou as portas e pôs os ferrolhos e as trancas.

[15] Os reparos da porta da Fonte foram realizados por Salum, filho de Col-Hozé, governador do distrito de Mispá. Ele a reconstruiu, colocou o telhado, levantou as portas e pôs os ferrolhos e as trancas. Além disso, consertou o muro do tanque de Siloé,[b] perto do jardim do rei, e reconstruiu o muro até os degraus que descem da Cidade de Davi. [16] Ao lado dele estava Neemias, filho de Azbuque, governador de metade do distrito de Bete-Zur. Ele reconstruiu o muro desde o lugar em frente dos túmulos da família de Davi até o reservatório de água e até a Casa dos Guerreiros.

[17] Os reparos do trecho seguinte foram realizados por um grupo de levitas que trabalharam sob a supervisão de Reum, filho de Bani. Depois deles vinha Hasabias, governador de metade do distrito de Queila, representando seu distrito. [18] No trecho seguinte trabalharam seus parentes, liderados por Binui,[c] filho de Henadade, governador da outra metade do distrito de Queila.

[19] Ézer, filho de Jesua, governador do distrito de Mispá, consertou o trecho seguinte do muro, desde o lugar em frente da subida para a casa das armas até a esquina do muro. [20] Mais

---

[a] 3.13 Em hebraico, *1.000 côvados*. [b] 3.15 Em hebraico, *tanque de Selá*, outro nome para o tanque de Siloé. [c] 3.18 Conforme alguns manuscritos hebraicos, alguns manuscritos gregos e a versão siríaca (ver tb. 3.24; 10.9); a maioria dos manuscritos hebraicos traz *Bavai*.

adiante, Baruque, filho de Zabai, consertou com grande zelo o trecho desde a esquina do muro até a entrada da casa do sumo sacerdote Eliasibe. ²¹Meremote, filho de Urias e neto de Hacoz, reconstruiu o trecho do muro desde a entrada da casa de Eliasibe até o fim da casa.

²²Os reparos do trecho seguinte foram realizados pelos sacerdotes que moravam ao redor da cidade. ²³Ao seu lado, Benjamim e Hassube consertaram o trecho em frente de suas casas, e Azarias, filho de Maaseias e neto de Ananias, consertou o trecho ao lado de sua casa. ²⁴Em seguida vinha Binui, filho de Henadade, que consertou o trecho desde a casa de Azarias até a esquina do muro. ²⁵Palal, filho de Uzai, consertou o trecho em frente da esquina do muro e da torre do palácio real, ao lado do pátio da guarda. Ao lado dele estavam Pedaías, filho de Parós, ²⁶e os servidores do templo que moravam na colina de Ofel, que consertaram o muro até o lugar em frente da porta das Águas, a leste, e da torre do palácio. ²⁷Mais adiante, os habitantes de Tecoa consertaram outro trecho, desde o lugar em frente da grande torre alta até o muro de Ofel.

²⁸Os reparos acima da porta dos Cavalos foram realizados pelos sacerdotes; cada um consertou o trecho do muro em frente de sua própria casa. ²⁹Depois deles, Zadoque, filho de Imer, também consertou o trecho do muro em frente de sua casa. Ao seu lado estava Semaías, filho de Secanias, guarda da porta Oriental. ³⁰Hananias, filho de Selemias, e Hanum, sexto filho de Zalafe, consertaram o trecho seguinte, enquanto Mesulão, filho de Berequias, consertou o trecho em frente de onde ele morava. ³¹Malquias, um dos ourives, consertou o muro até as casas para os servidores do templo e para os negociantes, em frente da porta da Guarda; então continuou o trabalho até a sala superior da esquina. ³²Os outros ourives e negociantes consertaram o muro desde a sala superior da esquina até a porta das Ovelhas.

Inimigos se opõem à reconstrução

4 ¹ªSambalate ficou furioso quando soube que estávamos reconstruindo o muro. Indignou-se e zombou dos judeus. ²Disse na presença de seus companheiros e dos oficiais do exército samaritano: "O que esse punhado de judeus fracos pensa que está fazendo? Imaginam que serão capazes de construir o muro em um dia só porque ofereceram alguns sacrifícios?ᵇ Pensam que podem fazer algo com as pedras queimadas que tiraram de um monte de entulho?".

PÃO DIÁRIO

O muro da unificação

Por fim, o muro foi reconstruído até metade de sua altura ao redor de toda a cidade, pois o povo trabalhou com entusiasmo.

—Neemias 4.6

Os muros dividem e, por isso, eles são construídos. A Grande Muralha da China foi construída para manter do lado de fora as tribos que a saqueavam. Essa extraordinária linha de defesa serpenteava por 6.437 quilômetros através da Ásia, e grande parte dela ainda está de pé. Em contrapartida, o Muro de Berlim mantinha as pessoas dentro, e não fora. Sua destruição em 1989 reuniu as pessoas que viviam nas partes separadas da Alemanha, e houve alegre celebração.

Há séculos, a reconstrução de outro muro reuniu as pessoas. Deus tinha dito a Neemias que reconstruísse o muro ao redor de Jerusalém. Ele era essencial para a proteção, mas havia sido destruído durante a invasão babilônica. Porém, os inimigos dos judeus se opunham ao projeto de reconstrução e buscavam maneiras de sabotar seus esforços (Ne 4.7,8). Enquanto a metade dos homens trabalhava, os outros montavam guarda para protegê-los.

Além de fornecer proteção, esse muro demonstrava o trabalho em equipe e a unidade (Ne 3). Todos os membros da equipe trouxeram seus talentos e habilidades e uniram-se para realizar muito mais do que o fariam individualmente.

Deveria ser assim na igreja de hoje. Nossos talentos são presentes de Deus para serem usados na construção do Seu reino. Trabalhamos melhor quando trabalhamos juntas.

Senhor, renova o nosso coração ao nos empenharmos para trabalhar uns com os outros — cada um dando o seu melhor. Mostra-nos como podemos colocar nossas diferenças de lado e nos unirmos num propósito comum. Senhor, abençoa os nossos esforços, para que possam trazer glória a ti.

Reunirmo-nos é o início; mantermo-nos juntas é avanço, trabalhar juntas é sucesso.

ª **4.1** No texto hebraico, os versículos 4.1-6 são numerados 3.33-38. ᵇ **4.2** O significado do hebraico, é incerto.

³Tobias, o amonita, estava ao seu lado e comentou: "Basta uma raposa subir lá, e esse muro de pedra desaba!".

⁴Então orei: "Ouve-nos, nosso Deus, pois estamos sendo ridicularizados. Que essa zombaria caia sobre a cabeça deles, e que eles próprios se tornem prisioneiros numa terra estrangeira! ⁵Não ignores sua culpa. Não apagues seus pecados, pois provocaram tua ira aqui, diante[a] dos construtores".

⁶Por fim, o muro foi reconstruído até metade de sua altura ao redor de toda a cidade, pois o povo trabalhou com entusiasmo.

⁷ᵇNo entanto, quando Sambalate, Tobias, os árabes, os amonitas e os asdoditas souberam que a obra avançava e que as brechas no muro de Jerusalém estavam sendo fechadas, encheram-se de ira. ⁸Eles planejaram vir, lutar contra Jerusalém e causar confusão em nosso meio. ⁹Mas nós oramos a nosso Deus e colocamos guardas na cidade de dia e de noite para nos proteger.

¹⁰Então o povo de Judá começou a se queixar: "Os trabalhadores estão cansados, e ainda há muito entulho para remover. Não seremos capazes de construir o muro sozinhos".

¹¹Enquanto isso, nossos inimigos diziam: "Antes que eles se deem conta do que está acontecendo, cairemos sobre eles e os mataremos, acabando com seu trabalho".

¹²Os judeus que moravam perto dos inimigos nos disseram diversas vezes: "Eles virão de todas as direções e nos atacarão!".[c] ¹³Por isso, coloquei guardas armados atrás das partes mais baixas do muro e nos lugares mais expostos. Dividi-os por famílias, para que montassem guarda armados com espadas, lanças e arcos.

¹⁴Examinei a situação, reuni os nobres, os oficiais e o restante do povo e lhes disse: "Não tenham medo do inimigo! Lembrem-se do Senhor, que é grande e temível, e lutem por seus irmãos, seus filhos, suas filhas, suas esposas e seus lares!".

¹⁵Quando nossos inimigos descobriram que sabíamos de seus planos e que Deus os havia frustrado, todos nós voltamos ao trabalho no muro. ¹⁶Dali em diante, porém, apenas metade de meus homens trabalhava, pois a outra metade ficava de guarda com lanças, escudos, arcos e couraças. Os líderes ficavam na retaguarda de todo o povo de Judá, ¹⁷que construía o muro. Os trabalhadores prosseguiram com a obra; com uma das mãos levavam as cargas, enquanto, com a outra, seguravam uma arma. ¹⁸Todos os construtores tinham uma espada presa à cintura. O tocador de trombeta ficava comigo para dar o sinal de alerta.

¹⁹Então expliquei aos nobres, aos oficiais e ao restante do povo: "A obra é extensa, e estamos muito separados uns dos outros ao longo do muro. ²⁰Quando ouvirem o toque da trombeta, corram para onde ele soar. Nosso Deus lutará por nós".

²¹Trabalhávamos o dia inteiro, do nascer ao pôr do sol, e metade dos homens estava sempre de guarda. ²²Nessa ocasião, eu disse aos que moravam fora dos muros que passassem a noite em Jerusalém. Assim, eles e seus servos poderiam ajudar na guarda à noite e trabalhar durante o dia. ²³Nenhum de nós — nem eu, nem meus parentes, nem meus servos, nem os guardas que estavam comigo — trocava de roupa. Carregávamos sempre nossas armas, até mesmo quando íamos beber água.[d]

Neemias defende os oprimidos

5 Por esse tempo, alguns homens e suas esposas fizeram um grande protesto contra seus irmãos judeus. ²Alguns deles diziam: "Nossas famílias são grandes; precisamos de mais alimento para sobreviver".

³Outros diziam: "Hipotecamos nossos campos, nossas videiras e nossas casas para conseguir comida durante este período de escassez".

⁴Ainda outros diziam: "Tomamos dinheiro emprestado para pagar os impostos do rei sobre nossos campos e vinhedos. ⁵Somos da mesma família que os ricos, e nossos filhos são iguais aos filhos deles. Contudo, somos obrigados a vender nossos filhos como escravos só para termos dinheiro suficiente para viver. Já vendemos algumas de nossas filhas, e não há

---

[a] **4.5** Ou *porque lançaram insultos no rosto*. [b] **4.7** No texto hebraico, os versículos 4.7-23 são numerados 4.1-17. [c] **4.12** O significado do hebraico é incerto. [d] **4.23** Ou *Cada um carregava sua arma na mão direita*. O significado do hebraico é incerto.

nada que possamos fazer, pois nossos campos e vinhedos agora pertencem a outros".

⁶Quando ouvi essas reclamações, fiquei muito indignado. ⁷Depois de pensar bem na questão, repreendi os nobres e os oficiais, dizendo: "Vocês estão prejudicando seus próprios irmãos ao cobrar juros quando lhes pedem dinheiro emprestado!". Em seguida, convoquei uma reunião pública para tratar do problema.

⁸Na reunião, eu lhes disse: "Temos feito todo o possível para resgatar nossos irmãos judeus que se venderam a estrangeiros, mas agora vocês os vendem de volta à escravidão. Quantas vezes precisaremos resgatá-los?". E eles não tinham nada a dizer em sua defesa.

⁹Então prossegui: "O que vocês estão fazendo não é certo! Acaso não deviam andar no temor de nosso Deus, para evitar a zombaria das nações inimigas? ¹⁰Eu, meus irmãos e os homens que trabalham para mim temos emprestado dinheiro e cereal para o povo. Agora, porém, deixemos de cobrar juros! ¹¹Devolvam-lhes hoje mesmo seus campos, seus vinhedos, seus olivais e suas casas. Devolvam também a centésima parte, os juros que cobraram quando lhes emprestaram dinheiro, cereais, vinho novo e azeite".

¹²Eles responderam: "Devolveremos tudo e não exigiremos mais nada do povo. Faremos conforme você diz". Então chamei os sacerdotes e fiz os nobres e os oficiais jurarem que cumpririam sua promessa.

¹³Depois, sacudi as dobras de meu manto e disse: "Que Deus assim os sacuda de seus lares e de suas propriedades se vocês não cumprirem o que prometeram! Que fiquem sem absolutamente nada!".

Toda a comunidade respondeu: "Amém", e louvaram o Senhor. E o povo cumpriu o que havia prometido.

¹⁴Durante os doze anos em que fui governador de Judá, do vigésimo ano ao trigésimo segundo ano do reinado do rei Artaxerxes,[a] nem eu nem meus oficiais cobramos o tributo de alimentação ao qual tínhamos direito. ¹⁵Os governadores anteriores, no entanto, haviam colocado cargas pesadas sobre o povo; exigiam uma porção de alimento e de vinho, além de quarenta peças[b] de prata. Até mesmo os oficiais deles se aproveitavam do povo. Mas, por temor a Deus, não agi dessa maneira.

¹⁶Dediquei-me ao trabalho no muro e não adquiri terras. Exigi que todos os meus servos também trabalhassem no muro. ¹⁷Não pedi nada, embora 150 judeus e oficiais comessem com frequência à minha mesa, além de todos os visitantes de outras terras. ¹⁸Os suprimentos

---

PÃO DIÁRIO

Um líder que serve

Até mesmo os oficiais deles se aproveitavam do povo. Mas, por temor a Deus, não agi dessa maneira.
—Neemias 5.15

Um pastor de jovens estava liderando um grupo numa viagem missionária de curta duração a uma comunidade pobre no Peru. O único quarto confortável disponível foi designado para o pastor, mas ele recusou o privilégio.

Esse pastor não ficou à sombra de uma árvore tomando limonada quando chegou a hora de carregar o concreto sob um calor de 38°C, mas empurrou o carrinho de mão rampa acima e, com uma pá, tirou o concreto dele. Agindo assim, ganhou o respeito dos peruanos e do seu grupo de jovens porque realizou o trabalho pesado com eles.

Durante a reconstrução do muro de Jerusalém sob condições difíceis e perigosas, seu líder, Neemias, também participou dessa construção e montou guarda. Como líder, tinha direito a uma comida especial, mas ele se recusou a aceitá-la, ao contrário de seus antecessores (Ne 5.18). Ele comia da mesma provisão que era oferecida a todos os outros.

Há duas opções quando alguém está em posição de liderança: a tentação de servir a si mesmo e a oportunidade de servir as pessoas que você lidera. Neemias escolheu ser um líder-servo e isso lhe rendeu enorme respeito.

Se o Senhor a colocar numa posição de liderança, peça-lhe que a ajude a ser uma líder-serva.

Jesus, sabemos que todas nós somos líderes de alguma maneira. Ajuda-nos a sermos líderes como Neemias o foi — sendo servas. Louvamos-te por seres o maior líder-servo, e por voluntariamente dares a vida por nós.

Líderes-servas como boas líderes servirão.

---

[a] 5.14 Isto é, de 445 a 433 a.C. [b] 5.15 Em hebraico, *40 siclos*, cerca de 480 gramas.

pelos quais eu pagava todos os dias eram um boi, seis das melhores ovelhas, e muitas aves. Além disso, a cada dez dias, precisávamos de uma grande quantidade de vinhos de todo tipo. E, no entanto, não cobrei o tributo de alimentação a que o governador tinha direito, pois o trabalho que o povo realizava já representava uma carga pesada.

¹⁹Lembra-te, ó meu Deus, de tudo que tenho feito por este povo, e abençoa-me por isso.

A oposição continua

6 Sambalate, Tobias, Gesém, o árabe, e o restante de nossos inimigos descobriram que eu havia terminado de reconstruir o muro e que não restavam brechas, embora as portas ainda não tivessem sido colocadas em seus lugares. ²Então Sambalate e Gesém enviaram uma mensagem pedindo que eu me encontrasse com eles num dos povoados[a] da planície de Ono.

Sabendo que eles planejavam me fazer mal, ³respondi com a seguinte mensagem: "Estou envolvido com uma obra muito importante e não posso ir. Por que eu deveria interromper o trabalho para me encontrar com vocês?".

⁴Quatro vezes eles enviaram a mesma mensagem, e cada vez lhes respondi da mesma forma. ⁵Na quinta vez, o servo de Sambalate trouxe nas mãos uma carta aberta, ⁶que dizia:

"Há um boato entre as nações vizinhas, e Gesém[b] o confirma, que você e os judeus planejam se rebelar e, por isso, estão reconstruindo o muro. De acordo com esses relatos, você planeja se tornar o rei deles. ⁷Corre a notícia de que você nomeou profetas em Jerusalém para proclamarem a seu respeito: 'Olhem! Há um rei em Judá!'.

"Pode ter certeza de que essa informação chegará ao conhecimento do rei. Sugiro, portanto, que venha conversar comigo".

⁸Eu lhe respondi: "Nada do que você diz é verdade. É tudo invenção sua".

⁹Estavam apenas tentando nos intimidar e imaginavam que iríamos interromper a obra. Assim, continuei o trabalho com determinação ainda maior.[c]

¹⁰Algum tempo depois, fui visitar Semaías, filho de Delaías e neto de Meetabel, que não podia sair de sua casa. Ele disse: "Vamos nos encontrar no templo de Deus e trancar as portas. Esta noite seus inimigos virão matá-lo".

¹¹Eu, porém, respondi: "Alguém de minha posição deve fugir do perigo? Alguém como eu deve entrar no templo para salvar a vida? Não farei isso!". ¹²Percebi que Deus não tinha falado com Semaías, mas que ele havia sido contratado por Sambalate e Tobias para anunciar essa profecia contra mim. ¹³Eles esperavam me intimidar e me fazer pecar. Assim, poderiam me difamar e me desacreditar.

¹⁴Lembra-te, ó meu Deus, de todo mal feito por Tobias e Sambalate. E lembra-te da profetisa Noadia e de todos os outros profetas que tentaram me intimidar.

Os construtores terminam o muro

¹⁵Por fim, no dia 2 de outubro,[d] 52 dias depois de começarmos o trabalho, o muro ficou pronto. ¹⁶Quando nossos inimigos e as nações vizinhas souberam disso, ficaram assustados e sentiram-se humilhados. Perceberam que a obra havia sido realizada com a ajuda de nosso Deus.

¹⁷Durante esses 52 dias, Tobias e os nobres de Judá trocaram várias cartas. ¹⁸Muitos em Judá haviam jurado lealdade a Tobias, pois seu sogro era Secanias, filho deArá, e seu filho Joanã era casado com a filha de Mesulão, filho de Berequias. ¹⁹Eles sempre me falavam das boas ações de Tobias e lhe contavam tudo que eu dizia. E Tobias continuava a mandar cartas de ameaça para me intimidar.

7 Depois que o muro foi terminado e que eu havia colocado as portas em seus lugares, foram nomeados os guardas das portas, os cantores e os levitas. ²Entreguei a responsabilidade de governar Jerusalém a meu irmão Hanani e a Hananias, comandante da fortaleza, pois era um homem fiel que temia a Deus mais do que a maioria dos homens. ³Eu lhes disse: "Não deixem as portas abertas durante a parte mais quente do dia.[e] Mesmo quando os guardas das

---

[a] **6.2** Conforme a Septuaginta; o hebraico traz *em Quefirim.* [b] **6.6** Em hebraico, *Gasmu,* variação de Gesém. [c] **6.9** Conforme a Septuaginta; o hebraico traz *Mas, agora, fortalece minhas mãos.* [d] **6.15** Em hebraico, *no vigésimo quinto dia do mês de elul,* do antigo calendário lunar hebraico. O ano foi 445 a.C.; ver também nota em 1.1. [e] **7.3** Ou *Mantenham as portas de Jerusalém fechadas até que o sol esteja quente.*

> **REFLETINDO SOBRE: Oposição**
>
> ## Noadia
>
> *Filhinhos, vocês pertencem a Deus e já venceram os falsos profetas, pois o Espírito que está em vocês é maior que o espírito que está no mundo.*
> —1 João 4.4
>
> Ao sair da reunião, Marta pensou sobre a difícil decisão que enfrentou. Muitas mulheres tinham praticamente lhe implorado que liderasse o comitê por mais um ano, mas ela simplesmente não tinha certeza se deveria. Marta não se importava com as horas extras, mas havia um problema, e ele geralmente se sentava do outro lado da mesa. Dee era barulhenta e impetuosa. Ela se opunha a todo projeto que alguém sugerisse e fazia críticas negativas após as reuniões. Ela parecia estar mais interessada em impor seus planos do que em trabalhar em equipe. Marta não tinha certeza de que conseguiria suportar por mais um ano a intimidação de Dee.
>
> Apenas um versículo da Bíblia menciona Noadia, mas a identifica como uma mulher que tentou intimidar Neemias, o homem que supervisionava um projeto para Deus. Quando os israelitas retornaram a Jerusalém após 70 anos no cativeiro da Babilônia, o Senhor designou Neemias para supervisionar a reconstrução das muralhas da cidade. Neemias enfrentou a forte oposição dos inimigos de Israel e de alguns de seu próprio povo. De todos os falsos profetas que ameaçaram e planejaram impedir a reconstrução, somente Noadia é citada especificamente pelo nome. Provavelmente, ela era barulhenta, impetuosa e ousada em seu antagonismo a Neemias, mas seus esforços não foram bem-sucedidos contra a obra ordenada por Deus.
>
> Podemos nos sentir intimidadas quando temos que interagir com pessoas barulhentas e agressivas. Pode parecer mais fácil simplesmente evitar o contato com elas, quando possível. Mas, algumas vezes, enfrentamos a crítica ou a oposição por causa de nossa fé. Satanás geralmente usa outras pessoas para interferir em nosso testemunho e nosso trabalho. Algumas pessoas que se declaram cristãs são na verdade antagonistas da verdade de Deus. Mas, ainda que Satanás exerça uma poderosa má influência no mundo, o poder de Deus é muito mais forte. Quando nos lembramos de quem é o Espírito que vive em nós, não precisamos jamais nos sentir intimidadas.

portas estiverem de serviço, deverão fechá-las e trancá-las. Nomeiem moradores de Jerusalém para montar guarda, todos em turnos regulares. Alguns ficarão em postos de sentinela, e outros, em frente de suas casas".

Neemias registra o povo

⁴Nesse tempo, a cidade era grande e espaçosa, mas a população era pequena e nenhuma das casas havia sido reconstruída. ⁵Então meu Deus me deu a ideia de convocar todos os nobres e as autoridades da cidade e todos os cidadãos comuns para registrá-los. Eu havia encontrado o registro genealógico dos primeiros a regressar a Judá. Nele estava escrito:

⁶Esta é uma lista dos judeus da província que regressaram do cativeiro. O rei Nabucodonosor os havia deportado para a Babilônia, mas eles voltaram para Jerusalém e Judá, cada um para sua cidade de origem. ⁷Seus líderes eram Zorobabel, Jesua, Neemias, Seraías,[a] Reelaías,[b] Naamani, Mardoqueu, Bilsã, Mispar,[c] Bigvai, Reum[d] e Baaná.

Este é o número de homens de Israel que regressaram do exílio:

⁸da família de Parós, 2.172;
⁹da família de Sefatias, 372;
¹⁰da família de Ará, 652;
¹¹da família de Paate-Moabe (descendentes de Jesua e de Joabe), 2.818;
¹²da família de Elão, 1.254;
¹³da família de Zatu, 845;
¹⁴da família de Zacai, 760;
¹⁵da família de Bani,[e] 648;

---

[a] **7.7a** Conforme o texto paralelo em Ed 2.2; o hebraico traz *Azarias*. [b] **7.7b** Conforme o texto paralelo em Ed 2.2; o hebraico traz *Raamias*. [c] **7.7c** Conforme o texto paralelo em Ed 2.2; o hebraico traz *Misperete*. [d] **7.7d** Conforme o texto paralelo em Ed 2.2; o hebraico traz *Neum*. [e] **7.15** Conforme o texto paralelo em Ed 2.10; o hebraico traz *Binui*.

¹⁶da família de Bebai, 628;
¹⁷da família de Azgade, 2.322;
¹⁸da família de Adonicam, 667;
¹⁹da família de Bigvai, 2.067;
²⁰da família de Adim, 655;
²¹da família de Ater (descendentes de Ezequias), 98;
²²da família de Hassum, 328;
²³da família de Bezai, 324;
²⁴da família de Jora,ᵃ 112;
²⁵da família de Gibar,ᵇ 95;
²⁶do povo de Belém e Netofa, 188;
²⁷do povo de Anatote, 128;
²⁸do povo de Bete-Azmavete, 42;
²⁹do povo de Quiriate-Jearim, Quefira e Beerote, 743;
³⁰do povo de Ramá e Geba, 621;
³¹do povo de Micmás, 122;
³²do povo de Betel e Ai, 123;
³³do povo de Nebo Ocidental,ᶜ 52;
³⁴dos cidadãos de Elão Ocidental,ᵈ 1.254;
³⁵os cidadãos de Harim, 320;
³⁶os cidadãos de Jericó, 345;
³⁷os cidadãos de Lode, Hadide e Ono, 721;
³⁸os cidadãos de Senaá, 3.930.

³⁹Estes são os sacerdotes que regressaram do exílio:
da família de Jedaías (da linhagem de Jesua), 973;
⁴⁰da família de Imer, 1.052;
⁴¹da família de Pasur, 1.247;
⁴²da família de Harim, 1.017.

⁴³Estes são os levitas que regressaram do exílio:
das famílias de Jesua e Cadmiel (descendentes de Hodavias),ᵉ 74;
⁴⁴os cantores da família de Asafe, 148;
⁴⁵os guardas das portas das famílias de Salum, Ater, Talmom, Acube, Hatita e Sobai, 138.

⁴⁶Os descendentes destes servidores do templo regressaram do exílio:
Zia, Hasufa, Tabaote,
⁴⁷Queros, Sia, Padom,
⁴⁸Lebana, Hagaba, Salmai,
⁴⁹Hanã, Gidel, Gaar,
⁵⁰Reaías, Rezim, Necoda,
⁵¹Gazão, Uzá, Paseia,
⁵²Besai, Meunim, Nefusim,ᶠ
⁵³Baquebuque, Hacufa, Harur,
⁵⁴Baslute,ᵍ Meída, Harsa,
⁵⁵Barcos, Sísera, Tamá,
⁵⁶Nesias e Hatifa.

⁵⁷Os descendentes destes servos do rei Salomão regressaram do exílio:
Sotai, Soferete, Peruda,ʰ
⁵⁸Jaala, Darcom, Gidel,
⁵⁹Sefatias, Hatil, Poquerete-Hazebaim e Ami.ⁱ

⁶⁰Ao todo, os servidores do templo e os descendentes dos servos de Salomão eram 392.

⁶¹Nessa ocasião, outro grupo regressou das cidades de Tel-Melá, Tel-Harsa, Querube, Adãʲ e Imer. Contudo, não puderam comprovar que eles ou suas famílias eram descendentes de Israel. ⁶²Estavam nesse grupo as famílias de Delaías, Tobias e Necoda, 642 pessoas ao todo.

⁶³Também regressaram as famílias de três sacerdotes: Habaías, Hacoz e Barzilai. (Esse Barzilai havia se casado com uma mulher descendente de Barzilai, de Gileade, e assumido o nome da família dela.) ⁶⁴Procuraram seus nomes nos registros genealógicos, mas não os encontraram, por isso não se qualificaram para servir como sacerdotes. ⁶⁵O governador ordenou que não comessem das porções dos sacrifícios separadas para os sacerdotes até que um sacerdote consultasse o Senhor a esse respeito usando o Urim e o Tumim.

⁶⁶Portanto, os que regressaram para Judá foram 42.360, ⁶⁷além dos 7.337 servos e servas e dos 245 cantores e cantoras. ⁶⁸Levaram consigo 736 cavalos, 245 mulas,ᵏ ⁶⁹435 camelos e 6.720 jumentos.

ᵃ**7.24** Conforme o texto paralelo em Ed 2.18; o hebraico traz *Harife*. ᵇ**7.25** Conforme o texto paralelo em Ed 2.20; o hebraico traz *Gibeão*. ᶜ**7.33** Ou *do outro Nebo*. ᵈ**7.34** Ou *do outro Elão*. ᵉ**7.43** Conforme o texto paralelo em Ed 2.40; o hebraico traz *Hodeva*. ᶠ**7.52** Conforme o texto paralelo em Ed 2.50; o hebraico traz *Nefusesim*. ᵍ**7.54** Conforme o texto paralelo em Ed 2.52; o hebraico traz *Baslite*. ʰ**7.57** Conforme o texto paralelo em Ed 2.55; o hebraico traz *Perida*. ⁱ**7.59** Conforme o texto paralelo em Ed 2.57; o hebraico traz *Amom*. ʲ**7.61** Conforme o texto paralelo em Ed 2.59; o hebraico traz *Adom*. ᵏ**7.68** Conforme alguns manuscritos hebraicos (ver tb. Ed 2.66); a maioria dos manuscritos hebraicos não traz este versículo. No texto hebraico, os versículos 7.69-73 são numerados 7.68-72.

⁷⁰Alguns dos chefes das famílias fizeram donativos para a obra. O governador deu à tesouraria o total de 8,6 quilos de ouro,[a] 50 bacias de ouro e 530 vestes para os sacerdotes. ⁷¹Os outros líderes deram à tesouraria o total de 172 quilos[b] de ouro e 1.320 quilos[c] de prata. ⁷²O restante do povo deu 172 quilos de ouro, 1.200 quilos[d] de prata e 67 vestes para os sacerdotes.

⁷³Assim, os sacerdotes, os levitas, os guardas das portas, os cantores, os servidores do templo e alguns do povo se estabeleceram perto de Jerusalém. O restante do povo regressou às suas cidades em todo o Israel.

Esdras faz a leitura da Lei

8 Em outubro,[e] quando os israelitas já haviam se estabelecido em suas cidades,[f] todo o povo se reuniu com um só propósito na praça em frente da porta das Águas. Pediram ao escriba Esdras que trouxesse o Livro da Lei de Moisés, que o Senhor tinha dado a Israel.

²Assim, no dia 8 de outubro,[g] o sacerdote Esdras trouxe o Livro da Lei perante a comunidade constituída de homens e mulheres e de todas as crianças com idade suficiente para entender. ³Ficou de frente para a praça, junto à porta das Águas, desde o amanhecer até o meio-dia, e leu em voz alta para todos que podiam entender. Todo o povo ouviu com atenção a leitura do Livro da Lei.

⁴O escriba Esdras estava em pé sobre uma plataforma de madeira feita para a ocasião. À sua direita estavam Matitias, Sema, Anaías, Urias, Hilquias e Maaseias; à sua esquerda, Pedaías, Misael, Malquias, Hasum, Hasbadana, Zacarias e Mesulão. ⁵Esdras estava sobre a plataforma, à vista de todo o povo. Quando o viram abrir o Livro da Lei, todos se levantaram.

⁶Esdras louvou o Senhor, o grande Deus, e todo o povo disse: "Amém! Amém!", com as mãos erguidas. Depois, prostraram-se com o rosto no chão e adoraram o Senhor.

⁷Em seguida, os levitas Jesua, Bani, Serebias, Jamim, Acube, Sabetai, Hodias, Maaseias, Quelita, Azarias, Jozabade, Hanã e Pelaías instruíram o povo acerca da Lei, e todos permaneceram em seus lugares. ⁸Liam o Livro da Lei de Deus, explicavam com clareza o significado do que era lido e ajudavam o povo a entender cada passagem.

⁹Então o governador Neemias, o sacerdote e escriba Esdras e os levitas que instruíam o povo disseram: "Não se lamentem nem chorem num dia como este! Hoje é um dia consagrado ao Senhor, seu Deus!". Pois todo o povo chorava enquanto ouvia as palavras da Lei.

¹⁰E Neemias[h] prosseguiu: "Vão e comemorem com um banquete de comidas saborosas e bebidas doces e repartam o alimento com aqueles do povo que não prepararam nada. Este é um dia consagrado ao nosso Senhor. Não fiquem tristes, pois a alegria do Senhor é sua força!".

¹¹Os levitas também acalmaram o povo, dizendo: "Aquietem-se! Não fiquem tristes! Hoje é um dia santo!". ¹²Então o povo saiu para comer e beber numa refeição festiva, para repartir o alimento e celebrar com grande alegria, pois tinham ouvido e entendido as palavras de Deus.

A Festa das Cabanas

¹³No dia 9 de outubro,[i] os chefes de todas as famílias do povo, junto com os sacerdotes e os levitas, reuniram-se com o escriba Esdras para examinar a Lei mais atentamente. ¹⁴Enquanto estudavam a Lei, descobriram que o Senhor havia ordenado por meio de Moisés que os israelitas morassem em cabanas durante a festa a ser comemorada naquele mês.[j] ¹⁵Ele tinha dito que se devia fazer uma proclamação por todas as suas cidades e em Jerusalém, para que o povo fosse até os montes apanhar ramos de oliveiras cultivadas e oliveiras silvestres,[k] ramos de murtas, de palmeiras e de outras árvores frondosas. Deviam usar esses ramos para construir as cabanas, conforme prescrito pela Lei.

¹⁶O povo saiu, cortou ramos e os usou para construir cabanas nos terraços das casas, nos seus pátios, nos pátios do templo de Deus, na

---

[a] **7.70** Em hebraico, *1.000 dáricos de ouro*. [b] **7.71a** Em hebraico, *20.000 dáricos*; também em 7.72. [c] **7.71b** Em hebraico, *2.200 minas*. [d] **7.72** Em hebraico, *2.000 minas*. [e] **8.1a** Em hebraico, *No sétimo mês*. Esse mês do antigo calendário lunar hebraico caiu entre outubro e novembro de 445 a.C. [f] **8.1b** No texto hebraico, a primeira parte do versículo é numerada 7.73. [g] **8.2** Em hebraico, *no primeiro dia do sétimo mês*, do antigo calendário lunar hebraico. O ano foi 445 a.C.; ver também nota em 1.1. [h] **8.10** Em hebraico, *ele*. [i] **8.13** Em hebraico, *No segundo dia*, do sétimo mês do antigo calendário lunar hebraico. O ano foi 445 a.C.; ver também notas em 1.1 e 8.2. [j] **8.14** Em hebraico, *no sétimo mês*. Esse mês do antigo calendário lunar hebraico geralmente caía entre setembro e outubro. Ver Lv 23.39-43. [k] **8.15** Ou *pinho*; o hebraico traz *árvore de azeite*.

praça junto à porta das Águas e na praça junto à porta de Efraim. ¹⁷Então todos que haviam regressado do cativeiro moraram nessas cabanas durante a festa, e todos estavam cheios de grande alegria. Os israelitas não celebravam a festa dessa maneira desde os dias de Josué,[a] filho de Num.

¹⁸Durante os sete dias da festa, Esdras leu o Livro da Lei de Deus a cada dia. Então, no oitavo dia, realizaram uma reunião solene, conforme prescrito.

O povo confessa seus pecados

9 No dia 31 de outubro,[b] o povo de Israel se reuniu novamente; dessa vez, jejuaram, vestiram pano de saco e jogaram terra sobre a cabeça. ²Os que eram de descendência israelita se separaram de todos os estrangeiros. Levantaram-se e confessaram seus pecados e as maldades de seus antepassados. ³Durante três horas,[c] permaneceram em pé no mesmo lugar enquanto o Livro da Lei do Senhor, seu Deus, era lido para eles em voz alta. Depois, confessaram seus pecados e adoraram o Senhor, seu Deus, durante mais três horas. ⁴Os levitas Jesua, Bani, Cadmiel, Sebanias, Buni, Serebias, Bani e Quenani estavam em pé em sua plataforma e clamavam em alta voz ao Senhor, seu Deus.

⁵Então os levitas Jesua, Cadmiel, Bani, Hasabneias, Serebias, Hodias, Sebanias e Petaías disseram ao povo: "Levantem-se e louvem o Senhor, seu Deus, que vive desde sempre e para sempre!". Em seguida, oraram:

"Louvado seja teu nome glorioso! Exaltado seja acima de toda bênção e todo louvor!

⁶"Somente tu és o Senhor. Fizeste o céu e os céus além do céu, e todas as estrelas. Fizeste a terra, os mares, e tudo que neles há. Preservas todos os seres com vida, e o exército dos céus te presta adoração.

⁷"Tu és o Senhor Deus, que escolheste Abrão, o trouxeste de Ur dos caldeus e lhe deste o nome de Abraão. ⁸Viste a fidelidade de seu coração e fizeste com ele uma aliança, para dar a ele e à sua descendência a terra dos cananeus, dos hititas, dos amorreus, dos ferezeus, dos jebuseus e dos girgaseus. E cumpriste tua promessa, pois és sempre fiel à tua palavra.

⁹"Viste a aflição de nossos antepassados no Egito e ouviste os clamores deles junto ao mar Vermelho.[d] ¹⁰Fizeste sinais e maravilhas contra o faraó, seus oficiais e todo o seu povo, pois sabias como tratavam arrogantemente nossos antepassados. Tens uma fama tremenda, que não foi esquecida. ¹¹Dividiste o mar, para que teu povo atravessasse em terra seca, e depois lançaste seus inimigos nas profundezas do mar, e eles afundaram como pedras nas águas impetuosas. ¹²Conduziste nossos antepassados com uma coluna de nuvem durante o dia e uma coluna de fogo durante a noite, para que encontrassem o caminho por onde deviam ir.

¹³"Desceste ao monte Sinai e falaste com eles do céu. Deste estatutos justos, leis verdadeiras e decretos e mandamentos bons. ¹⁴Tu os instruíste a respeito de teu sábado santo. Ordenaste, por meio de teu servo Moisés, que obedecessem a teus mandamentos, decretos e leis.

¹⁵"Providenciaste-lhes pão do céu quando tiveram fome e água da rocha quando tiveram sede. Ordenaste que fossem e tomassem posse da terra que juraste lhes dar.

¹⁶"Nossos antepassados, porém, eram orgulhosos e teimosos e não deram atenção a teus mandamentos. ¹⁷Não quiseram obedecer e não se lembraram dos milagres que havias realizado em favor deles. Em vez disso, rebelaram-se e nomearam um líder para levá-los de volta à escravidão no Egito.[e] Mas tu és Deus de perdão, misericordioso e compassivo, lento para se irar e cheio de amor. Não os abandonaste, ¹⁸mesmo quando fizeram um ídolo em forma de bezerro e disseram: 'Este é seu deus que os tirou do Egito!'. Sim, cometeram blasfêmias terríveis!

¹⁹"Mas, em tua grande misericórdia, não os abandonaste para morrer no deserto. A coluna de nuvem continuava a conduzi-los durante o dia, e a coluna de fogo lhes mostrava o caminho durante a noite. ²⁰Enviaste teu bom

---

[a] **8.17** O hebraico traz *Jesua*, variação de Josué. [b] **9.1** Em hebraico, *No vigésimo quarto dia desse mesmo mês*, o sétimo mês do antigo calendário lunar hebraico. O ano foi 445 a.C.; ver também notas em 1.1 e 8.2. [c] **9.3** Em hebraico, *Por um quarto de dia*; também em 9.3b. [d] **9.9** Em hebraico, *mar de juncos*. [e] **9.17** Conforme a Septuaginta; o hebraico traz *em sua rebelião*.

Espírito para instruí-los e não deixaste de lhes dar maná do céu para se alimentarem, nem água para matarem a sede. ²¹Tu os sustentaste no deserto durante quarenta anos, e nada lhes faltou. Suas roupas não se desgastaram, nem seus pés ficaram inchados.

²²"Depois, entregaste reinos e nações a nossos antepassados e distribuíste teu povo por todos os cantos da terra. Eles tomaram posse da terra de Seom, rei de Hesbom, e da terra de Ogue, rei de Basã. ²³Tornaste seus descendentes tão numerosos como as estrelas do céu e os trouxeste para a terra que havias prometido a seus antepassados.

²⁴"Eles entraram e tomaram posse da terra. Tu derrotaste nações inteiras diante deles e entregaste nas mãos de teu povo os cananeus que habitavam na terra. Teu povo fez o que quis com essas nações e seus reis. ²⁵Nossos antepassados conquistaram cidades fortificadas e terras férteis. Apossaram-se de casas cheias de coisas boas, com cisternas já escavadas e com vinhedos, olivais e muitas árvores frutíferas. Comeram até se fartar, engordaram e desfrutaram de tuas muitas bênçãos.

²⁶"Apesar de tudo isso, foram desobedientes e se rebelaram contra ti. Deram as costas para tua Lei, mataram os profetas que enviaste para adverti-los a voltarem para ti e cometeram blasfêmias terríveis. ²⁷Por isso, tu os entregaste nas mãos de seus inimigos, que os fizeram sofrer. Nos momentos de angústia, porém, clamaram a ti, e tu os ouviste do céu. Em tua grande misericórdia, enviaste libertadores que os livraram de seus inimigos.

²⁸"Mas, assim que teu povo tinha descanso, voltava a praticar o mal diante de ti. Portanto, permitiste que seus inimigos os dominassem. E, no entanto, quando teu povo voltava para ti e pedia socorro, tu os ouvias novamente. Em tua misericórdia, tu os resgataste muitas vezes.

²⁹"Tu os advertiste a voltarem para tua Lei, mas eles se tornaram orgulhosos e desobedeceram a teus mandamentos. Não cumpriram teus estatutos, que dão vida a quem lhes obedece. Em rebeldia, deram as costas para ti e, teimosamente, não quiseram ouvir. ³⁰Por muitos anos, foste paciente com eles. Enviaste teu Espírito, que os advertiu por meio dos profetas. Ainda assim, eles se recusaram a ouvir. Por isso, mais uma vez, permitiste que os povos da terra os dominassem. ³¹Em tua grande misericórdia, porém, não os destruíste completamente nem os abandonaste para sempre. Que Deus bondoso e compassivo tu és!

³²"Agora, nosso Deus, o grande, poderoso e temível Deus, que guardas tua aliança de amor leal, não permitas que te pareçam

---

PÃO DIÁRIO

Confissão e ações de graças

Foste justo todas as vezes que nos castigaste. Agimos perversamente e nos deste apenas o que merecíamos.
—Neemias 9.33

Durante o culto dominical, nossa congregação fez esta oração confessional em uníssono: "Deus misericordioso, como muitos cristãos de outrora, reclamamos quando as coisas não acontecem do nosso jeito. Queremos abundância em tudo ao invés do que é suficiente para o nosso sustento. Preferimos estar em qualquer outro lugar do que onde nos encontramos agora. Gostaríamos de ter os dons que foram dados aos outros em vez dos que o Senhor já nos deu. Preferimos ser servidos pelo Senhor do que te servir. Perdoa a nossa falta de gratidão por tudo o que temos recebido de ti".

A abundância não é garantia de gratidão ou de ações de graça. Aliás, a prosperidade pode até nos afastar de Deus.

Quando um grupo de judeus exilados retornou da Babilônia com Neemias para reconstruir os muros de Jerusalém, eles se reuniram para confessar os seus pecados e os de seus pais. E oraram: "Nossos reis, líderes, sacerdotes e antepassados não obedeceram a tua lei [...] apesar de teres derramado tua bondade sobre eles. Deste-lhes uma terra ampla e fértil, mas eles não quiseram servir-te nem abandonar sua perversidade" (Ne 9.34,35).

A confissão é um prelúdio poderoso para uma oração de ações de graças. O amém é a obediência.

Senhor, sou grata por Tua graça, misericórdia, compaixão e amor. Devo a minha própria vida a ti! Que eu possa responder em amor e obediência por tudo que tens me dado. Querido Salvador e Senhor, mantém-me humilde e grata em todo o tempo.

A confissão abre a porta para a gratidão.

insignificantes todas as dificuldades que enfrentamos. Grande aflição veio sobre nós e sobre nossos reis, líderes, sacerdotes, profetas e antepassados, sobre todo o teu povo, desde os dias em que os reis da Assíria triunfaram sobre nós até hoje. ³³Foste justo todas as vezes que nos castigaste. Agimos perversamente e nos deste apenas o que merecíamos. ³⁴Nossos reis, líderes, sacerdotes e antepassados não obedeceram a tua lei nem deram ouvidos às advertências em teus mandamentos e preceitos. ³⁵Mesmo quando tinham seu próprio reino, não te serviram, apesar de teres derramado tua bondade sobre eles. Deste-lhes uma terra ampla e fértil, mas eles não quiseram servir-te nem abandonar sua perversidade.

³⁶"Por isso, hoje somos escravos na terra de fartura que deste a nossos antepassados para que desfrutassem dela. Somos escravos aqui nesta boa terra. ³⁷A grande produção desta terra se acumula nas mãos dos reis que puseste sobre nós por causa de nossos pecados. Eles têm poder sobre nós e sobre nossos rebanhos. Nós lhes servimos como eles querem e estamos em grande angústia".

O povo concorda em obedecer

³⁸ᵃO povo respondeu: "Em vista disso tudo,ᵇ fazemos uma aliança solene e a registramos por escrito. Neste documento selado estão os nomes de nossos líderes, levitas e sacerdotes".

10 ¹ᶜOs que assinaram e selaram o documento foram:

O governador Neemias, filho de Hacalias, e Zedequias.

²Os sacerdotes Seraías, Azarias, Jeremias, ³Pasur, Amarias, Malquias, ⁴Hatus, Sebanias, Maluque, ⁵Harim, Meremote, Obadias, ⁶Daniel, Ginetom, Baruque, ⁷Mesulão, Abias, Miamim, ⁸Maazias, Bilgai e Semaías.

⁹Os levitas Jesua, filho de Azanias, Binui, dos descendentes de Henadade, Cadmiel, ¹⁰Sebanias, Hodias, Quelita, Pelaías, Hanã, ¹¹Mica, Reobe, Hasabias, ¹²Zacur, Serebias, Sebanias, ¹³Hodias, Bani e Beninu.

¹⁴Os líderes do povo Parós, Paate-Moabe, Elão, Zatu, Bani, ¹⁵Buni, Azgade, Bebai, ¹⁶Adonias, Bigvai, Adim, ¹⁷Ater, Ezequias, Azur, ¹⁸Hodias, Hasum, Besai, ¹⁹Harife, Anatote, Nebai, ²⁰Magpias, Mesulão, Hezir, ²¹Mesezabel, Zadoque, Jadua, ²²Pelatias, Hanã, Anaías, ²³Oseias, Hananias, Hassube, ²⁴Haloes, Pílea, Sobeque, ²⁵Reum, Hasabná, Maaseias, ²⁶Aías, Hanã, Anã, ²⁷Maluque, Harim e Baaná.

O compromisso do povo

²⁸Então o restante do povo — os sacerdotes, os levitas, os guardas das portas, os cantores, os servidores do templo e todos que haviam se separado dos povos estrangeiros da terra a fim de obedecer à Lei de Deus, na companhia de suas esposas, seus filhos, suas filhas e de todos que tinham idade para entender — ²⁹uniu-se a seus líderes e assumiu um compromisso solene. Juraram que seriam amaldiçoados se não obedecessem à Lei de Deus, dada por seu servo Moisés, e prometeram obedecer atentamente a todos os mandamentos, estatutos e decretos do Senhor, nosso Senhor:

³⁰"Prometemos não permitir que nossas filhas se casem com os habitantes desta terra, nem permitir que as filhas deles se casem com nossos filhos.

³¹"Também prometemos que, se os habitantes desta terra trouxerem mercadorias ou cereais para vender no sábado ou em qualquer outro dia santo, não compraremos deles. A cada sete anos, deixaremos a terra descansar e cancelaremos todas as dívidas.

³²"Além disso, prometemos obedecer ao mandamento de pagar o imposto anual de quatro gramas de prataᵈ para o serviço do templo de nosso Deus. ³³Esse imposto também será usado para providenciar os pães da presença, as ofertas regulares de cereais e os holocaustos, as ofertas para os sábados, para as celebrações da lua nova e para as festas anuais, as ofertas sagradas e as ofertas pelo pecado para fazer expiação por Israel. Será usado para tudo que for necessário para o trabalho no templo de nosso Deus.

ᵃ **9.38a** No texto hebraico, o versículo 9.38 é numerado 10.1. ᵇ **9.38b** Ou *Apesar disso tudo*. ᶜ **10.1** No texto hebraico, os versículos 10.1-39 são numerados 10.2-40. ᵈ **10.32** Em hebraico, *o imposto de um terço de siclo*.

³⁴"Fizemos um sorteio a fim de definir uma escala anual regular para que as famílias dos sacerdotes, dos levitas e do povo tragam ao templo de nosso Deus a lenha para ser queimada no altar do Senhor, nosso Deus, conforme prescrito na Lei.

³⁵"Prometemos trazer anualmente ao templo do Senhor os primeiros frutos de todas as colheitas, tanto dos produtos da terra como das árvores frutíferas. ³⁶Concordamos em entregar a Deus nossos filhos mais velhos e as primeiras crias de todos os nossos rebanhos, tanto de bois como de ovelhas, conforme prescrito pela Lei. Nós os apresentaremos aos sacerdotes que ministram no templo de nosso Deus. ³⁷Armazenaremos os produtos da terra nos depósitos do templo de nosso Deus. Traremos o melhor de nossa farinha e outras ofertas de cereal, o melhor de nossos frutos, de nosso vinho novo e de nosso azeite. Prometemos ainda entregar aos levitas um décimo de tudo que nossa terra produzir, pois são os levitas que recolhem os dízimos em todas as cidades onde trabalhamos.

³⁸"Um sacerdote descendente de Arão acompanhará os levitas quando receberem esses dízimos. A décima parte de tudo que for recolhido como dízimo será entregue pelos levitas ao templo de nosso Deus e colocada nos depósitos. ³⁹O povo e os levitas deverão trazer essas ofertas de cereal, de vinho novo e de azeite para os depósitos e colocá-las nos recipientes sagrados perto dos sacerdotes que ali estiverem ministrando, dos guardas das portas e dos cantores.

"Prometemos não descuidar do templo de nosso Deus".

O repovoamento de Jerusalém

11 Os líderes do povo passaram a morar em Jerusalém, a cidade santa. Um décimo do povo das outras cidades foi escolhido por sorteio para morar lá também, enquanto o restante permaneceu onde estava. ²O povo abençoou todos que se ofereceram para morar em Jerusalém.

³Esta é uma lista dos nomes dos líderes das províncias que foram morar em Jerusalém. A maioria do povo, dos sacerdotes, dos levitas, dos servidores do templo e dos descendentes dos servos de Salomão continuou a viver em suas próprias casas nas várias cidades de Judá, ⁴mas alguns do povo de Judá e de Benjamim se mudaram para Jerusalém.

Da tribo de Judá:
Ataías, filho de Uzias, filho de Zacarias, filho de Amarias, filho de Sefatias, filho de Maalaleel, da descendência de Perez; ⁵também Maaseias,

---

PÃO DIÁRIO

Promessas

...uniu-se a seus líderes e assumiu um compromisso solene, [...] e prometeram obedecer atentamente a todos os mandamentos, estatutos e decretos do Senhor, nosso Senhor.
—Neemias 10.29

Em 1722, Jonathan Edwards, renomado teólogo e pregador americano, fez uma lista de 70 resoluções e se dedicou a viver em harmonia com Deus e com os outros. Suas resoluções dão uma ideia de como levava a sério o seu relacionamento com o Senhor. Ele decidiu:

- Fazer aquilo que traz mais glória a Deus.
- Desempenhar sua função para o bem dos homens em geral.
- Jamais fazer algo amedrontador, nem que seja no último momento de vida.
- Estudar as Escrituras continuamente.
- Questionar se poderia ter feito melhor ao fim de cada dia, semana, mês e ano.
- Agir como se pertencesse inteira e completamente a Deus, não a si mesmo, até a morte chegar.

Em Neemias 10, o povo de Deus fez a promessa de seguir todos os mandamentos, leis e ordenanças do Senhor. A promessa era tão séria que eles estavam dispostos a aceitar a maldição de Deus caso falhassem em cumprir "os mandamentos, estatutos e decretos do Senhor" (v.29).

Nossas promessas não precisam ser exatamente como essas, todavia, qualquer decisão de seguir a Deus não é uma promessa casual. Ao contrário, é uma declaração solene e séria, a qual podemos renovar a cada dia, com a ajuda do Espírito Santo.

Senhor, que exemplo esse teólogo e pregador e também o povo de Deus no livro de Neemias são para mim! Ajuda-me a levar a sério as promessas que faço a ti. Que a minha entrega a ti neste dia glorifique o Teu nome.

As promessas são feitas para serem cumpridas.

filho de Baruque, filho de Col-Hozé, filho de Hazaías, filho de Adaías, filho de Joiaribe, filho de Zacarias, da família de Selá.ᵃ ⁶Dos descendentes de Perez, 468 foram morar em Jerusalém. Eram todos homens valorosos.

⁷Da tribo de Benjamim:
Salu, filho de Mesulão, filho de Joede, filho de Pedaías, filho de Colaías, filho de Maaseias, filho de Itiel, filho de Jesaías; ⁸depois dele, Gabai e Salai e 928 parentes ao todo. ⁹O chefe deles era Joel, filho de Zicri, auxiliado por Judá, filho de Hassenua, o segundo no comando da cidade.

¹⁰Dos sacerdotes:
Jedaías, filho de Joiaribe, Jaquim ¹¹e Seraías, filho de Hilquias, filho de Mesulão, filho de Zadoque, filho de Meraiote, filho de Aitube, principal encarregado do templo de Deus; ¹²também 822 colegas que serviam no templo; Adaías, filho de Jeroão, filho de Pelalias, filho de Anzi, filho de Zacarias, filho de Pasur, filho de Malquias, ¹³junto com 242 colegas, chefes de suas famílias; e ainda Amassai, filho de Azareel, filho de Azai, filho de Mesilemote, filho de Imer, ¹⁴e 128 de seus colegas, homens valorosos. O chefe deles era Zabdiel, filho de Gedolim.

¹⁵Dos levitas:
Semaías, filho de Hassube, filho de Azricam, filho de Hasabias, filho de Buni; ¹⁶também Sabetai e Jozabade, líderes dos levitas, encarregados do trabalho fora do templo de Deus; ¹⁷e ainda Matanias, filho de Mica, filho de Zabdi, descendente de Asafe, que dirigia as ações de graças e as orações; também Baquebuquias, assistente de Matanias, e Abda, filho de Samua, filho de Galal, filho de Jedutum. ¹⁸Havia ao todo 284 levitas na cidade santa.

¹⁹Dos guardas das portas:
Acube e Talmom e 172 colegas que guardavam as portas.

²⁰Os outros sacerdotes e levitas e o restante dos israelitas moravam cada um na propriedade de sua família nas outras cidades de Judá. ²¹Mas os servidores do templo, sob a liderança de Zia e Gispa, moravam todos na colina de Ofel.

²²O chefe dos levitas em Jerusalém era Uzi, filho de Bani, filho de Hasabias, filho de Matanias, filho de Mica, descendente de Asafe. Os membros da família de Asafe eram cantores no templo de Deus. ²³Exerciam suas responsabilidades diárias de acordo com os termos de uma ordem do rei.

²⁴Petaías, filho de Mesezabel, descendente de Zera, filho de Judá, era o conselheiro do rei em todos os assuntos referentes ao povo.

²⁵Quanto aos povoados vizinhos, com seus campos, alguns do povo de Judá foram morar em Quiriate-Arba e seus povoados, em Dibom e seus povoados e em Jecabzeel e seus povoados. ²⁶Também foram morar em Jesua, em Moladá, em Bete-Palete, ²⁷em Hazar-Sual, em Berseba e seus povoados, ²⁸em Ziclague e em Meconá e seus povoados. ²⁹E ainda, em En-Rimom, em Zorá, em Jarmute, ³⁰em Zanoa e em Adulão e seus povoados, em Laquis, com seus campos, e em Azeca e seus povoados. Assim, o povo de Judá se estabeleceu desde Berseba, no sul, até o vale de Hinom.

³¹Alguns do povo de Benjamim foram morar em Geba, em Micmás, em Aia e em Betel e seus povoados. ³²Também foram morar em Anatote, em Nobe, em Ananias, ³³em Hazor, em Ramá, em Gitaim, ³⁴em Hadide, em Zeboim, em Nebalate, ³⁵em Lode, em Ono e em Ge-Harasim.ᵇ ³⁶Alguns dos levitas que viviam em Judá foram morar com a tribo de Benjamim.

A lista dos sacerdotes e dos levitas

12 Os sacerdotes e levitas que regressaram com Zorobabel, filho de Sealtiel, e com Jesua, o sumo sacerdote, foram:

Seraías, Jeremias, Esdras,
²Amarias, Maluque, Hatus,
³Secanias, Harim,ᶜ Meremote,
⁴Ido, Ginetom,ᵈ Abias,
⁵Miniamim, Moadias,ᵉ Bilga,
⁶Semaías, Joiaribe, Jedaías,
⁷Salu, Amoque, Hilquias e Jedaías.

Esses foram os líderes dos sacerdotes e seus companheiros nos dias de Jesua.

ᵃ **11.5** Em hebraico, *filho do silonita*. ᵇ **11.35** *Ge-Harasim* quer dizer "vale dos artesãos". ᶜ **12.3** Em hebraico, *Reum*; comparar com 7.42; 12.15; Ed 2.39. ᵈ **12.4** Conforme alguns manuscritos hebraicos e a Vulgata (ver tb. 12.16); a maioria dos manuscritos hebraicos traz *Ginetoi*. ᵉ **12.5** Em hebraico, *Miamim, Maadias*; comparar com 12.17.

⁸Os levitas que regressaram com eles foram: Jesua, Binui, Cadmiel, Serebias, Judá e também Matanias, que, com seus companheiros, era encarregado dos cânticos de ação de graças. ⁹Seus companheiros Baquebuquias e Uni ficavam em frente deles durante o culto.

¹⁰O sumo sacerdote Jesua gerou Joiaquim;
Joiaquim gerou Eliasibe;
Eliasibe gerou Joiada;
¹¹Joiada gerou Joanã;[a]
Joanã gerou Jadua.

¹²Quando Joiaquim era sumo sacerdote, os chefes das famílias dos sacerdotes foram:

Meraías, chefe da família de Seraías;
Hananias, chefe da família de Jeremias;
¹³Mesulão, chefe da família de Esdras;
Joanã, chefe da família de Amarias;
¹⁴Jônatas, chefe da família de Maluqui;
José, chefe da família de Secanias;[b]
¹⁵Adna, chefe da família de Harim;
Helcai, chefe da família de Meremote;[c]
¹⁶Zacarias, chefe da família de Ido;
Mesulão, chefe da família de Ginetom;
¹⁷Zicri, chefe da família de Abias;
um[d] chefe da família de Miniamin;
Piltai, chefe da família de Moadias;
¹⁸Samua, chefe da família de Bilga;
Jônatas, chefe da família de Semaías;
¹⁹Matenai, chefe da família de Joiaribe;
Uzi, chefe da família de Jedaías;
²⁰Calai, chefe da família de Salu;[e]
Héber, chefe da família de Amoque;
²¹Hasabias, chefe da família de Hilquias;
Netanel, chefe da família de Jedaías.

²²Nos dias de Eliasibe, Joiada, Joanã e Jadua, manteve-se um registro dos chefes das famílias dos levitas. Durante o reinado de Dario, o persa,[f] manteve-se um registro dos sacerdotes. ²³Até os dias de Joanã, neto[g] de Eliasibe, manteve-se um registro dos chefes das famílias dos levitas no *Livro da História*.

²⁴Estes foram os chefes das famílias dos levitas: Hasabias, Serebias, Jesua, Binui,[h] Cadmiel e outros companheiros que ficavam em frente deles durante as cerimônias de louvor e ação de graças; um lado respondia ao outro, conforme ordenado por Davi, homem de Deus. ²⁵Matanias, Baquebuquias, Obadias, Mesulão, Talmom e Acube eram os guardas das portas encarregados dos depósitos junto às portas. ²⁶Todos eles serviam nos dias de Joiaquim, filho de Jesua, filho de Jeozadaque,[i] e nos dias do governador Neemias e do sacerdote e escriba Esdras.

A dedicação do muro de Jerusalém

²⁷Para a dedicação do novo muro de Jerusalém, pediu-se que os levitas de toda a terra viessem a Jerusalém para auxiliar nas cerimônias. Deviam participar dessa ocasião alegre com cânticos de ação de graças e com música de címbalos, harpas e liras. ²⁸Os cantores foram reunidos da região ao redor de Jerusalém e dos povoados dos netofatitas. ²⁹Também vieram de Bete-Gilgal e das regiões rurais próximas de Geba e de Azmavete, pois os cantores haviam construído seus próprios povoados ao redor de Jerusalém. ³⁰Primeiro, os sacerdotes e os levitas purificaram a si mesmos; depois, purificaram o povo, as portas e o muro.

³¹Eu conduzi os líderes de Judá até o alto do muro e organizei dois grandes coros. Um dos coros foi para o sul pelo alto do muro,[j] até a porta do Esterco. ³²Hosaías e metade dos líderes de Judá seguiram o coro, ³³junto com Azarias, Esdras, Mesulão, ³⁴Judá, Benjamim, Semaías e Jeremias. ³⁵Depois deles vinham alguns sacerdotes que tocavam trombetas: Zacarias, filho de Jônatas, filho de Semaías, filho de Matanias, filho de Micaías, filho de Zacur, descendente de Asafe. ³⁶Os companheiros de Zacarias eram Semaías, Azarel, Milalai, Gilalai, Maai, Natanel, Judá e Hanani. Eles tocavam os instrumentos musicais prescritos por Davi, homem de Deus. O escriba Esdras ia à frente deles. ³⁷Quando chegaram à

---

[a] **12.11** Em hebraico, *Jônatas*; comparar com 12.22. [b] **12.14** Conforme alguns manuscritos hebraicos e gregos e a versão siríaca (ver tb. 12.3); a maioria dos manuscritos hebraicos traz *Sebanias*. [c] **12.15** Conforme alguns manuscritos gregos (ver tb. 12.3); o hebraico traz *Meraiote*. [d] **12.17** O hebraico não traz o nome desse chefe de família. [e] **12.20** Em hebraico *Salai*; comparar com 12.7. [f] **12.22** Provavelmente Dario II, que reinou de 423 a 404 a.C., ou talvez Dario III, que reinou de 336 a 331 a.C. [g] **12.23** Em hebraico, *descendente*; comparar com 12.10-11. [h] **12.24** Em hebraico, *filho de* [i.c., *ben*], que provavelmente deve ser lido aqui como o nome próprio Binui; comparar com Ed 3.9 e respectiva nota. [i] **12.26** Em hebraico, *Jozadaque*, variação de Jeozadaque. [j] **12.31** Em hebraico, *para a direita*.

porta da Fonte, foram em frente e subiram pelos degraus que levavam até a Cidade de Davi. Passaram pela casa de Davi e, de lá, foram até a porta das Águas, a leste.

⁸⁸O segundo coro foi para o norte,ᵃ no sentido oposto, para encontrar-se com o primeiro coro. Fui com eles e com a outra metade do povo pelo alto do muro, passando pela torre dos Fornos, até o muro Largo, ³⁹e depois desde a porta de Efraim até a porta Antiga,ᵇ passando pela porta do Peixe e pela torre de Hananel e prosseguindo até a torre dos Cem. Dali, continuamos para a porta das Ovelhas e paramos junto à porta da Guarda.

⁴⁰Os dois corais seguiram, então, para o templo de Deus, onde tomaram seus lugares. Eu fiz o mesmo, junto com os líderes que estavam comigo. ⁴¹Acompanhamos os sacerdotes que tocavam trombetas: Eliaquim, Maaseias, Miniamim, Micaías, Elioenai, Zacarias e Hananias, ⁴²e os cantores: Maaseias, Semaías, Eleazar, Uzi, Joanã, Malquias, Elão e Ézer. Eles tocavam e cantavam bem alto, sob a direção de Jezraías.

⁴³Naquele dia alegre, foram oferecidos muitos sacrifícios, pois Deus tinha dado ao povo motivo para se alegrar. As mulheres e as crianças também participaram da celebração, e podia-se ouvir de longe a alegria do povo de Jerusalém.

Provisões para o culto no templo

⁴⁴Naquele dia, foram nomeados os homens encarregados dos depósitos para as ofertas e os primeiros frutos da colheita e para os dízimos. Eram responsáveis por recolher dos campos fora das cidades as porções exigidas pela lei para os sacerdotes e os levitas, pois todo o povo estava alegre com os sacerdotes e os levitas e com seu trabalho. ⁴⁵Tanto eles como os cantores e os guardas das portas realizavam o serviço de seu Deus e o serviço de purificação, conforme Davi e seu filho Salomão haviam ordenado. ⁴⁶O costume de ter regentes do coro para dirigir os hinos de louvor e de ação de graças a Deus havia começado muito tempo antes, nos dias de Davi e Asafe. ⁴⁷Por isso, agora, nos dias de Zorobabel e de Neemias, todo o Israel trazia uma provisão diária de alimentos para os cantores, os guardas das portas e os levitas. Os levitas, por sua vez, entregavam uma porção daquilo que recebiam aos sacerdotes, os descendentes de Arão.

As diversas reformas realizadas por Neemias

13 Naquele mesmo dia, enquanto o Livro de Moisés era lido para o povo, encontrou-se escrito nele que jamais se deveria permitir que amonitas ou moabitas fizessem parte da comunidade de Deus,ᶜ ²pois não tinham dado aos israelitas alimento e água no deserto. Em vez disso, tinham contratado Balaão para amaldiçoá-los. Nosso Deus, porém, transformou a maldição em bênção. ³Quando o povo ouviu esse trecho da Lei, mandou embora todos os descendentes de estrangeiros.

⁴Antes disso, o sacerdote Eliasibe havia sido nomeado para supervisionar os depósitos no templo de nosso Deus. Ele era parente de Tobias ⁵e tinha colocado à disposição dele uma grande sala junto ao templo. Anteriormente, esse lugar era usado para armazenar as ofertas de cereal, o incenso, diversos utensílios do templo e os dízimos dos cereais, do vinho novo e do azeite (prescritos para os levitas, os cantores e os guardas das portas), e também as ofertas para os sacerdotes.

⁶Nesse tempo, eu não estava em Jerusalém, pois tinha voltado a Artaxerxes, rei da Babilônia, no trigésimo segundo ano de seu reinado.ᵈ Mais tarde, porém, pedi sua permissão para regressar. ⁷Quando cheguei a Jerusalém, soube da maldade que Eliasibe havia feito ao providenciar para Tobias uma sala nos pátios do templo de Deus. ⁸Fiquei extremamente indignado e joguei todos os pertences de Tobias para fora da sala. ⁹Em seguida, ordenei que as salas fossem purificadas e trouxe de volta os utensílios do templo de Deus, as ofertas de cereal e o incenso.

¹⁰Descobri também que os levitas não haviam recebido as porções de alimento que lhes eram devidas, de modo que eles e os cantores responsáveis pelos cultos de adoração

---

ᵃ **12.38** Em hebraico, *para a esquerda*. ᵇ **12.39** Ou *porta de Mishneh*, ou *porta de Jesana*. ᶜ **13.1** Ver Dt 23.3-6. ᵈ **13.6** Artaxerxes, rei da Pérsia, é identificado como rei da Babilônia porque a Pérsia havia conquistado o império babilônico. O trigésimo segundo ano de Artaxerxes foi 433 a.C.

tinham todos voltado a trabalhar em seus campos. ¹¹De imediato, confrontei as autoridades e lhes perguntei: "Por que o templo de Deus foi abandonado?". Então chamei de volta todos os levitas e os coloquei de novo em seus postos. ¹²Assim, mais uma vez, todo o povo de Judá começou a trazer para os depósitos do templo os dízimos dos cereais, do vinho novo e do azeite.

¹³Nomeei supervisores para os depósitos: o sacerdote Selemias, o escriba Zadoque e o levita Pedaías. Designei Hanã, filho de Zacur e neto de Matanias, para ser seu ajudante. Eles eram homens de confiança e ficaram encarregados de repartir as provisões entre seus colegas levitas.

¹⁴Lembra-te desta boa obra, ó meu Deus, e não te esqueças de tudo que tenho feito com fidelidade pelo templo de meu Deus e pelo culto ali prestado.

¹⁵Naqueles dias, vi homens de Judá trabalhando nas prensas de uvas no sábado. Também ajuntavam cereais, que colocavam sobre jumentos, e traziam vinho, uvas, figos e produtos de toda espécie a Jerusalém para vendê-los no sábado. Então os repreendi por venderem seus produtos nesse dia. ¹⁶Alguns homens de Tiro que moravam em Jerusalém traziam peixes e mercadorias de todo tipo. No sábado, vendiam para o povo de Judá, e isso em Jerusalém!

¹⁷Assim, confrontei os nobres de Judá e lhes perguntei: "Por que fazem tamanho mal profanando o sábado? ¹⁸Acaso nossos antepassados não cometeram o mesmo erro, fazendo nosso Deus trazer toda esta desgraça sobre nós e sobre nossa cidade? Agora vocês trazem ainda mais ira contra Israel ao permitir que o sábado seja profanado desse modo!".

¹⁹Em seguida, ordenei que as portas de Jerusalém fossem fechadas no dia antes do sábado, assim que começasse a escurecer, e só fossem abertas depois que o sábado tivesse terminado. Enviei alguns de meus servos para guardar as portas, a fim de que não entrasse nenhuma mercadoria no sábado. ²⁰Os comerciantes e vendedores de vários produtos acamparam do lado de fora de Jerusalém uma ou duas vezes, ²¹mas falei duramente com eles: "O que fazem aqui, acampados ao redor do muro? Se fizerem isso de novo, mandarei prendê-los!". E essa foi a última vez que vieram no sábado. ²²Então ordenei que os levitas se purificassem e guardassem as portas, para manter o sábado como um dia sagrado.

Lembra-te também desta boa obra, ó meu Deus! Tem compaixão de mim de acordo com teu grande amor leal!

²³Nessa mesma época, vi que alguns homens de Judá haviam se casado com mulheres de Asdode, de Amom e de Moabe. ²⁴Além disso, a metade de seus filhos falava a língua de Asdode ou de algum outro povo, mas não sabia falar a língua de Judá. ²⁵Por isso, confrontei esses homens e invoquei maldições sobre eles. Bati em alguns deles e arranquei seus cabelos. Também os fiz jurar em nome de Deus que não permitiriam que suas filhas se casassem com os filhos dos povos da terra, nem que as filhas deles se casassem com seus filhos ou com eles mesmos.

²⁶"Não foi exatamente isso que levou Salomão, rei de Israel, a pecar?", perguntei-lhes. "Não havia nenhum rei igual a ele entre as nações, e Deus o amou e o fez rei sobre todo o Israel. Até mesmo ele, porém, foi levado a pecar por suas esposas estrangeiras. ²⁷Como puderam ao menos pensar em cometer essa grande maldade e ser infiéis a Deus casando com mulheres estrangeiras?"

²⁸Um dos filhos de Joiada, filho do sumo sacerdote Eliasibe, havia se casado com uma filha de Sambalate, o horonita, por isso o expulsei de minha presença.

²⁹Lembra-te deles, ó meu Deus, pois profanaram o sacerdócio e a aliança dos sacerdotes e dos levitas.

³⁰Assim, eliminei tudo que era estrangeiro e designei tarefas específicas para os sacerdotes e os levitas. ³¹Também me certifiquei de que a provisão de lenha para o altar e os primeiros frutos da colheita fossem trazidos nas datas estabelecidas.

Lembra-te disso em meu favor, ó meu Deus.

ESTER

INTRODUÇÃO

Nome. É derivado de seu personagem principal, Ester, uma donzela judia que se tornou esposa de um rei persa.

Propósito. Para explicar a origem da festa de Purim, ação providencial de Deus sobre o Seu povo.

Época. Os eventos narrados podem ter ocorrido cerca de 56 anos após o primeiro retorno do povo com Zorobabel, em 536 a.C. O rei na ocasião seria Xerxes, o Grande, e o banquete pode ter sido um preparativo para a invasão da Grécia no terceiro ano de seu reinado.

Conexão com outros livros. Não há conexão entre Ester e os outros livros da Bíblia. Embora seja uma história da época em que os judeus estavam retornando a Jerusalém, e muito provavelmente deveria vir entre o primeiro e o segundo retorno do povo, e, portanto, entre o sexto e o sétimo capítulo de Esdras, essa ocorrência permanece isolada. Sem ele, perderíamos muito do nosso conhecimento desse período.

História. Enquanto Ester se destaca como personagem principal, toda a história gira em torno da recusa de Mardoqueu em se curvar diante de Hamã, o que serviria para mostrar-lhe honra divina. Ele não odiava Hamã, mas como judeu não podia adorar qualquer outro que não Deus. Ele ousou defender seus princípios sob o risco de perder sua vida.

O nome de Deus. Uma das peculiaridades do livro é que em nenhum lugar menciona-se o nome de Deus ou se faz qualquer referência a Ele. Isso pode ter ocorrido porque Seu nome foi mantido em segredo e sagrado naquela época. No entanto, o poder de Deus e Seus cuidados por Seu povo são demonstrados em cada parte do livro.

ESBOÇO

1. Ester se torna rainha, Caps. 1–2
    1.1. Rainha Vasti deposta, Cap. 1
    1.2. Ester feita rainha, Cap. 2
2. A trama de Hamã e sua derrota, Caps. 3–8
    2.1. Hamã trama a destruição dos judeus, Cap. 3
    2.2. O lamento dos judeus e o pedido de Mardoqueu a Ester, Cap. 4
    2.3. Ester oferece banquetes a Hamã e ao rei, Cap. 5
    2.4. Mardoqueu é altamente honrado por serviços anteriores, Cap. 6
    2.5. O apelo de Ester é atendido e Hamã é enforcado, Cap. 7
    2.6. Os judeus recebem permissão para se defender e Mardoqueu prospera, Cap. 8
3. O livramento dos Judeus, Caps. 9–10
    3.1. Os inimigos são mortos, 9.1-16
    3.2. Um memorial é estabelecido, 9.17-32
    3.3. Mardoqueu é exaltado, Cap. 10

PARA ESTUDO E DISCUSSÃO

[1] O caráter do rei, Vasti, Mardoqueu, Ester e Hamã.
[2] O pedido de Mardoqueu a Ester.
[3] Mardoqueu é honrado e Hamã humilhado, Cap. 6.
[4] A destruição de seus inimigos.
[5] A festa de Purim, 9.17-32.
[6] A verdade sobre Deus demonstrada neste livro.
[7] Por que não nomear o livro de Mardoqueu ou de Vasti — eles não são tão heróis quanto Ester?
[8] A devoção racial dos judeus, na época e agora.
[9] A vida dos persas, como se vê no livro.

O banquete do rei

1 Estes acontecimentos ocorreram nos dias do rei Xerxes,[a] que reinou sobre 127 províncias, desde a Índia até a Etiópia.[b] ²Do trono real na fortaleza de Susã, Xerxes governava seu império. ³No terceiro ano de reinado, ofereceu um banquete a todos os seus nobres e oficiais. Convidou todos os oficiais militares da Pérsia e da Média e os príncipes e nobres das províncias. ⁴A festa durou 180 dias e foi uma demonstração formidável da grande riqueza do império e da pompa e esplendor de sua majestade.

⁵Terminada a celebração, o rei ofereceu um banquete para todo o povo que estava na fortaleza de Susã, desde os mais importantes até os mais humildes. O banquete durou sete dias e foi realizado no pátio do jardim do palácio real. ⁶O pátio estava enfeitado com cortinas brancas de algodão e com tapeçarias azuis, presas com cordas de linho branco e fitas vermelhas a argolas de prata fixadas a colunas de mármore. Havia sofás com armação de ouro e de prata sobre um piso de mosaico de pórfiro, mármore, madrepérola e outras pedras preciosas.

⁷As bebidas eram servidas em taças de ouro de diversos modelos, e havia grande quantidade de vinho real, para mostrar a generosidade do rei. ⁸Por ordem do rei, podia-se beber à vontade, pois ele havia instruído os oficiais de seu palácio a servirem quanto vinho cada convidado quisesse.

⁹Na mesma ocasião, a rainha Vasti ofereceu um banquete para as mulheres no palácio do rei Xerxes.

A rainha Vasti é deposta

¹⁰No sétimo dia da festa, quando o rei Xerxes estava muito alegre por causa do vinho, ordenou aos sete eunucos que o serviam — Meumã, Bizta, Harbona, Bigtá, Abagta, Zetar e Carcas — ¹¹que lhe trouxessem a rainha Vasti, usando a coroa real. Ele queria que os nobres e os demais convidados contemplassem sua beleza, pois era uma mulher muito bonita. ¹²Mas, quando transmitiram a ordem do rei à rainha Vasti, ela se recusou a ir. O rei ficou furioso e indignado.

¹³Então o rei consultou seus sábios, que entendiam das leis e dos costumes dos persas, e aos quais ele sempre pedia conselhos. ¹⁴Seus nomes eram Carsena, Setar, Admata, Társis, Meres, Marsena e Memucã, sete nobres da Pérsia e da Média. Tinham acesso direto ao rei e ocupavam os cargos mais altos do império.

¹⁵"O que se deve fazer com a rainha Vasti?", perguntou o rei. "De acordo com a lei, qual é o castigo para uma rainha que se recusa a obedecer às ordens do rei, transmitidas pelos eunucos?"

¹⁶Memucã respondeu ao rei e aos nobres: "A rainha Vasti ofendeu não somente o rei, mas todos os nobres e cidadãos das províncias do império. ¹⁷Mulheres de toda parte começarão a desprezar o marido quando souberem que a rainha Vasti se recusou a comparecer diante do rei. ¹⁸Antes de terminar este dia, as esposas dos nobres do rei em toda a Pérsia e a Média saberão o que a rainha fez e começarão a tratar o marido da mesma forma. Haverá grande desprezo e indignação sem fim.

¹⁹"Portanto, se parecer bem ao rei, sugerimos que publique um decreto real, uma lei dos medos e dos persas que não pode ser revogada. Determinará que a rainha Vasti seja expulsa para sempre da presença do rei Xerxes e que o rei escolha outra rainha mais digna que ela. ²⁰Quando o decreto for publicado em todo o vasto império do rei, maridos de toda parte, seja qual for a posição social, serão respeitados pela esposa".

²¹O conselho pareceu razoável ao rei e a seus nobres, e ele aceitou a proposta de Memucã. ²²Enviou cartas a todas as partes do império, a cada província, em sua própria escrita e língua, proclamando que todo homem devia ser o chefe de sua própria casa e ter sempre a última palavra.[c]

Ester se torna rainha

2 Passada a indignação de Xerxes, ele começou a pensar em Vasti, naquilo que ela havia feito e no decreto que ele havia publicado. ²Então seus conselheiros sugeriram: "Permita que procuremos em todo o império moças belas e virgens para o rei. ³E que o rei nomeie agentes em cada província para que tragam

---

[a] **1.1a** Em hebraico, *Assuero*, outro nome para Xerxes; também em todo o livro de Ester. Xerxes reinou de 486 a 465 a.C. [b] **1.1b** Em hebraico, *até Cuxe*. [c] **1.22** Ou *e devia falar a língua de seu próprio povo*.

Aprendendo com as mulheres da Bíblia

ESTER

Como usar o poder para beneficiar outros

Xerxes tinha um harém cheio de belas mulheres. Agora que Vasti não era mais rainha, ele poderia ter em sua cama a que quisesse, uma diferente a cada noite. Mas se cansou disso e concordou que era hora de substituir Vasti.

Como escolher uma nova rainha? Por que não um concurso de beleza? Ele mandou que seus oficiais fossem a todas as 127 províncias da Pérsia e encontrassem as virgens mais belas. Deveriam trazê-las ao palácio de Susã para serem submetidas ao tratamento de beleza exigido antes de serem apresentadas ao rei. E que tratamento de beleza! Um ano inteiro de cuidados, começando com seis meses de unção de óleo de mirra, seguidos por seis meses de tratamentos com perfumes e cosméticos.

Nesse momento, entra em cena Ester, uma órfã judia adotada por seu primo Mardoqueu. Como era "muito bonita e atraente", foi uma das escolhidas para se apresentar ao rei. Durante seu ano de preparação, causou uma esplêndida impressão a Hegai, o eunuco que cuidava do harém. Quando chegou sua vez de passar uma noite com o rei Xerxes, ele se apaixonou por essa adorável moça.

O que você sentiria se estivesse no lugar de Ester? Se conhecesse Xerxes e seu terrível temperamento e modos excêntricos? Se soubesse o que havia acontecido com Vasti? Se não estivesse particularmente feliz em fazer parte de um harém? Quando ela se viu no palácio do rei, aceitou com graça. Tirou o melhor da situação que, talvez, tivesse preferido evitar.

Xerxes colocou a coroa na cabeça de Ester, deu um grande banquete em sua homenagem e proclamou feriado em todo o império para saudar sua ascensão ao trono. Mas não pense que ela era uma soberana com direitos próprios. Lembre-se do que aconteceu com Vasti. Ester entendia que tinha pouco poder.

Outro personagem dessa história é um agatita chamado Hamã. Um agatita era um amalequita, e estes eram velhos inimigos dos judeus que atacaram os israelitas depois que estes saíram do Egito. Hamã era o segundo na hierarquia persa e honrado pelo rei, porém, ele tinha uma longa história de ódio pelos judeus.

A cada dia, quando Hamã ia e vinha de sua casa ao palácio, passava por Mardoqueu, que ficava assentado frente ao portão da residência monárquica (talvez isso significasse que Mardoqueu tinha algum tipo de posição de governo). Xerxes havia ordenado que todos fizessem reverência e prestassem homenagens a Hamã, mas Mardoqueu pensava diferente.

A mente maligna de Hamã começou a engendrar um plano. Calculando cada dia para encontrar o momento mais propício, Hamã finalmente falou com Xerxes pedindo-lhe que decretasse que todos os judeus do reino fossem mortos (3.8,9). O rei concordou que no dia 7 de março do ano seguinte todos os judeus do Império Persa seriam assassinados. Com o uso do anel de sinete de Xerxes selando os documentos, o plano de Hamã se tornou lei. E a lei dos medos e dos persas não podia ser revogada.

Em meio a tudo isso, Ester seguia isolada no palácio, desconhecendo o destino que pairava sobre seu povo — e sobre ela mesma. Certo dia, soube, por intermédio de Mardoqueu, do esquema de Hamã e do decreto do rei selando o destino de todos os judeus no reino.

Ester precisava escolher. Poderia continuar a esconder o fato de ser judia e provavelmente passaria o resto de seus dias como a primeira-dama do harém de Xerxes, vivendo no esplendor e ostentação. Ou faria o possível para encontrar uma forma de contornar a lei, salvando seu povo e arriscando sua própria vida.

Ester entendeu que sua posição não era um privilégio a ser desfrutado, mas uma grande responsabilidade útil para salvar outros. Seu povo estava em perigo. O problema deles tornara-se seu problema. Era seu dever salvá-los porque estava em melhor posição para fazê-lo.

Onde Deus a colocou? É improvável que a destruição de toda uma raça dependa das suas decisões hoje ou na próxima semana. Ainda assim, onde quer que você estiver, ou o que estiver enfrentando, ouça as palavras de Mardoqueu para Ester, pois elas também são relevantes para nós hoje: "Quem sabe não foi justamente para uma ocasião como esta que você chegou à posição de rainha?".

Algumas vezes, lamentamos a pequenez de nossos desafios e os limites de nossa influência para o bem. Talvez até sintamos que temos utilidade limitada para Deus. Quando achamos isso, ou nos sentimos dessa forma, precisamos nos lembrar de que o Deus soberano tem nossa vida em Suas mãos e sabe do que somos capazes. Seja o que for que o Senhor estiver colocando em suas mãos para fazer hoje, amanhã ou na próxima semana, nunca será sem sentido ou insignificante.

Deus a colocou em sua atual situação e lugar para os Seus propósitos.

Quando Ester compreendeu as palavras de Mardoqueu, ela se levantou para o desafio: "Irei à presença do rei, mesmo que seja contra a lei. Se eu tiver de morrer, morrerei". Como outras mulheres hebreias cujas histórias conhecemos, Ester buscou força interior para fazer o certo na hora certa.

Podemos sentir o medo de Ester em sua resposta. É bem visível quando insiste que os judeus em Susã jejuem em seu favor por três dias perante o Senhor. Compreendemos isso em sua avaliação realista da situação: "Se eu tiver de morrer, morrerei". No entanto, a coragem não significa que não temeremos, e, sim, que nos recusamos a ser aconselhadas por nossos temores.

Ester elaborou sua estratégia cuidadosamente. Preparou-se com cuidado e organizou um suntuoso jantar para três. Quando o imperador lhe estendeu o cetro e lhe perguntou o que queria, ao invés de deixar escapar as más notícias sobre o decreto que ele expedira, Ester apenas convidou o rei e Hamã para o banquete. Xerxes rapidamente chamou Hamã e os três saíram para a festa que Ester havia preparado.

Mais uma vez Xerxes perguntou a Ester o que ela queria. E, novamente, ela convidou a ele e Hamã para um segundo jantar na noite seguinte. Ela estava procrastinando? Ou preparando o terreno com muito cuidado? Ela e o povo de Deus haviam jejuado e orado por seu encontro com o rei. De alguma forma, Deus a fez saber o momento certo. Aquele primeiro banquete não era o momento.

Você já passou por isso, não foi? Já percebeu intimamente que o momento não é o certo para algo que precisa ser feito? Então esperou. Mais tarde, entendeu o porquê da espera. Algo aconteceu durante a espera e mudou a situação. Isso ocorreu com Ester.

Desde o mar Mediterrâneo até o Golfo Pérsico, não havia o que Hamã não pudesse ter. Riqueza, poder, prestígio — tinha tudo. Mas nada disso lhe importava quando pensava nos insultos de Mardoqueu.

Seguindo o conselho de sua esposa e amigos, Hamã ergueu uma forca com mais de 20 m de altura, na qual penduraria Mardoqueu. Ele não queria esperar até 7 de março para vê-lo morto com todos os outros judeus (Et 9.1).

Durante uma noite de insônia, Xerxes pediu que lhe fossem lidas as crônicas do reino. Por meio delas, recordou-se do bem que Mardoqueu lhe fizera revelando um plano para tirar a vida do imperador. Por isso, ordenou que esse homem fosse honrado. E, infelizmente para Hamã, por um mau julgamento seu de que o personagem a receber honra fosse ele mesmo, Mardoqueu foi honrado da forma como Hamã esperava ser.

Agora era o momento. *Agora* o palco estava pronto. Xerxes precisava ser lembrado da lealdade de Mardoqueu, *antes* que Ester falasse sobre o decreto contra os judeus. Naquele segundo banquete, depois de revelado o plano maligno de Hamã, este foi condenado a ser pendurado na mesma forca que fizera para Mardoqueu.

Hamã estava fora de cena, para sempre. Foi formulado um novo decreto que dava aos judeus o direito de defender-se e até de matar os que atentassem contra sua vida. Assim, todo o povo de Ester foi poupado. Em comemoração a esse livramento, iniciou-se um novo feriado judaico nacional, o Purim, comemorado entre fevereiro e março todos os anos.

Onde você se encontra hoje? Para que posição Deus a trouxe? Talvez você esteja num lugar difícil trilhando um caminho repleto de problemas. A carga parece ser pesada demais. Ainda assim, esses fatores podem ser o motivo de Deus tê-la colocado onde está, e não outra pessoa com menos força ou entendimento. Talvez Ele a colocou aí porque sabe que você pode ser confiável para realizar sua tarefa com honra.

Embora o nome de Deus não apareça uma única vez no livro de Ester, nenhum livro da Bíblia ensina mais claramente sobre a soberania e providência divinas. Deus permanece movendo a história, mesmo detrás dos bastidores. Ele pode parecer invisível, mas nunca larga o leme do Universo. A Sua causa é sempre segura. O drama de nossa vida é o drama de Deus.

Como Ester, precisamos desse Deus quando enfrentamos as dificuldades da vida. A boa notícia é que nós o *temos*. Ele está presente, se importa e age em nosso favor.

—Alice Mathews

QUESTÕES PARA REFLEXÃO

1. É melhor tentar mudar situações difíceis ou apenas cerrar os dentes e suportá-las? Explique sua resposta.
2. Quais fatores deveremos ter em mente se quisermos mudar as situações difíceis?
3. Como devemos ver a vontade de Deus ao enfrentarmos situações delicadas?
4. O que significa colocar nossa confiança em Deus quando estamos em lugares complicados?

> **REFLETINDO SOBRE:** Jamais sentir-se boa o suficiente
>
> ## Jovens mulheres na Pérsia
>
> *...ele nos salvou não porque tivéssemos feito algo justo, mas por causa de sua misericórdia...*
> —Tito 3.5
>
> Brynn largou a revista e foi ao banheiro onde ficava seu espelho de aumento. Olhar algumas fotos de antes e depois a fez pensar em maneiras de melhorar sua aparência. Apesar de não ter um nariz grande, Brynn sempre achou que uma forma levemente diferente seria melhor para seu rosto. E apesar de as pessoas lhe dizerem que sua pele era ótima, talvez tratamentos com *laser* seriam a solução para essas poucas sardas. Se Brynn analisasse sua atitude em vez de seu rosto, ela teria percebido que, apesar de ter ganhado concursos de beleza no Ensino Médio, nunca tinha se sentido boa o suficiente.
>
> As jovens na passagem de Ester 2 eram tratadas da mesma forma como Brynn tratava a si mesma. O rei designou comissários em cada uma das 127 províncias para encontrar as belas jovens virgens e as agrupar no palácio como uma criação de animais, como um prêmio. Até mesmo as moças mais deslumbrantes não eram boas o suficiente para o rei até que recebessem tratamentos especiais de beleza por um ano. É difícil imaginar a autoimagem dessas mulheres, que fizeram parte de um programa de aperfeiçoamento de 12 meses e ainda precisavam esperar para saber se o rei as aceitaria.
>
> Muitas mulheres passam a vida toda sentindo que não são boas o suficiente. Temos a tendência de nos apegar às falhas de nossa aparência e às habilidades e dons que não temos. Algumas mulheres abordam Deus com o mesmo modo de pensar, acreditando que precisam de "uma ajeitada" antes de relacionarem-se com Ele. Não precisamos nos tornar boas o suficiente para sermos filhas de Deus — Ele nos aceita em nosso estado natural e então começa a nos moldar à Sua imagem. Depois disso, qualquer autoaperfeiçoamento deveria ocorrer para honrar Àquele que nos ama incondicionalmente.

essas lindas moças ao harém na fortaleza em Susã. Hegai, eunuco do rei e encarregado do harém, providenciará que elas recebam tratamentos de beleza. ⁴Depois disso, a moça que mais agradar o rei se tornará rainha em lugar de Vasti". O rei gostou muito desse conselho e o pôs em prática.

⁵Nesse tempo, havia na fortaleza de Susã um judeu chamado Mardoqueu, filho de Jair. Era da tribo de Benjamim e descendente de Quis e Simei. ⁶Sua família[a] estava entre aqueles que, com Joaquim,[b] rei de Judá, tinham sido deportados de Jerusalém para a Babilônia pelo rei Nabucodonosor. ⁷Mardoqueu tinha uma prima jovem, muito bonita e atraente, chamada Hadassa, também conhecida como Ester. Quando o pai e a mãe de Ester morreram, Mardoqueu a criou como sua própria filha.

⁸Como resultado do decreto do rei, Ester e muitas outras moças foram trazidas ao palácio real, na fortaleza de Susã, e colocadas sob os cuidados de Hegai, o encarregado do harém. ⁹Hegai ficou muito impressionado com a beleza de Ester e a tratou com bondade. Sem demora, providenciou que ela recebesse comida especial e tratamentos de beleza. Também lhe designou sete moças escolhidas do palácio real e a transferiu, com as jovens, para o melhor lugar do harém.

¹⁰Mardoqueu havia instruído Ester a não revelar a ninguém sua nacionalidade nem a origem de sua família. ¹¹Todos os dias, Mardoqueu caminhava perto do pátio do harém para saber notícias de Ester e descobrir o que estava acontecendo.

¹²Antes de ser levada aos aposentos reais, cada moça recebia os doze meses prescritos de tratamentos de beleza: seis meses com óleo de mirra e seis meses com perfumes e cosméticos. ¹³Quando chegava sua vez de ir aos aposentos reais, podia escolher do harém as roupas e as joias que quisesse. ¹⁴À tarde, era conduzida aos aposentos reais e, na manhã seguinte, ia para outra parte do harém,[c] onde moravam as mulheres do rei. Ali, ficava sob os cuidados de Saasgaz, eunuco do rei encarregado

---

[a] **2.6a** Em hebraico, *Ele*. [b] **2.6b** Em hebraico, *Jeconias*, variação de Joaquim. [c] **2.14** Ou *para o segundo harém*; também em 2.19.

das concubinas. Ela não voltaria a se encontrar com o rei a menos que ele tivesse gostado muito dela e mandasse chamá-la pelo nome.

¹⁵ Ester era filha de Abiail, tio de Mardoqueu. (Mardoqueu havia adotado Ester, sua prima mais nova, como filha.) Quando chegou a vez de Ester se apresentar ao rei, ela aceitou o conselho de Hegai, eunuco encarregado do harém. Não pediu nada além do que ele sugeriu e agradou a todos que a viram.

¹⁶ Ester foi levada ao rei Xerxes no palácio real no mês de dezembro,[a] no sétimo ano de seu reinado. ¹⁷ O rei gostou mais de Ester que de qualquer outra moça. Agradou-se tanto dela que pôs a coroa real sobre sua cabeça e a declarou rainha em lugar de Vasti. ¹⁸ Para comemorar a ocasião, ofereceu a todos os seus nobres e oficiais um grande banquete em homenagem a Ester. Declarou aquele dia feriado em todas as províncias e distribuiu presentes generosos para todos.

¹⁹ Mesmo depois que todas as moças haviam sido transferidas para a outra parte do harém e que Mardoqueu tinha se tornado um dos oficiais do palácio,[b] ²⁰ Ester continuou a manter em segredo sua nacionalidade e a origem de sua família. Ainda seguia as instruções de Mardoqueu como havia feito quando vivia sob os seus cuidados.

A lealdade de Mardoqueu ao rei

²¹ Certo dia, quando Mardoqueu estava de serviço junto à porta do palácio real, dois eunucos do rei, Bigtana[c] e Teres, guardas da porta dos aposentos do rei, se indignaram com Xerxes e conspiraram para matá-lo. ²² Mardoqueu, porém, soube do plano e transmitiu a informação à rainha Ester, que contou ao rei em nome de Mardoqueu. ²³ Quando o caso foi investigado e descobriu-se que o relato de Mardoqueu era verdadeiro, os dois homens foram enforcados. Tudo isso está registrado no *Livro da História do Reinado do Rei Xerxes*.

A conspiração de Hamã contra os judeus

3 Algum tempo depois, o rei Xerxes promoveu Hamã, filho de Hamedata, o agagita, e lhe deu posição de autoridade sobre todos os nobres do império. ² Quando Hamã passava, todos os oficiais do palácio real se curvavam diante dele para lhe demonstrar respeito, pois o rei assim havia ordenado. Mardoqueu porém, não se curvava diante dele para lhe demonstrar respeito.

³ Então os oficiais do palácio real perguntaram a Mardoqueu: "Por que você desobedece à ordem do rei?". ⁴ Todos os dias lhe diziam isso, mas, ainda assim, ele não dava ouvidos. Então contaram tudo a Hamã, para ver se ele iria tolerar a conduta de Mardoqueu, pois Mardoqueu lhes tinha dito que era judeu.

⁵ Quando Hamã viu que Mardoqueu não se curvava para lhe demonstrar respeito, ficou furioso. ⁶ Foi informado da nacionalidade de Mardoqueu e decidiu que não bastava matar somente a ele. Em vez disso, procurou um modo de destruir todos os judeus, o povo de Mardoqueu, do império de Xerxes.

⁷ Em abril,[d] no décimo segundo ano do reinado de Xerxes, foram lançadas sortes (chamadas purim) na presença de Hamã, a fim de determinar o melhor dia e mês para executar o plano. A data sorteada foi 7 de março, quase um ano depois.[e]

⁸ Então Hamã foi ao rei Xerxes e disse: "Há certo povo espalhado por todas as províncias de seu império que se mantém separado dos demais. Eles têm leis diferentes das leis dos outros povos e não obedecem às leis do rei. Portanto, não é do interesse do rei deixar que vivam. ⁹ Se parecer bem ao rei, publique um decreto para que eles sejam destruídos, e eu darei 350 toneladas[f] de prata aos administradores do governo para serem depositadas nos tesouros do rei".

¹⁰ O rei concordou e, para confirmar sua decisão, tirou do dedo o anel com o selo real e entregou a Hamã, filho de Hamedata, o agagita, inimigo dos judeus. ¹¹ O rei disse: "A prata

---

[a] **2.16** Em hebraico, *no décimo mês, o mês de tebete*. Vários acontecimentos em Ester podem ser confirmados por datas em registros persas que sobreviveram ao tempo e relacionados com precisão ao calendário moderno. Esse mês do antigo calendário lunar hebraico caiu entre dezembro de 479 a.C. e janeiro de 478 a.C. [b] **2.19** Em hebraico, *e que Mardoqueu estava sentado à porta do rei*. [c] **2.21** Em hebraico, *Bigtã*; comparar com 6.2. [d] **3.7a** Em hebraico, *No primeiro mês, o mês de nisã*. Esse mês do antigo calendário lunar hebraico caiu entre abril e maio de 474 a.C.; ver também nota em 2.16. [e] **3.7b** Conforme 3.13, que traz *o décimo terceiro dia do décimo segundo mês, o mês de adar*. O hebraico traz *no décimo segundo mês*, do antigo calendário lunar hebraico. O ano foi 473 a.C.; ver também nota em 2.16. [f] **3.9** Em hebraico, *10.000 talentos*.

PÃO DIÁRIO

A aventura

Quem sabe não foi justamente para uma ocasião como esta que você chegou à posição de rainha?
—Ester 4.14

Quando eu tinha uns 7 anos, estava no carro com a minha mãe e minhas duas irmãs quando ela parou no acostamento para dar uma olhada no mapa. "Estamos perdidas, mamãe?", eu lhe perguntei.

"Claro que não", com entusiasmo, rapidamente dobrando o mapa, respondeu: "Estamos participando de uma aventura". Minhas irmãs e eu trocamos olhares de dúvida enquanto uma delas, percebendo a situação, sussurrou: "Estamos perdidas".

As aventuras podem ser divertidas e assustadoras. Normalmente, elas envolvem uma pitada de algo desconhecido. Ao andarmos em comunhão com Deus, é provável que a nossa vida venha a ter muitas aventuras singulares ou oportunidades para servi-lo. Se formos relutantes ou temerosas e recusarmos uma oportunidade, perderemos. Será que Deus fará a obra mesmo assim? Com certeza. Mas outra pessoa receberá a bênção.

Em Ester 4, Mardoqueu encorajou a jovem rainha Ester a ajudar a resgatar o seu povo. Ele a advertiu: "Se ficar calada num momento como este, alívio e livramento virão de outra parte para os judeus [...] Quem sabe não foi justamente para uma ocasião como esta que você chegou à posição de rainha?" (Et 4.14).

Obviamente, Ester estava temerosa em aceitar essa missão. Porém, Deus usou a sua fé e coragem para libertar o povo judeu. Confie que Deus lhe mostrará o caminho. Aventure-se!

Deus, esta jornada chamada vida pode ser assustadora de vez em quando, mas, contigo ao meu lado, posso enfrentar o que vier pela frente. Ajuda-me a não perder uma oportunidade sequer de te servir. Quero confiar mais em ti nesta aventura. Ao Teu lado, nada temo.

Após a oração, o medo transforma-se em coragem.

---

e o povo são seus; faça com eles o que lhe parecer melhor".

¹²Assim, no dia 17 de abril,[a] os secretários do rei foram convocados, e um decreto foi redigido exatamente da forma como Hamã ditou. Em seguida, foi enviado aos mais altos oficiais do rei, aos governadores das respectivas províncias e aos nobres de cada província, em sua própria escrita e língua. O decreto foi redigido em nome do rei Xerxes e selado com seu anel. ¹³As cartas foram enviadas por mensageiros a todas as províncias do império, com ordens para que todos os judeus — jovens e idosos, mulheres e crianças — fossem destruídos, mortos e aniquilados num único dia. A data marcada para que isso acontecesse era 7 de março do ano seguinte.[b] Os bens dos judeus seriam entregues a quem os matasse.

¹⁴Uma cópia do decreto devia ser publicada como lei em cada província e proclamada a todos os povos, a fim de que estivessem preparados para cumprir seu dever na data marcada. ¹⁵Por ordem do rei, o decreto foi rapidamente enviado por mensageiros e também foi proclamado na fortaleza de Susã. Então o rei e Hamã se sentaram para beber, enquanto a confusão se espalhava pela cidade de Susã.

Mardoqueu pede ajuda a Ester

4 Quando Mardoqueu soube de tudo que havia acontecido, rasgou suas roupas, vestiu-se de pano de saco, cobriu-se de cinzas e saiu pela cidade, chorando alto e amargamente. ²Foi até a porta do palácio, mas ninguém que estivesse usando roupas de luto tinha permissão para entrar. ³Quando a notícia do decreto chegou a todas as províncias, houve grande pranto entre os judeus. Jejuaram, choraram e lamentaram, e muitos se deitaram em pano de saco e em cinzas.

⁴Quando as criadas de Ester e os eunucos vieram e lhe contaram sobre Mardoqueu, ela ficou muito angustiada. Enviou-lhe roupas para vestir em lugar do pano de saco, mas ele não aceitou. ⁵Então Ester mandou chamar Hataque, um dos eunucos do rei que havia sido nomeado para servi-la. Ordenou que ele fosse até Mardoqueu e descobrisse o que o perturbava e por que ele estava de luto. ⁶Hataque foi até Mardoqueu na praça da cidade, em frente à porta do palácio.

---

[a] **3.12** Em hebraico, *no décimo terceiro dia do primeiro mês*, do antigo calendário lunar hebraico. O ano foi 474 a.C.; ver também nota em 2.16. [b] **3.13** Em hebraico, *o décimo terceiro dia do décimo segundo mês*, do antigo calendário lunar hebraico. O ano foi 473 a.C.; ver também nota em 2.16.

⁷Mardoqueu lhe contou tudo e lhe informou a quantidade exata de prata que Hamã havia prometido pagar ao tesouro real pela destruição dos judeus. ⁸Mardoqueu entregou a Hataque uma cópia do decreto publicado em Susã que ordenava o extermínio de todos os judeus. Pediu a Hataque que mostrasse o decreto a Ester e lhe explicasse a situação. Também pediu a Hataque que a orientasse a ir falar com o rei para implorar por misericórdia e interceder em favor de seu povo. ⁹Hataque voltou a Ester com o recado de Mardoqueu.

¹⁰Então Ester mandou Hataque dizer a Mardoqueu: ¹¹"Todos os oficiais do rei, e até mesmo o povo das províncias, sabem que qualquer pessoa que se apresenta diante do rei no pátio interno sem ter sido convidada está condenada a morrer, a menos que o rei lhe estenda seu cetro de ouro. Além do mais, há trinta dias o rei não me chama à sua presença". ¹²E o recado de Ester foi transmitido a Mardoqueu.

¹³Mardoqueu enviou esta resposta a Ester: "Não pense que por estar no palácio você escapará quando todos os outros judeus forem mortos. ¹⁴Se ficar calada num momento como este, alívio e livramento virão de outra parte para os judeus, mas você e seus parentes morrerão. Quem sabe não foi justamente para uma ocasião como esta que você chegou à posição de rainha?".

¹⁵Então Ester enviou esta resposta a Mardoqueu: ¹⁶"Vá, reúna todos os judeus de Susã e jejuem por mim. Não comam nem bebam durante três dias e três noites. Minhas criadas e eu faremos o mesmo. Depois, irei à presença do rei, mesmo que seja contra a lei. Se eu tiver de morrer, morrerei". ¹⁷Mardoqueu foi e fez tudo conforme as instruções de Ester.

O pedido de Ester ao rei

5 No terceiro dia do jejum, Ester vestiu seus trajes reais e entrou no pátio interno do palácio, em frente do salão do rei. O rei estava sentado no trono, voltado para a entrada. ²Quando viu a rainha Ester ali no pátio interno, ele a recebeu de bom grado e lhe estendeu o cetro de ouro. Ester se aproximou e tocou a ponta do cetro.

³"O que você deseja, rainha Ester?", perguntou o rei. "Qual é seu pedido? Eu atenderei, mesmo que peça metade do reino!"

⁴Ester respondeu: "Se lhe parecer bem, venha hoje com Hamã a um banquete que preparei para o rei".

⁵O rei se voltou para seus servos e disse: "Digam a Hamã que venha depressa para um banquete, como Ester pediu". Então o rei e Hamã foram ao banquete que Ester havia preparado.

⁶Enquanto bebiam vinho, o rei disse a Ester: "Agora diga-me o que você deseja. Qual é seu pedido? Eu atenderei, mesmo que peça metade do reino!".

⁷Ester respondeu: "Este é meu pedido e meu desejo: ⁸Se conto com o favor do rei e se lhe parecer bem atender a meu pedido, venha amanhã com Hamã ao banquete que lhes prepararei. Então explicarei do que se trata".

O plano de Hamã para matar Mardoqueu

⁹Hamã saiu do banquete muito feliz e animado. Contudo, ficou furioso quando viu que Mardoqueu, sentado à porta do palácio, não se levantou nem demonstrou nervosismo em sua presença. ¹⁰Hamã, porém, se conteve e foi para casa.

Então reuniu seus amigos e sua esposa, Zeres, ¹¹e gabou-se de sua grande riqueza e de seus muitos filhos. Vangloriou-se das honras que o rei lhe havia concedido e de como havia sido promovido acima de todos os outros nobres e oficiais.

¹²Disse também: "Se isso não bastasse, a rainha Ester convidou somente o rei e a mim para um banquete que ela preparou! E ainda me convidou para outro banquete com ela e com o rei amanhã!". ¹³Depois, acrescentou: "Nada disso, porém, me satisfará enquanto eu vir o judeu Mardoqueu sentado à porta do palácio".

¹⁴Então Zeres, esposa de Hamã, e todos os amigos dele sugeriram: "Mande fazer uma forca de mais de vinte metros[a] e, pela manhã, peça ao rei que Mardoqueu seja enforcado nela. Depois disso, você poderá ir alegremente ao banquete com o rei". A sugestão agradou Hamã, e ele mandou fazer a forca.

---

[a] **5.14** Em hebraico, *50 côvados*, isto é, 22,5 metros.

O rei honra Mardoqueu

6 Naquela noite, o rei não conseguia dormir; então mandou que trouxessem o livro da história de seu reinado e o lessem para ele. ²Nesses registros ele descobriu que Mardoqueu havia denunciado Bigtana e Teres, os dois eunucos que guardavam a porta dos aposentos reais e que haviam conspirado para matar o rei Xerxes.

³"Que recompensa ou reconhecimento Mardoqueu recebeu por isso?", quis saber o rei.

Seus servos responderam: "Não se fez nada por ele".

⁴"Quem está no pátio?", perguntou o rei. Hamã tinha acabado de entrar no pátio externo do palácio para pedir ao rei que Mardoqueu fosse executado na forca que ele havia preparado.

⁵Os servos responderam: "É Hamã que está no pátio".

"Digam a ele que entre", ordenou o rei. ⁶Hamã entrou, e o rei lhe perguntou: "O que devo fazer para honrar um homem que muito me agrada?".

Hamã pensou: "A quem o rei desejaria honrar senão a mim?". ⁷Por isso, respondeu: "Se o rei deseja honrar alguém, ⁸mande trazer um dos mantos que o rei costuma usar, e um cavalo no qual o rei costuma montar, e que tenha o emblema real na cabeça. ⁹Ordene que o manto e o cavalo sejam entregues a um dos mais nobres oficiais do rei e que ele ponha o manto sobre o homem que o rei deseja honrar e o conduza pela praça da cidade sobre o cavalo do rei. Mande que o oficial proclame em alta voz: 'Assim o rei faz a quem ele deseja honrar!'".

¹⁰"Excelente!", disse o rei a Hamã. "Vá depressa pegar meu manto e meu cavalo e faça ao judeu Mardoqueu, que está sentado à porta do palácio, exatamente o que você sugeriu. Não se esqueça de nenhum detalhe!"

¹¹Então Hamã pegou o manto e o cavalo do rei, vestiu Mardoqueu com o manto e o conduziu sobre o cavalo pela praça da cidade, proclamando em alta voz: "Assim o rei faz a quem ele deseja honrar!". ¹²Depois disso, Mardoqueu voltou para a porta do palácio, mas Hamã correu para casa, abatido e humilhado.

¹³Quando Hamã contou a Zeres, sua esposa, e a todos os seus amigos o que havia acontecido, seus conselheiros e sua esposa disseram: "Visto que Mardoqueu, diante de quem você foi humilhado, é judeu de nascimento, seus planos contra ele jamais serão bem-sucedidos. Você ficará arruinado se continuar a se opor a ele".

¹⁴Enquanto ainda falavam, os eunucos do rei chegaram e, sem demora, levaram Hamã ao banquete que Ester havia preparado.

O rei manda executar Hamã

7 O rei e Hamã foram ao banquete da rainha Ester. ²Mais uma vez, enquanto bebiam vinho, o rei perguntou a Ester: "Diga-me o que deseja, rainha Ester. Qual é seu pedido? Eu atenderei, mesmo que peça metade do reino!".

³A rainha Ester respondeu: "Se conto com o favor do rei, e se lhe parecer bem atender meu pedido, poupe minha vida e a vida de meu povo. ⁴Pois eu e meu povo fomos vendidos para sermos destruídos, mortos e aniquilados. Se fosse apenas o caso de termos sido vendidos como escravos, eu teria permanecido calada, pois não teria cabimento perturbar o rei com um assunto de tão pouca importância".

⁵"Quem faria uma coisa dessas?", perguntou o rei Xerxes. "Onde está o homem que teria a audácia de fazer isso?"

⁶Ester respondeu: "Nosso inimigo e adversário é Hamã, este homem perverso". Hamã ficou apavorado diante do rei e da rainha. ⁷Furioso, o rei se levantou e saiu para o jardim do palácio.

Hamã, porém, ficou ali, implorando por sua vida à rainha Ester, pois sabia que o rei certamente o condenaria à morte. ⁸Em desespero, atirou-se sobre o sofá onde a rainha Ester estava reclinada e, nesse exato momento, o rei voltou do jardim do palácio.

O rei exclamou: "Ele se atreve até a violentar a rainha aqui no palácio, diante de meus próprios olhos?". E, assim que o rei falou, seus servos cobriram o rosto de Hamã.

⁹Harbona, um dos eunucos do rei, disse: "Hamã construiu uma forca de mais de vinte metros[a] no pátio da casa dele. Pretendia usá-la

---

[a] **7.9** Em hebraico, *50 côvados*, isto é, 22,5 metros.

para enforcar Mardoqueu, o homem que salvou o rei de ser assassinado".

"Usem-na para enforcar Hamã!", ordenou o rei. ¹⁰Assim, executaram Hamã na forca que ele havia construído para Mardoqueu; e a ira do rei se acalmou.

Um decreto em favor dos judeus

8 Naquele mesmo dia, o rei Xerxes entregou à rainha Ester os bens de Hamã, inimigo dos judeus. Então Mardoqueu foi trazido à presença do rei, pois Ester havia contado ao rei que ele era seu parente. ²O rei tirou do dedo o anel com o selo real, que ele havia tomado de volta de Hamã, e o entregou a Mardoqueu. Assim, Ester o nomeou administrador dos bens de Hamã.

³Então Ester voltou a apresentar-se ao rei e, caindo a seus pés, suplicou com lágrimas que ele cancelasse o plano perverso de Hamã, o agagita, contra os judeus. ⁴Mais uma vez, o rei estendeu o cetro de ouro para Ester. Ela se levantou e ficou em pé diante dele.

⁵Disse ela: "Se parecer bem ao rei, se conto com seu favor, se o rei considerar correto e se o tenho agradado, que seja publicado um decreto anulando as ordens de Hamã, filho de Hamedata, o agagita, para aniquilar os judeus em todas as províncias do rei. ⁶Pois como eu suportaria ver meu povo passar por tal calamidade? Acaso poderia assistir à destruição de minha família?".

⁷O rei Xerxes disse à rainha Ester e ao judeu Mardoqueu: "Entreguei a Ester os bens de Hamã, e ele foi enforcado porque tentou destruir os judeus. ⁸Agora, enviem aos judeus um decreto em nome do rei, dizendo o que vocês acharem melhor, e selem-no com o anel do rei. Lembrem-se, porém, de que o que já foi escrito em nome do rei e selado com seu anel não pode ser revogado".

⁹Assim, no dia 25 de junho,ª os secretários do rei foram convocados, e um decreto foi redigido exatamente da forma como Mardoqueu ditou. O decreto foi enviado aos judeus, aos mais altos oficiais do rei, aos governadores e aos nobres de todas as 127 províncias, desde a Índia até a Etiópia.ᵇ As ordens foram redigidas na escrita e na língua de cada povo do império, incluindo as dos judeus. ¹⁰Mardoqueu escreveu o decreto em nome do rei Xerxes e o selou com o anel do rei. Enviou as cartas por

---

PÃO DIÁRIO

Ódio autodestrutivo

Pois eu e meu povo fomos vendidos para sermos destruídos, mortos e aniquilados.

—Ester 7.4

George Washington Carver (1864–1943) venceu um terrível preconceito racial para se firmar como renomado educador norte-americano. Menosprezando a tentação de ceder à amargura pela maneira com a qual ele era tratado, Carver escreveu sabiamente: "O ódio interior acabará por destruir quem o abriga".

No livro de Ester, vemos como o ódio pode ser autodestrutivo. Mardoqueu, um judeu, recusou-se a se prostrar diante de Hamã, um presunçoso oficial da corte persa. O enraivecido Hamã manipulou informações para fazer Mardoqueu e seu povo parecerem ameaças ao império (3.8,9). Quando sua trama estava completa, Hamã apelou ao rei da Pérsia para matar todos os judeus. O rei proclamou um édito nesse sentido, mas, antes que ele pudesse ser executado, Ester interveio e revelou ao rei o plano enganador de Hamã (7.1-6). Furioso, o rei mandou executar Hamã na mesma forca que este conspirador tinha preparado para Mardoqueu (7.7-10).

As palavras de Carver e as ações de Hamã nos lembram que o ódio é autodestrutivo. A resposta bíblica é desviar-se do ódio e retribuir o mal com o bem. Paulo escreveu: "Nunca paguem o mal com o mal" (Rm 12.17). Quando ofendidos: "deixem que a ira de Deus se encarregue disso" (v.19). Pensem sempre em fazer o que é melhor para ter "paz com todos" (v.18).

Cada vez que leio: "vivam em paz com todos", sinto-me desafiada, Senhor. Isso é algo que não consigo fazer sem a ajuda do Teu Santo Espírito. Por favor, permanece ao meu lado sempre que alguém me maltratar ou me fizer pensar em vingança ou retribuição. Por favor, permite-me colocar de lado os pensamentos de ódio e permanecer no amor, na caridade e na bondade. Ajuda-me a viver em paz com todos os homens — na medida do possível.

O ódio promove a autodestruição; o amor cumpre o ensino de Cristo.

ª **8.9a** Em hebraico, *no vigésimo terceiro dia do terceiro mês, o mês de sivã*, do antigo calendário lunar hebraico. O ano foi 474 a.C.; ver também nota em 2.16. ᵇ **8.9b** Em hebraico, *até Cuxe*.

mensageiros montados em cavalos velozes criados nas estrebarias do rei. ¹¹O decreto do rei concedia aos judeus de todas as cidades autoridade para se reunirem e defenderem a própria vida. Permitia que destruíssem, matassem e aniquilassem qualquer exército, de qualquer nacionalidade ou província, que os atacasse ou a seus filhos e esposas. Também permitia que tomassem os bens de seus inimigos. ¹²A data marcada para que isso acontecesse em todas as províncias do rei Xerxes era 7 de março do ano seguinte.ª

¹³Uma cópia do decreto devia ser publicada como lei em cada província e proclamada a todos os povos, a fim de que os judeus estivessem preparados para se vingar de seus inimigos na data marcada. ¹⁴Por ordem do rei, os mensageiros saíram a toda pressa, montados em cavalos velozes criados nas estrebarias do rei. O decreto também foi proclamado na fortaleza de Susã.

¹⁵Mardoqueu saiu da presença do rei vestido com trajes reais em azul e branco, uma grande coroa de ouro e um manto de linho fino e tecido vermelho; e o povo de Susã comemorou alegremente o novo decreto. ¹⁶Os judeus se encheram de felicidade e alegria e foram honrados em toda parte. ¹⁷Em cada província e cidade, em cada lugar aonde o decreto do rei chegava, os judeus se alegravam muito e comemoravam com grandes banquetes, festas e feriados. Muitos que pertenciam a outros povos do império se tornaram judeus, porque temiam o que os judeus pudessem fazer com eles.

A vitória dos judeus

9 Assim, no dia 7 de março,ᵇ os dois decretos do rei entraram em vigor. Nesse dia, os inimigos dos judeus esperavam dominá-los, mas aconteceu o contrário; os judeus dominaram seus inimigos. ²Reuniram-se em suas cidades em todas as províncias do rei Xerxes para atacar qualquer um que procurasse lhes fazer mal. Ninguém conseguiu resistir-lhes, pois todos tinham muito medo deles. ³E todos os nobres das províncias, os mais altos oficiais, os governadores e os oficiais do rei ajudaram os judeus, pois temiam Mardoqueu. ⁴Ele havia sido promovido no palácio do rei e, à medida que se tornava mais poderoso, sua fama se espalhava por todas as províncias.

⁵Portanto, na data marcada, os judeus feriram seus inimigos à espada. Mataram e aniquilaram seus inimigos e fizeram o que queriam com aqueles que os odiavam. ⁶Só na fortaleza de Susã, os judeus atacaram e mataram quinhentos homens. ⁷Também mataram Parsandata, Dalfom, Aspata, ⁸Porata, Adalia, Aridata, ⁹Parmasta, Arisai, Aridai e Vaizata, ¹⁰os dez filhos de Hamã, filho de Hamedata, inimigo dos judeus. No entanto, não tomaram nenhum despojo.

¹¹Naquele mesmo dia, quando o rei foi informado do número de pessoas mortas na fortaleza de Susã, ¹²mandou chamar a rainha Ester e disse: "Só na fortaleza de Susã, os judeus mataram quinhentos homens, além dos filhos de Hamã. Se fizeram isso aqui, o que terão feito nas províncias? E agora, o que mais deseja? Seu pedido será atendido; diga-me e será feito".

¹³Ester respondeu: "Se parecer bem ao rei, dê permissão aos judeus de Susã para que façam novamente amanhã o mesmo que fizeram hoje; e que os corpos dos dez filhos de Hamã sejam pendurados na forca".

¹⁴O rei concordou e publicou o decreto em Susã, e os corpos dos dez filhos de Hamã foram pendurados na forca. ¹⁵Então, no dia 8 de março,ᶜ os judeus de Susã se reuniram e mataram trezentos homens. Mais uma vez, porém, não tomaram nenhum despojo.

¹⁶Enquanto isso, os outros judeus em todas as províncias do rei haviam se reunido para defender a própria vida. Livraram-se de seus inimigos ao matar 75 mil dos que odiavam os judeus. No entanto, não tomaram nenhum despojo. ¹⁷Isso foi feito em todas as províncias no dia 7 de março, e no dia 8ᵈ descansaram e comemoraram sua vitória com um dia de festa e alegria. ¹⁸(Os judeus de Susã mataram seus inimigos nos dias 7 e 8 de março e descansaram

---

ª **8.12** Em hebraico, *o décimo terceiro dia do décimo segundo mês, o mês de adar*, do antigo calendário lunar hebraico. O ano foi 473 a.C.; ver também nota em 2.16. ᵇ **9.1** Em hebraico, *no décimo terceiro dia do décimo segundo mês, o mês de adar*, do antigo calendário lunar hebraico. O ano foi 473 a.C.; ver também nota em 2.16. ᶜ **9.15** Em hebraico, *no décimo quarto dia do mês de adar*, do antigo calendário lunar hebraico. O ano foi 473 a.C.; ver também nota em 2.16. ᵈ **9.17** Em hebraico, *no décimo terceiro dia do mês de adar, e no décimo quarto dia*, do antigo calendário lunar hebraico. O ano foi 473 a.C.; ver também nota em 2.16.

no dia 9,[a] fazendo dele um dia de festa e alegria.) [19]Por isso, os judeus que vivem em povoados nas regiões rurais celebram a festa anual nesse dia determinado,[b] data em que se alegram, festejam e presenteiam uns aos outros com alimentos.

A Festa de Purim

[20]Mardoqueu registrou esses acontecimentos e enviou cartas aos judeus em todas as províncias do rei Xerxes, tanto aos de perto como aos de longe, [21]instruindo-os a celebrar uma festa anual nesses dois dias.[c] [22]Ordenou que celebrassem com festas e alegria, presenteando uns aos outros com alimentos e distribuindo presentes aos pobres. Assim, recordariam a ocasião em que os judeus se livraram de seus inimigos e em que sua tristeza foi transformada em alegria, e seu lamento, em dia de festa.

[23]Os judeus aceitaram a orientação de Mardoqueu e adotaram esse costume anual. [24]Hamã, filho de Hamedata, o agagita, inimigo dos judeus, havia tramado destruí-los numa data determinada pelo lançamento de sortes (chamadas purim). [25]Mas, quando Ester foi à presença do rei, ele publicou um decreto que fez o plano perverso de Hamã se voltar contra ele, e Hamã e seus filhos foram pendurados numa forca. [26]Por isso, essa comemoração se chama Purim, palavra que se usava antigamente para "lançar sortes".[d]

Assim, por causa da carta de Mardoqueu e daquilo que lhes havia acontecido, [27]os judeus em todo o reino concordaram em dar início a essa tradição e transmiti-la a seus descendentes e a todos que se tornassem judeus. Declararam que não deixariam de celebrar anualmente esses dois dias na data determinada. [28]Esses dias seriam lembrados e comemorados de geração em geração, por todas as famílias, em todas as províncias e cidades do império. A Festa de Purim jamais deixaria de ser celebrada pelos judeus, nem a lembrança do que havia acontecido se apagaria entre seus descendentes.

PÃO DIÁRIO

Caridade

[Mardoqueu] Ordenou que celebrassem com festas e alegria, presenteando uns aos outros com alimentos e distribuindo presentes aos pobres.

—Ester 9.22

O Purim é um dos dias de festas mais extraordinários do povo judeu. Ele foi instituído para celebrar a morte de Hamã e o livramento dos judeus. Atualmente, ele é celebrado com a leitura do livro de Ester (a qual é interrompida por barulhos estridentes sempre que o nome de Hamã é lido) em clima de festa.

O Purim também é um momento de caridade, um conceito enraizado no Antigo Testamento (Dt 15.7,8; 26.12,13). A alegria pelo fato de Israel ser liberto do plano diabólico de Hamã se expressa por meio de generosos atos de caridade a todos os que solicitam.

Em seu livro *Jewish Literacy* (Literatura judaica), o rabi Joseph Telushkin descreve um rabi que se sentia tão compelido a guardar o dia de Purim que deu esmola a duas mulheres judias que lhe pediram mesmo sabendo que ambas eram embusteiras.

Pelo fato de sermos libertas do pecado por intermédio de Jesus Cristo, devemos ser generosas com os necessitados. Com o coração compassivo, devemos ser benevolentes e ajudar os pobres. Entretanto, não seremos caridosas se o nosso coração estiver endurecido por um espírito de autoproteção ou se pensarmos que a caridade é responsabilidade apenas dos outros.

Cristo ordenou que os Seus seguidores fossem caridosos (Mt 6.1-4; 12.33). Ele próprio demonstrou a Sua bondade ao se oferecer como o maior presente.

Sou muito grata por Tua generosidade para comigo, Senhor. Quebranta o meu coração e enche-o da Tua compaixão. Amplia a minha perspectiva para eu me conscientizar sobre as necessidades das pessoas que me cercam. Derrama continuamente do Teu amor sobre a vida dos outros.

O tipo mais elevado de doação brota do fundo do coração.

---

[29]Então a rainha Ester, filha de Abiail, e o judeu Mardoqueu escreveram outra carta com

---

[a]**9.18** Em hebraico, *no décimo terceiro e no décimo quarto dia e descansaram no décimo quinto dia*, do antigo calendário lunar hebraico. O ano foi 473 a.C.; ver também nota em 2.16. [b]**9.19** Esse dia do antigo calendário lunar hebraico caía entre fevereiro e março. [c]**9.21** Em hebraico, *no décimo quarto e no décimo quinto dias de adar*, do antigo calendário lunar hebraico. [d]**9.26** Em hebraico, *Purim, do nome pur*.

> **REFLETINDO SOBRE:** De ninguém para alguém

Mulheres que se levantaram da escuridão

Derrubou príncipes de seus tronos e exaltou os humildes.
—Lucas 1.52

Deus se deleita em tomar "ninguéns" e transformá-los em "alguéns" especiais. Ele tomou uma jovem órfã de uma raça vencida e a tornou a rainha do monarca mais poderoso do mundo. Devido à fé que Ester tinha em Deus e à sua humilde obediência a seu pai adotivo, Mardoqueu, Deus a usou para salvar a raça judia da aniquilação.

Raabe era uma prostituta em uma cidade pagã marcada para julgamento. Quando decidiu confiar no Deus de Israel, ela salvou a sua vida e a vida dos membros de sua família e mais tarde se tornou esposa de um proeminente líder israelita. Abigail era casada com um homem tolo bêbado e estúpido e, por isso, era desprezado pelos outros. Após arriscar sua vida para salvar o seu marido e outros, Abigail se tornou a esposa do homem que se tornaria um dos grandes reis de Israel.

Essas e outras mulheres na Bíblia se levantaram da escuridão para exercerem papéis proeminentes na história. Elas não alcançaram posições mais elevadas na vida porque buscavam riquezas, fama ou popularidade. Deus as ergueu devido à sua humildade e disposição de seguir Sua liderança. Em vez de buscarem holofotes para sua própria glória, elas deliberadamente colocaram como prioridade número 1 o ato de honrar e obedecer a Deus.

Nossa sociedade nos fornece uma fórmula para o sucesso diferente daquela proposta por Deus. Livros e aulas nos ensinam como influenciar pessoas, como nos vender e elevarmos nossa posição no mundo, mas o Senhor diz que, para sermos alguém grande, precisamos buscá-lo acima de tudo. Chegará o dia em que Deus julgará todos os corações e recompensará aqueles que servem a Ele. Muitos que na Terra aparentavam estar escondidos e serem rebaixados serão exaltados. Por enquanto, mesmo que o mundo nos veja como ninguém, quando fazemos o nosso melhor para seguir a vontade de Deus, podemos perceber que Ele está nos transformando em alguém muito especial.

---

toda a autoridade para confirmar a carta de Mardoqueu e estabelecer a Festa de Purim. ³⁰Enviaram cartas a todos os judeus das 127 províncias do império de Xerxes, desejando-lhes paz e segurança. ³¹Essas cartas estabeleciam a Festa de Purim, uma celebração anual desses dias na data determinada, conforme decretado tanto pelo judeu Mardoqueu como pela rainha Ester. O povo resolveu celebrar essa festa, assim como haviam estabelecido para si e seus descendentes os tempos de jejum e de lamentação. ³²Assim, o decreto de Ester confirmou as orientações para a Festa de Purim, e tudo foi escrito nos registros.

A grandeza de Xerxes e de Mardoqueu

10 O rei Xerxes impôs tributos a todo o seu império, incluindo as distantes regiões do litoral. ²Suas grandes realizações e o relato completo da grandeza de Mardoqueu, a quem o rei havia promovido, estão registrados no *Livro da História dos Reis da Média e da Pérsia*. ³O judeu Mardoqueu ocupou o cargo mais alto do reino, abaixo apenas do próprio rei Xerxes. Era muito importante entre os judeus, que o tinham em alta consideração, pois ele continuou a trabalhar para o bem de seu povo e a buscar o bem-estar de todos os seus descendentes.

JÓ

INTRODUÇÃO

Nome. Jó, oriundo de seu principal personagem, ou herói, e significa "Perseguido".

Data. Nem a data nem o autor podem ser determinados com certeza. A tendência é crer na teoria da autoria de Jó.

Conexão com outros livros. Ele está isolado, sendo um dos chamados livros de sabedoria da Bíblia. Em nenhum lugar dele se faz alusão à Lei mosaica ou à história de Israel.

Características literárias. Os capítulos 1 e 2 e partes do capítulo 42 são prosa. O restante é poesia. Os diferentes oradores podem ter sido oradores reais ou personagens criados por um escritor para narrar a história. Há, no entanto, poucas dúvidas de que a história se baseia em fatos históricos.

Problemas do livro. Este livro levanta várias excelentes questões que são comuns à humanidade e, direta ou indiretamente, as discute. Entre essas questões, as seguintes são as mais importantes: (1) Existe alguma bondade sem recompensa? "Jó tem bons motivos para temer a Deus"? (2) Por que os justos sofrem e por que o pecador fica impune? (3) Deus realmente cuida e protege do Seu povo que o teme? (4) A adversidade e a aflição são um sinal de que o sofredor é perverso? (5) Deus é o Deus de piedade e misericórdia?

Argumento. O argumento prossegue da seguinte forma: (1) Há uma conversa entre Deus e Satanás e a consequente aflição de Jó. (2) O primeiro ciclo de discussão com seus três amigos em que estes acusam Jó de pecar e ele nega a acusação. (3) O segundo ciclo de discussão. Neste, os amigos de Jó argumentam que sua afirmação de inocência é uma evidência adicional de sua culpa e perigo iminente. (4) O terceiro ciclo. Neste, os amigos de Jó argumentam que suas aflições são apenas as que viriam a alguém que cedeu a tentações como aquelas a que ele está sujeito. Em cada um dos três ciclos de discussão com seus amigos, Elifaz, Bildade e Zofar, cada um discute com Jó, exceto Zofar que permanece em silêncio no terceiro ciclo. Eles falam na mesma ordem cada vez. (5) Eliú mostra como Jó acusa Deus erroneamente enquanto se justifica e afirma que o sofrimento nos instrui na justiça e nos impede de pecar. (6) Deus intervém e em dois discursos instrui Jó. No primeiro discurso, Jó vê o poder criativo do Todo-Poderoso e sua própria insensatez em responder a Deus, a quem os animais temem por instinto. No segundo discurso, Jó vê que se deve saber como governar o mundo e corrigir seus males antes de se queixar ou acusar a Deus. (7) Jó ora e é restaurado.

Propósito. O propósito do livro, portanto, é justificar a sabedoria e a bondade de Deus em questões sobre o sofrimento humano e, em especial, demonstrar que nem todo sofrimento é punitivo.

Provação de Jó. A provação de Jó aconteceu em etapas e consistiu principalmente em uma série de perdas da seguinte forma: (1) Sua propriedade; (2) Seus filhos; (3) Sua saúde; (4) A confiança de sua esposa — ela queria que ele amaldiçoasse a Deus e morresse; (5) Seus amigos que agora o consideravam um pecador; (6) A alegria da vida — ele amaldiçoou o dia de seu nascimento; (7) Sua confiança na bondade de Deus — ele disse a Deus: "Por que fizeste de mim o teu alvo?". Em sua resposta a Eliú, ele duvida da justiça, senão da própria existência de Deus.

ESBOÇO

1. A prosperidade e aflição de Jó, Caps. 1–2
2. A discussão de Jó e seus três amigos, Caps. 3–31
    - 2.1. Primeiro ciclo, Caps. 3–14
    - 2.2. Segundo ciclo, Caps. 15–21
    - 2.3. Terceiro ciclo, Caps. 22–31
3. O discurso de Eliú, Caps. 32–37
4. Os pronunciamentos de Deus, Caps. 38–41
    - 4.1. Primeiro pronunciamento, Caps. 38–39
    - 4.2. Segundo pronunciamento, Caps. 40–41
5. A restauração de Jó, Cap. 42

PARA ESTUDO E DISCUSSÃO

[1] A personalidade e a maldade de Satanás. Indique suas falsas acusações contra Jó e Deus, e também os sinais de seu poder.
[2] No que diz respeito ao homem, procure evidências sobre: (a) A insensatez da justiça própria; (b) A maldade do homem mais perfeito aos olhos de Deus; (c) A impossibilidade do homem de, pela sabedoria, separado da graça, encontrar a Deus.
[3] A respeito de Deus, reúna evidências de Sua sabedoria, perfeição e bondade.
[4] A decepção de Jó com seus amigos.
[5] Elementos de verdade e de falsidade na teoria dos amigos de Jó.
[6] O desespero de Jó pelo presente, sua visão do *Sheol* e sua visão do futuro. Ele acredita em uma vida futura ou pensa que tudo termina na sepultura?
[7] O livro realmente explica por que os justos sofrem?
[8] Faça uma lista das passagens mais marcantes, especialmente as que são dignas de serem lembradas.

Prólogo

1 Havia um homem chamado Jó que vivia na terra de Uz. Ele era íntegro e correto, temia a Deus e se mantinha afastado do mal. ²Tinha sete filhos e três filhas. ³Era dono de sete mil ovelhas, três mil camelos, quinhentas juntas de bois e quinhentas jumentas. Também tinha muitos servos. Na verdade, era o homem mais rico de toda aquela região.

⁴Os filhos de Jó se revezavam em preparar banquetes em suas casas e convidavam suas três irmãs para celebrar com eles. ⁵Quando terminavam esses dias de festas, Jó mandava chamar seus filhos, a fim de purificá-los. Levantava-se de manhã bem cedo e oferecia um holocausto em favor de cada um deles, pois pensava: "Pode ser que meus filhos tenham pecado e amaldiçoado a Deus em seu coração". Essa era a prática habitual de Jó.

A primeira provação de Jó

⁶Certo dia, os anjos[a] vieram à presença do Senhor, e Satanás, o acusador,[b] veio com eles. ⁷"De onde você vem?", perguntou o Senhor.

Satanás respondeu: "Estive rodeando a terra, observando o que nela acontece".

⁸Então o Senhor perguntou: "Você reparou em meu servo Jó? Não há ninguém na terra como ele. É homem íntegro e correto, teme a Deus e se mantém afastado do mal".

⁹Satanás respondeu: "É verdade, mas Jó tem bons motivos para temer a Deus. ¹⁰Tu puseste um muro de proteção ao redor dele, de sua família e de seus bens e o abençoaste em tudo que ele faz. Vê como ele é rico! ¹¹Estende tua mão e toma tudo que ele tem, e certamente ele te amaldiçoará na tua face!".

¹²"Pois bem, você pode prová-lo", disse o Senhor. "Faça o que quiser com tudo que ele possui, mas não lhe cause nenhum dano físico." Então Satanás saiu da presença do Senhor.

¹³Certo dia, quando os filhos e as filhas de Jó estavam num banquete na casa do irmão mais velho, ¹⁴chegou à casa de Jó um mensageiro com esta notícia: "Seus bois estavam arando, e os jumentos, pastando perto deles, ¹⁵quando os sabeus nos atacaram. Roubaram todos os animais e mataram todos os empregados. Só eu escapei para lhe contar".

¹⁶Enquanto ele falava, outro mensageiro chegou com esta notícia: "O fogo de Deus caiu do

---

PÃO DIÁRIO

Distanciando-se de Deus

Aceitaremos da mão de Deus apenas as coisas boas e nunca o mal?

—Jó 2.10

Imagine-se relaxando numa boia de borracha flutuando à beira-mar, com os olhos fechados, tomando sol e ouvindo o suave movimento das ondas. Sem uma preocupação sequer no mundo — até abrir os olhos! De repente, a praia está alarmantemente distante.

Desse mesmo jeito, tendemos a ser levados na vida espiritual. É chocante repentinamente perceber o quanto temos nos distanciado de Deus. O ponto de partida se inicia quando Satanás rouba o afeto que sentimos por nosso amoroso Criador ao deformar, de maneira enganosa, nossas experiências e nos fazer suspeitar de Deus em vez de confiar nele.

Pense em Jó e na esposa dele. Ambos tinham muitos motivos para estarem aborrecidos com Deus. Seus filhos haviam morrido, sua fortuna tinha sido perdida, e a saúde de Jó estava destruída. A mulher dele lhe disse: "Amaldiçoe a Deus e morra". No entanto, Jó replicou: "Aceitaremos da mão de Deus apenas as coisas boas e nunca o mal?" (Jó 2.9,10).

Existem muitas atitudes que podem nos afastar do Senhor e nos deixar sem direção: acreditar que precisamos de mais coisas além da presença de Deus para sermos felizes; colocar os relacionamentos importantes acima da lealdade a Deus; pensar que Deus deve corresponder às nossas expectativas; resistir a Suas repreensões; fazermo-nos de surdas quando a Sua Palavra não é agradável.

Se você está começando a ser levada pela correnteza, lembre-se de permanecer perto daquele que é a única fonte de satisfação.

Deus soberano, que eu possa aceitar as coisas boas e as ruins na vida com confiança e esperança, sabendo que tudo passa por Tuas mãos. Não quero me distanciar de ti e do Teu grande amor. Preciso de ti mais do que tudo neste mundo.

Para evitar distanciar-se de Deus, permaneça ancorada à Rocha.

---

[a] **1.6a** Em hebraico, *os filhos de Deus*. [b] **1.6b** Em hebraico, *e o satanás*; também ao longo de todo este capítulo.

> REFLETINDO SOBRE: Uma razão para continuar

A esposa de Jó

Porque eu sei os planos que tenho para vocês, diz o Senhor. São planos de bem, e não de mal, para lhes dar o futuro pelo qual anseiam.
—Jeremias 29.11

Tudo parecia tão irreal. A mulher parada ao lado da pilha de escombros que um dia tinha sido sua casa. Enquanto olhava para todos os lados da rua, sentiu estar sonhando — ou na verdade, tendo um pesadelo. Sua vizinhança fora destruída pelo furacão e pela enchente que o seguiu. Casas, lojas, a escola e sua igreja — tudo se fora. O pior de tudo é que o seu marido havia falecido de ataque cardíaco durante a tempestade. Ainda que equipes de emergência e voluntários a cercassem, ela ignorava as ofertas de ajuda. A mulher não via esperança em reconstruir uma casa sem seguro e motivo algum para reconstruir sua vida.

A esposa de Jó também sabia o que era perder tudo repentinamente. Quando Satanás afirmou que Jó adorava a Deus somente porque o Senhor o fez prosperar, Deus deu permissão a Satanás para testar Jó com adversidades. Em um dia, esse casal perdeu o seu gado, os seus servos e os seus dez filhos. Depois, o corpo de Jó cobriu-se de feridas terríveis. A tristeza por perder seus filhos e ver seu marido sofrer fez a esposa de Jó perder toda a esperança. Sua vida como antes conhecera parecia ter acabado. Ela não via motivo para continuar. Em seu desespero, ela deixou escapar a sugestão de que Jó amaldiçoasse Deus e morresse. A morte parecia preferível a tal dor insuportável.

Quando o desastre inesperado nos assola, podemos lidar com medos semelhantes. Partindo de uma perspectiva humana, pode parecer que não temos motivo para prosseguir. Por que se importar e tentar reconstruir nossa vida quando já não temos mais nada? Mesmo em meio à confusão e sofrimento pelos quais Deus permitiu que passássemos, podemos nos apegar à verdade de que Ele também é responsável por todo o bem em nosso viver. Tudo o que Ele permite que nos aconteça tem um propósito, e Ele promete estar conosco até o final. Isso é motivo suficiente para continuar.

---

céu e queimou suas ovelhas e todos os seus pastores. Só eu escapei para lhe contar".

[17] Enquanto ele falava, outro mensageiro chegou com esta notícia: "Três bandos de saqueadores caldeus roubaram seus camelos e mataram seus servos. Só eu escapei para lhe contar".

[18] Enquanto ele falava, ainda outro mensageiro chegou com esta notícia: "Seus filhos e suas filhas estavam num banquete na casa do irmão mais velho. [19] De repente, veio do deserto um vendaval terrível e atingiu a casa de todos os lados. A casa desabou, e todos os seus filhos morreram. Só eu escapei para lhe contar".

[20] Então Jó se levantou e rasgou seu manto. Depois, raspou a cabeça, prostrou-se com o rosto no chão em adoração [21] e disse:

"Saí nu do ventre de minha mãe,
e estarei nu quando partir.
O Senhor me deu o que eu tinha,
e o Senhor o tomou.
Louvado seja o nome do Senhor!".

[22] Em tudo isso, Jó não pecou nem culpou a Deus.

A segunda provação de Jó

2 Certo dia, os anjos[a] vieram outra vez à presença do Senhor, e Satanás, o acusador,[b] veio com eles. [2] "De onde você vem?", perguntou o Senhor.

Satanás respondeu: "Estive rodeando a terra, observando o que nela acontece".

[3] Então o Senhor perguntou: "Você reparou em meu servo Jó? Não há ninguém na terra como ele. É homem íntegro e correto, teme a Deus e se mantém afastado do mal. E não perdeu sua integridade, apesar de você me ter instigado a prejudicá-lo sem motivo".

[4] Satanás respondeu: "Pele por pele! Um homem dará tudo que tem para salvar a própria

---

[a] 2.1a Em hebraico, *os filhos de Deus*. [b] 2.1b Em hebraico, *e o satanás*; também ao longo de todo este capítulo.

vida. ⁵Estende tua mão e tira a saúde dele, e certamente ele te amaldiçoará na tua face!".

⁶"Pois bem", disse o Senhor. "Faça o que quiser com ele, mas poupe-lhe a vida." ⁷Então Satanás saiu da presença do Senhor e causou em Jó feridas terríveis, da sola dos pés ao alto da cabeça.

⁸Jó, sentado em meio a cinzas, raspava a pele com um caco de cerâmica. ⁹Sua esposa lhe disse: "Você ainda tenta manter sua integridade? Amaldiçoe a Deus e morra!".

¹⁰Jó respondeu: "Você fala como uma mulher insensata. Aceitaremos da mão de Deus apenas as coisas boas e nunca o mal?". Em tudo isso, Jó não pecou com seus lábios.

Os três amigos de Jó compartilham de sua angústia

¹¹Quando três amigos de Jó souberam das tragédias que o haviam atingido, cada um saiu de onde vivia e os três foram juntos consolá-lo e animá-lo. Seus nomes eram Elifaz, de Temã, Bildade, de Suá, e Zofar, de Naamá. ¹²Quando viram Jó de longe, mal o reconheceram. Choraram alto, rasgaram seus mantos e jogaram terra ao ar, sobre a cabeça. ¹³Depois, sentaram-se no chão com ele durante sete dias e sete noites. Não disseram nada, pois viram que o sofrimento de Jó era grande demais.

O primeiro discurso de Jó

3 Por fim, Jó falou e amaldiçoou o dia de seu nascimento. ²Disse ele:

³"Apagado seja o dia em que nasci
  e a noite em que fui concebido.
⁴Transforme-se esse dia em escuridão;
  Deus, lá do alto, o ignore,
  e luz nenhuma brilhe sobre ele.
⁵Domine esse dia a escuridão absoluta;
  uma nuvem negra o cubra,
  e densa escuridão o encha de terror.
⁶Apodere-se dessa noite a escuridão;
  nunca mais seja contada entre os dias do ano,
  nunca mais seja incluída entre os meses.
⁷Sim, estéril seja essa noite,
  desprovida de toda a alegria.

PÃO DIÁRIO

Começando do fim

Apagado seja o dia em que nasci e a noite em que fui concebido.
—Jó 3.3

Aos 30 anos, ela estava pronta para desistir e escreveu em seu diário: "Meu Deus, o que será de mim? Eu só quero morrer". Porém, as nuvens negras do desespero deram lugar à luz, e, no tempo certo, ela descobriu um novo propósito para viver. Ao falecer, aos 90 anos, ela já havia deixado sua marca na história. Alguns acreditam que ela e aqueles que introduziram os antissépticos e o clorofórmio na Medicina fizeram mais do que qualquer outro indivíduo para aliviar o sofrimento humano no século 19. Seu nome era Florence Nightingale, fundadora do serviço de enfermagem.

Jó foi longe demais a ponto de desejar nunca ter nascido (Jó 3.1-3). Porém, graças a Deus, Ele não pôs fim à sua vida. Assim como Florence Nightingale saiu da depressão e descobriu maneiras de ajudar os outros, Jó também viveu e superou o seu sofrimento, e sua experiência tornou-se uma fonte de consolo inesgotável às almas que sofrem.

Talvez, você esteja a ponto de não querer prosseguir. Ser filha de Deus intensifica seu desespero, pois você se questiona como um cristão pode se sentir tão só e abandonado. Não desista. Sentir-se esgotada emocionalmente pode ser a experiência mais dolorosa que você já vivenciou. Mas encoraje-se. Apegue-se ao Senhor com fé e recomece do zero. Deus pode usar este tipo de recomeço.

Pai celestial, agradeço-te por Tua presença amorosa. Quando os dias forem escuros, por favor enche-me da Tua luz e esperança. De vez em quando, as emoções ameaçam me vencer. Quando os pensamentos sombrios e os sentimentos de angústia surgirem, escolherei correr para ti.

Em Cristo, quem está sem coragem encontra esperança.

---

⁸Amaldiçoem esse dia os que vivem a amaldiçoar,
  aqueles que podem despertar o Leviatã.ᵃ
⁹Escureçam-se suas estrelas matutinas;
  espere o dia pela luz, mas em vão,
  e jamais veja a luz do amanhecer.
¹⁰Amaldiçoado seja esse dia

ᵃ 3.8 A identificação do *Leviatã* é controversa; as propostas vão desde uma criatura terrestre até um monstro marinho mítico da literatura antiga.

por não fechar o ventre de minha mãe,
por permitir que eu nascesse,
  para presenciar todo este sofrimento.

¹¹"Por que eu não nasci morto?
  Por que não morri ao sair do ventre?
¹²Por que me deitaram no colo de minha mãe?
  Por que ela me amamentou no seio?
¹³Se eu tivesse morrido ao nascer, agora estaria em paz;
  sim, dormiria e repousaria.
¹⁴Descansaria com os reis da terra e seus conselheiros,
  cujos edifícios agora estão em ruínas.
¹⁵Descansaria com os príncipes, ricos em ouro,
  cujos palácios eram cheios de prata.
¹⁶Por que não me sepultaram como uma criança que nasceu morta,
  como um bebê que nunca viu a luz?
¹⁷Pois na morte os perversos já não causam problemas,
  e os cansados repousam.
¹⁸Até mesmo os cativos encontram sossego nela,
  onde não há capatazes para ameaçá-los.
¹⁹Os ricos e os pobres estão ali,
  e o escravo se vê livre de seu senhor.

²⁰"Por que conceder luz aos miseráveis
  e vida aos amargurados?
²¹Anseiam pela morte, e ela não vem;
  cavam à procura dela mais que de tesouros ocultos.
²²Enchem-se de alegria quando enfim morrem
  e exultam quando chegam ao túmulo.
²³Por que conceder luz aos que não têm futuro,
  aos que Deus cercou de todos os lados?
²⁴De tanto gemer, não consigo comer;
  meus gritos de dor se derramam como água.
²⁵O que sempre temi veio sobre mim,
  o que tanto receava me aconteceu.
²⁶Não tenho paz, nem sossego;
  não tenho descanso, só aflição".

A primeira resposta de Elifaz a Jó

4 Então Elifaz, de Temã, respondeu a Jó:

²"Você terá paciência e me permitirá dizer algo?
  Afinal, quem poderia permanecer calado?
³Você já deu ânimo a muita gente
  e deu força aos fracos.
⁴Suas palavras sustentaram os que tropeçavam,
  e você deu apoio aos vacilantes.
⁵Mas agora, quando vem a aflição, você desanima;
  quando é atingido por ela, entra em pânico.
⁶Seu temor a Deus não lhe dá confiança?
  Sua vida íntegra não lhe traz esperança?

⁷"Pense bem! Acaso os inocentes morrem?
  Quando os justos foram destruídos?
⁸Pelo que tenho observado, os que cultivam a maldade
  e semeiam a opressão, isso também é o que colhem.
⁹Um sopro de Deus os destrói;
  desaparecem com uma rajada de sua ira.
¹⁰O leão ruge e seu filhote rosna,
  mas os dentes dos leões jovens são quebrados.
¹¹O leão feroz morre de fome porque não há presa,
  e os filhotes da leoa se dispersam.

¹²"Esta verdade me foi revelada em segredo,
  como que sussurrada em meu ouvido.
¹³Ela veio à noite, numa visão perturbadora,
  quando todos estão em sono profundo.
¹⁴O medo e o terror se apoderaram de mim
  e fizeram estremecer meus ossos
¹⁵Um espírito[a] passou diante de meu rosto,
  e os pelos de meu corpo se arrepiaram.[b]
¹⁶O espírito parou, mas não pude ver sua forma;
  um vulto estava diante de meus olhos.
No silêncio, ouvi uma voz dizer:
¹⁷'Pode algum mortal ser inocente perante Deus?
  Pode o homem ser puro diante do Criador?'.

---

[a] **4.15a** Ou *vento*; também em 4.16. [b] **4.15b** Ou *seu vento me deu calafrios*.

¹⁸"Se Deus não confia nos próprios anjos
e acusa seus mensageiros de insensatez,
¹⁹quanto menos confiará em pessoas feitas de barro!
Vêm do pó e são facilmente destruídas, como traças.
²⁰Estão vivas pela manhã e mortas ao entardecer;
desaparecem para sempre, sem deixar vestígio.
²¹As cordas de sua tenda são arrancadas e a tenda desaba,
e na ignorância morrem."

Continuação da resposta de Elifaz

5 ¹"Grite por socorro, mas alguém responderá?
Qual dos anjos[a] o ajudará?
²Por certo, o ressentimento destrói o insensato,
e a inveja mata o tolo.
³Observei que os insensatos têm sucesso por um tempo,
mas desgraça repentina vem sobre eles.
⁴Seus filhos perdem toda e qualquer segurança;
são oprimidos no tribunal, e não há quem os defenda.
⁵Os famintos devoram sua colheita,
mesmo quando protegida por espinheiros,[b]
e os sedentos anseiam por sua riqueza.[c]
⁶Embora o mal não surja do solo,
nem as dificuldades brotem da terra,
⁷o ser humano nasce para enfrentar aflições,
tão certo como as faíscas do fogo voam para o alto.

⁸"Se eu fosse você, buscaria a Deus
e lhe apresentaria minha causa.
⁹Ele faz grandes coisas, maravilhosas demais para entender,
e realiza milagres incontáveis.
¹⁰Dá chuva à terra
e água aos campos.
¹¹Exalta os humildes
e protege os que sofrem.
¹²Frustra os planos dos maliciosos,
para que as obras de suas mãos fracassem.
¹³Apanha os sábios em sua própria astúcia
e frustra as intrigas dos ardilosos.
¹⁴Ficam na escuridão em pleno dia
e tateiam ao meio-dia como se fosse noite.
¹⁵Ele salva os pobres das ofensas dos fortes
e os livra das garras dos poderosos.
¹⁶Por fim, os desamparados têm esperança,
e a boca dos perversos é fechada.

¹⁷"Mas como são felizes os que Deus corrige!
Não despreze, portanto, a disciplina do Todo-poderoso.
¹⁸Pois ele fere, mas enfaixa a ferida;
bate, mas suas maos curam.
¹⁹Ele o livrará de seis desgraças,
e até mesmo na sétima o guardará do mal.
²⁰Ele o livrará da morte no tempo de fome
e do poder da espada no tempo de guerra.
²¹Você estará protegido das calúnias
e não terá medo quando vier a destruição.
²²Rirá da destruição e da fome,
e animais selvagens não o assustarão.
²³Fará um pacto com as pedras do campo,
e os animais selvagens estarão em paz com você.
²⁴Saberá que seu lar está seguro;
ao contar seus bens, de nada achará falta.
²⁵Terá muitos filhos,
tantos descendentes como o capim no pasto.
²⁶Em boa velhice irá para a sepultura,
como um feixe de cereal colhido no tempo certo.
²⁷"Observamos a vida e vimos que tudo isso é verdade;
ouça meu conselho e aplique-o à sua vida".

---

[a] **5.1** Em hebraico, *santos*. [b] **5.5a** O significado do hebraico é incerto. [c] **5.5b** Conforme a Septuaginta e a versão siríaca; o hebraico traz *e um laço apanha sua riqueza*.

PÃO DIÁRIO

Quando não sabemos o que dizer

É preciso ter compaixão de um amigo abatido...
—Jó 6.14

Roberto e o pai permaneceram sentados no carro da família no estacionamento do velório por alguns minutos. Por ser adolescente, ele não soube como reagir quando seu pai colocou as mãos em sua cabeça e lamentou-se: "Não sei o que dizer!".

Uma amiga da igreja havia se envolvido num acidente de carro. A mãe sobrevivera, mas suas três filhas morreram quando um caminhão atingiu o veículo no qual estavam. O que eles poderiam dizer a essa mãe, que era amiga deles, nesse momento?

A Bíblia nos diz que, durante o tempo de angústia de Jó, seus três amigos foram animá-lo e consolá-lo. Nos sete primeiros dias, eles sentaram-se e choraram com ele, porque Jó sofria profundamente (Jó 2.11-13). "Não disseram nada, pois viram que o sofrimento de Jó era grande demais" (v.13). A simples presença deles já lhe servia de consolo.

Mas, em seguida, eles começaram a dar-lhe lição de moral. Disseram a Jó que ele deveria ter pecado, e, por isso, Deus o estava castigando (4.7-9). Quando Jó finalmente conseguiu responder, disse aos amigos o que precisava que lhe dessem. Pediu motivos para continuar tendo esperança (6.11), clamou por compaixão (v.14) e por palavras que não pressupusessem culpa (vv.29,30).

E é exatamente isso o que precisamos fazer quando temos amigos passando por sofrimentos. Em primeiro lugar: reconhecer que a nossa presença é suficiente. Às vezes, não há palavras a serem ditas. Acima de tudo, e quando for o momento certo, certifique-se de que suas palavras transmitam a esperança e ofereçam compaixão. Lembrar-nos da história de Jó e de seus amigos pode nos ajudar nos momentos em que não soubermos o que dizer.

Nosso grande e compassivo Deus, o sofrimento é muito doloroso e confuso. Por favor, enche-me da Tua compaixão e amor quando eu estiver me esforçando para encorajar um amigo que sofre. Que as minhas palavras sejam poucas para que eu possa ouvir o coração do meu amigo e a Tua voz a me guiar.

Quando alguém estiver sofrendo, ouça; não lhe dê lição de moral.

O segundo discurso de Jó: resposta a Elifaz

6 Então Jó falou novamente:

² "Se fosse possível pesar minha aflição
  e pôr numa balança meu sofrimento,
³ pesariam mais que toda a areia do mar;
  por isso falei de modo impulsivo.
⁴ Pois o Todo-poderoso me derrubou com suas flechas,
  e minha alma bebe o veneno delas;
  os terrores de Deus se alinham contra mim.
⁵ Os jumentos selvagens não zurram ao não encontrar capim?
  Os bois não mugem quando não têm alimento?
⁶ As pessoas não se queixam quando falta sal na comida?
  Alguém gosta da clara de ovo,ª que não tem sabor?
⁷ Perco o apetite só de olhar para ela;
  tenho enjoo só de pensar em comê-la!

⁸ "Quem dera meu pedido fosse atendido,
  e Deus concedesse meu desejo.
⁹ Quem dera ele me esmagasse,
  estendesse a mão e acabasse comigo.
¹⁰ Ao menos tenho este consolo e alegria:
  apesar da dor, não neguei as palavras do Santo.
¹¹ Contudo, faltam-me forças para prosseguir;
  não vejo motivo para viver.
¹² Acaso tenho a força de uma pedra?
  Meu corpo é feito de bronze?
¹³ Não! Estou completamente desamparado,
  sem chance alguma de sucesso.

¹⁴ "É preciso ter compaixão de um amigo abatido,
  mas vocês me acusam sem nenhum temor do Todo-poderoso.ᵇ
¹⁵ Meus irmãos, vocês se mostraram indignos de confiança,
  como um riacho intermitente que transborda sobre as margens,
¹⁶ quando fica turvo por causa do gelo,
  e a neve sobre ele se amontoa.

ª 6.6 Ou *do suco da malva.* ᵇ 6.14 Ou *para que ele não perca o temor do Todo-poderoso.*

¹⁷Mas, chegado o tempo de seca, a água desaparece,
e o riacho some no calor.
¹⁸As caravanas saem de suas rotas,
mas não há o que beber, e morrem ali.
¹⁹As caravanas de Temá procuram essa água,
e os viajantes de Sabá esperam encontrá-la.
²⁰Contam com ela, mas se decepcionam;
quando chegam, suas esperanças são frustradas.
²¹Da mesma forma, vocês não me ajudaram;
viram minha desgraça e ficaram com medo.
²²Mas por quê? Alguma vez lhes pedi presentes?
Supliquei que me dessem algo seu?
²³Pedi que me livrassem de meus inimigos
ou que me resgatassem de meus opressores?
²⁴Ensinem-me, e eu me calarei;
mostrem-me onde errei.
²⁵Palavras honestas são dolorosas,
mas de que servem suas críticas?
²⁶Consideram suas palavras convincentes,
enquanto ignoram meu clamor de desespero?
²⁷Seriam capazes de apostar um órfão num jogo de azar;
sim, venderiam até mesmo um amigo.
²⁸Olhem para mim!
Acaso eu mentiria para vocês?
²⁹Não pressuponham que sou culpado,
pois nada fiz de errado.
³⁰Pensam que sou mentiroso?
Acaso não sei mais distinguir entre bem e mal?"

7

¹"Acaso a vida na terra não é uma luta?
Nossos dias são como os de um trabalhador braçal,
²como o servo que anseia pela sombra,
como o empregado à espera do pagamento.
³Recebi de herança meses de puro vazio,
fui condenado a passar noites longas em aflição.
⁴Deitado na cama, penso: 'Quando chegará a manhã?',
mas a noite se arrasta e reviro-me até o amanhecer.
⁵Meu corpo está coberto de vermes e crostas de feridas;
minha pele se racha e vaza pus."

Jó clama a Deus

⁶"Meus dias correm mais depressa que a lançadeira de um tecelão
e terminam sem esperança.
⁷Lembra-te, ó Deus, de que minha vida é apenas um sopro;
nunca mais voltarei a ver a felicidade.
⁸Tu me vês agora, mas em breve não me verás;
procurarás por mim, mas já não existirei.
⁹Como uma nuvem que se dissipa e some,
os que descem à sepultura[a] não voltam mais.
¹⁰Deixam seu lar para sempre,
e ninguém se lembrará deles novamente.

¹¹"Não posso me calar, tenho de expressar minha angústia;
minha alma amargurada precisa se queixar.
¹²Acaso sou eu o mar revolto ou algum monstro marinho,
para que me ponhas sob vigilância?
¹³Penso: 'Na cama encontrarei descanso,
e o leito me aliviará o sofrimento',
¹⁴mas tu me assustas com sonhos
e me aterrorizas com visões.
¹⁵Preferiria ser estrangulado;
melhor morrer que sofrer assim.
¹⁶Odeio minha vida e não quero continuar a viver;
deixa-me em paz, pois meus dias passam como um sopro.

¹⁷"O que é o ser humano, para que lhe dês tanta importância
e penses nele com tanta atenção?
¹⁸Pois o examinas todas as manhãs
e o pões à prova a cada instante.
¹⁹Por que não me deixas em paz?
Dá-me tempo pelo menos para engolir a saliva!

---

[a] **7.9** Em hebraico, *ao Sheol*.

²⁰Se eu pequei, o que te fiz,
  ó Vigia de toda a humanidade?
Por que fizeste de mim o teu alvo?
  Acaso sou um fardo para ti?ᵃ
²¹Por que não perdoas meu pecado
  e removes minha culpa?
Pois em breve me deitarei no pó e
  morrerei;
  quando procurares por mim, já não
    existirei".

A primeira resposta de Bildade a Jó

8 Então Bildade, de Suá, respondeu a Jó:

²"Até quando continuará a falar assim?
  Suas palavras parecem um vendaval!
³Acaso Deus perverte o que é justo?
  O Todo-poderoso distorce o que é certo?
⁴Certamente seus filhos pecaram contra
  ele
  e, por isso, receberam o castigo devido.
⁵Mas, se você buscar a Deus
  e clamar ao Todo-poderoso,
⁶e, se for puro e íntegro, ele
  sem demora agirá em seu favor
  e devolverá o que por direito lhe
    pertence.
⁷E, embora tenha começado com pouco,
  no final você terá muito.

⁸"Pergunte às gerações anteriores,
  atente à experiência dos antepassados.
⁹Pois nós nascemos ontem e nada sabemos;
  nossos dias na terra passam como uma
    sombra.
¹⁰Mas os que vieram antes de nós o
  instruirão;
  eles lhe ensinarão a sabedoria de
    outrora.

¹¹"Pode o papiro crescer fora do brejo?
  O junco se desenvolve sem água?
¹²Quando ainda estão florescendo, antes
  de ser cortados,
  começam a secar mais depressa que a
    grama.
¹³O mesmo acontece com todos que se
  esquecem de Deus;
  as esperanças do ímpio se evaporam.
¹⁴A confiança dele está por um fio;
  apoia-se numa teia de aranha.
¹⁵Busca segurança no lar, mas ela não
  durará;
  tenta agarrá-la com força, mas ela não
    permanecerá.
¹⁶O ímpio é como a planta verdejante que
  cresce ao sol;
  seus ramos se espalham pelo jardim,
¹⁷suas raízes se aprofundam por entre um
  montão de pedras
  e num leito de rochas se firmam.
¹⁸Mas, quando a planta é arrancada,
  é como se nunca houvesse existido!
¹⁹Esse é o fim de sua vida,
  e do solo brotam outras plantas que
    tomam seu lugar.

²⁰"Mas uma coisa é certa: Deus não
  rejeitará o íntegro,
  nem estenderá a mão ao perverso.
²¹Voltará a encher sua boca de riso,
  e seus lábios, de gritos de alegria.
²²Os que odeiam você serão cobertos de
  vergonha,
  e o lar dos perversos será destruído".

O terceiro discurso de Jó: resposta a Bildade

9 Então Jó falou novamente:

²"Sim, eu sei que tudo isso é verdade de
  modo geral,
  mas como alguém pode ser inocente aos
    olhos de Deus?
³Se uma pessoa quisesse levar Deus ao
  tribunal,ᵇ
  acaso poderia lhe responder uma vez em
    mil?
⁴Pois Deus é muito sábio e poderoso:
  quem alguma vez o enfrentou e saiu
    vencedor?

⁵"Ele move montanhas sem dar aviso,
  e, em sua ira, as põe abaixo.
⁶Sacode a terra de seu lugar
  e faz tremer seus alicerces.
⁷Se ele ordena, o sol não nasce
  e as estrelas não brilham.
⁸Ele, sozinho, estendeu os céus
  e marcha sobre as ondas do mar.

ᵃ **7.20** Conforme a Septuaginta; o hebraico traz *o teu alvo, para que eu fosse um fardo para mim mesmo?* ᵇ **9.3** Ou *Se Deus quisesse levar alguém ao tribunal.*

⁹Criou todas as estrelas: a Ursa e o Órion,
as Plêiades e as constelações do sul.
¹⁰Ele faz grandes coisas, maravilhosas demais para entender,
e realiza milagres incontáveis.

¹¹"Quando se aproxima de mim, não posso vê-lo;
quando passa, não percebo sua presença.
¹²Se ele toma à força, quem o fará devolver?
Quem ousa perguntar: 'O que estás fazendo?'.
¹³E Deus não refreia sua ira;
até os monstros marinhos[a] são esmagados sob os seus pés.

¹⁴"Quem sou eu, então, para tentar responder a Deus,
ou mesmo argumentar com ele?
¹⁵Ainda que fosse inocente, seria incapaz de me defender;
poderia apenas implorar por misericórdia ao meu Juiz.
¹⁶E, mesmo que eu o chamasse e ele me respondesse,
não acredito que me daria atenção.
¹⁷Pois ele me ataca com uma tempestade
e, sem motivo, me fere repetidas vezes.
¹⁸Não permite que eu recupere o fôlego,
mas enche minha vida de amargura.
¹⁹Se é uma questão de força, ele é o forte;
se é uma questão de justiça, quem ousa levá-lo[b] ao tribunal?
²⁰Embora eu seja inocente, minha própria boca me declararia culpado;
embora eu seja íntegro, ela[c] provaria que sou perverso.

²¹"Sou íntegro, mas isso não faz diferença para mim;
desprezo minha vida.
²²Íntegro ou perverso, é tudo a mesma coisa;
por isso digo: 'Ele destrói tanto o íntegro como o perverso'.
²³Quando uma praga[d] vem repentinamente,
ele ri da morte dos inocentes.
²⁴A terra está nas mãos dos perversos,
e ele cega os olhos dos juízes;
se não é Deus quem faz isso, então quem é?

²⁵"Minha vida corre mais depressa que um atleta,
foge sem jamais ver a alegria.
²⁶Desaparece como um barco veloz de papiro,
como a águia que se lança sobre a presa.
²⁷Se eu decidisse esquecer minhas queixas,
deixar de lado a tristeza e exibir um rosto alegre,
²⁸ainda assim temeria todos os meus sofrimentos,
pois sei, ó Deus, que não me considerarás inocente.
²⁹Não importa o que aconteça, serei considerado culpado;
então de que adianta continuar lutando?
³⁰Mesmo que eu me lave com sabão
e limpe as mãos com soda,
³¹tu me lançarás num poço de lodo,
e até minhas roupas terão nojo de mim.

³²"Deus não é ser humano, como eu;
não posso discutir com ele nem levá-lo ao tribunal.
³³Se ao menos houvesse um mediador entre nós,
alguém que nos aproximasse um do outro![e]
³⁴Ele afastaria de mim o castigo de Deus,
e eu já não viveria aterrorizado.
³⁵Então falaria com ele sem medo,
mas, sozinho, não consigo fazê-lo."

Jó expressa seu pedido a Deus

10 ¹"Estou cansado de minha vida, vou me queixar abertamente;
minha alma amargurada precisa se expressar.
²Direi a Deus: 'Não apenas me condenes;
dize-me que acusações tens contra mim.
³Que vantagem tens em me oprimir?
Por que me rejeitas, se sou obra de tuas mãos,

---

[a] 9.13 Em hebraico, *Até os ajudantes de Raabe*, monstro marinho mítico que, na literatura antiga, representava o caos. [b] 9.19 Conforme a Septuaginta; o hebraico traz *levar-me*. [c] 9.20 Ou *ele*. [d] 9.23 Ou *uma calamidade*. [e] 9.33 Em hebraico, *impusesse as mãos sobre nós dois*.

enquanto sorris para as tramas dos perversos?

⁴Acaso teus olhos são como os nossos?
Vês as coisas como um ser humano qualquer?
⁵Tua vida é tão breve como a nossa?
Vives tão pouco, como o homem,
⁶que precisas, sem demora, investigar minha culpa
e procurar meu pecado?
⁷Embora saibas que não sou culpado,
não há quem possa livrar-me de tuas mãos.

⁸"'Tu me formaste com tuas mãos; tu me fizeste
e, no entanto, me destróis por completo.
⁹Lembra-te de que do barro me fizeste;
acaso me farás voltar tão depressa ao pó?
¹⁰Tu guiaste minha concepção
e me moldaste no ventre materno.ᵃ
¹¹Com carne e pele me vestiste
e me teceste os ossos com meus tendões.
¹²Tu me deste vida e me mostraste teu amor,
e com teu cuidado me preservaste.

¹³"'Teu verdadeiro motivo, porém,
tua real intenção,
¹⁴era me vigiar e, se eu pecasse,
não perdoar minha culpa.
¹⁵Se sou culpado, pior para mim;
e, mesmo que eu seja inocente,
não posso manter a cabeça erguida,
pois estou cheio de vergonha e sofrimento.
¹⁶Se mantenho a cabeça erguida, tu me caças como um leão
e manifestas contra mim teu imenso poder.
¹⁷Repetidas vezes depões contra mim;
sobre mim derramas tua ira crescente
e me atacas com um exército após o outro.

¹⁸"'Por que, então, me tiraste do ventre de minha mãe?
Por que não me deixaste morrer antes de vir ao mundo?
¹⁹Seria como se eu nunca tivesse existido;
iria direto do ventre para o túmulo.
²⁰Restam-me apenas alguns dias;
por favor, deixa-me em paz,
para que eu tenha um instante de alívio
²¹antes de partir para a terra de escuridão e densas sombras,
para nunca mais voltar.
²²É uma terra escura como a meia-noite,
terra de profunda escuridão e desordem,
onde até mesmo a luz é escura como a meia-noite'".

A primeira resposta de Zofar a Jó

11 Então Zofar, de Naamá, respondeu a Jó:

²"Não haverá resposta a essa torrente de palavras?
Uma pessoa é inocentada só por falar muito?
³Devem todos calar-se enquanto você continua a tagarelar?
Quando zomba de Deus, ninguém o repreenderá?
⁴Você afirma: 'Minhas crenças são puras'
e 'Sou limpo aos olhos de Deus'.
⁵Se ao menos Deus se pronunciasse
e lhe dissesse o que pensa!
⁶Se ao menos lhe revelasse os segredos da sabedoria,
pois a verdadeira sabedoria não é coisa simples!
Escute! Deus sem dúvida o está castigando muito menos do que você merece.

⁷"Acaso você pode desvendar os mistérios de Deus
e descobrir tudo sobre o Todo-poderoso?
⁸Esse conhecimento é mais alto que os céus,
e o que você pode fazer?
É mais profundo que o abismo,ᵇ
e o que você pode saber?
⁹É mais vasto que a terra
e mais amplo que o mar.
¹⁰Se Deus passa e prende alguém
ou convoca o tribunal, quem pode detê-lo?
¹¹Pois ele conhece os falsos
e registra seus pecados.
¹²É tão impossível um tolo tornar-se sábio

ᵃ **10.10** Em hebraico, *Tu me derramaste como leite / e me coalhaste como queijo*. ᵇ **11.8** Em hebraico, *que o Sheol*.

como um jumento selvagem dar à luz
uma criança.

¹³"Se ao menos você preparasse o coração
e levantasse as mãos a Deus em oração!
¹⁴Livre-se de seus pecados
e deixe toda a maldade para trás.
¹⁵Então seu rosto se iluminará com a
inocência;
você será forte e não terá medo.
¹⁶Você se esquecerá de seus sofrimentos;
serão como águas passadas.
¹⁷Sua vida será mais luminosa que o meio-
-dia;
até a escuridão será clara como a manhã.
¹⁸Você se sentirá seguro, pois terá
esperança;
estará protegido e descansará tranquilo.
¹⁹Sem medo se deitará,
e muitos buscarão sua ajuda.
²⁰Os perversos, porém, ficarão cegos,
sem ter para onde fugir;
sua única esperança será a morte".

O quarto discurso de Jó: resposta a Zofar

12 Então Jó falou novamente:

²"Vocês de fato sabem tudo, não é?
Mas, quando morrerem, a sabedoria
morrerá com vocês!
³Pois bem, eu também sei algumas coisas,
e vocês não são melhores que eu;
qualquer um sabe aquilo que me
disseram.
⁴Meus amigos, contudo, riem de mim,
pois clamo a Deus e espero uma
resposta.
Sou justo e íntegro,
e, no entanto, eles riem de mim.
⁵Quem está tranquilo zomba de quem
sofre;
dá um empurrão em quem tropeça.
⁶Os ladrões, porém, são deixados em paz,
e os que provocam a Deus vivem em
segurança,
embora Deus os mantenha sob o seu
poder.ᵃ

⁷"Pergunte aos animais, e eles lhe
ensinarão;
pergunte às aves do céu, e elas lhe dirão.
⁸Fale com a terra, e ela o instruirá;
deixe que os peixes do mar o informem.
⁹Pois todos eles sabem

PÃO DIÁRIO

Porque sim

Em Deus, porém, estão a sabedoria e o poder; a ele pertencem o conselho e o entendimento.
—Jó 12.13

Um dia, meu filho exclamou: "Eu amo você, mamãe!". Fiquei curiosa para saber o que motivava uma criança de 3 anos a declarar o seu amor. Então, perguntei-lhe por que me amava. Ele respondeu: "Porque você brinca de carrinho comigo". Quando perguntei se havia algum outro motivo, ele disse: "Não. É isso". A resposta do meu filhinho me fez sorrir, mas também pensar na maneira como me relaciono com Deus. Será que o amo e confio nele somente por causa do que Ele faz por mim? E quando as bênçãos desaparecerem?

Jó teve de responder a essas perguntas quando catástrofes levaram seus filhos e destruíram todos os seus bens. Sua esposa o aconselhou: "Amaldiçoe a Deus e morra" (2.9). Em vez disso, Jó lhe perguntou: "Aceitaremos da mão de Deus apenas as coisas boas e nunca o mal?" (v.10). Sim, Jó lutou consigo mesmo e sofreu muito depois de sua tragédia — ficou zangado com os amigos e questionou o Altíssimo. Mesmo assim, prometeu: "Ainda que Deus me mate, ele é minha única esperança; apresentarei a ele minha causa" (13.15).

O apreço de Jó por seu Pai celestial não dependia de uma solução satisfatória para os seus problemas. Ao contrário, ele o amava e confiava em Deus por tudo o que Ele é. Jó declarou: "'Em suas mãos está a vida de todas as criaturas e o fôlego de toda a humanidade. [...] "Em Deus, porém, estão a sabedoria e o poder; a ele pertencem o conselho e o entendimento'" (12.10-13).

Nosso amor por Deus não deve estar firmado apenas em Suas bênçãos, mas devemos amá-lo por quem Ele é.

Jesus, sou muito grata por poder confiar em ti. À medida que examino o Teu caráter perfeito, vejo a sabedoria, o poder, o conselho e o entendimento que me levam a confiar cada vez mais em ti. Mesmo quando as coisas estiverem difíceis, escolherei acreditar em Teus perfeitos caminhos.

Centrar a atenção no caráter de Deus nos ajuda a tirar os olhos de nossas circunstâncias.

ᵃ 12.6 Ou *embora o seu deus seja seu próprio poder*. O significado do hebraico é incerto.

que meu sofrimento veio da mão do Senhor.

¹⁰Em suas mãos está a vida de todas as criaturas
e o fôlego de toda a humanidade.
¹¹O ouvido prova as palavras que ouve,
assim como a língua distingue os sabores.
¹²A sabedoria pertence aos idosos,
e o entendimento, aos mais velhos.

¹³"Em Deus, porém, estão a sabedoria e o poder;
a ele pertencem o conselho e o entendimento.
¹⁴Ninguém pode reconstruir o que ele derruba,
ninguém pode libertar quem ele aprisiona.
¹⁵Se ele retém a chuva, a terra se transforma em deserto;
se ele libera as águas, há inundações em toda parte.
¹⁶Sim, a ele pertencem a força e a sabedoria;
enganadores e enganados estão sob seu poder.
¹⁷Ele destitui os conselheiros e os dispensa;
faz de tolos juízes sábios.
¹⁸Tira o manto dos reis
e lhes amarra uma corda na cintura.
¹⁹Destitui os sacerdotes e os dispensa;
derruba os que estão no poder há muitos anos.
²⁰Silencia o conselheiro de confiança
e retira o entendimento dos anciãos.
²¹Derrama desonra sobre os príncipes
e deixa os fortes desarmados.

²²"Ele revela mistérios ocultos nas trevas
e ilumina a escuridão mais profunda.
²³Exalta nações e as destrói,
expande nações e as abandona.
²⁴Despoja os reis de entendimento
e os deixa vagar por um deserto sem caminhos.
²⁵Andam tateando na escuridão, sem luz;
ele os faz cambalear como bêbados."

Jó quer defender sua causa diante de Deus

13 ¹"Vi tudo isso com os próprios olhos;
ouvi com os próprios ouvidos, e agora entendo.
²O que vocês sabem, eu também sei;
não são melhores que eu.
³Quero falar diretamente com o Todo-poderoso,
quero defender minha causa diante de Deus.
⁴Vocês me difamam com mentiras;
são médicos incapazes de curar.
⁵Se ao menos se calassem!
É a atitude mais sábia que poderiam tomar.
⁶Ouçam minha defesa,
prestem atenção a meus argumentos.

⁷"Vocês querem defender Deus com mentiras?
Apresentam argumentos desonestos em nome dele?
⁸Distorcem seu testemunho em favor dele?
Acaso são advogados de Deus?
⁹O que acontecerá quando ele decidir investigá-los?
Conseguirão enganá-lo como enganam qualquer pessoa?
¹⁰Não! Certamente ele os repreenderá
se distorcerem às escondidas seu testemunho em favor dele.
¹¹Acaso a majestade dele não os aterrorizará?
O terror dele não cairá sobre vocês?
¹²Suas frases feitas valem tanto quanto cinzas;
sua defesa é fraca como um pote de barro.

¹³"Calem-se e deixem-me em paz!
Permitam-me falar, e eu arcarei com as consequências.
¹⁴Sim, porei minha vida em risco
e direi o que penso de fato.
¹⁵Ainda que Deus me mate, ele é minha única esperança;
apresentarei a ele minha causa.
¹⁶Isto, porém, é o que me salvará: não sou ímpio;

se o fosse, não poderia me colocar diante dele.

¹⁷"Escutem bem o que vou dizer,
 ouçam-me com atenção.
¹⁸Prepararei minha defesa;
 serei declarado inocente.
¹⁹Quem pode discutir comigo a esse respeito?
 E, se provarem que estou errado, me calarei e morrerei."

Jó pergunta qual foi seu pecado
²⁰"Ó Deus, concede-me estas duas coisas,
 e não me esconderei de ti.
²¹Remove tua mão de cima de mim
 e não me assustes com tua temível presença.
²²Chama me, e eu responderei;
 ou permita que eu fale e responde-me.
²³Diga-me, o que fiz de errado?
 Mostra-me minha rebeldia e meu pecado.
²⁴Por que te afastas de mim?
 Por que me tratas como teu inimigo?
²⁵Atormentarias uma folha soprada pelo vento?
 Perseguirias a palha seca?

²⁶"Escreves acusações amargas contra mim
 e trazes à tona os pecados de minha juventude.
²⁷Prendes meus pés com correntes,
 vigias todos os meus caminhos
 e examinas todas as minhas pegadas.
²⁸Eu me consumo como madeira que apodrece,
 como roupa comida pela traça."

14 ¹"Como é frágil o ser humano!
 Sua vida é breve e cheia de aflições.
²Como uma flor, nasce e depois murcha;
 como uma sombra passageira, some depressa.
³É preciso que vigies uma criatura tão frágil
 e exijas que te preste contas?
⁴Quem pode extrair pureza de algo impuro?
 Ninguém!
⁵Estabeleceste a extensão de nossa vida;
 sabes quantos meses viveremos,
 e não recebemos nem um dia a mais.
⁶Portanto, dá-nos sossego, deixa-nos descansar!
 Somos como trabalhadores braçais;
 permite que terminemos nosso trabalho em paz.

PÃO DIÁRIO

A grande exceção

Podem os mortos voltar a viver? Assim eu teria esperança durante todos os meus anos de luta e aguardaria a libertação que a morte traz.
—Jó 14.14

A Secretaria de Assistência Social de uma prefeitura no interior enviou a seguinte carta aos usuários de seus programas de subsídios sociais: "Seu auxílio-alimentação será suspenso imediatamente, porque recebemos a informação de que você faleceu. Que Deus o abençoe. Você pode inscrever-se novamente caso haja uma modificação em suas circunstâncias".

Que completo absurdo esperar a resposta de um defunto ou sugerir que uma pessoa falecida possa mudar sua atual circunstância! Se a pessoa morre, este é o fim de sua história na Terra.

É isso o que torna a mensagem do evangelho tão fascinante. Ela anuncia ao mundo inteiro o milagre da ressurreição de Cristo ao vencer a morte e a maravilha de Seu sacrifício capaz de perdoar os pecados no Calvário. Ela proclama a grande exceção à lei universal de que a morte é o fim garantido da história de todos.

Não há possibilidade de acrescentar uma reaparição ou um pós-escrito à vida de alguém. Contudo, Jesus, violando o poder da sepultura, ressurgiu, convencendo os Seus discípulos duvidosos de que Ele estava vivo novamente. Jesus encontrara a morte e derrotara esse inimigo tão temido, trazendo à luz vida e imortalidade (2Tm 1.10). E, porque Ele vive, nós, que cremos no evangelho, também voltaremos a viver: "Porque eu vivo, vocês também viverão" (Jo 14.19).

Amado Senhor Jesus, venceste o pecado e a morte! E ao ressuscitar provaste que eras o único Deus de toda a eternidade. Louvo-te por Teu amor perfeito e por sacrificares a Tua vida por mim. Quando esta vida terminar, sei que viverei novamente contigo.

A morte é o último capítulo do tempo e o primeiro capítulo da eternidade.

⁷"Até mesmo uma árvore tem mais esperança,
   pois, se for cortada, voltará a brotar e dar novos ramos.
⁸Ainda que as raízes tenham envelhecido na terra
   e o tronco esteja podre,
⁹com o cheiro da água, voltará a brotar
   e dar ramos, como uma planta nova.

¹⁰"Mas, quando as pessoas morrem, perdem as forças;
   dão o último suspiro e, depois, onde estão?
¹¹Como a água evapora do lago
   e o rio desaparece na seca,
¹²são colocadas no túmulo e não voltam a se levantar.
Até que os céus deixem de existir, não acordarão;
   não serão despertadas de seu sono.

¹³"Quem dera tu me escondesses na sepultura[a]
   e me esquecesses ali até tua ira passar!
Quem dera me desses um tempo de descanso,
   para que só então te lembrasses de mim!
¹⁴Podem os mortos voltar a viver?
   Assim eu teria esperança durante todos os meus anos de luta
   e aguardaria a libertação que a morte traz.
¹⁵Tu chamarias, e eu responderia;
   tu ansiarias por mim, a obra de tuas mãos.
¹⁶Assim, tu protegerias meus passos,
   em vez de vigiares meus pecados.
¹⁷Meus pecados seriam fechados num saco,
   e tu cobririas minha culpa.

¹⁸"Em vez disso, assim como os montes desmoronam
   e as rochas caem de onde estão,
¹⁹como a água desgasta as pedras
   e as enchentes arrastam a terra,
   tu destróis a esperança do ser humano.

²⁰Tu prevaleces sempre sobre ele, e ele se vai;
   tu o desfiguras na morte e o mandas embora.
²¹Não sabe se os filhos crescerão com honra
   ou afundarão no esquecimento.
²²Ele sofre sua própria dor
   e lamenta apenas por si mesmo".

A segunda resposta de Elifaz a Jó

15 Então Elifaz, de Temã, respondeu:

²"Um homem sábio não responderia com esse falatório!
   Suas palavras não passam de vento.
³O sábio não se envolve em conversas sem propósito,
   nem usa palavras sem sentido.
⁴De fato, você não tem temor a Deus
   e não lhe mostra reverência.
⁵Seus pecados dizem à boca o que ela deve falar;
   suas palavras se baseiam em engano astuto.
⁶Sua própria boca o condena, não eu;
   seus próprios lábios depõem contra você.

⁷"Acaso você foi o primeiro ser humano a nascer?
   Veio ao mundo antes de serem criados os montes?
⁸Estava presente no conselho secreto de Deus?
   Só você é dono da sabedoria?
⁹O que você sabe que nós não sabemos?
   Que compreensão tem que nós não temos?
¹⁰Homens idosos, de cabelo grisalho, mais velhos que seu pai,
   pensam exatamente como nós!

¹¹"A consolação de Deus não é suficiente para você?
   Palavras amáveis não lhe bastam?
¹²O que o fez perder a razão?
   Por que seus olhos chegam a faiscar
¹³quando você se volta contra Deus
   e diz tais absurdos?

---

[a] **14.13** Em hebraico, *no Sheol*.

¹⁴O que é o ser humano, para se considerar puro?
Pode alguém nascido de mulher ser justo?
¹⁵Deus não confia nem nos anjos!ᵃ
Aos olhos dele, nem mesmo os céus são puros.
¹⁶Quanto menos um ser humano detestável e corrupto,
que tem sede de perversidade!

¹⁷"Escute, e eu lhe mostrarei;
falarei com base em minha experiência.
¹⁸Ela é confirmada pelo relato de homens sábios,
que ouviram as mesmas verdades de seus antepassados,
¹⁹daqueles aos quais foi dada a terra,
muito antes de chegar qualquer estrangeiro.
²⁰"Os perversos se contorcem de dor a vida toda;
aos cruéis estão reservados tempos de sofrimento.
²¹Em seus ouvidos ressoam sons de terror,
e mesmo em dias tranquilos temem o ataque do destruidor.
²²Não se atrevem a sair no escuro,
por medo de serem mortos pela espada.
²³Ficam perambulando e dizendo: 'Onde posso encontrar pão?';ᵇ
sabem que o dia de sua destruição se aproxima.
²⁴Vivem angustiados e aflitos, cheios de terror,
como um rei que se prepara para a batalha,
²⁵pois agitam os punhos contra Deus
e desafiam arrogantemente o Todo-poderoso.
²⁶Com seus fortes escudos levantados,
avançam contra ele em rebeldia.

²⁷"Em sua prosperidade, o rosto dos perversos inchou,
e sua barriga acumulou gordura.
²⁸Suas cidades, porém, serão arruinadas;
habitarão em casas abandonadas,
prestes a desabar.
²⁹Suas riquezas não durarão, seus bens não permanecerão,
e suas propriedades não se estenderão pela terra.

³⁰"Não escaparão das trevas;
o sol abrasador queimará seus ramos,
e o sopro de Deus os destruirá.
³¹Que não se iludam mais ao confiar em riquezas vazias,
pois o vazio será sua única recompensa.
³²Serão cortados na flor da idade;
seus ramos jamais voltarão a verdejar.
³³Serão como a videira cujas uvas são colhidas cedo demais,
como a oliveira que perde as flores antes que se formem os frutos.
³⁴Pois os ímpios não têm futuro;ᶜ
o fogo destruirá suas casas enriquecidas com subornos.
³⁵Concebem desgraça e dão à luz maldade;
seu ventre só gera engano".

O quinto discurso de Jó: resposta a Elifaz

16 Então Jó falou novamente:
²"Já ouvi tudo isso antes;
que péssimos consoladores são vocês!
³Será que nunca vão parar de tagarelar?
Que perturbação os faz continuar falando?
⁴Eu poderia dizer as mesmas coisas se estivessem em meu lugar,
poderia berrar críticas e balançar a cabeça contra vocês.
⁵Mas eu faria diferente: eu lhes daria ânimo
e tentaria aliviar seu sofrimento.
⁶Em vez disso, sofro se me defendo,
e sofro igualmente se me recuso a falar.

⁷"Ó Deus, tu me esgotaste
e destruíste toda a minha família!
⁸Reduziste-me a pele e osso, como para provar que pequei;
minha magreza depõe contra mim.

ᵃ **15.15** Em hebraico, *nem nos santos*. ᵇ **15.23** A Septuaginta traz *São designados como comida para os abutres*. ᶜ **15.34** Ou *os ímpios são estéreis*.

PÃO DIÁRIO

Tanta dor

Meu rosto está vermelho de tanto chorar, e sombras escuras me circundam os olhos.

—Jó 16.16

Por que existe sofrimento? Estamos todas familiarizadas com ele — todas nós já ficamos com os olhos vermelhos de chorar. Já sofremos com a nossa dor pessoal; sofremos ao contemplar outras pessoas enfrentarem grande angústia e sofrimento. Quando ouvimos falar em furacões, desmoronamentos, terremotos e outros desastres naturais que tiram a vida de tanta gente, indagamos sobre o porquê de tudo isso. Jó também fez essa mesma pergunta.

Por que há tanta dor neste mundo de Deus? Considere as seguintes razões:

1. *Não podemos fugir às leis que regem nosso Universo.* Precisamos de fatores tais como a gravidade, o clima e o fogo para sobreviver, mas eles podem gerar tragédias. O fogo é bom em nosso fogão, mas um incêndio que foge ao controle pode matar e destruir.
2. *Somos uma raça social.* Nossa vida está entrelaçada à de outras pessoas; então, às vezes sofremos quando o pecado ou a insensatez dos outros causam problemas (1Co 12.26).
3. *O pecado trouxe uma maldição sobre a Terra e seu povo.* Essa maldição inclui doenças e morte (Gn 3.15-24).
4. *O sofrimento desperta a compaixão.* Jesus nos disse para cuidarmos daqueles que sofrem na pobreza. Somos os Seus parceiros na tarefa de ajudar os outros (Lc 10.33-35).

Como Jó descobriu, o mundo de Deus é um lugar decaído. Quando vemos o sofrimento, podemos usá-lo como uma oportunidade de servir a Deus ajudando os outros a confiar nele apesar das dificuldades e como oportunidade de aumentar a nossa fé no Senhor.

Quando surgirem os problemas, que a nossa primeira reação seja confiar no Senhor e cuidar das necessidades de outras pessoas.

Deus, ajuda-me a não me tornar uma pessoa amarga nos momentos de sofrimento. Em vez disso, enche o meu coração e mente de preocupação e identificação com os outros. Precisamos de ti, Senhor, e nós — como Tuas filhas — necessitamos umas das outras. Oro para que a compaixão que recebi de ti durante os meus dias de dificuldade seja refletida no que eu oferecer àqueles que estiverem sofrendo.

Nossa reação ao sofrimento pode nos moldar ou destruir.

---

⁹Deus me odeia e, em sua ira, me despedaçou;
 range os dentes contra mim
 e me transpassa com seu olhar.
¹⁰As pessoas zombam e riem de mim
 e, com desprezo, me dão tapas no rosto;
 sim, uma multidão se junta contra mim.
¹¹Deus me entregou aos pecadores,
 atirou-me nas mãos dos perversos.

¹²"Eu vivia tranquilo, até que ele me despedaçou;
 pelo pescoço me agarrou e me quebrou ao meio.
Fez de mim seu alvo,
¹³e agora seus arqueiros me cercam.
Suas flechas me perfuram sem misericórdia,
 e meu sangue[a] molha o chão.
¹⁴Repetidamente, ele se lança contra mim
 e me ataca como um guerreiro.
¹⁵Em minha tristeza, visto pano de saco;
 meu orgulho se revolve no pó.
¹⁶Meu rosto está vermelho de tanto chorar,
 e sombras escuras me circundam os olhos.
¹⁷No entanto, nada fiz de errado,
 e minha oração é pura.

¹⁸"Ó terra, não esconda meu sangue!
 Não permita que meu clamor permaneça oculto.
¹⁹Agora mesmo, minha testemunha está nos céus,
 meu advogado está nas alturas.
²⁰Meus amigos me desprezam,
 mas derramo minhas lágrimas diante de Deus.
²¹Preciso de um mediador entre mim e Deus,
 como alguém que intercede por seu amigo.
²²Pois em breve seguirei pelo caminho do qual jamais voltarei."

Jó continua a defender sua inocência

17 ¹"Meu espírito está quebrado, e minha vida, quase apagada;
 o túmulo está pronto para me receber.
²Estou cercado de zombadores;

---

[a] **16.13** Em hebraico, *minha bile.*

seus insultos estão sempre diante de mim.

³"Dá-me garantia de que me defenderás, ó Deus,
pois ninguém mais tomará meu partido.
⁴Fechaste a mente deles para o entendimento,
mas não permitas que triunfem.
⁵Traem os amigos em benefício próprio;
deixa que os filhos deles desfaleçam de fome.

⁶"Deus me transformou em motivo de zombaria;
as pessoas cospem em meu rosto.
⁷Meus olhos estão inchados de tanto chorar;
sou apenas sombra do que já fui.
⁸Os virtuosos ficam horrorizados quando me veem,
e os inocentes se levantam contra os ímpios.
⁹Os justos prosseguem em seu caminho,
e os de mãos limpas se fortalecem cada vez mais.

¹⁰"Quanto a vocês, voltem com um argumento melhor;
ainda assim, não encontrarei sábio algum em seu meio.
¹¹Meus dias chegaram ao fim e minhas esperanças se foram;
os desejos de meu coração não se realizaram.
¹²Esses homens dizem que a noite é dia,
afirmam que a escuridão é luz.
¹³E se eu descer à sepultura[a]
e arrumar minha cama na escuridão?
¹⁴E se eu chamar o túmulo[b] de pai
e o verme, de mãe ou irmã?
¹⁵Onde está, então, minha esperança?
Há alguém que possa encontrá-la?
¹⁶Não, minha esperança descerá comigo à sepultura;
descansaremos juntos no pó".

A segunda resposta de Bildade a Jó

18 Então Bildade, de Suá, respondeu:

²"Até onde você vai com suas palavras?
Mostre sensatez, se deseja que respondamos!
³Imagina que somos animais?
Pensa que somos ignorantes?
⁴Ainda que arranque os cabelos de raiva,
acaso isso destruirá a terra?
Fará as rochas mudarem de lugar?

⁵"Por certo, a luz do perverso se apagará;
as faíscas de seu fogo deixarão de brilhar.
⁶A luz de sua tenda se escurecerá;
a lâmpada pendurada sobre ele se extinguirá.
⁷Os passos confiantes do perverso serão encurtados;
será arruinado pelas próprias tramas.
⁸O perverso caminha direto para a rede;
cai num alçapão.
⁹Uma armadilha o pega pelo calcanhar,
um laço o prende com força.
¹⁰Há uma cilada escondida na terra,
uma corda estendida em seu caminho.

¹¹"Terrores cercam o perverso
e o perseguem a cada passo.
¹²A fome esgota suas forças,
e a calamidade aguarda seu tropeço.
¹³A doença consumirá sua pele,
e uma morte horrível devorará seus membros.
¹⁴É arrancado da segurança de seu lar
e levado ao rei dos terrores.
¹⁵O lar do perverso será consumido pelo fogo,
e enxofre se espalhará sobre sua casa.
¹⁶Por baixo, suas raízes secarão;
por cima, seus ramos murcharão.
¹⁷Toda lembrança de sua existência desaparecerá da terra;
ninguém recordará seu nome.
¹⁸Será lançado da luz para as trevas,
expulso do mundo.
¹⁹Não terá filhos nem netos,
nem haverá sobreviventes no lugar onde morava.
²⁰No oeste, ficarão espantados com seu destino;
no leste, serão tomados de horror.
²¹Dirão: 'Esta era a habitação do perverso,

---

[a] **17.13** Em hebraico, *ao Sheol*; também em 17.16. [b] **17.14** Ou *a decomposição*.

O sexto discurso de Jó: resposta a Bildade

19 Então Jó falou novamente:

² "Até quando vocês vão me atormentar?
Até quando vão me esmagar com suas palavras?
³ Dez vezes já me insultaram;
deveriam se envergonhar de me tratar tão mal.
⁴ Ainda que eu tivesse pecado,
seria problema meu, e não de vocês.
⁵ Pensam que são melhores que eu;
usam minha humilhação como prova de meu pecado.
⁶ Mas Deus é que foi injusto comigo
e me prendeu em sua rede.
⁷ Clamo: 'Socorro!', mas ninguém responde;
grito em protesto, mas não há justiça.
⁸ Deus fechou meu caminho para eu não passar
e cobriu de escuridão minha estrada.
⁹ Despojou-me de minha honra
e removeu a coroa de minha cabeça.
¹⁰ Destruiu-me por todos os lados, e estou acabado;
como se eu fosse uma árvore, arrancou minha esperança pela raiz.
¹¹ Sua ira arde contra mim;
ele me considera seu inimigo.
¹² Suas tropas avançam e abrem caminhos para me atacar;
acampam ao redor de minha tenda.
¹³ "Meus irmãos se mantêm afastados,
meus conhecidos se voltaram contra mim.
¹⁴ Minha família se foi,
meus amigos chegados me esqueceram.
¹⁵ Meus hóspedes e criadas me consideram um estranho;
para eles, sou como um estrangeiro.
¹⁶ Quando chamo meu servo, ele não vem;
tenho de suplicar!
¹⁷ Meu hálito enoja minha esposa;
sou rejeitado pela própria família.
¹⁸ Até as crianças me desprezam;
quando me levanto para falar, me dão as costas.
¹⁹ Meus amigos chegados me detestam;
aqueles que eu amo se voltaram contra mim.
²⁰ Fui reduzido a pele e osso;
escapei da morte por um triz.ᵃ
²¹ "Tenham misericórdia de mim, meus amigos!
Tenham misericórdia, pois a mão de Deus me feriu.
²² Será que também precisam me perseguir, como Deus me persegue?
Já não me criticaram o suficiente?
²³ "Quem dera minhas palavras fossem registradas!
Quem dera fossem escritas num monumento,
²⁴ entalhadas com um cinzel de ferro e preenchidas com chumbo,
gravadas para sempre na rocha!
²⁵ "Quanto a mim, sei que meu Redentor vive
e que um dia, por fim, ele se levantará sobre a terra.
²⁶ E, depois que meu corpo tiver se decomposto,
ainda assim, em meu corpo,ᵇ verei a Deus!
²⁷ Eu o verei por mim mesmo,
sim, o verei com meus próprios olhos;
meu coração muito anseia por esse dia!
²⁸ "Como vocês se atrevem a me perseguir e dizer: 'É culpa dele'?
²⁹ Deveriam temer o castigo,
pois sua atitude merece ser punida;
então saberão que há juízo".

A segunda resposta de Zofar a Jó

20 Então Zofar, de Naamá, respondeu:

² "Preciso falar,
pois é profundo meu incômodo.
³ Tive de suportar seus insultos,
mas agora meu espírito me leva a responder.

ᵃ **19.20** Em hebraico, *escapei só com a pele de meus dentes*. ᵇ **19.26** Ou *sem meu corpo*. O significado do hebraico é incerto.

⁴"Você não sabe que, desde a antiguidade,
  desde que o ser humano foi posto na
    terra,
⁵o triunfo dos perversos dura pouco,
  e a alegria dos ímpios é apenas
    temporária?
⁶Embora seu orgulho chegue aos céus,
  e sua cabeça toque as nuvens,
⁷eles desaparecerão para sempre,
  lançados fora como seu próprio
    excremento.
Seus conhecidos perguntarão:
  'Onde estão eles?'.
⁸Passarão como um sonho e não serão
    encontrados;
  desaparecerão como uma visão na noite.
⁹Aqueles que os viram, não os verão mais;
  suas famílias não os reconhecerão.
¹⁰Seus filhos pedirão esmolas aos pobres,
  pois terão de devolver as riquezas que
    roubaram.
¹¹Embora sejam jovens e vigorosos,
  seus ossos serão deitados no pó.

¹²"Desfrutaram o doce gosto da
    perversidade
  e a deixaram derreter sob a língua.
¹³Ficaram com ela na boca,
  para melhor saboreá-la.
¹⁴De repente, a comida azeda em seu
    estômago;
  torna-se veneno de serpente em seu
    interior.
¹⁵Vomitarão a riqueza que engoliram;
  Deus não permitirá que a retenham.
¹⁶Sugarão veneno de cobra;
  a língua da víbora os matará.
¹⁷Nunca mais desfrutarão os ribeiros,
  os rios de onde emanam leite e mel.
¹⁸Devolverão tudo pelo que trabalharam;
  sua riqueza não lhes trará alegria.
¹⁹Pois oprimiram os pobres e os deixaram
    desamparados;
  tomaram casas que não haviam
    construído.
²⁰Sempre gananciosos, nunca satisfeitos;
  perderam tudo com que sonharam.
²¹Comem até se fartar e, depois, não sobra
    coisa alguma;
por isso, sua prosperidade não durará.
²²"Em meio à fartura, enfrentarão aflições,
  e o sofrimento os dominará.
²³Que Deus lhes encha o estômago de
    problemas;
  que Deus faça chover sobre eles sua ira
    ardente!
²⁴Quando tentarem escapar da arma de
    ferro,
  a flecha com ponta de bronze os
    atravessará.
²⁵Quando a flecha lhes for arrancada das
    costas,
  a ponta brilhará com sangue.[a]
O terror da morte virá sobre eles;
²⁶seus tesouros serão lançados em
    profunda escuridão.
Um fogo descontrolado os devorará
  e consumirá tudo que lhes resta.
²⁷Os céus revelarão a culpa dos perversos;
  a terra se levantará contra eles.
²⁸Uma inundação arrastará suas casas;
  a ira de Deus cairá sobre eles como
    chuva torrencial.
²⁹Essa é a recompensa que Deus dá aos
    perversos;
  é a herança decretada por Deus".

O sétimo discurso de Jó: resposta a Zofar

21 Então Jó falou novamente:

²"Escutem com atenção o que eu digo;
  essa é a consolação que podem me dar.
³Enquanto eu estiver falando, tenham
    paciência;
  depois que tiver falado, podem
    continuar a zombar de mim.

⁴"Minha queixa não é contra seres
    humanos;
  tenho bons motivos para estar
    impaciente.
⁵Olhem para mim, e ficarão pasmos;
  assustados, colocarão a mão sobre a
    boca.
⁶Quando penso no que estou dizendo, fico
    arrepiado;
  todo o meu corpo estremece.

---

[a] **20.25** Em hebraico, *com bile*.

⁷"Por que os perversos continuam com vida,
  chegam à velhice e se tornam poderosos?
⁸Veem seus filhos crescer e se estabelecer
  e desfrutam a companhia de seus netos.
⁹Seus lares são seguros e livres de todo medo,
  e Deus não os castiga.
¹⁰Seus touros nunca deixam de procriar,
  suas vacas dão crias e não abortam.
¹¹Deixam seus filhos brincar como cordeiros;
  seus pequeninos saltam e dançam.
¹²Cantam com tamborins e harpas
  e celebram ao som da flauta.
¹³Passam os dias em prosperidade
  e descem à sepultura[a] em paz.
¹⁴E, no entanto, dizem a Deus: 'Deixa-nos em paz!
  Não queremos saber de ti nem de teus caminhos.
¹⁵Quem é o Todo-poderoso e por que deveríamos lhe obedecer?
  De que nos adiantará orar?'.
¹⁶Acreditam que a prosperidade depende de si mesmos,
  mas eu quero distância desse modo de pensar.
¹⁷"Quantas vezes a luz dos perversos se apaga?
  Quantas vezes sofrem desgraças?
  Acaso Deus, em sua ira, lhes reparte tristezas?
¹⁸Quantas vezes são carregados pelo vento, como palha,
  ou levados embora pela tempestade, como ciscos?
¹⁹"Vocês dizem: 'Ao menos Deus castiga os filhos deles!'.
  Mas eu digo que ele deveria castigar os pais,
  para que entendam seu juízo.
²⁰Que seus próprios olhos vejam sua destruição;
  que eles mesmos bebam da ira do Todo--poderoso!
²¹Afinal, depois de mortos,
  não se importarão com o que acontece à sua família.
²²"Mas quem pode dar lições a Deus,
  uma vez que ele julga até os mais poderosos?
²³Um morre em prosperidade,
  confortável e seguro,
²⁴um retrato perfeito de boa saúde,
  em excelente forma e cheio de vigor.
²⁵Outro morre em amarga pobreza,
  sem nunca ter experimentado as coisas boas da vida.
²⁶Ambos, porém, são enterrados no mesmo pó;
  ambos são comidos pelos mesmos vermes.
²⁷"Sei o que estão pensando,
  sei dos planos que tramam contra mim.
²⁸'Onde está a casa dos ricos?', vocês me dirão.
  'Onde está a casa dos perversos?'
²⁹Perguntem, porém, àqueles que viajam,
  e eles lhes dirão a verdade.
³⁰Os perversos são poupados no dia da calamidade
  e socorridos no dia da fúria.
³¹Ninguém os critica abertamente,
  nem lhes dá o que merecem por seus atos.
³²Quando são levados à sepultura,
  uma guarda de honra vigia seu túmulo.
³³A terra lhes dá doce repouso,
  e uma grande multidão acompanha o funeral
  e presta homenagens enquanto o corpo é sepultado.
³⁴"Como podem suas palavras vazias me consolar?
  Suas explicações não passam de mentiras!".

A terceira resposta de Elifaz a Jó

22 Então Elifaz, de Temã, respondeu:
²"Pode alguém fazer algo para ajudar a Deus?

---

[a] 21.13 Em hebraico, *ao Sheol*.

Pode alguém, ainda que sábio, lhe ser útil?
³Que vantagem há para o Todo-poderoso em você ser justo?
Ele ganharia alguma coisa se você fosse perfeito?
⁴É por causa de seu temor que ele o acusa e traz juízo contra você?
⁵Não! É por causa de sua perversidade; seus pecados não têm limites!

⁶"Por certo você emprestou dinheiro a seu amigo
e exigiu roupas dele como garantia; sim, você o deixou sem ter o que vestir.
⁷Recusou-se a dar água ao sedento e comida ao faminto.
⁸Pensou que a terra pertencia aos poderosos
e que somente os privilegiados tinham direito a ela.
⁹Mandou a viúva embora de mãos vazias e acabou com as esperanças dos órfãos.
¹⁰Por isso está cercado de armadilhas e estremece com temores repentinos.
¹¹Por isso está em trevas e não consegue ver,
e ondas de águas o cobrem.

¹²"Deus é grande, mais alto que os céus, mais alto que as estrelas mais distantes.
¹³Você, porém, responde: 'Por isso Deus não vê o que faço!
Como pode julgar através da densa escuridão?
¹⁴Nuvens espessas se movem ao seu redor, e ele não pode nos ver;
está lá no alto, caminhando pela abóbada do céu!'.

¹⁵"Você continuará nos velhos caminhos, nos quais sempre andaram os perversos?
¹⁶Eles foram levados em tenra idade; os alicerces de sua vida foram arrastados pela correnteza.
¹⁷Pois disseram a Deus: 'Deixa-nos em paz! O que o Todo-poderoso pode fazer conosco?'.
¹⁸E, no entanto, foi ele que lhes encheu o lar de coisas boas;
por isso quero distância desse modo de pensar.

¹⁹"Os justos se alegrarão ao ver a destruição dos perversos,
e, com desprezo, os inocentes zombarão deles.
²⁰Dirão: 'Vejam, nossos inimigos foram destruídos,
e suas riquezas, consumidas pelo fogo'.

²¹"Sujeite-se a Deus, e terá paz; então as coisas lhe irão bem.
²²Ouça as instruções de Deus e guarde-as no coração.
²³Se voltar para o Todo-poderoso, será restaurado;
portanto, coloque sua vida em ordem.
²⁴Se abrir mão de sua cobiça por dinheiro e lançar no rio seu ouro precioso,
²⁵o Todo-poderoso será seu tesouro; ele será sua prata de grande valor!

²⁶"Então você se alegrará no Todo-poderoso e levantará os olhos para ele.
²⁷Orará a Deus, e ele o ouvirá, e você cumprirá seus votos.
²⁸Será bem-sucedido em tudo que decidir fazer,
e a luz brilhará em seu caminho.
²⁹Se outros estiverem em dificuldade e você disser: 'Ajuda-os',
Deus os salvará.
³⁰Até mesmo pecadores serão resgatados; sim, serão resgatados porque você tem mãos puras".

O oitavo discurso de Jó: resposta a Elifaz

23 Então Jó falou novamente:

²"Minha queixa hoje ainda é amarga, e me esforço para não gemer.
³Se ao menos eu soubesse onde encontrar a Deus,
iria a seu tribunal.
⁴Exporia minha causa e apresentaria meus argumentos.
⁵Ouviria sua resposta e entenderia o que ele me dissesse.
⁶Acaso ele usaria seu grande poder para discutir comigo?
Não! Ele me ouviria com imparcialidade.

⁷Os justos podem lhe apresentar sua causa;
meu Juiz me absolveria de uma vez por todas.
⁸Se vou para o leste, lá ele não está;
sigo para o oeste, mas não consigo encontrá-lo.
⁹Não o vejo no norte, pois está escondido;
quando olho para o sul, ele está oculto.
¹⁰"E, no entanto, ele sabe aonde vou;
quando ele me provar, sairei puro como o ouro.
¹¹Pois permaneci nos caminhos de Deus;
segui seus passos e nunca me desviei.
¹²Não me afastei de seus mandamentos;
dei mais valor a suas palavras que ao alimento diário.
¹³Mas, quando ele toma sua decisão, quem pode fazê-lo mudar de ideia?
Ele faz o que bem deseja.
¹⁴Portanto, fará comigo tudo que planejou;
ele controla meu destino.
¹⁵Não é de admirar que eu me apavore em sua presença;
quando penso nisso, entro em pânico.
¹⁶Deus fez meu coração desfalecer;
o Todo-poderoso me encheu de medo.
¹⁷A escuridão me cerca;
há trevas densas e impenetráveis por toda parte."

Jó pergunta por que os perversos não são castigados

24 ¹"Por que o Todo-poderoso não marca uma data para seu juízo?
Por que os que o conhecem esperam por ele em vão?
²Os perversos mudam os marcos das divisas,
roubam rebanhos e os trazem para seus pastos.
³Levam o jumento que pertence ao órfão
e exigem o boi da viúva como penhor.
⁴Os pobres são empurrados para fora do caminho,
e os necessitados se escondem para se proteger.
⁵Como jumentos selvagens nas regiões áridas,
passam todo o tempo em busca de comida;
até no deserto procuram alimento para os filhos.
⁶Fazem a colheita de um campo que não semearam
e recolhem as uvas nas videiras dos perversos.
⁷Passam a noite nus e com frio,
pois não têm roupas nem cobertas.
⁸Encharcados pelas chuvas das montanhas,
encolhem-se junto às rochas por falta de abrigo.
⁹"Os perversos arrancam o filho da viúva do seio dela;
tomam o bebê como garantia por um empréstimo.
¹⁰Os pobres andam nus por falta de roupas;
colhem alimento para outros, enquanto passam fome.
¹¹Espremem azeitonas para obter azeite, mas não podem prová-lo;
pisam uvas para fazer vinho, enquanto passam sede.
¹²Os gemidos dos que estão para morrer sobem da cidade,
e os feridos clamam por socorro,
mas Deus não faz caso de seus lamentos.
¹³"Os perversos se revoltam contra a luz;
não reconhecem os caminhos dela,
nem permanecem em suas estradas.
¹⁴O assassino se levanta bem cedo,
para matar os pobres e os necessitados;
à noite ele se torna ladrão.
¹⁵O adúltero espera o cair da noite,
pois pensa: 'Ninguém me verá';
esconde o rosto para ninguém o reconhecer.
¹⁶Os bandidos arrombam casas à noite
e dormem durante o dia;
não estão acostumados com a luz.
¹⁷A noite escura é sua manhã;
aliam-se aos terrores da escuridão.
¹⁸"Mas, como espuma num rio, desaparecem;
tudo que possuem é amaldiçoado,
e temem entrar nas próprias videiras.

¹⁹A sepultura[a] consome os pecadores,
como a seca e o calor consomem a neve.
²⁰Sua própria mãe se esquecerá deles;
para os vermes, terão sabor doce.
Ninguém se lembrará deles;
os perversos serão derrubados como árvores.
²¹Enganam a mulher que não tem filhos para defendê-la;
não socorrem a viúva necessitada.

²²"Deus, em seu poder, leva embora os ricos;
ainda que prosperem, não têm garantia de que viverão.
²³Talvez lhes seja permitido ficar em segurança,
mas Deus os vigia sem cessar.
²⁴Ainda que sejam importantes agora,
depressa desaparecerão, como todos os outros,
cortados como espigas de cereal.
²⁵Acaso alguém pode afirmar o contrário?
Quem pode provar que estou errado?".

A terceira resposta de Bildade a Jó

25 Então Bildade, de Suá, respondeu:

²"Deus é poderoso e temível;
ele impõe a paz nos céus.
³Quem pode contar seu exército celestial?
Acaso sua luz não brilha sobre toda a terra?
⁴Pode algum mortal ser inocente perante Deus?
Pode alguém nascido de mulher ser puro?
⁵Deus é mais glorioso que a lua;
brilha mais que as estrelas.
⁶Comparados a ele, somos larvas;
nós, mortais, não passamos de vermes".

O nono discurso de Jó: resposta a Bildade

26 Então Jó falou novamente:

²"Grande ajuda você deu aos indefesos!
Belo socorro prestou aos fracos!
³Como esclareceu minha ignorância!
Sábio conselho ofereceu!
⁴De onde tirou todas essas palavras de sabedoria?
De quem é o espírito que fala por seu intermédio?

⁵"Tremem os mortos,
aqueles que vivem debaixo das águas.
⁶O lugar dos mortos[b] está nu diante de Deus;
o lugar de destruição[c] está descoberto.
⁷Deus estende o céu do norte sobre o vazio
e suspende a terra sobre o nada.
⁸Envolve a chuva com densas nuvens,
e elas não se rompem com o peso da água.
⁹Encobre a face da lua[d]
e a esconde com suas nuvens.
¹⁰Criou o horizonte ao separar as águas
e definiu o limite entre dia e noite.
¹¹Tremem os alicerces do céu,
estremecem diante de sua repreensão.
¹²Com seu poder, acalmou o mar;
com sua habilidade, despedaçou o monstro marinho.[e]
¹³Com seu sopro,[f] trouxe beleza aos céus;
com sua mão, feriu a serpente veloz.
¹⁴Isso é apenas o começo de tudo que ele faz,
um mero sussurro de sua força;
quem pode compreender o trovão de seu poder?".

O discurso final de Jó

27 Jó continuou a falar:

²"Juro pelo Deus vivo, que tirou de mim meus direitos,
pelo Todo-poderoso, que me encheu a alma de amargura:
³enquanto eu viver
e tiver o fôlego de Deus nas narinas,
⁴meus lábios não pronunciarão maldades,
e minha língua não falará mentiras.
⁵Jamais darei razão a vocês;
defenderei até a morte minha integridade.
⁶Afirmarei minha inocência sem hesitar,
por toda a vida, terei a consciência limpa.

---

[a] **24.19** Em hebraico, *O Sheol*. [b] **26.6a** Em hebraico, *O Sheol*. [c] **26.6b** Em hebraico, *Abadom*. [d] **26.9** Ou *Cobre seu trono*. [e] **26.12** Em hebraico, *Raabe*, monstro marinho mítico que, na literatura antiga, representava o caos. [f] **26.13** Ou *seu Espírito*.

⁷"Que meu inimigo seja castigado como os perversos,
e meu adversário, como os que praticam o mal.
⁸Pois que esperança têm os ímpios quando Deus os elimina,
quando ele lhes tira a vida?
⁹Acaso Deus lhes ouvirá o clamor
quando vier sobre eles o sofrimento?
¹⁰Acaso se alegram no Todo-poderoso?
Podem clamar a Deus a qualquer momento?
¹¹Eu lhes ensinarei sobre o poder de Deus;
não esconderei nada a respeito do Todo-poderoso.
¹²Vocês, porém, já viram tudo isso
e, no entanto, dizem essas coisas inúteis.

¹³"Isto é o que os perversos receberão de Deus,
esta é a herança que o Todo-poderoso dará aos opressores.
¹⁴Pode ser que tenham grandes famílias,
mas seus filhos morrerão em guerras ou de fome.
¹⁵Uma praga eliminará os que sobreviverem,
e nem mesmo suas viúvas chorarão por eles.

¹⁶"Pode ser que os perversos tenham muita riqueza
e acumulem montes de roupas,
¹⁷mas os justos vestirão essas roupas,
e os inocentes repartirão essas riquezas.
¹⁸Os perversos constroem casas frágeis como teias de aranha,[a]
precárias como o abrigo temporário do vigia.
¹⁹Os perversos são ricos quando vão dormir,
mas, ao acordar, veem que toda a sua riqueza se foi.
²⁰O terror os encobre, como uma inundação,
e são arrastados pelas tempestades da noite.
²¹Um vento do leste os carrega, e desaparecem;
arranca-os de seu lugar.
²²Sopra violentamente sobre eles, sem piedade;
lutam para escapar de seu poder.
²³Então todos batem palmas
e riem deles com desprezo."

Jó fala de sabedoria e entendimento

28 ¹"As pessoas sabem de onde extrair a prata
e onde refinar o ouro.
²Sabem de onde tirar o ferro da terra
e como separar o cobre da rocha.
³Sabem fazer brilhar luz na escuridão
e procurar minério nas regiões mais distantes,
em meio às trevas profundas.
⁴Cavam entradas para minas,
em lugares onde ninguém vive.
Descem por meio de cordas,
balançando de um lado para o outro.
⁵O alimento cresce na superfície,
mas, abaixo dela, a terra é derretida como que por fogo.
⁶Ali, as rochas contêm safiras,
e, no pó, se encontra ouro.
⁷São tesouros que nenhuma ave de rapina consegue enxergar,
nem o olho do falcão pode ver.
⁸Nenhum animal selvagem pisou nessas riquezas,
nenhum leão pôs a pata sobre elas.
⁹As pessoas sabem como despedaçar as rochas mais duras
e como revirar até as raízes dos montes.
¹⁰Abrem túneis nas rochas
e encontram pedras preciosas.
¹¹Represam a água dos ribeiros
e trazem à luz tesouros ocultos.

¹²"Mas onde se pode encontrar sabedoria?
Onde se pode achar entendimento?
¹³Ninguém sabe onde encontrá-la,[b]
pois ela não se acha entre os vivos.
¹⁴'Não está aqui', diz o abismo,
'Nem aqui', diz o mar.
¹⁵Não se pode comprá-la com ouro,
nem adquiri-la com prata.
¹⁶Vale mais que todo o ouro de Ofir,

---

[a] 27.18 Conforme a Septuaginta e a versão siríaca (ver tb. 8.14); o hebraico traz *como a traça*. [b] 28.13 Conforme a Septuaginta; o hebraico traz *sabe seu valor*.

mais que o ônix precioso e a safira.
¹⁷A sabedoria é mais valiosa que ouro e cristal;
não se pode comprá-la com joias de ouro fino.
¹⁸Coral e jaspe não se comparam a ela;
o preço da sabedoria ultrapassa o dos rubis.
¹⁹Não se pode trocá-la pelo precioso topázio da Etiópia;ª
ela vale mais que o ouro puríssimo.

²⁰"Onde, afinal, está a sabedoria?
Onde está o entendimento?
²¹Está escondida dos olhos de toda a humanidade;
nem mesmo as aves do céu conseguem descobri-la.
²²A Destruiçãoᵇ e a Morte dizem:
'Ouvimos apenas rumores de onde encontrá-la'.

²³"Somente Deus conhece o caminho para a sabedoria;
ele sabe onde encontrá-la.
²⁴Pois ele enxerga toda a terra;
vê tudo que há debaixo do céu.
²⁵Determina a força dos ventos
e o volume das águas.
²⁶Fez as leis para controlar a chuva
e definiu o caminho dos relâmpagos.
²⁷Então viu a sabedoria e a avaliou;
em seu lugar a pôs e cuidadosamente a examinou.
²⁸É isto que ele diz a toda a humanidade:
'O temor do Senhor é a verdadeira sabedoria;
afastar-se do mal é o verdadeiro entendimento'".

Jó fala das bênçãos do passado

29 Jó continuou a falar:

²"Tenho saudade dos tempos que passaram,
dos dias em que Deus cuidava de mim.
³Ele iluminava o caminho à minha frente,
e eu andava em segurança em meio à escuridão.
⁴Na flor de minha idade,
a amizade de Deus estava presente em meu lar.
⁵O Todo-poderoso ainda estava comigo,
e eu tinha meus filhos ao redor.
⁶Meus pés eram lavados em leite,
e ribeiros de azeite corriam das rochas para mim.

⁷"Naquele tempo, eu ia até a porta da cidade
e tomava meu lugar entre os líderes.
⁸Os jovens abriam caminho ao me ver,
e até os idosos se punham em pé.
⁹As autoridades se calavam
e colocavam a mão sobre a boca.
¹⁰Os mais altos oficiais da cidade faziam silêncio
e refreavam a língua em sinal de respeito.

¹¹"Todos que me ouviam me elogiavam,
todos que me viam falavam bem de mim.
¹²Pois eu auxiliava os pobres que pediam ajuda
e os órfãos que precisavam de socorro.
¹³Os que estavam à beira da morte me abençoavam;
eu trazia alegria ao coração das viúvas.
¹⁴Era honesto em tudo que fazia;
a retidão me cobria como manto,
e a justiça eu usava como turbante.
¹⁵Servia de olhos para os cegos
e de pés para os aleijados.
¹⁶Era um pai para os pobres
e defendia a causa dos estrangeiros.
¹⁷Quebrava as mandíbulas dos ímpios
e de seus dentes resgatava as vítimas.
¹⁸'Por certo morrerei rodeado por minha família',
pensava, 'depois de uma vida longa e boa.ᶜ
¹⁹Pois sou como a árvore cujas raízes chegam até a água,
cujos ramos são refrescados pelo orvalho.
²⁰Recebo sempre novas honras,
e minha força vive renovada.'

²¹"Todos escutavam meus conselhos;

ª**28.19** Em hebraico, *de Cuxe*. ᵇ**28.22** Em hebraico, *Abadom*. ᶜ**29.18** Em hebraico, *depois que eu tiver contado meus dias como areia*.

ficavam em silêncio e esperavam que eu falasse.
²²E, depois que eu falava, nada tinham a acrescentar,
pois o que eu dizia os satisfazia.
²³Esperavam minhas palavras como quem espera a chuva;
bebiam-nas como chuva de primavera.
²⁴Quando estavam desanimados, eu sorria para eles;
valorizavam meu olhar de aprovação.
²⁵Como um líder, eu lhes dizia o que fazer;
vivia como um rei entre suas tropas e consolava os que choravam."

Jó fala de sua angústia

30 ¹"Agora, porém, os mais jovens zombam de mim,
rapazes cujos pais não são dignos de correr com meus cães pastores.
²De que me serve a força deles?
Seu vigor já desapareceu!
³Enfraquecidos pela pobreza e pela fome,
roem a terra seca, em regiões sombrias e desoladas.
⁴Colhem ervas silvestres entre os arbustos
e comem as raízes das giestas.
⁵São expulsos, aos gritos, da companhia das pessoas,
como se fossem ladrões.
⁶Agora, moram em desfiladeiros medonhos,
em cavernas e entre as rochas.
⁷Uivam como animais no meio dos arbustos
e ajuntam-se debaixo dos espinheiros.
⁸São gente insensata, sem nome nem valor;
foram expulsos da terra.
⁹"Agora, divertem-se às minhas custas!
Sou alvo de piadas e canções vulgares.
¹⁰Desprezam-me e ficam longe de mim;
só se aproximam para cuspir em meu rosto.
¹¹Pois Deus cortou a corda de meu arco;
já que ele me humilhou,
eles não se refreiam mais.
¹²Essa gente desprezível se opõe a mim abertamente;
lançam-me de um lado para o outro
e planejam minha desgraça.
¹³Bloqueiam meu caminho
e fazem de tudo para me destruir.
Sabem que não tenho quem me ajude;
¹⁴atacam-me de todos os lados.
Quando estou caído, lançam-se sobre mim;
¹⁵vivo aterrorizado.
O vento carregou minha honra;
minha prosperidade passou como uma nuvem.

¹⁶"Agora, minha vida se esvai;
a aflição me persegue durante o dia.
¹⁷A noite corrói meus ossos;
a dor que me atormenta não descansa.
¹⁸Com mão forte, Deus agarra minha roupa;[a]
pega-me pela gola de minha túnica.
¹⁹Lança-me na lama;
não passo de pó e cinza.

²⁰"Clamo a ti, ó Deus, e não me respondes;
fico em pé diante de ti, mas não me dás atenção.
²¹Tu me tratas com crueldade
e usas teu poder para me perseguir.
²²Tu me lanças no redemoinho
e me destróis na tempestade.
²³E sei que me envias para a morte,
para o destino de todos os que vivem.

²⁴"Por certo, ninguém se voltaria contra os necessitados,
quando clamam por socorro em suas dificuldades.
²⁵Acaso eu não chorava pelos aflitos?
Não me angustiava pelos pobres?
²⁶Esperava o bem, mas em seu lugar veio o mal;
aguardava a luz, mas em seu lugar veio a escuridão.
²⁷Meu coração está agitado e não sossega;
dias de aflição me atormentam.
²⁸Ando nas sombras, sem a luz do sol;
levanto-me em praça pública e clamo por socorro.
²⁹Contudo, sou considerado irmão dos chacais
e companheiro das corujas.
³⁰Minha pele escureceu,

---

[a] **30.18** Conforme a Septuaginta; o hebraico traz *minha mão, minha veste está desfigurada*.

e meus ossos ardem de febre.
³¹Minha harpa toca canções fúnebres,
e minha flauta acompanha os que choram."

Jó defende sua inocência pela última vez

31 ¹"Fiz uma aliança com meus olhos
de não olhar com cobiça para nenhuma jovem.
²Pois o que Deus, lá de cima, escolheu para nós?
Qual é nossa herança do Todo-poderoso, que está lá no alto?
³Não é calamidade para os perversos
e desgraça para os que praticam o mal?
⁴Afinal, ele não vê tudo que faço
e cada passo que dou?

⁵"Se minha conduta foi falsa,
e se procurei enganar alguém,
⁶que Deus me pese numa balança justa,
pois conhecerá minha integridade.
⁷Se me desviei de seu caminho,
se meu coração cobiçou o que os olhos viram,
ou se sou culpado de algum outro pecado,
⁸que outros comam o que semeei;
que minhas plantações sejam arrancadas pela raiz.

⁹"Se meu coração foi seduzido por uma mulher,
ou se cobicei a esposa de meu próximo,
¹⁰que minha esposa se torne serva de outro homem,ᵃ
que outros durmam com ela.
¹¹Pois a cobiça é um pecado vergonhoso,
um crime que merece castigo.
¹²É fogo que tudo consome, levando à destruição,ᵇ
capaz de destruir tudo que tenho.

¹³"Se fui injusto com meus servos e servas
quando me apresentaram suas queixas,
¹⁴que farei quando Deus me confrontar?
Que direi quando ele me chamar para prestar contas?
¹⁵Pois o mesmo Deus que me criou,
também criou meus servos;
formou no ventre materno tanto eles como eu.

¹⁶"Acaso me recusei a ajudar os pobres
ou acabei com a esperança da viúva?
¹⁷Fui mesquinho com meu alimento
e me recusei a compartilhá-lo com os órfãos?
¹⁸Não! Desde a juventude, tenho cuidado dos órfãos como um pai
e, por toda a vida, tenho ajudado as viúvas.
¹⁹Sempre que via alguém passar frio por falta de roupa,
e o pobre que não tinha o que vestir,
²⁰acaso eles não me abençoavam
por lhes prover roupas de lã para aquecê-los?

²¹"Se levantei a mão contra o órfão,
certo de que os juízes tomariam meu partido,
²²que meu ombro seja deslocado
e meu braço, arrancado da articulação!
²³Seria melhor que enfrentar o castigo de Deus;
pois, se a majestade de Deus é contra mim, que esperança resta?

²⁴"Acaso confiei no dinheiro
ou me senti seguro por causa de meu ouro?
²⁵Acaso me vangloriei de minha riqueza
e de tudo que possuo?
²⁶"Olhei para o sol, que brilha no céu,
ou para a lua, que percorre seu resplendor,
²⁷e, em segredo, meu coração foi seduzido
a lhes lançar beijos de adoração?
²⁸Se o fiz, devo ser castigado pelos juízes,
pois significa que neguei o Deus que está lá no alto.

²⁹"Alguma vez me alegrei com a desgraça de meus inimigos,
ou exultei porque lhes aconteceu algum mal?
³⁰Não, jamais cometi o pecado de amaldiçoar alguém
ou de pedir sua morte como vingança.

ᵃ **31.10** Em hebraico, *que minha esposa moa para outro homem.* ᵇ **31.12** Em hebraico, *a Abadom.*

³¹"Meus servos nunca disseram:
 'Ele deixa os outros passar fome'.
³²Nunca deixei o estrangeiro dormir na rua;
 minha porta sempre esteve aberta para todos.
³³"Acaso procurei encobrir meus pecados, como outros fazem,
 e esconder a culpa em meu coração?
³⁴Mantive-me calado e não saí de casa,
 por medo da multidão ou do desprezo do povo?

³⁵"Se ao menos alguém me ouvisse!
 Vejam, aqui está minha defesa assinada.
Que o Todo-poderoso me responda;
 que meu adversário registre sua denúncia por escrito.
³⁶Eu enfrentaria a acusação de peito aberto
 e a usaria como coroa.
³⁷Pois eu diria a Deus exatamente o que tenho feito;
 compareceria diante dele como um príncipe.

³⁸"Se a terra protestar contra mim,
 se todos os seus sulcos clamarem,
³⁹se roubei suas colheitas,
 ou se matei seus donos,
⁴⁰que cresçam espinhos em lugar de trigo
 e ervas daninhas em lugar de cevada".

Assim terminam as palavras de Jó.

Eliú responde aos amigos de Jó

32 Os três amigos de Jó pararam de lhe responder, pois ele insistia em dizer que era inocente.

²Então Eliú, filho de Baraquel, o buzita, da família de Rão, ficou irado. Indignou-se porque Jó se achava mais justo que Deus. ³Também indignou-se com os três amigos de Jó, pois não conseguiram responder a seus argumentos, a fim de demonstrar que Jó[a] estava errado. ⁴Eliú havia esperado os outros falarem, pois eram mais velhos que ele. ⁵Mas, quando viu que não tinham mais nada a dizer, expressou sua indignação. ⁶Assim, Eliú, filho de Baraquel, o buzita, disse:

"Eu sou jovem, e vocês são idosos;
 por isso me contive e não dei minha opinião.
⁷Pensei: 'Os mais velhos devem falar,
 pois a sabedoria vem com o tempo'.
⁸Contudo, há um espírito[b] dentro de cada um,
 o sopro do Todo-poderoso, que lhe dá entendimento.
⁹Nem sempre os de mais idade são sábios;
 às vezes, os velhos não entendem o que é justo.
¹⁰Portanto, ouçam-me,
 e eu lhes direi o que penso.

¹¹"Esperei todo esse tempo,
 ouvindo seus argumentos atentamente,
 observando enquanto procuravam palavras.
¹²Dei-lhes toda a atenção,
 mas nenhum de vocês provou que Jó está errado,
 nem respondeu a seus argumentos.
¹³Não venham me dizer: 'Ele é sábio demais para nós;
 só Deus pode convencê-lo'.
¹⁴Se Jó tivesse discutido comigo,
 eu não teria respondido como vocês.
¹⁵Estão aí perplexos, sem resposta,
 sem terem mais o que dizer.
¹⁶Devo continuar a esperar, agora que se calaram?
 Devo também permanecer em silêncio?
¹⁷Não! Darei minha resposta;
 também expressarei minha opinião.
¹⁸Pois tenho muito a dizer,
 e o espírito em mim me impulsiona a falar.
¹⁹Sou como um barril de vinho sem respiradouro,
 como uma vasilha de couro prestes a romper.
²⁰Preciso falar para ter alívio;
 sim, deixem-me responder!
²¹Não tomarei partido,
 nem tentarei bajular ninguém.
²²Pois, se tentasse usar de bajulação,
 meu Criador logo me destruiria."

---

[a] **32.3** Conforme o Texto Massorético; uma antiga tradição dos escribas hebreus traz *Deus*. [b] **32.8** Ou *o Espírito*; também em 32.18.

Eliú apresenta seus argumentos contra Jó

33 ¹"Jó, ouça minhas palavras;
preste atenção ao que vou dizer.
²Chegou minha vez de falar;
as palavras estão na ponta da língua.
³Falo com toda a sinceridade,
digo a pura verdade.
⁴O Espírito de Deus me criou,
o sopro do Todo-poderoso me dá vida.
⁵Responda-me, se puder;
apresente seus argumentos e defina sua posição.
⁶Você e eu somos iguais diante de Deus;
eu também fui formado do barro.
⁷Portanto, não tenha medo de mim;
não serei severo demais com você.

⁸"Você falou em minha presença,
e ouvi bem suas palavras.
⁹Você disse: 'Sou puro e não tenho pecado;
sou inocente e não tenho culpa.
¹⁰Deus procura motivos para se opor a mim
e me considera seu inimigo.
¹¹Prende meus pés no tronco
e vigia todos os meus movimentos'.

¹²"Mas você está enganado, e eu lhe mostrarei o motivo,
pois Deus é maior que qualquer ser humano.
¹³Sendo assim, por que você o acusa?
Por que diz que ele não responde às queixas humanas?
¹⁴Pois Deus fala repetidamente,
embora as pessoas não prestem atenção.
¹⁵Fala em sonhos, em visões durante a noite,
quando o sono profundo cai sobre todos,
enquanto dormem em suas camas.
¹⁶Sussurra em seus ouvidos
e aterroriza-os com advertências.
¹⁷Faz que deixem de praticar o mal
e livra-os do orgulho.
¹⁸Preserva-os do túmulo
e de serem atravessados pela espada.
¹⁹Deus os disciplina no leito de enfermidade,
com dores constantes nos ossos.
²⁰Eles perdem a vontade de comer;
nem mesmo o alimento mais delicioso lhes apetece.
²¹Sua carne definha a olhos nus,
e seus ossos ficam à vista.
²²Estão cada vez mais perto do túmulo;
os mensageiros da morte os esperam.

²³"Mas, se um dos milhares de anjos do céu aparecer,
para interceder por alguém e declará-lo justo,
²⁴Deus terá compaixão e dirá: 'Livre-o do túmulo,
pois encontrei resgate por sua vida'
²⁵Então seu corpo se tornará saudável como o de um menino;
será forte e jovem outra vez.
²⁶Quando ele orar a Deus,
será aceito.
Deus o receberá com alegria
e o restituirá à condição de justo.
²⁷Ele declarará a seus amigos:
'Pequei e perverti o que é correto,
mas não valeu a pena.[a]
²⁸Deus me livrou do túmulo;
agora minha vida contempla a luz'.

²⁹"Sim, Deus faz essas coisas acontecerem repetidas vezes com as pessoas.
³⁰Ele as livra da sepultura,
para que desfrutem a luz da vida.
³¹Preste atenção, Jó; fique quieto e ouça-me,
pois tenho mais coisas para falar.
³²Mas, se você tem algo a dizer, responda;
fale, pois quero que seja absolvido.
³³Se não tem nada a dizer, fique quieto e ouça-me,
e eu lhe ensinarei a sabedoria".

Eliú acusa Jó de arrogância

34 ¹Então Eliú disse:
²"Ouçam-me, vocês que são sábios;
prestem atenção, vocês que têm conhecimento.
³Jó disse: 'O ouvido prova as palavras que ouve,

---

[a] **33.27** A Septuaginta traz *mas ele [Deus] não me castigou como meu pecado merecia*.

assim como a língua distingue os sabores'.
⁴Portanto, vamos discernir para nós mesmos o que é certo;
vamos descobrir juntos o que é bom.
⁵Pois Jó também disse: 'Sou inocente, mas Deus tirou de mim meus direitos.
⁶Sou inocente, mas eles me chamam de mentiroso;
minha dor é incurável, embora eu não tenha pecado'.
⁷"Digam-me, alguma vez houve um homem como Jó,
com sua sede por palavras irreverentes?
⁸Escolhe como companheiros os que praticam o mal
e anda com homens perversos.
⁹Chegou até a dizer: 'Por que desperdiçar meu tempo
tentando agradar a Deus?'.
¹⁰"Ouçam-me, vocês que têm entendimento:
Deus não peca de forma alguma!
O Todo-poderoso não pratica o mal!
¹¹Ele retribui a cada um de acordo com seus atos;
trata as pessoas como merecem.
¹²Na verdade, Deus não fará o mal;
o Todo-poderoso não cometerá injustiça.
¹³Quem entregou a terra aos cuidados de Deus?
Quem o fez responsável por todo o mundo?
¹⁴Se Deus retirasse seu espírito
e removesse seu sopro,
¹⁵toda a vida cessaria,
e a humanidade voltaria ao pó.
¹⁶"Portanto, se você é sábio, ouça-me;
preste atenção ao que digo.
¹⁷Acaso Deus poderia governar se odiasse a justiça?
Você pretende condenar o Juiz todo-poderoso?
¹⁸Ele diz aos reis: 'Vocês são perversos',
e aos nobres: 'Vocês são injustos'.
¹⁹Para Deus, não importa a posição da pessoa;
ele não dá mais atenção aos ricos que aos pobres,
pois todos foram criados por ele.
²⁰Morrem de repente, falecem no meio da noite;
os poderosos são removidos sem a ajuda de mãos humanas.
²¹"Pois Deus observa como as pessoas vivem;
ele vê tudo que fazem.
²²Não há escuridão densa o bastante
onde os perversos possam se esconder de seus olhos.
²³Não são as pessoas que decidem o momento
em que comparecerão diante de Deus para ser julgadas.
²⁴Ele destrói os poderosos sem consultar ninguém
e põe outros em seu lugar.
²⁵Ele sabe o que fazem
e à noite os derruba e os destrói.
²⁶Ele os fere porque são perversos
e os castiga em público, para que todos vejam.
²⁷Pois deixaram de segui-lo
e não têm respeito algum por seus caminhos.
²⁸Fazem os pobres clamar e chamar a atenção de Deus,
e ele ouve os gritos dos aflitos.
²⁹Mas, se ele permanecer calado, quem o criticará?
Quando ele esconde seu rosto,
ninguém pode encontrá-lo, nem indivíduo nem nação.
³⁰Ele impede que os ímpios governem,
para que não sejam uma cilada para o povo.
³¹"Por que ninguém diz a Deus:
'Pequei, mas não voltarei a pecar'?
³²Ou: 'Não sei qual foi meu erro; mostra--me se fiz o mal,
e deixarei de fazê-lo de imediato'?
³³"Acaso Deus deve adaptar a justiça dele a suas exigências?
Você o rejeitou!
A escolha é sua, não minha;

compartilhe sua sabedoria conosco.
³⁴Afinal, pessoas inteligentes me dirão,
e os sábios que me ouvem falarão:
³⁵'Jó fala por ignorância;
suas palavras não fazem sentido'.
³⁶Jó, você merece o castigo mais severo
pelo modo perverso como falou.
³⁷Pois, ao seu pecado, acrescentou a rebeldia;
não mostra respeito e não para de falar contra Deus".

Eliú lembra Jó da justiça de Deus

35 Então Eliú disse:
²"Você acha certo afirmar:
'Sou justo diante de Deus'?
³Pois você também pergunta: 'O que eu ganho com isso?
Que vantagem há em não pecar?'.

⁴"Responderei a você
e a todos os seus amigos.
⁵Olhe para o céu,
e veja as nuvens lá no alto, muito acima de você.
⁶Se você pecar, em que isso afetará Deus?
Mesmo que peque repetidamente,
que efeito terá sobre ele?
⁷Se você for justo, isso será um grande presente para ele?
O que você tem para lhe dar?
⁸Seus pecados só afetam gente como você;
suas boas ações só afetam outros humanos.

⁹"As pessoas clamam por socorro quando oprimidas;
gritam pedindo ajuda sob a força dos poderosos.
¹⁰E, no entanto, não perguntam: 'Onde está Deus, meu Criador,
aquele que me dá canções durante a noite?'
¹¹Onde está aquele que nos torna mais inteligentes que os animais
e mais sábios que as aves do céu?'.
¹²Quando clamam, Deus não responde,
por causa do orgulho dos maus.
¹³É errado, porém, dizer que Deus não ouve
e afirmar que o Todo-poderoso não se importa.
¹⁴Você diz que não vê Deus,
mas espere, e ele lhe fará justiça.ª
¹⁵Você diz que Deus, em sua ira, não castiga os pecadores,
e, portanto, não faz muito caso da perversidade.ᵇ
¹⁶Você não sabe o que diz, Jó;
fala como um tolo".

36 Eliú continuou a falar:
²"Deixe-me prosseguir e lhe mostrarei a verdade,
pois ainda não terminei de defender a Deus!
³Apresentarei argumentos profundos
em favor da justiça de meu Criador.
⁴Digo somente a verdade,
pois sou homem de pleno conhecimento.

⁵"Deus é poderoso, mas não despreza ninguém;
ele é grande em força e entendimento.
⁶Não permite que os perversos vivam,
mas faz justiça aos aflitos.
⁷Observa atentamente os justos,
coloca-os em tronos com reis e exalta-os para sempre.
⁸Se estão acorrentados
e amarrados com cordas de aflição,
⁹ele faz que vejam o motivo;
mostra-lhes que pecaram, sendo orgulhosos.
¹⁰Chama-lhes a atenção
e ordena que se afastem do mal.

¹¹"Se obedecerem e servirem a Deus,
serão abençoados com prosperidade a vida inteira;
todos os seus dias serão agradáveis.
¹²Se, porém, não o ouvirem,
serão atravessados pela espada
e perecerão por falta de entendimento.

ª**35.13-14** Esses versículos podem ser traduzidos da seguinte forma: ¹³*De fato, Deus não ouve sua súplica vazia; / O Todo-poderoso não se importa. /* ¹⁴*Muito menos ouvirá quando você diz que não o vê, / e que sua causa está diante dele e você espera justiça.*
ᵇ**35.15** Conforme a Septuaginta e a Vulgata; o significado desse termo hebraico é incerto.

¹³Pois os ímpios são cheios de ressentimento;
mesmo quando Deus os castiga, não clamam por socorro.
¹⁴Morrem em plena juventude,
depois de desperdiçar a vida em imoralidade.
¹⁵Mas, por meio do sofrimento, ele livra os que sofrem
e, por meio da adversidade, obtém sua atenção.

¹⁶"Jó, Deus também quer afastá-lo do sofrimento
e levá-lo a um lugar onde não há aflição;
quer pôr em sua mesa as comidas mais saborosas.
¹⁷Você, porém, insiste em saber se os perversos serão julgados;
só consegue pensar no juízo e na justiça.
¹⁸Tome cuidado, para que a riqueza não o seduza;[a]
não deixe que o suborno o leve a pecar.
¹⁹Acaso toda a sua riqueza[b] ou todos os seus grandes esforços
poderiam guardá-lo da aflição?
²⁰Não deseje a proteção da noite,
pois é quando as pessoas serão destruídas.[c]
²¹Fique atento! Afaste-se do mal,
pois Deus enviou este sofrimento para guardá-lo de uma vida de maldade."

Eliú lembra Jó do poder de Deus

²²"Deus é muito poderoso;
quem é mestre como ele?
²³Ninguém pode lhe ordenar o que fazer,
nem lhe dizer: 'Agiste mal'.
²⁴Você deve, sim, dar glória a Deus por suas obras poderosas
e entoar cânticos de louvor.
²⁵Todos viram suas obras,
ainda que apenas de longe.

²⁶"Deus é tão grande que não podemos compreender;
não há como calcular os anos de sua existência.
²⁷Ele faz a água subir como vapor
e depois a destila em chuva.
²⁸As nuvens derramam a chuva,
e a humanidade toda se beneficia.
²⁹Quem pode entender a extensão das nuvens
e o trovão que ressoa do céu?
³⁰Deus espalha relâmpagos em volta de si
e cobre as profundezas do mar.
³¹Com esses atos poderosos, governa os povos
e lhes dá comida com fartura.
³²Enche as mãos de relâmpagos
e atira cada um em seu alvo.
³³O trovão anuncia sua presença,
e a tempestade, sua ira indignada."[d]

37

¹"Quando penso nisso, meu coração bate mais depressa
e estremece dentro de mim.
²Ouça com atenção o estrondo da voz de Deus,
que da boca dele troveja.
³Ressoa pelo céu,
e seus relâmpagos brilham em todas as direções.
⁴Depois vem o rugido de trovões,
a voz tremenda de sua majestade;
quando ele fala, não a refreia.
⁵A voz de Deus é gloriosa no trovão;
é impossível imaginar a grandeza de seu poder!

⁶"Ele diz à neve: 'Venha sobre a terra!',
e ordena à chuva: 'Caia em torrentes!'.
⁷Todos param de trabalhar,
a fim de observar seu poder.
⁸Os animais selvagens buscam abrigo
e ficam em suas tocas.
⁹A tempestade sai de seus aposentos,
e ventos fortes trazem o frio.
¹⁰O sopro de Deus envia o gelo
e congela grandes extensões de água.
¹¹Ele carrega de umidade as nuvens
e espalha entre elas seus relâmpagos.
¹²As nuvens se agitam sob sua direção
e cumprem suas ordens sobre toda a terra.

---

[a] **36.18** Ou *Não deixe, porém, que sua ira o leve a zombar.* [b] **36.19** Ou *Acaso todos os seus gritos por socorro.* [c] **36.16-20** O significado do hebraico nessa passagem é incerto. [d] **36.33** Ou *até mesmo o gado sabe quando a tempestade se aproxima.* O significado do hebraico é incerto.

¹³Deus faz tudo isso para castigar as pessoas,
ou para mostrar seu amor.

¹⁴"Preste atenção, Jó!
Pare e pense nos feitos maravilhosos de Deus!
¹⁵Você sabe como Deus controla a tempestade
e faz os relâmpagos brilharem nas nuvens?
¹⁶Você entende como ele move as nuvens
com perfeição e conhecimento maravilhosos?
¹⁷Enquanto você fica sufocado de calor em sua roupa,
e o vento sul perde a força e tudo se acalma,
¹⁸ele faz o céu refletir o calor como um espelho de bronze;
acaso você pode fazer o mesmo?

¹⁹"Ensina-nos, então, o que dizer a Deus;
somos ignorantes demais para apresentar nossos argumentos.
²⁰Deus deve ser avisado de que desejo falar?
É possível falar quando se está confuso?[a]
²¹Não podemos olhar para o sol,
pois ele brilha intensamente no céu,
quando o vento dispersa as nuvens.
²²Da mesma forma, dourado esplendor vem do monte de Deus;[b]
ele está vestido de tremenda majestade.
²³O Todo-poderoso está além de nossa compreensão;
apesar de seu grande poder,
a ninguém oprime em sua justiça e retidão.
²⁴Por isso em toda parte as pessoas o temem;
todos os sábios lhe mostram devoção".[c]

O Senhor desafia Jó

38 Então, do meio de um redemoinho, o Senhor respondeu a Jó:

²"Quem é esse que questiona minha sabedoria
com palavras tão ignorantes?
³Prepare-se como um guerreiro,
pois lhe farei algumas perguntas,
e você me responderá.

⁴"Onde você estava quando eu lancei os alicerces do mundo?
Diga-me, já que sabe tanto.
⁵Quem definiu suas dimensões e estendeu a linha de medir?
Vamos, você deve saber.
⁶O que sustenta seus alicerces
e quem lançou sua pedra angular,
⁷enquanto as estrelas da manhã cantavam juntas,
e os anjos[d] davam gritos de alegria?

⁸"Quem estabeleceu os limites do mar
quando do ventre ele brotou,
⁹quando eu o vesti com nuvens
e o envolvi em escuridão profunda?
¹⁰Pois o contive atrás de portas com trancas,
para delimitar seus litorais.
¹¹Disse: 'Daqui não pode passar;
aqui suas ondas orgulhosas devem parar!'.

¹²"Você alguma vez deu ordem para que a manhã aparecesse
e fez o amanhecer se levantar no leste?
¹³Fez a luz do dia se espalhar até os confins da terra,
para acabar com a perversidade da noite?
¹⁴À medida que a luz se aproxima,
a terra toma forma, como o barro sob um anel de selar;
como uma veste, seus contornos se mostram.[e]
¹⁵A luz incomoda os perversos
e detém o braço levantado para cometer violência.

¹⁶"Você explorou as nascentes do mar?
Percorreu suas profundezas?
¹⁷Sabe onde ficam as portas da morte?
Viu as portas da escuridão absoluta?
¹⁸Tem ideia da extensão da terra?
Responda-me, se é que você sabe!

¹⁹"De onde vem a luz,
e para onde vai a escuridão?
²⁰Você é capaz de levar cada uma a seu lugar?

---

[a] **37.20** Ou *falar sem ser engolido?* [b] **37.22** Ou *do norte*, ou *da habitação*. [c] **37.24** Conforme a Septuaginta; o hebraico traz *ele não se impressiona com os sábios*. [d] **38.7** Em hebraico, *os filhos de Deus*. [e] **38.14** Ou *veste-se de cores brilhantes*.

Sabe como chegar lá?
²¹Claro que sabe de tudo isso!
Afinal, já havia nascido antes de tudo ser criado
e tem muita experiência!

²²"Você alguma vez visitou os depósitos de neve
ou viu onde fica guardado o granizo?
²³Eu os reservo como armas para os tempos de angústia,
para o dia de batalha e guerra.
²⁴Onde os relâmpagos se dividem?
De onde se dispersa o vento leste?

²⁵"Quem abriu um canal para as chuvas torrenciais?
Quem definiu o percurso dos relâmpagos?
²⁶Quem faz a chuva cair sobre a terra árida,
no deserto, onde ninguém habita?
²⁷Quem envia a chuva para saciar a terra seca
e fazer brotar o capim novo?

²⁸"Acaso a chuva tem pai?
Quem gera o orvalho?
²⁹Quem é a mãe do gelo?
Quem dá à luz a geada que vem do céu?
³⁰Pois a água se transforma em gelo, duro como pedra,
e a superfície das águas profundas se congela.

³¹"Você é capaz de controlar as estrelas
e amarrar o grupo das Plêiades
ou afrouxar as cordas do Órion?
³²Pode fazer aparecer no tempo exato as constelações,
ou guiar a Ursa e seus filhotes pelo céu?
³³Conhece as leis do universo?
Pode usá-las para governar a terra?

³⁴"Pode gritar para as nuvens
e fazer chover?
³⁵Pode fazer os raios aparecerem
e lhes dizer onde cair?
³⁶Quem dá intuição ao coração
e instinto à mente?[a]
³⁷Quem é sábio o suficiente para contar todas as nuvens?
Quem pode inclinar as vasilhas de água do céu,
³⁸quando a terra está seca
e o solo se endureceu em torrões?

³⁹"Acaso você pode caçar a presa para a leoa
e saciar a fome dos leõezinhos,
⁴⁰enquanto eles se agacham na toca
ou ficam à espreita no mato?
⁴¹Quem providencia alimento para os corvos
quando seus filhotes clamam a Deus
e, famintos, andam de um lado para o outro?"

O Senhor continua com seu desafio

39 ¹"Você sabe quando as cabras monteses dão à luz?
Viu as corças nascerem?
²Sabe quantos meses dura sua gestação?
Sabe qual é o momento do parto?
³Elas se agacham para dar à luz seus filhotes,
e assim suas crias nascem.
⁴Os filhotes crescem nos campos abertos
e vão embora, para nunca mais voltar.

⁵"Quem deu ao jumento sua liberdade?
Quem desatou suas cordas?
⁶Eu o coloquei no deserto;
as terras estéreis são seu lar.
⁷Ele despreza o barulho da cidade
e não faz caso dos gritos do condutor.
⁸Os montes são seu pasto,
onde ele procura o capim.

⁹"Acaso o boi selvagem aceitará ser domado?
Passará a noite no curral?
¹⁰Você consegue prendê-lo ao arado?
Acaso ele lavrará um campo para você?
¹¹Sendo ele muito forte, pode-se confiar nele?
Você pode ir embora, certo de que ele fará seu trabalho?
¹²Pode depender dele para recolher o trigo
e levá-lo ao lugar de debulhar os grãos?

¹³"A avestruz bate as asas, alegre,
mas não tem a plumagem da cegonha.

---

[a] **38.36** Ou *Quem dá intuição à íbis e percepção ao galo?* O significado do hebraico é incerto.

¹⁴Ela põe seus ovos na terra,
para que sejam aquecidos no pó.
¹⁵Não se preocupa que alguém possa pisá-los
ou que um animal selvagem os destrua.
¹⁶Trata seus filhotes com dureza, como se não fossem seus;
não se importa se eles morrem.
¹⁷Pois Deus não lhe deu sabedoria,
nem lhe concedeu entendimento.
¹⁸Quando, porém, ela se levanta para correr,
zomba até mesmo do cavalo mais veloz e seu cavaleiro.

¹⁹"Acaso você deu força ao cavalo
ou lhe cobriu o pescoço com a crina?
²⁰Deu-lhe a habilidade de pular como um gafanhoto?
Seu bufar majestoso é assustador!
²¹Ele revolve o chão com as patas e alegra--se em sua força
quando corre para a batalha.
²²Ri do medo e nada teme;
não foge da espada.
²³Flechas voam ao seu redor,
lanças e dardos faíscam.
²⁴Agitado e enfurecido, devora o caminho;
lança-se à batalha quando a trombeta ressoa.
²⁵Relincha ao toque da trombeta e fareja de longe a batalha,
à espera das ordens do capitão e do ruído de luta.

²⁶"Acaso é sua sabedoria que faz o falcão voar alto,
e abrir as asas para o sul?
²⁷É por ordem sua que a águia se eleva
e faz o ninho lá no alto?
²⁸Ela mora nos rochedos;
constrói seu ninho nas pedras mais altas.
²⁹Dali, ela caça sua presa;
de longe, seus olhos a avistam.
³⁰Seus filhotes bebem sangue;
onde há um animal morto, ali ela está".

40

Então o Senhor disse a Jó.
²"Ainda quer discutir com o Todo--poderoso?
Você critica Deus, mas será que tem as respostas?".

Jó responde ao Senhor

³Então Jó respondeu ao Senhor:

⁴"Eu não sou nada; como poderia encontrar as respostas?
Cobrirei minha boca com a mão.
⁵Já falei demais;
não tenho mais nada a dizer".

O Senhor desafia Jó outra vez

⁶Então, do meio do redemoinho, o Senhor respondeu a Jó:

⁷"Prepare-se como um guerreiro,
pois lhe farei algumas perguntas,
e você responderá.
⁸"Porá em dúvida minha justiça
e me condenará só para provar que tem razão?
⁹Você é tão forte quanto Deus?
Sua voz pode trovejar como a dele?
¹⁰Então vista-se de glória e esplendor,
de honra e majestade.
¹¹Dê vazão à sua ira,
deixe-a transbordar contra os orgulhosos.
¹²Humilhe-os com um olhar,
pise os perversos onde estiverem.
¹³Enterre-os no pó,
prenda-os no mundo dos mortos.
¹⁴Então eu mesmo reconheceria
que você pode se salvar por sua própria força.

¹⁵"Veja o Beemote,[a]
que eu criei, assim como criei você;
ele come capim, como o boi.
¹⁶Veja a força que ele tem nos lombos
e o vigor nos músculos da barriga.
¹⁷Sua cauda é forte como o cedro,
e os tendões de suas coxas são entrelaçados.
¹⁸Seus ossos são canos de bronze,
e suas pernas, barras de ferro.
¹⁹É ótimo exemplo das obras de Deus,
e somente seu Criador é capaz de ameaçá-lo.

---

[a] 40.15 A identificação do *Beemote* é controversa; as propostas vão desde uma criatura terrestre até um monstro marinho mítico da literatura antiga.

> e ali brincam os animais selvagens.
> ²¹Ele se deita sob arbustos espinhosos,[a]
> onde os juncos do brejo o escondem.
> ²²Os arbustos lhe dão sombra
> entre os salgueiros junto ao riacho.
> ²³Ele não se perturba com as enchentes do rio,
> nem se preocupa quando o Jordão
> transborda e se agita ao redor.
> ²⁴Ninguém o pega de surpresa,
> nem lhe prende um anel no nariz."

O Senhor continua seu desafio

41 ¹ᵇ"Você é capaz de pegar o Leviatã[c]
com um anzol
ou prender sua língua com um laço?
²É capaz de amarrá-lo, passando uma corda por seu nariz,
ou atravessar seu queixo com um gancho?
³Acaso ele implorará por misericórdia
ou suplicará por piedade?
⁴Aceitará trabalhar para você
e ser seu escravo para o resto da vida?
⁵Fará dele um animal de estimação, como um pássaro,
ou deixará que suas meninas brinquem com ele?
⁶Comerciantes o comprarão
para vendê-lo no mercado?
⁷É possível furar sua pele com lanças
ou ferir sua cabeça com arpões?
⁸Se você encostar a mão nele,
o resultado será uma batalha que você não esquecerá,
e nunca mais tentará fazê-lo!
⁹ᵈNão! É inútil procurar capturá-lo;
o caçador que tentar será derrubado.
¹⁰E, visto que ninguém ousa perturbá-lo,
quem será capaz de me enfrentar?
¹¹Quem me deu alguma coisa, para que eu precise retribuir depois?
Tudo debaixo do céu me pertence.

¹²"Quero destacar as pernas do Leviatã,
sua enorme força e sua forma perfeita.
¹³Quem é capaz de arrancar seu couro?

²⁰Os montes lhe oferecem seu melhor alimento,

PÃO DIÁRIO

Um sonho sobre respostas esquecidas

Antes, eu só te conhecia de ouvir falar; agora, eu te vi com meus próprios olhos.

—Jó 42.5

Um amigo meu abandonou dois empregos para atuar como cuidador em tempo integral quando o seu filho já adulto se feriu gravemente num acidente de carro. Naquele mesmo ano, sua esposa, com quem fora casado por mais de 30 anos, contraiu uma doença terminal e faleceu.

Desde então, ele diz que não tem respostas quando o filho lhe pergunta por que isso lhes aconteceu. Porém, contou-me um sonho tranquilizador que teve ao longo desse caminho. Ele sonhou que estava num lugar inundado pela luz do sol. Havia multidões de pessoas ao redor dele, e um homem respondia a todos os porquês. Cada resposta fazia tanto sentido que ele entendeu claramente o porquê de não ter as suas respostas naquele momento. Em seguida, ele estava com o filho em meio ao seu sonho. Entretanto, quando o pai tentava responder as perguntas de seu filho, não conseguia lembrar-se das respostas. Mas isso não parecia ser problema. Nessa parte, ele acordou.

A experiência do meu amigo me fez lembrar de outro amigo de Deus que sofreu com perguntas não respondidas (Jó 7.20,21). Apenas quando o Senhor finalmente rompeu o silêncio e deu a Jó uma visão de quem Ele era na maravilha da criação, ele encontrou algo melhor do que respostas (42.1-6). Apenas então, Jó descobriu a paz de saber que nosso Deus tem motivos bons e até maravilhosos para que confiemos nele.

Precioso Salvador, redimiste a minha vida da sepultura. E, mesmo assim, há momentos em que minha mente ainda fica cheia de sombras e interrogações. Oro para que, em vez de responderes a cada um dos meus questionamentos, simplesmente me leves para perto de ti e me reveles a plenitude da Tua presença.

O que há de melhor do que as respostas às nossas indagações? Confiar no bom Deus que tem Seus motivos.

---

[a] **40.21** Ou *lotos*; também em 40.22. [b] **41.1a** No texto hebraico, os versículos 41.1-8 são numerados 40.25-32. [c] **41.1b** A identificação do *Leviatã* é controversa; as propostas vão desde uma criatura terrestre até um monstro marinho mítico da literatura antiga. [d] **41.9** No texto hebraico, os versículos 41.9-34 são numerados 41.1-26.

> **REFLETINDO SOBRE:** Uma herança notável

As filhas de Jó

...ele nos fez nascer de novo, [...] Agora temos uma viva esperança e uma herança imperecível, pura e imaculada, que não muda nem se deteriora, guardada para vocês no céu.
—1 Pedro 1.3,4

Fiquei cada vez mais boquiaberta ao olhar o documento em minhas mãos. O fato de meu tio-avô ter me incluído em seu testamento não me surpreendeu, afinal de contas, ele não tinha filho e fora sempre próximo de minha família. O que me chocou completamente era a quantia de minha herança! Não tínhamos ideia de que esse homem era tão rico! Minha mente apressou-se em fazer planos: meu marido pediria demissão do emprego, compraríamos uma casa nova, ajudaríamos os filhos, viajaríamos com a família. Esse dinheiro mudaria nosso modo de viver, mas de repente o telefone tocou e eu acordei.

A passagem bíblica de hoje menciona outra herança surpreendente, mas esta não era só um sonho. Depois de suportar a devastadora perda de seus filhos e todos os seus bens, Jó foi abençoado por Deus em seus dias futuros. Mais dez filhos nasceram, incluindo três filhas, descritas como as mais formosas da região. Em uma época em que as mulheres normalmente não recebiam uma herança, Jó incluiu Jemima, Quézia e Quéren-Hapuque em seu testamento com seus filhos. Essas mulheres devem ter se sentido valorizadas ao saberem que seu pai as amava o suficiente para ir contra a norma social e prover generosamente para o futuro delas.

As filhas de Deus também têm uma herança admirável. O fato de um Deus perfeito um dia compartilhar Sua casa e riqueza com mulheres imperfeitas é incrível, mas, quando nos tornamos Suas filhas adotadas por meio da nossa fé em Jesus, Ele nos promete um futuro maravilhoso que vai muito além de tudo com o que poderíamos sonhar. O conhecimento de que temos um Pai que nos ama tanto a ponto de enviar Seu Filho para morrer e garantir o nosso futuro deveria nos fazer sentirmos especiais e valorizadas. E isso deveria mudar o modo como vivemos agora.

Quem pode atravessar sua couraça dupla?[a]
¹⁴Quem é capaz de fazê-lo abrir a boca?
  Seus dentes são aterrorizantes!
¹⁵As escamas de suas costas são como[b]
  fileiras de escudos
  firmemente unidos uns aos outros.
¹⁶São tão próximas umas às outras
  que nem mesmo ar passa entre elas.
¹⁷Cada escama é presa à vizinha;
  são entrelaçadas e nada pode atravessá-las.

¹⁸"Seu forte sopro atira lampejos de luz,
  seus olhos são como o sol do amanhecer.
¹⁹De sua boca saltam relâmpagos;
  saem chamas de fogo.
²⁰Suas narinas soltam fumaça,
  como vapor de uma panela aquecida
  numa fogueira de juncos.
²¹Seu hálito faria acender carvão,
  pois chamas saltam de sua boca.
²²"A força tremenda do pescoço do Leviatã
  espalha terror por onde ele passa.
²³Sua carne é dura e firme
  e não se pode atravessá-la.
²⁴Seu coração é duro como rocha,
  como pedra de moinho.
²⁵Quando ele se levanta, os valentes se
  enchem de medo
  e são tomados de pavor.
²⁶Nenhuma espada pode detê-lo,
  nem lança, nem dardo, nem arpão.
²⁷Para essa criatura, ferro é como palha,
  e bronze, como madeira podre.
²⁸Flechas não o levam a fugir,
  pedras lançadas de uma funda são como
  ciscos.
²⁹Bastões são como folhas de capim,
  e ele ri do zunido das lanças.

---

[a] **41.13** Conforme a Septuaginta; o hebraico traz *sua rédea*. [b] **41.15** Conforme alguns manuscritos gregos e a Vulgata; o hebraico traz *Seu orgulho está em suas*.

³⁰Sua barriga é coberta de escamas afiadas como vidro;
quando ela se arrasta na lama, escava como um arado.
³¹"O Leviatã faz as profundezas se agitarem como uma panela
e o mar se revolver como um pote de óleo.
³²Deixa na água um rastro luminoso,
que faz o mar parecer branco.
³³Não há nada na terra semelhante a ele,
nenhuma criatura tão destemida.
³⁴De todas as criaturas, ele é a mais imponente;
é o rei de todos os animais selvagens".

Jó responde ao Senhor

42 Então Jó respondeu ao Senhor:

²"Sei que podes fazer todas as coisas,
e ninguém pode frustrar teus planos.
³Perguntaste: 'Quem é esse que, com tanta ignorância,
questiona minha sabedoria?'.
Sou eu; falei de coisas de que eu não entendia,
coisas maravilhosas demais que eu não conhecia.
⁴Disseste: 'Ouça, e eu falarei!
Eu lhe farei algumas perguntas,
e você responderá'.
⁵Antes, eu só te conhecia de ouvir falar;
agora, eu te vi com meus próprios olhos.
⁶Retiro tudo que disse
e me sento arrependido no pó e nas cinzas."

Conclusão: o Senhor abençoa Jó

⁷Depois que o Senhor terminou de falar com Jó, disse a Elifaz, de Temã: "Estou muito irado com você e com seus dois amigos, pois não falaram o que é certo a meu respeito, como fez meu servo Jó. ⁸Por isso, peguem sete novilhos e sete carneiros, levem os animais a meu servo Jó e ofereçam holocaustos em favor de si mesmos. Meu servo Jó orará por vocês, e eu aceitarei a oração dele. Não tratarei vocês como merecem por sua insensatez, pois não falaram o que é certo a meu respeito, como fez meu servo Jó". ⁹Então Elifaz, de Temã, Bildade, de Suá, e Zofar, de Naamá, fizeram o que o Senhor havia ordenado, e o Senhor aceitou a oração de Jó.

¹⁰Quando Jó orou por seus amigos, o Senhor o tornou próspero de novo. Na verdade, o Senhor lhe deu o dobro do que tinha antes. ¹¹Todos os seus irmãos, suas irmãs e seus amigos de outros tempos vieram e festejaram com ele à mesa de sua casa. Eles o consolaram e o confortaram por todas as provações que o Senhor tinha enviado contra ele, e cada um lhe trouxe um presente de prata[a] e um anel de ouro.

¹²O Senhor abençoou Jó na segunda parte de sua vida ainda mais que na primeira. Ele teve catorze mil ovelhas, seis mil camelos, mil juntas de bois e mil jumentas. ¹³Deus também deu a Jó sete filhos e três filhas. ¹⁴Jó chamou a primeira filha de Jemima, a segunda, de Quézia, e a terceira, de Quéren-Hapuque. ¹⁵Em toda a terra, não havia mulheres tão lindas como as filhas de Jó. E seu pai lhes deu herança junto com os irmãos delas.

¹⁶Depois disso, Jó viveu 140 anos e viu quatro gerações de filhos e netos. ¹⁷Então, morreu, depois de uma vida longa e plena.

---

[a] **42.11** Em hebraico, *uma quesita*; não se sabe mais o valor ou o peso da quesita.

SALMOS

INTRODUÇÃO

Nome. A palavra hebraica significa "louvores" ou "hinos", enquanto a palavra grega significa "salmos". Pode bem ser chamado de "Livro de oração e louvor hebraico". O tom predominante é de louvor, embora alguns sejam tristes e lamuriosos, enquanto outros são filosóficos.

Autores. Dos 150 salmos, não há como determinar a autoria de 50 deles. Os autores dos outros são Davi, Asafe, os filhos de Corá, Hemã, Etã, Moisés e Salomão. Dos 100 cuja autoria é indicada, Davi é autor de 73, e no Novo Testamento ele é conhecido como o autor deles (Lc 20.42).

Relação com os outros livros do Antigo Testamento. O livro de Salmos tem sido chamado de o coração de toda a Bíblia, mas sua relação com o Antigo Testamento é especialmente íntima. Todas as manifestações divinas são vistas em relação à sua influência na experiência interior. A história é interpretada à luz de uma paixão pela verdade e justiça e como demonstração da proximidade de nosso relacionamento com Deus.

Assuntos dos Salmos. É muito difícil fazer qualquer tipo de classificação dos salmos e qualquer classificação está aberta a críticas. Por esse motivo, muitos agrupamentos foram sugeridos. O seguinte, tomado de diferentes fontes, pode servir de ajuda. (1) Hinos de louvor: 8; 18; 19; 104; 145; 147 etc. (2) Hinos nacionais: 105; 106; 114 etc. (3) Hinos do templo ou hinos para o culto público: 15; 24; 87 etc. (4) Hinos relacionados à provação e calamidade: 9; 22; 55; 56; 109 etc. (5) Salmos messiânicos: 2; 16; 40; 72; 110 etc. (6) Hinos de caráter religioso em geral: 89; 90; 91; 121; 127 etc.

A seguinte classificação foi dada na esperança de sugerir as características religiosas mais proeminentes dos salmos. (1) Aqueles que reconhecem o Deus infinito, que sabe todas as coisas e é onipotente. (2) Aqueles que reconhecem a universalidade de Seu amor, providência e bondade. (3) Aqueles que demonstram repulsa a todos os ídolos e a rejeição a todas as divindades subordinadas. (4) Aqueles que dão vislumbres proféticos do Filho Divino e de Sua obra redentora na Terra. (5) Aqueles que mostram a terrível natureza do pecado, a ira divina por ele e julgamento de Deus sobre os pecadores. (6) Aqueles que ensinam as doutrinas do perdão, da misericórdia divina e do dever de arrependimento. (7) Aqueles que enfatizam a beleza da santidade, a importância da fé e o privilégio da alma de desfrutar comunhão com Deus.

ESBOÇO

1. Salmos davídicos, Caps. 1–41
   Esses não são apenas atribuídos a ele, mas refletem muito de sua vida e fé.

2. Salmos históricos, Caps. 42–72
   Esses são atribuídos a vários autores, os dos filhos de Corá sendo proeminentes e são especialmente repletos de fatos históricos.

3. Salmos litúrgicos ou ritualísticos, Caps. 73–89
   A maioria deles é atribuída a Asafe e, além de serem especialmente prescritos para adoração, eles são fortemente históricos.

4. Outros salmos pré-exílicos, Caps. 90–106
   Dez são anônimos, um é de Moisés (Sl 90) e o restante de Davi. Eles refletem muito do sentimento e história pré-exílicos.

5. Salmos do exílio e do retorno, Caps. 107–150
   Assuntos pertinentes ao exílio e retorno a Jerusalém.

PARA ESTUDO E DISCUSSÃO

[1] Ocasiões em que, provavelmente, os seguintes salmos foram compostos: (a) Salmo 3 (2Sm 15); (b) Salmo 24 (2Sm 6.12-17); (c) Salmo 56 (1Sm 21.10-15); (d) Salmos 75 e 76 (2Rs 19.32-37); (e) Salmo 109 (1Sm 22.9-23); (f) Salmo 74 (2Rs 25.2-18); (g) Salmo 60 (1Cr 18.11-13).

[2] Qual é o assunto dos Salmos 23; 84; 103; 133 e 137?
[3] Que doutrina, a respeito do caráter divino, é ensinada em cada um dos seguintes Salmos: 8; 19; 33; 46; 93; 115 e 139?

Livro 1 (Salmos 1—41)

1 ¹Feliz é aquele que não segue o conselho dos perversos,
não se detém no caminho dos pecadores,
nem se junta à roda dos zombadores.
²Pelo contrário, tem prazer na lei do Senhor
e nela medita dia e noite.
³Ele é como a árvore plantada à margem do rio,
que dá seu fruto no tempo certo.
Suas folhas nunca murcham,
e ele prospera em tudo que faz.

⁴O mesmo não acontece com os perversos!
São como palha levada pelo vento.
⁵Serão condenados quando vier o juízo;
os pecadores não terão lugar entre os justos.
⁶Pois o Senhor guarda o caminho dos justos,
mas o caminho dos perversos leva à destruição.

2 ¹Por que as nações se enfurecem tanto?
Por que perdem seu tempo com planos inúteis?
²Os reis da terra se preparam para a batalha;
os governantes conspiram juntos,
contra o Senhor
e contra seu ungido.
³"Vamos quebrar estas correntes!", eles dizem.
"Vamos nos libertar da escravidão!"

⁴Aquele que governa nos céus ri;
o Senhor zomba deles.
⁵Então, em sua ira, ele os repreende
e, com sua fúria, os aterroriza.
⁶Ele diz: "Estabeleci meu rei no trono
em Sião, em meu santo monte".

⁷O rei proclama o decreto do Senhor:
"O Senhor me disse: 'Você é meu filho;[a]
hoje eu o gerei.[b]
⁸Basta pedir e lhe darei as nações como herança,
a terra inteira como sua propriedade.
⁹Você as quebrará[c] com cetro de ferro
e as despedaçará como vasos de barro'".

¹⁰Portanto, reis, sejam prudentes!
Aceitem a advertência, governantes da terra!
¹¹Sirvam ao Senhor com temor,
alegrem-se nele com tremor.
¹²Sujeitem-se ao filho,[d] para que ele não se ire
e vocês não sejam destruídos de repente,
pois sua ira se acende num instante;
felizes, porém, os que nele se refugiam!

3 *Salmo de Davi, quando fugia de Absalão, seu filho.*

¹Ó Senhor, tenho tantos inimigos;
tanta gente é contra mim!
²São muitos os que dizem:
"Deus nunca o livrará!".
Interlúdio[e]

³Mas tu, Senhor, és um escudo ao meu redor;
és minha glória e manténs minha cabeça erguida.
⁴Clamei ao Senhor,
e ele me respondeu de seu santo monte.
Interlúdio

⁵Deitei-me e dormi;
acordei em segurança,
pois o Senhor me guardava.
⁶Não tenho medo de dez mil inimigos
que me cercam de todos os lados.

⁷Levanta-te, Senhor!
Salva-me, Deus meu!
Acerta meus inimigos no queixo
e quebra os dentes dos perversos.
⁸De ti, Senhor, vem o livramento;
abençoa o teu povo!
Interlúdio

4 *Ao regente do coral: salmo de Davi, para ser acompanhado com instrumentos de cordas.*

¹Responde-me quando clamo a ti,
ó Deus que me faz justiça.
Livra-me de minha angústia;
tem compaixão de mim e ouve minha oração.

---

[a] **2.7a** Ou *Filho*; também em 2.12. [b] **2.7b** Ou *hoje eu o revelo como meu filho*. [c] **2.9** A Septuaginta traz *governará*. Comparar com Ap 2.27. [d] **2.12** O significado do hebraico é incerto. [e] **3.2** Em hebraico, *Selá*. O significado da palavra é incerto, embora se trate, provavelmente, de um termo musical ou literário. É traduzido como *Interlúdio* ao longo de todo o livro de Salmos.

²Até quando vocês jogarão minha reputação na lama?
Até quando farão acusações infundadas e continuarão a mentir?

Interlúdio

³Estejam certos disto:
o Senhor separa o fiel para si;
o Senhor responderá quando eu clamar a ele.

⁴Não pequem ao permitir que a ira os controle;
reflitam durante a noite e permaneçam em silêncio.

Interlúdio

⁵Ofereçam os sacrifícios exigidos e confiem no Senhor.

⁶Muitos dizem: "Quem nos mostrará o bem?".
Que a luz do teu rosto brilhe sobre nós, Senhor!

⁷Tu me deste alegria maior que a daqueles que têm fartas colheitas de cereais e vinho novo.

⁸Em paz me deitarei e dormirei,
pois somente tu, Senhor, me guardas em segurança.

5
Ao regente do coral: salmo de Davi, para ser acompanhado com flauta.

¹Ó Senhor, ouve minhas palavras
e presta atenção a meus gemidos.
²Atende a meu clamor por socorro, meu Rei e meu Deus,
pois é somente a ti que oro.
³Escuta minha voz logo cedo, Senhor;
toda manhã te apresento meus pedidos e fico à espera.

⁴Ó Deus, tu não tens prazer algum na maldade
e não toleras o pecado dos perversos.
⁵Os orgulhosos não terão lugar em tua presença,
pois odeias todos que praticam o mal.
⁶Tu destróis os mentirosos;
o Senhor detesta assassinos e enganadores.

⁷Por causa do teu grande amor entrarei em tua casa;
adorarei em teu templo com profunda reverência.
⁸Conduz-me pela tua justiça, Senhor,
para que meus inimigos não me vençam.
Remove os obstáculos do teu caminho,
para que eu o siga.

⁹Meus inimigos são incapazes de falar a verdade;
seu desejo mais intenso é destruir.
Sua conversa é repulsiva, como o mau cheiro de um túmulo aberto;
sua língua é cheia de bajulação.ᵃ
¹⁰Ó Deus, declara-os culpados;
que eles caiam nas próprias armadilhas.
Expulsa-os por causa de seus muitos pecados,
pois se rebelaram contra ti.

¹¹Alegrem-se, porém, todos que em ti se refugiam;
que cantem alegres louvores para sempre.
Estende sobre eles tua proteção,
para que exultem todos que amam teu nome.
¹²Pois tu, Senhor, abençoas os justos;
com teu favor os proteges como um escudo.

6
*Ao regente do coral: salmo de Davi, para ser acompanhado com instrumento de oito cordas.*ᵇ

¹Ó Senhor, não me repreendas em tua ira,
nem me disciplines em tua fúria.
²Tem compaixão de mim, Senhor, pois estou fraco;
cura-me, Senhor, pois meus ossos agonizam.
³Meu coração está muito angustiado;
Senhor, quando virás me restaurar?

⁴Volta-te, Senhor, e livra-me!
Salva-me por causa do teu amor.
⁵Pois os mortos não se lembram de ti;
quem te louvará da sepultura?ᶜ
⁶Estou exausto de tanto gemer;

ᵃ **5.9** A Septuaginta traz *de mentiras*. Comparar com Rm 3.13. ᵇ **6 título** Em hebraico, *com instrumentos de cordas; de acordo com o sheminith.* ᶜ **6.5** Em hebraico, *do Sheol?*

à no ite inundo a cama de tanto chorar,
e de lágrimas a encharco.
⁷A tristeza me embaça a vista;
meus olhos estão cansados por causa de
todos os meus inimigos.

⁸Afastem-se de mim, todos vocês que
praticam o mal,
pois o Senhor ouviu meu pranto.
⁹O Senhor ouviu minha súplica;
o Senhor responderá à minha oração.
¹⁰Sejam humilhados e aterrorizados todos
os meus inimigos;
recuem de repente, envergonhados.

7

*Salmo*ᵃ *que Davi cantou ao Senhor sobre Cuxe, da tribo de Benjamim.*

¹Em ti me refugio, Senhor, meu Deus;
salva-me dos que me perseguem e
livra-me!
²Do contrário, eles me atacarão como leões
e me despedaçarão, sem que ninguém
me resgate.

³Ó Senhor, meu Deus, se fiz o mal,
se cometi alguma injustiça,
⁴se traí um amigo
ou saqueei meu adversário sem razão,
⁵que meus inimigos me persigam e
capturem;
que me pisoteiem no chão
e no pó arrastem minha honra.

Interlúdio

⁶Levanta-te, Senhor, em tua ira!
Ergue-te contra a fúria de meus
inimigos!
Desperta, meu Deus, e faz justiça!
⁷Reúne as nações diante de ti
e toma teu lugar de autoridade sobre
elas.
⁸O Senhor julga as nações;
declara-me justo, ó Senhor,
pois sou inocente, ó Altíssimo!
⁹Faz cessar a maldade dos perversos
e dá segurança ao justo.
Pois tu sondas a mente e o coração,
ó Deus justo.

¹⁰Deus é meu escudo;
ele salva os que têm coração íntegro.
¹¹Deus é justo juiz;
todos os dias ele mostra sua ira contra os
perversos.

¹²Se eles não se arrependerem, Deusᵇ
afiará sua espada;
armará seu arco para disparar,
¹³preparará suas armas mortais
e acenderá suas flechas com fogo.

¹⁴Sim, o perverso gera o mal;
concebe o sofrimento e dá à luz a
mentira.
¹⁵Abre uma cova profunda,
mas ele próprio cai em sua armadilha.
¹⁶Sua maldade se volta contra ele;
sua violência lhe cai sobre a cabeça.

¹⁷Darei graças ao Senhor porque ele é justo;
cantarei louvores ao nome do Senhor
Altíssimo.

8

*Ao regente do coral: salmo de Davi, para ser acompanhado com instrumento de cordas.*ᶜ

¹Ó Senhor, nosso Senhor, teu nome
majestoso enche a terra;
tua glória é mais alta que os céus!
²Tu ensinaste crianças e bebês
a anunciarem tua força;ᵈ
assim calaste teus inimigos
e todos que a ti se opõem.

³Quando olho para o céu e contemplo a
obra de teus dedos,
a lua e as estrelas que ali puseste,
pergunto:
⁴Quem são os simples mortais, para que
penses neles?
Quem são os seres humanos, para que
com eles te importes?ᵉ
⁵E, no entanto, os fizeste apenas um pouco
menores que Deusᶠ
e osᵍ coroaste de glória e honra.
⁶Tu os encarregaste de tudo que criaste
e puseste sob a autoridade deles todas as
coisas:

ᵃ**7 título** Em hebraico, *Shiggaion*, possivelmente indicação de uma forma musical para o salmo. ᵇ**7.12** Em hebraico, *ele*. ᶜ**8 título** Em hebraico, *de acordo com o gittith*. ᵈ**8.2** A Septuaginta traz *a te louvarem*. Comparar com Mt 21.16. ᵉ**8.4** Em hebraico, *O que é o homem, para que penses nele, / o filho do homem, para que com ele te importes?* ᶠ**8.5a** Ou *E, no entanto, os fizeste apenas um pouco menores que os anjos*; o hebraico traz *E, no entanto o fizeste* [i.e., o homem] *apenas um pouco abaixo de Elohim*. ᵍ**8.5b** Em hebraico, *o* [i.e., o homem]; também em 8.6.

⁷os rebanhos, o gado
  e todos os animais selvagens;
⁸as aves do céu, os peixes do mar
  e tudo que percorre as correntes dos oceanos.

⁹Ó Senhor, nosso Senhor, teu nome majestoso enche a terra!

9

Ao regente do coral: salmo de Davi, para ser cantado com a melodia "A morte do filho".

¹Eu te louvarei, Senhor, de todo o meu coração;
  anunciarei as maravilhas que fizeste.
²Por causa de ti, me alegrarei e celebrarei;
  cantarei louvores ao teu nome, ó Altíssimo.

³Meus inimigos recuaram;
  tropeçaram e morreram diante de tua presença.
⁴Pois julgaste meu direito e minha causa;
  de teu trono julgaste com justiça.
⁵Repreendeste as nações e destruíste os perversos;
  apagaste o nome deles de uma vez por todas.
⁶O inimigo está acabado, arruinado para sempre;
  arrasaste suas cidades e elas caíram em esquecimento.

⁷O Senhor, porém, reina para sempre;
  de seu trono, executa o julgamento.
⁸Julgará o mundo com justiça
  e governará as nações com imparcialidade.
⁹O Senhor é abrigo para os oprimidos,
  refúgio em tempos de aflição.
¹⁰Quem conhece teu nome confia em ti,
  pois tu, Senhor, não abandonas quem te busca.

¹¹Cantem louvores ao Senhor, que reina em Sião;
  anunciem ao mundo seus feitos.
¹²Pois aquele que vinga o sangue derramado não se esquece dos aflitos;
  ele não ignora seu clamor.

¹³Senhor, tem misericórdia de mim!
  Vê como meus inimigos me atormentam
  e livra-me das garras da morte.
¹⁴Salva-me, para que eu te louve às portas de Jerusalém;[a]
  para que eu me alegre por teu resgate.

¹⁵As nações caíram na cova que abriram;
  seus pés ficaram presos no laço que esconderam.
¹⁶O Senhor é conhecido por sua justiça;
  os perversos são pegos nas próprias armadilhas.

Interlúdio silencioso[b]

¹⁷Os perversos descerão à sepultura;[c]
  esse é o destino de todas as nações que se esquecem de Deus.
¹⁸O necessitado, porém, não será esquecido para sempre;
  a esperança dos pobres nunca mais será frustrada.

¹⁹Levanta-te, Senhor!
  Não permitas que simples mortais te desafiem!
  Julga as nações!
²⁰Faze-as tremer de medo, Senhor;
  que as nações saibam que não passam de simples mortais.

Interlúdio

10

¹Ó Senhor, por que permaneces distante?
  Por que te escondes em tempos de aflição?
²O perverso, em sua arrogância, persegue o pobre;
  que seja pego em suas próprias tramas.
³Pois conta vantagem de seus desejos maus;
  elogia os gananciosos e amaldiçoa o Senhor.
⁴O perverso é orgulhoso demais para buscá-lo;
  seus planos não levam em conta que Deus existe.

---

[a] **9.14** Em hebraico, *às portas da filha de Sião*. [b] **9.16** Em hebraico, *Higgaion Selá*. O significado dessa expressão é incerto. [c] **9.17** Em hebraico, *ao Sheol*.

⁵No entanto, é bem-sucedido em tudo que faz;
não vê que teu castigo o aguarda
e despreza todos os seus inimigos.
⁶Pensa: "Nenhum mal nos atingirá;
nunca teremos problemas!".
⁷Sua boca é cheia de maldições, mentiras e ameaças;[a]
em sua língua há violência e maldade.
⁸Fica de tocaia nos povoados, à espera para matar inocentes;
está sempre à procura de vítimas indefesas.
⁹Como o leão à espreita em seu esconderijo,
aguarda para atacar os desamparados.
Como o caçador, ele os apanha
e os arrasta dali.
¹⁰As vítimas indefesas são esmagadas;
caem sob a força do perverso.
¹¹O perverso diz consigo: "Deus não se importa!
Fechou os olhos e não vê o que faço!".
¹²Levanta-te, Senhor!
Castiga o perverso, ó Deus!
Não te esqueças dos indefesos!
¹³Por que o perverso continua a desprezar a Deus?
Ele pensa: "Deus jamais me pedirá contas".
¹⁴Tu, porém, vês o sofrimento e a angústia que ele causa;
observa-o e castiga-o.
O indefeso confia em ti;
tu amparas o órfão.
¹⁵Quebra os braços dessa gente má e perversa;
pede contas de sua maldade até nada mais restar.
¹⁶O Senhor é rei para todo o sempre!
As nações desaparecerão de sua terra.
¹⁷Tu, Senhor, conheces o desejo dos humildes;
ouvirás seu clamor e os confortarás.
¹⁸Farás justiça ao órfão e ao oprimido,
para que nenhum simples mortal volte a lhes causar terror.

11

Ao regente do coral: salmo de Davi.

¹No Senhor eu me refugio.
Por que, então, vocês me dizem:
"Voe para os montes, como um pássaro!
²Os perversos preparam seus arcos
e colocam as flechas nas cordas.
Das sombras eles atiram
contra os que têm coração íntegro.
³Os alicerces ruíram;
o que pode fazer o justo?".

⁴O Senhor, porém, está em seu santo templo;
o Senhor governa dos céus.
Observa a todos com atenção,
examina cada pessoa na terra.
⁵O Senhor põe à prova tanto o justo como o perverso;
ele odeia quem ama a violência.
⁶Fará chover brasas vivas e enxofre sobre os perversos
e com ventos abrasadores os castigará.
⁷Pois o Senhor é justo e ama a justiça;
os íntegros verão sua face.

12

Ao regente do coral: salmo de Davi, para ser acompanhado com instrumento de oito cordas.[b]

¹Socorro, Senhor, pois os fiéis estão desaparecendo depressa!
Os que te temem sumiram da terra!
²Todos mentem uns aos outros;
falam com lábios bajuladores e coração fingido.
³Que o Senhor corte os lábios bajuladores
e cale a língua arrogante.
⁴Eles dizem: "Mentiremos quanto quisermos.
Os lábios são nossos; quem nos impedirá?".

⁵O Senhor responde:
"Vi a violência cometida contra os indefesos
e ouvi o gemido dos pobres.
Agora me levantarei para salvá-los,
como eles tanto desejam".
⁶As promessas do Senhor são puras
como prata refinada no forno,
purificada sete vezes.

---

[a] 10.7 A Septuaginta traz *maldições e amarguras*. Comparar com Rm 3.14. [b] 12 título Em hebraico, *de acordo com o sheminith*.

13

Ao diretor do coral: salmo de Davi.

¹Até quando, Senhor, te esquecerás de mim? Será para sempre?
Até quando esconderás de mim o teu rosto?

²Até quando terei de lutar com a angústia em minha alma,
com a tristeza em meu coração a cada dia?
Até quando meu inimigo terá vantagem sobre mim?

³Volta-te e responde-me, Senhor, meu Deus!
Restaura o brilho de meus olhos, ou morrerei.

⁴Não permitas que meus inimigos digam: "Nós o derrotamos!";
não deixes que se alegrem com meu tropeço.

⁵Eu, porém, confio em teu amor;
por teu livramento me alegrarei.

⁶Cantarei ao Senhor,
porque ele é bom para mim.

PÃO DIÁRIO

Não esqueça de mim, Senhor!

Até quando, Senhor, te esquecerás de mim? Será para sempre? Até quando esconderás de mim o rosto?
—Salmo 13.1

Você alguma vez já se perguntou se o Senhor a esqueceu? Parece-lhe que Ele não tem prestado muita atenção a você como um dia já o fez? Se a resposta for positiva, lembre-se de que as aparências podem enganar. Independentemente de como as coisas pareçam estar hoje, o Senhor não está longe de você. Talvez Ele esteja lhe dando a oportunidade de confiar nele e esperar por Sua ajuda em vez de depender de seus próprios recursos.

Todas nós estamos familiarizadas com experiências similares na vida cotidiana. Qual pai ou mãe já não disse ao filho para que ficasse em determinado lugar até que voltasse? E qual mãe já não se afligiu quando este mesmo filho desistiu de esperar e rapidamente saiu correndo e sozinho?

Davi, o autor do Salmo 13, refletiu os pensamentos de um filho de Deus e isso certamente deve ter agradado o Pai celestial. Ele estava sendo provado e conhecia a sensação de ter sido abandonado pelo Senhor. Mesmo assim, permaneceu convencido de que sua única e verdadeira esperança estava em Deus e de que a sua fé seria recompensada.

Você está sendo testada neste momento? Deus lhe parece distante? Use a oportunidade de aprender o que Davi aprendeu: que o Senhor nunca a abandona. Ele ampara todos os que colocam sua confiança nele.

Deus, embora eu conheça as Tuas promessas, às vezes não consigo sentir a Tua presença. Quando te sinto distante, por favor, ajuda-me a saber que não me abandonaste e a reconhecer a Tua presença e o Teu amor. Ajuda-me a preservar esse relacionamento firme em cada dia da minha vida.

Deus jamais abandonará aquele que se entrega totalmente aos cuidados dele.

---

⁷Portanto, Senhor, sabemos que protegerás os oprimidos
e para sempre os guardarás desta geração mentirosa,
⁸ainda que os perversos andem confiantes,
e a maldade seja elogiada em toda a terra.

14

Ao regente do coral: salmo de Davi.

¹Os tolos dizem em seu coração: "Não há Deus".
São corruptos e praticam o mal;
nenhum deles faz o bem.

²O Senhor olha dos céus
para toda a humanidade,
para ver se alguém é sábio,
se alguém busca a Deus.

³Todos, porém, se desviaram;
todos se corromperam.[a]
Ninguém faz o bem,
nem um sequer!

⁴Acaso os que praticam o mal jamais aprenderão?
Devoram meu povo como se fosse pão
e nem pensam em orar ao Senhor.

⁵Grande terror se apoderará deles,
pois Deus está com os que lhe obedecem.

⁶Os perversos frustram os planos dos oprimidos,
mas o Senhor protegerá seu povo.

---

[a] **14.3** A Septuaginta traz *se tornaram inúteis*. Comparar com Rm 3.12.

⁷Quem virá do monte Sião para salvar
   Israel?
 Quando o S%%%%% restaurar seu povo,
   Jacó dará gritos de alegria, e Israel
   exultará.

15 *Salmo de Davi.*

¹S%%%%%, quem pode ter acesso a teu
   santuário?
 Quem pode permanecer em teu santo
   monte?
²Quem leva uma vida íntegra e pratica a
   justiça;
 quem, de coração, fala a verdade.
³Quem não difama os outros,
 não prejudica o próximo,
 nem fala mal dos amigos.
⁴Quem despreza os que têm conduta
   reprovável,
 e honra os que temem o S%%%%%,
 e cumpre suas promessas mesmo
   quando é prejudicado.
⁵Quem empresta dinheiro sem visar lucro
 e não aceita suborno para mentir sobre
   o inocente.
Quem age assim jamais será abalado.

16 *Salmoª de Davi.*

¹Guarda-me, ó Deus,
 pois em ti me refugio.
²Eu disse ao S%%%%%: "Tu és meu Senhor!
   Tudo que tenho de bom vem de ti".
³Os que são fiéis aqui na terra
 são os verdadeiros heróis;
 tenho prazer na companhia deles.
⁴Muitas são as aflições dos que correm
   atrás de outros deuses;
 não participarei de seus sacrifícios de
   sangue,
 nem invocarei o nome deles.
⁵Somente tu, S%%%%%, és minha herança,
   meu cálice de bênçãos;
 tu guardas tudo que possuo.
⁶A terra que me deste é agradável;
 que herança maravilhosa!
⁷Louvarei o S%%%%%, que me guia;
 mesmo à noite meu coração me ensina.
⁸Sei que o S%%%%% está sempre comigo;
 não serei abalado, pois ele está à minha
   direita.
⁹Não é de admirar que meu coração esteja
   alegre e eu exulte;[b]
 meu corpo repousa em segurança.
¹⁰Pois tu não deixarás minha alma entre os
   mortos,[c]
 nem permitirás que teu santo[d] apodreça
   no túmulo.
¹¹Tu me mostrarás o caminho da vida
 e me darás a alegria de tua presença
 e o prazer de viver contigo para sempre.[e]

17 *Oração de Davi.*

¹Ouve, S%%%%%, minha súplica por
   justiça;
 atende a meu clamor por socorro.
Escuta minha oração,
 pois ela vem de lábios sinceros.
²Declara-me inocente,
 pois teus olhos veem com
   imparcialidade.
³Tu puseste à prova meus pensamentos;
 durante a noite, examinaste meu
   coração.
Tu me sondaste e não encontraste
   nenhum mal;
 estou decidido a não pecar com minhas
   palavras.
⁴Quanto ao modo de agir, segui teus
   mandamentos,
 que me guardam de imitar as ações de
   pessoas cruéis.
⁵Meus passos permaneceram em teu
   caminho,
 meus pés não se desviaram dele.
⁶Clamo a ti, ó Deus, pois sei que
   responderás;
 inclina-te e ouve minha oração.
⁷Mostra-me as maravilhas do teu amor;
 com teu poder, tu livras os que buscam
   em ti refúgio dos inimigos.
⁸Protege-me, como a menina de teus olhos;
 esconde-me à sombra de tuas asas.

---

[a] **16 título** Em hebraico, *miktam*, possivelmente um termo literário ou musical. [b] **16.9** A Septuaginta traz *e minha língua o louve*. Comparar com At 2.26. [c] **16.10a** Em hebraico, *no Sheol*. [d] **16.10b** Ou *teu Santo*. [e] **16.11** A Septuaginta traz *Tu me mostraste o caminho da vida / e me encherás da alegria de tua presença*. Comparar com At 2.28.

⁹Guarda-me dos perversos que me atacam,
dos inimigos mortais que me cercam.
¹⁰Eles não têm compaixão;
ouve como contam vantagem!
¹¹Seguem meus passos e me rodeiam,
prontos para me derrubar.
¹²São como leões famintos, ansiosos para me despedaçar,
como jovens leões escondidos, de tocaia.

¹³Levanta-te, ó S̲enhor!
Enfrenta-os e faze-os cair de joelhos!
Com tua espada, livra-me dos perversos!
¹⁴Pelo poder de tua mão, S̲enhor,
destrói os que buscam neste mundo sua recompensa.
Satisfaz, porém, a fome dos que te são preciosos;
que os filhos deles tenham fartura
e deixem herança para os netos.
¹⁵Porque sou justo, verei a ti;[a]
quando acordar, te verei face a face e me satisfarei.

18

Ao regente do coral: salmo de Davi, servo do S̲enhor. Ele entoou este cântico ao S̲enhor no dia em que o S̲enhor o livrou de todos os seus inimigos e de Saul. Cantou:

¹Eu te amo, S̲enhor;
tu és minha força.
²O S̲enhor é minha rocha, minha fortaleza e meu libertador;
meu Deus é meu rochedo,
em quem encontro proteção.
Ele é meu escudo, o poder que me salva
e meu lugar seguro.
³Clamei ao S̲enhor, que é digno de louvor,
e ele me livrou de meus inimigos.

⁴Os laços da morte me cercaram,
torrentes de destruição caíram sobre mim.
⁵A sepultura[b] me envolveu em seus laços,
a morte pôs uma armadilha em meu caminho.
⁶Em minha aflição, clamei ao S̲enhor;
sim, pedi socorro a meu Deus.
De seu santuário ele me ouviu;
meu clamor chegou a seus ouvidos.

⁷A terra se abalou e estremeceu;
tremeram os fundamentos dos montes,
agitaram-se por causa de sua ira.
⁸De suas narinas saiu fumaça,
de sua boca, fogo consumidor;
brasas vivas saíram dele.
⁹Ele abriu os céus e desceu,
com nuvens escuras de tempestade sob os pés.
¹⁰Montado num querubim,
pairava sobre as asas do vento.
¹¹Envolveu-se num manto de escuridão,
em densas nuvens de chuva.
¹²Nuvens espessas escondiam o brilho ao seu redor
e faziam chover granizo e brasas vivas.[c]
¹³O S̲enhor trovejou dos céus;
a voz do Altíssimo ressoou,
em meio ao granizo e às brasas vivas.
¹⁴Atirou flechas e dispersou seus inimigos,
lançou muitos raios e os fez fugir em confusão.
¹⁵Então, por tua ordem, S̲enhor,
com o forte sopro de tuas narinas,
o fundo do mar apareceu,
e os alicerces da terra ficaram expostos.

¹⁶Dos céus estendeu a mão e me resgatou;
tirou-me de águas profundas.
¹⁷Livrou-me de inimigos poderosos,
dos que me odiavam e eram fortes demais para mim.
¹⁸Quando eu estava angustiado, eles me atacaram,
mas o S̲enhor me sustentou.
¹⁹Ele me levou a um lugar seguro
e me livrou porque se agrada de mim.
²⁰O S̲enhor me recompensou por minha justiça;
por causa de minha inocência, me restaurou.
²¹Pois guardei os caminhos do S̲enhor;
não me afastei de meu Deus para seguir o mal.
²²Cumpri todos os seus estatutos
e nunca abandonei seus decretos.
²³Sou inculpável diante de Deus;
do pecado me guardei.

---

[a] 17.14-15 Ou ¹⁴*Satisfaz com riquezas seu apetite; / que seus filhos tenham fartura, e que sobre até para os netos.* / ¹⁵*Eu, porém, sou justo e verei a ti.* [b] 18.5 Em hebraico, *O Sheol.* [c] 18.12 Ou *raios;* também em 18.13.

²⁴O Senhor me recompensou por minha justiça;
ele viu minha inocência.
²⁵Aos fiéis te mostras fiel,
e, aos íntegros, mostras integridade.
²⁶Aos puros te mostras puro,
mas, aos perversos, te mostras astuto.
²⁷Livras os humildes,
mas humilhas os orgulhosos.
²⁸Manténs acesa minha lâmpada;
o Senhor, meu Deus, ilumina minha escuridão.
²⁹Com tua força, posso atacar qualquer exército;
com meu Deus, posso saltar qualquer muralha.
³⁰O caminho de Deus é perfeito;
as promessas^a do Senhor sempre se cumprem;
ele é escudo para todos que nele se refugiam.
³¹Pois quem é Deus, senão o Senhor?
Quem é rocha firme, senão o nosso Deus?
³²Deus me reveste de força
e remove os obstáculos de meu caminho.
³³Torna meus pés ágeis como os da corça
e me sustenta quando ando pelos montes.
³⁴Treina minhas mãos para a batalha
e fortalece meus braços para vergar o arco de bronze.
³⁵Tu me deste teu escudo de vitória;
tua mão direita me sustenta,
teu socorro^b me engrandece.
³⁶Abriste um caminho largo para meus pés,
de modo que não vacilem.
³⁷Persegui meus inimigos e os alcancei;
não retornei enquanto não foram derrotados.
³⁸Eu os feri até que não pudessem se levantar;
tombaram diante de meus pés.
³⁹Tu me armaste fortemente para a batalha;
ajoelhaste meus inimigos diante de mim.
⁴⁰Puseste o pescoço deles sob meus pés;
destruí todos que me odiavam.
⁴¹Pediram ajuda, mas ninguém os socorreu;
clamaram ao Senhor, mas ele não respondeu.
⁴²Eu os moí tão fino como o pó da terra;
eu os lancei fora como a lama das ruas.
⁴³Tu me livraste de meus acusadores
e me puseste como governante das nações;
povos que eu não conhecia agora me servem.
⁴⁴Rendem-se assim que ouvem sobre meus feitos;
nações estrangeiras se encolhem diante de mim.
⁴⁵Todos eles perdem a coragem
e, tremendo, saem de suas fortalezas.
⁴⁶O Senhor vive! Louvada seja minha Rocha!
Exaltado seja o Deus de minha salvação!
⁴⁷Ele é o Deus que se vinga dos que me fazem o mal;
sujeita as nações ao meu poder
⁴⁸e me livra de meus adversários.
Tu me manténs em segurança, fora do alcance de meus inimigos;
de homens violentos me livras.
⁴⁹Por isso, ó Senhor, te louvarei entre as nações;
sim, cantarei louvores ao teu nome.
⁵⁰Concedes grandes vitórias ao teu rei
e mostras amor por teu ungido,
por Davi e todos os seus descendentes, para sempre!

19

Ao regente do coral: salmo de Davi.

¹Os céus proclamam a glória de Deus;
o firmamento demonstra a habilidade de suas mãos.
²Dia após dia, eles continuam a falar;
noite após noite, eles o tornam conhecido.
³Não há som nem palavras,
nunca se ouve o que eles dizem.^c
⁴Sua mensagem, porém, chegou a toda a terra,
e suas palavras, aos confins do mundo.

---

^a18.30 Em hebraico, *a palavra*. ^b18.35 Em hebraico, *tua humildade*; comparar com 2Sm 22.36. ^c19.3 Ou *Não há discurso nem linguagem em que não se ouça sua voz.*

Deus preparou no céu
uma morada para o sol.
⁵Dela o sol irrompe como o noivo depois
do casamento;
alegra-se como o valente guerreiro em
seu caminho.
⁶O sol nasce numa extremidade do céu
e realiza seu trajeto até a outra
extremidade;
nada pode se esconder de seu calor.

⁷A lei do Senhor é perfeita
e revigora a alma.
Os decretos do Senhor são dignos de
confiança
e dão sabedoria aos ingênuos.
⁸Os preceitos do Senhor são justos
e alegram o coração.
Os mandamentos do Senhor são límpidos
e iluminam a vida.
⁹O temor do Senhor é puro
e dura para sempre.
As instruções do Senhor são verdadeiras
e todas elas são corretas.
¹⁰São mais desejáveis que o ouro,
mesmo o ouro puro.
São mais doces que o mel,
mesmo o mel que goteja do favo.
¹¹São uma advertência para teu servo,
grande recompensa para quem os
cumpre.

¹²Quem é capaz de distinguir os próprios
erros?
Absolve-me das faltas que me são
ocultas.
¹³Livra teu servo dos pecados intencionais!
Não permitas que me controlem.
Então serei inculpável
e inocente de grande pecado.

¹⁴Que as palavras da minha boca
e a meditação do meu coração
sejam agradáveis a ti, Senhor,
minha rocha e meu redentor!

20 *Ao regente do coral: salmo de Davi.*

¹Que o Senhor responda ao seu clamor
em tempos de sofrimento;
o nome do Deus de Jacó o guarde de
todo mal.

²Que, de seu santuário, ele lhe envie
socorro
e, de Sião, o fortaleça.
³Que ele se lembre de todas as suas ofertas
e olhe com favor para os seus
holocaustos.
Interlúdio

⁴Que ele conceda os desejos do seu
coração
e lhe dê sucesso em todos os seus
planos.
⁵Daremos gritos de alegria pela sua vitória
e hastearemos bandeiras em nome de
nosso Deus.
Que o Senhor responda a todas as suas
orações.

⁶Agora sei que o Senhor salva seu ungido;
ele responderá de seu santo céu
e o livrará com seu grande poder.
⁷Alguns povos confiam em carros de
guerra, outros, em cavalos,
mas nós confiamos no nome do Senhor,
nosso Deus.
⁸Tais nações perdem as forças e caem,
mas nós nos levantamos e
permanecemos firmes.

⁹Dá vitória ao teu rei, ó Senhor!
Responde ao nosso clamor por socorro.

21 *Ao regente do coral: salmo de Davi.*

¹Em tua força, Senhor, o rei se alegra;
grita de alegria porque lhe dás vitória.
²Concedeste o desejo de seu coração
e não negaste nada do que ele pediu.
Interlúdio

³Tu o recebeste com riqueza de bênçãos;
puseste em sua cabeça uma coroa de
ouro puro.
⁴Ele pediu que lhe preservasses a vida,
e tu atendeste a seu pedido;
seus dias se estendem para sempre.
⁵Tua vitória lhe dá grande honra,
e tu o cobriste de esplendor e majestade.
⁶A ele deste bênçãos eternas
e a alegria de tua presença.
⁷Pois o rei confia no Senhor;
o amor do Altíssimo não permitirá que
ele se abale.

⁸Tu alcançarás todos os teus inimigos;
  tua forte mão direita apanhará todos que te odeiam.
⁹Quando te manifestares,
  tu os lançarás numa fornalha ardente.
Em sua ira, o Senhor os consumirá;
  sim, fogo os devorará.
¹⁰Eliminarás da face da terra seus filhos;
  jamais terão descendentes.
¹¹Embora conspirem contra ti,
  suas tramas perversas não terão sucesso.
¹²Pois darão meia-volta e fugirão
  quando virem tuas flechas apontadas para eles.
¹³Levanta-te, ó Senhor, em teu poder!
  Com música e cânticos celebraremos tua força.

22

Ao regente do coral: salmo de Davi, para ser cantado com a melodia "Corça da manhã".

¹Meu Deus, meu Deus, por que me abandonaste?
  Por que estás tão distante de meus gemidos por socorro?
²Todos os dias clamo a ti, meu Deus, mas não respondes;
  todas as noites levanto a voz, mas não encontro alívio.

³Tu, porém, és santo
  e estás entronizado sobre os louvores de Israel.
⁴Nossos antepassados confiaram em ti,
  e tu os livraste.
⁵Clamaram a ti e foram libertos;
  em ti confiaram e jamais foram envergonhados.

⁶Mas eu sou um verme, e não um homem;
  todos me insultam e me desprezam.
⁷Os que me veem zombam de mim;
  riem com maldade e balançam a cabeça:
⁸"Esse é o que confia no Senhor?
  Que ele o livre!
Que o liberte,
  se dele se agrada!".

⁹Tu, porém, me tiraste a salvo do ventre de minha mãe
  e me deste segurança quando ela ainda me amamentava.
¹⁰Fui colocado em teus braços assim que nasci;
  desde o ventre de minha mãe, tens sido meu Deus.
¹¹Não permaneças distante de mim,

PÃO DIÁRIO

Revelação divina

Meus inimigos me rodeiam como cães, um bando de perversos me cerca; perfuraram minhas mãos e meus pés. [...] Repartem minhas roupas entre si e lançam sortes por minha veste.

—Salmo 22.16-18

Algumas pessoas acreditam que a Bíblia é simplesmente uma compilação aleatória de escritos antigos. Contudo, temos bons motivos para crer que ela é a Palavra inspirada de Deus. Por exemplo, a Bíblia contém profecias que foram cumpridas. Séculos antes de determinados eventos terem ocorrido, os autores das Escrituras predisseram seus acontecimentos, os quais se cumpriram com o passar do tempo.

É impossível prevermos o futuro com exatidão, não importa o quanto sejamos perspicazes. Na verdade, os nossos melhores palpites muitas vezes se mostram equivocados. Cito alguns exemplos: "Os aviões são brinquedos interessantes, mas não têm valor militar". Quem disse isso? Um renomado professor de estratégia militar. "As ações alcançaram o que se assemelha a um patamar que parece estar permanentemente elevado". Este pronunciamento foi feito por um famoso economista pouco antes da quebra da Bolsa Financeira, em 1929.

A Bíblia, no entanto, está repleta de exemplos emocionantes de profecias realizadas. Isaías 52.13––53.12 e Salmo 22.1-18 registram detalhes sobre a crucificação de Cristo, centenas de anos antes que essa cruel forma de execução fosse praticada.

Quando lemos a Bíblia, podemos descansar, certas de que temos em nossas mãos a única revelação divina confiável da verdade — uma reivindicação comprovada pelas profecias cumpridas.

Senhor Amado, somos muito gratas porque a Bíblia é verdadeira. Vemos isso nas profecias cumpridas e em vidas transformadas. Continua a usar a Tua Palavra inspirada para nos guiar, corrigir e instruir.

Você pode confiar na Bíblia — Deus sempre cumpre a Sua Palavra.

PÃO DIÁRIO

Força renovada

O Senhor é meu pastor, e nada me faltará. [...] Renova minhas forças e me guia pelos caminhos da justiça; assim, ele honra o seu nome.

—Salmo 23.1-3

W. Phillip Keller, em seu livro *Nada me faltará* (Ed. Betânia, 1984), traz o impressionante retrato do cuidado e da amabilidade de um pastor. No versículo 3, em que Davi diz: "Renova minhas forças", Keller usa uma linguagem que todo pastor compreenderia.

As ovelhas foram criadas de tal forma que, quando caem de lado e, em seguida, sobre as costas, têm muita dificuldade para se levantar. Elas agitam as pernas no ar, balem e choram. Depois de algumas horas deitadas de costas, começam a acumular gás no estômago, este enriquece, a passagem de ar é interrompida e as ovelhas finalmente sufocam. Essa posição é chamada de "abate".

Quando um pastor recupera uma ovelha caída, ele a tranquiliza, massageia suas pernas para restaurar a sua circulação, delicadamente a vira, a coloca de pé e a segura a fim de que ela possa restabelecer o equilíbrio.

Que imagem do que Deus quer fazer por nós! Quando estamos caídas, esperneando por causa da culpa, sofrimento ou ressentimentos, nosso amoroso Pastor nos renova as forças. Com a Sua graça, coloca-nos de pé e nos ampara até readquirirmos nosso equilíbrio espiritual.

Se você está abatida por qualquer razão, Deus é o único que pode ajudá-la a se reerguer. Ele renovará a sua confiança, força e alegria.

Senhor, quando me sinto fraca e sem esperança, tu és o meu Pastor consolador. Por favor, renova-me, fortalece-me e dá-me a certeza de que me guiarás e me sustentarás quando eu me sentir desamparada e só. Graças te dou por seres o meu Pastor.

Os fracos e os indefesos estão sob o cuidado especial do Bom Pastor.

---

pois o sofrimento está próximo,
e ninguém mais pode me ajudar.

¹²Meus inimigos me rodeiam como touros;
sim, touros ferozes de Basã me cercam.

¹³Abrem a boca contra mim como leões
que rugem e despedaçam a presa.
¹⁴Minha vida é derramada como água;
todos os meus ossos estão desconjuntados.
Meu coração é como cera
que se derrete dentro de mim.
¹⁵Minha força secou, como um caco de barro,
minha língua está grudada ao céu da boca;
tu me deitaste no pó, à beira da morte.
¹⁶Meus inimigos me rodeiam como cães,
um bando de perversos me cerca;
perfuraram[a] minhas mãos e meus pés.
¹⁷Posso contar todos os meus ossos;
meus inimigos me encaram e desdenham de mim.
¹⁸Repartem minhas roupas entre si
e lançam sortes por minha veste.
¹⁹Ó Senhor, não permaneças distante!
És minha força; vem depressa me ajudar.
²⁰Livra-me da espada
e não permitas que esses cães me tirem a vida.
²¹Salva-me da boca do leão
e dos chifres dos bois selvagens.
²²Proclamarei teu nome a meus irmãos;
no meio de teu povo reunido te louvarei.
²³Louvem o Senhor, todos que o temem!
Glorifiquem-no, todos os descendentes de Jacó!
Reverenciem-no, todos os descendentes de Israel!
²⁴Pois ele não desprezou nem desdenhou o sofrimento dos aflitos;
não lhes deu as costas, mas ouviu seus clamores por socorro.
²⁵Eu te louvarei na grande congregação;
cumprirei meus votos na presença dos que te adoram.
²⁶Os pobres comerão e se saciarão;
todos que buscam o Senhor o louvarão
e terão o coração cheio de alegria sem fim.

---

[a] **22.16** Conforme alguns manuscritos hebraicos, a Septuaginta e a versão siríaca; a maioria dos manuscritos hebraicos traz *são como um leão em*.

²⁷Toda a terra reconhecerá o Senhor e
 voltará para ele;
 diante dele se prostrarão todas as
 famílias das nações.
²⁸Pois o Senhor reina e governa
 sobre todos os povos.
²⁹Que os ricos da terra celebrem e o
 adorem;
 todos os mortais se prostrem diante dele,
 todos cuja vida terminará como pó.
³⁰Nossos filhos também o servirão,
 as gerações futuras ouvirão sobre o
 Senhor.
³¹Proclamarão sua justiça aos que ainda
 não nasceram
 e falarão a respeito de tudo que ele fez.

23
Salmo de Davi.

¹O Senhor é meu pastor,
 e nada me faltará.
²Ele me faz repousar em verdes pastos
 e me leva para junto de riachos
 tranquilos.
³Renova minhas forças
 e me guia pelos caminhos da justiça;
 assim, ele honra o seu nome.
⁴Mesmo quando eu andar
 pelo escuro vale da morte,ᵃ
não terei medo,
 pois tu estás ao meu lado.
Tua vara e teu cajado
 me protegem.
⁵Preparas um banquete para mim
 na presença de meus inimigos.
Unges minha cabeça com óleo;
 meu cálice transborda.
⁶Certamente a bondade e o amor me
 seguirão
 todos os dias de minha vida,
e viverei na casa do Senhor
 para sempre.

24
Salmo de Davi.

¹A terra e tudo que nela há são do
 Senhor;
 o mundo e todos os seus habitantes lhe
 pertencem.

²Pois sobre os mares ele edificou os
 alicerces da terra
 e sobre as profundezas do oceano a
 estabeleceu.
³Quem pode subir o monte do Senhor?
 Quem pode permanecer em seu santo
 lugar?
⁴Somente os que têm as mãos puras e o
 coração limpo,
 que não se entregam aos ídolos
 e não juram em falso.
⁵Eles receberão a bênção do Senhor
 e a justiça do Deus de sua salvação.
⁶São esses os que te buscam
 e adoram em tua presença, ó Deus de
 Jacó.ᵇ

Interlúdio

⁷Abram-se, portões da cidade!
 Abram-se, antigos portais,
 para que entre o Rei da glória.
⁸Quem é o Rei da glória?
 O Senhor, forte e poderoso.
 O Senhor, invencível nas batalhas.
⁹Abram-se, portões da cidade!
 Abram-se, antigos portais,
 para que entre o Rei da glória.
¹⁰Quem é o Rei da glória?
 O Senhor dos Exércitos;
 ele é o Rei da glória.

25
ᶜ *Salmo de Davi.*

¹Ó Senhor, a ti entrego minha vida;
²confio em ti, meu Deus!
Não permitas que eu seja envergonhado,
 nem que meus inimigos se alegrem com
 minha derrota.
³Quem confia em ti jamais será
 envergonhado,
 mas os que buscam enganar o próximo
 serão envergonhados.
⁴Mostra-me o caminho certo, Senhor,
 ensina-me por onde devo andar.
⁵Guia-me pela tua verdade e ensina-me,
 pois és o Deus que me salva;
 em ti ponho minha esperança todo o dia.

ᵃ **23.4** Ou *pelo vale mais escuro.* ᵇ **24.6** Conforme dois manuscritos hebraicos, a Septuaginta e a versão siríaca; a maioria dos manuscritos hebraicos traz *ó Jacó.* ᶜ **25** Em hebraico este salmo é um poema acróstico; cada versículo começa com uma letra sucessiva do alfabeto hebraico.

⁶Lembra-te, Senhor, de tua compaixão e de teu amor,
  que tens mostrado desde tempos antigos.
⁷Não te lembres dos pecados e da rebeldia de minha juventude;
  lembra-te de mim segundo o teu amor,
  pois és misericordioso, ó Senhor.

⁸O Senhor é bom e justo;
  mostra o caminho correto aos que se desviam.
⁹Guia os humildes na justiça
  e ensina-lhes seu caminho.
¹⁰O Senhor conduz com amor e fidelidade
  a todos que cumprem sua aliança e obedecem a seus preceitos.

¹¹Por causa do teu nome, ó Senhor,
  perdoa meus pecados, que são muitos.
¹²Quem são os que temem o Senhor?
  Ele lhes mostrará o caminho que devem escolher.
¹³Viverão em prosperidade,
  e seus filhos herdarão a terra.
¹⁴O Senhor é amigo dos que o temem;
  ele lhes ensina sua aliança.
¹⁵Meus olhos estão sempre voltados para o Senhor,
  pois ele livra meus pés de armadilhas.

¹⁶Volta-te para mim e tem misericórdia,
  pois estou sozinho e aflito.
¹⁷Meus problemas só aumentam;
  livra-me de toda a minha angústia!
¹⁸Atenta para minha dor e para meu sofrimento;
  perdoa todos os meus pecados.
¹⁹Vê quantos inimigos tenho
  e a crueldade com que me odeiam.
²⁰Protege minha vida e livra-me!
  Não permitas que eu seja envergonhado,
  pois em ti me refugio.
²¹Que a integridade e a retidão me guardem,
  pois em ti ponho minha esperança.

²²Ó Deus, resgata Israel
  de todas as suas angústias.

26 *Salmo de Davi.*

¹Declara-me inocente, Senhor,
  pois tenho vivido com integridade;
  tenho confiado no Senhor sem vacilar.
²Põe-me à prova, Senhor, e examina-me;
  investiga meu coração e minha mente.
³Pois estou sempre consciente do teu amor
  e tenho vivido de acordo com a tua verdade.
⁴Não passo tempo com mentirosos,
  nem ando com hipócritas.
⁵Detesto as reuniões dos que praticam o mal
  e não me associo aos perversos.
⁶Lavo as mãos para declarar minha inocência.
  Venho ao teu altar, ó Senhor,
⁷para entoar um cântico de gratidão
  e anunciar todas as tuas maravilhas.
⁸Amo o teu santuário, Senhor,
  o lugar onde habita tua presença gloriosa.

⁹Não permitas que eu tenha o destino dos pecadores,
  não me condenes junto com os assassinos.
¹⁰Eles têm as mãos sujas de tramas perversas
  e vivem a aceitar subornos.
¹¹Eu, porém, vivo com integridade;
  resgata-me e tem misericórdia de mim.
¹²Agora estou em solo firme
  e louvarei o Senhor no meio do povo.

27 *Salmo de Davi.*

¹O Senhor é minha luz e minha salvação;
  então, por que ter medo?
O Senhor é a fortaleza de minha vida;
  então, por que estremecer?
²Quando os maus vierem para me destruir,
  quando meus inimigos e adversários me atacarem,
  eles tropeçarão e cairão.
³Ainda que um exército me cerque,
  meu coração não temerá.
Ainda que invistam contra mim,
  permanecerei confiante.

⁴A única coisa que peço ao Senhor,
  o meu maior desejo,

é morar na casa do Senhor todos os dias de minha vida,
para contemplar a beleza do Senhor
e meditar em seu templo.
⁵Pois ali me abrigará em tempos de aflição
e em seu santuário me esconderá;
em segurança, numa rocha alta, me colocará.
⁶Então manterei a cabeça erguida,
acima dos inimigos que me cercam.
Em seu santuário, oferecerei sacrifícios com gritos de alegria;
cantarei e louvarei o Senhor com música.

⁷Ouve minha oração, ó Senhor;
tem compaixão e responde-me!
⁸Meu coração ouviu tua voz dizer: "Venha e entre na minha presença",
e meu coração respondeu: "Senhor, eu irei!".
⁹Não voltes as costas para mim;
em tua ira, não rejeites teu servo.
Sempre foste meu auxílio;
não me deixes agora, não me abandones,
ó Deus de minha salvação!
¹⁰Mesmo que meu pai e minha mãe me abandonem,
o Senhor me acolherá.

¹¹Ensina-me a viver, Senhor;
guia-me pelo caminho certo,
pois meus inimigos estão à minha espera.
¹²Não permitas que eu caia nas mãos deles,
pois me acusam de coisas que nunca fiz
e me ameaçam, respirando violência.
¹³Ainda assim, confio que verei a bondade do Senhor
enquanto estiver aqui, na terra dos vivos.

¹⁴Espere pelo Senhor
e seja valente e corajoso;
sim, espere pelo Senhor.

28 *Salmo de Davi.*

¹A ti eu clamo, ó Senhor, minha rocha;
não feches teus ouvidos para mim.
Pois, se permaneceres calado,
será melhor que eu desista e morra.
²Ouve minha súplica por misericórdia,
quando eu clamar por socorro,
quando levantar as mãos para o teu santuário.

³Não me arrastes com os perversos,
com os que praticam o mal,
que dirigem palavras amigáveis ao próximo,
enquanto tramam maldades no coração.
⁴Dá o castigo pelo que fizeram,
segundo a medida de sua perversidade.
Retribui-lhes por seus atos
e faz que recebam o que merecem.
⁵Eles não se importam com as obras do Senhor,
nem com o que suas mãos criaram.
Por isso ele os derrubará,
e nunca mais voltarão a se erguer.

⁶Louvado seja o Senhor,
pois ouviu meu clamor por misericórdia!
⁷O Senhor é minha força e meu escudo;
confio nele de todo o coração.
Ele me ajuda, e meu coração se enche de alegria;
por isso lhe dou graças com meus cânticos.

⁸O Senhor é a força de seu povo,
fortaleza segura para seu ungido.
⁹Salva o teu povo!
Abençoa os que pertencem a ti!
Conduze-os como pastor
e leva-os em teus braços para sempre.

29 *Salmo de Davi.*

¹Honrem o Senhor, seres celestiais,ᵃ
honrem o Senhor por sua glória e força.
²Honrem o Senhor pela glória de seu nome,
adorem o Senhor no esplendor de sua santidade.

³A voz do Senhor ecoa sobre o mar,
o Deus da glória troveja;
sobre o imenso mar, o Senhor fala.
⁴A voz do Senhor é poderosa,
a voz do Senhor é majestosa.
⁵A voz do Senhor quebra os grandes cedros,
o Senhor despedaça os cedros do Líbano.

ᵃ **29.1** Em hebraico, *filhos de Deus.*

> **PÃO DIÁRIO**
>
> ## Tempo de louvar
>
> *Transformaste meu pranto em dança; tiraste minhas roupas de luto e me vestiste de alegria, para que eu cante louvores a ti e não me cale.*
>
> —Salmo 30.11,12
>
> Foi o pior dos tempos. Na primeira metade do século 17, a Alemanha passou por um período de guerras, fome e peste. Nessa ocasião, na cidade de Eilenburg vivia um pastor chamado Martin Rinkart.
>
> Durante uma época especialmente opressora, uma praga varria o local e a Guerra dos Trinta Anos derramava seu próprio terror sobre as pessoas. Rinkart realizava até 50 funerais por dia e, dentre esses, enterrava membros de sua própria família.
>
> Ainda assim, durante esses anos de trevas e desespero, nos quais a morte e a destruição saudavam cada novo dia, o pastor Rinkart escreveu 66 cânticos e hinos sagrados. Dentre eles, estava a canção *Now Thank We All Our God* (Agora, agradeçamos ao nosso Deus). Enquanto a dor rastejava-se para perto dele, Rinkart escrevia:
>
> "Agora, agradecemos o nosso Deus com o coração, as mãos e a voz,
> Àquele que fez coisas extraordinárias por nós, e em quem Seu mundo se alegra;
> Aquele que, dos braços de nossa mãe, nos abençoou a trajetória;
> Com incontáveis dádivas de amor, que ainda nos pertencem" (tradução livre).
>
> Esse pastor demonstrou uma lição preciosa para todos nós: a gratidão não precisa esperar a prosperidade e a paz. O momento é sempre bom para louvarmos a Deus pelas "coisas extraordinárias" que Ele fez por nós.
>
> *Nos momentos mais sombrios, Pai, tu estás comigo. Que dádivas extraordinárias concedes a cada dia! Louvo-te e te agradeço por Tua presença e graça nos momentos de dor.*
>
> ---
>
> **Um coração em harmonia com Deus pode cantar louvores mesmo na noite mais escura.**

⁶Faz os montes do Líbano saltarem como bezerros,
 faz o monte Hermom[a] pular como novilhos selvagens.
⁷A voz do S\enhor risca o céu com relâmpagos.
⁸A voz do S\enhor sacode o deserto,
 o S\enhor faz tremer o deserto de Cades.
⁹A voz do S\enhor torce os fortes carvalhos[b]
 e arranca as folhas dos bosques;
 em seu templo todos proclamam: "Glória!".
¹⁰O S\enhor comanda as águas da inundação,
 o S\enhor governa como Rei para sempre.
¹¹O S\enhor dá força ao seu povo,
 o S\enhor os abençoa com paz.

30

Salmo de Davi; cântico para a dedicação do templo.

¹Eu te exaltarei, S\enhor, pois me livraste;
 não permitiste que meus inimigos rissem de mim.
²S\enhor, meu Deus, clamei a ti por socorro,
 e restauraste minha saúde.
³S\enhor, da sepultura[c] me tiraste
 e não me deixaste cair na cova da morte.
⁴Cantem ao S\enhor, todos que lhe são fiéis!
 Louvem seu santo nome,
⁵pois sua ira dura apenas um instante,
 mas seu favor, a vida inteira!
O choro pode durar toda a noite,
 mas a alegria vem com o amanhecer.
⁶Quando eu era próspero, dizia:
 "Agora, nada pode me derrubar!".
⁷Ó S\enhor, teu favor me mantinha firme como uma montanha;
 então o S\enhor me deu as costas, e entrei em pânico.
⁸Clamei a ti, S\enhor,
 supliquei ao Senhor por misericórdia:
⁹"Que vantagem terás se eu morrer,
 se eu descer à cova?
Acaso o pó te louvará?
 Falará de tua fidelidade?
¹⁰Ouve-me, S\enhor, e tem misericórdia de mim;
 ajuda-me, S\enhor!".
¹¹Transformaste meu pranto em dança;
 tiraste minhas roupas de luto e me vestiste de alegria,
¹²para que eu cante louvores a ti e não me cale.

---

[a] **29.6** Em hebraico, *Siriom*, outro nome para o monte Hermom. [b] **29.9** Ou *faz a corça se retorcer de dor no parto*. [c] **30.3** Em hebraico, *do Sheol*.

Senhor, meu Deus, te darei graças para sempre!

31

Ao regente do coral: salmo de Davi.

¹Em ti, Senhor, me refugio;
não permitas que eu seja envergonhado.
Salva-me por causa da tua justiça;
²inclina o teu ouvido para me escutar
e livra-me depressa.

Que tu sejas para mim rocha de proteção,
fortaleza onde estarei seguro.
³És minha rocha e minha fortaleza;
por causa do teu nome, guia-me e
conduze-me.
⁴Tira-me da armadilha que me prepararam,
pois só em ti encontro proteção.
⁵Em tuas mãos entrego meu espírito;
resgata-me, Senhor, pois és Deus fiel.

⁶Detesto os que adoram ídolos inúteis;
eu, porém, confio no Senhor.
⁷Exultarei e me alegrarei em teu amor,
pois viste minha aflição e te importas
com minha angústia.
⁸Não me entregaste a meus inimigos,
mas me puseste em lugar seguro.

⁹Tem misericórdia de mim, Senhor, pois
estou angustiado;
lágrimas me embaçam os olhos,
e meu corpo e minha alma definham.
¹⁰A tristeza me consome,
e meus dias se encurtam com gemidos.
Minha força se esvai por causa do pecado,
e meus ossos se desgastam.
¹¹Todos os meus inimigos zombam de mim,
e meus vizinhos me desprezam;
até meus amigos têm medo de se
aproximar.
Quando me veem na rua,
correm para o outro lado.
¹²Não se lembram de mim, como se eu
estivesse morto,
como se fosse um jarro quebrado.
¹³Ouço muitos boatos a meu respeito,
e o terror me cerca.
Conspiram contra mim,
tramam tirar minha vida.

¹⁴Eu, porém, confio em ti, Senhor,
e digo: "Tu és meu Deus!".
¹⁵Meu futuro está em tuas mãos;
livra-me dos que me perseguem sem
cessar.
¹⁶Que a luz do teu rosto brilhe sobre teu
servo;
salva-me por causa do teu amor.
¹⁷Não permitas que eu seja envergonhado,
Senhor,
pois clamo a ti.
Que os perversos sejam envergonhados,
que fiquem calados na sepultura.ᵃ
¹⁸Silencia seus lábios mentirosos,
lábios orgulhosos e arrogantes que
acusam os justos.

¹⁹Grande é a bondade
que reservaste para os que te temem!
Tu a concedes aos que em ti se refugiam
e os abençoas à vista de todos.
²⁰Tu os escondes em tua presença,
a salvo de todos que contra eles
conspiram.
Tu os proteges num abrigo,
longe das línguas acusadoras.

²¹Louvado seja o Senhor,
pois ele me mostrou as maravilhas de
seu amor;
manteve-me a salvo numa cidade
cercada de inimigos.
²²Apavorado, clamei:
"Estou separado de tua presença!".
Mas ele ouviu a minha súplica por
misericórdia
e respondeu ao meu clamor por socorro.

²³Amem o Senhor, todos vocês que lhe são
fiéis,
pois o Senhor protege quem nele confia,
mas castiga severamente o arrogante.
²⁴Portanto, sejam fortes e corajosos,
todos vocês que põem sua esperança no
Senhor!

32

*Salmo*ᵇ *de Davi.*

¹Como é feliz aquele
cuja desobediência é perdoada,
cujo pecado é coberto!
²Sim, como é feliz aquele

ᵃ **31.17** Em hebraico, *no Sheol*. ᵇ **32 título** Em hebraico, *maskil*, possivelmente um termo literário ou musical.

PÃO DIÁRIO

Instintos

O Senhor diz: Eu o guiarei pelo melhor caminho para sua vida, lhe darei conselhos e cuidarei de você.

—Salmo 32.8

É uma experiência perigosa apavorar-se ao pilotar um avião durante uma tempestade. A tentação é voar por instinto ou, como dizem os pilotos, "com a cara e a coragem". Porém, como qualquer piloto lhe dirá, essa é a receita para o desastre. Se você confiar em seus sentimentos e instintos, acabará desorientada, achando que o avião estará subindo quando na realidade estará descendo. Felizmente, o painel de instrumentos é orientado pelo norte magnético e, por isso, é sempre confiável. Permitir que os instrumentos o guiem, mesmo quando parecem estar errados, ajuda a garantir a segurança durante a tempestade.

Todos nós enfrentamos tempestades que ameaçam nos confundir e desorientar. Pode ser um telefonema vindo do consultório médico, um amigo que tenha nos traído ou um sonho desfeito. São nesses momentos que devemos tomar cuidado redobrado. Quando as decepções da vida a cegarem, não confie em seus instintos. Voar "com a cara e a coragem" ao enfrentar as tempestades da vida pode gerar desespero, confusão e reações vingativas que pioram ainda mais as situações. Deus quer guiá-la, e Sua Palavra está cheia de sabedoria e discernimento em relação à vida. A Bíblia diz: "Tua palavra é lâmpada para meus pés e luz para meu caminho" (Sl 119.105). A direção do Senhor é sempre correta!

Abra a sua Bíblia e confie que Deus a guiará. Ele promete: "Eu o guiarei pelo melhor caminho para sua vida, lhe darei conselhos e cuidarei de você" (32.8).

Querido Deus, estou muito feliz, porque não preciso confiar em meus instintos para sobreviver! Deste-me o manual fundamental: a Bíblia. Ajuda-me a andar à luz da Tua Palavra.

Quanto mais perto de Deus andamos, mais nitidamente vemos a Sua direção.

---

cuja culpa[a] o Senhor não leva em conta,
cuja consciência é sempre sincera!
³Enquanto me recusei a confessar meu pecado,
meu corpo definhou,
e eu gemia o dia inteiro.
⁴Dia e noite, tua mão pesava sobre mim;
minha força evaporou como água no calor do verão.

Interlúdio

⁵Finalmente, confessei a ti todos os meus pecados
e não escondi mais a minha culpa.
Disse comigo: "Confessarei ao Senhor a minha rebeldia",
e tu perdoaste toda a minha culpa.

Interlúdio

⁶Portanto, todos que forem fiéis orem a ti enquanto há tempo,
para que não se afoguem quando vier a inundação.
⁷Pois és meu esconderijo;
tu me guardas da aflição
e me cercas de cânticos de vitória.

Interlúdio

⁸O Senhor diz:
"Eu o guiarei pelo melhor caminho para sua vida,
lhe darei conselhos e cuidarei de você.
⁹Não sejam como o cavalo ou a mula, que não têm entendimento
e precisam de freios e rédeas para ser controlados".

¹⁰O perverso tem muitas tristezas,
mas o que confia no Senhor é cercado de amor.
¹¹Portanto, alegrem-se no Senhor e exultem,
todos vocês que são justos!
Gritem de alegria,
todos vocês que têm coração íntegro!

33

¹Cantem de alegria ao Senhor, vocês que são justos;
é apropriado que os íntegros o louvem.
²Celebrem ao Senhor com melodias da harpa,
toquem música para ele com instrumento de dez cordas.
³Entoem para ele um novo cântico,
toquem com habilidade e cantem com alegria.
⁴Pois a palavra do Senhor é verdadeira

---

[a] **32.2** A Septuaginta traz *cujo pecado*. Comparar com Rm 4.7.

e podemos confiar em tudo que ele faz.
⁵Ele ama o que é justo e bom;
os amor do S<small>ENHOR</small> enche a terra.
⁶O S<small>ENHOR</small> falou, e os céus foram criados;
pelo sopro de sua boca as estrelas nasceram.
⁷Determinou os limites do mar
e juntou os oceanos em reservatórios.
⁸Que o mundo inteiro tema o S<small>ENHOR</small>,
e todos os habitantes da terra tremam diante dele.
⁹Pois, quando ele falou, o mundo veio a existir;
tudo surgiu por sua ordem.
¹⁰O S<small>ENHOR</small> desfaz os planos das nações
e frustra os projetos dos povos.
¹¹Mas os planos do S<small>ENHOR</small> permanecem para sempre;
seus propósitos jamais serão abalados.
¹²Como é feliz a nação cujo Deus é o S<small>ENHOR</small>,
cujo povo ele escolheu para lhe pertencer!
¹³O S<small>ENHOR</small> olha dos céus
e vê toda a humanidade.
¹⁴De seu trono ele observa
todos os habitantes da terra.
¹⁵Formou o coração de cada um;
por isso, entende tudo que fazem.
¹⁶Nem mesmo um poderoso exército pode salvar um rei;
grande força não é suficiente para livrar um guerreiro.
¹⁷Não confie em seu cavalo de guerra para obter vitória;
apesar de toda a sua força, ele não é capaz de salvá-lo.
¹⁸O S<small>ENHOR</small>, porém, está atento aos que o temem,
aos que esperam por seu amor.
¹⁹Ele os livra da morte
e os conserva com vida em tempos de fome.
²⁰Nossa esperança está no S<small>ENHOR</small>;
ele é nosso auxílio e nosso escudo.
²¹Nele nosso coração se alegra,
pois confiamos em seu santo nome.
²²Que o teu amor nos cerque, S<small>ENHOR</small>,
pois só em ti temos esperança.

34 ᵃ *Salmo de Davi sobre a ocasião em que se fingiu de louco diante de Abimeleque, que o expulsou de sua presença.*

¹Louvarei o S<small>ENHOR</small> em todo o tempo;
meus lábios sempre o louvarão.
²Somente no S<small>ENHOR</small> me gloriarei;
que todos os humildes se alegrem.
³Venham, proclamemos a grandeza do S<small>ENHOR</small>;
juntos, exaltemos o seu nome.
⁴Busquei o S<small>ENHOR</small>, e ele me respondeu;
livrou-me de todos os meus temores.
⁵Os que olham para ele ficarão radiantes;
no rosto deles não haverá sombra de decepção.
⁶Clamei ao S<small>ENHOR</small> em meu desespero, e ele me ouviu;
livrou-me de todas as minhas angústias.
⁷O anjo do S<small>ENHOR</small> é guardião;
ele cerca e defende os que o temem.
⁸Provem e vejam que o S<small>ENHOR</small> é bom!
Como é feliz o que nele se refugia!
⁹Temam o S<small>ENHOR</small>, vocês que lhe são fiéis,
pois os que o temem terão tudo de que precisam.
¹⁰Até mesmo os leões jovens e fortes passam fome,
mas aos que buscam o S<small>ENHOR</small> nada de bom faltará.
¹¹Venham, meus filhos, e ouçam-me;
eu os ensinarei a temer o S<small>ENHOR</small>.
¹²Quem deseja ter uma vida longa e próspera?
¹³Refreie a língua de falar maldades
e os lábios de dizerem mentiras.
¹⁴Afaste-se do mal e faça o bem;
busque a paz e esforce-se para mantê-la.
¹⁵Os olhos do S<small>ENHOR</small> estão sobre os justos,
e seus ouvidos, abertos para seus clamores.
¹⁶O S<small>ENHOR</small>, porém, volta o rosto contra os que praticam o mal;
apagará da terra qualquer lembrança deles.

ᵃ **34** Em hebraico este salmo é um poema acróstico; cada versículo começa com uma letra sucessiva do alfabeto hebraico.

¹⁷O Senhor ouve os justos quando clamam por socorro;
ele os livra de todas as suas angústias.
¹⁸O Senhor está perto dos que têm o coração quebrantado
e resgata os de espírito oprimido.

¹⁹O justo enfrenta muitas dificuldades,
mas o Senhor o livra de todas elas.
²⁰Pois o Senhor protege os ossos do justo;
nem um sequer será quebrado.

²¹A calamidade certamente destruirá os perversos,
e os que odeiam o justo serão castigados.
²²O Senhor, porém, resgatará os que o servem;
ninguém que nele se refugia será condenado.

35

Salmo de Davi.

¹Ó Senhor, defende-me dos que me acusam;
luta contra os que lutam contra mim.
²Põe tua armadura e toma teu escudo,
prepara-te para a batalha e vem me socorrer.
³Levanta tua lança e teu dardo
contra aqueles que me perseguem.
Que eu te ouça dizer:
"Eu lhe darei vitória!".

⁴Sejam derrotados e humilhados os que procuram me matar,
recuem envergonhados os que planejam me prejudicar.
⁵Sopra-os para longe, como palha ao vento,
e que o anjo do Senhor os disperse.
⁶Torna o caminho deles escuro e escorregadio,
e que o anjo do Senhor os persiga.

⁷Não lhes fiz mal algum, mas eles me prepararam uma armadilha;
sem motivo, abriram uma cova para me pegar.
⁸Portanto, que venha sobre eles destruição repentina!
Sejam pegos na armadilha que me prepararam,
sejam destruídos na cova que abriram para mim.

⁹Então me alegrarei no Senhor,
exultarei porque ele me salva.
¹⁰Eu o louvarei com todos os ossos de meu corpo:
"Senhor, quem se compara a ti?
Quem além de ti resgata o indefeso das mãos do forte?
Quem protege o pobre e o humilde daqueles que os exploram?".

¹¹Testemunhas maldosas depõem contra mim
e me acusam de crimes que não cometi.
¹²Pagam-me o bem com o mal;
estou desesperado!
¹³Quando eles ficavam doentes, eu lamentava;
humilhava-me com jejuns por eles,
mas minhas orações não eram respondidas.
¹⁴Como se fossem meus amigos ou familiares, eu me entristecia,
como se lamentasse por minha própria mãe.

¹⁵Mas agora, em minha aflição, eles se alegram;
triunfantes, juntam-se contra mim.
Pessoas que nem conheço me atacam,
agridem-me sem cessar.
¹⁶Zombam de mim e me insultam,
rosnam e me mostram os dentes.

¹⁷Até quando, Senhor, ficarás olhando?
Salva-me de seus ataques ferozes,
livra-me desses leões!
¹⁸Então te darei graças diante da comunidade
e te louvarei perante todo o povo.
¹⁹Não permitas que meus inimigos traiçoeiros riam de mim,
não deixes que me desprezem os que me odeiam sem razão.
²⁰Não falam de paz;
tramam contra os que vivem tranquilos na terra.
²¹Gritam: "Ah! Agora o pegamos!
Nós o vimos com os próprios olhos!".

²²Viste tudo isso, Senhor;
não permaneças calado, Senhor, e não me abandones agora.

⁲³Desperta! Levanta-te para me fazeres justiça!
Defende minha causa, meu Deus e meu Senhor.
²⁴Julga-me, Senhor, meu Deus, conforme a tua justiça;
não permitas que meus inimigos riam às minhas custas.
²⁵Não deixes que digam: "Conseguimos o que queríamos!
Agora vamos acabar com ele!".
²⁶Sejam envergonhados e humilhados os que se alegram com a minha desgraça.
Sejam cobertos de vergonha e desonra os que triunfam sobre mim.
²⁷Exultem e alegrem-se, porém, os que me defendem;
que eles digam sempre: "Grande é o Senhor,
que se agrada de abençoar seu servo com paz!".
²⁸Então proclamarei tua justiça
e te louvarei o dia todo.

36

Ao regente do coral: salmo de Davi, servo do Senhor.

¹O pecado do ímpio sussurra ao seu coração;ᵃ
ele não tem o menor temor de Deus.
²Em sua cega presunção,
não percebe quão grande é sua perversidade.
³Tudo que diz é distorcido e enganoso;
não quer agir com prudência nem fazer o bem.
⁴Mesmo à noite, trama maldades;
suas ações nunca são boas,
e não se esforça para fugir do mal.
⁵Teu amor, Senhor, é imenso como os céus;
tua fidelidade vai além das nuvens.
⁶Tua justiça é como os montes imponentes,
teus decretos, como as profundezas do oceano;
tu, Senhor, cuidas tanto das pessoas como dos animais.

⁷Como é precioso o teu amor, ó Deus!
Toda a humanidade encontra abrigo à sombra de tuas asas.
⁸Tu os alimentas com a fartura de tua casa
e deixas que bebam de teu rio de delícias.

PÃO DIÁRIO

Sentimentos e fidelidade

Teu amor, Senhor, é imenso como os céus; tua fidelidade vai além das nuvens.
—Salmo 36.5

Quando eu estava na faculdade, meu colega de quarto estava noivo de uma mulher que morava a mais de 1.200 quilômetros de distância. Pessimista, ele vivia preocupado e constantemente questionava a solidez do relacionamento. Ele receava que estivessem se afastando. Se passasse um dia sem que uma carta dela chegasse, convencia-se de que ela não o amava mais e de que estava prestes a findar o relacionamento.

Sentia-me tão saturado com a preocupação dele que insistia para que ele ligasse para a namorada. Ele sempre descobria que nada havia mudado, e que a garota nem sequer estava indecisa com relação ao seu amor. Muito aliviado, o jovem se aborrecia por ter tido dúvidas e prometia não se preocupar mais. No entanto, a resolução dele não durava nem três dias!

Embora vacilemos na fé de vez em quando e questionemos o amor de Deus por nós, o Senhor permanece fiel. Até mesmo quando duvidamos de Suas promessas ou não nos sentimos perto dele, ou ainda, quando escolhemos pecar, Sua fidelidade ainda "vai além das nuvens" (Sl 36.5). Podemos ter certeza de que Deus fará tudo o que disse que faria (1Ts 5.24; 2Ts 3.3). O Seu caráter perfeito sustenta as Suas promessas.

Nas ocasiões em que você se sentir longe de Deus, lembre-se de que os sentimentos do Senhor por você não mudaram. Isso não envolve o seu sentimento num determinado momento, mas diz respeito à inabalável fidelidade de Deus.

Senhor, admito que, muitas vezes, sinto medo, dúvida e preocupação. Graças te dou, porque, por causa da Tua fidelidade imutável e do Teu amor, posso ter os pés firmes no chão e não permitir que as emoções me dominem.

Os nossos temores se dissipam quando confiamos na inabalável fidelidade de Deus.

ᵃ **36.1** Conforme alguns manuscritos hebraicos e a versão siríaca; o Texto Massorético traz *ao meu coração*.

⁹Pois és a fonte de vida,
 a luz pela qual vemos.

¹⁰Derrama teu amor sobre os que te conhecem,
 concede justiça aos sinceros de coração.

¹¹Não permitas que os arrogantes me pisoteiem,
 nem que os perversos me empurrem.

¹²Vejam! Caíram os que praticam o mal!
 Foram derrubados e nunca mais se levantarão.

37 ᵃ Salmo de Davi.

¹Não se preocupe com os perversos,
 nem tenha inveja dos que praticam o mal.

²Pois, como o capim, logo secarão
 e, como a grama verde, logo murcharão.

³Confie no Senhor e faça o bem,
 e você viverá seguro na terra e prosperará.

⁴Busque no Senhor a sua alegria,
 e ele lhe dará os desejos de seu coração.

⁵Entregue seu caminho ao Senhor;
 confie nele, e ele o ajudará.

⁶Tornará sua inocência radiante como o amanhecer,
 e a justiça de sua causa, como o sol do meio-dia.

⁷Aquiete-se na presença do Senhor,
 espere nele com paciência.
Não se preocupe com o perverso que prospera,
 nem se aborreça com seus planos maldosos.

⁸Deixe a ira de lado!
 Não se enfureça!
Não perca a calma;
 isso só lhe trará prejuízo.

⁹Pois os perversos serão destruídos,
 mas os que confiam no Senhor possuirão a terra.

¹⁰Em breve, o perverso desaparecerá;
 ainda que o procure, não o encontrará.

¹¹Os humildes possuirão a terra
 e viverão em paz e prosperidade.

¹²O perverso trama contra o justo;
 rosna e lhe mostra os dentes.

¹³Mas o Senhor ri,
 pois vê que o dia do julgamento se aproxima.

¹⁴Os perversos puxam suas espadas
 e preparam seus arcos,
para matar o pobre e o oprimido,
 para massacrar os que são corretos.

¹⁵Suas espadas, porém, lhes atravessarão o próprio coração,
 e seus arcos serão quebrados.

¹⁶Melhor ser justo e ter pouco
 que ser perverso e rico.

¹⁷Pois a força dos perversos será despedaçada,
 mas o Senhor sustenta os justos.

¹⁸A cada dia, o Senhor cuida dos íntegros;
 eles receberão uma herança que dura para sempre.

¹⁹Em tempos de calamidade, não serão envergonhados;
 mesmo em dias de fome, terão mais que o suficiente.

²⁰Os perversos, contudo, morrerão;
 os inimigos do Senhor são como flores do campo
 e desaparecerão como fumaça.

²¹O perverso toma emprestado e nunca paga,
 mas o justo dá com generosidade.

²²Aqueles a quem o Senhor abençoa possuirão a terra,
 mas aqueles a quem amaldiçoa serão destruídos.

²³O Senhor dirige os passos do justo;
 ele se agrada de quem anda em seu caminho.

²⁴Ainda que tropece, não cairá,
 pois o Senhor o segura pela mão.

²⁵Fui jovem e agora sou velho,
 mas nunca vi o justo ser abandonado,
 nem seus filhos mendigarem pão.

²⁶O justo é generoso e empresta de boa vontade,

ᵃ 37 Em hebraico este salmo é um poema acróstico; cada estrofe começa com uma letra sucessiva do alfabeto hebraico.

e seus filhos são uma bênção.

²⁷Afaste-se do mal e faça o bem,
e você viverá na terra para sempre.
²⁸Pois o Senhor ama a justiça
e jamais abandonará seu povo fiel.
Ele sempre os protegerá,
mas os filhos dos perversos serão destruídos.
²⁹Os justos possuirão a terra
e nela habitarão para sempre.

³⁰O justo oferece conselhos sábios
e ensina o que é certo.
³¹Guarda no coração a lei de Deus,
por isso seus passos são firmes.

³²O perverso fica à espreita do justo
e procura matá-lo.
³³O Senhor, porém, não deixará que o perverso tenha sucesso,
nem condenará o justo quando ele for julgado.

³⁴Ponha sua esperança no Senhor
e ande com firmeza pelo caminho dele.
Ele o honrará e lhe dará a terra,
e você verá os perversos serem destruídos.

³⁵Vi pessoas más e cruéis
florescerem como árvores em solo nativo.
³⁶Mas, quando voltei a olhar, tinham desaparecido;
procurei por elas, mas não as encontrei.

³⁷Observe os que são íntegros e justos;
um futuro maravilhoso espera os que amam a paz.
³⁸Os rebeldes, porém, serão destruídos de uma só vez;
não têm futuro algum.

³⁹O Senhor salva os justos;
ele é sua fortaleza em tempos de aflição.
⁴⁰O Senhor os socorre
e os livra dos perversos.
Ele os salva,
porque nele se refugiam.

> **PÃO DIÁRIO**
>
> ## Deixando de ser jovem
>
> *O Senhor dirige os passos do justo; ele se agrada de quem anda em seu caminho. Ainda que tropece, não cairá, pois o Senhor o segura pela mão.*
>
> —Salmo 37.23,24
>
> Recentemente, quando eu saía de uma loja, ouvi por acaso o homem que tinha me atendido sussurrar decepcionado: "Ela me chamou de 'tio' mesmo sendo mais velha do que eu". Desde a minha infância, minha cultura chinesa me ensinou a dizer educadamente: "Obrigada, tio!", pela ajuda recebida.
>
> Esse jeito de falar sempre me serviu bem, mas, agora, tenho de pensar duas vezes antes de repeti-lo. Dando uma boa olhada no espelho, meus olhos confirmam que já não sou mais a pessoa da qual a minha mente se lembra.
>
> Ser jovem tem muitas vantagens, mas, com a idade, vem a alegria de refletir sobre a fidelidade de Deus. Davi nos lembra no Salmo 37: "Fui jovem e agora sou velho, mas nunca vi o justo ser abandonado, nem seus filhos mendigarem pão" (v.25).
>
> Agora que estou mais idosa, penso e reflito sobre como poderia ter passado pela minha cabeça o pensamento de que Deus me abandonou. Sim, Ele permitiu que eu enfrentasse o que pareciam dificuldades intransponíveis, mas, hoje, sei que eram apenas circunstâncias para me moldar. Deus sempre me guardou e, quando tropeço, sei que Ele não me deixará cair. "O Senhor dirige os passos do justo; ele se agrada de quem anda em seu caminho. Ainda que tropece, não cairá, pois o Senhor o segura pela mão (vv.23,24).
>
> Envelhecemos o tempo todo, mas podemos também nos tornar mais agradecidas pelas muitas misericórdias de Deus. Acima de tudo, somos gratas por Ele ter colocado o amor por Sua lei em nosso coração e impedido que os nossos passos vacilassem (v.31).
>
> *Pai celestial, a Tua Palavra nos diz que tu não nos deixarás cair. Ajuda-nos a lembrar que te importas até com os menores detalhes da vida e que estás sempre presente para nos segurar com Tua forte mão.*
>
> **A fidelidade de Deus se multiplica à medida que os anos passam.**

---

38 *Salmo de Davi, em que pede a Deus que se lembre dele.*

¹Ó Senhor, não me repreendas em tua ira,
nem me disciplines em tua fúria!
²Tuas flechas se cravam fundo em mim,
e o peso de tua mão me esmaga.
³Por causa de tua ira, todo o meu corpo adoece;

minha saúde está arruinada, por causa de meu pecado.
⁴Minha culpa me sufoca;
é um fardo pesado e insuportável.
⁵Minhas feridas infeccionaram e cheiram mal,
por causa de minha insensatez.
⁶Estou encurvado e atormentado;
entristecido, ando o dia todo de um lado para o outro.
⁷Meu corpo arde em febre,
minha saúde está arruinada.
⁸Estou exausto e abatido;
meus gemidos vêm de um coração angustiado.
⁹Tu conheces meus desejos, Senhor,
e ouves cada um de meus suspiros.
¹⁰Meu coração bate depressa, minhas forças se esvaem,
e a luz de meus olhos se apaga.
¹¹Amigos e conhecidos se afastam de mim,
por causa de minha doença,
e até minha família se mantém distante.
¹²Meus inimigos preparam armadilhas para me matar;
os que desejam meu mal tramam para me arruinar
e passam o dia planejando sua traição.
¹³Eu, porém, me faço de surdo para suas ameaças;
como mudo, permaneço calado diante deles.
¹⁴Escolhi nada ouvir
e nada responder.
¹⁵Pois espero por ti, ó Senhor;
responde por mim, Senhor, meu Deus.
¹⁶Orei: "Não deixes que meus inimigos zombem de mim,
nem que se divirtam com minha queda".
¹⁷Estou à beira de um colapso;
enfrento dor constante.
¹⁸Confesso, porém, minha culpa;
sinto profundo lamento do que fiz.
¹⁹Meus inimigos são muitos e fortes;
eles me odeiam sem razão.
²⁰Pagam o bem com o mal
e opõem-se a mim porque procuro o bem.
²¹Não me abandones, Senhor;
não permaneças distante, meu Deus.
²²Vem depressa me ajudar,
ó Senhor, meu salvador!

39

Para Jedutum, regente do coral: salmo de Davi.

¹Disse comigo: "Tomarei cuidado com o que faço
e não pecarei no que digo.
Ficarei calado
enquanto o perverso estiver por perto".
²Mas, enquanto eu estava em silêncio,
sem falar sequer de coisas boas,
a angústia cresceu dentro de mim.
³Quanto mais eu pensava,
mais ardia meu coração;
então, decidi falar:
⁴"Mostra-me, Senhor, como é breve meu tempo na terra;
mostra-me que meus dias estão contados
e que minha vida é passageira.
⁵A vida que me deste não é mais longa que alguns palmos,
e diante de ti toda a minha existência não passa de um momento;
na verdade, o ser humano não passa de um sopro".

Interlúdio

⁶Somos apenas sombras que se movem,
e nossas inquietações não dão em nada.
Acumulamos riquezas
sem saber quem as gastará.
⁷Agora, Senhor, o que devo esperar?
És minha única esperança.
⁸Livra-me de minha rebeldia
e não permitas que os tolos zombem de mim.
⁹Estou calado; não direi uma só palavra,
pois minha punição vem de ti.
¹⁰Mas, por favor, para de me castigar;
os golpes de tua mão me reduzem a nada!
¹¹Quando nos disciplinas por nossos pecados,
consomes como a traça o que nos é mais precioso;
o ser humano não passa de um sopro.

Interlúdio

¹²Ouve minha oração, Senhor!
   Escuta meus clamores por socorro!
   Não ignores minhas lágrimas,
pois sou como estrangeiro diante de ti,
   um viajante que está só de passagem,
   como eram meus antepassados.
¹³Desvia de mim o olhar, para que eu volte a sorrir,
   antes que eu me vá e deixe de existir.

40

Ao regente do coral: salmo de Davi.

¹Esperei com paciência pelo Senhor;
   ele se voltou para mim e ouviu meu clamor.
²Tirou-me de um poço de desespero,
   de um atoleiro de lama.
Pôs meus pés sobre uma rocha
   e firmou meus passos.
³Deu-me um novo cântico para entoar,
   um hino de louvor a nosso Deus.
Muitos verão o que ele fez,
   temerão e confiarão no Senhor.

⁴Como é feliz o que confia no Senhor,
   que não depende dos arrogantes,
   nem dos que se desviam para a mentira!
⁵Senhor, meu Deus, tu nos fizeste muitas maravilhas,
   e teus planos para nós são tantos que não se pode contá-los;
   não há ninguém igual a ti.
Se eu tentasse relatar todos os teus feitos,
   jamais chegaria ao fim.

⁶Não tens prazer em ofertas nem em sacrifícios;
   agora que me fizeste ouvir, compreendo:ª
   tu não exiges holocaustos nem ofertas pelo pecado.
⁷Então eu disse: "Aqui estou,
   conforme está escrito a meu respeito no livro.
⁸Tenho prazer em fazer tua vontade, meu Deus,
   pois a tua lei está em meu coração".

⁹Anunciei a tua justiça a toda a comunidade;
   não tive medo de falar,
   como bem sabes, ó Senhor.
¹⁰Não escondi em meu coração a tua justiça;
   falei de tua fidelidade e de tua salvação.
Proclamei a toda a comunidade
   o teu amor e a tua verdade.

¹¹Senhor, não retenhas de mim a tua compaixão;
   que o teu amor e a tua verdade sempre me protejam.
¹²Pois as dificuldades me cercam;
   são tantas que não se pode contá-las.
Meus pecados se acumularam de tal modo
   que não consigo enxergar saída.
São mais numerosos que os cabelos de minha cabeça;
   por isso, perdi todo o ânimo.

¹³Por favor, Senhor, livra-me!
   Vem depressa, Senhor, e ajuda-me!
¹⁴Sejam envergonhados e humilhados
   os que procuram me matar.
Voltem atrás em desonra
   os que se alegram com a minha desgraça.
¹⁵Recuem horrorizados com a própria vergonha,
   pois disseram: "Ah! Agora o pegamos!".

¹⁶Alegrem-se e exultem, porém,
   todos que te buscam.
Todos que amam tua salvação,
   digam sempre: "Grande é o Senhor!".
¹⁷Quanto a mim, pobre e aflito,
   que o Senhor me mantenha em seus pensamentos.
Tu és meu auxílio e minha salvação;
   ó meu Deus, não te demores!

41

Ao regente do coral: salmo de Davi.

¹Como é feliz aquele que se importa com o pobre!
Em tempos de aflição, o Senhor o livra.
²O Senhor o protege
   e lhe conserva a vida.
Ele o faz prosperar na terra
   e o livra de seus inimigos.
³O Senhor cuida dele quando fica doente
   e lhe restaura a saúde.

ª **40.6** A Septuaginta traz *tu me deste um corpo*. Comparar com Hb 10.5.

⁴Orei: "Ó Senhor, tem misericórdia de mim!
Cura-me, pois pequei contra ti!".
⁵Meus inimigos, porém, só falam mal de mim:
"Quando ele morrerá e será esquecido?".
⁶Visitam-me como se fossem meus amigos,
mas todo o tempo reúnem calúnias contra mim
e depois as espalham por aí.
⁷Todos que me odeiam falam de mim em sussurros
e imaginam o pior.
⁸"Ele está com uma doença mortal", dizem,
"nunca mais se levantará da cama!"
⁹Até meu melhor amigo, em quem eu confiava
e com quem repartia meu pão, voltou-se contra mim.
¹⁰Senhor, tem misericórdia de mim!
Devolve-me a saúde, para que eu lhes dê o que merecem.
¹¹Sei que te agradas de mim,
pois não deixaste que meus inimigos triunfassem.
¹²Preservaste minha vida porque sou inocente
e trouxeste-me à tua presença para sempre.
¹³Louvado seja o Senhor, o Deus de Israel,
de eternidade a eternidade.
Amém e amém!

Livro 2 (Salmos 42—72)

42 *Ao regente do coral: salmo^a dos descendentes de Corá.*

¹Como a corça anseia pelas correntes de água,
assim minha alma anseia por ti, ó Deus.
²Tenho sede de Deus, do Deus vivo;
quando poderei estar na presença dele?
³Dia e noite, as lágrimas têm sido meu alimento,
enquanto zombam de mim o tempo todo,
dizendo: "Onde está o seu Deus?".
⁴Meu coração se enche de tristeza,
pois me lembro de como eu andava com a multidão de adoradores,
à frente do cortejo que subia até a casa de Deus,
cantando de alegria e dando graças,
em meio aos sons de uma grande festa.

⁵Por que você está tão abatida, ó minha alma?
Por que está tão triste?
Espere em Deus!
Ainda voltarei a louvá-lo,
meu Salvador e ⁶meu Deus!

Agora estou profundamente abatido,
mas me lembro de ti,
desde o distante monte Hermom, onde nasce o Jordão,
desde a terra do monte Mizar.
⁷Ouço o tumulto do mar revolto,
enquanto suas ondas e correntezas passam sobre mim.
⁸Durante o dia, porém, o Senhor me derrama seu amor,
e à noite entoo seus cânticos
e faço orações ao Deus que me dá vida.

⁹Clamo: "Ó Deus, minha rocha,
por que te esqueceste de mim?
Por que tenho de andar entristecido,
oprimido por meus inimigos?".
¹⁰Os insultos deles me quebram os ossos;
zombam de mim o tempo todo,
dizendo: "Onde está o seu Deus?".

¹¹Por que você está tão abatida, ó minha alma?
Por que está tão triste?
Espere em Deus!
Ainda voltarei a louvá-lo,
meu Salvador e meu Deus!

43 ¹Declara-me inocente, ó Deus!
Defende-me desse povo mau,
livra-me dos falsos e injustos.
²Pois tu és minha fortaleza, ó Deus;
por que me rejeitaste?
Por que tenho de andar entristecido,
oprimido por meus inimigos?
³Envia a tua luz e a tua verdade,
para que me guiem.

---

^a **42 título** Em hebraico, *maskil*, possivelmente um termo literário ou musical.

Que elas me conduzam ao teu santo monte,
   ao lugar onde habitas.
⁴Ali, irei ao altar de Deus,
   a Deus, fonte de toda a minha alegria.
Eu te louvarei com minha harpa,
   ó Deus, meu Deus!

⁵Por que você está tão abatida, ó minha alma?
   Por que está tão triste?
Espere em Deus!
   Ainda voltarei a louvá-lo,
   meu Salvador e meu Deus!

44 *Ao regente do coral: salmo*[a] *dos descendentes de Corá.*

¹Ó Deus, ouvimos com os próprios ouvidos;
   nossos antepassados nos contaram
tudo que fizeste em seus dias,
   muito tempo atrás.
²Com teu poder, expulsaste as nações
   e estabeleceste teu povo na terra.
Esmagaste os povos inimigos
   e libertaste nossos antepassados.
³Não foi por suas espadas que eles conquistaram a terra,
   não foi pela força de seus braços que alcançaram vitória.
Foi pela tua mão direita e pelo teu braço forte,
   pela luz intensa do teu rosto;
   foi por causa do teu amor por eles.

⁴Tu és meu Rei e meu Deus;
   decretas vitórias para Israel.[b]
⁵Com teu poder, afastamos nossos inimigos;
   em teu nome, pisoteamos nossos adversários.
⁶Não confio em meu arco,
   não conto com minha espada para me salvar.
⁷Tu nos concedes vitória sobre nossos inimigos
   e envergonhas os que nos odeiam.
⁸Ó Deus, o dia todo te damos glória
   e louvamos teu nome para sempre. *Interlúdio*

⁹Agora, porém, tu nos rejeitaste e nos envergonhaste;
   já não conduzes nossos exércitos para as batalhas.
¹⁰Tu nos fazes bater em retirada diante de nossos inimigos
   e permites que sejamos saqueados por aqueles que nos odeiam.
¹¹Entregaste-nos como ovelhas para o matadouro
   e espalhaste-nos entre as nações.
¹²Vendeste teu povo precioso por uma ninharia
   e não tiveste lucro com a venda.
¹³Permitiste que as nações vizinhas zombassem de nós;
   somos objeto de desprezo e ridículo para os que nos rodeiam.
¹⁴Fizeste de nós motivo de riso entre as nações;
   com desdém, balançam a cabeça para nós.
¹⁵Não há como escapar da humilhação constante;
   temos o rosto coberto de vergonha.
¹⁶Não ouvimos outra coisa,
   senão os insultos dos que zombam de nós.
Não vemos outra coisa,
   senão os inimigos que desejam vingança.

¹⁷Tudo isso aconteceu sem que nos esquecêssemos de ti,
   sem que fôssemos infiéis à tua aliança.
¹⁸Nosso coração não te abandonou,
   não desviamos os pés de teu caminho.
¹⁹Tu, porém, nos esmagaste no deserto,
   onde vivem os chacais,
   e nos cobriste de escuridão e morte.
²⁰Se tivéssemos nos esquecido do nome de nosso Deus,
   ou estendido as mãos em oração a deuses estrangeiros,
²¹Deus com certeza saberia,
   pois ele conhece os segredos de cada coração.

---

[a] **44 título** Em hebraico, *maskil*, possivelmente um termo literário ou musical. [b] **44.4** Em hebraico, *para Jacó*. Os nomes "Jacó" e "Israel" são usados de forma intercambiável ao longo de todo o Antigo Testamento e se referem, por vezes, ao patriarca e, em outras ocasiões, à nação.

²²Mas, por causa de ti, enfrentamos a morte todos os dias;
somos como ovelhas levadas para o matadouro.
²³Desperta, Senhor! Por que dormes? Levanta-te! Não nos rejeites para sempre!
²⁴Por que escondes o rosto de nós?
Por que te esqueces de nosso sofrimento e opressão?
²⁵Desfalecemos no pó,
caídos com o corpo no chão.
²⁶Levanta-te e ajuda-nos!
Resgata-nos por causa do teu amor!

45

Ao regente do coral: canção de amor para ser cantada com a melodia "Lírios". Salmo[a] *dos descendentes de Corá.*

¹Lindas palavras comovem meu coração;
recitarei um belo poema a respeito do rei,
pois minha língua é como a pena de um habilidoso escritor.
²Tu és o mais belo de todos;
palavras graciosas fluem de teus lábios.
Sim, Deus te abençoou para sempre.
³Põe tua espada à cintura, ó poderoso guerreiro;
tu és glorioso e majestoso!
⁴Em tua majestade, cavalga para a vitória
e defende a verdade, a humildade e a justiça;
avança e realiza feitos notáveis.
⁵Tuas flechas são agudas e atravessam o coração de teus inimigos;
as nações caem a teus pés.
⁶Teu trono, ó Deus,[b] permanece para todo o sempre;
tu governas com cetro de justiça.
⁷Amas a justiça e odeias o mal;
por isso, Deus, o teu Deus, te ungiu.
Derramou sobre ti o óleo da alegria
mais que sobre qualquer outro.
⁸Mirra, aloés e cássia perfumam tuas roupas;
em palácios de marfim, instrumentos de cordas te alegram.
⁹Entre as mulheres de tua corte há filhas de reis;
à tua direita, está a rainha,
usando joias de ouro puro de Ofir.
¹⁰Ouça, ó filha de rei; leve a sério o que digo.
Esqueça seu povo e sua família,
¹¹pois o rei, seu marido, se encanta com sua beleza;
honre-o, pois ele é seu senhor.
¹²A cidade de Tiro[c] a cobrirá de presentes,
os ricos suplicarão por seu favor.
¹³A princesa é uma linda noiva,
belíssima em seu vestido dourado.
¹⁴Em suas roupas bordadas, é levada até o rei,
acompanhada de suas damas de honra.
¹⁵Formam um grupo alegre e festivo
que entra no palácio real.
¹⁶Teus filhos serão reis, como o pai deles;
tu os farás governantes de muitas terras.
¹⁷Eu darei honra ao teu nome por todas as gerações;
por isso, as nações te louvarão para todo o sempre.

46

Ao regente do coral: cântico dos descendentes de Corá, para ser cantado com vozes de soprano.[d]

¹Deus é nosso refúgio e nossa força,
sempre pronto a nos socorrer em tempos de aflição.
²Portanto, não temeremos quando vierem terremotos
e montes desabarem no mar.
³Que o oceano estrondeie e espumeje!
Que os montes estremeçam enquanto as águas se elevam!

Interlúdio

⁴Um rio e seus canais alegram a cidade de nosso Deus,
o santo lugar do Altíssimo.
⁵Deus habita nessa cidade, e ela não será destruída;
desde o amanhecer, Deus a protegerá.
⁶As nações estão em confusão,
e seus reinos desmoronam.

---

[a] 45 título Em hebraico, *maskil*, possivelmente um termo literário ou musical. [b] 45.6 Ou *Teu trono divino*. [c] 45.12 Ou *A princesa de Tiro*; o hebraico traz *A filha de Tiro*. [d] 46 título Em hebraico, *de acordo com alamoth*.

A voz de Deus troveja,
 e a terra se dissolve.
⁷O S<small>ENHOR</small> dos Exércitos está entre nós;
 o Deus de Jacó é nossa fortaleza.

Interlúdio

⁸Venham, contemplem as gloriosas obras
 do S<small>ENHOR</small>!
 Vejam como ele traz destruição sobre o
 mundo!
⁹Acaba com as guerras em toda a terra,
 quebra o arco e parte ao meio a lança,
 e destrói os escudos com fogo.
¹⁰"Aquietem-se e saibam que eu sou Deus!
 Serei honrado entre todas as nações;
 serei honrado no mundo inteiro."
¹¹O S<small>ENHOR</small> dos Exércitos está entre nós;
 o Deus de Jacó é nossa fortaleza.

Interlúdio

47
Ao regente do coral: salmo dos descendentes de Corá.

¹Batam palmas, todos os povos!
 Celebrem a Deus em alta voz!
²Pois o S<small>ENHOR</small> Altíssimo é temível;
 é o grande Rei de toda a terra.
³Ele derrota os povos diante de nós
 e põe as nações sob nossos pés.
⁴Escolheu para nós uma terra como
 herança,
 o orgulho dos descendentes de Jacó, a
 quem ele ama.

Interlúdio

⁵Deus subiu em meio a gritos de alegria;
 o S<small>ENHOR</small> se elevou ao forte som de
 trombetas.
⁶Cantem louvores a Deus, cantem louvores,
 cantem louvores ao nosso Rei, cantem
 louvores!
⁷Pois Deus é o Rei de toda a terra;
 louvem-no com um salmo.ᵃ
⁸Deus reina sobre as nações,
 sentado em seu santo trono.
⁹Os governantes do mundo se juntaram
 ao povo do Deus de Abraão.
 Pois todos os reis da terra pertencem a
 Deus;

ᵃ **47.7** Em hebraico, *maskil*, possivelmente um termo literário ou musical.

PÃO DIÁRIO

Socorro!

Deus é nosso refúgio e nossa força, sempre pronto a nos socorrer em tempos de aflição.

—Salmo 46.1

As pessoas devem ligar para o número 190 apenas em casos de emergências, mas muita gente não entende ou não segue a regra. Os operadores de emergências policiais já receberam chamadas de pessoas dizendo que o aparelho de televisão não estava funcionando, perguntando quando pararia de chover ou querendo registrar um roubo anonimamente.

Frequentemente, questiono se muitas das nossas orações pedindo ajuda soam fúteis para Deus. É impossível saber, mas tenho certeza de algo: em nossos momentos de maior necessidade, o Senhor não apenas ouve os nossos clamores, mas também se faz presente.

O Salmo 46 descreve momentos de grande calamidade, incluindo guerras e desastres naturais. Ainda assim, é um cântico de confiança que começa e termina com a mesma afirmação: "Deus é nosso refúgio e nossa força, sempre pronto a nos socorrer em tempos de aflição. [...] O S<small>ENHOR</small> dos Exércitos está entre nós; o Deus de Jacó é nossa fortaleza" (vv.1,11).

O Senhor está sempre agindo para realizar os Seus propósitos — mesmo quando o mundo parece estar desmoronando. Ele nos diz: "Aquietem-se e saibam que eu sou Deus! Serei honrado entre todas as nações; serei honrado no mundo inteiro" (v.10).

Não precisamos temer. Quando clamarmos por socorro, saberemos que Ele ouve e que estará por perto.

Amado Senhor, ajuda-me a saber que nenhuma necessidade é pequena demais para chamar a Tua atenção. Graças te dou, porque estás sempre presente, és o nosso refúgio e fortaleza, e nosso Pai compassivo que nos consola.

A ajuda de Deus está apenas a uma oração de distância!

---

ele é grandemente exaltado em toda
 parte.

48
Cântico; salmo dos descendentes de Corá.

¹Grande é o S<small>ENHOR</small>
 e muito digno de louvor,
 na cidade de nosso Deus,
 em seu santo monte.

²O monte Sião, o santo monte,ª
  é alto e magnífico;
toda a terra se alegra em vê-lo;
  é a cidade do grande Rei.
³O próprio Deus está em suas torres
  e se revela como seu protetor.

⁴Os reis da terra uniram forças
  e avançaram contra a cidade.
⁵Mas, quando a viram, ficaram espantados
  e fugiram aterrorizados.
⁶Foram tomados de medo
  e se contorceram de dores, como a mulher no parto.
⁷Tu os destruíste como os navios de Társis,
  despedaçados por um forte vento do leste.

⁸Tínhamos ouvido falar da glória da cidade,
  mas agora a vimos com os próprios olhos,
  a cidade do Senhor dos Exércitos.
É a cidade de nosso Deus,
  que a manterá segura para sempre.
                                    Interlúdio

⁹Ó Deus, em teu amor meditamos
  enquanto adoramos em teu templo.
¹⁰Como teu nome merece, ó Deus,
  serás louvado até os confins da terra;
  tua forte mão direita está cheia de vitória.
¹¹Alegre-se o povo no monte Sião!
  Todas as cidades de Judá exultem
  por causa de teus decretos!

¹²Percorram a cidade de Sião,
  vão e contem suas muitas torres.
¹³Observem os muros fortificados
  e caminhem por todas as cidadelas,
para que possam descrevê-las
  às gerações futuras.
¹⁴Pois assim é nosso Deus;
  ele é nosso Deus para todo o sempre
  e nos guiará até o dia de nossa morte.

49
Ao regente do coral: salmo dos descendentes de Corá.

¹Ouçam isto, todos os povos!
  Escutem, todos os habitantes da terra!
²Toda a humanidade, sem exceção,
  tanto ricos como pobres, prestem atenção!
³Pois minhas palavras são sábias,
  e meus pensamentos, cheios de entendimento.
⁴Ouço muitos provérbios com atenção
  e, ao som da harpa, explico enigmas.

⁵Por que terei medo quando vierem as dificuldades,
  quando inimigos perversos me cercarem?
⁶Eles confiam em seus bens
  e contam vantagem de suas grandes riquezas.
⁷Mas não são capazes de se redimir da morte[b]
  e pagar um resgate a Deus.
⁸O preço para resgatar uma vida é altíssimo,
  e ninguém é capaz de pagar o suficiente
⁹para viver para sempre
  e jamais ver a sepultura.

¹⁰Os sábios, no fim, morrerão,
  como os tolos e os ignorantes,
  que deixam toda a sua riqueza para trás.
¹¹A sepultura[c] é seu lar eterno,
  onde ficarão para sempre.
Dão o próprio nome às suas terras,
  ¹²mas a sua fama não durará;
  como os animais, eles também morrerão.
¹³Esse é o destino dos tolos,
  embora sejam admirados pelo que dizem.[d]
                                    Interlúdio

¹⁴Como ovelhas, são levados à sepultura,[e]
  onde a morte será seu pastor.
Pela manhã, os justos governarão sobre eles;

ª**48.2** Ou *monte Sião, no extremo norte*; o hebraico traz *monte Sião, as alturas de Zafom*. ᵇ**49.7** Alguns manuscritos hebraicos trazem *Ninguém é capaz de redimir a vida de outra pessoa*. ᶜ**49.11** Conforme a Septuaginta e a versão siríaca; o hebraico traz *O seu [pensamento] interior*. ᵈ**49.13** Ou *embora sejam lembrados como sábios*. O significado do hebraico é incerto. ᵉ**49.14** Em hebraico, *Sheol*; também em 49.14b,15.

seus corpos apodrecerão na sepultura,
  longe de suas grandes propriedades.
¹⁵Quanto a mim, Deus resgatará minha vida
  e me livrará do poder da sepultura.

Interlúdio

¹⁶Portanto, não desanimem quando o
    perverso enriquecer
  e sua casa se tornar ainda mais luxuosa.
¹⁷Pois, quando morrer, nada levará consigo;
  sua riqueza não o acompanhará ao
    túmulo.
¹⁸Nesta vida, ele se considera afortunado
  e é elogiado por seu sucesso.
¹⁹Contudo, morrerá como todos os seus
    antepassados
  e nunca mais voltará a ver a luz do dia.
²⁰Os que contam vantagem de suas
    riquezas nada entendem;
  como os animais, também morrerão.

50

Salmo de Asafe.

¹O S<small>ENHOR</small>, o Deus Poderoso, falou;
  convocou toda a humanidade,
  desde onde o sol nasce até onde se põe.
²Do monte Sião, lugar de perfeita beleza,
  Deus resplandece.
³Nosso Deus se aproxima
  e não está em silêncio.
Fogo devora tudo em seu caminho,
  e ao seu redor há uma grande
    tempestade.
⁴Ele convoca os céus em cima e a terra
    embaixo,
  para testemunharem o julgamento de
    seu povo.
⁵"Tragam aqui os que me são fiéis,
  os que fizeram comigo uma aliança de
    oferta de sacrifícios."
⁶Então, que os céus proclamem sua justiça,
  pois o próprio Deus será o juiz.

Interlúdio

⁷"Ó meu povo, ouça o que direi,
  estas são minhas acusações contra você,
    ó Israel:
  Eu sou Deus, o seu Deus!
⁸Não o reprovo por seus sacrifícios,
  nem pelos holocaustos que sempre
    oferecem.
⁹Não preciso, contudo, dos novilhos de
    seus estábulos,
  nem dos bodes de seus currais.
¹⁰Pois são meus todos os animais dos
    bosques,
  e sou dono do gado nos milhares de
    colinas.
¹¹Conheço cada pássaro dos montes,
  e todos os animais dos campos me
    pertencem.
¹²Se eu tivesse fome, não lhes diria,
  pois meu é o mundo inteiro e tudo que
    nele há.
¹³Acaso como a carne de touros
  ou bebo o sangue de bodes?
¹⁴Ofereçam a Deus seu sacrifício de
    gratidão
  e cumpram os votos que fizerem ao
    Altíssimo.
¹⁵Então clamem a mim em tempos de
    aflição;
  eu os livrarei,
  e vocês me darão glória."

¹⁶Ao perverso, porém, Deus diz:
  "De que adianta recitar meus decretos
  e falar a respeito de minha aliança?
¹⁷Pois você recusa minha disciplina
  e trata minhas palavras como lixo.
¹⁸Quando vê ladrões, aprova o que fazem
  e passa seu tempo com adúlteros.
¹⁹Sua boca está cheia de maldade,
  e sua língua, repleta de mentiras.
²⁰Vive a caluniar seu irmão,
  filho de sua própria mãe.
²¹Enquanto você assim agia, permaneci
    calado,
  e você pensou que éramos iguais.
Agora, porém, o repreenderei;
  contra você apresentarei minhas
    acusações.
²²Pensem bem e arrependam-se
  todos vocês que de mim se esquecem;
caso contrário, eu os despedaçarei
  e ninguém os ajudará.
²³A gratidão, porém, é um sacrifício que de
    fato me honra;
  se permanecerem em meus caminhos,
  eu lhes revelarei a salvação de Deus".

> **PÃO DIÁRIO**
>
> ## O velho trator
>
> *Restaura em mim a alegria de tua salvação e torna-me disposto a te obedecer.*
> —Salmo 51.12
>
> Meu amigo Geraldo restaura tratores. Certa vez, contou-me sobre um antigo trator, que servira o seu proprietário fielmente durante décadas, parado há anos nos campos de um fazendeiro.
>
> Quando Geraldo finalmente conseguiu dar partida no trator, o motor estava num estado tão ruim que não conseguiria puxar nem um carrinho de criança, quanto mais um arado. As correias estavam quebradas; os arames fendidos; as válvulas enferrujadas e o carburador desregulado.
>
> Com mãos hábeis, Geraldo começou a trabalhar. Ele substituiu as válvulas e regulou o carburador. Depois de colocar tudo de volta e dar partida, o motor soou ruidosamente. Hoje, ele pode puxar um arado com mais potência do que nunca. Com a habilidade de Geraldo em restaurar, o trator fará tudo aquilo que foi programado para fazer.
>
> No Salmo 51, Davi se arrependeu do pecado que havia cometido com Bate-Seba e pediu a Deus que restaurasse a comunhão que ele já havia usufruído um dia. Ele orou: "Cria em mim, ó Deus, um coração puro [...]. Restaura em mim a alegria de tua salvação" (vv.10-12).
>
> Será que você acabou por desfalecer, espiritualmente, por pecado ou negligência? Busque o Senhor agora mesmo. Coloque-se em Seus braços de amor. Confesse seu pecado, arrependa-se e peça-lhe o Seu perdão. Ele deseja restaurá-la e torná-la uma cristã novamente produtiva.
>
> *Querido Deus, percebo que te decepcionei, que pequei e, por isso, preciso do Teu perdão. Por favor, anda ao meu lado e dá-me a certeza do Teu perdão e graça. Restaura em mim a alegria da Tua salvação, Senhor.*
>
> **Deus é especialista em restauração.**

51
Ao regente do coral: salmo de Davi, sobre a ocasião em que o profeta Natã veio falar com Davi após o adultério com Bate-Seba.

¹Tem misericórdia de mim, ó Deus,
  por causa do teu amor.
Por causa da tua grande compaixão,
  apaga as manchas de minha rebeldia.
²Lava-me de toda a minha culpa,
  purifica-me do meu pecado.
³Pois reconheço minha rebeldia;
  meu pecado me persegue todo o tempo.
⁴Pequei contra ti, somente contra ti;
  fiz o que é mau aos teus olhos.
Por isso, tens razão no que dizes,
  e é justo teu julgamento contra mim.[a]
⁵Pois sou pecador desde que nasci,
  sim, desde que minha mãe me concebeu.
⁶Tu, porém, desejas a verdade no íntimo
  e no coração me mostras a sabedoria.[b]
⁷Purifica-me de minha impureza,[c] e ficarei limpo;
  lava-me, e ficarei mais branco que a neve.
⁸Devolve-me a alegria e a felicidade!
  Tu me quebraste;
  agora, permite que eu exulte outra vez.
⁹Não continues a olhar para meus pecados;
  remove as manchas de minha culpa.
¹⁰Cria em mim, ó Deus, um coração puro;
  renova dentro de mim um espírito firme.
¹¹Não me expulses de tua presença
  e não retires de mim teu Santo Espírito.[d]
¹²Restaura em mim a alegria de tua salvação
  e torna-me disposto a te obedecer.
¹³Então ensinarei teus caminhos aos rebeldes,
  e eles voltarão a ti.
¹⁴Perdoa-me por ter derramado sangue, ó Deus de minha salvação;
  então, com alegria, anunciarei tua justiça.
¹⁵Abre meus lábios, Senhor,
  para que minha boca te louve.
¹⁶Tu não desejas sacrifícios, do contrário eu os ofereceria;
  também não queres holocaustos.
¹⁷O sacrifício que desejas é um espírito quebrantado;
  não rejeitarás um coração humilde e arrependido.
¹⁸Olha com favor para Sião e ajuda-a;
  reconstrói os muros de Jerusalém.
¹⁹Então te agradarás dos sacrifícios de justiça,

---

[a] **51.4** A Septuaginta traz *e ganharás tua causa no juízo*. Comparar com Rm 3.4. [b] **51.6** Ou *Tu, porém, desejas a verdade desde o ventre, / e mesmo ali me ensinavas sabedoria*. [c] **51.7** Em hebraico, *Purifica-me com o ramo de hissopo*. [d] **51.11** Ou *teu espírito de santidade*.

dos holocaustos e das ofertas
queimadas;
e sobre teu altar novilhos voltarão a ser
sacrificados.

52

Ao regente do coral: salmo[a] de Davi sobre a ocasião em que Doegue, o edomita, disse a Saul: "Davi foi à casa de Aimeleque".

¹Por que conta vantagem de seus crimes,
grande guerreiro?
Não sabe que o amor de Deus dura para
sempre?
²O dia todo você trama destruição;
sua língua mentirosa corta como navalha
afiada.
³Ama o mal mais que o bem
e fala mais mentiras que verdades.

Interlúdio

⁴Você gosta de destruir os outros com suas
palavras,
seu mentiroso!
⁵Por isso, Deus o destruirá de uma vez por
todas;
ele o tirará de sua casa e o arrancará da
terra dos vivos.

Interlúdio

⁶Os justos verão isso e temerão;
rirão de você e dirão:
⁷"Vejam o que acontece aos poderosos
guerreiros
que não fazem de Deus sua fortaleza!
Confiam em suas muitas riquezas
e se refugiam em sua maldade".
⁸Eu, porém, sou como a oliveira que
floresce na casa de Deus;
sempre confiarei no amor de Deus.
⁹Eu te louvarei para sempre, ó Deus,
por aquilo que fizeste.
Confiarei em teu bom nome,
na presença de teu povo fiel.

53

Ao regente do coral: meditação; salmo[b] de Davi.

¹Os tolos dizem em seu coração:
"Não há Deus".
São corruptos e praticam o mal;
nenhum deles faz o bem.
²Deus olha dos céus
para toda a humanidade,
para ver se alguém é sábio,
se alguém busca a Deus.
³Todos, porém, se desviaram;
todos se corromperam.[c]
Ninguém faz o bem,
nem um sequer!
⁴Acaso os que praticam o mal jamais
aprenderão?
Devoram meu povo como se fosse pão
e nem pensam em orar a Deus.
⁵Grande terror se apoderará deles,
terror como nunca experimentaram [d]
Deus espalhará os ossos dos que atacam
seu povo;
serão humilhados, pois Deus os rejeitou.
⁶Quem virá do monte Sião para salvar
Israel?
Quando Deus restaurar seu povo,
Jacó dará gritos de alegria, e Israel
exultará.

54

Ao regente do coral: salmo[e] de Davi sobre a ocasião em que os zifeus vieram e disseram a Saul: "Davi está escondido entre nós". Para ser acompanhado com instrumentos de cordas.

¹Vem com a força do teu nome, ó Deus, e
salva-me!
Defende-me com teu grande poder.
²Ouve minha oração, ó Deus;
escuta minha súplica.
³Pois desconhecidos me atacam,
pessoas violentas tentam me matar;
eles não se importam com Deus.

Interlúdio

⁴Deus, porém, é meu auxílio;
o Senhor me mantém com vida.
⁵Que as tramas perversas de meus
inimigos se voltem contra eles;
destrói-os, como prometeste.
⁶Oferecerei a ti um sacrifício voluntário;

---

[a] **52 título** Em hebraico, *maskil*, possivelmente um termo literário ou musical. [b] **53 título** Em hebraico, *de acordo com mahalath; um maskil*, possivelmente termos literários ou musicais. [c] **53.3** A Septuaginta traz *se tornaram inúteis*. Comparar com Rm 3.12. [d] **53.5** Ou *mesmo quando não havia motivo para temer*. [e] **54 título** Em hebraico, *maskil*, possivelmente um termo literário ou musical.

louvarei teu nome, ó Senhor,
porque és bom.
⁷Pois me livraste de minhas aflições
e me ajudaste a vencer meus inimigos.

55

Ao regente do coral: salmo[a] de Davi, para ser acompanhado com instrumentos de cordas.

¹Ouve minha oração, ó Deus!
  Não ignores meu clamor por socorro!
²Ouve-me e responde-me,
  pois estou sobrecarregado e confuso.
³Meus inimigos gritam contra mim
  e fazem ameaças perversas.
Sobre mim trazem desgraças
  e me perseguem furiosamente.

⁴Dentro do peito, meu coração acelera;
  o terror da morte se apodera de mim.
⁵Sou tomado de medo e pânico,
  e não consigo parar de tremer.
⁶Quem dera eu tivesse asas como a pomba;
  voaria para longe e encontraria descanso.
⁷Sim, fugiria para bem longe,
  para o sossego do deserto.

Interlúdio

⁸Sim, eu me apressaria em escapar
  para um lugar distante do vendaval e da tempestade.
⁹Confunde-os, Senhor, e frustra seus planos,
  pois vejo violência e conflito na cidade.
¹⁰Dia e noite os muros são guardados de invasores,
  mas a perversidade e a maldade estão do lado de dentro.
¹¹Tudo está desmoronando;
  ameaça e engano correm soltos pelas ruas.

¹²Não é meu inimigo que me insulta;
  se fosse, eu poderia suportar.
Não são meus adversários que se levantam contra mim;
  deles eu poderia me esconder.
¹³Antes, é você, meu igual,
  meu companheiro e amigo chegado.
¹⁴Como era agradável a comunhão que desfrutávamos
quando acompanhávamos a multidão à casa de Deus!

¹⁵Que a morte apanhe meus inimigos de surpresa;
  que desçam vivos à sepultura,[b]
  pois a maldade mora dentro deles.

¹⁶Eu, porém, invocarei a Deus,
  e o Senhor me livrará.
¹⁷Pela manhã, ao meio-dia e à noite,
  clamo angustiado,
  e ele ouve minha voz.
¹⁸Ele me resgata e me mantém a salvo na batalha,
  embora muitos ainda estejam contra mim.
¹⁹Deus, que governa desde a eternidade,
  me ouvirá e lhes dará o que merecem.

Interlúdio

Pois meus inimigos não querem mudar sua conduta;
  eles não temem a Deus.
²⁰Quanto a meu companheiro, ele traiu seus amigos
  e não cumpriu suas promessas.
²¹Sua fala é macia como manteiga,
  mas em seu coração há guerra.
Suas palavras são suaves como azeite,
  mas na verdade são punhais.

²²Entregue suas aflições ao Senhor,
  e ele cuidará de você;
  jamais permitirá que o justo tropece e caia.

²³Tu, porém, ó Deus, lançarás os perversos
  no abismo de destruição.
Assassinos e mentirosos morrerão ainda jovens,
  mas eu sempre confiarei em ti.

56

Ao regente do coral: salmo[b] de Davi sobre a ocasião em que os filisteus o prenderam em Gate. Para ser cantado com a melodia "Pomba em carvalhos distantes".

¹Ó Deus, tem misericórdia de mim,
  pois sofro perseguição;
  meus inimigos me atacam o dia todo.

---

[a] 55 título Em hebraico, *maskil*, possivelmente um termo literário ou musical. [b] 55.15 Em hebraico, *ao Sheol*. [b] 56 título Em hebraico, *miktam*, possivelmente um termo literário ou musical.

²Vivo perseguido por aqueles que me caluniam,
e muitos me atacam abertamente.
³Quando eu tiver medo, porém,
confiarei em ti.
⁴Louvo a Deus por suas promessas,
confio em Deus e não temerei;
o que me podem fazer os simples mortais?

⁵Sempre distorcem o que digo
e passam dias tramando me prejudicar.
⁶Reúnem-se para me espionar
e vigiam meus passos, ansiosos para me matar.
⁷Castiga-os por sua maldade;
ó Deus, derruba-os em tua ira.

⁸Conheces bem todas as minhas angústias;ᵃ
recolheste minhas lágrimas num jarro
e em teu livro registraste cada uma delas.

⁹Meus inimigos baterão em retirada
quando eu clamar a ti;
uma coisa sei: Deus está do meu lado!
¹⁰Louvo a Deus por suas promessas,
sim, louvo o Senhor por suas promessas.
¹¹Confio em Deus e não temerei;
o que me podem fazer os simples mortais?

¹²Cumprirei os votos que fiz a ti, ó Deus,
e te oferecerei um sacrifício de gratidão.
¹³Pois me livraste da morte;
não deixaste que meus pés tropeçassem.
Agora, posso andar em tua presença, ó Deus,
em tua luz que dá vida.

57

Ao regente do coral: salmoᵇ de Davi sobre a ocasião em que ele fugiu de Saul para a caverna. Para ser cantado com a melodia "Não destruas!".

¹Tem misericórdia de mim, ó Deus, tem misericórdia!
Em ti me refugio.
À sombra de tuas asas me esconderei,
até que passe o perigo.
²Clamo ao Deus Altíssimo,ᶜ
ao Deus que cumpre seus propósitos para mim.
³Dos céus ele enviará socorro para me salvar
e envergonhará os que me perseguem.
Interlúdio

Meu Deus enviará seu amor e sua fidelidade!

⁴Estou cercado de leões ferozes,
ansiosos para devorar suas presas humanas.
Seus dentes são como lanças e flechas,
e sua língua corta como espada afiada.

⁵Sê exaltado, ó Deus, acima dos mais altos céus;
que a tua glória brilhe sobre toda a terra!
⁶Meus inimigos me prepararam uma armadilha;
estou exausto de tanta angústia.
Abriram uma cova profunda em meu caminho,
mas eles próprios caíram nela.
Interlúdio

⁷Meu coração está firme em ti, ó Deus,
meu coração está firme;
por isso canto louvores a ti!
⁸Desperte, minha alma!
Despertem, lira e harpa!
Quero acordar o amanhecer com a minha canção.
⁹Eu te darei graças, Senhor, no meio dos povos;
cantarei louvores a ti entre as nações.
¹⁰Pois o teu amor se eleva até os céus;
a tua fidelidade alcança as nuvens.

¹¹Sê exaltado, ó Deus, acima dos mais altos céus;
que a tua glória brilhe sobre toda a terra!

58

Ao regente do coral: salmoᵈ de Davi, para ser cantado com a melodia "Não destruas!".

¹Vocês, governantes,ᵉ sabem o que significa justiça?
Acaso julgam o povo com imparcialidade?

ᵃ **56.8** Ou *minhas andanças*. ᵇ **57 título** Em hebraico, *miktam*, possivelmente um termo literário ou musical. ᶜ **57.2** Em hebraico, *Elohim-Elyon*. ᵈ **58 título** Em hebraico, *miktam*, possivelmente um termo literário ou musical. ᵉ **58.1** Ou *Vocês, deuses*.

²De modo algum! Tramam injustiça em seu coração
e espalham violência por toda a terra.
³Os perversos são pecadores desde o ventre materno;
mentem e se corrompem desde o nascimento.
⁴São venenosos como serpentes,
como cobras que se fazem de surdas,
⁵para não ouvir a música dos encantadores,
ainda que eles toquem com habilidade.

⁶Quebra os dentes dos perversos, ó Deus!
Despedaça, Senhor, a mandíbula desses leões!
⁷Que desapareçam como água em terra sedenta,
que se tornem inúteis as armas em suas mãos.ᵃ
⁸Que sejam como a lesma que se desmancha em lodo,
como a criança que nasce morta e nunca verá o sol.
⁹Deus os eliminará, tanto os jovens como os velhos,
mais depressa que um fogo de espinhos esquenta uma panela.

¹⁰O justo se alegrará quando vir a vingança contra a injustiça;
no sangue do perverso, lavará os pés.
¹¹Então, por fim, alguém dirá:
"De fato, há recompensa para o justo;
com certeza há um Deus que faz justiça na terra".

59

Ao regente do coral: salmoᵇ de Davi, sobre a ocasião em que Saul enviou soldados para vigiar a casa de Davi a fim de matá-lo. Para ser cantado com a melodia "Não destruas!".

¹Livra-me de meus inimigos, ó Deus,
protege-me dos que vieram me destruir.
²Livra-me dos criminosos,
salva-me dos assassinos.
³Armaram uma emboscada para mim;
inimigos ferozes estão à minha espera, Senhor,
embora eu não tenha pecado nem os tenha ofendido.
⁴Sou inocente,
mas eles se apressam em me atacar.
Desperta! Vê o que está acontecendo e ajuda-me!
⁵Ó Senhor, Deus dos Exércitos, Deus de Israel,
desperta e castiga as nações;
não tenhas misericórdia dos traidores perversos.

Interlúdio

⁶Eles saem à noite,
rosnando como cães ferozes
enquanto rondam a cidade.
⁷Ouve as coisas imundas que lhes saem da boca;
suas palavras cortam como espadas.
"Afinal, quem nos ouvirá?", dizem com desprezo.
⁸Mas tu, Senhor, ris deles;
zombas das nações.
⁹És minha força; em ti espero,
pois tu, ó Deus, és minha fortaleza.
¹⁰Em seu amor, meu Deus estará comigo;
permitirá que eu triunfe sobre meus inimigos.

¹¹Não os mates, para que meu povo não se esqueça depressa;
dispersa-os com teu poder e derruba-os,
ó Senhor, nosso escudo.
¹²Pelas coisas pecaminosas que dizem,
pelo mal que há em seus lábios,
que sejam apanhados em seu orgulho,
em suas maldições e mentiras.
¹³Destrói-os em tua ira!
Extermina-os por completo!
Então o mundo todo saberá
que Deus reina em Israel.ᶜ

Interlúdio

¹⁴Eles saem à noite,
rosnando como cães ferozes
enquanto rondam a cidade.
¹⁵Andam à procura de alimento,
mas vão dormir insatisfeitos.ᵈ

ᵃ **58.7** Ou *que eles sejam pisoteados e sequem como grama*. O significado do hebraico é incerto. ᵇ **59 título** Em hebraico, *miktam*, possivelmente um termo literário ou musical. ᶜ **59.13** Em hebraico, *em Jacó*. Ver nota em 44.4. ᵈ **59.15** Ou *rosnam se não conseguem o suficiente*.

¹⁶Eu, porém, cantarei sobre o teu poder;
  cada manhã, cantarei com alegria sobre
    o teu amor.
Pois tu tens sido minha fortaleza,
  lugar seguro em minha aflição.
¹⁷Ó minha Força, a ti canto louvores,
  pois tu, ó Deus, és minha fortaleza,
  o Deus que mostra amor por mim.

60

Ao regente do coral: salmo[a] de Davi, útil para o ensino, sobre a ocasião em que Davi lutou contra Arã-Naaraim e Arã-Zobá, e Joabe regressou e matou doze mil edomitas no vale do Sal. Para ser cantado com a melodia "Lírio do testemunho".

¹Tu nos rejeitaste, ó Deus, e quebraste
    nossas defesas;
  sobre nós derramaste tua ira; agora,
    restaura-nos.
²Sacudiste nossa terra e nela abriste
    fendas;
  repara as brechas, pois a terra
    estremece.
³Foste muito severo conosco, teu povo,
  e nos fizeste beber vinho que nos deixou
    atordoados.
⁴Contudo, levantaste uma bandeira para os
    que te temem,
  um ponto de abrigo em meio ao ataque.
                                      Interlúdio

⁵Agora, livra teu povo amado;
  responde-nos e salva-nos por teu
    poder.
⁶Deus, em seu santuário,[b] prometeu:
  "Com alegria dividirei Siquém
  e medirei o vale de Sucote.
⁷Gileade é minha, e também Manassés;
  Efraim é meu capacete,
  e Judá, meu cetro.
⁸Moabe é minha bacia de lavar;
  sobre Edom limparei os pés
  e darei um grito de triunfo sobre a
    Filístia".

⁹Quem me levará à cidade fortificada?
  Quem me guiará até Edom?
¹⁰Acaso nos rejeitaste, ó Deus?
  Não marcharás mais com nossos
    exércitos?
¹¹Ajuda-nos contra nossos inimigos,
  pois todo socorro humano é inútil.
¹²Com o auxílio de Deus, realizaremos
    grandes feitos,
  pois ele pisará os nossos inimigos.

61

Ao regente do coral: salmo de Davi, para ser acompanhado com instrumentos de cordas.

¹Ó Deus, ouve meu clamor!
  Escuta minha oração!
²Dos confins da terra clamo a ti,
  com meu coração sobrecarregado.
Leva-me à rocha alta e segura,
  ³pois és meu refúgio e minha fortaleza,
  onde meus inimigos não me alcançarão.
⁴Permite-me viver para sempre em teu
    santuário,
  seguro sob o abrigo de tuas asas!
                                      Interlúdio

⁵Pois ouviste meus votos, ó Deus,
  e me deste a bênção reservada para os
    que temem teu nome.
⁶Acrescenta muitos anos à vida do rei!
  Que ele viva por muitas gerações!
⁷Que ele reine na presença de Deus para
    sempre,
  e que o teu amor e a tua fidelidade o
    guardem.
⁸Então cantarei para sempre louvores ao
    teu nome,
  enquanto cumpro meus votos a cada
    dia.

62

Para Jedutum, regente do coral: salmo de Davi.

¹Em silêncio diante de Deus, minha alma
    espera,
  pois dele vem minha vitória.
²Somente ele é minha rocha e minha
    salvação,
  minha fortaleza onde jamais serei
    abalado.
³São tantos os inimigos contra um só
    homem;
  todos tentam me matar.
Para eles, não passo de um muro inclinado
  ou uma cerca prestes a cair.

---

[a] **60 título** Em hebraico, *miktam*, possivelmente um termo literário ou musical. [b] **60.6** Ou *em sua santidade*.

⁴Planejam me derrubar de minha posição elevada;
  têm prazer em contar mentiras.
Diante de mim, me elogiam;
  em seu coração, porém, me amaldiçoam.

Interlúdio

⁵Que minha alma espere em silêncio diante de Deus,
  pois nele está minha esperança.
⁶Somente ele é minha rocha e minha salvação,
  minha fortaleza onde não serei abalado.
⁷Minha vitória e minha honra vêm somente de Deus;
  ele é meu refúgio, uma rocha segura.
⁸Ó meu povo, confie nele em todo tempo;
  derrame o coração diante dele,
  pois Deus é nosso refúgio.

Interlúdio

⁹As pessoas são vazias e enganosas,
  como uma rajada de vento.
Se fosse colocada numa balança,
  toda a humanidade pesaria menos que um sopro.

¹⁰Não ganhem a vida por meio da extorsão,
  nem ponham sua esperança em coisas roubadas.
Se suas riquezas aumentarem,
  não façam delas o centro de sua vida.

¹¹Deus falou claramente,
  e eu ouvi várias vezes:
O poder, ó Deus, pertence a ti;
  ¹²o amor, Senhor, é teu.
Certamente retribuirás a cada um
  conforme suas ações.

63 *Salmo de Davi, sobre a ocasião em que estava no deserto de Judá.*

¹Ó Deus, tu és meu Deus;
  eu te busco de todo o coração.
Minha alma tem sede de ti;
  todo o meu corpo anseia por ti
nesta terra seca, exausta
  e sem água.
²Eu te vi em teu santuário
  e contemplei teu poder e tua glória.
³Teu amor é melhor que a própria vida;
  com meus lábios te louvarei.
⁴Sim, te louvarei enquanto viver;
  a ti em oração levantarei as mãos.
⁵Tu me satisfazes mais que um rico banquete;
  com cânticos de alegria te louvarei.

⁶Quando me deito, fico acordado pensando em ti,
  meditando a teu respeito a noite toda.
⁷Pois tu és meu auxílio;
  à sombra de tuas asas canto de alegria.
⁸Minha alma se apega a ti;
  tua forte mão direita me sustenta.

⁹Aqueles, porém, que tramam me destruir
  descerão às profundezas da terra.
¹⁰Morrerão pela espada
  e servirão de comida para os chacais.
¹¹O rei, contudo, se alegrará em Deus;
  todos que juraram falar a verdade o louvarão,
  mas os mentirosos serão calados.

64 *Ao regente do coral: salmo de Davi.*

¹Ó Deus, ouve minha queixa;
  protege-me das ameaças de meus inimigos.
²Esconde-me das tramas dessa multidão perversa,
  do tumulto dos que praticam o mal.
³Eles afiam a língua como espada
  e apontam palavras amargas como flechas.
⁴De emboscadas, atiram nos inocentes;
  atacam de repente, sem medo algum.
⁵Animam uns aos outros a fazer o mal
  e planejam como preparar armadilhas em segredo.
"Quem nos verá?", perguntam.
⁶Enquanto tramam seus crimes, dizem:
"Criamos o plano perfeito!".
Sim, o coração e a mente do ser humano
  são astutos.

⁷Deus, porém, os atingirá com suas flechas
  e repentinamente os derrubará.
⁸A própria língua os levará à ruína,
  e todos que os virem balançarão a cabeça em desprezo.
⁹Quando isso acontecer, todos temerão;

proclamarão as obras de Deus
e entenderão o que ele faz.
¹⁰Os justos se alegrarão no Senhor
e nele encontrarão refúgio,
e os que têm coração íntegro
o louvarão.

65

Ao regente do coral: cântico; salmo de Davi.

¹Que grande louvor, ó Deus,
te aguarda em Sião!
Cumpriremos os votos que te fizemos,
²pois respondes às nossas orações;
todos virão a ti.
³Embora sejam muitos os nossos pecados,
tu perdoas nossa rebeldia.
⁴Como é feliz aquele que tu escolhes para
se aproximar de ti,
aquele que vive em teus pátios.
Quantas coisas boas nos saciarão em tua
casa,
em teu santo templo.

⁵Tu respondes às nossas orações com
notáveis feitos de justiça,
ó Deus de nossa salvação.
És a esperança de todos na terra,
e até dos que navegam por mares
distantes.
⁶Formaste os montes com teu poder
e de grande força te armaste.
⁷Acalmaste a fúria dos mares e as ondas
impetuosas,
e calaste o tumulto das nações.
⁸Os habitantes dos confins da terra
se admiram com tuas maravilhas.
Desde onde o sol nasce até onde se põe,
despertas gritos de alegria.

⁹Cuidas da terra e a regas,
tornando-a rica e fértil.
O rio de Deus tem muita água;
proporciona fartura de cereais,
porque assim ordenaste.
¹⁰Encharcas o solo arado,
dissolves os torrões e nivelas os sulcos.
Amoleces a terra com chuvas
e abençoas suas plantações.
¹¹Coroas o ano com boas colheitas;
tuas pegadas deixam um rastro de
fartura.
¹²Os pastos no deserto ficam verdes,
e as encostas dos montes florescem de
alegria.
¹³Os campos estão cobertos de rebanhos,
e os vales, forrados de cereais;
toda a terra grita e canta de alegria!

66

Ao regente do coral: cântico; salmo.

¹Aclamem a Deus, todos os habitantes
da terra!
²Cantem a glória de seu nome,
anunciem ao mundo quão glorioso ele é.
³Digam a Deus: "Como são notáveis os teus
feitos!
Teus inimigos rastejam diante do teu
grande poder.
⁴Tudo que há na terra te adorará;
cantará louvores a ti
e anunciará teu nome em cânticos".

Interlúdio

⁵Venham e vejam as obras de Deus!
Que feitos notáveis ele realiza em favor
das pessoas!
⁶Abriu um caminho seco pelo meio do
mar,
e seu povo atravessou a pé;
ali nos alegramos nele.
⁷Com seu grande poder, ele governa para
sempre
e vigia cada movimento das nações;
que nenhum rebelde se levante contra
ele.

Interlúdio

⁸Que o mundo inteiro celebre nosso Deus
e cante louvores a ele em alta voz!
⁹Nossa vida está em suas mãos;
ele não permite que nossos pés
tropecem.
¹⁰Tu nos puseste à prova, ó Deus,
e nos purificaste como prata.
¹¹Tu nos prendeste em tua armadilha
e colocaste sobre nossas costas o fardo
da opressão.
¹²Permitiste que inimigos nos pisoteassem;
passamos pelo fogo e pela água,
mas tu nos trouxeste a um lugar de
grande fartura.

¹³Agora venho ao teu templo com
holocaustos
para cumprir os votos que fiz a ti,

> **PÃO DIÁRIO**
>
> ## Continue
>
> *Tudo que há na terra te adorará; cantará louvores a ti e anunciará teu nome em cânticos.*
>
> —Salmo 66.4
>
> "Sempre caminhando. Sempre..." cantavam os adolescentes do coral. Eles haviam acabado de cantar as três primeiras palavras do recital de domingo à noite quando tudo escureceu. Havia acabado a luz.
>
> Bem, nem toda a luz. Não a verdadeira luz!
>
> Os jovens continuaram cantando. Algumas pessoas encontraram lanternas para iluminar o coral enquanto os alunos cantavam todo o repertório sem o acompanhamento gravado.
>
> No meio da apresentação, o diretor do coral pediu à congregação que todos cantassem juntos. Foi um momento de forte emoção e arrepios enquanto o nome de Deus era exaltado naquela igreja às escuras. O "Aleluia de Handel" nunca pareceu tão celestial.
>
> Antes do recital, todos tinham trabalhado duro para garantir que o equipamento elétrico funcionasse. Mas a melhor coisa que aconteceu foi a falta de energia, pois o poder de Deus foi exaltado. A luz divina, não a luz elétrica, brilhou, e Jesus foi engrandecido.
>
> Às vezes, nossos planos dão errado e nossos esforços são insuficientes. Quando acontecem coisas que não controlamos, devemos "sempre caminhar" e lembrar de onde vem o verdadeiro poder para viver em santidade e louvar de coração. Quando nossos esforços falham, precisamos continuar louvando e exaltando Jesus. Afinal de contas, tudo gira em torno dele.
>
> *Deus, damos-te os nossos louvores cheios de alegria. Podemos depender apenas de ti quando encontramos obstáculos. Tu és o Todo-Poderoso, e não há outro maior do que tu.*
>
> ---
>
> **Deus merece o nosso louvor e a nossa gratidão.**

¹⁴sim, os votos sagrados que fiz
   quando estava em grande aflição.
¹⁵Por isso te apresentarei holocaustos:
   meus melhores carneiros, como aroma agradável,
   e um sacrifício de novilhos e cabritos.
                                    Interlúdio

¹⁶Venham e ouçam, todos vocês que temem a Deus,
   e eu lhes contarei o que ele fez por mim.
¹⁷Pois a ele clamei por socorro
   e o louvei enquanto falava.
¹⁸Se eu não tivesse confessado o pecado em meu coração,
   o Senhor não teria ouvido.
¹⁹Mas Deus ouviu!
   Ele atendeu à minha oração.
²⁰Louvado seja Deus, que não rejeitou minha oração,
   nem afastou de mim o seu amor.

67
Ao regente do coral: cântico; salmo para ser acompanhado com instrumentos de cordas.

¹Que Deus seja misericordioso e nos abençoe.
   Que a luz de seu rosto brilhe sobre nós.
                                    Interlúdio

²Que teus caminhos sejam conhecidos em toda a terra,
   e tua salvação, entre as nações de toda parte.
³Que os povos te louvem, ó Deus,
   sim, que todos os povos te louvem.
⁴Que o mundo inteiro cante de alegria,
   pois governas os povos com justiça
   e guias as nações de toda a terra.
                                    Interlúdio

⁵Que os povos te louvem, ó Deus,
   sim, que todos os povos te louvem.
⁶Então a terra dará suas colheitas,
   e Deus, o nosso Deus, nos abençoará ricamente.
⁷Sim, Deus nos abençoará,
   e todos os habitantes da terra o temerão.

68
Ao regente do coral: cântico; salmo de Davi.

¹Levanta-te, ó Deus, e dispersa teus inimigos;
   fujam de ti todos que te odeiam.
²Sopra-os para longe como fumaça
   e derrete-os como cera no fogo.
Que os perversos sejam destruídos na presença de Deus.
³Que os justos, porém, se alegrem;
   exultem na presença de Deus
   e sejam cheios de alegria.
⁴Cantem louvores a Deus e a seu nome,

exaltem aquele que cavalga sobre as nuvens.[a]
Seu nome é SENHOR;
alegrem-se em sua presença!

⁵Pai dos órfãos, defensor das viúvas,
esse é Deus, cuja habitação é santa.
⁶Deus dá uma família aos que vivem sós;
liberta os presos e os faz prosperar.
Os rebeldes, porém, ele faz morar
em terra árida.

⁷Ó Deus, quando conduziste teu povo,
quando marchaste através do deserto,

Interlúdio

⁸a terra tremeu, e o céu derramou chuva,
diante de ti, o Deus do Sinai,
diante de ti, o Deus de Israel.
⁹Enviaste muitas chuvas, ó Deus,
para refrescar a terra exausta.
¹⁰Ali teu povo se estabeleceu,
e com farta colheita, ó Deus,
proveste aos necessitados.
¹¹O Senhor dá a ordem,
e um grande exército[b] traz boas notícias.
¹²Reis inimigos e seus exércitos fogem,
enquanto as mulheres repartem em casa os despojos.
¹³Mesmo os que viviam entre os currais de ovelhas
encontraram pombas com asas de prata e penas de ouro.
¹⁴O Todo-poderoso dispersou os reis,
como uma tempestade de neve sobre o monte Zalmom.

¹⁵Os montes de Basã são majestosos,
com cumes altos que chegam até o céu.
¹⁶Ó montes elevados, por que olham com inveja
para o monte Sião, onde Deus escolheu habitar,
onde o SENHOR habitará para sempre?

¹⁷Cercado de milhares e milhares de carruagens,
o Senhor veio do monte Sinai para seu santuário.
¹⁸Quando subiste às alturas,
levaste muitos prisioneiros;
recebeste dádivas do povo,
até mesmo dos que se rebelaram contra ti.
Agora o SENHOR Deus viverá ali, em nosso meio.

¹⁹Louvado seja o Senhor; louvado seja Deus, nosso salvador!
A cada dia ele nos carrega em seus braços.

Interlúdio

²⁰O nosso Deus é Deus que salva!
O SENHOR Soberano nos livra da morte.
²¹Deus esmagará a cabeça de seus inimigos,
esmagará o crânio dos que insistem em pecar.
²²O Senhor diz: "De Basã farei descer meus inimigos;
das profundezas do mar os farei subir.
²³Você, meu povo, lavará[c] os pés no sangue deles,
e até seus cães terão sua porção!".

²⁴Já se vê teu cortejo, ó Deus,
o cortejo de meu Deus e Rei, entrando no santuário.
²⁵À frente vão os cantores, atrás vêm os músicos,
no meio vêm as moças tocando tamborins.
²⁶Louvem a Deus, todos vocês,
louvem o SENHOR, a fonte de vida de Israel.
²⁷Vejam, à frente vai a pequena tribo de Benjamim;
logo atrás vem a grande multidão de governantes de Judá
e todos os governantes de Zebulom e Naftali.

²⁸Manifesta tua força, ó Deus,[d]
mostra teu poder divino por nós, como fizeste no passado.
²⁹Os reis levam tributos
ao teu templo, em Jerusalém.

---

[a] **68.4** Ou *cavalga pelos desertos*. [b] **68.11** Ou *um exército de mulheres*. [c] **68.23** Conforme a Septuaginta e a versão siríaca; o hebraico traz *despedaçará*. [d] **68.28** Conforme alguns manuscritos hebraicos, a Septuaginta e a versão siríaca; a maioria dos manuscritos hebraicos traz *Seu Deus ordenou sua força*.

³⁰Repreende-os, esses animais selvagens à espreita entre os juncos,
essa manada de touros no meio de bezerros fracos.
Faze-os trazer barras de prata como humilde tributo,
dispersa as nações que têm prazer em guerrear.
³¹Que o Egito venha com dádivas de metais preciosos,[a]
que a Etiópia[b] traga tributos a Deus.
³²Cantem a Deus, reinos da terra,
cantem louvores ao Senhor!

Interlúdio

³³Cantem àquele que cavalga pelos céus antigos,
cuja voz poderosa troveja dos céus.
³⁴Anunciem a todos o poder de Deus;
sua majestade está sobre Israel,
sua força é poderosa nos céus.
³⁵Deus é temível em seu santuário;
o Deus de Israel dá poder e força a seu povo.

Louvado seja Deus!

69

Ao regente do coral: salmo de Davi, para ser cantado com a melodia "Lírios".

¹Salva-me, ó Deus,
pois as águas subiram até meu pescoço.
²Afundo cada vez mais na lama
e não tenho onde apoiar os pés.
Entrei em águas profundas,
e as correntezas me cobrem.
³Estou exausto de tanto clamar;
minha garganta está seca.
Meus olhos estão inchados de tanto chorar,
à espera de meu Deus.
⁴Os que me odeiam sem razão
são mais numerosos que os cabelos de minha cabeça.
Muitos inimigos tentam me destruir com mentiras;
exigem que eu devolva o que não roubei.

⁵Ó Deus, tu sabes como sou tolo;
é impossível esconder de ti meus pecados.
⁶Não permitas que por minha causa sejam envergonhados
os que em ti confiam,
ó Soberano Senhor dos Exércitos.
Não deixes que por minha causa sejam humilhados,
ó Deus de Israel.
⁷Pois, por tua causa, suporto insultos;
meu rosto está coberto de vergonha.
⁸Até meus irmãos fingem não me conhecer;
tratam-me como um desconhecido.
⁹O zelo por tua casa me consome;
os insultos dos que te insultam caíram sobre mim.
¹⁰Quando choro e jejuo,
eles zombam de mim.
¹¹Quando visto pano de saco,
eles riem de mim.
¹²Sou o assunto principal de suas conversas,
e os bêbados cantam a meu respeito.

¹³Eu, porém, continuo orando a ti, Senhor,
na esperança de que, desta vez, mostrarás teu favor.
Responde-me, ó Deus, por teu grande amor;
salva-me por tua fidelidade.
¹⁴Livra-me do atoleiro,
não permitas que eu afunde ainda mais.
Salva-me dos que me odeiam,
tira-me destas águas profundas.
¹⁵Não deixes que as correntezas me cubram,
nem que as águas profundas me engulam,
nem que a cova da morte me devore.
¹⁶Responde às minhas orações, ó Senhor,
pois o teu amor é bom.
Cuida de mim,
pois a tua misericórdia é imensa.
¹⁷Não te escondas de teu servo;
responde-me sem demora, pois estou aflito.
¹⁸Vem e resgata-me;
livra-me de meus inimigos!

---

[a] **68.31a** Ou *de ricos tecidos*. [b] **68.31b** Em hebraico, *Cuxe*.

¹⁹Tu sabes que sofro zombaria, vergonha e humilhação;
vês tudo que meus inimigos fazem.
²⁰Os insultos deles me partiram o coração;
estou desesperado!
Se ao menos alguém tivesse piedade de mim;
quem dera viessem me consolar.
²¹Em vez disso, põem veneno[a] em minha comida;
oferecem vinagre para matar minha sede.
²²Que a mesa farta diante deles se transforme em laço,
e que sua prosperidade se torne armadilha.[b]
²³Que seus olhos se escureçam para que não vejam,
e que seu corpo trema sem parar.[c]
²⁴Derrama tua fúria sobre eles,
consome-os com o ardor de tua ira.
²⁵Que as casas deles fiquem desoladas,
e que não reste ninguém em suas tendas.
²⁶Pois insultam aquele a quem castigaste,
acrescentam dor a quem feriste.
²⁷Amontoa uns sobre os outros os pecados deles;
não permitas que sejam absolvidos.
²⁸Apaga o nome deles do Livro da Vida;
não deixes que sejam incluídos entre os justos.
²⁹Estou aflito e sofro;
socorre-me, ó Deus, com tua salvação!
³⁰Então louvarei o nome de Deus com cânticos
e o exaltarei com ações de graças.
³¹Pois isso agrada o Senhor mais que sacrifícios de bois,
mais que ofertas de touros com chifres e cascos.
³²Os humildes verão Deus agir e se alegrarão;
animem-se todos que buscam socorro em Deus.
³³Pois o Senhor ouve o clamor dos pobres;
não despreza seu povo aprisionado.
³⁴Louvem-no, céus e terra,
os mares e tudo que neles se move.
³⁵Pois Deus salvará Sião
e reconstruirá as cidades de Judá.
Seu povo viverá ali
e em sua própria terra se estabelecerá.
³⁶Os descendentes dos que o servem herdarão a terra,
e os que o amam ali viverão, em segurança.

70

Ao regente do coral: salmo de Davi pedindo a Deus que se lembre dele.

¹Por favor, Deus, livra-me!
Vem depressa, Senhor, e ajuda-me!
²Sejam envergonhados e humilhados
os que procuram me matar.
Voltem atrás em desonra
os que se alegram com a minha desgraça.
³Recuem horrorizados com a própria vergonha,
pois disseram: "Ah! Agora o pegamos!".
⁴Alegrem-se e exultem, porém,
todos que te buscam.
Todos que amam tua salvação,
digam sempre: "Deus é grande!".
⁵Quanto a mim, pobre e aflito,
vem depressa me socorrer, ó Deus.
Tu és meu auxílio e minha salvação;
ó Senhor, não te demores!

71

¹Em ti, Senhor, me refugio,
não permitas que eu seja envergonhado.
²Salva-me e resgata-me,
pois tu és justo.
Inclina teu ouvido para me escutar
e livra-me.
³Sê minha rocha de refúgio,
onde sempre posso me esconder.
Dá ordem para que eu seja liberto,
pois és minha rocha e minha fortaleza.
⁴Livra-me, meu Deus, do poder dos perversos,
das garras dos opressores cruéis.
⁵Só tu, Senhor, és minha esperança;
confio em ti, Senhor, desde a infância.

---

[a] 69.21 Ou *fel*. [b] 69.22 A Septuaginta traz *Que sua mesa farta diante deles se transforme em laço, / em armadilha que os faça pensar que tudo vai bem. / Que suas bênçãos os façam tropeçar, / e que recebam o que merecem*. Comparar com Rm 11.9. [c] 69.23 A Septuaginta traz *que suas costas se curvem para sempre*. Comparar com Rm 11.10.

⁶Sim, de ti dependo desde meu nascimento;
  cuidas de mim desde o ventre de minha mãe.
  Sempre te louvarei!
⁷Minha vida é exemplo para muitos,
  pois tens sido minha força e meu refúgio.
⁸Por isso, não deixo de te louvar;
  o dia todo declaro tua glória.
⁹Não me rejeites agora, em minha velhice;
  não me abandones quando me faltam as forças.
¹⁰Pois meus inimigos falam contra mim;
  juntos, planejam me matar.
¹¹Dizem: "Deus o abandonou!
  Vamos persegui-lo e prendê-lo,
  pois agora ninguém o livrará".
¹²Ó Deus, não permaneças distante;
  vem depressa me socorrer, meu Deus.
¹³Traz vergonha e destruição sobre meus acusadores,
  cobre de vergonha e humilhação os que desejam me prejudicar.
¹⁴Eu, porém, continuarei a esperar em ti
  e te louvarei cada vez mais.
¹⁵Falarei a todos de tua justiça;
  o dia todo, anunciarei tua salvação,
  embora não seja habilidoso com as palavras.[a]
¹⁶Louvarei teus feitos poderosos, Senhor Soberano;
  contarei a todos que somente tu és justo.
¹⁷Ó Deus, desde a infância me tens ensinado,
  e até hoje anuncio tuas maravilhas.
¹⁸Não me abandones, ó Deus,
  agora que estou velho, de cabelos brancos.
Deixe-me proclamar tua força a esta nova geração,
  teu poder a todos que vierem depois de mim.
¹⁹Tua justiça, ó Deus, chega até os mais altos céus;
  tens feito coisas grandiosas.
  Quem se compara a ti, ó Deus?
²⁰Permitiste que eu passasse por muito sofrimento,
  mas ainda restaurarás minha vida
  e me farás subir das profundezas da terra.
²¹Tu me darás ainda mais honra
  e voltarás a me confortar.
²²Então te louvarei com instrumento de cordas,
  pois és fiel às tuas promessas, ó meu Deus.
Cantarei louvores a ti com a harpa,
  ó Santo de Israel.
²³Darei gritos de alegria e cantarei louvores a ti,
  pois tu me resgataste.
²⁴Anunciarei, o dia todo, teus feitos de justiça,
  pois foram envergonhados e humilhados todos que tentaram me prejudicar.

72 *Salmo de Salomão.*

¹Dá ao rei tua justiça, ó Deus,
  e concede retidão ao filho do rei.
²Ajuda-o a julgar teu povo corretamente;
  que os pobres sejam tratados com imparcialidade.
³Que os montes produzam prosperidade para todos,
  e que as colinas deem muitos frutos.
⁴Ajuda-o a defender os pobres dentre o povo,
  a salvar os filhos dos necessitados
  e a esmagar seus opressores.
⁵Que eles te temam[b] enquanto o sol brilhar,
  enquanto a lua permanecer no céu;
  sim, para sempre!
⁶Que o governo do rei seja como a chuva sobre a grama recém-cortada,
  como os aguaceiros que regam a terra.
⁷Que todos os justos floresçam durante seu reinado,
  que haja grande paz até que a lua deixe de existir.
⁸Que ele reine de mar a mar,
  e do rio Eufrates[c] até os confins da terra.
⁹Nômades do deserto se curvarão diante dele,

---

[a] **71.15** Ou *embora não seja capaz de contá-la.* [b] **72.5** A Septuaginta traz *Que eles permaneçam.* [c] **72.8** Em hebraico, *do rio.*

seus inimigos lamberão o pó a seus pés.
¹⁰Os reis de Társis e de outras terras distantes
lhe pagarão tributos.
Os reis de Sabá e de Sebá
lhe darão presentes.
¹¹Todos os reis se curvarão diante dele,
e todas as nações o servirão.
¹²Ele livrará o pobre que clamar por socorro
e ajudará o oprimido indefeso.
¹³Ele tem compaixão do fraco e do necessitado
e os salvará.
¹⁴Ele os resgatará da opressão e da violência,
pois considera preciosa a vida deles.
¹⁵Viva o rei!
Que ele receba o ouro de Sabá.
Que o povo sempre ore por ele
e o abençoe o dia todo.
¹⁶Que haja fartura de cereais em toda a terra,
crescendo até o alto dos montes.
Que as árvores frutíferas sejam como as do Líbano,
e que o povo prospere como grama no campo.
¹⁷Que o nome do rei permaneça para sempre,
que dure enquanto o sol brilhar.
Que todas as nações sejam abençoadas por meio dele
e o louvem.
¹⁸Louvado seja o Senhor Deus, o Deus de Israel,
o único que realiza tais maravilhas!
¹⁹Louvado seja seu nome glorioso para sempre!
Que sua glória encha toda a terra.
Amém e amém!
²⁰Terminam aqui as orações de Davi, filho de Jessé.

Livro 3 (Salmos 73—89)

73 *Salmo de Asafe.*

¹Certamente Deus é bom para Israel,
para os que têm coração puro.
²Quanto a mim, quase tropecei;
meus pés escorregaram e quase caí.
³Pois tive inveja dos orgulhosos
quando os vi prosperar apesar de sua perversidade.
⁴Levam uma vida sem sofrimento
e têm o corpo saudável e forte.
⁵Não enfrentam dificuldades,
nem estão cheios de problemas, como os demais.
⁶Ostentam o orgulho como um colar de pedras preciosas
e vestem-se de crueldade.
⁷Seus olhos cobiçam sempre mais,
e o coração vive cheio de más intenções.
⁸Zombam e falam somente maldades;
em seu orgulho, ameaçam usar de violência.
⁹Falam como se fossem donos dos céus,
e suas palavras arrogantes percorrem a terra.
¹⁰Por isso, o povo se volta para eles
e bebe todas as suas palavras.
¹¹"O que Deus sabe?", perguntam.
"Acaso o Altíssimo tem conhecimento disso?"
¹²Vejam como os perversos desfrutam uma vida tranquila,
enquanto suas riquezas se multiplicam.
¹³Foi à toa que mantive o coração puro?
Foi em vão que agi de modo íntegro?
¹⁴O dia todo só enfrento problemas;
cada manhã sou castigado.
¹⁵Se eu tivesse falado como eles,
teria traído teu povo.
¹⁶Tentei compreender por que prosperam;
que tarefa difícil!
¹⁷Então, entrei em teu santuário, ó Deus,
e por fim entendi o destino deles.
¹⁸Tu os puseste num caminho escorregadio
e os fizeste cair do precipício para a destruição.
¹⁹São destruídos de repente,
completamente tomados de pavor.
²⁰Quando te levantares, ó Senhor,
rirás das ideias tolas deles,
como quem ri de um sonho pela manhã.

> **PÃO DIÁRIO**
>
> ## Quando a vida parece injusta
>
> *Pois tive inveja dos orgulhosos quando os vi prosperar apesar de sua perversidade.*
>
> —Salmo 73.3
>
> Você já teve a sensação de que a vida é injusta? Para os que estão comprometidos a seguir a vontade e o caminho de Jesus, é muito fácil frustrar-se quando a vida das pessoas que não se importam com Ele parece ir tão bem. Um empresário trapaceia e, mesmo assim, fecha um grande contrato, e o rapaz que vive na farra é forte e saudável — enquanto você ou a pessoa amada vivem em luta com as finanças ou com questões de saúde. Isso nos dá a sensação de termos sido traídas, como se a nossa bondade de nada valesse.
>
> Se você já se sentiu assim, está bem acompanhada. O autor do Salmo 73 elabora uma lista de como os ímpios prosperam e, em seguida, acrescenta: "Foi à toa que mantive o coração puro? Foi em vão que agi de modo íntegro?" (v.13). Mas o fluxo de seus pensamentos muda de direção quando ele se lembra do tempo passado na presença de Deus: "Então, entrei em teu santuário, ó Deus, e por fim entendi o destino deles" (v.17).
>
> Quando investimos tempo com Deus e vemos as coisas a partir de ponto de vida do Senhor, a nossa perspectiva se transforma completamente. Podemos ter inveja dos incrédulos agora, mas não teremos no dia do julgamento. Como diz o ditado: "Que diferença faz ganhar a batalha, mas perder a guerra?".
>
> A exemplo do salmista, louvemos a Deus por Sua presença nesta vida e por Sua promessa de vida futura (vv.25-28). Ele é tudo que necessitamos mesmo quando a vida parece injusta.
>
> *Querido Deus, mesmo quando a vida parece injusta, tenho a certeza de que, tendo a ti como meu Senhor, alcançarei a promessa de vida eterna. Não há nada melhor do que isso.*
>
> **Investir tempo com Deus permite que tudo se torne mais claro.**

²¹Percebi, então, que meu coração se amargurou
 e que eu estava despedaçado por dentro.
²²Fui tolo e ignorante;
 a teus olhos devo ter parecido um animal irracional.
²³E, no entanto, ainda pertenço a ti;
 tu seguras minha mão direita.
²⁴Tu me guias com teu conselho
 e me conduzes a um destino glorioso.
²⁵Quem mais eu tenho no céu senão a ti?
 Eu te desejo mais que a qualquer coisa na terra.
²⁶Minha saúde pode acabar e meu espírito fraquejar,
 mas Deus continua sendo a força de meu coração;
 ele é minha possessão para sempre.
²⁷Os que te abandonam perecerão,
 pois destróis os que de ti se afastam.
²⁸Quanto a mim, como é bom estar perto de Deus!
 Fiz do Senhor Soberano meu refúgio
 e anunciarei a todos tuas maravilhas.

74

Salmo[a] de Asafe.

¹Ó Deus, por que nos rejeitaste por tanto tempo?
 Por que é tão intensa tua ira contra as ovelhas de teu pasto?
²Lembra-te de que somos o povo que adquiriste muito tempo atrás,
 a tribo que resgataste como tua propriedade;
 lembra-te ainda do monte Sião, a tua habitação.
³Caminha pelas ruínas assustadoras da cidade;
 vê como o inimigo destruiu teu santuário.
⁴Ali teus inimigos deram gritos de vitória;
 ali, hastearam suas bandeiras de guerra.
⁵Usaram seus machados
 como lenhadores no bosque.
⁶Com machados e picaretas,
 despedaçaram os painéis entalhados.
⁷Incendiaram todo o teu santuário,
 profanaram o lugar de habitação do teu nome.
⁸Pensaram: "Vamos destruir tudo!",
 e queimaram todos os lugares de adoração a Deus.
⁹Já não vemos teus sinais;
 não há mais profetas,

---

[a] **74 título** Em hebraico, *maskil*, possivelmente um termo literário ou musical.

e ninguém sabe quando isso acabará.
¹⁰Até quando, ó Deus, permitirás que
 nossos inimigos te insultem?
 Acaso deixarás que blasfemem teu nome
 para sempre?
¹¹Por que reténs tua forte mão direita?
 Estende-a com poder e destrói-os!

¹²Tu, ó Deus, és meu rei desde a
 antiguidade
 e trazes salvação à terra.
¹³Com tua força, dividiste o mar
 e despedaçaste as cabeças dos monstros
 marinhos.
¹⁴Esmagaste as cabeças do Leviatã[a]
 e o deste como alimento aos animais do
 deserto.
¹⁵Fizestes jorrar fontes e riachos
 e secaste rios de águas torrenciais.
¹⁶Tanto o dia como a noite pertencem a ti;
 criaste a luz das estrelas[b] e o sol.
¹⁷Determinaste os limites da terra
 e fizeste o verão e o inverno.

¹⁸Vê como os inimigos te insultam, Senhor;
 uma nação insensata blasfemou teu
 nome.
¹⁹Não permitas que esses animais
 selvagens destruam tua pomba;
 não te esqueças para sempre de teu povo
 aflito.
²⁰Lembra-te das promessas da aliança,
 pois a terra está cheia de escuridão e
 violência.
²¹Não permitas que os oprimidos voltem a
 ser humilhados;
 em vez disso, que os pobres e os
 necessitados louvem teu nome.
²²Levanta-te, ó Deus, e defende tua causa;
 lembra-te de como esses tolos te
 insultam o dia todo.
²³Não ignores o que teus inimigos
 disseram,
 nem o tumulto que cresce sem parar.

75 *Ao regente do coral: salmo de Asafe. Para ser cantado com a melodia "Não destruas!".*

¹Graças te damos, ó Deus!
 Graças te damos porque estás próximo;
 em toda parte se fala de tuas maravilhas.

²Tu disseste: "No tempo que determinei,
 julgarei com justiça.
³Quando a terra e seus moradores
 estremecem,
 sou eu que mantenho firmes seus
 alicerces.

Interlúdio

⁴"Adverti aos orgulhosos: 'Parem de contar
 vantagem!'.
 Disse aos perversos: 'Não levantem os
 punhos!
⁵Não levantem os punhos aos céus em
 rebeldia,
 nem falem com tamanha arrogância'".
⁶Pois ninguém na terra, de leste a oeste,
 nem mesmo no deserto,
 deve exaltar a si mesmo.[c]
⁷Somente Deus é quem julga;
 ele decide quem se levantará e quem
 cairá.
⁸Pois o Senhor tem na mão um cálice
 cujo vinho espuma misturado com
 especiarias.
Ele derrama o vinho,
 e todos os perversos o bebem até a
 última gota.

⁹Quanto a mim, sempre anunciarei o que
 Deus tem feito;
 cantarei louvores ao Deus de Jacó.
¹⁰Pois Deus disse: "Acabarei com a força
 dos perversos,
 mas farei crescer o poder dos justos".

76 *Ao regente do coral: salmo de Asafe, para ser acompanhado com instrumentos de cordas.*

¹Deus é honrado em Judá,
 grande é seu nome em Israel.
²Jerusalém[d] é onde ele habita,
 o monte Sião é seu lar
³Quebrou ali as flechas flamejantes do
 inimigo,

---

[a] **74.14** A identificação do *Leviatã* é controversa; as propostas vão desde uma criatura terrestre até um monstro marinho mítico da literatura antiga. [b] **74.16** Ou *a lua*; o hebraico traz *luz*. [c] **75.6** O significado do hebraico é incerto. [d] **76.2** Em hebraico, *Salém*, outro nome para Jerusalém.

os escudos, as espadas e as armas de
guerra.

Interlúdio

⁴Tu és glorioso e mais majestoso
  que os montes eternos.ᵃ
⁵Os inimigos mais valentes foram saqueados
  e jazem no sono da morte;
  nenhum guerreiro foi capaz de levantar
  as mãos.
⁶Quando os repreendeste, ó Deus de Jacó,
  cavalos e cavaleiros ficaram imóveis.

⁷Não é de admirar que sejas tão temido!
  Quem pode permanecer diante de ti
  quando irrompe a tua ira?
⁸Dos céus pronunciaste tua sentença;
  a terra estremeceu e se calou.
⁹Tu te levantaste para julgar, ó Deus,
  para salvar os oprimidos da terra.

Interlúdio

¹⁰A rebeldia humana resultará em tua
  glória,
  pois tu a usas como arma.ᵇ
¹¹Façam votos ao Senhor, seu Deus, e
  cumpram-nos;
  todos paguem tributos àquele que deve
  ser temido.
¹²Pois ele acaba com o orgulho dos
  príncipes,
  e os reis da terra o temem.

77 *Para Jedutum, regente do coral: salmo de Asafe.*

¹Clamo a Deus; sim, grito bem alto.
  Quem dera Deus me ouvisse!
²Quando eu estava angustiado,
  busquei o Senhor.
  Orei a noite toda, de mãos estendidas para
  o céu,
  mas minha alma recusou ser consolada.
³Lembro-me de Deus e começo a gemer;
  desfaleço, ansioso por sua ajuda.

Interlúdio

⁴Tu não me deixas dormir;
  estou tão desesperado que nem consigo
  falar!
⁵Penso nos dias que passaram,
  nos anos que há muito se foram.
⁶À noite, relembro canções alegres;
  consulto minha alma e procuro
  compreender minha situação.
⁷Acaso o Senhor me rejeitou em
  definitivo?
  Jamais voltará a ser bondoso comigo?
⁸Seu amor se foi para nunca mais voltar?
  Deixou de cumprir suas promessas para
  sempre?
⁹Deus se esqueceu de ser bondoso?
  Em sua ira, fechou a porta para a
  compaixão?

Interlúdio

¹⁰Pensei: "É por esta razão que sofro;
  o Altíssimo voltou sua mão direita contra
  mim".
¹¹Depois, porém, lembro-me de tudo que
  fizeste, Senhor;
  recordo-me de tuas maravilhas do
  passado.
¹²Estão sempre em meus pensamentos;
  não deixo de refletir sobre teus
  poderosos feitos.

¹³Teus caminhos, ó Deus, são santos;
  que deus é poderoso como o nosso Deus?
¹⁴És o Deus que realiza maravilhas;
  mostras o teu poder entre as nações!
¹⁵Com teu braço forte resgataste teu povo,
  os descendentes de Jacó e José.

Interlúdio

¹⁶As águas te viram, ó Deus,
  as águas te viram e estremeceram;
  até as profundezas do mar se agitaram.
¹⁷As nuvens derramaram chuva,
  os trovões ressoaram nas alturas,
  os teus relâmpagos riscaram os céus.
¹⁸No redemoinho ouviu-se o estrondo de
  teu trovão;
  os relâmpagos iluminaram o mundo,
  e a terra tremeu e se abalou.
¹⁹Teu caminho passou pelo mar,
  teu trajeto, pelas águas poderosas,
  e ninguém percebeu teus passos.
²⁰Conduziste teu povo como um rebanho
  de ovelhas,
  pelas mãos de Moisés e Arão.

ᵃ **76.4** Conforme a Septuaginta; o hebraico traz *que os montes cheios de animais de presa.* ᵇ **76.10** O significado do hebraico é incerto.

78

Salmo[a] de Asafe.

¹Ó meu povo, ouça minhas instruções!
  Abra os ouvidos para o que direi,
²pois lhe falarei por meio de parábola.
  Ensinarei enigmas de nosso passado,
³histórias que ouvimos e conhecemos,
  que nossos antepassados nos
    transmitiram.
⁴Não esconderemos essas verdades de
    nossos filhos;
  contaremos à geração seguinte
  os feitos gloriosos do Senhor,
    seu poder e suas maravilhas.
⁵Pois ele estabeleceu seus preceitos a Jacó,
  deu sua lei a Israel.
  Ordenou a nossos antepassados
  que a ensinassem a seus filhos,
⁶para que a geração seguinte, os filhos
    ainda por nascer,
  a conhecesse,
  e eles, por sua vez, a ensinarão a seus
    filhos.
⁷Portanto, cada geração deve pôr sua
    esperança em Deus,
  não esquecer seus poderosos feitos
  e obedecer a seus mandamentos.
⁸Assim, não serão como seus antepassados,
  teimosos, rebeldes e infiéis,
  que se recusaram a confiar em Deus de
    todo o coração.
⁹Os guerreiros de Efraim, embora armados
    de arcos,
  deram meia-volta e fugiram no dia da
    batalha.
¹⁰Não cumpriram a aliança de Deus,
  não quiseram viver de acordo com sua
    lei.
¹¹Esqueceram o que ele havia feito,
  as maravilhas que lhes tinha mostrado,
¹²os milagres que realizara para seus
    antepassados
  na planície de Zoã, na terra do Egito.
¹³Pois ele dividiu o mar e os conduziu na
    travessia,
  fez as águas se erguerem como muralhas.
¹⁴Durante o dia, os guiava com uma nuvem,
  durante a noite, com a luz do fogo.
¹⁵No deserto, partiu as rochas para lhes dar
    água,
  como a que jorra de um manancial.
¹⁶Da pedra, fez brotar riachos
  e correr água como um rio.

PÃO DIÁRIO

O prodígio de uma criança

Pois [Deus] estabeleceu seus preceitos a Jacó, deu sua lei a Israel. Ordenou a nossos antepassados que a ensinassem a seus filhos, para que a geração seguinte, os filhos ainda por nascer, a conhecesse, e eles, por sua vez, a ensinarão a seus filhos.

—Salmo 78.5,6

Na Escócia do século 19, uma jovem mãe observou a natureza curiosa do filhinho de 3 anos. Parecia muito curioso em relação a tudo o que se mexia ou fazia barulho. James Clerk Maxwell levaria consigo essa curiosidade infantil para construir uma carreira científica impressionante. Ele realizou trabalhos revolucionários em eletricidade e magnetismo. Anos mais tarde, Albert Einstein diria que a obra de Maxwell fora "a mais produtiva que a física experimentou desde o tempo de Newton".

Desde a tenra infância, a religião tocou todos os aspectos da vida de Maxwell. Sendo um cristão comprometido, ele orava: "Ensina-nos a estudar as obras de Tuas mãos e fortalece o nosso entendimento para o Teu serviço". O cultivo da vida espiritual e da curiosidade de Maxwell desde menino o fez usar a ciência a serviço do Criador durante toda a sua vida.

A comunidade da fé sempre teve a responsabilidade de alimentar o talento da geração mais jovem e conduzir a vida dos indivíduos mais novos ao Senhor para "não esquecer seus poderosos feitos e obedecer a seus mandamentos" (Sl 78.7).

Encontrar os meios de estimularmos o amor das crianças pelo aprendizado enquanto as estabelecemos na fé é um valioso investimento para o futuro.

Senhor Jesus, enche-nos do sentimento de curiosidade infantil. Rendo-te graças por nos dares o privilégio de ensinar a grandeza da Tua criação a gerações mais jovens. Concede-nos o desejo e a habilidade de ensinar os pequeninos a crescerem no conhecimento do Teu mundo e no amor por ti. Amém.

Formamos o mundo de amanhã a partir do que ensinamos hoje às nossas crianças.

---

[a] 78 título Em hebraico, *maskil*, possivelmente um termo literário ou musical.

¹⁷Ainda assim, continuaram a pecar contra ele
e se rebelaram contra o Altíssimo no deserto.
¹⁸Puseram Deus à prova em seu coração
e exigiram a comida que tanto queriam.
¹⁹Chegaram a falar contra o próprio Deus, dizendo:
"Deus não é capaz de nos dar comida no deserto.
²⁰Sim, ele pode bater numa rocha e dela fazer brotar água,
mas não é capaz de dar pão e carne a seu povo".
²¹Quando o Senhor os ouviu, se enfureceu;
o fogo de sua ira ardeu contra Jacó.
Sim, sua ira se levantou contra Israel,
²²pois não creram em Deus
nem confiaram em seu cuidado.
²³Apesar disso, ele deu ordem às nuvens;
abriu as portas dos céus.
²⁴Fez chover maná para alimentá-los;
deu-lhes pão dos céus.
²⁵Eles comeram o pão dos anjos;
receberam comida à vontade.
²⁶Ele enviou dos céus o vento do leste
e, por seu poder, guiou o vento do sul.
²⁷Fez chover carne como se fosse pó,
muitas e muitas aves, como a areia da praia.
²⁸Fez as aves caírem dentro do acampamento,
ao redor de suas tendas.
²⁹O povo comeu à vontade;
ele atendeu ao desejo deles.
³⁰Mas, antes que estivessem satisfeitos,
enquanto ainda tinham comida na boca,
³¹a ira de Deus se levantou contra eles.
Ele matou seus homens mais fortes;
feriu mortalmente os jovens de Israel.
³²Ainda assim, continuaram a pecar;
não confiaram em Deus, apesar de suas maravilhas.
³³Por isso, reduziu a vida deles a um sopro
e fez seus dias terminarem em terror.
³⁴Quando Deus começou a matá-los,
finalmente o buscaram;
arrependeram-se e levaram Deus a sério.
³⁵Então lembraram que Deus era sua rocha,
que o Deus Altíssimo[a] era seu redentor.
³⁶Contudo, foi só da boca para fora;
mentiram para ele com os lábios.
³⁷Pois o coração não era leal a Deus;
não foram fiéis à sua aliança.
³⁸E, no entanto, ele foi misericordioso;
perdoou seus pecados e não os destruiu.
Muitas vezes conteve sua ira
e não se enfureceu contra eles.
³⁹Pois se lembrou de que eram simples mortais;
passam como o vento, que não volta mais.
⁴⁰Quantas vezes se rebelaram contra ele no deserto
e o entristeceram naquela terra desolada!
⁴¹Repetidamente, puseram Deus à prova
e provocaram o Santo de Israel.
⁴²Não se recordaram do seu poder,
nem do dia em que ele os resgatou de seus inimigos.
⁴³Não se lembraram dos sinais que ele fizera no Egito,
das maravilhas realizadas na planície de Zoã.
⁴⁴Ele transformou os rios em sangue,
para que ninguém bebesse de suas águas.
⁴⁵Enviou enxames de moscas para devorá-los
e rãs para destruí-los.
⁴⁶Entregou suas plantações às lagartas
e suas colheitas, aos gafanhotos.
⁴⁷Destruiu as videiras com granizo
e as figueiras, com geadas.
⁴⁸Entregou seu gado à chuva de pedras
e seus rebanhos, aos raios.
⁴⁹Lançou sobre eles sua ira ardente,
sua fúria, indignação e hostilidade.
Enviou contra eles
muitos anjos destruidores.
⁵⁰Voltou sua ira contra eles;
não lhes poupou a vida,
mas os devastou com a peste.
⁵¹Matou todos os filhos mais velhos do Egito,
a flor da juventude na terra de Cam.

---

[a] 78.35 Em hebraico, *El-Elyon*.

⁵²Mas conduziu seu povo como um rebanho de ovelhas
e os guiou em segurança pelo deserto.
⁵³Manteve-os a salvo, e não tiveram medo;
o mar cobriu seus inimigos.
⁵⁴Levou o povo até a fronteira de sua terra santa,
à região montanhosa que para eles conquistou.
⁵⁵Diante deles expulsou as nações
e repartiu entre eles sua herança;
estabeleceu as tribos de Israel em seus lugares.
⁵⁶Ainda assim, continuaram a pôr à prova o Deus Altíssimo
e a se rebelar contra ele;
não obedeceram a seus preceitos.
⁵⁷Voltaram atrás e foram infiéis, como seus antepassados;
mostraram-se indignos de confiança,
como um arco defeituoso.
⁵⁸Provocaram a ira de Deus ao construir altares para outros deuses;
com seus ídolos, despertaram nele ciúmes.
⁵⁹Quando Deus os ouviu, se enfureceu
e rejeitou por completo Israel.
⁶⁰Abandonou sua habitação em Siló,
o tabernáculo onde vivia no meio do povo.
⁶¹Deixou que a arca de seu poder fosse capturada,
entregou sua glória nas mãos de inimigos.
⁶²Permitiu que seu povo fosse morto à espada,
pois se enfureceu com eles, sua propriedade.
⁶³Os jovens foram consumidos pelo fogo,
e as moças não puderam entoar canções de núpcias.
⁶⁴Os sacerdotes foram mortos à espada,
e as viúvas não puderam lamentar as mortes.
⁶⁵Então o Senhor se levantou, como de um sono,
como o guerreiro que desperta da embriaguez.
⁶⁶Fez os inimigos recuarem
e os entregou à vergonha para sempre.
⁶⁷Rejeitou, porém, os descendentes de José;
não escolheu a tribo de Efraim.
⁶⁸Antes, escolheu a tribo de Judá,
o monte Sião, que ele amou.
⁶⁹Ali construiu seu santuário, alto como os céus,
firme e duradouro como a terra.
⁷⁰Escolheu Davi, seu servo,
e dos currais o chamou.
⁷¹Tirou-o do pastoreio de ovelhas e cordeiros
e tornou-o pastor dos descendentes de Jacó,
o povo que a Deus pertence, Israel.
⁷²Com coração sincero, Davi cuidou deles
e os conduziu com sensatez.

79

Salmo de Asafe.

¹Ó Deus, as nações invadiram a terra que te pertence;
profanaram teu santo templo
e transformaram Jerusalém num monte de ruínas.
²Deixaram os corpos de teus servos
para servirem de alimento às aves do céu.
A carne de teus fiéis
se tornou comida para os animais selvagens.
³O sangue correu como água ao redor de Jerusalém,
e não resta ninguém para sepultar os mortos.
⁴Nossos vizinhos zombam de nós;
somos objeto de riso e desprezo para os que nos rodeiam.
⁵Até quando, Senhor, ficarás irado conosco? Será para sempre?
Até quando teu zelo arderá como fogo?
⁶Derrama tua fúria sobre as nações que não te reconhecem,
sobre os reinos que não invocam teu nome.
⁷Pois devoraram teu povo, Israel,[a]
e transformaram suas casas em ruínas.
⁸Não nos culpes pelos pecados de nossos antepassados!

---

[a] **79.7** Em hebraico, *devoraram Jacó*. Ver nota em 44.4.

Que a tua compaixão venha depressa
  nos socorrer,
pois é grande o nosso desespero!

⁹Ajuda-nos, ó Deus de nossa salvação,
  pela glória do teu nome.
Livra-nos e perdoa nossos pecados,
  pela honra do teu nome.
¹⁰Por que permitir que as nações digam:
  "Onde está o seu Deus?"
Mostra-nos tua vingança contra as nações,
  pois elas derramaram o sangue de teus
  servos.
¹¹Ouve os gemidos dos prisioneiros;
  por teu grande poder, salva os
  condenados à morte.

¹²Ó Senhor, retribui sete vezes mais a
  nossos vizinhos
  pelos insultos que lançaram contra ti.
¹³Então nós, teu povo, ovelhas do teu pasto,
  para sempre te daremos graças
  e louvaremos tua grandeza por todas as
  gerações.

80
Ao regente do coral: salmo de Asafe, para ser cantado com a melodia "Lírios da aliança".

¹Ouve, ó Pastor de Israel,
  que conduz os descendentes de José
  como um rebanho.
Tu que estás entronizado acima dos
  querubins,
  manifesta teu esplendor
²a Efraim, a Benjamim e a Manassés.
Mostra-nos teu poder
  e vem salvar-nos!

³Restaura-nos, ó Deus!
  Que a luz do teu rosto brilhe sobre nós;
  só então seremos salvos.
⁴Ó S ENHOR, Deus dos Exércitos,
  até quando ficarás irado com as orações
  do teu povo?
⁵Tu nos deste tristeza como alimento
  e nos fizeste beber copos cheios de
  lágrimas.
⁶Tu nos tornaste motivo de desprezo das ᵃ
  nações vizinhas;
  agora nossos inimigos zombam de nós.

⁷Restaura-nos, ó Deus dos Exércitos!
  Que a luz do teu rosto brilhe sobre nós;
  só então seremos salvos.
⁸Tu nos trouxeste do Egito, como uma
  videira;
  expulsaste as nações e nos plantaste no
  solo.
⁹Limpaste o terreno para nós;
  fincamos raízes e enchemos a terra.
¹⁰Nossa sombra se estendeu por cima dos
  montes,
  nossos ramos cobriram os altos cedros.
¹¹Estendemos nossos ramos até o
  Mediterrâneo,
  nossos brotos se espalharam até o
  Eufrates.ᵇ
¹²Mas, agora, por que derrubaste nossos
  muros?
  Todos que passam roubam nossos
  frutos.
¹³Os javalis da floresta devoram a videira,
  animais selvagens se alimentam dela.

¹⁴Ó Deus dos Exércitos, suplicamos que
  voltes!
  Olha dos céus e vê a nossa aflição.
Cuida desta videira ¹⁵que tu mesmo
  plantaste,
  o filho que criaste para ti.
¹⁶Somos cortados e queimados por nossos
  inimigos;
  que eles pereçam ao ver a repreensão em
  tua face!
¹⁷Fortalece aquele a quem amas,
  o filho que criaste para ti.
¹⁸Então jamais te abandonaremos;
  reanima-nos, para que invoquemos o teu
  nome.

¹⁹Restaura-nos, ó S ENHOR, o Deus dos
  Exércitos!
  Que a luz do teu rosto brilhe sobre nós;
  só então seremos salvos.

81
*Ao regente do coral: salmo de Asafe, para ser acompanhado com instrumento de cordas.*ᶜ

¹Cantem louvores a Deus, nossa força!
  Aclamem ao Deus de Jacó.
²Cantem! Façam soar o tamborim,

ᵃ **80.6** Conforme a versão siríaca; o hebraico traz *contenda para as*. ᵇ **80.11** Em hebraico, *até o mar [...] até o rio*. ᶜ **81 título** Em hebraico, *de acordo com o gittith*.

a doce lira e a harpa.
³Toquem a trombeta na lua nova e na lua cheia,
para convocar a nossa festa.
⁴Pois assim exigem os estatutos de Israel;
esse é o decreto do Deus de Jacó.
⁵Ele o ordenou como lei para Israel,ᵃ
quando atacou o Egito para nos libertar.
Ouvi uma voz desconhecida dizer:
⁶"Agora removerei o peso de seus ombros
e libertarei suas mãos das tarefas pesadas.
⁷Vocês clamaram a mim em sua aflição, e eu os salvei;
da nuvem de tempestade lhes respondi
e pus vocês à prova quando não havia água em Meribá.

Interlúdio

⁸"Ó meu povo, ouça minhas advertências;
quem dera você me escutasse, ó Israel!
⁹Jamais tenha em seu meio outro deus;
não se curve diante de deus estrangeiro.
¹⁰Pois fui eu, o Senhor, seu Deus,
que o tirei da terra do Egito.
Abra bem a boca,
e a encherei de coisas boas.
¹¹"Meu povo, no entanto, não quis ouvir;
Israel não me obedeceu.
¹²Por isso, deixei que seguissem seus desejos teimosos
e vivessem de acordo com suas próprias ideias.
¹³Ah, se meu povo me escutasse;
quem dera Israel andasse em meus caminhos!
¹⁴Então eu derrotaria seus inimigos sem demora;
minhas mãos cairiam sobre seus adversários.
¹⁵Os que odeiam o Senhor se encolheriam diante dele,
condenados para sempre.
¹⁶Vocês, porém, eu alimentaria com trigo da melhor qualidade
e os saciaria com mel silvestre tirado da rocha".

82 *Salmo de Asafe.*

¹Deus preside a assembleia dos céus;
no meio dos seres celestiais,ᵇ anuncia seu julgamento:
²"Até quando tomarão decisões injustas
que favoreçam a causa dos perversos?

Interlúdio

³"Façam justiça ao pobre e ao órfão,
defendam os direitos do oprimido e do desamparado.
⁴Livrem o pobre e o necessitado,
libertem-nos das garras dos perversos.
⁵Esses opressores nada entendem;
são completos ignorantes!
Andam sem rumo na escuridão,
enquanto os alicerces da terra estremecem.
⁶Eu digo: 'Vocês são deuses,
são todos filhos do Altíssimo.
⁷Morrerão, porém, como simples mortais
e cairão como qualquer governante'".
⁸Levanta-te, ó Deus, e julga a terra,
pois todas as nações te pertencem.

83 *Cântico; salmo de Asafe.*

¹Ó Deus, não fiques em silêncio!
Não feches os ouvidos
e não permaneças calado, ó Deus!
²Não ouves o tumulto de teus adversários?
Não vês que teus inimigos te desafiam?
³Tramam com astúcia contra o teu povo;
conspiram contra os teus protegidos.
⁴Dizem: "Venham, exterminemos a nação de Israel,
para que ninguém se lembre de sua existência".
⁵Sim, em unanimidade decidiram;
fizeram um tratado e aliaram-se contra ti
⁶os edomitas e os ismaelitas,
os moabitas e os hagarenos,
⁷os gebalitas, os amonitas e os amalequitas,
os povos da Filístia e de Tiro.
⁸A eles também se uniram os assírios
e se aliaram aos descendentes de Ló.

Interlúdio

⁹Trata-os como trataste os midianitas,

ᵃ 81.5 Em hebraico, *para José*. ᵇ 82.1 Ou *dos deuses*.

como trataste Sísera e Jabim no rio Quisom.
¹⁰Foram destruídos em En-Dor;
tornaram-se adubo para a terra.
¹¹Que seus nobres morram como Orebe e Zeebe,
e todos os seus príncipes, como Zeba e Zalmuna,
¹²pois disseram: "Vamos nos apossar
das pastagens de Deus!".
¹³Ó meu Deus, espalha-os como folhas num redemoinho,
como palha ao vento.
¹⁴Assim como o fogo consome o bosque,
como a chama incendeia os montes,
¹⁵persegue-os com a tua tempestade,
enche-os de medo com o teu vendaval.
¹⁶Faze-os cair na desgraça mais profunda,
até que se sujeitem ao teu nome, Senhor.
¹⁷Sejam envergonhados e aterrorizados para sempre
e morram em desonra.
¹⁸Então aprenderão que somente tu és chamado Senhor,
somente tu és o Altíssimo,
supremo sobre toda a terra.

84

*Ao regente do coral: salmo dos descendentes de Corá, para ser acompanhado com instrumento de cordas.*ᵃ

¹Como é agradável o lugar de tua habitação,
ó Senhor dos Exércitos!
²Sinto desejo profundo, sim, morro de vontade
de entrar nos pátios do Senhor.
Com todo o meu coração e todo o meu ser,
aclamarei ao Deus vivo.
³Até o pardal encontra um lar,
e a andorinha faz um ninho e cria seus filhotes
perto do teu altar,
ó Senhor dos Exércitos, meu Rei e meu Deus!
⁴Como são felizes os que habitam em tua casa,
sempre cantando louvores a ti!

Interlúdio

⁵Como são felizes os que de ti recebem forças,
os que decidem percorrer os teus caminhos.
⁶Quando passarem pelo vale do Choro,ᵇ
ele se transformará num lugar de fontes revigorantes;
as primeiras chuvas o cobrirão de bênçãos.
⁷Eles continuarão a se fortalecer,
e cada um deles se apresentará diante de Deus, em Sião.
⁸Ó Senhor, Deus dos Exércitos, ouve minha oração;
escuta, ó Deus de Jacó!

Interlúdio

⁹Ó Deus, olha com favor para o rei, nosso escudo;
mostra bondade ao teu ungido!
¹⁰Um só dia em teus pátios
é melhor que mil dias em qualquer outro lugar.
Prefiro ser porteiro da casa de meu Deus
a viver na morada dos perversos.
¹¹Pois o Senhor Deus é nosso sol e nosso escudo;
ele nos dá graça e honra.
O Senhor não negará bem algum
àqueles que andam no caminho certo.
¹²Ó Senhor dos Exércitos,
como são felizes os que confiam em ti!

85

Ao regente do coral: salmo dos descendentes de Corá.

¹Senhor, abençoaste a tua terra;
restauraste a condição de Israel.ᶜ
²Perdoaste a culpa do teu povo;
cobriste todos os seus pecados.

Interlúdio

³Reprimiste tua fúria,
sim, refreaste tua ira ardente.
⁴Agora, ó Deus de nossa salvação, restaura-nos;
deixa de lado tua ira contra nós.
⁵Ficarás indignado conosco para sempre?

ᵃ **84 título** Em hebraico, *de acordo com o gittith*. ᵇ **84.6** Ou *vale dos Choupos*; o hebraico traz *vale de Baca*. ᶜ **85.1** Em hebraico, *de Jacó*. Ver nota em 44.4.

Prolongarás tua ira por todas as gerações?
⁶Não nos reanimarás,
para que o teu povo se alegre em ti?
⁷Mostra-nos o teu amor, SENHOR,
e concede-nos a tua salvação.

⁸Ouço com atenção o que Deus, o SENHOR, diz,
pois ele fala de paz a seu povo fiel;
que não voltem, porém, a seus caminhos insensatos.
⁹Certamente sua salvação está perto dos que o temem;
então nossa terra se encherá de sua glória.

¹⁰O amor e a verdade se encontraram,
a justiça e a paz se beijaram.
¹¹A verdade brota da terra,
e a justiça sorri dos céus.
¹²Sim, o SENHOR dará suas bênçãos;
nossa terra produzirá uma farta colheita.
¹³A justiça vai adiante dele
e prepara o caminho para os seus passos.

86

Oração de Davi.

¹Inclina-te, SENHOR, e ouve minha oração;
responde-me, pois estou aflito e necessitado.
²Protege-me, pois sou fiel a ti;
salva-me, pois sou teu servo e em ti confio.
Tu és meu Deus!
³Tem misericórdia de mim, ó Senhor,
pois clamo a ti sem parar.
⁴Alegra-me, Senhor,
pois a ti me entrego.
⁵Ó Senhor, tu és tão bom, tão pronto a perdoar,
tão cheio de amor por todos que te buscam.
⁶Ouve minha oração, SENHOR,
e atende a meu clamor.
⁷Em tempos de aflição, clamarei a ti,
e tu me responderás.
⁸Nenhum dos deuses é semelhante a ti, Senhor,
nenhum deles pode fazer o que tu fazes.
⁹Todas as nações que criaste virão e se prostrarão diante de ti, Senhor,
e glorificarão o teu nome.
¹⁰Pois tu és grande e realizas maravilhas;
só tu és Deus.

¹¹Ensina-me os teus caminhos, SENHOR,
para que eu viva segundo a tua verdade.
Concede-me pureza de coração,
para que eu honre o teu nome.
¹²Ó Senhor, meu Deus, de todo o meu coração te louvarei;

PÃO DIÁRIO

Orações perdidas

Em tempos de aflição, clamarei a ti, e tu me responderás.
—Salmo 86.7

A manchete do jornal local declarava: ORAÇÕES SEM RESPOSTA: CARTAS PARA DEUS FORAM ENCONTRADAS NO OCEANO.

Um total de trezentas cartas foram enviadas a um pastor que já tinha falecido há muito tempo. As cartas foram lançadas no oceano e a maioria nem sequer tinha sido aberta. Permanece o mistério sobre como as cartas foram parar nas arrebentações à beira-mar.

As cartas foram endereçadas ao clérigo, porque ele havia prometido orar. Algumas delas pediam coisas bobas; outras foram escritas por cônjuges angustiados, filhos ou viúvas. Eles derramavam seu coração a Deus, clamando por ajuda para parentes viciados em drogas e álcool ou para cônjuges que cometiam traições. Uma dessas pessoas pedia a Deus um marido e pai que amasse o seu filho. O jornalista concluiu que todas elas eram "orações sem resposta".

Mas não é bem assim! Se os autores dessas cartas clamaram a Deus, Ele ouviu cada um deles. Nenhuma oração sincera passa despercebida aos Seus ouvidos. "Tu conheces meus desejos, SENHOR", Davi escreveu em meio a uma profunda crise pessoal, "e ouves cada um de meus suspiros" (Sl 38.9). Davi compreendia que podemos lançar todas as nossas ansiedades ao Senhor ainda que mais ninguém ore por nós. Ele concluiu com confiança: "Em tempos de aflição, clamarei a ti, e tu me responderás" (86.7).

Senhor, tu ouves todas as minhas orações e até os pensamentos que não consigo expressar por meio de palavras. Graças te dou por sempre ouvires minhas orações e as responderes. E sabes que elas são para o meu bem.

Jesus ouve o nosso clamor mais enfraquecido.

glorificarei o teu nome para sempre.
¹³Pois grande é o teu amor por mim;
  tu me livraste das profundezas da morte.ᵃ

¹⁴Ó Deus, os arrogantes se levantam contra mim,
  pessoas violentas tentam me matar;
  não se importam contigo.
¹⁵Mas tu, Senhor,
  és Deus de compaixão e misericórdia,
  lento para se irar
  e cheio de amor e fidelidade.
¹⁶Olha para cá e tem compaixão de mim!
  Dá tua força a teu servo;
  sim, salva teu humilde servo.
¹⁷Mostra-me um sinal do teu favor;
  então serão envergonhados os que me odeiam,
  pois tu, Senhor, me ajudas e me consolas.

87
Cântico; salmo dos descendentes de Corá.

¹No monte santo
  está a cidade fundada pelo Senhor.
²Ele ama a cidade de Jerusalém,
  mais que qualquer outro lugar em Israel.ᵇ
³Ó cidade de Deus,
  que coisas gloriosas são ditas a seu respeito!

Interlúdio

⁴Incluirei o Egitoᶜ e a Babilônia entre os que me conhecem,
  também a Filístia e Tiro, e até a distante Etiópia;ᵈ
  ali todos se tornaram seus cidadãos!
⁵A respeito de Jerusalémᵉ se dirá:
  "Ali todos desfrutam os direitos de cidadãos",
  e o próprio Altíssimo abençoará a cidade.
⁶Quando o Senhor registrar as nações, dirá:
  "Ali todos se tornaram seus cidadãos!".

Interlúdio

⁷O povo tocará flautasᶠ e cantará:
  "A fonte de minha vida brota de Jerusalém!".

88
Ao regente do coral: salmo dos descendentes de Corá, para ser cantado com a melodia "O sofrimento da aflição". Salmoᵍ de Hemã, o ezraíta.

¹Ó Senhor, Deus de minha salvação,
  clamo a ti de dia,
  venho a ti de noite.
²Agora, ouve minha oração;
  escuta meu clamor.
³Pois minha vida está cheia de problemas,
  e a morteʰ se aproxima.
⁴Fui considerado morto,
  alguém que já não tem forças.
⁵Deixaram-me entre os mortos,
  estendido como um cadáver no túmulo.
  Caí no esquecimento
  e estou separado do teu cuidado.
⁶Tu me lançaste na cova mais funda,
  nas profundezas mais escuras.
⁷Tua ira pesa sobre mim;
  uma após a outra, tuas ondas me encobrem.

Interlúdio

⁸Afastaste de mim os meus amigos
  e para eles me tornaste repulsivo;
  estou preso numa armadilha, e não há como escapar.
⁹As lágrimas de aflição me cegaram os olhos;
  todos os dias, clamo por ti, Senhor,
  e a ti levanto as mãos.
¹⁰Será que tuas maravilhas têm algum uso para os mortos?
  Acaso os mortos se levantam e te louvam?

Interlúdio

¹¹Podem os que estão no túmulo anunciar teu amor?
  Podem proclamar tua fidelidade no lugar de destruição?ⁱ
¹²Acaso as trevas falam de tuas maravilhas?

ᵃ **86.13** Em hebraico, *do Sheol*. ᵇ **87.2** Em hebraico, *ele ama as portas de Sião mais que todas as habitações de Jacó*. Ver nota em 44.4. ᶜ **87.4a** Em hebraico, *Raabe*, nome de um monstro marinho mítico que representa o caos na literatura antiga. O termo é usado aqui como nome poético para o Egito. ᵈ **87.4b** Em hebraico, *Cuxe*. ᵉ **87.5** Em hebraico, *Sião*. ᶠ **87.7** Ou *dançará*. ᵍ **88 título** Em hebraico, *maskil*, possivelmente um termo literário ou musical. ʰ **88.3** Em hebraico, *o Sheol*. ⁱ **88.11** Em hebraico, *em Abadom?*

Pode alguém na terra do esquecimento
  contar de tua justiça?
¹³A ti, Senhor, eu clamo;
  dia após dia, continuarei a suplicar.
¹⁴Ó Senhor, por que me rejeitas?
  Por que escondes de mim o rosto?
¹⁵Desde a juventude estive doente e à beira da morte;
  teus terrores me deixaram indefeso e desesperado.
¹⁶Sim, tua ira intensa me esmagou,
  teus terrores acabaram comigo.
¹⁷O dia todo, agitam-se ao meu redor como uma inundação
  e me encobrem por completo.
¹⁸Tiraste de mim meus companheiros e pessoas queridas;
  a escuridão é a minha amiga mais chegada.

89

Salmo[a] de Etã, o ezraíta.

¹Cantarei para sempre o teu amor, ó Senhor!
Anunciarei a tua fidelidade a todas as gerações.
²Pois sei que o teu amor dura para sempre,
  e a tua fidelidade permanece firme como os céus.
³Tu disseste: "Fiz uma aliança com Davi, meu servo escolhido.
  A ele fiz este juramento:
⁴'Estabelecerei seus descendentes como reis para sempre;
  eles se sentarão em seu trono de geração em geração'".

Interlúdio

⁵Ó Senhor, os céus louvam as tuas maravilhas;
  multidões de anjos te exaltam por tua fidelidade.
⁶Pois quem nos céus se compara ao Senhor?
  Quem é semelhante ao Senhor entre os seres celestiais?
⁷Os mais altos poderes angelicais reverenciam a Deus;
  ele é mais temível que todos que rodeiam seu trono.
⁸Ó Senhor, Deus dos Exércitos,
  quem é poderoso como tu, Senhor?
  Tu és totalmente fiel!
⁹Governas os mares revoltos
  e acalmas as ondas agitadas.
¹⁰Esmagaste o grande monstro marinho;[b]
  com o teu braço poderoso, dispersaste teus inimigos.
¹¹Os céus são teus, a terra é tua,
  tudo que há no mundo pertence a ti;
  tu fizeste todas as coisas.
¹²Criaste o norte e o sul;
  o monte Tabor e o monte Hermom louvam o teu nome.
¹³Teu braço é poderoso! Tua mão é forte!
  Tua mão direita se levanta com força gloriosa.
¹⁴Justiça e retidão são os alicerces do teu trono,
  amor e verdade vão à tua frente.
¹⁵Feliz é o povo que ouve o alegre chamado para adorar,
  pois andará na luz de tua presença, Senhor.
¹⁶O dia todo eles se alegram em teu nome
  e exultam em tua justiça.
¹⁷Tu és a força gloriosa deles;
  é do teu agrado nos fortalecer.
¹⁸Sim, nossa proteção vem do Senhor;
  ele, o Santo de Israel, nos deu nosso rei.

¹⁹Muito tempo atrás, numa visão, falaste a teus fiéis
  e disseste: "Levantei um guerreiro;
  dentre o povo o escolhi para ser rei.
²⁰Encontrei meu servo Davi
  e o ungi com meu santo óleo.
²¹Com minha mão o firmarei,
  com meu braço o fortalecerei.
²²Seus inimigos não o derrotarão,
  os perversos não o dominarão.
²³Esmagarei seus adversários diante dele,
  destruirei aqueles que o odeiam.
²⁴Minha fidelidade e meu amor o acompanharão;
  em meu nome, ele crescerá em poder.

---

[a]**89 título** Em hebraico, *maskil*, possivelmente um termo literário ou musical. [b]**89.10** Em hebraico, *Raabe*, nome de um monstro marinho mítico que representa o caos na literatura antiga.

²⁵Estenderei seu governo sobre o mar,
seu domínio, sobre os rios.
²⁶Ele me dirá: 'Tu és meu Pai,
meu Deus e a Rocha de minha salvação'.
²⁷Darei a ele os privilégios de filho mais velho,
e ele será o rei mais poderoso da terra.
²⁸Eu o amarei e lhe serei bondoso para sempre;
minha aliança com ele jamais será quebrada.
²⁹Farei que ele sempre tenha herdeiros;
enquanto existirem os céus, seu trono não terá fim.
³⁰Se, porém, seus descendentes abandonarem minha lei
e não seguirem meus estatutos,
³¹se não obedecerem aos meus decretos
e não guardarem meus mandamentos,
³²castigarei seu pecado com a vara
e sua desobediência, com açoites.
³³Contudo, não desistirei de amá-lo,
nem deixarei de lhe ser fiel.
³⁴Não quebrarei minha aliança,
não voltarei atrás em minhas palavras.
³⁵Fiz um juramento a Davi
e, em minha santidade, não minto.
³⁶Sua dinastia continuará para sempre,
seu reino permanecerá como o sol.
³⁷Será duradouro como a lua,
minha fiel testemunha no céu".

Interlúdio

³⁸Agora, porém, tu o rejeitaste e o descartaste;
estás irado com o teu ungido.
³⁹Renunciaste tua aliança com ele
e jogaste sua coroa no pó.
⁴⁰Derrubaste os muros que o protegiam
e destruíste as fortalezas que o defendiam.
⁴¹Todos que por ali passam o saqueiam,
e ele se tornou motivo de zombaria para seus vizinhos.
⁴²Tu fortaleceste seus inimigos
e lhes deste razão para celebrar.
⁴³Tornaste inútil sua espada
e não o ajudaste na batalha.
⁴⁴Acabaste com seu esplendor
e derrubaste seu trono.
⁴⁵Fizeste-o envelhecer antes do tempo
e o envergonhaste em público.

Interlúdio

⁴⁶Até quando, Senhor, esta situação continuará?
Acaso te esconderás para sempre?
Até quando tua ira arderá como fogo?
⁴⁷Lembra-te de como minha vida é curta,
de como é vazia a existência humana!
⁴⁸Ninguém vive para sempre, todos morrem;
ninguém escapa das garras da sepultura.[a]

Interlúdio

⁴⁹Onde está, Senhor, o teu antigo amor?
Tu o prometeste a Davi com um juramento fiel.
⁵⁰Considera, Senhor, como teus servos passam vergonha;
levo no coração os insultos de muitos.
⁵¹Teus inimigos, Senhor, têm zombado de mim;
zombam do teu ungido por onde ele vai.

⁵²Louvado seja o Senhor para sempre!
Amém e amém!

Livro 4 (Salmos 90—106)

90

Oração de Moisés, homem de Deus.

¹Senhor, tu tens sido nosso refúgio
ao longo das gerações.
²Antes que os montes nascessem,
antes que formasses a terra e o mundo,
de eternidade a eternidade, tu és Deus.

³Fazes as pessoas voltarem ao pó quando dizes:
"Retornem ao pó, mortais".
⁴Para ti, mil anos são como um dia que passa,
breves como algumas horas da noite.
⁵Arrastas as pessoas como numa enchente;
elas são como sonhos que desaparecem.
São como a grama que nasce pela manhã;
⁶pela manhã, brota e floresce,
mas, à tarde, murcha e seca.

---

[a] **89.48** Em hebraico, *do Sheol*.

⁷Somos consumidos por tua ira,
ficamos apavorados com tua fúria.
⁸Tu pões diante de ti os nossos pecados,
nossos pecados secretos, e vês todos eles.
⁹Passamos a vida debaixo de tua ira
e terminamos nossos dias com um gemido.
¹⁰Recebemos setenta anos,
alguns chegam aos oitenta.
Mas até os melhores anos são cheios de dor e desgosto;
logo desaparecem, e nós voamos.
¹¹Quem conhece o poder de tua ira?
Grande é a tua fúria, como o temor de que és digno.
¹²Ajuda-nos a entender como a vida é breve,
para que vivamos com sabedoria.
¹³Ó Senhor, volta-te para nós!
Até quando te demorarás?
Tem compaixão de teus servos.
¹⁴Satisfaze-nos a cada manhã com o teu amor,
para que cantemos de alegria até o final da vida.
¹⁵Dá-nos alegria proporcional aos dias de aflição;
compensa-nos pelos anos em que sofremos.
¹⁶Que nós, teus servos, vejamos teus feitos outra vez;
que nossos filhos vejam a tua glória.
¹⁷Seja sobre nós a bondade do Senhor, nosso Deus;
faze prosperar nossos esforços,
sim, faze prosperar nossos esforços.

91

¹Aquele que habita no abrigo do Altíssimo
encontrará descanso à sombra do Todo-poderoso.
²Isto eu declaro a respeito do Senhor:
ele é meu refúgio, meu lugar seguro,
ele é meu Deus e nele confio.
³Pois ele o livrará das armadilhas da vida
e o protegerá de doenças mortais.
⁴Ele o cobrirá com as suas penas
e o abrigará sob as suas asas;
a sua fidelidade é armadura e proteção.
⁵Não tenha medo dos terrores da noite,
nem da flecha que voa durante o dia.
⁶Não tema a praga que se aproxima na escuridão,
nem a calamidade que devasta ao meio-dia.
⁷Ainda que mil caiam ao seu lado
e dez mil morram ao seu redor,
você não será atingido.
⁸Basta abrir os olhos,
e verá como são castigados os perversos.
⁹Se você se refugiar no Senhor,
se fizer do Altíssimo seu abrigo,
¹⁰nenhum mal o atingirá,
nenhuma praga se aproximará de sua casa.
¹¹Pois ele ordenará a seus anjos
que o protejam aonde quer que você vá.
¹²Eles o sustentarão com as mãos,
para que não machuque o pé em alguma pedra.
¹³Você pisará leões e cobras,
esmagará leões ferozes e serpentes debaixo dos pés.
¹⁴O Senhor diz: "Livrarei aquele que me ama,
protegerei o que confia em meu nome.
¹⁵Quando clamar por mim, eu responderei
e estarei com ele em meio às dificuldades;
eu o resgatarei e lhe darei honra.
¹⁶Com vida longa o recompensarei
e lhe darei minha salvação".

92

Salmo; cântico para ser entoado no sábado.

¹É bom dar graças ao Senhor
e cantar louvores ao Altíssimo.
²É bom proclamar de manhã o teu amor
e, de noite, a tua fidelidade,
³ao som de um instrumento de dez cordas,
da harpa e da melodia da lira.

⁴Tu me alegras, Senhor, com tudo que tens feito;
canto de alegria por causa de tuas obras.
⁵Quão grandes, Senhor, são os teus feitos
e profundos os teus pensamentos!
⁶Só o ignorante não sabe,

> PÃO DIÁRIO

Mais poderoso do que tudo

O Senhor reina! Está vestido de majestade; sim, o Senhor está vestido de majestade e armado de força. O mundo permanece firme e não será abalado.

—Salmo 93.1

As Cataratas do Iguaçu, localizadas na fronteira entre o Brasil e a Argentina, são um espetacular conjunto de quedas d'água composto por 275 cachoeiras em 2,7 km de extensão do rio Iguaçu. Gravadas num muro do lado brasileiro da cachoeira, estão as seguintes palavras: "Mais poderoso que o estrondo dos mares, mais poderoso que as ondas que rebentam na praia, mais poderoso que tudo isso é o Senhor nas alturas" (Sl 93.4). Abaixo delas, estão as palavras: "Deus sempre é maior do que todos os nossos problemas".

O autor do Salmo 93, que escreveu suas palavras durante a época em que os reis dominavam, sabia que Deus é o Rei supremo sobre todos. "O Senhor reina!", ele escreveu. "Teu trono permanece desde os tempos antigos; tu existes desde a eternidade" (vv.1,2). Não importa a altura das marés ou das ondas, o Senhor continua sendo maior do que todas elas.

O bramir de uma cachoeira é algo realmente majestoso, mas é bem diferente estar na água sendo arremessada em direção às quedas d'água. Essa pode ser a situação em que você se encontra hoje. Problemas físicos, financeiros ou relacionais se agigantam cada vez mais, e você sente como se estivesse prestes a ser sugada pelas águas. Em tais circunstâncias, os cristãos têm Alguém a quem buscar. Ele é o Senhor, "capaz de realizar infinitamente mais do que poderíamos pedir ou imaginar" (Ef 3.20). Nosso Deus é maior do que todos os nossos problemas.

Senhor, mesmo quando parece que sou carregada por ondas poderosas que destroem tudo em seu caminho, descanso na certeza de que és muito mais poderoso e te importas comigo. Permaneço segura em Tua força, porque tu és a minha Rocha.

Jamais meça o poder ilimitado de Deus a partir de suas expectativas limitadas.

---

só o tolo não entende:
⁷embora os perversos brotem como a grama
e floresçam os que praticam o mal,
eles serão destruídos para sempre.

⁸Mas tu, Senhor, serás eternamente exaltado!
⁹Teus inimigos, Senhor, perecerão;
todos que praticam o mal serão dispersados.
¹⁰Tu, porém, me tornaste forte como o boi selvagem
e me ungiste com óleo da melhor qualidade.
¹¹Meus olhos viram a queda de meus inimigos,
meus ouvidos ouviram a derrota de meus perversos adversários.
¹²Os justos, porém, florescerão como palmeiras
e crescerão como os cedros do Líbano.
¹³Pois estão plantados na casa do Senhor;
florescerão nos pátios de nosso Deus.
¹⁴Mesmo na velhice produzirão frutos;
continuarão verdejantes e cheios de vida.
¹⁵Anunciarão: "O Senhor é justo!
Ele é minha rocha;
nele não há injustiça".

93

¹O Senhor reina!
Está vestido de majestade;
sim, o Senhor está vestido de majestade
e armado de força.
O mundo permanece firme
e não será abalado.

²Teu trono permanece desde os tempos antigos;
tu existes desde a eternidade.
³As águas subiram, ó Senhor,
as águas rugiram como trovão,
as águas levantaram ondas impetuosas.
⁴Mais poderoso que o estrondo dos mares,
mais poderoso que as ondas que rebentam na praia,
mais poderoso que tudo isso é o Senhor nas alturas.
⁵Teus preceitos soberanos não podem ser alterados;
teu reino, Senhor, é santo para todo o sempre!

94

¹Ó Senhor, Deus da vingança,
ó Deus da vingança, manifesta teu esplendor!

²Levanta-te, ó Juiz da terra,
dá aos orgulhosos o que merecem.
³Até quando, Senhor?
Até quando os perversos se alegrarão de suas maldades?
⁴Até quando falarão com arrogância?
Até quando os que praticam o mal contarão vantagens?
⁵Esmagam o teu povo, Senhor,
oprimem os que pertencem a ti.
⁶Matam viúvas e estrangeiros
e assassinam órfãos.
⁷"O Senhor não vê", eles dizem.
"O Deus de Israel[a] não se importa."
⁸Pensem melhor, tolos!
Quando vocês, insensatos, entenderão?
⁹Acaso é surdo aquele que fez os ouvidos?
É cego aquele que formou os olhos?
¹⁰Aquele que castiga as nações não os castigará?
Aquele que tudo sabe não sabe o que vocês fazem?
¹¹O Senhor conhece os pensamentos de cada um;
sabe que nada valem.
¹²Feliz é aquele a quem disciplinas, Senhor,
aquele a quem ensinas tua lei.
¹³Tu lhe dás alívio em tempos de aflição,
até que se abra uma cova para os perversos.
¹⁴Pois o Senhor não rejeitará seu povo;
não abandonará os que lhe pertencem.
¹⁵Os julgamentos voltarão a se basear na justiça,
e os de coração íntegro a buscarão.
¹⁶Quem me protegerá dos perversos?
Quem me defenderá dos que praticam o mal?
¹⁷Se o Senhor não tivesse me ajudado,
eu já estaria no silêncio do túmulo.
¹⁸Gritei: "Estou caindo!",
mas o teu amor, Senhor, me sustentou.
¹⁹Quando minha mente estava cheia de dúvidas,
teu consolo me deu esperança e ânimo.
²⁰Podem os líderes injustos,
aqueles cujos decretos permitem a injustiça,
afirmar que Deus está do lado deles?
²¹Juntam-se contra os justos
e condenam os inocentes à morte.
²²Mas o Senhor é a minha fortaleza;
meu Deus é a rocha onde me refugio.
²³Deus fará os pecados dos perversos caírem sobre eles;
ele os destruirá por suas maldades.
O Senhor, nosso Deus, os destruirá.

95

¹Venham, vamos cantar ao Senhor!
Vamos aclamar a Rocha de nossa salvação.
²Vamos chegar diante dele com ações de graças
e cantar a ele salmos de louvor.
³Pois o Senhor é o grande Deus,
o grande Rei acima de todos os deuses.
⁴Em suas mãos estão as profundezas da terra,
a ele pertencem os mais altos montes.
⁵O mar é dele, pois ele o criou;
suas mãos formaram a terra firme.
⁶Venham, vamos adorar e nos prostrar,
vamos nos ajoelhar diante do Senhor, nosso Criador,
⁷pois ele é o nosso Deus.
Somos o povo que ele pastoreia,
o rebanho sob o seu cuidado.

Quem dera hoje vocês ouvissem a voz do Senhor!
⁸Pois ele diz: "Não endureçam o coração,
como fizeram seus antepassados em Meribá,
como fizeram em Massá, no deserto.
⁹Ali eles me tentaram e me puseram à prova,
apesar de terem visto tudo que fiz.
¹⁰Por quarenta anos estive irado com eles e disse:
'São um povo cujo coração sempre se afasta de mim;
recusam-se a andar em meus caminhos'.
¹¹Assim, jurei em minha ira:
'Jamais entrarão em meu descanso'".

---

[a] **94.7** Em hebraico, *de Jacó*. Ver nota em 44.4.

96

¹Cantem ao Senhor um cântico novo!
  Toda a terra cante ao Senhor!
²Cantem ao Senhor e louvem o seu nome;
  proclamem todos os dias a sua salvação.
³Anunciem a sua glória entre as nações,
  contem a todos as suas maravilhas.
⁴Grande é o Senhor! Digno de muito louvor!
  Ele é mais temível que todos os deuses.
⁵Os deuses de outros povos não passam de ídolos,
  mas o Senhor fez os céus!
⁶Glória e majestade o cercam,
  força e beleza enchem seu santuário.
⁷Ó nações do mundo, reconheçam o Senhor;
  reconheçam que o Senhor é forte e glorioso.
⁸Deem ao Senhor a glória que seu nome merece,
  tragam ofertas e entrem em seus pátios.
⁹Adorem o Senhor em todo o seu santo esplendor;
  toda a terra trema diante dele.
¹⁰Digam entre as nações: "O Senhor reina!";
  ele firmou o mundo para que não seja abalado
  e com imparcialidade julgará todos os povos.
¹¹Alegrem-se os céus e exulte a terra!
  Deem louvor o mar e tudo que nele há!
¹²Os campos e suas colheitas gritem de alegria!
  As árvores do bosque exultem
¹³diante do Senhor, pois ele vem;
  ele vem julgar a terra.
  Julgará o mundo com justiça
  e as nações, com sua verdade.

97

¹O Senhor reina!
  Alegre-se a terra,
  exultem os litorais mais distantes.
²Nuvens escuras o cercam;
  justiça e retidão são a base de seu trono.
³Fogo se espalha adiante dele,
  queimando todos os seus inimigos.
⁴Seus relâmpagos iluminam o mundo;
  a terra os vê e estremece.
⁵Os montes se derretem como cera diante do Senhor,
  diante do Senhor de toda a terra.
⁶Os céus proclamam sua justiça;
  todos os povos veem sua glória.
⁷Sejam envergonhados os que adoram ídolos,
  os que contam vantagem de seus deuses inúteis,
  pois todos os deuses se prostram diante dele.
⁸Sião ouviu e se alegrou,
  e todas as cidades de Judá exultam,
  por causa de tua justiça, ó Senhor.
⁹Pois tu, Senhor, és supremo sobre toda a terra;
  és exaltado muito acima de todos os deuses.
¹⁰Vocês que amam o Senhor, odeiem o mal!
  Ele protege a vida de seus fiéis
  e os resgata da mão dos perversos.
¹¹A luz brilha sobre os justos,
  e a alegria, sobre os que têm coração íntegro.
¹²Alegrem-se no Senhor todos os justos
  e louvem seu santo nome!

98

Salmo.

¹Cantem ao Senhor um cântico novo,
  pois ele fez maravilhas;
  sua mão direita e seu braço santo
  conquistaram a vitória!
²O Senhor anunciou seu poder de salvar
  e revelou sua justiça às nações.
³Lembrou-se de seu amor e fidelidade a Israel;
  os confins da terra viram a vitória de nosso Deus.
⁴Aclamem ao Senhor todos os habitantes da terra;
  louvem-no em alta voz com alegres cânticos!
⁵Cantem louvores ao Senhor com a harpa,
  com a harpa e com cânticos harmoniosos,
⁶com trombetas e ao som de cornetas;
  exultem e cantem diante do Senhor, o Rei!
⁷Deem gritos de louvor o mar e tudo que nele há,
  e também a terra e todos os seres vivos.

⁸Os rios batam palmas,
  e os montes cantem de alegria
⁹diante do Senhor,
  pois ele vem julgar a terra.
Julgará o mundo com justiça
  e as nações, com imparcialidade.

99

¹O Senhor reina!
  Tremam os povos!
Ele está sentado em seu trono acima dos querubins.
  Trema toda a terra!
²O Senhor é soberano em Sião,
  exaltado acima de todos os povos.
³Seja louvado teu grande e temível nome,
  pois é santo!
⁴Rei poderoso, que ama a justiça,
  tu estabeleceste a imparcialidade.
Agiste com justiça
  e retidão em Israel.ᵃ
⁵Exaltem o Senhor, nosso Deus;
  prostrem-se a seus pés, pois ele é santo!

⁶Moisés e Arão estavam entre seus sacerdotes,
  e Samuel também invocava seu nome.
Clamavam ao Senhor,
  e ele lhes respondia.
⁷Da coluna de nuvem lhes falava,
  e eles seguiam os preceitos e os decretos que ele lhes dava.
⁸Ó Senhor, nosso Deus, tu lhes respondias;
  eras para eles Deus perdoador,
  mas os castigava quando se desviavam.
⁹Exaltem o Senhor, nosso Deus,
  e prostrem-se em seu santo monte,
  pois o Senhor, nosso Deus, é santo!

100

Salmo de ações de graças.

¹Aclamem ao Senhor todos os habitantes da terra!
²Sirvam ao Senhor com alegria,
  apresentem-se diante dele com cânticos.
³Reconheçam que o Senhor é Deus!
  Ele nos criou e a ele pertencemos;ᵇ
  somos seu povo, o rebanho que ele pastoreia.
⁴Entrem por suas portas com ações de graças
  e, em seus pátios, com cânticos de louvor;
  deem-lhe graças e louvem o seu nome.
⁵Pois o Senhor é bom!
  Seu amor dura para sempre,
  e sua fidelidade, por todas as gerações.

101

Salmo de Davi.

¹Cantarei o teu amor e a tua justiça,
  Senhor;
  com cânticos te louvarei.
²Buscarei viver de modo inculpável;
  quando virás me ajudar?
Viverei com integridade
  em minha própria casa.
³Não olharei para coisa alguma
  que seja má e vulgar.
Odeio todos que agem de forma desonesta;
  não terei nada a ver com eles.
⁴Rejeitarei ideias perversas
  e me manterei afastado de todo mal.
⁵Não tolerarei quem difama seu próximo,
  não suportarei presunção nem orgulho.

⁶Irei à procura dos fiéis
  para conviverem comigo.
Só terão permissão de me servir
  os que andam no caminho certo.
⁷Não permitirei que enganadores habitem
  em minha casa,
  nem que mentirosos permaneçam em minha presença.
⁸Minha tarefa diária será acabar com os perversos
  e expulsar da cidade do Senhor os que praticam o mal.

102

Oração de um aflito que derrama seus problemas diante do Senhor.

¹Senhor, ouve minha oração,
  escuta minha súplica!
²Não escondas de mim o rosto
  na hora de minha aflição.
Inclina-te para ouvir
  e responde-me depressa quando clamo a ti.
³Pois meus dias somem como fumaça;
  como brasas ardentes, meus ossos queimam.

ᵃ**99.4** Em hebraico, *Jacó*. Ver nota em 44.4. ᵇ**100.3** Conforme leitura alternativa do Texto Massorético; outra leitura e algumas versões antigas trazem *e não nós mesmos*.

> **PÃO DIÁRIO**
>
> ## Integridade 101
>
> *Buscarei viver de modo inculpável; quando virás me ajudar? Viverei com integridade em minha própria casa.*
> —Salmo 101.2
>
> Os funcionários do Departamento de Trânsito ficaram surpresos ao receber uma carta com o pagamento de um motorista que tinha sido multado em 1954. João era turista e estava visitando uma cidade chamada "Amor Fraternal" quando foi multado por excesso de velocidade. A multa na época tinha o valor de aproximadamente 15 dólares nos dias de hoje. Porém o turista se esqueceu dela durante mais de 52 anos até que a encontrou no bolso de um casaco antigo. "Tenho de pagá-la", pensou. João, que agora tinha 84 anos e vivia numa casa para idosos, disse: "Os homens honestos pagam suas dívidas. Minha consciência agora está limpa".
>
> Essa história me lembrou do compromisso do salmista Davi com a integridade. Embora ele tivesse feito algumas escolhas terríveis na vida, o Salmo 101 declara sua resolução de viver irrepreensivelmente. Sua integridade começava na privacidade de seu próprio lar (v.2) e estendia-se à escolha de colegas e amigos (vv.6,7). Em nítido contraste com a vida corrupta de muitos reis do antigo Oriente Médio, a integridade de Davi o levou a respeitar a vida de seu inimigo declarado, o rei Saul (1Sm 24.4-6; 26.8,9).
>
> Como seguidoras de Jesus, somos chamadas para andar com integridade e manter a consciência limpa. Se honrarmos os nossos compromissos com Deus e com os outros, andaremos em comunhão com o Senhor. Nossa integridade nos guiará (Pv 11.3) e nos ajudará a caminhar em segurança (10.9).
>
> *Pai celestial, examina o meu coração e mostra-me os meus erros. Lembra-me de andar com integridade e honestidade no trato com os outros. Louvado sejas pela libertação, esperança e pela liberdade que a integridade traz.*
>
> **Não há melhor teste à integridade de uma pessoa do que o seu comportamento quando ela está errada.**

⁴Meu coração está esgotado, secou-se
  como capim;
  até perdi o apetite.
⁵Por causa de minha ansiedade,
  não passo de pele e osso.
⁶Sou como a coruja no deserto,
  como a pequena coruja num lugar
  desolado.
⁷Não consigo dormir;
  sou como o pássaro solitário no telhado.
⁸Todos os dias meus inimigos me insultam;
  zombam de mim e me amaldiçoam.
⁹As cinzas são meu alimento,
  e as lágrimas se misturam com minha
  bebida,
¹⁰por causa de tua ira e de tua fúria,
  pois me levantaste e depois me lançaste
  fora.
¹¹Minha vida passa rápido, como as
  sombras que se vão;
  vou murchando, como o capim.

¹²Tu, porém, Senhor, reinarás para sempre;
  teu nome será lembrado por todas as
  gerações.
¹³Tu te levantarás e terás misericórdia de
  Sião;
  já é tempo de lhe mostrar compaixão,
  este é o momento esperado.
¹⁴Pois teus servos amam cada pedra de
  seus muros
  e estimam até mesmo o pó em suas ruas.
¹⁵As nações temerão o nome do Senhor,
  os reis da terra estremecerão diante de
  sua glória.
¹⁶Pois o Senhor reconstruirá Sião;
  ele aparecerá em sua glória.
¹⁷Ouvirá as orações dos indefesos
  e não rejeitará suas súplicas.

¹⁸Fique isto registrado para as gerações
  futuras,
  para que um povo ainda não criado
  louve o Senhor.
¹⁹Contem-lhes que o Senhor olhou para
  baixo,
  de seu santuário celeste.
Do alto olhou para a terra,
  ²⁰para ouvir o gemido dos prisioneiros,
  para libertar os condenados à morte.
²¹Assim, o nome do Senhor será
  proclamado em Sião,
  seu louvor, em Jerusalém,
²²quando os povos se reunirem
  e os reinos vierem para servir ao Senhor.

²³No meio de minha vida, ele me tirou as forças
e me encurtou os dias.
²⁴Mas eu clamei a ele: "Ó meu Deus, que vive para sempre,
não tires minha vida enquanto ainda sou jovem!".
²⁵Muito tempo atrás, lançaste os fundamentos da terra
e com as tuas mãos formaste os céus.
²⁶Eles deixarão de existir, mas tu permanecerás para sempre;
eles se desgastarão, como roupa velha.
Tu os trocarás, como se fossem vestuário,
e os jogarás fora.
²⁷Tu, porém, és sempre o mesmo;
teus dias jamais terão fim.
²⁸Os filhos de teus servos viverão em segurança,
e seus descendentes prosperarão em tua presença.

103

Salmo de Davi.

¹Todo o meu ser louve o SENHOR;
louvarei seu santo nome de todo o coração.
²Todo o meu ser louve o SENHOR;
que eu jamais me esqueça de suas bênçãos.
³Ele perdoa todos os meus pecados
e cura todas as minhas doenças.
⁴Ele me resgata da morte
e me coroa de amor e misericórdia.
⁵Ele enche minha vida de coisas boas;
minha juventude é renovada como a águia!
⁶O SENHOR faz justiça
e defende a causa dos oprimidos.
⁷Revelou seus planos a Moisés
e seus feitos, aos israelitas.
⁸O SENHOR é compassivo e misericordioso,
lento para se irar e cheio de amor.
⁹Não nos acusará o tempo todo,
nem permanecerá irado para sempre.
¹⁰Não nos castiga por nossos pecados,
nem nos trata como merecemos.
¹¹Pois seu amor por aqueles que o temem
é imenso como a distância entre os céus e a terra.
¹²De nós ele afastou nossos pecados,
tanto como o Oriente está longe do Ocidente.
¹³O SENHOR é como um pai para seus filhos,
bondoso e compassivo para os que o temem.
¹⁴Pois ele sabe como somos fracos;
lembra que não passamos de pó.
¹⁵Nossos dias na terra são como o capim;
como as flores do campo, desabrochamos.
¹⁶O vento sopra, porém, e desaparecemos,
como se nunca tivéssemos existido.
¹⁷Mas o amor do SENHOR por aqueles que o temem
dura de eternidade a eternidade.
Sua justiça se estende até os filhos dos filhos
¹⁸dos que guardam sua aliança,
dos que obedecem a seus mandamentos.
¹⁹O SENHOR fez dos céus o seu trono,
de onde reina sobre todas as coisas.
²⁰Louvem o SENHOR todos os anjos,
os poderosos que executam seus planos,
os que cumprem cada uma de suas ordens.
²¹Sim, louvem o SENHOR os exércitos de anjos,
os que o servem e fazem sua vontade.
²²Louve o SENHOR tudo o que ele criou,
todas as coisas em todo o seu reino.
Todo o meu ser louve o SENHOR.

104

¹Todo o meu ser louve o SENHOR.
Ó SENHOR, meu Deus, como és grandioso!
Estás vestido de glória e majestade,
²envolto num manto de luz.
Estendes a cortina estrelada dos céus,
³pões as vigas de tua casa nas nuvens de chuva.
Fazes das nuvens o teu carro de combate,
cavalgas nas asas do vento.
⁴Os ventos são teus mensageiros,
e as chamas de fogo, teus servos.[a]

---

[a] **104.4** A Septuaginta traz *Ele envia seus anjos como ventos, / e seus servos, como chamas de fogo*. Comparar com Hb 1.7.

> **PÃO DIÁRIO**
>
> ## O transbordamento
>
> *Todo o meu ser louve o Senhor; que eu jamais me esqueça de suas bênçãos.*
>
> —Salmo 103.2
>
> Gritos de alegria entraram em nossa casa vindos lá de fora, e eu quis saber o que havia de tão maravilhoso ali. Espiei pela cortina e vi dois rapazes se molhando e brincando no abundante jato d'água que jorrava de um hidrante.
>
> O transbordamento me lembrou de como Deus derrama bênçãos sobre os Seus filhos e de como é importante reconhecer que "meu cálice transborda" (Sl 23.5).
>
> Embora eu saiba que Ele tem me dado inúmeras coisas boas, quando o carro perde uma junta, quando a gripe infecta a minha família e quando os relacionamentos correm o risco de se desfazerem, a insatisfação ameaça a minha visão das bênçãos de Deus — elas se parecem mais como gotas esparsas de uma torneira do que o fluxo intenso das águas de um hidrante!
>
> Talvez seja por isso que, no Salmo 103, Davi nos relembra: "que eu jamais me esqueça de suas bênçãos" (v.2). E, em seguida, para nos ajudar, ele lista uma torrente de bênçãos para os que creem. Ele nos lembra de que Deus perdoa todos os nossos pecados, cura todas as nossas enfermidades, redime a nossa vida da morte e nos coroa com amor (vv.3,4).
>
> Hoje, que possamos reservar um tempo para reconhecermos a abundância de Deus em vez de fazermos vistas grossas para o transbordamento de Suas bênçãos.
>
> *Senhor, quando derramas as Tuas bênçãos, elas transbordam em nossa vida. Nosso coração enche-se de gratidão e alegria por Tua provisão e por Teu amor.*
>
> **Ao somar as suas bênçãos, as suas alegrias se multiplicarão.**

⁹Estabeleceste um limite para as águas,
 para que nunca mais cobrissem a terra.
¹⁰Fazes as fontes derramarem água nos vales,
 e os riachos correm entre os montes.
¹¹Todos os animais bebem dessa água,
 e os jumentos selvagens matam a sede.
¹²As aves fazem ninhos junto aos riachos
 e cantam entre os ramos das árvores.
¹³De tua habitação celeste, envias chuva sobre os montes
 e enches a terra com o fruto do teu trabalho.
¹⁴Fazes o pasto crescer para os animais,
 e as plantas, para as pessoas cultivarem.
Permites que, da terra, colham seu alimento:
¹⁵vinho para alegrar o coração,
azeite para fazer brilhar a pele,
pão para dar forças.
¹⁶As árvores do Senhor são bem cuidadas,
 os cedros do Líbano que ele plantou.
¹⁷Nelas as aves fazem seus ninhos,
 nos ciprestes as cegonhas têm seu lar.
¹⁸No alto dos montes vivem as cabras selvagens,
 nas rochas se escondem os coelhos silvestres.[a]

¹⁹Fizeste a lua para marcar as estações,
 e o sol sabe a hora de se pôr.
²⁰Envias a escuridão e se faz noite,
 quando vagueiam os animais do bosque.
²¹Os leões jovens rugem por sua presa,
 saem à procura do alimento que Deus lhes provê.
²²Ao amanhecer eles se recolhem,
 voltam à toca para descansar.
²³Então as pessoas saem para o serviço,
 onde trabalham até o entardecer.
²⁴Ó Senhor, que variedade de coisas criaste!
 Fizeste todas elas com sabedoria;
 a terra está cheia de tuas criaturas.
²⁵Ali está o oceano, vasto e imenso,
 cheio de seres de todo tipo,
 grandes e pequenos.
²⁶Por ele passam navios,

⁵Firmaste o mundo sobre seus alicerces,
 para que jamais seja abalado.
⁶Vestiste a terra com torrentes de água,
 com água que cobriu até os montes.
⁷Por tua ordem, as águas fugiram;
 ao som de teu trovão, saíram correndo.
⁸Montes se ergueram e vales afundaram,
 ao nível que tu decretaste.

---

[a] 104.18 Ou *híraces*, ou *arganazes*.

e o Leviatã,[a] que criaste para brincar no mar.

²⁷Todos dependem de ti
   para lhes proveres o alimento de que necessitam.
²⁸Quando tu lhes dás, eles o recolhem;
   abres a mão para alimentá-los,
   e eles ficam satisfeitos.
²⁹Se te afastas deles, porém, enchem-se de medo;
   quando lhes retiras o fôlego,
   morrem e voltam ao pó.
³⁰Quando sopras teu fôlego,[b]
   novos seres são gerados,
   e renovas a face da terra.

³¹Que a glória do Senhor permaneça para sempre;
   o Senhor tem prazer em tudo que criou!
³²Basta um olhar, e a terra estremece;
   com um simples toque, faz fumegar os montes.

³³Cantarei ao Senhor enquanto viver,
   louvarei meu Deus até meu último suspiro.
³⁴Todos os meus pensamentos lhe sejam agradáveis;
   no Senhor me alegrarei.
³⁵Desapareçam da terra todos os pecadores,
   deixem de existir para sempre os perversos.

Todo o meu ser louve o Senhor.

Louvado seja o Senhor!

105

¹Deem graças ao Senhor e proclamem seu nome;
   anunciem entre os povos o que ele tem feito.
²Cantem a ele, sim, cantem louvores a ele;
   falem a todos de suas maravilhas.
³Exultem em seu santo nome,
   alegrem-se todos que buscam o Senhor.
⁴Busquem o Senhor e sua força,
   busquem sua presença continuamente.
⁵Lembrem-se das maravilhas que ele fez,
   dos milagres que realizou e dos juízos que pronunciou,
⁶vocês que são filhos de seu servo Abraão,
   descendentes de Jacó, seus escolhidos.

⁷Ele é o Senhor, nosso Deus;
   vemos sua justiça em toda a terra.
⁸Ele é fiel à sua aliança para sempre,
   ao compromisso que firmou com mil gerações.
⁹É a aliança que fez com Abraão,
   o juramento que fez a Isaque.
¹⁰Ele a confirmou a Jacó por decreto,
   ao povo de Israel como aliança sem fim:
¹¹"Darei a vocês a terra de Canaã,
   como a porção de sua herança".

¹²Assim declarou quando eles ainda eram poucos,
   um punhado de estrangeiros em Canaã.
¹³Vagaram de uma nação a outra,
   de um reino a outro.
¹⁴E, no entanto, não permitiu que ninguém os oprimisse
   e, em seu favor, repreendeu reis:
¹⁵"Não toquem em meu povo escolhido,[c]
   não façam mal a meus profetas".

¹⁶Mandou vir fome sobre a terra de Canaã
   e cortou a provisão de alimento.
¹⁷Então enviou um homem adiante deles,
   José, que foi vendido como escravo.
¹⁸Feriram seus pés com correntes
   e com ferros prenderam seu pescoço.
¹⁹O Senhor pôs José à prova,
   até chegar a hora de cumprir sua palavra.
²⁰O faraó mandou chamar José e o libertou;
   o governante de nações lhe abriu a porta da prisão.
²¹José foi encarregado do palácio real
   e se tornou administrador de todos os seus bens.
²²Tinha toda a liberdade de instruir[d] os assistentes do faraó
   e de ensinar os conselheiros da corte.
²³Então Israel chegou ao Egito;

---

[a] **104.26** A identificação do *Leviatã* é controversa, as propostas vão desde uma criatura terrestre até um monstro marinho mítico da literatura antiga. [b] **104.30** Ou *Quando envias o teu Espírito*. [c] **105.15** Em hebraico, *em meus ungidos*. [d] **105.22** Conforme a Septuaginta e a versão siríaca; o hebraico traz *amarrar* ou *aprisionar*.

Jacó viveu como estrangeiro na terra de
  Cam.
²⁴O S℮nhor multiplicou seu povo,
  até que se tornaram mais numerosos
  que seus opressores.
²⁵Voltou os egípcios contra seu povo,
  e eles tramaram contra os servos do
  S℮nhor.
²⁶Mas o S℮nhor enviou Moisés, seu servo,
  e Arão, a quem havia escolhido.
²⁷Eles realizaram sinais entre os egípcios,
  maravilhas na terra de Cam.
²⁸O S℮nhor cobriu o Egito com trevas,
  pois desobedeceram[a] à ordem para
  deixar seu povo ir.
²⁹Transformou as águas em sangue
  e matou os peixes.
³⁰Rãs infestaram a terra
  e invadiram até os aposentos do rei.
³¹Por sua ordem, moscas desceram sobre
  os egípcios,
  e piolhos encheram todo o seu território.
³²Enviou-lhes granizo em lugar de chuva,
  e relâmpagos faiscaram sobre a terra.
³³Destruiu as videiras e as figueiras
  e despedaçou todas as árvores.
³⁴Por sua ordem, vieram enxames de
  gafanhotos,
  incontáveis gafanhotos jovens.
³⁵Devoraram toda a vegetação da terra
  e destruíram toda a plantação nos
  campos.
³⁶Depois, matou o filho mais velho de
  todos os lares egípcios,
  a força e o orgulho de cada família.

³⁷Tirou seu povo do Egito cheio de prata e
  de ouro,
  e ninguém das tribos de Israel sequer
  tropeçou.
³⁸Os egípcios se alegraram quando eles
  partiram,
  pois muito os temiam.
³⁹O S℮nhor estendeu sobre o povo uma
  cobertura de nuvem
  e lhe deu fogo para iluminar a escuridão.
⁴⁰Quando pediram carne, enviou codornas;
  saciou sua fome com o pão do céu.
⁴¹Partiu uma rocha, e jorrou água,
  que correu como um rio pelo deserto.
⁴²Pois ele se lembrou da santa promessa
  que havia feito a seu servo Abraão.
⁴³Tirou seu povo do Egito com alegria,
  seus escolhidos, com celebração.
⁴⁴Deu a seu povo as terras das nações,
  e eles colheram o que outros haviam
  plantado.
⁴⁵Tudo isso aconteceu para que
  guardassem seus decretos
  e obedecessem a suas leis.

Louvado seja o S℮nhor!

106

¹Louvado seja o S℮nhor!
  Deem graças ao S℮nhor porque ele
  é bom;
seu amor dura para sempre!
²Quem poderá contar os feitos poderosos
  do S℮nhor?
  Quem poderá louvá-lo como ele merece?
³Como são felizes os que fazem o que é
  certo
  e praticam a justiça todo o tempo!

⁴Lembra-te de mim, S℮nhor, quando
  mostrares favor ao teu povo;
  aproxima-te e resgata-me.
⁵Que eu compartilhe da prosperidade dos
  teus escolhidos;
  que eu me alegre na alegria do teu povo
  e exulte com aqueles que pertencem a ti.

⁶Pecamos, como nossos antepassados;
  fomos desobedientes e rebeldes.
⁷No Egito, nossos antepassados
  não deram valor às maravilhas do S℮nhor.
Não se lembraram de seus muitos atos de
  bondade;
  rebelaram-se contra ele junto ao mar
  Vermelho.[b]
⁸Assim mesmo ele os resgatou,
  para proteger a honra de seu nome,
  para mostrar seu grande poder.
⁹Ordenou que o mar Vermelho[c] secasse
  e os conduziu pelas águas como por um
  deserto.
¹⁰Ele os resgatou das mãos de seus
  inimigos

---

[a] **105.28** Conforme a Septuaginta e a versão siríaca; o hebraico traz *não desobedeceram*. [b] **106.7** Em hebraico, *ao mar, ao mar de juncos*. [c] **106.9** Em hebraico, *o mar de juncos*; também em 106.22.

e os libertou das garras de seus
  adversários.
¹¹As águas se fecharam e cobriram seus
  opressores;
  nenhum deles sobreviveu.
¹²Então creram em suas promessas
  e cantaram louvores a ele.
¹³Depressa, porém, esqueceram-se do que
  ele havia feito;
  não quiseram esperar por seus
  conselhos.
¹⁴No deserto, os desejos do povo se
  tornaram insaciáveis;
  puseram Deus à prova naquela terra
  desolada.
¹⁵Ele atendeu a seus pedidos,
  mas também lhes enviou uma praga.
¹⁶No acampamento, tiveram inveja de
  Moisés
  e de Arão, o sacerdote consagrado ao
  Senhor.
¹⁷Por isso, a terra se abriu;
  engoliu Datã
  e sepultou Abirão e os outros rebeldes.
¹⁸Fogo desceu sobre aqueles que os
  seguiam;
  uma chama consumiu os perversos.
¹⁹No monte Sinai,ᵃ fizeram um bezerro;
  prostraram-se diante de uma imagem de
  metal.
²⁰Trocaram seu Deus glorioso
  pela estátua de um boi que come capim.
²¹Esqueceram-se de Deus, seu salvador,
  que havia feito coisas grandiosas no
  Egito,
²²atos maravilhosos na terra de Cam,
  feitos notáveis no mar Vermelho.
²³Por isso, declarou que os destruiria,
  mas Moisés, seu escolhido, pôs-se entre
  ele e o povo
  e suplicou-lhe que afastasse sua ira e não
  os destruísse.
²⁴Eles, porém, se recusaram a entrar na
  terra agradável,
  pois não creram na promessa.

²⁵Em vez disso, resmungaram em suas
  tendas
  e não deram ouvidos ao Senhor.
²⁶Assim, ele jurou solenemente
  que os mataria no deserto,
²⁷que dispersariaᵇ seus descendentes entre
  as nações
  e os enviaria para o exílio em terras
  distantes.
²⁸Depois, juntaram-se aos adoradores de
  Baal em Peor;
  chegaram a comer sacrifícios oferecidos
  a mortos.
²⁹Com todos esses atos, provocaram a ira
  do Senhor,
  por isso uma praga se espalhou entre
  eles.
³⁰Fineias, porém, teve coragem de intervir,
  e a praga foi detida.
³¹Assim, desde então,
  ele foi considerado justo.
³²Também em Meribá, provocaram a ira do
  Senhor,
  e causaram sérios problemas a Moisés.
³³Fizeram Moisés se irar,ᶜ
  e ele falou sem refletir.
³⁴Não destruíram as nações que habitavam
  na terra,
  como o Senhor lhes havia ordenado.
³⁵Em vez disso, misturaram-se com elas
  e adotaram seus costumes.
³⁶Adoraram ídolos estrangeiros,
  o que causou sua ruína.
³⁷Chegaram a sacrificar aos demônios
  seus filhos e filhas.
³⁸Derramaram sangue inocente,
  o sangue de seus filhos e filhas.
Ao oferecer sacrifícios aos ídolos de
  Canaã,
  contaminaram a terra com sangue.
³⁹A si mesmos contaminaram com seus
  atos perversos;
  seu amor aos ídolos foi adultério.
⁴⁰Por isso, a ira do Senhor se acendeu,
  e ele sentiu aversão por seu povo, sua
  propriedade.

ᵃ**106.19** Em hebraico, *Em Horebe*, outro nome para o Sinai. ᵇ**106.27** Conforme a versão siríaca; o hebraico traz *que derrubaria*.
ᶜ**106.33** Em hebraico, *Amarguraram seu espírito*.

⁴¹Entregou-os às nações,
e foram dominados por aqueles que os odiavam.
⁴²Seus inimigos os oprimiram
e os sujeitaram ao seu poder cruel.
⁴³Muitas vezes os livrou,
mas escolheram se rebelar contra ele;
por fim, seu pecado os destruiu.
⁴⁴Ainda assim, ele viu a aflição do povo
e ouviu seus clamores.
⁴⁵Lembrou-se de sua aliança com eles
e teve compaixão por causa do seu grande amor.
⁴⁶Fez que seus captores
os tratassem com misericórdia.

⁴⁷Salva-nos, Senhor, nosso Deus!
Reúne-nos dentre as nações,
para darmos graças ao teu santo nome,
para nos alegrarmos no teu louvor!

⁴⁸Louvem o Senhor, o Deus de Israel,
que vive de eternidade a eternidade.
Todos digam "Amém"!

Louvado seja o Senhor!

LIVRO 5 (SALMOS 107—150)

107 ¹Deem graças ao Senhor, porque ele é bom;
seu amor dura para sempre!
²O Senhor os resgatou? Proclamem em alta voz!
Contem a todos que ele os resgatou de seus inimigos.
³Pois ele reuniu os que estavam exilados em muitas terras,
do leste e do oeste,
do norte e do sul.ᵃ

⁴Eles vagavam pelo deserto,
perdidos e sem lar.
⁵Famintos e sedentos,
chegaram à beira da morte.
⁶Em sua aflição, clamaram ao Senhor,
e ele os livrou de seus sofrimentos.
⁷Conduziu-os por um caminho seguro,
a uma cidade onde pudessem morar.
⁸Que louvem o Senhor por seu grande amor
e pelas maravilhas que fez pela humanidade.
⁹Pois ele sacia o sedento
e enche de coisas boas o faminto.

¹⁰Estavam sentados na escuridão e em trevas profundas,
presos com as algemas de ferro do sofrimento.
¹¹Rebelaram-se contra as palavras de Deus
e desprezaram o conselho do Altíssimo.
¹²Por isso ele os sujeitou a trabalhos pesados;
caíram, e não houve quem os ajudasse.
¹³Em sua aflição, clamaram ao Senhor,
e ele os livrou de seus sofrimentos.
¹⁴Tirou-os da escuridão e das trevas profundas
e quebrou suas algemas.
¹⁵Que louvem o Senhor por seu grande amor
e pelas maravilhas que fez pela humanidade.
¹⁶Pois ele quebrou as portas de bronze da prisão
e partiu as trancas de ferro.

¹⁷Foram tolos;
rebelaram-se e sofreram por causa de seus pecados.
¹⁸Não conseguiam nem pensar em comer
e estavam às portas da morte.
¹⁹Em sua aflição, clamaram ao Senhor,
e ele os livrou de seus sofrimentos.
²⁰Enviou sua palavra e os curou,
e os resgatou da morte.
²¹Que louvem o Senhor por seu grande amor
e pelas maravilhas que fez pela humanidade.
²²Que ofereçam sacrifícios de ações de graças
e anunciem suas obras com canções alegres.

²³Viajaram pelo mundo em navios;
percorreram as rotas comerciais dos mares.
²⁴Também eles viram as obras do Senhor

ᵃ **107.3** Em hebraico, *e do mar*.

e suas maravilhas nas águas mais
   profundas.
²⁵Por sua ordem, os ventos se levantaram
   e agitaram as ondas.
²⁶Seus navios eram lançados aos céus,
   depois desciam às profundezas;
   foram tomados de pavor.
²⁷Cambaleavam e tropeçavam, como
   bêbados,
   e não sabiam mais o que fazer.
²⁸Em sua aflição, clamaram ao Senhor,
   e ele os livrou de seus sofrimentos.
²⁹Acalmou a tempestade
   e aquietou as ondas.
³⁰A calmaria os alegrou,
   e ele os levou ao porto em segurança.
³¹Que louvem o Senhor por sua bondade
   e pelas maravilhas que fez pela
   humanidade.
³²Que o exaltem em público,
   diante da comunidade e dos líderes do
   povo.

³³Ele transforma rios em desertos,
   e fontes de água em terra seca.
³⁴Torna a terra fértil em solo inútil,
   por causa da perversidade de seus
   habitantes.
³⁵Também transforma os desertos em
   açudes
   e a terra seca em fontes de água.
³⁶Leva os famintos para ali se
   estabelecerem
   e construírem suas cidades.
³⁷Eles semeiam campos, plantam videiras
   e têm grandes colheitas.
³⁸Sim, ele os abençoa!
   Ali, criam famílias numerosas,
   e seus rebanhos não param de crescer.

³⁹Mas, quando diminuem em número e
   empobrecem
   por causa da opressão, da miséria e da
   tristeza,
⁴⁰O Senhor lança desprezo sobre seus
   príncipes
   e os faz vagar num deserto sem
   caminhos.
⁴¹Contudo, livra do sofrimento os pobres
   e aumenta suas famílias como rebanhos
   de ovelhas.
⁴²Os justos verão essas coisas e se
   alegrarão,
   enquanto os perversos serão calados.
⁴³Quem é sábio levará tudo isso a sério;
   perceberá como tem sido leal o amor do
   Senhor.

108

Cântico; salmo de Davi.

¹Meu coração está firme em ti, ó
   Deus;
   por isso te cantarei louvores com todo o
   meu ser.
²Despertem, lira e harpa!
   Quero acordar o amanhecer com a
   minha canção.
³Eu te darei graças, Senhor, no meio dos
   povos;
   cantarei louvores a ti entre as nações.
⁴Pois o teu amor é mais alto que os céus;
   a tua fidelidade chega até as nuvens.
⁵Sê exaltado, ó Deus, acima dos mais altos
   céus;
   que a tua glória brilhe sobre toda a terra!

⁶Agora, livra teu povo amado;
   responde-nos e salva-nos por teu poder.
⁷Deus, em seu santuário,ª prometeu:
   "Com alegria dividirei Siquém
   e medirei o vale de Sucote.
⁸Gileade é minha, e também Manassés;
   Efraim é meu capacete,
   e Judá, meu cetro.
⁹Moabe é minha bacia de lavar;
   limparei os pés sobre Edom
   e darei um grito de triunfo sobre a
   Filístia".

¹⁰Quem me levará à cidade fortificada?
   Quem me guiará até Edom?
¹¹Acaso nos rejeitaste, ó Deus?
   Não marcharás mais com nossos
   exércitos?
¹²Ajuda-nos contra nossos inimigos,
   pois todo socorro humano é inútil.
¹³Com o auxílio de Deus, realizaremos
   grandes feitos,
   pois ele pisará os nossos inimigos.

ª **108.7** Ou *em sua santidade*.

109

Ao regente do coral: salmo de Davi.

¹Ó Deus, a quem eu louvo,
não permaneças calado,
²enquanto os perversos me caluniam
e falam mentiras a meu respeito.
³Eles me cercam de palavras odiosas
e me atacam sem motivo.
⁴Retribuem meu amor com acusações,
mesmo enquanto oro por eles.
⁵Pagam-me o bem com o mal,
e o amor, com o ódio.

⁶Que um perverso testemunhe contra ele,
e um acusador o leve a julgamento.
⁷Quando julgarem sua causa,
que o declarem culpado;
considerem pecado suas orações.
⁸Que sua vida seja curta,
e outro ocupe seu lugar.
⁹Que seus filhos se tornem órfãos,
e sua esposa, viúva.
¹⁰Que seus filhos andem sem rumo, como mendigos,
e sejam expulsos de[a] suas casas em ruínas.
¹¹Que os credores tomem todos os seus bens,
e estranhos levem o fruto de seu trabalho.
¹²Que ninguém o trate com bondade,
nem tenha compaixão de seus órfãos.
¹³Que todos os seus descendentes morram;
que o nome de sua família seja apagado na geração seguinte.
¹⁴Que o Senhor nunca se esqueça dos pecados de seus antepassados;
que os pecados de sua mãe jamais sejam apagados.
¹⁵Que o Senhor se lembre sempre de sua culpa;
que seu nome seja de todo esquecido.
¹⁶Pois não quis ser bondoso com os outros;
foi no encalço dos pobres e necessitados
e perseguiu até a morte os de coração quebrantado.
¹⁷Gostava de amaldiçoar;
agora, que ele próprio seja amaldiçoado.
Não tinha prazer em abençoar;
agora, que ele não seja abençoado.
¹⁸Para ele, amaldiçoar é como a roupa que ele veste,
como a água que bebe,
como os alimentos saborosos que come.
¹⁹Agora, que suas maldições voltem para ele;
apeguem-se a seu corpo como roupas,
amarrem-se em torno dele como um cinto.

²⁰Que essas maldições se tornem castigo do Senhor
para meus acusadores,
para os que falam mal de mim.
²¹Quanto a mim, ó Senhor Soberano, trata-me bem,
por causa do teu nome;
livra-me, porque és fiel e bom.
²²Pois sou pobre e necessitado,
e meu coração está ferido.
²³Vou desaparecendo, como a sombra ao entardecer;
sou lançado para longe, como um gafanhoto.
²⁴De tanto jejuar, meus joelhos estão fracos;
não passo de pele e osso.
²⁵Sou motivo de zombaria em todo lugar;
quando me veem, balançam a cabeça em desprezo.

²⁶Ajuda-me, Senhor, meu Deus;
salva-me por causa do teu amor!
²⁷Que eles reconheçam que isso veio de ti,
que tu mesmo o fizeste, Senhor.
²⁸Que importa se me amaldiçoarem?
Tu me abençoarás!
Quando me atacarem, serão envergonhados;
mas eu, teu servo, continuarei a me alegrar!
²⁹Que meus acusadores sejam vestidos de humilhação,
que a vergonha os cubra como um manto.
³⁰Eu, porém, sempre darei graças ao Senhor;
louvarei seu nome diante de todos.

---

[a] **109.10** Conforme a Septuaginta; o hebraico traz *e busquem*.

³¹Pois ele está junto aos necessitados,
    pronto para salvá-los dos que os
    condenam.

110
Salmo de Davi.

¹O Senhor disse ao meu Senhor:ᵃ
    "Sente-se no lugar de honra à minha
    direita,
até que eu humilhe seus inimigos
    e os ponha debaixo de seus pés".

²O Senhor estenderá seu reino poderoso
    desde Sião;
    você governará seus inimigos.
³Quando você for à guerra,
    seu povo o servirá de livre vontade.
Você está envolto em vestes santas,
    e sua força será renovada a cada dia,
    como o orvalho da manhã.

⁴O Senhor jurou e não voltará atrás:
    "Você é sacerdote para sempre, segundo
    a ordem de Melquisedeque".

⁵O Senhor está à sua direita para protegê-
    -lo;
    esmagará muitos reis no dia de sua ira.
⁶Castigarás as nações e encherá suas terras
    de cadáveres;
    esmagará cabeças por todo o mundo.
⁷Ele próprio, contudo, se refrescará em
    riachos ao longo do caminho;
    ele será vitorioso.

111
ᵇ¹Louvado seja o Senhor!

De todo o meu coração darei graças
    ao Senhor
quando me reunir com os justos.
²Como são grandiosas as obras do Senhor!
    Todos que têm prazer nele devem nelas
    meditar.
³Tudo que ele faz revela sua glória e
    majestade;
    sua justiça permanece para sempre.
⁴Ele nos faz recordar suas maravilhas;
    o Senhor é compassivo e misericordioso.
⁵Dá alimento aos que o temem,
    lembra-se sempre de sua aliança.
⁶Mostrou seu poder ao seu povo
    ao lhe dar as terras de outras nações.
⁷Tudo que ele faz é justo e bom;
    todos os seus mandamentos são
    confiáveis.
⁸São verdadeiros para sempre;
    devem ser obedecidos com fidelidade e
    retidão.
⁹Ele pagou o resgate por seu povo,
    garantiu para sempre sua aliança com
    eles;
    seu nome é santo e temível!
¹⁰O temor do Senhor é o princípio do
    conhecimento;
    todos que obedecem a seus
    mandamentos mostram bom senso.

Louvem-no para sempre!

112
ᶜ¹Louvado seja o Senhor!

Como é feliz aquele que teme o
    Senhor
e tem prazer em obedecer a seus
    mandamentos!
²Seus filhos serão bem-sucedidos em toda
    a terra;
    uma geração inteira de justos será
    abençoada.
³Em sua casa, haverá riqueza e
    prosperidade,
    e suas boas ações permanecerão para
    sempre.
⁴A luz brilha na escuridão para o justo;
    ele é compassivo, misericordioso e
    íntegro.
⁵Feliz é o que empresta com generosidade
    e conduz seus negócios honestamente.
⁶Ele não será abalado;
    sua lembrança durará por muito tempo.
⁷Não teme más notícias;
    confia plenamente no cuidado do
    Senhor.
⁸É confiante e destemido;
    olha com triunfo para seus inimigos.
⁹Compartilha generosamente com os
    pobres,
    e seus atos de justiça serão lembrados
    para sempre;
    ele terá influência e honra.

ᵃ**110.1** Ou *meu senhor*. ᵇ**111** Em hebraico este salmo é um poema acróstico; depois da nota introdutória de louvor, cada linha começa com uma letra sucessiva do alfabeto hebraico. ᶜ**112** Em hebraico este salmo é um poema acróstico; depois da nota introdutória de louvor, cada linha começa com uma letra sucessiva do alfabeto hebraico.

> **PÃO DIÁRIO**
>
> ## Lembrado por muito tempo
>
> *...sua lembrança durará por muito tempo. [...] e seus atos de justiça serão lembrados para sempre...*
> —Salmo 112.6-9
>
> À medida que envelhecemos, boa parte da nossa tristeza é causada pela saudade que sentimos dos "velhos tempos" — daqueles tempos em que usufruíamos de saúde, prosperidade, boa posição ou poder. Contudo, as coisas deste mundo não duram para sempre. Elas são oscilantes, inconstantes, volúveis. Em determinado momento, podem ser tiradas de nós e substituídas pela pobreza, isolamento, fraqueza e dor.
>
> Quando percebemos que este mundo e tudo o que nele há é instável e imprevisível, ficamos desejando algo que dure. Mas o que sobra?
>
> O salmista escreveu que os justos serão "lembrados para sempre" (112.6). A justiça deles não é atingida nem prejudicada pelo tempo ou por circunstâncias. Nada que aconteça neste mundo pode roubá-la. A justiça permanece mesmo quando a vida nos esvazia de todas as outras posses.
>
> A justiça é nossa quando nos aproximamos de Deus por meio da fé em Jesus Cristo (Rm 1.17; 3.21-26). Ele é a nossa rocha e a nossa salvação; é a única fonte da felicidade verdadeira e duradoura. O Salmo 112.1 afirma: "Como é feliz aquele que teme o Senhor e tem prazer em obedecer a seus mandamentos".
>
> Deleite-se no Senhor e em Sua Palavra, e você encontrará a verdadeira felicidade. Apenas Ele oferece a justiça que dura por toda a eternidade.
>
> *Senhor, tu és o único que podes proporcionar satisfação ao anseio do nosso coração por algo que dure. Só tu trazes alegria para o dia de hoje e esperança resplandecente para o amanhã.*
>
> ---
>
> **A felicidade é nossa quando nos deleitamos no Senhor.**

¹⁰O perverso verá isso e ficará furioso,
   rangerá os dentes de raiva e desaparecerá;
   seus desejos serão frustrados.

113

¹Louvado seja o Senhor!
   Sim, louvem, ó servos do Senhor,
   louvem o nome do Senhor!
²Bendito seja o nome do Senhor,
   agora e para sempre.
³Em todo lugar, do Oriente ao Ocidente,
   louvem o nome do Senhor.
⁴Pois o Senhor é engrandecido acima das nações;
   sua glória está acima dos céus.
⁵Quem se compara ao Senhor, nosso Deus,
   entronizado nas alturas?
⁶Ele se inclina para ver
   o que acontece nos céus e na terra.
⁷Levanta do pó o necessitado
   e ergue do lixo o pobre.
⁸Coloca-os entre príncipes,
   entre os príncipes de seu povo.
⁹Dá uma família à mulher estéril
   e a torna uma mãe feliz.

Louvado seja o Senhor!

114

¹Quando o povo de Israel saiu do Egito,
   quando a família de Jacó deixou aquela terra estrangeira,
²a terra de Judá se tornou o santuário de Deus,
   e Israel se tornou seu domínio.
³O mar Vermelho[a] os viu chegando e se abriu,
   e as águas do rio Jordão recuaram.
⁴Os montes saltaram como carneiros,
   e as colinas, como cordeiros.
⁵Que aconteceu, ó mar Vermelho, para que se abrisse?
   Que aconteceu, ó rio Jordão, para que recuasse?
⁶Por que, ó montes, saltaram como carneiros?
   Por que, ó colinas, saltaram como cordeiros?
⁷Estremeça, ó terra, na presença do Senhor,
   na presença do Deus de Jacó.
⁸Ele transformou a rocha em açude;
   sim, do rochedo fez nascer uma fonte de água.

115

¹Não a nós, Senhor, não a nós,
   mas ao teu nome seja toda a glória,
   por teu amor e por tua fidelidade.

---

[a] 114.3 Em hebraico, *o mar*; também em 114.5.

²Por que as nações dizem:
"Onde está o deus deles?".
³Nosso Deus está nos céus
e faz tudo como deseja.
⁴Seus ídolos não passam de objetos de
prata e ouro,
formados por mãos humanas.
⁵Têm boca, mas não falam;
olhos, mas não veem.
⁶Têm ouvidos, mas não ouvem;
nariz, mas não respiram.
⁷Têm mãos, mas não apalpam;
pés, mas não andam;
garganta, mas não emitem som.
⁸Aqueles que fazem ídolos e neles confiam
são exatamente iguais a eles.
⁹Ó Israel, confie no Senhor;
ele é seu auxílio e seu escudo!
¹⁰Ó sacerdotes, descendentes de Arão,
confiem no Senhor;
ele é seu auxílio e seu escudo!
¹¹Todos vocês que temem o Senhor,
confiem nele;
ele é seu auxílio e seu escudo!
¹²O Senhor se lembra de nós e nos
abençoará;
sim, abençoará o povo de Israel
e os sacerdotes, descendentes de Arão.
¹³Abençoará os que temem o Senhor,
tanto os grandes como os pequenos.
¹⁴Que o Senhor multiplique bênçãos
para vocês e seus filhos.
¹⁵Sejam abençoados pelo Senhor,
que fez os céus e a terra.
¹⁶Os céus pertencem ao Senhor,
mas ele deu a terra à humanidade.
¹⁷Os mortos não cantam louvores ao Senhor,
pois desceram ao silêncio da sepultura.
¹⁸Nós, porém, louvaremos o Senhor
agora e para sempre.

Louvado seja o Senhor!

116

¹Amo o Senhor, porque ele ouve a
minha voz
e as minhas orações.
²Porque ele se inclina para ouvir,
orarei enquanto viver.

ᵃ116.3 Em hebraico, *do Sheol*.

PÃO DIÁRIO

O incrível poder de Deus

Estremeça, ó terra, na presença do Senhor...
—Salmo 114.7

Para frente e para trás, para frente e para trás vão as esmagadoras ondas do mar. Desde eras passadas, os continentes foram separados pelos oceanos poderosos. O homem aprendeu a viajar sobre eles, a descer até as suas profundezas e a atravessá-los — porém, sua imensidão e a força implacável das ondas permanecem indomáveis. As rochas são esmagadas, os contornos da costa são modificados e até marinheiros experientes podem encalhar ou naufragar. A combinação do gênio do homem com o mais poderoso equipamento pouco pode fazer para vencer os oceanos.

No entanto, eles não são problema para Deus. Aquele que criou os poderosos mares faz com eles o que bem quer. O Salmo 114 se refere à saída dos israelitas do Egito e à abertura do mar Vermelho (Êx 14.13-31) para descrever o grande poder de Deus. O salmista escreveu: "O mar Vermelho os viu chegando e se abriu..." (Sl 114.3). Depois, ele perguntou: "Que aconteceu, ó mar Vermelho, para que se abrisse?" (v.5). A resposta está subentendida: os mares estavam obedecendo à ordenança de Deus.

Quando os turbulentos oceanos da adversidade nos ameaçam, precisamos nos lembrar do incrível poder de Deus. Assim como os mares fugiram da Sua presença, o mesmo pode acontecer com os obstáculos que nos parecem tão devastadores. Eles não têm maior resistência ao poder de Deus do que a água que está numa xícara de chá!

A que Deus tão poderoso servimos! Eu canto essas palavras, Pai, mas muitas vezes não compreendo realmente ou não observo o Teu poder incrível e infinito. Por favor, ajuda-me a prostrar-me em humildade diante de ti, Deus Altíssimo, sabendo que tu podes cuidar de todos os problemas que eu possa vir a enfrentar. Graças te dou, Pai.

O poder de Deus em você é maior do que a pressão dos problemas que o cercam.

---

³A morte me envolveu com suas cordas,
e os terrores da sepulturaᵃ me
dominaram;
não via outra coisa senão sofrimento e
tristeza.

⁴Então clamei pelo nome do Senhor:
"Livra-me, Senhor!".
⁵O Senhor é compassivo e justo;
o nosso Deus é misericordioso!
⁶O Senhor protege os ingênuos;
eu estava diante da morte, e ele me salvou.
⁷Volte, minha alma, a descansar,
pois o Senhor lhe tem sido bom.
⁸Ele livrou minha alma da morte,
meus olhos, das lágrimas,
meus pés, da queda.
⁹Por isso, andarei na presença do Senhor
enquanto viver aqui na terra.
¹⁰Eu cri, por isso disse:
"Estou profundamente aflito!".
¹¹Em meu desespero, declarei:
"Todos são mentirosos!".
¹²Que posso oferecer ao Senhor
por tudo que ele me tem feito?
¹³Celebrarei meu livramento[a]
e louvarei o nome do Senhor.
¹⁴Cumprirei meus votos ao Senhor
na presença de todo o seu povo.

¹⁵O Senhor se importa profundamente
com a morte de seus fiéis.
¹⁶Ó Senhor, sou teu servo,
sim, teu servo, teu humilde servo;
tu me livraste de minhas correntes.
¹⁷Oferecerei a ti um sacrifício de ação de graças
e louvarei o nome do Senhor.
¹⁸Cumprirei meus votos ao Senhor
na presença de todo o seu povo,
¹⁹na casa do Senhor,
no meio de Jerusalém.

Louvado seja o Senhor!

117

¹Louvem o Senhor todas as nações;
louvem-no todos os povos.
²Pois grande é o seu amor por nós;
a fidelidade do Senhor dura para sempre.

Louvado seja o Senhor!

118

¹Deem graças ao Senhor, porque ele é bom;
seu amor dura para sempre!

²Todo o Israel diga:
"Seu amor dura para sempre!".
³Os sacerdotes, descendentes de Arão, digam:
"Seu amor dura para sempre!".
⁴Todos que temem o Senhor digam:
"Seu amor dura para sempre!".

⁵Em minha angústia, orei ao Senhor;
o Senhor me ouviu e me livrou.
⁶O Senhor está comigo, portanto não temerei;
o que me podem fazer os simples mortais?
⁷Sim, o Senhor está comigo, e ele me ajudará;
olharei com triunfo para os que me odeiam.
⁸É melhor refugiar-se no Senhor
que confiar em pessoas.
⁹É melhor refugiar-se no Senhor
que confiar em príncipes.

¹⁰Todas as nações hostis me cercaram,
mas eu as destruí em nome do Senhor.
¹¹Sim, elas me cercaram de todos os lados,
mas eu as destruí em nome do Senhor.
¹²Como um enxame de abelhas me rodearam
e arderam contra mim como um fogo crepitante,
mas eu as destruí em nome do Senhor.
¹³Meus inimigos fizeram todo o possível para me derrubar,
mas o Senhor me sustentou.
¹⁴O Senhor é minha força e meu cântico;
ele é minha salvação.
¹⁵No acampamento dos justos há cânticos de alegria e vitória;
a mão direita do Senhor realizou grandes feitos!
¹⁶A mão direita do Senhor se levanta em triunfo;
a mão direita do Senhor realizou grandes feitos!
¹⁷Não morrerei; pelo contrário, viverei
para contar o que o Senhor fez.
¹⁸O Senhor me castigou severamente,
mas não me deixou morrer.

---

[a] 116.13 Ou *Tomarei o cálice da salvação*.

¹⁹Abram para mim as portas por onde
  entram os justos;
  entrarei e darei graças ao Senhor.
²⁰Essas portas conduzem à presença do
  Senhor,
  e os justos entram por elas.
²¹Eu te dou graças porque respondeste à
  minha oração
  e me deste vitória!
²²A pedra que os construtores rejeitaram
  se tornou a pedra angular.
²³Isso é obra do Senhor
  e é maravilhosa de ver.
²⁴Este é o dia que o Senhor fez;
  nele nos alegraremos e exultaremos.
²⁵Ó Senhor, por favor, salva-nos!
  Ó Senhor, dá-nos sucesso!
²⁶Bendito é o que vem em nome do Senhor;
  nós os abençoamos da casa do Senhor.
²⁷O Senhor é Deus e resplandece sobre nós;
  peguem o sacrifício e amarrem-no com
  cordas sobre o altar.
²⁸Tu és meu Deus, e eu te louvarei!
  Tu és meu Deus, e eu te exaltarei!
²⁹Deem graças ao Senhor, porque ele é bom;
  seu amor dura para sempre!

119 [a] *Álef*

¹Como são felizes os íntegros,
  os que seguem a lei do Senhor!
²Como são felizes os que obedecem a seus
  preceitos
  e o buscam de todo o coração.
³Não praticam o mal
  e andam em seus caminhos.
⁴Tu nos encarregaste
  de seguir fielmente tuas ordens.
⁵Meu grande desejo é que minhas ações
  sempre reflitam teus decretos.
⁶Então não ficarei envergonhado
  quando meditar em todos os teus
  mandamentos.
⁷Eu te darei graças por viver corretamente,
  à medida que aprender teus justos
  estatutos.
⁸Obedecerei a teus decretos;
  por favor, não desistas de mim!

PÃO DIÁRIO

Lugares abandonados

Guardei tua palavra em meu coração, para não pecar contra ti.
—Salmo 119.11

Nossa família havia acabado de chegar à casa que tínhamos alugado à beira de um lago para a tão esperada semana de férias, quando minha esposa viu provas irrefutáveis de que aranhas e ratos viviam naquele ambiente. É claro que já tínhamos topado com aquelas criaturas antes na vida, mas a questão não era essa. O fato é que esperávamos que a casa tivesse sido limpa e preparada para a nossa estadia. Em vez disso, as bancadas, os armários e as camas estavam cheios de resíduos de infestação, o que exigia uma limpeza pesada antes que alguém se instalasse. Não era uma casa ruim; só tinha sido abandonada.

Podemos ser culpados de lidar com o nosso coração da mesma maneira como essa casa foi administrada. Nossos "lugares abandonados" podem se tornar locais de procriação de pensamentos errados, atitudes ruins ou comportamentos pecaminosos — criando problemas que exijam atenção importante para serem corrigidos. O caminho mais sábio é reconhecer a nossa necessidade de supervisionar o nosso coração permanecendo na Palavra de Deus e abraçando suas verdades.

No Salmo 119.11, o salmista reconheceu o perigo que corremos se não edificarmos a nossa vida sobre as Escrituras. Ele disse: "Guardei tua palavra em meu coração, para não pecar contra ti".

Quando guardamos a Palavra de Deus em nosso coração, podemos edificar a vida espiritual consistente a qual nos ajudará a evitar os perigos que inevitavelmente surgem em lugares abandonados.

Deus, que a Tua Palavra possa ser a nossa fonte de fortalecimento diário, ânimo e consolo quando estivermos sofrendo; esperança quando estivermos enfrentando momentos de desespero; direção quando estivermos perdidas e de amor eterno que vem unicamente de ti.

Leia a Palavra de Deus se você deseja crescer e se fortalecer espiritualmente.

Bêt
⁹Como pode o jovem se manter puro?
  Obedecendo à tua palavra.

---

[a] 119 Em hebraico este salmo é um poema acróstico; tem 22 estrofes, uma para cada letra sucessiva do alfabeto hebraico. Cada um dos 8 versículos dentro de cada estrofe começa com a letra hebraica indicada em seu subtítulo.

¹⁰De todo o meu coração te busquei;
não permitas que eu me desvie de teus mandamentos.
¹¹Guardei tua palavra em meu coração,
para não pecar contra ti.
¹²Eu te louvo, ó Senhor;
ensina-me teus decretos.
¹³Recitei em voz alta
todos os estatutos que nos deste.
¹⁴Alegrei-me com o caminho apontado por teus preceitos
tanto quanto com muitas riquezas.
¹⁵Meditarei em tuas ordens
e refletirei sobre teus caminhos.
¹⁶Terei prazer em teus decretos
e não me esquecerei de tua palavra.

Guímel

¹⁷Trata teu servo com bondade,
para que eu viva e obedeça à tua palavra.
¹⁸Abre meus olhos,
para que eu veja as maravilhas de tua lei.
¹⁹Sou estrangeiro na terra;
não escondas de mim teus mandamentos.
²⁰Tenho sempre intenso desejo
por teus estatutos.
²¹Tu repreendes os arrogantes;
são malditos os que se desviam de teus mandamentos.
²²Não permitas que zombem de mim e me desprezem,
pois tenho obedecido a teus preceitos.
²³Até os príncipes se reúnem e falam contra mim,
mas eu meditarei em teus decretos.
²⁴Tenho prazer em teus preceitos;
eles me dão conselhos sábios.

Dálet

²⁵Estou prostrado no pó;
restaura minha vida com a tua palavra.
²⁶Relatei meus planos a ti, e me respondeste;
agora, ensina-me teus decretos.
²⁷Ajuda-me a entender tuas ordens
e eu meditarei em tuas maravilhas.
²⁸Minha alma chora de tristeza;
fortalece-me com tua palavra.
²⁹Afasta de mim o caminho da mentira;
dá-me o privilégio de conhecer tua lei.
³⁰Escolhi o caminho da verdade;
decidi viver de acordo com teus estatutos.
³¹Apego-me a teus preceitos;
Senhor, não permitas que eu seja envergonhado!
³²Buscarei teus mandamentos,
pois tu aumentas meu entendimento.

He

³³Ensina-me teus decretos, ó Senhor,
e eu os guardarei até o fim.
³⁴Dá-me entendimento e obedecerei à tua lei;
de todo o coração a porei em prática.
³⁵Faze-me andar em teus mandamentos,
pois neles tenho prazer.
³⁶Dá-me entusiasmo por teus preceitos,
e não pela ganância!
³⁷Desvia meus olhos de coisas inúteis
e restaura-me por meio de tua palavra.[a]
³⁸Confirma a teu servo a tua promessa,
que fizeste aos que te temem.
³⁹Afasta-me de meus caminhos vergonhosos,
pois teus estatutos são bons.
⁴⁰Anseio por obedecer às tuas ordens;
restaura minha vida por tua justiça.

Vav

⁴¹Senhor, dá-me o teu amor,
a salvação que me prometeste.
⁴²Então poderei responder aos que me insultam,
pois confio em tua palavra.
⁴³Não retires de mim a palavra da verdade,
pois teus estatutos são minha esperança.
⁴⁴Continuarei a obedecer à tua lei
para todo o sempre.
⁴⁵Andarei em liberdade,
pois me dediquei às tuas ordens.
⁴⁶Falarei de teus preceitos a reis,
e não me envergonharei.
⁴⁷Como tenho prazer em teus mandamentos!
Como eu os amo!
⁴⁸Celebro teus mandamentos, que amo,
e em teus decretos medito.

---

[a] **119.37** Alguns manuscritos trazem *em teus caminhos*.

Zain

⁴⁹Lembra-te da promessa que fizeste a este teu servo;
ela é minha esperança.
⁵⁰Tua promessa renova minhas forças;
ela me consola em minha aflição.
⁵¹O tempo todo os orgulhosos me desprezam,
mas eu não me desvio de tua lei.
⁵²Medito em teus estatutos tão antigos;
ó Senhor, eles me consolam!
⁵³Fico furioso com os perversos,
pois eles rejeitam tua lei.
⁵⁴Teus decretos são o tema de minhas canções,
na casa onde tenho vivido.
⁵⁵À noite, penso em quem tu és, Senhor;
por tanto, obedeço à tua lei.
⁵⁶Assim passo meus dias:
obedecendo às tuas ordens.

Hêt

⁵⁷Senhor, tu és minha herança;
prometo obedecer às tuas palavras!
⁵⁸Busco teu favor de todo o coração;
tem misericórdia de mim, como prometeste.
⁵⁹Refleti sobre o rumo de minha vida
e resolvi seguir teus preceitos.
⁶⁰Eu me apressarei e, sem demora,
obedecerei a teus mandamentos.
⁶¹Os perversos tentam me arrastar,
mas não me esquecerei de tua lei.
⁶²Levanto-me à meia-noite para te dar graças
por teus justos estatutos.
⁶³Sou amigo de todos que te temem,
dos que obedecem às tuas ordens.
⁶⁴Ó Senhor, o teu amor enche a terra;
ensina-me teus decretos.

Tét

⁶⁵Muitas coisas boas me tens feito, Senhor,
como prometeste.
⁶⁶Ensina-me bom senso e dá-me conhecimento,
pois creio em teus mandamentos.
⁶⁷Antes de me disciplinares, eu vivia desviado;
agora, porém, sigo tua palavra de perto.
⁶⁸Tu és bom e fazes somente o bem;
ensina-me teus decretos.
⁶⁹Os arrogantes mentem a meu respeito,
mas eu obedeço às tuas ordens de todo o coração.
⁷⁰O coração deles é tolo e insensível,
mas eu tenho prazer em tua lei.
⁷¹O sofrimento foi bom para mim,
pois me ensinou a dar atenção a teus decretos.
⁷²Tua lei é mais valiosa para mim
que milhares de peças de ouro e de prata.

Iode

⁷³Tu me fizeste, tu me formaste;
dá-me entendimento para aprender teus mandamentos.
⁷⁴Que eu seja motivo de alegria para os que te temem,
pois em tua palavra depositei minha esperança.
⁷⁵Eu sei, ó Senhor, que teus estatutos são justos;
tu me disciplinaste por tua fidelidade.
⁷⁶Agora, que o teu amor me console,
como prometeste a este teu servo.
⁷⁷Cerca-me de tua compaixão, para que eu viva,
pois tenho prazer em tua lei.
⁷⁸Sejam envergonhados os arrogantes que mentiram a meu respeito;
eu, porém, meditarei em tuas ordens.
⁷⁹Unam-se a mim todos que te temem,
os que conhecem teus preceitos.
⁸⁰Que eu seja inculpável na obediência a teus decretos;
então jamais serei envergonhado.

Kaf

⁸¹Estou exausto de tanto esperar por teu livramento,
mas depositei minha esperança em tua palavra.
⁸²Meus olhos se esforçam para ver tua promessa se cumprir;
quando me consolarás?
⁸³Mesmo enrugado, como uma vasilha de couro na fumaça,
não me esqueci de teus decretos.
⁸⁴Até quando terei de esperar?
Quando castigarás os que me perseguem?

> **PÃO DIÁRIO**
>
> ## Medite nestas coisas
>
> *Sustenta-me e serei salvo; então meditarei continuamente em teus decretos.*
>
> —Salmo 119.117
>
> Alguns cristãos se tornam um pouco céticos quando você começa a lhes falar sobre meditação, pois não veem a enorme diferença entre a meditação bíblica e alguns tipos de meditação mística. De acordo com uma das explicações sobre a meditação mística, entende-se que: "A mente racional é esvaziada... a fim de que a psique possa assumir o controle". O foco é interior, e o objetivo deixa de ser "tornar-se um com Deus".
>
> Em contrapartida, a meditação bíblica enfatiza as coisas do Senhor. O seu propósito é renovar a nossa mente (Rm 12.2) para que possamos pensar e agir em conformidade com Cristo. Seu objetivo é refletir sobre o que Deus tem dito e feito (Sl 77.12; 119.15,16,97) e ensinar sobre o caráter divino (48.9-14).
>
> No Salmo 19.14, Davi escreveu: "Que as palavras da minha boca e a meditação do meu coração sejam agradáveis a ti, Senhor, minha rocha e meu redentor!". Outros salmos refletem sobre o amor de Deus (48.9), Suas obras poderosas (77.12), Seus ensinamentos (119.97) e Suas leis (119.99).
>
> Encha a sua mente com as Escrituras e volte sua atenção para as ordenanças, as promessas e a bondade do Senhor. E lembre-se: ocupe os seus pensamentos com tudo o que é verdadeiro, nobre, correto, puro, amável e admirável (Fp 4.8).
>
> *Senhor, ensina-me a meditar em Tua Palavra para conhecer-te melhor, tornar-me mais semelhante ao Teu Filho e agradar-te em tudo o que eu fizer e disser.*
>
> **Para se tornar mais semelhante a Cristo, medite sobre quem Ele é.**

⁸⁵Os arrogantes, que não seguem tua lei,
  abriram covas fundas para me pegar.
⁸⁶Todos os teus mandamentos são confiáveis;
  protege-me dos que me perseguem sem motivo.
⁸⁷Quase acabaram comigo,
  mas eu não abandonei tuas ordens.
⁸⁸Por teu amor, preserva minha vida;
  então continuarei a obedecer a teus preceitos.

Lâmed
⁸⁹Tua palavra eterna, ó Senhor,
  está firme nos céus.
⁹⁰Tua fidelidade se estende de uma geração a outra,
  duradoura como a terra que estabeleceste.
⁹¹Teus estatutos permanecem até hoje,
  pois tudo está a serviço de teus planos.
⁹²Se tua lei não fosse meu prazer,
  eu teria morrido em meu sofrimento.
⁹³Jamais me esquecerei de tuas ordens,
  pois é por meio delas que me dás vida.
⁹⁴Sou teu; salva-me,
  pois tenho buscado tuas ordens.
⁹⁵Embora os perversos fiquem à espreita para me matar,
  meditarei em teus preceitos.
⁹⁶Percebi que até mesmo a perfeição tem limite,
  mas não há limite para teu mandamento.

Mem
⁹⁷Como eu amo a tua lei;
  penso nela o dia todo!
⁹⁸Teus mandamentos me fazem mais sábio que meus inimigos,
  pois sempre me guiam.
⁹⁹Sim, tenho mais prudência que meus mestres,
  pois vivo a meditar em teus preceitos.
¹⁰⁰Tenho mais entendimento que os anciãos,
  pois obedeço às tuas ordens.
¹⁰¹Recuso-me a andar em todo caminho mau,
  a fim de obedecer à tua palavra.
¹⁰²Não me afastei de teus estatutos,
  pois tu me ensinaste bem.
¹⁰³Como são doces as tuas palavras;
  são mais doces que o mel!
¹⁰⁴Tuas ordens me dão discernimento;
  por isso odeio todo caminho falso.

Nun
¹⁰⁵Tua palavra é lâmpada para meus pés
  e luz para meu caminho.
¹⁰⁶Prometi uma vez e volto a prometer:
  obedecerei a teus justos estatutos.
¹⁰⁷Sofri muito, ó Senhor;
  restaura minha vida, como prometeste.

¹⁰⁸Senhor, aceita minha oferta de louvor
e ensina-me teus estatutos.
¹⁰⁹Minha vida está sempre por um fio,
mas não me esquecerei de tua lei.
¹¹⁰Os perversos me prepararam armadilhas,
mas não me desviarei de tuas ordens.
¹¹¹Teus preceitos são meu tesouro permanente;
são o prazer do meu coração.
¹¹²Estou decidido a cumprir teus estatutos
para sempre, até o fim.

Sâmeq

¹¹³Odeio pessoas inconstantes,
mas amo a tua lei.
¹¹⁴Tu és meu refúgio e meu escudo;
tua palavra é minha esperança.
¹¹⁵Afastem-se de mim, vocês que praticam o mal,
pois obedecerei aos mandamentos de meu Deus.
¹¹⁶Sustenta-me como prometeste, Senhor, para que eu viva;
não permitas que minha esperança seja frustrada.
¹¹⁷Sustenta-me e serei salvo;
então meditarei continuamente em teus decretos.
¹¹⁸Rejeitaste, porém, todos que se afastam de teus decretos,
os que só enganam a si mesmos.
¹¹⁹Removes os ímpios da terra como coisa desprezível;
por isso, amo teus preceitos.
¹²⁰Estremeço de medo de ti;
tenho temor reverente por teus estatutos.

Áin

¹²¹Não me entregues a meus inimigos,
pois tenho feito o que é justo e certo.
¹²²Garantas o bem deste teu servo;
não permitas que os arrogantes me oprimam.
¹²³Meus olhos se esforçam para ver teu livramento,
o cumprimento de tua promessa de justiça.
¹²⁴Sou teu servo; trata-me conforme o teu amor
e ensina-me os teus decretos.
¹²⁵Dá discernimento a este teu servo;
então entenderei teus preceitos.
¹²⁶Senhor, é tempo de agires,
pois violaram a tua lei.
¹²⁷Por isso amo teus mandamentos,
mais que o ouro, mais que o ouro puro.
¹²⁸Cada um de teus mandamentos é reto;
por isso, odeio todo caminho falso.

Pê

¹²⁹Teus preceitos são maravilhosos;
por isso eu lhes obedeço!
¹³⁰O ensinamento de tua palavra esclarece,
e até os ingênuos entendem.
¹³¹Abro a boca e suspiro,
pois anseio por teus mandamentos.
¹³²Vem e mostra-me tua misericórdia,
como fazes por todos que amam o teu nome.
¹³³Firma meus passos conforme a tua palavra,
para que o pecado não me domine.
¹³⁴Livra-me da opressão das pessoas;
então poderei obedecer às tuas ordens.
¹³⁵Olha para mim com favor;
ensina-me teus decretos.
¹³⁶Rios de lágrimas brotam de meus olhos,
porque as pessoas não cumprem tua lei.

Tsade

¹³⁷Tu, Senhor, és justo,
e imparciais são teus estatutos.
¹³⁸Teus preceitos são perfeitos,
de todo confiáveis.
¹³⁹Sou tomado de indignação,
pois meus inimigos desprezam tuas palavras.
¹⁴⁰Tua promessa foi plenamente comprovada;
por isso este teu servo tanto a ama.
¹⁴¹Sou insignificante e desprezado,
mas não me esqueço de tuas ordens.
¹⁴²Tua justiça é eterna,
e tua lei é verdadeira.
¹⁴³Quando aflição e angústia pesam sobre mim,
encontro prazer em teus mandamentos.
¹⁴⁴Teus preceitos são sempre justos;
ajuda-me a entendê-los, para que eu viva!

Qof
¹⁴⁵Oro de todo o coração; responde-me, Senhor!
Obedecerei a teus decretos.
¹⁴⁶Clamo a ti; livra-me,
para que eu obedeça a teus preceitos.
¹⁴⁷Levanto-me cedo, antes de o sol nascer;
clamo e ponho minha esperança em tuas promessas.
¹⁴⁸Desperto de madrugada,
para refletir em tuas palavras.
¹⁴⁹Por teu amor, ó Senhor, ouve meu clamor;
restaura minha vida conforme teus estatutos.
¹⁵⁰Pessoas más aproximam-se para me atacar;
elas estão distantes de tua lei.
¹⁵¹Mas tu, Senhor, estás perto,
e todos os teus mandamentos são verdadeiros.
¹⁵²Sei, há muito tempo,
que teus preceitos durarão para sempre.

Rêsh
¹⁵³Vê meu sofrimento e livra-me,
pois não me esqueci de tua lei.
¹⁵⁴Defende minha causa e liberta-me;
protege minha vida, como prometeste.
¹⁵⁵Os perversos estão longe da salvação,
pois não dão importância a teus decretos.
¹⁵⁶Senhor, como é grande a tua misericórdia;
restaura minha vida conforme teus estatutos!
¹⁵⁷São muitos os que me perseguem e me afligem,
mas não me desviei de teus preceitos.
¹⁵⁸Ver esses traidores me dá desgosto,
pois não obedecem à tua palavra.
¹⁵⁹Vê, Senhor, como eu amo tuas ordens;
restaura minha vida por causa do teu amor.
¹⁶⁰A própria essência de tuas palavras é verdade;
todos os teus justos estatutos permanecerão para sempre.

Shin
¹⁶¹Os poderosos me perseguem sem motivo,
mas só diante de tua palavra meu coração treme.
¹⁶²Alegro-me em tua palavra,
como quem descobre um grande tesouro.
¹⁶³Odeio e detesto a falsidade,
mas amo a tua lei.
¹⁶⁴Sete vezes por dia te louvarei,
porque teus estatutos são justos.
¹⁶⁵Os que amam tua lei estão totalmente seguros
e não tropeçam.
¹⁶⁶Anseio por teu livramento, Senhor;
tenho cumprido teus mandamentos.
¹⁶⁷Tenho obedecido a teus preceitos,
pois os amo muito.
¹⁶⁸Sim, obedeço às tuas ordens e aos teus preceitos,
pois vês tudo que faço.

Tau
¹⁶⁹Ó Senhor, ouve meu clamor;
dá-me entendimento, como prometeste.
¹⁷⁰Ouve minha oração;
livra-me, conforme tua palavra.
¹⁷¹Que louvor transborde de meus lábios,
pois tu me ensinas teus decretos.
¹⁷²Que minha língua cante sobre tua palavra,
pois todos os teus mandamentos são justos.
¹⁷³Estende a tua mão para me ajudar,
pois escolhi seguir tuas ordens.
¹⁷⁴Ó Senhor, anseio por teu livramento;
tua lei é meu prazer.
¹⁷⁵Que eu viva para poder te louvar,
e que teus estatutos me ajudem.
¹⁷⁶Andei sem rumo, como ovelha perdida;
vem buscar teu servo,
pois não me esqueci de teus mandamentos.

120 *Cântico para os peregrinos a caminho de Jerusalém.*

¹Em minha angústia, clamei ao Senhor,
e ele respondeu à minha oração.
²Livra-me, Senhor, dos mentirosos
e dos enganadores.
³Ó língua mentirosa, o que Deus fará com você?
Como aumentará seu castigo?
⁴Ele a atravessará com flechas afiadas
e a queimará com brasas vivas.

⁵Como sofro na distante Meseque!
  É doloroso viver entre os moradores de
     Quedar!
⁶Estou cansado de habitar
  entre os que odeiam a paz.
⁷Procuro a paz,
  mas, quando falo de paz, eles querem
     guerra!

121 Cântico para os peregrinos a caminho de Jerusalém.

¹Olho para os montes e pergunto:
  "De onde me virá socorro?".
²Meu socorro vem do Senhor,
  que fez os céus e a terra!

³Ele não deixará que você tropece;
  aquele que o protege não cochilará.
⁴Aquele que guarda Israel
  não cochila nem dorme.

⁵O Senhor é seu protetor!
  O Senhor está ao seu lado,
  como sombra que o abriga.
⁶O sol não lhe fará mal de dia,
  nem a lua, de noite.

⁷O Senhor o guarda de todo mal
  e protege sua vida.
⁸O Senhor o guarda em tudo que você faz,
  agora e para sempre.

122 Cântico para os peregrinos a caminho de Jerusalém; salmo de Davi.

¹Alegrei-me quando me disseram:
  "Vamos à casa do Senhor".
²Agora estamos aqui,
  junto às suas portas, ó Jerusalém.
³Jerusalém é cidade bem construída,
  com muros firmes e compactos.
⁴Todas as tribos de Israel, o povo do
     Senhor,
  sobem para cá.
Vêm para dar graças ao nome do Senhor,
  conforme a lei requer.
⁵Aqui estão os tronos de onde se
     pronunciam julgamentos,
  os tronos da dinastia de Davi.

⁶Orem pela paz de Jerusalém;
  sejam prósperos todos que amam esta
     cidade.

⁷Que haja paz dentro de seus muros
  e prosperidade em seus palácios.
⁸Em favor de minha família e amigos, direi:
  "Que você tenha paz, ó Jerusalém!".
⁹Em favor da casa do Senhor, nosso Deus,
  buscarei o seu bem.

123 Cântico para os peregrinos a caminho de Jerusalém.

¹Levanto meus olhos para ti,
  ó Deus que habitas nos céus!
²Continuamos a olhar para o Senhor, nosso
     Deus,
  esperando sua compaixão,
como os servos que olham para as mãos de
     seus senhores,
  e a serva que olha para a mão de sua
     senhora.
³Tem misericórdia de nós, Senhor, tem
     misericórdia,
  pois estamos cansados de tanto desprezo.
⁴Estamos exaustos de tanta zombaria dos
     orgulhosos
  e do desprezo dos arrogantes.

124 Cântico para os peregrinos a caminho de Jerusalém; salmo de Davi.

¹E se o Senhor não estivesse ao nosso lado?
  Que todo o Israel diga:
²E se o Senhor não estivesse ao nosso lado
  quando os inimigos nos atacaram?
³Eles nos teriam engolido vivos
  com sua ira ardente contra nós.
⁴As águas nos teriam encoberto,
  a correnteza nos teria afogado.
⁵Sim, as águas violentas de sua fúria
  nos teriam afogado.

⁶Louvado seja o Senhor,
  que não permitiu que nos
     despedaçassem com seus dentes!
⁷Escapamos como um pássaro que foge da
     armadilha do caçador;
  a armadilha se quebrou, e estamos livres!
⁸Nosso socorro vem do Senhor,
  que fez os céus e a terra.

125 Cântico para os peregrinos a caminho de Jerusalém.

¹Os que confiam no Senhor são como o
     monte Sião;

> **PÃO DIÁRIO**
>
> ## O que há em sua boca?
>
> *Nossa boca se encheu de riso, e cantamos de alegria. As outras nações disseram: "O Senhor fez coisas grandiosas por eles".*
>
> —Salmo 126.2
>
> Os especialistas em comunicação dizem que uma pessoa comum fala o bastante para encher 20 páginas com espaço simples todos os dias. Isso significa que a nossa boca produz uma quantidade de palavras suficiente para encher dois livros de 300 páginas por mês, 24 livros por ano e 1.200 livros em 50 anos de fala. Graças ao telefone, mensagens de voz e conversas face a face, as palavras compõem uma grande parte da nossa vida. Então, os vocábulos que usamos são importantes.
>
> A boca do salmista estava repleta de louvor quando ele escreveu o Salmo 126. O Senhor tinha feito grandes coisas por ele e por seu povo. Até as nações que o cercavam haviam percebido. Relembrando as bênçãos de Deus, ele disse: "Nossa boca se encheu de riso, e cantamos de alegria" (v.2).
>
> Quais palavras você usaria se tivesse redigido o versículo 3 desse salmo? Com muita frequência, nossa atitude seria dizer: "o Senhor fez coisas grandiosas por nós", e eu —
>
> - não consigo lembrar de nenhuma delas neste momento,
> - estou pensando no que Ele fará por mim daqui a pouco,
> - preciso de muito mais.
>
> Será que você pode terminar o salmo dizendo: "Por isso eu o louvo e lhe agradeço por Sua bondade?". À medida que você se lembrar das bênçãos de Deus no dia de hoje, manifeste palavras de louvor a Ele.
>
> *Ajuda-me, Deus, a usar palavras que reflitam a ti e o Teu amor hoje. Ajuda-me a falar palavras amáveis de encorajamento às pessoas que conheço e com as quais trabalho. Ajuda-me a usar palavras compassivas com os que precisam delas. E que eu use palavras de amor e educação com as pessoas da minha família.*
>
> **Não permita que a sua mente abrigue pensamentos que a envergonhariam se os falasse.**

o Senhor se põe ao redor de seu povo,
   agora e para sempre.
³Os perversos não governarão a terra dos justos,
   para que os justos não sejam tentados a fazer o mal.
⁴Ó Senhor, faze o bem àqueles que são bons,
   aos que têm o coração sincero.
⁵Expulsa, porém, os que andam por caminhos tortuosos, ó Senhor;
   leva-os embora junto com os que praticam o mal.

Que Israel tenha paz!

126 Cântico para os peregrinos a caminho de Jerusalém.

¹Quando o Senhor trouxe os exilados de volta a Sião,
   foi como um sonho.
²Nossa boca se encheu de riso,
   e cantamos de alegria.
As outras nações disseram:
   "O Senhor fez coisas grandiosas por eles".
³Sim, o Senhor fez coisas grandiosas por nós;
   que alegria!
⁴Restaura, Senhor, nossa situação,
   como os riachos revigoram o deserto.
⁵Os que semeiam com lágrimas
   colherão com gritos de alegria.
⁶Choram enquanto lançam as sementes,
   mas cantam quando voltam com a colheita.

127 Cântico para os peregrinos a caminho de Jerusalém; salmo de Salomão.

¹Se o Senhor não constrói a casa,
   o trabalho dos construtores é vão.
Se o Senhor não protege a cidade,
   de nada adianta guardá-la com sentinelas.
²É inútil trabalhar tanto,
   desde a madrugada até tarde da noite,
e se preocupar em conseguir o alimento,
   pois Deus cuida de seus amados
      enquanto dormem.[a]

não serão abalados, mas permanecerão para sempre.
²Assim como os montes cercam Jerusalém,

---

[a] **127.2** Ou *Deus dá descanso a seus amados.*

³Os filhos são um presente do Senhor,
uma recompensa que ele dá.
⁴Os filhos que o homem tem em sua juventude
são como flechas na mão do guerreiro.
⁵Feliz é o que tem uma aljava cheia delas;
não será envergonhado
quando enfrentar seus inimigos às portas da cidade.

128 Cântico para os peregrinos a caminho de Jerusalém.

¹Como é feliz aquele que teme o Senhor,
que anda em seus caminhos!
²Você desfrutará o fruto de seu trabalho;
será feliz e próspero.
³Sua esposa será como videira frutífera
que floresce em seu lar.
Seus filhos serão como brotos de oliveiras
ao redor de sua mesa.
⁴Esta é a bênção do Senhor
para aquele que o teme.

⁵Que o Senhor o abençoe desde Sião.
Que você veja a prosperidade de Jerusalém enquanto viver.
⁶Que você viva para ver seus netos.
Que Israel tenha paz!

129 Cântico para os peregrinos a caminho de Jerusalém.

¹Desde minha juventude, meus inimigos me perseguem.
Que todo o Israel diga:
²Desde minha juventude, meus inimigos me perseguem,
mas nunca me derrotaram.
³Minhas costas estão cobertas de feridas,
como os longos sulcos feitos pelo arado na terra.
⁴O Senhor, porém, é justo;
ele me livrou das cordas dos perversos.

⁵Recuem envergonhados e derrotados
todos que odeiam Sião.
⁶Sejam inúteis como o capim que cresce no telhado,
que seca antes de crescer por inteiro,
⁷capim que não é colhido pelo ceifeiro,
deixado de lado por aquele que amarra os feixes.
⁸Que ninguém que passar por eles diga:
"O Senhor os abençoe;
nós os abençoamos em nome do Senhor".

130 Cântico para os peregrinos a caminho de Jerusalém.

¹Das profundezas do desespero, Senhor,
clamo a ti.
²Escuta minha voz, ó Senhor;
dá ouvidos à minha oração.
³Senhor, se mantivesses um registro de nossos pecados,
quem, ó Senhor, sobreviveria?
⁴Tu, porém, ofereces perdão,
para que aprendamos a te temer.

⁵Espero no Senhor,
sim, espero nele;
em sua palavra, depositei minha esperança.
⁶Anseio pelo Senhor,
mais que as sentinelas anseiam pelo amanhecer;
sim, mais que as sentinelas anseiam pelo amanhecer.

⁷Ó Israel, ponha sua esperança no Senhor;
pois no Senhor há amor
e transbordante redenção.
⁸Ele próprio resgatará Israel
de todos os seus pecados.

131 Cântico para os peregrinos a caminho de Jerusalém; salmo de Davi.

¹Senhor, meu coração não é orgulhoso,
e meus olhos não são arrogantes.
Não me envolvo com questões grandiosas
ou maravilhosas demais para minha compreensão.
²Pelo contrário, acalmei e aquietei a alma,
como criança desmamada que não chora mais pelo leite da mãe.
Sim, minha alma dentro de mim
é como uma criança desmamada.

³Ó Israel, ponha sua esperança no Senhor,
agora e para sempre!

132 Cântico para os peregrinos a caminho de Jerusalém.

¹Senhor, lembra-te de Davi
e de tudo que ele sofreu.

> **PÃO DIÁRIO**
>
> ## Caminho para a humildade
>
> *Senhor, meu coração não é orgulhoso, e meus olhos não são arrogantes.*
> —Salmo 131.1
>
> Meu amigo declarou enquanto tentava manter uma expressão facial indiferente: "Estou tão orgulhoso da minha humildade!". Isso me lembra de uma piada sobre um líder que recebeu um prêmio por sua humildade. Por tê-lo aceitado, o prêmio foi retirado dele na semana seguinte!
>
> Davi pareceu cometer o mesmo erro ao afirmar: "meu coração não é orgulhoso" (Sl 131.1). Entretanto, quando compreendemos o texto, sabemos que ele não estava se vangloriando de sua humildade. Ao contrário, em resposta à acusação de traição feita pelos homens de Saul, Davi afirmou que não se considerava tão importante, nem se via com superioridade como se tivesse olhos "arrogantes".
>
> Em vez disso, Davi aprendeu a ser como uma "criança desmamada" nos braços do Senhor (v.2). Como um bebê completamente dependente dos seus pais, ele esperou pela proteção de Deus enquanto fugia da perseguição do rei Saul. Em seu momento mais tenebroso, Davi percebeu sua necessidade e a de seu povo: "Ó Israel, ponha sua esperança no Senhor, agora e para sempre!" (v.3).
>
> O caminho para a humildade é uma via de mão dupla. Exige que saibamos quem somos, que tenhamos o sentimento de autoestima adequado, em vez de nos vermos com superioridade. E, sobretudo, requer que saibamos quem Deus é, e que o tenhamos em mais alta estima, confiando que Ele fará o melhor por nós em Seu tempo.
>
> *Senhor, dá-me a humildade que preciso para admitir os meus erros. Concede-me sabedoria para saber quando preciso da ajuda e do conselho dos outros. Quero ser obediente a ti e depender da Tua direção para orientar o meu caminho.*
>
> ---
>
> **Se nos consideramos humildes, na verdade, estamos sendo orgulhosos.**

² Ele fez uma promessa solene ao Senhor;
 jurou ao Poderoso de Jacó:
³ "Não voltarei para casa,
 não descansarei em minha cama,
⁴ não deixarei que meus olhos durmam,
 nem fecharei as pálpebras para cochilar,
⁵ enquanto não encontrar lugar para a habitação do Senhor,
 o santuário para o Poderoso de Jacó".
⁶ Ouvimos dizer que a arca estava em Efrata
 e a encontramos nos campos de Jaar.
⁷ Vamos ao santuário do Senhor;
 adoremos diante de seu trono!
⁸ Levanta-te, Senhor, e entra no teu lugar de descanso,
 junto com a arca, o símbolo do teu poder.
⁹ Que teus sacerdotes se vistam de justiça,
 que teus fiéis cantem de alegria.
¹⁰ Por causa do teu servo Davi,
 não rejeites aquele que ungiste.
¹¹ O Senhor fez um juramento solene a Davi
 e prometeu jamais voltar atrás:
"Colocarei em seu trono
 um de seus descendentes.
¹² Se os seus descendentes obedecerem aos termos de minha aliança
 e aos preceitos que eu lhes ensino,
sua linhagem real continuará
 para todo o sempre".
¹³ Pois o Senhor escolheu Sião;
 desejou-a para ser sua habitação.
¹⁴ "Este é meu descanso para sempre", disse ele.
 "Habitarei aqui, pois este é o lugar que desejei.
¹⁵ Abençoarei esta cidade e a tornarei próspera;
 saciarei seus pobres com alimento.
¹⁶ Vestirei seus sacerdotes com salvação;
 seus fiéis cantarão de alegria.
¹⁷ Aqui aumentarei o poder de Davi;
 meu ungido será luz para meu povo.
¹⁸ Vestirei de vergonha seus inimigos,
 mas ele usará uma coroa gloriosa."

133
Cântico para os peregrinos a caminho de Jerusalém; salmo de Davi.

¹ Como é bom e agradável
 quando os irmãos vivem em união!
² Pois a união é preciosa como o óleo da unção,
 que era derramado sobre a cabeça de Arão

e descia por sua barba,
  até a bainha de suas vestes.
³É revigorante como o orvalho do monte Hermom
  que desce sobre os montes de Sião.
  Ali o Senhor pronuncia sua bênção
  e dá vida para sempre.

134
Cântico para os peregrinos a caminho de Jerusalém.

¹Louvem o Senhor todos vocês, servos do Senhor,
  todos que servem de noite na casa do Senhor.
²Levantem suas mãos para o santuário
  e louvem o Senhor.

³De Sião os abençoe o Senhor,
  que fez os céus e a terra!

135
¹Louvado seja o Senhor!
  Louvem o nome do Senhor!
  Louvem-no vocês, servos do Senhor,
²vocês que servem na casa do Senhor,
  nos pátios da casa de nosso Deus.
³Louvem o Senhor, porque o Senhor é bom;
  celebrem seu nome amável com música.
⁴Pois o Senhor escolheu Jacó para si;
  Israel é seu tesouro especial.

⁵Sim, conheço a grandeza do Senhor;
  nosso Senhor é maior que qualquer outro deus.
⁶O Senhor faz tudo como deseja,
  nos céus e na terra,
  nos mares e em suas profundezas.
⁷Faz as nuvens subirem sobre toda a terra,
  envia os relâmpagos que acompanham a chuva
  e manda o vento sair de seus depósitos.

⁸Matou o filho mais velho de todos os lares egípcios,
  tanto das pessoas como dos animais.
⁹Realizou sinais e maravilhas no Egito,
  contra o faraó e todo o seu povo.
¹⁰Destruiu grandes nações
  e matou reis poderosos:
¹¹Seom, rei dos amorreus,
  Ogue, rei de Basã,
  e todos os reis de Canaã.
¹²Entregou a terra deles como herança,
  sim, como herança a seu povo, Israel.

¹³Teu nome, ó Senhor, permanece para sempre;
  tua fama, ó Senhor, é conhecida por todas as gerações.
¹⁴Pois o Senhor fará justiça ao seu povo
  e terá compaixão de seus servos.

¹⁵Os ídolos das nações não passam de objetos de prata e de ouro,
  formados por mãos humanas.
¹⁶Têm boca, mas não falam;
  olhos, mas não veem.
¹⁷Têm ouvidos, mas não ouvem;
  em sua boca, não há fôlego de vida.
¹⁸Aqueles que fazem ídolos e neles confiam
  são exatamente iguais a eles.

¹⁹Ó Israel, louve o Senhor!
  Ó sacerdotes, descendentes de Arão, louvem o Senhor!
²⁰Ó levitas, louvem o Senhor!
  Todos vocês que temem o Senhor, louvem o Senhor!
²¹O Senhor seja louvado desde Sião,
  pois ele habita em Jerusalém.

Louvado seja o Senhor!

136
¹Deem graças ao Senhor, porque ele é bom.
  Seu amor dura para sempre!
²Deem graças ao Deus dos deuses.
  Seu amor dura para sempre!
³Deem graças ao Senhor dos senhores.
  Seu amor dura para sempre!

⁴Deem graças ao único que realiza grandes maravilhas.
  Seu amor dura para sempre!
⁵Deem graças àquele que criou os céus com muita habilidade.
  Seu amor dura para sempre!
⁶Deem graças àquele que colocou a terra no meio das águas.
  Seu amor dura para sempre!
⁷Deem graças àquele que fez as luzes celestes:
  Seu amor dura para sempre!
⁸O sol para governar o dia,
  Seu amor dura para sempre!

⁹a lua e as estrelas para governarem a noite.
Seu amor dura para sempre!
¹⁰Deem graças àquele que matou os filhos mais velhos dos egípcios.
Seu amor dura para sempre!
¹¹Ele tirou Israel do Egito.
Seu amor dura para sempre!
¹²Agiu com mão forte e braço poderoso.
Seu amor dura para sempre!
¹³Deem graças àquele que abriu o mar Vermelho[a] ao meio.
Seu amor dura para sempre!
¹⁴Fez Israel atravessá-lo a salvo,
Seu amor dura para sempre!
¹⁵mas lançou o faraó e seu exército no mar Vermelho.
Seu amor dura para sempre!
¹⁶Deem graças àquele que guiou seu povo pelo deserto.
Seu amor dura para sempre!
¹⁷Deem graças àquele que feriu mortalmente grandes reis.
Seu amor dura para sempre!
¹⁸Ele matou reis poderosos:
Seu amor dura para sempre!
¹⁹Seom, rei dos amorreus,
Seu amor dura para sempre!
²⁰e Ogue, rei de Basã.
Seu amor dura para sempre!
²¹Entregou a terra desses reis como herança,
Seu amor dura para sempre!
²²sim, como herança a seu servo, Israel.
Seu amor dura para sempre!
²³Ele se lembrou de nós em nossa humilhação.
Seu amor dura para sempre!
²⁴Livrou-nos de nossos inimigos.
Seu amor dura para sempre!
²⁵Ele dá alimento a todos os seres vivos.
Seu amor dura para sempre!
²⁶Deem graças ao Deus dos céus.
Seu amor dura para sempre!

137
¹Junto aos rios da Babilônia, sentamos e choramos,
ao nos lembrarmos de Sião.
²Pusemos de lado nossas harpas
e as penduramos nos galhos dos salgueiros.
³Os que nos levaram cativos queriam que cantássemos;
nossos opressores exigiam uma canção alegre:
"Cantem para nós uma das canções de Sião!".
⁴Mas como poderíamos cantar as canções do Senhor
estando em terra estrangeira?
⁵Se eu me esquecer de ti, ó Jerusalém,
que minha mão direita perca sua habilidade.
⁶Que minha língua se prenda ao céu da boca
se eu não me lembrar de ti,
se não fizer de Jerusalém minha maior alegria.
⁷Ó Senhor, lembra-te do que os edomitas fizeram
no dia em que Jerusalém foi conquistada.
Disseram: "Destruam-na! Arrasem-na até o chão!".
⁸Ó Babilônia, você será destruída;
feliz é aquele que lhe retribuir
por tudo que fez contra nós.
⁹Feliz aquele que pegar suas crianças
e as esmagar contra a rocha.

138
Salmo de Davi.
¹Graças te dou, Senhor, de todo o meu coração;
cantarei louvores a ti diante dos deuses.
²Prostro-me diante do teu santo templo;
louvo teu nome por teu amor e tua fidelidade,
pois engrandeceste acima de tudo teu nome e tua palavra.
³Quando eu clamo, tu me respondes;
coragem e força me dás.
⁴Os reis de toda a terra te darão graças, Senhor,
pois todos eles ouvirão tuas palavras.
⁵Sim, cantarão a respeito dos caminhos do Senhor,
pois a glória do Senhor é grande.

---
[a] **136.13** Em hebraico, *mar de juncos*; também em 136.15.

⁶Mesmo nas alturas, o Senhor cuida dos humildes,
  mas mantém distância dos orgulhosos.
⁷Ainda que eu esteja cercado de aflições,
  tu me protegerás da ira de meus inimigos.
  Estendes tua mão,
  e o poder de tua mão direita me liberta.
⁸O Senhor cumprirá seus planos para minha vida,
  pois teu amor, ó Senhor, dura para sempre;
  não me abandones, pois tu me fizeste.

139
Ao regente do coral: salmo de Davi.

¹Ó Senhor, tu examinas meu coração
  e conheces tudo a meu respeito.
²Sabes quando me sento e quando me levanto;
  mesmo de longe, conheces meus pensamentos.
³Tu me vês quando viajo e quando descanso;
  sabes tudo que faço.
⁴Antes mesmo de eu falar, Senhor,
  sabes o que vou dizer.
⁵Vais adiante de mim e me segues;
  pões sobre mim a tua mão.
⁶Esse conhecimento é maravilhoso demais para mim;
  é grande demais para eu compreender!

⁷É impossível escapar do teu Espírito;
  não há como fugir da tua presença.
⁸Se subo aos céus, lá estás;
  se desço ao mundo dos mortos,ª lá estás também.
⁹Se eu tomar as asas do amanhecer,
  se habitar do outro lado do oceano,
¹⁰mesmo ali tua mão me guiará,
  e tua força me sustentará.
¹¹Eu poderia pedir à escuridão que me escondesse,
  e à luz ao meu redor que se tornasse noite,
¹²mas nem mesmo na escuridão posso me esconder de ti.
  Para ti, a noite é tão clara como o dia;
  escuridão e luz são a mesma coisa.

¹³Tu formaste o meu interior
  e me teceste no ventre de minha mãe.
¹⁴Eu te agradeço por me teres feito de modo tão extraordinário;
  tuas obras são maravilhosas, e disso eu sei muito bem.
¹⁵Tu me observavas quando eu estava sendo formado em segredo,

---

ª **139.8** Em hebraico, *ao Sheol*.

PÃO DIÁRIO

Qual é a cor de Deus?

É impossível escapar do teu Espírito; não há como fugir da tua presença.
—Salmo 139.7

Qual é a cor de Deus? Quando ainda era menino, James McBride, autor e músico afro-americano, fez essa pergunta à sua mãe, que era judia. A autobiografia dele contém a seguinte história: certo dia, voltando da igreja para casa, ele lhe perguntou se Deus era preto ou branco. Ela respondeu: "Deus não é preto. Deus não é branco. Deus é da cor da água. A água não tem cor". Na realidade, a resposta dela foi muito sábia.

Sabemos que Deus não tem cor, porque Ele não tem corpo. Ele é Espírito e está presente em todas as partes (Sl 139.7-12). Quer estejamos sentados em nosso lar, ou viajando pelos ares, lá Ele está, e podemos invocá-lo. Seus ouvidos estão sempre abertos aos nossos clamores (Sl 34.15). Ele não é um ídolo ou uma simples ideia. Deus é Espírito, onipotente, sempre presente e disponível.

Um ateu estava engajado num debate público com um cristão sobre a existência de Deus. Para enfatizar o ponto que ele estava defendendo, o ateu escreveu num quadro-negro: "Deus não está em parte alguma". Na réplica, o cristão simplesmente retirou o "não" e inverteu as duas últimas palavras para que a declaração fosse lida da seguinte maneira: "Deus está em alguma parte".

Quando confiamos no Senhor, essa verdade pode nos dar segurança, força e consolo todos os dias.

Graças te dou, pois és onipotente e sempre presente. Sei que ouves as minhas orações, porque estás sempre ao meu lado. Sou grata por estares em toda parte. Tenho o Teu Espírito dentro de mim, e, num dia glorioso, sei que te verei face a face!

O nosso maior privilégio é apreciar a presença de Deus.

> **PÃO DIÁRIO**
>
> ## Pensando em você
>
> *Como são preciosos os teus pensamentos a meu respeito, ó Deus; é impossível enumerá-los!*
> —Salmo 139.17
>
> Estava trabalhando sozinho em meu escritório quando chegou uma mensagem da nossa filha que mora em outro estado. O bilhete tinha uma caricatura boba de um coelho que balançava um laço e usava um chapéu de caubói e calça de couro. Começava assim: "Como vão as coisas por aí, vaqueiro Davi?", e terminava com: "Te amo!".
>
> É incrível o sentimento de receber um telefonema ou uma carta de alguém simplesmente para dizer: "Estava pensando em você". E rapidamente vai embora aquele sentimento de solidão.
>
> O salmista tinha uma percepção maravilhosa do cuidado pessoal de Deus quando escreveu: "Como são preciosos os teus pensamentos a meu respeito, ó Deus; é impossível enumerá-los! Não sou capaz de contá-los; são mais numerosos que os grãos de areia. E, quando acordo, tu ainda estás comigo" (Sl 139.17,18).
>
> Não sabemos as circunstâncias de Davi no momento em que ele escreveu este salmo. Pode ser que ele tivesse passado por uma noite de cochilos intermitentes, ou que tivesse tido uma noite de sono tranquilo. Seja como for, sabemos que Davi maravilhou-se por saber que Deus estava pensando nele enquanto dormia — e foram tantos os pensamentos que ele não pôde contá-los.
>
> Da próxima vez que você se sentir sozinha, lembre-se de que Deus, que enviou o Seu Filho para morrer pelos seus pecados, pensa em você e diz: "Eu amo você!".
>
> *Deus Pai, graças te dou por me amares com amor tão profundo e infinito. Graças te dou por enviares ao mundo o Teu único Filho para morrer em meu lugar e por pensares em mim constantemente, dia e noite. Graças te dou por pertencer a ti para sempre. Eu te amo, Aba Pai.*
>
> ---
>
> **O tempo investido a sós com Deus pode aliviar a dor da solidão.**

enquanto eu era tecido na escuridão.
¹⁶Tu me viste quando eu ainda estava no ventre;
    cada dia de minha vida estava registrado em teu livro,
    cada momento foi estabelecido quando ainda nenhum deles existia.
¹⁷Como são preciosos os teus pensamentos a meu respeito,[a] ó Deus;
    é impossível enumerá-los!
¹⁸Não sou capaz de contá-los;
    são mais numerosos que os grãos de areia.
E, quando acordo,
    tu ainda estás comigo.

¹⁹Ó Deus, quem dera destruísses os perversos;
    afastem-se de mim, assassinos!
²⁰Eles blasfemam contra ti;
    teus inimigos usam teu nome em vão.
²¹Acaso, Senhor, não devo odiar os que te odeiam?
    Não devo desprezar os que se opõem a ti?
²²Sim, eu os odeio com todas as minhas forças,
    pois teus inimigos são meus inimigos.

²³Examina-me, ó Deus, e conhece meu coração;
    prova-me e vê meus pensamentos.
²⁴Mostra-me se há em mim algo que te ofende
    e conduze-me pelo caminho eterno.

140 *Ao regente do coral: salmo de Davi.*
¹Ó Senhor, livra-me dos perversos;
    protege-me dos violentos,
²dos que tramam o mal em seu coração
    e provocam tumultos o tempo todo.
³Sua língua fere como uma serpente;
    veneno de víbora goteja de seus lábios.
                        Interlúdio

⁴Ó Senhor, protege-me das mãos dos perversos;
    guarda-me dos violentos,
    pois eles tramam contra mim.
⁵Os orgulhosos me prepararam uma armadilha;
    estenderam uma rede
    e armaram ciladas ao longo do caminho.
                        Interlúdio

---

[a] **139.17** Ou *Como teus pensamentos são preciosos para mim.*

⁶Eu disse ao Senhor: "Tu és meu Deus!";
ouve, Senhor, as minhas súplicas.
⁷Ó Soberano Senhor,
meu salvador poderoso,
tu me protegeste no dia da batalha.
⁸Senhor, não dês aos perversos o que desejam;
não permitas que seus planos maldosos tenham sucesso,
para que não se encham de orgulho.

Interlúdio

⁹Sejam destruídos meus inimigos
pelo mesmo mal que tramaram contra mim.
¹⁰Caiam sobre eles brasas ardentes;
sejam atirados no fogo,
ou em poços fundos de onde não poderão escapar.
¹¹Não permitas que os mentirosos prosperem em nossa terra;
derrama a calamidade sobre os violentos.
¹²Sei, porém, que o Senhor defenderá a causa dos aflitos;
ele fará justiça aos pobres.
¹³Certamente os justos louvarão teu nome;
os íntegros viverão em tua presença.

141 *Salmo de Davi.*

¹Ó Senhor, eu clamo a ti; vem depressa!
Ouve quando peço tua ajuda.
²Aceita minha oração, como incenso oferecido a ti,
e minhas mãos levantadas, como oferta da tarde.
³Assume o controle do que eu digo, Senhor,
e guarda meus lábios.
⁴Não permitas que eu me desvie para o mal,
ou me envolva em atos perversos.
Não deixes que eu participe dos banquetes dos que praticam o mal.
⁵Firam-me os justos!
Será um favor!
Se eles me corrigirem, será remédio que dá alívio;
não permitas que eu o recuse.
Contudo, oro constantemente,
contra os perversos e tudo que eles fazem.
⁶Quando seus líderes forem lançados num precipício,
ouvirão minhas palavras e saberão que são verdadeiras.
⁷Como pedras que o arado traz à superfície,
seus ossos ficarão espalhados, sem que ninguém os enterre.ᵃ
⁸Espero por tua ajuda, Senhor Soberano!
És meu refúgio; não permitas que me matem.
⁹Guarda-me das armadilhas que me prepararam,
dos laços dos que praticam o mal.
¹⁰Que os perversos caiam em suas próprias redes,
mas que eu consiga escapar.

142 *Salmo*ᵇ *de Davi a respeito de sua experiência na caverna; uma oração.*

¹Clamo em alta voz ao Senhor;
suplico pela misericórdia do Senhor.
²Derramo diante dele minhas queixas
e lhe apresento minhas angústias.
³Quando estou abatido,
somente tu sabes o caminho que devo seguir.
Aonde quer que eu vá,
prepararam armadilhas contra mim.
⁴Procuro alguém que venha me ajudar,
mas ninguém sequer lembra que eu existo.
Não tenho onde me abrigar,
ninguém se importa com o que acontece comigo.
⁵Então clamo a ti, Senhor,
e digo: "Tu és meu refúgio,
és tudo que desejo na vida.
⁶Ouve meu clamor,
pois estou muito fraco.
Livra-me dos que me perseguem,
pois são fortes demais para mim.
⁷Tira-me da prisão,
para que eu te dê graças.

ᵃ **141.7** Em hebraico, *ficarão espalhados junto à boca do Sheol.* ᵇ **142 título** Em hebraico, *maskil*, possivelmente um termo literário ou musical.

SALMOS 143

PÃO DIÁRIO

Lentes rachadas

Espero por tua ajuda, Senhor Soberano! És meu refúgio; não permitas que me matem.

—Salmo 141.8

Comecei a usar óculos quando tinha 10 anos. Eles ainda são uma necessidade porque meus olhos cinquentões estão perdendo a batalha contra o tempo. Quando eu era mais jovem, achava que os óculos eram uma chateação, especialmente para praticar esportes. Uma vez, as lentes racharam enquanto eu participava de um jogo. Demorou várias semanas para que fossem substituídas. Nesse meio-tempo, eu via todas as coisas distorcidas e alteradas.

Nessa vida, a dor muitas vezes funciona como lentes rachadas. Ela cria um conflito dentro de nós entre o que experimentamos e aquilo que acreditamos. A dor pode nos dar uma perspectiva muito distorcida da vida e, consequentemente, de Deus. Nesses momentos, precisamos que o Senhor Deus nos arranje novas lentes que nos ajudem a ver claramente de novo. Adquirimos essa pureza de visão quando voltamos os olhos para o Senhor. O salmista nos encorajou a fazer isto: "Espero por tua ajuda, Senhor Deus, Soberano! És meu refúgio; não permitas que me matem" (Sl 141.8). Enxergar o Senhor claramente pode nos ajudar a enxergar as experiências da vida com mais nitidez.

Quando voltarmos os olhos para Deus nos tempos de dor e de luta, experimentaremos o Seu consolo e a Sua esperança em nossa vida cotidiana. Ele nos ajudará a ver todas as coisas com clareza novamente.

Senhor, quando o meu mundo estiver fora de controle, relembra-me de que devo focar minha atenção em ti e que devo descansar em Teus braços para experimentar a Tua graça infinita.

Vemos tudo com maior clareza quando os nossos olhos estão fitos em Cristo.

Os justos se juntarão ao meu redor,
  pois tu és bom para mim".

143 *Salmo de Davi.*

¹Ouve minha oração, Senhor;
  escuta minha súplica!
  Responde-me, pois és fiel e justo.
²Não leves teu servo a julgamento,
  pois diante de ti ninguém é inocente.
³Meu inimigo me perseguiu;
  derrubou-me no chão
  e obrigou-me a morar em trevas, como as do túmulo.
⁴Vou perdendo todo o ânimo;
  estou tomado de medo.
⁵Lembro-me de tempos passados;
  reflito em todas as tuas obras
  e penso em tudo que fizeste.
⁶Levanto minhas mãos a ti em oração;
  anseio por ti, como a terra seca tem sede de chuva.

Interlúdio

⁷Vem depressa, Senhor, e responde-me,
  pois meu ânimo se esvai.
Não te afastes de mim,
  ou morrerei.
⁸Faze-me ouvir do teu amor a cada manhã,
  pois confio em ti.
Mostra-me por onde devo andar,
  pois me entrego a ti.
⁹Livra-me de meus inimigos, Senhor,
  pois me refugio em ti.
¹⁰Ensina-me a fazer tua vontade,
  pois tu és meu Deus.
Que o teu Espírito bondoso me conduza adiante
  por um caminho reto e seguro.
¹¹Pela honra do teu nome, Senhor,
  preserva minha vida.
Por tua justiça,
  tira-me deste sofrimento.
¹²Por teu amor, acaba com meus inimigos
  e destrói meus adversários,
  pois sou teu servo.

144 *Salmo de Davi.*

¹Louvado seja o Senhor, minha rocha;
  ele treina minhas mãos para a guerra
  e dá a meus dedos habilidade para a batalha.
²Ele é meu aliado infalível e minha fortaleza,
  minha torre segura e meu libertador.
Ele é meu escudo, em quem me refugio;
  faz as nações se sujeitarem[a] a mim.

---

[a] **144.2** Alguns manuscritos trazem *meu povo se sujeitar.*

³Ó Senhor, quem são os seres humanos,
para que prestes atenção neles?
Quem são os simples mortais, para que
penses neles?
⁴São como uma brisa;
seus dias são como uma sombra que
passa.

⁵Abre os céus, Senhor, e desce;
toca os montes para que soltem fumaça.
⁶Lança teus relâmpagos e dispersa os
inimigos;
atira tuas flechas e confunde-os.
⁷Estende tua mão desde os céus e salva-me;
tira-me das águas profundas,
livra-me do poder de meus inimigos.
⁸Eles têm a boca cheia de mentiras;
juram dizer a verdade, mas mentem.

⁹Cantarei a ti, ó Deus, um cântico novo;
cantarei louvores a ti com instrumento
de dez cordas.
¹⁰Pois tu concedes vitória aos reis;
livraste teu servo Davi da espada mortal.
¹¹Salva-me!
Livra-me do poder de meus inimigos.
Eles têm a boca cheia de mentiras;
juram dizer a verdade, mas mentem.

¹²Que nossos filhos floresçam na juventude
como plantas viçosas.
Que nossas filhas sejam como colunas
graciosas,
esculpidas para enfeitar um palácio.
¹³Que nossos celeiros fiquem cheios
de colheitas de todo tipo.
Que os rebanhos em nossos campos se
multipliquem aos milhares,
e até às dezenas de milhares,
¹⁴e que nossos bois fiquem carregados
de alimentos.
Que nenhum inimigo consiga romper
nossos muros,
que ninguém seja levado ao cativeiro,
nem haja gritos de angústia em nossas
praças.
¹⁵Como são felizes os que vivem desse
modo!

Verdadeiramente são felizes aqueles
cujo Deus é o Senhor!

145 ᵃ *Salmo de louvor de Davi.*

¹Eu te exaltarei, meu Deus e Rei,
louvarei teu nome para todo o sempre.
²Todos os dias te louvarei,
sim, louvarei teu nome para sempre.
³Grande é o Senhor! Ele é digno de muito
louvor!
É impossível medir sua grandeza.

⁴Que cada geração conte a seus filhos
sobre tuas obras
e proclame teu poder.
⁵Meditarei em teu majestoso e glorioso
esplendor
e em tuas maravilhas.
⁶Todos falarão de teus feitos notáveis,
e eu anunciarei tua grandeza.
⁷Todos contarão a história de tua imensa
bondade
e cantarão de alegria sobre tua justiça.
⁸O Senhor é misericordioso e compassivo,
lento para se irar e cheio de amor.
⁹O Senhor é bom para todos;
derrama misericórdia sobre toda a sua
criação.

¹⁰Todas as tuas obras te darão graças, ó
Senhor,
e teus fiéis te louvarão.
¹¹Falarão da glória do teu reino
e proclamarão o teu poder.
¹²Anunciarão teus feitos poderosos
e a majestade e glória do teu reino.
¹³Pois o teu reino é reino para sempre;
tu governas por todas as gerações.

O Senhor sempre cumpre suas promessas;
é bondoso em tudo que faz.ᵇ
¹⁴O Senhor ajuda os que caíram
e levanta os que estão encurvados sob o
peso de suas cargas.
¹⁵Os olhos de todos estão voltados para ti
com esperança;
tu lhes provês o alimento conforme
necessitam.
¹⁶Quando abres tua mão,

ᵃ**145** Em hebraico este salmo é um poema acróstico; cada versículo (incluindo 13b) começa com uma letra sucessiva do alfabeto hebraico. ᵇ**145.13** Conforme os manuscritos do mar Morto, a Septuaginta e a versão siríaca; o Texto Massorético não traz as duas últimas linhas deste versículo.

satisfazes o anseio de todos os seres vivos.
¹⁷O S<small>ENHOR</small> é justo em tudo que faz;
é cheio de bondade.
¹⁸O S<small>ENHOR</small> está perto de todos que o invocam,
sim, de todos que o invocam com sinceridade.
¹⁹Ele concede os desejos dos que o temem;
ouve seus clamores e os livra.
²⁰O S<small>ENHOR</small> protege todos que o amam,
mas destrói os perversos.

²¹Louvarei o S<small>ENHOR</small>,
e que todos na terra louvem seu santo nome,
para todo o sempre!

146

¹Louvado seja o S<small>ENHOR</small>!
Que todo o meu ser louve o S<small>ENHOR</small>.
²Louvarei o S<small>ENHOR</small> enquanto eu viver;
cantarei a meu Deus até o último suspiro.

³Não confiem nos poderosos;
não é neles que encontrarão salvação.
⁴Quando sua vida se vai, voltam ao pó,
e todos os seus planos morrem com eles.
⁵Como são felizes os que têm o Deus de Jacó como seu auxílio,
os que põem sua esperança no S<small>ENHOR</small>, seu Deus.
⁶Ele fez os céus e a terra,
o mar e tudo que neles há;
ele cumpre suas promessas para sempre.
⁷Faz justiça aos oprimidos
e alimenta os famintos.
O S<small>ENHOR</small> liberta os prisioneiros.
⁸O S<small>ENHOR</small> abre os olhos dos cegos.
O S<small>ENHOR</small> levanta os abatidos.
O S<small>ENHOR</small> ama os justos.
⁹O S<small>ENHOR</small> protege os estrangeiros
e cuida dos órfãos e das viúvas,
mas frustra os planos dos perversos.

¹⁰O S<small>ENHOR</small> reinará para sempre;
ele será seu Deus, ó Sião, por todas as gerações.

Louvado seja o S<small>ENHOR</small>!

147

¹Louvado seja o S<small>ENHOR</small>!
Como é bom cantar louvores a nosso Deus!
Como é agradável e apropriado!
²O S<small>ENHOR</small> reconstrói Jerusalém
e traz os exilados de volta a Israel.
³Ele cura os de coração quebrantado
e enfaixa suas feridas.
⁴Conta as estrelas
e chama cada uma pelo nome.
⁵Nosso Senhor é grande! Seu poder é absoluto!
É impossível medir seu entendimento.
⁶O S<small>ENHOR</small> protege os humildes,
mas lança os perversos no pó.

⁷Cantem com ações de graças ao S<small>ENHOR</small>,
cantem ao nosso Deus louvores com a harpa.
⁸Ele cobre os céus de nuvens,
provê chuva para a terra
e faz o capim crescer nos montes.
⁹Alimenta os animais selvagens
e dá de comer aos filhotes dos corvos quando pedem.
¹⁰Seu prazer não está na força do cavalo,
nem no poder humano.
¹¹O S<small>ENHOR</small> se agrada dos que o temem,
dos que põem a esperança em seu amor.

¹²Exalte o S<small>ENHOR</small>, ó Jerusalém!
Louve seu Deus, ó Sião!
¹³Pois ele reforçou as trancas de suas portas
e abençoou seus filhos dentro de seus muros.
¹⁴Ele conserva a paz em suas fronteiras
e satisfaz sua fome com o melhor trigo.
¹⁵Ele envia suas ordens ao mundo,
e sua palavra corre veloz.
¹⁶Envia a neve como lã branca
e espalha a geada sobre a terra como cinzas.
¹⁷Lança granizo como pedras;[a]
quem é capaz de suportar o frio intenso?
¹⁸Então, por sua ordem, tudo se dissolve;
envia seus ventos, e o gelo derrete.
¹⁹Ele revelou sua palavra a Jacó,
seus decretos e estatutos, a Israel.

---

[a] **147.17** Em hebraico, *como migalhas de pão.*

²⁰Não fez o mesmo com nenhuma outra nação;
 elas não conhecem seus estatutos.

Louvado seja o Senhor!

148

¹Louvado seja o Senhor!
 Louvem o Senhor desde os céus!
 Louvem-no desde as alturas!
²Louvem-no, todos os seus anjos!
 Louvem-no, todos os exércitos celestiais!
³Louvem-no, sol e lua!
 Louvem-no, todas as estrelas brilhantes!
⁴Louvem-no, altos céus!
 Louvem-no, vapores acima das nuvens!
⁵Todas as coisas criadas louvem o nome do Senhor,
 pois ele ordenou, e elas vieram a existir.
⁶Ele as pôs em seu lugar para todo o sempre;
 seu decreto jamais será revogado.

⁷Louvem o Senhor desde a terra,
 vocês criaturas das profundezas do oceano,
⁸fogo e granizo, neve e nuvens,ᵃ
 ventos tempestuosos que lhe obedecem,
⁹montanhas e colinas,
 árvores frutíferas e cedros,
¹⁰animais selvagens e domésticos,
 seres que rastejam e os que voam,
¹¹reis da terra e todos os povos,
 governantes e juízes da terra,
¹²rapazes e moças,
 idosos e crianças.

¹³Louvem todos o nome do Senhor,
 pois exaltado é seu nome;
 sua glória está acima da terra e dos céus!
¹⁴Ele deu força a seu povo
 e honra a seus fiéis,
 o povo de Israel, que lhe é chegado.

Louvado seja o Senhor!

149

¹Louvado seja o Senhor!
 Cantem ao Senhor um cântico novo,
 cantem louvores a ele na congregação dos fiéis.

²Ó Israel, alegre-se em seu Criador!
 Ó povo de Sião, exulte em seu Rei!

PÃO DIÁRIO

Salmos, incenso e louvor

Tudo que respira louve ao Senhor. Louvado seja o Senhor!
—Salmo 150.6

O célebre pregador inglês Charles H. Spurgeon (1834–92) escreveu algo que faríamos bem em lembrar no início de cada dia: "Que todos os seus pensamentos sejam salmos, que as suas orações sejam incenso e o seu fôlego, louvor". Vejamos cada uma dessas frases.

Que todos os seus pensamentos sejam salmos. Os 150 salmos têm vários temas, incluindo louvor, caráter de Deus e expressões de dependência ao Senhor. Ao longo do dia, podemos transformar os nossos pensamentos em salmos ao meditar na santidade de Deus, no quanto Ele é digno da nossa adoração e no quanto precisamos dele.

Que as suas orações sejam incenso. No Tabernáculo dos judeus, o incenso era queimado continuamente para oferecer um cheiro suave ao Senhor (Êx 30.7,8). As nossas orações são como o incenso para Deus (Sl 141.2), levando até as Suas narinas o aroma agradável da nossa adoração e da nossa necessidade dele.

Que o seu fôlego seja louvor. O livro de Salmos conclui com as seguintes palavras: "Tudo que respira louve ao Senhor. Louvado seja o Senhor!" (Sl 150.6). Falar sobre Deus e oferecer-lhe palavras de louvor deveriam ser atos tão naturais para nós quanto o respirar.

Permita que o Senhor permaneça em seus pensamentos, em suas orações e em sua fala hoje.

Pai celestial, tu és grande e digno de louvor. Que os nossos pensamentos, as nossas orações e as nossas palavras tragam abundantemente a glória que mereces.

Um coração cheio de louvor agrada a Deus.

---

³Louvem o nome dele com danças,
 acompanhadas de tamborins e harpas.
⁴Pois o Senhor tem prazer em seu povo;
 ele coroa os humildes com vitória.
⁵Alegrem-se os fiéis porque ele os honra;
 cantem de alegria em suas camas.

⁶Louvores a Deus estejam em seus lábios,
 e uma espada afiada em suas mãos,
⁷para se vingarem das nações
 e castigarem os povos,

ᵃ **148.8** Ou *nevoeiro*, ou *fumaça*.

⁸para prenderem seus reis com algemas
e seus líderes, com correntes de ferro,
⁹para executarem a sentença escrita contra eles,
esse é o glorioso privilégio de seus fiéis.

Louvado seja o Sð®.

150

¹Louvado seja o Sð®!
Louvem o Sð® em seu santuário,
louvem-no em seu majestoso céu!
²Louvem-no por seus feitos poderosos,
louvem sua grandeza sem igual!
³Louvem-no com o toque da trombeta,
louvem-no com a lira e a harpa!
⁴Louvem-no com tamborins e danças,
louvem-no com instrumentos de cordas e flautas!
⁵Louvem-no com o som dos címbalos,
louvem-no com címbalos ressonantes!
⁶Tudo que respira louve ao Sð®!

Louvado seja o Sð®!

PROVÉRBIOS

INTRODUÇÃO

Valor prático do livro de Provérbios. Os provérbios enfatizam a vida religiosa exterior. Eles ensinam como praticar a religião e superar as tentações diárias. Expressam a crença em Deus e Seu domínio sobre o Universo e, portanto, procuram fazer de sua religião a motivação predominante na vida e na conduta. Exalam uma profunda essência religiosa e uma elevada concepção religiosa, mas colocam a maior ênfase sobre o exercer a religião em todas as relações da vida. Davison diz: "Para os escritores de Provérbios, a religião significa bom senso, a religião significa domínio dos assuntos, significa força, virilidade e sucesso, significa um intelecto bem formado empregando os melhores meios para alcançar os fins mais elevados". Essa afirmação é correta no que diz respeito ao aspecto do dever que é enfatizado.

Natureza dos provérbios. (1) Há uma voz sábia que profere palavras de sabedoria, compreensão, conhecimento, prudência, sutileza, instrução, discrição e temor a Deus e nos provê de bons conselhos para todas as condições da vida. (2) Há uma voz de insensatez que pronuncia palavras insensatas, simplicidade, estupidez, ignorância, brutalidade e maldade e levanta sua voz onde quer que a sabedoria fale. (3) A sabedoria é contrastada com a insensatez, que frequentemente gera simplicidade e desprezo. (4) A sabedoria é personificada, como se fosse Deus falando sobre os deveres práticos, morais, intelectuais e religiosos dos homens. (5) Cristo encontra-se no livro, Lc 24.27, e se Cristo fosse substituído pela sabedoria, onde é encontrado, um novo e maravilhoso poder seria visto no livro.

Organização das considerações encontradas em Provérbios. A primeira esfera — a casa, pai e filhos, 1.8,9 e Caps. 2–7. A palavra-chave aqui é "meu filho". A segunda esfera — amizade; companheiros é a palavra importante, 1.10-19. A terceira esfera — o mundo.

ESBOÇO

1. Valor da sabedoria, Caps. 1–9
   Isso é mostrado pelo contraste com a insensatez.
   1.1. O planejamento e algumas máximas fundamentais, 1.1-19
   1.2. Advertências da Sabedoria, 1.20-33
   1.3. A Sabedoria revelará Deus e a justiça e salvará do homem perverso e da mulher imoral, Cap. 2
   1.4. Descrição da vida da sabedoria, Cap. 3
   1.5. A Sabedoria, o melhor caminho, Cap. 4
   1.6. A mulher imoral, Cap. 5
   1.7. Contra vários males, Cap. 6
   1.8. Advertências da Sabedoria contra as seduções de uma mulher imoral, Cap. 7
   1.9. A Sabedoria faz um apelo, Cap. 8
   1.10. A Sabedoria faz seus convites, Cap. 9
2. Provérbios práticos de Salomão, 10.1–22.16
   Eles estão separados e não podem ser classificados.
3. Palavras do sábio, 22.17–24.34
   Às vezes, chamados de recomendações de justiça. Há vários autores, mas nenhum tópico em comum.
4. Provérbios de Salomão, copiados pelos escribas de Ezequias, Caps. 25–29
5. Palavras de Agur, Cap. 30
   Daquele que tentou "descobrir Deus na perfeição e encontrou a tarefa acima dele".
6. Palavras de Lemuel, Cap. 31
   6.1. O dever dos reis, vv.1-9
   6.2. O valor de uma mulher virtuosa ou boa esposa, vv.10-31

PARA ESTUDO E DISCUSSÃO

[1] Reúna passagens que indicam as recompensas da virtude e da piedade.
[2] Cite passagens que mostram os males da: preguiça ou indolência, do beber vinho e da embriaguez, de falatórios, de discórdias familiares.
[3] Faça uma lista dos principais pensamentos do livro sobre Deus, o homem e outros grandes ensinamentos religiosos de nossos dias.
[4] O que é dito de um homem que governa seu próprio coração, de um bom nome, de obediência aos pais, de palavras proferidas adequadamente, de uma bela mulher que não possui discrição, de uma alma liberal, de um falso equilíbrio, de uma resposta suave, de um filho sábio. Indique onde as respostas são encontradas.
[5] O perigo de seguir um amor imoral (mulher), Cap. 5.
[6] Insensatez em ceder às artimanhas de uma prostituta, Cap. 7.
[7] A descrição de uma mulher virtuosa, 31.10-31.

A finalidade dos provérbios

1 Estes são os provérbios de Salomão, filho de Davi, rei de Israel.

²Sua finalidade é ensinar sabedoria e disciplina às pessoas
 e ajudá-las a compreender as instruções dos sábios.
³Sua finalidade é ensinar-lhes uma vida disciplinada e bem-sucedida
 e ajudá-las a fazer o que é certo, justo e imparcial.
⁴Estes provérbios darão juízo aos ingênuos
 e conhecimento e discernimento aos jovens.
⁵O sábio que os ouvir se tornará ainda mais sábio.
 Quem tem entendimento receberá orientação,
⁶ao examinar o significado destes provérbios e parábolas,
 das palavras dos sábios e seus enigmas.
⁷O temor do Senhor é o princípio do conhecimento,
 mas os tolos desprezam a sabedoria e a disciplina.

O conselho de um pai: adquira sabedoria

⁸Meu filho, preste atenção à correção de seu pai
 e não deixe de lado a instrução de sua mãe.
⁹O que aprender com eles será coroa de graça em sua cabeça
 e colar de honra em seu pescoço.
¹⁰Meu filho, se pecadores quiserem seduzi-lo,
 não permita que isso aconteça.
¹¹Talvez lhe digam: "Venha conosco!
 Vamos nos esconder e matar alguém.
 Armaremos emboscada contra inocentes,
 só para passar o tempo.
¹²Vamos engoli-los vivos, como a sepultura;ᵃ
 vamos engoli-los inteiros, como os que descem à cova.
¹³Encontraremos todo tipo de riquezas
 e encheremos nossas casas com tudo que roubarmos.
¹⁴Venha, junte-se a nós!
 Dividiremos igualmente os despojos".

¹⁵Meu filho, não vá com eles!
 Afaste-se de seus caminhos.
¹⁶Eles correm para fazer o mal;
 apressam-se em derramar sangue.
¹⁷Se um pássaro vê alguém montar a armadilha,
 sabe que não deve se aproximar.
¹⁸Eles, porém, armam emboscadas para si mesmos;
 tentam acabar com a própria vida.
¹⁹Esse é o destino de todos os gananciosos;
 sua própria cobiça os destrói.

A Sabedoria grita nas ruas

²⁰A Sabedoria grita nas ruas
 e levanta a voz na praça pública.
²¹Sim, proclama nas avenidas
 e anuncia em frente à porta da cidade:
²²"Até quando vocês, ingênuos,
 insistirão em sua ingenuidade?
Até quando vocês, zombadores,
 terão prazer na zombaria?
Até quando vocês, tolos,
 detestarão o conhecimento?
²³Venham e ouçam minhas advertências;
 abrirei meu coração para vocês
 e os tornarei sábios.

²⁴"Muitas vezes eu os chamei, mas não quiseram vir;
 estendi-lhes a mão, mas não me deram atenção.
²⁵Desprezaram meu conselho
 e rejeitaram minha repreensão.
²⁶Por isso, rirei quando estiverem em dificuldades;
 zombarei quando estiverem em apuros,
²⁷quando a calamidade lhes sobrevier como a tempestade,
 e a desgraça os envolver como o furacão,
 e a angústia e a aflição os dominarem.

²⁸"Quando clamarem por socorro, não responderei;
 ainda que me procurem, não me encontrarão.

ᵃ **1.12** Em hebraico, *o Sheol*.

²⁹Porque detestaram o conhecimento
e escolheram não temer o Senhor.
³⁰Rejeitaram meu conselho
e ignoraram minha repreensão.
³¹Portanto, comerão os frutos amargos de seu estilo de vida
e engasgarão em suas próprias intrigas.
³²Pois os ingênuos se afastam de mim e rumam para a morte;
os tolos são destruídos por sua própria acomodação.
³³Os que me ouvem, porém, viverão em paz,
tranquilos e sem temer o mal".

Os benefícios da sabedoria

2 ¹Meu filho, preste atenção às minhas palavras
e guarde meus mandamentos como um tesouro.
²Dê ouvidos à sabedoria
e concentre o coração no entendimento.
³Clame por inteligência
e peça entendimento.
⁴Busque-os como a prata,
procure-os como a tesouros escondidos.
⁵Então entenderá o que é o temor do Senhor
e obterá o conhecimento de Deus.
⁶Pois o Senhor concede sabedoria;
de sua boca vêm conhecimento e entendimento.
⁷Ele reserva bom senso aos honestos
e é escudo para os íntegros.
⁸Guarda os caminhos dos justos
e protege seus fiéis por onde andam.
⁹Então você entenderá o que é certo, justo e imparcial
e saberá o bom caminho a seguir.
¹⁰Pois a sabedoria entrará em seu coração,
e o conhecimento o encherá de alegria.
¹¹As escolhas sábias o guardarão,
e o entendimento o protegerá.
¹²A sabedoria o livrará das ações dos maus,
daqueles cujas palavras são perversas.
¹³Eles se afastam do rumo certo
e andam por caminhos sombrios.
¹⁴Têm prazer em praticar o mal
e aplaudem a maldade dos perversos.
¹⁵Suas ações são desonestas,
e seus caminhos, tortuosos.
¹⁶A sabedoria o livrará da mulher imoral,
das palavras sedutoras da promíscua.
¹⁷Ela abandona o marido, o companheiro de sua juventude,
e ignora a aliança que fez diante de Deus.
¹⁸Entrar na casa dela leva à morte;
é a estrada para a sepultura.[a]
¹⁹O homem que a visita está perdido;
jamais alcançará os caminhos da vida.
²⁰Portanto, siga os passos dos bons
e permaneça nos caminhos dos justos.
²¹Pois os retos viverão na terra,
e os íntegros nela permanecerão.
²²Os perversos, porém, serão eliminados da terra,
e os desleais, arrancados dela.

Confiança no Senhor

3 ¹Meu filho, não se esqueça de minhas instruções;
guarde meus mandamentos em seu coração.
²Se assim fizer, viverá muitos anos,
e sua vida será cheia de paz.
³Não permita que a bondade e a lealdade o abandonem;
prenda-as ao redor do pescoço
e escreva-as no fundo do coração.
⁴Então você conseguirá favor e boa reputação,
diante de Deus e das pessoas.
⁵Confie no Senhor de todo o coração;
não dependa de seu próprio entendimento.
⁶Busque a vontade dele em tudo que fizer,
e ele lhe mostrará o caminho que deve seguir.
⁷Não se impressione com sua própria sabedoria;
tema o Senhor e afaste-se do mal.
⁸Então você terá saúde para o corpo
e força para os ossos.
⁹Honre o Senhor com suas riquezas

---

[a] **2.18** Em hebraico, *para os espíritos dos mortos*.

e com a melhor parte de tudo que produzir.

¹⁰ Então seus celeiros se encherão de cereais,
e seus tonéis transbordarão de vinho.

¹¹ Meu filho, não rejeite a disciplina do Senhor;
não desanime quando ele o corrigir.

¹² Pois o Senhor corrige quem ele ama,
assim como o pai corrige o filho a quem ele quer bem.ᵃ

¹³ Feliz é a pessoa que encontra sabedoria,
aquela que adquire entendimento.

¹⁴ Pois a sabedoria dá mais lucro que a prata
e rende mais que o ouro.

¹⁵ A sabedoria vale muito mais que rubis;
nada do que você deseja se compara a ela.

¹⁶ Com a mão direita, ela oferece vida longa;
com a esquerda, riqueza e honra.

¹⁷ Ela o guiará por estradas agradáveis;
todos os seus caminhos levam a uma vida de paz.

¹⁸ A sabedoria é árvore de vida para quem dela toma posse;
felizes os que se apegam a ela com firmeza.

¹⁹ Por meio da sabedoria, o Senhor fundou a terra;
por meio do entendimento, estabeleceu os céus.

²⁰ Por seu conhecimento, brotam as fontes profundas
e do céu cai o orvalho durante a noite.

²¹ Meu filho, não perca de vista o bom senso e o discernimento;
apegue-se a eles,

²² pois darão vigor à sua alma
e serão como joias em seu pescoço.

²³ Eles o manterão seguro em seu caminho,
e seus pés não tropeçarão.

²⁴ Quando for dormir, não sentirá medo;
quando se deitar, terá sono tranquilo.

²⁵ Não precisará temer o desastre repentino,
nem a destruição que vem sobre os perversos.

²⁶ Pois o Senhor será sua segurança;

PÃO DIÁRIO

Agradecemos ao Senhor

Confie no Senhor de todo o coração; não dependa de seu próprio entendimento. Busque a vontade dele em tudo que fizer, e ele lhe mostrará o caminho que deve seguir.
—Provérbios 3.5,6

O marido de Anna Anderson morreu prematuramente no início do casamento, deixando-a com três garotinhas e um futuro difícil. Embora formada como professora na cidade onde vivia, faltava-lhe ainda completar as credenciais para trabalhar nas escolas desse novo local para onde se mudara. Sendo assim, ela lavava e passava roupas para fora e chegou até a esfregar o chão de uma loja de departamentos. Sendo afrodescendentes, muitas vezes elas sofriam preconceito racial e discriminação. Quando lhe foram fechadas as portas da oportunidade, Anna acreditou que, se buscasse a vontade do Senhor de todo o coração e o reconhecesse em todos os seus caminhos, Ele lhe mostraria o caminho que deveria seguir (Pv 3.5,6). Anna ensinou suas filhas a dependerem de Deus, a segui-lo e a serem sempre gratas.

Quando Mariana, sua filha mais velha, tornou-se uma cantora de música clássica aclamada internacionalmente, Anna continuou a orar por ela e sempre dava os créditos a Deus pelo sucesso da filha. Os repórteres que lhe perguntaram como ela se sentira ao assistir os concertos de Mariana numa das principais casas de espetáculo de Nova Iorque, ouviram-na dizer: "Agradecemos ao Senhor". Sua resposta não foi um clichê, mas sincera gratidão a Deus.

Ao invés de lamentar pelo que lhe faltava, Anna expressava gratidão pelo que tinha e usava isso para a glória de Deus. Hoje, podemos seguir esse seu exemplo com fé, confiança e sincero agradecimento ao Senhor.

Senhor, quando falo contigo, penso em muitas coisas pelas quais devo agradecer. Dou-te graças por Tua Palavra, que nos revela vida, e por Jesus, que veio para nos dar essa vida. Sou grata pela maravilhosa criação na qual nos permites viver e pela promessa de nunca nos abandonar nem desamparar. Agradeço-te, Senhor, por seres nosso Pai perfeito e Consolador.

A gratidão é uma marca de santidade.

ᵃ **3.12** A Septuaginta traz *e castiga a quem ele aceita como filho*. Comparar com Hb 12.6.

não permitirá que seu pé fique preso
numa armadilha.

²⁷Não deixe de fazer o bem àqueles que precisarem,
sempre que isso estiver ao seu alcance.
²⁸Se você pode ajudar seu próximo agora, não lhe diga:
"Volte amanhã, e lhe darei algo".
²⁹Não planeje o mal contra seu próximo,
pois quem mora por perto confia em você.
³⁰Não procure motivos para brigar,
se ninguém lhe fez mal.
³¹Não tenha inveja dos violentos,
nem imite sua conduta.
³²Esses perversos são detestáveis para o Senhor,
mas aos justos ele oferece sua amizade.

³³O Senhor amaldiçoa a casa dos perversos,
mas abençoa o lar dos justos.
³⁴O Senhor zomba dos zombadores,
mas concede graça aos humildes.
³⁵Os sábios recebem honra como herança,
mas os tolos são envergonhados em público.

O conselho sábio de um pai

4 ¹Meus filhos, ouçam quando seu pai lhes ensina;
prestem atenção e aprendam a ter discernimento.
²Pois a orientação que lhes dou é boa;
não se afastem de minhas instruções.

³Quando eu era filho de meu pai,
filho único, amado por minha mãe,
⁴meu pai me ensinava:
"Leve minhas palavras a sério!
Siga meus mandamentos, e viverá.
⁵Adquira sabedoria e aprenda a ter discernimento;
não se esqueça de minhas palavras nem se afaste delas.
⁶Não abandone a sabedoria, pois ela o protegerá;
ame-a, e ela o guardará.
⁷Adquirir sabedoria é a coisa mais sábia que você pode fazer;
em tudo o mais, aprenda a ter discernimento.
⁸Se você der valor à sabedoria, ela o engrandecerá;
abrace-a, e ela o honrará.
⁹Ela lhe colocará uma bela grinalda na cabeça
e o presenteará com uma linda coroa".

¹⁰Meu filho, ouça minhas palavras e ponha-as em prática,
e terá uma vida longa e boa.
¹¹Eu lhe ensinarei o caminho da sabedoria
e o conduzirei por uma estrada reta.
¹²Quando andar por ele, nada o deterá;
quando correr, não tropeçará.
¹³Apegue-se às minhas instruções e não as solte;
guarde-as bem, pois são a chave da vida.

¹⁴Não imite a conduta dos perversos,
nem siga pelos caminhos dos maus.
¹⁵Nem pense nisso, não vá por esse caminho;
desvie-se dele e siga adiante.
¹⁶Pois os perversos não dormem enquanto não praticam o mal;
não descansam enquanto não fazem alguém tropeçar.
¹⁷Comem o pão da perversidade
e bebem o vinho da violência.

¹⁸O caminho dos justos é como a primeira luz do amanhecer,
que brilha cada vez mais até o dia pleno clarear.
¹⁹O caminho dos perversos é como a mais absoluta escuridão;
nem sequer sabem o que os faz tropeçar.

²⁰Meu filho, preste atenção ao que digo;
ouça bem minhas palavras.
²¹Não as perca de vista;
mantenha-as no fundo do coração.
²²Pois elas dão vida a quem as encontra
e saúde a todo o corpo.

²³Acima de todas as coisas, guarde seu coração,
pois ele dirige o rumo de sua vida.
²⁴Evite toda conversa maldosa;
afaste-se das palavras perversas.

²⁵Olhe sempre para frente;
  mantenha os olhos fixos no que está diante de você.
²⁶Estabeleça um caminho reto para seus pés;
  permaneça na estrada segura.
²⁷Não se desvie nem para a direita nem para a esquerda;
  não permita que seus pés sigam o mal.

Evite mulheres imorais

5 ¹Meu filho, preste atenção à minha sabedoria;
  ouça bem meu conselho prudente.
²Assim você mostrará discernimento,
  e seus lábios expressarão o que aprendeu.
³Pois os lábios da mulher imoral são doces como mel,
  e sua boca é mais suave que azeite.
⁴No fim, porém, ela é amarga como veneno
  e afiada como uma espada de dois gumes.
⁵Seus pés descem para a morte;
  seus passos conduzem direto à sepultura.[a]
⁶Pois ela não se interessa pelo caminho da vida;
  não se dá conta de que anda sem rumo por uma trilha tortuosa.

⁷Portanto, meu filho, preste atenção;
  nunca se desvie do que irei lhe dizer.
⁸Mantenha distância dessa mulher;
  não se aproxime da porta de sua casa!
⁹Se o fizer, perderá sua honra
  e entregará a homens impiedosos tudo que conquistou.
¹⁰Estranhos consumirão sua riqueza,
  e outros desfrutarão o fruto de seu trabalho.
¹¹No final, você gemerá de angústia,
  quando a doença lhe consumir o corpo.
¹²Dirá: "Como odiei a disciplina!
  Se ao menos não tivesse desprezado as advertências!
¹³Por que não ouvi meus mestres?
  Por que não dei atenção aos que me instruíam?
¹⁴Cheguei à beira da ruína total,
  e agora todos saberão de minha vergonha!".

¹⁵Beba a água de sua própria cisterna,
  compartilhe seu amor somente com sua esposa.[b]
¹⁶Por que derramar pelas ruas a água de suas fontes,
  ao ter sexo com qualquer mulher?[c]
¹⁷Reserve essa água apenas para vocês;
  não a reparta com estranhos.
¹⁸Seja abençoada a sua fonte!
  Alegre-se com a mulher de sua juventude!
¹⁹Ela é gazela amorosa, corça graciosa;
  que os seios de sua esposa o satisfaçam sempre
  e você seja cativado por seu amor todo o tempo!
²⁰Por que, meu filho, se deixar cativar pela mulher imoral,
  ou acariciar os seios da promíscua?
²¹Pois o Senhor vê com clareza o que o homem faz
  e examina todos os seus caminhos.
²²O perverso é cativo dos próprios pecados;
  são cordas que o apanham e o prendem.
²³Ele morrerá por falta de disciplina
  e se perderá por sua grande insensatez.

Lições para a vida diária

6 ¹Meu filho, se você aceitou ser fiador de seu amigo
  ou se concordou em garantir a dívida de um estranho,
²se caiu numa armadilha por causa do acordo feito
  e se está preso por suas palavras,
³siga meu conselho e livre-se dessa obrigação,
  pois você se colocou nas mãos de seu amigo.
Procure-o, humilhe-se
  e insista com ele.
⁴Não deixe para amanhã;
  não descanse enquanto não resolver essa situação.

---

[a] 5.5 Em hebraico, *ao Sheol*. [b] 5.15 Em hebraico, *Beba água de sua própria cisterna, / água que brota de seu próprio poço*. [c] 5.16 Em hebraico, *Por que derramar suas fontes nas ruas, / seus riachos nas praças da cidade?*

PÃO DIÁRIO

A formiga sábia

[A formiga] trabalha duro durante todo o verão, juntando comida para o inverno.

—Provérbios 6.8

Todo ano, faço algo especial para comemorar a chegada da primavera: compro armadilhas para formigas. Essas pequenas invasoras entram continuamente na cozinha de casa em busca de qualquer migalha que tenha caído ao chão. Elas não são exigentes; um pedacinho de batata frita, um grão de arroz ou até mesmo uma lasquinha de queijo lhes são suficientes.

Embora as formigas possam ser uma chateação, Salomão as enalteceu pela ética de trabalho constante (Pv 6.6-11) e pela maneira como elas se autogerenciam. Elas não têm "príncipe, nem autoridade, nem governante" (v.7) e, mesmo assim, são muito produtivas. As formigas também se mantêm ocupadas, mesmo quando não existe a necessidade imediata, preparando suprimento no verão e ajuntando alimento na colheita (v.8). Quando chega o inverno, elas não se preocupam com o que comerão. Pouco a pouco, essas trabalhadoras esforçadas economizam o suficiente para se sustentar.

Podemos aprender com elas. Quando Deus nos dá tempos de abundância, podemos nos preparar para os tempos em que os recursos serão escassos. Deus é o provedor de tudo o que temos incluindo a nossa capacidade de trabalhar. Devemos trabalhar com diligência, ser sábias administradoras do que Ele nos provê e, depois, descansar na promessa de que Ele cuidará de nós (Mt 6.25-34).

Que nos lembremos do conselho de Salomão: "Aprenda com a formiga... Observe como ela age e seja sábio" (Pv 6.6).

Pai, posso aprender muito com a formiga. Ela é sábia ao usar os instintos que maravilhosamente colocaste nela. Ensina-me a exercer boa mordomia dos dons que me concedes.

Confie em Deus hoje e prepare-se para o amanhã.

⁵Livre-se como a gazela que escapa do caçador,
   como o pássaro que foge da rede.
⁶Aprenda com a formiga, preguiçoso!
   Observe como ela age e seja sábio.
⁷Embora não tenha príncipe,
   nem autoridade, nem governante,
⁸ela trabalha duro durante todo o verão,
   juntando comida para o inverno.
⁹Mas você, preguiçoso, até quando dormirá?
   Quando sairá da cama?
¹⁰Um pouco mais de sono, mais um cochilo,
   mais um descanso com os braços cruzados,
¹¹e a pobreza o assaltará como um bandido;
   a escassez o atacará como um ladrão armado.

¹²Como são os desprezíveis e os perversos?
   Eles vivem mentindo:
¹³demonstram sua falsidade com um piscar de olho,
   com um movimento do pé ou por sinais com os dedos.
¹⁴Seu coração pervertido trama a maldade,
   e andam sempre criando problemas.
¹⁵Por isso, serão destruídos de repente,
   despedaçados num instante sem que possam se recuperar.

¹⁶Há seis coisas que o Senhor odeia,
   ou melhor, sete coisas que ele considera detestáveis:
¹⁷olhos arrogantes,
   língua mentirosa,
   mãos que matam o inocente,
¹⁸coração que trama a maldade,
   pés que se apressam em fazer o mal,
¹⁹testemunha falsa que diz mentiras,
   e aquele que semeia desentendimento entre irmãos.

²⁰Meu filho, obedeça aos mandamentos de seu pai
   e não deixe de lado a instrução de sua mãe.
²¹Guarde as palavras deles em seu coração
   e amarre-as em seu pescoço.
²²Quando você andar, os conselhos de seus pais o guiarão;
   quando dormir, eles o protegerão;
   quando acordar, eles o orientarão.
²³Pois o mandamento é lâmpada,
   e a instrução é luz;
   e as correções da disciplina
   são o caminho que conduz à vida.

²⁴Eles o protegerão da mulher imoral,
das palavras sedutoras da promíscua.
²⁵Não cobice sua beleza;
não deixe que seus olhares o seduzam.
²⁶Pois a prostituta o levará à pobreza,[a]
mas dormir com a esposa de outro
homem lhe custará a vida.
²⁷Pode um homem carregar fogo junto ao peito
sem que a roupa se queime?
²⁸Pode alguém caminhar sobre brasas
sem que os pés se queimem?
²⁹Assim acontece com quem dorme com a mulher de outro;
aquele que a toca não ficará sem castigo.

³⁰Pode-se encontrar desculpa para o ladrão
que rouba porque está com fome.
³¹Ainda assim, se for apanhado, terá de pagar sete vezes o que roubou,
mesmo que precise vender tudo que há em sua casa.
³²Mas o homem que comete adultério não tem juízo,
pois destrói a si mesmo.
³³Será ferido e desonrado,
e sua vergonha jamais se apagará.
³⁴Porque o marido ciumento ficará furioso
e não terá misericórdia quando se vingar.
³⁵Não aceitará compensação alguma,
nem se satisfará com os presentes mais valiosos.

Outra advertência sobre mulheres imorais

7 ¹Meu filho, siga meu conselho;
guarde meus mandamentos como um tesouro.
²Obedeça a meus mandamentos e viva;
cuide de minhas instruções como da menina de seus olhos.
³Amarre-as aos dedos como lembrança
e escreva-as no fundo do coração.
⁴Ame a sabedoria como se fosse sua irmã
e faça do discernimento um membro da família.
⁵Eles o guardarão da mulher imoral,
das palavras sedutoras da promíscua.

⁶Enquanto estava à janela de minha casa
e olhava pela cortina,
⁷vi alguns rapazes ingênuos
e percebi um entre eles que não tinha juízo.
⁸Ele atravessava a rua, perto da esquina
onde morava certa mulher,
e caminhava em direção à casa dela.
⁹Era o crepúsculo, o anoitecer,
quando caía a escuridão profunda.
¹⁰A mulher se aproximou dele,
com roupas provocantes e coração malicioso.
¹¹Era ousada e inquieta,
do tipo que nunca para em casa.
¹²Está sempre nas ruas e nos mercados,
à espreita em cada esquina.
¹³Abraçou o rapaz e o beijou
e, sem a menor vergonha, lhe disse:
¹⁴"Hoje apresentei uma oferta de paz
e cumpri meus votos.
¹⁵Por isso, estava à sua procura;
saí para encontrá-lo, e agora o achei!
¹⁶Estendi lindas cobertas sobre minha cama
e lençóis coloridos de linho egípcio.
¹⁷Perfumei minha cama
com mirra, aloés e canela.
¹⁸Venha, vamos nos embriagar de amor até o amanhecer!
Vamos desfrutar as carícias um do outro,
¹⁹pois meu marido não está em casa.
Ele partiu numa longa viagem;
²⁰levou consigo uma bolsa cheia de dinheiro
e só voltará no fim do mês".[b]

²¹Assim ela o seduziu com palavras agradáveis
e com elogios doces o atraiu.
²²Ele a acompanhou de imediato,
como boi que vai para o matadouro,
como cervo que caiu na armadilha[c]
²³à espera da flecha que lhe atravessará o coração,
como o pássaro que voa direto para o laço,
sem saber que lhe custará a vida.

---

[a] **6.26** Em hebraico, *a prostituta o reduzirá a um pedaço de pão*. [b] **7.20** Em hebraico, *quando a lua estiver cheia*. [c] **7.22** Conforme a Septuaginta e a versão siríaca; o hebraico traz *como as algemas para a disciplina do tolo*.

> **REFLETINDO SOBRE:** Examinando o nosso guarda-roupas
>
> ## Mulheres sedutoras
>
> *Da mesma forma, quero que as mulheres tenham discrição em sua aparência.*
> —1 Timóteo 2.9
>
> Provérbios 7 descreve um tipo de mulher que, segundo o alerta dado, deve ser evitada pelos homens. Apesar de fingir ser religiosa, seu comportamento traía livremente a moral. A mulher se vestia de tal modo a atrair a atenção dos homens. Seus movimentos eram sensuais e sua conversa sedutora. Ela não tinha interesse em atividades domésticas, preferindo estar na cidade procurando um homem a quem pudesse seduzir. Em vez de desenvolver qualidades piedosas, essa mulher se concentrava em se tornar atraente para os homens. Ela despertava a admiração e o desejos destes por ela.
>
> O famoso incidente ou "probleminha com a roupa" de Janet Jackson, quando Justin Timberlake agarrou seu corpete e expôs seu seio, chocou a maioria das pessoas que assistiam ao jogo do *Super Bowl* em 2004. Se nossa percepção não tivesse se tornado tão embotada, ficaríamos chocadas todas as vezes que ligássemos a televisão ou entrássemos numa loja. As roupas femininas estão encurtando, ficando mais transparentes e justas e os decotes caindo; não sobra muito para a imaginação. Muitas roupas para meninas, inclusive, são feitas para que estas pareçam sedutoras. Muitos programas de televisão e revistas promovem tudo, desde uma lipoaspiração ao aumento de seios, ao transmitir a mensagem de que precisamos fazer qualquer coisa para sermos sensuais.
>
> É triste ver que muitas mulheres cristãs estão acreditando na mentira de que precisamos ser sedutoras para os homens. Sejamos solteiras ou casadas, precisamos ser muito cuidadosas em nossos relacionamentos com o sexo oposto. Quando influências culturais se infiltram em nosso pensamento, nossos movimentos ou palavras podem ser sedutores sem que percebamos. A Palavra de Deus pode nos ajudar a guardar nossas atitudes de modo que nos vistamos e nos comportemos de maneira que agrada a Deus. Não há nada de errado em ser atraente, mas Deus quer que Suas filhas se vistam modestamente, não com roupas que despertem luxúria nos homens. Quando nos vestimos para impressionar o sexo oposto, passamos a impressão errada de nosso Pai.

²⁴Portanto, meu filho, ouça-me;
  preste atenção às minhas palavras.
²⁵Não deixe que seu coração se desvie para ela,
  não se perca em seus caminhos tortuosos.
²⁶Pois ela causou a ruína de muitos;
  não são poucas as suas vítimas.
²⁷Sua casa é o caminho para a sepultura,[a]
  seu quarto é a câmara da morte.

A Sabedoria pede para ser ouvida

8 ¹Escutem, pois a Sabedoria chama!
  Ouçam, porque o entendimento levanta a voz!
²No alto dos montes, junto ao caminho,
  a Sabedoria se coloca nas encruzilhadas.
³Ao lado das portas da cidade,
  na entrada, ela anuncia:
⁴"A vocês eu clamo, a todos vocês!
  Levanto minha voz para todo o povo.
⁵Vocês, inexperientes, mostrem discernimento!
  Vocês, tolos, mostrem entendimento!
⁶Ouçam, pois tenho coisas importantes a lhes dizer.
  Tudo que digo é correto,
⁷pois falo a verdade,
  e toda espécie de engano é detestável para mim.
⁸Meu conselho é justo;
  não há nada nele que distorça a verdade ou dela se desvie.
⁹Minhas palavras são claras para os que têm entendimento
  e corretas para os que têm conhecimento.
¹⁰Escolham minha instrução em vez da prata
  e o conhecimento em vez do ouro puro.

[a] **7.27** Em hebraico, *o Sheol*.

¹¹Pois a sabedoria vale muito mais que rubis;
nada do que você deseja se compara a ela.
¹²"Eu, a Sabedoria, moro com a prudência;
sei onde encontrar conhecimento e discernimento.
¹³Quem teme o Senhor odeia o mal;
portanto, odeio o orgulho e a arrogância,
a corrupção e as palavras perversas.
¹⁴O bom senso e o sucesso me pertencem,
o discernimento e o poder são meus.
¹⁵Graças a mim, os reis governam
e as autoridades emitem decretos justos.
¹⁶Com minha ajuda, as autoridades lideram
e os nobres julgam com justiça.ᵃ

¹⁷"Amo os que me amam;
os que me procuram por certo me encontrarão.
¹⁸Tenho riquezas e honra,
bens duradouros e justiça.
¹⁹Minha dádiva vale mais que ouro, mais que ouro puro;
meu rendimento é melhor que a fina prata.
²⁰Ando em retidão,
nos caminhos da justiça.
²¹Os que me amam recebem riquezas como herança;
sim, encherei seus tesouros!

²²"O Senhor me estabeleceu desde o princípio,
antes de criar qualquer outra coisa.
²³Fui designada desde eras passadas,
logo no início, antes de a terra existir.
²⁴Nasci antes que os oceanos fossem criados,
antes que a água brotasse de suas fontes.
²⁵Nasci antes de serem formados os montes,
antes de existirem as colinas,
²⁶quando ele ainda não havia feito a terra e os campos,
nem o primeiro punhado de terra.
²⁷Eu estava lá quando ele estabeleceu o céu,
quando traçou o horizonte sobre os oceanos.
²⁸Estava lá quando ele pôs as nuvens no alto,
quando estabeleceu fontes nas profundezas da terra.
²⁹Estava lá quando ele determinou os limites do mar,
para que não avançasse além de suas divisas.
E, quando ele demarcou os alicerces da terra,
³⁰eu estava ao seu lado como arquiteta.
Eu era sua alegria constante,
sempre exultando em sua presença.
³¹Como me alegrei com o mundo que ele criou!
Como exultei com a humanidade!

³²"Por isso, meus filhos, ouçam-me,
pois todos que seguem meus caminhos são felizes.
³³Ouçam minha instrução e sejam sábios;
não a desprezem.
³⁴Felizes os que me ouvem, que ficam à minha porta todos os dias,
esperando por mim na entrada de minha casa!
³⁵Pois quem me encontra, encontra vida
e recebe o favor do Senhor.
³⁶Quem não me encontra, prejudica a si mesmo;
todos que me odeiam amam a morte".

9

¹A Sabedoria construiu sua casa
e ergueu suas sete colunas.
²Preparou um grande banquete;
misturou os vinhos e arrumou a mesa.
³Enviou suas servas para convidarem a todos;
do ponto mais alto da cidade, ela clama:
⁴"Venham à minha casa todos os ingênuos",
e aos que não têm juízo ela diz:
⁵"Venham, comam de meu banquete
e bebam do vinho que misturei.
⁶Deixem sua ingenuidade para trás e vivam;
andem pelo caminho do discernimento".

⁷Quem repreende o zombador recebe insulto como resposta;
quem corrige o perverso prejudica a si mesmo.

ᵃ 8.16 Alguns manuscritos hebraicos e a Septuaginta trazem *e os nobres são juízes sobre a terra*.

⁸Não se dê o trabalho de repreender o zombador, pois ele o odiará;
repreenda, porém, o sábio, e ele o amará.
⁹Instrua o sábio, e ele crescerá na sabedoria;
ensine o justo, e ele aprenderá ainda mais.
¹⁰O temor do Senhor é o princípio da sabedoria;
o conhecimento do Santo resulta em discernimento.
¹¹A sabedoria multiplicará seus dias
e tornará sua vida mais longa.
¹²Se você se tornar sábio, o benefício será seu;
se desprezar a sabedoria, sofrerá as consequências.

A Insensatez pede para ser ouvida

¹³A mulher chamada Insensatez é atrevida;
é ignorante e nem se dá conta disso.
¹⁴Senta-se à porta de sua casa,
no ponto mais alto da cidade.
¹⁵Clama aos que passam pelo caminho,
ocupados com seus próprios assuntos:
¹⁶"Venham à minha casa todos os ingênuos",
e aos que não têm juízo ela diz:
¹⁷"Água roubada é mais refrescante!
Pão comido às escondidas é mais saboroso!".
¹⁸Mal sabem, porém, que ali estão os mortos;
seus convidados estão nas profundezas da sepultura.[a]

Provérbios de Salomão

10 Os provérbios de Salomão:

O filho sábio alegra seu pai,
o filho tolo entristece sua mãe.
²As riquezas de origem desonesta não têm valor duradouro,
mas uma vida justa livra da morte.
³O Senhor não deixa o justo passar fome,
mas se recusa a satisfazer o desejo dos perversos.
⁴O preguiçoso logo empobrece,
mas os que trabalham com dedicação enriquecem.
⁵O jovem sábio faz a colheita no verão,
mas o que dorme durante a colheita é uma vergonha.
⁶O justo é coberto de bênçãos,
mas as palavras dos perversos ocultam violência.
⁷O justo deixa boas lembranças,
mas o nome dos perversos apodrece.
⁸O sábio recebe os mandamentos de bom grado,
mas as palavras do insensato causam sua ruína.
⁹Quem anda em integridade anda em segurança;
quem segue caminhos tortuosos será exposto.
¹⁰Quem fecha os olhos para a maldade causa problemas,
mas a repreensão clara promove a paz.[b]
¹¹As palavras do justo são fonte de vida;
as palavras dos perversos ocultam intenções violentas.
¹²O ódio provoca brigas,
mas o amor cobre todas as ofensas.
¹³Palavras sábias vêm dos lábios de quem tem entendimento,
mas quem não tem juízo é castigado com a vara.
¹⁴Os sábios guardam o conhecimento como um tesouro,
mas a conversa do insensato só conduz à desgraça.
¹⁵A riqueza do rico é sua fortaleza;
a pobreza dos pobres é sua destruição.
¹⁶O salário do justo produz vida,
mas o dinheiro do perverso o conduz ao pecado.
¹⁷Quem aceita a disciplina está no caminho da vida,
mas o que despreza a repreensão se desvia dele.

---

[a] **9.18** Em hebraico, *do Sheol*. [b] **10.10** Conforme a Septuaginta; o hebraico traz *mas o insensato que não mede o que diz causa a própria ruína*.

¹⁸ Quem esconde o ódio se torna mentiroso;
  quem espalha calúnias é tolo.

¹⁹ Quem fala demais acaba pecando;
  quem é prudente fica de boca fechada.

²⁰ As palavras do justo são como a fina prata;
  o coração do perverso não tem valor algum.

²¹ As palavras do justo dão ânimo a muitos,
  mas os insensatos são destruídos por falta de juízo.

²² A bênção do Senhor traz riqueza,
  e ele não permite que a tristeza a acompanhe.

²³ O tolo se diverte em fazer o mal,
  mas o sensato tem prazer em viver com sabedoria.

²⁴ Os temores do perverso se tornarão realidade;
  as esperanças dos justos lhe serão concedidas.

²⁵ As tempestades da vida levam embora o perverso,
  mas o justo tem alicerce duradouro.

²⁶ Como vinagre nos dentes ou fumaça nos olhos,
  assim o preguiçoso irrita seus chefes.

²⁷ O temor do Senhor prolonga a vida,
  mas os dias dos perversos são encurtados.

²⁸ As esperanças dos justos resultam em alegria;
  as expectativas dos perversos não dão em nada.

²⁹ O caminho do Senhor é fortaleza para os íntegros,
  mas é destruição para os que praticam o mal.

³⁰ O justo jamais será abalado,
  mas os perversos serão removidos da terra.

³¹ A boca do justo oferece conselhos sábios,
  mas a língua que engana será cortada.

³² Dos lábios do justo vêm palavras proveitosas,
  mas da boca dos perversos só vêm palavras más.

11 ¹ O uso de balanças desonestas é detestável para o Senhor,
  mas ele se alegra com pesos exatos.

² O orgulho leva à desgraça,
  mas com a humildade vem a sabedoria.

³ A honestidade guia os justos;
  a desonestidade destrói os desleais.

PÃO DIÁRIO

Galeria dos sussurros

Quem fala demais acaba pecando; quem é prudente fica de boca fechada.
—Provérbios 10.19

A Catedral de St. Paul, em Londres, tem um interessante fenômeno arquitetônico chamado "galeria dos sussurros". Um website explica assim: "É chamado assim porque se a pessoa que sussurra estiver voltada para a parede poderá ser ouvida claramente pela pessoa que está do outro lado, uma vez que o som é perfeitamente propagado pela vasta curva do Domo".

Em outras palavras, você e um amigo poderiam sentar-se em lados opostos da grande catedral do arquiteto Christopher Wren e ter uma conversa sem falar em voz alta, apenas com sussurros.

Essa característica fascinante da Catedral de St. Paul pode nos servir como um alerta. O que dizemos a respeito dos outros, em segredo, pode se propagar como os sussurros que se propagam nessa galeria. E a fofoca pode não apenas se propagar por todos os lugares, mas também muitas vezes gerar diversos danos ao longo do caminho.

Talvez por isso a Bíblia frequentemente nos desafie com relação às maneiras que usamos as palavras. O sábio rei Salomão escreveu: "Quem fala demais acaba pecando; quem é prudente fica de boca fechada" (Pv 10.19).

Em vez de usarmos sussurros e fofocas que possam vir a causar dor e sofrimento sem servir a qualquer propósito benéfico, é melhor nos contermos e praticarmos o silêncio.

Senhor, agradeço-te por teres nos dado o dom das palavras. Ajuda-nos a usá-lo com sabedoria. Nosso discurso é algo poderoso, e queremos que as nossas palavras abençoem e não amaldiçoem; que alegrem e não entristeçam.

Quando a fofoca chega aos ouvidos de uma pessoa sábia, ela cessa imediatamente.

⁴As riquezas de nada ajudarão no dia do juízo,
mas uma vida justa livra da morte.

⁵A integridade dirige os passos do justo,
mas o peso do pecado cai sob os perversos.

⁶A justiça dos justos os livra;
a ambição dos desleais os apanha numa armadilha.

⁷Quando o perverso morre, sua esperança morre com ele,
pois confiou na própria força.

⁸O justo é salvo da angústia,
mas o perverso a recebe em lugar dele.

⁹O hipócrita, com suas palavras, destrói seus amigos,
mas o conhecimento livra os justos.

¹⁰A cidade inteira comemora o sucesso dos justos;
todos gritam de alegria quando morrem os perversos.

¹¹A cidade prospera pelos benefícios que os justos trazem,
mas as palavras dos perversos a destroem.

¹²É falta de bom senso desprezar o próximo;
a pessoa sensata permanece calada.

¹³O fofoqueiro espalha segredos,
mas a pessoa confiável sabe guardar confidências.

¹⁴Sem uma liderança sábia, a nação cai;
ter muitos conselheiros lhe dá segurança.

¹⁵Quem aceita ser fiador terá problemas;
quem evita esse compromisso está seguro.

¹⁶A mulher bondosa ganha respeito;
tudo que os homens cruéis obtêm é riqueza.

¹⁷Quem faz o bem beneficia a si mesmo;
quem pratica o mal só se prejudica.

¹⁸A riqueza do perverso dura apenas um momento,
mas a recompensa do justo é duradoura.

¹⁹O justo encontra a vida;
o perverso encontra a morte.

²⁰Os perversos de coração são detestáveis para o Senhor,
mas ele se alegra com os que andam em integridade.

²¹O perverso certamente será castigado,
mas os justos serão poupados.

²²A mulher bonita, mas indiscreta,
é como anel de ouro em focinho de porco.

²³Os justos têm a expectativa de uma recompensa,
enquanto os perversos só podem esperar o juízo.

²⁴Quem dá com generosidade se torna mais rico,
mas o mesquinho perde tudo.

²⁵O generoso prospera;
quem revigora outros será revigorado.

²⁶O povo amaldiçoa quem esconde os cereais,
mas abençoa quem os vende no tempo de necessidade.

²⁷Quem procura o bem encontra favor;
quem procura o mal será encontrado por ele.

²⁸Quem confia em seu dinheiro cairá,
mas o justo floresce como a verde folhagem.

²⁹Quem causa problemas à família herda o vento;
o insensato se torna servo do sábio.

³⁰O fruto do justo é árvore de vida;
o sábio conquista pessoas.[a]

³¹Se o justo recebe o que merece aqui na terra,
quanto mais o pecador perverso.[b]

---

[a] 11.30 Ou *quem ganha almas é sábio.* [b] 11.31 A Septuaginta traz *Se o justo é salvo por um triz, / o que será do pecador perverso?* Comparar com 1Pe 4.18.

12

¹Para aprender, é preciso amar a disciplina;
é estupidez odiar a repreensão.

²O Senhor aprova a pessoa de bem,
mas condena quem planeja o mal.

³A perversidade nunca traz estabilidade,
mas a raiz dos justos permanecerá firme.

⁴A mulher virtuosa coroa de honra seu marido,
mas a que age vergonhosamente é como câncer em seus ossos.

⁵Os planos do justo são corretos,
mas os conselhos do perverso são traiçoeiros.

⁶As palavras do perverso são emboscada mortal,
mas as palavras dos justos salvam vidas.

⁷Os perversos morrem e desaparecem,
mas a família dos justos permanece firme.

⁸O sensato recebe elogios,
mas o perverso de coração é desprezado.

⁹É melhor ser uma pessoa simples e ter quem a ajude
que aparentar ser quem não é e não ter o que comer.

¹⁰O justo cuida de seus animais,
mas os perversos são sempre cruéis.

¹¹Quem trabalha com dedicação tem fartura de alimento;
quem corre atrás de fantasias não tem juízo.

¹²Os ladrões invejam o despojo uns dos outros,
mas os justos estão bem arraigados e florescem.

¹³O perverso é apanhado na armadilha das próprias palavras,
mas o justo escapa dessa aflição.

¹⁴As palavras sábias produzem muitos benefícios,
e o trabalho árduo é recompensado.

¹⁵O insensato pensa que sua conduta é correta,
mas o sábio dá ouvidos aos conselhos.

¹⁶O insensato se ira com facilidade,
mas o sábio ignora a ofensa.

¹⁷A testemunha honesta diz a verdade;
a testemunha falsa conta mentiras.

¹⁸Os comentários de algumas pessoas ferem,
mas as palavras dos sábios trazem cura.

PÃO DIÁRIO

Pontas de espada

Os comentários de algumas pessoas ferem, mas as palavras dos sábios trazem cura.
—Provérbios 12.18

Salomão, o autor de Provérbios, descreve uma pessoa tola como alguém cujos comentários "ferem" (12.18). Nossa língua pode ser um canivete suíço multilaminado no que se refere à variedade de formas como cortamos e destruímos uns aos outros.

Atitudes não saudáveis de ira, irritação, frustração e impaciência — até mesmo decepção, estresse, culpa e insegurança — contribuem para prejudicar o nosso discurso. E, à medida que cortamos com as nossas palavras, ferimos e causamos divisões em amizades e relacionamentos. Não é de se admirar que a lista infame das sete coisas que são abomináveis ao Senhor inclua "língua mentirosa, a testemunha falsa e aquele que semeia desentendimento entre irmãos" (Pv 6.16-19).

Como ficar fora dessa lista? Para começar, precisamos observar o que dizemos. A fofoca e a calúnia devem ser deixadas de fora, e os comentários que ferem, em vez de curar, não são bem-vindos. Precisamos abandonar também o vangloriar-se, o contar mentiras e todas as formas que empregamos as palavras a fim de ferir e dividir. Em seu lugar, devemos verbalizar palavras que transmitam o amor, o poder de cura do perdão, a misericórdia de Deus, e a verdade deve dominar o nosso vocabulário e os nossos relacionamentos. Afinal de contas, onde estaríamos se Jesus não tivesse proferido palavras de amor, perdão e graça para nós?

Portanto, coloque o "canivete" de lado e use as suas palavras para ajudar e curar.

Amado Senhor Jesus, por favor, perdoa as minhas muitas palavras que foram pronunciadas de forma a ferir ou despedaçar os outros profundamente. Quero falar apenas palavras de cura e conforto, tais como as que tu falarias. Ajuda-me, Senhor, nesta empreitada.

Nossas palavras têm o poder de edificar ou destruir.

¹⁹Palavras verdadeiras resistem à prova do tempo,
  mas as mentiras logo ficam evidentes.
²⁰O engano enche o coração dos que tramam o mal;
  a alegria enche o coração dos que promovem a paz.
²¹Nenhum mal vem sobre o justo,
  mas os perversos enfrentam todo tipo de dificuldade.
²²Os lábios mentirosos são detestáveis para o S<small>ENHOR</small>,
  mas os que dizem a verdade lhe trazem alegria.
²³O sábio não se gaba de seu conhecimento,
  mas os tolos mostram a todos sua insensatez.
²⁴Quem trabalha com dedicação chega a ser líder,
  mas o preguiçoso se torna escravo.
²⁵A preocupação deprime a pessoa,
  mas uma palavra de incentivo a anima.
²⁶O justo dá bons conselhos a seus amigos,[a]
  mas os perversos os desencaminham.
²⁷O preguiçoso nem mesmo cozinha o animal que caçou,
  mas o que trabalha com dedicação valoriza tudo que possui.
²⁸O caminho dos justos conduz à vida;
  é uma estrada que não leva à morte.

13

¹O filho sábio aceita a disciplina de seu pai;
  o zombador se recusa a ouvir a repreensão.
²Com palavras sábias consegue-se uma boa refeição,
  mas os desleais têm fome de violência.
³Quem controla a língua terá vida longa;
  quem fala demais acaba se arruinando.
⁴O preguiçoso muito quer e nada alcança,
  mas os que trabalham com dedicação prosperam.
⁵O justo odeia mentiras;
  o perverso causa vergonha e desonra.
⁶A justiça guarda o caminho do íntegro,
  mas a perversidade desencaminha o pecador.
⁷Alguns que são pobres fingem ser ricos;
  outros que são ricos fingem ser pobres.
⁸O rico tem como pagar resgate por sua vida;
  o pobre nem sequer é ameaçado.
⁹A vida dos justos brilha alegremente,
  mas a luz dos perversos se apagará.
¹⁰O orgulho só traz conflitos,
  mas os que aceitam conselhos são sábios.
¹¹O dinheiro ganho por meios ilícitos logo acaba;
  a riqueza conquistada com trabalho árduo cresce com o tempo.
¹²A esperança adiada faz o coração ficar doente,
  mas o sonho realizado é árvore de vida.
¹³Quem despreza o bom conselho se envolve em dificuldades;
  quem respeita o mandamento será bem-sucedido.
¹⁴A instrução do sábio é fonte de vida;
  quem a aceita escapa das armadilhas da morte.
¹⁵O sensato é respeitado;
  o desleal caminha para a destruição.[b]
¹⁶O sábio pensa antes de agir;
  os tolos se gabam de sua insensatez.
¹⁷O mensageiro desleal depara com dificuldades,
  mas o mensageiro confiável traz cura.
¹⁸Quem despreza a disciplina acabará em pobreza e vergonha;
  quem aceita a repreensão será honrado.
¹⁹É agradável ver sonhos se realizarem,

---

[a] 12.26 Ou *O justo é cauteloso nas amizades*, ou *O justo é livrado do mal*. O significado do hebraico é incerto. [b] 13.15 Conforme a Septuaginta; o hebraico traz *o caminho do desleal é duradouro*.

> **REFLETINDO SOBRE:** Destruindo um lar

A mulher insensata

A mulher sábia edifica o lar, mas a insensata o destrói com as próprias mãos.
—Provérbios 14.1

Myra olhou para a lata de lixo vazia e engoliu em seco. *Não era para acabar assim*. No dia anterior, ela e Anthony tiveram sua primeira briga como recém-casados. Quando Anthony se calou, Myra rapidamente foi para o quarto fervendo de indignação e frustração. Seus olhos encontraram a aliança de casamento de Anthony sobre a cômoda, como sempre, em vez de estar em seu dedo. Ela teve um impulso repentino de deixar a aliança cair no lixo. *Quando ele vir, perceberá como estou magoada e conversaremos sobre o assunto*. Infelizmente, Myra não considerou a possibilidade de que Anthony pudesse resolver esvaziar o lixo. A aliança se perdeu.

Algumas vezes podemos agir como a mulher insensata de Provérbios que destruiu sua casa com as próprias mãos. Escolhas destrutivas como um caso extraconjugal podem ser a bomba que danifica permanentemente a nossa vida. Mais frequentemente, os nossos hábitos e atitudes causam males menos óbvios com o passar do tempo. As atitudes autocentradas, de inveja e crítica podem devastar relacionamentos familiares e entre amigos. Se negligenciamos o investimento de um relacionamento diário com Deus, todas as áreas do nosso viver começarão a desgastar.

Ao preenchermos nosso ser com a sabedoria de Deus e ao buscá-lo para obtermos orientação, vamos perceber quando estivermos fazendo algo tolo e destrutivo. Talvez precisemos de alguns reparos, tal como: pedir perdão ou abandonar hábitos perniciosos. Talvez precisaremos fazer uma reforma séria. Felizmente, Deus oferece ajuda quando precisamos reconstruir a nossa vida. E caso você esteja se perguntando, Myra e Anthony ainda estão casados. Na verdade, ela deu de presente a ele um anel de casamento no Dia dos Namorados. Sei disso porque eu sou a Myra e sou casada com Richard Anthony Matthews.

---

mas os tolos se recusam a se afastar do mal.

²⁰Quem anda com os sábios se torna sábio,
mas quem anda com os tolos sofrerá as consequências.

²¹Desgraças perseguem os pecadores,
enquanto bênçãos recompensam os justos.

²²A pessoa de bem deixa herança para os netos,
mas a riqueza do pecador vai para as mãos do justo.

²³As terras dos pobres produzem muito alimento,
mas a injustiça tudo consome.

²⁴Quem não corrige os filhos mostra que não os ama;
quem ama os filhos se preocupa em discipliná-los.

²⁵O justo come até se satisfazer,
mas o estômago dos perversos fica vazio.

14

¹A mulher sábia edifica o lar,
mas a insensata o destrói com as próprias mãos.

²Quem anda pelo caminho reto teme o Senhor;
quem escolhe estradas tortuosas o despreza.

³A conversa arrogante do insensato se torna uma vara que o castiga,
mas as palavras do sábio o protegem.

⁴Um estábulo sem bois permanece limpo,
mas é a força do boi que provê a colheita farta.

⁵A testemunha honesta não mente;
a testemunha falsa respira mentiras.

⁶O zombador procura sabedoria e nunca a encontra,
mas para o que tem discernimento o conhecimento vem fácil.

⁷Afaste-se do tolo,

pois em seus lábios não achará conhecimento.

⁸O prudente sabe para onde vai,
mas os insensatos enganam a si mesmos.

⁹Os insensatos zombam da própria culpa,
mas os justos a reconhecem e buscam reconciliação.

¹⁰Cada coração conhece sua própria amargura,
e ninguém pode compartilhar de toda a sua alegria.

¹¹A casa dos perversos será destruída,
mas a tenda dos justos florescerá.

¹²Há caminhos que a pessoa considera corretos,
mas que acabam levando à estrada da morte.

¹³O riso pode esconder o coração aflito,
mas, quando a alegria se extingue, a dor permanece.

¹⁴O desleal recebe o que merece,
mas a pessoa de bem é recompensada.

¹⁵O ingênuo acredita em tudo que ouve;
o prudente examina seus passos com cuidado.

¹⁶O sábio é cauteloso[a] e evita o perigo;
o tolo confia demais em si mesmo e se precipita.

¹⁷Quem se ira com facilidade faz coisas tolas;
quem trama o mal é odiado.

¹⁸Os ingênuos são revestidos de insensatez,[b]
enquanto os prudentes são coroados de conhecimento.

¹⁹Os maus se prostrarão diante dos bons;
os perversos se curvarão à porta dos justos.

²⁰Os pobres são desprezados pelos vizinhos,
enquanto os ricos têm muitos amigos.

²¹É pecado desprezar o próximo;
feliz o que ajuda os pobres.

²²Os que tramam fazer o mal se perdem,
mas os que planejam fazer o bem encontram amor e fidelidade.

²³O trabalho árduo produz lucro,
mas a conversa fiada leva à pobreza.

²⁴A riqueza é coroa para os sábios,
mas a insensatez dos tolos só resulta em mais insensatez.

²⁵A testemunha confiável salva vidas,
mas a testemunha falsa é traidora.

²⁶Quem teme o Senhor está seguro;
ele é refúgio para seus filhos.

²⁷O temor do Senhor é fonte de vida;
ajuda a escapar das armadilhas da morte.

²⁸Uma população que cresce é a glória do rei,
mas a falta de súditos é a ruína do príncipe.

²⁹Quem tem entendimento controla sua raiva;
quem se ira facilmente demonstra grande insensatez.

³⁰O contentamento dá saúde ao corpo;
a inveja é como câncer nos ossos.

³¹Quem oprime o pobre insulta seu Criador,
mas quem ajuda o necessitado honra a Deus.

³²O perverso é destruído por sua maldade,
mas o justo encontra refúgio mesmo na hora da morte.

³³A sabedoria é preservada no coração sensato;
não[c] é possível encontrá-la entre os tolos.

³⁴A justiça engrandece a nação,
mas o pecado é vergonha para qualquer povo.

³⁵O rei se alegra em seus servos prudentes,
mas se enfurece contra os que o envergonham.

15

¹A resposta gentil desvia o furor,
mas a palavra ríspida desperta a ira.

---

[a] **14.16** Em hebraico, *O sábio teme*. [b] **14.18** Ou *herdam a insensatez*. [c] **14.33** Conforme a Septuaginta e a versão siríaca; o hebraico omite *não*.

²A língua dos sábios torna atraente o conhecimento,
mas a boca dos tolos despeja a insensatez.

³Os olhos do Senhor estão em todo lugar;
observam tanto os maus como os bons.

⁴Palavras suaves são árvore de vida,
mas a língua enganosa esmaga o espírito.

⁵O insensato despreza a instrução de seu pai,
mas quem aprende com a repreensão demonstra prudência.

⁶Há tesouros na casa do justo,
mas os rendimentos dos perversos causam problemas.

⁷A boca dos sábios espalha conhecimento;
o coração dos tolos nada tem a oferecer.

⁸Os sacrifícios dos perversos são detestáveis para o Senhor,
mas ele tem prazer nas orações dos justos.

⁹Os caminhos dos perversos são detestáveis para o Senhor,
mas ele ama aquele que busca a justiça.

¹⁰Quem abandona o caminho correto sofrerá disciplina severa;
quem odeia a repreensão morrerá.

¹¹A Morte e a Destruição[a] nada escondem do Senhor,
quanto mais o coração humano!

¹²O zombador odeia ser repreendido,
por isso se afasta dos sábios.

¹³O coração contente alegra o rosto,
mas o coração triste abate o espírito.

¹⁴O sábio tem fome de conhecimento,
enquanto os tolos se alimentam de insensatez.

¹⁵Para os aflitos, todos os dias são difíceis;
para o coração alegre, a vida é um banquete contínuo.

¹⁶É melhor ter pouco e temer o Senhor
que ter um grande tesouro e viver ansioso.

¹⁷Um prato de verduras ao lado de quem você ama
é melhor que carne saborosa junto de alguém que você odeia.

¹⁸Quem se ira facilmente provoca brigas,
mas quem tem paciência acalma a discussão.

¹⁹O caminho do preguiçoso é bloqueado por espinhos,
mas o caminho do justo é uma estrada aberta.

²⁰O filho sensato alegra seu pai;
o filho tolo despreza sua mãe.

²¹A insensatez alegra quem não tem juízo,
mas quem tem bom senso permanece no caminho certo.

²²Planos fracassam onde não há conselho,
mas têm êxito quando há muitos conselheiros.

²³Todos se alegram quando dão a resposta apropriada;
como é bom dizer a coisa certa na hora certa!

²⁴O caminho da vida leva o prudente para cima;
ele deixa a sepultura[b] para trás.

²⁵O Senhor derruba a casa dos orgulhosos,
mas protege a propriedade da viúva.

²⁶Os planos perversos são detestáveis para o Senhor,
mas ele tem prazer nas palavras puras.

²⁷A cobiça traz aflição para toda a família,
mas quem odeia subornos viverá.

²⁸O coração do justo pensa bem antes de falar;
a boca dos perversos transborda de palavras maldosas.

²⁹O Senhor está longe dos perversos,
mas ouve as orações dos justos.

³⁰O olhar animador alegra o coração;
boas notícias dão vigor ao corpo.

³¹Quem dá ouvidos à crítica construtiva
se sente à vontade entre os sábios.

---

[a] 15.11 Em hebraico, *O Sheol e o Abadom*. [b] 15.24 Em hebraico, *o Sheol*.

³²Quem rejeita a disciplina prejudica a si mesmo,
 mas quem dá ouvidos à repreensão adquire entendimento.

³³O temor do Senhor ensina sabedoria;
 a humildade precede a honra.

16

¹É da natureza humana fazer planos,
 mas a resposta certa vem do Senhor.

²Ainda que as pessoas se considerem puras,
 o Senhor examina as intenções de cada um.

³Confie ao Senhor tudo que você faz,
 e seus planos serão bem-sucedidos.

⁴O Senhor fez tudo com propósito,
 até mesmo o perverso para o dia da calamidade.

⁵Os orgulhosos são detestáveis para o Senhor;
 certamente serão castigados.

⁶Amor e fidelidade fazem expiação pelo pecado;
 o temor do Senhor evita o mal.

⁷Quando a vida de uma pessoa agrada o Senhor,
 até seus inimigos vivem em paz com ela.

⁸É melhor ter pouco com justiça
 que ser rico com desonestidade.

⁹É da natureza humana fazer planos,
 mas é o Senhor quem dirige nossos passos.

¹⁰As decisões do rei têm grande autoridade;
 ele nunca deve julgar de modo injusto.

¹¹O Senhor exige balanças e pesos exatos;
 ele determina os padrões da imparcialidade.

¹²A maldade é detestável para o rei,
 pois seu governo é estabelecido sobre a justiça.

¹³O rei se agrada de palavras que vêm de lábios justos
 e ama quem fala o que é certo.

¹⁴A ira do rei é como uma sentença de morte,
 mas o sábio procura acalmá-lo.

¹⁵Quando o rei sorri, há vida;
 seu favor refresca como chuva de primavera.

¹⁶É melhor adquirir sabedoria que ouro,
 e é melhor obter discernimento que prata.

¹⁷O caminho dos justos os afasta do mal;
 quem segue esse caminho está seguro.

¹⁸O orgulho precede a destruição;
 a arrogância precede a queda.

¹⁹É melhor viver humildemente com os pobres
 que repartir o despojo com os orgulhosos.

²⁰Quem ouve a instrução prospera;
 quem confia no Senhor é feliz.

²¹O sábio é conhecido por seu discernimento;
 palavras agradáveis são convincentes.

²²A sensatez é fonte de vida para quem a possui,
 mas é desperdício disciplinar os insensatos.

²³Da mente sábia vêm conselhos sábios;
 as palavras dos sábios são convincentes.

²⁴Palavras bondosas são como mel:
 doces para a alma e saudáveis para o corpo.

²⁵Há caminhos que a pessoa considera corretos,
 mas acabam levando à estrada da morte.

²⁶É bom que os trabalhadores tenham apetite;
 o estômago vazio os impulsiona.

²⁷A pessoa sem caráter cria problemas;
 suas palavras são fogo destruidor.

²⁸O perverso semeia discórdia;
 o difamador separa até os melhores amigos.

²⁹A pessoa violenta engana os companheiros
 e os leva para o mau caminho.

³⁰Com olhos semicerrados as pessoas tramam o mal;
com sorriso malicioso o põem em prática.

³¹Os cabelos brancos são coroa de glória,
para quem andou nos caminhos da justiça.

³²É melhor ser paciente que poderoso;
é melhor ter autocontrole que conquistar uma cidade.

³³As pessoas podem lançar as sortes,
mas quem determina o resultado é o Senhor.

17 ¹É melhor um pedaço de pão seco e paz
que uma casa cheia de banquetes e conflitos.

²O servo prudente governará sobre o filho que envergonha o pai
e terá parte na herança com os filhos de seu senhor.

³O fogo prova a pureza da prata e do ouro,
mas o Senhor prova o coração.

⁴A pessoa má gosta de ouvir maldades;
o mentiroso dá atenção a palavras destrutivas.

⁵Quem zomba do pobre insulta seu Criador;
quem se alegra com a desgraça alheia será castigado.

⁶Os netos são coroa de honra para os idosos;
os pais são o orgulho de seus filhos.

⁷Não convém ao tolo falar com eloquência,
e muito menos ao governante mentir.

⁸O suborno é como um amuleto da sorte;
quem o oferece sempre alcança o que quer.

⁹Quem perdoa a ofensa mostra amor,
mas quem insiste nela separa amigos.

¹⁰Uma repreensão é mais eficaz para o prudente
que cem açoites para o tolo.

¹¹A pessoa má sempre procura razão para se rebelar,
por isso será severamente castigada.

¹²É melhor deparar com uma ursa da qual roubaram os filhotes
que confrontar um tolo em sua insensatez.

¹³Quem paga o bem com o mal
sempre terá o mal em sua casa.

PÃO DIÁRIO

Elogios gratuitos

Palavras bondosas são como mel: doces para a alma e saudáveis para o corpo.

—Provérbios 16.24

Durante um tempo de crise econômica e notícias deprimentes, dois alunos universitários decidiram levantar o astral das pessoas do campus com algumas palavras de incentivo. Toda quarta-feira à tarde, durante duas horas, eles permaneciam num corredor bastante movimentado segurando um grande cartaz que dizia: "Elogios gratuitos" e falavam coisas amáveis a todos aqueles que passavam por lá. "Gosto do seu casaco vermelho". "Que botas legais". "Lindo sorriso". Algumas pessoas afirmavam que eles passavam pelos "rapazes dos elogios" de propósito todas as quartas simplesmente para ouvir uma palavra de elogio.

Fiquei impressionado com esses dois jovens que olhavam para as pessoas com o objetivo de enaltecê-las ao invés de encontrar defeitos ou fazer críticas negativas. Será que é assim que eu, como seguidor de Cristo, vejo os outros todos os dias?

Não sejamos alguém com os olhos fitos na maldade cujas palavras são "fogo destruidor" (Pv 16.27). Podemos ter uma abordagem diferenciada sabendo que o que dizemos provém do nosso mais profundo interior. "Da mente sábia vêm conselhos sábios; as palavras dos sábios são convincentes. Palavras bondosas são como mel: doces para a alma e saudáveis para o corpo" (vv.23,24).

As palavras gentis são gratuitas e dão uma injeção de ânimo que não tem preço. Encorajemos uns aos outros em todas as oportunidades.

Jesus, conduz-me até outras pessoas que precisem de uma palavra amável de esperança. Guia-me e faz-me ver cada encontro deste dia como uma oportunidade de fazer a Tua luz brilhar sobre os outros por meio de palavras de encorajamento, comentários atenciosos e observações positivas. Ajuda-me a incentivar o meu próximo a buscar a Tua presença.

Uma palavra amável de elogio cai suavemente no coração e tem valor imensurável.

¹⁴Começar uma briga é como abrir a comporta de uma represa;
portanto, pare antes que irrompa a discussão.

¹⁵Absolver o culpado e condenar o inocente
são duas coisas detestáveis para o Senhor.

¹⁶De nada adianta pagar para instruir o tolo,
pois ele não tem vontade de aprender.

¹⁷O amigo é sempre leal,
e um irmão nasce na hora da dificuldade.

¹⁸É falta de juízo dar garantia pela dívida de alguém
ou aceitar ser fiador de um amigo.

¹⁹Quem gosta de brigar ama o pecado;
quem confia em muralhas procura a própria ruína.

²⁰O coração perverso não prospera;
a língua mentirosa se mete em dificuldades.

²¹O filho tolo causa tristeza ao pai;
não há alegria para o pai de um rebelde.

²²O coração alegre é um bom remédio,
mas o espírito abatido consome as forças.

²³O perverso recebe suborno em segredo,
para desviar o rumo da justiça.

²⁴O sensato mantém os olhos fixos na sabedoria,
mas os olhos do tolo vagueiam até os confins da terra.

²⁵O filho tolo causa tristeza a seu pai
e amargura àquela que o deu à luz.

²⁶É errado castigar os justos por serem bons
e açoitar os líderes por serem honestos.

²⁷Quem é verdadeiramente sábio usa poucas palavras;
quem tem entendimento controla suas emoções.

²⁸Até o insensato passa por sábio quando fica calado;
de boca fechada, até parece inteligente.

18

¹Quem vive isolado se preocupa apenas consigo
e rejeita todo bom senso.

²O tolo não se interessa pelo entendimento;
só quer saber de expressar suas opiniões.

³A prática do mal resulta em desonra;
o comportamento vergonhoso causa desprezo.

⁴Palavras sábias são como águas profundas;
a sabedoria flui do sábio como riacho transbordante.

⁵Não é certo absolver o culpado
nem negar justiça ao inocente.

⁶As palavras do tolo o envolvem em brigas;
ele pede para receber uma surra.

⁷A boca do tolo é sua ruína;
ele cai na armadilha dos próprios lábios.

⁸Calúnias são petiscos saborosos
que descem até o íntimo de quem ouve.

⁹Quem é relaxado em seu trabalho
causa tanto estrago quanto aquele que destrói.

¹⁰O nome do Senhor é fortaleza segura;
o justo corre para ele e fica protegido.

¹¹O rico vê sua riqueza como uma cidade fortificada;
imagina que é uma muralha alta e segura.

¹²A arrogância precede a destruição;
a humildade precede a honra.

¹³Falar sem antes ouvir os fatos
é vergonhoso e insensato.

¹⁴O espírito da pessoa sustenta seu corpo enfermo,
mas quem pode suportar o espírito abatido?

¹⁵Quem tem discernimento está sempre pronto a aprender;

seus ouvidos estão abertos para o
  conhecimento.
¹⁶As portas se abrem para quem dá
  presentes;
  eles dão acesso a pessoas importantes.
¹⁷Quem fala primeiro no tribunal parece
  ter razão,
  até que seu oponente comece a lhe fazer
  perguntas.
¹⁸Lançar sortes acaba com discussões
  e resolve contendas entre adversários
  poderosos.
¹⁹É mais difícil reconquistar um amigo
  ofendido que uma cidade fortificada;
  as discussões separam amigos como um
  portão trancado.
²⁰As palavras sábias saciam como uma boa
  refeição;
  as palavras certas dão satisfação.
²¹A língua tem poder para trazer morte ou
  vida;
  quem gosta de falar arcará com as
  consequências.
²²O homem que encontra uma esposa
  encontra um bem precioso
  e recebe o favor do Senhor.
²³O pobre suplica por misericórdia;
  o rico responde com insultos.
²⁴Alguns que se dizem amigos destroem
  uns aos outros,
  mas o verdadeiro amigo é mais próximo
  que um irmão.

19

¹É melhor ser pobre e honesto
  que ser desonesto e tolo.
²De nada adianta o entusiasmo sem
  conhecimento;
  a pressa resulta em escolhas erradas.
³O insensato arruína a própria vida
  e depois se ira contra o Senhor.
⁴A riqueza atrai muitos que se dizem
  amigos,
  mas a pobreza afasta todos eles.
⁵A testemunha falsa não ficará sem
  castigo;
  o mentiroso também não escapará.
⁶Muitos buscam o favor de quem governa;
  todos querem ser amigos daquele que dá
  presentes.
⁷Se até os parentes do pobre o desprezam,
  quanto mais seus amigos o evitarão!
Ainda que o pobre suplique,
  eles todos o abandonam.
⁸Quem adquire bom senso ama a si
  mesmo;
  quem dá valor ao entendimento
  prospera.
⁹A testemunha falsa não ficará sem
  castigo;
  o mentiroso será destruído.
¹⁰Não é certo o tolo viver no luxo
  nem o escravo governar sobre príncipes.
¹¹O sensato não perde a calma,
  mas conquista respeito ao ignorar as
  ofensas.
¹²A ira do rei é como o rugido do leão,
  mas seu favor é como o orvalho sobre a
  grama.
¹³O filho tolo é uma desgraça para o pai;
  a esposa briguenta é irritante como uma
  goteira.
¹⁴Os pais deixam casas e riquezas como
  herança para os filhos,
  mas apenas o Senhor pode dar uma
  esposa prudente.
¹⁵O preguiçoso dorme profundamente,
  mas sua apatia o leva a passar fome.
¹⁶Quem guarda os mandamentos preserva
  a vida;
  quem os despreza morrerá.
¹⁷Quem ajuda os pobres empresta ao
  Senhor;
  ele o recompensará.
¹⁸Discipline seus filhos enquanto há
  esperança;
  do contrário, você destruirá a vida deles.[a]

---

[a] 19.18 Ou *mas não se exceda a ponto de matá-lo.*

¹⁹A pessoa que se ira facilmente deve sofrer as consequências;
se você a livrar uma vez, terá de fazê-lo novamente.

²⁰Obtenha todo conselho e instrução que puder,
e você será sábio para o resto da vida.

²¹É da natureza humana fazer planos,
mas o propósito do Senhor prevalecerá.

²²A lealdade torna a pessoa cativante;
é melhor ser pobre que desonesto.

²³O temor do Senhor conduz à vida;
dá segurança e proteção contra o mal.

²⁴O preguiçoso pega a comida na mão,
mas não se dá o trabalho de levá-la à boca.

²⁵Se você castigar o zombador, o ingênuo aprenderá uma lição;
se corrigir o sábio, ele se tornará ainda mais sábio.

²⁶O filho que maltrata o pai ou manda embora a mãe
causa vergonha e desonra pública.

²⁷Meu filho, se você deixar de ouvir a instrução,
dará as costas para o conhecimento.

²⁸A testemunha corrupta zomba da justiça;
a boca do perverso devora o mal.

²⁹O castigo está preparado para os zombadores,
assim como o açoite para as costas dos tolos.

20

¹O vinho produz zombadores; o álcool leva a brigas;
quem é dominado pela bebida não é sábio.

²O furor do rei é como o rugido do leão;
quem provoca sua ira põe a vida em risco.

³Evitar contendas é sinal de honra;
apenas o insensato insiste em brigar.

⁴Quem tem preguiça de arar a terra na época certa
não terá comida no tempo da colheita.

⁵Os bons conselhos ficam no fundo do coração,
mas a pessoa sensata os traz à tona.

⁶Muitos se dizem amigos leais,
mas quem pode encontrar alguém realmente confiável?

⁷O justo anda em integridade;
felizes os filhos que seguem seus passos.

⁸Quando o rei se senta para julgar, analisa todas as provas
e distingue entre o mal e o bem.

⁹Quem pode dizer: "Purifiquei o coração; estou limpo e sem pecado"?

¹⁰Dois pesos e duas medidas:[a]
toda espécie de desonestidade é detestável para o Senhor.

¹¹Até crianças mostram quem são, por sua conduta,
se agem de modo puro e correto.

¹²Ouvidos para ouvir e olhos para ver: ambos são dádivas do Senhor.

¹³Se você ama o sono, acabará pobre;
mantenha os olhos abertos e terá fartura de alimento!

¹⁴O comprador pechincha e diz: "Não vale nada",
mas depois conta vantagem de seu bom negócio.

¹⁵As palavras que transmitem conhecimento são mais valiosas
que grandes quantidades de ouro e rubis.

¹⁶Quem aceita ser fiador de um desconhecido perderá a roupa do corpo;
ela ficará como pagamento de quem garante a dívida do estranho.[b]

¹⁷Pão roubado tem sabor doce,
mas depois será como areia na boca.

---

[a] 20.10 Em hebraico, *Uma pedra e uma pedra, um efa e um efa*. [b] 20.16 A tradição oral hebraica traz *de uma mulher promíscua*.

¹⁸Com bons conselhos os planos são bem--sucedidos;
não saia para a guerra sem boas orientações.

¹⁹O fofoqueiro vive espalhando segredos;
portanto, evite a companhia de quem fala demais.

²⁰Quem insulta o pai ou a mãe
terá sua luz apagada na mais absoluta escuridão.

²¹A herança obtida antes da hora
acaba não sendo bênção no final.

²²Não diga: "Vou me vingar deste mal";
espere o Senhor resolver a questão.

²³A desonestidade é detestável para o Senhor;
ele não se agrada de balanças adulteradas.

²⁴É o Senhor que dirige nossos passos;
então por que tentar entender tudo ao longo do caminho?

²⁵É uma armadilha prometer algo a Deus apressadamente
e só depois calcular o custo.

²⁶O rei sábio espalha os perversos como trigo
e passa sobre eles a roda de debulhar.

²⁷A luz do Senhor penetra o espírito humano[a]
e revela todas as intenções ocultas.

²⁸Bondade e fidelidade protegem o rei;
seu trono é firmado pelo amor.

²⁹A glória dos jovens está em sua força,
e o esplendor dos idosos, em seus cabelos brancos.

³⁰O castigo físico elimina o mal;[b]
essa disciplina purifica o coração.

21

¹O coração do rei é como canais de águas controlados pelo Senhor;
ele os conduz para onde quer.

²Ainda que as pessoas se considerem corretas,
o Senhor examina o coração de cada um.

³O Senhor se agrada mais ao fazermos o que é certo e justo
do que ao lhe oferecermos sacrifícios.

⁴Olhos arrogantes, coração orgulhoso
e atos perversos: tudo isso é pecado.

⁵Quem planeja bem e trabalha com dedicação prospera;
quem se apressa e toma atalhos fica pobre.

⁶A riqueza obtida por meio de mentiras
é neblina que se dissipa e armadilha mortal.[c]

⁷A violência dos perversos os destruirá,
pois se recusam a fazer o que é justo.

⁸O culpado anda por um caminho tortuoso;
o inocente percorre uma estrada reta.

⁹É melhor viver sozinho no canto de um sótão
que morar com uma esposa briguenta numa bela casa.

¹⁰O perverso deseja o mal
e não tem compaixão do próximo.

¹¹Quando o zombador é castigado, o ingênuo se torna sábio;
quando o sábio é instruído, adquire ainda mais conhecimento.

¹²Deus, o Justo,[d] sabe o que se passa na casa dos perversos
e trará desgraça sobre eles.

¹³Quem fecha os ouvidos aos clamores dos pobres
será ignorado quando passar necessidade.

¹⁴O presente entregue em segredo acalma a ira;
o suborno oferecido às escondidas abranda a fúria.

¹⁵A justiça é alegria para o justo,
mas causa pavor nos que praticam o mal.

---

[a] 20.27 Ou *O espírito humano é a luz do Senhor.* [b] 20.30 O significado do hebraico é incerto. [c] 21.6 Conforme a Septuaginta; o hebraico traz *é neblina para quem procura a morte.* [d] 21.12 Ou *O homem justo.*

¹⁶Quem se desvia do caminho da prudência
acabará na companhia dos mortos.

¹⁷Quem ama os prazeres ficará pobre;
quem ama o vinho e o luxo nunca enriquecerá.

¹⁸Os perversos são castigados em lugar dos justos,
e os desleais, em lugar dos honestos.

¹⁹É melhor viver sozinho no deserto
que morar com uma esposa briguenta que só sabe reclamar.

²⁰O sábio possui riqueza e luxo,
mas o tolo gasta tudo que tem.

²¹Quem busca a justiça e o amor
encontra vida, justiça e honra.

²²O sábio conquista a cidade dos fortes
e derruba a fortaleza em que eles confiam.

²³Cuide da língua e fique de boca fechada,
e você não se meterá em apuros.

²⁴O zombador é orgulhoso e convencido
e age com extrema arrogância.

²⁵O preguiçoso deseja muitas coisas, mas acaba em ruína,
pois suas mãos se recusam a trabalhar.

²⁶Algumas pessoas cobiçam o tempo todo,
mas o justo gosta de repartir o que tem.

²⁷O sacrifício do perverso é detestável,
especialmente quando oferecido com más intenções.

²⁸A testemunha falsa será morta;
a testemunha confiável terá permissão de falar.

²⁹A teimosia do perverso transparece em seu rosto,
mas o justo pensa antes de agir.

³⁰Não há sabedoria, entendimento, nem conselho humano
capaz de resistir ao Senhor.

³¹O cavalo é preparado para o dia da batalha,
mas quem dá a vitória é o Senhor.

22

¹A boa reputação vale mais que grandes riquezas;
ser estimado é melhor que prata e ouro.

²O rico e o pobre têm isto em comum:
o Senhor criou os dois.

³O prudente antevê o perigo e toma precauções;
o ingênuo avança às cegas e sofre as consequências.

⁴A humildade e o temor do Senhor
trazem riquezas, honra e vida longa.

⁵O perverso anda por um caminho cheio de espinhos e perigos;
quem dá valor à vida se afasta dele.

⁶Ensine seus filhos no caminho certo,
e, mesmo quando envelhecerem, não se desviarão dele.

⁷Assim como o rico domina sobre o pobre,
quem toma emprestado se torna servo de quem empresta.

⁸Quem semeia injustiça colhe desgraça,
e seu reino de terror chegará ao fim.[a]

⁹A pessoa generosa será abençoada,
pois alimenta o pobre.

¹⁰Mande embora o zombador e cessarão as brigas;
não haverá mais contendas nem insultos.

¹¹Quem ama o coração puro e fala de modo agradável
terá o rei como amigo.

¹²O Senhor preserva aquele que tem conhecimento,
mas frustra os planos dos desleais.

¹³O preguiçoso diz: 'Há um leão lá fora! Se eu sair, ele me matará!'.

¹⁴A conversa da mulher imoral é cova profunda;
quem provoca a ira do Senhor nela cairá.

---

[a] 22.8 A Septuaginta inclui outro provérbio: *Deus abençoa o homem que dá com alegria, / mas as obras inúteis chegarão ao fim*. Comparar com 2Co 9.7.

¹⁵O coração da criança é inclinado à insensatez,
  mas a vara da disciplina a afastará dela.
¹⁶Quem explora os pobres ou cobre os ricos de presentes para progredir na vida
  acabará na pobreza.

Ditados dos sábios

¹⁷Ouça as palavras dos sábios;
  dedique o coração à minha instrução.
¹⁸Porque é bom guardar no coração estes ditados
  e tê-los sempre na ponta da língua.
¹⁹Hoje eu as ensino a você,
  para que confie no Senhor.
²⁰Escrevi para você estes trinta ditados[a]
  cheios de conselhos e conhecimento.
²¹Assim você saberá a verdade
  e transmitirá um relato preciso àqueles que o enviaram.
²²Não explore o pobre só porque tem oportunidade,
  nem se aproveite do necessitado no tribunal.
²³Pois o Senhor defenderá a causa deles;
  pagará na mesma medida a todos que os exploram.
²⁴Não faça amizade com os briguentos,
  nem ande com quem se ira facilmente,
²⁵pois aprenderá a ser igual a eles
  e colocará a si mesmo em perigo.
²⁶Não se comprometa a garantir a dívida de outro,
  nem aceite servir de fiador.
²⁷Se você não tiver como pagar a dívida,
  até a cama em que dorme será tomada.
²⁸Não mude de lugar os antigos marcadores de divisa
  estabelecidos pelas gerações anteriores.
²⁹Você já viu alguém muito competente no que faz?
  Ele servirá reis em vez de trabalhar para gente comum.

PÃO DIÁRIO

O potencial da criança

Ensine seus filhos no caminho certo, e, mesmo quando envelhecerem, não se desviarão dele.
—Provérbios 22.6

Louis Armstrong tornou-se famoso pelo sorriso sempre estampado no rosto, voz rouca, lenço branco e pela forma prodigiosa de tocar trompete. No entanto, a infância dele foi marcada por carência e sofrimento. Armstrong foi abandonado pelo pai quando bebê e entregue a um reformatório quando tinha apenas 12 anos. Surpreendentemente, isso acabou sendo o momento positivo da reviravolta em sua vida.

O professor de música Peter Davis visitava regularmente o reformatório e dava aulas de música aos garotos. Em pouco tempo, Louis se sobressaiu na corneta e tornou-se o líder da banda de meninos. Sua trajetória de vida abriu-lhe um novo caminho para ele se tornar um artista e trompetista mundialmente reconhecido.

A história de Armstrong pode servir de exemplo para os pais cristãos. O provérbio que diz: "Ensine seus filhos no caminho certo, e, mesmo quando envelhecerem, não se desviarão dele" (Pv 22.6) pode aplicar-se mais do que ao aspecto espiritual e moral da vida de nossos filhos. Também devemos perceber que o talento de uma criança muitas vezes determinará a sua área de interesse e atuação. No caso de Armstrong, um pouco de treinamento em música o tornou um prodigioso trompetista.

Ao mesmo tempo que oferecemos amorosamente aos nossos filhos as instruções santas da Palavra de Deus, devemos estimulá-los em seus interesses e talentos a fim de que possam cumprir tudo o que Deus planejou para eles.

Que potencial valioso escondeste em cada um dos nossos filhos! Mostra-nos as chaves para liberar esses dons e talentos a serem usados para os Teus propósitos e prazer.

Salve uma criança; salve uma vida.

23

¹Quando se sentar para comer com uma autoridade,
  preste atenção a quem está[b] diante de você.
²Se você costuma comer demais,
  controle o apetite;[c]

---

[a] 22.20 Ou *ditados excelentes*; o significado do hebraico é incerto. [b] 23.1 Ou *no que for colocado*. [c] 23.2 Em hebraico, *ponha uma faca na garganta*.

³não deseje as iguarias que ele lhe oferece,
pois talvez queira enganá-lo.
⁴Não se desgaste tentando ficar rico;
tenha discernimento para saber quando parar.
⁵Num piscar de olhos a riqueza desaparecerá;
criará asas e voará para longe, como uma águia.
⁶Não coma com pessoas mesquinhas,
nem deseje suas iguarias.
⁷Elas pensam sempre no custo daquilo que oferecem;ᵃ
insistem: "Coma e beba", mas não falam com sinceridade.
⁸Você vomitará o pouco que comeu
e desperdiçará seus elogios.
⁹Não perca tempo falando com o tolo,
pois ele despreza até os conselhos mais sensatos.
¹⁰Não mude de lugar os antigos marcadores de divisa;
não tome as terras dos órfãos.
¹¹Pois o Resgatadorᵇ deles é forte;
ele próprio apresentará as acusações contra você.
¹²Dedique-se à instrução;
ouça atentamente as palavras de conhecimento.
¹³Não deixe de disciplinar seus filhos;
a vara da disciplina não os matará.
¹⁴Sim, a vara da disciplina
pode muito bem salvá-los da morte.ᶜ
¹⁵Meu filho, se seu coração for sábio,
meu coração se alegrará!
¹⁶Sentirei profunda alegria
quando seus lábios expressarem o que é certo.
¹⁷Não tenha inveja dos pecadores,
mas tema sempre o Senhor.
¹⁸Você será recompensado por isso;
sua esperança não será frustrada.
¹⁹Ouça, meu filho, e seja sábio:
mantenha seu coração no rumo certo.
²⁰Não ande com os beberrões,
nem se envolva com os comilões,
²¹pois eles caminham para a pobreza
e, de tanto dormirem, terão apenas trapos para vestir.
²²Ouça seu pai, que lhe deu vida,
e não despreze sua mãe quando ela envelhecer.
²³Adquira a verdade e não a venda;
obtenha sabedoria, instrução e discernimento.
²⁴O pai dos justos tem motivos para se alegrar;
é uma grande alegria ter filhos sábios.
²⁵Portanto, alegre seu pai e sua mãe;
que seja feliz aquela que o deu à luz.
²⁶Meu filho, dê-me seu coração;
que seus olhos tenham prazer em seguir meus caminhos.
²⁷A prostituta é uma cova profunda;
a promíscua é perigosa como um poço estreito.
²⁸Ela se esconde e espera, como ladrão,
ansiosa para conduzir mais homens à infidelidade.
²⁹Quem se sente angustiado e triste?
Quem vive brigando e se queixando?
Quem sofre ferimentos desnecessários?
Quem tem os olhos sempre vermelhos?
³⁰Aquele que passa horas tomando vinho
e experimentando bebidas fortes.
³¹Não olhe demoradamente para o vinho,
observando quanto ele é vermelho;
como brilha no copo e desce suavemente.
³²Pois, no fim, ele morde como cobra venenosa;
pica como víbora.
³³Você terá alucinações
e dirá coisas sem sentido.
³⁴Ficará tonto como marinheiro em alto-mar,
agarrado ao mastro em meio à tempestade.
³⁵Dirá: "Bateram em mim, mas não senti;
nem percebi quando levei uma surra.
Quando acordarei
para beber de novo?".

ᵃ **23.7** O significado do hebraico é incerto. ᵇ **23.11** Ou *redentor*. ᶜ **23.14** Em hebraico, *do Sheol*.

24 ¹Não tenha inveja dos maus,
nem deseje a companhia deles.
²Pois tramam violência no coração,
e suas palavras sempre causam problemas.

³Com sabedoria se constrói a casa,
e com entendimento ela se fortalece.
⁴Pelo conhecimento seus cômodos se enchem
de toda espécie de bens preciosos e desejáveis.

⁵O sábio é mais poderoso que o forte;[a]
quem tem conhecimento se fortalece sempre mais.
⁶Portanto, não saia para guerrear sem boa orientação;
com muitos conselheiros se obtém a vitória.

⁷A sabedoria é elevada demais para o insensato;
entre os líderes à porta da cidade, nada tem a dizer.

⁸Quem planeja o mal
se torna conhecido como criador de problemas.
⁹Os planos do insensato são pecado;
o zombador é detestável para todos.

¹⁰Se você vacilar no momento de dificuldade,
sua força será pequena.

¹¹Liberte os que foram injustamente condenados a morrer;
salve-os enquanto vão tropeçando para a morte.
¹²Não se desculpe, dizendo: "Não sabia o que estava acontecendo";
lembre-se de que Deus conhece cada coração.
Aquele que zela por sua vida sabe que você estava ciente;
ele retribuirá a cada um conforme suas ações.

¹³Meu filho, coma mel, pois é bom,
e o favo é doce ao paladar.
¹⁴Da mesma forma, a sabedoria é doce para a alma;
se você a encontrar, terá um futuro brilhante,
e suas esperanças não serão frustradas.

¹⁵Não seja como o perverso, que fica de tocaia na frente da casa do justo,
nem ataque a moradia dele.
¹⁶Ainda que o justo tropece sete vezes, voltará a se levantar,
mas uma só calamidade é suficiente para derrubar o perverso.

¹⁷Não se alegre quando seu inimigo cair;
não exulte quando ele tropeçar.
¹⁸Pois o Senhor se desagradará disso
e dele desviará sua ira.

¹⁹Não se perturbe por causa dos maus;
não tenha inveja dos perversos.
²⁰Pois os maus não têm futuro;
a luz dos perversos se apagará.

²¹Meu filho, tema o Senhor e o rei
e não se associe com os rebeldes,
²²pois serão destruídos repentinamente;
quem sabe que castigo virá do Senhor e do rei?

Mais ditados dos sábios

²³Estes são mais alguns ditados dos sábios:

É errado tomar partido
quando se julga um caso.
²⁴O juiz que diz ao perverso: "Você é inocente",
será amaldiçoado pelo povo e odiado pelas nações.
²⁵Mas as coisas irão bem para os que condenam o culpado;
eles receberão grandes bênçãos.

²⁶Uma resposta honesta
é como um beijo de amizade.

²⁷Antes de construir sua casa,
planeje-se e prepare os campos.

²⁸Não testemunhe contra o próximo sem motivo;
não minta a respeito dele.
²⁹E não diga: "Agora vou me vingar do que ele me fez!

---

[a] **24.5** Conforme a Septuaginta; o hebraico traz *O homem sábio é força*.

> **PÃO DIÁRIO**
>
> ## Lição do jardim
>
> *Um pouco mais de sono, mais um cochilo, mais um descanso com os braços cruzados, e a pobreza o assaltará como um bandido; a escassez o atacará como um ladrão armado.*
>
> —Provérbios 24.33,34
>
> O verão chegou, e eu não pude cuidar do meu jardim. Uma viagem inesperada de duas semanas, uma árvore que tive de cortar e várias outras responsabilidades me afastaram da jardinagem por tempo demais. Ficou muito malcuidado até que eu pudesse dar a atenção que os grãos, tomates e cenouras tanto precisavam.
>
> Quando Salomão passou por uma vinha, ele reparou que tinha espinhos demais no local, e que o seu muro de pedras estava em ruínas. "Então, enquanto observava e pensava no que via, aprendi esta lição" (Pv 24.32). O sábio percebeu a necessidade da atenção constante, determinação e disciplina para manter o jardim limpo e produtivo.
>
> O mesmo se aplica à nossa vida espiritual. Existem muitos aspectos que exigem a nossa atenção e disciplina. Se, por motivo das muitas ocupações ou preguiça, não tomarmos o devido cuidado, veremos alguns relacionamentos desmoronarem. Os muros dos padrões morais desenvolverão rachaduras. Os pequenos pecados se infiltrarão e se tornarão grandes. O fruto da justiça será sufocado pelas ervas daninhas da iniquidade.
>
> Você tem negligenciado o Senhor ultimamente? A Sua Palavra? A Sua Igreja? A comunhão com outros cristãos? Comece a tomar providências imediatas para consertar a situação! Aprenda a lição do jardim que fora negligenciado.
>
> *Senhor Amado, não quero que o jardim da minha vida fique cheio de ervas daninhas. Ajuda-me a estudar atentamente a Tua Palavra e a investir tempo contigo em oração. Cultiva em mim o coração de adorador. Quero produzir bons frutos para o Teu reino.*
>
> ---
>
> **A vida é como um jardim que exige cuidado em seu cultivo.**

Vou acertar as contas com ele!".

³⁰Passei pelo campo do preguiçoso,
    pelo vinhedo daquele que não tem juízo.
³¹Tudo estava cheio de espinhos e coberto de ervas daninhas,
    e seu muro de pedras, em ruínas.
³²Então, enquanto observava e pensava no que via,
    aprendi esta lição:
³³Um pouco mais de sono, mais um cochilo,
    mais um descanso com os braços cruzados,
³⁴e a pobreza o assaltará como um bandido;
    a escassez o atacará como um ladrão armado.

Mais provérbios de Salomão

25 Estes são mais provérbios de Salomão, reunidos pelos conselheiros de Ezequias, rei de Judá.

²É direito de Deus ocultar certas coisas,
    e é direito do rei tentar descobri-las.

³Ninguém consegue compreender a altura do céu e a profundidade da terra;
    de igual modo, ninguém sabe o que se passa na mente do rei.

⁴Remova as impurezas da prata,
    e o ourives poderá com ela criar um vaso.
⁵Remova os perversos da corte do rei,
    e seu reinado se firmará na justiça.

⁶Não chame atenção para si diante do rei,
    nem exija um lugar entre as pessoas importantes.
⁷É melhor esperar até ser convidado perante os nobres
    que ser mandado embora e humilhado em público.

Só porque você viu algo,
⁸não se apresse em ir ao tribunal.
Pois o que você fará no final
    se seu oponente lhe provar que está errado?

⁹Quando discutir com o próximo,
    não revele os segredos de outra pessoa.
¹⁰Do contrário, você ganhará má fama
    e nunca mais se livrará dela.

¹¹O conselho oferecido na hora certa é agradável
    como maçãs de ouro numa bandeja de prata.

¹²Para quem se dispõe a ouvir, a crítica construtiva

é como brinco de ouro ou joia de ouro puro.

¹³O mensageiro confiável é como a neve no verão;
reanima o espírito de seu senhor.

¹⁴A pessoa que promete um presente, mas não o entrega,
é como nuvens e ventos que não trazem chuva.

¹⁵A paciência pode convencer o príncipe,
e palavras suaves podem quebrar ossos.

¹⁶Se você encontrar mel,
não coma demais, para não enjoar e vomitar.

¹⁷Não visite seu vizinho com muita frequência,
pois deixará de ser bem-vindo.

¹⁸Mentir a respeito de outra pessoa
faz tanto mal quanto agredi-la com um pedaço de pau,
feri-la com uma espada
ou atingi-la com uma flecha afiada.

¹⁹Confiar numa pessoa desleal
em tempos de dificuldade
é como mastigar com um dente quebrado
ou caminhar com um pé aleijado.

²⁰Entoar canções alegres para uma pessoa com o coração aflito
é como tirar o agasalho de alguém num dia de frio
ou derramar vinagre sobre uma ferida.[a]

²¹Se seus inimigos tiverem fome, dê-lhes de comer;
se tiverem sede, dê-lhes de beber.

²²Você amontoará brasas vivas sobre a cabeça deles,
e o Senhor o recompensará.

²³Tão certo como o vento do norte traz chuva,
a língua que espalha boatos provoca a ira.

²⁴É melhor viver sozinho no canto de um sótão
que morar com uma esposa briguenta numa bela casa.

²⁵Boas notícias vindas de uma terra distante
são como água fresca para o sedento.

²⁶O justo que cede à pressão do perverso
é como nascente poluída ou fonte cheia de lama.

²⁷Não faz bem comer mel demais,
nem é bom procurar honras para si.

²⁸Quem não tem domínio próprio
é como uma cidade sem muros.

26

¹Como neve no verão e chuva na colheita,
assim a honra é imprópria para o tolo.

²Como o pardal que alça voo e a andorinha que atravessa o céu,
a maldição imerecida não pousa sobre quem ela é dirigida.

³Conduza o cavalo com o chicote, o jumento com o freio
e o tolo com a vara nas costas.

⁴Não responda aos argumentos insensatos do tolo,
para que não se torne tolo como ele.

⁵Responda aos argumentos insensatos do tolo,
para que ele não se considere sábio.

⁶Confiar ao tolo a responsabilidade de transmitir uma mensagem
é como cortar o próprio pé ou beber veneno.

⁷Um provérbio na boca do tolo
é tão inútil quanto uma perna paralisada.

⁸Honrar o tolo
é tão insensato quanto amarrar a pedra à atiradeira.

⁹Um provérbio na boca do tolo
é como um ramo cheio de espinhos na mão de um bêbado.

¹⁰Quem contrata um tolo ou o primeiro que passa
é como o arqueiro que atira ao acaso.

---

[a] **25.20** Conforme a Septuaginta; o hebraico traz *derramar vinagre sobre a soda*.

> **PÃO DIÁRIO**
>
> ## Desprendendo a sujeira
>
> *Sem lenha, o fogo apaga; sem intrigas, as brigas cessam.*
> —Provérbios 26.20
>
> O inventor e industrial cristão R. G. LeTourneau tornou-se famoso pela fabricação de seus enormes equipamentos de terraplanagem. Um de seus produtos ficou conhecido simplesmente pelo nome de "Modelo G". Um comprador em potencial, esperando confundir o vendedor, perguntou: "O que significa a letra 'G' deste produto?".
>
> "Imagino que o G signifique *gossip* (que, em inglês, quer dizer fofoca)", respondeu prontamente o vendedor. "Afinal, assim como a fofoca, o equipamento movimenta muita sujeira e pode removê-la rapidamente!".
>
> O livro de Provérbios tem muito a nos ensinar sobre esse assunto: os fofoqueiros não são confiáveis (11.13) e devem ser evitados (20.19). A fofoca "separa até os melhores amigos" (16.28) e derrama combustível sobre as brasas do conflito, alimentando as chamas da dor e do desentendimento (26.21,22).
>
> A palavra hebraica para "fofoca" ou "calúnia" de fato significa "cochicho que é prejudicial". Enganamo-nos ao pensar que os comentários interesseiros sussurrados aqui e ali são inofensivos. A fofoca deixa um amplo rastro de destruição e nunca é um crime sem vítimas. Alguém sempre fica magoado. Por isso, eis uma palavrinha aos sábios: "Sem lenha, o fogo apaga; sem intrigas, as brigas cessam" (26.20). Deixemos a movimentação da sujeira para os equipamentos grandes. Coloque as pás de lado e se deleite no prazer de cultivar relacionamentos livres de fofoca!
>
> *Senhor, não consigo sequer pensar em quanta "sujeira" em forma de fofoca já saiu dos meus lábios. Algumas pareceram tão inocentes na época. Perdoa-me, Senhor, e ajuda-me a falar palavras sinceras de verdade, sempre atenta ao que possa prejudicar a reputação de alguém. Jesus, peço isso em Teu nome.*
>
> **Ignore até mesmo a raiz da fofoca e você a destruirá.**

¹¹Como o cão volta a seu vômito,
 assim o tolo repete sua insensatez.

¹²Há mais esperança para o tolo
 que para aquele que se considera sábio.

¹³O preguiçoso diz: "Há um leão no caminho!
 Tenho certeza de que há um leão lá fora!".

¹⁴Como a porta gira nas dobradiças,
 assim o preguiçoso se revira na cama.

¹⁵O preguiçoso pega a comida na mão,
 mas não se dá o trabalho de levá-la à boca.

¹⁶O preguiçoso se considera mais esperto
 que sete conselheiros sábios.

¹⁷Meter-se em discussão alheia
 é como puxar um cachorro pelas orelhas.

¹⁸O louco que atira com arma mortal
 causa tanto estrago
¹⁹quanto quem mente para um amigo
 e depois diz: "Estava só brincando!".

²⁰Sem lenha, o fogo apaga;
 sem intrigas, as brigas cessam.

²¹Como as brasas acendem o carvão e o fogo acende a lenha,
 assim o briguento provoca conflitos.

²²Calúnias são como petiscos saborosos
 que descem até o íntimo de quem ouve.

²³Palavras suaves[a] podem esconder um coração perverso,
 como uma camada de esmalte cobre o vaso de barro.

²⁴As pessoas podem encobrir o ódio com palavras agradáveis,
 mas isso não passa de engano.

²⁵Ainda que pareçam amáveis, não acredite nelas;
 seu coração está cheio de maldade.[b]

²⁶Mesmo que escondam o ódio dissimuladamente,
 sua maldade será exposta em público.

²⁷Quem prepara uma armadilha para outros nela cairá;
 quem rola uma pedra sobre outros por ela será esmagado.

²⁸A língua mentirosa odeia suas vítimas;
 palavras bajuladoras causam ruína.

---

[a] **26.23** Conforme a Septuaginta; o hebraico traz *ardentes*. [b] **26.25** Em hebraico, *de sete males*.

27

¹Não conte vantagem a respeito do futuro,
pois você não sabe o que o amanhã trará.

²Deixe que outro o elogie, e não sua própria boca;
alguém desconhecido, e não seus próprios lábios.

³A pedra é pesada, e a areia também,
mas pesa ainda mais o ressentimento causado pelo insensato.

⁴A ira é cruel, e a fúria, como a inundação,
mas a inveja é ainda mais perigosa.

⁵A repreensão franca
é melhor que o amor escondido.

⁶As feridas feitas por um amigo sincero
são melhores que os beijos de um inimigo.

⁷Quem está satisfeito recusa o mel,
mas para o faminto até o alimento amargo é doce.

⁸Quem anda distante de casa
é como pássaro longe do ninho.

⁹O conselho sincero de um amigo
é agradável como perfume e incenso.

¹⁰Jamais abandone um amigo,
nem o seu nem o de seu pai.
Quando vier a calamidade, não peça ajuda a seu irmão;
é melhor recorrer a um vizinho próximo que a um irmão distante.

¹¹Meu filho, seja sábio e alegre meu coração;
então poderei responder aos que me criticam.

¹²O prudente antevê o perigo e toma precauções;
o ingênuo avança às cegas e sofre as consequências.

¹³Quem aceita ser fiador de um desconhecido perderá a roupa do corpo;
ela ficará como pagamento de quem garante a dívida do estranho.[a]

¹⁴A saudação ruidosa logo cedo
será recebida como maldição.

¹⁵A esposa briguenta é irritante
como a goteira num dia de chuva.

¹⁶Tentar contê-la é como deter o vento
ou agarrar o óleo com a mão.

¹⁷Como o ferro afia o ferro,
assim um amigo afia o outro.

¹⁸Quem cuida da figueira comerá de seus frutos;
quem protege os interesses de seu senhor será recompensado.

¹⁹Como a água reflete o rosto,
assim o coração reflete quem a pessoa é.

²⁰Como a Morte e a Destruição[b] nunca se satisfazem,
assim os desejos do homem nunca são saciados.

²¹O fogo prova a pureza da prata e do ouro,
mas a pessoa é provada pelos elogios que recebe.[c]

²²Ainda que se moa o insensato como cereal no pilão,
é impossível separá-lo de sua insensatez.

²³Tome conhecimento do estado de suas ovelhas
e dedique-se a cuidar de seus rebanhos,
²⁴pois a riqueza não dura para sempre,
e pode ser que a coroa não passe para a geração seguinte.
²⁵Depois de recolhido o feno, geminada a nova plantação
e reunido o capim dos montes,
²⁶os carneiros darão lã para suas roupas
e os bodes poderão ser vendidos pelo preço de um campo.
²⁷Você terá leite de cabra suficiente para si,
para sua família e para suas servas.

28

¹Os perversos fogem mesmo quando ninguém os persegue,
mas o justo é valente como o leão.

²A corrupção moral de uma nação faz cair seu governo,
mas o líder sábio e prudente traz estabilidade.

³O pobre que oprime os pobres

---

[a] **27.13** Conforme a Septuaginta e a Vulgata (ver tb. Pv 20.16); o hebraico traz *de uma mulher promíscua*. [b] **27.20** Em hebraico, *O Sheol e o Abadom*. [c] **27.21** Ou *pela bajulação*.

é como a chuva torrencial que destrói a plantação.

⁴Quem despreza a lei exalta os perversos;
quem obedece à lei luta contra eles.

⁵Os que praticam o mal não compreendem a justiça,
mas os que buscam o Senhor a entendem plenamente.

⁶É melhor ser pobre e honesto
que ser rico e desonesto.

⁷O filho que obedece à lei demonstra prudência;
aquele que anda com libertinos envergonha seu pai.

⁸O lucro obtido da cobrança de juros altos
terminará no bolso de alguém que trata os pobres com bondade.

⁹As orações de quem se recusa a ouvir a lei
são detestáveis para Deus.

¹⁰Quem leva os justos para o mau caminho cairá na própria armadilha,
mas os íntegros herdarão o bem.

¹¹O rico pode se considerar sábio,
mas não engana o pobre que tem discernimento.

¹²Quando os justos são bem-sucedidos, todos se alegram;
quando os perversos assumem o poder, as pessoas se escondem.

¹³Quem oculta seus pecados não prospera;
quem os confessa e os abandona recebe misericórdia.

¹⁴Quem teme fazer o mal[a] é feliz,
mas quem endurece o coração cai em desgraça.

¹⁵O governante perverso é tão perigoso para os pobres
quanto o leão que ruge ou o urso que ataca.

¹⁶O governante que não tem entendimento oprime seu povo,
mas o que odeia a corrupção tem vida longa.

¹⁷A consciência atormentada do assassino
o levará à sepultura;
ninguém tente detê-lo.

¹⁸O íntegro será salvo do perigo,
mas o perverso será destruído repentinamente.

¹⁹Quem trabalha com dedicação tem fartura de alimento,
mas quem corre atrás de fantasias acaba na miséria.

²⁰A pessoa fiel obterá grande recompensa,
mas o que deseja enriquecer depressa se meterá em apuros.

²¹Nunca é bom agir com parcialidade,
mas há quem faça o mal até por um pedaço de pão.

²²O ganancioso tenta enriquecer depressa,
mas não percebe que caminha para a pobreza.

²³No fim, as pessoas apreciam a crítica honesta
muito mais que a bajulação.

²⁴Quem rouba de seu pai e de sua mãe e diz: "Que mal há nisso?",
não é melhor que o assassino.

²⁵A ganância provoca brigas;
a confiança no Senhor conduz à prosperidade.

²⁶Quem confia no próprio entendimento é tolo;
quem anda com sabedoria está seguro.

²⁷Quem ajuda os pobres não passará necessidade,
mas quem fecha os olhos para a pobreza será amaldiçoado.

²⁸Quando os perversos assumem o poder, as pessoas se escondem;
quando eles são destruídos, os justos prosperam.

29

¹Quem sempre se recusa a aceitar a repreensão
será destruído de repente, sem que possa se recuperar.

ᵃ **28.14** Ou *Quem teme o Senhor*; o hebraico traz *Aquele que teme*.

²Quando os justos governam, o povo se alegra;
quando os perversos estão no poder, o povo geme.

³O homem que ama a sabedoria alegra seu pai,
mas o que anda com prostitutas desperdiça sua riqueza.

⁴O rei justo dá estabilidade à nação,
mas o que exige subornos a destrói.

⁵Quem bajula os amigos
prepara uma armadilha para os pés deles.

⁶A pessoa má é pega no laço do próprio pecado,
mas o justo escapa e grita de alegria.

⁷O justo se preocupa com os direitos dos pobres,
mas o perverso não dá a mínima atenção para isso.

⁸Os zombadores alvoroçam a cidade inteira,
mas os sábios acalmam a ira.

⁹Se o sábio levar o insensato ao tribunal,
haverá tumulto e zombaria, mas nada se resolverá.

¹⁰Os sanguinários odeiam o íntegro,
mas os justos procuram ajudá-lo.[a]

¹¹O tolo mostra toda a sua ira,
mas o sábio a controla em silêncio.

¹²Se um governante der atenção aos mentirosos,
todos os seus conselheiros serão perversos.

¹³O pobre e o opressor têm isto em comum:
o Senhor permite que ambos enxerguem.

¹⁴Se o rei julgar os pobres com justiça,
seu trono durará para sempre.

¹⁵A criança que é corrigida se torna sábia,
mas o filho indisciplinado envergonha sua mãe.

¹⁶Quando os perversos estão no poder, o pecado se multiplica,
mas os justos verão sua queda.

¹⁷Discipline seus filhos, e eles darão paz a seu espírito
e alegria a seu coração.

¹⁸O povo que não aceita a orientação divina se corrompe,
mas quem obedece à lei é feliz.

¹⁹Para corrigir o servo é preciso mais que palavras;
ainda que ele as entenda, não obedecerá.

²⁰Há mais esperança para o tolo
que para alguém que fala sem pensar.

²¹O servo mimado desde a infância
se tornará rebelde.

²²A pessoa irada provoca conflitos;
quem perde a calma facilmente comete muitos pecados.

²³O orgulho termina em humilhação,
mas a humildade alcança a honra.

²⁴Quem ajuda o ladrão prejudica a si mesmo;
sob juramento, não ousa testemunhar.

²⁵Temer as pessoas é uma armadilha perigosa,
mas quem confia no Senhor está seguro.

²⁶Muitos buscam o favor do governante,
mas a justiça vem do Senhor.

²⁷O justo despreza o injusto;
o perverso despreza o íntegro.

Ditados de Agur

30 Os ditados de Agur, filho de Jaque, contêm esta mensagem:[b]

Estou cansado, ó Deus;
estou cansado e exausto, ó Deus.[c]
²Sou o mais tolo dos homens;
não tenho discernimento.
³Não aprendi a sabedoria humana,
nem tenho conhecimento do Santo.

⁴Quem é capaz de subir aos céus e descer?

---

[a] **29.10** Ou *Os sanguinários odeiam o íntegro / e procuram matar os justos*; o hebraico traz *Os sanguinários odeiam o íntegro; / quanto aos justos, eles procuram sua vida*. [b] **30.1a** Ou *filho de Jaque, de Massá*; ou *filho de Jaque, um oráculo*. [c] **30.1b** Ou *O homem declara isto a Itiel, / a Itiel e a Ucal*.

Quem segura o vento nas mãos?
Quem envolve os oceanos em sua capa?
Quem criou o mundo inteiro?
Qual é seu nome? E qual é o nome de seu filho?
Diga-me, se é que sabe!

⁵Toda palavra de Deus se prova verdadeira;
ele é escudo para quem busca sua proteção.
⁶Não acrescente nada às palavras dele;
se o fizer, ele o repreenderá e mostrará que você é mentiroso.

⁷Ó Deus, eu te peço dois favores;
concede-os antes que eu morra.
⁸Primeiro, ajuda-me a ficar longe da falsidade e da mentira.
Segundo, não me dês nem pobreza nem riqueza;
dá-me apenas o que for necessário.
⁹Pois, se eu ficar rico, pode ser que te negue e diga:
"Quem é o S{\sc enhor}?".
E, se eu for pobre demais, pode ser que roube
e, com isso, desonre o nome do meu Deus.

¹⁰Não fale mal do servo a seu senhor;
do contrário, o servo o amaldiçoará, e você sofrerá as consequências.

¹¹Alguns amaldiçoam o pai
e são ingratos com a mãe.
¹²Consideram-se puros,
mas são imundos e nunca foram lavados.
¹³Olham ao redor com orgulho
e lançam olhares de desprezo.
¹⁴Seus dentes são como espadas,
e suas presas, como facas.
Devoram da terra os pobres
e, da humanidade, os necessitados.

¹⁵A sanguessuga tem duas bocas
que dizem: "Mais, mais!".ᵃ

Há três coisas que nunca se satisfazem,
ou melhor, quatro que nunca dizem: "É suficiente!":
¹⁶a sepultura,ᵇ
o ventre estéril,
o deserto sedento
e o fogo abrasador.

¹⁷O olho de quem zomba do pai
e despreza as instruções da mãe
será arrancado pelos corvos do vale
e devorado pelos abutres.

¹⁸Há três coisas que me deixam maravilhado,
ou melhor, quatro coisas que não entendo:
¹⁹como a águia plana no céu,
como a serpente rasteja sobre a rocha,
como a embarcação navega no mar,
e como o homem ama a mulher.

²⁰A mulher adúltera devora o homem,
depois limpa a boca e diz: "Não fiz nada de errado".

²¹Há três coisas que fazem a terra estremecer,
ou melhor, quatro que ela não pode suportar:
²²o servo que se torna rei,
o tolo arrogante que prospera,
²³a mulher amargurada que enfim arranja um marido,
e a serva que toma o lugar de sua senhora.

²⁴Quatro coisas na terra são pequenas,
mas muito sábias:
²⁵as formigas, que, embora não sejam fortes,
armazenam alimento no verão,
²⁶os coelhos silvestres,ᶜ que, embora não sejam poderosos,
fazem sua toca nas rochas,
²⁷os gafanhotos, que, embora não tenham rei,
marcham em fileira,
²⁸e as lagartixas, que, embora sejam fáceis de apanhar,
vivem até nos palácios dos reis.

²⁹Há três seres vivos que caminham com passo elegante,
ou melhor, quatro que se movem de modo imponente:
³⁰o leão, rei dos animais, que não abre caminho para ninguém,
³¹o galo, que anda de peito estufado,
o bode,
e o rei à frente de seu exército.

ᵃ **30.15** Em hebraico, *tem duas filhas que gritam: "Dá, dá!"*. ᵇ **30.16** Em hebraico, *o Sheol*. ᶜ **30.26** Ou *híraces*, ou *arganazes*.

³²Se você agiu como tolo e foi orgulhoso ou tramou o mal,
  tape a boca em sinal de vergonha.
³³Como bater o leite produz manteiga,
  e um soco no nariz o faz sangrar,
  provocar a ira resulta em brigas.

Ditados do rei Lemuel

31 Os ditados do rei Lemuel contêm esta mensagem,[a] que sua mãe lhe ensinou:

²Meu filho, filho de meu ventre,
  filho de meus votos,
³não desperdice sua força com mulheres,
  nem sua vida com aquelas que destroem reis.
⁴Não convém aos reis, ó Lemuel, tomar muito vinho;
  os governantes não devem desejar bebida alcoólica.
⁵Se beberem, pode ser que se esqueçam da lei
  e deixem de fazer justiça aos oprimidos.
⁶O álcool é para os que estão morrendo,
  e o vinho, para os que estão amargurados.
⁷Que bebam para se esquecer de sua pobreza
  e não se lembrar de suas dificuldades.
⁸Fale em favor daqueles que não podem se defender;
  garanta justiça para os que estão aflitos.
⁹Sim, fale em favor dos pobres e desamparados,
  e providencie que recebam justiça.

A mulher virtuosa

¹⁰[b]Quem encontrará uma mulher virtuosa?
  Ela é mais preciosa que rubis.
¹¹O marido tem plena confiança nela,
  e ela lhe enriquecerá a vida grandemente.
¹²Ela lhe faz bem, e não mal,
  todos os dias de sua vida.
¹³Ela adquire lã e linho
  e, com alegria, trabalha os fios com as mãos.
¹⁴Como navio mercante,
  traz alimentos de longe.
¹⁵Levanta-se de madrugada para preparar a refeição da família
  e planeja as tarefas do dia para suas servas.

PÃO DIÁRIO

Estendendo a mão

Estende a mão para ajudar os pobres e abre os braços para os necessitados.
—Provérbios 31.20

Na década de 1930, um jóquei colidiu violentamente durante uma corrida. Enquanto os potentes corcéis vinham por trás, o jóquei foi jogado para um dos lados de seu cavalo. Observando a situação difícil dele, outro jóquei estendeu a mão e tentou empurrá-lo de volta para o dorso do cavalo. Infelizmente, ele empurrou com muita força e o colega passou por cima do dorso e ficou pendurado do outro lado do cavalo. Outro jóquei próximo o agarrou e conseguiu ajudá-lo a sentar sobre o seu cavalo em segurança. Surpreendentemente, o jóquei escorregado venceu a corrida! Um jornal apelidou o ocorrido de "impossibilidade suprema". A ajuda dos outros jóqueis não apenas o salvaram de ferimentos graves e da possível morte, mas também lhe possibilitaram vencer a corrida.

Como cristãos, devemos estender as mãos aos outros também. Em Provérbios 31, lemos a respeito da mulher virtuosa que "Estende a mão para ajudar os pobres e abre os braços para os necessitados" (v.20). Durante séculos, a compaixão dessa mulher de fé tem sido inspiração a homens e mulheres. Ela nos ajuda a lembrar que devemos nos aproximar dos outros, pois essa é uma das virtudes bíblicas que deve ser exibida por todos os cristãos.

Existem muitas pessoas que estão passando por dificuldades ou enfrentam tempos difíceis e precisam da nossa assistência. Há alguém ao seu redor que precisa que você lhe estenda a mão?

Senhor, peço-te que me desaceleres hoje. Muitas vezes, corro pela vida sem olhar ao redor para as pessoas que precisam de minha ajuda. Peço-te hoje que me dês um momento em que eu olhe para os outros para enxergar se precisam de ajuda, de uma palavra de encorajamento, de um ombro amigo ou de um amável toque de compaixão.

Deus envia frequentemente a Sua ajuda utilizando-se de nossas mãos.

---

[a] 31.1 Ou *de Lemuel, rei de Massá*; ou *do rei Lemuel, um oráculo*. [b] 31.10 Os versículos 10-31 formam um poema acróstico; cada versículo começa com uma letra sucessiva do alfabeto hebraico.

Aprendendo com as mulheres da Bíblia

A MULHER DE PROVÉRBIOS 31

Como manter suas prioridades

Provérbios 31.10-31 é um poema em acróstico. Cada versículo dessa passagem inicia com uma letra do alfabeto hebraico (*aleph, beth, gimel, daleth, he, waw* etc.). Esse método era muito importante no mundo antigo, em que as culturas orais transmitiam sua sabedoria popular de geração em geração, da boca para o ouvido. Um poema em acróstico era uma forma de ajudar na memorização.

O poema começa no versículo 10 com uma pergunta e uma declaração:
Quem encontrará uma mulher virtuosa?
Ela é mais preciosa que rubis.

Essa mulher "virtuosa", em hebraico, é uma mulher *chayil*. Esse é um termo comum na Bíblia, aparecendo 246 vezes. Três vezes é usado se referindo a uma mulher (Rt 3.11; Pv 12.4, e aqui em Pv 31.10), porém, com mais frequência descreve soldados ou exércitos. O significado básico da palavra é "força ou poder" e, na maioria dos casos, ela se refere a proezas militares. Os guerreiros mais fortes de Davi eram homens *chayil*.

A palavra é traduzida com frequência como *valente*, se referindo a uma qualidade necessária em combate. Um soldado que se mantém firme na batalha, recusando-se a desertar de seu posto ou fugir do dever. Então uma pessoa que é *chayil* tem força interior para assumir responsabilidades e superar obstáculos. Provérbios 31.10 é sobre esse tipo de pessoa — forte, valente, uma pessoa com força interior que supera obstáculos.

Essa pessoa forte e valente tem sabedoria, e, em Provérbios 31, a vemos personificada numa mulher sábia. As qualidades dessa mulher resumem a sabedoria do povo de Deus. E são válidas tanto para os solteiros como para os casados, para homens e mulheres.

Ser confiável é a primeira característica da mulher sábia (vv.11,12). O marido dessa mulher pode confiar nela, sabendo que ela não vai estourar o orçamento ou fugir com o carteiro. Você é uma pessoa confiável? Pode-se confiar que faça o bem, e não o mal, todos os dias de sua vida?

Nos versículos 13 a 18, descobrimos que essa pessoa valente, forte, comprometida e sábia é também *sagaz*. O dicionário nos diz que sagaz significa alguém perspicaz ou esperto. Uma pessoa sagaz não se aproveita de outras *pessoas*, mas, sim, das *oportunidades*. Essa mulher sábia e forte "adquire lã e linho e, com alegria, trabalha os fios com as mãos" (v.13). Ela não simplesmente ajunta o que é útil, mas escolhe suas tarefas e materiais com cuidado.

Os versículos 14 e 15 mostram que essa mulher sábia olha adiante e se prepara para o futuro, não apenas para o presente. Ela faz o seu trabalho para que todos em sua casa tenham o que precisam.

O versículo 16 nos mostra a perspicácia dessa mulher. Ela é sagaz na compra da propriedade, e então a prepara para produzir renda. Pensa em seus projetos cuidadosamente e planeja como conduzi-los com sucesso.

O versículo 17, em hebraico, significa que ela fortalece seus braços para as tarefas, para fazer seu trabalho com vigor. A pessoa sagaz aperfeiçoa seu conhecimento e habilidades para trabalhar de forma mais inteligente.

O versículo 18 deixa claro que essa mulher sábia faz produtos de qualidade e os vende aos mercadores sem medo de passar vergonha.

Em resumo, uma pessoa *chayil* é sagaz. Então, pergunte-se a si mesma: Sou sagaz em minhas atividades diárias? Conduzo os meus projetos com sucesso? Planejo com antecedência? Estou comprometida a realizar um bom trabalho? Se a sua resposta for "sim" a essas perguntas, você terá a segunda característica de sabedoria do livro de Provérbios: você é sagaz, ou perspicaz.

Nos versículos 19 e 20, passamos para a terceira característica da pessoa *chayil*: a *generosidade*. Em hebraico, os versículos 19 e 20 não podem ser separados por uma razão: a primeira parte do versículo 19 e a segunda do 20 têm a mesma estrutura gramatical e o mesmo verbo; o mesmo ocorre com a segunda parte do versículo 19 e a primeira do 20. Quando isso ocorre, temos o que é chamado de *quiasma* (uma figura gramatical em que os elementos são dispostos de forma cruzada, como um grande X). Essa sábia mulher fia, fabrica tecidos e confecciona vestes para vender aos mercadores *e dessa maneira ela pode ser generosa com os pobres e necessitados*.

A sagacidade deve sempre ser temperada com a generosidade. Caso contrário, torna-se ganância. E a Bíblia não diz coisas boas sobre os gananciosos. Portanto, a pessoa sagaz aproveita as oportunidades para ter algo a dar aos que necessitam.

A quarta característica da pessoa *chayil* se encontra nos cinco versículos seguintes (21-25), que demonstram que a pessoa sábia é também *diligente*. Quando o frio chega, essa mulher sábia e diligente tem sua casa abastecida. "Linho fino e tecido vermelho" (v.22) atestam que essa mulher é diligente em cuidar de suas próprias necessidades, e das necessidades dos outros. Ela se veste bem.

O versículo 23 faz a ligação entre a sua diligência com a posição do marido na comunidade: a forma como essa mulher sábia lida com a vida, faz seu marido ser respeitado pelos líderes da comunidade.

O versículo 24 explica alguns detalhes sobre como essa mulher sábia adquire poder: seu trabalho na roca e no fuso não é apenas um passatempo; é um meio de produzir recursos para sua família e de ajudar aqueles que são necessitados. Por sua atitude frente à vida, essa mulher não teme o futuro (v.25). O seu próprio falar é sempre com sabedoria e bondade (v.26).

Se o capítulo terminasse no versículo 26, teríamos um código moral, mas nenhum recurso, além de nossa própria determinação, para cumpri-lo. O que nos *faz sábias* não está entre os versículos 11 a 26. Está no versículo 30. Eis o ponto de partida: a mulher sábia, forte, comprometida, *conhece a diferença entre o que é passageiro e o que permanece e escolhe viver pelo que é eterno.* O versículo 30 nos diz que os encantos são enganosos e a beleza é efêmera. Ser bela é bom, mas é algo passageiro. A verdadeira sabedoria começa com Deus e nosso relacionamento com Ele. Ela começa com o temor do Senhor.

O temor ao Senhor é um entendimento reverente de quem Deus é e onde nos colocamos em relação a Ele. Precisamos conhecê-lo como nosso Criador, nosso Redentor e nosso Sustentador. Não respiraremos sem que Deus o permita. O apóstolo Paulo disse aos atenienses que é no Senhor que vivemos, nos movemos e existimos (At 17.25-28).

Devemos saber que Deus é nosso Redentor. Por meio da fé em Jesus Cristo, o nosso Redentor, temos vida nova. Ele assumiu a punição pelos nossos pecados e nos redimiu (ou nos trouxe de volta) de Satanás para o Pai.

Devemos também saber que Deus é o nosso Sustentador. Conhecer ao Senhor nos sustenta na vida diária. Não é fácil ser confiável, mas Deus está aqui e vê que podemos ser confiáveis. Não é inconveniente ser sagaz. O Senhor vê o nosso trabalho e é honrado por ele. Não é fácil ser generosa, mas Ele se importa com nossa generosidade. Não é divertido ser diligente, mas trabalhamos para glorificar o nosso Criador. Não é fácil falar sábia e gentilmente o tempo todo, mas Deus ouve o que dizemos.

Nosso relacionamento com o Senhor nos dá uma perspectiva diferente da vida. Sabemos o que importa. Sabemos o que permanece e o que passa, e escolhemos o que dura eternamente. Assim, trazemos essa perspectiva para cada escolha que fazemos — ser ou não confiável, planejar ou não com antecedência e trabalhar com cuidado, mostrar compaixão ou não, buscar ou não nossos objetivos com diligência, controlar ou não a nossa língua.

Cem anos atrás, Ella Wheeler Wilcox publicou um pequeno poema cujos versos continuam tão verdadeiros hoje como o eram há um século.

Um barco navega para leste,
E outro para oeste,
Com os mesmos ventos que sopram;
É a posição das velas,
E não as caravelas
Que dizem o caminho que vamos.

É a posição das velas e não a caravela. É sua escolha. Mulheres — solteiras e casadas —, aprendam com Provérbios 31. Escolham viver de maneira sábia, à luz do que permanece para sempre. Se o fizerem, serão caracterizadas por um forte compromisso, pela confiabilidade, pela sagacidade, pela generosidade, pela diligência e pela língua controlada. Mais ainda, saberão a diferença entre o que é efêmero e o que permanece — e escolherão o que dura eternamente.

Seja sábia. Seja uma pessoa de força. A escolha é sua.
—Alice Mathews

QUESTÕES PARA REFLEXÃO

1. Questões para reflexão
2. Qual das características de uma mulher *chayil* poderiam caracterizá-la?
3. Dentre as cinco características, quais você considera mais difícil de aplicar à sua vida?
4. Faz diferença se você viver para as coisas passageiras ou eternas? Explique a sua resposta.
5. De que maneira você posicionou as velas de sua vida?

> **REFLETINDO SOBRE: Investidora sábia**
>
> ## A mulher ideal
>
> *Certifica-se de que seus negócios sejam lucrativos...*
> —Provérbios 31.18
>
> Quando Sabrina abriu a porta do armário, seus olhos encontraram uma estranha geringonça no fundo dele. *O que é isso?*, pensou. *Ah, sim! Que desperdício de dinheiro!* Por aproximadamente R$ 80,00, além do frete, essa coisa deveria deixar seu abdome reto, afinar sua cintura, enrijecer seu bumbum e lhe tornear as pernas — usando-a apenas alguns minutos por dia. Sabrina não precisou de muito tempo para perceber que havia caído em outro truque de *marketing* inútil. "Não foi um de meus investimentos mais inteligentes", disse em voz alta.
>
> A mulher ideal descrita em Provérbios 31 investe seu tempo e dinheiro de maneira sábia. Ela é uma excelente administradora da casa e uma mulher de negócios bem-sucedida. Compra e vende propriedades. Usa suas habilidades de costura para fazer roupas a mais para vender aos mercadores. Investe parte de seu ganho em uma vinha e começa um negócio paralelo. Seja buscando interesses do lar ou de negócios, essa mulher tenta garantir que tudo o que faz seja proveitoso. Em vez de desperdiçar seus recursos negligentemente, ela os investe com sabedoria, sempre esperando e conseguindo o retorno de seus esforços.
>
> Nem todas nós podemos ingressar no mundo de negócios, mas fazemos investimentos diários de tempo, dinheiro, energia e habilidades. Podemos desperdiçar o que Deus nos deu se nos acomodarmos ou se uma atitude autocentrada nos levar a buscar objetivos que não tenham valores duradouros. Ao final de nossa vida, Deus espera que mostremos lucro no modo como gerenciamos os recursos que Ele nos deu. Investir na obra de Deus significa usar tudo que temos para estabelecer relacionamentos e criar oportunidades para compartilhar Seu amor e perdão. Esse é o modo ideal de investir nossa vida.

¹⁶Vai examinar um campo e o compra;
com o que ganha, planta um vinhedo.

¹⁷É cheia de energia,
forte e trabalhadora.

¹⁸Certifica-se de que seus negócios sejam lucrativos;
sua lâmpada permanece acesa à noite.

¹⁹Suas mãos operam o tear,
e seus dedos manejam a roca.

²⁰Estende a mão para ajudar os pobres
e abre os braços para os necessitados.

²¹Quando chega o inverno, não se preocupa,
pois todos em sua família têm roupas quentes.ᵃ

²²Faz suas próprias cobertas
e usa vestidos de linho fino e tecido vermelho.

²³Seu marido é respeitado na porta da cidade,
onde se senta com as demais autoridades.

²⁴Faz roupas de linho com cintos
e faixas para vender aos comerciantes.

²⁵Veste-se de força e dignidade
e ri sem medo do futuro.

²⁶Quando ela fala, suas palavras são sábias;
quando dá instruções, demonstra bondade.

²⁷Cuida bem de tudo em sua casa
e nunca dá lugar à preguiça.

²⁸Seus filhos se levantam e a chamam de "abençoada",
e seu marido a elogia:

²⁹"Há muitas mulheres virtuosas neste mundo,
mas você supera todas elas!".

³⁰Os encantos são enganosos, e a beleza não dura para sempre,
mas a mulher que teme o Senhor será elogiada.

³¹Recompensem-na por tudo que ela faz;
que suas obras a elogiem publicamente.

ᵃ **31.21** Conforme a Septuaginta e a Vulgata; o hebraico traz *escarlates*.

ECLESIASTES

INTRODUÇÃO

Nome. A palavra hebraica significa pregador e se refere ou significa alguém que convoca e se dirige a assembleias.

Elemento pessoal ou humano. Expressões como "Sei", "Dediquei", "Observei" etc. indicam que não é a vontade de Deus que é estabelecida, mas um homem que está contando sobre seus próprios empreendimentos e fracasso total.

Visão Geral. A visão geral ou a frase-chave é "debaixo do sol", com o triste refrão "Nada faz sentido", e revela como um homem nas melhores condições possíveis buscou alegria e paz, tentando usar da melhor forma todos os recursos dos quais dispunha. Ele teve o melhor que poderia ser obtido, da sabedoria humana, da riqueza, do prazer mundano, da honra mundana, apenas para descobrir que "Nada faz sentido; é como correr atrás do vento". É o que um homem, com o conhecimento de que o Deus santo trará todos para o juízo, aprendeu do vazio das coisas "debaixo do sol" e do dever de todo o homem: "tema a Deus e obedeça a seus mandamentos".

Propósito do livro. O propósito, portanto, não é expressar as dúvidas ou o ceticismo do escritor, não é registrar a queixa de um espírito amargo. O livro não é a história de um pessimista ou de um homem mau que se torna moralista. Mas pretende mostrar que, se alguém pudesse perceber todos os objetivos, esperanças e aspirações da vida, eles não trariam satisfação ao coração. Sua experiência é usada para exemplificar o resultado do mundo exitoso e satisfação própria, em contraste com o resultado da sabedoria mais elevada da vida piedosa. Vemos que o homem não foi criado somente para este mundo, para realização ou gratificação egoísta, mas para cumprir o grande plano de Deus para ele, o qual se concretizará por meio da sua obediência e do seu serviço a Deus.

Data e autoria. O versículo inicial e outras passagens, como algumas das condições, bem como o caráter das pessoas representadas no livro, dão a impressão de que Salomão o escreveu, mas há outras evidências que indicam outro autor. Nem o autor nem a data de redação estão definitivamente determinados.

ESBOÇO

1. A futilidade da vida, visto na experiência e na observação, Caps. 1–4
    1.1. O que ele experimentou, Caps. 1–2
    1.2. O que ele observou, Caps. 3–4
2. Sabedoria prática, Caps. 5–7
    2.1. Algumas máximas sobre a prudência, Cap. 5
    2.2. Algumas futilidades, Cap. 6
    2.3. A melhor forma de progredir na vida, Cap. 7
3. Regras para uma vida feliz, Caps. 8–11
4. Conclusão de tudo, Cap. 12

PARA ESTUDO E DISCUSSÃO

[1] Faça uma lista de todas as coisas diferentes enumeradas como fracasso ou futilidade.
[2] Faça uma lista daquilo que chega a nós como dádiva da providência de Deus.
[3] Faça uma lista de máximas ou regras de prudência que ensinam a viver corretamente e nos elevam acima das tribulações e do fracasso na vida.
[4] O autor pensa que a busca pelo prazer traz o verdadeiro sentido à vida?
[5] O autor nega o valor do serviço altruísta?
[6] O autor acredita na vida futura e em recompensas futuras?

1 Estas são as palavras do Mestre,[a] filho de Davi, que reinou em Jerusalém.

Nada faz sentido

²"Nada faz sentido", diz o Mestre. "Nada faz o menor sentido."

³O que as pessoas ganham com todo o seu árduo trabalho debaixo do sol? ⁴Gerações vêm e gerações vão, mas a terra permanece a mesma. ⁵O sol nasce, o sol se põe e, logo, retorna a seu lugar para nascer outra vez. ⁶O vento sopra para o sul, depois para o norte; dá voltas e mais voltas, soprando em círculos. ⁷Os rios correm para o mar, mas ele nunca se enche; a água retorna aos rios e corre novamente para o mar. ⁸Tudo é tão cansativo que não há como descrever. Não importa quanto vemos, nunca ficamos satisfeitos; não importa quanto ouvimos, nunca nos contentamos.

⁹A história simplesmente se repete. O que foi feito antes será feito outra vez. Nada debaixo do sol é realmente novo. ¹⁰De vez em quando, alguém diz: "Isto é novidade!". O fato, porém, é que nada é realmente novo. ¹¹Não nos lembramos do que aconteceu no passado, e as gerações futuras tampouco se lembrarão do que fazemos hoje.

A inutilidade da sabedoria

¹²Eu, o Mestre, fui rei de Israel e vivi em Jerusalém. ¹³Dediquei-me a buscar o entendimento e a usar a sabedoria para examinar tudo que se faz debaixo do céu. Descobri que Deus deu uma existência trágica à humanidade. ¹⁴Observei tudo que acontece debaixo do sol e, de fato, nada faz sentido; é como correr atrás do vento.

¹⁵O que está errado não pode ser corrigido;
o que ainda falta não pode ser
recuperado.

¹⁶Disse a mim mesmo: "Sou mais sábio que todos os reis que governaram em Jerusalém antes de mim. Tenho mais sabedoria e conhecimento que eles". ¹⁷Então me dediquei a aprender de tudo: desde a sabedoria até a loucura e a insensatez. Descobri, por experiência, que procurar essas coisas também é como correr atrás do vento.

¹⁸Quanto maior a sabedoria, maior a aflição; quanto maior o conhecimento, maior a tristeza.

A inutilidade dos prazeres

2 Disse a mim mesmo: "Venha, vamos experimentar o prazer; vamos procurar as coisas boas da vida!". Descobri, porém, que isso também não fazia sentido. ²Portanto, disse: "O riso é tolice. De que adianta buscar o prazer?". ³Depois de pensar muito, resolvi me animar com vinho. E, enquanto ainda buscava a sabedoria, apeguei-me à insensatez. Assim, procurei experimentar o que haveria de melhor para as pessoas em sua curta vida debaixo do sol.

⁴Dediquei-me a projetos grandiosos, construindo casas enormes e plantando belos vinhedos. ⁵Fiz jardins e parques e os enchi de árvores frutíferas de toda espécie. ⁶Construí açudes para juntar água e regar meus pomares verdejantes. ⁷Comprei escravos e escravas, e outros nasceram em minha casa. Tive muito gado e rebanhos, mais que todos os que viveram em Jerusalém antes de mim. ⁸Juntei grande quantidade de prata e ouro, tesouros de muitos reis e províncias. Contratei cantores e cantoras e tive muitas concubinas. Tive tudo que um homem pode desejar!

⁹Tornei-me mais importante que todos os que viveram em Jerusalém antes de mim, e nunca me faltou sabedoria. ¹⁰Tudo que desejei, busquei e consegui. Não me neguei prazer algum. No trabalho árduo, encontrei grande prazer, a recompensa por meus esforços. ¹¹Mas, ao olhar para tudo que havia me esforçado tanto para realizar, vi que nada fazia sentido; era como correr atrás do vento. Não havia nada que valesse a pena debaixo do sol.

O sábio e o tolo

¹²Então resolvi comparar a sabedoria com a loucura e a insensatez (pois quem pode fazê-lo melhor que eu, o rei?[b]). ¹³Pensei: "A sabedoria é melhor que a insensatez, assim como a luz é melhor que as trevas. ¹⁴O sábio vê para onde está indo, mas o tolo anda na escuridão". Apesar disso, vi que o sábio e o tolo têm o mesmo destino. ¹⁵Disse a mim mesmo: "Uma vez que terei o mesmo fim do tolo, de que vale toda a minha sabedoria? Nada disso faz sentido!".

---

[a] **1.1** Em hebraico, *Qoheleth*; o termo é traduzido por "o Mestre" em todo o livro de Eclesiastes. [b] **2.12** O significado do hebraico é incerto.

¹⁶Pois nem o sábio nem o tolo serão lembrados por muito tempo; ambos morrerão, e logo serão esquecidos.

¹⁷Por isso, passei a odiar minha vida, pois tudo que é feito debaixo do sol é frustrante. Nada faz sentido; é como correr atrás do vento.

A inutilidade do trabalho

¹⁸Passei a odiar todo o meu árduo trabalho debaixo do sol, pois deixarei para meus sucessores tudo que me esforcei para obter. ¹⁹E quem pode dizer se eles serão sábios ou tolos? No entanto, terão controle sobre tudo que consegui debaixo do sol, com minha habilidade e meu esforço. Isso não faz o menor sentido! ²⁰Assim, cheguei a me desesperar e questionei o valor de todo o meu árduo trabalho debaixo do sol.

²¹Algumas pessoas trabalham com sabedoria, conhecimento e habilidade, mas terão de deixar o resultado de seu trabalho para alguém que não se esforçou. Isso também não faz sentido; é uma grande tragédia. ²²O que as pessoas ganham com tanto esforço e ansiedade debaixo do sol? ²³Seus dias de trabalho são cheios de dor e tristeza, e nem mesmo à noite sua mente descansa. Nada faz sentido.

²⁴Por isso, concluí que a melhor coisa a fazer é desfrutar a comida e a bebida e encontrar satisfação no trabalho. Percebi, então, que esses prazeres vêm da mão de Deus. ²⁵Pois quem pode comer ou desfrutar algo sem ele?ª ²⁶Deus concede sabedoria, conhecimento e alegria àqueles que lhe agradam. Se, porém, um pecador enriquece, Deus lhe toma a riqueza e a entrega àqueles que lhe agradam. Isso também não faz sentido; é como correr atrás do vento.

Tudo tem seu tempo

3 ¹Há um momento certo para tudo, um tempo para cada atividade debaixo do céu.

²Há tempo de nascer, e tempo de morrer; tempo de plantar, e tempo de colher.

³Tempo de matar, e tempo de curar; tempo de derrubar, e tempo de construir.

⁴Tempo de chorar, e tempo de rir; tempo de se entristecer, e tempo de dançar.

PÃO DIÁRIO

Tempos de altos e baixos

Tempo de chorar, e tempo de rir; tempo de se entristecer, e tempo de dançar.

—Eclesiastes 3.4

Muitas de nós concordamos que a vida tem seus altos e baixos. O sábio rei Salomão acreditava nisto e refletia sobre as nossas reações às circunstâncias instáveis. Em Eclesiastes, ele escreveu: "Há um momento certo para tudo, um tempo para cada atividade debaixo do céu... Tempo de chorar, e tempo de rir; tempo de se entristecer, e tempo de dançar" (3.1,4).

Davi, pai de Salomão, foi considerado "um homem segundo o coração" de Deus (1Sm 13.14; At 13.22). Mesmo assim, a vida do salmista ilustra como a vida é repleta de momentos de altos e baixos. Davi jejuou e chorou por causa do seu primeiro filho com Bate-Seba, o qual adoeceu e veio a falecer (2Sm 12.22). Ainda assim, Davi escreveu salmos de louvor e de júbilo (Sl 103.145). Com a morte de Absalão, seu filho rebelde, Davi sentiu-se abalado por luto profundo (2Sm 18.33). E, quando a arca foi levada a Jerusalém, o salmista, em êxtase espiritual, "dançava diante do Senhor (2Sm 6.12-15).

Prestamos um grande desserviço para nós mesmas e para os outros quando retratamos a vida cristã como sendo pacífica e feliz o tempo todo. Ao contrário, a Bíblia retrata a vida do cristão como uma existência repleta de fases de altos e baixos. Em qual fase você se encontra? Quer seja tempo de alegria ou tristeza, cada fase deve nos motivar a buscar o Senhor e a confiar nele.

Deus Amado, rendo-te graças por estares comigo durante todas as montanhas e vales da vida. Sou muito grata por não precisar esconder de ti os meus verdadeiros sentimentos e emoções. Sei que me conheces melhor do que eu mesma. Em todas as fases da minha vida, escolho confiar em ti.

Precisamos de fé para superarmos cada fase em nossa vida.

---

⁵Tempo de espalhar pedras, e tempo de ajuntá-las; tempo de abraçar, e tempo de se afastar.

⁶Tempo de procurar, e tempo de deixar de buscar; tempo de guardar, e tempo de jogar fora.

ª **2.25** Conforme a Septuaginta e a versão siríaca; o hebraico traz *sem mim*?

> **REFLETINDO SOBRE:** Companheiras de viagem

Noemi e Rute

É melhor serem dois que um, pois um ajuda o outro a alcançar o sucesso.
—Eclesiastes 4.9

—Esqueça, não aceitarei um "não" como resposta. Eu a levarei a todas as suas sessões de quimioterapia.
—Mas é um percurso de 130 quilômetros. E o seu emprego?
—Eu já resolvi com meu chefe. Vou compensar as horas trabalhando em casa.
—E seus filhos?
—Tudo resolvido. Minha vizinha Francine ficará com eles sempre que eu precisar. Meredith, eu já decidi... farei essa jornada com você.

Meredith abriu a boca, mas nenhuma palavra foi pronunciada.

Quando Noemi viu que Rute estava determinada a acompanhá-la, não disse mais nada (Rt 1.18). Há momentos em que é difícil falar quando o nosso coração se enche de satisfação. Noemi aconselhou Rute a voltar para o seu próprio povo porque pensava que isso seria o melhor para a sua nora. Como ela deve ter ficado contente quando Rute prometeu ir aonde quer que Noemi fosse. A estrada de volta a Judá era longa e difícil, mas como era consolador viajar com uma amiga. Rute também aceitou o Deus de Noemi como o seu próprio Deus. Ainda que o futuro de ambas fosse incerto, elas o enfrentariam juntas, cuidando uma da outra assim como esperavam que Deus cuidasse delas com Sua liderança.

Mulheres ocupadas podem negligenciar o cultivo de suas amizades com outras mulheres, especialmente quando precisam cuidar de crianças pequenas. Mas, quando os momentos difíceis chegam, precisamos de uma amiga com quem possamos passar por tudo isso. Precisamos de alguém que nos ajude a carregar os nossos fardos quando são pesados demais e não conseguimos administrá-los sozinhas (Gl. 6.2). Uma irmã em Cristo pode orar por nós e nos ajudar a manter os nossos olhos em Deus. Quando o seguimos juntas, podemos nos ajudar a nos tornarmos as pessoas que Deus nos criou para ser. Que alívio é termos companheiras de viagem com quem compartilhar os nossos fardos conforme percorremos a nossa jornada na vida!

---

⁷Tempo de rasgar, e tempo de remendar;
  tempo de calar, e tempo de falar.
⁸Tempo de amar, e tempo de odiar;
  tempo de guerra, e tempo de paz.

⁹O que as pessoas ganham com tanto trabalho árduo? ¹⁰Vi o fardo que Deus pôs sobre toda a humanidade. ¹¹E, no entanto, Deus fez tudo apropriado para seu devido tempo. Ele colocou um senso de eternidade no coração humano, mas mesmo assim ninguém é capaz de entender toda a obra de Deus, do começo ao fim. ¹²Concluí, portanto, que a melhor coisa a fazer é ser feliz e desfrutar a vida enquanto é possível. ¹³Cada um deve comer e beber e desfrutar os frutos de seu trabalho, pois são presentes de Deus.

¹⁴E sei que tudo que Deus faz é definitivo; não se pode acrescentar ou tirar nada. O propósito de Deus é que as pessoas o temam. ¹⁵O que acontece agora já aconteceu antes, e o que acontecerá no futuro também já aconteceu, pois Deus faz as mesmas coisas acontecerem repetidamente.

As injustiças da vida

¹⁶Observei também que debaixo do sol há maldade onde deveria haver justiça. Sim, até os tribunais são corruptos. ¹⁷Disse a mim mesmo: "No devido tempo, Deus julgará tanto os justos como os perversos, por tudo que fizeram".

¹⁸Também refleti sobre a condição humana, como Deus mostra às pessoas que elas não são melhores que os animais. ¹⁹Pois tanto pessoas como animais têm o mesmo destino: ambos respiram[a] e ambos morrem. As pessoas não têm vantagem alguma sobre os

---

[a] 3.19 Ou *ambos têm o mesmo espírito*.

animais. Isso não faz o menor sentido! ²⁰Todos vão para o mesmo lugar: vieram do pó e a ele retornam. ²¹Afinal, quem pode afirmar que o espírito dos seres humanos vai para cima e o espírito dos animais desce para a terra? ²²Vi, portanto, que a melhor coisa a fazer é alegrar-se com seu trabalho. É isso que nos cabe na vida. Ninguém nos trará de volta para ver o que acontece depois que morremos.

4 Observei, ainda, toda a opressão que ocorre debaixo do sol. Vi as lágrimas dos oprimidos, e ninguém para consolá-los. Os opressores são poderosos, e suas vítimas, indefesas. ²Concluí, portanto, que os mortos são mais felizes que os vivos. ³Mais felizes que todos, porém, são os que ainda não nasceram, pois não viram o mal que se faz debaixo do sol.

⁴Então observei que todo esforço e trabalho é motivado pela inveja que as pessoas sentem umas das outras. Isso também não faz sentido; é como correr atrás do vento.

⁵"Os tolos cruzam os braços
  e se arruínam."

⁶E, no entanto,

"É melhor ter um punhado com
    tranquilidade
  que dois punhados com trabalho árduo
  e correr atrás do vento".

As vantagens do companheirismo

⁷Observei outra coisa que não faz sentido debaixo do sol. ⁸É o caso do homem que vive completamente sozinho, sem filho nem irmão, mas que ainda assim se esforça para obter toda riqueza que puder. A certa altura, porém, ele se pergunta: "Para quem trabalho? Por que deixo de aproveitar tantos prazeres?". Nada faz sentido, e é tudo angustiante.

⁹É melhor serem dois que um, pois um ajuda o outro a alcançar o sucesso. ¹⁰Se um cair, o outro o ajuda a levantar-se. Mas quem cai sem ter quem o ajude está em sérios apuros. ¹¹Da mesma forma, duas pessoas que se deitam juntas aquecem uma à outra. Mas como fazer para se aquecer sozinho? ¹²Sozinha, a pessoa corre o risco de ser atacada e vencida, mas duas pessoas juntas podem se defender melhor. Se houver três, melhor ainda, pois uma corda trançada com três fios não arrebenta facilmente.

A inutilidade do poder político

¹³É melhor ser um jovem pobre e sábio que um rei velho e tolo, que não aceita conselhos. ¹⁴Pode acontecer de o jovem sair da pobreza e ser bem-sucedido, e até tornar-se rei, mesmo que tenha estado na prisão. ¹⁵Em pouco tempo, porém, todos correm para o lado de outro jovem,ᵃ que o sucede. ¹⁶Multidões incontáveis o cercam,ᵇ mas depois surge uma nova geração que o rejeita. Isso também não faz sentido; é como correr atrás do vento.

Instruções para se aproximar de Deus

5 ¹ᶜQuando você entrar na casa de Deus, tome cuidado com o que faz e ouça com atenção. Age mal quem apresenta ofertas a Deus sem pensar. ²ᵈNão se precipite em fazer promessas nem em apresentar suas questões a Deus. Afinal, Deus está nos céus, e você, na terra; portanto, fale pouco.

³Do excesso de trabalho vem o sonho agitado; do excesso de palavras vêm as promessas do tolo.

⁴Quando fizer uma promessa a Deus, não demore a cumpri-la, pois ele não se agrada dos tolos. Cumpra todas as promessas que fizer. ⁵É melhor não dizer nada que fazer uma promessa e não cumprir. ⁶Não permita que sua boca o leve a pecar. E não se defenda dizendo ao mensageiro do templo que a promessa foi um engano. Isso deixaria Deus irado, e ele poderia destruir tudo que você conquistou.

⁷Sonhar demais é inútil, assim como falar muito. Em vez disso, tema a Deus.

A inutilidade das riquezas

⁸Não se surpreenda se, em toda a terra, você vir os pobres sofrendo opressão pelos poderosos, e a justiça e o direito sendo pervertidos. Cada oficial é subordinado a uma autoridade superior, e a justiça se perde em meio à burocracia. ⁹Até mesmo o rei tira para si o máximo proveito da terra.ᵉ

ᵃ **4.15** Em hebraico, *do segundo jovem.* ᵇ **4.16** Em hebraico, *Não há fim para todo o povo, para todos que estão diante dele.* ᶜ **5.1** No texto em hebraico, o versículo 5.1 é numerado 4.17. ᵈ **5.2** No texto hebraico, os versículos 5.2-20 são numerados 5.1 19. ᵉ **5.8-9** Ou *Pois um oficial vigia sobre o outro, e há oficiais superiores acima destes.* ⁹ *A terra se beneficia de um rei que cultiva a terra.* O significado do hebraico é incerto.

PÃO DIÁRIO

Acumulando ou armazenando?

Isto também é um grande mal: as pessoas vão embora deste mundo como vieram. Todo o seu esforço é inútil, como trabalhar para o vento.

—Eclesiastes 5.16

Tudo estava à venda: os tapetes, abajures, a máquina de lavar, a secador de roupas e até mesmo a comida nos armários. Meu marido e eu paramos num imóvel que estava à venda e demos uma volta pela casa impressionados com o volume de pertences. Os conjuntos de louças estavam espalhados pela mesa da sala de jantar. Os enfeites natalinos enchiam o corredor frontal. As ferramentas, carrinhos de brinquedo, jogos de tabuleiro e bonecas antigas abarrotavam a garagem. Quando saímos, fiquei imaginando o que teria acontecido. Será que os proprietários estavam se mudando, precisavam desesperadamente de dinheiro ou haviam falecido?

Isso me lembrou das seguintes palavras de Eclesiastes: "...as pessoas vão embora deste mundo como vieram" (5.16). Nascemos de mãos vazias e deixamos o mundo do mesmo jeito. Tudo o que compramos, organizamos e guardamos é nosso por certo tempo e tudo isso se encontra em estado de deterioração. As traças furam as nossas roupas; até o ouro e a prata podem perder o seu valor (Tg 5.2,3). "Todos nós chegamos ao fim da vida nus e de mãos vazias, como no dia em que nascemos" (Ec 5.15), e pode ser que os nossos filhos nem usufruam de nossos bens depois que tivermos partido.

É tolice acumular bens nesta Terra, porque nada levaremos quando morrermos. É importante termos a atitude adequada em relação ao que temos e o modo como usamos o que Deus nos deu. Assim, estaremos acumulando nosso tesouro no lugar ao qual ele pertence — no Céu.

Pai celestial, ensina-me o contentamento. Sei que gastar dinheiro com futilidades e acumular bens são atitudes que não trazem a verdadeira alegria. A verdadeira alegria se encontra apenas em ti e na busca do tesouro que permanece — as riquezas celestiais. Por favor, ajuda-me a ser uma administradora fiel de tudo o que me provês, usando o que é temporário para guardar aquilo que é eterno.

O desprendimento dos bens terrenos nos capacita a tomar posse do tesouro celestial.

---

¹⁰Quem ama o dinheiro nunca terá o suficiente. Quem ama a riqueza nunca se satisfará com o que ganha. Não faz sentido viver desse modo! ¹¹Quanto mais você tem, mais pessoas aparecem para ajudá-lo a gastar. Portanto, de que serve a riqueza, senão para vê-la escapar por entre os dedos?

¹²Quem trabalha com dedicação dorme bem, quer coma pouco, quer muito. As muitas riquezas, porém, não deixam o rico dormir.

¹³Observei ainda outro grave problema debaixo do sol: o acúmulo de riquezas prejudica seu dono. ¹⁴Se o dinheiro é colocado em investimentos arriscados e eles dão errado, perde-se tudo. No final, não sobra nada para deixar aos filhos. ¹⁵Todos nós chegamos ao fim da vida nus e de mãos vazias, como no dia em que nascemos. Não levamos conosco o fruto de nosso trabalho.

¹⁶Isto também é um grande mal: as pessoas vão embora deste mundo como vieram. Todo o seu esforço é inútil, como trabalhar para o vento. ¹⁷Passam a vida sob uma nuvem escura de frustração, doença e indignação.

¹⁸Ainda assim, observei pelo menos uma coisa positiva: é bom que as pessoas comam, bebam e desfrutem os resultados de seu trabalho debaixo do sol durante a vida curta que Deus lhes dá e aceitem a parte que lhes cabe. ¹⁹Também é bom receber de Deus riqueza e boa saúde para aproveitá-la. Alegrar-se com seu trabalho e aceitar a parte que lhe cabe na vida são, sem dúvida, presentes de Deus. ²⁰Deus mantém as pessoas tão ocupadas com as alegrias da vida que não lhes sobra tempo para refletir sobre o passado.

6 Vi debaixo do sol outra grande tragédia que pesa sobre a humanidade. ²Deus concede a alguns muita riqueza, honra e tudo que desejam, mas não lhes dá a oportunidade de usufruir disso. Eles morrem e outro acaba usufruindo de todas essas coisas! Isso também não faz sentido; é uma verdadeira desgraça.

³Um homem pode ter cem filhos e viver muitos anos. Se, porém, não encontrar satisfação alguma na vida e não tiver nem mesmo um enterro digno, teria sido melhor que houvesse nascido morto. ⁴Pois assim seu nascimento teria sido inútil, e ele teria desaparecido na escuridão.

Não teria recebido sequer um nome, ⁵e jamais teria visto o sol, nem saberia de sua existência. E, no entanto, teria desfrutado mais paz que se houvesse crescido e se tornado um homem infeliz. ⁶Mesmo que vivesse dois mil anos, não acharia contentamento. E, visto que deve morrer como todos os outros, de que adiantaria?

⁷Todos passam a vida se esforçando para ter o que comer, mas nunca parece suficiente. ⁸Será, então, que o sábio tem alguma vantagem sobre o tolo? O pobre ganha algo por saber como agir diante dos outros?

⁹Aproveite o que você tem em vez de desejar o que não tem. Querer cada vez mais não faz sentido; é como correr atrás do vento.

O futuro: definido e desconhecido

¹⁰Tudo já foi decidido; sabia-se há muito tempo o que cada pessoa seria. Portanto, não adianta discutir com Deus sobre nosso destino.

¹¹Quanto mais palavras são ditas, mais vazias elas são. Então, que diferença fazem?

¹²Nesta vida breve e sem sentido, quem sabe como é melhor passar os dias? A vida é como a sombra. Quem sabe o que acontecerá debaixo do sol depois que tivermos partido?

Sabedoria para a vida

7 ¹Uma boa reputação vale mais que perfume caro,
e o dia da morte é melhor que o do nascimento.

²É melhor ir a funerais que ir a festas;
afinal, todos morrem,
e é bom que os vivos se lembrem disso.

³A tristeza é melhor que o riso,
pois aperfeiçoa o coração.

⁴O sábio pensa na morte com frequência,
enquanto o tolo só pensa em se divertir.

⁵É melhor ouvir a repreensão do sábio
que o elogio do tolo.

⁶O riso do tolo some depressa,
como espinhos que estalam no fogo;
isso também não faz sentido.

⁷A extorsão transforma o sábio em tolo,
e os subornos corrompem o coração.

⁸Terminar algo é melhor que começar;
a paciência é melhor que o orgulho.

⁹Não se ire facilmente,
pois a raiva é a marca dos tolos.

¹⁰Não viva saudoso dos "bons e velhos tempos";
isso não é sábio.

¹¹A sabedoria é ainda melhor quando acompanhada do dinheiro;
ambos são proveitosos debaixo do sol.

¹²Tanto sabedoria como dinheiro dão proteção,
mas somente a sabedoria preserva a vida.

¹³Aceite o modo como Deus faz as coisas;
afinal, quem é capaz de endireitar o que ele fez torto?

¹⁴Desfrute a prosperidade enquanto pode,
mas, quando chegarem os tempos difíceis,
reconheça que ambos vêm de Deus;
lembre-se de que nada é garantido nesta vida.

Os limites da sabedoria humana

¹⁵Vi de tudo nesta vida sem sentido, incluindo justos que morrem cedo e perversos que têm vida longa. ¹⁶Portanto, não seja justo nem sábio demais! Por que destruir a si mesmo? ¹⁷Tampouco seja perverso demais. Não seja tolo; por que morrer antes da hora? ¹⁸Preste atenção a estas instruções, pois quem teme a Deus evita os dois extremos.[a]

¹⁹A sabedoria torna o sábio mais poderoso que dez líderes de uma cidade.

²⁰Não há uma única pessoa na terra que sempre faça o bem e nunca peque.

²¹Não escute a conversa alheia às escondidas; pode ser que ouça seu servo falar mal a seu respeito. ²²Pois você sabe que muitas vezes você mesmo falou mal de outros.

²³Sempre me esforcei para que a sabedoria guiasse meus pensamentos e ações. Disse a mim mesmo: "Serei sábio", mas não adiantou. ²⁴A sabedoria está sempre distante e é difícil de encontrar. ²⁵Procurei por toda parte, decidido a encontrar sabedoria e entender a razão dos acontecimentos. Resolvi provar a mim mesmo que a perversidade é tolice, e a insensatez, loucura.

---

[a] **7.18** Ou *seguirá ambas as coisas*.

²⁶Descobri que a mulher sedutora[a] é mais amarga que a morte. Sua paixão é um laço, e suas mãos são correntes. Quem agrada a Deus escapará dela, mas o pecador será pego em sua armadilha.

²⁷"Esta é a minha conclusão", diz o Mestre. "Descobri isso depois de analisar a questão por todos os ângulos. ²⁸Embora tenha procurado repetidamente, ainda não encontrei o que busco. Entre mil homens, somente um é sábio; mas entre as mulheres não achei uma sequer! ²⁹Foi isto, porém, que descobri: Deus criou os seres humanos para serem justos, mas eles buscaram todo tipo de maldade."

8 ¹Como é maravilhoso ser sábio, analisar e interpretar as coisas!
A sabedoria ilumina o rosto
e abranda a dureza das feições.

Obediência ao rei

²Obedeça ao rei, como jurou a Deus que faria. ³Não procure evitar seu dever, nem se junte aos que tramam o mal, pois o rei faz o que bem entende. ⁴Suas ordens têm respaldo em seu grande poder. Ninguém pode resistir a elas nem as questionar. ⁵Quem obedece às suas ordens não será castigado. Quem é sábio encontrará o tempo e o modo apropriado de fazer o que é certo, ⁶pois há um tempo e um modo para tudo, mesmo em meio às dificuldades.

⁷Aliás, como é possível evitar o que não se sabe que acontecerá? ⁸Ninguém pode impedir o próprio espírito de partir.[b] Ninguém é capaz de evitar o dia de sua morte; não há como fugir dessa batalha. E, diante da morte, a maldade certamente não livrará o perverso.

Os perversos e os justos

⁹Pensei muito sobre tudo que acontece debaixo do sol, onde as pessoas têm poder para prejudicar umas às outras. ¹⁰Vi perversos serem sepultados com honra; frequentavam o templo e hoje são elogiados[c] na mesma cidade em que cometeram seus crimes. Isso também não faz sentido. ¹¹Quando um crime não é castigado de imediato, as pessoas se veem incentivadas a fazer o mal. ¹²Mas, ainda que alguém peque cem vezes e continue a viver por muito tempo, sei que aqueles que temem a Deus terminarão em situação melhor. ¹³Os perversos não prosperarão, pois não temem a Deus. Seus dias, como as sombras do anoitecer, não se prolongarão.

¹⁴Há mais uma coisa que não faz sentido em nosso mundo. Nesta vida, justos muitas vezes são tratados como se fossem perversos, e perversos, como se fossem justos. Isso não faz sentido algum!

¹⁵Recomendo, portanto, que as pessoas aproveitem a vida, pois a melhor coisa a fazer neste mundo é comer, beber e alegrar-se. Assim, terão algo que os acompanhe em todo o árduo trabalho que Deus lhes dá debaixo do sol.

¹⁶Enquanto procurava sabedoria e observava os fardos pesados que as pessoas carregam aqui na terra, vi que, dia e noite, sua atividade não cessa. ¹⁷Percebi que ninguém é capaz de descobrir tudo que Deus faz debaixo do sol. Nem mesmo os mais sábios conseguem compreender tudo, embora afirmem o contrário.

A morte chega para todos

9 Dediquei-me também a investigar isto: embora os justos e os sábios, e também suas ações, estejam nas mãos de Deus, ninguém sabe o que os aguarda, se amor ou ódio. ²No fim, todos têm o mesmo destino, seja a pessoa justa ou perversa, boa ou má,[d] cerimonialmente pura ou impura, religiosa ou não.[e] Ocorre o mesmo à pessoa de bem e ao pecador; aquele que faz promessas a Deus é tratado como o que teme fazê-lo.

³É uma grande tragédia que todos debaixo do sol tenham o mesmo destino. Além disso, o coração das pessoas está cheio de maldade. Elas seguem seu próprio caminho de loucura, pois não há nada adiante, senão a morte. ⁴Só para os vivos há esperança. Como dizem: "Melhor ser um cão vivo que um leão morto".

⁵Os vivos pelo menos sabem que vão morrer, mas os mortos nada sabem. Já não têm recompensas para receber e caem no esquecimento. ⁶Amar, odiar, invejar, tudo que já fizeram ao longo da vida passou há muito tempo. Já

---

[a] 7.26 Em hebraico, *uma mulher*. [b] 8.8 Ou *Ninguém pode controlar o vento*. [c] 8.10 Conforme alguns manuscritos hebraicos e a Septuaginta; a maioria dos manuscritos hebraicos traz *são esquecidos*. [d] 9.2a Conforme a Septuaginta, a versão siríaca e a Vulgata; o hebraico não traz *ou má*. [e] 9.2b Em hebraico, *ofereça sacrifícios ou não*.

não participam de coisa alguma que acontece debaixo do sol. ⁷Portanto, coma sua comida com prazer e beba seu vinho com alegria, pois Deus se agrada disso. ⁸Vista roupas elegantes e use perfume.

⁹Viva alegremente com a mulher que você ama todos os dias desta vida sem sentido que Deus lhe deu debaixo do sol, pois essa é a recompensa por todos os seus esforços neste mundo. ¹⁰Tudo que fizer, faça bem feito, pois quando descer à sepultura[a] não haverá trabalho, nem planos, nem conhecimento, nem sabedoria.

¹¹Observei outra coisa debaixo do sol. Aquele que corre mais rápido nem sempre ganha a corrida, e o guerreiro mais forte nem sempre vence a batalha. Às vezes os sábios passam fome, os sensatos não enriquecem, e os instruídos não alcançam sucesso. Tudo depende de se estar no lugar certo na hora certa.

¹²Ninguém é capaz de prever quando virão os tempos difíceis. Como peixe na rede ou pássaro na armadilha, as pessoas caem em desgraça de modo repentino.

Considerações sobre a sabedoria e a insensatez

¹³Outro exemplo de sabedoria me impressionou enquanto eu observava como as coisas funcionam debaixo do sol. ¹⁴Havia uma cidade pequena, com poucos habitantes, e um grande rei veio com seu exército e a cercou. ¹⁵Um homem sábio, mas muito pobre, usou sua sabedoria para salvar a cidade. Depois, porém, ninguém se lembrou de lhe agradecer. ¹⁶Por isso, pensei: embora a sabedoria seja melhor que a força, o sábio é desprezado quando é pobre. Suas palavras logo são esquecidas.

¹⁷É melhor ouvir as palavras calmas da
    pessoa sábia
  que os gritos do rei tolo.
¹⁸É melhor ter sabedoria que armas de
    guerra,
  mas um só pecador destrói muitas coisas
    boas.

10

¹Como moscas mortas produzem mau cheiro até num frasco de perfume, assim um pouco de insensatez estraga muita sabedoria e honra.

²O sábio escolhe o caminho certo,
  mas o tolo toma o rumo errado.
³Os tolos podem ser identificados
  apenas por seu modo de andar.
⁴Se uma autoridade se irar contra você,
  não abandone seu posto;
  o espírito calmo pode superar até
    mesmo grandes erros.

As ironias da vida

⁵Observei outro mal debaixo do sol. Governantes cometem um erro grave ⁶quando dão grande autoridade aos tolos e colocam pessoas valorosas[b] em cargos inferiores. ⁷Cheguei a ver servos andando a cavalo, como príncipes, e príncipes andando a pé, como servos!

⁸Quem cava um poço
  corre o risco de cair nele.
Quem derruba um muro
  corre o risco de ser mordido por uma
    cobra.
⁹Quem trabalha numa pedreira
  corre o risco de ser ferido pelas pedras.
Quem corta lenha
  corre perigo a cada golpe do machado.
¹⁰Trabalhar com um machado sem corte
    exige muito mais esforço;
  portanto, afie a lâmina.
Esse é o valor da sabedoria:
  ela o ajuda a ser bem-sucedido.
¹¹Se a cobra morde antes de ser encantada,
  de que adianta ser encantador de
    serpentes?

¹²As palavras do sábio trazem aprovação,
  mas o tolo é destruído por aquilo que ele
    mesmo diz.
¹³O tolo baseia seus argumentos em ideias
    insensatas,
  por isso suas conclusões são perversa
    loucura;
¹⁴mesmo assim, fala sem parar.

Ninguém sabe de fato o que acontecerá;
  ninguém é capaz de prever o futuro.

---

[a] 9.10 Em hebraico, *ao Sheol*. [b] 10.6 Ou *ricos*.

> **PÃO DIÁRIO**
>
> ## Qual a razão?
>
> *Esta é minha conclusão: tema a Deus e obedeça a seus mandamentos, pois esse é o dever de todos.*
> —Eclesiastes 12.13
>
> Os cientistas pensavam que o *killi*, de cor turquesa, fosse o vertebrado com o período de vida mais curto. Esse peixinho, muito comum em aquários, vive na região equatorial da África, em lagos sazonais formados pela chuva. Seu ciclo de vida dura 12 semanas antes de os lagos desaparecerem.
>
> Agora, porém, pesquisadores australianos descobriram que o peixe *goby* pigmeu tem um período de vida ainda mais curto. Ele vive rapidamente e morre jovem. Esse minúsculo peixinho habita em recifes de corais em média 56 dias. Seu ciclo reprodutivo acelerado é projetado para ajudar a evitar a extinção.
>
> Qual a razão de uma vida que passa tão velozmente e termina com tanta rapidez? Trata-se de uma pergunta feita por um dos homens mais sábios que já viveu. Em seus últimos dias, Salomão, o terceiro rei de Israel, afastou-se de Deus. Ele confundiu-se espiritualmente e perdeu o senso de direção e propósito. Olhou para todas as suas realizações e as considerou sem valor. Por fim, lembrou-se do seu Deus (12.13,14) e esqueceu-se de que não vivemos simplesmente para nós mesmos. Vivemos para honrar o nosso Criador, adorá-lo e lhe agradar para todo o sempre.
>
> A importância não está no número dos nossos dias, mas no que o nosso Deus eterno diz sobre a maneira como os usamos.
>
> *Amado Pai, com temor reverente e em nome de Jesus, prostro-me diante de ti hoje. Ao pensar na brevidade da vida, quero honrar-te pela forma como invisto o meu tempo e por tudo o que me deste. Molda-me à imagem do Teu Filho. Faz-me um vaso que possa derramar, de modo abnegado, a Tua graça e o Teu amor sobre os outros.*
>
> **A vida é curta. Viva-a para Deus.**

¹⁵O tolo fica tão exausto com seu trabalho
que nem consegue encontrar o caminho
de casa.

¹⁶Como é triste a terra governada por uma
pessoa imatura,[a]
cujas autoridades fazem banquetes logo
de manhã.
¹⁷Como é feliz a terra que tem como rei um
líder nobre,
cujas autoridades fazem banquetes no
momento apropriado,
para recuperarem as forças, e não para
se embebedarem.

¹⁸Por causa da preguiça, o telhado enverga;
por causa do ócio, surgem goteiras na
casa.

¹⁹A festa proporciona riso,
o vinho proporciona alegria,
e o dinheiro proporciona isso tudo!

²⁰Nunca faça pouco do rei,
nem mesmo em pensamento.
Não zombe dos poderosos,
nem mesmo em seu quarto.
Pois um passarinho poderia contar a eles
tudo que você disse.

As incertezas da vida

11 ¹Envie os grãos de sua colheita mar afora,
e com o tempo isso lhe trará retorno.[b]
²Invista seus recursos em vários lugares,[c]
pois desconhece os riscos adiante.

³Quando as nuvens estão carregadas, vêm
as chuvas;
quando a árvore cai, para o norte ou para
o sul, ali permanece.

⁴O agricultor que espera condições de
tempo perfeitas nunca semeia;
se ele fica observando cada nuvem, não
colhe.

⁵Assim como é impossível entender o caminho do vento ou o mistério do crescimento do bebê no ventre da mãe[d], também é impossível entender as obras de Deus, que faz todas as coisas.

⁶Semeie pela manhã e continue a trabalhar à tarde, pois você não sabe se o lucro virá de uma atividade ou de outra, ou talvez de ambas.

---

[a] **10.16** Ou *uma criança*, ou *um servo*. [b] **11.1** Ou *Dê com generosidade, / pois mais adiante suas dádivas voltarão para você.* [c] **11.2** Em hebraico, *entre sete ou mesmo oito*. [d] **11.5** Alguns manuscritos trazem *Assim como é impossível entender como o bebê recebe o fôlego da vida no ventre da mãe.*

Conselhos para jovens e idosos

⁷A luz é doce; como é bom ver o nascer de um novo dia.

⁸Se você chegar à velhice, desfrute cada dia de sua vida. Lembre-se, porém, que haverá muitos dias sombrios. Nada do que ainda está por vir faz sentido.

⁹Jovem, alegre-se em sua juventude! Aproveite cada momento. Faça tudo que desejar; não perca nada! Lembre-se, porém, que Deus lhe pedirá contas de tudo que fizer. ¹⁰Não se preocupe com coisa alguma e mantenha o corpo saudável. Lembre-se, porém, que a juventude, e a vida inteira diante de você, não fazem sentido.

12 Não se esqueça de seu Criador nos dias de sua juventude. Honre-o enquanto você é jovem, antes que venham os tempos difíceis e cheguem os anos em que você dirá: "Não tenho mais prazer em viver". ²Lembre-se dele antes que o sol, a lua e as estrelas percam o brilho aos seus olhos, e as nuvens voltem a cobrir o céu depois da chuva. ³Lembre-se dele antes que suas pernas comecem a tremer, e antes que seus ombros se encurvem. Lembre-se dele antes que os poucos dentes que lhe restam já não possam mastigar, e antes que seus olhos deixem de ver com clareza.ª

⁴Lembre-se dele antes que seus ouvidos fiquem fracos e você já não ouça o som das pessoas trabalhando nas ruas.ᵇ Hoje você levanta com o primeiro canto dos pássaros, mas um dia não os ouvirá mais.

⁵Lembre-se dele antes que você tenha medo de cair e se preocupe com os perigos nas ruas; antes que seus cabelos fiquem brancos como a amendoeira em flor, e você se arraste como um gafanhoto prestes a morrer; e antes que você perca o desejo.ᶜ Lembre-se dele antes que falte pouco para descer ao túmulo, seu lar eterno, quando os pranteadores chorarão em seu funeral.

⁶Sim, lembre-se de seu Criador agora, enquanto você é jovem, antes que o fio de prata da vida se rompa e antes que a taça de ouro se quebre. Não espere até que o cântaro se despedace junto à fonte e a roldana se parta junto ao poço. ⁷Pois, então, o pó voltará à terra e o espírito voltará a Deus, que o deu.

Reflexões finais a respeito do Mestre

⁸"Nada faz sentido", diz o Mestre. "Nada faz o menor sentido."

⁹O Mestre era considerado sábio e ensinou ao povo tudo que sabia. Com muita atenção, ouviu, examinou e organizou muitos provérbios. ¹⁰O Mestre se esforçou para usar as palavras certas a fim de expressar verdades com clareza.ᵈ

¹¹As palavras do sábio são como hastes de ferro, e a coleção de seus ditados, como pregos bem fixados, que o pastor usa para conduzir as ovelhas.

¹²Meu filho, deixe-me dar-lhe mais um conselho: tenha cuidado, pois escrever livros não tem fim, e estudar demais é cansativo.

¹³Aqui termina meu relato. Esta é minha conclusão: tema a Deus e obedeça a seus mandamentos, pois esse é o dever de todos.

¹⁴Deus nos julgará por todos os nossos atos, incluindo o que fazemos em segredo, seja o bem, seja o mal.

ª**12.3** Em hebraico, *antes que os guardas da casa tremam, os homens fortes se encurvem, os moedores cessem porque são poucos e os que olham pela janela se escureçam.* ᵇ**12.4** Em hebraico, *antes que as portas da rua se fechem e o som da moedura diminua.* ᶜ**12.5** Em hebraico, *antes que a alcaparra perca o efeito.* ᵈ**12.10** Ou *procurou escrever o que era correto e verdadeiro.*

CÂNTICO DOS CÂNTICOS

INTRODUÇÃO

Nome. Como os demais livros do Antigo Testamento, o título, no hebraico, deriva das primeiras palavras do texto. O formato "Cântico dos Cânticos" indica a formação de um superlativo, semelhante a "céu dos céus", indicando que este é o melhor cântico de amor da realeza.

Embora haja objeção de alguns estudiosos, a interpretação desse texto bíblico fica mais adequada quando, em vez de vê-lo como uma compilação de vários cânticos, entende-se todo o conteúdo compondo apenas uma canção com revezamento de vozes.

Autor. No título hebraico, temos "Cântico dos Cânticos *a-ser* Salomão", que pode significar: (1) de Salomão; (2) para Salomão; (3) sobre Salomão; (4) nos dias de Salomão; (5) à moda de Salomão. Devido a isso e à possibilidade de algumas evidências internas parecerem apontar para outra autoria, alguns comentaristas bíblicos questionam ser Salomão o autor deste livro. No entanto, essas objeções encontram respostas históricas, geográficas e culturais para apoiar a autoria Salomônica.

Inclusão no cânon. Inicialmente a canonicidade de Cântico dos Cânticos era incontestada. Foi incorporado à Septuaginta (Tradução do Antigo Testamento para o grego realizada entre o 3º e o 2º séculos a.C.) e incluído no catálogo dos livros sagrados de Flávio Josefo, historiador judeu do 1º século da Era Cristã.

No entanto, por causa de seu conteúdo incomum, mais tarde, ele experimentou dificuldade para ser aceito como canônico. Seu reconhecimento final como livro sagrado, entre os judeus, ocorreu apenas no ano 90 d.C., no Concílio de Jâmnia. Atualmente, é o primeiro de cinco livros que compõe o Megillot (Cinco Rolos) da seção "Escritos" nas Escrituras Hebraicas. Esses livros são lidos publicamente durante algumas festas sagradas anuais, como a seguir:

1. Cântico dos Cânticos — Páscoa
2. Rute — Pentecoste
3. Eclesiastes — Cabanas ou Tabernáculos
4. Ester — Purim
5. Lamentações — Memorial da Destruição de Jerusalém

Interpretações. Há três formas em que o livro pode ser interpretado: (1) Uma alegoria do amor de Javé por Israel; (2) Uma alegoria do amor de Cristo pela Igreja; (3) Canções tradicionais de matrimônio. Nesta Bíblia é apresentado o segundo viés interpretativo.

ESBOÇO

1. A amada pensa em Salomão no palácio, 1.1–3.5
2. A amada aceita o noivado e aguarda ansiosamente pelas alegrias do casamento, 3.6–5.1
3. A amada sonha que perdeu o amado e depois o reencontra, 5.2–6.3
4. A amada e o amado elogiam-se mutuamente com amor apaixonado, 6.4–8.14

PARA ESTUDO E DISCUSSÃO

[1] Faça uma lista das passagens nas quais a beleza da mulher é descrita.
[2] Passagens que sugerem o relacionamento da alma salva com Cristo.
[3] Passagens que sugerem a glória da Igreja.
[4] Algumas das passagens que descrevem o amor da mulher e do rei.
[5] A base do amor humano (2.2,3).
[6] A força do amor humano (8.6,7).
[7] A interpretação do amor humano em termos do amor divino.

> **REFLETINDO SOBRE:** A maior história de amor
>
> ## A jovem em Cântico dos Cânticos
>
> *Eu sou de meu amado, e meu amado é meu.*
> —Cântico dos Cânticos 6.3
>
> Paula girou o suporte de brochuras na biblioteca. Estava ficando difícil encontrar algum livro que ainda não tivesse lido. Várias capas pareciam idênticas — um homem musculoso, belo, sem camisa segurando em seus braços uma mulher com cabelos esvoaçantes usando um vestido que caía de seus ombros. Não era surpresa que Paula sentisse necessidade de esconder os livros de seus filhos. Mas ela amava essas horas de escape em que entrava numa fantasia de paixão, procura pelo amor e felizes para sempre. *Se minha vida pudesse ser como um destes livros,* ela suspirou.
>
> Como as mulheres nos tempos bíblicos reagiam ao ouvir a leitura de Cântico dos Cânticos? Será que se envergonhavam com as descrições vívidas de amor entre um homem e uma mulher? Será que invejavam o modo como o jovem cortejava sua amada? Será que sonhavam acordadas com a ideia de serem apreciadas como a jovem no texto?
>
> Embora Salomão tivesse 700 esposas e 300 concubinas, muitos creem que ele escreveu Cântico dos Cânticos como protesto contra a prática da poligamia. O livro descreve um modelo de relação entre homem e mulher que desfrutam do amor romântico no casamento da forma como Deus planejou que fosse. Em patamar mais profundo, muitos veem o livro como uma imagem do intenso amor de Deus pelos cristãos.
>
> Em um mundo imperfeito repleto de pessoas imperfeitas, nunca experimentaremos um relacionamento romântico perfeito. Namorados e maridos sempre nos decepcionarão de algum modo. Mas o amor de Deus é mais maravilhoso do que qualquer outro. Se queremos encontrar o amor que verdadeiramente satisfaz, precisamos conhecer Aquele que nos amou o suficiente para morrer em nosso lugar. Então descobriremos que a maior história de amor de todas está na Bíblia. E nunca precisaremos ter vergonha da capa.

1

¹ Este é o cântico dos cânticos de Salomão.

A Amada[a]

² Beije-me, beije-me mais uma vez,
   pois seu amor é mais doce que o vinho.
³ Como é agradável seu perfume;
   seu nome é como a fragrância que se espalha.
   Não é de admirar que todas as moças o amem!
⁴ Leve-me com você; venha, vamos depressa!
   O rei me trouxe ao quarto dele.

As mulheres de Jerusalém

   Ó rei, estamos alegres e felizes por sua causa!
   Celebraremos seu amor mais que o vinho.

A Amada

   Com razão elas o amam.

⁵ Sou morena e bela,
   ó mulheres de Jerusalém;
   morena como as tendas de Quedar,
   bela como as cortinas de Salomão.
⁶ Não me olhem assim porque sou morena;
   o sol me escureceu a pele.
   Meus irmãos se zangaram comigo
   e me obrigaram a cuidar de seus vinhedos;
   de mim mesma, de minha videira, não pude cuidar.

⁷ Diga-me, meu amor, aonde levará seu rebanho hoje?
   Onde fará suas ovelhas descansarem ao meio-dia?
   Por que eu andaria sem rumo, como uma prostituta,[b]
   entre seus amigos e os rebanhos deles?

---

[a] 1.1 Os subtítulos identificam os interlocutores e não fazem parte do texto original, embora o hebraico geralmente forneça indicações por meio do gênero de quem fala. [b] 1.7 Em hebraico, *como uma mulher com véu*.

O Amado
⁸Se você não sabe, mais bela de todas as mulheres,
    siga a trilha de meu rebanho
    e leve seus cabritos para pastar junto às tendas dos pastores.
⁹Você é cativante, minha querida,
    como uma égua entre os cavalos do faraó.
¹⁰Como são belas suas faces;
    seus brincos realçam sua beleza!
Como é lindo seu pescoço,
    enfeitado com um colar de joias!
¹¹Faremos para você brincos de ouro
    com enfeites de prata.

A Amada
¹²O rei está deitado em seu sofá,
    encantado com a fragrância de meu perfume.
¹³Meu amado é como uma delicada bolsa de mirra
    que repousa entre meus seios.
¹⁴É como um ramo de flores de hena
    dos vinhedos de En-Gedi.

O Amado
¹⁵Como você é linda, minha querida,
    como você é linda!
    Seus olhos são como pombas.

A Amada
¹⁶Como você é belo, meu amor,
    como você é encantador!
A grama macia é nosso leito;
    ¹⁷os ramos perfumados do cedro são as vigas de nossa casa,
    e os pinheiros aromáticos, os caibros do telhado.

A Amada
2 ¹Eu sou a flor que nasce na planície de Sarom,ª
    o lírio que cresce no vale.

O Amado
²Como um lírio entre os espinhos,
    assim é minha querida entre as moças.

A Amada
³Como uma macieira entre as árvores do bosque,
    assim é meu amado entre os rapazes.
À sua sombra agradável eu me sento
    e saboreio seus deliciosos frutos.
⁴Ele me trouxe ao salão de banquetes;
    seu grande amor por mim é evidente.ᵇ
⁵Fortaleçam-me com bolos de passas,
    revigorem-me com maçãs,
    pois desfaleço de amor.
⁶Seu braço esquerdo está sob a minha cabeça,
    e o direito me abraça.

⁷Prometam, ó mulheres de Jerusalém,
    pelas gazelas e corças selvagens,
    que não despertarão o amor antes do tempo.ᶜ

⁸Ah, ouço meu amado chegando!
    Ele salta sobre os montes,
    pula sobre as colinas.
⁹Meu amado é como a gazela,
    como o jovem cervo.
Vejam, lá está ele atrás do muro,
    observando pelas janelas,
    espiando por entre as grades.

¹⁰Meu amado me disse:
    "Levante-se, minha querida!
    Venha comigo, minha bela!
¹¹Veja, o inverno acabou,
    e as chuvas passaram.
¹²As flores estão brotando;
    chegou a época das canções,ᵈ
    e o arrulhar das pombas enche o ar.
¹³As figueiras começam a dar frutos,
    e as videiras perfumadas florescem.
Levante-se, minha querida!
    Venha comigo, minha bela!".

O Amado
¹⁴Minha pomba está escondida entre as pedras,
    oculta nas fendas das rochas.
Mostre-me seu rosto
    e deixe-me ouvir sua voz.
Pois sua voz é doce,
    e seu rosto é lindo.

As mulheres de Jerusalém
¹⁵Peguem todas as raposas,
    as raposinhas,

ª **2.1** Traduzido tradicionalmente como *Eu sou a rosa de Sarom*, região na planície costeira da Palestina. ᵇ **2.4** Ou *seu estandarte de amor está sobre mim*. ᶜ **2.7** Ou *enquanto não estiver pronto*. ᵈ **2.12** Ou *época das podas*.

antes que destruam o vinhedo do amor,
pois as videiras estão em flor!

A Amada

¹⁶Meu amado é meu, e eu sou dele;
ele pastoreia entre os lírios.
¹⁷Antes que soprem as brisas do amanhecer,
e fujam as sombras da noite,
volte para mim, meu amor, como a gazela,
como o jovem cervo nos montes íngremes.ᵃ

A Amada

3 ¹Certa noite, na cama, ansiei por meu amado;
ansiei por ele, mas ele não veio.
²Pensei: "Vou me levantar e andar pela cidade,
vou procurá-lo em todas as ruas e praças;
sim, vou em busca de meu amado".
Procurei por toda parte,
mas não o encontrei.
³Os guardas me pararam enquanto faziam a ronda,
e eu lhes perguntei: "Vocês viram meu amado?".
⁴Pouco depois de me afastar deles,
encontrei meu amado!
Segurei-o e abracei-o com força;
levei-o à casa de minha mãe,
à cama onde fui concebida.
⁵Prometam, ó mulheres de Jerusalém,
pelas gazelas e corças selvagens,
que não despertarão o amor antes do tempo.ᵇ

As mulheres de Jerusalém

⁶O que é isso que vem subindo do deserto,
como nuvem de fumaça?
De onde vem esse perfume de mirra e incenso,
o aroma de todo tipo de especiaria?
⁷Vejam, é a liteira de Salomão,
cercada por sessenta homens valentes,
os melhores soldados de Israel!
⁸São todos habilidosos com a espada,
guerreiros experientes.
Cada um traz sua espada,
pronto para defender o rei dos perigos da noite.
⁹A liteira do rei Salomão é feita
de madeira importada do Líbano.

PÃO DIÁRIO

Diga, fale, expresse-se!

Meu amado me disse: "Levante-se, minha querida! Venha comigo, minha bela!"

—Cântico dos Cânticos 2.10

Com muita frequência, não damos a devida atenção às pessoas que amamos. Quem sabe, envolvidos no processo cotidiano de viver e trabalhar, negligenciamos o compartilhar dos nossos verdadeiros sentimentos. "Ela sabe que a amo", dizemos a nós mesmos. Mas nunca dizemos isso ao nosso cônjuge.

Talvez, você tenha crescido numa família em que os sentimentos positivos e amorosos nunca foram expressos em palavras, consequentemente, você talvez não saiba o que dizer. Pode ser também que você tenha medo de dizer a coisa errada, ou de que, se tentar manifestar os seus sentimentos, não será capaz de controlá-los. Não tem problema; chorar faz muito bem.

Uma propaganda anuncia: "Diga com flores!". Talvez, seja assim que demonstramos o nosso amor por alguém especial. Ou pode ser que você o demonstre com um cartão muito bem escolhido. A minha esposa gosta muito de chocolate amargo. Por isso, em ocasiões especiais muitas vezes a presenteio com uma caixa de bombons e um cartão. Ela gosta desses lembretes de amor, mas, com os anos, aprendi a não deixar que o cartão ou o presente fossem os únicos responsáveis por expressar o que realmente sinto. Aprendi que também preciso dizer as palavras: "Amo você".

Todo mundo precisa ouvir palavras de amor. Em Cântico dos Cânticos, os enamorados frequentemente usavam termos carinhosos quando conversavam.

Ainda hoje, expresse com palavras o seu amor pela pessoa que lhe é especial. Diga a essa pessoa que você a ama não apenas com lembretes de amor ou flores, mas com palavras também.

Jesus, eu te amo! Meu coração está repleto das bênçãos que derramaste sobre mim. Ao renunciar a Tua própria vida por minha salvação, mostraste-me o maior amor de todos os tempos. Que eu possa seguir o Teu exemplo e carinhosamente edificar e abençoar aqueles que colocaste em minha vida.

Uma palavra de amor pode fazer muita diferença.

ᵃ**2.17** Ou *nos montes de Beter.* ᵇ**3.5** Ou *enquanto não estiver pronto.*

¹⁰As colunas são de prata,
a cobertura[a] é de ouro,
as almofadas são de tecido púrpura.
Foi enfeitada com carinho
pelas mulheres de Jerusalém.

A Amada

¹¹Mulheres de Sião,
venham ver o rei Salomão!
Ele usa a coroa que sua mãe lhe deu no dia em que ele se casou,
no dia mais feliz de sua vida.

O Amado

4 ¹Você é linda, minha querida,
como você é linda!
Seus olhos por trás do véu
são como pombas.
Seu cabelo é como um rebanho de cabras
que desce pelas encostas de Gileade.
²Seus dentes são brancos como ovelhas
recém-tosquiadas e lavadas.
Seu sorriso é perfeito;
cada dente tem seu par ideal.[b]
³Seus lábios são como uma fita vermelha;
sua boca é linda.
Suas faces por trás do véu
são rosadas como romãs.
⁴Seu pescoço é belo, como a torre de Davi,
enfeitada com escudos de mil guerreiros valentes.
⁵Seus dois seios são como duas crias de gazela,
filhotes gêmeos que se alimentam entre os lírios.
⁶Antes que soprem as brisas do amanhecer,
e fujam as sombras da noite,
irei ao monte de mirra
e à colina de incenso.
⁷Você é inteiramente linda, minha querida;
não há em você defeito algum!
⁸Venha comigo do Líbano, minha noiva,
venha comigo do Líbano.
Desça[c] do monte Amana,
dos cumes do Senir e do Hermom,
onde os leões têm suas tocas
e os leopardos vivem nas montanhas.
⁹Você conquistou meu coração,
minha amiga,[d] minha noiva.
Você o cativou com um só olhar de relance,
com um só enfeite de seu colar.
¹⁰Seu amor é delicioso,
minha amiga, minha noiva.
Seu amor é melhor que vinho;
seu perfume é mais agradável que especiarias.
¹¹Seus lábios são doces como néctar, minha noiva;
debaixo de sua língua há mel e leite.
Seus vestidos são perfumados
como os cedros do Líbano.

¹²Você é meu jardim particular, minha amiga, minha noiva,
nascente fechada, fonte escondida.
¹³Seus renovos guardam um paraíso de romãs
com especiarias raras:
hena e nardo,
¹⁴nardo e açafrão,
cálamo perfumado e canela,
com todas as árvores de incenso, com mirra, aloés
e todas as outras especiarias finas.
¹⁵Você é uma fonte de jardim,
um poço de água fresca
que desce dos montes do Líbano.

A Amada

¹⁶Desperte, vento norte!
Levante-se, vento sul!
Soprem em meu jardim
e espalhem sua fragrância por toda parte.
Entre em seu jardim, meu amor,
e saboreie seus melhores frutos.

O Amado

5 ¹Entrei em meu jardim, minha amiga,[e] minha noiva!
Recolhi mirra com minhas especiarias,
comi meu favo com mel,
bebi meu vinho com leite.

---

[a] 3.10 Ou *encosto*, ou *base*. O significado do hebraico é incerto. [b] 4.2 Em hebraico, *Nenhum está faltando; / cada um tem um gêmeo*. [c] 4.8 Ou *Olhe para baixo*. [d] 4.9 Em hebraico, *minha irmã*; também em 4.10,12. [e] 5.1 Em hebraico, *minha irmã*; também em 5.2.

As mulheres de Jerusalém
    Comam e bebam, amado e amada!
    Sim, bebam de seu amor quanto
        puderem!

A Amada
  ²Eu dormia, mas meu coração estava
        desperto,
    quando ouvi meu amado bater à porta e
        chamar:
    "Abra a porta para mim, minha amiga,
        minha querida,
    minha pomba, minha perfeita.
    Minha cabeça está molhada de orvalho,
        e meu cabelo, úmido do sereno da
        noite".

  ³Eu respondi:
    "Já tirei a túnica;
        vou ter de me vestir de novo?
    Já lavei os pés;
        vou ter de sujá-los?".

  ⁴Meu amado tentou destrancar a porta,
        e meu coração se agitou.
  ⁵Levantei-me de um salto para abrir a
        porta ao meu amor.
    Minhas mãos destilavam perfume
    e de meus dedos pingava mirra,
        quando puxei o ferrolho.
  ⁶Abri para meu amado,
        mas ele já havia partido!
    Meu coração quase parou de tristeza.
    Procurei por ele,
        mas não o encontrei.
    Chamei por ele,
        mas ele não respondeu.
  ⁷Os guardas me encontraram
        enquanto faziam a ronda.
    Bateram-me e feriram-me,
        arrancaram-me o manto,
        aqueles guardas dos muros.

  ⁸Prometam, ó mulheres de Jerusalém:
    Se encontrarem meu amado,
        digam-lhe que desfaleço de amor.

As mulheres de Jerusalém
  ⁹Diga-nos, mulher de beleza incomparável:
    Por que seu amado é melhor que todos
        os outros?
    O que ele tem de tão especial
    para fazermos a você essa promessa?

A Amada
  ¹⁰Meu amado é moreno e fascinante;
    ele se destaca no meio da multidão!
  ¹¹Sua cabeça é como o ouro puro,

PÃO DIÁRIO

Esposa e amiga

Sua voz é a própria doçura; ele é desejável em todos os sentidos. Esse, ó mulheres de Jerusalém, é meu amado, meu amigo.

—Cântico dos Cânticos 5.16

Durante muitos anos, o reitor de uma universidade referia-se à sua esposa em eventos públicos chamando-a de "Esposa e amiga". Um ex-aluno se lembra de como tal expressão lhe parecia "antiga" naquela época. Hoje, porém, ele diz a respeito da própria esposa: "Ela realmente é a minha melhor amiga".

O livro de Cântico dos Cânticos considera enriquecedora a intimidade sexual no casamento quando este é celebrado como uma dádiva de Deus. Contudo, por mais que essa intimidade seja significativa, ela não é o vínculo "mágico" que une duas pessoas. No casamento, o compromisso com Cristo é o que pode transformar o relacionamento numa amizade para toda a vida.

Para que essa amizade possa crescer, Cristo concede a segurança interior a cada um. Os amigos também compartilham dos acontecimentos que moldam o caráter. A amizade mútua com Cristo nos une ao nosso cônjuge e permite que participemos de acontecimentos comuns que são capazes de moldar a nossa vida. Como é lindo ver um homem e uma mulher se unirem ainda mais quando surge algo inevitável, tal como uma lesão, um acidente, a saúde debilitada ou outras circunstâncias que causam estresse ao relacionamento. A amizade envolve os parceiros com compreensão, fé, amor, carinho, honestidade e apoio. As pessoas crescem na fé e no amor.

Não procure defeitos em seu casamento. Em vez disso, doe-se e certifique-se de que o seu cônjuge seja sempre a sua melhor companhia.

Deus, estou impressionada por saber que permites que eu me torne Tua amiga. Um relacionamento contigo é mais precioso do que qualquer outro neste mundo. Com minhas amizades mais próximas, que eu seja a amiga que as conduz à fé mais profunda e ao amor por ti.

O sucesso no casamento é mais do que encontrar a pessoa certa; é tornar-se a pessoa certa.

seu cabelo ondulado, preto como o
corvo.
¹²Seus olhos são como pombas
junto aos riachos,
incrustados como joias
lavadas em leite.
¹³Suas faces são como jardins de especiarias
que espalham sua fragrância.
Seus lábios são como lírios
perfumados com mirra.
¹⁴Seus braços são como barras redondas
de ouro,
enfeitadas com berilo.
Seu ventre é como marfim polido,
que resplandece com safiras.
¹⁵Suas pernas são como colunas de
mármore
apoiadas em bases de ouro puro.
Seu porte é majestoso,
como o dos cedros do Líbano.
¹⁶Sua voz é a própria doçura;
ele é desejável em todos os sentidos.
Esse, ó mulheres de Jerusalém,
é meu amado, meu amigo.

As mulheres de Jerusalém

6 ¹Para onde foi seu amado,
ó mulher de beleza incomparável?
Diga-nos que caminho ele tomou,
e a ajudaremos a encontrá-lo.

A Amada

²Meu amado desceu a seu jardim,
aos canteiros de especiarias,
para pastorear nos jardins
e para colher lírios.
³Eu sou de meu amado, e meu amado é
meu;
ele pastoreia entre os lírios.

O Amado

⁴Você é linda, minha querida,
como a bela cidade de Tirza.
Sim, é linda como Jerusalém,
majestosa como um exército com
bandeiras ao vento.
⁵Desvie de mim seus olhos,
pois eles me dominam.

Seu cabelo é como um rebanho de cabras
que desce pelas encostas de Gileade.
⁶Seus dentes são brancos como ovelhas
recém-lavadas.
Seu sorriso é perfeito;
cada dente tem seu par ideal.ᵃ
⁷Suas faces por trás do véu
são rosadas como romãs.

⁸Mesmo entre sessenta rainhas,
oitenta concubinas
e incontáveis moças,
⁹eu ainda escolheria minha pomba, minha
perfeita,
a predileta de sua mãe,
muito amada por aquela que a deu à luz.
As moças a veem e dizem que ela é feliz;
até mesmo as rainhas e as concubinas do
rei a elogiam:
¹⁰"Quem é essa que se levanta como o
amanhecer,
bela como a lua,
brilhante como o sol,
majestosa como um exército com
bandeiras ao vento?".

A Amada

¹¹Desci ao bosque das nogueiras
e fui ao vale ver as novas plantas,
ver se as videiras tinham brotado
e se as romãs tinham florescido.
¹²Antes que eu me desse conta,
meu desejo me levou à carruagem de um
nobre.ᵇ

As mulheres de Jerusalém

¹³ᶜVolte, volte para junto de nós, sulamita!
Volte, volte para que a vejamos outra vez!

O Amado

Por que vocês olham para a sulamita
enquanto ela se move com tanta graça
entre duas fileiras de dançarinas?ᵈ

7 ¹ᵉComo são lindos seus pés calçados com
sandálias,
moça com porte de princesa!
As curvas de seus quadris são como joias,
trabalho de artífice habilidoso.

ᵃ**6.6** Em hebraico, *Nenhum está faltando; cada um tem um gêmeo*. ᵇ**6.12** Ou *me levou aos carros reais de meu povo*, ou *aos carros de Aminadabe*. O significado do hebraico é incerto. ᶜ**6.13a** No texto hebraico, o versículo 6.13 é numerado 7.1. ᵈ**6.13b** Ou *como olhariam os movimentos de dois exércitos?*, ou *como olhariam a dança de Maanaim?* O significado do hebraico é incerto.
ᵉ**7.1** No texto hebraico, os versículos 7.1-13 são numerados 7.2-14.

²Seu umbigo tem forma perfeita,
  como taça cheia de vinho de boa mistura.
Sua cintura é como um monte de trigo
  cercado de lírios.
³Seus dois seios são como duas crias,
  como filhotes gêmeos da gazela.
⁴Seu pescoço é gracioso
  como uma torre de marfim.
Seus olhos são como os açudes cristalinos
    de Hesbom,
  junto à porta de Bete-Rabim.
Seu nariz é belo como a torre do Líbano,
  de onde se avista Damasco.
⁵Sua cabeça é majestosa como o monte
    Carmelo,
  e o brilho de seu cabelo irradia nobreza;
  o rei é prisioneiro de suas tranças.
⁶Como você é linda!
  Como você é agradável, meu amor,
  e cheia de delícias!
⁷É esbelta como uma palmeira,
  e seus seios são como os cachos de
    frutos.
⁸Eu disse: "Subirei a palmeira
  e me apossarei de seus frutos".
Que seus seios sejam como cachos de uva,
  e que o aroma de sua respiração tenha o
    perfume das maçãs.
⁹Que seus beijos sejam como o melhor
    vinho.

A Amada
Sim, vinho que escorre para meu amado,
  que flui suave por lábios e dentes.ᵃ
¹⁰Eu sou de meu amado,
  e ele me deseja.
¹¹Venha, meu amor, vamos aos campos,
  passar a noite entre as flores silvestres.ᵇ
¹²Vamos levantar cedo para ir aos vinhedos
  ver se as videiras brotaram,
  se as flores abriram
  e se as romãs já estão em flor;
  ali eu lhe darei meu amor.
¹³Ali as mandrágoras espalham sua
    fragrância,
  e os melhores frutos estão à nossa porta,
  delícias novas e antigas,
  que guardei para você, meu amado.

A Amada
8 ¹Quem dera você fosse meu irmão,
  amamentado nos seios de minha mãe.
Então eu poderia beijá-lo publicamente,
  e ninguém me criticaria.
²Eu o levaria ao lar de minha infância,
  e ali você me ensinaria.ᶜ
Eu lhe daria de beber vinho com
    especiarias,
  o néctar de minhas romãs.
³Seu braço esquerdo estaria sob a minha
    cabeça,
  e o direito me abraçaria.
⁴Prometam, ó mulheres de Jerusalém,
  que não despertarão o amor antes do
    tempo.ᵈ

As mulheres de Jerusalém
⁵Quem é essa que vem subindo do deserto,
  apoiada em seu amado?

A Amada
Despertei você debaixo da macieira,
  onde sua mãe o deu à luz,
  onde, com muitas dores, ela o trouxe ao
    mundo.
⁶Coloque-me como selo sobre seu coração,
  como selo sobre seu braço.
Pois o amor é forte como a morte,
  e o ciúme, exigenteᵉ como a sepultura.ᶠ
O amor arde como fogo,
  como as labaredas mais intensas.
⁷As muitas águas não podem apagar o
    amor,
  nem os rios podem afogá-lo.
Se algum homem tentasse usar todas as
    suas riquezas
  para comprar o amor,
  sua oferta seria por completo
    desprezada.

Os irmãos da Amada
⁸Temos uma irmãzinha,
  que ainda é jovem demais para ter seios.
O que faremos por nossa irmã,
  se alguém a pedir em casamento?
⁹Se ela for um muro,
  nós a protegeremos com uma torre de
    prata.

ᵃ **7.9** Conforme a Septuaginta, a versão siríaca e a Vulgata; o hebraico traz *sobre os lábios dos que dormem.* ᵇ **7.11** Ou *nas vilas.*
ᶜ **8.2** Ou *ali ela me ensinará.* ᵈ **8.4** Ou *enquanto não estiver pronto.* ᵉ **8.6a** Ou *a paixão é duradoura.* ᶠ **8.6b** Em hebraico, *o Sheol.*

> **REFLETINDO SOBRE:** Voto de pureza
>
> ## A jovem esposa
>
> *Prometam, ó mulheres de Jerusalém, que não despertarão o amor antes do tempo.*
> —Cântico dos Cânticos 8.4
>
> Desde que o movimento nacional *True Love Waits* (O amor verdadeiro espera) começou em 1993, mais de dois milhões de estudantes do Ensino Médio e universitários se comprometeram a esperar até o casamento para o envolvimento sexual. Os adolescentes assinam um cartão de compromisso que declara: "Crendo que o amor verdadeiro espera, comprometo-me com Deus, comigo mesmo, com minha família, com aqueles com quem me envolverei e com meu futuro cônjuge a manter-me sexualmente puro até o dia em que me casar".
>
> O versículo bíblico em destaque soa como o voto original de pureza. Três vezes no livro, a jovem frisa para outras mulheres "...que não despertarão o amor antes do tempo". Conforme a narrativa progride, a jovem expressa sua alegria e deleite com seu amado. Apesar da intensa atração física, ela e seu noivo respeitaram os limites que Deus estabeleceu para a intimidade física; e agora estão livres para desfrutar plenamente desse presente. A jovem deseja essa mesma plenitude e alegria para as outras mulheres.
>
> Com a ênfase que nossa sociedade dá ao amor romântico, pode ser tentador investir em um relacionamento com a pessoa errada. Com a atual obsessão por sexo, pode também ser tentador ignorar as coordenadas do Senhor para os aspectos físicos de um relacionamento. A Palavra de Deus enfatiza a reserva do sexo ao casamento para que possamos desfrutar plenamente da intimidade física do modo como Ele planejou.
>
> A Bíblia também nos incita a mantermo-nos espiritualmente puras imitando-o em todos os aspectos de nossa vida (1Jo 3.3). Ainda que lutemos sempre com tentações enquanto vivermos na Terra, chegará o dia em que seremos libertas de todos os traços de pecados. Até lá, só encontraremos nossa maior alegria e plenitude se vivermos de acordo com as Suas orientações. Nunca é tarde demais para comprometer-se com a pureza sexual *ou* espiritual.

Se ela for uma porta,
 nós a fecharemos com uma tranca de cedro.

A Amada

¹⁰Eu sou um muro,
 e meus seios são suas torres.
Quando meu amado olha para mim,
 ele se agrada do que vê.

¹¹Salomão tem um vinhedo em Baal-Hamom,
 que ele arrenda para lavradores.
Cada um lhe paga mil peças de prata
 para colher os frutos.
¹²Quanto a meu vinhedo, faço dele o que quero,
 e Salomão não precisa pagar mil peças de prata.
Darei, contudo, duzentas peças
 aos que cuidam de seus frutos.

O Amado

¹³Minha querida, que mora nos jardins,
 seus companheiros ouvem atentamente sua voz;
deixe-me ouvi-la também!

A Amada

¹⁴Venha correndo, meu amado! Seja como a gazela,
 como o jovem cervo sobre os montes de especiarias.

ISAÍAS

INTRODUÇÃO

Profeta. No estudo das mensagens dos profetas, devemos entender que o significado do termo profetas pode ser: (1) Uma pessoa com a função de expressar publicamente o discurso religioso, muito semelhante ao pregador de hoje. Essa foi a função mais comum do profeta. Alguns foram reformadores, enquanto outros foram evangelistas ou avivalistas. (2) Aquele que realizava a função dos escribas, escrevendo a história, a biografia e os anais de suas nações. Nessa função, compilaram ou escreveram grandes porções dos livros do Antigo Testamento. (3) Aquele que era capaz de discernir o futuro e prever eventos que se tornariam públicos mais tarde.

Os livros proféticos. Todos recebem o nome dos profetas cujas mensagens eles apresentam. São escritos em grande parte no estilo poético e geralmente são divididos em dois grupos. (1) Os profetas maiores, que incluem Isaías, Jeremias, Lamentações, Ezequiel e Daniel. (2) Os profetas menores, incluindo os outros doze. Essa divisão baseia-se na extensão do material nos livros e é tendenciosa e não científica, uma vez que sugere que alguns são mais importantes que outros. É mais adequado dividi-los de acordo com seu lugar na ordem profética ou o período da história de Israel quando eles profetizaram; algo assim: 1. Os profetas pré-exílicos, ou aqueles que profetizaram antes do exílio. São eles: (a) Jonas, Amós e Oseias, profetas de Israel. (b) Obadias, Joel, Isaías, Miqueias, Naum, Habacuque, Sofonias e Jeremias, profetas de Judá. 2. Os profetas exílicos, Ezequiel e Daniel. 3. Os profetas pós-exílicos, profetas que atuaram após o cativeiro. Todos são de Judá, e são Ageu, Zacarias e Malaquias.

O ministério de Jeremias talvez tenha se estendido ao período do cativeiro. Há uma grande incerteza sobre a cronologia de Obadias, Joel e Jonas. Há diferenças de opinião sobre se alguns dos profetas pertencem a Judá ou a Israel. Miqueias é um exemplo.

Estudo dos profetas. O estudante deve ter em mente que o profeta lida principalmente com as condições morais e religiosas de seu próprio povo no período de seu ministério. Suas denúncias, advertências e exortações não são, portanto, princípios abstratos, mas são locais e para Israel. O profeta era, em primeiro lugar, um patriota judeu e um avivalista cheio do Espírito Santo e com zelo por Israel.

Os elementos proféticos desses livros devem ser interpretados à luz de: (1) um cumprimento próximo ou local, como a dispersão e restauração, e (2) um cumprimento distante e maior do qual o primeiro é apenas um precursor, como o advento do Messias e Seu reinado glorioso sobre toda a Terra. A interpretação da profecia deve geralmente estar no significado literal, natural e espontâneo das palavras. As seguintes passagens mostrarão como a profecia, já cumprida, foi cumprida literalmente e não alegoricamente: Gn 15.13-16; 16.11,12; Dt 28.62-67; Sl 22.1,7,8,15-18; Is 7.14; 53.2-9; Os 3.4; Jl 2.28,29; Mq 5.2; Mt 2.4-6; 21.4,5; Lc 1.20,31; 21.16,17,24; At 1.5; 2.16-18; 21.10,11.

Cada determinado livro de profecia deve ser lido atentamente e todos os assuntos tratados, observados. Isso deve ser seguido por um estudo cuidadoso para encontrar o que é dito sobre os vários tópicos já encontrados. Para ilustrar, o profeta pode mencionar a si mesmo, Jerusalém, Israel, Judá, Babilônia ou Egito etc. É preciso aprender o que é dito sobre cada um. Será necessário que o estudante aprenda tudo o que puder sobre a história dos diferentes assuntos mencionados para que ele possa entender a profecia sobre ele.

O profeta Isaías. Várias coisas são conhecidas sobre ele. (1) Ele foi chamado ao ministério no último ano do reinado de Uzias. (2) Morava em Jerusalém durante os reinados de Uzias, Jotão, Acaz e Ezequias e parece que passou a maior parte de sua vida como uma espécie de pregador da corte ou capelão do rei. (3) Ele é o mais renomado de todos os profetas do Antigo Testamento. Suas visões não estão restritas ao seu próprio país e época. Falou por todas as nações e por todas as épocas, mesmo restrito ao seu país e época. Foi um homem intelectualmente poderoso, de grande integridade e notável força de caráter. (4) É citado no Novo Testamento mais do que qualquer um dos outros profetas e, devido à relação de seu ensino com a época e os ensinamentos do Novo Testamento, suas profecias foram chamadas de "Ponte entre a antiga e a nova aliança". (5) Ele se casou e teve dois filhos.

Natureza de seus ensinamentos. Em sua visão inaugural registrada no capítulo 6, Isaías imprimiu sobre si algumas verdades que moldaram toda a sua trajetória. Ele viu: (1) A santidade e a majestade de Deus; (2) A corrupção daqueles ao seu redor; (3) A certeza do terrível julgamento sobre os ímpios; (4) A bênção àqueles cuja vida é aprovada por Deus; e (5) a salvação de um remanescente que virá a ser a semente de um novo Israel. Com essas verdades ardendo em sua alma, imprimiu a batalha da justiça em todas as esferas da vida. Ele se esforçou para regenerar toda a vida nacional. Tentou fazer não só o culto religioso, mas o comércio e a política tão puros que tudo poderia se tornar um culto aceitável a Deus. Portanto, tornou-se um mestre religioso, pregador, reformador social, estadista e profeta.

Condições de Israel (Reino do Norte). Isaías começou a profetizar quando o reino era exteriormente rico e próspero sob o governo de Jeroboão II. Interiormente, o reino era muito corrupto. No entanto, logo ficou fragmentado (621 a.C.) e foi conquistado e levado ao cativeiro pelos assírios.

Condições de Judá (Reino do Sul). Durante os reinados de Acaz, Jotão e Uzias, a opressão, a perversidade e a idolatria existiam em todos os lugares. Acaz fez aliança com a Assíria, que finalmente trouxe destruição a Israel, mas Ezequias ouviu Isaías e fez reformas, e Deus destruiu o exército assírio antes que Jerusalém fosse destruída.

Natureza dos conteúdos do livro. O conteúdo do livro inclui: (1) Advertências e ameaças contra o seu próprio povo por causa de seus pecados. (2) Esboços da história de sua época. (3) Profecias do retorno de Israel do cativeiro. (4) Profecias sobre a vinda do Messias. (5) Previsões do julgamento de Deus sobre outras nações. (6) Discursos que exigem a reforma moral e religiosa de Israel. (7) Visões da futura glória e prosperidade da Igreja. (8) Expressões de ação de graças e louvores.

Centro de interesse. O profeta lida principalmente com a nação e não com o indivíduo. Ele fala essencialmente do presente e não do futuro. Esses dois fatos devem ser constantemente mantidos em mente durante a leitura e interpretação do livro.

ESBOÇO

1. Discursos a respeito de Judá e Israel, Caps. 1–12
    1.1. Algumas promessas e repreensões, Caps. 1–6
    1.2. O livro de Emanuel, Caps. 7–12
2. Profecias contra nações estrangeiras, Caps. 13–23
3. O julgamento do mundo e o triunfo do povo de Deus, Caps. 24–27
    3.1. Os julgamentos, Cap. 24
    3.2. O triunfo, Caps. 25–27
4. A relação de Judá com o Egito e a Assíria, Caps. 28–32
5. O grande livramento de Jerusalém, Caps. 33–39
6. O livro da consolação, Caps. 40–66
    6.1. A preparação de Deus para certo livramento, Caps. 40–48
    6.2. O servo de Deus, o Messias, trará esse livramento, Caps. 49–57
    6.3. A restauração de Sião e o reino messiânico, com promessas e avisos para o futuro, Caps. 58–66

PARA ESTUDO E DISCUSSÃO

[1] Os pecados de Israel e a repressão a Judá.
[2] Outras nações contra as quais ele faz previsões e o que ele disse sobre cada uma.
[3] O chamado de Isaías, Cap. 6.
[4] A mensagem de Isaías a Acaz, Cap. 7.
[5] A maneira pela qual Isaías coloca a divindade de Deus como apoio para sua capacidade de prever o futuro, Cap. 41. Dê outras ilustrações.
[6] As predições expressas sobre o Messias cumpridas em Jesus.
[7] Indique as passagens que retratam a futura glória da Igreja e a prosperidade espiritual do povo escolhido.
[8] Passagens que preveem a restauração dos judeus do cativeiro.
[9] Algumas profecias já cumpridas: (a) Os julgamentos de Deus sobre os reis de Israel e a nação de Israel, Cap. 7. (b) A queda de Senaqueribe, Caps. 13 e 37. (c) Catástrofes que viriam sobre a Babilônia, Damasco, Egito, Moabe e Edom, Caps. 13, 15, 18, 19 e 34. (d) Descrições vivas e maravilhosas do destino final da Babilônia e Edom, 13.19-22; 34.10-17.
[10] A teologia de Isaías ou suas opiniões sobre assuntos como a condição moral do homem, a necessidade de um redentor, as consequências da redenção, a divina providência, a majestade e a santidade de Deus, a vida futura etc.

ISAÍAS 1

1 Estas são as visões de Isaías, filho de Amoz, acerca de Judá e Jerusalém. Ele teve estas visões durante os anos em que Uzias, Jotão, Acaz e Ezequias eram reis de Judá.[a]

Mensagem para o povo rebelde de Judá

2 Ouçam, ó céus! Preste atenção, ó terra!
  Assim diz o Senhor:
"Os filhos que criei e dos quais cuidei
  se rebelaram contra mim.
3 Até mesmo o boi conhece seu dono,
  e o jumento reconhece o cuidado de seu senhor,
mas Israel não conhece seu Senhor;
  meu povo não reconhece meu cuidado por ele".
4 Ah, como é pecadora esta nação,
  sobrecarregada pelo peso da culpa!
São um povo perverso,
  filhos corruptos que rejeitaram o Senhor.
Desprezaram o Santo de Israel
  e deram as costas para ele.

5 Por que continuam a atrair castigo sobre si?
  Vão se rebelar para sempre?
Sua cabeça está ferida,
  seu coração está enfermo.
6 Estão machucados da cabeça aos pés,
  cheios de contusões, vergões e feridas abertas,
  e não há ataduras nem óleo para dar alívio.
7 Sua terra está em ruínas,
  suas cidades foram queimadas.
Estrangeiros saqueiam seus campos diante de vocês
  e destroem tudo que veem pela frente.
8 A bela Sião[b] está abandonada,
  como o abrigo do vigia no vinhedo,
como a cabana numa plantação de pepinos,
  como a cidade que foi sitiada.
9 Se o Senhor dos Exércitos
  não houvesse poupado alguns de nós,[c]
teríamos sido exterminados como Sodoma
  e destruídos como Gomorra.

10 Ouçam a palavra do Senhor, líderes de "Sodoma"!
  Prestem atenção à lei de nosso Deus, povo de "Gomorra"!
11 "O que os faz pensar que desejo seus muitos sacrifícios?",
  diz o Senhor.
"Estou farto de holocaustos de carneiros
  e da gordura de novilhos gordos.
Não tenho prazer no sangue de touros,
  de cordeiros e de bodes.
12 Quem lhes pediu que fizessem esse alvoroço por meus pátios
  quando vêm me adorar?
13 Parem de trazer ofertas inúteis;
  o incenso que oferecem me dá náusea!
Suas festas de lua nova, seus sábados
  e seus dias especiais de jejum
são pecaminosos e falsos;
  não aguento mais suas reuniões solenes!
14 Odeio suas festas de lua nova e celebrações anuais;
  são um peso para mim, não as suporto!
15 Não olharei para vocês quando levantarem as mãos para orar;
  ainda que ofereçam muitas orações, não os ouvirei,
  pois suas mãos estão cobertas de sangue.
16 Lavem-se e limpem-se!
  Removam seus pecados de minha vista
  e parem de fazer o mal.
17 Aprendam a fazer o bem
  e busquem a justiça.
Ajudem os oprimidos,
  defendam a causa dos órfãos,
  lutem pelos direitos das viúvas.

18 "Venham, vamos resolver este assunto",
  diz o Senhor.
"Embora seus pecados sejam como o escarlate,
  eu os tornarei brancos como a neve;
embora sejam vermelhos como o carmesim,
  eu os tornarei brancos como a lã.
19 Se estiverem dispostos a me obedecer,
  terão comida com fartura.

---

[a] **1.1** Os reis citados governaram entre 792 e 686 a.C. [b] **1.8** Em hebraico, *A filha de Sião*. [c] **1.9** A Septuaginta traz *alguns de nossos filhos*. Comparar com Rm 9.29.

²⁰Se, porém, se desviarem e se recusarem
a ouvir,
serão devorados pela espada.
Eu, o Senhor, falei!"

Jerusalém, cidade infiel

²¹Vejam como a cidade antes tão fiel
tornou-se uma prostituta.
Antes era o centro da justiça e da retidão,
agora está cheia de assassinos.
²²Antes era como prata,
agora se tornou coisa desprezível.
Antes era pura,
agora é como vinho misturado com
água.
²³Seus líderes são rebeldes,
companheiros de ladrões.
Todos eles amam subornos
e exigem propinas,
mas não defendem a causa dos órfãos
nem se preocupam com os direitos das
viúvas.

²⁴Por isso o Soberano Senhor dos Exércitos,
o Poderoso de Israel, diz:
"Eu me vingarei de meus inimigos;
darei a meus adversários o que eles
merecem!
²⁵Levantarei o punho contra você;
o derreterei e separarei o que é
descartável
e removerei todas as suas impurezas.
²⁶Eu lhe darei bons juízes e conselheiros
sábios,
como tinha no passado.
Então você voltará a ser chamada de
Centro da Justiça
e Cidade Fiel".

²⁷Sião será redimida pela justiça,
e os que se arrependerem serão
restaurados pela retidão.
²⁸Mas os rebeldes e os pecadores serão
destruídos,
e serão consumidos os que
abandonarem o Senhor.

²⁹Vocês se envergonharão de sua idolatria
em bosques de carvalhos.
Ficarão desconcertados de terem
adorado
em jardins dedicados a ídolos.

³⁰Serão como uma grande árvore com
folhas murchas,
como um jardim sem água.
³¹Os mais fortes em seu meio
desaparecerão como palha;
seus atos perversos serão a faísca que a
incendeia.
Queimarão junto com suas obras,
e ninguém conseguirá apagar o fogo.

O reinado futuro do Senhor

2 Esta é uma visão que Isaías, filho de Amoz,
teve acerca de Judá e Jerusalém:

²Nos últimos dias, o monte da casa do
Senhor
será o mais alto de todos.
Será elevado acima de todos os outros
montes,
e povos de todo o mundo irão até lá para
adorar.
³Gente de muitas nações virá e dirá:
"Venham, vamos subir ao monte do
Senhor,
à casa do Deus de Jacó.
Ali ele nos ensinará seus caminhos,
e neles andaremos".
Pois a lei do Senhor sairá de Sião;
sua palavra virá de Jerusalém.
⁴O Senhor será mediador entre os povos
e resolverá os conflitos das nações.
Os povos transformarão suas espadas em
arados
e suas lanças em podadeiras.
As nações deixarão de lutar entre si
e já não treinarão para a guerra.

Advertência sobre o julgamento

⁵Venham, descendentes de Jacó,
vamos andar na luz do Senhor!
⁶Pois tu, Senhor, rejeitaste teu povo,
os descendentes de Jacó,
porque encheram a terra com práticas do
oriente e feiticeiros,
como é costume dos filisteus;
sim, fizeram acordos com nações
estrangeiras.
⁷Israel está cheia de prata e ouro;
seus tesouros são incontáveis.
Sua terra está cheia de cavalos de guerra;
seus carros de combate não têm fim.
⁸Sua terra está cheia de ídolos;

o povo adora objetos que fez com as
próprias mãos.
⁹Por isso, agora serão humilhados,
e todos serão rebaixados;
não os perdoes!
¹⁰Escondam-se em cavernas no meio das
rochas,
escondam-se no pó,
para escaparem do terror do Senhor
e da glória de sua majestade.
¹¹O orgulho humano será rebaixado,
a arrogância humana será humilhada.
Somente o Senhor será exaltado
naquele dia de julgamento.

¹²Pois o Senhor dos Exércitos
tem um dia de acerto de contas.
Ele castigará os orgulhosos e os poderosos
e derrubará tudo que se exalta.
¹³Cortará os cedros imponentes do Líbano
e os grandes carvalhos de Basã.
¹⁴Arrasará os montes altos
e as colinas elevadas.
¹⁵Derrubará as torres altas
e os muros fortificados.
¹⁶Afundará os grandes navios mercantes[a]
e todas as magníficas embarcações.
¹⁷O orgulho humano será humilhado,
a arrogância humana será rebaixada.
Somente o Senhor será exaltado
naquele dia de julgamento.

¹⁸Os ídolos desaparecerão por completo.
¹⁹Quando o Senhor se levantar para sacudir
a terra,
seus inimigos rastejarão para dentro de
buracos no chão.
Em cavernas no meio das rochas,
se esconderão do terror do Senhor
e da glória de sua majestade.
²⁰Naquele dia, abandonarão os ídolos de
ouro e prata
que eles próprios fizeram para adorar.
Deixarão seus deuses para roedores e
morcegos,
²¹enquanto rastejam para dentro de
cavernas
e se escondem entre as rochas dos
desfiladeiros.

Tentarão escapar do terror do Senhor
e da glória de sua majestade
quando ele se levantar para sacudir a
terra.
²²Não ponham sua confiança em simples
mortais;
são frágeis como um sopro.
Que valor eles têm?

Julgamento contra Judá

3 ¹O Soberano Senhor dos Exércitos,
tirará de Jerusalém e de Judá
tudo aquilo de que dependem:
cada pedaço de pão,
cada gota de água,
²todos os seus heróis e soldados,
juízes e profetas,
adivinhos e autoridades,
³oficiais do exército e altos funcionários,
conselheiros, magos e astrólogos.

⁴Nomearei meninos como seus líderes,
crianças pequenas para governá-los.
⁵As pessoas oprimirão umas às outras:
homem contra homem,
vizinho contra vizinho.
Os jovens insultarão os idosos,
e os canalhas desprezarão os honrados.

⁶Naquele dia, um homem dirá a seu irmão:
"Você tem roupas; seja nosso líder!
Assuma o governo deste monte de
ruínas".
⁷Mas ele responderá:
"Não posso ajudar!
Não tenho roupa nem comida sobrando;
não me escolham como líder".
⁸Jerusalém tropeçará,
e Judá cairá,
pois falam contra o Senhor e não querem
lhe obedecer;
rebelam-se abertamente contra sua
glória.
⁹A expressão do rosto os denuncia;
exibem seu pecado como o povo de
Sodoma,
nem sequer procuram escondê-lo.
Estão perdidos!
Trouxeram desgraça sobre si mesmos.

¹⁰Digam aos justos que tudo lhes irá bem;

---

[a] **2.16** Em hebraico, *todos os navios de Társis*.

desfrutarão a recompensa de seus esforços.

¹¹Os perversos, porém, estão perdidos,
pois receberão exatamente o que merecem.

¹²Líderes imaturos oprimem meu povo,
mulheres o governam.
Ó meu povo, seus líderes o enganam
e o conduzem pelo caminho errado.

¹³O S&#xniʜor toma seu lugar no tribunal
e apresenta sua causa contra seu povo.ᵃ
¹⁴O Senhor se apresenta para pronunciar julgamento
sobre as autoridades do povo e seus governantes:
"Vocês acabaram com Israel, minha videira;
o que roubaram dos pobres agora enche suas casas.
¹⁵Como ousam esmagar meu povo
e esfregar o rosto dos pobres no pó?".
Quem exige uma resposta é o Soberano Senhor dos Exércitos.

Advertência a Jerusalém

¹⁶O Senhor diz: "A bela Siãoᵇ é arrogante;
estica seu pescoço elegante
e lança olhares atrevidos,
caminhando com passos curtos,
fazendo tinir os enfeites de seus tornozelos.
¹⁷Por isso, o Senhor fará surgir crostas em sua cabeça;
o Senhor deixará calva a bela Sião".

¹⁸Naquele dia, o Senhor removerá tudo que a embeleza:
os enfeites, as tiaras, os colares em forma de meia-lua,
¹⁹os brincos, as pulseiras e os véus;
²⁰os lenços, os enfeites para o tornozelo, os cintos,
os perfumes e os amuletos;
²¹os anéis, as joias do nariz,
²²as roupas de festa, os vestidos, os mantos e as bolsas;
²³os espelhos, as roupas de linho fino,
os adornos para a cabeça e os xales.

²⁴Em vez de exalar perfume agradável, ela terá mau cheiro;
usará cordas como cinto e perderá todo o seu lindo cabelo.
Vestirá pano de saco em vez de roupas finas,
e a vergonha tomará o lugar de sua beleza.ᶜ
²⁵Os homens da cidade serão mortos à espada,
e seus guerreiros morrerão na batalha.
²⁶Os portões de Sião chorarão e se lamentarão;
a cidade será como uma mulher devastada,
encolhida no chão.

4 Naquele dia, restarão tão poucos homens que sete mulheres brigarão por um só e dirão: "Deixe que todas nós nos casemos com você! Providenciaremos nossa comida e nossas roupas. Só queremos seu sobrenome, para que não zombem de nós!".

Promessa de restauração

²Naquele dia, porém, o renovoᵈ do Senhor será belo e glorioso;
o fruto da terra será o orgulho e o esplendor
de todos que sobreviverem em Israel.
³Todos que restarem em Sião
serão um povo santo,
aqueles que permanecerem em Jerusalém,
que estiverem registrados entre os vivos.
⁴O Senhor lavará a imundície da bela Sião;ᵉ
removerá de Jerusalém as manchas de sangue
com o quente sopro de julgamento abrasador.
⁵Então o Senhor proverá sombra para o monte Sião,
e todos se reunirão ali.
Durante o dia, proverá uma camada de nuvem
e, à noite, de fumaça e fogo ardente,
que cobrirá a terra gloriosa.

ᵃ**3.13** Conforme a Septuaginta e a versão siríaca; o hebraico traz *contra os povos*. ᵇ**3.16** Ou *As mulheres de Sião* (com mudanças correspondentes à forma plural até o v. 24); o hebraico traz *As filhas de Sião*; também em 3.17. ᶜ**3.24** Conforme os manuscritos do mar Morto; o Texto Massorético traz *roupas finas / porque em lugar de beleza*. ᵈ**4.2** Ou *o Renovo*. ᵉ**4.4** Ou *das mulheres de Sião*; o hebraico traz *das filhas de Sião*.

⁶Será abrigo contra o calor do dia
e esconderijo contra tempestades e chuvas.

Cântico sobre o vinhedo do Senhor

5 ¹Agora, cantarei a meu amado
uma canção sobre seu vinhedo:
Meu amado tinha um vinhedo
numa colina muito fértil.
²Ele arou a terra, tirou as pedras
e plantou as melhores videiras.
No meio do vinhedo, construiu uma torre de vigia
e, junto às rochas, fez um tanque de prensar.
Então esperou pela colheita de uvas doces,
mas o vinhedo só produziu uvas amargas.
³Agora, habitantes de Jerusalém e Judá,
julguem entre mim e meu vinhedo.
⁴O que mais poderia ter feito por meu vinhedo
que já não fiz?
Por que, quando esperava uvas doces,
ele produziu uvas amargas?
⁵Agora lhes digo
o que farei com meu vinhedo:
Removerei suas cercas
e deixarei que seja destruído.
Derrubarei seus muros
e deixarei que seja pisoteado.
⁶Farei dele um lugar desolado,
onde as videiras não são podadas e a terra não é capinada,
um lugar cheio de espinhos e mato.
Darei ordem às nuvens
para que não derramem chuva sobre ele.
⁷A nação de Israel é o vinhedo do Senhor dos Exércitos,
o povo de Judá é seu jardim agradável.
Ele esperava colher justiça,
mas encontrou opressão.
Esperava colher retidão,
mas ouviu gritos de angústia.

A culpa e o julgamento de Judá

⁸Que aflição espera vocês
que compram casas e mais casas,
campos e mais campos,
até não haver lugar para outros
e vocês se tornarem os únicos donos da terra!
⁹Mas eu ouvi o Senhor dos Exércitos
fazer um juramento solene:
"Muitas casas ficarão desertas;
até as belas mansões ficarão vazias.
¹⁰Um vinhedo de dez jeiras[a] não produzirá
vinte litros[b] de vinho;
dez cestos grandes[c] de sementes só
produzirão um cesto[d] de cereais".
¹¹Que aflição espera os que se levantam cedo pela manhã,
para começar a beber,
e passam a noite tomando vinho,
para ficar embriagados.
¹²Em suas festas sempre há vinho e belas músicas,
de lira e harpa, tamborim e flauta,
mas nunca pensam no Senhor,
não se dão conta do que ele faz.
¹³Por isso meu povo irá para o exílio num lugar distante,
pois não me conhece.
Os nobres morrerão de fome,
e a multidão morrerá de sede.
¹⁴A sepultura[e] saliva de ansiedade,
com a boca bem aberta.
Os mais importantes e os mais simples
e toda a multidão embriagada serão devorados.
¹⁵A humanidade será abatida, o povo será rebaixado;
até os arrogantes baixarão o olhar em humilhação.
¹⁶O Senhor dos Exércitos, porém, será exaltado em sua justiça;
a santidade de Deus será demonstrada em sua retidão.
¹⁷Naquele dia, os cordeiros encontrarão bons pastos;
as ovelhas gordas e os cabritos[f] comerão entre as ruínas.

---

[a] **5.10a** O equivalente à terra arada por dez juntas de bois em um dia. [b] **5.10b** Em hebraico, *1 bato*, cerca de 21 litros. [c] **5.10c** Em hebraico, *1 ômer*, cerca de 220 litros. [d] **5.10d** Em hebraico, *1 efa*, cerca de 20 litros. [e] **5.14** Em hebraico, *O Sheol*. [f] **5.17** Conforme a Septuaginta; o hebraico traz *e os estrangeiros*.

¹⁸Que aflição espera os que arrastam sua perversidade
com cordas feitas de mentiras,
que arrastam atrás de si o pecado
como quem puxa uma carroça!
¹⁹Zombam de Deus e dizem:
"Anda logo! Toma uma providência!
Queremos ver o que és capaz de fazer.
Que o Santo de Israel realize seu plano,
pois queremos saber o que é".

²⁰Que aflição espera os que chamam
o mal de bem e o bem de mal,
a escuridão de luz e a luz de escuridão,
o amargo de doce e o doce de amargo!
²¹Que aflição espera os que são sábios aos próprios olhos
e pensam ter entendimento!
²²Que aflição espera os que são heróis em tomar vinho
e se gabam de quanta bebida conseguem ingerir!
²³Aceitam subornos para deixar o perverso em liberdade
e negam justiça ao inocente.

²⁴Portanto, assim como o fogo consome a palha
e o capim seco se desfaz com a chama,
suas raízes apodrecerão
e suas flores murcharão.
Pois rejeitaram a lei do Senhor dos Exércitos,
desprezaram a palavra do Santo de Israel.
²⁵Por isso a ira do Senhor se acende contra seu povo,
por isso ele levantou sua mão para esmagá-los.
Os montes estremecem,
e os cadáveres do povo estão espalhados pelas ruas como lixo.
Mesmo assim, a ira do Senhor não se satisfará;
sua mão ainda está levantada para castigar.

²⁶Ele enviará um sinal a nações distantes,
assobiará para os que estão nos confins da terra;
eles virão correndo.
²⁷Não se cansarão nem tropeçarão;
ninguém descansará nem dormirá.
Nenhum cinto estará solto,
nenhuma correia de sandália se arrebentará.
²⁸Suas flechas estarão afiadas,
seus arcos, prontos para a batalha.
Os cascos de seus cavalos soltarão faíscas,
as rodas de seus carros girarão como um turbilhão.
²⁹Rugirão como leões,
como os leões mais fortes.
Rosnarão e se lançarão sobre suas vítimas,
e as levarão embora;
ninguém poderá livrá-las.
³⁰Naquele dia, rugirão sobre suas vítimas como ruge o mar.
Se alguém olhar por toda a terra,
só verá trevas e aflição;
até a luz será obscurecida pelas nuvens.

A purificação e o chamado de Isaías

6 No ano em que o rei Uzias morreu,[a] eu vi o Senhor. Ele estava sentado em um trono alto, e a borda de seu manto enchia o templo. ²Acima dele havia serafins, cada um com seis asas: com duas asas cobriam o rosto, com duas cobriam os pés e com duas voavam. ³Diziam em alta voz uns aos outros:

"Santo, santo, santo é o Senhor dos Exércitos;
toda a terra está cheia de sua glória!"

⁴Suas vozes sacudiam o templo até os alicerces, e todo o edifício estava cheio de fumaça. ⁵Então eu disse: "Estou perdido! É o meu fim, pois sou um homem de lábios impuros e vivo no meio de pessoas de lábios impuros. Meus olhos, porém, viram o Rei, o Senhor dos Exércitos!". ⁶Então um dos serafins voou em minha direção, trazendo uma brasa ardente que ele havia tirado do altar com uma tenaz. ⁷Tocou meus lábios com a brasa e disse: "Veja, esta brasa tocou seus lábios. Sua culpa foi removida, e seus pecados foram perdoados". ⁸Então ouvi o Senhor perguntar: "Quem enviarei como mensageiro a este povo? Quem irá por nós?".

E eu respondi: "Aqui estou; envia-me".

---

[a] **6.1** Isto é, no ano 740 a.C.

⁹Ele disse: "Vá e diga a este povo:

'Ouçam com atenção, mas não entendam;
 observem bem, mas não aprendam'.
¹⁰Endureça o coração deste povo;
 tape os ouvidos e feche os olhos deles.
Assim, não verão com os olhos,
 nem ouvirão com os ouvidos,
não entenderão com o coração,
 nem se voltarão para mim a fim de
  serem curados".ᵃ

¹¹Então eu disse: "Senhor, até quando isso vai durar?",
 e ele respondeu:

"Até que as cidades fiquem vazias,
 e as casas, abandonadas,
 e toda a terra seja devastada;
¹²até que o Senhor tenha mandado todos embora,
 e toda a terra de Israel esteja deserta.
¹³Se ainda sobreviver uma décima parte,
 um remanescente,
 ela será invadida outra vez e queimada.
Mas, assim como o terebinto e o carvalho
 deixam um toco quando cortados,
 o toco de Israel será uma semente santa".

Mensagem para Acaz

7 Quando Acaz, filho de Jotão e neto de Uzias, era rei de Judá, Rezim, rei da Síria,ᵇ e Peca, filho de Remalias, rei de Israel, saíram para atacar Jerusalém. Contudo, não conseguiram executar seu plano. ²Havia chegado à corte de Judá a seguinte notícia: "A Síria se aliou com Israelᶜ contra nós!". O coração do rei e de seu povo estremeceu de medo, como árvores se agitam numa tempestade. ³Então o Senhor disse a Isaías: "Pegue seu filho, Sear-Jasube,ᵈ e vá encontrar-se com o rei Acaz. Ele estará no final do aqueduto que abastece o tanque superior, perto do caminho para o campo onde se lavaᵉ roupa. ⁴Diga a Acaz que pare de se preocupar e que não precisa ter medo da ira ardente daquelas duas brasas

---

PÃO DIÁRIO

Quem enviarei?

Então ouvi o Senhor perguntar: "Quem enviarei como mensageiro a este povo? Quem irá por nós?". E eu respondi: "Aqui estou; envia-me".

—Isaías 6.8

Quando eu era um jovem pastor, servi numa congregação recém-formada na qual meus pais congregavam. Meu pai ministrava ativamente às pessoas evangelizando-as em visitas aos hospitais e lares de idosos, ministério de transporte, socorro aos pobres etc. Embora ele não tivesse um treinamento ministerial, papai tinha uma habilidade natural para aproximar-se das pessoas que enfrentavam momentos difíceis. Esta era a sua paixão: pessoas oprimidas, que frequentemente são negligenciadas. De fato, no dia em que ele morreu, nossa última conversa foi sobre alguém para quem ele havia prometido ligar. Ele estava preocupado com o cumprimento daquela promessa.

Creio que meu pai conseguia dar um bom exemplo de servo porque o coração dele estava em sintonia com o de Cristo. Jesus olhava as multidões de pessoas esquecidas do mundo e se compadecia delas. O Senhor ordenava que os Seus seguidores orassem para que Deus mandasse trabalhadores (como o meu pai) para alcançar os que estavam sobrecarregados com as preocupações da vida (Mt 9.36-38).

Meu pai se tornou a resposta àquelas orações na vida de muitas pessoas sofridas, e nós também podemos nos tornar. Quando ouvirmos uma oração pedindo para que alguém represente o amor de Cristo para as pessoas, que o nosso coração possa responder: "Aqui estou; envia-me".

Senhor, enche o meu coração de compaixão pelas pessoas. Teu precioso Filho nos mostrou como amar os que têm necessidades físicas e espirituais. Envia-me, Senhor! Desejo ser usada por ti para tocar a vida dos outros para a Tua glória.

Servimos verdadeiramente ao Senhor quando o servimos em todo o tempo.

ᵃ **6.9-10** A Septuaginta traz *Ele disse: "Vá e diga a este povo: / 'Quando ouvirem o que digo, não entenderão. / Quando virem o que faço, não compreenderão'. / Pois o coração deste povo está endurecido, / ouvem com dificuldade, e têm os olhos fechados, / de modo que seus olhos não veem, / e seus ouvidos não ouvem, / e seu coração não entende, / e não se voltam para mim, nem permitem que eu os cure"*. Comparar com Mt 13.14-15; Mc 4.12; Lc 8.10; At 28.26-27. ᵇ **7.1** Em hebraico, *Arã*; também em 7.2,4,5,8. ᶜ **7.2** Em hebraico, *Efraim*, referência a Israel, o reino do norte; também em 7.5,8,9,17. ᵈ **7.3a** *Sear-Jasube* significa "um remanescente voltará". ᵉ **7.3b** Ou *branqueia*.

PÃO DIÁRIO

Jesus, nossa esperança

Por isso, o Senhor mesmo lhes dará um sinal. Vejam! A virgem ficará grávida! Ela dará à luz um filho e o chamará de Emanuel.

—Isaías 7.14

Uma noite quando voltávamos para casa depois de uma festa de Natal, minha família e eu nos aproximamos de uma pequena igreja rural aninhada entre os montes. De longe, eu podia ver seus enfeites natalinos. As fileiras de luzes brancas formavam as letras maiúsculas E-S-P-E-R-A-N-Ç-A. A visão daquela palavra brilhando na escuridão nos relembrou que Jesus é e sempre foi a esperança da humanidade.

Antes de Jesus nascer, o povo esperava o Messias — Aquele que levaria "sobre si a culpa de muitos" e intercederia junto a Deus em favor dos pecadores (Is 53.12). Eles esperavam que o Messias viesse por intermédio de uma virgem que daria à luz o seu filho em Belém e o chamaria de Emanuel, "Deus conosco" (7.14; Mt 1.23). Na noite em que Jesus nasceu, a esperança deles tornou-se realidade (Lc 2.1-14).

Embora não estejamos mais esperando Jesus na forma de um bebê, Ele ainda é a fonte da nossa esperança. Nós esperamos a segunda vinda do Senhor (Mt 24.30); ansiamos pelo lar celestial que Ele está preparando para nós (Jo 14.2); e sonhamos em viver com Jesus em Sua cidade santa (Ap 21.2,3). Como cristãs, podemos olhar para o futuro, porque o bebê na manjedoura foi e ainda é o "nosso Salvador, e [...] Cristo Jesus, nossa esperança" (1Tm 1.1).

Querido Jesus, tu és a fonte da nossa esperança para hoje e por toda a eternidade. Vieste à Terra como homem, Deus encarnado mostrando-nos a verdadeira luz. E agora nós a seguimos enquanto nos aquecemos na esperança da salvação e da vida eterna que providenciaste.

"Emanuel" — Deus conosco!

---

apagadas, Rezim, rei da Síria, e Peca, filho de Remalias. ⁵É verdade que os reis da Síria e de Israel tramam contra ele e dizem: ⁶'Atacaremos Judá e a conquistaremos; então colocaremos o filho de Tabeal para reinar sobre Judá'. ⁷Mas assim diz o Senhor Soberano:

"Essa invasão não acontecerá;
jamais ocorrerá,
⁸pois a Síria não é mais forte que sua capital, Damasco,
e Damasco não é mais forte que seu rei, Rezim.
Quanto a Israel, em sessenta e cinco anos, será esmagada e completamente destruída.
⁹Israel não é mais forte que sua capital, Samaria,
e Samaria não é mais forte que seu rei, Peca, filho de Remalias.
Se vocês não crerem com firmeza,
não permanecerão firmes".

O sinal de Emanuel

¹⁰Depois, o Senhor enviou esta mensagem ao rei Acaz: ¹¹"Peça ao Senhor, seu Deus, um sinal de confirmação. Pode ser algo difícil, alto como os céus ou profundo como o lugar dos mortos".[a]

¹²O rei Acaz, porém, respondeu: "Não porei o Senhor à prova desse modo".

¹³Então o profeta disse: "Ouçam bem, descendentes de Davi! Não basta esgotarem a paciência das pessoas? Agora também querem esgotar a paciência de meu Deus? ¹⁴Por isso, o Senhor mesmo lhes dará um sinal. Vejam! A virgem[b] ficará grávida! Ela dará à luz um filho e o chamará de Emanuel.[c] ¹⁵Quando essa criança tiver idade suficiente para escolher o bem e rejeitar o mal, comerá coalhada[d] e mel. ¹⁶Pois, antes de a criança chegar a essa idade, as terras dos dois reis que vocês tanto temem ficarão desertas.

¹⁷"Então o Senhor trará sobre vocês, sua nação e sua família, coisas como nunca houve desde que Israel se separou de Judá; trará contra vocês o rei da Assíria!".

¹⁸Naquele dia, o Senhor assobiará para chamar o exército do sul do Egito e o exército da Assíria, e eles os cercarão como enxames de moscas e abelhas. ¹⁹Virão em grandes multidões e ocuparão as regiões férteis e também os vales desolados, as cavernas e os lugares tomados de espinhos. ²⁰Naquele dia, o Senhor alugará uma "navalha" que virá de além do rio Eufrates[e] — o rei da Assíria — e a usará para raspar tudo: sua terra, suas plantações e seu povo.[f]

---

[a] 7.11 Em hebraico, *como o Sheol*. [b] 7.14a Ou *a jovem*. [c] 7.14b *Emanuel* significa "Deus conosco". [d] 7.15 Ou *iogurte*; também em 7.22. [e] 7.20a Em hebraico, *do rio*. [f] 7.20b Em hebraico, *para raspar a cabeça, os pelos das pernas e a barba*.

²¹Naquele dia, o camponês terá sorte se lhe sobrarem uma vaca e duas ovelhas. ²²Ainda assim, haverá leite suficiente para todos, pois restarão poucas pessoas na terra. Comerão coalhada e mel até ficarem satisfeitos. ²³Naquele dia, os vinhedos prósperos, que hoje valem mil peças[a] de prata, se tornarão terrenos cheios de espinhos e mato. ²⁴Toda a terra ficará coberta de espinhos e mato, e será uma região de caça cheia de animais selvagens. ²⁵Ninguém irá às encostas férteis das colinas, onde antes cresciam jardins, pois estarão tomadas de espinhos e mato. Ali bois e ovelhas pastarão.

A futura invasão assíria

8 Então o Senhor me disse: "Faça uma grande placa e escreva de modo bem claro o seguinte nome: Maher-Shalal-Hash-Baz".[b] ²Pedi ao sacerdote Urias e a Zacarias, filho de Jeberequias, dois homens conhecidos por sua honestidade, que fossem testemunhas do que fiz.

³Então deitei-me com minha esposa, e ela ficou grávida e deu à luz um filho. E o Senhor disse: "Dê-lhe o nome Maher-Shalal-Hash-Baz. ⁴Pois, antes que esse menino tenha idade suficiente para dizer 'papai' ou 'mamãe', o rei da Assíria levará embora os bens de Damasco e as riquezas de Samaria".

⁵Mais uma vez, o Senhor falou comigo e disse: ⁶"Meu cuidado pelo povo de Judá é como as águas de Siloé, que fluem suavemente. Contudo, eles me rejeitaram e agora se alegram com o que acontecerá aos[c] reis Rezim e Peca.[d] ⁷Portanto, o Senhor fará vir sobre eles uma grande inundação do rio Eufrates:[e] o rei da Assíria com toda a sua glória. A inundação fará transbordar todos os seus canais ⁸e cobrirá Judá até o pescoço. Abrirá as asas e submergirá sua terra de um extremo ao outro, ó Emanuel.

⁹"Reúnam-se, nações, e fiquem aterrorizadas;
  prestem atenção, todas as terras distantes.
Preparem-se para a batalha, mas serão destruídas;
  sim, preparem-se para a batalha, mas serão destruídas.
¹⁰Convoquem conselhos de guerra, mas de nada adiantará;
  desenvolvam estratégias, mas não terão sucesso.
Pois Deus está conosco!"[f]

Chamado para confiar no Senhor

¹¹O Senhor me advertiu firmemente de que não pensasse como todos os outros. Disse ele:

¹²"Não chame tudo de conspiração, como eles fazem;
  não viva com medo do que eles temem.
¹³Considere o Senhor dos Exércitos santo em sua vida;
  é a ele que você deve temer.
Ele é quem deve fazê-lo estremecer;
  ¹⁴ele o manterá seguro.
Mas, para Israel e Judá,
  ele será pedra de tropeço,
  rocha que os faz cair.
Para o povo de Jerusalém,
  será armadilha e laço.
¹⁵Muitos tropeçarão e cairão
  e nunca mais se levantarão;
  serão presos no laço e capturados".

¹⁶Preserve os ensinamentos de Deus;
  confie a lei àqueles que me seguem.
¹⁷Esperarei pelo Senhor,
  que se afastou dos descendentes de Jacó;
  porei nele minha esperança.

¹⁸Eu e os filhos que o Senhor me deu serviremos de sinal e advertência para Israel da parte do Senhor dos Exércitos, que habita no monte Sião.

¹⁹Talvez alguém lhes diga: "Vamos perguntar aos médiuns e aos que consultam os espíritos dos mortos. Com sussurros e murmúrios eles nos dirão o que fazer". Mas será que o povo não deve pedir orientação a Deus? Será que os vivos devem buscar a orientação de mortos? ²⁰Consultem a lei e os ensinamentos de Deus! Aqueles que contradizem sua palavra jamais verão a luz. ²¹Andam sem rumo, cansados e famintos. E, por causa da fome, amaldiçoam seu rei e seu Deus. Olharão para o céu, ²²depois olharão para a terra, mas para onde voltarem os

---

[a] **7.23** Em hebraico, *mil (siclos)*, cerca de 12 quilos. [b] **8.1** *Maher-Shalal-Hash-Baz* significa "Veloz para saquear e rápido para levar embora". [c] **8.6a** Ou *agora se alegram por causa dos*. [d] **8.6b** Em hebraico, *a Rezim e ao filho de Remalias*. [e] **8.7** Em hebraico, *do rio*. [f] **8.10** Em hebraico, *Emanuel*.

PÃO DIÁRIO

Aleluia!

Pois um menino nos nasceu, um filho nos foi dado. O governo estará sobre seus ombros, e ele será chamado de Maravilhoso Conselheiro, Deus Poderoso, Pai Eterno e Príncipe da Paz.

—Isaías 9.6

O compositor George Friedrich Handel estava falido quando um grupo de instituições de caridade o procurou em 1741. Pediram-lhe que compusesse uma obra musical. Seria para uma apresentação beneficente para angariarem fundos a fim de libertar da prisão alguns homens devedores. Handel aceitou essa incumbência e se entregou ao trabalho incansavelmente.

Em apenas 24 dias, Handel compôs a sua famosa obra-prima, *O Messias*, a qual contém o coro "Aleluia". Durante esse tempo, ele não saiu de sua casa e, várias vezes, deixou de se alimentar. Certa vez, um servo o encontrou chorando sobre a partitura. Recontando essa experiência, Handel escreveu: "Se eu estava no meu corpo ou fora dele ao escrever, não sei. Deus sabe". Mais tarde, ele ainda disse: "Acho que vi o Céu diante de mim e o próprio Deus".

Sempre me emociono quando ouço o "Aleluia", de Handel, e tenho certeza de que você também. Mas asseguremo-nos de que fazemos mais do que repercutir na alma esta música maravilhosa. Abramos o nosso coração e com fé adoremos o Messias prometido no livro de Isaías 9.1-7. Ele veio a nós na pessoa de Jesus Cristo para ser o nosso Salvador. "Pois um menino nos nasceu, um filho nos foi dado. O governo estará sobre seus ombros" (v.6).

Aleluia! Exaltamos-te Maravilhoso Conselheiro, Deus Poderoso, Pai Eterno e Príncipe da Paz. Jesus, louvamos-te porque és digno de toda glória e louvor. És o nosso Salvador, nosso Senhor, nossa vida e Aquele que enche o nosso coração com gratidão.

O maior "presente" de Deus desperta a nossa mais profunda gratidão.

Zebulom e de Naftali será humilhada, mas no futuro a Galileia dos gentios, localizada junto à estrada entre o Jordão e o mar, se encherá de glória.

²ᵇO povo que anda na escuridão
  verá grande luz.
Para os que vivem na terra de trevas
   profundas,ᶜ
  uma luz brilhará.
³Tu multiplicarás a nação de Israel,
  e seu povo se alegrará.
Eles se alegrarão diante de ti
  como os camponeses se alegram na
   colheita,
  como os guerreiros ao repartir os
   despojos.
⁴Pois tu quebrarás o jugo de escravidão
  que os oprimia
  e levantarás o fardo que lhes pesava
  sobre os ombros.
Quebrarás a vara do opressor,
  como fizeste ao destruir o exército de
   Midiã.
⁵As botas dos guerreiros
  e os uniformes manchados de sangue
   das batalhas
serão queimados;
  servirão de lenha para o fogo.

⁶Pois um menino nos nasceu,
  um filho nos foi dado.
O governo estará sobre seus ombros,
  e ele será chamado de
Maravilhoso Conselheiro,ᵈ Deus Poderoso,
  Pai Eterno e Príncipe da Paz.
⁷Seu governo e sua paz
  jamais terão fim.
Reinará com imparcialidade e justiça no
   trono de Davi,
  para todo o sempre.
O zelo do Senhor dos Exércitos
  fará que isso aconteça!

A ira do Senhor contra Israel

⁸O Senhor se pronunciou contra Jacó,
  seu julgamento caiu sobre Israel.
⁹Os habitantes de Israelᵉ e de Samaria,
  que falaram com tanto orgulho e
   arrogância,

---

olhos só haverá problemas, angústia e sombrio desespero. Serão lançados nas trevas.

Esperança no Messias

9 ¹ᵃEsse tempo de escuridão e desespero, no entanto, não durará para sempre. A terra de

---

ᵃ9.1 No texto hebraico, o versículo 9.1 é numerado 8.23. ᵇ9.2a No texto hebraico, os versículos 9.2-21 são numerados 9.1-20. ᶜ9.2b A Septuaginta traz *numa terra onde a morte lança sua sombra*. Comparar com Mt 4.16. ᵈ9.6 Ou *Maravilhoso, Conselheiro*. ᵉ9.9 Em hebraico, *de Efraim*, referência a Israel, o reino do norte.

logo ficarão sabendo.
¹⁰Disseram: "No lugar dos tijolos
   quebrados de nossas ruínas,
   colocaremos pedras trabalhadas,
e no lugar das figueiras-bravas derrubadas,
   plantaremos cedros".
¹¹O Senhor, porém, trará os inimigos de
   Rezim contra Israel
e instigará seus adversários.
¹²Os sírios[a] do leste e os filisteus do oeste
   mostrarão suas presas e devorarão
   Israel.
Mesmo assim, a ira do Senhor não se
   satisfará;
   sua mão ainda está levantada para
   castigar.
¹³Pois mesmo depois do castigo, o povo
   não se arrependerá;
   não buscará o Senhor dos Exércitos.
¹⁴Portanto, em um só dia, o Senhor
   destruirá a cabeça e a cauda,
   o ramo da palmeira e o junco.
¹⁵Os líderes de Israel são a cabeça,
   os profetas mentirosos são a cauda.
¹⁶Pois esses líderes enganaram o povo
   e o conduziram pelo caminho da
   destruição.
¹⁷Por isso o Senhor não se agrada dos
   jovens,
   nem mostra compaixão pelas viúvas e
   pelos órfãos.
Pois todos são hipócritas perversos;
   todos falam tolices.
Mesmo assim, a ira do Senhor não se
   satisfará;
   sua mão ainda está levantada para
   castigar.
¹⁸Essa maldade é como incêndio num
   matagal;
   consome não apenas os espinhos e o
   mato,
mas também queima os bosques
   e faz subir nuvens de fumaça.
¹⁹A terra ficará ressecada,
   por causa da fúria do Senhor dos
   Exércitos.
O povo servirá de lenha para o fogo,
   e ninguém poupará sequer seu irmão.
²⁰Atacarão o vizinho à direita,
   mas continuarão com fome.
Devorarão o vizinho à esquerda,
   mas não se saciarão;
   por fim, comerão os próprios filhos.[b]
²¹Manassés se alimentará de Efraim,
   Efraim se alimentará de Manassés,
   ambos devorarão Judá.
Mesmo assim, a ira do Senhor não se
   satisfará;
   sua mão ainda está levantada para
   castigar.

10

¹Que aflição espera os juízes injustos
   e os que decretam leis opressoras!
²Não fazem justiça aos pobres
   e negam os direitos dos necessitados de
   meu povo.
Exploram as viúvas
   e tiram proveito dos órfãos.
³O que farão quando eu os castigar,
   quando trouxer de uma terra distante
   calamidade sobre vocês?
A quem pedirão ajuda?
   Onde seus tesouros estarão seguros?
⁴Serão levados como prisioneiros
   ou ficarão caídos entre os mortos.
Mesmo assim, a ira do Senhor não se
   satisfará;
   sua mão ainda está levantada para
   castigar.

Julgamento contra a Assíria

⁵"Que aflição espera a Assíria, a vara de
   minha ira;
   uso-a como bastão para expressar minha
   fúria!
⁶Envio a Assíria contra uma nação ímpia,
   contra o povo com o qual estou irado.
A Assíria os saqueará
   e os pisará como pó sob os seus pés.
⁷O rei da Assíria, porém, não entenderá
   que é meu instrumento;
   esse não é seu modo de pensar.
Seu plano é somente destruir,
   derrubar uma nação após a outra.
⁸Ele dirá:
'Em breve cada um de meus príncipes
   será rei.

---

[a] 9.12 Em hebraico, *os arameus*. [b] 9.20 Ou *os próprios braços*.

⁹'Destruímos Calno, como fizemos com
    Carquemis,
  Hamate caiu diante de nós, como
    aconteceu com Arpade,
  e derrotamos Samaria, como fizemos
    com Damasco.
¹⁰Sim, acabamos com muitos reinos,
  cujos deuses eram mais poderosos que
    os de Jerusalém e Samaria.
¹¹Portanto, derrotaremos Jerusalém e seus
    deuses,
  como destruímos Samaria e seus
    deuses'".

¹²Depois que o Senhor tiver usado o rei da Assíria para realizar seus propósitos no monte Sião e em Jerusalém, ele se voltará contra o rei da Assíria e o castigará, pois o rei é orgulhoso e arrogante. ¹³Ele diz:

"Fiz isto com meu braço poderoso,
  com minha astuta sabedoria o planejei.
Destruí as defesas das nações
  e levei seus tesouros;
  como um touro, derrubei seus reis.
¹⁴Roubei as riquezas de seus ninhos
  e ajuntei reinos como o camponês ajunta
    ovos.
Ninguém pode bater as asas contra mim,
  nem dar um pio de protesto".

¹⁵Mas será que o machado pode se
    orgulhar de ser mais poderoso
  que aquele que o usa?
É a serra mais importante que a pessoa
  que com ela corta?
Pode a vara golpear se não houver quem
  a mova?
Acaso o cajado de madeira anda
  sozinho?
¹⁶Por isso, o Soberano Senhor dos Exércitos
  enviará uma praga sobre as tropas
    orgulhosas da Assíria,
  e fogo ardente consumirá sua glória.
¹⁷O Senhor, a Luz de Israel, será o fogo;
  o Santo será a chama.
Devorará como fogo os espinhos e o mato
  e queimará o inimigo em um só dia.

¹⁸O Senhor consumirá a glória da Assíria,
  como o fogo consome um bosque em
    terra fértil;
  ela definhará como os enfermos durante
    uma praga.
¹⁹De todo esse bosque glorioso, restarão
    apenas algumas árvores,
  tão poucas que uma criança poderá
    contá-las.

Esperança para o povo do Senhor

²⁰Naquele dia, o remanescente de Israel,
  os sobreviventes da família de Jacó,
não dependerão mais de aliados
  que procuram destruí-los.
Confiarão fielmente no Senhor,
  o Santo de Israel.
²¹Um remanescente voltará,ᵃ
  sim, o remanescente de Jacó voltará para
    o Deus Poderoso.
²²Embora o povo de Israel seja numeroso
    como a areia do mar,
  apenas um remanescente voltará.
O Senhor, em sua justiça, decidiu destruir
  seu povo;
²³sim, o Soberano Senhor dos Exércitos,
  já decidiu destruir toda a terra.ᵇ

²⁴Portanto, assim diz o Soberano Senhor dos Exércitos: "Ó meu povo em Sião, não tema os assírios quando oprimirem vocês com vara e bastão, como fizeram os egípcios muito tempo atrás. ²⁵Em breve, minha fúria contra vocês passará, e minha ira se levantará para destruir os assírios". ²⁶O Senhor dos Exércitos os castigará com seu chicote, como fez quando Gideão venceu os midianitas na rocha de Orebe, ou quando o Senhor ergueu sua vara para afogar o exército egípcio no mar.

²⁷Naquele dia, o Senhor acabará
  com a servidão de seu povo;
quebrará o jugo de escravidão
  e o levantará de seus ombros.ᶜ

²⁸Vejam, agora os assírios estão em Aiate;
  passam por Migrom,
  e guardam seus pertences em Micmás.
²⁹Atravessam o desfiladeiro

ᵃ **10.21** Em hebraico, *Sear-Jasube*. Ver 7.3; 8.18. ᵇ **10.23** A Septuaginta traz *apenas um remanescente deles será salvo. / Pois ele executará sua sentença rapidamente, de modo decisivo e justo, / pois Deus executará sua sentença sobre todo o mundo de modo decisivo*. Comparar com Rm 9.27-28. ᶜ **10.27** Conforme a Septuaginta; o hebraico traz *o jugo será quebrado, / pois você se tornou tão gordo*.

e acampam em Geba.
A cidade de Ramá está tomada de medo;
  o povo de Gibeá, cidade natal de Saul,
  foge para se salvar.
³⁰Gritem de terror,
  habitantes de Galim!
Alertem Laís!
  Ah, pobre Anatote!
³¹O povo de Madmena foge,
  e os habitantes de Gebim tentam se
    esconder.
³²O inimigo para em Nobe pelo resto do
    dia;
  sacode o punho contra o belo monte
    Sião, o monte de Jerusalém.

³³Mas, vejam, o Soberano Senhor dos
    Exércitos
  cortará com grande força a poderosa
    árvore da Assíria!
Ele derrubará os orgulhosos;
  a árvore imponente será lançada por
    terra.
³⁴Cortará as árvores do bosque com um
    machado;
  o Líbano cairá pelas mãos do Poderoso.[a]

O ramo da linhagem de Jessé

11 ¹Do tronco da linhagem de Jessé[b]
  brotará um renovo;
sim, um novo Ramo que de suas raízes
    dará frutos.
²E o Espírito do Senhor estará sobre ele,
  o Espírito de sabedoria e discernimento,
o Espírito de conselho e poder,
  o Espírito de conhecimento e temor do
    Senhor.
³Ele terá prazer em obedecer ao Senhor;
  não julgará pela aparência,
  nem acusará com base em rumores.
⁴Fará justiça aos pobres
  e tomará decisões imparciais em favor
    dos oprimidos.
A terra estremecerá com a força de sua
    palavra,
  e o sopro de sua boca destruirá os
    perversos.

⁵Vestirá a justiça como um cinto
  e a verdade como uma cinta nos quadris.

⁶Naquele dia, o lobo viverá com o cordeiro,
  e o leopardo se deitará junto ao cabrito.
O bezerro estará seguro perto do leão,
  e uma criança os guiará.
⁷A vaca pastará perto do urso,
  e seus filhotes descansarão juntos;
  o leão comerá capim, como a vaca.
⁸O bebê brincará em segurança perto da
    toca da cobra;
  sim, a criancinha colocará a mão num
    ninho de víboras.
⁹Em todo o meu santo monte, não se fará
    mal nem haverá destruição,
  pois, como as águas enchem o mar,
  a terra estará cheia de gente que
    conhece o Senhor.

¹⁰Naquele dia, o descendente de Jessé[c]
  será uma bandeira de salvação para todo
    o mundo.
As nações se reunirão junto a ele,
  e a terra onde ele habita será um lugar
    glorioso.[d]
¹¹Naquele dia, o Senhor estenderá a mão
    pela segunda vez,
  para trazer de volta o remanescente de
    seu povo,
aqueles que restarem na Assíria e no norte
    do Egito,
  no sul do Egito, na Etiópia[e] e em Elão,
  na Babilônia,[f] em Hamate e nas distantes
    terras costeiras.
¹²Levantará uma bandeira entre as nações
  e reunirá os exilados de Israel.
Ajuntará o povo disperso de Judá,
  desde os confins da terra.

¹³Então, por fim, acabará o ciúme entre
    Israel[g] e Judá,
  e deixarão de ser rivais.
¹⁴Unirão forças para vir sobre a Filístia no
    oeste;
  juntos, atacarão e saquearão as nações
    do leste.
Ocuparão as terras de Edom e Moabe,

---

[a] 10.34 Ou *com um machado,* / *como até mesmo as árvores poderosas do Líbano caem.* [b] 11.1 Em hebraico, *Do toco de Jessé,* o pai do rei Davi. [c] 11.10a Em hebraico, *a raiz de Jessé.* [d] 11.10b A Septuaginta traz *Naquele dia, a raiz de Jessé virá / e reinará sobre os gentios.* / *Nele depositarão suas esperanças.* Comparar com Rm 15.12. [e] 11.11a Em hebraico, *em Patros, em Cuxe.* [f] 11.11b Em hebraico, *em Sinar.* [g] 11.13 Em hebraico, *Efraim,* referência a Israel, o reino do norte.

e Amom lhes obedecerá.
¹⁵O Senhor abrirá um caminho seco no
golfo do mar Vermelho,ᵃ
moverá a mão sobre o rio Eufratesᵇ
e enviará um vento forte que o dividirá em
sete riachos,
para que possa ser atravessado a pé.
¹⁶Fará uma estrada para o remanescente de
seu povo,
o remanescente que virá da Assíria,
como fez por Israel muito tempo atrás,
quando o povo voltou do Egito.

Cânticos de louvor pela salvação

12 ¹Naquele dia, vocês cantarão:
"Eu te louvarei, ó Senhor!
Estavas irado comigo, mas tua ira passou;
agora tu me consolas.
²Vejam, Deus veio me salvar;
confiarei nele e não terei medo.
O Senhor Deus é minha força e meu
cântico;
ele me deu vitória!".

³Com alegria vocês beberão
das fontes da salvação.
⁴Naquele dia, cantarão:
"Deem graças ao Senhor! Louvem seu
nome!
Contem aos povos o que ele fez,
anunciem que seu nome é magnífico.
⁵Cantem ao Senhor, pois ele tem feito
maravilhas;
tornem seu louvor conhecido em todo o
mundo.
⁶Todos os habitantes de Sião celebrem em
alta voz,
pois grande é o Santo de Israel que vive
em seu meio".

Mensagem a respeito da Babilônia

13 Isaías, filho de Amoz, recebeu esta mensagem acerca da Babilônia:

²"Levantem uma bandeira no topo
descoberto de uma colina;
convoquem um exército contra a
Babilônia.
Quando eles entrarem nos palácios dos
grandes e poderosos,
acenem com a mão para encorajá-los.

³Eu, o Senhor, consagrei esses soldados;
sim, chamei guerreiros valentes para
executar minha ira,
e eles se alegrarão quando eu for
exaltado".

⁴Ouçam o barulho nos montes!
Escutem os grandes exércitos marchando!
São ruídos e gritos de muitas nações;
o Senhor dos Exércitos reuniu essas
tropas.
⁵Vêm de países distantes,
dos mais longínquos horizontes.
São as armas do Senhor para executar sua
ira;
com elas destruirá toda a terra.

⁶Gritem de terror, pois o dia do Senhor
chegou,
o dia em que o Todo-poderoso virá para
destruir.
⁷Todo braço está paralisado de medo,
todo coração se derrete,
⁸todos estão apavorados.
São tomados de dores agudas de aflição,
como as dores da mulher no parto.
Apavorados, olham uns para os outros,
com o rosto ardendo de medo.

⁹Vejam, o dia do Senhor está chegando,
o dia terrível de sua fúria e ira ardente!
A terra ficará desolada,
e os pecadores serão destruídos.
¹⁰Os céus acima deles escurecerão,
e as estrelas deixarão de brilhar.
O sol estará escuro ao nascer,
e a lua não iluminará.

¹¹"Eu, o Senhor, castigarei o mundo por sua
maldade,
os perversos por seu pecado.
Esmagarei a pretensão dos arrogantes,
humilharei o orgulho dos poderosos.
¹²Tornarei as pessoas mais escassas que o
ouro,
mais raras que o ouro puro de Ofir.
¹³Pois sacudirei os céus;
a terra se moverá de seu lugar,
quando o Senhor dos Exércitos mostrar
sua fúria,
no dia de sua ira ardente."

ᵃ **11.15a** Em hebraico, *destruirá a língua do mar do Egito*. ᵇ **11.15b** Em hebraico, *o rio*.

¹⁴Todos na Babilônia correrão como uma
  gazela perseguida,
  como ovelhas sem pastor.
Tentarão encontrar seu povo
  e fugir para sua terra.
¹⁵Quem for capturado será morto,
  atravessado com a espada.
¹⁶Suas crianças serão massacradas diante
  de seus olhos;
  suas casas serão saqueadas, e suas
  esposas, violentadas.

¹⁷"Vejam, instigarei o reino da Média
  contra a Babilônia;
não se poderá comprá-lo com prata,
  nem suborná-lo com ouro.
¹⁸Matarão os jovens com flechas,
  não terão misericórdia dos bebês
  indefesos,
  nem compaixão das crianças."

¹⁹A Babilônia, o mais glorioso dos reinos,
  o esplendor e o orgulho dos caldeus,
será devastada como Sodoma e Gomorra,
  quando Deus as destruiu.
²⁰A Babilônia jamais voltará a ser habitada;
  permanecerá vazia geração após
  geração.
Nômades não acamparão ali,
  pastores não levarão suas ovelhas para
  passar a noite.
²¹Animais do deserto habitarão na cidade
  arruinada,
  criaturas uivantes rondarão as casas.
Corujas viverão entre as ruínas,
  bodes selvagens ali saltarão.
²²Hienas uivarão nas fortalezas,
  chacais farão tocas nos palácios
  luxuosos.
Os dias da Babilônia estão contados;
  logo chegará a hora de sua destruição.

Consolo para Israel

14 O Senhor, porém, terá misericórdia dos descendentes de Jacó. Mais uma vez, escolherá Israel para ser seu povo. Ele os trará de volta e os estabelecerá em sua própria terra. Gente de muitas nações virá, se juntará a eles ali e se unirá ao povo de Israel.ᵃ ²As nações do mundo ajudarão o povo de Israel a retornar, e aqueles que vierem morar na terra do Senhor os servirão. Os que conquistaram Israel serão conquistados, e Israel dominará seus opressores.

Zombaria do rei da Babilônia

³Naquele dia, quando o Senhor der a seu povo descanso da tristeza, do medo e da terrível escravidão a que foram submetidos, ⁴vocês zombarão do rei da Babilônia e dirão:

"O homem poderoso foi destruído;
  acabou sua insolência.ᵇ
⁵O Senhor esmagou seu poder perverso
  e derrubou seu reino de maldade.
⁶Você feriu o povo com incontáveis golpes
  de fúria;
cheio de ira, dominou as nações
  com tirania implacável.
⁷Mas, por fim, a terra descansa tranquila;
  agora pode voltar a cantar!
⁸Até as árvores do bosque,
  os ciprestes e os cedros do Líbano,
  entoam esta alegre canção:
'Agora que você foi derrubado,
  ninguém virá nos derrubar!'.

⁹"O lugar dos mortosᶜ se empolga
  com a sua chegada.
Líderes e reis mortos há muito tempo
  se levantam para vê-lo.
¹⁰A uma só voz eles clamam:
  'Agora você é tão fraco quanto nós!
¹¹Seu orgulho foi enterrado com você;ᵈ
  o som da harpa em seu palácio cessou.
Agora larvas são seu lençol,
  e vermes, sua coberta'.

¹²"Como você caiu dos céus,
  ó estrela brilhante, filho da alvorada!
Foi lançado à terra,
  você que destruía as nações.
¹³Pois dizia consigo:
'Subirei aos céus
  e colocarei meu trono acima das estrelas
  de Deus.
Dominarei no monte dos deuses,
  nos lugares distantes do norte.ᵉ

ᵃ**14.1** Em hebraico, *à casa de Jacó*. Os nomes "Jacó" e "Israel" são usados de forma intercambiável ao longo de todo o Antigo Testamento e se referem, por vezes, ao patriarca e, em outras ocasiões, à nação. ᵇ**14.4** Conforme os manuscritos do mar Morto, o significado do Texto Massorético é incerto. ᶜ**14.9** Em hebraico, *Sheol*; também em 14.15. ᵈ**14.11** Em hebraico, *foi baixado ao Sheol*. ᵉ**14.13** Ou *nas alturas de Zafom*.

PÃO DIÁRIO

Barba Negra

Como você caiu dos céus, ó estrela brilhante, filho da alvorada! Foi lançado à terra, você que destruía as nações.
—Isaías 14.12

Nos anos 1600, o jovem Edward Teach juntou-se à tripulação de um navio inglês que iria para o Caribe. Anos mais tarde, em sua carreira náutica, ele se encarregou de capturar uma embarcação comercial e a transformou num navio de guerra com 40 canhões. Em breve, ele se tornaria conhecido como o "Barba Negra" — o pirata mais temido do hemisfério norte.

O Barba Negra teve algum sucesso como pirata, mas sua "carreira" terminou abruptamente quando ele encontrou um contingente da Marinha Real Britânica. Numa batalha violenta, ele e seus capangas foram mortos colocando um ponto final nas suas aterrorizantes façanhas.

Há muito tempo, lá no Céu, um anjo caiu na "pirataria" espiritual. Lúcifer era um querubim que permanecia na radiante glória de Deus (Ez 28.11-15). Mas o amor a si mesmo substituiu o amor pelo Criador. Desejando ser igual ao Altíssimo, ele liderou uma rebelião e foi expulso do Céu (Is 14.12-15). Hoje, esse anjo caído e seus comparsas fazem de tudo para tomar o controle da vida dos seres humanos (Lc 8.12; 2Co 4.4).

No entanto, não precisamos temer. Satanás é um inimigo perigoso, mas Jesus selou o destino final de Satanás quando ressurgiu da morte. E Jesus, nosso Salvador, supre-nos tudo que precisamos para resistir aos ataques do diabo (Ef 6.10-18).

Pai celestial, mantém-nos alertas para as tentações que Satanás trouxer ao nosso caminho. Guia-nos para a Tua Palavra e Teu caminho enquanto buscamos resistir às tentações. Obrigada, Senhor, porque tens poder sobre o inimigo e nos dás todos os instrumentos necessários para nos recusarmos a rendermo-nos a ele.

...pois o Espírito que está em vocês é maior que o espírito que está no mundo. —1 João 4.4

---

¹⁴Subirei aos mais altos céus
 e serei como o Altíssimo'.
¹⁵Em vez disso, será lançado ao lugar dos mortos,
 ao mais profundo abismo.
¹⁶Todos olharão para você e perguntarão:
'É esse o homem que fazia a terra tremer
 e abalava os reinos do mundo?
¹⁷É esse o rei que destruiu a terra
 e a transformou em deserto?
É ele que arrasava as grandes cidades
 e não tinha misericórdia de seus prisioneiros?'.
¹⁸"Os reis das nações foram sepultados em glória majestosa,
 cada um em seu túmulo,
¹⁹mas você será lançado fora de sua sepultura,
 como um galho inútil.
Como um cadáver pisoteado,
 será jogado numa vala comum,
 com os que foram mortos na batalha.
Descerá ao abismo
²⁰e não terá um sepultamento digno,
pois destruiu sua nação
 e massacrou seu povo.
Os descendentes de alguém tão perverso
 nunca mais receberão honras.
²¹Matem os filhos desse homem!
 Que morram por causa dos pecados do pai,
para que não se levantem a fim de conquistar a terra
 e encher o mundo com suas cidades".

²²Assim diz o Senhor dos Exércitos:
"Eu mesmo me levantei contra a Babilônia!
Destruirei seus filhos e os filhos de seus filhos",
 diz o Senhor.
²³"Transformarei a Babilônia em lugar para corujas,
 cheio de pântanos e brejos;
varrerei a terra com a vassoura da destruição.
 Eu, o Senhor dos Exércitos, falei!"

Mensagem a respeito da Assíria

²⁴O Senhor dos Exércitos jurou:
"Tudo acontecerá como planejei;
 será conforme decidi.
²⁵Derrubarei os assírios quando estiverem em Israel
 e os pisotearei em meus montes.
Meu povo não será mais seu escravo,
 nem se curvará sob o peso de suas cargas.

²⁶Tenho um plano para toda a terra;
  minha mão está sobre todas as nações.
²⁷O S*enhor* dos Exércitos falou;
  quem pode mudar seus planos?
  Quando levanta sua mão,
  quem pode detê-la?".

Mensagem a respeito da Filístia
²⁸Recebi esta mensagem no ano em que o rei Acaz morreu:ᵃ

²⁹Não se alegrem, filisteus,
  por estar morto o rei que os feriu.
Pois dessa cobra nascerá outra mais venenosa,
  uma serpente terrível e abrasadora!
³⁰Alimentarei os pobres em meus pastos,
  e os necessitados se deitarão em paz.
Quanto a vocês, eu os matarei de fome
  e destruirei os poucos que restarem.
³¹Lamentem junto aos portões! Chorem alto nas cidades!
Derretam-se de medo, filisteus!
Um exército poderoso vem do norte, como fumaça;
  cada soldado avança depressa, ansioso para lutar.

³²Que diremos aos mensageiros filisteus? Digam-lhes:

"O S*enhor* reconstruiu Sião;
  dentro de seus muros seu povo oprimido encontrará refúgio".

Mensagem a respeito de Moabe
15 ¹Recebi esta mensagem acerca de Moabe:

Em uma só noite, a cidade de Ar será arrasada,
e a cidade de Quir, destruída.
²Seu povo irá ao templo em Dibom para lamentar,
  aos lugares de culto nos montes para chorar.
Chorarão pelo destino de Nebo e Medeba,
  rasparão a cabeça e cortarão a barba.
³Vestirão pano de saco e vagarão pelas ruas;
  de todas as casas e praças públicas virão gemidos de lamento.
⁴Os habitantes de Hesbom e Eleale clamarão;
  suas vozes serão ouvidas até em Jaaz.
Os guerreiros mais valentes de Moabe gritarão de terror;
  indefesos, tremerão de medo.

⁵Meu coração chora por Moabe;
  seus habitantes fogem para Zoar e para Eglate-Selisia.
Sobem chorando pelo caminho de Luíte;
  seus clamores de angústia são ouvidos por toda a estrada de Horonaim.
⁶Até as águas de Ninrim secaram;
  a vegetação às suas margens murchou.
As plantas morreram;
  todo verde desapareceu.
⁷O povo reúne seus bens
  e os carrega para o outro lado do riacho dos Salgueiros.
⁸Um clamor de angústia ecoa pela terra de Moabe,
  de uma extremidade à outra,
  de Eglaim até Beer-Elim.
⁹O riacho perto de Dibomᵇ está vermelho de sangue,
  mas ainda não terminei de castigar Dibom!
Leões caçarão os sobreviventes,
  tanto os que tentarem fugir
  como os que ficarem para trás.

16 ¹Enviem cordeiros desde Selá,
  como tributo ao governante da terra.
Enviem-nos pelo deserto,
  para o monte da bela Sião.ᶜ
²As mulheres de Moabe foram abandonadas, como aves sem ninho,
  nas partes rasas do rio Arnom.
³"Ajudem-nos!", elas clamam.
  "Defendam-nos como uma sombra ao meio-dia!
Protejam os fugitivos;
  não nos traiam agora que escapamos.
⁴Deixem que o povo de Moabe more com vocês;
  escondam nossos refugiados do inimigo,
  até que passe o terror."

ᵃ**14.28** Isto é, no ano 715 a.C. ᵇ**15.9** Conforme os manuscritos do mar Morto, alguns manuscritos gregos e a Vulgata; o Texto Massorético traz *Dimom*; também em 15.9b. ᶜ **16.1** Em hebraico, *filha de Sião*.

Quando a opressão e a destruição tiverem terminado,
  quando os invasores inimigos tiverem partido,
⁵Deus estabelecerá como rei um dos descendentes de Davi.
  Ele reinará com misericórdia e verdade,
julgará sempre com imparcialidade
  e buscará fazer o que é justo.

⁶Ouvimos falar da arrogante Moabe,
  de seu orgulho, sua altivez e sua fúria,
  mas toda essa soberba desapareceu.
⁷Toda a terra de Moabe chora,
  sim, todos em Moabe lamentam
ao lembrar dos bolos de passas de Quir-
  -Haresete;
  não resta um sequer.
⁸As plantações de Hesbom estão abandonadas,
  os vinhedos de Sibma, desertos.
Os governantes das nações derrubaram Moabe,
  essa bela videira.
Seus ramos se estendiam para o norte, até a cidade de Jazar,
  e se espalhavam para o leste, até o deserto.
Seus brotos se estendiam tão longe para o oeste
  que atravessavam o mar Morto.ᵃ

⁹Por isso, agora choro por Jazar e pelos vinhedos de Sibma;
  minhas lágrimas correrão por Hesbom e por Eleale.
Não há mais gritos de alegria
  por seus frutos de verão e suas colheitas.
¹⁰Encerrou-se a alegria,
  acabou-se a celebração pela colheita.
Já não haverá cânticos nos vinhedos,
  nem gritos de exultação,
ninguém pisará as uvas nos tanques de prensar;
  acabei com toda a alegria de suas colheitas.
¹¹O clamor de meu coração por Moabe é
  como o lamento de uma harpa;

estou cheio de angústia por Quir-
  -Haresete.ᵇ
¹²O povo de Moabe adorará em seus santuários idólatras,
  mas de nada lhe adiantará.
Clamarão aos deuses em seus templos,
  mas ninguém poderá salvá-los.

¹³O Senhor já havia anunciado essas coisas sobre Moabe no passado. ¹⁴Agora, porém, o Senhor diz: "Dentro de três anos, contando cada dia,ᶜ a glória de Moabe chegará ao fim. De sua grande população, restarão uns poucos sobreviventes".

Mensagem a respeito de Damasco e de Israel

17 Recebi esta mensagem acerca de Damasco:

"Vejam, a cidade de Damasco desaparecerá;
  ela se tornará um monte de ruínas!
²As cidades de Aroer ficarão desertas;
  rebanhos pastarão nas ruas e ali se deitarão,
  sem que ninguém os espante.
³As cidades fortificadas de Israelᵈ também serão destruídas,
  e acabará o poder do reino de Damasco.
Tudo que restar da Síriaᵉ
  terá o mesmo destino da glória de Israel",
declara o Senhor dos Exércitos.

⁴"Naquele dia, a glória de Israelᶠ perderá seu brilho;
  seu corpo robusto definhará.
⁵A terra toda parecerá um campo de cereais
  depois que os ceifeiros colheram as espigas.
Ficará desolada,
  como os campos no vale de Refaim depois da colheita.
⁶Restarão apenas uns poucos de seu povo,
  como as azeitonas que sobram quando a árvore é sacudida.
Apenas duas ou três restam nos galhos mais altos,
  quatro ou cinco aqui e ali em seus ramos",
declara o Senhor, o Deus de Israel.

ᵃ **16.8** Em hebraico, *o mar*. ᵇ **16.11** Em hebraico, *Quir-Heres*, variação de Quir-Haresete. ᶜ **16.14** Em hebraico, *Dentro de três anos, como um servo obrigado por contrato os contaria*. ᵈ **17.3a** Em hebraico, *Efraim*, referência a Israel, o reino do norte. ᵉ **17.3b** Em hebraico, *Arã*. ᶠ **17.4** Em hebraico, *de Jacó*. Ver nota em 14.1.

⁷Naquele dia, enfim, as pessoas olharão para seu Criador
e voltarão os olhos para o Santo de Israel.
⁸Não buscarão mais a ajuda de seus ídolos,
nem adorarão aquilo que suas próprias mãos fizeram.
Já não se curvarão para seus postes de Aserá,
nem adorarão nos santuários idólatras que construíram.
⁹Suas maiores cidades ficarão como um bosque desabitado,
como a terra que os heveus e os amorreus abandonaram[a]
quando os israelitas vieram para cá tanto tempo atrás;
tudo ficará desolado.
¹⁰Pois você se afastou do Deus que o salva,
se esqueceu da Rocha que o protege.
Por isso, pode até plantar as melhores videiras
e importar as mudas mais caras.
¹¹Pode ser que elas brotem no dia em que as puser na terra,
pode ser que floresçam na manhã em que as plantar,
mas você jamais colherá delas uma uva sequer;
sua colheita será apenas tristeza e dor contínua.
¹²Ouça! As tropas de muitas nações rugem como ruge o mar.
Escute o estrondo dos exércitos,
que avançam como ondas estrondosas.
¹³Embora rujam como a rebentação na praia,
Deus os calará e eles fugirão,
como palha dispersada pelo vento,
como folhas num redemoinho antes da tempestade.
¹⁴Ao cair da tarde, Israel espera, cheio de pavor,
mas, ao amanhecer, seus inimigos estão mortos.
Esse é o castigo merecido dos que nos saqueiam,
o fim apropriado para os que nos destroem.

Mensagem a respeito da Etiópia

18 ¹Que aflição espera você, Etiópia,[b] terra de velas tremulantes[c]
junto à nascente do Nilo,
²que envia embaixadores
pelo rio em rápidas embarcações!

Vão, velozes mensageiros!
Levem a mensagem a um povo alto, de pele lisa,
temido em toda parte por suas conquistas e destruição,
cuja terra é dividida por rios.

³Todos vocês, povos do mundo,
todos os habitantes da terra,
olhem quando eu erguer sobre o monte minha bandeira de guerra;
ouçam quando eu soar a trombeta!
⁴Pois o Senhor me disse:
"Do lugar onde habito observarei quieto,
como sobe o calor num dia de verão,
como se forma o orvalho da manhã durante a colheita".
⁵Antes de começarem a atacar,
enquanto seus planos amadurecem como uvas,
o Senhor cortará seus brotos com a podadeira;
removerá os ramos que se espalharam e os lançará fora.
⁶Seu exército poderoso será deixado morto nos campos,
para os abutres dos montes e para os animais selvagens.
Abutres despedaçarão os cadáveres no verão,
e animais selvagens roerão os ossos no inverno.
⁷Naquele tempo, o Senhor dos Exércitos receberá presentes dessa terra dividida por rios,
desse povo alto, de pele lisa,

---

[a] 17.9 Conforme a Septuaginta; o hebraico traz *como lugares do bosque e do ramo mais alto.* [b] 18.1a Em hebraico, *Cuxe.* [c] 18.1b Ou *terra de muitos gafanhotos*; o hebraico traz *terra do zumbido de asas.*

temido em toda parte por suas
conquistas e destruição.
Levarão presentes ao monte Sião,
onde habita o Senhor dos Exércitos.

Mensagem a respeito do Egito

19 Recebi esta mensagem acerca do Egito:

Vejam, o Senhor avança contra o Egito,
montado em uma nuvem veloz!
Os ídolos do Egito estremecem diante
dele;
o coração dos egípcios se derrete de
medo.

² "Farei egípcio lutar contra egípcio,
irmão contra irmão,
vizinho contra vizinho,
cidade contra cidade,
província contra província.
³ Os egípcios se desesperarão,
e eu confundirei seus planos.
Pedirão sabedoria a seus ídolos
e invocarão espíritos;
consultarão médiuns
e praticantes do ocultismo.
⁴ Entregarei o Egito
a um senhor cruel;
um rei feroz os governará",
declara o Soberano Senhor dos Exércitos.

⁵ As águas do Nilo deixarão de inundar os
campos;
o leito do rio ficará seco e árido.
⁶ Os canais do Nilo secarão;
os ribeiros do Egito terão mau cheiro,
e juncos e canas apodrecerão.
⁷ Toda a vegetação às margens do rio,
todas as plantações junto a ele,
secarão e serão levadas pelo vento.
⁸ Os pescadores lamentarão,
os que lançam anzóis no Nilo gemerão,
e os que usam redes perderão o ânimo.
⁹ Não haverá linho para os ceifeiros,
nem fio para os tecelões.
¹⁰ Ficarão todos desesperados;
os trabalhadores se encherão de tristeza.

¹¹ Como são tolos os oficiais de Zoã;
seus conselhos ao rei do Egito são
absurdos!
Ainda assim, contarão vantagem ao faraó?
Ousarão se gabar da sabedoria de seus
antepassados?
¹² Onde estão seus grandes conselheiros,
faraó?
Que lhe informem os planos de Deus,
o que o Senhor dos Exércitos fará ao
Egito.
¹³ Os oficiais de Zoã são tolos,
os oficiais de Mênfis[a] foram enganados.
As autoridades do povo
fizeram o Egito se desviar.
¹⁴ O Senhor enviou sobre eles um espírito
de confusão;
estão equivocados em tudo que dizem.
Fazem o Egito cambalear,
como um bêbado em seu vômito.
¹⁵ Não há nada que o Egito possa fazer;
todos estão indefesos:
a cabeça e a cauda,
o ramo da palmeira e o junco.

¹⁶ Naquele dia, os egípcios serão frágeis como mulheres. Eles se encolherão de medo debaixo da mão levantada do Senhor dos Exércitos. ¹⁷ A simples menção à terra de Judá os encherá de terror, pois o Senhor dos Exércitos traçou seus planos contra eles.

¹⁸ Naquele dia, cinco cidades egípcias seguirão o Senhor dos Exércitos e até começarão a falar a língua de Canaã. Uma dessas cidades será Heliópolis, a Cidade do Sol.[b]

¹⁹ Naquele dia, haverá um altar ao Senhor no centro do Egito e um monumento ao Senhor em sua fronteira. ²⁰ Serão sinal e testemunho de que o Senhor dos Exércitos é adorado na terra do Egito. Quando o povo clamar ao Senhor por causa de seus opressores, ele enviará um salvador que lutará por eles e os livrará. ²¹ Naquele dia, o Senhor se revelará aos egípcios. Sim, eles conhecerão o Senhor e lhe apresentarão sacrifícios e ofertas. Farão um voto ao Senhor e o cumprirão. ²² O Senhor ferirá o Egito, mas depois trará cura. Pois os egípcios se voltarão para o Senhor, e ele ouvirá suas súplicas e lhes dará cura.

²³ Naquele dia, o Egito e a Assíria serão ligados por uma estrada. Os egípcios e os assírios viajarão livremente entre seus países

---

[a] **19.13** Em hebraico, *Nofe*. [b] **19.18** Ou *será a Cidade da Destruição*.

e adorarão juntos. ²⁴Naquele dia, Israel será o terceiro, junto com o Egito e a Assíria, uma bênção no meio da terra. ²⁵Porque o Senhor dos Exércitos dirá: "Bendito seja o Egito, meu povo. Bendita seja a Assíria, a terra que criei. Bendito seja Israel, minha propriedade especial".

Mensagem a respeito do Egito e da Etiópia

20 No ano em que Sargom, rei da Assíria, enviou seu comandante em chefe para conquistar a cidade de Asdode, na Filístia,ᵃ ²o Senhor disse a Isaías, filho de Amoz: "Tire o pano de saco que você está vestindo e as sandálias que está calçando". Isaías obedeceu e passou a andar nu e descalço.

³Então o Senhor disse: "Meu servo Isaías andou nu e descalço durante três anos como sinal e advertência das dificuldades terríveis que trarei sobre o Egito e a Etiópia.ᵇ ⁴O rei da Assíria levará como prisioneiros os egípcios e os etíopes,ᶜ tanto jovens como velhos. Ele os fará andar nus e descalços, com as nádegas descobertas, para vergonha do Egito. ⁵Então os filisteus entrarão em pânico, pois contavam com o poder da Etiópia e se gabavam de seus aliados no Egito. ⁶Dirão: 'Se isso aconteceu com aqueles que eram nossa esperança de socorro, o que será de nós? Confiávamos que eles nos protegeriam do rei da Assíria!'".

Mensagem a respeito da Babilônia

21 Recebi esta mensagem acerca da Babilônia, o deserto junto ao mar:ᵈ

O desastre se aproxima, vindo do deserto,
 como um vendaval impetuoso que chega do Neguebe.
²Tenho uma visão assustadora:
 vejo o traidor trair,
 o destruidor destruir.
Prossigam, elamitas e medos,
 ataquem e cerquem as cidades.
Porei fim a todos os gemidos
 que ela causou.
³Sinto pontadas intensas no estômago,
 sou tomado de dores agudas,
como as dores da mulher em trabalho de parto.
Desfaleço quando ouço o que Deus planeja fazer;
 não consigo olhar de tanto medo.
⁴Minha mente está confusa e meu coração dispara;
 desejava que a noite chegasse,
 mas agora a escuridão me aterroriza.
⁵Eles preparam um grande banquete,
 estendem tapetes para que os convidados se sentem;
 todos comem e bebem.
Rápido, levantem-se!
 Peguem seus escudos e preparem-se para a batalha!

⁶Enquanto isso, o Senhor me disse:
"Coloque um vigia no muro da cidade;
 ele deve anunciar em alta voz o que vê.
⁷Deve ficar atento a carros de guerra
 puxados por pares de cavalos,
e a cavaleiros montados em jumentos e em camelos.
Que o vigia permaneça bem alerta!".

⁸Então o vigiaᵉ gritou:
"Meu senhor, todos os dias fico na torre de vigia,
 todas as noites permaneço em meu posto.
⁹Agora, veja! Finalmente!
 Aí vem um homem num carro de guerra,
 com um par de cavalos!".
Então o vigia disse:
"Ela caiu! A Babilônia caiu!
Todos os ídolos da Babilônia
 estão despedaçados no chão".
¹⁰Ó meu povo, moído e peneirado,
 eu lhes anunciei tudo que o Senhor dos Exércitos disse,
 tudo que o Deus de Israel me falou.

Mensagem a respeito de Edom

¹¹Recebi esta mensagem acerca de Edom:ᶠ

Alguém em Edomᵍ grita para mim:
"Guarda, quanto falta para amanhecer?

ᵃ**20.1** Isto é, no ano 711 a.C. ᵇ**20.3** Em hebraico, *Cuxe*; também em 20.5. ᶜ**20.4** Em hebraico, *cuxitas*. ᵈ**21.1** Em hebraico, *a respeito do deserto junto ao mar*. ᵉ**21.8** Conforme os manuscritos do mar Morto e a versão siríaca; o Texto Massorético traz *um leão*. ᶠ**21.11a** Em hebraico, *Dumá*, que significa "silêncio" ou "quietude"; é um trocadilho com a palavra *Edom*. ᵍ**21.11b** Em hebraico, *Seir*, outro nome para Edom.

Quando terminará a noite?".
¹²O guarda responde:
"O amanhecer está próximo, mas logo a noite voltará;
se quiser perguntar de novo, volte e pergunte".

Mensagem a respeito da Arábia
¹³Recebi esta mensagem acerca da Arábia:

Ó caravanas de Dedã,
  escondam-se nos bosques da Arábia.
¹⁴Ó habitantes de Temá,
  tragam água para essa gente sedenta,
  alimento para esses refugiados exaustos.
¹⁵Fugiram da espada,
  da espada desembainhada,
  do arco preparado
  e dos terrores da batalha.

¹⁶O Senhor me disse: "Dentro de um ano, contando cada dia,[a] toda a glória de Quedar chegará ao fim. ¹⁷Somente alguns de seus arqueiros valentes sobreviverão. Eu, o Senhor, o Deus de Israel, falei!".

Mensagem a respeito de Jerusalém

22 Recebi esta mensagem acerca de Jerusalém, o vale da Visão:[b]

O que está acontecendo?
  Por que todos correm para os terraços?
²A cidade inteira está em grande agitação.
  O que vejo nesta cidade festiva?
Há cadáveres por toda parte;
  não morreram pela espada, nem na batalha.
³Todos os seus líderes fugiram;
  renderam-se sem resistir.
O povo tentou escapar,
  mas também foi capturado.
⁴Por isso eu disse: "Deixem-me chorar em paz;
  não tentem me consolar.
Deixem-me chorar por meu povo,
  enquanto vejo sua destruição".

⁵Que dia de grande aflição!
  Que dia de confusão e terror
enviado pelo Soberano Senhor dos Exércitos
  sobre o vale da Visão!
Os muros de Jerusalém foram derrubados;
  lamentos ressoam das encostas dos montes.
⁶Os elamitas são arqueiros,
  com seus carros e cavaleiros;
  os homens de Quir levantam os escudos.
⁷Carros de guerra enchem seus lindos vales,
  cavaleiros atacam seus portões.
⁸As defesas de Judá foram removidas;
  vocês correm ao arsenal[c] para pegar suas armas.
⁹Inspecionam as brechas nos muros de Jerusalém;[d]
  guardam água no tanque inferior.
¹⁰Examinam as casas e derrubam algumas;
  usam suas pedras para reforçar os muros.
¹¹Entre os muros da cidade constroem um reservatório,
  para guardar a água do tanque velho.
Em nenhum momento, pedem ajuda
  àquele que fez tudo isso;
  não levam em conta aquele que há muito planejou essas coisas.

¹²Naquele dia, o Soberano Senhor dos Exércitos,
  os chamou para que chorassem e lamentassem.
Disse-lhes que raspassem a cabeça
  e vestissem pano de saco.
¹³Em vez disso, vocês dançam e brincam;
  abatem gado e matam ovelhas,
  comem carne e bebem vinho.
Dizem: "Comamos e bebamos,
  porque amanhã morreremos!".

¹⁴O Senhor dos Exércitos me revelou o seguinte: "Até o dia em que vocês morrerem, esse terrível pecado não será perdoado. Eu, o Soberano Senhor dos Exércitos, falei!".

Mensagem para Sebna

¹⁵O Soberano Senhor dos Exércitos me disse: "Confronte Sebna, administrador do palácio, e transmita-lhe esta mensagem:

---

[a] **21.16** Em hebraico, *Dentro de um ano, como um servo obrigado por contrato o contaria*. Alguns manuscritos antigos trazem *Dentro de três anos*, como em 16.14. [b] **22.1** Em hebraico, *acerca do vale da Visão*. [c] **22.8** Em hebraico, *ao Palácio da Floresta*; ver 1Rs 7.2-5. [d] **22.9** Em hebraico, *da cidade de Davi*.

¹⁶"Quem você pensa que é,
e o que está fazendo aqui,
construindo uma bela sepultura para si,
um monumento no alto da rocha?
¹⁷Pois o Senhor está prestes a lançá-lo para longe,
ó homem poderoso!
Ele o pegará com firmeza,
¹⁸o embrulhará como uma bola
e o atirará para uma terra distante.
Você morrerá naquele lugar,
e seus gloriosos carros de guerra lá ficarão.
Você é uma vergonha para seu senhor!

¹⁹"Sim, eu o expulsarei de seu cargo", diz o Senhor. "Eu o removerei de sua posição. ²⁰Então chamarei meu servo Eliaquim, filho de Hilquias, para ocupar seu lugar. ²¹Vestirei Eliaquim com as roupas oficiais que você usava e lhe darei seu título e autoridade. Ele será como um pai para o povo de Jerusalém e de Judá. ²²Darei a ele a chave da casa de Davi, o cargo mais elevado da corte. Quando ele abrir portas, ninguém poderá fechá-las; quando fechar portas, ninguém poderá abri-las. ²³Trará honra ao nome de seus familiares, pois o colocarei firmemente no lugar, como um prego na parede. ²⁴A família toda dependerá dele, e ele honrará até o membro mais humilde de sua casa."ª

²⁵Contudo, o Senhor dos Exércitos também disse: "Chegará o dia em que arrancarei o prego que parecia tão firme. Ele será derrubado e cairá no chão. Tudo que nele se apoia cairá com ele. Eu, o Senhor, falei".

Mensagem a respeito de Tiro

23 Recebi esta mensagem acerca de Tiro:

Lamentem, navios de Társis,
pois o porto e as casas de Tiro foram destruídos!
Os boatos que vocês ouviram em Chipre^b são verdadeiros.
²Chorem em silêncio, moradores do litoral
e comerciantes de Sidom!
Seus negociantes atravessavam o mar^c
³e navegavam em águas profundas.
Traziam-lhe os cereais do Egito^d
e as colheitas do Nilo.
Você era o mercado das nações.

⁴Agora, porém, será envergonhada, cidade de Sidom,
pois Tiro, a fortaleza do mar, diz:^e
"Nunca tive dores de parto nem dei à luz;
não tenho filhos nem filhas".
⁵Quando o Egito receber a notícia sobre Tiro,
haverá grande tristeza.
⁶Avisem Társis!
Lamentem, moradores do litoral!
⁷Essas ruínas são tudo que resta de sua cidade antes tão alegre?
Como foi longa sua história!
Quantos colonizadores enviaram para lugares distantes!

⁸Quem trouxe essa calamidade sobre Tiro,
a grande fundadora de reinos?
Seus comerciantes eram todos príncipes,
seus negociantes eram os nobres da terra.
⁹O Senhor dos Exércitos fez isso
para acabar com seu orgulho,
para rebaixar os nobres da terra.
¹⁰Venham, habitantes de Társis,
percorram a terra como faz o Nilo,
pois Tiro está indefesa.^f
¹¹O Senhor estendeu a mão sobre o mar
e sacudiu os reinos da terra.
Pronunciou-se contra a Fenícia^g
e ordenou que suas fortalezas fossem destruídas.
¹²Disse: "Você nunca mais se alegrará,
ó filha de Sidom, pois foi esmagada.
Mesmo que fuja para Chipre,
não encontrará descanso".

¹³Olhem para a terra da Babilônia;^h
seu povo não existe mais!
Os assírios entregaram a Babilônia
aos animais selvagens do deserto.
Construíram rampas de ataque junto a seus muros,

---

^a**22.24** Em hebraico, *Nele pendurarão toda a glória da casa de seu pai: sua prole e seus descendentes, todas as vasilhas de menor importância, das tigelas aos jarros.* ^b**23.1** Em hebraico, *Quitim*; também em 23.12. ^c**23.2** Conforme os manuscritos do mar Morto e a Septuaginta; o Texto Massorético traz *Aqueles que atravessaram o mar deixaram vocês cheios.* ^d**23.3** Em hebraico, *de Sior*, braço do rio Nilo. ^e**23.4** Ou *pois o deus do mar diz*; o hebraico traz *pois o mar, a fortaleza do mar, diz.* ^f**23.10** O significado do hebraico é incerto. ^g**23.11** Em hebraico, *Canaã*. ^h**23.13** Ou *Caldeia*.

demoliram seus palácios
e transformaram a cidade num monte de ruínas.

¹⁴Lamentem, navios de Társis,
pois seu porto está destruído!

¹⁵Durante setenta anos, o tempo de vida de um rei, Tiro ficará esquecida. Depois disso, porém, a cidade voltará à vida, como na canção sobre a prostituta:

¹⁶Pegue a harpa e ande pelas ruas,
ó prostituta esquecida.
Cante uma doce melodia e entoe suas canções,
para que voltem a lembrar-se de você.

¹⁷Depois de setenta anos, o Senhor fará Tiro renascer. Contudo, não será diferente do que era antes. Voltará a ser prostituta de todos os reinos do mundo. ¹⁸No final, porém, seu lucro será entregue ao Senhor. Suas riquezas não serão acumuladas, mas proverão comida farta e roupas finas para os servos do Senhor.

A destruição da terra

24 ¹Vejam, o Senhor está prestes a destruir a terra
e transformá-la num enorme deserto!
Ele devasta sua superfície
e dispersa seus habitantes.
²Sacerdotes e povo,
servos e senhores,
servas e senhoras,
os que compram e os que vendem,
os que emprestam e os que tomam emprestado,
credores e devedores, ninguém será poupado.
³A terra será completamente esvaziada e saqueada.
O Senhor falou!

⁴A terra lamenta e seca,
sim, o mundo definha e murcha;
até mesmo os mais nobres da terra definham.
⁵A terra sofre por causa do pecado de seus habitantes,
pois transgrediram as leis de Deus,
violaram seus decretos
e quebraram sua aliança eterna.
⁶Por isso, a maldição consome a terra;
seus habitantes pagam por seus pecados.
São destruídos pelo fogo,
e apenas alguns sobrevivem.
⁷O vinho novo seca,
e as videiras murcham;
os que festejavam agora gemem.
⁸O som animado dos tamborins cessou,
e já não se ouvem os gritos alegres de celebração;
os acordes melodiosos da harpa se calaram.
⁹Acabaram-se as alegrias do vinho e das canções;
a bebida forte tem gosto amargo.
¹⁰A cidade se contorce em meio ao caos;
todas as casas estão trancadas, para que ninguém entre.
¹¹Nas ruas, multidões clamam por vinho;
a alegria se transformou em tristeza,
a celebração foi expulsa da terra.
¹²A cidade foi deixada em ruínas;
seus portões foram despedaçados.
¹³Assim é em toda a terra:
sobrou apenas um remanescente,
como as azeitonas que sobram quando a árvore é sacudida,
como as uvas que restam na videira depois da colheita.

¹⁴Mas todos que restaram gritam e cantam de alegria;
os que moram no oeste louvam a majestade do Senhor.
¹⁵Nas terras do leste, deem glória ao Senhor;
nas terras além do mar, louvem o nome do Senhor, o Deus de Israel!
¹⁶Ouvimos cânticos de louvor desde os confins da terra,
cânticos que glorificam o Justo!

Meu coração, porém, está pesado de angústia;
chorem por mim, pois desfaleço.
O engano ainda prevalece;
há traição por toda parte.
¹⁷Terror, armadilhas e laços esperam por vocês,
habitantes da terra.

¹⁸Os que fogem apavorados cairão numa armadilha;
　os que escaparem da armadilha serão pegos num laço.
Destruição cai dos céus como chuva;
　os alicerces da terra estremecem.
¹⁹A terra se despedaçou;
　está totalmente destruída
　e é sacudida com violência.
²⁰A terra cambaleia como um bêbado,
　estremece como uma tenda na tempestade.
Cai e não voltará a se levantar,
　pois a culpa de sua rebelião é pesada demais.
²¹Naquele dia, o Senhor castigará os poderes celestiais nos céus
　e os governantes das nações na terra.
²²Serão reunidos e presos,
　trancados na prisão
　e, por fim, castigados.
²³Então o esplendor da lua minguará,
　e o brilho do sol se apagará,
pois o Senhor dos Exércitos reinará no monte Sião;
　reinará com grande glória em Jerusalém,
　diante das autoridades do povo.

Louvor pelo julgamento e pela salvação

25 ¹Ó Senhor, honrarei e louvarei teu nome,
　pois és meu Deus.
Fazes coisas maravilhosas!
　Tu as planejaste há muito tempo
　e agora as realizaste.
²Transformas cidades poderosas em montes de ruínas;
　cidades com muros fortes se tornam escombros.
Belos palácios em terras distantes são destruídos
　e jamais serão reconstruídos.
³Por isso, nações fortes declararão tua glória;
　povos cruéis te temerão.
⁴Mas tu, Senhor, és fortaleza para os pobres,
　torre de refúgio para os necessitados em sua angústia.
És abrigo contra a tempestade
　e sombra contra o calor.
Pois os atos opressores dos cruéis
　são como tempestade que açoita um muro,
⁵como o calor implacável do deserto.
Tu, porém, calas o rugido das nações estrangeiras;

PÃO DIÁRIO

Auxílio silencioso

Ó Senhor, honrarei e louvarei teu nome, pois és meu Deus. Fazes coisas maravilhosas! Tu as planejaste há muito tempo e agora as realizaste.

—Isaías 25.1

A descoberta da penicilina revolucionou a assistência médica. Antes de 1940, as infecções bacterianas geralmente eram fatais. Desde então, a penicilina já salvou inúmeras vidas matando as bactérias perigosas. Os homens que reconheceram o seu potencial e a desenvolveram para difundir o seu uso receberam o Prêmio Nobel em 1945.

Muito antes da descoberta da penicilina, outros combatentes silenciosos já agiam matando as bactérias para salvar vidas. Esses destruidores discretos e silenciosos são os glóbulos brancos do sangue. Deus os utiliza para nos proteger das doenças. Ninguém sabe quantas invasões eles já impediram, nem quantas vidas salvaram. Esses glóbulos discretos recebem pouco reconhecimento por todo o bem que fazem.

O Senhor recebe tratamento semelhante. Muitas vezes, Ele leva a culpa quando alguma coisa dá errado, mas raramente recebe o crédito quando as coisas dão certo! Todos os dias as pessoas se levantam, vestem-se, dirigem-se para o trabalho, para a escola ou para o mercado e retornam em segurança para suas famílias. Ninguém sabe quantas vezes Deus já os protegeu do mal. Mas, quando uma tragédia acontece, perguntamo-nos: "Onde estava Deus?".

Quando penso em todas as coisas maravilhosas que Deus faz silenciosamente em meu favor a cada dia (Is 25.1), reconheço que a minha lista de agradecimentos deveria ser maior do que a de pedidos.

Senhor, obrigada pelas incontáveis maneiras como me guias e proteges a cada dia. Ajuda-me a lembrar que, mesmo não podendo ver-te ou sempre reconhecer o trabalho de Tuas mãos, reconheço que estás trabalhando em meu favor.

Deus continua a nos dar razões para louvá-lo.

PÃO DIÁRIO

Lidando com a demora

Tu guardarás em perfeita paz todos que em ti confiam, aqueles cujos propósitos estão firmes em ti.
—Isaías 26.3

Em abril de 2010, as nuvens de cinza expelidas por um vulcão na Islândia provocaram o fechamento de aeroportos no Reino Unido e Europa por cinco dias. Cerca de cem mil voos foram cancelados e milhões de passageiros no mundo inteiro ficaram impedidos de viajar. Muitas pessoas perderam eventos importantes, muitos negócios foram prejudicados e ninguém sabia quando tudo aquilo acabaria.

Quando os nossos planos desmoronam e não vemos saída, como lidamos com a frustração e demora? Isaías 26.3,4 é como âncora para a nossa alma em todas as tempestades da vida: "Tu guardarás em perfeita paz todos que em ti confiam, aqueles cujos propósitos estão firmes em ti. Confiem sempre no Senhor, pois o Senhor Deus é a Rocha eterna". Quando enfrentamos inconveniências perturbadoras ou perdas desoladoras, a promessa de que o Senhor é a "Rocha eterna" é digna de ser memorizada e repetida todas as noites quando fechamos os nossos olhos para dormir.

Hoje, quando os planos se desfazem, nossa mente se debruça sobre as circunstâncias ou no Senhor? Durante uma demora frustrante ainda podemos confiar no coração amoroso de Deus? Frances Havergal, autor do hino "Como um rio calmo" (HCC 331), expressou o anseio de seu coração de forma muito bela:

> No bendito abrigo da divina mão
> Não há inimigo, não se vê traição.
> Ventos de cuidado, sombras de pesar
> Nunca a santa calma poderão turbar.
> No Senhor firmado, tem o crente a paz;
> A completa bênção, comunhão veraz.

Tu és a nossa Rocha quando as tempestades da vida nos assolam. Confiamos em ti, Senhor. Enche o nosso coração com a paz sobrenatural que vem somente de ti.

Quando colocamos os nossos problemas nas mãos de Deus, Ele coloca a Sua paz em nosso coração.

---

⁶Em Jerusalém,[a] o Senhor dos Exércitos
  oferecerá um grande banquete
  para todos os povos do mundo.
Será um banquete delicioso,
  com vinho puro e envelhecido e carne da
  melhor qualidade.
⁷Ali removerá a nuvem de tristeza,
  a sombra escura que cobre toda a terra.
⁸Ele engolirá a morte para sempre;
  o Senhor Soberano enxugará todas as
  lágrimas!
Removerá para sempre todo insulto,
  contra sua terra e seu povo.
  O Senhor falou!
⁹Naquele dia, o povo dirá: "Este é nosso
  Deus!
Confiamos nele, e ele nos salvou!
Este é o Senhor, em quem confiamos;
  alegremo-nos em seu livramento!".
¹⁰Pois a mão do Senhor descansará sobre
  Jerusalém.
Moabe, porém, será esmagada;
  será como palha pisada e deixada para
  apodrecer.
¹¹Deus empurrará para baixo o povo de
  Moabe,
  como um nadador empurra a água para
  baixo com as mãos.
Acabará com seu orgulho
  e com todas as suas obras perversas.
¹²Os muros altos de Moabe serão
  demolidos;
  serão derrubados por terra,
  até o pó.

Cântico de louvor ao Senhor

26 Naquele dia, todos na terra de Judá entoarão este cântico:

Nossa cidade é forte;
  estamos cercados pelos muros da
  salvação de Deus!
²Abram os portões para os justos,
  deixem entrar os fiéis.
³Tu guardarás em perfeita paz
  todos que em ti confiam,
  aqueles cujos propósitos estão firmes
  em ti.
⁴Confiem sempre no Senhor,

como a sombra de uma nuvem diminui o
  calor implacável,
  assim os cânticos de soberba dos cruéis
  são silenciados.

[a] 25.6 Em hebraico, *Neste monte*; também em 25.10.

pois o Senhor Deus é a Rocha eterna.
⁵Ele humilha os orgulhosos;
    rebaixa a cidade arrogante
    e a lança ao pó.
⁶Os pobres a pisoteiam,
    e os necessitados caminham sobre ela.

⁷Para os justos, porém,
    o caminho é reto.
Tu, que ages com retidão,
    tornas plano o caminho adiante deles.
⁸Senhor, ao seguir tuas justas decisões,
    depositamos em ti nossa esperança;
    o desejo de nosso coração é glorificar
        teu nome.
⁹À noite eu te procuro, ó Deus;
    pela manhã[a] te busco de todo o coração.
Pois só quando vens julgar a terra
    as pessoas aprendem a justiça.
¹⁰Tua bondade com os perversos
    não os leva a fazer o bem.
Embora outros pratiquem a justiça, eles
        continuam a fazer o mal;
    não levam em conta a majestade do
        Senhor.
¹¹Ó Senhor, eles não prestam atenção à tua
        mão levantada;
    mostra-lhes teu zelo em defender teu
        povo.
Então serão envergonhados;
    que o fogo de tua ira consuma teus
        inimigos!

¹²Senhor, tu nos concederás paz;
    sim, tudo que realizamos vem de ti.
¹³Ó Senhor, nosso Deus, outros senhores
        nos governaram,
    mas só a ti adoramos.
¹⁴Aqueles a quem servimos estão mortos;
    seus espíritos jamais voltarão a viver.
Tu os atacaste e os destruíste;
    há muito caíram no esquecimento.
¹⁵Ó Senhor, engrandeceste nosso povo;
    sim, tu nos tornaste grandes.
Expandiste nossas fronteiras
    e foste glorificado.

¹⁶Senhor, em angústia te buscamos;
    oramos sob o peso de tua disciplina.

¹⁷Como a mulher grávida
    que se contorce e grita de dor quando dá
        à luz,
    assim estávamos em tua presença, Senhor.
¹⁸Nós também nos contorcemos de dor
        intensa,
    mas nosso sofrimento em nada resultou.
Não trouxemos salvação à terra,
    nem vida ao mundo.
¹⁹Teus mortos, porém, viverão;
    seus corpos ressuscitarão.
Aqueles que dormem na terra
    se levantarão e cantarão de alegria.
Pois tua luz que dá vida descerá como o
        orvalho
    sobre teu povo no lugar dos mortos.

Restauração para Israel

²⁰Vá para casa, meu povo,
    e tranque as portas!
Esconda-se por um breve tempo,
    até que tenha passado a ira do Senhor.
²¹Vejam, o Senhor vem dos céus
    para castigar os habitantes da terra por
        seus pecados!
A terra já não esconderá os que foram
        mortos;
    ela os mostrará para que todos os vejam.

27 Naquele dia, o Senhor tomará sua veloz e terrível espada e castigará o Leviatã,[b] a serpente que se move com rapidez, a serpente que se enrola e se contorce. Ele matará o dragão do mar.

²"Naquele dia,
    cantem sobre a videira frutífera.
³Eu, o Senhor, a vigiarei
    e a regarei com cuidado.
Dia e noite a vigiarei,
    para que ninguém lhe cause dano.
⁴Minha ira terá passado;
    se houver espinhos e mato crescendo ali,
eu os atacarei e os queimarei,
    ⁵a menos que se voltem para mim e me
        peçam ajuda.
Que façam as pazes comigo,
    sim, que façam as pazes comigo."

---

[b] **26.9** Em hebraico, *dentro de mim*. [b] **27.1** A identificação do *Leviatã* é controversa; as propostas vão desde uma criatura terrestre até um monstro marinho mítico da literatura antiga.

⁶Está chegando o tempo em que os descendentes de Jacó criarão raízes;
Israel brotará e florescerá
e encherá de frutos toda a terra!

⁷Acaso o S ENHOR feriu Israel
como feriu seus inimigos?
Destruiu o povo
como destruiu seus adversários?
⁸Não, mas os exilou para que lhe prestassem contas;
foram exilados de sua terra,
como se um vento oriental os tivesse soprado para longe.
⁹O S ENHOR fez isso para purificar Israel[a] de sua perversidade,
para remover todo o seu pecado.
Por isso, todos os santuários idólatras serão reduzidos a pó;
nenhum poste de Aserá ou altar de incenso continuará em pé.
¹⁰As cidades fortificadas ficarão silenciosas e vazias,
as casas, abandonadas,
as ruas, cobertas de ervas daninhas.
Bezerros pastarão ali
e mastigarão brotos e ramos.
¹¹Israel é como os ramos secos de uma árvore,
quebrados e usados para acender o fogo sob as panelas;
é nação tola e insensata.
Por isso, aquele que os criou
não terá compaixão nem misericórdia.

¹²Chegará o dia, porém, em que o S ENHOR os ajuntará como grãos colhidos à mão. Um por um, ele os reunirá, desde o rio Eufrates,[b] no leste, até o ribeiro do Egito, no oeste. ¹³Naquele dia, soará a grande trombeta. Muitos que estavam perecendo no exílio na Assíria e no Egito voltarão a Jerusalém para adorar o S ENHOR em seu santo monte.

Mensagem a respeito de Samaria

28 ¹Que aflição espera a orgulhosa cidade de Samaria,
a coroa gloriosa dos bêbados de Israel![c]
Fica na parte alta de um vale fértil,
mas sua beleza gloriosa murchará como uma flor.
Ela é o orgulho de um povo
que o vinho derrubou.
²O Senhor enviará um exército poderoso contra ela;
como forte tempestade de granizo,
chuva torrencial,
ou violenta inundação,
eles irromperão contra ela
e a derrubarão por terra.
³A orgulhosa cidade de Samaria,
a coroa gloriosa dos bêbados de Israel,
será pisoteada pelos inimigos.
⁴Fica na parte alta de um vale fértil,
mas sua beleza gloriosa murchará como uma flor.
Quem a vir a apanhará,
como o figo temporão que alguém apanha e come.

⁵Naquele dia, o próprio S ENHOR dos Exércitos
será a coroa gloriosa de Israel.
Será o orgulho e a alegria
do remanescente de seu povo.
⁶Dará a seus juízes anseio pela justiça
e coragem aos guerreiros que defendem seus portões.

⁷Agora, porém, Israel é conduzida por bêbados,
que vacilam por causa do vinho
e cambaleiam por causa do álcool.
Os sacerdotes e os profetas cambaleiam por causa da bebida forte
e ficam tontos por causa do vinho.
Vacilam quando têm visões
e cambaleiam quando pronunciam suas decisões.
⁸Suas mesas estão cobertas de vômito;
há sujeira por toda parte.
⁹Perguntam: "Quem o S ENHOR pensa que somos?
Por que fala conosco dessa maneira?
Acaso somos crianças pequenas,
recém-desmamadas?
¹⁰Ele nos diz as mesmas coisas repetidamente,

---

[a] **27.9** Em hebraico, *Jacó*. Ver nota em 14.1. [b] **27.12** Em hebraico, *o rio*. [c] **28.1** Em hebraico, *Que aflição espera a coroa de glória dos bêbados de Efraim*, referência a Samaria, capital de Israel, o reino do norte; também em 28.3.

uma linha de cada vez,
uma linha mais uma vez,
um pouco aqui,
um pouco ali!".

¹¹Agora o SENHOR terá de falar a seu povo
por meio de opressores estrangeiros de
língua estranha.
¹²Ele disse a seu povo:
"Este é o lugar de descanso;
que os exaustos repousem aqui.
Este é o lugar de conforto",
mas eles não quiseram ouvir.
¹³Por isso, mais uma vez,
o SENHOR lhes explicará sua mensagem,
uma linha de cada vez,
uma linha mais uma vez,
um pouco aqui,
um pouco ali,
para que tropecem e caiam;
serão feridos, pegos em armadilhas e
capturados.
¹⁴Portanto, ouçam esta mensagem do
SENHOR,
vocês, governantes zombadores em
Jerusalém.
¹⁵Dizem: "Fizemos um acordo para
enganar a morte,
uma negociação para evitar a sepultura.ª
A destruição que se aproxima jamais nos
tocará,
pois construímos um forte refúgio feito
de mentiras e engano".
¹⁶Por isso, assim diz o SENHOR Soberano:
"Vejam, ponho em Sião uma pedra
angular,
uma pedra firme e testada!
É uma pedra angular preciosa,
sobre a qual se pode construir com
segurança;
quem crer jamais será abalado.ᵇ
¹⁷Provarei vocês com a corda de medir da
justiça
e com o prumo da retidão.
Porque seu refúgio é feito de mentiras,
uma tempestade de granizo o
derrubará.

Porque é feito de engano,
uma inundação o arrastará.
¹⁸Cancelarei o acordo que fizeram para
enganar a morte,
acabarei com sua negociação para evitar
a sepultura.
Quando o terrível inimigo chegar,
vocês serão pisoteados.
¹⁹A inundação virá repetidamente,
a cada manhã,
dia e noite,
até que sejam levados embora".
Essa mensagem deixará seu povo
aterrorizado.
²⁰A cama que vocês fizeram é curta demais
para se deitarem,
os cobertores são muito estreitos para se
cobrirem.
²¹O SENHOR virá, como fez contra os
filisteus no monte Perazim
e contra os amorreus em Gibeão.
Virá para fazer algo estranho,
para realizar um ato incomum.
²²Pois o Soberano SENHOR dos Exércitos
disse claramente que está decidido a
destruir toda a terra.
Portanto, deixem de zombar,
ou seu castigo será ainda maior.
²³Ouçam o que vou dizer;
escutem e prestem muita atenção.
²⁴Acaso o agricultor vive arando a terra,
mas nunca semeia?
Vive preparando o solo, mas nunca
planta?
²⁵Por fim, não lança as sementes
de endro, cominho, trigo, cevada e trigo
candeal,
cada uma de maneira apropriada,
cada uma em seu devido lugar?
²⁶O agricultor sabe exatamente o que
fazer,
pois Deus lhe deu entendimento.
²⁷Não se debulha o endro com uma
marreta;
ele é malhado com uma vara.

ª**28.15** Em hebraico, *o Sheol*; também em 28.18. ᵇ**28.16** A Septuaginta traz *Vejam, ponho uma pedra no alicerce de Sião, / uma pedra angular preciosa para seu alicerce, escolhida para grande honra; / quem confiar nele jamais será envergonhado.* Comparar com Rm 9.33; 1Pe 2.6.

Não se passa uma roda de trilhar sobre o cominho;
ele é batido de leve com uma ripa.
²⁸É fácil moer o cereal para o pão,
portanto ele não o soca demais.
Ele o debulha sob as rodas de uma carroça,
mas não o tritura até virar pó.
²⁹O Senhor dos Exércitos é excelente mestre
e dá grande sabedoria ao agricultor.

Mensagem a respeito de Jerusalém

29 ¹"Que aflição espera Ariel,ᵃ
a cidade de Davi!
Ano após ano celebram suas festas.
²Contudo, trarei calamidade sobre vocês;
haverá muito choro e tristeza.
Ariel se tornará exatamente o que significa seu nome:
um altar coberto de sangue.
³Serei seu inimigo,
cercarei Jerusalém e atacarei seus muros.
Levantarei torres de cerco
e a destruirei.
⁴Então, das profundezas da terra, você falará;
suas palavras virão do pó.
Sua voz sussurrará do chão,
como um fantasma chamado da sepultura.

⁵"De repente, porém, seus inimigos cruéis serão esmagados
como o mais fino pó.
Seus muitos agressores serão expulsos
como palha ao vento.
De repente, num instante,
⁶eu, o Senhor dos Exércitos, entrarei em ação
com trovão, terremoto e grande estrondo,
com vendaval, tempestade e fogo consumidor.
⁷Todas as nações que lutam contra Ariel
desaparecerão como um sonho.
Os que atacam seus muros
sumirão como uma visão noturna.
⁸O faminto sonha que está comendo,
mas ao acordar ainda sente fome.
O sedento sonha que está bebendo,
mas ao amanhecer ainda sente sede.
Assim será com seus muitos inimigos,
aqueles que atacam o monte Sião".

⁹Estão espantados? Não acreditam?
Continuem cegos, se quiserem.
Estão entorpecidos, mas não é pelo vinho;
cambaleiam, mas não é por bebida forte.
¹⁰É porque o Senhor derramou sobre vocês
um espírito de sono profundo;
fechou os olhos de seus profetas e videntes.

¹¹Para eles, todos os acontecimentos futuros desta visão são um livro selado. Quando você o entregar aos que sabem ler, dirão: "Não podemos ler, pois está selado". ¹²Quando o entregar aos que não sabem ler, dirão: "Não sabemos ler".

¹³Portanto, o Senhor diz:
"Este povo fala que me pertence;
honra-me com os lábios,
mas o coração está longe de mim.
A adoração que me prestam
não passa de regras ensinadas por homens.ᵇ
¹⁴Por isso, mais uma vez deixarei este povo maravilhado
com obras maravilhosas.
A sabedoria dos sábios passará,
e a inteligência dos inteligentes desaparecerá".

¹⁵Que aflição espera os que procuram esconder seus planos do Senhor,
que realizam seus atos perversos na escuridão!
Dizem: "O Senhor não nos vê;
não sabe o que se passa".
¹⁶Como são tolos!
Ele é o oleiro e certamente é maior que vocês, o barro.
Pode o objeto criado dizer sobre aquele que o criou:
"Ele não me fez"?
Pode o vaso dizer:
"O oleiro não sabe o que faz"?

¹⁷Logo, em pouco tempo,

ᵃ **29.1** *Ariel* tem um som semelhante a um termo hebraico que significa "lareira" ou "altar". ᵇ **29.13** A Septuaginta traz *Sua adoração é uma farsa, / pois ensinam ideias humanas como se fossem mandamentos divinos*. Comparar com Mc 7.7.

os bosques do Líbano se tornarão campo fértil,
e o campo fértil produzirá colheitas fartas.
¹⁸Naquele dia, os surdos ouvirão as palavras lidas de um livro,
e os cegos verão no meio da escuridão e das trevas.
¹⁹Os humildes ficarão cheios de alegria do Senhor,
e os pobres exultarão no Santo de Israel.
²⁰O opressor já não existirá,
o arrogante desaparecerá,
e os que tramam o mal serão destruídos.
²¹Os que condenam os inocentes
com testemunhos falsos desaparecerão.
O mesmo acontecerá aos que trapaceiam
para perverter a justiça
e contam mentiras para destruir os inocentes.
²²Por isso o Senhor, que resgatou Abraão, diz ao povo de Israel:[a]

"Meu povo não será mais envergonhado,
nem ficará pálido de medo.
²³Quando virem seus muitos filhos
e todas as bênçãos que lhes dei,
reconhecerão a santidade do Santo de Jacó
e temerão o Deus de Israel.
²⁴Os que se desviam terão discernimento,
e os que se queixam aceitarão instrução."

A inútil aliança entre Judá e o Egito

30 ¹"Que aflição espera meus filhos rebeldes!",
diz o Senhor.
"Vocês fazem planos contrários aos meus,
acordos não dirigidos por mim;
com isso, amontoam pecado sobre pecado.
²Pois, sem me consultar,
desceram ao Egito em busca de ajuda.
Puseram sua confiança na proteção do faraó;
tentaram esconder-se na sombra dele.
³Mas, ao confiar no faraó, serão envergonhados;
ao esconder-se nele, serão humilhados.
⁴Pois, embora o poder dele se estenda até Zoã,
e seus embaixadores tenham chegado a Hanes,
⁵todos que confiam nele serão envergonhados;
ele de nada os ajudará,

---

[a] **29.22** Em hebraico, *de Jacó*. Ver nota em 14.1.

PÃO DIÁRIO

Sistema de navegação

...e seus ouvidos o ouvirão. Uma voz atrás de vocês dirá: "Este é o caminho pelo qual devem andar", quer se voltem para a direita, quer para a esquerda.
—Isaías 30.21

Alguma vez você quis saber como um piloto vai do ponto A ao B? É provável que ele use um sistema de navegação unidirecional que usa a frequência VHF para rádio, inventado no início dos anos 50, chamado VOR. Esse sistema guia muitas aeronaves aos seus destinos ainda hoje. O piloto programa a rota do avião no indicador de voo e se ele, por acaso, se desviar, o instrumento o mostrará ao piloto. Assim, ele poderá corrigi-lo alinhando novamente a aeronave ao curso estabelecido.

Nos dias de Isaías, a nação de Israel precisava desesperadamente de um sistema VOR, e Deus queria ser esse sistema para eles. Mas, apesar das advertências do Senhor, eles decidiram se alinhar com o Egito (Is 30.1,2). Deus prometeu graciosamente que um dia Ele seria o navegador deles: "...e seus ouvidos o ouvirão. Uma voz atrás de vocês dirá: 'Este é o caminho pelo qual devem andar', quer se voltem para a direita, quer para a esquerda" (v.21).

Hoje os cristãos têm um sistema de navegação interno, o Espírito Santo enviado por Jesus. Ele habita em nós para nos conduzir "a toda a verdade" (Jo 16.13). Se você precisa de direção para estabelecer o curso da sua vida, não confie em si mesma. Use o sistema VOR de Deus. Certamente o Senhor a conduzirá na direção certa.

Pai das luzes, em quem não há variação nem sombra de mudança, por favor, ajuda-nos a navegar por este mundo escuro e muitas vezes caótico. Obrigada, Espírito Santo, por Tua presença em nós para nos orientar dia a dia. Ajuda-nos a ouvir Tua voz suave e calma.

O Espírito Santo é o nosso sistema de navegação.

mas sim lhes trará humilhação e desonra."

⁶Recebi esta mensagem acerca dos animais do Neguebe:

As caravanas se movem lentamente pelo terrível deserto,
lugar de leoas e leões,
de serpentes e cobras venenosas.
Seguem em direção ao Egito,
com jumentos carregados de riquezas,
camelos levando muitos tesouros,
pagamentos em troca de proteção.
O Egito nada dará como retribuição;
⁷as promessas do Egito não têm valor algum!
Por isso eu o chamo de Raabe,
o Dragão Inofensivo.[a]

Advertência para o povo rebelde de Judá

⁸Agora vá e escreva estas palavras;
registre-as num livro.
Elas permanecerão até o fim dos tempos como testemunha
⁹de que esse povo é rebelde e teimoso
e se recusa a ouvir a lei do Senhor.
¹⁰Dizem aos videntes:
"Não tenham mais visões!",
e aos profetas:
"Não nos digam o que é certo.
Falem de coisas agradáveis,
contem-nos mentiras.
¹¹Esqueçam a verdade,
saiam do caminho estreito.
Parem de nos falar
do Santo de Israel".

¹²Esta é a resposta do Santo de Israel:

"Porque desprezam o que lhes digo
e preferem confiar em opressão e mentiras,
¹³a calamidade virá sobre vocês de repente,
como um muro inclinado que se rompe e desmorona.
Num instante desabará
e cairá por terra.
¹⁴Serão despedaçados como vasilha de barro,
esmigalhados tão completamente
que não sobrará um caco grande o suficiente
para tirar brasas da lareira
ou um pouco de água do poço".

¹⁵Assim diz o Senhor Soberano,
o Santo de Israel:
"Vocês só serão salvos
se voltarem para mim e em mim descansarem.
Na tranquilidade e na confiança está sua força,
mas vocês não quiseram saber.
¹⁶Disseram: 'Nada disso! Entraremos na batalha,
montados em cavalos velozes'.
A única velocidade que verão, porém,
será a de seus inimigos os perseguindo!
¹⁷Cada um deles perseguirá mil de vocês;
cinco deles farão todos vocês fugirem.
Serão deixados como mastro solitário numa colina,
como bandeira no alto de um monte distante".

Bênçãos para o povo do Senhor

¹⁸Portanto, o Senhor esperará até que voltem para ele,
para lhes mostrar seu amor e compaixão.
Pois o Senhor é Deus fiel;
felizes os que nele esperam.

¹⁹Ó povo de Sião, que mora em Jerusalém,
você não chorará mais!
Ele será bondoso quando lhe pedirem ajuda;
certamente atenderá a seus clamores.
²⁰Embora o Senhor lhes tenha dado angústia como alimento
e aflição como bebida,
ele permanecerá com vocês para lhes ensinar.
Vocês verão seu mestre com os próprios olhos,
²¹e seus ouvidos o ouvirão.
Uma voz atrás de vocês dirá:
"Este é o caminho pelo qual devem andar",

---

[a] 30.7 Em hebraico, *Raabe, que permanece imóvel*. Raabe é o nome de um monstro marinho mítico que, na literatura antiga, representa o caos. É usado aqui como nome poético para o Egito.

quer se voltem para a direita, quer para a
  esquerda.
²²Então vocês destruirão todos os seus
  ídolos de prata
e suas valiosas imagens de ouro.
Jogarão tudo fora como se fossem trapos
  imundos
e dirão: "Já vai tarde!".

²³Então o Senhor os abençoará com chuva na época de plantar. Terão colheitas fartas e muita pastagem para seus animais. ²⁴Os bois e os jumentos que lavram a terra comerão cereais de boa qualidade, e o vento levará a palha. ²⁵No dia em que seus inimigos forem massacrados e as torres caírem, haverá riachos correndo em todos os montes e colinas. ²⁶A lua será tão brilhante quanto o sol, e o sol será sete vezes mais claro, como a luz de sete dias em um só! Assim será quando o Senhor começar a sarar seu povo e a curar as feridas que lhe causou.

²⁷Vejam, o Senhor vem de longe,
  ardendo de ira,
cercado de densas nuvens de fumaça!
Seus lábios estão cheios de fúria,
  suas palavras consomem como fogo.
²⁸Seu sopro é como inundação
  que sobe até o pescoço de seus inimigos.
Com sua peneira, separará as nações para
  a destruição;
colocará nelas um freio e as levará à
  ruína.

²⁹Mas vocês entoarão um cântico de
  alegria,
como os cânticos das festas sagradas.
Vocês se alegrarão,
  como quando o flautista conduz um
  grupo de peregrinos
a Jerusalém, o monte do Senhor,
  a Rocha de Israel.
³⁰O Senhor fará ouvir sua voz majestosa
  e mostrará a força de seu braço
  poderoso.
Em sua ira, descerá com chamas
  devoradoras,
chuvas torrenciais, tempestades e pedras
  de granizo.

³¹Por ordem do Senhor, os assírios serão
  despedaçados;
ele os ferirá mortalmente com seu cetro.
³²Quando o Senhor os ferir com sua vara de
  castigo,[a]
seu povo celebrará com tamborins e
  harpas.
Ele levantará seu braço poderoso
  e lutará contra seus inimigos.
³³Tofete, o lugar de fogo, há muito está
  pronto para o rei assírio;
um monte de lenha aguarda sobre a
  fogueira.
O sopro do Senhor, como fogo de um
  vulcão,
a acenderá.

É inútil confiar no Egito

31 ¹Que aflição espera os que buscam a
  ajuda do Egito,
  que confiam em seus cavalos, carros e
  cavaleiros
e dependem da força de exércitos humanos
  em vez de olhar para o Senhor,
  o Santo de Israel!
²Em sua sabedoria, o Senhor enviará
  grande calamidade;
não mudará de ideia.
Ele se levantará contra os perversos
  e contra aqueles que os ajudam.
³Pois os egípcios são simples mortais, e
  não Deus!
Seus cavalos são apenas carne, e não
  espírito!
Quando o Senhor levantar a mão contra
  eles,
tropeçarão aqueles que ajudam
  e aqueles que são ajudados;
todos cairão e morrerão juntos.

⁴Pois o Senhor me disse:

"Quando um leão jovem e forte
  ruge sobre a ovelha que ele matou,
não se assusta com os gritos nem com os
  ruídos
de um bando de pastores.
De igual modo, o Senhor dos Exércitos
  descerá e lutará sobre o monte Sião.

---

[a] **30.32** Conforme alguns manuscritos hebraicos e a versão siríaca; o Texto Massorético traz *vara estabelecida*.

PÃO DIÁRIO

O Leão de Judá

Pois o Senhor me disse: "Quando um leão jovem e forte ruge sobre a ovelha que ele matou, não se assusta com os gritos nem com os ruídos de um bando de pastores. De igual modo, o Senhor dos Exércitos descerá e lutará sobre o monte Sião".

—Isaías 31.4

Os preguiçosos leões da reserva Masai Mara, no Quênia, pareciam inofensivos. Eles rolavam de costas em arbustos baixos esfregando suas cabeças em galhos como se quisessem pentear suas maravilhosas jubas. Eles bebiam calmamente nas águas de um córrego e andavam no pasto seco como se tivessem todo o tempo do mundo. A única vez que vi os seus dentes foi quando bocejaram.

Entretanto, essa aparência serena é enganosa. A razão pela qual eles estão tão relaxados é por não terem nada a temer: não há escassez de comida nem predadores naturais. Os leões parecem preguiçosos e indiferentes, mas são os mais fortes e ferozes de todos os animais. Basta um rugido e todos os outros animais batem em retirada temendo por sua vida.

Às vezes, parece que Deus está descansando em algum canto do Céu. Quando não o vemos trabalhando, concluímos que Ele não está agindo. Ouvimos as pessoas zombando de Deus e negando a Sua existência e nos inquietamos questionando o motivo de Ele não se defender. Entretanto, Deus não se espanta "com os gritos nem com os ruídos" (Is 31.4). Ele nada tem a temer. Basta um bramido Seu e os Seus caluniadores se dispersarão como pequenos roedores.

Se você se questiona por que Deus não está ansioso quando você está, é porque Ele tem tudo sob controle. Ele sabe que Jesus, o Leão de Judá, triunfará.

Senhor, quando estou ansiosa por causa das circunstâncias da minha vida, ajuda-me a descansar por saber que tu estás no controle; e que, no Teu tempo, tudo será resolvido. Não temerei porque sei que estás perto.

Por Deus estar no controle, nada temos a temer.

---

⁵O Senhor dos Exércitos sobrevoará Jerusalém
   e a protegerá como uma ave protege o ninho.
Defenderá e livrará a cidade,
   passará sobre ela e a salvará".
⁶Ó israelitas, embora sejam rebeldes e perversos, voltem para o Senhor. ⁷Chegará o dia em que cada um de vocês jogará fora os ídolos de ouro e as imagens de prata que suas mãos pecaminosas fizeram.

⁸"Os assírios serão destruídos,
   mas não por espadas de homens.
A espada de Deus os ferirá;
   entrarão em pânico e fugirão.
Os jovens assírios
   serão levados como escravos.
⁹Até os mais fortes tremerão de pavor,
   e os príncipes fugirão ao ver suas bandeiras de guerra."
Assim diz o Senhor, cujo fogo queima em Sião,
   cujas chamas ardem em Jerusalém.

O livramento final de Israel

32 ¹Vejam, aí vem um rei justo!
   Seus príncipes governarão com retidão.
²Cada um será como abrigo contra o vento
   e refúgio contra a tempestade,
como riacho no deserto
   e sombra de uma grande pedra em terra seca.

³Então todos que têm olhos verão a verdade,
   e todos que têm ouvidos a ouvirão.
⁴Até os que se iram depressa terão bom senso e entendimento,
   e os que gaguejam falarão com clareza.
⁵Naquele dia, os tolos não serão considerados heróis,
   e as pessoas sem caráter não serão respeitadas.
⁶Pois os tolos dizem tolices
   e planejam o mal.
Praticam a perversidade
   e espalham falsos ensinamentos a respeito do Senhor.
Negam comida aos famintos
   e não dão água aos sedentos.
⁷As artimanhas dessa gente sem caráter são perversas;
   tramam planos maldosos
e mentem para condenar os pobres,
   mesmo quando a causa dos pobres é justa.

⁸Os generosos, porém, planejam fazer o que é generoso
e permanecem firmes em sua generosidade.

⁹Ouçam, mulheres negligentes;
prestem atenção, vocês que são tão arrogantes.
¹⁰Em breve, pouco mais de um ano,
vocês, presunçosas, ficarão apavoradas.
Suas plantações de frutas nada produzirão,
e não haverá colheitas.
¹¹Tremam, mulheres negligentes,
deixem de lado sua arrogância.
Arranquem suas lindas roupas
e vistam-se de pano de saco.
¹²Batam no peito em lamento por suas belas propriedades
e videiras frutíferas.
¹³Pois suas terras ficarão cobertas de espinhos e mato;
seus lares alegres e suas cidades felizes desaparecerão.
¹⁴O palácio será abandonado,
e a cidade, sempre agitada, ficará vazia.
Jumentos selvagens andarão soltos,
e rebanhos pastarão nas fortalezas[a] e nas torres de vigia,
¹⁵até que, por fim, o Espírito seja derramado
do céu sobre nós.
Então o deserto se tornará campo fértil,
e o campo fértil produzirá colheitas fartas.

¹⁶A retidão governará no deserto,
e a justiça, no campo fértil.
¹⁷E essa justiça trará paz;
haverá sossego e confiança para sempre.
¹⁸Meu povo viverá em paz, tranquilo em seu lar;
terá descanso e segurança.
¹⁹Ainda que os bosques sejam destruídos
e a cidade seja arrasada,
²⁰o povo será abençoado.
Onde quer que semeiem, terão colheitas fartas;
seu gado e seus jumentos pastarão livremente.

Mensagem a respeito da Assíria

33 ¹Que aflição espera vocês, assírios, que destroem os outros,[b]
mas nunca foram destruídos!
Traem outros,
mas nunca foram traídos.
Quando terminarem de destruir,
serão destruídos.
Quando terminarem de trair,
serão traídos.
²Mas tem misericórdia de nós, Senhor,
pois esperamos em ti.
Sê nosso braço forte a cada dia,
nossa salvação em tempos de angústia.
³O inimigo corre quando ouve tua voz;
quando te levantas, as nações fogem.
⁴Como os campos são despojados por lagartas e gafanhotos,
assim o exército da Assíria será despojado!
⁵Embora o Senhor seja grandioso e viva nos céus,
fará de Sião a habitação de sua justiça e retidão.
⁶Ele será seu firme alicerce
e lhe proverá farto suprimento de salvação,
sabedoria e conhecimento;
o temor do Senhor será seu tesouro.

⁷Agora, porém, seus guerreiros valentes choram em público;
seus embaixadores da paz derramam lágrimas de amargura.
⁸Suas estradas estão desertas;
ninguém mais viaja por elas.
Quebraram o tratado de paz
e não se importam com as promessas que fizeram perante testemunhas;[c]
não têm respeito por ninguém.
⁹A terra de Israel murcha de tanto chorar;
o Líbano seca de vergonha.
A planície de Sarom agora é um deserto;
Basã e Carmelo foram saqueados.

---

[a] **32.14** Em hebraico, *em Ofel*. [b] **33.1** Em hebraico, *Que aflição o espera, ó Destruidor*. O texto hebraico não especifica a Assíria como objeto da profecia deste capítulo. [c] **33.8** Conforme os manuscritos do mar Morto; o Texto Massorético traz *não se importam com as cidades*.

¹⁰ O Senhor, no entanto, diz: "Agora me levantarei;
agora mostrarei meu poder e minha força.
¹¹ Vocês só produzem capim seco e palha;
seu sopro se transformará em fogo e os consumirá.
¹² Seu povo será completamente queimado,
como espinheiros cortados e lançados no fogo.
¹³ Prestem atenção ao que fiz, nações distantes!
Vocês que estão próximas, reconheçam meu poder!".

¹⁴ Os pecadores em Sião tremem de medo;
o terror se apodera dos ímpios.
"Quem pode conviver com esse fogo consumidor?
Quem pode sobreviver a essas chamas devoradoras?"
¹⁵ Os que são justos e íntegros,
que não lucram por meios desonestos,
que se mantêm afastados de subornos,
que não dão ouvidos aos que tramam assassinatos,
que fecham os olhos para toda tentação de fazer o mal,
¹⁶ esses habitarão nas alturas;
as rochas dos montes serão sua fortaleza.
Terão provisão de alimento
e não lhes faltará água.

¹⁷ Seus olhos verão o rei em todo o seu esplendor,
verão uma terra que se estende para longe.
¹⁸ Vocês se lembrarão deste tempo de terror e perguntarão:
"Onde estão os oficiais
que contaram nossas torres?
Onde estão os que registraram o despojo tirado de nossa cidade derrotada?".
¹⁹ Não verão mais esse povo arrogante,
que fala uma língua estranha e desconhecida.
²⁰ Em vez disso, verão Sião como lugar de festas sagradas;
verão Jerusalém, cidade tranquila e segura.
Será como uma tenda com as cordas bem esticadas
e estacas firmemente cravadas no chão.
²¹ O Senhor será nosso Poderoso;
será como um largo rio de proteção
que nenhum adversário consegue atravessar,
em que nenhuma embarcação inimiga consegue navegar.
²² Pois o Senhor é nosso juiz,
nosso comandante e nosso rei;
ele nos livrará.
²³ As velas dos inimigos pendem soltas de mastros quebrados,
presas com cordas inúteis.
Seu tesouro será repartido entre o povo de Israel;
até mesmo os deficientes físicos receberão sua parte.
²⁴ O povo já não dirá:
"Estamos doentes e indefesos",
pois o Senhor perdoará seus pecados.

Mensagem para as nações

34 ¹ Venham e escutem, nações da terra;
o mundo e tudo que nele há, ouçam minhas palavras!
² Pois é grande a ira do Senhor com as nações;
está furioso com todos os seus exércitos.
Ele as destruirá por completo,
ele as condenará à matança.
³ Seus mortos não serão sepultados;
o fedor de seus cadáveres encherá a terra,
e o sangue escorrerá pelos montes.
⁴ Os céus lá no alto se dissolverão
e desaparecerão como pergaminho enrolado.
As estrelas cairão do céu,
como folhas secas da videira,
como figos murchos da figueira.

⁵ E, quando minha espada tiver terminado seu trabalho nos céus,
cairá sobre Edom,
a nação que condenei à destruição.
⁶ A espada do Senhor está banhada em sangue
e coberta de gordura,

de sangue de cordeiros e bodes,
   de gordura de carneiros.
Sim, o S<small>ENHOR</small> oferecerá um sacrifício na
   cidade de Bozra,
   fará grande matança em Edom.
⁷Até homens fortes como bois morrerão,
   tanto os mais jovens como os mais
      velhos.
A terra ficará ensopada de sangue,
   e o solo, cheio de gordura.
⁸Pois é o dia da vingança do S<small>ENHOR</small>,
   o ano em que retribuirá a Edom por tudo
      que fez a Israel.[a]
⁹Os riachos de Edom se encherão de piche
      ardente,
   e a terra ficará coberta de fogo e enxofre.
¹⁰Esse julgamento sobre Edom jamais terá
      fim;
   sua fumaça subirá para sempre.
A terra ficará deserta de geração em
      geração;
   ninguém voltará a habitar nela.
¹¹Ali viverão a coruja do deserto e o mocho,
   o corujão e o corvo.[b]
Pois Deus medirá aquela terra com
      cuidado;
   ele a medirá para o caos e para a
      destruição.
¹²Ela se chamará Terra do Nada,
   e logo seus nobres desaparecerão.[c]
¹³Espinhos invadirão seus palácios,
   urtigas e cardos crescerão em suas
      fortalezas.
As ruínas serão morada de chacais
   e habitação de corujas.
¹⁴Animais do deserto se misturarão ali com
      hienas,
   bodes selvagens berrarão uns para os
      outros entre as ruínas,
   criaturas da noite[d] irão até lá para
      descansar.
¹⁵Ali a coruja fará seu ninho e porá seus
      ovos;
   chocará os filhotinhos e os cobrirá com
      suas asas.
Os abutres também irão para lá,
   cada um com seu par.

¹⁶Procurem no livro do S<small>ENHOR</small>
   e vejam o que ele fará.
Não faltará nenhum desses animais,
   nenhum deles ficará sem par,
pois o S<small>ENHOR</small> assim prometeu;
   seu Espírito fará tudo se realizar.
¹⁷Ele lançou sortes e dividiu a terra
   e a entregou a essas criaturas como
      propriedade.
Elas a possuirão para sempre,
   de geração em geração.

Esperança de restauração

35 ¹As regiões desabitadas e o deserto
      exultarão;
   a terra desolada se alegrará e florescerá
      como o açafrão.
²Haverá muitas flores,
   cânticos e alegria!
Os desertos se tornarão verdes como os
      montes do Líbano,
   belos como o monte Carmelo e a planície
      de Sarom.
Ali o S<small>ENHOR</small> mostrará sua glória,
   o esplendor de nosso Deus.
³Fortaleçam os de mãos cansadas,
   apoiem os de joelhos fracos.
⁴Digam aos de coração temeroso:
   "Sejam fortes e não temam,
pois seu Deus vem para vingar-se de seus
      inimigos;
   ele vem para salvá-los".

⁵Quando ele vier, abrirá os olhos dos cegos
   e os ouvidos dos surdos.
⁶Os aleijados pularão como o cervo,
   e os mudos cantarão de alegria.
Fontes brotarão no deserto,
   e rios correrão na região desolada.
⁷O solo ressecado se tornará um açude,
   e a terra sedenta, mananciais de água.
O capim, a cana e o junco florescerão
   onde antes viviam os chacais do deserto.

⁸Um caminho largo atravessará a terra
      antes desabitada
   e será chamado Caminho de Santidade;
   os impuros jamais passarão por ele.

---

[a] **34.8** Em hebraico, *a Sião*. [b] **34.11** A identificação de algumas dessas aves é incerta. [c] **34.12** O significado do hebraico é incerto.
[d] **34.14** Em hebraico, *lilith*, possivelmente uma referência a um demônio mítico da noite.

Será somente para os que andam nos caminhos de Deus;
os tolos jamais andarão por ele.
⁹Ao longo desse trajeto, leões não ficarão à espreita,
nem qualquer outro animal feroz.
Não haverá nenhum perigo;
somente os redimidos andarão por ele.
¹⁰Os que foram resgatados pelo S<small>ENHOR</small> voltarão;
entrarão cantando em Sião,
coroados com alegria sem fim.
A tristeza e o lamento desaparecerão,
e eles ficarão cheios de alegria e felicidade.

A Assíria invade Judá

36 No décimo quarto ano do reinado de Ezequias,ᵃ Senaqueribe, rei da Assíria, atacou as cidades fortificadas de Judá e as conquistou. ²Então o rei da Assíria enviou, de Laquis, seu comandante em chefe,ᵇ junto com um grande exército, para confrontarem o rei Ezequias em Jerusalém. Os assírios se posicionaram ao lado do aqueduto que abastece o tanque superior, perto do caminho para o campo onde se lavaᶜ roupa.

³Estes são os oficiais que saíram ao encontro deles: Eliaquim, filho de Hilquias, o administrador do palácio; Sebna, o secretário da corte; e Joá, filho de Asafe, o historiador do reino.

Senaqueribe ameaça Jerusalém

⁴O porta-voz do rei assírio mandou que transmitissem esta mensagem a Ezequias:

"Assim diz o grande rei da Assíria: Em que você confia, que lhe dá tanta segurança? ⁵Pensaᵈ que meras palavras podem substituir experiência e força militar? Com quem você conta para se rebelar contra mim? ⁶Com o Egito? Se você se apoiar no Egito, ele será como um junco que se quebra sob seu peso e perfura sua mão. O faraó, rei do Egito, não é digno de nenhuma confiança!

⁷"Talvez vocês digam: 'Confiamos no S<small>ENHOR</small>, nosso Deus!'. Mas não foi a ele que Ezequias insultou? Ezequias não destruiu os santuários e altares dele e obrigou todos em Judá e Jerusalém a adorarem somente no altar em Jerusalém?

⁸"Vou lhes dizer uma coisa: Façam um acordo com meu senhor, o rei da Assíria. Eu lhes darei dois mil cavalos se forem capazes de encontrar homens em número suficiente para montá-los! ⁹Com seu exército minúsculo, como podem pensar em desafiar até o contingente mais fraco do exército de meu senhor, mesmo com a ajuda dos carros e dos cavaleiros do Egito? ¹⁰Além disso, imaginam que invadimos sua terra sem a direção do S<small>ENHOR</small>? Foi o próprio S<small>ENHOR</small> que nos disse: 'Ataquem essa terra e destruam-na!'".

¹¹Então Eliaquim, Sebna e Joá disseram ao porta-voz: "Por favor, fale conosco em aramaico, pois entendemos bem essa língua. Não fale em hebraico,ᵉ pois o povo sobre o muro o ouvirá".

¹²O porta-voz, no entanto, respondeu: "Vocês pensam que meu senhor enviou essa mensagem apenas para vocês e para seu senhor? Ele quer que todo o povo a ouça, pois, quando cercarmos esta cidade, eles sofrerão junto com vocês. Ficarão tão famintos e sedentos que comerão as próprias fezes e beberão a própria urina!".

¹³Então o porta-voz se levantou e gritou em hebraico: "Ouçam esta mensagem do grande rei da Assíria! ¹⁴Assim diz o rei: Não deixem que Ezequias os engane. Ele jamais será capaz de livrá-los. ¹⁵Não deixem que ele os convença a confiar no S<small>ENHOR</small>, dizendo: 'Certamente o S<small>ENHOR</small> nos livrará; esta cidade jamais cairá nas mãos do rei da Assíria'.

¹⁶"Não deem ouvidos a Ezequias! Estas são as condições que o rei da Assíria oferece: Façam as pazes comigo, abram as portas e saiam. Então, cada um de vocês continuará a comer de sua própria videira e de sua própria figueira e a beber de seu próprio poço. ¹⁷Depois, providenciarei que sejam levados a outra terra como esta, uma terra com cereais e vinho novo, com pão e vinhedos.

¹⁸"Não deixem Ezequias enganá-los, dizendo: 'O S<small>ENHOR</small> nos livrará!'. Acaso os deuses de

---

ᵃ **36.1** Isto é, no ano 701 a.C. ᵇ **36.2a** Ou *o rabsaqué*; também em 36.4,11,12,22. ᶜ **36.2b** Ou *branqueia*. ᵈ **36.5** Conforme os manuscritos do mar Morto (ver tb. 2Rs 18.20); o Texto Massorético traz *Penso*. ᵉ **36.11** Em hebraico, *no dialeto de Judá*; também em 36.13.

alguma outra nação livraram seu povo do rei da Assíria? ¹⁹O que aconteceu aos deuses de Hamate e de Arpade? E quanto aos deuses de Sefarvaim? Acaso algum deus livrou Samaria de meu poder? ²⁰Qual dos deuses de qualquer nação foi capaz de livrar seu povo de meu poder? O que os faz pensar que o SENHOR pode livrar Jerusalém de minhas mãos?".

²¹Mas o povo permaneceu em silêncio e não disse uma palavra sequer, pois Ezequias havia ordenado: "Não lhe respondam".

²²Então Eliaquim, filho de Hilquias, administrador do palácio, Sebna, secretário da corte, e Joá, filho de Asafe, historiador do reino, voltaram a Ezequias. Rasgaram suas roupas e foram contar ao rei o que o porta-voz tinha dito.

Ezequias busca a ajuda do SENHOR

37 Quando o rei Ezequias ouviu esse relato, rasgou as roupas, vestiu-se com panos de saco e entrou no templo do SENHOR. ²Enviou Eliaquim, o administrador do palácio, Sebna, o secretário da corte, e os principais sacerdotes, todos vestidos com panos de saco, ao profeta Isaías, filho de Amoz. ³Eles lhe disseram: "Assim diz o rei Ezequias: 'Hoje é um dia de angústia, insulto e humilhação. É como quando a criança está prestes a nascer, mas a mãe não tem forças para dar à luz. ⁴Contudo, talvez o SENHOR, seu Deus, tenha ouvido o porta-voz[a] que o rei da Assíria enviou para desafiar o Deus vivo e o castigue por suas palavras. Por favor, ore por nós que restamos!'".

⁵Depois que os oficiais do rei Ezequias transmitiram a mensagem ao profeta Isaías, ⁶ele respondeu: "Digam ao rei que assim diz o SENHOR: 'Não se assuste com os insultos que os mensageiros do rei da Assíria lançaram contra mim. ⁷Ouça! Eu mesmo agirei contra o rei da Assíria,[b] e ele receberá notícias que o farão voltar para sua terra. Ali eu providenciarei que ele seja morto à espada'".

⁸Enquanto isso, o porta-voz partiu de Jerusalém e foi consultar o rei da Assíria, pois tinha sido informado de que o rei havia deixado Laquis e estava atacando Libna.

⁹Logo depois, o rei Senaqueribe recebeu a notícia de que Tiraca, rei da Etiópia,[c] havia saído com seu exército para lutar contra ele. Então enviou seus homens de volta a Ezequias em Jerusalém com a seguinte mensagem:

¹⁰"Esta é uma mensagem para Ezequias, rei de Judá. Não deixe que seu Deus, em quem você confia, o engane com promessas de que Jerusalém não será conquistada pelo rei da Assíria. ¹¹Você sabe muito bem o que os reis da Assíria fizeram por onde passaram. Destruíram completamente todos que atravessaram seu caminho! Quem é você para escapar? ¹²Acaso os deuses de outras nações, como Gozã, Harã, Rezefe, e o povo de Éden, que estava em Telassar, as livraram? Meus antecessores destruíram todos eles! ¹³O que aconteceu ao rei de Hamate e ao rei de Arpade? O que aconteceu aos reis de Sefarvaim, de Hena e de Iva?".

¹⁴Depois que Ezequias recebeu a carta dos mensageiros e a leu, subiu ao templo do SENHOR e a estendeu diante do SENHOR. ¹⁵Então Ezequias fez esta oração na presença do SENHOR: ¹⁶"Ó SENHOR dos Exércitos, o Deus de Israel, que estás entronizado entre os querubins! Só tu és Deus de todos os reinos da terra. Sim, tu criaste os céus e a terra. ¹⁷Inclina teus ouvidos, ó SENHOR, e ouve! Abre teus olhos, ó SENHOR, e vê! Ouve as palavras com as quais Senaqueribe desafia o Deus vivo!

¹⁸"É verdade, SENHOR, que os reis da Assíria destruíram todas essas nações. ¹⁹Lançaram os deuses dessas nações no fogo e os queimaram. É claro que os assírios conseguiram destruí-los! Não eram deuses de verdade, mas apenas ídolos de madeira e pedra moldados por mãos humanas. ²⁰Agora, SENHOR, nosso Deus, salva-nos do poder desse rei; então todos os reinos da terra saberão que somente tu, SENHOR, és Deus".[d]

Isaías prediz o livramento de Judá

²¹Então Isaías, filho de Amoz, enviou esta mensagem a Ezequias: "Assim diz o SENHOR, o Deus de Israel: Visto que você orou a mim a respeito

---

[a] 37.4 Ou *o rabsaqué*; também em 37.8. [b] 37.7 Em hebraico, *Eu porei nele um espírito*. [c] 37.9 Em hebraico, *de Cuxe*. [d] 37.20 Conforme os manuscritos do mar Morto (ver tb. 2Rs 19.19); o Texto Massorético traz *somente tu és o SENHOR*.

de Senaqueribe, rei da Assíria, ²²o Senhor proferiu esta palavra contra ele:

"A filha virgem de Sião
o despreza e ri de você.
A filha de Jerusalém
balança a cabeça com desdém enquanto você foge.
²³"A quem você desafiou e de quem zombou?
Contra quem levantou a voz?
Para quem olhou com arrogância?
Para o Santo de Israel!
²⁴Por meio de seus mensageiros, desafiou o Senhor.
Disse: 'Com meus numerosos carros de guerra,
conquistei os montes mais elevados,
sim, os picos mais remotos do Líbano.
Cortei seus cedros mais altos
e seus melhores ciprestes.
Cheguei a suas maiores alturas
e explorei suas florestas mais densas.
²⁵Cavei poços em muitas terras estrangeiras[a]
e me refresquei com sua água.
Com a sola de meu pé,
sequei todos os rios do Egito!'.
²⁶"Mas você não sabe?
Eu decidi tudo isso há muito tempo.
Planejei essas coisas no passado distante,
e agora as realizo.
Planejei que você transformaria cidades fortificadas
em montes de escombros.
²⁷Por isso, seus habitantes perdem as forças
e ficam assustados e envergonhados.
São frágeis como a relva,
indefesos como brotos verdes e tenros.
São como capim que surge no telhado,
queimado[b] antes de crescer.
²⁸"Mas eu o conheço bem;
sei onde está
e sei de suas idas e vindas;
sei como se enfureceu contra mim.
²⁹E, por causa de sua raiva contra mim
e de sua arrogância, que eu mesmo ouvi,
porei minha argola em seu nariz
e meu freio em sua boca.
Eu o farei voltar
pelo mesmo caminho por onde veio".

³⁰Então Isaías disse a Ezequias: "Esta é a prova de que minhas palavras são verdadeiras:

"Neste ano vocês comerão somente o que crescer por si,
e no ano seguinte, o que brotar disso.
Mas, no terceiro ano, semeiem e colham,
cuidem de suas videiras e comam de seus frutos.
³¹Vocês que restarem em Judá,
os que escaparem da destruição,
lançarão raízes em seu próprio solo,
crescerão e darão frutos.
³²Pois um remanescente de meu povo sairá de Jerusalém,
um grupo de sobreviventes partirá do monte Sião.
O zelo do Senhor dos Exércitos
fará que isso aconteça!

³³"E assim diz o Senhor a respeito do rei da Assíria:

"Seus exércitos não entrarão em Jerusalém,
nem dispararão contra ela uma só flecha.
Não marcharão com escudos fora de seus portões,
nem construirão rampas de terra contra seus muros.
³⁴O rei voltará à terra dele
pelo mesmo caminho por onde veio.
Não entrará na cidade,
diz o Senhor.
³⁵Por minha própria honra e por causa de meu servo Davi,
defenderei esta cidade e a libertarei".

³⁶Naquela noite, o anjo do Senhor foi ao acampamento assírio e matou 185 mil soldados assírios. Quando os sobreviventes[c] acordaram na manhã seguinte, encontraram cadáveres por toda parte. ³⁷Então Senaqueribe,

---

[a] **37.25** Conforme os manuscritos do mar Morto (ver tb. 2Rs 19.24); o Texto Massorético não traz *em muitas terras estrangeiras*. [b] **37.27** Conforme os manuscritos do mar Morto e alguns manuscritos gregos (ver tb. 2Rs 19.26); a maioria dos manuscritos hebraicos traz *como um campo com terraços*. [c] **37.36** Em hebraico, *Quando eles*.

rei da Assíria, levantou acampamento e partiu para sua terra. Voltou para Nínive e ali ficou.

³⁸Certo dia, enquanto ele adorava no templo de seu deus Nisroque, seus filhos Adrameleque e Sarezer o mataram à espada. Fugiram para a terra de Arate, e outro filho, Esar-Hadom, se tornou seu sucessor na Assíria.

A doença e a recuperação de Ezequias

38 Por esse tempo, Ezequias ficou doente e estava para morrer. O profeta Isaías, filho de Amoz, foi visitá-lo e transmitiu-lhe a seguinte mensagem: "Assim diz o Senhor: 'Ponha suas coisas em ordem, pois você vai morrer. Não se recuperará dessa doença'".

²Quando Ezequias ouviu isso, virou o rosto para a parede e orou ao Senhor: ³"Ó Senhor, lembra-te de como sempre te servi com fidelidade e devoção, e de como sempre fiz o que é certo aos teus olhos". Depois, o rei chorou amargamente.

⁴Então Isaías recebeu esta mensagem do Senhor: ⁵"Volte a Ezequias e diga-lhe: Assim diz o Senhor, o Deus de seu antepassado Davi: 'Ouvi sua oração e vi suas lágrimas. Acrescentarei quinze anos à sua vida ⁶e livrarei você e esta cidade do rei da Assíria. Sim, defenderei esta cidade.

⁷"'Este é o sinal do Senhor de que cumprirá o que prometeu. ⁸Farei a sombra do sol recuar dez graus no relógio de sol[a] de Acaz'". Então a sombra no relógio de sol de Acaz recuou dez graus.

Poema de louvor de Ezequias

⁹Quando o rei Ezequias se recuperou, escreveu este poema:

¹⁰Eu disse: "No pleno vigor de minha vida,
devo entrar no lugar dos mortos?[b]
Serei roubado do restante de meus anos?".
¹¹Eu disse: "Nunca mais verei o Senhor Deus
na terra dos vivos.
Nunca mais verei pessoa alguma,
nem estarei com os que vivem neste mundo.
¹²Minha vida foi levada embora,
como uma tenda de pastor na tempestade.
Foi cortada como o tecelão corta o tecido do tear;
de repente, minha vida se acabou.
¹³Esperei a noite inteira com paciência,
mas era como se leões me despedaçassem;
de repente, minha vida se acabou.
¹⁴Delirante, chilreava como a andorinha ou como o grou,
depois gemia como a pomba.
Meus olhos se cansaram de olhar para o céu à espera de socorro.
Estou aflito, Senhor;
responde-me!".

¹⁵Mas o que posso dizer?
Ele mesmo enviou esta doença.
Agora, andarei humildemente toda a vida,
por causa da angústia que senti.[c]
¹⁶Senhor, tua disciplina é boa,
pois conduz à vida e à saúde.
Tu restauras minha saúde
e permites que eu viva!
¹⁷Sim, a angústia me fez bem,
pois tu me livraste da morte
e perdoaste todos os meus pecados.
¹⁸Pois os mortos[d] não podem exaltar-te;
não podem entoar louvores.
Aqueles que descem à cova
já não podem esperar em tua fidelidade.
¹⁹Somente os vivos te louvam como faço hoje;
cada geração fala de tua fidelidade à geração seguinte.
²⁰Sim, o Senhor está disposto a me curar!
Com instrumentos de cordas, entoarei louvores
todos os dias de minha vida,
no templo do Senhor.

²¹Isaías tinha dito aos servos de Ezequias: "Preparem uma pasta de figos e coloquem-na sobre a ferida, e Ezequias se recuperará". ²²Ezequias tinha perguntado: "Que sinal o Senhor dará como prova de que irei ao templo do Senhor?".

---

[a] **38.8** Em hebraico, *nos degraus*. [b] **38.10** Em hebraico, *entrar pelas portas do Sheol?* [c] **38.15** O significado do hebraico é incerto. [d] **38.18** Em hebraico, *o Sheol*.

Mensageiros da Babilônia

39 ¹Pouco tempo depois, Merodaque-Baladã, filho de Baladã, rei da Babilônia, enviou cartas e um presente para Ezequias, pois soube que o rei tinha estado muito doente e havia se recuperado. ²Ezequias recebeu com alegria os mensageiros babilônios e lhes mostrou tudo que havia na casa do tesouro: a prata, o ouro, as especiarias e os óleos aromáticos. Também os levou para conhecer seu arsenal e lhes mostrou tudo que havia nos tesouros do rei. Não houve nada em seu palácio nem em seu reino que Ezequias não lhes mostrasse.

³Então o profeta Isaías foi ver o rei Ezequias e lhe perguntou: "O que esses homens queriam? De onde vieram?".

Ezequias respondeu: "Vieram da Babilônia, uma terra distante".

⁴"O que viram em seu palácio?", perguntou Isaías.

"Viram tudo", Ezequias respondeu. "Eu lhes mostrei tudo que possuo, todos os meus tesouros."

⁵Então Isaías disse a Ezequias: "Ouça esta mensagem do Senhor dos Exércitos: ⁶'Está chegando o dia em que tudo em seu palácio, todos os tesouros que seus antepassados acumularam até agora, será levado para a Babilônia. Não ficará coisa alguma', diz o Senhor. ⁷'Até mesmo alguns de seus descendentes serão levados para o exílio. Eles se tornarão eunucos e servirão no palácio do rei da Babilônia'".

⁸Ezequias disse a Isaías: "A mensagem do Senhor que você transmitiu é boa". Pois o rei pensava: "Pelo menos haverá paz e segurança durante minha vida".

Consolo para o povo de Deus

40 ¹"Consolem, consolem meu povo", diz o seu Deus.
²"Falem com carinho a Jerusalém;
 digam-lhe que seus dias de luta acabaram
 e que seus pecados foram perdoados.
Sim, o Senhor a castigou em dobro
 por todos os seus pecados."

³Ouçam! Uma voz clama:

"Abram caminho no deserto para o
 Senhor!ª
Preparem para nosso Deus
 uma estrada reta na terra desolada!
⁴Aterrem os vales,
 nivelem os montes e as colinas.
Endireitem as curvas,
 tornem planos os trechos acidentados.
⁵Então a glória do Senhor será revelada,
 e todos a verão.
 O Senhor falou!".ᵇ

⁶Uma voz disse: "Clame!".
 Eu perguntei: "O que devo clamar?".

"Anuncie que os seres humanos são como
 capim;
 sua beleza passa depressa,
 como as flores do campo.
⁷O capim seca e as flores murcham
 quando o Senhor sopra sobre elas;
 o mesmo acontece aos seres humanos.
⁸O capim seca e as flores murcham,
 mas a palavra de nosso Deus permanece
 para sempre."

⁹Ó Sião, mensageiro de boas notícias,
 grite do alto dos montes!
Grite mais forte, ó Jerusalém,ᶜ
 grite sem medo!
Diga às cidades de Judá:
 "Seu Deus está chegando!".
¹⁰Sim, o Senhor Soberano vem com poder;
 com braço forte governará.
Vejam, ele traz consigo sua recompensa!
¹¹Como pastor, ele alimentará seu rebanho;
 levará os cordeirinhos nos braços
 e os carregará junto ao coração;
 conduzirá ternamente as ovelhas com
 suas crias.

Não há outro como o Senhor

¹²Quem mais segurou os oceanos nas
 mãos?
Quem mediu os céus com os dedos?
Quem mais sabe o peso da terra
 ou pesou na balança os montes e as
 colinas?

ª **40.3** Ou *Uma voz clama no deserto: "Abram caminho para o Senhor!"*. ᵇ **40.3-5** A Septuaginta traz *Ele é uma voz que clama no deserto: / "Preparem o caminho para a vinda do Senhor! / Abram uma estrada reta para nosso Deus! / Aterrem os vales, / nivelem os montes e colinas. / Então a glória do Senhor será revelada, / e todos verão a salvação enviada por Deus. / O Senhor falou!"*. Comparar com Mt 3.3; Mc 1.3; Lc 3.4-6. ᶜ **40.9** Ou *Ó mensageiro de boas notícias, grite do alto dos montes para Sião! Grite mais forte para Jerusalém*.

¹³Quem pode orientar o Espírito do Senhor?ᵃ
  Quem sabe o suficiente para aconselhá-
    -lo ou instruí-lo?
¹⁴Acaso o Senhor já precisou do conselho
    de alguém?
  Necessita que o instruam a respeito do
    que é bom?
  Alguém lhe ensinou o que é certo
    ou lhe mostrou o caminho da
      sabedoria?
¹⁵Não, pois todas as nações do mundo
    não passam de uma gota num balde.
  Não são nada mais
    que pó sobre a balança.
  Ele levanta toda a terra
    como se fosse um grão de areia.
¹⁶Nem toda a madeira nos bosques do
    Líbano
    nem todos os seus animais seriam
      suficientes
    para um holocausto digno de nosso Deus.
¹⁷As nações do mundo não têm valor para
    ele;
  aos seus olhos, valem menos que nada,
    são apenas vazio.
¹⁸A quem vocês podem comparar Deus?
  Que imagem usarão para representá-lo?
¹⁹Acaso pode ser comparado a um ídolo
    feito num molde,
    coberto de ouro e enfeitado com
      correntes de prata?
²⁰Quem é pobre demais para ter um ídolo
    desses
    pode escolher madeira que não apodrece
  e um artesão habilidoso
    para entalhar uma imagem que não
      tombe!
²¹Acaso não ouviram? Não entendem?
  Estão surdos para as palavras de Deus,
  palavras que ele falou antes que o mundo
    existisse?
  Será que são tão ignorantes?
²²Deus se senta acima do círculo da terra;
  para ele, as pessoas lá embaixo parecem
    gafanhotos.
  Estende os céus como uma cortina
    e faz com eles sua tenda.
²³Julga os poderosos do mundo
    e reduz todos eles a nada.
²⁴Mal são plantados, mal chegam a criar
    raízes,
  logo murcham, quando sopra sobre eles;
    o vento os leva embora como palha.

PÃO DIÁRIO

Poder ilimitado

Olhem para os céus; quem criou as estrelas? Ele as faz sair como um exército, uma após a outra, e chama cada uma pelo nome. Por causa de seu grande poder e sua força incomparável, nenhuma delas ousa se ausentar.
—Isaías 40.26

Uma criança e um astrônomo podem perguntar: "Por que as estrelas não caem?". No entanto, ambos obtêm essencialmente a mesma resposta: um poder misterioso ou energia sustém tudo e impede que o nosso cosmos colapse em caos.

A carta aos Hebreus afirma que Jesus é quem sustém todas as coisas "com sua palavra poderosa" (1.3). Ele é a fonte de toda a energia que existe, seja do potencial explosivo contido em um átomo ou da chaleira fumegante no fogão da cozinha.

Essa energia não é simplesmente uma força desorientada. Não, Deus é o poder pessoal que criou tudo do nada, inclusive as estrelas (Gn 1; Is 40.26); que dividiu o mar Vermelho e libertou os israelitas da escravidão no Egito (Êx 14.21,22); que fez Jesus nascer de uma virgem (Lc 1.34,35); que o ressuscitou dos mortos e que venceu a morte (2Tm 1.10). Nosso Deus, o único e verdadeiro Deus, tem o poder de responder às orações, de suprir as nossas necessidades e transformar a nossa vida.

Portanto, quando os problemas da vida a desconcertarem, quando você enfrentar uma impossibilidade como a do mar Vermelho ou instabilidade em seu mundo pessoal, clame pelo Deus que opera maravilhas, que sustém todas as coisas. E lembre-se de que, com o nosso Deus Poderoso, nada é impossível

Glória a Deus! O poder que usaste para criar o nosso Universo ainda está disponível para nós. É o poder da ressurreição, o poder de transformar vidas e o poder do Espírito Santo para dirigir a nossa vida. Obrigada por tornar o Teu poder ilimitado disponível a nós.

Deus é maior do que o nosso maior problema.

ᶜ**40.13** A Septuaginta traz *Quem conhece os pensamentos do Senhor?* Comparar com Rm 11.34; 1Co 2.16.

²⁵"A quem vocês me compararão?
   Quem é igual a mim?", pergunta o Santo.

²⁶Olhem para os céus;
   quem criou as estrelas?
Ele as faz sair como um exército, uma após a outra,
e chama cada uma pelo nome.
Por causa de seu grande poder e sua força incomparável,
   nenhuma delas ousa se ausentar.

²⁷Ó Jacó, como pode dizer que o Senhor
   não vê o que se passa?
Ó Israel, como pode dizer que Deus não
   se importa com seus direitos?

²⁸Você não ouviu?
   Não entendeu?
O Senhor é o Deus eterno,
   o Criador de toda a terra.
Ele nunca perde as forças nem se cansa,
   e ninguém pode medir a profundidade de sua sabedoria.

²⁹Dá forças aos cansados
   e vigor aos fracos.

³⁰Até os jovens perdem as forças e se cansam,
   e os rapazes tropeçam de tão exaustos.

³¹Mas os que confiam no Senhor renovam suas forças;
   voam alto, como águias.
Correm e não se cansam,
   caminham e não desfalecem.

O auxílio de Deus para Israel

41 ¹"Ouçam em silêncio diante de mim, povos do outro lado do mar;
   preparem seus argumentos mais convincentes.
Venham agora e falem;
   o tribunal está pronto para ouvir seu caso.

²"Quem instigou esse rei que vem do leste
   e o chamou para o justo serviço de Deus?
Quem lhe dá vitória sobre muitas nações
   e permite que ele pisoteie seus reis?
Com sua espada, reduz exércitos a pó;
   com seu arco, dispersa-os como palha ao vento.

³Ele os persegue e segue adiante em segurança,
   mesmo que caminhe em território desconhecido.

⁴Quem realizou feitos tão poderosos
   e chamou cada nova geração, desde o princípio dos tempos?
Eu, o Senhor, o Primeiro e o Último, somente eu."

⁵Os povos do outro lado do mar observam com temor;
   terras distantes estremecem e se aprontam para a guerra.

⁶Cada um encoraja seu amigo,
   dizendo: "Seja forte!".

⁷O escultor anima o ourives,
   e o que faz moldes ajuda na bigorna.
"Muito bem", dizem, "está ficando bom."
   Com todo o cuidado, juntam as partes
   e fixam o ídolo com pregos, para que não tombe.

⁸"Quanto a você, meu servo Israel,
   Jacó, meu escolhido,
   descendente de meu amigo Abraão,

⁹eu o chamei de volta dos confins da terra
   e disse: 'Você é meu servo'.
Pois eu o escolhi
   e não o lançarei fora.

¹⁰Não tenha medo, pois estou com você;
   não desanime, pois sou o seu Deus.
Eu o fortalecerei e o ajudarei;
   com minha vitoriosa mão direita o sustentarei.

¹¹"Sim, todos os seus furiosos inimigos
   ficarão confusos e humilhados.
Quem se opuser a você morrerá
   e não dará em nada.

¹²Você procurará e não encontrará
   aqueles que tentaram conquistá-lo.
Quem o atacar
   será reduzido a nada.

¹³Pois eu o seguro pela mão direita,
   eu, o Senhor, seu Deus,
e lhe digo:
   'Não tenha medo, estou aqui para ajudá-lo.

¹⁴Embora você não passe de um verme, ó Jacó,
   não tenha medo, pequenino Israel, pois eu o ajudarei.

Eu sou o Senhor, seu Redentor,
  eu sou o Santo de Israel".
¹⁵Você será um novo instrumento de debulhar,
  com muitos dentes afiados.
Despedaçará seus inimigos
  e transformará os montes em palha.
¹⁶Você os lançará para o alto,
  e o vento os levará embora;
  um redemoinho os espalhará.
Então você se alegrará no Senhor
  e se gloriará no Santo de Israel.

¹⁷"Quando os pobres e necessitados procurarem água e não a encontrarem,
  e tiverem a língua ressequida de sede,
eu, o Senhor, os ouvirei;
  eu, o Deus de Israel, jamais os abandonarei.
¹⁸Abrirei rios para eles nos planaltos
  e lhes darei fontes de água nos vales.
Encherei o deserto de açudes
  e a terra seca, de mananciais.
¹⁹Plantarei árvores no deserto:
  cedro, acácia, murta, oliveira, cipreste, abeto e pinheiro.
²⁰Assim, todos que virem esse milagre entenderão o que ele significa:
  o Senhor fez isso,
  o Santo de Israel o criou.

²¹"Apresentem a causa de seus ídolos",
  diz o Senhor.
"Que eles mostrem o que são capazes de fazer",
  diz o Rei de Israel.[a]
²²"Que nos digam o que aconteceu há muito tempo,
  para que analisemos as provas,
ou digam o que o futuro reserva,
  para que saibamos o que acontecerá.
²³Sim, anunciem o que acontecerá nos dias por vir;
  então saberemos que são deuses de fato.
Façam alguma coisa, boa ou má!
  Façam algo que cause espanto e nos encha de medo.

PÃO DIÁRIO

Ornamentos da Terra

Plantarei árvores no deserto: cedro, acácia, murta, oliveira, cipreste, abeto e pinheiro.

—Isaías 41.19

Perto de uma das mais bonitas paisagens da natureza criada por Deus, encontramos um jardim botânico de beleza inspiradora; no lado canadense das Cataratas do Niágara. Dentro da estufa há uma vasta coleção de lindas flores e plantas exóticas. Além da flora, minha esposa e eu observávamos algo que nos chamou atenção: as palavras de uma placa.

Nela, havia um convite: "Entrem, amigos, e vejam os ornamentos da Terra: o maravilhoso trabalho artesanal de Deus". Que forma maravilhosa de descrever a maneira como o nosso Criador abençoou este mundo com belezas de cair o queixo!

Os ornamentos da Terra incluem os toques de Deus nas verdejantes florestas tropicais do Brasil, a beleza glacial das geleiras do Círculo Polar Ártico, os ondulantes campos de trigo das planícies da América do Norte e o vasto alcance das planícies férteis do solo africano. Essas áreas, como as descritas em Isaías 41, relembram-nos de louvar a Deus pela criatividade do Seu trabalho manual.

As Escrituras também nos relembram de que a maravilha de cada planta, individualmente, é parte do trabalho de Deus. Desde os açafrões florescentes (Is 35.1) aos lírios do campo (Mt 6.28) e ao "cedro, acácia, murta, oliveira, cipreste, abeto e pinheiro" (Is 41.19), Deus colore o nosso mundo com uma esplendorosa exibição de beleza. Desfrute dessa maravilha e invista algum tempo louvando a Deus pelos "ornamentos da Terra".

Senhor, para todo lugar que olho, vejo o trabalho maravilhoso das Tuas mãos. Elas estão em cada amanhecer e anoitecer, na complexidade de uma flor e na majestade de uma montanha. Obrigada por nos cercares de tanta beleza.

A natureza declara a existência do Criador.

---

²⁴Mas não! Vocês são menos que nada e nada podem fazer;
  os que escolhem vocês contaminam a si mesmos.

²⁵"Eu, porém, levantei um líder que virá do norte;

---

[a] **41.21** Em hebraico, *o rei de Jacó*. Ver nota em 14.1.

> **PÃO DIÁRIO**
>
> ## A resposta surpreendente de Deus
>
> *Tudo que profetizei se cumpriu, e agora profetizarei novamente; eu lhes falarei do futuro antes que aconteça.*
> —Isaías 42.9
>
> "Quem dera abrisses os céus e descesses!", implorou o profeta Isaías ao Senhor. Ele clamava para que Deus tornasse o Seu nome conhecido: "Os montes tremeriam em tua presença! Assim como o fogo faz a lenha queimar e a água ferver, tua vinda faria as nações estremecerem; então seus inimigos entenderiam a razão de tua fama!" (Is 64.1,2).
>
> Isaías queria que Deus se comportasse como tinha feito no passado. Recordando as Escrituras sobre o encontro de Deus com Moisés no monte Sinai, ele ansiava pela repetição daquela notável experiência.
>
> Mas Deus já havia dito a Isaías que Ele faria algo diferente. "Tudo que profetizei se cumpriu, e agora profetizarei novamente; eu lhes falarei do futuro antes que aconteça" (42.9).
>
> De fato, Deus profetizou de novo. Muitas coisas ainda aconteceriam, mas não nos dias de Isaías, nem da forma dramática que ele tanto desejava. "Não gritará, nem levantará a voz em público" (v.2). Ele viria na forma singela de um infante.
>
> Muitos de nós podemos nos lembrar de uma situação em que Deus foi maravilhosamente oportuno em Sua resposta às nossas necessidades. Como Isaías, também queremos que Deus faça o mesmo novamente. Mas, talvez, Ele tenha algo diferente em mente. Ao celebrarmos a vinda humilde de Deus à Terra, estejamos cientes de que Ele veio para mudar o nosso coração, e não somente as nossas circunstâncias.
>
> *Senhor, os Teus pensamentos não são os meus pensamentos, nem os Teus caminhos os meus. Quando penso que já te entendi completamente, surpreendo-me por Teu amor, sabedoria e provisão. Obrigada por teres me alcançado e enchido a minha vida de bondade e santidade.*
>
> ---
>
> **As respostas de Deus às nossas orações podem exceder nossas expectativas.**

²⁶"Quem lhes falou desde o começo
  que isto aconteceria?
Quem previu estas coisas
  e os fez admitir que tinha razão?
  Ninguém disse coisa alguma, nem uma só palavra!
²⁷Eu fui o primeiro a dizer a Sião:
  'Veja! O socorro está a caminho!'.[a]
  Enviarei a Jerusalém um mensageiro com boas notícias.
²⁸Nenhum de seus ídolos lhes disse isso,
  nenhum deles respondeu quando perguntei.
²⁹São objetos tolos e sem valor;
  todos os seus ídolos são vazios como o vento."

O servo escolhido do SENHOR

42 ¹"Vejam meu servo, que eu fortaleço;
  ele é meu escolhido, que me dá alegria.
Pus sobre ele meu Espírito;
  ele trará justiça às nações.
²Não gritará,
  nem levantará a voz em público.
³Não esmagará a cana quebrada,
  nem apagará a chama que já está fraca;
  fará justiça a todos os injustiçados.
⁴Não vacilará nem desanimará,
  enquanto não fizer a justiça prevalecer em toda a terra.
Até mesmo terras distantes, do outro lado do mar,
  aguardarão suas instruções."[b]

⁵Deus, o SENHOR, criou os céus e os estendeu;
  criou a terra e tudo que nela há.
Dá fôlego a cada um
  e vida a todos que caminham sobre a terra.
É ele quem diz:
⁶"Eu, o SENHOR, o chamei para mostrar minha justiça;
  eu o tomarei pela mão e o protegerei.
Eu o darei a meu povo, Israel,
  como símbolo de minha aliança com eles,
e você será luz para guiar as nações:
⁷abrirá os olhos dos cegos,

desde o leste ele invocará meu nome.
Eu lhe darei vitória sobre os líderes dos povos;
  ele os pisará como o oleiro pisa o barro.

---

[a] **41.27** Ou *Veja! Eles estão voltando para casa!* [b] **42.4** A Septuaginta traz *E seu nome será a esperança de todo o mundo.* Comparar com Mt 12.21.

libertará da prisão os cativos,
  livrará os que estão em calabouços
    escuros.
⁸"Eu sou o Sãñ… Senhor; este é meu nome!
  Não darei minha glória a ninguém,
  não repartirei meu louvor com ídolos
    esculpidos.
⁹Tudo que profetizei se cumpriu,
  e agora profetizarei novamente;
  eu lhes falarei do futuro antes que
    aconteça".

Cântico de louvor ao Senhor

¹⁰Cantem um novo cântico ao Senhor,
  cantem seu louvor desde os confins da
    terra!
Cantem, vocês que navegam pelos mares,
  todos vocês que moram em litorais
    distantes!
¹¹Levantem a voz, cidades do deserto,
  alegrem-se as vilas de Quedar!
Exultem, habitantes de Sela,
  aclamem do alto dos montes!
¹²Que o mundo inteiro glorifique o Senhor
  e cante seu louvor!
¹³O Senhor marchará como herói
    poderoso;
  sairá como guerreiro, cheio de fúria.
Dará seu grito de guerra
  e esmagará todos os seus inimigos.

¹⁴"Durante muito tempo, fiquei em
    silêncio;
  sim, me contive.
Agora, porém, como a mulher no parto,
  gritarei, gemerei e ficarei ofegante.
¹⁵Arrasarei os montes e as colinas
  e acabarei com sua vegetação.
Tornarei os rios em terra seca
  e secarei os açudes.
¹⁶Conduzirei este povo cego por um novo
    caminho
  e o guiarei por um rumo desconhecido.
Transformarei em luz a escuridão diante
    dele
  e tornarei planos os trechos acidentados.
Sim, farei estas coisas;
  não o abandonarei.
¹⁷Mas os que confiam em ídolos
  e dizem: 'Vocês são nossos deuses',
  sofrerão vergonhosa derrota."

Israel não ouve nem vê

¹⁸"Ouçam, surdos!
  Olhem e vejam, cegos!
¹⁹Quem é cego como meu povo, meu
    servo?
  Quem é surdo como meu mensageiro?
Quem é cego como meu povo escolhido,
  o servo do Senhor?
²⁰Vocês veem e reconhecem o que é certo,
  mas se recusam a fazê-lo.
Ouvem com os ouvidos,
  mas não prestam atenção."

²¹Porque o Senhor é justo,
  ele exaltou sua lei gloriosa.
²²Seu povo, porém, foi roubado e
    saqueado,
  escravizado, aprisionado e apanhado
    numa armadilha.
São presa fácil para qualquer um
  e não têm quem os proteja,
  ninguém que os leve de volta para casa.

²³Quem ouvirá essas lições do passado
  e verá a ruína que os espera no futuro?
²⁴Quem permitiu que Israel fosse roubado
    e ferido?
Foi o Senhor, contra quem pecamos,
pois seu povo não andou em seu
    caminho,
  nem obedeceu à sua lei.
²⁵Por isso ele derramou sobre eles sua ira
    ardente
  e os destruiu na batalha.
Ficaram envoltos em chamas,
  mas se recusaram a entender.
Foram consumidos pelo fogo,
  mas não aprenderam a lição.

O Salvador de Israel

43 ¹Mas agora, ó Jacó, ouça o Senhor que
    o criou;
  ó Israel, assim diz aquele que o formou:
"Não tema, pois eu o resgatei;
  eu o chamei pelo nome, você é meu.
²Quando passar por águas profundas,
  estarei a seu lado.
Quando atravessar rios,
  não se afogará.
Quando passar pelo fogo,
  não se queimará;
  as chamas não lhe farão mal.

³Pois eu sou o Senhor, seu Deus,
o Santo de Israel, seu Salvador.
Dei o Egito como resgate por sua liberdade;
em troca de você, dei a Etiópiaª e Sebá.
⁴Outros foram entregues em seu lugar,
troquei a vida deles pela sua.
Pois você é precioso para mim,
é honrado e eu o amo.

⁵"Não tema, pois estou com você;
reunirei você e seus descendentes desde o leste e o oeste.
⁶Direi ao norte e ao sul:
'Tragam de volta meus filhos e filhas,
desde os confins da terra.
⁷Tragam todos que me reconhecem como seu Deus,
pois eu os criei para minha glória;
fui eu quem os formou'".

⁸Tragam o povo que tem olhos, mas é cego,
que tem ouvidos, mas é surdo.
⁹Reúnam as nações!
Juntem os povos do mundo!
Qual de seus ídolos predisse coisas semelhantes a estas?
Qual deles pode prever o que acontecerá amanhã?
Onde estão as testemunhas dessas previsões?
Quem pode comprovar que disseram a verdade?

¹⁰"Você é minha testemunha, ó Israel!", diz o Senhor.
"Você é meu servo.
Foi escolhido para me conhecer, para crer em mim,
para entender que somente eu sou Deus.
Não há outro Deus,
nunca houve e nunca haverá.
¹¹Eu, somente eu, sou o Senhor,
e não há outro Salvador.
¹²Primeiro, previ sua salvação,
então o salvei e proclamei isso ao mundo.
Nenhum deus estrangeiro jamais fez algo assim;
você, Israel, é testemunha de que sou o único Deus",
diz o Senhor.
¹³"Desde a eternidade, eu sou Deus;
não há quem possa livrar alguém de minha mão,
não há quem possa desfazer o que eu fiz."

O Senhor promete vitória

¹⁴Assim diz o Senhor, seu Redentor, o Santo de Israel:

"Por sua causa, enviarei um exército contra a Babilônia;
obrigarei os babilôniosᵇ a fugir
nos navios de que tanto se orgulham.
¹⁵Eu sou o Senhor, seu Santo,
Criador e Rei de Israel.
¹⁶Eu sou o Senhor, que abriu uma passagem no meio das águas,
um caminho seco pelo mar.
¹⁷Chamei o exército poderoso do Egito,
com seus carros e cavalos.
Eu os submergi nas ondas, e eles se afogaram;
sua vida se apagou como um pavio fumegante.

¹⁸"Esqueçam tudo isso,
não é nada comparado ao que vou fazer.
¹⁹Pois estou prestes a realizar algo novo.
Vejam, já comecei! Não percebem?
Abrirei um caminho no meio do deserto,
farei rios na terra seca.
²⁰Os animais selvagens nos campos me glorificarão,
e também os chacais e as corujas,
por lhes dar água no deserto.
Sim, farei rios na terra seca,
para que meu povo escolhido se refresque.
²¹Formei este povo para mim mesmo;
um dia, ele me honrará perante o mundo.

²²"Mas você, ó Jacó, não clama por mim;
você se cansou de mim, ó Israel!
²³Não me trouxe ovelhas nem bodes para holocaustos,
não me honrou com sacrifícios,

ª **43.3** Em hebraico, *Cuxe*. ᵇ **43.14** Ou *os caldeus*.

embora eu não o tenha sobrecarregado
   nem cansado
   com exigências de ofertas de cereal e
   incenso.
²⁴Você não me trouxe cálamo perfumado,
   nem me agradou com a gordura de
   sacrifícios.
Em vez disso, me sobrecarregou com seus
   pecados
e me cansou com suas maldades.

²⁵"Eu, somente eu, por minha própria
   causa, apagarei seus pecados
   e nunca mais voltarei a pensar neles.
²⁶Relembremos juntos a situação,
   apresente sua defesa para provar
   inocência.
²⁷Desde o princípio, seu primeiro
   antepassado pecou,
   e seus líderes se rebelaram contra mim.
²⁸Por isso, humilhei seus sacerdotes;
   decretei destruição total para Jacó,
   vergonha para Israel."

44

¹"Agora ouça-me, meu servo Jacó,
   Israel, meu escolhido.
²O Senhor, que o criou e que o ajuda, diz:
   Não tema, ó Jacó, meu servo,
   ó querido Israel,ª meu escolhido.
³Pois eu derramarei água para matar sua
   sede
   e regar seus campos secos.
Derramarei meu Espírito sobre seus
   descendentes
   e minha bênção sobre suas futuras
   gerações.
⁴Eles crescerão como capim regado,
   como salgueiros à beira do rio.
⁵Alguns afirmarão: 'Pertenço ao Senhor',
   outros dirão: 'Sou descendente de Jacó'.
Alguns escreverão nas mãos o nome do
   Senhor
   e tomarão para si o nome Israel."

A insensatez da idolatria

⁶Assim diz o Senhor, Rei e Redentor de Israel,
o Senhor dos Exércitos:

"Eu sou o Primeiro e o Último;
   não há outro Deus.
⁷Quem é semelhante a mim?

ª **44.2** Em hebraico, *Jesurum*, termo carinhoso para Israel.

Que se apresente à minha frente!
Que faça o que eu fiz desde os tempos
   antigos,
   quando estabeleci um povo e anunciei
   seu futuro.
⁸Não tremam, não tenham medo;
   acaso não lhes anunciei meus propósitos
   há muito tempo?
Vocês são minhas testemunhas: há outro
   Deus além de mim?
Não! Não há nenhuma outra Rocha,
   nenhuma sequer!".

⁹Como são tolos os que fabricam ídolos!
   Esses objetos que tanto estimam não
   têm valor algum.
Os que adoram ídolos não sabem disso,
   por isso serão envergonhados.
¹⁰Quem senão um tolo faria seu próprio
   deus,
   um ídolo que em nada pode ajudá-lo?
¹¹Todos que adoram ídolos serão
   envergonhados,
   bem como todos esses artesãos,
   simples mortais que se dizem capazes
   de fazer um deus.
Ainda que unam forças,
   estarão unidos em terror e vergonha.

¹²O ferreiro trabalha na forja para criar
   uma ferramenta afiada;
   martela e modela com toda a força.
De tanto trabalhar, sente fome e
   fraqueza,
   fica sedento e desfalece.
¹³O escultor, por sua vez, mede um bloco
   de madeira
   e nele desenha um esboço.
Trabalha com cinzel e plaina
   e entalha a imagem de uma pessoa.
Dá à imagem beleza humana
   e a coloca num pequeno santuário.
¹⁴Corta cedros,
   escolhe cipreste e carvalho,
planta um pinheiro no bosque,
   para que a chuva o faça crescer.
¹⁵Então, usa parte da madeira para fazer
   fogo
   e com ele se aquece e assa o pão.

Depois, pega o que resta
 e faz para si um deus para adorar.
Faz um ídolo
 e se curva diante dele.
¹⁶Queima parte da árvore para assar carne,
 come e se mantém aquecido.
"Que fogo bom!", diz.
 "Já não sinto frio!"
¹⁷Então, pega o que resta
 e faz seu deus: um ídolo esculpido.
Curva-se diante dele e o adora,
 ora a ele e diz:
"Livra-me,
 pois tu és meu deus!".
¹⁸Quanta estupidez e ignorância!
 Seus olhos estão fechados, e ele não
  consegue ver,
 sua mente está fechada, e não consegue
  compreender.
¹⁹Aquele que fez o ídolo não para e pensa:
"Queimei metade da madeira para me
  aquecer
 e para assar o pão e a carne;
como é possível o restante ser um deus?
 Vou me curvar para adorar um pedaço
  de madeira?".
²⁰Tal pessoa se alimenta de cinzas e
  engana a si mesma,
 confia em algo que em nada pode ajudá-
 -la.
E, no entanto, não é capaz de perguntar:
 "Será que este ídolo que tenho em mãos
  não é uma mentira?".

Restauração para Jerusalém

²¹"Preste atenção, ó Jacó,
 pois você é meu servo, ó Israel.
Eu, o Senhor, o formei
 e não me esquecerei de você.
²²Afastei seus pecados para longe, como
  uma nuvem;
 dispersei suas maldades, como a névoa
  da manhã.
Volte para mim,
 pois paguei o preço do seu resgate."
²³Cantem, ó céus, pois o Senhor fez esta
  maravilha!
 Gritem de alegria, ó profundezas da
  terra!
Irrompam em cânticos,
 ó montes, bosques e todas as árvores!
Pois o Senhor resgatou Jacó
 e é glorificado em Israel.

²⁴Assim diz o Senhor,
 seu Redentor e Criador:
"Eu sou o Senhor, que fiz todas as coisas;
 sozinho estendi os céus.
Quem estava comigo
 quando criei a terra?
²⁵Mostro que os falsos profetas são
  mentirosos
 e faço os adivinhos parecerem tolos.
Faço os sábios errarem suas previsões
 e assim provo que são insensatos.
²⁶Mas cumpro as previsões de meus
  profetas!
 Por meio deles, digo a Jerusalém:
'Este lugar voltará a ser habitado',
 e às cidades de Judá:
'Vocês serão reconstruídas;
 restaurarei todas as suas ruínas'.
²⁷Quando eu falar aos rios: 'Sequem',
 eles secarão.
²⁸Quando disser a respeito de Ciro: 'Ele é
  meu pastor',
 ele certamente fará tudo que eu quiser.
Ele dirá: 'Reconstruam Jerusalém!'
 e ordenará: 'Restaurem o templo!'".

Ciro, o escolhido do Senhor

45 ¹É isto que diz o Senhor a Ciro, seu
  ungido,
 cuja mão direita ele fortalecerá.
Diante dele, reis poderosos ficarão
  paralisados de medo;
 os portões de suas fortalezas se abrirão
  e nunca mais se fecharão.
²Assim diz ele:

"Irei à sua frente, Ciro,
 e tornarei planos os montes;
quebrarei os portões de bronze
 e destruirei as trancas de ferro.
³Eu lhe darei tesouros escondidos na
  escuridão,
 sim, riquezas secretas.
Farei isso para que saiba que eu sou o
  Senhor,
 o Deus de Israel, que chama você pelo
  nome.

⁴"Foi por causa de Jacó, meu servo,
Israel, meu escolhido,
que o chamei para realizar essa tarefa.
Por isso o chamei pelo nome,
quando você não me conhecia.
⁵Eu sou o Senhor;
não há outro Deus.

Eu o preparei para a batalha,
embora você não me conheça,
⁶para que todo o mundo, de leste a oeste,
saiba que não há outro Deus;
eu sou o Senhor, e não há outro.
⁷Formo a luz e crio as trevas,
trago a paz e crio a calamidade;
eu, o Senhor, faço essas coisas.

⁸"Abram-se, ó céus,
e derramem justiça.
Abra-se a terra,
para que brote a salvação e, com ela, a justiça;
eu, o Senhor, as criei.

⁹"Que aflição espera quem contesta seu Criador!
Acaso o pote de barro discute com o oleiro?
O barro argumenta com aquele que lhe dá forma e diz:
'Você não está fazendo direito!',
ou exclama:
'Você não sabe trabalhar!'?
¹⁰Que terrível seria se uma criança dissesse ao pai:
'Por que você me gerou?',
e à mãe:
'Por que me trouxe ao mundo?'".

¹¹Assim diz o Senhor,
o Santo de Israel e seu Criador:
"Querem questionar o que farei por meus filhos?
Querem dar ordens a respeito do que minhas mãos fizeram?
¹²Eu fiz a terra
e criei os seres humanos para nela habitarem.
Com minhas mãos, estendi os céus,
e todas as estrelas estão às minhas ordens.
¹³Levantarei esse homem para que cumpra meu justo propósito
e guiarei suas ações.
Ele restaurará minha cidade e libertará meu povo cativo,
sem exigir recompensa nem tributo.
Eu, o Senhor dos Exércitos, falei!".

Conversão futura dos gentios

¹⁴Assim diz o Senhor:

"Você governará os egípcios,
os etíopes[a] e os sabeus.
Eles lhe trarão toda a sua mercadoria,
e ela será sua.
Caminharão atrás de você, como prisioneiros acorrentados;
cairão de joelhos à sua frente e dirão:
'Deus está com você, e ele é o único Deus;
não há outro além dele'".

¹⁵De fato, ó Deus de Israel, nosso Salvador,
tu ages de formas misteriosas.
¹⁶Todos os artesãos que fazem ídolos serão humilhados;
juntos, serão envergonhados.
¹⁷Mas o Senhor salvará o povo de Israel
com salvação permanente;
nunca mais serão humilhados e envergonhados.

¹⁸Pois o Senhor é Deus;
criou os céus e a terra
e pôs todas as coisas no devido lugar.
Fez o mundo para ser habitado,
e não para ser um lugar de vazio e caos.
Ele diz: "Eu sou o Senhor,
e não há outro.
¹⁹Não sussurro coisas obscuras em algum canto escondido,
nem teria dito ao povo de Israel[b] que me buscasse
se não fosse possível me encontrar.
Eu, o Senhor falo apenas a verdade
e declaro somente o que é certo.

²⁰"Reúnam-se e venham,
fugitivos de nações vizinhas!
Como são tolos os que levam consigo seus ídolos de madeira
e oram a deuses que não podem salvar!

---

[a] 45.14 Em hebraico, *os cuxitas*. [b] 45.19 Em hebraico, *de Jacó*. Ver nota em 14.1.

PÃO DIÁRIO

Nos braços de Deus

Serei o seu Deus por toda a sua vida, até que seus cabelos fiquem brancos. Eu os criei e cuidarei de vocês, eu os carregarei e os salvarei.

—Isaías 46.4

O profeta Isaías descreve minuciosamente no capítulo 46 o cerco dos babilônios e a remoção de seus ídolos. Os carros e carruagens que os carregavam rangiam, e os animais fatigados gemiam pelo peso daquela carga (v.1).

Em contraste, Isaías diz que Deus carrega os Seus filhos desde o nascimento (v.3). "Serei o seu Deus por toda a sua vida, até que seus cabelos fiquem brancos", declara o Senhor (v.4). O contraste é preciso e vívido no texto hebraico: os ídolos são postos sobre os animais, sobre as bestas que sofrem com seu peso, "e os pobres animais tropeçam por causa do peso" (v.1), mas nós somos carregadas por Deus (v.3). Os ídolos são um fardo para ser carregado (v.1), mas Deus nos tem carregado com alegria desde que estávamos no ventre (v.3).

O Senhor nos criou (v.4). Nada pode ser mais reconfortante, pois o nosso Pai ama e cuida dos Seus filhos. Ele promete: "Serei o seu Deus por toda a sua vida", e isso inclui cada problema e preocupação que surgir durante toda a nossa existência.

Então, deixemos que Ele não somente nos carregue, mas carregue também os nossos fardos. Estes versos escritos por Annie Johnson Flint nos desafiam a experimentar o cuidado de Deus:

Não tema, a Sua provisão jamais se acabará,
O nosso Deus Seus recursos compartilhará.
Descanse em Seus braços eternos de amor,
De você e dos seus fardos cuidará o Senhor!

Querido Pai, que reconfortante e tranquilizador pensar que nos carregas em Teus braços todos os nossos dias! Ajuda-nos a descansar nessa promessa e a nos lembrar de lançar nossos fardos sobre ti, pois somente tu podes suportar o peso deles. Obrigada, Senhor!

É de Deus todo o trabalho; o nosso trabalho é descansar nele.

²¹ Consultem uns aos outros e defendam sua causa,
juntem-se e decidam o que dizer.
Quem anunciou essas coisas tanto tempo atrás?
Quem lhes disse o que aconteceria?
Não fui eu, o Senhor?
Pois não há outro Deus além de mim,
Deus justo e Salvador;
não há outro além de mim.
²² Que todo o mundo se volte para mim
para ser salvo!
Pois eu sou Deus, e não há nenhum outro.
²³ Jurei por meu próprio nome,
disse o que é justo
e não voltarei atrás em minha palavra:
Diante de mim todo joelho se dobrará,
e toda língua me declarará lealdade".ᵃ
²⁴ O povo dirá:
"O Senhor é a única fonte de minha justiça e força".
E todos que contra ele se irarão
virão até ele e serão envergonhados.
²⁵ No Senhor, todas as gerações de Israel
serão justificadas
e nele se gloriarão.

Os falsos deuses da Babilônia

46 ¹ Bel e Nebo, os deuses da Babilônia,
se curvam enquanto são postos no chão.
São transportados em carros de boi,
e os pobres animais tropeçam por causa do peso;
² tanto os ídolos como seus donos se curvam.
Os deuses não podem proteger o povo,
e o povo não pode proteger os deuses;
vão juntos para o cativeiro.

³ "Ouçam-me, descendentes de Jacó,
todos vocês que restam em Israel.
Eu os carreguei desde que nasceram,
cuidei de vocês desde que estavam no ventre.
⁴ Serei o seu Deus por toda a sua vida,
até que seus cabelos fiquem brancos.
Eu os criei e cuidarei de vocês,
eu os carregarei e os salvarei.

⁵ "A quem vocês me compararão?
Que imagem usarão para me representar?
⁶ Alguns gastam seu ouro e sua prata

ᵃ **45.23** Em hebraico, *confessará*; a Septuaginta traz *declarará lealdade a Deus*. Comparar com Rm 14.11.

e contratam um artesão para lhes fazer um deus;
então se curvam diante dele e o adoram!
⁷Levam-no consigo sobre os ombros
e, quando o põem no lugar, ali ele fica;
não pode nem mesmo se mexer!
Quando alguém lhe faz uma oração, ele não responde;
não pode livrar as pessoas de suas aflições.

⁸"Não se esqueçam disto; tenham-no em mente!
Lembrem-se bem, ó rebeldes!
⁹Lembrem-se do que fiz no passado,
pois somente eu sou Deus;
eu sou Deus, e não há outro semelhante a mim.
¹⁰Só eu posso lhes anunciar, desde já,
o que acontecerá no futuro.
Todos os meus planos se cumprirão,
pois faço tudo que desejo.
¹¹Chamarei do leste uma ave de rapina veloz,
um líder de uma terra distante,
para que cumpra minhas ordens.
O que eu disse,
isso farei.

¹²"Ouça-me, povo teimoso
que está longe da justiça.
¹³Pois estou pronto para endireitar as coisas,
não no futuro distante, mas agora!
Estou pronto para salvar Sião
e para mostrar minha glória a Israel."

Queda da Babilônia

47 ¹"Desça, ó Babilônia,ᵃ e sente-se no pó,
pois chegaram ao fim seus dias no trono.
A bela Babilôniaᵇ nunca voltará a ser princesa encantadora e delicada.
²Pegue as pedras de moer e faça farinha,
remova seu véu e tire seu manto;
exponha-se à vista de todos.ᶜ
³Você ficará nua e envergonhada;
eu me vingarei e não terei compaixão."

⁴Nosso Redentor, cujo nome é SENHOR dos Exércitos,
é o Santo de Israel.

⁵"Ó bela Babilônia, sente-se na escuridão e no silêncio;
nunca mais será conhecida como rainha de reinos.
⁶Pois eu estava irado com meu povo escolhido
e, para castigá-los, os entreguei em suas mãos.
Mas você não teve compaixão deles
e oprimiu até os idosos.
⁷Disse: 'Serei rainha para sempre!'.
Não refletiu sobre suas ações,
nem pensou nas consequências.

⁸"Ouça isto, você que ama o prazer,
que vive despreocupada, sentindo-se segura.
Você diz: 'Sou a única, e não há outra;
nunca serei viúva nem perderei meus filhos'.
⁹Estas duas coisas lhe acontecerão no mesmo instante:
ficará viúva e perderá seus filhos.
Sim, essas calamidades virão sobre você,
apesar de toda a sua feitiçaria e magia.

¹⁰"Sentia-se segura em sua maldade
e dizia: 'Ninguém me vê'.
Sua sabedoria e seu conhecimento a enganavam,
e pensava: 'Sou a única, não há outra'.
¹¹Por isso a desgraça a alcançará,
e você não poderá evitá-la com encantamentos.
A calamidade cairá sobre você,
e não terá como comprar seu livramento.
Uma catástrofe a atingirá de repente,
e não estará preparada para ela.

¹²"Use sua magia!
Use os encantamentos a que se dedicou todos esses anos!
Talvez eles tenham algum proveito,
talvez assustem alguém.
¹³Você está cansada de tantos conselhos;
onde estão seus astrólogos,

ᵃ**47.1a** Em hebraico, *filha virgem da Babilônia*. ᵇ**47.1b** Ou *filha dos caldeus*; também em 47.5. ᶜ**47.2** Em hebraico, *desnude as pernas, atravesse os rios*.

que observam as estrelas e fazem previsões todos os meses?
Que se levantem e a salvem do que o futuro lhe reserva!

¹⁴Mas eles são como palha que queima no fogo;
não podem salvar a si mesmos das chamas.
Você não receberá deles ajuda alguma;
a fogueira deles não aquece ninguém.

¹⁵Seus amigos,
com quem você negociou desde a juventude,
seguirão cada um o próprio caminho,
e não haverá ninguém que a salve."

O teimoso povo de Deus

48

¹"Ouça-me, ó família de Jacó,
vocês que são chamados pelo nome de Israel
e vieram da linhagem de Judá.
Escutem, vocês que juram em nome do Senhor
e invocam o Deus de Israel,
mas não em verdade e em justiça.

²Vocês se chamam de habitantes da cidade santa
e dizem que confiam no Deus de Israel,
cujo nome é Senhor dos Exércitos.

³Muito tempo atrás, eu lhes disse o que aconteceria;
então agi de modo repentino,
e todas as minhas previsões se cumpriram.

⁴Pois sei como vocês são teimosos;
seu pescoço é rígido como ferro,
e sua cabeça, dura como bronze.

⁵Por isso lhes falei o que aconteceria,
anunciei de antemão o que faria,
para que vocês não dissessem:
'Meus ídolos fizeram isso;
minha imagem de madeira e meu deus de metal
ordenaram que acontecesse!'.

⁶Vocês ouviram minhas previsões e as viram se cumprir,
mas não querem admitir.
Agora lhes anuncio coisas novas,
segredos que vocês ainda não conheciam.

⁷São coisas novíssimas, não do passado,
para que não digam: 'Já sabíamos disso!'.

⁸"Sim, eu lhes falarei de coisas totalmente novas,
sobre as quais nunca ouviram.
Pois sei muito bem que são traidores,
rebeldes desde que nasceram.

⁹Contudo, por causa do meu nome e minha honra,
refrearei minha ira e não os exterminarei.

¹⁰Eu os purifiquei, não como a prata é purificada,
mas na fornalha do sofrimento.

¹¹Faço isso por minha própria causa,
sim, por minha própria causa.
Não permitirei que meu nome seja manchado
e não repartirei minha glória com outros."

Libertos da Babilônia

¹²"Ouça-me, ó família de Jacó,
Israel, meu escolhido!
Somente eu sou Deus,
o Primeiro e o Último.

¹³Minha mão lançou os alicerces da terra,
minha mão direita estendeu os céus lá no alto.
Quando chamo as estrelas,
elas aparecem todas em ordem."

¹⁴Acaso algum de seus ídolos lhes disse isso?
Venham todos vocês e ouçam:
O Senhor escolheu seu aliado
e o usará para acabar com o império da Babilônia
e destruir os exércitos babilônios.[a]

¹⁵"Eu disse: Eu o chamei!
Sim, eu o enviarei nesta missão e o ajudarei a ter êxito.

¹⁶Cheguem mais perto e ouçam;
desde o princípio, eu lhes disse claramente o que aconteceria."
Agora, o Senhor Soberano e seu Espírito
me enviaram com esta mensagem:

---

[a] **48.14** Ou *caldeus*.

¹⁷Assim diz o Senhor,
seu Redentor, o Santo de Israel:
"Eu sou o Senhor, seu Deus,
que lhe ensina o que é bom
e o conduz pelo caminho que deve seguir.
¹⁸Quem dera tivesse prestado atenção às
minhas ordens!
Teria experimentado paz que flui como
um rio,
justiça que o cobriria como as ondas do
mar.
¹⁹Seus descendentes seriam incontáveis,
como a areia da praia!
Não teria sido necessário destruí-lo,
nem eliminar o nome de sua família".

²⁰Saiam do cativeiro!
Deixem a Babilônia e os babilônios!ᵃ
Proclamem esta mensagem!
Anunciem-na em alta voz para os
confins da terra!
O Senhor resgatou seus servos,
o povo de Israel.ᵇ
²¹Não passaram sede
quando ele os guiou pelo deserto.
Ele partiu a rocha,
e água jorrou para que bebessem.
²²"Mas para os perversos não há paz",
diz o Senhor.

A comissão do servo do Senhor

49 ¹Ouçam-me, vocês em terras distantes!
Prestem atenção, vocês que estão
longe!
O Senhor me chamou antes de meu
nascimento;
desde o ventre ele me chamou pelo
nome.
²Tornou minhas palavras de juízo afiadas
como espada,
escondeu-me na sombra de sua mão;
sou como flecha afiada em sua aljava.
³Ele me disse: "Você é meu servo, Israel,
e me trará glória".
⁴Respondi: "Mas meu trabalho parece tão
inútil!
Esforcei-me em vão, sem propósito
algum.
No entanto, deixo tudo nas mãos do
Senhor;
confio que Deus me recompensará".
⁵Agora, fala o Senhor,
aquele que no ventre me formou para
ser seu servo,
que me encarregou de trazer Israel de
volta para ele.
O Senhor me honrou,
meu Deus me fortaleceu.
⁶Ele diz: "Você fará mais que restaurar o
povo de Israel para mim;
eu o farei luz para os gentios,
e você levará minha salvação aos confins
da terra".

⁷O Senhor, o Redentor e o Santo de Israel,
diz àquele que é desprezado e rejeitado
pelas nações,
àquele que é servo dos governantes:
"Reis se levantarão quando você passar,
príncipes se curvarão até o chão,
por causa do Senhor, que é fiel,
por causa do Santo de Israel, que o
escolheu".

Promessas da restauração de Israel

⁸Assim diz o Senhor:

"No tempo certo, eu lhe responderei;ᶜ
no dia da salvação, o ajudarei.
Eu o protegerei e o darei ao povo,
para que seja símbolo da minha aliança
com eles.
Por seu intermédio, restabelecerei a terra
de Israel
e a devolverei a seu povo.
⁹Direi aos prisioneiros: 'Saiam em
liberdade!',
e aos que estão na escuridão: 'Venham
para a luz!'.
Serão minhas ovelhas e se alimentarão em
pastos verdes
e nas colinas que antes eram estéreis.
¹⁰Não terão fome nem sede,
e o sol ardente não os atingirá.
Pois o Senhor, em sua misericórdia, os
guiará;
ele os conduzirá a águas frescas.

ᵃ **48.20a** Ou *os caldeus*. ᵇ **48.20b** Em hebraico, *seu servo Jacó*. Ver nota em 14.1. ᶜ **49.8** A Septuaginta traz *eu o ouvirei*. Comparar com 2Co 6.2.

> ### REFLETINDO SOBRE: Jamais anônima
>
> ## Mulheres anônimas
>
> *Vejam, escrevi seu nome na palma de minhas mãos.*
> —Isaías 49.16
>
> Eu tinha 5 anos e estava extremamente ansiosa. Como crianças de áreas rurais não frequentavam o jardim de infância, eu iria direto para a primeira série. Arrastei minha mãe pelo corredor e paramos na lista de nomes colocada ao lado da primeira sala de aula. Nenhuma Diane ali. Na segunda lista, havia uma Diane Jones. Na terceira lista, encontramos Diane Stevens. Meu coraçãozinho afundou-se até a sola de meus sapatos novos. Lá estava eu, pronta para meu primeiro dia de aula, e meu nome não estava nas listas de turma.
>
> A Bíblia inclui muitas mulheres cujos nomes foram deixados de fora das Escrituras. Deus não nos revelou o nome da mulher que salvou a cidade de Tebes jogando uma pedra de moinho na cabeça do invasor. As Escrituras não identificam a mulher que tocou no manto de Jesus para ser curada, a viúva a quem Ele elogiou por sua oferta sacrificial ou a mulher samaritana, cuja vida mudou após uma conversa com Jesus à beira do poço. Não sabemos os nomes da sogra de Pedro, da esposa de Noé ou da filha de Jairo. Suas histórias são importantes o suficiente para serem incluídas na Palavra de Deus, mas, por alguma razão, Ele decidiu não incluir os seus nomes.
>
> É fácil nos sentirmos anônimas em nossa sociedade. Enquanto nomes de estrelas do cinema são facilmente lembrados por todos, pode parecer que ninguém se lembra dos nossos nomes. No fim das contas, não importará se fomos bem conhecidas ou não, mas quão bem vivemos a nossa vida. Quando nos tornamos filhas de Deus por meio da fé em Jesus, Ele escreve os nossos nomes no Livro da vida do Cordeiro. Deus compara isso a termos nossos nomes escritos nas palmas de Suas mãos como lembrete constante de que pertencemos a Ele. Não importa que nos sintamos tão anônimas em alguns momentos, Deus nunca nos esquecerá ou apagará os nossos nomes. Isso é muito mais importante do que qualquer lista terrena, mesmo no primeiro dia de aula.

[11] Transformará os montes em caminhos planos,
  e as estradas serão erguidas acima dos vales.
[12] Vejam, meu povo retornará de longe,
  de terras ao norte e a oeste,
  e de lugares distantes ao sul, como o Egito".[a]

[13] Cantem, ó céus!
  Alegre-se, ó terra!
  Irrompam em cânticos, ó montes!
Pois o Senhor consolou seu povo
  e terá compaixão dele em meio ao sofrimento.

[14] Sião, porém, diz: "O Senhor nos abandonou,
  o Senhor se esqueceu de nós".

[15] "Pode a mãe se esquecer do filho que ainda mama?
Pode deixar de sentir amor pelo filho que ela deu à luz?
Mesmo que isso fosse possível,
  eu não me esqueceria de vocês!
[16] Vejam, escrevi seu nome na palma de minhas mãos;
  seus muros em ruínas estão sempre em minha mente.
[17] Em breve, seus descendentes voltarão,
  e todos que procuram destruí-la irão embora.
[18] Olhe ao redor e veja,
  pois todos os seus filhos voltarão para você.
Tão certo como eu vivo", diz o Senhor,
  "eles serão como joias, e você se enfeitará com eles,
  como uma noiva se enfeita.

[19] "Seu povo logo encherá

---

[a] 49.12 Conforme os manuscritos do mar Morto, que trazem *da região de Assuã*, no sul do Egito; o Texto Massorético traz *da região de Sinim*.

até as regiões mais desoladas de sua
  terra abandonada.
Seus inimigos, que a escravizaram,
  estarão bem longe.
[20] As gerações nascidas no exílio voltarão e
  dirão:
  'Precisamos de mais espaço!
  Esta terra é pequena demais!'.
[21] Então você pensará:
  'Quem me deu todos esses
    descendentes?
  Quase todos os meus filhos foram mortos,
    e os que restaram foram levados para o
      exílio;
  fiquei aqui sozinha.
  De onde veio tanta gente?
    Quem os criou para mim?'"

[22] Assim diz o Senhor Soberano:
"Vejam, darei um sinal às nações;
elas trarão os filhos pequenos de Israel de
  volta nos braços
e carregarão as filhas nos ombros.
[23] Reis e rainhas os servirão
  e atenderão a todas as suas necessidades.
Eles se curvarão diante de você com o
  rosto no chão
  e lamberão o pó de seus pés.
Então você saberá que eu sou o Senhor;
  quem confia em mim jamais será
    envergonhado".

[24] Quem pode tirar o despojo das mãos de
  um guerreiro?
  Quem pode exigir que um tirano[a] liberte
    seus prisioneiros?
[25] Mas o Senhor diz:
"Os cativos dos guerreiros serão libertos,
  e o despojo dos tiranos será retomado.
Pois lutarei contra os que lutam contra
  você
  e salvarei seus filhos.
[26] Alimentarei seus inimigos com a própria
  carne deles,
  ficarão bêbados com rios do próprio
    sangue.
Todo o mundo saberá que eu, o Senhor,
  sou seu Salvador e seu Redentor,
  o Poderoso de Israel".[b]

50

Assim diz o Senhor:
"Acaso sua mãe foi mandada embora
  porque me divorciei dela?
Vendi vocês como escravos para meus
  credores?
Não, foram vendidos por causa de seus
  pecados,
  e sua mãe se foi por causa da rebeldia de
    vocês.
[2] Por que ninguém apareceu quando eu
  vim?
Por que ninguém respondeu quando
  chamei?
É porque não tenho poder para libertar?
  Pois eu, com uma simples palavra, seco
    o mar
  e transformo rios em desertos cheios de
    peixes mortos.
[3] Visto os céus com escuridão
  e cubro-os com roupas de luto".

O obediente servo do Senhor

[4] O Senhor Soberano me deu suas palavras
  de sabedoria,
  para que eu saiba consolar os cansados.
Todas as manhãs ele me acorda
  e abre meu entendimento para ouvi-lo.
[5] O Senhor Soberano falou comigo,
  e eu ouvi;
  não me rebelei nem me afastei.
[6] Ofereci as costas aos que me batiam
  e a face aos que me arrancavam a barba.
Não escondi o rosto
  daqueles que zombavam de mim e em
    mim cuspiam.

[7] Porque o Senhor Soberano me ajuda,
  não serei envergonhado.
Por isso, firmei o rosto como uma pedra
  e sei que não serei envergonhado.
[8] Aquele que me faz justiça está perto;
  quem se atreverá a se queixar de mim?
Onde estão meus acusadores?
  Que se apresentem!
[9] Vejam, o Senhor Soberano está do meu
  lado!
  Quem me declarará culpado?
Todos os meus inimigos serão destruídos

---

[a] 49.24 Conforme os manuscritos do mar Morto, a versão siríaca e a Vulgata (ver tb. 49.25); o Texto Massorético traz *um justo*.
[b] 49.26 Em hebraico, *de Jacó*. Ver nota em 14.1.

PÃO DIÁRIO

A câmara secreta

O SENHOR Soberano me deu suas palavras de sabedoria, para que eu saiba consolar os cansados.
—Isaías 50.4

As pessoas têm algumas necessidades que são profundamente aflitivas. O poeta Alfred Tennyson certa vez escreveu: "Jamais a manhã encontrou-se com a noite, no entanto alguns corações se partiram com a despedida". Muitas vezes, ao conversar com amigos que estão sofrendo muito, nos sentimos perdidos sem saber o que dizer. Como podemos dizer palavras de sabedoria para consolar os cansados?

Dizer às pessoas o que aprendemos de outros mestres humanos pode causar-lhes algum impacto. Mas as palavras mais úteis e persuasivas são ditas por aqueles que aprenderam do próprio Deus. Por essa razão é essencial que nos assentemos aos pés de Jesus e aprendamos dele. Quanto mais recebemos dele, mais temos para dar aos outros. George MacDonald ilustra este momento com Deus como se tivéssemos "um quarto, um espaço — dentro do próprio Deus". E ele continua: "ao sair de lá ...o homem deve trazer revelação e força para seus irmãos. Foi para isso que ele foi criado".

É por meio de nosso estudo bíblico reflexivo, orações, leitura e meditação silenciosa que Deus fala ao nosso coração. Ele "abre [nosso] entendimento para ouvi-lo" (Is 50.4) e para que, assim, possamos falar aos que estão nas profundezas do desespero.

Amado Deus, atrai-me à Tua Palavra para que eu possa reconhecer a Tua sabedoria. Que eu seja capaz de confortar e encorajar os que estão abatidos ao meu redor. Dá-me as Tuas palavras para que eu possa compartilhar com os outros.

Dê ouvidos a Deus e, em seguida, fale dessa experiência pessoal aos outros.

---

como roupas velhas, comidas pelas traças.
¹⁰Quem entre vocês teme o SENHOR
  e obedece a seu servo?
Se vocês caminham na escuridão,
  sem um raio de luz sequer,
confiem no SENHOR
  e apoiem-se em seu Deus.
¹¹Mas tenham cuidado, vocês que vivem
  em sua própria luz
e se aquecem em seu próprio fogo.
Esta é a recompensa que receberão de mim:
  em breve cairão em grande tormento.

Chamado para confiar no SENHOR

51 ¹"Ouçam-me, todos que procuram justiça,
  todos que buscam o SENHOR!
Olhem para a rocha da qual foram cortados,
  para a pedreira de onde foram extraídos.
²Sim, pensem em Abraão, seu antepassado,
  e em Sara, que deu à luz sua nação.
Abraão era apenas um quando eu o chamei,
  mas o abençoei e o tornei uma grande nação."

³O SENHOR voltará a consolar Sião
  e terá compaixão de suas ruínas.
Seu deserto florescerá como o Éden,
  sua terra desolada, como o jardim do SENHOR.
Ali haverá alegria e exultação,
  e cânticos de gratidão encherão o ar.

⁴"Ouça-me, povo meu;
  escute-me, nação minha,
pois minha lei será proclamada,
  e meu juízo se tornará luz para as nações.
⁵Minha justiça logo virá,
  minha salvação está a caminho;
  meu braço forte julgará as nações.
Todas as terras distantes olharão para mim
  e aguardarão com esperança meu braço poderoso.
⁶Levantem os olhos para os céus lá no alto
  e olhem para a terra embaixo.
Os céus desaparecerão como fumaça,
  e a terra se gastará como uma peça de roupa.
Os habitantes da terra morrerão como moscas,
  mas minha salvação é permanente;
  meu governo justo não terá fim!

⁷"Ouçam-me, vocês que sabem a diferença entre certo e errado,
  que têm minha lei no coração.
Não se assustem com o desprezo das pessoas,
  nem temam seus insultos.

⁸Pois a traça os comerá como se fossem uma roupa;
  o verme os devorará como se fossem lã.
Minha justiça, porém, durará para sempre;
  minha salvação continuará de geração em geração!"

⁹Desperta, desperta, ó S<small>ENHOR</small>! Veste-te de força!
  Move teu braço poderoso!
Levanta-te como fizeste nos dias passados,
  quando mataste o Egito, o dragão do Nilo.ᵃ
¹⁰Não és o mesmo hoje,
  aquele que secou as águas
e fez um caminho no fundo do mar
  para que seu povo atravessasse?
¹¹Os que foram resgatados pelo S<small>ENHOR</small> voltarão;
  entrarão em Sião cantando,
  coroados de alegria sem fim.
Tristeza e lamento desaparecerão,
  e eles se encherão de alegria e exultação.

¹²"Sim, sou eu quem os consola;
  por que, então, temem simples mortais,
  que murcham como o capim e desaparecem?
¹³Vocês, porém, se esqueceram do S<small>ENHOR</small>, seu Criador,
  aquele que estendeu os céus
  e lançou os alicerces da terra.
Viverão com medo de opressores humanos?
  Continuarão a temer a ira de seus inimigos?
  Onde está a fúria deles agora?
¹⁴Em breve, todos vocês cativos serão libertos;
  prisão, fome e morte não serão seu destino!
¹⁵Pois eu sou o S<small>ENHOR</small>, seu Deus,
  que agita os mares e faz as ondas rugirem;
  meu nome é S<small>ENHOR</small> dos Exércitos.
¹⁶Pus minhas palavras em sua boca
  e o escondi em segurança em minha mão.

Estendiᵇ os céus
  e lancei os alicerces da terra.
Sou eu quem diz a Israel:
  'Tu és meu povo!'."

¹⁷Desperte, desperte, ó Jerusalém!
  Você bebeu do cálice da ira do S<small>ENHOR</small>,
bebeu do cálice do terror,
  virou-o até a última gota.
¹⁸Não sobrou nenhum de seus filhos
  para pegá-la pela mão e guiá-la.
¹⁹Duas calamidades a atingiram:
  desolação e destruição, fome e guerra.
E quem restou para ter compaixão de você?
  Quem restou para consolá-la?ᶜ
²⁰Seus filhos desmaiaram e estão caídos pelas ruas,
  indefesos como antílopes pegos numa rede.
O S<small>ENHOR</small> derramou sua ira,
  sim, Deus os repreendeu.

²¹Agora, porém, ouçam isto, vocês que estão aflitos
  e completamente embriagados,
  mas não com vinho.
²²Assim diz o S<small>ENHOR</small> Soberano,
  seu Deus e Defensor:
"Vejam, tirei de suas mãos o cálice terrível;
  não beberão mais de minha ira.
²³Agora, darei esse cálice aos que os atormentaram
  e lhes disseram:
'Pisaremos em vocês no pó
  e andaremos sobre suas costas'".

Livramento para Jerusalém

52 ¹Desperte, desperte, ó Sião!
  Vista-se de força!
Ponha suas lindas roupas, ó cidade santa de Jerusalém,
  pois os incircuncisos e os impuros não entrarão mais por seus portões.
²Levante-se do pó, ó Jerusalém,
  sente-se no lugar de honra.
Tire de seu pescoço as correntes de escravidão,
  ó cativa Sião.ᵈ
³Pois assim diz o S<small>ENHOR</small>:

ᵃ **51.9** Em hebraico, *mataste Raabe, transpassaste o dragão*. Ver nota em 30.7. ᵇ **51.16** Conforme a versão siríaca (ver tb. 51.13); o hebraico traz *Plantei*. ᶜ **51.19** Conforme os manuscritos do mar Morto, a Septuaginta, a versão siríaca e a Vulgata; o Texto Massorético traz *Como posso consolá-la?* ᵈ **52.2** Em hebraico, *filha de Sião*.

"Quando eu a vendi ao exílio,
  não recebi pagamento algum.
Agora a resgatarei
  sem ter de pagar por você".

⁴Assim diz o Senhor Soberano: "Há muito tempo, meu povo escolheu morar no Egito. Agora, a Assíria os oprime sem nenhuma razão. ⁵O que é isso?", pergunta o Senhor. "Por que meu povo foi escravizado novamente? Aqueles que os dominam gritam de alegria.ª Meu nome é blasfemado o dia inteiro.ᵇ ⁶Mas eu revelarei meu nome ao meu povo, e eles, por fim, reconhecerão que sou eu quem fala com eles."

⁷Como são belos sobre os montes
  os pés do mensageiro que traz boas-
    -novas,
boas-novas de paz e salvação,
  de que o Deus de Israelᶜ reina!
⁸Os vigias gritam e cantam de alegria,
  pois, com os próprios olhos,
  veem o Senhor voltar a Sião.
⁹Que as ruínas de Jerusalém gritem de
    alegria,
  pois o Senhor consolou seu povo;
  ele resgatou Jerusalém.
¹⁰O Senhor mostrou seu santo poder
  diante dos olhos de todas as nações.
Todos os confins da terra verão
  a salvação de nosso Deus.

¹¹Saiam! Saiam e deixem para trás o
    cativeiro,
  não toquem no que é impuro.
Saiam daí e purifiquem-se,
  vocês que levam de volta os objetos
    sagrados do Senhor.
¹²Não partirão às pressas,
  como quem foge para salvar a vida,
pois o Senhor irá à sua frente;
  sim, o Deus de Israel os protegerá na
    retaguarda.

O servo sofredor

¹³Vejam, meu servo terá êxito;
  será muito exaltado.
¹⁴Muitos, porém, ficaram espantados
    quando o viram:ᵈ
  seu rosto estava tão desfigurado que mal
    parecia humano;
  por seu aspecto, quase não era possível
    reconhecê-lo como homem.
¹⁵Ele causará assombro emᵉ muitas
    nações;
  reis ficarão mudos diante dele,
pois verão aquilo que ninguém lhes havia
    falado,
  entenderão aquilo que nunca tinham
    ouvido.ᶠ

53
¹Quem creu em nossa mensagem?
  A quem o Senhor revelou seu braço
    forte?
²Meu servo cresceu em sua presença,
  como tenro broto verde,
  como raiz em terra seca.
Não havia nada de belo nem majestoso em
    sua aparência,
  nada que nos atraísse.
³Foi desprezado e rejeitado,
  homem de dores, que conhece o
    sofrimento mais profundo.
Demos as costas para ele e desviamos o
    olhar;
  ele foi desprezado, e não nos
    importamos.

⁴Apesar disso, foram as nossas
    enfermidades que ele tomou sobre si,
  e foram as nossas doenças que pesaram
    sobre ele.
Pensamos que seu sofrimento era castigo
    de Deus,
  castigo por sua culpa.
⁵Mas ele foi ferido por causa de nossa
    rebeldia
  e esmagado por causa de nossos
    pecados.
Sofreu o castigo para que fôssemos
    restaurados
  e recebeu açoites para que fôssemos
    curados.
⁶Todos nós nos desviamos como ovelhas;

ª **52.5a** Conforme os manuscritos do mar Morto; o Texto Massorético traz *Aqueles que os dominam se lamentam.* ᵇ **52.5b** A Septuaginta traz *Os gentios continuam a blasfemar meu nome por causa de vocês.* Comparar com Rm 2.24. ᶜ **52.7** Em hebraico, *de Sião.* ᵈ **52.14** Conforme a versão siríaca; o hebraico traz *viram você.* ᵉ **52.15a** Ou *purificará.* ᶠ **52.15b** A Septuaginta traz *Aqueles aos quais ele nunca foi anunciado verão, / e os que nunca ouviram falar dele entenderão.* Comparar com Rm 15.21.

deixamos os caminhos de Deus
para seguir os nossos caminhos.
E, no entanto, o Senhor fez cair sobre ele
os pecados de todos nós.

⁷Ele foi oprimido e humilhado,
mas não disse uma só palavra.
Foi levado como cordeiro para o
matadouro;
como ovelha muda diante dos
tosquiadores,
não abriu a boca.
⁸Condenado injustamente,
foi levado embora.ᵃ
Ninguém se importou de ele morrer sem
deixar descendentes,
de sua vida ser cortada no meio do
caminho.ᵇ
Mas ele foi ferido mortalmente
por causa da rebeldia do meu povo.
⁹Não havia cometido nenhuma injustiça
e jamais havia enganado alguém.
Ainda assim, foi sepultado como criminoso,
colocado no túmulo de um homem rico.
¹⁰Fazia parte do plano do Senhor esmagá-lo
e causar-lhe dor.
Quando, porém, sua vida for entregue
como oferta pelo pecado,
ele terá muitos descendentes.
Terá vida longa,
e o plano do Senhor prosperará em suas
mãos.
¹¹Quando ele vir tudo que resultar de sua
angústia,
ficará satisfeito.
E, por causa de tudo que meu servo justo
passou,
ele fará que muitos sejam considerados
justos,
pois levará sobre si os pecados deles.
¹²Eu lhe darei as honras de um soldado
vitorioso,
pois ele se expôs à morte.
Foi contado entre os rebeldes;
levou sobre si a culpa de muitos e
intercedeu pelos pecadores.

PÃO DIÁRIO

Face a face

Meu servo cresceu em sua presença, como tenro broto verde, como raiz em terra seca. Não havia nada de belo nem majestoso em sua aparência, nada que nos atraísse.
—Isaías 53.2

Quando eu era jovem, achava que sabia exatamente como Jesus se parecia. Afinal, eu o via todos os dias sempre que olhava para os quadros em meu quarto. Um deles mostrava Jesus batendo à porta e outro o retratava como um pastor que cuidava de Suas ovelhas.

Porém, o que eu não sabia era que, uma década antes de eu nascer, aquelas representações de Jesus simplesmente ainda não existiam. O ilustrador Warner Sallman pintou o conhecido quadro "A cabeça de Cristo" e outras representações de Jesus, na década de 40. Essas imagens retratavam apenas a concepção de um determinado homem sobre como ele achava que Jesus se parecia.

A Bíblia não traz uma descrição física de Jesus, nem mesmo os homens que o viam diariamente disseram algo sobre a Sua aparência. Na realidade, a única dica que temos é uma passagem em Isaías que diz: "Não havia nada de belo nem majestoso em sua aparência, nada que nos atraísse" (53.2). Parece que a forma humana de Jesus não foi enfatizada de propósito. Sua aparência era a de um homem comum da Sua época. As pessoas não eram atraídas a Jesus por Ele ter a aparência de rei, mas pelo que Ele dizia, fazia e pela mensagem de amor que Ele veio compartilhar (Jo 3.16).

Mas, na próxima vez que Jesus vier à Terra, será diferente. Quando o nosso Salvador retornar, vamos reconhecê-lo como o soberano Rei dos reis e Senhor dos senhores (1Tm 6.14,15).

Jesus, embora não saibamos como é a Tua aparência física, reconhecemos o que fizeste por nós. Obrigada por Teu sacrifício na cruz e ressurreição, os quais nos dão o privilégio de saber, pela fé, que um dia te veremos face a face. Obrigada pela salvação e a expectativa de encontrar-te pessoalmente na glória.

Ver Jesus será a maior alegria que teremos no Céu.

A glória futura de Jerusalém

54 ¹"Cante, ó mulher sem filhos,
você que nunca deu à luz!

ᵃ **53.8a** A Septuaginta traz *Foi humilhado e a justiça lhe foi negada*. Comparar com At 8.33. ᵇ **53.8b** Ou *Quanto a seus contemporâneos, / quem se importou que sua vida foi cortada no meio do caminho?* A Septuaginta traz *Quem pode falar de seus descendentes? / Pois sua vida foi tirada da terra*. Comparar com At 8.33.

ISAÍAS 54

PÃO DIÁRIO

Por que o pecado é tão ruim?

Eu lhe darei as honras de um soldado vitorioso, pois ele se expôs à morte. Foi contado entre os rebeldes; levou sobre si a culpa de muitos e intercedeu pelos pecadores.
—Isaías 53.12

Dor: abjeta, horrível, excruciante, implacável, insuportável e indescritível. Em cada talho nas Suas costas, a cada passo que fazia o Seu corpo queimar e tremer de dor no caminho para o Gólgota, nosso Salvador recebia a punição pelos nossos pecados.

Nesse nosso mundo, no qual "fazemos de conta que tudo vai ficar bem", frequentemente olhamos para o pecado e nos perguntamos: qual é o grande problema? Afinal, nosso pecado não é tão ruim assim. Se mentimos só de vez em quando ou trapaceamos um pouco, qual é o dano? Se fizermos alguma fofoca ou usarmos linguagem grosseira, quem se magoará com isso? O que há de tão ruim no pecado?

É ruim por aquilo que causou a Jesus. Sim, os nossos pecados causaram o tormento sofrido por Jesus em Seu caminho para a cruz. Nela, Ele foi pendurado e morreu de forma terrível.

É claro que jamais podemos desfazer o que foi feito; aquela dor jamais poderá ser revertida. Porém, devemos entender que, se continuarmos pecando intencionalmente, estamos, de fato, virando as costas para Jesus e Sua dor. Seria como dizer que não nos importamos com tudo que o fizemos sofrer e que faremos o que quisermos. Pecar à luz da cruz é dizer a Jesus que nem mesmo Seu intenso sofrimento nos ensinou algo sobre o horror do pecado.

Por que o pecado é tão ruim? Veja o que ele causou a Jesus.

Querido Deus, ajuda-me a nunca desculpar, justificar ou tirar o peso do meu pecado. Por causa dele, Jesus sofreu e morreu na cruz. Ele pagou o preço morrendo voluntariamente em meu lugar. Ajuda-me a lembrar sempre que o meu pequeno pecado é realmente "grande".

Jesus tomou sobre si os nossos pecados para que possamos ter a Sua salvação.

---

que a mulher que vive com o marido",
diz o Senhor.

²"Amplie o lugar onde mora, construa mais um cômodo,
aumente sua casa, e não economize nisso!
³Pois logo você transbordará para todos os lados;
seus descendentes ocuparão outras nações
e povoarão as cidades arruinadas.

⁴"Não se assuste; você não será envergonhada.
Não tenha medo; você não sofrerá humilhação.
Não se lembrará mais da vergonha de sua juventude,
nem da tristeza da viuvez.
⁵Pois seu marido será aquele que a fez;
o Senhor dos Exércitos é seu nome!
Ele é seu Redentor, o Santo de Israel,
o Deus de toda a terra.
⁶Pois o Senhor a chamou de volta de seu lamento,
você que era como uma jovem esposa abandonada",
diz o seu Deus.
⁷"Por um breve tempo eu a abandonei,
mas com grande compaixão a receberei de volta.
⁸Num ímpeto de fúria, escondi meu rosto de você por um momento,
mas com amor eterno terei compaixão de você",
diz o Senhor, seu Redentor.

⁹"Assim como jurei no tempo de Noé
que nunca mais cobriria a terra com um dilúvio,
agora juro que nunca mais ficarei irado com você
nem a castigarei.
¹⁰Pois, ainda que os montes se movam
e as colinas desapareçam,
meu amor por você permanecerá.
A aliança de minha bênção jamais será quebrada",
diz o Senhor, que tem compaixão de você.

¹¹"Ó cidade açoitada por tempestades,
aflita e desolada!

Cante alegremente, em alta voz, ó Jerusalém,
você que nunca esteve em trabalho de parto!
Pois a abandonada agora tem mais filhos

Eu a reconstruirei com pedras preciosas
  e edificarei seus alicerces com safiras.
¹²Farei suas torres de rubis cintilantes,
  seus portões, de joias brilhantes,
  seus muros, de pedras preciosas.
¹³Ensinarei seus filhos,
  e eles terão grande paz.
¹⁴Você estará segura sob um governo justo
    e imparcial,
  e seus inimigos se manterão afastados.
Viverá em paz,
  e nenhum terror se aproximará.
¹⁵Se alguma nação vier lutar contra você,
  não será porque eu a enviei;
  todos que a atacarem serão derrotados.

¹⁶"Eu criei o ferreiro
  que abana as brasas do fogo
e produz armas de destruição,
  e criei os exércitos que destroem.
¹⁷Naquele dia, porém,
  nenhuma arma voltada contra você
    prevalecerá.
Você calará toda voz
  que se levantar para acusá-la.
É assim que o Senhor agirá em favor de
    seus servos;
  eu lhes farei justiça.
  Eu, o Senhor, falei!"

Convite à salvação

55 ¹"Alguém tem sede?
  Venha e beba, mesmo que não tenha
    dinheiro!
Venha, beba vinho ou leite;
  é tudo de graça!
²Por que gastar seu dinheiro com comida
    que não fortalece?
  Por que pagar por aquilo que não
    satisfaz?
Ouçam-me, e vocês comerão o que é bom
  e se deliciarão com os alimentos mais
    saborosos.

³"Venham a mim com os ouvidos bem
    abertos;
  escutem, e encontrarão vida.
Farei com vocês uma aliança permanente,
  o amor que fielmente prometi a Davi.
⁴Vejam como eu o usei para mostrar meu
    poder aos povos;
  eu o fiz governante das nações.

⁵Vocês também darão ordens a nações que
    não conhecem,
  e povos desconhecidos virão correndo
    lhes obedecer.
Pois eu, o Senhor, seu Deus,
  o Santo de Israel, os tornei gloriosos."

PÃO DIÁRIO

O que o dinheiro não pode comprar

Busquem o Senhor enquanto podem achá-lo; invoquem-no agora, enquanto ele está perto.
—Isaías 55.6

O dinheiro é necessário para o nosso viver, pois sem ele não poderíamos suprir nossas necessidades, nem os luxos da vida. Mas há coisas que o dinheiro não pode comprar. Um pregador afirmou certa vez: "O dinheiro pode comprar luxos, mas não comprará o poder espiritual. O dinheiro comprará progresso e ascensão, mas não o reconhecimento de Deus. O dinheiro comprará favores e elogios, mas não o respeito moral."

O maior bem, que de tão grande está sozinho numa categoria, não pode ser comprado. Se toda a raça humana exaurisse todos os seus recursos indo à falência num esforço para comprar o perdão dos pecados e a vida eterna com Jesus, ainda assim seria infinitamente insuficiente. Todas as riquezas do mundo inteiro não podem comprar a suprema bênção do perdão e o Céu.

Jamais acumularemos riquezas suficientes para comprar um lugar no paraíso de Deus. Mas há uma boa notícia! A salvação pode ser nossa mesmo que não tenhamos dinheiro — na verdade, "é tudo de graça" (Is 55.1).

Você já confiou em Jesus como seu Salvador pessoal? É necessário estender as suas mãos a Deus com a mesma fé que a criança tem: "Mas, a todos que creram nele e o aceitaram, ele deu o direito de se tornarem filhos de Deus" (Jo 1.12). Clame por Ele e confesse os seus pecados, "sim, voltem-se para nosso Deus, pois ele os perdoará generosamente" (Is 55.7).

Pai, a riqueza que tu provês é diferente da que o mundo oferece. Agradecemos-te por nossa salvação. É uma dádiva de imenso valor e que nada nos custou. Obrigada por nos dares o que o dinheiro nunca poderia comprar: o perdão por intermédio de nosso Senhor e Salvador Jesus Cristo!

A porta do perdão se escancara diante do mais leve toque da fé.

> **PÃO DIÁRIO**
>
> ## Frutos da graça
>
> *Onde antes havia espinhos, crescerá o cipreste; onde antes havia urtigas, brotará a murta. Isso resultará em glória para o nome do Senhor; será sinal permanente, que nunca será destruído.*
>
> —Isaías 55.13
>
> O texto de hoje afirma que Deus faz o cipreste e a murta crescerem no local em que o espinheiro e a sarça entulhavam o solo. Essa analogia nos lembra de que Deus pode fazer brotar beleza e graça onde antes florescia o mal.
>
> Onde crescia o cinismo, a esperança e o otimismo podem começar a emergir. Onde o sarcasmo prosperou, palavras gentis de cura podem surgir. Onde a luxúria cresceu excessiva e desenfreadamente, o amor puro pode brotar. A vida transformada é o sinal vivo e duradouro da ação de Deus, o sinal permanente que Ele busca (Is 55.13).
>
> Você anseia por esse tipo de transformação em sua vida? Saiba que os pensamentos de Deus são muito diferentes dos seus, e que os caminhos do Senhor vão muito além dos seus caminhos (vv.8,9). Há momentos quando ficamos cansadas do mal que habita em nós, e o nosso coração anseia por santidade. Esse é o chamado de Deus nos relembrando de que Ele está perto. Nesses momentos, devemos mergulhar fundo na Palavra de Deus e pedir-lhe que nos molde à Sua semelhança. O Senhor diz: "A chuva e a neve descem dos céus e na terra permanecem até regá-la. Fazem brotar os cereais e produzem sementes para o agricultor e pão para os famintos. O mesmo acontece à minha palavra: eu a envio, e ela sempre produz frutos. Ela fará o que desejo e prosperará aonde quer que eu a enviar" (vv.10,11).
>
> Busque a vontade do Senhor e os Seus caminhos. Os frutos da graça podem substituir os espinhos da nossa natureza pecaminosa.
>
> *Obrigada, Senhor, porque és capaz de trazer beleza das cinzas, fazer brotar frutos num solo estéril e mudar e transformar a nossa vida do caos e vazio em vidas frutíferas e felizes. Senhor Jesus, que tu possas continuar o trabalho transformador que iniciaste em mim.*
>
> **Deus pode transformar uma alma manchada pelo pecado em obra-prima da Sua graça.**

⁶Busquem o Senhor enquanto podem achá-lo;
 invoquem-no agora, enquanto ele está perto.
⁷Que os perversos mudem de conduta
 e deixem de lado até mesmo a ideia de fazer o mal.
Que se voltem para o Senhor, para que ele tenha misericórdia deles;
 sim, voltem-se para nosso Deus, pois ele os perdoará generosamente.
⁸"Meus pensamentos são muito diferentes dos seus", diz o Senhor,
 "e meus caminhos vão muito além de seus caminhos.
⁹Pois, assim como os céus são mais altos que a terra,
 meus caminhos são mais altos que seus caminhos,
 e meus pensamentos, mais altos que seus pensamentos.
¹⁰"A chuva e a neve descem dos céus
 e na terra permanecem até regá-la.
Fazem brotar os cereais
 e produzem sementes para o agricultor
 e pão para os famintos.
¹¹O mesmo acontece à minha palavra:
 eu a envio, e ela sempre produz frutos.
Ela fará o que desejo
 e prosperará aonde quer que eu a enviar.
¹²Vocês viverão com alegria e paz;
 os montes e as colinas cantarão,
 e as árvores do campo baterão palmas.
¹³Onde antes havia espinhos, crescerá o cipreste;
 onde antes havia urtigas, brotará a murta.
Isso resultará em glória para o nome do Senhor;
 será sinal permanente, que nunca será destruído."

Bênçãos para todas as nações

56 Assim diz o Senhor:
 "Sejam justos e façam o que é certo,
 pois logo virei para livrá-los
 e para mostrar minha justiça entre vocês.
²Feliz é aquele
 que tiver o cuidado de agir desse modo.
Feliz é aquele que honrar meus sábados
 e evitar fazer o mal.
³"Não permitam que o estrangeiro comprometido com o Senhor diga:

'O Senhor jamais me deixará fazer parte
de seu povo'.
E não permitam que o eunuco diga:
'Sou uma árvore seca, sem filhos e sem
futuro'.
⁴Pois assim diz o Senhor:
Eu abençoarei os eunucos
que guardarem meus sábados
e fizerem o que me agrada
e se apegarem à minha aliança.
⁵Eu lhes darei, dentro dos muros de minha
casa,
um memorial e um nome
muito maior que filhos e filhas.
Pois o nome que lhes darei é permanente;
nunca desaparecerá!

⁶"Abençoarei também os estrangeiros
comprometidos com o Senhor,
que o servem e amam seu nome,
que o adoram e não profanam o sábado
e que se apegam firmemente à minha
aliança.
⁷Eu os levarei ao meu santo monte
e os encherei de alegria em minha casa
de oração.
Aceitarei seus holocaustos e sacrifícios,
pois meu templo será chamado casa de
oração para todas as nações.
⁸Pois o Senhor Soberano,
que traz de volta os exilados, diz:
Também trarei outros de volta,
além do meu povo, Israel".

Condenação dos líderes pecadores

⁹Venham, animais do campo!
Venham, animais do bosque!
Venham e devorem!
¹⁰Pois os vigias do meu povo
são cegos e ignorantes.
São como cães de guarda mudos,
que não avisam quando o perigo se
aproxima.
Gostam de ficar deitados, dormindo e
sonhando;
¹¹como cães gulosos, nunca estão
satisfeitos.
São pastores ignorantes;
cada um segue seu caminho
e procura seus interesses.
¹²Dizem: "Venham, vamos arranjar vinho e
dar uma festa;
vamos nos embebedar.
Amanhã faremos a mesma coisa,
e daremos uma festa ainda maior!".

57

¹O justo perece,
e o fiel muitas vezes morre cedo,
mas ninguém parece se importar
nem se perguntar por quê.
Ninguém parece entender
que Deus os poupa do mal que virá.
²Pois quem anda por caminhos íntegros
descansará em paz quando morrer.

Condenação da idolatria

³"Mas vocês, filhos de feiticeiras,
venham cá!
Aproximem-se, filhos de adúlteros e de
prostitutas!
⁴De quem vocês zombam,
fazendo caretas e mostrando a língua?
Vocês são filhos de pecadores e de
mentirosos!
⁵Adoram seus ídolos com ardente paixão,
debaixo dos carvalhos e de toda árvore
verdejante.
Sacrificam os filhos nos vales,
entre as rochas dos desfiladeiros.
⁶Seus deuses são as pedras lisas nos
vales;
vocês os adoram com ofertas
derramadas e ofertas de cereais.
Eles, e não eu, são sua herança;
pensam que tudo isso me agrada?
⁷Cometeram adultério em todos os montes
altos;
ali adoraram seus ídolos
e foram infiéis a mim.
⁸Puseram símbolos pagãos
nos batentes e atrás das portas.
Abandonaram-me
e foram para a cama com esses deuses
detestáveis.
Comprometeram-se com eles
e gostam de olhar seus corpos nus.
⁹Foram até Moloque,[a]
com óleo de azeite e muitos perfumes,
e enviaram para longe seus mensageiros,
até mesmo ao mundo dos mortos.[b]

---

[a] 57.9a Ou *Foram ao rei.* [b] 57.9b Em hebraico, *até o Sheol.*

> ### PÃO DIÁRIO
> ## Acumulando ou repartindo?
>
> *Deem alimento aos famintos e ajudem os aflitos. Então sua luz brilhará na escuridão, e a escuridão ao redor se tornará clara como o meio-dia.*
> —Isaías 58.10
>
> Em agosto de 1914, quando a Grã-Bretanha entrou na Primeira Guerra Mundial, Oswald Chambers tinha 40 anos, era casado e tinha uma filha de um ano. Não demorou muito para que os homens entrassem para as Forças Armadas numa proporção de 30 mil por dia. Pedia-se às pessoas que vendessem seus automóveis e os cavalos de suas fazendas para o governo, e as listas de mortos e feridos começavam a aparecer nos jornais diariamente. A nação enfrentava a incerteza econômica e os riscos dos combates.
>
> Após um mês de guerra, Chambers falou sobre os desafios espirituais que os seguidores de Cristo enfrentavam: "Devemos tomar cuidado para que na presente calamidade, quando a guerra, a devastação e o desgosto espalham-se pelo mundo, não nos fechemos num mundo só nosso e ignoremos as exigências feitas pelo nosso Senhor e nossos companheiros, para servirmos por meio da oração intercessora, da hospitalidade e do cuidado".
>
> O chamado de Deus para o Seu povo é verdadeiro em qualquer época: "Deem alimento aos famintos e ajudem os aflitos. Então sua luz brilhará na escuridão, e a escuridão ao redor se tornará clara como o meio-dia" (Is 58.10).
>
> O medo nos faz segurar firme o que possuímos. Porém, a fé em Deus abre as nossas mãos e o coração para os outros. Andamos em Sua luz quando repartimos com os outros, não acumulando para nós mesmas.
>
> *Senhor, ajuda-me a tomar o que tens confiado a mim e a compartilhar com os que têm necessidades. Que o amor e a fé que vêm de ti possam brilhar na vida dos que estão em necessidades e precisam do Teu amor.*
>
> ---
>
> **À medida que o amor de Cristo cresce em nós, nossa vida flui o Seu amor.**

¹⁰Cansaram-se de tanto procurar,
   mas nunca desistiram.
O desejo renovou suas forças,
   de modo que não ficaram exaustos.

¹¹"Vocês temem esses ídolos?
   Eles os apavoram?
Foi por isso que mentiram para mim
   e se esqueceram de mim e de minhas palavras?
Foi por causa do meu longo silêncio
   que deixaram de me temer?
¹²Agora mostrarei a todos essas suas boas obras;
   nenhuma delas os ajudará.
¹³Vejamos se seus ídolos os salvarão
   quando clamarem por socorro.
Até um sopro de vento é capaz de derrubá-los;
   basta alguém respirar sobre eles para que tombem!
Mas quem confia em mim herdará a terra
   e possuirá meu santo monte."

Deus perdoa os arrependidos

¹⁴Deus diz: "Preparem o caminho!
   Tirem do meio da estrada as rochas e as pedras,
   para que meu povo passe!".
¹⁵O Alto e Sublime, que vive na eternidade,
   o Santo diz:
"Habito nos lugares altos e santos,
   e também com os de espírito oprimido e humilde.
Dou novo ânimo aos abatidos
   e coragem aos de coração arrependido.
¹⁶Porque não lutarei contra vocês para sempre,
   nem ficarei eternamente irado.
Se o fizesse, todos morreriam,
   sim, todos os seres que eu criei.
¹⁷Por causa da cobiça do meu povo,
   fiquei furioso e os castiguei.
Afastei-me deles,
   mas continuaram a seguir seu caminho obstinado.
¹⁸Tenho visto o que fazem,
   mas ainda assim irei curá-los.
Eu os guiarei,
   consolarei os que choram,
¹⁹porei em seus lábios palavras de louvor.
Que eles tenham muita paz,
   tanto os que estão perto como os que estão longe",
   diz o S{\sc enhor}, que os cura.

²⁰"Os perversos, porém, são como o mar agitado
que nunca se aquieta
e revolve lama e sujeira sem parar.
²¹Para os perversos não há paz",
diz o meu Deus.

Verdadeira e falsa adoração

58 ¹"Grite alto, com todas as suas forças!
Grite alto, como o som da trombeta!
Fale ao meu povo, Israel,ᵃ
sobre sua rebeldia e seus pecados!
²Apesar disso, agem como se fossem piedosos!
Vêm ao templo todos os dias
e parecem ter prazer em aprender a meu respeito.
Agem como nação justa
que jamais abandonaria as leis de seu Deus.
Pedem que eu atue em favor deles
e fingem querer estar perto de mim.
³Dizem: 'Jejuamos diante de ti!
Por que não prestas atenção?
Nós nos humilhamos com severidade,
e tu nem reparas!'.

"Vou lhes dizer por quê", eu respondo.
"É porque jejuam para satisfazer a si mesmos.
Enquanto isso,
oprimem seus empregados.
⁴De que adianta jejuar,
se continuam a brigar e discutir?
Com esse tipo de jejum,
não ouvirei suas orações.
⁵Vocês se humilham
ao cumprir os rituais:
curvam a cabeça,
como junco ao vento,
vestem-se de pano de saco
e cobrem-se de cinzas.
É isso que chamam de jejum?
Acreditam mesmo que agradará o Senhor?

⁶"Este é o tipo de jejum que desejo:
Soltem os que foram presos injustamente,
aliviem as cargas de seus empregados.
Libertem os oprimidos,
removam as correntes que prendem as pessoas.
⁷Repartam seu alimento com os famintos,
ofereçam abrigo aos que não têm casa.
Deem roupas aos que precisam,
não se escondam dos que carecem de ajuda.

⁸"Então sua luz virá como o amanhecer,
e suas feridas sararão num instante.
Sua justiça os conduzirá adiante,
e a glória do Senhor os protegerá na retaguarda.
⁹Então vocês clamarão, e o Senhor responderá.
'Aqui estou', ele dirá.

"Removam o jugo pesado de opressão,
parem de fazer acusações e espalhar boatos maldosos.
¹⁰Deem alimento aos famintos
e ajudem os aflitos.
Então sua luz brilhará na escuridão,
e a escuridão ao redor se tornará clara como o meio-dia.
¹¹O Senhor os guiará continuamente,
lhes dará água quando tiverem sede
e restaurará suas forças.
Vocês serão como um jardim bem regado,
como a fonte que não para de jorrar.
¹²Reconstruirão as ruínas desertas de suas cidades
e serão conhecidos como reparadores de muros
e restauradores de ruas e casas.

¹³"Guardem o sábado como dia santo;
não usem esse dia para cuidar de seus interesses.
Desfrutem o sábado
e falem dele com prazer, como dia santo do Senhor.
Honrem o sábado com tudo que fizerem nesse dia;
não sigam seus desejos, nem falem coisas inúteis.
¹⁴Então o Senhor será sua alegria;
grande honra lhes darei

ᵃ **58.1** Em hebraico, *Jacó*. Ver nota em 14.1.

e os sustentarei com a propriedade que prometi a seu antepassado Jacó.
Eu, o Senhor, falei!"

Advertências contra o pecado

59 ¹Ouçam! O braço do Senhor não é fraco demais para salvá-los,
nem seu ouvido é surdo para ouvi-los.
²Foram suas maldades que os separaram de Deus;
por causa de seus pecados, ele se afastou e já não os ouvirá.
³Suas mãos estão manchadas de sangue, e seus dedos, imundos de pecado.
Seus lábios estão cheios de mentiras, e sua boca transborda de corrupção.

⁴Ninguém se preocupa em ser justo e íntegro;
os processos judiciais se baseiam em mentiras.
As pessoas concebem maldades e dão à luz o pecado.
⁵Chocam serpentes venenosas e tecem teias de aranha.
Quem comer seus ovos morrerá, quem neles pisar fará sair uma víbora.
⁶Suas teias não servem de roupa, e ninguém pode se cobrir com elas.
Tudo que fazem é cheio de pecado, e a violência é sua marca.
⁷Seus pés correm para fazer o mal e se apressam em cometer homicídio.
Pensam somente em pecar;
por onde passam, deixam sofrimento e destruição.
⁸Não sabem onde encontrar paz, não entendem o que significa ser justo.
Traçaram caminhos tortuosos, e quem os segue não sabe o que é paz.

⁹Não há retidão em nosso meio, não sabemos viver de modo justo.
Procuramos luz, mas só encontramos trevas;
procuramos claridade, mas andamos na escuridão.
¹⁰Apalpamos as paredes, como cegos; andamos tateando, como quem não tem olhos.
Mesmo no mais claro meio-dia, tropeçamos como se fosse noite.
Entre os vivos, somos como os mortos.
¹¹Rugimos como ursos, gememos como pombas.
Procuramos justiça, mas ela nunca chega;
procuramos salvação, mas ela está distante de nós.
¹²Nossos pecados estão amontoados diante de Deus
e testemunham contra nós;
sim, sabemos que somos pecadores.
¹³Sabemos que nos rebelamos e negamos o Senhor;
demos as costas para nosso Deus.
Sabemos que fomos injustos e opressores;
planejamos cada uma de nossas mentiras.
¹⁴Nossos tribunais se opõem ao que é certo;
não há justiça em parte alguma.
A verdade anda tropeçando pelas ruas, e a honestidade foi banida.
¹⁵Sim, a verdade sumiu, e quem rejeita o mal é perseguido.

O Senhor viu tudo isso e se desagradou de não encontrar justiça alguma.
¹⁶Admirou-se porque ninguém se apresentou
para ajudar os oprimidos.
Então ele mesmo interveio para salvá-los com seu braço forte,
e sua justiça o susteve.
¹⁷Vestiu a justiça como armadura e pôs na cabeça o capacete da salvação.
Cobriu-se com a túnica da vingança e envolveu-se com o manto do zelo.
¹⁸Ele retribuirá a seus inimigos pelo mal que fizeram;
sua fúria cairá sobre seus adversários,
e até os confins da terra lhes dará o castigo merecido.
¹⁹No oeste, temerão o nome do Senhor;
no leste, o glorificarão.
Pois ele virá como uma forte correnteza, impelida pelo sopro do Senhor.[a]

---

[a] **59.19** Ou *Quando o inimigo vier como uma corrente impetuosa, / o Espírito do Senhor o fará recuar.*

²⁰"O Redentor virá a Jerusalém
para resgatar em Israel
aqueles que se afastaram de seus
pecados",[a]
diz o Senhor.

²¹"E esta é minha aliança com eles", diz o Senhor. "Meu Espírito não os deixará, nem estas palavras que lhes dei. Estarão em seus lábios, nos lábios de seus filhos e nos lábios de seus descendentes, para sempre. Eu, o Senhor, falei!"

A glória futura de Jerusalém

60 ¹"Levante-se, Jerusalém!
Que sua luz brilhe para que todos a
vejam,
pois sobre você se levanta e reluz a glória
do Senhor.
²Trevas escuras como a noite cobrem as
nações da terra,
mas sobre você se levanta e se manifesta
a glória do Senhor.
³As nações virão à sua luz,
os reis verão o seu esplendor.

⁴"Levante os olhos e veja,
pois todos se reúnem e voltam para casa!
Seus filhos vêm de terras distantes,
e suas filhas pequenas são carregadas
nos braços.
⁵Você os verá,
e seu coração vibrará de alegria,
pois comerciantes do mundo todo virão
até você
e lhe trarão as riquezas de muitas nações.
⁶Grandes caravanas de camelos cobrirão
sua terra,
camelos vindos de Midiã e de Efá.
O povo de Sabá trará ouro e incenso
e adorará o Senhor.
⁷Entregarão a você os rebanhos de Quedar
e trarão para meus altares os carneiros
de Nebaiote.
Aceitarei suas ofertas
e tornarei meu templo ainda mais
glorioso.

⁸"O que vejo voando como nuvens para
Israel,
como pombas para seus ninhos?
⁹São navios dos confins da terra,
de nações que confiam em mim.
À frente vêm as grandes embarcações de
Társis,
trazendo de volta o povo de Israel,
que vem de lugares distantes com sua
prata e seu ouro.
Eles honrarão o Senhor, seu Deus,
o Santo de Israel,
pois ele a encheu de esplendor.

¹⁰"Estrangeiros virão para reconstruir suas
cidades,
e seus reis a servirão.
Pois, ainda que eu a tenha destruído em
minha ira,
por causa de minha graça terei
misericórdia de você.
¹¹Seus portões ficarão abertos dia e noite
para receber as riquezas de muitas
nações.
Os reis do mundo serão conduzidos como
prisioneiros
num desfile de vitória.
¹²Pois as nações que não a servirem
serão destruídas.

¹³"A glória do Líbano será sua:
os bosques de ciprestes, abetos e
pinheiros.
Ela adornará meu santuário;
meu templo será glorioso!
¹⁴Os descendentes de seus opressores
virão e se curvarão diante de você.
Aqueles que a desprezavam
beijarão seus pés.
Eles a chamarão de Cidade do Senhor,
a Sião do Santo de Israel.

¹⁵"Antes você era desprezada e odiada,
e ninguém sequer passava por você,
mas agora eu a tornarei majestosa para
sempre,
uma alegria para todas as gerações.
¹⁶Reis poderosos e grandes nações
atenderão a todas as suas necessidades,
como se você fosse uma criança
amamentada por uma rainha.
Você saberá, enfim, que eu, o Senhor,

---

[a] 59.20 Em hebraico, *O Redentor virá a Sião / para resgatar aqueles que estão em Jacó, / aqueles que se afastaram de seus pecados.* A Septuaginta traz *O libertador virá em favor de Sião / e afastará Jacó da impiedade.* Comparar com Rm 11.26.

sou seu Salvador e seu Redentor,
  o Poderoso de Israel.ᵃ
¹⁷Trocarei seu bronze por ouro,
  seu ferro por prata,
sua madeira por bronze,
  e suas pedras por ferro.
A paz será seu líder,
  e a justiça, seu governante.
¹⁸A violência desaparecerá de sua terra;
  a desolação e a destruição da guerra
    chegarão ao fim.
A salvação a rodeará como os muros de
    uma cidade,
  e o louvor estará nos lábios de todos que
    ali entrarem.

¹⁹"Você não precisará do brilho do sol
    durante o dia,
  nem da claridade da lua durante a noite,
pois o Senhor será sua luz eterna;
  seu Deus será sua glória.
²⁰Seu sol nunca se porá,
  sua lua nunca deixará de brilhar.
Pois o Senhor será sua luz eterna;
  seus dias de lamento chegarão ao fim.
²¹Todo o seu povo será justo;
  possuirão a terra para sempre.
Pois eu os plantarei ali com as próprias
    mãos,
  para manifestar minha glória.
²²A menor família se tornará mil pessoas,
  e o grupo mais minúsculo, uma nação
    poderosa.
No tempo certo, eu, o Senhor,
  farei isso acontecer."

Boas-novas para os oprimidos

61

¹O Espírito do Senhor Soberano está
    sobre mim,
  pois o Senhor me ungiu
  para levar boas-novas aos pobres.
Ele me enviou para consolar os de coração
    quebrantado
  e para proclamar que os cativos serão
    soltos
  e os prisioneiros, libertos.ᵇ
²Ele me enviou para dizer aos que choram
  que é chegado o tempo do favor do
    Senhorᶜ

e o dia da ira de Deus contra seus
    inimigos.
³A todos que choram em Sião
  ele dará uma bela coroa em vez de
    cinzas,
uma alegre bênção em vez de lamento,
  louvores festivos em vez de desespero.
Em sua justiça, serão como grandes
    carvalhos
  que o Senhor plantou para sua glória.

⁴Reconstruirão as antigas ruínas,
  restaurarão os lugares desde muito
    destruídos
e renovarão as cidades
  devastadas há gerações e gerações.
⁵Estrangeiros serão seus servos;
  alimentarão seus rebanhos,
lavrarão seus campos
  e cuidarão de suas videiras.
⁶Vocês serão chamados de sacerdotes do
    Senhor,
  ministros de nosso Deus.
Das riquezas das nações se alimentarão
  e se orgulharão de possuírem os
    tesouros delas.
⁷Em lugar de vergonha e desonra,
  desfrutarão uma porção dupla de honra.
Terão prosperidade em dobro em sua
    terra
  e alegria sem fim.

⁸"Pois eu, o Senhor, amo a justiça
  e odeio o roubo e a maldade.
Recompensarei meu povo fielmente
  e farei com ele aliança permanente.
⁹Seus descendentes serão reconhecidos
  e honrados entre as nações.
Todos saberão que eles são um povo
  abençoado pelo Senhor."

¹⁰É imensa a minha alegria no Senhor, meu
    Deus!
  Pois ele me vestiu com roupas de
    salvação
  e pôs sobre mim um manto de justiça.
Sou como o noivo com suas vestes de
    casamento,
  como a noiva com suas joias.

ᵃ **60.16** Em hebraico, *de Jacó*. Ver nota em 14.1. ᵇ **61.1** A Septuaginta traz *e os cegos verão*. Comparar com Lc 4.18. ᶜ **61.2** Ou *para proclamar o ano aceitável do Senhor*.

¹¹O Senhor Soberano mostrará sua justiça
  às nações do mundo;
  todos o louvarão!
Será como um jardim no começo da
  primavera,
  quando as plantas brotam por toda
  parte.

Oração de Isaías por Jerusalém

62 ¹Por causa de Sião,
  não permanecerei quieto.
Por causa de Jerusalém,
  não ficarei calado,
até sua justiça brilhar como o amanhecer
  e sua salvação resplandecer como uma
  tocha acesa.
²As nações verão sua justiça,
  reis de todo o mundo contemplarão sua
  glória.
E você receberá um novo nome,
  da boca do Senhor.
³Será uma esplêndida coroa na mão do
  Senhor,
  erguida na mão de Deus para que todos
  a vejam.
⁴Nunca mais será chamada de "Cidade
  Abandonada"ᵃ
  nem de "Terra Desolada".ᵇ
Seu novo nome será "Cidade do Prazer de
  Deus"ᶜ
  e "Esposa de Deus",ᵈ
pois o Senhor tem prazer em você
  e a tomará como esposa.
⁵Seus filhos se comprometerão com você,
  como o jovem se compromete com sua
  noiva.
Então Deus se alegrará por você,
  como o noivo se alegra por sua noiva.
⁶Ó Jerusalém, coloquei vigias sobre seus
  muros;
  eles vigiarão continuamente, dia e noite.
Não descansem, vocês que oram ao
  Senhor!
⁷Não deem descanso ao Senhor até que ele
  complete sua obra,
  até que ele torne Jerusalém motivo de
  orgulho de toda a terra.

⁸O Senhor jurou a Jerusalém por sua
  própria força:
"Nunca mais a entregarei a seus
  inimigos;
nunca mais virão guerreiros de outras
  nações
  para levar seu cereal e seu vinho novo.
⁹Vocês que colherem o cereal o comerão
  e louvarão o Senhor.
Nos pátios do templo
  beberão o vinho que prensaram".
¹⁰Saiam pelos portões! Saiam pelos
  portões!
Preparem o caminho para meu povo
  retornar!
Aplanem, aplanem a estrada e removam as
  pedras,
  levantem uma bandeira para que todas
  as nações a vejam!
¹¹O Senhor enviou esta mensagem até os
  confins da terra:
"Digam ao povo de Sião:ᵉ
Vejam, seu Salvador se aproxima!
Olhem, ele traz consigo sua recompensa!".
¹²Eles serão chamados de "Povo Santo"
  e "Povo que o Senhor Resgatou".
E Jerusalém será conhecida como "Lugar
  Desejável"
  e "Cidade Não Abandonada".

Julgamento dos inimigos do Senhor

63 ¹Quem é este que vem de Edom,
  da cidade de Bozra,
com as roupas manchadas de vermelho?
Quem é este vestido de trajes reais,
  que marcha em sua grande força?

"Sou eu, o Senhor, anunciando sua justiça!
Sou eu, o Senhor, poderoso para salvar!"

²Por que suas roupas estão vermelhas,
  como se você tivesse pisado uvas?

³"Pisei uvas sozinho no tanque de prensar;
  não havia ninguém para me ajudar.
Em minha ira, esmaguei meus inimigos
  como se fossem uvas.
Em minha fúria, pisoteei meus adversários;
  seu sangue manchou minhas roupas.

ᵃ**62.4a** Em hebraico, *Azubá*, que significa "abandonada". ᵇ**62.4b** Em hebraico, *Semamá*, que significa "desolada". ᶜ**62.4c** Em hebraico, *Hefzibá*, que significa "nela tenho prazer". ᵈ**62.4d** Em hebraico, *Beulá*, que significa "casada". ᵉ**62.11** Em hebraico, *Digam à filha de Sião.*

⁴Chegou a hora de vingar meu povo,
 de resgatá-los de seus opressores.
⁵Admirei-me porque ninguém se apresentou
 para ajudar os oprimidos.
Então eu mesmo intervim para salvá-los
 com meu braço forte,
 e minha fúria me susteve.
⁶Em minha ira, esmaguei as nações;
 eu as fiz cambalear e cair
 e derramei seu sangue na terra."

Louvor pelo livramento

⁷Falarei do amor do Senhor,
 louvarei o Senhor por tudo que tem feito.
Eu me alegrarei em sua grande bondade por Israel,
 que ele concedeu
 conforme sua misericórdia e seu imenso amor.
⁸Ele disse: "São meu próprio povo;
 certamente não me trairão outra vez";
 por isso ele se tornou seu Salvador.
⁹Em todo o sofrimento deles, ele também sofreu
 e ele mesmo os salvou.ᵃ
Em seu amor e misericórdia, ele os resgatou;
 levantou-os e nos braços os carregou
 ao longo dos anos.
¹⁰Mas eles se rebelaram
 e entristeceram seu Espírito Santo.
Por isso ele se tornou seu inimigo
 e lutou contra eles.

¹¹Então eles se lembraram dos dias passados,
 quando Moisés tirou o povo do Egito.
Clamaram: "Onde está aquele que conduziu Israel através do mar,
 com Moisés como pastor?
Onde está aquele que enviou seu Espírito Santo
 para estar no meio de seu povo?
¹²Onde está aquele que manifestou seu poder
 quando Moisés levantou a mão,
 que dividiu o mar diante deles
 e assim tornou seu nome conhecido para sempre?
¹³Onde está aquele que os conduziu pelo fundo do mar?
Eram como magníficos cavalos selvagens,
 correndo pelo deserto sem tropeçar.
¹⁴Como o gado que desce para um vale tranquilo,
 o Espírito do Senhor lhes deu descanso.
Sim, tu conduziste teu povo
 e tornaste teu nome glorioso".

Súplica por misericórdia e perdão

¹⁵Ó Senhor, olha dos céus!
 Olha para nós de tua santa e gloriosa habitação!
Onde estão o zelo e o poder
 que costumavas mostrar em nosso favor?
 Onde estão tua misericórdia e compaixão?
¹⁶Certamente ainda és nosso Pai!
 Ainda que Abraão e Jacóᵇ nos deserdassem,
continuarias, Senhor, a ser nosso Pai;
 és nosso Redentor desde as eras passadas.
¹⁷Por que permitiste, Senhor, que nos desviássemos de teus caminhos?
 Por que nos endureceste o coração, para que deixássemos de te temer?
Volta, pois somos teus servos,
 as tribos que são tua propriedade.
¹⁸Por pouco tempo teu povo santo possuiu teu lugar santo;
 agora nossos inimigos o destruíram.
¹⁹Parece que nunca pertencemos a ti;
 é como se nunca tivéssemos sido teu povo.

64

¹ᶜQuem dera abrisses os céus e descesses!
Os montes tremeriam em tua presença!
²ᵈAssim como o fogo faz a lenha queimar
 e a água ferver,
tua vinda faria as nações estremecerem;
 então seus inimigos entenderiam a razão de tua fama!
³Quando desceste muito tempo atrás,
 realizaste coisas maravilhosas que não esperávamos;

ᵃ **63.9** Em hebraico, *e o anjo de sua presença os salvou*. ᵇ **63.16** Em hebraico, *Israel*. Ver nota em 14.1. ᶜ **64.1** No texto hebraico, o versículo 64.1 faz parte de 63.19. ᵈ **64.2** No texto hebraico, os versículos 64.2-12 são numerados 64.1-11.

ah, como os montes tremeram diante de ti!
⁴Porque desde o começo do mundo,
  nenhum ouvido ouviu
e nenhum olho viu um Deus semelhante a ti,
  que trabalha em favor dos que nele esperam.
⁵Recebes de braços abertos os que praticam a justiça com alegria,
  os que seguem teus caminhos.
Mas ficaste muito irado conosco,
  pois pecamos constantemente;
  como seremos salvos?
⁶Estamos todos impuros por causa de nosso pecado;
  quando mostramos nossos atos de justiça,
  não passam de trapos imundos.
Como as folhas das árvores, murchamos e caímos,
  e nossos pecados nos levam embora como o vento.
⁷Ainda assim, ninguém invoca teu nome
  nem suplica por tua misericórdia.
Por isso te afastaste de nós
  e nos entregaste[a] a nossos pecados.

⁸Apesar de tudo, ó Senhor, és nosso Pai.
  Nós somos o barro, e tu és o oleiro;
  somos todos formados por tua mão.
⁹Não te ires tanto conosco, Senhor,
  não te lembres para sempre de nossos pecados.
Pedimos que olhes para nós
  e vejas que somos teu povo.
¹⁰Tuas cidades santas estão destruídas;
  Sião é um deserto,
  sim, Jerusalém é uma ruína desolada.
¹¹O santo e belo templo,
  onde nossos antepassados te louvavam,
foi queimado;
  tudo que era precioso foi destruído.
¹²Depois disso tudo, Senhor, ainda te recusarás a nos ajudar?
  Permanecerás calado e continuarás a nos castigar?

Julgamento e salvação finais

65 O Senhor diz:

"Estava pronto para atender, mas ninguém pediu ajuda;
  estava pronto para ser encontrado, mas ninguém me procurou.
A uma nação que não invocava meu nome,[b]
  eu disse: 'Aqui estou! Aqui estou!'.
²O dia todo abri os braços para um povo rebelde,[c]
  mas eles seguiram seus caminhos perversos
  e suas ideias distorcidas.
³O dia todo me insultam abertamente,
  ao adorarem ídolos em seus jardins
  e queimarem incenso em seus altares.
⁴À noite, andam no meio das sepulturas
  e consultam os mortos.
Comem carne de porco
  e fazem ensopados com outros alimentos proibidos.
⁵Apesar disso, dizem uns aos outros:
  'Não se aproxime, pois vai me contaminar!
  Sou mais santo que você!'.
Essa gente é fedor em minhas narinas,
  fumaça irritante que nunca passa.

⁶"Vejam, meu decreto está escrito[d] diante de mim:
  Não permanecerei calado;
retribuirei conforme merecem!
  Sim, eu lhes darei o que merecem,
⁷tanto por seus pecados
  como pelos pecados de seus antepassados",
  diz o Senhor.
"Pois eles também queimaram incenso nos montes
  e me insultaram nas colinas;
  eu lhes darei o que merecem!

⁸"Contudo, não destruirei todos eles",
  diz o Senhor.
"É possível encontrar uvas boas num cacho de uvas podres;
  pois alguém dirá: 'Não jogue todas fora, algumas ainda estão boas!'.

---

[a] **64.7** Conforme a Septuaginta e as versões siríaca e aramaica; o hebraico traz *nos derreteste*. [b] **65.1** Ou *a uma nação que não levava meu nome*. [c] **65.1-2** A Septuaginta traz *Fui encontrado por aqueles que não me procuravam, / revelei me àqueles que não perguntavam por mim. / O dia todo abri meus braços para eles, / mas eles foram desobedientes e rebeldes*. Comparar com Rm 10.20-21. [d] **65.6** Ou *seus pecados estão escritos*; o hebraico traz *está escrito*.

Assim também não destruirei todo o Israel,
pois ainda tenho ali servos fiéis.
⁹Preservarei um remanescente do povo de Israel[a]
e de Judá para possuir minha terra.
Aqueles que eu escolhi a herdarão,
e meus servos ali habitarão.
¹⁰A planície de Sarom voltará a ficar cheia de rebanhos
para meu povo que me buscou,
e o vale de Acor servirá de pasto para o gado.

¹¹"Mas, porque vocês abandonaram o Senhor
e se esqueceram de seu santo monte,
e porque prepararam banquetes para honrar a deusa Sorte
e oferecer vinho misturado ao deus Destino,
¹²hoje eu os destinarei à espada;
todos vocês se curvarão diante do carrasco.
Pois, quando chamei, não responderam;
quando falei, não ouviram.
Praticaram o mal, bem diante dos meus olhos,
e escolheram fazer o que desprezo."

¹³Portanto, assim diz o Senhor Soberano:
"Meus servos comerão,
mas vocês passarão fome.
Meus servos beberão,
mas vocês terão sede.
Meus servos se alegrarão,
mas vocês serão humilhados.
¹⁴Meus servos cantarão de alegria,
mas vocês gritarão de tristeza e desespero.
¹⁵Seu nome será maldição entre meu povo escolhido,
pois o Senhor Soberano os destruirá
e chamará seus servos por outro nome.
¹⁶Todos que pedem uma bênção ou fazem um juramento
o farão pelo Deus da verdade.
Pois deixarei de lado minha ira
e me esquecerei das maldades cometidas no passado.

¹⁷"Vejam! Crio novos céus e nova terra,
e ninguém mais pensará nas coisas passadas.
¹⁸Alegrem-se e exultem para sempre em minha criação!
Vejam! Criarei Jerusalém para ser um lugar de celebração;
seu povo será fonte de alegria.
¹⁹Eu me alegrarei por Jerusalém
e terei prazer em meu povo.
Nela não se ouvirá mais
o som de pranto e clamor.

²⁰"Nunca mais morrerão bebês de poucos dias,
nunca mais morrerão adultos antes de terem uma vida plena.
Ninguém mais será considerado velho aos cem anos;
somente os amaldiçoados morrerão jovens.
²¹Naqueles dias, habitarão nas casas que construíram
e comerão dos frutos de suas próprias videiras.
²²Invasores não habitarão em suas casas,
nem lhes tomarão suas videiras.
Pois meu povo terá vida longa como as árvores;
meus escolhidos terão tempo para desfrutar
tudo que conseguiram com grande esforço.
²³Não trabalharão inutilmente,
e seus filhos não serão condenados à desgraça.
Pois são um povo abençoado pelo Senhor,
e seus filhos também serão abençoados.
²⁴Eu os atenderei antes mesmo de clamarem a mim;
enquanto ainda estiverem falando de suas necessidades,
responderei a suas orações!
²⁵O lobo e o cordeiro comerão juntos,
o leão se alimentará de palha como o boi,
mas as serpentes comerão pó.
Em meu santo monte, ninguém será ferido nem destruído;
eu, o Senhor falei!".

---

[a] 65.9 Em hebraico, *remanescente de Jacó*. Ver nota em 14.1.

66

Assim diz o Senhor:
"O céu é meu trono,
e a terra é o suporte de meus pés.
Acaso construiriam para mim um templo assim tão bom?
Que lugar de descanso me poderiam fazer?
² Minhas mãos criaram os céus e a terra;
eles e tudo que neles há são meus.ᵃ
Eu, o Senhor, falei!

"Abençoarei os de coração humilde e oprimido,
os que tremem diante de minha palavra.
³ Quanto aos que escolhem seguir os próprios caminhos,
que têm prazer em seus pecados detestáveis,
não aceitarei suas ofertas.
Quando oferecem um boi,
é tão inaceitável quanto um sacrifício humano.
Quando sacrificam um cordeiro,
é como se tivessem oferecido um cão.
Quando trazem uma oferta de cereal,
é como uma oferta de sangue de porco.
Quando queimam incenso,
é como se tivessem abençoado um ídolo.
⁴ Enviarei sobre eles grande aflição,
tudo que mais temem.
Pois, quando chamei, não responderam;
quando falei, não ouviram.
Praticaram o mal, bem diante dos meus olhos,
e escolheram fazer o que desprezo".

⁵ Ouçam esta mensagem do Senhor,
todos vocês que tremem diante de suas palavras:
"Seu próprio povo os odeia
e os expulsa porque são leais ao meu nome.
Zombam: 'Que o Senhor seja glorificado! Alegrem-se nele!',
mas eles serão envergonhados.
⁶ Que tumulto é esse na cidade?
Que barulho é esse que vem do templo?
É a voz do Senhor,
vingando-se de seus inimigos.

⁷ "Antes mesmo que comecem as dores de parto,
Jerusalém dá à luz um filho.
⁸ Quem ouviu falar de algo tão estranho?
Quem viu uma coisa dessas?
Acaso algum país nasceu em um só dia?

PÃO DIÁRIO

Aprendendo com as sequoias

Pois meu povo terá vida longa como as árvores; meus escolhidos terão tempo para desfrutar tudo que conseguiram com grande esforço.
—Isaías 65.22

As sequoias da costa do Pacífico na América do Norte estão entre as maiores árvores do mundo. A mais alta que se tem registro é a *Hyperion*, com 115,52m de altura.

Durante uma visita ao Parque Nacional *Muir Woods*, na Califórnia, EUA, fiquei surpreso e admirado com o tamanho das sequoias. Árvores da altura de um prédio de 30 andares pareciam me espremer contra o chão da floresta, enquanto elevavam os meus pensamentos.

A memória do que senti perto de algumas das maiores e mais antigas árvores do mundo me fez pensar longamente sobre a origem delas. Aquelas sequoias, como a árvore genealógica de nossa própria humanidade, estão enraizadas no Criador que é infinito e eternamente maior do que a Sua criação.

O profeta Isaías teve um vislumbre do Deus Criador. Em uma visão, que misturava as maravilhas do reino messiânico com a promessa do novo céu e Terra, o profeta descreve quem fez dos céus o Seu trono e da Terra o suporte dos Seus pés (Is 66.1).

Porém, Isaías viu algo mais glorioso. Ele viu o grande Deus, que deseja que o Seu povo se alegre e exulte para sempre com o que Ele criou (65.18). Em resposta ao Senhor, curvemo-nos diante dele em humilde adoração.

Senhor Deus, a Tua criação é verdadeiramente maravilhosa. Ao contemplarmos a majestade do nosso Universo e a grandiosidade de nosso planeta, relembramo-nos de nos inclinarmos a ti em humilde adoração. Estamos completamente maravilhadas com o mundo que, por intermédio da Tua palavra, foi criado!

O trabalho de criação de Deus terminou; o nosso trabalho de adoração apenas começou.

ᵃ **66.2** Conforme a Septuaginta, a versão siríaca e a Vulgata; o hebraico traz *essas coisas são minhas*.

PÃO DIÁRIO

Aprendendo a confiar

Eu os consolarei em Jerusalém, como a mãe consola seu filho.

—Isaías 66.13

Quando coloquei minha câmera entre os ramos para fotografar filhotes de sabiá, eles abriram suas bocas sem abrir os olhos. Eles estavam tão acostumados a receberem alimento de sua mãe sempre que os galhos se moviam que nem olhavam para ver quem (ou o que) estava causando a perturbação.

Esse é o tipo de confiança que as mães instilam em seus filhos. Fui abençoada por ter uma mãe assim. Eu podia comer qualquer comida que ela colocasse na mesa sem medo de que me causasse mal. Embora ela me fizesse comer coisas das quais eu não gostava, sabia que o fazia porque era bom para mim. Se ela pensasse somente no que seria fácil para ela, me deixaria comer comidas prontas ou semiprontas e nada saudáveis. Não importa o que mamãe me dizia para fazer, ou não fazer, sabia que ela sempre pensava no que era melhor para mim. Mamãe não queria me impedir de me alegrar, mas me proteger dos perigos.

Esse é o tipo de relacionamento que temos com Deus, que se comparou a uma mãe: "Eu os consolarei em Jerusalém, como a mãe consola seu filho" (Is 66.13). Como Suas filhas, não temos razão para temer o que acontece conosco, nem invejar o que acontece aos outros: "Não se preocupe com os perversos, nem tenha inveja dos que praticam o mal" (Sl 37.1). Quando confiamos em Sua bondade, somos alimentadas por Sua fidelidade.

Senhor, sou eternamente grata por Teu amor e cuidado por mim. Como uma mãe com seus filhos, tu me manténs em segurança em Teus braços amorosos. Ajuda-me a descansar em ti.

O cuidado de Deus nos envolve.

Alguma nação veio a existir num instante?
Mas, quando começarem as dores de parto de Sião,
    seus filhos já terão nascido.
⁹Acaso eu levaria esta nação à hora do parto
e não a faria nascer?", diz o S<small>ENHOR</small>.
"Não! Jamais a impediria de nascer",
    diz o seu Deus.

¹⁰"Alegrem-se com Jerusalém!
Exultem por ela, todos que a amam
    e todos que por ela choraram!
¹¹Bebam de sua glória até se fartarem,
    como a criancinha mama e é confortada
    no seio da mãe."

¹²Assim diz o S<small>ENHOR</small>:
"Darei a Jerusalém um rio de paz e prosperidade;
    as riquezas das nações fluirão para ela.
Seus filhos serão amamentados em seus seios,
    levados em seus braços e acalentados em seus joelhos.
¹³Eu os consolarei em Jerusalém,
    como a mãe consola seu filho".

¹⁴Quando virem essas coisas, seu coração se alegrará;
    vocês florescerão como uma planta viçosa!
Todos verão a mão do S<small>ENHOR</small> abençoar seus servos
    e sua ira pesar contra seus inimigos.
¹⁵Vejam, o S<small>ENHOR</small> vem com fogo,
    e seus carros de guerra são velozes como um vendaval.
Trará castigo com a fúria de sua ira
    e com o fogo ardente de sua repreensão.
¹⁶O S<small>ENHOR</small> julgará o mundo com fogo e sua espada,
    e muitos serão mortos por ele.

¹⁷"Os que se consagram e se purificam num jardim sagrado com um ídolo no centro, que comem carne de porco e de rato e outras carnes detestáveis, terão um fim terrível", diz o S<small>ENHOR</small>.

¹⁸"Eu vejo o que fazem e sei o que pensam. Por isso, reunirei todas as nações e todos os povos, e eles verão minha glória. ¹⁹Realizarei um sinal no meio deles. Enviarei os sobreviventes como mensageiros às nações: a Társis, aos líbios,[a] aos lídios[b] (flecheiros famosos), a Tubal e à Grécia[c] e a todas as terras além

---

[a] **66.19a** Conforme alguns manuscritos gregos, que trazem *Pute* [i.e., Líbia]; o hebraico traz *Pul*. [b] **66.19b** Em hebraico, *Lude*. [c] **66.19c** Em hebraico, *Javã*.

do mar que não ouviram falar de minha fama nem viram minha glória. Ali, anunciarão minha glória às nações. ²⁰Trarão de volta das nações os remanescentes do povo e os levarão ao meu santo monte em Jerusalém, como se fossem ofertas de cereais levadas ao templo do Senhor. Virão em cavalos, em carruagens e em carroças, em mulas e em camelos", diz o Senhor. ²¹"E eu nomearei alguns deles para serem meus sacerdotes e levitas. Eu, o Senhor, falei!

²²"Tão certo como meus novos céus e
minha nova terra permanecerão,
vocês sempre serão meu povo,
com um nome que jamais desaparecerá",
diz o Senhor.
²³"Toda a humanidade virá me adorar
uma semana após a outra,
um mês após o outro.
²⁴Quando saírem, verão os cadáveres
dos que se rebelaram contra mim.
Pois os vermes que os devoram nunca
morrerão,
e o fogo que os queima nunca se
apagará.
Todos que passarem por ali
os verão com o mais absoluto horror."

JEREMIAS

INTRODUÇÃO

Autor. (1) Seu nome significa "Exaltado de Deus", e seu livro ocupa o segundo lugar entre os grandes escritores do Antigo Testamento. (2) Viveu no final do sexto e início do quinto século antes de Cristo. Seu ministério começou em 626 a.C., o décimo terceiro ano de Josias, e prolongou-se por cerca de 40 anos. Provavelmente morreu na Babilônia durante os primeiros anos do cativeiro. (3) Era de natureza sensível, suave, tímido e inclinado à melancolia. Ele era devotamente religioso e, naturalmente, evitou causar dor aos outros. (4) Era incrivelmente ousado e corajoso ao declarar a mensagem de Deus, que era impopular e isso o submeteu ao ódio e até ao sofrimento. Era impiedoso nas denúncias e repreensões administradas à sua nação, não poupou nem mesmo o príncipe. (5) É chamado de o "o profeta chorão". Ficou angustiado pela desobediência e pela apostasia de Israel e pelo mal que ele previu. Sendo tão devotamente religioso, sofreu pela impiedade reinante em sua época.

Condição das nações. (1) Israel, o Reino do Norte, havia sido levado para o cativeiro e Judá ficou sozinho contra seus inimigos. (2) Judá estava em péssima situação, mas Josias, que reinou quando Jeremias começou seu ministério, tentou fazer reformas e restaurar a antiga ordem. Após a sua morte, no entanto, a perversidade cresceu cada vez mais até que, na última parte da vida de Jeremias, Jerusalém e o Templo foram destruídos por Nabucodonosor e Judá foi levado para o cativeiro. (3) As potências mundiais do tempo do nascimento de Jeremias eram a Assíria e o Egito. Elas estavam lutando pela supremacia. Contudo, Jeremias viveu para ver ambas subjugadas e a Babilônia, tornar-se a senhora do mundo. Ele previu também como a Babilônia cairia e como um reino maior do que todos surgiria, onde haveria justiça e paz.

Jeremias. O livro de Jeremias é composto principalmente de esboços de biografia, história e profecia, mas os acontecimentos e capítulos não estão em ordem cronológica. Ele fecha o período da monarquia, marca a destruição da cidade santa e do santuário e conta a agonia da morte da nação de Israel, o povo escolhido de Deus. Porém, ele viu muito além dos julgamentos do futuro próximo para um dia mais brilhante, quando o propósito eterno da graça divina seria realizado. O livro, portanto, enfatiza a futura glória do reino de Deus que deve durar apesar de Israel perecer. Ele fez duas contribuições especiais para a verdade, conforme entendido em sua época. (1) A espiritualidade da religião. Ele viu a queda de sua religião nacional e formal e percebeu que, para sobreviver a essa crise, a religião não deve ser nacional, mas individual e espiritual. (2) Responsabilidade pessoal (31.29,30). Se a religião devia ser uma condição espiritual do indivíduo, a doutrina da responsabilidade pessoal era uma necessidade lógica. Esses dois ensinamentos constituem um grande passo à frente.

ESBOÇO

1. O chamado e a convicção do profeta, Cap. 1
2. Judá conclamada ao arrependimento, Caps. 2–22
    2.1. Apresentados os pecados de Judá, Caps. 2–6
    2.2. O chamado ao arrependimento, Caps. 7–10
    2.3. O convite à aliança, Caps. 11–13
    2.4. Rejeição e cativeiro preditos, Caps. 14–22
3. O livro da consolação, Caps. 23–33
    3.1. A restauração do remanescente, Caps. 23–29
    3.2. A restauração completa, Caps. 30–33
4. A ruína de Jerusalém devido à perversidade do povo, Caps. 34–36
5. A história de Jeremias e sua época, Caps. 37–45
6. Profecias contra nações estrangeiras, Caps. 46–51
7. Apêndice histórico, Cap. 52

PARA ESTUDO E DISCUSSÃO

[1] Faça uma lista dos males previstos contra o povo por causa de seus pecados (Exemplo 19.7-9).
[2] Faça uma relação dos diferentes pecados e males dos quais Jeremias acusa Israel (Exemplo 2.13; 3.20 etc.)
[3] Destaque todas as profecias sobre o juízo divino contra outras nações e analise a punição profetizada (Exemplo 5.18-25).
[4] Estude o caso de fidelidade fornecido no capítulo 35.
[5] O sinal e o tipo de destruição da nação, Caps. 13–14.
[6] O oleiro, uma ilustração do poder de Deus sobre as nações, Caps. 18–19.
[7] A ilustração do retorno, representada nos figos, Cap. 24.
[8] A carta de Jeremias aos cativos, Cap. 29.

1 Estas são as palavras de Jeremias, filho de Hilquias, um dos sacerdotes da cidade de Anatote, na terra de Benjamim. ²O Senhor lhe deu esta mensagem no décimo terceiro ano do reinado de Josias, filho de Amom, rei de Judá.[a] ³Também lhe deu outras mensagens durante todo o reinado de Jeoaquim, filho de Josias, rei de Judá, até o décimo primeiro ano do reinado de Zedequias, outro filho de Josias. Em agosto daquele ano,[b] o povo de Jerusalém foi levado para o exílio.

O chamado de Jeremias e suas primeiras visões

⁴O Senhor me deu esta mensagem:

⁵"Eu o conheci antes de formá-lo no ventre
    de sua mãe;
antes de você nascer, eu o separei
e o nomeei para ser meu profeta às
    nações".

⁶Então eu disse: "Ó Soberano Senhor, não sou capaz de falar em teu nome! Sou jovem demais para isso!".

⁷O Senhor respondeu: "Não diga: 'Sou jovem demais', pois você irá aonde eu o enviar e dirá o que eu lhe ordenar. ⁸E não tenha medo do povo, pois estarei com você e o protegerei. Eu, o Senhor, falei!". ⁹Então o Senhor estendeu a mão, tocou minha boca e disse:

"Veja, coloquei minhas palavras em sua
    boca!
¹⁰Hoje lhe dou autoridade para enfrentar
    nações e reinos,
  para arrancar e derrubar,
para destruir e arrasar,
  para edificar e plantar".

¹¹Então o Senhor me disse: "O que você vê, Jeremias?".

Eu respondi: "Vejo o ramo de uma amendoeira".

¹²"Você viu bem", disse o Senhor. "Isso significa que estou vigiando[c] e certamente realizarei todos os meus planos."

¹³Então o Senhor falou comigo outra vez e perguntou: "O que vê agora?".

Respondi: "Vejo uma panela fervendo, derramando-se do norte para cá".

¹⁴O Senhor disse: "Terror vindo do norte ferverá e se derramará sobre o povo desta terra. ¹⁵Ouça! Estou convocando todos os exércitos dos reinos do norte. Eu, o Senhor, falei!

"Eles colocarão seus tronos
    junto aos portões de Jerusalém.
Atacarão seus muros
    e todas as outras cidades de Judá.
¹⁶Pronunciarei julgamento
    contra meu povo por toda a sua maldade,
por terem me abandonado e queimado
    incenso para outros deuses;
  adoram ídolos que fizeram com as
    próprias mãos!

¹⁷"Levante-se e prepare-se para agir;
    diga-lhes tudo que eu ordenar.
Não tenha medo deles,
  senão o farei parecer medroso diante
    deles.
¹⁸Pois hoje eu o fortaleci como uma cidade
    fortificada,
como uma coluna de ferro ou um muro
    de bronze.
Você enfrentará toda esta terra:
  os reis, os oficiais, os sacerdotes e o povo
    de Judá.
¹⁹Eles lutarão contra você, mas não
    vencerão,
  pois estou com você e o protegerei.
    Eu, o Senhor, falei!".

O Senhor acusa seu povo

2 O Senhor me deu outra mensagem: ²"Vá e proclame esta mensagem para Jerusalém. Assim diz o Senhor:

"Lembro-me de como você desejava me
    agradar,
  quando era uma jovem noiva, muito
    tempo atrás.
Você me amava e me seguia
    até mesmo no deserto.
³Naqueles dias, Israel era santo para o
    Senhor,

---

[a] 1.2 Isto é, no ano 627 a.C. [b] 1.3 Em hebraico, *No quinto mês*, do antigo calendário lunar hebraico. Vários acontecimentos de Jeremias podem ser comparados com datas de registros babilônios ainda existentes e relacionados com precisão ao calendário moderno. O quinto mês caiu entre agosto e setembro de 586 a.C. [c] 1.12 Os termos hebraicos para "vigiar" (*shoqed*) e "amendoeira" (*shaqed*) têm sonoridade semelhante.

era como os primeiros frutos de sua colheita.
Todos que faziam mal a seu povo eram declarados culpados,
e sobre eles vinha calamidade.
Eu, o Senhor, falei!".

⁴Ouçam a palavra do Senhor, descendentes de Jacó e todas as famílias de Israel! ⁵Assim diz o Senhor:

"Que defeito seus antepassados encontraram em mim,
    para que se afastassem tanto?
Foram atrás de ídolos inúteis,
    e eles próprios se tornaram inúteis.
⁶Não perguntaram: 'Onde está o Senhor,
    que nos tirou do Egito em segurança
e nos conduziu pelo deserto,
    uma terra árida e cheia de covas,
terra de seca e densa escuridão,
    onde ninguém vive e pela qual ninguém passa?'.

⁷"E, quando eu os trouxe para uma terra fértil,
    para desfrutar sua fartura e as coisas boas que ela produzia,
vocês contaminaram minha terra
    e corromperam a herança que eu lhes tinha dado.
⁸Os sacerdotes não perguntaram:
    'Onde está o Senhor?'.
Os que ensinavam minha lei não me deram atenção,
    os governantes se voltaram contra mim,
os profetas falaram em nome de Baal
    e foram atrás de ídolos inúteis.
⁹Portanto, apresentarei minha acusação contra vocês",
    diz o Senhor.
"Também apresentarei acusações contra seus descendentes.
¹⁰"Vão para a terra de Chipre,ᵃ no oeste, e vejam;
    vão para a terra de Quedar, no leste, e prestem atenção.
Alguém já ouviu falar
    de algo parecido?

¹¹Alguma vez uma nação trocou seus deuses por outros,
    mesmo que não sejam deuses de verdade?
Meu povo, no entanto, trocou seu Deus gloriosoᵇ

> **PÃO DIÁRIO**
>
> ## Não precisamos de ti
>
> *Assim diz o Senhor: Que defeito seus pais encontraram em mim, para que se afastassem tanto? Foram atrás de ídolos inúteis, e eles próprios se tornaram inúteis.*
> —Jeremias 2.5
>
> Conta-se uma história sobre um grupo de cientistas que decidiu que os seres humanos poderiam se virar sem Deus. Então, um deles olhou para Deus e disse: "Nós decidimos que não precisamos mais do Senhor. Temos sabedoria suficiente para clonar pessoas e fazer muitas coisas miraculosas".
>
> Deus os ouviu pacientemente e depois disse: "Muito bem, vamos fazer uma competição para ver quem sabe como criar o homem. Faremos como nos tempos de Adão". Os cientistas concordaram e um deles se curvou e encheu a sua mão de barro. Deus olhou para ele e lhe disse: "Não! Você deve criar o seu próprio barro!".
>
> Nos dias de Jeremias, os israelitas viviam como se não precisassem mais do Senhor. Eles haviam se entregado a outros deuses, embora estes não pudessem responder às suas necessidades. Jeremias os confrontou sobre a sua rebelião, pois o povo tinha abandonado o verdadeiro Deus e demonstrado desrespeito por Ele (Jr 2.13,19).
>
> E nós? Somos culpadas de viver como se não precisássemos de Deus? Podemos conhecê-lo como nosso Salvador, e, no entanto, estarmos adorando o ídolo de nossa própria sabedoria ou autossuficiência. O Senhor está nos dizendo que nos afastamos dele (2.5)? Viver longe de Deus o desonra e desagrada e as nossas necessidades mais profundas não são supridas. Porém, podemos voltar para Ele hoje mesmo!
>
> *Pai, mesmo nos momentos em que me sinto no controle de tudo, sei que preciso de ti desesperadamente. Traze-me para perto de ti, Senhor. Impede-me de desviar para o meu próprio caminho, mesmo quando pareço determinada a ser autossuficiente.*
>
> **O ídolo "eu" é um péssimo substituto para Deus.**

ᵃ **2.10** Em hebraico, *Quitim*. ᵇ **2.11** Em hebraico, *sua glória*.

por ídolos inúteis!
¹²Os céus se espantam diante disso,
ficam horrorizados e abalados",
diz o SENHOR.
¹³"Pois meu povo cometeu duas maldades:
Abandonaram a mim,
a fonte de água viva,
e cavaram para si cisternas rachadas,
que não podem reter água."

Os resultados do pecado de Israel
¹⁴"Por que Israel se tornou escravo?
Por que foi levado como despojo?
¹⁵Leões rugiram contra ele,
e a terra foi destruída.
As cidades estão arruinadas,
e ninguém mais vive nelas.
¹⁶Egípcios vindos de Mênfis[a] e de Tafnes
destruíram o orgulho de Israel.[b]
¹⁷E você mesmo é responsável por isso,
pois abandonou o SENHOR, seu Deus,
embora ele o guiasse pelo caminho!

¹⁸"Que lucro você teve com seus tratados com o Egito
e seus acordos com a Assíria?
De que lhe adiantam as águas do Nilo[c]
ou as águas do Eufrates?[d]
¹⁹Sua maldade trará seu próprio castigo;
será envergonhado por ter se afastado de mim
e verá como é mau e amargo
abandonar o SENHOR, seu Deus, e não o temer.
Eu, o Soberano SENHOR dos Exércitos, falei!

²⁰"Há muito tempo, quebrei o jugo que o oprimia
e despedacei as correntes de sua escravidão.
Ainda assim, você disse:
'Jamais o servirei'.
No alto dos montes e debaixo de toda árvore verdejante,
você se prostituiu ao se curvar para ídolos.
²¹Contudo, eu o plantei,
como videira de origem pura, da melhor qualidade;
como você se transformou em videira silvestre e degenerada?
²²Por mais sabão ou soda que use, não consegue se limpar;
ainda vejo a mancha de sua culpa.
Eu, o SENHOR Soberano, falei!"

Israel, esposa infiel
²³"Você diz: 'Não tenho mancha nenhuma!
Não adorei as imagens de Baal!'.
Mas como pode dizer isso?
Vá a qualquer vale da terra e veja como agiu!
Reconheça o que fez!
Você é como a fêmea do camelo,
inquieta e desesperada para encontrar um macho.
²⁴É como a jumenta selvagem,
que fareja o vento na época do acasalamento.
Quem é capaz de conter seu desejo?
Os que a desejam não precisam procurá-la,
pois você vai correndo até eles!
²⁵Quando parará de correr?
Quando deixará de ofegar por outros deuses?
Mas você diz: 'Não adianta falar comigo;
estou apaixonada pelos deuses estrangeiros
e irei atrás deles'.

²⁶"A nação de Israel é como ladrão
que só fica envergonhado quando é pego em flagrante.
O povo, seus reis, oficiais, sacerdotes e profetas
são todos iguais.
²⁷Dizem a um pedaço de madeira:
'Você é meu pai',
e a um bloco de pedra:
'Você é minha mãe'.
Dão as costas para mim,
mas, em tempos de aflição, clamam:
'Vem nos salvar!'.
²⁸Por que não clamam aos deuses que vocês mesmos fizeram?

---

[a] **2.16a** Em hebraico, *Nofe*. [b] **2.16b** Em hebraico, *rasparam sua cabeça*. [c] **2.18a** Em hebraico, *de Sior*, braço do rio Nilo. [d] **2.18b** Em hebraico, *do rio?*

Que eles os salvem quando vier a aflição!
Pois seus deuses são tão numerosos
quanto as cidades de Judá.
²⁹Por que me acusam de fazer o mal?
Foram vocês que se rebelaram",
diz o S<small>ENHOR</small>.
³⁰"Eu castiguei seus filhos,
mas eles não aceitaram minha
disciplina.
Vocês mesmos mataram seus profetas,
como um leão mata sua presa.

³¹"Ó meu povo, ouça as palavras do S<small>ENHOR</small>!
Acaso tenho sido como um deserto para
Israel?
Tenho sido como uma terra de profunda
escuridão?
Por que, então, meu povo diz:
'Finalmente nos livramos de Deus!
Não precisamos mais dele!'?
³²Acaso uma jovem se esquece de suas
joias
ou a noiva esconde seu vestido?
Contudo, por anos a fio,
meu povo se esqueceu de mim.

³³"Você trama a melhor forma de
conquistar seus amantes;
até uma prostituta poderia aprender
com você!
³⁴Suas roupas estão manchadas com o
sangue dos inocentes e dos pobres,
embora você não os tenha pego
arrombando sua casa.
³⁵Ainda assim, você diz:
'Não fiz nada de errado;
certamente Deus não está irado comigo'.
Agora, porém, eu a julgarei severamente,
pois você afirma que não pecou.
³⁶Primeiro aqui, depois ali,
vai de um aliado a outro pedindo ajuda.
Mas seus novos amigos no Egito a
decepcionarão,
como fez a Assíria.
³⁷Em desespero, será levada para o exílio
com as mãos sobre a cabeça,
pois o S<small>ENHOR</small> rejeitou as nações em que
você confia;
elas em nada a ajudarão."

3 ¹"Se um homem se divorciar da esposa
e ela se casar com outro homem,
ele não a receberá de volta,
pois isso contaminaria a terra.
Você, porém, se prostituiu com muitos
amantes
e, no entanto, quer voltar para mim?",
diz o S<small>ENHOR</small>.
²"Olhe para o alto dos montes:
existe um só lugar em que você não
tenha se contaminado
pelo adultério com outros deuses?
Senta-se à beira do caminho,
como uma prostituta à espera de um
cliente,
sozinha, como um nômade no deserto.
Contaminou a terra com sua prostituição
e sua perversidade.
³Por isso não vieram as chuvas de
primavera,
pois você é uma prostituta descarada,
que não tem vergonha alguma.
⁴Ainda assim, você me diz:
'Pai, tens me conduzido desde minha
juventude.
⁵Certamente não ficarás irado para
sempre!
Certamente te esquecerás do que
aconteceu!'.
Você fala desse modo,
mas continua a praticar todo o mal
possível."

Judá segue o exemplo de Israel

⁶Durante o reinado de Josias, o S<small>ENHOR</small> me disse: "Viu o que fez a infiel nação de Israel? Como esposa que comete adultério, Israel adorou outros deuses no alto dos montes e debaixo de toda árvore verdejante. ⁷Pensei: 'Depois de fazer tudo isso, ela voltará para mim', mas não voltou, e Judá, sua irmã traiçoeira, viu isso. ⁸Ela viu[a] que me divorciei da infiel Israel por causa de seu adultério. Mas Judá, irmã traiçoeira, não teve temor algum; também me deixou e se entregou à prostituição. ⁹Israel não se preocupou nem um pouco em cometer adultério ao adorar ídolos feitos de madeira e pedra. Agora, a terra está contaminada. ¹⁰Apesar de tudo isso, Judá, sua irmã

---

[a] 3.8 Conforme os manuscritos do mar Morto, um manuscrito grego e a versão siríaca; o Texto Massorético traz *Eu vi*.

traiçoeira, não voltou para mim com sinceridade. Apenas fingiu estar arrependida. Eu, o Senhor, falei!".

Esperança para a rebelde Israel

¹¹Então o Senhor me disse: "Até mesmo a infiel Israel é menos culpada que a traiçoeira Judá! ¹²Portanto, vá e proclame esta mensagem a Israel.[a] Assim diz o Senhor:

"Ó Israel, meu povo infiel,
 volte para mim,
pois sou misericordioso;
 não ficarei irado com você para sempre.
¹³Reconheça sua culpa;
 admita que se rebelou contra o Senhor,
 seu Deus,
e cometeu adultério contra ele
 ao adorar ídolos debaixo de toda árvore verdejante.
Confesse que não quis ouvir minha voz.
 Eu, o Senhor falei!".

¹⁴O Senhor diz:
"Voltem para casa, filhos rebeldes,
 pois eu sou seu mestre.
Eu os trarei de volta a Sião —
 um desta cidade, dois daquela família —
de onde quer que estejam dispersos.
¹⁵Eu lhes darei líderes segundo meu coração,
 que os guiarão com conhecimento e entendimento.

¹⁶"E, quando sua terra voltar a ficar cheia de gente", diz o Senhor, "vocês não terão mais saudades da época em que tinham a arca da aliança do Senhor. Não sentirão falta da arca nem se lembrarão dela, e não será necessário reconstruí-la. ¹⁷Então Jerusalém será conhecida como 'O Trono do Senhor'. Todas as nações irão até lá para honrar o Senhor. Não seguirão mais os desejos teimosos de seu coração perverso. ¹⁸Naqueles dias, o povo de Judá e o povo de Israel voltarão juntos do exílio no norte, para a terra que dei a seus antepassados como herança para sempre.

¹⁹"Disse comigo:
 Como eu gostaria de tratá-los como filhos!
Meu maior desejo era lhes dar esta linda terra,
 a herança mais excelente do mundo.
Queria que me chamassem de 'Pai'
 e que jamais se afastassem de mim.
²⁰Mas você me traiu, povo de Israel!
 Foi como esposa infiel que abandona o marido.
Eu, o Senhor, falei."

²¹Ouvem-se vozes no alto dos montes,
 choro e súplicas dos israelitas,
porque escolheram caminhos tortuosos
 e se esqueceram do Senhor, seu Deus.

²²"Meus filhos rebeldes", diz o Senhor,
 "voltem para mim, e eu curarei a rebeldia de seu coração."

"Sim, nós voltaremos", o povo responde,
 "pois tu és o Senhor, nosso Deus.
²³Nossa idolatria nas colinas
 e as orgias religiosas nos montes
 não passam de ilusão.
Somente no Senhor, nosso Deus,
 Israel encontrará salvação.
²⁴Desde a juventude observamos nossos antepassados
 desperdiçarem com algo vergonhoso
tudo que trabalharam para ter:
 rebanhos e gado, filhos e filhas.
²⁵Que a vergonha nos sirva de cama,
 e a desonra, de cobertor,
pois nós e nossos antepassados pecamos
 contra o Senhor, nosso Deus.
Desde a juventude até hoje,
 nunca lhe obedecemos."

4 ¹"Ó Israel", diz o Senhor,
 "se quisesse, poderia voltar para mim.
Poderia jogar fora seus ídolos detestáveis
 e nunca mais se desviar.
²Quando jurasse por meu nome e dissesse:
 'Tão certo como vive o Senhor',
 poderia fazê-lo em verdade, justiça e retidão.
Então você seria uma bênção para as nações do mundo,
 e todos os povos viriam e louvariam meu nome."

---

[a] 3.12 Em hebraico, *ao norte*.

Julgamento futuro contra Judá

³Assim diz o Senhor ao povo de Judá e de Jerusalém:

"Passem o arado na terra endurecida!
  Não desperdicem sementes entre os espinhos!
⁴Ó povo de Judá e habitantes de Jerusalém,
  removam os obstáculos de seu coração
  e mudem sua atitude perante o Senhor.ᵃ
Do contrário, por causa de seus pecados,
  minha ira arderá como fogo que ninguém pode apagar.

⁵"Anunciem em Judá e proclamem em Jerusalém!
  Mandem tocar a trombeta em toda a terra e avisem:
  'Reúnam-se! Corram para as cidades fortificadas!'.
⁶Levantem a bandeira para advertir Sião:
  'Fujam agora mesmo! Não demorem!'.
Pois, do norte, trago sobre vocês terrível destruição!".

⁷Um leão saiu de seu abrigo,
  um destruidor de nações.
Saiu de sua toca e se encaminha até vocês;
  ele devastará sua terra.
Suas cidades serão arruinadas,
  e ninguém viverá nelas.
⁸Portanto, vistam roupas de luto,
  chorem e lamentem,
pois a ira ardente do Senhor
  ainda está sobre nós.

⁹"Naquele dia", diz o Senhor,
  "os reis e os oficiais estremecerão de medo.
Os sacerdotes ficarão horrorizados,
  e os profetas, espantados."

¹⁰Então eu disse: "Ó Soberano Senhor,
  o povo foi enganado por aquilo que disseste,
pois prometeste paz a Jerusalém,
  mas a espada está em nossa garganta!".

¹¹Naquele dia, o Senhor dirá
  ao povo de Jerusalém:
"Meu povo querido, do deserto sopra um vento abrasador,
  e não uma brisa suave para separar a palha dos cereais.
¹²É uma rajada violenta, que eu enviei;
  agora pronunciarei sua sentença".

¹³Os inimigos avançam sobre nós como nuvens de tempestade;
  seus carros de guerra são como vendavais,
seus cavalos, mais velozes que águias.
  Que terrível será! Estamos perdidos!
¹⁴Ó Jerusalém, purifique seu coração,
  para que seja salva.
Até quando abrigará pensamentos malignos?
¹⁵Sua destruição foi anunciada desde Dã
  até a região montanhosa de Efraim.

¹⁶"Avisem as nações ao redor
  e anunciem a Jerusalém:
Os inimigos vêm de uma terra distante
  e dão gritos de guerra contra as cidades de Judá.
¹⁷Cercam Jerusalém como guardas ao redor de um campo,
  pois meu povo se rebelou contra mim",
  diz o Senhor.
¹⁸"Suas próprias ações trouxeram isso sobre vocês;
  é um castigo amargo, que atinge o seu coração!"

Jeremias chora por seu povo

¹⁹Meu coração, meu coração! Estou me contorcendo de dor!
  Meu coração bate forte dentro de mim;
  não consigo me aquietar!
Pois ouvi o som das trombetas dos inimigos
  e o rugido de seus gritos de guerra.
²⁰Ondas de destruição cobrem a terra,
  até deixá-la inteiramente desolada.
De repente, minhas tendas foram destruídas;
  meus abrigos foram derrubados num instante.
²¹Até quando terei de ver as bandeiras
  e ouvir o som das trombetas?

²²"Meu povo é tolo
  e não me conhece", diz o Senhor.

ᵃ **4.4** Em hebraico, *circuncidem-se ao* Senhor *e removam o prepúcio de seu coração*.

"São crianças sem juízo,
  que não entendem coisa alguma.
São astutos para fazer o mal,
  mas não têm ideia de como fazer o bem."

Jeremias vê a calamidade que se aproxima

²³Olhei para a terra, e ela estava sem forma e vazia;
  olhei para os céus, e não havia luz alguma.
²⁴Olhei para os montes e para as colinas,
  e eles estremeciam e balançavam.
²⁵Olhei, e todo o povo tinha desaparecido;
  as aves do céu voaram para longe.
²⁶Olhei, e os campos férteis haviam se transformado em deserto;
  as cidades estavam em ruínas,
  por causa da ira ardente do Senhor.

²⁷Assim diz o Senhor:
"Toda a terra será devastada,
  mas não a destruirei por completo.
²⁸A terra lamentará
  e os céus escurecerão,
por causa de meu decreto contra meu povo;
  estou decidido e não voltarei atrás".

²⁹Ao som de cavaleiros e arqueiros,
  os habitantes da cidade fogem.
Escondem-se entre os arbustos
  e correm para os montes.
Todas as cidades foram abandonadas;
  não resta uma pessoa sequer!
³⁰O que você está fazendo,
  cidade devastada?
Por que se veste com belas roupas
  e põe joias de ouro?
Por que pinta os olhos?
  De nada adiantará enfeitar-se toda!
Seus aliados, que eram seus amantes,
  a desprezam e tentam matá-la.

³¹Ouço gritos, como os da mulher em trabalho de parto,
  gemidos de quem dá à luz o primeiro filho.
É a bela Sião,ª que grita ofegante:
  "Socorro, estão me matando!".

Os pecados de Judá

5 ¹"Corram por todas as ruas de Jerusalém",
  diz o Senhor.
"Procurem por toda parte, busquem em cada lugar!
Se encontrarem ao menos uma pessoa justa e honesta,
  não destruirei a cidade.
²Contudo, mesmo quando estão sob juramento
  e declaram: 'Tão certo como vive o Senhor',
continuam a mentir!"

³Senhor, tu procuras honestidade;
  feriste teu povo,
  mas eles não se importaram.
Tu os esmagaste,
  mas eles se recusaram a ser corrigidos.
São teimosos, duros como pedra;
  não querem se arrepender.

⁴Então eu pensei: "O que se pode esperar dos pobres?
  Eles nada sabem.
Não conhecem os caminhos do Senhor,
  não entendem o que a justiça de Deus exige.
⁵Portanto, irei a seus líderes e falarei com eles;
  por certo conhecem os caminhos do Senhor
  e entendem o que a justiça de Deus exige.
Mas os líderes também, de comum acordo,
  livraram-se do jugo de Deus
  e quebraram suas correntes.
⁶Agora, um leão do bosque os atacará;
  um lobo do deserto os destruirá.
Um leopardo ficará à espreita nos arredores de suas cidades
  e despedaçará qualquer um que se arriscar a sair.
Pois sua rebeldia é grande,
  e muitos são seus pecados.

⁷"Como posso perdoá-los?
  Até mesmo seus filhos se afastaram de mim;

ª **4.31** Em hebraico, *a filha de Sião*.

juram por deuses que, na verdade, não são deuses!
Eu os alimentei até que estivessem satisfeitos,
e, no entanto, cometeram adultério
e se reuniram para ir a prostíbulos!
⁸São garanhões bem alimentados e cheios de desejo,
cada um relinchando para a esposa de seu próximo.
⁹Acaso não devo castigá-los por isso?", diz o Senhor.
"Não devo me vingar de uma nação como esta?

¹⁰"Vão por entre as fileiras dos vinhedos e destruam as videiras,
mas deixem algumas vivas.
Cortem os ramos das videiras,
pois essa gente não pertence ao Senhor.
¹¹O povo de Israel e o povo de Judá têm me traído",
diz o Senhor.
¹²"Mentiram a respeito do Senhor
e disseram: 'Ele não vai nos incomodar!
Nenhuma calamidade virá sobre nós;
não haverá guerra nem fome.
¹³Os profetas que ele envia são uns tagarelas
que não falam em nome dele.
Que suas previsões de calamidade
caiam sobre eles mesmos!'."

¹⁴Portanto, assim me diz o Senhor, o Deus dos Exércitos:

"Porque meu povo fala desse modo,
minhas mensagens sairão de sua boca como chamas de fogo
e queimarão o povo como lenha.
¹⁵Ó Israel, trarei uma nação distante para atacá-lo",
diz o Senhor.
"É uma nação poderosa,
nação antiga,
cuja língua você não conhece,
cuja fala você não entende.
¹⁶Suas armas são mortais,
seus guerreiros são valentes.

¹⁷Devorarão suas colheitas e seu alimento,
seus filhos e suas filhas.
Devorarão seus rebanhos e seu gado,
suas uvas e seus figos.
Destruirão suas cidades fortificadas,
que vocês consideram tão seguras.

¹⁸"Mesmo naqueles dias, porém, eu não os destruirei completamente", diz o Senhor. ¹⁹"E, quando o povo lhe perguntar: 'Por que o Senhor, nosso Deus, fez tudo isso conosco?', responda: 'Vocês o rejeitaram e se entregaram a deuses estrangeiros em sua própria terra. Agora, servirão estrangeiros numa terra que não é de vocês'."

Advertência para o povo de Deus
²⁰"Anuncie a Israel,[a]
diga a Judá:
²¹Ouça, povo tolo e insensato,
que tem olhos, mas não vê,
que tem ouvidos, mas não ouve.
²²Acaso não me temem?
Por que não tremem diante de mim?
Eu, o Senhor, pus a areia como limite do mar,
limite permanente que as águas não podem atravessar.
Ainda que as ondas se levantem e se agitem,
não ultrapassam os limites que estabeleci.
²³Mas este povo tem coração teimoso e rebelde;
afastaram-se de mim e me abandonaram.
²⁴Não dizem com sinceridade:
'Vivamos com temor do Senhor, nosso Deus,
pois ele nos dá as chuvas de outono e de primavera
e nos garante a colheita no tempo certo'.
²⁵Sua perversidade afastou de vocês essas bênçãos maravilhosas;
seu pecado lhes tomou todas essas coisas boas.

²⁶"No meio do meu povo existem homens perversos

---

[a] **5.20** Em hebraico, *à casa de Jacó*. Os nomes "Jacó" e "Israel" são usados de forma intercambiável ao longo de todo o Antigo Testamento e se referem, por vezes, ao patriarca e, em outras ocasiões, à nação.

PÃO DIÁRIO

Fora das linhas

*Acaso não me temem? Por que não tremem diante de mim? Eu, o S*ENHOR *pus a areia como limite do mar, limite permanente que as águas não podem atravessar. Ainda que as ondas se levantem e se agitem, não ultrapassam os limites que estabeleci. Mas este povo tem coração teimoso e rebelde; afastaram-se de mim e me abandonaram.*
—Jeremias 5.22,23

No jogo de vôlei, quando o time que está sacando manda a bola para fora das linhas que limitam a quadra, o ponto vai para o time adversário, que também obtém o direito de sacar.

O profeta Jeremias avisou o reino do Sul, Judá, sobre sua rejeição persistente dos limites de Deus para eles. Ele lhes disse que até o mar sabia que a areia na orla era a sua "linha" — "pus a areia como limite do mar, limite permanente que as águas não podem atravessar" (Jr 5.22). Mas o povo do Senhor tinha um coração teimoso e rebelde (v.23). Eles não tinham temor do Deus que havia dado chuva para as suas plantações (v.24). Eles aprenderam a ser perversos (v.27) e ignoraram os direitos dos pobres (v.28).

Em Sua Palavra, Deus nos dá limites morais para vivermos dentro deles, não para nos frustrarmos, mas para que, nos mantendo dentro deles, possamos desfrutar das Suas bênçãos. Davi escreveu: "Eu sei, ó Senhor, que teus estatutos são justos" (Sl 119.75). Deus falou a Israel por intermédio de Moisés: "Hoje lhes dei a escolha entre a vida e a morte, entre bênçãos e maldições. Agora, chamo os céus e a terra como testemunhas da escolha que fizerem. Escolham a vida, para que vocês e seus filhos vivam!" (Dt 30.19).

Não teste os limites de Deus e aceite a Sua correção. Faça escolhas sábias para viver dentro das "linhas" da Sua Palavra.

Querido Jesus, reconheço que muitas vezes escolho sair dos limites e faço coisas que sei que são erradas aos Teus olhos. Por favor, perdoa-me e me ajuda a ver e experimentar a alegria da obediência, sabendo que os Teus limites são firmados com amor e infinita sabedoria.

Um pequeno passo de obediência é como uma porta gigante para as bênçãos.

---

²⁷Como uma gaiola cheia de pássaros,
   a casa deles é cheia de tramas perversas.
Por isso, são poderosos e ricos,
   ²⁸gordos e de aparência saudável.
Suas maldades não têm limites;
   não querem fazer justiça aos órfãos
   e negam os direitos dos pobres.
²⁹Acaso não devo castigá-los por isso?", diz o Senhor.
"Não devo me vingar de uma nação como esta?
³⁰Algo horrível e espantoso ocorre nesta terra:
³¹os profetas fazem profecias falsas,
   os sacerdotes governam com mão de ferro,
e, pior ainda, meu povo fica feliz com isso!
   O que farão, porém, quando o fim chegar?"

Última advertência para Jerusalém

6 ¹"Fujam, habitantes de Benjamim!
   Saiam de Jerusalém!
Toquem a trombeta em Tecoa!
   Enviem um sinal para Bete-Haquerém!
Um exército poderoso vem do norte,
   trazendo calamidade e destruição.
²Ó Sião, você é minha bela e delicada filha,
   mas eu a destruirei!
³Inimigos a cercarão, como pastores acampados ao redor da cidade;
   cada um escolherá um lugar para suas tropas devorarem.
⁴Gritam: 'Preparem-se para a batalha!
   Ataquem ao meio-dia!'.
'Não! É tarde demais; o dia está quase no fim,
   e as sombras da noite já vêm.'
⁵'Então, vamos atacar à noite
   e destruir seus palácios!'"

⁶Assim diz o Senhor dos Exércitos:
"Cortem árvores e construam rampas de ataque
   contra os muros de Jerusalém.
Essa cidade deve ser castigada,
   pois dentro dela só há opressão.
⁷Dela brota maldade, como água de uma fonte;

que espreitam suas vítimas como o caçador de tocaia.
Estão sempre colocando armadilhas para apanhar as pessoas.

pelas ruas se ouve o som de violência e destruição,
e vejo somente doenças e feridas.
⁸Ouça esta advertência, Jerusalém,
ou me afastarei de você.
Ouça, para que eu não a transforme num monte de ruínas,
numa terra onde ninguém vive".

⁹Assim diz o Senhor dos Exércitos:
"Até os poucos que restarem em Israel serão colhidos,
como faz o lavrador que examina cada videira novamente
para apanhar as uvas que deixou escapar".

A rebelião constante de Judá

¹⁰A quem darei esta advertência?
Quem ouvirá quando eu falar?
Seus ouvidos estão tapados
e não conseguem escutar.
Desprezam a palavra do Senhor
e detestam ouvi-la.
¹¹Por isso, estou cheio da ira do Senhor;
estou cansado de contê-la dentro de mim!

"Derramarei minha ira sobre as crianças nas ruas
e sobre os jovens reunidos em grupo;
sobre maridos e esposas
e sobre pessoas de idade.
¹²Suas casas serão entregues a seus inimigos,
e também seus campos e esposas.
Pois levantarei minha mão poderosa
contra o povo desta terra",
diz o Senhor.
¹³"Desde o mais humilde até o mais importante,
sua vida é dominada pela ganância.
Desde os profetas até os sacerdotes,
são todos impostores.
¹⁴Oferecem curativos superficiais
para a ferida mortal do meu povo.
Dão garantias de paz,
quando não há paz alguma.
¹⁵Acaso se envergonham de sua conduta detestável?
De maneira alguma! Nem sabem o que é vergonha!

PÃO DIÁRIO

Caminhos antigos

Assim diz o Senhor: Parem nas encruzilhadas e olhem ao redor, perguntem qual é o caminho antigo, o bom caminho; andem por ele e encontrarão descanso para a alma...
—Jeremias 6.16

Em um dia muito frio de inverno, uma mulher em trabalho de parto estava sendo levada para o hospital quando o impensável aconteceu. A ambulância derrapou na estrada coberta de gelo e caiu numa vala. O motorista de um caminhão, com tração nas quatro rodas, que passava por ali parou e tentou içar o veículo, mas não conseguiu por causa da pista escorregadia.

Foi então que o socorro chegou. Um homem numa carroça puxada por dois cavalos parou para oferecer ajuda. Ele disse ao pessoal da ambulância que as ferraduras tinham sido afiadas para que pudessem se fincar no gelo e não escorregar. Em seguida, ele atrelou os cavalos na ambulância e eles a puxaram para fora da vala.

Para os padrões de hoje, essa jovem mãe recebeu ajuda de uma fonte de força antiquada e fora de moda. Mas naquele dia o "jeito antigo" garantiu que uma nova vida chegasse ao mundo com segurança.

A maioria de nós não gostaria de voltar a fazer coisas como antigamente. Mas, há mais de 2.500 anos, Jeremias nos relembrou que não há nada mais relevante do que a antiga verdade. Embora ele fosse considerado um fraco e chorão em seu tempo, ele insistia que seus vizinhos andassem pelo caminho antigo, o "bom caminho" da verdade para que eles pudessem encontrar a paz e o descanso para as suas almas (Jr 6.16). Hoje, ainda podemos encontrar descanso e paz em Jesus, nossa eterna fonte da verdade (Mt 11.28).

Senhor, nesse mundo que está mudando tão rapidamente, guarda o nosso coração sincronizado com as verdades atemporais de Tua Palavra. Que possamos encontrar descanso e paz para a nossa alma e forças para viver cada dia à medida que investimos tempo contigo.

A verdade tão antiga da Palavra de Deus é sempre atual.

Portanto, estarão entre os que caírem no massacre;
ficarão arruinados quando eu os castigar",
diz o Senhor.

Judá rejeita o caminho do Senhor

¹⁶Assim diz o Senhor:

"Parem nas encruzilhadas e olhem ao redor,
  perguntem qual é o caminho antigo, o bom caminho;
andem por ele e encontrarão descanso para a alma.
Vocês, porém, respondem:
  'Não é esse o caminho que queremos seguir'.
¹⁷Coloquei sobre vocês vigias que disseram:
  'Fiquem atentos ao som da trombeta'.
Vocês, porém, respondem:
  'Não vamos prestar atenção'.

¹⁸"Portanto, ouçam isto, todas as nações,
  considerem a situação do meu povo.
¹⁹Ouça, toda a terra:
  Trarei calamidade sobre meu povo.
Será fruto de suas próprias intrigas,
  pois não querem me ouvir;
  rejeitaram a minha lei.
²⁰De nada adianta me oferecerem incenso doce de Sabá;
  fiquem com seu cálamo perfumado, importado de terras distantes!
Não aceitarei seus holocaustos;
  seus sacrifícios não têm aroma agradável para mim".

²¹Portanto, assim diz o Senhor:
  "Colocarei obstáculos no caminho deste povo;
pais e filhos tropeçarão neles,
  vizinhos e amigos morrerão".

Uma invasão vinda do norte

²²Assim diz o Senhor:

"Vejam, um exército vem do norte!
  De terras distantes se levanta uma grande nação.
²³Estão armados com arcos e lanças;
  são cruéis e não têm misericórdia.
Quando avançam montados em cavalos,
  o barulho é como o rugido do mar.
Vêm em formação de batalha
  com o intuito de destruí-la, bela Sião".ᵃ

²⁴Ouvimos relatos sobre o inimigo,
  e nossas mãos tremem de medo.
Somos tomados de pontadas de angústia,
  como as dores da mulher em trabalho de parto.
²⁵Não saiam para os campos!
  Não viajem pelas estradas!
A espada do inimigo está por toda parte
  e nos aterroriza a cada passo.
²⁶Ó meu povo, vista-se de pano de saco
  e sente-se sobre as cinzas.
Lamente e chore amargamente, como quem perdeu o único filho,
  pois, de repente, o destruidor virá sobre você.

²⁷"Jeremias, fiz de você um examinador de metais,ᵇ
  para que determine a qualidade do meu povo.
²⁸São rebeldes da pior espécie
  e vivem espalhando calúnias.
São duros como o bronze e o ferro
  e corrompem as pessoas.
²⁹O fole assopra o fogo com força
  para separar as impurezas,
mas não os purifica,
  pois sua maldade permanece.
³⁰São chamados de 'Prata Rejeitada',
  pois eu, o Senhor, os rejeito."

Jeremias fala no templo

7 O Senhor deu outra mensagem a Jeremias: ²"Vá à entrada do templo do Senhor e proclame esta mensagem ao povo: 'Ó Judá, ouça esta mensagem do Senhor! Escutem, todos vocês que adoram neste lugar! ³Assim diz o Senhor dos Exércitos, o Deus de Israel:

"'Se vocês abandonarem seus maus caminhos, deixarei que fiquem em sua própria terra. ⁴Não se deixem enganar por aqueles que lhes fazem falsas promessas e repetem: 'O templo do Senhor está aqui! O templo do Senhor está aqui!'. ⁵Contudo, só serei misericordioso se vocês abandonarem seus pensamentos e atos perversos e começarem a tratar uns aos outros com justiça, ⁶se pararem de explorar os estrangeiros, os órfãos e as viúvas, se pararem de cometer homicídio e se deixarem de prejudicar a si mesmos ao adorar outros deuses. ⁷Então permitirei que fiquem nesta

---

ᵃ **6.23** Em hebraico, *filha de Sião*. ᵇ **6.27** Conforme a Septuaginta; o hebraico traz *um examinador do meu povo, uma fortaleza*.

terra que há muito tempo dei a seus antepassados para sempre.

⁸"'Não se deixem enganar por falsas promessas e conversas inúteis. ⁹Acreditam mesmo que podem roubar, matar, cometer adultério, mentir e queimar incenso para Baal e para todos os seus outros novos deuses ¹⁰e depois vir aqui, se apresentar diante de mim em meu templo e dizer: 'Estamos seguros!', para depois voltar a praticar todas essas coisas detestáveis? ¹¹Vocês mesmos não reconhecem que este templo, que leva meu nome, se transformou em esconderijo de ladrões? Certamente vejo todo o mal que acontece nele. Eu, o Senhor, falei!

¹²"'Agora, vão a Siló, o primeiro lugar onde coloquei a tenda que levava meu nome. Vejam o que fiz ali por causa da perversidade do meu povo, os israelitas. ¹³Enquanto vocês praticavam essas maldades, diz o Senhor, eu lhes falei repetidamente, mas vocês não quiseram ouvir. Eu os chamei, mas vocês se recusaram a responder. ¹⁴Portanto, assim como destruí Siló, agora destruirei este templo que leva meu nome, este templo no qual vocês confiam, este lugar que dei a vocês e a seus antepassados. ¹⁵Expulsarei vocês de minha presença e os enviarei para longe, como fiz com seus parentes, o povo de Israel'."ᵃ

A idolatria persistente de Judá

¹⁶"Jeremias, não interceda mais por este povo. Não chore nem faça orações por eles, e não suplique para que eu os ajude, pois não o ouvirei. ¹⁷Não vê o que fazem nas cidades de Judá e nas ruas de Jerusalém? ¹⁸Veja como as crianças juntam lenha e os pais acendem fogo para os sacrifícios. Veja como as mulheres preparam a massa e fazem bolos para a Rainha dos Céus. Além disso, apresentam ofertas derramadas para outros deuses. Tenho razão para estar tão irado! ¹⁹Acaso é a mim que eles prejudicam?", pergunta o Senhor. "Na verdade, prejudicam a si mesmos, para sua própria vergonha."

²⁰Portanto, assim diz o Senhor Soberano: "Derramarei minha ira ardente sobre este lugar. Seus habitantes, seus animais, suas árvores e suas colheitas serão consumidos pelo fogo de minha ira, que ninguém pode apagar".

PÃO DIÁRIO

Deus pode ser manipulado?

Assim diz o Senhor dos Exércitos, o Deus de Israel: "Se vocês abandonarem seus maus caminhos, deixarei que fiquem em sua própria terra. Não se deixem enganar por aqueles que lhes fazem falsas promessas e repetem: 'O templo do Senhor está aqui! O templo do Senhor está aqui!'".
—Jeremias 7.3,4

Um amigo me enviou vinte fotos de igrejas lindas de diferentes lugares no mundo. Elas estão localizadas em lugares distantes como a Islândia e a Índia, e cada uma delas é ímpar em termos arquitetônicos.

O Templo em Jerusalém era o mais belo lugar de culto no tempo de Jeremias; o rei Josias o tinha reparado e restaurado pouco antes (2Cr 34–35). O povo estava obcecado pelo magnífico edifício (Jr 7.4) e eles pensavam, tolamente, que por ter o Templo ali significava que Deus os protegeria de seus inimigos.

Em vez disso, Jeremias destacou os pecados na vida deles (vv.3,9,10). Deus não se impressiona com edifícios bonitos construídos em Seu nome se não houver beleza interior no coração daqueles que ali se reúnem. O Senhor não está interessado numa adoração legalista exterior que não corresponda à santidade interior. É errado pensar que Deus protege as pessoas por causa dos atos religiosos que elas praticam.

Só porque estamos lendo a Bíblia, orando e tendo comunhão com os outros cristãos, não significa que Deus é obrigado a fazer algo por nós. Ele jamais pode ser manipulado. O propósito das atividades que praticamos é desenvolver o nosso relacionamento com o Senhor e nos ajudar a vivermos de maneira diferente daqueles que estão no mundo ao nosso redor.

Ó Deus, ajuda-me para que o meu culto seja verdadeiro e sincero. Que as minhas palavras de devoção a ti nunca sejam manchadas com egoísmo ou manipulação. Quando eu cantar, orar, ler a Tua Palavra e tiver comunhão com outros cristãos, testa os meus motivos e guarda o meu coração puro para ti.

Lembre-se: Deus não pode ser manipulado e jamais aceita a manipulação.

---

²¹Assim diz o Senhor dos Exércitos, o Deus de Israel: "Peguem seus holocaustos e demais sacrifícios e comam a carne vocês mesmos!

ᵃ**7.15** Em hebraico, *de Efraim*, referência a Israel, o reino do norte.

> **REFLETINDO SOBRE:** Adoração mal aplicada

Rainha dos céus

Trocaram a verdade sobre Deus pela mentira. Desse modo, adoraram e serviram coisas que Deus criou, em lugar do Criador, que é digno de louvor eterno! Amém.
—Romanos 1.25

Eu, na verdade, senti muito quando o sinal abriu, pois não tinha terminado de ler todos os adesivos no para-choque do carro à minha frente. *Na Deusa confiamos. Pagão nascido de novo. A Deusa está viva e a magia nos cerca!* O último adesivo me instigou a fazer uma pequena pesquisa online. Descobri que em 1975 a Aliança da Deusa foi incorporada como uma organização religiosa sem fins lucrativos. Desde então, algumas fontes alegam que o neopaganismo se tornou uma das religiões com crescimento mais rápido. A palavra *deusa* é usada casualmente na mídia e publicidade, mas a verdadeira adoração a deusas é relativamente comum hoje em dia.

Quando Jeremias era profeta de Deus, as pessoas em Judá adoravam a deusas. O planeta Vênus representava *Ishtar*, a deusa babilônica do amor e da fertilidade. As mulheres faziam bolos, derramavam ofertas de bebida e queimavam incenso à "rainha dos céus". Em vez de adorar o Criador, adoravam o Sol, a Lua, os planetas e as constelações. Ainda que Deus as tivesse alertado sobre Seu julgamento, a idolatria havia confundido o modo de pensar dessas mulheres. Elas criam que seus problemas eram causados por sua acomodação em seus rituais de culto e não por haverem se afastado de Deus.

Desde o início dos tempos, as pessoas tentam algo além de Deus. Ele exorta que isso nos degrada. Hoje, muitas pessoas distorcem a responsabilidade de cuidado com a criação de Deus e a transforma em adoração à natureza. Algumas pessoas, inclusive, veem seres humanos como os inimigos da Terra. Outras pessoas substituem a verdade do Senhor por astrologia. Ler horóscopos diários pode parecer inofensivo, mas tais atividades podem afetar o nosso pensamento. Deus é o Único com poder para controlar a nossa vida e somente Ele merece ser adorado.

²²Quando tirei seus antepassados do Egito, não eram ofertas e holocaustos que eu queria deles. ²³Esta foi minha ordem: 'Obedeçam ao que digo, e eu serei o seu Deus, e vocês serão o meu povo. Façam o que ordeno, e tudo lhes irá bem'.

²⁴"Meu povo, porém, não me deu ouvidos. Continuaram a fazer o que bem queriam e a seguir os desejos teimosos de seu coração perverso. Andaram para trás em vez de avançar. ²⁵Desde o dia em que seus antepassados saíram do Egito até agora, continuo a enviar meus servos, os profetas, dia após dia. ²⁶Meu povo, porém, não me deu ouvidos. Foram ainda mais teimosos e desobedientes que seus antepassados.

²⁷"Diga-lhes tudo isso, mas eles não escutarão. Anuncie estas advertências, mas eles não responderão. ²⁸Diga-lhes: 'Esta é a nação que não obedece ao Senhor, seu Deus, e não quer ser ensinada. A verdade já não existe no meio deles; desapareceu de seus lábios. ²⁹Raspem a cabeça em sinal de luto e chorem nos montes. Pois o Senhor rejeitou e abandonou esta geração que provocou sua ira'."

O vale da matança

³⁰"O povo de Judá pecou diante dos meus olhos", diz o Senhor. "Colocaram ídolos detestáveis no templo que leva meu nome e o contaminaram. ³¹Construíram santuários idólatras em Tofete, no vale de Ben-Hinom, e ali sacrificaram seus filhos e filhas no fogo. Jamais ordenei tamanha maldade; nunca me passou pela mente! ³²Portanto, tenham cuidado", diz o Senhor, "pois está chegando o dia em que não se chamará mais Tofete, nem vale de Ben-Hinom, mas vale da Matança. Sepultarão corpos em Tofete até não haver mais lugar. ³³Os cadáveres deste povo servirão de alimento para os abutres e os animais selvagens, e não restará ninguém para espantá-los. ³⁴Acabarei com os cânticos alegres e com o riso nas ruas de Jerusalém, e já não se ouvirão as vozes felizes de noivos e de noivas nas cidades de Judá. A terra ficará inteiramente desolada."

8 "Naquele tempo", diz o Senhor, "os inimigos abrirão as sepulturas dos reis e dos oficiais de Judá, e os túmulos dos sacerdotes, dos profetas e dos habitantes de Jerusalém. ²Espalharão os ossos no chão, diante do sol, da lua e das estrelas, os deuses que meu povo amou, serviu, seguiu, buscou e adorou. Seus ossos não serão recolhidos nem sepultados outra vez, mas ficarão espalhados no chão como esterco. ³E o povo que sobreviver dessa nação perversa preferirá a morte a viver nos lugares para onde os enviarei. Eu, o Senhor dos Exércitos, falei!"

O engano dos falsos profetas

⁴"Jeremias, diga ao povo: 'Assim diz o Senhor:

"'Quando uma pessoa cai, não volta a se levantar?
Quando descobre que está no caminho errado, não dá meia-volta?
⁵Então por que este povo de Jerusalém continua em seu caminho
e se recusa a voltar?
Apegam-se firmemente a suas mentiras e não querem retornar.
⁶Escuto suas conversas
e não ouço uma só palavra verdadeira.
Acaso alguém está arrependido de sua maldade?
Alguém diz: 'Que coisa terrível eu fiz'?
Não! Todos correm pelo caminho do pecado,
velozes como cavalos galopando para a batalha.
⁷Até a cegonha que voa pelos céus
sabe a época de migrar,
assim como a rolinha, a andorinha e o grou;ᵃ
todos voltam no tempo certo a cada ano.
Meu povo, contudo,
não conhece os decretos do Senhor.
⁸"'Como podem dizer: 'Somos sábios, pois temos a lei do Senhor',
se seus mestres a distorcem escrevendo mentiras?
⁹Esses mestres sábios serão envergonhados
e cairão na armadilha de sua insensatez,
pois rejeitaram a palavra do Senhor;
afinal, será que são mesmo tão sábios?
¹⁰Entregarei suas esposas a outros
e darei seus campos a estranhos.
Desde o mais humilde até o mais importante,
sua vida é dominada pela ganância.
Até meus profetas e sacerdotes agem desse modo;
são todos impostores.
¹¹Oferecem curativos superficiais
para a ferida mortal do meu povo.
Dão garantias de paz,
quando não há paz alguma.
¹²Acaso se envergonham de sua conduta detestável?
De maneira nenhuma! Nem sabem o que é vergonha!
Portanto, estarão entre os que caírem no massacre;
ficarão arruinados quando eu os castigar, diz o Senhor.
¹³Certamente os consumirei;
não haverá mais colheita de figos nem de uvas.
Suas árvores frutíferas morrerão,
tudo que lhes dei em breve acabará.
Eu, o Senhor, falei'.
¹⁴"Então o povo dirá:
'Por que devemos ficar parados esperando?
Venham, vamos para as cidades fortificadas e morramos ali!
Pois o Senhor, nosso Deus, decretou nossa destruição
e nos deu um cálice de veneno para beber,
pois pecamos contra o Senhor.
¹⁵Esperávamos paz, mas ela não veio;
esperávamos tempo de cura, mas só encontramos terror'.
¹⁶"Desde a terra de Dã, ao norte,
pode-se ouvir o bufar dos cavalos de guerra dos inimigos.
O relinchar de seus garanhões faz a terra tremer;
vêm para devorar a terra e tudo que nela há,
tanto as cidades como seus habitantes.
¹⁷Enviarei essas tropas inimigas entre vocês,

ᵃ 8.7 A identificação de algumas dessas aves é incerta.

serpentes venenosas que ninguém
consegue encantar;
elas os morderão, e vocês morrerão.
Eu, o Senhor, falei!"

Jeremias chora por Judá

¹⁸Minha tristeza não tem cura;
meu coração está enfermo.
¹⁹Escutem o choro do meu povo,
pode-se ouvi-lo por toda a terra:
"Acaso o Senhor abandonou Sião?
Seu rei não está mais ali?".
"Por que provocaram minha ira com ídolos esculpidos
e seus inúteis deuses estrangeiros?", diz o Senhor.

²⁰O povo se lamenta: "A colheita chegou ao fim, o verão acabou,
e, no entanto, não estamos salvos!".

²¹Sofro com a dor do meu povo,
lamento e sou tomado de tristeza.
²²Não há remédio em Gileade?
Não há médico ali?
Por que não há cura
para as feridas do meu povo?

9

¹ᵃQuem dera minha cabeça fosse uma represa,
e meus olhos, uma fonte de lágrimas!
Choraria dia e noite
por meu povo que foi massacrado.
²ᵇQuem dera pudesse ir para bem longe,
morar numa cabana no deserto e me esquecer do meu povo!
Pois todos são adúlteros,
um bando de traidores.

Julgamento pela desobediência

³"Meu povo curva a língua como um arco
para disparar mentiras.
Não querem defender a verdade;
vão de mal a pior
e não me conhecem",
diz o Senhor.

⁴"Cuidado com seu amigo!
Não confie nem mesmo em seu irmão!
Pois irmão engana irmão,
e amigo calunia amigo.
⁵Todos trapaceiam e mentem,
ninguém diz a verdade.
Com língua experiente, contam mentiras;
cansam-se de tanto pecar.
⁶Amontoam falsidade sobre falsidade
e se recusam a me conhecer",
diz o Senhor.

⁷Portanto, assim diz o Senhor dos Exércitos:
"Vejam, eu os purificarei e os provarei,
como se faz com o metal;
que mais posso fazer com meu povo?ᶜ
⁸Pois sua língua dispara mentiras como flechas envenenadas;
falam palavras amigáveis a seus vizinhos
enquanto, no coração, tramam matá-los.
⁹Acaso não devo castigá-los por isso?", diz o Senhor.
"Não devo me vingar de uma nação como esta?"

¹⁰Chorarei pelos montes
e lamentarei pelas pastagens no deserto.
Pois estão desolados e sem vida;
não se ouve mais o mugido do gado,
e as aves e os animais selvagens fugiram.

¹¹"Farei de Jerusalém um monte de ruínas;
será morada de chacais.
As cidades de Judá serão abandonadas,
e ninguém viverá nelas", diz o Senhor.

¹²Quem é sábio o bastante para entender todas essas coisas? Quem foi instruído pelo Senhor para explicá-las? Por que a terra foi arruinada de tal modo que ninguém tem coragem de passar por ela?

¹³O Senhor responde: "Isso aconteceu porque meu povo abandonou a minha lei; não quiseram obedecer às minhas instruções. ¹⁴Em vez disso, seguiram os desejos teimosos de seu coração e adoraram imagens de Baal, como seus antepassados lhes ensinaram. ¹⁵Agora, assim diz o Senhor dos Exércitos, o Deus de Israel: Ouçam! Eu os alimentarei com amargura e lhes darei veneno para beber. ¹⁶Eu os espalharei por todo o mundo, até lugares de que nem eles nem seus antepassados ouviram falar. Mesmo lá, eu os perseguirei com a espada até que os tenha destruído por completo".

ᵃ 9.1 No texto hebraico, o versículo 9.1 é numerado 8.23. ᵇ 9.2 No texto hebraico, os versículos 9.2-26 são numerados 9.1-25. ᶜ 9.7 Em hebraico, *com a filha do meu povo?* A Septuaginta traz *com a filha perversa do meu povo?*

Pranto em Jerusalém

¹⁷Assim diz o Senhor dos Exércitos:
"Considerem tudo isso e chamem as
    mulheres que pranteiam;
  mandem trazer aquelas que choram em
    funerais.
¹⁸Venham depressa! Comecem a lamentar!
  Que seus olhos se encham de lágrimas.
¹⁹Ouçam o pranto desesperado do povo de
    Sião:
  'Estamos arruinados! Que humilhação!
Temos de deixar nossa terra,
  pois nossas casas foram destruídas!'".

²⁰Ouçam, mulheres, as palavras do Senhor,
  abram os ouvidos para o que ele tem a
    dizer.
Ensinem as filhas a prantear,
  ensinem umas às outras a lamentar.
²¹Pois a morte subiu por nossas janelas
  e entrou em nossas mansões.
Exterminou as crianças que brincavam nas
    ruas
  e os jovens que se reuniam nas praças.

²²Assim diz o Senhor:
"Corpos ficarão espalhados pelos campos
    como montes de esterco,
como feixes de cereal depois da colheita;
  não restará ninguém para enterrá-los".

²³Assim diz o Senhor:
"Que o sábio não se orgulhe de sua
    sabedoria,
  nem o poderoso de seu poder,
  nem o rico de suas riquezas.
²⁴Aquele que deseja se orgulhar,
  que se orgulhe somente disto:
de me conhecer e entender que eu sou o
    Senhor,
  que demonstra amor leal
e traz justiça e retidão à terra;
  isso é o que me agrada.
    Eu, o Senhor, falei!

²⁵"Está chegando o dia", diz o Senhor, "em que castigarei todos, tanto circuncidados como incircuncisos: ²⁶os egípcios, os edomitas, os amonitas, os moabitas, os povos que vivem no deserto, em lugares distantes,ᵃ e até mesmo o povo de Judá. Pois, como todas essas nações, o povo de Israel também tem o coração incircunciso."

A idolatria traz destruição

10 Ó Israel, ouça esta palavra do Senhor para você! ²Assim diz o Senhor:

"Não se comportem como as outras
    nações,
  que tentam ler seu futuro nas estrelas.
Não tenham medo de suas previsões,
  ainda que elas encham outras nações de
    terror.
³Os costumes dessas nações são inúteis:
  cortam uma árvore, e dela o artesão
    esculpe um ídolo.
⁴Enfeitam-no com ouro e prata
  e fixam-no com martelo e pregos,
    para que não tombe.
⁵Seus deuses são como
  espantalhos numa plantação de pepinos.
Não são capazes de falar
  e precisam ser carregados, pois não
    conseguem andar.
Não tenham medo desses deuses,
  pois não podem lhes fazer nem mal,
    nem bem".

⁶Senhor, não há ninguém semelhante a ti!
  Tu és grande, e teu nome é poderoso.
⁷Quem não te temeria, ó Rei das nações?
  Esse título pertence a ti somente!
Entre todos os sábios da terra
  e em todos os reinos do mundo,
  não há ninguém semelhante a ti.

⁸Os que adoram ídolos são tolos e
    insensatos;
  adoram objetos feitos de madeira.
⁹Trazem placas de prata batida de Társis
  e ouro de Ufaz
e entregam a artesãos habilidosos,
  que fazem seus ídolos.
Vestem-nos com mantos azuis e roxos,
  feitos por hábeis alfaiates.
¹⁰Mas o Senhor é o único Deus verdadeiro;
  ele é o Deus vivo e o Rei eterno!
A terra treme com sua ira;
  as nações não podem suportar sua fúria.

ᵃ **9.26** Ou *no deserto e cortam os cantos do cabelo.*

¹¹Diga isto àqueles que adoram outros deuses: "Esses deuses, que não fizeram os céus nem a terra, desaparecerão da terra e de debaixo dos céus".[a]

¹²O Senhor, porém, fez a terra com seu poder
e a estabeleceu com sua sabedoria.
Com seu entendimento,
estendeu os céus.
¹³Quando fala no meio do trovão,
as chuvas rugem nos céus.
Eleva as nuvens acima da terra,
envia relâmpagos com a chuva
e ordena que o vento saia de seus depósitos.
¹⁴Todo ser humano é tolo e não tem conhecimento!
Os artesãos são envergonhados pelos ídolos que fazem,
pois as imagens que esculpiram são uma fraude;
não têm fôlego nem poder.
¹⁵Os ídolos são inúteis, são mentiras ridículas;
no dia do acerto de contas, serão todos destruídos.
¹⁶Mas o Deus de Israel[b] não é como esses ídolos;
ele é o Criador de todas as coisas,
incluindo Israel, a nação que lhe pertence.
Seu nome é Senhor dos Exércitos!

A destruição que se aproxima

¹⁷Reúnam seus pertences e preparem-se para partir;
o cerco está para começar.
¹⁸Pois assim diz o Senhor:
"Lançarei fora repentinamente
todos vocês que vivem nesta terra.
Derramarei sobre vocês grandes aflições;
finalmente sentirão minha ira".

¹⁹Minha ferida é grave,
e minha dor é grande.
Minha doença não tem cura,
mas devo suportá-la.
²⁰Destruíram minha casa,
e não resta ninguém que me ajude a reconstruí-la.
Levaram meus filhos;
nunca mais os verei.
²¹Os pastores do meu povo perderam a razão;
não buscam mais o Senhor.
Por isso fracassaram,
e seus rebanhos estão espalhados.
²²Ouçam o ruído assustador dos grandes exércitos
que avançam do norte!
As cidades de Judá serão destruídas
e se tornarão morada de chacais.

A oração de Jeremias

²³Eu sei, ó Senhor, que nossa vida não nos pertence;
não somos capazes de planejar o próprio caminho.
²⁴Por isso, Senhor, corrige-me, mas não sejas severo demais;
não uses tua ira, pois se o fizesses eu morreria.
²⁵Derrama tua fúria sobre as nações que não te conhecem,
sobre os povos que não invocam teu nome.
Pois devoraram teu povo, Israel;[c]
sim, o devoraram e o consumiram,
transformando a terra num lugar desolado.

Judá quebra a aliança

11 O Senhor deu outra mensagem a Jeremias: ²"Lembre os habitantes de Judá e de Jerusalém dos termos de minha aliança com eles. ³Diga-lhes: 'Assim diz o Senhor, o Deus de Israel: Maldito será aquele que não obedecer aos termos de minha aliança! ⁴Pois eu disse a seus antepassados quando os tirei do Egito, uma fornalha de fundir ferro: 'Se vocês me obedecerem e fizerem tudo que ordeno, serão o meu povo, e eu serei o seu Deus'. ⁵Disse isso para cumprir a promessa que fiz a seus antepassados de lhes dar uma terra que produzisse leite e mel com fartura, a terra em que hoje vocês habitam'".
Então eu respondi: "Que assim seja, Senhor!".

---

[a] **10.11** No texto original, o versículo 10.11 está em aramaico. [b] **10.16** Em hebraico, *a Porção de Jacó*. Ver nota em 5.20. [c] **10.25** Em hebraico, *devoraram Jacó*. Ver nota em 5.20.

⁶E o Senhor disse: "Proclame esta mensagem nas cidades de Judá e nas ruas de Jerusalém. Diga: 'Lembrem-se da antiga aliança e de todas as suas exigências. ⁷Pois adverti solenemente seus antepassados quando os tirei do Egito: 'Obedeçam-me!'. Repeti essa advertência inúmeras vezes até hoje, ⁸mas seus antepassados não me deram ouvidos nem prestaram atenção. Pelo contrário, seguiram os desejos teimosos de seu coração perverso. E, porque se recusaram a obedecer, eu trouxe sobre eles todas as maldições descritas nesta aliança'".

⁹O Senhor falou comigo novamente e disse: "Descobri uma conspiração contra mim entre os habitantes de Judá e de Jerusalém. ¹⁰Voltaram aos pecados de seus antepassados. Não quiseram me ouvir e adoraram outros deuses. Israel e Judá quebraram a aliança que fiz com seus antepassados. ¹¹Por isso, assim diz o Senhor: Trarei calamidade sobre eles, e não escaparão. Ainda que me supliquem, não ouvirei seu clamor. ¹²Os habitantes de Judá e de Jerusalém clamarão a seus ídolos e queimarão incenso para eles, mas os ídolos não os salvarão quando vier a calamidade. ¹³Vejam, habitantes de Judá, seus deuses são tão numerosos quanto suas cidades! Seus altares vergonhosos, altares para queimar incenso a Baal, são tão numerosos quanto as ruas de Jerusalém!

¹⁴"Portanto, Jeremias, não ore mais por este povo. Não chore por eles, pois não os ouvirei quando clamarem a mim em sua aflição.

¹⁵"Que direito tem meu povo amado de vir
    ao meu templo
depois de ter cometido tanta
    imoralidade?
Acaso seus votos e sacrifícios poderão
    evitar sua destruição?
A verdade é que se alegram em praticar
    o mal.
¹⁶Eu, o Senhor, os chamava de oliveira
    verdejante,
bonita de ver e cheia de bons frutos.
Agora, porém, enviei a fúria de seus
    inimigos
para incendiar e destruir seus ramos.

¹⁷"Eu, o Senhor dos Exércitos, que plantei essa oliveira, ordenei que fosse destruída. Pois o povo de Israel e o povo de Judá fizeram o mal e provocaram minha ira ao queimar incenso a Baal".

Conspiração contra Jeremias

¹⁸Então o Senhor me falou das conspirações que meus inimigos tramavam contra mim. ¹⁹Eu era como cordeiro levado para o matadouro. Não fazia ideia de que planejavam me matar. "Vamos destruir esse homem e suas palavras!",ᵃ diziam. "Vamos derrubá-lo para que seu nome seja esquecido para sempre!"

²⁰Ó Senhor dos Exércitos,
    tu julgas com justiça
    e examinas pensamentos e emoções.
Permite que eu veja tua vingança contra
    eles,
    pois coloquei minha causa em tuas
      mãos.

²¹Assim diz o Senhor a respeito dos homens de Anatote que queriam me ver morto. Eles tinham dito: "Nós o mataremos se não parar de profetizar em nome do Senhor". ²²Portanto, assim diz o Senhor dos Exércitos a respeito deles: "Eu os castigarei! Seus jovens morrerão na batalha, e seus filhos e filhas morrerão de fome. ²³Nenhum dos conspiradores de Anatote sobreviverá, pois eu trarei calamidade sobre eles quando chegar a hora de seu castigo".

Jeremias questiona a justiça do Senhor

12 ¹Senhor, tu sempre me fazes justiça
    quando apresento uma causa diante
      de ti.
Portanto, desejo te fazer esta queixa:
    Por que os perversos são tão prósperos?
    Por que os desonestos vivem em paz?
²Tu os plantaste,
    e eles criaram raízes e deram frutos.
Teu nome está em seus lábios,
    mas tu estás longe de seu coração.
³Quanto a mim, Senhor, tu me conheces;
    tu me vês e provas meus pensamentos.
Arrasta essa gente como ovelhas para o
    matadouro;
    separa-os para a matança!

ᵃ **11.19** Em hebraico, *Vamos derrubar a árvore e seu pão.*

PÃO DIÁRIO

Correndo contra os cavalos

Se correr com homens o deixa cansado, como poderá competir com cavalos?...

—Jeremias 12.5

Nos Jogos Olímpicos, os melhores corredores do mundo competem por medalhas de ouro. Muito antes da corrida final, por todo o mundo são organizadas as competições classificatórias para eliminar os que não são rápidos o suficiente para competir. Os melhores corredores se qualificam para as competições finais.

O profeta Jeremias também se envolveu numa competição violenta — mas era contra ídolos e sacerdotes perversos. Estava respondendo ao chamado do Senhor para condenar Judá e predizer sua queda. Ele ficou tão desanimado que perguntou ao Senhor: "Por que os perversos são tão prósperos? Por que os desonestos vivem em paz?" (12.1).

Porém Deus, em outras palavras, disse a Jeremias: A competição só começou. Até agora você estava lidando com questões menores (correr contra homens comuns). Como você poderá competir a verdadeira competição (correr contra cavalos)?

Talvez você tenha sofrido algumas dificuldades recentemente: seu patrão, uma doença, conflitos em sua igreja. Você clamou ao Senhor por alívio, mas Ele pode ter-lhe dito: "Fortaleça-se, prepare-se, pois pode piorar". Quando Ele lhe pedir para "correr contra os que cavalgam", Ele estará com você para fortalecer e sustentar. É assim que Deus age.

Amado Senhor, ajuda-me a correr a corrida da vida com todos os recursos que tens me dado. Obrigada por poder depender da Tua força para passar por qualquer dificuldade em minha vida.

Prossigo para o final da corrida, a fim de receber o prêmio celestial para o qual Deus nos chama em Cristo Jesus. —Filipenses 3.14

---

⁴Até quando esta terra ficará de luto?
  Até o capim nos campos secou.
Os animais selvagens e as aves desapareceram
  por causa da maldade dos que nela habitam.
Pois o povo disse:
  "O Senhor não vê o que o futuro nos reserva!".

A resposta do Senhor a Jeremias

⁵"Se correr com homens o deixa cansado,
  como poderá competir com cavalos?
Se tropeça e cai em campo aberto,
  o que fará nas matas junto ao Jordão?
⁶Até seus irmãos, membros de sua família,
  se voltaram contra você;
  conspiram e se queixam a seu respeito.
Não confie neles,
  por mais agradáveis que sejam suas palavras.

⁷"Abandonei meu povo, a nação que me pertence;
  entreguei aqueles que eu mais amo a seus inimigos.
⁸Meu povo escolhido rugiu contra mim
  como leão no bosque,
  por isso os tratei com desprezo.
⁹Meu povo escolhido age como ave de rapina,ᵃ
  mas ele próprio será cercado por abutres;
  tragam os animais selvagens para devorar os cadáveres!

¹⁰"Muitos governantes destruíram meu vinhedo;
  pisotearam minha propriedade
  e transformaram sua beleza em deserto.
¹¹Fizeram dela uma terra devastada;
  ouço seu triste lamento.
Toda a terra está desolada,
  e ninguém se importa.
¹²Pode-se ver exércitos destruidores
  no alto dos montes.
A espada do Senhor devora o povo
  de uma extremidade à outra da terra;
  ninguém escapará!
¹³Meu povo semeou trigo,
  mas colhe espinhos.
Esforçou-se muito,
  mas de nada adiantou.
Terá uma colheita de vergonha
  por causa da ira ardente do Senhor."

Uma mensagem para os vizinhos de Israel

¹⁴Assim diz o Senhor: "Arrancarei de suas terras todas as nações perversas que se apossam

---

ᵃ **12.9** Ou *hienas malhadas*.

da herança que dei ao meu povo, Israel. E arrancarei Judá do meio delas. ¹⁵Depois disso, porém, voltarei e terei compaixão de todos eles. Eu os trarei de volta às suas terras, cada nação à sua herança. ¹⁶E se, verdadeiramente, essas nações aprenderem os caminhos do meu povo e jurarem por meu nome: 'Tão certo como vive o Senhor' — como ensinaram meu povo a jurar pelo nome de Baal —, elas receberão um lugar no meio do meu povo. ¹⁷Mas qualquer nação que não quiser me obedecer será arrancada e destruída. Eu, o Senhor, falei!".

O cinto de linho de Jeremias

13 O Senhor me disse: "Vá, compre um cinto de linho e vista-o, mas não o lave". ²Comprei o cinto de linho, como o Senhor me havia instruído, e o vesti.

³Então recebi outra mensagem do Senhor: ⁴"Pegue o cinto de linho que está vestindo e vá ao rio Eufrates.ª Esconda-o ali, num buraco entre as pedras". ⁵Fui e o escondi junto ao Eufrates, como o Senhor me havia ordenado.

⁶Depois de muito tempo, o Senhor me disse: "Volte ao rio Eufrates e pegue o cinto que eu lhe disse que escondesse ali". ⁷Fui ao Eufrates, cavei onde havia escondido o cinto e o tirei dali. Mas o cinto tinha apodrecido e não servia para nada.

⁸Então recebi esta mensagem do Senhor: ⁹"Assim diz o Senhor: Do mesmo modo farei apodrecer o orgulho de Judá e de Jerusalém. ¹⁰Este povo perverso não quer me ouvir. Seguem os desejos teimosos de seu coração e adoram outros deuses. Portanto, eles se tornarão semelhantes a esse cinto: não servirão para nada! ¹¹Assim como o cinto se apega à cintura do homem, eu criei Judá e Israel para se apegarem a mim, diz o Senhor. Deveriam ser meu povo, meu louvor e minha glória, uma honra para meu nome. Mas não quiseram me ouvir.

¹²"Portanto, diga-lhes: 'Assim diz o Senhor, o Deus de Israel: Que todas as suas vasilhas fiquem cheias de vinho'. E eles responderão: 'Claro! As vasilhas são feitas para ficar cheias de vinho'.

¹³"Então diga-lhes: 'Assim diz o Senhor: Deixarei todos nesta terra completamente embriagados, desde o rei sentado no trono de Davi até os sacerdotes e os profetas, e todos os habitantes de Jerusalém. ¹⁴Eu os despedaçarei, colocando uns contra os outros, até mesmo pais contra filhos, diz o Senhor. Não deixarei que minha piedade, nem minha misericórdia, nem minha compaixão me impeçam de destruí-los'".

Advertência a respeito do orgulho

¹⁵Ouçam e prestem atenção;
   não sejam arrogantes, pois o Senhor falou.
¹⁶Deem glória ao Senhor, seu Deus,
   antes que as trevas venham sobre vocês,
   antes que ele os faça tropeçar e cair nos montes sombrios.
Então, quando procurarem luz,
   só encontrarão escuridão densa e terrível.
¹⁷E, se ainda assim não quiserem ouvir,
   chorarei sozinho por causa de seu orgulho.
Lágrimas amargas se derramarão de meus olhos,
   pois o rebanho do Senhor será levado para o exílio.

¹⁸Diga ao rei e à mãe dele:
"Desçam de seus tronos
   e sentem-se no pó,
pois sua coroa gloriosa
   será arrancada de sua cabeça".
¹⁹As cidades do Neguebe fecharão os portões,
   e ninguém conseguirá abri-los.
Os habitantes de Judá serão levados como prisioneiros;
   todos irão para o exílio.

²⁰Abra os olhos e veja
   os exércitos que vêm do norte!
Onde está seu rebanho,
   o lindo rebanho de que ele a encarregou de cuidar?
²¹O que dirá quando o Senhor colocar
   seus antigos aliados para a dominarem?
Pontadas de angústia tomarão conta de você,

ª **13.4** Em hebraico, *Perate*; também em 13.5,6,7.

como as dores da mulher em trabalho de parto.
²²Você se perguntará: "Por que isso me aconteceu?".
Foi por causa de seus muitos pecados!
Por isso os exércitos invasores
arrancaram suas roupas e a violentaram.
²³Acaso o etíope[a] pode mudar a cor de sua pele?
Pode o leopardo tirar suas manchas?
De igual modo, você é incapaz de fazer o bem,
pois se acostumou a fazer o mal.

²⁴"Eu a dispersarei como palha
levada pelos ventos do deserto.
²⁵Esta é sua parte,
a porção que lhe reservei",
diz o Senhor,
"pois você se esqueceu de mim
e confiou em falsos deuses.
²⁶Eu mesmo arrancarei suas roupas,
para que apareça sua vergonha.
²⁷Vi seu adultério e sua lascívia,
sua idolatria detestável nos campos e sobre as colinas.
Que aflição a espera, Jerusalém!
Quando você se purificará?"

Seca terrível em Judá

14 Jeremias recebeu esta mensagem do Senhor acerca da grande seca:

²"Judá anda chorando;
o comércio às portas da cidade parou.
O povo senta-se no chão, pois está de luto;
de Jerusalém sobe um grande clamor.
³Os nobres mandam os servos buscarem água,
mas todos os poços secaram.
Confusos e desesperados,
voltam com jarros vazios
e cobrem a cabeça, entristecidos.
⁴A terra está seca
e rachada por falta de chuva.
Preocupados, os lavradores
também cobrem a cabeça.
⁵Até a corça abandona sua cria,
pois não há capim no campo.
⁶Os jumentos selvagens ficam no alto dos montes
e ofegam como chacais sedentos.
Forçam a vista para achar pastagem,
mas nada encontram".

⁷"Nossa maldade nos alcançou, Senhor",
diz o povo,
"ainda assim, ajuda-nos por causa do teu nome.
De ti nos afastamos
e contra ti pecamos repetidamente.
⁸Ó Esperança de Israel, nosso Salvador em tempos de angústia,
por que és como estrangeiro entre nós?
Por que és como viajante de passagem pela terra,
que fica só uma noite?
⁹Acaso também estás surpreso?
Nosso guerreiro valente não tem poder para nos salvar?
Tu estás em nosso meio, Senhor,
somos conhecidos como teu povo;
por favor, não nos abandones!"

¹⁰Assim diz o Senhor a seu povo:
"Vocês gostam de andar longe de mim
e não controlam os pés.
Por isso, não me agradarei mais de vocês;
agora me lembrarei de toda a sua perversidade
e os castigarei por seus pecados".

O Senhor proíbe Jeremias de interceder

¹¹Então o Senhor me disse: "Não ore mais pelo bem deste povo. ¹²Quando jejuarem, não darei atenção a seu clamor. Quando apresentarem seus holocaustos e ofertas de cereal, não me agradarei. Em vez disso, os devorarei com guerra, fome e doença".

¹³Então eu disse: "Ó Soberano Senhor, os profetas dizem ao povo: 'Tudo está bem. Não haverá guerra nem fome. O Senhor certamente lhes dará paz'".

¹⁴O Senhor me disse: "Esses profetas contam mentiras em meu nome. Não os enviei nem ordenei que falassem. Não lhes dei mensagem alguma. Profetizam a respeito de visões e revelações que nunca viram nem ouviram. Dizem tolices que inventaram em seu próprio coração

---

[a] **13.23** Em hebraico, *cuxita*.

mentiroso. ¹⁵Por isso, assim diz o Senhor: Castigarei esses profetas mentirosos, pois falam em meu nome, embora eu não os tenha enviado. Dizem que não haverá guerra nem fome, mas eles próprios morrerão por guerra e fome. ¹⁶Quanto ao povo para o qual profetizam, terão o corpo jogado nas ruas de Jerusalém, vítimas da fome e da guerra. Não restará ninguém para enterrá-los. Maridos, esposas, filhos e filhas, todos morrerão. Pois derramarei sobre eles sua própria maldade. ¹⁷Portanto, diga-lhes o seguinte:

"Noite e dia, meus olhos se enchem de
    lágrimas;
  não consigo parar de chorar,
pois minha filha virgem, meu povo
    precioso,
  foi derrubada
  e está mortalmente ferida.
¹⁸Se saio aos campos,
  vejo os corpos daqueles que o inimigo
    matou.
Se ando pelas ruas,
  vejo aqueles que morreram de fome.
Os profetas e sacerdotes prosseguem com
    seu trabalho,
  mas não sabem o que fazem".

Oração por cura
¹⁹Senhor, tu rejeitaste Judá completamente?
  Acaso odeias Sião?
Por que nos feriste a ponto de não
    podermos ser curados?
  Esperávamos paz, mas ela não veio;
  esperávamos tempo de cura, mas só
    encontramos terror.
²⁰Senhor, confessamos a nossa maldade
  e a maldade de nossos antepassados;
  todos pecamos contra ti.
²¹Por causa do teu nome, Senhor, não nos
    abandones;
  não desonres teu trono glorioso.
Lembra-te de nós
  e não quebres tua aliança conosco.
²²Acaso algum desses deuses estrangeiros
    pode enviar a chuva?
  Ela cai por si mesma do céu?
Somente tu, ó Senhor, nosso Deus,
    podes fazer essas coisas;
  por isso esperamos teu socorro.

A inevitável condenação de Judá

15 Então o Senhor me disse: "Mesmo que Moisés e Samuel intercedessem diante de mim em favor deste povo, eu não ajudaria. Fora com eles! Expulse-os de minha presença! ²E se lhe perguntarem: 'Para onde iremos?', diga-lhes: 'Assim diz o Senhor:

"'Os destinados à morte, para a morte;
  os destinados à guerra, para a guerra;
os destinados à fome, para a fome;
  os destinados ao cativeiro, para o
    cativeiro'.

³"Enviarei contra eles quatro tipos de destruidores", diz o Senhor. "Enviarei espada para matá-los, cães para arrastá-los, abutres para devorá-los e animais selvagens para acabar com o que tiver sobrado. ⁴Por causa das maldades que Manassés, filho de Ezequias, rei de Judá, fez em Jerusalém, farei de meu povo objeto de horror para todos os reinos da terra.

⁵"Quem terá compaixão de você,
    Jerusalém?
  Quem chorará por você?
  Quem se dará o trabalho de perguntar se
    está bem?
⁶Você me abandonou
  e me deu as costas",
  diz o Senhor.

"Portanto, levantarei a mão para destruí-la;
  estou cansado de mostrar compaixão.
⁷Às portas das cidades, eu os espalharei ao
    vento,
  como palha separada do cereal,
  e levarei seus filhos queridos.
Destruirei meu próprio povo,
  pois não querem abandonar seus maus
    caminhos.
⁸Haverá mais viúvas
  que grãos de areia do mar.
Ao meio-dia, trarei um destruidor
  contra as mães dos jovens.
Farei cair sobre elas
  angústia e terror repentinos.
⁹A mãe de sete filhos desmaia e respira
    com dificuldade;
  para ela, o sol se pôs enquanto ainda era
    dia.
Agora está sem filhos,

A queixa de Jeremias

¹⁰Então eu disse:

"Como estou aflito, minha mãe!
  Quem dera eu tivesse morrido ao
    nascer!
  Sou odiado em todo lugar.
Não sou um credor que ameaça cobrar a
    dívida,
  nem um devedor que se recusa a pagá-la;
  ainda assim, todos me amaldiçoam".

¹¹O Senhor respondeu:

"Eu cuidarei de você;
  em tempos de calamidade e aflição,
  seus inimigos lhe pedirão que interceda
    por eles.
¹²Alguém é capaz de quebrar uma barra de
    ferro do norte
  ou uma barra de bronze?
¹³Entregarei de graça
  sua riqueza e seus tesouros
como despojo a seus inimigos,
  pois o pecado corre solto pela terra.
¹⁴Farei que seus inimigos os levem
  como prisioneiros para uma terra
    estrangeira.
Pois minha ira se acendeu como fogo
  e arderá contra vocês".ᵃ

¹⁵Então eu disse:

"Senhor, tu sabes o que me tem acontecido;
  intervém, ajuda-me e castiga meus
    perseguidores!
Dá-me tempo, não permitas que eu morra
    ainda jovem;
  é por teu nome que tenho sofrido
    humilhações.
¹⁶Quando descobri tuas palavras,
    devorei-as;
  são minha alegria e dão prazer a meu
    coração,
pois pertenço a ti,
  ó Senhor, Deus dos Exércitos.
¹⁷Nunca participei dos banquetes alegres
    do povo;
  sentei-me sozinho, porque tua mão
    pesava sobre mim,
  e enchi-me de indignação com os
    pecados deles.
¹⁸Por que, então, continuo a sofrer?
  Por que minha ferida não tem cura?
Teu socorro parece incerto como um
    riacho inconstante;
  é como uma fonte que secou".

¹⁹Assim diz o Senhor:

"Se voltar para mim, eu o restaurarei,
  para que possa continuar a me servir.
Se disser palavras de valor, em vez de
    palavras inúteis,
  será meu porta-voz.
Você os influenciará,
  mas não deixará que o influenciem.
²⁰Lutarão contra você como um exército,
  mas o tornarei invencível como uma
    muralha de bronze.
Não o vencerão,
  pois estou com você para protegê-lo e
    livrá-lo.
Eu, o Senhor, falei!
²¹Certamente o livrarei desses homens
    perversos
  e o resgatarei de suas mãos cruéis".

Jeremias é proibido de casar-se

16 Recebi outra mensagem do Senhor. Ele disse: ²"Não se case nem tenha filhos neste lugar. ³Pois assim diz o Senhor a respeito dos filhos e das filhas que nascerem nesta terra e a respeito de suas mães e seus pais: ⁴Eles morrerão de doenças terríveis. Ninguém chorará por eles, nem os enterrará; ficarão espalhados pela terra como esterco. Morrerão por guerra e fome, e seus cadáveres servirão de alimento para os abutres e os animais selvagens".

Castigo que virá sobre Judá

⁵Assim diz o Senhor: "Não vá a funerais para prantear, nem demonstre compaixão por este povo, pois tirei dele minha proteção; removi minha bondade e minha misericórdia. ⁶Tanto os mais importantes como os mais simples

---

ᵃ **15.14** Conforme a maioria dos manuscritos hebraicos; alguns manuscritos hebraicos (ver tb. 17.4) trazem *arderá para sempre*.

morrerão nesta terra. Ninguém os sepultará nem chorará por eles. Seus amigos não se cortarão nem rasparão a cabeça em sinal de tristeza. ⁷Ninguém oferecerá uma refeição para consolar os que estiverem de luto, nem mesmo pela morte da mãe ou do pai. Ninguém lhe dará um cálice de vinho para consolá-los.

⁸"Não vá a seus banquetes e a suas festas. Não coma nem beba com eles. ⁹Pois assim diz o S<small>ENHOR</small> dos Exércitos, o Deus de Israel: Durante sua vida, diante de seus olhos, acabarei com os cânticos alegres e com o riso nesta terra, e não se ouvirão mais as vozes felizes de noivos e de noivas.

¹⁰"Quando você anunciar tudo isso ao povo, eles perguntarão: 'Por que o S<small>ENHOR</small> decretou coisas tão terríveis contra nós? O que fizemos para ser tratados desse modo? Qual foi nosso pecado contra o S<small>ENHOR</small>, nosso Deus?'.

¹¹"Então você lhes responderá que assim diz o S<small>ENHOR</small>: 'Seus antepassados me deixaram. Adoraram e serviram outros deuses, me abandonaram e não obedeceram à minha lei. ¹²E vocês são ainda piores que seus antepassados! Seguem os desejos teimosos de seu coração perverso e não querem me ouvir. ¹³Por isso os expulsarei desta terra e os enviarei a uma terra estrangeira, onde vocês e seus antepassados nunca estiveram. Ali poderão adorar deuses dia e noite, e não lhes concederei nenhum favor'."

Esperança apesar da calamidade

¹⁴"Mas está chegando o dia", diz o S<small>ENHOR</small>, "em que, ao fazer um juramento, ninguém mais dirá: 'Tão certo como vive o S<small>ENHOR</small>, que tirou o povo de Israel da terra do Egito'. ¹⁵Em vez disso, dirá: 'Tão certo como vive o S<small>ENHOR</small>, que trouxe o povo de Israel de volta da terra do norte e de todas as nações onde os havia exilado'. Pois eu os trarei de volta à terra que dei a seus antepassados.

¹⁶"Agora, porém, envio muitos pescadores que os pescarão", diz o S<small>ENHOR</small>, "e envio caçadores que os caçarão nos montes, nas colinas e nas cavernas. ¹⁷Eu os observo de perto e vejo cada pecado. É impossível se esconderem de mim. ¹⁸Eu os castigarei em dobro por todos os seus pecados, pois contaminaram minha terra com as imagens sem vida de seus ídolos repulsivos e encheram minha terra com suas práticas detestáveis."

Jeremias expressa confiança

¹⁹S<small>ENHOR</small>, és minha força e fortaleza,
  meu refúgio no dia da angústia.
Nações de todo o mundo
  virão a ti e dirão:
"Nossos antepassados nos deixaram uma
    herança enganosa,
  pois adoraram ídolos inúteis.
²⁰Acaso alguém pode fazer seus próprios
    deuses?
  De maneira nenhuma são deuses
    verdadeiros!".

²¹O S<small>ENHOR</small> diz:
"Agora lhes mostrarei meu poder,
  agora lhes mostrarei minha força.
Finalmente entenderão
  e saberão que eu sou o S<small>ENHOR</small>."

O pecado e o castigo de Judá

17 ¹"O pecado de Judá
  está escrito com cinzel de ferro,
gravado com ponta de diamante em seu
    coração de pedra
  e nas pontas de seus altares.
²Até seus filhos adoram
  nos altares e nos postes dedicados a
    Aserá,
debaixo de toda árvore verdejante
  e no alto das colinas,
  ³nos montes e nos campos.
Entregarei todas as suas riquezas, seus
    tesouros
  e seus santuários idólatras
como despojo para seus inimigos,
  porque o pecado corre solto na terra.
⁴A herança que reservei para vocês
  lhes escapará por entre os dedos.
Farei que seus inimigos os levem
  como prisioneiros para uma terra
    estrangeira.
Pois minha ira se acendeu como fogo
  e arderá para sempre".

Sabedoria do S<small>ENHOR</small>

⁵Assim diz o S<small>ENHOR</small>:
"Maldito é quem confia nas pessoas,
  que se apoia na força humana
  e afasta seu coração do S<small>ENHOR</small>.

> **PÃO DIÁRIO**
>
> ## Onde está a sua confiança?
>
> *Feliz é quem confia no S<small>ENHOR</small>, cuja esperança é o S<small>ENHOR</small>.*
> —Jeremias 17.7
>
> Vamos ser honestas. Podemos confiar em nós mesmas sempre? Até o apóstolo Paulo disse enfaticamente sobre si mesmo: "Disciplino meu corpo como um atleta, treinando-o para fazer o que deve, de modo que, depois de pregado a outros, eu mesmo não seja desqualificado" (1Co 9.27). Ele não confiaria em si mesmo para fazer o que era certo a menos que mantivesse seu corpo sob rígida disciplina.
>
> A leitura bíblica de hoje nos lembra que: "O coração humano é mais enganoso que qualquer coisa e é extremamente perverso; quem sabe, de fato, o quanto é mau?" (Jr 17.9). Nenhuma de nós consegue sondar a dimensão do engano de nosso coração. Como então podemos confiar completamente em nós mesmas ou em alguém?
>
> Jeremias avisou o último rei de Judá que ele não devia colocar sua confiança em reis terrenos (vv.5,6). Mas, mesmo assim, eles buscaram continuamente a ajuda do Egito. Como foram tolos! Deveriam ter se arrependido de suas maldades e retornado para o Deus Todo-Poderoso para receber a Sua ajuda.
>
> Onde podemos colocar a nossa confiança em tempos de dificuldades e incertezas? A Palavra de Deus nos diz que aqueles que colocam a sua confiança em Deus são como árvores plantadas junto ao rio. Mesmo na sequidão, nunca deixarão de produzir frutos (vv.7,8).
>
> Confiemos em Deus para produzir frutos em nossa vida.
>
> *Pai, digo que confio em ti, mas continuo resistindo. Quero me render, mas ainda quero controlar a minha vida. Relembra-me que és tu, ó Deus, que sustenta o Universo em Tuas mãos. Posso confiar em ti o suficiente para entregar também todo o meu viver ao Teu cuidado amoroso.*
>
> ---
>
> **Que a autoconfiança jamais substitua a sua confiança em Deus.**

⁶É como arbusto solitário no deserto;
   não tem esperança alguma.
Habitará em lugares desolados e estéreis,
   numa terra salgada, onde ninguém vive.

⁷"Feliz é quem confia no S<small>ENHOR</small>,
   cuja esperança é o S<small>ENHOR</small>.

⁸É como árvore plantada junto ao rio,
   com raízes que se estendem até as correntes de água.
Não se incomoda com o calor,
   e suas folhas continuam verdes.
Não teme os longos meses de seca,
   e nunca deixa de produzir frutos.

⁹"O coração humano é mais enganoso que qualquer coisa
   e é extremamente perverso;
   quem sabe, de fato, o quanto é mau?
¹⁰Eu, o S<small>ENHOR</small>, examino o coração
   e provo os pensamentos.
Dou a cada pessoa a devida recompensa,
   de acordo com suas ações".

A confiança de Jeremias no S<small>ENHOR</small>

¹¹Como a perdiz que choca ovos de outro pássaro,
   assim são os que obtêm riquezas por meios injustos.
Na metade da vida, perderão suas riquezas;
   no final, não passarão de velhos tolos.
¹²Nós, porém, adoramos diante do teu trono
   eterno, exaltado e glorioso.
¹³Ó S<small>ENHOR</small>, esperança de Israel,
   todos que se afastarem de ti serão envergonhados.
Serão enterrados no pó da terra,
   pois abandonaram o S<small>ENHOR</small>, a fonte de água viva.

¹⁴Ó S<small>ENHOR</small>, se me curares, serei verdadeiramente curado;
   se me salvares, serei verdadeiramente salvo.
Louvo somente a ti!
¹⁵As pessoas zombam de mim e dizem:
   "Onde está a mensagem do S<small>ENHOR</small>?
   Por que suas profecias não se cumprem?".

¹⁶S<small>ENHOR</small>, não abandonei meu trabalho
   como pastor do teu povo.
Não pedi que enviasses calamidades;
   ouviste tudo que eu disse.
¹⁷S<small>ENHOR</small>, não me aterrorizes;
   somente tu és meu refúgio no dia da calamidade.

¹⁸Traze vergonha e desespero sobre os que
me perseguem,
mas não permitas que eu fique
envergonhado e desesperado.
Traze sobre eles um dia de calamidade,
sim, traze sobre eles destruição em
dobro!

Guardar o sábado

¹⁹Assim me disse o Senhor: "Vá e fique junto aos portões de Jerusalém, primeiro junto ao portão por onde o rei entra e sai, depois junto a cada um dos outros portões. ²⁰Diga ao povo: 'Ouçam esta mensagem do Senhor, reis de Judá, todo o povo de Judá e todos os habitantes de Jerusalém, vocês todos que passam por estes portões. ²¹Assim diz o Senhor: Ouçam minha advertência! Parem de negociar junto aos portões de Jerusalém no dia de sábado. ²²Não trabalhem no sábado, mas façam dele um dia santo. Foi o que ordenei a seus antepassados, ²³mas eles não deram ouvidos nem obedeceram. Recusaram-se teimosamente a prestar atenção e não aceitaram minha disciplina.

²⁴"'Se, contudo, vocês me obedecerem, diz o Senhor, e não negociarem junto aos portões da cidade nem trabalharem no sábado, se o guardarem como dia santo, ²⁵então o rei e seus oficiais entrarão e sairão por estes portões para sempre. Sempre haverá um descendente de Davi sentado no trono em Jerusalém. Os reis e seus oficiais entrarão e sairão em carruagens e a cavalo no meio do povo de Judá, e esta cidade permanecerá para sempre. ²⁶De todas as partes ao redor de Jerusalém, das cidades de Judá e Benjamim, das colinas do oeste,[a] da região montanhosa e do Neguebe, virá gente para apresentar holocaustos e sacrifícios. Trarão ofertas de cereal, incenso e ofertas de gratidão ao templo do Senhor.

²⁷"'Mas, se vocês não me ouvirem e não guardarem o sábado como dia santo e se, nesse dia, trouxerem cargas de mercadorias pelos portões de Jerusalém como nos outros dias, porei fogo nestes portões. O fogo se espalhará até os palácios e os consumirá, e ninguém será capaz de apagar as chamas'".

[a] **17.26** Em hebraico, *da Sefelá*.

PÃO DIÁRIO

Mestre-artesão

Como o barro está nas mãos do oleiro, vocês estão em minhas mãos.

—Jeremias 18.6

Quando minha esposa e eu noivamos, seu pai nos deu um presente especial. Como joalheiro e relojoeiro, ele fez as nossas alianças. Para fazer a minha aliança, ele usou raspas de ouro que sobraram dos ajustes de outros anéis. Raspas que aparentemente eram sem valor, nas mãos daquele artesão, tornaram-se uma peça bonita que valorizo muito até hoje. É impressionante o que um mestre-artesão pode fazer com aquilo que os outros podem considerar sem valor.

É assim que Deus trabalha em nossa vida. Ele é o maior Mestre-artesão que existe, pois toma os cacos e peças corroídas de nossa vida e as restaura, conferindo-lhes dignidade e significado. O profeta Jeremias descreveu isso quando comparou o trabalho de Deus ao de um oleiro que modela o barro: "Mas o vaso de barro que ele estava fazendo não saiu como desejava, por isso ele amassou o barro e começou novamente" (Jr 18.4).

Não importa que confusões tenhamos feito em nossa vida, Deus pode nos remodelar em vasos bons aos Seus olhos. Ao confessarmos qualquer pecado e nos submetermos em obediência à Sua Palavra, permitimos que o Mestre faça o Seu trabalho redentor em nossa vida (2Tm 2.21). Essa é a única maneira de tornar as peças quebradas em algo inteiro e bom novamente.

Pai celestial, ao olhar ao redor, vejo os pedaços despedaçados da minha vida: os erros, os relacionamentos destruídos, as horas desperdiçadas. Confio que tu podes tomar a minha vida como está agora e a remodelar numa obra de arte que refletirá a Tua glória a todos que me conhecem. Obrigada por seres o oleiro e me lembrar de que eu sou o barro.

O que está destruído pode se tornar abençoador, se você permitir que Deus o conserte.

O oleiro e o barro

18 O Senhor deu outra mensagem a Jeremias: ²"Desça até a casa do oleiro, e eu lhe falarei ali". ³Fui à casa do oleiro e o encontrei trabalhando na roda. ⁴Mas o vaso de barro que ele estava fazendo não saiu como desejava, por isso ele amassou o barro e começou novamente.

⁵Então o S<small>ENHOR</small> me deu esta mensagem: ⁶"Ó Israel, acaso não posso fazer com vocês o mesmo que o oleiro fez com o barro? Como o barro está nas mãos do oleiro, vocês estão em minhas mãos. ⁷Se eu anunciar que uma nação ou reino será arrancado, derrubado e destruído, ⁸mas essa nação abandonar seus maus caminhos, não a destruirei como havia planejado. ⁹E, se eu anunciar que plantarei e edificarei uma nação ou reino, ¹⁰mas essa nação praticar o mal e não quiser me obedecer, não a abençoarei como havia declarado.

¹¹"Portanto, Jeremias, vá e proclame a todo o povo de Judá e aos habitantes de Jerusalém: 'Assim diz o S<small>ENHOR</small>: Planejo calamidade para vocês, e não o bem. Por isso, cada um abandone seus maus caminhos e faça o que é certo'".

¹²"Não perca seu tempo", o povo respondeu. "Continuaremos a viver como quisermos e a seguir os desejos teimosos de nosso coração perverso."

¹³Portanto, assim diz o S<small>ENHOR</small>:

"Quem ouviu coisa igual a essa,
  mesmo entre as outras nações?
Israel, minha filha virgem,
  fez algo terrível!
¹⁴Pode a neve desaparecer do alto dos
    montes do Líbano?
  Podem secar-se os riachos que correm
    desses montes distantes?
¹⁵Meu povo, contudo, me abandonou
  e queima incenso para ídolos inúteis.
Tropeçaram e saíram dos caminhos
    antigos
  e andam por trilhas lamacentas.
¹⁶Portanto, sua terra ficará desolada;
  será um monumento à sua tolice.
Todos que passarem por lá ficarão pasmos
  e balançarão a cabeça em espanto.
¹⁷Espalharei meu povo diante de seus
    inimigos,
  como o vento leste espalha o pó.
Darei as costas para eles
  e não os ajudarei em sua calamidade".

Conspiração contra Jeremias

¹⁸Então o povo disse: "Venham, vamos planejar um jeito de nos livrarmos de Jeremias. Temos vários sacerdotes, e também homens sábios e profetas. Não precisamos que ele nos ensine a lei, e não precisamos de seus conselhos e profecias. Vamos espalhar boatos a seu respeito e ignorar o que ele diz".

¹⁹S<small>ENHOR</small>, olha para mim!
  Ouve o que dizem meus inimigos!
²⁰Acaso se paga o bem com o mal?
  Cavaram um buraco para me matar,
mesmo eu tendo intercedido por eles
  e tentado protegê-los de tua ira.
²¹Portanto, que os filhos deles morram de
    fome!
  Que morram pela espada!
Que suas esposas se tornem viúvas e
    fiquem sem filhos!
  Que os mais velhos sejam mortos por
    uma praga,
  e os jovens, na batalha!
²²Que se ouçam gritos vindos de suas casas
  quando guerreiros atacarem
    repentinamente,
pois cavaram um buraco para mim
  e esconderam armadilhas ao longo do
    meu caminho.
²³S<small>ENHOR</small>, tu conheces os planos que
    fizeram para me matar;
  não os perdoes por seus crimes nem
    apagues seus pecados.
Que eles morram diante de ti;
  trata-os de acordo com a tua ira.

O vaso despedaçado

19 Assim me disse o S<small>ENHOR</small>: "Vá e compre um vaso de barro. Depois, peça a alguns líderes do povo e dos sacerdotes que o acompanhem. ²Vá ao depósito de lixo no vale de Ben-Hinom, que fica junto ao portão dos Cacos, e proclame esta mensagem: ³'Ouçam esta mensagem do S<small>ENHOR</small>, reis de Judá e habitantes de Jerusalém! Assim diz o S<small>ENHOR</small> dos Exércitos, o Deus de Israel: Trarei calamidade sobre este lugar, calamidade tão terrível que fará tinir os ouvidos de quem ouvir a respeito!

⁴"'Pois o povo me abandonou e transformou este vale num lugar de perversidade. Queimam incenso a deuses estrangeiros, ídolos até então desconhecidos desta geração, de seus antepassados e dos reis de Judá. Encheram este lugar com o sangue de crianças inocentes.

⁵Construíram lugares de adoração a Baal e lhe queimaram os filhos como sacrifício. Jamais ordenei tamanha maldade; nunca me passou pela mente! ⁶Portanto, tomem cuidado, diz o Senhor, pois está chegando o dia em que este lugar não se chamará mais Tofete, nem vale de Ben-Hinom, mas vale da Matança.

⁷"Pois eu transtornarei os planos minuciosos de Judá e Jerusalém. Permitirei que seu povo seja massacrado por exércitos invasores e deixarei seus cadáveres para servirem de alimento para os abutres e os animais selvagens. ⁸Transformarei Jerusalém em um monte de escombros; será um monumento à sua tolice. Todos que passarem por lá ficarão pasmos e abrirão a boca de espanto quando virem suas ruínas. ⁹Farei os inimigos cercarem a cidade, até que acabe toda a comida. Então, os que estiverem presos dentro dela comerão os próprios filhos, filhas e amigos. Serão levados ao mais absoluto desespero'.

¹⁰"Então, Jeremias, você quebrará o vaso à vista desses homens ¹¹e lhes dirá: 'Assim diz o Senhor dos Exércitos: Como este vaso está despedaçado, assim despedaçarei o povo de Judá e o povo de Jerusalém, e não haverá quem possa restaurá-los. Enterrarão os corpos aqui em Tofete, até que não haja mais espaço. ¹²Assim farei a este lugar e a seu povo, diz o Senhor. Farei a cidade ficar contaminada como Tofete. ¹³Sim, todas as casas de Jerusalém, incluindo o palácio dos reis de Judá, se tornarão como Tofete, todas as casas em que vocês queimaram incenso nos terraços para adorar as estrelas e apresentaram ofertas derramadas para seus ídolos'".

¹⁴Então Jeremias voltou de Tofete, onde havia anunciado essa mensagem, e parou diante do templo do Senhor. Ali, disse ao povo: ¹⁵"Assim diz o Senhor dos Exércitos, o Deus de Israel: Trarei calamidade sobre esta cidade e sobre os povoados ao redor conforme prometi, pois vocês se recusaram teimosamente a me ouvir".

Jeremias e Pasur

20 Pasur, filho de Imer, sacerdote encarregado do templo do Senhor, ouviu o que Jeremias profetizava. ²Mandou prender o profeta Jeremias e ordenou que o açoitassem e o pusessem no tronco junto à porta de Benjamim, no templo do Senhor.

³No dia seguinte, Pasur o soltou, e Jeremias disse: "Pasur, o Senhor mudou seu nome. De agora em diante, você será chamado de 'Homem que Vive em Terror'.[a] ⁴Pois assim diz o Senhor: 'Enviarei terror sobre você e sobre todos os seus amigos, e você verá quando forem mortos pelas espadas do inimigo. Entregarei o povo de Judá ao rei da Babilônia, e ele os levará presos para a Babilônia ou os atravessará com a espada. ⁵Entregarei Jerusalém nas mãos de seus inimigos, e eles saquearão todos os tesouros da cidade — as pedras preciosas, o ouro e a prata de seus reis — e levarão para a Babilônia. ⁶Você, Pasur, e todos em sua casa serão levados para o exílio na Babilônia. Ali morrerão e serão sepultados, você e todos os seus amigos a quem você profetizou mentiras'".

A queixa de Jeremias

⁷Ó Senhor, tu me constrangeste,
  e eu me deixei constranger.
És mais forte que eu
  e prevaleceste.
Agora, sou motivo de zombaria todos os
    dias;
  todos riem de mim.
⁸Pois, sempre que abro a boca, é para
    gritar:
  "Violência e destruição!".
Essas mensagens do Senhor
  me transformaram em alvo constante de
    piadas.
⁹Mas, se digo que nunca mais mencionarei
    o Senhor,
  nem falarei em seu nome,
sua palavra arde como fogo em meu
    coração;
  é como fogo em meus ossos.
Estou cansado de tentar contê-la;
  é impossível!
¹⁰Ouvi muitos boatos a meu respeito;
  me chamam de "Homem que Vive em
    Terror"
  e me ameaçam: "Se disser alguma coisa,
    o denunciaremos".

---

[a] **20.3** Em hebraico, *Magor-Missabibe*, que significa "cercado de terror"; também em 20.10.

PÃO DIÁRIO

Preso no lamaçal

Mas, se digo que nunca mais mencionarei o Senhor, nem falarei em seu nome, sua palavra arde como fogo em meu coração; é como fogo em meus ossos. Estou cansado de tentar contê-la; é impossível.

—Jeremias 20.9

Jeremias foi chamado de "profeta chorão". Talvez ele tivesse uma atitude sensível e melancólica que foi combinada com o seu desgosto com o julgamento de Deus sobre o desobediente reino de Israel. Sua capacidade para o lamento é incrível: "Quem dera minha cabeça fosse uma represa, e meus olhos, uma fonte de lágrimas! Choraria dia e noite por meu povo que foi massacrado" (Jr 9.1).

E, como se a tristeza por sua nação não fosse o suficiente, Jeremias foi perseguido por causa da sua mensagem profética de julgamento. Certa vez, ele foi aprisionado num poço cheio de lama (38.6). A oposição ao seu ministério colocou o grande profeta preso num lugar de desespero.

Às vezes, em nossas tentativas para servir ao Senhor, podemos nos sentir acuadas em circunstâncias dolorosas e de surpreendente melancolia. Mas a resiliência do profeta deve nos inspirar a perseverar. O senso de chamado divino de Jeremias era tão forte que ele não podia ser dissuadido de servir ao Senhor. "...sua palavra arde como fogo em meu coração; é como fogo em meus ossos. Estou cansado de tentar contê-la; é impossível" (20.9).

Os resultados de seu serviço ao Senhor têm sido decepcionantes? Peça-lhe que renove o seu coração pelo Seu Espírito e continue a servir a Deus apesar dos seus retrocessos.

Senhor, às vezes servir-te não é fácil. Há momentos em que nossos esforços são infrutíferos, e em outros enfrentamos uma provação atrás da outra. Ajuda-nos a nunca perder o nosso ânimo em te servir. Queremos ser como Jeremias — ter o desejo ardente de propagar a Tua Palavra.

Nenhum serviço feito em nome de Cristo é insignificante.

---

¹¹ O Senhor, porém, está ao meu lado
como poderoso guerreiro.
Diante dele meus perseguidores tropeçarão;
não conseguirão me derrotar.
Fracassarão e serão totalmente humilhados;
sua desonra jamais será esquecida.
¹² Ó Senhor dos Exércitos,
tu provas o justo
e examinas pensamentos e emoções.
Permite que eu veja tua vingança contra eles,
pois coloquei minha causa em tuas mãos.
¹³ Cantem ao Senhor!
Louvem o Senhor!
Pois ele salva o pobre e necessitado
da mão de seus opressores.
¹⁴ E, no entanto, amaldiçoo o dia em que nasci;
ninguém celebre o dia em que minha mãe me deu à luz.
¹⁵ Maldito o mensageiro que disse a meu pai:
"Tenho boas notícias! Alegre-se, seu filho nasceu!".
¹⁶ Que ele seja destruído como as cidades antigas
que o Senhor arrasou sem compaixão.
Que seja aterrorizado todo o dia com gritos de guerra,
¹⁷ pois não me matou quando nasci.
Quem dera eu tivesse morrido no ventre de minha mãe
e seu corpo tivesse sido minha sepultura!
¹⁸ Por que eu nasci?
Toda a minha vida é apenas sofrimento, tristeza e vergonha.

Judá não escapará da Babilônia

21 O Senhor deu esta mensagem a Jeremias quando o rei Zedequias enviou Pasur, filho de Malquias, e o sacerdote Sofonias, filho de Maaseias, para falarem com o profeta. Suplicaram a Jeremias: ²"Consulte o Senhor por nós e peça que nos ajude. Nabucodonosor, rei da Babilônia, está atacando Judá. Quem sabe o Senhor não fará um de seus milagres poderosos,

Até os que se dizem amigos íntimos me vigiam
e esperam que eu cometa algum erro fatal.
Dizem: "Ele cairá em sua própria armadilha;
então nos vingaremos dele".

como no passado, e obrigará Nabucodonosor a retirar seus exércitos".

³Jeremias respondeu: "Voltem ao rei Zedequias e digam-lhe: ⁴Assim diz o Senhor, o Deus de Israel: Tornarei inúteis suas armas contra o rei da Babilônia e os babilônios[a] que os atacam do lado de fora de seus muros. Trarei seus inimigos para dentro desta cidade. ⁵Eu mesmo lutarei contra vocês com mão forte e braço poderoso, pois é grande a minha ira. Sim, vocês me deixaram furioso! ⁶Enviarei sobre esta cidade uma peste terrível, e tanto as pessoas como os animais morrerão. ⁷Depois de tudo isso, diz o Senhor, entregarei o rei Zedequias, seus servos, e todos os habitantes desta cidade que sobreviverem à doença, à guerra e à fome a Nabucodonosor, rei da Babilônia, e a seus outros inimigos. Nabucodonosor os matará sem misericórdia, nem piedade, nem compaixão'.

⁸"Digam a todo o povo: 'Assim diz o Senhor: Escolham entre a vida e a morte! ⁹Quem ficar em Jerusalém morrerá por guerra, fome ou doença, mas os que saírem e se renderem aos babilônios viverão. Sua recompensa será a vida. ¹⁰Pois decidi trazer calamidade, e não o bem, sobre esta cidade, diz o Senhor. Será entregue ao rei da Babilônia, e ele a queimará de alto a baixo'.

Julgamento dos reis de Judá

¹¹"Digam à família real de Judá: 'Ouçam esta mensagem do Senhor! ¹²Assim diz o Senhor à dinastia de Davi:

"'A cada manhã, façam justiça ao povo que vocês julgam;
  ajudem os que são explorados
  e livrem-nos de seus opressores.
Do contrário, minha ira arderá como fogo
  que ninguém é capaz de apagar,
  por causa de todos os seus pecados.
¹³Eu mesmo lutarei contra os habitantes de Jerusalém,
  essa fortaleza poderosa,
  contra o povo que diz: 'Estamos seguros aqui;
  ninguém conseguirá entrar.'
¹⁴Eu mesmo os castigarei por tudo que fizeram,
  diz o Senhor.

Acenderei um fogo em seus bosques,
  e ele queimará tudo ao redor'".

Mensagem para os reis de Judá

22 O Senhor me disse: "Vá e fale diretamente com o rei de Judá. Diga-lhe: ²'Ouça esta mensagem do Senhor, ó rei de Judá, sentado no trono de Davi. Que seus servos e todo o seu povo também escutem. ³Assim diz o Senhor: Sejam imparciais e justos. Ajudem os que são explorados e livrem-nos de seus opressores. Abandonem suas maldades: não maltratem os estrangeiros, nem os órfãos, nem as viúvas e parem de matar inocentes! ⁴Se me obedecerem, sempre haverá um descendente de Davi sentado no trono em Jerusalém. O rei passará pelas portas do palácio em carruagens e cavalos, acompanhado de seus servos e súditos. ⁵Mas, se vocês não derem ouvidos a esta advertência, juro por meu próprio nome, diz o Senhor, que este palácio se tornará um monte de escombros'".

Mensagem a respeito do palácio

⁶Assim diz o Senhor acerca do palácio de Judá:

"Eu o amo tanto quanto a fértil floresta de Gileade
  e os bosques verdes do Líbano.
Contudo, o transformarei num deserto,
  e ninguém habitará dentro de seus muros.
⁷Chamarei demolidores,
  que trarão consigo suas ferramentas.
Arrancarão suas belas vigas de cedro
  e as lançarão no fogo.

⁸"Pessoas de muitas nações passarão pelas ruínas desta cidade e dirão umas às outras: 'Por que o Senhor destruiu esta grande cidade?'. ⁹E a resposta será: 'Porque eles quebraram sua aliança com o Senhor, seu Deus, ao adorar e servir outros deuses'".

Mensagem a respeito de Jeoacaz

¹⁰Não chorem pelo rei morto nem lamentem sua perda;
  chorem, porém, pelo rei que foi levado como prisioneiro,
  pois nunca mais voltará nem verá sua terra natal.

---

[a] **21.4** Ou *caldeus*; também em 21.9.

¹¹Pois assim diz o Senhor acerca de Jeoacaz,[a] que sucedeu seu pai, o rei Josias, e foi levado para o exílio: "Ele jamais voltará. ¹²Morrerá exilado numa terra distante e nunca mais verá sua terra natal".

Mensagem a respeito de Jeoaquim

¹³"Que aflição espera Jeoaquim,[b]
  que edifica seu palácio de forma
    desonesta!
Constrói suas paredes com injustiça,
  pois obriga gente do seu povo a trabalhar
    sem pagar salário.
¹⁴Diz: 'Construirei para mim um palácio
    magnífico,
  com salas espaçosas e muitas janelas.
Revestirei tudo com painéis de cedro
  e pintarei de vermelho vívido'.
¹⁵Mas um belo palácio de cedro não faz um
    grande rei!
  Josias, seu pai, também tinha muita
    comida e bebida,
mas em tudo que fazia era justo e íntegro;
  por isso tudo deu certo para ele.
¹⁶Fez justiça ao pobre e ao necessitado e os
    ajudou,
  e tudo lhe correu bem.
Não é isso que significa me conhecer?",
  diz o Senhor.
¹⁷"Você, porém, só tem olhos para a cobiça
    e a desonestidade;
  derrama sangue inocente
  e reina com crueldade e opressão."

¹⁸Portanto, assim diz o Senhor acerca de Jeoaquim, filho de Josias, rei de Judá:

"O povo não lamentará por ele, nem
    clamará:
  'Que tristeza, meu irmão! Que tristeza,
    minha irmã!'.
Seus súditos não lamentarão por ele, nem
    clamarão:
  'Que tristeza, nosso senhor morreu!
  Que tristeza, sua majestade se foi!'.
¹⁹Será enterrado como se enterra um
    jumento:
  arrastado e jogado fora dos portões de
    Jerusalém.

²⁰Chore por seus aliados no Líbano,
  grite por eles em Basã.
Procure-os nas regiões a oeste do rio;[c]
  veja, foram todos destruídos!
²¹Eu o adverti quando você era próspero,
  mas você respondeu: 'Recuso-me a ouvir'.
Sempre foi assim, desde a juventude;
  nunca me obedece!
²²Agora o vento levará para longe seus
    aliados;
  todos os seus amigos serão levados para
    o exílio.
Então certamente verá sua perversidade
  e ficará envergonhado.
²³Você que mora num lindo palácio,
  todo revestido de madeira de cedro do
    Líbano,
logo gemerá com pontadas de angústia,
  como as dores da mulher em trabalho de
    parto."

Mensagem para Joaquim

²⁴"Tão certo como eu vivo", diz o Senhor, "eu o abandonarei, Joaquim,[d] filho de Jeoaquim, rei de Judá. Mesmo que você fosse o anel de selar em minha mão direita, eu o arrancaria. ²⁵Eu o entregarei àqueles que procuram matá-lo, àqueles que você tanto teme: o rei Nabucodonosor da Babilônia e o exército babilônio.[e] ²⁶Expulsarei você e sua mãe desta terra e vocês morrerão em nação estrangeira, e não em sua terra natal. ²⁷Jamais voltarão à terra pela qual anseiam.

²⁸"Por que esse homem, Joaquim, é como
    um vaso quebrado, jogado fora?
  Por que ele e seus filhos serão exilados
    em terra estrangeira?
²⁹Ó terra, terra, terra de Judá!
  Ouça esta mensagem do Senhor!
³⁰Assim diz o Senhor:
'Registrem Joaquim como homem sem
    filhos.
  Ele não terá êxito,
pois não terá filhos que o sucedam no
    trono de Davi
  para reinar em Judá'."

---

[a] **22.11** Em hebraico, *Salum*, outro nome de Jeoacaz. [b] **22.13** Irmão e sucessor do exilado Jeoacaz. Ver 22.18. [c] **22.20** Ou *em Abarim*. [d] **22.24** Em hebraico, *Conias*, variação de Joaquim; também em 22.28. [e] **22.25** Ou *caldeu*.

O descendente justo

23 "Que aflição espera os pastores de minhas ovelhas, pois destruíram e dispersaram aqueles de quem deviam cuidar", diz o Senhor.

²Portanto, assim diz o Senhor, o Deus de Israel, a esses líderes do povo: "Em vez de cuidarem do meu rebanho e o conduzirem em segurança, vocês o abandonaram e o levaram à destruição. Agora, eu os castigarei pelo mal que fizeram. ³Contudo, reunirei o remanescente do meu rebanho das terras para onde os expulsei. Eu os trarei de volta para seu curral, e eles serão férteis e se multiplicarão. ⁴Em seguida, nomearei bons pastores que cuidarão dessas ovelhas. Elas nunca mais terão medo, e nenhuma delas se perderá. Eu, o Senhor, falei!

⁵"Pois está chegando o dia",
  diz o Senhor,
"em que levantarei um Renovo, um
    descendente justo,
  da linhagem do rei Davi.
Ele reinará com sabedoria
  e fará o que é justo e certo
  em toda a terra.
⁶E este será seu nome:
  'O Senhor é nossa justiça'.ᵃ
Nesse dia, Judá será salvo,
  e Israel viverá em segurança.

⁷"Está chegando o dia", diz o Senhor, "em que as pessoas que fizerem um juramento não dirão: 'Tão certo como vive o Senhor, que tirou o povo de Israel da terra do Egito'. ⁸Em vez disso, dirão: 'Tão certo como vive o Senhor, que trouxe o povo de Israel de volta da terra do norte e de todas as nações onde os havia exilado'. Então viverão em sua própria terra."

Julgamento dos falsos profetas

⁹Meu coração está quebrantado por causa
    dos falsos profetas,
  e todos os meus ossos tremem.
Cambaleio como um bêbado,
  como alguém vencido pelo vinho,
por causa das santas palavras
  que o Senhor pronunciou contra eles.
¹⁰Pois a terra está cheia de adultério
  e debaixo de maldição.
A terra está de luto;
  os pastos do deserto secaram.
Pois todos praticam o mal
  e abusam do poder.

¹¹"Até os sacerdotes e profetas
  são homens corrompidos.
Vi seus atos desprezíveis
  aqui mesmo, em meu templo",
  diz o Senhor.
¹²"Portanto, os caminhos deles
  se tornarão escorregadios.
Serão perseguidos na escuridão,
  e ali cairão.
Pois trarei calamidade sobre eles
  no tempo determinado para seu castigo.
  Eu, o Senhor, falei!

¹³"Vi que os profetas de Samaria eram
    terríveis,
  pois profetizavam em nome de Baal
  e faziam Israel, meu povo, pecar.
¹⁴Agora, porém, vejo que os profetas de
    Jerusalém são ainda piores;
  cometem adultério, gostam da
    desonestidade
  e incentivam quem pratica o mal,
    para que ninguém se arrependa de sua
    maldade.
Esses profetas são tão perversos
  quanto os habitantes de Sodoma e
    Gomorra."

¹⁵Portanto, assim diz o Senhor dos Exércitos acerca dos profetas:

"Eu os alimentarei com amargura
  e lhes darei veneno para beber,
pois foi por causa dos profetas de
    Jerusalém
  que a perversidade encheu esta terra".

¹⁶Assim diz o Senhor dos Exércitos a seu povo:

"Não deem ouvidos a esses profetas quando
    profetizam para vocês
  e os enchem de falsas esperanças.
Eles inventam tudo que dizem;
  não falam da parte do Senhor.
¹⁷Vivem repetindo aos que desprezam
    minha palavra:
  'O Senhor diz que terão paz!'.

ᵃ **23.6** Em hebraico, *Javé-Tsidqenu*.

PÃO DIÁRIO

Falando por Deus

Assim diz o Senhor dos Exércitos a seu povo: "Não deem ouvidos a esses profetas quando profetizam para vocês e os enchem de falsas esperanças. Eles inventam tudo que dizem; não falam da parte do Senhor".
—Jeremias 23.16

Apesar dos meus melhores esforços para escrever com clareza, às vezes sou mal-entendido. Sinto-me mal com meu fracasso e tento melhorar minhas habilidades. Ocasionalmente, no entanto, os leitores pegam palavras fora do contexto ou leem nelas algo que não tem qualquer semelhança com o significado pretendido. É frustrante porque, depois que as palavras são publicadas, não há como controlar como as pessoas as usam.

Isso traz à mente uma ofensa muito mais séria: o uso incorreto das palavras do Senhor. Os profetas dos dias de Jeremias fizeram isso. Eles punham suas próprias palavras na boca de Deus afirmando que o Senhor dizia coisas que eles queriam que fossem verdade, mas que Deus nunca havia dito. Por isso, o Senhor disse ao Seu povo: "Não deem ouvidos a esses profetas quando profetizam para vocês e os enchem de falsas esperanças. Eles inventam tudo que dizem; não falam da parte do Senhor" (Jr 23.16). Nessa ocasião, Deus advertiu o povo de que Ele abandonaria aqueles que distorciam as Suas palavras e os expulsaria de Sua presença (vv.36,39).

O apóstolo Paulo fez questão de dizer que ele não manejava a Palavra de Deus desonestamente (2Co 4.2). Ele reconhecia que havia o perigo de pregar suas próprias ideias em vez de as Escrituras Sagradas. Todos nós precisamos ter cuidado em usar a Palavra de Deus para o Seu propósito, e não para o nosso.

Como é fácil querer usar a Tua Palavra para dizer o que quero que ela diga e não o que planejaste que ela dissesse. Senhor, ajuda-me a ser cuidadosa ao considerar o contexto e ver Tua Palavra como um todo, antes de decidir o que uma passagem em particular está dizendo. Preciso da Tua ajuda, Senhor.

Devemos nos conformar ao que está na Bíblia e nunca tentar amoldá-la a nós mesmas.

E aos que seguem os desejos teimosos de seu coração, dizem:
'Nada de mal lhes acontecerá!'.
¹⁸"Acaso algum desses profetas esteve na presença do Senhor
para ouvir suas palavras?
Algum deles prestou atenção e obedeceu?
¹⁹Vejam, a ira do Senhor irrompe como uma tempestade,
um vendaval sobre a cabeça dos perversos!
²⁰A ira do Senhor não passará
até que ele cumpra tudo que planejou.
Em dias futuros,
vocês entenderão tudo isso claramente.

²¹"Não enviei esses profetas,
mas eles correm de um lado para o outro.
Não lhes dei mensagem alguma,
e ainda assim continuam a profetizar.
²²Se houvessem estado diante de mim e me ouvido,
teriam anunciado minhas palavras
e levado meu povo a se arrepender
de seus maus caminhos e suas más ações.
²³Acaso sou Deus apenas de perto?", diz o Senhor.
"Não sou Deus também de longe?
²⁴Pode alguém se esconder de mim onde eu não veja?
Não estou em toda parte, nos céus e na terra?",
diz o Senhor.

²⁵"Ouvi esses profetas dizerem: 'Tive um sonho! Tive um sonho!' e depois contarem mentiras em meu nome. ²⁶Até quando isso continuará? Se são profetas, são profetas do engano e inventam tudo que dizem. ²⁷Relatando esses sonhos falsos, procuram fazer meu povo se esquecer de mim, como seus antepassados se esqueceram de mim ao adorar os ídolos de Baal.

²⁸"Que esses falsos profetas relatem seus sonhos,
mas que meus verdadeiros mensageiros proclamem fielmente todas as minhas palavras;
há diferença entre palha e trigo!
²⁹Acaso minha palavra não arde como fogo?",
diz o Senhor.
"Não é como martelo
que despedaça a rocha?

³⁰"Portanto", diz o Senhor, "sou contra esses profetas que roubam palavras uns dos outros e afirmam que as receberam de mim. ³¹Sou contra esses profetas cheios de lábia que dizem: 'Esta profecia é do Senhor!'. ³²Sou contra esses falsos profetas. Seus sonhos imaginários são mentiras descaradas que fazem meu povo pecar. Não os enviei nem os nomeei, e eles não têm nada a dizer a este povo. Eu, o Senhor, falei!"

Falsas profecias e falsos profetas

³³"Se alguém do povo, ou algum dos profetas ou dos sacerdotes lhe perguntar: 'Que palavras pesadas o Senhor lhe deu para anunciar hoje?', responda: 'Vocês são o peso!ª O Senhor diz que os abandonará!'.

³⁴"Se algum profeta, sacerdote ou qualquer outra pessoa disser: 'Tenho uma profecia do Senhor', castigarei essa pessoa e toda a sua família. ³⁵Perguntem uns aos outros: 'Qual é a resposta do Senhor?', ou 'O que o Senhor diz?'. ³⁶Mas parem de usar a expressão 'profecia do Senhor'. Pois alguns a usam para conferir autoridade às próprias ideias e distorcem as palavras de nosso Deus, o Deus vivo, o Senhor dos Exércitos.

³⁷"Isto é o que você dirá aos profetas: 'Qual é a resposta do Senhor?', ou 'O que o Senhor diz?'. ³⁸Mas, se responderem: 'Esta é uma profecia do Senhor!', você deve dizer: 'Assim diz o Senhor: Porque usaram a expressão 'profecia do Senhor', embora eu os tenha advertido de que não a usassem, ³⁹eu me esquecerei completamente de vocês.ᵇ Sim, os expulsarei de minha presença, junto com esta cidade que dei a vocês e a seus antepassados. ⁴⁰Farei de vocês objeto de ridículo, e seu nome será infame para sempre'."

Figos bons e figos ruins

24 Depois que Nabucodonosor, rei da Babilônia, levou para o exílio o rei Joaquim,ᶜ filho de Jeoaquim, junto com os oficiais de Judá e seus artífices e artesãos, o Senhor me deu esta visão. Vi dois cestos de figos postos diante do templo do Senhor, em Jerusalém. ²Um cesto estava cheio de figos frescos e maduros, e o outro, cheio de figos ruins e tão estragados que não serviam para comer.

³Então o Senhor me disse: "O que você vê, Jeremias?".

"Figos", respondi. "Alguns muito bons e outros muito ruins, tão estragados que não servem para comer."

⁴Então o Senhor me deu esta mensagem: ⁵"Assim diz o Senhor, o Deus de Israel: Os figos bons representam os exilados que enviei de Judá para a terra dos babilônios.ᵈ ⁶Eu os guardarei e cuidarei deles e os trarei de volta para cá. Eu os edificarei, e não os derrubarei. Eu os plantarei, e não os arrancarei. ⁷Darei a eles coração capaz de reconhecer que eu sou o Senhor. Eles serão o meu povo, e eu serei o seu Deus, pois eles se voltarão para mim de todo o coração.

⁸"Os figos ruins", diz o Senhor, "representam Zedequias, rei de Judá, seus oficiais, o povo que restou em Jerusalém e aqueles que moram no Egito. Eu os tratarei como figos ruins, tão estragados que não servem para comer. ⁹Farei deles objeto de horror e símbolo de calamidade para todas as nações na terra. Em todos os lugares por onde eu os espalhar, serão alvo de vergonha e zombaria, insulto e maldição. ¹⁰E eu enviarei guerra, fome e doença até que tenham desaparecido da terra de Israel, que dei a eles e a seus antepassados."

Setenta anos de cativeiro

25 Jeremias recebeu do Senhor esta mensagem para todo o povo de Judá no quarto ano do reinado de Jeoaquim,ᵉ filho de Josias, rei de Judá. Nesse mesmo ano, Nabucodonosor, rei da Babilônia, começou a reinar.

²O profeta Jeremias disse a todo o povo de Judá e a todos os habitantes de Jerusalém: ³"Durante 23 anos, desde o décimo terceiro ano do reinado de Josias, filho de Amom,ᶠ rei de Judá, até hoje, o Senhor me tem dado suas mensagens. Eu as anunciei fielmente, mas vocês não ouviram.

⁴"Repetidamente, o Senhor tem enviado seus servos, os profetas, mas vocês não ouviram nem prestaram atenção. ⁵Todas as vezes

---

ª**23.33** Conforme a Septuaginta e a Vulgata; o hebraico traz *Que peso?* ᵇ**23.39** Alguns manuscritos hebraicos e a Septuaginta trazem *eu certamente os levantarei*. ᶜ**24.1** Em hebraico, *Jeconias*, variação de Joaquim. ᵈ**24.5** Ou *caldeus*. ᵉ**25.1** Isto é, no ano 605 a.C. ᶠ**25.3** Isto é, no ano 627 a.C.

a mensagem foi a mesma: 'Abandonem seus maus caminhos e suas más ações. Só então habitarão nesta terra que o Senhor deu a vocês e a seus antepassados para sempre. ⁶Não provoquem minha ira ao adorar deuses que vocês fizeram com suas próprias mãos. Então, não lhes farei mal algum'.

⁷"Mas vocês não me deram ouvidos", diz o Senhor. "Provocaram minha ira ao adorar ídolos que vocês fizeram com as próprias mãos e trouxeram calamidades sobre si mesmos. ⁸Agora, o Senhor dos Exércitos diz: Porque não me escutaram, ⁹reunirei todos os exércitos do norte sob o comando de meu servo Nabucodonosor, rei da Babilônia. Eu os trarei contra esta terra e seus habitantes e contra as nações vizinhas. Destruirei vocês completamente e os transformarei para sempre em ruínas e em objeto de horror e desprezo. ¹⁰Acabarei com seus cânticos alegres e seu riso, e não se ouvirão mais as vozes felizes de noivos e de noivas. As pedras de moinho se calarão, e as luzes das casas se apagarão. ¹¹Esta terra inteira se transformará em desolação e ruína. Israel e as nações vizinhas servirão ao rei da Babilônia durante setenta anos.

¹²"Então, quando terminarem os setenta anos de exílio, castigarei o rei e o povo da Babilônia por seus pecados", diz o Senhor. "Transformarei a terra dos babilônios[a] em ruínas para sempre. ¹³Trarei sobre eles todos os terrores que prometi neste livro, todos os castigos anunciados por Jeremias contra as nações. ¹⁴Muitas nações e muitos grandes reis escravizarão os babilônios, assim como eles escravizaram meu povo. Eu os castigarei na mesma proporção do sofrimento que causaram com suas ações."

O cálice da ira do Senhor

¹⁵Assim me disse o Senhor, o Deus de Israel: "Pegue da minha mão este cálice cheio do vinho de minha ira e faça que bebam dele todas as nações às quais eu o enviar. ¹⁶Quando beberem, ficarão cambaleando, enlouquecidas por causa das guerras que enviarei contra elas".

¹⁷Então peguei o cálice da ira do Senhor e fiz todas as nações beberem dele, cada uma das nações às quais o Senhor me enviou. ¹⁸Fui a Jerusalém e às outras cidades de Judá, e seus reis e oficiais beberam do cálice. Hoje, não passam de ruína desolada, objeto de horror, desprezo e maldição. ¹⁹Dei o cálice ao faraó, rei do Egito, a seus servos e oficiais e a todo o seu povo, ²⁰bem como aos estrangeiros que vivem naquela terra. Também o dei a todos os reis da terra de Uz e aos reis das cidades filisteias de Ascalom, Gaza, Ecrom, e ao que resta de Asdode. ²¹Dei o cálice às nações de Edom, Moabe e Amom, ²²aos reis de Tiro e Sidom e aos reis das regiões além do mar. ²³Dei-o também a Dedã, Temá, Buz e àqueles que vivem em lugares distantes.[b] ²⁴Dei-o aos reis da Arábia, aos reis das tribos nômades do deserto ²⁵e aos reis de Zinri, de Elão e da Média. ²⁶Dei-o ainda aos reis das terras do norte, próximas e distantes, uma após a outra, a todos os reinos do mundo. E, por fim, o próprio rei da Babilônia[c] bebeu do cálice.

²⁷Então o Senhor me disse: "Agora diga-lhes: 'Assim diz o Senhor dos Exércitos, o Deus de Israel: Bebam do cálice, fiquem embriagados e vomitem; caiam para nunca mais levantar, pois envio contra vocês guerras terríveis'. ²⁸E, se não quiserem aceitar o cálice, diga-lhes: 'Assim diz o Senhor dos Exércitos: Vocês serão obrigados a beber. ²⁹Comecei a castigar Jerusalém, a cidade que leva meu nome. Acaso deixarei que escapem do castigo? Não, vocês não escaparão. Trarei guerra contra todas as nações da terra. Eu, o Senhor dos Exércitos, falei!'.

³⁰"Agora, profetize todas essas coisas e diga-lhes:

"'De sua santa habitação nos céus
  o Senhor rugirá contra sua terra.
Gritará como aqueles que pisam uvas,
  gritará contra todos os habitantes da
    terra.
³¹O estrondo de sua voz chegará aos
    confins da terra,
  pois o Senhor apresentará sua causa
    contra as nações.
Julgará toda a humanidade
  e matará os perversos à espada.
Eu, o Senhor, falei!'".

³²Assim diz o Senhor dos Exércitos:
"Vejam, a calamidade virá sobre uma
    nação após a outra!

---

[a] **25.12** Ou *caldeus*. [b] **25.23** Ou *que cortam os cantos do cabelo*. [c] **25.26** Em hebraico, *de Sesaque*, codinome para a Babilônia.

Um grande vendaval está se formando
   nos confins da terra!".

³³Nesse dia, aqueles que o Senhor tiver massacrado encherão a terra de uma extremidade à outra. Ninguém chorará por eles nem ajuntará seus corpos para enterrá-los. Ficarão espalhados pela terra como esterco.

³⁴Chorem e gemam, pastores perversos!
   Rolem no pó, líderes do rebanho!
O dia de sua matança chegou;
   vocês cairão e se despedaçarão como um
      vaso frágil.
³⁵Não encontrarão lugar para se esconder,
   não terão como escapar.
³⁶Ouçam os gritos desesperados dos
      pastores,
   o lamento dos líderes do rebanho,
pois o Senhor está destruindo o pasto
      deles.
³⁷Campos tranquilos serão devastados
   pela ira ardente do Senhor.
³⁸Como um leão forte à procura de
      alimento, ele saiu da toca;
   a terra dos pastores ficará em ruínas por
      causa da espada[a] do inimigo
   e da ira ardente do Senhor.

Jeremias escapa da morte

26 Jeremias recebeu esta mensagem do Senhor no início do reinado de Jeoaquim, filho de Josias,[b] rei de Judá. ²"Assim diz o Senhor: Vá ao pátio do templo do Senhor e fale aos habitantes das cidades de Judá que vieram adorar no templo. Transmita-lhes minha mensagem completa, sem que falte uma só palavra. ³Talvez eles escutem e abandonem seus maus caminhos. Então voltarei atrás e não enviarei a calamidade que estou prestes a derramar sobre eles por causa de seus pecados.

⁴"Diga-lhes: 'Assim diz o Senhor: Se vocês não me derem ouvidos e não obedecerem à minha lei, que lhes dei, ⁵e se não derem ouvidos a meus servos, os profetas — pois eu os enviei repetidamente para adverti-los, mas vocês não quiseram ouvir —, ⁶então destruirei o templo, como destruí Siló, o lugar onde ficava o tabernáculo. Farei de Jerusalém objeto de maldição entre todas as nações da terra'".

⁷Os sacerdotes, os profetas e todo o povo ouviram Jeremias falar na frente do templo do Senhor. ⁸Quando Jeremias terminou sua mensagem e disse tudo que o Senhor lhe havia ordenado, os sacerdotes, os profetas e todo o povo o atacaram e gritaram: "Vamos matá-lo! ⁹Que direito você tem de profetizar, em nome do Senhor, que este templo será destruído como Siló? Que história é essa de que Jerusalém será destruída e ficará desabitada?". E todo o povo o ameaçava em frente ao templo do Senhor.

¹⁰Quando os oficiais de Judá ouviram o que estava acontecendo, correram do palácio até o templo e sentaram-se para julgar à entrada da porta Nova do templo do Senhor. ¹¹Os sacerdotes e os profetas apresentaram suas acusações aos oficiais e ao povo. "Este homem deve ser condenado à morte", disseram. "Vocês ouviram com os próprios ouvidos que ele profetizou contra esta cidade!"

¹²Então Jeremias disse aos oficiais e ao povo: "O Senhor me enviou para profetizar contra este templo e esta cidade. O Senhor me deu cada palavra que lhes falei. ¹³Se, contudo, vocês deixarem de pecar e começarem a obedecer ao Senhor, seu Deus, ele voltará atrás e não enviará a calamidade que anunciou contra vocês. ¹⁴Quanto a mim, estou em suas mãos. Façam comigo o que lhes parecer melhor. ¹⁵Se me matarem, porém, saibam que derramarão sangue inocente. Vocês, esta cidade e cada um de seus habitantes serão responsabilizados por isso. Pois é verdade que o Senhor me enviou para dizer cada palavra que ouviram".

¹⁶Então os oficiais e o povo disseram aos sacerdotes e aos profetas: "Este homem não merece a sentença de morte, pois nos falou em nome do Senhor, nosso Deus". ¹⁷Então alguns dos anciãos do povo se levantaram e falaram a todos que estavam reunidos ali. ¹⁸Disseram: "Lembrem-se de quando Miqueias, de Moresete, profetizou durante o reinado de Ezequias, rei de Judá. Ele disse ao povo de Judá:

---

[a] **25.38** Conforme alguns manuscritos hebraicos e a Septuaginta; o Texto Massorético traz *por causa da ira*. [b] **26.1** Isto é, no ano 608 a.C.

'Assim diz o Senhor dos Exércitos:
O monte Sião será lavrado como um campo aberto;
Jerusalém será transformada em ruínas.
Mato cobrirá o monte
onde hoje está o templo'.[a]

¹⁹Acaso o rei Ezequias e o povo o mataram porque ele disse isso? Não, mas temeram o Senhor e lhe suplicaram por misericórdia. Então o Senhor voltou atrás e não enviou a calamidade que havia pronunciado contra eles. Estamos prestes a fazer grande mal a nós mesmos".

²⁰Urias, filho de Semaías, de Quiriate-Jearim, também profetizava nessa época em nome do Senhor. E, como Jeremias, previu a mesma calamidade sobre a cidade e a nação. ²¹Quando o rei Jeoaquim, os comandantes do exército e os oficiais ouviram o que Urias disse, o rei planejou matá-lo. Urias, porém, soube do plano e, com medo, fugiu para o Egito. ²²Então o rei Jeoaquim enviou Elnatã, filho de Acbor, e outros homens ao Egito para capturar Urias. ²³Eles o prenderam e o levaram de volta ao rei Jeoaquim. O rei matou Urias com uma espada e mandou sepultá-lo numa vala comum.

²⁴Apesar disso, Aicam, filho de Safã, protegeu Jeremias e convenceu o tribunal a não o entregar à multidão para ser morto.

Jeremias usa um jugo de boi

27 Jeremias recebeu esta mensagem do Senhor no início do reinado de Zedequias,[b] filho de Josias, rei de Judá.

²Assim me disse o Senhor: "Faça um jugo, ponha-o sobre o pescoço e prenda-o com cordas de couro. ³Depois, envie mensagens aos reis de Edom, Moabe, Amom, Tiro e Sidom por meio dos embaixadores que vieram ver o rei Zedequias em Jerusalém. ⁴Diga-lhes que transmitam esta mensagem a seus senhores: 'Assim diz o Senhor dos Exércitos, o Deus de Israel: ⁵Com minha grande força e meu braço poderoso, fiz a terra, todas as pessoas e todos os animais. Isso tudo é meu, e posso entregá-lo a quem eu quiser. ⁶Agora, entregarei suas nações a meu servo, Nabucodonosor, rei da Babilônia. Coloquei tudo debaixo de seu controle, até os animais selvagens. ⁷Todas as nações servirão a ele, seu filho e seu neto, até terminar o tempo deles. Então, muitas nações e grandes reis conquistarão e dominarão a Babilônia. ⁸Submetam-se, portanto, ao rei da Babilônia e sirvam-no. Coloquem o pescoço debaixo do jugo da Babilônia. Eu castigarei qualquer nação que se recusar a servi-lo. Enviarei guerra, fome e doença sobre essa nação até que a Babilônia a conquiste.

⁹"'Não deem ouvidos a seus falsos profetas, adivinhos, intérpretes de sonhos, médiuns e feiticeiros, que dizem: "O rei da Babilônia não os dominará". ¹⁰São todos mentirosos, e suas mentiras os levarão a ser expulsos da terra. Eu os expulsarei e os enviarei para longe, e vocês morrerão. ¹¹Mas a nação que se sujeitar ao rei da Babilônia poderá continuar em sua terra e cultivá-la. Eu, o Senhor, falei!'".

¹²Depois, repeti a mesma mensagem a Zedequias, rei de Judá: "Submeta-se ao jugo do rei da Babilônia e de seu povo, e vocês viverão. ¹³Por que você e seu povo morreriam? Por que escolher guerra, fome e doença que o Senhor trará contra toda nação que não se submeter ao rei da Babilônia? ¹⁴Não deem ouvidos aos falsos profetas que lhes dizem: 'O rei da Babilônia não os dominará'. São mentirosos. ¹⁵Assim diz o Senhor: 'Não enviei esses profetas. Eles contam mentiras em meu nome. Por isso expulsarei vocês desta terra. Todos vocês morrerão, junto com todos esses profetas'".

¹⁶Então falei aos sacerdotes e ao povo e disse: "Assim diz o Senhor: 'Não deem ouvidos aos profetas que afirmam que, em breve, serão devolvidos os objetos preciosos que foram tirados do meu templo e levados para a Babilônia. É tudo mentira. ¹⁷Não lhes deem ouvidos. Submetam-se ao rei da Babilônia, e viverão. Por que provocar a destruição desta cidade inteira? ¹⁸Se, de fato, eles são profetas e transmitem mensagens do Senhor, que orem ao Senhor dos Exércitos e supliquem que os objetos que restam no templo do Senhor, no palácio do rei e em Jerusalém não sejam levados para a Babilônia'.

¹⁹"Pois assim diz o Senhor dos Exércitos acerca das colunas à entrada do templo, do tanque de bronze chamado Mar, das bases móveis e de todos os outros objetos cerimoniais. ²⁰Nabucodonosor, rei da Babilônia, os deixou aqui

---

[a] **26.18** Mq 3.12. [b] **27.1** Conforme alguns manuscritos hebraicos e a versão siríaca (ver tb. 27.3,12); a maioria dos manuscritos hebraicos traz *Jeoaquim*.

quando levou Joaquim,ᵃ filho de Jeoaquim, rei de Judá, para o exílio na Babilônia com todos os nobres de Judá e Jerusalém. ²¹Assim diz o Senhor dos Exércitos, o Deus de Israel, a respeito dos objetos preciosos que restaram no templo e no palácio do rei de Judá: ²²Todos eles serão levados para a Babilônia e ali ficarão até que eu mande buscá-los', diz o Senhor. 'Então os trarei de volta a Jerusalém'".

Jeremias condena Hananias

28 Naquele mesmo ano, o quarto ano do reinado de Zedequias, rei de Judá, no mês de agosto,ᵇ Hananias, filho de Azur, um profeta de Gibeom, se dirigiu a mim publicamente no templo, diante de todos os sacerdotes e do povo, e disse: ²"Assim diz o Senhor dos Exércitos, o Deus de Israel: 'Removerei do seu pescoço o jugo do rei da Babilônia. ³Dentro de dois anos, trarei de volta todos os objetos preciosos do templo que o rei Nabucodonosor levou para a Babilônia. ⁴Também trarei de volta Joaquim,ᶜ filho de Jeoaquim, rei de Judá, e todos os outros exilados de Judá levados para a Babilônia. Certamente quebrarei o jugo que o rei da Babilônia colocou sobre seu pescoço. Eu, o Senhor, falei!'".

⁵Jeremias respondeu a Hananias diante de todos os sacerdotes e do povo que estava no templo do Senhor: ⁶"Amém! Que sua profecia se cumpra! Espero que o Senhor faça tudo que você anunciou. Espero que ele traga de volta da Babilônia os objetos preciosos do templo e todos os exilados. ⁷Agora, porém, ouça as palavras que lhe digo na presença de todo o povo. ⁸Os antigos profetas, que vieram antes de você e de mim, falaram contra muitas nações e grandes reinos, e sempre advertiram a respeito de guerra, calamidade e doença. ⁹Portanto, um profeta que anuncia paz precisa esperar que suas previsões se cumpram antes de ser considerado, de fato, enviado pelo Senhor".

¹⁰Então o profeta Hananias tirou do pescoço de Jeremias o jugo e o quebrou em pedaços. ¹¹E disse novamente a todo o povo: "Assim diz o Senhor: 'Assim como este jugo foi quebrado, dentro de dois anos quebrarei o jugo de opressão de todas as nações que agora estão sujeitas a Nabucodonosor, rei da Babilônia'". Depois disso, Jeremias saiu dali.

¹²Logo após o confronto com Hananias, o Senhor deu esta mensagem a Jeremias: ¹³"Vá e diga a Hananias: 'Assim diz o Senhor: Você quebrou o jugo de madeira, mas em seu lugar colocou um jugo de ferro. ¹⁴O Senhor dos Exércitos, o Deus de Israel, diz: Coloquei um jugo de ferro sobre o pescoço de todas essas nações para serem escravas de Nabucodonosor, rei da Babilônia. Coloquei tudo debaixo de seu controle, até os animais selvagens'".

¹⁵Então Jeremias disse a Hananias: "Ouça, Hananias! O Senhor não enviou você, mas o povo acredita em suas mentiras. ¹⁶Por isso, assim diz o Senhor: 'Você morrerá. Sua vida chegará ao fim ainda este ano, pois você se rebelou contra o Senhor'".

¹⁷Naquele mesmo ano, dois meses depois,ᵈ o profeta Hananias morreu.

Uma carta para os exilados

29 O profeta Jeremias escreveu uma carta e a enviou de Jerusalém aos líderes, sacerdotes, profetas e a todo o povo que o rei Nabucodonosor havia levado para a Babilônia. ²Isso aconteceu depois que o rei Joaquim,ᵉ a rainha-mãe, os oficiais do palácio e os outros oficiais de Judá, bem como todos os artífices e artesãos, foram deportados de Jerusalém. ³Ele enviou a carta por meio de Elasa, filho de Safã, e de Gemarias, filho de Hilquias, quando eles foram à Babilônia como embaixadores de Zedequias a Nabucodonosor. A carta de Jeremias dizia:

⁴Assim diz o Senhor dos Exércitos, o Deus de Israel, a todos os exilados que ele deportou de Jerusalém para a Babilônia: ⁵"Construam casas e estabeleçam-se nelas. Plantem pomares e comam os frutos que eles produzirem. ⁶Casem-se e tenham filhos. Encontrem esposas para seus filhos e maridos para suas filhas, a fim de que vocês tenham muitos netos. Multipliquem-se! Não diminuam! ⁷Trabalhem pela paz e pela prosperidade da cidade para a qual os deportei. Orem por ela ao Senhor, pois a prosperidade de vocês depende da prosperidade dela".

ᵃ **27.20** Em hebraico, *Jeconias*, variação de Joaquim. ᵇ **28.1** Em hebraico, *no quinto mês*, do antigo calendário lunar hebraico. Esse mês caiu entre agosto e setembro de 593 a.C. Ver também nota em 1.3. ᶜ **28.4** Em hebraico, *Jeconias*, variação de Joaquim. ᵈ **28.17** Em hebraico, *no sétimo mês*. Ver 28.1 e respectiva nota. ᵉ **29.2** Em hebraico, *Jeconias*, variação de Joaquim.

PÃO DIÁRIO

Por inteiro

Porque eu sei os planos que tenho para vocês, diz o Senhor. São planos de bem e não de mal, para lhes dar o futuro pelo qual anseiam.

—Jeremias 29.11

Um de meus amigos tem uma filosofia de vida que se resume numa das suas declarações favoritas: "Onde você estiver, esteja por inteiro". Isto é, seja qual for a situação, seja o melhor que puder ser.

Durante seus anos de faculdade, ele arranjou um trabalho nas férias escolares num *resort*. Ele esperava que fosse um trabalho muito legal, mas, quando chegou ao local, disseram-lhe que a tarefa era lavar louças. Meu amigo tinha apenas duas opções: ir embora e ser feliz ou ficar e ser infeliz. Porém, um colega o encorajou a considerar uma terceira opção: ficar e manter a atitude correta e esperar por resultados positivos.

Ele decidiu ficar e ser o melhor lavador de louças que poderia ser, pois concluiu que estava trabalhando para o Senhor (Cl 3.22,23). Por causa dessa decisão, dedicou-se inteiramente a fazer o seu melhor. Ficou ali "por inteiro", mesmo lavando louças.

Na leitura de hoje, Deus disse ao povo de Israel, que estava cativo na Babilônia: "Trabalhem pela paz e pela prosperidade da cidade para qual os deportei. Orem por ela ao Senhor; pois a prosperidade de vocês depende da prosperidade dela" (Jr 29.7). Em vez de ficarem sentados lamentando o seu destino e desejando que estivessem em outro lugar, Deus lhes disse para serem fiéis onde Ele os tinha enviado.

Nem sempre podemos escolher as circunstâncias da nossa vida. Podemos não ser capazes de mudar de emprego ou residência. Nossa situação pode ser difícil, mas podemos estar nela "por inteiro". Afinal, Deus sabe quais os Seus planos para nós, e são planos de paz e não de mal, para nos dar o fim que desejamos.

Senhor, tu conheces a situação na qual me encontro e sabes que não foi escolha minha. Dá-me o poder para enfrentar cada momento com boa atitude, sabendo que esses são os Teus planos e confiando que será o melhor para o futuro que tens para mim.

Seja onde for, esteja "por inteiro" para Deus.

---

⁸Assim diz o Senhor dos Exércitos, o Deus de Israel: "Não se deixem enganar pelos profetas e adivinhos que há no meio de vocês na terra da Babilônia. Não deem ouvidos aos sonhos deles, porque sonham o que vocês querem ouvir. ⁹Eles contam mentiras em meu nome. Eu não os enviei", diz o Senhor.

¹⁰Assim diz o Senhor: "Vocês ficarão na Babilônia durante setenta anos. Depois disso, eu virei e cumprirei todas as boas promessas que lhes fiz e os trarei de volta para casa. ¹¹Porque eu sei os planos que tenho para vocês", diz o Senhor. "São planos de bem, e não de mal, para lhes dar o futuro pelo qual anseiam. ¹²Naqueles dias, quando vocês clamarem por mim em oração, eu os ouvirei. ¹³Se me buscarem de todo o coração, me encontrarão. ¹⁴Serei encontrado por vocês", diz o Senhor. "Acabarei com seu exílio e os restaurarei. Eu os reunirei de todas as nações para as quais os enviei e os trarei de volta para casa, para sua terra."

¹⁵Vocês dizem que o Senhor levantou profetas para vocês na Babilônia. ¹⁶Mas assim diz o Senhor acerca do rei sentado no trono de Davi e de todos que ainda moram aqui em Jerusalém, seus compatriotas que não foram enviados para o exílio na Babilônia. ¹⁷Assim diz o Senhor dos Exércitos: "Enviarei guerra, fome e doença sobre eles e farei que sejam como figos ruins, tão estragados que não servem para comer. ¹⁸Sim, eu os perseguirei com guerra, fome e doença e os espalharei pelo mundo. Em todas as nações para onde eu os enviar, farei deles objeto de condenação, horror, desprezo e zombaria. ¹⁹Pois não querem me ouvir, embora eu lhes tenha falado repetidamente por meio dos profetas que enviei. E vocês que estão no exílio também não deram ouvidos", diz o Senhor.

²⁰Portanto, ouçam esta mensagem do Senhor, todos vocês exilados na Babilônia. ²¹Assim diz o Senhor dos Exércitos, o Deus de Israel, acerca de seus profetas — Acabe, filho de Colaías, e Zedequias, filho de Maaseias — que contam mentiras em meu nome: "Eu os entregarei a Nabucodonosor, rei da Babilônia, para que sejam mortos diante de vocês. ²²O terrível destino deles se tornará notório; por isso, quando os exilados judeus quiserem amaldiçoar alguém, dirão: 'Que o Senhor faça com você o que fez com Zedequias e Acabe, que foram queimados vivos

pelo rei da Babilônia!'. ²³Pois esses homens fizeram coisas horríveis entre meu povo: cometeram adultério com a esposa de seu próximo e mentiram em meu nome, dizendo coisas que eu não havia ordenado. E eu sou testemunha disso. Eu, o Senhor, falei".

Mensagem para Semaías

²⁴O Senhor enviou esta mensagem a Semaías, o neelamita: ²⁵"Assim diz o Senhor dos Exércitos, o Deus de Israel: Você escreveu uma carta em seu próprio nome para o sacerdote Sofonias, filho de Maaseias, e enviou cópias para outros sacerdotes e para o povo em Jerusalém. Você escreveu:

²⁶"O Senhor o nomeou para substituir Joiada, o sacerdote encarregado do templo do Senhor. É responsabilidade sua prender no tronco e colocar uma corrente de ferro no pescoço de qualquer louco que afirmar ser profeta. ²⁷Por que, então, não fez nada para deter Jeremias, de Anatote, que finge ser profeta entre vocês? ²⁸Jeremias enviou uma carta à Babilônia e previu que nosso exílio seria longo. Disse: 'Construam casas e estabeleçam-se nelas. Plantem pomares e comam os frutos que eles produzirem'".

²⁹Quando o sacerdote Sofonias recebeu essa carta, leu-a para Jeremias. ³⁰Então o Senhor deu esta mensagem a Jeremias: ³¹"Envie uma carta aberta a todos os exilados na Babilônia. Diga-lhes: 'Assim diz o Senhor acerca de Semaías, o neelamita: Porque ele profetizou a vocês sem que eu o tivesse enviado e os fez acreditar em suas mentiras, ³²castigarei a ele e a sua família. Nenhum de seus descendentes verá as coisas boas que farei por meu povo, pois ele os incitou a se rebelarem contra mim. Eu, o Senhor, falei!'".

Promessas de livramento

30 O Senhor deu outra mensagem a Jeremias: ²"Assim diz o Senhor, o Deus de Israel: Jeremias, registre por escrito tudo que eu lhe disse. ³Porque está chegando o dia em que restaurarei meu povo de Israel e de Judá. Eu os trarei para casa, para esta terra que dei a seus antepassados, e eles voltarão a possuí-la. Eu, o Senhor, falei!".

⁴Esta é a mensagem do Senhor acerca de Israel e de Judá. ⁵Assim diz o Senhor:

"Ouço gritos de medo;
  há terror, e não paz.
⁶Parem e pensem:
  Acaso homens dão à luz?
Então por que estão aí, com o rosto pálido
  e as mãos na barriga,
  como a mulher em trabalho de parto?
⁷Em toda a história, nunca houve uma
    ocasião de tanto terror;
  será um tempo de angústia para Israel.ᵃ
  No final, porém, ele será resgatado!
⁸Pois naquele dia",
  diz o Senhor dos Exércitos,
"quebrarei o jugo que está sobre seu
    pescoço
  e arrebentarei suas correntes;
  não serão mais escravizados por
    estrangeiros.
⁹Pois meu povo servirá ao Senhor, seu
    Deus,
  e ao descendente de Davi,
  o rei que estabelecerei para eles.

¹⁰"Portanto, não tenha medo, meu servo
    Jacó;
  não desanime, ó Israel",
  diz o Senhor.
"Pois o trarei de volta de terras distantes,
  e seus descendentes retornarão do
    exílio.
Israel voltará a ter uma vida de paz e
    sossego,
  e ninguém o assustará.
¹¹Porque estou com você e o resgatarei",
  diz o Senhor.
"Destruirei completamente todas as
    nações
  entre as quais o espalhei,
  mas você não será completamente
    destruído.
Eu o disciplinarei, mas com justiça;
  não posso permitir que fique impune."

¹²Assim diz o Senhor:

"Seu ferimento é incurável;
  é uma ferida grave.
¹³Não há ninguém para socorrê-la,

ᵃ **30.7** Em hebraico, *Jacó*; também em 30.10b,18. Ver nota em 5.20.

não há remédio que cure sua ferida.
¹⁴Todos os seus amantes a abandonaram;
  não se importam com você.
Eu a feri cruelmente,
  como se fosse meu inimigo.
Pois seus pecados são muitos,
  e sua culpa é grande.
¹⁵Por que se queixa de seu castigo,
  dessa ferida que não tem cura?
Tive de castigá-la,
  pois seus pecados são muitos,
  e sua culpa é grande.
¹⁶"Mas todos que a devorarem serão
  devorados,
  todos os seus inimigos serão enviados
  para o exílio.
Todos que a saquearem serão saqueados,
  todos que a despojarem serão
  despojados.
¹⁷Restaurarei sua saúde
  e curarei suas feridas", diz o Senhor.
"Pois a chamam de rejeitada,
  'Sião, cidade com que ninguém se
  importa'."
¹⁸Assim diz o Senhor:
"Quando eu trouxer Israel de volta do
  exílio
  e restaurar sua situação,
Jerusalém será reconstruída sobre suas
  ruínas,
  e o palácio voltará a ser habitado.
¹⁹Haverá alegria e cânticos de gratidão,
  e eu farei meu povo se multiplicar, e não
  diminuir;
  eu os honrarei, e não os humilharei.
²⁰Seus filhos prosperarão, como no
  passado;
  eu os estabelecerei como nação diante
  de mim
  e castigarei quem lhes fizer mal.
²¹Voltarão a ter o próprio governante,
  e ele virá do meio deles.
Eu o aproximarei de mim", diz o Senhor,
  "pois quem ousaria se aproximar por
  conta própria?
²²Vocês serão o meu povo,
  e eu serei o seu Deus."

²³Vejam, a ira do Senhor irrompe como
  uma tempestade,
  um vendaval sobre a cabeça dos
  perversos!
²⁴A ira ardente do Senhor não passará
  até que ele cumpra tudo que planejou.
Em dias futuros,
  vocês entenderão tudo isso.

Esperança de restauração

31 "Naquele tempo", diz o Senhor, "eu serei o Deus de todas as famílias de Israel, e eles serão o meu povo. ²Assim diz o Senhor:

"Os que sobreviverem à destruição que
  está por vir
  encontrarão favor até no deserto,
  pois darei descanso ao povo de Israel."
³Há muito tempo, o Senhor disse a Israel:
"Eu amei você com amor eterno,
  com amor leal a atraí para mim.
⁴Eu a reconstruirei, Israel, minha filha
  virgem;
  você voltará a ser feliz
  e a dançar alegremente com seus
  tamborins.
⁵Voltará a plantar suas videiras nos montes
  de Samaria
  e ali comerá de seus frutos.
⁶Virá o dia em que os vigias gritarão
  da região montanhosa de Efraim:
'Venham, vamos subir a Sião
  para adorar o Senhor, nosso Deus!'".

⁷Assim diz o Senhor:
"Cantem de alegria por causa de Israel,ª
  pois ela é a maior das nações!
Cantem alegres louvores, dizendo:
  'Ó Senhor, salva teu povo,
  o remanescente de Israel!'.
⁸Pois eu os trarei de volta do norte
  e dos confins da terra.
Não me esquecerei dos cegos nem dos
  aleijados,
  nem das grávidas nem das mulheres em
  trabalho de parto;
  uma grande multidão voltará!
⁹Virão com lágrimas de alegria,
  e eu os conduzirei para casa com grande
  cuidado.

ª **31.7** Em hebraico, *Jacó*; também em 31.11. Ver nota em 5.20.

Andarão junto a riachos tranquilos
e em caminhos planos, onde não
tropeçarão.
Pois eu sou o pai de Israel,
e Efraim é meu filho mais velho.

¹⁰"Ouçam esta mensagem do Senhor, ó
nações,
anunciem estas palavras nos litorais
distantes:
Aquele que espalhou seu povo
o reunirá e o guardará,
como um pastor cuida de seu rebanho.
¹¹Pois o Senhor resgatou Israel
daqueles que eram mais fortes que ele.
¹²Eles virão e cantarão de alegria no alto do
monte Sião;
estarão radiantes pelas boas dádivas do
Senhor:
cereais, vinho novo, azeite,
rebanhos e gado.
Sua vida será como um jardim regado,
e não haverá mais tristeza.
¹³As moças dançarão de alegria,
e os homens — jovens e idosos —
tomarão parte na celebração.
Transformarei seu pranto em alegria;
eu os consolarei e lhes darei exultação
em lugar de tristeza.
¹⁴Seus sacerdotes terão fartura de
alimento,
e meu povo se saciará com minhas boas
dádivas.
Eu, o Senhor, falei!"

A tristeza de Raquel se transforma em alegria

¹⁵Assim diz o Senhor:

"Ouve-se um clamor em Ramá,
angústia profunda e pranto amargo.
Raquel chora por seus filhos
e se recusa a ser consolada,
pois eles já não existem".
¹⁶Agora, porém, assim diz o Senhor:
"Não chore mais,
pois eu a recompensarei por seu choro",
diz o Senhor.
"Seus filhos voltarão
da terra do inimigo.
¹⁷Há esperança para seu futuro", diz o
Senhor.
"Seus filhos voltarão para sua terra.
¹⁸Ouvi Israelᵃ dizer:
'Tu me disciplinaste severamente,
como bezerro que precisa ser
domesticado.
Faze-me voltar para ti e restaura-me,
pois somente tu és o Senhor, meu Deus.
¹⁹Afastei-me de Deus,
mas depois me arrependi.
Indignei-me comigo mesmo
por causa de minha estupidez.
Senti profunda vergonha de tudo que fiz
quando era jovem'.
²⁰"Acaso Israel não continua a ser
meu filho querido?", diz o Senhor.
"Tenho de castigá-lo com frequência,
mas ainda assim o amo.
Por isso meu coração anseia por ele
e dele certamente terei misericórdia.
²¹Ponha sinais na estrada,
coloque postes indicadores.
Preste atenção no caminho
pelo qual você veio.
Volte, ó minha filha virgem, Israel,
volte para suas cidades.
²²Até quando andará sem rumo,
minha filha rebelde?
Porque o Senhor fará algo novo acontecer:
Israel abraçará seu Deus."ᵇ

²³Assim diz o Senhor dos Exércitos, o Deus de Israel: "Quando eu restaurar o povo, os habitantes de Judá e de suas cidades dirão novamente: 'O Senhor a abençoe, ó morada justa, ó monte santo!'. ²⁴O povo das cidades, os lavradores e os pastores habitarão juntos em Judá. ²⁵Pois dei descanso aos exaustos e alegria aos aflitos".

²⁶Então acordei e olhei ao redor. Meu sono havia sido muito agradável.

²⁷"Está chegando o dia", diz o Senhor, "em que farei aumentar o número de pessoas e de animais em Israel e em Judá. ²⁸No passado, tive o cuidado de arrancar e derrubar esta nação. Eu a arrasei e a destruí e trouxe

---

ᵃ **31.18** Em hebraico, *Efraim*, referência a Israel, o reino do norte; também em 31.20. ᵇ **31.22** Em hebraico, *uma mulher cercará um homem*.

PÃO DIÁRIO

Um livro aberto

E esta é a nova aliança que farei com o povo de Israel, depois daqueles dias, diz o Senhor. "Porei minhas leis em sua mente e as escreverei em seu coração. Serei o seu Deus, e eles serão o meu povo...

—Jeremias 31.33

Pelo fato de ser escritora, ouço ocasionalmente alguém me dizer: "Um dia quero escrever um livro". E respondo: "É um objetivo digno e realmente espero que você o escreva. Mas creio que é melhor ser um livro do que escrever um". Penso nas palavras do apóstolo Paulo: "Sem dúvida, vocês são uma carta de Cristo, que mostra os resultados de nosso trabalho em seu meio, escrita não com pena e tinta, mas com o Espírito do Deus vivo, e gravada não em tábuas de pedra, mas em corações humanos" (2Co 3.3).

Em seu livro *A prática da piedade* (Editora PES, 2010), Lewis Bayly, capelão do rei James I da Inglaterra, disse que "alguém que espera realizar alguma coisa boa por meio dos seus escritos descobrirá que instruirá muito poucos. Portanto, o meio mais poderoso de promover o que é bom é pelo exemplo... Um entre mil homens pode escrever um livro para instruir o seu próximo, mas todo homem pode ser um padrão de excelência do viver para os que o cercam".

O trabalho que Cristo está fazendo naqueles que creem nele pode influir muito mais do que qualquer livro que venham a ler. Pela Palavra de Deus escrita "em seu coração" (Jr 31.33), o Senhor está demonstrando o Seu amor e bondade para que todos vejam.

Em sua caminhada com Cristo, talvez você nunca escreva um livro, mas, ao viver para Deus, sua vida será um livro! Um livro aberto, uma "carta de Cristo" para todos lerem.

Senhor, quando os outros "lerem" a minha vida, desejo que te reconheçam em cada página. Ajuda-me a demonstrar a Tua grandeza, poder e amor em tudo o que eu disser e fizer. Que a minha vida possa ser um livro aberto que faça os outros abrirem o seu coração para ti.

Se alguém fosse ler a sua vida como um livro, encontraria Jesus em suas páginas?

'Os pais comeram uvas azedas,
    mas os dentes dos filhos é que estragaram'.

³⁰Cada um morrerá por seus próprios pecados; quem comer uvas azedas é que ficará com os dentes estragados.

³¹"Está chegando o dia", diz o Senhor, "em que farei uma nova aliança com o povo de Israel e de Judá. ³²Não será como a aliança que fiz com seus antepassados, quando os tomei pela mão e os tirei da terra do Egito. Embora eu os amasse como o marido ama a esposa, eles quebraram a aliança", diz o Senhor.

³³"E esta é a nova aliança que farei com o povo de Israel depois daqueles dias", diz o Senhor. "Porei minhas leis em sua mente e as escreverei em seu coração. Serei o seu Deus, e eles serão o meu povo. ³⁴E não será necessário ensinarem a seus vizinhos e parentes, dizendo: 'Você precisa conhecer o Senhor'. Pois todos, desde o mais humilde até o mais importante, me conhecerão", diz o Senhor. "E eu perdoarei sua maldade e nunca mais me lembrarei de seus pecados."

³⁵O Senhor dá o sol para iluminar o dia
    e a lua e as estrelas para iluminarem a noite;
agita o mar e faz rugir as ondas.
Seu nome é Senhor dos Exércitos,
    e é isto o que ele diz:
³⁶"Assim como não anulo as leis da natureza,
    não descartarei meu povo, Israel".
³⁷Assim diz o Senhor:
"Assim como não se pode medir os céus
    nem explorar os alicerces da terra,
não rejeitarei o povo de Israel
    pelo mal que fizeram.
    Eu, o Senhor, falei!".

³⁸"Está chegando o dia", diz o Senhor, "em que Jerusalém será reconstruída para mim, desde a torre de Hananeel até o portão da Esquina. ³⁹Uma linha de medir será estendida sobre a colina de Garebe até Goa. ⁴⁰Toda a região, incluindo o cemitério e o lugar onde se jogavam as cinzas, e todos os campos a leste, até o vale de Cedrom e até o portão dos Cavalos,

---

calamidade sobre ela. No futuro, porém, terei o mesmo cuidado de edificá-la e plantá-la. Eu, o Senhor, falei!

²⁹"O povo não citará mais este provérbio:

serão santos para o Senhor. Jerusalém nunca mais será conquistada nem destruída."

Jeremias compra um campo

32 Jeremias recebeu esta mensagem do Senhor no décimo ano do reinado de Zedequias, rei de Judá. Esse também foi o décimo oitavo ano do reinado de Nabucodonosor.[a] ²Nessa ocasião, o exército babilônio cercava Jerusalém, e Jeremias estava preso no pátio da guarda, no palácio real. ³Zedequias, rei de Judá, o havia colocado ali e perguntado por que ele continuava a anunciar esta profecia: "Assim diz o Senhor: 'Estou prestes a entregar esta cidade ao rei da Babilônia, e ele a conquistará. ⁴O rei Zedequias será capturado pelos babilônios[b] e levado para falar face a face com o rei da Babilônia. ⁵O rei levará Zedequias para a Babilônia, onde lidarei com ele', diz o Senhor. 'Vocês não serão bem-sucedidos se lutarem contra os babilônios'".

⁶Nesse tempo, o Senhor me enviou uma mensagem: ⁷"Seu primo Hanameel, filho de Salum, virá e lhe dirá: 'Compre meu campo em Anatote. Pela lei, você tem direito de comprá-lo antes que eu o ofereça a outro'".

⁸Exatamente como o Senhor tinha dito, meu primo Hanameel veio me visitar na prisão e disse: "Compre meu campo em Anatote, na terra de Benjamim. Pela lei, você tem direito de comprá-lo antes que eu o ofereça a outro. Portanto, compre-o para si". Então entendi que a mensagem que eu tinha ouvido era do Senhor.

⁹Assim, comprei o campo em Anatote e paguei a Hanameel dezessete peças[c] de prata. ¹⁰Assinei e selei a escritura diante de testemunhas, pesei a prata e lhe paguei. ¹¹Em seguida, peguei a escritura selada e uma cópia não selada com os termos e as condições da compra ¹²e as entreguei a Baruque, filho de Nerias, neto de Maaseias. Fiz tudo isso na presença de meu primo Hanameel, das testemunhas que assinaram a escritura e dos homens de Judá que estavam no pátio da guarda.

¹³Então, na presença deles, disse a Baruque: ¹⁴"Assim diz o Senhor dos Exércitos, o Deus de Israel: 'Pegue a escritura selada e a cópia não selada e coloque-as num vaso de barro, a fim de conservá-las por muito tempo'. ¹⁵Pois assim diz o Senhor dos Exércitos, o Deus de Israel: 'Algum dia, as pessoas voltarão a ter propriedades nesta terra e comprarão e venderão casas, vinhedos e campos'".

A oração de Jeremias

¹⁶Depois que entreguei os documentos a Baruque, filho de Nerias, orei ao Senhor:

¹⁷"Ó Soberano Senhor! Tu fizeste os céus e a terra com tua mão forte e teu braço poderoso. Nada é difícil demais para ti! ¹⁸Mostras tua bondade a milhares de pessoas, mas também permites que as consequências do pecado de uma geração recaiam sobre a geração seguinte. Tu és Deus grande e poderoso, o Senhor dos Exércitos. ¹⁹Tens toda sabedoria e fazes grandes milagres. Vês a conduta de todos e lhes dás o que merecem. ²⁰Realizaste sinais e maravilhas na terra do Egito, feitos lembrados ainda hoje. E continuas a fazer grandes milagres em Israel e em todo o mundo. Por isso o teu nome é famoso até hoje.

²¹"Tiraste Israel do Egito com sinais e maravilhas, com mão forte e braço poderoso e com grande terror. ²²Deste ao povo de Israel esta terra que havias prometido a seus antepassados muito tempo atrás, terra que produz leite e mel com fartura. ²³Nossos antepassados vieram e tomaram posse da terra, mas não quiseram te obedecer nem seguir tuas instruções. Não fizeram nada do que lhes ordenaste. Por isso enviaste sobre eles esta terrível calamidade.

²⁴"Vê como foram construídas rampas junto aos muros da cidade! Por meio de guerra, fome e doença, a cidade será entregue aos babilônios, que a conquistarão. Tudo aconteceu exatamente como anunciaste. ²⁵E, no entanto, ó Soberano Senhor, ordenaste que eu comprasse o campo e pagasse um bom preço por ele diante destas testemunhas, embora a cidade esteja prestes a ser entregue aos babilônios".

Profecia da queda de Jerusalém

²⁶Então Jeremias recebeu esta mensagem do Senhor: ²⁷"Eu sou o Senhor, o Deus de toda a

---

[a] 32.1 Isto é, o ano 587 a.C. [b] 32.4 Ou *caldeus*; também em 32.5,24,25,28,29,43. [c] 32.9 Em hebraico, *17 siclos*, cerca de 194 gramas.

PÃO DIÁRIO

Por baixo do humo

Tens toda a sabedoria e fazes grandes milagres. Vês a conduta de todos e lhes dás o que merecem.
—Jeremias 32.19

Quando alguma coisa grande acontece, uma bênção ou uma tragédia, reconhecemos imediatamente e respondemos com louvor ou clamores a Deus. Quando encontramos um trabalho que procurávamos há tempos, ouvimos que alguém que amamos aceitou a Cristo como Salvador pessoal ou ouvimos más notícias do médico, pensamos em Deus e nos aproximamos dele. Mas, nas coisas pequenas, na rotina, nas coisas terrenas e até nos detalhes, é fácil deixarmos de perceber que Ele está agindo (Jr 32.19).

Deus também está agindo nas grandes e pequenas coisas da floresta. Nas grandes, que são visíveis e coloridas, e até no humo: matéria orgânica parcialmente deteriorada de folhas e gravetos que cobrem o solo florestal. Mas, se você o revira com um ancinho, encontrará toda a sorte de pequenas coisas importantes acontecendo. O solo é rico, escuro e exala vida. Está cheio de plantas minúsculas, insetos e uma variedade de fungos. Por baixo do humo, os insetos desempenham funções importantes e com eles Deus constrói a futura floresta.

O Senhor age de maneira semelhante com o Seu povo. É claro que os Seus olhos estão sobre os grandes acontecimentos da vida, mas Ele também vê e age "por baixo do humo" das nossas atividades diárias, preparando-nos para as tarefas significativas que Ele planejou para nós.

Então, quando as coisas terrenas a entristecerem, agradeça a Deus pelo que está sob elas.

Querido Deus, sou tão grata porque reconheço a Tua ação em todos os aspectos da minha vida: nas grandes e pequenas circunstâncias. Nos momentos aparentemente insignificantes, ajuda-me a lembrar que estás me preparando para o que vier à frente.

Os olhos da fé veem a ação de Deus em todas as circunstâncias.

Queimarão todas as casas em que o povo provocou minha ira queimando incenso a Baal em seus terraços e apresentando ofertas derramadas a outros deuses. ³⁰Desde o princípio, Israel e Judá fizeram somente o mal. Provocaram minha ira com suas maldades", diz o Senhor. ³¹"Desde o dia em que esta cidade foi construída até hoje, não fez outra coisa senão despertar minha fúria, por isso estou decidido a me livrar dela.

³²"Os pecados de Israel e de Judá — os pecados do povo de Jerusalém, dos reis, dos oficiais, dos sacerdotes e dos profetas — provocaram minha ira. ³³Meu povo deu as costas para mim e se recusou a voltar. Embora eu os tenha ensinado repetidamente, não quiseram receber instrução nem obedecer. ³⁴Colocaram seus ídolos detestáveis em meu templo e o profanaram. ³⁵Construíram lugares de adoração a Baal no vale de Ben-Hinom e ali sacrificaram seus filhos e filhas a Moloque. Jamais ordenei tamanha maldade; nunca me passou pela mente! Esse terrível mal fez Israel pecar."

Promessa de restauração

³⁶"Agora, quero dizer algo mais a respeito desta cidade. Vocês afirmam: 'Ela será entregue ao rei da Babilônia por meio de guerra, fome e doença'. Mas assim diz o Senhor, o Deus de Israel: ³⁷Certamente trarei meu povo de volta de todas as nações entre as quais o espalhei em minha fúria. Eu os trarei de volta para este lugar e farei que vivam em segurança. ³⁸Eles serão o meu povo, e eu serei o seu Deus. ³⁹Eu lhes darei um só coração e um só propósito: adorar-me para sempre, para o seu próprio bem e para o bem de seus descendentes. ⁴⁰Estabelecerei com eles uma aliança permanente: jamais deixarei de lhes fazer o bem. Porei em seu coração o desejo de me adorar, e eles nunca se afastarão de mim. ⁴¹Terei alegria em lhes fazer o bem e os plantarei nesta terra firmemente, de todo o coração.

⁴²"Assim diz o Senhor: Assim como trouxe todas essas calamidades sobre eles, também lhes farei todo o bem que prometi. ⁴³Campos voltarão a ser comprados e vendidos nesta terra sobre a qual hoje vocês dizem: 'Foi arrasada pelos babilônios, é uma terra desolada, em

---

humanidade. Acaso alguma coisa é difícil demais para mim? ²⁸Portanto, assim diz o Senhor: Entregarei esta cidade aos babilônios e a Nabucodonosor, rei da Babilônia, e ele a conquistará. ²⁹Os babilônios que estão cercando os muros entrarão na cidade e a incendiarão.

que não há mais pessoas nem animais'. ⁴⁴Sim, campos voltarão a ser comprados e vendidos e escrituras serão assinadas na terra de Benjamim, aqui em Jerusalém, nas cidades de Judá, na região montanhosa, nas colinas de Judá[a] e no Neguebe. Pois, um dia, eu os restaurarei à sua terra. Eu, o Senhor, falei!"

Promessas de paz e prosperidade

33 Enquanto Jeremias estava preso no pátio da guarda, o Senhor lhe deu outra mensagem: ²"Assim diz o Senhor, o Senhor que fez a terra, que a formou e a estabeleceu; o Senhor é seu nome: ³Pergunte-me e eu lhe contarei coisas maravilhosas, segredos que você não sabe, a respeito do que está por vir. ⁴Pois assim diz o Senhor, o Deus de Israel: Vocês derrubaram as casas desta cidade e até o palácio do rei a fim de obter material para fortalecer os muros contra as rampas de cerco e as espadas dos inimigos. ⁵Esperam lutar contra os babilônios,[b] mas os homens desta cidade já estão praticamente mortos, pois, em minha ira ardente, decidi destruí-los. Abandonei-os por causa de toda a sua maldade.

⁶"Virá o dia, porém, em que curarei as feridas de Jerusalém e lhe darei prosperidade e paz verdadeira. ⁷Restaurarei o povo de Judá e de Israel à sua terra e reconstruirei suas cidades. ⁸Eu as purificarei de suas maldades contra mim e perdoarei todos os seus pecados de rebeldia. ⁹Então esta cidade me trará louvor, glória e honra diante de todas as nações da terra! Os povos do mundo verão todo o bem que faço por meu povo e tremerão de espanto diante da paz e da prosperidade que lhes dou.

¹⁰"Assim diz o Senhor: Vocês disseram: 'Esta é uma terra desolada, onde não há mais pessoas nem animais'. Contudo, nas ruas vazias de Jerusalém e das outras cidades de Judá serão ouvidos novamente ¹¹os sons de alegria e de riso. As vozes felizes de noivos e de noivas voltarão a ser ouvidas, e também os cânticos alegres dos que trazem ofertas de gratidão ao Senhor. Cantarão:

'Deem graças ao Senhor dos Exércitos, porque o Senhor é bom; seu amor dura para sempre!'.

Pois eu restaurarei a situação desta terra ao que era no passado, diz o Senhor.

¹²"Assim diz o Senhor dos Exércitos: Embora hoje esta terra esteja desolada e não tenha pessoas nem animais, um dia voltará a ter pastos para os quais os pastores levarão seus rebanhos. ¹³Os pastores voltarão a contar seus rebanhos nas cidades da região montanhosa, nas colinas de Judá,[c] no Neguebe, na terra de Benjamim, nos arredores de Jerusalém e em todas as cidades de Judá. Eu, o Senhor, falei!

¹⁴"Virá o dia, diz o Senhor, em que farei por Israel e por Judá todo o bem que lhes prometi.

¹⁵"Naquele dia e naquele tempo, levantarei um Renovo, um descendente justo
da linhagem do rei Davi.
Ele fará o que é justo e certo em toda a terra.
¹⁶Nesse dia, Judá será salvo, e Jerusalém viverá em segurança.
E este será seu nome:
'O Senhor é nossa justiça'.[d]

¹⁷"Porque assim diz o Senhor: Sempre haverá um descendente de Davi no trono de Israel. ¹⁸E sempre haverá sacerdotes levitas para me oferecer holocaustos, ofertas de cereais e sacrifícios."

¹⁹Então Jeremias recebeu esta mensagem do Senhor: ²⁰"Assim diz o Senhor: Se alguém conseguisse anular minha aliança com o dia e com a noite, de modo que um dia viesse depois do outro, ²¹então se anularia minha aliança com meu servo Davi. Só então deixaria de haver um descendente para reinar em seu trono. O mesmo se aplica à minha aliança com os sacerdotes levitas que me servem. ²²Como não se pode contar as estrelas no céu nem medir a areia na beira do mar, assim também tornarei incontáveis os descendentes de meu servo Davi e os levitas que me servem".

²³O Senhor deu outra mensagem a Jeremias: ²⁴"Você observou o que o povo anda dizendo? 'O Senhor escolheu Judá e Israel e depois os abandonou!' Desprezam meu povo e dizem que não deve ser considerada nação. ²⁵Mas assim diz o Senhor: Como não anularei minhas

---

[a] 32.44 Em hebraico, *na Sefelá*. [b] 33.5 Ou *caldeus*. [c] 33.13 Em hebraico, *na Sefelá*. [d] 33.16 Em hebraico, *Javé-Tsidqenu*.

leis que governam o dia e a noite, o céu e a terra, assim também não rejeitarei meu povo. ²⁶Jamais abandonarei os descendentes de Jacó e de meu servo Davi, nem mudarei o plano de que os descendentes de Davi governem os descendentes de Abraão, Isaque e Jacó. Pelo contrário, eu os restaurarei à sua terra e terei compaixão deles".

Advertência para Zedequias

34 Nabucodonosor, rei da Babilônia, veio com todos os exércitos dos reinos que ele governava e lutou contra Jerusalém e contra as cidades de Judá. Naquela ocasião, Jeremias recebeu esta mensagem do Senhor: ²"Vá a Zedequias, rei de Judá, e diga-lhe: 'Assim diz o Senhor, o Deus de Israel: Estou prestes a entregar esta cidade ao rei da Babilônia, e ele a queimará de alto a baixo. ³Você não escapará das mãos dele, mas será capturado e levado para falar face a face com o rei da Babilônia. Então será enviado para o exílio na Babilônia.

⁴"'Ouça, porém, esta promessa do Senhor, ó Zedequias, rei de Judá. Assim diz o Senhor: Você não morrerá na guerra, ⁵mas em paz. O povo queimará incenso em sua honra, como fizeram em honra de seus antepassados, os reis que o precederam. Chorarão por você e lamentarão: "Que tristeza! Nosso rei morreu!". Eu decretei isso, diz o Senhor'".

⁶O profeta Jeremias transmitiu essa mensagem a Zedequias, rei de Judá. ⁷Nessa época, o exército babilônio cercava Jerusalém, Laquis e Azeca, as únicas cidades fortificadas de Judá que ainda não tinham sido conquistadas.

Libertação dos escravos hebreus

⁸Jeremias recebeu esta mensagem do Senhor depois que o rei Zedequias fez uma aliança com o povo para libertar os escravos. ⁹Ele havia ordenado que todo o povo libertasse suas escravas e seus escravos hebreus. Ninguém devia manter em escravidão alguém de seu próprio povo. ¹⁰Os oficiais e todo o povo tinham obedecido à ordem do rei e libertado cada um de seus escravos, ¹¹mas depois mudaram de ideia. Tomaram de volta os homens e as mulheres que haviam libertado e os obrigaram a ser escravos novamente.

¹²Então o Senhor lhes deu esta mensagem por meio de Jeremias: ¹³"Assim diz o Senhor, o Deus de Israel: Fiz uma aliança com seus antepassados muito tempo atrás, quando os livrei da escravidão no Egito. ¹⁴Disse-lhes que todo escravo hebreu deveria ser liberto depois de servir durante seis anos. Contudo, seus antepassados não me deram ouvidos nem me obedeceram. ¹⁵Há pouco tempo, vocês se arrependeram e fizeram o que era certo aos meus olhos. Libertaram os escravos e fizeram comigo uma aliança solene no templo que leva meu nome. ¹⁶Agora, porém, voltaram atrás em seu juramento e profanaram meu nome ao pegar de volta os homens e as mulheres que haviam libertado e os obrigar a ser escravos novamente.

¹⁷"Portanto, assim diz o Senhor: Vocês não me obedeceram e não libertaram seu povo. Por isso lhes darei liberdade para serem destruídos por guerra, doença e fome. Vocês serão objeto de horror para todas as nações da terra. ¹⁸Porque não cumpriram os termos de minha aliança, eu os cortarei ao meio, como vocês cortaram o bezerro e caminharam entre as duas partes para confirmar seus votos. ¹⁹Sim, cortarei ao meio todos que se comprometeram com a aliança, quer sejam oficiais de Judá e de Jerusalém, oficiais do palácio, sacerdotes ou gente comum. ²⁰Eu os entregarei a seus inimigos, e eles os matarão. Seus corpos servirão de alimento para os abutres e os animais selvagens.

²¹"Entregarei Zedequias, rei de Judá, e seus oficiais ao exército do rei da Babilônia. E, embora tenham se retirado de Jerusalém por um tempo, ²²chamarei de volta os exércitos babilônios. Eles lutarão contra a cidade, a conquistarão e a queimarão de alto a baixo. Farei que todas as cidades de Judá sejam destruídas e que ninguém more nelas".

A fidelidade dos recabitas

35 O Senhor deu esta mensagem a Jeremias quando Jeoaquim, filho de Josias, era rei de Judá: ²"Vá ao local onde moram os recabitas e convide-os para vir ao templo do Senhor. Leve-os para uma das salas internas e ofereça-lhes vinho".

³Então fui buscar Jazanias, filho de Jeremias e neto de Habazinias, e todos os seus irmãos e filhos, que representavam todas as famílias

dos recabitas. ⁴Levei-os ao templo do Senhor e fomos à sala dos filhos de Hanã, filho de Jigdalias, homem de Deus. Ficava ao lado da sala usada pelos oficiais do templo, logo acima da sala de Maaseias, filho de Salum, porteiro do templo.

⁵Coloquei diante deles taças e jarras cheias de vinho e os convidei a beber, ⁶mas eles recusaram, dizendo: "Não bebemos vinho, pois nosso antepassado, Jonadabe, filho de Recabe, nos deu esta ordem: 'Nunca bebam vinho, nem vocês nem seus descendentes. ⁷Não construam casas, não plantem lavouras nem possuam vinhedos; vivam sempre em tendas. Com isso, terão vida longa e feliz nesta terra'. ⁸Assim, temos obedecido a tudo que ele nos ordenou. Nunca bebemos vinho, nem nós, nem nossas esposas, nem nossos filhos e filhas. ⁹Não construímos casas, nem possuímos vinhedos e campos, nem plantamos lavouras. ¹⁰Temos vivido em tendas e obedecido fielmente a todas as ordens de nosso antepassado Jonadabe. ¹¹Mas, quando Nabucodonosor, rei da Babilônia, atacou esta terra, tivemos medo dos exércitos babilônios e sírios[a] e resolvemos nos mudar para Jerusalém. Por isso estamos aqui".

¹²Então o Senhor deu esta mensagem a Jeremias: ¹³"Assim diz o Senhor dos Exércitos, o Deus de Israel: Vá e diga aos habitantes de Judá e de Jerusalém: 'Venham e aprendam uma lição sobre como obedecer às minhas palavras, diz o Senhor. ¹⁴Os recabitas não bebem vinho até hoje em obediência à ordem de seu antepassado Jonadabe, filho de Recabe. Mas eu tenho falado a vocês repetidamente e se recusam a obedecer. ¹⁵Tenho enviado meus profetas vez após vez para lhes dizer: 'Abandonem seus maus caminhos e façam o que é certo. Deixem de adorar outros deuses. Assim, viverão em paz nesta terra que dei a vocês e a seus antepassados'. Mas vocês não quiseram ouvir nem obedecer. ¹⁶Os descendentes de Jonadabe, filho de Recabe, têm obedecido fielmente a seu antepassado, mas este povo se recusa a me ouvir'.

¹⁷"Portanto, assim diz o Senhor Deus dos Exércitos, o Deus de Israel: 'Porque não querem me ouvir nem responder quando os chamo, enviarei sobre Judá e sobre Jerusalém todas as calamidades que prometi'".

¹⁸Então Jeremias se voltou para os recabitas e disse: "Assim diz o Senhor dos Exércitos, o Deus de Israel: 'Vocês obedeceram a todas as ordens de seu antepassado Jonadabe

[a] 35.11 Ou *caldeus e arameus*.

PÃO DIÁRIO

Exemplos de obediência

Mas eu tenho falado a vocês repetidamente e se recusam a obedecer.

—Jeremias 35.14

Você já encontrou alguém que possuía características que você achava que um cristão deveria ter, e mais tarde descobriu que essa pessoa não conhecia o Salvador? Não é tão incomum assim. Às vezes, as pessoas que não conhecem Jesus guardam seus padrões morais com mais consistência do que alguns cristãos o fazem com os padrões de Deus.

O profeta Jeremias deparou-se com um grupo assim e nos repassou uma lição valiosa como consequência dessa sua observação. Eles eram um povo nômade chamado recabitas, e Jeremias os usou como exemplo de obediência. Embora não estivessem entre o povo escolhido de Deus, foram recomendados pelo Senhor por sua obediência.

Por exemplo, seus antepassados tinham ensinado que eles não deveriam beber vinho. Portanto, quando Jeremias lhes ofereceu, eles recusaram (Jr 35.5,6). O profeta queria mostrar ao povo de Judá o que era obediência. Deus queria que os judeus fossem obedientes a Ele, como os recabitas eram aos seus líderes.

Até hoje vemos pessoas não salvas seguirem padrões morais que eles estabeleceram, enquanto alguns cristãos não estão sendo obedientes às ordens de Deus. O Senhor detesta a nossa desobediência. Não permitamos que digam que os "recabitas" dos nossos dias são mais obedientes ao Senhor do que nós.

Senhor, alegras-te quando obedecemos a Tuas ordens, porém é tão fácil querermos fazer tudo à nossa maneira. À medida que nos submetemos a Tua vontade, molda os nossos pensamentos e ações de modo que reflitam quem tu és para que outros possam conhecer-te. Por favor, mostra-nos o que queres de nós e capacita-nos diariamente para fazer o que te agrada.

A obediência é a fé em ação.

e seguiram todas as suas instruções'. ¹⁹Por isso, assim diz o Senhor dos Exércitos, o Deus de Israel: 'Sempre haverá descendentes de Jonadabe, filho de Recabe, para me servir'".

Baruque lê as mensagens do Senhor

36 No quarto ano do reinado de Jeoaquim, filho de Josias, rei de Judá,[a] o Senhor deu esta mensagem a Jeremias: ²"Pegue um rolo e escreva nele todas as minhas mensagens contra Israel, Judá e as outras nações. Comece com a primeira mensagem, do tempo de Josias, e escreva todas, até hoje. ³Talvez o povo de Judá se arrependa ao ouvir novamente todas as coisas terríveis que planejei para eles. Então perdoarei sua maldade e seus pecados".

⁴Jeremias mandou chamar Baruque, filho de Nerias, e enquanto Jeremias ditava para ele todas as profecias que o Senhor lhe tinha dado, Baruque as escrevia no rolo. ⁵Depois, Jeremias disse a Baruque: "Estou preso aqui e não posso ir ao templo. ⁶Portanto, vá você ao templo no próximo dia de jejum e leia as mensagens do Senhor que ditei para que as escrevesse no rolo. Leia as mensagens para o povo de todas as cidades de Judá que estiver no templo. ⁷Quem sabe eles abandonem seus maus caminhos e peçam perdão ao Senhor antes que seja tarde demais, pois o Senhor os ameaçou com sua ira ardente".

⁸Baruque, filho de Nerias, fez tudo conforme Jeremias lhe ordenou e leu as mensagens do Senhor para o povo que estava no templo. ⁹Fez isso num dia de jejum sagrado, no final do outono,[b] no quinto ano do reinado de Jeoaquim, filho de Josias. Gente de todas as cidades de Judá tinha ido a Jerusalém para participar da adoração no templo naquele dia. ¹⁰Baruque leu para todo o povo as palavras de Jeremias escritas no rolo. Estava diante da sala de Gemarias, filho do secretário Safã. A sala ficava no pátio superior do templo, perto do portão Novo.

¹¹Quando Micaías, filho de Gemarias e neto de Safã, ouviu as mensagens do Senhor escritas no rolo, ¹²desceu à sala do secretário no palácio onde estavam reunidos os oficiais administrativos. Lá estavam o secretário Elisama, Delaías, filho de Semaías, Elnatã, filho de Acbor, Gemarias, filho de Safã, Zedequias, filho de Hananias, e todos os outros oficiais. ¹³Quando Micaías lhes falou das mensagens que Baruque estava lendo para o povo, ¹⁴os oficiais enviaram Jeudi, filho de Netanias, neto de Selemias e bisneto de Cusi, para dizer a Baruque: "Venha e leia as mensagens para nós também". Então Baruque, filho de Nerias, pegou o rolo e foi até eles. ¹⁵"Sente-se e leia o rolo para nós", disseram os oficiais, e Baruque fez o que pediram.

¹⁶Quando ouviram as mensagens, olharam uns para os outros assustados. "Precisamos relatar ao rei o que ouvimos", disseram a Baruque. ¹⁷"Mas, primeiro, diga-nos como você recebeu essas mensagens. Vieram diretamente de Jeremias?"

¹⁸Baruque explicou: "Jeremias as ditou e eu as escrevi com tinta neste rolo, palavra por palavra".

¹⁹"Você e Jeremias devem se esconder!", os oficiais disseram a Baruque. "Não digam a ninguém onde estão." ²⁰Então os oficiais deixaram o rolo guardado na sala do secretário Elisama e foram contar ao rei o que tinham ouvido.

O rei Jeoaquim queima o rolo

²¹O rei mandou Jeudi buscar o rolo. Jeudi o levou da sala do secretário Elisama e o leu para o rei e para todos os oficiais presentes. ²²Era final do outono, e o rei estava numa parte do palácio usada durante o inverno, sentado diante de um braseiro para se aquecer. ²³Cada vez que Jeudi terminava de ler três ou quatro colunas, o rei pegava uma faca, cortava aquela parte do rolo e a jogava no fogo. Assim, pedaço por pedaço, o rolo inteiro foi queimado. ²⁴Nem o rei nem seus servos mostraram qualquer sinal de medo ou remorso diante do que tinham ouvido. ²⁵Mesmo quando Elnatã, Delaías e Gemarias imploraram ao rei que não queimasse o rolo, ele não lhes deu atenção.

²⁶Em seguida, o rei ordenou a seu filho Jerameel, a Seraías, filho de Azriel, e a Selemias, filho de Abdeel, que prendessem o profeta Jeremias e seu secretário, Baruque. O Senhor, porém, os tinha escondido.

---

[a] 36.1 Isto é, no ano 605 a.C. [b] 36.9 Em hebraico, *no nono mês*, do antigo calendário lunar hebraico. Esse mês caiu entre novembro e dezembro de 604 a.C., outono no hemisfério norte; também em 36.22. Ver ainda nota em 1.3.

Jeremias reescreve o rolo

²⁷Depois que o rei havia queimado o rolo no qual Baruque tinha escrito as palavras de Jeremias, o Senhor deu esta mensagem a Jeremias: ²⁸"Pegue outro rolo e escreva novamente tudo que estava no primeiro rolo, que o rei Jeoaquim queimou. ²⁹Depois, diga ao rei: 'Assim diz o Senhor: Você queimou o rolo porque ele dizia que o rei da Babilônia destruiria esta terra e acabaria com as pessoas e os animais. ³⁰Agora, assim diz o Senhor a respeito de Jeoaquim, rei de Judá: Ele não terá herdeiros para se sentarem no trono de Davi. Seu corpo será lançado fora e não será enterrado; ficará exposto ao calor do dia e à geada da noite. ³¹Castigarei o rei, sua família e seus servos por seus pecados. Derramarei sobre eles e sobre todos os habitantes de Jerusalém e de Judá todas as calamidades que prometi, pois não quiseram dar ouvidos às minhas advertências'".

³²Então Jeremias pegou outro rolo e ditou novamente a seu secretário, Baruque, filho de Nerias. Escreveu tudo que estava no rolo que o rei Jeoaquim havia queimado. Dessa vez, porém, acrescentou muitas outras coisas.

Zedequias manda chamar Jeremias

37 Zedequias, filho de Josias, foi sucessor de Joaquim,ᵃ filho de Jeoaquim, no trono de Judá. Foi nomeado por Nabucodonosor, rei da Babilônia. ²Mas nem Zedequias, nem seus servos, nem o povo que restou na terra de Judá deram ouvidos ao que o Senhor tinha dito por intermédio do profeta Jeremias.

³Ainda assim, o rei Zedequias enviou Jucal, filho de Selemias, e o sacerdote Sofonias, filho de Maseeias, para pedirem a Jeremias: "Ore por nós ao Senhor, nosso Deus". ⁴Jeremias ainda não havia sido preso, de modo que podia circular livremente entre o povo.

⁵Nessa época, o exército do faraó do Egito partiu de sua terra, preparado para guerrear. Quando o exército babilônioᵇ soube disso, suspendeu o cerco de Jerusalém.

⁶Então o Senhor deu esta mensagem a Jeremias: ⁷"Assim diz o Senhor, o Deus de Israel: O rei de Judá os enviou para me consultar a respeito do que acontecerá. Digam-lhe:

ᵃ **37.1** Em hebraico, *Conias*, variação de Joaquim. ᵇ **37.5** Ou *caldeu*; também em 37.10,11.

PÃO DIÁRIO

Imutável

Cada vez que Jeudi terminava de ler três ou quatro colunas, o rei pegava uma faca, cortava aquela parte do rolo e a jogava no fogo. Assim, pedaço por pedaço, o rolo inteiro foi queimado.

—Jeremias 36.23

Em cada era, sempre há um "espírito da época" que desafia a nossa aceitação das Escrituras. O desejo é o de remover ou alterar aquelas partes que parecem ultrapassadas.

Seja a doutrina sobre o inferno ou a visão de Deus sobre o comportamento sexual, muitos sentem-se pressionados a rejeitar partes da Bíblia. Inevitavelmente, algumas verdades serão ofensivas em cada dia e época.

Séculos atrás, um rei judeu recebeu um rolo com a mensagem de Deus. Quando o documento foi lido em voz alta, o rei se ofendeu e cortou com um canivete partes do rolo e as jogou no fogo. Finalmente, todo o rolo foi jogado nas chamas, contudo, o rei e os servos que haviam ouvido as palavras do Senhor não tiveram remorso nem temor (Jr 36.24). A desobediência do rei custou-lhe o seu reinado.

Quando nós, seletivamente, editamos a Bíblia para que ela se adapte aos nossos desejos, ou negligenciamos seus ensinamentos, demonstramos que não tememos a Deus. Em vez de nos submetermos ao que Ele diz, exaltamos a nossa própria razão finita e a nossa consciência falível acima do texto inspirado.

Quando você for instada a negligenciar ou ignorar uma porção da Palavra de Deus, lembre-se: "Toda a Escritura é inspirada por Deus e útil para nos ensinar o que é verdadeiro e para nos fazer perceber o que não está em ordem em nossa vida. Ela nos corrige quando erramos e nos ensina a fazer o que é certo" (2Tm 3.16). Ela nos ensina tudo o que precisamos saber para viver de maneira que agrademos a Deus.

Querido Senhor Deus, Criador dos céus e da Terra, louvo-te porque és imutável e a Tua Palavra também não muda. Sou grata por saber que a Tua Palavra é a verdade em cada uma de suas partes. Ajuda-me a nunca negligenciar nem ignorar as partes que não gosto. Que a Tua Palavra me ensine dia e noite.

Neste mundo mutável, você pode confiar na imutável Palavra de Deus.

'Embora o exército do faraó tenha vindo para ajudá-los, logo voltará ao Egito. ⁸Os babilônios[a] retornarão, conquistarão esta cidade e a queimarão de alto a baixo'.

⁹"Assim diz o Senhor: Não se iludam, imaginando que os babilônios foram embora para sempre. Eles voltarão! ¹⁰Ainda que vocês destruíssem todo o exército babilônio e restasse apenas um punhado de sobreviventes feridos, eles sairiam de suas tendas e queimariam esta cidade de alto a baixo".

Jeremias é preso

¹¹Quando o exército babilônio se retirou de Jerusalém por causa do exército do faraó, que se aproximava, ¹²Jeremias resolveu sair da cidade para ir ao território de Benjamim e tomar posse de sua propriedade ali, entre seus parentes. ¹³Quando passava pelo portão de Benjamim, um guarda o prendeu e disse: "Você está desertando para o lado dos babilônios!". O guarda que o prendeu foi Jerias, filho de Selemias e neto de Hananias.

¹⁴"Não é verdade!", disse Jeremias. "Não estou desertando para o lado dos babilônios." Jerias, porém, não deu ouvidos e levou Jeremias aos oficiais. ¹⁵Eles ficaram furiosos com Jeremias e mandaram açoitá-lo e prendê-lo na casa do secretário Jônatas, que havia sido transformada em prisão. ¹⁶Jeremias foi colocado numa cela do calabouço e ali ficou por muitos dias.

¹⁷Mais tarde, em segredo, o rei Zedequias mandou buscar Jeremias e levá-lo ao palácio, onde lhe perguntou: "Você tem alguma mensagem do Senhor?".

"Sim, tenho", disse Jeremias. "Você será entregue ao rei da Babilônia."

¹⁸Então Jeremias perguntou ao rei: "Que crime cometi? O que fiz contra o rei, contra seus servos ou contra o povo para ser preso? ¹⁹Onde estão seus profetas, que lhe disseram que o rei da Babilônia não atacaria nem o rei nem esta terra? ²⁰Suplico que me ouça, ó meu senhor, o rei. Não me mande de volta para o calabouço na casa do secretário Jônatas, pois morrerei naquele lugar".

²¹Então o rei Zedequias ordenou que Jeremias fosse levado ao pátio da guarda do palácio e ficasse preso ali. O rei também ordenou que Jeremias recebesse um pão fresco diariamente enquanto houvesse pão na cidade. Assim, Jeremias foi colocado na prisão do palácio.

Jeremias no poço

38 Sefatias, filho de Matã, Gedalias, filho de Pasur, Jucal, filho de Semelias, e Pasur, filho de Maquias, ouviram o que Jeremias dizia a todo o povo: ²"Assim diz o Senhor: 'Todos que ficarem em Jerusalém morrerão por guerra, fome ou doença, mas os que se renderem aos babilônios[b] viverão. A recompensa deles será a vida; eles viverão!'. ³Assim diz o Senhor: 'A cidade de Jerusalém certamente será entregue ao exército do rei da Babilônia, que a conquistará'".

⁴Então esses oficiais foram ver o rei e disseram: "Esse homem deve morrer! Suas palavras vão desanimar os poucos soldados que restam, bem como todo o povo. Ele não busca o bem, mas a desgraça da nação".

⁵O rei Zedequias concordou e disse: "Façam o que quiserem com ele. Não posso impedi-los".

⁶Então os oficiais tiraram Jeremias de sua cela e o baixaram por meio de cordas para dentro de um poço vazio no pátio da prisão. O poço pertencia a Malquias, membro da família real. Não tinha água, mas havia uma camada de lama no fundo, e Jeremias ficou atolado nela.

⁷O etíope[c] Ebede-Meleque, oficial importante da corte, soube que Jeremias estava no poço. Naquele momento, o rei julgava um caso junto ao portão de Benjamim; ⁸então Ebede-Meleque saiu apressadamente do palácio para falar com ele. ⁹"Ó meu senhor, o rei", disse, "estes homens fizeram muito mal em colocar o profeta Jeremias no poço. Logo ele morrerá de fome, pois não há mais pão na cidade".

¹⁰Então o rei disse a Ebede-Meleque: "Leve trinta homens sob suas ordens e tire Jeremias do poço antes que ele morra".

¹¹Ebede-Meleque levou os homens e foi à sala do palácio debaixo da tesouraria, onde encontrou alguns pedaços de pano e roupas velhas. Levou-os até o poço e, por meio de cordas, os desceu para Jeremias. ¹²Ebede-Meleque disse a Jeremias: "Coloque os pedaços de pano debaixo dos braços, para que as cordas

---

[a] **37.8** Ou *caldeus*; também em 37.9,13. [b] **38.2** Ou *caldeus*; também em 38.18,19,23. [c] **38.7** Em hebraico, *cuxita*.

não o machuquem". Quando Jeremias estava pronto, ¹³puxaram-no para cima. Jeremias foi levado de volta para o pátio da guarda e permaneceu preso ali.

Zedequias interroga Jeremias

¹⁴Certo dia, o rei Zedequias mandou buscar Jeremias para se encontrar com ele na terceira entrada do templo do Senhor. "Quero lhe fazer uma pergunta", disse o rei. "Não tente esconder a verdade."

¹⁵Jeremias disse: "Se eu lhe disser a verdade, você me matará. E, se eu lhe der conselhos, você não me ouvirá."

¹⁶Então o rei Zedequias lhe prometeu em segredo: "Tão certo como vive o Senhor, que nos criou, não o matarei nem o entregarei aos homens que desejam tirar sua vida".

¹⁷Então Jeremias disse a Zedequias: "Assim diz o Senhor, o Deus dos Exércitos, o Deus de Israel: 'Se você se render aos oficiais babilônios, você e sua família viverão, e a cidade não será queimada. ¹⁸Mas, se não se render, não escapará! A cidade será entregue aos babilônios, e eles a queimarão de alto a baixo'".

¹⁹"Tenho medo de me render", disse o rei, "pois pode acontecer de os babilônios me entregarem aos judeus que passaram para o lado deles. Quem sabe que crueldades farão comigo!"

²⁰Jeremias respondeu: "Você não será entregue a eles se obedecer ao Senhor. Sua vida será poupada, e tudo lhe irá bem. ²¹Mas, se não quiser se render, foi isto que o Senhor me revelou: ²²Todas as mulheres que restaram em seu palácio serão trazidas para fora e entregues aos oficiais do exército babilônio. Então as mulheres lhe dirão:

'Que belos amigos você tem!
Traíram você e o enganaram.
Quando seus pés atolaram na lama,
abandonaram-no à própria sorte'.

²³Todas as suas esposas e todos os seus filhos serão levados pelos babilônios, e você não escapará. Será capturado pelo rei da Babilônia, e esta cidade será queimada de alto a baixo".

²⁴Então Zedequias disse a Jeremias: "Se alguém souber dessa conversa, você morrerá! ²⁵Pode ser que meus oficiais fiquem sabendo que falei com você e digam: 'Conte-nos sobre o que você e o rei conversaram. Se não nos contar, o mataremos'. ²⁶Se isso acontecer, diga-lhes apenas que suplicou para não ser levado de volta ao calabouço de Jônatas, pois tem medo de morrer ali".

²⁷De fato, pouco depois, os oficiais do rei foram ver Jeremias e lhe perguntaram por que o rei tinha mandado chamá-lo. Jeremias, porém, seguiu as instruções do rei, e os oficiais foram embora sem descobrir a verdade. Ninguém tinha ouvido a conversa entre Jeremias e o rei. ²⁸Jeremias continuou preso no pátio da guarda até o dia em que Jerusalém foi conquistada.

A queda de Jerusalém

39 Em janeiro[a] do nono ano do reinado de Zedequias, rei de Judá, Nabucodonosor, rei da Babilônia, chegou com todo o seu exército para cercar Jerusalém. ²Dois anos e meio depois, em 18 de julho,[b] no décimo primeiro ano do reinado de Zedequias, foi aberta uma brecha no muro da cidade. ³Todos os oficiais do exército babilônio entraram e se sentaram junto ao portão do Meio: Nergal-Sarezer, de Sangar, Nebo-Sarsequim,[c] um dos chefes dos oficiais, Nergal-Sarezer, conselheiro real, e todos os outros oficiais do rei da Babilônia.

⁴Zedequias, o rei de Judá, e todos os soldados fugiram quando viram que os babilônios tinham invadido a cidade. Esperaram até o anoitecer, passaram pelo portão entre os dois muros atrás do jardim do rei e fugiram em direção ao vale do Jordão.[d]

⁵Contudo, os soldados babilônios[e] os perseguiram e alcançaram o rei Zedequias nas planícies de Jericó. Eles o capturaram e o levaram a Nabucodonosor em Ribla, na terra de Hamate. Ali o rei da Babilônia sentenciou Zedequias. ⁶Obrigou Zedequias a testemunhar a matança de seus filhos e de todos os nobres de Judá. ⁷Depois, arrancou seus olhos, o prendeu com correntes de bronze e o levou para a Babilônia.

⁸Os babilônios queimaram Jerusalém, incluindo o palácio real e as casas do povo, e derrubaram os muros da cidade. ⁹Nebuzaradã,

---

[a] 39.1 Em hebraico, *No décimo mês*, do antigo calendário lunar hebraico. Esse acontecimento ocorreu em 15 de janeiro de 588 a.C.; ver também nota em 1.3. [b] 39.2 Em hebraico, *No novo dia do quarto mês*. O ano foi 586 a.C.; ver também nota em 1.3.
[c] 39.3 Ou *Nergal-Sarezer, Sangar-Nebo e Sarsequim*. [d] 39.4 Em hebraico, *à Arabá*. [e] 39.5 Ou *caldeus*; também em 39.8.

capitão da guarda, deportou para a Babilônia o restante do povo que havia ficado na cidade, os desertores que tinham passado para seu lado e todos os outros sobreviventes. ¹⁰Permitiu, no entanto, que alguns dos mais pobres ficassem na terra de Judá para cuidar dos vinhedos e dos campos.

Jeremias permanece em Judá

¹¹O rei Nabucodonosor tinha ordenado a Nebuzaradã, capitão da guarda, que encontrasse Jeremias. ¹²"Cuide que ele não seja ferido", disse. "Tome conta dele e providencie tudo que ele pedir." ¹³Então Nebuzaradã, capitão da guarda, Nebusazbã, um dos chefes dos oficiais, Nergal-Sarezer, conselheiro real, e os outros oficiais do rei da Babilônia ¹⁴mandaram tirar Jeremias da prisão. Entregaram-no aos cuidados de Gedalias, filho de Aicam e neto de Safã, que o levou para sua casa. Jeremias permaneceu em Judá, no meio de seu povo.

¹⁵Enquanto Jeremias ainda estava na prisão, o Senhor lhe tinha dado a seguinte mensagem: ¹⁶"Diga ao etíope[a] Ebede-Meleque: 'Assim diz o Senhor dos Exércitos, o Deus de Israel: Farei a esta cidade tudo que prometi. Enviarei calamidade, e não o bem. Você a verá ser destruída, ¹⁷mas eu o livrarei daqueles que você tanto teme. ¹⁸Porque confiou em mim, darei a você sua vida como recompensa. Eu o resgatarei e o protegerei. Eu, o Senhor, falei!'".

40 O Senhor deu uma mensagem a Jeremias depois que Nebuzaradã, capitão da guarda, o pôs em liberdade em Ramá. Ele havia encontrado Jeremias acorrentado entre todos os prisioneiros de Jerusalém e Judá que estavam sendo levados para o exílio na Babilônia.

²O capitão da guarda mandou chamar Jeremias e disse: "O Senhor, seu Deus, trouxe esta calamidade sobre esta terra. ³O Senhor cumpriu o que tinha dito, pois esse povo pecou contra o Senhor e lhe desobedeceu. Por isso aconteceram todas essas coisas. ⁴Mas eu vou tirar suas correntes e libertá-lo. Se quiser ir comigo para a Babilônia, está bem. Providenciarei que cuidem de você. Se não quiser ir, fique aqui. Toda a terra está diante de você; vá para onde quiser. ⁵Se resolver ficar, volte para Gedalias, filho de Aicam e neto de Safã. O rei da Babilônia o nomeou governador de Judá. Fique com o povo que ele governa. E, se quiser ir para algum outro lugar, faça o que lhe parecer melhor".

Então Nebuzaradã, capitão da guarda, deu a Jeremias um pouco de alimento e dinheiro e o deixou partir. ⁶Jeremias voltou para Gedalias, filho de Aicam, em Mispá, e habitou em Judá com os poucos que haviam ficado na terra.

Gedalias governa em Judá

⁷Os comandantes dos grupos de soldados que estavam no interior de Judá souberam que o rei da Babilônia havia nomeado Gedalias, filho de Aicam, para governar o povo pobre que tinha ficado em Judá, isto é, os homens, as mulheres e as crianças que não haviam sido enviados para o exílio na Babilônia. ⁸Então foram ver Gedalias em Mispá. Entre eles estavam Ismael, filho de Netanias, Joanã e Jônatas, filhos de Careá, Seraías, filho de Tanumete, os filhos de Efai, o netofatita, Jazanias, filho do maacatita, e todos os seus homens.

⁹Gedalias jurou a eles que os babilônios[b] não tinham intenção de lhes fazer mal. "Não tenham medo de servi-los. Vivam na terra e sirvam ao rei da Babilônia, e tudo lhes irá bem", ele prometeu. ¹⁰"Quanto a mim, ficarei em Mispá e os representarei diante dos babilônios que vierem se encontrar conosco. Estabeleçam-se nas cidades que tomaram e vivam dos frutos da terra. Colham uvas, frutas de verão e azeitonas e armazenem tudo."

¹¹Quando os judeus em Moabe, Amom, Edom e outras terras vizinhas souberam que o rei da Babilônia tinha deixado um remanescente do povo em Judá e que Gedalias era o governador, ¹²começaram a voltar para Judá dos lugares para os quais haviam fugido. Pararam em Mispá, onde se encontraram com Gedalias. Depois, seguiram para os campos em Judá e tiveram uma farta colheita de uvas e frutas de verão.

Conspiração contra Gedalias

¹³Algum tempo depois, Joanã, filho de Careá, e os outros comandantes dos soldados que estavam no interior foram até Gedalias, em Mispá, ¹⁴e lhe disseram: "Você sabia que Baalis, rei de

---

[a] 39.16 Em hebraico, *cuxita*. [b] 40.9 Ou *caldeus*; também em 40.10.

Amom, enviou Ismael, filho de Netanias, para assassiná-lo?". Gedalias, porém, não acreditou neles.

¹⁵Mais tarde, Joanã falou com Gedalias em particular e se ofereceu para matar Ismael em segredo. "Por que deixar que ele venha e mate você?", Joanã perguntou. "O que será, então, dos judeus que voltaram? Se isso acontecer, os poucos que restaram ficarão espalhados e perdidos."

¹⁶Gedalias, porém, disse a Joanã: "Eu o proíbo de fazer isso, pois você está mentindo a respeito de Ismael".

O assassinato de Gedalias

41 Em outubro daquele ano,ᵃ Ismael, filho de Netanias e neto de Elisama, que era da família real e que havia sido um alto oficial do rei, foi a Mispá com dez homens para se encontrar com Gedalias, filho de Aicam e neto de Safã. Enquanto faziam uma refeição juntos, ²Ismael e os dez homens se levantaram de um salto, puxaram suas espadas e mataram Gedalias, que o rei da Babilônia havia nomeado governador. ³Ismael também matou todos os soldados judeus e babilôniosᵇ que estavam com Gedalias em Mispá.

⁴No dia seguinte, antes que alguém soubesse do assassinato de Gedalias, ⁵oitenta homens chegaram de Siquém, Siló e Samaria para adorar no templo do Senhor. Tinham raspado a cabeça, rasgado as roupas e se cortado e traziam ofertas de cereal e incenso. ⁶Ismael, filho de Netanias, saiu de Mispá e foi ao encontro deles, chorando ao longo do caminho. Quando os encontrou, disse: "Venham e vejam o que aconteceu a Gedalias, filho de Aicam".

⁷Assim que todos entraram na cidade, Ismael e os homens que o acompanhavam mataram setenta deles e jogaram os corpos numa cisterna. ⁸Os outros dez sobreviveram, pois haviam convencido Ismael a soltá-los ao prometer lhes trazer os suprimentos de trigo, cevada, azeite e mel que haviam escondido. ⁹A cisterna em que Ismael jogou os corpos dos homens que ele assassinou era a grande cisternaᶜ cavada pelo rei Asa, quando ele fortificou a cidade para se defender de Baasa, rei de Israel. Ismael, filho de Netanias, a encheu de cadáveres.

¹⁰Então Ismael prendeu as filhas do rei e outras pessoas que Nebuzaradã, capitão da guarda, havia deixado em Mispá aos cuidados de Gedalias. Ismael partiu para a terra de Amom levando os prisioneiros.

¹¹Quando Joanã, filho de Careá, e os outros comandantes que o acompanhavam souberam dos crimes de Ismael, ¹²reuniram todos os seus soldados e partiram para lutar contra ele. Eles o alcançaram no grande açude perto de Gibeom. ¹³O povo que Ismael tinha capturado gritou de alegria quando viu Joanã e os outros comandantes. ¹⁴Todos os prisioneiros de Mispá escaparam e começaram a ajudar Joanã. ¹⁵Enquanto isso, Ismael e oito dos homens que estavam com ele escaparam de Joanã e foram para a terra de Amom.

¹⁶Então Joanã, filho de Careá, e os outros comandantes levaram todo o povo que tinham resgatado em Gibeom: os soldados, as mulheres, as crianças e os oficiais do palácioᵈ que Ismael havia capturado em Mispá depois de matar Gedalias. ¹⁷Foram todos para o povoado de Gerute-Quimã, perto de Belém, de onde planejavam fugir para o Egito. ¹⁸Tinham medo daquilo que os babilônios fariam quando soubessem que Ismael havia assassinado Gedalias, o governador nomeado pelo rei da Babilônia.

Advertência para permanecer em Judá

42 Então todos os comandantes dos grupos de soldados, incluindo Joanã, filho de Careá, e Jezanias,ᵉ filho de Hosaías, e todo o povo, desde o mais humilde até o mais importante, procuraram ²o profeta Jeremias e disseram: "Ore por nós ao Senhor, seu Deus. Como pode ver, somos apenas um pequeno e humilde remanescente comparado ao que éramos antes. ³Ore para que o Senhor, seu Deus, nos mostre o que devemos fazer e para onde devemos ir".

⁴"Está bem", disse Jeremias. "Orarei ao Senhor, seu Deus, como vocês pediram, e lhes direi tudo que ele responder. Não esconderei nada de vocês."

ᵃ**41.1** Em hebraico, *No sétimo mês*, do antigo calendário lunar hebraico. Esse mês caiu entre outubro e novembro de 586 a.C.; ver também nota em 1.3. ᵇ**41.3** Ou *caldeus*; também em 41.18. ᶜ**41.9** Conforme a Septuaginta; o hebraico traz *assassinou porque Gedalias era aquele*. ᵈ**41.16** Ou *eunucos*. ᵉ**42.1** A Septuaginta traz *Azarias*; comparar com 43.2.

⁵Então disseram a Jeremias: "Que o Senhor, seu Deus, seja testemunha verdadeira e fiel contra nós se não obedecermos a tudo que ele nos ordenar! ⁶Quer suas ordens nos agradem quer não, obedeceremos ao Senhor, nosso Deus, a quem o enviamos com nossa súplica. Pois, se obedecermos ao Senhor, nosso Deus, tudo irá bem para nós".

⁷Dez dias depois, o Senhor enviou sua resposta a Jeremias. ⁸Então o profeta chamou Joanã, filho de Careá, os outros comandantes e todo o povo, desde o mais humilde até o mais importante, ⁹e disse-lhes: "Vocês me enviaram ao Senhor, o Deus de Israel, com seu pedido, e esta é a resposta: ¹⁰Se ficarem nesta terra, eu os edificarei, e não os derrubarei; eu os plantarei, e não os arrancarei. Pois lamento pela calamidade que trouxe sobre vocês. ¹¹Não precisam mais ter medo do rei da Babilônia', diz o Senhor. 'Pois eu estou com vocês; eu os salvarei e os livrarei das mãos dele. ¹²Terei compaixão de vocês e farei que ele também tenha e permita que fiquem nesta terra.'

¹³"Mas, se vocês se recusarem a obedecer ao Senhor, seu Deus, e se disserem: 'Não ficaremos nesta terra; ¹⁴iremos para o Egito onde não há guerra, nem convocação para lutar, nem fome, e ali viveremos', ¹⁵então ouçam a mensagem do Senhor para o remanescente de Judá. Assim diz o Senhor dos Exércitos, o Deus de Israel: 'Se vocês estão decididos a ir para o Egito e morar lá, ¹⁶a guerra e a fome que tanto temem os alcançarão e ali vocês morrerão. ¹⁷Isso é o que espera todos que insistirem em partir e morar no Egito. Sim, morrerão por guerra, fome e doença. Ninguém escapará da calamidade que trarei sobre vocês.'

¹⁸"Assim diz o Senhor dos Exércitos, o Deus de Israel: 'Assim como derramei minha ira e minha fúria sobre os habitantes de Jerusalém, também as derramarei sobre vocês quando entrarem no Egito. Serão objeto de condenação, horror, maldição e zombaria. Nunca mais verão sua terra natal'.

¹⁹"Ouça, ó remanescente de Judá. O Senhor lhes disse: 'Não vão para o Egito!'. Não se esqueçam dessa advertência que hoje lhes dei. ²⁰Pois vocês não foram honestos quando me enviaram para orar ao Senhor, seu Deus, por vocês. Disseram: 'Diga-nos tudo que o Senhor, nosso Deus, falar, e nós o faremos'. ²¹Hoje lhes disse exatamente o que ele falou, mas vocês não obedecerão ao Senhor, seu Deus, como não lhe obedeceram no passado. ²²Estejam certos, portanto, de que morrerão por guerra, fome e doença no Egito, para onde insistem em ir".

Jeremias é levado para o Egito

43 Quando Jeremias acabou de transmitir a todo o povo a mensagem do Senhor, seu Deus, ²Azarias, filho de Hosaías, e Joanã, filho de Careá, e todos os outros homens arrogantes disseram a Jeremias: "Você está mentindo! O Senhor, nosso Deus, não nos proibiu de ir morar no Egito! ³Baruque, filho de Nerias, o convenceu a dizer isso, pois ele deseja que fiquemos aqui e sejamos mortos pelos babilônios[a] ou levados para o exílio".

⁴Joanã, os outros comandantes e todo o povo não obedeceram à ordem do Senhor para que ficassem em Judá. ⁵Joanã e os outros comandantes levaram consigo todo o povo que tinha regressado das nações vizinhas para morar em Judá. ⁶Havia na multidão homens, mulheres e crianças, as filhas do rei e todos que Nebuzaradã, o capitão da guarda, havia deixado com Gedalias, filho de Aicam e neto de Safã. Também levaram o profeta Jeremias e Baruque, filho de Nerias. ⁷O povo não obedeceu ao Senhor e foi para o Egito, até a cidade de Tafnes.

⁸Quando chegaram a Tafnes, o Senhor deu outra mensagem a Jeremias: ⁹"Pegue algumas pedras grandes e, diante do povo de Judá, enterre-as debaixo das pedras do pavimento na entrada do palácio do faraó, aqui em Tafnes. ¹⁰Então, diga ao povo: 'Assim diz o Senhor dos Exércitos, o Deus de Israel: Certamente trarei meu servo Nabucodonosor, rei da Babilônia, aqui para o Egito. Colocarei seu trono sobre estas pedras que escondi. Ele estenderá sobre elas sua tenda real. ¹¹E, quando ele vier, destruirá a terra do Egito. Trará morte aos destinados à morte, exílio aos destinados ao exílio e guerra aos destinados à guerra. ¹²Incendiará os templos dos deuses egípcios; queimará os templos e levará os ídolos como despojo. Limpará a terra do Egito, como um pastor que tira

---

e **43.3** Ou *caldeus*.

os piolhos de seu manto, e sairá dali sem sofrer dano algum. ¹³Quebrará as colunas no templo do sol,ª no Egito, e queimará os templos dos deuses egípcios'".

Julgamento por causa da idolatria

44 Jeremias recebeu esta mensagem acerca dos judeus que viviam no norte do Egito, nas cidades de Migdol, Tafnes e Mênfis,ᵇ e também no sul do Egito:ᶜ ²"Assim diz o Senhor dos Exércitos, o Deus de Israel: Vocês viram a calamidade que eu trouxe sobre Jerusalém e sobre todas as cidades de Judá. Hoje elas estão desertas e em ruínas, ³porque provocaram minha ira com sua perversidade. Queimaram incenso e adoraram outros deuses que nem eles, nem vocês, nem seus antepassados jamais conheceram.

⁴"Repetidamente, enviei meu servos, os profetas, para lhes dizer: 'Não façam essas coisas terríveis que eu tanto detesto!'. ⁵Mas eles não deram ouvidos nem abandonaram sua perversidade, e continuaram a queimar incenso para esses deuses. ⁶Por isso minha fúria transbordou e caiu como fogo sobre as cidades de Judá e as ruas de Jerusalém, que até hoje são ruínas desoladas.

⁷"Agora, o Senhor dos Exércitos, o Deus de Israel, lhes pergunta: Por que destroem a si mesmos? Nenhum de vocês sobreviverá: nenhum homem, mulher, criança ou recém-nascido que veio de Judá. ⁸Por que provocar minha ira queimando incenso para os ídolos que vocês fizeram aqui no Egito? Destruirão a si mesmos e se tornarão objeto de maldição e zombaria para todas as nações. ⁹Acaso se esqueceram dos pecados de seus antepassados, dos pecados dos reis e das rainhas de Judá, e dos pecados que vocês e suas esposas cometeram em Judá e em Jerusalém? ¹⁰Até hoje, não mostraram remorso nem temor. Ninguém escolheu obedecer à minha lei e aos decretos que dei a vocês e a seus antepassados.

¹¹"Portanto, assim diz o Senhor dos Exércitos, o Deus de Israel: Estou decidido a destruir cada um de vocês! ¹²Tomarei o remanescente de Judá, aqueles que teimaram em vir para o Egito e morar aqui, e os consumirei. Cairão no Egito, mortos por guerra e fome. Todos morrerão, desde o mais humilde até o mais importante. Serão objeto de condenação, horror, maldição e zombaria. ¹³Eu os castigarei no Egito como os castiguei em Jerusalém, com guerra, fome e doença. ¹⁴Desse remanescente que fugiu para o Egito, na esperança de um dia voltar para

---

> **PÃO DIÁRIO**
>
> ## Até os animais voltam para casa
>
> *Até hoje, não mostraram remorso nem temor. Ninguém escolheu obedecer a minha lei e aos decretos que dei a vocês e a seus antepassados.*
>
> —Jeremias 44.10
>
> O proprietário de uma casa no interior disse que ouviu um gato miando na varanda da frente. Quando abriu a porta, um gato cinza de longos pelos entrou rapidamente, verificou as coisas ao redor e começou a ronronar e, em seguida, pulou para cima de uma cadeira, como se pertencesse àquele lugar. Os membros da família não podiam acreditar no que viam, mas, quando compararam o gato com as fotos tiradas anos antes, só puderam concluir que era o seu bicho de estimação perdido por muito tempo. O gato tinha voltado para casa depois de oito anos perambulando sabe-se lá por onde.
>
> Deus colocou um instinto caseiro extraordinário em alguns animais! No âmbito espiritual, por que será que os filhos de Deus que se desviaram parecem ter pouco deste mesmo instinto? Por que será que, em nossa rebelião, demonstramos ter menos deste senso do que os animais? Fomos projetadas por um Criador amoroso que nos dá todas as razões para querermos voltar para casa. Em Sua presença há esperança, amor, proteção duradoura e alegria plena. Longe dele há o prazer temporário, mas perdas e desespero eternos.
>
> Jeremias nos relembra de que Deus está sempre estendendo as Suas mãos para nos oferecer o arrependimento. O Senhor quer que retornemos a Ele, ao nosso lar verdadeiro. O ser humano é o único que parece estar determinado a buscar a sua autodestruição.
>
> *Pai, perdoa-nos por corrermos para longe de ti. Leva-nos de volta à Tua presença hoje mesmo.*
>
> **Nunca é cedo demais para voltar para Deus.**

ª**43.13** Ou *em Heliópolis.* ᵇ**44.1a** Em hebraico, *Nofe.* ᶜ**44.1b** Em hebraico, *em Patros.*

Judá, ninguém sobreviverá. Embora anseiem voltar para sua terra, apenas uns poucos retornarão".

¹⁵Então todas as mulheres que estavam presentes e todos os homens que sabiam que suas esposas haviam queimado incenso para ídolos, uma grande multidão de todos os judeus que viviam no norte e no sul do Egito,[a] responderam a Jeremias: ¹⁶"Não ouviremos as mensagens que você transmite em nome do Senhor! ¹⁷Faremos o que bem entendermos. Queimaremos incenso e apresentaremos ofertas derramadas para a Rainha do Céu, como nós, nossos antepassados e nossos reis e oficiais sempre fizemos nas cidades de Judá e nas ruas de Jerusalém. Naqueles dias, havia alimento com fartura, éramos prósperos e não tínhamos problemas! ¹⁸Mas desde que paramos de queimar incenso para a Rainha do Céu e deixamos de adorá-la com ofertas derramadas, temos enfrentado grandes aflições e morrido por guerra e fome".

¹⁹"Além disso", acrescentaram as mulheres, "você imagina que queimávamos incenso, apresentávamos ofertas derramadas à Rainha do Céu e fazíamos bolos que retratavam sua imagem sem o conhecimento e a ajuda de nossos maridos?"

²⁰Então Jeremias disse a todos, tanto homens como mulheres, que lhe tinham dado essa resposta: ²¹"Vocês pensam que o Senhor não sabia que vocês, seus antepassados, seus reis e oficiais e todo o povo queimavam incenso a ídolos nas cidades de Judá e nas ruas de Jerusalém? ²²O Senhor fez de sua terra objeto de maldição, ruína desolada e sem habitantes, como está hoje, porque não suportava mais suas práticas detestáveis. ²³Todas essas coisas terríveis aconteceram a vocês porque queimaram incenso a ídolos e pecaram contra o Senhor. Não obedeceram à sua voz nem seguiram sua lei, seus decretos e seus preceitos!".

²⁴Então Jeremias disse a todos, inclusive às mulheres: "Ouçam esta mensagem do Senhor, todos vocês judeus que agora vivem no Egito. ²⁵Assim diz o Senhor dos Exércitos, o Deus de Israel: 'Vocês e suas esposas disseram: 'Cumpriremos nossa promessa de queimar incenso e apresentar ofertas derramadas à Rainha do Céu', e provaram com suas ações que estavam falando sério. Portanto, cumpram as promessas e votos que fizeram para ela'.

²⁶"Ouçam, porém, esta mensagem do Senhor, todos vocês judeus que agora vivem no Egito: 'Jurei por meu grande nome', diz o Senhor, 'que nenhum judeu na terra do Egito pronunciará meu nome. Nenhum de vocês invocará meu nome nem o usará para jurar: 'Tão certo como vive o Senhor Soberano'. ²⁷Pois eu os vigiarei para trazer sobre vocês calamidade, e não bem. Os judeus que hoje vivem no Egito sofrerão guerra e fome até que estejam todos mortos. ²⁸Apenas uns poucos escaparão da morte e voltarão do Egito para Judá. Então todos que vieram para o Egito saberão quais palavras são verdadeiras: as minhas ou as deles!

²⁹"'E esta é a prova que lhes dou', diz o Senhor, 'de que todas as minhas palavras se cumprirão e de que eu os castigarei aqui.' ³⁰Assim diz o Senhor: 'Entregarei o faraó Hofra, rei do Egito, nas mãos de seus inimigos que desejam matá-lo, assim como entreguei Zedequias, rei de Judá, a Nabucodonosor, rei da Babilônia'".

Mensagem para Baruque

45 O profeta Jeremias transmitiu esta mensagem a Baruque, filho de Nerias, no quarto ano do reinado de Jeoaquim, filho de Josias,[b] depois que Baruque escreveu tudo que Jeremias havia ditado: ²"Assim diz o Senhor, o Deus de Israel, a você, Baruque: ³Você disse: 'Estou cercado de aflições! Será que já não sofri o suficiente? E agora o Senhor acrescentou ainda mais dor! Estou exausto de tanto gemer e não encontro descanso'.

⁴"Baruque, assim diz o Senhor: 'Destruirei esta nação que edifiquei; arrancarei o que plantei. ⁵Você procura grandes coisas para si mesmo? Não faça isso! Trarei calamidade sobre todo este povo; a você, porém, darei sua vida como recompensa aonde quer que vá. Eu, o Senhor, falei!'".

Mensagens para as nações

46 O profeta Jeremias recebeu do Senhor estas mensagens acerca das nações.

---

[a] **44.15** Em hebraico, *no Egito, em Patros*. [b] **45.1** Isto é, no ano 605 a.C.

Mensagens a respeito do Egito

²Esta mensagem acerca do Egito foi anunciada no quarto ano do reinado de Jeoaquim, filho de Josias, rei de Judá, quando o faraó Neco, rei do Egito, e seu exército foram derrotados junto ao rio Eufrates por Nabucodonosor, rei da Babilônia, na batalha de Carquemis.[a]

³"Preparem seus escudos
e avancem para a batalha!
⁴Selem os cavalos
e montem neles, cavaleiros!
Tomem suas posições
e coloquem os capacetes.
Afiem as lanças
e vistam as armaduras.
⁵Mas o que vejo?
O exército egípcio foge, apavorado.
Seus guerreiros mais valentes
correm sem olhar para trás.
Estão cercados de terror",
diz o Senhor.
⁶"Os mais velozes não conseguem fugir,
os mais fortes não podem escapar.
No norte, junto ao rio Eufrates,
tropeçam e caem.
⁷"Quem é este que sobe como o Nilo no tempo das cheias
e inunda toda a terra?
⁸É o exército egípcio
que inunda toda a terra.
Conta vantagem de que a cobrirá como uma enchente
e destruirá as cidades e seus habitantes.
⁹Avancem, cavalos e carros de guerra,
ataquem, guerreiros valentes do Egito!
Venham todos vocês, aliados da Etiópia, da Líbia e da Lídia,[b]
hábeis com o escudo e o arco.
¹⁰Porque este é o dia do Soberano Senhor dos Exércitos,
dia de vingar-se de seus inimigos.
A espada devorará até se fartar,
sim, até se embriagar com seu sangue.
O Soberano Senhor dos Exércitos receberá
hoje um sacrifício
na terra do norte, junto ao rio Eufrates.

¹¹"Suba a Gileade para buscar remédio,
ó filha virgem do Egito!
Mas de nada adiantarão seus muitos medicamentos,
pois não há cura para você.
¹²As nações ouviram falar de sua humilhação,
a terra está cheia de seus gritos de desespero.
Seus guerreiros mais valentes tropeçarão uns nos outros
e juntos cairão."

¹³Então o Senhor deu ao profeta Jeremias esta mensagem acerca dos planos de Nabucodonosor, rei da Babilônia, para atacar o Egito.

¹⁴"Anunciem esta mensagem no Egito,
proclamem-na em Migdol, Mênfis[c] e Tafnes!
Preparem-se para a batalha,
pois a espada devorará todos ao seu redor.
¹⁵Por que seus guerreiros caíram?
Não conseguem ficar em pé, pois o Senhor os derrubou.
¹⁶Tropeçam e caem uns sobre os outros
e dizem entre si:
'Venham, vamos voltar ao nosso povo,
à nossa terra natal;
vamos fugir da espada do inimigo!'.
¹⁷Ali eles dirão:
'O faraó, o rei do Egito, só faz barulho;
perdeu sua oportunidade!'.
¹⁸"Tão certo como eu vivo", diz o Rei,
cujo nome é Senhor dos Exércitos,
"vem contra o Egito alguém
alto como o monte Tabor,
como o monte Carmelo junto ao mar.
¹⁹Arrume a bagagem!
Prepare-se para ir ao exílio, povo do Egito!
A cidade de Mênfis será destruída,
e não restará um só habitante.
²⁰O Egito é formoso como uma bela novilha,
mas uma grande mosca do norte está a caminho.

---

[a] 46.2 Isto é, no ano 605 a.C. [b] 46.9 Em hebraico, *de Cuxe, Pute e Lude*. [c] 46.14 Em hebraico, *Nofe*; também em 46.19.

²¹ Os mercenários do Egito são fortes como bezerros gordos,
mas eles também darão meia-volta e fugirão,
pois este é um dia de grande calamidade para o Egito,
o tempo de seu castigo.
²² O Egito foge como uma serpente que desliza para longe;
os exércitos invasores avançam e vêm contra ele com machados,
como se fossem lenhadores.
²³ Cortarão seu povo como árvores", diz o Senhor,
"pois são mais numerosos que gafanhotos.
²⁴ O Egito será humilhado;
será entregue ao povo do norte."

²⁵ Assim diz o Senhor dos Exércitos, o Deus de Israel: "Castigarei Amom, o deus de Tebas,ᵃ e todos os outros deuses do Egito. Castigarei seus governantes, o faraó e todos que nele confiam. ²⁶ Eu os entregarei àqueles que desejam matá-los, a Nabucodonosor, rei da Babilônia, e a seu exército. Depois disso, porém, a terra voltará a ser habitada, como no passado. Eu, o Senhor, falei!

²⁷ "Mas não tenha medo, meu servo Jacó;
não desanime, ó Israel.
Pois eu o trarei de volta de terras distantes,
e seus descendentes retornarão do exílio.
Israelᵇ voltará a ter uma vida de paz e sossego,
e ninguém o assustará.
²⁸ Não tenha medo, meu servo Jacó,
pois estou com você",
diz o Senhor.
"Destruirei completamente todas as nações entre as quais o espalhei,
mas você não será completamente destruído.
Eu o disciplinarei, mas com justiça;
não posso permitir que fique impune."

Mensagem a respeito da Filístia

47 O Senhor deu esta mensagem ao profeta Jeremias acerca dos filisteus de Gaza, antes de ela ser derrotada pelo exército egípcio. ² Assim diz o Senhor:

"Do norte se aproxima uma enchente para inundar a terra.
Destruirá a terra e tudo que nela há,
tanto as cidades como seus habitantes.
O povo gritará de terror,
e todos na terra se lamentarão.
³ Ouçam o ruído dos cascos de cavalos,
o barulho dos carros de guerra e o estrondo de suas rodas.
Os pais fogem apavorados,
sem olhar para trás, para seus filhos indefesos.
⁴ "Chegou o dia de destruir os filisteus
e seus aliados de Tiro e de Sidom.
Sim, o Senhor destruirá os filisteus,
o remanescente da ilha de Creta.ᶜ
⁵ Gaza será humilhada, e sua cabeça será raspada;
Ascalom ficará em silêncio.
E você, remanescente da planície costeira,
até quando cortará a si mesmo em sinal de lamento?
⁶ "Ó espada do Senhor,
quando descansará?
Volte para sua bainha;
repouse e aquiete-se.
⁷ "Mas como pode se aquietar
se o Senhor a enviou numa missão?
Deve destruir a cidade de Ascalom
e o povo que vive no litoral".

Mensagem a respeito de Moabe

48 Esta é a mensagem acerca de Moabe. Assim diz o Senhor dos Exércitos, o Deus de Israel:

"Que aflição espera a cidade de Nebo;
logo ela estará em ruínas!
A cidade de Quiriataim será humilhada e conquistada;
a fortaleza será envergonhada e derrubada.
² Ninguém mais se orgulhará de Moabe,
pois em Hesbom tramam destruí-la.
Dizem: 'Venham, vamos acabar com aquela nação!'.

ᵃ **46.25** Em hebraico, *de Nô*. ᵇ **46.27** Em hebraico, *Jacó*. Ver nota em 5.20. ᶜ **47.4** Em hebraico, *de Caftor*.

A cidade de Madmém[a] também será
silenciada;
a espada a perseguirá.
³Ouçam os gritos de Horonaim,
gritos de devastação e de grande
destruição.
⁴Toda a terra de Moabe está destruída;
suas crianças gritarão aos prantos.
⁵Seus refugiados não param de chorar
enquanto sobem a ladeira para Luíte.
Gritam de terror
no caminho que desce para Horonaim.
⁶Fujam para salvar a vida!
Escondam-se[b] no deserto!
⁷Porque confiaram em sua riqueza e
habilidade,
serão capturados.
Seu deus, Camos, será levado para terras
distantes,
junto com seus sacerdotes e oficiais.

⁸"Todas as cidades serão destruídas,
e ninguém escapará,
nem nos planaltos nem nos vales,
pois o Senhor falou.
⁹Quem dera Moabe tivesse asas
para que pudesse voar para longe,[c]
pois suas cidades ficarão desertas,
sem nenhum habitante.
¹⁰Maldito aquele que não cumprir
diligentemente o trabalho do Senhor,
que impedir sua espada de derramar
sangue!

¹¹"Desde o início de sua história, Moabe
viveu em paz;
nunca foi para o exílio.
É como o vinho deixado em repouso;
não foi passado de uma vasilha para a
outra
e agora está aromático e suave.
¹²Mas está chegando o dia", diz o Senhor,
"em que enviarei homens para tirar o
vinho da vasilha.
Eles o despejarão
e despedaçarão a vasilha.
¹³Enfim Moabe terá vergonha de seu deus,
Camos,
como o povo de Israel se envergonhou
do bezerro de ouro em Betel.[d]

¹⁴"Você costumava dizer:
'Somos fortes,
guerreiros valentes'.
¹⁵Agora, porém, Moabe e suas cidades
serão destruídas;
seus jovens mais promissores
morrerão",
diz o Rei, cujo nome é Senhor dos
Exércitos.
¹⁶"A destruição de Moabe vem depressa,
a calamidade se aproxima.
¹⁷Vocês, amigos de Moabe,
lamentem por ela e chorem!
Vejam como o cajado forte está quebrado,
como o cetro glorioso está em pedaços!

¹⁸"Desçam de sua glória
e sentem-se no pó, habitantes de Dibom,
pois os destruidores de Moabe também os
arrasarão;
derrubarão todas as suas torres.
¹⁹Fiquem à beira do caminho e vigiem,
habitantes de Aroer.
Perguntem àqueles que fogem de Moabe:
'O que aconteceu?'.

²⁰"A resposta será:
'Moabe está em ruínas, humilhada;
chorem e lamentem!
Anunciem nas margens do rio Arnom:
Moabe foi destruída!'.
²¹O julgamento chegou às cidades do
planalto:
a Holom, Jaza e Mefaate,
²²a Dibom, Nebo e Bete-Diblataim,
²³a Quiriataim, Bete-Gamul e Bete-
-Meom,
²⁴a Queriote e Bozra e a todas as cidades de
Moabe,
distantes e próximas.

²⁵"A força de Moabe acabou;
seu braço foi quebrado", diz o Senhor.
²⁶"Que ela cambaleie e caia como um
bêbado,
pois se rebelou contra o Senhor.

---

[a] 48.2 *Madmém* tem um som parecido com o do termo hebraico para "silêncio". [b] 48.6 Ou *Escondam-se como um jumento selvagem*; ou *Escondam-se como um arbusto de zimbro*; ou *Sejam como [a cidade de] Aroer*. O significado do hebraico é incerto.
[c] 48.9 Ou *Ponham sal em Moabe, / pois ela será devastada.* [d] 48.13 Em hebraico, *se envergonhou quando confiou em Betel.*

Moabe se revolverá no próprio vômito,
e todos zombarão dela.
²⁷Você não zombou dos israelitas?
Acaso foram encontrados na companhia de ladrões
para que os desprezassem dessa forma?

²⁸"Fujam de suas cidades e morem em cavernas
habitantes de Moabe.
Escondam-se como pombas que fazem seus ninhos
nas fendas dos rochedos.

²⁹Todos nós ouvimos falar do orgulho de Moabe,
pois seu orgulho é muito grande.
Sabemos de sua soberba,
sua arrogância e seu coração altivo.
³⁰Conheço sua insolência",
diz o Senhor,
"mas sua arrogância é vazia,
tão vazia quanto seus atos.
³¹Agora, chorarei por Moabe,
sim, gritarei de tristeza por Moabe;
lamentarei pelos homens de Quir-Haresete.ᵃ

³²"Habitantes de Sibma, cheia de videiras,
chorarei por vocês mais do que chorei por Jazer.
Seus ramos se estendiam até o mar Morto,ᵇ
mas o destruidor acabou com tudo;
colheu suas uvas e seus frutos de verão.
³³Alegria e exultação desapareceram da fértil Moabe;
os tanques de prensar deixaram de produzir vinho.
Ninguém mais pisa as uvas com gritos alegres;
há gritos, mas não de alegria.

³⁴"Seus gritos de terror são ouvidos desde Hesbom até Eleale e Jaaz; desde Zoar até Horonaim e Eglate-Selisia. Agora, até as águas de Ninrim secaram. ³⁵Darei fim a Moabe", diz o Senhor, "pois o povo oferece sacrifícios nos santuários idólatras e queima incenso a seus falsos deuses. ³⁶Meu coração geme como uma flauta por Moabe e por Quir-Haresete, pois toda a sua riqueza se foi. ³⁷Seus habitantes raspam a cabeça e a barba, fazem cortes nas mãos e vestem panos de saco. ³⁸Há choro e tristeza em todas as casas e ruas de Moabe, pois eu a despedacei como um jarro velho que ninguém quer", diz o Senhor. ³⁹"Como se estilhaçou! Ouçam o choro! Vejam a humilhação de Moabe! Tornou-se objeto de zombaria, exemplo de ruína para todos os seus vizinhos."

⁴⁰Assim diz o Senhor:

"Veja, o inimigo desce veloz, como águia,
e abre suas asas sobre Moabe!
⁴¹Suas cidades cairão,
e suas fortalezas serão conquistadas.
Até os guerreiros mais valentes ficarão em agonia,
como a mulher em trabalho de parto.
⁴²Moabe deixará de ser nação,
pois se exaltou diante do Senhor.

⁴³"Terror, armadilhas e laços a esperam,
ó Moabe!", diz o Senhor.
⁴⁴"Quem fugir do terror cairá na armadilha,
quem escapar da armadilha será apanhado no laço.
Não deixarei que ninguém escape,
pois a hora de seu castigo chegou",
diz o Senhor.
⁴⁵"O povo foge até Hesbom,
mas não consegue seguir adiante,
pois de Hesbom, antiga cidade do rei Seom,
vem fogo para devorar toda a terra
e seus rebeldes habitantes.

⁴⁶"Que aflição a espera, ó Moabe!
O povo do deus Camos será destruído!
Seus filhos e suas filhas
foram levados para o exílio.
⁴⁷No futuro, porém,
restaurarei a situação de Moabe.
Eu, o Senhor, falei!"

Aqui termina a profecia de Jeremias contra Moabe.

Mensagem a respeito de Amom

49 Esta é a mensagem acerca dos amonitas. Assim diz o Senhor:

ᵃ **48.31** Em hebraico, *Quir-Heres*, variação de Quir-Haresete; também em 48.36. ᵇ **48.32** Em hebraico, *o mar de Jazer*.

"Acaso não há descendentes de Israel
    para herdar a terra de Gade?
Por que vocês, que adoram Moloque,ᵃ
    habitam nas cidades de Gade?
²Está chegando o dia", diz o Senhor,
    "em que farei soar o grito de guerra
    contra a cidade de Rabá.
Ela se tornará um monte de ruínas,
    e os povoados vizinhos serão
        queimados.
Então Israel tomará de volta
    as terras que vocês tiraram dele", diz o
        Senhor.

³"Grite, ó Hesbom,
    pois a cidade de Ai está destruída.
Chorem, ó habitantes de Rabá,
    e vistam roupas de luto.
Lamentem e escondam-se entre os
        muros,
    pois seu deus, Moloque, será levado para
        terras distantes,
    junto com seus sacerdotes e oficiais.
⁴Você se orgulha de seus vales férteis,
    ó filha rebelde.
Confiou em suas riquezas
    e pensou que ninguém jamais lhe faria
        mal.
⁵Mas eu trarei terror sobre você",
    diz o Soberano, o Senhor dos Exércitos.
"Seus vizinhos a expulsarão de sua terra,
    e ninguém ajudará seus habitantes
        quando fugirem.
⁶No futuro, porém,
    restaurarei a situação dos amonitas.
    Eu, o Senhor, falei."

Mensagem a respeito de Edom

⁷Esta é a mensagem acerca de Edom. Assim diz o Senhor dos Exércitos:

"Não há sabedoria em Temã?
    Não resta ninguém para dar bons
        conselhos?
    Sua sabedoria desapareceu?
⁸Deem meia-volta e fujam!
    Escondam-se em cavernas profundas, ó
        habitantes de Dedã!
Pois, quando eu trouxer calamidade sobre
        Edom,ᵇ
    castigarei vocês também.
⁹Aqueles que colhem uvas
    sempre deixam algumas para os pobres.
Se ladrões viessem à noite,
    não levariam tudo.
¹⁰Mas eu despojarei completamente a terra
        de Edom,
    e não restará lugar algum para se
        esconder.
Seus filhos, irmãos e vizinhos
    serão todos destruídos,
    e Edom deixará de existir.
¹¹Protegerei, contudo, os órfãos que
    restarem em seu meio,
    e as viúvas também podem esperar
        minha ajuda".

¹²Assim diz o Senhor: "Se os inocentes têm de sofrer, quanto mais vocês! Não ficarão impunes; também beberão deste cálice. ¹³Pois jurei por meu próprio nome", diz o Senhor, "que Bozra se tornará objeto de horror e um monte de ruínas; será motivo de zombaria e maldição. Todas as suas cidades ficarão desoladas para sempre."

¹⁴Ouvi uma mensagem do Senhor,
    que um embaixador foi enviado às
        nações para dizer:
"Formem uma coalizão contra Edom
    e preparem-se para a batalha!".

¹⁵Assim diz o Senhor a Edom:
"Eu a tornarei pequena entre as nações;
    será desprezada por todos.
¹⁶Você foi iludida pelo medo que provoca
    e por seu orgulho.
Vive numa fortaleza de pedra
    e controla os altos dos montes.
Mas ainda que faça seu ninho nas alturas
        com as águias,
    eu a derrubarei",
    diz o Senhor.

¹⁷"Edom será objeto de horror;
    todos que passarem por ela ficarão
        pasmos
    e abrirão a boca de espanto quando
        virem suas ruínas.
¹⁸Será como a destruição de Sodoma e
        Gomorra

ᵃ **49.1** Em hebraico, *Malcã*, variação de Moloque; também em 49.3. ᵇ **49.8** Em hebraico, *Esaú*; também em 49.10.

e de suas cidades vizinhas", diz o Senhor.
"Ninguém viverá ali,
  ninguém habitará nela.
¹⁹Virei como um leão da mata do Jordão
  que ataca as ovelhas no pasto.
Expulsarei Edom de sua terra
  e ali colocarei o líder que eu escolher.
Pois quem é semelhante a mim e quem
  pode me desafiar?
  Que governante pode se opor à minha
    vontade?"
²⁰Ouçam o que o Senhor planejou contra
    Edom
  e contra os habitantes de Temã.
Até as crianças serão arrastadas como
    ovelhas,
  e suas casas, destruídas.
²¹A terra tremerá com o estrondo da queda
    de Edom,
  e até do mar Vermelho[a] se ouvirá seu
    clamor.
²²Veja, o inimigo desce veloz, como águia,
  e abre suas asas sobre Bozra!
Até os guerreiros mais valentes ficarão em
    agonia,
  como a mulher em trabalho de parto.

Mensagem a respeito de Damasco

²³Esta é a mensagem acerca de Damasco:

"O medo tomou conta das cidades de
    Hamate e Arpade,
  pois ouviram a notícia de sua destruição.
Seu coração está agitado,
  como o mar numa tempestade.
²⁴Damasco se enfraqueceu,
  e todos os seus habitantes se preparam
    para fugir.
Medo, angústia e dor se apoderam dela,
  como da mulher em trabalho de parto.
²⁵A cidade famosa, antes tão alegre,
  será abandonada.
²⁶Seus jovens cairão nas ruas,
  todos os seus soldados serão mortos",
  diz o Senhor dos Exércitos.
²⁷"Acenderei fogo nos muros de Damasco,
  e ele queimará os palácios de Ben-
    Hadade."

Mensagem a respeito de Quedar e de Hazor

²⁸Esta é a mensagem acerca de Quedar e dos reinos de Hazor, que Nabucodonosor, rei da Babilônia, atacou. Assim diz o Senhor:

"Avancem contra Quedar!
  Destruam o povo do Oriente!
²⁹Tomarão seus rebanhos e tendas
  e levarão seus bens e camelos.
Por toda parte se ouvirão gritos de pânico:
  'Estamos cercados de terror!'.
³⁰Corram para salvar a vida", diz o Senhor.
  "Escondam-se em cavernas profundas,
    habitantes de Hazor,
  pois Nabucodonosor, rei da Babilônia,
    está se preparando para destruí-los.
³¹"Subam e ataquem essa nação confiante",
    diz o Senhor.
  "Seu povo vive sozinho no deserto;
    não tem muros nem portões.
³²Vocês tomarão como despojo os
    camelos
  e todos os outros animais deles.
Espalharei ao vento essa gente
  que vive em lugares distantes.[b]
Trarei calamidade sobre eles
  de todos os lados", diz o Senhor.
³³"Hazor se tornará morada de chacais
  e ficará desolada para sempre.
Ninguém viverá ali,
  ninguém habitará nela."

Mensagem a respeito de Elão

³⁴O profeta Jeremias recebeu esta mensagem do Senhor acerca de Elão no início do reinado de Zedequias, rei de Judá. ³⁵Assim diz o Senhor dos Exércitos:

"Destruirei os arqueiros de Elão,
  os melhores soldados de seus exércitos.
³⁶Trarei inimigos de todos os lados
  e espalharei os habitantes de Elão aos
    quatro ventos;
  serão exilados em nações do mundo
    inteiro.
³⁷Irei com os inimigos de Elão para
    despedaçá-la;
  em minha ira ardente, trarei calamidade
    sobre os elamitas", diz o Senhor.

---

[a] 49.21 Em hebraico, *mar de juncos*. [b] 49.32 Ou *que corta os cantos do cabelo*.

"Seus inimigos os perseguirão com a espada
até que os tenham destruído completamente.
³⁸Colocarei meu trono em Elão", diz o Senhor,
"e destruirei seu rei e seus oficiais.
³⁹No futuro, porém,
restaurarei a situação de Elão.
Eu, o Senhor, falei!"

Mensagem a respeito da Babilônia

50 O Senhor deu ao profeta Jeremias esta mensagem acerca da Babilônia e da terra dos babilônios:[a]

²"Anunciem a todo o mundo,
não escondam nada.
Levantem uma bandeira
para proclamar a todos que a Babilônia cairá.
Suas imagens e seus ídolos[b] serão despedaçados;
seus deuses, Bel e Merodaque, sofrerão completa humilhação.
³Porque do norte uma nação virá e trará tamanha destruição
que ninguém voltará a habitar ali.
Tudo desaparecerá;
tanto pessoas como animais fugirão."

Esperança para Israel e Judá

⁴"Naqueles dias e naquele tempo", diz o Senhor,
"o povo de Israel voltará
com o povo de Judá.
Virão chorando
e buscando o Senhor, seu Deus.
⁵Perguntarão pelo caminho para Sião
e voltarão para casa.
Eles se apegarão ao Senhor
numa aliança permanente que jamais será esquecida.

⁶"Meu povo tem sido como ovelhas perdidas;
seus pastores as fizeram desviar do caminho
e as soltaram nos montes.
Elas perderam o rumo
e não lembram como voltar para o curral.
⁷Todos que as encontraram as devoraram.
Seus inimigos disseram:
'Não fizemos nada de errado ao atacá-las,
pois pecaram contra o Senhor,
seu verdadeiro lugar de descanso,
a esperança de seus antepassados'.

⁸"Agora, porém, fujam da Babilônia!
Saiam da terra dos babilônios!
Como bodes que vão adiante do rebanho,
guiem meu povo de volta para casa.
⁹Pois estou levantando um exército
de grandes nações do norte.
Unirão forças para atacar a Babilônia
e a conquistarão.
As flechas do inimigo serão certeiras;
irão direto para o alvo!
¹⁰A Babilônia[c] será saqueada
até que os saqueadores estejam cheios de despojos.
Eu, o Senhor, falei!"

A Babilônia cairá

¹¹"Vocês se alegram e exultam,
vocês que saquearam a nação que me pertence.
Saltam como bezerros na campina
e relincham como garanhões.
¹²Mas sua terra natal[d] será coberta
de vergonha e desonra.
Vocês se tornarão a menor das nações,
um deserto, uma terra seca e desolada.
¹³Por causa da fúria do Senhor,
a Babilônia ficará vazia;
ninguém viverá nela.
Todos que passarem por lá ficarão pasmos
e abrirão a boca de espanto quando virem suas ruínas.

¹⁴"Todas vocês, nações vizinhas,
preparem-se para atacar a Babilônia.
Que seus arqueiros atirem contra ela e não poupem flechas,
pois ela pecou contra o Senhor.
¹⁵De todos os lados, deem gritos de guerra contra ela.
Vejam, está se rendendo!

---

[a] **50.1** Ou *caldeus*; também em 50.8,25,35,45. [b] **50.2** É provável que o termo hebraico (lit., *coisas redondas*) se refira a esterco.
[c] **50.10** Ou *Caldeia*. [d] **50.12** Em hebraico, *sua mãe*.

Seus muros caíram!
É a vingança do Senhor,
    portanto vinguem-se dela;
    façam a ela o mesmo que ela fez a
        outros!
¹⁶Eliminem da Babilônia todos que
        plantam lavouras
    e mandem embora todos que colhem.
Por causa da espada do inimigo,
    todos fugirão para sua própria terra."

Esperança para o povo de Deus

¹⁷"Os israelitas são como ovelhas
    dispersadas por leões.
Primeiro o rei da Assíria os devorou,
    depois Nabucodonosor, rei da Babilônia,
    quebrou seus ossos."
¹⁸Portanto, assim diz o Senhor dos
        Exércitos,
    o Deus de Israel:
"Castigarei o rei da Babilônia e sua terra,
    assim como castiguei o rei da Assíria.
¹⁹Trarei Israel de volta para sua própria
        terra,
    para pastar nos campos no Carmelo e
        em Basã
e para saciar-se novamente
    na região montanhosa de Efraim e em
        Gileade.
²⁰Naqueles dias", diz o Senhor,
    "não se encontrará pecado algum em
        Israel nem em Judá,
    pois perdoarei o remanescente que eu
        preservar."

Julgamento divino sobre a Babilônia

²¹"Subam, guerreiros, contra a terra de
        Merataim
    e contra os habitantes de Pecode!
Persigam-nos, matem-nos e destruam-nos
        completamente,
    como lhes ordenei", diz o Senhor.
²²"Façam ouvir na terra o grito de guerra,
    o estrondo de grande destruição.
²³A Babilônia, o martelo de toda a terra,
    está quebrada e despedaçada;
    está desolada entre as nações.
²⁴Preparei uma armadilha para você,
        Babilônia;
    foi surpreendida e apanhada, pois lutou
        contra o Senhor.

²⁵O Senhor abriu seu arsenal
    e trouxe para fora as armas de sua fúria.
Sim, o Soberano Senhor dos Exércitos,
    agirá na terra dos babilônios.
²⁶Venham contra ela de terras distantes,
    arrombem seus celeiros,
    transformem seus muros e casas em
        montes de escombros.
Destruam-na completamente,
    não deixem sobrar coisa alguma.
²⁷Ataquem todos os seus jovens guerreiros
    e acabem com eles.
Que aflição os espera,
    pois chegou o dia do castigo da
        Babilônia!
²⁸Escutem o povo que escapou da
        Babilônia
    contar em Sião
como o Senhor, nosso Deus,
    se vingou dos que destruíram seu templo.

²⁹"Convoquem os arqueiros para virem à
        Babilônia,
    cerquem a cidade para que ninguém
        escape.
Façam a ela o mesmo que ela fez a outros,
    pois desafiou o Senhor, o Santo de Israel.
³⁰Seus jovens cairão nas ruas,
    todos os seus soldados serão mortos",
    diz o Senhor.
³¹"Veja, sou seu inimigo, povo arrogante",
    diz o Soberano Senhor dos Exércitos.
"O dia do acerto de contas chegou,
    o dia em que eu o castigarei.
³²Ó povo insolente, você tropeçará e cairá,
    e ninguém o levantará.
Pois acendi um fogo nas cidades da
        Babilônia
    que queimará tudo ao seu redor."

³³Assim diz o Senhor dos Exércitos:
"O povo de Israel e o povo de Judá foram
        oprimidos;
    seus captores os prenderam e não
        querem soltá-los.
³⁴Mas seu Redentor é forte;
    seu nome é Senhor dos Exércitos.
Ele os defenderá
    e voltará a lhes dar descanso em Israel.
Mas para o povo da Babilônia
    não haverá descanso!

³⁵"A espada de guerra virá sobre os babilônios",
diz o Senhor.
"Virá sobre o povo da Babilônia,
sobre seus oficiais e seus sábios.
³⁶A espada virá sobre seus falsos profetas,
e eles se tornarão tolos.
Virá sobre seus guerreiros valentes,
e eles se apavorarão.
³⁷A espada virá sobre cavalos e carros de guerra
e sobre os estrangeiros que ali habitam,
e eles se tornarão como mulheres.
Virá sobre seus tesouros,
e todos eles serão saqueados.
³⁸A seca[a] virá até mesmo sobre suas fontes de água,
e elas secarão.
Por que tudo isso acontecerá?
Porque toda a terra se encheu de ídolos,
e o povo está enlouquecido por eles.
³⁹"Em breve a Babilônia servirá de morada
para animais do deserto e hienas;
corujas farão ali seus ninhos.
Jamais voltará a ser habitada,
ficará desolada para sempre.
⁴⁰Eu a destruirei como destruí[b] Sodoma e Gomorra
e as cidades vizinhas", diz o Senhor.
"Ninguém viverá ali,
ninguém habitará nela.
⁴¹"Vejam, um grande exército vem do norte!
Uma grande nação e muitos reis se levantam,
de terras distantes, contra vocês.
⁴²Estão armados com arcos e lanças,
são cruéis e não têm compaixão.
Quando avançam montados em cavalos,
o barulho é como o rugido do mar.
Vêm em formação de batalha
com o intuito de destruí-la, Babilônia.
⁴³O rei da Babilônia ouviu relatos sobre o inimigo,
e suas mãos tremem de medo.
Pontadas de angústia tomam conta dele,
como as dores da mulher em trabalho de parto.
⁴⁴"Virei como um leão da mata do Jordão
que ataca as ovelhas no pasto.
Expulsarei a Babilônia de sua terra
e ali colocarei o líder que eu escolher.
Pois quem é semelhante a mim e quem pode me desafiar?
Que governante pode se opor à minha vontade?"
⁴⁵Ouçam o que o Senhor planejou contra a Babilônia
e contra a terra dos babilônios.
Até as crianças serão arrastadas como ovelhas,
e suas casas, destruídas.
⁴⁶A terra tremerá com a queda da Babilônia,
e por todo o mundo se ouvirá seu grito de desespero.

51

¹Assim diz o Senhor:
"Levantarei um vento destruidor contra a Babilônia
e os habitantes daquela terra.[c]
²Estrangeiros virão para peneirá-la
e soprá-la para longe, como palha.
Virão de todos os lados
para atacá-la no dia da calamidade.
³Não deem tempo para os arqueiros vestirem suas couraças,
nem armarem seus arcos.
Não poupem nem mesmo seus melhores soldados;
destruam seu exército completamente.
⁴Cairão mortos na terra dos babilônios,[d]
feridos em suas ruas.
⁵Pois o Senhor dos Exércitos
não abandonou Israel nem Judá.
Ele ainda é seu Deus,
embora a terra em que vivem esteja cheia de pecado
contra o Santo de Israel".
⁶Fujam da Babilônia! Salvem-se!
Não sejam castigados com ela!
Chegou o tempo da vingança do Senhor;
ele dará à Babilônia o castigo merecido.

---

[a] 50.38 Ou *espada*; os termos hebraicos para "espada" e "seca" são similares. [b] 50.40 Em hebraico, *como Deus destruiu*. [c] 51.1 Em hebraico, *de Lebe-Camai*, codinome para Babilônia. [d] 51.4 Ou *caldeus*; também em 51.54.

⁷A Babilônia foi como uma taça de ouro
  nas mãos do Senhor,
  uma taça que embriagou o mundo
    inteiro.
As nações beberam do vinho da Babilônia
  e enlouqueceram.
⁸Mas, de repente, a Babilônia também caiu;
  chorem por ela,
deem-lhe remédio,
  talvez ela ainda possa ser curada.
⁹Tentamos ajudar a Babilônia,
  mas já era tarde demais.
Deixem-na,
  voltem para sua própria terra.
Pois o castigo dela chega até os céus;
  é tão grande que não pode ser medido.
¹⁰O Senhor nos fez justiça;
  venham, vamos anunciar em Sião
  tudo que o Senhor, nosso Deus, tem feito.
¹¹Afiem as flechas!
  Levantem os escudos!ᵃ
Pois o Senhor incitou os reis da Média
  a marcharem contra a Babilônia e a
    destruírem.
Essa é sua vingança contra aqueles
  que profanaram seu templo.
¹²Levantem a bandeira de guerra contra a
    Babilônia,
  reforcem a guarda e coloquem vigias.
Preparem uma emboscada,
  pois o Senhor realizará tudo que
  planejou contra seus moradores.
¹³Você fica junto a um grande rio
  e está repleta de tesouros.
Mas seu fim chegou;
  o fio de sua vida foi cortado.
¹⁴O Senhor dos Exércitos jurou por seu
    próprio nome:
  "Suas cidades se encherão de inimigos,
  como campos cobertos de gafanhotos,
  e eles darão gritos de vitória".

Cântico de louvor ao Senhor

¹⁵O Senhor fez a terra com seu poder
  e a estabeleceu com sua sabedoria.
Com seu entendimento,
  estendeu os céus.
¹⁶Quando fala no meio do trovão,
  as chuvas rugem nos céus.
Eleva as nuvens acima da terra,
  envia relâmpagos com a chuva
  e ordena que o vento saia de seus
    depósitos.
¹⁷Todo ser humano é tolo e não tem
    conhecimento!
  Os artesãos são envergonhados pelos
    ídolos que fazem,
pois as imagens que esculpiram são uma
    fraude;
  não têm fôlego nem poder.
¹⁸Os ídolos são inúteis, são mentiras
    ridículas;
  no dia do acerto de contas, serão todos
    destruídos.
¹⁹Mas o Deus de Israelᵇ não é como esses
    ídolos;
  ele é o Criador de todas as coisas,
incluindo Israel, a nação que lhe pertence.
  Seu nome é Senhor dos Exércitos!

O grande castigo da Babilônia

²⁰"Vocêᶜ é meu martelo e minha espada",
  diz o Senhor.
"Com você despedaçarei nações
  e destruirei muitos reinos.
²¹Com você destruirei o cavalo, o cavaleiro,
  o carro de guerra e o condutor.
²²Com você despedaçarei homens e
    mulheres,
  velhos e crianças,
  rapazes e moças.
²³Com você despedaçarei pastores e
    rebanhos,
  lavradores e bois,
  capitães e oficiais.

²⁴"Retribuirei à Babilônia
  e aos habitantes daquela terraᵈ
por todo o mal que fizeram
  ao meu povo em Sião", diz o Senhor.

²⁵"Veja, ó montanha poderosa, destruidora
    da terra!
  Sou seu inimigo", diz o Senhor.
"Levantarei minha mão contra você,
  e a derrubarei das alturas.
Quando eu terminar,

ᵃ**51.11** A Septuaginta traz *Encham as aljavas*. ᵇ**51.19** Em hebraico, *a Porção de Jacó*. Ver nota em 5.20. ᶜ**51.20** Possivelmente Ciro, que Deus usou para conquistar a Babilônia. Comparar com Is 44.28; 45.1. ᵈ**51.24** Ou *da Caldeia*; também em 51.35b.

você não passará de um monte de
  escombros queimados.
²⁶Nem mesmo suas pedras serão
  reaproveitadas
  para outras construções.
Ficará completamente arruinada",
  diz o Senhor.

²⁷Levantem uma bandeira para as nações!
  Façam soar o toque de guerra!
Mobilizem-nas contra a Babilônia,
  convoquem os exércitos de Ararate, Mini
    e Asquenaz.
Nomeiem um comandante e tragam
    muitos cavalos,
  como um enxame de gafanhotos.
²⁸Reúnam contra ela os exércitos das nações
  comandados pelos reis da Média
  e todos os seus capitães e oficiais.

²⁹A terra estremece e se contorce de dor,
  pois todos os planos do Senhor contra a
    Babilônia
permanecem inalterados;
  a Babilônia ficará desolada, sem um só
    habitante.
³⁰Seus guerreiros valentes pararam de lutar
  e permanecem em seus quartéis, sem
    coragem alguma;
  tornaram-se como mulheres.
Os invasores queimaram as casas
  e quebraram os portões da cidade.
³¹Mensageiros correm apressados para
    contar ao rei
  que sua cidade foi conquistada.
³²Todas as rotas de fuga estão fechadas;
  os juncos dos pântanos foram
    incendiados,
  e o exército está em pânico.

³³Assim diz o Senhor dos Exércitos,
  o Deus de Israel:
"A Babilônia é como o trigo na eira,
  prestes a ser pisado.
Em breve,
  começará sua colheita".

³⁴"Nabucodonosor, rei da Babilônia, nos
    devorou, nos esmagou
  e nos deixou sem forças.
Ele nos engoliu como um monstro;
  encheu o estômago com nossas riquezas
  e nos vomitou de nossa terra.
³⁵Que a Babilônia sofra da mesma forma
    que nos fez sofrer",
  diz o povo de Sião.
"Que seus habitantes paguem por terem
    derramado nosso sangue",
  diz Jerusalém.

A vingança do Senhor contra a Babilônia

³⁶Assim diz o Senhor a Jerusalém:

"Defenderei sua causa
  e os vingarei.
Secarei o rio da Babilônia,
  e também suas fontes,
³⁷e ela se tornará um monte de ruínas,
  morada de chacais.
Será objeto de horror e desprezo,
  um lugar onde ninguém vive.
³⁸Seus habitantes rugirão juntos, como
    leões fortes;
  rosnarão como leõezinhos.
³⁹E, enquanto estiverem inflamados de
    tanto beber,
  prepararei para eles outro tipo de
    banquete.
Eu os farei beber até que caiam no sono,
  e nunca mais acordarão",
  diz o Senhor.
⁴⁰"Eu os levarei como cordeiros para o
    matadouro,
  como carneiros e bodes.

⁴¹"Como caiu a Babilônia,ª
  a grande Babilônia, admirada em toda a
    terra!
Tornou-se objeto de horror
  entre as nações.
⁴²O mar se levantou sobre a Babilônia;
  está coberta de ondas violentas.
⁴³Suas cidades estão em ruínas;
  é uma terra seca e deserta,
  onde ninguém vive e por onde ninguém
    passa.
⁴⁴Castigarei Bel, o deus dos babilônios,
  e o farei vomitar tudo que engoliu.
As nações não virão mais para adorá-lo;
  o muro da Babilônia caiu!"

ª **51.41** Em hebraico, *Sesaque*, codinome para Babilônia.

Uma mensagem para os exilados

⁴⁵"Saia da Babilônia, meu povo!
   Salvem-se da ira ardente do Senhor!
⁴⁶Mas não entrem em pânico;
   não tenham medo quando ouvirem os primeiros rumores,
   pois continuarão a chegar rumores ano após ano.
Haverá violência na terra,
   e governantes lutarão uns contra os outros.
⁴⁷Pois certamente está chegando o dia
   em que castigarei a Babilônia e todos os seus ídolos.
Toda a sua terra será envergonhada,
   e seus mortos ficarão espalhados pelas ruas.
⁴⁸Então os céus e a terra se alegrarão,
   porque do norte virão exércitos destruidores
   contra a Babilônia", diz o Senhor.
⁴⁹"Assim como a Babilônia matou o povo de Israel
   e outros povos de todo o mundo,
   também seu povo será morto.
⁵⁰Saiam, todos vocês que escaparam da espada!
   Não fiquem parados, fujam enquanto podem!
Embora estejam numa terra distante,
   lembrem-se do Senhor
   e pensem em seu lar em Jerusalém."

⁵¹"Estamos envergonhados", diz o povo.
   "Fomos insultados e humilhados,
   pois estrangeiros
   profanaram o templo do Senhor."
⁵²"Sim", diz o Senhor, "mas está chegando o dia
   em que eu destruirei os ídolos da Babilônia.
Por toda a terra se ouvirão
   os gemidos de seu povo ferido.
⁵³Ainda que a Babilônia chegue até os céus
   e construa fortalezas poderosas,
   enviarei inimigos para destruí-la.
   Eu, o Senhor, falei!"

A destruição total da Babilônia

⁵⁴"Ouçam os gritos que vêm da Babilônia,
   o som de grande destruição daquela terra!
⁵⁵Pois o Senhor está destruindo a Babilônia;
   ele calará sua voz estrondosa.
Ondas de inimigos a atingem com violência;
   pela cidade ressoam ruídos da batalha.
⁵⁶Exércitos destruidores vêm contra a Babilônia;
   seus homens valentes são capturados,
   seus arcos se quebram em suas mãos.
Pois o Senhor é Deus que dá o justo castigo;
   sempre retribui em plena medida.
⁵⁷Deixarei embriagados seus líderes e seus sábios,
   bem como seus capitães, oficiais e guerreiros.
Eles cairão no sono
   e nunca mais acordarão!",
diz o Rei, cujo nome é
   Senhor dos Exércitos.

⁵⁸Assim diz o Senhor dos Exércitos:
"Os largos muros da Babilônia serão arrasados,
   e seus grandes portões, queimados.
Construtores de muitas nações
   trabalharam em vão,
   pois sua obra será destruída pelo fogo".

A mensagem de Jeremias é enviada para a Babilônia

⁵⁹O profeta Jeremias transmitiu esta mensagem a Seraías, filho de Nerias e neto de Maaseias, chefe dos assessores do rei, quando Seraías foi à Babilônia com Zedequias, rei de Judá. Isso aconteceu no quarto ano do reinado de Zedequias.ᵃ ⁶⁰Jeremias havia registrado num rolo todas as calamidades que viriam em breve sobre a Babilônia, todas as palavras escritas aqui. ⁶¹Jeremias disse a Seraías: "Quando chegar à Babilônia, leia em voz alta tudo que está neste rolo. ⁶²Depois, diga: 'Senhor, tu disseste que destruirás a Babilônia, de modo que não restarão aqui nem pessoas nem animais. Ela ficará desolada para sempre'. ⁶³Quando tiver terminado de ler o rolo, amarre-o a uma pedra e jogue-o no rio Eufrates. ⁶⁴Em seguida, diga:

ᵃ **51.59** Isto é, no ano 593 a.C.

'Da mesma forma, a Babilônia e seu povo afundarão e nunca mais se levantarão por causa das calamidades que trarei sobre ela'".

Aqui terminam as mensagens de Jeremias.

A queda de Jerusalém

52 Zedequias tinha 21 anos quando começou a reinar, e reinou em Jerusalém por onze anos. Sua mãe se chamava Hamutal e era filha de Jeremias, de Libna. ²Fez o que era mau aos olhos do S<small>ENHOR</small>, como Jeoaquim antes dele. ³Estas coisas aconteceram por causa da ira do S<small>ENHOR</small> contra o povo de Jerusalém e de Judá. Por fim, ele os expulsou de sua presença.

Zedequias se rebelou contra o rei da Babilônia. ⁴Assim, em 15 de janeiro,ª durante o nono ano de reinado de Zedequias, Nabucodonosor, rei de Babilônia, e todo o seu exército cercaram Jerusalém e construíram rampas de ataque contra os muros. ⁵Jerusalém permaneceu cercada até o décimo primeiro ano do reinado de Zedequias.

⁶Em 18 de julho, no décimo primeiro ano do reinado de Zedequias,ᵇ a fome na cidade tinha se tornado tão severa que não havia mais nenhum alimento. ⁷Assim, abriram uma brecha no muro da cidade, e todos os soldados fugiram. Como a cidade estava cercada pelos babilônios,ᶜ os soldados esperaram até o anoitecer. Então, passaram pelo portão entre os dois muros atrás do jardim do rei e fugiram em direção ao vale do Jordão.ᵈ

⁸Contudo, o exército babilônio perseguiu o rei Zedequias e o alcançou nas planícies de Jericó, pois todos os seus soldados o haviam abandonado e se dispersado. ⁹Capturaram Zedequias e o levaram ao rei da Babilônia, em Ribla, na terra de Hamate. Ali o rei da Babilônia sentenciou Zedequias. ¹⁰Obrigou Zedequias a vê-lo matar seus filhos e todos os oficiais de Judá. ¹¹Depois, arrancou seus olhos, o prendeu com correntes de bronze e o levou para a Babilônia. Zedequias permaneceu preso até o dia de sua morte.

O templo é destruído

¹²Em 17 de agosto daquele ano,ᵉ o décimo nono ano do reinado de Nabucodonosor, Nebuzaradã, capitão da guarda e oficial do rei babilônio, chegou a Jerusalém. ¹³Queimou o templo do S<small>ENHOR</small>, o palácio real e todas as casas de Jerusalém. Queimou também todos os edifícios importantes da cidade. ¹⁴Depois, supervisionou o exército babilônioᶠ na demolição de todos os muros de Jerusalém. ¹⁵Em seguida, Nebuzaradã, capitão da guarda, deportou alguns dos mais pobres, o povo que havia ficado na cidade, os desertores de Judá que se entregaram ao rei da Babilônia e o restante dos artesãos. ¹⁶Permitiu, no entanto, que alguns dos mais pobres ficassem para cuidar dos vinhedos e dos campos.

¹⁷Os babilônios despedaçaram as colunas de bronze na frente do templo do S<small>ENHOR</small>, as bases móveis de bronze e o grande tanque de bronze chamado Mar, e levaram todo o bronze para a Babilônia. ¹⁸Também levaram os baldes para cinzas, as pás, os cortadores de pavios, as bacias, as vasilhas e todos os outros utensílios de bronze usados para o serviço no templo. ¹⁹O capitão da guarda também levou os baldes pequenos, os incensários, as bacias, as panelas, os candeeiros, as colheres, as vasilhas usadas para as ofertas derramadas e todos os outros utensílios de ouro puro ou de prata.

²⁰Era impossível calcular o peso do bronze das duas colunas, do Mar com os doze touros de bronze debaixo dele e das bases móveis. Esses objetos tinham sido feitos para o templo do S<small>ENHOR</small> por ordem do rei Salomão. ²¹Cada coluna media 8,3 metros de altura e tinha 5,5 metros de circunferência.ᵍ Era oca, e suas paredes tinham cerca de 8 centímetros de espessura.ʰ ²²O capitel de bronze no alto de cada coluna media cerca de 2,25 metrosⁱ de altura e era enfeitado ao redor com correntes entrelaçadas de romãs feitas de bronze. ²³Havia 96 romãs nos lados, e nas correntes entrelaçadas ao redor do topo havia, ao todo, cem romãs.

ᵃ**52.4** Em hebraico, *no décimo dia do décimo mês*, do antigo calendário lunar hebraico. O ano foi 588 a.C.; ver também nota em 1.3. ᵇ**52.6** Em hebraico, *No nono dia do quarto mês* [do décimo primeiro ano do reinado de Zedequias]. O ano foi 586 a.C.; ver também nota em 1.3. ᶜ**52.7a** Ou *caldeus*; também em 52.8,17. ᵈ**52.7b** Em hebraico, *à Arabá*. ᵉ**52.12** Em hebraico, *No décimo dia do quinto mês*, do antigo calendário lunar hebraico. O ano foi 586 a.C.; ver também nota em 1.3. ᶠ**52.14** Em hebraico, *caldeu*. ᵍ**52.21a** Em hebraico, *18 côvados de altura e 12 côvados de circunferência*. ʰ**52.21b** Em hebraico, *4 dedos de espessura*. ⁱ**52.22** Em hebraico, *5 côvados*.

²⁴Nebuzaradã, capitão da guarda, levou como prisioneiros o sumo sacerdote Seraías, o sacerdote auxiliar Sofonias e três dos principais guardas das portas. ²⁵Dentre o povo que ainda estava escondido na cidade, levou um oficial responsável pelo exército, sete dos conselheiros pessoais do rei, o secretário do comandante do exército, que era encarregado do alistamento, e outros sessenta homens do povo. ²⁶Nebuzaradã, capitão da guarda, levou-os ao rei da Babilônia, em Ribla. ²⁷E ali em Ribla, na terra de Hamate, o rei da Babilônia mandou executá-los. Assim, o povo de Judá foi enviado para o exílio, para longe de sua terra.

²⁸No sétimo ano do reinado de Nabucodonosor,[a] 3.023 judeus foram levados para o exílio na Babilônia. ²⁹No décimo oitavo ano de Nabucodonosor,[b] mais 832 pessoas foram exiladas de Jerusalém. ³⁰No vigésimo terceiro ano de Nabucodonosor,[c] ele enviou Nebuzaradã, capitão da guarda, que levou mais 745 judeus. Ao todo, 4.600 pessoas foram exiladas.

Esperança para a dinastia de Israel

³¹No trigésimo sétimo ano do exílio de Joaquim, rei de Judá, Evil-Merodaque começou a reinar na Babilônia. Foi bondoso com[d] Joaquim e o libertou da prisão em 31 de março daquele ano.[e] ³²Falou com ele gentilmente e o colocou num lugar mais elevado que o de outros reis exilados na Babilônia. ³³Providenciou-lhe roupas novas, no lugar das roupas de prisioneiro, e permitiu que ele comesse na presença do rei enquanto vivesse. ³⁴Joaquim recebeu do rei da Babilônia uma provisão diária de alimento enquanto viveu, até o dia de sua morte.

---

[a] **52.28** Isto é, no ano 597 a.C. [b] **5.29** Isto é, no ano 586 a.C. [c] **52.30** Isto é, no ano 581 a.C. [d] **52.31a** Em hebraico, *Levantou a cabeça de*. [e] **52.31b** Em hebraico, *no vigésimo quinto dia do décimo segundo mês*, do antigo calendário lunar hebraico. O ano foi 561 a.C.; ver também nota em 1.3.

LAMENTAÇÕES

INTRODUÇÃO

Autor. (1) Seu nome significa "Exaltado de Deus", e ocupa o segundo lugar entre os grandes escritores do Antigo Testamento. (2) Ele viveu no final do sexto e início do quinto século antes de Cristo. Seu ministério começou em 626 a.C., o décimo terceiro ano de Josias, e durou cerca de 40 anos. Provavelmente morreu na Babilônia durante os primeiros anos do cativeiro. (3) Era de natureza sensível, suave, tímido e inclinado à melancolia. Era devotamente religioso e, naturalmente, evitou causar dor aos outros. (4) Ele era incrivelmente ousado e corajoso ao declarar a mensagem de Deus que era impopular e o submeteu ao ódio e até ao sofrimento. Era impiedoso nas denúncias e repreensões administradas a sua nação, não poupou nem mesmo o príncipe. (5) É chamado de o "profeta chorão". Ficou angustiado pela desobediência e pela apostasia de Israel e pelo mal que ele previu. Sendo tão devotamente religioso, sofreu pela impiedade reinante em sua época.

Condição das nações. (1) Israel, o Reino do Norte, fora levado para o cativeiro e Judá ficou sozinho contra seus inimigos. (2) Judá caíra em péssima situação, mas Josias, que reinou quando Jeremias começou seu ministério, tentou fazer reformas e restaurar a antiga ordem. Após a sua morte, no entanto, a perversidade cresceu cada vez mais até que, na última parte da vida de Jeremias, Jerusalém e o Templo foram destruídos por Nabucodonosor e Judá foi levado para o cativeiro. (3) As potências mundiais do tempo do nascimento de Jeremias eram a Assíria e o Egito. Elas estavam lutando pela supremacia. Contudo, Jeremias viveu para ver ambas subjugadas e a Babilônia, tornar-se a senhora do mundo. Ele previu também como a Babilônia cairia e como um reino maior do que todos surgiria, onde haveria justiça e paz.

Lamentações. O nome significa elegias ou poemas lúgubres ou lamuriosos. Anteriormente fazia parte do livro de Jeremias e representa as lamentações do profeta quando as calamidades que ele tinha predito aconteceram com seu povo, que muitas vezes o desprezara e o rejeitara por suas mensagens. Ele escolheu viver com eles em seus sofrimentos e o seu choro os direcionou para uma estrela de esperança. Os cinco capítulos são independentes e escritos em forma poética. Os capítulos 1, 2, 4 e 5 têm 22 versículos ou apenas o número de letras do alfabeto hebraico. O Capítulo 3 tem 66 versículos ou três vezes o número do alfabeto. Os primeiros quatro capítulos são acrósticos, isto é, que cada versículo começa com uma letra do alfabeto hebraico. No capítulo três, cada letra é usada em ordem e é repetida três vezes como a letra inicial de três linhas sucessivas.

ESBOÇO

1. A miséria de Jerusalém, Cap. 1
2. A causa do sofrimento do povo, Cap. 2
3. A base da esperança, Cap. 3
4. O passado e o presente de Israel, Cap. 4
5. O apelo final para restauração, Cap. 5

PARA ESTUDO E DISCUSSÃO

[1] Reúna todas as passagens em Jeremias e Lamentações que falam do Messias e dos tempos messiânicos e faça um estudo de cada uma (Exemplo 23.5,6).
[2] Selecione algumas das passagens surpreendentes de Lamentações e mostre como elas se aplicam aos fatos da história.
[3] O amor de Jeremias por Judá — ele viu as suas falhas, repreendeu-os pelos seus pecados, mas não os abandonou quando estavam sofrendo, porque desprezaram o seu conselho.

LAMENTAÇÕES 1

Grande tristeza em Jerusalém

1 [a] ¹A cidade que antes era cheia de gente
agora está deserta.
Antes era grande entre as nações,
agora está sozinha, como uma viúva.
Antes era rainha de toda a terra,
agora é escrava.

²Ela passa a noite aos prantos;
lágrimas correm por seu rosto.
De todos os seus amantes,
não resta um sequer para consolá-la.
Todos os seus amigos a traíram
e se tornaram seus inimigos.

³Judá foi levada para o exílio
e oprimida com cruel escravidão.
Vive entre as nações
e não tem lugar para descansar.
Seus inimigos a perseguiram,
e ela não tem a quem recorrer.

⁴As estradas para Sião estão de luto,
pois as multidões já não vêm celebrar as festas.
Os portões da cidade estão em silêncio,
os sacerdotes gemem,
as moças choram.
Como é amargo seu destino!

⁵Seus adversários se tornaram seus senhores,
e seus inimigos prosperam,
pois o Senhor castigou Jerusalém
por seus muitos pecados.
Seus filhos foram capturados
e levados para o exílio.

⁶A bela Sião[b]
foi despojada de toda a sua majestade.
Seus príncipes são como cervos famintos
em busca de pasto.
Estão fracos demais para fugir
do inimigo que os persegue.

⁷Em meio à sua tristeza e às suas andanças,
Jerusalém se lembra de seu antigo esplendor.
Agora, porém, caiu nas mãos de seu inimigo,
e não há quem a ajude.
Seu inimigo a derrubou
e zombou de sua queda.

⁸Jerusalém pecou terrivelmente,
por isso foi jogada fora como trapo imundo.
Todos que antes a honravam agora a desprezam,
pois a viram nua e humilhada.
Só resta a ela gemer
e esconder o rosto.

⁹Com sua impureza, contaminou as vestes
e não pensou nas consequências.
Agora está caída no chão,
e não há quem a levante.
"Senhor, vê minha aflição", ela diz.
"O inimigo triunfou."

¹⁰O inimigo a saqueou
e levou todos os seus valiosos bens.
Ela viu estrangeiros profanarem seu templo sagrado,
o lugar em que o Senhor os proibira de entrar.

¹¹Seu povo geme, à procura de pão;
trocaram seus tesouros por alimento para sobreviver.
"Olha, Senhor", ela se lamenta,
"e vê como sou desprezada!

¹²"Isso tudo nada significa para vocês que passam por mim?
Olhem ao redor e vejam se há dor igual à minha,
que o Senhor trouxe sobre mim
quando se acendeu sua ira.

¹³"Do céu enviou fogo que me queima os ossos;
pôs uma armadilha em meu caminho e me fez voltar atrás.
Deixou-me devastada,
atormentada o dia todo por uma doença.

¹⁴"Trançou meus pecados como uma corda
para me prender ao jugo do exílio.

---

[a] 1 Cada um dos 4 primeiros capítulos do livro é um acróstico, apresentado na sequência do alfabeto hebraico. A primeira palavra de cada versículo começa com uma letra hebraica sucessiva. Os capítulos 1, 2 e 4 têm um versículo para cada uma das 22 letras hebraicas. O capítulo 3 tem 22 estrofes de 3 versículos cada. Embora o capítulo 5 tenha 22 versículos, não é um acróstico.
[b] 1.6 Em hebraico, *A filha de Sião*.

O Senhor me tirou a força e me entregou a
  meus inimigos;
 estou indefesa nas mãos deles.

¹⁵"O Senhor tratou meus homens valentes
  com desprezo.
Por ordem sua, um grande exército veio
  para esmagar meus jovens guerreiros.
O Senhor pisou a amada cidade de
  Jerusalémᵃ
 como se pisam uvas no tanque de
  prensar.

¹⁶"Choro por todas essas coisas,
  lágrimas correm por meu rosto.
Não resta ninguém para me consolar,
  estão longe os que poderiam me animar.
Meus filhos não têm futuro,
  pois o inimigo nos conquistou."

¹⁷Sião estende as mãos,
  mas ninguém a consola.
O Senhor disse
  a respeito de seu povo, Israel:ᵇ
"Que seus vizinhos sejam seus inimigos!
  Que Jerusalém seja jogada fora como
  trapo imundo!".

¹⁸"O Senhor é justo", diz Jerusalém,
  "pois me rebelei contra ele.
Ouçam todos os povos
  e vejam minha angústia,
pois meus filhos e filhas
  foram levados para o exílio.

¹⁹"Pedi ajuda a meus aliados,
  mas eles me traíram.
Meus sacerdotes e meus líderes
  morreram de fome na cidade,
enquanto procuravam alimento
  para sobreviver.

²⁰"Senhor, vê minha angústia!
  Meu coração está aflito,
e minha alma, desesperada,
  pois me rebelei terrivelmente contra ti.
Nas ruas, a espada mata,
  e, em casa, só há morte.

²¹"Outros ouviram meus gemidos,
  mas ninguém veio me consolar.
Quando meus inimigos souberam de
  minha desgraça,
 se alegraram de ver o que tu havias
  feito.

PÃO DIÁRIO

Silhueta

O amor do Senhor não tem fim! Suas misericórdias são inesgotáveis.
—Lamentações 3.22

No século 18, as silhuetas (perfis de sombras traçados e cortados de papel preto) eram uma alternativa popular aos retratos caros. A palavra veio do nome do francês, Étienne de Silhouette, um controlador geral de finanças. Durante a Guerra dos Sete Anos contra a Inglaterra, ele tentou aumentar a receita ao cobrar impostos pesados dos ricos. As vítimas de seus elevados impostos reclamavam e usavam o termo "silhueta" para referir-se ao fato de sua riqueza estar sendo reduzida a uma mera sombra do que fora certa vez.

Com a destruição de Jerusalém, Jeremias lamentou ao ver a sombra do que uma vez fora uma grande cidade e centro de adoração agora devastada pela guerra. "Isso tudo nada significa para vocês que passam por mim? Olhem ao redor e vejam se há dor igual à minha" (Lm 1.12).

Contudo, Jeremias não continuou desesperado. Ele reconheceu a soberania de Deus em meio ao sofrimento. Mais tarde, neste livro de dor, o profeta refletiu: "Ainda ouso, porém, ter esperança quando me recordo disto: O amor do Senhor não têm fim! Suas misericórdias são inesgotáveis. Grande é sua fidelidade" (3.21-23).

Será que a tristeza ou o sofrimento faz a sua vida parecer uma silhueta escura daquilo que já foi um dia? Lembre-se: as misericórdias de Deus se renovam a cada manhã. O Senhor está agindo compassivamente em sua vida para a Sua glória a fim de abençoá-la.

Pai celestial, sou grata e te louvo por Tuas misericórdias que se renovam a cada manhã. Em vez de olhar para o lado triste e lamentável da vida, que eu possa me alegrar na esperança e na compaixão que tens me dado. Teu amor fiel me sustentará em meio à dor que sinto hoje e durante toda a minha vida.

Para ver além das sombras da Terra, centre seu olhar em Cristo, a verdadeira Luz.

ᵃ **1.15** Em hebraico, *a filha virgem de Judá*. ᵇ **1.17** Em hebraico, *Jacó*. Os nomes "Jacó" e "Israel" são usados de forma intercambiável ao longo de todo o Antigo Testamento e se referem, por vezes, ao patriarca e, em outras ocasiões, à nação.

Ah, traze o dia que prometeste,
   em que eles sofrerão como eu sofri!

²²"Vê todas as maldades deles, Senhor,
   e castiga-os
como me castigaste,
   por todos os meus pecados.
Meus gemidos são muitos,
   e meu coração está enfermo."

A ira de Deus pelo pecado

2 ¹Em sua ira, o Senhor
   cobriu com uma sombra a bela Sião.ᵃ
A mais gloriosa das cidades de Israel
   foi lançada por terra das alturas dos céus.
No dia de sua grande ira,
   o Senhor não teve compaixão nem mesmo de seu templo.ᵇ

²Sem piedade, o Senhor destruiu
   todas as casas de Israel.ᶜ
Em sua ira, derrubou
   os muros fortificados da bela Jerusalém.ᵈ
Jogou-os por terra
   e humilhou o reino e seus governantes.

³Toda a força de Israel
   desapareceu sob a sua ira ardente.
Retirou sua proteção
   durante os ataques do inimigo.
Como labaredas de fogo,
   consome tudo ao redor.

⁴Prepara o arco para atacar seu povo,
   como se fosse seu inimigo.
Usa contra eles sua força
   para matar os melhores jovens.
Derrama como fogo sua fúria
   sobre a tenda da bela Sião.

⁵Sim, o Senhor derrotou Israel
   como se fosse seu inimigo.
Destruiu seus palácios
   e demoliu suas fortalezas.
Trouxe tristeza e choro sem fim
   sobre a bela Jerusalém.

⁶Derrubou com violência seu templo,
   como uma cabana num jardim.
O Senhor fez cair no esquecimento
   as festas sagradas e os sábados.
Reis e sacerdotes caíram juntos
   diante de sua ira ardente.

⁷O Senhor rejeitou seu altar
   e desprezou seu santuário.
Entregou os palácios de Jerusalém
   a seus inimigos.
No templo do Senhor, gritam
   como se fosse um dia de celebração.

⁸O Senhor se decidiu
   a derrubar os muros da bela Sião.
Traçou planos detalhados para sua destruição
   e fez o que planejou.
Por isso as fortificações e os muros
   caíram diante dele.

⁹Os portões de Jerusalém afundaram na terra;
   ele despedaçou suas trancas.
Seu rei e seus príncipes foram exilados
   entre as nações;
   sua lei deixou de existir.
Seus profetas não recebem mais
   visões do Senhor.

¹⁰Os líderes da bela Jerusalém
   sentam-se no chão em silêncio.
Vestem-se de pano de saco
   e jogam pó sobre a cabeça.
As moças de Jerusalém
   abaixam a cabeça, envergonhadas.

¹¹Chorei até que não tivesse mais lágrimas;
   meu coração está aflito.
Meu espírito se derrama de angústia,
   quando vejo a calamidade de meu povo.
Crianças pequenas e bebês
   desfalecem e morrem nas ruas.

¹²Clamam às mães:
   "Estamos com fome e sede!".
Desfalecem nas ruas,
   como o guerreiro ferido na batalha.
Lutam para respirar
   e morrem lentamente nos braços maternos.

¹³Que posso dizer a seu respeito?
   Quem alguma vez viu tamanha tristeza?

ᵃ**2.1a** Em hebraico, *a filha de Sião*; também em 2.4,8,10,18. ᵇ**2.1b** Em hebraico, *do suporte de seus pés*. ᶜ**2.2a** Em hebraico, *Jacó*; também em 2.3b. Ver nota em 1.17. ᵈ**2.2b** Em hebraico, *da filha de Judá*; também em 2.5.

Ó filha de Jerusalém, a que posso
    compará-la em sua angústia?
Ó filha virgem de Sião, como posso
    consolá-la?
Sua ferida é mais profunda que o mar;
    quem pode curá-la?

¹⁴Seus profetas anunciaram
    visões inúteis e mentiras.
Não lhe mostraram seus pecados
    para salvá-la do exílio.
Em vez disso, anunciaram mensagens
    enganosas
    e a encheram de falsa esperança.

¹⁵Todos que passam caçoam de você;
    zombam da bela Jerusalémᵃ e a insultam:
"Esta é a cidade chamada de 'A Mais Bela
    do Mundo'
    e 'Alegria de Toda a Terra'?".

¹⁶Todos os seus inimigos falam mal de você;
    zombam, rosnam e dizem:
"Finalmente a destruímos!
    Esperamos tanto por este dia,
    e enfim ele chegou!".

¹⁷Mas foi o Senhor que fez tudo que
    planejou;
    cumpriu as promessas de trazer
    calamidade
    feitas muito tempo atrás.
Destruiu Jerusalém sem compaixão;
    fez seus inimigos se alegrarem com sua
    derrota
    e lhes deu poder sobre ela.

¹⁸Chorem em alta vozᵇ diante do Senhor,
    ó muros da bela Sião!
Que suas lágrimas corram
    dia e noite como um rio.
Não se permitam descanso algum,
    nem deem alívio a seus olhos.

¹⁹Levantem-se no meio da noite e clamem,
    derramem como água o coração diante
    do Senhor.
Levantem as mãos em oração
    e supliquem por seus filhos,
pois desfalecem de fome
    pelas ruas.

²⁰"Ó Senhor, pensa nisso!
    Acaso deves tratar teu povo dessa
    maneira?
Devem as mães comer os próprios filhos,
    que elas criaram com tanto carinho?
Devem os sacerdotes e os profetas ser
    mortos
    dentro do templo do Senhor?

²¹"Estão jogados nas ruas,
    jovens e velhos,
rapazes e moças,
    mortos pelas espadas do inimigo.
Tu os mataste em tua ira
    e os massacraste sem piedade.

²²"Convocaste terrores de todos os lados,
    como se os chamasses para uma ocasião
    solene.
No dia da ira do Senhor,
    ninguém escapou nem sobreviveu.
Os filhos que levei em meus braços e criei
    o inimigo destruiu."

Esperança na fidelidade do Senhor

3 ¹Eu sou aquele que viu as aflições
    trazidas pela vara da ira do Senhor.
²Ele me conduziu para a escuridão
    e removeu toda a luz.
³Voltou sua mão contra mim
    repetidamente, o dia todo.

⁴Fez minha pele e minha carne
    envelhecerem
    e me quebrou os ossos.
⁵Sitiou-me e cercou-me
    de angústia e aflição.
⁶Enterrou-me num lugar escuro,
    como os que há muito morreram.

⁷Cercou-me de muros, e não consigo
    escapar;
    prendeu-me com pesadas correntes.
⁸E, ainda que eu clame e grite,
    ele fechou os ouvidos para minha
    oração.
⁹Com um muro de pedra, impediu meu
    caminho;
    tornou minha estrada tortuosa.
¹⁰Escondeu-se como um urso ou um leão
    que espera para atacar.

ᵃ **2.15** Em hebraico, *da filha de Jerusalém*. ᵇ **2.18** Em hebraico, *Seu coração chorou*.

¹¹Arrastou-me para fora do caminho e despedaçou-me;
deixou-me devastado.
¹²Preparou seu arco
e me fez alvo de suas flechas.
¹³As flechas que ele atirou
entraram fundo em meu coração.
¹⁴Meu povo ri de mim;
o dia inteiro entoam canções de zombaria.
¹⁵De amargura ele me encheu
e me fez beber um amargo cálice de dor.
¹⁶Fez-me comer pedrinhas até quebrar os dentes
e cobriu-me de pó.
¹⁷Tirou-me a paz,
e já não sei o que é prosperar.
¹⁸Grito: "Meu esplendor se foi!
Tudo que eu esperava do S*enhor* se perdeu!".

¹⁹Como é amargo[a] recordar meu sofrimento
e meu desamparo!
²⁰Lembro-me sempre destes dias terríveis
enquanto lamento minha perda.
²¹Ainda ouso, porém, ter esperança
quando me recordo disto:

²²O amor do S*enhor* não tem fim![b]
Suas misericórdias são inesgotáveis.
²³Grande é sua fidelidade;
suas misericórdias se renovam cada manhã.
²⁴Digo a mim mesmo: "O S*enhor* é minha porção;
por isso, esperarei nele!".

²⁵O S*enhor* é bom para os que dependem dele,
para os que o buscam.
²⁶Portanto, é bom esperar em silêncio
pela salvação do S*enhor*.
²⁷É bom as pessoas se sujeitarem, ainda jovens,
ao jugo de sua disciplina.

²⁸Que permaneçam sozinhas e em silêncio
sob o jugo do S*enhor*.
²⁹Que se deitem com o rosto no pó,
pois talvez ainda haja esperança.
³⁰Que deem a outra face para os que os ferem
e aceitem os insultos de seus inimigos.

³¹Pois o Senhor
não abandona ninguém para sempre.
³²Embora traga tristeza, também mostra compaixão,
por causa da grandeza de seu amor.
³³Pois não tem prazer em afligir as pessoas,
nem em lhes causar tristeza.

³⁴Quando alguém esmaga sob os pés
todos os prisioneiros da terra,
³⁵quando nega a outros seus direitos
em oposição ao Altíssimo,
³⁶quando distorce a justiça nos tribunais,
será que o Senhor não vê tudo isso?

³⁷Quem pode ordenar que algo aconteça
sem a permissão do Senhor?
³⁸Acaso o Altíssimo
não envia tanto a calamidade como o bem?
³⁹Então por que nós, humanos, nos queixamos
quando somos castigados por nossos pecados?

⁴⁰Em vez disso, examinemos nossos caminhos
e voltemos para o S*enhor*.
⁴¹Levantemos o coração e as mãos
para Deus nos céus e digamos:
⁴²"Pecamos e nos rebelamos,
e tu não nos perdoaste.

⁴³"Com tua ira nos envolveste, nos perseguiste
e nos massacraste sem piedade.
⁴⁴Tu te escondeste numa nuvem,
para que nossas orações não chegassem a ti.
⁴⁵Como refugo e lixo, nos lançaste fora,
no meio das nações.

⁴⁶"Todos os nossos inimigos
falam contra nós.
⁴⁷Vivemos cheios de medo,
pois estamos presos numa armadilha,
devastados e arruinados".

---

[a] 3.19 Ou *É absinto e fel*. [b] 3.22 Conforme a versão siríaca; o hebraico traz *O S*enhor* nos guarda da destruição*.

⁴⁸Rios de lágrimas correm de meus olhos
    pela destruição de meu povo.
⁴⁹Minhas lágrimas correm sem parar;
    não cessarão
⁵⁰até que o Senhor se incline
    dos céus e veja.
⁵¹Meu coração está aflito
    pelo destino das mulheres de Jerusalém.
⁵²Meus inimigos, a quem nunca fiz mal,
    caçaram-me como se eu fosse um pássaro.
⁵³Num poço me jogaram
    e atiraram pedras sobre mim.
⁵⁴A água subiu acima de minha cabeça
    e clamei: "É o fim!".
⁵⁵Mas, lá do fundo do poço,
    invoquei teu nome, Senhor.
⁵⁶Tu me ouviste quando clamei: "Ouve minha súplica!
    Escuta meu clamor por socorro!".
⁵⁷Sim, tu vieste quando clamei
    e disseste: "Não tenha medo".
⁵⁸Senhor, defende minha causa,
    pois redimiste minha vida.
⁵⁹Viste a injustiça que me fizeram, Senhor;
    demonstra tua justiça.
⁶⁰Viste os planos vingativos
    que meus inimigos tramaram contra mim.
⁶¹Senhor, ouviste os insultos deles;
    sabes muito bem dos planos que tramaram.
⁶²Meus inimigos me acusam
    e conspiram contra mim o dia todo.
⁶³Olha para eles! Sentados ou em pé,
    zombam de mim com suas canções.
⁶⁴Senhor, dá-lhes o que merecem
    por todo o mal que fizeram.
⁶⁵Dá-lhes coração duro e teimoso,
    e que tuas maldições caiam sobre eles.
⁶⁶Persegue-os em tua ira
    e destrói-os sob os céus do Senhor.

A ira do Senhor é satisfeita

4 ¹Como o ouro perdeu seu brilho!
    Até o ouro mais puro ficou embaçado.

As pedras sagradas
    estão espalhadas pelas ruas.
²Vejam como os filhos preciosos de Sião,
    que valem seu peso em ouro puro,
são tratados como vasos de barro
    feitos por um oleiro qualquer.
³Até os chacais amamentam seus filhotes,
    mas meu povo não age assim.
Como as avestruzes no deserto,
    ignora cruelmente o clamor de seus filhos.
⁴A língua seca dos bebês
    gruda no céu da boca, por causa da sede.
As crianças imploram por um pedaço de pão,
    mas ninguém as atende.
⁵Os que antes comiam as comidas mais finas
    agora morrem de fome nas ruas.
Os que antes vestiam roupas da melhor qualidade
    agora reviram os montes de lixo.
⁶A culpaª de meu povo
    é maior que a de Sodoma,
que foi destruída de repente,
    e ninguém ofereceu ajuda.
⁷Nossos príncipes eram radiantes de saúde,
    mais brilhantes que a neve e mais brancos que o leite.
Seu rosto era rosado como rubis,
    e sua aparência, como safiras.ᵇ
⁸Agora, porém, seu rosto está mais escuro que fuligem;
    ninguém os reconhece nas ruas.
Sua pele está pegada aos ossos,
    seca como madeira.
⁹Os que morreram pela espada foram mais felizes
    que os que morrem de inanição.
Famintos, definham
    por falta de alimento dos campos.
¹⁰Mulheres de bom coração
    cozinharam os próprios filhos.
Elas os comeram
    para sobreviver ao cerco.

ª **4.6** Ou *O castigo*. ᵇ **4.7** Ou *lápis-lazúlis*.

¹¹Agora, porém, a ira do Senhor está satisfeita;
sua ira ardente foi derramada.
Em Sião ele acendeu um fogo
que queimou a cidade até seus alicerces.

¹²Nenhum rei em toda a terra,
ninguém no mundo inteiro,
poderia imaginar que o inimigo
entraria pelas portas de Jerusalém.

¹³Mas foi o que aconteceu por causa do pecado de seus profetas
e da maldade de seus sacerdotes,
que profanaram a cidade
ao derramar sangue inocente.

¹⁴Andavam sem destino pelas ruas,
como cegos,
tão contaminados de sangue
que ninguém se atrevia a tocar neles.

¹⁵"Afastem-se!", gritavam para eles.
"Estão contaminados! Não toquem em nós!"
Fugiram para terras distantes
e andaram sem rumo entre as nações,
mas nenhuma permitiu que ficassem.

¹⁶O Senhor, em sua ira, os espalhou
e deixou de ajudá-los.
Ninguém mais respeita os sacerdotes
nem honra os líderes.

¹⁷Esperamos em vão que nossos aliados
viessem nos socorrer.
Buscamos a ajuda de nações
incapazes de nos livrar.

¹⁸Não podíamos sair às ruas,
pois nossos passos eram vigiados.
Nosso fim se aproximava, nossos dias estavam contados;
estávamos condenados!

¹⁹Nossos inimigos eram mais rápidos que as águias no céu;
fugimos para as montanhas, mas eles nos perseguiram.
No deserto nos escondemos,
mas eles estavam ali, esperando por nós.

²⁰Nosso rei, o ungido do Senhor, a vida de nossa nação,
foi capturado nos laços deles.
E nós pensávamos que sua sombra
nos protegeria de qualquer nação da terra!

²¹Ó povo de Edom,
você se alegra e exulta na terra de Uz?
Mas você também beberá do cálice da ira do Senhor;
também ficará embriagado e será despido.

²²Ó bela Sião,[a] o castigo de sua maldade chegará ao fim;
logo voltará do exílio.
Mas para você, Edom, o castigo está só começando;
logo seus muitos pecados serão expostos.

Súplica por restauração

5

¹Lembra-te, Senhor, do que aconteceu conosco
e vê como fomos humilhados!
²Nossa herança foi entregue a estranhos,
e nossas casas, a estrangeiros.
³Somos órfãos e já não temos pai,
e nossa mãe ficou viúva.
⁴Temos de pagar pela água que bebemos,
e até a lenha nos custa caro.
⁵Os que nos perseguem estão bem perto;
estamos exaustos, mas não nos deixam descansar.
⁶Ao Egito e à Assíria nos sujeitamos,
para conseguir alimento e sobreviver.
⁷Nossos antepassados pecaram e já morreram,
e nós recebemos o castigo que eles mereciam.

⁸Escravos se tornaram nossos senhores;
não restou ninguém para nos resgatar.
⁹Arriscamos a vida à procura de alimento,
pois a violência tomou conta do deserto.
¹⁰A fome nos escureceu a pele,
como se tivesse sido queimada no forno.
¹¹As mulheres de Sião e as moças das cidades de Judá
são violentadas por nossos inimigos.

---

[a] 4.22 Em hebraico, *Ó filha de Sião*.

¹²Os príncipes são pendurados pelas mãos,
os idosos são tratados com desprezo.
¹³Os rapazes são levados para trabalhar nos moinhos,
os meninos cambaleiam sob os pesados fardos de lenha.
¹⁴As autoridades não se sentam mais à porta das cidades,
os rapazes não tocam mais música.
¹⁵A alegria desapareceu de nosso coração,
nossas danças se transformaram em pranto.
¹⁶A coroa caiu de nossa cabeça;
que aflição por causa de nosso pecado!
¹⁷Nosso coração desfalece,
nossos olhos se embaçaram de lágrimas,
¹⁸pois o monte Sião está desolado;
tornou-se morada de chacais.
¹⁹Mas tu, Senhor, reinas eternamente!
Teu trono permanece de geração em geração.
²⁰Por que continuas a te esquecer de nós?
Por que nos abandonaste por tanto tempo?
²¹Restaura-nos, Senhor, e faze-nos voltar para ti!
Devolve-nos a alegria que tínhamos antes!
²²Ou será que nos rejeitaste completamente?
Ainda estás irado conosco?

EZEQUIEL

INTRODUÇÃO

Profeta. Seu nome significa "Deus fortalecerá". Ele era sacerdote e foi levado ao cativeiro por Nabucodonosor (597 a.C.). Possuía uma casa no rio Quebar, onde os anciãos de Judá estavam acostumados a se encontrar. Sua esposa morreu no nono ano de seu cativeiro. Ele era um homem de muito poder intelectual e, aparentemente, das melhores classes de pessoas levadas ao cativeiro. É menos atrativo que Isaías e menos constante no curso de seu pensamento do que Jeremias. Não é tão tímido ou sensível como Jeremias, mas tem todo o seu horror pelo pecado e toda a sua dor ocasionados pela perversidade de seu povo e pelo sofrimento que suportaram. Em sua ousadia de expressão, ele não foi superado por seus predecessores.

Natureza da profecia. A natureza da profecia ou os métodos pelos quais ele exerce ou manifesta seu dom profético difere da dos outros profetas. Ele tem mais visões do que profetiza. Alegorias, parábolas, similitudes e visões abundam em seu livro, algumas são simbólicas a respeito do futuro e outras são de fatos e condições existentes. O profeta permanece às margens de Quebar e em espírito é transportado para Jerusalém e para o Templo. Grande parte do livro é de caráter semelhante ao Apocalipse e, embora os assuntos gerais sejam muito simples, muito do significado dos símbolos é obscuro. Há, no entanto, discursos poderosos e previsões eloquentes de julgamentos divinos sobre as nações. Provavelmente, devido aos serviços de Ezequiel, a religião de Israel foi preservada durante o exílio.

Principais aspectos do seu ensino. (1) A denúncia dos pecados de Judá e a queda de Jerusalém, Caps. 1–24. (2) Julgamentos sobre nações estrangeiras, Caps. 25–32. (3) Arrependimento como condição de salvação, 18.30-32. (4) A gloriosa restauração de Israel, 16.60ss; 20.40ss; 27.22-24; 36.16ss; Caps. 33–48. (5) A liberdade e a responsabilidade da alma individualmente diante de Deus. 18.20-32. (6) A necessidade de um novo coração e um novo espírito, 11.19; 18.31; 36.26.

Condição dos judeus. (1) *Condição política e social.* Eles são cativos vivendo na Babilônia, mas são tratados como colonos e não como escravos. Aumentaram em número e acumularam grandes riquezas e alguns deles ocuparam cargos mais elevados. (2) *A condição ou perspectiva religiosa.* Eles tinham liberdade religiosa e, nesse período, abandonaram a idolatria para sempre. Procuraram pelos livros da Lei, revisaram o cânon, escreveram alguns livros novos e talvez instauraram o culto na sinagoga, algo que mais tarde se tornou muito poderoso.

ESBOÇO

1. O chamado de Ezequiel, Caps. 1–3
    1.1. Visão preliminar, Cap. 1
    1.2. O chamado, Caps. 2–3
2. A destruição de Jerusalém, Caps. 4–24
    2.1. O cerco e o julgamento categórico da cidade, Caps. 4–7
    2.2. A condição da cidade e os pecados do povo, Caps. 8–19
    2.3. Evidências renovadas e previsões da queda de Judá e Jerusalém, Caps. 20–24
3. Previsões contra as nações e cidades estrangeiras, Caps. 25–32
4. Profecias a respeito da restauração, Caps. 33–48
    4.1. A restauração de Judá à Terra Prometida, Caps. 33–39
    4.2. Os tempos messiânicos, Caps. 40–48

PARA ESTUDO E DISCUSSÃO

[1] A condição, o pecado particular e o julgamento prometido sobre cada uma das nações mencionadas — a previsão foi cumprida?
[2] Deveres e responsabilidades de um pregador, conforme ilustrado pelo vigia de Ezequiel, Cap. 33.
[3] Visão dos ossos secos, Cap. 37.
[4] Judá e Israel sob a figura de uma perversa mulher, Cap. 23.

[5] Águas vivificadoras, 47.1-12.
[6] Ensinamentos sobre a restauração, nas seguintes passagens: 24.11-24; 36.8,9,25-27,29,30,34,35; 37.1-14, 22,26,27; 43.11,12.
[7] Os símbolos e os tipos do livro.

Visão dos seres vivos

1 Em 31 de julho[a] de meu trigésimo ano,[b] enquanto eu estava com os exilados judeus junto ao rio Quebar, na Babilônia, os céus se abriram e tive visões de Deus. ²Isso aconteceu no quinto ano do exílio do rei Joaquim. ³(O S<small>ENHOR</small> deu essa mensagem ao sacerdote Ezequiel, filho de Buzi, junto ao rio Quebar, na terra dos babilônios,[c] e a mão do S<small>ENHOR</small> estava sobre ele.)

⁴Quando olhei, vi uma grande tempestade que vinha do norte. Uma nuvem faiscava com relâmpagos e brilhava com luz intensa. Dentro da nuvem havia fogo e, no meio do fogo, resplandecia algo semelhante a âmbar reluzente.[d] ⁵Do centro da nuvem surgiram quatro seres vivos de aparência humana, ⁶porém cada um tinha quatro rostos e quatro asas. ⁷Suas pernas eram retas, e seus pés tinham cascos como os de bezerro e brilhavam como bronze polido. ⁸Debaixo de cada uma das quatro asas, vi mãos humanas. Assim, cada um dos quatro seres tinha quatro rostos e quatro asas. ⁹As asas de cada um dos seres tocavam as asas dos seres ao seu lado. Cada um se movia para a frente, sem se virar.

¹⁰Cada um dos quatro seres tinha rosto humano na frente, rosto de leão à direita, rosto de boi à esquerda e rosto de águia atrás. ¹¹Cada um tinha dois pares de asas estendidas: com um par tocava as asas dos seres de cada lado e com o outro par cobria o corpo. ¹²Deslocavam-se em qualquer direção que o espírito indicava e moviam-se para a frente, sem se virar.

¹³Os seres vivos eram semelhantes a brasas acesas ou tochas reluzentes, e relâmpagos pareciam faiscar entre eles. ¹⁴Os seres vivos se deslocavam de um lado para o outro rapidamente, como relâmpagos.

¹⁵Enquanto eu olhava para esses seres, vi quatro rodas que tocavam o chão junto a eles, uma roda para cada um. ¹⁶As rodas brilhavam, como se fossem feitas de berilo. As quatro rodas eram semelhantes e feitas da mesma forma; cada uma tinha dentro dela outra roda que girava na transversal. ¹⁷Os seres podiam se deslocar em qualquer uma das quatro direções, sem se virar enquanto se moviam. ¹⁸Os aros das rodas eram altos e assustadores, cobertos de olhos em todo o redor.

¹⁹Quando os seres vivos se moviam, as rodas se moviam com eles. Quando eles voavam para cima, as rodas também subiam. ²⁰O espírito dos seres vivos estava nas rodas; aonde quer que o espírito fosse, as rodas e os seres vivos o acompanhavam. ²¹Quando os seres se moviam, as rodas também se moviam. Quando os seres paravam, as rodas também paravam. Quando os seres voavam para cima, as rodas também subiam, pois o espírito dos seres vivos estava nas rodas.

²²Acima deles estendia-se uma superfície como o céu, brilhante como cristal. ²³Abaixo dessa superfície as asas de cada ser vivo se estendiam de modo a tocar as asas dos outros, e as outras duas asas cobriam seu corpo. ²⁴Quando voavam, o estrondo de suas asas soava para mim como ondas do mar quebrando na praia, como a voz do Todo-poderoso,[e] ou como os gritos de um grande exército. Quando os seres pararam, abaixaram as asas. ²⁵Enquanto estavam com as asas abaixadas, uma voz falou de além da superfície acima deles.

²⁶Acima dessa superfície havia algo parecido com um trono de safira. No trono, bem no alto, havia uma figura semelhante a um homem. ²⁷Da cintura para cima, tinha a aparência de âmbar reluzente que cintilava como o fogo, e, da cintura para baixo, parecia uma chama ardente que brilhava com esplendor. ²⁸Estava rodeado por um aro luminoso, como arco-íris que resplandece entre as nuvens num dia de chuva. Essa era a aparência da glória do S<small>ENHOR</small> para mim. Quando a vi, prostrei-me com o rosto no chão e ouvi a voz de alguém que falava comigo.

O chamado e a comissão de Ezequiel

2 "Levante-se, filho do homem", disse a voz. "Quero falar com você." ²Enquanto ele falava, o Espírito entrou em mim e me pôs em pé, e eu ouvi suas palavras com atenção. ³"Filho do

---

[a] **1.1a** Em hebraico, *No quinto dia do quarto mês*, do antigo calendário lunar hebraico. Várias datas em Ezequiel podem ser comparadas com datas de registros babilônios que sobreviveram ao tempo e relacionadas com precisão ao calendário moderno. O ano foi 593 a.C. [b] **1.1b** Ou *no trigésimo ano*. [c] **1.3** Ou *caldeus*. [d] **1.4** Ou *metal polido*; também em 1.27. [e] **1.24** Em hebraico, *Shaddai*.

homem", disse ele, "eu o envio à nação de Israel, uma nação rebelde, que se revoltou contra mim. Até hoje, eles e seus antepassados têm se revoltado contra mim. ⁴São um povo teimoso, de coração duro. Mas eu o envio para lhes dizer: 'Assim diz o Senhor Soberano!'. ⁵E, quer eles ouçam quer não — lembre-se de que são rebeldes —, pelo menos saberão que tiveram um profeta no meio deles.

⁶"Filho do homem, não tenha medo deles nem de suas palavras. Não tema, ainda que suas ameaças o cerquem como urtigas, espinhos e escorpiões. Não desanime com seus olhares raivosos, pois são um povo rebelde. ⁷Anuncie-lhes minha mensagem, quer eles ouçam quer não, pois são completamente rebeldes. ⁸Filho do homem, preste atenção ao que lhe digo. Não seja rebelde como eles. Abra sua boca e coma o que lhe dou."

⁹Então olhei e vi a mão de alguém estendida para mim. Segurava um rolo, ¹⁰que ela abriu. Vi que de ambos os lados estavam escritos cânticos fúnebres, lamentações e palavras de condenação.

3 A voz me disse: "Filho do homem, coma o que lhe dou. Coma este rolo! Depois, vá e fale ao povo de Israel". ²Então abri a boca, e ele me deu o rolo para eu comer. ³"Filho do homem, encha seu estômago com ele", disse a voz. Quando comi, o sabor era doce como mel em minha boca.

⁴Em seguida, ele disse: "Filho do homem, vá ao povo de Israel e transmita-lhe minhas mensagens. ⁵Não o envio a um povo estrangeiro, cuja língua você não entende, mas ao povo de Israel. ⁶Não, eu não o envio a um povo de língua estrangeira e difícil. Se o fizesse, eles lhe dariam ouvidos! ⁷O povo de Israel, porém, não lhe dará ouvidos, assim como não deu ouvidos a mim. Pois todos eles têm o coração duro e são teimosos. ⁸Mas eu tornei você tão obstinado e inflexível quanto eles. ⁹Endureci sua testa como a pedra mais dura. Portanto, não tenha medo deles nem tema seus olhares raivosos, pois são um povo rebelde".

¹⁰Então ele acrescentou: "Filho do homem, primeiro deixe que minhas palavras entrem até o fundo de seu coração. Ouça-as com atenção. ¹¹Depois, vá a seu povo no exílio e diga-lhes: 'Assim diz o Senhor Soberano!'. Faça isso quer eles ouçam quer não".

¹²Em seguida, o Espírito me pôs em pé, e eu ouvi uma estrondosa proclamação atrás de

---

PÃO DIÁRIO

Alimentando-se da Palavra

A voz me disse: "Filho do homem, coma o que lhe dou. Coma este rolo! Depois, vá e fale ao povo de Israel".
—Ezequiel 3.1

Li a respeito de uma australiana que desenvolveu o desejo por comer papel. Ela começou a dieta incomum na infância e, à medida que crescia, passou a comer dez folhas de lenços de papel e meia página de jornal todos os dias. A mulher também já tinha consumido pequenas quantidades de papel mata-borrão, folhas de livros de exercícios e comprovantes de compras.

É claro que não há relação entre o estranho hábito dessa mulher e as ações simbólicas do profeta Ezequiel. O fato de ele comer um rolo de pergaminho tinha a intenção de ilustrar um exercício espiritual do qual todos nós deveríamos participar. Se é para declararmos a verdade de Deus com significado e poder, devemos reservar um momento para permitir que ela encha o nosso coração. Precisamos sentir as implicações daquilo que Deus diz. Devemos permitir que a Sua Palavra se torne parte vital de nós para que não falemos sobre ela superficialmente, como alunas desinteressadas e sem qualquer envolvimento com o tema, mas como pessoas que a "provaram" pessoalmente.

As palavras e os pensamentos verdadeiros de Deus estão revelados na Bíblia. Não os leia e os repita simplesmente. Medite neles. Sinta-os. Peça para que o Senhor os esclareça, que os torne parte da sua experiência e os ensine a você.

Sim, a leitura bíblica de hoje contém um princípio profundo: devemos "comer" a Palavra antes de pronunciá-la. Talvez então, não teremos de engolir nossas próprias palavras depois.

Senhor, ajuda-nos a compreender o significado implícito nas palavras contidas no livro de Ezequiel, de que devemos devorar as Escrituras e torná-las parte de nós. Capacita-nos a esconder a Tua Palavra em nosso coração para que possamos demonstrar as verdades e a mensagem que ela contém a todo aquele que cruzar o nosso caminho. Graças te damos pela Bíblia, a Tua Palavra santa.

Que a Palavra de Deus encha a sua mente, domine o seu coração e oriente a sua língua.

mim. (Que a glória do Senhor seja louvada em sua habitação!)ª ¹³Era o som das asas dos seres vivos que tocavam umas nas outras e o barulho das rodas debaixo deles.

¹⁴O Espírito me levantou e me tirou de lá. Saí amargurado e agitado, mas a mão do Senhor era forte sobre mim. ¹⁵Cheguei à colônia dos exilados judeus em Tel-Abibe, junto ao rio Quebar. Estava atônito e permaneci no meio deles durante sete dias.

Um vigia para Israel

¹⁶Depois de sete dias, o Senhor me deu uma mensagem: ¹⁷"Filho do homem, eu o nomeei vigia de Israel. Sempre que receber uma mensagem minha, advirta o povo. ¹⁸Se eu avisar os perversos: 'Vocês estão condenados à morte', mas você não lhes transmitir a advertência, para que mudem sua conduta perversa e salvem a vida, eles morrerão em seus pecados. E eu o considerarei responsável pela morte deles. ¹⁹Se você os advertir, mas eles não quiserem se arrepender e continuarem a pecar, eles morrerão em seus pecados. Você, porém, salvará sua vida.

²⁰"Se os justos se desviarem de sua conduta justa e não prestarem atenção aos obstáculos que eu puser em seu caminho, eles morrerão. E, se você não os advertir, eles morrerão em seus pecados. Nenhum dos atos de justiça deles será lembrado, e eu o considerarei responsável pela morte deles. ²¹Mas, se você advertir os justos a não pecarem e eles lhe derem ouvidos e não pecarem, eles viverão. E você também salvará sua vida".

²²A mão do Senhor veio sobre mim, e ele disse: "Levante-se e vá até o vale, e eu lhe falarei ali". ²³Levantei-me, fui até o vale e ali vi a glória do Senhor, como na primeira visão junto ao rio Quebar, e prostrei-me com o rosto no chão.

²⁴Então o Espírito entrou em mim e me pôs em pé. "Vá para sua casa e tranque-se dentro dela", disse ele. ²⁵"Ali, filho do homem, você será amarrado com cordas e não poderá sair para o meio do povo. ²⁶Farei sua língua se prender ao céu da boca, para que fique mudo e não possa repreendê-los, pois são rebeldes. ²⁷Mas, quando eu lhe der uma mensagem, desprenderei sua língua e deixarei que fale. Então você lhes dirá: 'Assim diz o Senhor Soberano!'. Quem escolher ouvir, ouvirá, mas quem se recusar, não ouvirá, pois são um povo rebelde."

Sinal do cerco que está para vir

4 "Agora, filho do homem, pegue um tijolo de barro, coloque-o à sua frente e desenhe nele a cidade de Jerusalém. ²Retrate a cidade cercada. Construa um muro ao redor dela, arme o acampamento inimigo e cerque a cidade com rampas e troncos de ataque. ³Pegue uma panela de ferro e coloque-a entre você e a cidade. Volte-se para a cidade e mostre como será o cerco de Jerusalém. Isso será um sinal de advertência para o povo de Israel.

⁴"Agora, deite-se sobre o lado esquerdo e ponha sobre si os pecados de Israel. Você terá de carregar os pecados de Israel pelo número de dias que ficar deitado sobre o lado esquerdo. ⁵Determinei que carregará os pecados de Israel por 390 dias, um dia para cada ano de pecado do povo. ⁶Depois, deite-se sobre o lado direito durante quarenta dias, um dia para cada ano de pecado de Judá.

⁷"Enquanto isso, continue a olhar para o cerco de Jerusalém. Deite-se com o braço descoberto e profetize contra a cidade. ⁸Eu o amarrarei com cordas para que você não possa virar-se de um lado para o outro, até que tenha completado os dias do cerco.

⁹"Pegue um pouco de trigo, cevada, feijão, lentilha, milho-miúdo e trigo candeal e misture-os numa vasilha. Use-os para preparar seu pão durante os 390 dias em que ficará deitado sobre o lado esquerdo. ¹⁰Racione suas porções, 240 gramas[b] por dia, e coma-as em horas determinadas. ¹¹Depois, meça pouco mais de meio litro[c] de água para cada dia e beba-a em horas determinadas. ¹²Prepare e coma esse alimento como faria com bolos de cevada. Asse-o diante de todo o povo, usando fezes humanas secas como combustível." ¹³E o Senhor disse: "Assim os israelitas comerão pão impuro na terra dos gentios, para onde eu os expulsarei".

ª **3.12** Ou *Então o Espírito me pôs em pé e, enquanto a glória do Senhor se elevava de seu lugar, ouvi um som estrondoso atrás de mim.* ᵇ **4.10** Em hebraico, *20 siclos*. ᶜ **4.11** Em hebraico, *1/6 de him.*

¹⁴Então eu disse: "Ó Senhor Soberano, jamais me contaminei! Desde a infância, nunca comi animais mortos por doença ou despedaçados por outros animais. Nunca comi carne alguma proibida pela lei".

¹⁵Então ele me disse: "Em lugar de fezes humanas, você pode usar esterco de vaca para assar o pão". ¹⁶E acrescentou: "Filho do homem, tornarei a comida extremamente escassa em Jerusalém. Será pesada com grande cuidado e consumida com medo. A água será racionada, e o povo beberá com desespero. ¹⁷Diante da falta de comida e água, olharão uns para os outros aterrorizados e definharão debaixo de seu castigo."

Sinal do julgamento que está para vir

5 "Filho do homem, pegue uma espada afiada e use-a como navalha para raspar sua cabeça e sua barba. Use uma balança para pesar o cabelo e dividi-lo em três partes. ²Coloque uma terça parte no meio do desenho de Jerusalém e, depois de encenar o cerco à cidade, queime o cabelo ali. Espalhe outra terça parte ao redor do desenho e corte-a com a espada. Espalhe a terceira parte ao vento, pois eu espalharei meu povo com a espada. ³Guarde apenas um pouco de cabelo e amarre-o em seu manto. ⁴Então, pegue alguns desses fios de cabelo e jogue-os no fogo, para que se queimem. Dali um fogo se espalhará e destruirá todo o Israel.

⁵"Assim diz o Senhor Soberano: Esta é uma ilustração do que acontecerá a Jerusalém. Coloquei-a no centro das nações, ⁶mas ela se revoltou contra meus estatutos e decretos e foi mais perversa que as nações ao seu redor. Não quis obedecer a meus estatutos e decretos.

⁷"Portanto, assim diz o Senhor Soberano: Vocês são mais rebeldes que as nações vizinhas e não quiseram obedecer a meus decretos e estatutos. Nem sequer viveram de acordo com os padrões de justiça das nações ao seu redor. ⁸Portanto, eu mesmo, o Senhor Soberano, estou contra vocês. Eu os castigarei publicamente diante de todas as nações. ⁹Por causa de seus ídolos detestáveis, punirei vocês como nunca fiz antes e nunca voltarei a fazer. ¹⁰Pais devorarão os filhos, e filhos devorarão os pais. Eu os castigarei e espalharei aos quatro ventos os poucos que sobreviverem.

¹¹"Tão certo como eu vivo, diz o Senhor Soberano, eu os destruirei completamente. Não terei compaixão alguma de vocês, pois profanaram meu templo com imagens repugnantes e pecados detestáveis. ¹²Uma terça parte de seu povo morrerá na cidade por doença e fome, uma terça parte será morta pelo inimigo fora dos muros da cidade, e eu espalharei uma terça parte aos quatro ventos e os perseguirei com minha espada. ¹³Por fim, minha ira se completará, e ficarei satisfeito. E, quando minha fúria contra eles tiver passado, todo o Israel saberá que eu, o Senhor, lhes falei segundo o meu zelo.

¹⁴"Portanto, eu o transformarei em uma ruína, em objeto de insulto aos olhos das nações ao redor e para todos que passarem por ali. ¹⁵Você se tornará alvo de insultos, zombarias e horror, e servirá de advertência para todas as nações ao redor. Elas verão o que acontece quando o Senhor, em sua ira, castiga uma nação e a repreende, diz o Senhor.

¹⁶"Farei chover sobre você as flechas mortais da fome, para destruí-la. A fome se tornará cada vez mais severa, até que desapareça todo suprimento. ¹⁷Além da fome, enviarei animais selvagens para atacá-la e devorar seus filhos. Doença e guerra a alcançarão, e trarei contra você a espada do inimigo. Eu, o Senhor, falei!".

Julgamento contra os montes de Israel

6 Recebi outra mensagem do Senhor: ²"Filho do homem, volte o rosto para os montes de Israel e profetize contra eles. ³Proclame esta mensagem do Senhor Soberano contra os montes de Israel. Assim diz o Senhor Soberano aos montes, às colinas, aos desfiladeiros e aos vales: Estou prestes a trazer guerra sobre vocês e destruir seus santuários idólatras. ⁴Todos os seus altares serão demolidos, e seus lugares de adoração serão destruídos. Matarei o povo diante de seus ídolos.ª ⁵Porei os cadáveres dos israelitas diante de seus ídolos e espalharei os ossos ao redor de seus altares. ⁶Onde quer que vocês vivam, haverá desolação, e destruirei os santuários idólatras. Seus altares serão demolidos, seus ídolos serão despedaçados, seus lugares de adoração serão derrubados e todos

---

ª 6.4 É provável que o termo hebraico (lit., *coisas redondas*) se refira a esterco; também em 6.5,6,9,13.

os objetos religiosos que vocês fizeram serão destruídos. ⁷O lugar ficará cheio de cadáveres, e vocês saberão que somente eu sou o Senhor.

⁸"Deixarei, porém, que alguns do meu povo escapem da destruição, e eles serão espalhados entre as nações do mundo. ⁹Então, quando estiverem exilados entre as nações, se lembrarão de mim. Reconhecerão quanto me entristece seu coração infiel e seus olhos lascivos por seus ídolos. Por fim, terão nojo de si mesmos por causa de todos os seus pecados detestáveis. ¹⁰Saberão que somente eu sou o Senhor e que falava sério quando disse que traria sobre eles essa calamidade.

¹¹"Assim diz o Senhor Soberano: Batam palmas de horror e batam os pés. Gritem por causa de todos os pecados detestáveis que o povo de Israel cometeu. Agora, morrerão de guerra, fome e doença. ¹²A doença matará os que estiverem exilados em lugares distantes, a guerra destruirá os que estiverem por perto, e os que sobrarem morrerão de fome. Enfim derramarei toda a minha fúria sobre eles. ¹³Eles saberão que sou o Senhor quando seus mortos estiverem espalhados entre os ídolos e os altares em todas as colinas e montes, debaixo de toda árvore verdejante e de todo carvalho que dá sombra, os lugares onde ofereciam sacrifícios a seus ídolos. ¹⁴Eu os arrasarei e deixarei suas cidades desoladas, desde o deserto, no sul, até Ribla,[a] no norte. Então saberão que eu sou o Senhor".

O fim se aproxima

7 Então recebi esta mensagem do Senhor: ²"Filho do homem, assim diz o Senhor Soberano a Israel:

"Chegou o fim!
  Para onde quer que vocês olhem,
norte, sul, leste ou oeste,
  sua terra está acabada.
³Não resta esperança,
  pois lançarei minha ira contra vocês.
Eu os chamarei para prestar contas
  de todos os seus pecados detestáveis.
⁴Não os pouparei nem terei piedade;
  darei a vocês o que merecem
por todos os seus pecados detestáveis.
  Então saberão que eu sou o Senhor.

⁵"Assim diz o Senhor Soberano:
  Desgraça após desgraça
  se aproximam!
⁶Chegou o fim,
  finalmente chegou;
  sua condenação os espera!
⁷Ó povo de Israel, já amanhece o dia de sua destruição;
  chegou a hora, o tempo da aflição está próximo.
Nos montes se ouvem gritos de angústia,
  e não de alegria.
⁸Em breve derramarei sobre vocês minha fúria
  e contra vocês lançarei minha ira.
Eu os chamarei para prestar contas
  de todos os seus pecados detestáveis.
⁹Não os pouparei nem terei piedade;
  darei a vocês o que merecem
por todos os seus pecados detestáveis.
  Então saberão que eu, o Senhor, os feri.

¹⁰"O dia do juízo chegou;
  sua destruição os espera!
A vara da perversidade brotou,
  sim, o orgulho do povo floresceu.
¹¹Sua violência se transformou numa vara
  que os castigará por sua maldade.
Nenhum dos orgulhosos sobreviverá;
  toda a sua riqueza e prestígio
  desaparecerão.
¹²Sim, chegou a hora;
  este é o dia!
Que os compradores não se alegrem,
  nem os vendedores se entristeçam,
pois todos eles cairão
  sob a minha ira ardente.
¹³Ainda que os comerciantes sobrevivam,
  jamais voltarão a seus negócios.
Pois a profecia contra o povo
  não mudará.
Ninguém cuja vida é corrompida pelo pecado
  se recuperará."

A desolação de Israel

¹⁴"A trombeta convoca o exército,
  mas ninguém sai para guerrear,
  pois minha fúria está contra todos eles.

---

[a] **6.14** Conforme alguns manuscritos hebraicos; a maioria dos manuscritos hebraicos traz *Dibla*.

¹⁵Fora da cidade há guerra,
e dentro dela, doença e fome.
Quem estiver fora dos muros
será morto pela espada do inimigo.
Quem estiver dentro da cidade
morrerá de fome e doença.
¹⁶Os sobreviventes que fugirem para os
montes
gemerão como pombas, por causa de
seus pecados.
¹⁷Suas mãos ficarão fracas,
e seus joelhos, frouxos como água.
¹⁸De pano de saco se vestirão
e ficarão cobertos de horror.
Rasparão a cabeça,
em sinal de tristeza e remorso.
¹⁹"Jogarão seu dinheiro na rua,
o lançarão fora como se fosse lixo.
Seu ouro e sua prata não os salvarão
no dia da ira do Senhor.
Não os saciarão nem os alimentarão,
pois sua ganância só os faz tropeçar.
²⁰Tinham orgulho de suas lindas joias
e com elas fizeram ídolos detestáveis e
imagens repugnantes.
Por isso farei que todas as suas riquezas se
tornem
repulsivas para eles
²¹e as entregarei como despojo a
estrangeiros,
às nações perversas,
e elas as profanarão.
²²Desviarei deles meu olhar
quando ladrões invadirem e profanarem
minha terra preciosa.
²³"Preparem correntes para meu povo,
pois o sangue de crimes terríveis cobre
a terra;
Jerusalém[a] está cheia de violência.
²⁴Trarei as nações mais cruéis
para ocuparem suas casas.
Acabarei com o orgulho dos poderosos
e profanarei seus santuários.
²⁵O terror tomará conta do povo;
buscarão a paz, mas não a encontrarão.
²⁶Virá uma calamidade após a outra,
um rumor após o outro.
Buscarão sem sucesso
uma visão dos profetas.
Não receberão ensinamentos dos
sacerdotes
nem conselhos das autoridades.
²⁷O rei e o príncipe ficarão desamparados
e chorarão de desespero;
as mãos do povo
tremerão de medo.
Trarei sobre eles
o mal que fizeram a outros,
e receberão o castigo
que tanto merecem.
Então saberão que eu sou o Senhor".

Idolatria no templo

8 Em 17 de setembro,[b] no sexto ano do exílio do rei Joaquim, enquanto as autoridades de Judá estavam em minha casa, a mão do Senhor Soberano veio sobre mim. ²Vi uma figura semelhante a um homem:[c] da cintura para baixo, parecia uma chama ardente, e, da cintura para cima, tinha a aparência de âmbar reluzente.[d] ³Ele estendeu algo que parecia uma mão e me pegou pelos cabelos. Então o Espírito me elevou entre a terra e o céu e me transportou para Jerusalém, numa visão dada por Deus. Fui levado à porta norte do pátio interno do templo, onde havia um ídolo que provocou o ciúme do Senhor. ⁴De repente, estava ali a glória do Deus de Israel, como eu tinha visto antes no vale.

⁵Então o Senhor me disse: "Filho do homem, olhe para o norte". Olhei para o norte e ali, perto da entrada da porta junto ao altar, estava o ídolo que havia provocado o ciúme do Senhor.

⁶"Filho do homem", disse ele, "você vê o que estão fazendo? Vê os pecados detestáveis que o povo de Israel comete para me afastar de meu templo? Venha, e eu lhe mostrarei pecados ainda mais detestáveis que estes!" ⁷Então ele me levou à porta do pátio do templo, onde vi um buraco no muro. ⁸Disse-me: "Agora, filho do homem, cave no muro". Cavei no muro e encontrei uma passagem escondida.

⁹"Entre", disse ele, "e veja os pecados perversos e detestáveis que cometem ali!" ¹⁰Entrei e vi as paredes cobertas de desenhos de toda espécie de animal que rasteja e de criaturas

---

[a] 7.23 Em hebraico, *a cidade*. [b] 8.1 Em hebraico, *No quinto (dia) do sexto mês*, do antigo calendário lunar hebraico. O ano foi 592 a.C.; ver também nota em 1.1. [c] 8.2a Conforme a Septuaginta; o hebraico traz *semelhante a fogo*. [d] 8.2b Ou *de metal polido*.

> **REFLETINDO SOBRE:** Triste pelas razões erradas

Mulheres lamentando por Tamuz

Que haja lágrimas, lamentação e profundo pesar. Que haja choro em vez de riso, e tristeza em vez de alegria.
—Tiago 4.9

Lakisha pegou mais um lenço. Ela não conseguia imaginar como uma mulher podia suportar tanta dor e sofrimento. Seu coração se compadecia de Alana todas as tardes, entre as 13 e 14 horas. *Talvez eu devesse parar de assistir novelas,* Lakisha pensou. Ela sempre chorava com facilidade, mas ultimamente suas lágrimas pareciam estar fora de controle. Na noite anterior, ela havia tido problemas para dormir depois de chorar assistindo a *Flores de Aço,* apesar de já ter assistido ao filme oito vezes.

As mulheres na passagem de Ezequiel 8:14 também se sentaram e choraram pelo motivo errado. Quando Deus quis mostrar a Ezequiel a extensão da idolatria e perversidade do povo, Ele mostrou-lhe uma série de cenas em uma visão. Em certo ponto, Ezequiel viu um grupo de mulheres à entrada do lado norte do Templo chorando por Tamuz. Quando a vegetação morria durante os meses quentes e secos de verão, adoradores desse deus pagão criam que isso ocorria porque o deus morria e descia ao submundo. Seus seguidores choravam e lamentavam sua morte e então celebravam seu retorno na primavera com rituais de fertilidade. Em lugar de chorar por sua nação ter rejeitado Deus, algumas israelitas estavam derramando lágrimas por um falso deus.

Não deveríamos nos envergonhar de termos um coração sensível que facilmente nos leva às lágrimas. Lembro-me de ouvir um pastor dizer: "Se de seus olhos escoarem as lágrimas, sua cabeça não ficará inchada". Deus quer que sejamos compassivas e choremos quando é adequado, mesmo durante filmes tristes. Mas Ele não quer que desperdicemos as nossas lágrimas em questões triviais se permanecermos indiferentes a questões realmente dignas de pesar. Se permitirmos que o nosso coração endureça para o pecado em nossa vida, podemos chorar por qualquer outra coisa exceto por nossa necessidade de arrependimento e mudança. Vale a pena derramar lágrimas por qualquer coisa que entristeça a Deus.

---

detestáveis. Também vi diversos ídolos[a] adorados pelos israelitas. **¹¹**Estavam ali setenta autoridades de Israel, e no meio estava Jazanias, filho de Safã. Cada um deles segurava um incensário do qual subia uma nuvem de incenso.

¹²Então o Senhor me disse: "Filho do homem, você vê o que as autoridades de Israel fazem com seus ídolos em salas escuras? Dizem: 'O Senhor não nos vê; o Senhor abandonou nossa terra!'". **¹³**E acrescentou: "Venha, e eu lhe mostrarei pecados ainda mais detestáveis que estes!".

¹⁴Em seguida, levou-me até a porta norte do templo do Senhor, onde algumas mulheres estavam sentadas chorando pelo deus Tamuz. **¹⁵**"Filho do homem, você vê isso?", ele perguntou. "Venha, e eu lhe mostrarei pecados ainda mais detestáveis que estes!"

¹⁶Em seguida, levou-me para o pátio interno do templo do Senhor. Na entrada do templo, entre o pórtico e o altar, havia cerca de 25 homens com as costas para o templo do Senhor. Estavam voltados para o leste, prostrados no chão, e adoravam o sol.

¹⁷"Filho do homem, você vê isso?", perguntou ele. "Será que não significa nada para o povo de Judá cometer esses pecados detestáveis que levam a nação inteira à violência, que a fazem zombar de mim[b] e provocar minha ira? **¹⁸**Por isso responderei com fúria. Não os pouparei nem terei piedade. Mesmo que clamem bem alto, não os ouvirei."

A matança dos idólatras

9 Então o Senhor disse em alta voz: "Tragam os homens escolhidos para castigar a cidade! Digam-lhes que venham com suas armas de destruição!". **²**Logo surgiram seis homens, vindos da porta superior, voltada para o norte, e cada um tinha na mão uma arma mortal. Estava com eles um homem vestido de linho, que levava na cintura um estojo com material

---

[a] 8.10 É provável que o termo hebraico (lit., *coisas redondas*) se refira a esterco. [b] 8.17 Em hebraico, *que põem o ramo junto ao nariz.*

de escrever. Todos entraram no pátio do templo e ficaram junto ao altar de bronze.

³Então a glória do Deus de Israel se levantou do meio dos querubins, onde havia estado, e se moveu para a entrada do templo. O Senhor chamou o homem vestido de linho que carregava o estojo com material de escrever ⁴e lhe disse: "Ande pelas ruas de Jerusalém e ponha um sinal na testa de todos que choram e gemem por causa dos pecados detestáveis cometidos em sua cidade".

⁵Em seguida, ouvi o Senhor dizer aos outros homens: "Sigam-no pela cidade e matem todos cuja testa não estiver marcada. Não mostrem compaixão nem tenham piedade! ⁶Matem todos: idosos e jovens, meninas, mulheres e crianças pequenas. Mas não toquem naqueles que tiverem o sinal. Comecem aqui mesmo, no templo!". E eles começaram pelos setenta líderes, na entrada do templo.

⁷"Profanem o templo!", o Senhor ordenou. "Encham seus pátios de cadáveres. Vão!" Então eles saíram e começaram a matança em toda a cidade.

⁸Enquanto isso, fiquei sozinho. Prostrei-me com o rosto no chão e clamei: "Ó Senhor Soberano! Acaso tua fúria contra Jerusalém exterminará todos que restam em Israel?".

⁹Então ele me disse: "Os pecados do povo de Israel e de Judá são muito, muito grandes. Toda a terra se encheu de homicídio; a cidade está repleta de injustiça. Eles dizem: 'O Senhor não nos vê; o Senhor abandonou nossa terra!'. ¹⁰Por isso não os pouparei nem terei piedade deles. Eu lhes darei o que merecem por tudo que fizeram".

¹¹Então o homem vestido de linho, que carregava o estojo com material de escrever, voltou para relatar: "Fiz o que ordenaste".

A glória do Senhor deixa o templo

10 Olhei e vi algo que se parecia com um trono de safira sobre uma superfície de cristal acima da cabeça dos querubins. ²Então o Senhor disse ao homem vestido de linho: "Vá entre as rodas que estão debaixo dos querubins, pegue um punhado de brasas ardentes e espalhe-as sobre a cidade". Ele assim fez enquanto eu observava.

³Os querubins estavam na extremidade sul do templo quando o homem entrou, e a nuvem de glória encheu o pátio interno. ⁴Então a glória do Senhor se elevou acima dos querubins e foi para a porta do templo. Essa nuvem encheu o templo, e o pátio resplandeceu com a glória do Senhor. ⁵O movimento das asas dos querubins fazia um som como a voz do Deus Todo-poderoso,ª e podia-se ouvi-lo até no pátio externo.

⁶O Senhor ordenou ao homem vestido de linho: "Vá entre os querubins e pegue algumas brasas ardentes que estão entre as rodas". O homem foi e colocou-se ao lado das rodas. ⁷Em seguida, um dos querubins estendeu a mão e pegou algumas brasas ardentes do fogo que estava entre os querubins. Colocou as brasas nas mãos do homem vestido de linho, e o homem as recebeu e saiu. ⁸(Todos os querubins tinham debaixo das asas o que se parecia com mãos humanas.)

⁹Olhei e vi que cada um dos quatro querubins tinha ao seu lado uma roda, e as rodas brilhavam como berilo. ¹⁰As quatro rodas eram semelhantes e feitas da mesma forma; cada uma tinha dentro dela outra roda que girava na transversal. ¹¹Os querubins podiam se deslocar em qualquer uma das quatro direções, sem se virar enquanto se moviam. Deslocavam-se para a frente, sem se virar. ¹²Tanto os querubins como as rodas eram cobertos de olhos. Os querubins tinham olhos por todo o corpo, inclusive nas mãos, nas costas e nas asas. ¹³Ouvi alguém se referir às rodas como "rodas giratórias". ¹⁴Cada um dos quatro querubins tinha quatro rostos: o primeiro era rosto de boi,ᵇ o segundo, de homem, o terceiro, de leão, e o quarto, de águia.

¹⁵Então os querubins se elevaram. Eram os mesmos seres vivos que eu tinha visto junto ao rio Quebar. ¹⁶Quando os querubins se moviam, as rodas se moviam com eles. Quando levantavam as asas para voar, as rodas os acompanhavam. ¹⁷Quando os querubins paravam, as rodas paravam. Quando voavam para cima, as rodas subiam, pois o espírito dos seres vivos estava nas rodas.

ª**10.5** Em hebraico, *El-Shaddai*. ᵇ**10.14** Em hebraico, *rosto de querubim*; comparar com 1.10.

¹⁸Então a glória do Senhor se afastou da porta do templo e parou sobre os querubins. ¹⁹E, enquanto eu observava, os querubins voaram, acompanhados de suas rodas, até a porta leste do templo do Senhor. E a glória do Deus de Israel pairava sobre eles.

²⁰Esses seres vivos eram os mesmos que eu tinha visto debaixo do Deus de Israel quando estava junto ao rio Quebar. Eu sabia que eram querubins, ²¹pois cada um tinha quatro rostos, quatro asas e o que se parecia com mãos humanas debaixo das asas. ²²E seus rostos eram iguais aos dos seres que eu tinha visto no Quebar, e se deslocavam para a frente, como os outros.

Julgamento contra os líderes de Israel

11 Então o Espírito me pôs em pé e me levou à porta leste do templo do Senhor, onde vi 25 homens. Entre eles estavam Jazanias, filho de Azur, e Pelatias, filho de Benaia, líderes do povo.

²O Espírito me disse: "Filho do homem, estes são os homens que planejam o mal e dão conselhos perversos nesta cidade. ³Dizem ao povo: 'Não acham que é uma boa hora para construir casas? Esta cidade é como uma panela de ferro; estamos seguros dentro dela, como a carne na panela'.ᵃ ⁴Portanto, filho do homem, profetize contra eles em alta voz."

⁵Então o Espírito do Senhor veio sobre mim e ordenou que eu dissesse: "Assim diz o Senhor ao povo de Israel: Eu sei o que vocês dizem, pois conheço cada pensamento que lhes vem à mente. ⁶Assassinaram muitos nesta cidade e encheram suas ruas de cadáveres.

⁷"Portanto, assim diz o Senhor Soberano: De fato, esta cidade é a panela de ferro, mas os pedaços de carne são aqueles que vocês mataram. Quanto a vocês, em breve os arrancarei da panela. ⁸Trarei sobre vocês a espada de guerra que tanto temem, diz o Senhor Soberano. ⁹Eu os expulsarei de Jerusalém e os entregarei a estrangeiros, que executarão meus julgamentos contra vocês. ¹⁰Vocês serão massacrados até as fronteiras de Israel. Eu os julgarei, e vocês saberão que eu sou o Senhor. ¹¹Esta cidade não será para vocês como uma panela de ferro, e vocês não serão como a carne, segura dentro dela. Eu os julgarei até as fronteiras de Israel, ¹²e vocês saberão que eu sou o Senhor. Pois não quiseram seguir meus decretos e estatutos; em vez disso, imitaram as práticas das nações ao seu redor".

¹³Enquanto eu ainda profetizava, Pelatias, filho de Benaia, morreu. Então prostrei-me com o rosto no chão e clamei: "Ó Senhor Soberano, matarás todos que restarem em Israel?".

Esperança para Israel no exílio

¹⁴Então recebi esta mensagem do Senhor: ¹⁵"Filho do homem, aqueles que ainda restam em Jerusalém falam de você, de seus parentes e de todo o povo de Israel que está no exílio. Dizem: 'Estão longe do Senhor, por isso agora ele nos deu a terra deles!'.

¹⁶"Portanto, diga aos exilados: 'Assim diz o Senhor Soberano: Embora eu os tenha espalhado entre as nações do mundo, serei um santuário para vocês durante seu tempo no exílio. ¹⁷Eu, o Senhor Soberano, digo que os reunirei das nações onde foram espalhados e lhes devolverei a terra de Israel'.

¹⁸"Quando eles regressarem para sua terra natal, removerão todos os resquícios de suas imagens repugnantes e de seus ídolos detestáveis. ¹⁹Eu lhes darei um só coração e colocarei dentro deles um novo espírito. Removerei seu coração de pedra e lhes darei coração de carne, ²⁰para que obedeçam a meus decretos e estatutos. Então eles serão o meu povo, e eu serei o seu Deus. ²¹Quanto àqueles que anseiam por suas imagens repugnantes e seus ídolos detestáveis, darei a eles o castigo merecido por seus pecados. Eu, o Senhor Soberano, falei!".

A glória do Senhor deixa Jerusalém

²²Então os querubins levantaram as asas, acompanhados de suas rodas, e a glória do Deus de Israel pairava sobre eles. ²³Então a glória do Senhor subiu da cidade e parou acima do monte a leste.

²⁴Depois disso, o Espírito de Deus me levou de volta à Babilônia,ᵇ para o povo no exílio. Assim terminou a minha visão. ²⁵E eu relatei aos exilados tudo que o Senhor me tinha mostrado.

ᵃ 11.3 Em hebraico, *Esta cidade é a panela, e nós somos a carne.* ᵇ 11.24 Ou *Caldeia.*

Sinais do exílio que está para acontecer

12 Recebi mais uma mensagem do Senhor: ²"Filho do homem, você vive entre rebeldes que têm olhos, mas não querem ver, que têm ouvidos, mas não querem ouvir, pois são um povo rebelde.

³"Portanto, filho do homem, prepare sua bagagem com os poucos pertences que um exilado conseguiria carregar, saia de sua casa e vá para outro lugar, como se tivesse sido enviado para o exílio. Faça isso diante de todos, para que o vejam. Talvez prestem atenção, embora sejam rebeldes. ⁴Leve sua bagagem para fora durante o dia, à vista de todos. E, ao anoitecer, enquanto o observam, saia de sua casa, como fazem os exilados. ⁵Faça um buraco no muro e saia por ele diante de todos. ⁶Enquanto o observam, coloque sua bagagem nos ombros e caminhe na escuridão da noite. Cubra o rosto para não ver a terra que está deixando para trás, pois fiz de você um sinal para o povo de Israel".

⁷Assim, fiz o que me foi ordenado. À luz do dia, carreguei para fora minha bagagem, com as coisas que levaria para o exílio. Ao anoitecer, enquanto o povo observava, fiz um buraco no muro com as mãos e caminhei na escuridão da noite, com a bagagem sobre os ombros.

⁸Na manhã seguinte, recebi esta mensagem do Senhor: ⁹"Filho do homem, esses rebeldes, o povo de Israel, lhe perguntaram o que significa tudo isso que você fez. ¹⁰Diga-lhes: 'Assim diz o Senhor Soberano: Essas ações contêm uma advertência para o rei Zedequias, em Jerusalém,[a] e para todo o povo de Israel'. ¹¹Diga a todos que suas ações são um sinal para mostrar o que lhes acontecerá em breve, pois serão levados como prisioneiros para o exílio.

¹²"Até mesmo Zedequias sairá de Jerusalém durante a noite, por um buraco no muro, levando somente o que conseguir carregar. Cobrirá o rosto, e seus olhos não verão a terra que ele está deixando para trás. ¹³Então lançarei minha rede sobre ele e o prenderei em meu laço. Eu o levarei à Babilônia, à terra dos babilônios,[b] mas ele não a verá, e nela morrerá. ¹⁴Espalharei seus servos e seus guerreiros aos quatro ventos e enviarei a espada para persegui-los. ¹⁵E, quando eu os espalhar entre as nações, eles saberão que eu sou o Senhor. ¹⁶Contudo, livrarei uns poucos da morte por fome, guerra ou doença, para que confessem

---

PÃO DIÁRIO

Consequências adiadas

Portanto, diga-lhes: Assim diz o Senhor Soberano: Não haverá mais demora. Agora cumprirei todas as minhas palavras. Eu, o Senhor Soberano, falei.
—Ezequiel 12.28

Quando criança, aprendi a me comportar adequadamente quando os adultos passaram a recompensar o meu bom comportamento e a punir o mau. Isso funcionava muito bem, porque a recompensa ou a punição geralmente acontecia logo após a minha conduta, tornando inconfundível a relação entre causa e efeito. Quando me tornei adulta, porém, a vida passou a ser mais complexa, e as consequências de minhas ações nem sempre eram imediatas. Quando me comportava mal e não recebia qualquer punição, começava a achar que, para Deus, não importava o que eu tivesse feito.

Algo parecido aconteceu com os filhos de Israel. Quando os israelitas desobedeciam a Deus e não sofriam imediatamente quaisquer consequências ruins, eles diziam: "O Senhor não nos vê; O Senhor abandonou nossa terra" (Ez 9.9), indicando o fato de acreditarem que Deus havia perdido o interesse por eles e já não se importava com o seu mau comportamento. Contudo, estavam errados. Cansado da perversidade do povo, Deus disse finalmente: "Não haverá mais demora. Agora cumprirei todas as minhas palavras. Eu, o Senhor Soberano, falei" (12.28).

Quando Deus retarda a disciplina, isso não se deve à indiferença, mas à Sua própria natureza — Ele é gracioso e lento para se irar. Algumas pessoas veem essa demora como permissão ao pecado, mas a intenção de Deus é de que tal demora seja um convite ao arrependimento (Rm 2:4).

Senhor, reconheço que, muitas vezes, trato meus pecados com negligência. Tu és piedoso e demoras a irar-te, mas quero aprender a jamais desvalorizar a Tua bondade. Ajuda-me a confessar os meus pecados e a eliminá-los da minha vida.

A única maneira de acertar as coisas é admitir que você errou.

---

[a] 12.10 Em hebraico, *o príncipe em Jerusalém*; também em 12.12. [b] 12.13 Ou *caldeus*.

às nações para onde forem levados todos os seus pecados detestáveis. Então saberão que eu sou o Senhor".

¹⁷Depois, recebi esta mensagem do Senhor: ¹⁸"Filho do homem, trema ao comer sua comida e estremeça de medo ao beber sua água. ¹⁹Diga ao povo: 'Assim diz o Senhor Soberano acerca dos habitantes de Israel e de Jerusalém: Com ansiedade comerão sua comida e com desespero beberão sua água, pois sua terra será completamente despojada por causa da violência dos que nela habitam. ²⁰As cidades serão destruídas, e os campos ficarão devastados. Então vocês saberão que eu sou o Senhor'".

Um novo provérbio para Israel

²¹Recebi outra mensagem do Senhor: ²²"Filho do homem, você ouviu o provérbio que citam em Israel: 'O tempo passa e as profecias dão em nada'. ²³Por isso, diga ao povo: 'Assim diz o Senhor Soberano: Acabarei com esse provérbio, e logo vocês deixarão de citá-lo'. Agora, anuncie-lhes: 'Chegou o dia de todas as profecias se cumprirem!'.

²⁴"Não haverá mais visões falsas nem previsões lisonjeiras em Israel. ²⁵Pois eu sou o Senhor; o que eu disser, acontecerá. Não haverá mais demora, ó rebeldes de Israel. Cumprirei minhas palavras durante sua vida. Eu, o Senhor, falei!".

²⁶Então recebi esta mensagem do Senhor: ²⁷"Filho do homem, o povo de Israel diz: 'Ele fala do futuro distante. Levará muito tempo para que suas visões se cumpram'. ²⁸Portanto, diga-lhes: 'Assim diz o Senhor Soberano: Não haverá mais demora. Agora cumprirei todas as minhas palavras. Eu, o Senhor Soberano, falei!'".

Julgamento contra os falsos profetas

13 Então recebi esta mensagem do Senhor: ²"Filho do homem, profetize contra os falsos profetas de Israel, que falam o que lhes vem à mente. Diga-lhes: 'Ouçam a palavra do Senhor. ³Assim diz o Senhor Soberano: Que aflição espera esses profetas insensatos, que seguem a própria imaginação e que não viram coisa alguma!'.

⁴"Ó povo de Israel, seus profetas são como chacais no meio de ruínas. ⁵Não tomaram nenhuma providência para consertar as brechas nos muros que rodeiam a nação, para que permanecesse firme na batalha no dia do Senhor. ⁶Em vez disso, anunciaram visões falsas e fizeram previsões mentirosas. Dizem: 'Esta mensagem é do Senhor', embora o Senhor jamais os tenha enviado. E, no entanto, esperam que as palavras que profetizam se cumpram! ⁷Acaso não são falsas suas visões e mentirosas suas previsões, se vocês afirmam: 'Esta mensagem é do Senhor', quando nem sequer falei com vocês?

⁸"Portanto, assim diz o Senhor Soberano: Porque suas palavras são falsas e suas visões, mentirosas, eu me colocarei contra vocês, diz o Senhor Soberano. ⁹Levantarei minha mão contra todos os profetas que têm visões falsas e fazem previsões mentirosas, e eles serão expulsos da comunidade de Israel. Apagarei seus nomes dos registros de Israel, e eles nunca voltarão a pisar em sua própria terra. Então vocês saberão que eu sou o Senhor Soberano.

¹⁰"Isso acontecerá porque esses profetas enganam meu povo, dizendo: 'Tudo está em paz', quando não há paz alguma. É como se o povo tivesse construído um muro precário e esses profetas o cobrissem com cal! ¹¹Diga aos que passam cal que o muro logo cairá. Uma forte tempestade virá, e grandes pedras de granizo e ventos impetuosos o derrubarão. ¹²E, quando o muro cair, o povo dirá: 'O que aconteceu com a cal que vocês passaram?'.

¹³"Portanto, assim diz o Senhor Soberano: Destruirei esse muro com ventos impetuosos de indignação, com forte tempestade de ira e com pedras de granizo de fúria. ¹⁴Despedaçarei seu muro coberto de cal até os alicerces e, quando ele cair, esmagará vocês. Então vocês saberão que eu sou o Senhor. ¹⁵Enfim satisfarei minha fúria contra o muro e contra aqueles que o cobriram com cal. Em seguida, direi a vocês: 'O muro e aqueles que o cobriram com cal não existem mais. ¹⁶Eram os profetas de Israel, que anunciavam visões de paz para Jerusalém, quando não há paz alguma. Eu, o Senhor Soberano, falei!'.".

Julgamento contra as falsas profetisas

¹⁷"Agora, filho do homem, pronuncie-se contra as mulheres que profetizam o que lhes vem à mente. ¹⁸Assim diz o Senhor Soberano: Que aflição espera vocês, mulheres que enlaçam a alma de meu povo, tanto dos jovens como dos idosos! Amarram amuletos no pulso deles e lhes fazem véus para a cabeça. Pensam que

> **REFLETINDO SOBRE:** Falso sentimento de segurança

Falsos profetas

Oferecem curativos superficiais para a ferida mortal do meu povo. Dão garantias de paz, quando não há paz alguma.
—Jeremias 6.14

Deus levou Ezequiel a denunciar os falsos profetas em Israel que vinham desviando o povo do caminho. Esses falsos profetas vendiam amuletos mágicos que supostamente protegiam de doenças e prejuízos a quem os usasse. Seus clientes ingênuos nunca suspeitaram que esses amuletos os atraíam à idolatria. Os profetas também divulgavam suas opiniões pessoais como revelações de Deus e profetizavam paz para o povo de Jerusalém. Deus previu julgamento para os profetas que encorajavam os perversos a continuar em seu pecado prometendo-lhes que tudo se resolveria.

Hoje, parece que temos uma variedade mais ampla de falsos profetas do que existia antes. Muitas pessoas imaginam algo e o promovem como sendo a revelação de Deus. Mestres e religiosos que se concentram no amor e na graça de Deus enquanto negam o Seu julgamento do pecado que já foi prometido estão crescendo em popularidade. A ideia de que Deus nunca permitiria que alguém fosse para o Inferno engana muitos que acabam pensando que seu destino eterno já está garantido, muito semelhante às pessoas ingênuas mencionadas em Ezequiel. Algumas pessoas afirmam que aquilo que creem com relação a Deus não tem tanta importância desde que reconheçam a existência de um "Poder Maior".

Considerando que a nossa cultura é obcecada por tolerância, muitas pessoas acreditam que um sistema de crenças é tão bom quanto qualquer outro. Caso questionemos o que alguém ensina, podemos ser acusadas de atacar a liberdade religiosa desta pessoa. Mas Deus ensina que o único modo de nos aproximarmos dele é por meio da fé em Jesus Cristo, o Salvador que morreu por nossos pecados. Devemos ter certeza de que somos dependentes da verdade de Deus, e não de alguma filosofia criada por homens, a qual nos dê um falso senso de segurança. Então nunca precisaremos nos preocupar em ouvir estas terríveis palavras no Dia do Julgamento: "Nunca os conheci. Afastem-se de mim" (Mt 7.23).

---

podem enlaçar outros sem provocar a própria destruição? ¹⁹Vocês me desonram no meio de meu povo em troca de uns punhados de cevada ou um pedaço de pão. Quando mentem ao meu povo, que gosta de ouvir mentiras, vocês matam aqueles que não deviam morrer e prometem vida àqueles que não deviam viver.

²⁰"Assim diz o Senhor Soberano: Estou contra todos os seus amuletos, que vocês usam para enlaçar meu povo. Eu os arrancarei de seus braços e libertarei meu povo, como pássaros que alguém solta de uma gaiola. ²¹Arrancarei os véus e livrarei meu povo de suas mãos, e eles não serão mais suas vítimas. Então vocês saberão que eu sou o Senhor. ²²Com suas mentiras, vocês desanimaram os justos, mas eu não queria que eles se entristecessem. Também encorajaram os perversos ao lhes prometer vida, embora eles continuem a pecar. ²³Por causa de tudo isso, vocês não falarão mais de visões que nunca tiveram, nem farão previsões enganosas. Pois eu livrarei meu povo de suas mãos. Então vocês saberão que eu sou o Senhor".

A idolatria dos líderes de Israel

14 Então alguns dos líderes de Israel me visitaram e, enquanto estavam sentados comigo, ²recebi esta mensagem do Senhor: ³"Filho do homem, esses homens levantaram ídolos[a] em seu coração e seguem coisas que os farão cair em pecado. Por que eu ouviria os pedidos deles? ⁴Por isso, diga-lhes: 'Assim diz o Senhor Soberano: O povo de Israel levanta ídolos em seu coração e cai em pecado, e depois vai consultar um profeta. Portanto, eu, o Senhor, lhes darei o tipo de resposta que sua grande idolatria merece. ⁵Farei isso para conquistar o coração de todo o meu povo, que se afastou de mim para seguir ídolos'.

⁶"Portanto, diga ao povo de Israel: 'Assim diz o Senhor Soberano: Arrependam-se e

---

[a] 14.3 É provável que o termo hebraico (lit., *coisas redondas*) se refira a esterco; também em 14.4,5,6,7.

> **PÃO DIÁRIO**
>
> ## Ídolos no coração
>
> *Filho do homem, esses homens levantaram ídolos em seu coração e seguem coisas que os farão cair em pecado. Por que eu ouviria os pedidos deles?*
>
> —Ezequiel 14.3
>
> Quando meu marido e eu realizamos nosso primeiro trabalho missionário, lembro-me de estar preocupada com o crescimento do materialismo em nossa sociedade. Nunca tinha passado pela minha mente que eu mesma poderia ser materialista. Afinal de contas, não tínhamos atravessado o oceano sem levar quase nada? Não tínhamos escolhido viver num apartamento precário, miseravelmente mobiliado? Eu achava que o materialismo não poderia nos tocar.
>
> Apesar de tudo, o sentimento de descontentamento gradualmente começou a criar raízes no meu coração. Não se passou muito tempo, e eu desejava ardentemente coisas boas e me sentia secretamente ressentida por não as ter.
>
> Certo dia, o Espírito de Deus abriu os meus olhos com uma revelação perturbadora: o materialismo não significa necessariamente ter coisas; pode ser também desejá-las. Ali, encontrei-me culpada por ser materialista! Deus havia exposto o meu descontentamento e revelado que isso era um ídolo no meu coração! Naquele dia, quando me arrependi desse pecado sutil, Deus, por direito, retomou meu coração como Seu trono. Não é necessário dizer que depois disso surgiu um profundo contentamento, que não alicerçado em coisas materiais, mas somente nele.
>
> Na época de Ezequiel, Deus lidou minuciosamente com esse tipo de idolatria secreta. O Seu trono na Terra sempre foi no coração do Seu povo. É por isso que devemos livrar o nosso coração de tudo o que possa destruir o nosso contentamento por Ele.
>
> *Pai celestial, como pude pensar que as coisas deste mundo me dariam alegria duradoura? Dá-me fome da Tua Palavra e tempo para sentar-me tranquilamente em Tua presença. Enche o meu coração do verdadeiro contentamento que vem apenas de ti.*
>
> **Um ídolo é qualquer coisa que ocupa o lugar de Deus.**

afastem-se de seus ídolos; parem de cometer pecados detestáveis! ⁷Pois eu, o Senhor, responderei a todos, tanto israelitas como estrangeiros, que se afastam de mim, levantam ídolos em seu coração e, desse modo, caem em pecado, e depois procuram um profeta para me consultar. ⁸Eu me voltarei contra essas pessoas e farei delas um exemplo ao eliminá-las do meio de meu povo. Então vocês saberão que eu sou o Senhor.

⁹"E, se um profeta é enganado e levado a transmitir uma mensagem, é porque eu, o Senhor, o enganei. Levantarei minha mão contra esses profetas e os eliminarei do meio de Israel. ¹⁰Tanto os falsos profetas como os que buscam a orientação deles serão castigados por seus pecados. ¹¹Assim, o povo de Israel aprenderá a não se desviar mais de mim nem se contaminar com todos os seus pecados. Eles serão o meu povo, e eu serei o seu Deus. Eu, o Senhor Soberano, falei!".

A certeza do julgamento divino

¹²Então recebi esta mensagem do Senhor: ¹³"Filho do homem, suponhamos que o povo de uma terra tivesse pecado contra mim, e eu levantasse minha mão para esmagá-lo, cortasse seu suprimento de comida e enviasse fome para destruir tanto pessoas como animais. ¹⁴Mesmo que Noé, Daniel e Jó estivessem ali, sua justiça não salvaria ninguém a não ser eles mesmos, diz o Senhor Soberano.

¹⁵"Ou suponhamos que eu enviasse animais selvagens para invadir a nação e tornar a terra tão desolada e perigosa que ninguém poderia passar por ela. ¹⁶Tão certo como eu vivo, diz o Senhor Soberano, mesmo que esses três homens estivessem ali, não seriam capazes de salvar seus filhos nem suas filhas. Apenas eles seriam salvos, mas a terra seria arrasada.

¹⁷"Ou suponhamos que eu trouxesse guerra contra a terra e enviasse exércitos inimigos para destruir tanto pessoas como animais. ¹⁸Tão certo como eu vivo, diz o Senhor Soberano, mesmo que esses três homens estivessem ali, não seriam capazes de salvar seus filhos nem suas filhas. Apenas eles seriam salvos.

¹⁹"Ou suponhamos que eu derramasse minha fúria ao enviar uma epidemia sobre a terra e essa doença matasse tanto pessoas como animais. ²⁰Tão certo como eu vivo, diz o Senhor Soberano, ainda que Noé, Daniel e Jó estivessem ali, não seriam capazes de salvar seus

filhos nem suas filhas. Somente eles seriam salvos por sua justiça.

²¹"Agora, assim diz o Senhor Soberano: Como será terrível quando esses quatro castigos terríveis — guerra, fome, animais selvagens e doença — caírem sobre Jerusalém e destruírem todo o seu povo e seus animais! ²²Contudo, haverá sobreviventes, que se juntarão a vocês no exílio na Babilônia. Vocês verão com os próprios olhos como eles são perversos e se sentirão consolados diante da calamidade que eu trouxe sobre Jerusalém. ²³Quando se encontrarem com eles, entenderão que não foi sem motivo que fiz essas coisas a Israel. Eu, o Senhor Soberano, falei!".

Jerusalém, uma videira inútil

15 Recebi esta mensagem do Senhor: ²"Filho do homem, como comparar uma videira com uma árvore? Acaso a madeira da videira é útil como a da árvore? ³Pode ser usada para fazer objetos, como ganchos para pendurar vasilhas e panelas? ⁴Não, ela serve apenas como lenha e, mesmo assim, queima depressa demais. ⁵As videiras são inúteis tanto antes como depois de serem lançadas no fogo.

⁶"Assim diz o Senhor Soberano: Os habitantes de Jerusalém são como videiras que crescem no meio das árvores do bosque. Porque são inúteis, eu os lancei no fogo para serem queimados. ⁷E, se escaparem de um fogo, providenciarei outro para os consumir. Quando eu me voltar contra eles, vocês saberão que eu sou o Senhor. ⁸Deixarei a terra desolada, pois meu povo foi infiel a mim. Eu, o Senhor Soberano falei!".

Jerusalém, esposa infiel

16 Então recebi outra mensagem do Senhor: ²"Filho do homem, faça Jerusalém ver como são detestáveis seus pecados. ³Transmita-lhe esta mensagem do Senhor Soberano: Você não passa de uma cananeia! Seu pai era amorreu, e sua mãe era hitita. ⁴No dia em que você nasceu, ninguém cortou seu cordão umbilical, nem a lavou, nem a esfregou com sal, nem a enrolou em panos. ⁵Ninguém teve compaixão nem cuidou de você. No dia em que nasceu, você foi rejeitada e abandonada num campo.

⁶"Mas eu passei por lá e a vi, indefesa, esperneando em seu sangue, e lhe disse: 'Viva!'. ⁷Eu a fiz desenvolver-se, como uma planta no campo. Você cresceu e se tornou uma linda joia. Seus seios se formaram e seu cabelo cresceu, mas você continuava nua. ⁸Quando passei por você outra vez, vi que já tinha idade suficiente para amar. Eu a envolvi com meu manto para cobrir sua nudez e pronunciei meus votos de casamento. Fiz uma aliança com você, diz o Senhor Soberano, e você se tornou minha.

⁹"Então lavei você, limpei o sangue e passei óleo perfumado em sua pele. ¹⁰Eu lhe dei roupas caras de linho fino e de seda com lindos bordados e sandálias feitas do mais excelente couro de cabra. ¹¹Também lhe dei belas joias, pulseiras e lindos colares, ¹²uma argola para o nariz, brincos para as orelhas e uma bela coroa para a cabeça. ¹³Assim, você foi enfeitada com ouro e prata. Suas roupas eram feitas de linho fino e seda e tinham lindos bordados. Você comia os alimentos mais seletos — farinha da melhor qualidade, mel e azeite — e se tornou mais linda que nunca. Parecia uma rainha, e de fato era! ¹⁴Sua fama logo se espalhou por todo o mundo, por causa de sua beleza. Eu a vesti com meu esplendor e aperfeiçoei sua beleza, diz o Senhor Soberano.

¹⁵"No entanto, você pensou que era dona de sua fama e de sua beleza. Então, entregou-se como prostituta a todo homem que passava. Sua beleza estava à disposição de quem a pedisse. ¹⁶Usou os presentes lindos que lhe dei para fazer altares para seus ídolos e ali se prostituiu. Nunca se viu uma coisa dessas! ¹⁷Pegou as joias e os enfeites de ouro e prata que lhe dei, fez estátuas de homens e as adorou. Desse modo, cometeu adultério contra mim. ¹⁸Com as lindas roupas bordadas que lhe dei, vestiu seus ídolos e usou meu óleo perfumado e meu incenso para adorá-los. ¹⁹Colocou diante deles como sacrifício a farinha da melhor qualidade, o azeite e o mel com que cuidei de você, diz o Senhor Soberano.

²⁰"Depois, pegou seus filhos e suas filhas, que havia gerado para mim, e os sacrificou a seus deuses. Acaso não bastou você se prostituir? ²¹Também teve de matar meus filhos como sacrifício a ídolos? ²²Em todo o seu pecado detestável e em seu adultério, você não se lembrou daqueles dias, muito tempo atrás,

em que estava nua e abandonada, esperneando em seu sangue.

²³"Que aflição a espera!, diz o Senhor Soberano. Além de todas as suas maldades, ²⁴você construiu um lugar de adoração e ergueu altares a ídolos em todas as praças da cidade. ²⁵Em cada esquina, contaminou sua beleza e ofereceu seu corpo a todos que passavam, aumentando sua prostituição. ²⁶Então acrescentou a seus amantes o lascivo Egito e provocou minha ira com promiscuidade cada vez maior. ²⁷Por isso eu a feri com minha mão e reduzi seu território. Entreguei-a a seus inimigos, os filisteus, e até eles ficaram espantados com sua conduta depravada. ²⁸Você também se prostituiu com os assírios. Parece que nunca se cansa de procurar amantes! E, mesmo depois de se prostituir com eles, não ficou satisfeita. ²⁹Acrescentou a seus amantes a Babilônia,ᵃ terra de comerciantes, mas ainda assim não se contentou.

³⁰"Como seu coração é fraco, diz o Senhor Soberano, para fazer essas coisas e se comportar como uma prostituta desavergonhada! ³¹Constrói lugares de adoração em todas as esquinas e altares a seus ídolos em todas as praças. Na verdade, você foi pior que uma prostituta, pois nem exigiu pagamento. ³²Sim, você é uma esposa adúltera que acolhe estranhos em vez do marido. ³³As prostitutas cobram por seus serviços, mas você não! Oferece presentes a seus amantes e os suborna para adulterarem com você. ³⁴Faz, portanto, o contrário de outras prostitutas. Paga seus amantes em vez de eles pagarem você!"

Julgamento contra Jerusalém por sua prostituição

³⁵"Portanto, prostituta, ouça esta mensagem do Senhor. ³⁶Assim diz o Senhor Soberano: Visto que você derramou sua lascívia e se expôs em prostituição a todos os seus amantes, adorou ídolos detestáveisᵇ e matou seus filhos como sacrifícios a seus deuses, ³⁷ouça o que farei. Reunirei todos os seus aliados — seus amantes com os quais você teve prazer, os que você amou e também os que odiou — e a deixarei nua diante deles, para que todos a vejam. ³⁸Eu a castigarei por homicídio e adultério e, na fúria de meu ciúme, a cobrirei de sangue. ³⁹Então a entregarei a esses muitos povos que são seus amantes, e eles a destruirão. Derrubarão seus lugares de adoração e os altares de seus ídolos. Arrancarão suas roupas, levarão suas lindas joias e a deixarão completamente nua. ⁴⁰Eles se juntarão e formarão uma multidão violenta que a apedrejará e a cortará com espadas. ⁴¹Queimarão suas casas e a castigarão diante de muitas mulheres. Eu porei fim à sua prostituição, e você não pagará mais seus muitos amantes.

⁴²"Por fim, satisfarei minha fúria contra você, e meu ciúme se acalmará. Ficarei tranquilo e já não ficarei irado com você. ⁴³Primeiro, porém, uma vez que você não se lembrou de sua juventude, mas provocou minha ira com todas as suas maldades, eu lhe darei o castigo merecido por sua conduta, diz o Senhor Soberano. Pois a todos os seus pecados detestáveis você acrescentou a depravação. ⁴⁴Todos que inventam provérbios dirão a seu respeito: 'Tal mãe, tal filha'. ⁴⁵Pois sua mãe detestava o marido e os filhos, e você faz o mesmo. É exatamente como suas irmãs, que também desprezaram marido e filhos. De fato, sua mãe era hitita, e seu pai, amorreu.

⁴⁶"Sua irmã mais velha era Samaria, que vivia com as filhas ao norte. Sua irmã mais nova era Sodoma, que vivia com as filhas ao sul. ⁴⁷Mas você não apenas imitou sua conduta e seus pecados detestáveis; em pouco tempo, você as superou em sua depravação. ⁴⁸Tão certo como eu vivo, diz o Senhor Soberano, Sodoma e suas filhas nunca foram tão perversas quanto você e suas filhas. ⁴⁹Sodoma cometia os pecados de orgulho, glutonaria e preguiça, enquanto os pobres e necessitados sofriam. ⁵⁰Era arrogante e cometia pecados detestáveis, por isso eu a exterminei, como você viu.ᶜ

⁵¹"Nem mesmo Samaria cometeu metade dos pecados que você cometeu. Você fez coisas muito mais detestáveis que suas irmãs. Comparadas a você, elas parecem justas. ⁵²Você deveria se envergonhar. Seus pecados são tão terríveis que fazem suas irmãs parecerem justas, e até mesmo puras. Que coisa vergonhosa!

⁵³"Um dia, porém, restaurarei Sodoma e Samaria, e você também. ⁵⁴Então você ficará

ᵃ**16.29** Ou *Caldeia*. ᵇ**16.36** É provável que o termo hebraico (lit., *coisas redondas*) se refira a esterco. ᶜ**16.50** Conforme alguns manuscritos hebraicos e a Septuaginta; o Texto Massorético traz *como eu vi.*

verdadeiramente envergonhada de tudo que fez, pois seus pecados fazem suas irmãs se sentirem bem em comparação com você. ⁵⁵Quando suas irmãs, Sodoma e Samaria, e todos os seus habitantes forem restaurados, você também será restaurada. ⁵⁶Você, em seus dias de arrogância, desprezava Sodoma. ⁵⁷Agora, porém, sua perversidade se tornou evidente para todo o mundo, e você é desprezada por Edom,ᵃ por todos os vizinhos dele e pela Filístia. ⁵⁸Esse é o castigo por sua depravação e seus pecados detestáveis, diz o Senhor.

⁵⁹"Assim diz o Senhor Soberano: Eu lhe darei o que você merece, pois não levou a sério seus votos solenes e quebrou sua aliança. ⁶⁰Contudo, me lembrarei da aliança que fiz com você em sua juventude e estabelecerei com você uma aliança permanente. ⁶¹Então você se lembrará com vergonha de tudo que fez. Farei que suas irmãs, Samaria e Sodoma, se tornem suas filhas, embora elas não façam parte de nossa aliança. ⁶²Reafirmarei minha aliança com você, e você saberá que eu sou o Senhor. ⁶³Você se lembrará de seus pecados e ficará calada de tanta vergonha quando eu perdoar tudo que fez. Eu, o Senhor Soberano, falei!".

A parábola das duas águias

17 Recebi esta mensagem do Senhor: ²"Filho do homem, apresente esta parábola e conte esta história ao povo de Israel. ³Transmita-lhes a seguinte mensagem do Senhor Soberano:

"Uma grande águia, com asas grandes e penas longas,
    coberta com plumagem de várias cores,
    veio ao Líbano.
Agarrou a ponta de um cedro
⁴e arrancou seu galho mais alto.
Levou-o para uma terra de comerciantes
    e plantou-o numa cidade de mercadores.
⁵Também levou da terra uma semente
    e a plantou em solo fértil.
Colocou-a junto a um rio largo,
    onde pudesse crescer como um salgueiro.
⁶A planta criou raízes, cresceu e se tornou uma videira baixa, mas espalhada.
Os ramos se voltaram para a águia,
    e as raízes se aprofundaram no solo.
Produziu ramos fortes
    e deu brotos.
⁷Então, surgiu outra águia,
    com asas grandes e muita plumagem.

PÃO DIÁRIO

O presente egocêntrico

Sodoma cometia os pecados de orgulho, glutonaria e preguiça, enquanto os pobres e necessitados sofriam.
—Ezequiel 16.49

Uma luxuosa loja de departamento de Londres lançou um novo vale-presente com o seguinte *slogan*: "Permita-se". Por toda a loja, placas, *slogans* e até crachás chamavam a atenção para esses vales-presente. De acordo com um empregado, durante as primeiras semanas da promoção, as vendas dos vales haviam sido intensas e excedido em muito as expectativas da empresa. A generosidade pode motivar alguém a dar um presente exuberante para uma pessoa especial, mas, muitas vezes, achamos mais fácil comprar o que queremos pessoalmente.

O profeta Ezequiel esclarece algo sobre uma antiga cidade cujo povo sofrera o juízo de Deus, em parte, por terem adotado um estilo de vida egoísta. "Sodoma cometia os pecados de orgulho, glutonaria e preguiça, enquanto os pobres e necessitados sofriam. Era arrogante e cometia pecados detestáveis, por isso eu a exterminei, como você viu" (Ez 16.49,50).

Historicamente, o Senhor lidou duramente com o povo que se tornou arrogante, farto e despreocupado (v.49). O antídoto para o veneno do egocentrismo é o desejo de agradar a Deus e de servir aos outros, não a nós mesmas (Fp 2.4).

A permissividade ou a submissão aos desejos é um presente que não precisamos.

Querido Senhor, preciso que o Teu Espírito Santo me instrua e me declare culpada de ser comodista de qualquer maneira, sutil ou evidente. Ajuda-me a voltar toda a minha atenção para ti, Senhor, a fim de que eu possa glorificar o Teu nome, servindo aos outros, não a mim mesma.

Quanto mais servimos a Cristo, menos servimos ao nosso próprio eu.

ᵃ **16.57** Conforme vários manuscritos hebraicos e a versão siríaca; o Texto Massorético traz *Arã*.

A videira lançou raízes e ramos
  na direção dela, em busca de água,
⁸embora já estivesse plantada em boa terra
  e tivesse água com fartura,
para que crescesse e se transformasse
  numa bela videira
e produzisse ramos e frutos.

⁹"Agora, portanto, assim diz o Senhor Soberano:
Acaso essa videira prosperará?
Não! Eu a arrancarei pela raiz!
Cortarei seus frutos
  e deixarei que suas folhas murchem.
Eu a arrancarei facilmente;
  não será necessário um braço forte nem um grande exército.
¹⁰Mas, quando a videira for replantada,
  acaso florescerá?
Pelo contrário, murchará
  quando o vento do leste soprar contra ela.
Morrerá na mesma terra
  onde havia crescido".

Explicação da parábola

¹¹Então recebi esta mensagem do Senhor: ¹²"Diga a este povo rebelde: Vocês não entendem o que significa essa parábola? O rei da Babilônia veio a Jerusalém e levou seu rei e seus príncipes para a Babilônia. ¹³Firmou um tratado com um membro da família real e o obrigou a jurar lealdade. Também exilou os líderes mais influentes de Israel, ¹⁴para que o reino não voltasse a se fortalecer nem se rebelasse. Ele só sobreviveria se cumprisse seu tratado com a Babilônia.

¹⁵"Contudo, esse homem da família real de Israel se rebelou contra a Babilônia e enviou embaixadores ao Egito, para pedir um grande exército e muitos cavalos. Acaso Israel pode deixar de cumprir os tratados que fez sob juramento e ficar impune? ¹⁶Tão certo como eu vivo, diz o Senhor Soberano, o rei de Israel morrerá na Babilônia, a terra do rei que o colocou no poder e cujo tratado ele desprezou e quebrou. ¹⁷O faraó e todo o seu exército poderoso não serão capazes de ajudar Israel quando o rei da Babilônia cercar Jerusalém novamente e destruir muitas vidas. ¹⁸Pois o rei de Israel desprezou seu tratado e o quebrou depois de jurar obediência; portanto, ele não escapará.

¹⁹"Por isso, assim diz o Senhor Soberano: Tão certo como eu vivo, eu o castigarei por quebrar minha aliança e desprezar o voto solene que fez em meu nome. ²⁰Lançarei minha rede sobre ele e o pegarei em meu laço. Eu o levarei à Babilônia e o julgarei por sua traição contra mim. ²¹Todos os seus melhores guerreiros[a] serão mortos na batalha, e os que sobreviverem serão espalhados aos quatro ventos. Então você saberá que eu, o Senhor, falei.

²²"Assim diz o Senhor Soberano: Pegarei um ramo da ponta de um cedro alto e o plantarei no topo do monte mais elevado de Israel. ²³Ele se tornará um cedro majestoso que estenderá seus ramos e produzirá sementes. Aves de toda espécie farão ninhos ali e encontrarão abrigo à sombra de seus ramos. ²⁴E todas as árvores saberão que eu, o Senhor, derrubo a árvore alta e faço crescer a árvore baixa. Faço a árvore verde murchar e dou vida à árvore seca. Eu, o Senhor, falei e cumprirei o que prometi!".

A justiça de Deus

18 Recebi outra mensagem do Senhor: ²"Por que vocês citam este provérbio a respeito da terra de Israel: 'Os pais comeram uvas azedas, mas os dentes dos filhos é que estragaram'? ³Tão certo como eu vivo, diz o Senhor Soberano, vocês não citarão mais esse provérbio em Israel. ⁴Pois todos me pertencem, tanto pais como filhos. Aquele que pecar é que morrerá.

⁵"Suponhamos que um homem seja justo e faça o que é certo e direito. ⁶Não participa de banquetes nos lugares de adoração diante dos ídolos[b] de Israel nem os adora. Não comete adultério e não tem relações com a mulher quando ela está menstruada. ⁷É um credor misericordioso, que não fica com os objetos entregues como garantia pelos devedores pobres. Não rouba dos pobres; antes, dá alimento aos famintos e providencia roupas aos necessitados. ⁸Empresta dinheiro sem

---

[a] 17.21 Conforme alguns manuscritos hebraicos; o Texto Massorético traz *seus guerreiros em fuga*. O significado é incerto. [b] 18.6 É provável que o termo hebraico (lit., *coisas redondas*) se refira a esterco; também em 18.12,15.

visar lucros, mantém-se afastado da injustiça, é honesto e imparcial quando julga ⁹e obedece fielmente a meus decretos e estatutos. Quem age desse modo é justo e certamente viverá, diz o Senhor Soberano.

¹⁰"Suponhamos, porém, que esse homem tenha um filho ladrão ou assassino, que se recusa a fazer o que é certo. ¹¹Suponhamos que esse filho faça todas as maldades que seu pai jamais faria: participe de banquetes oferecidos a ídolos nos lugares de adoração, cometa adultério, ¹²oprima os pobres e os desamparados, roube de seus devedores ao não lhes devolver sua garantia, adore ídolos, pratique pecados detestáveis ¹³e empreste dinheiro visando lucros. Acaso esse pecador deve viver? Não, ele será responsabilizado e morrerá.

¹⁴"Suponhamos, porém, que esse filho pecador tenha, por sua vez, um filho que vê a perversidade do pai e decide não viver desse modo. ¹⁵Esse filho não participa de banquetes nos lugares de adoração, não adora ídolos e não comete adultério. ¹⁶Não explora os pobres; antes, trata os devedores com imparcialidade e não rouba deles. Dá alimentos aos famintos e providencia roupas aos necessitados. ¹⁷Ajuda os pobres,ª não empresta dinheiro visando lucros e obedece a todos os meus decretos e estatutos. Ele não morrerá por causa dos pecados de seu pai; certamente viverá. ¹⁸O pai, no entanto, morrerá por causa de seus muitos pecados, por ser cruel, roubar das pessoas e fazer o que era claramente errado no meio de seu povo.

¹⁹"Vocês, porém, perguntam: 'Como assim? O filho não paga pelos pecados do pai?'. Não! Pois se o filho faz o que é justo e certo e guarda meus decretos, ele certamente viverá. ²⁰Aquele que pecar é que morrerá. O filho não será castigado pelos pecados do pai, e o pai não será castigado pelos pecados do filho. Os justos serão recompensados por sua justiça, e os perversos serão castigados por sua perversidade. ²¹Mas, se os perversos abandonarem seus pecados e obedecerem a meus decretos e fizerem o que é justo e certo, com certeza viverão, e não morrerão. ²²Todos os pecados que cometeram no passado serão esquecidos, e eles viverão por causa de seus atos de justiça.

²³"Vocês acham que eu gosto de ver os perversos morrerem?, diz o Senhor Soberano. Claro que não! Meu desejo é que eles se afastem de seus maus caminhos e vivam. ²⁴Contudo, se os justos se afastarem de sua justiça, cometerem

---

> **PÃO DIÁRIO**
>
> ## Alerta!
>
> *Não é meu desejo que morram, diz o Senhor Soberano. Arrependam-se e vivam!*
> — Ezequiel 18.32
>
> Durante os últimos anos, carros, caminhões, pneus e todos os tipos de brinquedos defeituosos foram chamados de volta por seus fabricantes. Em todos os casos, a mensagem foi parecida: "Este produto está com defeito ou é perigoso e pode causar sérios danos à saúde ou até mesmo provocar a morte. Traga-o de volta, e corrigiremos o problema". Porém, cabe ao consumidor prestar atenção ao alerta e devolver o perigoso item.
>
> Suponha que Deus tivesse colocado esse tipo de alerta no coração e na alma de toda pessoa: "Por causa de uma atração fatal ao pecado e do uso impróprio deliberado, este item está com defeito. Com certeza, a não correção do problema resultará em morte espiritual".
>
> Por intermédio do profeta Ezequiel, Deus falou que o coração de Seu povo havia se tornado lascivo (Ez 6.9) e duro como pedra (11.19). Mesmo assim, o Senhor desejava quebrantar cada coração e fazer os israelitas voltarem-se a Ele. Deus fez este fervoroso apelo: "Arrependam-se e afastem-se de seus pecados, e não permitam que eles os derrubem. Deixem toda a sua rebeldia para trás e busquem um coração novo e um espírito novo. Por que morrer, ó povo de Israel? Não é meu desejo que morram, diz o Senhor Soberano. Arrependam--se e vivam" (18.30-32).
>
> Hoje, ao afastar-se do pecado e buscar a presença de Deus pela fé em Jesus Cristo, qualquer um pode ter um novo coração.
>
> *Senhor Amado, ajuda-nos a prestar atenção aos alertas escritos na Tua Palavra e em nosso coração. Faz-nos abandonar o pecado e nos rendermos a ti.*
>
> **A salvação não consiste em começar uma nova fase, mas em receber uma nova vida.**

ª **18.17** A Septuaginta traz *Recusa-se a fazer o mal*.

pecados e agirem como outros pecadores, deve-se permitir que vivam? Claro que não! Todos os seus atos de justiça serão esquecidos, e eles morrerão por causa de seus pecados.

²⁵"Vocês, porém, dizem: 'O Senhor não é justo!'. Ouça, ó povo de Israel: quem é injusto, eu ou vocês? ²⁶Se os justos se afastarem de sua justiça e cometerem pecados, morrerão por causa disso. Sim, eles morrerão por causa de seus pecados. ²⁷E, se os perversos se afastarem de sua perversidade e fizerem o que é justo e certo, preservarão a vida. ²⁸Eles viverão, pois pensaram melhor e decidiram se afastar de seus pecados. ²⁹E, no entanto, o povo de Israel continua a dizer: 'O Senhor não é justo!'. Ó povo de Israel, vocês é que são injustos, e não eu!

³⁰"Portanto, julgarei cada um de vocês, ó povo de Israel, conforme suas ações, diz o Senhor Soberano. Arrependam-se e afastem-se de seus pecados, e não permitam que eles os derrubem. ³¹Deixem toda a sua rebeldia para trás e busquem um coração novo e um espírito novo. Por que morrer, ó povo de Israel? ³²Não é meu desejo que morram, diz o Senhor Soberano. Arrependam-se e vivam!"

Cântico fúnebre pelos reis de Israel

19 "Entoe este cântico fúnebre pelos príncipes de Israel:

²"Que é sua mãe?
  Uma leoa entre os leões!
Ela se deitava entre os leõezinhos
  e criava seus filhotes.
³Criou um deles
  para se tornar um leão forte.
Ele aprendeu a caçar e a despedaçar a presa
  e se tornou devorador de gente.
⁴As nações ouviram falar dele
  e o apanharam na cova que lhe prepararam.
Com ganchos o levaram
  para a terra do Egito.

⁵"Quando a leoa viu
  que sua esperança por ele estava perdida,
pegou outro filhote
  e o ensinou a ser um leão forte.
⁶Ele andava entre os leões
  e se destacava por sua força.
Aprendeu a caçar e a despedaçar a presa
  e também se tornou devorador de gente.
⁷Derrubou fortalezas[a]
  e destruiu cidades.
A terra e seus habitantes tremiam de medo
  quando ouviam seu rugido.
⁸Então os exércitos das nações o atacaram
  e o cercaram por todos os lados.
Lançaram uma rede sobre ele
  e o apanharam na cova que lhe prepararam.
⁹Com ganchos o arrastaram para dentro de uma jaula
  e o levaram ao rei da Babilônia.
Eles o mantiveram preso,
  para que nunca mais se ouvisse sua voz nos montes de Israel.

¹⁰"Sua mãe era como uma videira
  plantada junto à água.
Tinha folhagem viçosa e dava frutos,
  porque havia muita água.
¹¹Seus ramos se tornaram fortes
  o suficiente para serem cetros de reis.
Ela cresceu, ficou muito alta
  e se elevou acima de todas as outras.
¹²Mas a videira foi arrancada pela raiz com fúria
  e atirada ao chão.
O vento do deserto secou seus frutos
  e quebrou seus fortes ramos,
por isso ela murchou
  e foi consumida pelo fogo.
¹³Agora a videira está plantada no deserto,
  onde o solo é duro e seco.
¹⁴De seus ramos saiu fogo
  e consumiu seus frutos.
Os ramos que sobraram não são fortes
  o suficiente para serem cetros de reis.

"Este é um cântico fúnebre e será entoado num funeral".

A rebelião de Israel

20 Em 14 de agosto,[b] durante o sétimo ano do exílio do rei Joaquim, alguns dos líderes de Israel vieram consultar o Senhor, e,

---
[a] 19.7 Conforme a Septuaginta; o hebraico traz *Conheceu viúvas*. [b] 20.1 Em hebraico, *No quinto mês, no décimo dia*, do antigo calendário lunar hebraico. O ano foi 591 a.C.; ver também nota em 1.1.

enquanto estavam sentados comigo, ²recebi esta mensagem do Senhor: ³"Filho do homem, diga aos líderes de Israel: 'Assim diz o Senhor Soberano: Como ousam vir me consultar? Tão certo como eu vivo, diz o Senhor Soberano, não lhes direi coisa alguma!'.

⁴"Filho do homem, apresente acusações contra eles e condene-os. Faça-os ver como eram detestáveis os pecados de seus antepassados. ⁵Transmita-lhes esta mensagem do Senhor Soberano: Quando escolhi Israel, quando me revelei aos descendentes de Jacó, no Egito, jurei solenemente que eu, o Senhor, seria o seu Deus. ⁶Naquele dia, jurei que os tiraria do Egito e os levaria para uma terra que havia encontrado para eles, uma terra boa, que produz leite e mel com fartura, a mais linda de todas as terras. ⁷Então lhes disse: 'Cada um de vocês livre-se de suas imagens repugnantes pelas quais está obcecado. Não se contamine com os ídolos[a] do Egito, pois eu sou o Senhor, seu Deus'.

⁸"Eles, porém, se rebelaram contra mim e não quiseram ouvir. Não se livraram das imagens repugnantes pelas quais estavam obcecados, nem abandonaram os ídolos do Egito. Então ameacei derramar minha fúria sobre eles para satisfazer minha ira enquanto ainda estavam no Egito. ⁹Mas, por causa do meu nome, não o fiz. Não permiti que meu nome fosse desonrado entre as nações vizinhas diante das quais me revelei quando tirei os israelitas do Egito. ¹⁰Portanto, eu os tirei do Egito e os levei para o deserto. ¹¹Ali lhes dei meus decretos e estatutos, para que encontrassem vida ao praticá-los. ¹²Também lhes dei os sábados como sinal entre mim e eles, para lembrá-los de que eu sou o Senhor, que os separou para serem santos.

¹³"O povo de Israel, no entanto, se rebelou contra mim e não quis obedecer a meus decretos no deserto. A obediência lhes teria dado vida, mas não seguiram meus estatutos. Além disso, profanaram meus sábados. Portanto, ameacei derramar minha fúria sobre eles e consumi-los inteiramente no deserto. ¹⁴Mais uma vez, porém, me contive por causa do meu nome, para que não fosse desonrado diante das nações que tinham visto meu poder quando tirei Israel do Egito. ¹⁵Contudo, fiz um juramento solene contra eles no deserto. Jurei que não os faria entrar na terra que lhes tinha dado, uma terra que produz leite e mel com fartura, a mais linda de todas as terras. ¹⁶Pois rejeitaram meus estatutos, recusaram-se a seguir meus decretos e profanaram meus sábados, porque entregaram o coração a seus ídolos. ¹⁷Apesar disso, tive compaixão deles e não os destruí no deserto.

¹⁸"Então adverti seus filhos no deserto a não seguirem os passos e o estilo de vida de seus pais, que se contaminaram com seus ídolos. ¹⁹Disse-lhes: 'Eu sou o Senhor, seu Deus. Sigam meus decretos, obedeçam a meus estatutos ²⁰e guardem meus sábados como dias santos, pois são um sinal entre mim e vocês para lembrá-los de que eu sou o Senhor, seu Deus'.

²¹"Seus filhos, porém, também se rebelaram contra mim. A obediência lhes teria dado vida, mas não guardaram meus decretos nem seguiram meus estatutos. Além disso, profanaram meus sábados. Portanto, mais uma vez, ameacei derramar minha fúria sobre eles no deserto para satisfazer minha ira. ²²No entanto, contive meu julgamento por causa do meu nome, para que não fosse desonrado diante das nações que tinham visto meu poder quando tirei Israel do Egito. ²³Contudo, fiz um juramento solene contra eles no deserto. Jurei que os espalharia entre todas as nações, ²⁴pois não obedeceram a meus estatutos. Desprezaram meus decretos, profanaram meus sábados e cobiçaram os ídolos de seus antepassados. ²⁵Eu os entreguei a decretos e estatutos inúteis, que não conduziriam à vida. ²⁶Deixei que se contaminassem[b] com suas ofertas idólatras e permiti que oferecessem seus primeiros filhos como sacrifícios a seus deuses, para que eu os devastasse e lhes mostrasse que somente eu sou o Senhor."

Julgamento e restauração

²⁷"Portanto, filho do homem, transmita ao povo de Israel esta mensagem do Senhor Soberano: Seus antepassados continuaram a blasfemar contra mim e a me trair, ²⁸pois, quando os trouxe à terra que lhes havia prometido, eles ofereceram sacrifícios onde quer

---

[a] 20.7 É provável que o termo hebraico (lit., *coisas redondas*) se refira a esterco; também em 20.8,16,18,24,31,39. [b] 20.25-26 Ou *Eu lhes dei decretos e estatutos inúteis [...]. Eu os contaminei.*

que vissem montes altos e árvores verdejantes. Provocaram minha fúria ao oferecer sacrifícios a seus deuses. Levaram perfumes e incenso e apresentaram ofertas derramadas. ²⁹Disse-lhes: 'Que lugar alto é este para onde vão?'. (Desde então, esse tipo de lugar é chamado de Bamá, 'lugar alto'.)

³⁰"Portanto, transmita ao povo de Israel esta mensagem do Senhor Soberano: Vocês continuarão a se contaminar, como fizeram seus antepassados? Vão se prostituir adorando imagens repugnantes? ³¹Pois, quando apresentam ofertas para elas e sacrificam seus filhos no fogo, continuam a se contaminar com ídolos até hoje. Acaso devo permitir que me consultem, ó povo de Israel? Tão certo como eu vivo, diz o Senhor Soberano, não lhes direi coisa alguma.

³²"Vocês dizem: 'Queremos ser como as nações ao redor, que servem a ídolos de madeira e de pedra'. Mas o que vocês planejam nunca acontecerá. ³³Tão certo como eu vivo, diz o Senhor Soberano, eu os governarei com mão de ferro, com grande ira e poder tremendo. ³⁴E com grande ira estenderei minha mão forte e meu braço poderoso e os trarei de volta[a] das terras onde foram espalhados. ³⁵Eu os levarei ao deserto das nações e ali os julgarei face a face. ³⁶Ali os julgarei como julguei seus antepassados no deserto depois de tirá-los do Egito, diz o Senhor Soberano. ³⁷Eu os examinarei cuidadosamente[b] e os farei obedecer aos termos de minha aliança. ³⁸Tirarei de seu meio todos que se rebelam e se revoltam contra mim. Eu os farei sair das terras em que estão exilados, mas eles nunca entrarão na terra de Israel. Então vocês saberão que eu sou o Senhor.

³⁹"Quanto a vocês, povo de Israel, assim diz o Senhor Soberano: Continuem a adorar seus ídolos. Mais cedo ou mais tarde, porém, vocês me obedecerão e deixarão de desonrar meu santo nome com sua idolatria. ⁴⁰Pois em meu santo monte, o alto monte de Israel, diz o Senhor Soberano, todo o povo de Israel me adorará, e eu os aceitarei. Ali exigirei que tragam todas as suas ofertas, suas melhores dádivas e tudo que me consagrarem. ⁴¹Quando eu os trouxer de volta do exílio, vocês serão para mim como uma oferta agradável. E, por meio de vocês, demonstrarei minha santidade diante de todas as nações. ⁴²Então, quando eu os tiver trazido de volta à terra que, com juramento solene, prometi a seus antepassados, saberão que eu sou o Senhor. ⁴³Vocês se lembrarão de todas as formas pelas quais se contaminaram e terão nojo de si mesmos por todo o mal que fizeram. ⁴⁴Saberão que eu sou o Senhor, ó povo de Israel, quando, por causa do meu nome, eu os tratar com compaixão, apesar de toda a sua perversidade. Eu, o Senhor Soberano, falei!".

Julgamento contra o Neguebe

⁴⁵ᶜEntão recebi esta mensagem do Senhor: ⁴⁶"Filho do homem, volte o rosto para o sul[d] e pronuncie-se contra ele; profetize contra os matagais do Neguebe. ⁴⁷Diga ao bosque do sul: 'Assim diz o Senhor Soberano: Ouça a palavra do Senhor! Eu o incendiarei, e todas as árvores, tanto as verdes como as secas, serão consumidas. As chamas ardentes não serão apagadas e queimarão tudo, desde o sul até o norte. ⁴⁸Todos verão que eu, o Senhor, acendi esse fogo, e ele não será apagado'".

⁴⁹Então eu disse: "Ó Senhor Soberano, eles dizem a meu respeito: 'Ele só fala por meio de parábolas!'".

A espada de julgamento do Senhor

21 ¹ᵉRecebi esta mensagem do Senhor: ²"Filho do homem, volte o rosto para Jerusalém e profetize contra Israel e seus santuários. ³Diga-lhe: 'Assim diz o Senhor: Sou seu inimigo, ó Israel, e estou prestes a tirar a espada da bainha para destruir seu povo, tanto os justos como os perversos. ⁴Sim, eliminarei tanto os justos como os perversos! Empunharei minha espada contra todos na terra, desde o sul até o norte. ⁵O mundo inteiro saberá que eu sou o Senhor. A espada está em minha mão, e ela não voltará à bainha'.

⁶"Filho do homem, comece a gemer! Comece a gemer diante do povo com amargura e coração quebrantado. ⁷Quando lhe perguntarem por que você está gemendo, diga-lhes: 'Estou gemendo por causa da notícia que recebi. Quando ela se realizar, até mesmo o coração

---

[a] 20.34 A Septuaginta traz *eu os receberei*. Comparar com 2Co 6.17. [b] 20.37 Em hebraico, *os passarei debaixo de minha vara*. [c] 20.45 No texto hebraico, os versículos 20.45-49 são numerados 21.1-5. [d] 20.46 Em hebraico, *para Temã*. [e] 21.1 No texto hebraico, os versículos 21.1-32 são numerados 21.6-37.

mais valente se derreterá de medo; toda a força desaparecerá. Todo espírito se angustiará; joelhos fortes se tornarão frouxos como água. E o Senhor Soberano diz: Ela está vindo! Está a caminho!'".

⁸Em seguida, o Senhor me disse: ⁹"Filho do homem, transmita ao povo esta mensagem do Senhor:

"Uma espada, uma espada
 está sendo afiada e polida.
¹⁰Está sendo afiada para a matança
 e polida para faiscar como relâmpago.
Agora nos alegraremos com o cetro de
  meu filho,
 o governante de Judá?
A espada despreza qualquer pedaço de
  madeira!ᵃ
¹¹Sim, a espada está sendo afiada e polida,
 preparada para as mãos do carrasco.
¹²"Filho do homem, grite e lamente-se,
 bata nas coxas em sinal de angústia,
pois a espada matará meu povo e seus
  líderes;
 todos morrerão!
¹³Ela porá todos eles à prova;
 e o que acontecerá quando o cetro,
que a espada despreza, não mais existir?,ᵇ
 diz o Senhor Soberano.
¹⁴"Filho do homem, profetize para eles
 e bata palmas.
Depois, pegue a espada e golpeie duas
  vezes,
 ou mesmo três vezes,
para simbolizar a matança,
 a grande matança que os ameaça de
  todos os lados.
¹⁵Que o coração deles se derreta de terror,
 pois a espada reluz em todas as portas.
Faísca como relâmpago
 e está polida para a matança.
¹⁶Ó espada, golpeie à direita,
 golpeie à esquerda,
para onde se virar
 e onde quiser.
¹⁷Eu também baterei palmas
 e satisfarei minha fúria.
Eu, o Senhor, falei!".

Presságios para o rei da Babilônia

¹⁸Recebi esta mensagem do Senhor: ¹⁹"Filho do homem, desenhe um mapa e sobre ele trace dois caminhos para que a espada do rei da Babilônia os siga. Coloque um marco na estrada que sai da Babilônia, onde ela se divide em dois caminhos, ²⁰um para Amom e sua capital, Rabá, e outro para Judá e Jerusalém, a cidade fortificada. ²¹O rei da Babilônia está na encruzilhada, sem saber se deve atacar Jerusalém ou Rabá. Ele chama seus adivinhos para que façam previsões, e eles lançam sortes com flechas sacudidas da aljava, consultam seus ídolos e examinam o fígado de animais sacrificados. ²²O presságio em sua mão direita indica 'Jerusalém!'. Seus soldados atacarão as portas da cidade com troncos e darão gritos de guerra. Levantarão torres de cerco e construirão rampas contra os muros. ²³Os habitantes de Jerusalém pensarão que se trata de um presságio falso, por causa de seu acordo com os babilônios. Mas o rei da Babilônia os lembrará de sua rebeldia. Ele os atacará e os levará prisioneiros.

²⁴"Portanto, assim diz o Senhor Soberano: Repetidamente, vocês me lembram de seus pecados e sua rebeldia. Nem sequer tentam escondê-los! Em tudo que fazem, seus pecados ficam evidentes. Por isso, chegou a hora de seu castigo.

²⁵"Ó príncipe de Israel, corrupto e perverso, o dia do acerto de contas chegou! ²⁶Assim diz o Senhor Soberano:

"Tire sua coroa coberta de joias,
 pois o antigo sistema está para mudar.
Os humildes serão exaltados,
 e os orgulhosos, humilhados.
²⁷Destruição! Destruição!
 Certamente destruirei o reino,
 e não será restaurado até que venha
  aquele que tem o direito de julgá-lo;
 então o entregarei a ele."

Mensagem para os amonitas

²⁸"Agora, filho do homem, profetize acerca dos amonitas e sua zombaria. Transmita-lhes esta mensagem do Senhor Soberano:

"Uma espada, uma espada
 está pronta para a matança.

ᵃ 21.10 O significado do hebraico é incerto. ᵇ 21.13 O significado do hebraico é incerto.

Está polida para destruir
e faísca como relâmpago.
²⁹Seus profetas lhes deram visões falsas,
seus adivinhos lhes contaram mentiras.
A espada cairá sobre o pescoço dos perversos,
para quem chegou o dia do juízo.

³⁰"Agora, ponham a espada de volta na bainha,
pois em sua própria terra,
no lugar onde nasceram,
eu os julgarei.
³¹Derramarei minha fúria sobre vocês
e soprarei em vocês o fogo de minha ira.
Eu os entregarei a homens cruéis,
hábeis em destruir.
³²Vocês serão combustível para o fogo,
e seu sangue será derramado em sua própria terra.
Não haverá mais lembrança de vocês na história,
pois eu, o SENHOR, falei!".

Os pecados de Jerusalém

22 Recebi esta mensagem do SENHOR: ²"Filho do homem, você está preparado para pronunciar julgamento sobre Jerusalém, esta cidade de assassinos? Faça que ela veja como são detestáveis seus pecados ³e transmita-lhe esta mensagem do SENHOR Soberano: Ó cidade de assassinos, condenada e maldita, cidade de ídolosᵃ imundos e repugnantes, ⁴você é culpada pelo sangue que derramou e está contaminada pelos ídolos que fez. Seu dia de castigo se aproxima! Você chegou ao fim de seus anos, e farei de você objeto de zombaria no mundo inteiro. ⁵Ó cidade infame, cheia de confusão, povos distantes e próximos zombarão de você!

⁶"Todo líder de Israel que vive dentro de seus muros está decidido a derramar sangue. ⁷Pais e mães são tratados com desprezo, estrangeiros são obrigados a pagar por proteção, órfãos e viúvas são oprimidos em seu meio. ⁸Você despreza minhas coisas santas e profana meus sábados. ⁹Pessoas acusam outras falsamente e as condenam à morte. Em seu meio há idólatras e gente que faz coisas obscenas. ¹⁰Homens têm relações sexuais com a esposa do próprio pai e se impõem sobre mulheres menstruadas. ¹¹Há quem cometa adultério com a esposa do vizinho, quem contamine sua nora e quem violente a própria irmã. ¹²Por toda parte há assassinos de aluguel, agiotas que cobram juros abusivos e sujeitos que praticam extorsão. Não se lembram de mim, diz o SENHOR Soberano.

¹³"Agora, porém, bato as mãos com indignação por causa do ganho desonesto e do derramamento de sangue em seu meio. ¹⁴Quão forte e corajosa você será no dia do acerto de contas? Eu, o SENHOR, falei e cumprirei o que prometi. ¹⁵Espalharei você entre as nações e acabarei com sua perversidade. ¹⁶E, quando você tiver sido desonrada entre as nações,ᵇ saberá que eu sou o SENHOR".

A fornalha de refinar do SENHOR

¹⁷Então recebi esta mensagem do SENHOR: ¹⁸"Filho do homem, o povo de Israel é a coisa desprezível, sem valor, que resta depois de fundir a prata. São refugo, uma mistura inútil de cobre, estanho, ferro e chumbo. ¹⁹Portanto, diga-lhes: 'Assim diz o SENHOR Soberano: Porque vocês são coisa desprezível, sem valor, eu os reunirei em Jerusalém. ²⁰Como a prata, o cobre, o ferro, o chumbo e o estanho são derretidos na fornalha, assim eu os derreterei com o calor de minha ira ardente. ²¹Eu os reunirei e soprarei sobre vocês o fogo de minha fúria, ²²e vocês derreterão como a prata derrete no calor intenso. Então saberão que eu, o SENHOR, derramei sobre vocês a minha fúria'".

Os pecados dos líderes de Israel

²³Recebi outra mensagem do SENHOR: ²⁴"Filho do homem, transmita esta mensagem a Israel: No dia de minha indignação, vocês serão como uma terra contaminada, uma terra sem chuva. ²⁵Seus príncipesᶜ tramam conspirações, como leões à espreita da presa. Devoram inocentes, apropriam-se de tesouros, obtêm riquezas por extorsão e fazem muitas viúvas na terra. ²⁶Seus sacerdotes não guardaram minha lei e profanaram minhas coisas santas. Não fazem distinção entre sagrado e profano e não ensinam meu povo a distinguir entre cerimonialmente

---

ᵃ **22.3** É provável que o termo hebraico (lit., *coisas redondas*) se refira a esterco; também em 22.4. ᵇ **22.16** Um manuscrito hebraico, a Septuaginta e a versão siríaca trazem *quando eu tiver sido desonrado entre as nações por sua causa*. ᶜ **22.25** Conforme a Septuaginta; o hebraico traz *profetas*.

puro e impuro. Desrespeitam meus sábados, de modo que sou desonrado no meio deles. ²⁷Seus líderes são como lobos que despedaçam as vítimas. Destroem a vida das pessoas por dinheiro! ²⁸E seus profetas encobrem tudo isso com visões falsas e previsões mentirosas. Dizem: 'Recebi esta mensagem do Senhor Soberano', quando, na verdade, o Senhor não lhes disse coisa alguma. ²⁹Até mesmo o povo oprime os pobres, rouba dos necessitados e nega justiça aos estrangeiros.

³⁰"Procurei alguém que reconstruísse o muro que guarda a terra, que se pusesse na brecha para que eu não a destruísse, mas não encontrei ninguém. ³¹Agora, portanto, derramarei minha fúria sobre eles e os consumirei com o fogo de minha ira. Farei cair sobre sua cabeça o castigo merecido por tudo que fizeram. Eu, o Senhor Soberano, falei!".

O adultério das duas irmãs

23 Recebi esta mensagem do Senhor: ²"Filho do homem, havia duas irmãs, filhas da mesma mãe. ³Elas se tornaram prostitutas no Egito. Quando ainda eram meninas, deixavam que homens acariciassem seus seios. ⁴A irmã mais velha se chamava Oolá, e a mais nova, Oolibá. Casei-me com elas, e me deram filhos e filhas. Refiro-me a Samaria e Jerusalém, pois Oolá é Samaria, e Oolibá, Jerusalém.

⁵"Então, embora fosse minha, Oolá desejou ardentemente outros amantes e se entregou aos assírios. ⁶Todos eles eram jovens atraentes, capitães e comandantes, com belas roupas azuis, montados a cavalo. ⁷Assim, ela se prostituiu com os homens mais desejáveis da Assíria, adorou seus ídolos[a] e se contaminou. ⁸Pois, quando ela saiu do Egito, não deixou para trás a prostituição. Continuou depravada como em sua juventude, quando os egípcios dormiram com ela, acariciaram seus seios e a usaram como prostituta.

⁹"Por isso eu a entreguei a seus amantes assírios, que ela tanto desejou. ¹⁰Eles arrancaram suas roupas, levaram seus filhos e filhas e então a mataram. Depois que ela recebeu esse castigo, sua reputação tornou-se conhecida entre todas as mulheres da terra.

¹¹"Contudo, embora Oolibá tenha visto o que aconteceu à sua irmã Oolá, seguiu pelo mesmo caminho. Na verdade, foi ainda mais depravada e se entregou ao desejo e à prostituição. ¹²Cobiçou os assírios — os capitães e comandantes em belos uniformes, montados a cavalo —, todos eles jovens atraentes. ¹³Vi que estava se contaminando, como sua irmã mais velha.

¹⁴"Então levou sua prostituição ainda mais longe e se apaixonou por figuras pintadas numa parede, figuras de oficiais babilônios,[b] com uniformes vermelhos chamativos ¹⁵e com belos cintos e turbantes de tecido fino. Estavam vestidos como oficiais da terra da Babilônia.[c] ¹⁶Quando ela viu essas pinturas, desejou ardentemente entregar-se a eles, por isso enviou mensageiros à Babilônia para convidá-los para a visitarem. ¹⁷Eles vieram, cometeram adultério com ela e a contaminaram na cama do amor. Depois de ser contaminada, porém, teve nojo deles e os rejeitou.

¹⁸"Da mesma forma, eu tive nojo de Oolibá e a rejeitei, como havia rejeitado sua irmã, porque ela se exibiu diante deles e a eles se entregou para satisfazer seus desejos. ¹⁹Entregou-se, porém, à prostituição ainda maior ao lembrar-se de sua juventude, quando era prostituta no Egito. ²⁰Desejou amantes com genitais grandes como de jumentos e ejaculação como de cavalos. ²¹E assim, Oolibá, você reviveu a depravação de sua juventude no Egito, quando permitiu que seus seios fossem acariciados."

O Senhor julga Oolibá

²²"Portanto, Oolibá, assim diz o Senhor Soberano: De todas as partes, enviarei seus amantes contra você, as mesmas nações das quais você se afastou com nojo. ²³Os babilônios virão com todos os caldeus de Pecode, Soa e Coa. E todos os assírios virão com eles, jovens atraentes, capitães, comandantes, oficiais dos carros de guerra e outros oficiais de alto escalão, todos a cavalo. ²⁴Virão do norte contra você[d] com carros de guerra, carroças e muitas armas, preparados para ataque. Assumirão posições de batalha e a cercarão com soldados armados com escudos e capacetes. E eu a entregarei a eles para ser castigada, para que façam com você o que

---

[a] 23.7 É provável que o termo hebraico (lit., *coisas redondas*) se refira a esterco; também em 23.30,37,39,49. [b] 23.14 Ou *caldeus*. [c] 23.15 Ou *Caldeia*; também em 23.16. [d] 23.24 Conforme a Septuaginta; o significado do hebraico é incerto.

quiserem. ²⁵Voltarei contra você a ira do meu ciúme, e eles a tratarão com crueldade. Cortarão fora seu nariz e suas orelhas e matarão à espada os sobreviventes. Seus filhos serão levados como prisioneiros, e tudo que restar será queimado. ²⁶Arrancarão suas roupas e lindas joias. ²⁷Desse modo, acabarei com a depravação e a prostituição que você trouxe do Egito. Nunca mais você olhará com desejo para essas coisas, nem se lembrará mais com saudade de seu tempo no Egito.

²⁸"Pois assim diz o Senhor Soberano: Certamente eu a entregarei a seus inimigos, àqueles que você detesta, àqueles que você rejeitou. ²⁹Eles a tratarão com ódio, tomarão tudo que você possui e a deixarão completamente nua. A vergonha de sua prostituição ficará exposta para todo o mundo. ³⁰Você trouxe tudo isso sobre si mesma ao se prostituir com outras nações, ao se contaminar com seus ídolos. ³¹Porque você seguiu pelo mesmo caminho que sua irmã, eu a obrigarei a beber do mesmo cálice de terror do qual ela bebeu.

³²"Assim diz o Senhor Soberano:

"Você beberá do cálice de terror de sua
  irmã,
  um copo grande e fundo.
Ele está cheio até a borda
  de desprezo e zombaria.
³³Embriaguez e angústia se apossarão de
  você,
pois seu cálice está cheio até a borda de
  desgraça e desolação,
o mesmo copo do qual sua irmã,
  Samaria, bebeu.
³⁴Você beberá desse cálice de terror
  até a última gota.
Então o fará em pedaços
  e com os cacos mutilará seus seios.

Eu, o Senhor Soberano, falei!

³⁵"E, porque você se esqueceu de mim e me deu as costas, assim diz o Senhor Soberano: Você sofrerá as consequências de sua depravação e prostituição".

O Senhor julga as duas irmãs

³⁶O Senhor me disse: "Filho do homem, pronuncie julgamento sobre Oolá e Oolibá por todos os seus pecados detestáveis. ³⁷Elas cometeram adultério e assassinato: adultério ao adorarem ídolos e assassinato ao queimarem como sacrifício os filhos que geraram para mim. ³⁸Além disso, contaminaram meu templo e profanaram meu sábado. ³⁹No mesmo dia em que sacrificaram seus filhos aos ídolos, tiveram a ousadia de vir ao meu templo para adorar; entraram em minha casa e a profanaram.

⁴⁰"Vocês, irmãs, enviaram mensageiros a terras distantes para conseguir homens. Quando eles chegaram, vocês tomaram banho, pintaram os olhos e colocaram suas joias mais finas para recebê-los. ⁴¹Sentaram-se com eles num sofá com lindos bordados e colocaram meu incenso e meu óleo especial na mesa arrumada diante de vocês. ⁴²De seu quarto vinham sons de muitos homens bebendo e se divertindo. Eram homens do deserto, lascivos e beberrões,ᵃ que colocaram pulseiras em seus braços e lindas coroas em sua cabeça. ⁴³Então eu disse: 'Se eles querem mesmo ter relações com prostitutas velhas e acabadas como essas, que tenham!'. ⁴⁴E foi o que fizeram. Tiveram relações com Oolá e Oolibá, prostitutas desavergonhadas. ⁴⁵Mas os justos julgarão essas cidades irmãs de acordo com o que de fato são: adúlteras e assassinas.

⁴⁶"Agora, assim diz o Senhor Soberano: Tragam um exército contra elas e entreguem-nas para serem aterrorizadas e saqueadas. ⁴⁷Seus inimigos as apedrejarão e as golpearão com espadas. Matarão seus filhos e filhas e queimarão suas casas. ⁴⁸Desse modo, acabarei com a depravação na terra, e meu julgamento servirá de advertência para que outras não sigam seu mau exemplo. ⁴⁹Vocês receberão o castigo merecido por sua prostituição e idolatria. Então saberão que eu sou o Senhor Soberano".

O sinal da panela de cozinhar

24 Em 15 de janeiro,ᵇ durante o nono ano do exílio do rei Joaquim, recebi esta mensagem do Senhor: ²"Filho do homem, registre esta data, pois hoje o rei da Babilônia

---

ᵃ 23.42 Ou *sabeus*. ᵇ 24.1 Em hebraico, *No décimo dia do décimo mês*, do antigo calendário lunar hebraico. O ano foi 588 a.C.; ver também nota em 1.1.

começou a atacar Jerusalém. ³Depois, use uma ilustração para transmitir a esses rebeldes a seguinte mensagem do Senhor Soberano:

"Coloque uma panela no fogo
 e ponha água dentro dela.
⁴Encha-a com os pedaços mais seletos de carne:
 a coxa, o quarto dianteiro
 e os cortes mais macios.
⁵Use somente as melhores ovelhas do rebanho
 e amontoe lenha no fogo sob a panela.
Faça a água ferver
 e cozinhe os ossos com a carne.

⁶"Agora, assim diz o Senhor Soberano:
Que aflição espera Jerusalém,
 cidade de assassinos!
Ela é a panela enferrujada,
 cuja sujeira não se pode limpar.
Pegue a carne sem escolhê-la,
 pois nenhum pedaço é melhor que o outro.
⁷Porque o sangue que ela derramou
 está espalhado sobre as pedras;
nem sequer foi derramado no chão,
 onde o pó o cobriria.
⁸Portanto, espalharei seu sangue numa pedra,
 para que todos vejam,
uma expressão de minha ira
 e de minha vingança contra ela.

⁹"Assim diz o Senhor Soberano:
Que aflição espera Jerusalém,
 cidade de assassinos;
 eu mesmo amontoarei a lenha debaixo dela!
¹⁰Sim, amontoe a lenha;
 que ardam as chamas para fazer a panela ferver.
Cozinhe a carne com diversos temperos,
 depois queime os ossos.
¹¹Agora, coloque a panela vazia sobre as brasas,
 esquente-a até ficar incandescente
 e queime a ferrugem e a sujeira.
¹²Mas de nada adianta;
 não se pode limpar a ferrugem,
 nem mesmo com fogo.

PÃO DIÁRIO

Pecado é coisa séria

Filho do homem, com um só golpe tirarei de você seu tesouro mais precioso. Contudo, você não deve mostrar tristeza alguma com a morte dela. Não chore, não derrame lágrimas.
—Ezequiel 24.16

Pessoas de diferentes culturas choram a morte de um ente querido de diversas maneiras. Em alguns lugares costuma-se contratar pessoas para prantear no velório. Em outros, a morte de um membro da família é pranteada com rituais de luto bastante elaborados.

No entanto, em nenhuma cultura é natural fazer o que Deus pediu que Ezequiel fizesse quando a esposa dele faleceu. O Senhor disse que a esposa do profeta, "seu tesouro mais precioso" sucumbiria à morte repentina (Ez 24.16). Ainda assim, Ezequiel não deveria demonstrar tristeza alguma, não chorar, não derramar lágrimas e permanecer em silêncio (v.17).

Por que Deus pediu que o profeta fizesse algo que parece tão injusto, difícil e contrário à natureza? Ele queria demonstrar ao povo de Jerusalém que, assim como a alegria de Ezequiel fora tirada dele, o mesmo aconteceria com a alegria dos israelitas — o Templo seria tirado deles. Ezequiel pronunciou o julgamento de Deus sobre o povo de Israel afirmando que eles perderiam o Templo para os babilônios.

Como Ezequiel, os israelitas foram orientados a não prantear do jeito costumeiro (v.23). A destruição do Templo seria tão terrível, e a culpa e o sofrimento deles tão devastadores que as expressões normais de tristeza seriam inadequadas.

Que lição! Quando não obedecemos a Deus, aí sim devemos chorar (Tg 4.8,9). O pecado é coisa muito séria.

Deus santo, abre os meus olhos para a seriedade do meu pecado. Escolho abandonar minha rebeldia e seguir os Teus caminhos verdadeiros e justos. O erro que tenho cometido angustia o meu coração, porque sei que é repulsivo a ti. Ao encarar a realidade amarga do meu pecado, que eu possa me arrepender genuinamente e restaurar minha comunhão contigo.

Você sempre sai perdendo ao brincar com o pecado.

---

¹³Sua impureza é sua depravação;
 tentei limpá-la,
 mas você não quis.
Portanto, agora ficará em sua impureza,

até que eu tenha satisfeito minha fúria contra você.

¹⁴"Eu, o Senhor, falei! Chegou a hora, e não me conterei. Não mudarei de ideia nem terei compaixão. Você será julgada de acordo com suas ações, diz o Senhor Soberano".

A morte da esposa de Ezequiel

¹⁵Recebi esta mensagem do Senhor: ¹⁶"Filho do homem, com um só golpe tirarei de você seu tesouro mais precioso. Contudo, você não deve mostrar tristeza alguma com a morte dela. Não chore, não derrame lágrimas. ¹⁷Sofra em silêncio, mas não lamente junto ao túmulo. Não descubra a cabeça nem tire as sandálias. Não siga os rituais de luto nem aceite comida de amigos que vierem consolá-lo".

¹⁸Pela manhã, anunciei essa mensagem ao povo e, à tarde, minha esposa morreu. No dia seguinte, fiz tudo que me havia sido ordenado. ¹⁹Então o povo perguntou: "O que significa tudo isso? O que você quer nos dizer?".

²⁰Eu respondi: "Recebi uma mensagem do Senhor ²¹e fui instruído a transmiti-la ao povo de Israel. Assim diz o Senhor Soberano: 'Profanarei meu templo, a fonte de sua segurança e seu orgulho, o lugar que lhes dá prazer ao coração. Seus filhos e filhas, que vocês deixaram para trás, serão mortos à espada. ²²Então vocês farão como Ezequiel. Não seguirão os rituais de luto nem se consolarão com comida trazida pelos amigos. ²³Sua cabeça permanecerá coberta, e não tirarão as sandálias. Não prantearão nem chorarão, mas definharão por causa de seus pecados. Lamentarão uns com os outros por todo o mal que fizeram. ²⁴Ezequiel lhes serve de exemplo; farão exatamente o que ele fez. E, quando esse dia chegar, saberão que eu sou o Senhor Soberano'".

²⁵Então o Senhor me disse: "Filho do homem, no dia em que eu tirar deles sua fortaleza — sua alegria e sua glória, o desejo de seu coração e seu tesouro mais precioso —, também tirarei deles seus filhos e filhas. ²⁶Nesse dia, um sobrevivente de Jerusalém virá ao seu encontro na Babilônia e lhe contará o que aconteceu. ²⁷Quando ele chegar, você recuperará sua voz para que possa falar com ele, e isso será um sinal para o povo. Então eles saberão que eu sou o Senhor".

Mensagem para Amom

25 Então recebi esta mensagem do Senhor: ²"Filho do homem, volte o rosto para a terra de Amom e profetize contra seus habitantes. ³Transmita aos amonitas esta mensagem do Senhor Soberano: Ouçam a palavra do Senhor Soberano! Porque vocês se alegraram quando meu templo foi profanado, zombaram de Israel em sua desolação e riram de Judá quando ele foi enviado para o exílio, ⁴eu os entregarei aos nômades dos desertos do leste. Eles montarão acampamentos em seu meio e armarão tendas em sua terra. Colherão seus frutos e beberão o leite de seu gado. ⁵Transformarei a cidade de Rabá em pasto para camelos e todo o território dos amonitas em lugar de descanso para ovelhas. Então vocês saberão que eu sou o Senhor.

⁶"Assim diz o Senhor Soberano: Porque bateram palmas, dançaram e pularam exultantes com a destruição do povo de Israel, ⁷levantarei minha mão contra vocês. Eu os entregarei como despojo a muitas nações. Eliminarei vocês dentre os povos e os destruirei completamente. Então vocês saberão que eu sou o Senhor."

Mensagem para Moabe

⁸"Assim diz o Senhor Soberano: Porque o povo de Moabeᵃ disse que Judá é como todas as outras nações, ⁹abrirei seu lado leste e acabarei com as imponentes cidades de sua fronteira: Bete-Jesimote, Baal-Meom e Quiriataim. ¹⁰Entregarei Moabe aos nômades dos desertos do leste, como entreguei Amom. Os amonitas não serão mais contados entre as nações. ¹¹Da mesma forma, trarei meu julgamento sobre os moabitas. Então eles saberão que eu sou o Senhor."

Mensagem para Edom

¹²"Assim diz o Senhor Soberano: O povo de Edom pecou grandemente quando se vingou do povo de Judá. ¹³Portanto, assim diz o Senhor Soberano: Levantarei minha mão contra Edom. Exterminarei seus habitantes e seus animais com a espada. Transformarei a terra em deserto, desde Temã até Dedã. ¹⁴Farei isso por meio de meu povo, Israel. Eles executarão

---

ᵃ **25.8** Conforme a Septuaginta; o hebraico traz *de Moabe e Seir*.

minha vingança com terrível ira, e Edom saberá que essa vingança veio de mim. Eu, o Senhor Soberano, falei!"

Mensagem para a Filístia

¹⁵"Assim diz o Senhor Soberano: Os habitantes da Filístia atacaram Judá por vingança amarga e ódio profundo. ¹⁶Portanto, assim diz o Senhor Soberano: Levantarei minha mão contra os filisteus. Exterminarei os queretitas e destruirei completamente os habitantes do litoral. ¹⁷Executarei vingança terrível contra eles para castigá-los por aquilo que fizeram. E, quando eu tiver me vingado, eles saberão que eu sou o Senhor".

Mensagem para Tiro

26 Em 3 de fevereiro, no décimo segundo ano do exílio do rei Joaquim,[a] recebi esta mensagem do Senhor: ²"Filho do homem, Tiro se alegrou com a queda de Jerusalém e disse: 'Ah! Aquela que era a porta para as mais prósperas rotas comerciais do leste foi quebrada, e agora é minha vez! Porque ela está desolada, eu ficarei rico!'.

³"Portanto, assim diz o Senhor Soberano: Ó cidade de Tiro, sou seu inimigo e trarei muitas nações contra você, como ondas do mar que quebram em suas praias. ⁴Elas destruirão os muros de Tiro e derrubarão suas torres. Eu rasparei seu solo até torná-lo rocha bruta! ⁵Será apenas uma rocha no mar, um lugar para os pescadores estenderem suas redes, pois eu falei, diz o Senhor Soberano. Tiro se tornará presa de muitas nações, ⁶e seus povoados no continente serão destruídos pela espada. Então eles saberão que eu sou o Senhor.

⁷"Assim diz o Senhor Soberano: Do norte trarei contra Tiro o rei da Babilônia, Nabucodonosor. Ele é rei de reis e virá com seus cavalos, seus carros de guerra e condutores, e com um grande exército. ⁸Primeiro ele destruirá os povoados no continente, e depois, para atacá-la, construirá um muro de cerco e uma rampa e levantará uma barreira de escudos contra você. ⁹Usará troncos para atacar seus muros e demolirá suas torres com marretas. ¹⁰Os cascos dos cavalos dele encherão a cidade de poeira, e o barulho dos condutores e dos carros de guerra fará estremecer os muros quando passarem por suas portas quebradas. ¹¹Os cavaleiros pisotearão todas as ruas da cidade. Matarão seu povo à espada, e suas fortes colunas cairão. ¹²"Saquearão todas as suas riquezas e mercadorias e derrubarão seus muros. Destruirão suas lindas casas e lançarão ao mar suas pedras, suas vigas de madeira e até mesmo seu pó. ¹³Acabarei com a música de seus cânticos, e não se ouvirá mais o som da harpa no meio de seu povo. ¹⁴Transformarei sua ilha em rocha bruta, um lugar para os pescadores estenderem suas redes. Você jamais será reconstruída, pois eu, o Senhor, falei. Sim, o Senhor Soberano falou!"

Os efeitos da destruição de Tiro

¹⁵"Assim diz o Senhor Soberano à cidade de Tiro: Todo o litoral estremecerá com o estrondo de sua queda, enquanto os feridos gemem durante a matança. ¹⁶Os governantes das cidades portuárias descerão de seus tronos e removerão seus mantos e suas belas roupas. Sentarão no chão, tremendo de pavor por causa de sua destruição. ¹⁷Lamentarão por você e entoarão este cântico fúnebre:

"Ó famosa cidade da ilha,
    que governava o mar,
    como você foi destruída!
Seus habitantes, com poder naval,
    espalhavam medo por todo o mundo.
¹⁸Agora, as regiões litorâneas estremecem
    com sua queda,
as ilhas se apavoram diante de sua ruína.

¹⁹"Assim diz o Senhor Soberano: Transformarei Tiro em ruínas desabitadas, como muitas outras. Eu a sepultarei debaixo das ondas terríveis, e grandes mares a engolirão. ²⁰Eu a enviarei à cova, para juntar-se àqueles que desceram até lá há muito tempo. Sua cidade permanecerá em ruínas, sepultada debaixo da terra, como aqueles que estão na cova, que entraram no mundo dos mortos. Você já não terá lugar na terra dos vivos. ²¹Eu lhe darei um fim terrível, e você deixará de existir. Procurarão por você, mas nunca mais a encontrarão. Eu, o Senhor Soberano, falei!".

---

[a] 26.1 Em hebraico, *No décimo primeiro ano, no primeiro dia do mês*, do antigo calendário lunar hebraico. Segundo estudiosos, a leitura provável seria *No décimo primeiro (mês do décimo segundo) ano, no primeiro dia do mês*. O ano, portanto, teria sido 585 a.C.; ver também nota em 1.1.

O fim da glória de Tiro

27 Recebi esta mensagem do Senhor: ²"Filho do homem, entoe um cântico fúnebre para Tiro, ³essa cidade que é entrada para o mar, que estabelece relações comerciais com muitas nações. Transmita-lhe a seguinte mensagem do Senhor Soberano:

"Ó cidade de Tiro, você se gloriava:
'Minha beleza é perfeita!'.
⁴Estendeu seus limites para o mar;
 seus construtores aperfeiçoaram sua
 beleza.
⁵Você era como uma grande embarcação,
 construída com os melhores ciprestes de
 Senir.ª
Com um cedro do Líbano
 fabricaram seu mastro.
⁶Fizeram seus remos
 com carvalhos de Basã.
Seu convés de pinho dos litorais de
 Chipreᵇ
 era decorado com marfim.
⁷Suas velas eram de linho egípcio da
 melhor qualidade
 e esvoaçavam sobre você como uma
 bandeira.
Seus toldos eram azuis e vermelhos,
 coloridos com tinturas dos litorais de
 Elisá.
⁸Seus remadores eram de Sidom e Arvade,
 seus timoneiros, homens habilidosos de
 Tiro.
⁹Antigos e sábios artesãos de Gebal
 calafetaram a embarcação.
Navios de todas as nações vinham com
 mercadorias
 para negociar com você.

¹⁰"Homens das terras distantes da Pérsia, de Lídia e da Líbiaᶜ serviam em seu grande exército. Penduravam os escudos e os capacetes em seus muros e assim lhe davam muita honra. ¹¹Homens de Arvade e de Heleque montavam guarda no alto de seus muros, e em suas torres ficavam homens de Gamade. Os escudos deles, pendurados em seus muros, completavam sua beleza.

¹²"Társis enviava negociantes para comprar sua grande variedade de mercadorias em troca de prata, ferro, estanho e chumbo, ¹³e comerciantes da Grécia,ᵈ de Tubal e de Meseque traziam escravos e artigos de bronze para negociar com você.

¹⁴"De Bete-Togarma vinham cavalos de montaria, cavalos para carros de guerra e mulas para serem negociados por suas mercadorias, ¹⁵e comerciantes vinham de Dedã.ᵉ Você tinha o monopólio do mercado de várias regiões litorâneas, que lhe pagavam com presas de marfim e madeira de ébano.

¹⁶"A Síriaᶠ enviava negociantes para comprar sua grande variedade de mercadorias, e em troca lhe dava turquesa, tinturas vermelhas, bordados, linho fino e joias de coral e de rubis. ¹⁷Judá e Israel faziam comércio com você e pagavam com trigo de Minite, figos,ᵍ mel, azeite e bálsamo.

¹⁸"Damasco enviava negociantes para comprar sua grande variedade de mercadorias, e em troca lhe dava vinho de Helbom e lã de Zaar. ¹⁹Gregos de Uzalʰ vinham negociar suas mercadorias, e em troca traziam ferro trabalhado, cássia e cálamo perfumado.

²⁰"Dedã enviava negociantes para comercializar com você seus valiosos mantos para selas. ²¹Os árabes e os príncipes de Quedar enviavam comerciantes para negociar com você e pagavam com cordeiros, carneiros e bodes. ²²Negociantes de Sabá e de Ramá lhe davam especiarias de todo tipo, joias e ouro em troca de suas mercadorias.

²³"Harã, Cane, Éden, Sabá, Assur e Quilmade também vinham com seus negociantes. ²⁴Traziam tecidos da melhor qualidade para comercializar: tecido azul, bordados e tapetes multicoloridos enrolados e amarrados com cordões. ²⁵Os navios de Társis eram suas caravanas marítimas. Os depósitos em sua ilha viviam abarrotados!"

A destruição de Tiro

²⁶"Mas veja! Seus remadores
 a levaram para águas tempestuosas!
Um poderoso vento do leste

ª 27.5 Ou *Hermom*. ᵇ 27.6 Em hebraico, *Quitim*. ᶜ 27.10 Em hebraico, *de Paras, Lude e Pute*. ᵈ 27.13 Em hebraico, *de Javã*. ᵉ 27.15 A Septuaginta traz *Rodes*. ᶠ 27.16 Em hebraico, *Arã*; alguns manuscritos trazem *Edom*. ᵍ 27.17 O significado do hebraico é incerto. ʰ 27.19 Em hebraico, *Vedã e Javã de Uzal*. O significado do hebraico é incerto.

a despedaçou no coração do mar.
²⁷Tudo se perdeu:
 riquezas e mercadorias,
marinheiros e pilotos,
 construtores de navios, negociantes e guerreiros.
No dia de sua ruína,
 todos a bordo afundam até as profundezas do mar.
²⁸Suas cidades no litoral tremem,
 seus pilotos gritam de pavor.
²⁹Todos os remadores abandonam os navios,
 os marinheiros e os pilotos ficam na praia.
³⁰Gritam por você
 e choram amargamente.
Jogam pó sobre a cabeça
 e rolam em cinzas.
³¹Por sua causa raspam a cabeça
 e se vestem de pano de saco.
Choram com amarga angústia
 e profunda lamentação.
³²Enquanto lamentam e choram por você,
 entoam este triste cântico fúnebre:
'Acaso houve alguma cidade como Tiro,
 que agora está em silêncio no fundo do mar?
³³As mercadorias que você negociava pelos mares
 satisfaziam os desejos de muitas nações.
Reis nos confins da terra
 se enriqueceram com seu comércio.
³⁴Agora você é um navio naufragado
 e quebrado no fundo do mar.
Suas mercadorias e seus tripulantes
 afundaram com você.
³⁵Todos que moram no litoral estão espantados
 com seu terrível destino.
Os reis estão horrorizados
 e olham com expressão perturbada.
³⁶Os comerciantes entre as nações
 balançam a cabeça quando a veem,[a]
pois você chegou a um terrível fim
 e não mais existirá'".

Mensagem para o rei de Tiro

28 Recebi esta mensagem do S<small>ENHOR</small>: ²"Filho do homem, transmita ao príncipe de Tiro esta mensagem do S<small>ENHOR</small> Soberano:

"Em seu grande orgulho, você diz: 'Sou um deus!
 Sento-me num trono divino, no coração do mar'.
Mas você é apenas homem, e não deus,
 embora se considere sábio como um.
³Pensa que é mais sábio que Daniel
 e imagina que nenhum segredo lhe está oculto.
⁴Com sua sabedoria e entendimento,
 acumulou grande riqueza:
 ouro e prata para seus tesouros.
⁵Sim, sua sabedoria o enriqueceu grandemente,
 e suas riquezas o tornaram muito orgulhoso.

⁶"Portanto, assim diz o S<small>ENHOR</small> Soberano:
 Uma vez que se considera sábio como um deus,
⁷trarei contra você um exército estrangeiro,
 o terror das nações.
Empunharão espadas contra sua sabedoria maravilhosa
 e profanarão seu esplendor.
⁸Eles o farão descer à cova,
 e você morrerá no fundo do mar,
 ferido violentamente.
⁹Acaso dirá àqueles que o matarem:
 'Sou um deus'?
Para eles você não será deus algum,
 mas apenas homem!
¹⁰Morrerá de forma vergonhosa[b]
 nas mãos de estrangeiros.
Eu, o S<small>ENHOR</small> Soberano, falei!".

¹¹Também recebi esta mensagem do S<small>ENHOR</small>: ¹²"Filho do homem, entoe este cântico fúnebre para o rei de Tiro. Transmita-lhe a seguinte mensagem do S<small>ENHOR</small> Soberano:

"Você era o modelo de perfeição,
 cheio de sabedoria e beleza.
¹³Estava no Éden,
 o jardim de Deus.

---

[a] **27.36** Em hebraico, *assobiam para você*. [b] **28.10** Em hebraico, *Terá a morte dos incircuncisos*.

Suas roupas eram enfeitadas com todas as
   pedras preciosas:[a]
rubi, topázio, esmeralda,
   crisólito, ônix e jaspe,
   safira, berilo e turquesa,
   todas trabalhadas com cuidado para você
sobre o ouro mais puro.
Foram-lhe entregues
   no dia em que você foi criado.
¹⁴Eu o escolhi e o ungi,
   como querubim guardião.
Você tinha acesso ao monte santo de
      Deus
   e andava entre as pedras cintilantes.
¹⁵"Era irrepreensível em tudo que fazia
   desde o dia em que foi criado,
   até que se achou maldade em você.
¹⁶Seu rico comércio o levou à violência,
   e você pecou.
Por isso o bani em desonra
   do monte de Deus.
Eu o expulsei, ó querubim guardião,
   de seu lugar entre as pedras cintilantes.
¹⁷Seu coração se encheu de orgulho
   por causa de sua beleza.
Sua sabedoria se corrompeu
   por causa de seu esplendor.
Por isso o atirei à terra
   e o expus ao olhar dos reis.
¹⁸Você profanou seus santuários
   com seus muitos pecados e seu
      comércio desonesto.
Por isso fiz sair de dentro de você
   um fogo que o consumiu.
Reduzi-o a cinzas no chão,
   à vista de todos que observavam.
¹⁹Todos que o conheciam estão
      horrorizados com seu destino,
   pois você chegou a um terrível fim
   e não mais existirá".

Mensagem para Sidom

²⁰Então recebi outra mensagem do Senhor:
²¹"Filho do homem, volte o rosto para a cidade de Sidom e profetize contra ela. ²²Transmita aos habitantes de Sidom esta mensagem do Senhor Soberano:

"Ó Sidom, sou seu inimigo
   e revelarei minha glória naquilo que lhe
      fizer.
Quando eu trouxer julgamento sobre você
   e revelar minha santidade em seu meio,
todos que observam saberão
   que eu sou o Senhor.
²³Enviarei uma peste contra você,
   e sangue correrá em suas ruas.
O ataque virá de todos os lados:
   seus habitantes morrerão pela espada
   e ficarão estendidos no meio da cidade;
   então todos saberão que eu sou o Senhor.
²⁴Os vizinhos zombadores de Israel
   deixarão de feri-lo e rasgá-lo como
      roseiras silvestres e espinhos.
Pois eles saberão
   que eu sou o Senhor Soberano."

Restauração para Israel

²⁵"Assim diz o Senhor Soberano: O povo de Israel voltará a viver em sua própria terra, a terra que dei a meu servo Jacó. Pois eu os reunirei das terras distantes onde os espalhei e, diante das nações do mundo, revelarei minha santidade no meio de meu povo. ²⁶Eles viverão em segurança em Israel, construirão casas e plantarão vinhedos. E, quando eu castigar as nações vizinhas que os trataram com desprezo, eles saberão que eu sou o Senhor, seu Deus".

Mensagem para o Egito

29 Em 7 de janeiro,[b] no décimo ano do exílio do rei Joaquim, recebi esta mensagem do Senhor: ²"Filho do homem, volte o rosto para o Egito e profetize contra o faraó, rei do Egito, e todo o seu povo. ³Transmita-lhes esta mensagem do Senhor Soberano:

"Sou seu inimigo, ó faraó, rei do Egito,
   grande monstro à espreita nos ribeiros
      do Nilo!
Pois você disse: 'O rio Nilo é meu;
   eu o fiz para mim'.
⁴Porei anzóis em seu queixo
   e o arrastarei para a terra firme,
   com peixes presos a suas escamas.
⁵Abandonarei no deserto, para morrerem,
   você e todos os peixes de seu rio.

---

[a]28.13 A identificação de algumas dessas pedras preciosas é incerta. [b]29.1 Em hebraico, *No décimo segundo dia do décimo mês*, do antigo calendário lunar hebraico. O ano foi 587 a.C.; ver também nota em 1.1.

Ficará em campo aberto, sem ser
  enterrado,
 pois o entreguei como alimento aos
  animais selvagens e às aves.
⁶Todo o povo do Egito saberá que eu sou o
  Senhor,
 pois, para Israel, você foi apenas um
  bordão de juncos.
⁷Quando Israel o usou como apoio,
 você rachou e lhe feriu o ombro.
Quando ele colocou sobre você o peso,
 você desmoronou e o fez machucar as
  costas.

⁸"Portanto, assim diz o Senhor Soberano: Trarei a espada contra você, ó Egito, e destruirei tanto pessoas como animais. ⁹A terra do Egito ficará seca e desolada, e os egípcios saberão que eu sou o Senhor.

"Porque você disse: 'O rio Nilo é meu; eu o fiz', ¹⁰agora sou seu inimigo e de seu rio. Tornarei a terra do Egito completamente seca e desolada, desde Migdol até Assuã, e até o sul, na fronteira com a Etiópia.[a] ¹¹Durante quarenta anos, ninguém habitará nem passará por ali, nem pessoas nem animais. ¹²Farei do Egito uma nação desolada, cercada por outras nações desoladas. Suas cidades ficarão vazias e devastadas durante quarenta anos, cercadas por outras cidades devastadas. Eu espalharei os egípcios entre as nações do mundo.

¹³"Mas assim diz o Senhor Soberano: Depois de quarenta anos, trarei os egípcios de volta das nações entre as quais foram espalhados. ¹⁴Restaurarei o Egito e trarei seu povo de volta à terra de Patros, no sul, de onde eles vieram. No entanto, continuará a ser um reino sem importância. ¹⁵Será a mais humilde das nações e nunca voltará a se elevar acima de seus vizinhos. Eu a tornarei tão pequena que não dominará mais nação alguma.

¹⁶"Então Israel não confiará mais na ajuda do Egito. O Egito ficará tão devastado que lembrará Israel do pecado que cometeu ao confiar nele no passado. Então saberão que eu sou o Senhor Soberano".

Nabucodonosor conquistará o Egito

¹⁷Em 26 de abril, o primeiro dia do ano novo,[b] durante o vigésimo sétimo ano do exílio do rei Joaquim, recebi esta mensagem do Senhor: ¹⁸"Filho do homem, o exército de Nabucodonosor, rei da Babilônia, lutou contra Tiro com tanto afinco que a cabeça de seus guerreiros foi esfregada até perder o cabelo e seus ombros ficarem esfolados. E, no entanto, Nabucodonosor e seu exército não conquistaram nenhum despojo para compensar todo o esforço. ¹⁹Portanto, assim diz o Senhor Soberano: Darei a terra do Egito a Nabucodonosor, rei da Babilônia. Ele levará sua riqueza e saqueará tudo que houver ali para pagar seu exército. ²⁰Sim, eu lhe dei a terra do Egito como recompensa por seu esforço, diz o Senhor Soberano, pois ele estava trabalhando para mim quando destruiu Tiro.

²¹"E virá o dia em que farei reviver a antiga glória de Israel,[c] e suas palavras, Ezequiel, serão ouvidas abertamente. Então eles saberão que eu sou o Senhor".

Um dia triste para o Egito

30 Recebi outra mensagem do Senhor: ²"Filho do homem, profetize e transmita esta mensagem do Senhor Soberano:

"Chorem e lamentem
 por esse dia,
³pois o dia terrível se aproxima,
 o dia do Senhor!
É um dia de nuvens densas,
 um dia de desespero para as nações.
⁴Uma espada virá contra o Egito,
 e o chão se cobrirá de mortos.
Sua riqueza será levada,
 e seus alicerces serão destruídos.
A terra da Etiópia[d] será saqueada;
 ⁵Etiópia, Líbia, Lídia, toda a Arábia[e]
e seus outros aliados
 serão destruídos nessa guerra.

⁶"Pois assim diz o Senhor:
Todos os aliados do Egito cairão,
 e acabará o orgulho de seu poder.
Desde Migdol até Assuã,[f]

---

[a] **29.10** Em hebraico, *de Migdol até Sevene, até a fronteira de Cuxe*. [b] **29.17** Em hebraico, *No primeiro dia do primeiro mês*, do antigo calendário lunar hebraico. O ano foi 571 a.C.; ver também nota em 1.1. [c] **29.21** Em hebraico, *farei brotar um chifre da casa de Israel*. [d] **30.4** Em hebraico, *Cuxe*; também em 30.9. [e] **30.5** Em hebraico, *Cuxe, Pute, Lude, toda a Arábia, Cube*. O nome *Cube* é desconhecido e não tem outras ocorrências; talvez seja uma variação de *Lube* (Líbia). [f] **30.6** Em hebraico, *Sevene*.

serão mortos pela espada,
diz o Senhor Soberano.
⁷O Egito ficará desolado,
cercado por outras nações desoladas,
e suas cidades ficarão devastadas,
cercadas por outras cidades devastadas.
⁸Os egípcios saberão que eu sou o Senhor
quando tiver incendiado o Egito
e destruído todos os seus aliados.
⁹Naquele dia, enviarei mensageiros velozes em navios
para aterrorizar os confiantes etíopes.
Grande angústia se apossará deles
no dia da inevitável destruição do Egito!

¹⁰"Pois assim diz o Senhor Soberano:
Pelo poder de Nabucodonosor, rei da Babilônia,
acabarei com as multidões do Egito.
¹¹Ele e seus exércitos, os mais cruéis de todos,
serão enviados para destruir a terra.
Guerrearão contra o Egito
até que o chão fique coberto de mortos.
¹²Secarei o rio Nilo
e venderei a terra a homens maus.
Pelas mãos de estrangeiros,
devastarei a terra do Egito e tudo que nela há.
Eu, o Senhor, falei!

¹³"Assim diz o Senhor Soberano:
Despedaçarei os ídolos[a] do Egito
e as imagens em Mênfis.[b]
Não restarão governantes no Egito;
o terror se espalhará por toda a terra.
¹⁴Destruirei o sul do Egito,[c]
incendiarei Zoã
e trarei julgamento contra Tebas.[d]
¹⁵Derramarei minha fúria sobre Pelúsio,[e]
a fortaleza mais poderosa do Egito,
e exterminarei
as multidões de Tebas.
¹⁶Sim, incendiarei todo o Egito:
Pelúsio se contorcerá de dor,
Tebas será despedaçada,
e Mênfis viverá em constante terror.
¹⁷Os jovens de Heliópolis e de Bubastis[f]
morrerão na batalha,
e as mulheres[g] serão levadas como escravas.
¹⁸Quando eu quebrar a força arrogante do Egito,
também será um dia de trevas para Tafnes.
Uma nuvem escura a encobrirá,
e suas filhas serão levadas como prisioneiras.
¹⁹Assim, trarei grande castigo sobre o Egito,
e eles saberão que eu sou o Senhor".

Os braços quebrados do faraó

²⁰Em 29 de abril,[h] no décimo primeiro ano do exílio do rei Joaquim, recebi esta mensagem do Senhor: ²¹"Filho do homem, quebrei o braço do faraó, rei do Egito. Seu braço não foi enfaixado para sarar, e também não foram postas talas para fortalecê-lo de modo que pudesse segurar uma espada. ²²Portanto, assim diz o Senhor Soberano: Eu sou inimigo do faraó, rei do Egito! Quebrarei seus dois braços, o bom e o que já foi quebrado, e farei a espada cair de sua mão. ²³Espalharei os egípcios entre nações do mundo inteiro. ²⁴Fortalecerei os braços do rei da Babilônia e porei minha espada em sua mão, mas quebrarei os braços do faraó; ele ficará caído, mortalmente ferido, gemendo de dor. ²⁵Fortalecerei os braços do rei da Babilônia, enquanto os braços do faraó pendem inúteis. E, quando eu puser minha espada na mão do rei da Babilônia e ele a levantar contra o Egito, os egípcios saberão que eu sou o Senhor. ²⁶Espalharei os egípcios entre nações do mundo inteiro. Então eles saberão que eu sou o Senhor".

O Egito é comparado à Assíria derrotada

31 Em 21 de junho,[i] no décimo primeiro ano do exílio do rei Joaquim, recebi esta mensagem do Senhor. ²"Filho do homem, transmita esta mensagem ao faraó, rei do Egito, e a todas as suas multidões:

"Quem é comparável a você em grandeza?

---

[a] **30.13a** É provável que o termo hebraico (lit., *coisas redondas*) se refira a esterco. [b] **30.13b** Em hebraico, *Nofe*; também em 30.16. [c] **30.14a** Em hebraico, *Patros*. [d] **30.14b** Em hebraico, *Nô*; também em 30.15,16. [e] **30.15** Em hebraico, *Sim*; também em 30.16. [f] **30.17a** Em hebraico, *Áven e Pi-Besete*. [g] **30.17b** Ou *e suas cidades*. [h] **30.20** Em hebraico, *No sétimo dia do primeiro mês*, do antigo calendário lunar hebraico. O ano foi 587 a.C.; ver também nota em 1.1. [i] **31.1** Em hebraico, *No primeiro dia do terceiro mês*, do antigo calendário lunar hebraico. O ano foi 587 a.C.; ver também nota em 1.1.

³Veja a poderosa Assíria,
que antes era como um cedro do Líbano,
com lindos ramos que davam muita
sombra
e cujo topo alcançava as nuvens.
⁴Fontes profundas o regavam
e o faziam crescer e ficar viçoso.
A água corria à sua volta como um rio
e fluía para todas as árvores do campo.
⁵Elevou-se acima de todas as árvores
que havia ao seu redor.
Cresceu e deu ramos longos e espessos,
pela fartura de água em suas raízes.
⁶As aves se aninhavam em seus ramos,
e os animais selvagens davam crias à sua
sombra.
Todas as grandes nações do mundo
viviam sob seus galhos.
⁷Era forte e belo,
com ramos amplos, que se espalhavam,
pois suas raízes eram profundas
e chegavam às fontes de água.
⁸Nenhum outro cedro no jardim de Deus
se comparava a ele.
Nenhum cipreste tinha ramos como os
dele,
nenhum plátano tinha galhos
semelhantes.
Nenhuma árvore no jardim de Deus
era tão bela quanto ele.
⁹Fiz esse cedro tão lindo
e lhe dei folhagem tão magnífica
que ele era motivo de inveja de todas as
árvores do Éden,
o jardim de Deus.

¹⁰"Portanto, assim diz o SENHOR Soberano: Porque o Egito[a] se tornou orgulhoso e arrogante e se elevou tanto acima dos outros, e seu topo chegou até às nuvens, ¹¹eu o entregarei a uma nação poderosa que lhe dará o que merece por sua maldade. Sim, eu já o rejeitei. ¹²Um exército estrangeiro, o terror das nações, o derrubou e o deixou caído no chão. Seus ramos estão espalhados entre os montes e os vales da terra, e todos que viviam à sua sombra foram embora e o deixaram ali jogado.

¹³"As aves pousam em seu tronco caído,
e os animais selvagens descansam entre
seus ramos.
¹⁴Que nenhuma árvore de outra nação
exulte com orgulho de sua prosperidade,
ainda que seja mais alta que as nuvens
e muito bem regada.
Pois todas estão condenadas a morrer,
a descer às profundezas da terra.
Cairão na cova
com todo o resto do mundo.

¹⁵"Assim diz o SENHOR Soberano: Quando a Assíria desceu à sepultura,[b] fiz as fontes profundas ficarem de luto. Detive o curso de seus rios e sequei suas muitas águas. Vesti o Líbano de preto e fiz as árvores do campo murcharem. ¹⁶Fiz as nações tremerem de medo ao som de sua queda, pois as enviei para a sepultura junto com todos que descem à cova. E todas as outras árvores do Éden, as mais belas e excelentes do Líbano, aquelas cujas raízes descem até as águas profundas, se consolaram nas profundezas da terra. ¹⁷Seus aliados também foram todos destruídos e morreram. Todas as nações que tinham vivido à sua sombra desceram à sepultura.

¹⁸"Ó Egito, a qual dessas árvores do Éden você comparará sua força e sua glória? Você também será lançado nas profundezas, junto com todas essas nações. Ficará caído no meio dos rejeitados[c] que morreram à espada. Esse será o destino do faraó e de todas as suas multidões. Eu, o SENHOR Soberano, falei!".

Advertência ao faraó

32 Em 3 de março,[d] no décimo segundo ano do exílio do rei Joaquim, recebi esta mensagem do SENHOR: ²"Filho do homem, lamente pelo faraó, rei do Egito, e transmita-lhe esta mensagem:

"Você se considera um leão forte entre as
nações,
mas na verdade é um monstro marinho
que se contorce em seus rios
e revolve a lama com os pés.
³Portanto, assim diz o SENHOR Soberano:
Enviarei muitos povos

---

[a] **31.10** Em hebraico, *você*. [b] **31.15** Em hebraico, *ao Sheol*; também em 31.16,17. [c] **31.18** Em hebraico, *no meio dos incircuncisos*. [d] **32.1** Em hebraico, *No primeiro dia do décimo segundo mês*, do antigo calendário lunar hebraico. O ano foi 585 a.C.; ver também nota em 1.1.

para apanhá-lo em minha rede
e arrastá-lo para fora da água.
⁴Eu o deixarei jogado no chão;
todas as aves do céu pousarão sobre você,
e os animais selvagens de toda a terra o devorarão até se fartar.
⁵Espalharei sua carne pelos montes
e encherei os vales com seus ossos.
⁶Encharcarei a terra com seu sangue;
ele correrá até os montes
e encherá os desfiladeiros até a borda.
⁷Quando eu exterminá-lo,
cobrirei os céus e escurecerei as estrelas.
Taparei o sol com uma nuvem,
e a lua não dará sua luz.
⁸Escurecerei as estrelas brilhantes lá no alto
e cobrirei sua terra com trevas.
Eu, o Senhor Soberano, falei!

⁹"Perturbarei o coração de muitos quando levar a notícia de sua destruição a nações distantes, que você não conheceu. ¹⁰Sim, causarei espanto em muitas terras, e os reis ficarão aterrorizados ao saber de seu destino. Tremerão de medo quando eu agitar minha espada diante deles no dia de sua queda. ¹¹Pois assim diz o Senhor Soberano:

"A espada do rei da Babilônia
virá contra você.
¹²Exterminarei suas multidões com
espadas de poderosos guerreiros,
o terror das nações.
Eles destruirão o orgulho do Egito,
e todas as suas multidões serão vencidas.
¹³Acabarei com todos os seus rebanhos
que pastam junto aos riachos.
Nunca mais nem pessoas nem animais
levantarão lama naquelas águas com seus pés.
¹⁴Então farei que as águas do Egito se acalmem,
e elas fluirão suavemente, como azeite,
diz o Senhor Soberano.
¹⁵Quando eu destruir o Egito,

despojá-lo de todos os seus bens
e abater todo o seu povo,
vocês saberão que eu sou o Senhor.
¹⁶Sim, este é o cântico fúnebre
que entoarão para o Egito.
Que as nações lamentem pelo Egito e por suas multidões.
Eu, o Senhor Soberano, falei!".

O Egito desce à cova

¹⁷Em 17 de março,[a] no décimo segundo ano, recebi outra mensagem do Senhor: ¹⁸"Filho do homem, lamente pelas multidões do Egito e pelas outras nações poderosas,[b] pois eu as enviarei às profundezas da terra, junto com aqueles que descem à cova. ¹⁹Diga-lhes:

'Ó Egito, acaso você é mais belo que as outras nações?
Desça à cova e fique ali, entre os rejeitados!'.[c]

²⁰Os egípcios cairão, junto com os muitos que morreram à espada, pois a espada está empunhada contra eles. O Egito e suas multidões serão arrastados para seu julgamento. ²¹Lá embaixo, no lugar dos mortos,[d] líderes poderosos receberão o Egito e seus aliados com zombaria, dizendo: 'Eles desceram; estão entre os rejeitados, entre as multidões mortas à espada'.

²²"A Assíria está ali, cercada pelas sepulturas de seu exército, aqueles que foram mortos à espada. ²³Suas sepulturas ficam no fundo da cova e estão cercadas por seus aliados. Causavam terror em toda parte, mas agora foram mortos à espada.

²⁴"Elão está ali, cercado pelas sepulturas de todas as suas multidões, aqueles que foram mortos à espada. Causavam terror em toda parte, mas agora estão nas profundezas da terra, como rejeitados. Sim, estão na cova, envergonhados, junto com aqueles que foram antes deles. ²⁵Têm um lugar para deitar entre os mortos, cercados pelas sepulturas de todas as suas multidões. Em vida eles aterrorizavam nações, mas agora estão envergonhados, junto com outros na cova, todos eles rejeitados, mortos à espada.

---

[a] **32.17** Em hebraico, *No décimo quinto dia do mês*, supostamente no décimo segundo mês do antigo calendário lunar hebraico (ver 32.1). O ano foi 585 a.C.; ver também nota em 1.1. A Septuaginta traz *No décimo quinto dia do primeiro mês*, isto é, em 27 de abril de 586 a.C., no início do décimo segundo ano do cativeiro de Joaquim. [b] **32.18** O significado do hebraico é incerto. [c] **32.19** Em hebraico, *os incircuncisos*; também em 32.21,24,25,26,28,29,30,32. [d] **32.21** Em hebraico, *Sheol*; também em 32.27.

²⁶"Meseque e Tubal estão ali, cercados pelas sepulturas de todas as suas multidões. Causavam terror em toda parte, mas agora são rejeitados, todos mortos à espada. ²⁷Não foram sepultados com honras, como seus heróis caídos, que desceram ao lugar dos mortos com suas armas, com seus escudos cobrindo o corpoᵃ e suas espadas debaixo da cabeça. Sua culpa está sobre eles, pois, em vida, aterrorizaram a todos.

²⁸"Também você, Egito, ficará ali, esmagado entre os rejeitados, todos mortos à espada.

²⁹"Edom está ali com seus reis e príncipes. Embora fossem poderosos, também estão entre os que foram mortos à espada, entre os rejeitados que desceram à cova.

³⁰"Todos os príncipes do norte e os sidônios estão ali, com os outros que morreram. Causavam terror com sua força, mas foram envergonhados. Estão ali como rejeitados, com outros que foram mortos à espada. Estão envergonhados, junto com aqueles que desceram à cova.

³¹"Quando o faraó e todo o seu exército chegarem, ficarão consolados porque não foram os únicos que perderam suas multidões na batalha, diz o SENHOR Soberano. ³²Embora eu tenha feito esse terror vir sobre todos os vivos, o faraó e suas multidões ficarão ali entre os rejeitados que foram mortos à espada. Eu, o SENHOR Soberano, falei!".

Ezequiel como vigia de Israel

33 Mais uma vez, recebi uma mensagem do SENHOR: ²"Filho do homem, transmita esta mensagem a seu povo: 'Quando eu trago um exército contra um país, os habitantes dessa terra escolhem alguém para ser vigia. ³Quando o vigia vê o inimigo, ele dá o sinal de alarme para avisar o povo. ⁴Se aqueles que ouvirem o sinal de alarme não tomarem providências, serão culpados da própria morte. ⁵Ouviram o sinal de alarme, mas não deram atenção, de modo que a responsabilidade é deles. Se tivessem dado atenção à advertência, teriam salvado a vida. ⁶Se, contudo, o vigia vê o inimigo, mas não dá o sinal de alarme para advertir o povo, ele é responsável. Eles morrerão em seus pecados, mas considerarei o vigia responsável pela morte deles'.

⁷"Agora, filho do homem, eu o coloquei como vigia do povo de Israel. Portanto, ouça o que eu digo e advirta-os em meu nome. ⁸Se eu anunciar que alguns perversos certamente morrerão e você não lhes disser que mudem sua conduta, eles morrerão em seus pecados, mas considerarei você responsável pela morte deles. ⁹Se, contudo, você os advertir para que mudem sua conduta e eles não o fizerem, morrerão em seus pecados, mas você salvará a vida."

A mensagem do vigia

¹⁰"Filho do homem, transmita esta mensagem ao povo de Israel: Vocês dizem: 'Nossos pecados pesam sobre nós; estamos definhando! Como sobreviveremos?'. ¹¹Tão certo como eu vivo, diz o SENHOR Soberano, não tenho prazer algum na morte dos perversos. Antes, meu desejo é que se afastem de seus maus caminhos, para que vivam. Arrependam-se! Afastem-se de sua maldade! Por que morrer, ó povo de Israel?

¹²"Filho do homem, transmita esta mensagem a seu povo: A conduta justa dos justos não os salvará se eles se voltarem para o pecado, nem a conduta perversa dos perversos os destruirá se eles se afastarem de seus pecados. ¹³Se eu disser aos justos que eles viverão, mas depois eles pecarem, confiando que sua justiça no passado os salvará, nenhum de seus atos de justiça será lembrado, e eles morrerão por causa de seus pecados. ¹⁴Suponhamos que eu diga aos perversos que eles certamente morrerão, mas depois eles se afastem de seus pecados e façam o que é justo e certo. ¹⁵Pode ser, por exemplo, que devolvam a garantia de um devedor, restituam o que roubaram, obedeçam a meus decretos que dão vida e não pratiquem mais o mal. Nesse caso, certamente viverão, e não morrerão. ¹⁶Nenhum de seus pecados do passado será lembrado, pois fizeram o que é justo e certo, e certamente viverão.

¹⁷"Seu povo diz: 'O Senhor não é justo', mas são eles os injustos. ¹⁸Pois, se os justos se afastarem de sua conduta justa e praticarem o mal, morrerão. ¹⁹Mas, se os perversos se afastarem

---

ᵃ 32.27 O significado do hebraico é incerto.

> PÃO DIÁRIO
>
> ## Pratique!
>
> *Eles o consideram um divertimento, como alguém que entoa canções de amor com uma linda voz ou toca belas músicas num instrumento. Ouvem suas palavras, mas não as põem em prática.*
>
> —Ezequiel 33.32
>
> Tenho um marcador de livros em minha Bíblia que devo ter recebido em alguma correspondência — nunca rejeito um marcador de livros grátis! Em um dos lados, há um breve apelo para as pessoas receberem crianças em custódia. No lado anverso estão escritas as seguintes palavras: "Não somente leia. Experimente ajudá-las. São crianças de verdade com histórias verdadeiras. É vida real!". As pessoas que produziram esse marcador reconheceram a facilidade de absorvermos as informações sem ao menos colocá-las em prática. Eles queriam que os indivíduos que lessem a mensagem reagissem ao apelo.
>
> Absorver regularmente o que lemos na Palavra de Deus é uma prática valiosa, no entanto, isso não é o fim em si mesmo. O profeta Ezequiel se dirigiu a uma audiência que amava ouvir, porém, recusava-se a agir. O Senhor lhe disse: "Eles o consideram um divertimento, como alguém que entoa canções de amor com uma linda voz ou toca belas músicas num instrumento. Ouvem suas palavras, mas não as põem em prática" (Ez 33.32).
>
> Jesus falou: "Quem ouve minhas palavras e as pratica é tão sábio como a pessoa que constrói sua casa sobre uma rocha firme" (Mt 7.24).
>
> De que maneira você lê a sua Bíblia? Você a lê rapidamente para atingir o seu objetivo de lê-la por inteiro? Ou você a lê com o objetivo de praticar o que as Escrituras ensinam?
>
> Não a leia simplesmente por ler. Pratique-a!
>
> *Pai celestial, sou grata por me ofereceres um livro tão extraordinário! A Tua Palavra nos ensina tudo o que precisamos saber para viver neste mundo. Precisamos da Tua direção para aplicar as verdades bíblicas em nossa vida, para compreender completamente a mensagem que ela contém e compartilhar sua mensagem transformadora com os outros. Ajuda-nos a praticar a Tua Palavra a cada dia, e a nos apropriarmos do que lemos, e a aplicá-la a tudo o que fizermos.*
>
> ---
>
> O valor da Bíblia não consiste apenas em conhecer o seu conteúdo, mas em obedecer seus ensinos.

de sua conduta perversa e fizerem o que é justo e certo, viverão. ²⁰Ó povo de Israel, vocês dizem: 'O Senhor não é justo'. Mas eu julgarei cada um de vocês de acordo com suas ações".

A queda de Jerusalém é explicada

²¹Em 8 de janeiro,[a] no décimo segundo ano de nosso exílio, um sobrevivente de Jerusalém veio a mim e disse: "A cidade caiu!". ²²Na noite anterior, a mão do Senhor tinha vindo sobre mim e me restaurado a voz. Por isso, consegui falar quando o homem chegou na manhã seguinte.

²³Então recebi esta mensagem do Senhor: ²⁴"Filho do homem, o remanescente de Israel, que vive espalhado entre as cidades arruinadas, anda dizendo: 'Abraão era um só e, no entanto, veio a possuir toda a terra. Nós somos muitos; certamente a terra nos foi dada como propriedade'. ²⁵Portanto, diga-lhes: 'Assim diz o Senhor Soberano: Vocês comem carne com sangue, adoram ídolos[b] e assassinam inocentes. Acreditam mesmo que a terra deve ser sua? ²⁶Assassinos! Idólatras! Adúlteros! Acaso deveriam possuir a terra?'.

²⁷"Diga-lhes: 'Assim diz o Senhor Soberano: Tão certo como eu vivo, os que vivem nas ruínas morrerão à espada, os que vivem nos campos abertos serão devorados por animais selvagens que eu enviarei, e os que estão escondidos em fortalezas e em cavernas morrerão de doença. ²⁸Destruirei completamente a terra e arrasarei o orgulho de seu poder. Os montes de Israel ficarão desolados, e ninguém passará por eles. ²⁹Quando eu tiver destruído a terra completamente por causa de seus pecados detestáveis, eles saberão que eu sou o Senhor'.

³⁰"Filho do homem, seu povo fala de você em suas casas e junto às portas. Dizem uns aos outros: 'Venham, vamos ouvir o que o profeta tem a nos dizer da parte do Senhor'. ³¹Eles vêm, fingindo ser sinceros, e sentam-se diante de você. Ouvem suas palavras, mas não têm intenção alguma de pô-las em prática. Têm a boca cheia de palavras sensuais, e seu coração só quer dinheiro. ³²Eles o consideram um divertimento, como alguém que entoa canções de amor com uma linda voz ou toca belas músicas

---

[a] 33.21 Em hebraico, *No quinto dia do décimo mês*, do antigo calendário lunar hebraico. O ano foi 585 a.C.; ver também nota em 1.1.
[b] 33.25 É provável que o termo hebraico (lit., *coisas redondas*) se refira a esterco.

num instrumento. Ouvem suas palavras, mas não as põem em prática. ³³Quando, porém, todas essas terríveis coisas acontecerem, e elas certamente acontecerão, saberão que um profeta esteve no meio deles".

Os pastores de Israel

34 Então recebi esta mensagem do Senhor: ²"Filho do homem, profetize contra os pastores, os líderes de Israel. Transmita-lhes esta mensagem do Senhor Soberano: Que aflição os espera, pastores que alimentam a si mesmos! Acaso os pastores não deveriam alimentar seu rebanho? ³Vocês bebem o leite, vestem-se com a lã e abatem os melhores animais, mas deixam seu rebanho passar fome. ⁴Não cuidaram das ovelhas fracas, não curaram as doentes nem enfaixaram as que estavam feridas. Não foram procurar as que se desgarraram e se perderam. Em vez disso, conduziram-nas com dureza e crueldade. ⁵Por não terem pastor, minhas ovelhas se espalharam e se tornaram presa fácil para qualquer animal selvagem. ⁶Andam sem rumo pelos montes e pelas colinas, por toda a face da terra, mas ninguém saiu para procurá-las.

⁷"Por isso, pastores, ouçam a palavra do Senhor: ⁸Tão certo como eu vivo, diz o Senhor Soberano, vocês abandonaram meu rebanho e o deixaram ser atacado por animais selvagens. E, embora fossem meus pastores, não procuraram minhas ovelhas quando elas se perderam. Cuidaram de si mesmos e deixaram o rebanho passar fome. ⁹Portanto, pastores, ouçam a palavra do Senhor. ¹⁰Assim diz o Senhor Soberano: Agora considero esses pastores meus inimigos e os responsabilizarei pelo que aconteceu a meu rebanho. Não permitirei que continuem pastoreando meu rebanho e que continuem alimentando a si mesmos. Livrarei meu rebanho de sua boca; minhas ovelhas não serão mais sua presa."

O Bom Pastor

¹¹"Pois assim diz o Senhor Soberano: Eu mesmo procurarei minhas ovelhas e as encontrarei. ¹²Serei como o pastor que busca o rebanho espalhado. Encontrarei minhas ovelhas e as livrarei de todos os lugares para onde foram espalhadas naquele dia de nuvens e escuridão. ¹³Eu as tirarei do meio dos povos e das nações e as trarei de volta para sua terra. Eu as alimentarei nos montes de Israel, junto aos rios e em todos os lugares habitados. ¹⁴Sim, eu lhes darei bons pastos nas altas colinas de Israel. Elas se deitarão em lugares agradáveis e se alimentarão nos pastos verdes das colinas. ¹⁵Eu mesmo cuidarei delas e lhes darei lugar para descansar, diz o Senhor Soberano. ¹⁶Procurarei as perdidas que se desgarraram e as trarei de volta. Enfaixarei as ovelhas feridas e fortalecerei as fracas. Destruirei, porém, as gordas e poderosas. Sim, eu as alimentarei, mas com juízo!

¹⁷"Quanto a você, meu rebanho, assim diz o Senhor Soberano: Julgarei entre um animal e outro do rebanho e separarei as ovelhas dos bodes. ¹⁸Não lhes basta ficarem com os melhores pastos? Também precisam pisotear o resto? Não lhes basta beberem água pura? Também precisam enlamear o resto? ¹⁹Por que meu rebanho deve se alimentar dos pastos que vocês pisotearam e beber da água que vocês sujaram?

²⁰"Portanto, assim diz o Senhor Soberano: Certamente julgarei entre as ovelhas gordas e as magras. ²¹Pois vocês, ovelhas gordas, empurraram, chifraram e não deram espaço para meu rebanho doente e faminto, até que o espalharam para terras distantes. ²²Portanto, salvarei meu rebanho, e ele não será mais maltratado. Julgarei entre um animal e outro do rebanho. ²³Porei sobre as ovelhas um pastor, meu servo Davi; ele as alimentará e será seu pastor. ²⁴E eu, o Senhor, serei o seu Deus, e meu servo Davi será príncipe no meio de meu povo. Eu, o Senhor, falei!"

A aliança de paz do Senhor

²⁵"Farei uma aliança de paz com meu povo e expulsarei da terra os animais ferozes. Ele poderá acampar em segurança no deserto e dormir sem medo nos bosques. ²⁶Abençoarei meu povo e suas casas ao redor de meu santo monte. E, no devido tempo, enviarei as chuvas de que precisam; haverá chuvas de bênçãos. ²⁷Os pomares e os campos de meu povo darão colheitas fartas, e todos viverão em segurança. Quando eu tiver quebrado suas correntes de servidão e os resgatado daqueles que os escravizavam, eles saberão que eu sou o Senhor. ²⁸Não serão mais presa para outras nações, nem serão devorados

por animais selvagens. Viverão em segurança, e ninguém lhes causará medo. ²⁹"Tornarei sua terra conhecida por suas colheitas, e eles nunca mais passarão fome nem sofrerão os insultos de nações estrangeiras. ³⁰Desse modo, saberão que eu, o Senhor, seu Deus, estou com eles. E saberão que eles, o povo de Israel, são meu povo, diz o Senhor Soberano. ³¹Vocês são o meu rebanho, ovelhas do meu pasto. Vocês são o meu povo, e eu sou o seu Deus. Eu, o Senhor Soberano, falei!".

Mensagem para Edom

35 Recebi outra mensagem do Senhor: ²"Filho do homem, volte o rosto para o monte Seir e profetize contra seu povo. ³Transmita-lhe esta mensagem do Senhor Soberano:

"Sou seu inimigo, ó monte Seir;
 levantarei minha mão contra você
 para destruí-lo completamente.
⁴Transformarei suas cidades em ruínas
 e as deixarei desoladas.
Então você saberá
 que eu sou o Senhor.

⁵"Seu ódio profundo dos israelitas o levou a matá-los quando estavam indefesos, quando eu já os havia castigado por todos os seus pecados. ⁶Tão certo como eu vivo, diz o Senhor Soberano, visto que vocês não mostraram aversão alguma ao sangue derramado, eu derramarei o seu sangue. Sua vez chegou! ⁷Deixarei o monte Seir completamente desolado e matarei todos que tentarem escapar e qualquer um que voltar. ⁸Encherei seus montes de cadáveres; suas colinas, seus vales e seus desfiladeiros ficarão cobertos de gente morta à espada. ⁹Eu o deixarei desolado para sempre; suas cidades jamais serão reconstruídas. Então você saberá que eu sou o Senhor.

¹⁰"Pois você disse: 'As terras de Israel e Judá serão minhas. Sim, tomarei posse delas. Que me importa se o Senhor está ali?'. ¹¹Portanto, tão certo como eu vivo, diz o Senhor Soberano, eu lhe darei o castigo merecido por sua ira, sua inveja e seu ódio. Eu me revelarei a Israel[a] por meio daquilo que fizer a você. ¹²Então você saberá que eu, o Senhor, ouvi todas as palavras de desprezo que você pronunciou contra os montes de Israel. Pois você disse: 'Estão desolados; foram entregues a mim como alimento!'. ¹³Com essas palavras, você se exaltou diante de mim, e eu ouvi tudo!

¹⁴"Assim diz o Senhor Soberano: O mundo todo se alegrará quando eu o deixar desolado. ¹⁵Você se alegrou com a desolação do território de Israel, e agora me alegrarei com sua desolação. Você, povo no monte Seir, e todos que vivem em Edom serão exterminados! Então saberão que eu sou o Senhor."

Restauração de Israel

36 "Filho do homem, profetize aos montes de Israel e transmita-lhes esta mensagem: Ó montes de Israel, ouçam a palavra do Senhor! ²Assim diz o Senhor Soberano: Seus inimigos zombaram de vocês, dizendo: 'Bem feito! Agora as antigas montanhas são nossas!'. ³Por isso, transmita aos montes de Israel esta mensagem do Senhor Soberano: Seus inimigos o atacaram de todos os lados e o tornaram propriedade de muitas nações e objeto de muita zombaria e calúnia. ⁴Portanto, ó montes de Israel, ouçam a palavra do Senhor Soberano. Ele fala às colinas e aos montes, aos desfiladeiros e aos vales, às ruínas arrasadas e às cidades desertas, destruídas e ridicularizadas pelas nações vizinhas. ⁵Assim diz o Senhor Soberano: A ira de meu zelo arde contra essas nações, especialmente contra Edom, porque me desprezaram completamente, se apossaram de minha terra com satisfação e a tomaram como despojo.

⁶"Portanto, profetize às colinas e aos montes, aos desfiladeiros e aos vales de Israel. Assim diz o Senhor Soberano: Estou furioso em meu zelo porque vocês passaram vergonha diante das nações vizinhas. ⁷Portanto, assim diz o Senhor Soberano: Jurei solenemente que essas nações logo passarão vergonha também.

⁸"Os montes de Israel, no entanto, produzirão colheitas fartas de frutos para meu povo, pois em breve ele voltará para casa! ⁹Pois estou com vocês e lhes darei atenção. Seu solo será arado, e suas lavouras serão plantadas. ¹⁰Multiplicarei a população de Israel, e as cidades arruinadas serão reconstruídas e ficarão cheias de gente. ¹¹Multiplicarei tanto as pessoas como

---

[a] 35.11 Em hebraico, *a eles*; a Septuaginta traz *a vocês*.

os animais. Ó montes de Israel, trarei gente para habitá-los outra vez! Eu os tornarei ainda mais prósperos que antes. Então vocês saberão que eu sou o Senhor. ¹²Farei meu povo andar sobre vocês novamente, e serão território dele. Vocês nunca mais o deixarão sem filhos.

¹³"Assim diz o Senhor Soberano: As outras nações zombam de você e dizem: 'É uma terra que devora seu povo e os deixa sem filhos!'. ¹⁴Mas você nunca mais devorará seu povo nem o deixará sem filhos, diz o Senhor Soberano. ¹⁵Não o deixarei ouvir os insultos de outras nações, nem sua zombaria. Você não será uma terra que faz sua nação cair, diz o Senhor Soberano".

¹⁶Então recebi esta mensagem do Senhor: ¹⁷"Filho do homem, quando os israelitas viviam em sua própria terra, eles a profanaram com seu estilo de vida. Para mim, sua conduta foi tão impura como o fluxo menstrual de uma mulher. ¹⁸Eles contaminaram a terra com assassinato e adoração a ídolos,ᵃ por isso derramei sobre eles minha fúria. ¹⁹Eu os espalhei entre as nações para castigá-los por sua conduta. ²⁰Quando, porém, foram espalhados entre as nações, desonraram meu santo nome. Pois as nações diziam: 'Este é o povo do Senhor, mas ele não foi capaz de mantê-lo a salvo em sua própria terra!'. ²¹Tive consideração por meu santo nome, que meu povo desonrou entre as nações.

²²"Portanto, transmita ao povo de Israel esta mensagem do Senhor Soberano: Eu os trarei de volta, ó povo de Israel, mas não porque merecem. Farei isso por causa do meu santo nome, que vocês desonraram entre as nações. ²³Eu lhes mostrarei a santidade de meu grande nome, o nome que vocês desonraram entre as nações. E, quando eu mostrar minha santidade por meio de vocês diante das nações, diz o Senhor, elas saberão que eu sou o Senhor. ²⁴Pois eu os reunirei dentre as nações e os trarei de volta para sua terra. ²⁵"Então aspergirei sobre vocês água pura, e ficarão limpos. Eu os purificarei de sua impureza e sua adoração a ídolos. ²⁶Eu lhes darei um novo coração e colocarei em vocês um novo espírito. Removerei seu coração de pedra e lhes darei coração de carne. ²⁷Porei dentro de vocês meu Espírito, para que sigam meus decretos e tenham o cuidado de obedecer a meus estatutos.

²⁸"Vocês habitarão em Israel, a terra que dei a seus antepassados. Vocês serão o meu

---

PÃO DIÁRIO

O nome

Quando, porém, foram espalhados entre as nações, desonraram meu santo nome.
—Ezequiel 36.20

As empresas que disputam o dinheiro do consumidor conhecem a importância de proteger o seu nome e sua reputação. A má qualidade ou o serviço ruim pode fazer seus lucros despencarem.

Certa vez, durante uma viagem, vi uma empresa de aluguel de carros passar por um desastre no seu atendimento ao cliente. Quando as pessoas chegavam ao balcão para buscar as chaves do veículo, enfrentavam filas longas, atendentes indelicados e condições inadequadas. A reação dos consumidores era previsível: frustração e raiva. Duvido que muitos deles viessem a alugar carros dessa empresa novamente. O nome da agência tinha se tornado objeto de zombaria.

Isso me faz lembrar bem sobre como o comportamento de Israel trouxe má reputação ao nome de Deus. Pelo fato de os israelitas viverem como seus vizinhos pagãos, o Senhor os espalhou entre as nações. O mundo incrédulo riu-se de Israel e do nome do seu Deus.

Nos dias atuais, como cristãos, carregamos o nome do nosso Salvador Jesus Cristo. O que será que o mundo pensa sobre Ele a partir do que vê em nós? Honrar o Seu nome é mais importante do que uma grande corporação corresponder às expectativas do nome de sua marca. Nossa vida realmente tem um único propósito — refletir o nosso Senhor. Devemos tomar cuidado para não fazer nada que leve outros a profanarem o Seu santo nome.

Senhor, louvamos o Teu nome santo e poderoso! Que as nossas palavras e ações honrem a ti e falem apenas da Tua grandeza. Que os outros possam ver a beleza do Teu nome em nossa vida.

Quando as pessoas que a cercam a conhecerem melhor, será que também vão querer conhecer a Cristo?

ᵃ**36.18** É provável que o termo hebraico (lit. *coisas redondas*) se refira a esterco; também em 36.25.

povo, e eu serei o seu Deus. ²⁹Eu os livrarei de sua impureza. Aumentarei a produção de cereais e não enviarei mais fome à terra. ³⁰Darei colheitas fartas de suas árvores frutíferas e seus campos, e nunca mais as nações vizinhas zombarão de sua terra por causa da fome. ³¹Então se lembrarão dos pecados que cometeram no passado e terão aversão de si mesmos por todas as coisas detestáveis que fizeram. ³²Mas assim diz o Senhor Soberano: Lembrem-se de que não farei tudo isso porque vocês merecem. Ó meu povo de Israel, vocês deveriam se envergonhar profundamente de tudo que fizeram!

³³"Assim diz o Senhor Soberano: Quando eu os purificar de seus pecados, farei que suas cidades voltem a ser habitadas e as ruínas sejam reconstruídas. ³⁴Os campos que estavam vazios e desolados à vista de todos voltarão a ser cultivados. ³⁵E, quando eu trouxer vocês de volta, as pessoas dirão: 'Essa terra que antes era deserta agora é como o jardim do Éden! As cidades abandonadas e em ruínas agora têm muros fortes e estão cheias de gente!'. ³⁶Com isso, as nações vizinhas que restarem saberão que eu, o Senhor, reconstruí as ruínas e replantei onde estava deserto. Pois eu, o Senhor, falei e cumprirei o que prometi.

³⁷"Assim diz o Senhor Soberano: Estou disposto a ouvir as orações de Israel e a multiplicar seu povo como um rebanho. ³⁸Serão numerosos como os rebanhos consagrados que enchem as ruas de Jerusalém na época de suas festas. As cidades que estavam em ruínas voltarão a ficar cheias de gente, e todos saberão que eu sou o Senhor".

O vale dos ossos secos

37 A mão do Senhor veio sobre mim, e o Espírito do Senhor me levou a um vale cheio de ossos. ²Ele me conduziu por entre os ossos que cobriam o fundo do vale, espalhados por toda parte e completamente secos. ³Então ele me perguntou: "Filho do homem, acaso estes ossos podem voltar a viver?".

Respondi: "Ó Senhor Soberano, só tu o sabes".

⁴Então ele me disse: "Profetize a estes ossos e diga: 'Ossos secos, ouçam a palavra do Senhor! ⁵Assim diz o Senhor Soberano: Soprarei meu espírito[a] e os trarei de volta à vida! ⁶Porei carne e músculo em vocês e os cobrirei com pele. Darei fôlego a vocês, e voltarão à vida. Então saberão que eu sou o Senhor'".

⁷Assim, anunciei essa mensagem, como ele me havia ordenado. De repente, enquanto eu profetizava, ouviu-se em todo o vale o barulho de ossos batendo uns contra os outros, e os ossos de cada corpo estavam se juntando. ⁸Então, enquanto eu observava, músculos e carne se formaram sobre os ossos. Em seguida, pele se formou para cobrir os corpos, mas ainda não respiravam.

⁹Então ele me disse: "Filho do homem, profetize aos ventos. Anuncie-lhes uma mensagem e diga: 'Assim diz o Senhor Soberano: Ó fôlego, venha dos quatro ventos! Sopre nesses corpos mortos para que voltem a viver!'".

¹⁰Anunciei a mensagem, como ele me havia ordenado, e espírito entrou nos corpos. Todos eles voltaram à vida e se levantaram, e formavam um grande exército.

¹¹Então ele me disse: "Filho do homem, esses ossos representam todo o povo de Israel. Eles dizem: 'Tornamo-nos ossos velhos e secos; não há mais esperança. Nossa nação acabou'. ¹²Portanto, profetize para eles e diga: 'Assim diz o Senhor Soberano: Ó meu povo, eu abrirei as sepulturas do exílio e os farei sair delas. Então os trarei de volta à terra de Israel. ¹³Quando isso acontecer, meu povo, vocês saberão que eu sou o Senhor. ¹⁴Soprarei meu espírito em vocês, e voltarão a viver, e eu os trarei de volta para sua terra. Então saberão que eu, o Senhor, falei e cumpri o que prometi. Sim, eu, o Senhor, falei!'".

Israel e Judá são reunidos

¹⁵Recebi outra mensagem do Senhor: ¹⁶"Filho do homem, pegue um pedaço de madeira e grave nele estas palavras: 'Isto representa Judá e suas tribos aliadas'. Depois, pegue outro pedaço de madeira e grave nele estas palavras: 'Isto representa Efraim e as tribos do norte de Israel'.[b] ¹⁷Agora, segure-os juntos em sua mão,

---

[a] 37.5 O termo hebraico (*ruah*) também pode ser traduzido por "fôlego" ou "vento", jogo de palavras que se repete em toda a passagem. [b] 37.16 Em hebraico, *Esta é a madeira de Efraim e representa José e todas as casas de Israel*; também em 37.19.

como se fossem um só pedaço de madeira. ¹⁸Quando seus compatriotas lhe perguntarem o que isso significa, ¹⁹diga-lhes: 'Assim diz o Senhor Soberano: Pegarei Efraim e as tribos do norte, suas irmãs, e as juntarei a Judá. Farei delas um só pedaço de madeira em minha mão'.

²⁰"Em seguida, segure diante do povo os pedaços de madeira que você gravou, para que todos os vejam, ²¹e transmita esta mensagem do Senhor Soberano: Reunirei meu povo de Israel dentre as nações onde foram espalhados e os trarei de volta para sua terra. ²²Eu os reunirei em uma só nação nos montes de Israel. Um único rei os governará, e não serão mais divididos em duas nações nem em dois reinos. ²³Nunca mais se contaminarão com ídolos,ª nem com imagens detestáveis, nem com qualquer de suas rebeliões, pois eu os salvarei de sua apostasia pecaminosa.ᵇ Sim, eu os purificarei; então eles serão o meu povo, e eu serei o seu Deus.

²⁴"Meu servo Davi será seu rei, e eles terão um só pastor. Seguirão meus estatutos e terão o cuidado de guardar meus decretos. ²⁵Viverão na terra que dei a meu servo Jacó, a terra onde seus antepassados viveram. Eles, seus filhos e seus netos viverão ali para sempre, de geração em geração, e meu servo Davi será seu príncipe para sempre. ²⁶Farei com eles uma aliança de paz, uma aliança permanente. Eu lhes darei sua terra e os multiplicareiᶜ e estabelecerei meu templo no meio deles para sempre. ²⁷Sim, eu habitarei no meio deles. Serei o seu Deus, e eles serão o meu povo. ²⁸E, quando meu templo estiver entre eles para sempre, as nações saberão que eu sou o Senhor, que santifico Israel".

Mensagem para Gogue

38 Recebi esta mensagem do Senhor: ²"Filho do homem, volte o rosto para Gogue, da terra de Magogue, príncipe que governa as nações de Meseque e Tubal, e profetize contra ele. ³Transmita-lhe esta mensagem do Senhor Soberano: Gogue, príncipe de Meseque e Tubal, sou seu inimigo. ⁴Eu o farei voltar e colocarei argolas em seu queixo para levá-lo junto com todo o seu exército: seus cavalos e condutores de carros de guerra vestidos com sua armadura completa e uma grande multidão armada com escudos e espadas. ⁵A Pérsia, a Etiópia e a Líbia,ᵈ com todas as suas armas, o acompanharão. ⁶Gômer e todos os seus exércitos também se unirão a você, bem como os exércitos de Bete-Togarma, do extremo norte, e muitos outros.

⁷"Prepare-se; esteja pronto! Mantenha todos os exércitos ao seu redor de prontidão e assuma o comando deles. ⁸Daqui a muito tempo, você será convocado para entrar em ação. No futuro distante, você virá de repente sobre a terra de Israel, que viverá confiante depois de ter se recuperado da guerra e depois que seu povo tiver regressado de muitas terras para os montes de Israel. ⁹Você e todos os seus aliados, um exército imenso e assustador, virão sobre Israel como uma tempestade e cobrirão a terra como uma nuvem.

¹⁰"Assim diz o Senhor Soberano: Naquele dia, maus pensamentos lhe virão à mente e você tramará um plano perverso. ¹¹Dirá: 'Israel é uma terra desprotegida, cheia de povoados sem muros, sem portões e sem trancas. Marcharei contra ela e acabarei com esse povo que vive tão confiante. ¹²Irei às cidades antes desoladas, mas que agora estão cheias de gente que voltou do exílio em muitas nações. Tomarei grande quantidade de despojo, pois agora seus habitantes têm muito gado e outros bens. Pensam que o mundo gira em torno deles!'. ¹³Contudo, Sabá, Dedã e os comerciantes de Társis, com todos os seus jovens guerreiros, perguntarão: 'Você pensa mesmo que os grandes exércitos que reuniu podem tomar a prata e o ouro deles? Acham que podem levar seus rebanhos, apoderar-se de seus bens e tomar despojos?'.

¹⁴"Portanto, filho do homem, profetize contra Gogue. Transmita-lhe esta mensagem do Senhor Soberano: Quando meu povo estiver vivendo confiante na terra dele, então você despertará.ᵉ ¹⁵Virá de sua terra no extremo norte com sua grande cavalaria e seu exército poderoso, ¹⁶atacará meu povo, Israel, e cobrirá

ª**37.23a** É provável que o termo hebraico (lit., *coisas redondas*) se refira a esterco. ᵇ**37.23b** Conforme alguns manuscritos hebraicos e a Septuaginta; o Texto Massorético traz *de seus lugares de habitação onde pecaram*. ᶜ**37.26** Conforme o hebraico, que traz *Eu lhes darei e aumentarei seu número*; a Septuaginta omite toda essa frase. ᵈ**38.5** Em hebraico, *Paras, Cuxe e Pute*. ᵉ**38.14** Conforme a Septuaginta; o hebraico traz *então você saberá*.

a terra como uma nuvem. Naquele dia, trarei você, Gogue, contra minha terra à vista de todos e mostrarei minha santidade por meio de tudo que lhe acontecer. Então todas as nações me conhecerão.

¹⁷"Assim diz o Senhor Soberano: Acaso você é aquele de quem falei muito tempo atrás, quando anunciei por meio de meus servos, os profetas de Israel, que, no futuro, o traria contra meu povo? ¹⁸Mas assim diz o Senhor Soberano: Quando Gogue invadir a terra de Israel, minha fúria transbordará! ¹⁹Pois, em meu zelo e em minha ira ardente, sacudirei a terra de Israel violentamente naquele dia. ²⁰Todos os seres vivos, os peixes do mar, as aves do céu, os animais do campo, os animais que rastejam pelo chão, e todas as pessoas da terra, tremerão em minha presença. Montes serão derrubados, despenhadeiros cairão e muros desabarão. ²¹Convocarei a espada contra você em todas as colinas de Israel, diz o Senhor Soberano, e seus homens voltarão as espadas uns contra os outros. ²²Castigarei você e seus exércitos com doença e derramamento de sangue; enviarei chuvas torrenciais, granizo, fogo e enxofre! ²³Com isso mostrarei minha grandeza e santidade e me farei conhecido às nações do mundo. Então saberão que eu sou o Senhor."

O massacre das multidões de Gogue

39 "Filho do homem, profetize contra Gogue. Transmita-lhe esta mensagem do Senhor Soberano: Sou seu inimigo, ó Gogue, príncipe que governa as nações de Meseque e Tubal. ²Eu o farei dar a volta e o trarei do extremo norte, e o conduzirei em direção aos montes de Israel. ³Derrubarei o arco de sua mão esquerda e as flechas de sua mão direita. ⁴Você, seu exército e seus aliados morrerão nos montes. Eu os darei como alimento aos abutres e aos animais selvagens. ⁵Você cairá em campos abertos, pois eu falei, diz o Senhor Soberano. ⁶Enviarei fogo sobre Magogue e sobre todos os seus aliados que vivem em segurança no litoral. Então eles saberão que eu sou o Senhor.

⁷"Assim, farei conhecido meu santo nome no meio de meu povo, Israel. Não deixarei que ninguém desonre meu nome. E as nações também saberão que eu sou o Senhor, o Santo de Israel. ⁸Esse dia de julgamento virá, diz o Senhor Soberano. Tudo acontecerá como eu declarei.

⁹"Então os habitantes das cidades de Israel sairão e recolherão seus escudos pequenos e os grandes, seus arcos e flechas, seus dardos e lanças e os usarão como lenha. Haverá o suficiente para sete anos! ¹⁰Não precisarão cortar lenha dos campos nem dos bosques, pois essas armas fornecerão todo o combustível necessário. Eles saquearão aqueles que os saquearam e despojarão aqueles que os despojaram, diz o Senhor Soberano.

¹¹"Nesse dia, prepararei um enorme cemitério para Gogue e suas multidões no vale dos Viajantes, a leste do mar Morto.ᵃ Ele impedirá a passagem dos que viajam por ali, e eles mudarão o nome do lugar para vale das Multidões de Gogue. ¹²O povo de Israel levará sete meses para sepultar os corpos e purificar a terra. ¹³Todos em Israel ajudarão a sepultar, pois esse dia em que eu mostrar minha glória será uma data memorável para Israel, diz o Senhor Soberano.

¹⁴"Depois de sete meses, grupos de homens serão nomeados para percorrer a terra em busca de esqueletos para sepultar, a fim de que a terra seja purificada. ¹⁵Onde forem encontrados ossos, será colocado um sinal para que os coveiros os levem e os enterrem no vale das Multidões de Gogue. ¹⁶(Haverá ali uma cidade chamada Hamoná.ᵇ) E com isso, enfim, a terra será purificada.

¹⁷"Agora, filho do homem, assim diz o Senhor Soberano: Chame todas as aves e todos os animais selvagens e diga-lhes: Reúnam-se para meu grande banquete sacrificial. Venham, de longe e de perto, para os montes de Israel e ali comam carne e bebam sangue! ¹⁸Comam a carne de homens poderosos e bebam o sangue dos príncipes das nações como se fossem carneiros, cordeiros, bodes e touros, todos animais engordados de Basã. ¹⁹Devorem carne até se empanturrar e bebam sangue até se embriagar. Este é o banquete sacrificial que lhes preparei. ²⁰Comam com fartura à minha mesa; comam cavalos, condutores de carros de guerra, homens

---

ᵃ 39.11 Em hebraico, *do mar*. ᵇ 39.16 *Hamoná* significa "multidão".

valentes e guerreiros de toda espécie, diz o Senhor Soberano.

²¹"Desse modo, mostrarei minha glória às nações. Todos verão o castigo que trouxe sobre eles e o poder de minha mão quando eu castigo. ²²E, daquele dia em diante, o povo de Israel saberá que sou o Senhor, seu Deus. ²³As nações saberão por que Israel foi enviado para o exílio: foi como castigo por causa do pecado, pois foram infiéis a seu Deus. Por isso me afastei deles e os entreguei a seus inimigos, para que os destruíssem. ²⁴Escondi deles o rosto e os castiguei por causa de sua impureza e de seus pecados."

Restauração do povo de Deus

²⁵"Portanto, assim diz o Senhor Soberano: Acabarei com o exílio de meu povo;ª terei compaixão de todo o Israel, pois tenho zelo por meu santo nome. ²⁶Quando voltarem para sua terra e viverem em segurança, sem que ninguém lhes cause medo, assumirão a responsabilidade por[b] sua vergonha e infidelidade no passado. ²⁷Quando eu os trouxer de volta das terras de seus inimigos, mostrarei minha santidade no meio deles, para que todas as nações a vejam. ²⁸Então meu povo saberá que eu sou o Senhor, seu Deus, pois os enviei para o exílio entre as nações e os trouxe de volta para sua terra. Não deixarei nenhum deles para trás ²⁹e nunca mais me afastarei deles, pois derramarei meu Espírito sobre o povo de Israel. Eu, o Senhor Soberano, falei!".

A nova área do templo

40 Em 28 de abril,[c] no vigésimo quinto ano de nosso exílio, catorze anos depois da queda de Jerusalém, a mão do Senhor veio sobre mim, e ele me levou para lá. ²Numa visão, Deus me levou para a terra de Israel e me colocou num monte muito alto. Dali, vi em direção ao sul algo parecido com uma cidade. ³Quando ele me levou mais perto, vi um homem cuja face brilhava como bronze. Ele estava em pé junto a uma porta e tinha na mão uma corda de medir feita de linho e uma vara de medir.

⁴Disse-me: "Filho do homem, observe e ouça. Preste muita atenção a tudo que lhe mostrarei. Você foi trazido aqui para que eu lhe mostre várias coisas. Depois você voltará ao povo de Israel e contará tudo que vir".

A porta leste

⁵Vi um muro que cercava completamente a área do templo. O homem pegou a vara de medir de 3 metros[d] de comprimento e com ela mediu o muro, que tinha 3 metros[e] de espessura e 3 metros de altura.

⁶Em seguida, foi à porta leste. Subiu os degraus e mediu a soleira da porta, que tinha 3 metros de profundidade.[f] ⁷Na passagem de entrada, havia salas para guardas de cada lado. Cada uma das salas era quadrada e media 3 metros de cada lado, e a distância entre as salas era de 2,5 metros[g] ao longo da parede da passagem. A soleira interna da porta, que dava para o pórtico na extremidade interna da passagem de entrada, tinha 3 metros de profundidade. ⁸Ele também mediu o pórtico.[h] ⁹Tinha 4 metros[i] de extensão e suas colunas tinham 1 metro[j] de espessura. Esse pórtico era a extremidade interna da passagem de entrada e era voltado para o templo.

¹⁰Havia três salas de cada lado da passagem de entrada. Cada uma tinha as mesmas medidas, e as paredes entre elas também eram idênticas. ¹¹Então o homem mediu a porta de entrada, que tinha 5 metros[k] de largura e 6,5 metros[l] de comprimento na passagem. ¹²Em frente de cada sala havia uma mureta com 0,5 metro[m] de altura. As salas propriamente ditas tinham 3 metros[n] de cada lado.

¹³Então ele mediu toda a largura da porta, a distância desde a parede dos fundos de uma sala para guardas até a parede dos fundos de outra sala; essa distância era de 12,5 metros.[o] ¹⁴Mediu as paredes divisórias ao longo de todo

---

ª**39.25** Em hebraico, *de Jacó.* [b]**39.26** Alguns manuscritos hebraicos trazem *eles se esquecerão de.* [c]**40.1** Em hebraico, *No início do ano, no décimo dia do mês,* do antigo calendário lunar hebraico. O ano foi 573 a.C.; ver também nota em 1.1. [d]**40.5a** Em hebraico, *6 côvados longos, cada um medindo 1 côvado* [45 centímetros] *e 4 dedos* [8 centímetros] *de comprimento.* [e]**40.5b** Em hebraico, *1 vara*; também em 40.5c,7. [f]**40.6** Conforme a Septuaginta, que traz *1 vara de profundidade*; o hebraico traz *1 vara de profundidade, 1 limiar, 1 vara.* [g]**40.7** Em hebraico, *5 côvados*; também em 40.48. [h]**40.8** Conforme alguns manuscritos hebraicos e a versão siríaca; outros manuscritos hebraicos acrescentam *que ficava voltado para dentro, em direção ao templo; tinha 1 vara e a profundidade.* [i]**40.9a** Em hebraico, *8 côvados.* [j]**40.9b** Em hebraico, *2 côvados.* [k]**40.11a** Em hebraico, *10 côvados.* [l]**40.11b** Em hebraico, *13 côvados.* [m]**40.12a** Em hebraico, *1 côvado.* [n]**40.12b** Em hebraico, *6 côvados.* [o]**40.13** Em hebraico, *25 côvados*; também em 40.21,25,29,30,33,36.

o interior da passagem até o pórtico; a distância era de 30 metros.[a] [15]O comprimento total da passagem, de uma extremidade à outra, era de 25 metros.[b] [16]Nas paredes das salas e em suas paredes divisórias havia janelas embutidas que se estreitavam em direção à parte interna. Também havia janelas no pórtico. As superfícies das paredes divisórias eram enfeitadas com entalhes de palmeiras.

O pátio externo

[17]Então o homem me levou pela entrada até o pátio externo do templo. Ao longo das paredes do pátio havia uma calçada e, junto às paredes, havia trinta salas que abriam para a calçada. [18]A calçada ladeava as portas, e seu comprimento desde os muros até o pátio era o mesmo da passagem de entrada. Essa era a calçada inferior. [19]Em seguida, o homem mediu a largura do pátio externo do templo, entre a entrada externa e a interna, e a distância era de 50 metros.[c]

A porta norte

[20]O homem mediu a porta norte da mesma forma que a leste. [21]Também ali havia três salas e um pórtico. Todas as medidas eram iguais às da porta leste. A passagem da entrada tinha 25 metros de comprimento e 12,5 metros de largura entre as paredes dos fundos de uma sala para guardas e a parede dos fundos de outra sala. [22]As janelas, o pórtico e os enfeites de palmeiras eram idênticos aos da porta leste. Havia sete degraus que davam para a passagem da entrada, e o pórtico ficava na extremidade interna da passagem de entrada. [23]Do lado norte, como do lado leste, havia outra porta que dava para o pátio interno do templo, oposta à entrada externa. A distância entre as duas entradas era de 50 metros.

A porta sul

[24]Então o homem me levou à porta sul e mediu suas partes, e eram exatamente iguais às medidas das outras portas. [25]Tinha janelas ao longo das paredes, como as outras, e um pórtico no qual a passagem de entrada abria para o pátio externo. E, como nas outras portas, a passagem de entrada tinha 25 metros de comprimento e 12,5 metros de largura. [26]Essa entrada também tinha uma escada com sete degraus que davam para ela, um pórtico na extremidade interna e enfeites de palmeiras nas paredes divisórias. [27]E aqui também havia outra entrada que dava para o pátio interno, oposta à entrada externa. A distância entre as duas entradas era de 50 metros.

Portas para o pátio interno

[28]Então o homem me levou à porta sul, que dava para o pátio interno. Ele a mediu, e tinha as mesmas medidas das outras portas. [29]Suas salas para guardas, suas paredes divisórias e seu pórtico eram do mesmo tamanho das outras portas, e havia janelas ao longo das paredes e no pórtico. E, como nas outras portas, a passagem da entrada tinha 25 metros de comprimento e 12,5 metros de largura. [30](Os pórticos que davam para o pátio interno tinham 4 metros de comprimento[d] e 12,5 metros de largura.) [31]O pórtico da porta sul ficava voltado para o pátio externo. Suas colunas eram enfeitadas com palmeiras, e oito degraus subiam até sua entrada.

[32]Então ele me levou à porta leste, que dava para o pátio interno. Ele a mediu, e tinha as mesmas medidas das outras portas. [33]Suas salas para guardas, suas paredes divisórias e seu pórtico eram do mesmo tamanho das outras portas, e havia janelas ao longo das paredes e no pórtico. A passagem da entrada tinha 25 metros de comprimento e 12,5 metros de largura. [34]Seu pórtico ficava voltado para o pátio externo. Suas colunas eram enfeitadas com palmeiras, e oito degraus subiam até sua entrada.

[35]Então ele me levou à porta norte, que dava para o pátio interno. Ele a mediu, e tinha as mesmas medidas das outras portas. [36]Suas salas para guardas, suas paredes divisórias e seu pórtico tinham as mesmas medidas das outras portas e janelas dispostas da mesma forma. A entrada da passagem tinha 25 metros de comprimento e 12,5 metros de largura. [37]Seu pórtico[e] ficava voltado para o pátio externo. Suas colunas eram enfeitadas com palmeiras, e oito degraus subiam até sua entrada.

---

[a] **40.14** Em hebraico, *60 côvados*. A Septuaginta traz *20 côvados*. O significado do hebraico é incerto. [b] **40.15** Em hebraico, *50 côvados*; também em 40.21,25,29,33,36. [c] **40.19** Em hebraico, *100 côvados*; também em 40.23,27,47. [d] **40.30** Conforme 40.9, que traz *8 côvados*; o hebraico traz *5 côvados*. Esse versículo não aparece em alguns manuscritos hebraicos e na Septuaginta. [e] **40.37** Conforme a Septuaginta (ver tb. 40.26,31,34); o hebraico traz *Suas paredes divisórias*.

Salas para o preparo dos sacrifícios

[38] No pórtico de uma das entradas internas havia uma porta que dava para uma sala lateral onde era lavada a carne para os holocaustos. [39] De cada lado desse pórtico havia duas mesas onde os animais para os sacrifícios eram abatidos para os holocaustos, as ofertas pelo pecado e as ofertas pela culpa. [40] Do lado de fora do pórtico, de cada lado das escadas que subiam para a entrada norte, havia mais duas mesas. [41] Havia, portanto, oito mesas no total, quatro do lado de dentro e quatro do lado de fora, onde se abatiam os sacrifícios. [42] Também havia quatro mesas de pedra cortada para o preparo dos holocaustos, cada uma com 75 centímetros de comprimento e de largura e 50 centímetros de altura.[a] Sobre essas mesas eram colocados os instrumentos para abater os animais para os sacrifícios. [43] Havia ganchos, cada um com 8 centímetros[b] de comprimento, presos ao redor das paredes do pórtico. A carne dos sacrifícios era colocada sobre as mesas.

Salas para os sacerdotes

[44] Dentro do pátio interno havia duas salas,[c] uma ao lado da porta norte, voltada para o sul,[d] e outra ao lado da porta sul, voltada para o norte. [45] E o homem me disse: "A sala ao lado da porta norte é para os sacerdotes que supervisionam a manutenção do templo. [46] A sala ao lado da porta sul é para os sacerdotes encarregados do altar, os descendentes de Zadoque, pois somente eles, dentre todos os levitas, podem se aproximar do Senhor, para servir diante dele".

O pátio interno e o templo

[47] Então o homem mediu o pátio interno, e era um quadrado com 50 metros de largura e 50 metros de comprimento. O altar ficava no pátio em frente ao templo. [48] Então ele me levou ao pórtico do templo. Mediu as paredes de ambos os lados da passagem para o pórtico, e tinham 2,5 metros de espessura. A entrada propriamente dita tinha 7 metros de largura, e as paredes de cada lado da entrada tinham mais 1,5 metro de comprimento.[e] [49] O pórtico tinha 10 metros[f] de largura e 6 metros[g] de profundidade. Dez degraus[h] subiam para ele, com uma coluna de cada lado.

41

Depois disso, o homem me levou ao santuário do templo. Mediu as paredes de cada lado de sua porta,[i] e tinham 3 metros[j] de espessura. [2] A entrada tinha 5 metros[k] de largura, e as paredes de cada lado tinham 2,5 metros[l] de comprimento. O santuário propriamente dito tinha 20 metros de comprimento e 10 metros de largura.[m]

[3] Então ele passou do santuário para a sala interna. Mediu as paredes de cada lado de sua entrada, e tinham 1 metro[n] de espessura. A entrada tinha 3 metros de largura, e as paredes de cada lado da entrada tinham 3,5 metros de comprimento.[o] [4] A sala interna do santuário tinha 10 metros[p] de comprimento e 10 metros de largura. Ele me disse: "Este é o lugar santíssimo".

[5] Então ele mediu a parede do templo, e tinha 3 metros de espessura. Junto à parte externa da parede havia uma fileira de salas; cada sala tinha 2 metros[q] de largura. [6] Essas salas laterais ficavam em três andares, uma acima da outra, e havia trinta salas em cada andar. Os pontos de sustentação das salas laterais ficavam apoiados em saliências externas na parede do templo; não se estendiam para dentro da parede. [7] Cada andar era mais largo que o andar abaixo, acompanhando a inclinação da parede do templo. Uma escada subia do andar inferior para os andares do meio e de cima.

[8] Vi que o templo era construído sobre uma plataforma que servia de base para as salas laterais. Essa plataforma tinha 3 metros de altura.[r] [9] A parede externa das salas laterais do templo tinha 2,5 metros de espessura. Havia, portanto, uma área aberta entre essas salas

---

[a] 40.42 Em hebraico, *1,5 côvado de comprimento e 1,5 côvado de largura e 1 côvado de altura.* [b] 40.43 Em hebraico, *4 dedos.* [c] 40.44a Conforme a Septuaginta; o hebraico traz *salas para cantores.* [d] 40.44b Conforme a Septuaginta; o hebraico traz *leste.* [e] 40.48 Conforme a Septuaginta, que traz *A entrada tinha 14 côvados de largura, e as paredes da entrada tinham 3 côvados de cada lado.* O hebraico não traz *14 côvados de largura, e as paredes da entrada tinham.* [f] 40.49a Em hebraico, *20 côvados.* [g] 40.49b Conforme a Septuaginta, que traz *12 côvados;* o hebraico traz *11 côvados,* cerca de 5,5 metros. [h] 40.49c Conforme a Septuaginta; o hebraico traz apenas *degraus.* [i] 41.1a Conforme a Septuaginta; o significado do hebraico é incerto. [j] 41.1b Em hebraico, *6 côvados;* também em 41.3,5. [k] 41.2a Em hebraico, *10 côvados.* [l] 41.2b Em hebraico, *5 côvados;* também em 41.9,11. [m] 41.2c Em hebraico, *40 côvados de comprimento e 20 côvados de largura.* [n] 41.3a Em hebraico, *2 côvados.* [o] 41.3b Em hebraico, *7 côvados.* [p] 41.4 Em hebraico, *20 côvados;* também em 41.4b,10. [q] 41.5 Em hebraico, *4 côvados.* [r] 41.8 Em hebraico, *1 vara, 6 côvados.*

laterais ¹⁰e a fileira de salas junto à parede externa do pátio interno. Essa área aberta tinha 10 metros de largura e se estendia ao redor de todo o templo. ¹¹Duas portas nas salas laterais davam para a área aberta da plataforma, que tinha 2,5 metros de largura. Uma porta ficava voltada para o norte, e a outra, para o sul.

¹²Havia um edifício grande a oeste, voltado para o pátio do templo. Tinha 35 metros de largura e 45 metros de comprimento, e suas paredes tinham 2,5 metros de espessura.ᵃ ¹³Então o homem mediu o templo, e tinha 50 metrosᵇ de comprimento. O pátio ao redor do edifício, incluindo suas paredes, tinha mais 50 metros de comprimento. ¹⁴O pátio interno do lado leste do templo tinha 50 metros de largura. ¹⁵O edifício a oeste, incluindo suas duas paredes, também tinha 50 metros de largura.

O santuário, a sala interna e o pórtico do templo ¹⁶eram todos revestidos de madeira, assim como as armações das janelas embutidas. As paredes internas eram revestidas de madeira acima e abaixo das janelas. ¹⁷O espaço acima da porta que dava para a sala interna e suas paredes internas e externas também eram revestidas de madeira. ¹⁸Todas as paredes eram enfeitadas com entalhes de querubins, cada um com dois rostos, alternados com entalhes de palmeiras. ¹⁹Um dos rostos do querubim, o rosto de homem, ficava voltado para a palmeira de um lado. O outro rosto, o de leão forte, ficava voltado para a palmeira do outro lado. Havia figuras entalhadas ao redor de todo o templo, ²⁰desde o chão até o alto das paredes, inclusive na parede externa do santuário.

²¹Na entrada do santuário havia colunas quadradas, e as colunas na entrada do lugar santíssimo eram semelhantes. ²²Havia um altar de madeira com 1,5 metro de altura e 1 metro de cada lado.ᶜ Seus cantos, sua base e seus lados eram de madeira. O homem me disse: "Esta é a mesa que fica na presença do Senhor".

²³Tanto o santuário como o lugar santíssimo tinham portas duplas, ²⁴cada uma com duas folhas que se abriam para os dois lados. ²⁵As portas que davam para o santuário eram enfeitadas com entalhes de querubins e de palmeiras, assim como as paredes. E havia uma cobertura de madeira na frente do pórtico do templo. ²⁶Dos dois lados do pórtico havia janelas embutidas enfeitadas com entalhes de palmeiras. As salas laterais junto à parede externa também tinham coberturas.

Salas para os sacerdotes

42 Então o homem me levou ao pátio do templo, passando pela porta norte. Entramos no pátio externo e chegamos a um edifício com salas junto à parede do pátio interno. ²Esse edifício, cuja entrada dava para o norte, tinha 50 metrosᵈ de comprimento e 25 metrosᵉ de largura. ³Um conjunto de salas dava para o espaço do pátio interno, que tinha 10 metrosᶠ de largura. Outro conjunto de salas dava para a calçada do pátio externo. Os dois conjuntos tinham três andares e ficavam um de frente para o outro. ⁴Entre os dois conjuntos de salas havia uma passagem com 5 metrosᵍ de largura. Estendia-se ao longo dos 50 metrosʰ do edifício, e todas as portas davam para o norte. ⁵Cada um dos dois andares superiores com salas era mais estreito que o andar abaixo, pois nos andares superiores precisava haver espaço para passagens na frente de cada um. ⁶Uma vez que havia três andares e eles não tinham colunas de sustentação como os pátios, cada andar superior era recuado em relação ao andar abaixo. ⁷Havia uma parede externa que servia de divisória entre as salas e o pátio externo e que tinha 25 metros de comprimento. ⁸Essa parede acrescentava comprimento ao conjunto externo de salas, que se estendia por apenas 25 metros, enquanto o conjunto interno, cujas salas eram voltadas para o templo, tinha 50 metros de comprimento. ⁹Havia uma entrada pelo lado leste do pátio externo para essas salas.

¹⁰Do lado sulⁱ do templo havia dois conjuntos de salas ao sul do pátio interno, entre o templo e o pátio externo. A disposição dessas salas era semelhante à das salas do lado norte. ¹¹Havia

---

ᵃ **41.12** Em hebraico, *70 côvados de largura e 90 côvados de comprimento, e suas paredes tinham 5 côvados de espessura*. ᵇ **41.13** Em hebraico, *100 côvados*; também em 41.13b,14.15. ᶜ **41.22** Em hebraico, *3 côvados de altura e 2 côvados de cada lado*. ᵈ **42.2a** Em hebraico, *100 côvados*; também em 42.8. ᵉ **42.2b** Em hebraico, *50 côvados*; também em 42.7,8. ᶠ **42.3** Em hebraico, *20 [côvados]*. ᵍ **42.4a** Em hebraico, *10 côvados*. ʰ **42.4b** Conforme a Septuaginta e a versão siríaca, que trazem *Seu comprimento era de 100 côvados*; o hebraico traz *e uma passagem e 1 côvado de largura*. ⁱ **42.10** Conforme a Septuaginta; o hebraico traz *leste*.

uma passagem entre os dois conjuntos de salas, como do lado norte do templo. Esse conjunto de salas tinha o mesmo comprimento do outro, e também as mesmas entradas e portas. As dimensões deles eram idênticas. ¹²Havia, portanto, uma entrada na parede voltada para o conjunto interno de salas e outra na extremidade leste da passagem interior.

¹³Então o homem me disse: "Estas salas ao norte e ao sul que dão para o pátio do templo são santas. Aqui os sacerdotes que oferecem sacrifícios ao Senhor comerão as ofertas santíssimas. E, porque as salas são santas, serão usadas para guardar as ofertas sagradas: as ofertas de cereal, as ofertas pelo pecado e as ofertas pela culpa. ¹⁴Quando os sacerdotes saírem do santuário, não irão diretamente para o pátio externo. Primeiro, removerão as roupas que usaram enquanto serviam no templo, pois elas são santas. Vestirão outras roupas antes de entrar nas dependências abertas para o povo".

¹⁵Quando o homem terminou de medir a área interna do templo, ele me levou para fora pela porta leste a fim de medir toda a área ao redor. ¹⁶Mediu o lado leste com a vara de medir, e tinha 250 metros[a] de comprimento. ¹⁷Mediu o lado norte, e também tinha 250 metros. ¹⁸O lado sul tinha 250 metros, ¹⁹e o lado oeste também tinha 250 metros. ²⁰Portanto, a área tinha 250 metros de cada lado e um muro ao redor para separar o santo do comum.

A glória do Senhor volta ao templo

43 Depois disso, o homem me levou à porta leste. ²De repente, a glória do Deus de Israel surgiu, vindo do leste. O som de sua vinda era como o rugido de águas revoltas, e toda a paisagem se iluminou com sua glória. ³A visão era como as outras que eu havia tido, primeiro junto ao rio Quebar e depois quando ele veio[b] destruir Jerusalém. Prostrei-me com o rosto no chão, ⁴e a glória do Senhor entrou no templo pela porta leste.

⁵Então o Espírito me pôs em pé e me levou ao pátio interno, e a glória do Senhor encheu o templo. ⁶Ouvi alguém falar comigo de dentro do templo, enquanto o homem que havia tomado as medidas estava ao meu lado. ⁷O Senhor me disse: "Filho do homem, este é o lugar de meu trono e o lugar onde descanso meus pés. Habitarei aqui para sempre no meio do povo de Israel. Eles e seus reis nunca mais profanarão meu santo nome ao cometer adultério adorando outros deuses ou ao honrar relíquias de seus reis que morreram.[c] ⁸Puseram os altares de seus ídolos ao lado de meu altar, com apenas uma parede entre mim e eles. Profanaram meu santo nome com esse pecado detestável, por isso os consumi em minha ira. ⁹Agora, que deixem de adorar outros deuses e honrar as relíquias de seus reis, e eu habitarei no meio deles para sempre.

¹⁰"Filho do homem, descreva para o povo de Israel o templo que lhe mostrei, para que eles se envergonhem de todos os seus pecados. Que eles estudem a planta do templo ¹¹e fiquem envergonhados[d] de tudo que fizeram. Descreva-lhes todas as especificações do templo, incluindo as entradas e saídas, e todos os outros detalhes. Fale de seus decretos e suas leis. Escreva todas essas especificações e todos esses decretos diante do povo, para que se lembrem deles e lhes obedeçam. ¹²E esta é a lei do templo: todo o alto do monte onde está o templo é santo. Sim, esta é a lei do templo."

O altar

¹³"Estas são as medidas do altar:[e] há uma calha ao redor de todo o altar com 0,5 metro de profundidade e 0,5 metro de largura,[f] com uma borda de 23 centímetros[g] à sua volta. E esta é a altura[h] do altar: ¹⁴da calha o altar se eleva por 1 metro[i] até uma borda inferior ao seu redor com 0,5 metro[j] de largura. Da borda inferior o altar se eleva por 2 metros[k] até a borda superior, que também tem 0,5 metro de largura. ¹⁵A parte de cima do altar, onde fica o fogo, se eleva mais 2 metros, com um chifre em cada

---

[a]42.16 Conforme 45.2 e a Septuaginta em 42.17, que traz *500 côvados*; o hebraico traz *500 varas*, cerca de 1.500 metros; também em 42.17,18,19,20. [b]43.3 Conforme alguns manuscritos hebraicos e a Vulgata; o Texto Massorético traz *eu vim*. [c]43.7 Ou *seus reis em lugares altos*. [d]43.11 Conforme a Septuaginta; o hebraico traz *se ficarem envergonhados*. [e]43.13a Conforme medidas do altar em côvados longos, cada um medindo 1 côvado [45 centímetros] e 4 dedos [8 centímetros] de comprimento. [f]43.13b Em hebraico, *1 côvado de profundidade e 1 côvado de altura*. [g]43.13c Em hebraico, *1 palmo*. [h]43.13d Conforme a Septuaginta; o hebraico traz *a base*. [i]43.14a Em hebraico, *2 côvados*. [j]43.14b Em hebraico, *1 côvado*; também em 43.14d. [k]43.14c Em hebraico, *4 côvados*; também em 43.15.

um dos quatro cantos. ¹⁶A parte de cima do altar é quadrada, com 6 metros de cada lado.ᵃ ¹⁷A borda superior também forma um quadrado, com 7 metros de cada lado,ᵇ uma calha de 0,5 metro e uma saliência de 25 centímetrosᶜ ao redor da borda. Há degraus do lado leste do altar".

¹⁸Então ele me disse: "Filho do homem, assim diz o Senhor Soberano: Estas serão as regras para a queima de ofertas e a aspersão de sangue depois que o altar for construído. ¹⁹Nessa ocasião, os sacerdotes levitas da família de Zadoque, aqueles que servem diante de mim, devem receber um novilho para uma oferta pelo pecado, diz o Senhor Soberano. ²⁰Você pegará um pouco do sangue do novilho e o aplicará aos quatro chifres do altar, aos quatro cantos da borda superior e à saliência em volta da borda. Com isso, purificará o altar e fará expiação por ele. ²¹Em seguida, pegará o novilho para a oferta pelo pecado e o queimará no lugar indicado, fora da área do templo.

²²"No segundo dia, apresentará como oferta pelo pecado um bode sem defeito. Em seguida, purificará o altar e fará expiação por ele novamente, como fez com o novilho. ²³Quando tiver terminado a cerimônia de purificação, apresentará outro novilho sem defeito e um carneiro perfeito do rebanho. ²⁴Você os oferecerá ao Senhor, e os sacerdotes espalharão sal sobre eles e os apresentarão como holocausto ao Senhor.

²⁵"Todos os dias, por sete dias, você apresentará um bode, um novilho e um carneiro do rebanho como oferta pelo pecado. Nenhum desses animais deve ter qualquer defeito. ²⁶Fará isso todos os dias, por sete dias, para purificar o altar e fazer expiação por ele e, desse modo, separá-lo para o uso sagrado. ²⁷No oitavo dia, e a cada dia depois disso, os sacerdotes oferecerão no altar os holocaustos e as ofertas de paz do povo. Então eu aceitarei vocês. Eu, o Senhor Soberano, falei!".

O príncipe, os levitas e os sacerdotes

44 Depois disso, o homem me levou de volta à porta leste no muro externo do templo, mas ela estava fechada. ²Então o Senhor me disse: "Esta porta deve permanecer fechada; nunca mais será aberta. Ninguém jamais a abrirá nem passará por ela, pois o Senhor, o Deus de Israel, entrou por ela. Portanto, permanecerá sempre fechada. ³Somente o príncipe pode sentar-se junto a essa entrada para comer na presença do Senhor. Mas só pode entrar e sair pelo pórtico da entrada".

⁴Então o homem me levou para a frente do templo, passando pela porta norte. Olhei e vi a glória do Senhor encher o templo do Senhor, e prostrei-me com o rosto no chão.

⁵Então o Senhor me disse: "Filho do homem, preste atenção. Use seus olhos e seus ouvidos e escute atentamente tudo que lhe digo acerca das regras no templo do Senhor. Observe com atenção os procedimentos para o uso das entradas e saídas do templo. ⁶E transmita a esses rebeldes, o povo de Israel, esta mensagem do Senhor Soberano: Ó povo de Israel, basta de seus pecados detestáveis! ⁷Vocês trouxeram estrangeiros incircuncisos para dentro de meu santuário, gente incircuncisa de corpo e coração. Com isso, profanaram meu templo enquanto me ofereciam comida, a gordura e o sangue dos sacrifícios. Além de todos os seus outros pecados detestáveis, vocês quebraram minha aliança. ⁸Em vez de guardar minhas ordens sobre as coisas sagradas, contrataram estrangeiros para realizar o serviço de meu santuário.

⁹"Portanto, assim diz o Senhor Soberano: Nenhum estrangeiro, nem mesmo aqueles que vivem no meio do povo de Israel, entrará em meu santuário se não tiver sido circuncidado, de corpo e coração. ¹⁰E os homens da tribo de Levi que me abandonaram quando Israel se afastou de mim para adorar ídolosᵈ sofrerão as consequências de seus pecados. ¹¹Ainda poderão ser guardas do templo e das portas, poderão abater os animais trazidos para os holocaustos e estar presentes para servir o povo. ¹²Contudo, incentivaram o povo a adorar ídolos e fizeram Israel cair em pecado profundo. Por isso, jurei solenemente que eles sofrerão as consequências de seus pecados, diz o Senhor

---

ᵃ**43.16** Em hebraico, *12 [côvados] de comprimento e 12 [côvados] de largura.* ᵇ**43.17a** Em hebraico, *14 [côvados] de comprimento e 14 [côvados] de largura.* ᶜ**43.17b** Em hebraico, *uma calha de 1 côvado e uma saliência de 0,5 côvado.* ᵈ**44.10** É provável que o termo hebraico (lit., *coisas redondas*) se refira a esterco; também em 44.12.

Soberano. ¹³Não se aproximarão de mim para me servir como sacerdotes. Não tocarão em nenhuma das minhas coisas sagradas nem nas ofertas sagradas, pois carregarão a vergonha de todos os pecados detestáveis que cometeram. ¹⁴Cuidarão do templo e serão encarregados do trabalho de manutenção e dos serviços gerais.

¹⁵"Contudo, os sacerdotes levitas da família de Zadoque continuaram a servir fielmente no templo quando Israel me abandonou. Eles me servirão; estarão em minha presença e oferecerão a gordura e o sangue dos sacrifícios, diz o Senhor Soberano. ¹⁶Somente eles entrarão em meu santuário e se aproximarão de minha mesa para me servir. Eles cumprirão todas as minhas ordens.

¹⁷"Quando entrarem pela porta para o pátio interno, vestirão somente roupas de linho. Não usarão veste alguma de lã enquanto estiverem de serviço no pátio interno ou no templo propriamente dito. ¹⁸Usarão turbantes de linho e as roupas de baixo de linho. Nunca vestirão roupas que os façam transpirar. ¹⁹Quando voltarem ao pátio externo, onde o povo está, removerão as vestes que usam enquanto me servem. Deixarão essas vestes nas salas sagradas e vestirão outras roupas, a fim de não colocar ninguém em perigo ao consagrá-lo indevidamente por meio das vestes.

²⁰"Não rasparão a cabeça nem deixarão o cabelo comprido demais; antes, o manterão aparado. ²¹Os sacerdotes não beberão vinho antes de entrar no pátio interno. ²²Poderão escolher a esposa somente entre as virgens de Israel ou entre as viúvas dos sacerdotes. Não se casarão com outras viúvas nem com mulheres divorciadas. ²³Ensinarão meu povo a diferença entre sagrado e profano, entre cerimonialmente puro e impuro.

²⁴"Servirão como juízes para resolver desentendimentos entre membros de meu povo. Suas decisões serão baseadas em meus estatutos. E eles mesmos obedecerão às minhas instruções e aos meus decretos em todas as festas sagradas e se certificarão de que meus sábados sejam separados como dias santos.

²⁵"O sacerdote não deverá se contaminar por se aproximar de uma pessoa morta, a menos que seja seu pai, sua mãe, seu filho, sua filha, seu irmão ou sua irmã não casada. Nesses casos, será permitido que se torne impuro. ²⁶Mesmo assim, só poderá retomar seus deveres no templo depois de se purificar cerimonialmente e esperar sete dias. ²⁷No primeiro dia em que voltar ao trabalho e entrar no pátio interno e no santuário, apresentará uma oferta pelo pecado por si mesmo, diz o Senhor Soberano.

²⁸"Os sacerdotes não terão propriedades nem porção alguma de terra, pois eu sou sua herança. ²⁹Seu alimento virá das ofertas e dos sacrifícios que os israelitas trouxerem para o templo: as ofertas de cereal, as ofertas pelo pecado e as ofertas pela culpa. Tudo que for consagrado para o Senhor pertencerá aos sacerdotes. ³⁰Os primeiros frutos maduros e todas as ofertas trazidas irão para os sacerdotes. As primeiras porções serão entregues aos sacerdotes, para que os lares de vocês sejam abençoados. ³¹Os sacerdotes não comerão carne de qualquer ave ou animal que morrer de causas naturais ou que for morto por outro animal."

Divisão da terra

45 "Quando vocês repartirem a terra entre as tribos de Israel, separem uma parte para o Senhor como sua porção santa. Ela terá 12,5 quilômetros de comprimento e 10 quilômetros de largura.[a] Toda essa área será santa. ²Uma parte dessa terra, com 250 metros de cada lado,[b] será separada para o templo. Ao redor dela haverá um espaço aberto com 25 metros[c] de largura. ³Dentro da área santa maior, separem uma porção de terra com 12,5 quilômetros de comprimento e 5 quilômetros de largura.[d] Dentro dela ficará o santuário, o lugar santíssimo. ⁴Essa área será santa, separada para os sacerdotes que servem ao Senhor no santuário. Ali ficarão suas casas e meu templo. ⁵A faixa de terra sagrada ao lado dela, também com 12,5

---

[a] 45.1 Conforme a Septuaginta, que traz *25.000 [côvados] de comprimento e 20.000 [côvados] de largura*; o hebraico traz *25.000 [côvados] de comprimento e 10.000 [côvados] de largura*. Comparar com 45.3,5; 48.9. [b] 45.2a Em hebraico, *500 [côvados] por 500 [côvados], um quadrado*. [c] 45.2b Em hebraico, *50 côvados*. [d] 45.3 Em hebraico, *25.000 [côvados] de comprimento e 10.000 [côvados] de largura*; também em 45.5.

quilômetros de comprimento e 5 quilômetros de largura, será destinada às casas dos levitas que trabalham no templo. Será propriedade deles e um lugar para seus povoados.[a]

⁶"Junto à área santa maior haverá um faixa de terra com 12,5 quilômetros de comprimento e 2,5 quilômetros de largura.[b] Ela será separada para uma cidade onde qualquer um em Israel poderá morar.

⁷"Duas faixas de terra serão separadas para o príncipe. Uma delas fará divisa com o lado leste das terras sagradas e com a cidade, e a outra fará divisa com o lado oeste. As divisas no extremo leste e no extremo oeste das terras do príncipe ficarão junto às divisas leste e oeste dos territórios das tribos. ⁸Essas porções de terra serão separadas para o príncipe. Então meus príncipes não oprimirão mais meu povo; distribuirão o restante da terra entre o povo e separarão uma parte para cada tribo."

Regras para os príncipes

⁹"Assim diz o Senhor Soberano: Basta, príncipes de Israel! Parem com a violência e a opressão e façam o que é justo e certo. Parem de expulsar meu povo de suas casas, diz o Senhor Soberano. ¹⁰Usem somente pesos, medidas e balanças honestos para secos e líquidos.[c] ¹¹O ômer[d] será a unidade padrão para medir volume, e o efa e o bato[e] medirão, cada um, um décimo de ômer. ¹²A medida padrão para pesos será o siclo de prata.[f] Um siclo consistirá em vinte geras, e sessenta siclos corresponderão a uma mina."[g]

Ofertas especiais e comemorações

¹³"Esta é a oferta que vocês entregarão ao príncipe: um cesto de trigo ou de cevada para cada sessenta cestos[h] que colherem, ¹⁴um centésimo de seu azeite,[i] ¹⁵e uma ovelha ou um bode para cada duzentos de seus rebanhos em Israel. Serão ofertas de cereal, holocaustos e ofertas de paz que farão expiação por aqueles que os apresentarem, diz o Senhor Soberano. ¹⁶Todo o povo de Israel levará essas ofertas ao príncipe. ¹⁷Caberá ao príncipe fornecer as ofertas apresentadas nas festas religiosas, nas comemorações da lua nova, aos sábados e em outras ocasiões semelhantes. Ele providenciará as ofertas pelo pecado, os holocaustos, as ofertas de cereal, as ofertas derramadas e as ofertas de paz para fazer expiação pelo povo de Israel.

¹⁸"Assim diz o Senhor Soberano: No primeiro dia do primeiro mês de cada ano,[j] vocês sacrificarão um novilho sem defeito para purificar o templo. ¹⁹O sacerdote pegará sangue dessa oferta pelo pecado e o aplicará aos batentes da porta do templo, aos quatro cantos da borda superior do altar e aos batentes da entrada do pátio interno. ²⁰Vocês farão o mesmo no sétimo dia do ano novo em favor de qualquer um que houver pecado sem intenção ou por ignorância. Assim, purificarão[k] o templo.

²¹"No décimo quarto dia do primeiro mês,[l] vocês celebrarão a Páscoa. Essa festa durará sete dias. O pão que comerem durante esses dias será feito sem fermento. ²²No dia da Páscoa, o príncipe fornecerá um novilho como oferta pelo pecado em favor de si mesmo e do povo de Israel. ²³A cada dia, durante os sete dias da festa, ele preparará um holocausto para o Senhor com sete novilhos e sete carneiros sem defeito. Também apresentará, a cada dia, um bode como oferta pelo pecado. ²⁴O príncipe fornecerá um cesto[m] de farinha como oferta de cereal e um jarro[n] de azeite com cada novilho e cada carneiro.

²⁵"Durante sete dias da Festa das Cabanas, que ocorre a cada ano no décimo quinto dia do sétimo mês,[o] o príncipe fornecerá esses mesmos sacrifícios como oferta pelo pecado, holocausto e oferta de cereal, bem como a quantidade requerida de azeite."

---

[a] 45.5 Conforme a Septuaginta; o hebraico traz *Terão como propriedade vinte salas*. [b] 45.6 Em hebraico, *25.000 [côvados] de comprimento e 5.000 [côvados] de largura*. [c] 45.10 Em hebraico, *Usem balanças honestas, um efa honesto e um bato honesto*. [d] 45.11a O *ômer* equivalia a 220 litros. [e] 45.11b O *efa* era uma medida de secos, e o *bato* era uma medida de líquidos; ambos equivaliam a cerca de 20 litros. [f] 45.12a O *siclo* equivalia a 12 gramas. [g] 45.12b Em outras passagens, a *mina* é equiparada a 50 siclos. [h] 45.13 Em hebraico, *1/6 de efa de cada ômer de trigo e 1/6 de efa de cada ômer de cevada*. [i] 45.14 Em hebraico, *1 porção de azeite medida pelo bato é 1/10 de 1 bato de cada coro, que consiste em 10 batos ou 1 ômer, pois 10 batos são equivalentes a 1 ômer*. [j] 45.18 Em hebraico, *No primeiro dia do primeiro mês*, do antigo calendário lunar hebraico. Esse dia caía em março ou abril. [k] 45.20 Ou *farão expiação pelo*. [l] 45.21 No antigo calendário lunar hebraico, esse dia caía em final de março, abril ou início de maio. [m] 45.24a Em hebraico, *1 efa*, cerca de 20 litros. [n] 45.24b Em hebraico, *1 him*, cerca de 3,8 litros. [o] 45.25 No antigo calendário lunar hebraico, esse dia caía em final de setembro, em outubro ou no início de novembro.

46 "Assim diz o Senhor Soberano: A porta leste do pátio interno ficará fechada durante os seis dias de trabalho da semana, mas será aberta aos sábados e nas comemorações da lua nova. ²O príncipe entrará pelo pórtico da entrada, vindo de fora. Ficará em pé junto ao batente da porta enquanto o sacerdote apresenta os holocaustos e as ofertas de paz. Ele se curvará em adoração na passagem de entrada e depois sairá por onde entrou. A porta não será fechada até a tarde. ³O povo se curvará e adorará o Senhor junto a essa porta aos sábados e nas comemorações da lua nova.

⁴"A cada sábado o príncipe apresentará ao Senhor um holocausto de seis cordeiros e um carneiro, todos sem defeito. ⁵Apresentará uma oferta de cereal de um cesto de farinha[a] com o carneiro e a quantidade de farinha que puder com cada cordeiro; também oferecerá um jarro[b] de azeite para cada cesto de farinha. ⁶Nas comemorações da lua nova, trará um novilho, seis cordeiros e um carneiro, todos sem defeito. ⁷Junto com o novilho, apresentará um cesto de farinha da melhor qualidade como oferta de cereal. Junto com o carneiro, apresentará outro cesto de farinha. E, junto com cada cordeiro, apresentará a quantidade de farinha que desejar. Para cada cesto de farinha, oferecerá um jarro de azeite.

⁸"Quando o príncipe entrar, virá pelo pórtico e sairá por onde entrou. ⁹Mas, quando o povo entrar pela porta norte para adorar o Senhor durante as festas religiosas, sairá pela porta sul. E quem entrar pela porta sul sairá pela porta norte. Ninguém sairá pela mesma porta por onde entrou, mas sempre pela porta oposta. ¹⁰O príncipe entrará e sairá com o povo nessas ocasiões.

¹¹"Portanto, nas festas especiais e nas festas sagradas, a oferta de cereal será um cesto de farinha da melhor qualidade para cada novilho, mais outro cesto de farinha para cada carneiro e a quantidade de farinha que o adorador desejar oferecer com cada cordeiro. Para cada cesto de farinha será apresentado um jarro de azeite. ¹²Quando o príncipe oferecer voluntariamente ao Senhor um holocausto ou uma oferta de paz, a porta leste do pátio interno será aberta para ele, e ele oferecerá os sacrifícios como faz aos sábados. Então ele sairá e a porta será fechada.

¹³"A cada manhã, vocês oferecerão um cordeiro de um ano sem defeito como holocausto ao Senhor. ¹⁴Junto com ele, apresentarão ao Senhor uma oferta de cereal com a sexta parte de um cesto[c] de farinha e um terço do jarro[d] de azeite para umedecer a farinha da melhor qualidade. Este será um decreto permanente para vocês. ¹⁵O cordeiro, a oferta de cereal e o azeite devem ser apresentados como sacrifício diário a cada manhã, sem falta.

¹⁶"Assim diz o Senhor Soberano: Se o príncipe der um pedaço de terra para um de seus filhos como herança, pertencerá a ele e a seus descendentes para sempre. ¹⁷Mas, se o príncipe der um pedaço de terra de sua herança para um de seus servos, o servo a manterá apenas até o Ano do Jubileu.[e] Nessa ocasião, a terra voltará para o príncipe. Contudo, aquilo que o príncipe der a seus filhos será permanente. ¹⁸Além disso, o príncipe não poderá tomar a propriedade de ninguém à força. Se ele der propriedades a seus filhos, terão de ser de suas próprias terras, pois não quero que meu povo seja despejado de suas propriedades".

As cozinhas do templo

¹⁹Depois disso, o homem me levou pela entrada ao lado da porta e me conduziu às salas sagradas reservadas para os sacerdotes e que ficavam voltadas para o norte. Mostrou-me um lugar na extremidade oeste dessas salas ²⁰e explicou: "Aqui os sacerdotes cozinharão a carne das ofertas pela culpa e das ofertas pelo pecado e assarão o pão feito com a farinha das ofertas de cereal. Farão isso aqui para não ter de carregar os sacrifícios pelo pátio externo e correr o risco de consagrar o povo indevidamente".

²¹Então ele me levou de volta ao pátio externo e me conduziu a cada um de seus quatro cantos. Em cada canto vi uma área cercada. ²²Cada uma dessas áreas cercadas tinha 20 metros de comprimento e 15 metros de largura[f] e era rodeada por um muro. ²³Ao longo da parte interna

---

[a] 46.5a Em hebraico, *1 efa*, cerca de 20 litros; também em 46.7,11. [b] 46.5b Em hebraico, *1 him*, cerca de 3,8 litros; também em 46.7,11. [c] 46.14a Em hebraico, *1/6 de efa*, cerca de 3,7 litros. [d] 46.14b Em hebraico, *1/3 de him*, cerca de 1,3 litro. [e] 46.17 Em hebraico, *até o Ano da Libertação*; ver Lv 25.8-17. [f] 46.22 Em hebraico, *40 (côvados) de comprimento e 30 (côvados) de largura*.

desses muros havia uma saliência de pedra, com lugares para acender fogo debaixo da saliência, em todo o redor. ²⁴O homem me disse: "Estas são as cozinhas onde os assistentes do templo cozinharão os sacrifícios oferecidos pelo povo".

O rio de cura

47 Depois disso, o homem me levou de volta à entrada do templo. Ali, notei que jorrava água para o leste por debaixo da porta do templo e passava à direita do altar, do lado sul. ²Ele me levou para fora do muro pela porta norte e me conduziu até a entrada leste. Ali, vi que a água corria pelo lado sul da porta leste.

³O homem me conduziu pela água e, enquanto caminhávamos, ele ia medindo. Quando percorremos quinhentos metros,ᵃ ele me levou para o outro lado do rio. Ali a água chegava a meus tornozelos. ⁴Ele mediu mais quinhentos metros e atravessamos o rio novamente. Dessa vez, a água chegava a meus joelhos. Depois de mais quinhentos metros, chegava a minha cintura. ⁵Então ele mediu mais quinhentos metros e ali a água era um rio fundo o suficiente para atravessar a nado, mas fundo demais para atravessar a pé.

⁶Ele me perguntou: "Filho do homem, você está vendo?", e me levou de volta à margem do rio. ⁷Ao voltar, fiquei surpreso de ver muitas árvores que cresciam dos dois lados do rio. ⁸Então ele me disse: "Este rio corre para o leste, pelo deserto, até o vale do mar Morto.ᵇ Sua água tornará pura a água salgada do mar Morto. ⁹Por onde a água deste rio passar,ᶜ haverá muitos seres vivos. O mar Morto ficará cheio de peixes, porque sua água se tornará pura. Surgirá vida por onde esta água fluir. ¹⁰Pescadores ficarão às margens do mar Morto. Desde En-Gedi até En-Eglaim, as praias ficarão cobertas de redes secando ao sol. O mar Morto se encherá de peixes de toda espécie, como os peixes do mar Mediterrâneo.ᵈ ¹¹Mas os brejos e os pântanos não serão purificados; continuarão salgados. ¹²Em ambas as margens do rio crescerão árvores frutíferas de toda espécie. As folhas dessas árvores nunca secarão nem cairão, e sempre haverá frutos em seus ramos. Produzirão uma nova colheita a cada mês, pois são regadas pela água do rio que nasce no templo. Seus frutos servirão de alimento, e suas folhas, de remédio".

As fronteiras da terra

¹³Assim diz o Senhor Soberano: "Dividam a terra desta forma entre as doze tribos de Israel: Os descendentes de José receberão duas porções de terra. ¹⁴As outras tribos receberão porções iguais. Jurei solenemente que daria esta terra a seus antepassados, e agora ela passará para vocês como sua herança.

¹⁵"Estas são as fronteiras da terra: A fronteira norte se estenderá do Mediterrâneo, passando por Hetlom, depois por Lebo-Hamate, até Zedade; ¹⁶dali seguirá para Berota e Sibraim,ᵉ que ficam na divisa entre Damasco e Hamate e, por fim, para Hazer-Haticom, na divisa com Haurã. ¹⁷Portanto, a fronteira norte se estenderá do Mediterrâneo até Hazar-Enã, na divisa entre Hamate, ao norte, e Damasco, ao sul.

¹⁸"A fronteira leste começará num ponto entre Haurã e Damasco e se estenderá para o sul ao longo do rio Jordão, entre Israel e Gileade, passando o mar Mortoᶠ e prosseguindo para o sul até Tamar.ᵍ Essa será a fronteira leste.

¹⁹"A fronteira sul se estenderá de Tamar até as águas de Meribá, em Cades,ʰ e de lá seguirá o curso do ribeiro do Egito até o Mediterrâneo. Essa será a fronteira sul.

²⁰"Do lado oeste, o próprio Mediterrâneo será sua divisa desde a fronteira sul até o ponto em que começa a fronteira norte, de frente para Lebo-Hamate.

²¹"Dividam a terra dentro dessas fronteiras entre as tribos de Israel. ²²Distribuam a terra como herança para si mesmos e para todos os estrangeiros que vivem entre vocês e criam os filhos em seu meio. Eles serão para vocês como israelitas de nascimento e receberão herança entre as tribos. ²³Esses estrangeiros

---

ᵃ**47.3** Em hebraico, *1.000 côvados*; também em 47.4,5. ᵇ**47.8** Em hebraico, *o mar*. ᶜ**47.9** Conforme a Septuaginta e a versão siríaca; o hebraico traz *destes dois rios passar*. ᵈ**47.10** Em hebraico, *o grande mar*; também em 47.15,17,19,20. ᵉ**47.15-16** Conforme a Septuaginta; o Texto Massorético traz *depois por Lebo até Zedade*; ¹⁶dali seguirá para *Hamate, Berota e Sibraim*. ᶠ**47.18a** Em hebraico, *o mar oriental*. ᵍ**47.18b** Conforme a Septuaginta; o hebraico traz *vocês medirão*. ʰ**47.19** Em hebraico, *águas de Meribá-Cades*.

receberão terras dentro do território da tribo com a qual eles vivem. Eu, o Senhor Soberano, falei!"

A distribuição da terra

48 "Aqui está a lista das tribos de Israel e dos territórios que cada uma delas receberá. O território de Dã fica no extremo norte. Sua divisa segue a estrada de Hetlom até Lebo-Hamate e, de lá, para Hazar-Enã, na fronteira de Damasco, e com Hamate ao norte. O território de Dã se estende pela terra de Israel de leste a oeste.

²"O território de Aser fica ao sul do território de Dã e também se estende de leste a oeste. ³A terra de Naftali fica ao sul da terra de Aser e também se estende de leste a oeste. ⁴Em seguida vem Manassés, ao sul de Naftali, e seu território também se estende de leste a oeste. ⁵Ao sul de Manassés fica Efraim, ⁶depois vem Rúben ⁷e, em seguida, Judá, todos com divisas que se estendem de leste a oeste.

⁸"Ao sul de Judá fica a terra separada para um propósito especial. Ela terá 12,5 quilômetros[a] de largura e terá as mesmas fronteiras a leste e a oeste que os territórios das tribos. No centro dela estará o templo.

⁹"A área separada para o Senhor terá 12,5 quilômetros de comprimento e 10 quilômetros de largura.[b] ¹⁰Haverá uma faixa de terra para os sacerdotes, com 12,5 quilômetros de comprimento e 5 quilômetros de largura.[c] No centro dela estará o templo do Senhor. ¹¹Essa área será separada para os sacerdotes consagrados, os descendentes de Zadoque que me serviram fielmente e que não se desviaram junto com o povo de Israel e com os outros levitas. ¹²Essa será sua porção especial quando a terra for distribuída, o território santíssimo. Junto ao território dos sacerdotes ficará a terra onde os outros levitas viverão.

¹³"A terra separada para os levitas terá o mesmo tamanho e a mesma forma da terra dos sacerdotes: 12,5 quilômetros de comprimento e 5 quilômetros de largura. Juntas, essas porções de terra terão 12,5 quilômetros de comprimento e 10 quilômetros de largura.[d] ¹⁴Nenhuma porção dessa terra especial poderá ser vendida, trocada ou usada por outros, pois pertence ao Senhor; é consagrada.

¹⁵"Outra faixa de terra com 12,5 quilômetros de comprimento e 2,5 quilômetros de largura,[e] ao sul da área sagrada do templo, será para uso público: para casas, pastos e terras comuns. No centro dela estará a cidade. ¹⁶A cidade terá 2.250 metros[f] de cada lado: norte, sul, leste e oeste. ¹⁷Em volta da cidade haverá uma área aberta com 125 metros[g] em todas as direções. ¹⁸Fora da cidade haverá uma área para plantações que se estenderá por 5 quilômetros para leste e 5 quilômetros para oeste[h] junto à divisa com a área sagrada. Essa terra de cultivo produzirá alimento para os trabalhadores da cidade. ¹⁹Os que vierem das diversas tribos para trabalharem na cidade poderão cultivar essa terra. ²⁰A área toda, incluindo as terras sagradas e a cidade, formará um quadrado com 12,5 quilômetros[i] de cada lado.

²¹"As áreas que restarem para o leste e para o oeste das terras sagradas e da cidade serão do príncipe. Cada uma dessas áreas terá 12,5 quilômetros de comprimento e se estenderá, em direções opostas, para as fronteiras leste e oeste de Israel. No centro estarão as terras sagradas e o santuário do templo. ²²Portanto, as terras do príncipe incluirão toda a área entre os territórios separados para Judá e para Benjamim, exceto a parte separada para as terras sagradas e para a cidade.

²³"Estes são os territórios separados para as tribos restantes. O território de Benjamim se estende pela terra de Israel de leste a oeste. ²⁴Ao sul de Benjamim fica o território de Simeão, que também se estende de leste a oeste. ²⁵Em seguida vem o território de Issacar, com as mesmas divisas a leste e a oeste.

²⁶"Depois vem o território de Zebulom, que também se estende de leste a oeste. ²⁷O território de Gade fica ao sul de Zebulom, com as

---

[a]48.8 Em hebraico, 25.000 [côvados]. [b]48.9 Conforme um manuscrito grego e a leitura do grego em 45.1: 25.000 [côvados] de comprimento e 20.000 [côvados] de largura; o hebraico traz 25.000 [côvados] de comprimento e 10.000 [côvados] de largura. Também em 48.13b. Comparar com 45.1-5; 48.10-13. [c]48.10 Em hebraico, 25.000 [côvados] de comprimento e 10.000 [côvados] de largura; também em 48.13. [d]48.13 Ver nota em 48.9. [e]48.15 Em hebraico, 25.000 [côvados] de comprimento e 5.000 [côvados] de largura. [f]48.16 Em hebraico, 4.500 [côvados]; também em 48.30,32,33,34. [g]48.17 Em hebraico, 250 [côvados]. [h]48.18 Em hebraico, 10.000 [côvados] para leste e 10.000 [côvados] para oeste. [i]48.20 Em hebraico, 25.000 [côvados]; também em 48.21.

mesmas divisas a leste e a oeste. ²⁸A fronteira sul de Gade vai de Tamar até as águas de Meribá, em Cades,ᵃ depois segue o ribeiro do Egito até o Mediterrâneo.ᵇ

²⁹"Esses são os territórios que serão distribuídos como herança a cada tribo. Eu, o Senhor Soberano, falei!"

As portas da cidade

³⁰"Estas serão as saídas da cidade: no muro norte, que tem 2.250 metros de comprimento, ³¹haverá três saídas, cada uma com o nome de uma das tribos de Israel. A primeira será chamada Rúben, a segunda, Judá, e a terceira, Levi. ³²No muro leste, que também tem 2.250 metros de comprimento, estarão as portas chamadas José, Benjamim e Dã. ³³No muro sul, que também tem 2.250 metros, estarão as portas chamadas Simeão, Issacar e Zebulom. ³⁴E no muro oeste, que também tem 2.250 metros de comprimento, estarão as portas chamadas Gade, Aser e Naftali.

³⁵"A distância ao redor de toda a cidade será de 9 quilômetros.ᶜ E, daquele dia em diante, o nome da cidade será 'O Senhor Está Ali'".ᵈ

ᵃ **48.28a** Em hebraico, *as águas de Meribá-Cades*. ᵇ **48.28b** Em hebraico, *o grande mar*. ᶜ **48.35a** Em hebraico, *18.000 [côvados]*. ᵈ **48.35b** Em hebraico, *Javé-Shammah*.

DANIEL

INTRODUÇÃO

Nome. Daniel significa "Deus é meu Juiz".

Autor. Muito provavelmente foi Daniel, embora alguns pensem que pode ter sido um de seus companheiros, e outros ainda pensem que a história pode ter sido reunida e escrita cerca de 166 a.C.

Data. A data então teria sido entre o cativeiro, 605 a.C., e a morte de Daniel, 533 a.C., talvez no final de sua vida, ou se foi escrito por algum outro autor (o que não é provável), cerca de 166 a.C.

Profeta. Provavelmente nasceu em Jerusalém e foi um dos nobres jovens levados cativos na primeira leva ao cativeiro pelo rei Nabucodonosor. Ele foi instruído por ordem do rei e logo ascendeu em favorecimento e foi escolhido para estar diante do rei em um dos mais altos cargos governamentais sob as dinastias dos caldeus, medos e persas. Viveu durante todo o período do cativeiro e provavelmente morreu na Babilônia. Dizem que nenhuma imperfeição de sua vida está registrada. O anjo repetidamente declara que ele "é muito precioso para Deus".

Impérios mundiais no livro. (1) *O Império Babilônico* (625–536 a.C.) com Nabucodonosor como o rei principal e aquele que levou o reino de Judá cativo. (2) *O Império Persa* (536–330 a.C.) que se tornou uma força mundial por meio de Ciro, sob o qual os judeus voltaram a Jerusalém. (3) *O Império Grego*, que, sob a liderança de Alexandre, o Grande, subjugou todo o mundo persa. (4) *O Império Romano*, que foi antevisto pelo Império Sírio e surgiu dele.

Propósito do livro. O propósito do livro parece ser: (1) Magnificar a Deus, que livra Seus servos, que é Deus de todas as nações, e que punirá a idolatria, que é puro e justo etc. (2) Encorajar seus compatriotas a resistir às forças que ameaçam o fundamento de sua fé. Isso ocorreu pelo exemplo de Daniel e seus companheiros os quais Deus salvou. (3) Fornecer uma profecia ou visão de todos os tempos desde o dia de Daniel até o período messiânico. (4) Esboçar a filosofia religiosa da história que culminaria em um grande estado mundial, que o rei messiânico governaria por princípios de justiça e direito, subjugaria todos os reinos e teria o domínio eterno. A ideia principal é o triunfo final do reino de Deus. Em comparação com os livros proféticos que o antecederam, existem dois novos ensinamentos: (1) Sobre anjos; (2) Sobre ressurreição dos mortos.

ESBOÇO

1. A história de Daniel, Caps. 1–6
    1.1. Sua juventude e educação, Cap. 1
    1.2. Interpretação da imagem no sonho de Nabucodonosor, Cap. 2
    1.3. A fornalha ardente, Cap. 3
    1.4. Interpretação de outro sonho de Nabucodonosor, Cap. 4
    1.5. Interpretação para Belsazar da inscrição na parede, Cap. 5
    1.6. Na cova dos leões, Cap. 6.
2. A visão de Daniel sobre o reino, Caps. 7–12
    2.1. Os quatro animais, Cap. 7
    2.2. O carneiro e o bode, Cap. 8
    2.3. As setenta semanas, Cap. 9
    2.4. A visão final, Caps. 10–12

PARA ESTUDO E DISCUSSÃO

[1] Faça uma lista das várias visões de Daniel e familiarize-se com os conteúdos de cada uma delas.
[2] Faça uma relação de todas as passagens que se referem à prática de orar de Daniel, destacando algumas orações específicas e suas respostas.
[3] Indique as diferentes tentativas de prejudicar ou matar Daniel e relacione a causa, quem se opôs ao profeta e como ele escapou.
[4] Faça uma lista dos diferentes símbolos, como o leão, e aprenda sobre o simbolismo de cada animal.

[5] Indique os vários decretos expedidos pelos diferentes reis e aprenda o que motivou cada decreto, como isso afetou Daniel, a adoração das pessoas de sua nação, a adoração a Deus etc.
[6] A dificuldade e a possibilidade de viver corretamente em um ambiente ruim.
[7] A franqueza da conduta de Daniel.
[8] Os elementos de força de caráter demonstrados por Daniel.
[9] O inevitável conflito entre o bem e o mal.

Daniel na corte de Nabucodonosor

1 No terceiro ano do reinado de Jeoaquim, em Judá,[a] Nabucodonosor, rei da Babilônia, veio a Jerusalém e cercou a cidade. ²O Senhor lhe deu vitória sobre Jeoaquim, rei de Judá, e permitiu que levasse para a terra da Babilônia[b] alguns dos utensílios sagrados do templo de Deus. Nabucodonosor os colocou na casa do tesouro de seu deus.

³O rei ordenou que Aspenaz, o chefe de seus oficiais, trouxesse ao palácio alguns dos jovens israelitas da família real e de outras famílias da nobreza. ⁴Disse o rei: "Escolha somente rapazes saudáveis e de boa aparência, que sejam instruídos em diversas áreas do conhecimento, que tenham entendimento e bom senso e sejam capacitados para servir no palácio real. Ensine a esses jovens a língua e a literatura da Babilônia".[c] ⁵O rei determinou que recebessem, de suas próprias cozinhas, uma porção diária de alimento e vinho. Os rapazes seriam treinados durante três anos e depois passariam a servir ao rei.

⁶Daniel, Hananias, Misael e Azarias, todos da tribo de Judá, estavam entre os escolhidos. ⁷O chefe dos oficiais lhes deu novos nomes babilônios:

Daniel passou a ser chamado de Beltessazar;
Hananias, de Sadraque;
Misael, de Mesaque;
Azarias, de Abede-Nego.

⁸Daniel, porém, decidiu não se contaminar com a comida e o vinho que o rei lhes tinha dado. Pediu permissão ao chefe dos oficiais para não comer esses alimentos, a fim de não se contaminar. ⁹Deus havia feito que o chefe dos oficiais mostrasse compaixão e simpatia a Daniel. ¹⁰Apesar disso, Aspenaz disse: "Tenho medo de meu senhor, o rei. Ele determinou o alimento que vocês devem comer e o vinho que devem beber. Se ficarem com a aparência abatida em comparação com os outros rapazes de sua idade, temo que o rei mande cortar minha cabeça".

¹¹Daniel falou com o assistente designado pelo chefe dos oficiais para cuidar dele, de Hananias, Misael e Azarias. ¹²"Faça uma experiência conosco durante dez dias", disse. "Dê-nos apenas legumes para comer e água para beber. ¹³Terminados os dez dias, compare nossa aparência com a dos outros rapazes que comem a comida do rei. Depois, decida de acordo com o que você vir". ¹⁴O assistente concordou com a sugestão e fez a experiência com eles durante dez dias.

PÃO DIÁRIO

Os três amigos

Deus concedeu aos quatro rapazes aptidão incomum para entender todos os aspectos da literatura e da sabedoria, e a Daniel concedeu a capacidade especial de interpretar sonhos e visões.

—Daniel 1.17

Jó e Daniel são personagens do Antigo Testamento que tinham muito em comum entre si. Ambos passaram por sérias provações e desafios e foram bem-sucedidos por causa da bênção da presença de Deus em suas vidas. Ambos são vistos como gigantes da fé, um por sua paciência no sofrimento e o outro por sua pureza numa cultura impura.

Jó e Daniel tinham algo mais em comum — cada um tinha três amigos chegados. Aqui, no entanto, as similaridades acabam. Os amigos de Jó se tornaram um espinho em sua carne, condenando-o quando ele precisava de compaixão e companheirismo. Enquanto Jó lutava com suas perdas e luto, Elifaz, Bildade e Zofar pareciam dispostos a intensificar a dor dele, em vez de ajudá-lo em sua adversidade.

Os três amigos de Daniel eram bem diferentes. Levados cativos juntos, Daniel e seus companheiros — Sadraque, Mesaque e Abede-Nego — apoiaram-se e se fortaleceram mutuamente nos tempos difíceis. Eles se posicionaram juntos para honrar a Deus (Dn 1), para orar (2.17,18) e na recusa a curvar-se diante da imagem do rei (3.16-18). São assim os amigos que precisamos.

Que tipo de amiga sou? Em Provérbios 17.17 lemos: "O amigo é sempre leal, e um irmão nasce na hora da dificuldade". Quem precisa de você como amiga hoje?

Obrigada, Senhor, pelos amigos queridos que me deste ao longo dos anos. Ajuda-me a ser o tipo de amiga que oferece encorajamento, esperança e amor, especialmente aos que estão passando por tempos difíceis.

Um amigo verdadeiro é como um muro de arrimo na encosta de um monte.

---

[a] **1.1** Isto é, no ano 605 a.C. [b] **1.2** Em hebraico, *de Sinar*. [c] **1.4** Ou *dos caldeus*.

15Passados os dez dias, Daniel e seus três amigos pareciam mais saudáveis e bem nutridos que os outros rapazes que se alimentavam da comida do rei. **16**Depois disso, o assistente só lhes dava legumes em vez da comida e do vinho servidos aos outros.

17Deus concedeu aos quatro rapazes aptidão incomum para entender todos os aspectos da literatura e da sabedoria, e a Daniel concedeu a capacidade especial de interpretar sonhos e visões.

18Ao término do período de treinamento ordenado pelo rei, o chefe dos oficiais levou todos os rapazes a Nabucodonosor. **19**O rei conversou com eles, e nenhum o impressionou tanto quanto Daniel, Hananias, Misael e Azarias. E, assim, passaram a servir ao rei. **20**Sempre que o rei os consultava sobre alguma questão que exigia sabedoria e discernimento, observava que eles eram dez vezes mais capazes que todos os magos e encantadores de seu reino.

21Daniel continuou no palácio até o primeiro ano do reinado de Ciro.[a]

O sonho de Nabucodonosor

2 Certa noite, no segundo ano de seu reinado,[b] Nabucodonosor teve sonhos tão perturbadores que não conseguiu mais dormir. **2**Chamou seus magos, encantadores, feiticeiros e astrólogos[c] e exigiu que lhe dissessem o que ele havia sonhado. Quando se apresentaram ao rei, **3**ele disse: "Tive um sonho que muito me perturbou e preciso saber o que significa".

4Então os astrólogos responderam ao rei em aramaico:[d] "Que o rei viva para sempre! Conte-nos o sonho e nós lhe diremos o que ele significa".

5O rei, porém, disse aos astrólogos: "Estou falando sério! Se não me disserem qual foi o sonho e o que ele significa, vocês serão despedaçados, e suas casas, transformadas em montes de escombros! **6**Mas, se me disserem qual foi o sonho e o que ele significa, lhes darei muitos presentes, muitas recompensas e honras. Portanto, digam-me qual foi o sonho e o que ele significa!".

7Eles disseram novamente: "Ó rei, conte-nos o sonho e então lhe diremos o que ele significa".

8O rei respondeu: "Sei o que estão fazendo! Estão tentando ganhar tempo, pois sabem que falo sério quando digo: **9**'Se não me contarem qual foi o sonho, estão condenados!'. Por isso, conspiraram para me dizer mentiras, na esperança de que mudarei de ideia. Digam-me, porém, qual foi o sonho e então saberei que podem explicar o que ele significa".

10Os astrólogos responderam ao rei: "Não há ninguém, em toda terra, capaz de dizer ao rei qual foi seu sonho! E nenhum rei, por maior e mais poderoso que fosse, pediu algo assim a um mago, encantador ou astrólogo! **11**É impossível cumprir a exigência do rei. Ninguém, exceto os deuses, pode dizer qual foi seu sonho, e os deuses não vivem entre os mortais".

12O rei ficou furioso e ordenou que todos os sábios da Babilônia fossem executados. **13**E, por causa do decreto do rei, foram enviados homens para encontrar Daniel e seus amigos e matá-los.

14Quando Arioque, comandante da guarda do rei, veio matá-los, Daniel se dirigiu a ele com sabedoria e prudência. **15**Perguntou-lhe: "Por que o rei publicou um decreto tão severo?", e Arioque lhe contou o que havia acontecido. **16**Daniel foi ver o rei de imediato e pediu mais tempo para comunicar o significado do sonho.

17Em seguida, Daniel voltou para casa e contou a seus amigos Hananias, Misael e Azarias o que havia acontecido. **18**Pediu que suplicassem ao Deus dos céus que tivesse misericórdia deles e lhes revelasse o segredo, para que não fossem mortos com os outros sábios da Babilônia. **19**Naquela noite, o segredo foi revelado a Daniel numa visão. Então Daniel louvou o Deus dos céus **20**e disse:

"Louvado seja o nome de Deus para todo o sempre,
   pois a ele pertencem a sabedoria e o poder.
21Ele muda o curso dos acontecimentos;
   remove reis de seus tronos e põe outros no lugar.
Dá sabedoria aos sábios
   e conhecimento aos eruditos.

---

[a] **1.21** Ciro começou a reinar sobre a Babilônia em 539 a.C. [b] **2.1** Isto é, no ano 603 a.C. [c] **2.2** Ou *caldeus*; também em 2.4,5,10. [d] **2.4** Daqui até o capítulo 7, o texto original está em aramaico.

²²Revela coisas profundas e misteriosas e sabe o que está escondido nas trevas, embora ele seja cercado de luz. ²³Eu te agradeço e te louvo, ó Deus de meus antepassados, pois me deste sabedoria e força. Tu me mostraste o que te pedimos; revelaste o que o rei exigiu".

Daniel interpreta o sonho

²⁴Então Daniel foi falar com Arioque, a quem o rei havia ordenado que executasse os sábios da Babilônia. "Não mate os sábios", disse. "Leve-me ao rei e eu interpretarei o sonho dele."

²⁵Sem demora, Arioque levou Daniel ao rei e disse: "Encontrei um dos exilados de Judá que dirá ao rei o significado do sonho!".

²⁶O rei disse a Daniel (também chamado Beltessazar): "Você pode mesmo me dizer qual foi meu sonho e o que ele significa?".

²⁷Daniel respondeu: "Não existem sábios, encantadores, magos nem adivinhos capazes de revelar o segredo do rei. ²⁸Mas há um Deus nos céus que revela segredos, e ele mostrou ao rei Nabucodonosor o que acontecerá no futuro. Agora lhe direi qual foi o sonho e as visões que o rei teve enquanto estava deitado em sua cama.

²⁹"Enquanto o rei dormia, sonhou com acontecimentos futuros. Aquele que revela segredos lhe mostrou o que acontecerá. ³⁰E eu sei o segredo de seu sonho não porque sou mais sábio que os outros, mas porque Deus deseja que o rei entenda o que se passava em seu coração.

³¹"Em sua visão, ó rei, havia à sua frente uma enorme estátua brilhante, e a aparência dela era assustadora. ³²A cabeça da estátua era feita de ouro puro. O peito e os braços eram de prata, a barriga e os quadris eram de bronze, ³³as pernas eram de ferro, e os pés, uma mistura de ferro e barro cozido. ³⁴Enquanto o rei observava, uma pedra foi cortada de uma montanha, mas não por mãos humanas. Ela atingiu os pés de ferro e barro e os despedaçou. ³⁵Toda a estátua se desintegrou em minúsculos pedaços de ferro, barro, bronze, prata e ouro. Então o vento levou tudo, como se fosse palha na eira. Mas a pedra que derrubou a estátua se tornou uma grande montanha que cobriu toda a terra.

³⁶"Esse foi o sonho. Agora, direi ao rei o que ele significa. ³⁷Ó rei, o senhor é o maior de todos os reis. O Deus dos céus lhe deu soberania, poder, força e honra. ³⁸Ele o fez governante de todo o mundo habitado e pôs até os animais selvagens e as aves debaixo de seu controle. O senhor é a cabeça de ouro.

³⁹"Quando, porém, seu reino chegar ao fim, outro reino, inferior ao seu, se levantará em seu lugar. Depois que esse reino tiver caído, o terceiro reino, representado pelo bronze, se levantará para governar o mundo. ⁴⁰Depois dele haverá o quarto reino, forte como o ferro. Esse reino esmagará e despedaçará todos os impérios anteriores, como o ferro esmaga e despedaça tudo que ele atinge. ⁴¹Os pés e os dedos que o rei viu, uma mistura de ferro e barro cozido, mostram que esse reino será dividido. Como ferro misturado com barro, ele terá um tanto da força do ferro. ⁴²Algumas partes serão fortes como o ferro, mas outras serão fracas como o barro. ⁴³A mistura de ferro e barro também mostra que esses reinos tentarão se fortalecer ao formar alianças entre si por meio de casamentos. Contudo, não permanecerão unidos, da mesma forma que o ferro não se une ao barro.

⁴⁴"Enquanto esses reis estiverem no poder, o Deus dos céus estabelecerá um reino que jamais será destruído ou conquistado. Reduzirá os outros reinos a nada e permanecerá para sempre. ⁴⁵Esse é o significado da pedra cortada da montanha, mas não por mãos humanas, que despedaçou a estátua de ferro, bronze, barro, prata e ouro. O grande Deus está mostrando ao rei o que acontecerá no futuro. O sonho é verdadeiro, e seu significado é certo".

Nabucodonosor recompensa Daniel

⁴⁶Então o rei Nabucodonosor se curvou à frente dele e ordenou que o povo oferecesse sacrifícios e queimasse incenso diante de Daniel. ⁴⁷O rei lhe disse: "Verdadeiramente, seu Deus é o maior de todos os deuses, Senhor dos reis e revelador de mistérios, pois você conseguiu revelar esse segredo".

⁴⁸O rei colocou Daniel em um cargo elevado e lhe deu muitos presentes valiosos. Nomeou--o governador de toda a província da Babilônia e chefe de todos os sábios. ⁴⁹A pedido de

> ### PÃO DIÁRIO
>
> ## Mas, ainda que...
>
> *Se formos lançados na fornalha ardente, o Deus a quem servimos pode nos salvar. Sim, ele nos livrará de suas mãos, ó rei. Mas, ainda que ele não nos livre, queremos deixar claro, ó rei, que jamais serviremos seus deuses ou adoraremos a estátua de ouro que o rei levantou.*
> —Daniel 3.17,18
>
> Lembro-me de uma lição da Escola Bíblica Dominical de quase 40 anos atrás, quando aprendi que devemos amar a Deus apesar das nossas circunstâncias. É fácil amar a Deus quando Ele nos concede nossos pedidos e nos dá o que desejamos. Amar a Deus em circunstâncias difíceis é um teste para a nossa fé.
>
> Em Daniel 3, lemos sobre a decisão de "vida ou morte" que Sadraque, Mesaque e Abede-Nego tiveram que tomar. Se escolhessem adorar a imagem de ouro, viveriam; se recusassem, com certeza morreriam. Eles responderam ao rei Nabucodonosor: "Se formos lançados na fornalha ardente, o Deus a quem servimos pode nos salvar. Sim, ele nos livrará de suas mãos, ó rei. Mas, ainda que ele não nos livre, queremos deixar claro, ó rei, que jamais serviremos seus deuses ou adoraremos a estátua de ouro que o rei levantou" (vv.17,18).
>
> Faltava fé a Sadraque, Mesaque e Abede-Nego quando eles disseram, "Mas, ainda que...?". Não! Eles sabiam que Deus era totalmente capaz de livrá-los da fornalha. Aqui há uma lição para todas nós. Deus é Todo-Poderoso? Sim! Ele é capaz de nos livrar de todos os nossos problemas? Sim! Deus sempre nos livra das dificuldades? Não.
>
> Podemos não compreender totalmente o propósito de Deus em nossas dificuldades e sofrimentos, mas não devemos deixar de amá-lo. Devemos confiar e esperar nele apesar das provações que ameaçam nos oprimir.
>
> *Prostro-me diante de ti, Senhor, reconhecendo que nem sempre é fácil confiar em ti, especialmente quando o sofrimento e as provações nos assolam. Ajuda-me a viver diariamente com plena percepção do Teu poder e amor, sabendo que és capaz de me livrar, porém, confiando em Tua sabedoria quando disseres não.*
>
> **A fé genuína permanece forte quando o livramento parece distante.**

Daniel, nomeou Sadraque, Mesaque e Abede-Nego para cuidarem de todos os negócios da província da Babilônia, enquanto Daniel permaneceu na corte do rei.

A estátua de ouro de Nabucodonosor

3 O rei Nabucodonosor fez uma estátua de ouro de 27 metros de altura e 2,7 metros de largura[a] e a colocou na planície de Dura, na província da Babilônia. ²Em seguida, enviou mensageiros a todos os altos funcionários, oficiais, governadores, conselheiros, tesoureiros, juízes, magistrados e todas as autoridades das províncias para que viessem à dedicação da estátua que ele havia levantado. ³Todas essas autoridades[b] vieram e ficaram diante da estátua que o rei Nabucodonosor havia levantado.

⁴Então o arauto gritou: "Povos de todas as raças, nações e línguas, ouçam a ordem do rei! ⁵Quando ouvirem o som da trombeta, da flauta, da cítara, da lira, da harpa, do pífaro e de outros instrumentos musicais,[c] prostrem-se no chão para adorar a estátua de ouro levantada pelo rei Nabucodonosor. ⁶Quem não obedecer será lançado de imediato na fornalha ardente!".

⁷Portanto, ao som dos instrumentos musicais,[d] todos, não importando sua raça, nação ou língua, se prostraram no chão e adoraram a estátua de ouro que o rei Nabucodonosor havia levantado.

⁸Alguns dos astrólogos,[e] porém, foram ao rei e denunciaram os judeus. ⁹Disseram ao rei Nabucodonosor: "Que o rei viva para sempre! ¹⁰O rei publicou um decreto exigindo que todos se prostrassem e adorassem a imagem de ouro quando ouvissem o som da trombeta, da flauta, da cítara, da lira, da harpa, do pífaro e dos outros instrumentos musicais. ¹¹De acordo com esse decreto, quem não obedecer será lançado na fornalha ardente. ¹²Alguns judeus — Sadraque, Mesaque e Abede-Nego —, que o rei encarregou da província da Babilônia, não lhe dão atenção, ó rei. Recusam-se a servir seus deuses e não adoram a estátua de ouro que o rei levantou".

---

[a] 3.1 Em aramaico, *60 côvados de altura e 6 côvados de largura*. [b] 3.3 Em aramaico, *os altos funcionários, oficiais, governadores, conselheiros, tesoureiros, juízes, magistrados e todas as autoridades das províncias*. [c] 3.5 A identificação de alguns desses instrumentos musicais é incerta. [d] 3.7 Em aramaico, *da trombeta, da flauta, da cítara, da lira, da harpa, do pífaro e de outros instrumentos musicais*. [e] 3.8 Em aramaico, *caldeus*.

¹³Então Nabucodonosor se enfureceu e ordenou que lhe trouxessem Sadraque, Mesaque e Abede-Nego. Quando eles foram conduzidos à presença do rei, ¹⁴ele lhes disse: "Sadraque, Mesaque e Abede-Nego, é verdade que vocês se recusam a servir meus deuses e a adorar a estátua que levantei? ¹⁵Eu lhes darei mais uma chance de se prostrarem e adorarem a estátua que fiz quando ouvirem o som dos instrumentos musicais.ᵃ Se, contudo, vocês se recusarem, serão lançados de imediato na fornalha ardente. E então, que deus será capaz de livrá-los de minhas mãos?".

¹⁶Sadraque, Mesaque e Abede-Nego responderam: "Ó Nabucodonosor, não precisamos nos defender diante do rei. ¹⁷Se formos lançados na fornalha ardente, o Deus a quem servimos pode nos salvar. Sim, ele nos livrará de suas mãos, ó rei. ¹⁸Mas, ainda que ele não nos livre, queremos deixar claro, ó rei, que jamais serviremos seus deuses ou adoraremos a estátua de ouro que o rei levantou".

A fornalha ardente

¹⁹Nabucodonosor se enfureceu tanto com Sadraque, Mesaque e Abede-Nego que seu rosto ficou desfigurado de raiva. Então ordenou que a fornalha fosse aquecida sete vezes mais que de costume. ²⁰Deu ordens também para que alguns dos homens mais fortes de seu exército amarrassem Sadraque, Mesaque e Abede-Nego e os lançassem na fornalha ardente. ²¹Eles os amarraram e os lançaram na fornalha inteiramente vestidos, com túnicas, turbantes, mantos e outras roupas. ²²E, uma vez que o rei, em sua ira, havia exigido um fogo tão quente na fornalha, as chamas mataram os soldados que jogaram os três lá dentro. ²³Assim, Sadraque, Mesaque e Abede-Nego, amarrados, caíram nas chamas intensas.

²⁴De repente, porém, o rei Nabucodonosor se levantou espantado e disse a seus conselheiros: "Não foram três os homens que amarramos e lançamos na fornalha?".

"Sim, ó rei", eles responderam.

²⁵"Olhem!", disse Nabucodonosor. "Vejo quatro homens desamarrados andando no meio do fogo sem se queimar! E o quarto homem se parece com um filho de deuses!"

²⁶Então Nabucodonosor se aproximou o máximo que pôde da porta da fornalha ardente e gritou: "Sadraque, Mesaque e Abede-Nego, servos do Deus Altíssimo, saiam! Venham aqui!".

E Sadraque, Mesaque e Abede-Nego saíram do meio do fogo. ²⁷Os altos funcionários, os oficiais, os governadores e os conselheiros se juntaram ao redor deles e viram que o fogo não os havia tocado. Nem um fio de cabelo na cabeça deles estava chamuscado, e suas roupas não estavam queimadas. Nem sequer tinham cheiro de fumaça.

²⁸Então Nabucodonosor disse: "Louvado seja o Deus de Sadraque, Mesaque e Abede-Nego! Ele enviou seu anjo para livrar seus servos que nele confiaram. Eles desafiaram a ordem do rei e estavam dispostos a morrer em vez de servir ou adorar qualquer outro deus que não fosse seu próprio Deus. ²⁹Portanto, faço este decreto: Se qualquer pessoa, não importando sua raça, nação ou língua, disser uma palavra contra o Deus de Sadraque, Mesaque e Abede-Nego, ela será despedaçada, e sua casa, transformada num monte de escombros. Não há outro deus capaz de livrar dessa maneira!".

³⁰Então o rei promoveu Sadraque, Mesaque e Abede-Nego a cargos ainda mais elevados na província da Babilônia.

Nabucodonosor sonha com uma árvore

4 ¹ᵇO rei Nabucodonosor enviou esta mensagem a povos de todas as raças, nações e línguas em todo o mundo:

"Paz e prosperidade!

²Quero que todos saibam dos sinais e das maravilhas que o Deus Altíssimo realizou em meu favor.

³Como são grandes seus sinais,
    como são poderosas suas maravilhas!
Seu reino durará para sempre,
    e seu domínio, por todas as gerações.

⁴ᶜEu, Nabucodonosor, vivia em meu palácio, com todo conforto e prosperidade. ⁵Certa noite, porém, tive um sonho que

---

ᵃ **3.15** Em aramaico, *da trombeta, da flauta, da cítara, da lira, da harpa, do pífaro e de outros instrumentos musicais*. ᵇ **4.1** No texto aramaico, os versículos 4.1-3 são numerados 3.31-33. ᶜ **4.4** No texto aramaico, os versículos 4.4-37 são numerados 4.1-34.

me assustou; enquanto estava deitado em minha cama, tive visões que me aterrorizaram. ⁶Por isso mandei chamar todos os sábios da Babilônia, para que me dissessem o que meu sonho significava. ⁷Quando todos os magos, encantadores, astrólogosᵃ e adivinhos vieram, eu lhes contei meu sonho, mas eles não foram capazes de me dizer o que ele significava. ⁸Finalmente, Daniel se apresentou diante de mim, e eu lhe contei o sonho. (Ele se chama Beltessazar, em homenagem a meu deus, e o espírito dos santos deuses está nele.)

⁹"Disse-lhe: 'Beltessazar, chefe dos magos, sei que o espírito dos santos deuses está em você e que não há mistério que não possa resolver. Agora, diga-me o que meu sonho significa.

¹⁰"'Enquanto estava deitado em minha cama, tive este sonho. Vi uma grande árvore no meio da terra. ¹¹A árvore cresceu e ficou muito alta e forte; chegava até o céu e podia ser vista por todo o mundo. ¹²Suas folhas eram verdes e novas, e ela era cheia de frutos para todos comerem. Animais selvagens viviam à sua sombra, e aves faziam ninhos em seus ramos. O mundo todo se alimentava dessa árvore.

¹³"'Então, enquanto eu sonhava, vi um mensageiro,ᵇ um ser santo, que descia do céu. ¹⁴O mensageiro gritou:

'Derrubem a árvore e cortem seus ramos!
Arranquem suas folhas e espalhem
  seus frutos!
Espantem os animais selvagens de sua
  sombra
e as aves, de seus ramos.
¹⁵Mas deixem na terra o toco, com suas
  raízes,
preso com um anel de ferro e bronze
e cercado da relva verde.
Que seja molhado pelo orvalho do céu
e viva com os animais selvagens,
em meio às plantas do campo.
¹⁶Durante sete períodos,
terá a mente de um animal selvagem
em vez de mente humana.

¹⁷Pois isso foi decretado pelos
  mensageiros;ᶜ
foi ordenado pelos seres santos,
para que todos saibam
que o Altíssimo domina sobre os
  reinos do mundo.
Ele os dá a quem quer,
até mesmo à pessoa mais humilde'.

¹⁸"'Beltessazar, esse foi o sonho que eu, o rei Nabucodonosor, tive. Agora, diga-me o que ele significa, pois nenhum dos sábios de meu reino foi capaz de interpretá-lo. Mas você pode fazê-lo, pois o espírito dos santos deuses está em você'."

Daniel interpreta o sonho

¹⁹"Ao ouvir isso, Daniel (também chamado Beltessazar), ficou atônito por algum tempo, atemorizado com o significado do sonho. Então o rei lhe disse: 'Beltessazar, não se assuste com o sonho, nem com o seu significado'.

"Beltessazar respondeu: 'Meu senhor, gostaria que os acontecimentos prenunciados nesse sonho ocorressem a seus inimigos, e não ao rei! ²⁰A árvore que o rei viu crescia e ficava alta e forte; chegava até o céu e podia ser vista por todo o mundo. ²¹Tinha folhas verdes e novas e era cheia de frutos para todos comerem. Animais selvagens viviam à sua sombra, e aves faziam ninhos em seus ramos. ²²Essa árvore é o próprio rei. Pois o rei cresceu e se tornou forte e grande; sua grandeza chega até o céu, e seu domínio, até os confins da terra.

²³"'Então o rei viu um mensageiro, um ser santo que descia do céu e que disse: 'Derrubem a árvore e destruam-na! Mas deixem na terra o toco, com suas raízes, preso com um anel de ferro e bronze e cercado da relva verde. Que seja molhado pelo orvalho do céu e viva com os animais do campo por sete períodos.

²⁴"'Este é o significado do sonho, ó rei, o que o Altíssimo declarou que acontecerá a meu senhor, o rei. ²⁵O rei será expulso do convívio humano e viverá nos campos, com os animais selvagens. Comerá capim, como os bois, e será molhado pelo orvalho do céu. Viverá desse modo por sete períodos, até

ᵃ**4.7** Ou *caldeus*. ᵇ**4.13** Ou *vigilante*; também em 4.23. ᶜ**4.17** Ou *vigilantes*.

entender que o Altíssimo domina sobre os reinos do mundo e os dá a quem ele quer. ²⁶As raízes e o toco, porém, foram deixados na terra. Isso significa que o senhor receberá seu reino de volta quando tiver aprendido que o céu domina. ²⁷"'Ó rei Nabucodonosor, aceite meu conselho. Pare de pecar e faça o que é certo. Deixe seus pecados para trás e tenha compaixão dos pobres. Quem sabe, então, o rei continuará a prosperar'."

O sonho se cumpre

²⁸"Tudo isso, porém, aconteceu ao rei Nabucodonosor. ²⁹Doze meses depois, ele caminhava sobre o terraço de seu palácio na Babilônia ³⁰e disse: 'Vejam a grande cidade da Babilônia! Com meu próprio poder, construí esta cidade para ser o centro de meu reino e para mostrar o esplendor de minha majestade'.

³¹"Enquanto essas palavras ainda estavam em sua boca, veio do céu uma voz e disse: 'Esta mensagem é para você, rei Nabucodonosor! Você não governa mais sobre este reino. ³²Será expulso do convívio humano. Viverá nos campos com os animais selvagens e comerá capim, como os bois. Viverá desse modo por sete períodos, até que entenda que o Altíssimo domina sobre os reinos do mundo e os dá a quem ele quer'.

³³"Naquela mesma hora, a sentença se cumpriu e Nabucodonosor foi expulso do convívio humano. Passou a comer capim, como os bois, e foi molhado pelo orvalho do céu. Viveu desse modo até seu cabelo crescer como as penas das águias e suas unhas se parecerem com garras de pássaros."

Nabucodonosor louva a Deus

³⁴"Passado esse tempo, eu, Nabucodonosor, olhei para o céu. Minha sanidade voltou, louvei e adorei o Altíssimo e honrei aquele que vive para sempre.

"Seu domínio é para sempre,
    seu reino, por todas as gerações.
    ³⁵Comparados a ele,
    os habitantes da terra são como nada.
    Ele faz o que quer entre os anjos do céu
    e entre os habitantes da terra.

Ninguém pode detê-lo nem lhe dizer:
    'Por que fazes essas coisas?'.

³⁶"Quando minha sanidade voltou, também recuperei minha honra e a majestade de meu reino. Meus conselheiros e nobres me procuraram e fui restaurado ao meu reino, com muito mais honra que antes. ³⁷"Agora eu, Nabucodonosor, louvo, glorifico e honro o Rei dos céus. Todos os seus atos são justos e verdadeiros, e ele tem poder para humilhar os orgulhosos".

A inscrição na parede

5 Muitos anos depois, o rei Belsazar deu um grande banquete para mil de seus nobres e bebeu vinho com eles. ²Enquanto Belsazar tomava vinho, ordenou que trouxessem as taças de ouro e prata que seu antecessor,ᵃ Nabucodonosor, havia tirado do templo em Jerusalém. Queria beber nessas taças com seus nobres, suas esposas e suas concubinas. ³Então trouxeram as taças de ouro do templo, a casa de Deus em Jerusalém, e o rei e seus nobres, suas esposas e concubinas beberam nelas. ⁴Enquanto tomavam o vinho, louvavam seus ídolos feitos de ouro, prata, bronze, ferro, madeira e pedra.

⁵De repente, viram dedos de mão humana escreverem no reboco da parede do palácio real, perto do candelabro. O próprio rei viu a mão enquanto ela escrevia, ⁶e seu rosto ficou pálido de medo. Seus joelhos batiam um contra o outro, e suas pernas vacilavam.

⁷Aos gritos, o rei mandou chamar os encantadores, os astrólogosᵇ e os adivinhos. Disse aos sábios da Babilônia: "Quem conseguir ler esta inscrição e me disser o que ela significa será vestido com um manto vermelho, e em seu pescoço será colocada uma corrente de ouro. Ele se tornará o terceiro em importância em meu reino!".

⁸Quando todos os sábios do rei chegaram, nenhum deles foi capaz de ler a inscrição nem de dizer o que ela significava. ⁹O rei ficou muito assustado, e seu rosto, ainda mais pálido. Seus nobres também ficaram abalados.

¹⁰A rainha-mãe soube do que estava acontecendo ao rei e seus nobres e foi depressa à sala de banquetes. Disse ela a Belsazar: "Que o rei viva para sempre! Não fique tão pálido e

---

ᵃ **5.2** Em aramaico, *seu pai*; também em 5.11,13,18. ᵇ **5.7** Ou *caldeus*; também em 5.11.

assustado. ¹¹Há em seu reino um homem que tem nele o espírito dos santos deuses. Durante o reinado de Nabucodonosor, esse homem demonstrou percepção, entendimento e sabedoria como a dos deuses. Seu antecessor, o rei Nabucodonosor, o nomeou chefe de todos os magos, encantadores, astrólogos e adivinhos da Babilônia. ¹²Esse homem, Daniel, a quem o rei deu o nome de Beltessazar, tem inteligência extraordinária e é cheio de conhecimento e entendimento. É capaz de interpretar sonhos, explicar enigmas e resolver problemas difíceis. Mande chamar Daniel, e ele lhe dirá o que significa a inscrição".

Daniel interpreta a inscrição

¹³Daniel foi levado à presença do rei, que lhe perguntou: "Você é Daniel, um dos exilados trazidos de Judá por meu antecessor, o rei Nabucodonosor? ¹⁴Soube que o espírito dos deuses está em você, e que é cheio de percepção, entendimento e sabedoria. ¹⁵Meus sábios e encantadores tentaram ler as palavras na parede e me dizer o que significam, mas não conseguiram. ¹⁶Soube que você é capaz de interpretar e resolver problemas difíceis. Se conseguir ler as palavras e disser o que significam, será vestido com um manto vermelho, e em seu pescoço será colocada uma corrente de ouro. Você se tornará o terceiro em importância em meu reino".

¹⁷Daniel respondeu ao rei: "Guarde seus presentes ou entregue-os a outra pessoa; mas eu lhe direi o que significa a inscrição. ¹⁸Ó rei, o Deus Altíssimo deu soberania, majestade, glória e honra a seu antecessor, Nabucodonosor. ¹⁹Ele o engrandeceu de tal modo que povos de todas as raças, nações e línguas estremeciam de medo diante dele. Matava quem ele queria matar e poupava quem ele queria poupar; honrava quem ele queria honrar e humilhava quem ele queria humilhar. ²⁰Quando, porém, seu coração e sua mente se encheram de arrogância, ele foi tirado de seu trono e despojado de sua glória. ²¹Foi expulso do convívio humano. Sua mente se tornou como a de um animal, e ele viveu entre os jumentos selvagens. Passou a comer capim, como os bois, e foi molhado pelo orvalho do céu, até entender que o Deus Altíssimo domina sobre todos os reinos do mundo e nomeia quem ele quer para governar sobre eles.

²²"Ó Belsazar, o senhor é sucessor[a] dele e sabia de tudo isso, mas mesmo assim não se humilhou. ²³Desafiou o Senhor dos céus e mandou trazer essas taças do templo. O rei, seus nobres, suas esposas e suas concubinas beberam vinho dessas taças enquanto louvavam deuses de prata, ouro, bronze, ferro, madeira e pedra, deuses que não veem, não ouvem, nem sabem coisa alguma. Mas o rei não honrou ao Deus que lhe dá fôlego de vida e controla seu destino. ²⁴Por isso Deus enviou a mão que escreveu a mensagem.

²⁵"Esta é a mensagem que foi escrita: Mene, Mene, Tequel e Parsim. ²⁶E este é o significado das palavras:

Mene:[b] Deus contou os dias de seu reinado e determinou seu fim.

²⁷*Tequel*:[c] Você foi pesado na balança e não atingiu o peso necessário.

²⁸*Parsim*:[d] Seu reino será dividido e entregue aos medos e aos persas".

²⁹Então, por ordem de Belsazar, vestiram Daniel com um manto vermelho, colocaram em seu pescoço uma corrente de ouro e o declararam o terceiro em importância no reino.

³⁰Naquela mesma noite, Belsazar, rei da Babilônia,[e] foi morto.[f]

³¹[g] E Dario, o medo, tinha 62 anos quando se apoderou do reino.

Daniel na cova dos leões

6 ¹[h] O rei Dario resolveu dividir o reino em 120 províncias e nomeou um alto funcionário para governar cada uma delas. ²O rei também escolheu como administradores Daniel e outros dois homens, para que supervisionassem os altos funcionários e protegessem os interesses do rei. ³Em pouco tempo, Daniel se mostrou mais capaz que todos os outros administradores e altos funcionários. Por causa da grande capacidade de Daniel, o rei planejava colocá-lo à frente de todo o reino.

---

[a] **5.22** Em aramaico, *filho*. [b] **5.26** *Mene* significa "contado". [c] **5.27** *Tequel* significa "pesado". [d] **5.28** Em aramaico, *Peres*, singular de *Parsim*, que significa "dividido". [e] **5.30a** Ou *rei caldeu*. [f] **5.30b** Os persas e os medos conquistaram a Babilônia em outubro de 539 a.C. [g] **5.31** No texto aramaico, o versículo 5.31 é numerado 6.1. [h] **6.1** No texto aramaico, os versículos 6.1-28 são numerados 6.2-29.

⁴Os outros administradores e altos funcionários começaram a procurar falhas no modo como Daniel conduzia as questões de governo, mas nada encontraram para criticar ou condenar. Ele era leal, sempre responsável e digno de confiança. ⁵Por isso, concluíram: "Nossa única chance de encontrar algum motivo para acusar Daniel será em relação às leis de seu Deus".

⁶Então os administradores e os altos funcionários foram até o rei e lhe disseram: "Que o rei Dario viva para sempre! ⁷Nós administradores, oficiais, altos funcionários, conselheiros e governadores estamos todos de acordo que o rei deve decretar uma lei a ser cumprida rigorosamente. Dê ordens para que, nos próximos trinta dias, qualquer pessoa que orar a alguém, divino ou humano, exceto ao rei, seja lançada na cova dos leões. ⁸Agora, ó rei, decrete e assine essa lei para que não possa ser mudada, como lei oficial dos medos e dos persas, que não pode ser revogada". ⁹E o rei Dario assinou a lei.

¹⁰Quando Daniel soube que a lei tinha sido assinada, foi para casa e, como de costume, ajoelhou-se no quarto no andar de cima, com as janelas abertas na direção de Jerusalém. Orava três vezes por dia e dava graças a seu Deus. ¹¹Os oficiais foram juntos à casa de Daniel e o encontraram orando e pedindo ajuda a Deus. ¹²Então foram diretamente ao rei e o lembraram da lei: "O rei não assinou um decreto ordenando que qualquer um que orasse a alguém, divino ou humano, exceto ao rei, fosse lançado na cova dos leões?".

"Sim", respondeu o rei. "Essa decisão está em vigor; é uma lei oficial dos medos e dos persas, que não pode ser revogada."

¹³Então disseram ao rei: "Aquele homem, Daniel, um dos exilados de Judá, não dá importância ao rei nem à sua lei. Continua a orar ao Deus dele três vezes por dia".

¹⁴Quando o rei ouviu isso, ficou muito angustiado e procurou uma forma de salvar Daniel. Passou o resto do dia pensando num modo de livrá-lo dessa situação.

¹⁵À noite, os homens foram juntos ao rei e disseram: "Ó rei, o senhor sabe que, conforme a lei dos medos e dos persas, nenhum decreto que o rei assina pode ser revogado".

¹⁶Por fim, o rei deu ordens para que Daniel fosse preso e lançado na cova dos leões. O rei lhe disse: "Que seu Deus, a quem você serve fielmente, o livre".

¹⁷Então trouxeram uma pedra e a colocaram sobre a abertura da cova. O rei selou a pedra com seu anel e com os anéis de seus nobres, para que ninguém pudesse resgatar Daniel. ¹⁸O rei voltou a seu palácio e passou a noite em jejum. Não quis nenhum dos divertimentos habituais e não conseguiu dormir a noite inteira.

¹⁹De manhã bem cedo, levantou-se e foi apressadamente à cova dos leões. ²⁰Quando chegou lá, gritou angustiado: "Daniel, servo do Deus vivo! O Deus a quem você serve tão fielmente pôde livrá-lo dos leões?".

²¹Daniel respondeu: "Que o rei viva para sempre! ²²Meu Deus enviou seu anjo para fechar a boca dos leões de modo que não me fizessem mal, pois fui considerado inocente aos olhos de Deus. Também não fiz coisa alguma contra o senhor, ó rei".

²³O rei ficou muito alegre e ordenou que tirassem Daniel da cova. Não havia sequer um arranhão nele, pois havia confiado em seu Deus.

²⁴Em seguida, o rei ordenou que prendessem os homens que haviam acusado Daniel. Ordenou que fossem lançados na cova dos leões junto com suas esposas e seus filhos. Os leões os atacaram e os despedaçaram antes que chegassem ao fundo da cova.

²⁵Então o rei Dario enviou esta mensagem a povos de todas as raças, nações e línguas em todo o mundo:

"Paz e prosperidade!

²⁶"Decreto que todos em meu reino devem tremer de medo diante do Deus de Daniel.

Pois ele é o Deus vivo
e permanecerá para sempre.
Seu reino jamais será destruído,
e seu domínio não terá fim.
²⁷Ele livra e salva seu povo;
realiza sinais e maravilhas
nos céus e na terra.
Foi ele que livrou Daniel
do poder dos leões."

²⁸Assim, Daniel prosperou durante o reinado de Dario e durante o reinado de Ciro, o persa.ᵃ

Visão das quatro bestas

7 Anteriormente, durante o primeiro ano do reinado de Belsazar, rei da Babilônia,ᵇ Daniel teve um sonho e visões enquanto estava deitado em sua cama. Escreveu o que havia sonhado e foi isto que viu.

²Naquela noite em minha visão, eu, Daniel, vi uma tempestade que agitava o grande mar, com ventos fortes que sopravam de todas as direções. ³Então, saíram da água quatro bestas enormes, cada uma diferente das demais.

⁴A primeira besta era como um leão com asas de águia. Enquanto eu observava, suas asas foram arrancadas e ela ficou em pé no chão, sobre as duas patas traseiras, como um ser humano. E lhe foi dada mente humana.

⁵Vi, então, a segunda besta, e ela se parecia com um urso. Levantou-se sobre um dos lados e tinha na boca, entre os dentes, três costelas. E lhe foi dito: "Levante-se! Devore a carne de muitos!".

⁶Em seguida, surgiu a terceira dessas bestas, que se parecia com um leopardo. Tinha quatro asas de ave nas costas e quatro cabeças. E lhe foi dada grande autoridade.

⁷Então, em minha visão naquela noite, vi uma quarta besta, terrível, assustadora e muito forte. Devorava e despedaçava suas vítimas com grandes dentes de ferro e esmagava os restos debaixo de seus pés. Era diferente das outras três e tinha dez chifres.

⁸Enquanto eu olhava para os chifres, de repente apareceu no meio deles outro chifre pequeno. Três dos chifres maiores foram arrancados pela raiz para dar lugar a ele. Esse chifre pequeno tinha olhos, como de homem, e uma boca que falava com arrogância.

⁹Enquanto eu observava, foram colocados alguns tronos,
e o Anciãoᶜ se sentou para julgar.
Suas roupas eram brancas como a neve,
e seu cabelo, como a mais pura lã.
Sentava-se num trono de fogo,
com rodas de chamas ardentes,
¹⁰e um rio de fogo
brotava de sua presença.
Milhões de anjos o serviam,
muitos milhões estavam diante dele.
O tribunal iniciou o julgamento,
e os livros foram abertos.

¹¹Continuei a observar, pois podia ouvir as palavras arrogantes do pequeno chifre. Fiquei olhando até que a quarta besta foi morta e seu corpo, destruído e lançado ao fogo. ¹²Então foi tirada a autoridade das outras três bestas, mas elas tiveram permissão de viver por mais algum tempo.ᵈ

¹³Depois, em minha visão naquela noite, vi alguém semelhante a um filho de homemᵉ vindo com as nuvens do céu. Ele se aproximou do Ancião e foi conduzido à sua presença. ¹⁴Recebeu autoridade, honra e soberania, para que povos de todas as raças, nações e línguas lhe obedecessem. Seu domínio é eterno; não terá fim. Seu reino jamais será destruído.

A visão é explicada

¹⁵Eu, Daniel, fiquei perturbado com tudo que tinha visto, e minhas visões me aterrorizaram. ¹⁶Por isso aproximei-me de um dos que estavam em pé junto ao trono e perguntei o que tudo aquilo significava. Ele explicou: ¹⁷"Essas quatro grandes bestas representam quatro reinos que surgirão da terra. ¹⁸No final, porém, o reino será entregue ao povo santo do Altíssimo, e eles dominarão para todo o sempre".

¹⁹Então eu quis saber o verdadeiro significado da quarta besta, tão diferente das demais e tão aterrorizante. Ela havia devorado e despedaçado suas vítimas com dentes de ferro e garras de bronze e esmagado os restos com os pés. ²⁰Também quis saber sobre os dez chifres em sua cabeça e o pequeno chifre que surgiu depois e derrubou três dos outros chifres. Esse chifre parecia mais forte que os demais e tinha olhos humanos e uma boca que falava com arrogância. ²¹Enquanto eu observava, esse chifre guerreava contra o povo santo de Deus e o derrotava, ²²até que o Ancião, o Altíssimo, veio e pronunciou a sentença em favor de seu

---

ᵃ **6.28** Ou *de Dario, isto é, o reinado de Ciro, o persa*. ᵇ **7.1** O primeiro ano do reinado de Belsazar (corregente com seu pai, Nabonido) foi 556 a.C. (ou talvez até 553 a.C.). ᶜ **7.9** Em aramaico, *Ancião de Dias*; também em 7.13,22. ᵈ **7.12** Em aramaico, *por um período e um tempo*. ᵉ **7.13** Ou *ao Filho do Homem*.

povo santo. Então chegou o tempo de o povo santo tomar posse do reino.

²³Depois ele me disse: "A quarta besta é o quarto reino que dominará a terra, e será diferente de todos os outros. Devorará o mundo inteiro, pisoteará e esmagará tudo que estiver em seu caminho. ²⁴Seus dez chifres são dez reis que governarão esse império. Então surgirá outro rei, diferente dos dez, que subjugará três reis. ²⁵Ele desafiará o Altíssimo e oprimirá o povo santo do Altíssimo. Tentará mudar suas festas sagradas e suas leis, e eles serão colocados sob o controle dele por um tempo, tempos e meio tempo.

²⁶"Contudo, o tribunal o julgará, e todo o seu poder será tirado e completamente destruído. ²⁷Então serão dados ao povo santo do Altíssimo a soberania, o poder e a grandeza de todos os reinos debaixo dos céus. O reino do Altíssimo permanecerá para sempre, e todos os governantes o servirão e lhe obedecerão".

²⁸Assim terminou a visão. Eu, Daniel, fiquei aterrorizado por causa de meus pensamentos e meu rosto ficou pálido de medo, mas não contei essas coisas a ninguém.

Visão de um carneiro e de um bode

8 ¹ᵃDurante o terceiro ano do reinado de Belsazar, eu, Daniel, tive outra visão, depois da primeira. ²Nessa visão eu estava na fortaleza de Susã, na província de Elão, em pé junto ao rio Ulai.ᵇ

³Quando levantei os olhos, vi um carneiro com dois chifres compridos, em pé junto ao rio.ᶜ Um dos chifres era mais comprido que o outro, embora tivesse crescido depois do outro. ⁴O carneiro dava chifradas em tudo em seu caminho para o oeste, para o norte e para o sul, e ninguém conseguia detê-lo nem ajudar suas vítimas. Ele fazia o que queria e se tornou muito poderoso.

⁵Enquanto eu observava, de repente um bode surgiu do oeste e atravessou a terra com tanta rapidez que nem sequer tocou o chão. Esse bode, que tinha um chifre enorme entre os olhos, ⁶foi na direção do carneiro de dois chifres que eu tinha visto em pé junto ao rio, e avançou sobre ele cheio de fúria. ⁷O bode atacou o carneiro furiosamente e o atingiu com um golpe que quebrou seus dois chifres. O carneiro ficou sem forças para resistir, e o bode o derrubou e o pisoteou. Ninguém foi capaz de livrar o carneiro do poder do bode.

⁸O bode se tornou muito poderoso, mas, no auge de seu poder, seu grande chifre foi quebrado. No lugar dele nasceram quatro chifres proeminentes, que apontavam para as quatro direções da terra. ⁹Então, de um dos chifres proeminentes surgiu um pequeno chifre, cujo poder se tornou muito grande. Estendeu-se para o sul e para o leste e em direção à terra gloriosa. ¹⁰Seu poder chegou aos céus, onde atacou o exército celestial, lançou à terra alguns do exército e algumas das estrelas e os pisoteou. ¹¹Chegou a desafiar o Comandante do exército celestial ao suspender os sacrifícios diários oferecidos a ele e destruir seu templo. ¹²Ao exército celestial não foi permitido reagir a essa rebelião. Portanto, o sacrifício diário foi interrompido, e a verdade, derrotada. O chifre teve êxito em tudo que fez.ᵈ

¹³Então ouvi dois seres santos conversando entre si. Um deles perguntou: "Quanto tempo durarão os acontecimentos dessa visão? Até quando a rebelião que causa profanação impedirá os sacrifícios diários? Até quando o templo e o exército celestial serão pisoteados?".

¹⁴O outro respondeu: "Levará 2.300 tardes e manhãs; então o templo será restaurado".

Gabriel explica a visão

¹⁵Enquanto eu, Daniel, tentava entender o significado dessa visão, alguém que parecia um homem parou diante de mim. ¹⁶E ouvi uma voz humana vinda do rio Ulai gritar: "Gabriel, explique a este homem o significado da visão!" ¹⁷Quando Gabriel se aproximou de onde eu estava, fiquei tão aterrorizado que me prostrei com o rosto no chão. Ele disse: "Filho de homem, você precisa entender que os acontecimentos da visão se referem ao tempo do fim". ¹⁸Enquanto ele falava, desmaiei e caí com o rosto no chão. Gabriel me despertou com um toque e me ajudou a ficar em pé.

¹⁹Então ele disse: "Estou aqui para lhe contar o que acontecerá depois, no tempo da ira, pois

---

ᵃ **8.1** Daqui até o capítulo 12, o texto original está em hebraico. Ver nota em 2.4. ᵇ **8.2** Ou *à porta Ulai*; também em 8.16. ᶜ **8.3** Ou *junto à porta*; também em 8.6. ᵈ **8.11-12** O significado do hebraico é incerto.

aquilo que você viu se refere ao fim dos tempos. ²⁰O carneiro com dois chifres representa os reis da Média e da Pérsia. ²¹O bode peludo representa o rei da Grécia,ª e o grande chifre entre os olhos dele representa o primeiro rei do império grego. ²²Os quatro chifres proeminentes que apareceram no lugar do chifre grande mostram que o império grego se dividirá em quatro reinos, mas nenhum deles será tão grande quanto o primeiro.

²³"No final de seu reinado, quando o pecado estiver no auge, subirá ao poder um rei feroz, mestre de intrigas. ²⁴Ele se tornará muito forte, mas não por seu próprio poder. Causará terrível destruição e terá êxito em tudo que fizer. Destruirá líderes poderosos e devastará o povo santo. ²⁵Será um mestre do engano e se tornará arrogante; destruirá muitos sem aviso. Chegará a enfrentar na batalha o Príncipe dos príncipes, mas será quebrado, embora não por força humana.

²⁶"Essa visão das 2.300 tardes e manhãsᵇ é verdadeira. Guarde, porém, a visão em segredo, pois esses acontecimentos só ocorrerão depois de muito tempo".

²⁷Então eu, Daniel, fiquei abatido e doente por vários dias. Depois, levantei-me e voltei a tratar dos negócios do rei, mas a visão me deixou muito perturbado e não consegui entendê-la.

A oração de Daniel por seu povo

9 Era o primeiro ano do reinado de Dario, o medo, filho de Assuero, que se tornou rei dos babilônios.ᶜ ²Nesse primeiro ano, eu, Daniel, ao estudar a palavra do Senhor revelada ao profeta Jeremias, compreendi que Jerusalém devia permanecer desolada por setenta anos.ᵈ ³Então me voltei para o Senhor Deus e supliquei a ele com oração e jejum. Também vesti pano de saco e coloquei cinzas sobre a cabeça.

⁴Orei ao Senhor, meu Deus, e confessei:

"Ó Senhor, és Deus grande e temível! Tu guardas tua aliança de amor leal para com os que te amam e obedecem a teus mandamentos. ⁵Contudo, nós pecamos e fizemos o mal. Fomos rebeldes contra ti e desprezamos teus mandamentos e estatutos. ⁶Não demos ouvidos a teus servos, os profetas, que falaram em teu nome a nossos reis, príncipes, antepassados e a todo o povo da terra.

⁷"Senhor, tu és justo; mas, como vês, nosso rosto está coberto de vergonha. Todos estamos envergonhados, incluindo os habitantes de Judá e de Jerusalém e todo Israel, espalhados em lugares próximos e distantes, para onde tu nos enviaste por causa de nossa deslealdade contigo. ⁸Ó Senhor, nós, nossos reis, príncipes e antepassados estamos cobertos de vergonha porque pecamos contra ti. ⁹Mas o Senhor, nosso Deus, é misericordioso e perdoador, embora tenhamos nos rebelado contra ele. ¹⁰Não obedecemos ao Senhor, nosso Deus, pois não seguimos as leis que ele nos deu por meio de seus servos, os profetas. ¹¹Todo o Israel desobedeceu às tuas leis, desviou-se e não quis ouvir tua voz.

"Por isso, agora as maldições solenes e os juízos escritos na lei de Moisés, servo de Deus, foram derramados sobre nós por causa de nosso pecado. ¹²Tu cumpriste tua palavra e fizeste conosco e com nossos governantes exatamente como havias advertido. Nunca houve calamidade tão terrível quanto a que aconteceu em Jerusalém. ¹³Todas as maldições escritas contra nós na lei de Moisés se cumpriram. E, no entanto, não quisemos buscar a misericórdia do Senhor, nosso Deus, não nos afastamos de nossos pecados nem reconhecemos sua verdade. ¹⁴Portanto, o Senhor trouxe sobre nós a calamidade que havia preparado. O Senhor, nosso Deus, foi justo em fazer todas essas coisas, pois não lhe obedecemos.

¹⁵"Ó Senhor, nosso Deus, tu trouxeste honra duradoura para teu nome ao resgatar teu povo do Egito com grande demonstração de poder. Mas nós pecamos e estamos cheios de maldade. ¹⁶De acordo com toda a tua justiça, Senhor, desvia tua ira furiosa de Jerusalém, tua cidade e teu santo monte. Como resultado de nossos pecados e dos pecados de nossos antepassados, todas as nações vizinhas zombam de Jerusalém e de teu povo.

ª **8.21** Em hebraico, *de Javã*. ᵇ **8.26** Em hebraico, *das tardes e manhãs*; comparar com 8.14. ᶜ **9.1** Ou *dos caldeus*. ᵈ **9.2** Ver Jr 25.11-12; 29.10.

¹⁷"Ó nosso Deus, ouve a oração de teu servo; ouve minha súplica. Por causa de ti mesmo, Senhor, volta a olhar com bondade para teu santuário desolado.

¹⁸Ó meu Deus, inclina-te e ouve-me; abre teus olhos e vê nossa desolação. Vê como nossa cidade, a cidade que leva teu nome, está em ruínas. Fazemos esta súplica não porque merecemos, mas por causa de tua misericórdia.

¹⁹Ó Senhor, ouve; ó Senhor, perdoa; ó Senhor, atende-nos e age! Por causa de ti mesmo, não te demores, ó meu Deus, pois teu povo e tua cidade carregam teu nome".

A mensagem de Gabriel a respeito do Ungido

²⁰Continuei a orar e a confessar meu pecado e o pecado de meu povo, Israel, suplicando ao Senhor, meu Deus, por Jerusalém, seu santo monte. ²¹Enquanto eu orava, Gabriel, que eu tinha visto na visão anterior, veio a mim depressa, na hora do sacrifício da tarde. ²²Ele explicou: "Daniel, vim lhe dar percepção e entendimento. ²³Assim que você começou a orar, foi dada uma ordem, e agora estou aqui para lhe dizer qual foi essa ordem, pois você é muito precioso para Deus. Ouça com atenção para entender o significado de sua visão.

²⁴"Um período de setenta semanas de sete[a] foi decretado ao seu povo e à sua cidade santa para dar fim à rebelião, acabar com o pecado, fazer expiação por sua culpa, trazer justiça eterna, confirmar a visão profética e ungir o lugar santíssimo.[b] ²⁵Agora ouça e entenda! Passarão sete semanas, mais 62 semanas[c] desde que for dada a ordem para reconstruir Jerusalém até a chegada do governante, o Ungido.[d] Apesar dos tempos difíceis, Jerusalém será reconstruída com ruas e fortes defesas.[e]

²⁶"Depois desse período de 62 semanas de sete,[f] o Ungido será morto, e nada dele restará.[g] Surgirá um governante cujos exércitos destruirão a cidade e o templo. O fim chegará com uma inundação, e a guerra e seus sofrimentos estão decretados desse tempo até o fim. ²⁷O governante fará um tratado com muitos por um período de uma semana,[h] mas depois de metade desse tempo ele acabará com os sacrifícios e com as ofertas. E, numa parte do templo,[i] ele colocará uma terrível profanação,[j]

PÃO DIÁRIO

As respostas de Deus

Enquanto eu orava, Gabriel, que eu tinha visto na visão anterior, veio a mim depressa, na hora do sacrifício da tarde.
—Daniel 9.21

Daniel derramou seu coração diante do Senhor (Dn 9.2,3). Ele tinha lido a profecia de Jeremias e redescobrira a promessa de Deus de que o cativeiro de Israel na Babilônia duraria 70 anos. Assim, num esforço para representar o seu povo diante de Deus, Daniel jejuou e orou implorando ao Senhor que não demorasse em resgatar o Seu povo (v.19).

Quando oramos, há coisas que podemos saber e outras que não. Por exemplo, temos a certeza de que Deus ouvirá a nossa oração se o conhecemos como nosso Pai celestial e, pela fé em Jesus, sabemos que a Sua resposta será de acordo com a Sua vontade. No entanto, não sabemos quando a resposta virá nem qual será.

Para Daniel, a resposta à sua oração veio de forma miraculosa e imediata. Enquanto ele estava orando, o anjo Gabriel chegou para providenciar a resposta. Mas a natureza da resposta foi tão surpreendente quanto a sua rapidez. Enquanto Daniel perguntava a Deus sobre os 70 anos, a resposta dada era sobre as proféticas "setenta semanas" (v.24). Daniel perguntou ao Senhor sobre o aqui e o agora, mas a resposta de Deus relacionava-se com acontecimentos de milhares de anos à frente.

Concentrando-nos em nossas situações imediatas, podemos nos surpreender com a resposta de Deus. Porém, podemos ter a certeza de que a resposta será para a Sua glória.

Querido Deus, alegro-me muito em saber que conheces a história toda. Isso me conforta quando as minhas orações parecem não ser respondidas ou quando as respostas não são as que eu gostaria. Confiarei em ti porque tu vês e sabes tudo.

As respostas de Deus às nossas orações podem exceder as nossas expectativas.

---

[a] 9.24a Em hebraico, *setenta setes*. [b] 9.24b Ou *o Santíssimo*. [c] 9.25a Em hebraico, *7 setes, mais 62 setes*. [d] 9.25b Ou *de um ungido*; também em 9.26. O hebraico traz *de um messias*. [e] 9.25c Ou *e um fosso*, ou *e trincheiras*. [f] 9.26a Em hebraico, *Depois de 62 setes*. [g] 9.26b O significado do hebraico é incerto. [h] 9.27a Em hebraico, *por 1 sete*. [i] 9.27b Em hebraico, *E na asa*; o significado do hebraico é incerto. [j] 9.27c Em hebraico, *uma abominação de desolação*.

PÃO DIÁRIO

O mensageiro

Em seguida, ele disse: "Não tenha medo, Daniel. Pois, desde o primeiro dia em que você começou a orar por entendimento e a se humilhar diante de seu Deus, seu pedido foi ouvido. Eu vim em resposta à sua oração".

—Daniel 10.12

Uma das tarefas do meu amigo Oscar, como soldado na Segunda Guerra Mundial, era ser mensageiro militar. Ele levava mensagens para as unidades próximas à linha de frente. Quando anoitecia, ele andava por entre os arbustos e árvores para entregar informações vitais para o plano de batalha. Várias vezes, ele se deparou com patrulhas inimigas e teve de mudar o seu percurso. Mais de uma vez atiraram nele.

Em nossa leitura de hoje, Daniel descreve o tempo em que o mensageiro que trazia a resposta do Céu à Terra era um anjo. Satanás, no entanto, tentou impedir que a mensagem fosse entregue. Seu subalterno (referido como o espírito do príncipe da Pérsia) foi bem-sucedido em sua missão de atrasar o anjo que tinha sido enviado com a mensagem de Deus (Dn 10.13). E sem dúvida era o esboço dos planos de Satanás.

Tenho certeza de que Satanás e seus ajudantes continuam tentando bloquear as respostas de Deus para o homem, mesmo nos dias de hoje. Quando lemos a Bíblia, por exemplo, podem surgir as interrupções. Quando um sermão está sendo pregado, podemos ter pensamentos dispersivos. Quando sentimos que precisamos falar de Jesus para alguém, nossas tentativas podem ser prejudicadas. Em situações como estas, devemos clamar, humildemente, pela ajuda de Deus (v.12). Ele é capaz de fazer a Sua palavra cumprir o seu propósito.

Meu amado Pastor, como uma das Tuas ovelhas necessitadas, anseio ouvir a Tua voz. Por favor, remove qualquer coisa que porventura me impeça de ouvir as mensagens que estás me enviando. Que as tentativas de Satanás para me distrair sejam frustradas pelo Teu grande poder, pois Tuas palavras são preciosas para mim e preciso desesperadamente recebê-las.

As artimanhas de Satanás não são páreo para a sabedoria de Deus.

Visão do mensageiro

10 No terceiro ano do reinado de Ciro, rei da Pérsia,[a] Daniel (também chamado Beltessazar) teve outra visão. Ele entendeu que essa visão era verdadeira e se referia a certos acontecimentos que ocorreriam no futuro, tempos de guerra e de grande dificuldade.

²Eu, Daniel, recebi essa visão depois de passar três semanas de luto. ³Durante todo esse tempo, não havia comido nada saboroso. Não tinha provado nenhuma carne e nenhum vinho e não tinha usado nenhuma loção perfumada até passarem as três semanas.

⁴Em 23 de abril daquele ano,[b] estava em pé próximo ao grande rio Tigre. ⁵Levantei os olhos e vi um homem vestido com roupas de linho e um cinto de ouro puro. ⁶Seu corpo era semelhante a uma pedra preciosa. Seu rosto faiscava como relâmpago, e seus olhos eram como tochas acesas. Seus braços e seus pés brilhavam como bronze polido, e sua voz era como o som de uma grande multidão.

⁷Somente eu, Daniel, tive essa visão. Os homens que estavam comigo não viram coisa alguma. De repente, porém, eles se encheram de terror e correram para se esconder. ⁸Assim, fiquei ali sozinho e tive essa visão extraordinária. Perdi as forças, fiquei muito pálido e quase desfaleci. ⁹Então ouvi o homem falar e, ao som de sua voz, perdi os sentidos e fiquei ali estendido, com o rosto no chão.

¹⁰Nesse instante, a mão de alguém me tocou e me pôs, ainda trêmulo, sobre minhas mãos e meus joelhos. ¹¹E o homem me disse: "Daniel, você é muito precioso para Deus; por isso, ouça com atenção o que tenho a lhe dizer. Levante-se, pois fui enviado a você". Quando ele me disse isso, me levantei, ainda tremendo.

¹²Em seguida, ele disse: "Não tenha medo, Daniel. Pois, desde o primeiro dia em que você começou a orar por entendimento e a se humilhar diante de seu Deus, seu pedido foi ouvido. Eu vim em resposta à sua oração. ¹³Por 21 dias, porém, o príncipe do reino da Pérsia me impediu. Então Miguel, um dos príncipes mais importantes, veio me ajudar, e eu até que o destino declarado para esse profanador seja finalmente derramado sobre ele".

---

[a] **10.1** Isto é, no ano 536 a.C. [b] **10.4** Em hebraico, *No vigésimo quarto dia do primeiro mês*, do antigo calendário lunar hebraico. Essa data em Daniel é confirmada por datas em registros persas que sobreviveram ao tempo e pode ser relacionada com precisão ao calendário moderno. O ano foi 536 a.C.

o deixei ali com os reis da Pérsia.[a] ¹⁴Agora estou aqui para explicar o que acontecerá com seu povo no futuro, pois essa visão se refere a um tempo que ainda está por vir".

¹⁵Enquanto ele falava comigo, eu olhava para o chão, sem conseguir dizer uma única palavra. ¹⁶Então aquele que se parecia com um homem[b] tocou meus lábios, e eu abri a boca e comecei a falar. Disse àquele que estava diante de mim: "Meu senhor, estou angustiado por causa da visão que tive, e me sinto muito fraco. ¹⁷Como é possível alguém como eu, seu servo, falar com meu senhor? Minhas forças se foram, e mal consigo respirar".

¹⁸Então aquele que se parecia com um homem tocou em mim novamente, e senti minhas forças voltarem. ¹⁹"Não tenha medo", ele disse, "pois você é muito precioso para Deus. Que a paz esteja com você! Tenha ânimo! Seja forte!"

Enquanto ele falava, logo me senti mais forte e disse: "Fale, meu senhor, pois me fortaleceu". ²⁰Então ele disse: "Você sabe por que eu vim? Em breve terei de voltar para lutar com o príncipe do reino da Pérsia e, depois disso, virá o príncipe do reino da Grécia.[c] ²¹Mas agora lhe direi o que está escrito no Livro da Verdade. (Ninguém me ajuda na luta contra esses príncipes, exceto Miguel, o príncipe de vocês.

11 Tenho acompanhado Miguel para apoiá-lo e fortalecê-lo desde o primeiro ano do reinado de Dario, o medo.)

Reis do sul e do norte

²"Agora, portanto, eu lhe revelarei a verdade. Outros três reis persas reinarão e serão sucedidos pelo quarto rei, muito mais rico que os outros. Ele usará sua riqueza para instigar todos a lutarem contra o reino da Grécia.[d]

³"Então surgirá um rei poderoso, que governará com grande autoridade e realizará tudo que desejar fazer. ⁴Mas, no auge de seu poder, seu reino será quebrado e dividido em quatro partes. Não será governado pelos descendentes do rei o reino não terá a mesma autoridade de antes, pois seu império será arrancado fora e entregue a outros.

⁵"O rei do sul se tornará poderoso, mas um de seus oficiais se tornará ainda mais poderoso e governará seu reino com grande força. ⁶"Alguns anos depois, será formada uma aliança entre o rei do norte e o rei do sul. A filha do rei do sul se casará com o rei do norte para garantir a aliança, mas tanto ela como seu pai perderão a influência sobre ele. Ela será abandonada, junto com aqueles que a apoiam. ⁷Mas, quando um de seus parentes[e] se tornar o rei do sul, ele reunirá um exército, entrará na fortaleza do rei do norte e o derrotará. ⁸Quando ele voltar ao Egito, levará os ídolos deles, e também objetos valiosos de ouro e prata. Por alguns anos, deixará o rei do norte em paz.

⁹"Mais tarde, o rei do norte invadirá o reino do sul, mas logo voltará para sua terra. ¹⁰Os filhos do rei do norte, porém, reunirão um exército poderoso que avançará como uma inundação e levará a batalha até a fortaleza do inimigo.

¹¹"Enfurecido, o rei do sul sairá para lutar contra o grande exército reunido pelo rei do norte e o derrotará. ¹²Depois que o exército inimigo for vencido, o rei do sul se tornará orgulhoso e executará muitos milhares de inimigos; sua vitória, porém, não durará muito tempo.

¹³"Alguns anos depois, o rei do norte voltará com um exército bem equipado, muito maior que antes. ¹⁴Nessa ocasião, haverá uma rebelião geral contra o rei do sul. Homens violentos de seu povo, Daniel, se juntarão a eles em cumprimento desta visão, mas serão derrotados. ¹⁵Então o rei do norte virá e cercará uma cidade fortificada e a conquistará. Nem as melhores tropas do sul conseguirão resistir a esse ataque.

¹⁶"O rei do norte continuará a avançar sem oposição; ninguém será capaz de resistir-lhe. Ele se deterá na terra gloriosa, decidido a destruí-la. ¹⁷Fará planos de vir com a força de todo o seu reino e formará uma aliança com o rei do sul. Dará sua filha em casamento a fim de derrubar o reino, mas seu plano falhará.

¹⁸"Depois disso, voltará sua atenção para o litoral e conquistará muitas cidades. No entanto, um comandante de outra terra acabará com

---

[a]**10.13** O significado do hebraico é incerto. [b]**10.16** Conforme a maioria dos manuscritos do Texto Massorético; um manuscrito do Texto Massorético e uma versão grega trazem *Então algo que se parecia com a mão de um homem*. [c]**10.20** Em hebraico, *de Javã*. [d]**11.2** Em hebraico, *de Javã*. [e]**11.7** Em hebraico, *um ramo de suas raízes*.

sua insolência e o fará retirar-se, envergonhado. ¹⁹Ele se refugiará em sua própria fortaleza, mas tropeçará e nunca mais será visto.

²⁰"Seu sucessor enviará um cobrador de impostos para manter o esplendor real. Depois de um breve reinado, porém, ele morrerá, mas não como resultado de ira nem na batalha.

²¹"O próximo a subir ao poder será um homem desprezível, que não faz parte da linhagem real. Ele se infiltrará quando menos se espera e assumirá o controle do reino por meio de intrigas. ²²Diante dele, grandes exércitos serão arrasados, incluindo um príncipe da aliança. ²³Com promessas enganosas, fará várias alianças. Apesar de ter apenas um punhado de seguidores, ele se tornará forte. ²⁴Sem aviso, entrará nas regiões mais ricas da terra e distribuirá entre seus seguidores o despojo e os bens dos ricos, coisa que seus antecessores nunca fizeram. Fará planos para conquistar fortalezas, mas isso durará pouco tempo.

²⁵"Então juntará coragem e reunirá um grande exército contra o rei do sul. Este sairá para a batalha, mas de nada adiantará, pois haverá conspirações contra ele. ²⁶Sua derrota será causada por gente de sua própria confiança. Seu exército será arrasado, e muitos serão mortos. ²⁷Decididos a fazer o mal, esses reis tentarão enganar um ao outro enquanto estiverem à mesa de negociações; mas isso não fará diferença alguma, pois o fim chegará no tempo determinado.

²⁸"O rei do norte voltará para casa com muitas riquezas. No caminho, ele se colocará contra o povo da santa aliança e fará grandes estragos antes de seguir viagem.

²⁹"Então, no tempo determinado, ele voltará a invadir o sul, mas dessa vez o resultado será diferente. ³⁰Ele se assustará com os navios de guerra do litoral oeste[a] e voltará para casa. Então descarregará sua ira sobre o povo da santa aliança e recompensará os que abandonarem a aliança.

³¹"Seu exército tomará a fortaleza do templo, contaminará o santuário, acabará com os sacrifícios diários e colocará ali uma terrível profanação.[b] ³²Ele usará de adulação e conquistará os que violaram a aliança; mas aqueles que conhecem seu Deus serão fortes e resistirão.

³³"Líderes sábios instruirão a muitos, mas esses mestres morrerão pela espada e pelo fogo, ou serão capturados e saqueados. ³⁴Durante essas perseguições, receberão pouca ajuda, e muitos que se juntarem a eles não serão sinceros. ³⁵Alguns dos sábios serão vítimas de perseguição e, desse modo, serão refinados, purificados e limpos até o tempo do fim, pois o tempo determinado ainda está por vir.

³⁶"O rei fará o que bem entender, se exaltará, afirmará ser maior que todos os deuses e chegará a blasfemar contra o Deus dos deuses. Terá êxito, mas apenas até que se complete o tempo da ira; pois aquilo que foi determinado certamente acontecerá. ³⁷Ele não respeitará os deuses de seus antepassados, nem o deus preferido das mulheres, nem deus algum, pois dirá que é maior que todos eles. ³⁸Em lugar deles, adorará o deus da fortaleza, um deus que seus antepassados não conheceram, e lhe dará honras com ouro, prata, pedras preciosas e presentes caros. ³⁹Dizendo contar com a ajuda desse deus estrangeiro, atacará as fortalezas mais poderosas. Honrará os que se sujeitarem a ele, os nomeará para cargos de autoridade e dividirá a terra entre eles como recompensa.[c]

⁴⁰"Então, no tempo do fim, o rei do sul lutará contra o rei do norte. O rei do norte atacará com carros de guerra e seus condutores e com muitos navios. Invadirá várias terras e as arrasará como uma inundação. ⁴¹Entrará na terra gloriosa e muitas nações cairão, mas Moabe, Edom e a maior parte de Amom escaparão. ⁴²Ele conquistará muitos países, e nem mesmo o Egito escapará. ⁴³Tomará para si o ouro, a prata e os tesouros do Egito, e os líbios e os etíopes[d] serão seus servos.

⁴⁴"Mas, então, chegarão notícias do leste e do norte que o deixarão alarmado, e ele partirá enfurecido para destruir e aniquilar muitos. ⁴⁵Armará suas tendas entre o monte santo e glorioso e o mar. Enquanto estiver lá, porém, chegará a seu fim, e ninguém o ajudará."

O tempo do fim

12 "Nessa época, Miguel, o grande príncipe que guarda seu povo, se levantará. Haverá

---

[a] 11.30 Em hebraico, *de Quitim*. [b] 11.31 Em hebraico, *a abominação de desolação*. [c] 11.39 Ou *por um preço*. [d] 11.43 Em hebraico, *os cuxitas*.

um tempo de angústia como nunca houve desde que as nações vieram a existir. Nesse tempo, porém, todos de seu povo que tiverem o nome escrito no livro serão salvos. ²Muitos dos que estão mortos e enterrados[a] ressuscitarão, alguns para a vida eterna e outros para a vergonha e a desonra eterna. ³Os sábios brilharão intensamente como o esplendor do céu, e os que conduzem muitos à justiça resplandecerão como estrelas, para sempre. ⁴Mas você, Daniel, mantenha esta profecia em segredo; sele o livro até o tempo do fim, quando muitos correrão de um lado para o outro e o conhecimento aumentará".

⁵Então eu, Daniel, olhei e vi dois outros em pé em margens opostas do rio. ⁶Um deles perguntou ao homem vestido de linho, que agora estava sobre o rio: "Quanto tempo passará até que terminem esses acontecimentos espantosos?".

⁷O homem vestido de linho, que estava sobre o rio, levantou as duas mãos em direção ao céu, pronunciou um juramento solene àquele que vive para sempre e disse: "Passará um tempo, tempos e meio tempo. Quando o povo santo finalmente for quebrado, todas essas coisas se cumprirão".

⁸Ouvi o que ele disse, mas não entendi o significado. Por isso, perguntei: "Meu senhor, como estas coisas terminarão?".

⁹Ele respondeu: "Agora vá, Daniel, pois aquilo que eu disse será mantido em segredo e selado até o tempo do fim. ¹⁰Muitos serão purificados, limpos e refinados por essas provações. Os perversos, porém, continuarão em sua perversidade, e nenhum deles entenderá. Somente os sábios compreenderão seu significado.

¹¹"A partir do momento em que o sacrifício diário for suspenso e a terrível profanação[b] for colocada ali, haverá 1.290 dias. ¹²Feliz aquele que esperar e permanecer até o fim dos 1.335 dias!

¹³"Quanto a você, siga seu caminho até o fim. Você descansará e, no final dos dias, se levantará para receber sua herança".

PÃO DIÁRIO

Velas ou estrelas?

Os sábios brilharão intensamente como o esplendor do céu, e os que conduzem muitos à justiça resplandecerão como estrelas, para sempre.

—Daniel 12.3

Alguns dizem que a vida é como a chama flamejante de uma vela. Quando a chama é apagada, a luz se vai para sempre. Acreditam que, quando damos o nosso último suspiro, somos totalmente extintos, como se nunca tivéssemos existido! É com tristeza que o escritor britânico Arthur Porritt descreve o enterro de um ateísta: "Não se fez uma oração ao lado do túmulo. De fato, nem uma só palavra foi pronunciada. Seu corpo, colocado num caixão simples, foi baixado à terra sem cerimônia, como se quisessem tirar logo da vista aquele corpo em decomposição". Porritt descreve como voltou do sepultamento com o "coração apertado", por perceber como a "perda da fé na continuidade do ser humano após a morte dá a esta uma vitória apavorante".

A vida não é uma breve chama flamejante que a morte extinguirá para sempre. Os cristãos, em particular, podem regozijar-se por Cristo ter tornado "tudo isso claro para nós [...] [Jesus] destruiu o poder da morte e iluminou o caminho para a vida e a imortalidade por meio das boas-novas" (2Tm 1.10). Ele é a "ressurreição e a vida" e todos os que nele crerem não morrerão eternamente (Jo 11.25,26).

Por causa do poder de Deus e da graça demonstrada no Calvário, receberemos corpos como o corpo ressurreto de Jesus e resplandeceremos "como estrelas, para sempre" (Dn 12.3). Glória a Deus! Não somos chamas flamejantes; somos estrelas resplandecentes!

Tu és maravilhoso, Senhor! Não somente nos deste a vida nesta Terra para dela desfrutarmos e para servir-te, mas também deste-nos a vida que durará para sempre! Melhor ainda, planejaste passar essa eternidade conosco! Obrigada pela morte de Jesus, que nos concede vida. Recebe todo o nosso louvor.

Porque Jesus vive, viveremos também!

---

[a] **12.2** Em hebraico, *Muitos dos que dormem no pó da terra.* [b] **12.11** Em hebraico, *a abominação de desolação.*

OSEIAS

INTRODUÇÃO

Profeta. Ele é chamado de o "Profeta do amor divino". O nome Oseias significa "Livramento". Ele era um cidadão nativo de Israel e seguiu Amós, a quem ele pode ter ouvido em Betel. Era contemporâneo de Isaías e testemunhou fielmente ao Israel corrupto no Norte, enquanto Isaías profetizou em Jerusalém. Oseias foi para Israel o que Jeremias se tornou para Judá. Ele ficou preparado para o seu trabalho através das lições que aprendeu com os pecados de sua infiel esposa. (1) Por meio do sofrimento que suportou por causa dos pecados dela, ele entendeu como Deus estava triste com a iniquidade de Israel e como os pecados dela não eram apenas contra a Lei de Deus, mas um insulto ao amor divino. (2) Em amor e grande custo, ele restaurou sua esposa rebelde e com esse ato viu a esperança de restauração e perdão para Israel. Seu ministério se estendeu por mais de 60 anos e foi talvez o mais longo de todos os registrados. Profetizou de 786 a 726 a.C., cobrindo os últimos anos do reinado de Jeroboão II, período ao qual os capítulos 1 a 3 pertencem, e o subsequente período de anarquia.

Estilo e método. Seu estilo é "abrupto, desigual, deselegante", mas também poético, alegórico e abundante em metáforas. Seus escritos devem ser interpretados com grande cuidado para se obter o que se entende por seu discurso simbólico. Ele lembra um dos reformadores e avivalistas modernos. Através de toda a ira que o livro revela, vemos também a imensa beleza do amor reconciliador. Vê-se em todos os lugares que o objetivo supremo, ao qual Oseias se dirige é o restabelecimento da comunhão de vida e amor de Israel com Deus.

Condições de Israel. *Exteriormente*, havia prosperidade. A Síria e Moabe haviam sido conquistados; o comércio aumentara grandemente; as fronteiras da nação foram estendidas e as ofertas ao Templo eram abundantes. *Interiormente*, havia decadência. Foram introduzidas imoralidades repugnantes; a adoração estava sendo profanada e as massas do povo esmagadas, enquanto o Império Assírio estava avançando e pronto para aniquilar Israel, que, por causa de seus pecados, Deus o havia abandonado ao seu destino.

Eles toleravam a opressão, o assassinato, a mentira, o roubo, o juramento etc. Esqueceram-se da Lei e de guardar a aliança e substituíram a adoração a Deus pela adoração de Baal, tornando-se idólatras. Eles não buscavam mais a Deus em sua angústia, mas se voltavam para o Egito e para a Assíria para obter ajuda e, assim, colocavam segurança e prosperidade sobre uma base de força e sabedoria humanas, em vez de descansar sobre a esperança do favor divino.

ESBOÇO

1. O pecado de Israel, ilustrado pelo trágico e infeliz casamento de Oseias, Caps. 1–3
   1.1. A maldade de sua esposa e seus filhos, Cap. 1
   1.2. A infidelidade de Israel e o retorno a Deus vistos em mulheres infiéis, Cap. 2
   1.3. O amor de Deus restaura Israel assim como Oseias restaura sua esposa, Cap. 3
2. Discursos proféticos, Caps. 4–14
   2.1. O pecado de Israel, Caps. 4–8
   2.2. Punição vindoura de Israel, Caps. 9–11
   2.3. Arrependimento e restauração de Israel, Caps. 12–14

PARA ESTUDO E DISCUSSÃO

[1] Faça uma lista de todas as exortações à penitência e à reforma e estude-as.
[2] Indique os diferentes enunciados de julgamento sobre as pessoas.
[3] Faça uma relação de todos os diferentes pecados condenados.
[4] Faça uma lista das expressões do terno amor pelo rebelde e pelo desviado.
[5] Faça uma lista de todas as passagens que indicam dor e sofrimento por causa do pecado e perigo daquela que é amada.
[6] Apostasia política e religiosa.
[7] O pecado como infidelidade ao amor — como adultério espiritual.
[8] Os convites do livro.

> **REFLETINDO SOBRE: "Amada"**
>
> ## Lo-Ruama
>
> *"Mas com amor eterno terei compaixão de você", diz o Senhor, seu Redentor.*
> —Isaías 54.8
>
> A passagem de Oseias 1.2-7 é difícil de ser interpretada. Deus ordenou a Oseias que se casasse com uma mulher promíscua que lhe seria infiel. Seu casamento deveria simbolizar a infidelidade de Israel a Deus quando os israelitas se afastaram dele para adorar a falsos deuses. Quando Gômer teve uma filha, o Senhor escolheu seu nome — Lo-Ruama, que significava "desfavorecida". O nome da menina representava o momento na história em que Deus removeria a Sua misericórdia e permitiria que os israelitas fossem punidos por seus pecados. Em uma sociedade que concedia grande importância ao nome de uma pessoa, essa menininha tinha o fardo de um nome que carregava a mensagem do vindouro julgamento de Deus.
>
> O livro *Dóris, a menina rejeitada* (Ed. Vida, 1980) conta a história verdadeira de alguém que vivenciou o significado do nome de Lo-Ruama. Dóris foi abandonada em um orfanato quando pequena após ser rejeitada por sua mãe. Ela nunca fora abraçada ou segurada. No orfanato, Dóris experimentou rejeição ainda maior e ela apanhava todas as noites. Sofreu abuso físico, emocional e sexual contínuo em uma série de lares adotivos. Finalmente, Dóris encontrou o lar pelo qual sempre ansiou quando se casou com um homem piedoso e teve dois filhos. Hoje, Dorie Van Stone viaja pelo mundo oferecendo esperança e compartilhando a mensagem do amor e da graça de Deus.
>
> Independentemente de como o mundo se sente em relação a nós, Deus nos vê como alguém por quem vale a pena morrer. Diferentemente de Lo-Ruama, vivemos em um período de graça, em que o sacrifício de Jesus torna possível um relacionamento permanente com Deus. Se aceitamos o dom de salvação e nos tornamos filhas de Deus, Ele faz uma aliança indestrutível conosco. Haverá momentos em que o Senhor nos disciplinará e ocasiões em que precisaremos viver as consequências de nosso pecado. Mas Deus jamais removerá o Seu amor e a Sua compaixão em relação a nós. Assim que nos tornamos Suas filhas, recebemos o nome de "Amada".

1 O Senhor revelou esta mensagem a Oseias, filho de Beeri, durante os anos em que Uzias, Jotão, Acaz e Ezequias eram reis de Judá, e Jeroboão, filho de Jeoás,[a] era rei de Israel.

A esposa e os filhos de Oseias

²Quando o Senhor começou a falar a Israel por meio de Oseias, disse-lhe: "Vá e case-se com uma prostituta,[b] para que os filhos dela sejam concebidos em prostituição. Isso mostrará como Israel agiu como prostituta ao afastar-se do Senhor".

³Então Oseias se casou com Gômer, filha de Diblaim. Ela ficou grávida e deu um filho a Oseias. ⁴E o Senhor disse: "Dê à criança o nome de Jezreel, 'Deus semeia', pois estou prestes a castigar a dinastia do rei Jeú para vingar os homicídios que ele cometeu em Jezreel. Sim, acabarei com o reino de Israel. ⁵Nesse dia, destruirei seu poder militar no vale de Jezreel".

⁶Pouco tempo depois, Gômer engravidou novamente e deu à luz uma filha. O Senhor disse a Oseias: "Dê à sua filha o nome de Lo-Ruama, 'Não Amada', pois não mostrarei mais amor ao povo de Israel, nem lhe perdoarei. ⁷Contudo, mostrarei amor ao povo de Judá. Eu, o Senhor, seu Deus, os livrarei de seus inimigos, não com armas e exércitos, nem com cavalos e carros de guerra, mas por meu poder".

⁸Depois de Gômer ter desmamado Lo-Ruama, ficou grávida mais uma vez e deu à luz outro filho. ⁹E o Senhor disse: "Dê-lhe o nome de Lo-Ami, 'Não Meu Povo', pois Israel não é meu povo, e eu não sou seu Deus.

¹⁰"Virá o tempo, porém, em que o povo de Israel se tornará como a areia à beira do mar, que não se pode contar. Então, no lugar onde lhes foi dito: 'Vocês não são meu povo', se dirá: 'Vocês são filhos do Deus vivo'. ¹¹Nesse

---

[a] 1.1 Em hebraico, *Joás*, variação de Jeoás. [b] 1.2 Ou *uma mulher promíscua*. [c] 1.10 No texto hebraico, os versículos 1.10-11 são numerados 2.1-2.

PÃO DIÁRIO

O Deus de Oseias

Contudo, eu a conquistarei de volta; ao deserto a levarei e lhe falarei com carinho.

—Oseias 2.14

No fim da peça *Pastos verdejantes*, de Marc Connelly, um personagem, o velho Hezdrel, diz que ele não tem medo de morrer porque crê no Deus de Oseias. O Senhor então lhe fala e pergunta se ele não quis dizer o Deus de Moisés. Hezdrel responde que não e explica que ele viu o Senhor de Oseias como o Deus de misericórdia e não mais como o Deus que causava pavor.

A certeza de Hezdrel embasava-se em fatos reais, encenados há muito tempo. É um conto de amor não correspondido: o amor persistente e fiel de Oseias pela infiel Gômer. Ela foi mais de uma vez atrás de amantes, e sua infidelidade partiu o coração desse profeta; mas ele nunca deixou de amá-la.

Gômer decaiu profundamente. Imagino-a consumida, envelhecida, doente e muito triste, com nada mais a não ser o amor de Oseias.

O relacionamento entre Oseias e Gômer ilustra o relacionamento de Deus com Israel. Embora Israel tivesse sido infiel e estivesse sofrendo as consequências, o Senhor continuou a persegui-lo e a lhe falar ternamente (Os 2.14).

Enquanto os vizinhos de Oseias assistiam ao desenrolar da sua história, imagino alguém perguntando: "O que significa esse amor irracional?". E alguém respondendo: "Entendi! Oseias ama Gômer, e Deus me ama!".

Esse é o Deus de Oseias! Aceite-o, envolva-se com o Seu amor e descubra que Ele já não é mais um Deus que provoca medo.

Senhor, o Teu amor é inabalável. Com amor incessante nos buscas continuamente. Mesmo quando somos infiéis, tu és fiel. Como é maravilhoso e imenso o Teu amor!

Para renovar seu amor por Deus, reconsidere o amor de Deus por você.

---

2 [1b]"Nesse dia, vocês chamarão seus irmãos de Ami, 'Meu Povo', e chamarão suas irmãs de Ruama, 'Minhas Amadas'."

Acusações contra a esposa infiel

[2]"Apresentem acusações contra sua mãe,
  pois ela já não é minha esposa,
  e eu já não sou seu marido.
Digam-lhe que remova do rosto a
    maquiagem de prostituta
  e que tire as roupas que deixam os seios
    à mostra.
[3]Do contrário, eu a deixarei nua,
  como no dia em que nasceu.
Permitirei que morra de sede,
  como numa terra seca e desolada.
[4]E não amarei seus filhos,
  pois foram concebidos em prostituição.
[5]Sua mãe é uma prostituta indecente
  que engravidou de forma vergonhosa.
Disse: 'Irei atrás de outros amantes
  e me venderei a eles em troca de comida
    e água,
em troca de roupas de lã e de linho,
  em troca de azeite e bebidas'.
[6]"Por isso a cercarei com espinheiros;
  levantarei um muro à frente dela
  para fazê-la se perder em seu caminho.
[7]Quando correr atrás de seus amantes,
  não os alcançará.
Procurará por eles,
  mas não os encontrará.
Então pensará:
  'Voltarei para meu marido,
  pois com ele estava melhor que agora'.
[8]Ela não entende que tudo que tem foi
    dado por mim:
  o trigo, o vinho novo, o azeite.
Dei-lhe até mesmo prata e ouro,
  mas ela ofereceu meus presentes a Baal.
[9]"Agora, porém, tomarei de volta o trigo e
    o vinho
  que lhe providenciei a cada colheita.
Tomarei as roupas de lã e de linho
  que lhe dei para cobrir sua nudez.
[10]Eu a deixarei nua em público,
  à vista de todos os seus amantes.
Ninguém será capaz

tempo, o povo de Judá e o povo de Israel se unirão. Escolherão para si um só líder e voltarão juntos do exílio. Que grande dia será o dia em que Deus semear seu povo novamente em sua terra![a]

---

[a] 1.11 Em hebraico, *o dia de Jezreel*. Ver 1.4. [b] 2.1 No texto hebraico, os versículos 2.1-23 são numerados 2.3-25.

de livrá-la de minhas mãos. ¹¹Acabarei com suas celebrações, com suas festas de lua nova e seus sábados, com todos os seus feriados. ¹²Destruirei suas videiras e figueiras, que ela diz ter recebido de seus amantes. Farei que se tornem densos matagais, onde animais selvagens comerão os frutos. ¹³Eu a castigarei por todas as vezes que queimou incenso a suas imagens de Baal, que colocou brincos e joias e saiu atrás de seus amantes, mas se esqueceu de mim", diz o Senhor.

O amor do Senhor pela nação infiel de Israel

¹⁴"Contudo, eu a conquistarei de volta; ao deserto a levarei e lhe falarei com carinho. ¹⁵Devolverei suas videiras e transformarei o vale de Acor[a] numa porta de esperança. Ela se entregará a mim, como fez há muito tempo, quando era jovem, quando eu a libertei da escravidão no Egito. ¹⁶Nesse dia", diz o Senhor, "você me chamará de 'meu marido', e não de 'meu senhor'.[b] ¹⁷Limparei de seus lábios os nomes de Baal, e você nunca mais os pronunciará. ¹⁸Nesse dia, farei uma aliança com todos os animais selvagens, com as aves do céu e com todos os animais que rastejam pelo chão, para que não lhe façam mal. Removerei da terra todas as armas de guerra, as espadas e os arcos, para que você viva em paz e segurança. ¹⁹Eu me casarei com você para sempre, e lhe mostrarei retidão e justiça, amor e compaixão. ²⁰Serei fiel a você e a tornarei minha, e você conhecerá a mim, o Senhor.

²¹"Naquele dia, eu responderei", diz o Senhor. "Responderei aos céus, e os céus responderão à terra. ²²A terra responderá aos clamores do trigo, das videiras e das oliveiras. E eles, por sua vez, responderão: 'Deus semeia!'.[c] ²³Então semearei uma safra de israelitas e os farei crescer para mim mesmo. Mostrarei amor por aquela que chamei 'Não Amada'.[d] E àqueles que chamei 'Não Meu Povo',[e] direi: 'Agora vocês são meu povo'. E eles responderão: 'Tu és nosso Deus!'".

A esposa de Oseias é redimida

3 Então o Senhor me disse: "Vá e ame sua esposa outra vez, embora ela cometa adultério[f] com um amante. Isso mostrará que o Senhor ainda ama Israel, ainda que o povo tenha se voltado para outros deuses e sinta prazer em lhes trazer ofertas".[g]

²Assim, eu a comprei de volta por quinze peças de prata,[h] um barril grande de cevada e um odre de vinho.[i] ³Então eu lhe disse: "Você viverá em minha casa por muitos dias e deixará de se prostituir. Durante esse tempo, não terá relações sexuais com ninguém, e eu também esperarei por você".[j]

⁴Isso mostra que Israel ficará um longo tempo sem rei nem príncipe, sem sacrifícios nem colunas sagradas, sem sacerdotes[k] nem ídolos. ⁵Depois disso, porém, o povo retornará e buscará o Senhor, seu Deus, e o descendente de Davi, seu rei.[l] Naquele tempo, tremerão em reverência ao Senhor e à sua bondade.

---

[a] **2.15** *Vale de Acor* significa "vale da aflição". [b] **2.16** Em hebraico, *meu baal*. [c] **2.22** Em hebraico, *Jezreel*; ver 1.4. [d] **2.23a** Em hebraico, *Lo-Ruama*; ver 1.6. [e] **2.23b** Em hebraico, *Lo-Ami*; ver 1.9. [f] **3.1a** Ou *Vá e ame uma mulher que comete adultério*. [g] **3.1b** Em hebraico, *ame seus bolos de passas*. [h] **3.2a** Em hebraico, *15 (siclos) de prata*, cerca de 170 gramas. [i] **3.2b** Conforme a Septuaginta, que traz *1 ômer de cevada e 1 odre de vinho*; o hebraico traz *1 ômer de cevada [220 litros] e 1 letek [110 litros] de cevada*. [j] **3.3** Ou *e eu viverei com você*. [k] **3.4** Em hebraico, *colete sacerdotal*. [l] **3.5** Em hebraico, *e Davi, seu rei*.

Acusações do Senhor contra Israel

4 ¹Ó israelitas, ouçam a palavra do Senhor!
O Senhor apresentou acusações contra vocês:

"Não há fidelidade, nem bondade,
  nem conhecimento de Deus em sua terra.
²Vocês fazem votos e não os cumprem;
  matam, roubam e cometem adultério.
Há violência em toda parte,
  um homicídio atrás do outro.
³Por isso sua terra está de luto,
  e todos desfalecem.
Até os animais selvagens, as aves do céu
  e os peixes do mar estão desaparecendo.

⁴"Não apontem o dedo para outra pessoa,
  não tentem escapar da culpa!
Minha queixa é contra vocês,
  sacerdotes!ᵃ
⁵Vocês tropeçarão em plena luz do dia,
  e seus profetas cairão com vocês durante a noite;
  e eu destruirei Israel, sua mãe.
⁶Meu povo está sendo destruído
  porque não me conhece.
Porque vocês, sacerdotes, não querem me conhecer,
  eu não os reconhecerei como meus sacerdotes.
Porque se esqueceram da lei de seu Deus,
  eu me esquecerei de seus filhos.
⁷Quanto maior o número de sacerdotes,
  mais eles pecam contra mim.
Trocaram a glória de Deus
  pela vergonha de ídolos.ᵇ

⁸"Quando o povo traz suas ofertas pelo pecado,
  os sacerdotes se alimentam.
Por isso, eles se alegram
  quando o povo peca!
⁹E, assim como são os sacerdotes,
  assim é o povo.
Por isso, a ambos castigarei
  por seus atos perversos.
¹⁰Eles comerão, mas ainda sentirão fome;
  eles se prostituirão, mas nada receberão,
pois abandonaram o Senhor
  ¹¹para cometer adultério com outros deuses.

"O vinho tirou
  o entendimento de meu povo.
¹²Pedem conselho a pedaços de madeira,
  pensam que uma vara lhes dirá o futuro.
Seu desejo de ir atrás de ídolos
  os tornou insensatos.
Prostituíram-se cometendo adultério com outros deuses
  e abandonando seu Deus.
¹³Oferecem sacrifícios a ídolos no alto dos montes;
  sobem as colinas para queimar incenso
à sombra agradável de carvalhos,
  álamos e terebintos.

"Por isso suas filhas se voltam para a prostituição,
  e suas noras cometem adultério.
¹⁴Mas por que eu as castigaria
  por sua prostituição e adultério?
Pois seus homens fazem a mesma coisa,
  pecando com prostitutas de rua e dos santuários.
Ó povo sem entendimento,
  você segue rumo à destruição!

¹⁵"Embora você, Israel, se prostitua,
  que Judá não seja culpado dessas coisas.
Não participe da falsa adoração em Gilgal
  nem em Bete-Áven,ᶜ
não faça juramentos ali em nome do Senhor.
¹⁶A nação de Israel é rebelde
  como uma bezerra teimosa.
Acaso o Senhor deve alimentá-la
  como um cordeiro em pastos verdes?
¹⁷Deixe Israelᵈ de lado,
  pois se apegou à idolatria.
¹⁸Quando os governantes de Israel
  terminam de beber,
  saem à procura de prostitutas;
  amam a vergonha mais que a honra.ᵉ

ᵃ **4.4** O significado do hebraico é incerto. ᵇ **4.7** Conforme a versão siríaca e uma antiga tradição hebraica; o Texto Massorético traz *Transformarei sua glória em vergonha*. ᶜ **4.15** *Bete-Áven* significa "casa da perversidade"; aqui é outro nome para Betel, isto é, "casa de Deus". ᵈ **4.17** Em hebraico, *Efraim*, referência a Israel, o reino do norte. ᵉ **4.18** Conforme a Septuaginta; o significado do hebraico é incerto.

¹⁹Por isso, um forte vento os levará para
longe;
seus sacrifícios idólatras os
envergonharão."

O fracasso dos líderes de Israel

5 ¹"Ouçam isto, sacerdotes!
Prestem atenção, líderes de Israel!
Escutem, membros da família real;
foi pronunciada a sentença contra vocês,
pois conduziram meu povo a uma
armadilha,
em Mispá e em Tabor.
²Os rebeldes promoveram grande matança,ᵃ
mas eu os castigarei pelo que fizeram.
³Conheço você, Efraim;
não pode se esconder de mim, Israel.
Você me abandonou e se prostituiu;
está inteiramente contaminado.
⁴Suas ações não lhe permitem voltar para
seu Deus;
a prostituição domina seu coração,
e você não conhece o Senhor.

⁵"A arrogância de Israel dá testemunho
contra ele;
Israel e Efraim tropeçarão sob o peso da
culpa,
e Judá também cairá com eles.
⁶Quando vierem com seus rebanhos e gado
para oferecer sacrifícios ao Senhor,
não o encontrarão,
pois ele se afastou deles.
⁷Traíram a honra do Senhor
ao gerar filhos que não lhe pertencem.
Agora, por ocasião da lua nova, serão
devorados,
juntamente com sua riqueza.ᵇ

⁸"Soem o alarme em Gibeá!
Toquem a trombeta em Ramá!
Deem o grito de guerra em Bete-Áven!ᶜ
Entrem na batalha, guerreiros de
Benjamim!
⁹Uma coisa é certa, Israel:ᵈ
no dia de seu castigo,
você se tornará um monte de ruínas.

¹⁰"Os líderes de Judá são trapaceiros e
ladrões,ᵉ
por isso derramarei minha ira sobre eles
como água.
¹¹O povo de Israel será esmagado e
quebrado por meu juízo,
pois está decidido a adorar ídolos.ᶠ
¹²Destruirei Israel como a traça acaba com
a lã,
tornarei Judá tão fraca quanto madeira
podre.

¹³"Quando Israel e Judá viram como
estavam doentes,
Israel se voltou para a Assíria,
para seu grande rei,
mas ele não foi capaz de curá-lo.
¹⁴Pois serei como um leão para Israel,
como um leão novo e forte para Judá,
e os despedaçarei.
Eu os levarei embora,
e não sobrará ninguém para resgatá-los.
¹⁵Então retornarei a meu lugar,
até que reconheçam sua culpa e voltem
para mim.
Pois, assim que vier o sofrimento,
eles me buscarão ansiosamente."

Chamado ao arrependimento

6 ¹"Venham, voltemos para o Senhor!
Ele nos despedaçou,
agora irá nos sarar.
Ele nos feriu,
agora nos fará curativos.
²Em pouco tempoᵍ nos restaurará,
e logoʰ viveremos em sua presença.
³Ah, como precisamos conhecer o Senhor;
busquemos conhecê-lo!
Ele nos responderá, tão certo como chega
o amanhecer
ou vêm as chuvas da primavera."

⁴"Ó Israelⁱ e Judá,
que farei com vocês?
Seu amor se dissipa como a neblina da
manhã

ᵃ **5.2** O significado do hebraico é incerto. ᵇ **5.7** O significado do hebraico é incerto. ᶜ **5.8** *Bete-Áven* significa "casa da perversidade"; aqui é outro nome para Betel, isto é, "casa de Deus". ᵈ **5.9** Em hebraico, *Efraim*, referência a Israel, o reino do norte; também em 5.11,12,13,14. ᵉ **5.10** Em hebraico, *são como os que mudam um marco de limite*. ᶠ **5.11** Ou *está decidido a seguir ordens humanas*. O significado do hebraico é incerto. ᵍ **6.2a** Em hebraico, *Depois de dois dias*. ʰ **6.2b** Em hebraico, *no terceiro dia*. ⁱ **6.4** Em hebraico, *Efraim*, referência a Israel, o reino do norte.

e desaparece como o orvalho à luz do sol.
⁵Enviei meus profetas para despedaçar vocês,
para matá-los com minhas palavras,
com julgamentos inescapáveis como a luz.
⁶Quero que demonstrem amor,ᵃ
e não que ofereçam sacrifícios.
Quero que me conheçam,ᵇ
mais do que deseje holocaustos.
⁷Como Adão,ᶜ porém, vocês quebraram minha aliança
e traíram minha confiança.

⁸"Gileade é uma cidade de pecadores,
cheia de marcas de sangue.
⁹Sacerdotes são como bandos de assaltantes,
de tocaia à espera de suas vítimas.
Assassinam viajantes ao longo da estrada para Siquém
e praticam todo tipo de perversidade.
¹⁰Sim, vi algo horrível em Efraim e em Israel:
meu povo se contaminou prostituindo-se com outros deuses!

¹¹"Ó Judá, uma colheita de castigo também espera por você,
embora eu quisesse restaurar a situação de meu povo."

Israel ama a maldade

7 ¹"Desejo curar Israel, mas seus pecadosᵈ são grandes demais;
Samaria está cheia de mentirosos.
Há ladrões do lado de dentro
e bandidos do lado de fora.
²Seu povo não percebe
que eu o observo.
Está cercado por seus atos pecaminosos,
e eu vejo todos eles.

³"Com suas maldades, divertem o rei,
e os príncipes riem de suas mentiras.
⁴São todos adúlteros,
sempre ardendo de paixão.
São como o forno mantido quente,
enquanto o padeiro bate a massa.
⁵No dia da festa do rei, os príncipes se embebedam com vinho
e dão as mãos aos zombadores.
⁶Seu coração é como um forno
que arde com intriga.
Sua trama queimaᵉ a noite toda
e, pela manhã, irrompe em chamas abrasadoras.
⁷Como um forno ardente,
consomem seus líderes.
Matam seus reis, um após o outro,
e ninguém clama a mim por socorro.

⁸"O povo de Israel se mistura com outros povos
e se torna imprestável como um bolo mal assado.
⁹Estrangeiros consomem suas forças,
mas eles não sabem disso.
Seus cabelos ficam brancos,
mas eles não se dão conta.
¹⁰Sua arrogância testemunha contra eles,
e, no entanto, não se voltam para o Senhor, seu Deus,
nem buscam encontrá-lo.

¹¹"O povo de Israel se tornou como pombas tolas e sem juízo,
que primeiro chamam o Egito
e depois voam até a Assíria para pedir socorro.
¹²Enquanto voam de um lado para o outro,
lançarei sobre eles minha rede
e os derrubarei como uma ave do céu;
eu os castigarei por todo o mal que fizeram.ᶠ

¹³"Que aflição espera os que me abandonaram!
Que morram, pois se rebelaram contra mim.
Eu desejava resgatá-los,
mas contaram mentiras a meu respeito.
¹⁴Não clamam a mim de coração sincero;
em vez disso, gemem angustiados em suas camas.

ᵃ**6.6a** A Septuaginta traduz esse termo hebraico como *demonstrem misericórdia*. Comparar com Mt 9.13; 12.7. ᵇ**6.6b** Em hebraico, *que conheçam a Deus*. ᶜ**6.7** Ou *Em Adão*. ᵈ**7.1** Em hebraico, *os pecados de Efraim*, referência a Israel, o reino do norte; também em 7.8,11. ᵉ**7.6** Em hebraico, *Seu padeiro dorme*. ᶠ**7.12** O significado do hebraico é incerto.

Cortam-se[a] ritualmente e suplicam por
  trigo e vinho novo,
  mas de mim se afastam.
¹⁵Eu os instruí e os fortaleci,
  mas agora tramam o mal contra mim.
¹⁶Olham para toda parte, menos para o
    Altíssimo;
  são inúteis, como um arco defeituoso.
Seus líderes serão mortos por seus
    inimigos,
  por causa de sua insolência contra
    mim.
Então o povo do Egito
  rirá deles."

Israel colhe vendaval

8 ¹"Soem o alarme!
  O inimigo desce como águia sobre o
    templo do Senhor.
Pois o povo quebrou minha aliança
  e se rebelou contra minha lei.
²Agora, Israel clama a mim:
  'Socorre-nos, pois és nosso Deus!'.
³Mas os israelitas rejeitaram o bem,
  e agora o inimigo os persegue.
⁴Nomearam reis sem que eu consentisse
  e escolheram príncipes sem minha
    aprovação.
Fizeram para si ídolos de prata e ouro
  e assim provocaram a própria
    destruição.

⁵"Ó Samaria, rejeito o bezerro que você
    fez!
  Minha ira arde contra você;
  até quando será incapaz de se manter
    inocente?
⁶Esse bezerro que você adora, ó Israel,
  foi feito por suas próprias mãos;
ele não é Deus!
  Portanto, deve ser despedaçado.

⁷"Semearam ventos
  e colherão vendaval.
Os talos de trigo murcharão
  e não produzirão alimento.
E, mesmo que haja trigo,
  os estrangeiros o comerão.
⁸O povo de Israel foi engolido;
está abandonado entre as nações,
  como utensílio que ninguém quer.
⁹Como jumento selvagem no cio,
  subiram até a Assíria.
O povo de Israel[b] se vendeu
  a muitos amantes.
¹⁰Embora tenham se vendido às nações,
  agora eu os reunirei para o julgamento.
Começarão a definhar
  sob a opressão do grande rei.

¹¹"O povo de Israel construiu muitos
    altares para remover o pecado,
  mas esses mesmos altares se tornaram
    lugares para pecar.
¹²Embora eu lhes tenha dado minhas leis,
  agem como se elas não se aplicassem a
    eles
¹³Gostam de oferecer sacrifícios e comer
    de sua carne,
  mas eu não aceito esses sacrifícios.
Pedirei conta de seus pecados e os
    castigarei;
  eles voltarão para o Egito.
¹⁴Israel se esqueceu de seu Criador e
    construiu grandes palácios,
  e Judá fortificou suas cidades.
Por isso, enviarei fogo sobre suas cidades
  e queimarei suas fortalezas."

Oseias anuncia o castigo de Israel

9 ¹Ó povo de Israel,
  não se alegre como as outras nações.
Pois vocês foram infiéis a seu Deus
  e se venderam como prostituta
ao adorar outros deuses em toda eira de
    cereal.
²Agora, suas colheitas não bastarão para
    alimentá-los;
  não haverá uvas para fazer vinho novo.
³Vocês não permanecerão na terra do
    Senhor;
  em vez disso, voltarão para o Egito
  e, na Assíria, comerão alimentos
    impuros.
⁴Ali não apresentarão ofertas de vinho ao
    Senhor;
  seus sacrifícios não o agradarão.

---

[a] **7.14** Conforme a Septuaginta; o hebraico traz *Reúnem-se*. [b] **8.9** Em hebraico, *Efraim*, referência a Israel, o reino do norte; também em 8.11.

Serão impuros, como o alimento tocado
   por uma pessoa de luto;
  todos que apresentarem esses sacrifícios
   se contaminarão.
Eles próprios comerão o alimento,
  mas não poderão oferecê-lo ao Senhor.
⁵O que oferecerão nos feriados sagrados?
  Como celebrarão as festas do Senhor?
⁶Mesmo que escapem da destruição nas
   mãos da Assíria,
  o Egito os conquistará, e Mênfis[a] os
   sepultará.
A urtiga cobrirá seus tesouros de prata,
  e espinhos invadirão as ruínas de suas
   casas.

⁷Chegou o tempo do castigo de Israel,
  o dia do acerto de contas;
  sim, Israel se dará conta disso.
Por causa de seu grande pecado e sua
   hostilidade,
  vocês dizem: "Os profetas
   enlouqueceram,
  e os homens inspirados não passam de
   tolos!".
⁸O profeta é um vigia sobre Israel[b] para
   meu Deus,
  mas, por onde vai, encontra armadilhas;
  até no templo de Deus enfrenta
   hostilidade.
⁹Meu povo faz coisas depravadas
  como em Gibeá, muito tempo atrás.
Deus não esquecerá;
  certamente os castigará por seus
   pecados.

¹⁰"Quando encontrei você, Israel,
  foi como encontrar uvas no deserto.
Quando vi seus antepassados,
  foi como ver os primeiros figos
   maduros.
Mas eles me abandonaram por causa de
   Baal-Peor
  e se entregaram à vergonhosa idolatria.
Logo se tornaram tão repugnantes
  quanto o ídolo que adoravam.
¹¹A glória de Israel fugirá como uma ave,
  pois não lhes nascerão filhos;
não crescerão no ventre,
  nem sequer serão concebidos.
¹²Ainda que alguns de seus filhos cheguem
   a crescer,
  eu os tomarei de vocês.
Será um dia terrível quando eu me afastar
  e os deixar sozinhos.
¹³Vi Israel se tornar bela como Tiro;
  agora, porém, entregará seus filhos para
   o massacre."

¹⁴Ó Senhor, o que devo pedir para teu povo?
  Pedirei ventres que não deem à luz
  e seios que não deem leite.

¹⁵"Toda a perversidade deles começou em
   Gilgal;
  ali comecei a odiá-los.
Eu os expulsarei de minha terra
  por causa de suas maldades.
Não os amarei mais,
  porque todos os seus líderes são
   rebeldes.
¹⁶O povo de Israel está ferido;
  suas raízes secaram,
  e eles não darão mais frutos.
E, se derem à luz,
  eu matarei seus filhos queridos."

¹⁷Meu Deus rejeitará os israelitas,
  pois não lhe obedecem.
Andarão sem rumo,
  errantes entre as nações.

O julgamento do Senhor contra Israel

10 ¹Como Israel é próspero!
   É uma videira viçosa cheia de frutos.
Mas, quanto mais seu povo enriquece,
  mais altares idólatras constrói.
Quanto mais fartas suas colheitas,
  mais belas suas colunas sagradas.
²O coração dos israelitas é inconstante;
  são culpados e devem ser castigados.
O Senhor derrubará seus altares
  e despedaçará suas colunas.
³Então eles dirão: "Não temos rei,
  pois não tememos o Senhor.
Mas, ainda que tivéssemos rei,
  o que ele poderia fazer por nós?".
⁴Proferem palavras vazias
  e fazem alianças que não pretendem
   cumprir.

---

[a] 9.6 Mênfis era a capital do norte do Egito. [b] 9.8 Em hebraico, *Efraim*, referência a Israel, o reino do norte; também em 9.11,13,16.

Por isso disputas legais brotam em seu
meio,
como ervas daninhas num campo arado.

⁵Os habitantes de Samaria tremem de
medo
por causa do bezerro em Bete-Áven,ᵃ
e por ele lamentam.
Embora seus sacerdotes idólatras se
alegrem com o bezerro,
será removidaᵇ a glória de seu ídolo.
⁶Será levado para a Assíria,
como presente para o grande rei de lá.
Efraim será humilhado, e Israel,
envergonhado,
porque seu povo confiou nesse ídolo.
⁷Samaria e seu rei serão cortados fora
e ficarão à deriva,
como um pedaço de madeira
lançado no mar.
⁸Os santuários idólatras em Áven,ᶜ onde
Israel pecou, serão destruídos;
espinhos e mato crescerão ao redor de
seus altares.
O povo suplicará aos montes: "Soterrem-
-nos!"
e pedirá às colinas: "Caiam sobre nós!".

⁹"Ó Israel, desde o tempo de Gibeá,
só houve pecado e mais pecado!
Não foi com razão
que os perversos de Gibeá foram
atacados?
¹⁰Agora, quando me parecer melhor,
eu também os atacarei.
Convocarei os exércitos das nações
para castigá-los por seus muitos
pecados.

¹¹"Israelᵈ é como bezerra treinada que pisa
o trigo,
um trabalho fácil, que ela gosta de fazer.
Mas eu colocarei um jugo opressor sobre
seu pescoço delicado;
obrigarei Judá a arar
e farei Israelᵉ lavrar o solo endurecido.

¹²Eu disse: 'Plantem boas sementes de
justiça
e terão uma colheita de amor.
Arem o solo endurecido de seu coração,
pois é hora de buscar o SENHOR,
para que ele venha e faça chover
justiça sobre vocês'.

¹³"Mas vocês cultivaram a maldade
e juntaram uma farta colheita de pecados.
Comeram o fruto das mentiras
ao confiar em carros de guerra.
e em seus grandes exércitos.
¹⁴Agora os horrores da guerra
surgirão no meio de seu povo.
Todas as suas fortalezas cairão,
como quando Salmã destruiu Bete-
-Arbel.
Até mães e crianças
foram despedaçadas ali.
¹⁵O mesmo lhe acontecerá, Betel,
por causa de sua grande maldade.
Quando amanhecer o dia do juízo,
o rei de Israel será totalmente
destruído."

O amor do SENHOR por Israel

11 ¹"Quando Israel era menino, eu o amei,
e do Egito chamei meu filho.
²Mas, quanto mais o chamava,
mais ele se afastava de mim;ᶠ
oferecia sacrifícios às imagens de Baal
e queimava incenso aos ídolos.
³Ensinei Israelᵍ a andar,
conduzindo-o pela mão.
Mas ele não se deu conta
de que era eu quem dele cuidava.
⁴Guiei Israel
com meus laços de amor.
Tirei o jugo de seu pescoço
e eu mesmo me inclinei para alimentá-lo.

⁵"Mas, porque meu povo não quer voltar
para mim,
voltará para o Egito
e será obrigado a viver na Assíria.

ᵃ**10.5a** Bete-Áven significa "casa da perversidade"; aqui é outro nome para Betel, isto é, "casa de Deus". ᵇ**10.5b** Ou *será levada para o exílio*. ᶜ**10.8** Referência a Bete-Áven; ver 10.5a e respectiva nota. ᵈ**10.11a** Em hebraico, *Efraim*, referência a Israel, o reino do norte. ᵉ**10.11b** Em hebraico, *Jacó*. Os nomes "Jacó" e "Israel" são usados de forma intercambiável ao longo de todo o Antigo Testamento e se referem, por vezes, ao patriarca e, em outras ocasiões, à nação. ᶠ**11.2** Conforme a Septuaginta; o hebraico traz *quanto mais eles o chamavam, mais ele se afastava deles*. ᵍ**11.3** Em hebraico, *Efraim*, referência a Israel, o reino do norte; também em 11.8,9,12.

> **PÃO DIÁRIO**
>
> ## Amor imensurável
>
> *Guiei Israel com meus laços de amor. Tirei o jugo de seu pescoço e eu mesmo me inclinei para alimentá-lo.*
> —Oseias 11.4
>
> Um jovem pai cristão levava muito a sério a paternidade. Quando seu filho era bebê, ele o protegia. À medida que o menino crescia, seu pai jogava bola com ele, o encorajava e lhe ensinava sobre Deus e sobre a vida. Mas, na adolescência, o garoto foi longe demais e muito depressa na conquista de sua independência.
>
> Como o filho pródigo em Lucas 15, ele rejeitou os valores de seu pai, tomou decisões tolas e se envolveu em problemas. O pai ficou muito decepcionado, mas nunca desistiu dele e disse: "Não importa o que tenha feito, ele ainda é meu filho. Nunca deixarei de amá-lo, e ele sempre será bem-vindo em minha casa". Finalmente, chegou o feliz dia em que o pai e o filho se reconciliaram.
>
> Nos dias de Oseias, o povo seguia padrões semelhantes. Embora Deus os tivesse resgatado da escravidão no Egito e cuidado deles, eles deram as costas ao Senhor. Insultaram o Seu nome adorando os deuses cananeus. Mas, ainda assim, Deus os amava e ansiava pelo retorno deles (Os 11.8).
>
> Você teme ter se afastado demais de Deus a ponto de não mais poder ser restaurada? Aquele que a salvou e se importa com você anseia por seu retorno com Seus braços abertos para perdoar e aceitar. Ele nunca a mandará embora.
>
> Como somos felizes por termos o amor do Pai!
>
> *Pai celestial, obrigada por nunca desistires dos Teus filhos. Mesmo quando fracassamos ou nos afastamos, os Teus braços estão sempre abertos para nós. Teu amor é imensurável. Ajuda-nos a retribuir esse amor como realmente mereces.*
>
> **O amor de Deus não tem limites.**

⁶A guerra devastará suas cidades,
  e os inimigos derrubarão suas portas.
Destruirão os israelitas,
  por causa de suas tramas.
⁷Pois meu povo está decidido a me abandonar;
  eles me chamam Altíssimo,
  mas não me honram de verdade.

⁸"Como eu poderia desistir de você, Israel?
  Como poderia deixá-lo?
Como poderia destruí-lo como Admá
  ou arrasá-lo como Zeboim?
Meu coração está dilacerado,
  e minha compaixão transborda.
⁹Não enviarei minha ira furiosa,
  não destruirei Israel,
  pois sou Deus, e não um simples mortal.
Sou o Santo que vive entre vocês,
  e não virei com minha ira.
¹⁰Pois, um dia, meu povo me seguirá;
  eu, o Senhor, rugirei como leão,
e, quando eu rugir,
  meu povo retornará, tremendo, desde o oeste.
¹¹Como um bando de aves, virão do Egito;
  tremendo como pombas, voltarão da Assíria.
Eu os trarei de volta para casa",
  diz o Senhor.

Acusações contra Israel e Judá
¹²ᵃIsrael me cerca de mentiras e traições,
  mas Judá ainda obedece a Deus
  e é fiel ao Santo.ᵇ

12
¹ᶜO povo de Israelᵈ se alimenta de vento;
  corre atrás do vento leste o dia todo.
Acumula mentiras e violência,
  faz acordos com a Assíria
e, ao mesmo tempo, envia azeite
  para comprar o apoio do Egito.

²Agora o Senhor apresenta acusações
  contra Judá;
  está prestes a castigar Jacóᵉ por sua
  conduta enganosa,
  e lhe retribuir por tudo que fez.
³Ainda no ventre, Jacó agarrou
  o calcanhar de seu irmão;
quando se tornou homem,
  lutou com Deus.
⁴Sim, lutou com o anjo e venceu;
  chorou e suplicou-lhe que o abençoasse.
Ali em Betel, encontrou Deus,
  e Deus falou com ele.ᶠ

ᵃ**11.12a** No texto hebraico, o versículo 11.12 é numerado 12.1. ᵇ**11.12b** Ou *e Judá é rebelde contra Deus, o Santo fiel*. O significado do hebraico é incerto. ᶜ**12.1a** No texto hebraico, os versículos 12.1-14 são numerados 12.2-15. ᵈ**12.1b** Em hebraico, *Efraim*, referência a Israel, o reino do norte; também em 12.8,14. ᵉ**12.2** O nome *Jacó* tem um som parecido com o termo hebraico para "enganador". ᶠ**12.4** Conforme a Septuaginta e a versão siríaca; o hebraico traz *conosco*.

⁵O Senhor Deus dos Exércitos,
o Senhor é seu nome!
⁶Portanto, voltem para seu Deus;
pratiquem o amor e a justiça
e confiem sempre nele.

⁷O povo, no entanto, se comporta como
comerciantes astutos,
que usam balanças desonestas e gostam
de explorar.
⁸Israel diz: "Fiquei rico!
Fiz fortuna com meu próprio esforço!
Ninguém descobriu que enganei outros;
meu histórico é impecável!".

⁹"Mas eu sou o Senhor, seu Deus,
que os tirou do Egito.
Eu os farei morar em tendas outra vez,
como fazem em feriados sagrados.
¹⁰Enviei meus profetas para adverti-los
com muitas visões e parábolas."

¹¹Mas os habitantes de Gileade não valem
nada,
por causa de seu pecado.
Em Gilgal também sacrificam bois;
seus altares são enfileirados como
montes de pedras
à beira de um campo arado.
¹²Jacó fugiu para a terra de Arã
e ali cuidou[a] de ovelhas para obter uma
esposa.
¹³Então, por meio de um profeta,
o Senhor tirou do Egito os descendentes
de Jacó;[b]
e, por meio de um profeta,
eles foram protegidos.
¹⁴Mas o povo de Israel
provocou o Senhor amargamente.
Agora ele os sentenciará à morte
como pagamento por seus pecados.

A ira do Senhor contra Israel

13 ¹Quando a tribo de Efraim falava,
o povo tremia de medo,
pois essa tribo era importante em Israel.
Mas pecaram ao adorar Baal
e, com isso, selaram sua destruição.
²Agora, continuam a pecar ao fazer ídolos
de prata,
imagens modeladas por mãos humanas.
"Ofereçam-lhes sacrifícios!", eles dizem.
"Beijem os ídolos em forma de bezerro!"
³Por isso, desaparecerão como a neblina da
manhã,
como o orvalho à luz do sol,
como a palha soprada pelo vento,
como a fumaça que sai pela chaminé.

⁴"Eu sou o Senhor, seu Deus,
que os tirou do Egito.
Vocês não reconhecerão outro Deus além
de mim,
pois não existe outro salvador.
⁵Cuidei de vocês no deserto,
naquela terra seca e sedenta.
⁶Mas depois que comeram e se saciaram,
ficaram orgulhosos e se esqueceram de
mim.
⁷Agora, eu os atacarei como um leão,
como um leopardo à espreita no
caminho.
⁸Como uma ursa da qual roubaram os
filhotes,
arrancarei seu coração.
Como uma leoa faminta os devorarei,
e como um animal selvagem os
despedaçarei.

⁹"Ó Israel, você está prestes a ser destruído
por mim,
seu único ajudador.
¹⁰Agora, onde está[c] seu rei?
Que ele salve suas cidades!
Onde estão os líderes da terra,
os reis e os príncipes que vocês exigiram
de mim?
¹¹Em minha ira, eu lhes dei reis
e, em minha fúria, os tirei.

¹²"A culpa de Efraim foi acumulada,
e seu pecado, armazenado para o
castigo.
¹³O povo sentiu dores,
como as dores do parto,
mas é insensato como uma criança
que não quer nascer.
A hora do nascimento chegou,
mas ele fica no ventre.

---

[a] **12.12** Em hebraico, *Israel cuidou*. Ver nota em 10.11b. [b] **12.13** Em hebraico, *tirou Israel do Egito*. Ver nota em 10.11b. [c] **13.10** Conforme a Septuaginta, a versão siríaca e a Vulgata; o hebraico traz *eu serei*.

> **PÃO DIÁRIO**
>
> ## Minha vida e minha planta
>
> *Serei para Israel como o orvalho refrescante. Israel florescerá como o lírio; lançará raízes profundas no solo, como os cedros do Líbano.*
>
> —Oseias 14.5
>
> As pessoas que me visitam provavelmente se perguntam por que mantenho uma antiga samambaia em minha sala. Acostumei-me tanto com aquela planta sem vivacidade que raramente penso em explicar sobre sua presença. A planta simboliza uma amizade fragilizada, e eu a mantenho num lugar de destaque para me lembrar de orar por minha amiga, o que sempre faço quando molho essa samambaia. Suas folhas secas tornam óbvio que não a rego o suficiente, o que também significa que não oro o suficiente por minha amiga.
>
> Minha samambaia está secando porque não a rego enquanto ela não murcha — e o mesmo acontece com a minha vida espiritual. Enquanto não há crises, acho que a oração pode esperar. Mas estou errada! Quando as bênçãos de Deus me fazem pensar que não preciso dele, é quando mais necessito do Senhor.
>
> O livro de Oseias resume o relacionamento de Deus com Sua nação escolhida, com palavras que correspondem a minha própria experiência espiritual. Deus abençoa, eu cresço; Deus satisfaz, eu ganho o crédito; Deus retém a Sua bênção, eu percebo a minha carência; Deus revela o meu pecado, eu me arrependo; Deus perdoa, eu renovo a minha devoção.
>
> Aprendi com a minha planta que devo orar mesmo quando não vejo a necessidade. Preciso de Deus quando sou abençoada e, da mesma maneira, quando estou em crise.
>
> *Senhor, como precisamos de ti em cada hora e minuto. Ajuda-nos a não nos esquecermos dessa necessidade por Tua presença quando somos abençoadas e tudo está bem. Relembra-nos de nossa constante necessidade de ti e ajuda-nos a permanecer sempre em contínuo contato por meio da oração.*
>
> **Não há um dia sequer em que eu não precise orar.**

¹⁴"Devo resgatá-los da sepultura?ᵃ
 Devo redimi-los da morte?
Ó morte, traga seus horrores!
 Ó sepultura, traga suas pragas!ᵇ
Pois não terei compaixão deles.
¹⁵Efraim é o mais próspero de seus irmãos,
 mas um vento leste, uma rajada do
  Senhor,
 se levantará no deserto.
Suas fontes se esgotarão,
 e seus poços secarão.
Todas as suas riquezas
 serão saqueadas e levadas embora.
¹⁶ᶜO povo de Samaria
 sofrerá as consequências de sua culpa,
 pois se rebelou contra seu Deus.
Serão mortos pela espada inimiga;
 suas crianças serão despedaçadas,
 e suas mulheres grávidas, abertas ao
  meio."

Cura para os arrependidos

14 ¹ᵈVolte, ó Israel, para o Senhor, seu Deus,
 pois seus pecados causaram sua
  queda.
²Tragam suas confissões e voltem para o
 Senhor.
Digam-lhe:
"Perdoa nossos pecados e recebe-nos com
  bondade,
 para que possamos oferecer-te nossos
  louvores.ᵉ
³A Assíria não pode nos salvar,
 nossos cavalos de guerra também não.
Nunca mais diremos aos ídolos que
  fizemos:
 'Vocês são nossos deuses'.
Somente em ti
 os órfãos encontram misericórdia".

⁴"Então eu os curarei de sua infidelidade
 e os amarei com todo o meu ser,
 pois minha ira desaparecerá para sempre.
⁵Serei para Israel
 como o orvalho refrescante.
Israel florescerá como o lírio;
 lançará raízes profundas no solo,
 como os cedros do Líbano.

ᵃ **13.14a** Em hebraico, *Sheol*; também em 13.14b. ᵇ **13.14b** A Septuaginta traz *Ó morte, onde está seu castigo? / Ó sepultura (Hades), onde está seu aguilhão?* Comparar com 1Co 15.55. ᶜ **13.16** No texto hebraico, o versículo 13.16 é numerado 14.1. ᵈ **14.1** No texto hebraico, os versículos 14.1-9 são numerados 14.2-10. ᵉ **14.2** Conforme a Septuaginta e a versão siríaca, que trazem *para que retribuamos os frutos de nossos lábios*; o hebraico traz *para que retribuamos os touros de nossos lábios*.

⁶Seus ramos se estenderão como belas oliveiras,
perfumados como os cedros do Líbano.
⁷Meu povo viverá novamente à minha sombra;
crescerá como o trigo e florescerá como a videira.
Seu aroma será agradável,
como o dos vinhos do Líbano.
⁸"Ó Israel,[a] fique longe dos ídolos!
Sou eu que respondo às suas orações e cuido de vocês.
Sou como a árvore sempre verde;
todos os seus frutos vêm de mim."
⁹Quem for sábio, entenda estas coisas;
quem tiver discernimento, ouça com atenção.
Os caminhos do Senhor são retos,
e neles andam os justos.
Mas, nesses mesmos caminhos,
os pecadores tropeçam e caem.

---

[a] 14.8 Em hebraico, *Efraim*, referência a Israel, o reino do norte.

JOEL

INTRODUÇÃO

Profeta. Seu nome significa "Javé é Deus", mas seu lugar de nascimento e condições de vida são desconhecidos. Provavelmente profetizou em Judá (2.15-17), e o tempo de seu ministério é comumente aceito como sendo durante o reinado de Joás, rei de Israel, e Amazias, rei de Judá. Parece certo que ele é um dos primeiros (alguns pensam ser o primeiro) dos livros proféticos, e suas referências ao Templo e seus serviços levaram alguns a concluírem que ele era um sacerdote.

Profecia. (1) A ocasião da profecia foram quatro sucessivas pragas de insetos, particularmente os gafanhotos (2.25) e uma seca (2.23) sem precedentes. O profeta declara que essas calamidades são os resultados dos pecados do povo e devem chamá-los ao arrependimento, para que Deus possa abençoar em vez de amaldiçoar suas terras. (2) As pessoas se arrependem e a calamidade é removida. Isso é usado pelo profeta para anunciar a próxima destruição e restauração de Israel e essa restauração é também, sem dúvida, usada para prefigurar a Igreja Cristã e seu triunfo na Terra. (3) O grande tema são os terríveis julgamentos de Deus que estavam para vir sobre o povo por causa dos seus pecados. (4) Sua peculiar e grande profecia é 2.28-32 que foi cumprida no Dia de Pentecostes, Atos 2.16-21. (5) Em tudo isso, ele está enfatizando as recompensas do justo e o certo castigo dos ímpios e, assim, apelou tanto para as esperanças quanto para os temores dos homens. Mas o valor de consolo do livro é o seu otimismo. Há uma vitória à frente, os justos finalmente triunfarão e serão salvos, e os inimigos de Deus serão destruídos. O conflito entre o bem e o mal e entre Israel e seus inimigos terminará em total e glorioso triunfo para Israel.

ESBOÇO

1. O chamado ao arrependimento, Caps. 1.1–2.17
   1.1. Pelo antigo flagelo dos gafanhotos e a seca, Cap. 1
   1.2. Pelo flagelo vindouro, 2.1-17
2. O arrependimento de Israel e a prometida bênção de Deus, 2.18–3.21
   2.1. Bênção material, 2.18-27
   2.2. Julgamento das nações, Cap. 3

PARA ESTUDO E DISCUSSÃO

[1] Indique as diferentes declarações sobre a seca e os gafanhotos que revelam a gravidade e os desastrosos efeitos do pecado.
[2] Reúna as passagens referentes à Era Messiânica e tente ver como ou o que cada uma prediz sobre essa era.
[3] Indique todas as referências aos pecados de Israel.
[4] Reúna evidências do governo divino sobre o Universo como é visto no livro.

1

O Senhor deu esta mensagem a Joel, filho de Petuel.

Lamentação pela praga de gafanhotos

²Ouçam isto, líderes do povo!
  Ouçam todos que habitam na terra!
Em toda a sua história,
  já ocorreu algo semelhante?
³Contem a seus filhos o que aconteceu,
  e que seus filhos contem aos filhos deles;
  transmitam esta história de geração em geração.
⁴Depois que os gafanhotos cortadores devoraram as colheitas,
  os gafanhotos migradores comeram o que restava;
então vieram os gafanhotos saltadores
  e, depois deles, os gafanhotos destruidores!ª

⁵Despertem e chorem, bêbados!
  Lamentem, vocês que tomam vinho!
Todas as uvas estão arruinadas,
  todo o seu vinho doce acabou.
⁶Uma nação imensa invadiu minha terra,
  um exército terrível, tão numeroso que não se pode contar.
Seus dentes são como os de leões,
  suas presas, como as da leoa.
⁷Destruiu minhas videiras
  e arruinou minhas figueiras.
Arrancou sua casca e as destruiu;
  seus galhos ficaram desfolhados.

⁸Chorem como a moça vestida de luto,
  que lamenta a morte do noivo.
⁹Pois não há cereal nem vinho
  para oferecer no templo do Senhor.
Por isso os sacerdotes estão de luto;
  aqueles que servem na casa do Senhor choram.
¹⁰Os campos estão arruinados,
  a terra está desolada.
O trigo está destruído,
  as uvas secaram
  e o azeite acabou.

¹¹Desesperem-se, agricultores!
  Lamentem, vocês que cuidam das videiras!
Chorem, pois o trigo e a cevada,
  todas as colheitas nos campos, estão arruinados.
¹²As videiras secaram,
  e as figueiras murcharam.
As romãzeiras, as palmeiras e as macieiras,
  todas as árvores frutíferas secaram,
  e com elas murchou a alegria do povo.

¹³Vistam-se de pano de saco e chorem, sacerdotes!
  Lamentem, vocês que servem diante do altar!
Venham, passem a noite vestidos de pano de saco,
  vocês que servem ao meu Deus.
Pois não há cereal nem vinho
  para oferecer no templo de seu Deus.
¹⁴Convoquem um tempo de jejum,
  juntem o povo para uma reunião solene.
Tragam os líderes e todos que habitam na terra
  para o templo do Senhor, seu Deus,
  e ali clamem a ele.
¹⁵O dia do Senhor está próximo,
  o dia em que virá destruição da parte do Todo-poderoso;
  que dia terrível será!

¹⁶Nosso alimento desaparece diante dos olhos;
  já não há alegria e exultação na casa de nosso Deus.
¹⁷As sementes morrem na terra seca,
  as colheitas de cereal se perdem.
Os celeiros estão vazios,
  os armazéns, abandonados.
¹⁸Como os animais gemem de fome!
  As manadas de gado vagam confusas,
pois não encontram pasto;
  os rebanhos de ovelhas sofrem.

¹⁹Socorro, Senhor!
  O fogo devorou os pastos do deserto,
  e as chamas queimaram as árvores do campo.
²⁰Até os animais selvagens clamam a ti,
  pois os riachos secaram,
  e o fogo devorou os pastos do deserto.

ª **1.4** A identificação exata dos quatro tipos de gafanhotos é incerta.

Os gafanhotos invadem como um exército

2 ¹Toquem a trombeta em Sião!
Soem o alarme em meu santo monte!
Que todos tremam de medo,
pois está chegando o dia do Senhor.
²É um dia de escuridão e trevas,
um dia de densas nuvens e sombras profundas.
Como o amanhecer se estende pelos montes,
assim surge um grande e poderoso exército.
Nunca se viu algo parecido,
e nunca mais se verá.

³À frente deles o fogo arde,
atrás deles vêm chamas.
Diante deles a terra se estende,
bela como o jardim do Éden.
Atrás deles só há desolação;
nada escapa.
⁴Parecem cavalos,
atacam como cavalos de guerra.ᵃ
⁵Olhem para eles, saltando sobre o topo dos montes;
ouçam o barulho que fazem, como o estrondo de carros de guerra,
como o fogo crepitante que devora um campo cheio de palha,
como um exército poderoso que avança para a batalha.

⁶O medo toma conta do povo;
todo rosto fica pálido de terror.
⁷Os agressores marcham como guerreiros
e, como soldados, escalam os muros da cidade.
Marcham sempre em frente,
sem deixar suas fileiras.
⁸Não empurram uns aos outros;
cada um se move na posição correta.
Rompem as linhas de defesa,
sem desfazer a formação.
⁹Atacam a cidade
e correm ao longo de seus muros.
Entram em todas as casas
e sobem pelas janelas, como ladrões.
¹⁰A terra treme com seu avanço,
e os céus estremecem.
O sol e a lua escurecem,
e as estrelas deixam de brilhar.

¹¹O Senhor está à frente de seu exército;
com um grito, ele o comanda.
É seu exército poderoso
e segue suas ordens.
O dia do Senhor é espantoso e terrível;
quem poderá sobreviver?

Chamado ao arrependimento

¹²Por isso, o Senhor diz:
"Voltem para mim de todo o coração,
venham a mim com jejum, choro e lamento!
¹³Não rasguem as roupas em sinal de tristeza;
rasguem o coração!".
Voltem para o Senhor, seu Deus,
pois ele é misericordioso e compassivo,
lento para se irar e cheio de amor;
está sempre pronto a voltar atrás e não castigar.
¹⁴Quem sabe ele mude de ideia
e lhes envie bênção em lugar desse castigo.
Talvez possam apresentar ofertas de cereal e vinho
ao Senhor, seu Deus, como faziam antes.

¹⁵Toquem a trombeta em Sião!
Convoquem um tempo de jejum,
juntem o povo para uma reunião solene.
¹⁶Reúnam e consagrem todo o povo,
os anciãos, as crianças e até os bebês.
Chamem o noivo de seu aposento
e a noiva, de seu quarto.
¹⁷Que os sacerdotes, que servem na presença do Senhor,
chorem entre o pórtico do templo e o altar.
Que façam esta oração: "Poupa teu povo, Senhor!
Não permitas que a nação que pertence a ti se torne objeto de zombaria.
Não deixes que seja motivo de piada para as nações que dizem:
'Onde está o seu Deus?'".

ᵃ **2.4** Ou *como cavaleiros*.

O Senhor promete restauração

¹⁸Então o Senhor teve compaixão de seu povo
e com zelo guardou sua terra.
¹⁹O Senhor respondeu:
"Vejam! Eu lhes envio cereal, vinho novo e azeite,
suficientes para saciá-los.
Vocês não serão mais objeto de zombaria
entre as nações vizinhas.
²⁰Expulsarei esses exércitos que vêm do norte
e os enviarei para uma terra seca e desolada.
Os que estão na vanguarda serão empurrados para o mar Morto,
e os da retaguarda, para o Mediterrâneo.ᵃ
O mau cheiro dos corpos em decomposição
se espalhará sobre a terra".
Certamente o Senhor tem feito grandes coisas!
²¹Não tema, ó terra;
alegre-se e exulte,
pois o Senhor tem feito grandes coisas.
²²Não tenham medo, animais do campo,
pois os pastos do deserto ficarão verdes.
As árvores voltarão a dar frutos,
as figueiras e as videiras ficarão carregadas.
²³Alegrem-se, vocês que habitam em Sião!
Exultem no Senhor, seu Deus!
Pois ele envia as chuvas na medida certa;
as chuvas de outono voltarão a cair,
e também as chuvas de primavera.
²⁴As eiras voltarão a se encher de trigo,
e os tanques de prensar transbordarão
de vinho novo e azeite.
²⁵"Eu lhes devolverei o que perderam por causa
dos gafanhotos migradores, dos saltadores,
dos destruidores e dos cortadores;ᵇ
enviei esse grande exército devastador
contra vocês.

PÃO DIÁRIO

Anos levados pelos gafanhotos

Eu lhes devolverei o que perderam por causa dos gafanhotos migradores, dos saltadores, dos destruidores e dos cortadores...
—Joel 2.25

Certo jornal relatou que uma mulher havia escondido o equivalente a 50 mil reais em joias num saco plástico esperando evitar que os assaltantes as encontrassem. Mais tarde, esqueceu-se disso e acidentalmente o descartou com seu lixo. Diversos operários procuraram durante nove horas num aterro sanitário antes de encontrarem esse tesouro e o devolverem.

Pecando, descaradamente, algumas pessoas jogam fora as bênçãos abundantes e generosas de Deus na vida delas. Houve um tempo em minha vida em que, por causa da preocupação e da amargura, não experimentei a bênção de Deus. Quando finalmente percebi que não poderia ajudar a mim mesma, arrependida e quebrantada busquei o Senhor. Pouco a pouco, à medida que Deus me ensinou a depender dele para todas as coisas por meio de Sua Palavra, passei a experimentar a completa restauração de Sua mão abençoadora.

Em Joel 2, uma invasão de gafanhotos havia levado tudo do povo de Deus. O que aquele bando de gafanhotos fez com os israelitas é o mesmo que os nossos constantes pecados farão conosco. Nossa única esperança é dar atenção ao chamado de Deus: "Por isso, o Senhor diz: 'Voltem para mim de todo o coração, venham a mim com jejum, choro e lamento!'" (Jl 2.12).

O Senhor promete aos que se voltarem a Ele arrependidos, independentemente dos pecados que os atormentam: "Eu lhes devolverei o que perderam..." (v.25).

Você precisa se livrar de alguns "gafanhotos" em sua vida?

Senhor Amado, durante muitos anos, neguei as bênçãos que me ofereceste gratuitamente. Agora volto-me a ti arrependida e peço que sejas o Senhor da minha vida, pois quero viver para ti.

**Quando Deus perdoa, Ele remove
o pecado e restaura a alma.**

ᵃ 2.20 Em hebraico, *para o mar oriental [...] para o mar ocidental*. ᵇ 2.25 A identificação exata dos quatro tipos de gafanhotos é incerta.

²⁶Vocês voltarão a ter alimento até se saciar
e louvarão o Senhor, seu Deus,
que realiza esses milagres em seu favor;
nunca mais meu povo será envergonhado.
²⁷Então vocês saberão que estou no meio de Israel,
que sou o Senhor, seu Deus, e não há nenhum outro;
nunca mais meu povo será envergonhado."

O Senhor promete seu Espírito

²⁸ᵃ"Então, depois que eu tiver feito essas coisas,
derramarei meu Espírito sobre todo tipo de pessoa.
Seus filhos e suas filhas profetizarão;
os velhos terão sonhos,
e os jovens terão visões.
²⁹Naqueles dias, derramarei meu Espírito
até mesmo sobre servos e servas.
³⁰Farei maravilhas nos céus e na terra:
sangue e fogo, e colunas de fumaça.
³¹O sol se escurecerá,
a lua se tornará vermelha como sangue
antes que chegue o grande e terrível[b] dia do Senhor.
³²Mas todo aquele que invocar o nome do Senhor
será salvo,
pois alguns no monte Sião, em Jerusalém, escaparão,
como o Senhor prometeu.
Estarão entre os sobreviventes
que o Senhor chamou."

Julgamento contra as nações inimigas

3 ¹ᶜ"No tempo em que essas coisas acontecerem,
quando eu restaurar Judá e Jerusalém,
²reunirei todas as nações
no vale de Josafá.[d]
Ali eu as julgarei
por terem maltratado Israel, minha propriedade,
por terem espalhado meu povo entre as nações
e repartido minha terra.
³Fizeram um sorteio para decidir quem de meu povo
seria seu escravo.
Deram meninos em troca de prostitutas
e venderam meninas por vinho para se embriagar.

⁴"O que vocês têm contra mim, Tiro, Sidom e cidades da Filístia? Estão tentando se vingar de mim? Se essa é sua intenção, tomem cuidado! Eu as atacarei sem demora e lhes darei o que merecem por suas ações. ⁵Roubaram minha prata, meu ouro e meus tesouros preciosos e os levaram para seus templos. ⁶Venderam aos gregos[e] os habitantes de Judá e Jerusalém, para que os levassem para longe de sua terra natal.

⁷"Mas eu os trarei de volta de todos os lugares para onde os venderam, e darei a vocês o que merecem. ⁸Venderei seus filhos e filhas aos habitantes de Judá, e eles os venderão ao povo da Arábia,[f] uma nação distante. Eu, o Senhor, falei!"

⁹Anunciem às nações de toda parte:
"Preparem-se para a guerra!
Convoquem seus melhores guerreiros;
que todos os seus soldados avancem para a batalha.
¹⁰Forjem seus arados para fazer espadas
e transformem suas podadeiras em lanças;
treinem até os mais fracos para serem guerreiros.
¹¹Venham depressa, nações de toda parte;
reúnam-se no vale!".

E agora, ó Senhor, convoca teus guerreiros!

¹²"Que as nações se mobilizem para a guerra
e marchem para o vale de Josafá!
Ali eu, o Senhor, me sentarei
para julgar todas elas.
¹³Lancem a foice,
pois a colheita está madura.[g]
Venham e pisem as uvas,
pois o tanque de prensar está cheio.

ᵃ **2.28** No texto hebraico, os versículos 2.28-32 são numerados 3.1-5. ᵇ **2.31** A Septuaginta traz *glorioso*. ᶜ **3.1** No texto hebraico, os versículos 3.1-21 são numerados 4.1-21. ᵈ **3.2** *Josafá* significa "o Senhor julga". ᵉ **3.6** Em hebraico, *aos povos de Javã*. ᶠ **3.8** Em hebraico, *aos sabeus*. ᵍ **3.13** A Septuaginta traz *pois o tempo da colheita chegou*. Comparar com Mc 4.29.

Os tonéis transbordam
  com a perversidade das nações."
¹⁴Multidões e multidões esperam no vale
    da decisão,
  onde o dia do Senhor chegará em breve.
¹⁵O sol e a lua escurecerão,
  e as estrelas deixarão de brilhar.
¹⁶A voz do Senhor rugirá desde Sião
  e trovejará desde Jerusalém;
  os céus e a terra tremerão.
Mas o Senhor será refúgio para seu povo,
  uma fortaleza para o povo de Israel.

Bênçãos para o povo de Deus

¹⁷"Então vocês saberão que eu, o Senhor,
    seu Deus,
  habito em Sião, meu santo monte.
Jerusalém será santa,
  e exércitos estrangeiros não voltarão a
    conquistá-la.

¹⁸Naquele dia, vinho doce gotejará dos
    montes,
  e leite fluirá das colinas.
Água encherá o leito dos riachos de Judá;
  uma fonte brotará do templo do Senhor
  e regará o vale das Acácias.[a]
¹⁹O Egito, porém, se transformará numa
    terra desolada,
  e Edom se tornará um deserto,
pois atacaram o povo de Judá
  e mataram inocentes em sua terra.
²⁰"Judá, porém, ficará cheia de gente para
    sempre,
  e Jerusalém permanecerá por todas as
    gerações.
²¹Perdoarei os crimes de meu povo,
  que ainda não perdoei;
e eu, o Senhor, habitarei
  em Sião."

---

[a] 3.18 Em hebraico, *vale de Sitim*.

AMÓS

INTRODUÇÃO

Profeta. Seu nome significa "Fardo", e ele é chamado de "o profeta da justiça". Sua casa estava em Tecoa, uma pequena cidade da Judeia, cerca de 19 quilômetros ao sul de Jerusalém, onde atuava como boieiro e colhedor de sicômoros. Era muito humilde, não vinha de linhagem profética, nem foi educado nas escolas dos profetas para esse ofício. Deus o chamou para sair de Judá, seu país natal, para ser um profeta para Israel, o Reino do Norte. Em obediência a esse chamado, ele foi a Betel, onde estava o santuário, e entregou sua ousada profecia. Sua corajosa pregação em Betel contra a terra de Israel despertou Amazias, o principal sacerdote idólatra, que reclamou dele ao rei. Amós foi expulso do reino depois de ter denunciado Amazias, que talvez o tivesse acusado de pregar como um negócio, 7.10-14, mas não sabemos mais nada sobre ele, exceto o que está neste livro, que ele talvez tenha escrito depois de retornar de Tecoa.

Época da profecia. Foi durante o reinado de Uzias, rei de Judá, e de Jeroboão II, rei de Israel, e foi externamente um período muito próspero no norte de Israel. Mas os males sociais estavam evidentes em todos os lugares, especialmente os pecados que se originavam de uma segregação entre os ricos e os pobres, 2.6-8 etc. A religião era baixa e formal, tendo sido adotado o culto pagão.

Significado da profecia. É necessário ler o livro de Amós para ver que ele espera que a condenação venha sobre as nações estrangeiras, que prediz a maldade dos judeus e a sua vindoura condenação, mostrando como a nação deveria ser dissolvida e entregue ao cativeiro e que prevê a glória e grandeza do reino messiânico. Ele pensa em Javé como o único Deus verdadeiro, alguém sábio, Todo-poderoso, onipresente, misericordioso e justo cujo favor só pode ser assegurado pela vida de justiça. Vê que a justiça entre os homens é o fundamento da sociedade, que os homens são responsáveis por seus atos, que o castigo virá depois da falha para medir nossa responsabilidade, que a adoração é um insulto a Deus, a menos que o adorador tente se conformar às exigências divinas.

ESBOÇO

1. A condenação das nações, Caps. 1–2
    1.1. Introdução, 1.1,2
    1.2. Os vizinhos de Israel serão punidos por seus pecados, 1.3–2.5
    1.3. Os pecados de Israel serão punidos, 2.6-16
2. A condenação de Israel, Caps. 3–6
    2.1. Por iniquidades civis, Cap. 3
    2.2. Por opressão do pobre e por idolatria, Cap. 4
    2.3. Anúncios repetidos de julgamento com apelos ao retorno e ao bem, Caps. 5–6
3. Cinco visões a respeito de Israel, Caps. 7.1–9.10
    3.1. Os gafanhotos, 7.1-3
    3.2. O fogo, 7.4-6
    3.3. O prumo (um teste), 7.7-9, um interlúdio histórico (o conflito com Amazias), 7.10-17
    3.4. Um cesto de frutas (iniquidade pronta à punição), Cap. 8
    3.5. A destruição do altar (cessam os cultos), 9.1-10
4. A restauração prometida e o reino messiânico, 9.11-15

PARA ESTUDO E DISCUSSÃO

[1] Indique ilustrações, expressões etc., que são retiradas de costumes rústicos ou agrícolas.
[2] Faça uma lista das diferentes nações contra as quais ele profetiza indicando o pecado de cada uma e a natureza do castigo a ser imposto a elas.
[3] Relacione as diferentes ilustrações usadas para mostrar a grandeza e o poder de Deus.
[4] O pecado da inter-relação errada das nações.
[5] A responsabilidade do resplandecer nacional.
[6] O arrependimento como visto neste livro.
[7] A evidência do livro sobre o luxo da época.

1 Esta mensagem acerca de Israel foi dada a Amós, pastor de ovelhas da cidade de Tecoa, em Judá. Ele a recebeu em visões dois anos antes do terremoto, quando Uzias era rei de Judá, e Jeroboão, filho de Jeoás,[a] era rei de Israel.

² Foi isto que ele viu e ouviu:

"A voz do S<small>ENHOR</small> rugirá desde Sião
e trovejará desde Jerusalém!
Os pastos verdes dos pastores secarão,
e o capim no monte Carmelo murchará e morrerá".

Julgamento sobre as nações vizinhas

³ Assim diz o S<small>ENHOR</small>:

"Os habitantes de Damasco pecaram
repetidamente;[b]
não deixarei que fiquem impunes!
Feriram meu povo em Gileade,
como o cereal é debulhado com trilhos de ferro.
⁴ Por isso enviarei fogo sobre o palácio do rei Hazael,
e as fortalezas do rei Ben-Hadade serão destruídas.
⁵ Derrubarei os portões de Damasco
e matarei todos que habitam no vale de Áven.
Destruirei o governante em Bete-Éden,
e o povo da Síria será levado como escravo para Quir",
diz o S<small>ENHOR</small>.

⁶ Assim diz o S<small>ENHOR</small>:

"Os habitantes de Gaza pecaram
repetidamente;
não deixarei que fiquem impunes!
Enviaram todo o povo para o exílio
e o entregaram como escravos para Edom.
⁷ Por isso enviarei fogo sobre os muros de Gaza,
e suas fortalezas serão destruídas.
⁸ Matarei os que habitam em Asdode
e destruirei o governante de Ascalom.
Então me voltarei para atacar Ecrom,
e os filisteus que restarem serão mortos",
diz o S<small>ENHOR</small> Soberano.

⁹ Assim diz o S<small>ENHOR</small>:

"Os habitantes de Tiro pecaram
repetidamente;
não deixarei que fiquem impunes!
Quebraram o pacto de irmãos com Israel
e entregaram todo o povo como escravo para Edom.
¹⁰ Por isso enviarei fogo sobre os muros de Tiro,
e suas fortalezas serão destruídas".

¹¹ Assim diz o S<small>ENHOR</small>:

"Os habitantes de Edom pecaram
repetidamente;
não deixarei que fiquem impunes!
Com espadas perseguiram seus parentes,
os israelitas,
e não tiveram compaixão deles.
Em sua fúria, os despedaçaram sem parar
e foram implacáveis em sua ira.
¹² Por isso enviarei fogo sobre Temã,
e as fortalezas de Bozra serão destruídas".

¹³ Assim diz o S<small>ENHOR</small>:

"Os habitantes de Amom pecaram
repetidamente;
não deixarei que fiquem impunes!
Quando atacaram Gileade para ampliar suas fronteiras,
abriram as mulheres grávidas ao meio com espadas.
¹⁴ Por isso enviarei fogo sobre os muros de Rabá,
e suas fortalezas serão destruídas.
A batalha virá sobre eles com gritos,
como um redemoinho numa forte tempestade.
¹⁵ Seu rei[c] e seus príncipes irão juntos para o exílio",
diz o S<small>ENHOR</small>.

2 Assim diz o S<small>ENHOR</small>:

"Os habitantes de Moabe pecaram
repetidamente;[d]
não deixarei que fiquem impunes!
Queimaram os ossos do rei de Edom
até reduzi-los a cinzas.

---

[a] **1.1** Em hebraico, *Joás*, variação de Jeoás. [b] **1.3** Em hebraico, *cometeram três pecados, até quatro*; também em 1.6,9.11,13. [c] **1.15** Em hebraico, *malcam*, possível referência ao deus Moloque. [d] **2.1** Em hebraico, *cometeram três pecados, até quatro*; também em 2.4,6.

²Por isso enviarei fogo sobre a terra de Moabe,
e as fortalezas de Queriote serão destruídas.
Os que habitam nela cairão em meio ao ruído da batalha,
aos gritos dos guerreiros e ao som da trombeta.
³Destruirei seu rei
e matarei seus príncipes",
diz o Senhor.

Julgamento de Deus sobre Judá e Israel

⁴Assim diz o Senhor:
"Os habitantes de Judá pecaram repetidamente;
não deixarei que fiquem impunes!
Rejeitaram a lei do Senhor
e não obedeceram a seus decretos.
Foram desviados pelas mesmas mentiras
que enganaram seus antepassados.
⁵Por isso enviarei fogo sobre Judá,
e as fortalezas de Jerusalém serão destruídas".

⁶Assim diz o Senhor:
"Os habitantes de Israel pecaram repetidamente;
não deixarei que fiquem impunes!
Vendem por prata o justo
e, por um par de sandálias, o pobre.
⁷Pisoteiam a cabeça dos indefesos no pó
e empurram os oprimidos para fora do caminho.
Pai e filho dormem com a mesma mulher
e assim profanam meu santo nome.
⁸Aos pés dos altares reclinam-se com roupas
que seus devedores lhes deram como garantia.
Na casa de seus deuses,ª
bebem vinho comprado com multas injustas.

⁹"Diante dos olhos de meu povo,
destruí os amorreus,
embora fossem altos como cedros
e fortes como carvalhos.

Destruí os frutos de seus galhos
e arranquei suas raízes.
¹⁰Trouxe vocês do Egito
e os guiei quarenta anos pelo deserto,
para que possuíssem a terra dos amorreus.
¹¹Escolhi alguns de seus filhos para serem profetas
e outros, para serem nazireus.
Acaso podem negar isso, israelitas?",
diz o Senhor.

¹²"Mas vocês deram vinho para os nazireus beberem
e ordenaram a seus profetas:
'Chega de profecias!'.

¹³"Por isso eu os esmagarei,
como uma carroça sobrecarregada de trigo amassa a terra.
¹⁴O que corre mais rápido não escapará,
o mais forte em seu meio se enfraquecerá,
nem o guerreiro valente se salvará.
¹⁵O arqueiro não manterá sua posição,
o corredor mais veloz não conseguirá escapar,
nem o que estiver a cavalo se salvará.
¹⁶Naquele dia, seus guerreiros mais corajosos
largarão as armas e fugirão",
diz o Senhor.

3 Povo de Israel, ouça esta mensagem que o Senhor pronunciou contra você, contra toda a família que ele trouxe do Egito:

²"De todas as famílias da terra,
só escolhi vocês.
Por isso devo castigá-los
por todos os seus pecados".

Testemunhas contra Israel

³Acaso duas pessoas podem andar juntas
se não estiverem de acordo?
⁴Acaso o leão ruge na floresta
sem antes encontrar sua presa?
O leão forte rosna em sua toca
se nada tiver caçado?
⁵A ave é pega na armadilha
se não houver isca?

ª **2.8** Ou *seu Deus*.

A armadilha se fecha
se nada for apanhado?
⁶Quando a trombeta soa o alarme,
o povo não fica assustado?
Acaso a calamidade sobrevém a uma
cidade
sem que o Senhor a tenha planejado?
⁷Certamente o Senhor Soberano não fará
coisa alguma
sem antes revelar seu plano a seus
servos, os profetas.
⁸O leão rugiu,
quem não temerá?
O Senhor Soberano falou,
quem não profetizará?
⁹Anunciem aos líderes da Filístia^a
e aos poderosos do Egito:
"Reúnam-se nas colinas ao redor de
Samaria
e sejam testemunhas do caos e da
opressão em Israel".
¹⁰"Meu povo esqueceu como fazer o que é
certo",
diz o Senhor.
"Suas fortalezas estão cheias de bens
obtidos por meio de roubo e violência.
¹¹Por isso", diz o Senhor Soberano,
"um inimigo se aproxima.
Ele os cercará e acabará com suas defesas,
e depois saqueará suas fortalezas."

¹²Assim diz o Senhor:

"Como o pastor que tenta arrancar uma
ovelha da boca do leão
e só consegue recuperar duas pernas ou
um pedaço da orelha,
assim será o destino dos israelitas em
Samaria,
deitados em camas luxuosas
e recostados em sofás com lençóis de
Damasco.^b

¹³"Agora ouçam estas palavras e anunciem-nas
em todo o Israel",^c diz o Senhor Soberano, o
Deus dos Exércitos.

¹⁴"No mesmo dia em que eu castigar Israel
por seus pecados,
destruirei os altares idólatras em Betel.
As pontas do altar serão cortadas
e cairão no chão.
¹⁵Destruirei as belas casas dos ricos,
suas mansões de inverno e suas
residências de verão,
todos os seus palácios cheios de marfim",
diz o Senhor.

Israel não aprende

4 ¹Ouçam, vacas gordas^d que vivem em
Samaria,
mulheres que oprimem os pobres,
esmagam os necessitados
e pedem aos maridos:
"Tragam-nos mais bebida!".
²O Senhor Soberano jurou por sua santidade:
"Chegará o dia em que serão levadas
com ganchos no nariz.
Até a última de vocês será arrastada
como peixe no anzol!
³Serão levadas para fora pelas ruínas do
muro
e expulsas de suas fortalezas",^e
diz o Senhor.

⁴"Andem, vão a Betel cometer pecados!
Continuem a desobedecer em Gilgal!
Ofereçam sacrifícios todas as manhãs
e tragam seus dízimos a cada três dias.
⁵Apresentem seu pão com fermento
como oferta de gratidão.
Entreguem suas ofertas voluntárias
para saírem se gabando delas!
É o tipo de coisa que vocês, israelitas,
gostam de fazer",
diz o Senhor Soberano.

⁶"Eu trouxe fome sobre toda cidade,
escassez de alimento sobre todo lugar.
Nem assim vocês voltaram para mim",
diz o Senhor.

⁷"Segurei as chuvas
quando suas plantações mais precisavam
delas.^f
Enviei chuva para uma cidade,

---

^a **3.9** Em hebraico, *de Asdode*. ^b **3.12** O significado do hebraico é incerto. ^c **3.13** Em hebraico, *toda a casa de Jacó*. Os nomes "Jacó" e "Israel" são usados de forma intercambiável ao longo de todo o Antigo Testamento e se referem, por vezes, ao patriarca e, em outras ocasiões, à nação. ^d **4.1** Em hebraico, *vacas de Basã*. ^e **4.3** Ou *atiradas na direção do Harmom*, possível referência ao monte Hermom. ^f **4.7** Em hebraico, *quando ainda faltavam três meses para a colheita*.

mas a retive em outra.
Chovia sobre um campo,
enquanto outro secava.
⁸Andavam de cidade em cidade em busca
de água,
mas nunca havia suficiente.
Nem assim vocês voltaram para mim",
diz o Senhor.

⁹"Castiguei suas plantações e videiras com
pragas e ferrugem;
gafanhotos devoraram suas figueiras e
oliveiras.
Nem assim vocês voltaram para mim",
diz o Senhor.

¹⁰"Enviei pragas contra vocês,
como as pragas que enviei contra o
Egito.
Matei seus jovens na guerra
e levei todos os seus cavalos;[a]
o mau cheiro dos mortos encheu o ar.
Nem assim vocês voltaram para mim",
diz o Senhor.

¹¹"Destruí algumas de suas cidades,
como destruí[b] Sodoma e Gomorra.
Os que sobreviveram
pareciam gravetos chamuscados, tirados
do fogo.
Nem assim vocês voltaram para mim",
diz o Senhor.

¹²"Portanto, farei tudo isso com você, ó
Israel!
Prepare-se para encontrar seu Deus!"

¹³Pois aquele que formou os montes
agita os ventos e revela seus
pensamentos à humanidade.
Ele transforma a luz do amanhecer em
escuridão
e pisa sobre os lugares altos da terra;
seu nome é Senhor, o Deus dos Exércitos!

Chamado ao arrependimento

5 Ouça, povo de Israel! Ouça este meu cântico fúnebre:

²"A virgem Israel caiu,
para nunca mais se levantar!
Está estendida no chão,
e não há quem a ajude a ficar em pé".

³O Senhor Soberano diz:

"Quando uma cidade mandar mil homens
para a batalha,
apenas cem retornarão.
Quando dela saírem cem,
apenas dez voltarão com vida".

⁴Assim diz o Senhor ao povo de Israel:

"Busquem-me e vivam!
⁵Não adorem nos altares em Betel,
não vão aos santuários em Gilgal ou
Berseba.
Pois os habitantes de Gilgal serão levados
para o exílio,
e os de Betel serão reduzidos a nada".

⁶Busquem o Senhor e vivam!
Do contrário, ele passará por Israel[c] como
um fogo
e a destruirá por completo.
Não haverá em Betel
ninguém que possa apagar as chamas.
⁷Vocês transformam a retidão em
amargura
e tratam a justiça como lixo.

⁸Pois ele criou as estrelas,
as Plêiades e o Órion.
Transforma a escuridão em manhã
e o dia em noite.
Tira água dos oceanos
e a derrama sobre a terra;
seu nome é Senhor!
⁹Com rapidez tremenda, destrói os fortes
e esmaga suas defesas.

¹⁰Como vocês odeiam juízes honestos!
Como detestam os que dizem a verdade!
¹¹Oprimem os pobres
e roubam seu trigo com impostos
injustos.
Por isso, ainda que construam belas casas
de pedra,
jamais morarão nelas.
Ainda que plantem videiras verdejantes,
jamais beberão o vinho delas.
¹²Pois eu sei que seus atos de rebeldia são
muitos,
e seus pecados são grandes.
Afligem o justo aceitando subornos

---

[a] 4.10 Ou *e matei seus cavalos capturados*. [b] 4.11 Em hebraico, *como quando Deus destruiu*. [c] 5.6 Em hebraico, *pela casa de José*.

e não fazem justiça ao pobre nos tribunais.

¹³Quem for prudente ficará de boca fechada,
pois este é um tempo de desgraça.

¹⁴Façam o bem e fujam do mal,
para que tenham vida!
Então o Senhor, o Deus dos Exércitos, os ajudará,
como vocês afirmam.

¹⁵Odeiem o mal e amem o bem,
estabeleçam a justiça em seus tribunais.
Talvez o Senhor, o Deus dos Exércitos, ainda tenha compaixão do remanescente de seu povo.ᵃ

¹⁶Portanto, assim diz o Senhor Soberano, o Deus dos Exércitos:

"Haverá choro nas praças públicas
e angústia nas ruas.
Chamem os lavradores para chorar com vocês,
convoquem pranteadores para lamentar.
¹⁷Haverá lamento em cada videira,
pois destruirei todas elas",
diz o Senhor.

Advertência sobre o julgamento que está por vir

¹⁸Que aflição espera vocês que dizem:
"Se ao menos o dia do Senhor chegasse!".
Não fazem ideia do que desejam;
aquele dia trará escuridão, e não luz.
¹⁹Vocês serão como o homem que foge de um leão
e acaba encontrando um urso,
que apoia a mão na parede de sua casa
e é picado por uma cobra.
²⁰Sim, o dia do Senhor será de escuridão, e não de luz;
não haverá um só raio de claridade no meio das trevas.

²¹"Sinto imenso desprezo de suas festas religiosas,
não suporto suas reuniões solenes.
²²Não aceitarei seus holocaustos
nem suas ofertas de cereal.
Não darei a mínima atenção
para suas melhores ofertas de paz.
²³Chega de seus ruidosos cânticos de louvor!
Não ouvirei a música de suas harpas.

ᵃ **5.15** Em hebraico, *remanescente de José*.

PÃO DIÁRIO

Uma poderosa corrente de água

Em vez disso, quero ver uma grande inundação de justiça, um rio inesgotável de retidão.
—Amós 5.24

Quando eu era adolescente, meu pai, meus tios, meus primos e eu fomos pescar truta na cabeceira de um rio. Na nascente desse rio, a água corre rápida, cristalina, fria e revigorante. Meus primos e eu não conseguimos resistir e entramos naquela corrente de água gelada enquanto tentávamos fisgar algumas trutas arco-íris.

No caminho para casa, paramos para um mergulho num lago que era muito diferente. A água desse lago era morna e cheirava a água parada, o que contrastava demais com aquele ribeiro estimulante que fluía.

O profeta Amós usou a metáfora de um ribeiro para ilustrar o poder transformador da justiça. Horrorizado com o ritual religioso sem vida de Israel e com a exploração dos pobres (Am 2.6-8; 5.21-27), ele convocou a justiça e a retidão para que prevalecessem. Ele viu que o povo de Deus estava estagnado no lago parado da injustiça no que diz respeito aos outros, enquanto precisavam de uma vida marcada por "grande inundação de justiça, um rio inesgotável de retidão" (5.24).

Da mesma forma, Deus quer que permitamos que a justiça seja como um "rio inesgotável" em nossa vida. Uma maneira pela qual podemos fazer isso acontecer é lutar por leis justas e promover o cuidado piedoso pelos pobres e necessitados. Que possamos buscar fazer parte do "rio inesgotável de retidão" até a volta de Cristo.

Deus Amado, enche o meu coração com a justiça e retidão que estão em Teu coração. Desejo fazer parte do Teu rio inesgotável de cuidado piedoso que flui para os pobres e necessitados do mundo inteiro. Que eu possa defender as leis que são justas com ousadia e transbordar de compaixão por todas as pessoas.

A retidão entra em cena quando a verdade entra em ação.

²⁴Em vez disso, quero ver uma grande
 inundação de justiça,
 um rio inesgotável de retidão.

²⁵"Foi a mim que vocês trouxeram sacrifícios
 e ofertas durante os quarenta anos no deserto,
 povo de Israel? ²⁶Não, vocês serviram Sicute,
 seu deus rei, e Quium, seu deus estrela, imagens que fizeram para si mesmos! ²⁷Por isso
 eu os enviarei para o exílio, para uma terra a
 leste de Damasco",ᵃ diz o S<small>ENHOR</small>, cujo nome é
 Deus dos Exércitos.

6 ¹Que aflição espera vocês que vivem
 sossegados em Jerusalémᵇ
 e vocês que se sentem seguros em
 Samaria!
São líderes famosos em Israel,
 e as pessoas recorrem a vocês.
²Vão, porém, a Calné
 e vejam o que aconteceu ali.
Depois, vão à grande cidade de Hamate
 e desçam à cidade filisteia de Gate.
Vocês não são melhores que elas,
 e vejam como foram destruídas.
³Vocês afastam qualquer pensamento de
 calamidade vindoura,
 mas suas ações só apressam o dia do
 castigo.
⁴Que aflição espera vocês que se deitam
 em camas de marfim
 e se espreguiçam em seus sofás,
 comendo a carne de cordeiros do rebanho
 e dos novilhos engordados no estábulo.
⁵Entoam canções ao som da harpa
 e pensam ser grandes músicos, como
 Davi.
⁶Bebem vinho em taças enormes
 e se perfumam com os melhores óleos
 aromáticos;
 não se importam com a ruína da nação.ᶜ
⁷Por isso, serão os primeiros levados para
 o exílio;
 as festas dos que viviam sossegados
 cessarão.

⁸O S<small>ENHOR</small> Soberano jurou por seu próprio nome, e é isto que ele, o S<small>ENHOR</small>, o Deus dos Exércitos, diz:

"Não suporto a arrogância de Israelᵈ
 e odeio suas fortalezas.
Entregarei esta cidade
 e tudo que nela há a seus inimigos".

⁹(Se restarem dez homens numa casa, todos morrerão. ¹⁰E, quando um parente responsável por sepultar os mortosᵉ entrar na casa para tirá-los de lá, perguntará ao que restou: "Há mais alguém com você?". E, quando o sobrevivente começar a responder: "Não, eu juro pelo...", o parente o interromperá e dirá: "Pare!ᶠ Nem sequer mencione o nome do S<small>ENHOR</small>".)

¹¹Quando o S<small>ENHOR</small> der a ordem,
 as casas, grandes e pequenas, serão
 despedaçadas.
¹²Acaso os cavalos podem galopar sobre as
 rochas?
 Alguém pode ará-las com bois?
Vocês transformam a retidão em veneno
 e o fruto da justiça, em amargura.
¹³Contam vantagem pela conquista de Lo-
 -Debar:ᵍ
"Acaso não conquistamos Carnaimʰ
 com nossa própria força?".

¹⁴"Ó povo de Israel, estou prestes a trazer
 contra vocês uma nação",
 diz o S<small>ENHOR</small>, o Deus dos Exércitos.
"Ela os oprimirá em toda a sua terra,
 desde Lebo-Hamate, ao norte,
 até o vale de Arabá, ao sul."

Visão dos gafanhotos

7 Foi isto que o S<small>ENHOR</small> Soberano me mostrou numa visão: ele se preparava para enviar sobre a terra um exército de gafanhotos. Isso foi depois que a porção do rei havia sido colhida dos campos, quando brotava a colheita principal. ²Em minha visão, os gafanhotos comeram todas as plantas da terra. Então eu disse: "Ó S<small>ENHOR</small> Soberano, perdoa-nos! Do

---

ᵃ **5.26-27** A Septuaginta traz *Não, vocês carregaram o santuário de Moloque, a estrela de seu deus Refã e as imagens que vocês fizeram para si mesmos. Por isso eu os enviarei para o exílio, para uma terra a leste de Damasco.* Comparar com At 7.43. ᵇ **6.1** Em hebraico, *em Sião*. ᶜ **6.6** Em hebraico, *de José*. ᵈ **6.8** Em hebraico, *de Jacó*. Ver nota em 3.13. ᵉ **6.10a** Ou *queimar os mortos*. O significado do hebraico é incerto. ᶠ **6.10b** O significado do hebraico é incerto. ᵍ **6.13a** *Lo-Debar* significa "nada". ʰ **6.13b** *Carnaim* significa "chifres", termo que simboliza força.

contrário, não sobreviveremos, pois Israel[a] é muito pequeno". ³Então o S͟e͟n͟h͟o͟r voltou atrás e disse: "O que você viu não acontecerá".

Visão do fogo

⁴Foi isto que o S͟e͟n͟h͟o͟r Soberano me mostrou em outra visão: ele se preparava para castigar seu povo com um grande fogo. O fogo havia consumido as profundezas do mar e devorava toda a terra. ⁵Então eu disse: "Ó S͟e͟n͟h͟o͟r Soberano, imploro-te que pares. Do contrário, não sobreviveremos, pois Israel é muito pequeno". ⁶Então o S͟e͟n͟h͟o͟r Soberano voltou atrás e disse: "Isso também não acontecerá".

Visão do prumo

⁷Foi isto que ele me mostrou em outra visão: o Senhor estava em pé, junto a um muro que havia sido construído usando-se um prumo, e segurava o prumo em sua mão. ⁸O S͟e͟n͟h͟o͟r me perguntou: "Amós, o que você vê?".

Respondi: "Um prumo".

Então o Senhor disse: "Provarei meu povo com este prumo. Não fecharei mais os olhos para o que fazem. ⁹Os santuários idólatras de seus antepassados[b] ficarão em ruínas, e os lugares de adoração de Israel serão destruídos; trarei a espada contra a dinastia de Jeroboão".

Amós e Amazias

¹⁰Então Amazias, sacerdote de Betel, enviou uma mensagem a Jeroboão, rei de Israel: "Amós conspira contra o rei aqui mesmo, no meio do povo, falando coisas intoleráveis! ¹¹Assim diz ele: 'Em breve Jeroboão será morto pela espada, e o povo de Israel será enviado para o exílio'".

¹²Então Amazias ordenou a Amós: "Vá embora daqui, profeta! Volte para a terra de Judá e ganhe a vida profetizando ali! ¹³Não nos incomode com suas profecias aqui em Betel. Este é o santuário do rei e o lugar de adoração de todo o reino!".

¹⁴Amós respondeu: "Não sou profeta e nunca fui treinado para ser profeta.[c] Sou apenas um boiadeiro e colhedor de figos. ¹⁵Mas o S͟e͟n͟h͟o͟r me tirou de junto de meu rebanho e disse: 'Vá e profetize a meu povo, Israel'. ¹⁶Agora, portanto, ouça esta mensagem do S͟e͟n͟h͟o͟r:

"Você diz:
'Não profetize contra Israel;
    pare de pregar contra meu povo'.[d]

PÃO DIÁRIO

O profeta do prumo

Então o Senhor disse: "Provarei meu povo com este prumo. Não fecharei mais os olhos para o que fazem".
—Amós 7.8

Um prumo é uma corda com um peso amarrado numa extremidade. Os pedreiros o usam para garantir que a parede que estão construindo fique reta. Ele também pode ser pendurado ao longo de uma parede que já existe para mostrar se ela foi construída em conformidade ou se está inclinada. Um prumo orienta a construção, mas também dá motivos para corrigir o que pode estar inadequado.

Na visão de Amós, o Senhor estava segurando um prumo perto de uma parede, que representava Israel. Deus tinha estabelecido essa nação de maneira justa e verdadeira, mas ela não seguira os Seus padrões. O prumo a partir do qual Israel fora estabelecido agora o condenava.

Outro profeta do 'prumo' faz parte da história. Ele também é o próprio prumo, e o Seu nome é Jesus Cristo. Comparar a nossa vida com a dele mostra o quanto estamos desalinhadas com aquilo que Deus deseja. É por isso que precisamos aceitar o perdão que Deus oferece com base na morte de Cristo por nós.

Assim, à medida que lermos e estudarmos a Palavra de Deus com a intenção de obedecer ao Seu Espírito, Ele nos convencerá e orientará. Descobrimos que Ele nos endireita pouco a pouco, e nos tornamos cada vez mais semelhantes à Sua imagem.

A questão fundamental é: será que permitimos que esse Profeta do prumo nos meça e nos refaça a cada dia?

Querido Jesus, agradeço por seres nosso Salvador e nosso exemplo. Sou grata por nos desafiares a viver de maneira semelhante a ti e teres enviado o Teu Santo Espírito para endireitar a nossa vida. Espírito Santo, por favor, guia-me para que eu possa atingir os padrões da santa Palavra de Deus.

Cristo é o único construtor que pode endireitar uma vida deformada.

---

[a] 7.2 Em hebraico, *Jacó*; também em 7.5. Ver nota em 3.13. [b] 7.9 Em hebraico, *de Isaque*. [c] 7.14 Ou *Não sou profeta nem filho de profeta*. [d] 7.16 Em hebraico, *contra a casa de Isaque*.

¹⁷Mas assim diz o Senhor:
'Sua esposa se tornará prostituta nesta
    cidade,
  e seus filhos e filhas serão mortos pela
    espada.
Sua terra será dividida,
  e você morrerá em terra estrangeira.
E o povo de Israel certamente será levado
    para o exílio,
  para longe de sua terra natal'".

Visão das frutas maduras

8 Em outra visão, o Senhor Soberano me mostrou um cesto cheio de frutas maduras ²e perguntou: "Amós, o que você vê?".
Respondi: "Um cesto cheio de frutas maduras".
Então o Senhor disse: "Assim como essas frutas, o povo de Israel já está maduro; não voltarei a adiar seu castigo. ³Naquele dia, os cânticos no templo se transformarão em lamentos. Haverá cadáveres espalhados por toda parte, e serão levados em silêncio para fora da cidade. Eu, o Senhor Soberano, falei!".

⁴Ouçam isto, vocês que roubam dos pobres
    e oprimem os necessitados!
⁵Não veem a hora de o sábado acabar
  e as festas religiosas terminarem
  para que voltem a fazer negócios.
Usam medidas falsas para medir o trigo
  e enganam o comprador com balanças
    desonestas.[a]
⁶Misturam o trigo que vendem
  com palha varrida do chão.
Escravizam os pobres por uma moeda de
    prata
  ou um par de sandálias.

⁷O Senhor, a Glória de Israel,[b]
    jurou por seu próprio nome:
"Jamais esquecerei
    tudo que vocês fizeram!
⁸A terra tremerá por causa de suas
    maldades,
  e todos que nela habitam lamentarão.
A terra se levantará como o Nilo, o rio do
    Egito, na época das enchentes;
  ela se erguerá e depois afundará.

⁹"Naquele dia", diz o Senhor Soberano,
  "farei o sol se pôr ao meio-dia
  e em plena luz do dia escurecerei a
    terra.
¹⁰Transformarei suas festas em tempos de
    lamento
  e seus cânticos, em canções fúnebres.
Vocês se vestirão de luto
  e rasparão a cabeça,
como se seu único filho tivesse morrido;
  será um dia de muita amargura!

¹¹"Está chegando o tempo", diz o Senhor
    Soberano,
  "em que enviarei fome sobre a terra,
não fome de pão nem sede de água,
  mas de ouvir as palavras do Senhor.
¹²As pessoas andarão sem rumo, de mar
    em mar
  e de um extremo ao outro,[c]
em busca da palavra do Senhor,
  mas não a encontrarão.
¹³Naquele dia, moças belas e rapazes fortes
    desmaiarão de sede.
¹⁴E aqueles que juram pelos ídolos de
    Samaria,
  que fazem juramentos em nome do deus
    de Dã
e votos em nome do deus de Berseba,[d]
  todos eles cairão
  e nunca mais se levantarão."

Visão de Deus junto ao altar

9 Então vi o Senhor em pé junto ao altar. Ele disse:

"Golpeie o alto das colunas do templo,
  para que os alicerces tremam.
Derrube o telhado
  sobre a cabeça do povo que estiver
    embaixo.
Matarei à espada os que sobreviverem;
  ninguém escapará!
²"Ainda que cavem até o lugar dos
    mortos,[e]
  estenderei a mão e os arrancarei de lá.
Ainda que subam até os céus,
  os farei descer.

---

[a] 8.5 Em hebraico, *tornam pequeno o efa e grande o siclo, e negociam falsamente ao usarem balanças enganosas*. [b] 8.7 Em hebraico, *de Jacó*. Ver nota em 3.13. [c] 8.12 Em hebraico, *do norte ao leste*. [d] 8.14 Em hebraico, *do caminho de Berseba*. [e] 9.2 Em hebraico, *Sheol*.

³Ainda que se escondam no topo do monte
  Carmelo,
  os buscarei e de lá os tirarei.
Ainda que se escondam no fundo do mar,
  enviarei a serpente marinha para que os
  morda.
⁴Ainda que seus inimigos os levem para o
  exílio,
  ordenarei que a espada os mate ali.
Estou decidido a trazer calamidade sobre
  eles,
  e não o bem".

⁵O Soberano SENHOR dos Exércitos
  toca a terra e ela se derrete,
  e todos que nela habitam lamentam.
A terra se levanta como o Nilo, o rio do
  Egito, na época das enchentes
  e depois afunda.
⁶O SENHOR constrói sua casa até os céus
  e estabelece seus alicerces sobre a
  terra.
Ele tira água dos oceanos
  e a derrama sobre a terra;
  SENHOR é o seu nome!

⁷"Acaso vocês, israelitas, são mais
  importantes para mim
  que os etíopes?",ᵃ diz o SENHOR.
"Tirei Israel do Egito,
  mas também tirei os filisteus de Cretaᵇ
  e os sírios de Quir.

⁸"Eu, o SENHOR Soberano,
  vigio a nação pecaminosa de Israel.
Eu a varrerei da face da terra,
  mas jamais destruirei por completo o
  povo de Israel",ᶜ
  diz o SENHOR.

⁹"Pois darei ordens
  e sacudirei Israel com as outras nações,
  como o trigo é sacudido na peneira;
  mas nenhum grão se perderá.
¹⁰Todos os pecadores, porém, morrerão
  pela espada,
  todos que dizem:
  'Nenhuma calamidade virá sobre nós.'"

Promessa de restauração
¹¹"Naquele dia, restaurarei a tenda caída de
  Davi
  e consertarei seus muros quebrados.
Das ruínas a reconstruirei
  e restaurarei sua antiga glória.
¹²Israel possuirá o que restar de Edom
  e de todas as nações que chamei para
  serem minhas".ᵈ
O SENHOR falou
  e fará essas coisas.

¹³"Virá o tempo", diz o SENHOR,
  "em que o trigo e as uvas crescerão tão
  rápido
  que o povo não dará conta de colhê-los.
Vinho doce gotejará das videiras
  no alto das colinas de Israel.
¹⁴Trarei meu povo exilado de Israel
  de volta de terras distantes,
  e eles reconstruirão as cidades destruídas
  e voltarão a morar nelas.
Plantarão vinhedos e jardins,
  comerão de suas colheitas e beberão de
  seu vinho.
¹⁵Eu os plantarei firmemente ali,
  em sua própria terra.
Nunca mais serão arrancados
  da terra que lhes dei",
  diz o SENHOR, seu Deus.

ᵃ**9.7a** Em hebraico, *os cuxitas?* ᵇ**9.7b** Em hebraico, *Caftor.* ᶜ**9.8** Em hebraico, *casa de Jacó.* Ver nota em 3.13. ᵈ**9.11b-12** A Septuaginta traz *e restaurarei sua antiga glória, / para que o restante da humanidade, incluindo os gentios, / todos os que chamei para serem meus, me busquem.* Comparar com At 15.16-17.

OBADIAS

INTRODUÇÃO

Profeta. Seu nome significa "Servo do Senhor", mas não sabemos nada sobre ele, exceto o que podemos obter de sua profecia.

Época. Foi, sem dúvida, escrito após a queda de Jerusalém sob Nabucodonosor, 587 a.C. e antes da destruição de Edom, 5 anos depois, o que daria cerca de 585 a.C. Isso faria dele contemporâneo de Jeremias.

A ocasião da profecia é a crueldade dos edomitas em regozijarem-se com a queda de Judá.

Os judeus. É dito ser um livro favorito para os judeus por causa da vingança que ele pronuncia sobre Edom, o irmão deles. Sua principal importância está em suas previsões de desgraça sobre Edom, os descendentes de Esaú, irmão gêmeo de Jacó, e o tipo de hostilidade imutável da carne ao que nasceu do espírito.

Ensinos. (1) Javé está especialmente interessado em Israel. (2) Ele estabelecerá um novo reino, com a Judeia e Jerusalém como o centro e com a santidade como principal característica.

ESBOÇO

1. A punição de Edom, vv.1-9
   1.1. A nação cairá, vv.1-4
   1.2. Seus aliados a abandonarão, vv.5-7
   1.3. Sua sabedoria fracassará, vv.8,9
2. O pecado de Edom, vv.10-14
   2.1. Culpa das nações, vv.15,16
   2.2. Judá será restaurada, vv.17-21

PARA ESTUDO E DISCUSSÃO

[1] O pecado do orgulho.
[2] O pecado de se regozijar com a desgraça dos outros.
[3] Punição de acordo com o nosso pecado e do mesmo tipo que foi o nosso pecado.

1 Esta é a visão que o Senhor Soberano revelou a Obadias acerca da terra de Edom.

O julgamento de Edom é anunciado

Ouvimos uma mensagem do Senhor,
que um embaixador foi enviado às
nações para dizer:
"Preparem-se, todos!
Vamos reunir nossos exércitos e atacar
Edom!".

²O Senhor diz a Edom:
"Eu o tornarei pequeno entre as nações;
você será grandemente desprezado.
³Foi enganado por seu orgulho,
pois vive numa fortaleza de pedra
e mora no alto dos montes.
'Quem me derrubará daqui de cima?',
pensa consigo.
⁴Mesmo que suba tão alto como as águias
e faça seu ninho entre as estrelas,
de lá eu o derrubarei",
diz o Senhor.

⁵"Se ladrões viessem durante a noite e o
assaltassem
(que calamidade o espera!),
não levariam tudo,
e aqueles que colhem uvas
sempre deixam algumas para os pobres.
⁶No entanto, todos os cantos de Edom[a]
serão vasculhados e saqueados;
todos os tesouros serão encontrados e
levados embora.

⁷"Todos os seus aliados o expulsarão de
sua terra;
eles lhe prometerão paz
enquanto tramam enganá-lo e
conquistá-lo.
Seus amigos de confiança lhe prepararão
armadilhas,
e você nem se dará conta.
⁸Naquele dia, não restará
um sábio sequer em toda a terra de
Edom",
diz o Senhor.
"Pois, nos montes de Edom,
destruirei todos que têm entendimento.
⁹Os guerreiros mais poderosos de Temã
ficarão aterrorizados,
e todos nos montes de Edom
serão exterminados na matança."

Motivos para o castigo de Edom

¹⁰"Por causa da violência que cometeu

PÃO DIÁRIO

Tripudiando sobre o inimigo

Não deveria ter ficado satisfeito quando exilaram seus parentes em terras distantes. Não deveria ter se alegrado quando o povo de Judá sofreu tamanha desgraça. Não deveria ter falado com arrogância naquele tempo de aflição.
—Obadias 1.12

Obadias é o menor livro do Antigo Testamento. Ainda assim, escondida em seus breves registros, encontra-se uma questão de vital importância que afeta a todos nós: de que maneira devemos reagir quando vemos um inimigo passar pelo sofrimento e pela desgraça?

O profeta Obadias ministrou durante a época em que a cidade de Jerusalém sofria violento ataque dos exércitos da Babilônia. Os vizinhos de Jerusalém, os edomitas, estavam de fato encorajando as tropas inimigas a destruir e a matar (Sl 137.7-9). Ironicamente, as palavras dolorosas de zombaria foram ditas por parentes consanguíneos dos judeus. Os israelitas eram descendentes de Jacó e os edomitas de Esaú.

Obadias condenou os edomitas por tripudiar sobre os israelitas: "Não deveria ter ficado satisfeito quando exilaram seus parentes em terras distantes. Não deveria ter se alegrado quando o povo de Judá sofreu tamanha desgraça. Não deveria ter falado com arrogância naquele tempo de aflição" (Ob 1.12).

Se alguém nos causa dor e sofrimento repetidas vezes, é fácil ceder ao prazer da vingança quando essa mesma pessoa passa por alguma desgraça. Entretanto, as Escrituras nos advertem: "Não se alegre quando seu inimigo cair; não exulte quando ele tropeçar" (Pv 24.17). Ao contrário, devemos manter uma atitude de compaixão e perdão e confiar que Deus fará justiça a Seu tempo.

Pai, estou envergonhada por já ter sentido alegria pela angústia dos que me feriram. Sei que não és assim e que não tens prazer na dor ou sofrimento. Não é meu privilégio de me vingar de quem quer que seja. Ajuda-me a enxergar os meus inimigos através dos Teus olhos compassivos.

O nosso amor por Deus pode ser medido pelo amor que demonstramos ao nosso pior inimigo.

---

[a] **1.6** Em hebraico, *Esaú*; também em 1.8b,9,18.19.21.

contra seus parentes, os israelitas,[a]
você será coberto de vergonha
    e destruído para sempre.
[11]Quando eles foram invadidos,
    você se manteve afastado e não quis
        ajudá-los.
Estrangeiros levaram a riqueza da nação
    e tiraram sortes para dividir Jerusalém,
    e você agiu como se fosse um deles.
[12]"Não deveria ter ficado satisfeito
    quando exilaram seus parentes em
        terras distantes.
Não deveria ter se alegrado
    quando o povo de Judá sofreu tamanha
        desgraça.
Não deveria ter falado com arrogância
    naquele tempo de aflição.
[13]Não deveria ter saqueado a terra de Israel
    naquele dia de calamidade.
Não deveria ter ficado satisfeito com sua
        destruição
    naquele dia de calamidade.
Não deveria ter roubado a riqueza deles
    naquele dia de calamidade.
[14]Não deveria ter ficado nas encruzilhadas
    para matar os que tentavam escapar.
Não deveria ter capturado e entregado os
        sobreviventes
    naquele tempo de aflição."

Edom é destruído, e Israel, restaurado

[15]"Está próximo o dia em que eu, o Senhor,
    julgarei todas as nações!
Como você fez a Israel,
    assim lhe será feito.
Toda a sua maldade
    cairá sobre sua cabeça.
[16]Assim como você engoliu meu povo
    em meu monte santo,
você e as nações vizinhas
    engolirão o castigo contínuo que eu
        derramar sobre vocês.
Sim, todas as nações beberão, cambalearão
    e, por fim, desaparecerão.
[17]"Mas o monte Sião se tornará refúgio
    para os que escaparem;
será um lugar santo.
O povo de Israel[b] voltará
    para tomar posse de sua herança.
[18]O povo de Israel será um fogo intenso,
    e Edom será um campo de palha seca.
Os descendentes de José serão uma
        chama
    que passará pelo campo e consumirá
        tudo.
Não haverá sobreviventes em Edom;
    eu, o Senhor, falei.
[19]"Então meu povo que vive no Neguebe
    ocupará os montes de Edom.
Os que vivem nas colinas de Judá[c]
    possuirão as planícies dos filisteus
    e tomarão os campos de Efraim e de
        Samaria.
O povo de Benjamim
    ocupará a terra de Gileade.
[20]Os exilados de Israel retornarão para sua
        terra
    e ocuparão o litoral fenício até Sarepta.
Os cativos de Jerusalém, exilados no
        norte,[d]
    voltarão para casa e ocuparão as cidades
        do Neguebe.
[21]Os que foram resgatados[e] subirão ao[f]
        monte Sião, em Jerusalém,
    para governar sobre os montes de Edom;
    e o reino será do Senhor."

---

[a] **1.10** Em hebraico, *contra seu irmão, Jacó*. Os nomes "Jacó" e "Israel" são usados de forma intercambiável ao longo de todo o Antigo Testamento e se referem, por vezes, ao patriarca e, em outras ocasiões, à nação. [b] **1.17** Em hebraico, *A casa de Jacó*; também em 1.18. Ver nota em 1.10. [c] **1.19** Em hebraico, *na Sefelá*. [d] **1.20** Em hebraico, *em Sefarade*. [e] **1.21a** Conforme a Septuaginta e a versão siríaca; o hebraico traz *Os resgatadores*. [f] **1.21b** Ou *do*.

JONAS

INTRODUÇÃO

Profeta. Seu nome significa "Pomba", e ele é filho de Amitai. Sua casa era em Gate-Hefer, uma aldeia de Zebulom, portanto, pertencia às dez tribos e não a Judá. É mencionado pela primeira vez em 2 Reis 14.28, onde profetizou o sucesso de Jeroboão II, na sua guerra contra a Síria, pelo qual ele restauraria o território que outras nações tinham tirado de Israel. Provavelmente profetizou em uma data anterior, embora todas as tentativas de determinar o tempo de sua profecia ou a data e o local de sua morte falharam.

Profecia. Ela difere de todas as outras, visto que é uma narrativa e mais a história de uma profecia do que a própria profecia. Todas as outras estão ocupadas principalmente com enunciados proféticos, enquanto este livro registra as experiências e a obra de Jonas, mas nos diz pouco sobre suas afirmações. A história de Jonas tem sido comparada à de Elias e Eliseu (1 Reis 17-19 e 2 Reis 4-6).

Embora cheio do elemento milagroso, o objetivo evidente é ensinar grandes lições morais e espirituais, e é lamentável que seu elemento sobrenatural tenha feito deste livro objeto de descrédito. Mas os fatos, embora extraordinários, não são de modo algum contraditórios ou inconsistentes. Na verdade, o Sr. Driver [N.E.: Samuel Rolles Driver, hebraísta e especialista em Antigo Testamento (1846-1914),] disse que "sem dúvida, as descrições de Jonas e o reconheceu comparando Sua própria morte por três dias aos três dias de Jonas na barriga do peixe.

Dos livros do Antigo Testamento, este é o mais "cristão" de todos, sendo a sua verdade central a universalidade do plano divino da redenção. Em nenhum outro lugar do Antigo Testamento, tal ênfase é imposta ao amor de Deus como abrangendo em seu escopo toda a raça humana.

ESBOÇO

1. O primeiro chamado de Jonas e sua fuga do dever, Caps. 1-2
    1.1. O chamado, a fuga e a punição, Cap. 1
    1.2. O arrependimento e o resgate, Cap. 2
2. O segundo chamado de Jonas e a sua pregação em Nínive, Cap. 3
    2.1. Seu segundo chamado, vv.1,2
    2.2. Sua pregação contra Nínive, vv.3,4
    2.3. Nínive se arrepende, vv.5-9
    2.4. Nínive é poupada, v.10
3. A ira de Jonas e a misericórdia de Deus, Cap. 4
    3.1. A ira de Jonas, vv.1-4
    3.2. As lições provenientes de uma planta, vv.5-11

PARA ESTUDO E DISCUSSÃO

[1] Os diferentes elementos perceptíveis no caráter de Jonas.
[2] Os perigos da desobediência, para si e para os outros.
[3] As possibilidades de influência para o homem comissionado por Deus. A influência de Jonas sobre os marinheiros e sobre Nínive.
[4] O cuidado de Deus pelas nações pagãs (4.11), e o apoio a Missões Mundiais.
[5] A natureza do verdadeiro arrependimento e o perdão de Deus.
[6] O profeta ou pregador — seu chamado, sua mensagem e seu local de ministério.

PÃO DIÁRIO

Lições de Jonas

Em minha angústia, clamei ao Senhor, e ele me respondeu. Gritei da terra dos mortos, e tu me ouviste.
—Jonas 2.2

A história de Jonas é um dos relatos mais discutidos e fascinantes existentes na Bíblia. Tirando todo o debate, uma coisa é certa: Jonas fez um grande exame de consciência naquela hospedaria fedorenta e subaquática.

Todos nós podemos nos identificar com a história. Às vezes, a vida vai mal. Quando isso acontece precisamos nos fazer algumas perguntas difíceis como Jonas se fez:

Existem pecados em minha vida? À luz da desobediência descarada de Jonas, Deus teve de fazer algo drástico para lhe chamar a atenção e levá-lo ao arrependimento.

O que posso aprender desta situação? O povo perverso de Nínive era inimigo do povo de Deus. Jonas achava que os ninivitas deveriam ser julgados, ao invés de receber uma segunda chance. Obviamente, ele precisava de uma lição sobre como devemos compartilhar a compaixão de Deus pelos perdidos. "Quando Deus viu o que fizeram e como deixaram seus maus caminhos, voltou atrás e não os destruiu como havia ameaçado" (Jn 3.10).

Será que posso demonstrar a glória de Deus assim? Muitas vezes, nosso sofrimento não tem a ver conosco, mas com o fato de as pessoas verem o poder de Deus agindo em nossas fraquezas. Jonas encontrou-se numa situação de impotência; mesmo assim, Deus o usou para levar uma nação pagã ao arrependimento.

Da próxima vez que você tiver um problema do tipo que a coloca "no ventre de um grande peixe", não se esqueça de se fazer essas perguntas difíceis, pois isso pode significar a diferença entre o desespero e a libertação.

Senhor, em meio ao sofrimento, ajuda-me a glorificar o Teu nome. Meu desejo é voltar minha atenção para a Tua provisão e o Teu poder que age em minha vida hoje.

Aprendemos lições na escola do sofrimento que não podemos aprender de nenhuma outra maneira.

Jonas foge de Deus

1 O Senhor deu esta mensagem a Jonas, filho de Amitai: ²"Apronte-se e vá à grande cidade de Nínive. Anuncie meu julgamento contra ela, pois vi como seu povo é perverso".

³Jonas se aprontou, mas foi na direção contrária, a fim de fugir do Senhor. Desceu ao porto de Jope, onde encontrou um navio que estava de partida para Társis. Comprou a passagem e embarcou para Társis, a fim de fugir do Senhor.

⁴O Senhor, porém, enviou sobre o mar um vento forte, e caiu uma tempestade tão violenta que o navio estava prestes a se despedaçar. ⁵Com muito medo, os marinheiros clamavam a seus deuses para que os socorressem e lançavam a carga ao mar para deixar o navio mais leve.

Enquanto isso, Jonas dormia profundamente no porão. ⁶Então o capitão desceu para falar com ele. "Como pode dormir numa situação dessas?", disse. "Levante-se e ore a seu deus! Quem sabe ele prestará atenção em nós e poupará nossa vida!"

⁷Então a tripulação tirou sortes para ver qual deles havia ofendido os deuses e causado a terrível tempestade. Quando tiraram as sortes, elas indicaram que Jonas era o culpado. ⁸"Por que essa terrível tempestade veio sobre nós?", perguntaram. "Quem é você? Qual é sua profissão? De onde vem? Qual é sua nacionalidade?"

⁹Jonas respondeu: "Sou hebreu e adoro o Senhor, o Deus dos céus, que fez o mar e a terra".

¹⁰Os marinheiros ficaram apavorados quando ouviram isso, pois Jonas já havia lhes contado que estava fugindo do Senhor. "Por que fez uma coisa dessas?", disseram. ¹¹E, visto que a tempestade piorava cada vez mais, perguntaram-lhe: "O que devemos fazer com você para que a tempestade se acalme?".

¹²Jonas respondeu: "Joguem-me ao mar, e ele voltará a ficar calmo. Eu sei que esta terrível tempestade é culpa minha".

¹³Em vez disso, os marinheiros remaram com ainda mais força para levar a embarcação à terra, mas não conseguiram, pois o mar tempestuoso havia se tornado muito violento. ¹⁴Então clamaram ao Senhor e disseram: "Ó Senhor, não nos deixes morrer por causa deste homem, e não nos responsabilizes pela morte dele! Ó Senhor, tu sabes os motivos por que enviaste esta tempestade sobre ele!".

¹⁵Depois, os marinheiros pegaram Jonas e o lançaram ao mar e, no mesmo instante, a furiosa tempestade se aquietou. ¹⁶Espantados com o grande poder do Senhor, os marinheiros lhe ofereceram um sacrifício e firmaram o compromisso de servi-lo.

¹⁷ᵃO Senhor fez que um grande peixe engolisse Jonas. E Jonas ficou dentro do peixe por três dias e três noites.

A oração de Jonas

2 ¹ᵇEntão, de dentro do peixe, Jonas orou ao Senhor, seu Deus, ²e disse:

"Em minha angústia, clamei ao Senhor,
 e ele me respondeu.
Gritei da terra dos mortos,ᶜ
 e tu me ouviste.
³Nas profundezas do oceano me lançaste,
 e afundei até o coração do mar.
As águas me envolveram;
 fui encoberto por tuas tempestuosas ondas.
⁴Então eu disse: 'Tu me expulsaste de tua presença
 e, no entanto, olharei de novo para teu santo templo'.ᵈ

⁵"Afundei debaixo das ondas,
 e as águas se fecharam sobre mim;
algas marinhas se enrolaram em minha cabeça.
⁶Afundei até os alicerces dos montes;
 fiquei preso na terra,
cujas portas se fecharam para sempre.
Mas tu, ó Senhor, meu Deus,
 me resgataste da morte!
⁷Quando minha vida se esvaía,
 me lembrei do Senhor,
e minha oração subiu a ti
 em teu santo templo.
⁸Os que adoram falsos deuses
 dão as costas para as misericórdias de Deus.
⁹Eu, porém, oferecerei sacrifícios a ti com cânticos de gratidão
e cumprirei todos os meus votos,
pois somente do Senhor vem o livramento".

¹⁰Então o Senhor ordenou que o peixe vomitasse Jonas na praia.

PÃO DIÁRIO

Ira ou aprovação?

Quando Deus viu o que fizeram e como deixaram seus maus caminhos, voltou atrás e não os destruiu como havia ameaçado.

—Jonas 3.10

De que maneira reagimos quando Deus demonstra misericórdia por pessoas que, de acordo com o que acreditamos, merecem punição? Se nos ressentimos, isso pode indicar que esquecemos o quanto o Senhor nos perdoou.

Depois que Jonas atendeu ao segundo chamado de Deus para pregar Seu julgamento iminente sobre Nínive (Jn 3.1-4), o povo da cidade abandonou seu estilo de vida perverso, e, assim, o Senhor não os destruiu (v.10). A misericórdia de Deus deixou o profeta muito irado. Ele disse a Deus que temia que isso acontecesse e que, por isso, havia fugido para Társis. "...Antes de eu sair de casa, não foi isso que eu disse que tu farias, ó Senhor? [...] Sabia que és Deus misericordioso e compassivo, lento para se irar e cheio de amor. Estás pronto a voltar atrás e não trazer calamidade" (4.2).

Mas o Senhor disse ao profeta: "Nínive, porém, tem mais de 120 mil pessoas que não sabem decidir entre o certo e o errado, sem falar de muitos animais..." (v.11).

A maravilhosa graça de Deus é maior do que todos os nossos pecados. "Vocês são salvos pela graça, por meio da fé. Isso não vem de vocês; é uma dádiva de Deus" (Ef 2.8). Por causa de Sua graça para conosco, "...sejam bondosos e tenham compaixão uns dos outros, perdoando-se como Deus [nos] perdoou em Cristo" (4.32).

Em vez de nos zangarmos quando Deus é misericordioso, deveríamos aplaudi-lo.

Senhor, admito que, muitas vezes, desejo ver o Teu julgamento e a Tua punição imediata sobre aqueles que a merecem. Ajuda-me a lembrar-me de que apenas a Tua misericórdia e a Tua graça me pouparam até este momento. Ajuda-me também a demonstrar a Tua misericórdia e graça aos que me cercam.

Só poderemos deixar de demonstrar misericórdia pelos outros quando Cristo deixar de demonstrá-la por nós.

ᵃ**1.17** No texto hebraico, o versículo 1.17 é numerado 2.1. ᵇ**2.1** No texto hebraico, os versículos 2.1-10 são numerados 2.2-11. ᶜ**2.2** Em hebraico, *do Sheol.* ᵈ**2.4** Ou *algum dia olharei de novo para teu santo templo*.

Jonas vai a Nínive

3 Depois disso, o Senhor falou com Jonas pela segunda vez: ²"Apronte-se, vá à grande cidade de Nínive e transmita a mensagem que eu lhe dei".

³Dessa vez, Jonas obedeceu à ordem do Senhor e foi a Nínive, uma cidade tão grande que eram necessários três dias para percorrê-la inteira.ª ⁴No dia em que Jonas entrou na cidade, proclamou às multidões: "Daqui a quarenta dias Nínive será destruída!". ⁵Os habitantes de Nínive creram em Deus e, desde o mais importante até o mais humilde, declararam um jejum e se vestiram de pano de saco.

⁶Quando o rei de Nínive ouviu o que Jonas dizia, desceu do trono, tirou as vestes reais, vestiu-se de pano de saco e sentou-se sobre um monte de cinzas. ⁷Então o rei e seus nobres enviaram este decreto a toda a cidade:

"Ninguém, nem mesmo os animais de seu gado e de seus rebanhos, poderá comer ou beber coisa alguma. ⁸Tanto as pessoas como os animais devem se cobrir de pano de saco, e todos devem orar fervorosamente ao Senhor. Devem deixar seus maus caminhos e toda a sua violência. ⁹Quem sabe Deus voltará atrás, conterá sua ira ardente e não nos destruirá".

¹⁰Quando Deus viu o que fizeram e como deixaram seus maus caminhos, voltou atrás e não os destruiu como havia ameaçado.

A ira de Jonas por causa da misericórdia do Senhor

4 Isso tudo deixou Jonas aborrecido e muito irado. ²Então, orou ao Senhor: "Antes de eu sair de casa, não foi isso que eu disse que tu farias, ó Senhor? Por esse motivo fugi para Társis! Sabia que és Deus misericordioso e compassivo, lento para se irar e cheio de amor. Estás pronto a voltar atrás e não trazer calamidade. ³Agora tira minha vida, Senhor! Para mim é melhor morrer que viver desse modo".

⁴O Senhor respondeu: "Você acha certo ficar tão irado assim?".

⁵Então Jonas foi até um lugar a leste de Nínive e construiu um abrigo para sentar-se à sua sombra enquanto esperava para ver o que aconteceria à cidade. ⁶O Senhor Deus fez crescer ali uma planta, que logo espalhou suas folhas grandes sobre a cabeça de Jonas e o protegeu do sol. Isso aliviou o desconforto de Jonas, e ele ficou muito grato pela planta.

⁷No dia seguinte, porém, ao amanhecer, Deus também mandou uma lagarta. Ela comeu o talo da planta, que secou. ⁸Quando o calor do sol se intensificou, Deus mandou um vento leste quente soprar sobre Jonas. O sol bateu em sua cabeça até ele sentir-se tão fraco que desejou morrer. "Para mim é melhor morrer que viver desse modo", disse ele.

⁹Deus perguntou a Jonas: "Você acha certo ficar tão irado por causa da planta?".

Jonas respondeu: "Sim, acho certo ficar tão irado a ponto de querer morrer!".

¹⁰Então o Senhor disse: "Você tem compaixão de uma planta, embora não tenha feito coisa alguma para que ela crescesse. Ela depressa apareceu e depressa murchou. ¹¹Nínive, porém, tem mais de 120 mil pessoas que não sabem decidir entre o certo e o errado,ᵇ sem falar de muitos animais. Acaso não devo ter compaixão dessa grande cidade?".

ª **3.3** Em hebraico, *uma grande cidade para Deus, de três dias de jornada.* ᵇ **4.11** Em hebraico, *pessoas que não sabem distinguir a mão direita da mão esquerda.*

MIQUEIAS

INTRODUÇÃO

Profeta. Seu nome significa "Quem é o Senhor?" e ele era de Moresete, uma pequena cidade de Gate. Era contemporâneo mais jovem de Isaías e profetizou tanto para Israel como para Judá durante o tempo de Jotão, Acaz e Ezequias, reis de Judá; e de Peca e Oseias, os dois últimos reis de Israel. Ele se compadeceu profundamente das pessoas comuns, sendo tocado pelos erros sociais de seu tempo (Caps. 2–3), e se tornou o advogado e defensor do povo, bem como seu acusador. Claramente expõe a maldade de Judá e Israel, seu castigo, sua restauração e o Cristo vindouro. Em comparação com Isaías, era um simples compatriota, nascido de pais desconhecidos e reconhecido como uma das classes camponesas, enquanto Isaías era um profeta da cidade, de alto nível social e conselheiro de reis.

As grandes verdades da profecia são: (1) A destruição de Israel (1.6,7). (2) A desolação de Jerusalém e do Templo (3.12; 7.13). (3) A ida dos judeus para a Babilônia (4.10). (4) O retorno do cativeiro com paz e prosperidade e com bênção espiritual (4.1-8; 7.11-17). (5) O governante (Messias) em Sião (4.8). (6) Onde e quando Ele deveria nascer (5.2). Esta é a sua grande profecia e é aceita como final no pronunciamento a Herodes.

ESBOÇO

1. A calamidade iminente, Cap. 1
2. Os pecados que causaram esta calamidade, Caps. 2–3
    2.1. Em sua maldade, eles se recusam a escutar o profeta e são levados ao cativeiro, 2.1-11
    2.2. A restauração prometida, 2.12,13
    2.3. Os pecados dos ricos e das autoridades, Cap. 3
3. A restauração e a glória prometidas, Caps. 4–5
    3.1. A restauração prometida à cidade de Sião, 4.1-5
    3.2. A restauração e a glória de Israel, 4.6-13
    3.3. O poderoso Rei messiânico a ser enviado, Cap. 5
4. A controvérsia de Deus com Israel, Caps. 6–7
    4.1. A acusação de Deus e ameaça contra o povo, Cap. 6
    4.2. Em lamento e paciência, o justo deve esperar por tempos melhores, 7.1-13
    4.3. Deus terá misericórdia e os restaurará, 7.14-20

PARA ESTUDO E DISCUSSÃO

[1] As várias acusações e ameaças contra Israel e Judá.
[2] As diferentes descrições da prosperidade vindoura de Israel e o período messiânico.
[3] A falsa autoridade dos governantes civis, dos líderes morais, dos mestres espirituais.

1

¹O Senhor deu esta mensagem a Miqueias, de Moresete, durante os anos em que Jotão, Acaz e Ezequias foram reis de Judá. As visões diziam respeito a Samaria e a Jerusalém.

Grande tristeza por Samaria e Jerusalém

²Prestem atenção, todos os povos!
Que a terra e tudo que nela há ouçam!
O Senhor Soberano faz acusações contra vocês;
de seu santo templo o Senhor fala.
³Vejam, o Senhor se aproxima!
Ele deixa seu trono nos céus
e pisa sobre os lugares altos da terra.
⁴Os montes se derretem sob seus pés
e escorrem para os vales,
como cera no fogo,
como água que desce pela encosta.
⁵E por que isso acontece?
Por causa da rebeldia de Israel,
dos pecados dos descendentes de Jacó.
Quem é responsável pela rebeldia de Israel?
Samaria, sua capital!
Onde fica o centro de idolatria de Judá?
Em Jerusalém, sua capital!

⁶"Por isso, transformarei a cidade de Samaria
num monte de ruínas.
Farei de suas ruas
um campo para plantar videiras.
Atirarei no vale as pedras de seus muros,
até que os alicerces fiquem descobertos.
⁷Todas as suas imagens esculpidas serão despedaçadas,
todos os seus tesouros sagrados serão queimados.
Isso tudo foi comprado com o pagamento de sua prostituição
e será levado embora
para pagar prostitutas em outro lugar."

⁸Por isso, chorarei e lamentarei;
andarei descalço e nu.
Uivarei como o chacal
e gemerei como a coruja.
⁹Pois a ferida de meu povo
não tem cura.
Chegou a Judá,
até os portões de Jerusalém.

¹⁰Não contem isso a nossos inimigos em Gate;[a]
não chorem.
Vocês, habitantes de Bete-Leafra,[b]
rolem no pó.
¹¹Vocês, habitantes de Safir,[c]
vão para o exílio, nus e envergonhados.
Os habitantes de Zaanã[d]
não se atrevem a sair da cidade.
Os habitantes de Bete-Ezel[e] estão em prantos,
pois não têm proteção.
¹²Os habitantes de Marote[f] anseiam por alívio,
mas a calamidade do Senhor chega
até às portas de Jerusalém.
¹³Atrelem os cavalos a suas carruagens e fujam,
habitantes de Laquis.[g]
Você foi a primeira cidade em Judá
a seguir Israel em sua rebeldia,
e levou a bela Sião[h] a pecar.
¹⁴Deem presentes de despedida a Moresete-Gate;[i]
a cidade de Aczibe[j] enganou os reis de Israel.
¹⁵Ó habitantes de Maressa,[k]
trarei um conquistador para tomar sua cidade.
E a liderança[l] de Israel
irá a Adulão.
¹⁶Ó habitantes de Judá, raspem a cabeça,
pois seus filhos queridos serão levados para longe.
Fiquem calvos como a águia,
pois seus pequenos serão exilados em terras distantes.

---

[a] 1.10a *Gate* tem som parecido com o termo hebraico para "contar". [b] 1.10b *Bete-Leafra* significa "casa do pó". [c] 1.11a *Safir* significa "agradável". [d] 1.11b *Zaanã* tem som parecido com o termo hebraico para "sair". [e] 1.11c *Bete-Ezel* significa "casa adjacente". [f] 1.12 *Marote* tem som parecido com o termo hebraico para "amargo". [g] 1.13a *Laquis* tem som parecido com o termo hebraico para "parelha de cavalos". [h] 1.13b Em hebraico, *a filha de Sião*. [i] 1.14a *Moresete* tem som parecido com o termo hebraico para "presente" ou "dote". [j] 1.14b *Aczibe* tem som parecido com o termo hebraico para "engano". [k] 1.15a *Maressa* tem som parecido com o termo hebraico para "conquistador". [l] 1.15b Em hebraico, *a glória*.

Julgamento contra os opressores ricos

2 ¹Que aflição espera vocês que ficam acordados à noite
fazendo planos perversos!
Levantam-se ao amanhecer para realizá--los,
só porque têm poder para isso.
²Quando desejam um terreno,
encontram um modo de se apropriar dele.
Quando querem a casa de alguém,
tomam-na por meio de violência.
Oprimem um homem para que lhes entregue sua propriedade
e deixam a família dele sem herança.

³Portanto, assim diz o Senhor:
"Eu retribuirei sua maldade com maldade;
não conseguirão livrar o pescoço do laço.
Não andarão mais com arrogância,
pois será um tempo de calamidade".

⁴Naquele dia, seus inimigos zombarão de vocês
e entoarão canções de lamento a seu respeito:
"Estamos acabados, totalmente arruinados!
Deus confiscou nossa terra,
ele a tomou de nós.
Entregou nossos campos
àqueles que nos levaram cativos".
⁵Então outros estabelecerão suas divisas,
e o povo do Senhor será ignorado
na hora de repartir a terra.

Verdadeiros e falsos profetas

⁶"Não diga uma coisa dessas",
o povo responde.ᵃ
"Não profetize dessa maneira;
essa desgraça jamais nos acontecerá!"
⁷Acaso deve falar desse modo, ó povo de Israel?ᵇ
O Espírito do Senhor terá paciência com essa conduta?
Se fizesse o que é certo,
minhas palavras lhe trariam consolo.
⁸Até agora, porém,
meu povo se rebela contra mim,
como se fosse um inimigo.
Roubam a túnica daqueles
que confiaram em vocês
e os deixam aos farrapos,
como quem volta da batalha.
⁹Expulsaram mulheres de seus lares confortáveis
e tomaram para sempre de seus filhos
tudo que Deus lhes deu.
¹⁰Levantem-se! Vão embora!
Esta não é mais sua terra nem seu lar,
pois vocês a encheram de pecado
e a arruinaram por completo.
¹¹Se um profeta que vive a mentir lhes dissesse:
"Proclamarei para vocês
as alegrias do vinho e da bebida forte",
de um profeta assim vocês se alegrariam!

Esperança de restauração

¹²"Algum dia, ó Israel,ᶜ
reunirei os que restaram.
Juntarei vocês novamente, como ovelhas no curral,
como rebanho em seu pasto.
Sim, sua terra voltará a se encher
do ruído das multidões.
¹³Seu líder abrirá o caminho
e os conduzirá para fora do exílio,
pelas portas das cidades inimigas,
de volta para sua terra.
Seu rei os conduzirá;
o próprio Senhor os guiará."

Julgamento contra os líderes de Israel

3 ¹Eu disse: "Ouçam, líderes de Israel!
Vocês deveriam saber o que é certo,
²mas odeiam o bem
e amam o mal.
Esfolam meu povo
e arrancam a carne de seus ossos.
³Sim, comem a carne de meu povo;
arrancam sua pele
e quebram seus ossos.
Cortam-no em pedaços,
como carne para a panela.

ᵃ**2.6** Ou *os profetas respondem*; em hebraico, *eles profetizam*. ᵇ**2.7** Em hebraico, *ó casa de Jacó?* Os nomes "Jacó" e "Israel" são usados de forma intercambiável ao longo de todo o Antigo Testamento e se referem, por vezes, ao patriarca e, em outras ocasiões, à nação. ᶜ**2.12** Em hebraico, *Jacó*. Ver nota em 2.7.

⁴Então, na hora da aflição, clamam ao
 Senhor;
 esperam mesmo que ele responda?
Depois de todo o mal que fizeram,
 ele nem olhará para vocês!".

⁵Assim diz o Senhor:
 "Vocês, falsos profetas, fazem meu povo
 se desviar!
Prometem paz aos que lhes dão comida,
 mas anunciam guerra aos que não os
 alimentam.
⁶Agora, a noite se fechará ao seu redor
 e acabará com suas visões.
A escuridão os cobrirá
 e dará fim a suas predições.
O sol se porá para os profetas,
 e seu dia chegará ao fim.
⁷Então vocês, videntes, serão
 envergonhados,
 e vocês, adivinhos, serão humilhados.
Cobrirão a boca,
 porque não há resposta de Deus".

⁸Quanto a mim, estou cheio de poder,
 cheio do Espírito do Senhor.
Estou cheio de justiça e força
 para anunciar o pecado e a rebeldia de
 Israel.
⁹Escutem, líderes de Israel!
 Vocês odeiam a justiça e distorcem o
 que é certo.
¹⁰Constroem Jerusalém
 sobre um alicerce de homicídio e
 corrupção.
¹¹Os governantes julgam conforme os
 subornos que recebem,
 os sacerdotes cobram para ensinar a lei,
 os profetas só profetizam quando são pagos,
 e, no entanto, todos afirmam depender
 do Senhor.
Dizem: "Nenhum mal nos acontecerá,
 pois o Senhor está em nosso meio".
¹²Por causa de vocês, o monte Sião será
 arado como um campo;
 Jerusalém será transformada num
 monte de ruínas.
Crescerá mato na colina,
 onde hoje fica o templo.

O reino futuro do Senhor

4 ¹Nos últimos dias, o monte da casa do
 Senhor
 será o mais alto de todos.
Será elevado acima das colinas,
 e povos de todo o mundo irão até lá.
²Gente de muitas nações virá e dirá:
 "Venham, subamos ao monte do Senhor,
 à casa do Deus de Jacó.
Ali ele nos ensinará como devemos viver
 e andaremos em seus caminhos".
Pois a lei do Senhor sairá de Sião;
 sua palavra sairá de Jerusalém.
³O Senhor será mediador entre povos
 e resolverá conflitos entre nações
 poderosas e distantes.
Elas forjarão suas espadas para fazer
 arados
 e transformarão suas lanças em
 podadeiras.
As nações já não lutarão entre si,
 nem treinarão mais para a guerra.
⁴Todos viverão em paz,
 sentados sob suas videiras e figueiras,
 pois não haverá nada a temer.
Assim prometeu
 o Senhor dos Exércitos!
⁵Embora as nações ao redor sigam seus
 deuses,
 nós seguiremos o Senhor, nosso Deus,
 para sempre.

Israel volta do exílio

⁶"Naquele dia", diz o Senhor,
 "reunirei os fracos,
 os que foram exilados,
 aqueles a quem feri.
⁷Os fracos sobreviverão como um
 remanescente,
 os exilados se tornarão uma nação forte.
Então eu, o Senhor,
 reinarei sobre eles no monte Sião, para
 sempre."
⁸Quanto a você, bela Sião,
 fortaleza do povo de Deus,[a]
 voltará a ter força
 e poder soberano.
O reino de minha preciosa Jerusalém[b]
 será restaurado.

---
[a] 4.8a Em hebraico, *Quanto a você, Migdal-Eder,* / *o Ofel da filha de Sião.* [b] 4.8b Em hebraico, *da filha de Jerusalém.*

⁹Agora, por que grita de terror?
  Acaso não tem rei para governá-la?
Morreram todos os seus sábios?
  Sim, você foi tomada de dor como a
    mulher que dá à luz.
¹⁰Ó habitantes da bela Sião,ᵃ
  contorçam-se e gemam, como a mulher
    em trabalho de parto,
pois terão de deixar a cidade
  para morar nos campos.
Vocês serão enviados ao exílio
  na distante Babilônia.
Ali, porém, o Senhor os libertará;
  ele os livrará das garras de seus
    inimigos.

¹¹Agora muitas nações se reuniram contra
    você,
  dizendo: "Que ela seja profanada!
    Vejamos a destruição de Sião!".
¹²Mas elas não conhecem os pensamentos
    do Senhor,
  nem entendem seu plano.
Essas nações não sabem
  que ele as reúne
para serem batidas e pisadas,
  como feixes de cereal na eira.

¹³"Levante-se e esmague as nações, ó bela
    Sião!ᵇ
  Pois eu lhe darei chifres de ferro e
    cascos de bronze,
  para que pisoteie muitas nações até
    despedaçá-las.
Você dedicará ao Senhor as riquezas que
    elas roubaram;
  dedicará seus tesouros ao Soberano de
    toda a terra."

5

¹ᶜMobilizem-se! Reúnam suas tropas!
  O inimigo cerca Jerusalém.
Com uma vara ferirá
  o rosto do líder de Israel.

Um governante de Belém

²ᵈMas você, ó Belém Efrata,
  é apenas uma pequena vila entre todo o
    povo de Judá.
E, no entanto, um governante de Israel,
  cujas origens são do passado distante,
    sairá de você em meu favor.
³O povo de Israel será entregue a seus
    inimigos,
  até que a mulher em trabalho de parto
    dê à luz.
Por fim, seus compatriotas
  voltarão do exílio para sua própria terra.
⁴Ele se levantará para conduzir seu
    rebanho com a força do Senhor
  e a majestade do nome do Senhor, seu
    Deus.
Então seu povo viverá tranquilo,
  pois ele será exaltado em todo o mundo
⁵e será a fonte de paz.

Quando os assírios invadirem nossa terra
  e romperem nossas defesas,
nomearemos sete pastores para nos
    proteger,
  oito príncipes para nos conduzir.
⁶Eles conquistarão a Assíria com a espada
  e entrarão pelas portas da terra de
    Ninrode.
Ele nos livrará dos assírios,
  quando eles passarem pelas fronteiras
    para invadir nossa terra.

A purificação do remanescente

⁷Então o remanescente de Israelᵉ
  ocupará seu lugar entre as nações.
Será como o orvalho enviado pelo Senhor,
  como a chuva que cai sobre a grama,
que ninguém é capaz de conter
  e ninguém consegue deter.
⁸Sim, o remanescente de Israel
  ocupará seu lugar entre as nações.
Será como o leão entre os animais no
    bosque,
  como o leão forte no meio de rebanhos
    de ovelhas,
que as ataca e as despedaça quando passam,
  sem que ninguém as livre.
⁹O povo de Israel enfrentará seus
    adversários,
  e todos os seus inimigos serão
    exterminados.

¹⁰"Naquele dia", diz o Senhor,

ᵃ**4.10** Em hebraico, *filha de Sião*. ᵇ**4.13** Em hebraico, *Levante-se e debulhe, ó filha de Sião*. ᶜ**5.1** No texto hebraico, o versículo 5.1 é numerado 4.14. ᵈ**5.2** No texto hebraico, os versículos 5.2-15 são numerados 5.1-14. ᵉ**5.7** Em hebraico, *Jacó*; também em 5.8. Ver nota em 2.7.

PÃO DIÁRIO

A vida ideal

Ó povo, o Senhor lhe declarou o que é bom e o que ele requer de você: que pratique a justiça, ame a misericórdia e ande humildemente com seu Deus.
—Miqueias 6.8

Os filósofos refletem sobre: "Como é a vida ideal e quem a usufrui?". Instantaneamente, penso em meu querido amigo Renato.

Renato era um homem amável e tranquilo que não buscava o reconhecimento, que deixava os cuidados de sua vida a cargo de seu Pai celestial e que se ocupava apenas da vontade do Senhor. O ponto de vista dele era o ponto de vista celestial. Muitas vezes, Renato me lembrava: "Estamos apenas de passagem por aqui."

Quando ele faleceu, os amigos se recordaram de sua influência sobre a vida de cada um. Muitos falaram sobre a sua bondade, seu altruísmo, sua humildade e compaixão. Para muitos, o amigo demonstrara de maneira visível o amor incondicional de Deus.

Depois do culto fúnebre, o filho dele dirigiu-se ao lar de idosos onde o pai vivera os últimos dias de sua vida. Ele juntou os pertences do pai: dois pares de sapatos, algumas poucas camisetas, calças e algumas miudezas — a soma dos seus bens materiais — e os entregou à instituição de caridade local. Meu amigo nunca teve o que muitos consideram ser a vida ideal, mas foi rico em boas obras para Deus. George MacDonald escreveu: "Quem possui o Céu e a Terra? Aquele que tem mil casas ou aquele que, sem qualquer residência para chamar de sua, dispõe de dez casas nas quais sua simples batida à porta desperta o júbilo imediato?".

Apesar de tudo, a vida dele foi ideal.

Senhor amado, o Teu abundante amor por mim torna a minha vida repleta de bênçãos espirituais, independentemente de meus bens materiais. Ajuda-me a disseminar esse amor e essas bênçãos aos que eu encontrar a cada dia.

Ninguém pode conhecer a vida ideal sem a presença de Deus.

"matarei seus cavalos
  e destruirei seus carros de guerra.
¹¹Derrubarei seus muros
  e demolirei suas fortalezas.
¹²Acabarei com a prática da feitiçaria,
  e não haverá mais adivinhos.
¹³Destruirei seus ídolos e suas colunas sagradas,
  para que vocês nunca mais adorem as obras de suas mãos.
¹⁴Acabarei com seus santuários e postes de Aserá
  e destruirei suas cidades.
¹⁵Com terrível ira, derramarei minha vingança
  sobre todas as nações que não me obedeceram."

As acusações do Senhor contra Israel

6 Ouçam o que o Senhor diz:

"Levantem-se e apresentem sua causa!
  Que os montes e as colinas sejam testemunhas de suas queixas.
²E agora, ó montes e firmes alicerces da terra,
  ouçam a queixa do Senhor.
Ele julgará seu povo,
  fará acusações contra Israel.

³Ó meu povo, o que fiz para se cansarem de mim?
  Respondam-me!
⁴Eu os tirei do Egito e os resgatei da escravidão;
  enviei Moisés, Arão e Miriã para guiá-los.
⁵Ó meu povo, não se lembra de como Balaque, rei de Moabe,
  planejou que você fosse amaldiçoado,
  e como, em vez disso, Balaão, filho de Beor, o abençoou?
Não recorda sua viagem do vale das Acácias[a] a Gilgal,
  quando eu, o Senhor, lhe revelei minha fidelidade?"

⁶Que podemos apresentar ao Senhor?
  Devemos trazer holocaustos ao Deus Altíssimo?
Devemos nos prostrar diante dele
  com ofertas de bezerros de um ano?
⁷Devemos oferecer ao Senhor milhares de carneiros
  e dez mil rios de azeite?

---
[a] 6.5 Em hebraico, *Sitim*.

Devemos sacrificar nossos filhos mais velhos
para pagar por nossos pecados?

⁸Ó povo, o Senhor já lhe declarou o que é bom
e o que ele requer de você:
que pratique a justiça, ame a misericórdia
e ande humildemente com seu Deus.

A culpa e o castigo de Israel

⁹Se forem sábios, temam o Senhor!
Sua voz clama a todos em Jerusalém:
"Ouçam os exércitos de destruição;
o Senhor os envia.ᵃ
¹⁰Que direi sobre as casas dos perversos,
cheias de tesouros obtidos pelo engano?
E quanto à prática repulsiva
de calcular cereais com medidas falsas?ᵇ
¹¹Como posso aceitar seus comerciantes
que usam balanças e pesos desonestos?
¹²Os ricos entre vocês enriqueceram
por meio de extorsão e violência.
Seus habitantes estão acostumados a mentir;
sua língua não consegue mais dizer a verdade.

¹³"Por isso eu a farei sofrer!
Em ruínas a deixarei por causa de seus pecados.
¹⁴Você comerá, mas nunca se saciará;
continuará a sentir as dores de fome.
E, embora tente economizar alguma coisa,
no fim nada lhe sobrará.
O pouco que você ajuntar
darei àqueles que a conquistarem.
¹⁵Você semeará plantações,
mas não as colherá.
Espremerá azeitonas,
mas não terá óleo suficiente para se ungir.
Pisará uvas,
mas não obterá suco para fazer vinho.
¹⁶Você obedece apenas às leis do rei Onri
e segue apenas as práticas do rei Acabe.
Por isso farei de você um exemplo
e a levarei à ruína.
Será tratada com desprezo
e insultada por todos que a virem".

Sofrimento transformado em esperança

7 ¹Pobre de mim!
Sinto-me como quem apanha frutas
depois da colheita
e nada encontra para comer.
Não há um cacho de uvas sequer, nem um único figo novo
para saciar minha fome.
²Os fiéis desapareceram;
não resta uma só pessoa honesta na terra.
São todos assassinos,
que preparam armadilhas até para os próprios irmãos;
³suas mãos são hábeis para fazer o mal.
Governantes e juízes exigem subornos;
os mais influentes conseguem o que querem
e tramam juntos para perverter a justiça.
⁴Até o melhor deles é como um espinheiro,
e o mais honesto é perigoso como uma cerca de espinhos.
Mas o dia anunciado se aproxima;
está chegando a hora de seu castigo, um tempo de confusão.
⁵Não confie em ninguém,
nem mesmo em seu melhor amigo,
nem sequer em sua esposa.
⁶Pois o filho despreza o pai,
a filha se rebela contra a mãe,
a nora se rebela contra a sogra;
seus inimigos estão em sua própria casa!

⁷Quanto a mim, busco o Senhor
e espero confiante que Deus me salve;
certamente meu Deus me ouvirá!
⁸Não se alegrem, meus inimigos;
pois, mesmo que eu caia, voltarei a me levantar.
Ainda que eu esteja em trevas,
o Senhor será minha luz.
⁹Serei paciente enquanto o Senhor me castiga,
pois pequei contra ele.
Depois disso, ele defenderá minha causa
e fará o que é direito
O Senhor me levará para a luz,
e verei sua justiça.

ᵃ **6.9** Em hebraico, *Ouçam a vara; / quem a nomeou?* ᵇ **6.10** Em hebraico, *usar o efa curto?* O efa era uma unidade para medir cereais.

¹⁰Então meus inimigos verão que o Senhor
está do meu lado
e se envergonharão de ter dito:
"Onde está o Senhor,
seu Deus?".
Com os próprios olhos eu os verei cair;
serão pisados como lama nas ruas.
¹¹Naquele dia, Israel, seus muros serão
reconstruídos,
e suas fronteiras, ampliadas.
¹²Gente de muitas terras virá até você:
desde a Assíria até as cidades do Egito,
desde o Egito até o rio Eufrates,ᵃ
e de mares e montes distantes.
¹³A terra, porém, ficará vazia e desolada,
por causa da maldade dos que nela
habitam.

A compaixão do Senhor por Israel
¹⁴Ó Senhor, protege teu povo com teu
cajado de pastor;
conduz este rebanho que pertence a ti!
Embora vivam sozinhos num bosque
no alto do monte Carmelo,ᵇ
leva-os para pastar nos campos verdes de
Basã e Gileade,
como faziam muito tempo atrás.
¹⁵"Sim, realizarei grandes milagres em seu
favor,
como fiz quando os resgatei da terra do
Egito."
¹⁶Todas as nações ficarão admiradas
do que o Senhor fará por vocês.
Elas terão vergonha
de seu pequeno poder;
cobrirão a boca com as mãos
e taparão os ouvidos.
¹⁷Como serpentes que rastejam para fora
de seus esconderijos,
sairão ao encontro do Senhor, nosso
Deus.
Terão muito temor dele
e tremerão em sua presença.

¹⁸Que outro Deus há semelhante a ti,
que perdoas a culpa do remanescente
e esqueces os pecados dos que te
pertencem?
Não permanecerás irado com teu povo
para sempre,
pois tens prazer em mostrar teu amor.
¹⁹Voltarás a ter compaixão de nós;
pisarás nossas maldades sob teus pés
e lançarás nossos pecados nas
profundezas do mar.
²⁰Tu nos mostrarás tua fidelidade e teu
amor
como prometeste há muito tempo
a Abraão e a Jacó, nossos antepassados.

ᵃ**7.12** Em hebraico, *o rio*. ᵇ**7.14** Ou *cercado por uma terra fértil.*

NAUM

INTRODUÇÃO

Profeta. Naum significa "Consolação" e "Vingança"; simbolizando a "consolação" para o povo de Deus e a "vingança" que viria sobre seus inimigos. Ele era de Elcós (1.1), que pode se referir ao lugar de seu nascimento ou o local onde exerceu seu ministério. As tentativas de se identificar essa cidade têm-se provado infrutíferas. Pode ser: (1) Um vilarejo ao norte da Galileia; (2) Al Qosh, situado ao norte do Iraque; (3) A localidade que no Novo Testamento é chamada de Cafarnaum, que quer dizer "cidade de Naum"; ou (4) Uma localidade ao sul de Judá (cf. 1.15). No entanto, essa informação não importa para a interpretação do livro.

Naum é um dos três profetas que profetizaram contra nações estrangeiras:
1. Naum, contra a Assíria
2. Obadias, contra Edom
3. Habacuque, contra a Babilônia

Data. A não menção de qualquer rei de Judá na introdução do livro implica o uso de dados históricos para situar a profecia no tempo. A mensagem de julgamento contra Nínive deixa transparecer o poder intimidador do Império Assírio, o que leva à conclusão que foi anterior à queda de Nínive, em 612 a.C. A menção da queda de Tebas (3.8-10), em 663 a.C., e a omissão de sua nova ascensão, ocorrida 10 anos depois, sugere que Naum tenha profetizado durante o reinado de Manassés (695–642 a.C.).

Profecia. Naum escreveu em poesia, usando imagística e simbolismos. Seu objetivo era inspirar seus compatriotas, os judeus, com a certeza de que, independentemente de sua alarmante posição exposta aos ataques dos poderosos assírios, que já haviam exilado as dez tribos do Norte, Senaqueribe (imperador assírio) falharia em seu ataque a Jerusalém. Não somente isso, o próprio império seria derrubado, e isso não pelo exercício arbitrário do poder de Javé, mas por suas próprias iniquidades.

Ira divina. A descrição da ira de Deus, conforme encontrada no livro, pode causar desconforto aos seus leitores. No entanto, é importante que se reconheça que subjacente à ira divina contra Nínive há um profundo senso de preocupação com o sofrimento de muitas pessoas que haviam sido conquistadas, mortas, escravizadas e aterrorizadas pela Assíria (3.19). O julgamento do Senhor sobre o perverso está ligado à Sua compaixão pelas vítimas.

ESBOÇO

1. A destruição de Nínive é declarada, Cap.1
   1.1. O poder de Deus descrito, 1.2-8
   1.2. A punição divina é afirmada, 1.9-15
2. A destruição de Nínive é descrita, Cap. 2
   2.1. A cidade é atacada, 2.1-10
   2.2. A cidade é arruinada, 2.11-13
3. O julgamento de Nínive, Cap. 3
   3.1. Primeira acusação, 3.1-3
   3.2. Segunda acusação, 3.4-7
   3.3. Terceira acusação, 3.8-19

PARA ESTUDO E DISCUSSÃO

[1] A descrição do poder criador e destruidor de Deus.
[2] As acusações contra Nínive.
[3] Como entender a ira de Deus à luz de Seu amor?

¹Naum, que vivia em Elcós, recebeu numa visão esta mensagem acerca de Nínive.

A ira do Senhor contra Nínive

²O Senhor é Deus zeloso,
  cheio de vingança e ira.
Vinga-se de todos que a ele se opõem
  e reserva sua fúria para seus inimigos.
³O Senhor é lento para se irar, mas tem grande poder
  e nunca deixa de castigar o culpado.
Demonstra seu poder no vendaval e na tempestade;
  as nuvens são poeira debaixo de seus pés.
⁴À sua ordem, os oceanos secam
  e os rios desaparecem.
Os pastos verdejantes de Basã e do Carmelo se esvaem,
  e os bosques do Líbano murcham.
⁵Em sua presença, os montes tremem
  e as colinas se derretem;
a terra estremece
  e seus habitantes são destruídos.
⁶Quem pode resistir à sua indignação?
  Quem pode sobreviver à sua ira ardente?
Sua fúria queima como fogo,
  e os montes desabam em sua presença.
⁷O Senhor é bom;
  é forte refúgio quando vem a aflição.
Está perto dos que nele confiam,
  ⁸mas arrasará seus inimigos[a]
com uma tremenda inundação.
Perseguirá seus adversários
  escuridão adentro.
⁹Por que vocês tramam contra o Senhor?
  Ele os destruirá com um só golpe;
  não precisará vir outra vez.
¹⁰Seus inimigos, emaranhados como espinheiros
  e cambaleantes como bêbados,
  serão queimados como palha seca.
¹¹Ó Nínive, quem é esse seu conselheiro perverso,
  que trama o mal contra o Senhor?
¹²Assim diz o Senhor:
"Embora os assírios tenham muitos aliados,
  serão destruídos e desaparecerão.
Ó meu povo, eu o castiguei antes,
  mas não o castigarei outra vez.
¹³Agora quebrarei o jugo sobre seu pescoço
  e arrancarei as correntes de sua opressão".
¹⁴E assim diz o Senhor acerca dos assírios:
"Vocês não terão mais filhos para dar continuidade ao seu nome;
  destruirei todos os ídolos nos templos de seus deuses.
Estou preparando uma sepultura para vocês,
  pois são desprezíveis!".

¹⁵[b]Vejam, um mensageiro vem pelas montanhas com boas notícias!
Ele traz uma mensagem de paz.
Celebrem suas festas, ó habitantes de Judá,
  e cumpram seus votos,
pois seus inimigos perversos nunca mais invadirão sua terra;
  serão completamente destruídos.

A queda de Nínive

2 ¹[c]Ó Nínive, seu inimigo vem destruí-la.
  Guarde as muralhas! Vigie as estradas!
  Prepare suas defesas! Reúna suas forças!
²Embora os saqueadores tenham despojado Israel,
  o Senhor restaurará sua honra.
Os ramos da videira foram arrancados,
  mas ele restaurará seu esplendor.
³Os escudos de seus guerreiros são vermelhos;
  vejam os uniformes escarlates dos soldados valentes!
Observem seus reluzentes carros de guerra se alinharem,
  enquanto as lanças se agitam acima deles.
⁴Os implacáveis carros de guerra percorrem as ruas
  e atravessam velozes as praças.
Brilham como tochas de fogo
  e se movem com a rapidez de relâmpagos.
⁵Os oficiais são convocados

---

[a] 1.8 Conforme a Septuaginta; o hebraico traz *arrasará seu lugar*. [b] 1.15 No texto hebraico, o versículo 1.15 é numerado 2.1. [c] 2.1 No texto hebraico, os versículos 2.1-13 são numerados 2.2-14.

e, de tanta pressa, saem tropeçando,
　correndo para os muros a fim de
　organizar as defesas.
⁶As comportas do rio foram abertas!
　O palácio está prestes a desabar!
⁷O exílio de Nínive foi decretado,
　e todas as servas lamentam sua derrota.
Gemem como pombas
　e batem no peito em sinal de tristeza.
⁸Nínive é como um açude rompido,
　que deixa vazar seu povo.
"Parem! Parem!", alguém grita,
　mas ninguém olha para trás.
⁹Saqueiem a prata!
　Levem o ouro!
Os tesouros de Nínive não têm fim;
　sua riqueza é incalculável.
¹⁰A cidade é saqueada e fica vazia e
　arruinada;
corações se derretem e joelhos vacilam.
O povo fica angustiado,
　de rosto pálido, tremendo de medo.
¹¹Onde está agora a grande Nínive,
　toca cheia de leões?
Ali o povo, como leões e seus filhotes,
　andava livremente e sem temor.
¹²O leão despedaçava a carne para seus
　filhotes
e estrangulava a presa para a leoa.
Enchia sua toca de presas
　e suas cavernas, de despojos.
¹³"Sou seu inimigo!",
　diz o Senhor dos Exércitos.
"Em breve seus carros serão queimados,
　e seus jovens[a] morrerão na batalha.
Você nunca mais saqueará nações
　conquistadas;
jamais se ouvirá novamente a voz de
　seus mensageiros."

Julgamento do Senhor contra Nínive

3 ¹Que aflição espera Nínive,
　cidade de homicídio e mentiras!
É cheia de riquezas tomadas à força,
　e nunca lhe faltam vítimas.
²Ouçam o estalo de chicotes,
　o estrondo de rodas!
Os cavalos vêm galopando,

---

[a] **2.13** Em hebraico, *leões jovens*.

> ### PÃO DIÁRIO
> ## Dois contos de uma cidade
>
> *O Senhor é bom, é forte refúgio quando vem a aflição. Está perto dos que nele confiam.*
> —Naum 1.7
>
> O livro de Jonas tem os elementos do enredo de um grande filme. Contém a fuga de um profeta, uma terrível tempestade em alto-mar, o profeta sendo engolido por um peixe enorme, Deus poupando a vida de Jonas e o arrependimento de uma cidade pagã.
>
> No entanto, a continuação no livro de Naum pode não ser tão popular. Naum ministrou em Nínive assim como o profeta Jonas, mas aproximadamente cem anos depois. Desta vez, os ninivitas não tiveram interesse pelo arrependimento. Por isso, Naum condena a cidade e proclama o juízo sobre o povo.
>
> O profeta pregou à impenitente cidade de Nínive: "O Senhor é lento para se irar, mas tem grande poder e nunca deixa de castigar o culpado" (Na 1.3). Contudo, Naum também proferiu uma mensagem de misericórdia. E para consolar o povo de Judá, proclamou: "O Senhor é bom, é forte refúgio quando vem a aflição. Está perto dos que nele confiam" (v.7).
>
> Vemos nas histórias de Jonas e Naum que, em cada nova geração, surge a necessidade de uma resposta individual a Deus. Cada um é responsável por sua própria vida espiritual; cada um de nós deve escolher servir ao Senhor com o próprio coração. A mensagem de Deus é tão atual hoje quanto foi há centenas de anos: julgamento para os impenitentes, mas misericórdia para os arrependidos. Como você reagirá?
>
> *Deus, em Tua perfeita santidade, julgas o pecado de cada pessoa. Confesso-te a minha própria iniquidade e busco a plenitude da Tua misericórdia. Somente tu, o Justo e Santo, podes purificar o meu coração e restaurar a minha comunhão contigo. Ao abandonar os meus pecados e receber o Teu perdão, leva-me para junto de ti.*
>
> ---
>
> **O julgamento de Deus é certo assim como a Sua misericórdia.**

e os carros de guerra sacodem sem
　parar.
³Vejam as espadas faiscantes e as lanças
　reluzentes
quando passa a cavalaria!

Há incontáveis mortos,
montes de cadáveres.
Os corpos são tantos
que os vivos neles tropeçam.
⁴Tudo isso porque Nínive,
prostituta bela,
dona de encantamentos mortais,
seduziu as nações com sua beleza.
Ensinou a elas sua magia
e enfeitiçou gente de toda parte.

⁵"Sou seu inimigo!",
diz o SENHOR dos Exércitos.
"Agora levantarei suas vestes
e mostrarei às nações sua nudez e
vergonha.
⁶Cobrirei você de sujeira
e mostrarei ao mundo como é
desprezível.
⁷Todos que a virem se afastarão e dirão:
'Nínive está arruinada!
Onde estão os que choram por ela?'.
Alguém lamentará sua destruição?"

⁸Acaso você é melhor que a cidade de
Tebas,ᵃ
situada junto ao rio Nilo e cercada de
água?
Por todos os lados era protegida pelo rio,
e as águas eram seus muros.
⁹A Etiópiaᵇ e a terra do Egito
lhe davam apoio ilimitado.
A nação de Pute e a Líbia
estavam entre seus aliados.
¹⁰E, no entanto, Tebas foi conquistada,
e seus habitantes, levados como
escravos.
Seus bebês foram lançados com violência
contra as pedras nas ruas.
Soldados tiraram sortes para decidir
quem levaria oficiais egípcios como
servos;
todos os seus líderes foram acorrentados.

¹¹E você, Nínive, também tropeçará como
um bêbado
e se esconderá de medo do inimigo que
ataca.
¹²Todas as suas fortalezas cairão;
serão devoradas como figos maduros
que caem na boca
de quem sacode a árvore.
¹³Seus soldados ficarão fracos
e indefesos como mulheres.
Os portões de sua terra serão escancarados
para o inimigo,
e fogo consumirá as trancas.
¹⁴Prepare-se para o cerco!
Estoque água!
Reforce suas defesas!
Entre nos buracos para pisar o barro,
coloque-o nas formas
e faça tijolos para reparar os muros!
¹⁵Mesmo assim, o fogo a devorará;
a espada a exterminará.
O inimigo a consumirá como gafanhotos
que devoram tudo pela frente.
Mesmo que você se multiplique como
gafanhotos,
não haverá como escapar.
¹⁶Seus comerciantes se tornaram
mais numerosos que as estrelas do céu.
Mas, como nuvem de gafanhotos,
devastam a terra e voam para longe.
¹⁷Seus guardasᶜ e oficiais também são
como gafanhotos,
que se ajuntam sobre os muros nos dias
frios.
Mas, como gafanhotos que voam embora
quando o sol aparece,
todos vão para longe e desaparecem.

¹⁸Seus líderesᵈ dormem, ó rei assírio;
seus nobres estão mortos, estendidos no
pó.
Seu povo está espalhado pelos montes,
e não há quem os reúna.
¹⁹Não há cura para sua ferida;
ela é mortal.
Todos que ouvirem sobre sua destruição
baterão palmas de alegria.
Onde se poderá encontrar alguém
que não sofreu com sua constante
crueldade?

ᵃ3.8 Em hebraico, *Nô-Amom*; também em 3.10. ᵇ3.9 Em hebraico, *Cuxe*. ᶜ3.17 Ou *príncipes*. ᵈ3.18 Ou *pastores*.

HABACUQUE

INTRODUÇÃO

Profeta. Seu nome significa "Abraçar", e ele muito provavelmente era contemporâneo de Jeremias e profetizou entre 638 a.C. a 608 a.C. em um momento de crise política e moral. Pode ter sido um levita ligado à música do Templo.

Profecia. Como Naum profetizou a queda da Assíria por sua opressão contra Israel, Habacuque fala dos julgamentos de Deus sobre os caldeus por causa de sua opressão. O estilo é poético e exibe imagens muito sofisticadas. (1) Há um diálogo entre o profeta e o governante divino. (2) Há uma oração, ou salmo, do qual se diz que nenhum idioma o sobrepõe na grandeza de suas concepções poéticas e sublimidade de expressão.

Seu propósito surgiu do fato de que eles não estavam melhores sob o governo da Babilônia (caldeus), que havia derrubado a Assíria, do que estavam antes, enquanto a Assíria governava sobre eles. Pretendeu responder às perguntas: (1) Como Deus poderia usar um instrumento tão perverso quanto os caldeus (bárbaros) para executar Seus propósitos? (2) O propósito divino poderia ser justificado em tais eventos? A justiça de Deus precisava ser reivindicada ao povo. (3) Por que o perverso parece triunfar enquanto o justo sofre? Esta é a questão de Jó, aplicada à nação.

ESBOÇO

1. O problema do aparente triunfo do pecado, Cap. 1
   1.1. Por que o pecado fica sem punição?, 1.1-4
   1.2. Deus diz que Ele usou os caldeus para punir o pecado, 1.5-11
   1.3. Eles estão destinados ao mal para sempre, 1.12-17
2. A iminente punição dos caldeus, Cap. 2
   2.1. Esperando pela visão, 2.1-3
   2.2. Visão das cinco aflições, 2.4-20
3. Uma era de confiança em Deus, Cap.3
   3.1. Oração do inquieto profeta, 3.1-2
   3.2. A história passada mostrou que Deus finalmente destruirá os inimigos de Israel, 3.3-15
   3.3. O profeta deve confiar alegremente em Deus e esperar quando estiver em perplexidade, 3.16-19

PARA ESTUDO E DISCUSSÃO

[1] A moral do povo.
[2] O caráter e as ações dos caldeus.
[3] A supremacia universal de Deus.
[4] A atitude adequada em meio a um problema desconcertante.
[5] Fé e fidelidade como garantia da superação e da vida.

1

Esta é a mensagem que o profeta Habacuque recebeu numa visão.

A queixa de Habacuque

²Até quando, S<small>ENHOR</small>, terei de pedir
　socorro?
　Tu, porém, não ouves.
Clamo: "Há violência por toda parte!",
　mas tu não vens salvar.
³Terei de ver estas maldades para sempre?
　Por que preciso assistir a tanta opressão?
Para qualquer lugar que olho,
　vejo destruição e violência.
Estou cercado de pessoas
　que discutem e brigam o tempo todo.
⁴A lei está amortecida,
　e não se faz justiça nos tribunais.
Os perversos são mais numerosos que os
　justos
e, com isso, a justiça é corrompida.

A resposta do S<small>ENHOR</small>

⁵"Observem as nações ao redor;
　olhem e admirem-se!ᵃ
Pois faço algo em seus dias,
　algo em que vocês não acreditariam
　mesmo que alguém lhes contasse.
⁶Estou levantando os babilônios,ᵇ
　um povo cruel e violento.
Eles marcharão por todo o mundo
　e conquistarão outras terras.
⁷São conhecidos por sua crueldade
　e decidem por si mesmos o que é certo.
⁸Seus cavalos são mais velozes que
　leopardosᶜ
　e mais ferozes que lobos ao anoitecer.
Seus cavaleiros atacam, vindos de longe;
　como águias, lançam-se sobre a presa
　para devorá-la.

⁹"Todos eles vêm prontos para agir com
　violência;
seus exércitos avançam como o vento do
　deserto,
　ajuntando prisioneiros como se fossem
　areia.
¹⁰Zombam de reis e príncipes
　e desprezam todas as suas fortalezas.
Constroem rampas de terra

ᵃ **1.5** A Septuaginta traz *Olhem, zombadores; / olhem, admirem-se e morram*. Comparar com At 13.41. ᵇ **1.6** Ou *caldeus*. ᶜ **1.8** Ou *guepardos*.

PÃO DIÁRIO

Escondendo meu rosto

Mas tu és puro e não suportas ver o mal e a opressão; permanecerás indiferente diante desses traiçoeiros? Ficarás calado enquanto os perversos engolem os que são mais justos que eles?

—Habacuque 1.13

Sou aficionado em notícias e gosto de saber o que acontece pelo mundo. No entanto, às vezes, as atrocidades da vida me fazem sentir como uma criança assistindo ao filme de terror. Não quero ver o que acontece, quero virar o rosto para evitar assistir tais horrores.

Deus reage dessa mesma maneira com o mal. Anos antes, o Senhor advertira os israelitas de que se afastaria deles se eles se voltassem para o mal (Dt 31.18). Eles se voltaram, e Deus figurativamente escondeu o Seu rosto deles (Ez 39.24).

O profeta Habacuque não tinha abandonado o Senhor, mas sofreu com aqueles que o abandonaram. Ele perguntou a Deus: "...Por que preciso assistir a tanta opressão? Para qualquer lugar que olho, vejo destruição e violência. Estou cercado de pessoas que discutem e brigam o tempo todo" (v.3).

A resposta de Deus para o Seu confuso profeta indica que, mesmo quando o mal obscurece a Sua face, nossa inabilidade de vê-lo não significa que Ele não esteja ali. Deus disse: "Observem as nações ao redor; olhem e admirem-se! Pois faço algo em seus dias, algo em que vocês não acreditariam mesmo que alguém lhes contasse" (v.5).

Deus julgaria Judá, mas também julgaria os invasores babilônios por causa da sua maldade (Hc 2). E apesar de tudo isso, "o justo, porém, viverá por sua fidelidade a Deus" (Hc 2.4).

Quando os acontecimentos do mundo a fazem desesperar-se, desligue-se do noticiário e ligue-se nas Escrituras. O fim da história foi escrito pelo nosso santo Deus. O mal não prevalecerá.

Senhor, não preciso te contar sobre todas as coisas más neste mundo. Tenho certeza de que o Teu coração dói quando vês as confusões que o povo faz, porque não te ama, nem te obedece ou serve. Todavia, conhecemos também as boas-novas. Isso não vai durar para sempre, e a Tua vontade prevalecerá. Por favor, encoraja os que dentre nós estão se empenhando para te amar e te honrar. Continua relembrando-nos de que um dia o Senhor acabará com todas as más notícias.

**Não se desespere por causa da maldade;
a palavra final será de Deus.**

contra seus muros e as conquistam.
¹¹Passam com rapidez, como o vento,
e desaparecem.
Sua culpa, porém, é grande,
pois têm como deus sua própria força."

A segunda queixa de Habacuque
¹²Ó Senhor, meu Deus, meu Santo, tu que és
eterno
certamente não planejas nos exterminar!
Ó Senhor, nossa Rocha, enviaste os
babilônios para nos disciplinar,
como castigo por nossos pecados.
¹³Mas tu és puro e não suportas ver o mal e
a opressão;
permanecerás indiferente diante desses
traiçoeiros?
Ficarás calado enquanto os perversos
engolem os que são mais justos que
eles?
¹⁴Somos apenas peixes para ser apanhados
e mortos?
Somos apenas seres do mar, que não têm
quem os guie?
¹⁵Seremos fisgados por seus anzóis
e pegos em suas redes enquanto eles se
alegram e festejam?
¹⁶Então eles oferecerão sacrifícios a suas
redes
e queimarão incenso diante delas,
dizendo:
"Essas redes nos enriqueceram!".
¹⁷Deixarás que permaneçam impunes?
Continuarão a destruir cruelmente as
nações?

2 ¹Subirei até minha torre de vigia
e ficarei de guarda.
Ali esperarei para ver o que ele diz,
que resposta dará[a] à minha queixa.

A segunda resposta do Senhor
²Então o Senhor me disse:
"Escreva minha resposta em tábuas,
para que se possa ler depressa e com
clareza.
³Esta é uma visão do futuro;
descreve o fim, e tudo se cumprirá.
Se parecer que demora a vir, espere com
paciência,
pois certamente acontecerá;
não se atrasará.

⁴"Olhe para os arrogantes, os perversos
que em si mesmos confiam;
o justo, porém, viverá por sua fidelidade
a Deus.[b]
⁵A riqueza[c] é traiçoeira,
e os arrogantes nunca descansam.
Escancaram a boca como a sepultura[d]
e, como a morte, nunca se saciam.
Em sua cobiça, ajuntaram muitas nações
e engoliram muitos povos.

⁶"Em breve, porém, seus cativos os
insultarão;
zombarão deles, dizendo:
'Que aflição espera vocês, ladrões!
Ficaram ricos pela extorsão;
até quando continuarão desse modo?'.
⁷De repente, seus credores tomarão
providências;
eles se voltarão contra vocês e levarão
tudo que têm,
enquanto vocês olham, trêmulos e
indefesos.
⁸Porque saquearam muitas nações,
agora todos os sobreviventes os
saquearão.
Cometeram homicídio nos campos
e encheram as cidades de violência.

⁹"Que aflição espera vocês que constroem
casas enormes
com dinheiro obtido por meio de
opressão!
Acreditam que a riqueza comprará
segurança
e manterá sua família afastada do
perigo.
¹⁰Mas, com os homicídios que cometeram,
envergonharam seu nome
e condenaram a própria vida.
¹¹As pedras das paredes clamam contra
vocês,

---

[a] **2.1** Conforme a versão siríaca; o hebraico traz *darei*. [b] **2.3b-4** A Septuaginta traz *Se a visão se demorar, espere com paciência, / pois ela certamente virá e não se atrasará. / ⁴Não terei prazer algum em quem se desviar. / Mas o justo viverá por minha fé*. Comparar com Rm 1.17; Gl 3.11; Hb 10.37-38. [c] **2.5a** Conforme o manuscrito do mar Morto 1QpHab; outros manuscritos hebraicos trazem *O vinho*. [d] **2.5b** Em hebraico, *como o Sheol*.

e as vigas dos telhados também se
queixam.
¹²"Que aflição espera vocês que constroem
cidades
com dinheiro obtido por meio de
homicídio e corrupção!
¹³Acaso o Senhor dos Exércitos não
transformará em cinzas
as riquezas das nações?
Elas trabalham com afinco,
mas de nada adianta.
¹⁴Pois, assim como as águas enchem o mar,
a terra se encherá do conhecimento da
glória do Senhor.
¹⁵"Que aflição espera vocês
que dão bebidas a seus companheiros!
Vocês os obrigam a se embriagar e depois
se alegram, maldosos,
quando eles ficam nus e envergonhados.
¹⁶Em breve, porém, será sua vez de serem
humilhados;
venham, bebam e fiquem despidos e
expostos!ᵃ
Bebam do cálice do Senhor,
e toda a sua glória será transformada em
desonra.
¹⁷Derrubaram as florestas do Líbano,
agora vocês serão derrubados.
Destruíram os animais selvagens,
agora o terror deles virá sobre vocês.
Cometeram homicídio nos campos
e encheram as cidades de violência.
¹⁸"De que vale o ídolo esculpido por mãos
humanas,
ou a imagem de metal que só os engana?
Como é tolo confiar em sua própria criação,
num deus que nem sequer é capaz de
falar!
¹⁹Que aflição espera vocês que dizem a
ídolos de madeira:
'Despertem!',
e que dizem a imagens mudas de pedra:
'Levantem-se!'.
Acaso um ídolo pode lhes dizer o que
fazer?

Apesar de serem revestidos de ouro e
prata,
não há vida dentro deles.
²⁰O Senhor, porém, está em seu santo
templo;
toda a terra cale-se diante dele."

A oração de Habacuque

3 O profeta Habacuque entoou esta oração:ᵇ

²Ouvi a teu respeito, Senhor;
estou maravilhado com tuas obras.
Neste momento de tanta necessidade,
ajuda-nos outra vez, como fizeste no
passado.
E, em tua ira,
lembra-te de tua misericórdia.

³Vejo Deus atravessar os desertos, vindo de
Edom;ᶜ
o Santo vem do monte Parã.

*Interlúdio*ᵈ

Seu esplendor envolve os céus,
e a terra se enche de seu louvor.
⁴Sua vinda é radiante como o nascer do sol;
raios de luz saem de suas mãos,
onde está escondido seu poder.
⁵A peste marcha adiante dele,
e a praga vem logo atrás.
⁶Quando ele para, a terra estremece;
quando ele olha, as nações tremem.
Ele derruba os montes perpétuos
e arrasa as colinas antigas;
dele são os caminhos eternos.
⁷Vejo o povo de Cusã em aflição,
e a nação de Midiã treme de terror.
⁸Foi com ira, Senhor, que feriste os rios
e dividiste o mar?
Estavas furioso com eles?
Não! Vinhas em tuas carruagens
vitoriosas!
⁹Pegaste teu arco e tua aljava cheia de
flechas
e dividiste a terra com rios.

Interlúdio

¹⁰Os montes viram e tremeram,
e as águas avançaram com violência.
O grande abismo clamou

ᵃ**2.16** Os manuscritos do mar Morto, a Septuaginta e a versão siríaca trazem *e cambaleiem!* ᵇ**3.1** O hebraico acrescenta *conforme sigionote*, provavelmente uma indicação do arranjo musical para a oração. ᶜ**3.3a** Em hebraico, *Temã.* ᵈ**3.3b** Em hebraico, *Selá.* O significado da palavra é incerto, embora se trate, provavelmente, de um termo musical ou literário; também em 3.9,13.

e levantou bem alto as mãos.
¹¹O sol e a lua pararam no céu
enquanto tuas flechas brilhantes voavam
e tua lança reluzente faiscava.
¹²Marchaste pela terra com ira
e, furioso, pisaste as nações.
¹³Saíste para resgatar teu povo,
para libertar teus ungidos.
Esmagaste a cabeça dos perversos
e os descobriste até os ossos.

Interlúdio
¹⁴Com tuas armas destruíste o líder
dos que avançaram como um vendaval,
pensando que o povo fosse presa fácil.
¹⁵Marchaste sobre o mar com teus cavalos,
e as águas poderosas se agitaram.
¹⁶Estremeci por dentro quando ouvi isso;
meus lábios tremeram de medo.
Minhas pernas vacilaram,ª
e tremi de terror.

Esperarei em silêncio pelo dia
em que a calamidade virá sobre nossos
invasores.
¹⁷Ainda que a figueira não floresça
e não haja frutos nas videiras,
ainda que a colheita de azeitonas não dê
em nada
e os campos fiquem vazios e
improdutivos,
ainda que os rebanhos morram nos
campos
e os currais fiquem vazios,
¹⁸mesmo assim me alegrarei no SENHOR;
exultarei no Deus de minha salvação!
¹⁹O SENHOR Soberano é minha força!
Ele torna meus pés firmes como os da
corça,ᵇ
para que eu possa andar em lugares
altos.

(Ao regente do coral: Essa oração deve ser acompanhada por instrumentos de corda.)

ª 3.16 Em hebraico, *A decomposição entrou em meus ossos.* ᵇ 3.19 Ou *Ele me dá a velocidade da corça.*

SOFONIAS

INTRODUÇÃO

Profeta. Profetizou cerca de 630 a.C. durante o reinado de Josias. Suas profecias podem ter ajudado a inaugurar e a levar ao sucesso as reformas de Josias. Seu nome significa "Escondido do Senhor", e supõe-se que ele tenha sido contemporâneo de Habacuque.

Profecia. A profecia parece basear-se nos castigos dos citas, a quem as nações temiam e a quem o Egito havia subornado, e olha para o julgamento do Senhor do qual não haverá escape. Seu tema, portanto, é "O grande Dia do Senhor", no qual o sofrimento virá sobre todas as nações as quais o profeta conhece, incluindo Jerusalém e toda a Judeia. Pessoas seriam convertidas em todas as partes do mundo e poderiam adorar a Deus, "cada uma em sua terra".

ESBOÇO

1. A chegada do Dia da Ira, Cap. 1
    1.1. A destruição de todas as coisas, 1.1-6
    1.2. O severo castigo de Judá, 1.7-18
2. Julgamento sobre as nações más, 2.1–3.7
    2.1. Apelo ao arrependimento, 2.1-3
    2.2. Juízo que abrangerá as nações, 2.4-15
    2.3. Obstinação de Judá em pecar, 3.1-7
3. A bênção prometida ao remanescente fiel, 3.8-20
    3.1. Por causa do pecado de Israel, a nação será purificada pelo castigo e convertida a Deus, 3.8-10
    3.2. O Israel purificado será honrado em toda a Terra, 3.11-20

PARA ESTUDO E DISCUSSÃO

[1] Faça uma lista de tudo o que é dito para induzir ao arrependimento ou ao afastamento do mal.
[2] Que pecados são condenados em Judá e outras nações? Faça uma lista deles.
[3] Indique as classes especiais que são condenadas, a exemplo dos príncipes.
[4] Faça uma relação das bênçãos prometidas aos vindouros dias messiânicos.
[5] O propósito dos julgamentos do Senhor.

1 O Senhor deu esta mensagem a Sofonias quando Josias, filho de Amom, era rei de Judá. Sofonias era filho de Cuchi, filho de Gedalias, filho de Amarias, filho de Ezequias.

Julgamento futuro contra Judá

[2] "Destruirei todas as coisas
sobre a face da terra", diz o Senhor.
[3] "Destruirei tanto pessoas como animais,
destruirei as aves do céu e os peixes do mar.
Reduzirei os perversos a montes de escombros[a]
e exterminarei a humanidade da face da terra", diz o Senhor.
[4] "Esmagarei Judá e Jerusalém com meu punho
e eliminarei até o último vestígio de seu culto a Baal.
Acabarei com os sacerdotes idólatras,
de modo que todos se esquecerão deles.
[5] Pois eles sobem a seus terraços
e se curvam para as estrelas e os astros.
Juram pelo nome do Senhor,
mas também adoram Moloque.[b]
[6] Destruirei os que antes seguiam o Senhor,
mas agora já não o fazem.
Não pedem a direção do Senhor,
nem o buscam mais."

[7] Fiquem em silêncio na presença do Senhor Soberano,
pois se aproxima o dia do Senhor.
O Senhor preparou seu povo para uma grande matança
e escolheu seus carrascos.[c]
[8] "Naquele dia de julgamento", diz o Senhor,
"castigarei os líderes e os príncipes de Judá
e todos que seguem costumes estrangeiros.
[9] Sim, castigarei os que participam de cultos idólatras
e enchem a casa de seus senhores de violência e engano."

[10] "Naquele dia", diz o Senhor,
"um grito de alarme virá do portão dos Peixes
e ressoará em todo o bairro novo[d] da cidade;
um grande estrondo virá das colinas.
[11] Lamentem, vocês que moram na região do mercado,[e]
pois todos os comerciantes e negociantes serão destruídos.

[12] "Vascularei com lamparinas os cantos mais escuros de Jerusalém,
para castigar os que vivem acomodados em seus pecados.[f]
Pensam que o Senhor não lhes fará coisa alguma,
nem boa nem má.
[13] Por isso, seus bens serão saqueados,
e suas casas, destruídas.
Construirão casas novas,
mas não habitarão nelas.
Plantarão videiras,
mas não beberão de seu vinho.

[14] "Esse dia terrível do Senhor se aproxima;
ele virá depressa.
Será um dia de amargura
em que até os homens fortes gritarão.
[15] Será um dia em que o Senhor derramará sua ira,
dia de sofrimento e angústia,
dia de ruína e desolação,
dia de escuridão e trevas,
dia de nuvens sombrias e densas,
[16] dia de toque de trombetas e gritos de batalha.
Caem as cidades cercadas por muros
e as fortalezas mais poderosas!

[17] "Porque pecaram contra o Senhor,
eu os farei tatear no escuro como cegos.
Seu sangue será derramado no pó,
e seus corpos apodrecerão sobre a terra."

[18] Seu ouro e sua prata não os salvarão
no dia da ira do Senhor.
Pois toda a terra será consumida
pelo fogo de seu zelo.
Ele dará um fim assustador
a todos que habitam a terra.

---

[a] **1.3** O significado do hebraico é incerto. [b] **1.5** Em hebraico, *Milcom*, variação de Moloque; pode, ainda, significar *rei deles*. [c] **1.7** Em hebraico, *preparou um sacrifício e santificou seus convidados*. [d] **1.10** Ou *segundo bairro*, uma nova seção de Jerusalém. O hebraico traz *o Mishneh*. [e] **1.11** Ou *no vale*; o hebraico traz *a Maktesh*. [f] **1.12** Em hebraico, *os que estão sedimentados como borra [de vinho]*.

Chamado ao arrependimento

2 ¹Reúna-se, ajunte-se,
ó nação desavergonhada!
²Reúna-se antes que comece o julgamento,
antes que o tempo passe
como palha levada pelo vento.
Tome uma providência agora,
antes que caia a terrível fúria do Senhor
e comece o dia da ira do Senhor.
³Todos vocês, humildes, busquem o Senhor
e sigam suas ordens.
Busquem a justiça
e vivam com humildade;
talvez o Senhor os proteja no dia de sua ira.

Julgamento contra a Filístia

⁴Gaza e Ascalom serão abandonadas,
Asdode e Ecrom, demolidas.
⁵Que aflição espera vocês, filisteus,[a]
que vivem no litoral e na terra de Canaã,
pois este julgamento também é contra
vocês!
O Senhor os destruirá,
até que não reste ninguém em seu meio.
⁶O litoral filisteu se transformará em
pasto,
lugar de acampamento de pastores
e de currais para os rebanhos.
⁷O remanescente da tribo de Judá ali se
alimentará
e, à noite, descansará nas casas
abandonadas de Ascalom.
Pois o Senhor, seu Deus, visitará seu povo
e, em sua bondade, os restaurará.

Julgamento contra Moabe e Amom

⁸Ouvi a zombaria dos moabitas
e os insultos dos amonitas,
que riem de meu povo
e invadem suas fronteiras.
⁹Agora, tão certo como eu vivo",
diz o Senhor dos Exércitos, o Deus de
Israel,
"Moabe e Amom serão destruídas,
como Sodoma e Gomorra.
Sua terra será um lugar de urtigas,
de poços de sal e desolação sem fim.
O remanescente de meu povo os saqueará
e tomará sua terra."

¹⁰Eles receberão o castigo merecido por
seu orgulho,
pois zombaram do povo do Senhor dos
Exércitos.
¹¹O Senhor os encherá de terror
quando destruir todos os deuses da
terra.
Então nações de todo o mundo adorarão o
Senhor,
cada uma em sua terra.

Julgamento contra a Etiópia e a Assíria

¹²"Vocês, etíopes,[b] também serão mortos
por minha espada", diz o Senhor.
¹³E, com sua mão, ele ferirá as terras do
norte
e destruirá a terra da Assíria.
Fará de Nínive uma terra vazia e desolada,
seca como um deserto.
¹⁴A cidade orgulhosa se tornará pasto para
rebanhos e gado,
e toda espécie de animal selvagem ali
descansará.
A coruja do deserto e o mocho
se alojarão no alto de suas colunas
arruinadas,
e pelas janelas se ouvirá o som das aves.
O entulho fechará as entradas,
e os painéis de cedro ficarão expostos.
¹⁵Essa é a cidade barulhenta,
que antes vivia em segurança.
Dizia com orgulho: "Sou a mais poderosa
das cidades!
Não há outra igual a mim!".
Agora, porém, vejam como ficou em
ruínas,
morada de animais selvagens.
Todos que passarem por ela rirão de
desprezo
e sacudirão o punho em provocação.

A rebeldia e a redenção de Jerusalém

3 ¹Que aflição espera Jerusalém,
cidade rebelde e impura,
cheia de violência e opressão!
²Ninguém pode lhe dizer coisa alguma;
ela recusa toda correção.
Não confia no Senhor,
nem se aproxima de seu Deus.

---

[a] **2.5** Em hebraico, *quereteus*. [b] **2.12** Em hebraico, *cuxitas*.

³Seus líderes são como leões que rugem,
　caçando suas vítimas.
Seus juízes são como lobos ao cair da
　noite,
　que não deixam vestígio de suas presas
　ao amanhecer.
⁴Seus profetas são mentirosos arrogantes
　que buscam os próprios interesses.
Seus sacerdotes profanam o templo
　ao transgredir a lei de Deus.
⁵Mas o Senhor ainda está na cidade
　e não pratica o mal.
A cada dia, ele faz justiça e nunca falha;
　os perversos, porém, não se
　envergonham.
⁶"Exterminei as nações,
　destruí suas torres.
Suas ruas ficaram desertas,
　suas cidades são ruínas caladas.
Não há sobreviventes,
　nem um sequer.
⁷Pensei: 'Agora eles me temerão!
　Certamente ouvirão minhas
　advertências!
Então não precisarei feri-los outra vez,
　nem destruir suas casas'.
Mas eles continuam a se levantar cedo
　para praticar todo tipo de maldade.
⁸Portanto, sejam pacientes", diz o Senhor,
　"pois em breve me levantarei para acusar
　essas nações.
Resolvi juntar os reinos da terra
　e derramar sobre eles minha ira ardente.
Toda a terra será consumida
　pelo fogo de meu zelo.
⁹"Então purificarei os lábios dos povos,
　para que possam se reunir e adorar o
　Senhor.
¹⁰Meu povo dispersado, que vive além dos
　rios da Etiópia,[a]
　virá para apresentar suas ofertas.
¹¹Naquele dia, vocês não precisarão se
　envergonhar,
　pois já não serão rebeldes contra mim.
Removerei de seu meio os orgulhosos;
　não haverá mais arrogância em meu
　santo monte.

[a] 3.10 Em hebraico, *Cuxe*.

PÃO DIÁRIO

Renovada no amor de Deus

Pois o Senhor, seu Deus, está em seu meio; ele é um Salvador poderoso. Ele se agradará de vocês com exultação e acalmará todos os seus medos com amor; ele se alegrará em vocês com gritos de alegria!
—Sofonias 3.17

O tema do livro de Sofonias é o Dia do Senhor, mencionado como "o dia da ira do Senhor" (Sf 2.2). O julgamento recairá sobre Judá e Jerusalém (1.4), Canaã (2.4-7), Moabe e Amom (2.8-11), Etiópia (2.12) e Assíria (2.13-15). Mas Israel sofrerá mais. Ainda assim, o livro termina com uma promessa maravilhosa. Um remanescente permanecerá fiel (3.9-13), e eles estarão a salvo em meio a esse turbilhão. Mesmo enfrentando dias terríveis, encontrarão descanso. Sofonias promete: "...e acalmará todos os seus medos com amor; ele se alegrará em vocês com gritos de alegria" (v.17).

O amor de Deus não somente aquieta o coração dos Seus quando seu mundo exterior está em turbulência, mas também traz paz ao pecador que entrega a sua vida a Cristo. Uma jovem amiga me disse que carregava muito ódio, amargura e rebelião em seu coração. Às vezes, sua mente saía fora de controle, e ela era levada de uma coisa para outra num desespero selvagem e me disse: "Parecia que minha cabeça explodiria! Então encontrei Jesus, quer dizer, Ele me encontrou. Jesus concedeu-me o Seu amor e perdão. No início foi devagar, depois rapidamente, e a turbulência no meu mundo interior se aquietou. Minha inquietação frenética desapareceu, e encontrei paz".

Você está cheia de inquietações? Às vezes parece que está prestes a explodir? Não demore, faça o que essa jovem fez. Reconheça que é pecadora. Peça a Jesus Cristo para salvá-la. Você descobrirá que Deus "...acalmará todos os seus medos com amor; ele se alegrará em [você] com gritos de alegria".

Pai, aquieta o meu coração neste momento. Coloco o meu desespero, minha ansiedade e todos os meus fardos sobre ti. Vem e habita em mim. Acalma a minha inquietude e os meus temores. Encontro paz somente em Teus poderosos braços de amor.

**Experimentar o amor de Deus
é experimentar a Sua paz.**

¹²Só restarão os pobres e os humildes,
pois eles confiam no nome do Senhor.
¹³O remanescente de Israel não cometerá injustiça;
não mentirão nem enganarão uns aos outros.
Comerão e dormirão em segurança,
e não haverá quem os atemorize."
¹⁴Cante, ó filha de Sião!
Grite bem alto, ó Israel!
Alegre-se e exulte de todo o coração,
ó preciosa Jerusalém![a]
¹⁵Pois o Senhor removerá as acusações contra você
e dispersará os exércitos de seu inimigo.
O Senhor, o rei de Israel,
estará em seu meio,
e você nunca mais temerá a calamidade.
¹⁶Naquele dia, se anunciará em Jerusalém:
"Anime-se, ó Sião! Não tenha medo!
¹⁷Pois o Senhor, seu Deus, está em seu meio;
ele é um Salvador poderoso.
Ele se agradará de vocês com exultação
e acalmará todos os seus medos com amor;[b]
ele se alegrará em vocês com gritos de alegria!".
¹⁸"Juntarei os que choram por não participarem das festas sagradas;
nunca mais serão envergonhados.[c]
¹⁹Tratarei severamente todos que os oprimiram;
salvarei os fracos e indefesos.
Aos que antes foram exilados, darei reconhecimento e honra
nas terras em que sofreram humilhação.
²⁰Naquele dia, reunirei vocês
e os trarei para casa.
Eu lhes darei honra e reconhecimento entre todas as nações da terra,
e os restaurarei diante dos olhos delas.
Eu, o Senhor, falei!"

---

[a] 3.14 Em hebraico, *filha de Jerusalém*. [b] 3.17 Ou *ele estará silencioso em seu amor*; a Septuaginta e a versão siríaca trazem *ele os renovará com seu amor*. [c] 3.18 O significado do hebraico é incerto.

AGEU

INTRODUÇÃO

Profeta. Ageu nasceu na Babilônia e foi um dos que retornaram do cativeiro, sob o comando de Zorobabel, de acordo com o decreto de Ciro. Ele profetizou durante o período de reconstrução do Templo, conforme registrado em Esdras, e foi o primeiro profeta chamado a profetizar depois que os judeus voltaram do cativeiro babilônico. Começou seu ensino 16 anos após o retorno do primeiro grupo a Jerusalém.

Condições em que houve a profecia. Sob o decreto de Ciro, rei da Pérsia, Zorobabel, descendente do rei Davi, conduziu um grupo de cativos de volta a Jerusalém. Eles levantaram o altar e começaram a trabalhar no Templo, mas o trabalho foi interrompido pelos hostis samaritanos e outros. Por cerca de 14 anos, quase nada foi feito. Esses anos de inatividade diminuíram seu zelo e eles logo se acostumaram com a situação. Devido à sua fraqueza, em comparação com a grande tarefa diante deles, começaram a se desesperar em ver seu povo, a cidade amada e o Templo restaurados àquela glória retratada pelos profetas anteriores.

Profecia. Seu propósito era restaurar a esperança do povo e dar-lhes zelo pela causa de Deus. Isso foi realizado por meio de quatro visões distintas; cada uma delas mostra a insensatez deles em não completar a obra, em meio a promessas de bênção divina. Eles ouvem Deus dizer: "eu estou com vocês". O resultado é visto à medida em que são capacitados, apesar da oposição, a terminar o Templo e dedicá-lo dentro de 4 anos.

ESBOÇO

1. Apelo para reconstruir o Templo, Cap. 1
   1.1. O apelo, vv.1-11
   1.2. A preparação para a reconstrução, vv.12-15
2. O novo Templo, 2.1-19
   2.1. A glória superior dele, 2.1-9
   2.2. A bênção da santa adoração, 2.10-19
3. O reino messiânico, 2.20-23

PARA ESTUDO E DISCUSSÃO

[1] As repreensões proferidas pelo profeta.
[2] Os encorajamentos que ele oferece.
[3] A confirmação histórica dos fatos deste livro encontrados no livro de Esdras.
[4] Falso contentamento e descontentamento.
[5] Conclusões baseadas na força comparativa dos amigos e inimigos de uma proposição, deixando Deus de fora.

> **PÃO DIÁRIO**
>
> ## Casas luxuosas
>
> *Por que vocês vivem em casas luxuosas enquanto minha casa continua em ruínas?*
> —Ageu 1.4
>
> Muitas vezes a profecia de Ageu é negligenciada nas Escrituras, mas ela tem muito a nos dizer. Esse pequeno livro contém quatro mensagens de Deus para os judeus exilados que haviam retornado da Babilônia. A missão deles era reconstruir o Templo em Jerusalém.
>
> Eles começaram bem, mas o entusiasmo deles esmoreceu e começaram a construir casas para si mesmos. Em sua primeira mensagem, Ageu perguntou: "Por que vocês vivem em casas luxuosas enquanto minha casa continua em ruínas?" (Ag 1.4).
>
> Na segunda mensagem (2.1-9), Ageu perguntou se alguém lembrava do Templo que Salomão havia construído e que o rei Nabucodonosor destruíra. Uns poucos anciãos exilados conseguiam lembrar-se da glória da majestosa construção. A visão do trabalho abandonado era entristecedora.
>
> Vamos pensar por um instante em nosso trabalho de construção da Igreja. Para nós, a Igreja é o Corpo de Cristo — os próprios cristãos (1Co 12.27). Nossa missão como seguidoras de Jesus é nos tornarmos uma Igreja forte, dedicada, que cresce e testemunha.
>
> Como está sua igreja local? Está fazendo a obra de Deus? Você está pessoalmente envolvida ou se distrai com a construção de sua própria casa luxuosa?
>
> *Senhor, acende em nosso coração o desejo de fazer a Tua obra: servir, contribuir, ensinar, desenvolver e fortalecer a vida de outros cristãos — para que o mundo veja o Teu amor por meio de nós.*
>
> ---
>
> **O compromisso com Deus anda lado a lado com o compromisso com a Sua Igreja.**

Chamado para reconstruir o templo

1 Em 29 de agosto[a] do segundo ano do reinado de Dario, o Senhor transmitiu esta mensagem por meio do profeta Ageu ao governador de Judá, Zorobabel, filho de Sealtiel, e ao sumo sacerdote Josué, filho de Jeozadaque. ²"Assim diz o Senhor dos Exércitos: Este povo diz: 'Ainda não chegou a hora de reconstruir a casa do Senhor'".

³Então o Senhor enviou esta mensagem por meio do profeta Ageu: ⁴"Por que vocês vivem em casas luxuosas enquanto minha casa continua em ruínas? ⁵Assim diz o Senhor dos Exércitos: Vejam o que tem acontecido com vocês! ⁶Plantam muito, mas colhem pouco. Comem, mas não se saciam. Bebem, mas ainda têm sede. Vestem-se, mas não se aquecem. Seus salários desaparecem como se vocês os colocassem em bolsos furados.

⁷"Assim diz o Senhor dos Exércitos: Vejam o que tem acontecido com vocês! ⁸Agora, subam as colinas, tragam madeira e reconstruam minha casa. Então me alegrarei nela e serei honrado, diz o Senhor. ⁹Vocês esperavam colheitas fartas, mas elas foram escassas. E, quando trouxeram esse pouco para casa, eu o fiz desaparecer com um sopro. Por quê? Porque minha casa continua em ruínas, diz o Senhor dos Exércitos, enquanto vocês estão ocupados construindo suas casas. ¹⁰É por causa de vocês que os céus retêm o orvalho e a terra não produz colheitas. ¹¹Enviei uma seca sobre seus campos e sobre as colinas, uma seca que fará murchar o trigo, as uvas, as azeitonas e todas as suas plantações, que fará vocês e seus animais passarem fome e destruirá tudo que vocês trabalharam para conseguir".

Obediência ao chamado de Deus

¹²Então Zorobabel, filho de Sealtiel, e o sumo sacerdote Josué, filho de Jeozadaque, e todo o remanescente do povo obedeceram à mensagem do Senhor, seu Deus. Quando o povo ouviu as palavras do profeta Ageu, que o Senhor, seu Deus, tinha enviado, temeu o Senhor. ¹³Então Ageu, o mensageiro do Senhor, transmitiu ao povo esta mensagem do Senhor: "Estou com vocês, diz o Senhor!".

¹⁴E o Senhor deu ânimo ao governador de Judá, Zorobabel, filho de Sealtiel, ao sumo sacerdote Josué, filho de Jeozadaque, e a todo o remanescente do povo. Começaram a trabalhar na casa de seu Deus, o Senhor dos

---

[a] 1.1 Em hebraico, *No primeiro dia do sexto mês*, do antigo calendário lunar hebraico. Várias datas em Ageu podem ser confirmadas por datas em registros persas que sobreviveram ao tempo e relacionadas com precisão ao calendário moderno. O ano foi 520 a.C.

Exércitos, [15]em 21 de setembro[a] do segundo ano do reinado de Dario.

O esplendor menor do novo templo

2 Então, em 17 de outubro desse mesmo ano,[b] o Senhor transmitiu outra mensagem por meio do profeta Ageu: [2]"Diga ao governador de Judá, Zorobabel, filho de Sealtiel, e ao sumo sacerdote Josué, filho de Jeozadaque, e ao remanescente do povo: [3]'Algum de vocês se lembra deste templo em sua antiga glória? Como ele lhes parece agora, em comparação com o anterior? Deve parecer insignificante! [4]Mas assim diz o Senhor: Seja forte, Zorobabel! Seja forte, sumo sacerdote Josué, filho de Jeozadaque! Sejam fortes, todos vocês que restam na terra! Mãos à obra, pois eu estou com vocês, diz o Senhor dos Exércitos. [5]Meu Espírito habita em seu meio, como prometi quando vocês saíram do Egito. Portanto, não tenham medo'.

[6]"Pois assim diz o Senhor dos Exércitos: Em pouco tempo sacudirei novamente os céus e a terra, os mares e a terra seca. [7]Sacudirei todas as nações, e os tesouros das nações virão para este templo. Encherei este lugar de glória, diz o Senhor dos Exércitos. [8]A prata e o ouro me pertencem, diz o Senhor dos Exércitos. [9]A glória deste novo templo será maior que a glória do antigo, diz o Senhor dos Exércitos, e neste lugar estabelecerei a paz. Eu, o Senhor dos Exércitos, falei!".

Bênçãos prometidas aos obedientes

[10]Em 18 de dezembro[c] do segundo ano do reinado de Dario, o Senhor enviou esta mensagem ao profeta Ageu: [11]"Assim diz o Senhor dos Exércitos. Pergunte aos sacerdotes sobre a lei: [12]'Se alguém levar em sua roupa a carne consagrada de um sacrifício, e se, por acaso, a roupa tocar num pão, num ensopado, em vinho, em azeite ou em qualquer outro tipo de alimento, esse alimento também se tornará consagrado?'".

"Não", responderam os sacerdotes.

[13]Em seguida, Ageu perguntou: "Se alguém se tornar cerimonialmente impuro ao tocar num cadáver e depois tocar num desses alimentos, o alimento ficará contaminado?".

"Sim", responderam os sacerdotes.

[14]Então Ageu disse: "É o que acontece com este povo e com esta nação, diz o Senhor. Tudo que fazem e oferecem é contaminado por seu pecado. [15]Vejam o que estava acontecendo com vocês antes de começarem a lançar os alicerces do templo do Senhor. [16]Quando esperavam uma colheita de vinte medidas, colhiam apenas dez. Quando esperavam tirar cinquenta medidas da prensa de uvas, tiravam apenas vinte. [17]Enviei ferrugem, mofo e granizo para destruir tudo que vocês trabalharam para produzir. E, no entanto, vocês não voltaram para mim, diz o Senhor.

[18]"Pensem neste 18 de dezembro, o dia[d] em que foram lançados os alicerces do templo do Senhor. Sim, pensem bem. [19]Eu lhes faço uma promessa agora, enquanto a semente ainda está no celeiro[e] e suas videiras, figueiras, romãzeiras e oliveiras ainda não deram frutos. Mas, de hoje em diante, eu os abençoarei".

Promessas para Zorobabel

[20]Naquele mesmo dia, 18 de dezembro,[f] o Senhor enviou mais uma mensagem a Ageu: [21]"Diga ao governador de Judá, Zorobabel, que estou prestes a sacudir os céus e a terra. [22]Derrubarei tronos e destruirei o poder de reinos estrangeiros. Derrubarei os carros de guerra e seus condutores; os cavalos cairão, e seus cavaleiros matarão uns aos outros.

[23]"Naquele dia, diz o Senhor dos Exércitos, honrarei você, meu servo Zorobabel, filho de Sealtiel. Farei que você seja como um anel de selar em meu dedo, diz o Senhor, pois eu o escolhi. Eu, o Senhor dos Exércitos, falei!".

---

[a]**1.15** Em hebraico, *no vigésimo quarto dia do sexto mês*, do antigo calendário lunar hebraico. O ano foi 520 a.C.; ver também nota em 1.1. [b]**2.1** Em hebraico, *no vigésimo primeiro dia do sétimo mês*, do antigo calendário lunar hebraico. O ano foi 520 a.C.; ver também nota em 1.1. [c]**2.10** Em hebraico, *No vigésimo quarto dia do nono mês*, do antigo calendário lunar hebraico; também em 2.18. O ano foi 520 a.C.; ver também nota em 1.1. [d]**2.18** Ou *Neste 18 de dezembro, pensem no dia*. [e]**2.19** Ou *A semente ainda está no celeiro?* [f]**2.20** Em hebraico, *No vigésimo quarto dia do (nono) mês*; ver nota em 2.10.

ZACARIAS

INTRODUÇÃO

Profeta. Seu nome significa "Lembrado do Senhor" e, como Ageu, ele parece estar entre os cativos que retornaram da Babilônia com Zorobabel. Foi contemporâneo de Ageu, começando seu ministério dois meses depois e continuando no segundo ano que o seguiu. As condições da época eram as mesmas que as descritas em Ageu.

Profecia. O propósito é o mesmo que o de Ageu. A época dos primeiros oito capítulos é o da reconstrução do Templo, enquanto os capítulos restantes, 9–14, são considerados como escritos 30 anos depois. Distingue-se pelo: (1) Caráter simbólico de suas visões. (2) Riqueza das suas previsões messiânicas encontradas na segunda parte. (3) Grande lugar dado à mediação angelical no relacionamento com Deus.

Conteúdo. Sabe-se que o conteúdo apresenta: (1) Encorajamentos para conduzir o povo a se arrepender e a se renovar. (2) Discussões sobre manter os dias de jejum e de humilhação observados durante o cativeiro. (3) Reflexões de natureza moral e espiritual. (4) Denúncias contra algumas nações contemporâneas a eles. (5) Promessas da prosperidade do povo de Deus. (6) Várias previsões sobre Cristo e Seu reino.

ESBOÇO

1. Oito visões que encorajam a reconstrução do Templo, Caps. 1–6; Introdução, 1.1-6
   1.1. O cavaleiro entre as murteiras, 1.7-17
   1.2. Os quatro chifres e os quatro ferreiros, 1.18-21
   1.3. O homem com uma corda de medir, Cap. 2
   1.4. Josué, o sumo sacerdote, e Satanás, Cap. 3
   1.5. O candelabro de ouro, Cap. 4
   1.6. O rolo voante, 5.1-4
   1.7. A mulher e o cesto de medir cereais, 5.5-11
   1.8. Os quatro carros de guerra, 6.1-8
   1.9. Apêndice: Josué coroado, uma figura de Cristo, 6.9-15
2. Exigência da Lei e a restauração e a expansão de Israel, Caps. 7–8
   2.1. A obediência é melhor do que o jejum, 7.1-7
   2.2. Desobediência, a fonte de toda a miséria passada, 7.8-14
   2.3. A restauração e a expansão que prefiguram Cristo, "O Judeu", Cap.8
3. Visões do reino messiânico, Caps. 9–14
   3.1. O Rei Messiânico, Caps. 9–10
   3.2. O Pastor rejeitado, Cap. 11
   3.3. O povo restaurado e penitente, Caps. 12–13
   3.4. A soberania divina, Cap. 14

PARA ESTUDO E DISCUSSÃO

[1] Os símbolos e figuras usados nas várias visões.
[2] As diferentes formas de expressar ou planejar o sucesso do povo de Deus e a queda de seus inimigos.
[3] A discussão do jejum: eles deveriam mantê-lo? O que é superior a isso?
[4] As promessas destas profecias.
[5] As denúncias e julgamentos encontrados no livro.

Chamado para voltar ao Senhor

1 Em novembro[a] do segundo ano do reinado de Dario, o Senhor deu esta mensagem ao profeta Zacarias, filho de Berequias, neto de Ido:

² "Eu, o Senhor, fiquei extremamente irado com seus antepassados. ³ Portanto, diga ao povo: 'Assim diz o Senhor dos Exércitos: Voltem-se para mim, e eu me voltarei para vocês, diz o Senhor dos Exércitos'. ⁴ Não sejam como seus antepassados, que não quiseram ouvir nem deram atenção quando os antigos profetas lhes disseram: 'Assim diz o Senhor dos Exércitos: Deixem seus caminhos maus e abandonem suas práticas perversas'.

⁵ "Onde estão agora seus antepassados? Morreram há muito tempo, assim como os profetas. ⁶ Mas tudo que eu disse e ordenei por meio de meus servos, os profetas, aconteceu a seus antepassados. Por isso, eles se arrependeram e disseram: 'Recebemos do Senhor dos Exércitos o que merecíamos. Ele fez o que havia prometido'".

Um homem entre as murtas

⁷ Três meses depois, no dia 15 de fevereiro,[b] o Senhor deu outra mensagem ao profeta Zacarias, filho de Berequias, neto de Ido.

⁸ Numa visão durante a noite, vi um homem montado num cavalo vermelho, parado entre algumas murtas num desfiladeiro. Atrás dele, havia cavaleiros montados em cavalos vermelhos, marrons e brancos. ⁹ Perguntei ao anjo que falava comigo: "Meu senhor, o que significam estes cavalos?".

"Eu lhe mostrarei", o anjo respondeu.

¹⁰ O cavaleiro que estava entre as murtas explicou: "Eles são aqueles que o Senhor enviou para percorrer a terra".

¹¹ Então os outros cavaleiros disseram ao anjo do Senhor, que estava entre as murtas: "Percorremos toda a terra, e ela está em paz".

¹² Quando o anjo do Senhor ouviu isso, disse: "Ó Senhor dos Exércitos, durante estes setenta anos tens estado irado com Jerusalém e as cidades de Judá. Quanto tempo levará para voltares a ter compaixão delas?". ¹³ E, ao anjo que falava comigo, o Senhor respondeu com palavras boas e consoladoras.

¹⁴ Então o anjo me disse: "Proclame esta mensagem: 'Assim diz o Senhor dos Exércitos: Tenho grande zelo por Jerusalém e pelo monte Sião, ¹⁵ mas estou extremamente irado com as outras nações que agora vivem tranquilas. Eu estava apenas um pouco irado com meu povo, mas as nações fizeram que ele sofresse muito.

¹⁶ "'Portanto, assim diz o Senhor: Voltei a mostrar compaixão por Jerusalém. Meu templo será reconstruído, diz o Senhor dos Exércitos, e serão tiradas medidas para a reconstrução de Jerusalém'.[c]

¹⁷ "Diga também: 'Assim diz o Senhor dos Exércitos: As cidades de Israel voltarão a transbordar de prosperidade, e o Senhor voltará a consolar Sião e escolherá Jerusalém para si'".

Quatro chifres e quatro ferreiros

¹⁸[d] Então levantei os olhos e vi quatro chifres de animais. ¹⁹ "O que significam estes chifres?", perguntei ao anjo que falava comigo.

Ele respondeu: "Estes chifres representam as nações que dispersaram Judá, Israel e Jerusalém".

²⁰ Então o Senhor me mostrou quatro ferreiros. ²¹ "O que estes homens vieram fazer?", perguntei.

O anjo respondeu: "Os quatro chifres são as nações que dispersaram e humilharam Judá. Agora, os ferreiros vieram para aterrorizar, derrubar e destruir essas nações".

A futura prosperidade de Jerusalém

2 ¹[e] Quando levantei os olhos outra vez, vi um homem segurando uma corda de medir.

² "Aonde você vai?", perguntei.

Ele respondeu: "Vou medir Jerusalém para saber sua largura e seu comprimento".

³ Então o anjo que estava comigo foi se encontrar com outro anjo que vinha em sua direção. ⁴ O outro anjo disse: "Corra e diga àquele jovem: 'Um dia Jerusalém ficará tão cheia de pessoas e animais que não haverá muros na cidade, pois não caberão todos dentro dela.

---

[a] 1.1 Em hebraico, *No oitavo mês*, do antigo calendário lunar hebraico. Várias datas em Zacarias podem ser comparadas com datas de registros persas que sobreviveram ao tempo e relacionadas com precisão ao calendário moderno. Esse mês caiu entre outubro e novembro de 520 a.C. [b] 1.7 Em hebraico, *No vigésimo quarto dia do décimo primeiro mês, o mês de sebate, no segundo ano de Dario*. O ano foi 519 a.C.; ver também nota em 1.1. [c] 1.16 Em hebraico, *o cordão de medir será estendido sobre Jerusalém*. [d] 1.18 No texto hebraico, os versículos 1.18-21 são numerados 2.1-4. [e] 2.1 No texto hebraico, os versículos 2.1-13 são numerados 2.5-17.

PÃO DIÁRIO

Um muro de fogo

Então eu mesmo serei um muro de fogo ao redor de Jerusalém para protegê-la, diz o Senhor. E eu serei a glória no meio da cidade

—Zacarias 2.5

A construção da Grande Muralha da China começou no século 3 a.C. É considerada uma das Sete Maravilhas do Mundo Moderno e tem aproximadamente 2.400 quilômetros de extensão. Foi construída para proteger as pessoas dos ataques dos povos nômades e invasões dos estados rivais.

Em Zacarias 2, lemos sobre outra muralha de proteção. Nessa visão, Zacarias via um homem com uma corda de medir que tentava determinar o comprimento e a largura de Jerusalém (Zc 2.1,2). Sua intenção aparentemente era começar a reconstruir os muros fortificados ao redor da cidade. Disseram ao homem que isso não seria necessário porque o povo de Deus seria tão numeroso que os muros não poderiam contê-lo (v.4). Além disso, eles não precisariam de muros porque Deus prometeu: "...eu mesmo serei um muro de fogo ao redor de Jerusalém para protegê-la, diz o Senhor. E eu serei a glória no meio da cidade" (v.5).

Os muros físicos podem ser escalados ou destruídos, não importa a altura deles ou quão fortes sejam. Mas, como filhas de Deus, temos o melhor muro de proteção que poderíamos ter — a Sua presença. Nada pode nos atingir sem que primeiro tenha passado por Ele e Sua vontade. Nele somos salvas e estamos seguras.

Querido Senhor, sou imensamente grata por Tua presença protetora. Nada pode te dominar e surpreender. Ao vivenciar os acontecimentos deste dia, que eu possa reconhecer que permitiste que eles acontecessem. Estou confiante por saber que estás comigo.

A segurança não está na ausência do perigo, mas na presença de Deus.

---

⁵Então eu mesmo serei um muro de fogo ao redor de Jerusalém para protegê-la, diz o Senhor. E eu serei a glória no meio da cidade'".

Os exilados são chamados de volta

⁶O Senhor diz: "Saiam! Fujam da Babilônia, na terra do norte, pois eu os espalhei aos quatro ventos. ⁷Saia, povo de Sião exilado na Babilônia!".

⁸Depois de um período de glória, o Senhor dos Exércitos me enviou[a] contra as nações que saquearam vocês e disse: "Quem lhes faz mal, faz mal à menina dos meus olhos. ⁹Levantarei minha mão para esmagar essas nações, e seus próprios escravos as saquearão". Então vocês saberão que o Senhor dos Exércitos me enviou. ¹⁰O Senhor diz: "Cante e alegre-se, ó bela Sião,[b] pois venho habitar em seu meio. ¹¹Naquele dia, muitas nações se juntarão ao Senhor, e elas também serão meu povo. Habitarei em seu meio, e vocês saberão que o Senhor dos Exércitos me enviou. ¹²A terra de Judá será a propriedade do Senhor na terra santa, e mais uma vez ele escolherá Jerusalém para ser sua cidade. ¹³Cale-se diante do Senhor toda a humanidade, pois ele se levanta de sua santa habitação".

A purificação do sumo sacerdote

3 Então o anjo me mostrou o sumo sacerdote Josué em pé diante do anjo do Senhor. Satanás, o acusador,[c] também estava ali, ao lado direito do anjo, e fazia acusações contra Josué. ²O Senhor disse a Satanás: "Eu, o Senhor, rejeito suas acusações, Satanás. Sim, o Senhor, que escolheu Jerusalém, o repreende. Este homem é como uma brasa tirada do fogo".

³Josué continuava em pé diante do anjo, e suas roupas estavam imundas. ⁴Então o anjo disse aos que ali estavam: "Tirem as roupas imundas dele". E, voltando-se para Josué, disse: "Veja, removi seus pecados e agora lhe dou roupas de festa".

⁵Eu disse: "Também precisam colocar um turbante limpo em sua cabeça". E eles colocaram um turbante limpo na cabeça dele e o vestiram com as roupas novas, enquanto o anjo do Senhor permanecia ali.

⁶Então o anjo do Senhor falou solenemente a Josué e disse: ⁷"Assim diz o Senhor dos Exércitos: Se você andar em meus caminhos e seguir meus preceitos, receberá autoridade sobre meu templo e seus pátios. Deixarei que ande junto com os outros que aqui estão.

⁸"Ouçam, ó sumo sacerdote Josué e todos os outros sacerdotes. Vocês são símbolo de coisas futuras. Em breve trarei meu servo, o Renovo. ⁹Agora, olhem para a pedra que coloquei diante de Josué, uma única pedra com

---

[a] 2.8 O significado do hebraico é incerto. [b] 2.10 Em hebraico, *ó filha de Sião*. [c] 3.1 Em hebraico, *O satanás*; também em 3.2.

sete faces.ª Gravarei nela uma inscrição, diz o Senhor dos Exércitos, e em um só dia removerei os pecados desta terra.

¹⁰"E, naquele dia, diz o Senhor dos Exércitos, cada um de vocês convidará seu próximo para sentar-se debaixo de sua videira e de sua figueira".

Um candelabro e duas oliveiras

4 Então o anjo que falava comigo voltou e me despertou, como se eu tivesse estado dormindo. ²"O que você vê agora?", ele perguntou.

Respondi: "Vejo um candelabro de ouro maciço, com uma vasilha de azeite em cima. Ao redor da vasilha há sete lâmpadas, e cada lâmpada tem sete tubos com pavios. ³Vejo também duas oliveiras, uma de cada lado da vasilha". ⁴Então perguntei ao anjo: "O que é isto, meu senhor?".

⁵"Você não sabe?", perguntou o anjo.

"Não, meu senhor", respondi.

⁶Então ele me disse: "Assim diz o Senhor a Zorobabel: Não por força, nem por poder, mas pelo meu Espírito, diz o Senhor dos Exércitos. ⁷Nada será obstáculo para Zorobabel, nem mesmo uma grande montanha; diante dele ela se tornará uma planície! E, quando Zorobabel colocar no lugar a última pedra do templo, o povo gritará: 'É pela graça! É pela graça!'".

⁸Depois, recebi outra mensagem do Senhor: ⁹"Zorobabel lançou os alicerces deste templo, e ele o completará. Então vocês saberão que o Senhor dos Exércitos me enviou. ¹⁰Não desprezem os começos humildes, pois o Senhor se alegra ao ver a obra começar, ao ver o prumo na mão de Zorobabel".

(As sete lâmpadasᵇ representam os olhos do Senhor, que percorrem toda a terra.)

¹¹Então perguntei ao anjo: "O que são as duas oliveiras, uma de cada lado do candelabro? ¹²E o que são os dois ramos de oliveira que derramam azeite dourado por dois tubos de ouro?"

¹³"Você não sabe?", ele perguntou.

"Não, meu senhor", respondi.

¹⁴Então ele me disse: "Eles representam os dois ungidosᶜ que ficam na presença do Senhor de toda a terra".

PÃO DIÁRIO

Ilumine o seu mundo

Então ele me disse: "Assim diz o Senhor a Zorobabel: Não por força, nem por poder, mas pelo meu Espírito, diz o Senhor dos Exércitos".

—Zacarias 4.6

Você se sente como se estivesse se desgastando demais em seu serviço a Deus? Talvez você queira irradiar sua luz espiritual no seu mundo escuro até o fim dos seus dias, mas questiona se é possível. Você não se desgastará se compreender e praticar a verdade de Zacarias 4.1-6.

O profeta viu duas oliveiras que supriam o óleo para o reservatório que alimentava as sete lâmpadas assentadas em um candelabro dourado. Ao pensarmos sobre a realidade por trás desse simbolismo, podemos ser encorajadas. Não somos a fonte de luz que ilumina o mundo, apenas recebemos o óleo do Espírito Santo que alimenta a chama viva que Ele produz. Se nós queimamos continuamente por longas horas escuras, é porque aprendemos a entregar nossa vida à fonte ilimitada de poder e força do Espírito. E isso ocorre apenas pela contínua comunhão com Jesus nosso Salvador.

É necessário que se diga sempre: Não é o que fazemos para o Senhor, mas o que Ele faz por meio de nós que ilumina e enriquece os outros. Devemos nos satisfazer em sermos lâmpadas que brilham e iluminam extraindo forças dos recursos secretos do Espírito de Cristo que habita em nós. Nosso papel é ajudar os outros a verem a glória da Sua luz. E devemos lembrar diariamente que cada exigência colocada sobre nós é colocada sobre Ele.

Que Deus maravilhoso tu és! Não somente nos proveste de esperança neste mundo, mas também nos dás forças para compartilhá-la. Tu és a fonte de força quando somos fracas; és a fonte de luz quando estamos perdidas. Por favor, relembra-nos de que não é pelos nossos esforços que a Tua obra é feita. Ajuda-nos a brilhar por ti!

Deixe sua luz brilhar — quer você seja uma vela num canto ou um farol sobre a montanha.

Um rolo que voava

5 Levantei os olhos novamente e vi um rolo que voava.

²"O que você vê?", perguntou o anjo.

ª**3.9** Em hebraico, *sete olhos*. ᵇ**4.10** Ou *As sete facetas* (ver 3.9); o hebraico traz *Estas sete*. ᶜ**4.14** Ou *dois seres celestiais*; o hebraico traz *dois filhos de azeite novo*.

"Vejo um rolo voando", respondi. "Parece ter uns nove metros de comprimento e a metade disso de largura."[a] ³Em seguida, ele me disse: "Nesse rolo está a maldição que sai para toda a terra. Uma maldição do rolo diz que os ladrões serão expulsos da terra; a outra maldição diz que os que juram falsamente serão expulsos da terra. ⁴E assim diz o Senhor dos Exércitos: Envio esta maldição à casa de todo ladrão e à casa de todo que jura falsamente pelo meu nome. E minha maldição permanecerá na casa e a destruirá completamente, até sua madeira e suas pedras".

Uma mulher num cesto

⁵Então o anjo que falava comigo se adiantou e disse: "Levante os olhos e veja o que está vindo".

⁶"O que é?", perguntei.

Ele respondeu: "É um cesto para medir cereais[b] e está cheio do pecado[c] de todos que habitam a terra".

⁷Então a tampa de chumbo do cesto foi levantada, e dentro dele havia uma mulher sentada. ⁸O anjo disse: "A mulher se chama Perversidade", e a empurrou de volta para dentro do cesto e fechou a tampa.

⁹Em seguida, levantei os olhos e vi duas mulheres voando em nossa direção, planando no vento. Suas asas pareciam asas de cegonha, e elas pegaram o cesto e o carregaram pelos ares.

¹⁰"Para onde estão levando o cesto?", perguntei ao anjo.

¹¹Ele respondeu: "Para a terra da Babilônia,[d] onde construirão um templo para ele. E, quando o templo estiver pronto, colocarão o cesto ali, em seu pedestal".

Quatro carros de guerra

6 Então levantei os olhos novamente e vi quatro carros de guerra que saíam de entre dois montes de bronze. ²Cavalos vermelhos puxavam o primeiro carro, cavalos pretos puxavam o segundo, ³cavalos brancos puxavam o terceiro, e cavalos malhados e fortes puxavam o quarto.

⁴"O que significam estes cavalos, meu senhor?", perguntei ao anjo que falava comigo.

⁵O anjo respondeu: "Eles são os quatro espíritos[e] do céu que estão diante do Senhor de toda a terra. Saem para fazer o trabalho dele. ⁶O carro de guerra com cavalos pretos vai para o norte, o carro de guerra com cavalos brancos vai para o oeste[f] e o carro de guerra com cavalos malhados vai para o sul".

⁷Os cavalos fortes estavam impacientes para sair e percorrer a terra. Então o Senhor disse: "Vão e percorram a terra!", e eles partiram de imediato.

⁸Em seguida, o Senhor me chamou e disse: "Veja, os que foram para o norte deram descanso ao meu Espírito ali na terra do norte".

A coroação de Josué

⁹Então recebi outra mensagem do Senhor: ¹⁰"Heldai, Tobias e Jedaías trarão presentes de prata e de ouro dos judeus exilados na Babilônia. Assim que chegarem, vá ao encontro deles na casa de Josias, filho de Sofonias. ¹¹Aceite os presentes e faça uma coroa usando o ouro e a prata. Depois, coloque-a na cabeça do sumo sacerdote Josué, filho de Jeozadaque. ¹²Diga-lhe: 'Assim diz o Senhor dos Exércitos: Aqui está o homem chamado Renovo. Ele brotará de seu lugar e construirá o templo do Senhor. ¹³Sim, ele construirá o templo do Senhor. Então receberá a honra devida e, de seu trono, governará como rei. De seu trono, também servirá como sacerdote,[g] e haverá harmonia perfeita entre as duas funções'.

¹⁴"A coroa será um memorial no templo do Senhor para honrar aqueles que a ofereceram: Heldai,[h] Tobias, Jedaías e Josias,[i] filho de Sofonias".

¹⁵Pessoas virão de terras distantes para reconstruir o templo do Senhor. Quando isso acontecer, vocês saberão que o Senhor dos Exércitos me enviou. Tudo isso acontecerá se vocês obedecerem fielmente às ordens do Senhor, seu Deus.

Chamado à justiça e à misericórdia

7 Em 7 de dezembro[j] do quarto ano do reinado de Dario, o Senhor deu outra mensagem

---

[a] 5.2 Em hebraico, *20 côvados de comprimento e 10 côvados de largura*. [b] 5.6a Em hebraico, *1 efa*, cerca de 20 litros; também em 5.7,8,9,10,11. [c] 5.6b Conforme a Septuaginta; o hebraico traz *da aparência*. [d] 5.11 Em hebraico, *terra de Sinar*. [e] 6.5 Ou *os quatros ventos*. [f] 6.6 Em hebraico, *vai atrás deles*. [g] 6.13 Ou *Haverá um sacerdote junto a seu trono*. [h] 6.14a Conforme a versão siríaca; o hebraico traz *Helém*. Comparar com 6.10. [i] 6.14b Conforme a versão siríaca; o hebraico traz *Hem*. Comparar com 6.10. [j] 7.1 Em hebraico, *No quarto dia do nono mês, o mês de quisleu*, do antigo calendário lunar hebraico. O ano foi 518 a.C.; ver também nota em 1.1.

a Zacarias. ²O povo de Betel tinha enviado Sarezer, Regem-Meleque[a] e seus homens para buscar o favor do SENHOR ³e para perguntar aos profetas e aos sacerdotes no templo do SENHOR dos Exércitos: "Devemos continuar a lamentar e jejuar no quinto mês,[b] como temos feito por tantos anos?".

⁴Em resposta, o SENHOR dos Exércitos me deu esta mensagem: ⁵"Diga a todo o seu povo e a seus sacerdotes: 'Durante estes setenta anos de exílio, vocês jejuaram e lamentaram no quinto e no sétimo mês,[c] mas foi, de fato, para mim que jejuaram? ⁶E, mesmo agora, não comem e bebem apenas para agradar a si mesmos? ⁷Não é esta a mesma mensagem que o SENHOR proclamou por meio dos profetas no passado, quando Jerusalém e as cidades de Judá estavam cheias de gente, e quando havia muitos habitantes no Neguebe e nas colinas de Judá?'".[d]

⁸Então Zacarias recebeu esta mensagem do SENHOR: ⁹"Assim diz o SENHOR dos Exércitos: Julguem com justiça e mostrem compaixão e bondade uns pelos outros. ¹⁰Não oprimam as viúvas, nem os órfãos, nem os estrangeiros, nem os pobres. E não tramem o mal uns contra os outros.

¹¹"Seus antepassados não quiseram ouvir esta mensagem. Em rebeldia, deram-me as costas e taparam os ouvidos para não escutar. ¹²Tornaram o coração duro como pedra, para não ouvir as instruções nem as mensagens que o SENHOR dos Exércitos lhes enviou por seu Espírito, por meio dos antigos profetas. Por isso o SENHOR dos Exércitos ficou tão irado com eles.

¹³"Porque não quiseram ouvir quando eu os chamei, não os ouvi quando eles me chamaram, diz o SENHOR dos Exércitos. ¹⁴Como um vendaval, eu os espalhei entre as nações distantes, que eles não conheciam. Sua terra ficou tão desolada que ninguém sequer passava por ela. Transformaram sua terra agradável num deserto".

Bênçãos prometidas para Jerusalém

8 Então recebi outra mensagem do SENHOR dos Exércitos: ²"Assim diz o SENHOR dos Exércitos: Tenho muito ciúme do monte Sião e sou consumido de zelo por ele!

³"Assim diz o SENHOR: Voltarei para o monte Sião e habitarei em Jerusalém. Então Jerusalém será chamada Cidade Fiel, e o monte do SENHOR dos Exércitos será chamado Monte Santo.

⁴"Assim diz o SENHOR dos Exércitos: Homens e mulheres idosos voltarão a caminhar apoiados em suas bengalas nas ruas de Jerusalém e se sentarão juntos nas praças, ⁵e as ruas da cidade ficarão cheias de meninos e meninas brincando.

⁶"Assim diz o SENHOR dos Exércitos: No momento, isso pode lhes parecer impossível, ó remanescente do povo. Mas acaso é impossível para mim?, diz o SENHOR dos Exércitos.

⁷"Assim diz o SENHOR dos Exércitos: Podem ter certeza de que resgatarei meu povo dos lugares para onde foram levados no leste e no oeste. ⁸Eu os trarei de volta para que habitem em Jerusalém. Eles serão o meu povo, e eu serei o seu Deus fiel e justo.

⁹"Assim diz o SENHOR dos Exércitos: Sejam fortes e completem a tarefa! Desde que lançaram os alicerces do templo do SENHOR dos Exércitos, vocês têm ouvido o que os profetas dizem a respeito de terminar a obra. ¹⁰Antes de iniciarem os trabalhos do templo, não havia dinheiro para contratar pessoas ou pagar por animais. Nenhum viajante estava seguro, pois havia inimigos por toda parte. Eu os havia incitado uns contra os outros.

¹¹"Agora, porém, não tratarei mais o remanescente de meu povo como o tratei no passado, diz o SENHOR dos Exércitos. ¹²Pois, agora, plantarão as sementes em paz. As videiras ficarão carregadas de uvas, a terra produzirá suas colheitas, e os céus derramarão o orvalho. Darei essas bênçãos como herança ao remanescente deste povo. ¹³Entre as outras nações, Judá e Israel se tornaram símbolo de nação amaldiçoada, mas não será mais assim!

---

[a] 7.2 Ou *Betel-Sarezer havia enviado Regem-Meleque.* [b] 7.3 O templo havia sido destruído no quinto mês do antigo calendário lunar hebraico (em agosto de 586 a.C.); ver 2Rs 25.8. [c] 7.5 No antigo calendário lunar hebraico, o quinto mês geralmente caía entre julho e agosto, e o sétimo, entre setembro e outubro; tanto o Dia da Expiação como a Festa das Cabanas eram celebrados no sétimo mês. [d] 7.7 Em hebraico, *e na Sefelá.*

Agora eu os resgatarei e os transformarei em bênção. Portanto, não tenham medo. Sejam fortes e continuem a reconstruir o templo!

¹⁴"Pois assim diz o Senhor dos Exércitos: Eu estava decidido a castigá-los quando seus antepassados provocaram minha ira, e não voltei atrás, diz o Senhor dos Exércitos. ¹⁵Agora, porém, estou decidido a abençoar Jerusalém e o povo de Judá. Portanto, não tenham medo. ¹⁶Isto é o que vocês devem fazer: Digam a verdade uns aos outros. Em seus tribunais, pronunciem sentenças justas, que conduzam à paz. ¹⁷Não tramem o mal uns contra os outros. Não se agradem de fazer juramentos falsos. Odeio todas essas coisas, diz o Senhor".

¹⁸Esta é outra mensagem que recebi do Senhor dos Exércitos. ¹⁹"Assim diz o Senhor dos Exércitos: Os jejuns habituais que vocês têm observado no quarto mês, bem como no quinto, no sétimo e no décimo mês,ᵃ chegaram ao fim. Eles se tornarão festas de alegria e celebração para o povo de Judá. Portanto, amem a verdade e a paz.

²⁰"Assim diz o Senhor dos Exércitos: Pessoas de nações e cidades de todo lugar virão a Jerusalém. ²¹Os habitantes de uma cidade dirão aos habitantes de outra: 'Venham conosco a Jerusalém para pedir ao Senhor que nos abençoe. Vamos adorar o Senhor dos Exércitos. Estou decidido a ir'. ²²Muitos povos e nações poderosas virão a Jerusalém para buscar o Senhor dos Exércitos e pedir que ele os abençoe.

²³"Assim diz o Senhor dos Exércitos: Naquele dia, dez homens de nações e línguas diferentes agarrarão a barra das vestes de um judeu e dirão: 'Deixe que o acompanhemos, pois ouvimos dizer que Deus está com vocês'".

Julgamento contra os inimigos de Israel

9 Esta é a sentença do Senhor contra a terra de Hadraque e a cidade de Damasco, pois os olhos da humanidade, incluindo os de todas as tribos de Israel, estão voltados para o Senhor.ᵇ

²A destruição é garantida para Hamate,
  perto de Damasco,
e para as cidades de Tiro e Sidom,
  embora sejam tão astutas.
³Tiro construiu fortalezas
  e tornou a prata e o ouro
  tão comuns quanto o pó e a lama nas ruas.
⁴Mas o Senhor despojará Tiro de seus bens
  e lançará suas fortalezas no mar;
  a cidade será consumida pelo fogo.
⁵Ascalom verá a queda de Tiro
  e se encherá de medo.
Gaza tremerá de pavor,
  e o mesmo acontecerá a Ecrom,
  pois sua esperança será frustrada.
O rei de Gaza será morto,
  e Ascalom ficará deserta;
⁶estrangeiros ocuparão Asdode.
Sim, acabarei com o orgulho dos filisteus;
⁷arrancarei de sua boca a carne com sangue
  e de seus dentes tirarei os detestáveis sacrifícios.
Então os filisteus que sobreviverem
  adorarão o nosso Deus
  e se tornarão uma nova família em Judá.ᶜ
Os filisteus de Ecrom se unirão ao meu povo,
  como fizeram em outros tempos os jebuseus.
⁸Guardarei meu templo
  e o protegerei de exércitos invasores.
Nunca mais estrangeiros opressores
  invadirão a terra de meu povo,
  pois agora eu a vigio de perto.

A vinda do rei de Sião

⁹Alegre-se, ó povo de Sião!ᵈ
  Exulte, ó preciosa Jerusalém!ᵉ
Vejam, seu rei está chegando;
  ele é justo e vitorioso,
mas também é humilde e vem montado
  num jumento,
  num jumentinho, cria de jumenta.
¹⁰Removerei de Israelᶠ os carros de guerra
  e, de Jerusalém, os cavalos.
Destruirei as armas usadas na batalha,
  e seu rei trará paz às nações.

ᵃ**8.19** No antigo calendário lunar hebraico, o quarto mês geralmente caía entre junho e julho; o quinto, entre julho e agosto; o sétimo, entre setembro e outubro; e o décimo, entre dezembro e janeiro. ᵇ**9.1** Ou *pois os olhos do Senhor estão voltados para toda a humanidade e também para todas as tribos de Israel*. ᶜ**9.7** Ou *se tornarão líderes em Judá*. ᵈ**9.9a** Em hebraico, *filha de Sião*. ᵉ**9.9b** Em hebraico, *filha de Jerusalém*. ᶠ**9.10a** Em hebraico, *Efraim*, referência a Israel, o reino do norte; também em 9.13.

Seu reino se estenderá de um mar a outro
   e do rio Eufrates[a] até os confins da terra.
¹¹Por causa da aliança que fiz com vocês,
   aliança selada com sangue,
livrarei seus prisioneiros
   da morte em um poço sem água.
¹²Voltem para a fortaleza,
   todos vocês prisioneiros que ainda têm esperança!
Hoje mesmo proclamo
   que lhes darei o dobro do que perderam.
¹³Judá é meu arco,
   e Israel, minha flecha.
Os filhos de Sião são minha espada,
   e, como um guerreiro, eu a empunharei contra os gregos.[b]
¹⁴O Senhor aparecerá sobre seu povo;
   suas flechas sairão como relâmpagos!
O Senhor Soberano tocará a trombeta
   e atacará como um redemoinho vindo do sul.
¹⁵O Senhor dos Exércitos os protegerá,
   e eles lançarão pedras contra seus inimigos
e os derrotarão.
Gritarão na batalha, como se estivessem embriagados de vinho;
   ficarão cheios de sangue, como uma bacia,
   cobertos de sangue, como os cantos do altar.
¹⁶Naquele dia, o Senhor, seu Deus, salvará seu povo,
   como o pastor salva suas ovelhas.
Eles brilharão em sua terra
   como joias numa coroa.
¹⁷Ah, como serão belos e maravilhosos!
   A fartura de trigo dará vigor aos rapazes,
   e o vinho novo fará florescer as moças.

O Senhor restaurará seu povo

10 ¹Peçam ao Senhor chuva na primavera,
   pois ele forma as nuvens de tempestade.
E ele enviará aguaceiros,
   para que todos os campos se tornem pastos verdes.
²Os ídolos do lar dão conselhos inúteis,
   os adivinhadores só predizem mentiras,
e os que interpretam sonhos
   proclamam falsidades que não trazem nenhuma consolação.
Por isso meu povo anda sem rumo,
   como ovelhas perdidas que não têm pastor.

³"Minha ira arde contra seus pastores,
   e eu castigarei esses líderes.[c]
Pois o Senhor dos Exércitos chegou
   para cuidar de Judá, seu rebanho.
Ele o tornará forte e glorioso,
   como um majestoso cavalo na batalha.
⁴De Judá virão a pedra angular,
   a estaca da tenda,
o arco para a batalha,
   e todos os governantes.
⁵Serão como guerreiros poderosos na batalha,
   que pisam os inimigos na lama sob seus pés.
Pois o Senhor está com eles na luta,
   e derrubarão até os cavaleiros do inimigo.
⁶"Fortalecerei Judá e livrarei Israel;[d]
   eu os restaurarei, porque tenho compaixão deles.
Será como se eu nunca os houvesse rejeitado,
   pois eu sou o Senhor, seu Deus,
   e ouvirei seus clamores.
⁷Os habitantes de Israel[e] serão como guerreiros poderosos,
   e seu coração se alegrará como se fosse pelo vinho.
Seus filhos também verão isso e exultarão;
   sim, seu coração se alegrará no Senhor.
⁸Quando eu assobiar para eles, virão até mim,
   pois os resgatei.
Eles crescerão
   e se tornarão numerosos como antes.
⁹Embora eu os tenha espalhado entre as nações,
   ainda se lembrarão de mim nas terras distantes.
Eles e seus filhos sobreviverão
   e voltarão para Israel.

---

[a] 9.10b Em hebraico, *do rio*. [b] 9.13 Em hebraico, *os filhos de Javã*. [c] 10.3 Ou *esses bodes*. [d] 10.6 Em hebraico, *livrarei a casa de José*. [e] 10.7 Em hebraico, *de Efraim*.

¹⁰Eu os trarei de volta do Egito
e os juntarei da Assíria.
Eu os estabelecerei outra vez em Gileade e
no Líbano,
até que não haja mais espaço para todos.
¹¹Passarão pelo mar da aflição,ᵃ
pois as ondas do mar serão contidas,
e as águas do Nilo secarão.
O orgulho da Assíria será abatido,
e o domínio do Egito chegará ao fim.
¹²Por meu poderᵇ fortalecerei meu povo,
e, pela autoridade de meu nome, viverão.
Eu, o Senhor, falei!"

11 ¹Abra suas portas, ó Líbano,
para que o fogo devore seus bosques
de cedro.
²Chorem, ciprestes, por todos os cedros
caídos;
até os mais majestosos tombaram.
Chorem, carvalhos de Basã,
pois os densos bosques foram
derrubados.
³Ouçam o gemido dos pastores,
pois os pastos verdes foram destruídos.
Ouçam os leões fortes rugirem,
pois as matas no vale do Jordão foram
devastadas.

Os bons e os maus pastores

⁴Assim diz o Senhor, meu Deus: "Vá e cuide do rebanho destinado para a matança. ⁵Os compradores abatem suas ovelhas sem remorso, e os vendedores dizem: 'Louvado seja o Senhor, pois fiquei rico!'. Nem mesmo os pastores têm compaixão das ovelhas. ⁶Da mesma forma, não terei compaixão dos habitantes desta terra", diz o Senhor. "Eu os entregarei nas mãos uns dos outros e nas mãos de seu rei. Eles devastarão a terra, e eu não os livrarei."

⁷Portanto, cuidei do rebanho destinado para a matança, o rebanho oprimido. Então peguei duas varas de pastor e chamei uma delas de Favor e a outra de União. ⁸Num só mês, acabei com seus três pastores.

Contudo, perdi a paciência com as ovelhas, e elas também me odiaram. ⁹Então eu lhes disse: "Não serei mais seu pastor. Não me importarei se morrerem ou se forem devoradas. E, aquelas que restarem, comam a carne umas das outras!".

¹⁰Em seguida, peguei a vara chamada Favor e a quebrei ao meio, para mostrar que havia cancelado a aliança que tinha feito com todas as nações. ¹¹Assim acabou minha aliança com elas. O rebanho aflito me observava e entendeu que o Senhor falava por meio de minhas ações.

¹²Então eu lhes disse: "Se quiserem, paguem meu salário; mas, se não quiserem, não me paguem". E eles me pagaram trinta moedas de prata.

¹³Então o Senhor me disse: "Lance isso ao oleiro",ᶜ esse preço fabuloso pelo qual me avaliaram! Peguei as trinta moedas de prata e as lancei ao oleiro no templo do Senhor.

¹⁴Depois, peguei minha outra vara, União, e a quebrei ao meio, para mostrar que a união entre Judá e Israel havia se rompido.

¹⁵Então o Senhor me disse: "Volte e faça agora o papel de pastor inútil, ¹⁶para mostrar como entregarei esta nação a um pastor que não cuidará das ovelhas que estiverem morrendo, nem protegerá as pequenas; não curará as feridas, nem alimentará as saudáveis. Em vez disso, comerá a carne das ovelhas mais gordas e arrancará seus cascos.

¹⁷"Que aflição espera esse pastor inútil,
que abandona o rebanho!
A espada cortará seu braço
e atravessará seu olho direito.
O braço ficará imprestável,
e o olho direito, totalmente cego".

O livramento futuro de Jerusalém

12 ¹Esta é a mensagem que o Senhor anunciou acerca do destino de Israel: "Mensagem do Senhor, que estendeu os céus, lançou os alicerces da terra e formou o espírito humano. ²Farei que Jerusalém seja como uma bebida que deixará as nações vizinhas cambaleando quando enviarem seus exércitos para cercar Jerusalém e Judá. ³Naquele dia, transformarei Jerusalém numa pedra pesada. Todas as nações se reunirão contra ela para tentar movê-la, mas só ferirão a si mesmas.

⁴"Naquele dia", diz o Senhor, "farei que todos os cavalos entrem em pânico e todos os

---

ᵃ **10.11** Ou *mar do Egito*, referência ao mar Vermelho. ᵇ **10.12** Em hebraico, *No Senhor*. ᶜ **11.13** A versão siríaca traz *à tesouraria*; também em 11.13b. Comparar com Mt 27.6-10.

cavaleiros enlouqueçam. Cuidarei do povo de Judá, mas cegarei todos os cavalos de seus inimigos. ⁵E as famílias de Judá pensarão: 'Os habitantes de Jerusalém encontraram força no Senhor dos Exércitos, seu Deus'.

⁶"Naquele dia, farei que as famílias de Judá sejam como uma chama que põe fogo num monte de lenha, ou como uma tocha acesa no meio de feixes de cereal. Elas incendiarão todas as nações vizinhas, à direita e à esquerda, enquanto os habitantes de Jerusalém permanecerão em segurança.

⁷"O Senhor dará vitória primeiro ao restante de Judá, antes de Jerusalém, para que a honra dos habitantes de Jerusalém e da linhagem real de Davi não seja superior à honra do restante de Judá. ⁸Naquele dia, o Senhor defenderá os habitantes de Jerusalém; o mais fraco entre eles será como o rei Davi, e os descendentes do rei serão como Deus, como o anjo do Senhor que vai diante deles. ⁹Pois, naquele dia, começarei a destruir todas as nações que atacarem Jerusalém.

¹⁰"Então derramarei um espírito[a] de graça e oração sobre a linhagem de Davi e os habitantes de Jerusalém. Olharão para aquele a quem transpassaram e chorarão por ele como quem chora a morte do filho único; lamentarão amargamente por ele, como quem lamenta a perda do filho mais velho. ¹¹Naquele dia, o pranto em Jerusalém será como o grande pranto por Hadade-Rimom no vale de Megido.

¹²"Todo o Israel chorará, cada família separadamente, os maridos longe das esposas. A família de Davi chorará separadamente, bem como a família de Natã, ¹³a família de Levi e a família de Simei. ¹⁴Cada uma das famílias sobreviventes de Judá chorará separadamente, os maridos longe das esposas."

Uma fonte de purificação

13 "Naquele dia, uma fonte será aberta para a linhagem de Davi e para os habitantes de Jerusalém, uma fonte para purificá-los de todos os seus pecados e impurezas.

²"Naquele dia", diz o Senhor dos Exércitos, "eliminarei da terra a idolatria, de modo que até o nome dos ídolos será esquecido. Removerei da terra os falsos profetas e o espírito de

---

PÃO DIÁRIO

Jesus no centro

...Olharão para aquele a quem transpassaram...
—Zacarias 12.10

Você já ouviu falar do "Princípio Cristocêntrico" da compreensão bíblica? Em poucas palavras, quer dizer: tudo o que sabemos sobre Deus, anjos, Satanás, esperanças humanas e o Universo todo é melhor compreendido quando vistos em relação a Jesus Cristo. Ele está no centro.

Recentemente, descobri que um dos livros menos conhecidos do Antigo Testamento, Zacarias, é um dentre os mais centrados em Cristo. Esse livro é um bom exemplo, pois aborda a humanidade de Cristo (Zc 6.12), Sua humildade (9.9), Sua traição (11.12), Sua divindade (12.8), Sua crucificação (12.10), Seu retorno (14.4) e Seu futuro reino (14.8-21).

Zacarias 12.10 é uma passagem especialmente significativa e diz: "Olharão para aquele a quem transpassaram". A palavra transpassar se refere à rejeição histórica de Jesus como Messias — culminando em Sua crucificação. Mas esse versículo também prevê uma futura geração de judeus que o aceitarão como Messias. Na segunda vinda de Jesus, o remanescente de Israel reconhecerá Aquele que foi crucificado uma vez e o aceitará com fé.

Esse maravilhoso livro deve nos encorajar a olhar para mais verdades centradas em Cristo — tanto em outras partes da Bíblia como em toda vida. Coloque Jesus no centro de tudo. Viva uma vida Cristocêntrica.

Jesus, tu és o meu Deus e Salvador. Do princípio ao fim, és o mais importante, o exaltado. Ajuda-me a te manter no lugar do mais alto louvor e como centro do meu amor e da minha vida.

Jesus Cristo é a Chave que abre a Palavra de Deus.

---

impureza. ³Se alguém continuar a profetizar, seu próprio pai e sua própria mãe lhe dirão: 'Você deve morrer, pois profetizou mentiras em nome do Senhor'. E, enquanto ele estiver profetizando, seu pai e sua mãe o matarão.

⁴"Naquele dia, as pessoas terão vergonha de dizer que têm o dom de profetizar. Ninguém vestirá roupas de profeta para enganar outros. ⁵Dirá: 'Não sou profeta; sou lavrador. Comecei

---

[a] 12.10 Ou *o Espírito*.

a trabalhar no campo quando era menino'. ⁶E se alguém perguntar: 'Que feridas são essas em seu peito?',ᵃ ele responderá: 'Fui ferido na casa de meus amigos'."

As ovelhas são dispersadas

⁷"Desperte, ó espada, contra meu pastor,
   o homem que é meu companheiro",
   diz o Senhor dos Exércitos.
"Fira o pastor,
   e as ovelhas serão dispersas,
   e eu me voltarei contra os cordeiros.
⁸Dois terços dos habitantes da terra
   serão feridos e morrerão", diz o Senhor,
   "mas restará um terço na terra.
⁹Farei essa terça parte passar pelo fogo
   e a purificarei.
Eu a refinarei como se refina a prata
   e a purificarei como se purifica o ouro.
Ela invocará meu nome,
   e eu lhe responderei.
Direi: 'Este é meu povo',
   e ela dirá: 'O Senhor é nosso Deus'."

O Senhor governará a terra

14 Fiquem atentos, pois se aproxima o dia do Senhor, em que seus bens serão saqueados diante de vocês! ²Reunirei todas as nações para lutarem contra Jerusalém. A cidade será conquistada, as casas serão saqueadas, e as mulheres, violentadas. Metade da população será levada para o exílio, e o restante será deixado na cidade.

³Então o Senhor sairá para lutar contra essas nações, como fez no passado. ⁴Naquele dia, seus pés estarão sobre o monte das Oliveiras, a leste de Jerusalém. O monte se dividirá ao meio, formando um vale muito amplo, de leste a oeste. Metade do monte se deslocará para o norte e metade para o sul. ⁵Vocês fugirão pelo vale, pois ele se estenderá até Azal. Sim, vocês fugirão, como fugiram do terremoto nos dias de Uzias, rei de Judá. Então o Senhor, meu Deus, virá com todos os seus santos.ᵇ

⁶Naquele dia, as fontes de luz deixarão de brilhar;ᶜ ⁷ainda assim, sempre será dia! Só o Senhor sabe como isso acontecerá. Não haverá dia nem noite como sempre houve, pois mesmo à noite haverá claridade.

⁸Naquele dia, fluirão de Jerusalém águas que dão vida; metade das águas correrá para o mar Morto e metade para o Mediterrâneo.ᵈ Fluirão continuamente, tanto no verão como no inverno.

⁹E o Senhor será rei sobre toda a terra. Naquele dia, haverá um só Senhor, e somente seu nome será adorado.

¹⁰Toda a terra, desde Geba, ao norte de Judá, até Rimom, ao sul de Jerusalém, se tornará uma grande planície. Jerusalém, contudo, ficará em seu lugar elevado e será habitada desde o portão de Benjamim até o local do portão antigo, e dali até o portão da Esquina, e desde a torre de Hananel até as prensas de uvas do rei. ¹¹Jerusalém, por fim em segurança, ficará cheia de gente e nunca mais será amaldiçoada nem destruída.

¹²O Senhor enviará uma praga contra todos os povos que guerrearam contra Jerusalém. Eles se transformarão em cadáveres ambulantes, com a carne em decomposição. Seus olhos apodrecerão nas órbitas, e a língua apodrecerá na boca. ¹³Naquele dia, o Senhor os encherá de grande pânico, e eles lutarão uns contra os outros com as próprias mãos. ¹⁴Judá também lutará em Jerusalém. A riqueza de todas as nações vizinhas será recolhida, grandes quantidades de ouro e prata e de roupas. ¹⁵Essa mesma praga cairá sobre cavalos, mulas, camelos, jumentos e todos os outros animais dos acampamentos do inimigo.

¹⁶No final, os inimigos que sobreviverem à praga subirão a Jerusalém a cada ano para adorar o Rei, o Senhor dos Exércitos, e para celebrar a Festa das Cabanas. ¹⁷Se alguma nação não quiser ir a Jerusalém para adorar o Rei, o Senhor dos Exércitos, não receberá chuva. ¹⁸Se o povo do Egito não quiser ir à festa, o Senhor o castigaráᵉ com as mesmas pragas que enviará sobre as outras nações que se recusarem a ir. ¹⁹O Egito e as outras nações serão castigados se não forem celebrar a Festa das Cabanas.

ᵃ**13.6** Em hebraico, *Que feridas são essas entre suas mãos?* ᵇ**14.5** Conforme a Septuaginta; o hebraico traz *e todos os seus santos virão com vocês.* ᶜ**14.6** O significado do hebraico é incerto. ᵈ**14.8** Em hebraico, *metade para o mar oriental e metade para o mar ocidental.* ᵉ**14.18** Conforme alguns manuscritos hebraicos, a Septuaginta e a versão siríaca; o Texto Massorético traz *não o castigará.*

²⁰Naquele dia, até mesmo os sinos dos cavalos terão gravadas estas palavras: SANTO PARA O SENHOR. E as panelas no templo do SENHOR serão tão sagradas quanto as bacias usadas junto ao altar. ²¹Na verdade, todas as panelas em Jerusalém e em Judá serão santas ao SENHOR dos Exércitos. Todos que vierem oferecer sacrifícios poderão usar qualquer uma delas para cozinhá-los. E, naquele dia, não haverá mais comerciantes[a] no templo do SENHOR dos Exércitos.

[a] 14.21 Em hebraico, *cananeus*.

MALAQUIAS

INTRODUÇÃO

Profeta. Seu nome significa "Mensageiro do Senhor" ou "Meu Mensageiro". Ele estava associado ao movimento reformista de Neemias e Esdras e condenou os mesmos pecados que eles condenaram. Deve, portanto, ter vivido cerca de 100 anos após Ageu e Zacarias, ou cerca de 430–420 a.C. Foi o último dos profetas inspirados do Antigo Testamento.

Condição da época. O povo havia sido levado de volta a Jerusalém e o Templo e os muros reconstruídos. Eles se tornaram sensuais, egoístas e descuidados, assim negligenciaram o seu dever. Sua interpretação das brilhantes profecias dos profetas exílicos e pré-exílicos levou-os à expectativa de realizar o reino messiânico imediatamente após o retorno deles. Portanto, ficaram desencorajados e tornaram-se céticos (2.17) por causa das desigualdades da vida, vistas em todos os lugares. Essa dúvida sobre a justiça divina os levou a negligenciar a religião vital, e a verdadeira piedade deu lugar à mera formalidade. Eles não recaíram na idolatria, mas um espírito mundano havia se estabelecido e eles eram culpados de muitas maldades como o que vemos hoje em comunidades que professam ser cristãs.

Profecia. O propósito desta profecia era repreender o povo por se afastar do culto prescrito na Lei de Deus, chamar o povo de volta a Javé e revigorar seu espírito nacional. Há nela: (1) Denúncias impiedosas de males sociais e do povo de Israel. (2) Repreensões severas pela indiferença e hipocrisia dos sacerdotes. (3) Profecias da vinda do Messias e as características e modo de Sua vinda. (4) Profecias sobre o precursor do Messias.

ESBOÇO

1. Introdução: O amor de Deus por Israel, 1.1-5; é visto em contraste entre Israel e o Egito
    1.1. A falta de amor de Israel por Deus, 1.6–2.16; é comprovado:
    1.2. Por suas ofertas contaminadas, 1.6-14
    1.3. Pelos pecados dos sacerdotes, 2.1-9
    1.4. Por seus casamentos pagãos e seus divórcios, 2.10-16
2. Deus virá e julgará o Seu povo, 2.17–4.6
    2.1. Seu mensageiro separará o justo do perverso, 2.17–3.5
    2.2. Isso é visto no fato de eles reterem ou entregarem os dízimos, 3.6-15
    2.3. Os serviços fiéis serão recompensados, 3.16–4.6

PARA ESTUDO E DISCUSSÃO

[1] Liste os pecados repreendidos.
[2] Faça uma lista de todas as coisas diferentes ditas sobre o Messias e Sua missão e também a de Seu precursor.
[3] Analise e estude cada uma das sete controvérsias (1.2,7; 2.13,14,17; 3.7,8,14).
[4] Compare o destino dos justos e dos perversos como revelados neste livro, listando tudo o que é dito sobre cada um.
[5] Liste todas as promessas do livro.

1

Esta é a mensagem que o Senhor anunciou a Israel por meio do profeta Malaquias.[a]

O amor de Deus por Israel

² "Eu sempre amei vocês", diz o Senhor. Mas vocês perguntam: "De que maneira nos amou?".

E o Senhor responde: "Foi desta maneira: amei seu antepassado Jacó, ³ mas rejeitei o irmão dele, Esaú, e devastei sua região montanhosa. Transformei a propriedade de Esaú num deserto para chacais".

⁴ O povo de Edom talvez diga: "Fomos arrasados, mas reconstruiremos as ruínas".

O Senhor dos Exércitos, porém, declara: "Podem reconstruir, mas eu demolirei tudo outra vez. Seu país ficará conhecido como 'Terra da Maldade', e seu povo será chamado de 'Povo Contra o Qual o Senhor Está Irado Para Sempre'. ⁵ Quando vocês virem a destruição com os próprios olhos, dirão: 'A grandeza do Senhor vai muito além das fronteiras de Israel!'".

Sacrifícios indignos

⁶ O Senhor dos Exércitos diz aos sacerdotes: "O filho honra seu pai, e o servo respeita seu senhor. Se eu sou seu pai e seu senhor, onde estão a honra e o respeito que mereço? Vocês desprezam meu nome!

"Mas vocês perguntam: 'De que maneira desprezamos teu nome?'.

⁷ "Vocês o desprezam oferecendo sacrifícios contaminados sobre meu altar.

"E vocês perguntam: 'De que maneira contaminamos os sacrifícios?'.[b]

"Vocês os contaminam dizendo que a mesa do Senhor não merece respeito. ⁸ Acaso não é errado sacrificarem animais cegos? Não é errado oferecerem animais aleijados e doentes? Apresentem ofertas como essas a seu governador e vejam se ele ficará satisfeito e se agradará de vocês!", diz o Senhor dos Exércitos.

⁹ "Vão em frente, supliquem a Deus para que tenha compaixão de vocês. Mas por que ele atenderia, uma vez que apresentam esse tipo de oferta?", diz o Senhor dos Exércitos.

¹⁰ "Quem dera um de vocês fechasse as portas do templo para que não se acendesse em vão o fogo do meu altar! Não me agrado de vocês", diz o Senhor dos Exércitos, "e não aceitarei suas ofertas. ¹¹ Contudo, meu nome é honrado[c] de manhã até a noite por pessoas de outras nações. Em todo o mundo oferecem[d] incenso e sacrifícios puros em minha honra, pois meu nome é grande entre as nações", diz o Senhor dos Exércitos.

¹² "Mas vocês, com suas ações, desonram meu nome. Ao trazer alimentos desprezíveis, declaram que não há nada de errado em contaminar a mesa do Senhor. ¹³ Dizem: 'É difícil demais servir ao Senhor!' e desprezam minhas ordens", diz o Senhor dos Exércitos. "Vocês trazem como ofertas animais roubados,[e] aleijados e doentes! Acaso devo aceitar de suas mãos esse tipo de oferta?", diz o Senhor.

¹⁴ "Maldito seja o trapaceiro que promete um carneiro forte de seu rebanho, mas depois sacrifica ao Senhor um animal defeituoso. Pois eu sou o grande Rei", diz o Senhor dos Exércitos, "e meu nome é temido entre as nações!"

Advertência aos sacerdotes

2

"Ouçam, sacerdotes! Este mandamento é para vocês. ² Escutem-me e decidam honrar meu nome", diz o Senhor dos Exércitos, "pois, do contrário, enviarei maldição sobre vocês. Amaldiçoarei até mesmo as bênçãos que receberem. Na verdade, já as amaldiçoei, pois vocês não levaram a sério minha advertência. ³ Castigarei seus descendentes, esfregarei em seu rosto o esterco dos sacrifícios que vocês ofereceram em suas festas sagradas e os lançarei no monte de esterco. ⁴ Assim, vocês saberão que enviei este mandamento para que minha aliança com os levitas continue", diz o Senhor dos Exércitos.

⁵ "O propósito de minha aliança com os levitas era dar vida e paz, e foi o que lhes dei. Para isso, era necessário que me temessem, e eles demonstraram grande temor por mim e reverência por meu nome. ⁶ Transmitiram ao povo a verdade das leis que receberam de mim. Não mentiram nem enganaram; andaram comigo, vivendo de modo pacífico e justo, e desviaram muitos do pecado.

⁷ "As palavras do sacerdote devem guardar o conhecimento de Deus, e o povo deve buscar o sacerdote para receber instrução, pois ele é mensageiro do Senhor dos Exércitos. ⁸ Mas

---

[a] 1.1 *Malaquias* significa "meu mensageiro". [b] 1.7 Conforme a Septuaginta; o hebraico traz *te contaminamos?* [c] 1.11a Ou *será honrado*. [d] 1.11b Ou *oferecerão*. [e] 1.13 Ou *dilacerados*.

vocês, sacerdotes, se desviaram dos caminhos de Deus. Suas instruções fizeram muitos caírem em pecado. Vocês quebraram a aliança que fiz com os levitas", diz o Senhor dos Exércitos. ⁹"Por isso fiz que vocês fossem desprezados e humilhados diante de todo o povo, pois não me obedeceram, mas mostraram parcialidade na aplicação de minha lei."

Chamado à fidelidade

¹⁰Não somos filhos do mesmo Pai? Não fomos todos criados pelo mesmo Deus? Então por que traímos uns aos outros e quebramos a aliança de nossos antepassados?

¹¹Judá foi infiel, e uma coisa detestável foi feita em Israel e em Jerusalém. Os homens de Judá contaminaram o santuário que o Senhor ama ao se casarem com mulheres que adoram deuses estrangeiros. ¹²Que o Senhor elimine das casas de Israel[a] até o último homem que fez isso e que, ainda assim, apresenta uma oferta ao Senhor dos Exércitos.

¹³Há outra coisa que vocês fazem. Cobrem de lágrimas o altar do Senhor, choram e gemem porque ele não dá atenção às suas ofertas nem as aceita com prazer. ¹⁴E ainda perguntam: "Por quê?". Porque o Senhor foi testemunha dos votos que você e sua esposa fizeram quando jovens. Mas você foi infiel, embora ela tenha continuado a ser sua companheira, a esposa à qual você fez seus votos de casamento. ¹⁵Acaso o Senhor não o fez um só com sua esposa? Em corpo e em espírito vocês pertencem a ele.[b] E o que ele quer? Dessa união, quer filhos dedicados a ele. Portanto, guardem seu coração; permaneçam fiéis à esposa de sua mocidade. ¹⁶"Pois eu odeio o divórcio", diz o Senhor, o Deus de Israel. "Divorciar-se de sua esposa é cobri-la de crueldade",[c] diz o Senhor dos Exércitos. "Portanto, guardem seu coração; não sejam infiéis."

¹⁷Vocês cansaram o Senhor com suas palavras.

"De que maneira o cansamos?", vocês perguntam.

Vocês cansaram dizendo que todos que praticam o mal são bons aos olhos do Senhor e que ele se agrada deles, e também ao perguntar: "Onde está o Deus da justiça?".

O dia futuro de julgamento

3 "Vejam! Envio meu mensageiro, que preparará o caminho diante de mim. Então, de repente, o Senhor a quem vocês buscam virá a seu templo. O mensageiro da aliança, por quem vocês anseiam, certamente virá", diz o Senhor dos Exércitos.

²"Mas quem poderá suportar quando ele vier? Quem permanecerá em pé em sua presença quando ele aparecer? Pois ele será como fogo ardente que refina o metal, como sabão forte que branqueia as roupas. ³Ele se sentará como refinador de prata e queimará toda impureza. Purificará os levitas e os refinará como ouro e prata, para que voltem a oferecer sacrifícios aceitáveis ao Senhor. ⁴Então o Senhor se agradará novamente das ofertas do povo de Judá e do povo de Jerusalém, como no passado.

⁵"Naquele dia, eu julgarei vocês. Não demorarei para testemunhar contra todos os feiticeiros, adúlteros e mentirosos. Falarei contra aqueles que roubam o salário de seus empregados, que oprimem as viúvas e os órfãos, ou que privam os estrangeiros de seus direitos, pois essas pessoas não me temem", diz o Senhor dos Exércitos.

Chamado ao arrependimento

⁶"Eu sou o Senhor e não mudo. Por isso vocês, descendentes de Jacó, ainda não foram destruídos. ⁷Desde os dias de seus antepassados vocês se afastaram de meus decretos e não os seguiram. Agora, voltem-se para mim, e eu me voltarei para vocês", diz o Senhor dos Exércitos.

"Mas vocês perguntam: 'De que maneira voltaremos?'.

⁸"Acaso alguém pode roubar a Deus? Mas vocês têm me roubado!

"Perguntam: 'Em que te roubamos?'.

"Vocês me roubaram nos dízimos e nas ofertas. ⁹Estão sob maldição, pois a nação inteira tem me roubado. ¹⁰Tragam todos os seus dízimos aos depósitos do templo, para que haja provisão em minha casa. Se o fizerem", diz o

---
[a] **2.12** Em hebraico, *das tendas de Jacó*. Os nomes "Jacó" e "Israel" são usados de forma intercambiável ao longo de todo o Antigo Testamento e se referem, por vezes, ao patriarca e, em outras ocasiões, à nação. [b] **2.15** Ou *Acaso o Senhor não nos criou e preservou nossa vida e nosso fôlego?*, ou *Acaso o único Deus não a fez, carne e espírito?* O significado do hebraico é incerto. [c] **2.16** Em hebraico, *cobrir suas vestes de violência*.

Senhor dos Exércitos, "abrirei as janelas do céu para vocês. Derramarei tantas bênçãos que não haverá espaço para guardá-las! Sim, ponham-me à prova! ¹¹Suas colheitas serão fartas, pois as protegerei das pragas.ᵃ Suas uvas não cairão das videiras antes de amadurecerem", diz o Senhor dos Exércitos. ¹²"Então todas as nações os chamarão de abençoados, pois sua terra será cheia de alegria", diz o Senhor dos Exércitos.

¹³"Vocês falaram coisas terríveis contra mim", diz o Senhor.

"Mas vocês perguntam: 'O que falamos contra ti?'.

¹⁴"Vocês disseram: 'De que adianta servir a Deus? Que vantagem temos em obedecer a suas ordens ou chorar por nossos pecados diante do Senhor dos Exércitos? ¹⁵De agora em diante, chamaremos de abençoados os arrogantes. Pois os que praticam maldades enriquecem, e os que provocam a ira de Deus nenhum mal sofrem'."

O Senhor promete misericórdia

¹⁶Então aqueles que temiam o Senhor falaram uns com os outros, e o Senhor ouviu o que disseram. Na presença dele, foi escrito um livro memorial para registrar os nomes dos que o temiam e que sempre honravam seu nome.

¹⁷"Eles serão meu povo", diz o Senhor dos Exércitos. "No dia em que eu agir, eles serão meu tesouro especial. Terei compaixão deles como o pai tem compaixão de seu filho obediente. ¹⁸Então vocês verão outra vez a diferença entre o justo e o mau, entre o que serve a Deus e o que não serve."

O dia do julgamento se aproxima

4 ¹ᵇAssim diz o Senhor dos Exércitos: "O dia do julgamento se aproxima e arde como uma fornalha. Naquele dia, serão queimados como palha os arrogantes e os perversos. Serão consumidos, desde as raízes até os ramos. ²"Mas, para vocês que temem meu nome, o sol da justiça se levantará, trazendo cura em suas asas. E vocês sairão e saltarão de alegria, como bezerros soltos no pasto. ³No dia em que eu agir, vocês pisarão sobre os perversos como se eles fossem pó sob os seus pés", diz o Senhor dos Exércitos.

⁴"Lembrem-se de obedecer à lei de Moisés, meu servo, a todos os decretos e estatutos que dei a todo o Israel no monte Sinai.ᶜ

⁵"Vejam, eu lhes envio o profeta Elias antes da vinda do grande e terrível dia do Senhor. ⁶Ele fará que o coração dos pais volte para seus filhos e o coração dos filhos volte para seus pais. Do contrário, eu virei e castigarei a terra com maldição."

> **PÃO DIÁRIO**
>
> ## O Sol da justiça
>
> *Mas, para vocês que temem meu nome, o sol da justiça se levantará, trazendo cura em suas asas...*
> —Malaquias 4.2
>
> Quando, certa vez, acordei bem cedo, fui para a praia ver o nascer do Sol. Que beleza ver aquela luz rasgando o céu e ganhando intensidade a cada minuto!
>
> Isso me traz à mente a promessa de Malaquias: "o sol da justiça se levantará, trazendo cura em suas asas" (Ml 4.2). Essa é a promessa irrevogável de Deus de que nosso Senhor Jesus virá outra vez e toda a criação a aguarda "na esperança de que, com os filhos de Deus, a criação seja gloriosamente liberta da decadência que a escraviza" (Rm 8.21).
>
> Cada novo amanhecer é um lembrete daquela manhã eterna, quando nascerá o Sol da justiça trazendo cura em Suas asas. Então, tudo o que foi feito será refeito e será irrevogavelmente certo. Não haverá mais costas nem joelhos latejantes, dificuldades financeiras, perdas ou envelhecimento. Em Malaquias 4.2 está escrito que, quando Jesus voltar: "...vocês sairão e saltarão de alegria, como bezerros soltos no pasto". Esse é o meu maior desejo e a minha esperança!
>
> Jesus disse: "'Sim, venho em breve!' Amém! Vem, Senhor Jesus!" (Ap 22.20).
>
> *Jesus, a cada amanhecer ficamos mais próximas da Tua volta. Meu coração está repleto de alegria quando penso no Teu dia! Por agora, viverei confiante nessa esperança e buscarei te glorificar nos momentos que me restam. Vem, Senhor Jesus! Desejo estar contigo e reverenciar a maravilha da Tua gloriosa presença.*
>
> **Se você estiver esperando pela volta de Cristo, há razões para que seja otimista.**

ᵃ **3.11** Em hebraico, *do devorador*. ᵇ **4.1** No texto hebraico, os versículos 4.1-6 são numerados 3.19-24. ᶜ **4.4** Em hebraico, *Horebe*, outro nome para o Sinai.

Aprendendo com as mulheres da Bíblia

DE EVA A MARIA

Como trazer Cristo ao seu mundo

Mulheres e suas escolhas. Tudo começou com Eva, que era livre para ser tudo o que qualquer mulher jamais poderia desejar. Quando olhamos para ela, vemos o que Deus tinha em mente para cada uma de nós.

Contudo, em Eva também vemos o que a humanidade escolheu se tornar. Sua escolha não pareceu muito significativa no momento — apenas uma decisão sobre um pedaço da fruta. No entanto, a consequência foi o *afastamento*: primeiramente de Deus, depois entre o casal e por último com a natureza.

Tudo isso aconteceu porque, numa bela manhã, Adão e Eva escolheram colocar suas vontades acima da vontade de Deus. No processo, ganharam o que lhes foi prometido pela serpente: um conhecimento vivencial do bem e do mal. Eles tinham conhecido o bem no Éden. Agora aprenderam sobre esforço, dor, perda e morte. A angústia de Eva deve ter sido maior do que podemos imaginar. Ela conhecia o bem como ninguém conhecera, desde então. Isso deve ter tornado o mal muito mais gritante em seu horror.

Mas Deus lhe deu um pequeno raio de esperança naquele dia terrível em que foram expulsos do Éden. Na maldição que impôs sobre a serpente, o Senhor fez uma promessa. Ele disse que colocaria inimizade entre Satanás e a mulher, entre a descendência dele e a dela. Em algum momento no futuro, no entanto, a descendência dela esmagaria a cabeça de Satanás, mesmo que o inimigo atingisse primeiro o calcanhar da prole de Eva. Nenhuma mulher do Antigo Testamento viu essa promessa, chamada de *protoevangelium*, ou o primeiro anúncio do evangelho, cumprida.

De repente, numa vila insignificante chamada Nazaré, a cortina se abriu para uma cena que mudou o curso da história. É a conhecida história que encontramos em Lucas 1.26-38. Durante milhares de anos, os judeus falaram sobre o Redentor prometido por Deus. Eles tinham as palavras dos profetas e sabiam que o Messias nasceria em Belém, ao sul de Jerusalém. Sabiam que Ele nasceria de uma virgem. Sabiam que seria descendente do grande rei Davi. *Um dia* Ele viria. Mas, naquele momento? Por meio de uma simples moça do povo que vivia a muitos dias de viagem ao norte de Belém, numa cidade da Galileia chamada Nazaré?

Maria conhecia as promessas, assim como todos os judeus. Porém, quando o anjo apareceu naquele dia, seu choque deve ter sido enorme. Pode imaginar o que ela sentiu? Seja qual tenha sido a forma que o anjo de Deus assumiu ao aparecer para Maria, ela claramente ficou preocupada, pois necessitou de palavras de conforto (Lc 1.30). Depois disso veio o anúncio de que ela se tornaria a mãe do Redentor prometido por Deus, que se chamaria Jesus.

Perceba a primeira reação de Maria no versículo 34: "Como isso acontecerá? Eu sou virgem". Ela não contradisse a mensagem de Gabriel dizendo: "Impossível!". Apenas quis saber "como?". A resposta veio: o próprio Deus seria o pai da criança.

Diante de Maria havia uma escolha. Ela poderia dizer: "Lamento, Gabriel. José nunca entenderia uma coisa dessas. O povo vai fofocar. Isso criaria problemas demais para a criança, assim como para nós. Acho que realmente não quero isso". Maria poderia ter dito tudo isso, porém ela não o fez. Vemos sua submissão à vontade de Deus no versículo 38. Fim da conversa. Gabriel foi embora.

Não nos é dito quanto tempo Maria levou para digerir a experiência e a realidade dessa extraordinária gravidez, mas parece que não demorou muito até ela dirigir-se apressadamente para visitar sua prima Isabel (vv.39,40), que vivia na região montanhosa da Judeia, ao sul de Nazaré. Eram, pelo menos, dois dias de viagem a pé.

Assim que chegou e recebeu o testemunho de Isabel, Maria entoou um cântico de louvor a Deus que ficou conhecido como *Magnificat*. Muito desse belo hino nos leva de volta ao cântico de Ana, em 1 Samuel 2. Maria devia conhecer não apenas as histórias, mas os cânticos de sua história e herança judaicas.

Esse louvor a Deus inclui sua atenção aos pobres, aos famintos e aos aflitos. Ela viu o milagre de sua concepção como *Deus se movimentando*. O Senhor estava prestes a começar a muito aguardada tarefa de dispersar os orgulhosos, derrubar governantes, exaltar os humildes, suprir os famintos com boas coisas e mandar os ricos embora, vazios. Em resumo, Maria viu que Deus estava se movendo para cumprir Sua promessa ao Seu povo.

É provável que Maria tenha ficado na casa de Isabel por três meses até o nascimento de João Batista. Então, voltou para Nazaré. Durante aquele tempo, ela viveu com a maravilha, o entusiasmo e a emoção de levar Deus dentro de si. Agora, precisava enfrentar o desprezo, a rejeição de José e do povo da cidade.

Maria estava claramente em uma situação embaraçosa. José também estava numa posição difícil. Um noivado judaico normalmente durava um ano e era um tipo de casamento sem sexo. Se Maria engravidou durante esse período, as línguas, com certeza, vibrariam. Se José, sabendo que não era o pai, decidisse romper o noivado, ela poderia ser apedrejada até à morte. Se, por outro lado, José fosse adiante com o casamento, as pessoas pensariam que ele havia violado o rígido costume de castidade durante o período de noivado.

Não sabemos se Maria tentou explicar sua gravidez a José. Mesmo que tivesse, se *você* fosse José, acreditaria numa história sobre anjo e concepção divina? Ou teria achado que Maria havia sido infiel aos votos que fez? Nas atuais circunstâncias, José, também, precisava de um visitante angelical para convencê-lo da verdade. Pela fé, ele se dispôs a se passar pelo pai do bebê de Maria. Era a única forma de protegê-la.

Mais tarde, durante o ministério de Jesus, ouvimos os fariseus perguntando com sarcasmo: "Onde está seu Pai?" (Jo 8.19). Eles estavam perguntando se José era realmente pai de Jesus? Mais à frente, no mesmo capítulo (v.41), eles dizem: "Não somos filhos ilegítimos", sugerindo que Jesus era. Tanto Maria quanto José estavam claramente comprometidos. Não podiam explicar o que estava acontecendo e limpar seus nomes e reputação. Tanto Maria quanto José tiveram que conviver com a reprovação de uma sociedade com altos padrões de pureza sexual. Os dois sabiam com o que teriam que viver. Maria e José precisaram ter total fé em Deus, e um no outro, para que o casamento desse certo.

Porém outra provação pendia sobre a cabeça desse obediente casal. Maria, agora próxima ao momento de dar à luz, teve que ir com José a Belém, a cidade de Davi, ancestral deles, para registrar-se no recenseamento. A viagem era de quase 140 quilômetros e teria que ser feita num jumento ou a pé. Maria deveria estar exausta, possivelmente já no início do trabalho de parto quando chegaram a Belém. E depois de tudo isso só encontraram abrigo na gruta onde ficavam os estábulos dos animais. Lá, Maria deu à luz Jesus, o Santo de Deus, envolveu-o em faixas de pano e o colocou num cocho.

Mais uma vez, um anjo do Senhor trouxe espanto ao anunciar tal acontecimento. Um grupo de pastores num campo próximo soube do nascimento desse bebê de pais simples, num estábulo desconhecido, numa pequena cidade na margem oriental do mar Mediterrâneo. De repente, tudo aquilo que parecia insignificante foi transformado, quando Deus marcou esse relevante acontecimento com o significado de transformação de vida e de mundo.

Maria fez uma escolha. Assim como Eva, ela teve a liberdade de decidir. Eva, por si, fez sua escolha em oposição a Deus. Nela, encontrou a amargura e a tristeza. Mas Maria optou por curvar-se à vontade do Senhor apesar dos problemas que isso traria a ela. Ao tomar essa decisão, tornou-se a portadora de Deus, aquela através de quem o Salvador veio ao mundo. Quando se deparou com a questão sobre como usaria sua vida, ela escolheu Deus.

Sobre cada uma de nós, repousa a impressionante responsabilidade da escolha. É parte de termos sido criadas à imagem de Deus. Podemos decidir por nosso Criador, ou em oposição a Ele. Podemos escolher deixar que Ele aja por intermédio de nós onde quer que nos coloque. Ou podemos decidir por nossa própria vontade, nosso próprio conforto e conveniência. A escolha é nossa. Deus não obriga nenhuma de nós contra a nossa vontade. Talvez o poder de escolher seja o dom mais incrível que Deus tenha dado a cada uma de nós.

—Alice Mathews

QUESTÕES PARA REFLEXÃO

1. A liberdade de escolha talvez seja o dom mais incrível que Deus deu aos seres humanos. Como você se sente sobre essa dádiva?
2. Qual é a maior dificuldade em precisar fazer muitas escolhas?
3. O que você mais aprecia em ter de tomar muitas decisões?
4. De que maneiras práticas você pensa que Deus interfere nas escolhas que você faz?

O PERÍODO INTERTESTAMENTÁRIO

Quando se termina a leitura do Antigo Testamento e se inicia a do Novo Testamento, percebe-se muitas mudanças na vida do povo de Israel. O poder dominante não era mais o persa, no Oriente. Havia mudado para o extremo oposto, Roma, no Ocidente. Às línguas faladas no período veterotestamentário, o hebraico e o aramaico, acrescenta-se o grego — no qual foram produzidos todos os textos do Novo Testamento. Surgem grupos de pessoas jamais mencionados anteriormente: fariseus, saduceus, essênios, zelotes. Quem são os samaritanos, povo por quem os judeus nutriam evidente antipatia, e de onde eles vieram? Ainda há adoração no Templo, mas também há reuniões nas sinagogas. Qual a origem delas? Não se vê mais a atuação de profetas. Há comunidades de judeus espalhadas por todo o Império Romano. O que os levou a se estabelecerem em terras tão distantes? Há um sistema religioso paralelo àquele apresentado pelos textos do Antigo Testamento e que é de conhecimento geral.

Para que haja entendimento desse contexto, é preciso que se conheça como a história se desenvolveu em âmbito mundial e, de forma particular, em Israel neste período de cerca de 400 anos entre a profecia de Malaquias e o ministério de João Batista, precursor do Cristo.

1. O EXÍLIO E SEUS DESENVOLVIMENTOS

Algumas transformações que aconteceram na vida e religião dos judeus ainda no período exílico tiveram influência tremenda sobre os escritos do Novo Testamento.

Antes que Jerusalém caísse definitivamente ante os babilônios, Nabucodonosor havia deportado duas levas de judeus de Judá para a Babilônia. Quando finalmente a Cidade Santa sucumbiu ao cerco definitivo, em 586 a.C., o último remanescente foi levado para a Mesopotâmia.

1.1. O estabelecimento das sinagogas

Os judeus desterrados choravam a destruição de seu Templo e sua cidade. Reconheciam pelas profecias que estavam nessa situação por causa da sua constante idolatria e desprezo pelas Escrituras. Precisavam retomar a adoração ao seu Deus e, com a impossibilidade de fazê-lo no Templo, utilizaram-se de outros mecanismos para manter vivos sua fé e culto.

Ruínas da sinagoga de Gamala, século 1.º a.C. Sua estrutura retangular mede 25,5 m x 17 m. A cidade montanhosa de Gamala foi refúgio para as forças rebeldes judias que lutaram contra os romanos. A sinagoga provavelmente foi destruída pelos últimos no ano 67 d.C.

A sinagoga, que alguns creem ter existido em tempos bem anteriores ao exílio, adquiriu importância. Nela, o povo se reunia para estudar a Lei nas manhãs do *Shabbat*. A liturgia era simples e consistia de: recitação do *Shemá* (Dt 6.4-9), oração, hinos (não acompanhados de instrumentos musicais), uma pregação e uma bênção. Com isso, durante o período exílico, as classes dos escribas e mestres da Lei, temporariamente, substituíram os sacerdotes. O estudo da Lei tomou o lugar dos sacrifícios que somente poderiam ser realizados no altar do holocausto no Templo, conforme os mandamentos divinos.

Mesmo depois do retorno dos exilados à Palestina, o conceito e a prática da reunião em sinagogas foi mantido, o que se vê até a atualidade em Israel e entre as comunidades judaicas espalhadas pelo mundo.

Detalhe de painel que decorava a via processual da Babilônia de Nabucodonosor. Feitos de tijolos vitrificados, esses painéis ladeavam os cerca de 800 m de seu percurso desde o portão de Ishtar, na entrada da Grande Cidade, até o templo de Marduque. Coleção: Museu do Louvre, Paris

1.2. Os samaritanos

Em 538 a.C., a Babilônia é conquistada pelos persas sob o governo do imperador Ciro, o Grande. Este adotou uma política de dominação inovadora que permitia aos povos conquistados regressarem para suas terras e reconstruírem seus templos e cidades. Deveriam, no entanto, pagar altos impostos ao império.

A primeira lista dos que retornaram a Israel contava com pouco menos de 50 mil pessoas lideradas por Zorobabel (da linhagem real de Davi) e Josué (sumo sacerdote). Seu principal objetivo era a reconstrução do Templo.

No entanto, logo no início desse trabalho, encontraram forte oposição (Esdras 4) de pessoas que compartilhavam, em parte, a mesma ancestralidade dos judeus: os samaritanos. As origens desse povo remontam a séculos anteriores.

Em 722 a.C., quando Salmaneser V, rei da Assíria, invadiu Samaria e derrotou o Reino do Norte (composto por dez das tribos de Israel, com exceção de Judá e Benjamim), levou milhares de exilados para a Assíria, deixando para trás apenas membros das classes mais baixas. Trouxe para esse território membros de tribos estrangeiras que adoravam outros deuses. Com essas providências, visava enfraquecer qualquer possibilidade de rebelião. Os samaritanos são resultado dos casamentos mistos entre esses estrangeiros e os israelitas.

Com o passar dos anos, a adoração exclusiva ao Deus de Israel entre os samaritanos foi retomada com

Ruínas do templo samaritano sobre o monte Gerizim.

variações consideráveis em relação ao culto no Templo, quais sejam:

- Não se opunham aos casamentos mistos.
- Criam apenas no Pentateuco como Escrituras Sagradas. A razão para essa rejeição era que os demais textos do Antigo Testamento glorificavam Jerusalém e a linhagem real davídica (ambos característicos do Reino do Sul, Judá).
- Criam que Israel se tornou apóstata quando transferiu o centro da adoração de Siquém para Jerusalém.
- No século 4 a.C., construíram um templo a Deus sobre o monte Gerizim (região de Siquém), onde criam ser o verdadeiro local de adoração. Sua intenção era rivalizar o Templo de Jerusalém, que começava a ser reconstruído. Esse templo foi derrubado em 128 a.C. pelo governante judeu João Hircano.

A rivalidade entre judeus e samaritanos aumentava gradualmente pelos constantes conflitos entre os dois povos.

2. O CENÁRIO POLÍTICO

Após o encerramento da profecia de Malaquias, o mundo começava a testemunhar uma sucessão de fortíssimos impérios que surgiam mudando a geografia, a cultura, a religião e a forma de administração do mundo conhecido.

2.1. O Império Grego

Em 338 a.C., Filipe II da Macedônia unificou as cidades-estados gregas que brigavam entre si, criando a Liga Nacional das Cidades. Depois de seu assassinato, seu filho, Alexandre, na época com 20 anos, partiu em direção leste para conquistar o Império Persa em 334 a.C. Nesse mesmo ano, derrotou os persas em Granico e, depois de sucessivas vitórias em Isso (333 a.C.) e Arbela (331 a.C.), estabeleceu-se definitivamente como o novo imperador. Os limites de seu império abrangiam, além da Pérsia, a Síria, a Palestina, o Egito, chegando até a fronteira da Índia.

Touros alados com cabeça humana que guardavam a cidadela de Sargão II (721-705 a.C.), na Assíria. Coleção: Museu do Louvre, Paris.

Esculturas que compunham a decoração do frontal triangular do Partenon, templo construído em homenagem à deusa Atena, na montanha de Acrópole, no século 5 a.C. *Coleção: Museu Britânico.*

Educado pelo grande filósofo Aristóteles e grande admirador das tradições e ideais gregos, o objetivo de Alexandre, o Grande, não era simplesmente a conquista de territórios, mas difundir a cultura grega em um processo que ficou conhecido como helenismo (de *Hellas*, como era conhecida a Grécia então). Disseminou a arte, a arquitetura, os esportes e a literatura e estabeleceu o grego como a língua oficial do império.

2.2. A Palestina sob os Ptolomeus e os Selêucidas

Após a morte de Alexandre, aos 32 anos, seu império foi dividido entre seus quatro generais. A Macedônia e a Trácia formavam os dois menores, que não tiveram papel fundamental para a história de Israel no Novo Testamento. Contudo, entre os dois generais remanescentes, Ptolomeu ficou com o Egito e todo o norte da África, e Seleuco com a Ásia e Mesopotâmia. A Palestina ficava estrategicamente entre os dois impérios e por anos foi alvo de disputas entre eles.

Inicialmente sob o controle dos ptolomeus, os judeus desfrutavam de relativa paz. A colônia judaica estabelecida em Alexandria, Egito, ainda sob Alexandre, o Grande, era próspera e influente. Durante o governo de Ptolomeu II Filadelfo (285–247 a.C.), foi requisitado a esses judeus que traduzissem as Escrituras do hebraico e aramaico para o grego a fim de que fossem acrescentadas à famosa biblioteca da cidade. Essa tradução é conhecida como **Septuaginta** porque foi realizada por, supostamente, 72 eruditos israelitas. Primeira em toda a história das traduções das Escrituras, esse texto serviu de base aos escritores do Novo Testamento e também era popular entre os judeus da Diáspora.

Em 198 a.C., o rei selêucida, Atíoco III, derrotou os ptolomeus e tomou o controle da Palestina. Enquanto ele e posteriormente seu filho Seleúco IV governaram, os judeus não experimentaram mudanças significativas. No entanto, quando seu segundo filho Antíoco IV (também conhecido como Epifanes, "deus manifestado") subiu ao trono em 175 a.C., a situação transtornou-se drasticamente. O sumo sacerdote Onias foi substituído por seu irmão Jasom, simpatizante do helenismo. Logo foi erigido um ginásio atlético onde os jovens praticavam os esportes nus, à moda dos gregos, e onde eram oferecidos sacrifícios às divindades gregas.

Três anos depois, um grupo de judeus convenceu Antíoco Epifanes a nomear um novo sumo sacerdote, Menelau, também helenizante.

A disputa de poder entre os dois sumo sacerdotes levou Antíoco a interpretar a nova tomada de poder por Jasom como uma rebelião. Enviou tropas de soldados em apoio a Menelau e declarou a abolição da Lei Judaica: a circuncisão e a observação do sábado foram proibidas, o consumo de carne de porco tornou-se obrigatório, o altar do holocausto foi destruído, foi erigida uma imagem de Zeus no Templo e, em dezembro de 167 a.C., iniciou-se o sacrifício de animais impuros sobre o novo altar.

Busto de Antíoco IV, Epifanes. *Coleção: Museu Pergamon, Berlim.*

Por esta ocasião também, os tesouros do Templo foram saqueados e altos impostos estabelecidos.

Desde o começo do processo de helenização da Palestina, houve um grupo de judeus que se opunha à adoção do estilo de vida grego, os quais ficaram conhecidos como *Hasidim* (ou piedosos). Com a acirrada perseguição aos judeus praticantes da Lei infligida por Antíoco IV, era questão de tempo até que uma reação judaica deflagrasse uma revolução. O estopim do movimento libertário explodiu na aldeia de Modim. Quando um oficial do rei tentou subornar o sacerdote Matatias para que sacrificasse um porco, este se recusou. Outro judeu ofereceu-se para realizar esse ato abominável. Num rompante de ira, Matatias matou tanto ele quanto o oficial e demoliu o altar profano.

Matatias, seus cinco filhos com suas respectivas famílias e outros judeus fugiram para as montanhas onde iniciaram conflitos bélicos contra os exércitos de Antíoco IV. Conhecidos como Hasmoneanos, por causa de Hasmom, bisavô de Matatias, eles perderam as primeiras batalhas, o que custou a vida do líder da revolução. Judas, conhecido como o Macabeu (o martelo) e filho de Matatias, tornou-se o sucessor na liderança do levante chamado a Revolta dos Macabeus. A guerra desse grupo não era apenas contra os opressores, mas também contra todos os judeus que tivessem aceitado as leis selêucidas sem resistência.

As vitórias que se seguiram foram estrondosas. O Templo foi recuperado e reconsagrado em 164 a.C., e instituiu-se a *Chanukah* (do hebraico, dedicação), uma festa que dura oito dias em comemoração a essa conquista.

O PERÍODO INTERTESTAMENTÁRIO

Um candelabro judaico (*Menorah*) usado na comemoração do *Chanukah*, a Festa das Luzes.

2.3. A dinastia Hasmoneana

Antioco IV morre sob circunstâncias não adequadamente esclarecidas em 163 a.C.; e Judas Macabeu morre em batalha em 160 a.C. Seus sucessores foram seus irmãos Jônatas e posteriormente Simeão. O primeiro reconstruiu as muralhas e as casas em Jerusalém. O último foi, além de sacerdote, líder militar. Recebeu de Demétrio II, selêucida, o reconhecimento da independência da Palestina em 142 a.C. Assim, começa a dinastia Hasmoneana na Judeia, uma dinastia constituída de uma família sacerdotal, não ligada à dinastia davídica.

Simeão foi assassinado em 134 a.C., em Jericó, e sucedido por seu filho João Hircano. Por meio de brilhantes campanhas militares, esse governante estendeu seu território para limites muito semelhantes ao que Israel tinha sob o reinado de Davi. É sob sua liderança que o templo samaritano em Gerizim é derrubado.

O território da Palestina por ocasião do nascimento de Jesus é formado nos governos seguintes dos Hasmoneanos. Aristóbulo I, filho de Simeão, conquista a Galileia e circuncida à força seus habitantes tornando-os judeus. Alexandre Janeu expande o território para o monte Carmelo, Gaza e anexa Decápolis à Judeia.

No entanto, as crescentes disputas internas deixaram a Palestina vulnerável a antigos e novos invasores. Hircano II, que já era sumo sacerdote, sobe ao governo nomeado por sua mãe Alexandra. No entanto, seu irmão Aristóbulo II não se conforma, organiza um exército e toma o poder de Hircano II. Tem início uma guerra civil, com um exército de 50 mil homens nabateanos apoiando Hircano II.

2.4. O Império Romano

O Império Romano surge no século 8 a.C., mas é apenas por volta de 509 a.C. que se torna República e entra em um período de expansão territorial. É após a consolidação do poder de Roma, com a vitória sobre os exércitos de Marco Antônio e Cleópatra na batalha naval de Ácio, em 31 a.C., que a expansão dá lugar ao período conhecido como *Pax Romana* (Paz Romana).

A relação dos romanos com a Palestina começou cerca de três décadas antes disso, quando Pompeu, general romano, estava em missão de anexação de territórios em Damasco, na Síria, ao norte da Palestina. Os irmãos Aristóbulo II e Hircano II reconheciam que opor-se a Roma seria um ato insano, assim buscaram o favor do general que estava às portas de sua região.

Pompeu envia um de seus oficiais à Palestina para investigar a situação. Analisando as propostas de ambos os lados para a permanência no poder, esse oficial optou por apoiar Aristóbulo II fazendo dele um vassalo de Roma. Contudo, Aristóbulo se revolta e em seguida arma um plano para retomada de poder, que é frustrado por uma visita inesperada de Pompeu à Palestina. Segue-se uma guerra vencida pelos romanos que custou a vida de 12 mil soldados judeus, abatidos nas imediações do Templo em Jerusalém. Aristóbulo e sua família são feitos prisioneiros e exilados em Roma. Hircano é colocado em seu lugar como governante da Palestina. Porém, ele atua como mero títere nas mãos de um idumeu (antigos edomitas, descendentes de Esaú) chamado Antípater, que contava com a simpatia dos romanos. Por sua lealdade ao imperador na aliança contra o Egito vencida por Roma, Antípater recebeu de Júlio César o título de Procurador-Geral da Judeia. Pouco antes de morrer, este nomeou seus filhos Fasael como governador da Judeia e Herodes como governador da Galileia.

Como resultado de novas disputas internas, Hircano II foi capturado, mutilado e afastado do sacerdócio; Fasael foi morto, e Herodes fugiu para Roma onde, em 40 a.C., foi nomeado rei da Judeia. Na tentativa de conquistar o apoio dos judeus, que o desprezavam por ser idumeu, Herodes casa-se com Mariane, filha de Hircano II.

Seu governo foi déspota: matava qualquer pessoa que ameaçasse sua posição (inclusive atentando

Ruínas do Fórum Imperial em Roma. Este amplo vale abrange vários edifícios públicos e religiosos do antigo Império Romano. Situa-se entre os montes Palatino e Capitólio.

Maquete do Templo de Jerusalém construído por Herodes.

contra a vida de Jesus, enquanto ainda bebê). No entanto, foi um excepcional construtor. Entre suas obras estão: o Heródio, a fortaleza de Massada, o porto de Cesareia, e foi o responsável pela reconstrução do Templo em Jerusalém.

Algumas inovações produzidas pelos Impérios Grego e Romano contribuíram grandemente para a comunicação da mensagem da salvação por meio de Jesus já no século 1.º. Dentre elas estão:

- O grego *koiné* foi disseminado pelo Império Grego e depois mantido pelo Império Romano como a língua franca para comunicação e negociação. Isso facilitou a pregação do evangelho a diversas culturas daquele tempo.
- A influência das várias correntes filosóficas gregas helênicas (estóicos, epicureus, neopitagóricos, céticos e neoplatônicos) sobre a formulação do pensamento e teologia cristã. Algumas foram alvo de contra-argumentação cristã, outras tiveram postulados adotados para a defesa da fé.
- A unidade política do Império Romano (*Pax Romana*), que promovia estabilidade política e econômica, facilitava as viagens entre as diversas províncias.
- As rotas militares e de comércio romanas (tanto por terra quanto por mar) promoveram maior mobilidade. As belas estradas construídas com solidez ligavam várias cidades e continentes possibilitando rapidez na locomoção.
- A criação da encadernação de escritos (códice) pelos romanos beneficiou grandemente a prática cristã de produzir cópias das Escrituras a fim de difundi-las por todo o território onde a Palavra de Deus pudesse chegar. Esse formato facilitava não apenas o transporte como também o arquivamento dos mesmos.

Antiga estrada romana situada em Tall Aqibrin, na Síria. Ligava as cidades de Antioquia-nos-Orontes (atual Antáquia) e Calquis (atual Qinnasrin).

3. A DIÁSPORA

O leitor atento das Escrituras perceberá outra mudança significativa de cenário para o povo de Deus. Quando o período do Antigo Testamento se encerra, vemos os judeus concentrados basicamente em três regiões: Pérsia, Egito e Palestina. Quando se lê o livro de Atos dos apóstolos e as epístolas do Novo Testamento, vê-se que Paulo e outros pregadores encontravam comunidades judaicas espalhadas por grande extensão da Ásia e parte da Europa.

Alguns historiadores consideram que esse grande movimento de migração, conhecido como *Diáspora*, tenha começado com os exílios assírio e babilônico. Embora tenham sido inicialmente forçados a abandonar suas terras, muitos israelitas preferiram permanecer na Babilônia e na Pérsia, em vez de retornarem à Palestina a partir do edito de Ciro, o Grande. Nessas regiões de concentração de poder, estabeleceram grandes e influentes comunidades.

Havia outra grande comunidade judaica estabelecida em Elefantina, Alto Egito. Alguns estudiosos sugerem que ela tenha começado a partir de uma base militar, mas sua origem permanece incerta. O fato é que esses judeus possuíam um templo completo com, inclusive, a prática de sacrifícios. Porém, a religião exercitada por esse grupo não se assemelha muito ao prescrito na Lei Mosaica. Esse templo foi destruído em 410 a.C., e a comunidade deixou de existir no século 2 a.C.

Outro grupo grande de judeus chega em terras egípcias fugindo dos exércitos babilônicos. Nos capítulos 43 e 44 do livro de Jeremias, lê-se que alguns líderes israelitas incitaram o povo a desobedecerem a palavra profética e a fugirem para o Egito levando consigo o próprio Jeremias. No entanto, o maior acréscimo de judeus em território egípcio se dá quando Alexandre funda a cidade de Alexandria e autoriza que os judeus se estabeleçam nesta localidade. Esse movimento teve continuidade enquanto a Palestina esteve sob o domínio dos ptolomeus.

No entanto, nos dois séculos seguintes à derrota imposta pelos selêucidas aos ptolomeus, em que os primeiros tomam posse da Palestina, a diáspora ganha expressão e os judeus estabelecem comunidades em regiões que cobriam a Ásia e parte da Europa. Esse movimento ocorreu por vezes em função de realocação de soldados judeus e suas famílias, e outras, motivado pela perseguição que os judeus sofreram a partir de Antíoco Epifanes.

Todos os judeus da dispersão — desde os primeiros que adotaram terras babilônicas e persas como residência — tinham em comum a prática da religião judaica. Guardavam as Escrituras veterotestamentárias e reuniam-se todos os sábados nas sinagogas que fundavam onde quer que se estabelecessem. Inicialmente isso facilitou a disseminação do evangelho por todo o Império Romano. Uma das primeiras estratégias do apóstolo Paulo, por exemplo, quando chegava a uma nova cidade era buscar uma sinagoga onde pudesse pregar o evangelho.

4. GRUPOS RELIGIOSOS

O período entre os dois Testamentos é marcado por grandes mudanças no sistema religioso judaico. Surgem novos grupos que nem sempre se relacionam amistosamente. Esses fatores têm grande influência no cenário do Novo Testamento e, se não conhecidos, podem provocar lacunas na compreensão dessa parte do texto sagrado.

Embora houvesse mais associações na Palestina do século 1.º, foram quatro os principais grupos religiosos que surgiram durante esses cerca de 400 anos: os fariseus, os saduceus, os essênios e os zelotes. Todos continham tanto elementos religiosos como políticos em sua filosofia e modo de atuação.

4.1. Os fariseus

Por ocasião do início da helenização da Palestina, um grupo de judeus piedosos se opôs radicalmente a esse processo e decidiu permanecer fiel às Escrituras e aos costumes hebraicos. Ficaram conhecidos como os *Hasidim* (fiéis). Eles ganharam força dentro do período da Revolta dos Macabeus e foram os precursores dos fariseus.

O termo "fariseus" — do hebraico *perushim*, separatistas — foi usado pela primeira vez em conexão com esse período da história de Israel. Durante a dinastia I lasmoneana, revezaram entre prestígio e desprezo por parte dos governantes. Mas foi somente após sofrerem nas mãos de Antípater e Herodes, já sob o Império Romano, que entenderam não ser possível atingir seus objetivos espirituais por meios políticos. Tornaram-se apoiadores de Roma e se opuseram à revolta que culminou com a destruição do Templo em 70 d.C. O historiador judeu do primeiro século, Flávio Josefo, calcula que havia 6.000 fariseus na Palestina do Novo Testamento. Eles eram representantes das classes trabalhadoras e contavam com grande respeito da população.

Seu reconhecido legalismo é consequência de sua interpretação alegórica da Lei de Moisés e sua função para Israel. De acordo com seu entendimento de que o povo de Deus recebera os exílios assírio e babilônico como punição por seu descumprimento dos mandamentos divinos, os fariseus desenvolveram sistemas que ampliavam as ordenanças a fim de evitar que estas pudessem ser violadas de qualquer maneira. Como eram os descendentes dos mestres da Lei, ficava em suas mãos a tarefa de a interpretar e ensinar. Para isso, lançavam mão de artifícios que alargavam a cobertura da Lei para limites que esta supostamente não cobria. Ao contrário dos saduceus, os fariseus aceitavam todas as Escrituras hebraicas como inspiradas por Deus, porém também aceitavam as tradições orais rabínicas.

Ainda dentro do sistema de crenças dos fariseus, estavam a eternidade da alma, a ressurreição do corpo e a existência de anjos e demônios. Observavam meticulosamente a prática do dízimo e de rituais cerimoniais que eles mesmos estabeleciam para purificação. Como seu nome deixa evidente (separatistas), criam na superioridade judaica frente a outras raças e diante até mesmo de judeus que não fossem fiéis à prática da Lei. Era deles o controle sobre as sinagogas.

4.2. Os saduceus

Esse grupo era formado pelos sacerdotes e tinha caráter mais político e aristocrático do que religioso. Essa posição de prestígio lhes veio a partir da conquista da Palestina por Roma.

Não se consegue precisar quando exatamente surgiram, nem qual o significado de seu nome. Neste último quesito, há duas especulações principais. A primeira afirma que o termo "saduceu" tenha se originado da palavra hebraica *zaddikim* (o justo). E a segunda, que seja ligado à ordem sacerdotal de Zadoque, que surgiu durante o cativeiro babilônico (2Cr 31.10; Ez 40.46; 44.15; 48.11).

Os saduceus controlavam o Templo; criam somente na Lei, rejeitando as demais Escrituras hebraicas e a tradição oral rabínica; como adotaram as crenças de Epicuro (filósofo grego), negavam a imortalidade da alma; e, por serem racionalistas, não criam na existência de um mundo espiritual composto por anjos e demônios.

Mesmo pertencendo a uma classe mais política, precisavam recorrer aos fariseus para receberem o apoio popular de suas demandas frente ao Império Romano. Esse grupo foi extinto a partir de 70 d.C. com a destruição do Templo em Jerusalém.

4.3. Os essênios

Como os fariseus, os essênios também surgiram dos *Hasidim*. Eram rigorosos na observância da Lei Mosaica, porém ainda mais dedicados. Tinham estilo de vida monástico, afastando-se o máximo possível da convivência com o restante da sociedade. Viviam em comunidades rurais, normalmente nas proximidades do mar Morto (embora seja possível que se espalhassem por área mais ampla), onde compartilhavam todos os bens, plantavam para subsistência, abstinham-se do casamento e do acúmulo de bens, não possuíam escravos, não se engajavam em serviço militar. Por seu rigor religioso, sua observação de rituais de purificação superava ainda a dos fariseus. Eram dados ao estudo das Escrituras Sagradas e à produção de textos também. Sua expectativa pela vinda do Messias ultrapassava a de um judeu comum do século 1.º, por isso são conhecidos por sua literatura apocalíptica.

Embora não mencionados no Novo Testamento, os essênios são descritos por Flávio Josefo, Filo de Alexandria (filósofo e historiador judeu, 10 a.C.–50 d.C.) e Eusébio (conhecido como o "Pai da história da Igreja", 263–339 d.C.). O interesse por esse grupo aumentou a partir de 1947, quando foram descobertos os Rolos do mar Morto — uma coletânea de manuscritos de praticamente todos os livros do Antigo Testamento (com exceção de Ester) que datavam do período Macabeu. Ou seja, são os manuscritos mais antigos das Escrituras disponíveis até a atualidade. Esses pergaminhos parecem estar ligados a uma das comunidades essênias que vivia naquela região.

4.4. Os zelotes

Diferentemente dos anteriores, os zelotes eram mais um grupo político do que religioso. Seu nome vem da palavra "zelo" e neste caso relacionava-se ao conceito da superioridade dos judeus e de sua religião sobre outras raças. Seu ideal era libertar a Palestina do domínio romano. Segundo Flávio Josefo, o fundador desse grupo foi Judas Galileu, que liderou uma revolta contra o império por ocasião do recenseamento do ano 6 d.C. que visava a arrecadação de impostos para Roma. O conflito acabou em derrota dos judeus. Os ideais, porém, permaneceram vivos. Durante o governo de Félix como Procurador na Judeia, os zelotes formaram um grupo radical conhecido como "os sicários" (homem da adaga) porque andavam com facas escondidas nas vestes e atacavam romanos e seus apoiadores em ajuntamentos públicos.

Em 66 d.C., iniciaram novo conflito que culminou com a destruição do Templo em Jerusalém, em 70 d.C., e a tomada pelos romanos da fortaleza de Massada, quartel-general e último refúgio dos zelotes, cerca de dois anos depois.

Ruínas da Parede Oriental do antigo Templo de Jerusalém que foi destruído em 70 d.C. pelo exército romano. Essa é a única estrutura remanescente do Templo visitado por Jesus durante Suas viagens à Cidade Santa.

5. LITERATURA

Os judeus são donos de ampla literatura, mas, ao contrário dos demais povos antigos, sua devoção estava principalmente ligada às Escrituras Sagradas.

Seu interesse por falar de sua fé motivou o surgimento de dois grupos de livros produzidos no período intertestamentário: os apócrifos e os pseudepígrafos, que incluem os apocalípticos. Algo que dificulta o estudo de tais grupos é a complexidade enfrentada para a datação de escrita desses livros.

Embora não tenha caráter de produção de conteúdo inédito, a Septuaginta foi um grande marco desse período histórico. Por isso também vale a pena discorrer sobre a história e a influência dessa primeira tradução das Escrituras hebraicas.

5.1. Os livros apócrifos

A palavra "apócrifo" vem do grego e quer dizer oculto, escondido ou secreto. Foram inicialmente assim chamados devido ao seu conteúdo que, segundo os mestres, não pertencia ao povo comum, mas apenas a alguns escolhidos. Com o passar dos anos, como não foram aceitos por judeus e cristãos como canônicos (ou sagrados), o termo passou a identificar o grupo de livros de caráter religioso cuja autoridade é questionável. Mesmo assim, alguns deles foram incluídos na Septuaginta e na Vulgata (versão latina feita por Jerônimo no século 4 d.C.) — em que ganharam a designação de deuterocanônicos, ou "segundo cânone".

Compõem essa lista:

- 1 e 2 Esdras
- Tobias
- Judite
- Alguns acréscimos ao livro de Ester
- Sabedoria de Salomão

- Eclesiástico
- Baruque
- Cântico das três jovens
- Epístola de Jeremias
- Oração de Azarias
- Susana
- Bel e o Dragão (acréscimos ao livro de Daniel)
- Oração de Manassés
- 1 e 2 Macabeus

Dentre esses, somente o livro de Eclesiástico parece ter sido citado indiretamente no Novo Testamento (Hb 11.5). Com exceção de 1 Macabeus, há erros nas menções históricas dos demais e imprecisões com relação ao estabelecimento de autoria.

5.2. Livros pseudepígrafos e apocalípticos
Esses livros são assim chamados porque, em sua maioria, foram produzidos por pessoas comuns que se utilizaram do nome de importantes figuras da história hebraica para atribuir-lhes a autoria, com o fim de trazer autoridade aos seus escritos. No entanto, alguns dos autores permanecem incógnitos.

Nessa coleção estão:

- Oráculos Sibilinos
- Paralipômenos de Jeremias
- Livro dos Jubileus
- Vida de Adão e Eva
- 1 e 2 Enoque
- Salmos de Salomão
- 2 Baruque (ou Apocalipse de Baruque)
- 3 e 4 Macabeus
- Testamento de Jó
- Testamento dos Doze Patriarcas
- Assunção de Moisés
- Vida dos Profetas
- Martírio de Isaías
- Epístola de Aristeias

Nessa coletânea, há alguns que poderiam ser definidos como de caráter apocalíptico: Enoque, Assunção de Moisés, 2 Baruque, 2 Esdras e parte dos Oráculos Sibilinos.

Embora o livro de Enoque tenha sido citado na epístola de Judas, esses livros jamais foram aceitos como sagrados entre os judeus e os cristãos.

5.3. A Septuaginta
Quando Alexandre, o Grande, anexou o Egito ao seu Império Grego, ele deu autorização para que se fundasse uma colônia judaica em Alexandria, sendo-lhes doado um amplo bairro para ocupação exclusiva. Além disso, esses judeus tiveram garantida a liberdade de culto ao seu Deus. Tantas benesses motivou essa comunidade a se mostrar favorável ao novo governo e a buscar se adaptar ao modo de vida dos gregos. Ao contrário daqueles que foram levados para os cativeiros assírio e babilônico, essa grande comunidade adotou o grego como sua língua e deixou em segundo plano o uso da língua materna, o hebraico.

Com o estabelecimento de sinagogas nesse território, fez-se necessária a leitura das Escrituras em idioma que pudesse ser compreendido pelos frequentadores. Esse fator aliado ao pedido de Ptolomeu II Filadelfo de uma versão grega da Lei Mosaica para constar na grande biblioteca em construção na cidade foram os grandes motivadores do processo de criação da Septuaginta.

A história dessa versão é rodeada de muito misticismo por parte de historiadores judeus como Aristeias e Flávio Josefo, que desejavam lhe atribuir um caráter sacro. Contudo, afastando o sensacionalismo, parece ser consenso que o processo inicial envolveu 72 anciãos judeus enviados de Jerusalém a Alexandria que traduziram o Pentateuco. As demais porções do Antigo Testamento foram traduzidas no decorrer dos dois séculos seguintes, sendo que alguns dos apócrifos foram incluídos nessa versão apenas no primeiro século da Era Cristã.

A Septuaginta — abreviação LXX — tem importante papel na propagação do evangelho por todo o Império Romano. De amplo uso entre os judeus da Diáspora, foi o instrumento utilizado pelos primeiros missionários para comprovar aos judeus a veracidade da fé cristã como profetizada no Antigo Testamento. Com exceção dos Evangelhos Sinóticos — Mateus, Marcos e Lucas —, em que foi pouco citada (sendo que em Mateus contém menos citações à Septuaginta do que em todo o Novo Testamento), foi material fundamental para as argumentações de Paulo, de João, do autor de Hebreus (onde é muito mencionada) e até aos demais autores do Novo Testamento. Era de amplo uso em todas as comunidades cristãs fora da Palestina. Também os Pais da Igreja, no século 2º da Era Cristã, usaram-na na produção de seus escritos.

Com todo esse pano de fundo histórico, é fácil notar que esse período conhecido como "Silêncio Profético" não é, entretanto, um período de inatividade divina. Pelo contrário, Deus preparava o cenário mundial para a vinda de Seu Filho. O apóstolo Paulo fala disso em Gálatas 4:4: "Mas, *quando chegou o tempo certo*, Deus enviou seu Filho, nascido de uma mulher e sob a lei" (ênfase adicionada). Vários desenvolvimentos ocorridos durante esse tempo contribuíram para a propagação das boas-novas pelos discípulos de Cristo, e isso, por sua vez, revolucionou a sociedade daquela época até os dias de hoje.

NOVO TESTAMENTO

MATEUS

INTRODUÇÃO

Cada evangelho foi escrito com o objetivo único de apresentar Jesus sob as diferentes perspectivas de cada um de seus autores, de acordo com o público a quem é endereçado.

Data. Escrito aproximadamente em 60 d.C., mas depois de Marcos.

Autor. O autor sempre fala de si mesmo como "o cobrador de impostos", que pode indicar seu senso de humildade, sentido em ter sido elevado de uma condição tão baixa à de apóstolo. Ele era filho de Alfeu (Mc 2.14; Lc 5.27) e era chamado de Levi até Jesus o chamar e lhe dar o nome de Mateus, que significa "Presente de Deus". Não sabemos nada sobre seu trabalho, exceto sobre seu chamado e sua festa de despedida (9.9,10), e que ele estava com os apóstolos no Dia de Pentecostes. Assim, silencioso, observador e qualificado por sua antiga função, ele poderia muito bem ter redigido este livro. No entanto, existe a possibilidade de que ele tenha sido escolhido pelos outros para esta grande tarefa. Não sabemos nada sobre a sua morte.

CARACTERÍSTICAS E PROPÓSITO

1. Não é um evangelho cronológico, mas um evangelho sistemático e tópico. Existe uma ordem na organização dos assuntos para que um resultado definitivo possa ser produzido. Os assuntos são tratados em grupos, como os milagres nos capítulos 8 e 9 e as parábolas do capítulo 13. Há ordem e propósito também na organização desses grupos de milagres e parábolas. O primeiro milagre é a cura da lepra — um tipo para o pecado; enquanto o último é a figueira que seca — um símbolo de julgamento. A primeira parábola é a da semente do reino — um símbolo do início ou plantação do reino; a última é a dos talentos e profetiza o julgamento final no último dia. Esta mesma ordenada organização é observada também nas duas grandes partes do livro. A primeira grande parte, 4.17–16.20, apresenta especialmente a pessoa e a natureza de Jesus, enquanto a segunda parte, 16.21 até o fim, narra Sua grande obra em favor da humanidade, como visto em Sua morte e ressurreição.

2. É um evangelho didático ou pedagógico. Ao fornecer o relato de vários milagres, o livro é marcado por vários discursos de considerável extensão, como o Sermão do Monte, capítulos 5–7; a denúncia dos fariseus, capítulo 23; a profecia da destruição de Jerusalém e o fim do mundo, capítulos 24–25; a missão dada aos apóstolos, capítulo 10, e as doutrinas do reino, 17.24–20.16. Essas porções e as parábolas mencionadas acima indicam o quão grande é a porção do livro tomada por discursos. O estudante pode fazer listas de outras partes mais curtas de ensino.

3. É um evangelho de obscuridade e abatimento. Não há canções de alegria como as de Zacarias, Isabel, Maria, Simeão, Ana e a dos anjos, registradas em Lucas. Nem vemos Jesus como popular e sábio aos 12 anos. Em vez disso, temos Sua mãe quase repudiada e posta em desgraça por José, e salva devido a uma intervenção divina. Jerusalém está em dificuldades, os bebês do sexo masculino são mortos e as mães estão chorando por eles. O bebê Jesus é salvo por Seus pais terem fugido para o Egito. Toda a Sua vida após o retorno do Egito está coberta de esquecimento, e Ele é um nazareno desprezado. A cruz é uma desolação sem nenhum ladrão penitente nem compaixão de ninguém, com Seus inimigos se revoltando, batendo no peito e passando por ela. Nem há muito otimismo ou expectativa de sucesso. Os discípulos serão rejeitados e perseguidos, como seu Senhor; muitos são chamados e poucos são escolhidos; apenas alguns encontram o caminho estreito; muitos reivindicam a entrada no Reino visto que profetizaram em Seu nome e são rejeitados. Mesmo o próprio Mateus é um publicano desprezado e rejeitado.

4. É um evangelho de realeza. A genealogia mostra a descendência real de Jesus. Os magos vieram buscando aquele que era "o recém-nascido rei dos judeus", e João Batista prega que o "Reino dos céus está próximo". Aqui temos as parábolas do reino, começando com "o Reino dos céus" etc. Em Lucas, certo homem fez uma grande ceia e tinha dois filhos, enquanto em Mateus era certo rei. Os outros evangelistas usam o termo evangelho, com uma exceção: Mateus sempre o coloca como "o evangelho do Reino". As "chaves do reino" são dadas a Pedro. Todas as nações se reunirão diante dele quando Ele se assentar no trono e "o Rei dirá" (25.34,40).

5. É um evangelho oficial e estruturado. Isso é sugerido pelo fato de Mateus representar Satanás como chefe de um reino; também, na medida em que aqueles relacionados com o nascimento de Jesus são pessoas oficiais, a

maioria das ações é oficial em sua natureza. Pilatos, o juiz, lavou as mãos do sangue de Jesus, a guarda romana o pronuncia "o Cristo", e os guardas dizem que Ele não pôde ser mantido no túmulo. Jesus denuncia os oficiais e chama Seus próprios discípulos por nomes oficiais. É Pedro, não Simão, e Mateus, o nome apostólico, e não Levi como em Lucas. Jesus indica Sua capacidade oficial em rejeitar os judeus, dizendo-lhes que o reino é retirado deles (21.43). O Senhor se prepara para o estabelecimento de Seu próprio reino e lhes diz quem deve empunhar as chaves do reino, que não está vinculada ao tempo ou às relações nacionais como era o antigo reino. Somente em Mateus encontramos instruções completas sobre a membresia, a disciplina e as ordenanças da Igreja. Somente aqui, recebemos nos evangelhos as ordens para batizar, para administrar a Santa Ceia e a bela fórmula para o batismo em nome do Pai, do Filho e do Espírito Santo, e aqui temos a Sua ordem oficial para "Ir" fundamentada em toda a Sua autoridade no Céu e na Terra.

Na busca por este trabalho oficial, encontramos Jesus dando especial reconhecimento aos crentes gentios — dando-lhes lugar pleno em Seu reino. A genealogia através da graça e fé inclui gentios; o segundo capítulo mostra como os magos gentios o honram; o centurião romano mostra uma fé superior à de qualquer israelita; a grande fé da mulher cananeia levou Jesus a curar sua filha, e a esposa gentia de Pilatos, por causa de seus sonhos, envia-lhe um aviso para que ele não se envolva com Jesus. Tudo isso tende a mostrar a maneira oficial e estruturada em que o Senhor agiu.

6. É um evangelho de antagonismo e rejeição judaicos. Por um lado, os judeus antagonizam e rejeitam Jesus. Por outro, os judeus, especialmente os escribas e fariseus, são expostos e rejeitados por Jesus. Os fariseus conspiraram contra Jesus e se ressentiram de Cristo ter violado seus regulamentos e costumes sobre o sábado e seus rituais sobre comer e se lavar, bem como Sua associação com publicanos e pecadores. Essa oposição culminou em Sua morte. Por outro lado, Jesus também rejeita os judeus. João os chama de geração de víboras, e Jesus os designou com termos como hipócritas, guias cegos e sepulcros caiados, atingindo o ápice no capítulo 23. É aqui que, em sua iniquidade, eles são incapazes de discernir entre a obra de Deus e a de Belzebu. Eles são informados da aplicação da profecia de Isaías, que eles têm ouvidos e não ouvem e que, por causa de sua indignidade, o reino é retirado deles. A maldição sobre a figueira com a qual os milagres de Mateus terminam revela qual será o destino da nação judaica.

7. É um evangelho judaico. Isso é visto em seu uso de símbolos judaicos, termos e números sem explicação. Ele nunca explicou o significado de uma palavra judaica, como Corbã, nem de um costume, de modo a dizer que os judeus não comem caso não se lavem. Os outros evangelistas dão explicações. Ele chama Jerusalém pelos termos judaicos, "Cidade do grande rei" e "Cidade santa", e Cristo, do "Filho de Davi" e o "Filho de Abraão". Ele fala do Templo judaico como o templo de Deus, a morada de Deus e o santo lugar. A genealogia é traçada até Abraão por três grandes eventos judaicos da história. Tudo isso seria calculado para conquistar os judeus, e, muito mais, as 65 citações do Antigo Testamento e a repetida tentativa de mostrar que os atos e os ditos registrados eram para que as Escrituras fossem cumpridas. Dificilmente podemos acreditar que todos os números, tão característicos dos judeus, ocorrem acidentalmente aqui. A genealogia tem três quatorzes sendo múltiplos de sete. Há quatorze parábolas, sete em um lugar e sete em outro. Há sete ais no capítulo 23. Há 20 milagres separados em duas dezenas. O número 7 geralmente, se não sempre, divide-se em quatro e três, o humano e o divino. Das sete parábolas no capítulo 13, quatro tocam o humano ou natural, enquanto três se referem ao lado divino ou espiritual de Seu reino. Há sete petições na oração do Senhor, as três primeiras referentes a Deus e as últimas quatro ao homem. Uma divisão semelhante talvez seja verdadeira nas bem-aventuranças.

Assunto. O reino de Deus ou do Céu.

ESBOÇO

1. O início do Reino, 1.1–4.16
    1.1. Jesus, o Rei, é o Messias do Antigo Testamento, Caps. 1–2
    1.2. Jesus, o Rei, está preparado para Sua obra, 3.1–4.16

2. A proclamação do Reino, 4.17–16.20
    2.1. O início da proclamação, 4.17-25
    2.2. Por meio do Sermão do Monte, Caps. 5–7
    2.3. Por meio dos milagres e ensinamentos correlatos, Caps. 8–9
    2.4. Pelo envio dos Doze e os ensinamentos e milagres subsequentes, Caps. 10–12
    2.5. Por meio das sete parábolas e milagres subsequentes, Caps. 13–14

2.6. Pela denúncia dos fariseus com milagres e ensinamentos correspondentes, 15.1–16.12
2.7. Por intermédio da confissão de Pedro, 16.12-20
3. A paixão do Reino, 16.21–27
3.1. Quatro predições da paixão com a intervenção de discursos e milagres, 16.21–26.2
   a) Em Cesareia de Filipe, 16.21–17.21
   b) Na Galileia perto de Cafarnaum, 17.22–20.16
   c) Perto de Jerusalém, 20.17-22
   d) Em Jerusalém, 23.1–26.2
3.2. Os eventos da paixão, 26.3-27
4. O triunfo do Reino, Cap. 28
4.1. A ressurreição do Rei, vv.1-15
4.2. Provisão para a propagação do Reino, vv.16-20

PARA ESTUDO E DISCUSSÃO

[1] Alguns eventos da infância de Cristo: (a) A história dos magos; (b) A matança dos bebês; (c) A fuga para o Egito; (d) O retorno a Nazaré.
[2] Dois milagres: (a) A cura do cego, 9.27-31; (b) O peixe com dinheiro em sua boca, 17.24-27.
[3] Dez parábolas: (a) O joio, 13.24-30; (b) O tesouro escondido, 13.44; (c) A pérola, 13.45,46; (d) A rede lançada, 13.47-50; (e) O servo incompassivo, 18.23-25; (f) Os trabalhadores na vinha, 20.1-16; (g) Os dois filhos, 21.28-32; (h) O casamento do filho do rei, 22.1-14; (i) As dez virgens, 25.1-13; (j) Os três servos, 25.14-30.
[4] Dez passagens nos discursos de Cristo: (a) Partes do Sermão do Monte, Caps. 5–7; (b) Revelação aos humildes, 11.25-27; (c) Convite aos cansados, 11.28-30; (d) Sobre palavras inúteis, 12.36,37; (e) Profecia para Pedro, 16.17-19; (f) Humildade e perdão, 18.15-35; (g) Rejeição dos judeus, 21.43; (h) A grande denúncia, Cap. 23; (i) A cena do julgamento, 23.31-46; (j) A grande comissão e promessa, 28.16-20.
[5] Alguns termos pelos quais Jesus é designado em Mateus devem ser estudados. Que o estudante faça uma lista dos diferentes lugares onde cada um dos seguintes termos é usado e, a partir de um estudo das passagens, em comparação a outras, forme opiniões sobre o significado do termo. (a) Filho de Abraão, (b) Filho de Davi, (c) Filho do Homem, (d) Filho de Deus, (e) Cristo, o Cristo, (f) Jesus, (g) Senhor, (h) Reino do Céu ou reino de Deus.
[6] Faça uma lista de todos os lugares onde a expressão "para que se cumpram as palavras dos profetas registradas nas Escrituras" e indique todas as coisas cumpridas.
[7] Relacione quantas vezes e onde a frase "O reino dos Céus" (ou de Deus) ocorre e, a partir do estudo dessas passagens, indique na lista a natureza, as características e o propósito do Reino.
[8] Liste todos os locais mencionados e se familiarize com a história e a geografia de cada um deles e memorize os principais acontecimentos relacionados a cada um.

> **REFLETINDO SOBRE:** Todas estão convidadas

Mulheres ancestrais de Jesus

Mas todo aquele que invocar o nome do Senhor será salvo.
—Joel 2.32

Ainda que as genealogias judaicas tipicamente não incluam os nomes das ancestrais mulheres, cinco são especificamente nomeadas na genealogia de Jesus em Mateus. Com exceção da mãe de Jesus, Maria, todas as mulheres provavelmente não eram israelitas. De um ponto de vista humano, algumas dessas mulheres tinham máculas vergonhosas na história de sua vida, que faziam delas improváveis candidatas para serem incluídas na ancestralidade do Filho de Deus.

Tamar era provavelmente uma cananeia. Quando seu sogro, Judá, não quis arranjar-lhe casamento com seu filho sobrevivente como a Lei exigia, ela fingiu ser uma prostituta e teve relações com seu sogro. Deus permitiu que a linhagem de Judá fosse traçada por meio de um de seus filhos gêmeos. Raabe era uma prostituta na cidade de Jericó, a qual Deus destruiu por causa da perversidade. Quando ela escolheu crer em Deus, casou-se com um israelita e entre seus descendentes estava Boaz.

Rute veio de Moabe. Segundo Deuteronômio 23.3, nenhum moabita poderia "...entrar nas reuniões sagradas do Senhor". Quando Rute se estabeleceu em Israel, Boaz casou-se com ela e seu filho foi o avô do rei Davi. Porque Bate-Seba era originalmente casada com Urias, é provável que fosse hitita. A criança nascida de seu adultério com Davi morreu, porém, mais tarde eles tiveram Salomão, que sucedeu o seu pai no governo de Israel.

Deus incluiu essas mulheres na linhagem do Messias, apesar de seus históricos e erros, o que revela algo sobre Seu caráter e Sua misericórdia. Deus não escolheu a nação judaica como Seu povo especial para excluir alguém, mas para atrair todo o mundo para si. Nada poderá nos impedir de ser parte da família de Deus se escolhermos crer nele. O histórico de nossa família ou erros passados não são impedimentos nem desculpas. Ninguém está fora da graça de Deus a não ser que escolha estar.

Os antepassados de Jesus Cristo

1 Este é o registro dos antepassados de Jesus Cristo,[a] descendente de Davi e de Abraão:[b]

²Abraão gerou Isaque.
Isaque gerou Jacó.
Jacó gerou Judá e seus irmãos.
³Judá gerou Perez e Zerá, cuja mãe foi Tamar.
Perez gerou Esrom.
Esrom gerou Rão.[c]
⁴Rão gerou Aminadabe.
Aminadabe gerou Naassom.
Naassom gerou Salmom.
⁵Salmom gerou Boaz, cuja mãe foi Raabe.
Boaz gerou Obede, cuja mãe foi Rute.
Obede gerou Jessé.
⁶Jessé gerou o rei Davi.
Davi gerou Salomão, cuja mãe foi Bate-Seba, viúva de Urias.
⁷Salomão gerou Roboão.
Roboão gerou Abias.
Abias gerou Asa.[d]
⁸Asa gerou Josafá.
Josafá gerou Jeorão.[e]
Jeorão gerou Uzias.
⁹Uzias gerou Jotão.
Jotão gerou Acaz.
Acaz gerou Ezequias.
¹⁰Ezequias gerou Manassés.
Manassés gerou Amom.[f]
Amom gerou Josias.
¹¹Josias gerou Joaquim[g] e seus irmãos, nascidos no tempo do exílio na Babilônia.
¹²Depois do exílio na Babilônia:
Joaquim gerou Salatiel.

[a] **1.1a** Ou *Messias.* Tanto *Messias* (do hebraico) como *Cristo* (do grego) significam "ungido". [b] **1.1b** Em grego, *filho de Davi e filho de Abraão.* [c] **1.3** Em grego, *Arão,* variação de Rão; também em 1.4. Ver 1Cr 2.9-10. [d] **1.7** Em grego, *Asafe,* variação de Asa; também em 1.8. Ver 1Cr 3.10. [e] **1.8** Em grego, *Jorão,* variação de Jeorão; também em 1.8b. Ver 1Rs 22.50 e nota em 1Cr 3.11. [f] **1.10** Em grego, *Amós,* variação de Amom; também em 1.10b. Ver 1Cr 3.14. [g] **1.11** Em grego, *Jeconias,* variação de Joaquim; também em 1.12. Ver 2Rs 24.6 e nota em 1Cr 3.16.

Salatiel gerou Zorobabel. ¹³Zorobabel gerou Abiúde. Abiúde gerou Eliaquim. Eliaquim gerou Azor. ¹⁴Azor gerou Sadoque. Sadoque gerou Aquim. Aquim gerou Eliúde. ¹⁵Eliúde gerou Eleazar. Eleazar gerou Matã. Matã gerou Jacó. ¹⁶Jacó gerou José, marido de Maria. Maria deu à luz Jesus, que é chamado Cristo.

¹⁷Portanto, são catorze gerações de Abraão até Davi, catorze de Davi até o exílio na Babilônia e catorze do exílio na Babilônia até Cristo.

O nascimento de Jesus Cristo

¹⁸Foi assim que nasceu Jesus Cristo. Maria, sua mãe, estava prometida para se casar com José. Antes do casamento, porém, ela engravidou pelo poder do Espírito Santo. ¹⁹José, seu noivo, era um homem justo e resolveu romper a união em segredo, pois não queria envergonhá-la com uma separação pública.

²⁰Enquanto ele pensava nisso, um anjo do Senhor lhe apareceu em sonho e disse: "José, filho de Davi, não tenha medo de receber Maria como esposa, pois a criança dentro dela foi concebida pelo Espírito Santo. ²¹Ela terá um filho, e você lhe dará o nome de Jesus,ᵃ pois ele salvará seu povo dos seus pecados".

²²Tudo isso aconteceu para cumprir o que o Senhor tinha dito por meio do profeta:

²³"Vejam! A virgem ficará grávida!
Ela dará à luz um filho,
e o chamarão Emanuel,ᵇ
que significa 'Deus conosco'".

²⁴Quando José acordou, fez o que o anjo do Senhor lhe havia ordenado e recebeu Maria como esposa. ²⁵No entanto, não teve relações com ela até o menino nascer; e ele lhe deu o nome de Jesus.

Visitantes do Oriente

2 Jesus nasceu em Belém, na Judeia, durante o reinado de Herodes. Por esse tempo, alguns sábiosᶜ das terras do Oriente chegaram a Jerusalém ²e perguntaram: "Onde está o recém-nascido rei dos judeus? Vimos sua estrela no Oriente e viemos adorá-lo".

³Ao ouvir isso, o rei Herodes ficou perturbado, e com ele todo o povo de Jerusalém. ⁴Reuniu os principais sacerdotes e os mestres da lei e lhes perguntou: "Onde nascerá o Cristo?". ⁵Eles responderam: "Em Belém da Judeia, pois assim escreveu o profeta:

⁶'E você, Belém, na terra de Judá,
não é a menor entre as principais
cidadesᵈ de Judá,
pois de você virá um governante
que será o pastor do meu povo, Israel'".ᵉ

⁷Então Herodes convocou os sábios em segredo e soube por eles o momento em que a estrela tinha aparecido. ⁸"Vão a Belém e procurem o menino com atenção", disse ele. "Quando o encontrarem, voltem e digam-me, para que eu vá e também o adore."

⁹Após a conversa com o rei, os sábios seguiram seu caminho, guiados pela estrela que tinham visto no Oriente. Ela ia adiante deles, até que parou acima do lugar onde o menino estava. ¹⁰Quando viram a estrela, ficaram muito alegres. ¹¹Ao entrar na casa, viram o menino com Maria, sua mãe, e se prostraram e o adoraram. Então abriram seus tesouros e o presentearam com ouro, incenso e mirra.

¹²Quando chegou a hora de partir, retornaram para sua terra por outro caminho, pois haviam sido avisados em sonho para não voltar a Herodes.

A fuga para o Egito

¹³Depois que os sábios partiram, um anjo do Senhor apareceu a José em sonho. "Levante-se", disse o anjo. "Fuja para o Egito com o menino e sua mãe. Fique lá até eu lhe dizer que volte, pois Herodes vai procurar o menino a fim de matá-lo."

¹⁴Naquela mesma noite, José se levantou e partiu com o menino e Maria, sua mãe, para o Egito, ¹⁵onde ficaram até a morte de Herodes. Cumpriu-se, assim, o que o Senhor tinha dito por meio do profeta: "Do Egito chamei meu filho".ᶠ

ᵃ **1.21** *Jesus* significa "O Senhor salva". ᵇ **1.23** Is 7.14; 8.8,10, conforme a Septuaginta. ᶜ **2.1** Ou *astrólogos reais*. Em grego, *magos*; também em 2.7,16. ᵈ **2.6a** Em grego, *entre os governantes*. ᵉ **2.6b** Mq 5.2; 2Sm 5.2. ᶠ **2.15** Os 11.1.

> **REFLETINDO SOBRE: Mulheres traumatizadas**
>
> ## "Raquel" chorando por seus filhos
>
> *Ele cura os de coração quebrantado e enfaixa suas feridas.*
> —Salmo 147.3
>
> Lágrimas quentes aguilhoavam seus olhos enquanto olhava para o calendário. Hoje completavam-se 6 anos e este ano não seria diferente dos outros.
>
> Primeiro ela se lembrou do conselho de seus amigos: "Este não é o momento certo — você precisa terminar a faculdade". "Você precisa pensar no que é melhor para você". "Na verdade, não é algo terrível". "Esta é a única solução".
>
> Então houve as questões familiares que ela guardou para si: *Eu teria um filho ou uma filha no jardim de infância agora? De que cor seriam seus olhos? Será que teria os meus cabelos cacheados? De que livros gostaria? Como seria a sua voz?*
>
> Mateus 2.18 se refere a dois grupos de mulheres na história de Israel que lamentaram a perda de seus filhos. Jeremias originalmente pronunciou a profecia para descrever as mães cujos filhos eram levados ao cativeiro. Depois, Mateus usou as palavras para descrever as mães afetadas pelo luto na área de Belém, cujos filhos de dois anos ou menos haviam sido mortos pelos soldados de Herodes. Imagine os lamentos ensurdecedores enquanto as mulheres agarravam os corpos inanimados de seus bebês tão repentinamente abatidos.
>
> Nos Estados Unidos, são incontáveis as mulheres que choram a perda de seus filhos, geralmente em silêncio. Segundo estimativas do Centro de Controle de Doenças e do *Instituto Alan Guttmacher*, desde que a prática foi legalizada, mais de 60 milhões de abortos foram executados nesse país. Profissionais da área médica identificaram diversos sintomas em mulheres que sofrem de síndrome pós-aborto incluindo: insônia, transtornos alimentares, adição ao álcool e vício em drogas, depressão severa e tentativas de suicídio.
>
> Estamos cercadas por milhares de mulheres feridas. Sua única esperança de cura está na cruz, na qual Jesus sofreu e morreu para que nós pudéssemos ser plenas. Por mais profunda que seja a nossa dor, podemos ir a Jesus sabendo que Ele foi ferido para que nós fôssemos restauradas.

[16] Quando Herodes se deu conta de que os sábios o haviam enganado, ficou furioso. Enviou soldados para matar todos os meninos de dois anos para baixo em Belém e seus arredores, tomando por base o relato dos sábios acerca da primeira aparição da estrela. [17] Com isso, cumpriu-se o que foi dito por meio do profeta Jeremias:

[18] "Ouviu-se um clamor em Ramá,
   choro e grande lamentação.
Raquel chora por seus filhos
   e se recusa a ser consolada,
pois eles já não existem".[a]

A volta para Israel

[19] Quando Herodes morreu, um anjo do Senhor apareceu em sonho a José, no Egito. [20] "Levante-se", disse o anjo. "Leve o menino e a mãe de volta para a terra de Israel, pois já morreram os que tentavam matar o menino."

[21] Então José se levantou e se preparou para voltar à terra de Israel com o menino e sua mãe. [22] Soube, porém, que o novo governador da Judeia era Arquelau, filho de Herodes, e teve medo de ir para lá. Depois de ser avisado em sonho, partiu para a região da Galileia. [23] A família foi morar numa cidade chamada Nazaré, cumprindo-se, desse modo, o que os profetas haviam dito, que Jesus seria chamado nazareno.

João Batista prepara o caminho

3 Naqueles dias, João Batista apareceu no deserto da Judeia e começou a anunciar a seguinte mensagem: [2] "Arrependam-se, pois o reino dos céus está próximo".[b] [3] O profeta Isaías se referia a João quando disse:

[a] **2.18** Jr 31.15. [b] **3.2** Ou *é chegado*, ou *vem em breve*.

"Ele é uma voz que clama no deserto:
'Preparem o caminho para a vinda do
Senhor!ª
Abram a estrada para ele!'".ᵇ

⁴As roupas de João eram tecidas com pelos de camelo, e ele usava um cinto de couro e alimentava-se de gafanhotos e mel silvestre. ⁵Gente de Jerusalém, de toda a Judeia e de todo o vale do Jordão ia até ele. ⁶Quando confessavam seus pecados, ele os batizava no rio Jordão.

⁷Mas, quando João viu que muitos fariseus e saduceus vinham ao lugar de batismo, ele os repreendeu abertamente. "Raça de víboras!", exclamou. "Quem os convenceu a fugir da ira que está por vir? ⁸Provem por suas ações que vocês se arrependeram. ⁹Não pensem que podem dizer uns aos outros: 'Estamos a salvo, pois somos filhos de Abraão'. Isso não significa nada, pois eu lhes digo que até destas pedras Deus pode fazer surgir filhos de Abraão. ¹⁰Agora mesmo o machado do julgamento está pronto para cortar as raízes das árvores. Toda árvore que não produz bons frutos será cortada e lançada ao fogo.

¹¹"Eu batizo comᶜ água aqueles que se arrependem. Depois de mim, porém, virá alguém mais poderoso que eu, alguém muito superior, cujas sandálias não sou digno de carregar. Ele os batizará com o Espírito Santo e com fogo.ᵈ ¹²Ele já tem na mão a pá, e com ela separará a palha do trigo e limpará a área onde os cereais são debulhados. Juntará o trigo no celeiro, mas queimará a palha no fogo que nunca se apaga."

O batismo de Jesus

¹³Jesus foi da Galileia ao rio Jordão para que João o batizasse. ¹⁴João, porém, tentou impedi-lo. "Eu é que preciso ser batizado pelo senhor", disse ele. "Então por que vem a mim?"

¹⁵Jesus respondeu: "É necessário que seja assim, pois devemos fazer tudo que Deus requer".ᵉ E João concordou em batizá-lo. ¹⁶Depois do batismo, enquanto Jesus saía da água, o céu se abriu,ᶠ e ele viu o Espírito de Deus descer como uma pomba e pousar sobre ele. ¹⁷E uma voz do céu disse: "Este é meu Filho amado, que me dá grande alegria".

A tentação de Jesus

4 Em seguida, Jesus foi conduzido pelo Espírito ao deserto para ser tentado pelo diabo. ²Depois de passar quarenta dias e quarenta noites sem comer, teve fome.

³O tentador veio e lhe disse: "Se você é o Filho de Deus, ordene que estas pedras se transformem em pães".

⁴Jesus, porém, respondeu: "As Escrituras dizem:

'Uma pessoa não vive só de pão,
    mas de toda palavra que vem da boca de Deus'".ᵍ

⁵Então o diabo o levou à cidade santa, até o ponto mais alto do templo, ⁶e disse: "Se você é o Filho de Deus, salte daqui. Pois as Escrituras dizem:

'Ele ordenará a seus anjos que o protejam.
Eles o sustentarão com as mãos,
    para que não machuque o pé em alguma pedra'".ʰ

⁷Jesus respondeu: "As Escrituras também dizem:

'Não ponha à prova o Senhor, seu Deus'".ⁱ

⁸Em seguida, o diabo o levou até um monte muito alto e lhe mostrou todos os reinos do mundo e sua glória. ⁹"Eu lhe darei tudo isto", declarou. "Basta ajoelhar-se e adorar-me."

¹⁰"Saia daqui, Satanás!", disse Jesus. "Pois as Escrituras dizem:

'Adore o Senhor, seu Deus, e sirva somente a ele'".ʲ

¹¹Então o diabo foi embora, e anjos vieram e serviram Jesus.

O início do ministério de Jesus

¹²Quando Jesus soube que João havia sido preso, voltou à Galileia. ¹³Saindo de Nazaré, mudou-se para Cafarnaum, junto ao mar da Galileia,ᵏ na região de Zebulom e Naftali. ¹⁴Cumpriu-se, desse modo, o que foi dito por meio do profeta Isaías:

¹⁵"Na terra de Zebulom e Naftali,
    junto ao mar, além do rio Jordão,

ª**3.3a** Ou *Ele é uma voz que clama: "Preparem no deserto o caminho para a vinda do Senhor!"*. ᵇ**3.3b** Is 40.3, conforme a Septuaginta. ᶜ**3.11a** Ou *em*. ᵈ**3.11b** Ou *no Espírito Santo e em fogo*. ᵉ**3.15** Ou *devemos cumprir toda a justiça*. ᶠ**3.16** Alguns manuscritos acrescentam *diante dele*. ᵍ**4.4** Dt 8.3. ʰ**4.6** Sl 91.11-12. ⁱ**4.7** Dt 6.16. ʲ**4.10** Dt 6.13. ᵏ**4.13** Em grego, *junto ao mar*.

> onde a morte lança sua sombra,
> uma luz brilhou".[a]

¹⁷A partir de então, Jesus começou a anunciar sua mensagem: "Arrependam-se, pois o reino dos céus está próximo".[b]

Os primeiros discípulos

¹⁸Enquanto andava à beira do mar da Galileia, Jesus viu dois irmãos, Simão, também chamado Pedro, e André. Jogavam redes ao mar, pois viviam da pesca. ¹⁹Jesus lhes disse: "Sigam-me, e eu farei de vocês pescadores de gente". ²⁰No mesmo instante, deixaram suas redes e o seguiram.

²¹Pouco adiante, Jesus viu outros dois irmãos, Tiago e João, consertando redes num barco com o pai, Zebedeu. Jesus os chamou, ²²e eles também o seguiram de imediato, deixando para trás o barco e o pai.

Multidões seguem Jesus

²³Jesus viajou por toda a região da Galileia, ensinando nas sinagogas, anunciando as boas-novas do reino e curando as pessoas de todo tipo de doenças. ²⁴As notícias a seu respeito se espalharam até a Síria, e logo o povo começou a lhe trazer todos que estavam enfermos. Qualquer que fosse a enfermidade ou dor, quer estivessem possuídos por demônio, quer sofressem de convulsões, quer fossem paralíticos, Jesus os curava. ²⁵Grandes multidões o seguiam, gente da Galileia, das Dez Cidades,[c] de Jerusalém, de toda a Judeia e da região a leste do rio Jordão.

O Sermão do Monte

5 Certo dia, quando Jesus viu que as multidões se ajuntavam, subiu a encosta do monte e ali sentou-se. Seus discípulos se reuniram ao redor, ²e ele começou a ensiná-los.

As bem-aventuranças

³"Felizes os pobres de espírito,
  pois o reino dos céus lhes pertence.
⁴Felizes os que choram,
  pois serão consolados.
⁵Felizes os humildes,
  pois herdarão a terra.
⁶Felizes os que têm fome e sede de justiça,
  pois serão saciados.

na Galileia, onde vivem tantos gentios,
¹⁶o povo que vivia na escuridão
  viu uma grande luz,
e sobre os que viviam na terra

PÃO DIÁRIO

Um companheiro no caminho

Jesus lhes disse: "Sigam-me, e eu farei de vocês pescadores de gente".

—Mateus 4.19

Eu amo andar pelos caminhos e trilhas e aproveitar o seu esplendor e a sua beleza pitoresca. Muitas vezes, lembro-me de que essas caminhadas simbolizam a nossa jornada espiritual, pois a vida cristã consiste em simplesmente caminhar ao lado de Jesus como nosso companheiro e guia. Ele andou pela terra de Israel de uma extremidade à outra, reunindo discípulos e dizendo-lhes: "Sigam-me" (Mt 4.19).

A jornada nem sempre é fácil. Às vezes, desistir parece mais fácil do que prosseguir, mas, quando as coisas ficam difíceis, podemos descansar um pouco e renovar a nossa força. No livro *O Peregrino* (Publicações Pão Diário, 2018), o autor John Bunyan descreve o sopé do Desfiladeiro Dificuldade onde Cristão tomou fôlego antes de continuar a subida. Seu pergaminho o consolou, lembrando-lhe da presença contínua do Senhor e de Seu poder que sustenta. Ele tomou novo ânimo para que pudesse andar mais alguns quilômetros.

Apenas Deus sabe para onde o caminho nos levará, entretanto Ele nos assegura: "Estou sempre com vocês" (28.20). Não se trata de uma metáfora ou de outra figura de linguagem. O Senhor é um companheiro verdadeiro. Não existe uma única hora sem a Sua presença, nem um único quilômetro sem a Sua companhia. Saber que Ele está conosco torna a jornada mais leve.

Jesus, a Tua preciosa presença significa tudo para mim. É tão reconfortante saber que estás comigo enquanto subo as montanhas e ando pelos vales da vida! Hoje, quando as coisas ficam difíceis e o caminho se torna complicado, escolho seguir-te pela fé e descanso na certeza de que tu estás presente.

À medida que você estiver viajando pela cansativa estrada da vida, permita que Jesus a ajude a carregar o seu pesado fardo.

---

[a] 4.15-16 Is 9.1-2, conforme a Septuaginta. [b] 4.17 Ou *é chegado*, ou *vem em breve*. [c] 4.25 Em grego, *Decápolis*.

⁷Felizes os misericordiosos,
pois serão tratados com misericórdia.
⁸Felizes os que têm coração puro,
pois verão a Deus.
⁹Felizes os que promovem a paz,
pois serão chamados filhos de Deus.
¹⁰Felizes os perseguidos por causa da justiça,
pois o reino dos céus lhes pertence.

¹¹"Felizes são vocês quando, por minha causa, sofrerem zombaria e perseguição, e quando outros, mentindo, disserem todo tipo de maldade a seu respeito. ¹²Alegrem-se e exultem, porque uma grande recompensa os espera no céu. E lembrem-se de que os antigos profetas foram perseguidos da mesma forma."

Ensino sobre sal e luz

¹³"Vocês são o sal da terra. Mas, se o sal perder o sabor, para que servirá? É possível torná-lo salgado outra vez? Será jogado fora e pisado pelos que passam, pois já não serve para nada. ¹⁴"Vocês são a luz do mundo. É impossível esconder uma cidade construída no alto de um monte. ¹⁵Não faz sentido acender uma lâmpada e depois colocá-la sob um cesto. Pelo contrário, ela é colocada num pedestal, de onde ilumina todos que estão na casa. ¹⁶Da mesma forma, suas boas obras devem brilhar, para que todos as vejam e louvem seu Pai, que está no céu."

Ensino sobre a Lei

¹⁷"Não pensem que eu vim abolir a lei de Moisés ou os escritos dos profetas; vim cumpri-los. ¹⁸Eu lhes digo a verdade: enquanto o céu e a terra existirem, nem a menor letra ou o menor traço da lei desaparecerá até que todas as coisas se cumpram. ¹⁹Portanto, quem desobedecer até ao menor mandamento, e ensinar outros a fazer o mesmo, será considerado o menor no reino dos céus. Mas aquele que obedecer à lei de Deus e ensiná-la será considerado grande no reino dos céus. ²⁰"Eu os advirto: a menos que sua justiça supere muito a justiça dos mestres da lei e dos fariseus, vocês jamais entrarão no reino dos céus."

PÃO DIÁRIO

A edição revisada

Vocês ouviram o que foi dito: Ame o seu próximo e odeie o seu inimigo. Eu, porém, lhes digo: amem os seus inimigos e orem por quem os persegue.
—Mateus 5.43,44

Certa vez, alguém sugeriu que talvez haveria interesse por uma nova versão da Bíblia. Esse indivíduo disse sarcasticamente que algum editor deveria criar uma Bíblia eletrônica que permitisse edições do banco da igreja. Dessa forma, as pessoas e as igrejas poderiam fazer a Bíblia dizer o que elas quisessem.

Ele estava defendendo seu ponto de vista, é claro, mas podemos ser tentadas por tal ideia. Jesus nos dá alguns ensinamentos difíceis! Como cristãs, nosso desejo é obedecer-lhe em nossas escolhas e atitudes, mas, às vezes, resistimos à Palavra de Deus e podemos querer suavizar os Seus mandamentos.

Alguns dos ensinamentos difíceis de Jesus se encontram no Sermão do Monte. Em Mateus 5, Ele diz: "Eu, porém, lhes digo: amem os seus inimigos e orem por quem os persegue" (v.44). É isso o que Ele nos manda fazer; assim, sabemos que não podemos simplesmente suprimir essa ordenança. Precisamos aplicá-la à nossa situação atual com a capacitação do Espírito Santo.

A Palavra de Deus deve ser obedecida por Seu povo. Nós é que precisamos ser "revisadas" — não as Escrituras.

Pai celestial, as Tuas palavras são boas e verdadeiras. Que eu possa seguir com obediência à Instrução que tu me dás por meio delas. Ajuda-me a falar e a viver de forma a revelar a Tua verdade e o Teu amor, a amar meus inimigos e a seguir todos os Teus outros mandamentos. Tuas palavras são perfeitas, e eu escolho a sabedoria que elas contêm em vez de escolher a minha própria sabedoria.

Amar a Deus é obedecer-lhe.

Ensino sobre a ira

²¹"Vocês ouviram o que foi dito a seus antepassados: 'Não mate. Se cometer homicídio, estará sujeito a julgamento'.[a] ²²Eu, porém, lhes digo que basta irar-se contra alguém[b] para estar sujeito a julgamento. Quem xingar alguém de estúpido,[c] corre o risco de ser levado ao

---

[a] **5.21** Êx 20.13; Dt 5.17. [b] **5.22a** Alguns manuscritos acrescentam *sem causa*. [c] **5.22b** O grego usa um termo aramaico que expressa desprezo: *Quem disser a seu irmão "Raca"*.

tribunal. Quem chamar alguém de louco, corre o risco de ir para o inferno de fogo.ᵃ

²³"Portanto, se você estiver apresentando uma oferta no altar do templo e se lembrar de que alguém tem algo contra você, ²⁴deixe sua oferta ali no altar. Vá, reconcilie-se com a pessoa e então volte e apresente sua oferta. ²⁵"Quando você e seu adversário estiverem a caminho do tribunal, acertem logo suas diferenças. Do contrário, pode ser que o acusador o entregue ao juiz, e o juiz, a um oficial, e você seja lançado na prisão. ²⁶Eu lhe digo a verdade: você não será solto enquanto não tiver pago até o último centavo."ᵇ

Ensino sobre o adultério

²⁷"Vocês ouviram o que foi dito: 'Não cometa adultério'.ᶜ ²⁸Eu, porém, lhes digo que quem olhar para uma mulher com cobiça já cometeu adultério com ela em seu coração. ²⁹Se o olho direito o leva a pecar, arranque-o e jogue-o fora. É melhor perder uma parte do corpo que ser todo ele lançado no inferno.ᵈ ³⁰E, se a mão direita o leva a pecar, corte-a e jogue-a fora. É melhor perder uma parte do corpo que ser todo ele lançado no inferno."

Ensino sobre o divórcio

³¹"Também foi dito: 'Quem se divorciar da esposa deverá conceder-lhe um certificado de divórcio'.ᵉ ³²Eu, porém, lhes digo que quem se divorcia da esposa, exceto por imoralidade, a faz cometer adultério. E quem se casa com uma mulher divorciada também comete adultério."

Ensino sobre juramentos e votos

³³"Vocês também ouviram o que foi dito a seus antepassados: 'Não quebre seus juramentos; cumpra os juramentos que fizer ao Senhor'.ᶠ ³⁴Eu, porém, lhes digo que não façam juramento algum. Não digam: 'Juro pelo céu', pois o céu é o trono de Deus. ³⁵Também não digam: 'Juro pela terra', pois a terra é onde ele descansa os pés. E não digam: 'Juro por Jerusalém', pois Jerusalém é a cidade do grande Rei. ³⁶Nem sequer digam: 'Juro pela minha cabeça', pois vocês não podem tornar branco ou preto um fio de cabelo sequer. ³⁷Quando disserem 'sim', seja de fato sim. Quando disserem 'não', seja de fato não. Qualquer coisa além disso vem do maligno."

Ensino sobre a vingança

³⁸"Vocês ouviram o que foi dito: 'Olho por olho, dente por dente'.ᵍ ³⁹Eu, porém, lhes digo que não se oponham ao perverso. Se alguém lhe der um tapa na face direita, ofereça também a outra. ⁴⁰Se você for processado no tribunal e lhe tomarem a roupa do corpo, deixe que levem também a capa. ⁴¹Se alguém o forçar a caminhar uma milha com ele, caminhe duas. ⁴²Dê a quem pedir e não volte as costas a quem quiser tomar emprestado de você."

Ensino sobre o amor pelos inimigos

⁴³"Vocês ouviram o que foi dito: 'Ame o seu próximo'ʰ e odeie o seu inimigo. ⁴⁴Eu, porém, lhes digo: amem os seus inimigosⁱ e orem por quem os persegue. ⁴⁵Desse modo, vocês agirão como verdadeiros filhos de seu Pai, que está no céu. Pois ele dá a luz do sol tanto a maus como a bons e faz chover tanto sobre justos como injustos. ⁴⁶Se amarem apenas aqueles que os amam, que recompensa receberão? Até os cobradores de impostos fazem o mesmo. ⁴⁷Se cumprimentarem apenas seus amigos,ʲ que estarão fazendo de mais? Até os gentios fazem isso. ⁴⁸Portanto, sejam perfeitos, como perfeito é seu Pai celestial."

Ensino sobre auxílio aos necessitados

6 "Tenham cuidado! Não pratiquem suas boas ações em público, para serem admirados por outros, pois não receberão a recompensa de seu Pai, que está no céu. ²Quando ajudarem alguém necessitado, não façam como os hipócritas que tocam trombetas nas sinagogas e nas ruas para serem elogiados pelos outros. Eu lhes digo a verdade: eles não receberão outra recompensa além dessa. ³Mas, quando ajudarem alguém necessitado, não deixem que a mão esquerda saiba o que a direita está fazendo. ⁴Deem sua ajuda em segredo, e seu Pai, que observa em segredo, os recompensará."

ᵃ **5.22c** Em grego, *Geena de fogo*. ᵇ **5.26** Em grego, *os últimos quadrantes*. ᶜ **5.27** Êx 20.14; Dt 5.18. ᵈ **5.29** Em grego, *Geena*; também em 5.30. ᵉ **5.31** Dt 24.1. ᶠ **5.33** Nm 30.2. ᵍ **5.38** Êx 21.24; Lv 24.20; Dt 19.21. ʰ **5.43** Lv 19.18. ⁱ **5.44** Alguns manuscritos acrescentam *abençoem quem os amaldiçoa, façam o bem a quem os odeia*. Comparar com Lc 6.27-28. ʲ **5.47** Em grego, *seus irmãos*.

Ensino sobre oração

⁵"Quando vocês orarem, não sejam como os hipócritas, que gostam de orar em público nas sinagogas e nas esquinas, onde todos possam vê-los. Eu lhes digo a verdade: eles não receberão outra recompensa além dessa. ⁶Mas, quando orarem, cada um vá para seu quarto, feche a porta e ore a seu Pai, em segredo. Então seu Pai, que observa em segredo, os recompensará. ⁷"Ao orar, não repitam frases vazias sem parar, como fazem os gentios. Eles acham que, se repetirem as palavras várias vezes, suas orações serão respondidas. ⁸Não sejam como eles, pois seu Pai sabe exatamente do que vocês precisam antes mesmo de pedirem. ⁹"Portanto, orem da seguinte forma:

Pai nosso que estás no céu,
santificado seja o teu nome.
¹⁰Venha o teu reino.
Seja feita a tua vontade,
assim na terra como no céu.
¹¹Dá-nos hoje o pão para este dia,[a]
¹²e perdoa nossas dívidas,
assim como perdoamos os nossos devedores.
¹³E não nos deixes cair em tentação,[b]
mas livra-nos do mal.[c]
Pois teu é o reino, o poder e a glória para sempre. Amém.[d]

¹⁴"Seu Pai celestial os perdoará se perdoarem aqueles que pecam contra vocês. ¹⁵Mas, se vocês se recusarem a perdoar os outros, seu Pai não perdoará seus pecados."

Ensino sobre jejum

¹⁶"Quando jejuarem, não façam como os hipócritas, que se esforçam para parecer tristes e desarrumados a fim de que as pessoas percebam que estão jejuando. Eu lhes digo a verdade: eles não receberão outra recompensa além dessa. ¹⁷Mas, quando jejuarem, penteiem o cabelo[e] e lavem o rosto. ¹⁸Desse modo, ninguém notará que estão jejuando, exceto seu Pai, que sabe o que vocês fazem em segredo. E seu Pai, que observa em segredo, os recompensará."

PÃO DIÁRIO

Urso assustado

Por isso eu lhes digo que não se preocupem com a vida diária...
—Mateus 6.25

Jack, um gato laranja e branco de quase 7 quilos, levava a sério sua tarefa de guardar o quintal dos donos. Muitas vezes, ele assustava e afugentava pequenos animais intrusos, mas os donos se surpreenderam quando o encontraram, um dia, sentado na base de uma árvore alta olhando para cima e encarando um grande urso negro.

Jack miou para o urso quando este perambulava pelo quintal vindo das florestas próximas. O urso assustado rapidamente subiu na árvore. Como um urso negro tão grande poderia ter medo de um gatinho? O que ele tinha na cabeça?

Ainda mais absurdos são os nossos pensamentos de preocupação e medo quando refletimos sobre o fato de termos um Deus bom e poderoso que cuida de nós. Jesus disse aos Seus discípulos que não se preocupassem (Mt 6.25,31,34). Ele falou que não devemos temer nem nos preocuparmos, porque o nosso Pai celestial conhece as nossas necessidades, e somos valiosas para Ele (vv.26,32). Deus está perfeitamente disposto a supri-las e é capaz disso.

Quando algo nos inquieta, qual é o nosso ponto de vista? Não é o que vemos, mas a forma como vemos que revela a nossa atitude. Se olharmos para a vida pelas lentes do nosso bom e poderoso Deus, confiaremos nele em vez de nos preocupar com temor. Se a nossa perspectiva estiver correta, poderemos ver Deus e Sua fiel provisão.

Deus querido, trago meus medos e preocupações a ti. Por favor, ajuda-me a andar com confiança em Tua presença e poder. Eu confio em ti, Deus, pois és bom e conheces cada uma das minhas necessidades. Em vez de pensamentos de ansiedade e medo, escolho a paz profunda e contínua que só tu podes conceder.

A preocupação é um fardo que Deus nunca quis que carregássemos.

Ensino sobre dinheiro e bens

¹⁹"Não ajuntem tesouros aqui na terra, onde as traças e a ferrugem os destroem, e onde

---

[a] 6.11 Ou *Dá-nos hoje o alimento de que precisamos*, ou *Dá-nos hoje o alimento para amanhã*. [b] 6.13a Ou *E guarda-nos de sermos provados*. [c] 6.13b Ou *do maligno*. [d] 6.13c Alguns manuscritos não trazem *Pois teu é o reino, o poder e a glória para sempre. Amém.* [e] 6.17 Em grego, *unjam a cabeça*.

PÃO DIÁRIO

O cisco

Por que você se preocupa com o cisco no olho de seu amigo enquanto há um tronco em seu próprio olho?

—Mateus 7.3

Era apenas um objeto estranho minúsculo voando pelo ar num dia de vento enquanto eu cortava a grama. De alguma maneira, aquele cisco conseguiu chegar ao meu olho esquerdo.

Nas horas que se seguiram, aquele pequeno cisco causou bastante irritação. Tentei lavar meu olho para removê-lo. Minha esposa, que é enfermeira, tentou tudo o que conseguiu imaginar. Finalmente, fomos a um centro médico, mas a equipe médica que atendia no momento não conseguiu retirá-lo também. Apenas depois de aplicar um unguento e esperar mais algumas horas maçantes, eu tive o alívio daquela partícula que tanto me incomodava.

Essa coisinha irritante me fez pensar de novo no ensinamento de Jesus, em Mateus 7, sobre criticar os outros. Meu primeiro pensamento foi o de me sentir impressionado com a natureza prática do exemplo do Mestre. Usando a hipérbole, uma figura de linguagem para refletir o exagero, Ele explicou aos Seus ouvintes o quanto é tolo criticar alguém sem ver que o próprio indivíduo que critica também é culpado do erro. Se você consegue encontrar o pequeno cisco no olho de alguém enquanto ignora o toco de madeira que se encontra em seu próprio olho, algo está errado. Deveria ser algo impensável ignorar os nossos próprios defeitos ao apontar os de terceiros.

Deveria ser bem evidente que não existe espaço para a autojustificação na vida cristã.

Deus, só tu és perfeito em santidade e justiça. Quando eu for tentada a olhar para os outros com severidade, a sentir-me justificada, por favor, permita que eu relembre dos meus próprios pecados e defeitos. Que eu possa me gloriar apenas em ti e ter uma vida de graça e humildade diante dos outros.

Examine sua própria vida antes de procurar erros na de outras pessoas.

---

ladrões arrombam casas e os furtam. ²⁰Ajuntem seus tesouros no céu, onde traças e ferrugem não destroem, e onde ladrões não arrombam nem furtam. ²¹Onde seu tesouro estiver, ali também estará seu coração.

²²"Seus olhos são como uma lâmpada que ilumina todo o corpo. Quando os olhos são bons, todo o corpo se enche de luz. ²³Mas, quando os olhos são maus, o corpo se enche de escuridão. E, se a luz que há em vocês é, na verdade, escuridão, como é profunda essa escuridão!

²⁴"Ninguém pode servir a dois senhores, pois odiará um e amará o outro; será dedicado a um e desprezará o outro. Vocês não podem servir a Deus e ao dinheiro."[a]

Ensino sobre a preocupação

²⁵"Por isso eu lhes digo que não se preocupem com a vida diária, se terão o suficiente para comer, beber ou vestir. A vida não é mais que comida, e o corpo não é mais que roupa? ²⁶Observem os pássaros. Eles não plantam nem colhem, nem guardam alimento em celeiros, pois seu Pai celestial os alimenta. Acaso vocês não são muito mais valiosos que os pássaros? ²⁷Qual de vocês, por mais preocupado que esteja, pode acrescentar ao menos uma hora à sua vida?[b]

²⁸"E por que se preocupar com a roupa? Observem como crescem os lírios do campo. Não trabalham nem fazem roupas ²⁹e, no entanto, nem Salomão em toda a sua glória se vestiu como eles. ³⁰E, se Deus veste com tamanha beleza as flores silvestres que hoje estão aqui e amanhã são lançadas ao fogo, não será muito mais generoso com vocês, gente de pequena fé?

³¹"Portanto, não se preocupem, dizendo: 'O que vamos comer? O que vamos beber? O que vamos vestir?'. ³²Essas coisas ocupam o pensamento dos pagãos, mas seu Pai celestial já sabe do que vocês precisam. ³³Busquem, em primeiro lugar, o reino de Deus e a sua justiça, e todas essas coisas lhes serão dadas.

³⁴"Portanto, não se preocupem com o amanhã, pois o amanhã trará suas próprias inquietações. Bastam para hoje os problemas deste dia."

Não julguem os outros

7 "Não julguem para não serem julgados, ²pois vocês serão julgados pelo modo como julgam os outros. O padrão de medida que adotarem será usado para medi-los.

---

[a] 6.24 Em grego, *a Deus e a Mamom*. [b] 6.27 Ou *ao menos um côvado à sua altura?*

³"Por que você se preocupa com o cisco no olho de seu amigo? enquanto há um tronco em seu próprio olho? ⁴Como pode dizer a seu amigo: 'Deixe-me ajudá-lo a tirar o cisco de seu olho', se não consegue ver o tronco em seu próprio olho? ⁵Hipócrita! Primeiro, livre-se do tronco em seu olho; então você verá o suficiente para tirar o cisco do olho de seu amigo.

⁶"Não deem o que é santo aos cães, nem joguem pérolas aos porcos; pois os porcos pisotearão as pérolas, e os cães se voltarão contra vocês e os atacarão."

Oração eficaz

⁷"Peçam, e receberão. Procurem, e encontrarão. Batam, e a porta lhes será aberta. ⁸Pois todos que pedem, recebem. Todos que procuram, encontram. E, para todos que batem, a porta é aberta.

⁹"Respondam: Se seu filho lhe pedir pão, você lhe dará uma pedra? ¹⁰Ou, se pedir um peixe, você lhe dará uma cobra? ¹¹Portanto, se vocês, que são maus, sabem dar bons presentes a seus filhos, quanto mais seu Pai, que está no céu, dará bons presentes aos que lhe pedirem!"

A regra de ouro

¹²"Em todas as coisas façam aos outros o que vocês desejam que eles lhes façam. Essa é a essência de tudo que ensinam a lei e os profetas."

A porta estreita

¹³"Entrem pela porta estreita. A estrada que conduz à destruição é ampla, e larga é sua porta, e muitos escolhem esse caminho. ¹⁴Mas a porta para a vida é estreita, e o caminho é difícil, e são poucos os que o encontram."

A árvore e seus frutos

¹⁵"Tomem cuidado com falsos profetas que vêm disfarçados de ovelhas, mas que, na verdade, são lobos esfomeados. ¹⁶Vocês os identificarão por seus frutos. É possível colher uvas de espinheiros ou figos de ervas daninhas? ¹⁷Da mesma forma, a árvore boa produz frutos bons, e a árvore ruim produz frutos ruins. ¹⁸A árvore boa não pode produzir frutos ruins, e a árvore ruim não pode produzir frutos bons. ¹⁹Toda árvore que não produz bons frutos é cortada e lançada ao fogo. ²⁰Portanto, é possível identificar a pessoa por seus frutos."

Verdadeiros discípulos

²¹"Nem todos que me chamam: 'Senhor! Senhor!' entrarão no reino dos céus, mas apenas aqueles que, de fato, fazem a vontade de meu Pai, que está no céu. ²²No dia do juízo, muitos me dirão: 'Senhor! Senhor! Não profetizamos em teu nome, não expulsamos demônios em teu nome e não realizamos muitos milagres em teu nome?'. ²³Eu, porém, responderei: 'Nunca os conheci. Afastem-se de mim, vocês que desobedecem à lei!'."

Construir sobre um alicerce firme

²⁴"Quem ouve minhas palavras e as pratica é tão sábio como a pessoa que constrói sua casa sobre uma rocha firme. ²⁵Quando vierem as chuvas e as inundações, e os ventos castigarem a casa, ela não cairá, pois foi construída sobre rocha firme. ²⁶Mas quem ouve meu ensino e não o pratica é tão tolo como a pessoa que constrói sua casa sobre a areia. ²⁷Quando vierem as chuvas e as inundações e os ventos castigarem a casa, ela cairá com grande estrondo."

Reação ao sermão

²⁸Quando Jesus acabou de dizer essas coisas, a multidão ficou maravilhada com seu ensino, ²⁹pois ele ensinava com verdadeira autoridade, diferentemente dos mestres da lei.

Jesus cura um leproso

8 Quando Jesus desceu a encosta do monte, grandes multidões o seguiram. ²Um leproso aproximou-se de Jesus, ajoelhou-se diante dele e disse: "Senhor, se quiser, pode me curar e me deixar limpo."

³Jesus estendeu a mão e tocou nele. "Eu quero", respondeu. "Seja curado e fique limpo!" No mesmo instante, o homem foi curado da lepra. ⁴Então Jesus disse ao homem: "Não conte isso a ninguém. Vá e apresente-se ao sacerdote para que ele o examine. Leve a oferta que a lei de Moisés exige.ᵇ Isso servirá como testemunho."

Um oficial romano demonstra fé

⁵Quando Jesus chegou a Cafarnaum, um oficial romanoᶜ se aproximou dele e suplicou:

ᵃ**7.3** Em grego, *de seu irmão*; também em 7.4,5. ᵇ**8.4** Ver Lv 14.2-32. ᶜ**8.5** Em grego, *centurião*; também em 8.8,13.

⁶"Senhor, meu jovem servoᵃ está de cama, paralisado e com dores terríveis".
⁷Jesus disse: "Vou até lá para curá-lo".
⁸O oficial, porém, respondeu: "Senhor, não mereço que entre em minha casa. Basta uma ordem sua, e meu servo será curado. ⁹Sei disso porque estou sob a autoridade de meus superiores e tenho autoridade sobre meus soldados. Só preciso dizer 'Vão', e eles vão, ou 'Venham', e eles vêm. E, se digo a meus escravos: 'Façam isto', eles o fazem".

¹⁰Quando Jesus ouviu isso, ficou admirado e disse aos que o seguiam: "Eu lhes digo a verdade: jamais vi fé como esta em Israel! ¹¹E também lhes digo: muitos virão de toda parte, do leste e do oeste, e se sentarão com Abraão, Isaque e Jacó no banquete do reino dos céus. ¹²Mas muitos para os quais o reino foi preparado serão lançados fora, na escuridão, onde haverá choro e ranger de dentes".

¹³Então Jesus disse ao oficial romano: "Volte para casa. Tal como você creu, assim acontecerá". E o jovem servo foi curado na mesma hora.

Jesus cura muitas pessoas

¹⁴Quando Jesus chegou à casa de Pedro, viu que a sogra dele estava de cama, com febre. ¹⁵Jesus tocou em sua mão e a febre a deixou. Então ela se levantou e passou a servi-lo.

¹⁶Ao entardecer, trouxeram a Jesus muita gente possuída por demônios. Ele expulsou esses espíritos impuros com uma simples ordem e curou todos os enfermos. ¹⁷Cumpriu-se, desse modo, o que foi dito pelo profeta Isaías:

"Levou sobre si nossas enfermidades
e removeu nossas doenças".ᵇ

O preço de seguir Jesus

¹⁸Quando Jesus viu a grande multidão ao seu redor, ordenou que atravessassem para o outro lado do mar.

¹⁹Então um dos mestres da lei lhe disse: "Mestre, eu o seguirei aonde quer que vá".

²⁰Jesus respondeu: "As raposas têm tocas onde morar e as aves têm ninhos, mas o Filho do Homem não tem sequer um lugar para recostar a cabeça".

²¹Outro discípulo disse: "Senhor, deixe-me primeiro sepultar meu pai".

²²Jesus respondeu: "Siga-me agora. Deixe que os mortos sepultem seus próprios mortos".

Jesus acalma a tempestade

²³Em seguida, Jesus entrou no barco, e seus discípulos o acompanharam. ²⁴De repente, veio sobre o mar uma tempestade violenta, com ondas que cobriam o barco. Jesus, no entanto, dormia. ²⁵Os discípulos foram acordá-lo, clamando: "Senhor, salve-nos! Vamos morrer!".

²⁶"Por que vocês estão com medo?", perguntou ele. "Como é pequena a sua fé!" Então levantou-se, repreendeu o vento e o mar, e houve grande calmaria.

²⁷Os discípulos ficaram admirados. "Quem é este homem?", diziam eles. "Até os ventos e o mar lhe obedecem!"

Jesus exerce autoridade sobre demônios

²⁸Quando Jesus chegou ao outro lado do mar, à região dos gadarenos,ᶜ dois homens possuídos por demônios saíram do cemitério e foram ao seu encontro. Eram tão violentos que ninguém podia passar por ali.

²⁹Eles começaram a gritar: "Por que vem nos importunar, Filho de Deus? Veio aqui para nos atormentar antes do tempo determinado?".

³⁰A certa distância deles, havia uma grande manada de porcos pastando. ³¹Então os demônios suplicaram: "Se vai nos expulsar, mande-nos entrar naquela manada de porcos".

³²"Vão!", ordenou Jesus. Os demônios saíram dos homens e entraram nos porcos, e toda a manada se atirou pela encosta íngreme do monte para dentro do mar e se afogou.

³³Os que cuidavam dos porcos fugiram para uma cidade próxima e contaram a todos o que havia ocorrido com os homens possuídos por demônios. ³⁴Os habitantes da cidade saíram ao encontro de Jesus e suplicaram que ele fosse embora da região.

Jesus cura um paralítico

9 Jesus entrou num barco e atravessou o mar até a cidade onde morava. ²Algumas pessoas lhe trouxeram um paralítico deitado numa maca. Ao ver a fé que eles tinham, Jesus disse

---

ᵃ **8.6** Ou *filho*; também em 8.13. ᵇ **8.17** Is 53.4. ᶜ **8.28** Alguns manuscritos trazem *gerasenos*; outros, *gergesenos*. Comparar com Mc 5.1; Lc 8.26.

ao paralítico: "Anime-se, filho! Seus pecados estão perdoados". ³Alguns mestres da lei disseram a si mesmos: "Isso é blasfêmia!".

⁴Jesus, percebendo o que pensavam, perguntou: "Por que vocês reagem com tanta maldade em seu coração? ⁵O que é mais fácil dizer: 'Seus pecados estão perdoados' ou 'Levante-se e ande'? ⁶Mas eu lhes mostrarei que o Filho do Homem tem autoridade na terra para perdoar pecados". Então disse ao paralítico: "Levante-se, pegue sua maca e vá para casa".

⁷O homem se levantou e foi para casa. ⁸Ao ver isso, a multidão se encheu de temor e louvou a Deus por ele ter dado tal autoridade aos seres humanos.

Jesus chama Mateus

⁹Enquanto Jesus caminhava, viu um homem chamado Mateus sentado onde se coletavam impostos. "Siga-me", disse-lhe Jesus, e Mateus se levantou e o seguiu.

¹⁰Mais tarde, na casa de Mateus, Jesus e seus discípulos estavam à mesa, acompanhados de um grande número de cobradores de impostos e pecadores. ¹¹Quando os fariseus viram isso, perguntaram aos discípulos: "Por que o seu mestre come com cobradores de impostos e pecadores?".

¹²Jesus ouviu o que disseram e respondeu: "As pessoas saudáveis não precisam de médico, mas sim os doentes". ¹³E acrescentou: "Agora vão e aprendam o significado desta passagem das Escrituras: 'Quero que demonstrem misericórdia, e não que ofereçam sacrifícios'.ᵃ Pois não vim para chamar os justos, mas sim os pecadores".

Discussão sobre o jejum

¹⁴Os discípulos de João Batista foram a Jesus e lhe perguntaram: "Por que seus discípulos não têm o hábito de jejuar, como nós e os fariseus?".

¹⁵Jesus respondeu: "Por acaso os convidados de um casamento ficam de luto enquanto festejam com o noivo? Um dia, porém, o noivo lhes será tirado, e então jejuarão.

¹⁶"Além disso, ninguém remendaria uma roupa velha usando pano novo. O pano rasgaria a roupa, deixando um buraco ainda maior.

PÃO DIÁRIO

As ações falam mais alto

O que é mais fácil dizer: "Seus pecados estão perdoados" ou "Levante-se e ande"? Mas eu lhes mostrarei que o Filho do Homem tem autoridade na terra para perdoar pecados.
—Mateus 9.5,6

Irritado com um jovem atleta que, embora se vangloriasse de suas habilidades, pouco havia realizado, um comentarista de TV falou: "Não me diga o que você vai fazer, diga-me o que você já fez!". As ações falam mais alto do que as palavras.

Esse princípio é visto na vida de Jesus. Em Mateus 9, um paralítico foi levado até Ele. Qual foi a resposta de Jesus? "Seus pecados estão perdoados" (v.2). Quando os líderes religiosos se opuseram, Ele tocou na questão principal: "O que é mais fácil dizer: 'Seus pecados estão perdoados' ou 'Levante-se e ande'?" (v.5).

A resposta é óbvia. Dizer que Ele havia perdoado os pecados do homem era simples, porque não poderia ser provado ou refutado. Contudo, dizer "Levante-se e ande" era diferente. Era algo instantaneamente verificável. Assim, para provar Sua autoridade de perdoar pecados, Jesus disse ao paralítico: "Levante-se, pegue sua maca e vá para casa" (v.6). E o paralítico assim o fez!

As ações de Jesus confirmavam as Suas palavras, e as nossas ações também deveriam confirmá-las. João escreveu: "Filhinhos, não nos limitemos a dizer que amamos uns aos outros; demonstremos a verdade por meio de nossas ações" (1Jo 3.18). O que dizemos é importante para este mundo atento, apenas se isso condiz com o que fazemos. Ao falarmos sobre o amor de Cristo para as pessoas, essas palavras comunicarão eficazmente se forem sustentadas por atos de amor e gentileza. As nossas ações realmente comunicam melhor!

Senhor, tu andaste pela Terra como homem e, no entanto, também eras Deus. Tuas ações e palavras revelaram a Tua santidade. Que eu manifeste os Teus santos caminhos na minha maneira de andar e falar. Que o meu testemunho ao mundo seja puro e lindo à Tua vista e aos olhos daqueles que estou lutando para alcançar para ti.

Nossas ações e palavras devem comunicar a mesma mensagem.

---

¹⁷"E ninguém colocaria vinho novo em velhos recipientes de couro. O couro se arrebentaria, deixando vazar o vinho, e os recipientes

---

ᵃ **9.13** Os 6.6, conforme a Septuaginta.

velhos se estragariam. Vinho novo é guardado em recipientes novos, para que ambos se conservem".

Jesus cura em resposta à fé

[18] Enquanto Jesus ainda falava, o líder da sinagoga local veio e se ajoelhou diante dele. "Minha filha acaba de morrer", disse. "Mas, se o senhor vier e puser as mãos sobre ela, ela viverá."

[19] Então Jesus e seus discípulos se levantaram e foram com ele. [20] Nesse instante, uma mulher que havia doze anos sofria de hemorragia se aproximou por trás dele e tocou na borda de seu manto, [21] pois pensava: "Se eu apenas tocar em seu manto, serei curada".

[22] Jesus se voltou e, quando a viu, disse: "Filha, anime-se! Sua fé a curou". A partir daquele momento, a mulher ficou curada.

[23] Quando Jesus chegou à casa do líder da sinagoga, viu a multidão agitada e ouviu a música fúnebre. [24] "Saiam daqui!", disse ele. "A menina não está morta; está apenas dormindo." Os que estavam ali riram dele. [25] Depois que a multidão foi colocada para fora, Jesus entrou e tomou a menina pela mão, e ela se levantou. [26] A notícia desse milagre se espalhou por toda a região.

Jesus cura dois cegos e um mudo

[27] Depois que Jesus saiu dali, dois cegos foram atrás dele, gritando: "Filho de Davi, tenha misericórdia de nós!".

[28] Quando Jesus entrou em casa, os cegos se aproximaram, e ele lhes perguntou: "Vocês creem que eu posso fazê-los ver?".

"Sim, Senhor", responderam eles.

[29] Ele tocou nos olhos dos dois e disse: "Seja feito conforme a sua fé".

[30] Então os olhos deles se abriram e puderam ver. Jesus os advertiu severamente: "Não contem a ninguém". [31] Eles, porém, saíram e espalharam sua fama por toda a região.

[32] Quando partiram, foi levado a Jesus um homem que não conseguia falar porque estava possuído por um demônio. [33] O demônio foi expulso e, em seguida, o homem começou a falar. As multidões ficaram admiradas. "Jamais aconteceu algo parecido em Israel!", exclamavam.

[34] Os fariseus, contudo, disseram: "Ele expulsa demônios porque o príncipe dos demônios lhe dá poder".

A necessidade de trabalhadores

[35] Jesus andava por todas as cidades e todos os povoados da região, ensinando nas sinagogas, anunciando as boas-novas do reino e curando todo tipo de enfermidade e doença. [36] Quando viu as multidões, teve compaixão delas, pois estavam confusas e desamparadas, como ovelhas sem pastor. [37] Disse aos discípulos: "A colheita é grande, mas os trabalhadores são poucos. [38] Orem ao Senhor da colheita; peçam que ele envie mais trabalhadores para seus campos".

Jesus envia os doze apóstolos

10 Jesus reuniu seus doze discípulos e lhes deu autoridade para expulsar espíritos impuros e curar todo tipo de enfermidade e doença. [2] Estes são os nomes dos doze apóstolos:

primeiro, Simão, também chamado Pedro,
depois André, irmão de Pedro,
Tiago, filho de Zebedeu,
João, irmão de Tiago,
[3] Filipe,
Bartolomeu,
Tomé,
Mateus, o cobrador de impostos,
Tiago, filho de Alfeu,
Tadeu,[a]
[4] Simão, o cananeu,
Judas Iscariotes, que depois traiu Jesus.

[5] Jesus enviou os Doze com as seguintes instruções: "Não vão aos gentios nem aos samaritanos; [6] vão, antes, às ovelhas perdidas do povo de Israel. [7] Vão e anunciem que o reino dos céus está próximo.[b] [8] Curem os doentes, ressuscitem os mortos, purifiquem os leprosos e expulsem os demônios. Deem de graça, pois também de graça vocês receberam.

[9] "Não levem no cinto moedas de ouro, prata ou mesmo de cobre. [10] Não levem bolsa de viagem, nem outra muda de roupa, nem sandálias, nem cajado. Quem trabalha merece seu sustento.

---

[a] 10.3 Alguns manuscritos trazem *Lebeu*; outros, *Lebeu, que é chamado Tadeu*. [b] 10.7 Ou *é chegado*, ou *vem em breve*.

¹¹"Sempre que entrarem em uma cidade ou povoado, procurem uma pessoa digna e fiquem em sua casa até partirem. ¹²Quando entrarem na casa, saúdem-na com a paz. ¹³Se o lar se revelar digno, que sua paz permaneça nela; se não, retirem a bênção. ¹⁴Se alguma casa ou cidade se recusar a recebê-los ou a ouvir sua mensagem, sacudam a poeira dos pés ao sair. ¹⁵Eu lhes digo a verdade: no dia do juízo, as cidades perversas de Sodoma e Gomorra serão tratadas com menos rigor que essa cidade.

¹⁶"Ouçam, eu os envio como ovelhas no meio de lobos. Portanto, sejam espertos como serpentes e simples como pombas. ¹⁷Tenham cuidado, pois vocês serão entregues aos tribunais e chicoteados nas sinagogas. ¹⁸Por minha causa serão julgados diante de governantes e reis, mas essa será a oportunidade de falar a meu respeito a eles e aos gentios.ᵃ ¹⁹Quando forem presos, não se preocupem com o modo como responderão nem com o que dirão. Naquele momento, as palavras certas lhes serão concedidas, ²⁰pois não serão vocês que falarão, mas o Espírito de seu Pai falará por meio de vocês.

²¹"O irmão trairá seu irmão e o entregará à morte, e assim também o pai a seu próprio filho. Os filhos se rebelarão contra os pais e os matarão. ²²Todos os odiarão por minha causa, mas quem perseverar até o fim será salvo. ²³Quando forem perseguidos numa cidade, fujam para outra. Eu lhes digo a verdade: o Filho do Homem voltará antes que tenham percorrido todas as cidades de Israel.

²⁴"O discípulo não está acima de seu mestre, nem o escravo acima de seu senhor. ²⁵Para o discípulo é suficiente ser como seu mestre, e o escravo, como seu senhor. Uma vez que o dono da casa foi chamado de Belzebu, os membros da família serão chamados de nomes ainda piores!

²⁶"Não tenham medo daqueles que os ameaçam, pois virá o dia em que tudo que está encoberto será revelado, e tudo que é secreto será divulgado. ²⁷O que agora lhes digo no escuro, anunciem às claras, e o que sussurro em seus ouvidos, proclamem dos telhados.

²⁸"Não tenham medo dos que querem matar o corpo; eles não podem tocar na alma. Temam somente a Deus, que pode destruir no infernoᵇ tanto a alma como o corpo. ²⁹Quanto

---

> **PÃO DIÁRIO**
>
> ## O voo do pardal
>
> *Quanto custam dois pardais? Uma moeda de cobre? No entanto, nenhum deles cai no chão sem o conhecimento de seu Pai.*
> —Mateus 10.29
>
> Certa noite, depois do jantar, um pequenino pardal marrom entrou voando em minha casa pela porta da frente. Seguiu-se uma caçada. Toda vez que meu marido se aproximava dele, o pequeno intruso batia as asas e se agitava para longe na busca desesperada por uma saída. Antes que pudéssemos escoltá-lo para fora em segurança, o passarinho voou pela casa tão freneticamente que conseguíamos ver o peito dele pulsar no ritmo dos batimentos acelerados.
>
> Às vezes, somos como essa pequena ave: ansiosas, esgotadas e temerosas do que possa vir a acontecer. Sinto-me consolada ao pensar que "nenhum deles cai no chão" sem o consentimento de Deus (Mt 10.29). Ele vê e sabe tudo o que há em nosso mundo.
>
> "Os olhos do Senhor estão em todo lugar; observam tanto os maus como os bons" (Pv 15.3), e nada escapa à Sua atenção; incluindo você e eu. Deus entende e valoriza os melhores pontos do nosso ser. Jesus afirmou que "até os cabelos de sua cabeça estão contados" (Mt 10.30).
>
> É incrível saber que Deus mantém o registro de nossas pequenas questões e que ainda esteja consciente da infelicidade de um passarinho. Uma vez que Ele conhece esses pequenos detalhes, podemos confiar no fato de que Ele vê as grandes questões que fazem aflorar os nossos sentimentos. Quando clamamos por Sua ajuda, a resposta de Deus é sempre informada pelo perfeito conhecimento que Ele tem de nós e de nossas circunstâncias. Confiemos a Ele as nossas ansiedades.
>
> *Pai celestial, tu tens consciência de cada um dos meus passos. Em Tua onisciência, sabes o que estou passando neste momento e o que virá adiante. Por saber que cuidas de mim, posso ser liberta das preocupações e inquietações que ameaçam me oprimir. Sei que posso confiar em ti, pois sabes de todas as coisas!*
>
> **Seus olhos protegem o pardal, e sei que o Senhor também cuida de mim.**

ᵃ 10.18 Ou *esse será o seu testemunho contra eles e os gentios.* ᵇ 10.28 Em grego, *Geena.*

> **PÃO DIÁRIO**
>
> ## Em tempos de dúvida
>
> *O senhor é aquele que haveria de vir, ou devemos esperar algum outro?*
>
> —Mateus 11.3
>
> João Batista estava desfalecendo na prisão e questionando sua fé. Ele bem poderia ter pensado: Será que Jesus é o Messias? Será que a palavra dele é verdadeira? Será que acreditei e me esforcei em vão pelo meu Mestre? Será que este lugar sombrio é minha recompensa final por ter respondido ao chamado de Deus?
>
> Talvez, inúmeras questões passem por sua cabeça também: *Jesus é mesmo o Salvador? Meus pecados foram perdoados? Posso confiar na Bíblia? Serei ressuscitado dos mortos? O Céu existe de verdade? Ou será que tudo aquilo em que creio não passa de uma ilusão cruel?*
>
> Muitas de nós fazemos perguntas como essas de vez em quando. Sou uma delas e faço esse tipo de pergunta especialmente naqueles dias em que as circunstâncias trazem sofrimento e amarga decepção, quando parece que não haverá um final de conto de fadas para a nossa vida.
>
> Esses questionamentos não são *fracassos* de fé, mas *provas* de fé e podem ser respondidos à maneira de João Batista: devemos levar nossas dúvidas a Jesus. A Seu tempo e com Sua sabedoria, Ele restaurará a confiança que o nosso coração deseja.
>
> Jesus não deixou João abandonado às suas dúvidas. Ele enviou uma palavra sobre os milagres que Ele havia realizado e a esperança que havia pregado (Mt 11.4-6). Conforme disse George MacDonald, o escritor e pastor escocês, a respeito da fidelidade de Deus: "Seria o mesmo que dizer que uma mãe seria capaz de abandonar seu filhinho deitado no chão e gemendo no escuro".
>
> *Deus tremendo, que eu possa levar a ti minhas dúvidas. Quando a vida é dolorosa e estou vacilando em minha fé, ajuda-me a lembrar que estás comigo, não me abandonaste e caminhas ao meu lado. Quando sou provada no que creio e sinto a tentação se esguerando nas trevas, por favor, enche-me da Tua verdade e luz.*
>
> ---
>
> **Em momentos de escuridão, jamais duvide do que Deus já lhe mostrou na luz.**

custam dois pardais? Uma moeda de cobre?[a] No entanto, nenhum deles cai no chão sem o conhecimento de seu Pai. ³⁰Quanto a vocês, até os cabelos de sua cabeça estão contados. ³¹Portanto, não tenham medo; vocês são muito mais valiosos que um bando inteiro de pardais.

³²"Quem me reconhecer em público aqui na terra, eu o reconhecerei diante de meu Pai no céu. ³³Mas quem me negar aqui na terra, eu também o negarei diante de meu Pai no céu. ³⁴"Não imaginem que vim trazer paz à terra! Não vim trazer paz, mas a espada.

³⁵'Vim para pôr o homem contra seu pai,
  a filha contra sua mãe,
  e a nora contra sua sogra.
³⁶Seus inimigos estarão
  em sua própria casa'.[b]

³⁷"Quem ama seu pai ou sua mãe mais que a mim não é digno de mim; e quem ama seu filho ou sua filha mais que a mim não é digno de mim. ³⁸Quem se recusa a tomar sua cruz e me seguir não é digno de mim. ³⁹Quem se apegar à própria vida a perderá; mas quem abrir mão de sua vida por minha causa a encontrará.

⁴⁰"Quem recebe vocês recebe a mim, e quem me recebe também recebe aquele que me enviou. ⁴¹Quem acolhe um profeta como alguém que fala da parte de Deus[c] recebe a mesma recompensa que um profeta. E quem acolhe um justo por causa de sua justiça recebe uma recompensa igual à dele. ⁴²Se alguém der um copo de água fria que seja ao menor de meus seguidores, certamente não perderá sua recompensa".

Jesus e João Batista

11 Quando Jesus terminou de dar essas instruções a seus doze discípulos, saiu para ensinar e anunciar sua mensagem nas cidades da região.

²João Batista, que estava na prisão, soube de todas as coisas que o Cristo estava fazendo. Por isso, enviou seus discípulos para perguntarem a Jesus: ³"O senhor é aquele que haveria de vir, ou devemos esperar algum outro?".

⁴Jesus respondeu: "Voltem a João e contem a ele o que vocês veem e ouvem: ⁵os cegos veem, os aleijados andam, os leprosos são purificados, os surdos ouvem, os mortos são ressuscitados

---

[a] **10.29** Em grego, *1 asarion*, isto é, 1 "asse", moeda romana equivalente a 1/16 de 1 denário. [b] **10.35-36** Mq 7.6. [c] **10.41** Em grego, *recebe um profeta em nome de um profeta*.

e as boas-novas são anunciadas aos pobres". ⁶E disse ainda: "Felizes são aqueles que não se sentem ofendidos por minha causa".

⁷Enquanto os discípulos de João saíam, Jesus começou a falar a respeito dele para as multidões: "Que tipo de homem vocês foram ver no deserto? Um caniço que qualquer brisa agita? ⁸Afinal, o que esperavam ver? Um homem vestido com roupas caras? Não, quem veste roupas caras mora em palácios. ⁹Acaso procuravam um profeta? Sim, ele é mais que profeta. ¹⁰João é o homem ao qual as Escrituras se referem quando dizem:

'Envio meu mensageiro adiante de ti,
  e ele preparará teu caminho à tua
    frente!'.ᵃ

¹¹"Eu lhes digo a verdade: de todos os que nasceram de mulher, nenhum é maior que João Batista. E, no entanto, até o menor no reino dos céus é maior que ele. ¹²Desde os dias em que João pregava, o reino dos céus sofre violência, e pessoas violentas o atacam.ᵇ ¹³Pois, antes de João vir, todos os profetas e a lei de Moisés falavam dos dias de João com grande expectativa, ¹⁴e, se vocês estiverem dispostos a aceitar o que eu digo,ᶜ ele é Elias, aquele que os profetas disseram que viria.ᵈ ¹⁵Quem é capaz de ouvir, ouça com atenção!

¹⁶"A que posso comparar esta geração? Ela se parece com crianças que brincam na praça. Queixam-se a seus amigos:

¹⁷'Tocamos flauta,
  e vocês não dançaram;
entoamos lamentos,
  e vocês não se entristeceram'.

¹⁸Quando João apareceu, não costumava comer nem beber em público, e vocês disseram: 'Está possuído por demônio'. ¹⁹O Filho do Homem, por sua vez, come e bebe, e vocês dizem: 'É comilão e beberrão, amigo de cobradores de impostos e pecadores'. Mas a sabedoria é comprovada pelos resultados que produz".

Julgamento para os que não creem

²⁰Então Jesus começou a denunciar as cidades onde ele havia feito muitos milagres, pois não tinham se arrependido. ²¹"Que aflição as espera, Corazim e Betsaida! Porque, se nas cidades de Tiro e Sidom tivessem sido realizados os milagres que realizei em vocês, há muito tempo seus habitantes teriam se arrependido e demonstrado isso vestindo panos de saco e jogando cinzas sobre a cabeça. ²²Eu lhes digo que, no dia do juízo, Tiro e Sidom serão tratadas com menos rigor que vocês.

²³"E você, Cafarnaum, será elevada até o céu? Não, descerá até o lugar dos mortos.ᵉ Porque, se na cidade de Sodoma tivessem sido realizados os milagres que realizei em você, ela estaria de pé ainda hoje. ²⁴Eu lhe digo que, no dia do juízo, Sodoma será tratada com menos rigor que você".

Jesus agradece ao Pai

²⁵Naquela ocasião, Jesus orou da seguinte maneira: "Pai, Senhor dos céus e da terra, eu te agradeço porque escondeste estas coisas dos que se consideram sábios e instruídos e as revelaste aos que são como crianças. ²⁶Sim, Pai, foi do teu agrado fazê-lo assim.

²⁷"Meu Pai me confiou todas as coisas. Ninguém conhece verdadeiramente o Filho, a não ser o Pai, e ninguém conhece verdadeiramente o Pai, a não ser o Filho e aqueles a quem o Filho escolhe revelá-lo.

²⁸"Venham a mim todos vocês que estão cansados e sobrecarregados, e eu lhes darei descanso. ²⁹Tomem sobre vocês o meu jugo. Deixem que eu lhes ensine, pois sou manso e humilde de coração, e encontrarão descanso para a alma. ³⁰Meu jugo é fácil de carregar, e o fardo que lhes dou é leve".

Discussão sobre o sábado

12 Por aquele tempo, Jesus estava caminhando pelos campos de cereal, num sábado. Seus discípulos, sentindo fome, começaram a colher espigas e comê-las. ²Alguns fariseus os viram e protestaram: "Veja, seus discípulos desobedecem à lei colhendo cereal no sábado!".

³Jesus respondeu: "Vocês não leram nas Escrituras o que fez Davi quando ele e seus companheiros tiveram fome? ⁴Ele entrou na casa de Deus e, com seus companheiros, comeram os pães sagrados que só os sacerdotes tinham permissão de comer. ⁵E vocês não leram na lei de

---

ᵃ**11.10** Ml 3.1. ᵇ**11.12** Ou *o reino dos céus avança à força, e quem se esforça se apossa dele*. ᶜ**11.14a** Ou *a aceitá-lo*. ᵈ**11.14b** Ver Ml 4.5. ᵉ**11.23** Em grego, *até o Hades*.

Moisés que os sacerdotes de serviço no templo podem trabalhar no sábado? ⁶Eu lhes digo: há alguém aqui maior que o templo! ⁷Vocês não teriam condenado meus discípulos inocentes se soubessem o significado das Escrituras: 'Quero que demonstrem misericórdia, e não que ofereçam sacrifícios'.ᵃ ⁸Pois o Filho do Homem é senhor até mesmo do sábado".

Jesus cura no sábado
⁹Então Jesus foi à sinagoga local, ¹⁰onde viu um homem que tinha uma das mãos deformada. Os fariseus perguntaram a Jesus: "A lei permite curar no sábado?". Esperavam que ele dissesse "sim", para que pudessem acusá-lo. ¹¹Jesus respondeu: "Se um de vocês tivesse uma ovelha e ela caísse num poço no sábado, não trabalharia para tirá-la de lá? ¹²Quanto mais vale uma pessoa que uma ovelha! Sim, a lei permite que se faça o bem no sábado". ¹³Em seguida, disse ao homem: "Estenda a mão". Ele a estendeu, e ela foi restaurada e ficou igual à outra. ¹⁴Então os fariseus convocaram uma reunião para tramar um modo de matá-lo.

Jesus, o Servo escolhido de Deus
¹⁵Jesus, sabendo o que planejavam, retirou-se daquela região. Muitos o seguiram, e ele curou todos os enfermos que havia entre eles. ¹⁶Contudo, advertiu-lhes que não revelassem quem ele era. ¹⁷Cumpriu-se, assim, a profecia de Isaías a seu respeito:

¹⁸"Vejam meu Servo, aquele que escolhi.
Ele é meu Amado; nele tenho grande alegria.
Porei sobre ele meu Espírito,
e ele proclamará justiça às nações.
¹⁹Não lutará nem gritará,
nem levantará a voz em público.
²⁰Não esmagará a cana quebrada,
nem apagará a chama que já está fraca.
Por fim, ele fará que a justiça seja vitoriosa.
²¹E seu nome será a esperança de todo o mundo".ᵇ

A fonte do poder de Jesus
²²Então levaram até Jesus um homem cego e mudo que estava possuído por um demônio. Jesus o curou, e ele passou a falar e ver. ²³Admirada, a multidão perguntou: "Será que este homem é o Filho de Davi?".

²⁴No entanto, quando os fariseus souberam do milagre, disseram: "Ele só expulsa demônios porque seu poder vem de Belzebu, o príncipe dos demônios".

²⁵Jesus conhecia os pensamentos deles e respondeu: "Todo reino dividido internamente está condenado à ruína. Uma cidade ou família dividida contra si mesma se desintegrará. ²⁶Se Satanás expulsa Satanás, está dividido e luta contra si mesmo. Seu reino não sobreviverá. ²⁷Se eu expulso demônios pelo poder de Belzebu, o que dizer de seus discípulos? Eles também expulsam demônios, de modo que condenarão vocês pelo que acabaram de dizer. ²⁸Mas, se expulso demônios pelo Espírito de Deus, então o reino de Deus já chegou até vocês.ᶜ ²⁹Afinal, quem tem poder para entrar na casa de um homem forte e saquear seus bens? Somente alguém ainda mais forte, alguém capaz de amarrá-lo e saquear sua casa.

³⁰"Quem não está comigo opõe-se a mim, e quem não trabalha comigo na verdade trabalha contra mim.

³¹"Por isso eu lhes digo: todo pecado e toda blasfêmia serão perdoados, mas a blasfêmia contra o Espírito não será perdoada. ³²Quem falar contra o Filho do Homem será perdoado, mas quem falar contra o Espírito Santo não será perdoado, nem neste mundo nem no mundo por vir.

³³"Uma árvore é identificada por seus frutos. Se a árvore é boa, os frutos serão bons. Se a árvore é ruim, os frutos serão ruins. ³⁴Raça de víboras! Como poderiam homens maus como vocês dizer o que é bom e correto? Pois a boca fala do que o coração está cheio. ³⁵A pessoa boa tira coisas boas do tesouro de um coração bom, e a pessoa má tira coisas más do tesouro de um coração mau. ³⁶Eu lhes digo: no dia do juízo, vocês prestarão contas de toda palavra inútil que falarem. ³⁷Por suas palavras vocês serão absolvidos, e por elas serão condenados".

ᵃ **12.7** Os 6.6, conforme a Septuaginta. ᵇ **12.18-21** Is 42.1-4, conforme a Septuaginta para 42.4. ᶜ **12.28** Ou *está chegando até vocês*.

O sinal de Jonas

³⁸Alguns dos mestres da lei e fariseus vieram a Jesus e disseram: "Mestre, queremos que nos mostre um sinal de sua autoridade".

³⁹Jesus, porém, respondeu: "Vocês pedem um sinal porque são uma geração perversa e adúltera, mas o único sinal que lhes darei será o do profeta Jonas. ⁴⁰Pois, assim como Jonas passou três dias e três noites no ventre do grande peixe, o Filho do Homem ficará três dias e três noites no coração da terra.

⁴¹"No dia do juízo, os habitantes de Nínive se levantarão contra esta geração e a condenarão, pois eles se arrependeram de seus pecados quando ouviram a mensagem anunciada por Jonas; e vocês têm à sua frente alguém maior que Jonas! ⁴²A rainha de Sabá ͣ também se levantará contra esta geração no dia do juízo e a condenará, pois veio de uma terra distante para ouvir a sabedoria de Salomão; e vocês têm à sua frente alguém maior que Salomão!

⁴³"Quando um espírito impuro deixa uma pessoa, anda por lugares secos à procura de descanso, mas não o encontra. ⁴⁴Então, diz: 'Voltarei à casa da qual saí'. Ele volta para sua antiga casa e a encontra vazia, varrida e arrumada. ⁴⁵Então o espírito busca outros sete espíritos, piores que ele, e todos entram na pessoa e passam a morar nela, e a pessoa fica pior que antes. Assim acontecerá com esta geração perversa".

A verdadeira família de Jesus

⁴⁶Enquanto Jesus falava à multidão, sua mãe e seus irmãos estavam do lado de fora, pedindo para falar com ele. ⁴⁷Alguém disse a Jesus: "Sua mãe e seus irmãos estão lá fora e querem falar com o senhor". ᵇ

⁴⁸Jesus respondeu: "Quem é minha mãe? Quem são meus irmãos?". ⁴⁹Então apontou para seus discípulos e disse: "Vejam, estes são minha mãe e meus irmãos. ⁵⁰Quem faz a vontade de meu Pai no céu é meu irmão, minha irmã e minha mãe".

A parábola do semeador

13 Mais tarde, naquele mesmo dia, Jesus saiu de casa e sentou-se à beira-mar. ²Logo, uma grande multidão se juntou ao seu redor. Então ele entrou num barco, sentou-se e ensinou o povo que permanecia na praia. ³Jesus contou várias parábolas, como esta:

"Um lavrador saiu para semear. ⁴Enquanto espalhava as sementes pelo campo, algumas caíram à beira do caminho, e as aves vieram e as comeram. ⁵Outras sementes caíram em solo rochoso e, não havendo muita terra, germinaram rapidamente, ⁶mas as plantas logo murcharam sob o calor do sol e secaram, pois não tinham raízes profundas. ⁷Outras sementes caíram entre espinhos, que cresceram e sufocaram os brotos. ⁸Ainda outras caíram em solo fértil e produziram uma colheita trinta, sessenta e até cem vezes maior que a quantidade semeada. ⁹Quem é capaz de ouvir, ouça com atenção!".

¹⁰Os discípulos vieram e lhe perguntaram: "Por que o senhor usa parábolas quando fala ao povo?".

¹¹Ele respondeu: "A vocês é permitido entender os segredos ͨ do reino dos céus, mas a outros não. ¹²Pois ao que tem, mais lhe será dado, e terá em grande quantia; mas do que nada tem, até o que tem lhe será tirado. ¹³É por isso que uso parábolas: eles olham, mas não veem; escutam, mas não ouvem nem entendem.

¹⁴"Cumpre-se, desse modo, a profecia de Isaías que diz:

'Quando ouvirem o que digo,
    não entenderão.
Quando virem o que faço,
    não compreenderão.
¹⁵Pois o coração deste povo está
    endurecido;
ouvem com dificuldade
e têm os olhos fechados,
de modo que seus olhos não veem,
e seus ouvidos não ouvem,
e seu coração não entende,
e não se voltam para mim,
    nem permitem que eu os cure'. ͩ

¹⁶"Felizes, porém, são seus olhos, pois eles veem; e seus ouvidos, pois eles ouvem. ¹⁷Eu lhes digo a verdade: muitos profetas e justos desejaram ver o que vocês têm visto e ouvir o que vocês têm ouvido, mas não puderam.

ͣ **12.42** Em grego, *A rainha do sul.* ᵇ **12.47** Alguns manuscritos não trazem o versículo 47. Comparar com Mc 3.31 e Lc 8.20. ͨ **13.11** Em grego, *os mistérios.* ͩ **13.14-15** Is 6.9-10, conforme a Septuaginta.

¹⁸"Agora, ouçam a explicação da parábola sobre o lavrador que saiu para semear. ¹⁹As sementes que caíram à beira do caminho representam os que ouvem a mensagem sobre o reino e não a entendem. Então o maligno vem e arranca a semente que foi lançada em seu coração. ²⁰As que caíram no solo rochoso representam aqueles que ouvem a mensagem e, sem demora, a recebem com alegria. ²¹Contudo, uma vez que não têm raízes profundas, não duram muito. Assim que enfrentam problemas ou são perseguidos por causa da mensagem, cedo desanimam. ²²As que caíram entre os espinhos representam outros que ouvem a mensagem, mas logo ela é sufocada pelas preocupações desta vida e pela sedução da riqueza, de modo que não produzem fruto. ²³E as que caíram em solo fértil representam os que ouvem e entendem a mensagem e produzem uma colheita trinta, sessenta e até cem vezes maior que a quantidade semeada".

A parábola do trigo e do joio

²⁴Esta foi outra parábola que Jesus contou: "O reino dos céus é como um agricultor que semeou boas sementes em seu campo. ²⁵Enquanto os servos dormiam, seu inimigo veio, semeou joio no meio do trigo e foi embora. ²⁶Quando a plantação começou a crescer, o joio também cresceu.

²⁷"Os servos do agricultor vieram e disseram: 'O campo em que o senhor semeou as boas sementes está cheio de joio. De onde ele veio?'.

²⁸"'Um inimigo fez isso', respondeu o agricultor.

"'Devemos arrancar o joio?', perguntaram os servos.

²⁹"'Não', respondeu ele. 'Se tirarem o joio, pode acontecer de arrancarem também o trigo. ³⁰Deixem os dois crescerem juntos até a colheita. Então, direi aos ceifeiros que separem o joio, amarrem-no em feixes e queimem-no e, depois, guardem o trigo no celeiro'".

A parábola da semente de mostarda

³¹Então Jesus contou outra parábola: "O reino dos céus é como a semente de mostarda que alguém semeia num campo. ³²É a menor de todas as sementes, mas se torna a maior das hortaliças; cresce até se transformar em árvore, e vêm as aves e fazem ninho em seus galhos".

A parábola do fermento

³³Jesus também contou a seguinte parábola: "O reino dos céus é como o fermento usado por uma mulher para fazer pão. Embora ela coloque apenas uma pequena quantidade de fermento em três medidas de farinha, toda a massa fica fermentada".

As parábolas cumprem uma profecia

³⁴Jesus sempre usava histórias e comparações como essas quando falava às multidões. Na verdade, nunca lhes falava sem usar parábolas. ³⁵Cumpriu-se, desse modo, o que foi dito por meio do profeta:

> "Eu lhes falarei por meio de parábolas;
> explicarei coisas escondidas desde a
>   criação do mundo".[a]

Explicação da parábola do trigo e do joio

³⁶Em seguida, deixando as multidões do lado de fora, Jesus entrou em casa. Seus discípulos lhe pediram: "Por favor, explique-nos a história do joio no campo".

³⁷Jesus respondeu: "O Filho do Homem é o agricultor que planta as boas sementes. ³⁸O campo é o mundo, e as boas sementes são o povo do reino. O joio são as pessoas que pertencem ao maligno, ³⁹e o inimigo que plantou o joio no meio do trigo é o diabo. A colheita é o fim dos tempos,[b] e os que fazem a colheita são os anjos.

⁴⁰"Da mesma forma que o joio é separado e queimado no fogo, assim será no fim dos tempos. ⁴¹O Filho do Homem enviará seus anjos, e eles removerão do reino tudo que produz pecado e todos que praticam o mal ⁴²e os lançarão numa fornalha ardente, onde haverá choro e ranger de dentes. ⁴³Então os justos brilharão como o sol no reino de seu Pai. Quem é capaz de ouvir, ouça com atenção!"

A parábola do tesouro escondido

⁴⁴"O reino dos céus é como um tesouro escondido que um homem descobriu num campo. Em seu entusiasmo, ele o escondeu

---

[a] 13.35 Alguns manuscritos não trazem *do mundo*. Sl 78.2. [b] 13.39 Ou *da era*; também em 13.40,49.

novamente, vendeu tudo que tinha e, com o dinheiro da venda, comprou aquele campo."

A parábola da pérola
⁴⁵"O reino dos céus também é como um negociante que procurava pérolas da melhor qualidade. ⁴⁶Quando descobriu uma pérola de grande valor, vendeu tudo que tinha e, com o dinheiro da venda, comprou a tal pérola."

A parábola da rede de pesca
⁴⁷"O reino dos céus é, ainda, como uma rede de pesca que foi lançada ao mar e pegou peixes de todo tipo. ⁴⁸Quando a rede estava cheia, os pescadores a arrastaram até a praia, sentaram-se e juntaram os peixes bons em cestos, jogando fora os ruins. ⁴⁹Assim será no fim dos tempos. Os anjos virão, separarão os perversos dos justos ⁵⁰e os lançarão na fornalha ardente, onde haverá choro e ranger de dentes. ⁵¹Vocês entendem todas essas coisas?"

"Sim", responderam eles.

Mestres da lei no reino
⁵²Então ele acrescentou: "Todo mestre da lei que se torna discípulo no reino dos céus é como o dono de uma casa que tira do seu tesouro verdades preciosas, tanto novas como velhas".

Jesus é rejeitado em Nazaré
⁵³Quando Jesus terminou de contar essas parábolas, deixou aquela região ⁵⁴e voltou para Nazaré, cidade onde tinha morado. Enquanto ensinava na sinagoga, todos se admiravam e perguntavam: "De onde lhe vêm a sabedoria e o poder para realizar milagres? ⁵⁵Não é esse o filho do carpinteiro? Conhecemos Maria, sua mãe, e também seus irmãos, Tiago, José,ᵃ Simão e Judas. ⁵⁶Todas as suas irmãs moram aqui, entre nós. Onde ele aprendeu todas essas coisas?". ⁵⁷E sentiam-se muito ofendidos.

Então Jesus lhes disse: "Um profeta recebe honra em toda parte, menos em sua cidade e entre sua própria família". ⁵⁸E, por causa da incredulidade deles, realizou ali apenas uns poucos milagres.

Herodes e a morte de João Batista
14 Quando Herodes Antipasᵇ ouviu falar de Jesus, ²disse a seus conselheiros: "Deve ser João Batista que ressuscitou dos mortos! Por isso ele tem poder para fazer esses milagres".

³Herodes havia mandado prender e encarcerar João para agradar Herodias, que era esposa de Filipe, seu irmão. ⁴João tinha dito repetidamente a Herodes: "É contra a lei que o senhor viva com ela". ⁵Herodes queria matá-lo, mas tinha medo de provocar uma revolta, pois o povo acreditava que João era profeta.

⁶Contudo, numa festa de aniversário de Herodes, a filha de Herodias dançou diante dos convidados e agradou muito ao rei, ⁷e ele prometeu, sob juramento, que lhe daria qualquer coisa que ela pedisse. ⁸Instigada pela mãe, a moça disse: "Quero a cabeça de João Batista num prato!". ⁹O rei se arrependeu do que tinha dito, mas, por causa do juramento feito diante dos convidados, deu as ordens para que atendessem ao pedido. ¹⁰João foi decapitado na prisão, ¹¹e sua cabeça foi trazida num prato e entregue à moça, que a levou a sua mãe. ¹²Os discípulos de João vieram, levaram seu corpo e o sepultaram. Em seguida, foram a Jesus e lhe contaram o que havia acontecido.

A primeira multiplicação dos pães
¹³Logo que Jesus ouviu a notícia, partiu de barco para um lugar isolado, a fim de ficar só. As multidões, porém, descobriram para onde ele ia e o seguiram a pé, vindas de muitas cidades. ¹⁴Quando Jesus saiu do barco, viu a grande multidão, teve compaixão dela e curou os enfermos.

¹⁵Ao entardecer, os discípulos foram até ele e disseram: "Este lugar é isolado, e já está ficando tarde. Mande as multidões embora, para que possam ir aos povoados e comprar comida".

¹⁶"Não há necessidade", disse Jesus. "Providenciem vocês mesmos alimento para elas."

¹⁷Eles responderam: "Temos apenas cinco pães e dois peixes!".

¹⁸"Tragam para cá", disse ele. ¹⁹Em seguida, mandou o povo sentar-se na grama. Tomou os cinco pães e os dois peixes, olhou para o céu e os abençoou. Então, partiu os pães em pedaços e os entregou a seus discípulos, que distribuíram às multidões. ²⁰Todos comeram à vontade,

---
ᵃ **13.55** Alguns manuscritos trazem *Joses*; outros, *João*. ᵇ **14.1** Em grego, *Herodes, o tetrarca*. Herodes Antipas era filho do rei Herodes e governador da Galileia.

e os discípulos recolheram doze cestos com as sobras. ²¹Os que comeram foram cerca de cinco mil homens, sem contar mulheres e crianças.

Jesus anda sobre as águas

²²Logo em seguida, Jesus insistiu com seus discípulos que voltassem ao barco e atravessassem até o outro lado do mar, enquanto ele despedia as multidões. ²³Depois de mandá-las para casa, Jesus subiu sozinho ao monte a fim de orar. Quando anoiteceu, ele ainda estava ali, sozinho.

²⁴Enquanto isso, os discípulos, distantes da terra firme, lutavam contra as ondas, pois um vento forte havia se levantado. ²⁵Por volta das três da madrugada,ᵃ Jesus foi até eles, caminhando sobre as águas. ²⁶Quando os discípulos o viram caminhando sobre as águas, ficaram aterrorizados. "É um fantasma!", gritaram, cheios de medo.

²⁷Imediatamente, porém, Jesus lhes disse: "Não tenham medo! Coragem, sou eu!".

²⁸Então Pedro gritou: "Se é realmente o senhor, ordene que eu vá caminhando sobre as águas até onde está!".

²⁹"Venha!", respondeu Jesus.

Então Pedro desceu do barco e caminhou sobre as águas em direção a Jesus. ³⁰Mas, quando reparou no vento forte e nas ondas, ficou aterrorizado, começou a afundar e gritou: "Senhor, salva-me!".

³¹No mesmo instante, Jesus estendeu a mão e o segurou. "Como é pequena a sua fé!", disse ele. "Por que você duvidou?"

³²Quando entraram no barco, o vento parou. ³³Então os outros discípulos o adoraram e exclamaram: "De fato, o senhor é o Filho de Deus!".

Jesus cura os enfermos

³⁴Depois de atravessarem o mar, chegaram a Genesaré. ³⁵Quando o povo reconheceu Jesus, a notícia de sua chegada se espalhou rapidamente por toda a região, e trouxeram os enfermos para que fossem curados. ³⁶Suplicavam que ele deixasse os enfermos apenas tocar na borda de seu manto, e todos que o tocavam eram curados.

Ensino sobre a pureza interior

15 Então alguns fariseus e mestres da lei chegaram de Jerusalém para ver Jesus e lhe perguntaram: ²"Por que seus discípulos desobedecem à tradição dos líderes religiosos? Eles não respeitam a cerimônia de lavar as mãos antes de comer!".

³Jesus respondeu: "E por que vocês, com suas tradições, desobedecem ao mandamento de Deus? ⁴Pois Deus ordenou: 'Honre seu pai e sua mãe'ᵇ e 'Quem insultar seu pai ou sua mãe será executado'.ᶜ ⁵Em vez disso, vocês ensinam que, se alguém disser a seus pais: 'Sinto muito, mas não posso ajudá-los; jurei entregar como oferta a Deus aquilo que eu teria dado a vocês', ⁶não precisará mais honrar seus pais. Com isso, vocês anulam a palavra de Deus em favor de sua própria tradição. ⁷Hipócritas! Isaías tinha razão quando assim profetizou a seu respeito:

⁸'Este povo me honra com os lábios,
    mas o coração está longe de mim.
⁹Sua adoração é uma farsa,
    pois ensinam ideias humanas
    como se fossem mandamentos
        divinos'".ᵈ

¹⁰Jesus chamou a multidão para perto de si e disse: "Ouçam e procurem entender. ¹¹Não é o que entra pela boca que os contamina; vocês se contaminam com as palavras que saem dela".

¹²Então os discípulos vieram e perguntaram: "O senhor sabe que ofendeu os fariseus com isso que acabou de dizer?".

¹³Jesus respondeu: "Toda planta que meu Pai celestial não plantou será arrancada pela raiz. ¹⁴Portanto, não façam caso deles. São guias cegos conduzindo cegos e, se um cego conduzir outro, ambos cairão numa vala".

¹⁵Então Pedro disse: "Explique-nos a parábola de que as pessoas não são contaminadas pelo que comem".

¹⁶"Ainda não entendem?", perguntou Jesus. ¹⁷"Tudo que comem passa pelo estômago e vai para o esgoto, ¹⁸mas as palavras vêm do coração, e é isso que os contamina. ¹⁹Pois do coração vêm maus pensamentos, homicídio,

---

ᵃ **14.25** Em grego, *Na quarta vigília da noite*. ᵇ **15.4a** Êx 20.12; Dt 5.16. ᶜ **15.4b** Êx 21.17; Lv 20.9; conforme a Septuaginta. ᵈ **15.8-9** Is 29.13, conforme a Septuaginta.

> **REFLETINDO SOBRE:** Sentindo-se ignorada

A mãe de uma filha possessa por demônios

Os olhos do Senhor estão sobre os justos, e seus ouvidos, abertos para seus clamores.
—Salmo 34.15

Becky sentou-se tensamente em sua cadeira de plástico rígido e balançou seu filho para frente e para trás. Dylan chorou tanto que finalmente dormiu, e agora Becky lutava com as suas próprias lágrimas. O acidente acontecera tão rápido. Um minuto antes ele estava rindo em cima do escorregador e, repentinamente, estava no chão segurando seu braço contra o peito e gritando caso ela o tocasse. Passaram-se mais de duas horas esperando na emergência antes que fossem atendidos. Becky olhava para a mulher no balcão e sentia vontade gritar: "Você não está vendo que meu filho precisa de ajuda?".

A mulher na passagem bíblica de Mateus 15.21-23 conhecia o sentimento de ser ignorada. Ela ouvira histórias sobre os milagres e as curas de Jesus. Agora Ele estava em sua cidade e seu coração pesado sentiu o primeiro raio de esperança em muito tempo. A mulher clamou a Jesus, implorando ajuda para sua filha que sofria de uma terrível possessão demoníaca, mas Ele ignorou seu clamor. A mãe continuou apelando pela ajuda de Jesus até que Seus discípulos insistiram que o Mestre a fizesse ir embora. A mulher se sentiu tão confusa. Era esse mesmo homem que tinha a reputação de ir até os necessitados?

Não nos sentimos bem quando somos ignoradas, especialmente quando precisamos de ajuda. É frustrante o suficiente sentir-se negligenciada pelas pessoas, mas, quando parece que até mesmo Deus não está nos respondendo, não sabemos o que pensar. Algumas vezes nossas orações clamando por ajuda parecem bater no teto e voltar. Nessas horas é tentador questionar se Deus realmente se importa conosco e com a nossa dor. Quando Deus parece estar nos ignorando, podemos ter a certeza de que Ele está plenamente ciente de nossa situação e que há um propósito para Sua demora em responder. Como a mulher gentia com a filha possessa por um demônio, precisamos continuar clamando ao Senhor que é a nossa única esperança.

---

adultério, imoralidade sexual, roubo, mentiras e calúnias. ²⁰São essas coisas que os contaminam. Comer sem lavar as mãos não os contaminará."

A mulher cananeia

²¹Então Jesus deixou a Galileia, rumo ao norte, para a região de Tiro e Sidom. ²²Uma mulher cananeia que ali morava veio a ele, suplicando: "Senhor, Filho de Davi, tenha misericórdia de mim! Minha filha está possuída por um demônio que a atormenta terrivelmente".

²³Jesus não disse uma só palavra em resposta. Então os discípulos insistiram com ele: "Mande-a embora; ela não para de gritar atrás de nós".

²⁴Jesus disse à mulher: "Fui enviado para ajudar apenas as ovelhas perdidas do povo de Israel".

²⁵A mulher, porém, aproximou-se, ajoelhou-se diante dele e implorou mais uma vez: "Senhor, ajude-me!".

²⁶Jesus respondeu: "Não é certo tirar comida das crianças e jogá-la aos cachorros".

²⁷"Senhor, é verdade", disse a mulher. "No entanto, até os cachorros comem as migalhas que caem da mesa de seus donos."

²⁸"Mulher, sua fé é grande", disse-lhe Jesus. "Seu pedido será atendido." E, no mesmo instante, a filha dela foi curada.

Jesus cura muitas pessoas

²⁹Deixando aquele lugar, Jesus voltou ao mar da Galileia e subiu a um monte, onde se sentou. ³⁰Uma grande multidão veio e colocou diante dele aleijados, cegos, paralíticos, mudos e muitos outros, e ele curou a todos. ³¹As pessoas ficavam admiradas e louvavam o Deus de Israel, pois os que eram mudos agora falavam, os paralíticos estavam curados, os aleijados andavam e os cegos podiam ver.

A segunda multiplicação dos pães

³²Então Jesus chamou seus discípulos e disse: "Tenho compaixão dessa gente. Estão aqui comigo há três dias e não têm mais nada para

Aprendendo com as mulheres da Bíblia

A MULHER CANANEIA

Como demonstrar fé em meio às crises da vida

Os especialistas que investigavam a possessão demoníaca nos tempos do Novo Testamento e os que o fazem na contemporaneidade identificaram três características de uma pessoa endemoninhada.

Primeiro, os traços faciais são distorcidos, às vezes a tal ponto que a pessoa fica irreconhecível. Junto a isso, a pessoa endemoninhada contorcerá o corpo, em alguns casos, ou se agitará fisicamente. Segundo, a voz se modifica, frequentemente se tornando mais grave; assim uma voz feminina parece com a voz de um homem. Terceiro, a pessoa demonstra uma personalidade diferente. Uma pessoa religiosa pode tornar-se grosseira ou obscena. Uma pessoa gentil pode tornar-se agressiva e cruel. Uma pessoa refinada pode usar apenas linguagem vulgar.

Uma filha endemoninhada. Que terrível deve ter sido para a mãe ver sua garotinha se tornar alguém irreconhecível para ela! Ver o brilho de seus olhos substituído por uma dureza cintilante. Ver seu sorriso deformando-se em algo sinistro. Ouvir a voz que não era a voz de sua querida filha. Observar uma personalidade que lhe era estranha e repulsiva. Para onde sua menininha havia ido?

O que tinha saído errado? Em quais aspectos ela falhara como mãe? De que forma ela poderia livrar sua filha daquele demônio amaldiçoado? Atormentando-se dia e noite, essa mãe desesperada deve ter ido atrás de qualquer terapia a fim de libertar sua filha de tal cativeiro.

Não sabemos como e tampouco o que essa mãe ouviu sobre Jesus. O que lhe disseram que a fez crer que Ele poderia ajudá-la? Sabemos apenas que fora algo que a impulsionou a buscar ajuda no Senhor.

Jesus ministrava na Galileia, uma jornada de vários dias a pé de Jerusalém. Ele não conseguiu escapar dos líderes religiosos que o perseguiam para onde quer que fosse. Porém, não fica claro se o Mestre deixou essa região para evitar confronto com esses líderes ou se Ele simplesmente precisava de um tempo longe das multidões que o cercavam dia e noite. Qualquer que seja o motivo, nós o encontramos abrigando-se perto da cidade de Tiro. E essa mãe foi até Ele em busca de ajuda. Ela lhe implorou para expulsar o demônio de sua filha. No entanto, o texto narra uma reação do nosso Senhor Jesus Cristo que nos choca.

Não gostamos de pensar em nosso Senhor como alguém indiferente à necessidade de uma pessoa. Preferimos um Salvador que sempre esteja pronto para nós, disposto a ouvir nossas orações. No entanto, na primeira vez que essa atordoada mãe se aproximou do Senhor, Ele a ignorou.

Mas a mulher não desistiu. Ela deve ter sido tão persistente que os discípulos não conseguiram mais aguentá-la. Apelaram então a Jesus, pedindo-lhe que a mandasse embora, pois ela continuava incomodando-os. O Senhor respondeu aos discípulos de maneira que parecia não ter nada a ver com o pedido que fizeram. O Mestre simplesmente declarou que a Sua prioridade eram os israelitas.

Não há como precisar o quanto essa mãe sabia sobre a religião dos judeus, mas ela reconhecera a soberania de Jesus e o relacionou com linhagem do rei Davi. Será que ela sabia que estava diante do Messias dos judeus? Não sabemos. Mas o jeito como ela se dirigiu a Jesus indica que sabia algo sobre quem Ele era e isso a fez perseverar diante do silêncio e, em seguida, da exclusão.

As palavras de Jesus não parecem ainda mais duras? Não importa como as interpretemos, Ele parece insultar essa mulher ao usar uma analogia envolvendo "cachorros". Em essência, Ele estava lhe dizendo que os judeus precisavam ser alimentados primeiro. O que de direito lhes pertencia não deveria ser dado aos outros até que as necessidades deles fossem supridas. Mas essa mulher não foi afastada pela declaração de Jesus, ao contrário, ela deu seguimento a Sua analogia. Ela o ouviu usar a palavra "cachorros" que realmente significava "filhotes".

Enquanto os adultos do Oriente Médio desprezavam os cães por considerá-los criaturas sujas, nas famílias com crianças, os filhotes eram permitidos na casa como brinquedos. O lugar deles, durante as refeições, era debaixo da mesa. Eles ficavam com as migalhas e, provavelmente, também com os fragmentos de alimentos que deslizavam para debaixo da mesa devido à solidariedade das crianças. Por isso, essa mãe assertivamente respondeu que não se importava desde que usufruísse de tais "migalhas".

Diante de tamanha demonstração de fé, o Senhor reconheceu como era grande a fé dessa mãe e atendeu ao seu pedido, assim sua filha foi curada. No judaísmo, Jesus sofria resistência e incredulidade de todos os lados. Mas, fora de Israel, a fé dessa mulher pagã o comoveu.

Sua fé é incrível! Ali estava ela, uma cananeia com uma herança religiosa muito diferente da que tinham os judeus. A religião de Canaã era politeísta. Ou seja, as pessoas adoravam muitos deuses. Nos tempos primitivos, os seguidores dessa religião ofereciam sacrifícios humanos. Pelo fato do paganismo canaanita ser radicalmente diferente do culto ao único Deus verdadeiro, Jeová ou Javé, o conhecimento dessa mulher sobre o judaísmo provavelmente era superficial. Mas, a despeito disso, ela acreditava que Jesus poderia ajudá-la.

Esse contraste, entre uma mulher pagã e o judaísmo, altera as perspectivas. Presumimos que a pessoa com o maior conhecimento da Bíblia venha a ser o cristão mais forte, cheio de fé nos momentos de tribulação. Não esperamos muito de alguém que não vai à igreja ou participa de estudos bíblicos. Porém, aqui nos deparamos com a fé persistente e forte dessa mulher sem instrução nem vivência espiritual. Em contrapartida, vemos o grande apóstolo Pedro, aquele que serviu como líder dos doze discípulos, o grande pregador no Pentecostes, a quem Jesus comissionou dizendo: "...alimente minhas ovelhas" (Jo 21.17), sendo repreendido: "Por que você duvidou?" (Mt 14.31). Deus fará vista grossa à falta de conhecimento, mas não à incredulidade.

Pequena fé. Grande fé. Podemos pensar: "Sim, sou mais parecida com Pedro do que com a mulher cananeia. Minha fé não é muita. Ela oscila como um pêndulo. Num momento, estou caminhando sobre as águas, no outro estou afundando e com água até o pescoço."

A mulher cananeia não permitiu que nada a extraviasse de seu objetivo. Ela afastou os discípulos; ignorou o silêncio de Jesus e Sua observação sobre ter sido enviado apenas ao povo de Israel. Ela simplesmente se recusou a deixar que as circunstâncias a desviassem do seu propósito.

Anime-se! Um pouquinho de fé ainda é fé. Uma gota de água é água em cada partícula tanto quanto um reservatório de água. Uma fagulha é fogo tanto quanto uma labareda. Ainda melhor: uma pequena fé pode se tornar uma grande fé.

Jesus encontrou essa fé genuína numa mulher que clamou por sua filha. Ela não abriria mão e não desistiria. Ela teve a expectativa de vitória mesmo quando Jesus a ignorou e lhe falou com indiferença. Essa mãe simplesmente não aceitou o "não" como resposta. Jesus era a única esperança para a sua filha. Ela viu luz na escuridão e esperou como se Jesus tivesse lhe feito uma promessa em vez de uma recusa.

Charles Spurgeon observou que a grande fé pode ver o Sol à meia-noite. A grande fé pode obter colheitas num inverno rigoroso. A grande fé pode encontrar rios em lugares altos. A grande fé não depende da luz do Sol. Ela vê o que é invisível para qualquer outra luz. A grande fé espera em Deus.

Jesus se agradou da intensa fé dessa mulher. Ele olhou para a sua fé do jeito que um joalheiro olha para uma pedra rara, ainda sem ser polida. Ele a provou como um ourives experimentado apara e esmerila as impurezas para retirá-las da superfície da gema. Pelo Seu silêncio e por Sua recusa, Ele a poliu até que sua fé fosse reluzente. Jesus usou a aflição dela para fazer sua fé brilhar como joia rara.

A crise dessa mulher — uma filhinha endemoninhada — levou-a a Jesus Cristo. Sem essa crise, ela poderia ter vivido e morrido e nunca ter encontrado o Salvador.

As crises podem ser um mecanismo de Deus para nos direcionarem a novas maneiras de pensar a respeito dele e para aumentar a nossa confiança no Senhor. Embora prefiramos a saúde, a doença pode ser boa se nos levar até Deus. Preferimos a segurança, mas as dificuldades são pertinentes quando nos levam até Cristo.

Uma mulher cananeia cujo nome desconhecemos, uma estrangeira, nos faz lembrar que, em meio às experiências de crises, podemos esperar e confiar em Deus porque Ele é o único que é digno de confiança.

—Alice Mathews

QUESTÕES PARA REFLEXÃO

1. Por que você pensa que a mulher cananeia teve "grande fé"? De onde veio essa fé?
2. Qual foi o problema de Pedro pelo qual Jesus o repreendeu por ter "pequena fé"?
3. De que maneira você pode demonstrar que é uma mulher de fé?
4. Quais serão alguns dos resultados em sua vida se você também tiver uma "grande fé"?

PÃO DIÁRIO

O que realmente importa

Que vantagem há em ganhar o mundo inteiro, mas perder a vida? E o que daria o homem em troca de sua vida?
—Mateus 16.26

Anos atrás, um amigo meu visitou uma exibição de relíquias da trágica viagem do Titanic. Os visitantes da exibição recebiam uma réplica da passagem com o nome verdadeiro de um passageiro ou de um membro da tripulação que, décadas atrás, havia embarcado na viagem de sua vida. Depois de o grupo caminhar pela exposição, vendo as peças de prata do aparelho de jantar e outros artefatos, o passeio terminava com uma guinada inesquecível.

Um grande quadro listava os nomes de todos os passageiros, incluindo seu *status* — primeira classe, segunda classe, tripulação. Quando meu amigo procurou o nome da pessoa cuja passagem ele estava segurando, notou que uma linha separava os nomes no quadro. Acima da linha, estavam os nomes daqueles que foram "salvos", e, abaixo da linha, estavam os nomes de todos os que "se perderam".

A semelhança com a nossa vida na Terra é profunda. Realmente, não faz qualquer diferença o modo como o mundo classifica o seu *status*. A única coisa que importa no fim das contas é se você foi "salvo" ou "se perdeu". Como disse Jesus: "Que vantagem há em ganhar o mundo inteiro, mas perder a vida? E o que daria o homem em troca de sua vida?" (Mt 16.26). Talvez, você já tenha confiado em Cristo e recebido a salvação. Mas o que dizer sobre seus colegas passageiros? Em vez de avaliá-los pelas circunstâncias aparentes, converse com eles a respeito do destino final de cada um.

Deus querido, sou tão grata por Tua graça redentora! Ajuda-me a relembrá-la quando as distrações deste mundo adentrarem em meu coração e mente. A essência da vida é crer em ti e receber a Tua salvação e a vida eterna. Ajuda-me a compartilhar esta realidade com aqueles que desesperadamente necessitam de ti e da Tua graça.

O que cremos é muito mais importante, à luz da eternidade, do que aquilo que realizamos.

---

comer. Se eu os mandar embora com fome, podem desmaiar no caminho".

³³Os discípulos disseram: "Onde conseguiríamos comida suficiente para tamanha multidão neste lugar deserto?".

³⁴Jesus perguntou: "Quantos pães vocês têm?".

"Sete, e alguns peixinhos", responderam eles.

³⁵Então Jesus mandou todo o povo sentar-se no chão. ³⁶Tomou os sete pães e os peixes, agradeceu a Deus e os partiu em pedaços. Em seguida, entregou-os aos discípulos, que os distribuíram à multidão.

³⁷Todos comeram à vontade, e os discípulos recolheram, ainda, sete cestos grandes com as sobras. ³⁸Os que comeram foram quatro mil homens, sem contar mulheres e crianças. ³⁹Então Jesus os mandou para casa, entrou num barco e atravessou para a região de Magadã.

Os líderes exigem um sinal

16 Os fariseus e saduceus vieram pôr Jesus à prova, exigindo que lhes mostrasse um sinal do céu.

²Ele respondeu: "Vocês conhecem o ditado: 'Céu vermelho ao entardecer, bom tempo amanhã; ³céu vermelho e sombrio logo cedo, mau tempo o dia todo'. Vocês sabem identificar as condições do tempo no céu, mas não sabem interpretar os sinais dos tempos![a] ⁴Pedem um sinal porque são uma geração perversa e adúltera, mas o único sinal que lhes darei será o sinal do profeta Jonas". Então Jesus os deixou e se retirou.

O fermento dos fariseus e saduceus

⁵Mais tarde, depois de atravessar o mar, os discípulos descobriram que tinham se esquecido de levar pães. ⁶Jesus os advertiu: "Fiquem atentos! Tenham cuidado com o fermento dos fariseus e saduceus".

⁷Os discípulos começaram a discutir entre si por que não tinham trazido pão. ⁸Ao tomar conhecimento do que falavam, Jesus disse: "Como é pequena a sua fé! Por que vocês discutem entre si sobre a falta de pão? ⁹Ainda não entenderam? Não se lembram dos cinco pães para os cinco mil e dos cestos de sobras que recolheram? ¹⁰Nem dos sete pães para os quatro mil e dos cestos grandes de sobras que recolheram? ¹¹Como não conseguem entender que não estou falando de pão? Repito: tenham

---

[a] **16.2-3** Alguns manuscritos não trazem o trecho de 16.2-3 após *Ele respondeu*.

cuidado com o fermento dos fariseus e saduceus". ¹²Finalmente entenderam que ele não se referia ao fermento do pão, mas ao ensino dos fariseus e saduceus.

Pedro declara sua fé

¹³Quando Jesus chegou à região de Cesareia de Filipe, perguntou a seus discípulos: "Quem as pessoas dizem que o Filho do Homem é?". ¹⁴Eles responderam: "Alguns dizem que o senhor é João Batista; outros, que é Elias; e outros, ainda, que é Jeremias ou um dos profetas". ¹⁵"E vocês?", perguntou ele. "Quem vocês dizem que eu sou?" ¹⁶Simão Pedro respondeu: "O senhor é o Cristo, o Filho do Deus vivo!". ¹⁷Jesus disse: "Que grande privilégio você teve, Simão, filho de João![a] Foi meu Pai no céu quem lhe revelou isso. Nenhum ser humano saberia por si só.[b] ¹⁸Agora eu lhe digo que você é Pedro,[c] e sobre esta pedra edificarei minha igreja, e as forças da morte[d] não a conquistarão. ¹⁹Eu lhe darei as chaves do reino dos céus. O que você ligar na terra terá sido ligado no céu,[e] e o que você desligar na terra terá sido desligado no céu".[f] ²⁰Então ele advertiu a seus discípulos que não dissessem a ninguém que ele era o Cristo.

Jesus prediz sua morte

²¹Daquele momento em diante, Jesus[g] começou a falar claramente a seus discípulos que era necessário que ele fosse a Jerusalém e sofresse muitas coisas terríveis nas mãos dos líderes do povo, dos principais sacerdotes e dos mestres da lei. Seria morto, mas no terceiro dia ressuscitaria. ²²Pedro o chamou de lado e começou a repreendê-lo por dizer tais coisas. "Jamais, Senhor!", disse ele. "Isso nunca lhe acontecerá!" ²³Jesus se voltou para Pedro e disse: "Afaste-se de mim, Satanás! Você é uma pedra de tropeço para mim. Considera as coisas apenas do ponto de vista humano, e não da perspectiva de Deus".

Ensino sobre o discipulado

²⁴Então Jesus disse a seus discípulos: "Se alguém quer ser meu seguidor, negue a si mesmo, tome sua cruz e siga-me. ²⁵Se tentar se apegar à sua vida, a perderá. Mas, se abrir mão de sua vida por minha causa, a encontrará. ²⁶Que vantagem há em ganhar o mundo inteiro, mas perder a vida? E o que daria o homem em troca de sua vida? ²⁷Pois o Filho do Homem virá com seus anjos na glória de seu Pai e julgará cada pessoa de acordo com suas ações. ²⁸Eu lhes digo a verdade: alguns que estão aqui neste momento não morrerão antes de ver o Filho do Homem vindo em seu reino!".

A transfiguração

17 Seis dias depois, Jesus levou consigo Pedro e os dois irmãos, Tiago e João, até um monte alto. ²Enquanto os três observavam, a aparência de Jesus foi transformada de tal modo que seu rosto brilhava como o sol e suas roupas se tornaram brancas como a luz. ³De repente, Moisés e Elias apareceram e começaram a falar com Jesus.

⁴Pedro exclamou: "Senhor, é maravilhoso estarmos aqui! Se quiser, farei três tendas: uma será sua, uma de Moisés e outra de Elias".

⁵Enquanto ele ainda falava, uma nuvem brilhante os cobriu, e uma voz que vinha da nuvem disse: "Este é meu Filho amado, que me dá grande alegria. Ouçam-no!". ⁶Os discípulos ficaram aterrorizados e caíram com o rosto em terra.

⁷Então Jesus veio e os tocou. "Levantem-se", disse ele. "Não tenham medo." ⁸E, quando levantaram os olhos, viram apenas Jesus.

⁹Enquanto desciam do monte, Jesus lhes ordenou: "Não contem a ninguém o que viram, até que o Filho do Homem ressuscite dos mortos".

¹⁰Os discípulos lhe perguntaram: "Por que os mestres da lei afirmam que é necessário que Elias volte antes que o Cristo venha?".[h]

¹¹Jesus respondeu: "De fato, Elias vem e restaurará tudo. ¹²Eu, porém, lhes digo: Elias já veio, mas não o reconheceram e preferiram maltratá-lo. Da mesma forma, também farão o Filho do Homem sofrer". ¹³Então os

---

[a] **16.17a** Em grego, *Simão bar-Jonas*. Ver Jo 1.42; 21.15-17. [b] **16.17b** Em grego, *Não foi carne e sangue quem lhe revelou isso.* [c] **16.18a** O nome *Pedro*, em grego, significa "pedra". [d] **16.18b** Em grego, *e as portas do Hades.* [e] **16.19a** Ou *fechar [...] fechado.* [f] **16.19b** Ou *abrir [...] aberto.* [g] **16.21** Alguns manuscritos trazem *Jesus Cristo.* [h] **17.10** Em grego, *que Elias deve vir primeiro?*

discípulos entenderam que ele estava falando de João Batista.

Jesus cura um menino possuído por demônio

¹⁴Ao pé do monte, uma grande multidão os esperava. Um homem veio, ajoelhou-se diante de Jesus e disse: ¹⁵"Senhor, tenha misericórdia de meu filho. Ele tem convulsões e sofre terrivelmente. Muitas vezes, cai no fogo ou na água. ¹⁶Eu o trouxe a seus discípulos, mas eles não puderam curá-lo".

¹⁷Jesus disse: "Geração incrédula e corrompida! Até quando estarei com vocês? Até quando terei de suportá-los? Tragam o menino para cá". ¹⁸Então Jesus repreendeu o demônio, e ele saiu do menino, que ficou curado a partir daquele momento.

¹⁹Mais tarde, os discípulos perguntaram a Jesus em particular: "Por que não conseguimos expulsar aquele demônio?".

²⁰"Porque a sua fé é muito pequena", respondeu Jesus. "Eu lhes digo a verdade: se tivessem fé, ainda que do tamanho de uma semente de mostarda, poderiam dizer a este monte: 'Mova-se daqui para lá', e ele se moveria. Nada seria impossível para vocês, ²¹mas essa espécie não sai senão com oração e jejum."ᵃ

Jesus prediz sua morte pela segunda vez

²²Quando voltaram a se reunir na Galileia, Jesus lhes disse: "O Filho do Homem será traído e entregue em mãos humanas. ²³Será morto, mas no terceiro dia ressuscitará". E os discípulos se encheram de tristeza.

O pagamento do imposto do templo

²⁴Quando Jesus e seus discípulos chegaram a Cafarnaum, os cobradores do imposto do temploᵇ abordaram Pedro e lhe perguntaram: "Seu mestre não paga o imposto do templo?".

²⁵"Sim, paga", respondeu Pedro. Em seguida, entrou em casa.

Antes que ele tivesse oportunidade de falar, Jesus lhe perguntou: "O que você acha, Simão? O que os reis costumam fazer: cobram impostos de seu povo ou dos povos conquistados?".ᶜ

²⁶"Cobram dos povos conquistados", respondeu Pedro.

"Pois bem", disse Jesus. "Os cidadãosᵈ estão isentos. ²⁷Mas, como não queremos que se ofendam, desça até o mar e jogue o anzol. Abra a boca do primeiro peixe que pegar e ali encontrará uma moeda de prata.ᵉ Pegue-a e use-a para pagar os impostos por nós dois."

O maior no reino

18 Nessa ocasião, os discípulos vieram a Jesus e perguntaram: "Afinal, quem é o maior no reino dos céus?".

²Então Jesus chamou uma criança pequena e a colocou no meio deles. ³Em seguida, disse: "Eu lhes digo a verdade: a menos que vocês se convertam e se tornem como crianças, jamais entrarão no reino dos céus. ⁴Quem se torna humilde como esta criança é o maior no reino dos céus, ⁵e quem recebe uma criança como esta em meu nome recebe a mim."

Advertência para não causar pecado

⁶"Mas, se alguém fizer cair em pecado um destes pequeninos que em mim confiam, teria sido melhor ter amarrado uma grande pedra de moinho ao pescoço e se afogado nas profundezas do mar.

⁷"Quanto sofrimento haverá no mundo por causa das tentações para o pecado! Ainda que elas sejam inevitáveis, aquele que as provoca terá sofrimento ainda maior. ⁸Portanto, se sua mão ou seu pé o faz pecar, corte-o e jogue-o fora. É melhor entrar na vida eterna com apenas uma das mãos ou apenas um dos pés que ser lançado no fogo eterno com as duas mãos e os dois pés. ⁹E, se seu olho o faz pecar, arranque-o e jogue-o fora. É melhor entrar na vida eterna com apenas um dos olhos que ser lançado no inferno de fogoᶠ com os dois olhos.

¹⁰"Tomem cuidado para não desprezar nenhum destes pequeninos. Pois eu lhes digo que, no céu, os anjos deles estão sempre na presença de meu Pai celestial. ¹¹E o Filho do Homem veio para salvar os que estão perdidos."ᵍ

ᵃ **17.21** Alguns manuscritos não trazem o versículo 21. Comparar com Mc 9.29. ᵇ **17.24** Em grego, *(imposto de) didracmas*; também em 17.24b. Ver Êx 30.13-16; Ne 10.32-33. ᶜ **17.25** Em grego, *de seus filhos ou de outros?* ᵈ **17.26** Em grego, *Os filhos*. ᵉ **17.27** Em grego, *1 estáter*, moeda grega equivalente a quatro dracmas. ᶠ **18.9** Em grego, *Geena de fogo*. ᵍ **18.11** Alguns manuscritos não trazem o versículo 11. Comparar com Lc 19.10.

A parábola da ovelha perdida

¹²"Se um homem tiver cem ovelhas e uma delas se perder, o que vocês acham que ele fará? Não deixará as outras noventa e nove nos montes e sairá à procura da perdida? ¹³E, se a encontrar, eu lhes digo a verdade: ele se alegrará por causa dela mais que pelas noventa e nove que não se perderam. ¹⁴Da mesma forma, não é da vontade de meu Pai, no céu, que nenhum destes pequeninos se perca."

Como corrigir um irmão

¹⁵"Se um irmão pecar contra você,ª fale com ele em particular e chame-lhe a atenção para o erro. Se ele o ouvir, você terá recuperado seu irmão. ¹⁶Mas, se ele não o ouvir, leve consigo um ou dois outros e fale com ele novamente, para que tudo que você disser seja confirmado por duas ou três testemunhas. ¹⁷Se ainda assim ele se recusar a ouvir, apresente o caso à igreja. Então, se ele não aceitar nem mesmo a decisão da igreja, trate-o como gentio ou como cobrador de impostos.

¹⁸"Eu lhes digo a verdade: o que vocês ligarem na terra terá sido ligado no céu,ᵇ e o que desligarem na terra terá sido desligado no céu.ᶜ

¹⁹"Também lhes digo que, se dois de vocês concordarem aqui na terra a respeito de qualquer coisa que pedirem, meu Pai, no céu, os atenderá. ²⁰Pois, onde dois ou três se reúnem em meu nome, eu estou no meio deles".

A parábola sobre a importância do perdão

²¹Então Pedro se aproximou de Jesus e perguntou: "Senhor, quantas vezes devo perdoar alguémᵈ que peca contra mim? Sete vezes?".

²²Jesus respondeu: "Não sete vezes, mas setenta vezes sete.ᵉ

²³"Portanto, o reino dos céus pode ser comparado a um senhor que decidiu pôr em dia as contas com os servos que lhe deviam. ²⁴No decorrer do processo, trouxeram diante dele um servo que lhe devia sessenta milhões de moedas.ᶠ ²⁵Uma vez que o homem não tinha como pagar, o senhor ordenou que ele, sua esposa, seus filhos e todos os seus bens fossem vendidos para quitar a dívida.

²⁶"O homem se curvou diante do senhor e suplicou: 'Por favor, tenha paciência comigo, e eu pagarei tudo'. ²⁷O senhor teve compaixão dele, soltou-o e perdoou-lhe a dívida.

²⁸"No entanto, quando o servo saiu da presença do senhor, foi procurar outro servo que trabalhava com ele e que lhe devia cem moedas de prata.ᵍ Agarrou-o pelo pescoço e exigiu que ele pagasse de imediato.

²⁹"O servo se curvou diante dele e suplicou: 'Tenha paciência comigo, e eu pagarei tudo'. ³⁰O credor, porém, não estava disposto a esperar. Mandou que o homem fosse lançado na prisão até que tivesse pago toda a dívida.

³¹"Quando outros servos, companheiros dele, viram isso, ficaram muito tristes. Foram ao senhor e lhe contaram tudo que havia acontecido. ³²Então o senhor chamou o homem cuja dívida ele havia perdoado e disse: 'Servo mau! Eu perdoei sua imensa dívida porque você me implorou. ³³Acaso não devia ter misericórdia de seu companheiro, como tive misericórdia de você?'. ³⁴E, irado, o senhor mandou o homem à prisão para ser torturado até que lhe pagasse toda a dívida.

³⁵"Assim também meu Pai celestial fará com vocês caso se recusem a perdoar de coração a seus irmãos".

Discussão sobre divórcio e casamento

19 Quando Jesus terminou de dizer essas coisas, deixou a Galileia e foi para a região da Judeia, a leste do rio Jordão. ²Grandes multidões o seguiram, e ele curou os enfermos.

³Alguns fariseus apareceram e tentaram apanhar Jesus numa armadilha, perguntando: "Deve-se permitir que um homem se divorcie de sua mulher por qualquer motivo?".

⁴"Vocês não leram as Escrituras?", respondeu Jesus. "Elas registram que, desde o princípio, o Criador 'os fez homem e mulher'ʰ ⁵e disse: 'Por isso o homem deixa pai e mãe e se une à sua mulher, e os dois se tornam um só'.ⁱ ⁶Uma vez que já não são dois, mas um só, que ninguém separe o que Deus uniu."

ª**18.15** Alguns manuscritos não trazem *contra você*. ᵇ**18.18a** Ou *fecharem [...] fechado*. ᶜ**18.18b** Ou *abrirem [...] aberto*. ᵈ**18.21** Em grego, *meu irmão*. ᵉ**18.22** Ou *setenta e sete vezes*. ᶠ**18.24** Em grego, *10.000 talentos. O talento era uma medida de peso (de ouro ou prata) equivalente a 35 quilos, isto é, cerca de 6.000 denários*. ᵍ**18.28** Em grego, *100 denários. Um denário equivalia ao salário por um dia completo de trabalho*. ʰ**19.4** Gn 1.27; 5.2. ⁱ**19.5** Gn 2.24.

> **REFLETINDO SOBRE: Jamais rejeitada**
>
> ## Mulheres divorciadas
>
> *Pois o Senhor ama a justiça e jamais abandonará seu povo fiel.*
> —Salmo 37.28
>
> Ao aproximar-se silenciosamente do último banco logo que o culto começou, Roxanne rapidamente olhou ao redor. Seria sua imaginação ou a mulher ao seu lado havia realmente evitado contato visual com ela? Roxanne, envergonhada, apanhou um hinário. Três meses se passaram desde o seu divórcio e ela ainda se sentia desconfortável em público. Até mesmo seus amigos próximos pareciam inquietos, como se não soubessem o que lhe dizer. Roxanne certamente os compreendia— ela também não sabia o que dizer sobre o fim de seu casamento. Após 30 anos como esposa, praticamente da noite para o dia ela passou a fazer parte do grupo de mulheres divorciadas.
>
> Temos a tendência de pensar no divórcio como uma questão moderna, mas era um assunto corrente também nos dias do Novo Testamento. Os fariseus tentaram confundir Jesus em debate teológico sobre o divórcio e as mulheres tinham profundo interesse em Sua resposta. Naquela época, as pessoas estavam divididas entre duas interpretações opostas sobre as regras em Deuteronômio 24.1-4. Um grupo acreditava que um homem poderia se divorciar de sua esposa por praticamente qualquer motivo; o outro grupo defendia o divórcio somente em casos de infidelidade. Jesus evitou o conflito focando-se na intenção original de Deus para o relacionamento conjugal: deveria ser permanente.
>
> O divórcio se propagou amplamente em nossa sociedade, mas isso não diminui a dor de suas consequências. Mulheres divorciadas muitas vezes lutam com questões financeiras, especialmente quando têm filhos. Algumas mulheres sentem-se fracassadas depois do fim de seu casamento. Mesmo que alguns divórcios acabem com relacionamentos doentios, as mulheres ainda acham que a transição para a vida de solteira é difícil. Deus planejou o casamento como um comprometimento vitalício, mas Ele não nos ama menos se estamos divorciadas. Não somos menos valiosas aos Seus olhos e Ele ainda tem um propósito e um plano para nossa vida. Não precisamos nos preocupar com uma possível rejeição da parte de Deus, mesmo que alguma outra pessoa nos rejeite.

⁷Eles perguntaram: "Então por que Moisés disse na lei que o homem poderia dar à esposa um certificado de divórcio e mandá-la embora?".[a]

⁸Jesus respondeu: "Moisés permitiu o divórcio apenas como concessão, pois o coração de vocês é duro, mas não era esse o propósito original. ⁹E eu lhes digo o seguinte: quem se divorciar de sua esposa, o que só poderá fazer em caso de imoralidade, e se casar com outra, cometerá adultério".[b]

¹⁰Os discípulos de Jesus disseram: "Se essa é a condição do homem em relação à sua mulher, é melhor não casar!".

¹¹"Nem todos têm como aceitar esse ensino", disse Jesus. "Só aqueles que recebem a ajuda de Deus. ¹²Alguns nascem eunucos, alguns foram feitos eunucos por outros e alguns a si mesmos se fazem eunucos por causa do reino dos céus. Quem puder, que aceite isso."

Jesus abençoa as crianças

¹³Certo dia, trouxeram crianças para que Jesus pusesse as mãos sobre elas e orasse em seu favor, mas os discípulos repreendiam aqueles que as traziam.

¹⁴Jesus, porém, disse: "Deixem que as crianças venham a mim. Não as impeçam, pois o reino dos céus pertence aos que são como elas". ¹⁵Então, antes de ir embora, pôs as mãos sobre a cabeça delas e as abençoou.

O homem rico

¹⁶Um homem veio a Jesus com a seguinte pergunta: "Mestre,[c] que boas ações devo fazer para obter a vida eterna?".

¹⁷"Por que você me pergunta sobre o que é bom?", perguntou Jesus. "Há somente um que é bom. Se você deseja entrar na vida eterna, guarde os mandamentos."

¹⁸"Quais?", perguntou o homem.

---

[a] **19.7** Ver Dt 24.1. [b] **19.9** Alguns manuscritos acrescentam *E quem se casa com uma mulher divorciada comete adultério*. Comparar com Mt 5.32. [c] **19.16** Alguns manuscritos trazem *Bom mestre*.

Jesus respondeu: "Não mate. Não cometa adultério. Não roube. Não dê falso testemunho. ¹⁹Honre seu pai e sua mãe. Ame o seu próximo como a si mesmo".ᵃ

²⁰"Tenho obedecido a todos esses mandamentos", disse o homem. "O que mais devo fazer?"

²¹Jesus respondeu: "Se você quer ser perfeito, vá, venda todos os seus bens e dê o dinheiro aos pobres. Então você terá um tesouro no céu. Depois, venha e siga-me".

²²Quando o rapaz ouviu isso, foi embora triste, porque tinha muitos bens.

As recompensas do discipulado

²³Então Jesus disse a seus discípulos: "Eu lhes digo a verdade: é muito difícil um rico entrar no reino dos céus. ²⁴Digo também: é mais fácil um camelo passar pelo buraco de uma agulha que um rico entrar no reino de Deus".

²⁵Ao ouvir isso, os discípulos ficaram perplexos e perguntaram: "Então quem pode ser salvo?".

²⁶Jesus olhou atentamente para eles e respondeu: "Para as pessoas isso é impossível, mas tudo é possível para Deus".

²⁷Então Pedro disse: "Deixamos tudo para segui-lo. Qual será nossa recompensa?".

²⁸Jesus respondeu: "Eu lhes garanto que, quando o mundo for renovadoᵇ e o Filho do Homem se sentar em seu trono glorioso, vocês, que foram meus seguidores, também se sentarão em doze tronos para julgar as doze tribos de Israel. ²⁹E todos que tiverem deixado casa, irmãos, irmãs, pai, mãe, filhos ou propriedades por minha causa receberão em troca cem vezes mais e herdarão a vida eterna. ³⁰Contudo, muitos primeiros serão os últimos, e muitos últimos serão os primeiros."

A parábola dos trabalhadores do vinhedo

20 "Pois o reino dos céus é como o dono de uma propriedade que saiu de manhã cedo a fim de contratar trabalhadores para seu vinhedo. ²Combinou de pagar uma moeda de prataᶜ por um dia de serviço e os mandou trabalhar.

³"Às nove da manhã, estava passando pela praça e viu por ali alguns desocupados. ⁴Contratou-os e disse-lhes que, no final do dia, pagaria o que fosse justo. ⁵E eles foram trabalhar no vinhedo. Ao meio-dia e às três da tarde, fez a mesma coisa.

⁶"Às cinco da tarde, estava outra vez na cidade e viu por ali mais algumas pessoas. 'Por que vocês não trabalharam hoje?', perguntou ele.

PÃO DIÁRIO

Chegando tarde

Assim, os últimos serão os primeiros, e os primeiros serão os últimos.

—Mateus 20.16

Eduardo, um ateu declarado, passou os 50 anos de sua vida negando a existência de Deus. Ao contrair uma doença debilitante, sua saúde deteriorou-se lentamente. Quando estava numa casa de repouso esperando a morte, recebia quase diariamente a visita de alguns amigos cristãos que ele tinha conhecido no Ensino Médio. Eles lhe falaram novamente sobre o amor de Cristo. Porém, quanto mais se aproximava da morte, menos interesse ele parecia demonstrar por Deus.

Certo domingo, um pastor passou por lá para lhe fazer uma visita. Para a surpresa de todos, Eduardo orou com ele e clamou por salvação e pelo perdão de Jesus. Algumas semanas depois, ele faleceu.

Eduardo negou a Cristo durante 50 anos e passou apenas duas semanas amando e confiando no Senhor. Porém, por causa de sua fé, ele vivenciará para sempre a presença, a glória, o amor, a majestade e a perfeição de Deus. Algumas pessoas podem argumentar dizendo que isso não é justo. Contudo, de acordo com a parábola de Jesus em Mateus 20, não se trata de justiça, mas de bondade e graça de Deus (vv.11-15).

Será que você já esperou tanto tempo para confiar sua salvação a Jesus que talvez ache que seja tarde demais? Lembre-se do ladrão na cruz que colocou a sua fé em Jesus pouco antes de morrer (Lc 23.39-43). Confie em Jesus agora e receba a Sua dádiva da vida eterna. Não é tarde demais!

Pai celestial, tenho amigos e parentes pelos quais tenho orado durante anos, e eles ainda não confiaram em ti como Salvador. Por favor, age no coração deles e convence-os de seus pecados e da necessidade de salvação em ti. Que o Espírito Santo volte o coração de cada um deles a Jesus.

É uma presunção perigosa dizer: "Amanhã" quando Deus diz: "Hoje!".

ᵃ **19.18-19** Êx 20.12-16; Dt 5.16-20; Lv 19.18. ᵇ **19.28** Ou *na regeneração*. ᶜ **20.2** Em grego, *1 denário*; também em 20.9,10,13.

⁷"'Porque ninguém nos contratou', responderam.

"Então o proprietário disse: 'Vão e trabalhem com os outros no meu vinhedo'.

⁸"Ao entardecer, mandou o capataz chamar os trabalhadores e pagá-los, começando pelos que haviam sido contratados por último. ⁹Os que foram contratados às cinco da tarde vieram e receberam uma moeda de prata. ¹⁰Quando chegaram os que foram contratados primeiro, imaginaram que receberiam mais. Contudo, também receberam uma moeda de prata. ¹¹Ao receber o pagamento, queixaram-se ao proprietário: ¹²'Aqueles trabalharam apenas uma hora e, no entanto, o senhor lhes pagou a mesma quantia que a nós, que trabalhamos o dia todo no calor intenso'.

¹³"O proprietário respondeu a um deles: 'Amigo, não fui injusto. Você não concordou em trabalhar o dia inteiro por uma moeda de prata? ¹⁴Pegue seu dinheiro e vá. Eu quis pagar ao último trabalhador o mesmo que paguei a você. ¹⁵É contra a lei eu fazer o que quero com o meu dinheiro? Ou você está com inveja porque fui bondoso com os outros?'.

¹⁶"Assim, os últimos serão os primeiros, e os primeiros serão os últimos".[a]

Jesus prediz sua morte e ressurreição

¹⁷Enquanto subia para Jerusalém, Jesus chamou os doze discípulos e lhes disse, em particular, o que aconteceria com ele: ¹⁸"Ouçam, estamos subindo para Jerusalém, onde o Filho do Homem será traído e entregue aos principais sacerdotes e aos mestres da lei. Eles o condenarão à morte ¹⁹e o entregarão aos gentios, para que zombem dele, o açoitem e o crucifiquem. No terceiro dia, porém, ele ressuscitará".

Jesus ensina sobre servir a outros

²⁰Então a mãe dos filhos de Zebedeu veio a Jesus com seus filhos. Ela se ajoelhou diante dele a fim de lhe pedir um favor.

²¹"O que você quer?", perguntou ele.

Ela respondeu: "Por favor, permita que, no seu reino, meus dois filhos se sentem em lugares de honra ao seu lado, um à sua direita e outro à sua esquerda".

²²Jesus respondeu: "Vocês não sabem o que estão pedindo! São capazes de beber do cálice que estou prestes a beber?".

"Somos!", disseram eles.

²³Então Jesus disse: "De fato, vocês beberão do meu cálice. Não cabe a mim, no entanto, dizer quem se sentará à minha direita ou à minha esquerda. Meu Pai preparou esses lugares para aqueles que ele escolheu".

²⁴Quando os outros dez discípulos souberam o que os dois irmãos haviam pedido, ficaram indignados. ²⁵Então Jesus os reuniu e disse: "Vocês sabem que os governantes deste mundo têm poder sobre o povo, e que os oficiais exercem sua autoridade sobre os súditos. ²⁶Entre vocês, porém, será diferente. Quem quiser ser o líder entre vocês, que seja servo, ²⁷e quem quiser ser o primeiro entre vocês, que se torne escravo. ²⁸Pois nem mesmo o Filho do Homem veio para ser servido, mas para servir e dar sua vida em resgate por muitos".

Jesus cura dois cegos

²⁹Quando Jesus e seus discípulos saíam de Jericó, uma grande multidão os seguiu. ³⁰Dois cegos estavam sentados à beira do caminho e, quando souberam que Jesus vinha naquela direção, começaram a gritar: "Senhor, Filho de Davi, tenha misericórdia de nós!".

³¹"Calem-se!", diziam aos brados os que estavam na multidão.

Eles, porém, gritavam ainda mais alto: "Senhor, Filho de Davi, tenha misericórdia de nós!".

³²Ao ouvi-los, Jesus parou e perguntou: "O que vocês querem que eu lhes faça?".

³³Eles responderam: "Senhor, nós queremos enxergar!".

³⁴Jesus teve compaixão deles e tocou-lhes nos olhos. No mesmo instante, passaram a enxergar e o seguiram.

A entrada de Jesus em Jerusalém

21 Quando já se aproximavam de Jerusalém, Jesus e seus discípulos chegaram a Betfagé, no monte das Oliveiras. Jesus enviou na frente dois discípulos. ²"Vão àquele povoado adiante", disse ele. "Assim que entrarem, verão uma jumenta amarrada, com seu jumentinho

---

[a] **20.16** Alguns manuscritos acrescentam *Pois muitos são chamados, mas poucos são escolhidos.*

ao lado. Desamarrem os animais e tragam-nos para mim. ³Se alguém lhes perguntar o que estão fazendo, digam apenas: 'O Senhor precisa deles', e de imediato a pessoa deixará que vocês os levem."

⁴Isso aconteceu para cumprir o que foi dito por meio do profeta:

⁵"Digam ao povo de Sião:ᵃ
'Vejam, seu Rei se aproxima.
Ele é humilde e vem montado num jumento,
num jumentinho, cria de jumenta'".ᵇ

⁶Os dois discípulos fizeram como Jesus havia ordenado. ⁷Trouxeram a jumenta e o jumentinho e puseram seus mantos sobre o jumentinho, e Jesus montou nele.

⁸Grande parte da multidão estendeu seus mantos ao longo do caminho diante de Jesus, e outros cortaram ramos das árvores e os espalharam pelo chão. ⁹E as pessoas, tanto as que iam à frente como as que o seguiam, gritavam:

"Hosana,ᶜ Filho de Davi!
Bendito é o que vem em nome do Senhor!
Hosana no mais alto céu!".ᵈ

¹⁰Quando Jesus entrou em Jerusalém, toda a cidade estava em grande alvoroço. "Quem é este?", perguntavam.

¹¹A multidão respondia: "É Jesus, o profeta de Nazaré, da Galileia".

Jesus purifica o templo

¹²Então Jesus entrou no templo e começou a expulsar todos que ali estavam comprando e vendendo animais para os sacrifícios. Derrubou as mesas dos cambistas e as cadeiras dos que vendiam pombas, ¹³dizendo: "As Escrituras declaram: 'Meu templo será chamado casa de oração', mas vocês o transformaram num esconderijo de ladrões!".ᵉ

¹⁴Os cegos e os coxos vieram a Jesus no templo, e ele os curou. ¹⁵Quando os principais sacerdotes e mestres da lei viram esses milagres maravilhosos e ouviram até as crianças no templo gritar "Hosana, Filho de Davi", ficaram indignados. ¹⁶"Está ouvindo o que as crianças estão dizendo?", perguntaram a Jesus.

"Sim", respondeu ele. "Vocês nunca leram as Escrituras? Elas dizem: 'Ensinaste crianças e bebês a te dar louvor'."ᶠ ¹⁷Então ele voltou a Betânia, onde passou a noite.

Jesus amaldiçoa a figueira

¹⁸De manhã, enquanto voltava para Jerusalém, Jesus teve fome. ¹⁹Encontrando uma figueira à beira do caminho, foi ver se havia figos, mas só encontrou folhas. Então, disse à figueira: "Nunca mais dê frutos!". E, no mesmo instante, a figueira secou. ²⁰Quando os discípulos viram isso, ficaram admirados e perguntaram: "Como a figueira secou tão depressa?".

²¹Jesus respondeu: "Eu lhes digo a verdade: se vocês tiverem fé e não duvidarem, poderão fazer o mesmo que fiz com esta figueira, e muito mais. Poderão até dizer a este monte: 'Levante-se e atire-se no mar', e isso acontecerá. ²²Se crerem, receberão qualquer coisa que pedirem em oração".

A autoridade de Jesus é questionada

²³Quando Jesus voltou ao templo e começou a ensinar, os principais sacerdotes e líderes do povo vieram até ele e perguntaram: "Com que autoridade você faz essas coisas? Quem lhe deu esse direito?".

²⁴Jesus respondeu: "Eu lhes direi com que autoridade faço essas coisas se vocês responderem a uma pergunta: ²⁵A autoridade de João para batizar vinha do céu ou era apenas humana?".

Eles discutiram a questão entre si: "Se dissermos que vinha do céu, ele perguntará por que não cremos em João. ²⁶Mas, se dissermos que era apenas humana, seremos atacados pela multidão, pois todos pensam que João era profeta". ²⁷Por fim, responderam a Jesus: "Não sabemos".

E Jesus replicou: "Então eu também não direi com que autoridade faço essas coisas."

A parábola dos dois filhos

²⁸"O que acham disto? Um homem que tinha dois filhos disse ao mais velho: 'Filho, vá trabalhar no vinhedo hoje'. ²⁹O filho respondeu: 'Não

---

ᵃ**21.5a** Em grego, *à filha de Sião*. Is 62.11. ᵇ**21.5b** Zc 9.9. ᶜ**21.9a** Exclamação de louvor que, em sua forma hebraica, significa "Salva agora!"; também em 21.9b,15. ᵈ**21.9b** Sl 118.25-26; 148.1. ᵉ**21.13** Is 56.7; Jr 7.11. ᶠ**21.16** Sl 8.2, conforme a Septuaginta.

vou', mas depois mudou de ideia e foi. ³⁰Então o pai disse ao outro filho: 'Vá você', e ele respondeu: 'Sim senhor, eu vou', mas não foi. ³¹"Qual dos dois obedeceu ao pai?"
Eles responderam: "O primeiro".

Então Jesus explicou: "Eu lhes digo a verdade: cobradores de impostos e prostitutas entrarão no reino de Deus antes de vocês. ³²Pois João veio e mostrou o caminho da justiça, mas vocês não creram nele, enquanto cobradores de impostos e prostitutas creram. E, mesmo depois de verem isso, vocês se recusaram a mudar de ideia e crer nele."

A parábola dos lavradores maus

³³"Agora, ouçam outra parábola. O dono de uma propriedade plantou um vinhedo. Construiu uma cerca ao redor, um tanque de prensar e uma torre para o guarda. Depois, arrendou o vinhedo a alguns lavradores e partiu para um lugar distante. ³⁴No tempo da colheita da uva, enviou seus servos a fim de receber sua parte da colheita. ³⁵Os lavradores agarraram os servos, espancaram um deles, mataram outro e apedrejaram o terceiro. ³⁶Então o dono da propriedade enviou um grupo maior de servos para receber a parte dele, mas o resultado foi o mesmo.

³⁷"Por fim, o dono enviou seu filho, pois pensou: 'Certamente respeitarão meu filho'. ³⁸No entanto, quando os lavradores viram o filho, disseram uns aos outros: 'Aí vem o herdeiro da propriedade. Vamos matá-lo e tomar posse desta terra!'. ³⁹Então o agarraram, o arrastaram para fora do vinhedo e o mataram.

⁴⁰"Quando o dono da terra voltar, o que vocês acham que ele fará com aqueles lavradores?", perguntou Jesus.

⁴¹Os líderes religiosos responderam: "Ele os matará cruelmente e arrendará o vinhedo para outros, que lhe darão sua parte depois de cada colheita".

⁴²Então Jesus disse: "Vocês nunca leram nas Escrituras:

'A pedra que os construtores rejeitaram
    se tornou a pedra angular.
Isso é obra do Senhor
    e é maravilhosa de ver'?ᵃ

⁴³Eu lhes digo que o reino de Deus lhes será tirado e entregue a um povo que produzirá os devidos frutos. ⁴⁴Quem tropeçar nesta pedra será despedaçado, e aquele sobre quem ela cair será reduzido a pó".ᵇ

⁴⁵Quando os principais sacerdotes e fariseus ouviram essa parábola, perceberam que eles eram os lavradores maus a que Jesus se referia. ⁴⁶Queriam prendê-lo, mas tinham medo das multidões, pois elas o consideravam um profeta.

A parábola do banquete de casamento

22 Jesus lhes contou outras parábolas. Disse ele: ²"O reino dos céus pode ser ilustrado com a história de um rei que preparou um grande banquete de casamento para seu filho. ³Quando o banquete estava pronto, o rei enviou seus servos para avisar os convidados, mas todos se recusaram a vir.

⁴"Então ele enviou outros servos para lhes dizer: 'Já preparei o banquete; os bois e novilhos gordos foram abatidos, e tudo está pronto. Venham para a festa!'. ⁵Mas os convidados não lhes deram atenção e foram embora: um para sua fazenda, outro para seus negócios. ⁶Outros, ainda, agarraram os mensageiros, os insultaram e os mataram.

⁷"O rei ficou furioso e enviou seu exército para destruir os assassinos e queimar a cidade deles. ⁸Disse a seus servos: 'O banquete de casamento está pronto, e meus convidados não são dignos dessa honra. ⁹Agora, saiam pelas esquinas e convidem todos que vocês encontrarem'. ¹⁰Então os servos trouxeram todos que encontraram, tanto bons como maus, e o salão do banquete se encheu de convidados.

¹¹"Quando o rei entrou para recebê-los, notou um homem que não estava vestido de forma apropriada para um casamento ¹²e perguntou-lhe: 'Amigo, como é que você se apresenta sem a roupa de casamento?'. O homem não teve o que responder. ¹³Então o rei disse: 'Amarrem-lhe as mãos e os pés e lancem-no para fora, na escuridão, onde haverá choro e ranger de dentes'.

¹⁴"Pois muitos são chamados, mas poucos são escolhidos".

ᵃ **21.42** Sl 118.22-23. ᵇ **21.44** Alguns manuscritos não trazem o versículo 44. Comparar com Lc 20.18.

> ### REFLETINDO SOBRE: É só isso que existe?
> ## As esposas dos saduceus
>
> *Sim, temos confiança absoluta e preferíamos deixar este corpo terreno, pois então estaríamos em nosso lar com o Senhor.*
> —2 Coríntios 5.8
>
> "Mamãe, eu vou encontrar a vovó de novo?"
> A pergunta assombrou Jessie por muito tempo depois de colocar Emma para dormir. Sua resposta ensaiada: "Ela viverá em nosso coração enquanto nos lembrarmos dela" não satisfez plenamente sua filha — e agora Jessie também tinha suas dúvidas. Ela sempre se considerou "esclarecida" demais para as crenças fora de moda de sua mãe sobre o Céu e a vida após a morte. Mas pensar no espírito vibrante de sua mãe e sua natureza amorosa sendo apagados como uma chama, sem nada além de memórias? Jessie começou a questionar...
> Os saduceus eram líderes religiosos, que viveram nos dias de Jesus, que não criam em anjos, espíritos ou vida após a morte. Quando fizeram uma pergunta para ridicularizar a ideia de ressurreição, Jesus respondeu que eles não conheciam a Palavra ou o poder de Deus.
> Será que as esposas dos saduceus aceitavam suas crenças, ou algumas delas criam em secreto que a vida continua após a morte? Ao irem aos funerais de membros da família e amigos, será que não lutavam com a ideia de que seus amados simplesmente deixariam de existir? Quando ouviram sobre a confrontação entre os saduceus e Jesus e ouviram Sua resposta, talvez algumas delas tenham recebido a certeza que por tanto tempo ansiaram.
> Nossas crenças sobre a morte ajudam a determinar como vivemos. A Bíblia ensina que continuaremos a viver eternamente, com Deus ou sem Ele. Este é o momento de conhecer o Senhor, fazer a Sua vontade e compartilhar a verdade sobre Ele com outros. Se pensarmos que a vida acaba quando o nosso corpo morre, então não importará o modo como passamos nosso breve tempo na Terra. Pensar que Deus nos criaria para depois nos extinguir entristeceria qualquer um, até mesmo alguém que não fosse saduceu.

Impostos para César

15 Então os fariseus se reuniram para tramar um modo de levar Jesus a dizer algo que desse motivo para o prenderem. **16** Enviaram alguns de seus discípulos, junto com os partidários de Herodes, para se encontrarem com ele. Disseram: "Mestre, sabemos como o senhor é honesto e ensina o caminho de Deus de acordo com a verdade. É imparcial e não demonstra favoritismo. **17** Agora, diga-nos o que o senhor pensa a respeito disto: É certo pagar impostos a César ou não?".

18 Jesus, porém, sabia de sua má intenção e disse: "Hipócritas! Por que vocês tentam me apanhar numa armadilha? **19** Mostrem-me a moeda usada para pagar o imposto". Quando lhe deram uma moeda de prata,[a] **20** ele disse: "De quem são a imagem e o título nela gravados?".

21 "De César", responderam.

"Então deem a César o que pertence a César, e deem a Deus o que pertence a Deus", disse ele.

22 Sua resposta os deixou admirados, e eles foram embora.

Discussão sobre a ressurreição dos mortos

23 No mesmo dia, vieram a Jesus alguns saduceus, líderes religiosos que afirmam não haver ressurreição dos mortos, **24** e perguntaram: "Mestre, Moisés disse: 'Se um homem morrer sem deixar filhos, o irmão dele deve se casar com a viúva e ter um filho, que dará continuidade ao nome do irmão'.[b] **25** Numa família havia sete irmãos. O mais velho se casou e morreu sem deixar filhos, de modo que seu irmão se casou com a viúva. **26** O segundo irmão também morreu, e o terceiro irmão se casou com ela. E assim por diante, até o sétimo

---

[a] **22.19** Em grego, *1 denário.* [b] **22.24** Dt 25.5-6.

> **PÃO DIÁRIO**
>
> ## Os ingredientes corretos
>
> *Ame o seu próximo como a si mesmo.*
> —Mateus 22.39
>
> Embora minhas habilidades culinárias não sejam muito desenvolvidas, de vez em quando, uso uma caixa de "mistura para bolo". Depois de acrescentar os ovos, o óleo vegetal e a água, misturo tudo. Para assar um bolo que agrade ao paladar, é fundamental ter o equilíbrio exato dos ingredientes corretos. Isso me ajuda a imaginar a relação entre o maior mandamento (Mt 22.36-38) e a Grande Comissão (28.19,20) ao anunciar o evangelho.
>
> Quando Jesus disse aos Seus seguidores que fossem e fizessem discípulos de todas as nações, Ele não lhes deu permissão para serem grosseiros e indiferentes ao agir. Sua própria menção ao "primeiro e o maior mandamento", "Ame o Senhor, seu Deus, de todo o seu coração, de toda a sua alma e de toda a sua mente" — foi rapidamente seguida pelo chamado: "Ame o seu próximo como a si mesmo" (Mt 22.37-39). Por todo o Novo Testamento, encontramos esse modelo de vida compassiva e respeitosa reafirmado em muitas partes, incluindo o conhecido trecho como "o capítulo do amor", 1 Coríntios 13, e a instrução de Pedro: "consagrem a Cristo como o Senhor de sua vida. E, se alguém lhes perguntar a respeito de sua esperança, estejam sempre preparados para explicá-la" (1Pe 3.15).
>
> Em nossa avidez por compartilhar a mensagem de Cristo, devemos sempre incluir um equilíbrio saudável desses dois ingredientes: o verdadeiro evangelho e o amor piedoso. Esse bolo maravilhosamente doce assa melhor no calor do amor de Deus.
>
> *É difícil amar os outros como a si mesmo. E, embora seja fácil para mim amar-te, ó Deus, temo nem sempre fazê-lo de todo o meu coração, alma e mente. Dá-me o amor sobrenatural que tens pelo mundo para que a minha vida seja um testemunho piedoso.*
>
> ---
>
> **Testemunha melhor quem testemunha com a própria vida.**

irmão. ²⁷Por fim, a mulher também morreu. ²⁸Diga-nos, de quem ela será esposa na ressurreição? Afinal, os sete se casaram com ela".

²⁹Jesus respondeu: "O erro de vocês está em não conhecerem as Escrituras nem o poder de Deus, ³⁰pois, quando os mortos ressuscitarem, não se casarão nem se darão em casamento. Nesse sentido, serão como os anjos do céu.

³¹"Agora, quanto a haver ressurreição dos mortos, vocês não leram a esse respeito nas Escrituras? Deus disse: ³²'Eu sou o Deus de Abraão, o Deus de Isaque e o Deus de Jacó'.[a] Portanto, ele é o Deus dos vivos, e não dos mortos".

³³Quando as multidões o ouviram, ficaram admiradas com seu ensino.

O mandamento mais importante

³⁴Sabendo os fariseus que Jesus tinha calado os saduceus com essa resposta, reuniram-se novamente para interrogá-lo. ³⁵Um deles, especialista na lei, tentou apanhá-lo numa armadilha com a seguinte pergunta: ³⁶"Mestre, qual é o mandamento mais importante da lei de Moisés?".

³⁷Jesus respondeu: "'Ame o Senhor, seu Deus, de todo o seu coração, de toda a sua alma e de toda a sua mente'.[b] ³⁸Este é o primeiro e o maior mandamento. ³⁹O segundo é igualmente importante: 'Ame o seu próximo como a si mesmo'.[c] ⁴⁰Toda a lei e todas as exigências dos profetas se baseiam nesses dois mandamentos".

De quem o Cristo é filho?

⁴¹Então, rodeado pelos fariseus, Jesus lhes fez a seguinte pergunta: ⁴²"O que vocês pensam do Cristo? De quem ele é filho?".

Eles responderam: "É filho de Davi".

⁴³Jesus perguntou: "Então por que Davi, falando por meio do Espírito, chama o Cristo de 'meu Senhor'? Pois Davi disse:

⁴⁴'O Senhor disse ao meu Senhor:
Sente-se no lugar de honra à minha direita
até que eu humilhe seus inimigos debaixo de seus pés'.[d]

⁴⁵Portanto, se Davi chamou o Cristo de 'meu Senhor', como ele pode ser filho de Davi?".

⁴⁶Ninguém conseguiu responder e, depois disso, não se atreveram a lhe fazer mais perguntas.

---

[a] **22.32** Êx 3.6. [b] **22.37** Dt 6.5. [c] **22.39** Lv 19.18. [d] **22.44** Sl 110.1.

Jesus critica os líderes religiosos

23 Então Jesus disse às multidões e a seus discípulos: ²"Os mestres da lei e os fariseus ocuparam o lugar de intérpretes oficiais da lei de Moisés.ᵃ ³Portanto, pratiquem tudo que eles dizem e obedeçam-lhes, mas não sigam seu exemplo, pois eles não fazem o que ensinam. ⁴Oprimem as pessoas com exigências insuportáveis e não movem um dedo sequer para aliviar seus fardos.

⁵"Tudo que fazem é para se exibir. Usam nos braços filactériosᵇ mais largos que de costume e vestem mantos com franjas mais longas. ⁶Gostam de sentar-se à cabeceira da mesa nos banquetes e de ocupar os lugares de honra nas sinagogas. ⁷Gostam de receber saudações respeitosas enquanto andam pelas praças e de ser chamados de 'Rabi'.ᶜ

⁸"Não deixem que pessoa alguma os chame de 'Rabi', pois vocês têm somente um mestre, e todos vocês são irmãos. ⁹Não se dirijam a pessoa alguma aqui na terra como 'Pai', pois somente Deus no céu é seu Pai. ¹⁰Não deixem que pessoa alguma os chame de 'Mestre', pois vocês têm somente um mestre, o Cristo. ¹¹O mais importante entre vocês deve ser servo dos outros, ¹²pois os que se exaltam serão humilhados, e os que se humilham serão exaltados.

¹³"Que aflição os espera, mestres da lei e fariseus! Hipócritas! Fecham a porta do reino dos céus na cara das pessoas. Vocês mesmos não entram e não permitem que os outros entrem. ¹⁴"Que aflição os espera, mestres da lei e fariseus! Hipócritas! Tomam posse dos bens das viúvas de maneira desonesta e, depois, para dar a impressão de piedade, fazem longas orações em público. Por causa disso, serão duramente castigados.ᵈ

¹⁵"Que aflição os espera, mestres da lei e fariseus! Hipócritas! Atravessam terra e mar para converter alguém e depois o tornam um filho do inferno,ᵉ duas vezes pior que vocês.

¹⁶"Que aflição os espera, guias cegos! Vocês dizem não haver importância se alguém jura 'pelo templo de Deus', mas se jurar 'pelo ouro do templo' será obrigado a cumprir o juramento. ¹⁷Tolos cegos! O que é mais importante: o ouro ou o templo, que torna o ouro sagrado? ¹⁸Dizem também não haver importância se alguém jura 'pelo altar', mas se jurar 'pelas ofertas sobre o altar' será obrigado

---

PÃO DIÁRIO

Apenas para aparecer

Tudo que fazem é para se exibir.
—Mateus 23.5

Um número cada vez maior de livros antigos encadernados em couro é comprado simplesmente por terem a capa de couro, independentemente do seu conteúdo. Os *designers* de interiores os adquirem pela medida linear e os usam para reproduzir uma aconchegante atmosfera de passado no lar de clientes muito ricos. O importante é certificar-se de que eles combinem com a decoração do ambiente. Um empresário endinheirado comprou 13 mil livros antigos que ele jamais lerá apenas com a intenção de criar um aspecto de biblioteca em sua casa reformada. Esses livros estão ali apenas para exposição.

Enfatizar a aparência exterior pode ser uma maneira agradável de decorar a casa, mas é um jeito perigoso de viver. Jesus censurou muitos líderes religiosos de Sua época por não colocarem em prática aquilo que ensinavam. Eram viciados em receber elogios e em sentir-se convencidos. Em vez de abrirem o reino do Céu para as pessoas, fechavam a porta em suas faces. Jesus falou a respeito deles: "Tudo que fazem é para se exibir" (Mt 23.5).

O Senhor nos chama para sermos pessoas de conteúdo, não apenas de aparência. Devemos demonstrar a veracidade da Sua presença em nós por meio de uma atitude de humildade. "O mais importante entre vocês deve ser servo dos outros" (v.11).

Ao vivermos para Jesus, o nosso interior é muito mais importante do que a nossa aparência. Estamos aqui para muito mais do que aparecer.

Senhor, por favor, ajuda-me a manter minha motivação sempre pura. Desejo que todas as minhas palavras e ações sejam o reflexo de um coração e mente renovados por ti. Que o Teu amor brilhe através de mim.

Se Deus controlar o seu interior, você será genuína em seu exterior.

ᵃ**23.2** Em grego, *e os fariseus se sentam na cadeira de Moisés*. ᵇ**23.5** Pequenas caixas, usadas na oração, contendo versículos da lei de Moisés. ᶜ**23.7** Termo aramaico que significa "mestre" ou "professor". ᵈ**23.14** Alguns manuscritos não trazem o versículo 14. Comparar com Mc 12.40 e Lc 20.47. ᵉ**23.15** Em grego, *do Geena*; também em 23.33.

a cumprir o juramento. ¹⁹Cegos! O que é mais importante: a oferta sobre o altar ou o altar, que torna a oferta sagrada? ²⁰Quando juram 'pelo altar', juram por ele e por tudo que está sobre ele. ²¹Quando juram 'pelo templo', juram por ele e por Deus, que nele habita. ²²Quando juram 'pelo céu', juram pelo trono de Deus e por Deus, que se senta no trono.

²³"Que aflição os espera, mestres da lei e fariseus! Hipócritas! Têm o cuidado de dar o dízimo da hortelã, do endro e do cominho, mas negligenciam os aspectos mais importantes da lei: justiça, misericórdia e fé. Sim, vocês deviam fazer essas coisas, mas sem descuidar das mais importantes. ²⁴Guias cegos! Coam a água para não engolir um mosquito, mas engolem um camelo!ᵃ

²⁵"Que aflição os espera, mestres da lei e fariseus! Hipócritas! Têm o cuidado de limpar a parte exterior do copo e do prato, enquanto o interior está imundo, cheio de ganância e falta de domínio próprio. ²⁶Fariseus cegos! Lavem primeiro o interior do copo e do prato,ᵇ e o exterior também ficará limpo.

²⁷"Que aflição os espera, mestres da lei e fariseus! Hipócritas! São como túmulos pintados de branco: bonitos por fora, mas cheios de ossos e de toda espécie de impureza por dentro. ²⁸Por fora parecem justos, mas por dentro seu coração está cheio de hipocrisia e maldade.

²⁹"Que aflição os espera, mestres da lei e fariseus! Hipócritas! Constroem túmulos para os profetas, enfeitam os monumentos dos justos ³⁰e depois dizem: 'Se tivéssemos vivido no tempo de nossos antepassados, não teríamos participado com eles do derramamento de sangue dos profetas'.

³¹"Ao dizer isso, porém, testemunham contra si mesmos que são, de fato, descendentes dos que assassinaram os profetas. ³²Vão e terminem o que seus antepassados começaram.

³³Serpentes! Raça de víboras! Como escaparão do julgamento do inferno?

³⁴"Por isso eu lhes envio profetas, homens sábios e mestres da lei. Vocês crucificarão alguns e açoitarão outros nas sinagogas, perseguindo-os de cidade em cidade. ³⁵Como resultado, serão responsabilizados pelo assassinato de todos os justos de todos os tempos, desde o assassinato do justo Abel até o de Zacarias, filho de Baraquias, que vocês mataram no templo, entre o santuário e o altar. ³⁶Eu lhes digo a verdade: esse julgamento cairá sobre a presente geração."

O lamento de Jesus sobre Jerusalém

³⁷"Jerusalém, Jerusalém, cidade que mata profetas e apedreja os mensageiros de Deus! Quantas vezes eu quis juntar seus filhos como a galinha protege os pintinhos sob as asas, mas você não deixou. ³⁸E, agora, sua casa foi abandonada e está deserta.ᶜ ³⁹Pois eu lhe digo: você nunca mais me verá, até que diga: 'Bendito é o que vem em nome do Senhor!'".ᵈ

Jesus fala de acontecimentos futuros

24 Quando Jesus saía da área do templo, seus discípulos lhe chamaram a atenção para as diversas construções do edifício. ²Ele, porém, disse: "Estão vendo todas estas construções? Eu lhes digo a verdade: elas serão completamente demolidas. Não restará pedra sobre pedra!".

³Mais tarde, Jesus sentou-se no monte das Oliveiras. Seus discípulos vieram até ele em particular e perguntaram: "Diga-nos, quando isso tudo vai acontecer? Que sinal indicará sua volta e o fim dos tempos?".ᵉ

⁴Jesus respondeu: "Não deixem que ninguém os engane, ⁵pois muitos virão em meu nome, dizendo: 'Eu sou o Cristo', e enganarão muitos. ⁶Vocês ouvirão falar de guerras e ameaças de guerras, mas não entrem em pânico. Sim, é necessário que essas coisas ocorram, mas ainda não será o fim. ⁷Uma nação guerreará contra a outra, e um reino contra o outro. Haverá fome e terremotos em várias partes do mundo. ⁸Tudo isso, porém, será apenas o começo das dores de parto.

⁹"Então vocês serão presos, perseguidos e mortos. Por minha causa, serão odiados em todo o mundo. ¹⁰Muitos se afastarão de mim, e trairão e odiarão uns aos outros. ¹¹Falsos profetas surgirão em grande número e enganarão muitos. ¹²O pecado aumentará e o amor de muitos esfriará, ¹³mas quem se mantiver firme até o fim será salvo. ¹⁴As boas-novas a

---

ᵃ **23.24** Ver Lv 11.4,23. ᵇ **23.26** Alguns manuscritos não trazem *e do prato*. ᶜ **23.38** Alguns manuscritos não trazem *e está deserta*. ᵈ **23.39** Sl 118.26. ᵉ **24.3** Ou *da era?*

respeito do reino serão anunciadas em todo o mundo, para que todas as nações[a] as ouçam; então, virá o fim. ¹⁵"Chegará o dia em que vocês verão aquilo de que o profeta Daniel falou, a 'terrível profanação',[b] que será colocada no lugar santo. (Leitor, preste atenção!) ¹⁶Quem estiver na Judeia, fuja para os montes. ¹⁷Quem estiver no terraço no alto da casa, não desça para pegar suas coisas. ¹⁸Quem estiver no campo, não volte nem para pegar o manto. ¹⁹Que terríveis serão aqueles dias para as grávidas e para as mães que estiverem amamentando! ²⁰Orem para que a fuga de vocês não seja no inverno nem no sábado, ²¹pois haverá mais angústia que em qualquer outra ocasião desde o começo do mundo, e nunca mais haverá angústia tão grande. ²²De fato, se o tempo de calamidade não tivesse sido limitado, ninguém sobreviveria, mas esse tempo foi limitado por causa dos escolhidos.

²³"Portanto, se alguém lhes disser: 'Vejam, aqui está o Cristo!' ou 'Ali está ele!', não acreditem, ²⁴pois falsos cristos e falsos profetas surgirão e realizarão grandes sinais e maravilhas a fim de enganar, se possível, até os escolhidos. ²⁵Vejam que eu os avisei disso de antemão. ²⁶"Portanto, se alguém lhes disser: 'Ele está no deserto!', nem se deem ao trabalho de sair para procurá-lo. E se disserem: 'Está escondido aqui!', não acreditem. ²⁷Porque, assim como o relâmpago lampeja no leste e brilha no oeste, assim será a vinda do Filho do Homem. ²⁸Onde estiver o cadáver, ali se ajuntarão os abutres.

²⁹"Imediatamente depois da angústia daqueles dias,

'o sol escurecerá,
a lua não dará luz,
as estrelas cairão do céu
e os poderes dos céus serão abalados'.[c]

³⁰Então, por fim, aparecerá no céu o sinal da vinda do Filho do Homem, e haverá grande lamentação entre todos os povos da terra. Eles verão o Filho do Homem vindo nas nuvens do céu com poder e grande glória.[d] ³¹Ele enviará seus anjos com um forte sopro de trombeta, e eles reunirão os escolhidos de todas as partes do mundo,[e] de uma extremidade à outra do céu.

³²"Agora, aprendam a lição da figueira. Quando os ramos surgem e as folhas começam

---

PÃO DIÁRIO

Montanha de Fogo

Estejam também sempre preparados, pois o Filho do Homem virá quando menos esperam.
—Mateus 24.44

Erguendo-se a 2.900 metros acima da floresta tropical de Java, na Indonésia, está o Monte Merapi (a Montanha de Fogo), um dos vulcões mais perigosos do mundo.

Assim que a Montanha de Fogo começou a demonstrar sinais de atividade, as autoridades tentaram evacuar os moradores locais. Então, no dia 13 de maio de 2006, o Merapi expeliu uma coluna acinzentada de fumaça sulfúrica que parecia um rebanho de ovelhas saindo da cratera. Por incrível que pareça, os moradores ignoraram os sinais e voltaram a cuidar de seus animais, aparentemente esquecendo-se de que, em 1994, o Merapi havia matado 60 pessoas. Nossa tendência é ignorar os sinais.

Quando Jesus saiu do Templo em Jerusalém pela última vez, Seus discípulos lhe perguntaram qual seria o sinal de Sua vinda (Mt 24.3). Ele lhes disse para observarem muitas coisas, mas os alertou de que as pessoas ainda estariam despreparadas.

O apóstolo Pedro nos disse o que os zombadores, nos últimos dias, diriam sobre a volta de Jesus: "O que houve com a promessa de que ele voltaria? Desde antes do tempo de nossos antepassados, tudo permanece igual, como desde a criação do mundo" (2Pe 3.4).

Os zombadores estão conosco hoje como Pedro nos preveniu. Você está entre eles? Ou está pronta para a volta do Senhor Jesus? Ignorar esses sinais é até mais perigoso do que viver à sombra da Montanha de Fogo.

Senhor e Salvador, a Bíblia fala claramente sobre a Tua volta; ansiamos por esse dia. Ainda que o mundo queira te ignorar, ajuda-nos a estarmos prontas, a permanecermos vigilantes e fiéis em compartilhar a verdade sobre a Tua vinda que se aproxima.

Ignorar a Palavra de Deus é um convite para o desastre.

---

[a] **24.14** Ou *todos os povos*. [b] **24.15** Em grego, *a abominação da desolação*. Ver Dn 9.27; 11.31; 12.11. [c] **24.29** Ver Is 13.10; 34.4; Jl 2.10. [d] **24.30** Ver Dn 7.13. [e] **24.31** Em grego, *dos quatro ventos*.

a brotar, vocês sabem que o verão está próximo. ³³Da mesma forma, quando virem todas essas coisas, saberão que o tempo está muito próximo, à porta. ³⁴Eu lhes digo a verdade: esta geraçãoª certamente não passará até que todas essas coisas tenham acontecido. ³⁵O céu e a terra desaparecerão, mas as minhas palavras jamais desaparecerão.

³⁶"Contudo, ninguém sabe o dia nem a hora em que essas coisas acontecerão, nem mesmo os anjos no céu, nem o Filho.ᵇ Somente o Pai sabe.

³⁷"Quando o Filho do Homem voltar, será como no tempo de Noé. ³⁸Nos dias antes do dilúvio, o povo seguia sua rotina de banquetes, festas e casamentos, até o dia em que Noé entrou na arca. ³⁹Não perceberam o que estava para acontecer até que veio o dilúvio e levou todos. Assim será na vinda do Filho do Homem.

⁴⁰"Dois homens estarão trabalhando juntos no campo; um será levado, e o outro, deixado. ⁴¹Duas mulheres estarão moendo cereal no moinho; uma será levada, e a outra, deixada.

⁴²"Portanto, vigiem, pois não sabem em que ocasião o seu Senhor virá. ⁴³Entendam isto: se o dono da casa soubesse exatamente a que horas viria o ladrão, ficaria atento e não permitiria que a casa fosse arrombada. ⁴⁴Estejam também sempre preparados, pois o Filho do Homem virá quando menos esperam.

⁴⁵"O servo fiel e sensato é aquele a quem seu senhor encarrega de gerir os outros servos da casa e alimentá-los. ⁴⁶Se o senhor voltar e constatar que o servo fez um bom trabalho, haverá recompensa. ⁴⁷Eu lhes digo a verdade: ele colocará todos os seus bens sob os cuidados desse servo. ⁴⁸O que acontecerá, porém, se o servo for mau e pensar: 'Meu senhor não voltará tão cedo', ⁴⁹e começar a espancar os outros servos, a comer e a beber e se embriagar? ⁵⁰O senhor desse servo voltará em dia que não se espera e em hora que não se conhece, ⁵¹cortará o servo ao meio e lhe dará o mesmo destino dos hipócritas. Ali haverá choro e ranger de dentes."

A parábola das dez virgens

25 "Então o reino dos céus será como as dez virgens que pegaram suas lamparinas e saíram para encontrar-se com o noivo. ²Cinco delas eram insensatas, e cinco, prudentes. ³As cinco insensatas não levaram óleo suficiente para as lamparinas, ⁴mas as outras cinco tiveram o bom senso de levar óleo de reserva. ⁵Como o noivo demorou a chegar, todas ficaram sonolentas e adormeceram.

⁶"À meia-noite, foram acordadas pelo grito: 'Vejam, o noivo está chegando! Saiam para recebê-lo!'.

⁷"Todas as virgens se levantaram e prepararam suas lamparinas. ⁸Então as cinco insensatas pediram às outras: 'Por favor, deem-nos um pouco de óleo, pois nossas lamparinas estão se apagando'.

⁹"As outras, porém, responderam: 'Não temos o suficiente para todas. Vão e comprem óleo para vocês'.

¹⁰"Quando estavam fora comprando óleo, o noivo chegou. Então as cinco que estavam preparadas entraram com ele no banquete de casamento, e a porta foi trancada. ¹¹Mais tarde, quando as outras cinco voltaram, ficaram do lado de fora, chamando: 'Senhor! Senhor! Abra-nos a porta!'.

¹²"Mas ele respondeu: 'A verdade é que não as conheço'.

¹³"Portanto, vigiem, pois não sabem o dia nem a hora da volta."

A parábola dos três servos

¹⁴"O reino dos céus também pode ser ilustrado com a história de um homem que estava para fazer uma longa viagem. Ele reuniu seus servos e lhes confiou seu dinheiro, ¹⁵dividindo-o de forma proporcional à capacidade deles: ao primeiro entregou cinco talentos;ᶜ ao segundo, dois talentos; e ao último, um talento. Então foi viajar.

¹⁶"O servo que recebeu cinco talentos começou a investir o dinheiro e ganhou outros cinco. ¹⁷O servo que recebeu dois talentos também se pôs a trabalhar e ganhou outros dois. ¹⁸Mas o servo que recebeu um talento cavou

---

ª **24.34** Ou *esta era*, ou *esta nação*. ᵇ **24.36** Alguns manuscritos não trazem *nem o Filho*. ᶜ **25.15** O *talento* era uma medida de peso (de ouro ou prata) equivalente a 35 quilos.

um buraco no chão e ali escondeu o dinheiro de seu senhor.

¹⁹"Depois de muito tempo, o senhor voltou de viagem e os chamou para prestarem contas de como haviam usado o dinheiro. ²⁰O servo ao qual ele havia confiado cinco talentos se apresentou com mais cinco: 'O senhor me deu cinco talentos para investir, e eu ganhei mais cinco'.

²¹"O senhor disse: 'Muito bem, meu servo bom e fiel. Você foi fiel na administração dessa quantia pequena, e agora lhe darei muitas outras responsabilidades. Venha celebrar comigo'.ᵃ

²²"O servo que havia recebido dois talentos se apresentou e disse: 'O senhor me deu dois talentos para investir, e eu ganhei mais dois'.

²³"O senhor disse: 'Muito bem, meu servo bom e fiel. Você foi fiel na administração dessa quantia pequena, e agora lhe darei muitas outras responsabilidades. Venha celebrar comigo'.

²⁴"Por último, o servo que havia recebido um talento veio e disse: 'Eu sabia que o senhor é homem severo, que colhe onde não plantou e ajunta onde não semeou. ²⁵Tive medo de perder seu dinheiro, por isso o escondi na terra. Aqui está ele'.

²⁶"O senhor, porém, respondeu: 'Servo mau e preguiçoso! Se você sabia que eu colho onde não plantei e ajunto onde não semeei, ²⁷por que não depositou meu dinheiro? Pelo menos eu teria recebido os juros.

²⁸"Em seguida, ordenou: 'Tirem o dinheiro deste servo e deem ao que tem os dez talentos. ²⁹Pois ao que tem, mais lhe será dado, e terá em grande quantia; mas do que nada tem, mesmo o que não tem lhe será tomado. ³⁰Agora lancem este servo inútil para fora, na escuridão, onde haverá choro e ranger de dentes'."

O juízo final

³¹"Quando o Filho do Homem vier em sua glória, acompanhado de todos os anjos, ele se sentará em seu trono glorioso. ³²Todas as naçõesᵇ serão reunidas em sua presença, e ele separará as pessoas como um pastor separa as ovelhas dos bodes. ³³Colocará as ovelhas à sua direita e os bodes à sua esquerda.

³⁴"Então o Rei dirá aos que estiverem à sua direita: 'Venham, vocês que são abençoados por meu Pai. Recebam como herança o reino que ele lhes preparou desde a criação do mundo. ³⁵Pois tive fome e vocês me deram de comer. Tive sede e me deram de beber. Era estrangeiro e me convidaram para a sua casa. ³⁶Estava nu e me vestiram. Estava doente e cuidaram de mim. Estava na prisão e me visitaram'.

³⁷"Então os justos responderão: 'Senhor, quando foi que o vimos faminto e lhe demos de comer? Ou sedento e lhe demos de beber? ³⁸Ou como estrangeiro e o convidamos para a nossa casa? Ou nu e o vestimos? ³⁹Quando foi que o vimos doente ou na prisão e o visitamos?'.

⁴⁰"E o Rei dirá: 'Eu lhes digo a verdade: quando fizeram isso ao menor destes meus irmãos, foi a mim que o fizeram'.

⁴¹"Em seguida, o Rei se voltará para os que estiverem à sua esquerda e dirá: 'Fora daqui, malditos, para o fogo eterno preparado para o diabo e seus anjos. ⁴²Pois tive fome, e vocês não me deram de comer. Tive sede, e não me deram de beber. ⁴³Era estrangeiro, e não me convidaram para a sua casa. Estava nu, e não me vestiram. Estava doente e na prisão, e não me visitaram'.

⁴⁴"Então eles dirão: 'Senhor, quando o vimos faminto, sedento, como estrangeiro, nu, doente ou na prisão, e não o ajudamos?'.

⁴⁵"Ele responderá: 'Eu lhes digo a verdade: quando se recusaram a ajudar o menor destes meus irmãos e irmãs, foi a mim que se recusaram a ajudar'.

⁴⁶"E estes irão para o castigo eterno, mas os justos irão para a vida eterna".

A conspiração para matar Jesus

26 Quando Jesus terminou de falar todas essas coisas, disse a seus discípulos: ²"Como vocês sabem, a Páscoa começa daqui a dois dias, e o Filho do Homem será entregue para ser crucificado".

³Naquela mesma hora, os principais sacerdotes e líderes do povo estavam reunidos na residência de Caifás, o sumo sacerdote, ⁴tramando uma forma de prender Jesus em segredo e matá-lo. ⁵"Mas não durante a festa da

---

ᵃ **25.21** Em grego, *Entre na alegria do seu senhor*; também em 25.23. ᵇ **25.32** Ou *Todos os povos*.

Páscoa, para não haver tumulto entre o povo", concordaram entre eles.

Jesus é ungido em Betânia
⁶Enquanto isso, Jesus estava em Betânia, na casa de Simão, o leproso. ⁷Quando ele estava à mesa, uma mulher entrou com um frasco de alabastro contendo um perfume caro e derramou o perfume sobre a cabeça dele. ⁸Ao ver isso, os discípulos ficaram indignados. "Que desperdício!", disseram. ⁹"O perfume poderia ter sido vendido por um alto preço, e o dinheiro, dado aos pobres!" ¹⁰Jesus, sabendo do que falavam, disse: "Por que criticam esta mulher por ter feito algo tão bom para mim? ¹¹Vocês sempre terão os pobres em seu meio, mas nem sempre terão a mim. ¹²Ela derramou este perfume em mim a fim de preparar meu corpo para o sepultamento. ¹³Eu lhes garanto: onde quer que as boas-novas sejam anunciadas pelo mundo, o que esta mulher fez será contado, e dela se lembrarão".

Judas concorda em trair Jesus
¹⁴Então Judas Iscariotes, um dos Doze, foi aos principais sacerdotes ¹⁵e perguntou: "Quanto vocês me pagarão se eu lhes entregar Jesus?". E eles lhe deram trinta moedas de prata. ¹⁶Daquele momento em diante, Judas começou a procurar uma oportunidade para trair Jesus.

A última Páscoa
¹⁷No primeiro dia da Festa dos Pães sem Fermento, os discípulos vieram a Jesus e perguntaram: "Onde quer que preparemos a refeição da Páscoa?".
¹⁸Ele respondeu: "Assim que entrarem na cidade, verão determinado homem. Digam-lhe: 'O Mestre diz: Meu tempo chegou e comerei em sua casa a refeição da Páscoa, com meus discípulos'". ¹⁹Então os discípulos fizeram como Jesus os havia instruído e ali prepararam a refeição da Páscoa.
²⁰Ao anoitecer, Jesus estava à mesa com os Doze. ²¹Enquanto comiam, disse: "Eu lhes digo a verdade: um de vocês vai me trair".
²²Muito aflitos, eles protestaram, um após o outro: "Certamente não serei eu, Senhor!".

²³Jesus respondeu: "Um de vocês que acabou de comer da mesma tigela comigo vai me trair. ²⁴O Filho do Homem deve morrer, como as Escrituras declararam há muito tempo. Mas que terrível será para aquele que o trair! Para esse homem seria melhor não ter nascido".
²⁵Judas, aquele que o trairia, também disse: "Certamente não serei eu, Rabi!".
E Jesus respondeu: "É como você diz".
²⁶Enquanto comiam, Jesus tomou o pão e o abençoou. Em seguida, partiu-o em pedaços e deu aos discípulos, dizendo: "Tomem e comam, porque este é o meu corpo".
²⁷Então tomou o cálice de vinho e agradeceu a Deus. Depois, entregou-o aos discípulos e disse: "Cada um beba dele, ²⁸porque este é o meu sangue, que confirma a aliança.ª Ele é derramado como sacrifício para perdoar os pecados de muitos. ²⁹Prestem atenção ao que eu lhes digo: não voltarei a beber vinho até aquele dia em que, com vocês, beberei vinho novo no reino de meu Pai".
³⁰Então cantaram um hino e saíram para o monte das Oliveiras.

Jesus prediz a negação de Pedro
³¹No caminho, Jesus disse: "Esta noite todos vocês me abandonarão, pois as Escrituras dizem:

'Deus feriráᵇ o pastor,
    e as ovelhas do rebanho serão dispersas'.

³²Mas, depois de ressuscitar, irei adiante de vocês à Galileia".
³³Pedro declarou: "Pode ser que todos os outros o abandonem, mas eu jamais o abandonarei".
³⁴Jesus respondeu: "Eu lhe digo a verdade: esta mesma noite, antes que o galo cante, você me negará três vezes".
³⁵Pedro, no entanto, insistiu: "Mesmo que eu tenha de morrer ao seu lado, jamais o negarei!". E todos os outros discípulos disseram o mesmo.

Jesus ora no Getsêmani
³⁶Então Jesus foi com eles a um lugar chamado Getsêmani e disse: "Sentem-se aqui enquanto vou ali orar". ³⁷Levou consigo Pedro e os dois filhos de Zebedeu e começou a ficar triste e angustiado. ³⁸"Minha alma está profundamente

---

ª26.28 Alguns manuscritos trazem *a nova aliança*. ᵇ26.31 Em grego, *Eu ferirei*. Zc 13.7.

triste, a ponto de morrer", disse ele. "Fiquem aqui e vigiem comigo."

³⁹Ele avançou um pouco, curvou-se com o rosto no chão e orou: "Meu Pai! Se for possível, afasta de mim este cálice. Contudo, que seja feita a tua vontade, e não a minha". ⁴⁰Depois, voltou aos discípulos e os encontrou dormindo. "Vocês não puderam vigiar comigo nem por uma hora?", disse ele a Pedro. ⁴¹"Vigiem e orem para que não cedam à tentação, pois o espírito está disposto, mas a carne é fraca."

⁴²Então os deixou pela segunda vez e orou: "Meu Pai! Se não for possível afastar de mim este cálice[a] sem que eu o beba, faça-se a tua vontade". ⁴³Quando voltou pela segunda vez, encontrou-os dormindo de novo, pois não conseguiam manter os olhos abertos.

⁴⁴Foi orar pela terceira vez, dizendo novamente as mesmas coisas. ⁴⁵Em seguida, voltou aos discípulos e lhes disse: "Como é que vocês ainda dormem e descansam? Vejam, chegou a hora. O Filho do Homem está para ser entregue nas mãos de pecadores. ⁴⁶Levantem-se e vamos. Meu traidor chegou".

Jesus é traído e preso

⁴⁷Enquanto Jesus ainda falava, Judas, um dos Doze, chegou com uma grande multidão armada de espadas e pedaços de pau. Tinham sido enviados pelos principais sacerdotes e líderes do povo. ⁴⁸O traidor havia combinado com eles um sinal: "Vocês saberão a quem devem prender quando eu o cumprimentar com um beijo". ⁴⁹Então Judas veio diretamente a Jesus. "Saudações, Rabi!", exclamou ele, e o beijou.

⁵⁰Jesus disse: "Amigo, faça de uma vez o que veio fazer".

Então os outros agarraram Jesus e o prenderam. ⁵¹Um dos que estavam com Jesus puxou a espada e feriu o servo do sumo sacerdote, cortando-lhe a orelha.

⁵²"Guarde sua espada", disse Jesus. "Os que usam a espada morrerão pela espada. ⁵³Você não percebe que eu poderia pedir a meu Pai milhares[b] de anjos para me proteger, e ele os enviaria no mesmo instante? ⁵⁴Se eu o fizesse, porém, como se cumpririam as Escrituras, que descrevem o que é necessário que agora aconteça?"

⁵⁵Em seguida, Jesus disse à multidão: "Por acaso sou um revolucionário perigoso para que venham me prender com espadas e pedaços de pau? Por que não me prenderam no templo? Ali estive todos os dias, ensinando. ⁵⁶Mas tudo isto está acontecendo para que se cumpram as palavras dos profetas registradas nas Escrituras". Nesse momento, todos os discípulos o abandonaram e fugiram.

O julgamento de Jesus diante do conselho

⁵⁷Então os que haviam prendido Jesus o levaram para a casa de Caifás, o sumo sacerdote, onde estavam reunidos os mestres da lei e os líderes do povo. ⁵⁸Enquanto isso, Pedro seguia Jesus de longe, até chegar ao pátio do sumo sacerdote. Entrou ali, sentou-se com os guardas e esperou para ver o que aconteceria.

⁵⁹Lá dentro, os principais sacerdotes e todo o conselho dos líderes do povo[c] tentavam encontrar testemunhas que mentissem a respeito de Jesus, para que pudessem condená-lo à morte. ⁶⁰Embora muitos estivessem dispostos a dar falso testemunho, não puderam usar o depoimento de ninguém. Por fim, apresentaram-se dois homens, ⁶¹que declararam: "Este homem disse: 'Sou capaz de destruir o templo de Deus e reconstruí-lo em três dias'".

⁶²Então o sumo sacerdote se levantou e disse a Jesus: "Você não vai responder a essas acusações? O que tem a dizer em sua defesa?". ⁶³Jesus, porém, permaneceu calado. O sumo sacerdote lhe disse: "Exijo em nome do Deus vivo que nos diga se é o Cristo, o Filho de Deus".

⁶⁴Jesus respondeu: "É como você diz. Eu lhes digo que, no futuro, verão o Filho do Homem sentado à direita do Deus Poderoso[d] e vindo sobre as nuvens do céu".[e]

⁶⁵Então o sumo sacerdote rasgou as vestes e disse: "Blasfêmia! Que necessidade temos de outras testemunhas? Todos ouviram a blasfêmia. ⁶⁶Qual é o veredicto?".

[a]26.42 Alguns manuscritos trazem *afastar isto de mim*. [b]26.53 Em grego, *doze legiões*. [c]26.59 Em grego, *o Sinédrio*. [d]26.64a Em grego, *sentado à direita do poder*. Ver Sl 110.1. [e]26.64b Ver Dn 7.13.

"Culpado!", responderam. "Ele merece morrer!" ⁶⁷Então começaram a cuspir no rosto de Jesus e a dar-lhe socos. Alguns lhe davam tapas ⁶⁸e zombavam: "Profetize para nós, Cristo! Quem foi que lhe bateu desta vez?".

Pedro nega Jesus
⁶⁹Enquanto isso, Pedro estava sentado do lado de fora, no pátio. Uma criada foi até ele e disse: "Você é um dos que estavam com Jesus, o galileu".

⁷⁰Mas Pedro o negou diante de todos. "Não sei do que você está falando", disse.

⁷¹Mais tarde, junto ao portão, outra criada o viu e disse aos que estavam ali: "Este homem estava com Jesus de Nazaré".ᵃ

⁷²Novamente, Pedro o negou, dessa vez com juramento. "Nem mesmo conheço esse homem!", disse ele.

⁷³Pouco depois, alguns dos outros ali presentes vieram a Pedro e disseram: "Você deve ser um deles; percebemos pelo seu sotaque galileu".

⁷⁴Pedro jurou: "Que eu seja amaldiçoado se estiver mentindo. Não conheço esse homem!". Imediatamente, o galo cantou.

⁷⁵Então Pedro se lembrou das palavras de Jesus: "Antes que o galo cante, você me negará três vezes". E saiu dali, chorando amargamente.

Judas se enforca

27 De manhã cedo, os principais sacerdotes e líderes do povo se reuniram outra vez para planejar uma maneira de levar Jesus à morte. ²Então o amarraram, o levaram e o entregaram a Pilatos, o governador romano.

³Quando Judas, que o havia traído, viu que Jesus tinha sido condenado à morte, encheu-se de remorso e devolveu as trinta moedas de prata aos principais sacerdotes e líderes do povo, ⁴dizendo: "Pequei, pois traí um homem inocente".

"Que nos importa?", retrucaram eles. "Isso é problema seu."

⁵Então Judas jogou as moedas de prata no templo, saiu e se enforcou.

⁶Os principais sacerdotes juntaram as moedas e disseram: "Não seria certo colocar este dinheiro no tesouro do templo, pois é dinheiro manchado de sangue". ⁷Então resolveram comprar o campo do oleiro e transformá-lo num cemitério para estrangeiros. ⁸Por isso, até hoje ele se chama Campo de Sangue. ⁹Cumpriu-se, assim, a profecia de Jeremias que diz:

"Tomaram as trinta peças de prata,
    preço pelo qual ele foi avaliado pelo
    povo de Israel,
¹⁰e compraramᵇ o campo do oleiro,
    conforme o Senhor ordenou".ᶜ

O julgamento de Jesus diante de Pilatos
¹¹Agora Jesus estava diante de Pilatos, o governador romano, que lhe perguntou: "Você é o rei dos judeus?".

Jesus respondeu: "É como você diz".

¹²No entanto, quando os principais sacerdotes e os líderes do povo fizeram acusações contra ele, Jesus permaneceu calado. ¹³Então Pilatos perguntou: "Você não ouve essas acusações que fazem contra você?". ¹⁴Mas, para surpresa do governador, Jesus nada disse.

¹⁵A cada ano, durante a festa da Páscoa, era costume do governador libertar um prisioneiro, qualquer um que a multidão escolhesse. ¹⁶Nesse ano, havia um prisioneiro, famoso por sua maldade, chamado Barrabás.ᵈ ¹⁷Quando a multidão se reuniu diante de Pilatos naquela manhã, ele perguntou: "Quem vocês querem que eu solte: Barrabás ou Jesus, chamado Cristo?". ¹⁸Pois ele sabia muito bem que os líderes religiosos judeus tinham prendido Jesus por inveja.

¹⁹Nesse momento, enquanto Pilatos estava sentado no tribunal, sua esposa lhe mandou o seguinte recado: "Deixe esse homem inocente em paz. Na noite passada, tive um sonho a respeito dele e fiquei muito perturbada".

²⁰Enquanto isso, os principais sacerdotes e os líderes do povo convenceram a multidão a pedir que Barrabás fosse solto e Jesus executado. ²¹Então o governador perguntou outra vez: "Qual dos dois vocês querem que eu lhes solte?".

A multidão gritou em resposta: "Barrabás!".

ᵃ**26.71** Ou *Jesus, o nazareno*. ᵇ**27.9-10a** Ou *Tomei [...] comprei*. ᶜ**27.9-10b** Em grego, *conforme o Senhor me dirigiu*. Zc 11.12-13; Jr 32.6-9. ᵈ**27.16** Alguns manuscritos trazem *Jesus Barrabás*; também em 27.17.

²²Pilatos perguntou: "E o que farei com Jesus, chamado Cristo?".

"Crucifique-o!", gritou a multidão.

²³"Por quê?", quis saber Pilatos. "Que crime ele cometeu?"

Mas a multidão gritou ainda mais alto: "Crucifique-o!".

²⁴Pilatos viu que de nada adiantava insistir e que um tumulto se iniciava. Assim, mandou buscar uma bacia com água, lavou as mãos diante da multidão e disse: "Estou inocente do sangue deste homem. A responsabilidade é de vocês".

²⁵Todo o povo gritou em resposta: "Que nós e nossos descendentes sejamos responsabilizados pela morte dele!".[a]

²⁶Então Pilatos lhes soltou Barrabás. E, depois de mandar açoitar Jesus, entregou-o para ser crucificado.

Os soldados zombam de Jesus

²⁷Alguns dos soldados do governador levaram Jesus ao quartel[b] e chamaram todo o regimento. ²⁸Tiraram as roupas de Jesus e puseram nele um manto vermelho. ²⁹Teceram uma coroa de espinhos e a colocaram em sua cabeça. Em sua mão direita, puseram um caniço, como se fosse um cetro. Ajoelhavam-se diante dele e zombavam: "Salve, rei dos judeus!". ³⁰Cuspiam nele, tomavam-lhe o caniço da mão e com ele batiam em sua cabeça. ³¹Quando se cansaram de zombar dele, tiraram o manto e o vestiram novamente com suas roupas. Então o levaram para ser crucificado.

A crucificação

³²No caminho, encontraram um homem chamado Simão, de Cirene,[c] e os soldados o obrigaram a carregar a cruz. ³³Então saíram para um lugar chamado Gólgota (que quer dizer "Lugar da Caveira"). ³⁴Os soldados lhe deram para beber vinho misturado com fel, mas, quando Jesus o provou, recusou-se a beber.

³⁵Depois de pregá-lo na cruz, os soldados tiraram sortes para dividir suas roupas.[d] ³⁶Então, sentaram-se em redor e montaram guarda. ³⁷Acima de sua cabeça estava presa uma tabuleta com a acusação feita contra ele: "ESTE É JESUS, O REI DOS JUDEUS". ³⁸Dois criminosos foram crucificados com ele, um à sua direita e outro à sua esquerda.

³⁹O povo que passava por ali gritava insultos e sacudia a cabeça, em zombaria: ⁴⁰"Você disse que destruiria o templo e o reconstruiria em três dias. Pois bem, se é o Filho de Deus, salve a si mesmo e desça da cruz!".

⁴¹Os principais sacerdotes, os mestres da lei e os líderes do povo também zombavam de Jesus. ⁴²"Salvou os outros, mas não pode salvar a si mesmo!", diziam. "Quer dizer que ele é o rei de Israel? Que desça da cruz agora mesmo e creremos nele! ⁴³Ele confiou em Deus, então que Deus o salve agora, se quiser. Pois ele disse: 'Eu sou o Filho de Deus'." ⁴⁴Até os criminosos que tinham sido crucificados com ele o insultavam da mesma forma.

A morte de Jesus

⁴⁵Ao meio-dia, desceu sobre toda a terra uma escuridão que durou três horas. ⁴⁶Por volta das três da tarde, Jesus clamou em alta voz: "*Eli, Eli,*[e] *lamá sabactâni?*", que quer dizer: "Meu Deus, meu Deus, por que me abandonaste?".[f]

⁴⁷Alguns dos que estavam ali pensaram que ele chamava o profeta Elias. ⁴⁸Um deles correu, ensopou uma esponja com vinagre e a ergueu num caniço para que ele bebesse. ⁴⁹Os outros, porém, disseram: "Esperem! Vamos ver se Elias vem salvá-lo".[g]

⁵⁰Então Jesus clamou em alta voz novamente e entregou seu espírito. ⁵¹Naquele momento, a cortina do santuário do templo se rasgou em duas partes, de cima até embaixo. A terra estremeceu, rochas se partiram ⁵²e sepulturas se abriram. Muitos do povo santo que haviam morrido ressuscitaram. ⁵³Saíram do cemitério depois da ressurreição de Jesus, entraram na cidade santa de Jerusalém e apareceram a muita gente.

⁵⁴O oficial romano[h] e os soldados que vigiavam Jesus ficaram aterrorizados com o terremoto e com tudo que havia acontecido, e disseram: "Este homem era verdadeiramente o Filho de Deus!".

---

[a] **27.25** Em grego, *Que seu sangue caia sobre nós e sobre nossos filhos.* [b] **27.27** Ou *ao Pretório.* [c] **27.32** Cirene era uma cidade ao norte da África. [d] **27.35** Alguns manuscritos acrescentam *Cumpriu-se, desse modo, a palavra do profeta: 'Repartiram minhas roupas entre si e lançaram sortes por minha veste.* Ver Sl 22.18. [e] **27.46a** Alguns manuscritos trazem *Eloí, Eloí.* [f] **27.46b** Sl 22.1. [g] **27.49** Alguns manuscritos acrescentam *E outro pegou uma lança e furou seu lado, e dali correu sangue com água.* Comparar com Jo 19.34. [h] **27.54** Em grego, *centurião.*

> ### PÃO DIÁRIO
>
> ## Dúvidas sinceras
>
> *Quando o viram, o adoraram; alguns deles, porém, duvidaram.*
>
> —Mateus 28.17
>
> Nossas experiências nos dizem que as pessoas não voltam da sepultura. No âmago do nosso sofrimento, quando a morte ataca, está a certeza terrível de que, nesta vida, não veremos nossos entes queridos outra vez. Compareçamos aos funerais para honrar a memória de cada um deles e chorar cada perda, mas não esperamos mais ser recebidas à porta pela pessoa que faleceu.
>
> À luz dessa consideração, não deveria causar indignação que os discípulos de Jesus estivessem relutantes em crer que Ele havia ressuscitado dos mortos. Após o testemunho das mulheres que tinham visto um anjo, o sepulcro vazio e o próprio Jesus (Mateus 28.1-10), "...os onze discípulos partiram para a Galileia e foram ao monte que Jesus havia indicado. Quando o viram, o adoraram; alguns deles, porém, duvidaram" (vv.16,17).
>
> Dentre os que eram mais próximos ao Senhor e tinham ouvido Seus ensinamentos extraordinários e testemunhado os Seus poderosos milagres, alguns duvidaram de que Jesus estivesse novamente vivo. Contudo, as dúvidas sinceras dos discípulos logo foram transformadas em alegria e esperança quando eles constataram que o Senhor verdadeiramente havia ressuscitado.
>
> Quais as nossas dúvidas a respeito de Jesus hoje? Será que a nossa experiência nos diz que os erros que cometemos no passado, as lutas do presente ou as possibilidades do futuro não podem ser modificados? Com a memória nítida de tudo o que Ele fez por nós, confiemos que Ele é capaz de fazer todas as coisas.
>
> *Admito, Senhor, que muitas vezes duvido do que podes fazer em minha vida ou na dos outros. Parece ser impossível abandonar os velhos hábitos, e é tão difícil estabelecer novos padrões. Avança com o Teu poder, Senhor, e ajuda-me a confiar radicalmente em Tua capacidade de transformar. Amém.*
>
> **Um olhar para o Calvário pode dissipar as suas dúvidas.**

⁵⁵Muitas mulheres que tinham vindo da Galileia com Jesus para servi-lo olhavam de longe. ⁵⁶Entre elas estavam Maria Madalena, Maria, mãe de Tiago e José, e a mãe dos filhos de Zebedeu.

O sepultamento de Jesus

⁵⁷Ao entardecer, José, um homem rico de Arimateia que tinha se tornado seguidor de Jesus, ⁵⁸foi a Pilatos e pediu o corpo de Jesus. Pilatos ordenou que lhe entregassem o corpo. ⁵⁹José tomou o corpo e o envolveu num lençol limpo, feito de linho, ⁶⁰e o colocou num túmulo novo, de sua propriedade, escavado na rocha. Então rolou uma grande pedra na entrada do túmulo e foi embora. ⁶¹Maria Madalena e a outra Maria estavam ali, sentadas em frente ao túmulo.

Os guardas no túmulo

⁶²No dia seguinte, no sábado,ᵃ os principais sacerdotes e os fariseus foram a Pilatos ⁶³e disseram: "Senhor, lembramos que, quando ainda vivia, aquele mentiroso disse: 'Depois de três dias ressuscitarei'. ⁶⁴Por isso, pedimos que lacre o túmulo até o terceiro dia. Isso impedirá que seus discípulos roubem o corpo e depois digam a todos que ele ressuscitou. Se isso acontecer, estaremos em pior situação que antes".

⁶⁵Pilatos respondeu: "Levem soldados e guardem o túmulo como acharem melhor". ⁶⁶Então eles lacraram o túmulo e puseram guardas para protegê-lo.

A ressurreição

28 Depois do sábado, no primeiro dia da semana, bem cedo, Maria Madalena e a outra Maria foram visitar o túmulo.

²De repente, houve um grande terremoto, pois um anjo do Senhor desceu do céu, rolou a pedra da entrada e sentou-se sobre ela. ³Seu rosto brilhava como um relâmpago, e suas roupas eram brancas como a neve. ⁴Quando os guardas viram o anjo, tremeram de medo e caíram desmaiados, como mortos.

⁵Então o anjo falou com as mulheres. "Não tenham medo", disse ele. "Sei que vocês procuram Jesus, que foi crucificado. ⁶Ele não está aqui! Ressuscitou, como tinha dito que aconteceria. Venham, vejam onde seu corpo estava. ⁷Agora vão depressa e contem aos discípulos que ele ressuscitou e que vai adiante de vocês para a Galileia. Lá vocês o verão. Lembrem-se do que eu lhes disse!"

ᵃ **27.62** Ou *No dia seguinte, depois da preparação.*

⁸As mulheres saíram apressadas do túmulo e, assustadas mas cheias de alegria, correram para transmitir aos discípulos a mensagem do anjo. ⁹No caminho, Jesus as encontrou e as cumprimentou. Elas correram para ele, abraçaram seus pés e o adoraram. ¹⁰Então Jesus lhes disse: "Não tenham medo! Vão e digam a meus irmãos que se dirijam à Galileia. Lá eles me verão".

O relato dos guardas

¹¹Enquanto as mulheres estavam a caminho, alguns dos guardas entraram na cidade e contaram aos principais sacerdotes o que havia acontecido. ¹²Eles convocaram uma reunião com os líderes do povo e decidiram subornar os guardas com uma grande soma de dinheiro. ¹³Instruíram os soldados: "Vocês devem dizer o seguinte: 'Os discípulos de Jesus vieram durante a noite, enquanto dormíamos, e roubaram o corpo'. ¹⁴Se o governador ficar sabendo disso, nós os defenderemos, para que não se compliquem". ¹⁵Os guardas aceitaram o suborno e falaram conforme tinham sido instruídos. Essa versão se espalhou entre os judeus, que continuam a contá-la até hoje.

A Grande Comissão

¹⁶Então os onze discípulos partiram para a Galileia e foram ao monte que Jesus havia indicado. ¹⁷Quando o viram, o adoraram; alguns deles, porém, duvidaram. ¹⁸Jesus se aproximou deles e disse: "Toda a autoridade no céu e na terra me foi dada. ¹⁹Portanto, vão e façam discípulos de todas as nações,ᵃ batizando-os em nome do Pai, do Filho e do Espírito Santo. ²⁰Ensinem esses novos discípulos a obedecerem a todas as ordens que eu lhes dei. E lembrem-se disto: estou sempre com vocês, até o fim dos tempos".

ᵃ **28.19** Ou *de todos os povos*.

MARCOS

INTRODUÇÃO

Data. Escrito provavelmente em 60 d.C., e antes de Mateus.

Autor. Ele não foi apóstolo e era designado de formas diferentes, como: (1) João, cujo sobrenome era Marcos, At 12.12,25; 13.5; 15.37,39; (2) Sempre Marcos depois disso, Cl 4.10; Fm 24; 2Tm 4.11; 1Pe 5.13. Era filho de Maria, uma mulher de Jerusalém (At 12.12). Sua casa era o lugar de encontro dos discípulos, para onde Pedro foi depois de ser liberto da prisão. Nessa ou em alguma outra visita, Marcos pode ter se convertido através da pregação de Pedro, e essa pode ter sido a causa de Pedro o chamar de "seu filho" (1Pe 5.13), que sem dúvida significa filho no ministério. Ele retorna com Paulo e Barnabé de Jerusalém para a Antioquia (At 12.25) e os acompanha como ministro (At 13.5) na primeira grande viagem missionária até Perge (At 13.13). Lá, ele os deixou e voltou para casa. Na segunda viagem missionária, Paulo se recusou a levá-lo e separou-se de Barnabé, primo de Marcos (Cl 4.10), que escolheu Marcos como seu companheiro (At 15.37-39). Dez anos depois, ele parece estar com Paulo em sua prisão em Roma e certamente foi contado como um colega obreiro por esse apóstolo (Cl 4.10; Fm 24). Paulo o considerou útil e pediu a Timóteo para levá-lo até ele em sua última prisão (2Tm 4.11). Estava com Pedro quando este escreveu sua primeira epístola (1Pe 5.13).

O que Marcos sabia diretamente sobre a obra de Jesus nós desconhecemos, mas provavelmente não muito. Os primeiros escritores cristãos dizem universalmente que ele foi o intérprete de Pedro e que ele baseou seu evangelho em informações obtidas do apóstolo.

CARACTERÍSTICAS E PROPÓSITO

1. É um evangelho vívido e detalhista. Mostra o efeito do espanto e da maravilha produzidos sobre os presentes devido às obras e aos ensinamentos de Jesus. Ele conta os detalhes das ações de Jesus e de Seus discípulos e das multidões. Jesus "olha ao redor", "sentou-se", viu "pouco mais adiante". Ele fica triste, com fome, irritado, indignado, maravilhado, dorme, repousa e comove com piedade. O galo canta duas vezes: "chegou a hora", "antes do amanhecer", ou "porque já era tarde", "dois mil porcos", os discípulos e Jesus estão no mar, no monte das Oliveiras, ou no pátio, ou no pórtico. Tudo é retratado em detalhes.

2. É um evangelho de atividade e energia. Não há história da infância de Jesus, mas começa com "Princípio do evangelho de Jesus Cristo". Retrata a carreira ativa de Jesus na Terra. No entanto, Marcos enfatiza as obras em vez das palavras de Jesus. Possui poucos discursos de qualquer extensão e somente quatro das quinze parábolas de Mateus são apresentadas e estas de forma muito breve, enquanto dezoito dos milagres são apresentados em rápida revisão. A sucessão rápida é indicada pela palavra grega *euthys*, traduzida por "rapidamente", "logo", "depressa", "assim que", "no mesmo instante", "em seguida" e ocorre 41 vezes neste evangelho. O último significado, "em seguida", é mais verdadeiro para a ideia grega e pode ser chamada de palavra característica de Marcos. Indica como, com a velocidade de um atleta, ele correu e, assim, nos fornece uma narrativa de tirar o fôlego. Move-se como as cenas de um filme.

3. É um evangelho de poder sobre os demônios. Aqui, como em nenhum outro evangelho, os demônios se sujeitam a Jesus. Eles o reconhecem como o "Filho de Deus" e reconhecem sua subordinação a Ele ao implorarem ao Senhor quanto ao que deveria ser feito com eles (5.7,12).

4. É um evangelho de maravilhas. Em todos os lugares, Jesus é um homem de maravilhas que surpreende e causa espanto e maravilhamento aos que o veem e o ouvem. Alguns destes podem ser estudados, especialmente no grego, em 1.27; 2.13; 4.41; 5.28; 6.50,51; 7.37. Como o Arcebispo Thompson diz: "O Filho de Deus, que faz maravilhas, percorre seu Reino com a rapidez de um meteoro" e, assim, impressiona o coração dos observadores. Ele é "um homem heroico e misterioso, que inspira não só uma devoção passional, mas também assombro e adoração".

5. É um evangelho para os romanos. Os romanos eram homens de grande poder, trabalhadores poderosos que deixaram grandes conquistas para a bênção da humanidade, de modo que Marcos apela especialmente a eles registrando os atos poderosos de Jesus. Ele os deixa ver Alguém que tem poder para acalmar a tempestade,

MARCOS

dominar a doença e a morte, e até mesmo poder para controlar o mundo invisível dos espíritos. Os romanos, que encontravam divindade em um César como chefe de um poderoso império, se curvariam para alguém que se revelava Rei em todos os domínios e cujo Reino era tanto onipotente quanto eterno, tanto visível quanto invisível, tanto temporal como espiritual.

Os romanos também não se importavam com as Escrituras ou profecias judaicas e, assim, Marcos omite toda referência à Lei judaica; a palavra "lei" não é encontrada em parte alguma do livro. Ele se refere apenas uma ou duas vezes de certo modo às Escrituras judaicas. Omite a genealogia de Jesus, que não teria valor para um romano. Então, também, explica todas as palavras judaicas duvidosas, como "Boanerges" (3.17), "Talita cumi" (5.41), "Corbã" (7.11). Preferiu mencionar a moeda romana, em vez do dinheiro judeu (12.42). Explica os costumes judeus como não sendo entendidos pelos romanos (Veja 7.3; 13.3; 14.12; 15.42).

E mais uma vez, pelo uso de termos familiares a si próprio — como centurião, contenda etc. —, "Marcos mostrou aos romanos um homem que realmente era um homem". Ele mostrou a humanidade coroada de glória e poder; Jesus de Nazaré, o Filho de Deus; um Homem, mas um homem divino e sem pecado, entre homens pecadores e sofredores. Ele, o Deus-homem, nenhuma humilhação poderia degradá-lo, nenhuma morte derrotá-lo. Nem na cruz Ele pareceria menos do que Rei, Herói, o único Filho. E enquanto olhava para tal imagem, como poderia qualquer romano deixar de exclamar com o surpreendido Centurião: "Este homem era verdadeiramente o Filho de Deus!"?

Assunto. Jesus, o Rei Todo-poderoso.

ESBOÇO

1. O Rei Todo-poderoso é revelado como o Filho de Deus, 1.1-13
    1.1. No batismo e ensino de João, vv.1-8
    1.2. No batismo de Jesus, vv.9-11
    1.3. Na tentação, vv.12,13
2. O Rei Todo-poderoso em ação na Galileia, 1.14-9
    2.1. Inicia Sua obra, 1.14-45
    2.2. Revela Seu Reino, Caps. 2-5
    2.3. Encontra oposição, 6.1-8.26
    2.4. Prepara Seus discípulos para o fim, 8.27-9
3. O Rei Todo-poderoso se prepara para morrer, 10.1-14.31
    3.1. Ele vai a Jerusalém, 10.1-11.11
    3.2. Em Jerusalém e vizinhança, 11.12-14.31
4. O Rei Todo-poderoso sofre nas mãos de Seus inimigos, 14.32-15.47
    4.1. Sua agonia no Getsêmani, 14.32-42
    4.2. Sua prisão, 14.43-52
    4.3. O julgamento judaico e a negação de Pedro, 14.53-72
    4.4. O julgamento diante de Pilatos, 15.1-15
    4.5. A crucificação, 15.16-41
    4.6. O sepultamento, 15.42-47
5. O Rei Todo-poderoso triunfa sobre Seus inimigos, Cap.16
    5.1. Sua ressurreição, vv.1-8
    5.2. Suas aparições, vv.9-18
    5.3. Sua ascensão, vv.19,20

PARA ESTUDO E DISCUSSÃO

[1] Temas peculiares a Marcos: (a) O crescimento da semente, 4.26-29; (b) A compaixão de Jesus pelas multidões, 7.32-37; (c) O cego curado gradualmente, 8.22-26; (d) Detalhes sobre o jumento etc., 11.1-11; (e) Sobre vigiar, 13.33-37; (f) Detalhes sobre as aparições de Cristo, 16.6-11.

[2] A condição espiritual dos afetados pelos milagres de Jesus. Recordar sua condição antes e depois do milagre: (a) Eles foram salvos, assim como curados? (b) Eles ou seus amigos exerceram fé, ou Jesus agiu voluntariamente sem qualquer expressão de fé?

[3] O que Jesus fez ao realizar o milagre? (a) Usou o toque? (b) Ele foi tocado? (c) Simplesmente ordenou etc.?
[4] Dos seguintes versículos 1.35; 3.7-12; 6.6,32,46; 8.27; 9.2; 11.11,19; 14.1-12, faça uma lista dos diferentes lugares para os quais Jesus se retirou e, em relação a cada um, indique (por escrito): (a) Foi antes ou depois de uma vitória ou conflito? (b) Foi em preparação ou descanso após a realização de uma grande obra? (c) Indique em cada caso se Ele foi sozinho ou acompanhado e, se acompanhado, por quem? (e) Em cada caso, também diga o que Jesus fez durante o período de descanso — orou, ensinou, realizou milagres, outra coisa?
[5] Liste as expressões "Filho do Homem" e "Reino de Deus" e destaque a adequação e o significado de cada uma.
[6] Liste todas as referências a demônios e pessoas endemoninhadas e estude a obra delas, o caráter da obra delas, poder, sabedoria etc.
[7] Liste os fatos antecedentes à morte de Jesus, 14.1–15.14.

João Batista prepara o caminho

1 Este é o princípio das boas-novas a respeito de Jesus Cristo,[a] o Filho de Deus.[b] ²Iniciou-se como o profeta Isaías escreveu:

"Envio meu mensageiro adiante de ti,
e ele preparará teu caminho.[c]
³Ele é uma voz que clama no deserto:
'Preparem o caminho para a vinda do Senhor![d]
Abram a estrada para ele!'".[e]

⁴Esse mensageiro era João Batista. Ele apareceu no deserto, pregando o batismo como sinal de arrependimento para o perdão dos pecados. ⁵Gente de toda a Judeia, incluindo os moradores de Jerusalém, saía para ver e ouvir João. Quando confessavam seus pecados, ele os batizava no rio Jordão. ⁶João vestia roupas tecidas com pelos de camelo, usava um cinto de couro e alimentava-se de gafanhotos e mel silvestre.

⁷João anunciava: "Depois de mim virá alguém mais poderoso que eu, alguém tão superior que não sou digno de me abaixar e desamarrar as correias de suas sandálias. ⁸Eu os batizo com[f] água, mas ele os batizará com o Espírito Santo!".

O batismo e a tentação de Jesus

⁹Certo dia, Jesus veio de Nazaré da Galileia, e João o batizou no rio Jordão. ¹⁰Enquanto saía da água, viu o céu se abrir e o Espírito Santo descer sobre ele como uma pomba. ¹¹E uma voz do céu disse: "Você é meu Filho amado, que me dá grande alegria".

¹²Em seguida, o Espírito conduziu Jesus ao deserto, ¹³onde ele foi tentado por Satanás durante quarenta dias. Estava entre animais selvagens, e anjos o serviam.

¹⁴Depois que João foi preso, Jesus foi para a Galileia, onde anunciou as boas-novas de Deus.[g] ¹⁵"Enfim chegou o tempo prometido!", proclamava. "O reino de Deus está próximo! Arrependam-se e creiam nas boas-novas!".

Os primeiros discípulos

¹⁶Enquanto andava à beira do mar da Galileia, Jesus viu Simão[h] e seu irmão André. Jogavam redes ao mar, pois viviam da pesca. ¹⁷Jesus lhes disse: "Venham! Sigam-me, e eu farei de vocês pescadores de gente". ¹⁸No mesmo instante, deixaram suas redes e o seguiram.

¹⁹Pouco mais adiante, Jesus viu Tiago e João, filhos de Zebedeu, consertando redes num barco. ²⁰Chamou-os de imediato e eles também o seguiram, deixando seu pai, Zebedeu, no barco com os empregados.

Jesus expulsa um espírito impuro

²¹Jesus e seus seguidores foram à cidade de Cafarnaum. Quando chegou o sábado, entrou na sinagoga e começou a ensinar. ²²O povo ficou admirado com seu ensino, pois ele falava com verdadeira autoridade, diferentemente dos mestres da lei.

²³De repente, um homem ali na sinagoga, possuído por um espírito impuro, gritou: ²⁴"Por que vem nos importunar, Jesus de Nazaré? Veio para nos destruir? Sei quem é você: o Santo de Deus!".

²⁵"Cale-se!", repreendeu-o Jesus. "Saia deste homem!" ²⁶Então o espírito impuro soltou um grito, sacudiu o homem violentamente e saiu dele.

²⁷Todos os presentes ficaram admirados e começaram a discutir o que tinha acontecido. "Que ensinamento novo é esse?", perguntavam. "Como tem autoridade! Até os espíritos impuros obedecem às ordens dele!" ²⁸As notícias a respeito de Jesus se espalharam rapidamente por toda a região da Galileia.

Jesus cura muitas pessoas

²⁹Depois que Jesus saiu da sinagoga com Tiago e João, foram à casa de Simão e André. ³⁰A sogra de Simão estava de cama, com febre. Imediatamente, falaram a seu respeito para Jesus. ³¹Ele foi até ela, tomou-a pela mão e ajudou-a a levantar-se. A febre a deixou, e ela passou a servi-los.

³²Ao entardecer, depois que o sol se pôs, trouxeram a Jesus muitos enfermos e possuídos por demônios. ³³Toda a cidade se reuniu à porta da casa para observar. ³⁴Então Jesus curou muitas pessoas que sofriam de diversas enfermidades e expulsou muitos demônios.

---

[a] **1.1a** Ou *Messias*. Tanto *Messias* (do hebraico) como *Cristo* (do grego) significam "ungido". [b] **1.1b** Alguns manuscritos não trazem *o Filho de Deus*. [c] **1.2** Ml 3.1. [d] **1.3a** Ou *Ele é uma voz que clama; "Preparem no deserto o caminho para a vinda do Senhor!*. [e] **1.3b** Is 40.3, conforme a Septuaginta. [f] **1.8** Ou *em*; também em 1.8b. [g] **1.14** Alguns manuscritos trazem *as boas-novas do reino de Deus*. [h] **1.16** A partir de 3.16, *Simão* é chamado de Pedro.

> **PÃO DIÁRIO**
>
> ## Nossas exigentes agendas
>
> *Toda a cidade se reuniu à porta da casa para observar. Então Jesus curou muitas pessoas que sofriam de diversas enfermidades e expulsou muitos demônios.*
> —Marcos 1.33,34
>
> A sua vida é muito corrida? Cumprir prazos, atingir cotas de produtividade e ainda levar e trazer os filhos às aulas e eventos esportivos pode realmente lotar a sua agenda. É fácil pensar: "Se eu simplesmente não tivesse tantas responsabilidades, poderia então andar mais perto de Deus".
>
> Contudo, C. S. Lewis assinala, com muita sabedoria, que ninguém foi mais ocupado do que Cristo. "Nosso modelo é o Jesus... das oficinas, dos caminhos, das multidões, das exigências barulhentas e oposições grosseiras, da falta de paz e privacidade, das interrupções. Isso é a vida Divina operando em circunstâncias humanas".
>
> Lemos a respeito de Jesus em Cafarnaum: "Ao entardecer, depois que o sol se pôs, trouxeram a Jesus muitos enfermos e possuídos por demônios. Toda a cidade se reuniu à porta da casa para observar. Então Jesus curou muitas pessoas que sofriam de diversas enfermidades e expulsou muitos demônios. Não permitia, porém, que os demônios falassem, pois sabiam quem ele era" (Mc 1.32-34). No dia seguinte, Jesus procurou um local solitário e orou. Ali, Ele recebeu a orientação do Pai para prosseguir em outro lugar com o ministério que lhe exigia tanto. Nosso Senhor tinha íntima comunhão com o Seu Pai e dependia do Espírito para ministrar por intermédio dele.
>
> A sua agenda exige muito de você? Siga o exemplo de Jesus e separe um tempo específico para a oração. Na sequência, dependa do poder de Deus para ajudá-la a cumprir as exigências de cada dia.
>
> *Senhor Amado, sei que te importas mais com a minha agenda do que eu mesma. Por favor, permite-me que a entregue a ti. Guia-me para saber o que devo ou não fazer; o que tenho tempo ou não para fazer; como posso dedicar mais tempo à Tua obra e à Tua vontade do que à minha. Ajuda-me a fazer de cada hora um encontro divino, independentemente do que a minha agenda possa demonstrar.*
>
> **Dependa do Senhor para manter a sua vida em equilíbrio.**

Jesus anuncia sua mensagem na Galileia

[35] No dia seguinte, antes do amanhecer, Jesus se levantou e foi a um lugar isolado para orar. [36] Mais tarde, Simão e os outros saíram para procurá-lo. [37] Quando o encontraram, disseram: "Todos estão à sua procura!".

[38] Jesus respondeu: "Devemos prosseguir para outras cidades e lá também anunciar minha mensagem. Foi para isso que vim". [39] Então ele viajou por toda a região da Galileia, pregando nas sinagogas e expulsando demônios.

Jesus cura um leproso

[40] Um leproso veio e ajoelhou-se diante de Jesus, implorando para ser curado: "Se o senhor quiser, pode me curar e me deixar limpo".

[41] Cheio de compaixão, Jesus estendeu a mão e tocou nele. "Eu quero", respondeu. "Seja curado e fique limpo!" [42] No mesmo instante, a lepra desapareceu e o homem foi curado. [43] Então Jesus se despediu dele com uma forte advertência: [44] "Não conte isso a ninguém. Vá e apresente-se ao sacerdote para que ele o examine. Leve a oferta que a lei de Moisés exige pela sua purificação.[a] Isso servirá como testemunho".

[45] O homem, porém, saiu e começou a contar a todos o que havia acontecido. Por isso, em pouco tempo, grandes multidões cercaram Jesus, e ele já não conseguia entrar publicamente em cidade alguma. E, embora se mantivesse em lugares isolados, gente de toda parte vinha até ele.

Jesus cura um paralítico

2 Dias depois, quando Jesus retornou a Cafarnaum, a notícia de que ele tinha voltado se espalhou rapidamente. [2] Em pouco tempo, a casa onde estava hospedado ficou tão cheia que não havia lugar nem do lado de fora da porta. Enquanto ele anunciava a palavra de Deus, [3] quatro homens vieram carregando um paralítico numa maca. [4] Por causa da multidão, não tinham como levá-lo até Jesus. Então abriram um buraco no teto, acima de onde Jesus estava. Em seguida, baixaram o homem na maca, bem na frente dele. [5] Ao ver a fé que eles tinham, Jesus disse ao paralítico: "Filho, seus pecados estão perdoados".

Não permitia, porém, que os demônios falassem, pois sabiam quem ele era.

---

[a] **1.44** Ver Lv 14.2-32.

⁶Alguns dos mestres da lei que estavam ali sentados pensaram: ⁷"O que ele está dizendo? Isso é blasfêmia! Somente Deus pode perdoar pecados!".

⁸Jesus logo percebeu o que eles estavam pensando e perguntou: "Por que vocês questionam essas coisas em seu coração? ⁹O que é mais fácil dizer ao paralítico: 'Seus pecados estão perdoados' ou 'Levante-se, pegue sua maca e ande'? ¹⁰Mas eu lhes mostrarei que o Filho do Homem tem autoridade na terra para perdoar pecados". Então disse ao paralítico: ¹¹"Levante-se, pegue sua maca e vá para casa".

¹²O homem se levantou de um salto, pegou sua maca e saiu andando diante de todos. A multidão ficou admirada e louvava a Deus, exclamando: "Nunca vimos nada igual!".

Jesus chama Levi

¹³Em seguida, Jesus saiu outra vez para a beira do mar e ensinou as multidões que vinham até ele. ¹⁴Enquanto caminhava por ali, viu Levi,[a] filho de Alfeu, sentado no lugar onde se coletavam os impostos. "Siga-me", disse-lhe Jesus, e Levi se levantou e o seguiu.

¹⁵Mais tarde, na casa de Levi, Jesus e seus discípulos estavam à mesa, acompanhados de um grande número de cobradores de impostos e outros pecadores, pois eram muitos os que o seguiam. ¹⁶Quando alguns fariseus, mestres da lei,[b] viram Jesus comer com cobradores de impostos e outros pecadores, perguntaram a seus discípulos: "Por que ele come com cobradores de impostos e pecadores?".

¹⁷Ao ouvir isso, Jesus lhes disse: "As pessoas saudáveis não precisam de médico, mas sim os doentes. Não vim para chamar os justos, mas sim os pecadores".

Discussão sobre o jejum

¹⁸Certa vez, quando os discípulos de João e os fariseus estavam jejuando, algumas pessoas vieram a Jesus e perguntaram: "Por que seus discípulos não têm o hábito de jejuar como os discípulos de João e os discípulos dos fariseus?".

¹⁹Jesus respondeu: "Por acaso os convidados de um casamento jejuam enquanto festejam com o noivo? Não podem jejuar enquanto o noivo está com eles. ²⁰Um dia, porém, o noivo lhes será tirado, e então jejuarão.

²¹"Além disso, ninguém remendaria uma roupa velha usando pano novo. O pano novo encolheria a roupa velha e a rasgaria, deixando um buraco ainda maior.

²²"E ninguém colocaria vinho novo em velhos recipientes de couro. O vinho os arrebentaria, e tanto o vinho como os recipientes se estragariam. Vinho novo precisa de recipientes novos".

Discussão sobre o sábado

²³Num sábado, enquanto Jesus caminhava pelos campos de cereal, seus discípulos começaram a colher espigas. ²⁴Os fariseus lhe perguntaram: "Por que seus discípulos desobedecem à lei colhendo cereal no sábado?".

²⁵Jesus respondeu: "Vocês não leram nas Escrituras o que fez Davi quando ele e seus companheiros tiveram fome? ²⁶Ele entrou na casa de Deus, nos dias em que Abiatar era sumo sacerdote, comeu os pães sagrados que só os sacerdotes tinham permissão de comer e os deu também a seus companheiros".

²⁷Então Jesus disse: "O sábado foi feito por causa do homem, e não o homem por causa do sábado. ²⁸Portanto, o Filho do Homem é senhor até mesmo do sábado".

Jesus cura no sábado

3 Em outra ocasião, Jesus entrou na sinagoga e notou que havia ali um homem com uma das mãos deformada. ²Os inimigos de Jesus o observavam atentamente. Se ele curasse a mão do homem, planejavam acusá-lo, pois era sábado.

³Jesus disse ao homem com a mão deformada: "Venha e fique diante de todos". ⁴Em seguida, voltou-se para seus críticos e perguntou: "O que a lei permite fazer no sábado? O bem ou o mal? Salvar uma vida ou destruí-la?". Eles ficaram em silêncio.

⁵Jesus olhou para os que estavam ao seu redor, irado e muito triste pelo coração endurecido deles. Então disse ao homem: "Estenda a mão". O homem estendeu a mão, e ela foi restaurada. ⁶No mesmo instante, os fariseus saíram e se reuniram com os membros

---

[a] **2.14** Isto é, Mateus. Ver Mt 9.9. [b] **2.16** Em grego, *os escribas dos fariseus*.

> **PÃO DIÁRIO**
>
> ### Discipulado 101%
>
> *[Jesus] Escolheu doze e os chamou seus apóstolos, para que o seguissem e fossem enviados para anunciar sua mensagem...*
> —Marcos 3.14
>
> Por não ser o tipo de cara que dá "um jeitinho" em tudo, precisei ligar para um amigo que é um ótimo faz-tudo e pedir que fizesse uns consertos em minha casa. Ele veio, e eu lhe dei minha lista. Porém, para a minha surpresa, ele me disse que eu teria de fazer os consertos sozinho! Mostrou-me como fazê-los, explicou tudo e ficou ao meu lado. Eu segui as suas instruções e fiz os reparos. Esse exemplo se parece bastante com o que Jesus fez ao chamar Seus primeiros discípulos.
>
> Quando Jesus chamou aqueles homens para segui-lo, Ele queria que estivessem ao Seu lado e que pregassem as boas-novas do reino de Deus (Mc 1.14; 6.12). A primeira tarefa consistia em estar sob a supervisão imediata de Jesus, em aprender Suas palavras e Sua interpretação das Escrituras e em observar o Seu modo de agir. Como segunda tarefa, Jesus os enviou a pregar (Mc 3.14,15) e anunciar o que Ele havia dito e a fazerem o que Ele havia feito. À medida que cumprissem essas tarefas, deveriam depender de Jesus.
>
> Hoje em dia, o Senhor ainda chama os Seus seguidores para este simples, mas poderoso processo de discipulado: estar com Ele, seguir as Suas instruções e viver o Seu exemplo. Você depende de Jesus à medida que o segue?
>
> *Jesus, agradecemos-te por Teu exemplo sobre o que significa viver sem pecar. Ajuda-nos a sermos dependentes de ti à medida que buscamos pautar a nossa vida a partir da Tua vida perfeita. Que possamos viver de maneira santa e irrepreensível para conduzir os outros a ti.*
>
> **O discipulado envolve relacionamento e vivência.**

do partido de Herodes para tramar um modo de matá-lo.

Multidões seguem Jesus

⁷Jesus saiu para o mar com seus discípulos, e uma grande multidão os seguiu. Vinham de todas as partes da Galileia, da Judeia, ⁸de Jerusalém, da Idumeia, do leste do rio Jordão e até de lugares distantes ao norte, como Tiro e Sidom. A notícia de seus milagres havia se espalhado para longe, e um grande número de pessoas vinha vê-lo. ⁹Jesus instruiu seus discípulos a prepararem um barco para evitar que a multidão o esmagasse. ¹⁰Havia curado muitos naquele dia, e os enfermos se empurravam para chegar até ele e tocá-lo. ¹¹E, sempre que o viam, os espíritos impuros se atiravam no chão na frente dele e gritavam: "Você é o Filho de Deus!". ¹²Jesus, porém, lhes dava ordens severas para que não revelassem quem ele era.

Jesus escolhe os doze apóstolos

¹³Depois, Jesus subiu a um monte e chamou aqueles que ele desejava que o acompanhassem, e eles foram. ¹⁴Escolheu doze e os chamou seus apóstolos,[a] para que o seguissem e fossem enviados para anunciar sua mensagem, ¹⁵e lhes deu autoridade para expulsar demônios. ¹⁶Estes foram os doze que ele escolheu:

Simão, a quem ele chamou Pedro,
¹⁷Tiago e João, filhos de Zebedeu, aos quais deu o nome de Boanerges, que significa "filhos do trovão",
¹⁸André,
Filipe,
Bartolomeu,
Mateus,
Tomé,
Tiago, filho de Alfeu,
Tadeu,
Simão, o cananeu,
¹⁹Judas Iscariotes, que depois o traiu.

A fonte do poder de Jesus

²⁰Certo dia, Jesus entrou numa casa, e as multidões começaram a se juntar outra vez. Logo, ele e seus discípulos não tinham tempo nem para comer. ²¹Quando os familiares de Jesus souberam o que estava acontecendo, tentaram impedi-lo de continuar. "Está fora de si", diziam.

²²Então os mestres da lei, que tinham vindo de Jerusalém, disseram: "Está possuído por Belzebu, príncipe dos demônios. É dele que recebe poder para expulsar demônios".

²³Jesus os chamou e respondeu com uma comparação: "Como é possível Satanás expulsar Satanás?", perguntou. ²⁴"Um reino dividido internamente será destruído. ²⁵Da mesma

---

[a] **3.14** Alguns manuscritos não trazem *e os chamou seus apóstolos*.

forma, uma família dividida contra si mesma se desintegrará. ²⁶E, se Satanás está dividido e luta contra si mesmo, não pode se manter de pé; está acabado. ²⁷Quem tem poder para entrar na casa de um homem forte e saquear seus bens? Somente alguém ainda mais forte, alguém capaz de amarrá-lo e saquear sua casa.

²⁸"Eu lhes digo a verdade: todo pecado e toda blasfêmia podem ser perdoados, ²⁹mas quem blasfemar contra o Espírito Santo jamais será perdoado. Esse é um pecado com consequências eternas." ³⁰Ele disse isso porque afirmavam: "Está possuído por um espírito impuro".

A verdadeira família de Jesus

³¹Então a mãe e os irmãos de Jesus foram vê-lo. Ficaram do lado de fora e mandaram alguém avisá-lo para sair e falar com eles. ³²Havia muitas pessoas sentadas ao seu redor, e alguém disse: "Sua mãe e seus irmãos^a estão lá fora e o procuram".

³³Jesus respondeu: "Quem é minha mãe? Quem são meus irmãos?". ³⁴Então olhou para aqueles que estavam ao seu redor e disse: "Vejam, estes são minha mãe e meus irmãos. ³⁵Quem faz a vontade de Deus é meu irmão, minha irmã e minha mãe".

A parábola do semeador

4 Mais uma vez, Jesus começou a ensinar à beira-mar. Em pouco tempo, uma grande multidão se juntou ao seu redor. Então ele entrou num barco e sentou-se, enquanto o povo ficou na praia. ²Ele os ensinou contando várias histórias na forma de parábolas, como esta:

³"Ouçam! Um lavrador saiu para semear. ⁴Enquanto espalhava as sementes pelo campo, algumas caíram à beira do caminho, e as aves vieram e as comeram. ⁵Outras sementes caíram em solo rochoso e, não havendo muita terra, germinaram rapidamente, ⁶mas as plantas logo murcharam sob o calor do sol e secaram, pois não tinham raízes profundas. ⁷Outras sementes caíram entre espinhos, que cresceram e sufocaram os brotos, sem nada produzirem. ⁸Ainda outras caíram em solo fértil e germinaram, cresceram e produziram uma colheita trinta, sessenta e até cem vezes maior que a quantidade semeada". ⁹Então ele disse: "Quem tem ouvidos para ouvir, ouça com atenção!".

¹⁰Mais tarde, quando Jesus estava sozinho com os Doze e os outros que estavam reunidos ao seu redor, perguntaram-lhe qual era o significado das parábolas.

¹¹Ele respondeu: "A vocês é permitido entender o segredo^b do reino de Deus, mas uso parábolas para falar aos de fora, ¹²de modo que:

'Mesmo que vejam o que faço,
    não perceberão,
e ainda que ouçam o que digo,
    não compreenderão.
Do contrário, poderiam voltar-se para mim,
    e ser perdoados'".^c

¹³Então Jesus disse: "Se vocês não entendem o significado desta parábola, como entenderão as demais? ¹⁴O lavrador lança sementes ao anunciar a mensagem. ¹⁵As sementes que caíram à beira do caminho representam os que ouvem a mensagem, mas Satanás logo vem e toma deles. ¹⁶As que caíram no solo rochoso representam aqueles que ouvem a mensagem e, sem demora, a recebem com alegria. ¹⁷Contudo, uma vez que não têm raízes profundas, não duram muito. Assim que enfrentam problemas ou são perseguidos por causa da mensagem, cedo desanimam. ¹⁸As que caíram entre os espinhos representam outros que ouvem a mensagem, ¹⁹mas logo ela é sufocada pelas preocupações desta vida, pela sedução da riqueza e pelo desejo por outras coisas, não produzindo fruto. ²⁰E as que caíram em solo fértil representam os que ouvem e aceitam a mensagem e produzem uma colheita trinta, sessenta ou até cem vezes maior que a quantidade semeada".

A parábola da lâmpada

²¹Em seguida, Jesus lhes perguntou: "Alguém acenderia uma lâmpada e a colocaria sob um cesto ou uma cama? Claro que não! A lâmpada é colocada num pedestal, de onde sua luz brilhará. ²²Da mesma forma, tudo que está escondido será revelado, e tudo que está oculto virá à luz. ²³Quem tem ouvidos para ouvir, ouça com atenção!".

²⁴Então acrescentou: "Prestem muita atenção ao que vão ouvir. Com o mesmo padrão de

---

^a**3.32** Alguns manuscritos acrescentam *e irmãs*. ^b**4.11** Em grego, *o mistério*. ^c**4.12** Is 6.9-10, conforme a Septuaginta.

> **PÃO DIÁRIO**
>
> ## Você nunca sabe
>
> *A terra produz as colheitas por si própria. Primeiro aparece uma folha, depois se formam as espigas de trigo e, por fim, o cereal amadurece.*
> —Marcos 4.28
>
> Durante meus anos de seminário, dirigi um acampamento de verão para meninos e meninas. Todas as manhãs, eu começava o dia com uma breve história na qual tentava incluir algum elemento do evangelho.
>
> Para ajudar a ilustrar que tornar-se cristão significa tornar-se uma nova pessoa em Cristo, contei uma história sobre um alce que queria ser um cavalo. O alce tinha visto um grupo de cavalos selvagens, achou-os criaturas elegantes e desejou ser como eles. Assim, ele se disciplinou a agir como um cavalo. Entretanto, ele nunca foi aceito como um cavalo, porque era um alce. Como um alce pode se transformar num cavalo? Apenas nascendo cavalo, claro! E, na sequência, eu lhes explicava como todos nós podemos nascer de novo pela decisão de crer em Jesus.
>
> Henrique, um dos nossos orientadores de equipe era muito hostil à fé. Eu podia apenas sentir o amor cristão por ele e orar, mas ele foi embora no fim do verão com o coração endurecido em sua incredulidade. Isso aconteceu há mais de 50 anos. Alguns anos atrás, recebi uma carta do Henrique. A primeira frase dizia: "Estou escrevendo para dizer que nasci de novo e, hoje, finalmente sou um *cavalo*". Essa confirmação me alertou de que preciso continuar orando e plantando a semente da Palavra (Mc 4.26) para que um dia ela dê frutos.
>
> *Querido Deus, ajuda-me a aproveitar cada oportunidade para plantar sementes de fé na vida das pessoas que encontro. E ajuda-me a perseverar em oração para que essas sementes deem frutos.*
>
> **Nós plantamos as sementes**
> **— Deus produz a colheita.**

medida que adotarem, vocês serão medidos, e mais ainda lhes será acrescentado. ²⁵Pois ao que tem, mais lhe será dado; mas do que não tem, até o que tem lhe será tirado".

A parábola da semente que cresce

²⁶Jesus também disse: "O reino de Deus é como um lavrador que lança sementes sobre a terra. ²⁷Noite e dia, esteja ele dormindo ou acordado, as sementes germinam e crescem, mas ele não sabe como isso acontece. ²⁸A terra produz as colheitas por si própria. Primeiro aparece uma folha, depois se formam as espigas de trigo e, por fim, o cereal amadurece. ²⁹E, assim que o cereal está maduro, o lavrador vem e o corta com a foice, pois chegou o tempo da colheita".

A parábola da semente de mostarda

³⁰Jesus disse ainda: "Como posso descrever o reino de Deus? Que comparação devo usar para ilustrá-lo? ³¹É como uma semente de mostarda plantada na terra. É a menor das sementes, ³²mas se torna a maior de todas as hortaliças, com ramos tão grandes que as aves fazem ninhos à sua sombra".

³³Jesus usou muitas histórias e ilustrações semelhantes para ensinar o povo, conforme tinham condições de entender. ³⁴Na verdade, só usava parábolas para ensinar em público. Depois, quando estava sozinho com seus discípulos, explicava tudo para eles.

Jesus acalma a tempestade

³⁵Ao anoitecer, Jesus disse a seus discípulos: "Vamos atravessar para o outro lado do mar". ³⁶Com ele a bordo, partiram e deixaram a multidão para trás, embora outros barcos os seguissem. ³⁷Logo uma forte tempestade se levantou. As ondas arrebentavam sobre o barco, que começou a encher-se de água. ³⁸Jesus dormia na parte de trás do barco, com a cabeça numa almofada. Os discípulos o acordaram, clamando: "Mestre, vamos morrer! O senhor não se importa?". ³⁹Jesus despertou, repreendeu o vento e disse ao mar: "Silêncio! Aquiete-se!". De repente, o vento parou, e houve grande calmaria. ⁴⁰Então Jesus lhes perguntou: "Por que estão com medo? Ainda não têm fé?".

⁴¹Apavorados, os discípulos diziam uns aos outros: "Quem é este homem? Até o vento e o mar lhe obedecem!".

Jesus exerce autoridade sobre demônios

5 Assim, chegaram ao outro lado do mar, à região dos gerasenos.[a] ²Quando Jesus desembarcou, imediatamente um homem possuído

---

[a] 5.1 Alguns manuscritos trazem *gadarenos*; outros, *gergesenos*. Ver Mt 8.28; Lc 8.26.

por um espírito impuro saiu do cemitério e veio ao seu encontro. ³Esse homem morava entre as cavernas usadas como túmulos e ninguém conseguia detê-lo, nem mesmo com correntes. ⁴Sempre que era acorrentado e algemado, quebrava as algemas dos pulsos e despedaçava as correntes dos pés. Ninguém era forte o suficiente para dominá-lo. ⁵Dia e noite, vagava entre os túmulos e pelos montes, gritando e cortando-se com pedras.

⁶Quando o homem viu Jesus, ainda a certa distância, correu ao seu encontro e se curvou diante dele. ⁷Então soltou um forte grito: "Por que vem me importunar, Jesus, Filho do Deus Altíssimo? Em nome de Deus, suplico que não me torture!". ⁸Pois Jesus já havia falado ao espírito: "Saia deste homem, espírito impuro!".

⁹Jesus lhe perguntou: "Qual é o seu nome?". Ele respondeu: "Meu nome é Legião, porque há muitos de nós dentro deste homem". ¹⁰E os espíritos impuros suplicaram repetidamente que ele não os enviasse a algum lugar distante.

¹¹Havia uma grande manada de porcos pastando num monte ali perto. ¹²"Mande-nos para aqueles porcos", imploraram os espíritos. "Deixe que entremos neles."

¹³Jesus lhes deu permissão. Os espíritos impuros saíram do homem e entraram nos porcos, e toda a manada, cerca de dois mil porcos, se atirou pela encosta íngreme do monte para dentro do mar e se afogou.

¹⁴Os que cuidavam dos porcos fugiram para uma cidade próxima e para seus arredores, espalhando a notícia. O povo correu para ver o que havia ocorrido. ¹⁵Chegaram até onde Jesus estava e viram o homem que tinha sido possuído pela legião de demônios. Estava sentado ali, vestido e em perfeito juízo, e todos tiveram medo. ¹⁶Então os que presenciaram os acontecimentos contaram aos outros o que havia ocorrido com o homem possuído por demônios e com os porcos. ¹⁷A multidão começou a suplicar que Jesus fosse embora da região.

¹⁸Quando Jesus entrava no barco, o homem que tinha sido possuído por demônios implorou para ir com ele. ¹⁹Jesus, porém, não permitiu e disse: "Volte para sua casa e para sua família e conte-lhes tudo que o Senhor fez por você e como ele foi misericordioso". ²⁰Então o homem partiu e começou a anunciar pela região das Dez Cidades[a] quanto Jesus havia feito por ele, e todos se admiravam do que ele dizia.

Jesus cura em resposta à fé

²¹Jesus entrou novamente no barco e voltou para o outro lado do mar, onde uma grande multidão se juntou ao seu redor na praia. ²²Então chegou um dos líderes da sinagoga local, chamado Jairo. Quando viu Jesus, prostrou-se a seus pés e ²³suplicou repetidas vezes: "Minha filhinha está morrendo. Por favor, venha e ponha as mãos sobre ela; cure-a para que ela viva!".

²⁴Jesus foi com ele, e todo o povo o seguiu, apertando-se ao seu redor. ²⁵No meio da multidão estava uma mulher que havia doze anos sofria de hemorragia. ²⁶Tinha passado por muitas dificuldades nas mãos de vários médicos e, ao longo dos anos, gastou tudo que possuía, sem melhorar. Na verdade, havia piorado. ²⁷Tendo ouvido falar de Jesus, aproximou-se por trás dele no meio da multidão e tocou em seu manto, ²⁸pois pensava: "Se eu apenas tocar em seu manto, serei curada". ²⁹No mesmo instante, a hemorragia parou, e ela sentiu em seu corpo que tinha sido curada da enfermidade.

³⁰Jesus imediatamente percebeu que dele havia saído poder; por isso, virou-se para a multidão e perguntou: "Quem tocou em meu manto?".

³¹Seus discípulos disseram: "Veja a multidão que o aperta de todos os lados. Como o senhor ainda pergunta: 'Quem tocou em mim?'".

³²Jesus, porém, continuou a olhar ao redor para ver quem havia feito aquilo. ³³Então a mulher, assustada e tremendo pelo que lhe tinha acontecido, veio e, ajoelhando-se diante dele, contou o que havia feito. ³⁴Jesus lhe disse: "Filha, sua fé a curou. Vá em paz. Seu sofrimento acabou".

³⁵Enquanto Jesus ainda falava com a mulher, chegaram mensageiros da casa de Jairo, o líder da sinagoga, e lhe disseram: "Sua filha morreu. Para que continuar incomodando o mestre?".

³⁶Jesus, porém, ouviu[b] essas palavras e disse a Jairo: "Não tenha medo. Apenas creia".

³⁷Então Jesus deteve a multidão e não deixou que ninguém o acompanhasse, exceto Pedro,

---

ᵃ5.20 Em grego, *Decápolis*. ᵇ5.36 Alguns manuscritos trazem *ignorou*.

> **REFLETINDO SOBRE:** Ouvindo a Sua voz

A filha de Jairo

Preste atenção! Estou à porta e bato. Se você ouvir minha voz e abrir a porta, entrarei e, juntos, faremos uma refeição, como amigos.
—Apocalipse 3.20

"Hora do jantar!", Jackie gritou mais uma vez da cozinha. Minutos passaram, e nenhuma resposta. Irritada, ela caminhou brava pelo corredor a bateu à porta do quarto do seu filho. "Você não me ouviu chamar?", reclamou. Nenhum som veio do interior do quarto. Ela empurrou a porta e viu seu filho adolescente sentado em sua cama, fones nos ouvidos e seu novo aparelho MP3 em suas mãos; totalmente absorto sem perceber a mãe chamá-lo.

A menina em Marcos 5 ouviu uma voz que a chamava e não apenas do lado de fora de sua porta. Quando Jairo implorou a Jesus que fosse curar sua filha, essa jovem de 12 anos já havia morrido antes que chegassem a casa. Indo até seu quarto, Jesus tomou sua mão gelada e sem vida e a chamou: "Menina, levante-se!". Naquele instante ela teve a vida e a saúde restauradas.

Como a menina se sentiu ao ouvir a poderosa voz que até mesmo a morte obedecia? Talvez a voz de Jesus lhe fosse familiar se ela já tivesse ouvido Seus ensinos ou estivesse dentre as multidões que o seguiam. Talvez tenha sentido apenas que o seu espírito estava sendo irresistivelmente atraído a uma voz de amor e autoridade.

A voz de Jesus está chamando cada uma de nós hoje. Se estamos espiritualmente mortas, Ele nos chama para nova vida por meio da fé. Se já aceitamos o dom da vida eterna, Ele nos convida diariamente para seguir Sua liderança e viver de forma que agrademos a Deus. Quando nos cercamos de barulho constante, podemos perder a voz calma e leve de Jesus. Precisamos planejar um momento de quietude distante da TV, de rádios, telefones celulares e MP3 *players*. Não queremos bloquear o chamado de Jesus, pois há muito mais em jogo do que um simples jantar.

Tiago e João, irmão de Tiago. ³⁸Quando chegaram à casa do líder da sinagoga, Jesus viu um grande tumulto, com muito choro e lamentação. ³⁹Então entrou e perguntou: "Por que todo esse tumulto e choro? A criança não morreu; está apenas dormindo".

⁴⁰A multidão riu de Jesus. Ele, porém, fez todos saírem e levou o pai e a mãe da menina e os três discípulos para o quarto onde ela estava deitada. ⁴¹Segurando-a pela mão, disse-lhe: "*Talita cumi!*", que quer dizer "Menina, levante-se!". ⁴²A menina, que tinha doze anos, levantou-se de imediato e começou a andar. Todos ficaram muito admirados. ⁴³Jesus deu ordens claras para que não contassem a ninguém o que havia acontecido e depois mandou que dessem alguma coisa para a menina comer.

Jesus é rejeitado em Nazaré

6 Jesus deixou essa região e voltou com seus discípulos para Nazaré, cidade onde tinha morado. ²No sábado seguinte, começou a ensinar na sinagoga, e muitos dos que o ouviam se admiraram e perguntavam: "De onde vem tanta sabedoria e poder para realizar esses milagres? ³Não é esse o carpinteiro, filho de Maria e irmão de Tiago, José,[a] Judas e Simão? Suas irmãs moram aqui, entre nós". E sentiam-se muito ofendidos.

⁴Então Jesus lhes disse: "Um profeta recebe honra em toda parte, menos em sua cidade e entre seus parentes e sua própria família". ⁵Por isso, não pôde realizar milagres ali, exceto pôr as mãos sobre alguns enfermos e curá-los. ⁶E ficou admirado com a incredulidade daquele povo.

Jesus envia os doze apóstolos

Então Jesus percorreu diversos povoados, ensinando a seus moradores. ⁷Reuniu os Doze e começou a enviá-los de dois em dois, dando-lhes autoridade para expulsar espíritos impuros. ⁸Instruiu-os a não levar coisa alguma na viagem, exceto um cajado. Não poderiam levar

---

[a] 6.3 Alguns manuscritos trazem *Joses*; ver Mt 13.55.

> **REFLETINDO SOBRE:** Queremos tudo do nosso jeito
>
> ## Herodias
>
> *Ensina-me os teus caminhos, Senhor, para que eu viva segundo a tua verdade.*
> —Salmo 86.11
>
> Quando a filha de Herodias seguiu o conselho de sua mãe e pediu a Herodes a cabeça de João, Herodias finalmente conseguiu que as coisas funcionassem do seu jeito. Herodes tinha se recusado a matar o profeta, mas agora Herodias o havia encurralado. Herodes não podia voltar atrás em sua promessa precipitada diante dos convidados de sua festa, portanto, ele enviou imediatamente soldados até a prisão para decapitar João. Será que, quando sua filha lhe entregou a bandeja com a cabeça de João, Herodias sentiu profunda satisfação ao ver a terrível imagem de seu inimigo vencido? Será que suspirou aliviada, pensando em como sua vida seria melhor, agora que tinha se livrado daquele que parecia se deleitar em apontar seu pecado?
>
> Enquanto celebrava a vitória, Herodias sequer tinha ideia do quanto havia perdido. Deus tinha enviado João para proclamar a verdade a Herodes e Herodias e persuadi-los a abandonar seus pecados. Quando, mais tarde, Jesus esteve diante de Herodes para o julgamento, Ele não lhe disse uma palavra. Seria porque Herodes e sua esposa tiveram uma chance de ouvir Deus por meio de João e a desperdiçaram?
>
> Nossa natureza humana grita querendo as coisas do seu jeito. Achamos que sabemos o que precisamos e o que nos fará felizes, mas nossa mente é facilmente enganada e influenciada pelo pensamento do mundo. Nossos desejos geralmente entram em conflito com o que Deus quer para nós. Há momentos em que Ele permite que consigamos o que queremos, sempre esperando que aprendamos que Ele sabe o que é melhor para nós. Todas as vezes em que "ganhamos", ao conseguir as coisas de nosso jeito, perdemos algo precioso: a oportunidade de seguir o plano perfeito de Deus para nós. Ao colocarmos, deliberadamente, nossa vontade sob o Seu controle todos os dias, não seremos tão exigentes a ponto de querermos tudo da nossa maneira. Entenderemos que o jeito de Deus é sempre o melhor.

alimento, nem bolsa de viagem, nem dinheiro.[a] ⁹Poderiam calçar sandálias, mas não levar uma muda de roupa extra.

¹⁰Disse ele: "Onde quer que forem, fiquem na mesma casa até partirem da cidade. ¹¹Mas, se algum povoado se recusar a recebê-los ou a ouvi-los, ao saírem, sacudam a poeira dos pés como sinal de reprovação".

¹²Então eles partiram, dizendo a todos que encontravam que se arrependessem. ¹³Expulsaram muitos demônios e curaram muitos enfermos, ungindo-os com óleo.

A morte de João Batista

¹⁴Logo o rei Herodes ouviu falar de Jesus, pois todos comentavam a seu respeito. Alguns diziam:[b] "João Batista ressuscitou dos mortos. Por isso tem poder para fazer esses milagres". ¹⁵Outros diziam: "É Elias". Ainda outros diziam: "É um profeta, como os profetas de antigamente".

¹⁶Quando Herodes ouviu falar de Jesus, disse: "João, o homem a quem decapitei, voltou dos mortos!".

¹⁷O rei havia mandado prender e encarcerar João para agradar Herodias. Ela era esposa de seu irmão, Filipe, mas Herodes tinha se casado com ela. ¹⁸João dizia a Herodes: "É contra a lei que o senhor viva com a esposa de seu irmão". ¹⁹Por isso Herodias guardava rancor de João e queria matá-lo, mas não podia fazê-lo, ²⁰pois Herodes o respeitava e o protegia, sabendo que ele era um homem justo e santo. Herodes ficava muito perturbado sempre que falava com João, mas mesmo assim gostava de ouvi-lo.

²¹Finalmente, no aniversário de Herodes, Herodias teve a oportunidade que procurava. Ele deu uma festa para os membros do alto escalão do governo, para seus oficiais militares e para os cidadãos mais importantes da Galileia. ²²Sua filha, também chamada

---

[a] **6.8** Em grego, *nem moedas de cobre no cinto.* [b] **6.14** Alguns manuscritos trazem *Ele dizia.*

> **PÃO DIÁRIO**
>
> ## Momentos de sossego
>
> *Jesus lhes disse: "Vamos sozinhos até um lugar tranquilo para descansar um pouco"...*
> —Marcos 6.31
>
> Minha amiga me disse que ela sempre valorizava muito o seu momento de pescaria com o pai. Por não ser uma fã de pescaria, estava curiosa para saber o que ela achava tão agradável nessa atividade. —Simplesmente gosto de ficar com o meu pai, ela me informou.
> —Então vocês pescam e conversam?, perguntei-lhe.
> —Ah, não, na verdade, não conversamos, ela respondeu. —Simplesmente pescamos.
> Não era a conversa, era a companhia.
> Você já pensou sobre a quantidade de tempo que passamos conversando? Nos instantes que gostamos de chamar de "momentos de quietude" com Deus, geralmente preenchemos qualquer silêncio com as nossas orações. Porém, em algum momento realmente nos aquietamos?
> Deus falou: "Aquietem-se e saibam que eu sou Deus!" (Sl 46.10). Quando Jesus percebeu que os discípulos estavam tão ocupados que nem ao menos tinham tempo para comer, Ele lhes disse: "Vamos sozinhos até um lugar tranquilo para descansar um pouco" (Mc 6.31). Quando deixamos para trás as distrações da vida, podemos descansar com mais facilidade e voltar a manter o foco em Deus.
> Os momentos de quietude com Deus fazem parte da sua vida? Você deseja que Jesus restaure a sua alma (Sl 23.1-3)? Deixe-o ensinar-lhe como "aquietar-se". E ouça-o quando Ele convidá-la: "Vamos sozinhos até um lugar tranquilo para descansar um pouco".
>
> Senhor Amado, ajuda-me a colocar de lado as distrações da minha vida e encontrar um lugar tranquilo para aquietar-me ao Teu lado. Concede ao meu coração desejoso a vontade de se aquietar, de repousar e permanecer em silêncio em Tua presença.
>
> **Os momentos de quietude com Deus nos fortalecem para emergências futuras.**

Herodias,[a] entrou e apresentou uma dança que agradou muito Herodes e seus convidados. "Peça-me qualquer coisa que deseje, e eu lhe darei", disse o rei à moça. ²³E prometeu, sob juramento: "Eu lhe darei o que pedir, até metade do meu reino!".

²⁴Ela saiu e perguntou à mãe: "O que devo pedir?".

A mãe lhe disse: "Peça a cabeça de João Batista!".

²⁵A moça voltou depressa ao rei e disse: "Quero a cabeça de João Batista agora mesmo num prato!".

²⁶O rei muito se entristeceu com isso, mas, por causa do juramento que havia feito na frente dos convidados, não pôde negar o pedido. ²⁷Assim, enviou no mesmo instante um carrasco com ordens de cortar a cabeça de João e trazê-la. Ele decapitou João na prisão, ²⁸trouxe a cabeça num prato e a entregou à moça, que a levou à sua mãe. ²⁹Quando os discípulos de João souberam o que havia acontecido, foram buscar o corpo e o colocaram numa sepultura.

A primeira multiplicação dos pães

³⁰Os apóstolos voltaram de sua missão e contaram a Jesus tudo que tinham feito e ensinado. ³¹Jesus lhes disse: "Vamos sozinhos até um lugar tranquilo para descansar um pouco", pois tanta gente ia e vinha que eles não tinham tempo nem para comer.

³²Então saíram de barco para um lugar isolado, a fim de ficarem a sós. ³³Contudo, muitos os reconheceram e os viram partir, e pessoas de várias cidades correram e chegaram antes deles. ³⁴Quando Jesus saiu do barco, viu a grande multidão e teve compaixão dela, pois eram como ovelhas sem pastor. Então começou a lhes ensinar muitas coisas.

³⁵Ao entardecer, os discípulos foram até ele e disseram: "Este lugar é isolado, e já está tarde. ³⁶Mande as multidões embora, para que possam ir aos campos e povoados vizinhos e comprar algo para comer".

³⁷Jesus, porém, disse: "Providenciem vocês mesmos alimento para eles".

"Precisaríamos de muito dinheiro[b] para comprar comida para todo esse povo!", responderam.

³⁸"Quantos pães vocês têm?", perguntou ele. "Vão verificar".

---

[a] 6.22 Alguns manuscritos trazem *A filha de Herodias*. [b] 6.37 Em grego, *Precisaríamos de 200 denários*. Um denário equivalia ao salário por um dia completo de trabalho.

Eles voltaram e informaram: "Cinco pães e dois peixes". ³⁹Então Jesus ordenou que fizessem a multidão sentar-se em grupos na grama verde. ⁴⁰Assim, eles se sentaram em grupos de cinquenta e de cem. ⁴¹Jesus tomou os cinco pães e os dois peixes, olhou para o céu e os abençoou. Então, à medida que ia partindo os pães, entregava-os aos discípulos para que os distribuíssem ao povo. Também dividiu os peixes para que todos recebessem uma porção. ⁴²Todos comeram à vontade, ⁴³e os discípulos recolheram doze cestos com os pães e peixes que sobraram. ⁴⁴Os que comeram ᵃ foram cinco mil homens.

Jesus anda sobre o mar

⁴⁵Logo em seguida, Jesus insistiu com seus discípulos que voltassem ao barco e atravessassem o mar até Betsaida, enquanto ele mandava o povo para casa. ⁴⁶Depois de se despedir de todos, subiu sozinho ao monte para orar.

⁴⁷Durante a noite, os discípulos estavam no barco, no meio do mar, e Jesus, sozinho em terra. ⁴⁸Ele viu que estavam em apuros, remando com força e lutando contra o vento e as ondas. Por volta das três da madrugada,ᵇ Jesus foi até eles caminhando sobre o mar. Sua intenção era passar por eles, ⁴⁹mas, quando o avistaram caminhando sobre as águas, gritaram de pavor, pensando que fosse um fantasma. ⁵⁰Ficaram todos aterrorizados ao vê-lo.

Imediatamente, porém, Jesus lhes disse: "Não tenham medo! Coragem, sou eu!". ⁵¹Em seguida, subiu no barco e o vento parou. Os discípulos ficaram admirados, ⁵²pois ainda não tinham entendido o milagre dos pães. O coração deles estava endurecido.

Jesus cura os enfermos

⁵³Depois de atravessarem o mar, chegaram a Genesaré. Levaram o barco até a margem ⁵⁴e desceram. As pessoas reconheceram Jesus assim que o viram. ⁵⁵Quando ouviam que Jesus estava em algum lugar, corriam por toda a região, levando os enfermos em macas para onde sabiam que ele estava. ⁵⁶Aonde quer que ele fosse — aos povoados, às cidades ou aos campos ao redor —, levavam os enfermos para as praças. Suplicavam que ele os deixasse pelo menos tocar na borda de seu manto, e todos que o tocavam eram curados.

Ensino sobre a pureza interior

7 Certo dia, alguns fariseus e mestres da lei chegaram de Jerusalém para ver Jesus. ²Observaram que alguns de seus discípulos comiam sua refeição com as mãos impuras, ou seja, sem lavá-las. ³(Pois todos os judeus, sobretudo os fariseus, não comem sem antes lavar cuidadosamente as mãos, como exige a tradição dos líderes religiosos. ⁴Quando chegam do mercado, não comem coisa alguma sem antes mergulhar as mãos em água. Essa é apenas uma das muitas tradições às quais se apegam, como a lavagem de copos, jarras e panelas.ᶜ)

⁵Então os fariseus e mestres da lei lhe perguntaram: "Por que seus discípulos não seguem a tradição dos líderes religiosos? Eles comem sem antes realizar a cerimônia de lavar as mãos!".

⁶Jesus respondeu: "Hipócritas! Isaías tinha razão quando profetizou a seu respeito, pois escreveu:

'Este povo me honra com os lábios,
    mas o coração está longe de mim.
⁷Sua adoração é uma farsa,
    pois ensinam doutrinas humanas
    como se fossem mandamentos de
    Deus'.ᵈ

⁸Vocês desprezam a lei de Deus e a substituem por sua própria tradição".

⁹Disse ainda: "Vocês se esquivam com habilidade da lei de Deus para se apegar à sua própria tradição. ¹⁰Por exemplo, Moisés deu esta lei: 'Honre seu pai e sua mãe'ᵉ e 'Quem insultar seu pai ou sua mãe será executado'.ᶠ ¹¹Vocês, porém, ensinam que alguém pode dizer a seus pais: 'Não posso ajudá-los. Jurei entregar como oferta a Deus aquilo que eu teria dado a vocês'.ᵍ ¹²Com isso, desobrigam as pessoas de cuidarem dos pais, ¹³anulando a palavra de Deus a fim de transmitir sua própria tradição. E esse é apenas um exemplo entre muitos outros".

ᵃ**6.44** Alguns manuscritos acrescentam *dos pães*. ᵇ**6.48** Em grego, *Por volta da quarta vigília da noite*. ᶜ**7.4** Alguns manuscritos acrescentam *e divãs*. ᵈ**7.7** Is 29.13, conforme a Septuaginta. ᵉ**7.10a** Êx 20.12; Dt 5.16. ᶠ**7.10b** Êx 21.17; Lv 20.9; ambos conforme a Septuaginta. ᵍ**7.11** Em grego, *O que eu teria lhes dado é Corbã, isto é, uma oferta.*

> **PÃO DIÁRIO**
>
> ### Às avessas
>
> Pois, de dentro, do coração da pessoa, vêm maus pensamentos, imoralidade sexual, roubo, homicídio, adultério, cobiça, perversidade, engano, paixões carnais, inveja, calúnias, orgulho e insensatez.
> —Marcos 7.21,22
>
> Comprar melão é uma tarefa difícil. Por mais que ele pareça bom, é difícil dizer com certeza se realmente está! Então, dou umas batidinhas, uns tapinhas, e se ninguém estiver me olhando, dou uns apertozinhos também — só depois disso, decido se vou levá-lo, apenas para descobrir que ele está ruim por dentro.
>
> Quando os fariseus se irritaram com o fato de os discípulos de Jesus não terem lavado as mãos antes de comer — uma violação a uma de suas tradições —, Jesus imediatamente os desafiou: "Vocês se esquivam com habilidade da lei de Deus para se apegar à sua própria tradição" (Mc 7.9). Ele até mesmo os chamou de "hipócritas" e explicou que o que vem de dentro da pessoa é o que a "contamina", não o contrário.
>
> Se não tomarmos cuidado, poderemos nos ocupar com as aparências e esquecer o que realmente importa. Na realidade, quando chegamos ao ponto de obedecer a todas as regras "corretas", podemos sentir orgulho de nós mesmas e começarmos a julgar os outros. Contudo, abrigar a amargura, ter atitudes críticas e se achar superior é o tipo de atitude que nos contamina e nos torna culpadas da acusação de "hipócritas" feita pelo Senhor. Portanto, não se engane. Lembre-se de que o que está no interior — em seu coração, seus pensamentos e suas atitudes — é o que realmente conta.
>
> Senhor, quantas vezes olho para a aparência e deixo de examinar muitos pecados do coração e da mente que tanto te angustiam... Perdoa-me, Senhor Jesus.
>
> **O que importa para Jesus é o que acontece em nosso interior.**

[14] Jesus chamou a multidão para perto de si e disse: "Ouçam, todos vocês, e procurem entender. [15] Não é o que entra no corpo que os contamina; vocês se contaminam com o que sai do coração. [16] Quem tem ouvidos para ouvir, ouça com atenção!".[a]

[17] Então Jesus entrou numa casa para se afastar da multidão, e seus discípulos lhe perguntaram o que ele queria dizer com a parábola que havia acabado de contar. [18] "Vocês também ainda não entendem?", perguntou. "Não percebem que a comida que entra no corpo não pode contaminá-los? [19] O alimento não vai para o coração, mas apenas passa pelo estômago e vai parar no esgoto." (Ao dizer isso, declarou que todo tipo de comida é aceitável.)

[20] Em seguida, acrescentou: "Aquilo que vem de dentro é que os contamina. [21] Pois, de dentro, do coração da pessoa, vêm maus pensamentos, imoralidade sexual, roubo, homicídio, [22] adultério, cobiça, perversidade, engano, paixões carnais, inveja, calúnias, orgulho e insensatez. [23] Todas essas coisas desprezíveis vêm de dentro; são elas que os contaminam".

A mulher siro-fenícia demonstra fé

[24] Então Jesus deixou a Galileia e se dirigiu para o norte, para a região de Tiro.[b] Não queria que ninguém soubesse onde ele estava hospedado, mas não foi possível manter segredo. [25] De imediato, uma mulher que tinha ouvido falar dele veio e caiu a seus pés. A filha dela estava possuída por um espírito impuro, [26] e ela implorou que ele expulsasse o demônio que estava na menina.

Sendo ela grega, nascida na região da Fenícia, na Síria, [27] Jesus lhe disse: "Primeiro devem-se alimentar os filhos. Não é certo tirar comida das crianças e jogá-la aos cachorros".

[28] "Senhor, é verdade", disse a mulher. "No entanto, até os cachorros, debaixo da mesa, comem as migalhas dos pratos dos filhos."

[29] "Boa resposta!", disse Jesus. "Vá para casa, pois o demônio já deixou sua filha." [30] E, quando ela chegou à sua casa, sua filha estava deitada na cama, e o demônio a havia deixado.

Jesus cura um surdo

[31] Jesus saiu de Tiro e subiu para Sidom antes de voltar ao mar da Galileia e à região das Dez Cidades.[c] [32] Algumas pessoas lhe trouxeram um homem surdo e com dificuldade de fala, e lhe pediram que pusesse as mãos sobre ele e o curasse.

---

[a] **7.16** Alguns manuscritos não trazem o versículo 16. Comparar com 4.9,23. [b] **7.24** Alguns manuscritos acrescentam *e Sidom*. [c] **7.31** Em grego, *Decápolis*.

³³Jesus o afastou da multidão para ficar a sós com ele. Pôs os dedos nos ouvidos do homem e, em seguida, cuspiu nos dedos e tocou a língua dele. ³⁴Olhando para o céu, suspirou e disse: "*Efatá!*", que significa "Abra-se!". ³⁵No mesmo instante, o homem passou a ouvir perfeitamente; sua língua ficou livre, e ele começou a falar com clareza.

³⁶Jesus ordenou à multidão que não contasse a ninguém, mas, quanto mais ele os proibia, mais divulgavam o que havia acontecido. ³⁷Estavam muito admirados e diziam repetidamente: "Tudo que ele faz é maravilhoso! Ele até faz o surdo ouvir e o mudo falar!".

A segunda multiplicação dos pães

8 Naqueles dias, outra grande multidão se reuniu e, mais uma vez, o povo ficou sem comida. Jesus chamou os discípulos e disse: ²"Tenho compaixão dessa gente. Estão aqui comigo há três dias e não têm mais nada para comer. ³Se eu os mandar embora com fome, desmaiarão no caminho. Alguns vieram de longe".

⁴Os discípulos disseram: "Como conseguiremos comida suficiente neste lugar deserto para alimentá-los?".

⁵Jesus perguntou: "Quantos pães vocês têm?".

"Sete", responderam eles.

⁶Então Jesus mandou todo o povo sentar-se no chão. Tomou os sete pães, agradeceu a Deus e os partiu em pedaços. Em seguida, entregou-os aos discípulos, que os distribuíram à multidão. ⁷Eles encontraram, ainda, alguns peixinhos; Jesus também os abençoou e mandou que os discípulos os distribuíssem.

⁸Todos comeram à vontade. Depois, os discípulos recolheram sete cestos grandes com as sobras. ⁹Naquele dia, havia cerca de quatro mil homens na multidão. Após comerem, Jesus os mandou para casa. ¹⁰Em seguida, entrou com seus discípulos num barco e atravessou para a região de Dalmanuta.

Os fariseus exigem um sinal

¹¹Alguns fariseus vieram ao encontro de Jesus e começaram a discutir com ele. Para pô-lo à prova, exigiram que lhes mostrasse um sinal do céu.

¹²Ao ouvir isso, Jesus suspirou profundamente e disse: "Por que este povo insiste em pedir um sinal? Eu lhes digo a verdade: não darei sinal algum aos homens desta geração". ¹³Então ele os deixou, entrou de volta no barco e atravessou para o outro lado do mar.

O fermento dos fariseus e de Herodes

¹⁴Os discípulos, porém, se esqueceram de levar comida. Tinham no barco apenas um pão. ¹⁵Enquanto atravessavam o mar, Jesus os advertiu: "Fiquem atentos! Tenham cuidado com o fermento dos fariseus e de Herodes".

¹⁶Os discípulos começaram a discutir entre si porque não tinham trazido pão. ¹⁷Ao saber do que estavam falando, Jesus disse: "Por que discutem sobre a falta de pão? Ainda não sabem ou não entenderam? Seu coração está tão endurecido que não compreendem? ¹⁸Vocês têm olhos, mas não veem? Têm ouvidos, mas não ouvem?[a] Não se lembram de nada? ¹⁹Quando reparti os cinco pães entre os cinco mil, quantos cestos cheios de sobras vocês recolheram?".

"Doze", responderam eles.

²⁰"E quando reparti os sete pães entre os quatro mil, quantos cestos grandes cheios de sobras vocês recolheram?"

"Sete", responderam.

²¹"E vocês ainda não entendem?", perguntou.

Jesus cura um cego

²²Quando chegaram a Betsaida, algumas pessoas trouxeram um cego a Jesus e lhe pediram que o tocasse. ²³Ele tomou o cego pela mão e o levou para fora do povoado. Em seguida, cuspiu nos olhos do homem, pôs as mãos sobre ele e perguntou: "Vê alguma coisa?".

²⁴Recuperando aos poucos a vista, o homem respondeu: "Vejo pessoas, mas não as enxergo claramente. Parecem árvores andando".

²⁵Jesus pôs as mãos sobre os olhos do homem mais uma vez, e sua visão foi completamente restaurada; ele passou a ver tudo com nitidez. ²⁶Então Jesus se despediu dele e disse: "Ao voltar para casa, não entre no povoado".

---

[a] **8.18** Ver Jr 5.21.

> **PÃO DIÁRIO**
>
> ## Quem e como
>
> *"E vocês?", perguntou ele [Jesus]. "Quem vocês dizem que eu sou?". Pedro respondeu: "O senhor é o Cristo!".*
> —Marcos 8.29
>
> Sempre que leio os evangelhos, identifico-me com os discípulos. Assim como eu, eles pareciam lentos para compreender. Jesus dizia coisas do gênero: "Vocês também ainda não entendem?" e "Não percebem...?" (Mc 7.18). Finalmente, porém, Pedro "captou" pelo menos parte do propósito. Quando Jesus perguntou: "E vocês? [...] Quem vocês dizem que eu sou?", o discípulo respondeu: "O senhor é o Cristo" (8.29).
>
> Pedro tinha razão no que se referia ao "quem" — Jesus —, mas ainda estava equivocado com relação ao "como". Quando Jesus predisse a Sua morte, Pedro o censurou por isso. O Senhor, por Sua vez, repreendeu o discípulo: "Afaste-se de mim, Satanás!", disse Ele. "Você considera as coisas apenas do ponto de vista humano, e não da perspectiva de Deus" (v.33).
>
> Esse discípulo ainda pensava em estabelecer reinos do ponto de vista humano. Um governante destronaria outro e estabeleceria um novo governo. Ele estava esperando que o Senhor fizesse o mesmo. Entretanto, o reino de Cristo viria de uma nova maneira: pelo serviço e pelo sacrifício de Sua vida.
>
> O método que Deus usa hoje em dia não mudou. Enquanto a voz de Satanás nos incita a aumentar o poder, a voz de Jesus nos diz que os humildes herdarão a Terra (Mt 5.5). Para ganhar os cidadãos para o reino de Deus, devemos seguir o exemplo de Jesus, que colocou de lado as ambições egoístas, serviu aos outros e convocou as pessoas a se arrependerem de seus pecados.
>
> *Senhor, Teu reino é estabelecido de cristão em cristão. Ajuda-nos a te auxiliar a edificar esse reino por meio do testemunho humilde sobre a morte, o sepultamento e a ressurreição de Jesus. Sem qualquer orgulho ou ambição egoísta, que possamos ser portadores das boas-novas ao manter todas as atenções voltadas para Jesus.*
>
> ---
>
> **O cristão é um embaixador que fala em nome do Rei dos reis.**

Pedro declara sua fé

²⁷Jesus e seus discípulos deixaram a Galileia e foram para os povoados perto de Cesareia de Filipe. Enquanto caminhavam, Jesus lhes perguntou: "Quem as pessoas dizem que eu sou?". ²⁸Eles responderam: "Alguns dizem que o senhor é João Batista; outros, que é Elias ou um dos profetas". ²⁹"E vocês?", perguntou ele. "Quem vocês dizem que eu sou?"

Pedro respondeu: "O senhor é o Cristo!". ³⁰Mas Jesus os advertiu de que não falassem a ninguém a seu respeito.

Jesus prediz sua morte

³¹Então Jesus começou a lhes ensinar que era necessário que o Filho do Homem sofresse muitas coisas e fosse rejeitado pelos líderes do povo, pelos principais sacerdotes e pelos mestres da lei. Seria morto, mas três dias depois ressuscitaria. ³²Enquanto falava abertamente sobre isso com os discípulos, Pedro o chamou de lado e o repreendeu por dizer tais coisas.

³³Jesus se virou, olhou para seus discípulos e repreendeu Pedro. "Afaste-se de mim, Satanás!", disse ele. "Você considera as coisas apenas do ponto de vista humano, e não da perspectiva de Deus."

³⁴Depois, chamou a multidão e os discípulos e disse: "Se alguém quer ser meu seguidor, negue a si mesmo, tome sua cruz e siga-me. ³⁵Se tentar se apegar à sua vida, a perderá. Mas, se abrir mão de sua vida por minha causa e por causa das boas-novas, a salvará. ³⁶Que vantagem há em ganhar o mundo inteiro, mas perder a vida? ³⁷E o que daria o homem em troca de sua vida? ³⁸Se alguém se envergonhar de mim e de minha mensagem nesta época de adultério e pecado, o Filho do Homem se envergonhará dele quando vier na glória de seu Pai com os santos anjos".

9 Jesus prosseguiu: "Eu lhes digo a verdade: alguns que estão aqui neste momento não morrerão antes de ver o reino de Deus vindo com grande poder!".

A transfiguração

²Seis dias depois, Jesus levou consigo Pedro, Tiago e João até um monte alto, para estarem a sós. Ali, diante de seus olhos, a aparência de Jesus foi transformada. ³Suas roupas ficaram brancas e resplandecentes, muito mais claras do que qualquer lavandeiro seria capaz de deixá-las. ⁴Então Elias e Moisés apareceram e começaram a falar com Jesus.

⁵Pedro exclamou: "Rabi, é maravilhoso estarmos aqui! Vamos fazer três tendas: uma será sua, uma de Moisés e outra de Elias". ⁶Disse isso porque não sabia o que mais falar, pois estavam todos apavorados.

⁷Então uma nuvem os cobriu, e uma voz que vinha da nuvem disse: "Este é meu Filho amado. Ouçam-no!". ⁸De repente, quando olharam em volta, só Jesus estava com eles.

⁹Enquanto desciam o monte, Jesus ordenou que não contassem a ninguém o que tinham visto, até que o Filho do Homem tivesse ressuscitado dos mortos. ¹⁰Eles guardaram segredo, mas conversavam entre si com frequência sobre o que ele queria dizer com "ressuscitar dos mortos".

¹¹Então eles perguntaram a Jesus: "Por que os mestres da lei afirmam que é necessário que Elias volte antes que o Cristo venha?".ᵃ

¹²Jesus respondeu: "De fato, Elias vem primeiro para restaurar tudo. Então por que as Escrituras dizem que é necessário o Filho do Homem sofrer muito e ser tratado com desprezo? ¹³Eu, porém, lhes digo: Elias já veio e eles preferiram maltratá-lo, conforme as Escrituras haviam previsto".

Jesus cura um menino possuído por demônio

¹⁴Ao voltarem para junto dos outros discípulos, viram que estavam cercados por uma grande multidão e que alguns mestres da lei discutiam com eles. ¹⁵Quando a multidão viu Jesus, ficou muito admirada e correu para cumprimentá-lo.

¹⁶"Sobre o que discutem?", perguntou Jesus.

¹⁷Um dos homens na multidão respondeu: "Mestre, eu lhe trouxe meu filho, que está possuído por um espírito impuro que não o deixa falar. ¹⁸Sempre que o espírito se apodera dele, joga-o no chão, e ele espuma pela boca, range os dentes e fica rígido.ᵇ Pedi a seus discípulos que expulsassem o espírito impuro, mas eles não conseguiram".

¹⁹Jesus lhes disse:ᶜ "Geração incrédula! Até quando estarei com vocês? Até quando terei de suportá-los? Tragam o menino para cá".

²⁰Então o trouxeram. Quando o espírito impuro viu Jesus, causou uma convulsão intensa no menino e ele caiu no chão, contorcendo-se e espumando pela boca.

²¹Jesus perguntou ao pai do menino: "Há quanto tempo isso acontece com ele?".

"Desde que ele era pequeno", respondeu o pai. ²²"Muitas vezes o espírito o lança no fogo ou na água e tenta matá-lo. Tenha misericórdia de nós e ajude-nos, se puder."

²³"Se puder?", perguntou Jesus. "Tudo é possível para aquele que crê."

²⁴No mesmo instante, o pai respondeu: "Eu creio, mas ajude-me a superar minha incredulidade".

²⁵Quando Jesus viu que a multidão aumentava, repreendeu o espírito impuro, dizendo: "Espírito que impede este menino de ouvir e falar, ordeno que saia e nunca mais entre nele!".

²⁶O espírito gritou, causou outra convulsão intensa no menino e saiu dele. O menino parecia morto. Um murmúrio correu pela multidão: "Ele morreu". ²⁷Mas Jesus o tomou pela mão e o ajudou a se levantar, e ele ficou em pé.

²⁸Depois, quando Jesus estava em casa com seus discípulos, eles perguntaram: "Por que não conseguimos expulsar aquele espírito impuro?".

²⁹Jesus respondeu: "Essa espécie só sai com oração".ᵈ

Jesus prediz sua morte pela segunda vez

³⁰Ao deixarem aquela região, viajaram pela Galileia. Jesus não queria que ninguém soubesse que ele estava lá, ³¹pois queria ensinar a seus discípulos. Ele lhes dizia: "O Filho do Homem será traído e entregue em mãos humanas. Será morto, mas três dias depois ressuscitará".

³²Eles, porém, não entendiam essas coisas e tinham medo de lhe perguntar.

O maior no reino

³³Depois que chegaram a Cafarnaum e se acomodaram numa casa, Jesus perguntou a seus discípulos: "Sobre o que vocês discutiam no caminho?". ³⁴Eles não responderam, pois tinham discutido sobre qual deles era o maior.

³⁵Jesus se sentou, chamou os Doze e disse:

ᵃ9.11 Em grego, *que Elias deve vir primeiro?* ᵇ9.18 Ou *fica fraco.* ᶜ9.19 Ou *disse a seus discípulos.* ᵈ9.29 Alguns manuscritos acrescentam *e jejum.*

"Quem quiser ser o primeiro, que se torne o último e seja servo de todos".

³⁶Então colocou uma criança no meio deles, tomou-a nos braços e disse: ³⁷"Quem recebe uma criança pequena como esta em meu nome recebe a mim, e quem me recebe não recebe apenas a mim, mas também ao Pai, que me enviou".

Diversos ensinamentos de Jesus

³⁸João disse a Jesus: "Mestre, vimos alguém usar seu nome para expulsar demônios; nós o proibimos, pois ele não era do nosso grupo". ³⁹"Não o proíbam!", disse Jesus. "Ninguém que faça milagres em meu nome falará mal de mim a seguir. ⁴⁰Quem não é contra nós é a favor de nós. ⁴¹Eu lhes digo a verdade: se alguém lhes der um simples copo de água porque vocês são seguidores do Cristo, essa pessoa certamente será recompensada.

⁴²"Mas, se alguém fizer um destes pequeninos que confiam em mim cair em pecado, seria melhor que lhe amarrassem ao pescoço uma grande pedra de moinho e fosse jogado ao mar. ⁴³Se sua mão o leva a pecar, corte-a fora. É melhor entrar na vida eterna com apenas uma das mãos que ser lançado no fogo inextinguível do inferno[a] com as duas mãos. ⁴⁴Lá os vermes nunca morrem e o fogo nunca se apaga.[b] ⁴⁵Se seu pé o leva a pecar, corte-o fora. É melhor entrar na vida eterna com apenas um pé que ser lançado no inferno com os dois pés. ⁴⁶Lá os vermes nunca morrem e o fogo nunca se apaga.[c] ⁴⁷E, se seu olho o leva a pecar, lance-o fora. É melhor entrar no reino de Deus com apenas um dos olhos que ter os dois olhos e ser lançado no inferno. ⁴⁸Lá os vermes nunca morrem e o fogo nunca se apaga.[d]

⁴⁹"Pois cada um será provado com fogo.[e] ⁵⁰O sal é bom para temperar, mas, se perder o sabor, como torná-lo salgado outra vez? Tenham entre vocês as qualidades do bom sal e vivam em paz uns com os outros."

Discussão sobre divórcio e casamento

10 Então Jesus deixou Cafarnaum e foi para a região da Judeia, a leste do rio Jordão. Mais uma vez, multidões se juntaram ao seu redor e, como de costume, ele as ensinava.

²Alguns fariseus vieram e tentaram apanhar Jesus numa armadilha com a seguinte pergunta: "Deve-se permitir que um homem se divorcie de sua mulher?".

³Jesus respondeu: "O que Moisés disse na lei a respeito do divórcio?".

⁴"Ele o permitiu", responderam os fariseus. "Disse que um homem poderia dar à esposa um certificado de divórcio e mandá-la embora."[f]

⁵Jesus, porém, disse: "Moisés escreveu esse mandamento porque vocês têm o coração duro, ⁶mas 'Deus os fez homem e mulher'[g] desde o princípio da criação. ⁷Por isso o homem deixa pai e mãe e se une à sua mulher,[h] ⁸e os dois se tornam um só'.[i] Uma vez que já não são dois, mas um só, ⁹que ninguém separe o que Deus uniu".

¹⁰Mais tarde, quando Jesus estava em casa com seus discípulos, eles tocaram no assunto outra vez. ¹¹Jesus respondeu: "Quem se divorcia de sua esposa e se casa com outra mulher comete adultério contra ela. ¹²E, se a mulher se divorcia do marido e se casa com outro homem, comete adultério".

Jesus abençoa as crianças

¹³Certo dia, trouxeram crianças para que Jesus pusesse as mãos sobre elas, mas os discípulos repreendiam aqueles que as traziam.

¹⁴Ao ver isso, Jesus ficou indignado com os discípulos e disse: "Deixem que as crianças venham a mim. Não as impeçam, pois o reino de Deus pertence aos que são como elas. ¹⁵Eu lhes digo a verdade: quem não receber o reino de Deus como uma criança de modo algum entrará nele". ¹⁶Então tomou as crianças nos braços, pôs as mãos sobre a cabeça delas e as abençoou.

---

[a] **9.43** Em grego, *Geena*; também em 9.45,47. [b] **9.44** Alguns manuscritos não trazem o versículo 44. Ver 9.48. [c] **9.46** Alguns manuscritos não trazem o versículo 46. Ver 9.48. [d] **9.48** Is 66.24. [e] **9.49** Em grego, *salgado com fogo*; alguns manuscritos acrescentam *e todo sacrifício será salgado com sal*. [f] **10.4** Ver Dt 24.1. [g] **10.6** Gn 1.27; 5.2. [h] **10.7** Alguns manuscritos não trazem *e se une à sua mulher*. [i] **10.7-8** Gn 2.24.

O homem rico

¹⁷Quando Jesus saía para Jerusalém, um homem veio correndo em sua direção, ajoelhou-se diante dele e perguntou: "Bom mestre, que devo fazer para herdar a vida eterna?". ¹⁸"Por que você me chama de bom?", perguntou Jesus. "Apenas Deus é verdadeiramente bom. ¹⁹Você conhece os mandamentos: 'Não mate. Não cometa adultério. Não roube. Não dê falso testemunho. Não engane ninguém. Honre seu pai e sua mãe'."ᵃ ²⁰O homem respondeu: "Mestre, tenho obedecido a todos esses mandamentos desde a juventude". ²¹Com amor, Jesus olhou para o homem e disse: "Ainda há uma coisa que você não fez. Vá, venda todos os seus bens e dê o dinheiro aos pobres. Então você terá um tesouro no céu. Depois, venha e siga-me". ²²Ao ouvir isso, o homem ficou desapontado e foi embora triste, pois tinha muitos bens.

As recompensas do discipulado

²³Jesus olhou ao redor e disse a seus discípulos: "Como é difícil os ricos entrarem no reino de Deus!". ²⁴Os discípulos se admiraram de suas palavras. Mas Jesus disse outra vez: "Filhos, entrar no reino de Deus é muito difícil.ᵇ ²⁵É mais fácil um camelo passar pelo buraco de uma agulha que um rico entrar no reino de Deus". ²⁶Perplexos, os discípulos perguntaram: "Então quem pode ser salvo?". ²⁷Jesus olhou atentamente para eles e respondeu: "Para as pessoas isso é impossível, mas não para Deus. Para Deus, tudo é possível".

²⁸Então Pedro começou a falar: "Deixamos tudo para segui-lo". ²⁹Jesus respondeu: "Eu lhes garanto que todos que deixaram casa, irmãos, irmãs, mãe, pai, filhos ou propriedades por minha causa e por causa das boas-novas ³⁰receberão em troca, neste mundo, cem vezes mais casas, irmãos, irmãs, mães, filhos e propriedades, com perseguição, e, no mundo futuro, terão a vida eterna. ³¹Contudo, muitos primeiros serão os últimos, e muitos últimos serão os primeiros".

ᵃ **10.19** Êx 20.12-16; Dt 5.16-20. ᵇ **10.24** Alguns manuscritos acrescentam *para os que confiam em riquezas*.

PÃO DIÁRIO

A verdadeira prosperidade

Jesus olhou ao redor e disse a seus discípulos: "Como é difícil os ricos entrarem no reino de Deus!".
—Marcos 10.23

Alguns anos atrás, uma instituição bancária divulgou em outdoors uma campanha sobre dinheiro: "O dinheiro muda de mãos — certifique-se de que ele não o muda também!" e "Se as pessoas dizem que você é um sucesso nas finanças, você deveria trabalhar a sua personalidade!". Esses anúncios trouxeram uma perspectiva nova e animadora sobre as riquezas.

Deus também tem uma opinião surpreendente sobre a riqueza. Do ponto de vista divino, você pode ser "bem de vida" no que se refere aos tesouros do mundo e, mesmo assim, ser terrivelmente "pobre de alma". Ou você pode ser pobre em bens materiais e abundantemente rico pelos padrões divinos.

O poder de distorção da riqueza me faz lembrar a história do jovem rico. Após uma discussão sobre a vida eterna, Jesus lhe pediu que vendesse tudo o que possuía, desse dinheiro aos pobres e o seguisse. Infelizmente, "o homem ficou desapontado e foi embora triste, pois tinha muitos bens" (Mc 10.22). Isso motivou uma lição de Jesus aos discípulos: "Como é difícil os ricos entrarem no reino de Deus" (v.23).

Não que Jesus seja contra as riquezas. A questão é que Ele sofre por qualquer coisa que valorizemos mais do que a Ele. Podemos trabalhar duro e ganhar dinheiro, mas, quando essas coisas se tornam a principal ocupação da nossa vida, Jesus deixa de ser a prioridade. Colocá-lo em primeiro lugar em nossa vida é o segredo para a verdadeira prosperidade.

Não oro por riqueza ou prosperidade embora eu receba diariamente uma quantidade superabundante de bênçãos espirituais, meu Senhor. Ajuda-me a ser sempre rica em obediência e em meu amor por ti.

Não permita que as riquezas — ou a busca por elas — a impeçam de buscar a Jesus.

Jesus prediz sua morte e ressurreição

³²Por esse tempo, subiam para Jerusalém, e Jesus ia à frente. Os discípulos estavam muito admirados, e o povo que os seguia tinha

grande temor. Jesus chamou os Doze à parte e, mais uma vez, começou a descrever tudo que estava prestes a lhe acontecer. ³³"Ouçam", disse ele. "Estamos subindo para Jerusalém, onde o Filho do Homem será traído e entregue aos principais sacerdotes e aos mestres da lei. Eles o condenarão à morte e o entregarão aos gentios. ³⁴Zombarão dele, cuspirão nele, o açoitarão e o matarão, mas depois de três dias ele ressuscitará."

Jesus ensina sobre servir a outros

³⁵Então Tiago e João, filhos de Zebedeu, vieram e falaram com ele: "Mestre, queremos que nos faça um favor".

³⁶"Que favor é esse?", perguntou ele.

³⁷Eles responderam: "Quando o senhor se sentar em seu trono glorioso, queremos nos sentar em lugares de honra ao seu lado, um à sua direita e outro à sua esquerda".

³⁸Jesus lhes disse: "Vocês não sabem o que estão pedindo! São capazes de beber do cálice que beberei? São capazes de ser batizados com o batismo com que serei batizado?".

³⁹"Somos!", responderam eles.

Então Jesus disse: "De fato, vocês beberão do meu cálice e serão batizados com o meu batismo. ⁴⁰Não cabe a mim, no entanto, dizer quem se sentará à minha direita ou à minha esquerda. Esses lugares serão daqueles para quem eles foram preparados".

⁴¹Quando os outros dez discípulos ouviram o que Tiago e João haviam pedido, ficaram indignados. ⁴²Então Jesus os reuniu e disse: "Vocês sabem que os que são considerados líderes neste mundo têm poder sobre o povo, e que os oficiais exercem sua autoridade sobre os súditos. ⁴³Entre vocês, porém, será diferente. Quem quiser ser o líder entre vocês, que seja servo, ⁴⁴e quem quiser ser o primeiro entre vocês, que se torne escravo de todos. ⁴⁵Pois nem mesmo o Filho do Homem veio para ser servido, mas para servir e dar sua vida em resgate por muitos".

Jesus cura o cego Bartimeu

⁴⁶Então chegaram a Jericó. Quando Jesus e seus discípulos saíam da cidade, uma grande multidão os seguiu. Um mendigo cego chamado Bartimeu, filho de Timeu, estava sentado à beira do caminho. ⁴⁷Quando Bartimeu soube que Jesus de Nazaré estava perto, começou a gritar: "Jesus, Filho de Davi, tenha misericórdia de mim!".

⁴⁸Muitos lhe diziam aos brados: "Cale-se!". Ele, porém, gritava ainda mais alto: "Filho de Davi, tenha misericórdia de mim!".

⁴⁹Quando Jesus o ouviu, parou e disse: "Falem para ele vir aqui".

Então chamaram o cego. "Anime-se!", disseram. "Venha, ele o está chamando!" ⁵⁰Bartimeu jogou sua capa para o lado, levantou-se de um salto e foi até Jesus.

⁵¹"O que você quer que eu lhe faça?", perguntou Jesus.

O cego respondeu: "Rabi,ᵃ quero enxergar".

⁵²Jesus lhe disse: "Vá, pois sua fé o curou". No mesmo instante, o homem passou a ver e seguiu Jesus pelo caminho.

A entrada de Jesus em Jerusalém

11 Quando já se aproximavam de Jerusalém, Jesus e seus discípulos chegaram às cidades de Betfagé e Betânia, no monte das Oliveiras. Jesus enviou na frente dois discípulos. ²"Vão àquele povoado adiante", disse ele. "Assim que entrarem, verão amarrado ali um jumentinho, no qual ninguém jamais montou. Desamarrem-no e tragam-no para cá. ³Se alguém lhes perguntar: 'O que estão fazendo?', digam apenas: 'O Senhor precisa dele e o devolverá em breve'."

⁴Os dois discípulos foram e encontraram o jumentinho na rua, amarrado junto a uma porta. ⁵Enquanto o desamarravam, algumas pessoas que estavam ali perguntaram: "O que vocês estão fazendo, desamarrando esse jumentinho?". ⁶Responderam conforme Jesus havia instruído, e os deixaram levar o animal. ⁷Os discípulos trouxeram o jumentinho, puseram seus mantos sobre o animal, e Jesus montou nele.

⁸Muitos da multidão espalharam seus mantos ao longo do caminho diante de Jesus, e outros espalharam ramos que haviam cortado nos campos. ⁹E as pessoas, tanto as que iam à frente como as que o seguiam, gritavam:

"Hosana!ᵇ
Bendito é o que vem em nome do Senhor!

ᵃ **10.51** O texto grego usa o termo hebraico *Raboni*. ᵇ **11.9** Exclamação de louvor que, em sua forma hebraica, significa "Salva agora!"; também em 11.10.

¹⁰Bendito é o reino que vem, o reino de nosso antepassado Davi! Hosana no mais alto céu!".ᵃ

¹¹Jesus entrou em Jerusalém e foi ao templo. Depois de olhar tudo ao redor atentamente, voltou a Betânia com os Doze, porque já era tarde.

Jesus amaldiçoa a figueira

¹²Na manhã seguinte, quando saíam de Betânia, Jesus teve fome. ¹³Viu que, a certa distância, havia uma figueira cheia de folhas e foi ver se encontraria figos. No entanto, só havia folhas, pois ainda não era tempo de dar frutos. ¹⁴Então Jesus disse à árvore: "Nunca mais comam de seu fruto!". E os discípulos ouviram o que ele disse.

Jesus purifica o templo

¹⁵Quando voltaram a Jerusalém, Jesus entrou no templo e começou a expulsar os que compravam e vendiam animais para os sacrifícios. Derrubou as mesas dos cambistas e as cadeiras dos que vendiam pombas, ¹⁶impediu todos de usarem o templo como mercadoᵇ ¹⁷e os ensinava, dizendo: "As Escrituras declaram: 'Meu templo será chamado casa de oração para todas as nações', mas vocês o transformaram num esconderijo de ladrões!".ᶜ

¹⁸Quando os principais sacerdotes e mestres da lei souberam o que Jesus tinha feito, começaram a tramar um modo de matá-lo. Contudo, tinham medo dele, pois o povo estava muito admirado com seu ensino.

¹⁹Ao entardecer, Jesus e seus discípulos saíramᵈ da cidade.

Ensino sobre a figueira

²⁰Na manhã seguinte, quando os discípulos passaram pela figueira que Jesus tinha amaldiçoado, notaram que ela estava seca desde a raiz. ²¹Pedro se lembrou do que Jesus tinha dito à árvore e exclamou: "Veja, Rabi! A figueira que o senhor amaldiçoou secou!".

²²Então Jesus disse aos discípulos: "Tenham fé em Deus. ²³Eu lhes digo a verdade: vocês poderão dizer a este monte: 'Levante-se e atire-se no mar', e isso acontecerá. É preciso, no entanto, crer que acontecerá, e não ter nenhuma dúvida em seu coração. ²⁴Digo-lhes que, se crerem que já receberam, qualquer coisa que pedirem em oração lhes será concedido. ²⁵Quando estiverem orando, se tiverem alguma coisa contra alguém, perdoem-no, para que seu Pai no céu também perdoe seus pecados. ²⁶Mas, se vocês se recusarem a perdoar, seu Pai no céu não perdoará seus pecados".ᵉ

A autoridade de Jesus é questionada

²⁷Mais uma vez, voltaram a Jerusalém. Enquanto Jesus passava pelo templo, os principais sacerdotes, os mestres da lei e os líderes do povo vieram até ele ²⁸e perguntaram: "Com que autoridade você faz essas coisas? Quem lhe deu esse direito?".

²⁹Jesus respondeu: "Eu lhes direi com que autoridade faço essas coisas se vocês responderem a uma pergunta: ³⁰A autoridade de João para batizar vinha do céu ou era apenas humana? Respondam-me!".

³¹Eles discutiram a questão entre si: "Se dissermos que vinha do céu, ele perguntará por que não cremos em João. ³²Mas será que ousamos dizer que era apenas humana?". Tinham medo do que o povo faria, pois todos acreditavam que João era profeta. ³³Por fim, responderam: "Não sabemos".

E Jesus replicou: "Então eu também não direi com que autoridade faço essas coisas".

A parábola dos lavradores maus

12 Então Jesus começou a lhes ensinar por meio de parábolas: "Um homem plantou um vinhedo. Construiu uma cerca ao seu redor, um tanque de prensar e uma torre para o guarda. Depois, arrendou o vinhedo a alguns lavradores e partiu para um lugar distante. ²No tempo da colheita da uva, enviou um de seus servos para receber sua parte da produção. ³Os lavradores agarraram o servo, o espancaram e o mandaram de volta de mãos vazias. ⁴Então o dono da terra enviou outro servo, mas eles o insultaram e bateram na cabeça dele. ⁵O próximo servo que ele mandou foi morto. Outros servos que ele enviou foram espancados ou mortos, ⁶até que só restou um: seu filho muito amado. Por fim, o dono o enviou, pois pensou: 'Certamente respeitarão meu filho'.

ᵃ**11.9-10** Sl 118.25-26; 148.1. ᵇ**11.16** Ou *de carregarem mercadorias pelo templo*. ᶜ**11.17** Is 56.7; Jr 7.11. ᵈ**11.19** Em grego, *eles saíram*. Alguns manuscritos trazem *ele saiu*. ᵉ**11.26** Alguns manuscritos não trazem o versículo 26. Comparar com Mt 6.15.

⁷"Os lavradores, porém, disseram uns aos outros: 'Aí vem o herdeiro da propriedade. Vamos matá-lo e tomar posse desta terra!'. ⁸Então o agarraram, o mataram e jogaram seu corpo para fora do vinhedo.

⁹"O que vocês acham que o dono do vinhedo fará?", perguntou Jesus. "Ele virá, matará os lavradores e arrendará o vinhedo a outros. ¹⁰Vocês nunca leram nas Escrituras:

'A pedra que os construtores rejeitaram se tornou a pedra angular.
¹¹Isso é obra do Senhor
e é maravilhosa de ver'?"ª

¹²Os líderes religiosos[b] queriam prender Jesus, pois perceberam que eram eles os lavradores maus a que Jesus se referia. No entanto, por medo da multidão, deixaram-no e foram embora.

Impostos para César

¹³Mais tarde, os líderes enviaram alguns fariseus e membros do partido de Herodes com o objetivo de levar Jesus a dizer algo que desse motivo para o prenderem. ¹⁴Disseram: "Mestre, sabemos como o senhor é honesto. É imparcial e não demonstra favoritismo. Ensina o caminho de Deus de acordo com a verdade. Agora, diga-nos: É certo pagar impostos a César ou não? ¹⁵Devemos pagar ou não?".

Jesus percebeu a hipocrisia deles e disse: "Por que vocês tentam me apanhar numa armadilha? Mostrem-me uma moeda de prata,[c] e eu lhes direi". ¹⁶Quando lhe deram a moeda, ele disse: "De quem são a imagem e o título nela gravados?".

"De César", responderam.

¹⁷"Então deem a César o que pertence a César, e deem a Deus o que pertence a Deus", disse ele.

Sua resposta os deixou muito admirados.

Discussão sobre a ressurreição dos mortos

¹⁸Depois vieram a Jesus alguns saduceus, líderes religiosos que afirmam não haver ressurreição dos mortos, e perguntaram: ¹⁹"Mestre, Moisés nos deu uma lei segundo a qual se um homem morrer sem deixar filhos, o irmão dele deve se casar com a viúva e ter um filho que dará continuidade ao nome do irmão.[d] ²⁰Numa família havia sete irmãos. O mais velho se casou e morreu sem deixar filhos. ²¹O segundo irmão se casou com a viúva, mas também morreu sem deixar filhos. Então o terceiro irmão se casou com ela. ²²O mesmo aconteceu até o sétimo irmão, e nenhum deixou filhos. Por fim, a mulher também morreu. ²³Diga-nos, de quem ela será esposa na ressurreição? Afinal, os sete se casaram com ela".

²⁴Jesus respondeu: "O erro de vocês está em não conhecerem as Escrituras nem o poder de Deus. ²⁵Pois, quando os mortos ressuscitarem, não se casarão nem se darão em casamento. Nesse sentido, serão como os anjos do céu.

²⁶"Agora, quanto a haver ressurreição dos mortos, vocês não leram a esse respeito nos escritos de Moisés, no relato sobre o arbusto em chamas? Deus disse a Moisés: 'Eu sou o Deus de Abraão, o Deus de Isaque e o Deus de Jacó'.[e] ²⁷Portanto, ele é o Deus dos vivos, e não dos mortos. Vocês estão completamente enganados!".

O mandamento mais importante

²⁸Um dos mestres da lei estava ali ouvindo a discussão. Ao perceber que Jesus tinha respondido bem, perguntou: "De todos os mandamentos, qual é o mais importante?".

²⁹Jesus respondeu: "O mandamento mais importante é este: 'Ouça, ó Israel! O Senhor, nosso Deus, é o único Senhor. ³⁰Ame o Senhor, seu Deus, de todo o seu coração, de toda a sua alma, de toda a sua mente e de todas as suas forças'.[f] ³¹O segundo é igualmente importante: 'Ame o seu próximo como a si mesmo'.[g] Nenhum outro mandamento é maior que esses".

³²O mestre da lei respondeu: "Muito bem, mestre. O senhor falou a verdade ao dizer que há só um Deus, e nenhum outro. ³³E sei que é importante amá-lo de todo o meu coração, de todo o meu entendimento e de todas as minhas forças, e amar o meu próximo como a mim mesmo. É mais importante que oferecer todos os holocaustos e sacrifícios exigidos pela lei".

ª12.10-11 Sl 118.22-23. ᵇ12.12 Em grego, *Eles*. ᶜ12.15 Em grego, *1 denário*. ᵈ12.19 Ver Dt 25.5-6. ᵉ12.26 Êx 3.6. ᶠ12.29-30 Dt 6.4-5. ᵍ12.31 Lv 19.18.

⁣³⁴Ao perceber quanto o homem compreendia, Jesus disse: "Você não está longe do reino de Deus". Depois disso, ninguém se atreveu a lhe fazer mais perguntas.

De quem o Cristo é filho?

³⁵Mais tarde, enquanto ensinava o povo no templo, Jesus fez a seguinte pergunta: "Por que os mestres da lei afirmam que o Cristo é filho de Davi? ³⁶O próprio Davi, falando por meio do Espírito Santo, disse:

'O Senhor disse ao meu Senhor:
Sente-se no lugar de honra à minha direita
até que eu humilhe seus inimigos debaixo de seus pés'.ᵃ

³⁷Uma vez que Davi chamou o Cristo de 'meu Senhor', como ele pode ser filho de Davi?".

E a grande multidão o ouvia com prazer.

Jesus critica os mestres da lei

³⁸Jesus também ensinou: "Cuidado com os mestres da lei! Eles gostam de se exibir com vestes longas e de receber saudações respeitosas quando andam pelas praças. ³⁹E como gostam de sentar-se nos lugares de honra nas sinagogas e à cabeceira da mesa nos banquetes! ⁴⁰No entanto, tomam posse dos bens das viúvas de maneira desonesta e, depois, para dar a impressão de piedade, fazem longas orações em público. Por causa disso, serão duramente castigados".

A oferta da viúva

⁴¹Jesus sentou-se perto da caixa de ofertas do templo e ficou observando o povo colocar o dinheiro. Muitos ricos contribuíam com grandes quantias. ⁴²Então veio uma viúva pobre e colocou duas moedas pequenas.ᵇ ⁴³Jesus chamou seus discípulos e disse: "Eu lhes digo a verdade: essa viúva depositou na caixa de ofertas mais que todos os outros. ⁴⁴Eles deram uma parte do que lhes sobrava, mas ela, em sua pobreza, deu tudo que tinha".

Jesus fala de acontecimentos futuros

13 Quando Jesus saía do templo, um de seus discípulos disse: "Mestre, olhe que construções magníficas! Que pedras impressionantes!".

> **PÃO DIÁRIO**
>
> ## Duas moedas pequenas
>
> *Eles deram uma parte do que lhes sobrava, mas ela, em sua pobreza, deu tudo que tinha.*
> —Marcos 12.44
>
> Assentado no Templo, diante do gazofilácio, Jesus começou a observar as pessoas passando e depositando ali as suas ofertas (Mc 12.41-44). Algumas faziam um espetáculo, talvez para que as outras pudessem ver o quanto haviam doado. Foi então que uma viúva pobre chegou e depositou "duas moedas pequenas" (v.42). Portanto, a doação da viúva foi muito pequena. Porém, o nosso Senhor viu o que os outros não tinham visto. Ela tinha dado "tudo o que tinha" (v.44). A viúva não estava tentando atrair a atenção a si; estava simplesmente fazendo o que era capaz de fazer. E Jesus percebeu isso!
>
> Não devemos esquecer que o nosso Senhor vê tudo o que fazemos, ainda que pareça muito pouco. Talvez, seja algo pequeno como mostrar um semblante de ânimo e apoio nos momentos difíceis ou um gesto de amor e gentileza imperceptível a alguém que nem dê importância. Pode ser uma oração curta e silenciosa por um vizinho necessitado.
>
> Jesus falou: "Tenham cuidado! Não pratiquem suas boas ações em público, para serem admirados por outros [...]. Mas, quando ajudarem alguém necessitado, não deixem que a mão esquerda saiba o que a direita está fazendo" (Mt 6.1-4).
>
> *Senhor, tu deste a vida por mim! Em troca, ajuda-me a silenciosamente doar com gratidão e amor. Toma as minhas pequenas contribuições e meus talentos e usa-os para promover o Teu reino.*
>
> **Deus olha para o coração, não para a mão; para aquele que doa, não para a doação.**

---

²Jesus respondeu: "Está vendo estas grandes construções? Serão completamente destruídas. Não restará pedra sobre pedra!".

³Mais tarde, Jesus sentou-se no monte das Oliveiras, do outro lado do vale, de frente para o templo. Pedro, Tiago, João e André vieram e lhe perguntaram em particular: ⁴"Diga-nos, quando isso tudo vai acontecer? Que sinais indicarão que essas coisas estão prestes a se cumprir?".

ᵃ **12.36** Sl 110.1. ᵇ **12.42** Em grego, *2 leptos, que valiam 1 quadrante*.

Aprendendo com as mulheres da Bíblia

DUAS VIÚVAS

Como ofertar e receber generosamente

Na época de Jesus, as mulheres, em geral, eram totalmente dependentes do homem. Quando o marido morria, a mulher tinha poucas opções. Se tivesse um filho, ele assumia a administração dos bens do pai, e ela poderia permanecer na casa. Se não tivesse filhos, normalmente voltaria para a casa do pai — se ele ainda estivesse vivo. E talvez tivesse a oportunidade de se casar novamente. Porém, se a mulher não pudesse gerar filhos, era improvável que arranjasse outro marido. Assim, uma viúva sem um filho para cuidar dela ficava desamparada na velhice.

Certa feita, Jesus aproximou-se da cidade de Naim no momento em que ocorria um funeral. O cortejo prosseguia em direção ao local do sepultamento. Na sequência, o Senhor observou os quatro homens que carregavam o féretro. Não era difícil reconhecer quem era a pessoa enlutada: uma mulher chorando, cambaleava vencida por sua dor. Eis aqui uma mãe abandonada, sozinha, com a linhagem familiar interrompida. Seu marido morrera algum tempo antes, e agora o seu único filho também. Ela havia perdido as duas pessoas mais importantes de sua vida.

A primeira ação de Jesus nos comove por Sua compaixão, mas parece algo um tanto banal. Ele diz a essa mãe: "Não chore!". Ela acabara de perder o único filho! Será que o Senhor seria capaz de transformar a tristeza dela em alegria?

Somente a segunda ação de Jesus poderia dar sentido à primeira. Ele infringiu as práticas rabínicas ao tocar voluntariamente em um morto, o que era ritualmente impuro. Com essa ação, Ele enfatizou mais uma vez que não é o que acontece no exterior que nos macula, mas o que se passa em nosso coração.

Em seguida, Jesus ordenou ao morto que se levantasse. Os moradores da cidade e os pranteadores se entreolharam. Esse homem deve ser louco! Ele não consegue ver que a pessoa está morta? Todos os olhos estavam fixos no esquife. Espantaram-se quando o jovem se sentou e começou a falar.

Jesus devolveu o rapaz a sua mãe. Com o rosto ainda manchado pelas lágrimas, a viúva apressou-se para abraçar o filho agora vivo. Cristo fez esse milagre maravilhoso por uma razão: Seu coração se compadeceu dessa pobre viúva enlutada que acabara de perder o seu filho único, o seu futuro.

A fé não fazia parte desse pacote. Jesus não conversou com a mulher a respeito de ela crer nele, de ter fé a fim de receber o milagre de Deus. O Mestre sabia que, quando uma pessoa está sob o fardo do sofrimento, não é hora para lições teológicas. É hora de compaixão.

É significativo reconhecer que Jesus nos estende a mão não por reconhecer os nossos méritos, mas por compadecer-se de nós. É um equívoco pensar que a vida cristã é algum tipo de troca: mais fé — mais bênçãos de Deus. O que Jesus fez por essa viúva em Naim, há mais de 2.000 anos, foi conceder-lhe Sua graça completa. Ela não fez absolutamente nada para merecer aquele milagre. Ainda assim, Jesus estendeu-lhe a mão e lhe devolveu seu filho, o seu futuro. E por Sua graça Ele faz o mesmo por nós hoje: concede-nos futuro e esperança.

O tempo passou e agora o cenário é outro, Jesus está no Pátio das Mulheres, espaço acessível a todos os judeus, no Templo em Jerusalém. Não sabemos muito sobre o que Jesus fazia quando ia ao Templo, mas Marcos nos dá uma dica ao relatar que Ele passava parte de Seu tempo observando a maneira como o povo ofertava (12.41).

Nesse pátio havia 13 gazofilácios (caixas para oferta). Cada um deles tinha um propósito diferente: um para ofertas para comprar óleo, outro para milho, outro para o vinho e assim por diante — itens necessários aos sacrifícios diários e para a manutenção geral do Templo.

No Sermão do Monte, Jesus deixa claro que, onde colocarmos o nosso tesouro, ali também estará o nosso coração (Mt 6.21). A atitude que temos em relação ao dinheiro põe à prova a realidade do que professamos. O que damos ou retemos demonstra quais são as nossas prioridades. Não é de se admirar que Jesus estivesse interessado nas ofertas daquele dia nesse pátio do Templo.

Enquanto o Senhor estava ali, Ele viu muitas pessoas ricas depositando grandes quantias. Mas o que de fato chamou a Sua atenção foi a oferta de uma viúva pobre. A quantia de dinheiro que ela depositou no gazofilácio, aos olhos dos outros, era irrisória, porém, em termos de adoração, era gigante, pois, enquanto os outros ofertavam do que lhes sobrava, ela ofertou tudo o que tinha.

De acordo com o sistema vigente do Templo, uma pessoa não poderia dar menos de "duas moedas" — duas pequenas moedas de cobre. Fazer essa doação implicaria em dar tudo o que a viúva tinha para viver.

Ela poderia ter ido ao pátio do Templo naquele dia pensando se deveria fazer tal sacrifício pessoal. Afinal de contas, o pouco que ela tinha para ofertar dificilmente compraria um pouco de querosene para o sacrifício do Templo. Intimidada pela magnitude das ofertas dos outros, ela poderia ter hesitado, ao observar os judeus ricos depositando seu dinheiro nos gazofilácios. Será que realmente importava para Deus se ela contribuísse ou não com duas minúsculas moedinhas de cobre?

Diante da oferta dessa viúva, Jesus chamou a atenção de Seus discípulos para o seguinte fato: independentemente do que possamos oferecer a Deus — quer seja dinheiro, tempo ou energia — nossa doação é medida não pela quantidade, mas pela proporção de nossa capacidade de ofertar. A viúva pobre, naquele dia, tinha de escolher entre ter algo para comer ou ofertar a Deus. Ela não poderia dar metade para Deus e guardar metade para um pedaço de pão. Era uma questão de dar tudo para Deus ou guardar tudo para si mesma. Ela escolheu dar tudo para Deus.

Todos sabiam que os mestres da Lei, as pessoas que mantinham o sistema do Templo, eram corruptas. Assim, as viúvas eram alvos fáceis de líderes religiosos inescrupulosos que, às vezes, tiravam proveito delas.

O historiador Josefo relata que os fariseus se orgulhavam de serem os mestres da Lei. No judaísmo, um mestre da Lei não poderia ser remunerado para ensinar aos outros. Logo, esperava-se que possuísse recursos próprios. Muitos fariseus, entretanto, conseguiam convencer as pessoas comuns — frequentemente viúvas — de que o mais importante que poderiam fazer seria sustentar um fariseu. Parece que as mulheres eram particularmente suscetíveis a essa proposta.

Muitas viúvas eram conhecidas por terem gastado tudo o que tinham para sustentar um mestre da Lei. Os fariseus frequentemente arrancavam grandes somas de dinheiro por aconselhá-las, ou desviavam bens inteiros para seu próprio uso. Jesus tinha visto isso e sabia o que poderia acontecer facilmente com tais mulheres. Por isso, ao ver aquela viúva que se aproximava das caixas de oferta, foi impelido a advertir Seus ouvintes sobre os líderes religiosos que "tomam posse dos bens das viúvas de maneira desonesta" (Mc 12.40).

Quando a viúva parou no pátio do Templo naquele dia, pegando as duas minúsculas moedinhas — tudo o que tinha —, será que ela pensou nos líderes corruptos que as gastariam negligentemente? O fato é que, quando ela estendeu a mão e deixou cair a sua oferta em um dos gazofilácios, ela sabia que estava ofertando a Deus. Era mais importante demonstrar gratidão a Deus do que ter comida. Sua adoração ao Senhor vinha do coração. Essa viúva deu tudo o que possuía.

Ao chamar a atenção para essa pobre viúva no pátio do Templo, Jesus nos ensina que Deus julga o que damos a partir da qualidade da nossa oferta, não pela quantidade. A pessoa que Ele usou como modelo de generosidade era alguém que deu menos de um centavo. Quando nós ofertamos, fazemos algo semelhante ao que Deus faz. E quando doamos, damos significado e propósito a tudo o que recebemos. Como nas palavras do próprio Senhor Jesus: "Há bênção maior em dar que em receber" (At 20.35).

Pela graça, Jesus devolveu a uma viúva o seu futuro. Pela graça, Jesus Cristo concede a esperança a cada uma de nós. Quando passamos a entender isso, começamos a ver o porquê, como a viúva no pátio do Templo, podemos ofertar a Jesus tudo o que temos. Não importa o que possuímos, podemos ofertar a Deus livre e completamente, porque recebemos livremente de Sua graça.

Graça e oferta. A graça de Deus se compadece dos desamparados, e é frequentemente do desamparado que vem o maior louvor a Deus. Quanto mais entendemos a graça do Senhor, mais livremente ofertamos a Ele.

—Alice Mathews

QUESTÕES PARA REFLEXÃO

1. Quando você pensa na compaixão de Jesus pela viúva de Naim, qual promessa desse incidente se estende a você como seguidora de Jesus?
2. Como você se sente em relação a receber a graça de Deus sem ser capaz de lhe retribuir?
3. O que você entende quando Jesus diz que a oferta da viúva foi maior do que a de todos os ricos que deram grandes quantias? De que forma isso se aplica ao que podemos oferecer a Deus hoje?
4. Você já teve experiências que demonstram o cuidado de Deus por mulheres desprotegidas hoje assim como Ele o fez há mais de 2.000 anos? Caso afirmativo, descreva sua experiência.

⁵Jesus respondeu: "Não deixem que ninguém os engane, ⁶pois muitos virão em meu nome, dizendo: 'Eu sou o Cristo',ᵃ e enganarão muitos. ⁷Vocês ouvirão falar de guerras e ameaças de guerras, mas não entrem em pânico. Sim, é necessário que essas coisas ocorram, mas ainda não será o fim. ⁸Uma nação guerreará contra a outra, e um reino contra o outro. Haverá terremotos em vários lugares, e também fome. Tudo isso, porém, será apenas o começo das dores de parto.

⁹"Tenham cuidado! Vocês serão entregues aos tribunais e açoitados nas sinagogas. Por minha causa, serão julgados diante de governadores e reis. Essa será sua oportunidade de lhes falar a meu respeito.ᵇ ¹⁰É necessário, primeiro, que as boas-novas sejam anunciadas a todas as nações.ᶜ ¹¹Quando forem presos e julgados, não se preocupem com o que dirão. Falem apenas o que lhes for concedido naquele momento, pois não serão vocês que falarão, mas o Espírito Santo.

¹²"O irmão trairá seu irmão e o entregará à morte, e assim também o pai a seu próprio filho. Os filhos se rebelarão contra os pais e os matarão. ¹³Todos os odiarão por minha causa, mas quem se mantiver firme até o fim será salvo.

¹⁴"Chegará o dia em que vocês verão a 'terrível profanação'ᵈ no lugar onde não deveria estar. (Leitor, preste atenção!) Então, quem estiver na Judeia, fuja para os montes. ¹⁵Quem estiver na parte de cima da casa, não desça nem entre para pegar coisa alguma. ¹⁶Quem estiver no campo, não volte nem para pegar o manto. ¹⁷Que terríveis serão aqueles dias para as grávidas e para as mães que estiverem amamentando! ¹⁸Orem para que a fuga de vocês não aconteça no inverno, ¹⁹pois haverá mais angústia naqueles dias que em qualquer outra ocasião desde que Deus criou o mundo, e nunca mais haverá angústia tão grande. ²⁰De fato, se o Senhor não tivesse limitado esse tempo, ninguém sobreviveria, mas, por causa de seus escolhidos, ele limitou aqueles dias.

²¹"Portanto, se alguém lhes disser: 'Vejam, aqui está o Cristo!' ou 'Vejam, ali está ele!', não acreditem, ²²pois falsos cristos e falsos profetas surgirão e realizarão sinais e maravilhas a fim de enganar, se possível, até os escolhidos. ²³Fiquem atentos! Eu os avisei a esse respeito de antemão.

²⁴"Naquele tempo, depois da angústia daqueles dias,

'o sol escurecerá,
    a lua não dará luz,
²⁵as estrelas cairão do céu,
    e os poderes dos céus serão abalados'.ᵉ

²⁶Então todos verão o Filho do Homem vindo nas nuvens com grande poder e glória.ᶠ ²⁷Ele enviará seus anjos para reunir seus escolhidos de todas as partes do mundo,ᵍ das extremidades da terra às extremidades do céu.

²⁸"Agora, aprendam a lição da figueira. Quando surgem seus ramos e suas folhas começam a brotar, vocês sabem que o verão está próximo. ²⁹Da mesma forma, quando virem todas essas coisas, saberão que o tempo está muito próximo, à porta. ³⁰Eu lhes digo a verdade: esta geraçãoʰ certamente não passará até que todas essas coisas tenham acontecido. ³¹O céu e a terra desaparecerão, mas as minhas palavras jamais desaparecerão.

³²"Contudo, ninguém sabe o dia nem a hora em que essas coisas acontecerão, nem mesmo os anjos no céu, nem o Filho. Somente o Pai sabe. ³³E, uma vez que vocês não sabem quando virá esse tempo, vigiem! Fiquem atentos!ⁱ

³⁴"A vinda do Filho do Homem pode ser ilustrada pela história de um homem que partiu numa longa viagem. Quando saiu de casa, deu instruções a cada um de seus servos sobre o que fazer e disse ao porteiro que vigiasse, à espera de sua volta. ³⁵Vocês também devem vigiar! Pois não sabem quando o dono da casa voltará: à tarde, à meia-noite, de madrugada ou ao amanhecer. ³⁶Que ele não os encontre dormindo quando chegar sem aviso. ³⁷Eu lhes digo o que digo a todos: vigiem!".

A conspiração para matar Jesus

14 Faltavam dois dias para a Páscoa e para a Festa dos Pães sem Fermento. Os principais sacerdotes e mestres da lei ainda

---

ᵃ**13.6** Em grego, *dizendo: 'Eu sou'*. ᵇ**13.9** Ou *Esse será o seu testemunho contra eles*. ᶜ**13.10** Ou *todos os povos*. ᵈ**13.14** Em grego, *a abominação da desolação*. Ver Dn 9.27; 11.31; 12.11. ᵉ**13.24-25** Ver Is 13.10; 34.4; Jl 2.10. ᶠ**13.26** Ver Dn 7.13. ᵍ**13.27** Em grego, *dos quatro ventos*. ʰ**13.30** Ou *esta era*, ou *esta nação*. ⁱ**13.33** Alguns manuscritos acrescentam *e orem*.

procuravam uma oportunidade de prender Jesus em segredo e matá-lo. ²"Mas não durante a festa da Páscoa, para não haver tumulto entre o povo", concordaram entre eles.

Jesus é ungido em Betânia
³Enquanto isso, Jesus estava em Betânia, na casa de Simão, o leproso. Quando ele estava à mesa, uma mulher entrou com um frasco de alabastro contendo um perfume caro, feito de essência de nardo. Ela quebrou o frasco e derramou o perfume sobre a cabeça dele. ⁴Alguns dos que estavam à mesa ficaram indignados. "Por que desperdiçar um perfume tão caro?", perguntaram. ⁵"Poderia ter sido vendido por trezentas moedas de prata,ᵃ e o dinheiro, dado aos pobres!" E repreenderam a mulher severamente.

⁶Jesus, porém, disse: "Deixem-na em paz. Por que a criticam por ter feito algo tão bom para mim? ⁷Vocês sempre terão os pobres em seu meio e poderão ajudá-los sempre que desejarem, mas nem sempre terão a mim. ⁸Ela fez o que podia e ungiu meu corpo de antemão para o sepultamento. ⁹Eu lhes digo a verdade: onde quer que as boas-novas sejam anunciadas pelo mundo, o que esta mulher fez será contado, e dela se lembrarão".

Judas concorda em trair Jesus
¹⁰Então Judas Iscariotes, um dos Doze, foi aos principais sacerdotes para combinar de lhes entregar Jesus. ¹¹Quando souberam por que ele tinha vindo, ficaram muito satisfeitos e lhe prometeram dinheiro. Então ele começou a procurar uma oportunidade para trair Jesus.

A última ceia
¹²No primeiro dia da Festa dos Pães sem Fermento, quando o cordeiro pascal era sacrificado, os discípulos de Jesus lhe perguntaram: "Onde quer que lhe preparemos a refeição da Páscoa?".

¹³Então Jesus enviou dois deles a Jerusalém, com as seguintes instruções: "Ao entrarem na cidade, um homem carregando uma vasilha de água virá ao seu encontro. Sigam-no. ¹⁴Digam ao dono da casa em que ele entrar: 'O Mestre pergunta: Onde fica o aposento no qual comerei a refeição da Páscoa com meus discípulos?'. ¹⁵Ele os levará a uma sala grande no andar superior, que já estará arrumada. Preparem ali a refeição". ¹⁶Então os dois discípulos foram à cidade e encontraram tudo como Jesus tinha dito, e ali prepararam a refeição da Páscoa.

¹⁷Ao anoitecer, Jesus chegou com os Doze. ¹⁸Quando estavam à mesa, comendo, Jesus disse: "Eu lhes digo a verdade: um de vocês que está aqui comendo comigo vai me trair".

¹⁹Aflitos, eles protestaram: "Certamente não serei eu!".

²⁰Jesus respondeu: "É um dos Doze. É alguém que come comigo da mesma tigela. ²¹Pois o Filho do Homem deve morrer, como as Escrituras declararam há muito tempo. Mas que terrível será para aquele que o trair! Para esse homem seria melhor não ter nascido".

²²Enquanto comiam, Jesus tomou o pão e o abençoou. Em seguida, partiu-o em pedaços e deu aos discípulos, dizendo: "Tomem, porque este é o meu corpo".

²³Então tomou o cálice de vinho e agradeceu a Deus. Depois, entregou-o aos discípulos, e todos beberam. ²⁴Então Jesus disse: "Este é o meu sangue, que confirma a aliança.ᵇ Ele é derramado como sacrifício por muitos. ²⁵Eu lhes digo a verdade: não voltarei a beber vinho até aquele dia em que beberei um vinho novo no reino de Deus".

²⁶Então cantaram um hino e saíram para o monte das Oliveiras.

Jesus prediz a negação de Pedro
²⁷No caminho, Jesus disse: "Todos vocês me abandonarão, pois as Escrituras dizem:

'Deus feriráᶜ o pastor,
   e as ovelhas serão dispersas'.

²⁸Mas, depois de ressuscitar, irei adiante de vocês à Galileia".

²⁹Pedro declarou: "Mesmo que todos os outros o abandonem, eu jamais farei isso".

³⁰Jesus respondeu: "Eu lhe digo a verdade: esta mesma noite, antes que o galo cante duas vezes, você me negará três vezes".

³¹Pedro, no entanto, insistiu enfaticamente: "Mesmo que eu tenha de morrer ao seu lado,

---

ᵃ **14.5** Em grego, *300 denários*. ᵇ **14.24** Alguns manuscritos trazem *a nova aliança*. ᶜ **14.27** Em grego, *Eu ferirei*. Zc 13.7.

jamais o negarei!". E todos os outros discípulos disseram o mesmo.

Jesus ora no Getsêmani

³²Então foram a um lugar chamado Getsêmani, e Jesus disse a seus discípulos: "Sentem-se aqui enquanto vou orar". ³³Levou consigo Pedro, Tiago e João e começou a sentir grande pavor e angústia. ³⁴"Minha alma está profundamente triste, a ponto de morrer", disse ele. "Fiquem aqui e vigiem."

³⁵Ele avançou um pouco e curvou-se até o chão. Então orou para que, se possível, a hora que o esperava fosse afastada dele. ³⁶E clamou: "Aba,ª Pai, tudo é possível para ti. Peço que afastes de mim este cálice. Contudo, que seja feita a tua vontade, e não a minha".

³⁷Depois, voltou aos discípulos e os encontrou dormindo. "Simão, você está dormindo?", disse ele a Pedro. "Não pode vigiar comigo nem por uma hora? ³⁸Vigiem e orem para que não cedam à tentação, pois o espírito está disposto, mas a carne é fraca."

³⁹Então os deixou novamente e fez a mesma oração de antes. ⁴⁰Quando voltou pela segunda vez, mais uma vez encontrou os discípulos dormindo, pois não conseguiam manter os olhos abertos. Eles não sabiam o que dizer.

⁴¹Ao voltar pela terceira vez, disse: "Vocês ainda dormem e descansam? Basta; chegou a hora. O Filho do Homem está para ser entregue nas mãos de pecadores. ⁴²Levantem-se e vamos. Meu traidor chegou".

Jesus é traído e preso

⁴³No mesmo instante, enquanto Jesus ainda falava, Judas, um dos Doze, chegou com uma multidão armada de espadas e pedaços de pau. Tinham sido enviados pelos principais sacerdotes, mestres da lei e líderes do povo. ⁴⁴O traidor havia combinado com eles um sinal: "Vocês saberão a quem devem prender quando eu o cumprimentar com um beijo. Então poderão levá-lo em segurança". ⁴⁵Assim que chegaram, Judas se aproximou de Jesus. "Rabi!", exclamou ele, e o beijou.

⁴⁶Os outros agarraram Jesus e o prenderam. ⁴⁷Mas um dos que estavam com Jesus puxou a espada e feriu o servo do sumo sacerdote, cortando-lhe a orelha.

⁴⁸Jesus perguntou: "Por acaso sou um revolucionário perigoso, para que venham me prender com espadas e pedaços de pau? ⁴⁹Por que não me prenderam no templo? Todos os dias estive ali, no meio de vocês, ensinando. Mas estas coisas estão acontecendo para que se cumpra o que dizem as Escrituras".

⁵⁰Então todos o abandonaram e fugiram. ⁵¹Um jovem que os seguia vestia apenas um lençol de linho. Quando a multidão tentou agarrá-lo, ⁵²ele deixou para trás o lençol e escapou nu.

O julgamento de Jesus diante do conselho

⁵³Levaram Jesus para a casa do sumo sacerdote, onde estavam reunidos os principais sacerdotes, os líderes do povo e os mestres da lei. ⁵⁴Pedro seguia Jesus de longe e entrou no pátio do sumo sacerdote. Ali, sentou-se com os guardas para se aquecer junto ao fogo.

⁵⁵Lá dentro, os principais sacerdotes e todo o conselho dos líderes do povoᵇ tentavam, sem sucesso, encontrar provas contra Jesus, para que pudessem condená-lo à morte. ⁵⁶Muitas testemunhas falsas deram depoimentos, mas elas se contradiziam. ⁵⁷Por fim, alguns homens se levantaram e apresentaram o seguinte testemunho falso: ⁵⁸"Nós o ouvimos dizer: 'Destruirei este templo feito por mãos humanas e em três dias construirei outro, não feito por mãos humanas'". ⁵⁹Mas nem assim seus depoimentos eram coerentes.

⁶⁰Então o sumo sacerdote se levantou diante dos demais e perguntou a Jesus: "Você não vai responder a essas acusações? O que tem a dizer em sua defesa?". ⁶¹Jesus, no entanto, permaneceu calado e não deu resposta alguma. Então o sumo sacerdote perguntou: "Você é o Cristo, o Filho do Deus Bendito?".

⁶²"Eu sou", disse Jesus. "E vocês verão o Filho do Homem sentado à direita do Deus Poderosoᶜ e vindo sobre as nuvens do céu".ᵈ

⁶³Então o sumo sacerdote rasgou as vestes e disse: "Que necessidade temos de outras

---

ª **14.36** *Aba* é um termo aramaico para "pai". ᵇ **14.55** Em grego, *o Sinédrio*. ᶜ **14.62a** Em grego, *sentado à direita do poder*. Ver Sl 110.1. ᵈ **14.62b** Ver Dn 7.13.

testemunhas? ⁶⁴Todos ouviram a blasfêmia. Qual é o veredicto?".
E todos o julgaram culpado e o condenaram à morte.
⁶⁵Então alguns deles começaram a cuspir em Jesus. Vendaram seus olhos e lhe deram socos. "Profetize para nós!", zombavam. E os guardas lhe davam tapas enquanto o levavam.

Pedro nega Jesus

⁶⁶Enquanto isso, Pedro estava lá embaixo, no pátio. Uma das criadas que trabalhava para o sumo sacerdote passou por ali ⁶⁷e viu Pedro se aquecendo junto ao fogo. Olhou bem para ele e disse: "Você é um dos que estavam com Jesus de Nazaré".ª

⁶⁸Ele, porém, negou. "Não faço a menor ideia do que você está falando!", disse, e caminhou em direção à saída. Naquele instante, o galo cantou.ᵇ

⁶⁹Quando a criada o viu ali, começou a dizer aos outros: "Este homem com certeza é um deles!". ⁷⁰Mas Pedro negou novamente.

Um pouco mais tarde, alguns dos que estavam por lá confrontaram Pedro, dizendo: "Você deve ser um deles, pois é galileu".

⁷¹Ele, porém, começou a praguejar e jurou: "Não conheço esse homem de quem vocês estão falando!". ⁷²E, no mesmo instante, o galo cantou pela segunda vez.

Então Pedro se lembrou das palavras de Jesus: "Antes que o galo cante duas vezes, você me negará três vezes". E começou a chorar.

O julgamento de Jesus diante de Pilatos

15 De manhã bem cedo, os principais sacerdotes, os líderes do povo e os mestres da lei — todo o alto conselhoᶜ — se reuniram para discutir o que fariam em seguida. Então amarraram Jesus, o levaram e o entregaram a Pilatos. ²Pilatos lhe perguntou: "Você é o rei dos judeus?".

Jesus respondeu: "É como você diz".

³Os principais sacerdotes o acusaram de vários crimes, ⁴e Pilatos perguntou: "Você não vai responder? O que diz de todas essas acusações?". ⁵Mas, para surpresa de Pilatos, Jesus não disse coisa alguma.

⁶A cada ano, durante a festa da Páscoa, era costume libertar um prisioneiro, qualquer um que a multidão escolhesse. ⁷Um dos prisioneiros era Barrabás, um revolucionário que havia cometido assassinato durante uma revolta. ⁸A multidão foi a Pilatos e pediu que ele libertasse um prisioneiro, como de costume. ⁹Pilatos perguntou: "Querem que eu solte o 'rei dos judeus'?". ¹⁰(Pois havia percebido que os principais sacerdotes tinham prendido Jesus por inveja.) ¹¹Nesse momento, os principais sacerdotes instigaram a multidão a pedir a libertação de Barrabás em vez de Jesus. ¹²Pilatos lhes perguntou: "Então o que farei com este homem que vocês chamam de 'rei dos judeus'?".

¹³"Crucifique-o!", gritou a multidão.

¹⁴"Por quê?", quis saber Pilatos. "Que crime ele cometeu?"

Mas a multidão gritou ainda mais alto: "Crucifique-o!".

¹⁵Para acalmar a multidão, Pilatos lhes soltou Barrabás. Então, depois de mandar açoitar Jesus, entregou-o aos soldados romanos para que fosse crucificado.

Os soldados zombam de Jesus

¹⁶Os soldados levaram Jesus para o palácio do governador (lugar conhecido como Pretório) e chamaram todo o regimento. ¹⁷Vestiram Jesus com um manto vermelho, teceram uma coroa de espinhos e a colocaram em sua cabeça. ¹⁸Então o saudavam, zombando: "Salve, rei dos judeus!". ¹⁹Batiam em sua cabeça com uma vara, cuspiam nele e ajoelhavam-se, fingindo adorá-lo. ²⁰Quando se cansaram de zombar dele, tiraram o manto vermelho e o vestiram com suas roupas. Então o levaram para ser crucificado.

A crucificação

²¹Um homem chamado Simão, de Cirene,ᵈ passava ali naquele momento, vindo do campo. Os soldados o obrigaram a carregar a cruz. (Simão era pai de Alexandre e Rufo.) ²²Levaram Jesus a um lugar chamado Gólgota (que quer dizer "Lugar da Caveira". ²³Ofereceram-lhe vinho misturado com mirra, mas ele recusou.

²⁴Então os soldados o pregaram na cruz. Depois, dividiram as roupas dele e tiraram

---

ª**14.67** Ou *Jesus, o nazareno*. ᵇ**14.68** Alguns manuscritos não trazem *Naquele instante, o galo cantou*. ᶜ**15.1** Em grego, *o Sinédrio*; também em 15.43. ᵈ**15.21** *Cirene* era uma cidade no norte da África.

> **REFLETINDO SOBRE:** Esperança em meio ao sofrimento

Mulheres pranteando a morte de Jesus

Agora, irmãos, não queremos que ignorem o que acontecerá aos que já morreram, para que não se entristeçam como aqueles que não têm esperança.
—1 Tessalonicenses 4.13

Rebeca caiu de joelhos ao lado das novas lápides cintilando no sol de primavera; uma grande e duas pequenas. Parecia tão surreal... Ela havia ficado em casa para se preparar para a festa de aniversário dos gêmeos, sem saber que um motorista embriagado mudaria sua vida para sempre. Revivendo tudo, Rebeca irrompeu em lágrimas mais uma vez. *Se eu não estivesse tão ocupada naquela manhã... Se eu soubesse que era a última vez que os veria, a última chance de dizer "Eu te amo"... Se eu pudesse dizer adeus e abraçá-los uma última vez... Se...*

A prisão repentina e a crucificação de Jesus provavelmente pareceram surreais para as mulheres que o amavam e o seguiam. Não era assim que elas esperavam que as coisas acontecessem. O Messias de Israel, que lhes havia ensinado a Palavra de Deus, curado suas doenças e as amado, fora cruelmente assassinado. Elas se dedicaram a servir a Jesus; agora Ele tinha sido tirado da sua vida. *Se eu soubesse que seria a última vez que falaria com Ele... Se eu tivesse feito mais para demonstrar a Ele que o amava... Se eu pudesse olhar em Seus olhos mais uma vez e dizer obrigada.*

Nunca sabemos quando veremos alguém pela última vez. Após a morte de um ente querido, nossas mentes podem ficar presas em coisas que gostaríamos de ter dito ou ter feito de modo diferente. Se a morte vier repentinamente, sofremos ao dizer-lhes adeus. O processo normal de luto requer tempo, mas, se nossos queridos creem em Jesus, temos o consolo de saber que os veremos novamente. Podemos nos apegar à promessa de que estão seguros nas mãos de Deus e que nos uniremos a eles algum dia. Então nossos "se" desaparecerão e passaremos a eternidade juntos.

---

sortes para decidir quem ficava com cada peça. ²⁵Eram nove horas da manhã quando o crucificaram. ²⁶Uma tabuleta anunciava a acusação feita contra ele: "O Rei dos Judeus". ²⁷Dois criminosos foram crucificados com ele, um à sua direita e outro à sua esquerda. ²⁸Assim, cumpriram-se as Escrituras que diziam: "Ele foi contado entre os rebeldes".[a]

²⁹O povo que passava por ali gritava insultos e sacudia a cabeça em zombaria. "Olhe só!", gritavam. "Você disse que destruiria o templo e o reconstruiria em três dias. ³⁰Pois bem, salve a si mesmo e desça da cruz!"

³¹Os principais sacerdotes e os mestres da lei também zombavam de Jesus. "Salvou os outros, mas não pode salvar a si mesmo!", diziam. ³²"Que esse Cristo, o rei de Israel, desça da cruz agora mesmo para que vejamos e creiamos nele!" Até os homens crucificados com Jesus o insultavam.

A morte de Jesus

³³Ao meio-dia, desceu sobre toda a terra uma escuridão que durou três horas. ³⁴Por volta das três da tarde, Jesus clamou em alta voz: "*Eloí, Eloí, lamá sabactâni?*", que quer dizer: "Meu Deus, meu Deus, por que me abandonaste?".[b]

³⁵Alguns dos que estavam ali, ouvindo isso, disseram: "Ele está chamando Elias". ³⁶Um deles correu, ensopou uma esponja com vinagre e a ergueu num caniço para que ele bebesse. "Esperem!", disse ele. "Vamos ver se Elias vem tirá-lo daí."

³⁷Então Jesus clamou em alta voz e deu o último suspiro. ³⁸A cortina do santuário do templo se rasgou em duas partes, de cima até embaixo.

³⁹Quando o oficial romano[c] que estava diante dele[d] viu como ele havia morrido, exclamou: "Este homem era verdadeiramente o Filho de Deus!".

⁴⁰Algumas mulheres observavam de longe. Entre elas estavam Maria Madalena, Maria,

---

[a] 15.28 Ver Is 53.12. Alguns manuscritos não trazem o versículo 28. Comparar com Lc 22.37. [b] 15.34 Sl 22.1. [c] 15.39a Em grego, *centurião*; também em 15.44,45. [d] 15.39b Alguns manuscritos acrescentam *ouviu o grito e*.

mãe de Tiago, o mais jovem, e de José,[a] e Salomé. ⁴¹Eram seguidoras de Jesus e o haviam servido na Galileia. Também estavam ali muitas mulheres que foram com ele a Jerusalém.

O sepultamento de Jesus

⁴²Tudo isso aconteceu na sexta-feira, o dia da preparação, antes do sábado. Ao entardecer, ⁴³José de Arimateia foi corajosamente a Pilatos e pediu o corpo de Jesus. (José era um membro respeitado do conselho dos líderes do povo e esperava a chegada do reino de Deus.) ⁴⁴Surpreso com o fato de Jesus já estar morto, Pilatos chamou o oficial romano e perguntou se fazia muito tempo que ele havia morrido. ⁴⁵O oficial confirmou que Jesus estava morto, e Pilatos disse a José que podia levar o corpo. ⁴⁶José comprou um lençol de linho, desceu o corpo de Jesus da cruz, envolveu-o no lençol e colocou-o num túmulo escavado na rocha. Então rolou uma grande pedra na entrada do túmulo. ⁴⁷Maria Madalena e Maria, mãe de José, viram onde o corpo de Jesus tinha sido sepultado.

A ressurreição

16 Ao entardecer do dia seguinte, terminado o sábado, Maria Madalena, Maria, mãe de Tiago, e Salomé foram comprar especiarias para ungir o corpo de Jesus. ²No domingo de manhã, bem cedo,[b] ao nascer do sol, elas foram ao túmulo. ³No caminho, perguntavam umas às outras: "Quem removerá para nós a pedra da entrada do túmulo?". ⁴Mas, quando chegaram, foram verificar e viram que a pedra, que era muito grande, já havia sido removida. ⁵Ao entrarem no túmulo, viram um jovem vestido de branco sentado do lado direito. Ficaram assustadas, ⁶mas ele disse: "Não tenham medo. Vocês procuram Jesus de Nazaré,[c] que foi crucificado. Ele não está aqui. Ressuscitou! Vejam, este é o lugar onde haviam colocado seu corpo. ⁷Agora vão e digam aos discípulos, incluindo Pedro, que Jesus vai adiante deles à Galileia. Vocês o verão lá, como ele lhes disse".

⁸Trêmulas e desnorteadas, as mulheres fugiram do túmulo e não disseram coisa alguma a ninguém, pois estavam assustadas demais.[d] ⁹Quando Jesus ressuscitou dos mortos, no domingo de manhã, bem cedo, a primeira pessoa que o viu foi Maria Madalena, a mulher de quem ele havia expulsado sete demônios. ¹⁰Ela foi aos discípulos, que lamentavam e choravam, e contou o que havia acontecido. ¹¹Quando ela disse que Jesus estava vivo e que o tinha visto, eles não acreditaram.

¹²Depois, Jesus apareceu em outra forma a dois de seus seguidores, enquanto iam de Jerusalém para o campo. ¹³Voltaram correndo para contar aos outros, mas eles não acreditaram.

¹⁴Mais tarde, enquanto os onze discípulos comiam, Jesus lhes apareceu. Ele os repreendeu por sua incredulidade obstinada, pois se recusaram a crer naqueles que o tinham visto depois de sua ressurreição.

¹⁵Jesus lhes disse: "Vão ao mundo inteiro e anunciem as boas-novas a todos. ¹⁶Quem crer e for batizado será salvo, mas quem se recusar a crer será condenado. ¹⁷Os seguintes sinais acompanharão aqueles que crerem: em meu nome expulsarão demônios, falarão em novas línguas,[e] ¹⁸pegarão em serpentes sem correr perigo, se beberem algo venenoso, não lhes fará mal, e colocarão as mãos sobre os enfermos e eles serão curados".

¹⁹Quando o Senhor Jesus acabou de falar com eles, foi levado para o céu e sentou-se à direita de Deus. ²⁰Os discípulos foram a toda parte e anunciavam a mensagem, e o Senhor cooperava com eles, confirmando-a com muitos sinais.

---

[a] **15.40** Em grego, *Joses*; também em 15.47. Ver Mt 27.56. [b] **16.2** Em grego, *No primeiro dia da semana*; também em 16.9. [c] **16.6** Ou *Jesus, o nazareno*. [d] **16.8** Os manuscritos mais antigos terminam aqui o evangelho de Marcos. A maioria dos manuscritos, porém, acrescenta os versículos 9-20. Outros ainda concluem no versículo 8, mas acrescentam: *Então, informaram tudo isso brevemente a Pedro e seus companheiros. Depois, o próprio Jesus os enviou de leste a oeste com a sagrada e incorruptível mensagem da salvação que dá vida eterna. Amém.* Um número pequeno de manuscritos inclui tanto o final curto quanto o final longo. [e] **16.17** Ou *novos idiomas*. Alguns manuscritos não trazem *novas*.

LUCAS

INTRODUÇÃO

Data. Provavelmente foi escrito em 60 ou 63 d.C., certamente antes da queda de Jerusalém, 70 d.C., talvez enquanto Lucas estava com Paulo em Roma ou durante os dois anos em Cesareia.

Autor. O autor é Lucas, que também escreveu Atos e foi companheiro de Paulo em sua segunda viagem missionária (At 16.11-40). Ele se une a Paulo em Filipos (At 20.1-7) no retorno da terceira viagem missionária, permanecendo com ele em Cesareia e a caminho de Roma (At 20–28). Ele é chamado de "o médico amado" (Cl 4.14) e "colaborador" de Paulo (Fm 24).

Do contexto de Cl 4.11ss, descobrimos que Lucas não era "da circuncisão" e, portanto, um gentio. De seu prefácio (Lc 1.1), descobrimos que ele não foi testemunha ocular do que escreveu. É considerado "o irmão" que é elogiado como pregador do evangelho por todas as igrejas (2Co 8.18), e, tradicionalmente, é sempre declarado gentio e prosélito. Como é indicado pelo próprio livro, ele foi o mais culto de todos os escritores do evangelho.

CARACTERÍSTICAS E PROPÓSITO

1. É um evangelho de canção e louvor. Há uma série de canções, como o cântico de Maria (1.46-55), o cântico de Zacarias (1.68-79), o cântico dos anjos (2.14) e o cântico de Simeão (2.29-33). Há muitas expressões de louvor (2.20; 5.26; 7.16; 13.13, 17.15; 18.43; 23.47).

2. É um evangelho de oração. Jesus ora em Seu batismo, (3.21), depois de purificar o leproso (5.16), antes de chamar os Doze (6.12), em Sua transfiguração (9.28), antes de ensinar os discípulos a orar (11.1), por Seus algozes enquanto estava na cruz (23.34), em Seu último suspiro (23.46). Lucas nos fornece a ordem de Cristo para orar (21.36) e duas parábolas, o amigo importuno (11.5-13) e o juiz iníquo (18.1-8), para exemplificar os resultados certos e abençoados da oração contínua.

3. É um evangelho de feminilidade. Nenhum outro evangelho dá à mulher espaço tão grande como Lucas. Na verdade, todos os três primeiros capítulos ou uma parte maior de seus conteúdos podem ter lhe sido dados, já que ele investigou "tudo detalhadamente desde o início" (1.3), através de Maria e Isabel. Ele nos dá o louvor e a profecia de Isabel (1.42-45), o cântico de Maria (1.46-55), Ana e sua adoração (2.36-38), compaixão pela viúva de Naim (7.12-15), Maria Madalena, a pecadora (7.36-50), as mulheres que se associam a Jesus (8.1-3), palavras ternas para a mulher com hemorragia (8.48), Maria e Marta e a disposição delas (10.38-42), compaixão e ajuda para a "filha" de Abraão (13.16), o consolo às filhas de Jerusalém (23.28). Essas referências servem para mostrar como é grande o espaço dado à mulher neste evangelho.

4. É um evangelho dos pobres e marginalizados. Mais do que qualquer outro evangelista, Lucas relata esses ensinamentos e incidentes na vida de nosso Salvador que mostram como Sua obra é para abençoar os pobres e negligenciados e maus. Entre as passagens mais marcantes deste tipo, estão as repetidas referências aos cobradores de impostos (3.12; 5.27,29,30 etc.), Maria Madalena, que era pecadora (7.36-50), a mulher com hemorragia (8.43-48), as prostitutas (15.30), o filho perdido (15.11-32), Lázaro, o mendigo (16.19-31), os pobres, aleijados, coxos e cegos convidados para a ceia (14.7-24), a história de Zaqueu (19.1-9), a declaração do Salvador de buscar e de salvar os perdidos (19.10), o ladrão moribundo salvo na cruz (23.39-43).

5. É um evangelho gentio. Está repleto em toda parte com um propósito mundial não tão plenamente expresso pelos outros evangelistas. Aqui temos os anjos, o anúncio de grande alegria que será para todas as pessoas (2.10) e o cântico sobre Jesus como "uma luz de revelação às nações" (2.32). A genealogia traça a linhagem de Cristo até Adão (3.38) e assim o conecta não com Abraão como representante da humanidade. O relato mais completo do envio dos Setenta (10.1-24), o próprio número deles que significava o suposto número de nações pagãs, que iriam, não como os Doze para as ovelhas perdidas da casa de Israel, mas para todas as cidades para onde o próprio Jesus iria, sugere esse propósito mais amplo de Lucas. O bom samaritano (10.29-37) é a ilustração de Cristo sobre quem é o verdadeiro próximo e, de alguma forma, também pretende mostrar a natureza da obra de Cristo que não teria nacionalidade. Dos dez leprosos curados (17.11-19), apenas um, um samaritano, voltou para louvá-lo, mostrando assim que outros não-judeus não só seriam abençoados por Ele, mas que fariam um serviço digno para

Ele. O ministério na Pereia, do outro lado do Jordão (9.51–18.4, provavelmente 9.51–19.28), é um ministério aos gentios e mostra quanto espaço Lucas dedica aos gentios na obra e bênçãos de Jesus.

6. É um evangelho para os gregos. Se Mateus escreveu para os judeus e Marcos para os romanos, é natural que alguém escrevesse de modo a atrair, especialmente, os gregos como a outra raça representativa. E, foi o que os escritores cristãos dos primeiros séculos pensaram ser o propósito de Lucas. Os gregos eram os representantes da razão e da humanidade e entendiam que sua missão era aperfeiçoar a raça. "O grego completamente maduro seria um perfeito homem do mundo", capaz de se unir a todos os homens no plano comum da raça. Todos os deuses gregos eram, portanto, imagens de alguma forma de humanidade perfeita. Os hindus podem adorar um emblema da força física, os romanos endeusaram o imperador, e os egípcios, toda e qualquer forma de vida, mas os gregos adoravam o homem com seu pensamento, beleza e fala, e, nesse sentido, se aproximavam mais da verdadeira concepção de Deus. Os judeus valorizavam os homens como descendentes de Abraão; os romanos conforme eles detinham impérios, mas os gregos com base no homem.

O evangelho para os gregos deve, portanto, apresentar o homem perfeito, e Lucas escreveu sobre o Homem--Deus como o Salvador de todos os homens. Cristo tocou o homem em todos os aspectos e está interessado nele como homem, seja ele humilde e vil ou elevado e nobre. Por meio de Sua vida, Ele mostra a loucura do pecado e a beleza da santidade. Ele aproxima Deus o suficiente para satisfazer os anseios da alma dos gregos e, assim, fornecer-lhes um padrão e um irmão adequado para todas as idades e todas as pessoas. As ações de Jesus são mantidas em segundo plano, enquanto muito é feito das canções dos outros e dos discursos de Jesus, pois eles foram calculados para atrair o grego culto. Se o grego pensa que tem uma missão para a humanidade, Lucas abre uma missão suficiente para o presente e oferece-lhe a imortalidade que o satisfará no futuro.

7. É um evangelho artístico. A delicadeza e precisão, caráter pitoresco e exatidão com que ele apresenta os diferentes incidentes é manifestamente a obra de um historiador treinado. Ele apresenta o mais belo grego e mostra os mais requintados toques de cultura de todos os evangelhos.

Assunto. Jesus, o Salvador do mundo.

ESBOÇO

Introdução. A dedicação do evangelho, 1.1-4
1. A manifestação do Salvador, 1.5–4.13
 1.1. O anúncio do precursor, 1.5-25
 1.2. O anúncio do Salvador, 1.26-38
 1.3. Ações de graças de Maria e Isabel, 1.29-56
 1.4. O nascimento e infância do precursor, 1.37-80
 1.5. O nascimento do Salvador, 2.1-20
 1.6. A infância do Salvador, 3.1–4.13
2. A obra do Salvador e Seus ensinos na Galileia, 4.14–9.50
 2.1. Ele prega na sinagoga em Nazaré, 4.14-30
 2.2. Ele age em Cafarnaum e em seus arredores, 4.31–6.11
 2.3. Trabalha enquanto viaja pela Galileia, 6.12–9.50
3. A obra e ensinos do Salvador após deixar a Galileia até entrar em Jerusalém, 9.31–19.27
 3.1. Ele viaja a Jerusalém, 9.51-62
 3.2. A missão dos Setenta e assuntos subsequentes, 10.1–11.13
 3.3. Exposição da experiência e prática do dia, 11.14-12
 3.4. Ensinos, avisos de milagres e parábolas, 13.1–18.30
 3.5. Incidentes ligados à Sua aproximação final de Jerusalém, 18.31–19.27
4. A obra e ensinos do Salvador em Jerusalém, 19.28–22.38
 4.1. A entrada em Jerusalém, 19.28-48
 4.2. Perguntas e respostas, Cap. 20
 4.3. A pequena oferta da viúva, 21.1-4
 4.4. Preparação para o fim, 21.5–22.38
5. O Salvador sofre por amor ao mundo, 22.39–23.56
 5.1. A agonia no jardim, 22.39-46

5.2. A traição e prisão, 22.47-53
5.3. O julgamento, 22.54-23.26
5.4. A cruz, 23.27-49
5.5. O sepultamento, 23.50-56
6. O Salvador é glorificado, Cap. 24
   6.1. Sua ressurreição, vv.1-12
   6.2. Sua aparição e ensinos, vv.13-49
   6.3. Sua ascensão, vv.50-53

PARA ESTUDO E DISCUSSÃO

[1] Seis milagres peculiares de Lucas: (a) A pesca maravilhosa, 5.4-11; (b) A ressurreição do filho da viúva, 7.11-18; (c) A mulher com o espírito de enfermidade, 13.11-17; (d) O homem com o corpo inchado, 14.1-6; (e) Os dez leprosos, 17.11-19; (f) A cura da orelha de Malco, 22.50-51.

[2] Onze parábolas peculiares de Lucas: (a) Os dois devedores, 7.41-43; (b) O bom samaritano, 10.29-37; (c) O amigo importuno, 11.5-8; (d) O rico tolo, 12.16-19; (e) A figueira estéril, 13.6-9; (f) A dracma perdida, 15.8-10; (g) O filho perdido, 15.11-32; (h) O administrador infiel, 16.1-13; (i) O rico e Lázaro, 16.19-31; (j) O juiz iníquo, 18.1-8; (l) O fariseu e o cobrador de impostos, 18.9-14.

[3] Algumas outras passagens principalmente peculiares de Lucas: (a) Caps. 1-2 e 9.51-18.14 são principalmente peculiares a Lucas; (b) A resposta de João Batista ao povo, 3.10-14; (c) A conversa com Moisés e Elias, 9.30,31; (d) O choro por Jerusalém, 19.41-44; (e) O suor como sangue, 22.44; (f) Jesus é enviado a Herodes, 23.7-12; (g) Jesus dirige-se às filhas de Jerusalém, 23.27-31; (h) "Pai, perdoa-lhes", 23.34; (i) O ladrão penitente, 23.40-43; (j) Os discípulos no caminho de Emaús, 24.13-31; (l) Detalhes sobre a ascensão, 24.50-53.

[4] As palavras e frases seguintes devem ser estudadas com a elaboração de uma lista das referências em que cada uma delas ocorre e um estudo de cada passagem em que ocorrem com o objetivo de obter a concepção de Lucas sobre o termo: (a) O "filho do homem" (22 vezes); (b) O "filho de Deus" (5 vezes); (c) O "reino de Deus" (25 vezes); (d) Referências à lei, advogado, legal (18 vezes); (f) Cobradores de impostos (5 vezes); (g) Pecador e pecadores (13 vezes). Estima-se que 59% de Lucas seja peculiar a si próprio. Há 541 ocorrências que não têm incidência nos outros evangelhos.

Introdução

1 Muitos se propuseram a escrever uma narração dos acontecimentos que se cumpriram entre nós. ²Usaram os relatos que nos foram transmitidos por aqueles que, desde o princípio, foram testemunhas oculares e servos da palavra. ³Depois de investigar tudo detalhadamente desde o início, também decidi escrever-lhe um relato preciso, excelentíssimo Teófilo, ⁴para que tenha plena certeza de tudo que lhe foi ensinado.

O anúncio do nascimento de João Batista

⁵Quando Herodes era rei da Judeia, havia um sacerdote chamado Zacarias, que fazia parte do grupo sacerdotal de Abias. Sua esposa, Isabel, também pertencia à linhagem sacerdotal de Arão. ⁶Zacarias e Isabel eram justos aos olhos de Deus e obedeciam cuidadosamente a todos os mandamentos e estatutos do Senhor. ⁷Não tinham filhos, pois Isabel era estéril, e ambos já estavam bem velhos.

⁸Certo dia, Zacarias estava servindo diante de Deus no templo, pois seu grupo realizava o trabalho sacerdotal, conforme a escala. ⁹Foi escolhido por sorteio, como era costume dos sacerdotes, para entrar no santuário do Senhor e queimar incenso. ¹⁰Enquanto o incenso era queimado, uma grande multidão orava do lado de fora.

¹¹Então um anjo do Senhor lhe apareceu, à direita do altar de incenso. ¹²Ao vê-lo, Zacarias ficou muito abalado e assustado. ¹³O anjo, porém, lhe disse: "Não tenha medo, Zacarias! Sua oração foi ouvida. Isabel, sua esposa, lhe dará um filho, e você o chamará João. ¹⁴Você terá grande satisfação e alegria, e muitos se alegrarão com o nascimento do menino, ¹⁵pois ele será grande aos olhos do Senhor. Nunca tomará vinho nem outra bebida forte. Será cheio do Espírito Santo, antes mesmo de nascer.ᵃ ¹⁶Fará muitos israelitas voltarem ao Senhor, seu Deus. ¹⁷Será um homem com o espírito e o poder de Elias, e preparará o povo para a vinda do Senhor. Fará o coração dos pais voltar para seus filhosᵇ e levará os rebeldes a aceitarem a sabedoria dos justos".

¹⁸Zacarias disse ao anjo: "Como posso ter certeza de que isso acontecerá? Já sou velho, e minha mulher também é de idade avançada".

¹⁹O anjo respondeu: "Sou Gabriel, e estou sempre na presença de Deus. Foi ele quem me enviou para lhe trazer estas boas-novas. ²⁰Agora, porém, você ficará mudo até os dias em que essas coisas acontecerão, pois não acreditou em minhas palavras, que se cumprirão no devido tempo".

²¹Enquanto isso, o povo esperava Zacarias sair do santuário e se perguntava por que ele demorava tanto. ²²Quando finalmente saiu, não conseguia falar com eles, e perceberam por seus gestos e seu silêncio que ele havia tido uma visão no santuário.

²³Ao fim de seus dias de serviço no templo, Zacarias voltou para casa. ²⁴Pouco tempo depois, sua esposa, Isabel, engravidou e não saiu de casaᶜ por cinco meses. ²⁵"Como o Senhor foi bom para mim em minha velhice!", exclamou ela. "Tirou de mim a humilhação pública de não ter filhos!"

O anúncio do nascimento de Jesus

²⁶No sexto mês da gestação de Isabel, Deus enviou o anjo Gabriel a Nazaré, uma cidade da Galileia, ²⁷a uma virgem de nome Maria. Ela estava prometida em casamento a um homem chamado José, descendente do rei Davi. ²⁸Gabriel apareceu a ela e lhe disse: "Alegre-se, mulher favorecida! O Senhor está com você!".ᵈ

²⁹Confusa, Maria tentou imaginar o que o anjo quis dizer. ³⁰"Não tenha medo, Maria", disse o anjo, "pois você encontrou favor diante de Deus. ³¹Ficará grávida e dará à luz um filho, e o chamará Jesus. ³²Ele será grande, e será chamado Filho do Altíssimo. O Senhor Deus lhe dará o trono de seu antepassado Davi, ³³e ele reinará sobre Israelᵉ para sempre; seu reino jamais terá fim!"

³⁴Maria perguntou ao anjo: "Como isso acontecerá? Eu sou virgem!"

³⁵O anjo respondeu: "O Espírito Santo virá sobre você, e o poder do Altíssimo a cobrirá com sua sombra. Portanto, o bebê que vai nascer será santo, e será chamado Filho de Deus. ³⁶Além disso, sua parenta, Isabel, ficou grávida

---

ᵃ**1.15** Ou *desde o nascimento*. ᵇ**1.17** Ver Ml 4.5-6. ᶜ**1.24** Em grego, *escondeu-se em casa*. ᵈ**1.28** Alguns manuscritos acrescentam *Você é bendita entre as mulheres*. ᵉ**1.33** Em grego, *sobre a casa de Jacó*.

> **REFLETINDO SOBRE:** Envelhecer não é um problema
>
> ## Sara, Miriã, Isabel, Ana
>
> *Mesmo na velhice produzirão frutos; continuarão verdejantes e cheios de vida.*
> —Salmo 92.14
>
> Ao ouvir minha amiga alguns anos mais nova do que eu reclamar de seu aniversário que se aproximava, recusei-me a fazer as contas. Eu havia chegado ao ponto em que todo ano havia uma nova surpresa — consultas com um quiroprático para dores nas costas, óculos multifocais e palmilhas especiais para problemas no calcanhar. O que viria a seguir? Fita adesiva para juntar as partes do meu corpo? Eu finalmente havia aceitado uma clara diminuição de energia e um óbvio aumento de peso; e em alguns momentos tinha dificuldades para encontrar todas as palavras numa conversa. *Acho que devia contar minhas bênçãos, tal como luzes com tons de loiro em vez de fios grisalhos*, ri comigo mesma.
>
> Nós não ansiamos pela velhice, mas Deus algumas vezes reserva acontecimentos muito especiais para os anos tardios de uma mulher. Aos 90 anos, Sara deu à luz Isaque, cuja descendência foi o povo judeu. Miriã tinha em torno de 90 anos quando ajudou seus irmãos mais novos, Moisés e Arão, a guiar a vasta multidão de israelitas à Terra Prometida. Isabel tinha idade avançada quando engravidou de João Batista, que teve a missão de preparar as pessoas para a vinda de Jesus. Ana provavelmente tinha 100 anos ou mais quando teve o privilégio de ver o Messias prometido após o Seu nascimento.
>
> Em nossa cultura obcecada por juventude, é fácil esquecer que o envelhecer tem conotação positiva na Bíblia. Se pertencemos a Deus, cada ano nos oferece uma oportunidade de crescer em sabedoria e de nos tornarmos mais semelhantes a Cristo. O que há no envelhecimento que tanto nos assusta? Perda da atratividade? Potenciais problemas de saúde? A possibilidade de nos sentirmos sozinhas e inúteis? Essas preocupações podem ser válidas, mas as promessas de Deus superam todas as nossas preocupações. O Senhor promete cuidar de nós durante toda a nossa vida e depois dela, quando estivermos com Ele. Quem sabe quais são os eventos empolgantes que Deus planejou para nós em nossos anos tardios?

em idade avançada. As pessoas diziam que ela era estéril, mas ela concebeu um filho e está no sexto mês de gestação. ³⁷Pois nada é impossível para Deus".ᵃ

³⁸Maria disse: "Sou serva do Senhor. Que aconteça comigo tudo que foi dito a meu respeito". E o anjo a deixou.

Maria visita Isabel

³⁹Alguns dias depois, Maria dirigiu-se apressadamente à região montanhosa da Judeia, à cidade ⁴⁰onde Zacarias morava. Ela entrou na casa e saudou Isabel. ⁴¹Ao ouvir a saudação de Maria, o bebê de Isabel se agitou dentro dela, e Isabel ficou cheia do Espírito Santo.

⁴²Em alta voz, Isabel exclamou: "Você é abençoada entre as mulheres, e abençoada é a criança em seu ventre! ⁴³Por que tenho a grande honra de receber a visita da mãe do meu Senhor? ⁴⁴Quando ouvi sua saudação, o bebê em meu ventre se agitou de alegria. ⁴⁵Você é abençoada, pois creu no que o Senhor disse que faria!".

Magnificat: o cântico de louvor de Maria

⁴⁶Maria respondeu:

"Minha alma exalta ao Senhor!
⁴⁷Como meu espírito se alegra em Deus, meu Salvador!
⁴⁸Pois ele observou sua humilde serva, e, de agora em diante, todas as gerações me chamarão abençoada.
⁴⁹Pois o Poderoso é santo, e fez grandes coisas por mim.
⁵⁰Demonstra misericórdia a todos que o temem, geração após geração.
⁵¹Seu braço poderoso fez coisas tremendas! Dispersou os orgulhosos e os arrogantes.
⁵²Derrubou príncipes de seus tronos e exaltou os humildes.

ᵃ **1.37** Alguns manuscritos trazem *Pois a palavra de Deus nunca falhará.*

⁵³Encheu de coisas boas os famintos
e despediu de mãos vazias os ricos.
⁵⁴Ajudou seu servo Israel
e lembrou-se de ser misericordioso.
⁵⁵Pois assim prometeu a nossos
antepassados,
a Abraão e a seus descendentes para
sempre".

⁵⁶Maria ficou com Isabel cerca de três meses, e então voltou para casa.

O nascimento de João Batista

⁵⁷Chegado o tempo de seu bebê nascer, Isabel deu à luz um filho. ⁵⁸Vizinhos e parentes se alegraram ao tomar conhecimento de que o Senhor havia sido tão misericordioso com ela.
⁵⁹Quando o bebê estava com oito dias, eles vieram para a cerimônia de circuncisão. Queriam chamar o menino de Zacarias, como o pai, ⁶⁰mas Isabel disse: "Não! Seu nome é João!".
⁶¹Então eles lhe disseram: "Não há ninguém em sua família com esse nome", ⁶²e com gestos perguntaram ao pai como queria chamar o bebê. ⁶³Ele pediu que lhe dessem uma tabuinha e, para surpresa de todos, escreveu: "Seu nome é João". ⁶⁴No mesmo instante, Zacarias voltou a falar e começou a louvar a Deus.
⁶⁵Toda a vizinhança se encheu de temor, e a notícia do que havia acontecido se espalhou por toda a região montanhosa da Judeia. ⁶⁶Todos que ficavam sabendo meditavam sobre esses acontecimentos e perguntavam: "O que vai ser esse menino?". Pois a mão do Senhor estava sobre ele.

Benedictus: a profecia de Zacarias

⁶⁷Então seu pai, Zacarias, ficou cheio do Espírito Santo e profetizou:

⁶⁸"Seja bendito o Senhor, o Deus de Israel,
pois visitou e resgatou seu povo.
⁶⁹Ele nos enviou poderosa salvação
da linhagem real de seu servo Davi,
⁷⁰como havia prometido muito tempo
atrás
por meio de seus santos profetas.
⁷¹Agora seremos salvos de nossos inimigos
e de todos que nos odeiam.
⁷²Ele foi misericordioso com nossos
antepassados

> **PÃO DIÁRIO**
>
> ## O Natal de Maria
>
> *Maria, porém, guardava todas essas coisas no coração e refletia sobre elas.*
> —Lucas 2.19
>
> Era apenas uma noite bucólica e silenciosa naquele frio entardecer de Belém, em que uma adolescente amedrontada deu à luz o Rei dos reis. Maria suportou a dor da chegada do seu bebê sem a ajuda de mais ninguém além das mãos ásperas do carpinteiro José, seu marido. Quem sabe os pastores no campo ouviam a serenata que os anjos cantavam para o Bebê, mas Maria e José só ouviam o som dos animais, a agonia do nascimento e os primeiros choros do Deus encarnado em forma de bebê. Uma estrela brilhou no céu escuro que circundava a estrebaria onde estavam, mas a cena da manjedoura era sombria para José e Maria, seus dois visitantes.
>
> Quando José colocou o infante nos braços de Maria, uma combinação de admiração, dor, temor e alegria deve ter passado por seu coração. Ela sabia, por causa da promessa do anjo, que aquele "pacotinho" era "o Filho do Altíssimo" (Lc 1.32). Fitando, primeiramente, os olhos do Bebê e depois os de José, em meio à penumbra, ela deve ter se questionado como cuidaria daquele cujo reino jamais se acabaria.
>
> Maria tinha muita coisa a ponderar em seu coração naquela noite especial. Agora, após mais de 2.000 anos, cada uma de nós precisa considerar a importância do nascimento de Jesus, Sua subsequente morte, ressurreição e promessa de retorno.
>
> *Senhor, assim como Maria refletiu sobre todas as maravilhas do Teu nascimento, vamos nos reconfortar nas maravilhas do Teu amor e graça, que te fizeram vir para seres o nosso Senhor, Salvador e Rei.*
>
> **Deus veio viver conosco para que pudéssemos viver com Ele.**

---

ao lembrar-se de sua santa aliança,
⁷³o juramento solene
que fez com nosso antepassado Abraão.
⁷⁴Prometeu livrar-nos de nossos inimigos
para o servirmos sem medo,
⁷⁵em santidade e justiça,
enquanto vivermos.

⁷⁶"E você, meu filhinho,
será chamado profeta do Altíssimo,

pois preparará o caminho para o Senhor.ᵃ ⁷⁷Dirá a seu povo como encontrar salvação por meio do perdão de seus pecados. ⁷⁸Graças à terna misericórdia de nosso Deus, a luz da manhã, vinda do céu, está prestes a raiar sobre nós,ᵇ ⁷⁹para iluminar aqueles que estão na escuridão e na sombra da morte e nos guiar ao caminho da paz".

⁸⁰João cresceu e se fortaleceu em espírito. E viveu no deserto até chegar o tempo de se apresentar ao povo de Israel.

O nascimento de Jesus

2 Naqueles dias, o imperador Augusto decretou um recenseamento em todo o império romano. ²(Esse foi o primeiro recenseamento realizado quando Quirino era governador da Síria.) ³Todos voltaram à cidade de origem para se registrar. ⁴Por ser descendente do rei Davi, José viajou da cidade de Nazaré da Galileia para Belém, na Judeia, terra natal de Davi, ⁵levando consigo Maria, sua noiva, que estava grávida. ⁶E, estando eles ali, chegou a hora de nascer o bebê. ⁷Ela deu à luz seu primeiro filho, um menino. Envolveu-o em faixas de pano e deitou-o numa manjedoura, porque não havia lugar para eles na hospedaria.

Os pastores e os anjos

⁸Naquela noite, havia alguns pastores nos campos próximos, vigiando rebanhos de ovelhas. ⁹De repente, um anjo do Senhor apareceu entre eles, e o brilho da glória do Senhor os cercou. Ficaram aterrorizados, ¹⁰mas o anjo lhes disse: "Não tenham medo! Trago boas notícias, que darão grande alegria a todo o povo. ¹¹Hoje em Belém, a cidade de Davi, nasceu o Salvador, que é Cristo,ᶜ o Senhor! ¹²Vocês o reconhecerão por este sinal: encontrarão o bebê enrolado em faixas de pano, deitado numa manjedoura".

¹³De repente, juntou-se ao anjo uma grande multidão do exército celestial, louvando a Deus e dizendo:

¹⁴"Glória a Deus nos mais altos céus,
e paz na terra àqueles de que Deus se agrada!".

¹⁵Quando os anjos voltaram para o céu, os pastores disseram uns aos outros: "Vamos a Belém para ver esse acontecimento que o Senhor nos anunciou".

¹⁶Indo depressa ao povoado, encontraram Maria e José, e lá estava o bebê, deitado na manjedoura. ¹⁷Depois de o verem, os pastores contaram a todos o que o anjo tinha dito a respeito da criança, ¹⁸e todos que ouviam a história dos pastores ficavam admirados. ¹⁹Maria, porém, guardava todas essas coisas no coração e refletia sobre elas. ²⁰Os pastores voltaram, glorificando e louvando a Deus por tudo que tinham visto e ouvido. Tudo aconteceu como o anjo lhes havia anunciado.

Jesus é apresentado no templo

²¹Oito dias depois, quando o bebê foi circuncidado, chamaram-no Jesus, o nome que o anjo lhe tinha dado antes mesmo de ele ser concebido.

²²Então chegou o tempo da oferta de purificação, como era a exigência da lei de Moisés. Seus pais o levaram a Jerusalém para apresentá-lo ao Senhor, ²³pois a lei do Senhor dizia: "Se o primeiro filho for menino, será consagrado ao Senhor".ᵈ ²⁴Assim, ofereceram o sacrifício exigido pela lei do Senhor: "duas rolinhas ou dois pombinhos".ᵉ

A profecia de Simeão

²⁵Naquela época, vivia em Jerusalém um homem chamado Simeão. Ele era justo e devoto, e esperava ansiosamente pela restauração de Israel. O Espírito Santo estava sobre ele ²⁶e lhe havia revelado que ele não morreria enquanto não visse o Cristo enviado pelo Senhor. ²⁷Nesse dia, o Espírito o conduziu ao templo. Assim, quando Maria e José chegaram para apresentar o menino Jesus ao Senhor, como a lei exigia, ²⁸Simeão tomou a criança nos braços e louvou a Deus, dizendo:

²⁹"Soberano Deus, agora podes levar em paz o teu servo,
como prometeste.
³⁰Vi a tua salvação,
³¹que preparaste para todos os povos.
³²Ele é uma luz de revelação às nações
e é a glória do teu povo, Israel!".

ᵃ**1.76** Ver Is 40.3. ᵇ**1.78** Ou *está prestes a nos visitar*. ᶜ**2.11** Ou *Messias*. Tanto *Messias* (do hebraico) como *Cristo* (do grego) significam "ungido". ᵈ**2.23** Êx 13.2. ᵉ**2.24** Lv 12.8.

³³Os pais de Jesus ficaram admirados com o que se dizia a respeito dele. ³⁴Então Simeão os abençoou e disse a Maria, a mãe do bebê: "Este menino está destinado a provocar a queda de muitos em Israel, mas também a ascensão de tantos outros. Foi enviado como sinal de Deus, mas muitos resistirão a ele. ³⁵Como resultado, serão revelados os pensamentos mais profundos de muitos corações, e você sentirá como se uma espada lhe atravessasse a alma".

A profecia de Ana

³⁶A profetisa Ana, filha de Fanuel, da tribo de Aser, também estava no templo. Era muito idosa e havia perdido o marido depois de sete anos de casados ³⁷e vivido como viúva até os 84 anos.ᵃ Nunca deixava o templo, adorando a Deus dia e noite, em jejum e oração. ³⁸Chegou ali naquele momento e começou a louvar a Deus. Falava a respeito da criança a todos que esperavam a redenção de Jerusalém.

A infância de Jesus em Nazaré

³⁹Após cumprirem todas as exigências da lei do Senhor, os pais de Jesus voltaram para casa em Nazaré, na Galileia. ⁴⁰Ali o menino foi crescendo, saudável e forte. Era cheio de sabedoria, e o favor de Deus estava sobre ele.

Jesus conversa com os mestres da lei

⁴¹Todos os anos, os pais de Jesus iam a Jerusalém para a festa da Páscoa. ⁴²Quando Jesus completou doze anos, foram à festa, como de costume. ⁴³Terminada a celebração, partiram de volta para Nazaré, mas Jesus ficou para trás, em Jerusalém, sem que seus pais notassem sua falta. ⁴⁴Pensaram que ele estivesse entre os demais viajantes, mas depois de caminharem um dia inteiro começaram a procurá-lo entre os parentes e amigos. ⁴⁵Como não o encontravam, voltaram a Jerusalém para procurá-lo. ⁴⁶Por fim, depois de três dias, acharam Jesus no templo, sentado entre os mestres da lei, ouvindo-os e fazendo perguntas. ⁴⁷Todos que o ouviam se admiravam de seu entendimento e de suas respostas. ⁴⁸Quando o viram, seus pais ficaram perplexos. Sua mãe lhe disse: "Filho, por que você fez isso conosco? Seu pai e eu estávamos aflitos, procurando você por toda parte".

⁴⁹"Mas por que me procuravam?", perguntou ele. "Não sabiam que eu devia estar na casa de meu Pai?"ᵇ ⁵⁰Não entenderam, porém, o que ele quis dizer.

⁵¹Então voltou com os pais para Nazaré, e lhes era obediente. Sua mãe guardava todas essas coisas no coração.

⁵²Jesus crescia em sabedoria, em estatura e no favor de Deus e das pessoas.

João Batista prepara o caminho

3 Era o décimo quinto ano do reinado do imperador Tibério César. Pôncio Pilatos era governador da Judeia; Herodes Antipas governavaᶜ a Galileia; seu irmão Filipe governavaᵈ a Itureia e Traconites; e Lisânias governava Abilene. ²Anás e Caifás eram os sumos sacerdotes. Nesse ano, veio uma mensagem de Deus a João, filho de Zacarias, que vivia no deserto. ³João percorreu os arredores do rio Jordão, pregando o batismo como sinal de arrependimento para o perdão dos pecados. ⁴O profeta Isaías se referia a João quando escreveu em seu livro:

"Ele é uma voz que clama no deserto:
 'Preparem o caminho para a vinda do
  Senhor!ᵉ
 Abram uma estrada para ele!
⁵Os vales serão aterrados,
  e os montes e as colinas, nivelados.
 As curvas serão endireitadas,
  e os lugares acidentados, aplanados.
⁶Então todos verão
  a salvação enviada por Deus'".ᶠ

⁷João dizia às multidões que vinham até ele para ser batizadas: "Raça de víboras! Quem os convenceu a fugir da ira que está por vir? ⁸Provem por suas ações que vocês se arrependeram. Não digam uns aos outros: 'Estamos a salvo, pois somos filhos de Abraão'. Isso não significa nada, pois eu lhes digo que até destas pedras Deus pode fazer surgir filhos de Abraão. ⁹Agora mesmo o machado do julgamento está pronto para cortar as raízes das

---

ᵃ **2.37** Ou *tinha sido viúva por 84 anos.* ᵇ **2.49** Ou *Não sabiam que devo me ocupar dos assuntos de meu Pai?* ᶜ **3.1a** Em grego, *Herodes era tetrarca.* Herodes Antipas era filho do rei Herodes. ᵈ **3.1b** Em grego, *era tetrarca*; também em 3.1c. ᵉ **3.4** Ou *Ele é uma voz que clama: "Preparem no deserto o caminho para a vinda do Senhor".* ᶠ **3.4-6** Is 40.3-5, conforme a Septuaginta.

árvores. Toda árvore que não produz bons frutos será cortada e lançada ao fogo".

¹⁰As multidões perguntavam: "O que devemos fazer?".

¹¹João respondeu: "Se tiverem duas vestimentas, deem uma a quem não tem. Se tiverem comida, dividam com quem passa fome".

¹²Cobradores de impostos também vinham para ser batizados e perguntavam: "Mestre, o que devemos fazer?".

¹³Ele respondeu: "Não cobrem impostos além daquilo que é exigido".

¹⁴"E nós?", perguntaram alguns soldados. "O que devemos fazer?"

João respondeu: "Não pratiquem extorsão nem façam acusações falsas. Contentem-se com seu salário".

¹⁵Todos esperavam que o Cristo viesse em breve, e estavam ansiosos para saber se João era ele. ¹⁶João respondeu às perguntas deles, dizendo: "Eu os batizo com[a] água, mas em breve virá alguém mais poderoso que eu, alguém tão superior que não sou digno de desatar as correias de suas sandálias. Ele os batizará com o Espírito Santo e com fogo.[b] ¹⁷Ele já tem na mão a pá, e com ela separará a palha do trigo, a fim de limpar a área onde os cereais são debulhados. Juntará o trigo no celeiro, mas queimará a palha num fogo que nunca se apaga".

¹⁸João usou muitas advertências semelhantes ao anunciar as boas-novas ao povo.

¹⁹João também criticou publicamente Herodes Antipas, o governador da Galileia,[c] por ter se casado com Herodias, esposa de seu irmão, e por muitas outras maldades que havia cometido. ²⁰A essas maldades Herodes acrescentou outra, mandando prender João.

O batismo de Jesus

²¹Certo dia, quando as multidões estavam sendo batizadas, Jesus também foi batizado. Enquanto ele orava, o céu se abriu, ²²e o Espírito Santo desceu sobre ele em forma corpórea como uma pomba. E uma voz do céu disse: "Você é meu filho amado, que me dá grande alegria".

Os antepassados de Jesus

²³Jesus estava com cerca de trinta anos quando começou seu ministério.

Jesus era conhecido como filho de José.
José era filho de Eli.
²⁴Eli era filho de Matate.
Matate era filho de Levi.
Levi era filho de Melqui.
Melqui era filho de Janai.
Janai era filho de José.
²⁵José era filho de Matatias.
Matatias era filho de Amós.
Amós era filho de Naum.
Naum era filho de Esli.
Esli era filho de Nagai.
²⁶Nagai era filho de Maate.
Maate era filho de Matatias.
Matatias era filho de Semei.
Semei era filho de Joseque.
Joseque era filho de Jodá.
²⁷Jodá era filho de Joanã.
Joanã era filho de Ressa.
Ressa era filho de Zorobabel.
Zorobabel era filho de Salatiel.
Salatiel era filho de Neri.
²⁸Neri era filho de Melqui.
Melqui era filho de Adi.
Adi era filho de Cosã.
Cosã era filho de Elmadã.
Elmadã era filho de Er.
²⁹Er era filho de Josué.
Josué era filho de Eliézer.
Eliézer era filho de Jorim.
Jorim era filho de Matate.
Matate era filho de Levi.
³⁰Levi era filho de Simeão.
Simeão era filho de Judá.
Judá era filho de José.
José era filho de Jonã.
Jonã era filho de Eliaquim.
³¹Eliaquim era filho de Meleá.
Meleá era filho de Mená.
Mená era filho de Matatá.
Matatá era filho de Natã.
Natã era filho de Davi.
³²Davi era filho de Jessé.
Jessé era filho de Obede.
Obede era filho de Boaz.
Boaz era filho de Salmom.[d]
Salmom era filho de Naassom.
³³Naassom era filho de Aminadabe.

---
[a] 3.16a Ou em. [b] 3.16b Ou no Espírito Santo e em fogo. [c] 3.19 Em grego, Herodes, o tetrarca. [d] 3.32 Em grego, Salá, variação de Salmom; também em 3.32b. Ver Rt 4.20-21.

Aminadabe era filho de Admim.
Admim era filho de Arni.ª
Arni era filho de Esrom.
Esrom era filho de Perez.
Perez era filho de Judá.
³⁴Judá era filho de Jacó.
Jacó era filho de Isaque.
Isaque era filho de Abraão.
Abraão era filho de Terá.
Terá era filho de Naor.
³⁵Naor era filho de Serugue.
Serugue era filho de Ragaú.
Ragaú era filho de Faleque.
Faleque era filho de Éber.
Éber era filho de Salá.
³⁶Salá era filho de Cainã.
Cainã era filho de Artaxade.
Arfaxade era filho de Sem.
Sem era filho de Noé.
Noé era filho de Lameque.
³⁷Lameque era filho de Matusalém.
Matusalém era filho de Enoque.
Enoque era filho de Jarede.
Jarede era filho de Maalaleel.
Maalaleel era filho de Cainã.
³⁸Cainã era filho de Enos.
Enos era filho de Sete.
Sete era filho de Adão.
Adão era filho de Deus.

A tentação de Jesus

4 Jesus, cheio do Espírito Santo, voltou do rio Jordão e foi conduzido pelo Espírito no deserto,ᵇ ²onde foi tentado pelo diabo durante quarenta dias. Não comeu nada durante todo esse tempo, e teve fome.

³Então o diabo lhe disse: "Se você é o Filho de Deus, ordene que esta pedra se transforme em pão".

⁴Jesus, porém, respondeu: "As Escrituras dizem: 'Uma pessoa não vive só de pão'".ᶜ

⁵Então o diabo o levou a um lugar alto e, num momento, lhe mostrou todos os reinos do mundo. ⁶"Eu lhe darei a glória destes reinos e autoridade sobre eles, pois são meus e posso dá-los a quem eu quiser", disse o diabo. ⁷"Eu lhe darei tudo se me adorar."

⁸Jesus respondeu: "As Escrituras dizem:

PÃO DIÁRIO

Sem chance!

Jesus, porém, respondeu: "As Escrituras dizem: 'Uma pessoa não vive só de pão'".
—Lucas 4.4

Todos nós já vimos e ouvimos propagandas que nos incitam a tomar atalhos para a felicidade. "Compre nosso produto e não pague nada por um ano!" "Gratificação instantânea!"

Quando o diabo tentou Jesus (Lc 4.1-13), ele ofereceu um atalho para a "satisfação". Tentou convencer Jesus a agir sozinho ao invés de confiar em Seu Pai.

Quando Jesus estava com fome por causa dos 40 dias de jejum (v.2), Satanás sugeriu que Ele usasse Seu poder para transformar as pedras em pães. Se o Senhor tivesse feito isso, estaria usando Seus poderes para o Seu próprio benefício, mas Jesus se recusou.

Por que Jesus não aceitou a oferta do diabo de governar sobre todos os reinos da Terra imediatamente (vv.5-7)? Ele poderia ter evitado a cruz. Mas isso teria ido contra os planos de Deus para o Seu Filho: dar Sua vida na cruz, ressuscitar e assentar-se à destra do Pai em Seu reino. O atalho oferecido por Satanás não teve chance alguma.

Tenha cuidado com tentações que parecem não ter custo algum no presente. Satanás deseja que você faça as coisas à maneira dele. E ele não desiste facilmente. Mesmo depois de Jesus vencer a terceira tentação, Satanás o deixou somente "até que surgisse outra oportunidade" (v.13).

Sempre que lhe oferecerem um atalho para a felicidade, olhe bem para ver quem cobrará isso depois!

Pai, abre os olhos do meu coração para que eu sempre veja e saiba quando estou sendo tentada pelo inimigo. Ajuda-me a tornar-me mais consciente dos esquemas sutis e a evitar cair nas armadilhas dele. Obrigada por me prometeres uma saída. Amém.

A melhor maneira de escapar da tentação é recorrer a Deus.

'Adore o Senhor, seu Deus, e sirva somente a ele'".ᵈ

⁹Então o diabo o levou a Jerusalém, até o ponto mais alto do templo, e disse: "Se você

ª 3.33 Alguns manuscritos trazem *Aminadabe era filho de Arão*. *Arni* e *Arão* são variações de *Rão*. Ver 1Cr 2.9-10. ᵇ 4.1 Alguns manuscritos trazem *ao deserto*. ᶜ 4.4 Dt 8.3. ᵈ 4.8 Dt 6.13.

é o Filho de Deus, salte daqui. ¹⁰Pois as Escrituras dizem:

'Ele ordenará a seus anjos que o protejam. ¹¹Eles o sustentarão com as mãos, para que não machuque o pé em alguma pedra'".ᵃ

¹²Jesus respondeu: "As Escrituras dizem: 'Não ponha à prova o Senhor, seu Deus'".ᵇ

¹³Quando o diabo terminou de tentar Jesus, deixou-o até que surgisse outra oportunidade.

A volta à Galileia

¹⁴Então Jesus, cheio do poder do Espírito, voltou para a Galileia. Relatos a seu respeito se espalharam rapidamente por toda a região. ¹⁵Ele ensinava nas sinagogas, e todos o elogiavam.

Jesus é rejeitado em Nazaré

¹⁶Quando Jesus chegou a Nazaré, cidade de sua infância, foi à sinagoga no sábado, como de costume, e se levantou para ler as Escrituras. ¹⁷Entregaram-lhe o livro do profeta Isaías, e ele o abriu e encontrou o lugar onde estava escrito:

¹⁸"O Espírito do Senhor está sobre mim, pois ele me ungiu para trazer as boas- -novas aos pobres.
Ele me enviou para anunciar que os cativos serão soltos,
os cegos verão,
os oprimidos serão libertos,
¹⁹e que é chegado o tempo do favor do Senhor".ᶜ

²⁰Jesus fechou o livro, devolveu-o ao assistente e sentou-se. Todos na sinagoga o olhavam atentamente. ²¹Então ele começou a dizer: "Hoje se cumpriram as Escrituras que vocês acabaram de ouvir".

²²Todos falavam bem dele e estavam admirados com as palavras de graça que saíam de seus lábios. Contudo, perguntavam: "Não é esse o filho de José?".

²³Então ele disse: "Sem dúvida, vocês citarão para mim o ditado: 'Médico, cure a si mesmo', ou seja, 'Faça aqui, em sua cidade, o mesmo que fez em Cafarnaum'. ²⁴Eu, porém, lhes digo a verdade: nenhum profeta é aceito em sua própria cidade.

²⁵"Por certo havia muitas viúvas necessitadas em Israel no tempo de Elias, quando o céu se fechou por três anos e meio e uma fome terrível devastou a terra. ²⁶E, no entanto, Elias não foi enviado a nenhuma delas, mas sim a uma estrangeira, uma viúva de Sarepta, na região de Sidom. ²⁷E havia muitos leprosos em Israel no tempo do profeta Eliseu, mas o único que ele curou foi Naamã, o sírio".

²⁸Quando ouviram isso, aqueles que estavam na sinagoga ficaram furiosos. ²⁹Levantaram- -se, expulsaram Jesus da cidade e o arrastaram até a beira do monte sobre o qual a cidade tinha sido construída. Pretendiam empurrá-lo precipício abaixo, ³⁰mas ele passou por entre a multidão e seguiu seu caminho.

Jesus expulsa um espírito impuro

³¹Então Jesus foi a Cafarnaum, uma cidade na Galileia, onde ensinava na sinagoga aos sábados. ³²Ali também o povo ficou admirado com seu ensino, pois ele falava com autoridade.

³³Certa ocasião, estando ele na sinagoga, um homem possuído por um demônio, um espírito impuro, gritou: ³⁴"Por que vem nos importunar, Jesus de Nazaré? Veio para nos destruir? Sei quem é você: o Santo de Deus!".

³⁵Jesus o repreendeu, dizendo: "Cale-se! Saia deste homem!". Então o espírito jogou o homem no chão à vista da multidão e saiu dele, sem machucá-lo.

³⁶Admirado, o povo exclamava: "Que autoridade e poder ele tem! Até os espíritos impuros lhe obedecem e saem quando ele ordena!". ³⁷E as notícias a respeito de Jesus se espalharam pelos povoados de toda a região.

Jesus cura muitas pessoas

³⁸Depois de sair da sinagoga naquele dia, Jesus foi à casa de Simão, onde encontrou a sogra dele muito doente, com febre alta. Quando os presentes suplicaram por ela, ³⁹Jesus se pôs ao lado da cama e repreendeu a febre, que a deixou. Ela se levantou de imediato e passou a servi-los.

⁴⁰Quando o sol se pôs, as pessoas trouxeram seus familiares enfermos até ele. Qualquer que fosse a doença, ao pôr as mãos sobre

ᵃ **4.10-11** Sl 91.11-12. ᵇ **4.12** Dt 6.16. ᶜ **4.18-19** Ou *para proclamar o ano aceitável do Senhor*. Is 61.1-2, conforme a Septuaginta.

eles, Jesus curava a todos. ⁴¹Muitos estavam possuídos por demônios, que saíam gritando: "Você é o Filho de Deus!". Jesus, no entanto, os repreendia e não permitia que falassem, pois sabiam que ele era o Cristo.

Jesus continua a pregar na Galileia

⁴²Logo cedo na manhã seguinte, Jesus retirou-se para um lugar isolado. As multidões o procuravam por toda parte e, quando finalmente o encontraram, suplicaram que não as deixasse. ⁴³Ele, porém, disse: "Preciso anunciar as boas-novas do reino de Deus também em outras cidades, pois para isso fui enviado". ⁴⁴E continuou a anunciar sua mensagem nas sinagogas da Judeia.ª

Os primeiros discípulos

5 Estando Jesus à beira do lago de Genesaré,ᵇ grandes multidões se apertavam em volta dele para ouvir a palavra de Deus. ²Ele notou que, junto à praia, havia dois barcos vazios, deixados por pescadores que lavavam suas redes. ³Entrou num dos barcos e pediu a Simão,ᶜ seu dono, que o afastasse um pouco da praia. Então sentou-se no barco e dali ensinou as multidões.

⁴Quando terminou de falar, disse a Simão: "Agora vá para onde é mais fundo e lancem as redes para pescar".

⁵Simão respondeu: "Mestre, trabalhamos duro a noite toda e não pegamos nada. Mas, por ser o senhor quem nos pede, vou lançar as redes novamente". ⁶Dessa vez, as redes ficaram tão cheias de peixes que começaram a se rasgar. ⁷Então pediram ajuda aos companheiros do outro barco, e logo os dois barcos estavam tão cheios de peixes que quase afundaram.

⁸Quando Simão Pedro se deu conta do que havia acontecido, caiu de joelhos diante de Jesus e disse: "Por favor, Senhor, afaste-se de mim, porque sou homem pecador". ⁹Pois ele e seus companheiros ficaram espantados com a quantidade de peixes que haviam pescado, ¹⁰assim como seus sócios, Tiago e João, filhos de Zebedeu.

Jesus respondeu a Simão: "Não tenha medo! De agora em diante, você será pescador de gente". ¹¹E, assim que chegaram à praia, deixaram tudo e seguiram Jesus.

Jesus cura um leproso

¹²Num povoado, Jesus encontrou um homem coberto de lepra. Quando o homem viu Jesus, prostrou-se com o rosto em terra e suplicou para ser curado, dizendo: "Se o senhor quiser, pode me curar e me deixar limpo".

¹³Jesus estendeu a mão e o tocou. "Eu quero", respondeu. "Seja curado e fique limpo!" No mesmo instante, a lepra desapareceu. ¹⁴Então Jesus o instruiu a não contar a ninguém o que havia acontecido. "Vá e apresente-se ao sacerdote para que ele o examine", ordenou. "Leve a oferta que a lei de Moisés exige pela sua purificação. Isso servirá como testemunho."ᵈ

¹⁵Mas as notícias a seu respeito se espalhavam ainda mais, e grandes multidões vinham para ouvi-lo e para ser curadas de suas enfermidades. ¹⁶Ele, porém, se retirava para lugares isolados, a fim de orar.

Jesus cura um paralítico

¹⁷Certo dia, enquanto Jesus ensinava, alguns fariseus e mestres da lei estavam sentados por perto. Eles vinham de todos os povoados da Galileia, da Judeia e de Jerusalém. E o poder do Senhor para curar estava sobre Jesus.

¹⁸Alguns homens vieram carregando um paralítico numa maca. Tentaram levá-lo para dentro da casa, até Jesus, ¹⁹mas não conseguiram, por causa da multidão. Então subiram ao topo da casa e removeram uma parte do teto. Em seguida, baixaram o paralítico na maca até o meio da multidão, bem na frente dele. ²⁰Ao ver a fé que eles tinham, Jesus disse ao paralítico: "Homem, seus pecados estão perdoados".

²¹Mas os fariseus e mestres da lei pensavam: "Quem ele pensa que é? Isso é blasfêmia! Somente Deus pode perdoar pecados!".

²²Jesus, sabendo o que pensavam, perguntou: "Por que vocês questionam essas coisas em seu coração? ²³O que é mais fácil dizer: 'Seus pecados estão perdoados?' ou 'Levante-se e ande'? ²⁴Mas eu lhes mostrarei que o Filho do Homem tem autoridade na terra para perdoar pecados". Então disse ao paralítico: "Levante-se, pegue sua maca e vá para casa".

²⁵De imediato, à vista de todos, o homem se levantou, pegou sua maca e foi para casa

---

ª4.44 Alguns manuscritos trazem *Galileia*. ᵇ5.1 Outro nome para o mar da Galileia. ᶜ5.3 A partir de 6.14, *Simão* é chamado de *Pedro*. ᵈ5.14 Ver Lv 14.2-32.

louvando a Deus. ²⁶Todos ficaram muitos admirados e, cheios de temor, louvaram a Deus, exclamando: "Hoje vimos coisas maravilhosas!".

Jesus chama Levi

²⁷Depois disso, Jesus saiu da cidade e viu um cobrador de impostos chamado Levi[a] sentado no local onde se coletavam impostos. "Siga-me", disse-lhe Jesus, ²⁸e Levi se levantou, deixou tudo e o seguiu.

²⁹Mais tarde, Levi ofereceu um banquete em sua casa, em honra de Jesus. Muitos cobradores de impostos e outros convidados comeram com eles, ³⁰mas os fariseus e mestres da lei se queixaram aos discípulos: "Por que vocês comem e bebem com cobradores de impostos e pecadores?".

³¹Jesus lhes respondeu: "As pessoas saudáveis não precisam de médico, mas sim os doentes. ³²Não vim para chamar os justos, mas sim os pecadores, para que se arrependam".

Discussão sobre o jejum

³³Algumas pessoas disseram a Jesus: "Os discípulos de João Batista jejuam e oram com frequência, e os discípulos dos fariseus também. Por que os seus vivem comendo e bebendo?".

³⁴Jesus respondeu: "Por acaso os convidados de um casamento jejuam enquanto festejam com o noivo? ³⁵Um dia, porém, o noivo lhes será tirado, e então jejuarão".

³⁶Jesus também lhes apresentou a seguinte ilustração: "Ninguém rasgaria um pedaço de tecido de uma roupa nova para remendar uma roupa velha. Se o fizesse, estragaria a roupa nova, e o remendo não se ajustaria à roupa velha.

³⁷"E ninguém colocaria vinho novo em velhos recipientes de couro. Os recipientes velhos se arrebentariam, deixando vazar o vinho e estragando o recipiente. ³⁸Vinho novo deve ser guardado em recipientes novos. ³⁹E ninguém que bebe o vinho velho escolhe beber o vinho novo, pois diz: 'O vinho velho é melhor'".

Discussão sobre o sábado

6 Num sábado, enquanto Jesus caminhava pelos campos de cereal, seus discípulos colheram espigas, removeram a casca com as mãos e comeram os grãos. ²Alguns fariseus lhes disseram: "Por que vocês desobedecem à lei colhendo cereal no sábado?".

³Jesus respondeu: "Vocês não leram nas Escrituras o que fez Davi quando ele e seus companheiros tiveram fome? ⁴Ele entrou na casa de Deus, comeu os pães sagrados que só os sacerdotes tinham permissão de comer e os deu também a seus companheiros". ⁵E acrescentou: "O Filho do Homem é senhor até mesmo do sábado".

Jesus cura no sábado

⁶Em outro sábado, enquanto Jesus ensinava na sinagoga, estava ali um homem cuja mão direita era deformada. ⁷Os mestres da lei e os fariseus observavam Jesus atentamente. Se ele curasse aquele homem, eles o acusariam, pois era sábado.

⁸Jesus, porém, sabia o que planejavam e disse ao homem com a mão deformada: "Venha e fique aqui, diante de todos", e o homem foi à frente. ⁹Então Jesus lhes disse: "Tenho uma pergunta para vocês: O que a lei permite fazer no sábado? O bem ou o mal? Salvar uma vida ou destruí-la?".

¹⁰Depois, olhando para cada um ao redor, disse ao homem: "Estenda a mão". O homem estendeu a mão, e ela foi restaurada. ¹¹Com isso, os inimigos de Jesus ficaram furiosos e começaram a discutir o que fazer contra ele.

Jesus escolhe os doze apóstolos

¹²Certo dia, pouco depois, Jesus subiu a um monte para orar e passou a noite orando a Deus. ¹³Quando amanheceu, reuniu seus discípulos e escolheu doze para serem apóstolos. Estes são seus nomes:

¹⁴Simão, a quem ele chamou Pedro,
André, irmão de Pedro,
Tiago,
João,
Filipe,
Bartolomeu,
¹⁵Mateus,
Tomé,
Tiago, filho de Alfeu,
Simão, apelidado de zelote,
¹⁶Judas, filho de Tiago,
Judas Iscariotes, que se tornou o traidor.

---

[a] **5.27** Isto é, Mateus. Ver Mt 9.9.

Multidões seguem Jesus

¹⁷Quando Jesus e os discípulos desceram do monte, pararam numa região plana e ampla. Havia ali muitos de seus seguidores e uma grande multidão vinda de todas as partes da Judeia, de Jerusalém e de lugares distantes ao norte, como o litoral de Tiro e Sidom. ¹⁸Tinham vindo para ouvi-lo e para ser curados de suas enfermidades, e os que eram atormentados por espíritos impuros eram curados. ¹⁹Todos procuravam tocar em Jesus, pois dele saía poder, e ele curava a todos.

Bênçãos e condenações

²⁰Então Jesus se voltou para seus discípulos e disse:

"Felizes são vocês, pobres,
   pois o reino de Deus lhes pertence.
²¹Felizes são vocês que agora estão
   famintos,
   pois serão saciados.
Felizes são vocês que agora choram,
   pois no devido tempo rirão.

²²Felizes são vocês quando os odiarem e os excluírem, quando zombarem de vocês e os caluniarem como se fossem maus porque seguem o Filho do Homem. ²³Quando isso acontecer, alegrem-se e exultem, porque uma grande recompensa os espera no céu. E lembrem-se de que os antepassados deles trataram os profetas da mesma forma.

²⁴"Que aflição espera vocês, ricos,
   pois já receberam sua consolação!
²⁵Que aflição espera vocês que agora têm
   fartura,
   pois um terrível tempo de fome os
   espera!
Que aflição espera vocês que agora riem,
   pois em breve seu riso se transformará
   em lamento e tristeza!
²⁶Que aflição espera vocês que são
   elogiados por todos,
   pois os antepassados deles também
   elogiaram falsos profetas!"

Amor pelos inimigos

²⁷"Mas a vocês que me ouvem, eu digo: amem os seus inimigos, façam o bem a quem os odeia, ²⁸abençoem quem os amaldiçoa, orem por quem os maltrata. ²⁹Se alguém lhe der um tapa numa face, ofereça também a outra. Se alguém exigir de você a roupa do corpo, deixe que leve também a capa. ³⁰Dê a quem pedir e, quando tomarem suas coisas, não tente recuperá-las. ³¹Façam aos outros o que vocês desejam que eles lhes façam.

³²"Se vocês amam apenas aqueles que os amam, que mérito têm? Até os pecadores amam quem os ama. ³³E, se fazem o bem apenas aos que fazem o bem a vocês, que mérito têm? Até os pecadores agem desse modo. ³⁴E, se emprestam dinheiro apenas aos que podem devolver, que mérito têm? Até os pecadores emprestam a outros pecadores, na expectativa de receber tudo de volta.

³⁵"Portanto, amem os seus inimigos, façam-lhes o bem e emprestem a eles sem esperar nada de volta. Então a recompensa que receberão do céu será grande e estarão agindo, de fato, como filhos do Altíssimo, pois ele é bondoso até mesmo com os ingratos e perversos. ³⁶Sejam misericordiosos, assim como seu Pai é misericordioso."

Não julguem os outros

³⁷"Não julguem e não serão julgados. Não condenem e não serão condenados. Perdoem e serão perdoados. ³⁸Deem e receberão. Sua dádiva lhes retornará em boa medida, compactada, sacudida para caber mais, transbordante e derramada sobre vocês. O padrão de medida que adotarem será usado para medi-los".

³⁹Jesus deu ainda a seguinte ilustração: "É possível um cego guiar outro cego? Não cairão os dois num buraco? ⁴⁰Os discípulos não são maiores que seu mestre. Mas o aluno bem instruído será como o mestre.

⁴¹"Por que você se preocupa com o cisco no olho de seu amigo[a] enquanto há um tronco em seu próprio olho? ⁴²Como pode dizer: 'Amigo, deixe-me ajudá-lo a tirar o cisco de seu olho', se não consegue ver o tronco em seu próprio olho? Hipócrita! Primeiro, livre-se do tronco em seu olho; então você verá o suficiente para tirar o cisco do olho de seu amigo."

---

[a] 6.41 Em grego, *de seu irmão*; também em 6.42.

A árvore e seus frutos

⁴³"Uma árvore boa não produz frutos ruins, e uma árvore ruim não produz frutos bons. ⁴⁴Uma árvore é identificada por seus frutos. Ninguém colhe figos de espinheiros, nem uvas de arbustos espinhosos. ⁴⁵A pessoa boa tira coisas boas do tesouro de um coração bom, e a pessoa má tira coisas más do tesouro de um coração mau. Pois a boca fala do que o coração está cheio."

Construir sobre um alicerce firme

⁴⁶"Por que vocês me chamam 'Senhor! Senhor!', se não fazem o que eu digo? ⁴⁷Eu lhes mostrarei como é aquele que vem a mim, ouve as minhas palavras e as pratica. ⁴⁸Ele é como a pessoa que está construindo uma casa e que cava fundo e coloca os alicerces em rocha firme. Quando a água das enchentes sobe e bate contra essa casa, ela permanece firme, pois foi bem construída. ⁴⁹Mas quem ouve e não obedece é como a pessoa que constrói uma casa sobre o chão, sem alicerces. Quando a água bater nessa casa, ela cairá, deixando uma pilha de ruínas".

Um oficial romano demonstra fé

7 Quando Jesus terminou de dizer tudo isso à multidão, entrou em Cafarnaum. ²Naquela ocasião, um escravo muito estimado de um oficial romano[a] estava enfermo, à beira da morte. ³Quando o oficial ouviu falar de Jesus, mandou alguns líderes judeus lhe pedirem que fosse curar seu escravo. ⁴Os líderes suplicaram insistentemente que Jesus socorresse o homem, dizendo: "Ele merece sua ajuda, ⁵pois ama o povo judeu e até nos construiu uma sinagoga". ⁶Jesus foi com eles, mas, antes de chegarem à casa, o oficial mandou alguns amigos para dizer: "Senhor, não se incomode em vir à minha casa, pois não sou digno de tamanha honra. ⁷Não sou digno sequer de ir ao seu encontro. Basta uma ordem sua, e meu servo será curado. ⁸Sei disso porque estou sob a autoridade de meus superiores e tenho autoridade sobre meus soldados. Só preciso dizer 'Vão', e eles vão, ou 'Venham', e eles vêm. E, se digo a meus escravos: 'Façam isto', eles fazem".

⁹Quando Jesus ouviu isso, ficou admirado. Voltou-se para a multidão que o seguia e disse: "Eu lhes digo a verdade: jamais vi fé como esta em Israel!". ¹⁰E, quando os amigos do oficial voltaram para a casa dele, encontraram o escravo em perfeita saúde.

Jesus ressuscita o filho de uma viúva

¹¹Logo depois, Jesus foi com seus discípulos à cidade de Naim, e uma grande multidão o seguiu. ¹²Quando ele se aproximou da porta da cidade, estava saindo o enterro do único filho de uma viúva, e uma grande multidão da cidade a acompanhava. ¹³Quando o Senhor a viu, sentiu profunda compaixão por ela. "Não chore!", disse ele. ¹⁴Então foi até o caixão, tocou nele e os carregadores pararam. E disse: "Jovem, eu lhe digo: levante-se!". ¹⁵O jovem que estava morto se levantou e começou a conversar, e Jesus o devolveu à sua mãe.

¹⁶Grande temor tomou conta da multidão, que louvava a Deus, dizendo: "Um profeta poderoso se levantou entre nós!" e "Hoje Deus visitou seu povo!". ¹⁷Essa notícia sobre Jesus se espalhou por toda a Judeia e seus arredores.

Jesus e João Batista

¹⁸Os discípulos de João Batista lhe contaram tudo que Jesus estava fazendo. Então João chamou dois de seus discípulos ¹⁹e os enviou ao Senhor, para lhe perguntar: "O senhor é aquele que haveria de vir, ou devemos esperar algum outro?".

²⁰Os dois discípulos de João encontraram Jesus e lhe disseram: "João Batista nos enviou para lhe perguntar: 'O senhor é aquele que haveria de vir, ou devemos esperar algum outro?'".

²¹Naquela mesma hora, Jesus curou muitas pessoas de suas doenças, enfermidades e espíritos impuros, e restaurou a visão a muitos cegos. ²²Em seguida, disse aos discípulos de João: "Voltem a João e contem a ele o que vocês viram e ouviram: os cegos veem, os aleijados andam, os leprosos são purificados, os surdos ouvem, os mortos são ressuscitados e as boas-novas são anunciadas aos pobres". ²³E disse ainda: "Felizes são aqueles que não se sentem ofendidos por minha causa".

²⁴Depois que os discípulos de João saíram, Jesus começou a falar a respeito dele para as

---

[a] 7.2 Em grego, *centurião*; também em 7.6.

multidões: "Que tipo de homem vocês foram ver no deserto? Um caniço que qualquer brisa agita? ²⁵Afinal, o que esperavam ver? Um homem vestido com roupas caras? Não, quem veste roupas caras e vive no luxo mora em palácios. ²⁶Acaso procuravam um profeta? Sim, ele é mais que profeta. ²⁷João é o homem ao qual as Escrituras se referem quando dizem:

'Envio meu mensageiro adiante de ti,
e ele preparará teu caminho à tua frente'.ᵃ

²⁸Eu lhes digo: de todos que nasceram de mulher, nenhum é maior que João Batista. E, no entanto, até o menor no reino de Deus é maior que ele".

²⁹Todos que ouviram as palavras de Jesus, até mesmo os cobradores de impostos, concordaram que o caminho de Deus era justo,ᵇ pois tinham sido batizados por João. ³⁰Os fariseus e mestres da lei, no entanto, rejeitaram o propósito de Deus para eles, pois recusaram o batismo de João.

³¹"Assim, a que posso comparar o povo desta geração?", perguntou Jesus. ³²"Como posso descrevê-los? São como crianças que brincam na praça. Queixam-se a seus amigos:

'Tocamos flauta,
e vocês não dançaram,
entoamos lamentos,
e vocês não choraram'.

³³Quando João Batista apareceu, não costumava comer e beber em público, e vocês disseram: 'Está possuído por demônio'. ³⁴O Filho do Homem, por sua vez, come e bebe, e vocês dizem: 'É comilão e beberrão, amigo de cobradores de impostos e pecadores'. ³⁵Mas a sabedoria é comprovada pela vida daqueles que a seguem."ᶜ

Jesus é ungido por uma pecadora

³⁶Um dos fariseus convidou Jesus para jantar. Jesus foi à casa dele e tomou lugar à mesa. ³⁷Quando uma mulher daquela cidade, uma pecadora, soube que ele estava jantando ali, trouxe um frasco de alabastro contendo um perfume caro. ³⁸Em seguida, ajoelhou-se aos pés de Jesus, chorando. As lágrimas caíram sobre os pés dele, e ela os secou com seu cabelo; e continuou a beijá-los e a derramar perfume sobre eles.

³⁹Quando o fariseu que havia convidado Jesus viu isso, disse consigo: "Se este homem fosse

---

PÃO DIÁRIO

Orações não atendidas

Jesus [...] Voltou-se para a multidão que o seguia e disse: "Eu lhes digo a verdade: jamais vi fé como esta em Israel!".
—Lucas 7.9

Uma explicação que muitas vezes ouvimos sobre as orações "não respondidas" é que não temos fé suficiente. Mas Jesus disse em Lucas 17.6 que, se tivéssemos fé do tamanho de uma semente de mostarda, diríamos a uma amoreira: "'Arranque-se e plante-se no mar'; e ela lhes obedeceria". Em outras palavras, a eficácia das nossas orações não depende do tamanho da nossa fé, mas de a possuirmos.

Lucas relata sobre um oficial romano que tinha muita fé (7.9), a qual se expressou primeiramente com um apelo para Jesus curar o servo dele que estava moribundo. Depois foi expressa com o reconhecimento de que Jesus poderia curar seu servo a qualquer hora e lugar. O oficial não pediu que Jesus fizesse as coisas do jeito dele.

A fé tem sido descrita como "confiança no coração e no poder de Deus". Algumas orações que parecem não ser respondidas são simplesmente circunstâncias nas quais Deus tem amorosamente indeferido nossos desejos. Ele sabe que o que pedimos não é o melhor. Ou, talvez, o nosso tempo não seja o tempo dele, ou Ele tem propósitos muito maiores em mente. Lembremo-nos de que Jesus orou ao Seu Pai celestial: "Contudo, que seja feita a tua vontade, e não a minha" (22.42).

Você tem fé como esse oficial romano, a fé que confia em Deus para fazer o Seu trabalho, da Sua maneira?

Senhor, aqui está a minha lista de pedidos. Eu a entrego a ti pela fé, confiando em Tua soberania e perfeita vontade, e não em minha habilidade de fazer orações bonitas ou de viver exemplarmente a vida cristã. Confio a ti cada um dos meus pedidos, e deixo-os no altar da Tua fidelidade, e espero as Tuas respostas, pelas quais sou imensamente grata.

As respostas de Deus são mais sábias do que as nossas orações.

ᵃ**7.27** Ml 3.1. ᵇ**7.29** Ou *louvaram a Deus por sua justiça*. ᶜ**7.35** Ou *Mas a sabedoria é justificada por todos os seus filhos*.

> **PÃO DIÁRIO**
>
> ## Pescando onde as almas não estão
>
> *Um dos fariseus convidou Jesus para jantar. Jesus foi à casa dele e tomou lugar à mesa.*
> —Lucas 7.36
>
> Temos um bom amigo com quem pescamos de vez em quando. Ele é um homem muito previdente. Depois de calçar suas botas de borracha, vestir roupas à prova d'água e pegar seus equipamentos, ele senta na carroceria de sua pick-up, observa o rio por 15 minutos ou mais procurando peixe e diz: "Não adianta pescar onde não há peixes". Isso me faz pensar em outra questão: "Será que eu pesco almas onde elas não estão?".
>
> Disseram que Jesus era amigo de "cobradores de impostos e pecadores" (Lc 7.34). Como cristãs devemos nos comportar de maneira diferente do mundo, mas devemos viver nesse mesmo mundo como Jesus viveu. Entretanto, temos que nos questionar: como Jesus, também tenho amigos pecadores? Se tenho somente amigos cristãos, será que estou pescando almas "onde elas não estão?".
>
> Estar com os não cristãos é o primeiro passo na "pescaria". Então vem o amor: a bondade de coração que enxerga o que está sob seus comentários espontâneos e ouve o clamor mais profundo da alma. O amor pergunta: "Pode me contar mais sobre isto?" e prossegue com compaixão. "Muito se prega por meio da amabilidade", disse o pastor George Herbert (1593–1633).
>
> Tal amor não é natural e vem somente de Deus. E assim, oramos: "Senhor, quando eu estiver com pessoas não cristãs hoje, que eu reconheça a voz triste, o semblante cansado ou os olhos abatidos que, em meu desejo de preservar-me, poderia facilmente negligenciar. Que eu tenha o amor que flui e esteja enraizada em Teu amor. Que eu ouça os outros, demonstre a Tua compaixão e fale a Tua verdade hoje".
>
> Pai, ajuda-me a reconhecer onde e quando devo "jogar minha rede" para que aqueles que te buscam te encontrem. Permite-me viver com compaixão e amor para que outros vejam quem tu és e desejem aceitar o Teu precioso presente da salvação.
>
> **Temos que ser canais da verdade de Deus, não reservatórios.**

profeta, saberia que tipo de mulher está tocando nele. Ela é uma pecadora!".

⁴⁰Jesus disse ao fariseu: "Simão, tenho algo a lhe dizer".

"Diga, mestre", respondeu Simão.

⁴¹Então Jesus lhe contou a seguinte história: "Um homem emprestou dinheiro a duas pessoas: quinhentas moedas de prata[a] a uma delas e cinquenta à outra. ⁴²Como nenhum dos devedores conseguiu lhe pagar, ele generosamente perdoou ambos e cancelou suas dívidas. Qual deles o amou mais depois disso?".

⁴³Simão respondeu: "Suponho que aquele de quem ele perdoou a dívida maior".

"Você está certo", disse Jesus. ⁴⁴Então voltou-se para a mulher e disse a Simão: "Veja esta mulher ajoelhada aqui. Quando entrei em sua casa, você não ofereceu água para eu lavar os pés, mas ela os lavou com suas lágrimas e os secou com seus cabelos. ⁴⁵Você não me cumprimentou com um beijo, mas, desde a hora em que entrei, ela não parou de beijar meus pés. ⁴⁶Você não me ofereceu óleo para ungir minha cabeça, mas ela ungiu meus pés com um perfume raro.

⁴⁷Eu lhe digo: os pecados dela, que são muitos, foram perdoados e, por isso, ela demonstrou muito amor por mim. Mas a pessoa a quem pouco foi perdoado demonstra pouco amor". ⁴⁸Então Jesus disse à mulher: "Seus pecados estão perdoados".

⁴⁹Os homens que estavam à mesa diziam entre si: "Quem é esse que anda por aí perdoando pecados?".

⁵⁰E Jesus disse à mulher: "Sua fé a salvou. Vá em paz".

Mulheres que seguiam Jesus

8 Pouco tempo depois, Jesus começou a percorrer as cidades e os povoados vizinhos, anunciando as boas-novas a respeito do reino de Deus. Iam com ele os Doze ²e também algumas mulheres que tinham sido curadas de espíritos impuros e enfermidades. Entre elas estavam Maria Madalena, de quem ele havia expulsado sete demônios; ³Joana, esposa de Cuza, administrador de Herodes; Susana, e muitas outras que contribuíam com seus próprios recursos para o sustento de Jesus e seus discípulos.

---

[a] 7.41 Em grego, *500 denários*. Um denário equivalia ao salário por um dia completo de trabalho.

REFLETINDO SOBRE: Dinheiro bem gasto

Mulheres que apoiavam o ministério de Jesus

Vendam seus bens e deem aos necessitados. Com isso, ajuntarão tesouros no céu, e as bolsas no céu não se desgastam nem se desfazem. Seu tesouro estará seguro; nenhum ladrão o roubará e nenhuma traça o destruirá.
—Lucas 12.33

Fechei o jornal e balancei a cabeça. Já havia lido histórias semelhantes, mas ainda tinha dificuldade de acreditar que alguém viveria daquela maneira. Uma mulher tinha morrido sozinha em uma casa modesta, quase sem mobiliário. Apesar de viver como indigente, as autoridades descobriram, mais tarde, que ela tinha uma fortuna no banco. Como é triste ver que a mulher acumulou sua riqueza em vez de fazer bom uso dela.

As mulheres na passagem bíblica de Mateus 8.1-3 faziam o melhor uso possível de seu dinheiro. Quando Jesus começou a viajar por cidades e vilarejos para pregar, levou Seus doze discípulos e um grupo de mulheres com Ele. Jesus havia curado essas mulheres de doenças e libertado de cadeias demoníacas; agora, elas demonstravam sua gratidão servindo-o e ajudando financeiramente a Ele e aos Seus discípulos. Esse tipo de acordo era altamente incomum naquela cultura, mas Jesus aceitava o serviço e o auxílio financeiro das mulheres. Maria Madalena, Joana, Suzana e outras consideravam uma bênção e um privilégio contribuir com o ministério daquele que lhes dera nova vida.

Em um mundo incerto, é tentador concentrar-se em acumular o máximo de bens possível. Deus quer que planejemos nosso futuro com sabedoria; o Senhor também espera que contribuamos com Sua obra. Nunca poderemos pagar a dívida que temos com nosso Salvador, mas devolver a Deus demonstra a nossa gratidão. Nossas contribuições à nossa igreja local, ministérios de evangelismo e missões podem fazer diferença na vida de outros e trazer novas almas para o reino de Deus. Seremos recompensadas por nossa fidelidade nesta área. Usar nossas finanças para propósitos eternos será sempre um dinheiro bem empregado.

A parábola do semeador

⁴Certo dia, uma grande multidão, vinda de várias cidades, juntou-se para ouvir Jesus, e ele lhes contou uma parábola: ⁵"Um lavrador saiu para semear. Enquanto espalhava as sementes pelo campo, algumas caíram à beira do caminho, onde foram pisadas, e as aves vieram e as comeram. ⁶Outras caíram entre as pedras e começaram a crescer, mas as plantas logo murcharam por falta de umidade. ⁷Outras sementes caíram entre os espinhos, que cresceram com elas e sufocaram os brotos. ⁸Ainda outras caíram em solo fértil e produziram uma colheita cem vezes maior que a quantidade semeada". Quando ele terminou de dizer isso, declarou: "Quem é capaz de ouvir, ouça com atenção!".

⁹Seus discípulos lhe perguntaram o que a parábola significava. ¹⁰Ele respondeu: "A vocês é permitido entender os segredos[a] do reino de Deus, mas uso parábolas para ensinar os outros, a fim de que,

'Quando olharem, não vejam;
quando escutarem, não entendam'.[b]

¹¹"Este é o significado da parábola: As sementes são a palavra de Deus. ¹²As sementes que caíram à beira do caminho representam os que ouvem a mensagem, mas o diabo vem e a arranca do coração deles e os impede de crer e ser salvos. ¹³As sementes no solo rochoso representam os que ouvem a mensagem e a recebem com alegria. Uma vez, porém, que não têm raízes profundas, creem apenas por um tempo e depois desanimam quando enfrentam provações. ¹⁴As que caíram entre os espinhos representam outros que ouvem a mensagem, mas logo ela é sufocada pelas preocupações, riquezas e prazeres desta vida, de modo que nunca amadurecem. ¹⁵E as que caíram em solo fértil representam os que, com coração bom e receptivo, ouvem a mensagem, a aceitam e, com paciência, produzem uma grande colheita."

[a] 8.10a Em grego, *mistérios*. [b] 8.10b Is 6.9, conforme a Septuaginta.

Aprendendo com as mulheres da Bíblia

MARIA MADALENA

Como caminhar por fé, não por vista

Jesus era um excelente Mestre! Ele não escolheu apenas os discípulos mais promissores; pelo contrário, incluiu homens e mulheres que outros mestres teriam ignorado. Um exemplo disso é Maria Madalena.

Embora ela seja mencionada pelo nome 14 vezes nos evangelhos, sabemos apenas quatro coisas sobre Maria Madalena.

O primeiro fato que conhecemos sobre essa mulher é que Jesus expulsou sete demônios dela. Pelo seu nome sabemos que essa Maria veio de Magdala, uma cidade a cerca de 5 km de Cafarnaum na costa noroeste do mar da Galileia, território que Jesus sempre atravessava durante o Seu ministério. Não sabemos por quanto tempo ou de que forma ela fora atormentada. Porém, uma coisa é certa: qualquer pessoa possessa era marginalizada pela sociedade. Liberta dos sete demônios, seus membros travados relaxaram. Sua face deformada tornou-se serena. Tal libertação transformou a sua vida!

A segunda coisa que sabemos sobre Maria é que ela viajou por toda a Galileia e até à Judeia com Jesus e os Doze. Devido à intervenção divina que sofreu, não é de surpreender que Maria Madalena tenha se tornado parte do grupo dos seguidores de Jesus.

Durante o primeiro século em Israel, alguns mestres ensinavam que os homens bons e religiosos não falavam com mulheres em público. Um fariseu não falaria nem mesmo com sua mãe se a encontrasse na rua. Nessa cultura, a cuidadosa segregação de homens e mulheres tornaria qualquer um que viajasse com grupos mistos uma pessoa contracultura para ser ouvido. Além disso, a Lei declarava que, durante seu período menstrual, a mulher era ritualmente imunda. Tudo o que ela tocava tornava-se impuro. Nesse período, ela precisava ficar separada. Como Jesus e os Doze poderiam correr o risco de se contaminarem com essas mulheres que viajavam com eles?

Os evangelhos não respondem a essa pergunta. O que sabemos é que, enquanto os inimigos de Jesus o acusavam de infringir a lei do *Shabbat*, de beber vinho demais e de se associar aos coletores de impostos e outros tipos de má reputação, em momento algum eles levantaram a questão sobre a imoralidade sexual. Logo, presumimos que esses homens e mulheres que viajavam juntos de alguma maneira evitavam os escândalos.

Alguns comentaristas acreditam que Maria Madalena vinha de uma família rica e, portanto, era capaz de sustentar Jesus e Seus outros seguidores. Outros conjecturam que era uma mulher prostituta. Esse mito sobre Maria Madalena começou no século 6.º, quando um papa chamado Gregório a associou à mulher pecadora que ungiu os pés de Jesus com um óleo caro e perfumado. Desde então, por todos os últimos séculos, os artistas retrataram Maria Madalena como uma prostituta. No entanto, nas Escrituras não encontramos base para essa ideia.

Especulações à parte, a terceira coisa que a Bíblia relata sobre Maria é que, numa sombria sexta-feira, a da Paixão de Cristo, ela ficou perto da cruz muito tempo depois de os discípulos fugirem. Todos os quatro evangelistas registram que Maria Madalena e as outras mulheres não só ficaram durante as horas terríveis da crucificação, mas se certificaram em saber onde Jesus fora sepultado para irem ao local após o sábado e terminarem de ungir o Seu corpo. Essas mulheres estavam completamente comprometidas com Jesus Cristo, mesmo em meio ao amargo pesar que sentiam.

Por isso, não nos surpreende encontrá-las com Maria Madalena, antes do amanhecer do domingo, apressando-se para o túmulo no jardim. Aqui estavam as mulheres desempenhando seu papel habitual na sociedade judaica, preparando o corpo de um morto para um sepultamento adequado. Conforme caminhavam, tinham duas questões em mente: Quem tiraria a grande pedra da entrada do túmulo? E o que fariam ao selo posto pelo governo romano? Esse selo não podia ser violado. No entanto, estavam determinadas a fazer o melhor pelo amado Mestre. Elas, durante os três anos do Seu ministério terreno, cuidaram do bem-estar físico de Jesus. Assim, na Sua morte, não poderiam se eximir de dar-lhe um sepultamento digno.

Quando chegaram, encontraram a pedra removida. Eis a próxima lição de discipulado para Maria. As expectativas com as quais iniciara aquela manhã estavam de ponta-cabeça. Maria, vendo a pedra removida, supôs que o corpo de Jesus tinha sido levado e posto em outro lugar. Naquele momento ela só conseguia pensar em Jesus morto. Afinal, ela o vira morrer e ser colocado no túmulo. Ela esteve presente na execução do Senhor. Viu quando os pregos transpassaram as Suas mãos e pés. Presenciou a lança abrir o

Seu lado, o céu escurecer ao meio-dia e um forte terremoto fender rochas e sepulturas.

Correndo até Pedro e João com a notícia de que alguém levara o corpo de Jesus, ela os acompanhou de volta ao túmulo, mas ficou do lado de fora chorando. Parada ali, os altos e baixos daquela semana vieram de uma só vez à mente de Maria. Ela sentiu novamente a dor da contradição ao se lembrar de ouvir a multidão cantar "Hosana" num dia e "Crucifiquem-no!" no outro. Agora estava devastada pelo pensamento de que o corpo de Jesus tinha sido roubado. Seus dolorosos soluços expressavam todas as esperanças frustradas e o desespero que sentia.

Maria Madalena permaneceu chorando junto à entrada do sepulcro. Então, ao olhar para dentro do túmulo, foi confrontada por dois seres celestiais que questionaram a sua postura. Mas a chorosa Maria sequer ouviu uma palavra, pois continuou imersa em sua tristeza. Segundos depois disso, um homem que estava nas proximidades lhe diz as mesmas palavras que os anjos, mas o olhar de Maria fixava-se na morte de Jesus.

Somente quando o Senhor lhe chamou pelo nome, Maria foi capaz de reconhecê-lo e irromper em adoração. De repente, tudo o que estava errado, ficou certo. Aquele que havia morrido, estava vivo. O Mestre que a libertara de sete demônios estava novamente com ela. Em uma fração de segundos, essa discípula passara da tristeza à euforia: o Mestre está vivo! Agora ela tinha uma tarefa a cumprir: contar aos outros que Jesus ressuscitara.

Eis a quarta coisa que sabemos sobre Maria Madalena: Jesus a enviou como a primeira testemunha da ressurreição. Ele a comissionou a contar aos Seus discípulos as boas-novas.

Maria Madalena não foi a única seguidora de Jesus que necessitava de uma mudança de perspectiva. No mesmo capítulo, João fala sobre o encontro de Jesus com outro dos Seus seguidores: Tomé. Ele, além de duvidar, impôs condições para crer no Cristo ressurreto. Somente quando Jesus apareceu no meio deles e Tomé o tocou, esse discípulo o reconheceu em adoração.

Nos dois casos, Jesus fez uma aparição especial — a Maria no jardim, e a Tomé no cenáculo. Maria e Tomé achavam que Jesus estava morto. Estavam preocupados com o Jesus do passado. Somente a presença física de Jesus os convenceu do contrário. Contudo, não podiam se apegar à presença física do Mestre. Tiveram que aprender a se relacionar com o Salvador de maneira diferente.

Maria reconheceu a voz de Jesus quando Ele a chamou pelo nome e foi comissionada por Ele. A Tomé, Ele o repreendeu suavemente dizendo: Você creu porque me viu!

O nosso discipulado é este: aprender a crer tendo ou não uma evidência tangível para prosseguir em fé. Significa aprender a confiar que o nosso soberano e amoroso Deus fará o que é melhor para nós, quer Ele o faça com alguma experiência surpreendente ou em silêncio.

De que maneira Deus está agindo em sua vida? O que você aprendeu sobre a diferença que Ele faz em sua dia a dia? O que mudou em sua compreensão de quem é Deus e o que Ele está fazendo em você e por seu intermédio? Suas respostas a tais perguntas lhe dirão o formato do seu discipulado.

Mulheres e homens têm sido discípulos do Salvador há mais de 2.000 anos. Eles o seguem, o ouvem, aprendem dele, servem-no. Não temos a presença física de Jesus entre nós para ver, tocar e o ajudar como eles tiveram. Nosso desafio é vivermos por fé e não pelo que vemos (2Co 5.7). O nosso discipulado pode ser tão verdadeiro quanto o deles. Temos a Bíblia para nos orientar e a comunhão de outros cristãos para nos apoiar e corrigir.

Jesus, o Mestre dos mestres, guia cada uma de nós de maneiras diferentes para aprendermos o que precisamos saber. Não existem duas pessoas com a mesma experiência de vida. Ele nos encontra onde estivermos e trabalha conosco onde estivermos, mas sempre com o mesmo propósito. Ele quer nos levar para longe da ignorância sobre Deus ao conhecimento de um relacionamento profundo como Suas filhas. Ele nos leva de fé em fé à confiança inabalável no Deus vivo e a novas maneiras de olhar a vida e a nós mesmas.

—Alice Mathews

QUESTÕES PARA REFLEXÃO

1. Maria Madalena viu Jesus e ouviu Ele chamá-la pelo nome antes de o reconhecer. Como você pode reconhecer o Cristo vivo hoje?
2. O que significa "vivemos por fé, e não pelo que vemos" (2 Co 5.7)?
3. Quando você olha para si mesma como aprendiz nas mãos do Mestre Jesus, quais experiências Ele tem utilizado para encorajá-la a continuar a segui-lo?
4. Como discípula no século 21, quais objetivos você gostaria de estabelecer para o seu aprendizado?

A parábola da lâmpada

¹⁶"Não faz sentido acender uma lâmpada e depois cobri-la com uma vasilha ou escondê-la debaixo da cama. Pelo contrário, ela é colocada num pedestal, de onde sua luz pode ser vista pelos que entram na casa. ¹⁷Da mesma forma, tudo que está escondido será revelado, e tudo que está oculto virá à luz e será conhecido por todos.

¹⁸"Portanto, ouçam com atenção! Pois ao que tem, mais lhe será dado, mas do que não tem, até o que pensa ter lhe será tomado".

A verdadeira família de Jesus

¹⁹Então a mãe e os irmãos de Jesus foram vê-lo, mas não conseguiram chegar até ele por causa da multidão. ²⁰Alguém disse a Jesus: "Sua mãe e seus irmãos estão lá fora e querem vê-lo".

²¹Jesus respondeu: "Minha mãe e meus irmãos são aqueles que ouvem a palavra de Deus e a praticam".

Jesus acalma a tempestade

²²Certo dia, Jesus disse a seus discípulos: "Vamos para o outro lado do mar". Assim, entraram num barco e partiram. ²³Durante a travessia, Jesus caiu no sono. Logo, porém, veio sobre o mar uma forte tempestade. O barco começou a se encher de água, colocando-os em grande perigo.

²⁴Os discípulos foram acordá-lo, clamando: "Mestre, Mestre, vamos morrer!".

Quando Jesus despertou, repreendeu o vento e as ondas violentas. A tempestade parou, e tudo se acalmou. ²⁵Então ele lhes perguntou: "Onde está a sua fé?".

Admirados e temerosos, os discípulos diziam entre si: "Quem é este homem? Quando ele ordena, até os ventos e o mar lhe obedecem!".

Jesus exerce autoridade sobre demônios

²⁶Então chegaram à região dos gadarenos,ᵃ do outro lado do mar da Galileia. ²⁷Quando Jesus desembarcou, um homem possuído por demônios veio ao seu encontro. Fazia muito tempo que ele não tinha casa nem roupas e vivia num cemitério fora da cidade.

²⁸Assim que viu Jesus, gritou e caiu diante dele. Então disse em alta voz: "Por que vem me importunar, Jesus, Filho do Deus Altíssimo? Suplico que não me atormente!". ²⁹Pois Jesus já havia ordenado que o espírito impuro saísse dele. Esse espírito tinha dominado o homem em várias ocasiões. Mesmo quando era colocado sob guarda, com os pés e as mãos acorrentados, ele quebrava as correntes e, sob controle do demônio, corria para o deserto.

³⁰Jesus lhe perguntou: "Qual é o seu nome?".

"Legião", respondeu ele, pois havia muitos demônios dentro do homem. ³¹E imploravam que Jesus não os mandasse para o abismo.ᵇ

³²Ali perto, uma grande manada de porcos pastava na encosta de uma colina, e os demônios suplicaram que ele os deixasse entrar nos porcos.

Jesus lhes deu permissão. ³³Os demônios saíram do homem e entraram nos porcos, e toda a manada se atirou pela encosta íngreme para dentro do mar e se afogou.

³⁴Quando os que cuidavam dos porcos viram isso, fugiram para uma cidade próxima e para seus arredores, espalhando a notícia. ³⁵O povo correu para ver o que havia ocorrido. Uma multidão se juntou ao redor de Jesus, e eles viram o homem que havia sido liberto dos demônios. Estava sentado aos pés de Jesus, vestido e em perfeito juízo, e todos tiveram medo. ³⁶Os que presenciaram os acontecimentos contaram aos demais como o homem possuído por demônios tinha sido curado. ³⁷Todo o povo da região dos gadarenos suplicou que Jesus fosse embora, pois ficaram muito assustados.

Então ele voltou ao barco e partiu. ³⁸O homem que tinha sido liberto dos demônios suplicou para ir com ele, mas Jesus o mandou para casa, dizendo: ³⁹"Volte para sua família e conte a eles tudo que Deus fez por você". E o homem foi pela cidade inteira, anunciando tudo que Jesus tinha feito por ele.

Jesus cura em resposta à fé

⁴⁰Do outro lado do mar, as multidões receberam Jesus com alegria, pois o estavam esperando. ⁴¹Então um homem chamado Jairo, um dos líderes da sinagoga local, veio e se prostrou aos pés de Jesus, suplicando que ele fosse à sua casa. ⁴²Sua única filha, de cerca de doze anos, estava à beira da morte.

ᵃ **8.26** Alguns manuscritos trazem *gerasenos*; outros, *gergesenos*; também em 8.37. Ver Mt 8.28; Mc 5.1. ᵇ **8.31** Ou *lugar dos mortos*.

Jesus o acompanhou, cercado pela multidão. ⁴³Uma mulher no meio do povo sofria havia doze anos de uma hemorragia,ª sem encontrar cura. ⁴⁴Ela se aproximou por trás de Jesus e tocou na borda de seu manto. No mesmo instante, a hemorragia parou.

⁴⁵"Quem tocou em mim?", perguntou Jesus.

Todos negaram, e Pedro disse: "Mestre, a multidão toda se aperta em volta do senhor".

⁴⁶Jesus, no entanto, disse: "Alguém certamente tocou em mim, pois senti que de mim saiu poder". ⁴⁷Quando a mulher percebeu que não poderia permanecer despercebida, começou a tremer e caiu de joelhos diante dele. Todos a ouviram explicar por que havia tocado nele e como havia sido curada de imediato. ⁴⁸Então ele disse: "Filha, sua fé a curou. Vá em paz".

⁴⁹Enquanto Jesus ainda falava com a mulher, chegou um mensageiro da casa de Jairo, o líder da sinagoga, a quem disse: "Sua filha morreu. Não incomode mais o mestre".

⁵⁰Ao ouvir isso, Jesus disse a Jairo: "Não tenha medo. Apenas creia, e ela será curada".

⁵¹Quando chegaram à casa de Jairo, Jesus não deixou que ninguém o acompanhasse, exceto Pedro, João, Tiago e o pai e a mãe da menina. ⁵²A casa estava cheia de gente chorando e se lamentando, mas ele disse: "Parem de chorar! Ela não está morta; está apenas dormindo".

⁵³A multidão riu dele, pois todos sabiam que ela havia morrido. ⁵⁴Então Jesus a tomou pela mão e disse em voz alta: "Menina, levante-se!". ⁵⁵Naquele momento, ela voltou à vida^b e levantou-se de imediato. Então Jesus ordenou que dessem alguma coisa para ela comer. ⁵⁶Os pais dela ficaram maravilhados, mas Jesus insistiu que não contassem a ninguém o que havia acontecido.

Jesus envia os doze apóstolos

9 Jesus reuniu os Doze^c e lhes deu poder e autoridade para expulsar todos os demônios e curar enfermidades. ²Depois, enviou-os para anunciar o reino de Deus e curar os enfermos. ³Ele os instruiu, dizendo: "Não levem coisa alguma em sua jornada. Não levem cajado, nem bolsa de viagem, nem comida, nem dinheiro,^d nem mesmo uma muda de roupa extra. ⁴Aonde quer que forem, hospedem-se na mesma casa até partirem da cidade. ⁵E, se uma cidade se recusar a recebê-los, sacudam a poeira dos pés ao saírem, em sinal de reprovação".

⁶Então começaram a percorrer os povoados, anunciando as boas-novas e curando os enfermos.

A perplexidade de Herodes

⁷Quando Herodes Antipas^e ouviu falar de tudo que Jesus fazia, ficou perplexo, pois alguns diziam que João Batista havia ressuscitado dos mortos. ⁸Outros acreditavam que Jesus era Elias, ou um dos antigos profetas que tinha voltado à vida.

⁹"Eu decapitei João", dizia Herodes. "Então quem é o homem sobre quem ouço essas histórias?" E procurava ver Jesus.

A primeira multiplicação dos pães

¹⁰Quando os apóstolos voltaram, contaram a Jesus tudo que tinham feito. Em seguida, Jesus se retirou para a cidade de Betsaida, a fim de estar a sós com eles. ¹¹As multidões descobriram seu paradeiro e o seguiram. Ele as recebeu, ensinou-lhes a respeito do reino de Deus e curou os que estavam enfermos.

¹²No fim da tarde, os Doze se aproximaram e lhe disseram: "Mande as multidões aos povoados e campos vizinhos, para que encontrem comida e abrigo para passar a noite, pois estamos num lugar isolado".

¹³Jesus, porém, disse: "Providenciem vocês mesmos alimento para eles".

"Temos apenas cinco pães e dois peixes", responderam. "Ou o senhor espera que compremos comida para todo esse povo?" ¹⁴Havia ali cerca de cinco mil homens.

Jesus respondeu: "Digam a eles que se sentem em grupos de cinquenta". ¹⁵Os discípulos seguiram sua instrução, e todos se sentaram. ¹⁶Jesus tomou os cinco pães e os dois peixes, olhou para o céu e os abençoou. Então, partiu-os em pedaços e os entregou aos discípulos para que distribuíssem ao povo. ¹⁷Todos comeram à vontade, e os discípulos encheram ainda doze cestos com as sobras.

ª**8.43** Alguns manuscritos acrescentam *e tinha gastado tudo que possuía com médicos*. ^b**8.55** Ou *seu espírito voltou*. ^c**9.1** Alguns manuscritos trazem *os doze apóstolos*. ^d**9.3** Ou *moedas de prata*. ^e**9.7** Em grego, *Herodes, o tetrarca*.

Pedro declara sua fé

¹⁸Certo dia, Jesus orava em particular, acompanhado apenas dos discípulos. Ele lhes perguntou: "Quem as multidões dizem que eu sou?".

¹⁹Os discípulos responderam: "Alguns dizem que o senhor é João Batista; outros, que é Elias; e outros ainda, que é um dos profetas antigos que ressuscitou".

²⁰"E vocês?", perguntou ele. "Quem vocês dizem que eu sou?"

Pedro respondeu: "O senhor é o Cristo enviado por Deus!".

Jesus prediz sua morte

²¹Jesus advertiu severamente seus discípulos de que não dissessem a ninguém quem ele era. ²²"É necessário que o Filho do Homem sofra muitas coisas", disse. "Ele será rejeitado pelos líderes do povo, pelos principais sacerdotes e pelos mestres da lei. Será morto, mas no terceiro dia ressuscitará."

Ensino sobre discipulado

²³Disse ele à multidão: "Se alguém quer ser meu seguidor, negue a si mesmo, tome diariamente sua cruz e siga-me. ²⁴Se tentar se apegar à sua vida, a perderá. Mas, se abrir mão de sua vida por minha causa, a salvará. ²⁵Que vantagem há em ganhar o mundo inteiro, mas perder ou destruir a própria vida? ²⁶Se alguém se envergonhar de mim e de minha mensagem, o Filho do Homem se envergonhará dele quando vier em sua glória e na glória do Pai e dos santos anjos. ²⁷Eu lhes digo a verdade: alguns que aqui estão não morrerão antes de ver o reino de Deus!".

A transfiguração

²⁸Cerca de oito dias depois, Jesus levou consigo Pedro, João e Tiago a um monte para orar. ²⁹Enquanto ele orava, a aparência de seu rosto foi transformada, e suas roupas se tornaram brancas e resplandecentes. ³⁰De repente, Moisés e Elias apareceram e começaram a falar com Jesus. ³¹Tinham um aspecto glorioso e falavam sobre a partida de Jesus, que estava para se cumprir em Jerusalém.

³²Pedro e os outros lutavam contra o sono, mas acabaram despertando e viram a glória de Jesus e os dois homens que estavam com ele. ³³Quando Moisés e Elias iam se retirando, Pedro, sem saber o que dizia, falou: "Mestre, é maravilhoso estarmos aqui! Vamos fazer três tendas: uma será sua, uma de Moisés e outra de Elias". ³⁴Enquanto ele ainda falava, uma nuvem surgiu e os envolveu, enchendo-os de medo.

³⁵Então uma voz que vinha da nuvem disse: "Este é meu Filho, meu Escolhido.[a] Ouçam-no!". ³⁶Quando a voz silenciou, só Jesus estava ali. Naquela ocasião, os discípulos não contaram a ninguém o que tinham visto.

Jesus cura um menino possuído por demônio

³⁷No dia seguinte, quando desceram do monte, uma grande multidão veio ao encontro de Jesus. ³⁸Um homem na multidão gritou: "Mestre, suplico-lhe que veja meu filho, o único que tenho! ³⁹Um espírito impuro se apodera dele e o faz gritar. Lança-o em convulsões e o faz espumar pela boca. Sacode-o violentamente e quase nunca o deixa em paz. ⁴⁰Supliquei a seus discípulos que o expulsassem, mas eles não conseguiram".

⁴¹Jesus disse: "Geração incrédula e corrompida! Até quando estarei com vocês e terei de suportá-los?". Então disse ao homem: "Traga-me seu filho".

⁴²Quando o menino se aproximou, o demônio o derrubou no chão, numa convulsão violenta. Jesus, porém, repreendeu o espírito impuro, curou o menino e o devolveu ao pai. ⁴³Todos se espantaram com a grandiosidade do poder de Deus.

Jesus prediz sua morte pela segunda vez

Enquanto todos se maravilhavam com seus feitos, Jesus disse aos discípulos: ⁴⁴"Ouçam-me e lembrem-se do que lhes digo: o Filho do Homem será traído e entregue em mãos humanas". ⁴⁵Eles, porém, não entendiam essas coisas. O significado estava escondido deles, de modo que não eram capazes de compreender e tinham medo de perguntar.

O maior no reino

⁴⁶Os discípulos começaram a discutir sobre qual deles seria o maior. ⁴⁷Jesus, conhecendo seus pensamentos, trouxe para junto de si

---

[a] 9.35 Alguns manuscritos trazem *Este é meu Filho muito amado*.

uma criança pequena ⁴⁸e disse: "Quem recebe uma criança como esta em meu nome recebe a mim, e quem me recebe também recebe aquele que me enviou. Portanto, o menor entre vocês será o maior".

O uso do nome de Jesus
⁴⁹João disse a Jesus: "Mestre, vimos alguém usar seu nome para expulsar demônios; nós o proibimos, pois ele não era do nosso grupo". ⁵⁰"Não o proíbam!", disse Jesus. "Quem não é contra vocês é a favor de vocês."

A oposição dos samaritanos
⁵¹Como se aproximava o tempo de ser elevado ao céu, Jesus partiu com determinação para Jerusalém. ⁵²Enviou mensageiros adiante até um povoado samaritano, a fim de fazerem os preparativos para sua chegada. ⁵³Contudo, os habitantes do povoado não receberam Jesus, porque parecia evidente que ele estava a caminho de Jerusalém. ⁵⁴Percebendo isso, Tiago e João disseram a Jesus: "Senhor, quer que mandemos cair fogo do céu para consumi-los?".ᵃ ⁵⁵Jesus, porém, se voltou para eles e os repreendeu.ᵇ ⁵⁶E seguiram para outro povoado.

O preço de seguir Jesus
⁵⁷Quando andavam pelo caminho, alguém disse a Jesus: "Eu o seguirei aonde quer que vá".
⁵⁸Jesus respondeu: "As raposas têm tocas onde morar e as aves têm ninhos, mas o Filho do Homem não tem sequer um lugar para recostar a cabeça".
⁵⁹E a outra pessoa ele disse: "Siga-me".
O homem, porém, respondeu: "Senhor, deixe-me primeiro sepultar meu pai".
⁶⁰Jesus respondeu: "Deixe que os mortos sepultem seus próprios mortos. Você, porém, deve ir e anunciar o reino de Deus".
⁶¹Outro, ainda, disse: "Senhor, eu o seguirei, mas deixe que antes me despeça de minha família".
⁶²Mas Jesus lhe disse: "Quem põe a mão no arado e olha para trás não está apto para o reino de Deus".

Jesus envia seus discípulos
10 Depois disso, o Senhor escolheu outros setenta e doisᶜ discípulos e os enviou adiante, dois a dois, às cidades e aos lugares que ele planejava visitar. ²Estas foram suas instruções: "A colheita é grande, mas os trabalhadores são poucos. Orem ao Senhor da colheita; peçam que ele envie mais trabalhadores para seus campos. ³Agora vão e lembrem-se de que eu os envio como cordeiros no meio de lobos. ⁴Não levem dinheiro algum, nem bolsa de viagem, nem um par de sandálias extras. E não se detenham para cumprimentar ninguém pelo caminho.

⁵"Quando entrarem numa casa, digam primeiro: 'Que a paz de Deus esteja nesta casa'. ⁶Se os que vivem ali forem gente de paz, a bênção permanecerá; se não forem, a bênção voltará a vocês. ⁷Permaneçam naquela casa e comam e bebam o que lhes derem, pois quem trabalha merece seu salário. Não fiquem mudando de casa em casa.

⁸"Quando entrarem numa cidade e ela os receber bem, comam o que lhes oferecerem. ⁹Curem os enfermos e digam-lhes: 'Agora o reino de Deus chegou até vocês'.ᵈ ¹⁰Mas, se uma cidade se recusar a recebê-los, saiam pelas ruas e digam: ¹¹'Limpamos de nossos pés até o pó desta cidade em sinal de reprovação. E saibam disto: o reino de Deus chegou!'.ᵉ ¹²Eu lhes garanto que, no dia do juízo, até Sodoma será tratada com menos rigor que aquela cidade.

¹³"Que aflição as espera, Corazim e Betsaida! Porque, se nas cidades de Tiro e Sidom tivessem sido realizados os milagres que realizei em vocês, há muito tempo seus habitantes teriam se arrependido e demonstrado isso vestindo panos de saco e jogando cinzas sobre a cabeça. ¹⁴Eu lhes digo que, no dia do juízo, Tiro e Sidom serão tratadas com menos rigor que vocês. ¹⁵E você, Cafarnaum, será elevada até o céu? Não, descerá até o lugar dos mortos".ᶠ

¹⁶Então ele disse aos discípulos: "Quem aceita sua mensagem também me aceita, e quem os rejeita também me rejeita. E quem me rejeita também rejeita aquele que me enviou".

ᵃ 9.54 Alguns manuscritos acrescentam *como fez Elias?* ᵇ 9.55-56 Alguns manuscritos acrescentam *E ele disse: "Vocês não sabem como é o seu coração.* ⁵⁶*Pois o Filho do Homem não veio destruir vidas, mas salvá-las".* ᶜ 10.1 Alguns manuscritos trazem *setenta*; também em 10.17. ᵈ 10.9 Ou *está próximo de vocês.* ᵉ 10.11 Ou *está próximo.* ᶠ 10.15 Em grego, *até o Hades.*

PÃO DIÁRIO

Muito ocupada para conhecer Deus?

Jesus e seus discípulos seguiram viagem e chegaram a um povoado onde uma mulher chamada Marta os recebeu em sua casa. Sua irmã, Maria, sentou-se aos pés de Jesus e ouvia o que ele ensinava.

—Lucas 10.38,39

Um dia, quando eu esperava para embarcar num avião, um desconhecido que me ouviu dizer que eu era capelã começou a me contar sobre a sua vida antes de encontrar-se com Cristo. Disse-me que era marcado pelo "pecado e egoísmo" antes de conhecer o Salvador Jesus.

Ouvi atentamente a lista de mudanças que fizera em sua vida e as boas obras que ele tinha praticado. Mas tudo que me disse era sobre sua ocupação com Deus e não sobre a sua comunhão com o Senhor. Não me surpreendi quando ele acrescentou: "Francamente, capelã, achava que, por agora, já me sentiria melhor comigo mesmo".

Acredito que Marta, personagem do Novo Testamento, teria entendido a observação daquele desconhecido. Tendo convidado Jesus para vir à sua casa, ela se pôs a fazer as coisas que considerava importantes. Mas isso significava que ela não poderia se concentrar em Jesus. Como Maria não a estava ajudando, Marta se sentiu no direito de pedir a Jesus para repreendê-la. É um erro que muitas de nós cometemos: estamos tão ocupadas fazendo o bem, que não investimos tempo para conhecer melhor a Deus.

Meu conselho para o meu novo companheiro de viagem veio das palavras que Jesus disse para Marta em Lucas 10.41,42, e lhe disse: "Desacelere e invista tempo para conhecer Deus; permita que a Sua Palavra se revele a você". Se estivermos ocupadas demais para investir o nosso tempo com Deus, simplesmente estamos ocupadas além do necessário.

Senhor, ajuda-me a desacelerar e a concentrar minha atenção em ti. Como posso te servir se fracasso em manter um relacionamento contigo? Instila em mim o profundo desejo de ler a Tua Palavra e de ter comunhão contigo em oração. Que o meu relacionamento contigo seja mais íntimo e profundo.

Nosso Pai celestial anseia investir tempo com os Seus filhos.

---

[17] Quando os setenta e dois discípulos voltaram, relataram com alegria: "Senhor, até os demônios nos obedecem pela sua autoridade!". [18] Então ele lhes disse: "Vi Satanás caindo do céu como um relâmpago! [19] Eu lhes dei autoridade para pisarem sobre cobras e escorpiões, e sobre todo o poder do inimigo. Nada lhes causará dano. [20] Mas não se alegrem porque os espíritos impuros lhes obedecem; alegrem-se porque seus nomes estão registrados no céu".

Jesus agradece ao Pai

[21] Naquele momento, Jesus foi tomado da alegria do Espírito Santo e disse: "Pai, Senhor dos céus e da terra, eu te agradeço porque escondeste estas coisas dos que se consideram sábios e inteligentes e as revelaste aos que são como crianças. Sim, Pai, foi do teu agrado fazê-lo assim.

[22] "Meu Pai me confiou todas as coisas. Ninguém conhece verdadeiramente o Filho, a não ser o Pai, e ninguém conhece verdadeiramente o Pai, a não ser o Filho e aqueles a quem o Filho escolhe revelá-lo".

[23] Então, em particular, ele se voltou para os discípulos e disse: "Felizes os olhos que veem o que vocês viram. [24] Eu lhes digo: muitos profetas e reis desejaram ver o que vocês têm visto e ouvir o que vocês têm ouvido, mas não puderam".

O mandamento mais importante

[25] Certo dia, um especialista da lei se levantou para pôr Jesus à prova com esta pergunta: "Mestre, o que preciso fazer para herdar a vida eterna?".

[26] Jesus respondeu: "O que diz a lei de Moisés? Como você a entende?".

[27] O homem respondeu: "'Ame o Senhor, seu Deus, de todo o seu coração, de toda a sua alma, de toda a sua força e de toda a sua mente' e 'Ame o seu próximo como a si mesmo'".[a]

[28] "Está correto!", disse Jesus. "Faça isso, e você viverá."

A parábola do bom samaritano

[29] O homem, porém, querendo justificar suas ações, perguntou a Jesus: "E quem é o meu próximo?".

[a] **10.27** Dt 6.5; Lv 19.18.

⁳⁰Jesus respondeu com uma história: "Certo homem descia de Jerusalém a Jericó, quando foi atacado por bandidos. Eles lhe tiraram as roupas, o espancaram e o deixaram quase morto à beira da estrada. ³¹Por acaso, descia por ali um sacerdote. Quando viu o homem caído, atravessou para o outro lado da estrada. ³²Um levita fazia o mesmo caminho e viu o homem caído, mas também atravessou e passou longe. ³³"Então veio um samaritano e, ao ver o homem, teve compaixão dele. ³⁴Foi até ele, tratou de seus ferimentos com óleo e vinho e os enfaixou. Depois, colocou o homem em seu jumento e o levou a uma hospedaria, onde cuidou dele. ³⁵No dia seguinte, deu duas moedas de prata[a] ao dono da hospedaria e disse: 'Cuide deste homem. Se você precisar gastar a mais com ele, eu lhe pagarei a diferença quando voltar'.
³⁶"Qual desses três você diria que foi o próximo do homem atacado pelos bandidos?", perguntou Jesus.
³⁷O especialista da lei respondeu: "Aquele que teve misericórdia dele".
Então Jesus disse: "Vá e faça o mesmo".

Jesus visita Marta e Maria

³⁸Jesus e seus discípulos seguiram viagem e chegaram a um povoado onde uma mulher chamada Marta os recebeu em sua casa. ³⁹Sua irmã, Maria, sentou-se aos pés de Jesus e ouvia o que ele ensinava. ⁴⁰Marta, porém, estava ocupada com seus muitos afazeres. Foi a Jesus e disse: "Senhor, não o incomoda que minha irmã fique aí sentada enquanto eu faço todo o trabalho? Diga-lhe que venha me ajudar!".
⁴¹Mas o Senhor respondeu: "Marta, Marta, você se preocupa e se inquieta com todos esses detalhes. ⁴²Apenas uma coisa é necessária. Quanto a Maria, ela fez a escolha certa, e ninguém tomará isso dela".

Ensino sobre a oração

11 Certo dia, Jesus estava orando em determinado lugar. Quando terminou, um de seus discípulos lhe disse: "Senhor, ensine-nos a orar, como João ensinou aos discípulos dele".
²Jesus disse: "Orem da seguinte forma:
"Pai,[b] santificado seja o teu nome.
Venha o teu reino.
³Dá-nos hoje o pão para este dia,[c]
⁴e perdoa nossos pecados,
assim como perdoamos aqueles que pecam contra nós.
E não nos deixes cair em tentação".[d]

⁵E ele prosseguiu: "Suponha que você fosse à casa de um amigo à meia-noite para pedir três pães, dizendo: ⁶'Um amigo meu acaba de chegar para me visitar e não tenho nada para lhe oferecer', ⁷e ele respondesse lá de dentro: 'Não me perturbe. A porta já está trancada, e minha família e eu já estamos deitados. Não posso ajudá-lo'. ⁸Eu lhes digo que, embora ele não o faça por amizade, se você continuar a bater à porta, ele se levantará e lhe dará o que precisa por causa da sua insistência.[e]
⁹"Portanto eu lhes digo: peçam, e receberão. Procurem, e encontrarão. Batam, e a porta lhes será aberta. ¹⁰Pois todos que pedem, recebem. Todos que procuram, encontram. E, para todos que batem, a porta é aberta.
¹¹"Vocês que são pais, respondam: Se seu filho lhe pedir[f] um peixe, você lhe dará uma cobra? ¹²Ou, se lhe pedir um ovo, você lhe dará um escorpião? ¹³Portanto, se vocês que são pecadores sabem como dar bons presentes a seus filhos, quanto mais seu Pai no céu dará o Espírito Santo aos que lhe pedirem!".

A fonte do poder de Jesus

¹⁴Certo dia, Jesus expulsou um demônio que deixava um homem mudo e, quando o demônio saiu, o homem começou a falar. A multidão ficou admirada, ¹⁵mas alguns disseram: "É pelo poder de Belzebu, o príncipe dos demônios, que ele expulsa os demônios". ¹⁶Outros exigiram que Jesus lhes desse um sinal do céu para provar sua autoridade.
¹⁷Jesus, conhecendo seus pensamentos, disse: "Todo reino dividido internamente está condenado à ruína. Uma família dividida

---

[a] 10.35 Em grego, 2 denários. [b] 11.2 Alguns manuscritos trazem Pai nosso que estás no céu. [c] 11.3 Ou Dá-nos hoje o alimento de que precisamos, ou Dá-nos hoje o alimento para amanhã. [d] 11.4 Ou E guarda-nos de sermos provados. [e] 11.8 Ou para não passar vergonha, ou para que sua reputação não seja prejudicada. [f] 11.11 Alguns manuscritos acrescentam pão, você lhe dará uma pedra? Ou [se pedir]...

Aprendendo com as mulheres da Bíblia

MARIA E MARTA

Como viver de modo bem-sucedido em dois mundos

Era um dia quente no fim da estação chuvosa e o verão começava. Na cidade de Betânia, situada nas colinas a apenas 3,2 km de Jerusalém, localizava-se a casa de Marta, provavelmente uma viúva próspera que acolhera seus irmãos, Maria e Lázaro. Foi ali que Marta recebeu Jesus e Seus discípulos naquele dia.

Você consegue vê-la, na familiaridade de sua cozinha, transformando-se em um furacão de atividades? Primeiro, cozinha os feijões e as lentilhas com a cebola e o alho. Então, tempera o cordeiro e o coloca para assar. Tritura os grãos e amassa o pão. Em seguida, prepara os figos e as romãs. Pega água para misturar ao vinho. Arruma a mesa. Mexe o feijão e a lentilha. Vira o cordeiro no espeto. Começa a assar o pão.

Olhando para fora, Marta percebe que logo seria a hora da refeição e ela estava longe de terminar. Talvez, tenha sentido o que sinto quando sou levada pelo entusiasmo para depois perceber que não terminarei tudo a tempo. Quando isso acontece, fico irritada comigo mesma e com todos que poderiam ter me ajudado na execução de meus planos.

Suspeito que seja isso que aconteceu com Marta. De repente, os planos e o trabalho que ela começara com alegria "azedaram". Lucas relata que ela estava agitada e muito ocupada. Quanto mais ela trabalhava, mais perturbada ficava. *A culpa é de Maria*, pensava. Se Maria la ajudasse, seria diferente.

Todas nós conhecemos esse sentimento, não é mesmo? Já é ruim ter que fazer tudo, e é ainda pior quando alguém que deveria nos ajudar se omite. Assim, sentimo-nos injustiçadas. Foi o que aconteceu com Marta, e ela, finalmente, explodiu. Marta chegou ao cúmulo de responsabilizar Jesus pela situação, acusando-o de não se importar com ela, exigindo que Ele mandasse Maria ajudá-la.

Marta falou asperamente com Jesus, não com Maria. Talvez, ela já tivesse tentado atrair o olhar de sua irmã e sinalizar que ela se levantasse e fosse ajudar. Ou talvez tenha tentado cutucar Maria, que se livrou do cutucão e foi ouvir Jesus. Todas nós temos maneiras de comunicar certa mensagem... e nos irrita ainda mais quando a outra pessoa a ignora.

Intriga-me a maneira pela qual Marta relacionou a preocupação de Jesus por ela com Sua disposição de mandar Maria se ocupar. Marta pensou que a maneira de Jesus demonstrar o Seu cuidado seria aliviando a sua carga. E é exatamente isso o que o vemos fazer, embora não do jeito que ela esperava. Na reação do Senhor, aprendemos muito sobre o discipulado como mulheres cristãs.

O problema não era o trabalho que Marta fazia, mas, sim, sua aflição e preocupação. Jesus sabia que ela se estressava demais com coisas irrelevantes. Marta teria que aprender a manter a vida na pressão adequada. Observe o que Jesus disse e não disse a essa mulher sobrecarregada.

Primeiro, Jesus não a censurou por estar cozinhando para eles. Se ela, como anfitriã, tivesse ignorado a preparação dos alimentos, seus convidados teriam ficado com fome. O que acontecia naquela cozinha de Betânia era importante.

Quando Satanás tentou Jesus no deserto, no início de Seu ministério público, o Senhor afirmou: "Uma pessoa não vive só de pão..." (Mt 4.4). Jesus não disse que não precisávamos de pão, pois sabe que nosso corpo precisa ser alimentado. O que Ele quis dizer é que as pessoas são mais do que corpos. Não vivemos apenas de pão, e alimentar nosso espírito é tão importante quanto nutrir o físico. Logo, o problema de Marta não era por estar preparando alimento para os convidados, mas, sim, por valorizar demais essa tarefa. Em vez de um jantar simples, ela planejou uma refeição elaborada. Em essência, Jesus lhe disse que um prato teria sido mais do que suficiente.

Uma das coisas que Jesus viu naquela tarde, há mais de 2.000 anos, foi que Marta desprezou o que Maria escolhera fazer. Marta impôs a Maria seu sistema de valores — possivelmente uma casa impecável e uma refeição suntuosa. Se o agito era "necessário" para Marta, deveria ser também para Maria.

Observe que Jesus não disse à Marta para fazer o que Maria estava fazendo. Ao mesmo tempo, Ele assinalou que Maria fizera "a escolha certa". Ao dizer isso, Jesus fez um pequeno jogo de palavras que não aparece em algumas traduções. Em essência, Ele disse: "Marta, você está preparando muitos pratos para comermos, mas Maria preparou um prato que você não pode fazer em sua cozinha". Ao passo que o alimento é necessário, cozinhar algo muito mais simples teria sido melhor, pois permitiria que Marta continuasse sentada com Maria aprendendo de Cristo.

Você pensa que Jesus foi severo com Marta? Afinal de contas, ela estava fazendo todo o trabalho para lhe servir! Ainda assim, você acha que Ele se agradou do pedido que ela lhe fez: mandar Maria se levantar e ir ajudá-la? Você acredita que Maria se agradou de ser humilhada daquele jeito? Você acha que os discípulos e vizinhos se agradaram de ver o Mestre interrompido daquele jeito? E o que dizer sobre a própria Marta? Você pensa que ela estava feliz consigo mesma? Percebemos quando estragamos as coisas para nós mesmas e para os outros que nos cercam. E Marta estragou as coisas!

Quando alguém diz: "Ela é do tipo de Marta", sabemos o que isso significa: alguém que é prático, competente, com os pés no chão. Com certeza, as Martas são úteis e necessárias. A igreja estaria em maus lençóis se houvesse apenas Marias. Mas, no que se refere a esboçar um modelo ou ideal, é Maria até o fim. Isso nos coloca numa difícil situação quando pensamos a respeito. O trabalho de Marta é necessário — na igreja e no lar. Mas Maria recebe a auréola. O reformador Martinho Lutero escreveu: "Marta, sua obra deve ser punida e considerada um zero à esquerda... Eu ficarei apenas com a obra de Maria."

Palavras duras! Assim, sinto-me um pouco sem graça com relação a ser uma Marta. Mas Martinho Lutero estava errado. A obra de Marta não deve ser punida e considerada um zero à esquerda. A atitude dessa mulher precisava de correção. A sua perspectiva precisava mudar: a obra de Marta era boa e necessária. A realidade é que, como seguidoras de Jesus Cristo, precisamos cultivar tanto a Marta quanto a Maria em cada uma de nós.

O que Jesus queria naquele dia não eram as lentilhas nem o cordeiro de Marta, mas a própria Marta. O único prato que ela não poderia preparar em sua cozinha era seu relacionamento com Deus. Ela poderia preparar esse prato apenas permanecendo aos pés de Jesus e pedindo que Ele suprisse o alimento para a sua alma.

Marta queria que Jesus aliviasse a sua carga naquele dia. Ele fez exatamente isso, mas não do jeito que ela pensou que deveria ser feito. Jesus sabia que o nosso relacionamento com Deus não se desenvolve em meio a ocupações e preocupações. A única coisa necessária é ouvir Deus falar conosco. Maria escolheu investir tempo nesse relacionamento essencial e não se distrair com coisas secundárias.

"Marta deve ser uma Maria", escreveu um comentarista, "e a verdadeira Maria também deve ser uma Marta; ambas são irmãs".

Vivemos neste mundo. Isso significa que nos preocupamos com alimentação, roupas, casa, família, emprego e estudos. Mas também habitamos no mundo espiritual, no qual nos preocupamos com o nosso relacionamento com Deus. Preocupar-se mais com o mundo era o verdadeiro problema de Marta.

Para cumprir nossas responsabilidades, acertamos nossas prioridades. Que Jesus ministre a nós antes que possamos ministrar por Ele. Esta é a ordenança de Deus: que primeiro amemos ao Senhor, o nosso Deus, de todo o nosso coração, de toda a nossa alma, de todas as nossas forças e de todo o nosso entendimento, e então estaremos preparadas para amar ao nosso próximo como a nós mesmas. Se fizermos o contrário, poderemos terminar nos sentindo extenuadas e desconsideradas. Mas, enquanto mantivermos nossas prioridades alinhadas com as prioridades de Deus, descobriremos que o Senhor nos capacita a fazer o que precisa ser feito com alegria e satisfação.

—Alice Mathews

QUESTÕES PARA REFLEXÃO

1. Com quem você mais se identifica: Marta ou Maria?
2. Que passos você pode dar para desenvolver equilíbrio entre as prioridades de Maria e as prioridades de Marta em sua vida?
3. De que forma as preocupações cotidianas comprometem o seu relacionamento com Deus?
4. O que você aprendeu com Maria e com Marta que afetará o seu discipulado daqui para frente?

PÃO DIÁRIO

Por onde começo?

Senhor, ensine-nos a orar.

—Lucas 11.1

Certa vez enquanto eu dirigia pela autoestrada, meu carro morreu. Fui para o acostamento, desci do veículo e abri o capô. Olhando o motor, pensei: "De que adianta isso, não entendo nada de carros e nem sei por onde começar!".

É assim que podemos nos sentir, às vezes, com relação à oração. Por onde começar? Era isso que os discípulos queriam saber quando pediram a Jesus que lhes ensinasse a orar (Lc 11.1). O melhor lugar para buscar por instruções é no exemplo e nos ensinamentos de Jesus. Duas perguntas podem surgir:

Onde devemos orar? Jesus orou no Templo, no deserto (Lc 4.1,42), em lugares silenciosos (Mt 14.22,23), no Jardim do Getsêmani (Lc 22.39-46) e na cruz (23.34-46). Ele orou sozinho e com os outros. Olhe para a vida de Jesus, siga o Seu exemplo e ore onde quer que estiver.

Qual deve ser o motivo de nossa oração? Na oração do Senhor, Jesus nos ensinou a pedir que o nome de Deus seja honrado e que Sua vontade seja feita na Terra como no Céu. Peça por suas provisões diárias, pelo perdão dos pecados e pelo livramento da tentação e do mal (11.2-4).

Então, se você estiver procurando por um bom lugar para começar, siga o exemplo da oração que Jesus ensinou.

Senhor, desejo honrar o Teu nome sempre; preciso da Tua ajuda para fazer a Tua vontade hoje. Obrigada pela provisão às minhas necessidades diárias. Peço-te perdão pelas vezes que desobedeci e clamo a ti para me protegeres do inimigo.

Se Jesus precisava orar, quanto mais nós!

---

então o reino de Deus já chegou a vocês. ²¹Pois, quando um homem forte está bem armado e guarda seu palácio, seus bens estão seguros, ²²até que alguém ainda mais forte o ataque e o vença, tire dele suas armas e leve embora seus pertences.

²³"Quem não está comigo opõe-se a mim, e quem não trabalha comigo trabalha contra mim.

²⁴"Quando um espírito impuro sai de uma pessoa, anda por lugares secos à procura de descanso. Mas, não o encontrando, diz: 'Voltarei à casa da qual saí'. ²⁵Ele volta para sua antiga casa e a encontra vazia, varrida e arrumada. ²⁶Então o espírito busca outros sete espíritos, piores que ele, e todos entram na pessoa e passam a morar nela, e a pessoa fica pior que antes".

²⁷Enquanto ele falava, uma mulher na multidão gritou: "Feliz é sua mãe, que o deu à luz e o amamentou!".

²⁸Jesus, porém, respondeu: "Ainda mais felizes são os que ouvem a palavra de Deus e a praticam".

O sinal de Jonas

²⁹Enquanto a multidão se apertava contra Jesus, ele disse: "Esta geração perversa insiste que eu lhe mostre um sinal, mas o único sinal que lhes darei será o de Jonas. ³⁰O que aconteceu com ele foi um sinal para o povo de Nínive. O que acontecer com o Filho do Homem será um sinal para esta geração.

³¹"A rainha de Sabá[b] se levantará contra esta geração no dia do juízo e a condenará, pois veio de uma terra distante para ouvir a sabedoria de Salomão; e vocês têm à sua frente alguém maior que Salomão! ³²Os habitantes de Nínive também se levantarão contra esta geração no dia do juízo e a condenarão, pois eles se arrependeram de seus pecados quando ouviram a mensagem anunciada por Jonas; e vocês têm à sua frente alguém maior que Jonas!"

Receber a luz

³³"Não faz sentido acender uma lâmpada e depois escondê-la ou colocá-la sob um cesto.[c] Pelo contrário, ela é colocada num pedestal, de onde sua luz é vista por todos que entram na casa.

---

contra si mesma se desintegrará. ¹⁸Vocês dizem que eu expulso demônios pelo poder de Belzebu. Mas, se Satanás está dividido e luta contra si mesmo, como o seu reino sobreviverá? ¹⁹E, se meu poder vem de Belzebu, o que dizer de seus discípulos? Eles também expulsam demônios, de modo que condenarão vocês pelo que acabaram de dizer. ²⁰Se, contudo, expulso demônios pelo poder de Deus,[a]

---

[a] 11.20 Em grego, *pelo dedo de Deus*. [b] 11.31 Em grego, *rainha do sul*. [c] 11.33 Alguns manuscritos não trazem *ou colocá-la sob um cesto*.

³⁴"Seus olhos são como uma lâmpada que ilumina todo o corpo. Quando os olhos são bons, todo o corpo se enche de luz. Mas, quando são maus, o corpo se enche de escuridão. ³⁵Portanto, tomem cuidado para que sua luz não seja, na verdade, escuridão. ³⁶Se estiverem cheios de luz, sem nenhum canto escuro, sua vida inteira será radiante, como se uma lamparina os estivesse iluminando".

Jesus critica os líderes religiosos

³⁷Quando Jesus terminou de falar, um dos fariseus o convidou para comer em sua casa. Ele foi e tomou lugar à mesa. ³⁸Seu anfitrião ficou surpreso por ele não realizar primeiro a cerimônia de lavar as mãos, como era costume entre os judeus. ³⁹Então o Senhor lhe disse: "Vocês, fariseus, têm o cuidado de limpar o exterior do copo e do prato, mas estão sujos por dentro, cheios de ganância e perversidade. ⁴⁰Tolos! Acaso Deus não fez tanto o interior como o exterior? ⁴¹Portanto, limpem o interior dando ofertas aos necessitados e ficarão limpos por completo.

⁴²"Que aflição os espera, fariseus! Vocês têm o cuidado de dar o dízimo da hortelã, da arruda e de todas as ervas, mas negligenciam a justiça e o amor de Deus. Sim, vocês deviam fazer essas coisas, mas sem descuidar das mais importantes.

⁴³"Que aflição os espera, fariseus! Pois gostam de sentar-se nos lugares de honra nas sinagogas e de receber saudações respeitosas enquanto andam pelas praças. ⁴⁴Sim, que aflição os espera! Pois são como túmulos escondidos: as pessoas passam por cima deles sem saber onde estão pisando".

⁴⁵Então um especialista da lei disse: "Mestre, o senhor insultou também a nós com o que acabou de dizer".

⁴⁶Jesus respondeu: "Sim, que aflição também os espera, especialistas da lei! Pois oprimem as pessoas com exigências insuportáveis e não movem um dedo sequer para aliviar seus fardos. ⁴⁷Que aflição os espera! Pois constroem monumentos para os profetas que seus próprios antepassados assassinaram. ⁴⁸Com isso, porém, testemunham que concordam com o que seus antepassados fizeram. Eles mataram os profetas, e vocês cooperam com eles construindo os monumentos! ⁴⁹Foi a isto que Deus, em sua sabedoria, se referiu:ª 'Eu lhes enviarei profetas e apóstolos, mas eles matarão alguns e perseguirão outros'.

⁵⁰"Portanto, esta geração será responsabilizada pelo assassinato de todos os profetas de Deus desde a criação do mundo, ⁵¹desde o assassinato do justo Abel até o de Zacarias, morto entre o altar e o santuário. Sim, certamente esta geração será considerada responsável.

⁵²"Que aflição os espera, especialistas da lei! Vocês se apossaram da chave do conhecimento e, além de não entrarem no reino, impedem que outros entrem".

⁵³Quando Jesus se retirou dali, os mestres da lei e os fariseus ficaram extremamente irados e tentaram provocá-lo com muitas perguntas. ⁵⁴Queriam apanhá-lo numa armadilha, levando-o a dizer algo que pudessem usar contra ele.

Advertência acerca da hipocrisia

12 Quando as multidões cresceram a ponto de haver milhares de pessoas atropelando-se e pisando umas nas outras, Jesus concentrou seu ensino nos discípulos, dizendo: "Tenham cuidado com o fermento dos fariseus, que é a hipocrisia. ²Virá o dia em que tudo que está encoberto será revelado, e tudo que é secreto será divulgado. ³O que vocês disseram no escuro será ouvido às claras, e o que conversaram a portas fechadas será proclamado dos telhados.

⁴"Meus amigos, não tenham medo daqueles que matam o corpo; depois disso, nada mais podem lhes fazer. ⁵Mas eu lhes direi a quem devem temer. Temam a Deus, que tem o poder de matar e lançar no inferno.ᵇ Sim, a esse vocês devem temer.

⁶"Qual é o preço de cinco pardais? Duas moedas de cobre?ᶜ E, no entanto, Deus não se esquece de nenhum deles. ⁷Até os cabelos de sua cabeça estão todos contados. Portanto, não tenham medo; vocês são muito mais valiosos que um bando inteiro de pardais.

⁸"Eu lhes digo a verdade: quem me reconhecer aqui, diante das pessoas, o Filho do Homem o reconhecerá na presença dos anjos

---

ª 11.49 Em grego, *Portanto, foi isto que disse a sabedoria de Deus.* ᵇ 12.5 Em grego, *Geena.* ᶜ 12.6 Em grego, *2 asses,* moeda romana correspondente a 1/16 de 1 denário.

de Deus. ⁹Mas quem me negar aqui será negado diante dos anjos de Deus. ¹⁰Quem falar contra o Filho do Homem será perdoado, mas quem blasfemar contra o Espírito Santo não será perdoado.

¹¹Quando vocês forem julgados nas sinagogas e diante dos governantes e das autoridades, não se preocupem com o modo como se defenderão nem com o que dirão, ¹²pois o Espírito Santo, naquele momento, lhes dará as palavras certas".

A parábola do rico insensato

¹³Então alguém da multidão gritou: "Mestre, por favor, diga a meu irmão que divida comigo a herança de meu pai!".

¹⁴Jesus respondeu: "Amigo, quem me pôs como juiz sobre vocês para decidir essas coisas?". ¹⁵Em seguida, disse: "Cuidado! Guardem-se de todo tipo de ganância. A vida de uma pessoa não é definida pela quantidade de seus bens".

¹⁶Então lhes contou uma parábola: "Um homem rico tinha uma propriedade fértil que produziu boas colheitas. ¹⁷Pensou consigo: 'O que devo fazer? Não tenho espaço para toda a minha colheita'. ¹⁸Por fim, disse: 'Já sei! Vou derrubar os celeiros e construir outros maiores. Assim terei espaço suficiente para todo o meu trigo e meus outros bens. ¹⁹Então direi a mim mesmo: Amigo, você guardou o suficiente para muitos anos. Agora descanse! Coma, beba e alegre-se!'.

²⁰"Mas Deus lhe disse: 'Louco! Você morrerá esta noite. E, então, quem ficará com o fruto do seu trabalho?'.

²¹"Sim, é loucura acumular riquezas terrenas e não ser rico para com Deus".

Ensino sobre dinheiro e bens

²²Então, voltando-se para seus discípulos, Jesus disse: "Por isso eu lhes digo que não se preocupem com a vida diária, se terão o suficiente para comer, ou com o corpo, se terão o suficiente para vestir. ²³Pois a vida é mais que comida, e o corpo é mais que roupa. ²⁴Observem os corvos. Eles não plantam nem colhem, nem guardam comida em celeiros, pois Deus os alimenta. E vocês valem muito mais que qualquer pássaro. ²⁵Qual de vocês, por mais preocupado que esteja, pode acrescentar ao menos uma hora à sua vida?ᵃ ²⁶E, se não podem fazer uma coisa tão pequena, de que adianta se preocupar com as maiores?

²⁷"Observem como crescem os lírios. Não trabalham nem fazem suas roupas e, no entanto, nem Salomão em toda a sua glória se vestiu como eles. ²⁸E, se Deus veste com tamanha beleza as flores que hoje estão aqui e amanhã são lançadas ao fogo, não será muito mais generoso com vocês, gente de pequena fé?

²⁹"Não se inquietem com o que comer e o que beber. Não se preocupem com essas coisas. ³⁰Elas ocupam os pensamentos dos pagãos de todo o mundo, mas seu Pai já sabe do que vocês precisam. ³¹Busquem, acima de tudo, o reino de Deus, e todas essas coisas lhes serão dadas.

³²"Não tenham medo, pequeno rebanho, pois seu Pai tem grande alegria em lhes dar o reino.

³³"Vendam seus bens e deem aos necessitados. Com isso, ajuntarão tesouros no céu, e as bolsas no céu não se desgastam nem se desfazem. Seu tesouro estará seguro; nenhum ladrão o roubará e nenhuma traça o destruirá. ³⁴Onde seu tesouro estiver, ali também estará seu coração".

Estejam preparados para a vinda do Senhor

³⁵"Estejam vestidos, prontos para servir, e mantenham suas lâmpadas acesas, ³⁶como se esperassem o seu senhor voltar do banquete de casamento. Então poderão abrir-lhe a porta e deixá-lo entrar no momento em que ele chegar e bater. ³⁷Os servos que estiverem prontos, aguardando seu retorno, serão recompensados. Eu lhes digo a verdade: ele mesmo se vestirá como servo, indicará onde vocês se sentarão e os servirá enquanto estão à mesa! ³⁸Quer ele venha no meio da noite, quer de madrugada,ᵇ ele recompensará os servos que estiverem prontos.

³⁹"Entendam isto: se o dono da casa soubesse exatamente a que horas o ladrão viria, não permitiria que a casa fosse arrombada. ⁴⁰Estejam também sempre preparados, pois o Filho do Homem virá quando menos esperam".

ᵃ 12.25 Ou *ao menos um côvado à sua altura?* ᵇ 12.38 Em grego, *na segunda ou terceira vigília da noite.*

⁴¹Então Pedro perguntou: "Senhor, essa ilustração se aplica apenas a nós, ou a todos?".
⁴²O Senhor respondeu: "O servo fiel e sensato é aquele a quem o senhor encarrega de chefiar os demais servos da casa e alimentá-los. ⁴³Se o senhor voltar e constatar que seu servo fez um bom trabalho, ⁴⁴eu lhes digo a verdade: ele colocará todos os seus bens sob os cuidados desse servo. ⁴⁵O que acontecerá, porém, se o servo pensar: 'Meu senhor não voltará tão cedo', e começar a espancar os outros servos, a comer e a beber e se embriagar? ⁴⁶O senhor desse servo voltará em dia em que não se espera e em hora que não se conhece, cortará o servo ao meio e lhe dará o mesmo destino dos incrédulos.
⁴⁷"O servo que conhece a vontade do seu senhor e não se prepara nem segue as instruções dele será duramente castigado. ⁴⁸Mas aquele que não a conhece e faz algo errado será castigado com menos severidade. A quem muito foi dado, muito será pedido; e a quem muito foi confiado, ainda mais será exigido."

Jesus causa divisão

⁴⁹"Eu vim para incendiar a terra, e gostaria que já estivesse em chamas! ⁵⁰No entanto, tenho de passar por um batismo e estou angustiado até que ele se realize. ⁵¹Vocês pensam que vim trazer paz à terra? Não! Eu vim causar divisão! ⁵²De agora em diante, numa mesma casa cinco pessoas estarão divididas: três contra duas e duas contra três.

⁵³"O pai ficará contra o filho
  e o filho contra o pai;
a mãe contra a filha
  e a filha contra a mãe;
a sogra contra a nora
  e a nora contra a sogra".ᵃ

⁵⁴Então Jesus se voltou para a multidão e disse: "Quando vocês veem nuvens se formando no oeste, dizem: 'Vai chover'. E têm razão. ⁵⁵Quando sopra o vento sul, dizem: 'Hoje vai fazer calor'. E assim ocorre. ⁵⁶Hipócritas! Sabem interpretar as condições do tempo na terra e no céu, mas não sabem interpretar o tempo presente.
⁵⁷"Por que não decidem por si mesmos o que é certo? ⁵⁸Quando você e seu adversário estiverem a caminho do tribunal, procurem acertar as diferenças antes de chegar lá. Do contrário, pode ser que o acusador o entregue ao juiz, e o juiz, a um oficial que o lançará na prisão. ⁵⁹Eu lhe digo: você não será solto enquanto não tiver pago até o último centavo".ᵇ

Chamado ao arrependimento

13 Por essa época, Jesus foi informado de que Pilatos havia assassinado algumas pessoas da Galileia enquanto ofereciam sacrifícios. ²"Vocês pensam que esses galileus eram mais pecadores que todos os outros da Galileia?", perguntou Jesus. "Foi por isso que sofreram? ³De maneira alguma! Mas, se não se arrependerem, vocês também morrerão. ⁴E quanto aos dezoito que morreram quando a torre de Siloé caiu sobre eles? Eram mais pecadores que os demais de Jerusalém? ⁵Não! E eu volto a lhes dizer: a menos que se arrependam, todos vocês também morrerão."

A parábola da figueira que não produz frutos

⁶Então Jesus contou a seguinte parábola: "Um homem tinha uma figueira em seu vinhedo e foi várias vezes procurar frutos nela, sem sucesso. ⁷Por fim, disse ao jardineiro: 'Esperei três anos e não encontrei um figo sequer. Corte a figueira, pois só está ocupando espaço no pomar'.
⁸"O jardineiro respondeu: 'Senhor, deixe-a mais um ano, e eu cuidarei dela e adubarei. ⁹Se der figos no próximo ano, ótimo; se não, mande cortá-la'".

Jesus cura no sábado

¹⁰Certo sábado, quando Jesus ensinava numa sinagoga, ¹¹apareceu uma mulher enferma por causa de um espírito impuro. Andava encurvada havia dezoito anos e não conseguia se endireitar. ¹²Ao vê-la, Jesus a chamou para perto e disse: "Mulher, você está curada de sua doença!". ¹³Então ele a tocou e, no mesmo instante, ela conseguiu se endireitar e começou a louvar a Deus.
¹⁴O chefe da sinagoga ficou indignado porque Jesus a tinha curado no sábado. "Há seis dias na semana para trabalhar", disse ele à

ᵃ 12.53 Mq 7.6. ᵇ 12.59 Em grego, *até o último lepto*, moeda de menor valor entre os judeus.

multidão. "Venham nesses dias para serem curados, e não no sábado."

¹⁵O Senhor, porém, respondeu: "Hipócritas! Todos vocês trabalham no sábado! Acaso não desamarram no sábado o boi ou o jumento do estábulo e o levam dali para lhe dar água? ¹⁶Esta mulher, uma filha de Abraão, foi mantida presa por Satanás durante dezoito anos. Não deveria ela ser liberta, mesmo que seja no sábado?".

¹⁷As palavras de Jesus envergonharam seus adversários, mas todo o povo se alegrava com as coisas maravilhosas que ele fazia.

A parábola da semente de mostarda

¹⁸Então Jesus disse: "Com que se parece o reino de Deus? Com o que posso compará-lo? ¹⁹É como a semente de mostarda que alguém plantou na horta. Ela cresce e se torna uma árvore, e os pássaros fazem ninhos em seus galhos".

A parábola do fermento

²⁰Disse também: "Com que mais se parece o reino de Deus? ²¹É como o fermento que uma mulher usa para fazer pão. Embora ela coloque apenas uma pequena quantidade de fermento em três medidas de farinha, toda a massa fica fermentada".

A porta estreita

²²Jesus foi pelas cidades e povoados ensinando ao longo do caminho, em direção a Jerusalém. ²³Alguém lhe perguntou: "Senhor, só alguns poucos serão salvos?".

Ele respondeu: ²⁴"Esforcem-se para entrar pela porta estreita, pois muitos tentarão entrar, mas não conseguirão. ²⁵Quando o dono da casa tiver trancado a porta, será tarde demais. Vocês ficarão do lado de fora, batendo e pedindo: 'Senhor, abra a porta para nós!'. Mas ele responderá: 'Não os conheço, nem sei de onde são'. ²⁶Então vocês dirão: 'Nós comemos e bebemos com o senhor, e o senhor ensinou em nossas ruas'. ²⁷E ele responderá: 'Não os conheço nem sei de onde são. Afastem-se de mim, todos vocês que praticam o mal!'.

²⁸"Haverá choro e ranger de dentes, pois verão Abraão, Isaque, Jacó e todos os profetas no reino de Deus, mas vocês serão lançados fora. ²⁹E virão pessoas de toda parte, do leste e do oeste, do norte e do sul, para ocupar seus lugares à mesa no reino de Deus. ³⁰E prestem atenção: alguns últimos serão os primeiros, e alguns primeiros serão os últimos".

A lamentação de Jesus sobre Jerusalém

³¹Naquele momento, alguns fariseus lhe disseram: "Vá embora daqui, pois Herodes Antipas quer matá-lo!".

³²Jesus respondeu: "Vão dizer àquela raposa que continuarei a expulsar demônios e a curar hoje e amanhã; e, no terceiro dia, realizarei meu propósito. ³³Sim, hoje, amanhã e depois de amanhã, devo seguir meu caminho. Pois nenhum profeta de Deus deve ser morto fora de Jerusalém!

³⁴"Jerusalém, Jerusalém, cidade que mata profetas e apedreja os mensageiros de Deus! Quantas vezes eu quis juntar seus filhos como a galinha protege os pintinhos sob as asas, mas você não deixou. ³⁵E, agora, sua casa foi abandonada, e você nunca mais me verá, até que diga: 'Bendito é o que vem em nome do Senhor!'".ᵃ

Jesus cura no sábado

14 Certo sábado, Jesus foi comer na casa de um líder fariseu, onde o observavam atentamente. ²Estava ali um homem com o corpo muito inchado.ᵇ ³Jesus perguntou aos fariseus e aos especialistas da lei: "A lei permite ou não curar no sábado?". ⁴Eles nada responderam, e Jesus tocou no homem enfermo, o curou e o mandou embora. ⁵Depois, perguntou a eles: "Qual de vocês, se seu filhoᶜ ou seu boi cair num buraco, não se apressará em tirá-lo de lá, mesmo que seja sábado?". ⁶Mais uma vez, não puderam responder.

Jesus ensina sobre a humildade

⁷Quando Jesus observou que os convidados para o jantar procuravam ocupar os lugares de honra à mesa, deu-lhes este conselho: ⁸"Quando você for convidado para um banquete de casamento, não ocupe o lugar de honra. E se chegar algum convidado mais importante que você? ⁹O anfitrião virá e dirá: 'Dê o seu lugar a esta pessoa', e você, envergonhado, terá de sentar-se no último lugar da mesa.

¹⁰"Em vez disso, ocupe o lugar menos importante à mesa. Assim, quando o anfitrião o vir, dirá: 'Amigo, temos um lugar melhor para

---

ᵃ **13.35** Sl 118.26. ᵇ **14.2** Ou *que sofria de hidropsia*. ᶜ **14.5** Alguns manuscritos trazem *seu jumento*.

você!'. Então você será honrado diante de todos os convidados. ¹¹Pois os que se exaltam serão humilhados, e os que se humilham serão exaltados".

¹²Então Jesus se voltou para o anfitrião e disse: "Quando oferecer um banquete ou jantar, não convide amigos, irmãos, parentes e vizinhos ricos. Eles poderão retribuir o convite, e essa será sua única recompensa. ¹³Em vez disso, convide os pobres, os aleijados, os mancos e os cegos. ¹⁴Assim, na ressurreição dos justos, você será recompensado por ter convidado aqueles que não podiam lhe retribuir".

A parábola do grande banquete

¹⁵Ao ouvir isso, um homem que estava à mesa com Jesus exclamou: "Feliz será aquele que participar do banquete[a] no reino de Deus!".

¹⁶Jesus respondeu com a seguinte parábola: "Certo homem preparou um grande banquete e enviou muitos convites. ¹⁷Quando estava tudo pronto, mandou seu servo dizer aos convidados: 'Venham, o banquete está pronto'. ¹⁸Mas todos eles deram desculpas. Um disse: 'Acabei de comprar um campo e preciso inspecioná-lo. Peço que me desculpe'. ¹⁹Outro disse: 'Acabei de comprar cinco juntas de bois e quero experimentá-las. Sinto muito'. ²⁰Ainda outro disse: 'Acabei de me casar e não posso ir'.

²¹"O servo voltou e informou a seu senhor o que tinham dito. Ele ficou furioso e ordenou: 'Vá depressa pelas ruas e becos da cidade e convide os pobres, os aleijados, os cegos e os mancos'. ²²Depois de cumprir essa ordem, o servo informou: 'Ainda há lugar para mais gente'. ²³Então o senhor disse: 'Vá pelas estradas do campo e junto às cercas entre as videiras e insista com todos que encontrar para que venham, de modo que minha casa fique cheia. ²⁴Pois nenhum dos que antes foram convidados provará do meu banquete'".

O custo do discipulado

²⁵Uma grande multidão seguia Jesus, que se voltou para ela e disse: ²⁶"Se alguém que me segue amar pai e mãe, esposa e filhos, irmãos e irmãs, e até mesmo a própria vida, mais que a mim, não pode ser meu discípulo. ²⁷E, se não tomar sua cruz e me seguir, não pode ser meu discípulo.

---

[a] **14.15** Em grego, *comer pão*.

> **PÃO DIÁRIO**
>
> ## O jeito reverso de Deus agir
>
> *Pois os que se exaltam serão humilhados, e os que se humilham serão exaltados.*
> —Lucas 14.11
>
> Os valores do reino que Jesus veio estabelecer eram radicalmente diferentes daqueles de Seus dias. Os fariseus e mestres da Lei clamavam pelo "centro do palco" e buscavam a adulação das multidões. Muitas de nós somos assim ainda hoje.
>
> Em Lucas 14, Jesus proferiu uma parábola que ensinava Seus seguidores a não serem assim. A parábola falava sobre as pessoas que escolheram os primeiros lugares para si em um banquete de casamento (vv.7,8). E lhes disse que eles ficariam envergonhados quando o dono da casa lhe pedisse publicamente que mudassem de lugar, cedendo-o a um convidado mais digno (v.9). Jesus continuou a história falando sobre quem convidar para tais jantares. Disse-lhes que não deveriam convidar amigos e familiares. "Quando oferecer um banquete ou jantar, não convide amigos, irmãos, parentes e vizinhos ricos. Eles poderão retribuir o convite, e essa será sua única recompensa [...] na ressurreição dos justos, você será recompensado por ter convidado aqueles que não podiam lhe retribuir" (vv.12,14).
>
> Você está decepcionada porque não faz parte da elite da sua igreja ou comunidade? Está presa no segundo degrau quando gostaria de estar no oitavo ou, pelo menos, ter subido na escala social? Ouça o que Jesus disse: "Pois os que se exaltam serão humilhados, e os que se humilham serão exaltados" (v.11). Esse é o jeito reverso de Deus agir em Seu reino.
>
> *Pai, reconhecemos que em nossa caminhada contigo tudo é contrário ao mundo e seus padrões. Ajuda-nos a nos deleitarmos em ser radicalmente diferentes do mundo. Mantém-nos humildes no Teu serviço.*
>
> **No reino de Cristo, a humildade sempre supera o orgulho.**

²⁸"Quem começa a construir uma torre sem antes calcular o custo e ver se possui dinheiro suficiente para terminá-la? ²⁹Pois, se completar apenas os alicerces e ficar sem dinheiro, todos rirão dele, ³⁰dizendo: 'Esse aí começou a construir, mas não conseguiu terminar!'.

> **PÃO DIÁRIO**
>
> ## Perdidos e achados
>
> *Alegrem-se comigo, pois encontrei minha ovelha perdida!*
> —Lucas 15.6
>
> Até o dia em que fui achada, não sabia que estava perdida. Estava fazendo as coisas como sempre, de uma tarefa à outra, de distração em distração. Mas, um dia, recebi um e-mail com o seguinte título: "Acho que você é minha prima". Lendo a mensagem dessa pessoa, soube que tinha duas primas que procuravam pelo meu lado da família há mais de dez anos. Uma delas prometera ao pai moribundo que encontraria a família dele.
>
> Eu não tinha feito nada para me perder e nada tive que fazer para ser encontrada, exceto reconhecer que eu era a pessoa por quem elas estavam procurando. Saber que tinham investido tanto tempo e energia buscando por nossa família me fez sentir especial.
>
> Isso me fez pensar nas parábolas dos "achados e perdidos" de Lucas 15 — a ovelha perdida, a moeda perdida e o filho perdido. Sempre que nos afastamos de Deus, seja intencionalmente como o filho perdido ou sem intenção como a ovelha, o Senhor nos procura. Mesmo que não nos "sintamos" perdidas, se não nos relacionamos com Deus, estamos perdidas, sim! Para sermos encontradas, precisamos entender que Deus está nos buscando (19.10) e admitir que estamos separadas do Senhor. Desistindo dos nossos descaminhos, podemos ser reunidas com Ele e restauradas à Sua família.
>
> *Querido Pai celestial, às vezes me perco no caminho. Algo me distrai e saio da trilha que sei que tu queres que eu siga. Quando isso acontece, Senhor, e não consigo sentir a Tua presença, meu mundo escurece. Por favor, guia-me para longe da perdição e para a Tua presença — para os Teus braços de amor eterno.*
>
> **Para ser encontrada, você precisa admitir que está perdida.**

³¹"Ou que rei iria à guerra sem antes avaliar se seu exército de dez mil poderia derrotar os vinte mil que vêm contra ele? ³²E, se concluir que não, o rei enviará uma delegação para negociar um acordo de paz enquanto o inimigo está longe. ³³Da mesma forma, ninguém pode se tornar meu discípulo sem abrir mão de tudo que possui.

³⁴"O sal é bom para temperar, mas, se perder o sabor, como torná-lo salgado outra vez? ³⁵O sal sem sabor não serve nem para o solo nem para adubo; é jogado fora. Quem é capaz de ouvir, ouça com atenção!".

A parábola da ovelha perdida

15 Cobradores de impostos e outros pecadores vinham ouvir Jesus ensinar. ²Os fariseus e mestres da lei o criticavam, dizendo: "Ele se reúne com pecadores e até come com eles!".

³Então Jesus lhes contou esta parábola: ⁴"Se um homem tiver cem ovelhas e uma delas se perder, o que acham que ele fará? Não deixará as outras noventa e nove no pasto e buscará a perdida até encontrá-la? ⁵E, quando a encontrar, ele a carregará alegremente nos ombros e a levará para casa. ⁶Quando chegar, reunirá os amigos e vizinhos e dirá: 'Alegrem-se comigo, pois encontrei minha ovelha perdida!'. ⁷Da mesma forma, há mais alegria no céu por causa do pecador perdido que se arrepende do que por noventa e nove justos que não precisam se arrepender."

A parábola da moeda perdida

⁸"Ou suponhamos que uma mulher tenha dez moedas de prata[a] e perca uma. Acaso não acenderá uma lâmpada, varrerá a casa inteira e procurará com cuidado até encontrá-la? ⁹E, quando a encontrar, reunirá as amigas e vizinhas e dirá: 'Alegrem-se comigo, pois encontrei a minha moeda perdida!'. ¹⁰Da mesma forma, há alegria na presença dos anjos de Deus quando um único pecador se arrepende".

A parábola do filho perdido

¹¹Jesus continuou: "Um homem tinha dois filhos. ¹²O filho mais jovem disse ao pai: 'Quero a minha parte da herança', e o pai dividiu seus bens entre os filhos.

¹³"Alguns dias depois, o filho mais jovem arrumou suas coisas e se mudou para uma terra distante, onde desperdiçou tudo que tinha por viver de forma desregrada. ¹⁴Quando seu dinheiro acabou, uma grande fome se espalhou pela terra, e ele começou a passar necessidade. ¹⁵Convenceu um fazendeiro da região a empregá-lo, e esse homem o mandou a seus campos para cuidar dos porcos. ¹⁶Embora quisesse

---

[a] **15.8** Em grego, *10 dracmas*. Uma dracma equivalia ao salário por um dia completo de trabalho.

saciar a fome com as vagens dadas aos porcos, ninguém lhe dava coisa alguma.

¹⁷"Quando finalmente caiu em si, disse: 'Até os empregados de meu pai têm comida de sobra, e eu estou aqui, morrendo de fome. ¹⁸Vou retornar à casa de meu pai e dizer: Pai, pequei contra o céu e contra o senhor, ¹⁹e não sou mais digno de ser chamado seu filho. Por favor, trate-me como seu empregado'. ²⁰"Então voltou para a casa de seu pai. Quando ele ainda estava longe, seu pai o viu. Cheio de compaixão, correu para o filho, o abraçou e o beijou. ²¹O filho disse: 'Pai, pequei contra o céu e contra o senhor, e não sou mais digno de ser chamado seu filho'.ᵃ

²²"O pai, no entanto, disse aos servos: 'Depressa! Tragam a melhor roupa da casa e vistam nele. Coloquem-lhe um anel no dedo e sandálias nos pés. ²³Matem o novilho gordo. Faremos um banquete e celebraremos, ²⁴pois este meu filho estava morto e voltou à vida. Estava perdido e foi achado!'. E começaram a festejar.

²⁵"Enquanto isso, o filho mais velho trabalhava no campo. Na volta para casa, ouviu música e dança, ²⁶e perguntou a um dos servos o que estava acontecendo. ²⁷O servo respondeu: 'Seu irmão voltou, e seu pai matou o novilho gordo, pois ele voltou são e salvo'.

²⁸"O irmão mais velho se irou e não quis entrar. O pai saiu e insistiu com o filho, ²⁹mas ele respondeu: 'Todos esses anos, tenho trabalhado como um escravo para o senhor e nunca me recusei a obedecer às suas ordens. E o senhor nunca me deu nem mesmo um cabrito para eu festejar com meus amigos. ³⁰Mas, quando esse seu filho volta, depois de desperdiçar o seu dinheiro com prostitutas, o senhor comemora matando o novilho!'.

³¹"O pai lhe respondeu: 'Meu filho, você está sempre comigo, e tudo que eu tenho é seu. ³²Mas tínhamos de comemorar este dia feliz, pois seu irmão estava morto e voltou à vida. Estava perdido e foi achado!'".

A parábola do administrador astuto

16 Jesus contou a seguinte história a seus discípulos: "Um homem rico tinha um administrador que cuidava de seus negócios. Certo dia, foram-lhe contar que esse administrador estava desperdiçando seu dinheiro. ²Então mandou chamá-lo e disse: 'O que é isso que ouço a seu respeito? Preste contas de sua administração, pois não pode mais permanecer nesse cargo'.

³"O administrador pensou consigo: 'E agora? Meu patrão vai me demitir. Não tenho força para trabalhar no campo, e sou orgulhoso demais para mendigar. ⁴Já sei como garantir que as pessoas me recebam em suas casas quando eu for despedido!'.

⁵"Então ele convocou todos que deviam dinheiro a seu patrão. Perguntou ao primeiro: 'Quanto você deve a meu patrão?'. ⁶O homem respondeu: 'Devo cem tonéis de azeite'. Então o administrador lhe disse: 'Pegue depressa sua conta e mude-a para cinquenta tonéis'.ᵇ

⁷"'E quanto você deve a meu patrão?', perguntou ao segundo. "Devo cem cestos grandes de trigo', respondeu ele. E o administrador disse: 'Tome sua conta e mude-a para oitenta cestos'.ᶜ

⁸"O patrão elogiou o administrador desonesto por sua astúcia. E é verdade que os filhos deste mundo são mais astutos ao lidar com o mundo ao redor que os filhos da luz. ⁹Esta é a lição: usem a riqueza deste mundo para fazer amigos. Assim, quando suas posses se extinguirem, eles os receberão num lar eterno.ᵈ

¹⁰"Se forem fiéis nas pequenas coisas, também o serão nas grandes. Mas, se forem desonestos nas pequenas coisas, também o serão nas maiores. ¹¹E, se vocês não são confiáveis ao lidar com a riqueza injusta deste mundo, quem lhes confiará a verdadeira riqueza? ¹²E, se não são fiéis com os bens dos outros, por que alguém lhes confiaria o que é de vocês?

¹³"Ninguém pode servir a dois senhores, pois odiará um e amará o outro; será dedicado a um e desprezará o outro. Vocês não podem servir a Deus e ao dinheiro".ᵉ

Os fariseus e a lei

¹⁴Os fariseus, que tinham grande amor ao dinheiro, ouviam isso tudo e zombavam de Jesus. ¹⁵Então ele disse: "Vocês gostam de parecer justos em público, mas Deus conhece o

---

ᵃ**15.21** Alguns manuscritos acrescentam *Por favor, trate-me como seu empregado.* ᵇ**16.6** Em grego, *100 batos [...] 50 [batos].* Cada bato equivale a cerca de 20 litros. ᶜ**16.7** Em grego, *100 coros [...] 80 [coros].* Cada coro equivale a cerca de 220 quilos. ᵈ**16.9** Ou *vocês serão recebidos em lares eternos.* ᵉ**16.13** Em grego, *a Deus e a Mamom.*

seu coração. Aquilo que este mundo valoriza é detestável aos olhos de Deus. ¹⁶"Até a chegada de João, a lei de Moisés e a mensagem dos profetas eram seus guias. Agora, porém, as boas-novas do reino de Deus estão sendo anunciadas, e todos estão ansiosos para entrar.ᵃ ¹⁷É mais fácil o céu e a terra desaparecerem que ser anulado até o menor traço da lei de Deus.

¹⁸"Assim, o homem que se divorcia de sua esposa e se casa com outra mulher comete adultério. E o homem que se casa com uma mulher divorciada também comete adultério".

A história do rico e do mendigo

¹⁹Jesus disse: "Havia um homem rico que se vestia de púrpura e linho fino e vivia sempre cercado de luxos. ²⁰À sua porta ficava um mendigo coberto de feridas chamado Lázaro. ²¹Ele ansiava comer o que caía da mesa do homem rico, e os cachorros vinham lamber suas feridas abertas.

²²"Por fim, o mendigo morreu, e os anjos o levaram para junto de Abraão. O rico também morreu e foi sepultado, ²³e foi para o lugar dos mortos.ᵇ Ali, em tormento, ele viu Abraão de longe, com Lázaro ao seu lado.

²⁴"O rico gritou: 'Pai Abraão, tenha compaixão de mim! Mande Lázaro aqui para que molhe a ponta do dedo em água e refresque minha língua. Estou em agonia nestas chamas!'.

²⁵"Abraão, porém, respondeu: 'Filho, lembre-se de que durante a vida você teve tudo que queria e Lázaro não teve coisa alguma. Agora, ele está aqui sendo consolado, e você está em agonia. ²⁶Além do mais, há entre nós um grande abismo. Ninguém daqui pode atravessar para o seu lado, e ninguém daí pode atravessar para o nosso'.

²⁷"Então o rico disse: 'Por favor, Pai Abraão, pelo menos mande Lázaro à casa de meu pai, ²⁸pois tenho cinco irmãos e quero avisá-los para que não terminem neste lugar de tormento'.

²⁹"'Moisés e os profetas já os avisaram', respondeu Abraão. 'Seus irmãos podem ouvir o que eles disseram.'

³⁰"Então o rico disse: 'Não, Pai Abraão! Mas, se alguém dentre os mortos lhes fosse enviado, eles se arrependeriam!'.

³¹"Abraão, porém, disse: 'Se eles não ouvem Moisés e os profetas, não se convencerão, mesmo que alguém ressuscite dos mortos'".

Ensino sobre perdão e fé

17 Jesus disse a seus discípulos: "Sempre haverá o que leve as pessoas a cair em pecado, mas que aflição espera quem causa a tentação! ²Seria melhor ser lançado no mar com uma pedra de moinho amarrada ao pescoço que fazer um destes pequeninos pecar. ³Portanto, tenham cuidado!

"Se um irmão pecar, repreenda-o e, se ele se arrepender, perdoe-o. ⁴Mesmo que ele peque contra você sete vezes por dia e, a cada vez, se arrependa e peça perdão, perdoe-o".

⁵Os apóstolos disseram ao Senhor: "Faça nossa fé crescer!".

⁶O Senhor respondeu: "Se tivessem fé, ainda que tão pequena quanto um grão de mostarda, poderiam dizer a esta amoreira: 'Arranque-se e plante-se no mar', e ela lhes obedeceria.

⁷"Quando um servo chega do campo depois de arar ou cuidar das ovelhas, o senhor lhe diz: 'Venha logo para a mesa comer conosco'? ⁸Não, ele diz: 'Prepare minha refeição, apronte-se e sirva-me enquanto como e bebo. Você pode comer depois'. ⁹E acaso o senhor agradece ao servo por fazer o que lhe foi ordenado? ¹⁰Da mesma forma, quando vocês obedecem, devem dizer: 'Somos servos inúteis; apenas cumprimos nosso dever'".

A cura de dez leprosos

¹¹Dirigindo-se a Jerusalém, Jesus chegou à fronteira entre a Galileia e Samaria. ¹²Ao entrar num povoado dali, dez leprosos, mantendo certa distância, ¹³clamaram: "Jesus, Mestre, tenha misericórdia de nós!".

¹⁴Ele olhou para eles e disse: "Vão e apresentem-se aos sacerdotes".ᶜ E, enquanto iam, foram curados da lepra.

¹⁵Um deles, ao ver-se curado, voltou a Jesus, louvando a Deus em alta voz. ¹⁶Lançou-se a seus pés, agradecendo-lhe pelo que havia feito. Esse homem era samaritano.

ᵃ**16.16** Ou *todos são instados a entrar.* ᵇ**16.23** Em grego, *para o Hades.* ᶜ**17.14** Ver Lv 14.2-32.

¹⁷Jesus perguntou: "Não curei dez homens? Onde estão os outros nove? ¹⁸Ninguém voltou para dar glórias a Deus, exceto este estrangeiro?". ¹⁹E disse ao homem: "Levante-se e vá. Sua fé o curou".ᵃ

A vinda do reino

²⁰Certo dia, os fariseus perguntaram a Jesus: "Quando virá o reino de Deus?".

Jesus respondeu: "O reino de Deus não é detectado por sinais visíveis.ᵇ ²¹Não se poderá dizer: 'Está aqui!' ou 'Está ali!', pois o reino de Deus já está entre vocês".ᶜ

²²Então ele disse a seus discípulos: "Aproximam-se os dias em que desejarão ver o tempo do Filho do Homem,ᵈ mas não o verão. ²³Dirão a vocês: 'Vejam, lá está!' ou 'Aqui está ele!', mas não os sigam. ²⁴Porque, assim como o relâmpago lampeja e ilumina o céu de uma extremidade a outra, assim será no diaᵉ em que vier o Filho do Homem. ²⁵Mas primeiro é necessário que ele sofra terrivelmenteᶠ e seja rejeitado por esta geração.

²⁶"Quando o Filho do Homem voltar, será como no tempo de Noé. ²⁷Naqueles dias, o povo seguia sua rotina de banquetes, festas e casamentos, até o dia em que Noé entrou na arca e veio o dilúvio, que destruiu a todos.

²⁸"E o mundo será como no tempo de Ló. O povo se ocupava de seus afazeres diários, comendo e bebendo, comprando e vendendo, cultivando e construindo, ²⁹até o dia em que Ló deixou Sodoma. Então fogo e enxofre ardente caíram do céu e destruíram a todos. ³⁰Sim, tudo será como sempre foi até o dia em que o Filho do Homem for revelado. ³¹Nesse dia, quem estiver na parte de cima da casa, não desça para pegar suas coisas. Quem estiver no campo, não volte para casa. ³²Lembrem-se do que aconteceu à esposa de Ló! ³³Quem se apegar à própria vida a perderá; quem abrir mão de sua vida a salvará. ³⁴Naquela noite, duas pessoas estarão dormindo na mesma cama; uma será levada, e a outra, deixada. ³⁵Duas mulheres estarão moendo cereal no moinho; uma será levada, e a outra, deixada. ³⁶Dois homens estarão trabalhando juntos num campo; um será levado, e o outro, deixado".ᵍ

³⁷"'Senhor, onde isso acontecerá?',ʰ perguntaram os discípulos.

Jesus respondeu: "Onde estiver o cadáver, ali se ajuntarão os abutres".

A parábola da viúva persistente

18 Jesus contou a seus discípulos uma parábola para mostrar-lhes que deviam orar sempre e nunca desanimar. ²Disse ele: "Havia numa cidade um juiz que não temia a Deus nem se importava com as pessoas. ³Uma viúva daquela cidade vinha a ele com frequência e dizia: 'Faça-me justiça contra meu adversário'. ⁴Por algum tempo, o juiz não lhe deu atenção, mas, por fim, disse a si mesmo: 'Não temo a Deus e não me importo com as pessoas, ⁵mas essa viúva está me irritando. Vou lhe fazer justiça, pois assim deixará de me importunar'".

⁶Então o Senhor disse: "Aprendam uma lição com o juiz injusto. ⁷Acaso Deus não fará justiça a seus escolhidos que clamam a ele dia e noite? Continuará a adiar sua resposta? ⁸Eu afirmo que ele lhes fará justiça, e rápido! Mas, quando o Filho do Homem voltar, quantas pessoas com fé ele encontrará na terra?".

A parábola do fariseu e do cobrador de impostos

⁹Em seguida, Jesus contou a seguinte parábola àqueles que confiavam em sua própria justiça e desprezavam os demais: ¹⁰"Dois homens foram ao templo orar. Um deles era fariseu, e o outro, cobrador de impostos. ¹¹O fariseu, em pé, fazia esta oração: 'Eu te agradeço, Deus, porque não sou como as demais pessoas: desonestas, pecadoras, adúlteras. E, com certeza, não sou como aquele cobrador de impostos. ¹²Jejuo duas vezes por semana e dou o dízimo de tudo que ganho'.

¹³"Mas o cobrador de impostos ficou a distância e não tinha coragem nem de levantar os olhos para o céu enquanto orava. Em vez disso, batia no peito e dizia: 'Deus, tem misericórdia de mim, pois sou pecador'. ¹⁴Eu lhes digo que foi o cobrador de impostos, e não

---

ᵃ **17.19** Ou *Sua fé o salvou*. ᵇ **17.20** Ou *por suas especulações*. ᶜ **17.21** Ou *dentro de vocês*, ou *ao seu alcance*. ᵈ **17.22** Ou *desejarão pelo menos um dia com o Filho do Homem*. ᵉ **17.24** Alguns manuscritos não trazem *no dia*. ᶠ **17.25** Ou *sofra muitas coisas*. ᵍ **17.36** Alguns manuscritos não trazem o versículo 36. ʰ **17.37** Em grego, *Onde, senhor?*

o fariseu, quem voltou para casa justificado diante de Deus. Pois aqueles que se exaltam serão humilhados, e aqueles que se humilham serão exaltados".

Jesus abençoa as crianças

¹⁵Certo dia, trouxeram crianças para que Jesus pusesse as mãos sobre elas. Ao ver isso, os discípulos repreenderam aqueles que as traziam.

¹⁶Jesus, porém, chamou as crianças para junto de si e disse aos discípulos: "Deixem que as crianças venham a mim. Não as impeçam, pois o reino de Deus pertence aos que são como elas. ¹⁷Eu lhes digo a verdade: quem não receber o reino de Deus como uma criança de modo algum entrará nele".

O homem rico

¹⁸Certa vez, um homem de alta posição perguntou a Jesus: "Bom mestre, que devo fazer para herdar a vida eterna?".

¹⁹"Por que você me chama de bom?", perguntou Jesus. "Apenas Deus é verdadeiramente bom. ²⁰Você conhece os mandamentos: 'Não cometa adultério. Não mate. Não roube. Não dê falso testemunho. Honre seu pai e sua mãe'."[a]

²¹O homem respondeu: "Tenho obedecido a todos esses mandamentos desde a juventude".

²²Quando Jesus ouviu sua resposta, disse: "Ainda há uma coisa que você não fez. Venda todos os seus bens e dê o dinheiro aos pobres. Então você terá um tesouro no céu. Depois, venha e siga-me".

²³Ao ouvir essas palavras, o homem se entristeceu, pois era muito rico.

As recompensas do discipulado

²⁴Ao ver a tristeza daquele homem, Jesus disse: "Como é difícil os ricos entrarem no reino de Deus! ²⁵Na verdade, é mais fácil um camelo passar pelo buraco de uma agulha que um rico entrar no reino de Deus".

²⁶Aqueles que o ouviram disseram: "Então quem pode ser salvo?".

²⁷Jesus respondeu: "O que é impossível para as pessoas é possível para Deus".

²⁸Pedro disse: "Deixamos nossos lares para segui-lo".

²⁹Jesus respondeu: "Eu lhes garanto que todos que deixaram casa, esposa, irmãos, pais ou filhos por causa do reino de Deus ³⁰receberão neste mundo uma recompensa muitas vezes maior e, no mundo futuro, terão a vida eterna".

Jesus prediz sua morte e ressurreição

³¹Jesus chamou os Doze à parte e disse: "Estamos subindo para Jerusalém, onde tudo que foi escrito pelos profetas a respeito do Filho do Homem se cumprirá. ³²Ele será entregue aos gentios, e zombarão dele, o insultarão e cuspirão nele. ³³Eles o açoitarão e o matarão, mas no terceiro dia ele ressuscitará".

³⁴Os discípulos, porém, não entenderam. O significado dessas palavras lhes estava oculto, e não sabiam do que ele falava.

Jesus cura um mendigo cego

³⁵Quando Jesus se aproximava de Jericó, havia um mendigo cego sentado à beira do caminho. ³⁶Ao ouvir o barulho da multidão que passava, perguntou o que estava acontecendo. ³⁷Disseram-lhe que Jesus de Nazaré estava passando por ali. ³⁸Então começou a gritar: "Jesus, Filho de Davi, tenha misericórdia de mim!".

³⁹Os que estavam mais à frente o repreendiam e ordenavam que se calasse. Mas ele gritava ainda mais alto: "Filho de Davi, tenha misericórdia de mim!".

⁴⁰Então Jesus parou e ordenou que lhe trouxessem o homem. Quando ele se aproximou, Jesus lhe perguntou: ⁴¹"O que você quer que eu lhe faça?".

"Senhor, eu quero ver!", respondeu o homem.

⁴²E Jesus disse: "Receba a visão! Sua fé o curou". ⁴³No mesmo instante, o homem passou a enxergar, e seguia Jesus, louvando a Deus. E todos que presenciaram isso também louvavam a Deus.

Jesus e Zaqueu

19 Jesus entrou em Jericó e atravessava a cidade. ²Havia ali um homem rico chamado Zaqueu, chefe dos cobradores de impostos. ³Tentava ver Jesus, mas era baixo demais e não conseguia olhar por cima da multidão. ⁴Por isso, correu adiante e subiu numa figueira-brava, no caminho por onde Jesus passaria.

---

[a] **18.20** Êx 20.12-16; Dt 5.16-20.

⁵Quando Jesus chegou ali, olhou para cima e disse: "Zaqueu, desça depressa! Hoje devo hospedar-me em sua casa". ⁶Sem demora, Zaqueu desceu e, com alegria, recebeu Jesus em sua casa. ⁷Ao ver isso, o povo começou a se queixar: "Ele foi se hospedar na casa de um pecador!".

⁸Enquanto isso, Zaqueu se levantou e disse: "Senhor, darei metade das minhas riquezas aos pobres. E, se explorei alguém na cobrança de impostos, devolverei quatro vezes mais!".

⁹Jesus respondeu: "Hoje chegou a salvação a esta casa, pois este homem também é filho de Abraão. ¹⁰Porque o Filho do Homem veio buscar e salvar os perdidos".

A parábola dos dez servos

¹¹A multidão estava atenta ao que Jesus dizia. Então, como ele se aproximava de Jerusalém, contou-lhes uma parábola, pois o povo achava que o reino de Deus começaria de imediato. ¹²Disse ele: "Um nobre foi chamado a um país distante para ser coroado rei e depois voltar. ¹³Antes de partir, reuniu dez de seus servos e deu a cada um deles dez moedas de prata,ᵃ dizendo: 'Invistam esse dinheiro enquanto eu estiver fora'. ¹⁴Seu povo, porém, o odiava, e enviou uma delegação atrás dele para dizer: 'Não queremos que ele seja nosso rei'.

¹⁵"Depois de ser coroado, ele voltou e chamou os servos aos quais tinha confiado o dinheiro, pois queria saber quanto haviam lucrado. ¹⁶O primeiro servo informou: 'Senhor, investi seu dinheiro, e ele rendeu dez vezes a quantia recebida.

¹⁷"'Muito bem!', disse o rei. 'Você é um bom servo. Foi fiel no pouco que lhe confiei e, como recompensa, governará dez cidades.'

¹⁸"O servo seguinte informou: 'Senhor, investi seu dinheiro, e ele rendeu cinco vezes a quantia recebida'.

¹⁹"'Muito bem!', disse o rei. 'Você governará cinco cidades.'

²⁰"O terceiro servo, porém, trouxe de volta apenas a quantia recebida e disse: 'Senhor, escondi seu dinheiro para mantê-lo seguro. ²¹Tive medo, pois o senhor é um homem severo. Toma o que não lhe pertence e colhe o que não plantou'.

²²"'Servo mau!', exclamou o senhor. 'Suas próprias palavras o condenam. Se você sabia que sou homem severo, que tomo o que não me pertence e colho o que não plantei, ²³por que não depositou meu dinheiro? Pelo menos eu teria recebido os juros.'

²⁴"Então, voltando-se para os outros que estavam ali perto, o rei ordenou. 'Tomem o dinheiro deste servo e deem ao que tem dez moedas.

> **PÃO DIÁRIO**
>
> ## Busca e resgate
>
> *Porque o Filho do Homem veio buscar e salvar os perdidos.*
> —Lucas 19.10
>
> Quase toda semana, ouvimos notícias a respeito de uma missão de busca e resgate. Pode envolver uma criança que se afastou da família durante um piquenique e se perdeu, um montanhista preso numa cordilheira ou pessoas presas nos escombros depois de um terremoto. Em cada caso, as pessoas em risco não são capazes de ajudarem-se a si mesmas. Aqueles que são encontrados e salvos, normalmente têm eterna gratidão àqueles que se uniram na busca e resgate deles.
>
> O relato sobre Zaqueu em Lucas 19.1-10 é de busca e resgate. A primeira vista, parece uma história de coincidências: Jesus estava passando por Jericó e um rico coletor de impostos subiu numa árvore para vislumbrar o Mestre que operava milagres. Mas esse encontro com Jesus não foi uma coincidência. No final da narrativa, Lucas deliberadamente inclui as palavras de Jesus a Zaqueu: "Hoje houve salvação nesta casa... Porque o Filho do Homem veio buscar e salvar o perdido" (vv.9,10).
>
> Jesus começou a Sua operação de busca e resgate na Terra com a Sua vida, morte e ressurreição. O Senhor continua a agir, pelo poder do Espírito Santo, e nos convida graciosamente a participar com Ele, amando os que estão perdidos.
>
> *Pai, estávamos perdidos, mas tu nos encontraste. Estávamos vagando e trouxeste-nos para casa. Ajuda-nos a buscar os que estão lutando e a lhes mostrar o caminho que tens preparado para todos os que creem.*
>
> ---
>
> **Os que foram resgatados do pecado são os mais capazes de resgatar os que estão em pecado.**

ᵃ **19.13** Em grego, *10 minas*. Uma mina equivalia a cerca de meio quilo de prata, o salário por três meses de trabalho.

25"'Mas senhor!', disseram eles. 'Ele já tem dez!'
26"Então o rei respondeu: 'Sim, ao que tem, mais lhe será dado; mas do que nada tem, até o que tem lhe será tomado. 27E, quanto a esses meus inimigos que não queriam que eu fosse seu rei, tragam-nos aqui e executem-nos na minha presença'".

A entrada de Jesus em Jerusalém

28Depois de contar essa história, Jesus prosseguiu rumo a Jerusalém. 29Quando chegou a Betfagé e Betânia, próximo ao monte das Oliveiras, enviou dois de seus discípulos. 30"Vão àquele povoado adiante", disse ele. "Assim que entrarem, verão amarrado ali um jumentinho no qual ninguém jamais montou. Desamarrem-no e tragam-no para cá. 31Se alguém perguntar: 'Por que estão soltando o jumentinho?', respondam apenas: 'O Senhor precisa dele'."
32Eles foram e encontraram o jumentinho, exatamente como Jesus tinha dito. 33E, enquanto o desamarravam, seus donos perguntaram: "Por que estão soltando o jumentinho?".
34Os discípulos responderam: "O Senhor precisa dele". 35Então trouxeram o jumentinho e lançaram seus mantos sobre o animal, para que Jesus montasse nele.
36À medida que Jesus ia passando, as multidões espalhavam seus mantos ao longo do caminho diante dele. 37Quando ele chegou próximo à descida do monte das Oliveiras, seus seguidores começaram a gritar e a cantar enquanto o acompanhavam, louvando a Deus por todos os milagres maravilhosos que tinham visto.
38"Bendito é o Rei que vem em nome do Senhor!
Paz no céu e glória nas maiores alturas!". [a]
39Alguns dos fariseus que estavam entre a multidão disseram: "Mestre, repreenda seus seguidores por dizerem estas coisas!".
40Ele, porém, respondeu: "Se eles se calarem, as próprias pedras clamarão!".

Jesus chora por Jerusalém

41Quando Jesus se aproximou de Jerusalém e viu a cidade, começou a chorar. 42"Como eu gostaria que hoje você compreendesse o caminho para a paz!", disse ele. "Agora, porém, isso está oculto a seus olhos. 43Chegará o tempo em que seus inimigos construirão rampas para atacar seus muros e a rodearão e apertarão o cerco por todos os lados. 44Esmagarão você e seus filhos e não deixarão pedra sobre pedra, pois você não reconheceu que Deus a visitou."[b]

Jesus purifica o templo

45Então Jesus entrou no templo e começou a expulsar os que ali vendiam, 46dizendo: "As Escrituras declaram: 'Meu templo será casa de oração', mas vocês o transformaram num esconderijo de ladrões!".[c]
47Jesus ensinava todos os dias no templo, mas os principais sacerdotes, os mestres da lei e outros líderes do povo planejavam matá-lo. 48Contudo, não conseguiam pensar num modo de fazê-lo, pois o povo ouvia atentamente tudo que ele dizia.

A autoridade de Jesus é questionada

20 Certo dia, quando Jesus ensinava o povo e anunciava as boas-novas no templo, os principais sacerdotes, os mestres da lei e os líderes do povo se aproximaram dele ²e perguntaram: "Com que autoridade você faz essas coisas? Quem lhe deu esse direito?".
3"Primeiro, deixe-me fazer uma pergunta", respondeu ele. 4"A autoridade de João para batizar vinha do céu ou era apenas humana?"
5Eles discutiram a questão entre si: "Se dissermos que vinha do céu, ele perguntará por que não cremos em João. 6Mas, se dissermos que era apenas humana, seremos apedrejados pela multidão, pois todos estão convencidos de que João era profeta". 7Por fim, responderam a Jesus que não sabiam.
8E Jesus replicou: "Então eu também não direi com que autoridade faço essas coisas".

A parábola dos lavradores maus

9Em seguida, Jesus se voltou para o povo e contou a seguinte parábola: "Um homem plantou um vinhedo e o arrendou a alguns lavradores. Depois, partiu para um lugar distante, onde passou um longo tempo. 10Na época da colheita da uva, enviou um de seus servos para receber sua parte da produção. Os lavradores atacaram

---

[a] 19.38 Sl 118.26; 148.1. [b] 19.44 Em grego, *não reconheceu o tempo de sua visitação*, referência à vinda do Messias. [c] 19.46 Is 56.7; Jr 7.11.

o servo, o espancaram e o mandaram de volta, de mãos vazias. ¹¹Então o dono da propriedade enviou outro servo, mas eles também o insultaram, o espancaram e o mandaram de volta, de mãos vazias. ¹²Enviou ainda um terceiro, e eles o feriram e o expulsaram do vinhedo.

¹³"'Que farei?', disse o dono do vinhedo. 'Já sei; enviarei meu filho amado. Certamente eles o respeitarão.'

¹⁴"No entanto, quando os lavradores viram o filho, disseram uns aos outros: 'Aí vem o herdeiro da propriedade. Vamos matá-lo e tomar posse desta terra!'. ¹⁵Então o arrastaram para fora do vinhedo e o mataram.

"O que vocês acham que o dono do vinhedo fará com eles?", perguntou Jesus. ¹⁶"Ele virá, matará os lavradores, e arrendará o vinhedo a outros."

"Que isso jamais aconteça!", disseram os que o ouviam.

¹⁷Jesus olhou para eles e perguntou: "Então o que significa esta passagem das Escrituras:

'A pedra que os construtores rejeitaram
se tornou a pedra angular'?ª

¹⁸Quem tropeçar nessa pedra será despedaçado, e aquele sobre quem ela cair será reduzido a pó".

¹⁹Os mestres da lei e os principais sacerdotes queriam prender Jesus ali mesmo, pois perceberam que eles eram os lavradores maus a que Jesus se referia. No entanto, tinham medo da reação do povo.

O imposto para César

²⁰Esperando uma oportunidade, os líderes enviaram espiões que fingiam ser pessoas sinceras. Tentaram fazer Jesus dizer algo que pudesse ser relatado ao governador romano, de modo que ele fosse preso. ²¹Disseram: "Mestre, sabemos que o senhor fala e ensina o que é certo, não se deixa influenciar por outros e ensina o caminho de Deus de acordo com a verdade. ²²Então, diga-nos: É certo pagar impostos a César ou não?".

²³Jesus percebeu a hipocrisia deles e disse: ²⁴"Mostrem-me uma moeda de prata.ᵇ De quem são a imagem e o título nela gravados?".

"De César", responderam.

²⁵"Então deem a César o que pertence a César, e deem a Deus o que pertence a Deus", disse ele.

²⁶Eles não conseguiam apanhá-lo em nada que ele dizia diante do povo. Em vez disso, admiraram-se de sua resposta e se calaram.

Discussão sobre a ressurreição dos mortos

²⁷Então vieram a Jesus alguns saduceus, líderes religiosos que afirmam não haver ressurreição dos mortos, ²⁸e perguntaram: "Mestre, Moisés nos deu uma lei segundo a qual se um homem morrer e deixar a esposa sem filhos, o irmão dele deve se casar com a viúva e ter um filho que dará continuidade ao nome do irmão.ᶜ ²⁹Numa família havia sete irmãos. O mais velho se casou e morreu sem deixar filhos. ³⁰O segundo irmão se casou com a viúva, mas também morreu. ³¹Então o terceiro irmão se casou com ela. O mesmo aconteceu aos sete irmãos, que morreram sem deixar filhos. ³²Por fim, a mulher também morreu. ³³Diga-nos, de quem ela será esposa na ressurreição? Afinal, os sete se casaram com ela".

³⁴Jesus respondeu: "O casamento é para pessoas deste mundo. ³⁵Mas, na era futura, aqueles que forem considerados dignos de ser ressuscitados dos mortos não se casarão nem se darão em casamento, ³⁶e nunca mais morrerão. Nesse sentido, serão como os anjos. São filhos de Deus e filhos da ressurreição.

³⁷"Agora, quanto a haver ressurreição dos mortos, o próprio Moisés provou isso quando escreveu a respeito do arbusto em chamas. Ele se referiu ao Senhor como 'o Deus de Abraão, o Deus de Isaque e o Deus de Jacó'.ᵈ ³⁸Portanto, ele é o Deus dos vivos, e não dos mortos, pois para ele todos vivem".

³⁹"Mestre, o senhor disse bem!", comentaram alguns mestres da lei. ⁴⁰E ninguém mais teve coragem de lhe fazer perguntas.

De quem o Cristo é filho?

⁴¹Então Jesus lhes perguntou: "Por que se diz que o Cristo é filho de Davi? ⁴²Afinal, o próprio Davi escreveu no Livro de Salmos:

'O Senhor disse ao meu Senhor,

ª **20.17** Sl 118.22. ᵇ **20.24** Em grego, *1 denário*. ᶜ **20.28** Ver Dt 25.5-6. ᵈ **20.37** Êx 3.6.

Sente-se no lugar de honra à minha direita
⁴³até que eu humilhe seus inimigos,
e os ponha debaixo de seus pés'.ᵃ

⁴⁴Uma vez que Davi chamou o Cristo de 'meu Senhor', como ele pode ser filho de Davi?".

Jesus critica os mestres da lei

⁴⁵Então, enquanto as multidões o ouviam, Jesus se voltou para seus discípulos e disse: ⁴⁶"Cuidado com os mestres da lei! Eles gostam de se exibir com vestes longas e de receber saudações respeitosas quando andam pelas praças. E como gostam de sentar-se nos lugares de honra nas sinagogas e à cabeceira da mesa nos banquetes! ⁴⁷No entanto, tomam posse dos bens das viúvas de maneira desonesta e, depois, para dar a impressão de piedade, fazem longas orações em público. Por causa disso, serão duramente castigados".

A oferta da viúva

21 Estando Jesus no templo, observava os ricos depositarem suas contribuições na caixa de ofertas. ²Então uma viúva pobre veio e colocou duas moedas pequenas.ᵇ ³Jesus disse: "Eu lhes digo a verdade: esta viúva pobre deu mais que todos os outros. ⁴Eles deram uma parte do que lhes sobrava, mas ela, em sua pobreza, deu tudo que tinha".

Jesus fala de acontecimentos futuros

⁵Alguns de seus discípulos começaram a falar das pedras magníficas e das dádivas que adornavam o templo. Jesus, porém, disse: ⁶"Virá o dia em que estas coisas serão completamente demolidas. Não restará pedra sobre pedra!".

⁷Então eles perguntaram: "Mestre, quando isso tudo acontecerá? Que sinal indicará que essas coisas estão prestes a se cumprir?".

⁸Ele respondeu: "Não deixem que ninguém os engane, pois muitos virão em meu nome, dizendo: 'Eu sou o Cristo'ᶜ e afirmando: 'Chegou a hora!', mas não acreditem neles. ⁹E, quando ouvirem falar de guerras e rebeliões, não entrem em pânico. Sim, é necessário que essas coisas aconteçam primeiro, mas ainda não será o fim. ¹⁰E continuou: "Uma nação guerreará contra a outra, e um reino contra o outro. ¹¹Haverá grandes terremotos, fome e peste em vários lugares, e acontecimentos terríveis e grandes sinais no céu.

¹²"Antes de tudo isso, porém, haverá um tempo de perseguição. Vocês serão arrastados para sinagogas e prisões e, por minha causa, serão julgados diante de reis e governadores. ¹³Essa, contudo, será sua oportunidade de lhes falar sobre mim.ᵈ ¹⁴Mais uma vez lhes digo que não se preocupem com o modo como responderão às acusações contra vocês, ¹⁵pois eu lhes darei as palavras certas e tanta sabedoria que seus adversários não serão capazes de responder nem contradizer. ¹⁶Até mesmo seus pais, irmãos, parentes e amigos os trairão, e até matarão alguns de vocês. ¹⁷Todos os odiarão por minha causa.ᵉ ¹⁸Mas nem um fio de cabelo de sua cabeça se perderá! ¹⁹É pela perseverança que obterão a vida.

²⁰"E, quando virem Jerusalém cercada de exércitos, saberão que chegou a hora de sua destruição. ²¹Então, quem estiver na Judeia, fuja para os montes. Quem estiver na cidade, saia. E quem estiver no campo, não volte para a cidade. ²²Pois aqueles serão os dias da vingança, e as palavras proféticas das Escrituras se cumprirão. ²³Que dias terríveis serão aqueles para as grávidas e para as mães que estiverem amamentando! Pois haverá calamidade na terra e grande ira contra este povo. ²⁴Serão mortos pela espada ou levados como prisioneiros para todas as nações do mundo. E Jerusalém será pisoteada pelos gentios até que o tempo deles chegue ao fim.

²⁵"Haverá sinais no sol, na lua e nas estrelas. E, na terra, as nações ficarão angustiadas, perplexas com o rugir dos mares e a agitação das ondas. ²⁶As pessoas ficarão aterrorizadas diante do que estará prestes a acontecer na terra, pois os poderes dos céus serão abalados. ²⁷Então todos verão o Filho do Homem vindo numa nuvem com poder e grande glória.ᶠ ²⁸Portanto, quando todas essas coisas começarem a acontecer, levantem-se e ergam a cabeça, pois a sua salvação estará próxima".

²⁹Em seguida, deu-lhes esta ilustração: "Observem a figueira, e todas as outras árvores. ³⁰Quando as folhas aparecem, vocês sabem

---

ᵃ **20.42-43** Sl 110.1. ᵇ **21.2** Em grego, *2 leptos*, a moeda de menor valor entre os judeus. ᶜ **21.8** Em grego, *Eu sou.* ᵈ **21.13** Ou *este será o seu testemunho contra eles.* ᵉ **21.17** Em grego, *por causa do meu nome.* ᶠ **21.27** Ver Dn 7.13.

reconhecer, por conta própria, que o verão está próximo. ³¹Da mesma forma, quando virem todas essas coisas acontecerem, saberão que o reino de Deus está próximo. ³²Eu lhes digo a verdade: esta geração ᵃ não passará até que todas essas coisas tenham acontecido. ³³O céu e a terra desaparecerão, mas as minhas palavras jamais desaparecerão. ³⁴"Tenham cuidado! Não deixem seu coração se entorpecer com farras e bebedeiras, nem com as preocupações desta vida. Não deixem que esse dia os pegue desprevenidos, ³⁵como uma armadilha. Pois esse dia virá sobre todos que vivem na terra. ³⁶Estejam sempre atentos e orem para serem considerados dignos de escapar ᵇ dos horrores que sucederão e de estar em pé na presença do Filho do Homem".

Jesus ensina diariamente

³⁷Todos os dias, Jesus ia ao templo ensinar e, à tarde, voltava para passar a noite no monte das Oliveiras. ³⁸Pela manhã, o povo se reunia bem cedo no templo para ouvi-lo falar.

Judas concorda em trair Jesus

22 A Festa dos Pães sem Fermento, também chamada de Páscoa, se aproxima. ²Os principais sacerdotes e mestres da lei tramavam uma forma de matar Jesus, mas tinham medo da reação do povo.

³Então Satanás entrou em Judas Iscariotes, um dos Doze, ⁴e ele foi aos principais sacerdotes e aos capitães da guarda do templo para combinar a melhor maneira de lhes entregar Jesus. ⁵Eles ficaram muito satisfeitos e lhe prometeram dinheiro. ⁶Judas concordou e começou a procurar uma oportunidade de trair Jesus, para que o prendessem quando as multidões não estivessem por perto.

A última Páscoa

⁷Chegou o dia da Festa dos Pães sem Fermento, quando o cordeiro pascal era sacrificado. ⁸Jesus mandou Pedro e João na frente e disse: "Vão e preparem a refeição da Páscoa, para que a comamos juntos".

⁹"Onde o senhor quer que a preparemos?", perguntaram.

¹⁰Ele respondeu: "Logo que vocês entrarem em Jerusalém, um homem carregando uma vasilha de água virá ao seu encontro. Sigam-no. Na casa onde ele entrar, ¹¹digam ao dono: 'O Mestre pergunta: Onde fica o aposento no qual comerei a refeição da Páscoa com meus discípulos?'. ¹²Ele os levará a uma sala grande no andar superior, que já estará arrumada. Preparem ali a refeição". ¹³Eles foram e encontraram tudo como Jesus tinha dito, e ali prepararam a refeição da Páscoa.

¹⁴Quando chegou a hora, Jesus e seus apóstolos tomaram lugar à mesa. ¹⁵Jesus disse: "Estava ansioso para comer a refeição da Páscoa com vocês antes do meu sofrimento. ¹⁶Pois eu lhes digo agora que não voltarei a comê-la até que ela se cumpra no reino de Deus".

¹⁷Então tomou um cálice de vinho e agradeceu a Deus. Depois, disse: "Tomem isto e partilhem entre vocês. ¹⁸Pois não beberei vinho outra vez até que venha o reino de Deus".

¹⁹Tomou o pão e agradeceu a Deus. Depois, partiu-o e o deu aos discípulos, dizendo: "Este é o meu corpo, entregue por vocês. Façam isto em memória de mim".

²⁰Depois da ceia, Jesus tomou o cálice de vinho e disse: "Este é o cálice da nova aliança, confirmada com o meu sangue, que é derramado como sacrifício por vocês.ᶜ

²¹"Mas aqui, partilhando da mesa conosco, está o homem que vai me trair. ²²Pois foi determinado que o Filho do Homem deve morrer. Mas que aflição espera aquele que o trair!" ²³Os discípulos perguntavam uns aos outros qual deles faria uma coisa dessas.

²⁴Depois, começaram a discutir entre si qual deles era o mais importante. ²⁵Jesus lhes disse: "Neste mundo, os reis e os grandes homens exercem poder sobre o povo e, no entanto, são chamados de seus benfeitores. ²⁶Entre vocês, porém, será diferente. Que o maior entre vocês ocupe a posição inferior, e o líder seja o servo. ²⁷Quem é mais importante, o que está à mesa ou o que serve? Não é aquele que está à mesa? Mas não aqui! Pois eu estou entre vocês como quem serve.

²⁸"Vocês permaneceram comigo durante meu tempo de provação. ²⁹E, assim como meu Pai me concedeu um reino, eu agora lhes concedo o direito de ³⁰comer e beber à minha

---

ᵃ **21.32** Ou *esta era*, ou *esta nação*. ᵇ **21.36** Alguns manuscritos trazem *para terem forças para escapar*. ᶜ **22.19-20** Alguns manuscritos não trazem 22.19b-20, *entregue por vocês [...] que é derramado como sacrifício por vocês*.

PÃO DIÁRIO

Lágrimas de arrependimento

E Pedro, saiu dali, chorando amargamente.
—Lucas 22.62

Meu marido, que se autodenomina analfabeto em computadores, comprou um computador para ajudá-lo em seus negócios. Depois de lhe dar algumas dicas, deixei-o sozinho para que o manuseasse um pouco. Não demorou muito, no entanto, para que eu ouvisse uma voz quase desesperada vinda do escritório: "Ei, onde está a tecla que desfaz isso?".

O que ele estava procurando era a tecla "desfazer" que permite que você volte atrás quando comete um erro. Você já desejou uma tecla dessa em sua vida? Já pensou poder reverter, reparar ou restaurar o que foi estragado ou ferido pelo pecado?

Depois da prisão de Jesus, Pedro, um dos Seus amados discípulos, negou três vezes que o conhecia. Lemos: "Então o Senhor se voltou e olhou para Pedro [...] E Pedro saiu dali, chorando amargamente" (vv.61,62). Com certeza, suas lágrimas eram de vergonha e arrependimento. Sem dúvida alguma, Pedro desejava poder desfazer suas ações. Mas ele não permaneceu angustiado. Após a ressurreição de Jesus, o Senhor o restaurou dando-lhe a oportunidade de reafirmar o seu amor (Jo 21.15-17).

Quando você se entristece por causa do pecado em sua vida, lembre-se de que Deus já providenciou um método de restauração. "Mas, se confessamos nossos pecados, ele é fiel e justo para perdoar nossos pecados e nos purificar de toda injustiça" (1Jo 1.9).

Senhor, quantas vezes te entristeço com meus pensamentos e ações. Porém, ao confessá-los, tu os perdoas prontamente. Cria em mim um coração puro, Senhor, pois quero mais de ti e menos de mim!

O caminho de volta a Deus começa com um coração quebrantado.

---

mesa, em meu reino. Vocês se sentarão em tronos e julgarão as doze tribos de Israel".

Jesus prediz a negação de Pedro

³¹Então o Senhor disse: "Simão, Simão, Satanás pediu para peneirar cada um de vocês como trigo. ³²Contudo, supliquei em oração por você, Simão, para que sua fé não vacile. Portanto, quando tiver se arrependido e voltado para mim, fortaleça seus irmãos".

³³Pedro disse: "Senhor, estou pronto a ir para a prisão, e até a morrer ao seu lado".

³⁴Jesus, porém, respondeu: "Pedro, vou lhe dizer uma coisa: hoje, antes que o galo cante, você negará três vezes que me conhece".

³⁵Em seguida, Jesus lhes perguntou: "Quando eu os enviei para anunciar as boas-novas sem dinheiro, sem bolsa de viagem e sem sandálias extras, alguma coisa lhes faltou?".

"Não", responderam eles.

³⁶Então ele disse: "Agora, porém, peguem dinheiro e uma bolsa de viagem. E, se não tiverem uma espada, vendam sua capa e comprem uma. ³⁷Pois é necessário que se cumpra esta profecia a meu respeito: 'Ele foi contado entre os rebeldes'.ᵃ Sim, tudo que os profetas escreveram a meu respeito se cumprirá".

³⁸Eles responderam: "Senhor, temos aqui duas espadas".

"É suficiente", disse ele.

Jesus ora no monte das Oliveiras

³⁹Então, acompanhado de seus discípulos, Jesus foi, como de costume, ao monte das Oliveiras. ⁴⁰Ao chegar, disse: "Orem para que vocês não cedam à tentação".

⁴¹Afastou-se a uma distância como de um arremesso de pedra, ajoelhou-se e orou: ⁴²"Pai, se queres, afasta de mim este cálice. Contudo, que seja feita a tua vontade, e não a minha". ⁴³Então apareceu um anjo do céu, que o fortalecia. ⁴⁴Ele orou com ainda mais fervor, e sua angústia era tanta que seu suor caía na terra como gotas de sangue.ᵇ

⁴⁵Por fim, ele se levantou, voltou aos discípulos e os encontrou dormindo, exaustos de tristeza. ⁴⁶"Por que vocês dormem?", perguntou ele. "Levantem-se e orem para que não cedam à tentação."

Jesus é traído e preso

⁴⁷Enquanto Jesus ainda falava, chegou uma multidão conduzida por Judas, um dos Doze. Ele se aproximou de Jesus e o cumprimentou com um beijo. ⁴⁸Jesus, porém, lhe disse: "Judas, com um beijo você trai o Filho do Homem?"

ᵃ **22.37** Is 53.12. ᵇ **22.43-44** A maioria dos manuscritos antigos não traz os versículos 43 e 44.

⁴⁹Quando aqueles que estavam com Jesus viram o que ia acontecer, disseram: "Senhor, devemos lutar? Trouxemos as espadas!". ⁵⁰E um deles feriu o servo do sumo sacerdote, cortando-lhe a orelha direita.
⁵¹Mas Jesus disse: "Basta!". E, tocando a orelha do homem, curou-o.
⁵²Então Jesus se dirigiu aos principais sacerdotes, aos capitães da guarda do templo e aos líderes do povo que tinham vindo buscá-lo: "Por acaso sou um revolucionário perigoso para que venham me prender com espadas e pedaços de pau? ⁵³Por que não me prenderam no templo? Todos os dias eu estava ali, ensinando. Mas esta é a hora de vocês, o tempo em que reina o poder das trevas".

Pedro nega Jesus

⁵⁴Então eles o prenderam e o levaram à casa do sumo sacerdote. Pedro o seguiu de longe. ⁵⁵Os guardas acenderam uma fogueira no meio do pátio e sentaram-se em volta, e Pedro sentou-se com eles. ⁵⁶Uma criada o notou à luz da fogueira e começou a olhar fixamente para ele. Por fim, disse: "Este homem era um dos seguidores de Jesus!".
⁵⁷Mas Pedro negou, dizendo: "Mulher, eu nem o conheço!".
⁵⁸Pouco depois, um homem olhou para ele e disse: "Você também é um deles!".
"Não sou!", retrucou Pedro.
⁵⁹Cerca de uma hora mais tarde, outro homem afirmou: "Com certeza esse aí também estava com ele, pois também é galileu!".
⁶⁰Pedro, porém, respondeu: "Homem, eu não sei do que você está falando". E, no mesmo instante, o galo cantou.
⁶¹Então o Senhor se voltou e olhou para Pedro. E Pedro se lembrou das palavras dele: "Hoje, antes que o galo cante, você me negará três vezes".
⁶²E Pedro saiu dali, chorando amargamente.
⁶³Os guardas encarregados de Jesus começaram a zombar dele e a bater nele. ⁶⁴Vendaram seus olhos e diziam: "Profetize para nós! Quem foi que lhe bateu desta vez?". ⁶⁵E o insultavam de muitas outras maneiras.

O julgamento de Jesus diante do conselho

⁶⁶Ao amanhecer, todos os líderes do povo se reuniram, incluindo os principais sacerdotes e os mestres da lei. Jesus foi conduzido à presença desse conselho,[a] ⁶⁷e eles perguntaram: "Diga-nos, você é o Cristo?".
Jesus respondeu: "Se eu lhes disser, de modo algum acreditarão em mim. ⁶⁸E, se eu lhes fizer uma pergunta, não responderão. ⁶⁹Mas, de agora em diante, o Filho do Homem se sentará à direita do Deus Poderoso".[b]
⁷⁰Todos gritaram: "Então você afirma que é o Filho de Deus?".
E ele respondeu: "Vocês dizem que eu sou".
⁷¹"Que necessidade temos de outras testemunhas?", disseram eles. "Nós mesmos o ouvimos de sua boca!"

O julgamento de Jesus diante de Pilatos

23 Então todo o conselho levou Jesus a Pilatos. ²Começaram a apresentar o caso: "Este homem corrompe o nosso povo, dizendo que não se deve pagar impostos ao governo romano e afirmando ser ele próprio o Cristo, o rei".
³Então Pilatos lhe perguntou: "Você é o rei dos judeus?".
Jesus respondeu: "É como você diz".
⁴Pilatos se voltou para os principais sacerdotes e para a multidão e disse: "Não vejo crime algum neste homem!".
⁵Mas eles insistiam: "Ele provoca revoltas em toda a Judeia com seus ensinamentos, começando pela Galileia e agora aqui, em Jerusalém!".
⁶"Então ele é galileu?", perguntou Pilatos. ⁷Quando responderam que sim, Pilatos o enviou a Herodes Antipas, pois a Galileia ficava sob sua jurisdição, e naqueles dias ele estava em Jerusalém.
⁸Herodes se animou com a oportunidade de ver Jesus, pois tinha ouvido falar a seu respeito e esperava, havia tempo, vê-lo realizar algum milagre. ⁹Fez uma série de perguntas a Jesus, mas ele não lhe respondeu. ¹⁰Enquanto isso, os principais sacerdotes e mestres da lei permaneciam ali, gritando acusações. ¹¹Então Herodes e seus soldados começaram a zombar de

---

[a] **22.66** Em grego, *do Sinédrio*. [b] **22.69** Ver Sl 110.1.

> **PÃO DIÁRIO**
>
> ## Atrás do véu
>
> *E Jesus lhe respondeu: "Eu lhe asseguro que hoje você estará comigo no paraíso".*
>
> —Lucas 23.43
>
> O pastor e autor Erwin Lutzer escreveu: "Um minuto após passar para trás do véu, você gozará da acolhida pessoal de Cristo ou terá o primeiro vislumbre das trevas como jamais imaginou. De qualquer forma, seu futuro estará irrevogavelmente determinado e eternamente imutável".
>
> Lucas registrou uma narrativa curta, porém poderosa que descreve dois homens prontos a ir para trás do véu da morte. Quando Jesus estava sendo crucificado, havia dois ladrões na mesma situação ao Seu lado. De acordo com Marcos, ambos proferiram insultos a Jesus (Mc 15.32).
>
> No entanto, um deles teve uma mudança de coração ao reconhecer seu próprio pecado e destino e perceber a inocência de Jesus. Ele repreendeu o outro ladrão e pediu que Jesus se lembrasse dele quando entrasse no Seu reino. Essas palavras foram um sinal de arrependimento e fé. E Jesus lhe respondeu: "Eu lhe asseguro que hoje você estará comigo no paraíso" (Lc 23.43). A salvação daquele homem foi imediata, e ele soube naquele dia onde passaria a eternidade.
>
> Reconhecer que somos pecadores e colocar a nossa confiança na morte e ressurreição de Jesus nos garante que, ao passarmos para trás do véu, saberemos imediatamente onde passaremos nossos eternos amanhãs.
>
> *Pai celestial, obrigada por enviares o Teu filho ao mundo para pagar a dívida do meu pecado. As palavras não podem expressar o quanto esse ato de amor representa para mim.*
>
> Para preparar-se para o amanhã, confie em Jesus hoje. A ressurreição é um fato da história que exige uma resposta de fé.

uma revolta. Eu o interroguei minuciosamente a esse respeito na presença de vocês e vejo que não há nada que o condene. ¹⁵Herodes chegou à mesma conclusão e o enviou de volta a nós. Nada do que ele fez merece a pena de morte. ¹⁶Portanto, ordenarei que seja açoitado e o soltarei". ¹⁷(Era necessário libertar-lhes um prisioneiro durante a festa da Páscoa.)[a]

¹⁸Um grande clamor se levantou da multidão, e a uma só voz gritavam: "Mate-o! Solte-nos Barrabás!". ¹⁹Esse Barrabás estava preso por ter participado de uma revolta em Jerusalém contra o governo e ter cometido assassinato. ²⁰Pilatos discutiu com eles, pois desejava soltar Jesus. ²¹Eles, porém, continuaram gritando: "Crucifique-o! Crucifique-o!".

²²Pela terceira vez, ele perguntou: "Por quê? Que crime ele cometeu? Não encontrei motivo para condená-lo à morte. Portanto, ordenarei que seja açoitado e o soltarei".

²³A multidão gritava cada vez mais alto, exigindo que Jesus fosse crucificado, e seu clamor prevaleceu. ²⁴Então Pilatos condenou Jesus à morte, conforme exigiam. ²⁵A pedido deles, libertou Barrabás, o homem preso por revolta e assassinato. Depois, entregou-lhes Jesus para fazerem com ele o que quisessem.

A crucificação

²⁶Enquanto levavam Jesus, um homem chamado Simão, de Cirene,[b] vinha do campo. Os soldados o agarraram, puseram a cruz sobre ele e o obrigaram a carregá-la atrás de Jesus. ²⁷Uma grande multidão os seguia, incluindo muitas mulheres aflitas que choravam por ele. ²⁸Mas Jesus, dirigindo-se a elas, disse: "Filhas de Jerusalém, não chorem por mim; chorem por si mesmas e por seus filhos. ²⁹Pois estão chegando os dias em que dirão: 'Felizes as mulheres que nunca tiveram filhos e os seios que nunca amamentaram!'. ³⁰Suplicarão aos montes: 'Caiam sobre nós!' e pedirão às colinas: 'Soterrem-nos!'.[c] ³¹Pois, se fazem estas coisas com a árvore verde, o que acontecerá com a árvore seca?".

³²Dois outros homens, ambos criminosos, foram levados com ele a fim de também serem executados. ³³Quando chegaram ao lugar chamado Caveira,[d] o pregaram na cruz.

Jesus e ridicularizá-lo. Por fim, vestiram nele um manto real e o mandaram de volta a Pilatos. ¹²Naquele dia, Herodes e Pilatos, que eram inimigos, tornaram-se amigos.

¹³Então Pilatos reuniu os principais sacerdotes e outros líderes religiosos, juntamente com o povo, ¹⁴e anunciou seu veredicto: "Vocês me trouxeram este homem acusando-o de liderar

[a] 23.17 Alguns manuscritos não trazem o versículo 17. [b] 23.26 *Cirene* era uma cidade no norte da África. [c] 23.30 Os 10.8. [d] 23.33 Nome traduzido, por vezes, como *Calvário*, do termo latino para "caveira".

Os criminosos também foram crucificados, um à sua direita e outro à sua esquerda. ³⁴Jesus disse: "Pai, perdoa-lhes, pois não sabem o que fazem".ª E os soldados tiraram sortes para dividir entre si as roupas de Jesus. ³⁵A multidão observava, e os líderes zombavam. "Salvou os outros, salve a si mesmo, se é o Cristo, o escolhido de Deus", diziam. ³⁶Os soldados também zombavam dele, oferecendo-lhe vinagre para beber. ³⁷Diziam: "Se você é o Rei dos judeus, salve a si mesmo!". ³⁸Uma tabuleta presa acima dele dizia: "Este é o Rei dos Judeus".

³⁹Um dos criminosos, dependurado ao lado dele, zombava: "Então você é o Cristo? Salve a si mesmo e a nós também!". ⁴⁰Mas o outro criminoso o repreendeu: "Você não teme a Deus, nem mesmo ao ser condenado à morte? ⁴¹Nós merecemos morrer por nossos crimes, mas este homem não cometeu mal algum". ⁴²Então ele disse: "Jesus, lembre-se de mim quando vier no seu reino". ⁴³E Jesus lhe respondeu: "Eu lhe asseguro que hoje você estará comigo no paraíso".

A morte de Jesus

⁴⁴Já era cerca de meio-dia, e a escuridão cobriu toda a terra até as três horas da tarde. ⁴⁵A luz do sol desapareceu, e a cortina do santuário do templo rasgou-se ao meio. ⁴⁶Então Jesus clamou em alta voz: "Pai, em tuas mãos entrego meu espírito!".ᵇ E, com essas palavras, deu o último suspiro.

⁴⁷Quando o oficial romanoᶜ que supervisionava a execução viu o que havia acontecido, adorou a Deus e disse: "Sem dúvida este homem era inocente".ᵈ ⁴⁸E, quando toda a multidão que tinha ido assistir à crucificação viu isso, voltou para casa entristecida e batendo no peito. ⁴⁹Mas os amigos de Jesus, incluindo as mulheres que o seguiram desde a Galileia, olhavam de longe.

O sepultamento de Jesus

⁵⁰Havia um homem bom e justo chamado José, membro do conselho dos líderes do povo, ⁵¹mas que não tinha concordado com a decisão e os atos dos outros líderes religiosos. Era da cidade de Arimateia, na Judeia, e esperava a vinda do reino de Deus. ⁵²José foi a Pilatos e pediu o corpo de Jesus. ⁵³Desceu o corpo da cruz, enrolou-o num lençol de linho e o colocou num túmulo novo, escavado na rocha. ⁵⁴Isso aconteceu na sexta-feira à tarde, no dia da preparação,ᵉ quando o sábado estava para começar.

⁵⁵As mulheres da Galileia seguiram José e viram o túmulo onde o corpo de Jesus foi colocado. ⁵⁶Depois, foram para casa e prepararam especiarias e perfumes para ungir o corpo. No sábado, descansaram, conforme a lei exigia.

A ressurreição

24 No primeiro dia da semana, bem cedo, as mulheres foram ao túmulo, levando as especiarias que haviam preparado, ²e viram que a pedra tinha sido afastada da entrada. ³Quando entraram no túmulo, não encontraram o corpo do Senhor Jesus. ⁴Enquanto estavam ali, perplexas, dois homens apareceram, vestidos com mantos resplandecentes. ⁵As mulheres ficaram amedrontadas e se curvaram com o rosto em terra. Então os homens perguntaram: "Por que vocês procuram entre os mortos aquele que vive? ⁶Ele não está aqui. Ressuscitou! Lembrem-se do que ele lhes disse na Galileia: ⁷'É necessário que o Filho do Homem seja traído e entregue nas mãos de pecadores, seja crucificado e ressuscite no terceiro dia'".

⁸Então lembraram-se dessas palavras de Jesus ⁹e, voltando do túmulo, foram contar aos onze discípulos e a todos os outros o que havia acontecido. ¹⁰Maria Madalena, Joana, Maria, mãe de Tiago, e as outras mulheres que as acompanhavam relataram tudo aos apóstolos. ¹¹Para eles, porém, a história pareceu absurda, e não acreditaram nelas. ¹²Mas Pedro se levantou e correu até o túmulo. Abaixando-se, olhou atentamente para dentro e viu os panos de linho vazios; então voltou para casa, admirado com o que havia acontecido.

O caminho de Emaús

¹³Naquele mesmo dia, dois dos seguidores de Jesus caminhavam para o povoado de Emaús, a onze quilômetrosᶠ de Jerusalém. ¹⁴No caminho, falavam a respeito de tudo que havia acontecido. ¹⁵Enquanto conversavam e discutiam, o

---

ª**23.34** Alguns manuscritos não trazem a primeira parte do versículo. ᵇ**23.46** Sl 31.5. ᶜ**23.47a** Em grego, *centurião*. ᵈ**23 47b** Ou *justo*. ᵉ**23.54** Em grego, *Era o dia da preparação*. ᶠ**24.13** Em grego, *60 estádios*.

próprio Jesus se aproximou e começou a andar com eles. ¹⁶Os olhos deles, porém, estavam como que impedidos de reconhecê-lo.
¹⁷Jesus lhes perguntou: "Sobre o que vocês tanto debatem enquanto caminham?".
Eles pararam, com o rosto entristecido. ¹⁸Então um deles, chamado Cleopas, respondeu: "Você deve ser a única pessoa em Jerusalém que não sabe das coisas que aconteceram lá nos últimos dias".
¹⁹"Que coisas?", perguntou Jesus.
"As coisas que aconteceram com Jesus de Nazaré", responderam eles. "Ele era um profeta de palavras e ações poderosas aos olhos de Deus e de todo o povo. ²⁰Mas os principais sacerdotes e outros líderes religiosos o entregaram para que fosse condenado à morte e o crucificaram. ²¹Tínhamos esperança de que ele fosse aquele que resgataria Israel. Isso tudo aconteceu há três dias.
²²"Algumas mulheres de nosso grupo foram até seu túmulo hoje bem cedo e voltaram contando uma história surpreendente. ²³Disseram que o corpo havia sumido e que viram anjos que lhes disseram que Jesus está vivo. ²⁴Alguns homens de nosso grupo correram até lá para ver e, de fato, tudo estava como as mulheres disseram, mas não o viram."
²⁵Então Jesus lhes disse: "Como vocês são tolos! Como custam a entender o que os profetas registraram nas Escrituras! ²⁶Não percebem que era necessário que o Cristo sofresse essas coisas antes de entrar em sua glória?". ²⁷Então Jesus os conduziu por todos os escritos de Moisés e dos profetas, explicando o que as Escrituras diziam a respeito dele.
²⁸Aproximando-se de Emaús, o destino deles, Jesus fez como quem seguiria viagem, ²⁹mas eles insistiram: "Fique conosco esta noite, pois já é tarde". E Jesus foi para casa com eles. ³⁰Quando estavam à mesa, ele tomou o pão e o abençoou. Depois, partiu-o e lhes deu. ³¹Então os olhos deles foram abertos e o reconheceram. Nesse momento, ele desapareceu.
³²Disseram um ao outro: "Não ardia o nosso coração quando ele falava conosco no caminho e nos explicava as Escrituras?". ³³E, na mesma hora, levantaram-se e voltaram para Jerusalém. Ali, encontraram os onze discípulos e os outros que estavam reunidos com eles, ³⁴que lhes disseram: "É verdade que o Senhor ressuscitou! Ele apareceu a Pedro!".ᵃ

Jesus aparece a seus discípulos

³⁵Então os dois contaram como Jesus tinha aparecido enquanto andavam pelo caminho, e como o haviam reconhecido quando ele partiu o pão. ³⁶Enquanto contavam isso, o próprio Jesus apareceu entre eles e lhes disse: "Paz seja com vocês!". ³⁷Eles se assustaram e ficaram amedrontados, pensando que viam um fantasma.
³⁸"Por que estão perturbados?", perguntou ele. "Por que seu coração está cheio de dúvida? ³⁹Vejam minhas mãos e meus pés. Sou eu mesmo! Toquem-me e vejam que não sou um fantasma, pois fantasmas não têm carne nem ossos e, como veem, eu tenho." ⁴⁰Enquanto falava, mostrou-lhes as mãos e os pés.
⁴¹Eles continuaram sem acreditar, cheios de alegria e espanto. Então Jesus perguntou: "Vocês têm aqui alguma coisa para comer?". ⁴²Eles lhe deram um pedaço de peixe assado, ⁴³e ele comeu diante de todos.
⁴⁴Em seguida, disse: "Enquanto ainda estava com vocês, eu lhes falei que devia se cumprir tudo que a lei de Moisés, os profetas e os salmos diziam a meu respeito". ⁴⁵Então ele lhes abriu a mente para que entendessem as Escrituras, ⁴⁶e disse: "Sim, está escrito que o Cristo haveria de sofrer, morrer e ressuscitar no terceiro dia, ⁴⁷e que a mensagem de arrependimento para o perdão dos pecados seria proclamada com a autoridade de seu nome a todas as nações,ᵇ começando por Jerusalém. ⁴⁸Vocês são testemunhas dessas coisas.
⁴⁹"Agora, envio a vocês a promessa de meu Pai. Mas fiquem na cidade até que sejam revestidos do poder do céu".

A ascensão

⁵⁰Depois Jesus os levou a Betânia e, levantando as mãos para o céu, os abençoou. ⁵¹Enquanto ainda os abençoava, deixou-os e foi elevado ao céu. ⁵²Então eles o adoraram e voltaram para Jerusalém cheios de grande alegria. ⁵³E estavam sempre no templo, louvando a Deus.

ᵃ 24.34 Em grego, *Simão*. ᵇ 24.47 Ou *todos os povos*.

JOÃO

INTRODUÇÃO

Autor. A partir da evidência encontrada no evangelho, podemos aprender várias coisas sobre o autor. (1) *Que ele era judeu.* Isso é visto em seu conhecimento evidente sobre opiniões judaicas a respeito de assuntos como: o Messias e seu conhecimento dos costumes judaicos, por exemplo a purificação. (2) *Ele foi testemunha ocular da maioria dos eventos que relatou.* Isso é percebido por seu conhecimento exato do tempo, quanto à hora ou período do dia em que um fato ocorreu; em seu conhecimento do número de pessoas ou coisas presentes, como a divisão das vestes de Cristo em quatro partes; na intensidade da narrativa, que ele dificilmente teria caso não tivesse presenciado tudo. (3) *Ele foi um apóstolo.* Isso é visto em seu conhecimento sobre os pensamentos dos discípulos (2.11,17); em seu conhecimento sobre as palavras ditas em particular pelos discípulos a Jesus e entre eles (4.31,33 etc.); em seu conhecimento dos locais de retiro dos discípulos (11.54 etc.); em seu conhecimento sobre as intenções do Senhor etc. (2.24,25 etc.) e em seu conhecimento sobre os sentimentos de Cristo (11.33). (4) *Ele era filho de Zebedeu* (Mc 1.19,20), e provavelmente foi um dos dois discípulos de João, o Batista, que foram encaminhados a Jesus (1.40). (5) *Ele é um dos três mais proeminentes dos apóstolos*, sendo várias vezes honrado de forma especial (Mt 17.1-3 etc.) e é proeminente no trabalho da Igreja após a ascensão de Cristo, bem como em todo o seu trabalho antes de sua morte. (6) *Também escreveu três epístolas e o Apocalipse.* Ele viveu mais do que todos os outros apóstolos e pode ter morrido na Ilha de Patmos como exilado, em 100 d.C.

Época e circunstâncias dos escritos. Estes são tão diferentes daqueles que influenciaram os outros evangelistas que dificilmente alguém pode escapar do sentimento de que o evangelho de João é descrito de acordo. O evangelho havia sido pregado em todo o Império Romano e o cristianismo já não era considerado uma seita judaica, anexada à sinagoga. Jerusalém fora derrubada e o Templo destruído. Os cristãos estavam sendo extremamente perseguidos, mas tinham conseguido grandes triunfos em muitas regiões. Todo o restante do Novo Testamento, exceto o Apocalipse, já fora escrito. Surgiram alguns que discordavam da divindade de Jesus e, embora o evangelho não seja mera polêmica contra esse falso ensinamento, ele, ao estabelecer o verdadeiro ensinamento, destrói completamente o falso. Talvez tenha escrito aos cristãos de todas as nacionalidades cuja história, a essa altura, havia sido enriquecida pelo sangue daqueles martirizados devido à fé. Em vez do Messias em quem os judeus encontrariam o Salvador, ou o poderoso obreiro considerado pelos romanos, ou o Homem Ideal considerado pelos gregos, João escreveu sobre a eterna Palavra Encarnada em cujo reino espiritual cada um, tendo perdido a sua mesquinhez e o preconceito racial, poderia estar unido para sempre.

Estilo e propósito. Este evangelho difere dos demais em linguagem e propósito. É tão profundo quanto simples e tem vários elementos de estilo como seguem: (1) *Simplicidade.* As frases são curtas e conectadas por conjunções coordenativas. Existem poucas citações diretas, e poucas orações subordinadas, e a maioria delas mostra a sequência de coisas, seja como causa ou propósito. (2) *Similaridade.* Isso decorre do método de tratar cada passo na narrativa como se fosse isolado e separado de todo o restante, em vez de unificá-lo com o todo. (3) *Repetição*, seja na narrativa própria ou nas palavras citadas do Senhor, é muito frequente. Os seguintes exemplos ilustrarão isso: "No princípio, aquele que é a Palavra já existia. A Palavra estava com Deus, e a Palavra era Deus". "A luz brilha na escuridão, e a escuridão nunca conseguiu apagá-la". "Eu sou o bom pastor. O bom pastor sacrifica sua vida pelas ovelhas". "Quando Jesus viu Maria chorar, e o povo também, sentiu profunda indignação e grande angústia". "Mas há outro que também testemunha sobre mim, e eu lhes asseguro que tudo que ele diz a meu respeito é verdadeiro". O estudante deverá elaborar uma lista de todas essas repetições. (4) *Paralelismo*, ou declarações que expressam as mesmas verdades ou verdades semelhantes, como as seguintes que são comuns. "Eu lhes deixo um presente, a minha plena paz. E essa paz que eu lhes dou é um presente"; "Não deixem que seu coração fique aflito. Creiam em Deus; creiam também em mim"; "Eu lhes dou a vida eterna, e elas nunca morrerão". Esse paralelismo, que ao mesmo tempo se torna repetição, é visto da maneira como um assunto ou conclusão é declarada e, após elaboração, reafirmada de um modo novo e ampliado, ensinando assim a verdade em uma beleza e força que se desdobram gradualmente. Uma ilustração é encontrada na declaração: "E eu os ressuscitarei no último dia", 6.39,40,44. (5) *Contrastes.* O propósito é mais simples e mais facilmente visto do que o de qualquer outro dos evangelistas. Por um lado, ele mostra como o amor e a fé se desenvolvem no crente até que, no final, Tomé, que era o que tinha mais dúvidas de todos, pôde exclamar: "Meu Senhor e meu Deus". Por outro lado, mostra que o incrédulo avançou da simples indiferença para um ódio positivo que culminou na crucificação. Este propósito é levado a cabo por um processo de elementos contrastantes e separados que são opostos, tais como (a) Luz e escuridão; (b) Verdade e falsidade; (c) Bem e mal; (d) Vida e morte; (e) Deus e Satanás. Em tudo isso, ele está convencendo seu leitor de que Jesus é o Cristo, o Filho de Deus.

CARACTERÍSTICAS E PROPÓSITO

1. É um evangelho das Celebrações. Na verdade, se subtrairmos dele esses milagres e ensinamentos e outras obras realizadas, em conexão com as festas, ficamos apenas com alguns fragmentos restantes. O valor do livro seria destruído e os mais belos e profundos ensinamentos do evangelho perdidos.

O estudante se beneficiará com a seguinte lista de festas esforçando-se em agrupar sob cada uma os eventos que João registra: (a) A festa da Páscoa (2.13,23), Primeira Páscoa, 27 d.C.; (b) Uma festa dos judeus (5.1), provavelmente Purim; (c) Páscoa, uma festa dos judeus (6.4), Segunda Páscoa, 28 d.C.; (d) Festa das Cabanas (7.2); (f) Festa da Dedicação (10.22); (g) Páscoa (11.55,56; 12.1,12,20; 13.29; 18.28). Terceira Páscoa, 29 d.C.

2. É um evangelho de testemunho. João escreve para provar que Jesus é o Cristo. Ele assume a atitude de um advogado diante de um júri e apresenta testemunho até ter certeza de seu caso e depois encerra o testemunho com a certeza de que muito mais poderia ser oferecido se isso fosse necessário. Existem sete variedades de testemunho: (a) O testemunho de João Batista; (b) O testemunho de outros indivíduos; (c) O testemunho das obras de Jesus; (d) O testemunho do próprio Jesus (veja os "Eu sou"); (f) O testemunho da Escritura; (g) O testemunho do Pai; (h) O testemunho do Espírito Santo.

3. É um evangelho de convicção. O objetivo é produzir fé: vários exemplos de crença, mostrando o crescimento da fé; o segredo da fé, como ouvir ou receber a palavra; os resultados da fé, como vida eterna, liberdade, paz, poder etc.

4. É um evangelho espiritual. Ele representa as mediações mais profundas de João, que são moldadas para estabelecer uma grande doutrina que, em vez de relatos históricos, se tornou seu grande impulso. Para João, "história é doutrina" e ele a revê à luz da sua interpretação espiritual. Forneceu um grande baluarte contra os mestres gnósticos, que haviam negado a divindade de Jesus. Ele também enfatizou e detalhou sobre a humanidade de Jesus. Todo o seu propósito é "não tanto o registro histórico dos fatos quanto o desenvolvimento de seu mais íntimo sentido".

5. É um evangelho de símbolos. João era místico e gostava muito de símbolos místicos. Todo o livro fala na linguagem de símbolos. Os números místicos três e sete prevalecem ao longo do livro, não apenas nas coisas e palavras registradas, mas na organização dos assuntos. Cada um dos Oito Milagres é usado para um "sinal" ou símbolo, como na multiplicação dos pães para 5.000 em que Jesus aparece como o Pão ou o sustento da vida. As grandes alegorias do Bom Pastor, a ovelha e a videira; os nomes usados para designar Jesus como a Palavra, Luz, Caminho, Verdade, Vida etc., todas mostram como todo o evangelho contém um espírito de representação simbólica.

6. É o evangelho da encarnação. "Mateus explica Sua função messiânica; Marcos, Suas obras ativas e Lucas, Seu caráter como Salvador". João exalta Sua pessoa e em todos os lugares nos faz ver "a Palavra que se tornou ser humano, carne e osso". Deus não está distante de nós. Ele se tornou carne. A Palavra veio como homem encarnado. Jesus, este Homem Encarnado, é Deus e, como tal, preenche o livro inteiro, mas Ele, no entanto, tem sede e fome e conhece a experiência humana. Deus desceu até o homem para capacitá-lo a subir até Deus.

Assunto: Jesus, o Cristo, Filho de Deus.

ESBOÇO

Introdução ou prólogo, 1.1-18

(1) A natureza divina da Palavra, vv.1-5
(2) A manifestação da Palavra como o Salvador do mundo, vv.6-18

1. O testemunho de Seu grande ministério público, 1.19–12.50
   1.1. Ele é revelado, 1.19–2.12
   1.2. Ele é reconhecido, 2.13–4.54
   1.3. Ele é hostilizado, Caps. 5–11
   1.4. Ele é honrado, Cap. 12

2. O testemunho de Seu ministério particular com Seus discípulos, Caps. 13–17
   2.1. Ele ensina e conforta Seus discípulos, Caps. 13–16
   2.2. Ele ora por Seus discípulos, Cap. 17
3. O testemunho de Sua Paixão, Caps. 18–19
   3.1. A traição, 18.1-11
   3.2. O julgamento judaico ou eclesiástico, 18.12-27
   3.3. O julgamento romano ou civil, 18.28–19.16
   3.4. Sua morte e sepultamento, 19.17-42
4. O testemunho de Sua ressurreição e manifestação, Caps. 20–21
   4.1. Sua ressurreição e manifestação aos Seus discípulos, Cap. 20
   4.2. Outras manifestações e instruções aos Seus discípulos, Cap. 21

PARA ESTUDO E DISCUSSÃO

[1] Os eventos e discursos relacionados com cada festa mencionada anteriormente.
[2] As sete variedades de testemunho mencionadas anteriormente. Liste exemplos de cada um deles.
[3] Os seguintes milagres, como "sinais", indicam o que eles simbolizam sobre Jesus: (a) O milagre de Caná, 2.1-15; (b) O filho do oficial do rei, 4.48-54; (c) O homem paralítico, 5.1-16; (d) Comida para 5.000, 6.3-14; (e) Andando sobre o mar, 6.16-20; (f) A cura do cego, Cap. 9; (g) A ressurreição de Lázaro, Cap. 11; (h) A rede cheia de peixes, 21.1-11.
[4] Os seguintes discursos: (a) A conversa com Nicodemos, Cap. 3; (b) A conversa com a mulher no poço, Cap. 4; (c) O discurso sobre o pastor e as ovelhas, Cap. 10; (d) As discussões do capítulo 13; (e) O discurso sobre a videira, Cap. 15; (f) A oração do Senhor, Cap. 17.
[5] Nas seguintes passagens, encontre a causa ou explicação para a incredulidade: 1.45-50; 3.11,19,20; 5.16,40,42,44; 6.42,52; 7.41,42,48; 8.13,14,45; 12.26,44; 20.9.
[6] Estude os resultados da incredulidade a partir destes textos: 3.18,20,36; 4.13,14; 6.35,53,58; 8.19,34,55; 14.1,28; 15.5; 16.6,9.
[7] Faça uma lista de todas as cenas noturnas do livro e estude-as.
[8] Estude cada exemplo de alguém adorando a Jesus.
[9] Nomeie cada capítulo do livro de modo a indicar algum acontecimento importante nele — assim como o capítulo da videira ou o capítulo do Bom Pastor.
[10] Descubra onde e quantas vezes cada uma das seguintes palavras e frases ocorre e estude-as: (a) Vida eterna, 18 vezes, apenas 13 em todos os outros evangelhos juntos; (b) crer; (c) enviado; (d) vida; (e) sinal ou sinais; (f) obra ou obras; (g) João Batista; (h) receber, recebi etc.; (i) testemunha, testemunhar, testemunho etc.; (j) verdade; (l) "Eu sou" (dito por Jesus).

PÃO DIÁRIO

Amor supridor

Assim, a Palavra se tornou ser humano, carne e osso, e habitou entre nós. Ele era cheio de graça e verdade. E, vimos sua glória, a glória do Filho único do Pai.

—João 1.14

No fim da jornada terrena de minha mãe, ela e papai ainda estavam apaixonados e compartilhavam uma forte fé em Cristo. Minha mãe tinha desenvolvido demência e começou a perder a memória, inclusive esquecendo a sua própria família. Porém, papai a visitava regularmente no lar de idosas e encontrava maneiras de suprir suas capacidades então limitadas.

Por exemplo, ele levava caramelos para ela, desembrulhava um e colocava em sua boca, algo que ela não conseguia mais fazer sozinha. Enquanto ela saboreava vagarosamente a bala, papai sentava-se em silêncio ao lado dela e segurava sua mão. Quando o horário de visitação terminava, papai, irradiando alegria, dizia com um sorriso largo: "Sinto tanta paz e alegria quando passo tempo com ela".

Embora eu me sentisse tocado pela alegria dele em ajudar minha mãe, ficava mais sensibilizado pela percepção de que ele estava representando a graça de Deus. Jesus estava disposto a humilhar-se para nos suprir em nossas fraquezas. Refletindo sobre a encarnação de Cristo, João escreveu: "Assim, a Palavra se tornou ser humano, carne e osso, e habitou entre nós" (1.14). Sob as limitações humanas, Ele realizou inúmeros atos de compaixão para nos suprir em nossas fraquezas.

Você conhece alguém que se beneficiaria do amor incondicional de Jesus e que pode ser alcançado por seu intermédio hoje?

Querido Senhor, desejo tanto ser um canal de bênçãos para os outros! Sei que não posso fazer isso com minhas próprias forças, por isso te peço que me enchas com o Teu amor para que eu possa demonstrar a Tua presença em mim aos que estão ao meu redor. Obrigada, Senhor.

Para ser um canal de bênção, permita que o amor de Cristo flua por seu intermédio.

Prólogo: Cristo, a Palavra eterna

1 ¹No princípio, aquele que é a Palavra já existia.

A Palavra estava com Deus,
e a Palavra era Deus.

²Ele existia no princípio com Deus. ³Por meio dele Deus criou todas as coisas, e sem ele nada foi criado. ⁴Aquele que é a Palavra possuía a vida, e sua vida trouxe luz a todos. ⁵A luz brilha na escuridão, e a escuridão nunca conseguiu apagá-la.[a]

⁶Deus enviou um homem chamado João ⁷para falar a respeito da luz, a fim de que, por meio de seu testemunho, todos cressem. ⁸Ele não era a luz, mas veio para falar da luz. ⁹Aquele que é a verdadeira luz, que ilumina a todos, estava chegando ao mundo.

¹⁰Veio ao mundo que ele criou, mas o mundo não o reconheceu. ¹¹Veio a seu próprio povo, e eles o rejeitaram. ¹²Mas, a todos que creram nele e o aceitaram, ele deu o direito de se tornarem filhos de Deus. ¹³Estes não nasceram segundo a ordem natural, nem como resultado da paixão[b] ou da vontade humana, mas nasceram de Deus.

¹⁴Assim, a Palavra se tornou ser humano, carne e osso, e habitou entre nós. Ele era cheio de graça e verdade. E vimos sua glória, a glória do Filho único do Pai.

¹⁵João deu testemunho dele quando disse em alta voz: "Este é aquele a quem eu me referia quando disse: 'Alguém virá depois de mim, muito mais poderoso que eu, pois existia muito antes de mim'".

¹⁶De sua plenitude todos nós recebemos graça sobre graça. ¹⁷Pois a lei foi dada por meio de Moisés, mas a graça e a verdade vieram por meio de Jesus Cristo. ¹⁸Ninguém jamais viu a Deus, mas o Filho único,[c] que mantém comunhão íntima com o Pai, o revelou.

O testemunho de João Batista

¹⁹Este foi o testemunho de João quando os líderes judeus enviaram de Jerusalém sacerdotes e levitas para lhe perguntar: "Quem é você?". ²⁰Ele respondeu com toda franqueza: "Eu não sou o Cristo".[d]

²¹"Então quem é você?", perguntaram eles. "É Elias?"

"Não", respondeu ele.

"É o Profeta por quem temos esperado?"[e]

"Não".

---

[a] **1.5** Ou *e a escuridão não a entendeu*. [b] **1.13** Em grego, *não nasceram do sangue, nem da vontade da carne*. [c] **1.18** Alguns manuscritos trazem o *Deus único*. [d] **1.20** Ou *Messias*. Tanto *Messias* (do hebraico) como *Cristo* (do grego) significam "ungido". [e] **1.21** Em grego, *É o Profeta?* Ver Dt 18.15,18; Ml 4.5-6.

²²"Afinal, quem é você? Precisamos de uma resposta para aqueles que nos enviaram. O que você tem a dizer de si mesmo?"

²³João respondeu com as palavras do profeta Isaías:

"Eu sou uma voz que clama no deserto: 'Preparem o caminho para a vinda do Senhor!'".ᵃ

²⁴Então os fariseus que tinham sido enviados ²⁵lhe perguntaram: "Se você não é o Cristo, nem Elias, nem o Profeta, que direito tem de batizar?".

²⁶João lhes disse: "Eu batizo comᵇ água, mas em seu meio há alguém que vocês não reconhecem. ²⁷Embora ele venha depois de mim, não sou digno de desamarrar as correias de sua sandália".

²⁸Esse encontro aconteceu em Betânia, um povoado a leste do rio Jordão, onde João estava batizando.

Jesus, o Cordeiro de Deus

²⁹No dia seguinte, João viu Jesus caminhando em sua direção e disse: "Vejam! É o Cordeiro de Deus, que tira o pecado do mundo! ³⁰Era a ele que eu me referia quando disse: 'Um homem virá depois de mim, muito mais poderoso que eu, pois existia muito antes de mim'. ³¹Eu não o conhecia, mas vim batizando com água para que ele fosse revelado a Israel".

³²Então João deu o seguinte testemunho: "Vi o Espírito Santo descer do céu na forma de uma pomba e permanecer sobre ele. ³³Eu não sabia quem ele era, mas, quando Deus me enviou para batizar com água, disse-me: 'Aquele sobre o qual você vir o Espírito descer e permanecer, esse é o que batizará com o Espírito Santo'. ³⁴Eu vi isso acontecer e, portanto, dou testemunho de que ele é o Filho de Deus".ᶜ

Os primeiros discípulos

³⁵No dia seguinte, João estava novamente com dois de seus discípulos. ³⁶Quando viu Jesus passar, olhou para ele e declarou: "Vejam! É o Cordeiro de Deus!". ³⁷Ao ouvirem isso, os dois discípulos de João seguiram Jesus.

³⁸Jesus olhou em volta e viu que o seguiam. "O que vocês querem?", perguntou.

Eles responderam: "Rabi (que significa 'Mestre'), onde o senhor está hospedado?".

³⁹"Venham e vejam", disse ele. Eram cerca de quatro horas da tarde quando o acompanharam até o lugar onde Jesus estava hospedado, e passaram o resto do dia com ele.

⁴⁰André, irmão de Simão Pedro, era um dos dois que ouviram o que João tinha dito e seguiram Jesus. ⁴¹André foi procurar seu irmão, Simão, e lhe disse: "Encontramos o Messias (isto é, o Cristo)".

⁴²Então André levou Simão para conhecer Jesus. Olhando para ele, Jesus disse: "Você é Simão, filho de João, mas será chamado Cefas (isto é, Pedro)".ᵈ

⁴³No dia seguinte, Jesus decidiu ir à Galileia. Encontrou Filipe e lhe disse: "Siga-me". ⁴⁴Filipe era de Betsaida, cidade natal de André e Pedro.

⁴⁵Filipe foi procurar Natanael e lhe disse: "Encontramos aquele sobre quem Moisés, na lei, e os profetas escreveram! Seu nome é Jesus de Nazaré, filho de José".

⁴⁶"Nazaré!", exclamou Natanael. "Pode vir alguma coisa boa de Nazaré?"

"Venha e veja você mesmo", respondeu Filipe.

⁴⁷Jesus viu Natanael se aproximar e disse: "Aí está um verdadeiro filho de Israel, um homem totalmente íntegro".

⁴⁸"Como o senhor sabe a meu respeito?", perguntou Natanael.

Jesus respondeu: "Vi você sob a figueira antes que Filipe o chamasse".

⁴⁹Então Natanael exclamou: "Rabi, o senhor é o Filho de Deus, o Rei de Israel!".

⁵⁰Jesus lhe perguntou: "Você crê nisso porque eu disse que o vi sob a figueira? Você verá coisas maiores que essa". ⁵¹E acrescentou: "Eu lhes digo a verdade: vocês verão o céu aberto e os anjos de Deus subindo e descendo sobre o Filho do Homem".

O casamento em Caná

2 Três dias depois, houve uma festa de casamento no povoado de Caná da Galileia. A

ᵃ **1.23** Ou *Eu sou uma voz que clama: "Preparem no deserto o caminho para a vinda do Senhor!"*. Is 40.3. ᵇ **1.26** Ou *em*; também em 1.31,33. ᶜ **1.34** Alguns manuscritos trazem *o Escolhido de Deus*. ᵈ **1.42** Tanto *Cefas* (do aramaico) como *Pedro* (do grego) significam "pedra".

> **REFLETINDO SOBRE:** Guardando o melhor para o final

O milagre de Jesus em Caná

Olho nenhum viu, ouvido nenhum ouviu, e mente nenhuma imaginou o que Deus preparou para aqueles que o amam.
—1 Coríntios 2.9

Muitas pessoas acham que o melhor feriado do calendário vem no último mês do ano. A maioria das pessoas concordaria que a melhor parte de uma refeição é servida por último, pelo menos nas festas de fim de ano. Mas, algumas vezes, recebemos o melhor primeiro e o pior depois, especialmente no mundo da propaganda. O que parece um grande negócio pode acabar sendo somente uma oferta introdutória, o preço mais tarde sobe ou tarifas e cobranças adicionais são incluídas.

Na época de Jesus, o povo judeu tinha um costume semelhante relacionado a uma oferta inicial: um anfitrião normalmente servia primeiro o melhor e mais caro vinho e, mais tarde, servia o vinho mais barato. Nesse momento, os convidados já teriam bebido o suficiente e provavelmente não perceberiam a qualidade ruim da bebida. Mas, quando Jesus transformou a água em vinho no casamento em Caná, o vinho era de qualidade excepcional e a celebração já estava acontecendo há algum tempo.

Se a noiva ouviu as observações feitas ao seu noivo pelo mestre de cerimônias, eles provavelmente ficaram muito surpresos. O mestre de cerimônias se maravilhou com a qualidade superior do vinho, sem saber que momentos antes era, na verdade, água. Ele disse ao noivo: "O anfitrião sempre serve o melhor vinho primeiro [...] Mas você guardou o melhor vinho até agora" (Jo 2.10).

Quando lemos o fim da Bíblia, vemos que Deus está guardando o melhor para o final. Ele nos diz diretamente que, quando aceitamos a Cristo, podemos esperar lutas, tristezas, perseguição e ódio da parte dos inimigos de Deus. Ser cristão significa tomar a sua cruz e morrer para si mesmo. Ainda que vivenciemos alegrias incríveis em nosso relacionamento com Ele agora, o melhor virá mais tarde. Chegará o dia em que viveremos no lugar perfeito que Ele preparou para nós e desfrutaremos do Seu melhor para sempre.

---

mãe de Jesus estava ali, ²e Jesus e seus discípulos também foram convidados para a celebração. ³Durante a festa, o vinho acabou, e a mãe de Jesus lhe disse: "Eles não têm mais vinho".

⁴"Mulher, isso não me diz respeito", respondeu Jesus. "Minha hora ainda não chegou."

⁵Sua mãe, porém, disse aos empregados: "Façam tudo que ele mandar".

⁶Havia ali perto seis potes de pedra usados na purificação cerimonial judaica. Cada um tinha capacidade entre 80 e 120 litros.[a] ⁷Jesus disse aos empregados: "Encham os potes com água". Quando os potes estavam cheios, ⁸disse: "Agora tirem um pouco e levem ao mestre de cerimônias". Os empregados seguiram suas instruções.

⁹O mestre de cerimônias provou a água transformada em vinho, sem conhecer sua procedência (embora os empregados obviamente soubessem). Então chamou o noivo.

¹⁰"O anfitrião sempre serve o melhor vinho primeiro", disse ele. "Depois, quando todos já beberam bastante, serve o vinho de menor qualidade. Mas você guardou o melhor vinho até agora!"

¹¹Esse sinal em Caná da Galileia foi o primeiro milagre que Jesus fez. Com isso ele manifestou sua glória, e seus discípulos creram nele.

¹²Depois do casamento, foi a Cafarnaum, onde passou alguns dias com sua mãe, seus irmãos e seus discípulos.

Jesus purifica o templo

¹³Era quase época da festa da Páscoa judaica, de modo que Jesus subiu a Jerusalém. ¹⁴No pátio do templo, viu comerciantes que vendiam bois, ovelhas e pombas para os sacrifícios; também viu negociantes, em mesas, trocando dinheiro estrangeiro. ¹⁵Jesus fez um chicote de cordas e os expulsou a todos do templo. Pôs para fora as ovelhas e os bois, espalhou as moedas dos negociantes no chão e virou as

---

[a] **2.6** Em grego, *2 ou 3 metretas*.

mesas. ¹⁶Depois, foi até aqueles que vendiam pombas e lhes disse: "Tirem essas coisas daqui! Parem de fazer da casa de meu Pai um mercado!".

¹⁷Então os discípulos se lembraram desta profecia das Escrituras: "O zelo pela casa de Deus me consumirá".ª

¹⁸"O que você está fazendo?", questionaram os líderes judeus. "Que sinal você nos mostra para comprovar que tem autoridade para isso?"

¹⁹"Pois bem", respondeu Jesus. "Destruam este templo, e em três dias eu o levantarei."

²⁰Eles disseram: "Foram necessários 46 anos para construir este templo, e você o reconstruirá em três dias?". ²¹Mas quando Jesus disse "este templo", estava se referindo a seu próprio corpo. ²²Depois que ele ressuscitou dos mortos, seus discípulos se lembraram do que ele tinha dito e creram nas Escrituras e em suas palavras.

²³Por causa dos sinais que Jesus realizou em Jerusalém durante a festa da Páscoa, muitos creram nele. ²⁴Jesus, porém, não confiava neles, pois conhecia a todos. ²⁵Ninguém precisava lhe dizer como o ser humano é de fato, pois ele conhecia a natureza humana.

Nicodemos visita Jesus

3 Havia um fariseu chamado Nicodemos, líder religioso entre os judeus. ²Certa noite, veio falar com Jesus e disse: "Rabi, todos nós sabemos que Deus enviou o senhor para nos ensinar. Seus sinais são prova de que Deus está com o senhor".

³Jesus respondeu: "Eu lhe digo a verdade: quem não nascer de novo,ᵇ não verá o reino de Deus".

⁴"Como pode um homem velho nascer de novo?", perguntou Nicodemos. "Acaso ele pode voltar ao ventre da mãe e nascer uma segunda vez?"

⁵Jesus respondeu: "Eu lhe digo a verdade: ninguém pode entrar no reino de Deus sem nascer da água e do Espírito.ᶜ ⁶Os seres humanos podem gerar apenas vida humana, mas o Espírito dá à luz vida espiritual.ᵈ ⁷Portanto, não se surpreenda quando eu digo: 'É necessário nascer de novo'. ⁸O vento sopra onde quer. Assim como você ouve o vento, mas não é capaz de dizer de onde ele vem nem para onde vai, também é incapaz de explicar como as pessoas nascem do Espírito."

PÃO DIÁRIO

Na sombra da noite

Havia um fariseu chamado Nicodemos, líder religioso entre os judeus. Certa noite, veio falar com Jesus...
—João 3.1,2

De acordo com o apóstolo João, Nicodemos veio falar com Jesus "certa noite" (Jo 3.2). Será que esse fariseu estava se ocultando nas sombras da noite, constrangido ou envergonhado por ser da classe dominante e estar curioso a respeito de Jesus?

Alguns sugerem que era apenas por ser mais fresco à noite. Outros têm dito que à noite era o melhor momento para questionar Jesus, porque era mais silencioso e havia menos distrações.

Na verdade, não sabemos os motivos pelos quais Nicodemos foi até o Mestre à noite, mas João parecia determinado a dar importância a esse detalhe. Cada vez que mencionava Nicodemos, ele o identificava dizendo algo como: Você sabe de quem estou falando — "o homem que tinha ido conversar com Jesus à noite" (7.50; 19.39).

Nicodemos, sem dúvida, era moralmente correto e vivia de acordo com a Lei de Moisés. As pessoas provavelmente achavam que ele era uma boa pessoa. Porém, nada disso importava. Ele era ignorante a respeito de quem Jesus realmente era e queria conhecer a verdade. Então, foi tirado das trevas à presença da "luz do mundo" (8.12).

Jesus também nos chama "das trevas" (1Pe 2.9) e promete que todo aquele que nele crer não permanecerá "na escuridão" (Jo 12.46).

Senhor, tenho que admitir que, às vezes, sou como aqueles que amam mais as trevas do que a luz. Tu disseste que é porque gostamos de fazer coisas erradas. Por favor, ajuda-me a evitar as trevas para que eu possa me aquecer na luz do Teu amor. Protege-me da minha tendência de me afastar de ti, que és luz. Ajuda-me a refletir a Tua luz aos outros que também precisam conhecer-te como a luz do mundo.

A fé em Cristo não é um salto no escuro; é um degrau para alcançar a luz.

ª2.17 Ou *A preocupação com a casa de Deus será minha ruína.* Sl 69.9. ᵇ3.3 Ou *nascer do alto*; também em 3.4,7. ᶜ3.5 O termo grego para *Espírito* também pode ser traduzido como *vento*. Ver 3.8. ᵈ3.6 Em grego, *O que é nascido da carne é carne, e o que é nascido do Espírito é espírito.*

⁹"Como pode ser isso?", perguntou Nicodemos. ¹⁰Jesus respondeu: "Você é um mestre respeitado em Israel e não entende essas coisas? ¹¹Eu lhe digo a verdade: falamos daquilo que sabemos e vimos e, no entanto, vocês não creem em nosso testemunho. ¹²Se vocês não creem em mim quando falo de coisas terrenas, como crerão se eu falar de coisas celestiais? ¹³Ninguém jamais subiu ao céu, exceto aquele que de lá desceu, o Filho do Homem.ᵃ ¹⁴E, como Moisés, no deserto, levantou a serpente de bronze numa estaca, também é necessário que o Filho do Homem seja levantado, ¹⁵para que todo o que nele crer tenha a vida eterna.ᵇ

¹⁶"Porque Deus amou tanto o mundo que deu seu Filho único, para que todo o que nele crer não pereça, mas tenha a vida eterna. ¹⁷Deus enviou seu Filho ao mundo não para condenar o mundo, mas para salvá-lo por meio dele.

¹⁸"Não há condenação alguma para quem crê nele. Mas quem não crê nele já está condenado por não crer no Filho único de Deus. ¹⁹E a condenação se baseia nisto: a luz de Deus veio ao mundo, mas as pessoas amaram mais a escuridão que a luz, porque seus atos eram maus. ²⁰Quem pratica o mal odeia a luz e não se aproxima dela, pois teme que seus pecados sejam expostos. ²¹Mas quem pratica a verdade se aproxima da luz, para que outros vejam que ele faz a vontade de Deus".ᶜ

João Batista exalta Jesus

²²Então Jesus e seus discípulos saíram de Jerusalém e foram à região da Judeia. Jesus passou um tempo ali com eles, batizando.

²³Nessa época, João também batizava em Enom, perto de Salim, pois havia ali bastante água, e o povo ia até ele para ser batizado. ²⁴Isso aconteceu antes de João ser preso. ²⁵Surgiu uma discussão entre os discípulos de João e certo judeuᵈ a respeito da purificação cerimonial. ²⁶Os discípulos de João foram falar com ele e lhe disseram: "Rabi, o homem que o senhor encontrou no outro lado do rio Jordão, aquele de quem o senhor deu testemunho, também está batizando. Todos vão até ele".

²⁷João respondeu: "Ninguém pode receber coisa alguma, a menos que lhe seja concedida do céu. ²⁸Vocês sabem que eu lhes disse claramente: 'Eu não sou o Cristo. Estou aqui apenas para preparar o caminho para ele'. ²⁹É o noivo que se casa com a noiva; o amigo do noivo simplesmente se alegra de estar ao lado dele e ouvir seus votos. Portanto, muito me alegro com o destaque dele. ³⁰Ele deve se tornar cada vez maior, e eu, cada vez menor".

A superioridade do Filho

³¹Aquele que veio do alto é superior a todos. Nós somos da terra e falamos de coisas terrenas, mas ele veio do céu e é superior a todos.ᵉ ³²Ele dá testemunho daquilo que viu e ouviu, mas como são poucos os que creem no que ele diz! ³³Todo aquele que aceita seu testemunho confirma que Deus é verdadeiro. ³⁴Pois ele foi enviado por Deus e fala as palavras de Deus, porque Deus lhe dá, sem limites, o Espírito. ³⁵O Pai ama o Filho e pôs tudo em suas mãos. ³⁶E quem crê no Filho de Deus tem a vida eterna. Quem não obedece ao Filho não tem a vida eterna, mas a ira de Deus permanece sobre ele.

A mulher samaritana junto ao poço

4 Jesusᶠ sabia que os fariseus tinham ouvido dizer que ele batizava e fazia mais discípulos que João, ²embora Jesus mesmo não os batizasse, e sim seus discípulos. ³Assim, deixou a Judeia e voltou para a Galileia.

⁴No caminho, teve de passar por Samaria. ⁵Chegou ao povoado samaritano de Sicar, perto do campo que Jacó tinha dado a seu filho José. ⁶O poço de Jacó ficava ali, e Jesus, cansado da longa caminhada, sentou-se junto ao poço, por volta do meio-dia. ⁷Pouco depois, uma mulher samaritana veio tirar água, e Jesus lhe disse: "Por favor, dê-me um pouco de água para beber". ⁸Naquele momento, seus discípulos tinham ido ao povoado comprar comida.

⁹A mulher ficou surpresa, pois os judeus se recusam a ter qualquer contato com os samaritanos. "Você é judeu, e eu sou uma mulher

---

ᵃ 3.13 Alguns manuscritos acrescentam *que hoje está no céu.* ᵇ 3.15 Ou *para que todo o que crer tenha a vida eterna nele.* ᶜ 3.21 Ou *para que vejam Deus operar por meio de suas ações.* ᵈ 3.25 Alguns manuscritos trazem *alguns judeus.* ᵉ 3.31 Alguns manuscritos não trazem *e é superior a todos.* ᶠ 4.1 Alguns manuscritos trazem *O Senhor.*

samaritana", disse ela a Jesus. "Como é que me pede água para beber?"

¹⁰Jesus respondeu: "Se ao menos você soubesse que presente Deus tem para você e com quem está falando, você me pediria e eu lhe daria água viva".

¹¹"Mas você não tem corda nem balde, e o poço é muito fundo", disse ela. "De onde tiraria essa água viva? ¹²Além do mais, você se considera mais importante que nosso antepassado Jacó, que nos deu este poço? Como pode oferecer água melhor que esta que Jacó, seus filhos e seus animais bebiam?"

¹³Jesus respondeu: "Quem bebe desta água logo terá sede outra vez, ¹⁴mas quem bebe da água que eu dou nunca mais terá sede. Ela se torna uma fonte que brota dentro dele e lhe dá a vida eterna".

¹⁵"Por favor, senhor, dê-me dessa água!", disse a mulher. "Assim eu nunca mais terei sede nem precisarei vir aqui para tirar água."

¹⁶"Vá buscar seu marido", disse Jesus.

¹⁷"Não tenho marido", respondeu a mulher. Jesus disse: "É verdade. Você não tem marido, ¹⁸pois teve cinco maridos e não é casada com o homem com quem vive agora. Certamente você disse a verdade".

¹⁹"O senhor deve ser profeta", disse a mulher. ²⁰"Então diga-me: por que os judeus insistem que Jerusalém é o único lugar de adoração, enquanto nós, os samaritanos, afirmamos que é aqui, no monte Gerizim,ᵃ onde nossos antepassados adoraram?"

²¹Jesus respondeu: "Creia em mim, mulher, está chegando a hora em que já não importará se você adora o Pai neste monte ou em Jerusalém. ²²Vocês, samaritanos, sabem muito pouco a respeito daquele a quem adoram. Nós adoramos com conhecimento, pois a salvação vem por meio dos judeus. ²³Mas está chegando a hora, e de fato já chegou, em que os verdadeiros adoradores adorarão o Pai em espírito e em verdade.ᵇ O Pai procura pessoas que o adorem desse modo. ²⁴Pois Deus é Espírito, e é necessário que seus adoradores o adorem em espírito e em verdade."

²⁵A mulher disse: "Eu sei que o Messias (aquele que é chamado Cristo) virá. Quando vier, ele nos explicará tudo".

²⁶Então Jesus lhe disse: "Sou eu, o que fala com você!".

²⁷Naquele momento, seus discípulos voltaram. Ficaram surpresos de encontrá-lo falando com uma mulher, mas nenhum deles se atreveu a perguntar: "O que o senhor quer?" ou "Por que conversa com ela?". ²⁸A mulher deixou sua vasilha de água junto ao poço e correu de volta para o povoado, dizendo a todos: ²⁹"Venham ver um homem que me disse tudo que eu já fiz na vida! Será que não é ele o Cristo?". ³⁰Então as pessoas saíram do povoado para vê-lo.

³¹Enquanto isso, os discípulos insistiam com Jesus: "Rabi, coma alguma coisa".

³²Ele, porém, respondeu: "Eu tenho um tipo de alimento que vocês não conhecem".

³³Os discípulos perguntaram uns aos outros: "Será que alguém lhe trouxe comida?".

³⁴Então Jesus explicou: "Meu alimento consiste em fazer a vontade daquele que me enviou e em terminar a sua obra. ³⁵Vocês não costumam dizer: 'Ainda faltam quatro meses para a colheita'? Mas eu lhes digo: despertem e olhem em volta. Os campos estão maduros para a colheita. ³⁶Os que colhem já recebem salário, e os frutos que ajuntam são as pessoas que passam a ter a vida eterna. Que alegria espera tanto o que semeia como o que colhe! ³⁷Vocês conhecem o ditado: 'Um semeia e outro colhe'. E é verdade. ³⁸Eu envio vocês para colher onde não semearam; outros realizaram o trabalho, e agora vocês ajuntarão a colheita".

Muitos samaritanos creem

³⁹Muitos samaritanos do povoado creram em Jesus por causa daquilo que a mulher relatou: "Ele me disse tudo que eu já fiz!". ⁴⁰Quando saíram para vê-lo, insistiram que ficasse no povoado. Jesus permaneceu ali dois dias, ⁴¹e muitos outros ouviram sua palavra e creram. ⁴²Então disseram à mulher: "Agora cremos, não apenas por causa do que você nos contou, mas porque nós mesmos o ouvimos. Agora sabemos que ele é, de fato, o Salvador do mundo".

ᵃ**4.20** Em grego, *neste monte*. ᵇ**4.23** Ou *no Espírito e em verdade*, ou *de maneira verdadeiramente espiritual*; também em 4.24.

Aprendendo com as mulheres da Bíblia

A MULHER JUNTO AO POÇO

Como se enxergar "tal como se é"

Judeus e samaritanos eram inimigos desde 722 a.C., quando os assírios conquistaram as dez tribos de Israel e deportaram todas as pessoas, exceto os mais pobres, para outras terras e trouxeram estrangeiros para Israel a fim de comprometer a identidade do povo (2Re 17.5,6,23,24).

João faz uma menção geográfica interessante. Uma consulta a um mapa de Israel dos tempos do Novo Testamento mostra a província da Galileia ao norte, a província da Judeia ao sul e a região de Samaria entre as duas. Parece lógico que alguém indo da Judeia à Galileia atravessasse Samaria. No entanto, a maioria dos judeus se recusava a caminhar sobre solo samaritano e, para evitá-lo, faziam uma rota quase duas vezes mais longa do que o caminho por Samaria.

Os samaritanos e os judeus se odiavam. Mesmo assim, a Bíblia afirma que Jesus "tevê de passar por Samaria" (Jo 4.4). Cansado, Jesus sentou-se ao lado de um poço em Samaria. Ali, debaixo do sol forte do meio-dia, Ele observou a mulher que se aproximava com um jarro no ombro.

Pouco se sabe sobre essa mulher, a não ser que ela fora casada cinco vezes e que vivia com alguém que não era seu marido. Não sabemos o que acontecera com os cinco relacionamentos anteriores. Porém, uma coisa é certa: se algum de seus casamentos foi desfeito pelo divórcio, não partiu dela, pois apenas os maridos poderiam pedir o divórcio. Era parte da Lei de Moisés sob a qual tanto judeus quanto samaritanos viviam (Dt 24.1-4).

O ponto de vista da escola rabínica de *Shammah* era rigoroso e ensinava que apenas alguma ação contrária às leis da virtude — como o adultério — justificaria o divórcio. Mas o discípulo de *Shammah*, *Hillel*, ensinava o oposto: "coisa indecente nela", qualquer coisa que desagradasse ao marido, como, por exemplo, sal demais na comida. Assim, um homem judeu que quisesse divorciar-se da esposa poderia escolher seguir os ensinamentos do rabi *Hillel* se lhe fosse conveniente.

A mulher no primeiro século não podia forçar o marido a lhe dar uma certidão de divórcio para que ela se casasse novamente, e sobreviver como solteira era impossível. Assim, essa mulher que se aproximava do poço pode ter lutado com isso. Se o seu último marido tivesse recusado a lhe dar a carta de divórcio, ela pode ter-se visto obrigada a viver com um homem com quem ela não estava livre para se casar.

Jesus a observou em seu trajeto rumo ao poço, na hora mais quente do dia. A maioria das mulheres ia ao poço pela manhã ou no fim da tarde, quando estava mais fresco. Será que essa mulher escolheu buscar água imaginando que ninguém mais estaria ali na tentativa de evitar as pessoas da cidade que a tratavam com desdém? Ao aproximar-se, viu Jesus sentado junto ao poço. Quem era Ele? Apenas as mulheres buscavam água, com exceção dos pastores que retiravam água para seus rebanhos. Mas evidentemente aquele homem não era um pastor. Ele estava vestido com uma túnica longa e branca como a dos rabis ou mestres. E mais surpreendente, Ele lhe dirigiu a palavra. Com isso, Jesus infringiu dois fortes costumes hebraicos.

Primeiro, um judeu não falava em público com mulheres. Se o homem fosse um rabi ou líder religioso, ele nem sequer poderia cumprimentar a própria esposa ao passar por ela na rua. Alguns fariseus eram chamados de "fariseus feridos e ensanguentados" porque, sempre que viam uma mulher em público, fechavam os olhos. Não é de se surpreender que, às vezes, eles arremessavam-se nos muros, ferindo a si mesmos. Segundo, Ele utilizou-se do copo de uma desprezada mulher samaritana.

Qualquer outro homem naquele dia teria ignorado a mulher samaritana. As barreiras de raça, religião, sexo, caráter e posição social eram grandes demais. Porém, Jesus era diferente! Ele não se limitava aos costumes da época. Escolhera passar por Samaria e descansar ali, pois uma mulher solitária precisava ouvir a Sua palavra de esperança.

Para iniciar a conversa, Jesus lhe pede água, e essa mulher reage com surpresa: "Como é que me pede água para beber?" (v.9). O Senhor não a responde, mas faz uma declaração intrigante (v.10). Que tipo de enigma é esse? O homem lhe pediu água e, em seguida, diz que tem "água viva" e que ela poderia pedir-lhe.

A água era só um pretexto para Jesus chegar ao que tinha em mente: despertar na mulher a consciência de sua necessidade e da disposição de Deus de atendê-la. Então, Ele lhe revela duas coisas: ela não conhecia o presente que Deus tinha para ela e tampouco ela sabia com quem estava falando.

A samaritana o questiona de onde Ele tiraria essa "água viva" e se Ele era mais importante do que Jacó, que lhes havia dado aquele poço. Água "viva" era mais desejável do que qualquer outra água, pois procedia de uma nascente ou fonte. O poço de Jacó tinha água boa, mas não água corrente ou água viva. Na sequência, Jesus lhe afirma que quem bebesse da água daquele poço sempre voltaria a ter sede, mas quem bebesse da água que Ele próprio oferecia jamais teria sede novamente.

Na essência da declaração de Jesus, encontra-se a verdade fundamental de que o nosso coração tem sede de algo que só o Deus eterno pode satisfazer. Contudo, essa mulher ainda não tinha chegado nesse ponto. Ela conseguia pensar apenas no suprimento de água que a aliviaria desta viagem diária do povoado até o poço. Assim, para estimular o desejo espiritual na mente da samaritana, Jesus mudou de tópico trazendo à tona a sua condição de não ter marido ainda que vivesse com um homem. Embora a mulher não tivesse percebido, Jesus estava começando a lhe dar água viva.

Jesus não a julgou nem a insultou. Ele simplesmente confirmou que ela falara a verdade, ainda assim, tirou-lhe a máscara. Em sua constrangedora situação diante de Jesus, ela se viu como o Senhor a via, "tal como ela era".

Jesus revelou que conhecia toda a verdade sobre a vida dela, e imediatamente a mulher conjecturou se Ele seria um profeta. Nesse momento, ela levanta a questão sobre o verdadeiro local de adoração. O rabi judeu e a mulher samaritana estavam conversando à sombra dos dois grandes montes, Ebal e Gerizim, onde os samaritanos realizavam sua adoração. Sua ansiedade por ter o seu pecado revelado pode tê-la impulsionado a levar a sério sua religião.

Jesus não fez questão de retomar a conversa sobre os maridos da mulher nem sobre o atual relacionamento dela. Em vez disso, Ele levou sua preocupação a sério e a respondeu pedindo para que cresse no que Ele falava. Jesus descartou os locais físicos como centros de adoração e afirmou que a verdadeira adoração provém de adoradores que adoram a Deus "em espírito e em verdade" (vv.21-24).

A samaritana tinha em mente a religiosidade exterior, mas Jesus queria que ela compreendesse a adoração interior. Que por estar preocupada com o lugar de adoração, ela tinha negligenciado a razão da adoração: Deus. Assim, revelando-lhe o que era realmente importante, Jesus a afastou dos montes sagrados, dos templos e dos rituais.

O Messias estaria desperdiçando tempo conversando com uma mulher ferida em sua alma? Como ela poderia duvidar da Sua palavra? Ele dissera coisas sobre ela que apenas um profeta de Deus poderia saber. A samaritana não compreendia tudo o que Ele dissera, mas sabia que, de alguma maneira, poderia crer nele. Em seu encontro com Jesus, ela fez a jornada rumo à fé. E tinha entendido o suficiente para motivá-la a compartilhar as boas-novas com outras pessoas. Na sequência descobrimos que muitos samaritanos creram em Jesus ao se encontrarem com ele.

Não sabemos no que se transformou a vida dessa mulher. Sabemos que Jesus não a condenou. O Mestre simplesmente permitiu que ela soubesse que Ele a conhecia profundamente. Jesus discipulou a mulher no poço de Jacó ao levá-la a aceitar os fatos de sua vida tais como eram.

Nossa sede mais profunda jamais será satisfeita até que conheçamos a Deus, que é a água para a terra seca. Não podemos conhecer o Senhor até que nos enxerguemos e reconheçamos nossos pecados. Mesmo assim, podemos passar uma vida toda encobrindo o que realmente somos. Não podemos nos esconder, colocar uma máscara nem brincar de fingir. Jesus conhece nosso interior. O mais surpreendente é que, apesar de nos conhecer profundamente, Ele nos ama.

Quando compreendermos isso, Jesus começará a nos dar água viva. Pois Ele é a água viva que transforma e sustenta a vida.

—Alice Mathews

QUESTÕES PARA REFLEXÃO

1. Deus já colocou o desejo pela eternidade em sua alma? Se sim, como você experimentou esse desejo?
2. O que é necessário saber para satisfazer tal desejo?
3. Jesus fez a samaritana desenvolver a convicção interior de que Ele era o Messias e o Salvador do mundo. Você também precisa ter essa mesma convicção? Quais são alguns passos que você precisa dar em direção a isso?
4. Que relação você vê entre pertencer à família de Deus e ser uma mensageira, alguém que conduz outras pessoas a Jesus?

Jesus cura o filho de um oficial

⁴³Depois daqueles dois dias, Jesus partiu para a Galileia. ⁴⁴Ele mesmo tinha dito que um profeta não é honrado em sua própria terra. ⁴⁵Mas, uma vez que os galileus haviam estado em Jerusalém para a festa da Páscoa e visto tudo que Jesus fizera, eles o receberam.

⁴⁶Enquanto Jesus viajava pela Galileia, chegou a Caná, onde tinha transformado água em vinho. Perto dali, em Cafarnaum, havia um oficial do governo cujo filho estava muito doente. ⁴⁷Quando soube que Jesus viera da Judeia para a Galileia, foi até ele e suplicou que fosse a Cafarnaum para curar seu filho, que estava à beira da morte.

⁴⁸Jesus exclamou: "Jamais crerão, a menos que vejam sinais e maravilhas!".

⁴⁹O oficial implorou: "Senhor, por favor, venha antes que meu filho morra".

⁵⁰"Volte!", disse Jesus. "Seu filho viverá." O homem creu nas palavras de Jesus e partiu para casa.

⁵¹Enquanto estava a caminho, alguns de seus servos vieram a seu encontro com a notícia de que seu filho estava vivo e bem. ⁵²Ele perguntou quando o menino havia começado a melhorar, e eles responderam: "Ontem à tarde, à uma hora, a febre subitamente desapareceu!".

⁵³Então o pai percebeu que havia sido naquele exato momento que Jesus tinha dito: "Seu filho viverá". E o oficial e todos de sua casa creram em Jesus. ⁵⁴Esse foi o segundo sinal que Jesus realizou na Galileia, depois que veio da Judeia.

Jesus cura um homem no sábado

5 Depois disso, Jesus voltou a Jerusalém para uma das festas religiosas dos judeus. ²Dentro da cidade, junto à porta das Ovelhas, ficava o tanque de Betesda,ᵃ com cinco pátios cobertos. ³Ficavam ali cegos, mancos e paralíticos, uma multidão de enfermos, esperando um movimento da água, ⁴pois um anjo do Senhor descia de vez em quando e agitava a água. O primeiro que entrava no tanque após a água ser agitada era curado de qualquer enfermidade que tivesse.ᵇ ⁵Um dos homens ali estava doente havia 38 anos. ⁶Quando Jesus o viu e soube que estava enfermo por tanto tempo, perguntou-lhe: "Você gostaria de ser curado?".

⁷O homem respondeu: "Não consigo, senhor, pois não tenho quem me coloque no tanque quando a água se agita. Alguém sempre chega antes de mim".

⁸Jesus lhe disse: "Levante-se, pegue sua maca e ande!".

⁹No mesmo instante, o homem ficou curado. Ele pegou sua maca e começou a andar. Uma vez que esse milagre aconteceu no sábado, ¹⁰os líderes judeus disseram ao homem que havia sido curado: "Hoje é sábado! A lei não permite que você carregue essa maca!".

¹¹Mas ele respondeu: "O homem que me curou disse: 'Pegue sua maca e ande'".

¹²"Quem foi que lhe disse uma coisa dessas?", perguntaram eles.

¹³O homem não sabia, pois Jesus havia desaparecido no meio da multidão. ¹⁴Mais tarde, Jesus o encontrou no templo e lhe disse: "Agora você está curado; deixe de pecar, para que nada pior lhe aconteça". ¹⁵O homem foi até os líderes judeus e lhes disse que tinha sido Jesus quem o havia curado.

Jesus afirma ser o Filho de Deus

¹⁶Então os líderes judeus começaram a perseguir Jesus por não respeitar as regras do sábado. ¹⁷Jesus, porém, disse: "Meu Pai sempre trabalha, e eu também". ¹⁸Assim, os líderes judeus se empenharam ainda mais em encontrar um modo de matá-lo, pois ele não apenas violava o sábado, mas afirmava que Deus era seu Pai e, portanto, se igualava a Deus.

¹⁹Jesus respondeu: "Eu lhes digo a verdade: o Filho não pode fazer coisa alguma por sua própria conta. Ele faz apenas o que vê o Pai fazer. Aquilo que o Pai faz, o Filho também faz. ²⁰Pois o Pai ama o Filho e lhe mostra tudo que faz. Na verdade, o Pai lhe mostrará obras ainda maiores que estas, para que vocês fiquem admirados. ²¹Pois assim como o Pai dá vida àqueles que ele ressuscita dos mortos, também o Filho dá vida a quem ele quer. ²²Além disso, o Pai não julga ninguém, mas deu ao Filho autoridade absoluta para julgar, ²³para que todos honrem o Filho como honram o Pai. Quem não

---

ᵃ **5.2** Alguns manuscritos trazem *Bet-zata*; outros, *Betsaida*. ᵇ **5.3-4** Alguns manuscritos não trazem a frase *esperando um movimento da água* e todo o versículo 4.

honra o Filho certamente não honra o Pai, que o enviou. ²⁴"Eu lhes digo a verdade: quem ouve minha mensagem e crê naquele que me enviou tem a vida eterna. Jamais será condenado, mas já passou da morte para a vida. ²⁵"E eu lhes asseguro que está chegando a hora, e de fato já chegou, em que os mortos ouvirão minha voz, a voz do Filho de Deus. E aqueles que a ouvirem viverão. ²⁶O Pai tem a vida em si mesmo, e concedeu a seu Filho igual poder de dar vida, ²⁷e lhe deu autoridade para julgar a todos, porque ele é o Filho do Homem. ²⁸Não fiquem tão surpresos! Na verdade, vem o tempo em que todos os mortos ouvirão, em seus túmulos, a voz do Filho de Deus ²⁹e ressuscitarão. Aqueles que fizeram o bem ressuscitarão para terem vida eterna, e aqueles que continuaram a fazer o mal ressuscitarão para serem julgados. ³⁰Não posso fazer coisa alguma por minha própria conta. Julgo conforme aquilo que Deus me diz. Logo, meu julgamento é justo, pois não faço minha própria vontade, mas a vontade do Pai, que me enviou."

Testemunhas de Jesus

³¹"Se eu testemunhasse a respeito de mim mesmo, meu testemunho não seria válido. ³²Mas há outro que também testemunha sobre mim, e eu lhes asseguro que tudo que ele diz a meu respeito é verdadeiro. ³³Vocês enviaram investigadores para ouvir João, e o testemunho dele sobre mim é verdadeiro. ³⁴Claro que não tenho necessidade alguma de testemunhas humanas, mas digo estas coisas para que vocês sejam salvos. ³⁵João era como uma lâmpada que queimava e brilhava e, por algum tempo, vocês se empolgaram com a mensagem dele. ³⁶Mas eu tenho um testemunho maior que o de João: as obras que realizo. O Pai me deu essas obras para concluir, e elas provam que ele me enviou. ³⁷E o Pai, que me enviou, testemunhou, ele próprio, a meu respeito. Vocês nunca ouviram sua voz, nem o viram pessoalmente, ³⁸e não têm sua mensagem no coração, pois não creem em mim, aquele que foi enviado por ele. ³⁹"Vocês estudam minuciosamente as Escrituras porque creem que elas lhes dão vida eterna. Mas as Escrituras apontam para mim! ⁴⁰E, no entanto, vocês se recusam a vir a mim para receber essa vida. ⁴¹"Sua aprovação não vale nada para mim, ⁴²pois eu sei que o amor a Deus não está em vocês. ⁴³Eu vim em nome de meu Pai, e vocês me rejeitaram. Se outro vier em seu próprio nome, vocês o receberão. ⁴⁴Não é de admirar que não possam crer, pois vocês honram uns aos outros, mas não se importam com a honra que vem do único Deus!ᵃ ⁴⁵"Mas não sou eu quem os acusará diante do Pai. Moisés os acusará! Sim, Moisés, em quem vocês põem sua esperança. ⁴⁶Se cressem, de fato, em Moisés, creriam em mim, pois ele escreveu a meu respeito. ⁴⁷Contudo, uma vez que não creem naquilo que ele escreveu, como crerão no que eu digo?".

A primeira multiplicação dos pães

6 Depois disso, Jesus atravessou o mar da Galileia, conhecido também como mar de Tiberíades. ²Uma grande multidão o seguia por toda parte, pois tinham visto os sinais que ele havia realizado ao curar os enfermos. ³Então Jesus subiu a um monte e sentou-se com seus discípulos. ⁴Era quase tempo da festa judaica da Páscoa. ⁵Jesus logo viu uma grande multidão que vinha a seu encontro. Voltando-se para Filipe, perguntou: "Onde podemos comprar pão para alimentar toda essa gente?". ⁶Disse isso para pôr Filipe à prova, pois já sabia o que ia fazer.

⁷Filipe respondeu: "Mesmo que trabalhássemos vários meses, não teríamos dinheiro suficienteᵇ para dar alimento a todos!".

⁸Então um de seus discípulos, André, irmão de Simão Pedro, falou: ⁹"Aqui está um rapaz com cinco pães de cevada e dois peixes. Mas que adianta isso para tanta gente?".

¹⁰Jesus respondeu: "Digam ao povo que se sente". Todos se sentaram na grama que cobria o monte. Só os homens eram cerca de cinco mil. ¹¹Então Jesus tomou os pães, agradeceu a Deus e os repartiu entre o povo. Em seguida, fez o mesmo com os peixes. E todos comeram à vontade. ¹²Depois que todos estavam satisfeitos, Jesus disse a seus discípulos:

ᵃ5.44 Alguns manuscritos trazem *do único*. ᵇ6.7 Em grego, *200 denários não seriam suficientes*. Um denário equivalia ao salário de um dia de trabalho.

haveria de vir ao mundo!".[a] ¹⁵Jesus sabia que pretendiam obrigá-lo a ser rei deles, de modo que se retirou, sozinho, para o monte.

Jesus anda sobre o mar

¹⁶Ao entardecer, os discípulos de Jesus desceram à praia, ¹⁷entraram no barco e atravessaram o mar em direção a Cafarnaum. Quando escureceu, porém, Jesus ainda não tinha vindo se encontrar com eles. ¹⁸Logo, um vento forte veio sobre eles, e o mar ficou muito agitado. ¹⁹Depois de remarem cinco ou seis quilômetros,[b] de repente viram Jesus caminhando sobre o mar, em direção ao barco. Ficaram aterrorizados, ²⁰mas ele lhes disse: "Sou eu! Não tenham medo". ²¹Eles o receberam no barco e, logo em seguida, chegaram a seu destino.

Jesus, o pão da vida

²²No dia seguinte, a multidão que tinha ficado do outro lado do mar viu que os discípulos haviam pegado o único barco dali e que Jesus não fora com eles. ²³Alguns barcos de Tiberíades se aproximaram do lugar onde o povo tinha comido os pães depois que o Senhor os abençoou. ²⁴Quando a multidão viu que nem Jesus nem os discípulos estavam ali, todos entraram nos barcos e atravessaram para Cafarnaum, a fim de procurá-lo. ²⁵Encontraram-no do outro lado do mar e lhe perguntaram: "Rabi, quando o senhor chegou aqui?".

²⁶Jesus respondeu: "Eu lhes digo a verdade: vocês querem estar comigo não porque entenderam os sinais, mas porque lhes dei alimento. ²⁷Não se preocupem tanto com coisas que se estragam, como a comida, mas usem suas energias buscando o alimento que permanece para a vida eterna, o qual o Filho do Homem pode lhes dar. Pois Deus, o Pai, colocou em mim seu selo de aprovação".

²⁸"Nós também queremos realizar as obras de Deus", disseram eles. "O que devemos fazer?"

²⁹Jesus lhes disse: "Esta é a única obra que Deus quer de vocês: creiam naquele que ele enviou".

³⁰Eles responderam: "Se deseja que creiamos no senhor, mostre-nos um sinal. O que o senhor pode fazer? ³¹Afinal, nossos antepassados

---

> ### PÃO DIÁRIO
>
> ## Pequenas coisas
>
> *Aqui está um rapaz com cinco pães de cevada e dois peixes. Mas que adianta isso para tanta gente?*
> —João 6.9
>
> Cético sobre a utilidade de um pequeno lanche, André disse a Jesus: "Mas que adianta isso (cinco pães de cevada e dois peixes) para tanta gente?" (Jo 6.9). Porém aquele lanchinho se transformou em enorme bênção nas mãos de Jesus. Assim, antes de você pensar que não tem muito para oferecer a Jesus, considere isto:
>
> Certo professor de ensino bíblico decidiu visitar um de seus alunos para ter a certeza de que ele conhecia Jesus Cristo como o salvador de sua alma. Naquele dia, ele levou aquele jovem, Dwight L. Moody, ao Senhor.
>
> Moody, o Billy Graham do século 19, exerceu grande impacto em Wilbur Chapman, um proeminente evangelista, que recrutou Billy Sunday para juntar-se a ele em suas campanhas evangelísticas.
>
> Por sua vez, Billy Sunday iniciou um ministério de evangelismo de grande impacto que teve grandes resultados em cidades americanas. Uma organização que começou como resultado do avivamento desse evangelista convidou o pregador Mordecai Ham para reuniões de evangelização. Numa dessas reuniões, Billy Graham recebeu a Cristo como seu Salvador e mais tarde se tornou o maior evangelista do nosso tempo.
>
> Quando você achar que não tem muito a oferecer, lembre-se daquele professor de ensino bíblico, que passou um sábado à tarde com alguém de sua Escola Dominical. Deus tem um jeito especial de usar a fidelidade nas "pequenas coisas" para realizar "grandes coisas"!
>
> *Senhor Deus, como é maravilhoso pensar que podes usar os meus esforços aparentemente insignificantes para realizares grandes coisas! Ajuda-me a ser fiel e obediente em minhas pequenas tarefas diárias. Eu as ofereço a ti e oro para que as uses para a Tua glória.*
>
> **Deus usa pequenas coisas para realizar grandes coisas para Sua glória.**

"Agora juntem os pedaços que sobraram, para que nada se desperdice". ¹³Eles juntaram o que restou e encheram doze cestos com as sobras.

¹⁴Quando o povo viu Jesus fazer esse sinal, exclamou: "Sem dúvida ele é o profeta que

---

[a] **6.14** Ver Dt 18.15,18; Ml 4.5-6. [b] **6.19** Em grego, *25 ou 30 estádios*.

> **REFLETINDO SOBRE:** Testemunha ocular de um milagre
>
> ## Sobras preciosas
>
> *...Jesus disse a seus discípulos: "Agora juntem os pedaços que sobraram, para que nada se desperdice".*
> —João 6.12
>
> "Você poderia embrulhar as sobras do meu bife para eu levar para casa?", Jane pediu ao garçom. *Não há porque deixar essa comida boa aqui para ser jogada fora.* Este provavelmente era o restaurante mais caro da cidade, mas Jane tinha um motivo para celebrar. Após anos ouvindo mentiras, abusos verbais numa condição miserável, ela finalmente havia terminado um relacionamento muito doentio. Agora ela se perguntava como podia ter sido tão cega. *Pelo menos não vou desperdiçar esta comida como desperdicei 4 anos de minha vida,* pensou.
>
> Uma mulher na multidão que Jesus alimentou contemplara o milagre que tinha acabado de ocorrer. Com apenas dois peixes e alguns pequenos pedaços de pão, Jesus havia alimentado uma grande multidão, e todos comeram à vontade. A mulher então ouviu Jesus dizer aos Seus discípulos que juntassem as sobras. Com uma grande família para alimentar e pouco dinheiro, a mulher entendia o que significava ser parcimonioso. Ela estava feliz em ver que esses "pedaços de milagre" não seriam desperdiçados. Após os discípulos terminarem de juntar os pedaços, a mulher contou 12 cestos.
>
> A instrução de Jesus de juntar "os pedaços que sobraram" mostra que, ainda que Deus tenha recursos ilimitados, Ele não os desperdiça. Vivemos numa sociedade extravagante na qual as pessoas esbanjam rotineiramente comida, dinheiro e tempo. Algumas vezes nossas más escolhas dão a impressão de que desperdiçamos anos de nossa vida, mas, quando damos o controle a Deus, Ele garantirá que nada seja desperdiçado. Ele pode usar todas as nossas decisões ruins, relacionamentos doentios e momentos de sofrimento para nos ajudar a nos tornarmos espiritualmente mais fortes. Ele nos equipará para ajudar outros que estão passando por situações semelhantes. Quando deixamos que Deus junte os nossos "pedaços", nossas piores experiências podem se tornar nossos maiores recursos.

comeram maná no deserto! As Escrituras dizem: 'Moisés lhes deu de comer pão do céu'".[a] ³²Jesus disse: "Eu lhes digo a verdade: não foi Moisés quem lhes deu pão do céu. É meu Pai quem dá o verdadeiro pão do céu a vocês. ³³O verdadeiro pão de Deus é aquele que desce do céu e dá vida ao mundo".

³⁴"Senhor, dê-nos desse pão todos os dias", disseram eles.

³⁵Jesus respondeu: "Eu sou o pão da vida. Quem vem a mim nunca mais terá fome. Quem crê em mim nunca mais terá sede. ³⁶Mas vocês não creram em mim, embora me tenham visto. ³⁷Contudo, aqueles que o Pai me dá virão a mim, e eu jamais os rejeitarei. ³⁸Pois desci do céu para fazer a vontade daquele que me enviou, e não minha própria vontade. ³⁹E esta é a vontade de Deus: que eu não perca um sequer de todos que ele me deu, mas que ressuscite todos no último dia. ⁴⁰Pois é a vontade de meu Pai que todo aquele que olhar para o Filho e nele crer tenha a vida eterna. E eu o ressuscitarei no último dia".

⁴¹Então os judeus começaram a criticá-lo, pois ele havia afirmado: "Eu sou o pão que desceu do céu". ⁴²Diziam: "Este não é Jesus, filho de José? Conhecemos seu pai e sua mãe. Como ele pode dizer: 'Desci do céu?'".

⁴³Jesus, porém, respondeu: "Parem de me criticar. ⁴⁴Pois ninguém pode vir a mim se o Pai, que me enviou, não o trouxer a mim; e no último dia eu o ressuscitarei. ⁴⁵Como dizem as Escrituras:[b] 'Todos eles serão ensinados por Deus'. Todo aquele que ouve o Pai e aprende dele vem a mim. ⁴⁶Não que alguém tenha visto o Pai; somente eu, que fui enviado por Deus, o vi.

⁴⁷"Eu lhes digo a verdade: quem crê tem a vida eterna. ⁴⁸Sim, eu sou o pão da vida! ⁴⁹Seus antepassados comeram maná no deserto, mas morreram; ⁵⁰quem comer o pão do céu, no entanto, jamais morrerá. ⁵¹Eu sou o pão vivo que

---

[a] 6.31 Êx 16.4; Sl 78.24. [b] 6.45 Em grego, *os profetas*. Is 54.13.

> **PÃO DIÁRIO**
>
> ## Água da Vida
>
> *Pois as Escrituras declaram: "Rios de água viva brotarão do interior de quem crer em mim". Quando ele falou de "água viva", estava se referindo ao Espírito que seria dado mais tarde a todos que nele cressem.*
> —João 7.38,39
>
> Tempos atrás visitei uma organização cristã na África Ocidental e vi uma garota que, sorrindo, cantava ao microfone:
>
> > Minha alma está jorrando e transbordando.
> > Estou cantando e sorrindo, pois Jesus me santificou.
> > Minha alma está jorrando e transbordando
> > Pois Ele habita em mim e do pecado me salvou.
> > (tradução livre)
>
> Ouvi aquela garota cantar essa canção apenas uma vez, mas a alegria em sua voz era tão nítida que relembro das palavras e melodia até os dias de hoje.
>
> A comparação entre a água e o renovo espiritual é bíblica. Durante a Festa dos Tabernáculos, um sacerdote levita derramava água simbolizando a provisão divina para Israel no deserto. "No último dia, o mais importante da festa, Jesus se levantou e disse em alta voz: 'Quem tem sede, venha a mim e beba! Pois as Escrituras declaram: "Rios de água viva brotarão do interior de quem crer em mim"'" (Jo 7.37,38). Jesus estava falando sobre o Espírito Santo prometido para aqueles que cressem nele (v.39). Essa água que sacia a sede ilustra a satisfação espiritual que somente Jesus pode conceder.
>
> Talvez você tenha perdido a alegria inicial que experimentou no dia da sua salvação. Confesse todos os pecados que você reconhece agora (1Jo 1.9). Encha-se do Espírito Santo de Deus (Ef 5.18) e permita que Ele lhe conceda a "água viva".
>
> *Senhor, por favor, restaura em mim a alegria que experimentei pela primeira vez quando abandonei meus pecados para te seguir. Ajuda-me a ficar perto de ti. Quero que a alegria seja uma expressão diária de minha vida redimida para ti e que a água viva flua de mim para os outros.*
>
> **Cristo teve que partir para que o Espírito Santo pudesse ser derramado.**

⁵²Então os judeus começaram a discutir entre si a respeito do que ele queria dizer. "Como pode esse homem nos dar sua carne para comer?", perguntavam.

⁵³Então Jesus disse novamente: "Eu lhes digo a verdade: se vocês não comerem a carne do Filho do Homem e não beberem o seu sangue, não terão a vida em si mesmos. ⁵⁴Mas quem come minha carne e bebe meu sangue terá a vida eterna, e eu o ressuscitarei no último dia. ⁵⁵Pois minha carne é a verdadeira comida, e meu sangue é a verdadeira bebida. ⁵⁶Quem come minha carne e bebe meu sangue permanece em mim, e eu nele. ⁵⁷Eu vivo por causa do Pai, que vive e me enviou; da mesma forma, quem se alimenta de mim viverá por minha causa. ⁵⁸Eu sou o verdadeiro pão que desceu do céu. Seus antepassados comeram maná e morreram; quem comer este pão não morrerá, mas viverá para sempre".

⁵⁹Ele disse essas coisas quando ensinava na sinagoga de Cafarnaum.

Muitos discípulos abandonam Jesus

⁶⁰Muitos de seus discípulos disseram: "Sua mensagem é dura. Quem é capaz de aceitá-la?".

⁶¹Jesus, sabendo que seus discípulos reclamavam, disse: "Isso os ofende? ⁶²Então o que pensarão se virem o Filho do Homem subir ao céu, onde estava antes? ⁶³Somente o Espírito dá vida. A natureza humana não realiza coisa alguma.[a] E as palavras que eu lhes disse são espírito e vida. ⁶⁴Mas alguns de vocês não creem em mim". Pois Jesus sabia, desde o princípio, quem não acreditava nele e quem iria traí-lo. ⁶⁵E acrescentou: "Por isso eu disse que ninguém pode vir a mim a menos que o Pai o dê a mim".

⁶⁶Nesse momento, muitos de seus discípulos se afastaram dele e o abandonaram. ⁶⁷Então Jesus se voltou para os Doze e perguntou: "Vocês também vão embora?".

⁶⁸Simão Pedro respondeu: "Senhor, para quem iremos? O senhor tem as palavras da vida eterna. ⁶⁹Nós cremos e sabemos que o senhor é o Santo de Deus".[b]

⁷⁰Então Jesus disse: "Eu escolhi vocês doze, mas um de vocês é um diabo". ⁷¹Ele se referia

---

[a] **6.63** Em grego, *A carne para nada aproveita.* [b] **6.69** Alguns manuscritos trazem *o senhor é o Cristo, o Santo de Deus*; outros, *o senhor é o Cristo, o Filho de Deus*; e ainda outros, *o senhor é o Cristo, o Filho do Deus vivo.*

a Judas, filho de Simão Iscariotes, um dos Doze, que mais tarde o trairia.

Jesus e seus irmãos

7 Depois disso, Jesus viajou pela Galileia. Queria ficar longe da Judeia, onde os líderes judeus planejavam sua morte. ²Logo, porém, chegou o tempo da celebração judaica chamada Festa das Cabanas, ³e os irmãos de Jesus lhe disseram: "Saia daqui e vá à Judeia, onde seus seguidores poderão ver os milagres que realiza. ⁴Você não se tornará famoso escondendo-se dessa forma. Se você pode fazer coisas tão maravilhosas, mostre-se ao mundo!". ⁵Pois nem mesmo seus irmãos criam nele.

⁶Jesus respondeu: "Agora não é o momento certo de eu ir, mas vocês podem ir a qualquer hora. ⁷O mundo não pode odiá-los, mas a mim ele odeia, pois eu o acuso de fazer o mal. ⁸Vão vocês. Eu aindaª não irei a essa festa, pois meu tempo ainda não chegou". ⁹Tendo dito isso, permaneceu na Galileia.

Jesus ensina abertamente no templo

¹⁰Contudo, depois que seus irmãos partiram para a festa, ele também foi, mas em segredo, permanecendo distante dos olhos do público. ¹¹Os líderes judeus tentavam encontrá-lo na festa e perguntavam se alguém o tinha visto. ¹²Havia muita discussão a seu respeito entre as multidões. Alguns afirmavam: "Ele é um homem bom", enquanto outros diziam: "Ele não passa de um impostor, que engana o povo". ¹³Mas ninguém tinha coragem de falar sobre ele em público, por medo dos líderes judeus.

¹⁴Então, na metade da festa, Jesus subiu ao templo e começou a ensinar. ¹⁵Os judeus que estavam ali ficaram admirados ao ouvi-lo. "Como ele sabe tanto sem ter estudado?", perguntavam.

¹⁶Jesus lhes respondeu: "Minha mensagem não vem de mim mesmo; vem daquele que me enviou. ¹⁷Quem quiser fazer a vontade de Deus saberá se meu ensino vem dele ou se falo por mim mesmo. ¹⁸Aquele que fala por si mesmo busca sua própria glória, mas quem procura honrar aquele que o enviou diz a verdade, e não mentiras. ¹⁹Moisés lhes deu a lei, mas nenhum de vocês obedece a ela. Então por que procuram me matar?".

²⁰A multidão respondeu: "Você está possuído por demônio! Quem procura matá-lo?".

²¹Jesus respondeu: "Eu fiz um milagre no sábado, e vocês ficaram admirados. ²²No entanto, vocês também trabalham no sábado quando obedecem à lei da circuncisão que Moisés lhes deu, embora, na verdade, a circuncisão tenha começado com os patriarcas, muito antes da lei de Moisés. ²³Pois, se o tempo certo de circuncidar seu filho cai no sábado, vocês realizam a cerimônia, a fim de não quebrar a lei de Moisés. Então por que ficam indignados comigo pelo fato de eu curar um homem no sábado? ²⁴Não julguem de acordo com as aparências, mas julguem de maneira justa".

Jesus é o Messias?

²⁵Alguns do povo, que moravam em Jerusalém, começaram a perguntar uns aos outros: "Não é este o homem a quem procuram matar? ²⁶Aqui está ele, porém, falando em público, e não lhe dizem coisa alguma. Será que nossos líderes acreditam que ele é o Cristo? ²⁷Mas como pode ser este homem? Sabemos de onde ele vem. Quando o Cristo vier, ninguém saberá de onde ele é".

²⁸Enquanto ensinava no templo, Jesus disse em alta voz: "Sim, vocês me conhecem e sabem de onde eu venho. Mas não estou aqui por minha própria conta. Aquele que me enviou é verdadeiro, e vocês não o conhecem. ²⁹Mas eu o conheço, porque venho dele, e ele me enviou a vocês". ³⁰Então tentaram prendê-lo, mas ninguém pôs as mãos nele, porque ainda não havia chegado sua hora.

³¹Muitos entre as multidões no templo creram nele e diziam: "Afinal, alguém espera que o Cristo faça mais sinais do que este homem tem feito?".

³²Quando os fariseus ouviram que as multidões sussurravam essas coisas, eles e os principais sacerdotes enviaram guardas do templo para prendê-lo. ³³Jesus, porém, lhes disse: "Estarei com vocês só um pouco mais. Então voltarei para aquele que me enviou. ³⁴Vocês procurarão por mim, mas não me encontrarão. E não poderão ir para onde eu vou".

³⁵Os judeus se perguntavam: "Para onde ele pretende ir? Será que planeja partir e ir aos

---

ª 7.8 Alguns manuscritos não trazem *ainda*.

judeus em outras terras?ª Talvez até ensine aos gregos! ³⁶O que ele quer dizer quando fala: 'Vocês procurarão por mim, mas não me encontrarão' e 'Não poderão ir para onde eu vou'?".

Jesus promete água viva

³⁷No último dia, o mais importante da festa, Jesus se levantou e disse em alta voz: "Quem tem sede, venha a mim e beba! ³⁸Pois as Escrituras declaram: 'Rios de água viva brotarão do interior de quem crer em mim'". ³⁹Quando ele falou de "água viva", estava se referindo ao Espírito que seria dado mais tarde a todos que nele cressem. Naquela ocasião o Espírito ainda não tinha sido dado, pois Jesus ainda não havia sido glorificado.

Divisão e descrença

⁴⁰Quando as multidões o ouviram dizer isso, alguns declararam: "Certamente este homem é o profeta por quem esperávamos".ᵇ ⁴¹Outros afirmaram: "Ele é o Cristo". E ainda outros disseram: "Não é possível! O Cristo virá da Galileia? ⁴²As Escrituras afirmam claramente que o Cristo nascerá da linhagem real de Davi, em Belém, o povoado onde o rei Davi nasceu".ᶜ ⁴³Assim, a multidão estava dividida a respeito de Jesus. ⁴⁴Alguns queriam que ele fosse preso, mas ninguém pôs as mãos nele.

⁴⁵Quando os guardas do templo voltaram sem ter prendido Jesus, os principais sacerdotes e fariseus perguntaram: "Por que vocês não o trouxeram?".

⁴⁶"Nunca ouvimos alguém falar como ele!", responderam.

⁴⁷"Vocês também foram enganados?", zombaram os fariseus. ⁴⁸"Por acaso um de nós que seja, entre os líderes ou fariseus, crê nele? ⁴⁹As multidões ignorantes o seguem, mas elas não têm conhecimento da lei. São amaldiçoadas!"

⁵⁰Então Nicodemos, o líder que antes havia se encontrado com Jesus, perguntou: ⁵¹"A lei permite condenar um homem antes mesmo de haver uma audiência?".

⁵²"Você também é da Galileia?", responderam eles. "Procure e veja por si mesmo: nenhum profeta vem da Galileia!"

⁵³Então todos foram para casa.ᵈ

Uma mulher é pega em adultério

8 Jesus voltou ao monte das Oliveiras, ²mas na manhã seguinte, bem cedo, estava outra vez no templo. Logo se reuniu uma multidão, e ele se sentou e a ensinou. ³Então os mestres da lei e os fariseus lhe trouxeram uma mulher pega em adultério e a colocaram diante da multidão.

⁴"Mestre, esta mulher foi pega no ato de adultério", disseram eles a Jesus. ⁵"A lei de Moisés ordena que ela seja apedrejada. O que o senhor diz?"

⁶Procuravam apanhá-lo numa armadilha, ao fazê-lo dizer algo que pudessem usar contra ele. Jesus, porém, apenas se inclinou e começou a escrever com o dedo na terra. ⁷Eles continuaram a exigir uma resposta, de modo que ele se levantou e disse: "Aquele de vocês que nunca pecou atire a primeira pedra". ⁸Então inclinou-se novamente e voltou a escrever na terra.

⁹Quando ouviram isso, foram saindo, um de cada vez, começando pelos mais velhos, até que só restaram Jesus e a mulher no meio da multidão. ¹⁰Então Jesus se levantou de novo e disse à mulher: "Onde estão seus acusadores? Nenhum deles a condenou?".

¹¹"Não, Senhor", respondeu ela.

E Jesus disse: "Eu também não a condeno. Vá e não peque mais".

Jesus, a luz do mundo

¹²Jesus voltou a falar ao povo e disse: "Eu sou a luz do mundo. Se vocês me seguirem, não andarão no escuro, pois terão a luz da vida".

¹³Os fariseus disseram: "Você faz essas declarações a respeito de si mesmo! Seu testemunho não é válido".

¹⁴Jesus respondeu: "Meu testemunho é válido, embora eu mesmo o dê, pois eu sei de onde vim e para onde vou, mas vocês não sabem de onde vim nem para onde vou. ¹⁵Vocês julgam por padrões humanos, mas eu não julgo ninguém. ¹⁶E, mesmo que o fizesse, meu julgamento seria correto, pois não estou sozinho. O Pai, que me enviou, está comigo. ¹⁷A lei de vocês diz que, se duas pessoas concordarem sobre alguma coisa, seu testemunho é aceito como fato.ᵉ ¹⁸Eu sou uma testemunha, e meu Pai, que me enviou, é a outra".

ª**7.35** Ou *aos judeus que vivem entre os gregos?* ᵇ**7.40** Ver Dt 18.15,18; Ml 4.5-6. ᶜ**7.42** Ver Mq 5.2. ᵈ**7.53** Alguns manuscritos não trazem os versículos 7.53—8.11. ᵉ**8.17** Ver Dt 19.15.

¹⁹"Onde está seu Pai?", perguntaram eles.

Jesus respondeu: "Uma vez que vocês não sabem quem sou eu, não sabem quem é meu Pai. Se vocês me conhecessem, também conheceriam meu Pai". ²⁰Jesus fez essas declarações enquanto ensinava na parte do templo onde eram colocadas as ofertas. No entanto, não foi preso, pois ainda não havia chegado sua hora.

O povo incrédulo é advertido

²¹Mais tarde, Jesus lhes disse outra vez: "Eu vou embora. Vocês procurarão por mim, mas morrerão em seus pecados. Não podem ir para onde eu vou".

²²Os judeus perguntaram: "Será que ele está planejando cometer suicídio? A que ele se refere quando diz: 'Não podem ir para onde eu vou'?".

²³Jesus prosseguiu: "Vocês são daqui de baixo; eu sou lá de cima. Vocês pertencem a este mundo; eu não. ²⁴Foi por isso que eu disse que vocês morrerão em seus pecados, pois a menos que creiam que eu sou lá de cima, morrerão em seus pecados".

²⁵"Quem é você?", perguntaram eles.

Jesus respondeu: "Sou aquele que sempre afirmei ser. ²⁶Tenho muito que dizer e julgar a respeito de vocês, mas não o farei. Digo ao mundo apenas o que ouvi daquele que me enviou, e ele é inteiramente verdadeiro". ²⁷Ainda assim, não entenderam que ele lhes falava a respeito do Pai.

²⁸Então Jesus disse: "Quando vocês me levantarem, entenderão que eu sou o Filho do Homem. Não faço coisa alguma por minha própria conta; digo apenas o que o Pai me ensinou. ²⁹E aquele que me enviou está comigo; ele não me abandonou, pois sempre faço o que lhe agrada". ³⁰Muitos que o ouviram dizer essas coisas creram nele.

Jesus e Abraão

³¹Jesus disse aos judeus que creram nele: "Vocês são verdadeiramente meus discípulos se permanecerem fiéis a meus ensinamentos. ³²Então conhecerão a verdade, e a verdade os libertará".

³³"Mas somos descendentes de Abraão", disseram eles. "Nunca fomos escravos de ninguém. O que quer dizer com 'Vocês serão libertos'?"

PÃO DIÁRIO

O pai da mentira

Pois são filhos de seu pai, o diabo, e gostam de fazer as coisas perversas que ele deseja. Ele foi assassino desde o princípio. Sempre odiou a verdade, pois não há verdade alguma nele. Quando ele mente, age de acordo com seu caráter, pois é mentiroso e pai da mentira.
—João 8.44

A influência de Satanás sobre a humanidade começou quando ele fez Adão e Eva se voltarem contra Deus. Para que tivesse sucesso, o diabo teve que contar-lhes mentiras sobre o Senhor — e o casal caiu na conversa dele. Naquele preciso momento, Satanás mentiu sobre a bondade de Deus, a Sua Palavra e as intenções divinas (Gn 3.1-6).

Satanás ainda aplica seus velhos truques. Jesus disse que: "Quando ele mente, age de acordo com seu caráter, pois é mentiroso e pai da mentira" (Jo 8.44). Não deveria nos surpreender, então, o fato de que, quando os problemas surgem em nossa vida, o pai da mentira sussurra em nossos ouvidos e, de repente, questionamos a bondade de Deus. Quando a Palavra nos manda obedecer às Suas ordens, questionamos primeiro se Sua Palavra é realmente verdadeira. Quando Jesus nos diz coisas como: "Não ajuntem tesouros aqui na terra" (Mt 6.19), Satanás nos diz que, para termos uma boa vida, temos que juntar coisas aqui, trazendo-nos dúvidas quanto às boas intenções de Deus.

Nosso problema é que nós, como Adão e Eva, acreditamos nas mentiras do diabo e, agindo assim, comprometemos a nossa lealdade a Deus. Em sequida, nosso inimigo resvala para a sua próxima missão, deixando-nos sozinhos para enfrentarmos o nosso remorso e a compreensão de que suas mentiras nos seduziram e nos afastaram de nosso verdadeiro e mais querido Amigo. A quem temos escutado ultimamente?

Querido Pai, ajuda-nos a discernir somente a voz do Teu Espírito Santo e a Tua Palavra. Guarda-nos em Tua bondade e verdade e livra-nos das mentiras do inimigo.

O poder de Satanás não é páreo para o poder da Palavra de Deus.

---

³⁴Jesus respondeu: "Eu lhes digo a verdade: todo o que peca é escravo do pecado. ³⁵O escravo não é membro permanente da família, mas o filho faz parte da família, para sempre. ³⁶Portanto, se o Filho os libertar, vocês serão livres de fato. ³⁷Sim, eu sei que vocês são descendentes

Aprendendo com as mulheres da Bíblia

A MULHER SURPREENDIDA EM ADULTÉRIO

Como responder ao Deus da segunda chance

Era outono, tempo da celebração chamada Festa das Cabanas, uma das três principais festividades judaicas. Os irmãos de Jesus o convidaram para acompanha-los à festa, mas Ele se recusou, pois os líderes religiosos planejavam matá-lo. Porém, depois que os irmãos já haviam ido, o Senhor secretamente foi a Jerusalém para essa celebração.

Em meio à festividade, parecia que todos tinham um mesmo assunto: Jesus. Quem era Ele? Para alguns era um homem bom. Para outros um impostor. Peregrinos, moradores e sacerdotes faziam a mesma pergunta: "Quem é este homem?".

Certa manhã, bem cedo, Jesus ensinava no Templo quando aqueles que mais o odiavam engendraram uma armadilha para pegá-lo. Eles haviam falhado diversas vezes, mas, desta vez, parecia que tinham Jesus bem onde desejavam — "num beco sem saída".

Esse comitê para "pegar Jesus" lembrou-se da Lei de Moisés que determina que a pessoa surpreendida em adultério deveria ser morta. Pelo visto, essa Lei não era aplicada por gerações. Mas certos religiosos viram nela a possibilidade de capturar o irritante rabi de Nazaré.

Pela Lei de Moisés (Dt 17.6,7), o procedimento para apedrejar alguém até à morte viria do depoimento de duas ou três testemunhas. A pena de morte era executada com uma das testemunhas lançando o acusado de uma plataforma e, depois disso, outra testemunha arremessando a primeira pedra ou rolando uma grande rocha sobre o acusado gerando sua morte. Ao fazer isso, as testemunhas sentiriam a responsabilidade que carregavam ao prestarem os depoimentos. Todo denunciante de uma ofensa capital agia como o carrasco executor da sentença.

Para armar a cilada, eles precisariam apanhar alguém no ato de adultério. Devido à festa, as ruas da cidade estavam entulhadas de centenas de tendas minúsculas, abrigos frágeis, feitos com galhos e folhas, construídos para durar não mais do que os oito dias. Logo, os líderes religiosos não tiveram dificuldades para encontrar um culpado.

Eles rapidamente cercaram uma mulher apanhada em flagrante. Mas por que eles trouxeram apenas a mulher? Onde estava o parceiro dela? A Lei estipulava que ambos deveriam ser apedrejados até à morte. O contexto deixa claro que esses líderes religiosos não o fizeram porque odiavam o adultério, ou amavam a santidade e queriam confirmar a Lei. Eles odiavam Jesus, e uma pessoa culpada já era o suficiente.

Qual foi a cilada que esses líderes armaram para Jesus? Se o Mestre dissesse que a mulher deveria ser apedrejada, duas coisas aconteceriam. Primeiro, eles poderiam denunciá-lo aos romanos como alguém que usurpava o direito de sentenciar criminosos à morte. Segundo, Ele perderia o amor e a devoção daqueles que entendiam que os Seus ensinamentos incluíam a necessidade de demonstrar misericórdia.

Assim, se Jesus respondesse que ela não deveria ser apedrejada, eles poderiam alegar que Ele ensinava as pessoas a infringir a Lei de Moisés. Então, o Senhor poderia ser acusado diante do Sinédrio de ser um falso Messias. Todos sabiam que o Messias deveria manter ou restaurar a soberania da Lei. Na mente desses homens, para qualquer lado que Jesus se movesse, eles lhe dariam um xeque-mate.

Jesus estava ensinando, à sombra do magnífico Templo de Herodes, quando de repente o som da Sua voz foi abafado pelos passos agitados e as vozes dos que se aproximavam. Líderes religiosos chegaram no pátio arrastando alguém. A multidão se afastou para que esses homens empurrassem uma mulher à frente. As pessoas que ouviam o Mestre estavam inquietas, imaginando o que acontecera. Elas sabiam, pelas túnicas e pelos chapéus, que os intrusos eram fariseus e mestres da Lei. E, enquanto alguns olhavam a mulher com curiosidade, outros desviavam o olhar para evitar que ela se sentisse envergonhada e humilhada.

Então, os líderes religiosos logo disseram que se tratava de um caso flagrante de adultério, e que, segundo a Lei, a mulher deveria ser apedrejada. Ninguém se mexeu. A mulher, apavorada, tremia. O que o Mestre diria? Será que Ele a condenaria à morte? A tensão crescia... Em vez de debater com eles, Jesus abaixou-se e começou a escrever no chão com o dedo. O que aquilo significava? Eles continuaram interrogando o Senhor até que Ele se levantou e lhes lançou este desafio: "Tudo bem, se algum de vocês estiver sem pecado, atire a primeira pedra". Isso foi suficiente para emudecer os acusadores e dispersá-los.

A palavra traduzida como "sem pecado" também pode significar "sem desejos pecaminosos". Esses líderes religiosos pensavam que tinham de chegar apenas até certa altura, mas Jesus elevou o padrão. Ele tirou a questão da esfera legal — a Lei de Moisés — na qual os fariseus a haviam colocado, e a passou para o terreno moral de seus próprios desejos pecaminosos. Eles agiam com base na justiça. Jesus, com base na graça.

Assim, Jesus voltou a desenhar letras no chão. O que Jesus escreveu não se sabe, mas a palavra que João usou nos dá uma dica. A palavra em grego que significa "escrever" é *graphein*, mas aqui é usado *katagraphein*. Esse termo pode significar também "anotar um registro contra alguém". Assim, pode ser que Jesus estivesse confrontando os mestres da Lei e os fariseus com os seus próprios pecados.

Jesus não disse que a mulher não havia pecado. Nem afirmou que o pecado dela deveria ser negligenciado. Ela pecou — contra o marido e contra a Lei de Deus. Mas, na presença dos acusadores, Jesus não mencionou o pecado dela, pois conhecia o coração dessa mulher e o dos acusadores. Por isso se referiu apenas ao pecado deles. Jesus os lembrou de que as motivações e a vida deles estavam longe de serem puras.

Ao se esquivar, os escribas e fariseus revelaram o que procuravam. Não se tratava de defender a pureza da Lei de Deus, mas, sim, de que eles queriam "pegar Jesus". Se esses líderes religiosos tivessem sido sinceros em relação a essa mulher e seu pecado, eles a teriam levado oficialmente ao juiz constituído. Mas eles não estavam contra o adultério dela, e sim contra Jesus. Vendo que o seu plano fracassara, seguiram a única direção que lhes restava: retiraram-se.

Jesus sabia que as razões das testemunhas estavam corrompidas. Aqueles que estavam para arremessar a primeira pedra eram tecnicamente habilitados para fazê-lo, mas não eram moralmente qualificados. Quando Jesus deixou cair sobre eles a armadilha que eles tinham armado contra o Mestre, a consciência deles entrou em ação. Esses homens eram perversos e endurecidos. Mas, mesmo assim, sentiram algo dentro de si que não puderam ignorar. Aqueles que deveriam ser exemplos morais para o povo conheciam o seu próprio coração. Por isso, um a um, fugiram.

O rosto da mulher deve ter revelado assombro e surpresa quando Jesus se levantou e lhe perguntou sobre seus acusadores. Como não havia mais ninguém para condená-la, o Senhor também não a condenou, porém a advertiu para que não vivesse em pecado.

Algumas pessoas, ao lerem essa narrativa, concluem que Jesus era flexível com relação ao adultério. Isso não é verdade. O que Ele fez foi estabelecer um único padrão de fidelidade no casamento que se aplicava tanto a homens quanto a mulheres.

Outras, acusam-no de distorcer a Lei. Isso também não é verdade. Sabemos, a partir de Deuteronômio 17, que ninguém poderia ser acusado ou condenado sem o depoimento de duas testemunhas. Ninguém ficou para acusá-la. Sem acusadores, a Lei não poderia ser aplicada.

Cristo não tratou essa mulher como se o pecado dela não fosse grave. Leis violadas e corações quebrantados sempre importam. Jesus não menosprezou o adultério dela nem a condenou, apenas lhe concedeu uma segunda chance. Ele lhe indicou a direção para alcançar uma nova vida de pureza sob a Lei de Deus. O Senhor lhe deu outra oportunidade, porém não sabemos o que essa mulher fez com ela.

Podemos olhar para trás para uma tristeza secreta ou um pecado evidente e achar que não há segunda chance. Não é assim. Deus nos estende a mão com outra oportunidade. Mas, se passarmos mais tempo dando ouvidos aos "mestres da Lei e fariseus" da contemporaneidade do que devemos ouvir Jesus, poderemos achar que é difícil acreditar nisso. Todos nós conhecemos pessoas religiosas que vivem pela Lei, que nos criticam e nos condenam. Elas supervisionam nosso comportamento, observando cada erro. Elas podem atacar cada passo errado que damos com punição brutal. Tais pessoas usam a autoridade para destruir as outras, não para as redimir, curar ou tratar. Elas podem estar cegas para o fato de que: "Se não fosse pela graça de Deus...".

Assim, a questão mais importante para nós é o que fazemos com as chances que Deus nos concede. Não importa o que passou, mas o que vem pela frente. Todos os dias, Deus nos dá uma nova oportunidade para seguir, servir, amar e executar Sua vontade para a nossa vida.

—Alice Mathews

QUESTÕES PARA REFLEXÃO

1. O que você imagina que Deus pensa e sente a seu respeito?
2. Você acha que alguns pecados são mais difíceis para Deus perdoar? Se sim, quais são alguns exemplos desses pecados "maiores"?
3. Como você se sente com relação a Deus dar uma segunda chance às pessoas quando pecam?
4. O que significa "graça"?

de Abraão. E, no entanto, procuram me matar, pois não há lugar em seu coração para a minha mensagem. ³⁸Eu lhes digo o que vi quando estava com meu Pai, mas vocês seguem o conselho do pai de vocês".

³⁹"Nosso pai é Abraão!", declararam eles.

Jesus respondeu: "Se vocês fossem, de fato, filhos de Abraão, seguiriam o exemplo dele.ᵃ ⁴⁰Em vez disso, procuram me matar porque eu lhes disse a verdade que ouvi de Deus. Abraão nunca fez isso. ⁴¹Vocês estão imitando seu verdadeiro pai".

"Não somos filhos ilegítimos!", retrucaram. "O próprio Deus é nosso verdadeiro Pai!"

⁴²Jesus lhes disse: "Se Deus fosse seu Pai, vocês me amariam, porque eu venho até vocês da parte de Deus. Não estou aqui por minha própria conta, mas ele me enviou. ⁴³Por que vocês não entendem o que eu digo? É porque nem sequer conseguem me ouvir. ⁴⁴Pois são filhos de seu pai, o diabo, e gostam de fazer as coisas perversas que ele deseja. Ele foi assassino desde o princípio. Sempre odiou a verdade, pois não há verdade alguma nele. Quando ele mente, age de acordo com seu caráter, pois é mentiroso e pai da mentira. ⁴⁵Portanto, quando eu digo a verdade, é natural que não creiam em mim! ⁴⁶Qual de vocês pode me acusar de pecado? E, uma vez que lhes digo a verdade, por que não creem em mim? ⁴⁷Quem pertence a Deus ouve as palavras de Deus. Mas vocês não ouvem, pois não pertencem a Deus".

⁴⁸"Samaritano endemoninhado!", responderam os líderes judeus. "Não temos dito desde o início que está possuído por demônio?"

⁴⁹"Não tenho em mim demônio algum", disse Jesus. "Pelo contrário, honro meu Pai, e vocês me desonram. ⁵⁰Eu não procuro minha própria glória; há quem a procure para mim, e ele é o Juiz. ⁵¹Eu lhes digo a verdade: quem obedecer a meu ensino jamais morrerá!"

⁵²Os líderes judeus disseram: "Agora sabemos que você está possuído por demônio. Até Abraão e os profetas morreram, mas você diz: 'Quem obedecer a meu ensino jamais morrerá!'. ⁵³Por acaso você é maior que nosso pai Abraão? Ele morreu, assim como os profetas. Quem você pensa que é?".

⁵⁴Jesus respondeu: "Se eu quisesse glória para mim mesmo, essa glória não contaria. Mas é meu Pai quem me glorifica. Vocês dizem: 'Ele é nosso Deus',ᵇ ⁵⁵mas nem o conhecem. Eu o conheço. Se eu dissesse que não o conheço, seria tão mentiroso quanto vocês! Mas eu o conheço e lhe obedeço. ⁵⁶Seu pai Abraão exultou com a expectativa da minha vinda. Ele a viu e se alegrou".

⁵⁷Os líderes judeus disseram: "Você não tem nem cinquenta anos. Como pode dizer que viu Abraão?".

⁵⁸Jesus respondeu: "Eu lhes digo a verdade: antes mesmo de Abraão nascer, Eu Sou!".ᶜ ⁵⁹Então apanharam pedras para atirar em Jesus, mas ele se ocultou deles e saiu do templo.

Jesus traz luz aos cegos

9 Enquanto caminhava, Jesus viu um homem cego de nascença. ²Seus discípulos perguntaram: "Rabi, por que este homem nasceu cego? Foi por causa de seus próprios pecados ou dos pecados de seus pais?".

³Jesus respondeu: "Nem uma coisa nem outra. Isso aconteceu para que o poder de Deus se manifestasse nele. ⁴Devemos cumprir logo as tarefas que nos foram dadas por aquele que me enviou. A noite se aproxima, quando ninguém pode trabalhar. ⁵Mas, enquanto estou aqui no mundo, eu sou a luz do mundo".

⁶Depois de dizer isso, Jesus cuspiu no chão, misturou a terra com saliva e aplicou-a nos olhos do cego. ⁷Em seguida, disse: "Vá lavar-se no tanque de Siloé" (que significa "enviado"). O homem foi, lavou-se e voltou enxergando.

⁸Seus vizinhos e outros que o conheciam como mendigo começaram a perguntar: "Não é este o homem que costumava ficar sentado pedindo esmolas?". ⁹Alguns diziam que sim, e outros diziam: "Não, apenas se parece com ele".

O mendigo, porém, insistia: "Sim, sou eu mesmo!".

¹⁰"Quem curou você?", perguntaram eles. "O que aconteceu?"

¹¹Ele respondeu: "O homem chamado Jesus misturou terra com saliva, colocou-a em meus olhos e disse: 'Vá lavar-se no tanque de Siloé'. Eu fui e me lavei, e agora posso ver!".

ᵃ 8.39 Alguns manuscritos trazem *Se vocês são mesmo filhos de Abraão, sigam o exemplo dele*. ᵇ 8.54 Alguns manuscritos trazem *Vocês dizem que ele é seu Deus*. ᶜ 8.58 Em grego, *antes que Abraão fosse, eu sou*. Ver Êx 3.14.

¹²"Onde está esse homem?", perguntaram. "Não sei", respondeu ele. ¹³Então levaram aos fariseus o homem que havia sido cego, ¹⁴pois foi no sábado que Jesus misturou terra com saliva e o curou. ¹⁵Os fariseus encheram o homem de perguntas sobre o que havia acontecido, e ele respondeu: "Ele colocou terra com saliva em meus olhos e, depois que eu me lavei, passei a enxergar!".

¹⁶Alguns dos fariseus disseram: "Esse homem não é de Deus, pois trabalha no sábado". Outros disseram: "Mas como um pecador poderia fazer sinais como esse?". E havia entre eles uma divergência de opiniões.

¹⁷Os fariseus voltaram a perguntar ao homem que havia sido cego: "O que você diz desse homem que o curou?".

"Ele deve ser profeta", respondeu o homem.

¹⁸Os líderes judeus se recusavam a crer que ele havia sido cego e estava curado, por isso mandaram chamar os pais dele ¹⁹e perguntaram: "Ele é seu filho? Ele nasceu cego? Se foi, como pode ver agora?".

²⁰Os pais responderam: "Sabemos que ele é nosso filho e que nasceu cego, ²¹mas não sabemos como pode ver agora nem quem o curou. Ele tem idade suficiente para falar por si mesmo. Perguntem a ele". ²²Seus pais disseram isso por medo dos líderes judeus, pois estes haviam anunciado que, se alguém dissesse que Jesus era o Cristo, seria expulso da sinagoga. ²³Por isso disseram: "Ele tem idade suficiente. Perguntem a ele".

²⁴Então, pela segunda vez, chamaram o homem que havia sido cego e lhe disseram: "Deus é quem deve receber glória por aquilo que aconteceu, pois sabemos que esse Jesus é pecador".

²⁵"Não sei se ele é pecador", respondeu o homem. "Mas uma coisa sei: eu era cego e agora vejo!"

²⁶"Mas o que ele fez?", perguntaram. "Como ele o curou?"

²⁷"Eu já lhes disse!", exclamou o homem. "Vocês não ouviram? Por que querem ouvir outra vez? Por acaso também querem se tornar discípulos dele?"

²⁸Então eles o insultaram e disseram: "Você é discípulo dele, mas nós somos discípulos de Moisés! ²⁹Sabemos que Deus falou a Moisés, mas nem sabemos de onde vem esse homem".

³⁰"Que coisa mais estranha!", respondeu o homem. "Ele curou meus olhos e vocês não sabem de onde ele vem? ³¹Sabemos que Deus não atende pecadores, mas está pronto a ouvir

---

PÃO DIÁRIO

O nosso melhor argumento

"Não sei se ele é pecador", respondeu o homem. "Mas uma coisa sei: eu era cego e agora vejo!"
—João 9.25

Companheiros de assento para uma viagem de trem de 8 horas, um embaixador aposentado e eu logo nos estranhamos; ele suspirou quando me viu pegar a minha Bíblia.

Entendi o recado. No início, trocamos frases curtas com provocações mútuas, como se estivéssemos delimitando o território. No entanto, gradualmente, partes de nossas respectivas histórias de vida começaram a entrar na conversa. A curiosidade nos venceu e acabamos fazendo perguntas um ao outro em vez de discutirmos. Ele estudara ciências políticas na faculdade, e política era algo que lhe interessava sobremaneira. Fiquei intrigado com sua carreira, que incluíra duas embaixadas bem conhecidas.

Por mais estranho que possa parecer, suas perguntas referiam-se a minha fé. O que mais o interessava era a maneira como eu me tornara "cristão". A viagem de trem terminou amigavelmente, até trocamos nossos cartões de visitas. Ao deixar o trem, ele virou-se para mim e disse: "Sabe, a melhor parte do seu argumento não é o que você acha que Jesus pode fazer por mim, mas o que Ele fez por você".

Em João 9, assim como naquele trem, Deus nos relembra que a melhor história é aquela que conhecemos intimamente: nosso próprio encontro com Jesus Cristo. Pratique contar a sua história de fé para os seus queridos e amigos; assim, você será capaz de contá-la de forma clara para os outros.

Senhor, dá-me ousadia e clareza para contar aos outros sobre a incrível obra que fizeste em minha vida, como me buscaste e me trouxeste para junto de ti, como continuas a trabalhar em mim e a me fortalecer a cada dia. Que outros sejam tocados ao ouvir e ver o Teu poder transformador.

As pessoas conhecem verdadeiras histórias de fé, quando as contamos.

aqueles que o adoram e fazem a sua vontade. ³²Desde o princípio do mundo, ninguém foi capaz de abrir os olhos de um cego de nascença. ³³Se esse homem não fosse de Deus, não teria conseguido fazê-lo."

³⁴"Você nasceu inteiramente pecador!", disseram eles. "E quer ensinar a nós?" Então o expulsaram da sinagoga.

Cegueira espiritual

³⁵Quando Jesus soube do que havia acontecido, procurou o homem e lhe disse: "Você crê no Filho do Homem?".ᵃ

³⁶"Quem é ele, senhor?", perguntou o homem. "Eu quero crer nele."

³⁷Jesus respondeu: "Você o viu, e ele está falando com você!".

³⁸"Sim, Senhor, eu creio!", declarou o homem. E adorou a Jesus.

³⁹Então Jesus disse:ᵇ "Eu vim a este mundo para julgar, para dar visão aos cegos e para fazer que os que veem se tornem cegos".

⁴⁰Alguns fariseus que estavam por perto o ouviram e perguntaram: "Você está dizendo que nós somos cegos?".

⁴¹"Se vocês fossem cegos, não seriam culpados", respondeu Jesus. "Mas a culpa de vocês permanece, pois afirmam que podem ver."

O Bom Pastor e suas ovelhas

10 "Eu lhes digo a verdade: quem entra no curral das ovelhas às escondidas, por sobre a cerca, em vez de passar pela porta, é certamente ladrão e assaltante! ²Mas quem entra pela porta é o pastor das ovelhas. ³O porteiro lhe abre a porta, e as ovelhas reconhecem sua voz e se aproximam. Ele chama suas ovelhas pelo nome e as conduz para fora. ⁴Depois de reuni-las, vai adiante delas, e elas o seguem porque conhecem sua voz. ⁵Nunca seguirão um desconhecido; antes, fugirão dele, pois não reconhecem sua voz."

⁶Os que ouviram Jesus usar essa ilustração não entenderam o que ele quis dizer, ⁷por isso ele a explicou: "Eu lhes digo a verdade: eu sou a porta das ovelhas. ⁸Todos que vieram antes de mim eram ladrões e assaltantes, mas as ovelhas não os ouviram. ⁹Sim, eu sou a porta. Quem entrar por mim será salvo.ᶜ Entrará e sairá e encontrará pasto. ¹⁰O ladrão vem para roubar, matar e destruir. Eu vim para lhes dar vida, uma vida plena, que satisfaz.

¹¹"Eu sou o bom pastor. O bom pastor sacrifica sua vida pelas ovelhas. ¹²O empregado foge quando vê um lobo se aproximar. Abandona as ovelhas porque elas não lhe pertencem e ele não é seu pastor. Então o lobo as ataca e dispersa o rebanho. ¹³O empregado foge porque trabalha apenas por dinheiro e não se importa de fato com as ovelhas.

¹⁴"Eu sou o bom pastor. Conheço minhas ovelhas, e elas me conhecem, ¹⁵assim como meu Pai me conhece e eu o conheço; e eu sacrifico minha vida pelas ovelhas. ¹⁶Tenho outras ovelhas, que não estão neste curral. Devo trazê-las também. Elas ouvirão minha voz, e haverá um só rebanho e um só pastor.

¹⁷"O Pai me ama, pois sacrifico minha vida para tomá-la de volta. ¹⁸Ninguém a tira de mim, mas eu mesmo a dou. Tenho autoridade para entregá-la e também para tomá-la de volta, pois foi isso que meu Pai ordenou".

¹⁹Quando Jesus disse essas coisas, as opiniões dos judeus a respeito dele se dividiram outra vez. ²⁰Alguns diziam: "Ele está possuído por demônio e está louco. Por que ouvi-lo?".

²¹Outros diziam: "Ele não fala como alguém que está possuído por demônio. Pode um demônio abrir os olhos dos cegos?".

Jesus afirma ser o Filho de Deus

²²Era inverno, e Jesus estava em Jerusalém na celebração da Festa da Dedicação. ²³Ele caminhava pelo templo, na parte conhecida como Pórtico de Salomão, ²⁴quando os líderes judeus o rodearam e perguntaram: "Quanto tempo vai nos deixar em suspense? Se você é o Cristo, diga-nos claramente".

²⁵Jesus respondeu: "Eu já lhes disse, e vocês não creram em mim. A prova são as obras que realizo em nome de meu Pai. ²⁶Mas vocês não creem em mim porque não são minhas ovelhas. ²⁷Minhas ovelhas ouvem a minha voz; eu as conheço, e elas me seguem. ²⁸Eu lhes dou a vida eterna, e elas nunca morrerão. Ninguém pode arrancá-las de minha mão, ²⁹pois meu Pai as deu a mim, e ele é mais poderoso que

---

ᵃ **9.35** Alguns manuscritos trazem *Filho de Deus?* ᵇ**9.38-39a** Alguns manuscritos não trazem o versículo 38 e o início do versículo 39. ᶜ**10.9** Ou *encontrará segurança.*

todos.ª Ninguém pode arrancá-las da mão de meu Pai. ³⁰O Pai e eu somos um".

³¹Mais uma vez, os líderes judeus pegaram pedras para atirar nele. ³²Jesus disse: "Por orientação de meu Pai, eu fiz muitas boas obras. Por qual delas vocês querem me apedrejar?".

³³Eles responderam: "Não vamos apedrejá-lo por nenhuma boa obra, mas por blasfêmia. Você, um simples homem, afirma que é Deus!".

³⁴Jesus respondeu: "As próprias Escrituras[b] de vocês afirmam que Deus disse a certos líderes do povo: 'Eu digo: vocês são deuses!'.[c] ³⁵E vocês sabem que as Escrituras não podem ser alteradas. Portanto, se aqueles que receberam a mensagem de Deus foram chamados de 'deuses', ³⁶por que vocês consideram blasfêmia quando eu digo: 'Eu sou o Filho de Deus'? Afinal, o Pai me consagrou e me enviou ao mundo. ³⁷Não creiam em mim se não realizo as obras de meu Pai. ³⁸Mas, se as realizo, creiam na prova, que são as obras, mesmo que não creiam em mim. Então vocês saberão e entenderão que o Pai está em mim, e que eu estou no Pai".

³⁹Novamente, tentaram prendê-lo, mas ele escapou e os deixou. ⁴⁰Foi para o outro lado do rio Jordão, perto do lugar onde João batizava no início, e ficou ali por algum tempo. ⁴¹Muitos o seguiram, comentando entre si: "João não realizou sinais, mas tudo que ele disse a respeito deste homem se cumpriu". ⁴²E muitos ali creram em Jesus.

A ressurreição de Lázaro

11 Um homem chamado Lázaro estava doente. Ele morava em Betânia com suas irmãs, Maria e Marta. ²Foi Maria, a irmã de Lázaro, que mais tarde derramou perfume caro nos pés do Senhor e os enxugou com os cabelos.[d] ³As duas irmãs enviaram um recado a Jesus, dizendo: "Senhor, seu amigo querido está muito doente".

⁴Quando Jesus ouviu isso, disse: "A doença de Lázaro não acabará em morte. Ela aconteceu para a glória de Deus, para que o Filho de Deus receba glória por meio dela". ⁵Jesus amava Marta, Maria e Lázaro. ⁶Ouvindo, portanto, que Lázaro estava doente, ficou mais dois dias onde estava. ⁷Depois, disse a seus discípulos: "Vamos voltar para a Judeia".

⁸Os discípulos se opuseram, dizendo: "Rabi, apenas alguns dias atrás o povo da Judeia tentou apedrejá-lo. Ainda assim, o senhor vai voltar para lá?".

⁹Jesus respondeu: "Há doze horas de claridade todos os dias. Durante o dia, as pessoas podem andar com segurança. Conseguem enxergar, pois têm a luz deste mundo. ¹⁰À noite, porém, correm o risco de tropeçar, pois não há luz". ¹¹E acrescentou: "Nosso amigo Lázaro adormeceu, mas agora vou despertá-lo".

¹²Os discípulos disseram: "Senhor, se ele dorme é porque logo vai melhorar!". ¹³Pensavam que Jesus falava apenas do repouso do sono, mas ele se referia à morte de Lázaro.

¹⁴Então ele disse claramente: "Lázaro está morto. ¹⁵E, por causa de vocês, eu me alegro por não ter estado lá, pois agora vocês vão crer de fato. Venham, vamos até ele".

¹⁶Tomé, apelidado de Gêmeo,[e] disse aos outros discípulos: "Vamos até lá também para morrer com Jesus".

¹⁷Quando Jesus chegou a Betânia, disseram-lhe que Lázaro estava no túmulo havia quatro dias. ¹⁸Betânia ficava a cerca de três quilômetros[f] de Jerusalém, ¹⁹e muitos moradores da região tinham vindo consolar Marta e Maria pela perda do irmão. ²⁰Quando Marta soube que Jesus estava chegando, foi ao seu encontro. Maria, porém, ficou em casa. ²¹Marta disse a Jesus: "Se o Senhor estivesse aqui, meu irmão não teria morrido. ²²Mas sei que, mesmo agora, Deus lhe dará tudo que pedir".

²³Jesus lhe disse: "Seu irmão vai ressuscitar".

²⁴"Sim", respondeu Marta. "Ele vai ressuscitar quando todos ressuscitarem, no último dia."

²⁵Então Jesus disse: "Eu sou a ressurreição e a vida. Quem crê em mim viverá, mesmo depois de morrer. ²⁶Quem vive e crê em mim jamais morrerá. Você crê nisso, Marta?".

²⁷"Sim, Senhor", respondeu ela. "Eu creio que o senhor é o Cristo, o Filho de Deus, aquele que

---

ª **10.29** Alguns manuscritos trazem *pois aquilo que meu Pai me deu é mais poderoso que tudo; outros, pois, com respeito àquilo que meu Pai me deu, ele é mais poderoso que todos.* ᵇ **10.34a** Em grego, *A própria lei.* ᶜ **10.34b** Sl 82.6. ᵈ **11.2** Episódio relatado no capítulo 12. ᵉ **11.16** Em grego, *Tomé, chamado Dídimo.* ᶠ **11.18** Em grego, *uns 15 estádios.*

veio ao mundo da parte de Deus." ²⁸Em seguida, voltou para casa. Chamou Maria à parte e disse: "O Mestre está aqui e quer ver você". ²⁹Maria se levantou de imediato e foi até ele. ³⁰Jesus tinha ficado fora do povoado, no lugar onde Marta havia se encontrado com ele. ³¹Quando as pessoas que estavam na casa viram Maria sair apressadamente, imaginaram que ela ia ao túmulo de Lázaro chorar e a seguiram. ³²Assim que chegou ao lugar onde Jesus estava e o viu, caiu a seus pés e disse: "Se o Senhor estivesse aqui, meu irmão não teria morrido".

³³Quando Jesus viu Maria chorar, e o povo também, sentiu profunda indignação[a] e grande angústia. ³⁴"Onde vocês o colocaram?", perguntou.

Eles responderam: "Senhor, venha e veja". ³⁵Jesus chorou. ³⁶As pessoas que estavam por perto disseram: "Vejam como ele o amava!". ³⁷Outros, porém, disseram: "Este homem curou um cego. Não poderia ter impedido que Lázaro morresse?".

³⁸Jesus, sentindo-se novamente indignado, chegou ao túmulo, uma gruta com uma pedra fechando a entrada. ³⁹"Rolem a pedra para o lado", ordenou.

"Senhor, ele está morto há quatro dias", disse Marta, a irmã do falecido. "O mau cheiro será terrível."

⁴⁰Jesus respondeu: "Eu não lhe disse que, se você cresse, veria a glória de Deus?". ⁴¹Então rolaram a pedra para o lado. Jesus olhou para o céu e disse: "Pai, eu te agradeço porque me ouviste. ⁴²Tu sempre me ouves, mas eu disse isso por causa de todas as pessoas que estão aqui, para que elas creiam que tu me enviaste". ⁴³Então Jesus gritou: "Lázaro, venha para fora!". ⁴⁴E o morto saiu, com as mãos e os pés presos com faixas e o rosto envolto num pano. Jesus disse: "Desamarrem as faixas e deixem-no ir!".

A conspiração para matar Jesus

⁴⁵Muitos dos judeus que estavam com Maria creram em Jesus quando viram isso. ⁴⁶Alguns, no entanto, foram aos fariseus e contaram o que Jesus tinha feito. ⁴⁷Então os principais sacerdotes e fariseus reuniram o conselho dos líderes do povo.[b] "Que vamos fazer?", perguntavam uns aos outros. "Sem dúvida, este homem realiza muitos sinais. ⁴⁸Se permitirmos que continue assim, logo todos crerão nele. Então o exército romano virá e destruirá nosso templo[c] e nossa nação."

⁴⁹Caifás, o sumo sacerdote naquele ano, disse: "Vocês não sabem o que estão dizendo! ⁵⁰Não percebem que é melhor para vocês que um homem morra pelo povo em vez de a nação inteira ser destruída?". ⁵¹Não disse isso por si mesmo, mas, sendo o sumo sacerdote naquele ano, profetizou que Jesus morreria pela nação inteira. ⁵²E não apenas por aquela nação, mas para reunir em um só corpo todos os filhos de Deus espalhados ao redor do mundo.

⁵³Daquele dia em diante, começaram a tramar a morte de Jesus. ⁵⁴Por essa razão, Jesus parou de andar no meio do povo. Foi para um lugar próximo do deserto, para o povoado de Efraim, onde permaneceu com seus discípulos.

⁵⁵Faltava pouco tempo para a festa judaica da Páscoa, e muita gente de toda a região chegou a Jerusalém para participar da cerimônia de purificação, antes que a Páscoa começasse. ⁵⁶Continuavam procurando Jesus e, estando eles no templo, perguntavam uns aos outros: "O que vocês acham? Será que ele virá para a Páscoa?". ⁵⁷Enquanto isso, os principais sacerdotes e fariseus deram ordem para que, se alguém soubesse onde Jesus estava, o denunciasse de imediato, a fim de que o prendessem.

Jesus é ungido em Betânia

12 Seis dias antes de começar a Páscoa, Jesus chegou a Betânia, onde morava Lázaro, o homem que ele havia ressuscitado dos mortos. ²Prepararam um jantar em homenagem a Jesus; Marta servia, e Lázaro estava à mesa com ele. ³Então Maria pegou um frasco[d] de perfume caro feito de essência de óleo aromático, ungiu com ele os pés de Jesus e os enxugou com os cabelos. A casa se encheu com a fragrância do perfume.

⁴Mas Judas Iscariotes, o discípulo que em breve trairia Jesus, disse: ⁵"Este perfume valia trezentas moedas de prata.[e] Deveria ter sido vendido, e o dinheiro, dado aos pobres". ⁶Não que ele se importasse com os pobres; na

---

[a] **11.33** Ou *irou-se em seu espírito*. [b] **11.47** Em grego, *o Sinédrio*. [c] **11.48** Ou *nossa posição*. Em grego, *nosso lugar*. [d] **12.3** Em grego, *1 litra*, medida equivalente a cerca de 340 gramas. [e] **12.5** Em grego, *300 denários*.

verdade, era ladrão e, como responsável pelo dinheiro dos discípulos, muitas vezes roubava uma parte para si. ⁷Jesus respondeu: "Deixe-a em paz. Ela fez isto como preparação para meu sepultamento. ⁸Vocês sempre terão os pobres em seu meio, mas nem sempre terão a mim".

⁹Quando o povo soube da chegada de Jesus, correu para vê-lo, e também a Lázaro, a quem Jesus havia ressuscitado dos mortos. ¹⁰Então os principais sacerdotes decidiram matar também Lázaro, ¹¹pois, por causa dele, muitos do povo os haviam abandonadoᵃ e criam em Jesus.

A entrada de Jesus em Jerusalém

¹²No dia seguinte, correu pela cidade a notícia de que Jesus estava a caminho de Jerusalém. Uma grande multidão de visitantes que tinham vindo para a Páscoa ¹³tomou ramos de palmeiras e saiu ao seu encontro, gritando:

"Hosana!ᵇ
Bendito é o que vem em nome do Senhor!
Bendito é o Rei de Israel!".ᶜ

¹⁴Jesus conseguiu um jumentinho e montou nele, cumprindo a profecia que dizia:

¹⁵"Não tenha medo, povo de Sião.ᵈ
Vejam, seu Rei se aproxima,
montado num jumentinho".ᵉ

¹⁶Seus discípulos não entenderam, naquele momento, que se tratava do cumprimento de uma profecia. Depois que Jesus foi glorificado, porém, eles se lembraram do que havia acontecido e perceberam que era a respeito dele que essas coisas tinham sido escritas.

¹⁷Muitos tinham visto quando Jesus mandou Lázaro sair do túmulo e o ressuscitou dos mortos, e contavam esse fato a outros.ᶠ ¹⁸Destes, muitos saíram ao encontro de Jesus, porque tinham ouvido falar desse sinal. ¹⁹Então os fariseus disseram uns aos outros: "Não podemos fazer nada. Vejam, todo mundoᵍ o segue!".

Jesus prediz sua morte

²⁰Alguns gregos que tinham vindo a Jerusalém para adorar durante a festa da Páscoa ²¹procuraram Filipe, que era de Betsaida, da Galileia, e lhe disseram: "Por favor, gostaríamos de ver Jesus". ²²Filipe falou a esse respeito com André, e os dois foram juntos falar com Jesus.

²³Jesus respondeu: "Chegou a hora de o Filho do Homem ser glorificado. ²⁴Eu lhes digo a verdade: se o grão de trigo não for plantado na terra e não morrer, ficará só. Sua morte, porém, produzirá muitos novos grãos. ²⁵Quem ama sua vida neste mundo a perderá. Quem odeia sua vida neste mundo a conservará por toda a eternidade. ²⁶Se alguém quer ser meu discípulo, siga-me, pois meus servos devem estar onde eu estou. E o Pai honrará quem me servir.

²⁷"Agora minha alma está angustiada. Acaso devo orar 'Pai, salva-me desta hora'? Mas foi exatamente por esse motivo que eu vim! ²⁸Pai, glorifica teu nome!".

Então uma voz falou do céu: "Eu já glorifiquei meu nome, e o farei novamente em breve". ²⁹Quando a multidão ouviu a voz, alguns pensaram que era um trovão, enquanto outros afirmavam que um anjo havia falado com ele.

³⁰Então Jesus lhes disse: "A voz foi por causa de vocês, e não por minha causa. ³¹Chegou a hora de julgar o mundo; agora o governante deste mundo será expulso. ³²E, quando eu for levantado da terra, atrairei todos a mim". ³³Ele disse isso para indicar como morreria.

³⁴A multidão disse: "Entendemos pelas Escriturasʰ que o Cristo viveria para sempre. Como pode dizer que o Filho do Homem morrerá? Afinal, quem é esse Filho do Homem?".

³⁵Jesus respondeu: "Minha luz brilhará para vocês só mais um pouco. Andem na luz enquanto podem, para que a escuridão não os pegue de surpresa. Quem anda na escuridão não consegue ver aonde vai. ³⁶Creiam na luz enquanto ainda há tempo; desse modo vocês se tornarão filhos da luz".

Depois de dizer essas coisas, Jesus foi embora e se ocultou deles.

ᵃ**12.11** Ou *haviam abandonado suas tradições*. Em grego, *haviam desertado*. ᵇ**12.13a** Exclamação de louvor que, em sua forma hebraica, significa "Salva agora!". ᶜ**12.13b** Sl 118.25-26; Sf 3.15. ᵈ**12.15a** Em grego, *filha de Sião*. ᵉ**12.15b** Zc 9.9. ᶠ**12.17** Em grego, *davam testemunho disso*. ᵍ**12.19** Em grego, *o mundo*. ʰ**12.34** Em grego, *pela lei*.

A incredulidade do povo

³⁷Apesar de todos os sinais que Jesus havia realizado, não creram nele. ³⁸Aconteceu conforme o profeta Isaías tinha dito:

"Senhor, quem creu em nossa mensagem?
A quem o Senhor revelou seu braço forte?".ᵃ

³⁹Mas o povo não podia crer, pois como Isaías também disse:

⁴⁰"O Senhor cegou seus olhos
e endureceu seu coração
para que seus olhos não vejam,
e seu coração não entenda,
e não se voltem para mim,
nem permitam que eu os cure".ᵇ

⁴¹As palavras de Isaías referiam-se a Jesus, pois viu sua glória e falou sobre ele. ⁴²Ainda assim, muitos creram em Jesus, incluindo alguns dos líderes judeus. Eles, porém, não declararam sua fé abertamente, por medo de que os fariseus os expulsassem da sinagoga. ⁴³Amaram a aprovação das pessoas mais que a aprovação de Deus.

⁴⁴Jesus disse em alta voz às multidões: "Se vocês creem em mim, não creem apenas em mim, mas também naquele que me enviou. ⁴⁵Pois, quando veem a mim, veem aquele que me enviou. ⁴⁶Eu vim como luz para brilhar neste mundo, a fim de que todo aquele que crê em mim não permaneça na escuridão. ⁴⁷Não julgarei aqueles que me ouvem mas não me obedecem, pois vim para salvar o mundo, e não para julgá-lo. ⁴⁸Mas todos que me rejeitam e desprezam minha mensagem serão julgados no dia do julgamento pela verdade que tenho falado. ⁴⁹Não falo com minha própria autoridade. O Pai, que me enviou, me ordenou o que dizer. ⁵⁰E eu sei que o mandamento dele conduz à vida eterna; por isso digo tudo que o Pai me mandou dizer".

Jesus lava os pés de seus discípulos

13 Antes da festa da Páscoa, Jesus sabia que havia chegado sua hora de deixar este mundo e voltar para o Pai. Ele tinha amado seus discípulos durante seu ministério na terra, e os amou até o fim.ᶜ ²Estava na hora do jantar, e o diabo já havia instigado Judas, filho de Simão Iscariotes, a trair Jesus.ᵈ ³Jesus sabia que o Pai lhe dera autoridade sobre todas as coisas e que viera de Deus e voltaria para Deus. ⁴Assim, levantou-se da mesa, tirou a capa e enrolou uma toalha na cintura. ⁵Depois, derramou água numa bacia e começou a lavar os pés de seus discípulos, enxugando-os com a toalha que estava em sua cintura.

⁶Quando Jesus chegou a Simão Pedro, este lhe disse: "O Senhor vai lavar os meus pés?".

⁷Jesus respondeu: "Você não entende agora o que estou fazendo, mas algum dia entenderá".

⁸"Lavar os meus pés? De jeito nenhum!", protestou Pedro.

Jesus respondeu: "Se eu não os lavar, você não terá comunhão comigo".

⁹Simão Pedro exclamou: "Senhor, então lave também minhas mãos e minha cabeça, e não somente os pés!".

¹⁰Jesus respondeu: "A pessoa que tomou banho completo só precisa lavar os pés para ficar totalmente limpa. E vocês estão limpos, mas nem todos". ¹¹Pois Jesus sabia quem o trairia. Foi a isso que se referiu quando disse: "Nem todos vocês estão limpos".

¹²Depois de lavar os pés deles, Jesus vestiu a capa novamente, retornou a seu lugar e perguntou: "Vocês entendem o que fiz? ¹³Vocês me chamam 'Mestre' e 'Senhor', e têm razão, porque eu sou. ¹⁴E uma vez que eu, seu Senhor e Mestre, lavei seus pés, vocês devem lavar os pés uns dos outros. ¹⁵Eu lhes dei um exemplo a ser seguido. Façam como eu fiz a vocês. ¹⁶Eu lhes digo a verdade: o escravo não é maior que o seu senhor, nem o mensageiro é mais importante que aquele que o envia. ¹⁷Agora que vocês sabem estas coisas, serão felizes se as praticarem."

Jesus prediz a traição de Judas

¹⁸"Não digo estas coisas a todos vocês; conheço os que escolhi. Mas isto cumpre as Escrituras que dizem: 'Aquele que come do meu alimento voltou-se contra mim'.ᵉ ¹⁹Eu lhes digo isso de antemão, para que, quando acontecer, vocês creiam que eu sou aquele de quem falam as Escrituras. ²⁰Eu lhes digo a verdade: quem recebe aquele que envio recebe a mim, e quem recebe a mim recebe o Pai, que me enviou."

ᵃ**12.38** Is 53.1. ᵇ**12.40** Is 6.10. ᶜ**13.1** Ou *lhes mostrou toda a plenitude do seu amor.* ᵈ**13.2** Ou *o diabo já havia planejado que Judas, filho de Simão Iscariotes, trairia Jesus.* ᵉ**13.18** Sl 41.9.

²¹Então Jesus sentiu profunda angústia[a] e exclamou: "Eu lhes digo a verdade: um de vocês vai me trair!".
²²Os discípulos olharam uns para os outros, sem saber a quem ele se referia. ²³O discípulo a quem Jesus amava ocupava o lugar ao lado dele à mesa.[b] ²⁴Simão Pedro lhe fez um sinal para que perguntasse a quem Jesus se referia. ²⁵Então o discípulo se inclinou para Jesus e perguntou: "Senhor, quem é?".
²⁶Jesus respondeu: "É aquele a quem eu der o pedaço de pão que molhei na tigela". E, depois de molhar o pedaço de pão, deu-o a Judas, filho de Simão Iscariotes. ²⁷Quando Judas comeu o pão, Satanás entrou nele. Então Jesus lhe disse: "O que você vai fazer, faça logo". ²⁸Nenhum dos outros à mesa entendeu o que Jesus quis dizer. ²⁹Como Judas era o tesoureiro, alguns imaginaram que Jesus tinha mandado que ele comprasse o necessário para a festa ou desse algum dinheiro aos pobres. ³⁰Judas saiu depressa, e era noite.

Jesus prediz a negação de Pedro

³¹Assim que Judas saiu, Jesus disse: "Chegou a hora de o Filho do Homem ser glorificado e, por causa dele, Deus será glorificado. ³²Uma vez que Deus recebe glória por causa do Filho,[c] ele dará ao Filho sua glória, de uma vez por todas. ³³Meus filhos, estarei com vocês apenas mais um pouco. E, como eu disse aos líderes judeus, vocês me procurarão, mas não poderão ir para onde eu vou. ³⁴Por isso, agora eu lhes dou um novo mandamento: Amem uns aos outros. Assim como eu os amei, vocês devem amar uns aos outros. ³⁵Seu amor uns pelos outros provará ao mundo que são meus discípulos".

³⁶Simão Pedro perguntou: "Para onde o Senhor vai?".

Jesus respondeu: "Para onde vou vocês não podem ir agora, mas me seguirão mais tarde".

³⁷"Senhor, por que não posso ir agora?", perguntou ele. "Estou disposto a morrer pelo senhor."

³⁸"Morrer por mim?", disse Jesus. "Eu lhe digo a verdade, Pedro: antes que o galo cante, você me negará três vezes."

PÃO DIÁRIO

É proibido sorrir

Seu amor uns pelos outros provará ao mundo que são meus discípulos.
—João 13.35

Normalmente as pessoas nos pedem para sorrir antes de tirarmos uma fotografia. Mas, quando a foto é para a carteira de motorista, em alguns países do mundo é proibido sorrir. Por causa do roubo de identidade, o departamento de trânsito sempre verifica se as novas fotos que são tiradas não correspondem às fotos que já estão no sistema. Se alguém tira uma fotografia com um nome falso, emite-se um alerta. De 1999 a 2009, milhares de pessoas foram impedidas de tirar fraudulentamente a carteira de habilitação. Mas por que não sorrir? A tecnologia reconhece um rosto mais facilmente quando a pessoa apresenta expressão facial neutra.

Jesus ensinou uma boa maneira para reconhecer o cristão. Ele disse aos Seus discípulos: "Seu amor uns pelos outros provará ao mundo que são meus discípulos" (Jo 13.35). As maneiras de demonstrar amor aos outros cristãos são incontáveis, pois há pessoas com todos os tipos de necessidades. Pode ser por meio de: um bilhete de encorajamento, uma visita, uma refeição, uma reprimenda gentil, uma oração, um versículo bíblico, tempo para ouvir, um sorriso amigável.

O apóstolo João escreveu: "Se amamos nossos irmãos, significa que passamos da morte para a vida. Mas quem não ama continua morto" (1Jo 3.14). Pelo nosso cuidado com os outros cristãos, as outras pessoas podem reconhecer que conhecemos e amamos o Senhor?

Querido Deus, prepara-me para encontrar quem verei hoje. Algumas pessoas precisam de um sorriso, outras de encorajamento, outras ainda de uma atitude para ajudá-las a resolver seus problemas. Ajuda-me a mostrar-lhes amor de modo que as faça sorrir.

Uma forma de medir o nosso amor a Deus é o quanto mostramos amor aos Seus filhos.

Jesus, o caminho para o Pai

14 "Não deixem que seu coração fique aflito. Creiam em Deus; creiam também em mim. ²Na casa de meu Pai há muitas moradas. Se não fosse assim, eu lhes teria dito. Vou

---

[a] 13.21 Em grego, *angustiou-se em espírito*. [b] 13.23 Em grego, *estava reclinado sobre o peito dele*. Provavelmente João; ver também 19.26; 20.2; 21.20. [c] 13.32 Alguns manuscritos não incluem a primeira parte do versículo 32.

PÃO DIÁRIO

Entrada válida

Jesus disse: "Eu sou o caminho, a verdade e a vida. Ninguém pode vir ao Pai senão por mim".
—João 14.6

Certa vez, numa viagem ao exterior, meu marido e eu não pudemos entrar no país de destino por causa de problemas com o visto. Embora tivéssemos a certeza de que os nossos vistos tinham sido emitidos corretamente pelo país que visitaríamos, eles foram considerados inválidos. Apesar de esforços de vários oficiais do governo, nada pôde ser feito. Não nos permitiram entrar e fomos colocados no próximo voo de volta para casa. Nenhuma intervenção pôde mudar o fato de que não tínhamos a validação adequada para entrar.

Aquela experiência com o meu visto foi inconveniente, mas não pode ser comparada com a rejeição à última entrada. Estou falando daqueles que estarão diante de Deus sem uma entrada válida para o Céu. E se tivessem que apresentar o relatório de seus esforços religiosos e boas obras? Não seriam suficientes. E se tivessem que apresentar as referências do caráter? Também não adiantariam. Há somente uma maneira de garantir a nossa entrada no Céu. Jesus disse: "Eu sou o caminho, a verdade e a vida. Ninguém pode vir ao Pai senão por mim" (Jo 14.6).

Somente Cristo, por Sua morte e ressurreição, pagou o preço por nossos pecados, e somente Ele pode nos dar a entrada válida para a presença do Pai. Você já confessou a sua fé em Jesus? Assegure-se de que a sua entrada para o Céu seja válida.

Obrigada, Pai, pela certeza de que um dia, poderemos passar com ousadia pelas portas do Céu. Não por causa de qualquer coisa boa que tenhamos feito, mas pelos méritos do Teu filho que deu a vida por nossos pecados.

Somente por intermédio de Cristo podemos entrar na presença do Pai.

---

preparar lugar para vocês[a] ³e, quando tudo estiver pronto, virei buscá-los, para que estejam sempre comigo, onde eu estiver. ⁴Vocês conhecem o caminho para onde vou."

⁵"Não sabemos para onde o Senhor vai", disse Tomé. "Como podemos conhecer o caminho?"

⁶Jesus disse: "Eu sou o caminho, a verdade e a vida. Ninguém pode vir ao Pai senão por mim. ⁷Se vocês realmente me conhecessem, saberiam quem é meu Pai.[b] Mas, de agora em diante, vão conhecer e ver o Pai".

⁸Filipe disse: "Senhor, mostre-nos o Pai, e ficaremos satisfeitos".

⁹Jesus respondeu: "Filipe, estive com vocês todo esse tempo e você ainda não sabe quem eu sou? Quem me vê, vê o Pai! Então por que me pede para mostrar o Pai? ¹⁰Você não crê que eu estou no Pai e o Pai está em mim? As palavras que eu digo não são minhas, mas de meu Pai, que permanece em mim e realiza suas obras por meu intermédio. ¹¹Apenas creiam que eu estou no Pai e que o Pai está em mim. Ou creiam pelo menos por causa das obras que vocês me viram realizar.

¹²"Eu lhes digo a verdade: quem crê em mim fará as mesmas obras que tenho realizado, e até maiores, pois eu vou para o Pai. ¹³Vocês podem pedir qualquer coisa em meu nome, e eu o farei, para que o Filho glorifique o Pai. ¹⁴Sim, peçam qualquer coisa em meu nome, e eu o farei!"

Jesus promete o Espírito Santo

¹⁵"Se vocês me amam, obedeçam[c] a meus mandamentos. ¹⁶E eu pedirei ao Pai, e ele lhes dará outro Encorajador,[d] que nunca os deixará. ¹⁷É o Espírito da verdade. O mundo não o pode receber, pois não o vê e não o conhece. Mas vocês o conhecem, pois ele habita com vocês agora e depois estará em vocês.[e] ¹⁸Não os deixarei órfãos; voltarei para vocês. ¹⁹Em breve o mundo não me verá mais, mas vocês me verão. Porque eu vivo, vocês também viverão. ²⁰No dia em que eu for ressuscitado, vocês saberão que eu estou em meu Pai, vocês em mim, e eu em vocês. ²¹Aqueles que aceitam meus mandamentos e lhes obedecem são os que me amam. E, porque me amam, serão amados por meu Pai. E eu também os amarei e me revelarei a cada um deles."

²²Judas (não o Iscariotes) disse: "Por que o Senhor vai se revelar somente a nós, e não ao mundo em geral?".

---

[a] **14.2** Ou *eu lhes teria dito que vou preparar um lugar para vocês*. [b] **14.7** Alguns manuscritos trazem *Se vocês realmente me conheceram, saberão quem é meu Pai*. [c] **14.15** Alguns manuscritos trazem *obedecerão*. [d] **14.16** Ou *Conselheiro*, ou *Consolador*. O grego traz *parakletos*; também em 14.26. [e] **14.17** Alguns manuscritos trazem *e está em vocês*.

²³Jesus respondeu: "Quem me ama faz o que eu ordeno. Meu Pai o amará, e nós viremos para morar nele. ²⁴Quem não me ama não me obedece. E lembrem-se, estas palavras não são minhas; elas vêm do Pai, que me enviou. ²⁵Eu digo estas coisas enquanto ainda estou com vocês. ²⁶Mas quando o Pai enviar o Encorajador, o Espírito Santo, como meu representante, ele lhes ensinará todas as coisas e os fará lembrar tudo que eu lhes disse.

²⁷"Eu lhes deixo um presente, a minha plena paz. E essa paz que eu lhes dou é um presente que o mundo não pode dar. Portanto, não se aflijam nem tenham medo. ²⁸Lembrem-se do que eu lhes disse: 'Vou embora, mas voltarei para vocês'. Se o seu amor por mim é real, vocês deveriam estar felizes porque eu vou para o Pai, que é maior que eu. ²⁹Eu lhes disse estas coisas antes que aconteçam para que, quando acontecerem, vocês creiam.

³⁰"Não tenho muito tempo mais para falar com vocês, pois o governante deste mundo se aproxima. Ele não tem poder algum sobre mim, ³¹mas farei o que o Pai requer de mim, para que o mundo saiba que eu amo o Pai. Levantem-se e vamos embora!"

Jesus, a videira verdadeira

15 "Eu sou a videira verdadeira, e meu Pai é o lavrador. ²Todo ramo que, estando em mim, não dá fruto, ele corta. Todo ramo que dá fruto, ele poda, para que produza ainda mais. ³Vocês já foram limpos pela mensagem que eu lhes dei. ⁴Permaneçam em mim, e eu permanecerei em vocês. Pois, assim como um ramo não pode produzir fruto se não estiver na videira, vocês também não poderão produzir frutos a menos que permaneçam em mim.

⁵"Sim, eu sou a videira; vocês são os ramos. Quem permanece em mim, e eu nele, produz muito fruto. Pois, sem mim, vocês não podem fazer coisa alguma. ⁶Quem não permanece em mim é jogado fora, como um ramo imprestável, e seca. Esses ramos são ajuntados num monte para serem queimados. ⁷Mas, se vocês permanecerem em mim e minhas palavras permanecerem em vocês, pedirão o que quiserem, e isso lhes será concedido! ⁸Quando vocês produzem muitos frutos, trazem grande glória a meu Pai e demonstram que são meus discípulos de verdade.

⁹"Eu os amei como o Pai me amou. Permaneçam no meu amor. ¹⁰Quando vocês obedecem a meus mandamentos, permanecem no meu amor, assim como eu obedeço aos mandamentos de meu Pai e permaneço no amor dele. ¹¹Eu lhes disse estas coisas para que fiquem repletos da minha alegria. Sim, sua alegria transbordará! ¹²Este é meu mandamento: Amem uns aos outros como eu amo vocês. ¹³Não existe amor maior do que dar a vida por seus amigos. ¹⁴Vocês serão meus amigos se fizerem o que eu ordeno. ¹⁵Já não os chamo de escravos, pois o senhor não faz confidências a seus escravos. Agora vocês são meus amigos, pois eu lhes disse tudo que o Pai me disse. ¹⁶Vocês não me escolheram; eu os escolhi. Eu os chamei para irem e produzirem frutos duradouros, para que o Pai lhes dê tudo que pedirem em meu nome. ¹⁷Este é meu mandamento: Amem uns aos outros."

Os discípulos de Jesus e o mundo

¹⁸"Se o mundo os odeia, lembrem-se de que primeiro odiou a mim. ¹⁹O mundo os amaria se pertencessem a ele, mas vocês já não fazem parte do mundo. Eu os escolhi para que não mais pertençam ao mundo, e por isso o mundo os odeia. ²⁰Vocês se lembram do que eu lhes disse: 'O escravo não é maior que o seu senhor'? Uma vez que eles me perseguiram, também os perseguirão. E, se obedeceram à minha palavra, também obedecerão à sua. ²¹Farão tudo isso a vocês por minha causa, pois rejeitaram aquele que me enviou. ²²Eles não seriam culpados se eu não tivesse vindo nem lhes falado. Agora, porém, não têm desculpa por seu pecado. ²³Quem me odeia também odeia meu Pai. ²⁴Se eu não tivesse realizado no meio deles sinais que ninguém mais pode realizar, eles não seriam culpados. Agora, porém, viram tudo que fiz e, no entanto, ainda odeiam a mim e a meu Pai. ²⁵Isso cumpre o que está registrado nas Escrituras deles:ᵃ 'Odiaram-me sem motivo'.

²⁶"Mas eu enviarei a vocês o Encorajador,ᵇ o Espírito da verdade. Ele virá do Pai e testemunhará a meu respeito. ²⁷E vocês também

---
ᵃ **15.25** Em grego, *na lei deles*. Sl 35.19; 69.4. ᵇ **15.26** Ou *Conselheiro*, ou *Consolador*. O grego traz *parakletos*.

PÃO DIÁRIO

Ele me chama de amiga

Já não os chamo de escravos, pois o senhor não faz confidências a seus escravos. Agora vocês são meus amigos, pois eu lhes disse tudo o que o Pai me disse [...]. Eu os chamei para irem e produzirem frutos duradouros...
—João 15.15,16

Alguém definiu amizade como "conhecer o coração do outro e compartilhar o coração". Compartilhamos o que há em nosso coração com aqueles em quem confiamos, e confiamos naqueles que se importam conosco. Confiamos em nossos amigos porque sabemos que eles vão usar as informações para nos ajudar e não para nos prejudicar. Em troca, eles se abrem conosco pela mesma razão.

Frequentemente, nos referimos a Jesus como nosso amigo, porque sabemos que Ele quer o que é melhor para nós. Abrimo-nos com Ele porque confiamos nele. Mas alguma vez você levou em consideração que Jesus confia em Seu povo?

Jesus começou a chamar os Seus discípulos de amigos ao invés de escravos porque Ele lhes tinha confiado tudo aquilo que ouvira de Seu Pai (Jo 15.15). O Senhor confiou que os discípulos usariam o que tinham aprendido dele para o bem do reino de Deus.

Embora saibamos que Jesus é nosso amigo, podemos dizer que somos Suas amigas? Nós o ouvimos? Ou só queremos que Ele nos ouça? Queremos saber o que está em Seu coração? Ou só queremos dizer-lhe o que está no nosso? Para sermos amiga de Jesus, precisamos ouvir o que Ele quer que saibamos e, em seguida, usar essa informação para trazer outros à comunhão com Ele.

Senhor, que a minha oração não seja apenas sobre mim mesma. Quero te ouvir. Silencia os meus pedidos e acalma a minha mente para que tu possas falar — e que eu possa te ouvir.

A comunhão com Cristo requer fidelidade de nossa parte.

---

devem testemunhar a meu respeito, porque estão comigo desde o início."

16 "Eu lhes digo estas coisas para que não desanimem da fé. ²Pois vocês serão expulsos das sinagogas, e virá o tempo em que aqueles que os matarem pensarão que estão prestando um serviço sagrado a Deus. ³Farão isso porque nunca conheceram nem o Pai nem a mim. ⁴Sim, eu lhes digo estas coisas agora para que, quando elas acontecerem, vocês se lembrem de que os avisei. Eu não lhes disse antes porque ainda estaria com vocês mais um pouco."

A obra do Espírito Santo

⁵"Agora, porém, vou para aquele que me enviou, e nenhum de vocês me pergunta para onde vou. ⁶Em vez disso, entristecem-se por causa do que eu lhes disse. ⁷Mas, na verdade, é melhor para vocês que eu vá, pois, se eu não for, o Encorajador[a] não virá. Se eu for, eu o enviarei a vocês. ⁸Quando ele vier, convencerá o mundo do pecado, da justiça e do juízo. ⁹Do pecado, porque o mundo se recusou a crer em mim; ¹⁰da justiça, porque eu voltarei para o Pai e não me verão mais; ¹¹do juízo, porque o governante deste mundo já foi condenado.

¹²"Há tanta coisa que ainda quero lhes dizer, mas vocês não podem suportar agora. ¹³Quando vier o Espírito da verdade, ele os conduzirá a toda a verdade. Não falará por si mesmo, mas lhes dirá o que ouviu e lhes anunciará o que ainda está para acontecer. ¹⁴Ele me glorificará porque lhes contará tudo que receber de mim. ¹⁵Tudo que pertence ao Pai é meu; por isso eu disse: 'O Espírito lhes contará tudo que receber de mim'."

A tristeza será transformada em alegria

¹⁶"Mais um pouco e vocês não me verão mais; algum tempo depois, me verão novamente."

¹⁷Alguns dos discípulos perguntaram entre si: "O que ele quer dizer com 'Mais um pouco e vocês não me verão' e 'algum tempo depois, me verão novamente' e 'vou para o Pai'? ¹⁸E o que ele quer dizer com 'mais um pouco'? Não entendemos".

¹⁹Jesus, percebendo que desejavam lhe perguntar sobre essas coisas, disse: "Vocês perguntam entre si o que eu quis dizer quando falei: 'Mais um pouco e vocês não me verão; algum tempo depois, me verão novamente'? ²⁰Eu lhes digo a verdade: vocês chorarão e se lamentarão pelo que acontecerá comigo, mas o mundo se alegrará. Ficarão tristes, mas sua tristeza se transformará em alegria. ²¹No trabalho de parto, a mulher sente dores, mas, quando o bebê nasce, sua angústia dá lugar à

---

[a] **16.7** Ou *Conselheiro*, ou *Consolador*. O grego traz *parakletos*.

alegria, pois ela trouxe ao mundo uma criança. ²²Da mesma forma, agora vocês estão tristes, mas eu os verei novamente; então se alegrarão e ninguém lhes poderá tirar essa alegria. ²³Naquele dia, não terão necessidade de me perguntar coisa alguma. Eu lhes digo a verdade: vocês pedirão diretamente ao Pai e ele atenderá, porque pediram em meu nome. ²⁴Vocês nunca pediram desse modo. Peçam em meu nome e receberão, e terão alegria completa.

²⁵"Eu lhes falei destas coisas de maneira figurativa, mas em breve deixarei de usar esse tipo de linguagem e lhes falarei claramente a respeito do Pai. ²⁶Então vocês pedirão em meu nome. Não digo que pedirei ao Pai em seu favor, ²⁷pois o próprio Pai os ama, porque vocês me amam e creem que eu vim de Deus.ᵃ ²⁸Sim, eu vim do Pai e entrei no mundo, e agora deixo o mundo e volto para o Pai".

²⁹Então os discípulos disseram: "Enfim o senhor fala claramente, e não de maneira figurativa. ³⁰Agora entendemos que o senhor sabe todas as coisas e não há necessidade de lhe fazer perguntas. Por isso cremos que o senhor veio de Deus".

³¹Jesus disse: "Enfim vocês creem? ³²Mas se aproxima o tempo, e de fato já chegou, em que vocês serão espalhados; cada um seguirá seu caminho e me deixará sozinho. Mas não ficarei sozinho, porque o Pai está comigo. ³³Eu lhes falei tudo isso para que tenham paz em mim. Aqui no mundo vocês terão aflições, mas animem-se, pois eu venci o mundo".

A oração de Jesus

17 Depois de dizer todas essas coisas, Jesus olhou para o céu e orou: "Pai, chegou a hora. Glorifica teu Filho, para que ele te glorifique, ²pois tu lhe deste autoridade sobre toda a humanidade. Ele concede vida eterna a cada um daqueles que lhe deste. ³E a vida eterna é isto: conhecer a ti, o único Deus verdadeiro, e a Jesus Cristo, a quem enviaste ao mundo. ⁴Eu te glorifiquei aqui na terra, completando a obra que me deste para realizar. ⁵Agora, Pai, glorifica-me e leva-me para junto de ti, para a glória que tive a teu lado antes do princípio do mundo.

⁶"Eu revelei teu nome àqueles que me deste do mundo. Eles sempre foram teus. Tu os deste a mim, e eles obedeceram à tua palavra. ⁷Agora eles sabem que tudo que eu tenho vem

---

PÃO DIÁRIO

Pecados capitais

Da mesma forma, agora vocês estão tristes, mas eu os verei novamente; então se alegrarão e ninguém lhes poderá tirar essa alegria.
—João 16.22

Você deve conhecer a lista dos sete pecados capitais que foi formulada no século 6 pela Igreja Católica Romana: luxúria, gulodice, avareza, soberba, ira, vaidade e preguiça. Mas talvez você não saiba que a lista original, compilada no século 4, incluía o pecado da tristeza. Porém, com o passar dos anos, essa emoção foi omitida do registro.

Algumas pessoas são abençoadas com disposição à alegria. Elas parecem estar sempre felizes e têm um sorriso permanente como se estivessem fazendo um comercial de pasta de dentes. Mas há outros que parecem estar cronicamente tristes e sempre reclamam da vida e seus fardos. E alguém pode negar que as aflições desencorajam?

Mesmo que reconheçamos que nem todo mundo é abençoado com perspectivas brilhantes em sua vida, precisamos lembrar que a alegria é um dos dons que Jesus prometeu aos Seus seguidores. Precisamos resistir a qualquer tendência de deixar que a tristeza domine nossa vida emocional.

Jesus prometeu aos Seus discípulos na noite em que Judas o traiu: "...eu os verei novamente; então se alegrarão e ninguém lhes poderá tirar essa alegria" (Jo 16.22). Lembre-se de que a alegria é fruto do Espírito Santo que habita em nós (Gl 5.22). Peçamos ao Senhor que nos ajude a olhar além das nossas circunstâncias dolorosas e a encorajar o nosso coração pela visão da alegria que nos espera (Hb 12.2).

Deus querido, ao olhar a minha lista de tarefas diárias, vejo as lutas, dificuldades e problemas e não sou dominada pela alegria. Preciso da Tua intervenção para que a alegria, fruto do Espírito Santo, seja liberada em mim, para lembrar-me da alegria da minha salvação e para que me seja concedida a alegria que ninguém pode tirar do meu coração. Que a Tua alegria venha colorir o meu mundo para que hoje eu seja a Tua embaixadora, não importa o que vier a acontecer.

A alegria é um fruto do Espírito que floresce em todas as estações.

ᵃ **16.27** Alguns manuscritos trazem *do Pai*.

de ti, ⁸pois lhes transmiti a mensagem que me deste. Eles a aceitaram e sabem que eu vim de ti, e creem que tu me enviaste.

⁹"Minha oração não é por este mundo, mas por aqueles que me deste, pois eles pertencem a ti. ¹⁰Tudo que é meu pertence a ti, e tudo que é teu pertence a mim, e eu sou glorificado por meio deles. ¹¹Agora deixo este mundo; eles ficam aqui, mas eu vou para tua presença. Pai santo, tu me deste teu nome;ᵃ agora protege-os com o poder do teu nome para que eles estejam unidos, assim como nós estamos. ¹²Durante meu tempo aqui com eles, eu os protegi com o poder do nome que me deste.ᵇ Eu os guardei de modo que nenhum deles se perdeu, exceto aquele que estava a caminho da destruição, como as Escrituras haviam predito.

¹³"Agora vou para tua presença. Enquanto ainda estou no mundo, digo estas coisas para que eles tenham minha plena alegria em si mesmos. ¹⁴Eu lhes dei tua palavra. E o mundo os odeia, porque eles não são do mundo, como eu também não sou. ¹⁵Não peço que os tires do mundo, mas que os protejas do maligno. ¹⁶Eles não são deste mundo, como eu também não sou. ¹⁷Consagra-os na verdade, que é a tua palavra. ¹⁸Assim como tu me enviaste ao mundo, eu os envio ao mundo. ¹⁹E eu me entrego como sacrifício santo por eles, para que sejam consagrados na verdade.

²⁰"Não te peço apenas por estes discípulos, mas também por todos que crerão em mim por meio da mensagem deles. ²¹Minha oração é que todos eles sejam um, como nós somos um, como tu estás em mim, Pai, e eu estou em ti. Que eles estejam em nós, para que o mundo creia que tu me enviaste. ²²Eu dei a eles a glória que tu me deste, para que sejam um, como nós somos um. ²³Eu estou neles e tu estás em mim. Que eles experimentem unidade perfeita, para que todo o mundo saiba que tu me enviaste e que os amas tanto quanto me amas. ²⁴Pai, quero que os que me deste estejam comigo onde estou. Então eles verão toda a glória que me deste, porque me amaste antes mesmo do princípio do mundo.

²⁵"Pai justo, o mundo não te conhece, mas eu te conheço; e estes discípulos sabem que tu me enviaste. ²⁶Eu revelei teu nome a eles, e continuarei a fazê-lo. Então teu amor por mim estará neles, e eu estarei neles".

Jesus é traído e preso

18 Depois de dizer essas coisas, Jesus atravessou com seus discípulos o vale de Cedrom e entrou num bosque de oliveiras. ²Judas, o traidor, conhecia aquele lugar, pois Jesus tinha ido muitas vezes ali com seus discípulos. ³Os principais sacerdotes e fariseus tinham dado a Judas um destacamento de soldados e alguns guardas do templo para acompanhá-lo. Eles chegaram ao bosque de oliveiras com tochas, lanternas e armas.

⁴Jesus, sabendo tudo que ia lhe acontecer, foi ao encontro deles. "A quem vocês procuram?", perguntou.

⁵"A Jesus, o nazareno",ᶜ responderam.

"Sou eu", disse ele. (Judas, o traidor, estava com eles.) ⁶Quando Jesus disse: "Sou eu", todos recuaram e caíram para trás, no chão. ⁷Mais uma vez, ele perguntou: "A quem vocês procuram?".

E, novamente, eles responderam: "A Jesus, o nazareno".

⁸"Já lhes disse que sou eu", respondeu ele. "E, uma vez que é a mim que vocês procuram, deixem estes outros irem embora". ⁹Ele fez isso para cumprir sua própria declaração: "Não perdi um só de todos que me deste".ᵈ

¹⁰Então Simão Pedro puxou uma espada e cortou a orelha direita de Malco, o servo do sumo sacerdote. ¹¹Jesus, porém, disse a Pedro: "Guarde sua espada de volta na bainha. Acaso não beberei o cálice que o Pai me deu?".

¹²Assim, os soldados, seu comandante e os guardas do templo prenderam Jesus e o amarraram.

Pedro nega Jesus pela primeira vez

¹³Primeiro, levaram Jesus a Anás, pois era sogro de Caifás, o sumo sacerdote naquele ano. ¹⁴Caifás foi quem tinha dito aos outros líderes judeus: "É melhor que um homem morra pelo povo".

¹⁵Simão Pedro e outro discípulo seguiram Jesus. Esse outro discípulo era conhecido do sumo sacerdote, de modo que lhe permitiram

---

ᵃ **17.11** Alguns manuscritos trazem *tu me deste estes [discípulos]*. ᵇ **17.12** Alguns manuscritos trazem *eu protegi aqueles que me deste, com o poder do teu nome*. ᶜ **18.5** Ou *Jesus de Nazaré*; também em 18.7. ᵈ **18.9** Ver Jo 6.39; 17.12.

entrar com Jesus no pátio do sumo sacerdote. ¹⁶Pedro teve de ficar do lado de fora do portão. Então o discípulo conhecido do sumo sacerdote falou com a moça que tomava conta do portão, e ela deixou Pedro entrar. ¹⁷A moça perguntou a Pedro: "Você não é um dos discípulos daquele homem?".

"Não", respondeu ele. "Não sou."

¹⁸Como fazia frio, os servos da casa e os guardas tinham feito uma fogueira com carvão e se esquentavam ao redor dela. Pedro estava ali com eles, esquentando-se também.

O sumo sacerdote interroga Jesus

¹⁹Lá dentro, o sumo sacerdote começou a interrogar Jesus a respeito de seus discípulos e de seus ensinamentos. ²⁰Jesus respondeu: "Falei abertamente a todos. Ensinei regularmente nas sinagogas e no templo, onde o povo se reúne. ²¹Por que você me interroga? Pergunte aos que me ouviram. Eles sabem o que eu disse".

²²Um dos guardas do templo que estava perto bateu no rosto de Jesus, dizendo: "Isso é maneira de responder ao sumo sacerdote?".

²³Jesus respondeu: "Se eu disse algo errado, prove. Mas, se digo a verdade, por que você me bate?".

²⁴Então Anás amarrou Jesus e o enviou a Caifás, o sumo sacerdote.

Pedro nega Jesus pela segunda e terceira vez

²⁵Nesse meio-tempo, enquanto Simão Pedro estava perto da fogueira, esquentando-se, perguntaram-lhe novamente: "Você não é um dos discípulos dele?".

Ele negou, dizendo: "Não sou."

²⁶Mas um dos servos da casa do sumo sacerdote, parente do homem de quem Pedro havia cortado a orelha, perguntou: "Eu não vi você no bosque de oliveiras com Jesus?". ²⁷Mais uma vez, Pedro negou. E, no mesmo instante, o galo cantou.

O julgamento de Jesus diante de Pilatos

²⁸O julgamento de Jesus diante de Caifás terminou nas primeiras horas da manhã. Em seguida, foi levado ao palácio do governador romano.ᵃ Seus acusadores não entraram, pois se contaminariam e não poderiam celebrar a Páscoa. ²⁹Então o governador Pilatos foi até eles e perguntou: "Qual é a acusação contra este homem?".

³⁰Eles responderam: "Não o teríamos entregue ao senhor se ele não fosse um criminoso".

³¹"Então levem-no embora e julguem-no de acordo com a lei de vocês", disse Pilatos.

"Só os romanos têm direito de executar alguém",ᵇ responderam os líderes judeus. ³²Assim cumpriu-se a previsão de Jesus sobre como ele morreria.ᶜ

³³Então Pilatos entrou novamente no palácio e ordenou que trouxessem Jesus. "Você é o rei dos judeus?", perguntou ele.

³⁴Jesus respondeu: "Essa pergunta é sua ou outros lhe falaram a meu respeito?".

³⁵"Acaso sou judeu?", disse Pilatos. "Seu próprio povo e os principais sacerdotes o trouxeram a mim para ser julgado. Por quê? O que você fez?"

³⁶Jesus respondeu: "Meu reino não é deste mundo. Se fosse, meus seguidores lutariam para impedir que eu fosse entregue aos líderes judeus. Mas meu reino não procede deste mundo".

³⁷Pilatos disse: "Então você é rei?".

"Você diz que sou rei", respondeu Jesus. "De fato, nasci e vim ao mundo para testemunhar a verdade. Todos que amam a verdade ouvem minha voz."

³⁸Pilatos perguntou: "Que é a verdade?".

Jesus é condenado à morte

Depois que disse isso, Pilatos saiu outra vez para onde estava o povo e declarou: "Ele não é culpado de crime algum. ³⁹Mas vocês têm o costume de pedir que eu solte um prisioneiro cada ano, na Páscoa. Vocês querem que eu solte o 'rei dos judeus'?".

⁴⁰Eles, porém, gritaram: "Não! Esse homem, não! Queremos Barrabás!". Esse Barrabás era um criminoso.

19 Então Pilatos mandou açoitar Jesus. ²Os soldados fizeram uma coroa de espinhos e a colocaram em sua cabeça, e depois puseram nele um manto vermelho. ³Zombavam dele, dizendo: "Salve, rei dos judeus!", e batiam em seu rosto.

ᵃ **18.28** Em grego, *Pretório*; também em 18.33. ᵇ **18.31** Em grego, *Não temos permissão de executar ninguém*. ᶜ **18.32** Ver Jo 12.32-33.

⁴Pilatos saiu outra vez e disse ao povo: "Agora vou trazê-lo aqui para vocês, mas que fique bem claro: eu o considero inocente". ⁵Então Jesus saiu com a coroa de espinhos e o manto vermelho. "Vejam, aqui está o homem!", disse Pilatos.

⁶Quando os principais sacerdotes e os guardas do templo o viram, começaram a gritar: "Crucifique-o! Crucifique-o!".

"Levem-no vocês e crucifiquem-no", disse Pilatos. "Eu o considero inocente."

⁷Os líderes judeus responderam: "Pela nossa lei ele deve morrer, pois chamou a si mesmo de Filho de Deus".

⁸Quando Pilatos ouviu isso, ficou ainda mais amedrontado. ⁹Levou Jesus de volta para dentro do palácio[a] e lhe perguntou: "De onde você vem?". Jesus, porém, não respondeu. ¹⁰"Por que você se nega a falar comigo?", perguntou Pilatos. "Não sabe que tenho autoridade para soltá-lo ou crucificá-lo?"

¹¹Jesus disse: "Você não teria autoridade alguma sobre mim se esta não lhe fosse dada de cima. Portanto, aquele que me entregou a você tem um pecado maior".

¹²Então Pilatos tentou libertá-lo, mas os líderes judeus gritavam: "Se o senhor soltar este homem, não é amigo de César! Quem se declara rei se rebela contra César".

¹³Ao ouvir isso, Pilatos trouxe Jesus para fora novamente e se sentou no tribunal, na plataforma chamada "Pavimento de Pedras" (em aramaico, *Gábata*). ¹⁴Era por volta de meio-dia, no dia da preparação para a Páscoa. E Pilatos disse ao povo: "Vejam, aqui está o seu rei!".

¹⁵"Fora com ele!", gritaram. "Fora com ele! Crucifique-o!"

"O quê? Crucificar o seu rei?", perguntou Pilatos.

Em resposta, os principais sacerdotes gritaram: "Não temos outro rei além de César!".

¹⁶Então Pilatos lhes entregou Jesus para ser crucificado. E eles levaram Jesus.

A crucificação

¹⁷Carregando a própria cruz, Jesus foi ao local chamado Lugar da Caveira (em aramaico, *Gólgota*). ¹⁸Ali eles o pregaram na cruz. Outros dois foram crucificados com Jesus, um de cada lado e ele no meio. ¹⁹Pilatos colocou no alto da cruz uma placa que dizia: "Jesus, o nazareno,[b] rei dos judeus". ²⁰O lugar onde Jesus foi crucificado ficava perto da cidade, e a placa estava escrita em aramaico, latim e grego, de modo que muitos judeus podiam ler a inscrição.

²¹Os principais sacerdotes disseram a Pilatos: "Mude a inscrição de 'Rei dos judeus' para 'Ele disse: Eu sou o rei dos judeus'".

²²Pilatos respondeu: "O que escrevi, escrevi".

²³Depois que os soldados crucificaram Jesus, repartiram suas roupas em quatro partes, uma para cada um deles. Também pegaram sua túnica, mas ela era sem costura, tecida numa única peça, de alto a baixo. ²⁴Por isso disseram: "Em vez de rasgá-la, vamos tirar sortes para ver quem ficará com ela". Isso cumpriu as Escrituras que dizem: "Repartiram minhas roupas entre si e lançaram sortes por minha veste".[c] E foi o que fizeram.

²⁵Perto da cruz estavam a mãe de Jesus, a irmã dela, Maria, esposa de Clopas, e Maria Madalena. ²⁶Quando Jesus viu sua mãe ali, ao lado do discípulo a quem ele amava, disse-lhe: "Mulher, este é seu filho". ²⁷E, ao discípulo, disse: "Esta é sua mãe". Daquele momento em diante, o discípulo a recebeu em sua casa.

A morte de Jesus

²⁸Jesus sabia que sua missão havia terminado e, para cumprir as Escrituras, disse: "Estou com sede".[d] ²⁹Havia ali uma vasilha com vinagre, de modo que ensoparam uma esponja no vinagre, a colocaram na ponta de um caniço de hissopo e a ergueram até os lábios de Jesus. ³⁰Depois de prová-la, Jesus disse: "Está consumado". Então, inclinou a cabeça e entregou o espírito.

³¹Era o Dia da Preparação, e os líderes judeus não queriam que os corpos ficassem pendurados ali até o dia seguinte, que seria um sábado muito especial. Por isso pediram a Pilatos que mandasse quebrar as pernas dos crucificados e removê-los. ³²Assim, os soldados vieram e quebraram as pernas dos dois homens crucificados com Jesus. ³³Mas, quando chegaram a Jesus, viram que ele já estava morto e, portanto, não quebraram suas pernas. ³⁴Um dos soldados, porém, furou seu lado com uma lança e, no mesmo instante, correu sangue com água.

---

[a] 19.9 Em grego, *Pretório*. [b] 19.19 Ou *Jesus de Nazaré*. [c] 19.24 Sl 22.18. [d] 19.28 Sl 22.15; 69.21.

³⁵Essa informação provém de uma testemunha ocular. Ela diz a verdade para que vocês também creiam. ³⁶Essas coisas aconteceram para que se cumprissem as Escrituras que dizem: "Nenhum dos seus ossos será quebrado",ᵃ ³⁷e "Olharão para aquele a quem transpassaram".ᵇ

O sepultamento de Jesus

³⁸Depois disso, José de Arimateia, que tinha sido discípulo secreto de Jesus porque temia os líderes judeus, pediu autorização a Pilatos para tirar da cruz o corpo de Jesus. Quando Pilatos lhe deu permissão, José veio e levou o corpo. ³⁹Estava com ele Nicodemos, o homem que tinha ido conversar com Jesus à noite. Nicodemos trouxe cerca de 35 litrosᶜ de óleo perfumado feito com mirra e aloés. ⁴⁰Seguindo os costumes judaicos de sepultamento, envolveram o corpo de Jesus em lençóis compridos de linho, junto com essas especiarias. ⁴¹O local da crucificação ficava próximo a um jardim, onde havia um túmulo novo que nunca tinha sido usado. ⁴²Como era o Dia da Preparação para a Páscoa judaica,ᵈ e uma vez que o túmulo ficava perto, colocaram Jesus ali.

A ressurreição

20 No primeiro dia da semana, bem cedo, enquanto ainda estava escuro, Maria Madalena foi ao túmulo e viu que a pedra da entrada tinha sido removida. ²Correu e encontrou Simão Pedro e o outro discípulo, aquele a quem Jesus amava, e disse: "Tiraram do túmulo o corpo do Senhor, e não sabemos onde o colocaram!".

³Pedro e o outro discípulo foram ao túmulo. ⁴Os dois corriam, mas o outro discípulo foi mais rápido que Pedro e chegou primeiro ao túmulo. ⁵Abaixou-se, olhou para dentro e viu ali as faixas de linho, mas não entrou. ⁶Então Simão Pedro chegou e entrou. Também viu ali as faixas de linho ⁷e notou que o pano que cobria a cabeça de Jesus estava dobrado e colocado à parte. ⁸O discípulo que havia chegado primeiro ao túmulo também entrou, viu e creu. ⁹Pois até então não haviam compreendido as Escrituras segundo as quais era necessário que Jesus ressuscitasse dos mortos. ¹⁰Os discípulos voltaram para casa.

Jesus aparece a Maria Madalena

¹¹Maria estava do lado de fora do túmulo. Chorando, abaixou-se, olhou para dentro ¹²e viu dois anjos vestidos de branco, sentados à cabeceira e aos pés do lugar onde tinha estado o corpo de Jesus. ¹³Os anjos lhe perguntaram: "Mulher, por que você está chorando?".

Ela respondeu: "Porque levaram o meu Senhor, e não sei onde o colocaram".

¹⁴Então, ao virar-se para sair, viu alguém em pé. Era Jesus, mas ela não o reconheceu. ¹⁵"Mulher, por que está chorando?", perguntou ele. "A quem você procura?"

Pensando que fosse o jardineiro, ela disse: "Se o senhor o levou embora, diga-me onde o colocou, e eu irei buscá-lo".

¹⁶"Maria!", disse Jesus.

Ela se voltou para ele e exclamou: "Rabôni!" (que, em aramaico, quer dizer "Mestre!").

¹⁷Jesus lhe disse: "Não se agarre a mim, pois ainda não subi ao Pai. Mas vá procurar meus irmãos e diga-lhes: 'Eu vou subir para meu Pai e Pai de vocês, para meu Deus e Deus de vocês'".

¹⁸Maria Madalena encontrou os discípulos e lhes disse: "Vi o Senhor!". Então contou o que Jesus havia falado.

Jesus aparece a seus discípulos

¹⁹Ao entardecer daquele primeiro dia da semana, os discípulos estavam reunidos com as portas trancadas, por medo dos líderes judeus. De repente, Jesus surgiu no meio deles e disse: "Paz seja com vocês!". ²⁰Enquanto falava, mostrou-lhes as feridas nas mãos e no lado. Eles se encheram de alegria quando viram o Senhor. ²¹Mais uma vez, ele disse: "Paz seja com vocês! Assim como o Pai me enviou, eu os envio". ²²Então soprou sobre eles e disse: "Recebam o Espírito Santo. ²³Se vocês perdoarem os pecados de alguém, eles estarão perdoados. Se não perdoarem, eles não estarão perdoados".

Jesus aparece a Tomé

²⁴Um dos Doze, Tomé, apelidado de Gêmeo,ᵉ não estava com os outros quando Jesus surgiu no meio deles. ²⁵Eles lhe disseram: "Vimos o Senhor!".

ᵃ **19.36** Êx 12.46; Nm 9.12; Sl 34.20. ᵇ **19.37** Zc 12.10. ᶜ **19.39** Em grego, *100 litros.* ᵈ **19.42** Em grego, *Por causa do dia judaico da preparação.* ᵉ **20.24** Em grego, *Tomé, chamado Dídimo.*

> **PÃO DIÁRIO**
>
> ## Momento Tomé
> *"Meu Senhor e meu Deus!", disse Tomé.*
> —João 20.28
>
> Um jovem estava lutando com sua fé. Depois de ter crescido numa casa onde fora amado e cuidado com carinho, ele permitiu que más decisões e circunstâncias o levassem a afastar-se de Deus. Embora dissesse ter conhecido Jesus quando criança, agora se debatia com a incredulidade.
>
> Certo dia, ao conversar com ele, disse-lhe: "Sei que você caminhou com o Senhor por um longo tempo, mas neste momento você não está tão seguro a respeito de Jesus e da sua fé nele. Posso sugerir que talvez você esteja passando pelo 'momento Tomé' em sua vida?".
>
> Ele sabia que Tomé era um dos doze discípulos de Jesus que tinha confiado em Jesus por alguns anos. Eu lhe relembrei que, depois da morte de Jesus, Tomé duvidara que Ele tivesse ressuscitado da morte. Depois de oito dias, o Senhor apareceu a Tomé, mostrou-lhe as Suas cicatrizes e lhe disse para parar de duvidar e crer somente. Finalmente, pronto para abandonar suas dúvidas, Tomé lhe disse: "Meu Senhor e meu Deus!" (Jo 20.24-28).
>
> Eu disse para aquele rapaz: "Jesus esperou pacientemente e Tomé retornou. Penso que acontecerá o mesmo com você. Estou orando para que um dia você diga novamente a Jesus: 'Meu Senhor e meu Deus!'".
>
> Será que você está no seu "momento Tomé" achando difícil sentir-se perto de Jesus, ou talvez até duvidando dele? Jesus a espera. Estenda as suas mãos para tocar as mãos dele que foram marcadas pelos cravos.
>
> *Querido Jesus, trago minhas dúvidas diante de ti, à medida que luto com minha incredulidade. Vem a mim neste momento, Senhor, e enche-me! Meu Senhor e meu Deus, eu quero crer!*
>
> ---
>
> **Um filho de Deus é sempre bem-vindo ao lar.**

Ele, porém, respondeu: "Não acreditarei se não vir as marcas dos pregos em suas mãos e não puser meus dedos nelas e minha mão na marca em seu lado".

²⁶Oito dias depois, os discípulos estavam juntos novamente e, dessa vez, Tomé estava com eles. As portas estavam trancadas, mas, de repente, como antes, Jesus surgiu no meio deles. "Paz seja com vocês!", disse ele. ²⁷Então, disse a Tomé: "Ponha seu dedo aqui, e veja minhas mãos. Ponha sua mão na marca em meu lado. Não seja incrédulo. Creia!".

²⁸"Meu Senhor e meu Deus!", disse Tomé.

²⁹Então Jesus lhe disse: "Você crê porque me viu. Felizes são aqueles que creem sem ver".

Propósito do livro

³⁰Os discípulos viram Jesus fazer muitos outros sinais além dos que se encontram registrados neste livro. ³¹Estes, porém, estão registrados para que vocês creiam que Jesus é o Cristo, o Filho de Deus, e para que, crendo nele, tenham vida pelo poder do seu nome.

Epílogo: Jesus aparece a sete discípulos

21 Depois disso, Jesus apareceu novamente a seus discípulos junto ao mar de Tiberíades.[a] Foi assim que aconteceu: ²estavam ali Simão Pedro, Tomé, apelidado de Gêmeo,[b] Natanael, de Caná da Galileia, os filhos de Zebedeu e outros dois discípulos.

³Simão Pedro disse: "Vou pescar".

"Nós também vamos", disseram os outros. Assim, entraram no barco e foram, mas não pegaram coisa alguma a noite toda.

⁴Ao amanhecer, Jesus estava na praia, mas os discípulos não o reconheceram. ⁵Ele perguntou: "Filhos, por acaso vocês têm peixe para comer?".

"Não", responderam eles.

⁶Então ele disse: "Lancem a rede para o lado direito do barco e pegarão". Fizeram assim e não conseguiam recolher a rede, de tão cheia de peixes que estava.

⁷O discípulo a quem Jesus amava disse a Pedro: "É o Senhor!". Quando Simão Pedro ouviu que era o Senhor, vestiu a capa, pois a havia removido para trabalhar, e saltou na água. ⁸Os outros ficaram no barco e puxaram até a praia a rede carregada, pois estavam a apenas uns noventa metros[c] de distância. ⁹Quando chegaram, encontraram um braseiro, no qual havia um peixe, e pão.

¹⁰Jesus disse: "Tragam alguns dos peixes que vocês acabaram de pegar". ¹¹Simão Pedro entrou no barco e arrastou a rede para a praia.

---

[a] 21.1 Outro nome para o mar da Galileia. [b] 21.2 Em grego, *Tomé, chamado Dídimo*. [c] 21.8 Em grego, *200 côvados*.

Havia 153 peixes grandes e, no entanto, a rede não arrebentou. ¹²"Venham comer!", disse Jesus. Nenhum dos discípulos tinha coragem de perguntar: "Quem é você?", pois sabiam muito bem que era o Senhor. ¹³Então Jesus lhes serviu o pão e o peixe. ¹⁴Foi a terceira vez que Jesus apareceu a seus discípulos depois de ressuscitar dos mortos.

¹⁵Depois da refeição, Jesus perguntou a Simão Pedro: "Simão, filho de João, você me ama mais do que estes?".[a]

"Sim, Senhor", respondeu Pedro. "O senhor sabe que eu o amo".

"Então alimente meus cordeiros", disse Jesus.

¹⁶Jesus repetiu a pergunta: "Simão, filho de João, você me ama?".

"Sim, Senhor", disse Pedro. "O senhor sabe que eu o amo".

"Então cuide de minhas ovelhas", disse Jesus.

¹⁷Pela terceira vez, ele perguntou: "Simão, filho de João, você me ama?".

Pedro ficou triste porque Jesus fez a pergunta pela terceira vez e disse: "O Senhor sabe todas as coisas. Sabe que eu o amo".

Jesus disse: "Então alimente minhas ovelhas. ¹⁸Eu lhe digo a verdade: quando você era jovem, podia agir como bem entendia; vestia-se e ia aonde queria. Mas, quando for velho, estenderá as mãos e outros o vestirão e o levarão[b] aonde você não quer ir". ¹⁹Jesus disse isso para informá-lo com que tipo de morte ele iria glorificar a Deus. Então Jesus lhe disse: "Siga-me".

²⁰Pedro se virou e viu atrás deles o discípulo a quem Jesus amava, aquele que havia se reclinado perto de Jesus durante a ceia e perguntado: "Senhor, quem o trairá?". ²¹Pedro perguntou a Jesus: "Senhor, e quanto a ele?".

²²Jesus respondeu: "Se eu quiser que ele permaneça vivo até eu voltar, o que lhe importa? Quanto a você, siga-me". ²³Por isso espalhou-se entre a comunidade dos irmãos o rumor de que esse discípulo não morreria. Não foi isso, porém, que Jesus disse. Ele apenas disse: "Se eu quiser que ele permaneça vivo até eu voltar, o que lhe importa?".

PÃO DIÁRIO

Manjar turco

Depois da refeição, Jesus perguntou a Simão Pedro: "Simão, filho de João, você me ama mais do que estes?".
—João 21.15

No livro *As Crônicas de Nárnia — O Leão, a Feiticeira e o Guarda-Roupa*, de C. S. Lewis (Martins Fontes, 2009), a Feiticeira Branca precisava saber somente uma coisa sobre Edmundo para fazê-lo trair seus irmãos. Fazendo umas poucas perguntas, ela soube que a fraqueza desse menino era o seu amor por um doce chamado Manjar Turco (goma árabe). O pedaço que ela lhe deu foi o mais delicioso que ele já tinha experimentado. Logo, Edmundo só pensava em comer o quanto pudesse do Manjar Turco, e quanto mais comia, mais ele desejava esse mesmo doce.

Cada uma de nós tem um ponto fraco como o de Edmundo, e o diabo está ansioso para explorá-lo. Pode ser algo que vicie como drogas ou álcool, ou algo que pareça inofensivo e talvez seja até uma coisa boa, como um alimento, amizade ou trabalho.

Depois de Sua ressurreição, Jesus perguntou a Pedro algo muito pessoal: "Simão, filho de João, você me ama mais do que estes?" (Jo 21.15). Muitos fazem especulações quanto ao que Jesus quis dizer com a palavra "estes", mas é provavelmente melhor que não saibamos. Isso, portanto, permite a cada uma de nós personalizar a pergunta e nos questionarmos: "O que ou quem eu amo mais do que a Jesus?".

Quando Satanás descobre aquilo que amamos mais do que a Deus, Ele sabe como nos manipular, mas perde o seu poder sobre nós quando nos deleitamos no Senhor.

Senhor, tu és o meu primeiro amor. Ajuda-me a nunca colocar nada no lugar que é Teu por direito. Deleito-me em ti!

Deus se deleita em nós — como podemos não nos alegrar nele?

Observações finais

²⁴Este é o discípulo que dá testemunho destes acontecimentos e que os registrou aqui. E sabemos que seu relato é fiel.

²⁵Jesus também fez muitas outras coisas. Se todas fossem registradas, suponho que nem o mundo inteiro poderia conter todos os livros que seriam escritos.

---

[a] 21.15 Ou *mais do que estes outros me amam?* [b] 21.18 Alguns manuscritos trazem *outro o vestirá e o levará*.

ATOS

INTRODUÇÃO

Autor. O autor é Lucas, o mesmo que escreveu o evangelho que leva seu nome. Os fatos sobre ele podem ser encontrados no capítulo 27. Ele escreveu este livro em 63 ou 64 d.C.

Propósito. Foi endereçado a um indivíduo como uma espécie de continuação da antiga tese e relata o crescimento e o desenvolvimento do movimento inaugurado por Jesus, tal como foi realizado pelos apóstolos após a ressurreição e ascensão de Cristo. Ele é tomado, de forma geral, com a história da obra cristã entre os gentios e somente apresenta o suficiente da história da igreja de Jerusalém para autenticar o trabalho entre eles. O propósito principal, portanto, parece ser o de relatar a propagação do cristianismo entre os gentios. Essa visão se fortalece ainda mais no fato de o próprio Lucas ser um gentio (Cl 4.10) e também companheiro de Paulo (Cl 4.14) e pela parte onde o pronome "nós" aparece em Atos. O livro, portanto, não pretende ser uma narrativa completa das obras dos primeiros apóstolos. Mas fornece de forma simples, definitiva e impressionante um relato de como a religião de Jesus se propagou após Sua morte e de como foi recebida por aqueles a quem foi primeiramente pregada.

Espiritualidade. No Antigo Testamento, Deus-Pai era o agente ativo. Nos evangelhos, Deus-Filho (Jesus) era o agente ativo. Em Atos (e para sempre) Deus-Espírito Santo é o agente ativo. Ele é mencionado cerca de 56 vezes em Atos. O Salvador dissera aos apóstolos que esperassem em Jerusalém pelo poder do Espírito Santo. Até serem revestidos com o Seu poder, eles eram homens muito comuns. Depois disso, se tornaram puros em seus propósitos e ideais e sempre triunfantes em sua causa. O livro é um registro do grande poder espiritual visto em ação em todos os lugares.

ESBOÇO

Introdução, 1.1-3

1. A Igreja testemunhando em Jerusalém, 1.4–8.11
    1.1. Preparação para o testemunho, 1.4–2.4
    1.2. Primeiro testemunho, 2.4-47
    1.3. Primeira perseguição, 3.1–4.31
    1.4. Condição abençoada da Igreja, 4.32–5.42
    1.5. Primeiros diáconos, 6.1-7
    1.6. O primeiro mártir, 6.8–8.1
2. A Igreja testemunhando na Palestina, 8.2–12.25
    2.1. As testemunhas são espalhadas, 8.2-4
    2.2. Filipe testemunha em Samaria e na Judeia, 8.5-40
    2.3. O Senhor ganha novas testemunhas, 9.1–11.18
    2.4. O centro do trabalho é mudado para a Antioquia, 11.19-30
    2.5. As testemunhas triunfam sobre a perseguição de Herodes, 12.1-25
3. A Igreja testemunhando ao mundo gentio, 13.1–28.31
    3.1. Testemunhando na Ásia, Caps. 13–14
        A primeira viagem missionária de Paulo
    3.2. O primeiro Concílio da Igreja, 15.1-35
    3.3. Testemunhando na Europa, 15.36–18.22
        A segunda viagem missionária de Paulo
    3.4. Ainda testemunhando na Ásia e Europa, 18.23–21.17
        A terceira viagem missionária de Paulo
    3.5. Paulo, a testemunha, rejeitado e atacado pelos judeus em Jerusalém, 21.18–23.35
    3.6. Paulo, preso 2 anos em Cesareia, Caps. 24–26
    3.7. Paulo, a testemunha, levado a Roma, 27.1–28.15
    3.8. Paulo, a testemunha, em Roma, 28.16-31

PARA ESTUDO E DISCUSSÃO

[1] A primeira assembleia regular da igreja, 1.15-26.
[2] A vinda do Espírito Santo, 2.1-4.
[3] O sermão de Pedro no Dia de Pentecostes, 2.5-47.
[4] O primeiro milagre, Cap. 3.
[5] A primeira perseguição, 4.1-31.
[6] Morte de Ananias e Safira, 5.1-11.
[7] Os primeiros diáconos, 6.1-7.
[8] O primeiro mártir, Cap.7.
[9] A obra de Filipe em Samaria, 8.5-40.
[10] A conversão de Saulo, 9.1-31.
[11] A conversão de Cornélio, 10.1–11.18.
[12] Liste as principais igrejas do livro, suas localizações e o que as torna notáveis.
[13] Liste os principais pregadores do livro e observe seus sermões ou milagres etc., que os tornam proeminentes.
[14] Os sermões e declarações do livro, a quem cada um foi dirigido, seu propósito etc.
[15] Os principais elementos de poder desses primeiros discípulos.
[16] O crescimento do cristianismo e os obstáculos que este precisou superar.
[17] Os grandes e extraordinários ensinamentos desses primeiros cristãos.
[18] A habilidade e a adaptação dos apóstolos (dê exemplos).
[19] Os diferentes planos para matar Paulo e o modo como ele escapou de cada um deles.
[20] As viagens missionárias de Paulo e sua viagem a Roma como prisioneiro.

> **PÃO DIÁRIO**

Testemunhas

Vocês receberão poder quando o Espírito Santo descer sobre vocês, e serão minhas testemunhas em toda parte...
—Atos 1.8

No tribunal de julgamento, as testemunhas fornecem informações fundamentais sobre um possível crime. Ser testemunha significa dizer ao júri a verdade sobre o que você sabe.

Assim como o sistema judiciário criminal depende fortemente das testemunhas, Jesus usa testemunhas ousadas, fiéis e de credibilidade para disseminar a Sua Palavra e edificar a Sua Igreja.

Antes que Jesus ascendesse ao Pai, Ele deu aos discípulos um mandamento final: lançar uma campanha de testemunhos no mundo inteiro. O Espírito Santo viria sobre eles e lhes daria poder sobrenatural para que fossem e testificassem dele por toda a parte (At 1.8).

Jesus convocou esses primeiros apóstolos para irem a um mundo onde as pessoas nada sabiam a respeito dele e darem um relato verídico do que eles haviam visto, ouvido e experimentado (At 4.19,20). Uma vez que haviam testemunhado Sua vida perfeita, ensinamentos, sofrimento, morte, sepultamento e ressurreição (Lc 24.48; At 1–5), deveriam sair e dar um testemunho fiel a respeito dele.

Ao levar o evangelho a toda parte, somos convocadas para testificar a verdade sobre Jesus e como Ele transformou a nossa vida. "E como ouvirão a seu respeito, se ninguém lhes falar?" (Rm 10.14). O que você fará para anunciá-lo aos outros?

Senhor, permite que este dia seja o dia em que eu comece a enxergar a importância de testemunhar do Teu amor aos outros. Ajuda-me a testificar sobre a verdade de Jesus.

Deus nos deixou no mundo para testemunharmos.

A promessa do Espírito Santo

1 Em meu primeiro livro,[a] relatei a você, Teófilo, tudo que Jesus começou a fazer e a ensinar ²até o dia em que foi levado para o céu, depois de dar a seus apóstolos escolhidos mais instruções por meio do Espírito Santo. ³Durante os quarenta dias após seu sofrimento e morte, Jesus apareceu aos apóstolos diversas vezes. Ele lhes apresentou muitas provas claras de que estava vivo e lhes falou do reino de Deus.

⁴Certa ocasião, enquanto comia com eles, deu-lhes a seguinte ordem: "Não saiam de Jerusalém até o Pai enviar a promessa, conforme eu lhes disse antes. ⁵João batizou com[b] água, mas dentro de poucos dias vocês serão batizados com o Espírito Santo".

A ascensão de Jesus

⁶Então os que estavam com Jesus lhe perguntaram: "Senhor, será esse o momento em que restaurará o reino a Israel?".

⁷Ele respondeu: "O Pai já determinou o tempo e a ocasião para que isso aconteça, e não cabe a vocês saber. ⁸Vocês receberão poder quando o Espírito Santo descer sobre vocês, e serão minhas testemunhas em toda parte: em Jerusalém, em toda a Judeia, em Samaria e nos lugares mais distantes da terra".

⁹Depois de ter dito isso, foi elevado numa nuvem, e os discípulos não conseguiram mais vê-lo. ¹⁰Continuaram a olhar atentamente para o céu, até que dois homens vestidos de branco apareceram de repente no meio deles ¹¹e disseram: "Homens da Galileia, por que estão aí parados, olhando para o céu? Esse Jesus, que foi elevado do meio de vocês ao céu, voltará do mesmo modo como o viram subir!".

Matias substitui Judas

¹²Então voltaram do monte das Oliveiras para Jerusalém, a cerca de um quilômetro[c] de distância. ¹³Quando chegaram, subiram à sala no andar superior da casa onde estavam hospedados.

Estavam ali Pedro, João, Tiago, André, Filipe, Tomé, Bartolomeu, Mateus, Tiago, filho de Alfeu, Simão, o zelote, e Judas, filho de Tiago. ¹⁴Todos eles se reuniam em oração com um só propósito, acompanhados de algumas mulheres e também de Maria, mãe de Jesus, e os irmãos dele.

¹⁵Por esse tempo, quando cerca de 120 discípulos[d] estavam reunidos num só lugar, Pedro se levantou e disse: ¹⁶"Irmãos, era necessário que se cumprissem as Escrituras a respeito de Judas, que serviu de guia aos que prenderam Jesus. Esse acontecimento havia sido predito pelo Espírito Santo, por meio do rei Davi. ¹⁷Judas era um de nós e participava do ministério conosco".

---

[a] **1.1** Isto é, o evangelho de Lucas. [b] **1.5** Ou *em*; também em 1.5b. [c] **1.12** Em grego, *a jornada de um sábado*. [d] **1.15** Em grego, *irmãos*.

¹⁸(Ele comprou um campo com o dinheiro que recebeu por sua perversidade. Ao cair ali de cabeça, seu corpo se partiu ao meio, e seus intestinos se derramaram. ¹⁹A notícia se espalhou entre todos os habitantes de Jerusalém, e eles deram ao lugar o nome aramaico *Aceldama*, que significa "Campo de Sangue".)
²⁰Pedro continuou: "Estava escrito no livro de Salmos: 'Que sua casa fique desolada, sem ninguém morando nela'. Também diz: 'Que outro ocupe seu lugar'.ª

²¹"Agora, portanto, devemos escolher um dentre os homens que estiveram conosco durante todo o tempo em que o Senhor Jesus andou entre nós, ²²desde que ele foi batizado por João até o dia em que foi tirado de nosso meio e elevado ao céu. O escolhido se juntará a nós como testemunha da ressurreição".

²³Então indicaram dois homens: José, chamado Barsabás e conhecido também como Justo, e Matias. ²⁴Em seguida, oraram: "Senhor, tu conheces cada coração. Mostra-nos qual destes homens escolheste ²⁵como apóstolo para substituir Judas neste ministério, pois ele se desviou e foi para seu devido lugar". ²⁶Então lançaram sortes e Matias foi escolhido como apóstolo, juntando-se aos outros onze.

A vinda do Espírito Santo

2 No dia de Pentecostes,ᵇ todos estavam reunidos num só lugar. ²De repente, veio do céu um som como o de um poderoso vendaval e encheu a casa onde estavam sentados. ³Então surgiu algo semelhante a chamas ou línguas de fogo que pousaram sobre cada um deles. ⁴Todos ficaram cheios do Espírito Santo e começaram a falar em outras línguas, conforme o Espírito os habilitava.

⁵Naquela época, judeus devotos de todas as nações viviam em Jerusalém. ⁶Quando ouviram o som das vozes, vieram correndo e ficaram espantados, pois cada um deles ouvia em seu próprio idioma.

⁷Muito admirados, exclamavam: "Como isto é possível? Estes homens são todos galileus ⁸e, no entanto, cada um de nós os ouve falar em nosso próprio idioma! ⁹Estão aqui partos, medos, elamitas, habitantes da Mesopotâmia, da Judeia, da Capadócia, do Ponto, da província da Ásia, ¹⁰da Frígia, da Panfília, do Egito e de regiões da Líbia próximas a Cirene, visitantes de Roma ¹¹(tanto judeus como convertidos ao judaísmo), cretenses e árabes, e todos nós ouvimos estas pessoas falarem em nossa própria língua sobre as coisas maravilhosas que Deus fez!". ¹²Admirados e perplexos, perguntavam uns aos outros: "Que significa isto?".

¹³Outros, porém, zombavam e diziam: "Eles estão bêbados!".

Pedro se dirige à multidão

¹⁴Então Pedro deu um passo à frente com os onze apóstolos e dirigiu-se em alta voz à multidão: "Ouçam com atenção, todos vocês, povo da Judeia e habitantes de Jerusalém! Escutem o que lhes digo! ¹⁵Estas pessoas não estão bêbadas, como alguns de vocês pensam, pois são apenas nove horas da manhã. ¹⁶Pelo contrário! O que vocês estão vendo foi predito há tempos pelo profeta Joel:

¹⁷'Nos últimos dias', disse Deus,
  'derramarei meu Espírito sobre todo tipo
    de pessoa.
  Seus filhos e suas filhas profetizarão;
    os jovens terão visões,
    e os velhos terão sonhos.
¹⁸Naqueles dias, derramarei meu Espírito
    até mesmo sobre servos e servas,
    e eles profetizarão.
¹⁹Farei maravilhas em cima, no céu,
    e sinais embaixo, na terra:
    sangue e fogo, e nuvens de fumaça.
²⁰O sol se escurecerá,
    e a lua se tornará vermelha como sangue,
    antes que chegue o grande e glorioso dia
      do Senhor.
²¹Mas todo aquele que invocar o nome do
      Senhor
    será salvo'.ᶜ

²²"Povo de Israel, escute! Deus aprovou publicamente Jesus, o nazareno,ᵈ ao realizar milagres, maravilhas e sinais por meio dele, como vocês bem sabem. ²³Ele foi entregue conforme o plano preestabelecido por Deus e seu

---

ª **1.20** Sl 69.25; 109.8. ᵇ **2.1** A Festa de Pentecostes era comemorada cinquenta dias depois da Páscoa dos judeus (quando Jesus foi crucificado). ᶜ **2.17-21** Jl 2.28-32. ᵈ **2.22** Ou *Jesus de Nazaré*.

conhecimento prévio daquilo que aconteceria. Com a ajuda de gentios que desconheciam a lei, vocês o pregaram na cruz e o mataram. ²⁴Mas Deus o ressuscitou, libertando-o dos horrores da morte, pois ela não pôde mantê-lo sob seu domínio. ²⁵A respeito dele disse o rei Davi:

'Vejo que o Senhor está sempre comigo;
não serei abalado, pois ele está à minha direita.
²⁶Não é de admirar que meu coração esteja alegre
e que minha língua o louve;
meu corpo repousa em esperança.
²⁷Pois tu não deixarás minha alma entre os mortos,ᵃ
nem permitirás que o teu Santo apodreça no túmulo.
²⁸Tu me mostraste o caminho da vida,
e me encherás com a alegria de tua presença'.ᵇ

²⁹"Irmãos, permitam-me dizer com toda convicção que o patriarca Davi não estava se referindo a si mesmo, pois ele morreu e foi sepultado, e seu túmulo ainda está aqui, entre nós. ³⁰Mas ele era profeta e sabia que Deus havia prometido sob juramento que um de seus descendentes se sentaria em seu trono. ³¹Davi estava olhando para o futuro e falando da ressurreição do Cristo,ᶜ que não foi deixado entre os mortos nem seu corpo apodreceu no túmulo.

³²"Foi esse Jesus que Deus ressuscitou, e todos nós somos testemunhas disso. ³³Ele foi exaltado ao lugar de honra, à direita de Deus. E, conforme havia prometido, o Pai lhe deu o Espírito Santo, que ele derramou sobre nós, como vocês estão vendo e ouvindo hoje. ³⁴Pois Davi não subiu ao céu e, no entanto, disse:

'O Senhor disse ao meu Senhor:
Sente-se no lugar de honra à minha direita,
³⁵até que eu humilhe seus inimigos
e os ponha debaixo de seus pés'.ᵈ

³⁶"Portanto, saibam com certeza todos em Israel que a esse Jesus, que vocês crucificaram, Deus fez Senhor e Cristo!".

³⁷As palavras partiram o coração dos que ouviam, e eles perguntaram a Pedro e aos outros apóstolos: "Irmãos, o que devemos fazer?".

³⁸Pedro respondeu: "Vocês devem se arrepender, para o perdão de seus pecados, e cada um deve ser batizado em nome de Jesus Cristoᵉ. Então receberão a dádiva do Espírito Santo. ³⁹Essa promessa é para vocês, para seus filhos e para os que estão longe,ᶠ isto é, para todos que forem chamados pelo Senhor, nosso Deus". ⁴⁰Pedro continuou a pregar, advertindo com insistência a seus ouvintes: "Salvem-se desta geração corrompida!".

⁴¹Os que acreditaram nas palavras de Pedro foram batizados, e naquele dia houve um acréscimo de cerca de três mil pessoas.

A comunidade dos novos convertidos

⁴²Todos se dedicavam de coração ao ensino dos apóstolos, à comunhão, ao partir do pão e à oração.

⁴³Havia em todos eles um profundo temor, e os apóstolos realizavam muitos sinais e maravilhas. ⁴⁴Os que criam se reuniam num só lugar e compartilhavam tudo que possuíam. ⁴⁵Vendiam propriedades e bens e repartiam o dinheiro com os necessitados, ⁴⁶adoravam juntos no templo diariamente, reuniam-se nos lares para comer e partiam o pão com grande alegria e generosidade,ᵍ ⁴⁷sempre louvando a Deus e desfrutando a simpatia de todo o povo. E, a cada dia, o Senhor lhes acrescentava aqueles que iam sendo salvos.

Pedro cura um mendigo aleijado

3 Certo dia, por volta das três da tarde, Pedro e João foram ao templo orar. ²Um homem, aleijado de nascença, estava sendo carregado. Todos os dias, ele era colocado ao lado da porta chamada Formosa, para pedir esmolas a quem entrasse no templo. ³Quando ele viu que Pedro e João iam entrar, pediu-lhes dinheiro. ⁴Pedro e João se voltaram para ele. "Olhe para nós!", disse Pedro. ⁵O homem fixou o olhar

---

ᵃ**2.27** Em grego, *no Hades*; também em 2.31. ᵇ**2.25-28** Sl 16.8-11, conforme a Septuaginta. ᶜ**2.31** Ou *Messias*. Tanto *Messias* (do hebraico) como *Cristo* (do grego) significam "ungido". ᵈ**2.34-35** Sl 110.1. ᵉ**2.38** Ou *Vocês devem se arrepender, e cada um deve ser batizado em nome de Jesus Cristo, para o perdão de seus pecados*. ᶠ**2.39** Ou *para aqueles no futuro distante*, ou *para os gentios*. ᵍ**2.46** Ou *e coração sincero*.

neles, esperando receber alguma esmola. ⁶Pedro, no entanto, disse: "Não tenho prata nem ouro, mas lhe dou o que tenho. Em nome de Jesus Cristo, o nazareno,ᵃ levante-se eᵇ ande!".
⁷Então Pedro segurou o aleijado pela mão e o ajudou a levantar-se. No mesmo instante, os pés e os tornozelos do homem foram curados e fortalecidos. ⁸De um salto, ele se levantou e começou a andar. Em seguida, caminhando, saltando e louvando a Deus, entrou no templo com eles.

⁹Quando o viram caminhar e o ouviram louvar a Deus, ¹⁰todos perceberam que era o mesmo mendigo que tantas vezes tinham visto na porta Formosa, e ficaram perplexos. ¹¹Admirados, correram todos para o Pórtico de Salomão, onde o homem permanecia com Pedro e João e não se afastava deles.

Pedro anuncia as boas-novas no templo

¹²Pedro, percebendo o que ocorria, dirigiu-se à multidão. "Povo de Israel, por que ficam surpresos com isso?", disse ele. "Por que olham para nós como se tivéssemos feito este homem andar por nosso próprio poder ou devoção? ¹³Pois foi o Deus de Abraão, de Isaque e de Jacó, o Deus de nossos antepassados, quem glorificou seu Servo Jesus, a quem vocês traíram e rejeitaram diante de Pilatos, apesar de ele ter decidido soltá-lo. ¹⁴Vocês rejeitaram o Santo e Justo e, em seu lugar, exigiram que um assassino fosse liberto. ¹⁵Mataram o autor da vida, mas Deus o ressuscitou dos mortos. E nós somos testemunhas desse fato!

¹⁶"Pela fé no nome de Jesus, este homem que vocês veem e conhecem foi curado. A fé no nome de Jesus o curou diante de seus olhos.

¹⁷"Irmãos, sei que vocês e seus líderes agiram por ignorância. ¹⁸Mas Deus assim cumpriu o que todos os profetas haviam predito acerca do Cristo, que era necessário ele sofrer essas coisas. ¹⁹Agora, arrependam-se e voltem-se para Deus, para que seus pecados sejam apagados. ²⁰Então, da presença do Senhor virão tempos de renovação, e ele enviará novamente Jesus, o Cristo que lhes foi designado. ²¹Pois ele deve permanecer no céu até o tempo da restauração final de todas as coisas, conforme Deus prometeu há muito tempo por meio de seus santos profetas. ²²Moisés disse: 'O Senhor, seu Deus, levantará para vocês um profeta como eu, do meio de seu povo. Ouçam com atenção tudo que ele lhes disser.ᶜ ²³Quem não der ouvidos a esse profeta será eliminado do meio do povo'.ᵈ

²⁴"A começar por Samuel, todos os profetas falaram sobre o que está acontecendo hoje. ²⁵Vocês são descendentes desses profetas e estão incluídos na aliança que Deus fez com seus antepassados ao dizer a Abraão: 'Por meio de sua descendência,ᵉ todas as famílias da terra serão abençoadas'.ᶠ ²⁶Quando Deus ressuscitou seu Servo, ele o enviou primeiro a vocês, o povo de Israel, para abençoá-los, fazendo cada um de vocês se afastar de seus caminhos pecaminosos."

Pedro e João diante do conselho de líderes

4 Enquanto falavam ao povo, Pedro e João foram confrontados pelos sacerdotes, pelo capitão da guarda do templo e por alguns saduceus. ²Os líderes estavam muito perturbados porque Pedro e João ensinavam ao povo que em Jesus há ressurreição dos mortos. ³Eles os prenderam e, como já anoitecia, os colocaram na prisão até a manhã seguinte. ⁴Muitos que tinham ouvido a mensagem creram, totalizando, agora, cerca de cinco mil homens.

⁵No dia seguinte, o conselho das autoridades, dos líderes do povo e dos mestres da lei se reuniu em Jerusalém. ⁶Estavam ali Anás, o sumo sacerdote, e também Caifás, João, Alexandre e outros parentes do sumo sacerdote. ⁷Mandaram trazer Pedro e João e os interrogaram: "Com que poder, ou em nome de quem, vocês fizeram isso?".

⁸Cheio do Espírito Santo, Pedro lhes respondeu: "Autoridades e líderes do povo, ⁹estamos sendo interrogados hoje porque realizamos uma boa ação em favor de um aleijado, e os senhores querem saber como ele foi curado. ¹⁰Saibam os senhores e todo o povo de Israel que ele foi curado pelo nome de Jesus Cristo, o nazareno,ᵍ a quem os senhores crucificaram,

---

ᵃ **3.6a** Ou *Jesus Cristo de Nazaré*. ᵇ **3.6b** Alguns manuscritos não trazem *levante-se e*. ᶜ **3.22** Dt 18.15. ᵈ **3.23** Dt 18.19; Lv 23.29. ᵉ **3.25a** Em grego, *sua semente*. ᶠ **3.25b** Gn 12.3; 22.18. ᵍ **4.10** Ou *Jesus Cristo de Nazaré*.

> ### PÃO DIÁRIO
> ## Trabalhar para os amigos
> *...entre eles não havia necessitados...*
> —Atos 4.34
>
> Seis amigos formaram um clube de consertos domésticos na cidade onde moram. Um sábado por mês, eles se reúnem na casa de um deles para trabalhar em projetos que não podem ser realizados sem ajuda extra. Depois de se ajudarem mutuamente por 20 anos, eles afirmam que hoje se sentem unidos como uma grande família. Um grupo parecido se formou numa cidade de outro estado. O lema deles é o seguinte: "Trabalharemos para os amigos".
>
> O interesse desses grupos pelos seus amigos me faz lembrar da Igreja Primitiva (At 4.32-37). Durante o tempo de grande perseguição aos cristãos, eles precisavam sobretudo do apoio uns dos outros. Algumas pessoas vendiam voluntariamente suas terras ou casas e levavam os rendimentos arrecadados aos apóstolos, que os distribuíam aos necessitados (v.35). Com relação a esse grupo, eles estavam "unidos em coração e mente, [...] e compartilhavam tudo que tinham" (v.32).
>
> Como seguidores de Cristo hoje, também precisamos do apoio espiritual e do estímulo dos outros. Pode ser que estejamos enfrentando dificuldades no que diz respeito à decisão de como servir ao Senhor, preocupados com algum problema no trabalho ou inseguros a respeito de como disciplinar um filho rebelde. Essas são boas oportunidades de contar com o conselho e a oração dos amigos cristãos.
>
> Que possamos servir uns aos outros em amor — física e espiritualmente — na família de Deus (Gl 5.13).
>
> *Querido Jesus, dou-te graças pela dádiva do Corpo de Cristo. Que possamos servir uns aos outros refletindo o Teu amor e a Tua compaixão a este mundo que nos observa. Por favor, abre os meus olhos para as necessidades dos meus irmãos e irmãs na fé e ajuda-me a doar generosa e sacrificialmente do meu tempo, meus talentos e tesouros ao servi-los.*
>
> **Os cristãos permanecem fortes quando se mantêm unidos.**

¹²Não há salvação em nenhum outro! Não há nenhum outro nome debaixo do céu, em toda a humanidade, por meio do qual devamos ser salvos".

¹³Quando os membros do conselho viram a coragem de Pedro e João, ficaram admirados, pois perceberam que eram homens comuns, sem instrução religiosa formal. Reconheceram também que eles haviam estado com Jesus. ¹⁴Mas não havia nada que pudessem fazer, pois o homem que tinha sido curado estava ali diante deles. ¹⁵Assim, ordenaram que Pedro e João fossem retirados da sala do conselho[b] e começaram a discutir entre si.

¹⁶"Que faremos com esses homens?", perguntavam uns aos outros. "Não podemos negar que realizaram um sinal, como todos em Jerusalém sabem. ¹⁷Mas, para evitar que espalhem sua mensagem, devemos adverti-los de que não falem nesse nome a mais ninguém." ¹⁸Então os chamaram de volta e ordenaram que nunca mais falassem nem ensinassem em nome de Jesus.

¹⁹Pedro e João, porém, responderam: "Os senhores acreditam que Deus quer que obedeçamos a vocês, e não a ele? ²⁰Não podemos deixar de falar do que vimos e ouvimos!".

²¹Os membros do conselho fizeram novas ameaças, mas, por fim, os soltaram. Não sabiam como castigá-los sem provocar um tumulto, visto que todos louvavam a Deus pelo ocorrido, ²²pois o aleijado que havia sido curado milagrosamente tinha mais de quarenta anos de idade.

Os discípulos oram pedindo coragem

²³Assim que foram libertos, Pedro e João voltaram ao lugar onde estavam os outros irmãos e lhes contaram o que os principais sacerdotes e líderes tinham dito. ²⁴Ao ouvir o relato, todos os presentes levantaram juntos a voz e oraram a Deus: "Ó Soberano Senhor, Criador dos céus e da terra, do mar e de tudo que neles há, ²⁵falaste muito tempo atrás pelo Espírito Santo, nas palavras de nosso antepassado Davi, teu servo:

> 'Por que as nações se enfureceram tanto?
> Por que perderam tempo com planos inúteis?

mas a quem Deus ressuscitou dos mortos. ¹¹Pois é a respeito desse Jesus que se diz:

> 'A pedra que vocês, os construtores,
>   rejeitaram
> se tornou a pedra angular'.[a]

[a] 4.11 Sl 118.22. [b] 4.15 Em grego, *do Sinédrio*.

²⁶"Os reis da terra se prepararam para
  guerrear;
os governantes se uniram
  contra o Senhor
e contra seu Cristo'.ᵃ

²⁷"De fato, isso aconteceu aqui, nesta cidade, pois Herodes Antipas, o governador Pôncio Pilatos, os gentios e o povo de Israel se uniram contra Jesus, teu santo Servo, a quem ungiste. ²⁸Tudo que fizeram, porém, havia sido decidido de antemão pela tua vontade. ²⁹E agora, Senhor, ouve as ameaças deles e concede a teus servos coragem para anunciar tua palavra. ³⁰Estende tua mão com poder para curar, e que sinais e maravilhas sejam realizados por meio do nome de teu santo Servo Jesus".

³¹Depois dessa oração, o lugar onde estavam reunidos tremeu, e todos ficaram cheios do Espírito Santo e pregavam corajosamente a palavra de Deus.

Os discípulos compartilham seus bens

³²Todos os que creram estavam unidos em coração e mente. Não se consideravam donos de seus bens, de modo que compartilhavam tudo que tinham. ³³Com grande poder, os apóstolos davam testemunho da ressurreição do Senhor Jesus, e sobre todos eles havia grande graça. ³⁴Entre eles não havia necessitados, pois quem possuía terras ou casas vendia o que era seu ³⁵e levava o dinheiro aos apóstolos, para que dessem aos que precisavam de ajuda.

³⁶José, a quem os apóstolos deram o nome Barnabé, que significa "Filho do encorajamento", era da tribo de Levi e tinha nascido na ilha de Chipre. ³⁷Ele vendeu um campo que possuía e entregou o dinheiro aos apóstolos.

Ananias e Safira

5 Havia, porém, um homem chamado Ananias que, com sua esposa, Safira, vendeu uma propriedade. ²Levou apenas parte do dinheiro aos apóstolos, mas, com aprovação da esposa, afirmou que aquele era o valor total e ficou com o resto.

³Então Pedro disse: "Ananias, por que você deixou Satanás encher seu coração? Você mentiu para o Espírito Santo quando guardou parte do dinheiro para si. ⁴A propriedade era sua para vender ou não, como quisesse. E, depois de vendê-la, o dinheiro também era seu, para entregar ou não. Como pôde fazer uma coisa dessas? Você não mentiu para nós, mas para Deus!"

⁵Assim que Ananias ouviu essas palavras, caiu no chão e morreu. Um grande temor se

ᵃ **4.25-26** Ou *seu Messias (Ungido)*. Sl 2.1-2.

PÃO DIÁRIO

Honestidade completa

A propriedade era sua para vender ou não, como quisesse. E, depois de vendê-la, o dinheiro também era seu, para entregar ou não. Como pôde fazer uma coisa dessas? Você não mentiu para nós, mas para Deus!
—Atos 5.4

Pergunte o que é absoluta honestidade aos amigos e às famílias de seis pessoas soterradas em um túnel de metrô que desabou. O resgate de seus entes queridos atrasou por quatro horas porque o empreiteiro não relatou imediatamente o desastre às autoridades. Em vez disso, a empresa fechou o local e confiscou os celulares. Não se tratava de mentira absoluta, mas era uma enganação, já que a verdade estava sendo encoberta. Esse ato desonesto mostrou o desrespeito pela vida.

Em Atos dos apóstolos, Deus nos deu um exemplo preocupante sobre como Ele encara a desonestidade (At 4.32–5.11). Alguns cristãos haviam vendido terras e compartilhado com a igreja todo o dinheiro arrecadado. Ananias e Safira decidiram fazer o mesmo. Porém, o casal guardou um pouco de dinheiro apesar de declararem que eles haviam doado a quantia integral. Esperando elogios, eles caíram mortos.

Será que essa punição foi dura demais? Afinal de contas, a "mentirinha" deles nem era grave demais. "A pessoa que promete um presente, mas não o entrega, é como nuvens e ventos que não trazem chuva" adverte Provérbios 25.14. O apóstolo Pedro perguntou a Ananias: "...por que você deixou Satanás encher seu coração? Você mentiu para o Espírito Santo..." (At 5.3).

Se somos completamente honestos conosco, podemos dizer que somos completamente honestas diante de Deus?

Senhor, quero ser honesta porque te amo. Tu já conheces o meu interior. Não há nada que eu possa esconder de ti. Portanto, ajuda-me a jamais tentar fazer isso.

Não existem graus de honestidade.

apoderou de todos que souberam o que havia acontecido. ⁶Então alguns jovens se levantaram, envolveram o corpo num lençol e o levaram para fora, e depois o sepultaram.

⁷Cerca de três horas depois, sua esposa entrou, sem saber o que havia acontecido. ⁸Pedro lhe perguntou: "Foi esse o valor que você e seu marido receberam pelo terreno?".

Ela respondeu: "Sim, foi esse o valor".

⁹Então Pedro disse: "Como vocês puderam conspirar para pôr à prova o Espírito do Senhor? Veja, os jovens que sepultaram seu marido estão logo ali, perto da porta, e também levarão você".

¹⁰No mesmo instante, ela caiu no chão e morreu. Quando os jovens entraram e viram que ela estava morta, levaram seu corpo para fora e a sepultaram ao lado do marido. ¹¹Um grande temor se apoderou de toda a igreja e de todos que souberam desse acontecimento.

Os apóstolos realizam muitas curas

¹²Os apóstolos realizavam muitos sinais e maravilhas entre o povo. Todos se reuniam regularmente no templo, na parte conhecida como Pórtico de Salomão. ¹³Quando se reuniam ali, ninguém mais tinha coragem de juntar-se a eles, embora o povo os tivesse em alta consideração. ¹⁴Cada vez mais pessoas, multidões de homens e mulheres, criam no Senhor. ¹⁵Como resultado, o povo levava os doentes às ruas em camas e macas para que a sombra de Pedro cobrisse alguns deles enquanto ele passava. ¹⁶Muita gente vinha das cidades ao redor de Jerusalém, trazendo doentes e atormentados por espíritos impuros, e todos eram curados.

Os apóstolos enfrentam oposição

¹⁷Tomados de inveja, o sumo sacerdote e seus oficiais, que eram saduceus, ¹⁸prenderam os apóstolos e os colocaram numa prisão pública. ¹⁹Um anjo do Senhor, porém, veio durante a noite, abriu as portas do cárcere e os levou para fora. ²⁰"Vão ao templo e transmitam ao povo esta mensagem de vida!", disse ele.

²¹Desse modo, ao amanhecer, os apóstolos entraram no templo, conforme haviam sido instruídos, e, sem demora, começaram a ensinar.

Mais tarde, o sumo sacerdote e seus oficiais chegaram, reuniram o conselho,ᵃ isto é, toda a assembleia dos líderes de Israel, e mandaram buscar os apóstolos na prisão. ²²Mas, quando os guardas do templo chegaram à prisão, os homens não estavam lá. Então voltaram e contaram: ²³"A prisão estava bem trancada, com os guardas vigiando do lado de fora, mas, quando abrimos as portas, não havia ninguém!".

²⁴Ao ouvir isso, o capitão da guarda do templo e os principais sacerdotes ficaram perplexos e se perguntavam o que aconteceria em seguida. ²⁵Então alguém chegou com a seguinte notícia: "Os homens que os senhores puseram na cadeia estão no templo, ensinando o povo!".

²⁶O capitão e seus guardas foram e prenderam os apóstolos, mas sem violência, pois temiam que o povo os apedrejasse. ²⁷Em seguida, levaram os apóstolos e os apresentaram ao conselho de líderes do povo, onde o sumo sacerdote os confrontou. ²⁸"Nós lhes ordenamos firmemente que nunca mais ensinassem em nome desse homem", disse ele. "E, mesmo assim, vocês encheram Jerusalém com esse seu ensino e querem nos responsabilizar pela morte dele!"

²⁹Pedro e os apóstolos responderam: "Devemos obedecer a Deus antes de qualquer autoridade humana. ³⁰O Deus de nossos antepassados ressuscitou Jesus dos mortos depois que os senhores o mataram, pendurando-o numa cruz.ᵇ ³¹Deus o colocou no lugar de honra, à sua direita, como Príncipe e Salvador, para que o povo de Israel se arrependesse de seus pecados e fosse perdoado. ³²Somos testemunhas dessas coisas, e assim é também o Espírito Santo, que Deus dá àqueles que lhe obedecem".

³³Quando ouviram isso, os membros do conselho se enfureceram e decidiram matá-los. ³⁴Um deles, porém, um fariseu chamado Gamaliel, especialista na lei e respeitado por todo o povo, levantou-se e ordenou que eles fossem retirados da sala do conselho por um momento. ³⁵Em seguida, disse aos demais: "Israelitas, cuidado com o que planejam fazer a esses homens! ³⁶Algum tempo atrás, surgiu

ᵃ **5.21** Em grego, *Sinédrio*; também em 5.27,34,41. ᵇ **5.30** Em grego, *num madeiro*.

um certo Teudas, que afirmava ser alguém importante. Umas quatrocentas pessoas se juntaram a ele, mas foi morto e seus seguidores se dispersaram, e o movimento deu em nada. ³⁷Depois dele, na época do censo, apareceu Judas, da Galileia, que fez muitos seguidores. Ele também foi morto, e seu grupo se dispersou. ³⁸"Portanto, meu conselho é que deixem esses homens em paz e os soltem. Se o que planejam e fazem é meramente humano, logo serão frustrados. ³⁹Mas, se é de Deus, vocês não serão capazes de impedi-los. Pode até acontecer de vocês acabarem lutando contra Deus".

⁴⁰Os demais membros aceitaram o conselho de Gamaliel. Chamaram os apóstolos e mandaram açoitá-los. Depois, ordenaram que nunca mais falassem em nome de Jesus e, por fim, os soltaram.

⁴¹Quando os apóstolos saíram da reunião do conselho, estavam alegres porque Deus os havia considerado dignos de sofrer humilhação pelo nome de Jesus.ᵃ ⁴²E todos os dias, no templo e de casa em casa, continuavam a ensinar e anunciar que Jesus é o Cristo.

Sete homens são escolhidos para servir

6 À medida que o número de discípulos crescia, surgiam murmúrios de descontentamento. Os judeus de fala grega se queixavam dos de fala hebraica, dizendo que suas viúvas estavam sendo negligenciadas na distribuição diária de alimento. ²Por isso, os Doze convocaram uma reunião com todos os discípulos e disseram: "Nós, apóstolos, devemos nos dedicar ao ensino da palavra de Deus, e não à distribuição de alimentos. ³Sendo assim, irmãos, escolham sete homens respeitados, cheios do Espírito e de sabedoria, e nós os encarregaremos desse serviço. ⁴Então nós nos dedicaremos à oração e ao ensino da palavra".

⁵A ideia agradou a todos, e escolheram Estêvão, homem cheio de fé e do Espírito Santo, e também Filipe, Próc oro, Nicanor, Timom, Pármenas e Nicolau de Antioquia, que antes havia se convertido ao judaísmo. ⁶Esses sete foram apresentados aos apóstolos, que oraram por eles e lhes impuseram as mãos.

⁷Assim, a mensagem de Deus continuou a se espalhar. O número de discípulos se multiplicava em Jerusalém, e muitos sacerdotes também se converteram.

Estêvão é preso

⁸Estêvão, homem cheio de graça e poder, realizava milagres e sinais entre o povo. ⁹Um dia, porém, alguns homens da chamada Sinagoga dos Escravos Libertos começaram a discutir com ele. Eram judeus de Cirene, de Alexandria, da Cilícia e da província da Ásia. ¹⁰Nenhum deles era capaz de resistir à sabedoria e ao Espírito pelo qual Estêvão falava.

¹¹Então convenceram alguns homens a mentir a respeito dele, dizendo: "Ouvimos Estêvão blasfemar contra Moisés, e até contra Deus". ¹²Com isso, agitaram o povo, os líderes religiosos e os mestres da lei, e Estêvão foi preso e levado ao conselho dos líderes do povo.ᵇ ¹³As falsas testemunhas declararam: "Este homem vive falando contra o santo templo e a lei de Moisés. ¹⁴Nós o ouvimos dizer que esse Jesus de Nazaréᶜ destruirá o templo e mudará os costumes que Moisés nos deixou".

¹⁵Nesse momento, todos os membros do conselho olharam para Estêvão e viram que seu rosto parecia o rosto de um anjo.

O testemunho de Estêvão diante do conselho

7 Então o sumo sacerdote lhe perguntou: "Estas acusações são verdadeiras?".

²Estêvão respondeu: "Irmãos e pais, ouçam-me! O Deus glorioso apareceu a nosso antepassado Abraão na Mesopotâmia,ᵈ antes de ele se estabelecer em Harã,ᵉ ³e lhe disse: 'Deixe sua terra natal e seus parentes e vá para a terra que eu lhe mostrarei'.ᶠ ⁴Então Abraão saiu da terra dos caldeus e morou em Harã até seu pai morrer. Depois, Deus o trouxe aqui para a terra onde vocês agora vivem.

⁵"Mas Deus não lhe deu herança alguma aqui, nem mesmo o espaço de um pé. Contudo, prometeu que a terra toda pertenceria a Abraão e a seus descendentes, embora ele ainda não tivesse filhos. ⁶Disse-lhe também que seus

---

ᵃ **5.41** Em grego, *pelo nome.* ᵇ **6.12** Em grego, *Sinédrio*; também em 6.15. ᶜ **6.14** Ou *Jesus, o nazareno.* ᵈ **7.2a** *Mesopotâmia* era a região onde hoje se localiza o Iraque. ᵉ **7.2b** *Harã* era uma cidade na região da atual Síria. ᶠ **7.3** Gn 12.1.

descendentes viveriam numa terra estrangeira, onde seriam escravizados e oprimidos por quatrocentos anos. ⁷Mas Deus disse: 'Eu castigarei a nação que os escravizar, e, por fim, sairão dali e me adorarão neste lugar'.ª ⁸"Naquele tempo, Deus deu a Abraão a aliança da circuncisão. Assim, quando seu filho Isaque nasceu, ele o circuncidou no oitavo dia. Essa prática continuou quando nasceu Jacó, filho de Isaque, e quando nasceram os doze filhos de Jacó, os patriarcas de Israel.

⁹"Os patriarcas tiveram inveja de seu irmão José e o venderam como escravo para o Egito. Mas Deus estava com ele ¹⁰e o livrou de todas as suas dificuldades. Deus concedeu a José favor e sabedoria diante do faraó, rei do Egito, e o faraó o nomeou governador de todo o Egito e administrador de seu palácio.

¹¹"Então veio uma fome sobre o Egito e sobre Canaã. Houve grande aflição, e nossos antepassados ficaram sem comida. ¹²Jacó soube que ainda havia cereal no Egito e enviou seus filhos, nossos antepassados, para comprarem alimento. ¹³Da segunda vez que foram, José revelou sua identidade a seus irmãosᵇ e os apresentou ao faraó. ¹⁴Depois, José mandou trazer para o Egito seu pai, Jacó, e todos os seus parentes, 75 pessoas ao todo. ¹⁵Assim, Jacó foi para o Egito e ali morreu, bem como nossos antepassados. ¹⁶Seus corpos foram levados para Siquém e sepultados no túmulo que Abraão havia comprado por um certo preço dos filhos de Hamor.

¹⁷"Aproximando-se o tempo em que Deus cumpriria sua promessa a Abraão, nosso povo se multiplicou grandemente no Egito. ¹⁸Então subiu ao trono do Egito um novo rei, que nada sabia a respeito de José. ¹⁹Esse rei explorou e oprimiu nosso povo, forçando os pais a abandonarem seus filhos recém-nascidos, para que morressem.

²⁰"Por essa época, nasceu Moisés, um bebê especial aos olhos de Deus. Seus pais cuidaram dele em casa por três meses. ²¹Quando tiveram de abandoná-lo, a filha do faraó o adotou e o criou como seu próprio filho. ²²Moisés foi educado em toda a sabedoria dos egípcios e era poderoso em palavras e ações.

²³"Certo dia, estando Moisés com quarenta anos, resolveu visitar seus parentes, o povo de Israel. ²⁴Ao ver um egípcio maltratando um israelita, defendeu o israelita e o vingou, matando o egípcio. ²⁵Imaginou que seus irmãos israelitas entenderiam que ele havia sido enviado por Deus para resgatá-los, mas isso não aconteceu. ²⁶"No dia seguinte, visitou-os novamente e viu dois homens de Israel brigando. Tentando agir como pacificador, disse a eles: 'Homens, vocês são irmãos; por que brigam um com o outro?'.

²⁷"Mas o homem que era culpado empurrou Moisés e disse: 'Quem o nomeou líder e juiz sobre nós? ²⁸Vai me matar como matou o egípcio ontem?'. ²⁹Quando Moisés ouviu isso, fugiu e foi viver como estrangeiro na terra de Midiã. Ali nasceram seus dois filhos.

³⁰"Quarenta anos depois, no deserto próximo ao monte Sinai, um anjo apareceu a Moisés nas chamas de um arbusto que queimava. ³¹Quando Moisés viu aquilo, ficou admirado. Aproximando-se para observar melhor, ouviu a voz do Senhor, que disse: ³²'Eu sou o Deus de seus antepassados, o Deus de Abraão, de Isaque e de Jacó'. Moisés tremia de medo e não tinha coragem de olhar.

³³"Então o Senhor lhe disse: 'Tire as sandálias, pois você está pisando em terra santa. ³⁴Por certo, tenho visto a aflição de meu povo no Egito. Tenho ouvido seus gemidos e desci para libertá-los. Agora vá, pois eu o envio de volta ao Egito'.ᶜ

³⁵"Era esse o mesmo Moisés que o povo havia rejeitado quando lhe perguntaram: 'Quem o nomeou líder e juiz?'. Por meio do anjo que apareceu a Moisés no arbusto em chamas, Deus o enviou para ser líder e libertador. ³⁶Assim, com muitas maravilhas e sinais, ele os conduziu para fora do Egito, pelo mar Vermelho e pelo deserto, durante quarenta anos. ³⁷"Esse mesmo Moisés disse ao povo de Israel: 'Deus levantará para vocês um profeta como eu do meio de seu povo'.ᵈ ³⁸Moisés estava com nossos antepassados, a congregação do povo de Deus no deserto, quando o anjo lhe falou no monte Sinai, e ali Moisés recebeu palavras que dão vida, para transmiti-las a nós.

ª7.5-7 Gn 12.7; 15.13-14; Êx 3.12. ᵇ7.13 Alguns manuscritos trazem *José foi reconhecido por seus irmãos*. ᶜ7.31-34 Êx 3.5-10. ᵈ7.37 Dt 18.15.

³⁹"Mas nossos antepassados se recusaram a obedecer a Moisés. Eles o rejeitaram e, em seu íntimo, voltaram ao Egito. ⁴⁰Disseram a Arão: 'Faça para nós deuses que nos guiem, pois não sabemos o que aconteceu com esse Moisés que nos tirou do Egito'.ᵃ ⁴¹Logo, fizeram um ídolo em forma de bezerro, ofereceram-lhe sacrifícios e começaram a celebrar o objeto que haviam criado. ⁴²Então Deus se afastou deles e os entregou para servirem as estrelas do céu como deuses, conforme está escrito no livro dos profetas:

'Foi a mim que vocês trouxeram sacrifícios
    e ofertas
durante aqueles quarenta anos no
    deserto, povo de Israel?
⁴³Não, vocês carregaram o santuário de
    Moloque,
a estrela de seu deus Renfã,
e as imagens que fizeram para adorá-los.
Por isso eu os enviarei para o exílio,
    para além da Babilônia'.ᵇ

⁴⁴"Nossos antepassados levaram com eles pelo deserto o tabernáculo,ᶜ construído de acordo com o modelo que Deus havia mostrado a Moisés. ⁴⁵Anos depois, quando Josué comandou nossos antepassados nas batalhas contra as nações que Deus expulsou desta terra, foi levado com eles para seu novo território e ali ficou até o tempo do rei Davi. ⁴⁶"Davi encontrou favor diante de Deus e pediu para construir um templo permanente para o Deus de Jacó,ᵈ ⁴⁷mas foi Salomão quem o construiu. ⁴⁸O Altíssimo, porém, não habita em templos feitos por mãos humanas. Como diz o profeta:

⁴⁹'O céu é meu trono,
    e a terra é o suporte de meus pés.
Acaso construiriam para mim um templo
    assim tão bom?',
    diz o Senhor.
'Que lugar de descanso me poderiam
    fazer?
⁵⁰Acaso não foram minhas mãos
    que criaram o céu e a terra?'.ᵉ

⁵¹"Povo teimoso! Vocês têm o coração incircuncidado e são surdos para a verdade. Resistirão para sempre ao Espírito Santo? Foi o que seus antepassados fizeram, e vocês também o fazem! ⁵²Que profeta seus antepassados não perseguiram? Mataram até aqueles que predisseram a vinda do Justo, a quem vocês traíram e assassinaram! ⁵³Vocês desobedeceram à lei de Deus, embora a tenham recebido das mãos de anjos".

⁵⁴Os líderes judeus se enfureceram com a acusação de Estêvão e rangiam os dentes contra ele. ⁵⁵Mas Estêvão, cheio do Espírito Santo, olhou firmemente para o céu e viu a glória de Deus, e viu Jesus em pé no lugar de honra, à direita de Deus. ⁵⁶"Olhem!", disse ele. "Vejo os céus abertos e o Filho do Homem em pé no lugar de honra, à direita de Deus!" ⁵⁷Eles taparam os ouvidos e, aos gritos, lançaram-se contra ele. ⁵⁸Arrastaram-no para fora da cidade e começaram a apedrejá-lo. Seus acusadores tiraram os mantos e os deixaram aos pés de um jovem chamado Saulo. ⁵⁹Enquanto atiravam as pedras, Estêvão orou: "Senhor Jesus, recebe o meu espírito". ⁶⁰Então caiu de joelhos e gritou: "Senhor, não os culpes por este pecado!". E, com isso, adormeceu.

8 E Saulo concordou inteiramente com a morte de Estêvão.

A perseguição faz os discípulos dispersarem

Uma grande onda de perseguição começou naquele dia e varreu a igreja de Jerusalém. Todos eles, com exceção dos apóstolos, foram dispersos pelas regiões da Judeia e de Samaria. ²(Alguns homens devotos vieram e, com grande tristeza, sepultaram Estêvão.) ³Saulo, porém, procurava destruir a igreja. Ia de casa em casa, arrastava para fora homens e mulheres e os lançava na prisão.

Filipe anuncia as boas-novas em Samaria

⁴Os que haviam sido dispersos, porém, anunciavam as boas-novas a respeito de Jesus por onde quer que fossem. ⁵Filipe foi para a cidade de Samaria e ali falou ao povo sobre o Cristo. ⁶Quando as multidões ouviram sua mensagem

---

ᵃ**7.40** Êx 32.1. ᵇ**7.42-43** Am 5.25-27, conforme a Septuaginta. ᶜ**7.44** Em grego, *a tenda do testemunho*. ᵈ**7.46** Alguns manuscritos trazem *para a casa de Jacó*. ᵉ**7.49-50** Is 66.1-2.

eram curados. ⁸Por isso, houve grande alegria naquela cidade.

⁹Um homem chamado Simão praticava feitiçaria ali havia anos. Ele deixava o povo de Samaria admirado, e afirmava ser alguém importante. ¹⁰Todos, dos mais simples aos mais importantes, se referiam a ele como "o Grande Poder de Deus". ¹¹Ouviam-no com atenção, pois, durante muito tempo, ele os tinha deixado admirados com sua magia.

¹²No entanto, quando Filipe lhes levou a mensagem sobre as boas-novas do reino de Deus e sobre o nome de Jesus Cristo, eles creram e, como resultado, muitos homens e mulheres foram batizados. ¹³O próprio Simão creu e foi batizado. Começou a seguir Filipe por toda parte, admirando-se dos sinais e milagres que ele realizava.

¹⁴Quando os apóstolos em Jerusalém souberam que o povo de Samaria havia aceitado a mensagem de Deus, enviaram para lá Pedro e João. ¹⁵Assim que os dois chegaram, oraram para que aqueles convertidos recebessem o Espírito Santo, ¹⁶pois, apesar de terem sido batizados em nome do Senhor Jesus, o Espírito Santo ainda não havia descido sobre nenhum deles. ¹⁷Então Pedro e João impuseram as mãos sobre eles, e receberam o Espírito Santo.

¹⁸Simão viu que as pessoas recebiam o Espírito quando os apóstolos impunham as mãos sobre elas. Então ofereceu-lhes dinheiro, ¹⁹dizendo: "Deem-me este poder também, para que, quando eu impuser as mãos sobre as pessoas, elas recebam o Espírito Santo!".

²⁰Pedro, porém, respondeu: "Que seu dinheiro seja destruído com você, por imaginar que o dom de Deus pode ser comprado! ²¹Você não tem parte nem direito neste ministério, pois seu coração não é justo diante de Deus. ²²Arrependa-se de sua maldade e ore ao Senhor. Talvez ele perdoe esses seus maus pensamentos, ²³pois vejo que você está cheio de amarga inveja e é prisioneiro do pecado".

²⁴Simão exclamou: "Orem ao Senhor por mim, para que essas coisas terríveis não me aconteçam!".

²⁵Depois de terem testemunhado e proclamado a palavra do Senhor em Samaria, Pedro e João voltaram a Jerusalém. Ao longo do

e viram os sinais que ele realizava, deram total atenção às suas palavras. ⁷Muitos espíritos impuros eram expulsos e, aos gritos, deixavam suas vítimas, e muitos paralíticos e aleijados

---

PÃO DIÁRIO

Semelhanças tóxicas

Você não tem parte nem direito neste ministério, pois seu coração não é justo diante de Deus. Arrependa-se de sua maldade...

—Atos 8.21,22

Nosso jardim deixa a hera venenosa contente. Aprendi isso do jeito mais difícil. Embora eu estivesse tomando cuidado, entrei em contato com a planta e acabei alérgica com uma erupção malcheirosa e coceira.

A hera venenosa se parece com muitas plantas inofensivas e faz companhia a algumas plantas realmente lindas. Uma mulher que cuidava do seu jardim não conseguia entender por que ela sempre se deparava com a hera venenosa ao podar suas rosas. Mais tarde, descobriu que essa planta estava tirando vantagens do cuidado amoroso que ela dava à sua roseira.

Algumas pessoas são como plantas tóxicas. Parecem inofensivas e se misturam com outras pessoas que, como rosas, são perfumadas e bonitas.

Simão, o feiticeiro, encaixa-se nessa descrição. Ele seguiu Filipe e foi batizado, mas, depois, quis comprar sua habilidade de impor as mãos sobre as pessoas para que elas recebessem o Espírito Santo. Pedro ficou horrorizado com tal pedido e o aconselhou a arrepender-se (At 8.22).

Algumas vezes, as pessoas usam o ambiente favorável de uma igreja sadia para obter uma rede de contatos para finalidades egoístas. Semelhantemente à hera venenosa entre as rosas, elas causam muito sofrimento. Como Simão, quem age assim precisa se arrepender, e todos os demais devem evitar manter contato com tal pessoa. A aparência de espiritualidade parece boa, mas o seu "fruto" é venenoso.

Pai, muitas vezes as intenções egoístas podem ser tão tóxicas quanto a hera venenosa. Concede-me discernimento e sabedoria para reconhecer aqueles que podem usar o ministério simplesmente para lucro próprio. Ajuda-me a arrancar as minhas próprias motivações egoístas para que os frutos espirituais sejam evidentes em minha vida.

Uma vida falsa não corresponde à fé verdadeira.

caminho, pararam em muitas vilas samaritanas para anunciar as boas-novas.

Filipe e o eunuco etíope

²⁶Um anjo do Senhor disse a Filipe: "Vá para o sul,ᵃ para a estrada no deserto que liga Jerusalém a Gaza". ²⁷Filipe partiu e encontrou no caminho um alto oficial etíope, o eunuco responsável pelos tesouros de Candace, rainha da Etiópia. Ele tinha ido a Jerusalém para participar da adoração ²⁸e estava no caminho de volta. Sentado em sua carruagem, lia em voz alta o livro do profeta Isaías.

²⁹Então o Espírito disse a Filipe: "Aproxime-se e acompanhe a carruagem".

³⁰Filipe correu até a carruagem e, ouvindo que o homem lia o profeta Isaías, perguntou-lhe: "O senhor compreende o que lê?".

³¹O homem respondeu: "Como posso entender sem que alguém me explique?". E convidou Filipe a subir na carruagem e sentar-se ao seu lado.

³²Era esta a passagem das Escrituras que ele estava lendo:

"Ele foi levado como ovelha para o
      matadouro;
   como cordeiro mudo diante dos
      tosquiadores,
   não abriu a boca.
³³Foi humilhado e a justiça lhe foi negada.
   Quem pode falar de seus descendentes?
   Pois sua vida foi tirada da terra".ᵇ

³⁴O eunuco perguntou a Filipe: "Diga-me, o profeta estava falando de si mesmo ou de outro?". ³⁵Então Filipe, começando com essa mesma passagem das Escrituras, anunciou-lhe as boas-novas a respeito de Jesus.

³⁶Prosseguindo, chegaram a um lugar onde havia água. Então o eunuco disse: "Veja, aqui tem água! O que me impede de ser batizado?". ³⁷Filipe disse: "Nada o impede, se você crê de todo o coração". O eunuco respondeu: "Creio que Jesus Cristo é o Filho de Deus".ᶜ ³⁸Então mandou parar a carruagem, os dois desceram até a água e Filipe o batizou.

³⁹Quando saíram da água, o Espírito do Senhor tomou Filipe e o levou. O eunuco não tornou a vê-lo, mas seguiu viagem cheio de alegria. ⁴⁰Então Filipe apareceu mais ao norte, na cidade de Azoto. Anunciou as boas-novas ali e em todas as cidades ao longo do caminho, até chegar a Cesareia.

A conversão de Saulo

9 Enquanto isso, Saulo, motivado pela ânsia de matar os discípulos do Senhor, procurou o sumo sacerdote. ²Pediu cartas para as sinagogas em Damasco, solicitando que cooperassem com a prisão de todos os seguidores do Caminho, homens e mulheres, que ali encontrasse, para levá-los como prisioneiros a Jerusalém.

³Quando se aproximava de Damasco, de repente uma luz do céu brilhou ao seu redor. ⁴Ele caiu no chão e ouviu uma voz lhe dizer: "Saulo, Saulo, por que você me persegue?".

⁵"Quem és tu, Senhor?", perguntou Saulo.

E a voz respondeu: "Sou Jesus, a quem você persegue! ⁶Agora levante-se e entre na cidade, onde lhe dirão o que fazer".

⁷Os homens que estavam com Saulo ficaram calados de espanto, pois ouviam uma voz, mas não viam ninguém. ⁸Saulo levantou-se do chão, mas, ao abrir os olhos, estava cego. Então o conduziram pela mão até Damasco. ⁹Lá ele permaneceu, cego, por três dias, e não comeu nem bebeu coisa alguma.

¹⁰Havia em Damasco um discípulo chamado Ananias. O Senhor o chamou numa visão: "Ananias!"

"Sim, Senhor!", respondeu ele.

¹¹O Senhor disse: "Vá à rua Direita, à casa de Judas. Ao chegar, pergunte por um homem de Tarso chamado Saulo. Ele está orando neste momento. ¹²Mostrei-lhe numa visão um homem chamado Ananias chegando e impondo as mãos sobre ele para que voltasse a enxergar".

¹³Ananias, porém, respondeu: "Senhor, ouvi muita gente falar das coisas horríveis que esse homem vem fazendo ao teu povo santo em Jerusalém. ¹⁴E ele tem autorização dos principais sacerdotes para prender todos que invocam o teu nome!".

¹⁵O Senhor, no entanto, disse: "Vá, pois Saulo é o instrumento que escolhi para levar minha mensagem aos gentios e aos reis, bem como

---

ᵃ **8.26** Ou *Vá ao meio-dia*. ᵇ **8.32-33** Is 53.7-8, conforme a Septuaginta. ᶜ **8.37** Alguns manuscritos não trazem o versículo 37.

> **PÃO DIÁRIO**
>
> ## Um novo propósito
>
> *Agora levante-se e entre na cidade, onde lhe dirão o que fazer.*
>
> —Atos 9:6
>
> Um hotel construído há 60 anos está sendo reformado e transformado em apartamentos. Um navio enferrujado ancorado no estaleiro está sendo restaurado e pode se tornar um hotel ou museu. Um hangar, admirada obra de arquitetura, está sendo transformado numa igreja. Cada uma dessas estruturas teve um uso específico que não é mais viável. Mesmo assim, alguém foi capaz de ver esperança e um novo propósito em cada uma dessas obras.
>
> Se as estruturas podem encontrar uma vida nova e propósito, por que as pessoas não podem? Relembre estes homens da Bíblia cuja vida tomou um rumo inesperado: Jacó, lutou com o anjo do Senhor (Gn 32); Moisés, falou com um arbusto em chamas (Êx 3); Paulo, esteve temporariamente cego (At 9). A história de cada um deles foi diferente, mas todas elas sofreram uma mudança de propósito quando o encontro que eles tiveram com Deus os redirecionou para um novo caminho.
>
> Nós também podemos experimentar circunstâncias que mudam o rumo da nossa vida. Contudo, Deus nos lembra disto: *Eu a amei antes que você me amasse. Quero lhe dar esperança e um futuro. Entregue a mim todas as suas preocupações, porque eu me importo com você* (1Jo 4.19; Jr 29.11; 1Pe 5.7; Jo 10.10).
>
> À medida que você se apega às promessas de Deus, peça-lhe que revele uma nova direção e propósito para a sua vida.
>
> *Agradeço, Senhor, pois nunca é tarde demais para descobrir uma nova vida e propósito. Ajuda-me a ser sensível aos Teus estímulos para que eu possa ouvir claramente a Tua voz quando me chamares para mudar de foco ou direção. Quero estar pronta e disposta a fazer todas as mudanças necessárias.*
>
> **Fixe os seus olhos no Senhor, e você jamais perderá de vista o propósito da vida.**

instante, algo semelhante a escamas caiu dos olhos de Saulo, e sua visão foi restaurada. Então ele se levantou, foi batizado [19]e, depois de comer, recuperou as forças.

Saulo em Damasco e em Jerusalém

Saulo permaneceu alguns dias em Damasco, com os discípulos. [20]Logo, começou a falar de Jesus nas sinagogas, dizendo: "Ele é o Filho de Deus!".

[21]Todos que o ouviam ficavam admirados. "Não é esse o homem que causou tanta destruição entre os que invocavam o nome de Jesus em Jerusalém?", perguntavam. "E não veio aqui para levá-los como prisioneiros aos principais sacerdotes?"

[22]A pregação de Saulo tornou-se cada vez mais poderosa, pois ele deixava os judeus de Damasco perplexos, provando que Jesus é o Cristo. [23]Depois de certo tempo, alguns judeus conspiraram para matá-lo. [24]Dia e noite, vigiavam a porta da cidade com a intenção de assassiná-lo, mas ele foi informado desse plano. [25]Então, durante a noite, alguns de seus discípulos o baixaram pela muralha da cidade num grande cesto.

[26]Quando Saulo chegou a Jerusalém, tentou se encontrar com os discípulos, mas todos estavam com medo dele, pois não acreditavam que ele tivesse de fato se tornado discípulo. [27]Então Barnabé o levou aos apóstolos e lhes contou como Saulo tinha visto o Senhor no caminho para Damasco e como ele lhe havia falado. Contou também que, em Damasco, Saulo havia pregado corajosamente em nome de Jesus.

[28]Saulo permaneceu com os apóstolos e andava com eles por Jerusalém, pregando corajosamente em nome do Senhor. [29]Também conversava e discutia com alguns judeus de fala grega, mas estes procuravam matá-lo. [30]Quando os irmãos souberam disso, levaram Saulo a Cesareia e de lá o enviaram a Tarso.

[31]A igreja tinha paz em toda a Judeia, Galileia e Samaria e ia se fortalecendo à medida que andava no temor do Senhor. E, encorajada pelo Espírito Santo, crescia em número.

Pedro cura Eneias e ressuscita Dorcas

[32]Pedro viajava por toda parte, e foi visitar o povo santo que vivia na cidade de Lida. [33]Ali

ao povo de Israel. [16]E eu mostrarei a ele quanto deve sofrer por meu nome."

[17]Ananias foi e encontrou Saulo. Ao impor as mãos sobre ele, disse: "Irmão Saulo, o Senhor Jesus, que lhe apareceu no caminho para cá, me enviou para que você volte a enxergar e fique cheio do Espírito Santo." [18]No mesmo

encontrou um paralítico chamado Eneias, que permanecia de cama havia oito anos. ³⁴Pedro lhe disse: "Eneias, Jesus Cristo cura você! Levante-se e arrume sua maca!". E, no mesmo instante, ele se levantou. ³⁵Todos os moradores de Lida e de Sarona viram Eneias e se converteram ao Senhor.

³⁶Havia em Jope uma discípula chamada Tabita (que em grego é Dorcas).ᵃ Sempre fazia o bem às pessoas e ajudava os pobres. ³⁷Por esse tempo, ficou doente e morreu. Seu corpo foi lavado para o sepultamento e colocado numa sala no andar superior. ³⁸Quando os discípulos souberam que Pedro estava perto de Lida, enviaram dois homens para lhe suplicar: "Por favor, venha o mais rápido possível!".

³⁹Então Pedro voltou com eles e, assim que chegou, foi levado para a sala do andar superior. O cômodo estava cheio de viúvas que choravam e lhe mostravam os vestidos e outras roupas que Dorcas havia feito para elas. ⁴⁰Pedro pediu que todos saíssem do quarto. Então, ajoelhou-se e orou. Voltando-se para o corpo da mulher, disse: "Tabita, levante-se", e ela abriu os olhos. Quando ela viu Pedro, sentou-se. ⁴¹Ele lhe deu a mão e a ajudou a levantar-se. Em seguida, chamou os discípulosᵇ e as viúvas e a apresentou viva.

⁴²A notícia se espalhou por toda a cidade, e muitos creram no Senhor. ⁴³Pedro ficou em Jope algum tempo, hospedado na casa de Simão, um homem que trabalhava com couro.

Cornélio manda chamar Pedro

10 Morava em Cesareia um oficial do exército romanoᶜ chamado Cornélio, capitão do Regimento Italiano. ²Era um homem devoto e temente a Deus, como era também toda a sua família. Dava aos pobres esmolas generosas e sempre orava ao Senhor. ³Certa tarde, por volta das três horas, teve uma visão na qual viu um anjo de Deus vir em sua direção e dizer: "Cornélio!".

⁴Temeroso, Cornélio olhou fixamente para o anjo e perguntou: "Que é, senhor?".

E o anjo respondeu: "Suas orações e esmolas subiram até Deus, e ele as guarda na memória. ⁵Agora, envie alguns homens a Jope e mande buscar Simão, também chamado Pedro. ⁶Ele está hospedado com Simão, um homem que trabalha com couro e mora à beira do mar".

⁷Assim que o anjo foi embora, Cornélio chamou dois servos de sua casa e um soldado devoto de seu grupo de auxiliares. ⁸Ele lhes contou o que havia acontecido e os enviou a Jope.

Pedro visita Cornélio

⁹No dia seguinte, quando os mensageiros de Cornélio se aproximavam da cidade, Pedro subiu ao terraço para orar. Era cerca de meio-dia, ¹⁰e ele estava com fome. Enquanto a refeição era preparada, entrou num êxtase. ¹¹Viu o céu aberto e algo semelhante a um grande lençol ser baixado por suas quatro pontas. ¹²No lençol havia toda espécie de animais, répteis e aves. ¹³Então uma voz lhe disse: "Levante-se, Pedro; mate e coma".

¹⁴"De modo nenhum, Senhor!", respondeu Pedro. "Jamais comi coisa alguma que fosse considerada impuraᵈ e imprópria."

¹⁵Mas a voz falou novamente: "Não chame de impuro o que Deus purificou". ¹⁶A mesma visão se repetiu três vezes. Então, subitamente, o lençol foi recolhido ao céu.

¹⁷Pedro ficou perplexo, pensando em qual seria o significado da visão. Nesse momento, os homens que Cornélio tinha enviado encontraram a casa de Simão. Eles se aproximaram do portão ¹⁸e perguntaram se estava hospedado ali Simão, também chamado Pedro.

¹⁹Enquanto Pedro ainda refletia sobre a visão, o Espírito lhe disse: "Três homens vieram procurá-lo. ²⁰Levante-se, desça e vá encontrar-se com eles. Não hesite em acompanhá-los, pois eu os enviei".

²¹Pedro desceu e disse aos homens: "Eu sou quem vocês procuram. Por que vieram?".

²²Eles responderam: "Cornélio, um oficial romano, nos enviou. Ele é um homem devoto e temente a Deus, respeitado por todos os judeus. Um santo anjo o instruiu a chamar o senhor à casa dele para que ele ouça sua mensagem". ²³Então Pedro convidou os homens para se hospedarem ali aquela noite. No dia

---

ᵃ**9.36** Tanto *Tabita* (do aramaico) como *Dorcas* (do grego) significam "gazela". ᵇ**9.41** Em grego, *os santos*. ᶜ**10.1** Em grego, *centurião*; também em 10.22. ᵈ**10.14** Em grego, *comum*; também em 10.15,28.

Aprendendo com as mulheres da Bíblia

DORCAS

O Espírito de Deus usa nossas habilidades para nos orientar

Jope era um dos portos em operação mais antigos do mundo. Foi neste porto que Jonas, no Antigo Testamento, embarcou num navio cargueiro que o levaria para tão longe quanto possível da vontade de Deus (Jn 1.3). Contudo, nos tempos do Novo Testamento, o porto de Jope servia principalmente aos muitos pescadores da cidade. E, pelo fato de o mar Mediterrâneo ser de difícil navegação para aqueles que dele viviam, Jope perdia muitos desses pescadores, deixando para trás viúvas e órfãos.

É em Jope que encontramos uma mulher conhecida por dois nomes: Tabita e Dorcas. O primeiro era seu nome em aramaico, porque essa era a língua falada em Israel. Mas Lucas, autor de Atos dos Apóstolos, a chamava por seu nome grego, Dorcas. Ambos os nomes significavam a mesma coisa: "gazela", um antílope de olhar meigo. Hoje esse nome duplo seria semelhante a se referir a Pedro como "Peter" quando falando a um anglo-saxão.

Lucas a apresenta como discípula (At 9.36). A palavra discípula não captura a riqueza da palavra grega usada por Lucas para descrevê-la. Ele a identificou como *mathetria*, uma ávida aprendiz. Dorcas foi além de assentir intelectualmente à mensagem cristã; ela aprendia tudo o que podia sobre a vida e os ensinos de Jesus e colocava esse aprendizado em prática consistente.

Dorcas usava sua habilidade como costureira para vestir os necessitados. Quando ela inesperadamente morreu, vemos que o cenáculo estava cheio de viúvas "que choravam e lhe mostravam [a Pedro] os vestidos e outras roupas que Dorcas havia feito para elas" (9:39). Essa mulher *agia*. Ela se preocupava com as necessidades práticas daqueles que eram pobres demais para se autossuprir.

Ela segurava uma agulha de costura em sua mão e, em seu coração, uma profunda preocupação e compaixão pelos pobres e pelas viúvas em Jope. Usando suas habilidades e sua compaixão, o Espírito de Deus a guiou diretamente a uma oportunidade para tratar de um problema sério em sua comunidade.

No entanto, voltemos à sua morte inoportuna. Lucas relata essa cena dramática em Atos 9.37-43. E observe o resultado: Dorcas não apenas foi restaurada à vida, mas a notícia desse milagre se espalhou por toda Jope, e "muitos creram no Senhor".

É claro nesse texto que o compromisso de Dorcas com as necessidades das viúvas não era um hobby de meio-expediente. Ela sabia que fornecer vestimentas para os necessitados lhe permitia cumprir o ensino de Jesus: "quando fizerem isso ao menor destes meus irmãos, foi a mim que o fizeram" (Mt 25.40). Dorcas era uma *mathetria* genuína, uma ávida e entusiasta discípula que praticava tudo o que aprendera de Jesus.

Pelo fato de o texto nunca mencionar um marido, alguns especulam que Dorcas fosse viúva, mas não podemos confirmar isso. Outros especulam que ela teria sido pobre, mas isso é improvável. Ela possuía uma casa com um cenáculo, algo que somente uma pessoa rica poderia arcar. Se fosse pobre, seria pouco provável que ela tivesse os meios para obter os tecidos com os quais confeccionava as roupas.

É possível que o lar de Dorcas tenha sido um lugar de reunião para a igreja local, embora isso não seja dito em Atos. O texto nos diz que ela era muito bondosa para os necessitados, talvez até dando-lhes mais do que só roupas confeccionadas. Com seu coração amável e seus ouvidos atentos, ela, com certeza, deu-lhes a dignidade e o respeito que outras pessoas da comunidade provavelmente lhes negavam. Seja o que for mais que ela lhes tenha dado, sempre foi fruto de sua habilidade de costurar que, de forma tangível, serviu à comunidade.

No entanto, tudo o que sabemos vem de especulação em vez de registros. Sabemos, com certeza, o que Lucas relata em Atos 9. Por trás disso, está o interessante fato ressaltado pelo britânico Richard Bauckham, erudito em Novo Testamento. Ele nos relembra que os quatro evangelhos e o livro de Atos foram todos escritos décadas após a morte, ressurreição e ascensão de Jesus. Assim, sempre que nos deparamos com o nome de um homem ou mulher nesses livros significa que ele ou ela já era bem conhecido aos cristãos gentios espalhados por todo o Império Romano. Sabemos o nome de Dorcas porque, 20 anos depois de ela ter morrido e voltado à vida, seu nome e trabalho foram mantidos vivos como um modelo a ser seguido por novos cristãos nas igrejas fundadas por Paulo, Pedro e outros.

Podemos dizer que Dorcas conhecia a vontade de Deus para sua vida pela habilidade de suas mãos — ela era claramente uma costureira dotada. Contudo, reconhecer as suas habilidades com uma agulha é só uma "pontinha" do exemplo que ela representa para nós. Dela, também aprendemos duas informações necessárias que nos auxiliam a discernir como o Espírito de Deus nos orienta.

Além de sua habilidade, Dorcas se preocupava profundamente com a sua comunidade. Ela tinha paixão por atender às necessidades deles. As agulhas em suas mãos significavam também o interesse profundo e vigoroso pelas mulheres e crianças que tremiam de frio sem roupas adequadas.

Dorcas também estava num lugar onde as necessidades de sua comunidade eram óbvias. Com tantos homens sendo perdidos no mar a cada ano, as viúvas e órfãos de Jope não podiam ser ignorados. Ela não precisaria passar muito tempo vagando ou discernindo o que Deus poderia querer que ela fizesse. A responsabilidade de fazer algo que aliviasse o sofrimento daqueles que a cercavam era inevitável.

Assim sendo, aprendemos com Dorcas que o Espírito de Deus nos orienta, não apenas com o que temos em mãos (nossas habilidades, dons e recursos disponíveis), mas também por meio da compaixão em nosso coração e pelas oportunidades que estão diante de nós. É necessário que esses três cooperem entre si para sussurrar em nossa alma o curso de ação que devemos tomar.

De volta ao cenáculo cheio de viúvas aos prantos, não nos surpreende que o Espírito de Deus guiou Pedro enquanto ele chamava Dorcas de volta à vida para o benefício daqueles de quem ela cuidava. Não foi um milagre apenas para que houvesse um milagre. Foi uma ação específica de Deus para o bem da comunidade à qual Dorcas ministrava altruisticamente.

Deus chama cada uma de nós a nos preocuparmos com os marginalizados — os pobres, os incapacitados, os idosos, os sem-teto e as crianças sem família — e a cuidar deles. E, quando fazemos dos interesses de Deus os nossos, demonstramos o coração do Pai àqueles que nos cercam.

O Espírito de Deus pôde orientar Dorcas porque ela tinha uma habilidade, tinha compaixão e oportunidade. Atualmente, temos uma gama de oportunidades muito maior do que as mulheres na Palestina do primeiro século. Mas as perguntas que devemos nos fazer ainda são as mesmas: *O que Deus pôs em minhas mãos?* Em seguida: *Como estou usando isso?* Duas pessoas não responderão a essas questões da mesma forma. Uma mulher pode ter um treinamento especializado que a capacita para trabalhar num campo que atenda às necessidades humanas. Outra pode possuir uma tigela, uma frigideira e um bom fogão. O Espírito de Deus a orienta para que use sua habilidade culinária com o propósito de alimentar os necessitados. Para outras ainda, pode ser um bom carro e disponibilidade de tempo para levar os fisicamente incapacitados ou seus vizinhos idosos para um mercadinho ou a uma consulta médica.

Outras podem ter o coração voltado às crianças da vizinhança que precisam de mais amor ou orientação do que a que recebem em casa. Para outra pode simplesmente ser um ouvido compassivo e um toque amoroso que assegura aos feridos que alguém se importa com eles. Para Dorcas, era uma agulha. Como seguidora fiel de Jesus, ela usava essa ferramenta para atender às necessidades dos pobres.

À medida que você olha ao redor, quais carências enxerga? O que Deus pôs em suas mãos que poderia ajudá-la a atender essa necessidade? Quando as suas habilidades, sua paixão e as oportunidades se unem, você pode prosseguir com confiança.

O Deus que a criou a capacitou de forma singular para conhecer e cumprir a Sua vontade. Você não precisa se preocupar em identificar essa vontade divina. Suas habilidades e suas paixões concedidas por Deus abrirão portas de oportunidades para que você sirva de maneira que honre o Senhor. É essa a vontade de Deus para a sua vida.

O que Deus colocou em suas mãos?

—Alice Mathews

QUESTÕES PARA REFLEXÃO

1. Quando você se tornou cristã, o que entendia sobre discernir a vontade de Deus para sua vida? Você achou que era simples e óbvio? Ficou com medo de não identificar a vontade divina?
2. Em que situação específica você percebeu que a vontade de Deus era clara e que apenas requeria sua resposta? Como você respondeu?
3. Se alguém lhe perguntasse sobre suas habilidades e paixões, de que maneira as descreveria?
4. À medida que você medita sobre suas habilidades e paixões, como poderia responder se Deus lhe dissesse: *Você já tem tudo o que precisa para fazer o que estou lhe pedindo. Se você confiar em mim, eu a usarei.*

seguinte, foi com eles, acompanhado de alguns irmãos de Jope. ²⁴Chegaram a Cesareia no dia seguinte. Cornélio os esperava e havia reunido seus parentes e amigos íntimos. ²⁵Quando Pedro chegou à casa, Cornélio veio ao seu encontro e prostrou-se diante dele, adorando-o. ²⁶Mas Pedro o levantou e disse: "Fique de pé! Eu sou apenas um homem como você". ²⁷Os dois conversaram e depois entraram na casa, onde muitos outros estavam reunidos.

²⁸Pedro lhes disse: "Vocês sabem que nossas leis proíbem que um judeu entre num lar gentio como este ou se associe com os gentios. No entanto, Deus me mostrou que não devo mais considerar ninguém impuro ou impróprio. ²⁹Por isso, vim assim que fui chamado, sem levantar objeções. Agora digam por que vocês mandaram me buscar".

³⁰Cornélio respondeu: "Quatro dias atrás, eu estava orando em casa por volta deste mesmo horário, às três da tarde. De repente, um homem vestido com roupas resplandecentes apareceu diante de mim. ³¹Ele me disse: 'Cornélio, Deus ouviu sua oração e se lembrou de suas esmolas. ³²Agora, envie mensageiros a Jope e mande buscar Simão, também chamado Pedro. Ele está hospedado na casa de Simão, um homem que trabalha com couro e mora à beira do mar'. ³³Assim, mandei buscá-lo de imediato, e foi bom que tenha vindo. Agora estamos todos aqui, esperando diante de Deus para ouvir a mensagem que o Senhor mandou que você nos trouxesse".

Os gentios ouvem as boas-novas

³⁴Então Pedro respondeu: "Vejo claramente que Deus não mostra nenhum favoritismo. ³⁵Em todas as nações ele aceita aqueles que o temem e fazem o que é certo. ³⁶Esta é a mensagem de boas-novas para o povo de Israel: Há paz com Deus por meio de Jesus Cristo, que é Senhor de todos. ³⁷Vocês sabem o que aconteceu em toda a Judeia, começando na Galileia, depois do batismo que João proclamou. ³⁸Sabem também que Deus ungiu Jesus de Nazaré com o Espírito Santo e com poder. Então Jesus foi por toda parte fazendo o bem e curando todos os oprimidos pelo diabo, porque Deus estava com ele.

³⁹"E nós somos testemunhas de tudo que ele fez em toda a Judeia e em Jerusalém, onde o mataram. Penduraram-no numa cruz,ᵃ ⁴⁰mas Deus o ressuscitou no terceiro dia e permitiu que ele fosse visto, ⁴¹não por todo o povo, mas por nós que fomos escolhidos por Deus de antemão para sermos suas testemunhas. Nós fomos os que comemos e bebemos com ele depois que ele ressuscitou dos mortos. ⁴²E ele nos mandou anunciar sua mensagem em toda parte e testemunhar que Deus o designou juiz dos vivos e dos mortos. ⁴³É a respeito dele que todos os profetas dão testemunho, dizendo que todo o que nele crer receberá o perdão de seus pecados por meio de seu nome".

Os gentios recebem o Espírito Santo

⁴⁴Enquanto Pedro ainda falava, o Espírito Santo desceu sobre todos que ouviam a mensagem. ⁴⁵Os discípulos judeusᵇ que acompanhavam Pedro ficaram admirados de que o dom do Espírito Santo também fosse derramado sobre os gentios, ⁴⁶pois os ouviram falar em outras línguas e louvar a Deus.

Pedro perguntou: ⁴⁷"Pode alguém se opor a que eles sejam batizados agora que, como nós, também receberam o Espírito Santo?". ⁴⁸Então ordenou que fossem batizados em nome de Jesus Cristo. Depois, pediram que Pedro ficasse com eles alguns dias.

A explicação de Pedro

11 Logo chegou aos apóstolos e a outros irmãos da Judeia a notícia de que os gentios haviam recebido a palavra de Deus. ²Mas, quando Pedro voltou a Jerusalém, os discípulos judeusᶜ o criticaram, ³dizendo: "Você entrou na casa de gentiosᵈ e até comeu com eles!".

⁴Então Pedro lhes contou exatamente o que havia acontecido. ⁵Disse: "Eu estava na cidade de Jope e, enquanto orava, num êxtase, tive uma visão. Algo semelhante a um lençol grande foi baixado do céu, preso pelas quatro pontas, vindo até onde eu estava. ⁶Quando olhei dentro do lençol, vi toda espécie de animais domésticos e selvagens, répteis e aves. ⁷E ouvi uma voz dizer: 'Levante-se, Pedro; mate e coma'.

ᵃ **10.39** Em grego, *num madeiro*. ᵇ **10.45** Em grego, *Os fiéis da circuncisão*. ᶜ **11.2** Em grego, *os da circuncisão*. ᵈ **11.3** Em grego, *homens incircuncisos*.

⁸"Eu respondi: 'De modo nenhum, Senhor! Jamais comi coisa alguma que fosse considerada impura[a] ou imprópria'. ⁹"Mas a voz do céu falou novamente: 'Não chame de impuro o que Deus purificou'. ¹⁰Isso aconteceu três vezes, antes que o lençol, com tudo que ele continha, fosse recolhido ao céu.

¹¹"Nesse momento, três homens que haviam sido enviados de Cesareia chegaram à casa onde eu estava hospedado. ¹²O Espírito me disse que eu fosse com eles, sem nada questionar. Esses seis irmãos me acompanharam, e logo entramos na casa do homem que havia mandado nos buscar. ¹³Ele nos contou como um anjo havia aparecido em sua casa e dito: 'Envie mensageiros a Jope e mande buscar Simão, também chamado Pedro. ¹⁴Ele lhe dirá como você e toda a sua casa podem ser salvos'.

¹⁵"Quando comecei a falar, o Espírito Santo desceu sobre eles, como ocorreu conosco, no princípio. ¹⁶Então me lembrei das palavras do Senhor, quando ele disse: 'João batizou com[b] água, mas vocês serão batizados com o Espírito Santo'. ¹⁷E, uma vez que Deus deu a esses gentios a mesma dádiva que concedeu a nós quando cremos no Senhor Jesus Cristo, quem era eu para me opor a Deus?".

¹⁸Ao ouvirem isso, pararam de levantar objeções e começaram a louvar a Deus, dizendo: "Vemos que Deus deu aos gentios o mesmo privilégio de se arrepender e receber a vida eterna!".

A igreja em Antioquia da Síria

¹⁹Enquanto isso, os discípulos que haviam sido dispersos na perseguição depois da morte de Estêvão chegaram até a Fenícia, Chipre e Antioquia da Síria. Pregaram a palavra, mas somente aos judeus. ²⁰Contudo, alguns dos discípulos que foram de Chipre e Cirene até Antioquia começaram a anunciar aos gentios[c] as boas-novas a respeito do Senhor Jesus. ²¹A mão do Senhor estava com eles, e muitos desses gentios creram e se converteram ao Senhor.

²²Quando a igreja de Jerusalém soube do que havia acontecido, enviou Barnabé a Antioquia. ²³Ao chegar ali e ver essa demonstração da graça de Deus, alegrou-se muito e incentivou os irmãos a permanecerem fiéis ao Senhor. ²⁴Barnabé era um homem bom, cheio do Espírito Santo e de fé. E uma grande multidão se converteu ao Senhor.

²⁵Então Barnabé foi a Tarso procurar Saulo. ²⁶Quando o encontrou, levou-o para Antioquia.

PÃO DIÁRIO

O que um nome envolve?

...Foi em Antioquia que os discípulos foram chamados de cristãos pela primeira vez.

—Atos 11.26

Meu sobrenome chinês me diferencia de outras pessoas com sobrenomes de famílias diferentes. Também me concede uma responsabilidade familiar. Sou membro da família Hia. Por ser membro dessa família, espera-se que eu passe adiante a linhagem dos Hia e preserve a honra de meus ancestrais.

Aqueles que foram salvos pelo sangue remidor de Jesus Cristo têm um sobrenome espiritual também. Somos chamados de "cristãos".

No Novo Testamento, o nome *cristão* foi dado primeiramente aos discípulos em Antioquia pelos que observavam o comportamento deles (At 11.26). Duas características definiram estes primeiros cristãos; eles falavam sobre as boas-novas do Senhor Jesus em todos os lugares por onde iam (v.20) e aprenderam avidamente as Escrituras quando Barnabé e Saulo lhes ministraram durante um ano inteiro (v.26).

O nome *cristão* significa "seguidor, adepto de Cristo" — literalmente, alguém que se "apega" a Cristo. Hoje em dia, muitos se denominam cristãos. Mas será que deveriam?

Se você se denomina cristã, será que a sua vida revela aos outros quem é Jesus? Você está faminta pela Palavra de Deus? As suas ações honram ou envergonham o nome de Cristo?

O que está envolvido num nome? Quando o nome é *cristão*, há muita coisa envolvida!

Senhor, ajuda-nos a te honrar e a honrar o Teu nome em tudo o que dissermos e fizermos. Que o Teu Espírito nos guie ao seguirmos a Tua Palavra e ao compartilharmos com os outros a alegria de conhecer-te como nosso Salvador.

O cristão reflete a pessoa de Jesus Cristo.

---

[a] 11.8 Em grego, *comum*; também em 11.9. [b] 11.16 Ou *em*; também em 11.16b. [c] 11.20 Em grego, *aos helenistas* (i.e., aos de fala grega); alguns manuscritos trazem *aos gregos*.

> REFLETINDO SOBRE: Construindo um santuário

Maria, mãe de Marcos

E vocês também são pedras vivas, com as quais um templo espiritual é edificado.
—1 Pedro 2.5

Como acontece com muitas outras mulheres na Bíblia, somente um versículo menciona esta Maria pelo nome, mas essas poucas palavras nos dão um vislumbre de sua vida. Sabemos que seu filho Marcos escreveu o segundo evangelho. Sabemos também que Maria tinha uma serva e uma casa espaçosa o suficiente para prover um local de reunião para os cristãos primitivos em Jerusalém. Maria expressava sua devoção a Deus em seu viver oferecendo sua casa para os Seus propósitos. Quando um anjo libertou Pedro da prisão, ele imediatamente foi à casa de Maria.

As pessoas estão construindo casas cada vez maiores e gastando mais dinheiro para mobiliá-las. Com a crescente popularidade de programas de TV e revistas sobre decoração, a insatisfação com nossas casas pode nos impedir de convidar amigos para uma visita. O que as pessoas mais se lembrarão depois de nos visitar será da atmosfera, não da mobília, pintura ou das paredes. Se o nosso objetivo é alcançar outros carinhosamente como Jesus o fez, não ficaremos obcecadas com projetos de decoração. É preciso nos concentrarmos em tornar nossas casas santuários, onde as pessoas possam ter o refrigério e a compreensão do amor de Deus.

A atitude do nosso coração determina a atmosfera em nosso lar. Assim como esperamos que a presença de Deus possa ser sentida nos prédios de nossas igrejas e em nossas casas, da mesma forma sabemos que o Espírito de Deus vive em cada cristão. Pedro se referiu aos cristãos como "pedras vivas" que o Senhor usa para construir o Seu templo espiritual. Conforme permitimos que Deus nos conforme à imagem de Cristo, Ele nos torna parte desse santuário. Se o nosso objetivo for adoração e obediência, teremos escolhido um "projeto de decoração" que as pessoas não terão como deixar de notar.

Ali permaneceram com a igreja um ano inteiro, ensinando a muitas pessoas. Foi em Antioquia que os discípulos foram chamados de cristãos pela primeira vez. ²⁷Durante esse tempo, alguns profetas viajaram de Jerusalém a Antioquia. ²⁸Um deles, chamado Ágabo, pôs-se em pé numa das reuniões e predisse, pelo Espírito, que uma grande fome viria sobre todo o mundo romano. (Isso se cumpriu durante o reinado de Cláudio.) ²⁹Então os discípulos de Antioquia decidiram enviar uma ajuda aos irmãos na Judeia, cada um de acordo com suas possibilidades. ³⁰Foi o que fizeram, enviando as doações aos presbíteros[a] por meio de Barnabé e Saulo.

O martírio de Tiago e a prisão de Pedro

12 Por essa época, o rei Herodes Agripa[b] começou a perseguir violentamente algumas pessoas da igreja. ²Mandou matar à espada Tiago, irmão de João. ³Quando Herodes viu quanto isso agradava os judeus, também prendeu Pedro durante a celebração da Festa dos Pães sem Fermento. ⁴Depois, lançou-o na cadeia, sob a guarda de quatro escoltas, cada uma com quatro soldados. A intenção de Herodes era apresentar Pedro aos judeus para julgamento público depois da Páscoa. ⁵Enquanto Pedro estava no cárcere, a igreja orava fervorosamente a Deus por ele.

A milagrosa fuga de Pedro

⁶Na noite antes de Pedro ser levado a julgamento, ele dormia, preso com duas correntes entre dois soldados, e outros montavam guarda na porta da prisão. ⁷De repente, uma luz intensa brilhou na cela, e um anjo do Senhor apareceu. Tocou no lado de Pedro para acordá-lo e disse: "Depressa! Levante-se!", e as correntes caíram dos pulsos de Pedro. ⁸Então o anjo lhe disse: "Vista-se e calce as sandálias", e Pedro obedeceu. "Agora vista a capa e siga-me", ordenou o anjo.

⁹Pedro deixou a cela, seguindo o anjo. O tempo todo, porém, pensava que era uma visão, sem entender que era real o que ocorria.

---

[a] 11.30 Ou *anciãos*. [b] 12.1 Em grego, *o rei Herodes*. Sobrinho de Herodes Antipas e neto de Herodes, o Grande.

¹⁰Passaram o primeiro e o segundo postos de guarda e, quando chegaram ao portão de ferro que dava para a cidade, o portão se abriu sozinho para eles. Os dois passaram e foram caminhando ao longo da rua até que, subitamente, o anjo o deixou. ¹¹Por fim, Pedro caiu em si. "É verdade mesmo!", disse ele. "O Senhor enviou seu anjo para me salvar daquilo que Herodes e os judeus planejavam me fazer!"

¹²Quando Pedro se deu conta disso, foi à casa de Maria, mãe de João Marcos, onde muitos estavam reunidos para orar. ¹³Ele bateu à porta da frente, e uma serva chamada Rode foi atender. ¹⁴Ao reconhecer a voz de Pedro, ficou tão contente que, em vez de abrir a porta, correu de volta para dentro dizendo a todos: "Pedro está à porta!".

¹⁵Eles, porém, disseram: "Você está fora de si!". Diante da insistência dela, concluíram: "Deve ser o anjo dele".

¹⁶Enquanto isso, Pedro continuava a bater. Quando, por fim, abriram a porta e o viram, ficaram admirados. ¹⁷Ele fez um sinal para se acalmarem e lhes contou como o Senhor o havia tirado da prisão. "Contem a Tiago e aos outros irmãos o que aconteceu", disse ele. Então foi para outro lugar.

¹⁸Ao amanhecer, houve grande alvoroço entre os soldados a respeito do que tinha acontecido a Pedro. ¹⁹Herodes ordenou que fosse feita uma busca completa por ele. Não conseguindo encontrá-lo, interrogou os guardas e mandou executá-los. Depois disso, Herodes partiu da Judeia e foi passar algum tempo em Cesareia.

A morte de Herodes Agripa

²⁰O rei Herodes estava muito irado com o povo de Tiro e Sidom. Assim, as duas cidades se uniram na tentativa de se reconciliar com o rei, pois dependiam de suas terras para obter alimento. Então, tendo conquistado o apoio de Blasto, assistente pessoal do rei, ²¹conseguiram uma audiência. No dia marcado, Herodes, vestindo seus trajes reais, sentou-se em seu trono e fez um discurso para eles. ²²O povo o ovacionava, gritando: "É a voz de um deus, e não de um homem!".

²³No mesmo instante, um anjo do Senhor feriu Herodes com uma enfermidade, pois ele não ofereceu a glória a Deus. Foi comido por vermes e morreu.

²⁴Enquanto isso, a palavra de Deus continuava a se espalhar, e havia muitos novos convertidos.

²⁵Quando Barnabé e Saulo terminaram sua missão em Jerusalém, voltaram[a] levando consigo João Marcos.

Barnabé e Saulo são enviados pela igreja

13 Entre os profetas e mestres da igreja de Antioquia da Síria estavam Barnabé e Simeão, chamado Negro,[b] Lúcio de Cirene, Manaém, que tinha sido criado com o rei Herodes Antipas,[c] e Saulo. ²Certo dia, enquanto adoravam o Senhor e jejuavam, o Espírito Santo disse: "Separem Barnabé e Saulo para realizarem o trabalho para o qual os chamei". ³Então, depois de mais jejuns e orações, impuseram as mãos sobre eles e os enviaram em sua missão.

A primeira viagem missionária de Paulo

⁴Enviados pelo Espírito Santo, eles desceram ao porto de Selêucia, de onde navegaram para a ilha de Chipre. ⁵Ali, na cidade de Salamina, foram às sinagogas judaicas e pregaram a palavra de Deus. João Marcos os acompanhava como assistente.

⁶Viajaram por toda a ilha até que, por fim, chegaram a Pafos, onde encontraram um feiticeiro judeu, um falso profeta chamado Barjesus. ⁷Ele acompanhava o governador Sérgio Paulo, um homem inteligente que convidou Barnabé e Saulo para visitá-lo, pois desejava ouvir a palavra de Deus. ⁸Mas Elimas, o feiticeiro (esse é o significado de seu nome), opôs-se a eles, na tentativa de impedir que o governador viesse a crer.

⁹Cheio do Espírito Santo, Saulo, também conhecido como Paulo, encarou Elimas nos olhos ¹⁰e disse: "Filho do diabo, cheio de toda espécie de engano e maldade e inimigo de tudo que é certo! Quando deixará de distorcer os caminhos retos do Senhor? ¹¹Preste atenção, pois o Senhor colocou a mão sobre você para

---

[a] 12.25 Ou *sua missão, voltaram a Jerusalém*. Alguns manuscritos trazem *sua missão, voltaram de Jerusalém*; outros, *sua missão, voltaram de Jerusalém para Antioquia*. [b] 13.1a Em grego, *chamado Níger*. [c] 13.1b Em grego, *Herodes, o tetrarca*.

castigá-lo, e você ficará cego, sem conseguir ver a luz do sol por algum tempo". No mesmo instante, neblina e escuridão cobriram-lhe os olhos e ele começou a tatear, suplicando que alguém o tomasse pela mão e o guiasse. ¹²Quando o governador viu o que havia acontecido, creu, muito admirado com o ensino a respeito do Senhor.

Paulo e Barnabé em Antioquia da Pisídia

¹³Paulo e seus companheiros saíram de Pafos num navio e foram à Panfília, onde aportaram em Perge. Ali, João Marcos os deixou e voltou para Jerusalém. ¹⁴Paulo e Barnabé prosseguiram para o interior, até Antioquia da Pisídia.ᵃ No sábado, foram à sinagoga. ¹⁵Depois da leitura dos livros da lei e dos profetas, os chefes da sinagoga lhes mandaram um recado: "Irmãos, se vocês têm uma palavra de encorajamento para o povo, podem falar".

¹⁶Então Paulo ficou em pé, levantou a mão para pedir silêncio e começou a falar: "Homens de Israel e gentios tementes a Deus, ouçam-me! ¹⁷"O Deus desta nação de Israel escolheu nossos antepassados e fez que se multiplicassem e se fortalecessem durante o tempo em que ficaram no Egito. Então, com braço poderoso, ele os tirou da escravidão. ¹⁸Ele suportou seu comportamentoᵇ durante os quarenta anos em que andaram sem rumo pelo deserto. ¹⁹Destruiu sete nações em Canaã e deu seu território a Israel como herança. ²⁰Tudo isso levou cerca de quatrocentos e cinquenta anos.

"Depois, Deus lhes deu juízes para governá-los até o tempo do profeta Samuel. ²¹Então o povo pediu um rei, e ele lhes deu Saul, filho de Quis, homem da tribo de Benjamim, e ele reinou por quarenta anos. ²²Mas Deus removeu Saul e colocou em seu lugar Davi, a respeito de quem Deus disse: 'Davi, filho de Jessé, é um homem segundo o meu coração; fará tudo que for da minha vontade'.ᶜ

²³"E Jesus, um dos descendentes de Davi, é o salvador que Deus concedeu a Israel, conforme sua promessa. ²⁴Antes da vinda de Jesus, João Batista anunciou que todo o povo de Israel precisava se arrepender e ser batizado. ²⁵Quando João estava concluindo seu trabalho, perguntou: 'Vocês pensam que eu sou o Cristo? Não sou! Mas ele vem em breve, e não sou digno sequer de desamarrar as correias de suas sandálias'.

²⁶"Irmãos, vocês que são filhos de Abraão e também vocês gentios tementes a Deus, esta mensagem de salvação foi enviada a nós. ²⁷O povo de Jerusalém e seus líderes não reconheceram que Jesus era aquele a respeito de quem os profetas haviam falado. Em vez disso, eles o condenaram e, ao fazê-lo, cumpriram as palavras dos profetas, que são lidas todos os sábados. ²⁸Não encontraram motivo legal para executá-lo, mas, ainda assim, pediram a Pilatos que o matasse. ²⁹"Depois de cumprirem tudo que as profecias diziam a respeito dele, eles o tiraram da cruzᵈ e o colocaram num túmulo, ³⁰mas Deus o ressuscitou dos mortos. ³¹E, por muitos dias, ele apareceu àqueles que o tinham acompanhado da Galileia para Jerusalém. Agora eles são suas testemunhas diante do povo.

³²"Estamos aqui para trazer a vocês esta boa-nova. A promessa foi feita a nossos antepassados, ³³e agora Deus a cumpriu para nós, descendentes deles, ao ressuscitar Jesus. É isto que o segundo salmo diz a respeito dele:

'Você é meu Filho;
  hoje eu o gerei'.ᵉ

³⁴Pois Deus havia prometido ressuscitá-lo dos mortos, para que jamais apodrecesse no túmulo. Ele disse: 'Eu lhes darei as bênçãos sagradas que prometi a Davi'.ᶠ ³⁵Em outro salmo, ele explicou de modo mais direto: 'Não permitirás que o teu Santo apodreça no túmulo'.ᵍ ³⁶Não se trata de uma referência a Davi, porque, depois que Davi fez a vontade de Deus em sua geração, morreu e foi sepultado com seus antepassados, e seu corpo apodreceu. ³⁷É uma referência a outra pessoa, a alguém a quem Deus ressuscitou e cujo corpo não apodreceu. ³⁸"Ouçam, irmãos! Estamos aqui para proclamar que, por meio de Jesus, há perdão para os pecados. ³⁹Todo o que nele crê é declarado

---

ᵃ **13.13-14** *Panfília* e *Pisídia* eram distritos na região que hoje corresponde à Turquia. ᵇ **13.18** Alguns manuscritos trazem *Ele cuidou deles*; comparar com Dt 1.31. ᶜ **13.22** 1Sm 13.14. ᵈ **13.29** Em grego, *do madeiro*. ᵉ **13.33** Ou *Hoje eu o revelo como meu Filho*. Sl 2.7. ᶠ **13.34** Is 55.3. ᵍ **13.35** Sl 16.10.

justo diante de Deus, algo que a lei de Moisés jamais pôde fazer. ⁴⁰Por isso, tomem cuidado para que não se apliquem a vocês as palavras dos profetas:

⁴¹'Olhem, zombadores;
fiquem admirados e morram!
Pois faço algo em seus dias,
algo em que vocês não acreditariam
mesmo que lhes contassem'".ª

⁴²Quando Paulo e Barnabé estavam saindo da sinagoga, o povo pediu que voltassem a falar dessas coisas na semana seguinte. ⁴³Muitos judeus e gentios devotos convertidos ao judaísmo seguiram Paulo e Barnabé, que insistiam com eles para que continuassem a confiar na graça de Deus.

Paulo e Barnabé se dirigem aos gentios

⁴⁴No sábado seguinte, quase toda a cidade compareceu para ouvir a palavra do Senhor. ⁴⁵Quando alguns dos judeus viram as multidões, ficaram com inveja, de modo que difamaram Paulo e contestavam tudo que ele dizia.

⁴⁶Então Paulo e Barnabé se pronunciaram corajosamente, dizendo: "Era necessário que pregássemos a palavra de Deus primeiro a vocês, judeus. Mas, uma vez que vocês a rejeitaram e não se consideraram dignos da vida eterna, agora vamos oferecê-la aos gentios. ⁴⁷Pois foi isso que o Senhor nos ordenou quando disse:

'Fiz de você uma luz para os gentios,
    para levar a salvação até os lugares mais distantes da terra'".ᵇ

⁴⁸Quando ouviram isso, os gentios se alegraram e agradeceram ao Senhor por essa mensagem, e todos que haviam sido escolhidos para a vida eterna creram. ⁴⁹Assim, a palavra do Senhor se espalhou por toda aquela região. ⁵⁰Então os judeus, instigando as mulheres religiosas influentes e as autoridades da cidade, provocaram uma multidão contra Paulo e Barnabé e os expulsaram dali. ⁵¹Eles, porém, sacudiram o pó dos pés em sinal de reprovação e foram à cidade de Icônio. ⁵²E os discípulos estavam cheios de alegria e do Espírito Santo.

Paulo e Barnabé em Icônio

14 Em Icônio,ᶜ Paulo e Barnabé também foram à sinagoga judaica e falaram de tal modo que muitos creram, tanto judeus como gentios. ²Alguns dos judeus que não creram, porém, incitaram os gentios e envenenaram a mente deles contra Paulo e Barnabé. ³Ainda assim, os apóstolos passaram bastante tempo ali, falando corajosamente da graça do Senhor, que confirmava a mensagem deles concedendo-lhes poder para realizar sinais e maravilhas. ⁴Com isso, o povo da cidade ficou dividido: alguns tomaram partido dos judeus, e outros, dos apóstolos.

⁵Então um grupo de gentios, judeus e seus líderes resolveu atacá-los e apedrejá-los. ⁶Quando os apóstolos souberam disso, fugiram para a região da Licaônia, para as cidades de Listra e Derbe e seus arredores. ⁷E ali anunciaram as boas-novas.

Paulo e Barnabé em Listra e Derbe

⁸Enquanto estavam em Listra, Paulo e Barnabé encontraram um homem com os pés aleijados. Sofria desse problema desde o nascimento e, portanto, nunca tinha andado. Estava sentado ⁹e ouvia Paulo pregar. Paulo olhou diretamente para ele e, vendo que ele tinha fé para ser curado, ¹⁰disse em alta voz: "Levante-se!". O homem se levantou de um salto e começou a andar.

¹¹A multidão, vendo o que Paulo havia feito, gritou no dialeto local:ᵈ "Os deuses vieram até nós em forma de homens!". ¹²Concluíram que Barnabé era o deus grego Zeus, e Paulo, o deus Hermes, pois era ele quem proclamava a mensagem. ¹³O sacerdote do templo de Zeus, que ficava na entrada da cidade, trouxe touros e coroas de flores até as portas da cidade, pois ele e a multidão queriam oferecer sacrifícios aos apóstolos.

¹⁴Quando Barnabé e Paulo ouviram o que estava acontecendo, rasgaram as roupas e correram para o meio do povo, gritando: ¹⁵"Amigos,ᵉ por que vocês estão fazendo isso? Somos homens como vocês! Viemos lhes anunciar as boas-novas, para que abandonem estas coisas sem valor e se voltem para o Deus vivo, que fez os céus e a terra, o mar e tudo que neles há.

ª**13.41** Hc 1.5, conforme a Septuaginta. ᵇ**13.47** Is 49.6. ᶜ**14.1** Assim como *Listra* e *Derbe* (14.6), a cidade de *Icônio* ficava na região que hoje corresponde à Turquia. ᵈ**14.11** Em grego, *em licaônico*. ᵉ**14.15** Em grego, *Homens*.

¹⁶No passado, ele permitiu que as nações seguissem seus próprios caminhos, ¹⁷mas nunca as deixou sem evidências de sua existência e de sua bondade. Ele lhes concede chuvas e boas colheitas, e também alimento e um coração alegre". ¹⁸Apesar dessas palavras, Paulo e Barnabé tiveram dificuldade para impedir que o povo lhes oferecesse sacrifícios.

¹⁹Então alguns judeus chegaram de Antioquia e Icônio e instigaram a multidão. Apedrejaram Paulo e o arrastaram para fora da cidade, pensando que ele estivesse morto. ²⁰No entanto, quando os discípulos o rodearam, ele se levantou e entrou novamente na cidade. No dia seguinte, partiu com Barnabé para Derbe.

Paulo e Barnabé voltam para Antioquia da Síria

²¹Depois de terem anunciado as boas-novas em Derbe e feito muitos discípulos, Paulo e Barnabé voltaram a Listra, Icônio e Antioquia da Pisídia, ²²onde fortaleceram os discípulos. Eles os encorajaram a permanecer na fé, lembrando-os de que é necessário passar por muitos sofrimentos até entrar no reino de Deus. ²³Paulo e Barnabé também escolheram presbíterosª em cada igreja e, com orações e jejuns, os entregaram aos cuidados do Senhor, em quem haviam crido. ²⁴Então viajaram de volta pela Pisídia até a Panfília. ²⁵Pregaram a palavra em Perge e desceram para Atália.

²⁶Por fim, voltaram de navio para Antioquia, onde sua viagem tinha começado e onde haviam sido entregues à graça de Deus para realizar o trabalho que agora completavam. ²⁷Quando chegaram a Antioquia, reuniram a igreja e relataram tudo que Deus tinha feito por meio deles e como tinha aberto a porta da fé também para os gentios. ²⁸E permaneceram ali com os discípulos por muito tempo.

O concílio de Jerusalém

15 Chegaram a Antioquia alguns homens da Judeia e começaram a ensinar aos irmãos: "A menos que sejam circuncidados, conforme exige a lei de Moisés, vocês não poderão ser salvos". ²Paulo e Barnabé discordaram deles e discutiram energicamente. Por fim, a igreja decidiuᵇ enviar Paulo e Barnabé a Jerusalém, acompanhados de alguns irmãos de Antioquia, para tratar dessa questão com os apóstolos e presbíteros.ᶜ ³A igreja, portanto, enviou seus representantes a Jerusalém. No caminho, eles pararam na Fenícia e em Samaria para visitar os irmãos e contaram que os gentios também estavam sendo convertidos, o que muito alegrou a todos.

⁴Quando chegaram a Jerusalém, foram bem recebidos pela igreja, pelos apóstolos e presbíteros, e relataram tudo que Deus havia feito por meio deles. ⁵Contudo, alguns dos irmãos que pertenciam à seita dos fariseus se levantaram e disseram: "É necessário que os convertidos gentios sejam circuncidados e guardem a lei de Moisés".

⁶Os apóstolos e presbíteros se reuniram para decidir a questão. ⁷Depois de uma longa discussão, Pedro se levantou e se dirigiu a eles, dizendo: "Irmãos, vocês sabem que, há muito tempo, Deus me escolheu dentre vocês para falar aos gentios a fim de que eles pudessem ouvir as boas-novas e crer. ⁸Deus conhece o coração humano e confirmou que aceita os gentios ao lhes dar o Espírito Santo, como deu a nós. ⁹Não fez distinção alguma entre nós e eles, pois purificou o coração deles por meio da fé. ¹⁰Então por que agora vocês provocam a Deus, sobrecarregando os discípulos gentios com um jugo que nem nós nem nossos antepassados conseguimos suportar? ¹¹Cremos que todos, nós e eles, somos salvos da mesma forma, pela graça do Senhor Jesus".

¹²Todos ouviram em silêncio enquanto Barnabé e Paulo lhes relatavam os sinais e maravilhas que Deus havia realizado por meio deles entre os gentios.

¹³Quando terminaram de falar, Tiago se levantou e disse: "Irmãos, ouçam-me! ¹⁴Pedroᵈ lhes falou sobre como Deus visitou primeiramente os gentios para separar dentre eles um povo para si. ¹⁵E isso está em pleno acordo com o que disseram os profetas. Como está escrito:

¹⁶'Depois disso voltarei
   e restaurarei a tenda caída de Davi.
Reconstruirei suas ruínas
   e a restaurarei,
¹⁷para que o restante da humanidade
   busque o Senhor,

ª14.23 Ou *anciãos*. ᵇ15.2a Em grego, *eles decidiram*. ᶜ15.2b Ou *anciãos*; também em 15.4,6,22,23. ᵈ15.14 Em grego, *Simeão*.

incluindo os gentios, todos os que chamei para serem meus. O Senhor falou, ¹⁸aquele que tornou essas coisas conhecidas desde a eternidade'.ᵃ

¹⁹"Portanto, considero que não devemos criar dificuldades para os gentios que se convertem a Deus. ²⁰Ao contrário, devemos escrever a eles dizendo-lhes que se abstenham de alimentos oferecidos a ídolos, da imoralidade sexual, da carne de animais estrangulados e do sangue. ²¹Pois essas leis de Moisés são pregadas todos os sábados nas sinagogas judaicas em todas as cidades há muitas gerações".

A decisão do conselho

²²Então os apóstolos e presbíteros e toda a igreja em Jerusalém escolheram representantes e os enviaram a Antioquia da Síria, com Paulo e Barnabé, para informar sobre essa decisão. Os homens escolhidos eram dois líderes entre os irmãos: Judas, também chamado Barsabás, e Silas. ²³Esta foi a carta que levaram:

"Nós, os apóstolos e presbíteros, e seus irmãos em Jerusalém, escrevemos esta carta aos irmãos gentios em Antioquia, Síria e Cilícia. Saudações.

²⁴"Soubemos que alguns homens, que daqui saíram sem nossa autorização, têm perturbado e inquietado vocês com seu ensino. ²⁵Portanto, depois de chegarmos a um consenso, resolvemos enviar-lhes alguns representantes com nossos amados irmãos Barnabé e Paulo, ²⁶que têm arriscado a vida pelo nome de nosso Senhor Jesus Cristo. ²⁷Estamos enviando Judas e Silas para confirmarem pessoalmente o que aqui escrevemos.

²⁸"Pois pareceu bem ao Espírito Santo e a nós não impor a vocês nenhum peso maior que estes poucos requisitos: ²⁹abstenham-se de comer alimentos oferecidos a ídolos, de consumir o sangue ou a carne de animais estrangulados, e de praticar a imoralidade sexual. Farão muito bem se evitarem essas coisas.

"Que tudo lhes vá bem".

³⁰Os mensageiros partiram de imediato para Antioquia, onde reuniram os irmãos e entregaram a carta. ³¹Houve grande alegria em toda a igreja no dia em que leram essa mensagem animadora.

³²Então Judas e Silas, ambos profetas, encorajaram e fortaleceram os irmãos com muitas palavras. ³³Permaneceram ali algum tempo, e depois os irmãos os enviaram em paz de volta à igreja de Jerusalém. ³⁴Silas, porém, resolveu permanecer ali.ᵇ ³⁵Paulo e Barnabé ficaram em Antioquia. Eles e muitos outros ensinavam e pregavam a palavra do Senhor naquela cidade.

Paulo e Barnabé se separam

³⁶Algum tempo depois, Paulo disse a Barnabé: "Voltemos para visitar cada uma das cidades onde pregamos a palavra do Senhor, para ver como os irmãos estão indo". ³⁷Barnabé queria levar João Marcos, ³⁸mas Paulo se opôs, pois João Marcos tinha se separado deles na Panfília, não prosseguindo com eles no trabalho. ³⁹O desentendimento entre eles foi tão grave que os dois se separaram. Barnabé levou João Marcos e navegou para Chipre. ⁴⁰Paulo escolheu Silas e partiu, e os irmãos o entregaram ao cuidado gracioso do Senhor. ⁴¹Então ele viajou por toda a Síria e Cilícia, fortalecendo as igrejas de lá.

A segunda viagem missionária de Paulo

16 Paulo foi primeiro a Derbe e depois a Listra, onde havia um jovem discípulo chamado Timóteo. A mãe dele era uma judia convertida, e o pai era grego. ²Os irmãos em Listra e em Icônio o tinham em alta consideração, ³de modo que Paulo pediu que ele os acompanhasse em sua viagem. Em respeito aos judeus da região, providenciou que Timóteo fosse circuncidado antes de partirem, pois todos sabiam que o pai dele era grego. ⁴Em toda cidade por onde passavam, instruíam os irmãos a seguirem as decisões tomadas pelos apóstolos e presbíterosᶜ em Jerusalém. ⁵Assim, as igrejas eram fortalecidas na fé e cresciam em número a cada dia.

Uma súplica da Macedônia

⁶Em seguida, Paulo e Silas viajaram pela região da Frígia e da Galácia, pois o Espírito

ᵃ **15.16-18** Am 9.11-12, conforme a Septuaginta; Is 45.21. ᵇ **15.34** Alguns manuscritos não trazem o versículo 34. ᶜ **16.4** Ou *anciãos*.

> **PÃO DIÁRIO**
>
> ### Dê ouvidos aos Seus toques
>
> *Então, chegando à fronteira da Mísia, tentaram ir para o norte, em direção à Bitínia, mas o Espírito de Jesus não permitiu.*
> —Atos 16.7
>
> Numa sexta-feira, meu dia de folga como pastor, o Espírito Santo me impulsionou a telefonar para uma jovem mãe solteira da nossa igreja a fim de verificar se o carro dela havia sido consertado. Tive algumas reservas em fazer essa ligação, mas obedeci.
>
> Mal imaginava que a minha obediência ajudaria a salvar a vida dela. Mais tarde, ela contou-me: "Sexta-feira, no trabalho, eu estava planejando tirar a minha vida; mas, num momento de necessidade, creio que Deus esteve ali comigo. Ele fez o pastor Williams me ligar e, ao ouvir sua voz, percebi que Deus me amava".
>
> O apóstolo Paulo também deve ter tido certa hesitação quando o Espírito Santo deu a convicção a ele e ao seu grupo para não irem em direção às províncias da Ásia e da Bitínia. Em vez disso, eles sentiram o chamado do Espírito para ir à Macedônia e pregar as boas-novas. Em cada uma dessas situações, eles obedeceram ao mover do Espírito. Como resultado, Paulo e seu grupo foram instrumentos para que uma nova comunidade de fé viesse à luz em Filipos (At 16.11-15).
>
> Como cristãos habitados pelo Espírito Santo (Ef 2.22), nosso desejo deve ser o de agradá-lo. Que não entristeçamos o Espírito Santo (Ef 4.30) ignorando Seu encorajamento gentil. Quando o obedecemos, podemos ser usados por Deus para levar alguém a Cristo, discipular novos cristãos — ou até mesmo ajudar a salvar a vida de alguém.
>
> *Ajuda-me, Senhor, a ter consciência da direção e da liderança do Espírito Santo em minha vida. Ajuda-me a reconhecer o que Ele quer que eu faça e como deseja que seja feito. Que a orientação do Espírito me conduza hoje a alguém que precise do meu auxílio e do Teu amor.*
>
> **Faça a escolha correta: obedeça à voz do Espírito.**

⁸Assim, seguiram viagem pela Mísia até o porto de Trôade.

⁹Naquela noite, Paulo teve uma visão, na qual um homem da Macedônia em pé lhe suplicava: "Venha para a Macedônia e ajude-nos!". ¹⁰Então decidimos[b] partir de imediato para a Macedônia, concluindo que Deus nos havia chamado para anunciar ali as boas-novas.

Lídia de Filipos crê em Jesus

¹¹Embarcamos em Trôade e navegamos diretamente para a ilha de Samotrácia e, no dia seguinte, chegamos a Neápolis. ¹²Dali, alcançamos Filipos, cidade importante dessa região da Macedônia e colônia romana, e ali permanecemos vários dias.

¹³No sábado, saímos da cidade e fomos à margem do rio, onde esperávamos encontrar um lugar de oração. Sentamo-nos e começamos a conversar com algumas mulheres ali reunidas. ¹⁴Uma delas era uma mulher temente a Deus chamada Lídia, da cidade de Tiatira, comerciante de tecido de púrpura. Enquanto ela nos ouvia, o Senhor lhe abriu o coração, e ela aceitou aquilo que Paulo estava dizendo. ¹⁵Foi batizada, junto com sua família, e pediu que nos hospedássemos em sua casa. "Se concordam que creio de fato no Senhor, venham ficar em minha casa", disse ela, e insistiu até que aceitamos.

Paulo e Silas na prisão

¹⁶Certo dia, enquanto íamos ao lugar de oração, veio ao nosso encontro uma escrava possuída por um espírito pelo qual ela predizia o futuro. Com suas adivinhações, ganhava muito dinheiro para seus senhores. ¹⁷Ela seguia Paulo e a nós, gritando: "Estes homens são servos do Deus Altíssimo e vieram anunciar como vocês podem ser salvos!".

¹⁸Isso continuou por vários dias, até que Paulo, indignado, se voltou e disse ao espírito dentro da jovem: "Eu ordeno em nome de Jesus Cristo que saia dela". E, no mesmo instante, o espírito a deixou.

¹⁹Quando os senhores da escrava viram que suas expectativas de lucro haviam sido frustradas, agarraram Paulo e Silas e os arrastaram à presença das autoridades, na praça do

Santo os impediu de pregar a palavra na província da Ásia. ⁷Então, chegando à fronteira da Mísia, tentaram ir para o norte, em direção à Bitínia,[a] mas o Espírito de Jesus não permitiu.

---

[a] **16.6-7** Frígia, Galácia, Ásia, Mísia e Bitínia eram distritos na região que hoje corresponde à Turquia. [b] **16.10** Deste ponto em diante, Lucas, o autor de Atos, começou a viajar com Paulo.

> **REFLETINDO SOBRE: Jugo desigual**
>
> ## Eunice
>
> *...esposas, sujeitem-se à autoridade de seu marido. Assim, mesmo que ele se recuse a obedecer à palavra, será conquistado por sua conduta, sem palavra alguma.*
> —1 Pedro 3.1
>
> Enquanto Melody assistia a seus filhos cantarem na peça de Natal de domingo de manhã, ela desejou que seu marido estivesse sentado ao seu lado. Melody ansiava de todo o coração que ele partilhasse de sua fé em Cristo, mas seu marido deixara claro que não tinha interesse algum em algo espiritual. Ainda que ela tentasse não pregar para ele, algumas vezes suas frustrações tomavam conta dela, como na manhã daquele dia. Melody não podia evitar de pensar no efeito que a atitude do marido teria sobre as crianças. Será que imitariam o pai e se recusariam a ir à igreja quando crescessem? Será que algum dia adorariam juntos como família?
>
> As judias de Atos 16 provavelmente vivenciaram alguns dos mesmos sentimentos e questões que essa mãe. Eunice provavelmente se tornou cristã por meio da pregação do apóstolo Paulo. Ainda que seu marido fosse grego e aparentemente não fosse cristão, Eunice, com a ajuda de sua mãe, instruiu o seu jovem filho nas Escrituras. Como resultado dessa fidelidade, Timóteo se tornou um homem piedoso e muito admirado por seu estilo de vida exemplar. Ele se tornou o protegido de Paulo e, depois, seu colega de trabalho de confiança. Eunice teve a alegria de ver Deus usar seu filho de maneiras poderosas que influenciaram incontáveis vidas.
>
> Mulheres cristãs que são casadas com incrédulos lutam com questões, problemas e ansiedades específicas. Além das pressões típicas do casamento, elas não podem compartilhar a coisa mais importante de suas vidas com os cônjuges. Algumas mulheres se tornam opressoras ou moralistas por causa do desejo de encorajar o interesse espiritual em seus maridos. A Bíblia encoraja as mulheres cristãs que são casadas com incrédulos a concentrarem-se em ser esposas amáveis e piedosas. A vida pura assim será a testemunha mais poderosa do que qualquer palavra pronunciada e muito provavelmente influenciará mais os maridos e filhos incrédulos.

mercado. ²⁰"Estes judeus estão tumultuando a cidade!", gritaram para os magistrados. ²¹"Eles ensinam costumes que nós, romanos, não podemos seguir, pois contrariam nossas leis!"

²²Logo, uma multidão revoltada se juntou contra Paulo e Silas, e os magistrados ordenaram que os dois fossem despidos e açoitados com varas. ²³Depois de serem severamente açoitados, foram lançados na prisão. O carcereiro recebeu ordens para não os deixar escapar, ²⁴por isso os colocou no cárcere interno, prendendo-lhes os pés no tronco.

²⁵Por volta da meia-noite, Paulo e Silas oravam e cantavam hinos a Deus, e os outros presos ouviam. ²⁶De repente, houve um forte terremoto, e até os alicerces da prisão foram sacudidos. No mesmo instante, todas as portas se abriram e as correntes de todos os presos se soltaram. ²⁷Quando o carcereiro acordou, viu as portas da prisão escancaradas. Imaginando que os prisioneiros haviam escapado, puxou a espada para se matar. ²⁸Paulo, porém, gritou: "Não se mate! Estamos todos aqui!".

²⁹O carcereiro mandou que trouxessem luz e correu até o cárcere, onde se prostrou, tremendo de medo, diante de Paulo e Silas. ³⁰Então ele os levou para fora e perguntou: "Senhores, que devo fazer para ser salvo?".

³¹Eles responderam: "Creia no Senhor Jesus, e você e sua família serão salvos". ³²Então pregaram a palavra do Senhor a ele e a toda a sua família. ³³Mesmo sendo tarde da noite, o carcereiro cuidou deles e lavou suas feridas. Em seguida, ele e todos os seus foram batizados. ³⁴Depois, levou-os para sua casa e lhes serviu uma refeição, e ele e toda a sua família se alegraram porque creram em Deus.

³⁵Na manhã seguinte, os magistrados mandaram os guardas ordenarem ao carcereiro: "Solte estes homens!". ³⁶Então o carcereiro mandou dizer a Paulo: "Os magistrados disseram que você e Silas estão livres. Vão em paz".

Aprendendo com as mulheres da Bíblia

LÍDIA

O Espírito de Deus nos orienta por meio da insatisfação espiritual

Paulo, Silas e Timóteo foram orientados pelo Espírito Santo para irem à Macedônia (At 16.9) e velejaram para Trôade cruzando a ponta norte do mar Egeu para Neápolis. Deixando a Turquia dirigiram-se para a Grécia, especificamente para a cidade de Filipos.

Essa cidade ficava próxima a um grande campo de batalha onde, em 42 a.C., Antônio e Otaviano derrotaram os partidários da República. Os vitoriosos, então, liberaram alguns de seus soldados veteranos para irem à cidade, dando a cada um deles um pedaço de terra e declarando aquela cidade como colônia romana. Assim, Filipos se tornou uma "miniatura de Roma" sob a lei romana, governada por dois oficiais militares indicados por esse império. A cidadania romana de Paulo seria de vital importância em Filipos.

Não havia sinagoga em Filipos possivelmente porque, para que uma sinagoga fosse organizada, havia a necessidade de, pelo menos, 10 homens judeus. Pode ser que não houvesse essa quantidade de homens judeus na cidade.

Era o *Shabbat*. Sem que houvesse uma sinagoga onde adorar, o trio teria que procurar por adoradores de Deus em outro lugar. O Espírito de Deus levou a alguém de coração sensível ao Senhor: "uma mulher temente a Deus chamada Lídia, da cidade de Tiatira, comerciante de tecido de púrpura". Nessa sentença aprendemos três coisas importantes sobre essa mulher. A primeira é que ela provinha da cidade turca de Tiatira, situada ao norte da Ásia Menor, não de uma cidade grega. Desta forma, Lídia não era nascida e criada em Filipos. Mudara-se para lá vinda de outra terra.

A segunda coisa que aprendemos sobre Lídia é que ela era "comerciante de tecido de púrpura". Tiatira era conhecida por suas associações comerciais. Uma das associações mais poderosas era a do grupo de mercadores que faziam tintura de púrpura e tecelagem de roupas de fios coloridos. Lídia era uma das vendedoras do tecido de púrpura da associação. Esse tecido era muito caro, e ser parte de uma associação em Tiatira significava que Lídia era uma pessoa de posses. É provável que fosse uma comerciante bem-sucedida com empregados para fazer a tintura e a tecelagem das vestimentas que vendia.

A terceira coisa que o texto nos informa sobre essa mulher é que Lídia era "temente a Deus". Embora isso inicialmente possa não significar muito para nós, no mundo romano do primeiro século, adorar qualquer ser que não fosse o imperador era perigoso. Em uma cidade romana como Filipos, a adoração a esse soberano dominava as observâncias religiosas.

As culturas grega e romana eram repletas de inúmeros deuses com traços humanos que, essencialmente, determinavam suas ações. Por exemplo, Afrodite (deusa romana Vênus) era a deusa do amor, da beleza e do desejo. Era casada com Hefesto, um ferreiro e o deus do fogo. No entanto, ela teve muitos casos extraconjugais. Hermes (para os romanos, Mercúrio) era o mensageiro dos deuses. Zeus (para os romanos, Júpiter) era o rei dos deuses e o filho mais novo de dois Titãs. A maioria dos deuses gregos e romanos eram, portanto, muito "humanos" em suas fraquezas e debilidades.

Contudo, por todo o Império Romano do primeiro século, havia homens e mulheres como Lídia que não acreditavam nos deuses populares de sua comunidade. Estavam abertos à possibilidade de uma alternativa. Mas qual? Embora não soubessem, o Espírito de Deus os conduzia a questionar essas divindades locais e a considerar a ideia judaica de um Deus único e Todo-poderoso.

O pouco que sabiam sobre o Deus hebreu os levou a temê-lo. A figura veterotestamentária do Deus único que sabe de tudo, que está em toda parte e é Todo-poderoso inspirou reverência e temor ao Senhor. Na maioria das vezes, eles nutriam simpatia pelo judaísmo e ouviriam qualquer um que pregasse numa sinagoga judaica local. Como os apóstolos pregavam por todo o Império Romano, essas pessoas tementes a Deus buscavam a verdade e estavam prontas a dar atenção ao que lhes era dito.

Inscrições em tudo, desde vasos a edifícios, nos dizem que 80% dos que temiam a Deus no Império Romano eram mulheres. Por essa razão, elas representam uma parte importante das congregações cristãs que estavam em formação. Embora não fossem contabilizadas na formação de uma sinagoga judaica, elas se tornaram vitais para o surgimento e a vida das novas igrejas cristãs. Como consequência, o Espírito de Deus as usou para influenciar outros a ouvirem o evangelho.

Essas mulheres tementes a Deus muitas vezes eram parte das plateias que os apóstolos encontravam enquanto pregavam por todo o Império Romano. Elas eram inquiridoras determinadas que desejavam saber mais. E, assim, encontramos Lídia, temente ao

Senhor e orientada pelo Espírito de Deus, entre as mulheres reunidas para oração à beira do rio naquele Shabbat. Na Grécia, Lídia foi a primeira mulher convertida ao cristianismo por Paulo. Está claro que Lídia era a pessoa encarregada do lar, levando outros membros da família a unirem-se a ela ao abraçar a fé em Jesus Cristo e reconhecê-lo publicamente por meio do batismo. Ela também convidou Paulo e Silas a ficarem em sua casa como seus hóspedes, onde permaneceram por cerca de 3 meses, ensinando aos novos cristãos e estabelecendo a congregação que se reunia na casa dessa bem-sucedida empreendedora.

Após o açoitamento e o encarceramento injustificado, Paulo e Silas, dois cidadãos romanos, recusaram-se a partir da cidade sem que os próprios pretores viessem lhes pedir perdão e liberá-los da cadeia. No entanto, não se apressaram para sair de Filipos. Eles tinham um grupo de novos convertidos em Jesus Cristo que precisava de mais encorajamento. Apesar de os oficiais da cidade os apressarem, os apóstolos ficaram tempo suficiente para assegurarem-se de que esses novos seguidores de Jesus possuíam conhecimento suficiente para que sua fé florescesse.

Dali, partiram numa viagem de 171 km rumo a Tessalônica, onde pregavam em sinagogas convertendo muitos homens e "mulheres de alta posição" (17.4). Escapando da perseguição pelos judeus, foram para Bereia, a 72 km, e, novamente, pregaram na sinagoga onde se converteram "vários gregos de alta posição, tanto homens como mulheres" (v.12).

Quem eram essas mulheres proeminentes que se tornaram crentes em Jesus Cristo? À medida que Paulo e seus acompanhantes transitavam pelo Império Romano, eles frequentemente encontravam aceitação para sua mensagem por parte de mulheres distintas, incluindo mulheres de negócio como Lídia.

Elas tinham aceitação e influência em suas comunidades. As pessoas as estimavam e as ouviam por causa da integridade delas e pelo apoio comunitário que dispensavam. Apesar da antiga influência de filósofos como Platão e Aristóteles (que ensinavam que as mulheres eram ingênuas, promíscuas e totalmente inferiores aos homens), estátuas de mulheres de alta posição eram erigidas em inúmeras cidades gregas em honra a muitas delas.

Todas nós influenciamos. A influência é o efeito ou o poder que uma pessoa tem de mudar a maneira de outra pessoa pensar ou agir. Somos encorajadas quando vemos como Lídia usou a influência que Deus lhe concedera. Ela imediatamente compartilhou a fé recém-descoberta em Jesus Cristo com todos de sua família. Depois abriu sua enorme casa para os apóstolos e a todos que se uniam a ela para aprender sobre a vida cristã. Lídia nos fornece o modelo de influência exercida que é para bons propósitos.

Perceba como o Espírito de Deus estava agindo, primeiramente orientando Paulo e seus acompanhantes e, depois, guiando-os à mulher mais influente e sensível à mensagem de Cristo. Ao mesmo tempo, o Espírito de Deus já estivera agindo sobre Lídia, capacitando-a a dar as costas aos deuses de sua comunidade e a entregar-se ao único Deus verdadeiro.

De forma semelhante, o Espírito de Deus continua agindo para nos orientar e guiar nos dias de hoje. O apóstolo Paulo observou isso em sua carta aos romanos quando lhes lembrou: "Deus faz todas as coisas cooperarem para o bem daqueles que o amam" (Rm 8.28). Assim age o Espírito de Deus, orientando-nos mesmo quando não reconhecemos a Sua presença em nossa vida.

—Alice Mathews

QUESTÕES PARA REFLEXÃO

1. Além de seus pais, quem exerceu a maior influência positiva sobre você? De que maneira essa influência a moldou?
2. O que essas pessoas fizeram ou disseram que a afetou?
3. Quem tem influenciado o seu pensamento sobre assuntos espirituais mais recentemente? Compartilhe as razões para a sua resposta.
4. Quem primeiro lhe vem à mente quando você pensa sobre quem está em seu círculo de influência?

> ### REFLETINDO SOBRE: Fora de controle
>
> ## Uma jovem escrava curada por Paulo
>
> *Aqueles que pertencem a Cristo Jesus crucificaram as paixões e os desejos de sua natureza humana.*
> —Gálatas 5.24
>
> Rosemary bateu a porta de seu quarto e se jogou com o rosto no edredom. Ela havia feito a mesma coisa de novo! Por que se irritou tanto? Michael foi atencioso e avisou-a que trabalharia até tarde novamente e eles *realmente* precisavam de mais dinheiro. Então por que ela começou a gritar no telefone e jogou sua xícara de café contra a parede? Depois de cada acesso de raiva, Rosemary jurava controlar seu humor, mas de nada adiantava. Ela parecia estar sempre à mercê de suas emoções.
>
> A escrava, em Atos 16, estava à mercê de seu mestre e também de um espírito demoníaco. Essa jovem não era uma vigarista; estava possessa por um espírito maligno que lhe permitia prever o futuro. Sua aflição tornara seus donos ricos, mas que vida miserável e degradante ela deve ter vivido. Evitada por todos, exceto clientes pagantes, ela deve ter ansiado ser valorizada por quem era como pessoa, não apenas por seu desempenho.
>
> Certo dia, um encontro transformou a vida dessa moça. Quando Paulo ordenou ao demônio que a deixasse, ela foi instantaneamente liberta do espírito maligno que a controlava. Os donos dessa moça ficaram furiosos porque haviam perdido sua fonte de lucro, mas, por meio do poder do nome de Jesus, ela foi restaurada à saúde mental e emocional.
>
> Todos nós lutamos com nossas emoções, mas algumas pessoas são dominadas por elas. A Bíblia ensina que acessos de raiva, ira e ciúme são parte de nossa natureza pecaminosa. Somente o Espírito de Deus, que vive em nós, pode nos libertar desses demônios. Devemos permitir que o Senhor nos controle. A única maneira de evitar estar à mercê de nossas emoções, como Rosemary, é estar à mercê de Deus.

[37] Paulo, no entanto, respondeu: "Eles nos açoitaram publicamente sem julgamento e nos colocaram na prisão, e nós somos cidadãos romanos. Agora querem que vamos embora às escondidas? De maneira nenhuma! Que venham eles mesmos e nos soltem".

[38] Os guardas relataram isso aos magistrados, que ficaram assustados por saber que Paulo e Silas eram cidadãos romanos. [39] Foram até a prisão e lhes pediram desculpas. Então os trouxeram para fora e suplicaram que deixassem a cidade. [40] Quando Paulo e Silas saíram da prisão, voltaram à casa de Lídia. Ali se encontraram com os irmãos e os encorajaram mais uma vez. Depois, partiram.

Paulo anuncia as boas-novas em Tessalônica

17 Então Paulo e Silas passaram pelas cidades de Anfípolis e Apolônia e chegaram a Tessalônica, onde havia uma sinagoga judaica. [2] Como era seu costume, Paulo foi à sinagoga e, durante três sábados seguidos, discutiu as Escrituras com o povo. [3] Explicou as profecias e provou que era necessário o Cristo sofrer e ressuscitar dos mortos. "Esse Jesus de que lhes falo é o Cristo", disse ele. [4] Alguns dos judeus que o ouviam foram convencidos e se uniram a Paulo e Silas, bem como muitos gregos tementes a Deus e várias mulheres de alta posição.[a]

[5] Alguns judeus, porém, ficaram com inveja, reuniram alguns desordeiros e desocupados e, com a multidão, começaram um tumulto. Invadiram a casa de Jasom em busca de Paulo e Silas para entregá-los ao conselho da cidade,[b] [6] mas, como não os encontraram, arrastaram para fora Jasom e alguns outros irmãos e os levaram diante do conselho. Gritavam: "Aqueles que têm causado transtornos no mundo todo agora estão aqui, perturbando nossa cidade, [7] e Jasom os recebeu em sua casa! São todos culpados de traição contra César, pois afirmam que existe um outro rei, um tal de Jesus".

[8] Ao ouvir isso, o povo da cidade e o conselho se agitaram. [9] Então os oficiais obrigaram

---

[a] **17.4** Alguns manuscritos trazem *várias esposas de homens de alta posição*. [b] **17.5** Ou *ao povo*.

> **REFLETINDO SOBRE:** Confira!
>
> ## Mulheres bereanas
>
> *Todos os dias, examinavam as Escrituras para ver se Paulo e Silas ensinavam a verdade.*
> —Atos 17.11
>
> Nossa sociedade está saturada de engano. Todos os dias, pessoas ingênuas são vítimas de vigaristas que as convencem a enviar dinheiro para resgatar um prêmio que receberam. Outras pessoas são enganadas e pagam por reparos em casa que nunca são terminados. Compramos produtos que não chegam nem perto do desempenho anunciado. Lemos autobiografias que no fim das contas são fabricadas. Nossa negligência em conferir coisas nos torna vulneráveis a fraudes.
>
> As mulheres nessa passagem de Atos foram cuidadosas ao conferir suas fontes. Apesar de ouvirem avidamente a mensagem do evangelho, elas simplesmente não aceitavam de imediato o que Paulo e Silas diziam. Diariamente, elas sondavam as Escrituras para garantir que os dois homens estavam ensinando a verdade. Como os bereanos verificaram cuidadosamente que a mensagem era baseada nas Escrituras, reconheceram que as afirmações dos missionários, sobre Cristo, eram verdadeiras e aceitaram com alegria o dom de salvação de Deus.
>
> Muitas pessoas que alegam ser cristãs sabem pouco sobre a Bíblia, exceto pelas histórias familiares que ouviram quando crianças. Outras frequentam estudos bíblicos, mas só acumulam o conhecimento dos fatos sem aplicar as Escrituras a sua vida diária. Há ainda outros que estudam a Bíblia por anos e depois relaxam acreditando ter adquirido conhecimento suficiente. Nós nunca alcançaremos um ponto em que teremos adquirido todo o entendimento, discernimento e a sabedoria que a Bíblia nos oferece.
>
> Sem estudo consistente da Bíblia, os cristãos podem ser enganados como qualquer um, por livros e filmes com a pretensão de revelar a verdade sobre Jesus ou o cristianismo. O fato de ser um livro recorde de vendas escrito por alguém com referências impressionantes não significa que o seu conteúdo seja verdadeiro. Seremos protegidas do engano somente quando seguirmos o exemplo das bereanas e investirmos tempo na Palavra de Deus.

Jasom e os outros irmãos a pagarem fiança, e depois os soltaram.

Paulo e Silas em Bereia

¹⁰Ao anoitecer, os irmãos enviaram Paulo e Silas a Bereia. Quando lá chegaram, foram à sinagoga judaica. ¹¹Os judeus que moravam em Bereia tinham a mente mais aberta que os de Tessalônica e ouviram a mensagem de Paulo com grande interesse. Todos os dias, examinavam as Escrituras para ver se Paulo e Silas ensinavam a verdade. ¹²Como resultado, muitos judeus creram, assim como vários gregos de alta posição, tanto homens como mulheres.

¹³Mas, quando os judeus de Tessalônica souberam que Paulo estava pregando a palavra de Deus em Bereia, foram até lá e criaram um alvoroço. ¹⁴Os irmãos agiram de imediato e enviaram Paulo para o litoral, enquanto Silas e Timóteo permaneceram na cidade. ¹⁵Os que acompanharam Paulo o levaram até Atenas e, depois, voltaram a Bereia com instruções para Silas e Timóteo irem ao encontro dele o mais depressa possível.

Paulo anuncia as boas-novas em Atenas

¹⁶Enquanto Paulo esperava por eles em Atenas, ficou muito indignado ao ver ídolos por toda a cidade. ¹⁷Por isso, ia à sinagoga debater com os judeus e com os gentios tementes a Deus e falava diariamente na praça pública a todos que ali estavam.

¹⁸Paulo também debateu com alguns dos filósofos epicureus e estoicos. Quando lhes falou de Jesus e da ressurreição, eles perguntaram: "O que esse tagarela está querendo dizer?". Outros disseram: "Parece estar falando de deuses estrangeiros".

¹⁹Então levaram Paulo ao conselho da cidade[a] e disseram: "Pode nos dizer que novo

---

[a] **17.19** Ou *à sociedade mais erudita de filósofos da cidade*. Em grego, *ao Areópago*; também em 17.22.

PÃO DIÁRIO

Encontre Deus

Seu propósito era que as nações buscassem a Deus e, tateando, talvez viessem a encontrá-lo, embora ele não esteja longe de nenhum de nós.
—Atos 17.27

Quando nossos filhos eram pequenos, brincávamos de um jogo chamado "Sardinhas". Apagávamos todas as luzes de casa, e eu me escondia num armário de roupas ou em algum outro lugar apertado. O resto da família me procurava tateando na escuridão para encontrar meu esconderijo. Depois, todos nós nos espremíamos no esconderijo como sardinhas enlatadas! Daí, o nome do jogo.

O membro mais novo da nossa família de vez em quando se assustava com a escuridão. Por isso, quando ele chegava perto, eu sussurrava no ouvido dele com cuidado: "Estou aqui."

"Achei você, mamãe!", ele gritava ao se aconchegar em meus braços no escuro, sem perceber que eu havia permitido ser "encontrada".

Da mesma maneira, fomos criadas para buscar a Deus — para tatear nosso caminho em direção a Ele como Paulo falou com tanta vivacidade (At 17.27). Mas aqui está a boa notícia: Ele não é alguém difícil de encontrar, porque não está "longe de cada um de nós". O Senhor deseja que todos o conheçam. "Há uma característica em Deus relacionada à sede e ao desejo. Ele deseja nos ter", escreveu a nobre Julian de Norwich séculos atrás.

Antes de conhecer a Cristo, procuramos por Deus tateando o nosso caminho na escuridão. Porém, se o procurarmos a sério, Ele se fará conhecido, pois "recompensa aqueles que o buscam" diligentemente (Hb 11.6). Ele nos dirá com cuidado: "Estou aqui."

E espera a nossa réplica: "Eu o encontrei!".

Deus de amor, eu te buscarei de todo o meu coração. Enche-me de alegria perceber que nunca estás longe de mim — na realidade, o Teu Espírito Santo habita em mim! Eu me alegrarei em ti e exultarei em Tua presença. Apesar de já ter estado perdida na escuridão, agora me deleito em Tua gloriosa luz!

"Busquem o S<small>ENHOR</small> enquanto podem achá-lo; invoquem-no agora, enquanto ele está perto."
—Isaías 55.6

---

ensino é esse? [20]Você diz coisas um tanto estranhas, e queremos saber o que significam". [21](Convém explicar que os atenienses, bem como os estrangeiros que viviam em Atenas, pareciam não fazer outra coisa senão discutir as últimas novidades.)

[22]Então Paulo se levantou diante do conselho e assim se dirigiu a seus membros: "Homens de Atenas, vejo que em todos os aspectos vocês são muito religiosos, [23]pois, enquanto andava pela cidade, reparei em seus diversos altares. Um deles trazia a seguinte inscrição: 'Ao Deus Desconhecido'. Esse Deus que vocês adoram sem conhecer é exatamente aquele de que lhes falo.

[24]"Ele é o Deus que fez o mundo e tudo que nele há. Uma vez que é Senhor dos céus e da terra, não habita em templos feitos por homens [25]e não é servido por mãos humanas, pois não necessita de coisa alguma. Ele mesmo dá vida e fôlego a tudo, e supre cada necessidade. [26]De um só homem[a] ele criou todas as nações da terra, tendo decidido de antemão onde se estabeleceriam e por quanto tempo.

[27]"Seu propósito era que as nações buscassem a Deus e, tateando, talvez viessem a encontrá-lo, embora ele não esteja longe de nenhum de nós. [28]Pois nele vivemos, nos movemos e existimos. Como disseram alguns de seus[b] próprios poetas: 'Somos descendência dele'. [29]E, por ser isso verdade, não devemos imaginar Deus como um ídolo de ouro, prata ou pedra, projetado por artesãos.

[30]"No passado, Deus não levou em conta a ignorância das pessoas acerca dessas coisas, mas agora ele ordena que todos, em todo lugar, se arrependam. [31]Pois ele estabeleceu um dia para julgar o mundo com justiça, por meio do homem que ele designou, e mostrou a todos quem é esse homem ao ressuscitá-lo dos mortos".

[32]Quando ouviram Paulo falar da ressurreição dos mortos, alguns riram com desprezo. Outros, porém, disseram: "Queremos ouvir mais sobre isso em outra ocasião". [33]Então Paulo se retirou do conselho, [34]mas alguns se juntaram a ele e creram. Entre eles estavam Dionísio, membro do conselho,[c] uma mulher chamada Dâmaris, e alguns outros.

---

[a]17.26 Em grego, *De um só*; alguns manuscritos trazem *De um só sangue*. [b]17.28 Alguns manuscritos trazem *nossos*. [c]17.34 Em grego, *o areopagita*.

Paulo encontra Priscila e Áquila em Corinto

18 Algum tempo depois, Paulo deixou Atenas e foi para Corinto.[a] ²Ali encontrou um judeu chamado Áquila, natural do Ponto, que havia chegado recentemente da Itália com sua esposa, Priscila, depois que Cláudio César expulsou todos os judeus de Roma. ³Paulo foi morar e trabalhar com eles, pois eram fabricantes de tendas,[b] como ele. ⁴Todos os sábados, Paulo ia à sinagoga e buscava convencer tanto judeus como gregos. ⁵Depois que Silas e Timóteo chegaram da Macedônia, Paulo se dedicou totalmente à pregação da palavra e testemunhava aos judeus que Jesus era o Cristo. ⁶Mas, quando eles se opuseram a Paulo e o insultaram, ele sacudiu o pó da roupa e disse: "Vocês são responsáveis por sua própria destruição![c] Eu sou inocente. De agora em diante, pregarei aos gentios".

⁷Então saiu dali e foi à casa de Tício Justo, um gentio temente a Deus que morava ao lado da sinagoga. ⁸Crispo, o líder da sinagoga, e toda a sua família creram no Senhor. Muitos outros em Corinto também ouviram Paulo, creram e foram batizados.

⁹Certa noite, o Senhor falou a Paulo numa visão: "Não tenha medo! Continue a falar e não se cale, ¹⁰pois estou com você, e ninguém o atacará nem lhe fará mal, porque muita gente nesta cidade me pertence". ¹¹Então Paulo permaneceu ali um ano e meio, ensinando a palavra de Deus.

¹²Quando Gálio se tornou governador da Acaia, alguns judeus se levantaram contra Paulo e o levaram diante do governador para ser julgado. ¹³Eles o acusaram de convencer as pessoas a adorar a Deus de maneira contrária à lei judaica.

¹⁴Mas, assim que Paulo começou a apresentar sua defesa, Gálio se voltou para os acusadores e disse: "Ouçam, judeus! Se sua queixa envolvesse algum delito ou crime grave, eu teria motivo para aceitar o caso. ¹⁵Mas, como se trata apenas de uma questão de palavras e nomes e da sua lei, resolvam isso vocês mesmos. Recuso-me a julgar essas coisas". ¹⁶E os expulsou do tribunal.

¹⁷A multidão[d] agarrou Sóstenes, o novo líder da sinagoga, e o espancou ali mesmo, no tribunal. Gálio, no entanto, não se importou com isso.

Paulo volta a Antioquia da Síria

¹⁸Paulo ainda permaneceu em Corinto por algum tempo. Então se despediu dos irmãos e foi a Cencreia, onde raspou a cabeça, de acordo com o costume judaico para marcar o fim de um voto. Em seguida, partiu de navio para a Síria, levando consigo Priscila e Áquila. ¹⁹Chegaram ao porto de Éfeso, onde Paulo os deixou. Enquanto estava ali, foi à sinagoga para debater com os judeus. ²⁰Eles pediram que ficasse mais tempo, mas ele recusou. ²¹Ao despedir-se, Paulo disse: "Voltarei depois, se Deus quiser". Então zarpou de Éfeso. ²²A parada seguinte foi no porto de Cesareia, de onde subiu a Jerusalém e visitou a igreja. Em seguida, voltou para Antioquia.

²³Depois de passar algum tempo ali, voltou pela Galácia e pela Frígia, visitando e fortalecendo todos os discípulos.

Apolo em Éfeso

²⁴Enquanto isso, chegou a Éfeso vindo de Alexandria, no Egito, um judeu chamado Apolo. Era um orador eloquente que conhecia bem as Escrituras. ²⁵Tinha sido instruído no caminho do Senhor e ensinava a respeito de Jesus com profundo entusiasmo[e] e exatidão, embora só conhecesse o batismo de João. ²⁶Quando o ouviram falar corajosamente na sinagoga, Priscila e Áquila o chamaram de lado e lhe explicaram com mais exatidão o caminho de Deus.

²⁷Apolo queria percorrer a Acaia, e os irmãos de Éfeso o incentivaram. Escreveram uma carta aos discípulos de lá, pedindo que o recebessem bem. Ao chegar, foi de grande ajuda àqueles que, pela graça, haviam crido, ²⁸pois, em debates públicos, refutava os judeus com fortes argumentos. Usando as Escrituras, demonstrava-lhes que Jesus é o Cristo.

---

[a] **18.1** *Atenas* e *Corinto* eram cidades importantes da Acaia, a região sul da península grega. [b] **18.3** Ou *artesãos que trabalhavam com couro*. [c] **18.6** Em grego, *O sangue de vocês está sobre sua própria cabeça*. [d] **18.17** Em grego, *Todos*; alguns manuscritos trazem *Todos os gregos*. [e] **18.25** Ou *com entusiasmo no Espírito*.

Aprendendo com as mulheres da Bíblia

DÂMARIS

O Espírito de Deus nos orienta para a verdade em uma cultura enganosa

Vivemos em uma cultura na qual distorcer a verdade, ou mentir descaradamente, parece ser "normal". Temos por certo que os políticos prometerão qualquer coisa para conquistar nossos votos. Não nos surpreende ouvir as notícias de outro fabricante pego em uma rede de divulgações enganosas sobre algum produto. E, longe de ser exceção, a corrupção nas instituições públicas locais e nacionais parece ser a regra.

Um dos desafios de viver em tal cultura é que, se as mentiras forem repetidas com frequência e aceitas por um número suficiente de pessoas, podemos facilmente nos tornar vítimas de um engano difundido: crermos em algo que não é verdadeiro simplesmente porque a maioria das pessoas ao nosso redor crê que seja. Nesse ponto, nossa cultura vai além de nos dizer no que crer e, na verdade, nos cega para as alternativas verdadeiras.

Esse não é um problema novo. Discernir entre a verdade e o erro desafia os pensadores quase desde os primórdios dos tempos. Há muito, eles eram assombrados pela pergunta de Pilatos a Jesus: *Que é a verdade?* (Jo 18.38) Quatrocentos anos antes, Platão, o brilhante filósofo grego, fez dela a principal questão em suas reflexões. Em determinado ponto, pergunta: "Não é ruim estar enganado sobre a verdade e não é bom saber qual é a verdade? Pois concluo que conhecer a verdade quer dizer conhecer as coisas como elas realmente são". Em outra ocasião perguntou: "Há algo mais proximamente ligado à sabedoria do que a verdade?".

Quando a viagem missionária do apóstolo Paulo o levou de Bereia a Atenas, ele entrou em uma cidade e cultura imersas em mentiras sobre Deus. Para onde quer que virasse, encontrava ídolos. Ali, envolveu-se em debates sobre o evangelho com grupos diversos: judeus, gentios piedosos, filósofos epicureus e estoicos. Pense na amplitude de conhecimento que ele trouxe para essas quatro plateias diferentes!

Os epicureus eram seguidores do filósofo Epicuro (307 a.C.), um materialista que atacava todas as ideias de intervenção divina. Para os materialistas, não existe nada a não ser o que tocamos ou vemos. Não há Deus no Céu ou em qualquer outro lugar. Paulo precisava encontrar uma forma de ajustar a sua mensagem sobre o Deus eterno para aquela multidão de epicureus.

Se existe apenas a matéria, então o bem maior na Terra seria o prazer, o conforto, o alto padrão de vida porque, na perspectiva desses filósofos, isso é tudo o que há. No entanto, não era exatamente isso o que o filósofo Epicuro tinha em mente. Ele cria que obtém-se o maior prazer não da excessiva autoindulgência, mas de viver modestamente e em limitar seus desejos. Se o fizermos, ele argumentava, nós nos tornaremos tranquilos, e a tranquilidade se constitui na mais elevada forma de prazer ou felicidade. Quando o apóstolo Paulo debateu com os epicureus, seu desafio era persuadi-los de que o mundo imaterial não apenas existia, mas que importava muito, pois era o reino do Deus eterno e invisível.

E havia os estoicos. Seu nome vem de *stoa*, ou pórtico, na *Agora* (mercado) onde eles regularmente se encontravam. Como filósofos, eram relativamente novos, mas seus dogmas centrais tinham raízes profundas no pensamento grego.

"Estoico" significa ser capaz de suportar dor ou problemas sem demonstrar emoções ou reclamar. Essa é uma descrição razoavelmente correta da filosofia estoica básica. Para eles, demonstrar emoções, especialmente o medo, ou inveja, ou amor apaixonado por qualquer coisa, marcava a pessoa como escravo do que quer que produzisse aquela emoção. Uma pessoa sábia tinha controle completo de suas emoções, o que era evidenciado em paciência ou resignação. Aristóteles havia argumentado que os homens diferem das mulheres em sua habilidade de serem "autocontidos, firmemente determinados". O que é o mesmo que dizer que os homens eram capazes de controlar suas emoções de formas que as mulheres não poderiam. Isso, para um estoico, era considerado o bem maior.

Ao debater com os estoicos, o desafio de Paulo incluía apresentar-lhes o Deus que amou o mundo de tal maneira que o "invadiu" para o redimir. Portanto, não surpreende quando lemos que os ouvintes de Paulo ficaram céticos quando ele lhes falou sobre Jesus e Sua ressurreição.

É provável que Dâmaris devesse conhecer todos os detalhes de cada premissa desses debatedores. De outro modo, ela não teria presenciado essa excepcional reunião do alto conselho, chamado de Areópago (nome de seu local de reunião na colina de Ares). Esse era um conjunto de governantes em Atenas naquele tempo. Não muito depois de sua chegada, Paulo, um estrangeiro, foi convidado a falar para esse importante grupo de líderes. Isso era nada mais do que Deus em ação, abrindo portas para Paulo, que era singularmente equipado para atravessá-las.

Nesse ponto, Lucas interrompe sua narrativa para lembrar aos seus leitores que: "Convém explicar que os atenienses, bem como os estrangeiros que viviam em Atenas, pareciam não fazer outra coisa senão discutir as últimas novidades" (At 17.21). Parece que essa era uma cidade na qual todos faziam a velha pergunta: O que é a verdade? Quando Paulo mencionou a ressurreição de Cristo, conquistou a atenção deles. Alguns riram com desprezo, mas outros disseram que queriam ouvir mais sobre isso em outra ocasião.

No entanto, houve um bom resultado desse encontro de Paulo com aquela nobre audiência: "...mas alguns se juntaram a ele e creram. Entre eles estavam Dionísio, membro do conselho, uma mulher chamada Dâmaris, e alguns outros" (v.34).

O que Dâmaris fazia em uma reunião com o alto conselho governante de Atenas? Séculos antes, o filósofo grego Aristóteles havia ensinado que as mulheres trariam a desordem e o mal ao governo. Ele as considerava "completamente inúteis" e sentia que elas "causavam mais confusão do que o inimigo". Por essa razão, ele cria que era melhor manter as mulheres separadas do resto da sociedade civil. Assim, durante séculos, as mulheres atenienses casadas ficaram isoladas em casa com pouca exposição ao mundo exterior. Por isso, a presença de Dâmaris naquela reunião exclusiva do Areópago, em que Paulo pregou, é especialmente intrigante.

Os estudiosos dizem que, se era permitido a uma mulher participar de um debate intelectual em uma arena pública, ela, provavelmente, seria uma *hetaera*, uma cortesã (prostituta de alta classe). Ela seria inteligente, bem instruída e capaz de envolver seus clientes intelectualmente. Em muitos casos, a *hetaera* tinha relacionamentos longos com homens ricos e poderosos. Diz-se que elas estavam entre as pessoas mais independentes, ricas e influentes em Atenas.

A Bíblia não nos diz que Dâmaris era uma cortesã, mas o fato de ela estar presente não apenas em praça pública, porém, mais tarde, na reunião mais íntima no alto concílio do Areópago, indica que era provável que estivesse em um relacionamento com um dos líderes de Atenas. Além disso, somente uma pessoa altamente instruída conseguiria seguir os debates filosóficos que levaram Paulo à sessão com os líderes na colina de Ares. O que sabemos sobre Dâmaris nos é informado pela Bíblia. Ela tinha conhecimento suficiente das alternativas filosóficas e religiosas para reconhecer a verdade quando a ouvia.

O que alguém como Dâmaris poderia trazer para as novas igrejas? Pense sobre um dos atributos básicos de uma *hetaera* em Atenas. Ela tinha habilidade suficiente em filosofia e debate gregos para não só seguir uma discussão de alto nível, mas também tinha sua mente classificada entre as maiores da cidade.

Em vez da perspicácia econômica e empresarial, era provável que o intelecto sagaz de Dâmaris e sua habilidade para interagir com os instruídos atenienses tenham sido o que Deus usou para causar impacto pelo reino. Ela podia construir pontes teológicas e filosóficas para as elites atenienses. Quando ela se tornou devota e perspicaz seguidora de Jesus Cristo, pôde comunicar as verdades mais profundas sobre Deus e a salvação para as pessoas que buscavam por uma alternativa sem os deuses e deusas da religião ateniense.

A experiência anterior de Dâmaris lhe abriu o caminho para a verdade. Quando ouviu a mensagem de Paulo, ela pôde dar seus passos em direção à verdade. O Espírito de Deus a capacitou a se tornar uma seguidora de Jesus Cristo e uma participante ativa nas igrejas do primeiro século.

—Alice Mathews

QUESTÕES PARA REFLEXÃO

1. Se a cultura contemporânea fosse uma escola formal de pensamento, como você descreveria o que ela exalta, estima e nega? Que mensagem isso comunica sobre o que é mais importante na vida? E sobre o que é a verdade?
2. À medida que você reflete sobre o discurso de Paulo no Areópago (At 17.22-31), qual das declarações desse apóstolo você imagina que mais deve ter se destacado para Dâmaris? Por quê?
3. Ao longo de sua vida, como você caracterizaria sua busca pela antiga questão: Que é a verdade? Em quais épocas você fez esse questionamento de forma mais intensa?

A terceira viagem missionária de Paulo

19 Enquanto Apolo estava em Corinto, Paulo viajou pelas regiões do interior até chegar a Éfeso, no litoral, onde encontrou alguns discípulos. ²Ele lhes perguntou: "Vocês receberam o Espírito Santo quando creram?".

"Não", responderam eles. "Nem sequer ouvimos que existe o Espírito Santo."

³"Então que batismo vocês receberam?", perguntou ele.

"O batismo de João", responderam.

⁴Paulo disse: "João batizava com o batismo de arrependimento, dizendo ao povo que cresse naquele que viria depois, isto é, em Jesus". ⁵Assim que ouviram isso, foram batizados em nome do Senhor Jesus. ⁶Paulo lhes impôs as mãos e o Espírito Santo veio sobre eles, e falaram em línguas e profetizaram. ⁷Eram ao todo uns doze homens.

O ministério de Paulo em Éfeso

⁸Em seguida, Paulo foi à sinagoga e ali pregou corajosamente durante três meses, argumentando de modo convincente sobre o reino de Deus. ⁹Mas alguns deles se mostraram endurecidos, rejeitaram a mensagem e falaram publicamente contra o Caminho. Paulo, então, deixou a sinagoga e levou consigo os discípulos, passando a realizar discussões diárias na escola de Tirano. ¹⁰Isso continuou durante os dois anos seguintes, e gente de toda a província da Ásia, tanto judeus como gregos, ouviu a palavra do Senhor.

¹¹Deus concedeu a Paulo o poder de realizar milagres extraordinários. ¹²Quando lenços ou aventais usados por ele eram colocados sobre enfermos, estes eram curados de suas doenças e deles saíam espíritos malignos.

¹³Alguns judeus viajavam pelas cidades expulsando espíritos malignos. Tentavam usar o nome do Senhor Jesus, dizendo: "Ordeno que saia em nome de Jesus, a quem Paulo anuncia!". ¹⁴Os homens que faziam isso eram os sete filhos de Ceva, um dos principais sacerdotes. ¹⁵Certa ocasião, o espírito maligno respondeu: "Eu conheço Jesus e conheço Paulo, mas quem são vocês?". ¹⁶O homem possuído pelo espírito maligno saltou em cima deles e os atacou com tanta violência que fugiram da casa, despidos e feridos.

¹⁷A notícia do ocorrido se espalhou rapidamente por toda a cidade de Éfeso, tanto entre judeus como entre gregos, e sobre eles veio um temor reverente, e o nome do Senhor Jesus era engrandecido. ¹⁸Muitos dos que creram confessaram suas obras pecaminosas. ¹⁹Vários deles, que haviam praticado feitiçaria, trouxeram seus livros de encantamentos e os queimaram publicamente. O valor dos livros totalizou cinquenta mil moedas de prata.[a] ²⁰Assim, a mensagem a respeito do Senhor se espalhou amplamente e teve efeito poderoso.

²¹Depois disso, Paulo se sentiu impelido pelo Espírito[b] a passar pela Macedônia e a Acaia antes de ir a Jerusalém. "E, de lá, devo prosseguir para Roma!", disse ele. ²²Então, enviou adiante dele à Macedônia dois assistentes, Timóteo e Erasto, e permaneceu um pouco mais na província da Ásia.

O tumulto em Éfeso

²³Por essa época, houve enorme tumulto em Éfeso por causa do Caminho. ²⁴Começou com Demétrio, ourives que fabricava modelos de prata do templo da deusa grega Ártemis[c] e que empregava muitos artífices. ²⁵Ele os reuniu a outros que trabalhavam em ofícios semelhantes e disse:

"Senhores, vocês sabem que nossa prosperidade vem deste empreendimento. ²⁶Mas, como vocês viram e ouviram, esse sujeito, Paulo, convenceu muita gente de que deuses feitos por mãos humanas não são deuses de verdade. Fez isso não apenas aqui em Éfeso, mas em toda a província. ²⁷Claro que não me refiro apenas à perda do respeito público por nossa atividade. Também me preocupa que o templo da grande deusa Ártemis perca sua influência e que esta deusa magnífica, adorada em toda a província da Ásia e ao redor do mundo, seja destituída de seu grande prestígio!".

²⁸Ao ouvir isso, ficaram furiosos e começaram a gritar: "Grande é Ártemis dos efésios!". ²⁹Em pouco tempo, a cidade toda estava uma confusão. O povo correu para o anfiteatro,

---

[a] **19.19** Em grego, *50.000 dracmas*. Uma dracma equivalia ao salário por um dia completo de trabalho. [b] **19.21** Ou *decidiu em seu espírito*. [c] **19.24** Também conhecida como *Diana*.

arrastando os macedônios Gaio e Aristarco, companheiros de viagem de Paulo. ³⁰Ele também quis entrar, mas os discípulos não permitiram. ³¹Alguns amigos de Paulo, oficiais da província, também lhe enviaram um recado no qual suplicaram que não arriscasse a vida entrando no anfiteatro.

³²Lá dentro, em polvorosa, o povo todo gritava, e cada um dizia uma coisa. Na verdade, a maioria nem sabia por que estava ali. ³³Entre a multidão, os judeus empurraram Alexandre para a frente e ordenaram que explicasse a situação. Ele fez sinal pedindo silêncio e tentou falar. ³⁴No entanto, quando a multidão percebeu que ele era judeu, começou a gritar novamente e continuou por cerca de duas horas: "Grande é Ártemis dos efésios!".

³⁵Por fim, o escrivão da cidade conseguiu acalmar a multidão e disse: "Cidadãos de Éfeso, todos sabem que Éfeso é a guardiã do templo da grande Ártemis, cuja imagem caiu do céu para nós. ³⁶Portanto, sendo este um fato inegável, acalmem-se e não façam nada precipitadamente. ³⁷Vocês trouxeram estes homens aqui, mas eles não roubaram nada do templo nem disseram coisa alguma contra nossa deusa.

³⁸"Se Demétrio e seus artífices têm alguma queixa contra eles, os tribunais estão abertos e há oficiais disponíveis para ouvir o caso. Que façam acusações formais. ³⁹E, se há outras queixas que desejam apresentar, elas podem ser resolvidas em assembleia, conforme a lei. ⁴⁰Corremos o perigo de ser acusados de provocar desordem, pois não há motivo para este tumulto. E, se exigirem de nós uma explicação, não teremos o que dizer". ⁴¹ᵃEntão os despediu, e a multidão se dispersou.

Paulo vai à Macedônia e à Grécia

20 Passado o tumulto, Paulo mandou chamar os discípulos e os encorajou. Então se despediu e partiu para a Macedônia. ²Enquanto estava lá, encorajou os discípulos em todas as cidades por onde passou. Em seguida, desceu à Grécia, ³onde ficou por três meses. Quando se preparava para navegar de volta à Síria, descobriu que alguns judeus conspiravam contra sua vida e decidiu voltar pela Macedônia.

⁴Alguns homens viajavam com ele: Sópatro, filho de Pirro, de Bereia; Aristarco e Secundo, de Tessalônica; Gaio, de Derbe; Timóteo; e Tíquico e Trófimo, da província da Ásia. ⁵Eles foram adiante e esperaram por nós em Trôade. ⁶Terminada a Festa dos Pães sem Fermento, embarcamos num navio em Filipos e, cinco dias depois, nos reencontramos em Trôade, onde ficamos uma semana.

A última visita de Paulo a Trôade

⁷No primeiro dia da semana, nos reunimos com os irmãos de lá para o partir do pão. Paulo começou a falar ao povo e, como pretendia embarcar no dia seguinte, continuou até a meia-noite. ⁸A sala no andar superior onde estávamos reunidos era iluminada por muitas lamparinas. ⁹O discurso de Paulo se estendeu por horas, e um jovem chamado Êutico, que estava sentado no parapeito da janela, ficou muito sonolento. Por fim, adormeceu profundamente, caiu de uma altura de três andares e morreu. ¹⁰Paulo desceu, inclinou-se sobre o jovem e o abraçou. "Não se desesperem", disse ele. "O rapaz está vivo!" ¹¹Então todos subiram novamente, partiram o pão e comeram juntos. Paulo continuou a lhes falar até o amanhecer e depois partiu. ¹²Enquanto isso, o jovem foi levado para casa vivo, e todos sentiram grande alívio.

Paulo se encontra com os líderes efésios

¹³Paulo foi por terra até Assôs, onde havia definido que devíamos esperar por ele, enquanto nós fomos de navio. ¹⁴Encontrou-se conosco em Assôs e navegamos juntos até Mitilene. ¹⁵No dia seguinte, passamos em frente à ilha de Quios. No outro dia, atravessamos para a ilha de Samos e,ᵇ um dia depois, chegamos a Mileto. ¹⁶Paulo havia decidido não aportar em Éfeso, pois não queria passar mais tempo na província da Ásia. Tinha pressa de chegar a Jerusalém, se possível, para a Festa de Pentecostes. ¹⁷Por isso, em Mileto, mandou chamar os presbíterosᶜ da igreja de Éfeso.

ᵃ**19.41** Outras traduções apresentam o versículo 41 como parte do versículo 40. ᵇ**20.15** Alguns manuscritos acrescentam *depois de pararmos em Trogílio.* ᶜ**20.17** Ou *anciãos.*

> **PÃO DIÁRIO**

Movido pela gratidão

Mas minha vida não vale coisa alguma para mim, a menos que eu a use para completar minha carreira e a missão que me foi confiada pelo Senhor Jesus...
—Atos 20.24

Qual é o melhor romance já redigido? Muitos leitores votariam na obra *Guerra e Paz*, de Liev Tolstói, que, dependendo da edição, pode chegar a mais de mil páginas. Mesmo depois de concluído o seu romance, Tolstói continuou a escrever — muitas vezes, até chegar à beira da exaustão, incapaz de dormir e próximo de sofrer um colapso.

Certo dia, um amigo lhe perguntou por que ele continuava escrevendo levando-se à beira da exaustão. Lembrou-lhe também que ele era um conde russo abastado com servos à sua disposição, e que tinha um futuro garantido.

Tolstói explicou-lhe que continuava escrevendo porque era escravo de uma compulsão interior e que tinha um desejo extremamente intenso em suas entranhas. Sentia que precisava continuar escrevendo ou enlouqueceria.

O apóstolo Paulo experimentou compulsão semelhante. A diferença é que esse desejo intenso era motivado por Deus. Conforme ele explicou aos seus amigos em Corinto, "o amor de Cristo nos impulsiona" (2Co 5.14). Sua paixão era ardente, um fogo emocional, uma força espiritual que o fazia compartilhar as boas-novas de Jesus, Sua morte e ressurreição.

Esse zelo tem sido a característica de muitos dos seguidores do nosso Senhor ao longo dos anos. Que uma centelha dessa chama possa queimar em nosso coração.

Senhor, quero ser como Paulo. Cria em mim o desejo profundo de contar aos outros as boas-novas do Teu maravilhoso amor. Que eu possa ser consumida apenas pela vontade apaixonada de que o mundo venha a te conhecer.

As boas-novas são boas demais para guardarmos para nós mesmas.

---

dos judeus [20]e jamais deixei de dizer a vocês o que precisavam ouvir, seja publicamente, seja em seus lares. [21]Anunciei uma única mensagem tanto para judeus como para gregos: é necessário que se arrependam, se voltem para Deus e tenham fé em nosso Senhor Jesus.

[22]"Agora, impelido pelo Espírito,[a] vou a Jerusalém. Não sei o que me espera ali, [23]senão que o Espírito Santo me diz, em todas as cidades, que tenho pela frente prisão e sofrimento. [24]Mas minha vida não vale coisa alguma para mim, a menos que eu a use para completar minha carreira e a missão que me foi confiada pelo Senhor Jesus: dar testemunho das boas-novas da graça de Deus.

[25]"Agora sei que nenhum de vocês, a quem anunciei o reino, me verá outra vez. [26]Por isso, declaro hoje que, se alguém se perder, não será por minha culpa,[b] [27]pois não deixei de anunciar tudo que Deus quer que vocês saibam.

[28]"Portanto, cuidem de si mesmos e do rebanho sobre o qual o Espírito Santo os colocou como bispos,[c] a fim de pastorearem sua igreja, comprada com seu próprio sangue.[d] [29]Sei que depois de minha partida surgirão em seu meio falsos mestres, lobos ferozes que não pouparão o rebanho. [30]Até mesmo entre vocês se levantarão homens que distorcerão a verdade a fim de conquistar seguidores. [31]Portanto, vigiem! Lembrem-se dos três anos que estive com vocês, de como dia e noite nunca deixei de aconselhar com lágrimas cada um de vocês.

[32]"E, agora, eu os entrego a Deus e à mensagem de sua graça que pode edificá-los e dar-lhes uma herança junto com todos que ele separou para si.

[33]"Jamais cobicei a prata, o ouro ou as roupas de alguém. [34]Vocês sabem que estas minhas mãos trabalharam para prover as minhas necessidades e as dos que estavam comigo. [35]Fui exemplo constante de como podemos, com trabalho árduo, ajudar os necessitados, lembrando as palavras do Senhor Jesus: 'Há bênção maior em dar que em receber'".

[36]Quando Paulo terminou de falar, ajoelhou-se e orou com eles. [37]Todos choraram muito enquanto se despediam dele com abraços e beijos. [38]O que mais os entristeceu foi ele ter

[18]Quando chegaram, ele lhes disse: "Vocês sabem que, desde o dia em que pisei na província da Ásia até agora, [19]fiz o trabalho do Senhor humildemente e com muitas lágrimas. Suportei as provações decorrentes das intrigas

---

[a]**20.22** Ou *por meu espírito*, ou *por uma compulsão interior*; o grego traz *pelo espírito*. [b]**20.26** Ou *sou inocente do sangue de todos*. [c]**20.28a** Ou *supervisores*. [d]**20.28b** Ou *com o sangue de seu próprio [Filho]*.

dito que nunca mais o veriam. Então eles o acompanharam até o navio.

Paulo viaja para Jerusalém

21 Depois de nos despedirmos, navegamos em direção à ilha de Cós. No dia seguinte, chegamos a Rodes e, então, a Pátara. ²Ali, embarcamos num navio que partia para a Fenícia. ³Avistamos a ilha de Chipre, passamos por ela à nossa esquerda e aportamos em Tiro, na Síria, onde o navio deixaria sua carga.

⁴No desembarque, encontramos os discípulos que ali viviam e ficamos com eles por uma semana. Pelo Espírito, eles advertiam Paulo de que não fosse a Jerusalém. ⁵Ao fim de nosso tempo ali, voltamos ao navio, e toda a congregação, incluindo mulheres[a] e crianças, saiu da cidade e nos acompanhou até a praia. Ali nos ajoelhamos, oramos ⁶e nos despedimos. Então subimos a bordo, e eles voltaram para casa.

⁷Depois que partimos de Tiro, chegamos a Ptolemaida, onde saudamos os irmãos e passamos um dia. ⁸No dia seguinte, prosseguimos para Cesareia e nos hospedamos na casa de Filipe, o evangelista, um dos sete que tinham servido na igreja em Jerusalém. ⁹Ele tinha quatro filhas solteiras que profetizavam. ¹⁰Muitos dias depois, chegou da Judeia um profeta chamado Ágabo. ¹¹Ele veio ao nosso encontro, tomou o cinto de Paulo e com ele amarrou os próprios pés e as mãos. Em seguida, disse: "O Espírito Santo declara: 'Assim o dono deste cinto será amarrado pelos judeus, em Jerusalém, e entregue aos gentios'". ¹²Ao ouvir isso, nós e os irmãos dali suplicamos a Paulo que não fosse a Jerusalém.

¹³Ele, porém, disse: "Por que todo esse choro? Assim vocês me partem o coração! Estou pronto não apenas para ser preso em Jerusalém, mas para morrer pelo Senhor Jesus". ¹⁴Quando ficou evidente que não conseguiríamos fazê-lo mudar de ideia, desistimos e dissemos: "Que seja feita a vontade do Senhor".

Paulo chega a Jerusalém

¹⁵Depois disso, arrumamos nossas coisas e partimos para Jerusalém. ¹⁶Alguns discípulos de Cesareia nos acompanharam e nos levaram à casa de Mnasom, nascido em Chipre e um dos primeiros discípulos. ¹⁷Quando chegamos

---

PÃO DIÁRIO

Pelo nome do Senhor

...Estou pronto não apenas para ser preso em Jerusalém, mas para morrer pelo Senhor Jesus.

—Atos 21.13

Certa vez, o renomado teólogo Matthew Henry foi abordado por bandidos e roubado. Sobre isso, ele escreveu: "Que eu seja grato primeiramente porque nunca fui roubado antes; e também, porque levaram minha carteira, e não a minha vida; e ainda, porque, embora tenham levado tudo o que eu tinha, não era muito; e, por fim, porque eu fui a pessoa roubada, não a que roubou".

Para Henry, fazer a vontade de Deus era muito mais importante do que aquilo que lhe tinha acontecido. O apóstolo Paulo também demonstrou essa mesma atitude ao ouvir sobre seu futuro. Embora o profeta Ágabo tivesse predito sua prisão em Jerusalém (At 21.10,11), Paulo não recuou. Seu desejo era fazer a vontade de Deus e cumprir o Seu propósito para a vida dele, independentemente do que pudesse lhe acontecer. O apóstolo desejava obedecer ao Senhor para o bem de Seu nome.

Nenhum de nós sabe o que o amanhã nos reserva. Às vezes, a vontade de Deus envolve passar "pelo escuro vale da morte" (Sl 23.4). Outras vezes, pode ser que tenhamos de escolher o caminho mais difícil, não o atalho, por desejarmos agir corretamente.

Em todas as dificuldades da vida, podemos lembrar que obedecer à vontade de Deus "pelo Senhor Jesus" (At 21.13) é muito mais importante do que aquilo que pode vir a nos acontecer.

Senhor, meu futuro está em Tuas mãos. Não sei que provação inesperada ou bênção virá amanhã. No entanto, sou grata porque estás no controle. Entrego-me a ti para que me uses para os propósitos que escolheres.

O que chamamos de adversidade, Deus chama de oportunidade.

---

a Jerusalém, os irmãos nos deram calorosas boas-vindas.

¹⁸No dia seguinte, Paulo foi conosco a um encontro com Tiago, e todos os presbíteros[b] da igreja de Jerusalém estavam presentes. ¹⁹Depois que Paulo os cumprimentou, relatou em detalhes o que Deus havia realizado entre os gentios por meio de seu ministério.

---

[a] 21.5 Ou *esposas*. [b] 21.18 Ou *anciãos*.

⁲⁰Quando ouviram isso, louvaram a Deus e disseram: "Você sabe, irmão, quantos milhares de judeus também creram, e todos eles seguem à risca a lei de Moisés. ²¹Mas eles foram informados de que você ensina todos os judeus que vivem entre os gentios a abandonarem a lei de Moisés. Ouviram que você os instrui a não circuncidarem os filhos nem seguirem os costumes judaicos. ²²Que faremos? Certamente eles saberão que você chegou. ²³"Queremos que você faça o seguinte. Temos aqui quatro homens que cumpriram um voto. ²⁴Vá com eles ao templo e participe da cerimônia de purificação. Pague as despesas para realizarem o ritual de raspar a cabeça. Então todos saberão que os rumores são falsos e que você mesmo cumpre as leis judaicas. ²⁵"Quanto aos convertidos gentios, devem fazer aquilo que pedimos por carta: abster-se de comer alimentos oferecidos a ídolos, de consumir o sangue ou a carne de animais estrangulados e de praticar a imoralidade sexual".

Paulo é preso

²⁶No dia seguinte, Paulo se purificou junto com aqueles homens e entrou no templo. Declarou quando terminariam os dias da purificação e quando seria oferecido o sacrifício em favor deles.

²⁷Estando os sete dias quase no fim, alguns judeus da província da Ásia viram Paulo no templo e incitaram a multidão contra ele. Agarraram-no, ²⁸gritando: "Homens de Israel, ajudem-nos! Este é o homem que fala contra nosso povo em toda parte e ensina todos a desobedecerem às leis judaicas. Fala contra o templo e até profana este santo lugar, trazendo gentios[a] para dentro dele". ²⁹Antes tinham visto Paulo na cidade com Trófimo, um gentio de Éfeso,[b] e concluíram que Paulo o havia levado para dentro do templo.

³⁰Toda a cidade se agitou com essas acusações, e houve grande tumulto. A multidão agarrou Paulo e o arrastou para fora do templo, e imediatamente foram fechadas as portas. ³¹Quando procuravam matar Paulo, chegou ao comandante do regimento romano a notícia de que toda a Jerusalém estava em rebulição. ³²No mesmo instante, ele chamou seus soldados e oficiais[c] e correu para o meio da multidão. Quando viram o comandante e os soldados se aproximarem, pararam de espancar Paulo.

³³Então o comandante o prendeu e mandou que o amarrassem com duas correntes. Em seguida, perguntou à multidão quem era ele e o que havia feito. ³⁴Uns gritavam uma coisa, outros gritavam outra. Não conseguindo descobrir a verdade no meio de todo o tumulto, ordenou que Paulo fosse levado à fortaleza. ³⁵Quando Paulo chegou às escadas, o povo se tornou tão violento que os soldados tiveram de levantá-lo nos ombros para protegê-lo. ³⁶E a multidão foi atrás, gritando: "Matem-no! Matem-no!".

Paulo se dirige à multidão

³⁷Quando Paulo estava para ser levado à fortaleza, disse ao comandante: "Posso ter uma palavra com o senhor?".

Surpreso, o comandante perguntou: "Você fala grego? ³⁸Não é você o egípcio que liderou uma rebelião algum tempo atrás e levou consigo ao deserto quatro mil assassinos?".

³⁹"Não", respondeu Paulo. "Sou judeu e cidadão de Tarso, cidade importante da Cilícia. Por favor, permita-me falar a esta gente." ⁴⁰O comandante concordou, de modo que Paulo ficou em pé na escadaria e fez sinal para o povo se calar. Logo, um silêncio profundo envolveu a multidão, e ele lhes falou em aramaico,[d] o idioma deles.

22 "Irmãos e pais", disse Paulo. "Ouçam-me enquanto apresento minha defesa." ²Quando o ouviram falar em aramaico,[e] o silêncio foi ainda maior.

³Então Paulo disse: "Sou judeu, nascido em Tarso, cidade da Cilícia. Fui criado aqui em Jerusalém e educado por Gamaliel. Como aluno dele, fui instruído rigorosamente em nossas leis e nos costumes judaicos. Tornei-me muito zeloso de honrar a Deus em tudo que fazia, como vocês são hoje. ⁴E fui ao encalço dos seguidores do Caminho, perseguindo alguns até a morte, prendendo homens e mulheres e lançando-os na prisão. ⁵O sumo sacerdote e todo o conselho dos líderes do povo podem confirmar isso. Recebi deles cartas para nossos irmãos judeus em

---

[a] 21.28 Em grego, *gregos*. [b] 21.29 Ou *Trófimo, o efésio*. [c] 21.32 Em grego, *centuriões*. [d] 21.40 Ou *em hebraico*. [e] 22.2 Ou *em hebraico*.

Damasco que me autorizavam a trazer os seguidores do Caminho de lá para Jerusalém, em cadeias, para serem castigados.

⁶"Quando me aproximava de Damasco, por volta do meio-dia, de repente uma luz muito intensa brilhou ao meu redor. ⁷Caí no chão e ouvi uma voz que me disse: 'Saulo, Saulo, por que você me persegue?'.

⁸"'Quem és tu, Senhor?', perguntei.

"E a voz respondeu: 'Sou Jesus, o nazareno,ᵃ a quem você persegue'. ⁹Os que me acompanhavam viram a luz, mas não entenderam a voz daquele que falava comigo.

¹⁰"Então perguntei: 'Que devo fazer, Senhor?'.

"E o Senhor me disse: 'Levante-se e entre em Damasco, onde lhe dirão tudo que você deve fazer'.

¹¹"A luz intensa havia me deixado cego, e meus companheiros tiveram de levar-me pela mão a Damasco. ¹²Vivia ali Ananias, um homem devoto, dedicado à lei e muito respeitado por todos os judeus da cidade. ¹³Ele veio, colocou-se ao meu lado e disse: 'Irmão Saulo, volte a enxergar'. E, naquele mesmo instante, pude vê-lo.

¹⁴"Então ele disse: 'O Deus de nossos antepassados escolheu você para conhecer a vontade dele e para ver o Justo e ouvi-lo falar. ¹⁵Você será testemunha dele, dizendo a todos o que viu e ouviu. ¹⁶O que está esperando? Levante-se e seja batizado! Fique limpo de seus pecados invocando o nome do Senhor'.

¹⁷"Depois que voltei a Jerusalém, estava orando no templo e tive uma visão, ¹⁸na qual o Senhor me dizia: 'Depressa! Saia de Jerusalém, pois o povo daqui não aceitará seu testemunho a meu respeito'.

¹⁹"E eu respondi: 'Senhor, sem dúvida eles sabem que em cada sinagoga eu prendia e açoitava aqueles que criam em ti. ²⁰E quando Estêvão, tua testemunha, foi morto, eu estava inteiramente de acordo. Fiquei ali e guardei os mantos que eles tiraram quando foram apedrejá-lo'.

²¹"Mas o Senhor me disse: 'Vá, pois eu o enviarei para longe, para os gentios'".

²²A multidão ouviu Paulo até ele dizer essa palavra. Então começaram a gritar: "Fora com esse sujeito! Ele não merece viver!". ²³Gritavam, arrancavam seus mantos e jogavam poeira para o alto.

Paulo revela sua cidadania romana

²⁴O comandante trouxe Paulo para dentro e ordenou que ele fosse açoitado e interrogado a fim de descobrir por que a multidão tinha ficado tão furiosa. ²⁵Quando amarravam Paulo para açoitá-lo, ele disse ao oficialᵇ que estava ali: "A lei permite açoitar um cidadão romano sem que ele tenha sido julgado?".

²⁶Ao ouvir isso, o oficial foi ao comandante e perguntou: "O que o senhor está fazendo? Este homem é cidadão romano!".

²⁷O comandante perguntou a Paulo: "Diga-me, você é cidadão romano?".

Ele respondeu: "Sim, eu sou".

²⁸"Eu também", disse o comandante. "E paguei caro por minha cidadania!"

Paulo respondeu: "Mas eu sou cidadão de nascimento".

²⁹Quando os soldados que estavam prestes a interrogar Paulo ouviram que ele era cidadão romano, retiraram-se de imediato. Até mesmo o comandante ficou com medo ao saber que Paulo era cidadão romano, pois tinha mandado amarrá-lo.

Paulo diante do conselho dos líderes

³⁰No dia seguinte, o comandante ordenou que os principais sacerdotes se reunissem com o conselho dos líderes do povo.ᶜ Queria descobrir exatamente qual era o problema, por isso soltou Paulo e mandou que o trouxessem diante deles.

23 Paulo olhou fixamente para o conselho dos líderes do povoᵈ e disse: "Irmãos, tenho vivido diante de Deus com a consciência limpa".

²No mesmo instante, o sumo sacerdote Ananias ordenou aos que estavam perto de Paulo que lhe dessem um tapa na boca. ³Então Paulo lhe disse: "Deus o ferirá, seu grande hipócrita!ᵉ Que espécie de juiz é o senhor, desrespeitando a lei ao mandar me agredir dessa forma?".

⁴Os que estavam perto de Paulo lhe disseram: "Você ousa insultar o sumo sacerdote de Deus?".

ᵃ **22.8** Ou *Jesus de Nazaré*. ᵇ **22.25** Em grego, *centurião*; também em 22.26. ᶜ **22.30** Em grego, *Sinédrio*. ᵈ **23.1** Em grego, *Sinédrio*; também em 23.6,15,20,28. ᵉ **23.3** Em grego, *parede branqueada*.

⁵"Irmãos, não sabia que ele era o sumo sacerdote", respondeu Paulo. "Pois as Escrituras dizem: 'Não fale mal de suas autoridades'."ᵃ

⁶Sabendo Paulo que alguns membros do conselho dos líderes do povo eram saduceus e outros fariseus, gritou: "Irmãos, sou fariseu, como eram meus antepassados! E estou sendo julgado por causa de minha esperança na ressurreição dos mortos!".

⁷Quando Paulo disse isso, o conselho se dividiu, fariseus contra saduceus, ⁸pois os saduceus afirmam não haver ressurreição, nem anjos, nem espíritos, mas os fariseus creem em todas essas coisas. ⁹Houve grande alvoroço. Alguns dos mestres da lei que eram fariseus se levantaram e começaram a discutir energicamente. "Não vemos nada de errado com este homem!", gritavam. "Talvez um espírito ou um anjo tenha falado a ele!" ¹⁰A discussão ficou cada vez mais violenta, e o comandante teve medo de que Paulo fosse feito em pedaços. Assim, ordenou que os soldados o retirassem à força e o levassem de volta à fortaleza.

¹¹Naquela noite, o Senhor apareceu a Paulo e disse: "Tenha ânimo, Paulo! Assim como você testemunhou a meu respeito aqui em Jerusalém, deve fazê-lo também em Roma".

O plano para matar Paulo

¹²Na manhã seguinte, alguns judeus se juntaram para conspirar, jurando solenemente que não comeriam nem beberiam antes de matar Paulo. ¹³A conspiração envolveu mais de quarenta homens. ¹⁴Foram aos principais sacerdotes e aos líderes do povo e lhes disseram: "Juramos solenemente, sob pena de castigo divino, que não comeremos nem beberemos antes de matar Paulo. ¹⁵Agora peçam, vocês e o conselho dos líderes do povo, que o comandante traga Paulo de volta ao conselho. Finjam que os senhores desejam examinar o caso com mais detalhes. Nós o mataremos no caminho".

¹⁶Contudo, o sobrinho de Paulo, filho de sua irmã, soube do plano deles e foi à fortaleza contar a seu tio. ¹⁷Então Paulo mandou chamar um dos oficiais romanosᵇ e disse: "Leve este rapaz ao comandante. Ele tem algo importante para lhe contar".

¹⁸O oficial o levou ao comandante e explicou: "O preso Paulo me chamou e pediu que eu trouxesse ao senhor este rapaz, pois ele tem algo a lhe contar".

¹⁹O comandante tomou o rapaz pela mão e o levou à parte. "O que você quer me dizer?", perguntou.

²⁰O sobrinho de Paulo respondeu: "Alguns judeus pedirão que o senhor apresente Paulo diante da reunião do conselho amanhã, fingindo que desejam obter mais informações. ²¹Não acredite neles. Há mais de quarenta homens emboscados para matar Paulo. Juraram solenemente, sob pena de castigo divino, que não comeriam nem beberiam antes de matá-lo. Estão de prontidão, apenas esperando sua permissão".

²²O comandante despediu o rapaz e o advertiu: "Não deixe ninguém saber que você me contou isso".

Paulo é enviado a Cesareia

²³Então o comandante chamou dois de seus oficiais e ordenou: "Preparem duzentos soldados para partir a Cesareia hoje às nove da noite. Levem também duzentos lanceiros e setenta soldados a cavalo. ²⁴Providenciem um cavalo para Paulo e levem-no em segurança ao governador Félix. ²⁵Em seguida, escreveu a seguinte carta ao governador:

²⁶"De Cláudio Lísias ao excelentíssimo governador Félix. Saudações.

²⁷"Este homem foi capturado por alguns judeus que estavam prestes a matá-lo quando cheguei com meus soldados. Ao ser informado de que ele era cidadão romano, transferi-o para um lugar seguro. ²⁸Então levei-o diante do conselho supremo dos judeus para investigar o motivo das acusações. ²⁹Não demorei a descobrir que ele era acusado de algo relacionado à lei religiosa, sem dúvida nada que justificasse a pena de morte ou mesmo a prisão. ³⁰Fui informado, porém, de uma conspiração para matá-lo e enviei-o de imediato ao senhor. Também informei aos acusadores que devem apresentar suas denúncias diante do senhor".

ᵃ **23.5** Êx 22.28. ᵇ **23.17** Em grego, *centuriões*; também em 23.23.

³¹Naquela noite, os soldados cumpriram as ordens que haviam recebido e levaram Paulo até Antipátride. ³²Voltaram à fortaleza na manhã seguinte, enquanto a cavalaria prosseguiu com ele. ³³Quando chegaram a Cesareia, apresentaram Paulo e a carta ao governador Félix. ³⁴O governador leu a carta e perguntou a Paulo de que província ele era. "Da Cilícia", respondeu Paulo.

³⁵"Ouvirei seu caso pessoalmente quando seus acusadores chegarem", disse o governador. Em seguida, ordenou que Paulo fosse mantido na prisão do palácio que Herodes havia construído.[a]

Paulo diante de Félix

24 Cinco dias depois, o sumo sacerdote Ananias chegou com alguns dos líderes do povo e um advogado[b] chamado Tértulo para exporem ao governador sua causa contra Paulo. ²Quando Paulo foi chamado, Tértulo apresentou as acusações:

"Excelentíssimo Félix, o senhor tem proporcionado a nós, judeus, um longo período de paz e, com perspicácia, tem realizado reformas que muito nos beneficiam. ³Por todas essas coisas nós lhe somos extremamente gratos. ⁴Contudo, não desejo tomar seu tempo, por isso peço sua atenção apenas por um momento. ⁵Constatamos que este homem é um perturbador, que vive causando tumultos entre os judeus de todo o mundo. É o principal líder da seita conhecida como os Nazarenos. ⁶Quando o prendemos, estava tentando profanar o templo. Nós queríamos julgá-lo de acordo com nossa lei, ⁷mas Lísias, o comandante do regimento, usou de força e o tirou de nossas mãos, ⁸e ordenou a nós, os acusadores, que nos apresentássemos perante o senhor.[c] Nossas acusações poderão ser confirmadas quando o senhor interrogar Paulo pessoalmente". ⁹Os outros judeus concordaram e declararam ser verdadeiro o que Tértulo tinha dito.

¹⁰Quando Paulo recebeu um sinal do governador para falar, disse: "Sei que o senhor tem julgado questões dos judeus há muitos anos c, portanto, apresento-lhe minha defesa de bom grado. ¹¹O senhor poderá verificar com facilidade que cheguei a Jerusalém não mais que doze dias atrás para adorar no templo. ¹²Meus acusadores não me encontraram discutindo com ninguém no templo, nem causando tumulto em nenhuma sinagoga, nem nas ruas da cidade. ¹³Eles não podem provar as acusações que fazem contra mim.

¹⁴"Reconheço, porém, que sou seguidor do Caminho, que eles chamam de seita. Adoro o Deus de nossos antepassados e creio firmemente na lei judaica e em tudo que está escrito nos profetas. ¹⁵Tenho em Deus a mesma esperança destes homens, de que ele ressuscitará tanto os justos como os injustos. ¹⁶Por isso, procuro sempre manter a consciência limpa diante de Deus e dos homens.

¹⁷"Depois de estar ausente por vários anos, voltei a Jerusalém com dinheiro para ajudar meu povo e apresentar ofertas. ¹⁸Meus acusadores me viram no templo depois que completei minha cerimônia de purificação. Não havia multidão nenhuma ao meu redor e nenhum tumulto. ¹⁹Só estavam ali alguns judeus da Ásia, e são eles que deveriam estar aqui diante do senhor para me acusar, se têm algo contra mim. ²⁰Pergunte a estes homens que aqui estão de que crimes o conselho dos líderes do povo[d] me considerou culpado, ²¹exceto pela ocasião em que gritei: 'Estou sendo julgado diante dos senhores porque creio na ressurreição dos mortos!'".

²²Nesse momento, Félix, que tinha bastante conhecimento sobre o Caminho, interrompeu a audiência e disse: "Esperem até Lísias, o comandante do regimento, chegar. Então decidirei o caso de vocês". ²³Ordenou que um oficial[e] mantivesse Paulo sob custódia, mas lhe deu certa liberdade e permitiu que seus amigos o visitassem e providenciassem aquilo de que ele precisava.

²⁴Alguns dias depois, Félix voltou com sua esposa, Drusila, que era judia. Mandou chamar Paulo, e os dois ouviram enquanto ele lhes falava a respeito da fé em Cristo Jesus. ²⁵Quando Paulo passou a falar da justiça divina, do domínio próprio e do dia do juízo que estava por vir, Félix teve medo e disse: "Pode ir, por enquanto. Quando for mais

---

[a] 23.35 Em grego, *no pretório de Herodes*. [b] 24.1 Em grego, *um orador*. [c] 24.6-8 Alguns manuscritos não trazem todo o trecho *Nós queríamos julgá-lo [...] perante o senhor*. [d] 24.20 Em grego, *Sinédrio*. [e] 24.23 Em grego, *centurião*.

> ### PÃO DIÁRIO
>
> ## A máquina da dor
>
> *Por isso, procuro sempre manter a consciência limpa diante de Deus e dos homens.*
> —Atos 24.16
>
> O Dr. Paul Brand trabalhou como médico missionário na Índia e contou-nos sobre os leprosos que tinham deformidades terríveis porque suas terminações nervosas não captavam a dor. Como não lhes doía quando pisavam no fogo ou cortavam o dedo com uma faca, deixavam suas feridas sem tratamento. Isso gerava infecções e deformidades.
>
> Esse mesmo médico construiu uma máquina que emitia um alerta ao entrar em contato com fogo ou objetos cortantes. Ela sinalizava o ferimento na ausência da dor. Em pouco tempo, essas máquinas foram colocadas nos dedos e pés dos pacientes. Funcionavam bem até eles decidirem jogar basquete. Então, retiravam esses equipamentos e frequentemente se machucavam de novo sem perceber.
>
> Semelhante à dor física em nosso corpo, a nossa consciência nos alerta para os danos espirituais. Porém, os pecados habituais e sem arrependimento podem cauterizar a consciência (1Tm 4.1-3). Para mantê-la pura, precisamos reagir à dor da culpa pela confissão (1Jo 1.9), arrependimento (At 26.20) e restituição aos outros (Lc 19.8). Paulo podia dizer com confiança: "Por isso, procuro sempre manter a consciência limpa diante de Deus e dos homens" (At 24.16). Como ele, não devemos nos cauterizar para o doloroso lembrete do pecado que Deus nos faz sentir, mas permitir que esse lembrete produza em nós um caráter piedoso e fiel.
>
> *Confesso, Senhor, que, de vez em quando, nem sequer reconheço a existência de pecado em minha vida. Minha consciência se cauteriza facilmente, e preciso da Tua conscientização para permanecer alerta sobre tudo o que eu deva confessar ou pelo que tenha de arrepender-me hoje.*
>
> **A consciência pura é um travesseiro macio.**

conveniente, mandarei chamá-lo outra vez". ²⁶Félix também esperava que Paulo lhe oferecesse dinheiro, de modo que mandava buscá-lo com frequência e conversava com ele.

²⁷Assim se passaram dois anos, e Félix foi sucedido por Pórcio Festo. E, uma vez que Félix desejava obter a simpatia dos judeus, manteve Paulo na prisão.

Paulo diante de Festo

25 Três dias depois que Festo chegou a Cesareia para assumir suas novas responsabilidades no governo da província, partiu para Jerusalém, ²onde os principais sacerdotes e outros líderes judeus se reuniram com ele e lhe apresentaram as acusações contra Paulo. ³Pediram a Festo, como favor, que transferisse Paulo para Jerusalém, pois planejavam armar uma emboscada para matá-lo no caminho. ⁴Festo respondeu que Paulo estava em Cesareia e que ele próprio voltaria para lá em breve. ⁵"Alguns de vocês que têm autoridade voltem comigo", disse ele. "Se Paulo tiver feito algo de errado, vocês poderão apresentar suas acusações."

⁶Oito ou dez dias depois, Festo voltou a Cesareia e, no dia seguinte, convocou o tribunal e mandou que trouxessem Paulo. ⁷Quando Paulo chegou, os líderes judeus vindos de Jerusalém se juntaram ao seu redor e fizeram várias acusações graves que não podiam provar.

⁸Paulo se defendeu: "Não sou culpado de nenhum crime contra as leis judaicas, nem contra o templo, nem contra o governo romano".

⁹Então Festo, querendo agradar aos judeus, perguntou: "Você está disposto a ir a Jerusalém e ali ser julgado diante de mim?".

¹⁰Paulo respondeu: "Este é um tribunal oficial romano, portanto devo ser julgado aqui mesmo. O senhor sabe muito bem que não fiz nenhum mal aos judeus. ¹¹Se fiz algo para merecer a pena de morte, não me recuso a morrer. Mas, se sou inocente, ninguém tem o direito de me entregar a estes homens. Eu apelo para César".

¹²Festo consultou seus conselheiros e, por fim, respondeu: "Muito bem, você apelou para César, então irá para César".

¹³Alguns dias depois, o rei Agripa chegou com sua irmã, Berenice,[a] para visitar Festo. ¹⁴Durante a estada deles, que durou vários dias, Festo discutiu o caso de Paulo com o rei. "Tenho aqui um prisioneiro que Félix deixou para mim", disse ele. ¹⁵"Quando estive em Jerusalém, os principais sacerdotes e líderes judeus apresentaram acusações contra ele e pediram

---

[a] **25.13** Em grego, *o rei Agripa e Berenice chegaram.*

que eu o condenasse. ¹⁶Eu lhes disse que a lei romana não condena ninguém sem julgamento. O acusado deve ter a oportunidade de confrontar seus acusadores e se defender. ¹⁷"Quando eles vieram aqui para o julgamento, não me demorei. Convoquei o tribunal logo no dia seguinte e mandei chamar Paulo. ¹⁸Os judeus, porém, não o acusaram de nenhum dos crimes que eu esperava. ¹⁹Ao contrário, era algo relacionado à sua religião e a um morto chamado Jesus, que Paulo insiste que está vivo. ²⁰Sem saber como investigar essas questões, perguntei a Paulo se estava disposto a ir a Jerusalém e ali ser julgado por essas acusações, ²¹mas ele apelou ao imperador para que julgue seu caso. Por isso, ordenei que fosse mantido sob custódia até eu tomar as providências necessárias para enviá-lo a César."

²²Então Agripa disse a Festo: "Gostaria de ouvir esse homem pessoalmente".

E Festo respondeu: "Amanhã poderá ouvi-lo!".

Paulo se dirige a Agripa

²³No dia seguinte, Agripa e Berenice chegaram à sala de audiência com grande pompa, acompanhados de oficiais militares e homens importantes da cidade. Festo mandou trazer Paulo e, ²⁴em seguida, disse: "Rei Agripa e demais presentes, este é o homem cuja morte é exigida pelos judeus tanto daqui como de Jerusalém. ²⁵Em minha opinião, ele não fez coisa alguma para merecer a morte. Contudo, uma vez que apelou ao imperador para que julgue seu caso, decidi enviá-lo a Roma. ²⁶"Não sei, porém, o que escrever ao imperador, pois não há nenhuma acusação clara contra ele. Por isso eu o trouxe hoje diante dos senhores, especialmente do rei Agripa, para que, depois de o interrogarmos, eu tenha algo para escrever. ²⁷Pois não faz sentido enviar um prisioneiro ao imperador sem especificar as acusações contra ele".

26 Então Agripa disse a Paulo: "Você pode falar em sua defesa".

Paulo fez um sinal com a mão e começou sua defesa: ²"Rei Agripa, considero-me feliz de ter hoje a oportunidade de lhe apresentar minha defesa contra todas as acusações feitas pelos líderes judeus, ³pois sei que conhece bem todos os costumes e controvérsias dos judeus. Portanto, peço que me ouça com paciência.

⁴"Como os líderes judeus sabem muito bem, recebi educação judaica completa desde a infância entre meu povo e depois em Jerusalém. ⁵Também sabem, e talvez estejam dispostos a confirmar, que vivi como fariseu, a seita mais rígida de nossa religião. ⁶Agora estou sendo julgado por causa de minha esperança no cumprimento da promessa feita por Deus a nossos antepassados. ⁷De fato, é por isso que as doze tribos de Israel adoram a Deus fervorosamente, dia e noite, e compartilham da mesma esperança que eu. E, no entanto, ó rei, acusam-me por causa dessa esperança! ⁸Por que lhes parece tão incrível que Deus ressuscite os mortos?

⁹"Eu costumava pensar que era minha obrigação empenhar-me em me opor ao nome de Jesus, o nazareno.ᵃ ¹⁰Foi exatamente o que fiz em Jerusalém. Com autorização dos principais sacerdotes, fui responsável pela prisão de muitos dentre o povo santo. E eu votava contra eles quando eram condenados à morte. ¹¹Muitas vezes providenciei que fossem castigados nas sinagogas, a fim de obrigá-los a blasfemar. Eu me opunha a eles com tanta violência que os perseguia até em cidades estrangeiras.

¹²"Certo dia, numa dessas missões, dirigia-me a Damasco, autorizado e incumbido pelos principais sacerdotes. ¹³Por volta do meio-dia, ó rei, ainda a caminho, uma luz do céu, mais intensa que o sol, brilhou sobre mim e meus companheiros. ¹⁴Todos nós caímos no chão, e eu ouvi uma voz que me dizia em aramaico:ᵇ 'Saulo, Saulo, por que você me persegue? Não adianta lutar contra minha vontade'.ᶜ

¹⁵"'Quem és tu, Senhor?', perguntei.

"E o Senhor respondeu: 'Sou Jesus, a quem você persegue. ¹⁶Agora levante-se, pois eu apareci para nomeá-lo meu servo e minha testemunha. Conte o que viu e o que eu lhe mostrarei no futuro. ¹⁷E eu o livrarei tanto de seu povo como dos gentios. Sim, eu o envio aos gentios ¹⁸para abrir os olhos deles a fim de que se voltem das trevas para a luz, e do poder de Satanás para Deus. Então receberão o perdão

---

ᵃ **26.9** Ou *Jesus de Nazaré*. ᵇ **26.14a** Ou *em hebraico*. ᶜ **26.14b** Em grego, *É difícil dar coices contra o aguilhão.*

dos pecados e a herança entre o povo de Deus, separado pela fé em mim'.

¹⁹"Portanto, rei Agripa, obedeci à visão celestial. ²⁰Anunciei a mensagem primeiro em Damasco, depois em Jerusalém e em toda a Judeia, e também aos gentios, dizendo que todos devem arrepender-se, voltar-se para Deus e mostrar, por meio de suas boas obras, que mudaram de rumo. ²¹Alguns judeus me prenderam no templo por anunciar essa mensagem e tentaram me matar. ²²Mas Deus tem me protegido até este momento, para que eu dê testemunho a todos, dos mais simples até os mais importantes. Não ensino nada além daquilo que os profetas e Moisés disseram que haveria de acontecer, ²³que o Cristo sofreria e seria o primeiro a ressuscitar dos mortos e, desse modo, anunciaria a luz de Deus tanto aos judeus como aos gentios".

²⁴De repente, Festo gritou: "Paulo, você está louco! O excesso de estudo o fez perder o juízo!".

²⁵Mas Paulo respondeu: "Não estou louco, excelentíssimo Festo. Digo a mais sensata verdade, ²⁶e o rei Agripa sabe dessas coisas. Expresso-me com ousadia porque tenho certeza de que esses acontecimentos são todos de conhecimento dele, pois não se passaram em algum canto escondido. ²⁷Rei Agripa, o senhor crê nos profetas? Eu sei que sim".

²⁸Então Agripa o interrompeu: "Você acredita que pode me convencer a tornar-me cristão em tão pouco tempo?".ᵃ

²⁹Paulo respondeu: "Em pouco ou em muito tempo, peço a Deus que tanto o senhor como os demais aqui presentes se tornem como eu, exceto por estas correntes".

³⁰Então o rei, o governador, Berenice e todos os outros se levantaram e se retiraram. ³¹Enquanto saíam, conversavam entre si e concordaram: "Esse homem não fez nada que mereça morte ou prisão".

³²E Agripa disse a Festo: "Ele poderia ser posto em liberdade se não tivesse apelado a César".

Paulo vai a Roma

27 Quando chegou a hora, zarpamos para a Itália. Paulo e muitos outros prisioneiros foram colocados sob a guarda de um oficial romanoᵇ chamado Júlio, capitão do Regimento Imperial. ²Aristarco, um macedônio de Tessalônica, nos acompanhou. Partimos num navio que tinha vindo do porto de Adramítio, no litoral noroeste da província da Ásia.ᶜ Estavam previstas diversas paradas em portos ao longo da costa.

³No dia seguinte, quando ancoramos em Sidom, Júlio demonstrou bondade a Paulo permitindo-lhe que desembarcasse para visitar amigos e receber ajuda material deles. ⁴Quando partimos de lá, fomos costeando a ilha de Chipre, devido aos ventos contrários que tornavam difícil manter o rumo. ⁵Prosseguindo por mar aberto, passamos pelo litoral da Cilícia e da Panfília, chegando a Mirra, na província de Lícia. ⁶Ali, o oficial no comando encontrou um navio egípcio de Alexandria que estava de partida para a Itália e nos fez embarcar.

⁷Navegamos vagarosamente por vários dias e, depois de muita dificuldade, nos aproximamos de Cnido. Por causa dos ventos contrários, atravessamos para Creta, acompanhando o litoral menos exposto da ilha, defronte ao cabo de Salmona. ⁸Costeamos a ilha com grande esforço, até que chegamos a Bons Portos, perto da cidade de Laseia. ⁹Havíamos perdido muito tempo. As condições climáticas estavam se tornando perigosas para a navegação, pois se aproximava o fim do outono,ᵈ e Paulo tratou dessa questão com os oficiais do navio.

¹⁰Disse ele: "Senhores, se prosseguirmos, vejo que teremos problemas adiante. Haverá grande prejuízo para o navio e para a carga, e perigo para nossa vida". ¹¹Mas o oficial encarregado dos prisioneiros deu mais ouvidos ao capitão e ao proprietário do navio que a Paulo. ¹²E, uma vez que Bons Portos era uma enseada aberta, um péssimo lugar para passar o inverno, a maioria da tripulação desejava ir a Fenice, que ficava mais adiante na costa de Creta, e passar o inverno ali. Fenice

---

ᵃ**26.28** Ou *Um pouco mais e seus argumentos me transformariam num cristão*. ᵇ**27.1** Em grego, *centurião*; também em 27.6,11,31,43. ᶜ**27.2** A *Ásia* era uma província romana na região que hoje corresponde à Turquia. ᵈ**27.9** Em grego, *porque já havia passado o jejum*. O jejum em questão era associado ao Dia da Expiação (*Yom Kippur*), que caía no final de setembro ou início de outubro (e, portanto, no outono do Hemisfério Norte).

era um bom porto, com abertura apenas para o sudoeste e o noroeste.

A tempestade no mar

¹³Quando um vento leve começou a soprar do sul, os marinheiros pensaram que conseguiriam chegar lá a salvo. Por isso, levantaram âncora e foram costeando Creta. ¹⁴Mas o tempo mudou de repente, e um vento com força de furacão, chamado Nordeste, soprou sobre a ilha e nos empurrou para o mar aberto. ¹⁵Como os marinheiros não conseguiam manobrar o navio para ficar de frente para o vento, desistiram e deixaram que fosse levado pela tempestade. ¹⁶Navegamos pelo lado menos exposto de uma pequena ilha chamada Cauda,ᵃ onde, com muito custo, conseguimos içar para bordo o barco salva-vidas que viajava rebocado. ¹⁷Então os marinheiros amarraram cordas em volta do casco do navio para reforçá-lo. Temiam ser arrastados para os bancos de areia de Sirte, diante do litoral africano, por isso baixaram a âncora flutuante para desacelerar o navio e deixaram que fosse levado pelo vento. ¹⁸No dia seguinte, como ventos com força de vendaval continuavam a castigar o navio, a tripulação começou a lançar a carga ao mar. ¹⁹No terceiro dia, removeram até mesmo parte do equipamento do navio e o jogaram fora. ²⁰A tempestade terrível prosseguiu por muitos dias, escondendo o sol e as estrelas, até que perdemos todas as esperanças. ²¹Fazia tempo que ninguém comia. Por fim, Paulo reuniu a tripulação e disse: "Os senhores deveriam ter me dado ouvidos no princípio e não ter deixado Bons Portos. Teriam evitado todo este prejuízo e esta perda. ²²Mas tenham bom ânimo! O navio afundará, mas nenhum de vocês perderá a vida. ²³Pois, ontem à noite, um anjo do Deus a quem pertenço e sirvo se pôs ao meu lado ²⁴e disse: 'Não tenha medo, Paulo! É preciso que você compareça diante de César. E Deus, em sua bondade, concedeu proteção a todos que navegam com você'. ²⁵Portanto, tenham bom ânimo! Creio em Deus; tudo ocorrerá exatamente como ele disse. ²⁶É necessário, porém, que sejamos impulsionados para uma ilha".

PÃO DIÁRIO

Pessoas que encorajam

Portanto, tenham bom ânimo! Creio em Deus...
—Atos 27.25

O desânimo é um problema para muitos cristãos. Mesmo que alguns possam não se sentir angustiados em relação à saúde, família ou trabalho, desanimam-se no que diz respeito à obra espiritual. Comparam-se às pessoas que têm dons como talentos musicais ou a habilidade de ensinar a Bíblia. Veem as pessoas capazes de doar generosamente e orar com evidente eficácia e acham que não são capazes de fazer o mesmo. Como resultado, sentem-se inúteis para Deus. Precisam compreender, porém, que todo cristão é apto para desempenhar pelo menos um ministério auxiliar: o ministério do encorajamento.

O renomado pregador Robert Dale estava caminhando um dia em Birmingham, na Inglaterra, onde pastoreava uma grande igreja. Sentia-se debaixo de uma nuvem negra de tristeza quando uma mulher se aproximou e exclamou: "Que Deus o abençoe, Dr. Dale. Se o senhor soubesse como já me fez sentir tantas e tantas vezes!". Depois, ela simplesmente sumiu. Dale testemunhou mais tarde: "Aquela nuvem se desfez, a luz do sol apareceu, e eu respirei o ar fresco das montanhas de Deus".

O apóstolo Paulo reconhecia a importância de não apenas sermos encorajadas pelos outros (Fp 2.19), mas também de sermos pessoas que animam os outros (At 20.2; 27.35,36). Eis um ministério com o qual todas nós podemos nos envolver.

Senhor amado, ajuda-me a não pensar apenas em mim mesma e a ver aqueles que me cercam e que estão feridos e desanimados. Leva-me até alguém que eu possa encorajar hoje.

Mesmo que você tenha pouco para oferecer, você sempre pode encorajar outras pessoas.

O naufrágio em Malta

²⁷Por volta da meia-noite, na décima quarta noite de tempestade, enquanto éramos levados de um lado para o outro no mar Adriático,ᵇ os marinheiros perceberam que estávamos perto de terra firme. ²⁸Lançaram a sonda e verificaram que a água tinha 37 metros de profundidade.

ᵃ **27.16** Alguns manuscritos trazem *Clauda*. ᵇ **27.27** Diferentemente do mar conhecido por este nome hoje, no primeiro século o *mar Adriático* abrangia a parte central do mar Mediterrâneo.

Um pouco depois, lançaram a sonda novamente e encontraram apenas 27 metros.[a] ²⁹Temiam que, se continuássemos assim, seríamos atirados contra as rochas na praia. Por isso, lançaram quatro âncoras da parte de trás do navio e ansiavam para que o dia chegasse logo.

³⁰Dando a entender que iriam lançar as âncoras da parte da frente, os marinheiros baixaram o barco salva-vidas, na tentativa de abandonar o navio. ³¹Paulo, então, disse ao oficial no comando e aos soldados: "Se os marinheiros não permanecerem a bordo, vocês não conseguirão se salvar". ³²Então os soldados cortaram as cordas do barco salva-vidas e o deixaram à deriva.

³³Enquanto amanhecia, Paulo insistiu que todos comessem. "De tão preocupados, vocês não se alimentam há duas semanas", disse ele. ³⁴"Por favor, comam alguma coisa agora, para seu próprio bem. Pois nem um fio de cabelo de sua cabeça se perderá." ³⁵Em seguida, tomou um pão, deu graças a Deus na presença de todos, partiu-o em pedaços e comeu. ³⁶Todos se animaram e começaram a comer. ³⁷Havia um total de 276 pessoas a bordo. ³⁸Depois de se alimentar, a tripulação aliviou o peso do navio mais um pouco, atirando ao mar toda a carga de trigo.

³⁹Ao amanhecer, não reconheceram a terra, mas viram uma enseada com uma praia e cogitaram se seria possível chegar ali e atracar o navio. ⁴⁰Então cortaram as âncoras e as deixaram no mar. Depois, afrouxaram as cordas que controlavam os lemes, levantaram a vela da frente e foram rumo à praia, ⁴¹mas o navio foi apanhado entre duas correntezas contrárias e encalhou antes do esperado. A parte da frente se encravou e ficou imóvel, enquanto a parte de trás, atingida pela força das ondas, começou a se partir.

⁴²Os soldados queriam matar os prisioneiros para que não nadassem até a praia e depois fugissem. ⁴³O oficial no comando, porém, desejava poupar a vida de Paulo e não permitiu que executassem seu plano. Ordenou aos que sabiam nadar que saltassem ao mar primeiro e fossem em direção à terra. ⁴⁴Os outros se agarraram a tábuas ou pedaços do navio destruído. Assim, todos chegaram à praia em segurança.

Paulo na ilha de Malta

28 Uma vez a salvo em terra, descobrimos que estávamos na ilha de Malta. ²O povo de lá nos tratou com muita bondade. Por ser um dia frio e chuvoso, fizeram uma fogueira na praia para nos receber.

³Enquanto Paulo juntava um monte de gravetos e os colocava no fogo, uma cobra venenosa que fugia do calor mordeu sua mão. ⁴Quando os habitantes da ilha viram a cobra pendurada na mão de Paulo, disseram uns aos outros: "Sem dúvida ele é um assassino! Embora tenha escapado do mar, a justiça não lhe permitiu viver". ⁵Mas Paulo sacudiu a cobra no fogo e não sofreu nenhum mal. ⁶O povo esperava que ele inchasse ou caísse morto de repente. No entanto, depois de esperarem muito tempo e verem que nada havia acontecido, mudaram de ideia e começaram a dizer que ele era um deus.

⁷Perto da praia, havia uma propriedade pertencente a Públio, a principal autoridade da ilha. Por três dias, ele nos hospedou e nos tratou com bondade. ⁸Aconteceu que o pai de Públio estava doente, com febre e disenteria. Paulo entrou, orou por ele e, impondo as mãos sobre sua cabeça, o curou. ⁹Então os demais enfermos da ilha vieram e foram curados. ¹⁰Como resultado, fomos cobertos de presentes e honras e, chegada a hora de partirmos, o povo nos forneceu todos os suprimentos necessários à viagem.

Paulo chega a Roma

¹¹Três meses depois do naufrágio, embarcamos em outro navio, que havia passado o inverno na ilha. Era um navio alexandrino, que tinha na parte da frente a figura dos deuses gêmeos.[b] ¹²Aportamos em Siracusa,[c] onde ficamos três dias. ¹³Dali navegamos até Régio.[d] Um dia depois, um vento sul começou a soprar, de modo que no dia seguinte prosseguimos até Potéoli. ¹⁴Ali encontramos alguns irmãos que nos convidaram a passar uma semana com eles. Depois fomos para Roma.

¹⁵Os irmãos em Roma souberam que estávamos chegando e vieram ao nosso encontro no Fórum[e] da Via Ápia. Outros se juntaram a nós nas Três Vendas.[f] Ao vê-los, Paulo se animou e agradeceu a Deus.

---

[a] **27.28** Em grego, *20 braças [...] 15 braças*. [b] **28.11** Isto é, os deuses romanos Cástor e Pólux. [c] **28.12** *Siracusa* se localiza na ilha da Sicília. [d] **28.13** *Régio* se localiza na extremidade sul da Itália. [e] **28.15a** O *Fórum* ficava a cerca de 70 quilômetros de Roma. [f] **28.15b** As *Três Vendas* ficavam a cerca de 57 quilômetros de Roma.

¹⁶Quando chegamos a Roma, Paulo recebeu permissão de ter sua própria moradia, sob a guarda de um soldado.

Paulo prega e ensina em Roma

¹⁷Três dias depois de chegar, Paulo convocou os líderes judeus locais e lhes disse: "Irmãos, embora eu não tenha feito nada contra nosso povo nem contra os costumes de nossos antepassados, fui preso em Jerusalém e entregue ao governo romano. ¹⁸Os romanos me interrogaram e queriam me soltar, pois não encontraram motivo para me condenar à morte. ¹⁹Mas, quando os líderes judeus protestaram contra a decisão, considerei necessário apelar a César, embora não tivesse acusação alguma contra meu próprio povo. ²⁰Por isso pedi a vocês que viessem aqui hoje para que nos conhecêssemos, e também para que eu pudesse explicar que estou preso com estas correntes porque creio na esperança de Israel".

²¹Eles responderam: "Não recebemos nenhuma carta da Judeia, e ninguém que veio de lá nos informou alguma coisa contra você. ²²Contudo, queremos ouvir o que você pensa, pois o que sabemos a respeito desse movimento é que ele é contestado em toda parte".

²³Então marcaram uma data e, nesse dia, muita gente foi à casa de Paulo. Ele explicou e testemunhou sobre o reino de Deus e, desde cedo até a noite, procurou convencê-los acerca de Jesus com base na lei de Moisés e nos livros dos profetas. ²⁴Alguns foram convencidos pelas coisas que ele disse, mas outros não creram. ²⁵E, depois de discutirem entre si, foram embora com estas palavras finais de Paulo: "O Espírito Santo estava certo quando disse a nossos antepassados por meio do profeta Isaías:

²⁶'Vá e diga a este povo:
Quando ouvirem o que digo,
    não entenderão.
Quando virem o que faço,
    não compreenderão.
²⁷Pois o coração deste povo está
    endurecido;
ouvem com dificuldade
e têm os olhos fechados,
de modo que seus olhos não veem,
e seus ouvidos não ouvem,
e seu coração não entende,
e não se voltam para mim,
    nem permitem que eu os cure'.ᵃ

ᵃ **28.26-27** Is 6.9-10, conforme a Septuaginta.

> **PÃO DIÁRIO**
>
> ## Ajuntando gravetos
>
> *Enquanto Paulo juntava um monte de gravetos e os colocava no fogo...*
>
> —Atos 28.3
>
> Uma enfermidade dolorosa tinha impedido que o teólogo Billy Walker continuasse suas atividades durante alguns meses. Ele contou a um grupo de homens que sentia falta especialmente de pregar, mas que Deus lhe ministrava durante a sua recuperação.
>
> Certo dia, enquanto ainda estava doente, ele meditava e orava, e sua atenção foi atraída a uma passagem sobre o naufrágio de Paulo em Malta registrado em Atos 28. A história não fala apenas sobre a miraculosa imunidade do apóstolo à picada da cobra venenosa (vv.3-6).
>
> Esse grande apóstolo aos gentios, pregador para milhares de pessoas, realizador de milagres e autor de grande parte do Novo Testamento, ficou recluso numa ilha como prisioneiro. Ele se deitou e ficou lamentando sua condição? Pensou que deveria ser tratado melhor do que os outros por ser apóstolo? Não! As Escrituras nos dizem que ele escolheu contribuir com o trabalho e as necessidades de seus companheiros. Como estava frio e chovia, Paulo ajuntou e atirou um monte de gravetos nas chamas para conseguir o fogo tão necessário para o aquecimento de todos (v.3).
>
> Talvez, você se sinta colocada de lado por uns tempos devido às circunstâncias difíceis. Talvez, tenha chegado o momento em sua vida no qual você já não é capaz de realizar atividades que exijam muito vigor físico. Não se desespere. Lembre-se do exemplo de Paulo e faça o que puder — ainda que seja simplesmente juntar "um monte de gravetos".
>
> *Querido Pai celestial, por favor abre os meus olhos para as oportunidades à minha frente. Ajuda-me a reconhecer que não tenho de agir de maneiras magníficas para te servir. Mostra-me como tu queres que eu ajude os outros ao longo do meu dia.*
>
> **Deus jamais a coloca no lugar errado para servi-lo.**

²⁸Portanto, quero que saibam que esta salvação vinda de Deus também foi oferecida aos gentios, e eles a aceitarão". ²⁹Depois de ele ter dito essas palavras, os judeus partiram, em grande desacordo uns com os outros.ᵃ

³⁰Durante os dois anos seguintes, Paulo morou em Roma, às próprias custas.ᵇ A todos que o visitavam ele recebia, ³¹proclamando corajosamente o reino de Deus e ensinando a respeito do Senhor Jesus Cristo sem restrição alguma.

ᵃ 28.29 Alguns manuscritos não trazem o versículo 29. ᵇ 28.30 Ou *na casa que ele havia alugado*.

ROMANOS

INTRODUÇÃO

Autor. Paulo, o autor, era hebreu por descendência, nativo de Tarso, na Cilícia, e educado por Gamaliel, um grande mestre fariseu. Paulo foi um dos mais implacáveis perseguidores dos primeiros cristãos, mas foi convertido pela repentina aparição do Senhor ressuscitado a ele. Começou a pregar em Damasco, mas, devido à perseguição, foi para a Arábia. Voltando da Arábia, visitou Jerusalém e Damasco e depois foi à Cilícia, onde, sem dúvida, fez trabalho evangelístico até Barnabé procurá-lo em Tarso e levá-lo para Antioquia, onde trabalhou por um ano. Depois disso, subiram a Jerusalém com contribuições para os irmãos. Ao retornar a Antioquia, ele foi chamado pelo Espírito Santo para o trabalho missionário no qual continuou até sua morte, fazendo pelo menos três grandes viagens missionárias, durante as quais e depois delas sofreu "um longo martírio" o final da sua vida.

Epístolas de Paulo. As epístolas de Paulo são comumente classificadas em quatro grupos da seguinte forma: (1) *O grupo escatológico*, ou aquelas que lidam com a segunda vinda de Cristo. São elas: 1 e 2 Tessalonicenses e foram escritas de Corinto cerca de 62 a 63 d.C. (2) *O grupo antijudaísmo*, ou aquelas que são resultado da controvérsia com mestres judaicos: 1 Coríntios, 2 Coríntios, Gálatas e Romanos, escritas durante a terceira viagem missionária, provavelmente em Éfeso, Filipos e Corinto. (3) *O grupo cristológico*, que centra seus ensinamentos em torno do caráter e obra de Jesus, e foram escritas durante a prisão em Roma: Filipenses, Colossenses, Filemom, Efésios e Hebreus (muitos acreditam que Paulo não escreveu Hebreus). (4) *O grupo pastoral*, ou aquelas escritas para jovens pregadores que dizem respeito a questões de organização de igreja e governo e instruções práticas concernentes a evangelistas, pastores e outros obreiros cristãos. São elas: 1 Timóteo, 2 Timóteo e Tito.

Todas as epístolas de Paulo, exceto Hebreus, caem muito naturalmente em cinco seções, como segue: (1) Uma *Introdução*, que pode conter uma saudação, geralmente incluindo o assunto da epístola e o nome daqueles que estavam com Paulo como cooperadores no momento da redação, e uma ação de graça pelo bom caráter ou conduta daqueles a quem ele se dirige. (2) Uma *Seção Doutrinária*, na qual ele discute algum grande ensino cristão, que precisa de ênfase especial, como o caso da igreja ou do indivíduo em questão. (3) Uma *Seção Prática*, na qual ele estabelece a aplicação prática dos princípios discutidos na seção doutrinária à vida daqueles a quem ele se dirigiu. (4) Uma *Seção Pessoal*, na qual estão mensagens pessoais e saudações enviadas para e por vários amigos. (5) Uma *Conclusão*, na qual se pode encontrar uma bênção ou conclusão autografada para autenticar a carta, talvez ambas, com outras palavras de encerramento.

Ocasião da epístola aos Romanos. (1) Paulo ansiava ir a Roma (At 19.21) e agora esperava que o fizesse logo (Romanos 15.24-33). Ele, portanto, pode ter desejado que os romanos conhecessem sua doutrina antes de sua chegada, especialmente porque talvez tivessem ouvido alguns relatórios falsos sobre ela. (2) Esta carta foi escrita logo depois de Gálatas. A mente de Paulo estava cheia da doutrina da justificação, e ele pode ter desejado escrever mais sobre o assunto, dando especial ênfase ao lado divino da doutrina como ele tinha dado ao lado humano dela em Gálatas. (3) Também, ele pode ter sido mal interpretado em Gálatas e desejou ampliar seus ensinamentos. Em Gálatas, o homem é justificado por crer; em Romanos, Deus concede Sua própria justiça ao crente para sua justificação. (4) Febe, uma mulher de influência e de caráter cristão, amiga de Paulo, estava prestes a ir para Roma saindo da costa de Corinto e Paulo não só teve uma boa oportunidade para enviar a carta, mas foi também uma chance de apresentar essa irmã à igreja (16.1,2).

Igreja em Roma. Estava, sem dúvida, em uma condição muito próspera, no momento em que Paulo lhes escreveu. Talvez tenha sido organizada por alguns judeus que ouviram e creram enquanto estavam em Jerusalém, provavelmente no Dia de Pentecostes. Embora a sua membresia incluísse judeus e gentios (1.6-13; 7.1), era considerada por Paulo como uma igreja especialmente gentílica (1.3-7,13-15).

Havia surgido alguns erros de doutrina e prática que precisavam de correção. (1) Parece que eles interpretaram mal os ensinamentos de Paulo e o acusaram de ensinar que quanto maior o pecado, maior a glória de Deus (3.8). (2) Eles podem ter pensado que Paulo ensinou que devemos pecar para obter mais graça (6.1) e, portanto, pode ter feito seu ensinamento de justificação pela fé uma desculpa para uma conduta imoral. (3) Os judeus não reconheceriam os cristãos gentios como iguais a eles no Reino de Cristo (2.9,29 etc.). (4) Alguns dos irmãos gentios, por outro lado, olhavam com desprezo os seus irmãos judeus limitados, preconceituosos e intolerantes (9.1-5). (5) Paulo, portanto, visou conquistar os judeus para a verdade cristã e os gentios para o amor cristão.

A ligação de Paulo com a igreja. Ele nunca havia estado lá até este momento (1.11,13,15), e é provável que também nenhum outro apóstolo. Por isso, Paulo planejara ir lá, visto que sua regra era não ir onde outra pessoa havia trabalhado (15.20; 2Co 10.14-16). Isso golpeia fortemente o catolicismo, alegando que Pedro foi o primeiro bispo de Roma. Se Paulo não iria para lá após Pedro, conclui-se que Pedro não teria estado lá, e a prova mais importante do papado é derrubada. Paulo tinha, no entanto, muitos amigos íntimos e conhecidos em Roma, muitos dos quais foram mencionados no capítulo 16. Entre eles estavam seus velhos amigos, Priscila e Áquila.

Argumento da epístola. As doutrinas da carta são consideradas e discutidas sob quatro proposições principais: (1) Todos os homens são culpados diante de Deus (judeus e gentios igualmente). (2) Todos os homens precisam de um Salvador. (3) Cristo morreu por todos os homens. (4) Todos nós, através da fé, somos um só corpo em Cristo.

Data. Provavelmente de Corinto, cerca de 58 d.C.

Tema. O dom da justiça de Deus como nossa justificação, que é recebida por meio da fé em Cristo, ou justificação pela fé.

ESBOÇO

Introdução, 1.1-17

1. Todos os homens precisam de justificação, 1.18–3.20
2. Todos os homens podem ser justificados mediante a fé em Cristo (justificação) 3.21–4.25
3. Todos que são justificados serão finalmente santificados, Caps. 5–8. Assim se garante a redenção final do crente
   - 3.1. Pelo novo relacionamento com Deus que essa justiça concede, Cap. 5
   - 3.2. Pelo novo reino da graça para o qual ela o traz, Cap. 6 (nenhuma morte neste reino)
   - 3.3. Pela natureza concedida a ele, Cap. 7. Ela guerreia contra a velha natureza e a vencerá
   - 3.4. Pela nova posse (o Espírito Santo) que ela concede, Cap. 8.1- 27
   - 3.5. Pelo propósito preordenado por Deus para eles, 8.28-39
4. Doutrina relacionada à rejeição dos judeus, Caps. 9–11
   - 4.1. A justiça da rejeição deles, 9.1-29
   - 4.2. A causa da rejeição deles, 9.30–10.21
   - 4.3. As limitações da rejeição deles, Cap. 11
5. A aplicação dessa doutrina à vida cristã, 12.1–15.13
   - 5.1. Dever para com Deus — consagração, 12.2
   - 5.2. Dever para consigo mesmo — uma vida santa, 12.3-21
   - 5.3. Dever para com as autoridades do governo — honra, 13.1-7
   - 5.4. Dever para com a sociedade — amar a todos, 13.8-10
   - 5.5. Dever para com o retorno do Senhor — vigilância, 13.11-14
   - 5.6. Dever para com os fracos — auxílio e tolerância, 14.1–15.13

Conclusão, 15.14–16.27. (1) Assuntos pessoais, 15.14-33. (2) Despedidas e avisos, Cap. 16

PARA ESTUDO E DISCUSSÃO

[1] A saudação (1.1-7). O que ela revela sobre: (a) O chamado, dever e posição de um apóstolo ou pregador? (b) A posição, privilégios e deveres de uma igreja, ou cristão individual? (c) A relação da antiga dispensação com a nova? (d) A divindade de Cristo ou a Sua messianidade em cumprimento a profecia? (e) As diferentes pessoas da Trindade?
[2] Estude o pecado conforme descrito em 3.10-18, e o que pode ser aprendido a respeito: (a) O estado do pecado; (b) A prática do pecado; (c) O motivo do pecado.
[3] Abraão como um exemplo de justificação pela fé, Cap. 4.
[4] O plano e método pelo qual Deus resgata os homens do pecado, 5.6-11.
[5] O contraste entre Adão e Cristo, 5.12-31. Obtemos mais em Cristo do que perdemos em Adão?
[6] Qual a importância de manter-se sob a graça e não continuar no pecado, 6.1-14.
[7] A relação do homem convertido com a Lei, 7.1-6.

[8] As diferentes coisas que o Espírito Santo faz por nós, 8.1-27.
[9] Os deveres práticos de um cristão, Cap. 12.
[10] Faça uma lista das "palavras-chave" a seguir, indicando quantas vezes e onde cada uma ocorre, e destaque as referências bíblicas dos ensinamentos sobre cada uma delas: poder, pecado, perversidade, justiça, fé, redenção, adoção.

Saudações de Paulo

1 Eu, Paulo, escravo de Cristo Jesus, chamado para ser apóstolo e enviado para anunciar as boas-novas de Deus, escrevo esta carta. ²Deus prometeu as boas-novas muito tempo atrás nas Escrituras Sagradas, por meio de seus profetas. ³Elas se referem a seu Filho, que, como homem, nasceu da linhagem do rei Davi, ⁴e, quando o poder do Espírito Santo o ressuscitou dos mortos, foi demonstrado que ele era[a] o Filho de Deus. Ele é Jesus Cristo, nosso Senhor. ⁵Por meio dele recebemos a graça e a autoridade, como apóstolos, de chamar os gentios em toda parte a crer nele e lhe obedecer, em honra de seu nome.

⁶E vocês estão entre esses gentios chamados para pertencer a Jesus Cristo. ⁷Escrevo a todos vocês que estão em Roma, amados por Deus e chamados para ser seu povo santo.

Que Deus, nosso Pai, e o Senhor Jesus Cristo lhes deem graça e paz.

As boas-novas de Deus

⁸Antes de tudo, quero dizer que, por meio de Jesus Cristo, agradeço a meu Deus por todos vocês, pois sua fé nele é comentada em todo o mundo. ⁹O Deus a quem sirvo em meu espírito, anunciando as boas-novas a respeito de seu Filho, sabe como nunca deixo de me lembrar de vocês ¹⁰em minhas orações, sempre pedindo, se for da vontade de Deus, uma oportunidade de ir vê-los. ¹¹Desejo muito visitá-los, a fim de compartilhar com vocês alguma dádiva espiritual que os ajude a se fortalecerem. ¹²Quando nos encontrarmos, quero encorajá-los na fé, e também quero ser encorajado por sua fé.

¹³Quero que saibam, irmãos, que muitas vezes planejei visitá-los, mas até agora fui impedido. Meu desejo é trabalhar entre vocês e ver frutos espirituais como tenho visto entre outros gentios, ¹⁴pois sinto grande obrigação tanto para com os gregos como os bárbaros, tanto para com os instruídos como os não instruídos. ¹⁵Por isso, aguardo com expectativa para visitá-los, a fim de anunciar as boas-novas também a vocês, em Roma.

¹⁶Pois não me envergonho das boas-novas a respeito de Cristo, que são o poder de Deus em ação para salvar todos os que creem, primeiro os judeus, e também os gentios.[b] ¹⁷As boas-novas revelam como Deus nos declara justos diante dele, o que, do começo ao fim, é algo que se dá pela fé. Como dizem as Escrituras: "O justo viverá pela fé".[c]

A ira de Deus contra o pecado

¹⁸Assim, Deus mostra do céu sua ira contra todos que são pecadores e perversos, que por sua maldade impedem que a verdade seja conhecida.[d] ¹⁹Sabem a verdade a respeito de Deus, pois ele a tornou evidente. ²⁰Por meio de tudo que ele fez desde a criação do mundo, podem perceber claramente seus atributos invisíveis: seu poder eterno e sua natureza divina. Portanto, não têm desculpa alguma.

²¹Sim, eles conheciam algo sobre Deus, mas não o adoraram nem lhe agradeceram. Em vez disso, começaram a inventar ideias tolas e, com isso, sua mente ficou obscurecida e confusa. ²²Dizendo-se sábios, tornaram-se tolos. ²³Trocaram a grandeza do Deus imortal por imagens de seres humanos mortais, bem como de aves, animais e répteis.

²⁴Por isso, Deus os entregou aos desejos pecaminosos de seu coração. Como resultado, praticaram entre si coisas desprezíveis e degradantes com o próprio corpo. ²⁵Trocaram a verdade sobre Deus pela mentira. Desse modo, adoraram e serviram coisas que Deus criou, em lugar do Criador, que é digno de louvor eterno! Amém. ²⁶Por isso, Deus os entregou a desejos vergonhosos. Até as mulheres trocaram sua forma natural de ter relações sexuais por práticas não naturais. ²⁷E os homens, em vez de ter relações sexuais normais com mulheres, arderam de desejo uns pelos outros. Homens praticaram atos indecentes com outros homens e, em decorrência desse pecado, sofreram em si mesmos o castigo que mereciam.

²⁸Uma vez que consideraram que conhecer a Deus era algo inútil, o próprio Deus os entregou a um inútil modo de pensar, deixando que fizessem coisas que jamais deveriam ser feitas. ²⁹A vida deles se encheu de toda espécie de perversidade, pecado, ganância, ódio, inveja, homicídio, discórdia, engano, malícia e fofocas. ³⁰Espalham calúnias, odeiam a Deus,

---

[a] **1.4** Ou *ele ficou estabelecido como*. [b] **1.16** Em grego, *os gregos*. [c] **1.17** Hc 2.4. [d] **1.18** Ou *que suprimem a verdade com sua maldade*.

são insolentes, orgulhosos e arrogantes. Inventam novas maneiras de pecar e desobedecem a seus pais. ³¹Não têm entendimento, quebram suas promessas, não mostram afeição nem misericórdia. ³²Sabem que, de acordo com a justiça de Deus, quem pratica essas coisas merece morrer, mas ainda assim continuam a praticá-las. E, o que é pior, incentivam outros a também fazê-lo.

O julgamento de Deus

2 Talvez você pense que pode condenar esses indivíduos, mas é igual a eles e não tem desculpa! Quando diz que eles deveriam ser castigados, condena a si mesmo, porque você, que julga os outros, pratica as mesmas coisas. ²E sabemos que Deus, em sua justiça, castigará todos que praticam tais coisas. ³Uma vez que você julga outros por fazerem essas coisas, o que o leva a pensar que evitará o julgamento de Deus ao agir da mesma forma? ⁴Não percebe quanto ele é bondoso, tolerante e paciente com você? Não vê que essas manifestações da bondade de Deus visam levá-lo ao arrependimento?

⁵Mas, por causa de seu coração rebelde, você se recusa a abandonar o pecado, acumulando ira sobre si mesmo. Pois o dia da ira se aproxima, quando o justo juízo de Deus se revelará. ⁶Ele julgará cada um de acordo com seus atos. ⁷Dará vida eterna àqueles que, persistindo em fazer o bem, buscam glória, honra e imortalidade. ⁸Mas derramará ira e indignação sobre os que vivem para si mesmos, que se recusam a obedecer à verdade e preferem entregar-se a uma vida de perversidade. ⁹A todos que praticam o mal, ele trará aflição e calamidade: primeiro para os judeus, e também para os gentios.[a] ¹⁰Mas, a todos que fazem o bem, ele dará glória, honra e paz: primeiro para os judeus, e também para os gentios. ¹¹Pois Deus não age com favoritismo.

¹²Assim, todos os que pecarem, mesmo não tendo a lei escrita de Deus, serão destruídos. E todos os que pecarem estando sob a lei de Deus, de acordo com essa lei serão julgados. ¹³Pois o simples ato de ouvir a lei não nos torna justos diante de Deus, mas sim a obediência à lei é que nos torna justos aos olhos dele. ¹⁴Até mesmo os gentios, que não têm a lei escrita, quando obedecem a ela instintivamente, mostram que conhecem a lei, mesmo não a tendo. ¹⁵Demonstram que a lei está gravada em seu coração, pois

---

PÃO DIÁRIO

Biografia de Deus

Por meio de tudo que ele fez desde a criação do mundo, podem perceber claramente seus atributos invisíveis: seu poder eterno e sua natureza divina...
—Romanos 1.20

Suponhamos que você fosse realmente famosa. As pessoas desejariam saber tudo a seu respeito. Então, digamos que você me telefonasse e perguntasse: "Você gostaria de escrever a minha biografia?". Suponhamos que eu concordasse. Eu concentraria toda a minha atenção em você como uma mariposa num poste de luz, indo para lá e para cá a fim de tentar descobrir tudo o que pudesse a seu respeito. Faria milhares de perguntas. Perguntaria sobre sua lista de contatos e conversaria com cada um deles para descobrir mais sobre a sua pessoa. Depois, pediria que me entregasse tudo que estivesse relacionado à sua vida: documentos, fotos, suas realizações enfim.

E procuraria três componentes, que são o segredo para conhecer alguém: o que você diz sobre si mesmo, o que os outros dizem sobre você e o que exatamente você já fez. Agora, pense sobre o que isso significa quando buscamos conhecer a Deus: o que Ele diz a respeito de si mesmo, o que os outros dizem a respeito dele e o que já fez?

Para conhecer a Deus de um jeito vibrante e fiel, faça essas três perguntas. Leia a Bíblia para descobrir o que o Senhor diz a respeito de si mesmo (Êx 34.6,7; Lv 19.2; Jr 32.27). Depois, descubra o que os autores da Palavra dizem sobre Ele e sobre Seus notáveis atributos (Sl 19.1-4; Rm 1.16-20; 1Jo 4.8, 10). Finalmente, dê uma olhada nos feitos surpreendentes de Deus (Gn 1.1; Êx 14.10-31; Jo 3.16).

Conheça Deus. Seja a Sua biógrafa. Isso lhe ensinará mais sobre Ele do que você jamais imaginou ser possível.

Grande Deus triúno, revelaste-nos a nós em Tua Palavra e por meio da criação. Louvo-te pelas verdades encontradas nas Escrituras e pelo lindo projeto que revelaste no cosmos. Apesar de seres o Rei do universo, escolheste me amar e cuidar de mim!

O Deus que criou o Universo é o Deus que você pode conhecer.

---

[a] **2.9** Em grego, *os gregos*; também em 2.10.

sua consciência e seus pensamentos os acusam ou lhes dizem que estão agindo corretamente. ¹⁶Isso se confirmará no dia em que Deus julgar os segredos de cada um por meio de Cristo Jesus, de acordo com as boas-novas que anuncio.

Os judeus e a lei

¹⁷Você, que se diz judeu, se apoia na lei de Deus e se orgulha de seu relacionamento especial com ele. ¹⁸Conhece a vontade de Deus: sabe o que é certo, porque foi instruído em sua lei. ¹⁹Está convencido de que é guia para os cegos e luz para os que estão perdidos na escuridão. ²⁰Considera-se capaz de instruir os ignorantes e ensinar os caminhos de Deus às crianças. Está certo de que a lei de Deus lhe dá pleno conhecimento e verdade.

²¹Pois bem, se você ensina a outros, por que não ensina a si mesmo? Diz a outros que não roubem, mas você mesmo rouba? ²²Afirma que é errado cometer adultério, mas você mesmo adultera? Condena a idolatria, mas rouba objetos dos templos? ²³Você, que tanto se orgulha de conhecer a lei, desonra a Deus, desobedecendo à lei? ²⁴Não é de admirar que as Escrituras digam: "Os gentios blasfemam o nome de Deus por causa de vocês".ᵃ

²⁵A prática judaica da circuncisão só tem valor se você obedece à lei de Deus. Mas se você, que é circuncidado, não obedece à lei de Deus, não é diferente de um gentio incircuncidado. ²⁶E, se os incircuncidados obedecerem à lei de Deus, acaso não serão também considerados circuncidados? ²⁷De fato, os gentios incircuncidados que cumprem a lei de Deus condenarão você, judeu, que é circuncidado e tem a lei de Deus, mas não obedece a ela.

²⁸Pois ser judeu exteriormente ou ser circuncidado não torna ninguém judeu de fato. ²⁹Judeu verdadeiro é quem o é no íntimo, e circuncisão verdadeira é a do coração, feita pelo Espírito, e não pela letra da lei, recebendo assim a aprovação de Deus, e não das pessoas.

A fidelidade de Deus

3 Então qual é a vantagem de ser judeu? A circuncisão tem algum valor? ²Sim, há muitos benefícios. Em primeiro lugar, aos judeus foi confiada toda a revelação de Deus.ᵇ

³É verdade que alguns deles foram infiéis, mas isso significa que Deus será infiel? ⁴De maneira nenhuma! Ainda que todos sejam mentirosos, Deus é verdadeiro. E as Escrituras dizem a seu respeito:

"Será provado que tens razão no que dizes,
  e ganharás tua causa no juízo".ᶜ

⁵Alguém poderia dizer: "Mas nosso pecado não cumpre um bom propósito, ajudando os outros a verem como Deus é justo? Não é uma injustiça, portanto, Deus nos castigar?". (Estou seguindo o ponto de vista humano.) ⁶Claro que não! Se fosse assim, como Deus poderia julgar o mundo? ⁷Alguém poderia argumentar, ainda: "Mas por que Deus me condena como pecador se minha mentira ressalta sua verdade e lhe traz mais glória?". ⁸E alguns até nos difamam, afirmando que dizemos: "Quanto mais pecarmos, melhor!". Quem diz essas coisas merece condenação.

Todos são pecadores

⁹Pois bem, devemos concluir que nós, judeus, somos melhores que os outros? Não, de maneira nenhuma, pois já mostramos que todos, judeus ou gentios,ᵈ estão sob o poder do pecado. ¹⁰Como afirmam as Escrituras:

"Ninguém é justo,
  nem um sequer.
¹¹Ninguém é sábio,
  ninguém busca a Deus.
¹²Todos se desviaram,
  todos se tornaram inúteis.
Ninguém faz o bem,
  nem um sequer."ᵉ
"¹³Sua conversa é repulsiva,
  como o odor de um túmulo aberto;
  sua língua é cheia de mentiras."
"Veneno de serpentes goteja de seus
  lábios."ᶠ
¹⁴"Sua boca é cheia de maldição e
  amargura."ᵍ
¹⁵"Apressam-se em cometer homicídio;

ᵃ **2.24** Is 52.5, conforme a Septuaginta. ᵇ **3.2** Em grego, *foram confiados os oráculos de Deus*. ᶜ **3.4** Sl 51.4, conforme a Septuaginta. ᵈ **3.9** Em grego, *gregos*. ᵉ **3.10-12** Sl 14.1-3; 53.1-3, conforme a Septuaginta. ᶠ **3.13** Sl 5.9, conforme a Septuaginta; Sl 140.3. ᵍ **3.14** Sl 10.7, conforme a Septuaginta.

¹⁶por onde passam, deixam destruição e sofrimento.
¹⁷Não sabem onde encontrar paz."ᵃ
¹⁸"Não têm o menor temor de Deus."ᵇ

¹⁹É evidente que a lei se aplica àqueles a quem ela foi entregue, pois seu propósito é evitar desculpas e mostrar que todo o mundo é culpado diante de Deus. ²⁰Pois ninguém será declarado justo diante de Deus por fazer o que a lei ordena. A lei simplesmente mostra quanto somos pecadores.

Cristo tomou sobre si nosso castigo

²¹Agora, porém, conforme prometido na lei de Moisésᶜ e nos profetas, Deus nos mostrou como somos declarados justos diante dele sem as exigências da lei: ²²somos declarados justos diante de Deus por meio da fé em Jesus Cristo, e isso se aplica a todos que creem, sem nenhuma distinção.

²³Pois todos pecaram e não alcançam o padrão da glória de Deus, ²⁴mas ele, em sua graça, nos declara justos por meio de Cristo Jesus, que nos resgatou do castigo por nossos pecados. ²⁵Deus apresentou Jesus como sacrifício pelo pecado,ᵈ com o sangue que ele derramou, mostrando assim sua justiça em favor dos que creem. No passado ele se conteve e não castigou os pecados antes cometidos, ²⁶pois planejava revelar sua justiça no tempo presente. Com isso, Deus se mostrou justo, condenando o pecado, e justificador, declarando justo o pecador que crê em Jesus.

²⁷Podemos então nos vangloriar de ter feito algo para sermos aceitos por Deus? Não, pois nossa absolvição não vem pela obediência à lei, mas pela fé. ²⁸Portanto, somos declarados justos por meio da fé, e não pela obediência à lei.

²⁹Afinal, Deus é Deus apenas dos judeus? Não é também Deus dos gentios? Claro que sim! ³⁰Existe um só Deus, e ele declara justos tanto judeus como gentiosᵉ somente pela fé. ³¹Então, se enfatizamos a fé, quer dizer que podemos abolir a lei? Claro que não! Na realidade, é só quando temos fé que cumprimos verdadeiramente a lei.

PÃO DIÁRIO

O cerne da questão

Como afirmam as Escrituras: "Ninguém é justo, nem um sequer.

—Romanos 3.10

Um dos meus desenhos animados prediletos na infância era sobre um menino extraordinário. Quando ele enfrentava algum desafio, colocava o seu chapéu em forma de funil e lidava com o problema acompanhado por seu fiel companheiro, que era um cão maravilhoso. Normalmente, esses problemas tinham origem em situações que envolviam um vilão arqui-inimigo. Até os dias de hoje, lembro-me de como esse vilão era descrito no programa: Ele era um homem "podre até os ossos".

O fato é que todos nós compartilhamos o problema básico desse vilão: longe de Cristo, somos "podres até os ossos". O apóstolo Paulo nos descreve da seguinte maneira: "Como afirmam as Escrituras: 'Ninguém é justo, nem um sequer. Ninguém é sábio, ninguém busca a Deus'" (Rm 3.10,11). Nenhum de nós é capaz de viver segundo o perfeito padrão de santidade de Deus. Por nossa condição de estarmos separados de um Deus santo, Ele enviou Seu Filho Jesus para morrer na cruz recebendo a punição que nós merecíamos e, depois, ressuscitar. Hoje, "em sua graça, nos declara justos por meio de Cristo Jesus, que nos resgatou do castigo por nossos pecados" pela fé nele (v.24).

Jesus Cristo vem para as pessoas "completamente podres" e nos faz pessoas "novas" por meio da fé (2Co 5.17). Em Sua bondade, Ele solucionou totalmente o nosso problema — até atingir o centro de nosso ser.

Senhor, por causa da minha natureza saturada de pecado, jamais mereceria a salvação. Mesmo assim, gratuitamente escolheste morrer na cruz para pagar o preço pelos meus pecados e para me resgatar. Eu creio.

Precisamos mais do que um novo começo — precisamos de um novo coração.

Abraão como exemplo de fé

4 Do ponto de vista humano, Abraão foi o fundador de nossa nação. O que descobriu ele? ²Se suas boas obras o tivessem tornado justo, ele teria motivo para se vangloriar, mas

---

ᵃ**3.15-17** Is 59.7-8. ᵇ**3.18** Sl 36.1. ᶜ**3.21** Em grego, *na lei.* ᵈ**3.25** Ou *lugar de expiação.* ᵉ**3.30** Em grego, *tanto circuncidados como incircuncidados.*

não perante Deus. ³Pois as Escrituras dizem: "Abraão creu em Deus, e assim foi considerado justo".[a]

⁴O salário daquele que trabalha não é um presente, mas um direito. ⁵Contudo, ninguém é considerado justo com base em seu trabalho, mas sim por meio de sua fé em Deus, que declara justos os pecadores. ⁶Davi também falou a esse respeito quando descreveu a felicidade daqueles que são considerados justos sem terem trabalhado para isso:

⁷"Como são felizes aqueles
cuja desobediência é perdoada,
cujos pecados são cobertos!
⁸Sim, como são felizes aqueles
cujo pecado o Senhor não leva mais em conta!".[b]

⁹Por acaso essa bênção é apenas para os judeus, ou se estende também aos gentios incircuncidados?[c] Já dissemos que Deus considerou Abraão justo por meio de sua fé. ¹⁰Mas como isso aconteceu? Ele foi considerado justo somente depois de ter sido circuncidado, ou antes disso? Está claro que foi antes de ele ser circuncidado.

¹¹A circuncisão era um sinal de que Abraão já possuía fé e de que Deus já o havia declarado justo, mesmo antes de ele ser circuncidado. Portanto, Abraão é o pai daqueles que têm fé mas não foram circuncidados. Eles são considerados justos por causa de sua fé.

¹²E Abraão também é o pai daqueles que foram circuncidados, mas somente se tiverem o mesmo tipo de fé que Abraão tinha antes de ser circuncidado.

¹³A promessa de que Abraão e seus descendentes herdariam toda a terra não se baseou em sua obediência à lei de Deus, mas sim no fato de ele ter sido considerado justo quando teve fé. ¹⁴Portanto, se a herança prometida é apenas para aqueles que obedecem à lei, a fé é desnecessária, e a promessa, anulada. ¹⁵Pois a lei traz ira sobre aqueles que tentam obedecer a ela. A única forma de não quebrar a lei é não ter lei nenhuma para quebrar!

¹⁶É por isso que a promessa vem pela fé, para que ela seja segundo a graça e, assim, alcance toda a descendência de Abraão, não somente os que vivem sob a lei, mas todos que têm fé como a que teve Abraão. Pois ele é o pai de todos que creem. ¹⁷Conforme aparece nas Escrituras: "Eu o fiz pai de muitas nações".[d] Isso aconteceu porque Abraão creu no Deus que traz os mortos de volta à vida e cria coisas novas do nada.

¹⁸Mesmo quando não havia motivo para ter esperança, Abraão a manteve, crendo que se tornaria o pai de muitas nações. Pois Deus lhe tinha dito: "Esse é o número de descendentes que você terá!".[e] ¹⁹E sua fé não se enfraqueceu, embora ele soubesse que, aos cem anos, seu corpo, bem como o ventre de Sara, já não tinham vigor.

²⁰Em nenhum momento a fé de Abraão na promessa de Deus vacilou. Na verdade, ela se fortaleceu e, com isso, ele deu glória a Deus. ²¹Abraão estava plenamente convicto de que Deus é poderoso para cumprir tudo que promete. ²²Por isso, por sua fé, ele foi considerado justo. ²³E, quando Deus considerou Abraão justo, não o fez apenas para benefício dele. As Escrituras dizem ²⁴que foi também para nosso benefício, pois elas garantem que também seremos considerados justos por crermos naquele que ressuscitou dos mortos a Jesus, nosso Senhor. ²⁵Ele foi entregue à morte por causa de nossos pecados e foi ressuscitado para que fôssemos declarados justos diante de Deus.

A fé produz alegria

5 Portanto, uma vez que pela fé fomos declarados justos, temos paz[f] com Deus por causa daquilo que Jesus Cristo, nosso Senhor, fez por nós. ²Foi por meio da fé que Cristo nos concedeu esta graça que agora desfrutamos com segurança e alegria, pois temos a esperança de participar da glória de Deus.

³Também nos alegramos ao enfrentar dificuldades e provações, pois sabemos que contribuem para desenvolvermos perseverança, ⁴e a perseverança produz caráter aprovado, e o caráter aprovado fortalece nossa esperança, ⁵e essa esperança não nos decepcionará, pois sabemos quanto Deus nos ama, uma vez que

---

[a] 4.3 Gn 15.6. [b] 4.7-8 Sl 32.1-2, conforme a Septuaginta. [c] 4.9 Em grego, *essa bênção é apenas para os circuncidados, ou é também para os incircuncidados?* [d] 4.17 Gn 17.5. [e] 4.18 Gn 15.5. [f] 5.1 Alguns manuscritos trazem *tenhamos paz*.

ele nos deu o Espírito Santo para nos encher o coração com seu amor. ⁶Quando estávamos completamente desamparados, Cristo veio na hora certa e morreu por nós, pecadores. ⁷É pouco provável que alguém morresse por um justo, embora talvez alguém se dispusesse a morrer por uma pessoa boa. ⁸Mas Deus nos prova seu grande amor ao enviar Cristo para morrer por nós quando ainda éramos pecadores. ⁹E, uma vez que fomos declarados justos por seu sangue, certamente seremos salvos da ira de Deus por meio dele. ¹⁰Pois, se quando ainda éramos inimigos de Deus nosso relacionamento com ele foi restaurado pela morte de seu Filho, agora que já estamos reconciliados certamente seremos salvos por sua vida. ¹¹Agora, portanto, podemos nos alegrar em Deus, com quem fomos reconciliados por meio de nosso Senhor Jesus Cristo.

A diferença entre Adão e Cristo

¹²Quando Adão pecou, o pecado entrou no mundo, e com ele a morte, que se estendeu a todos, porque todos pecaram. ¹³É fato que as pessoas pecaram antes que a lei fosse concedida, mas, porque ela não existia, seus pecados não foram levados em conta. ¹⁴Mesmo assim, do tempo de Adão até o de Moisés, todos morreram, incluindo os que não desobedeceram a uma ordem explícita de Deus, como Adão desobedeceu. Na verdade, Adão é um símbolo, uma representação daquele que ainda haveria de vir. ¹⁵Mas há uma grande diferença entre o pecado de Adão e a dádiva de Deus. Pois o pecado de um único homem trouxe morte para muitos. Ainda maior, porém, é a graça de Deus e sua dádiva que veio sobre muitos por meio de um único homem, Jesus Cristo. ¹⁶E o resultado da dádiva de Deus é bem diferente do resultado do pecado de um único homem, pois enquanto o pecado de Adão levou à condenação, a dádiva de Deus nos possibilita ser declarados justos diante dele, apesar de nossos muitos pecados. ¹⁷A morte reinou sobre muitos por meio do pecado de um único homem. Ainda maior, porém, é a graça de Deus e sua dádiva de justiça, e todos que a recebem reinarão em vida por meio de um único homem, Jesus Cristo. ¹⁸É verdade que um só pecado de Adão trouxe condenação a todos, mas um só ato de justiça de Cristo removeu a culpa e trouxe vida a todos. ¹⁹Por causa da desobediência a Deus de uma só pessoa, muitos se tornaram pecadores. Mas, por causa da obediência de uma só pessoa a Deus, muitos serão declarados justos. ²⁰A lei foi concedida para que todos percebessem a gravidade do pecado. Mas, à medida que o pecado aumentou, a graça se tornou ainda maior. ²¹Portanto, assim como o pecado reinou sobre todos e os levou à morte, agora reina a graça, que nos declara justos diante de

---

PÃO DIÁRIO

Verdadeiramente incrível

Mas Deus nos prova seu grande amor ao enviar Cristo para morrer por nós quando ainda éramos pecadores.
—Romanos 5.8

Li as seguintes palavras no site pessoal de uma moça: "Quero simplesmente ser amada, e ele precisa ser incrível!".

Não é isso o que todas nós desejamos — ser amadas, sentir que somos importantes para alguém? E, melhor ainda, se esse alguém for uma Pessoa incrível!

Jesus Cristo se encaixa nessa descrição de maneira completa. Numa demonstração de amor sem precedentes, Ele deixou o Pai celestial e veio à Terra como o bebê que celebramos no Natal (Lc 2). E após levar uma vida perfeita, entregou-a como oferta a Deus na cruz em nosso favor (Jo 19.17-30). Tomou o nosso lugar porque nós precisávamos ser resgatadas do nosso pecado e consequente sentença de morte. "Quando ainda éramos pecadores", Cristo morreu por nós (Rm 5.8). Porém, depois de três dias, o Pai o ressuscitou (Mt 28.1-8).

Quando nos arrependemos e recebemos a dádiva do incrível amor de Jesus, Ele passa a ser o nosso Salvador (Jo 1.12; Rm 5.9), Senhor (Jo 13.14), Mestre (Mt 23.8) e Amigo (Jo 15.14). "Vejam como é grande o amor do Pai por nós, pois ele nos chama de filhos, o que de fato somos!..." (1Jo 3.1).

Você está procurando alguém que a ame? Jesus nos ama muito mais do que qualquer outra pessoa é capaz. E Ele é verdadeiramente incrível!

Graças te dou, Senhor, por me amares tanto. Teu amor incondicional e abnegado me sustenta cada dia e enche o meu coração de gratidão. Eu te adoro, meu Salvador!

Pensar que Jesus me ama é simplesmente a maior maravilha!

> **PÃO DIÁRIO**
>
> ## O vírus do pecado
>
> *Estão livres da escravidão do pecado e se tornaram escravos da justiça.*
> —Romanos 6.18
>
> A pandemia do H1N1 voltou a atenção do mundo para esse vírus. Eles são organismos vivos que necessitam de um hospedeiro para sobreviver e espalhar sua destruição. Em alguns casos, o vírus pode permanecer incubado por muitos anos, antes que o hospedeiro perceba a sua existência. Durante esse período, tal vírus pode infligir e espalhar danos tremendos. Contudo, basta removê-lo do hospedeiro, e ele permanecerá inerte ou morrerá.
>
> De maneira parecida, o pecado precisa de um hospedeiro para continuar vivo. Por si mesmos, os pecados como orgulho, avareza, ira e egoísmo são meras palavras. Contudo, quando o pecado se apodera de um hospedeiro humano, esse mesmo pecado age ininterruptamente para destruir seu hospedeiro enquanto ele viver.
>
> Felizmente, por causa da morte sacrificial de Jesus na cruz, os cristãos foram libertos do pecado (Rm 6.18). Embora ainda pequenos, o Espírito Santo que habita em nós nos ajuda a resistir a esse "vírus do pecado", a concupiscência da carne (Gl 5.16). O apóstolo João nos diz: "Aquele que é nascido de Deus não vive no pecado, pois a vida de Deus está nele. Logo, não pode continuar a pecar, pois é nascido de Deus" (1Jo 3.9). Hoje andamos na dependência do Espírito e um dia chegaremos "com grande alegria e sem defeito, à sua presença gloriosa" (Jd 24).
>
> Não é um enorme conforto saber disso ao andar nesse mundo infectado pelo "vírus" do pecado?
>
> *Pai amado, agradeço-te, porque, pela morte de Cristo na cruz, posso ser liberta do vírus do pecado. Graças te dou, Jesus, porque é a Tua morte e ressurreição que derrotam o pecado, e um dia me apresentarei completamente pura e limpa diante de ti. Com sincera gratidão.*
>
> **O pecado é a doença; Cristo é a cura.**

Deus e resulta na vida eterna por meio de Jesus Cristo, nosso Senhor.

Libertos do poder do pecado

6 Pois bem, devemos continuar pecando para que Deus mostre cada vez mais sua graça? ²Claro que não! Uma vez que morremos para o pecado, como podemos continuar vivendo nele? ³Ou acaso se esqueceram de que, quando fomos unidos a Cristo Jesus no batismo, nos unimos a ele em sua morte? ⁴Pois, pelo batismo, morremos e fomos sepultados com Cristo. E, assim como ele foi ressuscitado dos mortos pelo poder glorioso do Pai, agora nós também podemos viver uma nova vida.

⁵Uma vez que nossa união com ele se assemelhou à sua morte, assim também nossa ressurreição será semelhante à dele. ⁶Sabemos que nossa velha natureza humana foi crucificada com Cristo, para que o pecado não tivesse mais poder sobre nossa vida e dele deixássemos de ser escravos. ⁷Pois, quando morremos com Cristo, fomos libertos do poder do pecado. ⁸Então, uma vez que morremos com Cristo, cremos que também com ele viveremos. ⁹Temos certeza disso, pois Cristo foi ressuscitado dos mortos e não mais morrerá. A morte já não tem nenhum poder sobre ele. ¹⁰Quando ele morreu, foi de uma vez por todas, para quebrar o poder do pecado. Mas agora que ele vive, é para a glória de Deus. ¹¹Da mesma forma, considerem-se mortos para o poder do pecado e vivos para Deus em Cristo Jesus.

¹²Não deixem que o pecado reine sobre seu corpo, que está sujeito à morte, cedendo aos desejos pecaminosos. ¹³Não deixem que nenhuma parte de seu corpo se torne instrumento do mal para servir ao pecado, mas em vez disso entreguem-se inteiramente a Deus, pois vocês estavam mortos e agora têm nova vida. Portanto, ofereçam seu corpo como instrumento para fazer o que é certo para a glória de Deus. ¹⁴O pecado não é mais seu senhor, pois vocês já não vivem sob a lei, mas sob a graça de Deus.

¹⁵Pois bem, uma vez que a graça nos libertou da lei, quer dizer que podemos continuar pecando? Claro que não! ¹⁶Vocês não sabem que se tornam escravos daquilo a que escolhem obedecer? Podem ser escravos do pecado, que conduz à morte, ou podem escolher obedecer a Deus, que conduz à vida de justiça. ¹⁷Graças a Deus, porque antes vocês eram escravos do pecado, mas agora obedecem de todo o coração a este ensino que lhes transmitimos. ¹⁸Estão livres da escravidão do pecado e se tornaram escravos da justiça.

ⁱ⁹Uso o exemplo da escravidão para ajudá-los a entender isso tudo, pois sua natureza humana é fraca.ᵃ No passado, vocês se deixaram escravizar pela impureza e pela maldade, o que os fez afundar ainda mais no pecado. Agora, devem se entregar como escravos à vida de justiça, para que se tornem santos. ²⁰Quando eram escravos do pecado, estavam livres da obrigação de fazer o que é certo. ²¹E qual foi o resultado? Hoje vocês se envergonham das coisas que costumavam fazer, coisas que acabam em morte. ²²Agora, porém, estão livres do poder do pecado e se tornaram escravos de Deus. Fazem aquilo que conduz à santidade e resulta na vida eterna. ²³Pois o salário do pecado é a morte, mas a dádiva de Deus é a vida eterna em Cristo Jesus, nosso Senhor.

Libertos da lei

7 Agora, irmãos, vocês que conhecem a lei, não sabem que ela se aplica apenas enquanto a pessoa vive? ²Por exemplo, quando uma mulher se casa, a lei a une a seu marido enquanto ele estiver vivo. No entanto, se ele morrer, as leis do casamento já não se aplicarão à mulher. ³Portanto, enquanto o marido estiver vivo, se ela se casar com outro homem, cometerá adultério. Mas, se o marido morrer, ela ficará livre dessa lei e não cometerá adultério ao se casar novamente.

⁴Assim, meus irmãos, vocês morreram para o poder da lei quando morreram com Cristo, e agora estão unidos com aquele que foi ressuscitado dos mortos. Como resultado, podemos produzir uma colheita de boas obras para Deus. ⁵Quando éramos controlados pela natureza humana,ᵇ desejos pecaminosos atuavam dentro de nós, e a lei despertava esses desejos maus, que produziam uma colheita de obras pecaminosas cujo resultado era a morte. ⁶Agora, porém, fomos libertos da lei, pois morremos para ela e já não estamos presos a seu poder. Podemos servir a Deus não da maneira antiga, obedecendo à letra da lei, mas da maneira nova, vivendo no Espírito.

A lei de Deus expõe nosso pecado

⁷Por acaso estou dizendo que a lei de Deus é pecaminosa? Claro que não! Na verdade, foi a lei que me mostrou meu pecado. Eu jamais saberia que cobiçar é errado se a lei não dissesse: "Não cobice".ᶜ ⁸Mas o pecado usou esse mandamento para despertar dentro de mim todo tipo de desejo cobiçoso. Se não houvesse lei, o pecado não teria esse poder. ⁹Houve um tempo em que eu vivia sem a lei. No entanto, quando tomei conhecimento do mandamento, o pecado ganhou vida, ¹⁰e eu morri. Assim, descobri que os mandamentos da lei, que deveriam trazer vida, trouxeram, em vez disso, morte. ¹¹O pecado se aproveitou desses mandamentos e me enganou, e fez uso deles para me matar. ¹²Isso, porém, só demonstra que a lei em si é santa, e santos, justos e bons são seus mandamentos.

¹³Mas, então, a lei, que é boa, foi responsável por minha morte? Claro que não! O pecado usou o que era bom para me condenar à morte. Vemos, com isso, como o pecado é terrível, usando os bons mandamentos de Deus para seus próprios fins perversos.

A luta contra o pecado

¹⁴O problema não está na lei, pois ela é espiritual e boa. O problema está em mim, pois sou humano,ᵈ escravo do pecado. ¹⁵Não entendo a mim mesmo, pois quero fazer o que é certo, mas não o faço. Em vez disso, faço aquilo que odeio. ¹⁶Mas, se eu sei que o que faço é errado, isso mostra que concordo que a lei é boa. ¹⁷Portanto, não sou eu quem faz o que é errado, mas o pecado que habita em mim.

¹⁸E eu sei que em mim, isto é, em minha natureza humana,ᵉ não há nada de bom, pois quero fazer o que é certo, mas não consigo. ¹⁹Quero fazer o bem, mas não o faço. Não quero fazer o que é errado, mas, ainda assim, o faço. ²⁰Então, se faço o que não quero, na verdade não sou eu quem o faz, mas o pecado que habita em mim.

²¹Assim, descobri esta lei em minha vida: quando quero fazer o que é certo, percebo que o mal está presente em mim. ²²Amo a lei de Deus de todo o coração. ²³Contudo, há outra lei dentro de mim que está em guerra com minha mente e me torna escravo do pecado que permanece dentro de mim. ²⁴Como sou miserável!

ᵃ **6.19** Em grego, *por causa da fraqueza de sua carne*. ᵇ **7.5** Em grego, *Quando estávamos na carne*. ᶜ **7.7** Êx 20.17; Dt 5.21. ᵈ **7.14** Em grego, *pois sou carnal*. ᵉ **7.18** Em grego, *minha carne*; também em 7.25.

Quem me libertará deste corpo mortal dominado pelo pecado? ²⁵Graças a Deus, a resposta está em Jesus Cristo, nosso Senhor. Na mente, quero, de fato, obedecer à lei de Deus, mas, por causa de minha natureza humana, sou escravo do pecado.

A vida no Espírito

8 Agora, portanto, já não há nenhuma condenação para os que estão em Cristo Jesus. ²Pois em Cristo Jesus a lei do Espírito que dá vida os libertou[a] da lei do pecado, que leva à morte. ³A lei não era capaz de nos salvar por causa da fraqueza de nossa natureza humana,[b] por isso Deus fez o que a lei era incapaz de fazer ao enviar seu Filho na semelhança de nossa natureza humana pecaminosa e apresentá-lo como sacrifício por nosso pecado. Com isso, declarou o fim do domínio do pecado sobre nós, ⁴de modo que nós, que agora não seguimos mais nossa natureza humana, mas sim o Espírito, possamos cumprir as justas exigências da lei.

⁵Aqueles que são dominados pela natureza humana pensam em coisas da natureza humana, mas os que são controlados pelo Espírito pensam em coisas que agradam o Espírito. ⁶Portanto, permitir que a natureza humana controle a mente resulta em morte, mas permitir que o Espírito controle a mente resulta em vida e paz. ⁷Pois a mentalidade da natureza humana é sempre inimiga de Deus. Nunca obedeceu às leis de Deus, e nunca obedecerá. ⁸Por isso aqueles que ainda estão sob o domínio de sua natureza humana não podem agradar a Deus.

⁹Vocês, porém, não são controlados pela natureza humana, mas pelo Espírito, se de fato o Espírito de Deus habita em vocês. E, se alguém não tem o Espírito de Cristo, a ele não pertence. ¹⁰Uma vez que Cristo habita em vocês, embora o corpo morra por causa do pecado, o Espírito lhes dá vida porque vocês foram declarados justos diante de Deus. ¹¹E, se o Espírito de Deus que ressuscitou Jesus dos mortos habita em vocês, o Deus que ressuscitou Cristo Jesus dos mortos dará vida a seu corpo mortal, por meio desse mesmo Espírito que habita em vocês.

¹²Portanto, irmãos, vocês não têm de fazer o que sua natureza humana lhes pede, ¹³porque, se viverem de acordo com as exigências dela, morrerão. Se, contudo, pelo poder do Espírito, fizerem morrer as obras do corpo, viverão, ¹⁴porque todos que são guiados pelo Espírito de Deus são filhos de Deus.

¹⁵Pois vocês não receberam um espírito que os torne, de novo, escravos medrosos, mas sim o Espírito de Deus, que os adotou como seus próprios filhos.[c] Agora nós o chamamos "Aba,[d] Pai", ¹⁶pois o seu Espírito confirma a nosso espírito[e] que somos filhos de Deus. ¹⁷Se somos seus filhos, então somos seus herdeiros e, portanto, co-herdeiros com Cristo. Se de fato participamos de seu sofrimento, participaremos também de sua glória.

A glória futura

¹⁸Considero que nosso sofrimento de agora não é nada comparado com a glória que ele nos revelará mais tarde. ¹⁹Pois toda a criação aguarda com grande expectativa o dia em que os filhos de Deus serão revelados. ²⁰Toda a criação, não por vontade própria, foi submetida por Deus a uma existência fútil, ²¹na esperança de que, com os filhos de Deus, a criação seja gloriosamente liberta da decadência que a escraviza. ²²Pois sabemos que, até agora, toda a criação geme, como em dores de parto. ²³E nós, os que cremos, também gememos, embora tenhamos o Espírito em nós como antecipação da glória futura, pois aguardamos ansiosos pelo dia em que desfrutaremos nossos direitos de adoção,[f] incluindo a redenção de nosso corpo. ²⁴Recebemos essa esperança quando fomos salvos. (Se já temos alguma coisa, não há necessidade de esperar por ela, ²⁵mas, se esperamos por algo que ainda não temos, devemos fazê-lo com paciência e confiança.)

²⁶E o Espírito nos ajuda em nossa fraqueza, pois não sabemos orar segundo a vontade de Deus, mas o próprio Espírito intercede por nós com gemidos que não podem ser expressos

---

[a] **8.2** Alguns manuscritos trazem *me libertou*. [b] **8.3** Em grego, *carne*; também em 8.4,5,6,7,8,9,12. [c] **8.15a** Em grego, *mas vocês receberam espírito de adoção como filhos.* [d] **8.15b** *Aba* é um termo aramaico para "pai". [e] **8.16** Ou *o próprio Espírito testemunha com o nosso espírito.* [f] **8.23** Em grego, *aguardamos ansiosamente a adoção como filhos.*

em palavras. ²⁷E o Pai, que conhece cada coração, sabe quais são as intenções do Espírito, pois o Espírito intercede por nós, o povo santo, segundo a vontade de Deus. ²⁸E sabemos que Deus faz todas as coisas cooperarem para o bem daqueles que o amamᵃ e que são chamados de acordo com seu propósito. ²⁹Pois Deus conheceu de antemão os seus e os predestinou para se tornarem semelhantes à imagem de seu Filho, a fim de que ele fosse o primeiro entre muitos irmãos. ³⁰Depois de predestiná-los ele os chamou, e depois de chamá-los, os declarou justos, e depois de declará-los justos, lhes deu sua glória.

Nada pode nos separar do amor de Deus

³¹Que podemos dizer diante de coisas tão maravilhosas? Se Deus é por nós, quem será contra nós? ³²Se ele não poupou nem mesmo seu próprio Filho, mas o entregou por todos nós, acaso não nos dará todas as outras coisas? ³³Quem se atreve a acusar os escolhidos de Deus? Ninguém, pois o próprio Deus nos declara justos diante dele. ³⁴Quem nos condenará, então? Ninguém, pois Cristo Jesus morreu e ressuscitou e está sentado no lugar de honra, à direita de Deus, intercedendo por nós.

³⁵O que nos separará do amor de Cristo? Serão aflições ou calamidades, perseguições ou fome, miséria, perigo ou ameaças de morte? ³⁶Como dizem as Escrituras: "Por causa de ti, enfrentamos a morte todos os dias; somos como ovelhas levadas para o matadouro".ᵇ ³⁷Mas, apesar de tudo isso, somos mais que vencedores por meio daquele que nos amou.

³⁸E estou convencido de que nem morte nem vida, nem anjos nem demônios,ᶜ nem o que existe hoje nem o que virá no futuro, nem poderes, ³⁹nem altura nem profundidade, nada, em toda a criação, jamais poderá nos separar do amor de Deus revelado em Cristo Jesus, nosso Senhor.

Deus escolhe Israel

9 Digo-lhes a verdade, tendo Cristo como testemunha, e minha consciência e o Espírito Santo a confirmam. ²Meu coração está cheio de amarga tristeza e angústia sem fim ³por meu povo, meus irmãos judeus.ᵈ Eu estaria disposto a ser amaldiçoado para sempre, separado

---

PÃO DIÁRIO

Protegido com segurança

E estou convencido de que nem morte nem vida, nem anjos nem demônios, nem o que existe hoje nem o que virá no futuro, nem poderes, nem altura nem profundidade, nada, em toda a criação, jamais poderá nos separar do amor de Deus...

—Romanos 8.38,39

Por simples capricho, comprei um balão vermelho metálico no supermercado com a mensagem "Eu te amo" escrita na parte frontal em letras estilizadas. Enquanto eu colocava as sacolinhas no meu carro, a cordinha do balão escapou por entre os meus dedos. Fiquei lá parada observando o balão flutuar e ir embora. Logo, havia somente um minúsculo pontinho vermelho e, finalmente, apenas uma lembrança.

Perder aquele balão me fez lembrar a maneira como o amor de vez em quando se desvanece. Os filhos se rebelam e se afastam; os cônjuges ou entes queridos partem, os amigos próximos param de nos telefonar.

Sou muito grata pelo fato de o amor de Deus ser inabalável; pode nos suster até mesmo quando o amor terreno se perde pelo caminho. Na realidade, ele é tão confiável que Jesus nos convida a permanecermos em Seu amor (Jo 15.9). Ele deseja que saibamos que não tem problema em nos aconchegarmos e ficarmos à vontade.

Podemos sempre permanecer ternamente achegadas a Deus, porque "nem morte nem vida, nem anjos nem demônios, nem o que existe hoje nem o que virá no futuro." (Rm 8:38), nem qualquer outra coisa pode separar-nos de Seu amor por intermédio de Cristo. Se já confiamos em Cristo como Salvador, a garantia do amor de Deus é nossa para sempre.

Você já viu o amor desaparecer da sua vida? Descanse no amor de Deus — Seu cuidado constante protegerá o seu coração com segurança.

Senhor, neste mundo incerto, sou muito grata pelo Teu amor eterno que jamais se modifica e está sempre presente para me manter sã e salva. Quero descansar em Tua presença e amar-te em retribuição.

Nossa salvação está garantida porque a Palavra de Deus é fiel.

ᵃ**8.28** Ou *E sabemos que todas as coisas cooperam para o bem daqueles que amam a Deus.* ᵇ**8.36** Sl 44.22. ᶜ**8.38** Em grego, *nem governantes.* ᵈ**9.3** Em grego, *meus irmãos.*

de Cristo, se isso pudesse salvá-los. ⁴Eles são o povo de Israel, escolhidos para serem filhos adotivos de Deus.ª Ele lhes revelou sua glória, fez uma aliança com eles e lhes deu sua lei e o privilégio de adorá-lo e receber suas promessas. ⁵Do povo de Israel vêm os patriarcas, e o próprio Cristo, quanto à sua natureza humana, era israelita. E ele é Deus, aquele que governa sobre todas as coisas e é digno de louvor eterno! Amém.ᵇ

⁶Acaso Deus deixou de cumprir sua promessa a Israel? Não, pois nem todos os descendentes de Israel pertencem, de fato, ao povo de Deus. ⁷Só porque são descendentes de Abraão não significa que são, verdadeiramente, filhos de Abraão. Pois as Escrituras dizem: "Isaque é o filho de quem depende a sua descendência".ᶜ ⁸Isso significa que os descendentes físicos de Abraão não são, necessariamente, filhos de Deus. Apenas os filhos da promessa são considerados filhos de Abraão. ⁹Pois Deus havia prometido: "Voltarei por esta época, e Sara terá um filho".ᵈ

¹⁰Esse fato não é único. Também Rebeca ficou grávida de nosso antepassado Isaque e deu à luz gêmeos. ¹¹Antes de eles nascerem, porém, antes mesmo de terem feito qualquer coisa boa ou má, ela recebeu uma mensagem de Deus. (Essa mensagem mostra que Deus escolhe as pessoas conforme os propósitos dele ¹²e as chama sem levar em conta as obras que praticam.) Foi dito a Rebeca: "Seu filho mais velho servirá a seu filho mais novo".ᵉ ¹³Nas palavras das Escrituras: "Amei Jacó, mas rejeitei Esaú".ᶠ

¹⁴Estamos dizendo, então, que Deus foi injusto? Claro que não! ¹⁵Pois Deus disse a Moisés:

"Terei misericórdia de quem eu quiser,
    e mostrarei compaixão a quem eu
    quiser".ᵍ

¹⁶Portanto, a misericórdia depende apenas de Deus, e não de nosso desejo nem de nossos esforços.

¹⁷Pois as Escrituras afirmam que Deus disse ao faraó: "Eu o coloquei em posição de autoridade com o propósito de mostrar em você meu poder e propagar meu nome por toda a terra".ʰ ¹⁸Como podem ver, ele escolhe ter misericórdia de alguns e endurecer o coração de outros.

¹⁹Mas algum de vocês dirá: "Então por que Deus os culpa? Não estão apenas cumprindo a vontade dele?". ²⁰Ora, quem é você, mero ser humano, para discutir com Deus? Acaso o objeto criado pode dizer àquele que o criou: "Por que você me fez assim?" ²¹O oleiro não tem o direito de usar o mesmo barro para fazer um vaso para uso especial e outro para uso comum? ²²Da mesma forma, Deus tem o direito de mostrar sua ira e seu poder, suportando com muita paciência aqueles que são objeto de sua ira, preparados para a destruição.ⁱ ²³Ele age desse modo para que as riquezas de sua glória brilhem com esplendor ainda maior sobre aqueles dos quais ele tem misericórdia, aqueles que ele preparou previamente para a glória. ²⁴E nós estamos entre os que ele chamou, tanto dentre os judeus como dentre os gentios.

²⁵A esse respeito, Deus diz na profecia de Oseias:

"Chamarei 'meu povo'
    aqueles que não eram meu povo,
e amarei aqueles
    que antes eu não amava".ʲ

²⁶E também:

"No lugar onde lhes foi dito:
    'Vocês não são meu povo',
eles serão chamados
    'filhos do Deus vivo'".ᵏ

²⁷E, a respeito de Israel, o profeta Isaías clamou:

"Embora o povo de Israel seja numeroso
    como a areia do mar,
apenas um remanescente será salvo.
²⁸Pois o Senhor executará sua sentença
    sobre a terra
    de modo rápido e decisivo".ˡ

²⁹E, como Isaías tinha dito em outra passagem:

"Se o Senhor dos Exércitos

ª9.4 Em grego, *para a adoção como filhos*. ᵇ9.5 Ou *Que Deus, aquele que governa sobre todas as coisas, seja louvado para sempre! Amém*. ᶜ9.7 Gn 21.12. ᵈ9.9 Gn 18.10,14. ᵉ9.12 Gn 25.23. ᶠ9.13 Ml 1.2-3. ᵍ9.15 Êx 33.19. ʰ9.17 Êx 9.16, conforme a Septuaginta. ⁱ9.22 Ou *prontos para a ruína*. ʲ9.25 Os 2.23. ᵏ9.26 Os 1.10. ˡ9.27-28 Is 10.22-23, conforme a Septuaginta.

não houvesse poupado alguns de nossos
  filhos,
teríamos sido exterminados como Sodoma
  e destruídos como Gomorra".ᵃ

A incredulidade de Israel

³⁰Que significa tudo isso? Embora os gentios não buscassem seguir as normas de Deus, foram declarados justos, e isso aconteceu pela fé. ³¹Já o povo de Israel, que se esforçou tanto para cumprir a lei a fim de se tornar justo, nunca teve sucesso. ³²Por que não? Porque tentaram se tornar justos por meio de suas obras, e não pela fé. Tropeçaram na grande pedra em seu caminho, ³³e a esse respeito as Escrituras afirmam:

"Ponho em Sião uma pedra que os faz
  tropeçar,
  uma rocha que os faz cair.
Mas quem confiar nele
  jamais será envergonhado".ᵇ

10 Irmãos, o desejo de meu coração e minha oração a Deus é que o povo de Israel seja salvo. ²Sei da dedicação deles por Deus, mas é entusiasmo sem entendimento. ³Pois, não entendendo a maneira como Deus declara as pessoas justas diante dele, apegam-se a seu próprio modo de se tornar justos tentando seguir a lei, e recusam a maneira de Deus. ⁴Pois Cristo é o propósito para o qual a lei foi dada.ᶜ Como resultado, todo o que nele crê é declarado justo.

A salvação é para todos

⁵Moisés escreve que o modo pelo qual a lei torna alguém justo exige obediência a todos os seus mandamentos.ᵈ ⁶Mas o modo pelo qual a fé torna alguém justo diz: "Não diga em seu coração: 'Quem subirá ao céu?' (para trazer Cristo para a terra). ⁷E não diga: 'Quem descerá ao lugar dos mortos?' (para trazer Cristo de volta à vida)". ⁸Na verdade, diz:

"A mensagem está bem perto;
  está em seus lábios e em seu coração".ᵉ

E essa mensagem é a mesma que anunciamos a respeito da fé: ⁹se você declarar com sua boca que Jesus é Senhor e crer em seu coração que Deus o ressuscitou dos mortos, será salvo. ¹⁰Pois é crendo de coração que você é declarado justo, e é declarando com a boca que você é salvo. ¹¹Como dizem as Escrituras: "Quem confiar nele jamais será envergonhado".ᶠ ¹²Nesse sentido, não há diferença entre judeus e gentios,ᵍ uma vez que ambos têm o mesmo Senhor, que abençoa generosamente todos que o invocam. ¹³Pois "todo aquele que invocar o nome do Senhor será salvo".ʰ

¹⁴Mas como poderão invocá-lo se não crerem nele? E como crerão nele se jamais tiverem ouvido a seu respeito? E como ouvirão a seu respeito se ninguém lhes falar? ¹⁵E como alguém falará se não for enviado? Por isso as Escrituras dizem: "Como são belos os pés dos mensageiros que trazem boas-novas!".ⁱ ¹⁶Nem todos, porém, aceitam as boas-novas, pois o profeta Isaías disse: "Senhor, quem creu em nossa mensagem?".ʲ ¹⁷Portanto, a fé vem por ouvir, isto é, por ouvir as boas-novas a respeito de Cristo. ¹⁸Mas eu pergunto: o povo de Israel ouviu, de fato, a mensagem? Sim, eles ouviram:

"Sua mensagem chegou a toda a terra,
  e suas palavras alcançaram os confins do
    mundo".ᵏ

¹⁹Volto a perguntar: será que o povo de Israel entendeu? Sim, eles entenderam, pois, já no tempo de Moisés, Deus disse:

"Provocarei seu ciúme por meio de um
  povo
  que nem sequer é nação.
Provocarei sua ira por meio
  de gentios insensatos".ˡ

²⁰E, mais tarde, Isaías se pronunciou com ousadia:

"Fui encontrado por aqueles
  que não me procuravam.
Revelei-me àqueles que
  não perguntavam por mim".ᵐ

²¹A respeito de Israel, porém, diz:

"O dia todo abri meus braços para eles,
  mas foram desobedientes e rebeldes".ⁿ

ᵃ **9.29** Is 1.9, conforme a Septuaginta. ᵇ **9.33** Is 8.14; 28.16, conforme a Septuaginta. ᶜ **10.4** Ou *Cristo é o fim da lei.* ᵈ **10.5** Ver Lv 18.5. ᵉ **10.6-8** Dt 30.12-14. ᶠ **10.11** Is 28.16, conforme a Septuaginta. ᵍ **10.12** Em grego, *e gregos.* ʰ **10.13** Jl 2.32. ⁱ **10.15** Is 52.7. ʲ **10.16** Is 53.1. ᵏ **10.18** Sl 19.4. ˡ **10.19** Dt 32.21. ᵐ **10.20** Is 65.1, conforme a Septuaginta. ⁿ **10.21** Is 65.2, conforme a Septuaginta.

A misericórdia de Deus para com Israel

11 Então pergunto: Deus rejeitou seu povo, a nação de Israel? Claro que não! Eu mesmo sou israelita, descendente de Abraão e membro da tribo de Benjamim. ²Não, Deus não rejeitou seu povo, que conheceu de antemão. Vocês sabem o que as Escrituras dizem a esse respeito? O profeta Elias se queixou a Deus sobre o povo de Israel, dizendo: ³"Senhor, eles mataram teus profetas e derrubaram teus altares. Sou o único que restou, e agora também procuram me matar".[a] ⁴E vocês se lembram da resposta de Deus? Ele disse: "Ainda tenho outros sete mil que jamais se prostraram diante de Baal".[b] ⁵O mesmo acontece hoje, pois uns poucos do povo de Israel permaneceram fiéis,[c] escolhidos pela graça de Deus. ⁶E, se a escolha se dá pela graça de Deus, então não se baseia nas obras deles, pois nesse caso a graça deixaria de ser o que verdadeiramente é, ou seja, gratuita e imerecida.

⁷Portanto, a situação é esta: a maioria do povo de Israel não encontrou o que tanto buscava, mas uns poucos, aqueles que Deus havia escolhido, o encontraram, enquanto o coração dos demais foi endurecido. ⁸Como dizem as Escrituras:

"Deus os fez cair em sono profundo.
  Até hoje, fechou-lhes os olhos para que
      não vejam,
  e tapou-lhes os ouvidos para que não
      ouçam".[d]

⁹Da mesma forma, Davi disse:

"Que sua mesa farta se transforme em
      laço,
  em armadilha que os faça pensar que
      tudo vai bem.
  Que seus privilégios os façam tropeçar,
  e que recebam o que merecem.
¹⁰Que seus olhos se escureçam para que
      não vejam,
  e que suas costas fiquem encurvadas
      para sempre".[e]

¹¹Acaso o povo de Deus tropeçou e caiu sem possibilidade de se levantar? Claro que não! Foram desobedientes e, por isso, Deus tornou a salvação acessível aos gentios, para que seu próprio povo sentisse ciúme. ¹²Se os gentios foram enriquecidos porque os israelitas fracassaram ao rejeitar a salvação que Deus lhes oferece, imaginem como será maior a bênção para o mundo quando Israel for plenamente restaurado!

¹³Dirijo-me especialmente a vocês, gentios. E, uma vez que fui designado apóstolo aos gentios, enfatizo isso ¹⁴porque desejo que, de algum modo, o povo de Israel sinta ciúme e assim eu possa levar alguns deles à salvação. ¹⁵Pois, se a rejeição deles possibilitou que o resto do mundo se reconciliasse com Deus, a aceitação será ainda mais maravilhosa. Será vida para os que estavam mortos!

¹⁶Se a parte da massa entregue como oferta é santa, então toda ela é santa. E, se as raízes da árvore são santas, os ramos também o serão. ¹⁷Mas alguns desses ramos, alguns do povo de Israel, foram cortados. E vocês, gentios, que eram ramos de uma oliveira brava, foram enxertados na árvore. Agora, portanto, participam do alimento nutritivo que vem da raiz da oliveira especial de Deus. ¹⁸No entanto, não devem se orgulhar de terem sido enxertados no lugar dos ramos que foram cortados, pois é a raiz que sustenta o ramo, e não o contrário.

¹⁹Talvez digam: "Esses ramos foram cortados para abrir espaço para nós". ²⁰É verdade, mas lembrem-se de que esses ramos foram cortados porque não creram e que vocês estão ali porque creem. Portanto, não se orgulhem, mas temam o que poderia acontecer. ²¹Pois, se Deus não poupou os ramos naturais, também não pouparáf vocês.

²²Observem como Deus é, ao mesmo tempo, bondoso e severo. É severo com os que lhe desobedecem, mas é bondoso com vocês, desde que continuem a confiar em sua bondade. Mas, se deixarem de confiar, também serão cortados. ²³E, se o povo de Israel abandonar sua incredulidade, será enxertado novamente, pois Deus tem poder para enxertá-los de volta na árvore. ²⁴Vocês eram, por natureza, o ramo cortado de uma oliveira brava. Portanto, se Deus se mostrou disposto a fazer algo

---

[a]**11.3** 1Rs 19.10,14. [b]**11.4** 1Rs 19.18. [c]**11.5** Em grego, *pois um remanescente permaneceu.* [d]**11.8** Is 29.10; Dt 29.4. [e]**11.9-10** Sl 69.22-23, conforme a Septuaginta. [f]**11.21** Alguns manuscritos trazem *é possível que não poupe.*

contrário à natureza ao enxertá-los em sua árvore cultivada, estará ainda mais disposto a enxertar os ramos naturais de volta na árvore da qual eles fazem parte.

A misericórdia de Deus é para todos

²⁵Irmãos, quero que vocês entendam este mistério para que não se orgulhem de si mesmos. Alguns do povo de Israel têm o coração endurecido, mas isso durará apenas até que o tempo dos gentios se complete. ²⁶E assim todo o Israel será salvo. Como dizem as Escrituras:

"O libertador virá de Sião
e afastará Israel[a] da impiedade.
²⁷E esta é minha aliança com eles:
eu removerei seus pecados".[b]

²⁸Muitos do povo de Israel agora são inimigos das boas-novas, e isso beneficia vocês, gentios. No entanto, porque ele escolheu seus patriarcas, eles ainda são o povo que Deus ama. ²⁹Pois as bênçãos de Deus e o seu chamado jamais podem ser anulados. ³⁰Em outros tempos, vocês, gentios, foram rebeldes contra Deus, mas agora, por causa da desobediência deles, vocês receberam misericórdia. ³¹Agora eles são os rebeldes, e Deus foi misericordioso com vocês, para que eles também participem[c] da misericórdia dele. ³²Pois Deus colocou a todos debaixo da desobediência para que de todos tivesse misericórdia.

³³Como são grandes as riquezas, a sabedoria e o conhecimento de Deus! É impossível entendermos suas decisões e seus caminhos!

³⁴"Pois quem conhece os pensamentos do Senhor?
Quem sabe o suficiente para aconselhá-lo?"[d]
³⁵"Quem lhe deu primeiro alguma coisa, para que ele precise depois retribuir?"[e]

³⁶Pois todas as coisas vêm dele, existem por meio dele e são para ele. A ele seja toda a glória para sempre! Amém.

Sacrifício vivo para Deus

12 Portanto, irmãos, suplico-lhes que entreguem seu corpo a Deus, por causa de tudo que ele fez por vocês. Que seja um sacrifício vivo e santo, do tipo que Deus considera agradável. Essa é a verdadeira forma de adorá-lo.[f] ²Não imitem o comportamento e os costumes deste mundo, mas deixem que Deus os transforme por meio de uma mudança em seu modo de pensar, a fim de que experimentem a boa, agradável e perfeita vontade de Deus para vocês.

³Com base na graça que recebi, dou a cada um de vocês a seguinte advertência: não se considerem melhores do que realmente são. Antes, sejam honestos em sua autoavaliação, medindo-se de acordo com a fé que Deus nos deu.[g] ⁴Da mesma forma que nosso corpo tem vários membros e cada membro, uma função específica, ⁵assim é também com o corpo de Cristo. Somos membros diferentes do mesmo corpo, e todos pertencemos uns aos outros.

⁶Deus, em sua graça, nos concedeu diferentes dons. Portanto, se você tiver a capacidade de profetizar, faça-o de acordo com a proporção de fé que recebeu. ⁷Se tiver o dom de servir, sirva com dedicação. Se for mestre, ensine bem. ⁸Se seu dom consistir em encorajar pessoas, encoraje-as. Se for o dom de contribuir, dê com generosidade. Se for o de exercer liderança, lidere de forma responsável. E, se for o de demonstrar misericórdia, pratique-o com alegria.

⁹Amem as pessoas sem fingimento. Odeiem tudo que é mau. Apeguem-se firmemente ao que é bom. ¹⁰Amem-se com amor fraternal e tenham prazer em honrar uns aos outros. ¹¹Jamais sejam preguiçosos, mas trabalhem com dedicação e sirvam ao Senhor com entusiasmo.[h] ¹²Alegrem-se em nossa esperança. Sejam pacientes nas dificuldades e não parem de orar. ¹³Quando membros do povo santo passarem por necessidade, ajudem com prontidão. Estejam sempre dispostos a praticar a hospitalidade.

¹⁴Abençoem aqueles que os perseguem. Não os amaldiçoem, mas orem para que Deus os abençoe. ¹⁵Alegrem-se com os que se alegram e chorem com os que choram. ¹⁶Vivam em harmonia uns com os outros. Não sejam orgulhosos,

---

[a]**11.26** Em grego, *Jacó*. [b]**11.26-27** Is 59.20-21; 27.9, conforme a Septuaginta. [c]**11.31** Alguns manuscritos trazem *agora participem*; outros, *algum dia participem*. [d]**11.34** Is 40.13, conforme a Septuaginta. [e]**11.35** Ver Jó 41.11. [f]**12.1** Ou *Essa é sua adoração espiritual*, ou *Esse é seu culto racional*. [g]**12.3** Ou *a fé que Deus lhes deu*, ou *a medida de nossa fé dada por Deus*. [h]**12.11** Ou *mas sirvam ao Senhor com espírito zeloso*, ou *mas deixem que o Espírito os anime ao serverem ao Senhor*.

> **PÃO DIÁRIO**
>
> ## Buscando a hospitalidade
>
> *Quando membros do povo santo passarem por necessidade, ajudem com prontidão. Estejam sempre dispostos a praticar a hospitalidade.*
>
> —Romanos 12.13
>
> No Novo Testamento, a hospitalidade é uma característica da vida cristã e também dos líderes da Igreja (1Tm 3.2; Tt 1.8), algo que é ordenado a todo seguidor de Jesus como uma expressão de amor (Rm 12.13; 1Pe 4.9). Porém, seu significado é muito mais profundo do que ser um anfitrião generoso ou abrir a própria casa para os convidados.
>
> A palavra grega traduzida como *hospitalidade* significa "amor pelos estrangeiros". Quando Paulo fala em prontidão ao praticar a hospitalidade (Rm 12.13), ele nos convoca a buscar relacionamentos com pessoas que têm necessidades. Não é uma tarefa fácil.
>
> O escritor Henri Nouwen compara o ser hospitaleiro com o estender a mão àqueles que encontramos em nosso caminho pela vida: pessoas que podem estar distanciadas de sua cultura, país, amigos, família ou até mesmo de Deus. Nouwen escreve no livro *Crescer: Os três movimentos da vida espiritual* (Ed. Paulinas, 2000): "Hospitalidade, portanto, significa basicamente a criação de um espaço livre onde o estrangeiro possa entrar e tornar-se amigo em vez de inimigo. A hospitalidade não significa mudar as pessoas, mas oferecer-lhes o espaço onde a mudança possa acontecer".
>
> Independentemente de morarmos numa casa, república estudantil, cela de prisão ou em barracas militares, podemos receber bem outras pessoas como demonstração do nosso amor por elas e por Cristo. A hospitalidade envolve dar lugar aos necessitados.
>
> *Jesus, cuidaste dos doentes e dos famintos, estendendo Tuas mãos de amor. Que eu possa seguir o Teu exemplo e demonstrar generosa hospitalidade aos que colocares em meu caminho. Ajuda-me a manter os meus olhos e o coração abertos ao receber indivíduos e grupos que estejam passando por necessidades. E que eu possa abrir minha carteira e meu lar para ajudá-los.*
>
> **A hospitalidade pode preencher o vazio de um coração solitário.**

[17] Nunca paguem o mal com o mal. Pensem sempre em fazer o que é melhor aos olhos de todos. [18] No que depender de vocês, vivam em paz com todos.

[19] Amados, nunca se vinguem; deixem que a ira de Deus se encarregue disso, pois assim dizem as Escrituras:

"A vingança cabe a mim,
 eu lhes darei o troco,
 diz o Senhor".[a]

[20] Pelo contrário:

"Se seu inimigo estiver com fome, dê-lhe de comer;
 se estiver com sede, dê-lhe de beber.
Ao fazer isso, amontoará
 brasas vivas sobre a cabeça dele".[b]

[21] Não deixem que o mal os vença, mas vençam o mal praticando o bem.

Respeito pelas autoridades

13 Todos devem sujeitar-se às autoridades, pois toda autoridade vem de Deus, e aqueles que ocupam cargos de autoridade foram ali colocados por ele. [2] Portanto, quem se rebela contra a autoridade se rebela contra o Deus que a instituiu e será punido. [3] Pois as autoridades não causam temor naqueles que fazem o que é certo, mas sim nos que fazem o que é errado. Você deseja viver livre do medo das autoridades? Faça o que é certo, e elas o honrarão. [4] As autoridades estão a serviço de Deus, para o seu bem. Mas, se você estiver fazendo algo errado, é evidente que deve temer, pois elas têm o poder de puni-lo, pois estão a serviço de Deus para castigar os que praticam o mal. [5] Portanto, sujeitem-se a elas, não apenas para evitar a punição, mas também para manter a consciência limpa.

[6] É por esse motivo também que vocês pagam impostos, pois as autoridades estão a serviço de Deus no trabalho que realizam. [7] Deem a cada um o que lhe é devido: paguem os impostos e tributos àqueles que os recolhem e honrem e respeitem as autoridades.

mas tenham amizade com gente de condição humilde. E não pensem que sabem tudo.

[a] 12.19 Dt 32.35. [b] 12.20 Pv 25.21-22.

> **REFLETINDO SOBRE:** Obedecendo à Lei
>
> ## Mulheres que ouviram a carta de Paulo
>
> *Todos devem sujeitar-se às autoridades, pois toda autoridade vem de Deus...*
> —Romanos 13.1
>
> Tara arrancou a multa da mão do policial e a colocou no porta-luvas. Qual era o problema de não ter parado completamente? Ela saiu dirigindo irritada. Ninguém vinha de ambos os lados, e que lugar tolo era aquele para colocar uma placa de PARE. Parecia injusto ela receber aquela multa tão pouco tempo depois das outras duas multas por alta velocidade, no início do mês. Acalmando-se, ela estacionou em vaga para deficientes para ir rapidamente à farmácia. Ao passar pela traseira de seu carro, parou para limpar o símbolo de peixe colocado na lataria.
>
> Se as mulheres que viveram em Roma no primeiro século sentiam que não fazia diferença obedecerem ou não à lei, a questão foi esclarecida quando receberam a carta de Paulo. Provavelmente foi difícil para elas ouvirem a instrução sobre submeter-se à autoridade do governo em uma época em que um louco como Nero governava a cidade. Muitas dessas mulheres provavelmente tinham membros da família que foram torturados ou assassinados pelo cruel imperador. Como poderiam esperar que elas se submetessem a tal autoridade? Mas Paulo escreveu que, quando se rebelavam contra o governo, estavam se rebelando contra Deus, que instituí as autoridades.
>
> Podemos pensar que seja irrelevante desconsiderar as leis que parecem secundárias ou inconvenientes. Mas, ainda que os cristãos sejam cidadãos do reino de Cristo, espera-se que sejamos bons cidadãos na Terra também. Mesmo que não consigamos respeitar o caráter de uma pessoa num cargo de autoridade, podemos reconhecer que Deus permitiu que essa pessoa ocupasse tal cargo. Ainda que discordemos de uma lei específica, somos responsáveis por nos submeter a ela, contanto que não se contraponha às leis de Deus. Pode ir contra a nossa natureza, mas, se as mulheres do primeiro século conseguiram reconhecer a autoridade de Nero, certamente nós podemos nos submeter a uma placa de sinalização de trânsito.

O amor cumpre as exigências da lei de Deus

⁸Não devam nada a ninguém, a não ser o amor de uns pelos outros. Quem ama seu próximo cumpre os requisitos da lei de Deus. ⁹Pois os mandamentos dizem: "Não cometa adultério. Não mate. Não roube. Não cobice".ª Esses e outros mandamentos semelhantes se resumem num só: "Ame o seu próximo como a si mesmo".ᵇ ¹⁰O amor não faz o mal ao próximo, portanto o amor cumpre todas as exigências da lei de Deus.

¹¹Tudo isso é ainda mais urgente porque vocês sabem como é tarde; o tempo está se esgotando. Despertem, pois nossa salvação está mais próxima agora do que quando cremos no início. ¹²A noite está quase acabando, e logo vem o dia. Portanto, deixem de lado as obras das trevas como se fossem roupas sujas e vistam a armadura da luz. ¹³Uma vez que pertencemos ao dia, vivamos com decência, à vista de todos. Não participem de festanças desregradas, de bebedeiras, de promiscuidade sexual e de práticas imorais, e não se envolvam em brigas nem em invejas. ¹⁴Em vez disso, revistam-se do Senhor Jesus Cristo e não fiquem imaginando formas de satisfazer seus desejos pecaminosos.

Não julguem uns aos outros

14 Aceitem os que são fracos na fé e não discutam sobre as opiniões deles acerca do que é certo ou errado. ²Por exemplo, um irmão crê que não é errado comer qualquer coisa. Outro, porém, que é mais fraco, come somente legumes e verduras. ³Quem se sente à vontade para comer de tudo não deve desprezar quem não o faz. E quem não come certos alimentos não deve condenar quem o faz, pois Deus os aceitou. ⁴Quem são vocês para condenar os servos de outra pessoa? O senhor deles julgará se estão em pé ou se caíram. E, com a

---

ª **13.9a** Êx 20.13-15,17. ᵇ **13.9b** Lv 19.18.

ajuda de Deus, ficarão em pé e receberão a aprovação dele.

⁵Da mesma forma, há quem considere um dia mais sagrado que outro, enquanto outros acreditam que todos os dias são iguais. Cada um deve estar plenamente convicto do que faz. ⁶Quem adora a Deus num dia especial o faz para honrá-lo. Quem come qualquer tipo de alimento também o faz para honrar o Senhor, uma vez que dá graças a Deus antes de comer. E quem se recusa a comer certos alimentos deseja, igualmente, agradar ao Senhor e por isso dá graças a Deus. ⁷Pois não vivemos nem morremos para nós mesmos. ⁸Se vivemos, é para honrar o Senhor. E, se morremos, é para honrar o Senhor. Portanto, quer vivamos, quer morramos, pertencemos ao Senhor. ⁹Por isso Cristo morreu e ressuscitou, para ser Senhor tanto dos vivos como dos mortos.

¹⁰Então por que você julga outro irmão? Por que o despreza? Lembre-se de que todos nós compareceremos diante do tribunal de Deus, ¹¹pois as Escrituras dizem:

"'Tão certo como eu vivo', diz o Senhor,ᵃ
'todo joelho se dobrará para mim,
e toda língua declarará lealdade a
Deus'".ᵇ

¹²Assim, cada um de nós será responsável por sua vida diante de Deus. ¹³Portanto, deixemos de julgar uns aos outros. Em vez disso, resolvam viver de modo a nunca fazer um irmão tropeçar e cair.

¹⁴Eu sei, e estou convencido com base na autoridade do Senhor Jesus, que nenhum alimento é por si mesmo impuro. Mas, se alguém considera errado ingerir determinado alimento, para essa pessoa ele é impuro. ¹⁵E, se outro irmão se aflige em razão do que você come, ao ingerir esse alimento você não age com amor. Não deixe que sua comida seja a causa da perdição de alguém por quem Cristo morreu. ¹⁶Desse modo, você não será criticado por fazer algo que, a seu ver, é bom. ¹⁷Pois o reino de Deus não diz respeito ao que comemos ou bebemos, mas a uma vida de justiça, paz e alegria no Espírito Santo. ¹⁸Se servirem a Cristo com essa atitude, agradarão a Deus e também receberão a aprovação das pessoas. ¹⁹Portanto, tenhamos como alvo a harmonia e procuremos edificar uns aos outros.

²⁰Não destruam a obra de Deus por causa da comida. Embora todos os alimentos sejam aceitáveis, é errado comer algo que leve alguém a tropeçar. ²¹É melhor deixar de comer carne, ou de beber vinho, ou de fazer qualquer outra coisa que leve um irmão a tropeçar.ᶜ ²²Você tem direito a suas convicções, mas guarde isso entre você e Deus. Felizes são aqueles que não se sentem culpados por fazer algo que consideram correto. ²³Mas, se você tem dúvidas quanto ao que deve ou não comer, será culpado se comer, pois vai contra suas convicções. Se faz qualquer coisa sem convicção, está pecando.ᵈ

Vivam para ajudar e edificar os outros

15 Nós que somos fortes devemos ter consideração pelos fracos, e não agradar a nós mesmos. ²Devemos agradar ao próximo visando ao que é certo, com a edificação deles como alvo. ³Pois Cristo não viveu para agradar a si mesmo. Como dizem as Escrituras: "Os insultos dos que te insultam caem sobre mim".ᵉ ⁴Essas coisas foram registradas há muito tempo para nos ensinar, e as Escrituras nos dão paciência e ânimo para mantermos a esperança.

⁵Que Deus, aquele que concede paciência e ânimo, os ajude a viver em completa harmonia uns com os outros, como convém aos seguidores de Cristo Jesus. ⁶Então todos vocês poderão se unir em uma só voz para louvar e glorificar a Deus, o Pai de nosso Senhor Jesus Cristo.

⁷Portanto, aceitem-se uns aos outros como Cristo os aceitou, para que Deus seja glorificado. ⁸Lembrem-se de que Cristo veio para servir aos judeus,ᶠ a fim de mostrar que Deus é fiel às promessas feitas a seus patriarcas, ⁹e também para que os gentios glorifiquem a Deus por suas misericórdias, como dizem as Escrituras:

"Por isso eu te louvarei entre os gentios;
sim, cantarei louvores ao teu nome".ᵍ

¹⁰E dizem também:

ᵃ**14.11a** Is 49.18. ᵇ**14.11b** Ou *declarará louvor a Deus*. Is 45.23, conforme a Septuaginta. ᶜ**14.21** Alguns manuscritos acrescentam *ou se escandalizar ou se enfraquecer*. ᵈ**14.23** Alguns manuscritos inserem aqui a passagem de 16.25-27. ᵉ**15.3** Sl 69.9. ᶠ**15.8** Em grego, *como servo da circuncisão*. ᵍ**15.9** Sl 18.49.

"Alegrem-se com o povo dele,
ó gentios".[a]

[11]E ainda:

"Louvem o Senhor, todos vocês, gentios;
louvem-no, todos os povos".[b]

[12]E, em outra parte, o profeta Isaías disse:

"Virá o herdeiro do trono de Davi[c]
e reinará sobre os gentios.
Nele depositarão sua esperança".[d]

[13]Que Deus, a fonte de esperança, os encha inteiramente de alegria e paz, em vista da fé que vocês depositam nele, de modo que vocês transbordem de esperança, pelo poder do Espírito Santo.

Propósito da carta

[14]Meus irmãos, estou plenamente convencido de que vocês estão cheios de bondade. Conhecem essas coisas tão bem que podem ensiná-las uns aos outros. [15]Ainda assim, atrevi-me a escrever a vocês sobre alguns desses assuntos, certo de que só precisam de um lembrete. Pois, pela graça de Deus, [16]sou um mensageiro da parte de Cristo Jesus a vocês, os gentios. Anuncio-lhes as boas-novas para que se tornem oferta aceitável a Deus, separados pelo Espírito Santo. [17]Tenho motivo, portanto, para me entusiasmar com o que Cristo Jesus tem feito por meio de meu serviço a Deus. [18]E, no entanto, não ouso me vangloriar de nada, exceto do que Cristo fez por meu intermédio a fim de conduzir os gentios a Deus, por minha mensagem e pelo meu trabalho, [19]convencendo-os pelo poder de sinais e maravilhas e pelo poder do Espírito de Deus.[e] Assim, apresentei plenamente as boas-novas de Cristo desde Jerusalém até o Ilírico.[f]

[20]Sempre me propus a anunciar as boas-novas onde o nome de Cristo nunca foi ouvido, para não construir sobre alicerce alheio. [21]Pois, conforme dizem as Escrituras:

"Aqueles aos quais ele nunca foi
anunciado verão,
e os que nunca ouviram falar dele
entenderão".[g]

[22]É por isso, aliás, que há tanto tempo tenho adiado minha visita a vocês, porque estava pregando nesses lugares.

Os planos de viagem de Paulo

[23]Mas, agora que terminei meu trabalho nessas regiões, e depois de tantos anos de espera, estou ansioso para visitá-los. [24]Planejo ir à Espanha e, quando for, espero passar por Roma. E, depois de ter desfrutado um pouco de sua companhia, vocês poderão me ajudar com a viagem.

[25]Antes de visitá-los, porém, devo ir a Jerusalém, para servir ao povo santo de lá. [26]Pois os irmãos da Macedônia e da Acaia[h] juntaram, de boa vontade, uma oferta para os pobres dentre o povo santo em Jerusalém. [27]Ficaram contentes em fazê-lo, pois se sentem devedores deles. Porque os gentios receberam as bênçãos espirituais das boas-novas dos irmãos em Jerusalém, consideram que no mínimo podem retribuir ajudando-os financeiramente. [28]Assim que eu tiver entregado o dinheiro e completado essa boa ação dos gentios, irei à Espanha, visitando vocês de passagem. [29]E estou certo de que, quando for, Cristo abençoará ricamente nosso tempo juntos.

[30]Irmãos, peço-lhes em nome de nosso Senhor Jesus Cristo e pelo amor que lhes foi dado pelo Espírito Santo que se unam a mim em minha luta, orando a Deus em meu favor. [31]Orem para que eu me livre dos que estão na Judeia e que se recusam a crer. Orem também para que o povo santo em Jerusalém se disponha a aceitar a oferta[i] que estou levando. [32]Então, pela vontade de Deus, poderei visitar vocês com o coração alegre e teremos um tempo de descanso juntos.

[33]Que o Deus que nos dá sua paz esteja com todos vocês. Amém.[j]

Saudações de Paulo a seus amigos

16 Recomendo-lhes nossa irmã Febe, que serve à igreja em Cencreia. [2]Recebam-na

---

[a] 15.10 Dt 32.43. [b] 15.11 Sl 117.1. [c] 15.12a Em grego, *a raiz de Jessé*. Davi era filho de Jessé. [d] 15.12b Is 11.10, conforme a Septuaginta. [e] 15.19a Alguns manuscritos trazem *Espírito*; outros, *Espírito Santo*. [f] 15.19b O Ilírico era uma região situada ao nordeste da Itália. [g] 15.21 Is 52.15, conforme a Septuaginta. [h] 15.26 *Macedônia* e *Acaia* eram as regiões norte e sul da Grécia. [i] 15.31 Em grego, o *ministério*; alguns manuscritos trazem *o presente*. [j] 15.33 Alguns manuscritos não trazem *Amém*; outros inserem aqui a passagem de 16.25-27.

> **PÃO DIÁRIO**
>
> ## "Nós cortamos o carvão"
>
> *Recomendo-lhes nossa irmã Febe [...]. Recebam-na no Senhor, como uma pessoa digna de honra no meio do povo santo. Ajudem-na no que ela precisar, pois tem sido de grande ajuda para muitos, especialmente para mim.*
> —Romanos 16.1,2
>
> Winston Churchill sabia que as pessoas que trabalham nos bastidores nem sempre recebem o crédito que merecem. Durante a Segunda Guerra Mundial, muitos dos mineiros de carvão da Inglaterra quiseram alistar-se e lutar nas linhas de frente. Churchill reconheceu o patriotismo desses indivíduos, mas lembrou-lhes do quanto o trabalho deles era valioso à causa da guerra. E acrescentou: "Alguns devem permanecer nas minas, e outros devem ficar no exército. Ambos são igualmente necessários, e o crédito é o mesmo para ambos."
>
> Antecipando o momento em que as crianças perguntariam aos pais o que eles tinham feito na guerra, Churchill falou: "Alguém dirá: 'Fui piloto combatente'; o outro: 'Trabalhei num submarino'; e vocês, por sua vez, dirão com igual orgulho e direito: 'Nós cortamos o carvão'".
>
> Paulo também reconhecia a vital importância daqueles que trabalhavam nos bastidores. Grande parte de Romanos 16 é dedicada a honrar alguns de seus colegas obreiros na fé — pessoas tais como Febe, Andrônico e Urbano — indivíduos que jamais conheceríamos de outra forma. O serviço que prestavam era valioso para Paulo e à causa: alcançar pessoas para Cristo.
>
> Seu trabalho para o Senhor pode ser invisível e inesperado, mas é essencial. Continue "cortando o carvão". Você é valiosa para o Senhor.
>
> *Ajuda-nos a reconhecer que, independentemente do que façamos para a expansão do Teu reino, nada é insignificante. Colocaste-nos aqui por algum propósito. Que possamos deixar os resultados do nosso serviço e todos os aplausos e elogios somente a ti.*
>
> ---
>
> **O seu pouco significa muito quando você dá tudo de si.**

grato a eles, e também o são todas as igrejas dos gentios. ⁵Saúdem a igreja que se reúne na casa deles.

Saúdem também meu querido amigo Epêneto, que foi o primeiro seguidor de Cristo na província da Ásia. ⁶Saúdem Maria, que trabalhou tanto por vocês. ⁷Saúdem Andrônico e Júnias, meus compatriotas judeus que estiveram comigo na prisão. São muito respeitados entre os apóstolos e se tornaram seguidores de Cristo antes de mim. ⁸Saúdem Amplíato, meu querido amigo no Senhor. ⁹Saúdem Urbano, nosso colaborador em Cristo, e meu querido amigo Estáquis.

¹⁰Saúdem Apeles, um bom homem, aprovado por Cristo. Saúdem os que são da casa de Aristóbulo. ¹¹Saúdem Herodião, meu compatriota judeu. Saúdem os da casa de Narciso que são do Senhor. ¹²Saúdem Trifena e Trifosa, obreiras do Senhor, e a estimada Pérside, que tem trabalhado com dedicação para o Senhor. ¹³Saúdem Rufo, a quem o Senhor escolheu, e também sua mãe, que tem sido mãe para mim.

¹⁴Saúdem Asíncrito, Flegonte, Hermes, Pátrobas, Hermas e os irmãos que se reúnem com eles. ¹⁵Saúdem Filólogo, Júlia, Nereu e sua irmã, e também Olimpas e todo o povo santo que se reúne com eles. ¹⁶Saúdem uns aos outros com beijo santo. Todas as igrejas de Cristo lhes enviam saudações.

Instruções finais de Paulo

¹⁷E agora, irmãos, peço-lhes que tomem cuidado com aqueles que causam divisões e perturbam a fé, ensinando coisas contrárias ao que vocês aprenderam. Fiquem longe deles. ¹⁸Esses indivíduos não servem a Cristo, nosso Senhor, mas apenas a seus próprios interesses, e enganam os inocentes com palavras suaves e bajulação. ¹⁹Mas todos sabem que vocês são obedientes ao Senhor, o que muito me alegra. Quero que sejam sábios quanto a fazer o bem e permaneçam inocentes de todo mal. ²⁰Em breve o Deus da paz esmagará Satanás sob os pés de vocês. Que a graça de nosso Senhor Jesus seja com vocês.

²¹Timóteo, meu colaborador, lhes envia saudações, bem como Lúcio, Jasom e Sosípatro, meus compatriotas judeus.

²²Eu, Tércio, que escrevo esta carta para Paulo, também envio minhas saudações no Senhor.

no Senhor, como uma pessoa digna de honra no meio do povo santo. Ajudem-na no que ela precisar, pois tem sido de grande ajuda para muitos, especialmente para mim.

³Deem minhas saudações a Priscila e Áquila, meus colaboradores no serviço de Cristo Jesus. ⁴Certa vez, eles arriscaram a vida por mim. Sou

²³Gaio os saúda. Estou hospedado em sua casa, onde ele também tem recebido toda a igreja. Erasto, tesoureiro da cidade, bem como nosso irmão Quarto, lhes enviam saudações. ²⁴Que a graça de nosso Senhor Jesus Cristo seja com todos vocês. Amém.ᵃ ²⁵Toda a glória seja a Deus, que pode fortalecê-los, como afirmam as boas-novas. Essa mensagem a respeito de Jesus Cristo revelou seu plano, mantido em segredo desde o princípio dos tempos, ²⁶mas que agora, como os escritos dos profetas predisseram e o Deus eterno ordenou, é anunciada aos gentios de toda parte, a fim de que eles também possam crer nele e lhe obedecer. ²⁷Toda a glória para sempre ao Deus único e sábio, por meio de Jesus Cristo. Amém.ᵇ

ᵃ**16.24** Alguns manuscritos não trazem o versículo 24. ᵇ**16.25-27** Vários manuscritos inserem a doxologia (apresentada aqui como 16.25-27) depois de 14.23 ou depois de 16.23.

Aprendendo com as mulheres da Bíblia

FEBE

O Espírito de Deus nos orienta como servas líderes

O envio de correspondências no primeiro século da Era Cristã era um dilema. Os navios eram desenvolvidos para transportar mercadorias em vez de passageiros, os mares eram turbulentos e o despacho, muitas vezes, era interrompido durante o inverno. Como Paulo faria que sua carta, enviada de Corinto, chegasse aos cristãos em Roma?

Febe foi a emissária que fez essa longa e lenta viagem. Imagine-a sentada com os outros enquanto a epístola era lida em voz alta na reunião da congregação na casa de Priscila e Áquila. Quando o leitor se aproximava do final da carta, chegava às palavras que a recomendavam para aquela congregação (Rm 16.1,2). Delas, a primeira coisa que aprendemos sobre Febe é que ela era uma diaconisa na igreja em Cencreia, um subúrbio em Corinto. O termo grego é *diakonos*, de onde se origina a palavra "diácono". A função de um diácono era a de serviço. Lembre-se de que, no início do livro de Atos, as murmurações de descontentamento haviam irrompido entre os cristãos de Jerusalém: os cristãos de fala grega reclamavam que os cristãos de fala hebraica estavam discriminando as viúvas gregas "na distribuição diária" (At 6.1). A palavra grega aqui traduzida como "distribuição" é *diakonia*. A distribuição de comida para os necessitados era um aspecto da "diaconia".

No entanto, as tarefas e responsabilidades de um diácono provavelmente incluíam mais do que apenas atos de serviço. Lembre-se de que Estevão e Filipe estavam entre os sete indicados para garantir que as viúvas gregas recebessem comida. Nos versículos imediatamente seguintes à indicação a esse serviço, Estevão é descrito como "cheio de graça e poder, realizava milagres e sinais entre o povo" (At 6.8). Ele estava nas ruas ou no mercado pregando e curando com o poder advindo de Deus. Em meio a esse empolgante ministério, Estevão foi levado diante do Sinédrio. Lá, pregou um sermão que o levou diretamente ao seu martírio por apedrejamento (At 7.59,60). O diácono Estevão era ativo em muitas formas de ministérios.

O diácono Filipe também era um evangelista ativo. A perseguição em Jerusalém havia levado muitos cristãos para fora da cidade, e Filipe foi para Samaria onde "as multidões ouviram sua mensagem e viram os sinais que ele realizava, deram total atenção às suas palavras. Muitos espíritos impuros eram expulsos e, aos gritos, deixavam suas vítimas, e muitos paralíticos e aleijados eram curados" (At 8.6,7). Obviamente o trabalho ministerial ligava a posição de diácono a muito mais do que alimentar viúvas.

Quando voltamos às epístolas de Paulo, vemos que o apóstolo usou a palavra *diakonos* para descrever cinco pessoas. Primeiramente, usou-a para descrever o seu próprio ministério (Ef 3.7; Cl 1.23). Ele também a usou para descrever o ministério de outras quatro pessoas:

- Timóteo (1Ts 3.2; 1Tm 4.6)
- Tíquico (Ef 6.21; Cl 4.7)
- Epafras (Cl 1.7)
- Febe (Rm 16.1,2)

Seja o que for que Paulo e os outros três homens faziam no ministério, é provável que Febe também o fizesse na igreja em Cencreia. Perceba que Paulo não a chama de *diakonesse*, o feminino de diácono. Ele usou *diakonos*, o mesmo título usado para si mesmo e para os seus outros três cooperadores masculinos.

Se Paulo não faz distinção entre os ministérios de diáconos homens ou mulheres, por que ao longo da história da igreja muitos outros sistematicamente o fazem? Talvez o fator mais significativo nos últimos 400 anos possa ser traçado a uma fonte que pode surpreendê-lo: os tradutores da Bíblia.

Alguns tradutores da Bíblia permitem que suas próprias inclinações influenciem suas escolhas de palavras. Por exemplo, em 1608, quando o rei Tiago da Inglaterra autorizou uma nova tradução da Bíblia (King James), os tradutores insistentemente traduziram *diakonos* como "ministro" para os homens, mas como "serva" para Febe. Embora não conheçamos toda a amplitude das tarefas que um diácono do primeiro século cumpria, podemos dizer que era uma função que descrevia pelo menos parte do ministério de Febe nos mesmos termos usados para descrever parte do trabalho de Paulo.

Febe foi identificada por Paulo como diácono (*diakonos*) e como *prostatis*. Nossa tradução a chama de "grande ajuda". Quando ele a apresenta aos cristãos romanos, primeiramente a descreve como diácono (*diakonos*) e depois diz que ela é "...de grande ajuda para muitos, especialmente para mim" (Rm 16.2, ênfase adicionada). Em grego, a expressão "grande ajuda" é um substantivo. O erudito bíblico e lexicógrafo Joseph Thayer define que o primeiro significado de *prostatis* é "uma mulher colocada acima de outros" (*A Greek-English lexicon of the New Testament*, Nova Iorque: American Book Company, 1886, 549 pp). É a forma feminina de um substantivo que descreve um líder. Até mesmo o conservador erudito bíblico Charles Ryrie, que ensinava que o papel da mulher na igreja "não é de liderança", reconheceu que *prostatis* "inclui algum tipo de liderança" (citado em Payne, *Man and Woman*, p.63).

Embora o substantivo feminino singular *prostatis* ocorra somente aqui no Novo Testamento, ele deriva do verbo *proistemi*, uma palavra comum nas cartas paulinas. Assim, consideremos alguns exemplos de como Paulo usou outras formas da palavra em outros textos:

- "Se for o de exercer liderança [*proistemenos*], lidere de forma responsável" (Rm 12.8).
- "...honrem seus líderes [*proistemenous*] na obra do Senhor" (1Ts 5.12).
- "Os presbíteros que fazem [*proestotes*] bem o seu trabalho devem receber honra redobrada" (1Tm 5.17).

Resumindo: parece que, da forma como Paulo a apresenta, Febe era tanto diácono como uma líder na igreja em Cencreia. Paulo a conhecia bem e confiou-lhe sua preciosa carta aos cristãos em Roma.

O reino de Deus contraria todas as ideias prevalecentes sobre a liderança. Jesus inverte nossa noção sobre liderança. Sua mensagem era, consistentemente, de que o modo como as pessoas pensam sobre poder ou domínio não é o modo de pensar de Deus (Mt 20.24-28). Paulo entendia isso, por isso pôde escrever: "...Deus escolheu as coisas que o mundo considera loucura para envergonhar os sábios, assim como escolheu as coisas fracas para envergonhar os poderosos. Deus escolheu coisas desprezadas pelo mundo, tidas como insignificantes, e as usou para reduzir a nada aquilo que o mundo considera importante. Portanto, ninguém jamais se orgulhe na presença de Deus" (1Co 1.27-29).

Faz sentido para você que Deus escolha "as coisas fracas para envergonhar os poderosos"? Ou que Ele oblitere — aniquile completamente — "aquilo que o mundo considera importante"? Paulo, então, expõe a razão para a inversão no reino de Deus: para que ninguém se vanglorie do que tem realizado. Sejam quais forem os dons que Febe trouxe à igreja em Cencreia, ela estava lá como serva de Deus. Não há espaço para vanglória. É servindo que lideramos. A liderança vem debaixo, não de cima.

O Espírito de Deus chama mulheres a posições de liderança na igreja atualmente? Isso depende tanto da mulher quanto da condição ministerial. Com relação à mulher: ela tem os dons necessários para o ministério? Ela tem paixão, visão, o temperamento e a iniciativa para isso? Com relação ao ministério: é de um tipo que ela pode usar seus dons e paixão a serviço de Cristo? A condição do ministério é ideal para os dons que Deus lhe conferiu? Acima de tudo, ela tem humildade para saber que, seja lá o que for que Deus realize por meio do serviço dela, é, no fim das contas, Deus em ação?

Por trás dessas perguntas, esconde-se ainda outra: ela vê o ministério como uma posição para servir ou para dominar? No reino reverso de Deus, somente quem possui o coração de servo encaixa-se para a liderança. E isso se aplica tanto a homens quanto às mulheres na liderança.

Pense sobre Febe: ela era *diakonos*, uma ministra com o coração de serva; era também *prostatis*, alguém que Deus capacitou para estar diante de outros como líder. Ambas as qualificações são necessárias ao ministério: somente com o coração de servas podemos ficar à frente de outras pessoas e liderá-las.

—Alice Mathews

QUESTÕES PARA REFLEXÃO

1. Como você vê a liderança?
2. Em linhas gerais, você diria que esse capítulo desafiou ou apoiou os seus pontos de vista sobre o que a Bíblia ensina sobre as mulheres como diaconisas? Compartilhe as razões para a sua resposta.
3. Se é verdade que as igrejas da primeira geração não faziam distinção entre as funções e responsabilidades dos diáconos homens e mulheres, que consequências isso pode trazer para os homens e mulheres na igreja atual? Quais implicações isso pode ter para você, para compreender a função de um diácono, ou para o ministério para o qual Deus a chamou neste momento de sua vida?
4. Como você descreveria os pontos de vista prevalecentes sobre a liderança em sua comunidade cristã?

Aprendendo com as mulheres da Bíblia

JÚNIA[S] E ANDRÔNICO

O Espírito de Deus nos orienta por meio de experiências que não valorizamos

Em Romanos 16.7, o apóstolo Paulo criou um quebra-cabeça que tem confundido muitos eruditos bíblicos ao longo dos anos. O enigma diz respeito à sua menção de Andrônico e Júnia[s], um misterioso casal, no encerramento dessa epístola. Aqui vai uma lista das pistas que temos sobre eles:

1. Seus nomes: Andrônico e Júnia[s].
2. Eram judeus.
3. Estiveram na prisão com o apóstolo Paulo.
4. Eram muito respeitados entre os apóstolos.
5. Tornaram-se seguidores de Cristo antes de Paulo se converter.

Pode parecer que a lista de pistas esteja completa, mas, na realidade, existe uma sexta pista que podemos derivar de outra informação disponível.

6. Em vez de "muito respeitados entre os apóstolos", a tradução mais provável é que eles seriam apóstolos bem conhecidos. Um dos critérios para o apostolado era a pessoa ter "visto Jesus" durante Seu ministério terreno (1Co 9.1; 15.6-9).

Andrônico e Júnia[s] estavam entre os 500 (1Co 15.6) que haviam visto Jesus certa vez depois de Sua ressurreição, mas antes de Sua ascensão? Em sua primeira epístola aos cristãos coríntios, Paulo dissera que a maior parte daqueles que estavam no grupo dos 500 estava vivo. Se eles não fossem parte dessa multidão, então onde teriam "visto Jesus"? E se tinham visto Jesus, como se encaixaram em Sua vida e ministério terrenos?

E, depois, há os nomes: Andrônico e Júnia[s]. Esses são nomes romanos. Contudo, Paulo os chama de "meus compatriotas judeus". No entanto, assim como Paulo tinha dois nomes — o nome romano Paulo e o nome judeu Saulo —, essas pessoas podem ter sido conhecidas, anteriormente, por seus nomes judeus, enquanto estavam na Palestina.

Muita coisa que aconteceu nas três viagens missionárias de Paulo não foi registrada por Lucas. Em algum momento da linha do tempo, esse casal compartilhou um encarceramento com Paulo. Onde? Quando? Por quê?

E ainda há o termo "apóstolo". De acordo com o meu dicionário *Oxford American Dictionary* (Oxford University Press, 2010), uma das definições de um apóstolo é "os primeiros missionários cristãos bem-sucedidos em um país ou enviados a um povo".

Eles não estavam entre os doze discípulos escolhidos por Jesus no início de Seu ministério. Porém, Jesus teve outros apóstolos. Sabemos que Paulo era apóstolo (1Co 9.1), e outros também tinham esse título, como Barnabé, Silas e Timóteo (At 14.4; 1Ts 1.1). A palavra apóstolo, em si, quer dizer simplesmente "o enviado". Isso levanta mais questionamentos. Quem enviou esse par misterioso? Quando? E para onde foram enviados? Nós, agora, os encontramos em Roma, mas como chegaram e por que estavam lá?

Se esse misterioso casal se tornara seguidor de Jesus antes do apóstolo Paulo, seriam membros da igreja em Jerusalém? Se não, talvez seriam judeus de Roma, ou de outro lugar, onde conheceram Jesus em um dos anos que vieram a Jerusalém para uma das grandes festas judaicas?

Outro questionamento tem a ver com os seus nomes. Das muitas traduções disponíveis do Novo Testamento, nenhuma difere sobre Andrônico, mas divergem sobre a segunda pessoa desse par. Algumas a designam como "Júnias", outras como "Júnia". Júnias é considerado um nome romano masculino, ao passo que Júnia era um nome romano feminino comum. Os eruditos nos dizem que o nome Júnia ocorre mais de 250 vezes em inscrições encontradas apenas em Roma, enquanto o nome Júnias não foi encontrado em parte alguma. Então, o companheiro apostólico de Andrônico era um homem ou uma mulher?

Os Pais da Igreja não tinham problema com essa questão. Orígenes (185–253 d.C.) se referiu a Júnia como uma mulher, e, mais tarde, Jerônimo (cerda de 340–420 d.C.) escreveu: "Ser apóstolo é algo maravilhoso! Mas destacar-se entre os apóstolos, pense em como essa é uma maravilhosa canção de louvor! [...] Que grande sabedoria deve ter sido a dessa mulher, para ela ser considerada digna do título de apóstolo".

Egídio de Roma (1245–1316) foi o primeiro a se referir a Andrônico e Júnias como "homens honrados". Desde o Período Patrístico da história da Igreja até a Idade Média, a noção de que uma mulher pudesse ser apóstola foi se tornando cada vez mais inconcebível e, com isso, foi argumentado que Júnia deveria ser um homem. Desde o terceiro século em diante, seu nome foi trocado para Júnias, e ela foi, daí para frente, considerada um homem. Mais recentemente, no entanto, a maioria dos tradutores restauraram o nome para Júnia, uma mulher que foi contada entre os apóstolos. Todavia, as questões de tradução ainda surgem. Alguns argumentam que, mesmo que Júnia definitivamente fosse uma mulher, ela era meramente bem conhecida pelos apóstolos. No entanto, outros eruditos bíblicos são rápidos em argumentar que não é isso que a estrutura gramatical desse versículo em grego indica. O grego deixa claro que Andrônico e Júnia não eram meramente "muito respeitados" entre os apóstolos, mas eram, de fato, apóstolos "respeitados" por si mesmos.

Júnia era o nome romano de uma apóstola judia. Essa pessoa deve ter sido uma das seguidoras de Jesus, provavelmente citada nos evangelhos. "Júnia" era o equivalente romano ou latim do nome hebraico "Joana".

Essa seguidora de Cristo era parte daquele grupo de intrépidas mulheres que sustentavam financeiramente Jesus e Seus discípulos (Lc 8.1-3); que estavam ao pé da cruz e durante Seu sepultamento; e que foram as primeiras no sepulcro na manhã da Páscoa.

Ela era esposa de Cuza, administrador do rei Herodes Antipas. Cuza provavelmente pertencia à etnia nabateana, o que poderia ligá-lo à família real de Antipas. A função de Cuza era a de administrador das propriedades do rei. Isso fazia dele, efetivamente, o ministro da Galileia, gerenciando todas as receitas, bem como os domínios reais. Por causa da experiência e *expertise* que teria acumulado para esse ofício, acredita-se que ele fosse um homem mais velho.

A corte real ficava na cidade romana de Tiberíades, onde os eruditos creem que a família de Joana deveria ter se estabelecido. Especula-se que Joana fosse de uma rica família judaica. Desta forma, seu casamento com Cuza teria sido uma aliança entre uma família judia de elite com a corte romana herodiana e isso a elevou a uma classe ainda mais alta. Quando Joana se tornou seguidora de Jesus, precisou cruzar um enorme abismo social. Contudo, ela, de boa vontade, colocou de lado sua vida no palácio e todas as suas amenidades para seguir a Cristo.

Todavia Cuza, de forma alguma, poderia se transformar em Andrônico. Porém, como um homem mais velho, não é absurdo assumir que ele provavelmente havia morrido. Assim sendo, Joana seria viúva.

Os eruditos indicam a maneira pela qual os nomes correspondentes hebraico e romano possuíam certa similaridade na ortografia e no som. Por exemplo, podemos ver isso nas letras que são compartilhadas entre os nomes "Joana" e "Júnia". E entre a rima de "Paulo" e "Saulo". É possível que Andrônico fosse a forma romana de André. A viúva Joana poderia, em algum momento, ter se casado com André — o irmão de Pedro e um dos Doze? Por um lado, essa é apenas uma ideia fantasiosa a qual não podemos provar. Por outro lado, faria sentido que Pedro levasse seu irmão e sua cunhada, que falavam latim, consigo em sua longa jornada ao coração do Império Romano. Os anos iniciais de Júnia no palácio romano em Tiberíades forneceram uma preparação maravilhosa para seu trabalho missionário tardio em Roma.

Fazer a ligação entre André e Andrônico está de acordo com as pistas que temos? André era judeu. Ele foi um dos primeiros seguidores de Jesus (Mt 10.1-4). Ele claramente cumpre as pistas 1,2,5,6.

É muito improvável que Joana, enquanto ainda era jovem, pudesse imaginar a forma como Deus usaria cada pequena parte da experiência que tivera no palácio romano. Normalmente, acontece o mesmo conosco. Você pode olhar para trás para seus primeiros anos e ver coisas que não pareciam importantes na época, mas que mais tarde Deus usou para transformar a sua vida? É no espelho retrovisor da vida que algumas vezes podemos ter o melhor vislumbre da ação estratégica de Deus em nossa história. O mistério de algumas de nossas experiências passadas pode ser resolvido quando percebemos o quão intimamente Deus tem agido em nós. Quer reconheçamos ou não, Deus já está agindo em nossa vida.

—Alice Mathews

QUESTÕES PARA REFLEXÃO

1. De que maneira a sua vida pessoal ou espiritual tem sido um quebra-cabeça para você? Quais "pistas" ou peças faltantes você descobriu que a ajudaram a entender mais sobre a sua identidade, seu propósito de vida ou os dons que Deus lhe concedeu para o Seu ministério?

2. À medida que você reflete sobre sua vida, como descreveria sua "preparação" ministerial: os altos e baixos que a equiparam, ou ainda a equipam, a amar os outros em nome de Jesus?

1CORÍNTIOS

INTRODUÇÃO

Cidade de Corinto. Possuía 400 mil habitantes e era a principal cidade da Grécia quando Paulo a visitou, estando situada em um grande istmo onde o comércio do mundo passava. Os habitantes eram gregos, judeus, italianos e uma multidão mista de todos os lugares. Marinheiros, comerciantes, aventureiros e refugiados de todo o mundo lotavam a cidade, trazendo consigo os males de todos os países, dos quais advinham muitas formas de degradação humana. A religião e a filosofia eram prostituídas a usos vis. A vida intelectual era colocada acima da vida moral, e a vida futura era negada para que pudessem desfrutar a vida presente sem restrições.

Igreja em Corinto. Foi fundada por Paulo na segunda viagem missionária (At 18.1-18). Seu espírito na fundação da igreja é visto em 1Co 2.1,2. Enquanto esteve lá, Paulo hospedou-se na casa de Áquila e Priscila, judeus que tinham sido expulsos de Roma (At 18.2,3), mas que agora se tornaram membros da igreja. Apolo pregou a esta igreja e a ajudou na ausência de Paulo (18.24-28; 19.1). Ambas as epístolas estão cheias de informações quanto à condição da igreja e os muitos problemas que a atingiram e que tiveram que enfrentar de tempos em tempos. Corinto era uma das cidades mais perversas dos tempos antigos e a igreja estava cercada por costumes e práticas pagãs. Muitos dos seus membros tinham recentemente passado pela conversão do paganismo ao cristianismo e a igreja estava longe de ser ideal.

Ocasião e propósito da primeira epístola. Notícias desfavoráveis tinham vindo a Paulo a respeito da igreja de Corinto, e ele lhes tinha escrito uma carta (5.9) que se perdeu. Nessa carta, ele parece ter ordenado que abandonassem suas práticas más e prometeu visitá-los. Entretanto, membros da casa de Cloe (1.11) e outros amigos (16.17) vieram a ele em Éfeso e trouxeram notícias das divisões e das práticas más de alguns de seus membros. Finalmente, escreveram-lhe uma carta solicitando seu conselho sobre certos assuntos (7.1). De tudo isso, aprendemos (1) que havia quatro facções entre eles, 1.12; (2) que havia uma imoralidade repugnante na igreja como no caso da pessoa incestuosa, Cap. 5; (3) que eles iam ao tribunal um contra o outro, Cap. 6; (4) que muitas questões práticas os incomodavam. Paulo, portanto, escreveu para corrigir todos esses erros de doutrina e prática.

Conteúdo. Esta carta contém algumas das melhores passagens do Novo Testamento. No entanto, é notável especialmente pela natureza muito prática de seu conteúdo. Trata de muitos dos problemas da vida diária e foi destinada a discutir apenas uma grande doutrina: a da ressurreição.

Data. De Éfeso, na primavera de 57 d.C.

ESBOÇO

Introdução, 1.1-9

1. A respeito das divisões e do espírito faccioso, 1.10–4.21
    Divisões são evitadas:
    1.1. Por Cristo como o centro do cristianismo, 1.10-31
    1.2. Por mentalidade espiritual, 2.1–3.4
    1.3. Por uma visão correta dos pregadores, 3.5–4.21
2. Correção de desordens morais, Caps. 5–6
    2.1. A pessoa incestuosa, Cap. 5
    2.2. Ações judiciais, 6.1-11
    2.3. Pecados do corpo, 6.12-20
3. Respostas a perguntas e questões relacionadas, 7.1–16.4
    3.1. A respeito de casamento e celibato, Cap. 7
    3.2. A respeito de coisas oferecidas a ídolos. 8.1–11.1
    3.3. A respeito do uso do véu, 11.2-16
    3.4. A respeito da Ceia do Senhor, 11.17-34
    3.5. A respeito de dons espirituais, Caps. 12–14

3.6. A respeito da ressurreição, Cap. 15
3.7. A respeito de coletas para os santos, 16.1-4
4. Assuntos pessoais e conclusão, 16.5-24

PARA ESTUDO E DISCUSSÃO
[1] A sabedoria terrena e a loucura celestial, 1.18-25.
[2] A sabedoria espiritual, 2.7-16.
[3] As obras apostólicas de Paulo, 4.9-13.
[4] A avaliação das Escrituras sobre o corpo humano, 6.12-20.
[5] Casamentos e divórcio, 7.25-50, concordando que "virgem" significa qualquer pessoa solteira, homem ou mulher.
[6] A prática de Paulo em relação aos seus direitos, 9.1-23.
[7] A corrida cristã, 9.24-27.
[8] O amor e sua natureza, Cap. 13. (a) Superior a outros dons, vv.1-3. (b) Suas dez marcas, vv.4-6. (c) Seu poder, v.7. (d) Sua permanência, vv.8-13.
[9] Dons espirituais, Caps. 12–14. Cite-os e os descreva.
[10] A ressurreição, Cap. 15. (a) As calamidades resultantes, caso não houvesse ressurreição — ou as outras doutrinas aqui formuladas que dependem da ressurreição; (b) A natureza do corpo ressurreto.

Saudações de Paulo

1 Eu, Paulo, chamado para ser apóstolo de Cristo Jesus pela vontade de Deus, escrevo esta carta, com nosso irmão Sóstenes, ²à igreja de Deus em Corinto,ª àqueles que ele santificou por meio de Cristo Jesus. Vocês foram chamados por Deus para ser seu povo santo junto com todos que, em toda parte, invocam o nome de nosso Senhor Jesus Cristo, Senhor deles e nosso.

³Que Deus, nosso Pai, e o Senhor Jesus Cristo lhes deem graça e paz.

Paulo agradece a Deus

⁴Sempre agradeço a meu Deus por vocês e pela graça que ele lhes tem dado em Cristo Jesus. ⁵Por meio dele Deus os enriqueceu em tudo, em toda capacidade de expressão e em todo entendimento. ⁶A mensagem a respeito de Cristo de fato se firmou em vocês, ⁷uma vez que nenhum dom espiritual lhes falta enquanto esperam ansiosamente pela volta de nosso Senhor Jesus Cristo. ⁸Ele os manterá firmes até o fim, para que estejam livres de toda a culpa no dia de nosso Senhor Jesus Cristo. ⁹Deus é fiel, e ele os convidou a ter comunhão com seu Filho Jesus Cristo, nosso Senhor.

Divisões na igreja

¹⁰Irmãos, suplico-lhes em nome de nosso Senhor Jesus Cristo que vivam em harmonia uns com os outros e ponham fim às divisões entre vocês. Antes, tenham o mesmo parecer, unidos em pensamento e propósito. ¹¹Pois alguns membros da família de Cloe me informaram dos desentendimentos entre vocês, meus irmãos. ¹²Refiro-me ao fato de alguns dizerem: "Eu sigo Paulo", enquanto outros afirmam: "Eu sigo Apolo", ou "Eu sigo Pedro",ᵇ ou ainda, "Eu sigo Cristo".

¹³Acaso Cristo foi dividido? Será que eu, Paulo, fui crucificado em favor de vocês? Alguém foi batizado em nome de Paulo? ¹⁴Graças a Deus, não batizei nenhum de vocês, exceto Crispo e Gaio, ¹⁵de modo que ninguém pode dizer que foi batizado em meu nome. ¹⁶Sim, também batizei a família de Estéfanas, mas não me lembro de ter batizado mais ninguém. ¹⁷Pois Cristo não me enviou para batizar, mas para anunciar as boas-novas, e não com palavras de sabedoria humana, para que a cruz de Cristo não perca seu poder.

A sabedoria de Deus

¹⁸A mensagem da cruz é loucura para os que se encaminham para a destruição, mas para nós que estamos sendo salvos ela é o poder de Deus. ¹⁹Como dizem as Escrituras:

> "Destruirei a sabedoria dos sábios
> e rejeitarei a inteligência dos
>   inteligentes".ᶜ

²⁰Diante disso, onde ficam os sábios, os eruditos e os argumentadores desta era? Deus fez a sabedoria deste mundo parecer loucura. ²¹Visto que Deus, em sua sabedoria, providenciou que o mundo não o conhecesse por meio de sabedoria humana, usou a loucura de nossa pregação para salvar os que creem. ²²Pois os judeus pedem sinais, e os gentiosᵈ buscam sabedoria. ²³Assim, quando pregamos que o Cristo foi crucificado, os judeus se ofendem, e os gentios dizem que é tolice.

²⁴Mas, para os que foram chamados para a salvação, tanto judeus como gentios, Cristo é o poder de Deus e a sabedoria de Deus. ²⁵Pois a "loucura" de Deus é mais sábia que a sabedoria humana, e a "fraqueza" de Deus é mais forte que a força humana.

²⁶Lembrem-se, irmãos, de que poucos de vocês eram sábios aos olhos do mundo ou poderosos ou ricosᵉ quando foram chamados. ²⁷Pelo contrário, Deus escolheu as coisas que o mundo considera loucura para envergonhar os sábios, assim como escolheu as coisas fracas para envergonhar os poderosos. ²⁸Deus escolheu coisas desprezadas pelo mundo,ᶠ tidas como insignificantes, e as usou para reduzir a nada aquilo que o mundo considera importante. ²⁹Portanto, ninguém jamais se orgulhe na presença de Deus.

³⁰Foi por iniciativa de Deus que vocês estão em Cristo Jesus, que se tornou a sabedoria de Deus em nosso favor, nos declarou justos diante de Deus, nos santificou e nos libertou do pecado. ³¹Portanto, como dizem as Escrituras: "Quem quiser orgulhar-se, orgulhe-se somente no Senhor".ᵍ

ª **1.2** Corinto era a capital da Acaia, a região sul da península grega. ᵇ **1.12** Em grego, *Cefas*. ᶜ **1.19** Is 29.14. ᵈ **1.22** Em grego, *gregos*; também em 1.24. ᵉ **1.26** Ou *de nobre nascimento*. ᶠ **1.28** Ou *Deus escolheu pessoas de origem humilde*. ᵍ **1.31** Jr 9.24.

A mensagem de sabedoria de Paulo

2 Irmãos, na primeira vez que estive com vocês, não usei palavras eloquentes nem sabedoria humana para lhes apresentar o plano secreto de Deus.[a] ²Pois decidi que, enquanto estivesse com vocês, me esqueceria de tudo exceto de Jesus Cristo, aquele que foi crucificado. ³Fui até vocês em fraqueza, atemorizado e trêmulo. ⁴Minha mensagem e minha pregação foram muito simples. Em vez de usar argumentos persuasivos e astutos, me firmei no poder do Espírito. ⁵Agi desse modo para que vocês não se apoiassem em sabedoria humana, mas no poder de Deus.

⁶No entanto, quando estamos entre pessoas maduras, falamos com palavras de sabedoria, mas não com o tipo de sabedoria desta era ou de seus governantes, que logo caem no esquecimento. ⁷Pelo contrário, a sabedoria a que nos referimos é o mistério de Deus,[b] seu plano antes secreto e oculto, embora ele o tenha elaborado para nossa glória antes do começo do mundo. ⁸Os governantes desta era, por sua vez, não a entenderam, pois se a houvessem entendido não teriam crucificado o Senhor da glória. ⁹É a isso que as Escrituras se referem quando dizem:

"Olho nenhum viu, ouvido nenhum ouviu,
  e mente nenhuma imaginou
o que Deus preparou
  para aqueles que o amam".[c]

¹⁰Mas[d] foi a nós que Deus revelou estas coisas por seu Espírito. Pois o Espírito sonda todas as coisas, até os segredos mais profundos de Deus. ¹¹Pois quem conhece os pensamentos de uma pessoa, senão o próprio espírito dela? Da mesma forma, ninguém conhece os pensamentos de Deus, senão o Espírito de Deus. ¹²E nós recebemos o Espírito de Deus, e não o espírito deste mundo, para que conheçamos as coisas maravilhosas que Deus nos tem dado gratuitamente.

¹³Quando lhes dizemos isso, não empregamos palavras vindas da sabedoria humana, mas palavras que nos foram ensinadas pelo Espírito, explicando verdades espirituais a pessoas espirituais.[e] ¹⁴Mas o homem natural não aceita as verdades do Espírito de Deus. Elas lhe parecem loucura, e ele não consegue entendê-las, pois apenas quem é espiritual consegue avaliar corretamente o que diz o Espírito. ¹⁵Quem é espiritual pode avaliar todas as coisas, mas ele próprio não pode ser avaliado por outros. ¹⁶Pois,

---

> **PÃO DIÁRIO**
>
> ## O Deus esquecido
>
> ...ninguém conhece os pensamentos de Deus, senão o Espírito de Deus.
> —1Coríntios 2.11
>
> Quando citamos o Credo Apostólico, dizemos: "Creio no Espírito Santo". O escritor J. B. Phillips afirmou: "Toda vez que declaramos isso, queremos dizer que cremos que o Espírito seja o Deus vivo, capaz e disposto a habitar na personalidade humana e transformá-la".
>
> De vez em quando, esquecemos que o Espírito Santo é uma pessoa. A Bíblia o descreve como Deus. Ele possui os atributos divinos: está presente em todos os lugares (Sl 139.7,8), sabe de todas as coisas (1Co 2.10,11) e tem poder infinito (Lc 1.35). Também faz coisas que apenas Deus é capaz de fazer: criar (Gn 1.2) e conceder vida (Rm 8.2). Ele é completamente igual, em todos os aspectos, às outras Pessoas da Trindade — ao Pai e ao Filho.
>
> O Espírito Santo é uma Pessoa que se envolve de maneira individual conosco. Ele sofre quando pecamos (Ef 4.30), ensina-nos (1Co 2.13), ora por nós (Rm 8.26), guia-nos (Jo 16.13), concede-nos dons espirituais (12.11) e nos garante a salvação (Rm 8.16).
>
> Se já tivermos recebido o perdão dos pecados por meio de Jesus, o Espírito Santo habita em nós. Ele deseja nos transformar a fim de que nos pareçamos cada vez mais com Cristo. Que possamos cooperar com o Espírito Santo ao ler a Palavra de Deus e confiar em Seu poder para obedecer ao que aprendermos.
>
> *Pai, somos gratos pela dádiva do Teu Espírito Santo. Capacita-nos, transforma-nos, habita em nós para que em cada dia possamos nos parecer cada vez mais com o nosso Salvador, Jesus Cristo.*
>
> ---
>
> **O cristão que negligencia o Espírito Santo é semelhante à lâmpada desconectada da sua fonte.**

---

[a] **2.1** Em grego, *o mistério de Deus*; alguns manuscritos trazem *o testemunho de Deus*. [b] **2.7** Em grego, *falamos a sabedoria de Deus em mistério*. [c] **2.9** Is 64.4. [d] **2.10** Alguns manuscritos trazem *Pois*. [e] **2.13** Ou *explicando verdades espirituais em linguagem espiritual*, ou *usando palavras do Espírito para explicar verdades espirituais*.

"Quem conhece os pensamentos do
  Senhor?
Quem sabe o suficiente para instruí-lo?".ᵃ
Mas nós temos a mente de Cristo.

Paulo e Apolo, servos de Cristo

3 Irmãos, quando estive com vocês, não pude lhes falar como a pessoas espirituais, mas como se pertencessem a este mundo ou fossem criancinhas em Cristo. ²Tive de alimentá-los com leite, e não com alimento sólido, pois não estavam aptos para recebê-lo. E ainda não estão, ³porque ainda são controlados por sua natureza humana. Têm ciúme uns dos outros, discutem e brigam entre si. Acaso isso não mostra que são controlados por sua natureza humana e que vivem como pessoas do mundo? ⁴Quando um de vocês diz: "Eu sigo Paulo", e o outro diz: "Eu sigo Apolo", não estão agindo exatamente como as pessoas do mundo?

⁵Afinal, quem é Paulo? Quem é Apolo? Somos apenas servos de Deus por meio dos quais vocês vieram a crer. Cada um de nós fez o trabalho do qual o Senhor nos encarregou. ⁶Eu plantei e Apolo regou, mas quem fez crescer foi Deus. ⁷Não importa quem planta ou quem rega, mas sim Deus, que faz crescer. ⁸Quem planta e quem rega trabalham para o mesmo fim, e ambos serão recompensados por seu árduo trabalho. ⁹Pois nós somos colaboradores de Deus, e vocês são lavoura de Deus e edifício de Deus.

¹⁰Pela graça que me foi dada, lancei o alicerce como um construtor competente, e agora outros estão construindo sobre ele. Mas quem constrói sobre o alicerce precisa ter muito cuidado, ¹¹pois ninguém pode lançar outro alicerce além daquele que já foi posto, isto é, Jesus Cristo.

¹²Aqueles que constroem sobre esse alicerce podem usar vários materiais: ouro, prata, pedras preciosas, madeira, feno ou palha. ¹³No dia do juízo, porém, o fogo revelará que tipo de obra cada construtor realizou, e o fogo mostrará se a obra tem algum valor. ¹⁴Se ela sobreviver, o construtor receberá recompensa. ¹⁵Se ela queimar, o construtor sofrerá grande prejuízo, mas será salvo como alguém que é resgatado do meio do fogo.

¹⁶Vocês não entendem que são o templo de Deus e que o Espírito de Deus habita em vocês?ᵇ ¹⁷Deus destruirá quem destruir seu templo. Pois o templo de Deus é santo, e vocês são esse templo.

¹⁸Que ninguém se engane. Se algum de vocês pensa que é sábio conforme os padrões desta era, deve tornar-se louco a fim de ser verdadeiramente sábio. ¹⁹Pois a sabedoria deste mundo é loucura para Deus. Como dizem as Escrituras:

"Ele apanha os sábios
  na armadilha da própria astúcia deles".ᶜ

²⁰E também:

"O Senhor conhece os pensamentos dos
  sábios;
sabe que nada valem".ᵈ

²¹Portanto, não se orgulhem de seguir líderes humanos, pois tudo lhes pertence: ²²Paulo, Apolo ou Pedro,ᵉ o mundo, a vida e a morte, o presente e o futuro. Tudo é de vocês, ²³e vocês são de Cristo, e Cristo é de Deus.

O relacionamento de Paulo com os coríntios

4 Portanto, devemos ser considerados simples servos de Cristo, encarregados de explicar os mistérios de Deus. ²De um encarregado espera-se que seja fiel. ³Quanto a mim, pouco importa como sou avaliado por vocês ou por qualquer autoridade humana. Na verdade, nem minha própria avaliação é importante. ⁴Minha consciência está limpa, mas isso não prova que estou certo. O Senhor é quem me avaliará e decidirá.

⁵Portanto, não julguem ninguém antes do tempo, antes que o Senhor volte. Pois ele trará à luz nossos segredos mais obscuros e revelará nossas intenções mais íntimas. Então Deus dará a cada um a devida aprovação.

⁶Irmãos, usei a mim mesmo e a Apolo para ilustrar o que lhes tenho dito. Se aprenderem a não ir além daquilo que está escrito, não se orgulharão de um à custa de outro. ⁷Pois que direito vocês têm de julgar desse modo? O que vocês têm que Deus não lhes tenha dado? E,

---

ᵃ **2.16** Is 40.13, conforme a Septuaginta. ᵇ **3.16** Ou *entre vocês*. ᶜ **3.19** Jó 5.13. ᵈ **3.20** Sl 94.11. ᵉ **3.22** Em grego, *Cefas*.

se tudo que temos vem de Deus, por que nos orgulharmos como se não fosse uma dádiva? ⁸Vocês consideram que já têm tudo de que precisam. Pensam que já são ricos e até já começaram a reinar sem nós! Gostaria que, de fato, já estivessem reinando, pois então eu reinaria com vocês. ⁹Por vezes me parece que Deus colocou a nós, os apóstolos, em último lugar, como condenados à morte, espetáculo para o mundo inteiro, tanto para as pessoas como para os anjos. ¹⁰Nossa dedicação a Cristo nos faz parecer loucos, mas vocês afirmam ser sábios em Cristo. Nós somos fracos, mas vocês são fortes. Vocês são respeitados, mas nós somos ridicularizados. ¹¹Até agora passamos fome e sede, e não temos roupa necessária para nos manter aquecidos. Somos espancados e não temos casa. ¹²Trabalhamos arduamente com as próprias mãos para obter sustento. Abençoamos quem nos amaldiçoa. Somos pacientes com quem nos maltrata. ¹³Respondemos com bondade quando falam mal de nós. E, no entanto, até o momento, temos sido tratados como a escória do mundo, como o lixo de todos. ¹⁴Não escrevo estas coisas para envergonhá-los, mas para adverti-los como meus filhos amados. ¹⁵Pois, ainda que tivessem dez mil mestres em Cristo, vocês não têm muitos pais, pois eu me tornei seu pai espiritual em Cristo Jesus por meio das boas-novas que lhes anunciei. ¹⁶Portanto, suplico-lhes que sejam meus imitadores.

¹⁷Por isso enviei Timóteo, meu filho amado e fiel no Senhor. Ele os lembrará de como sigo Cristo Jesus, de acordo com o que ensino em todas as igrejas, em qualquer lugar aonde vou. ¹⁸Alguns de vocês se tornaram arrogantes, pensando que não irei mais visitá-los. ¹⁹Mas eu irei, e logo, se o Senhor permitir, e então verei se esses arrogantes apenas fazem discursos pretensiosos ou se têm, de fato, o poder de Deus. ²⁰Pois o reino de Deus não consiste apenas em palavras, mas em poder. ²¹O que vocês escolhem? Devo ir com vara para castigá-los ou com amor e espírito de mansidão?

Paulo confronta a imoralidade e o orgulho

5 Comenta-se por toda parte que há imoralidade sexual em seu meio, imoralidade que nem mesmo os pagãos praticam. Soube de um homem entre vocês que mantém relações sexuais com a própria madrasta.ᵃ ²Como podem se orgulhar disso? Deveriam lamentar-se e excluir de sua comunhão o homem que cometeu tamanha ofensa.

³Embora eu não esteja com vocês em pessoa, estou presente em espírito.ᵇ E, como se estivesse aí, já condenei esse homem ⁴em nome do Senhor Jesus. Convoquem uma reunião.ᶜ Estarei com vocês em meu espírito, e o poder de nosso Senhor Jesus também estará presente. ⁵Entreguem esse homem a Satanás, para que o corpo seja punido e o espírito seja salvoᵈ no dia do Senhor.ᵉ

⁶Não é nada bom se orgulharem disso. Não percebem que esse pecado é como um pouco de fermento que leveda toda a massa? ⁷Livrem-se do fermento velho, para que sejam massa nova, sem fermento, o que de fato são. Cristo, nosso Cordeiro pascal, foi sacrificado. ⁸Por isso, celebremos a festa não com o velho pão, fermentado com maldade e perversidade, mas com o novo pão da sinceridade e da verdade, sem nenhum fermento.

⁹Quando lhes escrevi antes, disse que não deviam se associar com pessoas que se entregam à imoralidade sexual. ¹⁰Com isso, porém, não me referia a descrentes que vivem em imoralidade sexual, ou são avarentos, ou exploram os outros, ou adoram ídolos. Vocês teriam de sair deste mundo para evitar pessoas desse tipo. ¹¹O que eu queria dizer era que vocês não devem se associar a alguém que afirma ser irmão mas vive em imoralidade sexual, ou é avarento, ou adora ídolos, ou insulta as pessoas, ou é bêbado ou explora os outros. Nem ao menos comam com gente assim.

¹²Não cabe a mim julgar os de fora, mas certamente cabe a vocês julgar os que estão dentro. ¹³Deus julgará os de fora. Portanto, eliminem o mal do meio de vocês.ᶠ

ᵃ **5.1** Em grego, *a esposa de seu pai*. ᵇ **5.3** Ou *no Espírito*. ᶜ **5.4** Ou *Em nome do Senhor Jesus, convoquem uma reunião*. ᵈ **5.5a** Ou *para que os feitos da natureza humana sejam destruídos e o espírito seja preservado*. ᵉ **5.5b** Alguns manuscritos trazem *o Senhor Jesus*; outros, *nosso Senhor Jesus Cristo*. ᶠ **5.13** Ver Dt 17.7.

> **PÃO DIÁRIO**
>
> ## Mantenha a porta trancada
>
> *Pois o marido descrente é santificado pela esposa, e a esposa descrente é santificada pelo marido. Do contrário, os filhos seriam impuros, mas eles são santos.*
> — 1 Coríntios 7.14
>
> Um de nossos leitores escreveu sobre um costume que vigora numa área da Holanda. Ele relata que os casais recém-casados entram em sua casa por uma porta especial. A porta só volta a ser utilizada quando um deles falece, e o corpo é retirado pela mesma porta.
>
> Deus planejou que o casamento fosse como essa casa, com uma porta muito bem trancada. Essa tranca, que mantém o elo matrimonial seguro, é o compromisso de amor durante a vida, o que inclui o compromisso de reconciliar-se caso o relacionamento romper.
>
> O egoísmo pode endurecer o coração das pessoas a ponto de o relacionamento entre o marido e a mulher tornar-se intolerável. Paulo aparentemente reconheceu isso e afirmou que dois cristãos não devem se separar (1Co 7.10), mas, caso o façam (excluindo-se por motivo de imoralidade sexual [Mt 19.9]), nenhum dos dois deve buscar outro cônjuge (v.11). A reconciliação é o objetivo final.
>
> O compromisso é o alicerce para obter segurança e intimidade em Cristo com base no perdão e na reconstrução da confiança. O conselheiro matrimonial Theodore Bovet colocou a questão da seguinte forma: "Comprometi-me por toda a vida; fiz minha escolha; de agora em diante, minha meta não será a de escolher uma mulher que me agrade, mas agradar à mulher que escolhi". Todo o casamento precisa desse tipo de comprometimento.
>
> *Amado Pai celestial, como preciso da Tua ajuda para abençoar o meu casamento! Sei que o compromisso matrimonial é fundamental, e só tu podes nos ajudar a honrá-lo. Guarda-nos do egocentrismo e ajuda-nos a viver de maneira a encorajar e enaltecer uns aos outros com o desejo e o objetivo maior de te agradar.*
>
> **Para que um bom casamento dure para sempre é necessário o comprometimento dos cônjuges.**

Ações judiciais contra irmãos

6 Quando algum de vocês tem um desentendimento com outro irmão, como se atreve a recorrer a um tribunal e pedir que injustos decidam a questão em vez de levá-la ao povo santo? ²Vocês não sabem que um dia nós, os santos, julgaremos o mundo? E, uma vez que vocês julgarão o mundo, acaso não são capazes de decidir entre vocês nem mesmo essas pequenas causas? ³Não sabem que julgaremos os anjos? Que dizer, então, dos desentendimentos corriqueiros desta vida? ⁴Se vocês têm conflitos legais, por que levá-los para fora da igreja, a juízes que não fazem parte dela? ⁵Digo isso para envergonhá-los. Ninguém entre vocês tem sabedoria suficiente para resolver essas questões? ⁶Em vez disso, um irmão processa outro irmão diante dos descrentes!

⁷O simples fato de terem essas ações judiciais entre si já é uma derrota para vocês. Por que não aceitar a injustiça sofrida? Por que não arcar com o prejuízo? ⁸Em vez disso, vocês mesmos cometem injustiças e causam prejuízos até contra os próprios irmãos.

⁹Vocês não sabem que os injustos não herdarão o reino de Deus? Não se enganem: aqueles que se envolvem em imoralidade sexual, adoram ídolos, cometem adultério, se entregam a práticas homossexuais, ¹⁰são ladrões, avarentos, bêbados, insultam as pessoas ou exploram os outros não herdarão o reino de Deus. ¹¹Alguns de vocês eram assim, mas foram purificados e santificados, declarados justos diante de Deus no nome do Senhor Jesus Cristo e pelo Espírito de nosso Deus.

Pecado sexual

¹²"Tudo me é permitido", mas nem tudo convém. "Tudo me é permitido", mas não devo me tornar escravo de nada. ¹³"Os alimentos foram feitos para o estômago, e o estômago para os alimentos." É verdade, mas um dia Deus acabará com os dois. Vocês, contudo, não podem dizer que nosso corpo foi feito para a imoralidade sexual. Ele foi feito para o Senhor, e o relacionamento que o Senhor tem conosco inclui nosso corpo. ¹⁴Portanto, Deus nos ressuscitará dos mortos por seu poder, assim como ressuscitou o Senhor.

¹⁵Vocês não sabem que seu corpo é, na realidade, membro de Cristo? Acaso um homem deve tomar seu corpo, que faz parte de Cristo, e uni-lo a uma prostituta? De maneira nenhuma! ¹⁶E vocês não sabem que se um homem se une a uma prostituta ele se torna um corpo

> **REFLETINDO SOBRE: Completa nele**
>
> ## Mulheres solteiras
>
> *Gostaria que todos fossem como eu, mas cada um tem seu próprio dom, concedido por Deus.*
> —1 Coríntios 7.7
>
> Lindy fez careta enquanto olhava o folheto do 15.º reencontro de sua turma de Ensino Médio. Deveria ir? Era só mais uma chance de ouvir as temidas perguntas: "Com mais de 30 anos e ainda não casou? O que está esperando?". Lindy *realmente* detestava quando as pessoas ainda complementavam suas perguntas com comentários como: "Você não está ficando mais nova, sabe". *Muito original.* Bem, suspirou, pelo menos no formulário para a dança há a opção "sozinho ou acompanhado".
>
> As mulheres solteiras nos tempos bíblicos eram pressionadas pela sociedade a casarem-se e ter família. Em uma época em que era raro as mulheres desenvolverem carreiras profissionais, seu valor estava vinculado aos seus papéis de esposa e mãe. A carta de Paulo aos cristãos de Corinto descrevia uma imagem diferente da vida de solteira. Ele explicou que, sem as demandas de tempo, energia e recursos que o casamento apresenta a uma mulher, é mais fácil para ela se devotar por completo a Deus. Ela fica livre para se concentrar em servir ao Senhor sem se distrair com preocupações relativas ao marido e aos filhos.
>
> Ainda que ser solteira hoje não tenha o estigma que costumava ter, muitas mulheres ainda sentem que precisam de um companheiro para completá-las. Michelle McKinney, palestrante e autora popular, encoraja as mulheres a deixarem de focar em sua condição marital e aprenderem a encontrar alegria num relacionamento íntimo com Deus. O fato de que os animais embarcaram na arca em pares não significa que uma mulher solteira não possa desfrutar de uma vida completa. Nossa felicidade depende de fato de sermos parte de um casal — ela vem do relacionamento íntimo com o Amado de nossa alma. Sem isso, nada pode nos completar.

com ela? Pois as Escrituras dizem: "Os dois se tornam um só".ᵃ ¹⁷Mas a pessoa que se une ao Senhor tem com ele uma união de espírito.

¹⁸Fujam da imoralidade sexual! Nenhum outro pecado afeta o corpo como esse, pois a imoralidade sexual é um pecado contra o próprio corpo. ¹⁹Vocês não sabem que seu corpo é o templo do Espírito Santo, que habita em vocês e lhes foi dado por Deus? Vocês não pertencem a si mesmos, ²⁰pois foram comprados por alto preço. Portanto, honrem a Deus com seu corpo.

Instruções sobre o casamento

7 Agora, quanto às perguntas que vocês me fizeram em sua carta, digo que é bom que o homem não toque em mulher. ²Mas, uma vez que há tanta imoralidade sexual, cada homem deve ter sua própria esposa, e cada mulher, seu próprio marido. ³O marido deve satisfazer as necessidades conjugais de sua esposa, e a esposa deve fazer o mesmo por seu marido. ⁴A esposa não tem autoridade sobre seu corpo, mas sim o marido. Da mesma forma, não é o marido que tem autoridade sobre seu corpo, mas sim a esposa. ⁵Não privem um ao outro de terem relações, a menos que ambos concordem em abster-se da intimidade sexual por certo tempo, a fim de se dedicarem de modo mais pleno à oração. Depois disso, unam-se novamente, para que Satanás não os tente por causa de sua falta de domínio próprio. ⁶Digo isso como concessão, e não como mandamento. ⁷Gostaria que todos fossem como eu, mas cada um tem seu próprio dom, concedido por Deus: um tem este tipo de dom, o outro, aquele.

⁸Portanto, digo aos solteiros e às viúvas: é melhor que permaneçam como eu. ⁹Mas, se não conseguirem se controlar, devem se casar. É melhor se casar que arder em desejo.

¹⁰Para os casados, porém, tenho uma ordem que não vem de mim, mas do Senhor:ᵇ a esposa não deve se separar do marido. ¹¹Mas, se o fizer, que permaneça solteira ou se reconcilie com ele. E o marido não deve se separar da esposa.

ᵃ **6.16** Gn 2.24. ᵇ **7.10** Ver Mt 5.32; 19.9; Mc 10.11-12; Lc 16.18.

¹²Agora me dirijo aos demais, embora o Senhor não tenha dado instrução específica a respeito. Se um irmão for casado com uma mulher descrente e ela estiver disposta a continuar vivendo com ele, não se separe dela. ¹³E, se uma irmã for casada com um homem descrente e ele estiver disposto a continuar vivendo com ela, não se separe dele. ¹⁴Pois o marido descrente é santificado pela esposa, e a esposa descrente é santificada pelo marido. Do contrário, os filhos seriam impuros, mas eles são santos. ¹⁵Se, porém, o cônjuge descrente insistir em se separar, deixe-o ir. Nesses casos, o irmão ou a irmã não está mais preso à outra pessoa, pois Deus os chamou[a] para viver em paz. ¹⁶Você, esposa, como sabe que seu marido poderia ser salvo por sua causa? E você, marido, como sabe que sua esposa poderia ser salva por sua causa?[b]

¹⁷Cada um continue a viver na situação em que o Senhor o colocou, e cada um permaneça como estava quando Deus o chamou. Essa é minha regra para todas as igrejas. ¹⁸Se um homem foi circuncidado antes de crer, não deve tentar mudar sua condição. E, se um homem não foi circuncidado antes de crer, não o deve ser agora. ¹⁹Pois não faz diferença se ele foi circuncidado ou não. O importante é que obedeça aos mandamentos de Deus.

²⁰Sim, cada um deve permanecer como estava quando Deus o chamou. ²¹Você foi chamado sendo escravo? Não deixe que isso o preocupe, mas, se tiver a oportunidade de ficar livre, aproveite-a. ²²E, se você era escravo quando o Senhor o chamou, agora é livre no Senhor. E, se você era livre quando o Senhor o chamou, agora é escravo de Cristo. ²³Vocês foram comprados por alto preço, portanto não se deixem escravizar pelo mundo.[c] ²⁴Cada um de vocês, irmãos, deve permanecer como estava quando Deus os chamou.

²⁵Quanto à pergunta sobre as moças que ainda não se casaram,[d] não tenho para elas um mandamento do Senhor. Em sua misericórdia, porém, o Senhor me deu sabedoria confiável, e eu a compartilharei com vocês. ²⁶Tendo em vista as dificuldades de nosso tempo,[e] creio que é melhor que permaneçam como estão. ²⁷Se você já tem esposa, não procure se separar. Se não tem esposa, não procure se casar. ²⁸Se, contudo, vier a se casar, não é pecado. E, se uma moça[f] se casar, também não é pecado. No entanto, aqueles que se casarem em tempos como os atuais terão de enfrentar dificuldades, e minha intenção é poupá-los disso.

²⁹Irmãos, isto é o que quero dizer: o tempo que resta é muito curto. Portanto, de agora em diante, aqueles que têm esposa devem agir como se não fossem casados. ³⁰Aqueles que choram, que se alegram ou que compram coisas não devem se entregar totalmente à tristeza, à alegria ou aos bens. ³¹Aqueles que usam as coisas deste mundo não devem se apegar a elas, pois este mundo, como o conhecemos, logo passará.

³²Quero que estejam livres das preocupações desta vida. O homem que não é casado tem mais tempo para se dedicar à obra do Senhor e pensar em como agradá-lo. ³³Mas o homem casado precisa pensar em suas responsabilidades neste mundo e em como agradar sua esposa. ³⁴Seus interesses estão divididos. Da mesma forma, a mulher que não é casada ou que nunca se casou pode se dedicar ao Senhor e ser santa de corpo e espírito. Mas a mulher casada precisa pensar em suas responsabilidades aqui na terra e em como agradar seu marido. ³⁵Digo isso para seu bem, e não para lhes impor restrições. Quero que façam aquilo que os ajudará a servir melhor ao Senhor, com o mínimo possível de distrações.

³⁶Se, contudo, um homem acredita que está tratando sua noiva de forma inapropriada e que seus impulsos vão além de suas forças, que se case com ela, como é desejo dele. Não é pecado. ³⁷Mas, se tiver assumido um compromisso firme, e não houver urgência, e ele for capaz de controlar sua paixão, faz bem em não se casar. ³⁸Portanto, quem se casa com sua noiva faz bem, e quem não se casa faz melhor ainda.[g]

---

[a] 7.15 Alguns manuscritos trazem *nos chamou*. [b] 7.16 Ou *Você, esposa, não sabe que seu marido poderia ser salvo por sua causa? E você, marido, não sabe que sua esposa poderia ser salva por sua causa?* [c] 7.23 Em grego, *não se tornem escravos de homens*. [d] 7.25 Em grego, *sobre as virgens*. [e] 7.26 Ou *as pressões da vida*. [f] 7.28 Em grego, *uma virgem*. [g] 7.36-38 Ou [36]*Se, contudo, alguém acredita que não está tratando sua filha de forma adequada, visto que ela já passou da idade de casar, faça como planejou. Não é pecado dá-la em casamento; deixe-a casar.* [37]*No entanto, se está determinado a manter sua filha solteira, e não tem necessidade ou obrigação, e julga que isso é o melhor, fará bem se não a der em casamento.* [38]*Assim, quem dá sua filha em casamento faz bem, e quem não a dá faz melhor ainda.*

³⁹A esposa está ligada ao marido enquanto ele viver. Se o marido morrer, ela está livre para se casar com quem quiser, desde que seja um irmão no Senhor.ᵃ ⁴⁰Em minha opinião, porém, seria melhor que ela não se casasse novamente, e creio que, ao dizer isso, lhes dou o conselho do Espírito de Deus.

Comida sacrificada a ídolos

8 Quanto à pergunta sobre a comida sacrificada a ídolos, sabemos que todos temos conhecimento a esse respeito. Contudo, o conhecimento traz orgulho, enquanto o amor fortalece. ²Se alguém pensa que sabe tudo sobre algo, ainda não aprendeu como deveria. ³Mas quem ama a Deus é conhecido por ele.

⁴Então, o que dizer quanto ao alimento oferecido a ídolos? Bem, todos nós sabemos que, na verdade, o ídolo nada vale neste mundo, e que há somente um Deus. ⁵Sim, é fato que existem os que são chamados de deuses, por assim dizer, nos céus e na terra, e há pessoas que adoram muitos deuses e muitos senhores. ⁶Para nós, porém,

Há somente um Deus, o Pai,
de quem vieram todas as coisas criadas
e para quem vivemos.
E há somente um Senhor, Jesus Cristo,
por meio de quem todas as coisas foram criadas
e por meio de quem recebemos vida.

⁷No entanto, nem todos sabem disso. Alguns estão acostumados a pensar que os ídolos são de verdade, de modo que, ao comer alimentos oferecidos a eles, imaginam que estão adorando deuses de verdade, e sua consciência fraca é contaminada. ⁸Não obtemos a aprovação de Deus pelo que comemos. Não perdemos nada se não comemos, e se comemos, nada ganhamos.

⁹Contudo, tenham cuidado para que sua liberdade não leve outros de consciência mais fraca a tropeçar. ¹⁰Pois, se alguém vir você, que diz ter um conhecimento superior, comer no templo de um ídolo, acaso não será induzido a contaminar a própria consciência ao ingerir alimentos oferecidos a ídolos?

¹¹Assim, por causa do seu conhecimento superior, um irmão fraco pelo qual Cristo morreu acaba se perdendo.ᵇ ¹²E quando vocês pecam contra outros irmãos, incentivando-os a fazer algo que eles consideram errado, pecam contra Cristo. ¹³Portanto, se aquilo que eu como faz um irmão pecar, nunca mais comerei carne, pois não quero fazer meu irmão tropeçar.

Paulo abre mão de seus direitos

9 Acaso não sou livre como qualquer outro? Não sou apóstolo? Não vi Jesus, nosso Senhor, com meus próprios olhos? Não são vocês resultado de meu trabalho no Senhor? ²Mesmo que outros pensem que não sou apóstolo, certamente o sou para vocês. Vocês mesmos são prova de que sou apóstolo do Senhor.

³Esta é minha resposta aos que questionam minha autoridade.ᶜ ⁴Acaso não temos o direito de receber comida e bebida por nosso trabalho? ⁵Não temos o direito de levar conosco uma esposa crente,ᵈ como fazem os outros apóstolos, e como fazem os irmãos do Senhor e Pedro?ᵉ ⁶Ou será que só Barnabé e eu precisamos trabalhar para nos sustentarmos?

⁷Que soldado precisa pagar pelas próprias despesas? Que agricultor planta uma videira e não tem direito de comer de seus frutos? Que pastor cuida de um rebanho e não tem permissão de tomar de seu leite? ⁸Será que expresso apenas uma opinião humana ou a lei diz o mesmo? ⁹Pois está escrito na lei de Moisés: "Não amordacem o boi para impedir que ele coma enquanto trilha os cereais".ᶠ Deus estava pensando apenas nos bois quando disse isso? ¹⁰Será que, na verdade, não estava se referindo a nós? Sim, essas palavras foram escritas a nosso respeito e, portanto, quem ara e quem trilha o cereal deve ter a esperança de receber uma parte da colheita.

¹¹Se plantamos sementes espirituais entre vocês, não temos direito a uma colheita material? ¹²Se vocês sustentam outros que pregam a vocês, não temos ainda mais direito de receber o mesmo sustento? Mas nunca fizemos uso desse direito. Preferimos suportar qualquer

---

ᵃ**7.39** Em grego, *desde que no Senhor*. ᵇ**8.11** Ou *será destruído*. ᶜ**9.3** Em grego, *aos que me julgam*. ᵈ**9.5a** Em grego, *uma irmã esposa*. ᵉ**9.5b** Em grego, *Cefas*. ᶠ**9.9** Dt 25.4.

coisa a fim de não sermos obstáculo para as boas-novas a respeito de Cristo.

¹³Vocês não sabem que os que trabalham no templo se alimentam das ofertas levadas ao templo, e os que servem diante do altar recebem uma parte dos sacrifícios oferecidos no altar? ¹⁴Da mesma forma, o Senhor ordenou que os que anunciam as boas-novas vivam pelas boas-novas. ¹⁵Contudo, nunca usei de nenhum desses direitos. Não escrevo isso para sugerir que desejo agora começar a fazê-lo. De fato, prefiro morrer a perder o privilégio de me orgulhar de pregar sem cobrar nada. ¹⁶E, no entanto, não posso me orgulhar de anunciar as boas-novas, pois sou impelido por Deus a fazê-lo. Ai de mim se não anunciar as boas-novas! ¹⁷Se o fizesse por minha própria iniciativa, mereceria pagamento. Mas não tenho escolha, pois Deus me confiou essa responsabilidade. ¹⁸Qual é, então, minha recompensa? É a oportunidade de anunciar as boas-novas sem cobrar nada de ninguém, de modo a não desfrutar os direitos que tenho por anunciar as boas-novas.

¹⁹Embora eu seja um homem livre, fiz-me escravo de todos para levar muitos a Cristo. ²⁰Quando estive com os judeus, vivi como os judeus para levá-los a Cristo. Quando estive com os que seguem a lei judaica, vivi debaixo dessa lei. Embora não esteja sujeito à lei, agi desse modo para levar a Cristo aqueles que estão debaixo da lei. ²¹Quando estou com os que não seguem a lei judaica,ᵃ também vivo de modo independente da lei para levá-los a Cristo. Não ignoro, porém, a lei de Deus, pois obedeço à lei de Cristo.

²²Quando estou com os fracos, também me torno fraco, pois quero levar os fracos a Cristo. Sim, tento encontrar algum ponto em comum com todos, fazendo todo o possível para salvar alguns. ²³Faço tudo isso para espalhar as boas-novas e participar de suas bênçãos.

²⁴Vocês não sabem que, numa corrida, todos competem, mas apenas um ganha o prêmio? Portanto, corram para vencer. ²⁵O atleta precisa ser disciplinado sob todos os aspectos. Ele se esforça para ganhar um prêmio perecível. Nós, porém, o fazemos para ganhar um prêmio eterno. ²⁶Por isso não corro sem objetivo nem luto como quem dá golpes no ar. ²⁷Disciplino meu corpo como um atleta, treinando-o para fazer o que deve, de modo que, depois de ter pregado a outros, eu mesmo não seja desqualificado.

Lições da idolatria de Israel

10 Irmãos, não quero que vocês se esqueçam do que aconteceu muito tempo atrás, quando nossos antepassados foram guiados por uma nuvem que ia adiante deles e atravessaram o mar. ²Na nuvem e no mar, todos foram batizados como seguidores de Moisés. ³Todos comeram do mesmo alimento espiritual ⁴e todos beberam da mesma água espiritual, pois beberam da rocha espiritual que os acompanhava, e essa rocha era Cristo. ⁵No entanto, Deus não se agradou da maioria deles, e seus corpos ficaram espalhados pelo deserto.

⁶Tais coisas aconteceram como advertência para nós, a fim de que não cobicemos o que é mau, como eles cobiçaram, ⁷nem adoremos ídolos, como alguns deles adoraram. Segundo as Escrituras, "todos comeram e beberam e se entregaram à farra".ᵇ ⁸E não devemos praticar a imoralidade sexual, como alguns deles praticaram, e morreram 23 mil pessoas num só dia.

⁹Também não devemos pôr Cristoᶜ à prova, como alguns deles puseram, e foram mortos por serpentes. ¹⁰E não se queixem como alguns deles se queixaram, e foram destruídos pelo anjo da morte. ¹¹Essas coisas que aconteceram a eles nos servem como exemplo. Foram escritas como advertência para nós, que vivemos no fim dos tempos.

¹²Portanto, se vocês pensam que estão de pé, cuidem para que não caiam. ¹³As tentações em sua vida não são diferentes daquelas que outros enfrentaram. Deus é fiel, e ele não permitirá tentações maiores do que vocês podem suportar. Quando forem tentados, ele mostrará uma saída para que consigam resistir.

¹⁴Portanto, meus amados, fujam do culto aos ídolos. ¹⁵Vocês são pessoas sensatas. Julguem por si mesmos se o que digo é verdade. ¹⁶Quando abençoamos o cálice à mesa, não participamos do sangue de Cristo? E, quando partimos o pão, não participamos do corpo de Cristo?

ᵃ **9.21** Em grego, *os que não têm lei*. ᵇ **10.7** Êx 32.6. ᶜ **10.9** Alguns manuscritos trazem *o Senhor*.

ⁱ⁷E, embora sejamos muitos, todos comemos do mesmo pão, mostrando que somos um só corpo. ¹⁸Pensem no povo de Israel. Acaso os que comiam dos sacrifícios não partilhavam do mesmo altar?

¹⁹Então, o que estou tentando dizer? Que a comida oferecida a ídolos tem alguma importância, ou que os ídolos são deuses de verdade? ²⁰De maneira nenhuma! Estou dizendo que esses sacrifícios são oferecidos a demônios, e não a Deus. E não quero que vocês tenham parte com demônios. ²¹Vocês não podem beber do cálice do Senhor e também do cálice de demônios. Não podem participar da mesa do Senhor e também da mesa de demônios. ²²Acaso nos atreveremos a despertar o ciúme do Senhor? Somos mais fortes que ele?

²³"Tudo é permitido", mas nem tudo convém. "Tudo é permitido", mas nem tudo traz benefícios. ²⁴Não se preocupem com seu próprio bem, mas com o bem dos outros.

²⁵Portanto, vocês podem comer qualquer carne que é vendida no mercado sem questionar nada por motivo de consciência. ²⁶Pois "do Senhor é a terra e tudo que nela há".ᵃ

²⁷Se um descrente os convidar para uma refeição, aceitem o convite se desejarem. Comam o que lhes oferecerem, sem questionar nada por motivo de consciência. ²⁸(Mas, se alguém lhes disser: "Esta carne foi oferecida a um ídolo", não a comam por respeito à consciência da pessoa que os avisou. ²⁹Talvez não seja uma questão de consciência para vocês, mas o é para a outra pessoa.) Afinal, por que minha liberdade deve ser limitada por aquilo que outros pensam? ³⁰Por que serei eu condenado se comer algo pelo qual dei graças a Deus?

³¹Portanto, quer vocês comam, quer bebam, quer façam qualquer outra coisa, façam para a glória de Deus. ³²Não ofendam nem os judeus, nem os gentios,ᵇ nem a igreja de Deus, ³³assim como também eu procuro agradar a todos em tudo que faço. Não faço apenas o que é melhor para mim; faço o que é melhor para os outros, a fim de que muitos sejam salvos.

11

Sejam meus imitadores, como eu sou imitador de Cristo.

ᵃ 10.26 Sl 24.1. ᵇ 10.32 Em grego, *nem os gregos.*

PÃO DIÁRIO

Quando alguém cai

Portanto, se vocês pensam que estão de pé, cuidem para que não caiam.
—1 Coríntios 10.12

Já se tornou tão clichê ouvir a respeito do comportamento inadequado de alguma figura pública respeitada que, apesar de nos decepcionarmos profundamente, dificilmente nos surpreendemos. Contudo, como deveríamos reagir à notícia de um fracasso moral, quer seja de uma pessoa importante quer de um amigo? Poderíamos começar olhando para nós mesmas. Um século atrás, Oswald Chambers disse aos seus alunos da Faculdade de Ensino Bíblico em Londres: "Estejam sempre em alerta para o fato de que de onde um homem voltou é exatamente de onde qualquer um pode voltar. A força imprudente é fraqueza em dobro".

As palavras de Chambers ecoam a advertência de Paulo para estarmos conscientes de nossa própria vulnerabilidade ao ver os pecados dos outros. Após examinar a desobediência dos israelitas no deserto (1Co 10.1-5), o apóstolo encorajou os seus leitores a aprenderem com esses pecados para não os repetirem (vv.6-11). Ele não enfatizou os fracassos do passado, mas o orgulho do presente ao escrever: "Portanto, se vocês pensam que estão de pé, cuidem para que não caiam" (v.12).

Balançar a cabeça é uma reação comum em sinal de reprovação ao pecado visível. Melhor é assentir com a cabeça, como a dizer: "Sim, sou capaz disso" e, em seguida, prostrar-se em oração por aquele que caiu e por aquele que pensa estar de pé.

Senhor, por favor, guarda-me de cair em pecado, o que prejudicará a mim e as pessoas com quem me relaciono. Conheces as minhas fraquezas, proteges-me, manténs-me alerta e me ajudas a confiar apenas em Tua força para fazer as escolhas corretas.

O orgulho precede a destruição; a arrogância precede a queda. —Provérbios 16.18

Instruções para o culto público

²Eu os elogio porque vocês sempre têm se lembrado de mim e têm seguido os ensinamentos que lhes transmiti. ³Mas quero que saibam de uma coisa: o cabeça de todo homem é Cristo, o cabeça da mulher é o homem,

> **PÃO DIÁRIO**
>
> ## O momento do check-up
>
> *Portanto, examinem-se antes de comer do pão e beber do cálice.*
> —1 Coríntios 11.28
>
> Todo ano, faço exame de saúde completo — aquela visita periódica ao consultório médico onde sou investigada, espetada, examinada e observada. Trata-se de algo que pode facilmente causar receio ou temor. Não temos certeza do que os exames mostrarão ou do que os médicos dirão. Mesmo assim, sabemos que precisamos dessa avaliação para compreender o nosso bem-estar físico e o que é necessário fazer à medida que seguimos em frente.
>
> O mesmo se aplica à vida espiritual do seguidor de Cristo. Precisamos fazer uma pausa de tempos em tempos e refletir sobre a condição do nosso coração e vida.
>
> A Mesa do Senhor é um lugar adequado para a autoavaliação. Paulo escreveu aos coríntios, alguns dos quais estavam comendo de forma indigna: "Portanto, examinem-se antes de comer do pão e beber do cálice" (1Co 11.28). Relembrarmos a morte de Cristo enquanto consideramos o preço que Ele pagou por nós pode clarear o nosso pensamento e nos trazer discernimento. Vemos que esse é o melhor momento para refletirmos sobre a condição do nosso coração e dos nossos relacionamentos. Nessa situação, com a compreensão honesta do nosso bem-estar espiritual, podemos nos voltar a Ele em busca da graça que precisamos para seguir adiante em Seu nome.
>
> Chegou o momento do seu *check-up*?
>
> *Querido Jesus, ao entrar em Tua presença, peço-te que sondes o meu coração e me purifiques. Por favor, ajuda-me a arrancar pela raiz toda a amargura ou hostilidade com relação aos meus irmãos na fé.*
>
> **A autoavaliação é um exame do qual nenhum cristão pode ser dispensado.**

e o cabeça de Cristo é Deus. ⁴O homem desonra sua cabeça se a cobre para orar ou profetizar. ⁵Mas a mulher desonra sua cabeça se ora ou profetiza sem cobri-la, pois é como se tivesse raspado a cabeça. ⁶Se ela se recusa a cobrir a cabeça, deve também cortar todo o cabelo! Mas, uma vez que é vergonhoso a mulher cortar o cabelo ou raspar a cabeça, deve cobri-la.

⁷O homem não deve cobrir a cabeça, pois ele foi criado à imagem de Deus e reflete a glória de Deus. A mulher, porém, reflete a glória do homem. ⁸Pois o homem não veio da mulher, mas a mulher veio do homem. ⁹E o homem não foi criado para a mulher, mas a mulher foi criada para o homem. ¹⁰Por esse motivo, e também por causa dos anjos, a mulher deve cobrir a cabeça, para mostrar que está debaixo de autoridade.[a]

¹¹Entre o povo do Senhor, porém, as mulheres não são independentes dos homens, e os homens não são independentes das mulheres. ¹²Pois, embora a mulher tenha vindo do homem, o homem nasce da mulher, e tudo vem de Deus.

¹³Julguem por si mesmos: é correto uma mulher orar a Deus em público sem cobrir a cabeça? ¹⁴A natureza não deixa claro que é vergonhoso o homem ter cabelo comprido? ¹⁵E as mulheres não se orgulham de seu cabelo comprido? Pois ele lhes foi dado como manto. ¹⁶Mas, se alguém quiser discutir a esse respeito, digo simplesmente que não temos outro costume. E as outras igrejas de Deus pensam da mesma forma.

Ordem na ceia do Senhor

¹⁷Nas instruções a seguir, porém, não posso elogiá-los, pois, quando vocês se reúnem, fazem mais mal que bem. ¹⁸Primeiro, ouço que há divisões quando vocês se reúnem como igreja e, até certo ponto, eu o creio. ¹⁹Suponho que seja necessário haver divisões entre vocês para que se reconheçam os que são aprovados! ²⁰Quando vocês se reúnem, não estão interessados de fato na ceia do Senhor. ²¹Alguns de vocês se apressam em comer a própria refeição; como resultado, alguns passam fome, enquanto outros ficam embriagados. ²²Será que vocês não têm casa onde comer e beber? Ou querem mesmo envergonhar a igreja de Deus e humilhar os pobres? Que devo dizer? Querem que eu os elogie? Certamente não os elogiarei por isso!

²³Pois eu lhes transmiti aquilo que recebi do Senhor. Na noite em que o Senhor Jesus foi traído, ele tomou o pão, ²⁴agradeceu a Deus,

---

[a] 11.10 Em grego, *deve ter uma autoridade sobre sua cabeça.*

partiu-o e disse: "Este é meu corpo, que é entregue por vocês.ª Façam isto em memória de mim". ²⁵Da mesma forma, depois da ceia, tomou o cálice e disse: "Este cálice é a nova aliança, confirmada com meu sangue. Façam isto em memória de mim, sempre que o beberem".ᵇ ²⁶Porque cada vez que vocês comem desse pão e bebem desse cálice, anunciam a morte do Senhor até que ele venha.

²⁷Assim, quem come do pão ou bebe do cálice do Senhor indignamente é culpado de pecar contraᶜ o corpo e o sangue do Senhor. ²⁸Portanto, examinem-se antes de comer do pão e beber do cálice, ²⁹pois, se comem do pão ou bebem do cálice sem honrar o corpo de Cristo,ᵈ comem e bebem julgamento contra si mesmos. ³⁰Por isso muitos de vocês estão fracos e doentes e alguns até adormeceram.

³¹Se examinássemos a nós mesmos, não seríamos julgados dessa maneira. ³²Mas, quando somos julgados pelo Senhor, estamos sendo disciplinados para que não sejamos condenados com o mundo.

³³Portanto, meus irmãos, quando se reunirem para comer, esperem uns pelos outros. ³⁴Se estiverem com fome, comam em casa, a fim de não trazer julgamento sobre si mesmos ao se reunirem. Eu lhes darei instruções a respeito de outros assuntos depois que chegar aí.

Dons espirituais

12 Agora, irmãos, quanto à sua pergunta sobre os dons espirituais,ᵉ não quero que continuem confusos. ²Vocês sabem que, quando ainda eram pagãos,ᶠ foram conduzidos pelo caminho errado e levados a adorar ídolos mudos. ³Por isso, quero que compreendam que ninguém que fala pelo Espírito de Deus amaldiçoa Jesus, e ninguém pode dizer que Jesus é Senhor a não ser pelo Espírito Santo.

⁴Existem tipos diferentes de dons espirituais, mas o mesmo Espírito é a fonte de todos eles. ⁵Existem tipos diferentes de serviço, mas o Senhor a quem servimos é o mesmo. ⁶Deus trabalha de maneiras diferentes, mas é o mesmo Deus que opera em todos nós.

⁷A cada um de nós é concedida a manifestação do Espírito para o benefício de todos. ⁸A um o Espírito dá a capacidade de oferecer conselhos sábios,ᵍ a outro o mesmo Espírito dá uma mensagem de conhecimento especial.ʰ ⁹A um o mesmo Espírito dá grande fé, a outro o único Espírito concede o dom de cura. ¹⁰A um ele dá o poder de realizar milagres, a outro, a capacidade de profetizar. A outro ele dá a capacidade de discernir se uma mensagem é do Espírito de Deus ou de outro espírito. A outro, ainda, dá a capacidade de falar em diferentes línguas,ⁱ enquanto a um outro dá a capacidade de interpretar o que está sendo dito. ¹¹Tudo isso é distribuído pelo mesmo e único Espírito, que concede o que deseja a cada um.

Um só corpo com muitas partes

¹²O corpo humano tem muitas partes, mas elas formam um só corpo. O mesmo acontece com relação a Cristo. ¹³Alguns de nós são judeus, alguns são gentios,ʲ alguns são escravos e alguns são livres, mas todos nós fomos batizados em um só corpo pelo único Espírito, e todos recebemos o privilégio de beber do mesmo Espírito.

¹⁴De fato, o corpo não é feito de uma só parte, mas de muitas partes diferentes. ¹⁵Se o pé diz: "Não sou parte do corpo porque não sou mão", acaso, por isso, deixa de ser parte do corpo? ¹⁶E se a orelha diz: "Não sou parte do corpo porque não sou olho", será que, por isso, deixa de ser parte do corpo? ¹⁷Se o corpo todo fosse olho, como vocês ouviriam? E, se o corpo todo fosse orelha, como sentiriam o cheiro de algo?

¹⁸Mas nosso corpo tem muitas partes, e Deus colocou cada uma delas onde ele quis. ¹⁹O corpo deixaria de ser corpo se tivesse apenas uma parte. ²⁰Assim, há muitas partes, mas um só corpo. ²¹O olho não pode dizer à mão: "Não preciso de você". E a cabeça não pode dizer aos pés: "Não preciso de vocês".

²²Ao contrário, algumas partes do corpo que parecem mais fracas são as mais necessárias. ²³E as partes que consideramos menos

---

ª**11.24** Em grego, *que é para vocês*; alguns manuscritos trazem *que é partido para vocês*. ᵇ**11.23-25** Ver Lc 22.19-20. ᶜ**11.27** Ou *é responsável por*. ᵈ**11.29** Em grego, *o corpo*; alguns manuscritos trazem *o corpo do Senhor*. ᵉ**12.1** Ou *sobre as coisas espirituais*, ou *sobre as pessoas espirituais*; o grego traz *sobre os espirituais*. ᶠ**12.2** Em grego, *gentios*. ᵍ**12.8a** Ou *uma palavra de sabedoria*. ʰ**12.8b** Ou *uma palavra de conhecimento*. ⁱ**12.10** Ou *em diferentes tipos de línguas*; também em 12.28,30. ʲ**12.13** Em grego, *gregos*.

> **PÃO DIÁRIO**
>
> ## Ajudando o amor a crescer
>
> *[O amor] Não exige que as coisas sejam à sua maneira...*
> —1 Coríntios 13.5
>
> Um jovem comunicou ao pai que ia se casar.
>
> E o pai perguntou-lhe: —Como você sabe que já está preparado para se casar? Você está apaixonado?
>
> O filho respondeu: —Claro que sim!
>
> O pai então lhe perguntou: —Mas como você sabe que está apaixonado? E ouviu dele: —Ontem à noite, quando me despedi de minha namorada com um beijo de boa-noite, o cachorro dela me mordeu, e eu só fui sentir a dor da mordida muito tempo depois!
>
> Esse jovem já possui o sentimento de amor, mas ainda precisa amadurecer muito. Vernon C. Grounds, um de nossos colaboradores, foi casado por mais de 70 anos. Ele nos deixou algumas dicas sobre como crescer em amor:
>
> *Medite sobre o amor de Deus em Cristo.* Reserve um momento para refletir sobre como o Filho de Deus deu a Sua vida por você. Leia sobre Jesus nos evangelhos e lhe agradeça.
>
> *Ore a Deus por Seu amor.* Peça-lhe para conceder a compreensão do Seu amor e para ensiná-la a praticar esse mesmo amor com seu cônjuge, em seus relacionamentos e com outras pessoas (1Co 13).
>
> *Pratique o amor de Deus. Doe-se.* Um jovem recém-casado me falou que o amor é algo prático e afirmou: "Minha responsabilidade é tornar a vida mais fácil para a minha esposa". O outro lado mais penoso do amor é desafiar um ao outro a agir de maneira temente a Deus.
>
> O amor crescerá quando refletirmos sobre o amor, orarmos por amor e praticarmos o amor.
>
> *Deus, Teu amor sem limites me domina! Que eu o compreenda cada vez mais para que possa te retribuir o verdadeiro amor e também mostrá-lo aos outros. Desejo imitar o Teu exemplo perfeito de amor altruísta em todos os meus relacionamentos. Eu te amo!*
>
> **À medida que o amor de Cristo cresce em nós, flui por nosso intermédio.**

especial. Deus estruturou o corpo de maneira a conceder mais honra e cuidado às partes que recebem menos atenção. ²⁵Isso faz que haja harmonia entre os membros, de modo que todos cuidem uns dos outros. ²⁶Se uma parte sofre, todas as outras sofrem com ela, e se uma parte é honrada, todas as outras com ela se alegram.

²⁷Juntos, todos vocês são o corpo de Cristo, e cada um é uma parte dele. ²⁸Deus estabeleceu para a igreja:

em primeiro lugar, os apóstolos;
em segundo, os profetas;
em terceiro, os mestres;
depois, os que fazem milagres,
os que têm o dom de cura,
os que ajudam outros,
os que têm o dom de liderança,
os que falam em diferentes línguas.

²⁹Somos todos apóstolos? Somos todos profetas? Somos todos mestres? Todos nós temos o poder de fazer milagres? ³⁰Todos temos o dom de cura? Todos temos a capacidade de falar em diferentes línguas? Todos temos a capacidade de interpretar o que é dito? ³¹Portanto, desejem intensamente os dons mais úteis.

Agora, porém, vou lhes mostrar um estilo de vida que supera os demais.

O mais importante é o amor

13 Se eu falasse as línguas dos homens e dos anjos, mas não tivesse amor, seria como um sino que ressoa ou um címbalo que retine. ²Se eu tivesse o dom de profecias, se entendesse todos os mistérios de Deus e tivesse todo o conhecimento, e se tivesse uma fé que me permitisse mover montanhas, mas não tivesse amor, eu nada seria. ³Se desse tudo que tenho aos pobres e até entregasse meu corpo para ser queimado,[a] e não tivesse amor, de nada me adiantaria.

⁴O amor é paciente e bondoso. O amor não é ciumento, nem presunçoso. Não é orgulhoso, ⁵nem grosseiro. Não exige que as coisas sejam à sua maneira. Não é irritável, nem rancoroso. ⁶Não se alegra com a injustiça, mas sim com a verdade. ⁷O amor nunca desiste, nunca perde

---

[a] **13.3** Alguns manuscritos trazem *entregasse meu corpo, de modo que me gloriasse*.

a fé, sempre tem esperança e sempre se mantém firme. ⁸Um dia, profecia, línguas e conhecimento desaparecerão e cessarão, mas o amor durará para sempre. ⁹Agora nosso conhecimento é parcial e incompleto, e até mesmo o dom da profecia revela apenas uma parte do todo. ¹⁰Mas, quando vier o que é perfeito, essas coisas imperfeitas desaparecerão.

¹¹Quando eu era criança, falava, pensava e raciocinava como criança. Mas, quando me tornei homem, deixei para trás as coisas de criança. ¹²Agora vemos de modo imperfeito, como um reflexo no espelho, mas então veremos tudo face a face. Tudo que sei agora é parcial e incompleto, mas conhecerei tudo plenamente, assim como Deus já me conhece plenamente.

¹³Três coisas, na verdade, permanecerão: a fé, a esperança e o amor, e a maior delas é o amor.

Os dons de línguas e de profecia

14 Que o amor seja seu maior objetivo! Contudo, desejem também os dons espirituais, especialmente a capacidade de profetizar. ²Pois quem fala em línguas fala apenas com Deus, pois ninguém mais o entende, e em espírito[a] fala verdades ocultas. ³Mas aquele que profetiza fortalece, anima e conforta os outros. ⁴Quem fala em línguas fortalece a si mesmo, mas quem profetiza fortalece toda a igreja. ⁵Gostaria que todos vocês falassem em línguas, mas gostaria ainda mais que todos profetizassem. Pois a profecia é superior a falar em línguas, a menos que alguém interprete o que vocês dizem para que toda a igreja seja fortalecida.

⁶Irmãos, se eu for visitá-los e falar em línguas, em que isso os ajudará? Mas, se eu lhes trouxer uma revelação, um conhecimento especial, uma profecia ou um ensinamento, isso lhes será proveitoso. ⁷Até mesmo instrumentos inanimados como a flauta ou a harpa precisam soar as notas com clareza; do contrário, ninguém reconhecerá a melodia. ⁸E, se a trombeta não emitir um toque nítido, como os soldados saberão que estão sendo convocados para a batalha?

⁹O mesmo acontece com vocês. Se usarem palavras incompreensíveis, como alguém saberá o que estão dizendo? Será o mesmo que falar ao vento. ¹⁰Há muitos idiomas no mundo, e todos têm sentido. ¹¹Mas, se eu não entendo um idioma, sou estrangeiro para quem o fala, e ele é estrangeiro para mim. ¹²O mesmo se aplica a vocês. Uma vez que estão ansiosos para ter os dons espirituais, busquem os dons que fortalecerão a igreja toda.

¹³Portanto, quem fala em línguas deve orar pedindo também a capacidade de interpretar o que é dito. ¹⁴Pois, se oro em línguas, meu espírito ora, mas eu não entendo o que estou dizendo.

¹⁵Então, o que devo fazer? Orarei no espírito e também orarei em palavras que entendo. Cantarei no espírito e também cantarei em palavras que entendo. ¹⁶Pois, se louvarem apenas no espírito, como poderão louvar com vocês aqueles que não os entendem? Como poderão agradecer com vocês se não entendem o que estão dizendo? ¹⁷Vocês darão graças muito bem, mas não fortalecerão aqueles que os ouvem.

¹⁸Dou graças a Deus porque falo em línguas mais que qualquer um de vocês. ¹⁹Contudo, numa reunião da igreja, prefiro dizer cinco palavras compreensíveis que ajudem os outros a falar dez mil palavras em outra língua.

²⁰Irmãos, não sejam infantis no entendimento dessas coisas. Sejam inocentes como bebês com relação ao mal, mas sejam maduros no entendimento. ²¹Pois as Escrituras dizem:[b]

"Falarei a este povo em línguas estranhas
e por meio de lábios estrangeiros.
Mesmo assim, este povo não me ouvirá,[c]
diz o Senhor".

²²Portanto, falar em línguas é um sinal não para os que creem, mas para os descrentes. A profecia, contudo, é para os que creem, e não para os descrentes. ²³Ainda assim, se descrentes ou pessoas que não entendem essas coisas entrarem na reunião de sua igreja e ouvirem todos falarem em línguas, pensarão que vocês são loucos. ²⁴Mas, se todos vocês

---

[a] **14.2** Ou *no Espírito*; também em 14.15,16. [b] **14.21a** Em grego, *está escrito na lei*. [c] **14.21b** Is 28.11-12.

estiverem profetizando e descrentes ou pessoas que não entendem essas coisas entrarem na reunião, serão convencidos do pecado e julgados por aquilo que vocês disserem. ²⁵Ao ouvirem, os pensamentos secretos deles serão revelados, e eles cairão de joelhos e adorarão a Deus, declarando: "De fato, Deus está aqui no meio de vocês".

Os dons espirituais no culto

²⁶Pois bem, irmãos, o que fazer, então? Quando vocês se reunirem, um cantará, o outro ensinará, o outro revelará, um falará em línguas e outro interpretará o que for dito. Tudo que for feito, porém, deverá fortalecer a todos. ²⁷Não mais que dois ou três devem falar em línguas. Devem se pronunciar um de cada vez, e alguém deve interpretar o que disserem. ²⁸Mas, se não houver alguém que possa interpretar, devem permanecer calados na reunião da igreja, falando com Deus em particular. ²⁹Que dois ou três profetizem e os outros avaliem o que for dito. ³⁰Se alguém estiver profetizando e outra pessoa receber uma revelação, quem está falando deve se calar. ³¹Desse modo, todos que profetizam terão sua vez de falar, um depois do outro, para que todos sejam instruídos e encorajados. ³²Aqueles que profetizam têm controle de seu espírito e podem falar um por vez. ³³Pois Deus não é Deus de desordem, mas de paz, como em todas as reuniões do povo santo.ᵃ

³⁴As mulheres devem permanecer em silêncio durante as reuniões da igreja. Não é apropriado que falem. Devem ser submissas, como diz a lei. ³⁵Se tiverem alguma pergunta, devem fazê-la ao marido, em casa, pois não é apropriado que as mulheres falem nas reuniões da igreja.

³⁶Ou vocês pensam que a palavra de Deus se originou entre vocês? Acaso são os únicos aos quais ela foi entregue? ³⁷Se alguém afirma ser profeta ou se considera espiritual, será o primeiro a reconhecer que o que lhes digo é uma ordem do Senhor. ³⁸Se alguém ignorar esse fato, ele mesmo será ignorado.ᵇ

³⁹Portanto, meus irmãos, anseiem profetizar e não proíbam o falar em línguas, ⁴⁰mas cuidem para que tudo seja feito com decência e ordem.

A ressurreição de Cristo

15 Agora, irmãos, quero lembrá-los das boas-novas que lhes anunciei anteriormente. Vocês as receberam e nelas permanecem firmes. ²São essas boas-novas que os salvam, se continuarem a crer na mensagem como lhes anunciei; do contrário, sua fé é inútil.

³Eu lhes transmiti o que era mais importante e o que também me foi transmitido: Cristo morreu por nossos pecados, como dizem as Escrituras. ⁴Ele foi sepultado e ressuscitou no terceiro dia, como dizem as Escrituras. ⁵Apareceu a Pedroᶜ e, mais tarde, aos Doze. ⁶Depois disso, apareceu a mais de quinhentos irmãos de uma só vez, a maioria dos quais ainda está viva, embora alguns já tenham adormecido. ⁷Mais tarde, apareceu a Tiago e, posteriormente, a todos os apóstolos. ⁸Por último, apareceu também a mim, como se eu tivesse nascido fora de tempo. ⁹Pois sou o mais insignificante dos apóstolos. Aliás, nem sou digno de ser chamado apóstolo, pois persegui a igreja de Deus.

¹⁰O que agora sou, porém, deve-se inteiramente à graça que Deus derramou sobre mim, e que não foi inútil. Trabalhei com mais dedicação que qualquer outro apóstolo e, no entanto, não fui eu, mas Deus que, em sua graça, operou por meu intermédio. ¹¹Logo, não faz diferença se eu prego ou se eles pregam, pois todos nós anunciamos a mesma mensagem na qual vocês já creram.

A ressurreição dos mortos

¹²Pois bem, se proclamamos que Cristo ressuscitou dos mortos, por que alguns de vocês afirmam não haver ressurreição dos mortos? ¹³Pois, se não existe ressurreição dos mortos, Cristo não ressuscitou. ¹⁴E, se Cristo não ressuscitou, nossa pregação é inútil, e a fé que vocês têm também é inútil. ¹⁵Então estamos todos mentindo a respeito de Deus, pois afirmamos que ele ressuscitou a Cristo. Mas, se não existe ressurreição dos mortos, isso não pode ser verdade. ¹⁶E, se não existe ressurreição dos mortos, então Cristo também não ressuscitou. ¹⁷E, se Cristo não ressuscitou, a fé que vocês têm

---

ᵃ **14.33** A frase *como em todas as reuniões do povo santo* também pode ser o começo de 14.34. ᵇ **14.38** Alguns manuscritos trazem *Se alguém ignorar isso, que permaneça na ignorância*. ᶜ **15.5** Em grego, *Cefas*.

é inútil, e vocês ainda estão em seus pecados. ¹⁸Nesse caso, todos que adormeceram crendo em Cristo estão perdidos! ¹⁹Se nossa esperança em Cristo vale apenas para esta vida, somos os mais dignos de pena em todo o mundo. ²⁰Mas Cristo de fato ressuscitou dos mortos. Ele é o primeiro fruto da colheita de todos que adormeceram. ²¹Uma vez que a morte entrou no mundo por meio de um único homem, agora a ressurreição dos mortos começou por meio de um só homem. ²²Assim como todos morremos em Adão, todos que são de Cristo receberão nova vida. ²³Mas essa ressurreição tem uma sequência: Cristo ressuscitou como o primeiro fruto da colheita, e depois todos que são de Cristo ressuscitarão quando ele voltar. ²⁴Então virá o fim, quando ele entregará o reino a Deus, o Pai, depois de ter destruído todos os governantes e autoridades e todo poder. ²⁵Pois é necessário que Cristo reine até que tenha colocado todos os seus inimigos debaixo de seus pés. ²⁶E o último inimigo a ser destruído é a morte. ²⁷Pois as Escrituras dizem: "Deus pôs todas as coisas sob a autoridade dele".ᵃ Claro que, quando se diz que "todas as coisas estão sob a autoridade dele", isso não inclui aquele que conferiu essa autoridade a Cristo. ²⁸Então, quando todas as coisas estiverem sob a autoridade do Filho, ele se colocará sob a autoridade de Deus, para que Deus, que deu a seu Filho autoridade sobre todas as coisas, seja absolutamente supremo sobre todas as coisas em toda parte.

²⁹E o que dizer dos que se batizam em favor dos mortos? Se os mortos não ressuscitam, como dizem eles, por que se batizam em favor dos que já morreram? ³⁰E nós, por que arriscamos a vida o tempo todo? ³¹Pois eu afirmo, irmãos, que enfrento a morte diariamente, assim como afirmo meu orgulho daquilo que Cristo Jesus, nosso Senhor, fez em vocês. ³²E, se não haverá ressurreição dos mortos, de que me adiantou ter lutado contra feras, isto é, aquela gente de Éfeso?ᵇ Se não há ressurreição, "comamos e bebamos, porque amanhã morreremos!".ᶜ ³³Não se deixem enganar pelos que dizem essas coisas, pois "as más companhias corrompem o bom caráter". ³⁴Pensem bem sobre o que é certo e parem de pecar. Pois, para sua vergonha, eu lhes digo que alguns de vocês não têm o menor conhecimento de Deus.

O corpo ressurreto

³⁵Alguém pode perguntar: "Como os mortos ressuscitarão? Que tipo de corpo terão?".

PÃO DIÁRIO

Ressurreição e vida

Mas Cristo de fato ressuscitou dos mortos. Ele é o primeiro fruto da colheita de todos que adormeceram.
—1 Coríntios 15.20

Jesus falou: "Eu sou a ressurreição e a vida" (Jo 11.25). Uma coisa é fazer uma afirmação tão ousada quanto essa; outra é sustentá-la, e Jesus a sustentou ao ressuscitar dos mortos.

George MacDonald escreveu em seu livro *Proving the Unseen* (Provando o invisível, inédito): "Se você acredita que o Filho de Deus morreu e ressuscitou, todo o seu futuro será repleto da aurora da manhã eterna surgindo além das colinas da vida e repleto da esperança que a imaginação mais sublime do poeta nem sequer tem ainda um vislumbre".

O Filho de Deus morreu e ressuscitou, e a Sua ressurreição é a garantia de que Deus nos levantará do pó: reconhecíveis como alguém que pensa, sente, tem recordações e viverá para sempre.

Viver para sempre significa experenciar a eternidade que Deus colocou em nosso coração, encontrar-se novamente com entes queridos separados pela morte, viver num mundo sem dor, vendo o nosso Senhor que nos ama e nos deu tudo para nos unir a Ele para sempre.

No entanto, vejo outro significado. Uma vez que temos esta vida e a eterna, não precisamos "ter tudo" agora. Podemos viver num corpo corruptível e arruinado por um tempo; podemos suportar a pobreza e as adversidades por algum tempo; podemos enfrentar a solidão, a angústia e a dor por certo tempo. Por quê? Porque existe um segundo nascimento — uma vida eterna no Céu.

Senhor, sou muito grata por Jesus ter morrido por mim. Ajuda-me a me lembrar disso quando eu enfrentar as provações. Um dia, ressuscitarei para vivermos juntos na eternidade os dias repletos de alegria.

A ressurreição é o alicerce da nossa fé.

ᵃ 15.27 Sl 8.6. ᵇ 15.32a Em grego, *lutar contra as feras em Éfeso.* ᶜ 15.32b Is 22.13.

³⁶Que perguntas tolas! A semente só cresce e se transforma em planta depois que morre. ³⁷E aquilo que se coloca no solo não é a planta que crescerá, mas apenas uma semente de trigo ou de alguma outra planta. ³⁸Então Deus lhe dá o novo corpo como ele quer. Um tipo diferente de planta cresce de cada tipo de semente. ³⁹Da mesma forma, há tipos diferentes de carne: um tipo para os seres humanos, outro para os animais, outro para as aves e outro para os peixes.

⁴⁰Também há corpos celestes e corpos terrestres. A glória dos corpos celestes é diferente da glória dos corpos terrestres. ⁴¹O sol tem um tipo de glória, enquanto a lua e as estrelas têm outro. E até mesmo as estrelas diferem em glória umas das outras.

⁴²O mesmo acontece com a ressurreição dos mortos. Quando morremos, o corpo terreno é plantado no solo, mas ressuscitará para viver para sempre. ⁴³Nosso corpo é enterrado em desonra, mas ressuscitará em glória. É enterrado em fraqueza, mas ressuscitará em força. ⁴⁴É enterrado como corpo humano natural, mas ressuscitará como corpo espiritual. Pois, assim como há corpos naturais, também há corpos espirituais.

⁴⁵As Escrituras nos dizem: "O primeiro homem, Adão, se tornou ser vivo".ª Mas o último Adão é espírito que dá vida. ⁴⁶Primeiro vem o corpo natural, depois o corpo espiritual. ⁴⁷O primeiro homem foi feito do pó da terra, enquanto o segundo homem veio do céu. ⁴⁸Os que são da terra são como o homem terreno, e os que são do céu são como o homem celestial. ⁴⁹Da mesma forma que agora somos como o homem terreno, algum dia seremosᵇ como o homem celestial.

⁵⁰Estou dizendo, irmãos, que nosso corpo físico não pode herdar o reino de Deus. Este corpo mortal não pode herdar aquilo que durará para sempre.

⁵¹Mas eu lhes revelarei um segredo maravilhoso: nem todos dormiremos, mas todos seremos transformados! ⁵²Acontecerá num instante, num piscar de olhos, ao som da última trombeta. Pois, quando a última trombeta soar, aqueles que morreram ressuscitarão a fim de viver para sempre. E nós que estivermos vivos também seremos transformados. ⁵³Pois nosso corpo mortal precisa ser transformado em corpo imortal.

⁵⁴Então, quando nosso corpo mortal tiver sido transformado em corpo imortal, se cumprirá a passagem das Escrituras que diz:

"A morte foi engolida na vitória.ᶜ
⁵⁵Ó morte, onde está sua vitória?
Ó morte, onde está seu aguilhão?".ᵈ

⁵⁶O pecado é o aguilhão da morte que nos fere, e a lei é o que torna o pecado mais forte. ⁵⁷Mas graças a Deus, que nos dá vitória sobre o pecado e sobre a morte por meio de nosso Senhor Jesus Cristo!

⁵⁸Portanto, meus amados irmãos, sejam fortes e firmes. Trabalhem sempre para o Senhor com entusiasmo, pois vocês sabem que nada do que fazem para o Senhor é inútil.

A oferta para Jerusalém

16 Quanto à pergunta sobre o dinheiro que vocês estão coletando para o povo santo, sigam as mesmas instruções que dei às igrejas na Galácia. ²No primeiro dia de cada semana, separem uma parte de sua renda. Não esperem até que eu chegue para então coletar tudo de uma vez. ³Quando eu chegar, entregarei cartas de recomendação aos mensageiros que vocês escolherem para levar sua oferta a Jerusalém. ⁴E, se for conveniente que eu também vá, eles viajarão comigo.

Instruções finais de Paulo

⁵Eu os visitarei depois de ir à Macedônia,ᵉ pois devo passar por lá. ⁶Talvez permaneça um tempo com vocês, quem sabe todo o inverno. Depois vocês poderão me encaminhar para meu próximo destino. ⁷Desta vez, não quero visitá-los apenas de passagem; quero ficar algum tempo, se o Senhor o permitir. ⁸Por enquanto, permanecerei em Éfeso até a festa de Pentecostes. ⁹Há uma porta inteiramente aberta para realizar um grande trabalho aqui, ainda que muitos se oponham a mim.

¹⁰Quando Timóteo chegar, não deve se sentir intimidado por vocês. Ele está realizando a

---

ª **15.45** Gn 2.7. ᵇ **15.49** Alguns manuscritos dizem *sejamos*. ᶜ **15.54** Is 25.8. ᵈ **15.55** Os 13.14, conforme a Septuaginta. ᵉ **16.5** A Macedônia ficava na região norte da Grécia.

obra do Senhor, assim como eu. ¹¹Não deixem que ninguém o trate com desprezo. Enviem-no de volta para mim com sua bênção. Espero que ele venha junto com os demais irmãos. ¹²Quanto a nosso irmão Apolo, insisti que ele os visitasse com os outros irmãos, mas ele não estava disposto a ir agora. Ele o fará mais tarde, quando tiver oportunidade. ¹³Estejam vigilantes. Permaneçam firmes na fé. Sejam corajosos.ᵃ Sejam fortes. ¹⁴Façam tudo com amor.

¹⁵Vocês sabem que Estéfanas e sua família foram os primeiros convertidosᵇ na Acaiaᶜ e têm dedicado a vida ao serviço do povo de Deus. Peço, irmãos, ¹⁶que se sujeitem a eles e a outros que, como eles, servem com tanta devoção. ¹⁷Estou muito contente com a vinda de Estéfanas, Fortunato e Acaico. Eles proveram a ajuda que vocês, por não estarem aqui, não puderam me dar. ¹⁸Eles têm sido um grande estímulo para mim, como foram para vocês. Valorizem todos que servem tão bem.

Saudações finais e bênção de Paulo

¹⁹As igrejas aqui na província da Ásiaᵈ enviam saudações no Senhor. Também os saúdam Áquila e Priscilaᵉ e todos da igreja que se reúne na casa deles. ²⁰Todos os irmãos daqui lhes enviam saudações. Saúdem uns aos outros com beijo santo.

²¹Esta é minha saudação de próprio punho: Paulo.

²²Se alguém não ama o Senhor, essa pessoa é maldita. Vem, nosso Senhor!ᶠ

²³Que a graça do Senhor Jesus esteja com vocês.

²⁴Envio meu amor a todos vocês em Cristo Jesus.ᵍ

ᵃ**16.13** Em grego, *Sejam homens*. ᵇ**16.15a** Em grego, *o primeiro fruto*. ᶜ**16.15b** A *Acaia* era a região sul da península grega. ᵈ**16.19a** A *Ásia* era uma província romana na região que hoje corresponde ao oeste da Turquia. ᵉ**16.19b** Em grego, *Prisca*. ᶠ**16.22** Do aramaico, *Marana tha*. Alguns manuscritos trazem *Maran atha*, "Nosso Senhor veio". ᵍ**16.24** Alguns manuscritos acrescentam *Amém*.

Aprendendo com as mulheres da Bíblia

PRISCILA E ÁQUILA

O Espírito de Deus nos orienta em eventos estressantes

Paulo estava em Atenas, esperando que Silas e Timóteo o encontrassem lá (At 17.16). Depois, o apóstolo tomou seu caminho, talvez por mar, para Corinto (At 18.1). É difícil imaginar duas cidades mais diferentes uma da outra do que Atenas e Corinto no primeiro século. Historicamente, embora Corinto tenha sido uma cidade grega em tempos antigos, em 146 a.C., ela foi derrotada em guerra pelos romanos. Mais tarde, em 44 a.C., foi restabelecida como colônia romana com novas pessoas (não gregas) trazidas de outras partes do império. Dessa forma, Corinto foi reorientada com a ideologia e organização romanas, e o latim se tornou o idioma oficial (embora o grego também fosse falado).

Geograficamente, Corinto se localizava em um istmo, uma estreita faixa de terra (que variava entre 6,4 a 27,2 quilômetros de largura) que unia a principal parte da Grécia, na extremidade nordeste, e o Peloponeso, a grande península a sudoeste. O mar Mediterrâneo que cercava a costa sul dessa península era tão turbulento que os marinheiros evitavam ter de navegá-lo. Dessa forma, os navios que necessitavam chegar ao golfo Sarônico, ao leste, para o mar Jônico, a oeste, ou vice-versa, eram arrastados sobre roletes de toras pelas estradas pavimentadas com pedras através do estreito para serem lançados novamente ao mar do outro lado.

Havia portos em ambas as costas nessa faixa de terra. Isso permitia aos oficiais da cidade controlar os impostos das cargas e as pessoas cuja tarefa era puxar os navios para um desses portos. Assim, Corinto era uma cidade poliglota e recebia marinheiros e viajantes de toda a parte do Império Romano que procuravam hospedagem, alimento, suprimentos e prostitutas enquanto seus navios eram arrastados através do istmo.

Em termos religiosos, quase todo o tipo de divindade possuía um lugar de adoração na cidade. Isso inclui os deuses e deusas da Grécia e de Roma, as divindades egípcias Ísis e Serápis, os deuses orientais, bem como divindades e heróis locais. Em meio a toda essa religiosidade, a cidade também era conhecida por sua promiscuidade e perversão sexual: problemas que vemos refletidos nas cartas de Paulo aos cristãos coríntios. Foi também nessa cidade dominada, não por filósofos, como Atenas, mas pelo comércio internacional e até por uma gama maior de seitas religiosas, que Paulo chegou sozinho.

O apóstolo Paulo ocupava-se em fazer tendas de couro (At 18.3). Embora ele tivesse chegado em Corinto sozinho, logo encontrou um casal cristão de refugiados que anteriormente havia sido forçado a sair de sua casa em Roma por um edito do Imperador Cláudio César que expulsou todos os judeus dessa cidade (At 18.1-3).

Áquila era um judeu nascido no Ponto, originalmente uma província persa que fora conquistada pelos gregos, e depois pelos romanos. Embora Roma permitisse que reis locais governassem seu território por muitos anos, em 62 d.C. Nero forçou o rei a abdicar do trono. A Bíblia não nos diz como Áquila foi parar em Roma. Alguns estudiosos especulam que ele foi feito escravo após uma batalha entre os rebeldes do Ponto e os romanos e, mais tarde, liberto, permanecendo em Roma, onde trabalhou como fazedor de tendas e, subsequentemente, casando-se com Priscila, uma gentia bem-nascida.

No primeiro século, a fabricação de tendas era uma grande indústria. Fazedores de tenda habilidosos tinham trabalho estável, suprindo o governo romano para miríades de postos militares avançados por todo o império, bem como vendendo-as aos civis e mercadores em viagem. Como curtidor, Paulo provavelmente carregava apenas uma faca afiada, um furador e uma grande agulha curvada — ferramentas que caberiam em uma bolsa do tamanho de um livro. A ocupação dele era ideal para um missionário itinerante.

Quando Paulo conheceu Priscila e Áquila, soube que eles haviam trabalhado com Pedro em Roma. Como pessoas que se converteram cedo a Cristo, agora eram experientes no ministério. Quando orientou os refugiados Priscila e Áquila a se estabelecerem em Corinto, o Espírito de Deus não apenas deu a Paulo colegas que compartilhavam de seu negócio, e, assim, providenciavam meios de autossustento, mas também lhe forneceu colaboradores no evangelho que ficariam lado a lado com ele no ministério.

No livro de Atos e nas cartas de Paulo, conhecemos esse casal em três cidades diferentes. Eles se uniram a Paulo em Corinto e lá trabalharam tanto no ministério quanto na fabricação de tendas por cerca de 18 meses (50–52 d.C.). Depois, acompanharam-no para Éfeso, no sudoeste da Turquia. Como Paulo havia feito um voto que requereria uma viagem a Jerusalém, ele deixou o casal em Éfeso para fortalecer o seu trabalho.

Foi durante esse tempo que eles discipularam Apolo. No final da carta de Paulo aos romanos, descobrimos que Priscila e Áquila haviam voltado a Roma. Obviamente, o banimento dos judeus nessa cidade havia sido suspenso e o casal pudera voltar para casa. No entanto, fiéis ao seu modelo anterior, eles se mantiveram ocupados plantando novas igrejas (Rm 16.3-5).

Paulo os considerava como seus colaboradores no ministério e menciona que, em algum momento, eles haviam arriscado a própria vida pelo apóstolo (Rm 16.4). Poucas pessoas trabalharam com Paulo mais do que eles: por 18 meses em Corinto e, depois, em Éfeso. Esse apóstolo tinha boas razões para chamá-los de colaboradores.

Entre as seis vezes em que Priscila e Áquila são mencionados no Novo Testamento, em quatro o nome de Priscila aparece primeiro. Os estudiosos do Novo Testamento nos informam que, nos escritos do primeiro século, a ordem dos nomes nunca era aleatória, e a primeira pessoa citada era, normalmente, reconhecida como tendo maior proeminência no ministério.

À medida que seguimos Priscila e Áquila de Roma a Corinto, de lá a Éfeso e, depois, de Éfeso de volta a Roma, ficamos impressionados com as grandes adaptações que esse casal teve que fazer em cada mudança. Pouco pensamos neles como refugiados em Corinto, mas esse era o status deles.

O que eles deixaram para trás enquanto partiam para um exílio involuntário? Das descobertas arqueológicas, sabemos que Priscila era bem-nascida, com uma casa construída sobre a propriedade de seu parente, Prudente (2Tm 4.21), um senador romano e homem de grande riqueza. Se pensarmos sobre o rebaixamento desse casal quando foram expulsos de Roma, começaremos a entender a dimensão de suas perdas. No entanto, nenhum texto bíblico nos leva a concluir que eles se sentaram lamentando. Em vez disso, nós os encontramos estabelecendo sua habitação em Corinto em uma casa grande suficiente para abrigar o apóstolo Paulo como residente. Com o tempo, esse local também serviu como centro para a nova igreja recém-formada.

Também não os vemos murmurando quando, ao final de sua missão de 18 meses em Corinto, o apóstolo Paulo os levou para Éfeso para reiniciarem o mesmo processo. Isso significaria novos ajustes em uma cidade muito diferente. Priscila e Áquila parecem ter dado passos largos em cada mudança observando a orientação do Espírito de Deus em cada um deles. De uma residência luxuosa no famoso Aventino de Roma a uma casa de aluguel qualquer que pudesse ser encontrada em Corinto ou Éfeso, Priscila e Áquila levaram o que estava disponível, agradeceram a Deus e fizeram o melhor em cada nova situação.

É compreensível que fiquemos mais confortáveis com tudo o que nos cerca e que nos seja familiar. Não gostamos da inconveniência de sermos desarraigados. Esse "arrancar pela raiz" pode ser muitas coisas: uma amizade rompida, a perda de um emprego, uma mudança indesejada para um lugar distante, uma doença inesperada ou a morte de alguém que amamos. É longa a lista de maneiras que o estresse pode entrar em nossa vida e nos fazer vacilar. Como lidamos com o nosso status de "refugiados" em qualquer uma dessas situações? Conseguimos ver as maneiras pelas quais Deus pode trabalhar por meio dessas experiências quando elas ameaçam nos derrubar?

A vida nem sempre nos permite sentar à beira da praia e admirar o mar de distância segura. Por vezes, nos vemos em situações em que o mar está à altura de nossa cintura e com ondas que parecem perigosas. Podemos enfrentá-lo com a confiança de que o Espírito de Deus nos susterá, guiará e ficará conosco durante esses tempos de dificuldades.

—Alice Mathews

QUESTÕES PARA REFLEXÃO

1. Ser refugiada significa ser forçada a sair da zona de conforto e sofrer o estresse da perda, da realocação e do recomeço. O seu status é de "refugiada" nesta época de sua vida? Explique.
2. O que mais chama sua atenção na convivência compartilhada entre Paulo, Priscila e Áquila — no lar, trabalho e vida ministerial?
3. Baseado no que aprendemos desses três personagens, como você descreveria o que é ser um "colaborador" no ministério?

2CORÍNTIOS

INTRODUÇÃO

Cidade de Corinto. Possuía 400 mil habitantes e era a principal cidade da Grécia quando Paulo a visitou, estando situada em um grande istmo onde o comércio do mundo passava. Os habitantes eram gregos, judeus, italianos e uma multidão mista de todos os lugares. Marinheiros, comerciantes, aventureiros e refugiados de todo o mundo lotavam a cidade, trazendo consigo os males de todos os países, dos quais advinham muitas formas de degradação humana. A religião e a filosofia eram prostituídas a usos vis. A vida intelectual era colocada acima da vida moral, e a vida futura era negada para que pudessem desfrutar a vida presente sem restrições.

Igreja em Corinto. Foi fundada por Paulo na segunda viagem missionária (At 18.1-18). Seu espírito na fundação da igreja é visto em 1Co 2.1,2. Enquanto esteve lá, Paulo hospedou-se com Áquila e Priscila, judeus que tinham sido expulsos de Roma (At 18.2,3), mas que agora se tornaram membros da igreja. Apolo pregou a esta igreja e a ajudou na ausência de Paulo (18.24-28; 19.1). Ambas as epístolas estão cheias de informações quanto à condição da igreja e os muitos problemas que a atingiram e que tiveram que enfrentar de tempos em tempos. Corinto era uma das cidades mais perversas dos tempos antigos e a igreja estava cercada por costumes e práticas pagãs. Muitos dos seus membros tinham recentemente passado pela conversão do paganismo ao cristianismo e a igreja estava longe de ser ideal.

Ocasião e propósito da segunda epístola. A partir de sugestões encontradas aqui e ali nestas duas epístolas, parece que houve muita comunicação entre Paulo e essa igreja e que as duas cartas que chegaram até nós são apenas algumas de uma série. Ele sofreu muita perplexidade e tristeza por causa das condições daqueles cristãos. Paulo conheceu Tito na Macedônia na terceira viagem missionária (esperava por Tito com notícias de Corinto enquanto estava em Trôade). Ele escreveu esta carta em resposta às mensagens trazidas por Tito. Paulo expressa solicitude por eles, se defende contra as acusações de seus inimigos, adverte os crentes coríntios contra erros, instrui-os em questões de dever e expressa alegria por eles terem dado atenção ao seu conselho anterior.

Caráter e conteúdo. É a menos sistemática de todas as epístolas de Paulo, abunda em emoção, mostrando alegria, tristeza e indignação misturadas. É intensamente pessoal, e, portanto, com ela aprendemos mais a respeito da vida e caráter de Paulo do que de qualquer outra fonte. Isso a torna de grande valor em qualquer estudo sobre o próprio Paulo. O grande tema da primeira seção é a tribulação e o consolo na tribulação, e nela há uma influência subliminar de apologia, obscurecida por uma indignação reprimida. A segunda seção é colorida por uma emoção de tristeza. A seção três em todos os lugares transborda um sentimento de indignação. Através de toda carta, há uma tendência subjacente à defesa própria. A "tecla-chave" desta carta, bem como a de primeira Coríntios, é a lealdade a Cristo.

Data. Foi escrita da Macedônia (provavelmente Filipos), outono de 57 d.C.

ESBOÇO

Introdução, 1.1-7

1. As provações de Paulo, princípios e consolo como pregador, 1.8–7.16
    1.1. Seu interesse pela igreja de Corinto, 1.8–2.11
    1.2. Seu serviço a Deus e aos homens, 2.12-17
    1.3. Sua nomeação pelo Espírito Santo, Cap. 3
    1.4. Seu poder concedido por Deus, Cap. 4
    1.5. Sua esperança de bênção futura, 5.1-19
    1.6. Sua exortação e apelo à igreja, 5.20–7.4
    1.7. Sua alegria pela receptividade deles à Palavra, 7.5-16
2. A coleta a favor dos santos empobrecidos, Caps. 8–9
    2.1. O apelo à liberalidade, 8.1-15
    2.2. O envio de Tito e dois outros irmãos, 8.16–9.5
    2.3. A bênção da liberalidade, 9.6-15

3. A autoridade apostólica de Paulo, 10.1-13.10
   3.1. Ele reivindica sua autoridade apostólica, 10.1-12.13
   3.2. Ele os adverte de que a sua ida será com autoridade apostólica, 12.14-13.10
Conclusão, 13.11-13

PARA ESTUDO E DISCUSSÃO

[1] As razões de Paulo para não ir a Corinto, 1.15-2.4.
[2] A glória do ministério do evangelho, 4.1-6.
[3] Sua amorosa ordem, 6.11-18.
[4] A graça da liberalidade, Caps. 8-9. Faça uma lista de (a) maneiras de cultivar esta graça, (b) as bênçãos que ela trará a quem a possuir, aos outros e a toda a igreja.
[5] A vanglória de Paulo, 11.16-12.20. (a) De que coisas ele se vangloria? (b) Quando a vanglória se justifica?
[6] A autodefesa de Paulo. Quando devemos nos defender?
[7] A visão do terceiro céu, 12.1-4.
[8] O espinho na carne, 12.7-9.
[9] Os ataques pessoais a Paulo. Observe as dicas em 2.17; 4.3; 5.3; 10.8,10; 11.6.

> **PÃO DIÁRIO**
>
> ## Pequenas coisas
>
> *Ele nos encoraja em todas as nossas aflições, para que, com o encorajamento que recebemos de Deus, possamos encorajar outros quando eles passarem por aflições.*
> —2 Coríntios 1.4
>
> Uma faculdade de medicina de Nova Iorque oferece uma oportunidade única aos estudantes de geriatria. Como residentes, eles se tornam pacientes de uma clínica de repouso durante dez dias. Aprendem sobre algumas dificuldades como manobrar a cadeira de rodas, ser levantado da cama com a ajuda de aparelhos e alcançar a barra de apoio para tomar banho sentado. Um dos alunos aprendeu como as pequenas coisas fazem enorme diferença, tais como deixar mais baixas as placas de identificação nas portas a fim de que os pacientes possam encontrar seu quarto com mais facilidade ou colocar o controle remoto da televisão num local de fácil acesso.
>
> Embora eles ainda não possam se identificar completamente com as situações, estarão mais capacitados para atender os idosos no futuro.
>
> De vez em quando, Deus nos concede a oportunidade de usarmos as lições que aprendemos e o consolo que Ele nos provê em momentos difíceis para ajudarmos os outros de maneiras especiais. Paulo demonstrou exatamente isso ao escrever: "Louvado seja Deus, Pai de nosso Senhor Jesus Cristo, Pai misericordioso e Deus de todo encorajamento. Ele nos encoraja em todas as nossas aflições, para que, com o encorajamento que recebemos de Deus, possamos encorajar outros quando eles passarem por aflições" (2Co 1.3,4).
>
> Você está utilizando as lições que aprendeu em suas provações para encorajar outras pessoas? Lembre-se de que até mesmo as pequenas coisas podem ter muito valor.
>
> *Deus, como somos abençoadas por poder usar exatamente aquilo que um dia nos trouxe tanta dor para ajudar outras pessoas. Concede-nos as oportunidades, Senhor, de ajudar os outros a ver que o maior consolo que podem ter vem do Deus da consolação.*
>
> **Deus não nos consola para nos deixar à vontade, mas para que sejamos consoladoras.**

Saudações de Paulo

1 Eu, Paulo, chamado pela vontade de Deus para ser apóstolo de Cristo Jesus, escrevo esta carta, com nosso irmão Timóteo, à igreja de Deus em Corinto e a todo o seu povo santo em toda a Acaia.[a]

² Que Deus, nosso Pai, e o Senhor Jesus Cristo lhes deem graça e paz.

Deus encoraja a todos

³ Louvado seja Deus, Pai de nosso Senhor Jesus Cristo, Pai misericordioso e Deus de todo encorajamento. ⁴ Ele nos encoraja em todas as nossas aflições, para que, com o encorajamento que recebemos de Deus, possamos encorajar outros quando eles passarem por aflições. ⁵ Pois, quanto mais sofrimento por Cristo suportarmos, mais encorajamento será derramado sobre nós por meio de Cristo. ⁶ Mesmo quando estamos sobrecarregados de aflições, é para o encorajamento e a salvação de vocês. Pois, quando somos encorajados, certamente encorajaremos vocês, e então vocês poderão suportar pacientemente os mesmos sofrimentos que nós. ⁷ Temos firme esperança de que, assim como vocês participam de nossos sofrimentos, também participarão de nosso encorajamento.

⁸ Irmãos, queremos que saibam das aflições pelas quais passamos na província da Ásia. Fomos esmagados e oprimidos além da nossa capacidade de suportar, e pensamos que não sobreviveríamos. ⁹ De fato, esperávamos morrer. Mas, como resultado, deixamos de confiar em nós mesmos e aprendemos a confiar somente em Deus, que ressuscita os mortos. ¹⁰ Ele nos livrou do perigo mortal, e nos livrará outra vez. Nele depositamos nossa esperança, e ele continuará a nos livrar. ¹¹ E vocês nos têm ajudado ao orar por nós. Então muitos darão graças porque Deus, em sua bondade, respondeu a tantas orações feitas em nosso favor.

A mudança de planos de Paulo

¹² Podemos dizer com certeza e com a consciência limpa que temos vivido em santidade[b] e sinceridade dadas por Deus. Dependemos da graça divina, e não da sabedoria humana. É dessa forma que nos temos conduzido diante do mundo e, especialmente, em relação a vocês. ¹³ Nossas cartas foram claras e objetivas, não havendo nada escrito nas entrelinhas ou que não conseguissem compreender. Espero que um dia vocês nos entendam plenamente,

---

[a] **1.1** A *Acaia* era a região sul da península grega. [b] **1.12** Alguns manuscritos trazem *honestidade*.

> **REFLETINDO SOBRE:** Consolando outros
>
> ## Mulheres compassivas
>
> *Ele nos encoraja em todas as nossas aflições, para que, com o encorajamento que recebemos de Deus, possamos encorajar outros quando eles passarem por aflições.*
> —2 Coríntios 1.4
>
> A mãe sentou-se na sala de estar olhando ao redor do cômodo com o olhar vazio e estupefato. Nas últimas 24 horas, seu mundo havia mudado para sempre — com a ligação sobre o acidente de seu filho, as horas gastas na sala de espera da UTI, a notícia devastadora do cirurgião. Seus amigos estavam por perto, mas como poderiam saber o que ela sentia? Ela ouviu a campainha tocar e esperou que seu marido fosse atender. Ouviu passos e no minuto seguinte estava envolvida no abraço de uma mulher que mal conhecia — uma mãe que havia perdido sua filha em um acidente de carro no ano anterior.
>
> Muitas mulheres que vivenciaram tragédias vão até outras em situações semelhantes por meio de organizações tais como grupos terapêuticos, aconselhamento a vítimas de estupro via telefone ou grupos de apoio às pessoas enlutadas. As mulheres nos tempos bíblicos não tinham esses recursos, mas muitas delas certamente ministravam a outras. Tamar provavelmente tinha o coração inclinado a outras mulheres que vivenciaram o terror do estupro. Talvez Noemi tenha se colocado à disposição de outras viúvas após retornar a Israel. A mãe citada em Mateus 15 poderia ter dado suporte a outras mães com filhos seriamente doentes. Talvez a esposa de Jó tivesse uma consideração especial por pessoas que se sentiam abandonadas por Deus.
>
> Um dos resultados do sofrimento é desenvolvermos uma nova consciência relacionada aos que estão sofrendo. Como Deus nos consolou e nos ajudou a suportar, somos capazes de alcançar outros e ministrar em situações semelhantes. Pessoas em meio a uma situação trágica precisam de alguém que passou por uma experiência similar para caminhar com elas. Como mulheres que experimentaram a mesma situação, podemos nos identificar com os sentimentos delas e oferecer consolo de forma que ninguém mais o poderia. Se aceitarmos o consolo que Deus nos oferece em situações dolorosas, a tragédia não nos deixará amargas; nos tornará mais compassivas.

[14] mesmo que não o façam agora. Então, no dia do Senhor Jesus, poderão se orgulhar de nós como nos orgulhamos de vocês.

[15] Porque eu estava tão certo de sua compreensão e confiança, queria abençoá-los duplamente visitando-os duas vezes, [16] primeiro a caminho da Macedônia[a] e depois ao voltar de lá. Então vocês poderiam me ajudar com minha viagem para a Judeia.

[17] Talvez vocês estejam se perguntando por que mudei de ideia. Será que faço meus planos de modo irresponsável? Será que sou como as pessoas do mundo, que dizem "sim" quando na verdade querem dizer "não"? [18] Tão certo como Deus é fiel, nossa palavra a vocês não oscila entre "sim" e "não". [19] Pois Jesus Cristo, o Filho de Deus, não oscila entre "sim" e "não". Foi a respeito dele que Silas,[b] Timóteo e eu lhes falamos e, sendo ele o "sim" definitivo, ele sempre faz o que diz. [20] Pois todas as promessas de Deus se cumpriram em Cristo com um alto e claro "Sim!". E, por meio de Cristo, confirmamos isso, de modo que nosso "Amém" se eleva a Deus para sua glória.

[21] É Deus quem nos capacita e a vocês a permanecermos firmes em Cristo. Ele nos ungiu [22] e nos identificou como sua propriedade ao colocar em nosso coração o selo do Espírito, a garantia de tudo que ele nos prometeu.

[23] Agora, invoco a Deus como testemunha de que foi para poupá-los que ainda não voltei a Corinto. [24] Isso não significa que queremos controlar vocês, dizendo-lhes como exercer sua fé. Nosso desejo é trabalhar com vocês para que tenham alegria, pois é pela fé que permanecem firmes.

2 Por isso resolvi não entristecê-los com outra visita dolorosa. [2] Pois, se eu lhes causar tristeza, quem me alegrará? Certamente não serão

---

[a] **1.16** A *Macedônia* ficava no norte da Grécia. [b] **1.19** Em grego, *Silvano*.

aqueles a quem entristeci. ³Esse foi o motivo de eu ter escrito como o fiz, para que, quando eu for, não seja entristecido por aqueles que deveriam me alegrar. Sem dúvida, vocês sabem que minha alegria vem do fato de vocês estarem alegres. ⁴Escrevi aquela carta com grande angústia, com o coração aflito e muitas lágrimas. Minha intenção não era entristecê-los, mas mostrar-lhes quanto amo vocês.

Perdão para o pecador

⁵Não exagero quando digo que o homem que causou tantos problemas magoou não somente a mim, mas, até certo ponto, a todos vocês. ⁶A maioria de vocês se opôs a ele, e isso já foi castigo suficiente. ⁷Agora, porém, é hora de perdoá-lo e confortá-lo; do contrário, pode acontecer de ele ser vencido pela tristeza excessiva. ⁸Peço, portanto, que reafirmem seu amor por ele.

⁹Eu lhes escrevi daquela forma para testá-los e ver se seguiriam todas as minhas instruções. ¹⁰Se vocês perdoam esse homem, eu também o perdoo. E, quando eu perdoo o que precisa ser perdoado, faço-o na presença de Cristo, em favor de vocês, ¹¹para que Satanás não tenha vantagem sobre nós, pois conhecemos seus planos malignos.

¹²Quando cheguei à cidade de Trôade para anunciar as boas-novas de Cristo, o Senhor me abriu uma porta de oportunidade. ¹³Contudo, não tive paz em meu espírito, pois meu querido irmão Tito ainda não havia chegado com notícias de vocês. Assim, despedi-me dos irmãos dali e fui à Macedônia para procurá-lo.

Ministros da nova aliança

¹⁴Mas graças a Deus, que, em Cristo, sempre nos conduz triunfantemente. Agora, por nosso intermédio, ele espalha o conhecimento de Cristo por toda parte, como um doce perfume. ¹⁵Somos o aroma de Cristo que se eleva até Deus. Mas esse aroma é percebido de forma diferente por aqueles que estão sendo salvos e por aqueles que estão perecendo. ¹⁶Para os que estão perecendo, somos cheiro terrível de morte e condenação. Mas, para os que estão sendo salvos, somos perfume que dá vida. E quem está à altura de uma tarefa como essa?

¹⁷Não somos como muitos[a] que fazem da palavra de Deus um artigo de comércio. Pregamos a palavra de Deus com sinceridade e com a autoridade de Cristo, sabendo que Deus nos observa.

3 Será que estamos começando a nos recomendar outra vez? Somos como aqueles que precisam entregar-lhes ou pedir-lhes cartas de recomendação? ²Vocês mesmos são nossa carta, escrita em nosso[b] coração, para ser conhecida e lida por todos! ³Sem dúvida, vocês são uma carta de Cristo, que mostra os resultados de nosso trabalho em seu meio, escrita não com pena e tinta, mas com o Espírito do Deus vivo, e gravada não em tábuas de pedra, mas em corações humanos.

⁴Estamos certos disso tudo por causa da grande confiança que temos em Deus por meio de Cristo. ⁵Não que nos consideremos capazes de fazer qualquer coisa por conta própria; nossa capacitação vem de Deus. ⁶Ele nos capacitou para sermos ministros da nova aliança, não da lei escrita, mas do Espírito. A lei escrita termina em morte, mas o Espírito dá vida.

A glória da nova aliança

⁷O antigo sistema,[c] com suas leis gravadas em pedra, terminava em morte, embora tivesse começado com tamanha glória que os israelitas não conseguiam olhar para o rosto de Moisés, por causa da glória que brilhava em seu rosto, ainda que esse brilho já estivesse se desvanecendo. ⁸Acaso não deveríamos esperar uma glória muito maior no novo sistema, que se baseia na obra do Espírito? ⁹Se o antigo sistema, que traz condenação, era glorioso, muito mais glorioso é o novo sistema, que nos torna justos diante de Deus! ¹⁰De fato, a glória do passado não era nada gloriosa em comparação com a glória magnífica de agora. ¹¹Portanto, se o antigo sistema, que foi substituído, era cheio de glória, muito mais glorioso é o novo, que permanece para sempre!

¹²Uma vez que o novo sistema nos dá tal esperança, podemos falar com grande coragem. ¹³Não somos como Moisés, que cobria o rosto com um véu para que os israelitas não vissem a glória, embora ela já estivesse se

---

[a] **2.17** Alguns manuscritos trazem *como os demais*. [b] **3.2** Alguns manuscritos trazem *em seu*. [c] **3.7** Ou *ministério*; também em 3.8,9,11,12.

desvanecendo. ¹⁴Mas a mente do povo estava endurecida e, até hoje, toda vez que a antiga aliança é lida, o mesmo véu lhes cobre a mente, e esse véu só pode ser removido em Cristo. ¹⁵Até hoje, quando eles leem os escritos de Moisés, seu coração está coberto por esse véu.

¹⁶Contudo, sempre que alguém se volta para o Senhor, o véu é removido. ¹⁷Pois o Senhor é o Espírito, e onde está o Espírito do Senhor, ali há liberdade. ¹⁸Portanto, todos nós, dos quais o véu foi removido, podemos ver e refletir a glória do Senhor, e o Senhor, que é o Espírito, nos transforma gradativamente à sua imagem gloriosa, deixando-nos cada vez mais parecidos com ele.

Tesouros em vasos de barro

4 Portanto, visto que Deus, em sua misericórdia, nos deu a tarefa de ministrar nesse novo sistema, nunca desistimos. ²Rejeitamos todos os atos vergonhosos e métodos dissimulados. Não procuramos enganar ninguém nem distorcemos a palavra de Deus. Em vez disso, dizemos a verdade diante de Deus, e todos que são honestos sabem disso.

³Se as boas-novas que anunciamos estão encobertas atrás de um véu, é apenas para aqueles que estão perecendo. ⁴O deus deste mundo cegou a mente dos que não creem, para que não consigam ver a luz das boas-novas, não entendendo esta mensagem a respeito da glória de Cristo, que é a imagem de Deus.

⁵Não andamos por aí falando de nós mesmos, mas proclamamos que Jesus Cristo é Senhor e que nós mesmos somos servos de vocês por causa de Jesus. ⁶Pois Deus, que disse: "Haja luz na escuridão,"ᵃ é quem brilhou em nosso coração, para que conhecêssemos a glória de Deus na face de Jesus Cristo.

⁷Agora nós mesmos somos como vasos frágeis de barro que contêm esse grande tesouro.ᵇ Assim, fica evidente que esse grande poder vem de Deus, e não de nós.

⁸De todos os lados somos pressionados por aflições, mas não esmagados. Ficamos perplexos, mas não desesperados. ⁹Somos perseguidos, mas não abandonados. Somos derrubados, mas não destruídos. ¹⁰Pelo sofrimento, nosso corpo continua a participar da morte de Jesus,

---

PÃO DIÁRIO

Uma muleta?

De todos os lados somos pressionados por aflições, mas não esmagados. Ficamos perplexos, mas não desesperados.
—2 Coríntios 4.8

Você já ouviu os céticos dizendo que a fé cristã não passa de uma muleta e que a única razão pela qual as pessoas afirmam confiar em Jesus é que são fracas e precisam inventar uma "religião" que as ajude a seguir em frente?

Aparentemente, esses céticos não ouviram falar sobre o médico de um país do Extremo Oriente que passou dois anos e meio na prisão sendo "reeducado" por ter professado a fé em Cristo. Contudo, após a sua soltura, ele foi preso novamente, desta vez, por causa da dedicação à sua igreja.

E, talvez, esses céticos não tenham ouvido falar de Paulo. Depois de confiar em Cristo, ele foi encarcerado, açoitado, golpeado com varas, apedrejado, ridicularizado, passou fome, sede, frio e "uma noite e um dia no mar, à deriva" (2Co 11.16-29).

Esses cristãos não estavam procurando apenas um apoio. Não; eles tinham algo profundo e essencial no coração. Tinham um relacionamento pessoal com Deus — um relacionamento nascido da fé na obra de Jesus sobre a cruz. Como consequência, tornaram-se filhos do Rei — ávidos por sacrificar tudo pelo privilégio de proclamá-lo. Eles não estavam mancando à procura de algo em que pudessem se apoiar.

Uma muleta? Improvável. A fé em Cristo não tem a ver com segurança e cautela, mas com acreditar em Jesus e confiar nele incondicionalmente. Trata-se de assumir o que Jesus disse: "tome diariamente sua cruz e siga-me" (Lc 9.23) e viver para o Salvador.

Dá-me coragem, Senhor, para assumir riscos por ti. Dá-me ousadia para proclamar que só tu és o caminho, a verdade e a vida, independentemente do que os outros pensam e dos ataques que possam surgir no meu caminho. Tu és a minha vida e aquele que me dá o fôlego de vida todos os dias e não a minha muleta.

Por Jesus ter suportado a cruz por nós, de boa vontade a carregamos por Ele.

---

para que a vida de Jesus também se manifeste em nosso corpo.

¹¹Sim, vivemos sob constante perigo de morte, porque servimos a Jesus, para que a vida

---

ᵃ**4.6** Ver Gn 1.3. ᵇ**4.7** Em grego, *Agora temos esse tesouro em vasos de barro.*

> **PÃO DIÁRIO**
>
> ## Ouse ser diferente
>
> *Agora, portanto, somos embaixadores de Cristo...*
> —2 Coríntios 5.20
>
> Como meu pai foi pastor, eu acabei recebendo o famoso rótulo que toda filha de pastor conhece: "santinha". Porém, para tristeza da congregação, o título não me impediu de ser a travessa de sempre. Perdi a conta das vezes em que ouvi: "Garota, você é a filha do pastor e deve ser um exemplo". Mas eu não queria ser um exemplo! Eu tinha apenas 5 anos e queria me divertir com as minhas amigas!
>
> Verdade seja dita: dar o exemplo significa, muitas vezes, ser diferente. Mas a maioria de nós não quer ser diferente. Queremos que as pessoas gostem de nós, e o jeito mais seguro de conseguir isso é se enturmando com todos. Contudo, seguir a Cristo não se trata de enturmar-se e passar despercebido. Segui-lo significa ser semelhante a Ele, reagir à vida e relacionar-se com as pessoas como Ele o fez. É um pouco arriscado e desconfortável ser diferente. Porém, é isso o que significa sermos "embaixadores de Cristo" (2Co 5.20) — trazer a maravilhosa diferença do nosso Rei para o contexto em que fomos colocados: nosso lar, trabalho, amizades.
>
> Representar o Rei não é simplesmente o nosso chamado; é uma grande honra.
>
> Lembrando o que já passou, posso ver como as minhas travessuras de "santinha, filha de pastor" infelizmente se refletiram negativamente sobre o meu pai. Precisamos lembrar que as nossas atitudes e ações contrárias a Jesus também se refletem negativamente sobre o nosso Rei.
>
> Faça a diferença, ouse ser diferente!
>
> *Pai celestial, meu desejo é seguir o exemplo de Cristo e fazer a diferença na vida das pessoas que me cercam. Que eu possa refletir o Teu amor e honrar o Teu nome.*
>
> **Ouse ser diferente — em nome do Pai.**

¹⁵Tudo isso é para o bem de vocês. E, à medida que a graça alcançar mais pessoas, haverá muitas ações de graças, e Deus receberá cada vez mais glória.

¹⁶Por isso, nunca desistimos. Ainda que nosso exterior esteja morrendo, nosso interior está sendo renovado a cada dia. ¹⁷Pois estas aflições pequenas e momentâneas que agora enfrentamos produzem para nós uma glória que pesa mais que todas as angústias e durará para sempre. ¹⁸Portanto, não olhamos para aquilo que agora podemos ver; em vez disso, fixamos o olhar naquilo que não se pode ver. Pois as coisas que agora vemos logo passarão, mas as que não podemos ver durarão para sempre.

Um novo corpo

5 Sabemos que, quando nosso corpo terreno, esta tenda em que vivemos, se desfizer, teremos um corpo eterno, uma casa no céu feita para nós pelo próprio Deus, e não por mãos humanas. ²Na tenda terrena, gememos e desejamos ansiosamente nos vestir com nosso lar celestial, como se fosse uma roupa nova. ³Porque de fato nos vestiremos com um corpo celestial, e não ficaremos despidos. ⁴Enquanto vivemos nesta tenda que é o corpo terreno, gememos e suspiramos, mas isso não significa que queremos ser despidos. Na verdade, queremos vestir nosso corpo novo, para que este corpo mortal seja engolido pela vida. ⁵Deus nos preparou para isso e, como garantia, nos deu o Espírito.

⁶Portanto, temos sempre confiança, apesar de sabermos que, enquanto vivemos neste corpo, não estamos em nosso lar com o Senhor. ⁷Porque vivemos por fé, e não pelo que vemos. ⁸Sim, temos confiança absoluta e preferíamos deixar este corpo terreno, pois então estaríamos em nosso lar com o Senhor. ⁹Assim, quer estejamos neste corpo, quer o deixemos, nosso objetivo é agradar ao Senhor. ¹⁰Pois todos nós teremos de comparecer diante do tribunal de Cristo, para que cada um receba o que merecer pelo bem ou pelo mal que tiver feito neste corpo terreno.

de Jesus se manifeste em nosso corpo mortal. ¹²Assim, enfrentamos a morte, mas isso resulta em vida para vocês.

¹³Continuamos a pregar porque temos o mesmo tipo de fé mencionada nas Escrituras: "Cri em Deus, por isso falei".[a] ¹⁴Sabemos que Deus, que ressuscitou o Senhor Jesus, também nos ressuscitará com Jesus e nos apresentará a

---

[a] **4.13** Sl 116.10.

Embaixadores de Cristo

¹¹Assim, conhecendo o temor ao Senhor, procuramos persuadir outros. Deus sabe que somos sinceros, e espero que vocês também o saibam. ¹²Estamos mais uma vez nos recomendando a vocês? Nada disso, estamos apenas lhes dando motivos para que se orgulhem de nós,ᵃ a fim de que possam responder àqueles que se orgulham nas aparências, e não no coração. ¹³Se parecemos loucos, é para dar glória a Deus, e se mantemos o juízo, é para o bem de vocês. ¹⁴De qualquer forma, o amor de Cristo nos impulsiona.ᵇ Porque cremos que ele morreu por todos, também cremos que todos morreram. ¹⁵Ele morreu por todos, para que os que recebem sua nova vida não vivam mais para si mesmos, mas para Cristo, que morreu e ressuscitou por eles.

¹⁶Portanto, não avaliamos mais ninguém do ponto de vista humano. Em outros tempos, pensávamos em Cristo apenas do ponto de vista humano, mas agora o conhecemos de modo bem diferente. ¹⁷Logo, todo aquele que está em Cristo se tornou nova criação. A velha vida acabou, e uma nova vida teve início!

¹⁸E tudo isso vem de Deus, aquele que nos trouxe de volta para si por meio de Cristo e nos encarregou de reconciliar outros com ele. ¹⁹Pois, em Cristo, Deus estava reconciliando consigo o mundo, não levando mais em conta os pecados das pessoas. E ele nos deu esta mensagem maravilhosa de reconciliação. ²⁰Agora, portanto, somos embaixadores de Cristo; Deus faz seu apelo por nosso intermédio. Falamos em nome de Cristo quando dizemos: "Reconciliem-se com Deus!". ²¹Pois Deus fez de Cristo, aquele que nunca pecou, a oferta por nosso pecado,ᶜ para que por meio dele fôssemos declarados justos diante de Deus.

6 Como cooperadores de Deus,ᵈ suplicamos a vocês que não recebam em vão a graça de Deus. ²Pois Deus diz:

"No tempo certo, eu o ouvi;
no dia da salvação, eu lhe dei socorro".ᵉ

De fato, agora é o "tempo certo". Hoje é o dia da salvação!

O ministério fiel de Paulo

³Vivemos de forma que ninguém tropece por nossa causa, nem tenha motivo para criticar nosso ministério. ⁴Em tudo que fazemos, mostramos que somos verdadeiros servos de Deus. Suportamos pacientemente aflições, privações e calamidades de todo tipo. ⁵Fomos espancados e encarcerados, enfrentamos multidões furiosas, trabalhamos até a exaustão, suportamos noites sem dormir e passamos fome. ⁶Mostramos quem somos por nossa pureza, nosso entendimento, nossa paciência e nossa bondade, pelo Espírito Santo que vive em nósᶠ e por nosso amor sincero. ⁷Proclamamos a verdade fielmente, e o poder de Deus opera em nós. Usamos as armas da justiça, com a mão direita para atacar e com a mão esquerda para defender. ⁸Servimos quer as pessoas nos honrem, quer nos desprezem, quer nos difamem, quer nos elogiem. Somos chamados de impostores, apesar de sermos honestos. ⁹Somos tratados como desconhecidos, embora sejamos bem conhecidos. Vivemos à beira da morte, mas ainda estamos vivos. Fomos espancados, mas não mortos. ¹⁰Nosso coração se entristece, mas sempre temos alegria. Somos pobres, mas enriquecemos a muitos outros. Não possuímos nada e, no entanto, temos tudo.

¹¹Queridos coríntios, falamos a vocês com toda honestidade e lhes abrimos o coração. ¹²Não falta amor da nossa parte, mas vocês nos negaram seu afeto. ¹³Peço que retribuam esse amor como se fossem meus próprios filhos. Abram o coração para nós!

O templo do Deus vivo

¹⁴Não se ponham em jugo desigual com os descrentes. Como pode a justiça ser parceira da maldade? Como pode a luz conviver com as trevas? ¹⁵Que harmonia pode haver entre Cristo e o diabo?ᵍ Como alguém que crê pode se ligar a quem não crê? ¹⁶E que união pode haver entre o templo de Deus e os ídolos? Pois somos o templo do Deus vivo. Como ele próprio disse:

"Habitarei e andarei
 no meio deles.

ᵃ**5.12** Alguns manuscritos trazem *de si mesmos*. ᵇ**5.14** Ou *o amor de Cristo nos controla*. ᶜ**5.21** Ou *aquele que nunca pecou foi feito pecado por nós*. ᵈ**6.1** Ou *Conforme trabalhamos juntos*. ᵉ**6.2** Is 49.8, conforme a Septuaginta. ᶠ**6.6** Ou *por nossa santidade de espírito*. ᵍ**6.15** Em grego, *entre Cristo e Beliar*; vários outros manuscritos traduzem esse nome do diabo como *Beliã, Beliabe* ou *Belial*.

> PÃO DIÁRIO

Tristeza segundo Deus

...alegro-me por tê-la enviado, não pela tristeza que causou, mas porque a dor os levou ao arrependimento. Foi o tipo de tristeza que Deus espera de seu povo, portanto não lhes causamos mal algum.
— 2 Coríntios 7.9

Os ladrões roubaram perto de 15 mil reais em equipamentos de som e de escritório de uma igreja e, na noite seguinte, simplesmente a arrombaram de novo, mas, dessa vez, com a intenção de devolver os itens roubados anteriormente. Aparentemente, os culpados pelo roubo ficaram com a consciência tão pesada que sentiram a necessidade de corrigir o seu comportamento criminoso por infringir o mandamento: "Não roube" (Êx 20.15). As ações deles me fizeram pensar sobre as diferenças entre a tristeza de acordo com o mundo e a tristeza segundo Deus.

Paulo elogiou os coríntios por compreenderem essa diferença. A primeira carta do apóstolo dirigida a eles foi incisiva, já que ele abordou questões relacionadas ao pecado. Suas palavras geraram tristeza entre eles, e Paulo se alegrou com isso. Por quê? Porque a tristeza deles não se limitou a um sentimento de infelicidade por terem sido flagrados ou por terem sofrido as consequências desagradáveis dos pecados cometidos. Era uma tristeza segundo Deus, um pesar genuíno por terem pecado. Isso os levou ao arrependimento — uma mudança de pensamento que os fez renunciar ao seu pecado e a buscar a Deus. Por fim, esse arrependimento produziu a libertação dos hábitos pecaminosos que eles possuíam.

O arrependimento não é algo que conseguimos fazer por conta própria. Só o obtemos por meio da ação do Espírito Santo; é um dom de Deus. Clame por arrependimento hoje (2Tm 2.24-26).

Não é fácil, Senhor, admitir os meus pecados em Tua presença, mas quero ser purificada. Quando erro o alvo, quando faço o que não devo ou não consigo fazer o que devo, por favor, perdoa-me e me restaura em Tua comunhão. Graças te dou por compreenderes e lançares os meus pecados no mar mais profundo.

**O arrependimento significa odiar suficientemente
o pecado a ponto de se afastar dele.**

Serei o seu Deus,
  e eles serão o meu povo.ª
¹⁷Portanto, afastem-se e separem-se deles,
  diz o Senhor.

Não toquem em coisas impuras,
  e eu os receberei.ᵇ
¹⁸Eu serei seu Pai,
  e vocês serão meus filhos e minhas
    filhas,
  diz o Senhor Todo-poderoso".ᶜ

7 Amados, visto que temos essas promessas, purifiquemo-nos de tudo que contamina o corpo ou o espírito, tornando-nos cada vez mais santos porque tememos a Deus.

²Peço-lhes que abram o coração para nós. Não prejudicamos ninguém, nem desencaminhamos ninguém, nem nos aproveitamos de ninguém. ³Não digo isso para condená-los. Já lhes disse que vocês estão em nosso coração. Estamos juntos, seja para morrer, seja para viver. ⁴Tenho muita confiança em vocês, e de vocês tenho muito orgulho. Vocês têm me encorajado grandemente e me proporcionado alegria, apesar de todas as nossas aflições.

A alegria de Paulo com o arrependimento da igreja

⁵Quando chegamos à Macedônia, não tivemos nenhum descanso. Enfrentamos conflitos de todos os lados, com batalhas externas e temores internos. ⁶Mas Deus, que conforta os desanimados, nos encorajou com a chegada de Tito. ⁷Sua presença foi uma alegria, como também o foi a notícia que ele nos trouxe do encorajamento que recebeu de vocês. Quando ele nos contou quanto desejam me ver, quanto lamentam o que aconteceu e quão dedicados são a mim, fiquei muito feliz!

⁸Não me arrependo de ter enviado aquela carta severa, embora a princípio tenha lamentado a dor que ela lhes causou, ainda que por algum tempo. ⁹Agora, porém, alegro-me por tê-la enviado, não pela tristeza que causou, mas porque a dor os levou ao arrependimento. Foi o tipo de tristeza que Deus espera de seu povo, portanto não lhes causamos mal algum. ¹⁰Porque a tristeza que é da vontade de Deus conduz ao arrependimento e resulta em salvação. Não é uma tristeza que causa remorso. Mas a tristeza do mundo resulta em morte.

¹¹Vejam o que a tristeza que vem de Deus produziu em vocês! Trouxe dedicação, defesa de suas ações, indignação, temor, desejo de

---

ª **6.16** Lv 26.12; Ez 37.27. ᵇ **6.17** Is 52.11; Ez 20.34, conforme a Septuaginta. ᶜ **6.18** 2Sm 7.14.

me ver, zelo e prontidão em punir a injustiça. Vocês mostraram que fizeram todo o necessário para corrigir a situação. ¹²Portanto, não lhes escrevi para falar de quem havia errado e de quem havia sido prejudicado, mas para que, diante de Deus, pudessem ver por si mesmos como são dedicados a nós. ¹³Fomos grandemente encorajados por isso.

Além de nos sentirmos encorajados, ficamos particularmente contentes de ver Tito alegre porque todos vocês o receberam bem e o tranquilizaram. ¹⁴Eu tinha dito a ele quanto me orgulhava de vocês, e vocês não me decepcionaram. Sempre lhes disse a verdade, e ficou provado que eu tinha razão ao elogiá-los! ¹⁵Ele os estima ainda mais quando se lembra de como todos vocês lhe obedeceram e o receberam bem, com temor e profundo respeito. ¹⁶Fico muito feliz por poder ter plena confiança em vocês.

Incentivo para contribuir com generosidade

8 Agora, irmãos, queremos que saibam o que Deus, em sua graça, tem feito por meio das igrejas da Macedônia. ²Elas têm sido provadas com muitas aflições, mas sua grande alegria e extrema pobreza transbordaram em rica generosidade. ³Posso testemunhar que deram não apenas o que podiam, mas muito além disso, e o fizeram por iniciativa própria. ⁴Eles nos suplicaram repetidamente o privilégio de participar da oferta ao povo santo. ⁵Fizeram até mais do que esperávamos, pois seu primeiro passo foi entregar-se ao Senhor e a nós, como era desejo de Deus. ⁶Por isso pedimos a Tito, que inicialmente encorajou vocês a contribuírem, que os visitasse outra vez e os animasse a completar esse serviço de generosidade. ⁷Visto que vocês se destacam em tantos aspectos — na fé, nos discursos eloquentes, no conhecimento, no entusiasmo e no amor que receberam de nós[a] —, queríamos que também se destacassem no generoso ato de contribuir.

⁸Não estou ordenando que o façam, mas sim testando a sinceridade de seu amor ao compará-lo com a dedicação de outros. ⁹Vocês conhecem a graça de nosso Senhor Jesus Cristo. Embora fosse rico, por amor a vocês ele se fez pobre, para que por meio da pobreza dele vocês se tornassem ricos.

¹⁰Este é meu conselho: seria bom que terminassem o que começaram há um ano, quando foram os primeiros a querer contribuir e a efetivamente fazê-lo. ¹¹Assim, completem o que começaram. Que a boa vontade demonstrada no princípio seja igualada, agora, por sua contribuição. Doem proporcionalmente àquilo que possuem. ¹²Tudo que derem será aceitável, desde que o façam de boa vontade, de acordo com o que têm, e não com o que não têm. ¹³Não que sua contribuição deva facilitar a vida dos outros e dificultar a de vocês. Quero dizer apenas que deve haver igualdade. ¹⁴No momento, vocês têm fartura e podem ajudar os que passam por necessidades. Em outra ocasião, eles terão fartura e poderão compartilhar com vocês quando for necessário. Assim, haverá igualdade. ¹⁵Como dizem as Escrituras:

"Para aqueles que muito recolheram
    nada sobrou,
e para aqueles que pouco recolheram
    nada faltou".[b]

Ajuda na coleta para os pobres

¹⁶Agradeço a Deus porque ele concedeu a Tito a mesma dedicação que eu tenho por vocês. ¹⁷Tito recebeu com prazer nosso pedido para que os visitasse outra vez. Na verdade, ele mesmo estava ansioso para ir vê-los. ¹⁸Com ele estamos enviando outro irmão, que é elogiado por todas as igrejas como pregador das boas-novas. ¹⁹Ele foi nomeado pelas igrejas para nos acompanhar quando levarmos a oferta,[c] um serviço que visa glorificar o Senhor e mostrar nossa disposição de ajudar.

²⁰Com isso, queremos evitar qualquer crítica à nossa maneira de administrar essa oferta generosa. ²¹Tomamos o cuidado de agir honradamente não só aos olhos do Senhor, mas também diante das pessoas.

²²Além disso, estamos enviando com eles outro irmão que muitas vezes deu provas de seu bom caráter e que, em várias ocasiões e de diversas maneiras, demonstrou enorme dedicação. E, por causa da grande confiança que ele

---

[a] **8.7** Alguns manuscritos trazem *em seu amor por nós*. [b] **8.15** Êx 16.18. [c] **8.19** Ver 1Co 16.3-4.

tem em vocês, agora está ainda mais empolgado. ²³Se alguém lhes perguntar a respeito de Tito, digam que ele é meu colaborador, que trabalha comigo para ajudar vocês. Quanto aos irmãos que o acompanham, foram enviados pelas igrejas e trazem honra a Cristo. ²⁴Portanto, mostrem diante deles seu amor e provem para todas as igrejas que temos razão ao elogiar vocês.

A oferta para os irmãos em Jerusalém

9 Na verdade, quanto a esse serviço ao povo santo, não preciso lhes escrever. ²Sei quanto estão ansiosos para ajudar e expressei às igrejas da Macedônia meu orgulho de que vocês, na Acaia, estão prontos para enviar uma oferta desde o ano passado. De fato, foi sua dedicação que incentivou muitos a também contribuir.

³Ainda assim, envio esses irmãos para me certificar de que vocês estão preparados, como tenho dito a eles. Não quero elogiar vocês sem razão. ⁴Que vexame seria para nós, e ainda mais para vocês, se alguns macedônios chegassem comigo e descobrissem que vocês não estão preparados, depois de tudo que eu disse a eles! ⁵Portanto, considerei apropriado enviar esses irmãos antes de mim. Eles cuidarão para que a oferta que vocês prometeram esteja pronta. Que seja, porém, uma oferta voluntária, e não entregue de má vontade.

⁶Lembrem-se: quem lança apenas algumas sementes obtém uma colheita pequena, mas quem semeia com fartura obtém uma colheita farta. ⁷Cada um deve decidir em seu coração quanto dar. Não contribuam com relutância[a] ou por obrigação. "Pois Deus ama quem dá com alegria."[b] ⁸Deus é capaz de lhes conceder todo tipo de bênçãos, para que, em todo tempo, vocês tenham tudo de que precisam, e muito mais ainda, para repartir com outros. ⁹Como dizem as Escrituras:

"Compartilha generosamente com os
    necessitados;
  seus atos de justiça serão lembrados
    para sempre".[c]

¹⁰Pois é Deus quem supre a semente para o que semeia e depois o pão para seu alimento. Da mesma forma, ele proverá e multiplicará sua semente e produzirá por meio de vocês muitos frutos de justiça.

¹¹Em tudo vocês serão enriquecidos a fim de que possam ser sempre generosos. E, quando levarmos sua oferta para aqueles que precisam dela, eles darão graças a Deus. ¹²Logo, duas coisas boas resultarão desse ministério de auxílio: as necessidades do povo santo serão supridas, e eles expressarão com alegria sua gratidão a Deus.

¹³Como resultado do serviço de vocês, eles darão glória a Deus. Pois sua generosidade com eles e com todos os que creem mostrará que vocês são obedientes às boas-novas de Cristo. ¹⁴E eles orarão por vocês com profundo afeto, por causa da graça transbordante que Deus concedeu a vocês. ¹⁵Graças a Deus por essa dádiva[d] tão maravilhosa que nem as palavras conseguem expressar!

Paulo defende sua autoridade

10 Agora eu, Paulo, apelo a vocês com a mansidão e a bondade de Cristo, mesmo ciente de que vocês me consideram fraco pessoalmente e duro apenas a distância, quando lhes escrevo. ²Pois bem, suplico-lhes que, quando eu for visitá-los, não precise ser duro com aqueles que pensam que agimos segundo motivações humanas.

³Embora sejamos humanos, não lutamos conforme os padrões humanos. ⁴ᵉUsamos as armas poderosas de Deus, e não as armas do mundo, para derrubar as fortalezas do raciocínio humano e acabar com os falsos argumentos. ⁵Destruímos todas as opiniões arrogantes que impedem as pessoas de conhecer a Deus. Levamos cativo todo pensamento rebelde e o ensinamos a obedecer a Cristo. ⁶E, depois que vocês se tornarem inteiramente obedientes, estaremos prontos para punir todos que insistirem em desobedecer.

⁷Vocês se preocupam apenas com o que é aparente.[f] Aqueles que afirmam pertencer a Cristo devem reconhecer que pertencemos a Cristo tanto quanto eles. ⁸Pode parecer que estou me orgulhando além do que deveria da autoridade que o Senhor nos deu, mas nossa autoridade visa edificar vocês, e não

---

[a] **9.7a** Ou *com tristeza*. [b] **9.7b** Ver nota em Pv 22.8. [c] **9.9** Sl 112.9. [d] **9.15** Em grego, *sua dádiva*, isto é, de Deus. [e] **10.4** As traduções, em geral, dividem os versículos 4 e 5 de formas diferentes. [f] **10.7** Ou *Prestem atenção no que é óbvio!*

destruí-los. Portanto, não me envergonharei de usá-la.

⁹Não é minha intenção assustar vocês com minhas cartas. ¹⁰Pois alguns dizem: "As cartas de Paulo são exigentes e enérgicas, mas em pessoa ele é fraco e seus discursos de nada valem". ¹¹Essa gente deveria perceber que, quando estivermos presentes em pessoa, nossas ações serão tão enérgicas quanto aquilo que dizemos a distância, em nossas cartas.

¹²Não nos atreveríamos a nos classificar como esses indivíduos nem a nos comparar com eles, que se julgam tão importantes. Ao se compararem apenas uns com os outros, usando a si mesmos como medida, só mostram como são ignorantes.

¹³Não nos orgulharemos do que se fez fora de nosso campo de autoridade. Antes, nos orgulharemos apenas do que aconteceu dentro dos limites da obra que Deus nos confiou, que inclui nosso trabalho com vocês. ¹⁴Quando afirmamos ter autoridade sobre vocês, não ultrapassamos esses limites, pois fomos os primeiros a chegar até vocês com as boas-novas de Cristo.

¹⁵Também não nos orgulhamos do trabalho realizado por outros nem assumimos o crédito por ele. Pelo contrário, esperamos que sua fé cresça de tal modo que se ampliem os limites de nosso trabalho entre vocês. ¹⁶Então poderemos anunciar as boas-novas em outros lugares, para além de sua região, onde ninguém esteja trabalhando. Assim, ninguém pensará que estamos nos orgulhando do trabalho feito em território de outros. ¹⁷Como dizem as Escrituras: "Quem quiser orgulhar-se, orgulhe-se somente no Senhor".ᵃ

¹⁸Quando alguém elogia a si mesmo, esse elogio não tem valor algum. O importante mesmo é ser aprovado pelo Senhor.

Paulo e os falsos apóstolos

11 Espero que vocês suportem um pouco mais de minha insensatez. Por favor, continuem a ser pacientes comigo, ²pois o cuidado que tenho com vocês vem do próprio Deus. Eu os prometi como noivaᵇ pura a um único marido, Cristo. ³No entanto, temo que sua devoção pura e completa a Cristo seja corrompida de algum modo, como Eva foi enganada pela astúcia da serpente. ⁴Vocês aceitam de boa vontade o que qualquer um lhes diz, mesmo que anuncie um Jesus diferente daquele que lhes anunciamos, ou um espírito diferente daquele que vocês receberam, ou boas-novas diferentes daquelas em que vocês creram.

⁵Contudo, não me considero em nada inferior aos tais "superapóstolos" que ensinam essas coisas. ⁶Posso não ter a técnica de um grande orador, mas não me falta conhecimento. Deixamos isso bem claro a vocês de todas as formas possíveis.

⁷Será que fiz mal quando me humilhei e os honrei anunciando-lhes as boas-novas de Deus sem esperar nada em troca? ⁸Para servir vocês sem lhes ser pesado, tomei contribuições de outras igrejas que eram mais pobres que vocês. ⁹E, quando estive com vocês e não tinha o suficiente para me sustentar, não fui um peso para ninguém, pois os irmãos que vieram da Macedônia trouxeram tudo de que eu precisava. Nunca fui um peso para vocês, e nunca serei. ¹⁰Tão certo como a verdade de Cristo está em mim, ninguém em toda a Acaiaᶜ jamais me impedirá de me orgulhar disso. ¹¹Por quê? Por que não os amo? Deus sabe quanto os amo!

¹²Assim, continuarei a fazer o que sempre tenho feito. Com isso, frustrarei aqueles que procuram uma oportunidade de se orgulhar de realizar um trabalho como o nosso. ¹³Esses indivíduos são falsos apóstolos, obreiros enganosos disfarçados de apóstolos de Cristo. ¹⁴Mas não me surpreendo. Até mesmo Satanás se disfarça de anjo de luz. ¹⁵Portanto, não é de admirar que seus servos também finjam ser servos da justiça. No fim, receberão o castigo que suas obras merecem.

As muitas provações de Paulo

¹⁶Volto a dizer: não pensem que sou insensato, mas, se o fizerem, aceitem-me como insensato, para que eu também me orgulhe um pouco. ¹⁷Não expresso esse meu orgulho como algo que vem do Senhor, mas como um insensato o faria. ¹⁸Uma vez que outros se orgulham de suas realizações humanas, farei o mesmo. ¹⁹Afinal, vocês se consideram sábios, mas suportam de boa vontade os insensatos. ²⁰Aceitam que

---

ᵃ 10.17 Jr 9.24. ᵇ 11.2 Em grego, *virgem*. ᶜ 11.10 A *Acaia* era a região sul da península grega.

outros os escravizem, devorem seus bens, se aproveitem de vocês, os menosprezem e lhes batam no rosto. ²¹Envergonho-me de dizer que fomos "fracos" demais para agir desse modo!

Em qualquer coisa que eles se atrevem a se orgulhar (mais uma vez falo como insensato), eu também me atrevo. ²²Eles são hebreus? Eu também sou. São israelitas? Eu também sou. São descendentes de Abraão? Eu também sou. ²³São servos de Cristo? Sei que dou a impressão de estar louco, mas digo que tenho servido muito mais. Trabalhei com mais dedicação, fui encarcerado com mais frequência, perdi a conta de quantas vezes fui açoitado e, em várias ocasiões, enfrentei a morte. ²⁴Cinco vezes recebi dos líderes judeus os trinta e nove açoites. ²⁵Três vezes fui golpeado com varas. Fui apedrejado uma vez. Três vezes sofri naufrágio. Certa ocasião, passei uma noite e um dia no mar, à deriva. ²⁶Realizei várias jornadas longas. Enfrentei perigos em rios e com assaltantes. Enfrentei perigos de meu próprio povo, bem como dos gentios. Enfrentei perigos em cidades, em desertos e no mar. E enfrentei perigos por causa de homens que se diziam irmãos, mas não eram. ²⁷Tenho trabalhado arduamente, horas a fio, e passei muitas noites sem dormir. Passei fome e senti sede, e muitas vezes fiquei em jejum. Tremi de frio por não ter roupa suficiente para me agasalhar.

²⁸Além disso tudo, sobre mim pesa diariamente a preocupação com todas as igrejas. ²⁹Quem está fraco, que eu também não sinta fraqueza? Quem se deixa levar pelo caminho errado, que a indignação não me consuma?

³⁰Portanto, se devo me orgulhar, prefiro que seja das coisas que mostram como sou fraco. ³¹Deus, o Pai de nosso Senhor Jesus, que é digno de louvor eterno, sabe que não estou mentindo. ³²Quando estava em Damasco, o governador sob o rei Aretas pôs guardas às portas da cidade para me capturar. ³³Para escapar dele, tive de ser baixado num cesto grande, de uma janela no muro da cidade.

A visão de Paulo e o espinho na carne

12 É necessário prosseguir com meus motivos de orgulho. Mesmo que isso não me sirva de nada, vou lhes falar agora das visões e revelações que recebi do Senhor. ²Conheço um homem em Cristo que, há catorze anos, foi arrebatado ao terceiro céu. Se foi no corpo ou fora do corpo, não sei; só Deus o sabe. ³Sim, somente Deus sabe se foi no corpo ou fora do corpo. Mas eu sei ⁴que tal homem foi arrebatado ao paraíso e ouviu coisas tão maravilhosas que não podem ser expressas em palavras, coisas que a nenhum homem é permitido relatar.

⁵Da experiência desse homem eu teria razão de me orgulhar, mas não o farei; na verdade, minhas fraquezas são minha única razão de orgulho. ⁶Se quisesse me orgulhar, não seria insensato de fazê-lo, pois estaria dizendo a verdade. Mas não o farei, pois não quero que ninguém me dê crédito além do que pode ver em minha vida ou ouvir em minha mensagem, ⁷ainda que eu tenha recebido revelações tão maravilhosas. Portanto, para evitar que eu me tornasse arrogante, foi-me dado um espinho na carne, um mensageiro de Satanás para me atormentar e impedir qualquer arrogância.

⁸Em três ocasiões, supliquei ao Senhor que o removesse, ⁹mas ele disse: "Minha graça é tudo de que você precisa. Meu poder opera melhor na fraqueza". Portanto, agora fico feliz de me orgulhar de minhas fraquezas, para que o poder de Deus opere por meu intermédio. ¹⁰Por isso aceito com prazer fraquezas e insultos, privações, perseguições e aflições que sofro por Cristo. Pois, quando sou fraco, então é que sou forte.

A preocupação de Paulo com os coríntios

¹¹Vocês me obrigaram a agir como insensato. Vocês é que deveriam me elogiar, pois, embora eu nada seja, não sou inferior a esses "superapóstolos". ¹²Quando estive com vocês, certamente dei provas de que sou apóstolo, pois com grande paciência realizei sinais, maravilhas e milagres entre vocês. ¹³A única coisa que não fiz, e que faço nas outras igrejas, foi me tornar um peso para vocês. Perdoem-me por essa injustiça!

¹⁴Agora irei visitá-los pela terceira vez e não serei um peso para vocês. Não quero seus bens; quero vocês. Afinal, os filhos não ajuntam riquezas para os pais. Ao contrário, são os pais que ajuntam riquezas para os filhos. ¹⁵Por vocês, de boa vontade me

desgastarei e gastarei tudo que tenho, embora pareça que, quanto mais eu os ame, menos vocês me amam.

¹⁶Talvez reconheçam que não fui um peso para vocês, mas pensem que, mesmo assim, fui astuto e usei de artimanhas para tirar proveito de vocês. ¹⁷Mas como? Algum dos homens que lhes enviei se aproveitou de vocês? ¹⁸Quando insisti com Tito para que fosse visitá-los e enviei com ele outro irmão, por acaso Tito os explorou? Não temos nós o mesmo espírito e andamos nos passos um do outro, agindo do mesmo modo?

¹⁹Talvez vocês pensem que estamos apresentando desculpas. Não é verdade. Dizemos tais coisas como servos de Cristo, tendo Deus como testemunha. Tudo que fazemos, amados, é para fortalecê-los. ²⁰Pois temo que, ao visitá-los, não goste daquilo que encontrarei e vocês não gostem de minha reação. Temo que encontre brigas, inveja, ira, egoísmo, calúnia, intrigas, arrogância e desordem. ²¹Sim, temo que, ao visitá-los outra vez, Deus me humilhe diante de vocês e eu venha a me entristecer porque muitos de vocês não abandonaram os pecados que cometiam no passado e não se arrependeram de sua impureza, sua imoralidade sexual e seu anseio por prazeres sensuais.

Conselhos finais de Paulo

13 Esta é a terceira vez que irei visitá-los. "Os fatos a respeito de cada caso devem ser confirmados pelo depoimento de duas ou três testemunhas."ª ²Em minha segunda visita, já adverti aqueles que estavam em pecado. Agora, como naquela ocasião, volto a adverti-los e também os demais de que, da próxima vez, não os pouparei.

³Eu lhes darei todas as provas que desejarem de que Cristo fala por meu intermédio. Ele não é fraco ao tratar com vocês. Ao contrário, é poderoso entre vocês. ⁴Embora ele tenha sido crucificado em fraqueza, agora vive pelo poder de Deus. Nós também somos fracos, como Cristo foi, mas, quando tratarmos com vocês, estaremos vivos com ele e teremos o poder de Deus.

⁵Examinem a si mesmos. Verifiquem se estão praticando o que afirmam crer. Assim,

ª **13.1** Dt 19.15. ᵇ **13.5** Ou *em vocês*.

PÃO DIÁRIO

Problema resolvido!

Minha graça é tudo de que você precisa...
—2 Coríntios 12.9

Uma fragmentadora de papéis triturou centenas de pedaços de papéis e outros itens na cidade de Nova Iorque no dia 28 de dezembro de 2008. Os organizadores do segundo evento anual chamado "O dia do desapego" encorajaram as pessoas a levarem suas lembranças ruins e sofrimentos até o centro da cidade e lançá-los na fragmentadora industrial de papel ou jogá-los numa lata de lixo gigante.

Alguns participantes picaram pedaços de papel com as palavras "mercado de valores" ou "câncer". Outros destruíram extratos bancários, e uma pessoa cortou em pedaços o e-mail impresso de um namorado que rompera o relacionamento com ela.

Desejamos "triturar" as lembranças de coisas ruins que outros nos fizeram ou circunstâncias difíceis que estamos vivendo. O apóstolo Paulo queria alívio de seu sofrimento presente, uma debilidade que o fazia sentir-se fraco (2Co 12.7-10). Mas Deus lhe disse: "Minha graça é tudo de que você precisa. Meu poder opera melhor na fraqueza" (2Co 12.9). Deus não levou o problema embora. Ao contrário, concedeu-lhe a graça para viver com ele.

As dificuldades nos sobrecarregam quando as remoemos na mente, afetando os nossos relacionamentos e a nossa visão da vida. Nós, que cremos em Cristo, temos um lugar para onde levar esses fardos. Lemos em 1Pe 5.7: "Entreguem-lhe todas as suas ansiedades, pois ele cuida de vocês".

Pai celestial, Tua graça incomparável está sempre comigo. Quando enfrentar provações, desafios e dificuldades hoje, eu possa buscar Tua graça que é mais do que suficiente. Tu não prometeste me tirar das circunstâncias difíceis, mas estás comigo quando as enfrento! Descanso no conhecimento do Teu cuidado amoroso.

Deus concede graça suficiente para tudo o que enfrentamos.

---

poderão ser aprovados. Certamente sabem que Jesus Cristo está entre vocês;ᵇ do contrário, já foram reprovados. ⁶Minha expectativa é que, uma vez que se examinarem, reconheçam que não fomos reprovados.

⁷Oramos a Deus para que vocês não façam o que é mau, não para que pareça que fomos aprovados em nosso serviço, mas para que façam o que é certo, mesmo que pareça que fomos reprovados ao repreendê-los. ⁸Pois não podemos resistir à verdade, mas devemos sempre defendê-la. ⁹Ficamos alegres quando estamos fracos, se isso ajudar a mostrar que, na realidade, vocês estão fortes. Oramos para que sejam restaurados.

¹⁰Escrevo-lhes essas coisas antes de visitá-los, na esperança de que, ao chegar, não precise tratá-los severamente. Meu desejo é usar a autoridade que o Senhor me deu para fortalecê-los, e não para destruí-los.

Saudações finais de Paulo

¹¹Irmãos, encerro minha carta com estas últimas palavras: Alegrem-se. Cresçam até alcançar a maturidade. Encorajem-se mutuamente. Vivam em harmonia e paz. Então o Deus de amor e paz estará com vocês.

¹²Saúdem uns aos outros com beijo santo. ¹³Todo o povo santo lhes envia saudações.

¹⁴ᵃQue a graça do Senhor Jesus Cristo, o amor de Deus e a comunhão do Espírito Santo sejam com todos vocês.

ᵃ 13.14 Em algumas traduções, o versículo 13 faz parte do 12. Nesse caso, o versículo 14 se torna o 13.

GÁLATAS

INTRODUÇÃO

O país. (1) *Politicamente*, era a província romana que incluía a Licaônia, Isáuria e partes da Frígia e da Pisídia. (2) *Geograficamente*, era o centro das tribos celtas, e nesse sentido parece ser usado nesta epístola e em Atos (Gl 1.2; At 13.14; 14.6; 16.6).

O povo celta. Eles eram descendentes dos gauleses que saquearam Roma no século 4 a.C. e que no século 3 a.C. invadiram a Ásia Menor e o norte da Grécia. Uma parte deles permaneceu na Galácia, predominando na população mista formada pelo povo grego, romano e judeu. Eles eram temperamentais, impulsivos, hospitaleiros e volúveis. Eram rápidos em aceitar as ideias e igualmente rápidos em abandoná-las. Receberam Paulo com alegria entusiasmada, e de repente se afastaram dele (Gl 4.13-16).

Igrejas da Galácia. Não sabemos como nem por quem essas igrejas foram estabelecidas. A grande estrada do Oriente para a Europa passava por esta região, possibilitando que alguns dos participantes no Pentecostes tivessem semeado a semente do evangelho lá. Poderia ter surgido do trabalho feito por Paulo enquanto estava em Tarso desde o seu retorno da Arábia até sua ida a Antioquia com Barnabé. Mas as Escrituras não trazem nenhuma palavra sobre isso.

Paulo os visitou em sua segunda viagem missionária (At 16.6), e parece ter ficado doente ao passar por lá e ter pregado para eles enquanto estava impossibilitado de viajar (Gl 4.14,15). Eles receberam seus ensinamentos com prazer, e nessa ocasião, parece ter surgido igrejas. Paulo também os visitou durante sua terceira viagem missionária (At 18.23) e os instruiu e os estabeleceu na fé. As igrejas estavam indo bem quando Paulo as deixou, mas os mestres judaizantes haviam entrado e, agindo com base em sua natureza volúvel e instável, corromperam muito a simplicidade da fé que a igreja professava.

Ocasião da epístola. (1) Os mestres judaizantes haviam se infiltrado entre os gálatas, alegando que a lei judaica era obrigatória para os cristãos, admitindo que Jesus era o Messias, mas alegando que a salvação devia, no entanto, ser obtida pelas obras da Lei. Eles especialmente instaram a que todos os gentios fossem circuncidados. (2) A fim de ganhar a discussão e tirar os gálatas de sua crença, eles estavam tentando enfraquecer a confiança que tinham em Paulo, o mestre espiritual deles. Disseram que Paulo não era um dos Doze, e, portanto, não era um dos apóstolos, e seus ensinamentos não eram de autoridade obrigatória. E sugeriram que ele havia aprendido sua doutrina com outros, especialmente com os apóstolos que eram as colunas da igreja.

Propósito da epístola. O propósito da epístola era erradicar os erros de doutrina introduzidos pelos judaizantes e manter os gálatas na fé aprendida anteriormente. Para fazer isso, foi necessário estabelecer sua autoridade apostólica e a origem divina de seu evangelho. Ele também desejou mostrar o valor prático ou a aplicação de seu ensino. Mostra especialmente o valor da liberdade cristã e, ao mesmo tempo, que não é permissividade. Ao cumprir esses propósitos, Paulo nos deu um clássico inspirado sobre a doutrina fundamental da justificação pela fé e estabeleceu para sempre a questão perturbadora da relação dos cristãos com a lei judaica.

Autor e data. Foi escrita por Paulo, provavelmente de Corinto em 57 d.C.

ESBOÇO

Introdução, 1.1-10

1. Autoridade do evangelho de Paulo, 1.11–2.21
   1.1. É independente do homem, 1.11-24
   1.2. É o evangelho de um apóstolo, Cap. 2
2. Ensino do evangelho de Paulo, Caps. 3–4; Justificação pela fé
   2.1. A experiência deles o comprova, 3.1-5
   2.2. O exemplo de Abraão o atesta, 3.6-8
   2.3. As Escrituras o ensinam, 3.10-12
   2.4. A obra de Cristo o prova, 3.13,14
   2.5. Seus resultados superiores o demonstram, 3.15–4.20

2.6. As experiências de Sara e Agar e de seus filhos o ilustram, 4.21-31
3. Aplicação do evangelho de Paulo à fé e conduta, 5.1–6.10
   3.1. Ele os exorta a se manterem firmes na liberdade de Cristo; 5.1-12; 5.12. Essa liberdade exclui o judaísmo
   3.2. Ele os exorta a não abusarem de sua liberdade, 5.13–6.10
Conclusão, 6.11-18

PARA ESTUDO E DISCUSSÃO

[1] Os perigos da inconstância (1.6; 3.1; 4.9,15,16).
[2] Os métodos dos falsos mestres: (a) O método principal deles é atacar os homens proeminentes no movimento; (b) Eles frequentemente apresentavam outra pessoa para líder; suplantavam Paulo com Pedro; (c) Pode-se considerar como um homem muitas vezes permitirá que a influência de outro seja prejudicada se ele mesmo for exaltado.
[3] As razões que Paulo dá para mostrar que seu ensinamento não é do homem, 1.11-24.
[4] A confirmação do chamado divino de Paulo, 2.1-10.
[5] Diferença entre alguém debaixo da Lei e alguém debaixo da fé, 4.1-7.
[6] Os desejos da carne, os pecados do corpo e da mente estão incluídos, 5.19-21.
[7] O fruto do Espírito, 5.22,23.
[8] As palavras, a liberdade, a luxúria, a carne, o espírito, as obras da lei, viver e morrer, servos e servidão, justificados, justiça, fé e crer.
[9] Para um estudo mais aprofundado, liste e estude as passagens de Gálatas que coincidem ou correspondem às passagens em Romanos.

Saudações de Paulo

1 Eu, Paulo, apóstolo, nomeado não por um grupo de pessoas, nem por alguma autoridade humana, mas pelo próprio Jesus Cristo e por Deus, o Pai, que ressuscitou Jesus dos mortos, ²escrevo esta carta, com todos os irmãos que estão comigo, às igrejas da Galácia.

³Que Deus, o Pai, e nosso Senhor Jesus Cristo[a] lhes deem graça e paz. ⁴Jesus entregou sua vida por nossos pecados, a fim de nos resgatar deste mundo mau, conforme Deus, nosso Pai, havia planejado. ⁵Toda a glória a Deus para todo o sempre! Amém.

Uma só mensagem de boas-novas

⁶Admiro-me que vocês estejam se afastando tão depressa daquele que os chamou para si por meio da graça de Cristo. Vocês estão seguindo um caminho diferente que se faz passar pelas boas-novas, ⁷mas que não são boas-novas de maneira nenhuma. Estão sendo perturbados por aqueles que distorcem deliberadamente as boas-novas de Cristo.

⁸Que seja amaldiçoado qualquer um, incluindo nós, ou mesmo um anjo do céu, que anunciar boas-novas diferentes das que nós lhes anunciamos. ⁹Repito o que disse antes: se alguém anunciar boas-novas diferentes das que vocês receberam, que seja amaldiçoado.

¹⁰Acaso estou tentando conquistar a aprovação das pessoas? Ou será que procuro a aprovação de Deus? Se meu objetivo fosse agradar as pessoas, não seria servo de Cristo.

A mensagem de Paulo vem de Cristo

¹¹Irmãos, quero que vocês entendam que a mensagem das boas-novas por mim anunciada não provém do raciocínio humano. ¹²Não a recebi de fonte humana, e ninguém a ensinou a mim. Ao contrário, eu a recebi por revelação de Jesus Cristo.[b]

¹³Vocês sabem como eu era quando seguia a religião judaica, como perseguia com violência a igreja de Deus. Não media esforços para destruí-la. ¹⁴Superava a muitos dos judeus de minha geração, sendo extremamente zeloso pelas tradições de meus antepassados.

¹⁵Contudo, ainda antes de eu nascer, Deus me escolheu e me chamou por sua graça. Foi do agrado dele ¹⁶revelar seu Filho a mim,[c] para que eu o anunciasse aos gentios.

Quando isso aconteceu, não consultei ser humano algum.[d] ¹⁷Tampouco subi a Jerusalém para pedir o conselho daqueles que eram apóstolos antes de mim. Em vez disso, fui à Arábia e depois voltei à cidade de Damasco.

¹⁸Então, passados três anos, fui a Jerusalém para conhecer Pedro,[e] com quem permaneci quinze dias. ¹⁹O único outro apóstolo que vi naquela ocasião foi Tiago, irmão do Senhor. ²⁰Afirmo diante de Deus que o que lhes escrevo não é mentira.

²¹Depois disso, fui às províncias da Síria e da Cilícia. ²²As igrejas em Cristo que estão na Judeia ainda não me conheciam pessoalmente. ²³Sabiam apenas o que as pessoas diziam: "Aquele que nos perseguia agora anuncia a mesma fé que antes tentava destruir". ²⁴E louvavam a Deus por minha causa.

Os apóstolos aceitam Paulo

2 Catorze anos depois, voltei a Jerusalém, dessa vez com Barnabé, e Tito também nos acompanhou. ²Fui para lá por causa de uma revelação. Reuni-me em particular com os líderes e compartilhei com eles as boas-novas que tenho anunciado aos gentios. Queria me certificar de que estávamos de acordo, pois temia que meus esforços, anteriores e presentes, fossem considerados inúteis. ³Mas eles me apoiaram e nem sequer exigiram que Tito, que me acompanhava, fosse circuncidado, embora fosse gentio.[f]

⁴Essa questão foi levantada apenas por causa de alguns falsos irmãos que se infiltraram em nosso meio para nos espionar e nos tirar a liberdade que temos em Cristo Jesus. Sua intenção era nos escravizar, ⁵mas não cedemos a eles nem por um momento, a fim de preservar a verdade das boas-novas para vocês.

⁶Quanto aos líderes — cuja reputação, a propósito, não fez diferença alguma para mim, pois Deus não age com favoritismo —, nada tiveram a acrescentar àquilo que eu pregava. ⁷Ao contrário, viram que me havia sido confiada a responsabilidade de anunciar as boas-novas

---

[a] **1.3** Alguns manuscritos trazem *Deus, nosso Pai, e o Senhor Jesus Cristo*. [b] **1.12** Ou *pela revelação acerca de Jesus Cristo*. [c] **1.16a** Ou *em mim*. [d] **1.16b** Em grego, *não consultei carne nem sangue*. [e] **1.18** Em grego, *Cefas*. [f] **2.3** Em grego, *fosse grego*.

> **PÃO DIÁRIO**
>
> ## Direto ao ponto!
>
> *E, no entanto, sabemos que uma pessoa é declarada justa diante de Deus pela fé em Jesus Cristo...*
> —Gálatas 2.16
>
> Temos que dizer uma coisa do apóstolo Paulo: ele não era homem de medir as palavras. Não importava quem fosse — um juiz, um governante, ou seu companheiro Pedro —, Paulo dizia o que tinha que ser dito. Ele enfatizou isto três vezes: "Pois ninguém é declarado justo diante de Deus pela obediência à lei" (Gl 2.16).
>
> A Lei era uma questão crítica na Igreja Primitiva porque muitos dos convertidos eram judeus. Embora eles cressem em Jesus, alguns deles não conseguiam deixar o seu legalismo de lado. Posso imaginá-los dizendo: "Uma pessoa não pode ser salva a menos que seja circuncidada e se recuse a comer carne oferecida aos ídolos. E nenhum judeu convertido deve comer com gentios". Mas Paulo lhes disse, de forma bem direta, que eles estavam errados. Pela fé, somos declaradas justas diante de Deus, não por qualquer exigência de uma igreja ou indivíduo.
>
> Como mestre da confusão, Satanás encontra diversas maneiras de corromper o evangelho dando-nos a impressão de que a fé não é o suficiente. Ele brinca com o nosso desejo de estar no controle e de fazer alguma coisa para nos salvar — adicionando qualquer coisa, como entregar o dízimo, não faltar à igreja ou a forma de vestir-se, por exemplo. Cada uma dessas coisas é importante para o cristão, mas nenhuma delas é essencial para a salvação.
>
> A questão é: "Vocês são salvos pela graça, por meio da fé. Isso não vem de vocês; é uma dádiva de Deus" (Ef 2.8).
>
> *Senhor, sou tão grata porque sou salva apenas pela fé, e pela fé somente! Não há nada que eu possa fazer para merecer a salvação. Que alívio! Já fizeste tudo! Quero servir-te por pura gratidão.*
>
> **Salvação: a graça de Cristo nos é concedida e a nossa culpa se vai.**

aos gentios,[a] assim como a Pedro tinha sido confiada a responsabilidade de anunciar as boas-novas aos judeus.[b] [8]Pois o mesmo Deus que atuou por meio de Pedro como apóstolo aos judeus[c] também atuou por meu intermédio como apóstolo aos gentios.

[9]De fato, Tiago, Pedro[d] e João, tidos como colunas, reconheceram a graça que me foi dada e aceitaram Barnabé e a mim como seus colaboradores. Eles nos incentivaram a dar continuidade à pregação aos gentios, enquanto eles prosseguiriam no trabalho com os judeus.[e] [10]Sua única sugestão foi que continuássemos a ajudar os pobres, o que sempre fiz com dedicação.

Paulo confronta Pedro

[11]Mas, quando Pedro veio a Antioquia, tive de opor-me a ele abertamente, pois o que ele fez foi muito errado. [12]No começo, quando chegou, ele comia com os gentios. Mais tarde, porém, quando vieram alguns amigos de Tiago, começou a se afastar, com medo daqueles que insistiam na necessidade de circuncisão. [13]Como resultado, outros judeus imitaram a hipocrisia de Pedro, e até mesmo Barnabé se deixou levar por ela.

[14]Quando vi que não estavam seguindo a verdade das boas-novas, disse a Pedro diante de todos: "Se você, que é judeu de nascimento, vive como gentio, e não como judeu, por que agora obriga esses gentios a viverem como judeus? [15]Você e eu somos judeus de nascimento, e não pecadores, como os judeus consideram os gentios. [16]E, no entanto, sabemos que uma pessoa é declarada justa diante de Deus pela fé em Jesus Cristo, e não pela obediência à lei. E cremos em Cristo Jesus, para que fôssemos declarados justos pela fé em Cristo, e não porque obedecemos à lei. Pois ninguém é declarado justo diante de Deus pela obediência à lei".[f]

[17]Mas, se a busca da justiça por meio de Cristo nos torna culpados de abandonar a lei, isso torna Cristo responsável por nosso pecado? De maneira nenhuma! [18]Se, pois, reconstruo o antigo sistema da lei que já destruí, então faço de mim mesmo transgressor da lei. [19]Pois, quando procurei viver por meio da lei, ela me condenou. Portanto, morri para

---

[a]**2.7a** Em grego, *o evangelho da incircuncisão.* [b]**2.7b** Em grego, *o evangelho da circuncisão.* [c]**2.8** Em grego, *apóstolo dos circuncidados.* [d]**2.9a** Em grego, *Cefas;* também em 2.11,14 [e]**2.9b** Em grego, *com os circuncidados.* [f]**2.16** Alguns tradutores afirmam que a citação se restringe ao versículo 14, outros, que se estende até o 16, e outros ainda, até o 21.

a lei a fim de viver para Deus. ²⁰Fui crucificado com Cristo; assim, já não sou eu quem vive, mas Cristo vive em mim. Portanto, vivo neste corpo terreno pela fé no Filho de Deus, que me amou e se entregou por mim. ²¹Não considero a graça de Deus algo sem sentido. Pois, se a obediência à lei nos tornasse justos diante de Deus, não haveria necessidade alguma de Cristo morrer.

A lei e a fé em Cristo

3 Ó gálatas insensatos! Quem os enfeitiçou? Jesus Cristo não lhes foi explicado tão claramente como se tivessem visto com os próprios olhos a morte dele na cruz? ²Deixem-me perguntar apenas uma coisa: vocês receberam o Espírito porque obedeceram à lei ou porque creram na mensagem que ouviram? ³Será que perderam o juízo? Tendo começado no Espírito, por que agora procuram tornar-se perfeitos por seus próprios esforços? ⁴Será que foi à toa que passaram por tantos sofrimentos? É claro que não foi à toa!

⁵Volto a perguntar: acaso aquele que lhes deu o Espírito e realizou milagres entre vocês agiu assim porque vocês obedeceram à lei ou porque creram na mensagem que ouviram? ⁶Da mesma forma, "Abraão creu em Deus, e assim foi considerado justo".ᵃ ⁷Logo, os verdadeiros filhos de Abraão são aqueles que creem. ⁸As Escrituras previram esse tempo em que Deus declararia os gentios justos por meio da fé. Ele anunciou essas boas-novas a Abraão há muito tempo, quando disse: "Todas as nações da terra serão abençoadas por seu intermédio".ᵇ ⁹Portanto, todos os que creem participam da mesma bênção que Abraão recebeu por crer.

¹⁰Contudo, os que confiam na lei para serem declarados justos estão sob maldição, pois as Escrituras dizem: "Maldito quem não se mantiver obediente a tudo que está escrito no Livro da Lei".ᶜ ¹¹É evidente, portanto, que ninguém pode ser declarado justo diante de Deus pela lei. Pois as Escrituras dizem: "O justo viverá pela fé".ᵈ ¹²A lei, porém, não é baseada na fé, pois diz: "Quem obedece à lei viverá por ela".ᵉ ¹³Mas Cristo nos resgatou da maldição pronunciada pela lei tomando sobre si a maldição por nossas ofensas. Pois as Escrituras dizem: "Maldito todo aquele que é pendurado num madeiro".ᶠ ¹⁴Por meio de Cristo Jesus, os gentios foram abençoados com a mesma bênção de Abraão, para que recebêssemos, pela fé, o Espírito prometido.

A lei e a promessa de Deus

¹⁵Irmãos, apresento-lhes um exemplo da vida diária. Ninguém pode anular ou fazer acréscimos a uma aliança irrevogável. ¹⁶Pois bem, Deus fez a promessa a Abraão e a seu descendente.ᵍ Observem que as Escrituras não dizem "a seus descendentes",ʰ como se fosse uma referência a muitos, mas sim "a seu descendente", isto é, Cristo. ¹⁷É isto que quero dizer: a lei, que veio 430 anos depois, não pode anular a aliança que Deus estabeleceu com Abraão, pois nesse caso a promessa seria quebrada. ¹⁸Portanto, se a herança pudesse ser recebida pela obediência à lei, ela não viria pela aceitação da promessa. No entanto, Deus, em sua bondade, a concedeu a Abraão como promessa.

¹⁹Qual era, então, o propósito da lei? Ela foi acrescentada à promessa para mostrar às pessoas seus pecados. Mas a lei deveria durar apenas até à vinda do descendente prometido. Por meio de anjos, a lei foi entregue a um mediador. ²⁰O mediador, porém, só é necessário quando dois ou mais precisam chegar a um acordo, e Deus é um só.

²¹Existe, portanto, algum conflito entre a lei e as promessas de Deus?ⁱ De maneira nenhuma! Se a lei fosse capaz de nos conceder nova vida, seríamos declarados justos pela obediência a ela. ²²Mas as Escrituras afirmam que somos todos prisioneiros do pecado, de modo que nós, os que cremos, recebemos a promessa de libertação apenas pela fé em Jesus Cristo.

Filhos de Deus pela fé

²³Antes que o caminho da fé se tornasse disponível, fomos colocados sob a custódia da lei e mantidos sob a sua guarda, até que essa fé fosse revelada.

ᵃ**3.6** Gn 15.6. ᵇ**3.8** Gn 12.3; 18.18; 22.18. ᶜ**3.10** Dt 27.26. ᵈ**3.11** Hc 2.4. ᵉ**3.12** Lv 18.5. ᶠ**3.13** Dt 21.23, conforme a Septuaginta. ᵍ**3.16a** Em grego, *a sua semente*; também em 3.16c,19. Ver notas em Gn 12.7 e 13.15. ʰ**3.16b** Em grego, *a suas sementes*. ⁱ**3.21** Alguns manuscritos trazem *e as promessas?*

²⁴Em outras palavras, a lei foi nosso guardião até a vinda de Cristo; ela nos protegeu até que, por meio da fé, pudéssemos ser declarados justos. ²⁵Agora que veio o caminho da fé, não precisamos mais da lei como guardião.

²⁶Pois todos vocês são filhos de Deus por meio da fé em Cristo Jesus. ²⁷Todos que foram unidos com Cristo no batismo se revestiram de Cristo. ²⁸Não há mais judeu nem gentio,ª escravo nem livre, homem nem mulher,ᵇ pois todos vocês são um em Cristo Jesus. ²⁹E agora que pertencem a Cristo, são verdadeiros filhosᶜ de Abraão, herdeiros dele segundo a promessa de Deus.

4 Portanto, pensem da seguinte forma: enquanto não atingir a idade adequada, o herdeiro não está numa posição muito melhor que a de um escravo, apesar de ser dono de todos os bens. ²Deve obedecer a seus tutores e administradores até a idade determinada por seu pai. ³O mesmo acontecia conosco. Éramos como crianças; éramos escravos dos princípios básicos deste mundo.

⁴Mas, quando chegou o tempo certo, Deus enviou seu Filho, nascido de uma mulher e sob a lei. ⁵Assim o fez para resgatar a nós que estávamos sob a lei, a fim de nos adotar como seus filhos. ⁶E, porque nós somosᵈ seus filhos, Deus enviou ao nosso coração o Espírito de seu Filho, e por meio dele clamamos: "Aba,ᵉ Pai". ⁷Agora você já não é escravo, mas filho de Deus. E, uma vez que é filho, Deus o tornou herdeiro dele.

A preocupação de Paulo com os gálatas

⁸Antes de conhecerem a Deus, vocês eram escravos de supostos deuses que, na verdade, nem existem. ⁹Agora que conhecem a Deus, ou melhor, agora que Deus os conhece, por que desejam voltar atrás e tornar-se novamente escravos dos frágeis e inúteis princípios básicos deste mundo? ¹⁰Vocês insistem em guardar certos dias, meses, estações ou anos. ¹¹Temo por vocês. Talvez meu árduo trabalho em seu favor tenha sido inútil.

¹²Irmãos, peço-lhes que sejam como eu, pois eu também sou como vocês. E vocês não me trataram mal ¹³e certamente se lembram de que eu estava doente quando lhes anunciei as boas-novas pela primeira vez. ¹⁴Embora minha saúde precária fosse uma tentação para me rejeitarem, vocês não me desprezaram nem me mandaram embora. Ao contrário, acolheram-me e cuidaram de mim como se eu fosse um anjo de Deus, ou mesmo o próprio Cristo Jesus. ¹⁵Que aconteceu com a alegria que vocês demonstraram naquela ocasião? Estou certo de que, se fosse possível, teriam arrancado os próprios olhos e os teriam dado a mim. ¹⁶Acaso me tornei inimigo de vocês porque lhes digo a verdade?

¹⁷Esses falsos mestres estão extremamente ansiosos para agradá-los, mas suas intenções não são boas. Querem afastá-los de mim para que dependam deles. ¹⁸Se alguém deseja agradá-los, muito bem; mas que o faça sempre, e não só quando estou com vocês.

¹⁹Ó meus filhos queridos, sinto como se estivesse passando outra vez pelas dores de parto por sua causa, e elas continuarão até que Cristo seja plenamente desenvolvido em vocês. ²⁰Gostaria de poder estar aí com vocês para lhes falar em outro tom. Mas, distante como estou, não sei o que mais fazer para ajudá-los.

Os dois filhos de Abraão

²¹Digam-me, vocês que desejam viver debaixo da lei: acaso sabem o que a lei diz de fato? ²²De acordo com as Escrituras, Abraão teve dois filhos, um nascido de uma escrava e outro de sua esposa, que era livre.ᶠ ²³O filho da escrava nasceu segundo a vontade humana; o filho da mulher livre nasceu segundo a promessa.

²⁴Essas duas mulheres ilustram duas alianças. A primeira, Hagar, representa o monte Sinai, onde o povo recebeu a lei que o escravizou. ²⁵E Hagar, que é o monte Sinai, na Arábia, representa a Jerusalém de agora,ᵍ pois ela e seus filhos vivem sob a escravidão da lei. ²⁶A segunda, Sara, representa a Jerusalém celestial. Ela é a mulher livre, e é nossa mãe. ²⁷Como dizem as Escrituras:

"Alegre-se, mulher sem filhos,
    você que nunca deu à luz!

ª **3.28a** Em grego, *nem grego.* ᵇ **3.28b** Em grego, *macho nem fêmea.* ᶜ **3.29** Em grego, *verdadeira semente.* ᵈ **4.6a** Em grego, *vocês são.* ᵉ **4.6b** Termo aramaico para "pai". ᶠ **4.22** Ver Gn 16.15; 21.2-3. ᵍ **4.25** Alguns manuscritos trazem *E o monte Sinai, na Arábia, agora é como Jerusalém.*

> **REFLETINDO SOBRE:** Vivendo conforme as regras

Escrava

Agora que conhecem a Deus, ou melhor, agora que Deus os conhece, por que desejam voltar atrás e tornar-se novamente escravos dos frágeis e inúteis princípios básicos deste mundo?
—Gálatas 4.9

Nora tentou esconder sua surpresa enquanto sua amiga falava sobre os seus planos de jogar cartas com suas irmãs após o culto. *Ela definitivamente tem um histórico diferente do meu*, pensou. A família de Nora tinha uma longa lista de coisas que não se podia fazer no domingo. Os filmes eram sempre um tabu e as mulheres e moças não podiam usar calças compridas. Apesar de amar sua igreja e a paixão do povo por Deus, Nora ainda lutava com essas suas atitudes já enraizadas. Algumas vezes se sentia confusa com vontade de gritar: "Afinal de contas, quais *são* as regras?".

Essa mulher assemelha-se à "escrava" da metáfora de Paulo em Gálatas 4. Essa passagem ilustra a nova vida em Cristo e contrasta duas mulheres do Antigo Testamento: Hagar e Sara. Como escrava, Hagar representa a antiga aliança, sob a qual as pessoas tentavam agradar a Deus seguindo regras e regulamentações. Sua ama, Sara, representa a nova aliança, uma vida de graça em que os cristãos confiam no Espírito de Deus e não em leis, para guiá-los no viver santo.

As regras geralmente são necessárias, mas na vida espiritual não há adesão às leis e aos rituais que nos ajude a merecer o amor de Deus. Tornamo-nos aceitáveis a Deus ao crermos em Jesus, sendo perdoados por nosso pecado e ao recebermos o dom da vida. A morte sacrifical de Jesus executou o que a antiga aliança não pôde fazer: capacitou-nos para o viver santo por meio da obediência ao Espírito Santo que habita em nós. Se formos legalistas ao nos aproximarmos de Deus, perderemos a vida de graça que Ele planejou. O Senhor nos dá uma escolha: viveremos como escravas ou mulheres livres?

Grite de alegria,
    você que nunca esteve em trabalho de parto!
Pois a abandonada agora tem mais filhos que a mulher que vive com o marido".[a]

²⁸E vocês, irmãos, são filhos da promessa, como Isaque. ²⁹Ismael, o filho nascido da vontade humana, perseguiu Isaque, o filho nascido do poder do Espírito, e o mesmo ocorre agora. ³⁰Mas o que dizem as Escrituras sobre isso? "Livre-se da escrava e do filho dela, pois o filho da escrava não será herdeiro junto com o filho da mulher livre".[b] ³¹Portanto, irmãos, não somos filhos da escrava; somos filhos da mulher livre.

Liberdade em Cristo

5 Portanto, permaneçam firmes nessa liberdade, pois Cristo verdadeiramente nos libertou. Não se submetam novamente à escravidão da lei.

²Prestem atenção! Eu, Paulo, lhes digo: se vocês se deixarem ser circuncidados, Cristo de nada lhes servirá. ³Volto a dizer: todo aquele que se deixa ser circuncidado deve obedecer a toda a lei. ⁴Pois, se vocês procuram tornar-se justos diante de Deus pelo cumprimento da lei, foram separados de Cristo e caíram para longe da graça.

⁵Mas nós que vivemos pelo Espírito esperamos ansiosamente receber pela fé a justiça que Deus nos prometeu. ⁶Pois, em Cristo Jesus, não há benefício algum em ser ou não circuncidado. O que importa é a fé que se expressa pelo amor.

⁷Vocês estavam indo bem na corrida; quem os impediu de seguir a verdade? ⁸Certamente não foi Deus quem os levou a pensar assim, pois ele os chamou para serem livres. ⁹Um pouco de fermento se espalha por toda a massa. ¹⁰Confio que o Senhor os guardará de crer em falsos ensinamentos. Aquele que os perturbar, seja ele quem for, será julgado.

¹¹Irmãos, se eu ainda prego que vocês devem ser circuncidados, como dizem alguns, por que continuo a ser perseguido? Se eu não pregasse a salvação exclusivamente por meio da cruz,

---

[a] 4.27 Is 54.1. [b] 4.30 Gn 21.10.

> ### PÃO DIÁRIO
>
> ## O que fazer? O que ser?
>
> *Mas o Espírito produz este fruto: amor, alegria, paz, paciência, amabilidade, bondade, fidelidade, mansidão e domínio próprio...*
>
> —Gálatas 5.22,23
>
> O que está na sua lista de coisas para fazer hoje? Limpar e abrir espaço num armário abarrotado? Preparar um relatório financeiro em seu trabalho? Pagar as contas mensais?
>
> Todas nós temos coisas que precisam ser feitas hoje, quer tenhamos feito uma lista por escrito ou não, e é importante que as realizemos.
>
> É de grande ajuda ter uma lista sobre "o que fazer", mas há um outro tipo de lista que é ainda mais importante: a lista "o que ser". Albert Einstein disse: "Não busque se tornar um homem de sucesso, mas um homem de valor".
>
> O apóstolo Paulo encorajou os cristãos da Galácia e agora nos encoraja a nos preocuparmos com o nosso caráter. Ele afirma que, se formos controladas pelo Espírito Santo, Deus produzirá em nós as características de "...amor, alegria, paz, paciência, amabilidade, bondade, fidelidade, mansidão e domínio próprio" (Gl 5.22,23).
>
> Ao olhar para essas características de caráter, quais as que você precisa mais em sua vida? Mais paciência com um colega de trabalho ou com uma criança? Um pouco mais de paciência e bondade para lidar com um vizinho? À medida que você se achegar mais a Deus, Ele a capacitará para ser a pessoa que Ele deseja que você seja.
>
> Talvez no topo da sua lista "do que fazer" hoje, você poderia colocar: investir tempo em oração e leitura da Palavra de Deus. Esse será um bom começo para sua lista "do que ser".
>
> *Senhor, quando penso no dia cheio que terei, ajuda-me a buscar-te em primeiro lugar. Capacita-me a ser mais bondosa, mais amorosa, mais semelhante a Cristo ao encontrar as pessoas hoje. Que as características do meu caráter possam ser o reflexo claro do Deus que eu sirvo.*
>
> ---
>
> **O mais importante não é o que você faz, mas o que você é.**

ninguém se ofenderia. ¹²Esses sujeitos que os perturbam deveriam castrar a si mesmos! ¹³Porque vocês, irmãos, foram chamados para viver em liberdade. Não a usem, porém, para satisfazer sua natureza humana. Ao contrário, usem-na para servir uns aos outros em amor. ¹⁴Pois toda a lei pode ser resumida neste único mandamento: "Ame o seu próximo como a si mesmo".[a] ¹⁵Mas, se vocês estão sempre mordendo e devorando uns aos outros, tenham cuidado, pois correm o risco de se destruírem.

A vida pelo Espírito

¹⁶Por isso digo: deixem que o Espírito guie sua vida. Assim, não satisfarão os anseios de sua natureza humana. ¹⁷A natureza humana deseja fazer exatamente o oposto do que o Espírito quer, e o Espírito nos impele na direção contrária àquela desejada pela natureza humana. Essas duas forças se confrontam o tempo todo, de modo que vocês não têm liberdade de pôr em prática o que intentam fazer. ¹⁸Quando, porém, são guiados pelo Espírito, não estão debaixo da lei.

¹⁹Quando seguem os desejos da natureza humana, os resultados são extremamente claros: imoralidade sexual, impureza, sensualidade, ²⁰idolatria, feitiçaria, hostilidade, discórdias, ciúmes, acessos de raiva, ambições egoístas, dissensões, divisões, ²¹inveja, bebedeiras, festanças desregradas e outros pecados semelhantes. Repito o que disse antes: quem pratica essas coisas não herdará o reino de Deus.

²²Mas o Espírito produz este fruto: amor, alegria, paz, paciência, amabilidade, bondade, fidelidade, ²³mansidão e domínio próprio. Não há lei contra essas coisas!

²⁴Aqueles que pertencem a Cristo Jesus crucificaram as paixões e os desejos de sua natureza humana. ²⁵Uma vez que vivemos pelo Espírito, sigamos a direção do Espírito em todas as áreas de nossa vida. ²⁶Não nos tornemos orgulhosos, provocando e invejando uns aos outros.

Colhemos aquilo que semeamos

6 Irmãos, se alguém for vencido por algum pecado, vocês que são guiados pelo Espírito devem, com mansidão, ajudá-lo a voltar ao caminho certo. E cada um cuide para não ser tentado. ²Ajudem a levar os fardos uns dos outros e obedeçam, desse modo, à lei de Cristo. ³Se vocês se consideram importantes demais para ajudar os outros, estão apenas enganando a si mesmos.

---

[a] 5.14 Lv 19.18.

⁴Cada um preste muita atenção em seu trabalho, pois então terá a satisfação de havê-lo feito bem e não precisará se comparar com os outros. ⁵Porque cada um de nós é responsável pela própria conduta. ⁶Aqueles que recebem o ensino da palavra devem repartir com seus mestres todas as coisas boas.

⁷Não se deixem enganar: ninguém pode zombar de Deus. A pessoa sempre colherá aquilo que semear. ⁸Quem vive apenas para satisfazer sua natureza humana colherá dessa natureza ruína e morte. Mas quem vive para agradar o Espírito colherá do Espírito a vida eterna. ⁹Portanto, não nos cansemos de fazer o bem. No momento certo, teremos uma colheita de bênçãos, se não desistirmos. ¹⁰Por isso, sempre que tivermos oportunidade, façamos o bem a todos, especialmente aos da família da fé.

Conselhos finais de Paulo

¹¹Vejam com que letras grandes lhes escrevo, de próprio punho, estas palavras finais! ¹²Aqueles que procuram obrigá-los a se circuncidarem desejam causar boa impressão para outros, a fim de não serem perseguidos por ensinar que somente a cruz de Cristo pode salvar. ¹³E nem mesmo aqueles que defendem a circuncisão cumprem toda a lei. Querem que vocês sejam circuncidados só para que eles se gloriem disso. ¹⁴Quanto a mim, que eu jamais me glorie em qualquer coisa, a não ser na cruz de nosso Senhor Jesus Cristo. Por causa dessa cruz[a] meu interesse neste mundo foi crucificado, e o interesse do mundo em mim também morreu. ¹⁵Não importa se fomos circuncidados ou não. O que importa é que fomos transformados em nova criação. ¹⁶Que a paz e a misericórdia de Deus estejam sobre todos os que vivem de acordo com esse princípio e sobre o Israel[b] de Deus.

¹⁷De agora em diante, que ninguém me perturbe com essas coisas, pois levo em meu corpo cicatrizes que mostram que pertenço a Jesus.

¹⁸Irmãos, que a graça de nosso Senhor Jesus Cristo esteja com o espírito de vocês. Amém.

PÃO DIÁRIO

De que maneira estou envelhecendo?

A pessoa sempre colherá aquilo que semear.
—Gálatas 6.7

Algumas pessoas envelhecem graciosamente, enquanto outras se tornam ranzinzas e mal-humoradas. É importante saber de que maneira estamos envelhecendo, pois todos nós caminhamos na mesma a direção.

As pessoas não se tornam irritadiças e com o "pavio curto" de repente simplesmente por estarem envelhecendo. O envelhecer não precisa nos tornar supercríticas, nem chatas. É mais provável que, ao ficarmos mais idosas, nos tornaremos aquilo que fomos cultivando ao longo do caminho.

Paulo escreveu: "Quem vive apenas para satisfazer sua natureza humana colherá dessa natureza ruína e morte. Mas quem vive para agradar o Espírito colherá do Espírito a vida eterna" (Gl 6.8). Aqueles que cedem ao interesse próprio e pensam somente em si mesmos estão espalhando sementes que produzirão uma colheita de miséria em si mesmos e nos outros. Por outro lado, aqueles que amam a Deus e se importam com os outros estão jogando sementes que, no tempo certo, produzirão uma colheita de alegria.

C.S. Lewis afirmou: "Cada vez que você faz uma escolha, você está mudando o cerne do seu ser, a parte que faz escolhas, em algo um pouco diferente do que era antes". Podemos escolher submeter diariamente as nossas vontades a Deus, pedindo-lhe que nos conceda forças para viver para Ele e para os outros. À medida que o Senhor age em nossa vida, crescemos em graça e em bondade.

Então, precisamos nos questionar: Estou envelhecendo de maneira que agrade a Deus?

Obrigada, Senhor, porque nunca é tarde para mudar. Ajuda-me a avaliar honestamente a minha vida para ver que tipo de sementes estou plantando. Quero envelhecer graciosamente e viver os Teus princípios a cada dia. Desejo me tornar mais e mais como Jesus!

As sementes que plantamos hoje determinarão que tipo de fruto colheremos amanhã

---

[a] 6.14 Ou *Por causa dele*. [b] 6.16 Ou *isto é, o Israel*.

EFÉSIOS

INTRODUÇÃO

A cidade. Era a capital da Ásia proconsular, a cerca de um quilômetro e meio da costa, e também o grande centro religioso, comercial e político da Ásia. Era famosa por causa de duas estruturas notáveis. Primeiro, o grande teatro que tinha capacidade para 50 mil pessoas sentadas, e segundo, o templo de Diana, que era uma das sete maravilhas do mundo antigo. Media 104 metros de comprimento e 50 metros de largura, feito de mármore brilhante, apoiado por um conjunto de colunas de 17 metros de altura e com 220 anos de construção, na época de Paulo. Isso tornou o centro da influência do culto a Diana, do qual lemos em Atos 19.23-41. A estátua com seus muitos seios indicava a fertilidade da natureza.

Depois de Roma, Éfeso foi a cidade mais importante visitada por Paulo. Foi chamada de a terceira capital do cristianismo, sendo o centro do trabalho na Ásia através do qual foram fundadas todas as igrejas da região, especialmente as sete igrejas da Ásia, às quais Jesus enviou as mensagens de Apocalipse. Jerusalém, o lugar de nascimento do poder, é a primeira; e Antioquia, o centro do trabalho missionário, é a segunda capital.

O ministério de Paulo em Éfeso. (1) Revisitou a cidade no retorno da segunda viagem missionária (At 18.18-21) e lá deixou Áquila e Priscila. (2) Na terceira viagem missionária, ele passou cerca de três anos lá (At 20.31). (3) Durante esta segunda visita, teve tanta influência por contestar a adoração a Diana a ponto de despertar a oposição de seus adoradores e ser necessário Paulo partir para a Macedônia (At 20.1). (4) No retorno em sua terceira viagem missionária, ele parou em Mileto, a 48 quilômetros de distância, e mandou buscar os anciãos de Éfeso de quem se despediu (At 20.16-38).

A epístola. O conteúdo é muito parecido com o de Colossenses, mas também difere muito desta. (1) Em cada livro, metade é doutrinário e metade, prático. (2) Colossenses apresenta Cristo como o Cabeça da Igreja, enquanto Efésios apresenta a Igreja como o Corpo de Cristo. (3) Em Colossenses, Cristo "é tudo que importa", em Efésios, o Cristo ascendido é visto em Sua Igreja. (4) Em Colossenses, temos Paulo na arena aquecida da controvérsia; em Efésios, ele está meditando calmamente sobre um grande tema.

Diz-se que contém a verdade mais profunda revelada aos homens, e a igreja em Éfeso estava, talvez, mais bem preparada do que qualquer outra para ter em custódia tal verdade, uma vez que a longa permanência de Paulo lá, os preparara muito bem para ouvir e entender sua mensagem. Pode ter sido escrita como uma carta circular a ser enviada, por sua vez, a várias igrejas das quais a de Éfeso era uma delas.

Data. Por Paulo, provavelmente de Roma, 62 ou 63 d.C.

Tema. A Igreja, o Corpo místico de Cristo.

ESBOÇO

Saudação, 1.1,2
1. As bênçãos espirituais da igreja, 1.3-14
    1.1. A origem dessas bênçãos, v.3
    1.2. As bênçãos enumeradas, vv.4-14
2. Oração pelos leitores, 1.15-23
    2.1. Que Deus lhes conceda o espírito de sabedoria, o Espírito Santo, vv.15-17
    2.2. Que eles possam saber o que têm em Cristo, vv.18-23
3. A grande obra feita por eles (tanto judeus como gentios), Cap. 2
    3.1. Eles foram regenerados, vv.1-10
    3.2. Eles foram organizados, vv.11-22
4. A missão de Paulo e oração por eles, Cap. 3
    4.1. Sua missão de pregar o segredo de Cristo, vv.1-13
    4.2. Sua oração por eles e doxologia de louvor a Deus, vv.14-21
5. O dever das igrejas como Corpo de Cristo, 4.1–6.20

5.1. Dever dos membros individualmente em relação a outros membros e ao mundo, 4.1–5.21
5.2. Deveres dos indivíduos em seus relacionamentos no lar, 5.22–6.9
5.3. Deveres dos membros individualmente em relação aos esforços organizados da igreja, 6.10-20

Conclusão, 6.21-24

PARA ESTUDO E DISCUSSÃO

[1] O cristão diante de Deus, Caps. 1–2. Palavras como: "selo", "escolheu", "deu vida".
[2] As bênçãos da igreja, faça uma lista, 1.3-14.
[3] Os elementos e as características da nova vida, 4.25-32.
[4] As coisas diferentes feitas em uma vida cristã inteligente, 5.3-17.
[5] A natureza exaltada e o ofício de Cristo, 1.2-33; 2.13-22.
[6] O propósito eterno de Deus, 1.3-5; 2.4-7; 3.10-12.
[7] Princípios da sociologia cristã vistos nas relações domésticas, como marido e esposa, filho e pais, e servo e senhor.
[8] O relacionamento do cristão com Cristo como se vê nestas relações.

Saudações de Paulo

1 Eu, Paulo, apóstolo de Cristo Jesus pela vontade de Deus, escrevo esta carta ao povo santo em Éfeso,[a] seguidores fiéis de Cristo Jesus. ²Que Deus, nosso Pai, e o Senhor Jesus Cristo lhes deem graça e paz.

Bênçãos espirituais

³Todo louvor seja a Deus, o Pai de nosso Senhor Jesus Cristo, que nos abençoou em Cristo com todas as bênçãos espirituais nos domínios celestiais. ⁴Mesmo antes de criar o mundo, Deus nos amou e nos escolheu em Cristo para sermos santos e sem culpa diante dele. ⁵Ele nos predestinou para si, para nos adotar como filhos por meio de Jesus Cristo, conforme o bom propósito de sua vontade. ⁶Deus assim o fez para o louvor de sua graça gloriosa, que ele derramou sobre nós em seu Filho amado.[b] ⁷Ele é tão rico em graça que comprou nossa liberdade com o sangue de seu Filho e perdoou nossos pecados. ⁸Generosamente, derramou sua graça sobre nós e, com ela, toda sabedoria e todo entendimento.

⁹Agora Deus nos revelou sua vontade secreta a respeito de Cristo, isto é, o cumprimento de seu bom propósito. ¹⁰E o plano é este: no devido tempo, ele reunirá sob a autoridade de Cristo tudo que existe nos céus e na terra. ¹¹Além disso, em Cristo nós nos tornamos herdeiros de Deus,[c] pois ele nos predestinou conforme seu plano e faz que tudo ocorra de acordo com sua vontade.

¹²O propósito de Deus era que nós, os primeiros a confiar em Cristo, louvássemos a Deus e lhe déssemos glória. ¹³Agora vocês também ouviram a verdade, as boas-novas da salvação. E, quando creram em Cristo, ele colocou sobre vocês o selo do Espírito Santo que havia prometido. ¹⁴O Espírito é a garantia de nossa herança, até o dia em que Deus nos resgatará como sua propriedade, para o louvor de sua glória.

Paulo pede sabedoria espiritual

¹⁵Desde que eu soube de sua fé no Senhor Jesus e de seu amor pelo povo santo em toda parte, ¹⁶não deixo de agradecer a Deus por vocês. Em minhas orações, ¹⁷peço que Deus, o Pai glorioso de nosso Senhor Jesus Cristo, lhes dê sabedoria espiritual[d] e entendimento para que cresçam no conhecimento dele. ¹⁸Oro para que seu coração seja iluminado, a fim de que compreendam a esperança concedida àqueles que ele chamou e a rica e gloriosa herança que ele deu a seu povo santo.[e]

¹⁹Também oro para que entendam a grandeza insuperável do poder de Deus para conosco, os que cremos. É o mesmo poder grandioso ²⁰que ressuscitou Cristo dos mortos e o fez sentar-se no lugar de honra, à direita de Deus, nos domínios celestiais. ²¹Agora ele está muito acima de qualquer governante, autoridade, poder, líder ou qualquer outro nome não apenas neste mundo, mas também no futuro. ²²Deus submeteu todas as coisas à autoridade de Cristo e o fez cabeça de tudo, para o bem da igreja. ²³E a igreja é seu corpo; ela é preenchida e completada por Cristo, que enche consigo mesmo todas as coisas em toda parte.

Nova vida com Cristo

2 Vocês estavam mortos por causa de sua desobediência e de seus muitos pecados, ²nos quais costumavam viver, como o resto do mundo, obedecendo ao comandante dos poderes do mundo invisível.[f] Ele é o espírito que opera no coração dos que se recusam a obedecer. ³Todos nós vivíamos desse modo, seguindo os desejos ardentes e as inclinações de nossa natureza humana. Éramos, por natureza, merecedores da ira, como os demais.

⁴Mas Deus é tão rico em misericórdia e nos amou tanto ⁵que, embora estivéssemos mortos por causa de nossos pecados, ele nos deu vida juntamente com Cristo. É pela graça que vocês são salvos! ⁶Pois ele nos ressuscitou com Cristo e nos fez sentar com ele nos domínios celestiais, porque agora estamos em Cristo Jesus. ⁷Portanto, nas eras futuras, Deus poderá apontar-nos como exemplos da riqueza insuperável de sua graça, revelada na bondade que ele demonstrou por nós em Cristo Jesus.

⁸Vocês são salvos pela graça, por meio da fé. Isso não vem de vocês; é uma dádiva de Deus.

---

[a] 1.1 A maioria dos manuscritos mais antigos não traz *em Éfeso*. [b] 1.6 Em grego, *sobre nós no amado*. [c] 1.11 Ou *nos tornamos herança de Deus*. [d] 1.17 Ou *lhes dê o Espírito de sabedoria*. [e] 1.18 Ou *chamou, ao seu povo santo, sua rica e gloriosa herança*. [f] 2.2 Em grego, *obedecendo ao comandante do poder do ar*.

⁹Não é uma recompensa pela prática de boas obras, para que ninguém venha a se orgulhar. ¹⁰Pois somos obra-prima de Deus, criados em Cristo Jesus a fim de realizar as boas obras que ele de antemão planejou para nós.

União e paz em Cristo

¹¹Não esqueçam que vocês, gentios, eram chamados de "incircuncidados" pelos judeus que se orgulhavam da circuncisão, embora ela fosse apenas um ritual exterior e humano. ¹²Naquele tempo, vocês viviam afastados de Cristo. Não tinham os privilégios do povo de Israel e não conheciam as promessas da aliança. Viviam no mundo sem Deus e sem esperança. ¹³Agora, porém, estão em Cristo Jesus. Antigamente, estavam distantes de Deus, mas agora foram trazidos para perto dele por meio do sangue de Cristo.

¹⁴Porque Cristo é nossa paz. Ele uniu judeus e gentios em um só povo ao derrubar o muro de inimizade que nos separava. ¹⁵Ele acabou com o sistema da lei, com seus mandamentos e ordenanças, promovendo a paz ao criar para si, desses dois grupos, uma nova humanidade. ¹⁶Assim, ele os reconciliou com Deus em um só corpo por meio de sua morte na cruz, eliminando a inimizade que havia entre eles.

¹⁷Ele trouxe essas boas-novas de paz tanto a vocês que estavam distantes dele como aos que estavam perto. ¹⁸Agora, por causa do que Cristo fez, todos temos acesso ao Pai pelo mesmo Espírito.

Um templo para o Senhor

¹⁹Portanto, vocês já não são estranhos e forasteiros, mas concidadãos do povo santo e membros da família de Deus. ²⁰Juntos, somos sua casa, edificados sobre os alicerces dos apóstolos e dos profetas. E a pedra angular é o próprio Cristo Jesus. ²¹Nele somos firmemente unidos, constituindo um templo santo para o Senhor. ²²Por meio dele, vocês também estão sendo edificados como parte dessa habitação, onde Deus vive por seu Espírito.

O plano de Deus é revelado

3 Quando penso em tudo isso, eu, Paulo, prisioneiro de Cristo Jesus para o bem de vocês, gentios...ᵃ ²Tomando por certo, a propósito, que vocês sabem que Deus me deu essa responsabilidade especial de estender sua graça a vocês. ³Como lhes escrevi anteriormente em poucas palavras, o próprio Deus revelou esse

---

> **PÃO DIÁRIO**
>
> ## A parede da separação
>
> *Porque Cristo é nossa paz. Ele uniu judeus e gentios em um só povo ao derrubar o muro de inimizade que nos separava.*
>
> —Efésios 2.14
>
> O dia 9 de novembro de 2010 marcou o vigésimo primeiro aniversário da queda do muro de Berlim. Nesse dia, em 1989, a TV da Alemanha Oriental anunciou que seus cidadãos estavam livres para viajar para a Alemanha Ocidental. Um dia depois, as escavadeiras do lado Oriental começaram a derrubar o muro que por 28 anos tinha separado aquele país em duas partes.
>
> Jesus Cristo derrubou o muro de inimizade que separava os judeus e gentios (Ef 2.14). Porém havia uma barreira ainda mais impenetrável que separava o homem de Deus. Mas a morte e a ressurreição de Jesus tornaram possível a reconciliação entre o homem e o seu semelhante, e entre o homem e Deus, "eliminando a inimizade que havia entre eles" (v.16).
>
> Todos os cristãos agora são "membros da família de Deus" (v.19). Juntos, devemos crescer para sermos "um templo santo" dedicado ao Senhor (v.21) "sendo edificados como parte dessa habitação, onde Deus vive por seu Espírito" (v.22).
>
> No entanto, infelizmente, os cristãos voltam a erguer muros entre si e, por isso, Paulo diz: "...vivam de modo digno do chamado que receberam. Sejam sempre humildes e amáveis, tolerando pacientemente uns aos outros em amor. Façam todo o possível para se manterem unidos no Espírito, ligados pelo vínculo da paz" (4.1-3). Em vez de construir muros, trabalhemos para derrubar aquilo que nos separa. Que o mundo veja que realmente somos da mesma família.
>
> *Senhor, obrigada pela morte e ressurreição de Cristo que removeu a barreira que me separava de ti. Agora, ajuda-me a demonstrar paciência e amor com os outros e também a construir a unidade e não paredes entre mim e meus companheiros cristãos.*
>
> ---
>
> **A unidade entre os cristãos é resultado da sua união com Cristo.**

ᵃ **3.1** Paulo retoma essa argumentação no versículo 14: "Quando penso em tudo isso, caio de joelhos e oro ao Pai...".

segredo a mim. ⁴Ao lerem o que escrevi, entenderão minha compreensão desse segredo a respeito de Cristo, ⁵que não foi revelado às gerações anteriores, mas agora foi revelado, pelo Espírito, aos santos apóstolos e profetas.

⁶E este é o segredo revelado: tanto os gentios como os judeus que creem nas boas-novas participam igualmente das riquezas herdadas pelos filhos de Deus. Ambos são membros do mesmo corpo e desfrutam a promessa em Cristo Jesus. ⁷Pela graça e pelo grande poder de Deus, recebi o privilégio de servir anunciando essas boas-novas.

⁸Ainda que eu seja o menos digno de todo o povo santo, recebi, pela graça, o privilégio de falar aos gentios sobre os tesouros infindáveis que estão disponíveis a eles em Cristo ⁹e de explicar a todos esse segredo que Deus, o Criador de todas as coisas, manteve oculto desde o princípio.

¹⁰O plano de Deus era mostrar a todos os governantes e autoridades nos domínios celestiais, por meio da igreja, as muitas formas da sabedoria divina. ¹¹Esse era seu propósito eterno, que ele realizou por meio de Cristo Jesus, nosso Senhor.

¹²Por meio da fé em Cristo, agora nós, com ousadia e confiança, temos acesso à presença de Deus. ¹³Portanto, peço-lhes que não desanimem por causa de minhas provações. É por vocês que sofro; a honra é de vocês.

Paulo pede crescimento espiritual

¹⁴Quando penso em tudo isso, caio de joelhos e oro ao Pai,[a] ¹⁵o Criador de todas as coisas nos céus e na terra.[b] ¹⁶Peço que, da riqueza de sua glória, ele os fortaleça com poder interior por meio de seu Espírito. ¹⁷Então Cristo habitará em seu coração à medida que vocês confiarem nele. Suas raízes se aprofundarão em amor e os manterão fortes. ¹⁸Também peço que, como convém a todo o povo santo, vocês possam compreender a largura, o comprimento, a altura e a profundidade do amor de Cristo.

¹⁹Que vocês experimentem esse amor, ainda que seja grande demais para ser inteiramente compreendido. Então vocês serão preenchidos com toda a plenitude de vida e poder que vêm de Deus.

²⁰Toda a glória seja a Deus que, por seu grandioso poder que atua em nós, é capaz de realizar infinitamente mais do que poderíamos pedir ou imaginar. ²¹A ele seja a glória na igreja e em Cristo Jesus por todas as gerações, para todo o sempre! Amém.

Unidade no corpo

4 Portanto, como prisioneiro no Senhor, suplico-lhes que vivam de modo digno do chamado que receberam. ²Sejam sempre humildes e amáveis, tolerando pacientemente uns aos outros em amor. ³Façam todo o possível para se manterem unidos no Espírito, ligados pelo vínculo da paz. ⁴Pois há um só corpo e um só Espírito, assim como vocês foram chamados para uma só esperança.

⁵Há um só Senhor, uma só fé, um só
    batismo,
⁶um só Deus e Pai de tudo,
    o qual está sobre todos, em todos, e vive
    por meio de todos.

⁷A cada um de nós, porém, ele concedeu uma dádiva,[c] por meio da generosidade de Cristo. ⁸Por isso as Escrituras dizem:

"Quando ele subiu às alturas,
    levou muitos prisioneiros
    e concedeu dádivas ao povo".[d]

⁹Notem que diz que "ele subiu". Por certo, isso significa que Cristo também desceu ao mundo inferior.[e] ¹⁰E aquele que desceu é o mesmo que subiu acima de todos os céus, a fim de encher consigo mesmo todas as coisas.

¹¹Ele designou alguns para apóstolos, outros para profetas, outros para evangelistas, outros para pastores e mestres. ¹²Eles são responsáveis por preparar o povo santo para realizar sua obra e edificar o corpo de Cristo, ¹³até que todos alcancemos a unidade que a fé e o conhecimento do Filho de Deus produzem e amadureçamos, chegando à completa medida da estatura de Cristo.

¹⁴Então não seremos mais imaturos como crianças, nem levados de um lado para outro, empurrados por qualquer vento de novos

---

[a] **3.14** Alguns manuscritos acrescentam *de nosso Senhor Jesus Cristo*. [b] **3.15** Ou *de quem todas as famílias nos céus e na terra recebem o nome*. [c] **4.7** Em grego, *uma graça*. [d] **4.8** Sl 68.18. [e] **4.9** Alguns manuscritos trazem *às partes inferiores da terra*.

ensinamentos, e também não seremos influenciados quando nos tentarem enganar com mentiras astutas. ¹⁵Em vez disso, falaremos a verdade em amor, tornando-nos, em todos os aspectos, cada vez mais parecidos com Cristo, que é a cabeça. ¹⁶Ele faz que todo o corpo se encaixe perfeitamente. E cada parte, ao cumprir sua função específica, ajuda as demais a crescer, para que todo o corpo se desenvolva e seja saudável em amor.

Viver como filhos da luz

¹⁷Assim, eu lhes digo com a autoridade do Senhor: não vivam mais como os gentios, levados por pensamentos vazios e inúteis. ¹⁸A mente deles está mergulhada na escuridão. Andam sem rumo, alienados da vida que Deus dá, pois são ignorantes e endureceram o coração para ele. ¹⁹Tornaram-se insensíveis, vivem em função dos prazeres sensuais e praticam avidamente toda espécie de impureza.

²⁰Mas não foi isso que vocês aprenderam de Cristo. ²¹Uma vez que ouviram falar de Jesus e foram ensinados sobre a verdade que vem dele, ²²livrem-se de sua antiga natureza e de seu velho modo de viver, corrompido pelos desejos impuros e pelo engano. ²³Deixem que o Espírito renove seus pensamentos e atitudes ²⁴e revistam-se de sua nova natureza, criada para ser verdadeiramente justa e santa como Deus.

²⁵Portanto, abandonem a mentira e digam a verdade a seu próximo, pois somos todos parte do mesmo corpo. ²⁶E "não pequem ao permitir que a ira os controle".ᵃ Acalmem a ira antes que o sol se ponha, ²⁷pois ela cria oportunidades para o diabo.

²⁸Quem é ladrão, pare de roubar. Em vez disso, use as mãos para trabalhar com empenho e honestidade e, assim, ajudar generosamente os necessitados. ²⁹Evitem o linguajar sujo e insultante. Que todas as suas palavras sejam boas e úteis, a fim de dar ânimoᵇ àqueles que as ouvirem.

³⁰Não entristeçam o Espírito Santo de Deus, o selo que ele colocou sobre vocês para o dia em que nos resgatará como sua propriedade.

³¹Livrem-se de toda amargura, raiva, ira, das palavras ásperas e da calúnia, e de todo tipo de maldade. ³²Em vez disso, sejam bondosos e tenham compaixão uns dos outros, perdoando-se como Deus os perdoou em Cristo.

ᵃ4.26 Sl 4.4. ᵇ4.29 Em grego, *dar graça.*

PÃO DIÁRIO

Atividade vulcânica

Livrem-se de toda amargura, raiva, ira, das palavras ásperas e da calúnia, e de todo tipo de maldade.
—Efésios 4.31

Ele entra em erupção e derrete tudo que estiver em seu caminho. Sua explosão é tão poderosa quanto uma explosão nuclear!

Bem, talvez não — mas uma explosão de temperamento pode ser sentida tão intensamente quanto a de um vulcão quando essa é lançada diretamente sobre outra pessoa da família. O momento pode passar rapidamente, mas pode deixar devastação emocional e sentimentos amargos em seu rastro.

É triste ver que as pessoas a quem mais amamos são frequentemente o alvo de nossas palavras duras. Mas, mesmo quando nos sentimos provocadas, temos uma escolha. Responderemos com ira ou bondade?

A Bíblia alerta para nos afastarmos da amargura e da ira e a sermos bondosas, compassivas, perdoando-nos uns aos outros como Deus nos perdoou em Cristo (Ef 4.32).

Se você estiver lutando com a raiva crônica que afeta os seus relacionamentos, entregue esta parte vulnerável de suas emoções a Cristo (Fp 4.13). Peça o perdão de Deus pelo temperamento descontrolado, e para Ele mostrar-lhe como controlar suas emoções e ensiná-la a amar "com amor fraternal" e ter "prazer em honrar uns aos outros" (Rm 12.10). Busque a ajuda de outros para aprender como lidar com suas fortes emoções de forma apropriada.

Ao buscarmos fervorosamente amar os outros e agradar a Deus, podemos obter a vitória sobre o temperamento explosivo.

Querido Deus, preciso da Tua ajuda. Às vezes, permito-me dizer coisas que ferem os outros. Sei que não te represento bem quando exibo um temperamento explosivo em situações do dia a dia, quando as pessoas me desagradam. Por favor, afasta da minha mente os pensamentos furiosos e guarda a minha boca de proferir palavras ferinas.

Perder a paciência não é a maneira de se livrar do seu temperamento forte.

> **REFLETINDO SOBRE:** A carta de Paulo

Mulheres apreciadas

Vivam em amor, seguindo o exemplo de Cristo, que nos amou e se entregou por nós como oferta e sacrifício de aroma agradável a Deus.
—Efésios 5.2

Em uma época em que muitas culturas consideravam as esposas como propriedade dos maridos, com a qual estes lidavam segundo os seus próprios desejos, o cristianismo elevou o papel das esposas a alturas jamais antes ouvidas. A passagem em Efésios 5 não nos parece revolucionária, mas deve ter soado radical às mulheres que pela primeira vez ouviram a leitura da carta de Paulo aos grupos de cristãos primitivos. Para demonstrar Seu amor por Sua "noiva", Jesus Cristo teve que, deliberadamente, abrir mão de Sua vida por todos que o seguissem. Agora, os escritos de Paulo ordenavam aos maridos que amassem suas esposas com esse mesmo coração sacrificial.

Algumas das destinatárias originais das cartas de Paulo provavelmente suportavam o tratamento severo. Talvez algumas delas viviam com maridos indiferentes ou frios. Mesmo que tivessem aprendido a aceitar sua situação, as palavras de Deus devem tê-las feito sentirem-se valorizadas de forma ainda desconhecida. Quer os homens obedecessem ou não às instruções, as mulheres tinham a certeza de que a intenção do Senhor era que seus maridos as amassem e cuidassem delas tanto quanto de seus próprios corpos. Deus desejava que as esposas vivenciassem o tipo de amor que sempre age em prol dos interesses delas.

Que mulher não gostaria de ter ao seu lado um homem com amor profundo, altruísta e que o levasse a entregar sua vida por ela, caso fosse necessário? Muitas esposas hoje sentem que estão em casamentos onde não existe o amor. Algumas vivenciam uma versão distorcida do relacionamento planejado por Deus, o que as faz sentirem-se usadas. Independentemente da natureza do nosso casamento ou de nossa situação conjugal, nós já *vivenciamos* o amor descrito em Efésios 5. Jesus abriu mão de Sua vida por nós antes mesmo de o conhecermos. Ele sofreu e pagou o preço do nosso pecado para que possamos ter uma vida que valha a pena na Terra, e para então vivermos com Deus para sempre. Quando aceitamos o que Jesus oferece, somos, de fato, mulheres apreciadas.

Viver na luz

5 Portanto, como filhos amados de Deus, imitem-no em tudo que fizerem. ²Vivam em amor, seguindo o exemplo de Cristo, que nos amou[a] e se entregou por nós como oferta e sacrifício de aroma agradável a Deus.

³Que não haja entre vocês imoralidade sexual, impureza ou ganância. Esses pecados não têm lugar no meio do povo santo. ⁴As histórias obscenas, as conversas tolas e as piadas vulgares não são para vocês. Em vez disso, sejam agradecidos a Deus. ⁵Podem estar certos de que nenhum imoral, impuro ou ganancioso, que é idólatra, herdará o reino de Cristo e de Deus.

⁶Não se deixem enganar por palavras vazias, pois a ira de Deus virá sobre os que lhe desobedecerem. ⁷Não participem do que essas pessoas fazem. ⁸Pois antigamente vocês estavam mergulhados na escuridão, mas agora têm a luz no Senhor. Vivam, portanto, como filhos da luz! ⁹Pois o fruto da luz produz apenas o que é bom, justo e verdadeiro.

¹⁰Procurem descobrir o que agrada ao Senhor. ¹¹Não participem dos feitos inúteis do mal e da escuridão; antes, mostrem sua reprovação expondo-os à luz. ¹²É vergonhoso até mesmo falar daquilo que os maus fazem em segredo. ¹³Suas más intenções, porém, ficarão evidentes quando a luz brilhar sobre elas, ¹⁴pois a luz torna visíveis todas as coisas. Por isso se diz:

"Desperte, você que dorme,
   levante-se dentre os mortos,
   e Cristo o iluminará."

Viver pelo poder do Espírito

¹⁵Portanto, sejam cuidadosos em seu modo de vida. Não vivam como insensatos, mas como

---
[a] 5.2 Alguns manuscritos trazem *os amou*.

sábios. ¹⁶Aproveitem ao máximo todas as oportunidades nestes dias maus. ¹⁷Não ajam de forma impensada, mas procurem entender a vontade do Senhor. ¹⁸Não se embriaguem com vinho, pois ele os levará ao descontrole.ª Em vez disso, sejam cheios do Espírito, ¹⁹cantando salmos, hinos e cânticos espirituais entre si e louvando o Senhor de coração com música. ²⁰Por tudo deem graças a Deus, o Pai, em nome de nosso Senhor Jesus Cristo.

Maridos e esposas

²¹Sujeitem-se uns aos outros por temor a Cristo.

²²Esposas, sujeite-se cada uma a seu marido, como ao Senhor. ²³Pois o marido é o cabeça da esposa, como Cristo é o cabeça da igreja. Ele é o Salvador de seu corpo, a igreja. ²⁴Assim como a igreja se sujeita a Cristo, também vocês, esposas, devem se sujeitar em tudo a seu marido.

²⁵Maridos, ame cada um a sua esposa, como Cristo amou a igreja. Ele entregou a vida por ela, ²⁶a fim de torná-la santa, purificando-a ao lavá-la com água por meio da palavra. ²⁷Assim o fez para apresentá-la a si mesmo como igreja gloriosa, sem mancha, ruga ou qualquer outro defeito, mas santa e sem culpa. ²⁸Da mesma forma, os maridos devem amar cada um a sua esposa, como amam o próprio corpo, pois o homem que ama sua esposa na verdade ama a si mesmo. ²⁹Ninguém odeia o próprio corpo, mas o alimenta e cuida dele, como Cristo cuida da igreja. ³⁰E nós somos membros de seu corpo.

³¹"Por isso o homem deixa pai e mãe e se une à sua mulher, e os dois se tornam um só."ᵇ ³²Esse é um grande mistério, mas ilustra a união entre Cristo e a igreja. ³³Portanto, volto a dizer: cada homem deve amar a esposa como ama a si mesmo, e a esposa deve respeitar o marido.

Filhos e pais

6 ¹Filhos, obedeçam a seus pais no Senhor, porque isso é o certo a fazer. ²"Honre seu pai e sua mãe." Esse é o primeiro mandamento com promessa. ³"Se honrar pai e mãe, "tudo lhe irá bem e terá vida longa na terra".ᶜ

⁴Pais, não tratem seus filhos de modo a irritá-los; antes, eduquem-nos com a disciplina e a instrução que vêm do Senhor.

> **PÃO DIÁRIO**
>
> ## Kit de emergência
>
> *Portanto, vistam toda a armadura de Deus, para que possam resistir ao inimigo no tempo do mal. Então, depois da batalha, vocês continuarão de pé e firmes.*
> —Efésios 6.13
>
> Durante doze anos, carreguei um *kit* de emergência no carro em todas as viagens longas, mas nunca precisei usá-lo. Tornou-se um item tão familiar que, na noite em que realmente precisei usá-lo, esqueci que o carregava. Felizmente, minha esposa se lembrou de que ainda estava disponível.
>
> Depois de bater num animal de grande porte numa estrada rural escura, nossa van ficou completamente avariada. Enquanto eu tateava com uma lanterna pequena para avaliar o dano e chamar um reboque, minha esposa abriu o *kit* de emergência, retirou dele o triângulo de segurança fosforescente e, para minha surpresa, acendeu uma lanterna potente. Mais tarde, conversamos sobre como uma crise nos faz esquecer dos recursos que temos bem na hora que mais precisamos deles.
>
> Paulo insta os efésios: "...vistam toda a armadura de Deus, para que possam resistir ao inimigo no tempo do mal" (Ef 6.13). Essa proteção inclui a verdade, a justiça, a paz das boas-novas, o escudo da fé, a salvação e as orações (vv.14-18). Embora esses recursos espirituais nos protejam a cada dia, precisamos nos lembrar deles quando uma calamidade se abate sobre nós e o inimigo tenta minar nossa confiança no amor e no cuidado de Deus.
>
> Use o *kit*. "Portanto, vistam toda a armadura de Deus, para que possam resistir ao inimigo no tempo do mal. Então, depois da batalha, vocês continuarão de pé e firmes" (Ef 6.13).
>
> *Grande Deus, sou grata por providenciares tudo que preciso para resistir aos ataques de Satanás e das suas forças malignas. Oro para que me capacites para a batalha espiritual que terei pela frente — providenciando a verdade, a justiça, a prontidão, a fé e a salvação que me sustentarão até a vitória contra essa batalha. Tu és maior do que qualquer coisa que eu possa enfrentar!*
>
> **Deus provê a armadura, mas nós devemos vesti-la.**

Escravos e senhores

⁵Escravos, obedeçam a seus senhores terrenos com respeito e temor. Sirvam com

---

ª**5.18** Ou *à dissolução.* ᵇ**5.31** Gn 2.24. ᶜ**6.2-3** Ver Êx 20.12; Dt 5.16.

sinceridade, como serviriam a Cristo. ⁶Procurem agradá-los sempre, e não apenas quando eles estiverem observando. Como escravos de Cristo, façam a vontade de Deus de todo o coração. ⁷Trabalhem com entusiasmo, como se servissem ao Senhor, e não a homens. ⁸Lembrem-se de que o Senhor recompensará cada um de nós pelo bem que fizermos, quer sejamos escravos, quer livres.

⁹Senhores, assim também tratem seus escravos. Não os ameacem; lembrem-se de que vocês e eles têm o mesmo Senhor no céu, e ele não age com favoritismo.

A armadura completa de Deus

¹⁰Uma palavra final: Sejam fortes no Senhor e em seu grande poder. ¹¹Vistam toda a armadura de Deus, para que possam permanecer firmes contra as estratégias do diabo. ¹²Pois nós não lutamos[a] contra inimigos de carne e sangue, mas contra governantes e autoridades do mundo invisível, contra grandes poderes neste mundo de trevas e contra espíritos malignos nas esferas celestiais.

¹³Portanto, vistam toda a armadura de Deus, para que possam resistir ao inimigo no tempo do mal. Então, depois da batalha, vocês continuarão de pé e firmes. ¹⁴Assim, mantenham sua posição, colocando o cinto da verdade e a couraça da justiça. ¹⁵Como calçados, usem a paz das boas-novas, para que estejam inteiramente preparados.[b] ¹⁶Em todas as situações, levantem o escudo da fé, para deter as flechas de fogo do maligno. ¹⁷Usem a salvação como capacete e empunhem a espada do Espírito, que é a palavra de Deus.

¹⁸Orem no Espírito em todos os momentos e ocasiões. Permaneçam atentos e sejam persistentes em suas orações por todo o povo santo.

¹⁹E orem também por mim. Peçam que Deus me conceda as palavras certas, para que eu possa explicar corajosamente o segredo revelado pelas boas-novas.[c] ²⁰Agora estou preso em correntes, mas continuo a anunciar essa mensagem como embaixador de Deus. Portanto, orem para que eu siga falando corajosamente em nome dele, como é meu dever.

Saudações finais

²¹Tíquico lhes dará um relatório completo do que tenho feito e de como tenho passado. Ele é um irmão amado e um colaborador fiel na obra do Senhor. ²²Eu o enviei a vocês com esse propósito, para que saibam como estamos e para animá-los.

²³A paz seja com vocês, irmãos, e que Deus, o Pai, e o Senhor Jesus Cristo lhes deem amor e fidelidade. ²⁴Que a graça de Deus esteja eternamente sobre todos que amam nosso Senhor Jesus Cristo.

---

[a] 6.12 Alguns manuscritos trazem *vocês não lutam*. [b] 6.15 Ou *usem a prontidão para pregar as boas-novas de paz*. [c] 6.19 Em grego, *explicar o mistério do evangelho*; alguns manuscritos trazem apenas *explicar o mistério*.

FILIPENSES

INTRODUÇÃO

Cidade. Pertencia a Trácia até 358 a.C., quando foi sitiada por Filipe, rei da Macedônia, pai de Alexandre, o Grande. Foi o lugar onde Marco Antônio e Otávio derrotaram Brutus e Cássio (42 a.C.) cuja derrota derrubou a Oligarquia romana, e Augusto (Otávio) foi feito imperador. Situava-se na grande rota pela qual todo o comércio e comerciantes indo para o leste e para o oeste deviam passar e, portanto, era um centro adequado de evangelismo para toda a Europa. Foi o lugar onde a primeira igreja da Europa foi estabelecida por Paulo em sua segunda viagem missionária, em 52 d.C.

Ligação de Paulo com a Igreja. Por meio de uma visão concedida por Deus, ele foi a Filipos na segunda viagem missionária (At 16.9-12). Primeiramente, pregou na reunião de oração de mulheres, onde Lídia se converteu. Ela lhe forneceu uma casa enquanto ele continuou seu trabalho na cidade. Depois de algum tempo, surgiu-lhe uma grande oposição. Paulo e Silas foram espancados e colocados na prisão, mas pela oração foram libertos por um terremoto que também resultou na conversão do carcereiro (At 16). Ele talvez os tenha visitado novamente em sua viagem de Éfeso à Macedônia (At 20; 2Co 2.12,13; 7.5,6). Ele passou a Páscoa lá (At 20.6) e recebeu mensagens deles (Fp 4.16). Eles também lhe enviaram ajuda (Fp 4.18), e Paulo lhes escreveu esta epístola.

Caráter e propósito da epístola. É uma carta informal sem plano lógico ou argumentos doutrinários. É a expressão espontânea de amor e gratidão. É um amigo e irmão terno, de coração caloroso, que apresenta as verdades essenciais do evangelho em termos de relacionamento amigável. Nos filipenses, ele encontrou razões constantes de alegria, e agora que Epafrodito, que lhe trouxera a ajuda deles, estava prestes a voltar de Roma para Filipos, Paulo teve a oportunidade de lhes enviar uma carta de agradecimento (Fp 4.18). É notável por sua ternura, advertências, súplicas e exortações e deve ser lida frequentemente como um tônico espiritual.

Data. Foi escrita por Paulo durante sua prisão em Roma, cerca de 62 d.C.

ESBOÇO

Introdução, 1.1-11
1. A presente situação e sentimentos de Paulo, 1.12-26
2. Algumas exortações, 1.27–2.18
3. Ele planeja se comunicar com eles, 2.19-30
4. Algumas advertências, Cap. 3
   4.1. Oposição aos judaizantes, vv.1-16
   4.2. Oposição aos falsos mestres, vv.17-21
5. Exortações finais, 4.1-9
6. Gratidão pela oferta deles, 4.10-19

Conclusão, 4.20-23

PARA ESTUDO E DISCUSSÃO

[1] Paulo como um bom ministro, 1.3-8.
[2] A oração de Paulo pelos filipenses, 1.9-11.
[3] A escolha entre a vida e a morte, 1.19-26.
[4] A humildade e suas recompensas, como visto em Jesus, 2.5-11.
[5] A vida cristã correta, 2.12-18.
[6] O senso de imperfeição de Paulo, 3.12-16.
[7] Meditações dignas, 4.8,9.
[8] Descreva as informações que o livro fornece sobre a condição de Paulo na ocasião em que escreve a carta.
[9] Destaque todos os ensinamentos do livro sobre a necessidade de cultivar altruísmo e a bênção oriunda dele.
[10] A expressão de alegria e regozijo.
[11] O número de vezes que se faz referência a nosso Senhor, sob diferentes nomes.

> **PÃO DIÁRIO**

A essência de Paulo

...que Cristo seja honrado por meu intermédio, quer eu viva, quer eu morra.
—Filipenses 1.20

De acordo com a tradição cristã de longa data, o apóstolo Paulo foi decapitado e enterrado em Roma mais ou menos em 67 d.C. Em 2009, os cientistas fizeram o teste do carbono-14 no que muitos acreditam ser os restos mortais de Paulo. Embora os testes tenham revelado que os restos eram do século primeiro ou segundo, a identificação positiva permanece em discussão. Mas não importa onde os restos mortais desse apóstolo descansam, a essência do seu ensino permanece viva em suas cartas no Novo Testamento.

Enquanto esteve encarcerado em Roma, Paulo escreveu sobre seu propósito na vida para os seguidores de Jesus em Filipos. Falou da sua esperança: "Minha grande expectativa e esperança é que eu jamais seja envergonhado, mas que continue a trabalhar corajosamente, como sempre fiz, de modo que Cristo seja honrado por meu intermédio, quer eu viva, quer eu morra" (Fp 1.20,21).

Essas palavras de Paulo hoje nos desafiam a examinar o nosso coração. Amamos tanto a Jesus como o apóstolo Paulo o amava? O nosso objetivo é honrá-lo em nossa vida diariamente?

Muito depois de termos partido, aqueles que nos conheceram se lembrarão de quem fomos, da nossa essência. Que possamos, como Paulo, criar um legado de esperança e encorajamento centrados em Jesus Cristo.

Jesus, oro para que eu te sirva hoje e por toda a minha vida com o coração cheio de amor. Quando outros duvidarem de ti e se empenharem para depreciar a minha fé, por favor, dá-me a coragem e a força para permanecer firme pelo que sei que é a verdade. Que a minha vida reflita a Tua presença e os Teus caminhos.

Somos as "cartas de recomendação" de Cristo para todos os que leem a nossa vida.

Saudações de Paulo

1 Paulo e Timóteo, escravos de Cristo Jesus, escrevemos a todo o povo santo em Cristo Jesus que está em Filipos, incluindo os bispos[a] e diáconos.[b]

²Que Deus, nosso Pai, e o Senhor Jesus Cristo lhes deem graça e paz.

Ação de graças e oração de Paulo

³Todas as vezes que penso em vocês, dou graças a meu Deus. ⁴Sempre que oro, peço por todos vocês com alegria, ⁵pois são meus cooperadores na propagação das boas-novas, desde o primeiro dia até agora. ⁶Tenho certeza de que aquele que começou a boa obra em vocês irá completá-la até o dia em que Cristo Jesus voltar.

⁷É apropriado que eu me sinta assim a respeito de vocês, pois os tenho em meu coração. Vocês têm participado comigo da graça, tanto em minha prisão como na defesa e confirmação das boas-novas. ⁸Deus sabe do meu amor por vocês e da saudade que tenho de todos, com a mesma compaixão de Cristo Jesus.

⁹Oro para que o amor de vocês transborde cada vez mais e que continuem a crescer em conhecimento e discernimento. ¹⁰Quero que compreendam o que é verdadeiramente importante, para que vivam de modo puro e sem culpa até o dia em que Cristo voltar. ¹¹Que vocês sejam sempre cheios do fruto da justiça, que vem por meio de Jesus Cristo, para a glória e o louvor de Deus.

A alegria de Paulo por Cristo ser anunciado

¹²Quero que saibam, irmãos, que tudo que me aconteceu tem ajudado a propagar as boas-novas. ¹³Pois todos aqui, incluindo toda a guarda do palácio,[c] sabem que estou preso por causa de Cristo. ¹⁴E, por causa de minha prisão, a maioria dos irmãos daqui se tornou mais confiante no Senhor e anuncia a mensagem de Deus[d] com determinação e sem temor.

¹⁵É verdade que alguns anunciam a Cristo por inveja e rivalidade, mas outros o fazem de boa vontade. ¹⁶Estes pregam por amor, pois sabem que fui designado para defender as boas-novas. ¹⁷Aqueles, no entanto, anunciam a Cristo por ambição egoísta, não com sinceridade, mas com o objetivo de aumentar meu sofrimento enquanto estou preso. ¹⁸Mas nada disso importa. Sejam as motivações deles falsas, sejam verdadeiras, a mensagem a respeito de Cristo está sendo anunciada, e isso me alegra. E continuarei a me alegrar, ¹⁹pois sei que, com suas orações e o auxílio do Espírito de Jesus Cristo, isso resultará em minha libertação.

---

[a] 1.1a Ou *supervisores*. [b] 1.1b Ou *servidores*. [c] 1.13 Em grego, *todo o Pretório*. [d] 1.14 Alguns manuscritos não trazem *de Deus*.

A vida de Paulo é dedicada a Cristo

20 Minha grande expectativa e esperança é que eu jamais seja envergonhado, mas que continue a trabalhar corajosamente, como sempre fiz, de modo que Cristo seja honrado por meu intermédio, quer eu viva, quer eu morra. 21 Pois, para mim, o viver é Cristo, e o morrer é lucro. 22 Mas, se continuar vivo, posso trabalhar e produzir fruto para Cristo. Na verdade, não sei o que escolher. 23 Estou dividido entre os dois desejos: quero partir e estar com Cristo, o que me seria muitíssimo melhor. 24 Contudo, por causa de vocês, é mais importante que eu continue a viver. 25 Ciente disso, estou certo de que continuarei vivo para ajudar todos vocês a crescer na fé e experimentar a alegria que ela traz. 26 E, quando eu voltar, terão ainda mais motivos para se orgulhar em Cristo Jesus pelo que ele tem feito por meu intermédio.

Uma vida digna das boas-novas

27 O mais importante é que vocês vivam em sua comunidade de maneira digna das boas-novas de Cristo. Então, quando eu for vê-los novamente, ou mesmo quando ouvir a seu respeito, saberei que estão firmes e unidos em um só espírito e em um só propósito, lutando juntos pela fé que é proclamada nas boas-novas. 28 Não se deixem intimidar por aqueles que se opõem a vocês. Isso é um sinal de Deus de que eles serão destruídos, e vocês serão salvos. 29 Pois vocês receberam o privilégio não apenas de crer em Cristo, mas também de sofrer por ele. 30 Estamos juntos nesta luta. Vocês viram as dificuldades que enfrentei no passado e sabem que elas ainda não terminaram.

Tenham a atitude de Cristo

2 Há alguma motivação por estar em Cristo? Há alguma consolação que vem do amor? Há alguma comunhão no Espírito? Há alguma compaixão e afeição? 2 Então completem minha alegria concordando sinceramente uns com os outros, amando-se mutuamente e trabalhando juntos com a mesma forma de pensar e um só propósito. 3 Não sejam egoístas, nem tentem impressionar ninguém. Sejam humildes e considerem os outros mais importantes que vocês.

4 Não procurem apenas os próprios interesses, mas preocupem-se também com os interesses alheios. 5 Tenham a mesma atitude demonstrada por Cristo Jesus.

6 Embora sendo Deus,[a]
não considerou que ser igual a Deus
fosse algo a que devesse se apegar.
7 Em vez disso, esvaziou a si mesmo;
assumiu a posição de escravo[b]
e nasceu como ser humano.
Quando veio em forma humana,[c]
8 humilhou-se e foi obediente
até a morte, e morte de cruz.
9 Por isso Deus o elevou ao lugar de mais
alta honra
e lhe deu o nome que está acima de
todos os nomes,
10 para que, ao nome de Jesus, todo joelho
se dobre,
nos céus, na terra e debaixo da terra,
11 e toda língua declare que Jesus Cristo é
Senhor,
para a glória de Deus, o Pai.

Brilhem intensamente por Cristo

12 Quando eu estava aí, meus amados, vocês sempre seguiam minhas instruções. Agora que estou longe, é ainda mais importante que o façam. Trabalhem com afinco a sua salvação, obedecendo a Deus com reverência e temor. 13 Pois Deus está agindo em vocês, dando-lhes o desejo e o poder de realizarem aquilo que é do agrado dele.

14 Façam tudo sem queixas nem discussões, 15 de modo que ninguém possa acusá-los. Levem uma vida pura e inculpável como filhos de Deus, brilhando como luzes resplandecentes num mundo cheio de gente corrompida e perversa. 16 Apeguem-se firmemente à mensagem da vida. Então, no dia em que Cristo voltar, me orgulharei de saber que não participei da corrida em vão e que não trabalhei inutilmente. 17 Contudo, me alegrarei mesmo se perder a vida, entregando-a a Deus como oferta derramada, da mesma forma que o serviço fiel de vocês é uma oferta a Deus. E quero que todos vocês

---

[a] 2.6 Ou *Existindo em forma de Deus*. [b] 2.7a Ou *assumiu a forma de escravo*. [c] 2.7b Algumas traduções colocam essa frase no versículo 8.

> **REFLETINDO SOBRE: Guardando mágoas**
>
> ## Evódia e Síntique
>
> *Então completem minha alegria concordando sinceramente uns com os outros, amando-se mutuamente e trabalhando juntos com a mesma forma de pensar e um só propósito.*
> —Filipenses 2.2
>
> O dia está lindo, Laura decorou a sala de estar com tons de rosa e Katie trouxe um de seus bolos deliciosos. Somente uma coisa pode estragar o seu chá de bebê agora. "O que é?" "Se Doris e Jill vierem." "Ah, sim! A 'dupla estranha.' Elas sempre se odiaram assim?". "Acredite se quiser, mas elas eram amigas muito próximas. Porém, tiveram uma discussão e agora criam tensão sempre que estão no mesmo ambiente. A única solução é colocá-las de costas uma para a outra. Assim não podem lançar seus olhares de raiva".
>
> Na carta de Paulo à igreja de Filipos, ele mencionou um desacordo entre duas mulheres. Evódia e Síntique eram comprometidas seguidoras de Jesus Cristo. Elas já haviam trabalhado arduamente juntas para compartilhar as boas-novas do amor e perdão de Deus. No entanto, discutiram e se recusaram a perdoar-se mutuamente. O relacionamento hostil causava dissensão em seu grupo cristão, então Paulo solicitou que resolvessem o desacordo porque ambas pertenciam ao Senhor.
>
> Algumas vezes é possível nutrir uma mágoa contra alguém em segredo, enquanto fingimos que está tudo bem no relacionamento. Com frequência, nosso ressentimento afeta os que estão ao nosso redor e cria espírito de discórdia. Guardar mágoas nos machuca física, emocional e espiritualmente. Isso prejudica os nossos relacionamentos com os outros e obstrui o nosso relacionamento com Deus.
>
> Deus decretou a reconciliação mais importante quando a morte de Jesus possibilitou que nos tornássemos Suas filhas. O Senhor também deseja que nos reconciliemos uns com os outros. Com a Sua ajuda, podemos reparar qualquer relacionamento destruído. Dessa maneira não precisaremos nos preocupar em sermos expostas numa carta enviada a uma igreja, nem estragarmos um chá de bebê.

participem dessa alegria. ¹⁸Sim, alegrem-se, e eu me alegrarei com vocês.

Paulo elogia Timóteo

¹⁹Se for da vontade do Senhor Jesus, espero enviar-lhes Timóteo em breve para visitá-los. Assim ele poderá me animar, contando-me notícias de vocês. ²⁰Não tenho ninguém que se preocupe sinceramente com o bem-estar de vocês como Timóteo. ²¹Todos os outros se preocupam apenas consigo mesmos, e não com o que é importante para Jesus Cristo. ²²Mas vocês sabem que Timóteo provou seu valor. Como um filho junto ao pai, ele tem servido ao meu lado na proclamação das boas-novas. ²³Espero enviá-lo assim que souber o que me acontecerá aqui. ²⁴E tenho confiança no Senhor de que, em breve, eu mesmo irei vê-los.

Paulo elogia Epafrodito

²⁵Enquanto isso, penso que devo enviar-lhes de volta Epafrodito. Ele é um verdadeiro irmão, colaborador e companheiro de lutas, que também foi mensageiro de vocês para me ajudar em minha necessidade. ²⁶Ele deseja muito vê-los e está angustiado porque vocês souberam que ele esteve doente. ²⁷De fato, ficou enfermo e quase morreu. Mas Deus teve misericórdia dele, e também de mim, para que eu não tivesse uma tristeza atrás da outra.

²⁸Por isso, estou ainda mais ansioso para enviá-lo de volta, pois sei que vocês se alegrarão em vê-lo, e eu não ficarei tão preocupado com vocês. ²⁹Recebam-no com grande alegria no Senhor e deem-lhe a honra que ele merece, ³⁰pois arriscou a vida pela obra de Cristo e esteve a ponto de morrer enquanto fazia por mim o que vocês mesmos não podiam fazer.

O valor inestimável de conhecer a Cristo

3 Por fim, meus irmãos, alegrem-se no Senhor. Nunca me canso de dizer-lhes estas coisas, e o faço para protegê-los.

²Cuidado com os cães, aqueles que praticam o mal, os mutiladores que exigem a circuncisão. ³Pois nós, que adoramos por meio do

Espírito de Deus,[a] somos os verdadeiros circuncidados. Alegramo-nos no que Cristo Jesus fez por nós. Não colocamos nenhuma confiança nos esforços humanos, [4]ainda que, se outros pensam ter motivos para confiar nos próprios esforços, eu teria ainda mais! [5]Fui circuncidado com oito dias de vida. Sou israelita de nascimento, da tribo de Benjamim, um verdadeiro hebreu. Era membro dos fariseus, extremamente obediente à lei judaica. [6]Era tão zeloso que persegui a igreja. E, quanto à justiça, cumpria a lei com todo rigor.

[7]Pensava que essas coisas eram valiosas, mas agora as considero insignificantes por causa de Cristo. [8]Sim, todas as outras coisas são insignificantes comparadas ao ganho inestimável de conhecer a Cristo Jesus, meu Senhor. Por causa dele, deixei de lado todas as coisas e as considero menos que lixo, a fim de poder ganhar a Cristo [9]e nele ser encontrado. Não conto mais com minha própria justiça, que vem da obediência à lei, mas sim com a justiça que vem pela fé em Cristo, pois é com base na fé que Deus nos declara justos. [10]Quero conhecer a Cristo e experimentar o grande poder que o ressuscitou. Quero sofrer com ele, participando de sua morte, [11]para, de alguma forma, alcançar a ressurreição dos mortos!

Prosseguindo para o alvo

[12]Não estou dizendo que já obtive tudo isso, que já alcancei a perfeição. Mas prossigo a fim de conquistar essa perfeição para a qual Cristo Jesus me conquistou. [13]Não, irmãos, não a alcancei,[b] mas concentro todos os meus esforços nisto: esquecendo-me do passado e olhando para o que está adiante, [14]prossigo para o final da corrida, a fim de receber o prêmio celestial para o qual Deus nos chama em Cristo Jesus.

[15]Todos nós que alcançamos a maturidade devemos concordar quanto a essas coisas. Se discordam em algum ponto, confio que Deus o esclarecerá para vocês. [16]Contudo, devemos prosseguir de maneira coerente com o que já alcançamos.

[17]Irmãos, sejam meus imitadores e aprendam com aqueles que seguem nosso exemplo. [18]Pois, como lhes disse muitas vezes, e o digo novamente com lágrimas nos olhos, há muitos cuja conduta mostra que são, na verdade, inimigos da cruz de Cristo. [19]Estão rumando para a destruição. O deus deles é seu próprio apetite. Vangloriam-se de coisas vergonhosas e pensam

---

PÃO DIÁRIO

Arando linhas retas

...prossigo para o final da corrida, a fim de receber o prêmio celestial para o qual Deus nos chama em Cristo Jesus.
—Filipenses 3.14

É o meu primeiro dia no trator! A brisa fria da manhã varre o campo, os grilos e o silêncio do campo dão lugar ao ruído da máquina. Baixo o arado no solo e atravesso o campo. Olho para as bitolas e a alavanca de câmbio, aperto o aço frio do volante e admiro o poder ao meu dispor. Finalmente, olho para trás para ver os resultados. Ao invés das linhas retas que eu esperava, vejo o que mais parece uma cobra deslizando, com mais curvas do que o autódromo de Interlagos.

Então, alguém me disse: "Are com os olhos fixos na estaca à frente". Focando num ponto do outro lado do campo, a pessoa que está arando tem a garantia de fazer uma linha reta. Quando retornei, concordei com os resultados reveladores: a linha estava reta. A fileira ficara torta somente onde não mantive o meu olhar num ponto de referência.

Paulo teve discernimento semelhante quando escreveu sobre ter a sua referência em Jesus Cristo e o impacto que isso teve sobre ele. Não somente ignorou as distrações (Fp 3.8,13), mas também estabeleceu o ponto de referência (vv.8,14), verificou o resultado (vv.9-11) e observou o padrão que estabeleceu para os outros (vv.16,17).

Como Paulo, se o nosso ponto de referência está em Cristo faremos uma trajetória reta e cumpriremos o propósito de Deus em nossa vida.

Pai Celeste, tu sabes que este mundo está cheio de distrações. À direita e à esquerda há todos os tipos de coisas que podem retirar o nosso ponto de referência que está em ti e nos fazer desviar da trajetória que tens para nós. Ajuda-me a manter os meus olhos e mente em ti e no que nos ensinaste em Tua Palavra.

Quando você mantém o seu olhar em Cristo, tudo se alinha aos Seus propósitos.

---

[a] **3.3** Alguns manuscritos trazem *adoramos a Deus em espírito*; um manuscrito antigo traz *adoramos em espírito*. [b] **3.13** Alguns manuscritos trazem *ainda não a alcancei*.

PÃO DIÁRIO

Sou feliz?

Então vocês experimentarão a paz de Deus, que excede todo entendimento e que guardará seu coração e sua mente em Cristo Jesus.
—Filipenses 4.7

Quando o coral da escola se preparava para cantar o clássico hino de Horatio G. Spafford, *Sou feliz* (HCC 398), um adolescente deu um passo à frente e começou a contar a familiar história do hino. Spafford escreveu esse hino quando estava em um navio perto do local no mar onde, tempos antes, suas quatro filhas pereceram num naufrágio.

Ao ouvir aquela introdução e em seguida as palavras cantadas pelos adolescentes, senti um turbilhão de emoções. Quando ouvi de novo as palavras de fé de Spafford "onde suas quatro filhas pereceram", concluí que eram palavras difíceis de compreender. Tendo perdido uma filha subitamente, acho inconcebível a ideia de perder quatro.

Como ele podia estar "feliz" com toda aquela dor? Ouvi as palavras: "Se paz a mais doce me deres gozar" e me lembrei de onde podemos encontrar a paz. Paulo diz em Filipenses 4 que ela pode ser encontrada à medida que oramos e somos gratos diante de Deus (v.6). Pela oração confiante, aliviamos o nosso coração, despimo-nos de nossas ansiedades e nos libertamos de nosso luto, e, assim, podemos receber a "paz de Deus" (v.7) — uma calma de espírito, divina e inexplicável. Essa paz supera nossa capacidade de entender nossas circunstâncias (v.7) e é uma sentinela em nosso coração, através de Cristo, que nos protege de tal forma que nos permite sussurrar, mesmo em meio à dor: "Sou feliz com Jesus".

Senhor, tu és aquele que dá um senso de calma ao meu coração e paz ao meu espírito. Mesmo nas circunstâncias mais difíceis da vida, a Tua presença é o meu conforto, a minha âncora. Por causa de quem és, posso dizer: "Sou feliz com Jesus".

Jesus nunca comete erros.

---

dele, usando o mesmo poder com o qual submeterá todas as coisas a seu domínio.

4 Portanto, meus amados irmãos, permaneçam firmes no Senhor. Amo vocês e anseio vê-los, pois são minha alegria e minha coroa de recompensa.

Palavras de incentivo

[2] Agora, suplico a Evódia e a Síntique: tendo em vista que estão no Senhor, resolvam seu desentendimento. [3] E peço a você, meu fiel colaborador,[a] que ajude essas duas mulheres, pois elas trabalharam arduamente comigo na propagação das boas-novas, e também com Clemente e com meus outros colaboradores, cujos nomes estão escritos no livro da vida.

[4] Alegrem-se sempre no Senhor. Repito: alegrem-se! [5] Que todos vejam que vocês são amáveis em tudo que fazem. Lembrem-se de que o Senhor virá em breve.[b]

[6] Não vivam preocupados com coisa alguma; em vez disso, orem a Deus pedindo aquilo de que precisam e agradecendo-lhe por tudo que ele já fez. [7] Então vocês experimentarão a paz de Deus, que excede todo entendimento e que guardará seu coração e sua mente em Cristo Jesus.

[8] Por fim, irmãos, quero lhes dizer só mais uma coisa. Concentrem-se em tudo que é verdadeiro, tudo que é nobre, tudo que é correto, tudo que é puro, tudo que é amável e tudo que é admirável. Pensem no que é excelente e digno de louvor. [9] Continuem a praticar tudo que aprenderam e receberam de mim, tudo que ouviram de mim e me viram fazer. Então o Deus da paz estará com vocês.

Paulo agradece as ofertas

[10] Como eu me alegro no Senhor por vocês terem voltado a se preocupar comigo! Sei que sempre se preocuparam comigo, mas não tinham oportunidade de me ajudar. [11] Não digo isso por estar necessitado, pois aprendi a ficar satisfeito com o que tenho. [12] Sei viver na necessidade e também na fartura. Aprendi o segredo de viver em qualquer situação, de estômago cheio ou vazio, com pouco ou muito. [13] Posso todas as coisas por meio de Cristo,[c] que me dá forças. [14] Mesmo assim,

---

apenas na vida terrena. [20] Nossa cidadania, no entanto, vem do céu, e de lá aguardamos ansiosamente a volta do Salvador, o Senhor Jesus Cristo. [21] Ele tomará nosso frágil corpo mortal e o transformará num corpo glorioso como o

---

[a] 4.3 Ou *fiel Sízigo*. [b] 4.5 Em grego, *o Senhor está próximo*. [c] 4.13 Em grego, *por meio daquele*.

vocês fizeram bem em me ajudar na dificuldade pela qual estou passando. ¹⁵Como sabem, filipenses, vocês foram os únicos que me ajudaram financeiramente quando lhes anunciei as boas-novas pela primeira vez e depois segui viagem saindo da Macedônia. Nenhuma outra igreja o fez. ¹⁶Até quando eu estava em Tessalônica, vocês enviaram ajuda em mais de uma ocasião. ¹⁷Não digo isso porque quero receber uma oferta de vocês. Pelo contrário, desejo que sejam recompensados por sua bondade. ¹⁸No momento, tenho tudo de que preciso, e mais. Minhas necessidades foram plenamente supridas pelas contribuições que vocês enviaram por Epafrodito. Elas sao um sacrifício de aroma suave, uma oferta aceitável e agradável a Deus. ¹⁹E esse mesmo Deus que cuida de mim lhes suprirá todas as necessidades por meio das riquezas gloriosas que nos foram dadas em Cristo Jesus. ²⁰Agora, toda a glória seja a Deus, nosso Pai, para todo o sempre! Amém.

Saudações finais

²¹Transmitam minhas saudações a cada um do povo santo em Cristo Jesus. Os irmãos que estão comigo também mandam lembranças. ²²Todo o povo santo daqui lhes envia saudações, especialmente os que pertencem à casa de César.[a]

²³Que a graça do Senhor Jesus Cristo seja com o espírito de vocês.[b]

---

[a] 4.22 Ou *os que trabalham no palácio de César.* [b] 4.23 Alguns manuscritos acrescentam *Amém.*

COLOSSENSES

INTRODUÇÃO

Cidade. Estava situada a cerca de 160 quilômetros a leste de Éfeso e tinha pouca importância na ocasião desta epístola, embora tivesse, anteriormente, uma influência considerável. Pertencia a um grupo de três cidades, Laodiceia e Hierápolis sendo as outras duas situadas no rio Lico, perto de onde ele flui para o famoso Meandro.

A igreja em Colossos. Foi, talvez, fundada por Epafras (1.6,7; 4.12,13), que foi mentoreado por Paulo em sua obra a favor deles (1.7). Paulo, apesar de ter uma ligação muito vital com ela, nunca havia visitado a igreja (1.7; 2.1). Parece que ele se manteve informado sobre as condições na igreja (1.3,4,9; 2.1), e ter aprovado o trabalho e a disciplina da igreja (1.5-7,23; 2.5-7; 4.12,13). Era amado por eles (1.8) bem como os amava e conhecia alguns deles.

Condição da igreja e ocasião para a epístola. Falsos mestres, ou um falso mestre, vieram entre eles e haviam impedido grandemente a prosperidade da igreja. A principal fonte de todos os seus falsos ensinamentos está em um antigo dogma oriental: que toda matéria é má e sua fonte também é má. Se isso fosse verdade, Deus, que de modo algum é mau, não poderia ter criado a matéria. E como nossos corpos são matérias, eles são maus e Deus não poderia tê-los criado. A partir dessa noção de que os nossos corpos são maus, surgiram dois extremos de erro: (1) Que somente por várias práticas ascéticas, mediante as quais punimos o corpo, podemos esperar salvá-lo, 2.20-23; (2) Que, uma vez que o corpo é mau, nenhuma de suas obras deve ter responsabilização. A licenciosidade foi, portanto, concedida à conduta do mal, e as paixões do mal foram satisfeitas com prazer e sem impunidade (3.5-8).

Ao buscar alívio desta condição, formularam duas outras doutrinas falsas. (1) Uma teoria esotérica e exclusiva que era uma doutrina de segredos e iniciação (2.2,3,8). Através dessa doutrina, declararam que o remédio para a condição do homem era conhecido apenas por alguns, e, para aprender esse segredo, a pessoa devia ser iniciada no grupo. (2) Que, como Deus não poderia ter sido o criador desses corpos pecaminosos, eles não podiam, portanto, vir a Ele para receber bênção, e assim eles formularam, em sua teoria, uma série de seres intermediários ou Aeons, como anjos, que devem nos ter criado e a quem deve-se adorar (2.18), especialmente como um meio para finalmente se chegar a Deus.

Todas essas falsas teorias conspiraram para limitar a grandeza e a autoridade de Jesus Cristo e para limitar a eficiência da redenção que há nele (2.9,10). Elas são chamadas pelo único nome, gnosticismo, e quatro aspectos de seus erros são apresentados nesta carta. (1) Filosófico, 2.3,4,8. (2) Ritualista, ou judaísta, 2.11,14,16,17. (3) Visionário, ou de adoração de anjos, 1.16; 2.18,15,18. (4) Práticas ascéticas, 2.20-23. Existem três aplicações modernas da heresia de Colossos: (1) Cerimonialismo, ou ritualismo; (2) Especulação; (3) Baixos padrões de justiça.

A epístola. A notícia desses falsos ensinamentos foi provavelmente trazida a Paulo por Epafras, 1.7,8, e ele escreveu para combatê-los. É polêmico em espírito e argumento que temos tudo em Cristo, que Ele é a fonte e Senhor de toda a criação e que só Ele pode perdoar pecados e nos reconciliar com Deus. Portanto, esta, mais do que qualquer outra das epístolas de Paulo, representa plenamente sua doutrina da pessoa e da preeminência de Cristo.

ESBOÇO

1. Ensinos doutrinários, Cap. 1
    1.1. Introdução, vv.1-14
    1.2. Cristo em relação à criação, vv.15-17
    1.3. Cristo em relação à Igreja, vv.18-29
2. Polêmica contra falsos ensinos, Cap. 2
    2.1. Introdução, vv.1-7
    2.2. Polêmica contra ensinos falsos em geral, vv.8-15
    2.3. Polêmica contra as reivindicações particulares dos falsos mestres, vv.16-23
3. Seção exortatória, 3.1–4.6
    3.1. Para a vida cristã elevada, 3.1-4
    3.2. Para substituir antigos vícios por graças cristãs, 3.5-14
    3.3. Para tornar Cristo soberano sobre toda a vida, 3.15-17

3.4. Para o cristão cumprir com os deveres familiares, 3.18–4.1
3.5. Para a adequada vida de oração, 4.2-6
4. Seção pessoal, 4.7-18

PARA ESTUDO E DISCUSSÃO

[1] A oração de Paulo pelos colossenses, 1.9-14.
[2] A preeminência do Salvador, 1.5-20.
[3] A falsa e verdadeira filosofia da religião, 2.8-15.
[4] Os vícios mundanos, 3.5-8.
[5] As graças cristãs, 3.9-14.
[6] A vida cristã elevada, 3.15-17.
[7] Todas as referências aos ensinamentos falsos como nas palavras segredo, cabeça, corpo, Senhor, plenitude etc. Observe 2.3,8,11,16,18 e muitos outros.
[8] A visão que Paulo tinha sobre Jesus. Estude todas as referências em relação a Ele.

> **PÃO DIÁRIO**

A queda de Júpiter

Ele existia antes de todas as coisas e mantém tudo em harmonia.

—Colossenses 1.17

Certo dia, comprei para o meu filho um móbile barato que representava o sistema solar. Para instalar foi necessário que eu prendesse cada planeta no teto. Após me movimentar para cima e para baixo várias vezes, senti-me tonta e cansada. Horas depois, ouvimos um barulho quando o planeta Júpiter foi parar ao chão.

Mais tarde, naquela mesma noite, refleti sobre como a nossa frágil réplica do sistema solar havia despencado. Entretanto, Jesus sustenta o presente Universo. "Ele existia antes de todas as coisas e mantém tudo em harmonia" (Cl 1.17). O Senhor Jesus mantém o nosso mundo coeso, conserva as leis naturais que governam a galáxia. Nosso Criador "com sua palavra poderosa, sustenta todas as coisas" (Hb 1.3). Jesus é tão poderoso que mantém o Universo em equilíbrio simplesmente ordenando que assim o seja!

Por mais que isso seja incrível, Jesus é mais do que um guardião cósmico. Ele também nos sustenta. "Ele mesmo dá vida e fôlego a tudo, e supre cada necessidade" (At 17.25). Embora Jesus às vezes nos supra de maneiras diferentes do que poderíamos esperar, nosso Salvador nos mantém e nos sustenta quer estejamos tristes, precisando de dinheiro ou sofrendo enfermidades.

Até o dia em que Ele nos chamar para o lar celestial, podemos confiar que aquele que impede que o planeta Júpiter caia é o mesmo Senhor que também nos sustenta.

Grande Deus Criador, graças te dou pelo Universo maravilhoso que criaste. A beleza que vemos nos céus e na Terra nos lembra da Tua majestade e grandeza. Ao inspirar o ar, reconheço que até o meu respirar e todas as demais provisões da minha vida são presentes Teus!

O Deus que sustenta o Universo é o meu sustento.

Saudações de Paulo

1 Eu, Paulo, apóstolo de Jesus Cristo pela vontade de Deus, escrevo esta carta, junto com nosso irmão Timóteo, ²aos irmãos fiéis em Cristo, o povo santo na cidade de Colossos. Que Deus, nosso Pai, lhes dê graça e paz.

Ação de graças e oração de Paulo

³Sempre oramos por vocês e damos graças a Deus, o Pai de nosso Senhor Jesus Cristo, ⁴pois temos ouvido falar de sua fé em Cristo Jesus e de seu amor por todo o povo santo, ⁵que vêm da esperança confiante naquilo que lhes está reservado no céu. Vocês têm essa expectativa desde que ouviram pela primeira vez a verdade das boas-novas.

⁶Agora, as mesmas boas-novas que chegaram até vocês estão se propagando pelo mundo todo. Elas têm crescido e dado frutos em toda parte, como ocorre entre vocês desde o dia em que ouviram e compreenderam a verdade sobre a graça de Deus.

⁷Vocês aprenderam as boas-novas por meio de Epafras, nosso amado colaborador. Ele é servo fiel de Cristo e nos tem ajudado em favor de vocês.[a] ⁸Ele nos contou do amor que o Espírito lhes tem dado.

⁹Por isso, desde que ouvimos falar a seu respeito, não deixamos de orar por vocês. Pedimos a Deus que lhes conceda pleno conhecimento de sua vontade e também sabedoria e entendimento espiritual. ¹⁰Então vocês viverão de modo a sempre honrar e agradar ao Senhor, dando todo tipo de bom fruto e aprendendo a conhecer a Deus cada vez mais.

¹¹Oramos também para que sejam fortalecidos com o poder glorioso de Deus, a fim de que tenham toda a perseverança e paciência de que necessitam. Que sejam cheios de alegria ¹²e sempre deem graças ao Pai. Ele os capacitou para participarem da herança que pertence ao seu povo santo, aqueles que vivem na luz. ¹³Ele nos resgatou do poder das trevas e nos trouxe para o reino de seu Filho amado, ¹⁴que comprou nossa liberdade[b] e perdoou nossos pecados.

Cristo é supremo

¹⁵O Filho é a imagem do Deus invisível
e é supremo sobre toda a criação.[c]
¹⁶Pois, por meio dele, todas as coisas foram criadas,
tanto nos céus como na terra,
todas as coisas que podemos ver
e as que não podemos,

---

[a]1.7 Ou *tem ministrado em favor de vocês*; alguns manuscritos trazem *tem ministrado em nosso favor*. [b]1.14 Alguns manuscritos acrescentam *com seu sangue*. [c]1.15 Ou *é o primogênito de toda a criação*.

como os tronos, reinos, governantes
e as autoridades do mundo invisível.
Tudo foi criado por meio dele
e para ele.
¹⁷Ele existia antes de todas as coisas
e mantém tudo em harmonia.
¹⁸Ele é a cabeça do corpo,
que é a igreja.
Ele é o princípio,
supremo sobre os que ressuscitam dos mortos;[a]
portanto, ele é primeiro em tudo.
¹⁹Pois foi do agrado do Pai
que toda a plenitude habitasse no Filho,
²⁰e, por meio dele, o Pai reconciliou consigo
todas as coisas.
Por meio do sangue do Filho na cruz,
o Pai fez as pazes com todas as coisas,
tanto nos céus como na terra.

²¹Isso inclui vocês, que antes estavam longe de Deus. Eram seus inimigos, dele separados por seus maus pensamentos e ações. ²²Agora, porém, ele os reconciliou consigo por meio da morte do Filho no corpo físico. Como resultado, vocês podem se apresentar diante dele santos, sem culpa e livres de qualquer acusação.

²³É preciso, porém, que continuem a crer nessa verdade e nela permaneçam firmes. Não se afastem da esperança que receberam quando ouviram as boas-novas, que foram anunciadas em todo o mundo e que eu, Paulo, fui designado servo para proclamar.

O trabalho de Paulo em favor da igreja

²⁴Alegro-me quando sofro por vocês em meu corpo, pois participo dos sofrimentos de Cristo, que continuam em favor de seu corpo, a igreja. ²⁵Deus me deu a responsabilidade de servir seu povo, anunciando-lhes sua mensagem completa. ²⁶Essa mensagem foi mantida em segredo por séculos e gerações, mas agora foi revelada ao seu povo santo, ²⁷pois Deus queria que eles soubessem que as riquezas gloriosas desse segredo também são para vocês, os gentios. E o segredo é este: Cristo está em vocês, o que lhes dá a confiante esperança de participar de sua glória!

²⁸Portanto, proclamamos a Cristo, advertindo a todos e ensinando a cada um com toda a sabedoria, para apresentá-los maduros[b] em Cristo. ²⁹Por isso trabalho e luto com tanto esforço, na dependência de seu poder que atua em mim.

2 Quero que saibam quantas lutas tenho enfrentado por causa de vocês e dos que estão em Laodiceia, e por muitos que não me conhecem pessoalmente. ²Que eles sejam encorajados e unidos por fortes laços de amor e tenham plena certeza de que entendem o segredo de Deus, que é o próprio Cristo. ³Nele estão escondidos todos os tesouros de sabedoria e conhecimento.

⁴Eu lhes digo isso para que ninguém os engane com argumentos bem elaborados. ⁵Pois, embora eu esteja longe, meu coração está com vocês. E eu me alegro de que estejam vivendo como devem e de que sua fé em Cristo seja forte.

Liberdade e nova vida em Cristo

⁶E agora, assim como aceitaram Cristo Jesus como Senhor, continuem a segui-lo. ⁷Aprofundem nele suas raízes e sobre ele edifiquem sua vida. Então sua fé se fortalecerá na verdade que lhes foi ensinada, e vocês transbordarão de gratidão.

⁸Não permitam que outros os escravizem com filosofias vazias e invenções enganosas provenientes do raciocínio humano, com base nos princípios espirituais deste mundo, e não em Cristo. ⁹Pois nele habita em corpo humano toda a plenitude de Deus.[c] ¹⁰Portanto, porque estão nele, o cabeça de todo governante e autoridade, vocês também estão completos.

¹¹Em Cristo vocês foram circuncidados, mas não por uma operação física, e sim espiritual, na qual foi removido o domínio de sua natureza humana.[d] ¹²No batismo, vocês foram sepultados com Cristo e, com ele, foram ressuscitados para a nova vida por meio da fé no grande poder de Deus, que ressuscitou Cristo dos mortos.

¹³Vocês estavam mortos por causa de seus pecados e da incircuncisão de sua natureza humana.[e] Então Deus lhes deu vida com Cristo,

---

[a]1.18 Ou *o primogênito dentre os mortos*. [b]1.28 Ou *perfeitos*. [c]2.9 Ou *nele habita corporalmente toda a plenitude da Divindade*. [d]2.11 Em grego, *o corpo da carne*. [e]2.13 Em grego, *da incircuncisão de sua carne*.

> **PÃO DIÁRIO**
>
> ## Superando o preconceito
>
> *Nessa nova vida, não importa se você é judeu ou gentio, se é circuncidado ou incircuncisado, se é inculto ou incivilizado, se é escravo ou livre. Cristo é tudo que importa, e ele vive em todos.*
>
> —Colossenses 3.11
>
> O artigo de um jornal americano informou que estudos recentes sobre a natureza do preconceito descobriram que quase todas as pessoas escondem essa tendência. Essas atitudes afetam até mesmo aqueles que ativamente resistem a elas. Um psicólogo norte-americano afirma que grande parte da nossa autoestima é o resultado de nos sentirmos melhor com relação a nós mesmos do que com relação aos outros, por causa do grupo ao qual pertencemos. Não é fácil superar o preconceito mesmo dentro da família de Deus.
>
> As palavras de Paulo dirigidas aos cristãos de Colossos nos instruem hoje dizendo que o nosso modo de falar e de agir com relação aos nossos irmãos na fé deveriam refletir nossa união com Cristo. Paulo disse: "Revistam-se da nova natureza e sejam renovados à medida que aprendem a conhecer seu Criador e se tornam semelhantes a ele. Nessa nova vida, não importa se você é judeu ou gentio, se é circuncidado ou incircuncisado, se é inculto ou incivilizado, se é escravo ou livre. Cristo é tudo que importa, e ele vive em todos" (Cl 3.10,11). Em vez de superioridade e parcialidade, devemos demonstrar "compaixão, bondade, humildade, mansidão e paciência" com os outros (v.12). E "acima de tudo, revistam-se do amor que une todos nós em perfeita harmonia" (v.14).
>
> No Corpo de Cristo, nenhuma raça, nacionalidade ou classe social é melhor do que a outra. Na cruz, Jesus nos tornou um só, e devemos tratar uns aos outros com honestidade, dignidade e amor.
>
> *Pai celestial, graças te dou por teres enviado Teu Filho, pois Ele nos amou da mesma forma e morreu por nós. Ajuda-nos a mostrar bondade, paciência e amor pelas pessoas que encontrarmos e a refletir Cristo em tudo o que fizermos.*
>
> **O preconceito distorce o que vê, engana quando fala e destrói quando age.**

modo, desarmou[a] os governantes e as autoridades espirituais e os envergonhou publicamente ao vencê-los na cruz. [16]Portanto, não deixem que ninguém os condene pelo que comem ou bebem, ou por não celebrarem certos dias santos, as cerimônias da lua nova ou os sábados. [17]Pois essas coisas são apenas sombras da realidade futura, e o próprio Cristo é essa realidade. [18]Não aceitem a condenação daqueles que insistem numa humildade fingida e na adoração de anjos[b] e que alegam ter visões a respeito dessas coisas. A mente pecaminosa deles os tornou orgulhosos, [19]e eles não estão ligados a Cristo, que é a cabeça do corpo. Unido a ele por meio de suas juntas e seus ligamentos, o corpo cresce à medida que é nutrido por Deus.

[20]Vocês morreram com Cristo, e ele os libertou dos princípios espirituais deste mundo. Então por que continuar a seguir as regras deste mundo, que dizem: [21]"Não mexa! Não prove! Não toque!"? [22]Essas regras não passam de ensinamentos humanos sobre coisas que se deterioram com o uso. [23]Podem até parecer sábias, pois exigem devoção, abnegação e rigorosa disciplina física, mas em nada contribuem para vencer os desejos da natureza pecaminosa.

Instruções para a nova vida

3 Uma vez que vocês ressuscitaram para uma nova vida com Cristo, mantenham os olhos fixos nas realidades do alto, onde Cristo está sentado no lugar de honra, à direita de Deus. [2]Pensem nas coisas do alto, e não nas coisas da terra. [3]Pois vocês morreram para esta vida, e agora sua verdadeira vida está escondida com Cristo em Deus. [4]E quando Cristo, que é sua vida,[c] for revelado ao mundo inteiro, vocês participarão de sua glória.

[5]Portanto, façam morrer as coisas pecaminosas e terrenas que estão dentro de vocês. Fiquem longe da imoralidade sexual, da impureza, da paixão sensual, dos desejos maus e da ganância, que é idolatria. [6]É por causa desses pecados que vem a ira de Deus.[d] [7]Vocês costumavam praticá-los quando sua vida ainda fazia parte deste mundo, [8]mas agora é o momento de se livrarem da ira, da raiva,

pois perdoou todos os nossos pecados. [14]Ele cancelou o registro de acusações contra nós, removendo-o e pregando-o na cruz. [15]Desse

---

[a]**2.15** Ou *despojou.* [b]**2.18** Ou *na adoração com anjos.* [c]**3.4** Alguns manuscritos trazem *que é nossa vida.* [d]**3.6** Alguns manuscritos acrescentam *sobre os que lhe desobedecem.*

da maldade, da maledicência e da linguagem obscena. ⁹Não mintam uns aos outros, pois vocês se despiram de sua antiga natureza e de todas as suas práticas perversas. ¹⁰Revistam-se da nova natureza e sejam renovados à medida que aprendem a conhecer seu Criador e se tornam semelhantes a ele. ¹¹Nessa nova vida, não importa se você é judeu ou gentio,ᵃ se é circuncidado ou incircuncidado, se é inculto ou incivilizado,ᵇ se é escravo ou livre. Cristo é tudo que importa, e ele vive em todos.

¹²Visto que Deus os escolheu para ser seu povo santo e amado, revistam-se de compaixão, bondade, humildade, mansidão e paciência. ¹³Sejam compreensivos uns com os outros e perdoem quem os ofender. Lembrem-se de que o Senhor os perdoou, de modo que vocês também devem perdoar. ¹⁴Acima de tudo, revistam-se do amor que une todos nós em perfeita harmonia. ¹⁵Permitam que a paz de Cristo governe o seu coração, pois, como membros do mesmo corpo, vocês são chamados a viver em paz. E sejam sempre agradecidos.

¹⁶Que a mensagem a respeito de Cristo, em toda a sua riqueza, preencha a vida de vocês. Ensinem e aconselhem uns aos outros com toda a sabedoria. Cantem a Deus salmos, hinos e cânticos espirituais com o coração agradecido. ¹⁷E tudo que fizerem ou disserem, façam em nome do Senhor Jesus, dando graças a Deus, o Pai, por meio dele.

Instruções para as famílias cristãs

¹⁸Esposas, sujeite-se cada uma a seu marido, como é próprio a quem está no Senhor.

¹⁹Maridos, ame cada um a sua esposa e nunca a trate com aspereza.

²⁰Filhos, obedeçam sempre a seus pais, pois isso agrada ao Senhor. ²¹Pais, não irritem seus filhos, para que eles não desanimem.

²²Escravos, em tudo obedeçam a seus senhores terrenos. Procurem agradá-los sempre, e não apenas quando eles estiverem observando. Sirvam-nos com sinceridade, por causa de seu temor ao Senhor. ²³Em tudo que fizerem, trabalhem de bom ânimo, como se fosse para o Senhor, e não para os homens. ²⁴Lembrem-se de que o Senhor lhes dará uma herança como recompensa e de que o Senhor a quem servem é Cristo.ᶜ ²⁵Mas, se fizerem o mal, receberão de volta o mal, pois Deus não age com favoritismo.

PÃO DIÁRIO

Verificador do tom

Que suas conversas sejam amistosas e agradáveis, a fim de que tenham a resposta certa para cada pessoa.
—Colossenses 4.6

Voltando de carro do trabalho para casa, ouvi no rádio uma propaganda que chamou minha atenção. Era sobre um programa de computador que verifica os e-mails no momento em que são escritos. Eu já estava familiarizado com programas de "verificação ortográfica" e "verificação gramatical", mas esse era diferente. Era um "verificador do tom". O programa monitora o tom e o estilo dos e-mails para ter certeza de que não são excessivamente agressivos, indelicados ou ameaçadores.

Quando ouvi o anunciante descrever as características desse programa, imaginei como seria se tivesse algo parecido para a minha boca. Quantas vezes reagi de forma grosseira em vez de ouvir primeiro e, mais tarde, arrependi-me das palavras que falei? Certamente, essa verificação do tom teria me protegido de reagir tão tolamente.

Paulo enxergou a nossa necessidade, como cristãos, de checar o nosso discurso, especialmente quando falamos com pessoas que não são cristãs. Ele disse: "Que suas conversas sejam amistosas e agradáveis, a fim de que tenham a resposta certa para cada pessoa" (Cl 4.6). A preocupação do apóstolo era que o nosso falar fosse agradável, refletindo a beleza do nosso Salvador. E deve ser atraente aos outros. Conversar com incrédulos usando o tom correto é essencial para a nossa habilidade de testemunhar. Que o conselho contido em Colossenses 4.6 seja o nosso "verificador do tom".

Querido Senhor Jesus, graças te dou por continuamente falares comigo com palavras bondosas, generosas e ternas. Oro para que Teu Espírito Santo faça uma "verificação do tom" em mim sempre que eu abrir a boca para falar com os outros, particularmente com aqueles que ainda não te conhecem. Amém.

Toda vez que falamos, expomos publicamente o nosso coração.

ᵃ **3.11a** Em grego, *grego*. ᵇ **3.11b** Em grego, *bárbaro, cita*. ᶜ **3.24** Ou *sirvam a Cristo como seu Senhor*.

4 Senhores, sejam justos e imparciais com seus escravos. Lembrem-se de que vocês também têm um Senhor no céu.

Incentivo à oração

² Dediquem-se à oração com a mente alerta e o coração agradecido. ³ Orem também por nós, para que Deus nos dê muitas oportunidades de falar do segredo a respeito de Cristo. É por esse motivo que sou prisioneiro. ⁴ Orem para que eu proclame essa mensagem com a devida clareza.

⁵ Vivam com sabedoria entre os que são de fora e aproveitem bem todas as oportunidades. ⁶ Que suas conversas sejam amistosas e agradáveis,[a] a fim de que tenham a resposta certa para cada pessoa.

Instruções finais e saudações

⁷ Tíquico, irmão amado e colaborador fiel que trabalha comigo na obra do Senhor, lhes dará um relatório completo de como tenho passado. ⁸ Eu o envio a vocês exatamente com o propósito de informá-los do que se passa conosco e de animá-los. ⁹ Envio também Onésimo, irmão fiel e amado, que é um de vocês. Ele e Tíquico lhes contarão tudo que tem acontecido aqui.

¹⁰ Aristarco, que é prisioneiro comigo, lhes envia saudações, e assim também Marcos, primo de Barnabé. Conforme vocês foram instruídos, se Marcos passar por aí, recebam-no bem. ¹¹ Jesus, chamado Justo, também manda lembranças. Esses são os únicos irmãos judeus[b] entre meus colaboradores. Eles trabalham comigo para o reino de Deus e têm sido um grande conforto para mim.

¹² Epafras, que é um de vocês e servo de Cristo Jesus, lhes envia saudações. Ele sempre ora por vocês com fervor, pedindo que sejam maduros[c] e plenamente confiantes de que praticam toda a vontade de Deus. ¹³ Posso lhes assegurar que ele tem se esforçado grandemente por vocês e pelos que estão em Laodiceia e em Hierápolis.

¹⁴ Lucas, o médico amado, lhes envia saudações, assim como Demas. ¹⁵ Mandem minhas saudações a nossos irmãos em Laodiceia, e também a Ninfa e à igreja que se reúne em sua casa.

¹⁶ Depois que tiverem lido esta carta, enviem-na à igreja em Laodiceia, a fim de que eles também possam lê-la. E vocês, leiam a carta que eu escrevi para eles.

¹⁷ E digam a Arquipo: "Cuide em realizar o ministério que o Senhor lhe deu".

¹⁸ Esta é minha saudação de próprio punho: Paulo.

Lembrem-se de que estou na prisão.

Que a graça de Deus esteja com vocês.

---

[a] **4.6** Em grego, *e temperadas com sal.* [b] **4.11** Em grego, *os únicos da circuncisão.* [c] **4.12** Ou *perfeitos.*

1 TESSALONICENSES

INTRODUÇÃO

Cidade de Tessalônica. Foi fundada por Cassandro, rei da Macedônia, em 315 a.C., e ficava cerca de 160 quilômetros a oeste de Filipos. Era um grande centro comercial nos dias de Paulo, e os seus habitantes eram gregos, romanos e judeus. Ainda existe sob o nome de Salônica. Na modernidade, essa cidade foi considerada uma metrópole judaica, até meados do século 20. No entanto, os judeus lá estabelecidos foram massivamente exterminados pelos nazistas.

Igreja de Tessalônica. Ao ser liberto da prisão em Filipos, Paulo continuou sua segunda viagem missionária a Tessalônica, levando consigo Silas e Timóteo (At 17.1-5). Ele passou três sábados lá, mas, por causa da perseguição dos judeus, partiu em direção a Bereia, depois para Atenas e em seguida para Corinto, onde passou 18 meses. A primeira epístola testemunha o esplêndido caráter cristão desses novos convertidos saídos do paganismo.

Primeira epístola aos tessalonicenses. Muito provavelmente esta seja a primeira epístola escrita por Paulo e talvez o primeiro documento escrito da religião cristã. Não é doutrinário, não tem qualquer elemento de controvérsia e é uma das mais gentis e afetuosas cartas de Paulo. É admirada por suas saudações especiais e faz referência às expectativas deles sobre o imediato retorno de Jesus. Sua principal ideia é *consolação* (4.17,18), sua principal expressão é *esperança* e suas principais palavras, *sofrimento e oposição*. Seu propósito era: (1) enviar saudações afetuosas; (2) consolá-los em suas aflições; (3) corrigir os erros, as opiniões equivocadas dos tessalonicenses sobre a segunda vinda de Cristo (4) e exortá-los a viver adequadamente indo contra certas tendências imorais.

Data. De Corinto, 53 d.C.

ESBOÇO

1. A condição espiritual da igreja, Cap. 1
    1.1. Introdução, v.1
    1.2. Sua fé, amor e esperança, vv.2,3
    1.3. A causa deles, vv.4,5
    1.4. O resultado que eles produziram, vv.6-10
2. O caráter e conduta de Paulo enquanto estava com eles, 2.1-16
    2.1. Como ele lhes trouxe o evangelho, vv.1-12
    2.2. Como o evangelho foi recebido, vv.13-16
3. O interesse de Paulo pela igreja depois de deixá-los, 2.17–3.13
    3.1. Desejo de visitá-los, 2.17-20
    3.2. Enviou-lhes Timóteo e se alegra com o relatório do jovem sobre eles, 3.1-10
    3.3. Bênção sobre eles, 3.11-13
4. Exortação para o futuro, 4.1–5.11
    4.1. À pureza, 4.1-8
    4.2. Ao amor fraternal, 4.9,10
    4.3. À atividade honesta, 4.11,12
    4.4. A ser confortado na perda de seus mortos em Cristo, 4.13–5.11

Conclusão, 5.12-28

PARA ESTUDO E DISCUSSÃO

[1] Características da igreja pelas quais Paulo é grato, 1.2-6.
[2] O que é dito sobre como o evangelho foi pregado a eles, 2.1-16.
[3] O anseio de Paulo por saber a respeito deles, 3.1-9.
[4] Os deveres exigidos, 4.1-12.
[5] A segunda vinda de Cristo e a ressurreição, 4.13-18.

[6] Como estamos preparados para o grande dia da Sua vinda, 5.3-10.
[7] As várias exortações em 5.12-22.
[8] Os elementos humanos ou a explicação do poder de Paulo como pregador, Cap. 2.
[9] A divindade de Jesus vista no livro.

Saudações de Paulo

1 Nós, Paulo, Silas[a] e Timóteo, escrevemos esta carta à igreja em Tessalônica, a vocês que estão em Deus, o Pai, e no Senhor Jesus Cristo. Que Deus lhes dê graça e paz.

Ação de graças pelos tessalonicenses

² Sempre damos graças a Deus por todos vocês e os mencionamos constantemente em nossas orações. ³ Quando oramos por vocês diante de nosso Deus e Pai, relembramos seu trabalho fiel, seus atos em amor e sua firme esperança em nosso Senhor Jesus Cristo.

⁴ Sabemos, irmãos, que Deus os ama e os escolheu. ⁵ Pois, quando lhes apresentamos as boas-novas, não o fizemos apenas com palavras, mas também com poder, visto que o Espírito Santo lhes deu plena certeza[b] de que era verdade o que lhes dizíamos. E vocês sabem como nos comportamos entre vocês e em seu favor. ⁶ Assim, apesar do sofrimento que isso lhes trouxe, vocês receberam a mensagem com a alegria que vem do Espírito Santo e se tornaram imitadores nossos e do Senhor. ⁷ Com isso, tornaram-se exemplo para todos os irmãos na Grécia, tanto na Macedônia como na Acaia.[c]

⁸ Agora, partindo de vocês, a palavra do Senhor tem se espalhado por toda parte, até mesmo além da Macedônia e da Acaia, pois sua fé em Deus se tornou conhecida em todo lugar. Não precisamos sequer mencioná-la, ⁹ pois as pessoas têm comentado sobre como vocês nos acolheram e como deixaram os ídolos a fim de servir ao Deus vivo e verdadeiro. ¹⁰ Também comentam como vocês esperam do céu a vinda de Jesus, o Filho de Deus, a quem ele ressuscitou dos mortos e que nos livrará da ira que está para vir.

Paulo recorda sua visita

2 Vocês mesmos sabem, irmãos, que a visita que lhes fizemos não foi inútil. ² Sabem como fomos maltratados e quanto sofremos em Filipos, antes de chegarmos aí. E, no entanto, com confiança em nosso Deus, anunciamos a vocês as boas-novas de Deus, apesar de grande oposição. ³ Portanto, como veem, não pregamos com a intenção de enganá-los, nem com motivos impuros, nem com artimanhas.

⁴ Em vez disso, falamos como mensageiros aprovados por Deus, aos quais foram confiadas as boas-novas. Nosso propósito não é

PÃO DIÁRIO

Que jornada!

Agora, partindo de vocês, a palavra do Senhor tem se espalhado por toda parte...

—1 Tessalonicenses 1.8

Francis Asbury percorreu mais de 9.000 quilômetros montado num cavalo durante quase meio século. Apesar da sua saúde debilitada, ele viajou incansavelmente e sustentou-se com carne de veado — alimento que não perecia durante suas longas jornadas. Asbury é relembrado por ter apresentado a "pregação metodista itinerante" como uma maneira capaz de conduzir o interior de seu país para Cristo. O objetivo do seu ministério era estabelecer novas igrejas em áreas remotas.

Ao final do seu ministério, ele havia recrutado mais de 700 pregadores itinerantes. Quando chegou às colônias, em 1771, havia apenas 600 metodistas nos Estados Unidos. Quarenta e cinco anos depois, havia 200.000!

Em muitos aspectos, esse desbravador refletiu a abordagem de Paulo em sua estratégia na plantação de igrejas. O apóstolo Paulo escreveu à igreja que ele havia estabelecido em Tessalônica: "Agora, partindo de vocês, a palavra do Senhor tem se espalhado por toda parte, até mesmo além da Macedônia e da Acaia, pois sua fé em Deus se tornou conhecida em todo lugar. Não precisamos sequer mencioná-la" (1Ts 1.8; At 17.1-10).

Os dias da "pregação itinerante" vieram e já passaram. Porém, cada um de nós tem uma "fronteira" na qual nossos amigos, parentes e vizinhos são o nosso campo missionário. Você consegue pensar em alguém que precise ouvir as boas-novas ainda hoje?

Senhor, eu te amo e quero te servir. Coloca em mim o intenso desejo de propagar a Tua Palavra. Capacita, prepara-me e, em seguida envia-me às almas perdidas, quer estejam distantes, quer à porta ao meu lado.

Os que amam a Cristo sentem amor pelos perdidos.

---

[a] 1.1 Em grego, *Silvano*, a forma grega desse nome. [b] 1.5 Ou *com o poder do Espírito Santo, para que tenham plena certeza*. [c] 1.7 Macedônia e *Acaia* eram, respectivamente, a região norte e a região sul da Grécia.

agradar as pessoas, mas a Deus, que examina as intenções de nosso coração. ⁵Como bem sabem, nunca tentamos conquistá-los com bajulação, e Deus é nossa testemunha de que não agimos motivados pela ganância. ⁶Quanto ao reconhecimento humano, nunca o buscamos de vocês, nem de nenhum outro.

⁷Ainda que, como apóstolos de Cristo, tivéssemos o direito de fazer certas exigências, agimos como crianças[a] entre vocês. Ou melhor, fomos como a mãe[b] que alimenta os filhos e deles cuida. ⁸Nós os amamos tanto que compartilhamos com vocês não apenas as boas-novas de Deus, mas também nossa própria vida.

⁹Não se lembram, irmãos, de como trabalhamos arduamente entre vocês? Noite e dia nos esforçamos para obter sustento, a fim de não sermos um peso para ninguém enquanto lhes anunciávamos as boas-novas de Deus. ¹⁰Vocês mesmos são nossas testemunhas, e Deus também é, de que fomos dedicados, honestos e irrepreensíveis com todos vocês, os que creem. ¹¹E sabem que tratamos a cada um como um pai trata seus filhos. ¹²Aconselhamos, incentivamos e insistimos para que vivam de modo que Deus considere digno, pois ele os chamou para terem parte em seu reino e em sua glória.

¹³Portanto, nunca deixamos de agradecer a Deus, pois, quando vocês receberam de nós a mensagem dele, não consideraram nossas palavras meras ideias humanas, mas as aceitaram como palavra de Deus, o que sem dúvida são. E essa mensagem continua a atuar em vocês, os que creem.

¹⁴E então, irmãos, vocês foram perseguidos por seus próprios compatriotas, tornando-se assim imitadores das igrejas de Deus em Cristo Jesus na Judeia, que também sofreram nas mãos de seu próprio povo, os judeus. ¹⁵Eles mataram o Senhor Jesus e os profetas, e agora também nos perseguem. Não agradam a Deus e trabalham contra toda a humanidade, ¹⁶procurando impedir-nos de anunciar a salvação aos gentios. Com isso, continuam a acumular pecados, mas a ira de Deus finalmente os alcançou.

O relato animador de Timóteo a respeito da igreja

¹⁷Irmãos, depois de um breve tempo separados de vocês, embora nosso coração nunca os tenha deixado, esforçamo-nos por voltar a vê-los, pela grande saudade que sentimos. ¹⁸Queríamos muito visitá-los, e eu, Paulo, tentei não apenas uma vez, mas duas; Satanás, porém, nos impediu. ¹⁹Afinal, o que nos dá esperança e alegria? E qual será nossa magnífica recompensa e coroa diante do Senhor Jesus quando ele voltar? Serão vocês! ²⁰Sim, vocês são nosso orgulho e nossa alegria.

3 Por isso, quando não pudemos mais suportar, resolvemos ficar sozinhos em Atenas ²e enviamos Timóteo para visitá-los. Ele é nosso irmão e colaborador de Deus[c] na proclamação das boas-novas de Cristo. Nós o enviamos para fortalecê-los e animá-los na fé, ³para que as dificuldades não os abalem. Mas vocês sabem que estamos destinados a passar por elas. ⁴Quando ainda estávamos com vocês, nós os advertimos de que as aflições em breve viriam, e foi o que aconteceu, como bem sabem. ⁵Assim, quando não pude mais suportar, enviei Timóteo para saber se continuavam firmes na fé. Tinha receio de que o tentador os tivesse vencido e todo o nosso trabalho houvesse sido inútil.

⁶Agora, porém, Timóteo voltou trazendo boas notícias a respeito de sua fé e seu amor. Ele nos contou que vocês se lembram sempre com alegria de nossa visita e que desejam nos ver tanto quanto nós queremos vê-los. ⁷Por isso, irmãos, apesar de nossos sofrimentos e dificuldades, ficamos animados porque vocês permaneceram firmes na fé. ⁸Agora, revivemos por saber que estão firmes no Senhor.

⁹Sim, agradecemos a Deus por vocês! Por sua causa, temos grande alegria na presença de Deus. ¹⁰Noite e dia oramos por vocês com fervor, pedindo que possamos vê-los novamente a fim de ajudá-los a aperfeiçoar a fé.

¹¹Que Deus, nosso Pai, e nosso Senhor Jesus nos encaminhem a vocês em breve. ¹²E que o Senhor faça crescer e transbordar o amor que vocês têm uns pelos outros e por todos, da mesma forma que nosso amor transborda

---

[a] **2.7a** Alguns manuscritos trazem *fomos amáveis*. [b] **2.7b** Em grego, *ama*. [c] **3.2** Alguns manuscritos trazem *servo de Deus*; outros, *colaborador*; outros ainda, *e servo e colaborador de Deus*; e ainda outros, *servo de Deus e nosso colaborador*.

por vocês. ¹³E, como resultado, que Deus, nosso Pai, torne seu coração forte, irrepreensível e santo diante dele para quando nosso Senhor Jesus voltar com todo o seu povo santo. Amém.

Uma vida dedicada a agradar a Deus

4 Finalmente, irmãos, pedimos e incentivamos em nome do Senhor Jesus que vivam para agradar a Deus, conforme lhes instruímos. Vocês já vivem desse modo, e os incentivamos a fazê-lo ainda mais, ²pois se lembram das instruções que lhes demos pela autoridade do Senhor Jesus.

³A vontade de Deus é que vocês vivam em santidade; por isso, mantenham-se afastados de todo pecado sexual. ⁴Cada um deve aprender a controlar o próprio corpo*ᵃ* e assim viver em santidade e honra, ⁵não em paixões sensuais, como os gentios que não conhecem a Deus. ⁶Nesse assunto, não prejudiquem nem enganem um irmão, pois o Senhor punirá todas essas práticas, como já os advertimos solenemente. ⁷Pois Deus nos chamou para uma vida santa, e não impura. ⁸Portanto, quem se recusa a viver de acordo com essas regras não desobedece a ensinamentos humanos, mas rejeita a Deus, que lhes dá seu Espírito Santo.

⁹Não precisamos lhes escrever sobre a importância do amor fraternal, pois o próprio Deus os ensinou a amarem uns aos outros. ¹⁰De fato, vocês já demonstram amor por todos os irmãos em toda a Macedônia. Ainda assim, irmãos, pedimos que os amem ainda mais.

¹¹Tenham como objetivo uma vida tranquila, ocupando-se com seus próprios assuntos e trabalhando com suas próprias mãos, conforme os instruímos anteriormente. ¹²Assim, os que são de fora respeitarão seu modo de viver, e vocês não terão de depender de outros.

A esperança da ressurreição

¹³Agora, irmãos, não queremos que ignorem o que acontecerá aos que já morreram,*ᵇ* para que não se entristeçam como aqueles que não têm esperança. ¹⁴Porque cremos que Jesus morreu e foi ressuscitado, também cremos que Deus trará de volta à vida, com Jesus, todos os que morreram.

> **PÃO DIÁRIO**
>
> ## A derrota da morte
>
> *Primeiro, os mortos em Cristo ressuscitarão. Depois, com eles, nós, os que ainda estivermos vivos, seremos arrebatados nas nuvens ao encontro do Senhor, nos ares. Então, estaremos com o Senhor para sempre.*
> —1 Tessalonicenses 4.16,17
>
> A fé cristã deve fazer a diferença na forma como vivemos um dia após o outro. Contudo, a prova final da nossa confiança no evangelho é o modo como reagimos diante da morte. Quando vamos ao velório e ao enterro de algum amigo que partiu e que amava o Senhor Jesus, nos reunimos para honrar um cristão cuja fidelidade abençoou ricamente a vida daqueles que o conheceram. As palavras proferidas são muito mais uma expressão de louvor a Deus do que uma homenagem ao admirado peregrino que partiu. O culto de despedida é um testemunho para glorificar a vitória do nosso Salvador sobre a morte e a sepultura (1Co 15.54-57).
>
> Que diferença entre a despedida de um cristão e a de um ateu! Relembro que no funeral de um ateu nenhuma oração foi proferida diante da sepultura. Na verdade, nem uma única palavra foi balbuciada. Os restos mortais, colocados num caixão leve, foram baixados a terra de forma nada cerimoniosa, como se um cadáver estivesse sendo retirado às pressas da visão dos que presenciavam aquela cena. Fui embora com o coração congelado. Só então me ocorreu que a perda da fé na continuidade da personalidade humana após a morte dá a esta uma vitória apavorante.
>
> Os cristãos, no entanto, creem na comunhão face a face com o nosso Senhor depois da morte e na ressurreição final do corpo mortal (1Co 15.42-55; 1Ts 4.15-18). A sua fé se alegra com a vitória sobre a morte?
>
> *Pai celestial, sou muito grata por podermos encarar a morte com a paz e a esperança que transcendem esta vida. Ainda que choremos e soframos pelas pessoas que amamos, permite-nos descansar em Tua vontade perfeita, Senhor. Podemos confiar em ti com relação àqueles que amamos, porque sabemos que és bom e que estaremos contigo por toda a eternidade!*
>
> ---
>
> **Porque Cristo está vivo, também viveremos.**

---

¹⁵Dizemos a vocês, pela palavra do Senhor: nós, os que ainda estivermos vivos quando

---

ᵃ **4.4** Ou *saber como tomar uma esposa para si*, ou *aprender a viver com sua própria esposa*; o grego traz *saber como possuir seu próprio vaso*. *ᵇ* **4.13** Em grego, *aos que adormeceram*; também em 4.14,15.

o Senhor voltar, não iremos ao encontro dele antes daqueles que já morreram. ¹⁶Pois o Senhor mesmo descerá do céu com um brado de comando, com a voz do arcanjo e com o toque da trombeta de Deus. Primeiro, os mortos em Cristo ressuscitarão. ¹⁷Depois, com eles, nós, os que ainda estivermos vivos, seremos arrebatados nas nuvens ao encontro do Senhor, nos ares. Então, estaremos com o Senhor para sempre. ¹⁸Portanto, animem uns aos outros com essas palavras.

5 Não é necessário, irmãos, que eu lhes escreva sobre quando e como tudo isso acontecerá, ²pois vocês sabem muito bem que o dia do Senhor virá inesperadamente, como ladrão à noite. ³Quando as pessoas disserem: "Tudo está em paz e seguro", então o desastre lhes sobrevirá tão repentinamente como iniciam as dores de parto de uma mulher grávida, e não haverá como escapar.

⁴Mas vocês, irmãos, não estão na escuridão a respeito dessas coisas e não devem se surpreender quando o dia do Senhor vier como ladrão. ⁵Porque todos vocês são filhos da luz e do dia. Não pertencemos à escuridão e à noite. ⁶Portanto, fiquem atentos; não durmam como os outros. Permaneçam atentos e sejam sóbrios. ⁷À noite, as pessoas dormem e os bêbados se embriagam. ⁸Mas nós, que vivemos na luz, devemos ser sóbrios, protegidos pela armadura da fé e do amor, usando o capacete da esperança da salvação.

⁹Porque Deus decidiu nos salvar por meio de nosso Senhor Jesus Cristo, em vez de derramar sua ira sobre nós. ¹⁰Cristo morreu por nós para que, quer estejamos despertos, quer dormindo, vivamos com ele para sempre. ¹¹Portanto, animem e edifiquem uns aos outros, como têm feito.

Conselhos finais

¹²Irmãos, honrem seus líderes na obra do Senhor. Eles trabalham arduamente entre vocês e lhes dão orientações. ¹³Tenham grande respeito e amor sincero por eles, por causa do trabalho que realizam. E vivam em paz uns com os outros.

¹⁴Irmãos, pedimos que advirtam os indisciplinados. Encorajem os desanimados. Ajudem os fracos. Sejam pacientes com todos.

¹⁵Cuidem que ninguém retribua o mal com o mal, mas procurem sempre fazer o bem uns aos outros e a todos.

¹⁶Estejam sempre alegres. ¹⁷Nunca deixem de orar. ¹⁸Sejam gratos em todas as circunstâncias, pois essa é a vontade de Deus para vocês em Cristo Jesus.

¹⁹Não apaguem o Espírito. ²⁰Não desprezem as profecias, ²¹mas ponham à prova tudo que é dito e fiquem com o que é bom. ²²Mantenham-se afastados de toda forma de mal.

Saudações finais

²³E, agora, que o Deus da paz os torne santos em todos os aspectos, e que o espírito, a alma e o corpo de vocês sejam mantidos irrepreensíveis até a volta de nosso Senhor Jesus Cristo. ²⁴Aquele que os chama fará isso acontecer, pois ele é fiel.

²⁵Irmãos, orem por nós.

²⁶Cumprimentem todos os irmãos com beijo santo.

²⁷Encarrego-os em nome do Senhor de lerem esta carta a todos os irmãos.

²⁸Que a graça de nosso Senhor Jesus Cristo esteja com vocês.

2 TESSALONICENSES

INTRODUÇÃO

Cidade de Tessalônica. Foi fundada por Cassandro, rei da Macedônia, em 315 a.C., e ficava cerca de 160 quilômetros a oeste de Filipos. Era um grande centro comercial nos dias de Paulo, e os seus habitantes eram gregos, romanos e judeus. Ainda existe sob o nome de Salônica. Na modernidade, essa cidade foi considerada uma metrópole judaica, até meados do século 20. No entanto, os judeus lá estabelecidos foram massivamente exterminados pelos nazistas.

Igreja de Tessalônica. Ao ser liberto da prisão em Filipos, Paulo continuou sua segunda viagem missionária a Tessalônica, levando consigo Silas e Timóteo (At 17.1-5). Ele passou três sábados lá, mas, por causa da perseguição dos judeus, partiu em direção a Bereia, depois para Atenas e em seguida para Corinto, onde passou 18 meses. A primeira epístola testemunha o esplêndido caráter cristão desses novos convertidos saídos do paganismo.

Segunda epístola aos tessalonicenses. Esta carta também foi escrita de Corinto e durante o mesmo ano. É a carta mais curta que Paulo escreveu a qualquer igreja e é caracterizada pela falta de saudações especiais e pela ideia geral de esperar pacientemente por nosso Senhor. A ocasião parece ser a de corrigir opiniões erradas dos tessalonicenses sobre a segunda vinda de Cristo e os erros advindos delas. Pode ser que eles tenham entendido mal seu próprio ensino de que o Dia do Senhor já estava próximo (2.2).

Data. De Corinto, 53 d.C.

ESBOÇO

Introdução, 1.1,2
1. Ações de graças e oração pela visão da segunda vinda de Cristo, 1.2-12
2. Advertências sobre a segunda vinda de Cristo, 2.1-12
3. O livramento deles em Sua vinda, 2.13-17
4. Assuntos práticos, 3.1-15
    4.1. As orações de uns pelos outros, vv.1-5
    4.2. Disciplina para os desordeiros, vv.6-15

Conclusão, 3.16-18

PARA ESTUDO E DISCUSSÃO

[1] Coisas louváveis na igreja, 2.13,14.
[2] Desordens morais da igreja, 3.7-11.
[3] Como lidar com os desordeiros, 3.6,14,15.
[4] Como lidar com o ocioso, 3.12.
[5] Fatos relativos à segunda vinda de Cristo, encontrados em todo a epístola.
[6] Fatos relativos ao julgamento dos ímpios.

> **REFLETINDO SOBRE:** Permanecendo firme
>
> ## Mulheres perseguidas
>
> *Sim, e todos que desejam ter uma vida de devoção em Cristo Jesus sofrerão perseguições.*
> —2 Timóteo 3.12
>
> Como única sobrevivente de um ataque de radicais muçulmanos feito a quatro adolescentes na Indonésia, Noviana Malewa ainda sofre física e emocionalmente. Em 29 de outubro de 2005, Noviana e três amigas cristãs caminhavam da escola para casa ao serem atacadas por um grupo de jihadistas com machetes. Os homens decapitaram três das meninas, mas Noviana sobreviveu ao talho em sua cabeça e pescoço. Seu longo tratamento médico foi pago por *A voz dos Mártires*, uma das várias organizações dedicadas a ministrar aos cristãos perseguidos pelo mundo.
>
> As mulheres na igreja de Tessalônica também vivenciaram perseguição devido as suas crenças cristãs. Após crerem no evangelho por meio da pregação do apóstolo Paulo, essas primeiras cristãs enfrentaram severa hostilidade por parte dos judeus e dos gentios. A Bíblia as elogia por sua reação. Em lugar de fugirem da situação, elas aceitaram o sofrimento como algo que Deus havia permitido para o Seu propósito e glória. Portanto, decidiram conscientemente suportar a perseguição com a força suprida por Deus. Em meio ao sofrimento, a fé floresceu e o amor delas umas pelas outras também cresceu.
>
> Quando enfrentamos hostilidades devido as nossas crenças cristãs, nosso impulso pode ser o de evitá-las a todo custo. Podemos nos sentir tentadas a atacar a injustiça de nossa situação com forte ira. Ainda que queiramos que todos gostem de nós, como seguidoras de Cristo podemos esperar sermos mal compreendidas, ridicularizadas, criticadas, discriminadas e até mesmo odiadas. Sempre que nos posicionamos por Ele, enfrentamos a possibilidade de perseguição em algum grau. A Bíblia nos alerta que isso ficará pior conforme nos aproximarmos do fim dos tempos. Deus promete nos dar a força que precisamos para suportar tal adversidade. Enquanto isso, podemos esperar pelo dia em que Deus distribuirá justiça e acabará com toda a perseguição aos Seus filhos.

Saudações de Paulo

1 Nós, Paulo, Silas[a] e Timóteo, escrevemos esta carta à igreja em Tessalônica, a vocês que estão em Deus, nosso Pai, e no Senhor Jesus Cristo. ²Que Deus, nosso Pai,[b] e o Senhor Jesus Cristo lhes deem graça e paz.

Ânimo durante a perseguição

³Irmãos, não podemos deixar de dar graças a Deus por vocês, pois sua fé tem se desenvolvido cada vez mais, e seu amor uns pelos outros tem crescido. ⁴Por isso nos orgulhamos de falar às outras igrejas de Deus sobre sua perseverança e fidelidade em todas as perseguições e aflições que vocês têm sofrido. ⁵Deus usará essa perseguição para mostrar que seu julgamento é justo e para torná-los dignos de seu reino, pelo qual estão sofrendo. ⁶Em sua justiça, Deus pagará com aflição aqueles que afligem vocês.

⁷Deus concederá descanso a vocês, que são afligidos, e também a nós, na revelação do Senhor Jesus, quando ele vier do céu. Virá com seus anjos poderosos, ⁸em chamas de fogo, trazendo juízo sobre os que não conhecem a Deus e sobre os que se recusam a obedecer às boas-novas de nosso Senhor Jesus. ⁹Eles serão punidos com destruição eterna, separados para sempre da presença do Senhor e de seu glorioso poder. ¹⁰No dia em que ele vier, receberá glória de seu povo santo e louvores de todos os que creem. E isso inclui vocês, pois creram naquilo que lhes dissemos a respeito dele.

¹¹Assim, continuamos a orar por vocês, pedindo a nosso Deus que os capacite a ter uma vida digna de seu chamado e lhes dê poder para realizar as coisas boas que a fé os motivar a fazer. ¹²Então o nome de nosso Senhor Jesus será honrado em vocês, e vocês serão honrados com ele. Tudo isso é possível pela graça de nosso Deus e Senhor, Jesus Cristo.[c]

---

[a] 1.1 Em grego, *Silvano*, forma grega desse nome. [b] 1.2 Alguns manuscritos trazem *Deus, o Pai*. [c] 1.12 Ou *de nosso Deus e do Senhor Jesus Cristo*.

Acontecimentos que precederão a segunda vinda

2 Agora, irmãos, vamos esclarecer algumas coisas a respeito da vinda de nosso Senhor Jesus Cristo e de nosso encontro com ele. ²Não se deixem abalar nem assustar tão facilmente por aqueles que dizem que o dia do Senhor já começou. Não acreditem neles, mesmo que afirmem ter recebido uma visão espiritual, uma revelação ou uma carta supostamente enviada por nós. ³Não se deixem enganar pelo que dizem, pois esse dia não virá até que surja a rebelião[a] e venha o homem da perversidade,[b] aquele que traz destruição.[c] ⁴Ele se exaltará e se oporá a tudo que o povo chama de "deus" e a todo objeto de culto, e até se sentará no templo de Deus e se fará passar por Deus.

⁵Não se lembram de que eu lhes falei disso tudo quando estive aí? ⁶E vocês sabem o que o está detendo, pois ele só pode ser revelado quando sua hora chegar. ⁷Pois essa perversidade já opera secretamente e permanecerá em segredo até que se afaste aquele que a detém. ⁸Então o homem da perversidade será revelado, mas o Senhor Jesus o matará com o sopro de sua boca e o destruirá com o esplendor de sua vinda.

⁹Esse homem virá para realizar o trabalho de Satanás, com poder, sinais e falsas maravilhas, ¹⁰e com todo tipo de mentira perversa para enganar os que estão caminhando para a destruição, pois se recusam a amar e a aceitar a verdade que os salvaria. ¹¹Portanto, Deus fará que sejam enganados, e eles crerão nessas mentiras. ¹²Então serão condenados por ter prazer no mal em vez de crer na verdade.

Os fiéis devem permanecer firmes

¹³Quanto a nós, não podemos deixar de dar graças a Deus por vocês, irmãos amados pelo Senhor. Somos sempre gratos porque Deus os escolheu para estarem entre os primeiros[d] a receber a salvação por meio do Espírito que os torna santos e pela fé na verdade. ¹⁴Ele os chamou para a salvação quando lhes anunciamos as boas-novas; agora vocês podem participar da glória de nosso Senhor Jesus Cristo.

¹⁵Portanto, irmãos, tendo em mente todas essas coisas, permaneçam firmes e apeguem-se às tradições que lhes transmitimos, seja pessoalmente, seja por carta.

PÃO DIÁRIO

Ociosos ou trabalhadores?

Quanto a vocês, irmãos, nunca se cansem de fazer o bem.
—2 Tessalonicenses 3.13

O apóstolo Paulo disse algumas palavras duras aos ociosos: "Quem não quiser trabalhar não deve comer" (2Ts 3.10). Algumas circunstâncias podem impossibilitar que trabalhemos. Contudo, se estamos fisicamente aptas e podemos trabalhar, devemos fazê-lo com energia e empenho. Esse não era apenas um bom conselho, mas um mandamento de um apóstolo inspirado e do nosso Senhor Jesus Cristo (v.12). Preguiça é pecado.

Paulo também teve uma palavra para os trabalhadores: "nunca se cansem de fazer o bem" (v.13). Nosso trabalho pode parecer tedioso e oferecer poucos desafios ou incentivos, mas podemos fazê-lo "de bom ânimo, como se fosse para o Senhor, e não para os homens" (Cl 3.23).

Ficamos esgotadas em nossa função de vez em quando e queremos desistir, mas podemos perseverar quando entendemos que estamos trabalhando "com entusiasmo", como se servíssemos "ao Senhor e não aos homens" (Ef 6.7). Ele é o empregador que vê e sabe tudo o que fazemos e valoriza os nossos feitos e os motivos pelos quais os fazemos. Saber que Deus se importa com o nosso trabalho valoriza todas as nossas ações, até mesmo aquelas que ninguém percebe ou aprecia.

Um dos auxiliares de Michelangelo lhe perguntou o motivo de pintar uma parte menos evidente da Capela Sistina e ter desperdiçado tanta atenção numa parte do teto que ninguém veria. Ele respondeu: "Deus verá".

Senhor, graças te dou por reparares no meu trabalho. Por favor, ajuda-me a dedicar tudo o que eu fizer para a Tua honra e glória. E ajuda-me a permanecer diligente e confiável em minhas atividades. Ajuda-me a dar um dia de trabalho honesto ao meu empregador e orienta-me a dar o esforço adequado ao trabalho que faço pela minha família. Que tudo isso possa levar as pessoas a ti.

Não importa quem é o seu líder, pois, na verdade, você está trabalhando para Deus.

---

[a] **2.3a** Ou *o afastamento*, ou *a partida*; a maioria das traduções translitera o termo grego como *apostasia*. [b] **2.3b** Alguns manuscritos trazem *homem do pecado*. [c] **2.3c** Em grego, *o filho da destruição*. [d] **2.13** Alguns manuscritos trazem *Deus os escolheu desde o princípio*.

¹⁶Que o próprio Jesus Cristo, nosso Senhor, e Deus, nosso Pai, que nos amou e pela graça nos deu eterno conforto e maravilhosa esperança, ¹⁷os animem e os fortaleçam em tudo de bom que vocês fizerem e disserem.

Pedido de oração

3 Finalmente, irmãos, pedimos que orem por nós. Orem para que a mensagem do Senhor se espalhe rapidamente e seja honrada por onde quer que vá, como aconteceu quando chegou a vocês. ²Orem também para que sejamos libertos dos perversos e maus, pois nem todos têm fé.ᵃ ³Mas o Senhor é fiel; ele os fortalecerá e os guardará do maligno.ᵇ ⁴E confiamos no Senhor que vocês estão fazendo e continuarão a fazer aquilo que lhes ordenamos. ⁵Que o Senhor conduza o coração de vocês ao amor de Deus e à perseverança que vem de Cristo.

Apelo a uma vida adequada

⁶E agora, irmãos, nós lhes damos a seguinte ordem em nome de nosso Senhor Jesus Cristo: mantenham-se afastados de todos os irmãos que vivem ociosamente e não seguem a tradição que receberam de nós. ⁷Pois vocês sabem que devem seguir nosso exemplo. Não ficamos ociosos quando estivemos com vocês, ⁸nem nos alimentamos às custas dos outros. Trabalhamos arduamente dia e noite, a fim de não sermos um peso para nenhum de vocês. ⁹Embora tivéssemos o direito de pedir que nos alimentassem, queríamos lhes dar o exemplo. ¹⁰Quando ainda estávamos com vocês, lhes ordenamos: "Quem não quiser trabalhar não deve comer".

¹¹Contudo, soubemos que alguns de vocês estão vivendo ociosamente, recusando-se a trabalhar e intrometendo-se em assuntos alheios. ¹²Ordenamos e insistimos em nome do Senhor Jesus Cristo que sosseguem e trabalhem para obter o próprio sustento. ¹³Quanto a vocês, irmãos, nunca se cansem de fazer o bem.

¹⁴Observem quem se recusa a obedecer àquilo que lhes digo nesta carta. Afastem-se dele, para que se sinta envergonhado. ¹⁵Não o considerem como inimigo, mas advirtam-no como a um irmão.

Saudações finais

¹⁶Que o próprio Senhor da paz lhes dê paz em todos os momentos e situações. Que o Senhor esteja com todos vocês.

¹⁷Aqui está minha saudação de próprio punho: Paulo. Assim faço em todas as minhas cartas para provar que eu mesmo as escrevi. ¹⁸Que a graça de nosso Senhor Jesus Cristo esteja com todos vocês.

ᵃ **3.2** Ou *pois a fé não é de todos*. ᵇ **3.3** Ou *do mal*.

1 TIMÓTEO

INTRODUÇÃO

Timóteo era natural da região da Licaônia. Seu pai era grego, mas sua mãe e sua avó eram judias, 2Tm 1.5. Ele aprendeu as Escrituras desde sua infância, 2Tm 3.15, e provavelmente se converteu durante a primeira visita de Paulo a Listra, At 14.8-20. Foi consagrado como evangelista, 1Tm 4.14; 2Tm 1.6, e, depois da segunda visita de Paulo a Listra. Passou a maior parte do seu tempo com Paulo, At 16.1. Ele prestou serviço muito valioso a Paulo e foi muito estimado por este, At 17.14; 18.5; 20.4; Rm 16.21; 1Co 4.17; 16.10. Seu nome está associado a Paulo ao escrever uma série de cartas, 2Co 1.1; Fp 1.1; Cl 1.1. Timóteo foi pastor em Éfeso e, enquanto esteve lá, recebeu essas cartas, 1Tm 1.3,4. Paulo desejou tê-lo consigo quando sua sentença de morte chegou, 2Tm 4.9,13,21.

Primeira epístola a Timóteo. Esta epístola foi escrita enquanto Timóteo era pastor em Éfeso, provavelmente entre 64 e 66 d.C. O objetivo era instruir Timóteo em relação aos seus deveres pastorais. Ela, portanto, reflete a condição da igreja e especialmente os erros que Paulo corrigiria ou contra os quais desejava advertir seu "verdadeiro filho na fé".

ESBOÇO

Saudação, 1.1,2

1. Os verdadeiros ensinamentos do evangelho, 1.3-20
    1.1. Ensinos gnósticos e o verdadeiro propósito da Lei, vv.3-11
    1.2. A salvação de Paulo, vv.12-17
    1.3. Mais advertências contra falsos mestres, vv.18-20

2. Culto público, Cap. 2
    2.1. Oração, vv.1-7
    2.2. A conduta dos homens e mulheres nas assembleias da igreja, vv.8-15

3. Oficiais da igreja, Cap. 3
    3.1. Um bispo ou pastor, vv.1-7
    3.2. Diáconos e diaconisas, vv.8-13
    3.3. Uma palavra pessoal, vv.14-16

4. Deveres pastorais, 4.1–6.2
    4.1. Quanto às verdadeiras doutrinas, Cap. 4
    4.2. Em relação a várias classes da igreja, 5.1-20
    4.3. Com respeito a ele mesmo, 5.21-25
    4.4. No ensino dos escravos e seus senhores, 6.1,2

5. Advertências finais e exortações, 6.3-21
    5.1. Contra falsos mestres, vv.3-10
    5.2. A ser verdadeiramente piedoso, vv.11-16
    5.3. Para ensinar os ricos corretamente, vv.17-19
    5.4. A ser verdadeiro com seus encargos, vv.20,21

PARA ESTUDO E DISCUSSÃO

[1] Falsos ensinamentos, 1.3-11; 4.1-8; 6.20,21.
[2] O tipo de homem que um pastor deve ser, 4.12–5.2.
[3] O tipo de homens a serem eleitos para oficiais da igreja (qualificações de um pastor e de um diácono), 3.1-13.
[4] Governo da igreja e cultos de adoração, 2.1,2,8; 3.14,15.
[5] A doutrina ou ensino da palavra, piedade e fé significando doutrina.

> **PÃO DIÁRIO**
>
> ## Uma leitura enganosa
>
> *Apegue-se à fé e mantenha a consciência limpa, pois alguns rejeitaram deliberadamente a consciência e, como resultado, a fé que tinham naufragou.*
>
> —1 Timóteo 1.19
>
> William Scoresby foi um explorador marítimo britânico no século 19 que respondeu ao chamado de Deus para o ministério. Ele conservou o interesse sobre o funcionamento de bússolas de navegação durante todo o seu trabalho como clérigo. Sua pesquisa o fez descobrir que todos os navios de ferro recém-construídos tinham sua própria influência magnética nas bússolas. Por várias razões, essas influências se alteravam no mar, o que fazia as equipes lerem a bússola incorretamente. Muitas vezes isso levava ao desastre.
>
> Há um paralelo impressionante entre a bússola interpretada erroneamente e o falso ensinamento bíblico. Paulo nos advertiu: não desperdicem "tempo com discussões intermináveis sobre mitos e genealogias" (1.4) e sobre alterações feitas pelo homem nas doutrinas da Palavra de Deus. As pessoas que ensinam falsas doutrinas "naufragam" na fé, conclui Paulo (v.19). Duas pessoas que se opuseram à Palavra de Deus colocando falsos ensinos em seu lugar e que, por isso, enfrentaram o naufrágio espiritual, foram Alexandre e Himeneu (v.20).
>
> Na igreja de hoje, a verdade bíblica está sendo questionada e, em alguns casos, até mesmo substituída. Nossas opiniões nunca devem substituir a verdade da Palavra de Deus. A Bíblia é o melhor guia para a nossa consciência quando navegarmos nos mares inconstantes da vida, e não as opiniões erradas dos homens. Cuidado com leituras equivocadas.
>
> *Pai, precisamos da verdade de Tua Palavra imutável quando somos confrontadas com falsas doutrinas. Enche-nos com a Tua sabedoria, aumenta a nossa compreensão e ajuda-nos a discernir entre os ventos do falso ensino e a sólida verdade bíblica.*
>
> ---
>
> O primeiro ponto da sabedoria é conhecer a verdade; o segundo é discernir o falso.

Saudações de Paulo

1 Eu, Paulo, apóstolo de Cristo Jesus, por ordem de Deus, nosso Salvador, e de Cristo Jesus, nossa esperança, ²escrevo esta carta a Timóteo, meu verdadeiro filho na fé. Que Deus, o Pai, e Cristo Jesus, nosso Senhor, lhe deem graça, misericórdia e paz.

Advertência contra falsos ensinos

³Quando parti para a Macedônia, pedi a você que ficasse em Éfeso e advertisse certas pessoas de que não ensinassem coisas contrárias à verdade, ⁴nem desperdiçassem tempo com discussões intermináveis sobre mitos e genealogias, que só levam a especulações sem sentido em vez de promover o propósito de Deus, que é realizado pela fé.

⁵O alvo de minha instrução é o amor que vem de um coração puro, de uma consciência limpa e de uma fé sincera. ⁶Alguns, porém, se desviaram dessas coisas e passam o tempo em discussões inúteis. ⁷Querem ser conhecidos como mestres da lei, mas não sabem do que estão falando, embora o façam com tanta confiança.

⁸Sabemos que a lei é boa quando usada corretamente. ⁹Pois a lei não foi criada para os que fazem o que é certo, mas para os transgressores e rebeldes, para os irreverentes e pecadores, para os ímpios e profanos. Ela é para os que matam pai ou mãe ou cometem outros homicídios, ¹⁰para os que vivem na imoralidade sexual, para os que praticam a homossexualidade, e também para os sequestradores,[a] os mentirosos, os que juram falsamente ou que fazem qualquer outra coisa que contradiga o ensino verdadeiro, ¹¹que vem das boas-novas gloriosas confiadas a mim por nosso Deus bendito.

A gratidão de Paulo pela misericórdia de Deus

¹²Agradeço àquele que me deu forças, Cristo Jesus, nosso Senhor, que me considerou digno de confiança e me designou para servi-lo, ¹³embora eu fosse blasfemo, perseguidor e violento. Contudo, recebi misericórdia, porque agia por ignorância e incredulidade. ¹⁴O Senhor fez sua graça transbordar e me encheu da fé e do amor que vêm de Cristo Jesus.

¹⁵Esta é uma afirmação digna de confiança, e todos devem aceitá-la: "Cristo Jesus veio ao mundo para salvar os pecadores", e eu sou o pior de todos. ¹⁶Mas foi por isso que eu, o pior dos pecadores, recebi misericórdia, para que assim Cristo Jesus mostrasse quanto é

---

[a] **1.10** Ou *traficantes de escravos*.

paciente. Desse modo, sirvo de exemplo a todos que vierem a crer nele para a vida eterna. [17]Honra e glória a Deus para todo o sempre! Ele é o Rei eterno, invisível e imortal; ele é o único Deus. Amém.

A responsabilidade de Timóteo

[18]Timóteo, meu filho, estas são minhas instruções para você, com base nas palavras proféticas ditas tempos atrás a seu respeito. Que elas o ajudem a lutar o bom combate. [19]Apegue-se à fé e mantenha a consciência limpa, pois alguns rejeitaram deliberadamente a consciência e, como resultado, a fé que tinham naufragou. [20]Himeneu e Alexandre são dois exemplos. Eu os entreguei a Satanás, para que aprendam a não blasfemar.

Instruções a respeito do culto

2 Em primeiro lugar, recomendo que sejam feitas petições, orações, intercessões e ações de graça em favor de todos, [2]em favor dos reis e de todos que exercem autoridade, para que tenhamos uma vida pacífica e tranquila, caracterizada por devoção e dignidade. [3]Isso é bom e agrada a Deus, nosso Salvador, [4]cujo desejo é que todos sejam salvos e conheçam a verdade. [5]Pois:

> Há um só Deus e um só Mediador entre
>   Deus e a humanidade:
>   o homem Cristo Jesus.
> [6]Ele deu sua vida para comprar
>   a liberdade de todos.

Essa é a mensagem que foi entregue ao mundo no momento oportuno. [7]E eu fui escolhido como pregador e apóstolo para ensinar aos gentios essa mensagem a respeito da fé e da verdade. Não estou mentindo; digo a verdade.

[8]Quero, portanto, que em todo lugar de culto os homens orem com mãos santas levantadas, livres de ira e de controvérsias.

[9]Da mesma forma, quero que as mulheres tenham discrição em sua aparência.[a] Que usem roupas decentes e apropriadas, sem chamar a atenção pela maneira como arrumam o cabelo ou por usarem ouro, pérolas ou roupas caras. [10]Pois as mulheres que afirmam ser devotas a Deus devem se embelezar com as boas obras que praticam.

[11]As mulheres devem aprender em silêncio e com toda submissão. [12]Não permito que as mulheres ensinem aos homens, nem que tenham autoridade sobre eles.[b] Antes, devem ouvir em silêncio. [13]Porque primeiro Deus fez Adão e, depois, Eva. [14]E não foi Adão o

---

> **PÃO DIÁRIO**
>
> ## Oração fiel
>
> *...em favor dos reis e de todos que exercem autoridade...*
> —1 Timóteo 2.2
>
> Emma Gray faleceu aos 95 anos, em junho de 2009. Por mais de duas décadas, ela havia sido a senhora da limpeza numa enorme casa. Toda noite, enquanto fazia seu trabalho, ela orava por bênçãos, sabedoria e segurança em favor do homem para quem trabalhava.
>
> Embora Emma tenha trabalhado no mesmo lugar por 24 anos, os moradores da residência mudavam a cada quatro anos ou mais. Ao longo dos anos, Emma ofereceu suas orações todas as noites por seis presidentes americanos.
>
> Mesmo tendo suas preferências pessoais, ela orou por todos eles e seguiu a instrução, de orar por "em favor dos reis e de todos que exercem autoridade" (v.2). Os versículos seguintes falam sobre como viver uma "vida pacífica e tranquila", ser pessoas tementes e reverentes a Deus, pois "isso é bom e agrada a Deus, nosso Salvador, cujo desejo é que todos sejam salvos e conheçam a verdade" (vv.2-4).
>
> Porque Deus "ouve as orações dos justos" (Pv 15.29), quem sabe como Ele respondeu as orações fiéis dessa senhora? Em Provérbios 21.1, lemos: "O coração do rei é como canais de águas controlados pelo Senhor; ele os conduz para onde quer".
>
> Como essa senhora, nós também devemos orar por nossos líderes. Deus a chama para orar por alguém hoje?
>
> *Querido Deus, perdoe-me pelas vezes em que me esqueço do quanto os nossos líderes cívicos precisam de nossas orações. Independentemente de concordar com eles ou não, minha responsabilidade é investir tempo em súplicas, clamando a ti, em favor deles. Por favor, dá-lhes sabedoria e ajuda-os a tornarem a nossa terra um lugar onde o povo de Deus possa servir-te e os piedosos possam prosperar.*
>
> **Para influenciar os líderes a inclinarem-se para Deus, interceda por eles.**

---

[a]**2.9** Ou *orem em trajes discretos.* [b]**2.12** Ou *ensinem aos homens nem usurpem sua autoridade.*

enganado. A mulher é que foi enganada, e o resultado foi o pecado. ¹⁵Mas as mulheres serão salvas dando à luz filhos,ª desde que continuem a viver na fé, no amor e na santidade, com discrição.

Os líderes da igreja

3 Esta é uma afirmação digna de confiança: "Se alguém deseja ser bispo,ᵇ deseja uma tarefa honrosa". ²Portanto, o bispo deve ter uma vida irrepreensível. Deve ser marido de uma só mulher,ᶜ ter autocontrole, viver sabiamente e ter boa reputação. Deve ser hospitaleiro e apto a ensinar. ³Não deve beber vinho em excesso, nem ser violento. Antes, deve ser amável, pacífico e desapegado do dinheiro. ⁴Deve liderar bem a própria família e ter filhos que o respeitem e lhe obedeçam. ⁵Pois, se um homem não é capaz de liderar a própria família, como poderá cuidar da igreja de Deus?

⁶Não deve ser recém-convertido, pois poderia se tornar orgulhoso, e o diabo o faria cair.ᵈ ⁷Além disso, os que são de fora devem falar bem dele, para que não seja desacreditado e caia na armadilha do diabo.

⁸Da mesma forma, os diáconosᵉ devem ser respeitáveis e ter integridade. Não devem beber vinho em excesso, nem se deixar conduzir pela ganância. ⁹Devem ser comprometidos com o segredo da fé e viver com a consciência limpa. ¹⁰Antes de serem nomeados diáconos, é necessário que se faça uma avaliação cuidadosa. Se forem aprovados, então que exerçam a função de diáconos.

¹¹De igual modo, as mulheresᶠ devem ser respeitáveis e não caluniar ninguém. Devem ter autocontrole e ser fiéis em tudo que fazem.

¹²O diácono deve ser marido de uma só mulher e liderar bem seus filhos e sua casa. ¹³Aqueles que exercerem bem a função de diáconos serão recompensados com o respeito de outros e terão cada vez mais convicção de sua fé em Cristo Jesus.

As verdades de nossa fé

¹⁴Embora espere vê-lo em breve, escrevo-lhe estas coisas agora, ¹⁵para que, se eu demorar, você saiba como as pessoas devem se comportar na casa de Deus. Ela é a igreja do Deus vivo, coluna e alicerce da verdade.

¹⁶Sem dúvida, este é o grande segredo de nossa fé:ᵍ

Cristoʰ foi revelado em corpo humano,
    justificado pelo Espírito,
visto por anjos,
    anunciado às nações,
crido em todo o mundo
    e levado para o céu em glória.

Advertências acerca dos falsos mestres

4 O Espírito afirma claramente que nos últimos tempos alguns se desviarão da fé, dando ouvidos a espíritos enganadores e a ensinamentos de demônios, ²que vêm de indivíduos hipócritas e mentirosos, cuja consciência está morta.ⁱ

³Tais pessoas afirmam que é errado se casar e proíbem que se comam certos alimentos, que Deus criou para serem recebidos com ação de graças pelos que são fiéis e conhecedores da verdade. ⁴Porque tudo que Deus fez é bom, não devemos rejeitar nada, mas a tudo receber com ação de graças, ⁵pois sabemos que se torna aceitávelʲ pela palavra de Deus e pela oração.

Um bom servo de Cristo Jesus

⁶Se você explicar estas coisas aos irmãos, será um bom servo de Cristo Jesus, nutrido pela mensagem da fé e pelo bom ensino que tem seguido. ⁷Não perca tempo discutindo mitos profanos e crendices absurdas. Em vez disso, exercite-se na devoção. ⁸"O exercício físico tem algum valor, mas exercitar-se na devoção é muito melhor, pois promete benefícios não apenas nesta vida, mas também na vida futura." ⁹Essa é uma afirmação digna de confiança, e todos devem aceitá-la. ¹⁰Trabalhamos arduamente e continuamos a lutarᵏ porque nossa esperança está no Deus vivo, o Salvador de todos, especialmente dos que creem.

¹¹Ensine estas coisas e insista nelas. ¹²Não deixe que ninguém o menospreze porque você

ª **2.15** Ou *serão salvas ao aceitarem seu papel de mãe*. ᵇ **3.1** Ou *supervisor*; também em 3.2. ᶜ **3.2** Ou *ser fiel à esposa*, ou *ter se casado somente uma vez*; também em 3.12. ᵈ **3.6** Ou *poderia cair no mesmo julgamento que o diabo*. ᵉ **3.8** Ou *servidores*; também em 3.10,12,13. ᶠ **3.11** Ou *suas esposas*, isto é, as mulheres dos diáconos. ᵍ **3.16a** Em grego, *grande mistério da piedade*. ʰ **3.16b** Em grego, *Aquele que*; alguns manuscritos trazem *Deus*. ⁱ **4.2** Em grego, *está cauterizada*. ʲ **4.5** Ou *se torna santo*. ᵏ **4.10** Alguns manuscritos trazem *continuamos a sofrer*.

> **REFLETINDO SOBRE:** Jamais sozinha
>
> ## Viúvas
>
> *Pois seu marido será aquele que a fez.*
> —Isaías 54.5
>
> Irene tropeçou em seus chinelos e andou pelo corredor rindo sozinha. Ela não via a hora de contar a Max o sonho louco que tivera. *Por que ele ainda não fez o café?* Repentinamente, tudo voltou como uma torrente— o súbito ataque cardíaco, dois dias na UTI, o culto após o sepultamento há apenas uma semana. Irene despencou sobre a mesa, pensando nos 69 anos de casamento. Ela e Max haviam vivido mais que seu filho, seus irmãos e a maioria de seus amigos. Agora ela vivia sem seu melhor amigo e companheiro de vida. Como conseguiria continuar sem ele?
>
> Na Bíblia, Deus instrui o Seu povo a dar atenção especial às viúvas. A Igreja Primitiva ministrava às mulheres que haviam perdido seus maridos, e Paulo explicou que as verdadeiras viúvas precisavam do suporte da congregação. Essas mulheres estavam sozinhas no mundo, sem filhos ou netos que pudessem cuidar delas. Se tais viúvas serviam a Deus e buscavam Sua ajuda, os outros cristãos lhes deviam respeito e apoio.
>
> É sempre traumático perder alguém com quem compartilhamos a nossa vida. A solidão é intensificada quando uma viúva não tem filhos, família ou amigos de longa data. Pode ser realmente assustador para uma mulher de idade avançada, que dependia de seu marido em vários aspectos. Outras experiências de vida além da viuvez também podem nos fazer sentir isoladas — mudar-se para outro lugar, lidar com o "ninho vazio" ou com uma doença séria, por exemplo.
>
> Deus entende todas as coisas pelas quais passamos, incluindo nossos sentimentos. Ainda que Ele queira nos consolar, precisamos receber o Seu cuidado por meio da oração, da leitura de Sua Palavra e mantendo nossos pensamentos fixos nele. Nossa melhor cura para a solidão é investir tempo com Aquele que está sempre cuidando de nós. Podemos nos sentir solitárias em alguns momentos, mas nunca estaremos realmente sozinhas.

é jovem. Seja exemplo para todos os fiéis nas palavras, na conduta, no amor, na fé e na pureza. **13**Até minha chegada, dedique-se à leitura pública das Escrituras,[a] ao encorajamento e ao ensino.

14Não descuide do dom que recebeu por meio de profecia quando os presbíteros[b] impuseram as mãos sobre você. **15**Dedique total atenção a essas questões. Entregue-se inteiramente a suas tarefas, para que todos vejam seu progresso. **16**Fique atento a seu modo de viver e a seus ensinamentos. Permaneça fiel ao que é certo, e assim salvará a si mesmo e àqueles que o ouvem.

Conselhos a respeito de viúvas, líderes e escravos

5 Nunca fale com dureza a um homem mais velho,[c] mas aconselhe-o como faria com seu próprio pai. Quanto aos mais jovens, aconselhe-os como a irmãos. **2**Trate as mulheres mais velhas como trataria sua mãe, e as mais jovens, com toda pureza, como se fossem suas irmãs.

3Cuide[d] das viúvas que não têm ninguém para ajudá-las. **4**Mas, se elas tiverem filhos ou netos, a primeira responsabilidade deles é mostrar devoção no lar e retribuir aos pais o cuidado recebido. Isso é algo que agrada a Deus.

5A verdadeira viúva, uma mulher sozinha no mundo, põe sua esperança em Deus. Dia e noite, faz súplicas e orações. **6**Mas a viúva que vive apenas para o prazer está morta, ainda que esteja viva. **7**Dê essas instruções, para que ninguém fique sujeito a críticas.

8Aqueles que não cuidam dos seus, especialmente dos de sua própria família, negaram a fé e são piores que os descrentes.

9A viúva incluída na lista para receber sustento deve ter pelo menos sessenta anos e ter sido esposa de um só marido.[e] **10**Deve ser respeitada pelo bem que praticou, como alguém

---

[a] **4.13** Em grego, *dedique-se à leitura*. [b] **4.14** Ou *anciãos*. [c] **5.1** Ou *a um ancião*, ou *a um presbítero*. [d] **5.3** Ou *Honre*. [e] **5.9** Ou *ter sido fiel ao marido*, ou *ter se casado somente uma vez*.

> **PÃO DIÁRIO**
>
> ## A verdadeira riqueza
>
> *Ensine aos ricos deste mundo que não se orgulhem nem confiem em seu dinheiro, que é incerto. Sua confiança deve estar em Deus...*
>
> —1 Timóteo 6.17
>
> O dinheiro é uma força poderosa. Nós trabalhamos por ele, economizamos, gastamos, usamos para satisfazer nossos anseios humanos e, em seguida, desejamos obter ainda mais. Ciente do perigo de nos distrair, Jesus ensinou mais sobre dinheiro do que qualquer outro assunto. E, tanto quanto sabemos, nunca recolheu uma oferta para si mesmo. Evidentemente, Ele não ensinou sobre dar com o objetivo de encher os próprios bolsos. Em vez disso, Jesus nos advertiu que confiar na riqueza e usá-la para obter poder entope nossas artérias espirituais mais facilmente do que a maioria dos outros obstáculos ao desenvolvimento espiritual. Ao contar a parábola do "rico insensato", Ele envergonhou os Seus ouvintes por não serem ricos para com Deus (Lc 12.13-21) indicando que o Senhor tem uma definição muito diferente de riqueza do que a maioria de nós.
>
> Então, o que significa ser rico para com Deus? Paulo nos diz que aqueles que são ricos não devem se orgulhar de sua riqueza, nem depositar sua confiança em seu dinheiro (1Tm 6.17). Pelo contrário, devemos "fazer o bem" e "ser ricos em boas obras" (v.18).
>
> Interessante! Deus mede a riqueza pela qualidade de nossa vida e por nosso generoso desembolsar dessa mesma riqueza para abençoar os outros. Não é exatamente um conselho da Bolsa de Valores, mas um grande conselho para aqueles que dentre nós pensamos que nossa segurança e reputação estão atrelados ao volume de nossa conta bancária.
>
> *Senhor, tu supriste cada uma de minhas necessidades. Ajuda-me a compartilhar o que tenho com os outros, pois confio em ti todos os dias. Quero buscar a piedade e o contentamento e não as riquezas. Leva-me àqueles a quem eu possa demonstrar amor de forma prática.*
>
> **Riquezas são bênçãos somente para os que as tornam bênçãos aos outros.**

que soube criar os filhos, foi hospitaleira, serviu o povo santo com humildade,[a] ajudou os que estavam em dificuldade e sempre se dedicou a fazer o bem.

¹¹As viúvas mais jovens não devem fazer parte dessa lista, pois, quando seus desejos físicos forem mais fortes que sua devoção a Cristo, desejarão se casar novamente. ¹²Assim se tornarão culpadas de quebrar o compromisso que fizeram. ¹³Além disso, aprenderão a se tornar ociosas e a andar de casa em casa, fazendo fofoca, intrometendo-se em assuntos alheios e falando do que não devem. ¹⁴Portanto, aconselho que essas viúvas mais jovens se casem de novo, tenham filhos e tomem conta do próprio lar. Então o inimigo não poderá dizer coisa alguma contra elas. ¹⁵Pois, de fato, algumas já se desviaram e agora seguem Satanás.

¹⁶Se alguma irmã na fé tem viúvas na família, deve tomar conta delas e não sobrecarregar a igreja, que assim poderá cuidar das viúvas que estiverem verdadeiramente sozinhas.

¹⁷Os presbíteros[b] que fazem bem seu trabalho devem receber honra redobrada,[c] especialmente os que se dedicam arduamente à pregação e ao ensino. ¹⁸Pois as Escrituras dizem: "Não amordacem o boi para impedir que ele coma enquanto debulha os cereais", e também: "Aqueles que trabalham merecem seu salário".[d]

¹⁹Não aceite acusação contra um presbítero[e] sem que seja confirmada por duas ou três testemunhas. ²⁰Aqueles que pecarem devem ser repreendidos diante de todos, o que servirá de forte advertência para os demais.

²¹Ordeno solenemente, na presença de Deus, de Cristo Jesus e dos anjos eleitos que você obedeça a estas instruções sem tomar partido nem demonstrar favoritismo.

²²Não se apresse em nomear um líder.[f] Não participe dos pecados alheios. Mantenha-se puro.

²³Não beba apenas água. Uma vez que você fica doente com frequência, tome um pouco de vinho por causa de seu estômago.

²⁴Lembre-se de que os pecados de alguns são evidentes, e seu julgamento é inevitável. Há outros, porém, cujos pecados só serão revelados mais tarde. ²⁵Da mesma forma, as boas obras de alguns são evidentes, e outras, feitas em segredo, um dia serão conhecidas.

---

[a] 5.10 Em grego, *lavou os pés do povo santo*. [b] 5.17a Ou *anciãos*. [c] 5.17b Ou *honorários em dobro*. [d] 5.18 Dt 25.4; Lc 10.7. [e] 5.19 Ou *ancião*. [f] 5.22 Em grego, *em impor as mãos*.

6 Os escravos devem ter todo o respeito por seus senhores, para não envergonharem o nome de Deus e seus ensinamentos. ²O fato de o senhor ser irmão na fé não é desculpa para deixarem de respeitá-lo. Pelo contrário, devem trabalhar ainda mais arduamente, pois seus esforços beneficiam outros irmãos amados.

Falsos ensinos e riquezas verdadeiras

Ensine estas coisas e incentive todos a obedecer-lhes. ³Talvez alguns nos contradigam, mas estes são os verdadeiros ensinamentos do Senhor Jesus Cristo, que conduzem a uma vida de devoção. Quem ensina algo diferente ⁴é arrogante e sem entendimento. Vive com o desejo doentio de discutir o significado das palavras e provoca contendas que resultam em inveja, divisão, difamação e suspeitas malignas. ⁵Pessoas assim sempre causam problemas. Têm a mente corrompida e deram as costas à verdade. Para elas, a vida de devoção é apenas uma forma de enriquecer.

⁶No entanto, a devoção acompanhada de contentamento é, em si mesma, grande riqueza. ⁷Afinal, não trouxemos nada conosco quando viemos ao mundo, e nada levaremos quando o deixarmos. ⁸Portanto, se temos alimento e roupa, estejamos contentes.

⁹Mas aqueles que desejam enriquecer caem em tentações e armadilhas e em muitos desejos tolos e nocivos, que os levam à ruína e destruição. ¹⁰Pois o amor ao dinheiro é a raiz de todo mal. E alguns, por tanto desejarem dinheiro, desviaram-se da fé e afligiram a si mesmos com muitos sofrimentos.

Instruções finais de Paulo

¹¹Você, porém, que é um homem de Deus, fuja de todas essas coisas más. Busque a justiça, a devoção e também a fé, o amor, a perseverança e a mansidão. ¹²Lute o bom combate da fé. Apegue-se firmemente à vida eterna para a qual foi chamado e que tão bem você declarou na presença de muitas testemunhas. ¹³Diante de Deus, que a todos dá vida, e de Cristo Jesus, que deu bom testemunho perante Pôncio Pilatos, encarrego-o ¹⁴de obedecer a esta ordem sem vacilar. Assim, ninguém poderá acusá-lo de coisa alguma, desde agora até a volta de nosso Senhor Jesus Cristo. ¹⁵Pois:

> No devido tempo ele será revelado do céu pelo bendito e único Deus todo-poderoso, o Rei dos reis e Senhor dos senhores. ¹⁶Somente a ele pertence a imortalidade, e ele habita em luz tão resplandecente que nenhum ser humano pode se aproximar dele. Ninguém jamais o viu, nem pode ver. A ele sejam honra e poder para sempre! Amém.

¹⁷Ensine aos ricos deste mundo que não se orgulhem nem confiem em seu dinheiro, que é incerto. Sua confiança deve estar em Deus, que provê ricamente tudo de que necessitamos para nossa satisfação. ¹⁸Diga-lhes que usem seu dinheiro para fazer o bem. Devem ser ricos em boas obras e generosos com os necessitados, sempre prontos a repartir. ¹⁹Desse modo, acumularão tesouros para si como um alicerce firme para o futuro, a fim de experimentarem a verdadeira vida.

²⁰Timóteo, guarde aquilo que Deus lhe confiou. Evite discussões profanas e tolas com aqueles que se opõem a você com suposto conhecimento. ²¹Alguns se desviaram da fé por seguirem essas tolices.

Que a graça de Deus esteja com vocês.

2 TIMÓTEO

INTRODUÇÃO

Timóteo era natural da região da Licaônia. Seu pai era grego, mas sua mãe e sua avó eram judias, 2Tm 1.5. Ele aprendeu as Escrituras desde sua infância, 2Tm 3.15, e provavelmente se converteu durante a primeira visita de Paulo a Listra, At 14.8-20. Foi consagrado como evangelista, 1Tm 4.14; 2Tm 1.6, e, depois da segunda visita de Paulo a Listra. Passou a maior parte do tempo com Paulo, At 16.1. Ele prestou serviço muito valioso a Paulo e foi muito estimado por este, At 17.14; 18.5; 20.4; Rm 16.21; 1Co 4.17; 16.10. Seu nome está associado a Paulo ao escrever uma série de cartas, 2Co 1.1; Fp 1.1; Cl 1.1. Timóteo foi pastor em Éfeso e, enquanto esteve lá, recebeu essas cartas, 1Tm 1.3,4. Paulo desejou tê-lo consigo quando sua sentença de morte chegou, 2Tm 4.9,13,21.

Segunda epístola a Timóteo. Esta carta foi escrita de Roma pouco antes do martírio de Paulo em 67 d.C. O objetivo era instruir Timóteo ainda mais e explicar seus próprios assuntos pessoais. É a última carta escrita por Paulo, uma espécie de último testamento e de testemunho e é de grande importância, por contar como ele passou antes de sua morte. Tem um tom mais pessoal do que a primeira epístola a Timóteo e nos mostra quão lamentável foi a sua situação naqueles últimos dias.

ESBOÇO

Introdução, 1.1-5
1. Exortações a Timóteo, 1.6–2.26
    1.1. Para permanecer firme no evangelho, 1.6-18
    1.2. Para suportar o sofrimento com paciência, 2.1-13
    1.3. À fidelidade como pastor, 2.14-26
2. Advertências a Timóteo, 3.1–4.5
    2.1. Com respeito aos perigos, 3.1-13
    2.2. Com respeito a seus deveres em tais momentos, 3.14–4.5
3. A visão de Paulo sobre a morte, 4.6-18
    3.1. Satisfação e esperança com a aproximação de sua morte, vv.6-8
    3.2. Sua esperança durante sua solidão e necessidade, vv.9-18

Conclusão, 4.19-22

PARA ESTUDO E DISCUSSÃO

[1] A condição de Paulo quando escreveu, 1.17; 4.7,13-16.
[2] O desejo ou apelo de 1.4; 3.8; 4.5,9,13,21.
[3] As exortações a Timóteo, 1.6,7,13,14; 2.1-6,15,23; 3.14; 4.5.
[4] Tempos perigosos por vir, Cap. 3.
[5] A visão de Paulo sobre a morte, 4.5-22.

Saudações de Paulo

1 Eu, Paulo, apóstolo de Cristo Jesus pela vontade de Deus, enviado para anunciar a vida que ele prometeu por meio da fé em Cristo Jesus, ²escrevo esta carta a Timóteo, meu filho amado.

Que Deus, o Pai, e Cristo Jesus, nosso Senhor, lhe deem graça, misericórdia e paz.

Ânimo para ser fiel

³Dou graças por você ao Deus que sirvo com a consciência limpa, como o serviram meus antepassados. Sempre me lembro de você em minhas orações, noite e dia. ⁴Quero muito revê-lo, pois me lembro de suas lágrimas. Nosso reencontro me encherá de alegria.

⁵Lembro-me de sua fé sincera, como era a de sua avó, Loide, e de sua mãe, Eunice, e sei que em você essa mesma fé continua firme. ⁶Por isso quero lembrá-lo de avivar a chama do dom que Deus lhe deu quando impus minhas mãos sobre você. ⁷Pois Deus não nos deu um Espírito que produz temor e covardia, mas sim que nos dá poder, amor e autocontrole.ª

⁸Portanto, jamais se envergonhe de falar a outros sobre nosso Senhor. E também não se envergonhe de mim, que estou preso por causa dele. Com a força que Deus lhe dá, esteja pronto para sofrer comigo por causa das boas-novas. ⁹Pois Deus nos salvou e nos chamou para uma vida santa, não porque merecêssemos, mas porque este era seu plano desde os tempos eternos: mostrar sua graça por meio de Cristo Jesus. ¹⁰E agora ele tornou tudo isso claro para nós com a vinda de Cristo Jesus, nosso Salvador, que destruiu o poder da morte e iluminou o caminho para a vida e a imortalidade por meio das boas-novas, ¹¹das quais Deus me escolheu para ser pregador, apóstolo e mestre.

¹²Por isso estou sofrendo assim. Mas não me envergonho, pois conheço aquele em quem creio e tenho certeza de que ele é capaz de guardar o que me foi confiadoᵇ até o dia de sua volta.

¹³Apegue-se, com fé e amor em Cristo Jesus, ao modelo do ensino verdadeiro que aprendeu de mim. ¹⁴Pelo poder do Espírito Santo que habita em nós, guarde a verdade preciosa que lhe foi confiada.

PÃO DIÁRIO

A carta do meu pai

Por isso quero lembrá-lo de avivar a chama do dom que Deus lhe deu quando impus minhas mãos sobre você.
—2 Timóteo 1.6

Alguns meses antes de meu pai morrer de câncer, ele me escreveu uma carta com as seguintes palavras: "Nunca penso em você sem que ofereça a Deus uma pequena prece por sua vida e seu sucesso. Eu o conheço. Sei o que o motiva. E tenho a certeza de que entendo os seus objetivos, o tipo de texto que você quer escrever e a mensagem que deseja transmitir. Fique firme e siga em frente, e que o Senhor o abençoe. Estou tão orgulhoso e grato ao Senhor porque Ele me permitiu ser o seu pai".

Essa carta é um dos maiores presentes que meu pai me deu.

O Novo Testamento contém duas cartas de Paulo a Timóteo, um jovem que ele orientou e que considerava seu "verdadeiro filho na fé" (1Tm 1.2) e seu "filho amado" (2Tm 1.2). A segunda carta começa com as palavras profundamente pessoais de Paulo confirmando a Timóteo o seu amor e suas fiéis orações (vv.2,3). Paulo afirmou a herança espiritual de Timóteo (v.5), seus dons e chamado concedidos por Deus (vv.6,7). E o encorajou a viver ousadamente pelo evangelho de Cristo (v.8).

Mães, vocês podem dar um grande incentivo aos seus filhos escrevendo-lhes uma carta de amor e afirmação. Talvez seja esse o maior presente que você lhes dará. Por que você não se senta e escreve do seu coração para o do seu filho ou filha hoje?

Querido Pai celestial, obrigada por seres um Pai perfeito para nós. Por favor, ajuda os pais na tentativa de incentivarem seus filhos por meio da oração, da afirmação e, acima de tudo, por meio do amor doando-se completamente. Em nome de Jesus.

O maior presente que uma mãe pode dar aos seus filhos é dar-se a si mesma.

---

¹⁵Como você sabe, todos os da província da Ásia me abandonaram, incluindo Fígelo e Hermógenes.

¹⁶Que o Senhor demonstre misericórdia a Onesíforo e sua família, pois muitas vezes me animou em suas visitas e nunca se envergonhou

---

ª **1.7** Ou *um espírito de temor e covardia, mas sim de poder, amor e autocontrole.* ᵇ **1.12** Ou *o que lhe confiei.*

O bom soldado de Cristo

2 Meu filho, seja forte por meio da graça que há em Cristo Jesus. ²Você me ouviu ensinar verdades confirmadas por muitas testemunhas confiáveis. Agora, ensine-as a pessoas de confiança que possam transmiti-las a outros.

³Suporte comigo o sofrimento, como bom soldado de Cristo Jesus. ⁴Nenhum soldado se deixa envolver em assuntos da vida civil, pois se o fizesse não poderia agradar o oficial que o alistou. ⁵O atleta não conquista o prêmio se não seguir as regras. ⁶E o lavrador que trabalha arduamente deve ser o primeiro a colher o fruto de seu esforço. ⁷Pense no que estou lhe dizendo. O Senhor o ajudará a entender todas essas coisas.

⁸Lembre-se de que Jesus Cristo, descendente do rei Davi, ressuscitou dos mortos. Essas são as boas-novas que eu anuncio. ⁹E, por causa disso, sofro e estou preso como um criminoso. Mas a palavra de Deus não está presa. ¹⁰Portanto, estou disposto a suportar qualquer coisa se isso trouxer salvação e glória eterna em Cristo Jesus para os que foram escolhidos.

¹¹Esta é uma afirmação digna de confiança:

"Se morrermos com ele,
  também com ele viveremos.
¹²Se perseverarmos,
  com ele reinaremos.
Se o negarmos,
  ele nos negará.
¹³Se formos infiéis,
  ele permanecerá fiel,
  pois não pode negar a si mesmo".

¹⁴Lembre essas coisas a todos e ordene-lhes na presença de Deus que deixem de brigar por causa de palavras. Essas discussões são inúteis e podem causar grave prejuízo a quem as ouve.

O trabalhador aprovado

¹⁵Esforce-se sempre para receber a aprovação do Deus a quem você serve. Seja um bom trabalhador, que não tem de que se envergonhar e que ensina corretamente a palavra da verdade. ¹⁶Evite conversas tolas e profanas, que só levam a mais comportamentos mundanos. ¹⁷Esse tipo de conversa se espalha como câncer,[a] a exemplo do ocorrido com por eu estar na prisão. ¹⁷Pelo contrário, quando veio a Roma, procurou-me diligentemente até me encontrar. ¹⁸Que o Senhor lhe mostre misericórdia no dia da volta de Cristo. E você sabe muito bem quanto ele me ajudou em Éfeso.

---

[a] **2.17** Em grego, *gangrena*.

PÃO DIÁRIO

Emaranhado

Nenhum soldado se deixa envolver em assuntos da vida civil, pois se o fizesse não poderia agradar o oficial que o alistou.
—2 Timóteo 2.4

Felipe Massa é conhecido pelos seus fãs brasileiros e deveria ter ganhado o grande prêmio de Fórmula 1, em Singapura, em setembro de 2008. Contudo, quando ele arrancou em uma parada de reabastecimento, estando na liderança, a mangueira de combustível permaneceu presa ao carro. Quando sua equipe removeu a mangueira, ele já havia perdido tanto tempo que terminou a corrida em 13.º lugar.

O apóstolo Paulo advertiu Timóteo a respeito de outro tipo de acessório que lhe causaria a derrota: "assuntos da vida civil" (2Tm 2.4). Ele exortou Timóteo a não deixar nada atrasá-lo ou distraí-lo da causa do seu Senhor e Mestre.

Há muitas coisas atraentes em nosso mundo que são tão fáceis de nos emaranhar — hobbies, esportes, TV, jogos de computador. Elas podem começar como atividades de "reabastecimento", porém, mais tarde, podem ocupar tanto do nosso tempo e pensamento que interferirão na finalidade para a qual Deus nos criou: compartilhar as boas-novas de Cristo, servir-lhe com nossos dons e trazer glória a Ele.

Paulo disse a Timóteo o motivo pelo qual ele não deveria se envolver com assuntos deste mundo: para agradar o Oficial que o alistou (v.4). Se o seu desejo é agradar ao Senhor Jesus, você desejará permanecer desembaraçada deste mundo. Como João nos lembra: "E este mundo passa, e com ele tudo que as pessoas tanto desejam. Mas quem faz o que agrada a Deus vive para sempre" (1Jo 2.17).

Senhor, não quero ficar emaranhada com as coisas deste mundo. Ajuda-me a manter os olhos focados em ti. Quero servir-te com meu coração, mente e corpo. Por favor, supre tudo o que preciso para fazê-lo.

Embora vivamos neste mundo, devemos declarar nossa lealdade ao Céu.

> **REFLETINDO SOBRE:** Uma influência poderosa

Eunice e Loide

Como é feliz aquele que teme o Senhor [...] e seus atos de justiça serão lembrados para sempre; ele terá influência e honra.
—Salmo 112.1,9

Marla desligou a televisão e tentou ignorar a inquietação familiar que já estava se infiltrando. Ela amava assistir aos programas sobre mulheres incríveis que influenciaram o mundo na política, ciência, medicina ou filantropia. Mas esses programas a deixavam insatisfeita com a sua vida. Como ela podia fazer algo importante sem educação formal, dinheiro, talentos especiais ou tempo extra? Amanhã seria a sua vez de dar carona e de ser voluntária na turma de Andrea. Depois da escola, ela levaria Jeremy à aula de artes e à noite lideraria a reunião da organização Mãos Colaboradoras. *Acho que donas de casa não têm chance de fazer diferença no mundo*, ela suspirou.

A segunda carta de Paulo a Timóteo menciona duas mulheres que provavelmente ansiavam por fazer diferença em seu mundo. Eunice e sua mãe, Loide, eram judias que se tornaram cristãs, talvez por meio da pregação de Paulo. Elas provavelmente não tinham um ministério público ou posição de poder, mas tiveram a oportunidade de instruir o neto de Loide e ensinar-lhe as Escrituras. Por meio da influência de sua mãe e avó, Timóteo se tornou um grande evangelista e levou inúmeras vidas para Cristo.

Podemos não sentir que estamos numa posição que cause impacto no mundo, mas cada uma de nós tem a oportunidade de influenciar alguém. Mães podem educar seus filhos para crescerem como seguidores de Cristo e em retorno seus filhos influenciarão outros. Podemos ter um vizinho, amigo ou colega de trabalho que precise do toque do amor e da verdade de Deus. A única exigência para se tornar uma influência poderosa é disposição de ser usada onde quer que Deus nos coloque. Os exemplos de Eunice e Loide mostram que, se formos fiéis, poderemos fazer diferença no mundo de forma duradoura exatamente onde estamos.

Himeneu e Fileto. **¹⁸**Eles deixaram o caminho da verdade, afirmando que a ressurreição dos mortos já aconteceu, e com isso desviaram alguns da fé. **¹⁹**Mas o alicerce sólido de Deus permanece firme, com esta inscrição: "O Senhor conhece quem pertence a ele"ᵃ e "Todos que pertencem ao Senhor devem se afastar do mal".ᵇ

²⁰Numa casa grande, alguns utensílios são de ouro e de prata, e outros, de madeira e de barro. Os utensílios de mais valor são reservados para ocasiões especiais, e os de menos valor, para uso diário. **²¹**Se você se mantiver puro, será um utensílio para fins honrosos. Sua vida será limpa, e você estará pronto para que o Senhor da casa o empregue para toda boa obra.

²²Fuja de tudo que estimule as paixões da juventude. Em vez disso, busque justiça, fidelidade, amor e paz, na companhia daqueles que invocam o Senhor com coração puro.

²³Digo mais uma vez: não se envolva em discussões tolas e ignorantes que só servem para gerar brigas. **²⁴**O servo do Senhor não deve viver brigando, mas ser amável com todos, apto a ensinar e paciente. **²⁵**Instrua com mansidão aqueles que se opõem, na esperança de que Deus os leve ao arrependimento e, assim, conheçam a verdade. **²⁶**Então voltarão ao perfeito juízo e escaparão da armadilha do diabo, que os prendeu para fazerem o que ele quer.

Os perigos dos últimos dias

3 Saiba que nos últimos dias haverá tempos muito difíceis. **²**Porque as pessoas só amarão a si mesmas e ao dinheiro. Serão arrogantes e orgulhosas, zombarão de Deus, desobedecerão a seus pais e serão ingratas e profanas. **³**Não terão afeição nem perdoarão; caluniarão outros e não terão autocontrole. Serão cruéis e odiarão o que é bom, **⁴**trairão os amigos, serão imprudentes e cheias de si e amarão os

---

ᵃ**2.19a** Nm 16.5. ᵇ**2.19b** Ver Is 52.11.

> ⁶Entre tais pessoas há aqueles que se infiltram na casa alheia e conquistam a confiança de[a] mulheres vulneráveis, carregadas de pecados e controladas por todo tipo de desejo, ⁷mulheres que estão sempre em busca de novos ensinos, mas jamais conseguem entender a verdade. ⁸Esses mestres se opõem à verdade, como Janes e Jambres se opuseram a Moisés. Têm a mente depravada, e sua fé não é autêntica. ⁹Contudo, não irão muito longe. Um dia, alguém verá como são insensatos, como aconteceu com Janes e Jambres.

O apelo de Paulo a Timóteo

> ¹⁰Mas você sabe muito bem o que eu ensino, como vivo e qual é meu propósito de vida. Conhece minha fé, minha paciência, meu amor e minha perseverança. ¹¹Sabe quanta perseguição e quanto sofrimento suportei e o que me aconteceu em Antioquia, Icônio e Listra; o Senhor, porém, me livrou de tudo isso. ¹²Sim, e todos que desejam ter uma vida de devoção em Cristo Jesus sofrerão perseguições. ¹³Mas os perversos e os impostores irão de mal a pior. Enganarão outros e eles próprios serão enganados.
>
> ¹⁴Você, porém, deve permanecer fiel àquilo que lhe foi ensinado. Sabe que é a verdade, pois conhece aqueles de quem aprendeu. ¹⁵Desde a infância lhe foram ensinadas as Sagradas Escrituras, que lhe deram sabedoria para receber a salvação que vem pela fé em Cristo Jesus. ¹⁶Toda a Escritura é inspirada por Deus e útil para nos ensinar o que é verdadeiro e para nos fazer perceber o que não está em ordem em nossa vida. Ela nos corrige quando erramos e nos ensina a fazer o que é certo. ¹⁷Deus a usa para preparar e capacitar seu povo para toda boa obra.

4 Eu lhe digo solenemente, na presença de Deus e de Cristo Jesus, que um dia julgará os vivos e os mortos quando vier para estabelecer seu reino; ²pregue a palavra. Esteja preparado, quer a ocasião seja favorável, quer não. Corrija, repreenda e encoraje com paciência e bom ensino.

³Pois virá o tempo em que as pessoas já não escutarão o ensino verdadeiro. Seguirão os próprios desejos e buscarão mestres que lhes prazeres em vez de amar a Deus. ⁵Serão religiosas apenas na aparência, mas rejeitarão o poder capaz de lhes dar a verdadeira devoção. Fique longe de gente assim!

---

[a] 3.6 Em grego, *tornam cativas*.

PÃO DIÁRIO

A "Caixa-mãe"

Desde a infância lhe foram ensinadas as Sagradas Escrituras, que lhe deram sabedoria para receber a salvação que vem pela fé em Cristo Jesus.
—2 Timóteo 3.15

Cada Natal presenteio minhas filhas com uma "caixa-mãe". Cada caixa contém itens para incentivá-las a serem as melhores mães que puderem ser. Contém livros de artesanato ou projetos especiais, livros devocionais ou DVDs voltados para as jovens mães, *kits* de primeiros socorros, receitas — e muitas vezes algo pessoal, como um banho de espuma para receberem um pouco de mimo depois de um árduo e longo dia de maternidade! Na última década, isso se tornou uma tradição que minhas filhas esperam a cada ano.

Incentivar os nossos filhos a serem bons pais pode começar mais cedo ainda. A melhor maneira é começar a equipá-los com a Palavra de Deus, enquanto ainda são jovens.

O apóstolo Paulo escreveu que "desde a infância" Timóteo havia conhecido as "Sagradas Escrituras" (2Tm 3.15). A "fé sincera" da mãe e da avó de Timóteo está relatada em 2 Timóteo 1.5. Esse ensino fiel e a influência espiritual o capacitaram a ser um homem temente a Deus.

A Bíblia é o nosso mais rico recurso para nos ajudar a criar os filhos que assim conhecerão e amarão a Jesus. Nada é mais essencial do que as Escrituras Sagradas para equipar as pessoas para todos os desafios da vida.

O que você está fazendo para dar à próxima geração "as Sagradas Escrituras, que lhe [darão] sabedoria para receber a salvação que vem pela fé em Cristo Jesus" (3.15)?

Deus, oro pela próxima geração. Que ela possa desejar nutrir-se de Tua santa Palavra e aplicá-la a sua vida. Ajuda-me a ser um bom exemplo àqueles que são mais jovens, banqueteando-me com as verdades da Bíblia e compartilhando-as com eles. A Tua palavra é vida.

O caráter de nossas crianças amanhã depende do que plantamos em seus corações hoje.

digam apenas aquilo que agrada seus ouvidos. ⁴Rejeitarão a verdade e correrão atrás de mitos. ⁵Você, porém, deve manter a sobriedade em todas as situações. Não tenha medo de sofrer. Trabalhe para anunciar as boas-novas e realize todo o ministério que lhe foi confiado.

⁶Quanto a mim, minha vida já foi derramada como oferta para Deus. O tempo de minha morte se aproxima. ⁷Lutei o bom combate, terminei a corrida e permaneci fiel. ⁸Agora o prêmio me espera, a coroa de justiça que o Senhor, o justo Juiz, me dará no dia de sua volta. E o prêmio não será só para mim, mas para todos que, com grande expectativa, aguardam a sua vinda.

Palavras finais de Paulo

⁹Por favor, venha assim que puder. ¹⁰Demas me abandonou, pois ama as coisas desta vida e foi para Tessalônica. Crescente foi embora para a Galácia, e Tito, para a Dalmácia. ¹¹Apenas Lucas está comigo. Traga Marcos com você, pois ele me será útil no ministério. ¹²Enviei Tíquico a Éfeso. ¹³Quando vier, não se esqueça de trazer a capa que deixei com Carpo, em Trôade. Traga também meus livros e especialmente meus pergaminhos.

¹⁴Alexandre, o artífice que trabalha com cobre, me prejudicou muito, mas o Senhor o julgará pelo que ele fez. ¹⁵Tome cuidado com ele, porque se opôs fortemente a tudo que dissemos.

¹⁶Na primeira vez que fui levado perante o juiz, ninguém me acompanhou. Todos me abandonaram. Que isso não seja cobrado deles. ¹⁷Mas o Senhor permaneceu ao meu lado e me deu forças para que eu pudesse anunciar as boas-novas plenamente, a fim de que todos os gentios as ouvissem. E ele me livrou da boca do leão. ¹⁸Sim, o Senhor me livrará de todo ataque maligno e me levará em segurança para seu reino celestial. A Deus seja a glória para todo o sempre! Amém.

Saudações finais

¹⁹Envie minhas saudações a Priscila e a Áquila e à família de Onesíforo. ²⁰Erasto ficou em Corinto, e deixei Trófimo doente em Mileto. ²¹Faça todo o possível para estar aqui antes do inverno. Êubulo lhe manda lembranças, e também Prudente, Lino, Cláudia e todos os irmãos. ²²Que o Senhor esteja com seu espírito. E que a graça esteja com todos vocês.

TITO

INTRODUÇÃO

Autor. Não sabemos muito sobre o trabalho de Tito. Mas a partir de Gl 2.1-5; 2Co 2.12,13; 7.2-16, Tt 1.5 e 3.12 aprendemos: (1) que ele era um gentio que Paulo levou para Jerusalém; (2) que, pela liberdade do evangelho, o Concílio de Jerusalém não exigiu que ele fosse circuncidado; (3) que era um missionário capaz e enérgico; (4) que Paulo o tinha deixado em Creta para terminar o trabalho que começara lá.

A epístola. A carta foi escrita para aconselhar Tito sobre o trabalho que Paulo lhe deixou para fazer (1.5). Contém: (1) as qualificações dos presbíteros a serem selecionados; (2) o método de lidar com falsos ensinamentos; (3) instruções para as diferentes classes da igreja; (4) exortações para o próprio Tito.

Data. Provavelmente escrito da Macedônia, 66 d.C.

ESBOÇO

Saudação, 1.1-4

1. Qualificações e deveres dos bispos ou pastores, 1.5-16
    1.1. As qualificações e deveres, vv.5-9
    1.2. Razões para a necessidade de tais oficiais, vv.10-16
2. Instruções para a piedade na prática, 2.1–3.11
    2.1. Conduta apropriada para as diferentes classes e suas bases, Cap. 2
    2.2. Conduta apropriada nos diferentes relacionamentos da vida, 3.1-11

Conclusão, 3.12-15

PARA ESTUDO E DISCUSSÃO

[1] Qualificações dos presbíteros 1.5-10.
[2] Ideais morais elevados para todos os cristãos 2.1-15.
[3] As palavras Salvador e salvação ocorrem sete vezes.
[4] A palavra-chave da epístola, boas obras ou fazer o bem, ocorre cinco vezes.

Saudações de Paulo

1 Eu, Paulo, escravo de Deus e apóstolo de Jesus Cristo, escrevo esta carta. Fui enviado para fortalecer a fé daqueles que Deus escolheu e para ensinar-lhes a verdade que mostra como viver uma vida de devoção. ²Essa verdade lhes dá a esperança da vida eterna que Deus, aquele que não mente, prometeu antes dos tempos eternos. ³E agora, no devido tempo, ele revelou essa mensagem, que anunciamos a todos. Por ordem de Deus, nosso Salvador, fui encarregado de realizar esse trabalho em favor dele.

⁴Escrevo a Tito, meu verdadeiro filho na fé que compartilhamos.

Que Deus, o Pai, e Cristo Jesus, nosso Salvador, lhe deem graça e paz.

O trabalho de Tito em Creta

⁵Deixei-o na ilha de Creta para que você completasse o trabalho e nomeasse presbíteros[a] em cada cidade, conforme o instruí. ⁶O presbítero deve ter uma vida irrepreensível. Deve ser marido de uma só mulher,[b] e seus filhos devem partilhar de sua fé e não ter fama de devassos nem rebeldes. ⁷O bispo[c] administra a casa de Deus e, portanto, deve ter uma vida irrepreensível. Não deve ser arrogante nem briguento, não deve beber vinho em excesso, nem ser violento, nem buscar lucro desonesto. ⁸Em vez disso, deve ser hospitaleiro e amar o bem. Deve viver sabiamente, ser justo e ter uma vida de devoção e disciplina. ⁹Deve estar plenamente convicto da mensagem fiel que lhe foi ensinada, de modo que possa encorajar outros com o verdadeiro ensino e mostrar aos que se opõem onde estão errados.

¹⁰Pois há muitos rebeldes que promovem conversas inúteis e enganam as pessoas. Refiro-me especialmente àqueles que insistem na necessidade da circuncisão.[d] ¹¹É preciso fazê-los calar, pois, com seus ensinamentos falsos, têm desviado famílias inteiras da verdade. Sua motivação é obter lucro desonesto. ¹²Até mesmo um deles, um profeta nascido em Creta, disse: "Os cretenses são mentirosos, animais cruéis e comilões preguiçosos".[e] ¹³Isso é verdade. Portanto, repreenda-os severamente, a fim de fortalecê-los na fé. ¹⁴É preciso que deixem de dar ouvidos a mitos judaicos e às ordens daqueles que se desviaram da verdade.

¹⁵Para os que são puros, tudo é puro. Mas, para os corruptos e descrentes, nada é puro, pois têm

---

PÃO DIÁRIO

Testemunho de obras

Você mesmo deve ser exemplo da prática de boas obras. Tudo que fizer deve refletir a integridade e a seriedade de seu ensino.

—Tito 2.7

O espírito atento e as ternas boas obras dos cristãos podem causar um tremendo impacto sobre aqueles que não creem em Jesus Cristo. Um pouco de carinho fala mais alto para alguns do que a pregação ardente.

Uma pequena congregação de cristãos no Japão colocou esse princípio em prática. Eles estavam planejando construir um santuário. Após o arquiteto ter completado os projetos, eles procuraram todos os vizinhos, mostraram-lhes os desenhos da planta e perguntaram se alguém tinha alguma objeção. Ninguém teve.

Alguns meses mais tarde, no entanto, antes do início de construção, eles ouviram que um vizinho tinha algumas preocupações. Fizeram uma segunda visita e descobriram que ele estava preocupado com a possibilidade de a estrutura bloquear a luz do sol que incidia sobre o seu quintal. Eles argumentaram? Não. Reclamaram dele não ter falado antes? Não. O Conselho da igreja procurou o arquiteto e pediu que fizesse uma revisão. Por uma quantia adicional, ele redesenhou o edifício com um telhado mais baixo. O vizinho ficou surpreso e satisfeito por saber que não perderia a luz solar.

Em nosso mundo que se orienta por um sistema centrado em direitos, a consideração pelos outros parece fora de contexto. Contudo, para nós, cristãos, ela sempre é apropriada (Tt 2). E pode se transformar num testemunho poderoso.

Pai, ajuda-me a desenvolver um espírito sereno e ações positivas que possam levar outros a ti. Ajuda-me a ser atenciosa e gentil, mesmo com os que discordam de mim. Em vez de esconder minha luz, ajuda-me a deixá-la brilhar para que todos vejam. Permite que as minhas ações indiquem o caminho que conduz a ti.

Um cristão é um sermão vivo.

---

[a] 1.5 Ou *anciãos*. [b] 1.6 Ou *ter somente uma mulher*, ou *ter se casado somente uma vez*. [c] 1.7 Ou *supervisor*. [d] 1.10 Em grego, *especialmente aos da circuncisão*. [e] 1.12 Citação de Epimênides de Cnossos.

> REFLETINDO SOBRE: Mentoras

Mulheres mais velhas

Portanto, animem e edifiquem uns aos outros, como têm feito.
—1 Tessalonicenses 5.11

Peggy terminou de limpar a cozinha e correu para a porta. Duas vezes por mês, as quintas-feiras eram o ponto alto de sua semana. No outono passado, ela não sentia ter muito pelo que esperar, já que seu filho caçula tinha se formado e conseguido um emprego quase do outro lado do país. Então Peggy se voluntariou para ser mentora no grupo de mães de crianças menores de 5 anos que se reunia em sua igreja. Ela não tinha todas as respostas, mas ouvia com disposição e encorajava as jovens mães, que compartilhavam suas preocupações e seus desafios.

O segundo capítulo de Tito encoraja mulheres mais velhas e mais maduras na fé a encorajarem mulheres mais jovens, ajudando-as a crescer em seu relacionamento com Deus e em seu papel familiar. Tal ajuste era benéfico a todas envolvidas. Esses relacionamentos concediam às mulheres mais velhas posições de honra no grupo de cristãos, faziam-nas sentir-se valorizadas e enriqueciam as suas vidas por estarem alcançando outros. Em retorno, as mulheres mais jovens com famílias se desenvolvendo recebiam o benefício da sabedoria prática e experiência de suas mentoras.

Em nossa sociedade transitória e focada nos centros urbanos, muitas jovens moram longe de seus familiares. Sentem falta de ter mãe, tias e avós por perto para lhes oferecer conselhos e encorajamento diante das demandas que enfrentam. Em muitos contextos, os grupos etários são isolados. Grupos como mães de crianças pequenas tornam possível o relacionamento nos padrões sugeridos por Tito.

Quer estejamos ou não numa relação formal de mentoria, sempre haverá alguém nos observando e aprendendo com o nosso exemplo — seja ele bom ou ruim. Independentemente de nossa idade, todas nós temos sabedoria ou discernimento que podemos compartilhar com outros e sempre há algo que podemos aprender com eles. Contanto que permaneçamos dispostas a receber o ensino de Deus, sempre teremos algo a compartilhar com outros.

---

a mente e a consciência corrompidas. ¹⁶Afirmam que conhecem a Deus, mas o negam por seu modo de viver. São detestáveis e desobedientes, e não servem para fazer nada de bom.

O ensino correto na vida da igreja

2 Mas, quanto a você, que suas palavras reflitam o ensino verdadeiro. ²Os homens mais velhos devem exercitar o autocontrole, a fim de que sejam dignos de respeito e vivam com sabedoria. Devem ter uma fé sólida e ser cheios de amor e paciência.

³Semelhantemente, as mulheres mais velhas devem viver de modo digno. Não devem ser caluniadoras, nem beber vinho em excesso; antes, devem ensinar o que é bom. ⁴Devem instruir as mulheres mais jovens a amar o marido e os filhos, ⁵a viver com sabedoria e pureza, a trabalhar no lar,ᵃ a fazer o bem e a ser submissas ao marido. Assim, não envergonharão a palavra de Deus.

⁶Da mesma forma, incentive os homens mais jovens a viver com sabedoria. ⁷Você mesmo deve ser exemplo da prática de boas obras. Tudo que fizer deve refletir a integridade e a seriedade de seu ensino. ⁸Sua mensagem deve ser tão correta a ponto de ninguém a criticar. Então os que se opõem a nós ficarão envergonhados e nada terão de ruim para dizer a nosso respeito.

⁹Quanto aos escravos, devem sempre obedecer a seu senhor e fazer todo o possível para agradá-lo. Não devem ser respondões, ¹⁰nem roubar, mas devem mostrar-se bons e inteiramente dignos de confiança. Assim, tornarão atraente em todos os sentidos o ensino a respeito de Deus, nosso Salvador.

¹¹Pois a graça de Deus foi revelada e a todos traz salvação. ¹²Somos instruídos a abandonar o estilo de vida ímpio e os prazeres pecaminosos. Neste mundo perverso, devemos viver

---

ᵃ **2.5** Alguns manuscritos trazem *a cuidar do lar*.

com sabedoria, justiça e devoção, ¹³enquanto aguardamos esperançosamente o dia em que será revelada a glória de nosso grande Deus e Salvador, Jesus Cristo. ¹⁴Ele entregou sua vida para nos libertar de todo pecado, para nos purificar e fazer de nós seu povo, inteiramente dedicado às boas obras.

¹⁵Ensine essas coisas e encoraje os irmãos a praticá-las. Corrija-os com autoridade. Não deixe que ignorem o que você diz.

Faça o que é bom

3 Lembre a todos que se sujeitem ao governo e às autoridades. Devem ser obedientes e sempre prontos a fazer o que é bom. ²Não devem caluniar ninguém, mas evitar brigas. Que sejam amáveis e mostrem a todos verdadeira humildade.

³Em outros tempos, também éramos insensatos e desobedientes. Vivíamos no engano e nos tornamos escravos de muitas paixões e prazeres. Éramos cheios de maldade e inveja e odiávamos uns aos outros.

⁴Mas,

Quando Deus, nosso Salvador, revelou sua bondade e seu amor, ⁵ele nos salvou não porque tivéssemos feito algo justo, mas por causa de sua misericórdia. Ele nos lavou para remover nossos pecados, nos fez nascer de novo e nos deu nova vida por meio do Espírito Santo.ᵃ ⁶Generosamente, derramou o Espírito sobre nós por meio de Jesus Cristo, nosso Salvador. ⁷Por causa de sua graça, nos declarou justos e nos deu a esperança de que herdaremos a vida eterna.

⁸Essa é uma afirmação digna de confiança, e quero que você insista nesses ensinamentos, para que todos os que creem em Deus se dediquem a fazer o bem. São ensinamentos bons e benéficos para todos.

⁹Não se envolva em discussões tolas sobre genealogias intermináveis, nem em disputas e brigas sobre a obediência às leis judaicas. Essas coisas são inúteis, e perda de tempo. ¹⁰Se alguém tem causado divisões entre vocês, advirta-o uma primeira e uma segunda vez. Depois disso, não se relacione mais com ele.

PÃO DIÁRIO

Restauradas para abençoar

Por causa de sua graça, nos declarou justos e nos deu a esperança de que herdaremos a vida eterna.
—Tito 3.7

Certo homem foi mantido na prisão por 25 anos por um crime que não cometera. Por causa de falso testemunho em seu julgamento, fora condenado por matar um policial. Contudo, ainda em tempo, sua inocência foi provada e, em 1962, ele foi liberto. Mas ele "viveu feliz para sempre"? Não.

Embora fosse inocente o tempo todo, o homem não podia escapar do estigma de ser um ex-presidiário. Alguns empregos que ele conseguia logo terminavam quando os empregadores descobriam que ele estivera na prisão. Seu registro fora inocentado, mas a sociedade não o aceitou totalmente.

Que contraste impressionante com a nossa posição diante de Deus quando confiamos em Jesus como nosso Salvador! Somos culpadas. Contudo, com base no mérito da vida sem pecado e no sacrifício expiatório de Jesus, não somente somos declaradas justas, mas somos totalmente restauradas pela graça do nosso Pai celestial. Ele nos trata como se nunca tivéssemos quebrado Sua lei, reconciliando-nos consigo mesmo e nos adotando em Sua família. Isso é plena aceitação.

É absolutamente incrível que, por meio da fé e com base no mérito da morte de Jesus, Deus possa declarar os pecadores culpados — justos. E mais surpreendente ainda que Ele queira nos restaurar para o Seu favor e que trabalhemos para Ele.

Isso sim é salvação!

Senhor Jesus, agradeço-te por Teu sacrifício na cruz no Calvário. Por causa dele, fui declarada justa. Minha culpa foi lavada e fizeste de mim parte da família de Deus para sempre!

Quando Deus perdoa, Ele remove o pecado e restaura a alma.

---

¹¹Tais indivíduos se desviaram da verdade e condenaram a si mesmos com seus pecados.

Instruções finais

¹²Planejo enviar-lhe Ártemas ou Tíquico. Assim que um deles chegar, procure ir ao meu encontro em Nicópolis, pois decidi passar o inverno ali. ¹³Faça todo o possível para ajudar

---

ᵃ **3.5** Em grego, *Ele nos salvou mediante o lavar da regeneração e renovação do Espírito Santo*.

Zenas, o advogado, e Apolo na viagem deles. Providencie que tenham tudo de que precisam. ¹⁴Nosso povo deve aprender a fazer o bem ao suprir as necessidades urgentes de outros; assim, ninguém será improdutivo.

Saudações e bênção
¹⁵Todos aqui mandam lembranças. Por favor, envie minhas saudações a todos que nos amam na fé.
Que a graça de Deus esteja com todos vocês.

FILEMOM

INTRODUÇÃO

Filemom vivia em Colossos e provavelmente convertera-se pela pregação de Paulo, sendo membro da igreja colossense. Onésimo era o escravo de Filemom que havia roubado o seu senhor (v.18) e fugido para Roma, onde se convertera por meio da pregação de Paulo (v.10). É a única carta individual ou particular escrita por Paulo e está escrita para contar a Filemom sobre a conversão de Onésimo e apelar em favor dele. Através da bondade mostrada a Onésimo, revela-se a nós a grande bondade do coração do apóstolo. Ele fala a Filemom não em autoridade de apóstolo, mas como entre amigos, demonstrando assim sua grande cortesia. A carta é de valor inestimável, revelando o poder do evangelho para conquistar e transformar um pobre escravo e suavizar as duras relações entre as diferentes classes da sociedade antiga.

Data. Roma, cerca de 63 d.C.

ESBOÇO

1. Introdução, vv.1-7
2. O propósito da carta — um apelo em favor de Onésimo, vv.8-21

Conclusão, vv.22-25

PARA ESTUDO E DISCUSSÃO

[1] Como o cristianismo lida com os escravos.
[2] A eficácia da religião cristã em uma vida: (a) Mesmo um escravo fugitivo confessaria sua culpa, como, sem dúvida, Onésimo havia feito a Paulo; (b) Fará alguém desejar corrigir qualquer erro que tenha cometido, e querendo, assim como Onésimo, ir ao que foi injustiçado e confessar; (c) Frequentemente eleva alguém da inutilidade à grande utilidade (v.11); (d) Não só tornará alguém útil aos outros em questões temporais, mas tornará alguém benéfico em coisas espirituais (v.13).
[3] Quanto a um verdadeiro auxiliar cristão, podemos aprender que, como Paulo: (a) Ele não tentará esconder ou encobrir as falhas passadas de um homem; (b) Ele se compadecerá do pobre companheiro que tem um histórico ruim; (c) Tornará o mais fácil possível para esse convertido corrigir o passado; (d) Alegremente envolverá no serviço o cristão mais humilde (v.13); (e) Será cortês e reconhecerá os direitos dos outros, como no caso de Filemom; (f) Não forçará um homem a cumprir seu dever, mas usará amor e persuasão para fazê-lo cumprir.
[4] Liste todas as pessoas citadas e aprenda algo de cada uma delas.

PÃO DIÁRIO

Outra chance

Eu o envio de volta a você, e com ele vai meu próprio coração.

—Filemom 1.12

Durante quase cem anos, um enorme pedaço defeituoso de mármore carrara permaneceu jogado no pátio de uma catedral de Florença, na Itália. Porém, em 1501, pediram a um jovem escultor que fizesse algo com essa pedra. Ele mediu o bloco e reparou suas imperfeições. E mentalmente imaginou um jovem pastor de ovelhas.

Por três anos, o artista esculpiu e moldou o mármore cuidadosamente. Quando finalmente, a imagem de Davi, medindo mais de 5 metros de altura, foi apresentada ao público, um aluno exclamou para Michelangelo: "Mestre, só falta falar!".

Onésimo foi como aquele bloco de mármore defeituoso. Ele era um escravo infiel quando fugiu de seu senhor, Filemom. Contudo, durante a fuga, veio a conhecer o Mestre Escultor. Como homem transformado, ele serviu a Deus com fidelidade e foi de valor inestimável para o ministério de Paulo. Quando Paulo o mandou de volta a Filemom, ele o elogiou como alguém que "não lhe foi de muita utilidade no passado, mas agora é muito útil para nós dois" (1.11). Paulo pediu que Filemom recebesse Onésimo de volta, mas como irmão (v.16).

Paulo sabia o que significava receber outra chance após ter cometido erros (Atos 9.26-28). Ele conhecia por experiência própria a transformação que Deus é capaz de realizar. Agora, ele contemplava essa transformação na vida de Onésimo. O Senhor pode esculpir a Sua imagem em nossa vida defeituosa e nos tornar belas e úteis também.

Pai, tu enxergas além do que os outros veem em nós. Criaste-nos e sabes o que "poderíamos ser". Esculpe-nos e reduz com o Teu cinzel tudo o que for desnecessário em nós para que, a cada dia, possamos ver mais e mais a semelhança de Teu Filho em nós.

Devemos aparar nossas arestas ásperas para refletirmos a imagem de Cristo.

Saudações de Paulo

1 Eu, Paulo, prisioneiro de Cristo Jesus, escrevo esta carta, junto com nosso irmão Timóteo, a Filemom, nosso amado colaborador, ²à irmã Áfia, a Arquipo, nosso companheiro na luta, e à igreja que se reúne em sua casa. ³Que Deus, nosso Pai, e o Senhor Jesus Cristo lhes deem graça e paz.

Ação de graças e oração

⁴Sempre dou graças a meu Deus por você em minhas orações, ⁵pois ouço com frequência de sua fé no Senhor Jesus e de seu amor por todo o povo santo. ⁶Oro para que você ponha em prática a comunhão que vem da fé, à medida que entender e experimentar todas as coisas boas que temos em Cristo. ⁷Seu amor, meu irmão, tem me dado muita alegria e conforto, pois sua bondade tem revigorado o coração do povo santo.

Pedido em favor de Onésimo

⁸Por isso, ainda que pudesse exigir em Cristo que você faça o que é certo, ⁹prefiro pedir com base no amor — eu, Paulo, já velho e agora prisioneiro de Cristo Jesus. ¹⁰Suplico que demonstre bondade a meu filho Onésimo. Tornei-me pai dele na fé quando estava aqui na prisão. ¹¹Onésimo[a] não lhe foi de muita utilidade no passado, mas agora é muito útil para nós dois. ¹²Eu o envio de volta a você, e com ele vai meu próprio coração. ¹³Gostaria de mantê-lo aqui comigo enquanto estou preso por anunciar as boas-novas; assim ele me ajudaria em seu lugar. ¹⁴Mas eu nada quis fazer sem seu consentimento. Meu desejo era que você ajudasse de boa vontade, e não por obrigação. ¹⁵Ao que parece, você perdeu Onésimo por algum tempo para ganhá-lo de volta para sempre. ¹⁶Ele já não é um escravo para você. É mais que um escravo: é um irmão amado, especialmente para mim. Agora ele será muito mais importante para você, como pessoa e como irmão no Senhor.

¹⁷Portanto, se me considera seu companheiro na fé, receba-o como receberia a mim. ¹⁸Se ele o prejudicou de alguma forma ou se lhe deve algo, cobre de mim. ¹⁹Eu, Paulo, escrevo de próprio punho: Eu pagarei. E não mencionarei que você me deve sua própria vida.

---

[a] **1.11** *Onésimo* significa "útil".

[20]Sim, meu irmão, faça-me essa gentileza no Senhor. Reanime meu coração em Cristo! [21]Escrevo esta carta certo de que você fará o que lhe peço, e até mais. [22]Por favor, prepare um quarto para mim, pois espero que as orações de vocês sejam respondidas e eu possa voltar a visitá-los em breve.

Saudações finais

[23]Epafras, meu companheiro de prisão em Cristo Jesus, manda lembranças. [24]Marcos, Aristarco, Demas e Lucas, meus colaboradores, também enviam saudações.

[25]Que a graça de nosso Senhor Jesus Cristo esteja com o espírito de vocês.

Aprendendo com as mulheres da Bíblia

ÁFIA E FILEMOM

O Espírito de Deus nos orienta em uma aliança abençoada

Quando nos voltamos para a breve carta de Paulo a Filemom, encontramos o casal Filemom e Áfia, que juntos abrigavam a igreja que se reunia em sua casa. A maioria dos estudiosos acredita que Filemom e Áfia eram marido e mulher e trabalhavam juntos como líderes da igreja em sua casa. No entanto, o texto não detalha esse fato.

Os cristãos têm lutado ao longo dos séculos com a importante questão sobre como os homens e as mulheres devem relacionar-se entre si na igreja e em casa. Deus criou a humanidade em dois modelos: macho e fêmea, homem e mulher. Ambos foram criados à imagem divina e ambos receberam a mesma ordem: encher a Terra e governá-la. Deus não disse à mulher para encher a Terra e depois disse ao homem para governá-la. Ele deu ambas as ordens para homem e mulher (Gn 1.26-28).

No entanto, muitas de nós fomos ensinadas que "governar" era apenas tarefa a ser efetuada pelo homem. Essa perspectiva vem de Gênesis 2, onde encontramos Deus criando a mulher e lhe dando um mandamento particular: "Não é bom que o homem esteja sozinho. Farei alguém que o ajude e o complete". Baseados nesse versículo, muitos cristãos têm ensinado que ao homem cabe a maior parte do governar, mas, em qualquer dificuldade em que ele necessitar ajuda, a mulher estará presente para estender-lhe a mão.

Perceba a tradução bíblica do texto: "Farei alguém que o ajude e o complete". Algumas vezes a escolha de uma palavra numa tradução pode nos induzir ao erro. E nesse caso a palavra "que o ajude" é exatamente o caso. Em nosso pensamento do século 21, um auxiliador é um subordinado. Porém, quando olhamos para a palavra hebraica traduzida como "que o ajude", precisamos reconsiderar esse conceito. Essa expressão é a tradução do termo hebraico *ezer*, uma palavra bastante comum no Antigo Testamento e que aparece 21 vezes. Em duas, refere-se a Eva (Gn 2.18,20). Três vezes se refere a fortes nações ou exércitos, a quem Israel apelou por ajuda quando ameaçado de extinção pela Assíria ou Babilônia (Is 30.3,5; Dn 11.34; Ez 12.14).

Em todas as demais 16 vezes, *ezer* refere-se a Deus, que é nosso "auxílio". E nenhuma delas sugere que, por Deus ser nosso auxílio, Ele seja nosso subordinado. Deus não se sujeita as Suas criaturas. Quando Ele criou a mulher como a *ezer* do homem, Ele criou alguém que poderia trazer ajuda ao homem, que em si mesmo era incompleto. Alguns eruditos nos dizem que *"que o ajude"* expressa que a mulher é o auxílio/força que resgata ou salva o homem.

Esse era o plano de Deus no começo: juntos, homem e mulher, encheriam a Terra e a governariam. Ambos foram criados à imagem de Deus e encarregados de representar os propósitos divinos para Sua criação. Eles foram criados semelhantes o bastante para poderem trabalhar juntos e diferentes o suficiente para que precisassem das forças individuais um do outro.

Além desse fator bíblico, fisiologicamente o cérebro de homens e mulheres diferem de formas surpreendentes. Embora complexas, as diferenças (fisiológicas e funcionais) basicamente se resumem entre os hemisférios esquerdo e direito do cérebro e a consequente diferença nas formas que os cérebros masculino e feminino usam esses hemisférios.

O hemisfério esquerdo é o lado do cérebro ligado aos detalhes. É caracterizado por uma atenção estreitamente focada e prioriza a comunicação. Em contraste, o hemisfério direito traz o contexto mais amplo, a imagem geral, ou qualquer coisa que seja necessária para a flexibilidade do pensamento. Voltamo-nos ao hemisfério esquerdo quando precisamos de fórmulas para realizar coisas. Ao mesmo tempo, o cérebro esquerdo acha distrativa a imagem geral do hemisfério direito. Enquanto o hemisfério esquerdo toma a solução única que parece se encaixar melhor com o que já conhece, o hemisfério direito está sempre alerta para discrepâncias e em busca de soluções alternativas. De certa forma, os dois hemisférios estão em contradição um com o outro.

O hemisfério direito integra grupos maiores de dados e está constantemente buscando padrões nas coisas dentro de seu contexto. Em contrapartida, o hemisfério esquerdo separa as coisas de seu contexto. Em geral, a tendência do hemisfério esquerdo é classificar as coisas em grupos, ao passo que a do hemisfério direito é identificar as coisas individualmente. O hemisfério esquerdo tem afinidade com o que é mecânico e sua preocupação central é a utilidade. Por outro lado, o hemisfério direito tem afinidade com o que é orgânico (no sentido da matéria viva) e seu foco principal é social. Por estar aberto à interligação das coisas, ele tem importante papel em nossa habilidade de nos colocar no contexto de outra pessoa e sentir empatia por ela.

Quando os pesquisadores da Escola de Medicina Perelman (Universidade da Pensilvânia) examinaram os cérebros de mais de 400 homens e mais de 500 mulheres, descobriram diferenças consideráveis. Revelou-se que nos cérebros masculinos a conectividade neural se move da frente para trás em cada hemisfério; nos cérebros femininos há mais conectividade neural entre os dois hemisférios, o que significa que a ampla massa de fibras nervosas chamadas *corpus callosum*, que liga os dois hemisférios, é mais larga nos cérebros femininos.

Também se descobriu que a parte de trás do cérebro é onde percebemos as coisas, e a frontal é de onde extraímos o sentido do que percebemos, o que nos auxilia a determinar como agir. Desta forma, para qualquer tarefa (quer seja aprender a nadar ou como consertar um eletrodoméstico), se tivermos uma conectividade forte entre a parte frontal e a traseira, estaremos mais capacitadas a atingir o nosso objetivo. Ao mesmo tempo, se tivermos mais conexões entre os dois hemisférios, traremos uma imagem mais abrangente a uma tarefa detalhada de tal maneira que isso pode nos fornecer mais opções para solução. Os pesquisadores afirmam que, por as mulheres terem mais ligações entre os hemisférios, tendem a ser mais aptas à comunicação, análises e trazem mais intuição às suas tarefas. Resumindo, os cérebros femininos são fisiologicamente predispostos a resolver problemas em grupo. Consequentemente, as mulheres podem realizar várias tarefas simultaneamente, o que para os homens seria mais desafiador. Os homens tendem a ser melhores em apreender e em completar apenas uma tarefa por vez.

A maneira como homens e mulheres usam a linguagem também é influenciada por sua fisiologia cerebral. Enquanto os homens usam primariamente o hemisfério esquerdo do cérebro para o uso da linguagem, as mulheres usam ambos os hemisférios para o mesmo propósito. No geral, percebe-se que as mulheres pensam mais inclusivamente ou bilateralmente do que os homens. O cérebro masculino é fisiologicamente construído para pensar mais linearmente, e o feminino para pensar mais bilateralmente ou contextualmente.

Assim sendo, os homens precisam das perspectivas das mulheres e estas, por sua vez, precisam das deles. Deus os planejou para trabalharem juntos e para se complementarem um ao outro. Uma aliança abençoada torna homens e mulheres aliados, não adversários. E enquanto trabalhamos, lideramos e ministramos juntos, damos ao mundo uma visão mais clara e completa do Deus cuja imagem portamos.

Fomos criadas para trabalhar juntos. As mulheres, citadas em "que o ajude" não são meras espectadoras, chamadas ocasionalmente para prover uma assistência secundária para um homem. As mulheres são o *ezer* dos homens, seu auxílio, trazendo ao seu governo compartilhado o que o homem necessita, mas não pode fazer por si mesmo. Agindo juntos como a imagem de Deus, homens e mulheres trazem tanto a análise detalhada quanto a consciência do contexto mais amplo às suas tarefas. Deus nos criou de maneira a agruparmos essa particularidade de nossos dons a fim de abençoar outros por meio do ministério que foi dado a cada um.

Quando reconhecemos o que cada um traz para a mesa e o que cada um tem em falta que pode ser trazido pelo outro, começamos uma "aliança abençoada". Essa foi a ideia de Deus no começo, e ainda é o Seu objetivo

—Alice Mathews

QUESTÕES PARA REFLEXÃO

1. Como a compreensão do que significa Eva ser "que o ajude" (*ezer*) influencia a sua compreensão do papel dela e de qualquer implicação que isso possa ter para homens e mulheres na igreja atual?
2. Quais experiências recentes você teve ao "pensar diferentemente" de um homem (colega de trabalho, amigo, familiar etc.)? De que forma cada um de vocês exemplificou ou falhou em exemplificar as características da fisiologia dos cérebros masculino/feminino?
3. De que formas você gostaria de experimentar uma "aliança abençoada" em sua vida ou ministério? Compartilhe as razões para sua resposta.

HEBREUS

INTRODUÇÃO

Autor. Em nenhum lugar, o escritor indica seu nome, e há divergências de opiniões sobre quem escreveu a epístola. Inclinamo-nos à visão daqueles que consideram Paulo como seu autor, a qual durante muito tempo era o ponto de vista comum. Os pontos principais contra sua autoria são que a linguagem e o estilo diferem dos de Paulo e que é menos semelhante a uma epístola do que qualquer outro livro que contenha seu nome. Parece claro, no entanto, que os pensamentos e o curso do raciocínio são paulinos e as diferenças, de outra forma, podem ser explicadas pela diferença de propósito e espírito em escrevê-la. Para os argumentos a favor e contra sua autoria, o estudante pode recorrer aos comentários mais aprofundados e introduções à literatura do Novo Testamento.

Para quem foi escrita. Foi, sem dúvida, endereçada aos cristãos hebreus, mas, se a uma igreja em especial, ou a uma localidade em especial, é uma questão polêmica. Várias coisas, no entanto, podem ser aprendidas sobre eles: (1) Persistiram firmemente durante a perseguição e na perda de propriedade; (2) Demonstraram compaixão a outros cristãos, 6.10; 10.32-34; (3) Já eram cristãos anteriormente, 5.12; (4) Eles conheciam o escritor a quem deveriam ajudar, por meio de suas orações, a que ele fosse vê-los novamente, 13.19; (5) Conheciam Timóteo que os visitaria, 13.23; (6) Agora estavam em perigo de apostasia para o judaísmo, mas ainda não haviam arriscado a própria vida, 12.3,4; 5.11; 6.9. O perigo de eles voltarem ao judaísmo poderia vir de várias fontes: (1) Havia uma tendência a não crer em Cristo e em suas afirmações, 3.12; (2) O culto elaborado do Templo em comparação com o culto simples da Igreja Cristã; (3) Os judeus os rotularam de traidores e zombaram dos cristãos por se voltarem contra a Lei, dada pelos profetas, anjos e Moisés, e o santuário ministrado pelos sacerdotes de Deus; (4) Eles sofriam perseguição.

Objetivo e conteúdo. O objetivo era evitar a apostasia do cristianismo para o judaísmo e, além disso, confortá-los em seus sofrimentos e perseguições. Para realizar esse propósito, o autor mostra, por uma série de comparações, que a religião de Cristo é superior à que a precedeu. "Melhor" é a palavra-chave, que, juntamente com outros termos de comparação, como "superior", é constantemente usada para mostrar a excelência do cristianismo. É muito parecido com um sermão, o autor muitas vezes se afasta do tema para exortar, depois retorna a ele.

Data. Foi escrita de Jerusalém, Alexandria ou Roma algum tempo antes de 70 d.C., já que o Templo ainda existia, 9.9; 10.1.

ESBOÇO

1. O cristianismo é superior ao judaísmo visto que Cristo, por meio de quem ele foi fundado, é superior aos mensageiros do judaísmo, Caps. 1–6
    1.1. Ele é superior aos profetas, 1.1-3
    1.2. Ele é superior aos anjos, 1.4–2.18
    1.3. Ele é superior a Moisés e Josué, Caps. 3–6
        Três pontos em cada uma destas comparações são os mesmos:
        - Ele é o Filho de Deus
        - Ele é o Salvador do homem
        - Ele é o Sumo Sacerdote do homem

        Nem profetas nem anjos ou Moisés se igualam a Jesus nestes pontos. Há duas notáveis exortações: (a) 2.1-4; (b) 5.11–6.20

2. O cristianismo é superior ao judaísmo visto que seu sacerdócio é superior ao do judaísmo, 7.1–10.18
    2.1. Cristo, seu sacerdote, é superior aos sacerdotes do judaísmo, 7.1–8.6
    2.2. Seu pacto é superior ao do judaísmo, 8.7-13
    2.3. Seu tabernáculo é superior ao do judaísmo, Cap. 9
    2.4. Seu sacrifício é superior àqueles do judaísmo, 10.1-18

3. O cristianismo é superior ao judaísmo, porque as bênçãos que ele concede são superiores àquelas do judaísmo, 10.19–12.29

3.1. Na liberdade de se achegar a Deus, 10.19-39
3.2. No fundamento superior da fé, 11.1–12.17
3.3. Na ida ao monte Sião em vez de ao monte Sinai, 12.18-29
4. Conclusão prática, Cap. 13

PARA ESTUDO E DISCUSSÃO

[1] Descrição de Cristo, 1.1-3.
[2] A superioridade de Cristo aos anjos, 1.3-14.
[3] A humilhação de Cristo para a nossa salvação, 2.9-18.
[4] Como Cristo é superior aos sacerdotes araônicos, 5.1-7,9; 7.28.
[5] Os dois pactos, 8.6-12.
[6] Caráter típico das antigas ordenanças, 9.1–10.4.
[7] Nossa certeza e esperança, 6.13-20.
[8] O perigo de rejeitar a Cristo, 10.26-31.
[9] O benefício da aflição, 12.4-11.
[10] As comparações em 12.18-29.
[11] A advertência em 13.8-15.
[12] As exortações do livro, como em 2.1-4.
[13] Liste todos os termos de comparação, como "melhor" e "superior".
[14] Liste todas as referências a Cristo como sumo sacerdote.
[15] Todas as referências ao Espírito Santo — Quais são as Suas obras e onde são ensinadas no livro?

Jesus Cristo é o Filho de Deus

1 Por muito tempo Deus falou várias vezes e de diversas maneiras a nossos antepassados por meio dos profetas. ²E agora, nestes últimos dias, ele nos falou por meio do Filho, o qual ele designou como herdeiro de todas as coisas e por meio de quem criou o universo. ³O Filho irradia a glória de Deus, expressa de forma exata o que Deus é e, com sua palavra poderosa, sustenta todas as coisas. Depois de nos purificar de nossos pecados, sentou-se no lugar de honra à direita do Deus majestoso no céu, ⁴o que revela que o Filho é muito superior aos anjos, e o nome que ele herdou, superior ao nome deles.

O Filho é maior que os anjos

⁵Pois Deus nunca disse a nenhum anjo:

"Você é meu Filho;
   hoje eu o gerei".ᵃ

Ou ainda:

"Eu serei seu Pai,
   e ele será meu Filho".ᵇ

⁶E, quando ele trouxe seu Filho supremoᶜ ao mundo, disse:ᵈ

"Que todos os anjos de Deus o adorem".ᵉ

⁷A respeito dos anjos, ele diz:

"Ele envia seus anjos como os ventos,
   e seus servos, como chamas de fogo".ᶠ

⁸Mas ao Filho ele diz:

"Teu trono, ó Deus, permanece para todo
      o sempre;
   tu governas com cetro de justiça.
⁹Amas a justiça e odeias o mal;
   por isso, Deus, o teu Deus, te ungiu.
Derramou sobre ti o óleo da alegria,
   mais que sobre qualquer outro".ᵍ

¹⁰E diz também:

"No princípio, Senhor, lançaste os
      fundamentos da terra,
   e com tuas mãos formaste os céus.
¹¹Eles deixarão de existir, mas tu
      permanecerás para sempre;
   eles se desgastarão, como roupa velha.
¹²Tu os desdobrarás como um manto
   e te desfarás deles como roupa velha.
Tu, porém, és sempre o mesmo;
   teus dias jamais terão fim".ʰ

¹³E ele nunca disse a nenhum de seus anjos:

"Sente-se no lugar de honra à minha
      direita,
   até que eu humilhe seus inimigos
   e os ponha debaixo de seus pés".ⁱ

¹⁴Portanto, os anjos são apenas servos, espíritos enviados para cuidar daqueles que herdarão a salvação.

Advertência contra a negligência espiritual

2 Portanto, precisamos prestar muita atenção às verdades que temos ouvido, para não nos desviarmos delas. ²Pois a mensagem que foi transmitida por meio de anjos permaneceu firme, e toda transgressão e desobediência recebeu o castigo merecido. ³O que nos faz pensar que escaparemos se negligenciarmos essa grande salvação, anunciada primeiramente pelo Senhor e depois transmitida a nós por aqueles que o ouviram falar? ⁴E Deus confirmou a mensagem por meio de sinais, maravilhas e diversos milagres, e também por dons do Espírito Santo, conforme sua vontade.

Jesus, o homem

⁵Além disso, não são anjos que governarão o mundo futuro a que nos referimos. ⁶Porque em certo lugar alguém disse:

"Quem é o simples mortal, para que
      penses nele?
   Quem é o filho do homem,ʲ para que
      com ele te importes?
⁷E, no entanto, por pouco tempo o fizeste
      um pouco menor que os anjos
   e o coroaste de glória e honra.ᵏ
⁸Tu lhe deste autoridade sobre todas as
      coisas".ˡ

ᵃ**1.5a** Ou *hoje eu o revelo como meu Filho.* Sl 2.7. ᵇ**1.5b** 2Sm 7.14. ᶜ**1.6a** Ou *primogênito.* ᵈ**1.6b** Ou *quando ele trouxer novamente seu Filho supremo* [ou *Filho primogênito*] *ao mundo, dirá.* ᵉ**1.6c** Dt 32.43. ᶠ**1.7** Sl 104.4, conforme a Septuaginta. ᵍ**1.8-9** Sl 45.6-7. ʰ**1.10-12** Sl 102.25-27 ⁱ**1.13** Sl 110.1. ʲ**2.6** Ou *o Filho do Homem.* ᵏ**2.7** Alguns manuscritos acrescentam *Tu o encarregaste de tudo que criaste.* ˡ**2.6-8** Sl 8.4-6, conforme a Septuaginta.

Quando se diz "todas as coisas", significa que nada foi deixado de fora. É verdade que ainda não vimos tudo ser submetido à sua autoridade. ⁹Contudo, vemos Jesus, que por pouco tempo foi feito "um pouco menor que os anjos" e que, por ter sofrido a morte, agora está coroado "de glória e honra". Sim, pela graça de Deus, Jesus experimentou a morte por todos. ¹⁰Deus, para quem e por meio de quem todas as coisas foram criadas, escolheu levar muitos filhos à glória. E era apropriado que, por meio do sofrimento de Jesus, ele o tornasse o líder perfeito para conduzi-los à salvação.

¹¹Assim, tanto o que santifica como os que são santificados procedem de um só. Por isso Jesus não se envergonha de chamá-los irmãos, ¹²quando diz:

"Proclamarei teu nome a meus irmãos;
no meio de teu povo reunido te
louvarei".ᵃ

¹³E também afirmou:

"Porei minha confiança nele",

isto é, "eu e os filhos que Deus me deu".ᵇ

¹⁴Visto, portanto, que os filhos são seres humanos, feitos de carne e sangue, o Filho também se tornou carne e sangue, pois somente assim ele poderia morrer e, somente ao morrer, destruiria o diabo, que tinhaᶜ o poder da morte. ¹⁵Só dessa maneira ele libertaria aqueles que durante toda a vida estiveram escravizados pelo medo da morte.

¹⁶Também sabemos que o Filho não veio para ajudar os anjos, mas sim os descendentes de Abraão. ¹⁷Portanto, era necessário que ele se tornasse semelhante a seus irmãos em todos os aspectos, de modo que pudesse ser nosso misericordioso e fiel Sumo Sacerdote diante de Deus e realizar o sacrifício que remove os pecados do povo. ¹⁸Uma vez que ele próprio passou por sofrimento e tentação, é capaz de ajudar aqueles que são tentados.

Jesus é maior que Moisés

3 Portanto, irmãos santos que participam do chamado celestial, considerem atentamente a Jesus, que declaramos ser Apóstolo e Sumo Sacerdote. ²Pois ele foi fiel àquele que o designou, assim como Moisés serviu fielmente quando lhe foi confiada todaᵈ a casa de Deus. ³Jesus, no entanto, é digno de muito mais honra que Moisés, assim como a pessoa que constrói uma casa merece mais elogios que a casa em si. ⁴Pois toda casa tem um construtor, mas Deus é o construtor de todas as coisas. ⁵Por certo, Moisés foi fiel como servo na casa de Deus, e seu trabalho ilustrou verdades que seriam mais tarde reveladas. ⁶Mas Cristo, como Filho, é responsável por toda a casa de Deus; e nós somos a casa de Deus, se nos mantivermos corajosos e firmes em nossa esperança gloriosa.ᵉ

⁷Por isso o Espírito Santo diz:

"Hoje, se ouvirem sua voz,
⁸não endureçam o coração
como eles fizeram na rebelião,
quando me puseram à prova no deserto.
⁹Ali seus antepassados me tentaram e me
puseram à prova,
apesar de terem visto meus feitos
durante quarenta anos.
¹⁰Por isso fiquei irado com aquela geração
e disse:
'Seu coração sempre se desvia de mim;
vocês se recusam a andar em meus
caminhos'.
¹¹Assim, jurei em minha ira:
'Jamais entrarão em meu descanso'".ᶠ

¹²Portanto, irmãos, cuidem para que nenhum de vocês tenha coração perverso e incrédulo que os desvie do Deus vivo. ¹³Advirtam uns aos outros todos os dias, enquanto ainda é "hoje", para que nenhum de vocês seja enganado pelo pecado e fique endurecido. ¹⁴Porque nos tornaremos participantes de Cristo, se de fato mantivermos firme até o fim a confiança que nele depositamos no início. ¹⁵Lembrem-se do que foi dito:

"Hoje, se ouvirem sua voz,
não endureçam o coração
como eles fizeram na rebelião".ᵍ

¹⁶E quem foram os que se rebelaram mesmo depois de terem ouvido? Não foram aqueles que saíram do Egito conduzidos por Moisés?

ᵃ **2.12** Sl 22.22. ᵇ **2.13** Is 8.17-18. ᶜ **2.14** Ou *tem*. ᵈ **3.2** Alguns manuscritos não trazem *toda*. ᵉ **3.6** Alguns manuscritos acrescentam *até o fim*. ᶠ **3.7-11** Sl 95.7-11. ᵍ **3.15** Sl 95.7-8.

> **PÃO DIÁRIO**
>
> ## Uma palavra poderosa
>
> *Pois a palavra de Deus é viva e poderosa. É mais cortante que qualquer espada de dois gumes...*
> —Hebreus 4.12
>
> Quando uma adolescente conheceu o amor de Jesus e o recebeu como seu Salvador, os pais dela não tinham certeza dos méritos do cristianismo. Assim, enviaram sua irmã mais velha à igreja para ficar de olho nela. Porém, aconteceu algo que eles não esperavam. A poderosa Palavra de Deus penetrou no coração dessa irmã, e ela também aceitou Jesus como seu Salvador. O salmista disse a respeito da Palavra de Deus: "Jamais me esquecerei de tuas ordens, pois é por meio delas que me dás vida" (Sl 119.93). Esse é o testemunho dessa adolescente e de sua irmã. Ambas conheceram Cristo como Salvador pessoal. Sua Palavra é "viva e poderosa ... trazendo à luz até os pensamentos e desejos mais íntimos" (Hb 4.12).
>
> A Palavra de Deus nos mostra nossos pecados e suas consequências: "Pois todos pecaram e não alcançam o padrão da glória de Deus" (Rm 3.23); "pois o salário do pecado é a morte" (6.23). Ela nos fala do amor e salvação de Deus: "Mas Deus é tão rico em misericórdia e nos amou tanto que, embora estivéssemos mortos por causa de nossos pecados, ele nos deu vida juntamente com Cristo. É pela graça que vocês são salvos!" (Ef 2.4,5). E nos dá sabedoria para a vida cotidiana: "Tua palavra é lâmpada para meus pés e luz para meu caminho." (Sl 119.105).
>
> Graças te dou, Senhor, pela Tua poderosa Palavra, que nos concede vida e direção para enfrentar o dia a dia.
>
> *Senhor, Tua Palavra é cheia de graça e verdade; o poder dela é imensurável. Que eu encontre sabedoria para o caminho da minha vida e força para cada dia à medida que invisto o meu tempo na leitura das Escrituras.*
>
> ---
>
> Muitos livros informam, mas apenas um transforma — a Bíblia.

[17] E quem deixou Deus irado durante quarenta anos? Não foi o povo que pecou e cujos corpos ficaram no deserto? [18] E a quem Deus se dirigiu quando jurou que jamais entrariam em seu descanso? Não foi ao povo que lhe desobedeceu? [19] Vemos, portanto, que não puderam entrar no descanso por causa de sua incredulidade.

Descanso prometido ao povo de Deus

4 Assim, uma vez que permanece a promessa de que entraremos no descanso de Deus, devemos ter cuidado para que nenhum de vocês pense que falhou. [2] Porque essas boas-novas também nos foram anunciadas, como a eles, mas a mensagem de nada lhes valeu, pois não a receberam com fé e não se uniram àqueles que ouviram.[a] [3] Pois nós, os que cremos, entramos em seu descanso. Quanto aos demais, Deus disse:

"Assim, jurei em minha ira:
 'Jamais entrarão em meu descanso'",[b]

embora suas obras estejam prontas desde a criação do mundo. [4] Sabemos que estão prontas por causa da passagem que menciona o sétimo dia: "No sétimo dia, Deus descansou de todo o seu trabalho".[c] [5] Mas, em outra passagem, Deus diz: "Jamais entrarão em meu descanso".[d]

[6] Portanto, o descanso está disponível para que alguns entrem nele, mas os primeiros que ouviram essas boas-novas não entraram por causa de sua desobediência. [7] Por isso Deus estabeleceu outra ocasião para que entrem em seu descanso, e essa ocasião é "hoje". Ele anunciou isso por meio de Davi muito tempo depois, nas palavras já citadas:

"Hoje, se ouvirem sua voz,
 não endureçam o coração".[e]

[8] Se Josué lhes tivesse dado descanso, Deus não teria falado de outro dia de descanso por vir. [9] Logo, ainda há um descanso definitivo[f] à espera do povo de Deus. [10] Porque todos que entraram no descanso de Deus descansam de seu trabalho, como Deus o fez após a criação do mundo. [11] Portanto, esforcemo-nos para entrar nesse descanso. Mas, se desobedecermos, como no exemplo citado, cairemos.

[12] Pois a palavra de Deus é viva e poderosa. É mais cortante que qualquer espada de dois gumes, penetrando entre a alma e o espírito, entre a junta e a medula, e trazendo à luz até os pensamentos e desejos mais íntimos. [13] Nada,

---

[a] **4.2** Alguns manuscritos trazem *pois não combinaram com fé aquilo que ouviram*. [b] **4.3** Sl 95.11. [c] **4.4** Gn 2.2. [d] **4.5** Sl 95.11. [e] **4.7** Sl 95.7-8. [f] **4.9** Ou *descanso sabático*.

em toda a criação, está escondido de Deus. Tudo está descoberto e exposto diante de seus olhos, e é a ele que prestamos contas.

Cristo é nosso Sumo Sacerdote

¹⁴Visto, portanto, que temos um grande Sumo Sacerdote que entrou no céu, Jesus, o Filho de Deus, apeguemo-nos firmemente àquilo em que cremos. ¹⁵Nosso Sumo Sacerdote entende nossas fraquezas, pois enfrentou as mesmas tentações que nós, mas nunca pecou. ¹⁶Assim, aproximemo-nos com toda confiança do trono da graça, onde receberemos misericórdia e encontraremos graça para nos ajudar quando for preciso.

5 Todo sumo sacerdote é um homem escolhido para representar outras pessoas nas coisas referentes a Deus. Ele apresenta ofertas e sacrifícios pelos pecados ²e é capaz de tratar com bondade os ignorantes e os que se desviam, pois está sujeito às mesmas fraquezas. ³É por isso que precisa oferecer sacrifícios pelos próprios pecados, bem como pelos pecados do povo.

⁴Ninguém assume essa posição de honra por si só. Ele deve ser chamado por Deus, como aconteceu com Arão. ⁵Por isso Cristo não tomou para si a honra de ser Sumo Sacerdote, mas foi Deus que lhe concedeu essa honra, dizendo:

"Você é meu Filho;
  hoje eu o gerei".ª

⁶E, em outra passagem, diz:

"Você é sacerdote para sempre,
  segundo a ordem de Melquisedeque".ᵇ

⁷Enquanto Jesus esteve na terra, ofereceu orações e súplicas, em alta voz e com lágrimas, àquele que podia salvá-lo da morte, e suas orações foram ouvidas por causa de sua profunda devoção. ⁸Embora fosse Filho, aprendeu a obediência por meio de seu sofrimento. ⁹Com isso, foi capacitado para ser o Sumo Sacerdote perfeito e tornou-se a fonte de salvação eterna para todos que lhe obedecem. ¹⁰E Deus o designou Sumo Sacerdote segundo a ordem de Melquisedeque.

Apelo ao crescimento espiritual

¹¹Há muito mais que gostaríamos de dizer a esse respeito, mas são coisas difíceis de explicar, sobretudo porque vocês se tornaram displicentes acerca do que ouvem. ¹²A esta altura, já deveriam ensinar outras pessoas, e no entanto precisam que alguém lhes ensine novamente os conceitos mais básicos da palavra de Deus.ᶜ Ainda precisam de leite, e não podem ingerir alimento sólido. ¹³Quem se alimenta de leite ainda é criança e não sabe o que é justo. ¹⁴O alimento sólido é para os adultos que, pela prática constante, são capazes de distinguir entre certo e errado.

6 Portanto, deixemos de lado os ensinamentos básicos a respeito de Cristo e sigamos em frente, alcançando a maturidade em nosso entendimento. Certamente não precisamos lançar novamente os alicerces, ou seja, o arrependimento das obras mortas, a fé em Deus, ²o batismo, a imposição de mãos, a ressurreição dos mortos e o julgamento eterno. ³Se Deus permitir, avançaremos para um maior entendimento.

⁴Pois é impossível trazer de volta ao arrependimento aqueles que já foram iluminados, que já experimentaram as dádivas celestiais e se tornaram participantes do Espírito Santo, ⁵que provaram a bondade da palavra de Deus e os poderes do mundo por vir, ⁶e que depois se desviaram. Sim, é impossível trazê-los de volta ao arrependimento, pois, ao rejeitar o Filho de Deus, eles voltaram a pregá-lo na cruz, expondo-o à vergonha pública.

⁷Quando a terra absorve a chuva que cai e produz uma boa colheita para o lavrador, recebe a bênção de Deus. ⁸Mas, se a terra produz espinhos e ervas daninhas, para nada serve, sendo logo amaldiçoada e, por fim, queimada.

⁹Amados, embora estejamos falando dessa forma, na realidade não cremos que se aplique a vocês. Temos certeza de que estão destinados às coisas melhores que pertencem à salvação. ¹⁰Pois Deus não é injusto; não se esquecerá de como trabalharam arduamente para ele e lhe demonstraram seu amor ao cuidar do povo santo, como ainda fazem. ¹¹Nosso desejo é que vocês continuem a mostrar essa mesma

---

ª **5.5** Ou *hoje eu o revelo como meu Filho.* Sl 2.7. ᵇ **5.6** Sl 110.4. ᶜ **5.12** Ou *dos oráculos de Deus.*

As promessas de Deus dão esperança

¹³Considerem a promessa de Deus a Abraão. Uma vez que não havia ninguém superior por quem jurar, Deus jurou por si mesmo. Disse ele:

> ¹⁴"Certamente o abençoarei
> e multiplicarei grandemente seus
> descendentes".ᵃ

¹⁵Então Abraão esperou com paciência, e recebeu o que lhe fora prometido.

¹⁶Quando a pessoa faz um juramento, invoca alguém maior que ela. E, sem dúvida, o juramento implica uma obrigação. ¹⁷Deus também se comprometeu por meio de um juramento, para que os herdeiros da promessa tivessem plena convicção de que ele jamais mudaria de ideia. ¹⁸A promessa e o juramento não podem ser mudados, pois é impossível que Deus minta. Portanto, nós que nele nos refugiamos estamos firmemente seguros ao nos apegarmos à esperança posta diante de nós. ¹⁹Essa esperança é uma âncora firme e confiável para nossa alma. Ela nos conduz até o outro lado da cortina, para o santuário interior. ²⁰Jesus já entrou ali por nós. Ele se tornou nosso eterno Sumo Sacerdote, segundo a ordem de Melquisedeque.

Melquisedeque é maior que Abraão

7 Esse Melquisedeque era rei de Salém e também sacerdote do Deus Altíssimo. Quando Abraão regressava para casa, depois de derrotar os reis, Melquisedeque foi ao seu encontro e o abençoou. ²Então Abraão separou a décima parte de tudo e a entregou a Melquisedeque, cujo nome significa "rei da justiça", enquanto rei de Salém quer dizer "rei da paz". ³Não há registro de seu pai nem de sua mãe, nem de nenhum de seus antepassados, nem do começo nem do fim de sua vida. Semelhantemente ao Filho de Deus, ele permanece sacerdote para sempre.

⁴Considerem, portanto, a importância de Melquisedeque. Até mesmo Abraão, o patriarca, a reconheceu ao entregar a ele um décimo do que havia conquistado na batalha. ⁵A lei de Moisés exigia que os sacerdotes, os descendentes de Levi, recebessem o dízimo de seus irmãos israelitas, que também

---

> **PÃO DIÁRIO**
>
> ## O trabalhador esquecido
>
> *Pois Deus não é injusto; não se esquecerá de como trabalharam arduamente para ele e lhe demonstraram seu amor ao cuidar do povo santo, como ainda fazem.*
> —Hebreus 6.10
>
> Muitas pessoas ao redor do mundo estão familiarizadas com o monte Rushmore, localizado em Dakota do Sul, EUA. Naquele paredão rochoso, as faces de quatro ex-presidentes norte-americanos foram esculpidas em escala gigantesca. Apesar disso, enquanto milhões de pessoas conhecem o monte Rushmore, relativamente poucas conhecem até mesmo o nome de Doane Robinson — o historiador que concebeu a ideia da impressionante escultura e administrou esse projeto. O monumento é admirado e apreciado, mas ele é o homem esquecido por trás da obra-prima. Seu nome, muitas vezes, não é reconhecido ou jamais foi ouvido por outros.
>
> Às vezes, no serviço ao Mestre, podemos sentir que fomos esquecidas ou que estamos nos bastidores e passamos despercebidas. O ministério pode ser uma vida de lutas frequentemente desconsiderada pelas mesmas pessoas que estamos buscando servir em nome de Jesus. A boa notícia, entretanto, é que, ainda que as pessoas possam não saber, Deus sabe. "Pois Deus não é injusto; não se esquecerá de como trabalharam arduamente para ele e lhe demonstraram seu amor ao cuidar do povo santo, como ainda fazem" (Hb 6.10).
>
> Que promessa! Nosso Pai celestial jamais esquecerá o serviço que prestamos a Ele. Isso é infinitamente mais importante do que ser aplaudida por multidões.
>
> *Querido Jesus, rendemos louvor e gratidão a ti, que nunca esqueces ou negligencias nenhuma das obras que fazemos a Teu serviço. Tu vês cada uma delas e te agradas de nós. Que possamos viver toda a nossa existência para te agradar para que um dia ouçamos as palavras: "Muito bem, meu servo bom e fiel".*
>
> ---
>
> **Servir para agradar a Cristo é uma recompensa maior do que a aprovação pública.**

---

dedicação até o fim, para que tenham plena certeza de sua esperança. ¹²Assim, não se tornarão displicentes, mas seguirão o exemplo daqueles que, por causa de sua fé e perseverança, herdarão as promessas.

ᵃ **6.14** Gn 22.17.

são descendentes de Abraão. ⁶Melquisedeque, porém, que não era descendente de Levi, recebeu o dízimo e, em seguida, abençoou Abraão, que já havia recebido as promessas. ⁷Sem dúvida, quem tem poder para abençoar é superior a quem é abençoado. ⁸Os sacerdotes que recebem os dízimos são homens mortais. A respeito de Melquisedeque, no entanto, é dito que ele continua vivo. ⁹Além disso, pode-se dizer que os levitas, que recebem o dízimo, também o entregaram por meio de Abraão. ¹⁰Embora Levi ainda não tivesse nascido, a semente da qual ele veio já estava no corpo de Abraão, seu antepassado, quando Melquisedeque se encontrou com ele.

¹¹Portanto, se o sacerdócio de Levi, sob o qual o povo recebeu a lei, pudesse ter alcançado a perfeição, por que seria necessário estabelecer outro sacerdócio, com um sacerdote segundo a ordem de Melquisedeque, em vez da ordem de Arão? ¹²E, se o sacerdócio muda, também é preciso que a lei mude. ¹³Pois o sacerdote ao qual estamos nos referindo pertence a outra tribo, cujos membros nunca serviram no altar como sacerdotes. ¹⁴De fato, como todos sabem, nosso Senhor veio da tribo de Judá, e Moisés nunca mencionou que dessa tribo viriam sacerdotes.

Jesus é como Melquisedeque

¹⁵Essa mudança se torna ainda mais clara com o surgimento de outro sacerdote, semelhante a Melquisedeque, ¹⁶o qual se tornou sacerdote não por cumprir leis e exigências humanas, mas pelo poder de uma vida indestrutível. ¹⁷Pois a respeito dele foi dito:

"Você é sacerdote para sempre,
    segundo a ordem de Melquisedeque".ᵃ

¹⁸Desse modo, o antigo requisito, por ser fraco e inútil, foi cancelado. ¹⁹Pois a lei nunca tornou perfeita coisa alguma. Agora, porém, temos certeza de uma esperança superior, pela qual nos aproximamos de Deus. ²⁰Esse novo sistema foi instituído com um juramento solene. Os outros se tornaram sacerdotes sem esse juramento, ²¹mas a respeito dele houve um juramento, pois Deus lhe disse:

"O Senhor jurou e não voltará atrás:
    'Você é sacerdote para sempre'".ᵇ

²²Por causa desse juramento, Jesus é aquele que garante uma aliança superior. ²³Além disso, havia muitos sacerdotes, pois a morte os impedia de continuar a desempenhar suas funções. ²⁴Mas, visto que ele vive para sempre, seu sacerdócio é permanente. ²⁵Portanto, ele é capaz de salvar de uma vez por todasᶜ aqueles que se aproximam de Deus por meio dele. Ele vive sempre para interceder em favor deles.

²⁶É de um Sumo Sacerdote como ele que necessitamos, pois é santo, irrepreensível, sem nenhuma mancha de pecado, separado dos pecadores e colocado no lugar de mais alta honra no céu.ᵈ ²⁷Ele não precisa oferecer sacrifícios diariamente, ao contrário dos outros sumos sacerdotes, que os ofereciam primeiro por seus próprios pecados e depois pelos pecados do povo. Ele, porém, o fez de uma vez por todas quando ofereceu a si mesmo como sacrifício. ²⁸A lei nomeava sacerdotes limitados pela fraqueza humana. Mas, depois da lei, Deus nomeou com juramento seu Filho, que se tornou o Sumo Sacerdote perfeito para sempre.

O ministério superior de nosso Sumo Sacerdote

8 O mais importante é que temos um Sumo Sacerdote sentado no lugar de honra à direita do trono do Deus Majestoso no céu. ²Ele ministra ali no verdadeiro tabernáculo,ᵉ o santuário construído pelo Senhor, e não por mãos humanas.

³E, visto que todo sumo sacerdote deve apresentar ofertas e sacrifícios, era necessário que esse Sumo Sacerdote também apresentasse uma oferta. ⁴Se ele estivesse aqui na terra, nem seria sacerdote, pois já existem sacerdotes que apresentam as ofertas exigidas pela lei. ⁵O serviço sacerdotal que eles realizam é apenas uma representação, uma sombra das coisas celestiais. Pois, quando Moisés se preparava para construir o tabernáculo, Deus o advertiu: "Cuide para que tudo seja feito de acordo com o modelo que eu lhe mostrei aqui no monte".ᶠ

ᵃ **7.17** Sl 110.4. ᵇ **7.21** Sl 110.4. ᶜ **7.25** Ou *salvar completamente*. ᵈ **7.26** Ou *exaltado acima dos céus*. ᵉ **8.2** Ou *na tenda*; também em 8.5. ᶠ **8.5** Êx 25.40; 26.30.

⁶Agora, porém, Jesus, nosso Sumo Sacerdote, recebeu um ministério superior, pois ele é o mediador de uma aliança superior, baseada em promessas superiores. ⁷Se a primeira aliança fosse perfeita, não teria havido necessidade de outra para substituí-la. ⁸Mas, quando Deus viu que seu povo era culpado, disse:

"Está chegando o dia, diz o Senhor,
   em que farei uma nova aliança
   com o povo de Israel e de Judá.
⁹Não será como a aliança que fiz
   com seus antepassados,
quando os tomei pela mão
   e os conduzi para fora da terra do Egito.
Não permaneceram fiéis à minha aliança,
   por isso lhes dei as costas, diz o Senhor.
¹⁰E esta é a nova aliança que farei com o
   povo de Israel
   depois daqueles dias, diz o Senhor:
Porei minhas leis em sua mente
   e as escreverei em seu coração.
Serei o seu Deus,
   e eles serão o meu povo.
¹¹E não será necessário ensinarem a seus
   vizinhos
   e a seus parentes, dizendo:
'Você precisa conhecer o Senhor'.
Pois todos, desde o mais humilde até o
   mais importante,
   me conhecerão.
¹²E eu perdoarei sua maldade
   e nunca mais me lembrarei de seus
   pecados".ᵃ

¹³Quando Deus fala de uma "nova aliança", significa que tornou obsoleta a aliança anterior. E aquilo que se torna obsoleto e antiquado logo desaparece.

A adoração na antiga aliança

9 A primeira aliança tinha regras para a adoração, bem como um santuário terreno. ²Esse tabernáculoᵇ era dividido em duas partes. Na primeira, ficava o candelabro e a mesa com os pães da presença. Essa parte era chamada lugar santo. ³Depois, havia uma cortina e, atrás dela, a segunda parte, chamada lugar santíssimo. ⁴Nessa parte ficava o altar de ouro para o incenso e a arca da aliança, inteiramente coberta de ouro. Dentro da arca havia um vaso de ouro contendo maná, a vara de Arão que floresceu e as tábuas de pedra da aliança. ⁵Sobre a arca ficavam os querubins da glória divina, cuja sombra se estendia por cima do lugar de expiação.ᶜ Mas agora não é o momento de explicar essas coisas em detalhes.

⁶Quando tudo estava preparado, os sacerdotes entravam regularmente no lugar santoᵈ para cumprir seus deveres sagrados. ⁷Mas apenas o sumo sacerdote, e só uma vez por ano, entrava no lugar santíssimo.ᵉ Ele sempre apresentava o sangue do sacrifício pelos próprios pecados e pelos pecados que o povo havia cometido por ignorância. ⁸Com essas regras, o Espírito Santo mostra que o caminho para o lugar santíssimo não havia sido aberto enquanto o primeiro tabernáculoᶠ continuava em uso.

⁹Essa é uma ilustração que aponta para o tempo presente, pois as ofertas e os sacrifícios que os sacerdotes apresentam não podem criar no adorador uma consciência totalmente limpa. ¹⁰Tratava-se apenas de alimentos e bebidas e várias cerimônias de purificação; eram regras externas,ᵍ válidas apenas até que se estabelecesse um sistema melhor.

Cristo é o sacrifício perfeito

¹¹Cristo se tornou o Sumo Sacerdote de todos os benefícios agora presentes.ʰ Ele entrou naquele tabernáculo maior e mais perfeito no céu, que não foi feito por mãos humanas nem faz parte deste mundo criado. ¹²Com seu próprio sangue, e não com o sangue de bodes e bezerros, entrou no lugar santíssimo de uma vez por todas e garantiu redenção eterna.

¹³Se, portanto, o sangue de bodes e bezerros e as cinzas de uma novilha purificavam o corpo de quem estava cerimonialmente impuro, ¹⁴imaginem como o sangue de Cristo purificará nossa consciência das obras mortas, para que adoremos o Deus vivo. Pois, pelo poder do Espírito eterno, Cristo ofereceu a si mesmo a Deus como sacrifício perfeito. ¹⁵Por isso ele é o mediador da nova aliança, para que todos

---

ᵃ**8.8-12** Jr 31.31-34. ᵇ**9.2** Ou *tenda*; também em 9.11,21. ᶜ**9.5** Ou *propiciatório*. ᵈ**9.6** Em grego, *na primeira tenda*. ᵉ**9.7** Em grego, *na segunda tenda*. ᶠ**9.8** Em grego, *a primeira tenda*. ᵍ**9.10** Em grego, *regras para o corpo*. ʰ**9.11** Alguns manuscritos trazem *que estão por vir*.

que são chamados recebam a herança eterna que foi prometida. Porque Cristo morreu para libertá-los do castigo dos pecados que haviam cometido sob a primeira aliança.

¹⁶Quando alguém deixa um testamento,ᵃ é necessário comprovar a morte daquele que o fez.ᵇ ¹⁷O testamento só se torna válido após a morte da pessoa. Enquanto ela ainda estiver viva, o testamento não entra em vigor.

¹⁸É por isso que até mesmo a primeira aliança foi sancionada com o sangue. ¹⁹Depois de ler todos os mandamentos da lei a todo o povo, Moisés pegou o sangue de novilhos e de bodes,ᶜ e também água, e os aspergiu com ramos de hissopo e lã vermelha sobre o Livro da Lei e sobre todo o povo. ²⁰Em seguida, disse: "Este sangue confirma a aliança que Deus fez com vocês".ᵈ ²¹Da mesma forma, aspergiu com sangue o tabernáculo e todos os utensílios usados nos serviços sagrados. ²²De fato, segundo a lei, quase tudo era purificado com sangue, pois sem derramamento de sangue não há perdão.

²³Assim, as representações das coisas no céu tiveram de ser purificadas com o sangue de animais. As verdadeiras coisas celestiais, porém, tiveram de ser purificadas com sacrifícios muitos superiores.

²⁴Pois Cristo não entrou num santuário feito por mãos humanas, mera representação do santuário verdadeiro no céu. Ele entrou no próprio céu, a fim de agora se apresentar diante de Deus em nosso favor. ²⁵E ele não entrou no céu para oferecer a si mesmo repetidamente, como o sumo sacerdote aqui na terra, que todos os anos entra no lugar santíssimo com o sangue de um animal. ²⁶Se fosse assim, ele precisaria ter morrido muitas vezes, desde o princípio do mundo. Mas agora, no fim dos tempos,ᵉ ele apareceu uma vez por todas para remover o pecado mediante sua própria morte em sacrifício.

²⁷E, assim como cada pessoa está destinada a morrer uma só vez, e depois disso vem o julgamento, ²⁸também Cristo foi oferecido como sacrifício uma só vez para tirar os pecados de muitos. Ele voltará, não para tratar de nossos pecados, mas para trazer salvação a todos que o aguardam com grande expectativa.

O sacrifício definitivo de Cristo

10 A lei constitui apenas uma sombra, um vislumbre das coisas boas por vir, mas não as coisas boas em si mesmas. Os sacrifícios são repetidos todos os anos, mas nunca puderam purificar inteiramente aqueles que vêm adorar. ²Se tivessem esse poder, já não precisariam existir, pois os adoradores teriam sido purificados de uma vez por todas, e a consciência de seus pecados teria desaparecido.

³Em vez disso, esses sacrifícios os lembravam de seus pecados todos os anos. ⁴Pois é impossível que o sangue de touros e bodes remova pecados. ⁵Por isso, quando Cristoᶠ veio ao mundo, disse:

"Não quiseste sacrifícios nem ofertas,
    contudo me deste um corpo para
        oferecer.
⁶Não te agradaste de holocaustos,
    nem de outras ofertas pelo pecado.
⁷Então eu disse: 'Aqui estou para fazer tua
        vontade, ó Deus,
    como está escrito a meu respeito no
        livro'".ᵍ

⁸Primeiro Cristo disse: "Não quiseste sacrifícios nem ofertas, nem holocaustos, nem outras ofertas, nem te agradaste delas" (embora sejam exigidas pela lei). ⁹Então acrescentou: "Aqui estou para fazer tua vontade": Ele cancela a primeira aliança a fim de estabelecer a segunda. ¹⁰Pois a vontade de Deus era que fôssemos santificados pela oferta do corpo de Jesus Cristo, de uma vez por todas.

¹¹O sacerdote se apresenta todos os dias para realizar os serviços sagrados e oferece repetidamente os mesmos sacrifícios que nunca podem remover os pecados. ¹²Nosso Sumo Sacerdote, porém, ofereceu a si mesmo como único sacrifício pelos pecados, válido para sempre. Então, sentou-se no lugar de honra à direita de Deus ¹³e ali aguarda até que todos os seus inimigos sejam humilhados e postos debaixo de seus pés. ¹⁴Porque, mediante essa

---

ᵃ **9.16a** Ou *aliança*; também em 9.17. ᵇ **9.16b** Ou *Quando alguém faz uma aliança, é necessário confirmá-la com a morte de um sacrifício*. ᶜ **9.19** Alguns manuscritos não trazem *e de bodes*. ᵈ **9.20** Êx 24.8. ᵉ **9.26** Em grego, *das eras*. ᶠ **10.5** Em grego, *ele*; também em 10.8. ᵍ **10.5-7** Sl 40.6-8, conforme a Septuaginta.

> **PÃO DIÁRIO**
>
> ## Completamente limpa
>
> *Pois é impossível que o sangue de touros e bodes remova pecados.*
>
> —Hebreus 10.4
>
> "Parabéns *pra* você, nesta data querida. Muitas felicidades, muitos anos de vida. Parabéns...!".
>
> Depois de cantarolar baixinho "o parabéns" pela segunda vez, desliguei a torneira. Dizem que cantar essa canção duas vezes ao lavar as mãos (aproximadamente 20 segundos) é uma boa maneira de remover a maior parte das bactérias. Mas isso não dura muito. Preciso repetir esse processo cada vez que minhas mãos são contaminadas.
>
> No Antigo Testamento, o povo de Deus oferecia sacrifícios muitas e muitas vezes para cobrir seus pecados. Entretanto, o sangue dos animais na realidade não podia "remover pecados" (Hb 10.4). Apenas o precioso sacrifício de Jesus era capaz de fazê-lo!
>
> Hoje, os sacrifícios de animais não são mais necessários porque o sacrifício de Cristo...
>
> - foi definitivo "de uma vez por todas" — diferentemente dos sacrifícios de animais, os quais tinham de ser repetidos ano após ano (vv.1-3,10);
> - nos purifica completamente de toda culpa e pecado — diferentemente do sangue dos animais, o que era um lembrete do castigo pelo pecado e que não poderia jamais remover nossos pecados (vv.3-6,11).
>
> "Porque, mediante essa única oferta, ele tornou perfeitos para sempre os que estão sendo santificados" (v.14). Apenas por meio de Jesus podemos ser declaradas completamente justificadas.
>
> *Senhor, somos muito gratas, porque, pelo Teu sacrifício perfeito, podemos ser livres da culpa e do pecado. Não existe absolutamente coisa alguma que possamos fazer para merecer a salvação. Tu fizeste tudo na cruz e o que precisamos fazer é crer e receber Jesus. Graças te damos, porque, quando cremos, somos declaradas justificadas!*
>
> **O poder purificador de Cristo pode remover a mancha de pecado mais difícil.**

única oferta, ele tornou perfeitos para sempre os que estão sendo santificados.

¹⁵E o Espírito Santo também testemunha que isso é verdade, pois diz:

¹⁶"Esta é a nova aliança que farei com meu povo
depois daqueles dias, diz o Senhor:
Porei minhas leis em seu coração
e as escreverei em sua mente".[a]

¹⁷E acrescenta:

"E nunca mais me lembrarei
de seus pecados e seus atos de desobediência".[b]

¹⁸Onde os pecados foram perdoados, já não há necessidade de oferecer mais sacrifícios.

Apelo à perseverança

¹⁹Portanto, irmãos, por causa do sangue de Jesus, podemos entrar com toda confiança no lugar santíssimo. ²⁰Por sua morte,[c] Jesus abriu um caminho novo e vivo através da cortina que leva ao lugar santíssimo. ²¹E, uma vez que temos um Sumo Sacerdote que governa sobre a casa de Deus, ²²entremos com coração sincero e plena confiança, pois nossa consciência culpada foi purificada, e nosso corpo, lavado com água pura.

²³Apeguemo-nos firmemente, sem vacilar, à esperança que professamos, porque Deus é fiel para cumprir sua promessa. ²⁴Pensemos em como motivar uns aos outros na prática do amor e das boas obras. ²⁵E não deixemos de nos reunir, como fazem alguns, mas encorajemo-nos mutuamente, sobretudo agora que o dia está próximo.

²⁶Se continuamos a pecar deliberadamente depois de ter recebido o conhecimento da verdade, já não há sacrifício que cubra esses pecados. ²⁷Há somente a assustadora expectativa do julgamento e do fogo intenso que consumirá os inimigos. ²⁸Pois quem se recusava a obedecer à lei de Moisés era morto sem misericórdia, com base no depoimento de duas ou três testemunhas. ²⁹Imaginem quão maior será o castigo para quem insultou o Filho de Deus, tratou como comum e profano o sangue da aliança que o santificou e menosprezou o Espírito Santo que concede graça. ³⁰Pois conhecemos aquele que disse:

"A vingança cabe a mim;
eu lhes darei o que merecem".[d]

---

[a] 10.16 Jr 31.33a. [b] 10.17 Jr 31.34b. [c] 10.20 Em grego, *Por sua carne.* [d] 10.30a Dt 32.35.

E também:

"O Senhor julgará o seu povo".ᵃ

³¹Que coisa terrível é cair nas mãos do Deus vivo.

³²Lembrem-se dos primeiros dias, quando foram iluminados, e de como permaneceram firmes apesar de muita luta e sofrimento. ³³Houve ocasiões em que foram expostos a insultos e espancamentos; em outras, ajudaram os que passavam pelas mesmas coisas. ³⁴Sofreram com os que foram presos e aceitaram com alegria quando lhes foi tirado tudo que possuíam. Sabiam que lhes esperavam coisas melhores, que durarão para sempre. ³⁵Portanto, não abram mão de sua firme confiança. Lembrem-se da grande recompensa que ela lhes traz. ³⁶Vocês precisam perseverar, a fim de que, depois de terem feito a vontade de Deus, recebam tudo que ele lhes prometeu.

³⁷"Pois em breve
  virá aquele que está para vir;
  não se atrasará.
³⁸Meu justo viverá pela fé;
  se ele se afastar, porém,
  não me agradarei dele."ᵇ

³⁹Mas não somos como aqueles que se afastam para sua própria destruição. Somos pessoas de fé cuja alma é preservada.

Grandes exemplos de fé

11 A fé mostra a realidade daquilo que esperamos; ela nos dá convicção de coisas que não vemos. ²Pela fé, pessoas em tempos passados obtiveram aprovação.

³Pela fé, entendemos que todo o universo foi formado pela palavra de Deus; assim, o que se vê originou-se daquilo que não se vê.

⁴Pela fé, Abel apresentou a Deus um sacrifício superior ao de Caim. Com isso, mostrou que era um homem justo, e Deus aprovou suas ofertas. Embora há muito esteja morto, ainda fala por meio de seu exemplo.

⁵Pela fé, Enoque foi levado para o céu sem ver a morte; "ele desapareceu porque Deus o levou para junto de si".ᶜ Porque, antes de ser levado, ele era conhecido por agradar a Deus. ⁶Sem fé é impossível agradar a Deus. Quem deseja se aproximar de Deus deve crer que ele existe e que recompensa aqueles que o buscam.

⁷Pela fé, Noé construiu uma grande embarcação para salvar sua família do dilúvio. Ele

ᵃ **10.30** b Dt 32.36. ᵇ **10.37-38** Hc 2.3-4. ᶜ **11.5** Gn 5.24.

> **PÃO DIÁRIO**
>
> ### Algo melhor
>
> *Todos eles obtiveram aprovação por causa de sua fé; no entanto, nenhum deles recebeu tudo que havia sido prometido.*
> —Hebreus 11.39
>
> Abel não parece se encaixar na primeira parte de Hebreus 11. Ele é o primeiro "ancião" listado, mas a história dele não se parece com a dos outros ali mencionados. Enoque subiu ao Céu sem morrer. Noé salvou a humanidade. Abraão deu início a um povo. Isaque foi um patriarca proeminente. José chegou ao auge no Egito. Moisés conduziu o maior êxodo que já existiu.
>
> Evidentemente, a fé deles foi recompensada. Pela fé, eles fizeram o que Deus lhes pediu, e o Senhor derramou bênçãos sobre eles. Viram o cumprimento das promessas do Senhor diante dos próprios olhos.
>
> Mas e quanto a Abel? O segundo filho de Adão e Eva teve fé e o que conseguiu com isso? Foi assassinado. Isso mais se parece com o que houve com as pessoas mencionadas nos versos 35-38, as quais descobriram que confiar em Deus nem sempre conduz à bênção imediata. Elas enfrentaram zombaria, prisão e tortura. "Não, obrigado", poderíamos dizer. Todos nós preferiríamos ser um heroico Abraão a estar entre os "necessitados, afligidos e maltratados" (v.37). Mesmo assim, no plano de Deus, não há garantias de comodidade ou fama nem sequer para os mais dedicados.
>
> Pelo fato de podermos experimentar algumas bênçãos nesta vida, pode ser também que tenhamos de esperar até que "algo melhor" (v.40) apareça — o cumprimento das promessas de Deus na glória. Até lá, continuemos a viver "pela fé".
>
> *Meu Deus, ensina-me a andar pela fé, não por vista. A vida tem seus momentos de brilho e seus vales sombrios, mas a Tua fidelidade durará para sempre. Hoje, independentemente do que eu viver, que eu possa confiar em ti e aceitar o que permitires que, pelas Tuas mãos, chegue até mim.*
>
> **O que é feito para Cristo neste momento será recompensado na eternidade.**

obedeceu a Deus, que o advertiu a respeito de coisas que nunca haviam acontecido. Pela fé, condenou o resto do mundo e recebeu a justiça que vem por meio da fé.

⁸Pela fé, Abraão obedeceu quando foi chamado para ir à outra terra que ele receberia como herança. Ele partiu sem saber para onde ia. ⁹E, mesmo quando chegou à terra que lhe havia sido prometida, viveu ali pela fé, pois era como estrangeiro, morando em tendas. Assim também fizeram Isaque e Jacó, que herdaram a mesma promessa. ¹⁰Abraão esperava confiantemente pela cidade de alicerces eternos, planejada e construída por Deus.

¹¹Pela fé, até mesmo Sara, embora estéril e idosa, pôde ter um filho. Ela creuᵃ que Deus era fiel para cumprir sua promessa. ¹²E, assim, uma nação inteira veio desse homem velho e sem vigor, uma nação numerosa como as estrelas do céu e incontável como a areia da praia.

¹³Todos eles morreram na fé e, embora não tenham recebido todas as coisas que lhes foram prometidas, as avistaram de longe e de bom grado as aceitaram. Reconheceram que eram estrangeiros e peregrinos neste mundo. ¹⁴Evidentemente, quem fala desse modo espera ter sua própria pátria. ¹⁵Se quisessem, poderiam ter voltado à terra de onde saíram, ¹⁶mas buscavam uma pátria superior, um lar celestial. Por isso Deus não se envergonha de ser chamado o Deus deles, pois lhes preparou uma cidade.

¹⁷Pela fé, Abraão, ao ser posto à prova, ofereceu Isaque como sacrifício. Abraão, que havia recebido as promessas, estava disposto a sacrificar seu único filho, ¹⁸embora Deus lhe tivesse dito: "Isaque é o filho de quem depende sua descendência".ᵇ ¹⁹Concluiu que, se Isaque morresse, Deus tinha poder para trazê-lo de volta à vida. E, em certo sentido, recebeu seu filho de volta dos mortos.

²⁰Pela fé, Isaque prometeu bênçãos para o futuro de seus filhos, Jacó e Esaú.

²¹Pela fé, Jacó, prestes a morrer, abençoou cada um dos filhos de José e se curvou para adorar, apoiado em seu cajado.

²²Pela fé, José, no fim da vida, declarou com toda a confiança que os israelitas deixariam o Egito e deu ordens para que cuidassem de seus ossos.

²³Pela fé, os pais de Moisés o esconderam por três meses tão logo ele nasceu, pois viram que a criança era linda e não tiveram medo de desobedecer ao decreto do rei.

²⁴Pela fé, Moisés, já adulto, recusou ser chamado filho da filha do faraó, ²⁵preferindo ser maltratado junto com o povo de Deus a aproveitar os prazeres transitórios do pecado. ²⁶Considerou melhor sofrer por causa do Cristo do que possuir os tesouros do Egito, pois tinha em vista sua grande recompensa. ²⁷Pela fé, saiu do Egito sem medo da ira do rei e prosseguiu sem vacilar, como quem vê aquele que é invisível. ²⁸Pela fé, ordenou que o povo de Israel celebrasse a Páscoa e aspergisse com sangue os batentes das portas, para que o anjo da morte não matasse seus filhos mais velhos.

²⁹Pela fé, o povo de Israel atravessou o mar Vermelho, como se estivesse em terra seca. Quando os egípcios tentaram segui-los, morreram todos afogados.

³⁰Pela fé, o povo marchou ao redor de Jericó durante sete dias, e suas muralhas caíram.

³¹Pela fé, a prostituta Raabe não foi morta com os habitantes de sua cidade que se recusaram a obedecer, pois ela acolheu em paz os espiões.

³²Quanto mais preciso dizer? Levaria muito tempo para falar sobre a fé que Gideão, Baraque, Sansão, Jefté, Davi, Samuel e os profetas tiveram. ³³Pela fé, eles conquistaram reinos, governaram com justiça e receberam promessas. Fecharam a boca de leões, ³⁴apagaram chamas de fogo e escaparam de morrer pela espada. Sua fraqueza foi transformada em força. Tornaram-se poderosos na batalha e fizeram fugir exércitos inteiros. ³⁵Mulheres receberam de volta seus queridos que haviam morrido.

Outros, porém, foram torturados, recusando-se a ser libertos, e depositaram sua esperança na ressurreição para uma vida melhor. ³⁶Alguns foram alvo de zombaria e açoites, e outros, acorrentados em prisões. ³⁷Alguns morreram

---

ᵃ**11.11** Ou *Pela fé, ele* [Abraão] *pôde ter um filho, embora Sara fosse estéril e ele, muito idoso. Ele creu.* ᵇ**11.18** Gn 21.12.

apedrejados, outros foram serrados ao meio,ª e outros ainda, mortos à espada. Alguns andavam vestidos com peles de ovelhas e cabras, necessitados, afligidos e maltratados. ³⁸Este mundo não era digno deles. Vagaram por desertos e montes, escondendo-se em cavernas e buracos na terra.

³⁹Todos eles obtiveram aprovação por causa de sua fé; no entanto, nenhum deles recebeu tudo que havia sido prometido. ⁴⁰Pois Deus tinha algo melhor preparado para nós, de modo que, sem nós, eles não chegassem à perfeição.

A disciplina de Deus comprova seu amor

12 Portanto, uma vez que estamos rodeados de tão grande multidão de testemunhas, livremo-nos de todo peso que nos torna vagarosos e do pecado que nos atrapalha, e corramos com perseverança a corrida que foi posta diante de nós. ²Mantenhamos o olhar firme em Jesus, o líder e aperfeiçoador de nossa fé. Por causa da alegriaᵇ que o esperava, ele suportou a cruz sem se importar com a vergonha. Agora ele está sentado no lugar de honra à direita do trono de Deus. ³Pensem em toda a hostilidade que ele suportou dos pecadores; desse modo, vocês não ficarão cansados nem desanimados. ⁴Afinal, ainda não chegaram a arriscar a vida na luta contra o pecado.

⁵Acaso vocês se esqueceram das palavras de ânimo que Deus lhes dirigiu como filhos dele? Ele disse:

"Meu filho, não despreze a disciplina do Senhor;
  não desanime quando ele o corrigir.
⁶Pois o Senhor disciplina quem ele ama
  e castiga todo aquele que aceita como filho".ᶜ

⁷Enquanto suportam essa disciplina de Deus, lembrem-se de que ele os trata como filhos. Quem já ouviu falar de um filho que nunca foi disciplinado pelo pai? ⁸Se Deus não os disciplina como faz com todos os seus filhos, significa que vocês não são filhos de verdade, mas ilegítimos. ⁹Uma vez que respeitávamos nossos pais terrenos que nos disciplinavam, não devemos nos submeter ainda mais à disciplina do Pai de nosso espírito e, assim, obter vida?

PÃO DIÁRIO

Escola de golpes duros

Nenhuma disciplina é agradável no momento em que é aplicada; ao contrário, é dolorosa. Mais tarde, porém, produz uma colheita de vida justa e de paz para os que assim são corrigidos.
—Hebreus 12.11

De todas as minhas lembranças da infância, uma delas se sobressai. Mesmo não fazendo ideia do que minha professora falou, lembro-me claramente de tê-la mandado "ficar quieta". Como ela me mandou de volta para casa, levantei-me e deixei a sala de aula do jardim de infância para caminhar meio quarteirão em direção à minha casa. Andando pela calçada, vi minha mãe arrancando as ervas daninhas do nosso jardim atrás de casa. E me deparei então com uma decisão estratégica — seguir em frente e contar a ela o porquê de ter voltado tão cedo da escola ou dar meia-volta e encarar minha professora novamente.

Quando voltei para a sala de aula, fui imediatamente escoltado até o banheiro, onde a professora lavou minha boca com sabonete. Esse tipo de disciplina não se aplica hoje em dia, mas, se eu posso servir como exemplo, posso dizer que foi eficiente! Até hoje, sou extremamente sensível ao impacto das minhas palavras.

Deus tem imenso interesse em nosso crescimento como Seus filhos. De vez em quando, Ele precisa nos confrontar com circunstâncias desagradáveis para chamar a nossa atenção e reorientar a nossa vida a fim de produzir com mais consistência "uma colheita de vida justa e de paz para os que assim são corrigidos" (Hb 12.11).

Não resista à mão de correção de Deus. Reaja às Suas repreensões com gratidão, pois Ele a ama o bastante para se importar com o tipo de pessoa que você está se tornando.

Jesus, sou grata porque a Tua morte e ressurreição garantiram que aqueles que confiam em ti têm seus pecados perdoados e esquecidos. Ainda assim, precisamos da Tua disciplina e direção. Ajuda-nos a reconhecer a Tua mão de correção e a reagir como Tuas filhas devem reagir.

A disciplina de Deus é nossa esperança por uma vida melhor.

ª **11.37** Alguns manuscritos acrescentam *alguns foram postos à prova.* ᵇ **12.2** Ou *Em lugar da alegria.* ᶜ **12.5-6** Pv 3.11-12, conforme a Septuaginta.

¹⁰Pois nossos pais nos disciplinaram por alguns anos como julgaram melhor, mas a disciplina de Deus é sempre para o nosso bem, a fim de que participemos de sua santidade. ¹¹Nenhuma disciplina é agradável no momento em que é aplicada; ao contrário, é dolorosa. Mais tarde, porém, produz uma colheita de vida justa e de paz para os que assim são corrigidos.

¹²Portanto, revigorem suas mãos cansadas e seus joelhos enfraquecidos. ¹³Façam caminhos retos para seus pés a fim de que os mancos não caiam, mas sejam fortalecidos.

Apelo para ouvir a Deus

¹⁴Esforcem-se para viver em paz com todos e procurem ter uma vida santa, sem a qual ninguém verá o Senhor. ¹⁵Cuidem uns dos outros para que nenhum de vocês deixe de experimentar a graça de Deus. Fiquem atentos para que não brote nenhuma raiz venenosa de amargura que cause perturbação, contaminando muitos. ¹⁶Vigiem para que ninguém seja imoral ou profano, como Esaú, que trocou seus direitos como filho mais velho por uma simples refeição. ¹⁷Como vocês sabem, mais tarde, quando ele quis a bênção do pai, foi rejeitado. Era tarde para que houvesse arrependimento, embora ele tivesse implorado com lágrimas.

¹⁸Vocês não chegaram a um monte[a] que se pode tocar, a um lugar de fogo ardente, escuridão, trevas e vendaval, ¹⁹ao toque da trombeta e à voz tão terrível que aqueles que a ouviram suplicaram que nada mais lhes fosse dito, ²⁰pois não podiam suportar a ordem que recebiam: "Se até mesmo um animal tocar no monte, deve ser apedrejado".[b] ²¹O próprio Moisés ficou tão assustado com o que viu a ponto de dizer: "Fiquei apavorado e tremendo de medo".[c]

²²Vocês, porém, chegaram ao monte Sião, à cidade do Deus vivo, à Jerusalém celestial, aos incontáveis milhares de anjos em alegre reunião, ²³à congregação dos filhos mais velhos, cujos nomes estão escritos no céu, e a Deus, que é juiz de todos, aos espíritos dos justos no céu, agora aperfeiçoados, ²⁴a Jesus, o mediador da nova aliança, e ao sangue aspergido, que fala de coisas melhores do que falava o sangue de Abel.

²⁵Tenham cuidado para não se recusarem a ouvir aquele que fala. Porque, se aqueles que se recusaram a ouvir o mensageiro terreno não escaparam, certamente não escaparemos se rejeitarmos aquele que nos fala do céu. ²⁶Quando Deus falou naquela ocasião, sua voz fez a terra tremer, mas agora ele promete: "Mais uma vez, farei tremer não só a terra, mas também os céus".[d] ²⁷Isso significa que toda a criação será abalada e removida, de modo que permaneçam apenas as coisas inabaláveis.

²⁸Uma vez que recebemos um reino inabalável, sejamos gratos e agradecemos a Deus adorando-o com reverência e santo temor. ²⁹Porque nosso Deus é um fogo consumidor.

Instruções práticas

13 Continuem a amar uns aos outros como irmãos. ²Não se esqueçam de demonstrar hospitalidade, porque alguns, sem o saber, hospedaram anjos. ³Lembrem-se dos que estão na prisão, como se vocês mesmos estivessem presos. Lembrem-se dos que são maltratados, como se sofressem os maus-tratos em seu próprio corpo.

⁴Honrem o casamento e mantenham pura a união conjugal, pois Deus certamente julgará os impuros e os adúlteros.

⁵Não amem o dinheiro; estejam satisfeitos com o que têm. Porque Deus disse:

"Não o deixarei;
 jamais o abandonarei".[e]

⁶Por isso, podemos dizer com toda a confiança:

"O Senhor é meu ajudador, portanto não
 temerei;
 o que me podem fazer os simples
 mortais?".[f]

⁷Lembrem-se de seus líderes que lhes ensinaram a palavra de Deus. Pensem em todo o bem que resultou da vida deles e sigam seu exemplo de fé.

⁸Jesus Cristo é o mesmo ontem, hoje e para sempre. ⁹Portanto, não se deixem atrair por ensinos novos e estranhos. A força de vocês vem da graça de Deus, e não de regras sobre alimentos, que em nada ajudam aqueles que as seguem.

---

[a] **12.18** Alguns manuscritos não trazem *monte*. [b] **12.20** Êx 19.13. [c] **12.21** Dt 9.19. [d] **12.26** Ag 2.6. [e] **13.5** Dt 31.6,8. [f] **13.6** Sl 118.6.

¹⁰Temos um altar do qual os sacerdotes no tabernáculo[a] não têm direito de comer. ¹¹O sumo sacerdote traz o sangue dos animais para o lugar santo como sacrifício pelo pecado, enquanto o corpo dos animais é queimado fora do acampamento. ¹²Da mesma forma, Jesus sofreu fora das portas da cidade, para santificar seu povo mediante seu próprio sangue. ¹³Portanto, vamos até ele, para fora do acampamento, e soframos a mesma desonra que ele sofreu. ¹⁴Pois não temos neste mundo uma cidade permanente; aguardamos a cidade por vir.

¹⁵Assim, por meio de Jesus, ofereçamos um sacrifício constante de louvor a Deus, o fruto dos lábios que proclamam seu nome. ¹⁶E não se esqueçam de fazer o bem e de repartir o que têm com os necessitados, pois esses são os sacrifícios que agradam a Deus.

¹⁷Obedeçam a seus líderes e façam o que disserem. O trabalho deles é cuidar de sua alma, e disso prestarão contas. Deem-lhes motivo para trabalhar com alegria, e não com tristeza, pois isso certamente não beneficiaria vocês.

¹⁸Orem por nós, pois nossa consciência está limpa e desejamos viver de forma honrada em tudo que fazemos. ¹⁹Orem especialmente para que eu volte e possa vê-los em breve.

²⁰E, agora, que o Deus da paz,
 que trouxe de volta dos mortos nosso
  Senhor Jesus,
 o grande Pastor das ovelhas,
 e confirmou uma aliança eterna com seu
  sangue,
²¹os capacite em tudo que precisam
 para fazer a vontade dele.
Que ele produza em vocês,[b]
 mediante o poder de Jesus Cristo,
 tudo que é agradável a ele,
 a quem seja a glória para todo o sempre!
  Amém.

²²Suplico a vocês, irmãos, que prestem atenção naquilo que lhes escrevi nesta breve exortação. ²³Quero que saibam que nosso irmão Timóteo já saiu da prisão. Se ele vier em breve, eu o levarei comigo quando for vê-los.

²⁴Transmitam minhas saudações a todos os seus líderes e a todo o povo santo. Os irmãos da Itália também mandam lembranças.

²⁵Que a graça de Deus seja com todos vocês.

PÃO DIÁRIO

Jamais sozinha

Não amem o dinheiro; estejam satisfeitos com o que têm. Porque Deus disse: "Não o deixarei; jamais o abandonarei".
—Hebreus 13.5

Por ter jogado futebol quando era aluno universitário, nunca deixei de amar "o jogo limpo". Gosto especialmente de assistir ao campeonato anual, e uma das razões da minha preferência é ver a destreza e a velocidade dos jogadores em campo. Além disso, amo a maneira como os fãs cantam em apoio aos seus amados "laterais". Por exemplo, um dos times há anos tem como tema uma canção que diz: "Você nunca andará sozinho". É emocionante ouvir 50 mil fãs cantando em uníssono a letra dessa música! É um estímulo para os fãs e jogadores que, até o fim, darão apoio uns aos outros. Andar sozinho? Jamais.

Esse sentimento tem significado para todos, pois cada uma de nós foi criada para viver em comunidade. O isolamento e a solidão estão entre as experiências humanas mais dolorosas. Durante os momentos de dor, a nossa fé é fundamental.

A filha de Deus não precisa temer o abandono. Ainda que as pessoas nos ignorem, que os amigos nos deixem ou que as circunstâncias nos separem dos nossos entes queridos, jamais estaremos sós. Deus afirmou: "Porque Deus disse: 'Não o deixarei; jamais o abandonarei'" (Hb 13.5). Isso não é simplesmente uma linda melodia ou uma letra inteligente de música oferecendo um sentimento vazio. É a promessa do próprio Deus aos que são o objeto do Seu amor. Ele está aqui — e não irá embora.

Com Cristo, você jamais andará sozinha.

Tu és a fonte da minha força sempre que me sinto sozinha. Graças te dou, meu Pai querido, pela promessa de que sempre estarás comigo. Ajuda-me a estender a mão àqueles que estão isolados e a compartilhar com eles a certeza da Tua presença em todas as situações.

A presença de Deus conosco é um dos maiores presentes que Ele nos oferece.

---

[a] 13.10 Ou *na tenda*. [b] 13.21 Alguns manuscritos trazem *em nós*.

TIAGO

INTRODUÇÃO

Autor. Três pessoas chamadas Tiago são mencionadas no Novo Testamento. Uma delas é Tiago, o irmão do Senhor (Mt 13.55), que não acreditou em Jesus até depois da Sua ressurreição (Jo 7.2-9; Mc 3.21,31; At 1.13,14). Esse Tiago ocupa um lugar importante como pastor em Jerusalém, e fez um discurso significativo no concílio dos apóstolos (At 15.13-21). Ele também é mencionado em Atos 12.17 e Gálatas 1.19; 2.9-12. Josefo nos diz que ele foi apedrejado até a morte cerca de 62 d.C., sob a acusação de abandonar a lei judaica. Esse Tiago, irmão do Senhor, é considerado o autor desta epístola.

Para quem foi escrita. Esta epístola foi escrita aos judeus dispersos por todos os lugares (1.1), e evidentemente aos judeus cristãos (2.1). Alguns deles eram ricos, outros pobres (2.1-10). Eles eram lascivos, gananciosos e orgulhosos (4.1-12) e estavam deixando de fazer o trabalho do Senhor como deveriam (1.22-27).

A epístola. A principal característica do estilo é a brusquidão. A mudança de um assunto para outro é feita sem esforço para conectá-los. Não há, portanto, nenhum assunto geral, e uma falta de conexão íntima entre os pontos de análise. A "fé sem obras está morta" aparece em todas as partes como uma espécie de vínculo de unidade. É eloquente, severo e sincero, e tem um tom judaico distinto. Falta a ênfase doutrinária encontrada em Paulo e declara a fé cristã em termos de excelência moral e os instrui no assunto da moral cristã. É notável por suas omissões. Não apresenta a ressurreição ou ascensão e menciona o nome de Cristo apenas duas vezes.

Data e local. Sem dúvida, foi escrita de Jerusalém, onde ele era pastor, mas a data é muito contestada. Uns a colocam já em 40 d.C. Alguns dizem que foi escrita o mais tardar em 50 d.C. Outros ainda a colocam em 61 ou 62 d.C., pouco antes do martírio de Tiago. Provavelmente é seguro dizer que esta epístola foi um dos primeiros livros do Novo Testamento.

ESBOÇO

Saudação, 1.1
1. Atitude adequada diante das provações, 1.2-18
2. Atitude adequada diante da Palavra de Deus, 1.19-27
3. Várias advertências, 2.1–4.12
    3.1. Contra o preconceito, 2.1-13
    3.2. Contra as improdutivas confissões de fé, 2.14-26
    3.3. Contra os perigos da língua, 3.1-12
    3.4. Contra a falsa sabedoria, 3.13-18
    3.5. Contra as discussões, a ganância e o orgulho, 4.1-12
4. Várias denúncias, 4.13–5.6
5. Várias exortações, 5.7-20

PARA ESTUDO E DISCUSSÃO

[1] Das passagens bíblicas a seguir, liste todas as coisas que Tiago nos aconselha a não fazer: 1.6,13,16,22; 2.1,14; 3.1,10; 4.1,11,13; 5.9,12.
[2] Das passagens bíblicas a seguir, faça uma lista de todas as coisas que Tiago nos aconselha a fazer: 1.2,4,5,6,9,22,26; 2.8,12; 3.13; 4.8; 5.7,10,12,13,16,19,20.
[3] Faça um esboço da sabedoria celestial, mostrando as diferentes descrições sobre ela, estudando especialmente 1.5-8; 3.13-18.
[4] Estude a ética do discurso e da língua, 1.19-21; 3.1-12.
[5] As provações e as tentações da vida, 1.2-4,12-15.
[6] Faça uma lista de todas as figuras de linguagem, especialmente analogias e metáforas como em 1.6, "aquele que duvida é como a onda do mar".
[7] A repreensão de Tiago sobre o egoísmo, 5.1-6.
[8] A utilidade e o poder da oração, 5.13-18.

Saudações de Tiago

1 Eu, Tiago, escravo de Deus e do Senhor Jesus Cristo, envio esta carta às doze tribos espalhadas pelo mundo.

Saudações.

Fé e perseverança

²Meus irmãos, considerem motivo de grande alegria sempre que passarem por qualquer tipo de provação, ³pois sabem que, quando sua fé é provada, a perseverança tem a oportunidade de crescer. ⁴E é necessário que ela cresça, pois quando estiver plenamente desenvolvida vocês serão maduros[a] e completos, sem que nada lhes falte.

⁵Se algum de vocês precisar de sabedoria, peça a nosso Deus generoso, e receberá. Ele não os repreenderá por pedirem. ⁶Mas, quando pedirem, façam-no com fé, sem vacilar, pois aquele que duvida é como a onda do mar, empurrada e agitada pelo vento. ⁷Ele não deve esperar receber coisa alguma do Senhor, ⁸pois tem a mente dividida e é instável em tudo que faz.

⁹O irmão que é pobre tem motivo para se orgulhar, porque é digno de honra. ¹⁰E o que é rico deve se orgulhar porque é insignificante. Ele murchará como uma pequena flor do campo. ¹¹O sol quente se levanta e a grama seca; a flor perde o viço e cai, e sua beleza desaparece. Da mesma forma murchará o rico com todas as suas realizações.

¹²Feliz é aquele que suporta com paciência as provações e tentações, porque depois receberá a coroa da vida que Deus prometeu àqueles que o amam. ¹³E, quando vocês forem tentados, não digam: "Esta tentação vem de Deus", pois Deus nunca é tentado a fazer o mal,[b] e ele mesmo nunca tenta alguém. ¹⁴A tentação vem de nossos próprios desejos, que nos seduzem e nos arrastam. ¹⁵Esses desejos dão à luz o pecado, e quando o pecado se desenvolve plenamente, gera a morte.

¹⁶Não se deixem enganar, meus amados irmãos. ¹⁷Toda dádiva que é boa e perfeita vem do alto, do Pai que criou as luzes no céu. Nele não há variação nem sombra de mudança. ¹⁸Por sua própria vontade, ele nos gerou por meio de sua palavra verdadeira. E nós, dentre toda a criação, nos tornamos seus primeiros frutos.[c]

Ouvir e praticar

¹⁹Entendam isto, meus amados irmãos: estejam todos prontos para ouvir, mas não se apressem em falar nem em se irar. ²⁰A ira humana

---

PÃO DIÁRIO

O coração de Marisa

Não se limitem, porém, a ouvir a palavra; ponham-na em prática.

—Tiago 1.22

Quando Marisa estava no terceiro ano do Ensino Fundamental, ela sempre voltava da escola sem suas luvas de inverno. Sua mãe se aborrecia, porque tinha que comprar luvas novas diversas vezes, e isso pesava no orçamento familiar. Certo dia, a mãe se zangou e disse: "Marisa, você deve ser mais responsável. Isso não pode continuar assim!".

A garota começou a chorar. Em prantos, disse à mãe que, enquanto continuasse ganhando luvas novas, poderia doar as mais velhas às crianças que não tinham nenhuma.

Hoje, aos 18 anos, os hobbies de Marisa incluem trabalhar como voluntária na comunidade e ser mentora de crianças que vivem nas áreas pobres da sua cidade. Referindo-se ao desejo de ajudar os outros, ela disse: "Parece que esse sempre foi o tipo de coisa que eu deveria estar fazendo com o meu tempo mesmo".

Como cristãs, também devemos ter o coração disposto a doar. Tiago nos aconselha a ouvirmos a Palavra e a pormos em prática o que ela diz (v.22). Porém, ele não para por aí quando nos diz para obedecermos. Tiago nos dá instruções específicas sobre o que devemos fazer. Depois, nos oferece um modo prático pelo qual podemos nos doar: "cuidar dos órfãos e das viúvas em suas dificuldades" (v.27).

Peça a Deus um coração como o dessa garota. Com amor a Deus, obedeça ao que Ele lhe disser para fazer. É isso o que "deveríamos estar fazendo mesmo".

Senhor, com gratidão pelo Teu amor e por tudo o que tu fizeste, quero te servir. Ajuda-me a te amar, mostra-me como amar e cuidar melhor dos "órfãos e das viúvas" ao meu redor.

Você pode doar sem amar, mas não pode amar sem doar.

---

[a] 1.4 Ou *perfeitos*. [b] 1.13 Ou *Deus não deve ser posto à prova por perversos*. [c] 1.18 Em grego, *nos tornamos como primícias de suas criaturas*.

> **PÃO DIÁRIO**

Os marginalizados

Mas, se mostram favorecimento a algumas pessoas, cometem pecado e são culpados de transgredir a lei...
—Tiago 2.9

O rosto dele estava sujo, e seus cabelos compridos, imundos. A cerveja manchava suas roupas e impregnava o ar que o envolvia. Quando entrou na igreja, as pessoas presentes no culto de domingo o ignoraram. Elas ficaram surpresas e chocadas ao ver o homem se aproximar do púlpito, tirar a peruca e começar a pregar. Foi quando perceberam que o homem que entrara era o pastor da igreja.

Não sei quanto a você, mas eu tendo a ser amigável e a estender a mão às pessoas que conheço e àquelas que me são apresentadas.

Tiago enunciou uma advertência séria para pessoas como eu. Ele disse: "Mas, se mostram favorecimento a algumas pessoas, cometem pecado" (2.9). A parcialidade ou o preconceito baseado na aparência ou na condição financeira de alguém não tem lugar na família de Deus. Na realidade, significa que "essa discriminação não mostrará que agem como juízes guiados por motivos perversos (v.4)!".

Felizmente, podemos evitar tratar o outro seletivamente, amando o nosso próximo como a nós mesmas — independentemente de quem seja ele ou ela. Estender a mão às pessoas em situação de rua, à mulher faminta ou ao adolescente inconsolável significa obedecer "à lei do reino conforme dizem as Escrituras" (v.8).

Neste mundo que faz o marginalizado permanecer à distância, vamos demonstrar o amor de Cristo e acolher os que mais precisam dos nossos cuidados.

Senhor, abre meus olhos para o mundo faminto e sofrido que me rodeia. Usa-me para tocar ao menos uma vida em Teu nome. Ajuda-me a olhar além das aparências e a me importar com todos porque são amados por ti.

O verdadeiro amor cristão ajuda aqueles que não podem retribuir-lhe o favor.

---

não produz a justiça divina. ²¹Portanto, removam toda impureza e maldade e aceitem humildemente a palavra que lhes foi implantada no coração, pois ela tem poder para salvá-los.

²²Não se limitem, porém, a ouvir a palavra; ponham-na em prática. Do contrário, só enganarão a si mesmos. ²³Pois, se ouvirem a palavra e não a praticarem, serão como alguém que olha no espelho, ²⁴vê a si mesmo, mas, assim que se afasta, esquece como era sua aparência. ²⁵Se, contudo, observarem atentamente a lei perfeita que os liberta, perseverarem nela e a puserem em prática sem esquecer o que ouviram, serão felizes no que fizerem.

²⁶Se algum de vocês afirma ser religioso, mas não controla a língua, engana a si mesmo e sua religião não tem valor. ²⁷A religião pura e verdadeira aos olhos de Deus, o Pai, é esta: cuidar dos órfãos e das viúvas em suas dificuldades e não se deixar corromper pelo mundo.

Advertência contra o preconceito

2 Meus irmãos, como podem afirmar que têm fé em nosso glorioso Senhor Jesus Cristo se mostram favorecimento a algumas pessoas? ²Se, por exemplo, alguém chegar a uma de suas reuniões[a] vestido com roupas elegantes e usando joias caras, e também entrar um pobre com roupas sujas, ³e vocês derem atenção ao que está bem vestido, dizendo-lhe: "Sente-se aqui neste lugar especial", mas disserem ao pobre: "Fique em pé ali ou sente-se aqui no chão", ⁴essa discriminação não mostrará que agem como juízes guiados por motivos perversos?

⁵Ouçam, meus amados irmãos: não foi Deus que escolheu os pobres deste mundo para serem ricos na fé? Não são eles os herdeiros do reino prometido àqueles que o amam? ⁶Mas vocês desprezam os pobres! Não são os ricos que oprimem vocês e os arrastam aos tribunais? ⁷Não são eles que difamam aquele cujo nome honroso vocês carregam?

⁸Sem dúvida vocês fazem bem quando obedecem à lei do reino conforme dizem as Escrituras: "Ame seu próximo como a si mesmo".[b] ⁹Mas, se mostram favorecimento a algumas pessoas, cometem pecado e são culpados de transgredir a lei.

¹⁰Pois quem obedece a todas as leis, exceto uma, torna-se culpado de desobedecer a todas as outras. ¹¹Pois aquele que disse: "Não cometa adultério", também disse: "Não mate".[c] Logo, mesmo que não cometam adultério, se matarem alguém, transgredirão a lei.

---

[a] **2.2** Em grego, *à sua sinagoga*. [b] **2.8** Lv 19.18. [c] **2.11** Êx 20.13-14; Dt 5.17-18.

¹²Portanto, em tudo que disserem e fizerem, lembrem-se de que serão julgados pela lei que os liberta. ¹³Não haverá misericórdia para quem não tiver demonstrado misericórdia. Mas, se forem misericordiosos, haverá misericórdia quando forem julgados.

A fé sem obras é morta

¹⁴De que adianta, meus irmãos, dizerem que têm fé se não a demonstram por meio de suas ações? Acaso esse tipo de fé pode salvar alguém? ¹⁵Se um irmão ou uma irmã necessitar de alimento ou de roupa, ¹⁶e vocês disserem: "Até logo e tenha um bom dia; aqueça-se e coma bem", mas não lhe derem alimento nem roupa, em que isso ajuda?

¹⁷Como veem, a fé por si mesma, a menos que produza boas obras, está morta.

¹⁸Mas alguém pode argumentar: "Uns têm fé; outros têm obras". Mostre-me sua fé sem obras e eu, pelas minhas obras, lhe mostrarei minha fé!

¹⁹Você diz crer que há um único Deus.[a] Muito bem! Até os demônios creem nisso e tremem de medo. ²⁰Quanta insensatez! Vocês não entendem que a fé sem as obras é inútil?

²¹Não lembram que nosso antepassado Abraão foi declarado justo por suas ações quando ofereceu seu filho Isaque sobre o altar? ²²Como veem, sua fé e suas ações atuaram juntas e, assim, as ações tornaram a fé completa. ²³E aconteceu exatamente como as Escrituras dizem: "Abraão creu em Deus, e assim foi considerado justo".[b] Ele até foi chamado amigo de Deus.[c] ²⁴Vejam que somos declarados justos pelo que fazemos, e não apenas pela fé.

²⁵Raabe, a prostituta, é outro exemplo. Ela foi declarada justa por causa de suas ações quando escondeu os mensageiros e os fez sair em segurança por um caminho diferente. ²⁶Assim como o corpo sem fôlego[d] está morto, também a fé sem obras está morta.

A importância de controlar a língua

3 Meus irmãos, não sejam muitos de vocês mestres, pois nós, os que ensinamos, seremos julgados com mais rigor. ²É verdade que todos nós cometemos muitos erros. Se pudéssemos controlar a língua, seríamos perfeitos, capazes de nos controlar em todos os outros sentidos.

³Por exemplo, se colocamos um freio na boca do cavalo, podemos conduzi-lo para onde quisermos. ⁴Observem também que um pequeno leme faz um grande navio se voltar para onde o piloto deseja, mesmo com ventos fortes. ⁵Assim também, a língua é algo pequeno que profere discursos grandiosos.

Vejam como uma simples fagulha é capaz de incendiar uma grande floresta. ⁶E, entre todas as partes do corpo, a língua é uma chama de fogo. É um mundo de maldade que corrompe todo o corpo. Ateia fogo a uma vida inteira, pois o próprio inferno a acende.[e]

⁷O ser humano consegue domar toda espécie de animal, ave, réptil e peixe, ⁸mas ninguém consegue domar a língua. Ela é incontrolável e perversa, cheia de veneno mortífero. ⁹Às vezes louva nosso Senhor e Pai e, às vezes, amaldiçoa aqueles que Deus criou à sua imagem. ¹⁰E, assim, bênção e maldição saem da mesma boca. Meus irmãos, isso não está certo! ¹¹Acaso de uma mesma fonte pode jorrar água doce e amarga? ¹²Pode a figueira produzir azeitonas ou a videira produzir figos? Da mesma forma, não se pode tirar água doce de uma fonte salgada.[f]

A verdadeira sabedoria vem de Deus

¹³Se vocês são sábios e inteligentes, demonstrem isso vivendo honradamente, realizando boas obras com a humildade que vem da sabedoria. ¹⁴Mas, se em seu coração há inveja amarga e ambição egoísta, não encubram a verdade com vanglórias e mentiras. ¹⁵Porque essas coisas não são a espécie de sabedoria que vem do alto; antes, são terrenas, mundanas e demoníacas. ¹⁶Pois onde há inveja e ambição egoísta, também há confusão e males de todo tipo.

¹⁷Mas a sabedoria que vem do alto é, antes de tudo, pura. Também é pacífica, sempre amável e disposta a ceder a outros. É cheia de misericórdia e é o fruto de boas obras. Não mostra favoritismo e é sempre sincera. ¹⁸E aqueles que são pacificadores plantarão sementes de paz e ajuntarão uma colheita de justiça.[g]

---

[a] **2.19** Alguns manuscritos trazem *que Deus é um*. Ver Dt 6.4. [b] **2.23a** Gn 15.6. [c] **2.23b** Ver Is 41.8. [d] **2.26** Ou *sem espírito*. [e] **3.6** Ou *porque ela queimará no inferno* [em grego, *Gehenna*]. [f] **3.12** Em grego, *do sal*. [g] **3.18** Ou *de coisas boas*, ou *de retidão*.

PÃO DIÁRIO

Duas palavras

Portanto, submetam-se a Deus. Resistam ao diabo, e ele fugirá de vocês.
—Tiago 4.7

Nos anais da história da publicidade norte-americana, um dos slogans mais eficientes já inventados é a pergunta dos produtores de leite da Califórnia: "Tem leite?". Com essa frase, o grupo atraiu a atenção de quase todos. Nas pesquisas, o slogan foi reconhecido por mais de 90% das pessoas entrevistadas.

Se "Tem leite?" é uma excelente pergunta para lembrar outros a beberem o "produto da vaca", talvez possamos criar alguns slogans frasais para nos lembrarmos de viver mais piedosamente. Leiamos Tiago 4 que nos dá quatro diretrizes específicas e tentemos.

1. *Submetam-se!* O versículo 7 diz para nos submetermos a Deus. Nosso Deus soberano nos ama; assim, por que não deixar que Ele conduza as coisas? A submissão nos ajuda a resistir ao diabo.

2. *Aproximem-se!* O versículo 8 nos relembra o valor de nos aproximarmos de Deus. Cabe a nós fechar o espaço que nos separa de Deus.

3. *Purifiquem-se!* O versículo 8 também nos relembra que devemos ter certeza de limpar o nosso coração. Isso é feito quando confessamos os nossos pecados a Deus.

4. *Humilhem-se!* No versículo 10, Tiago diz que precisamos nos humilhar diante de Deus. Isso inclui ver nosso pecado como algo a se lamentar.

Submetam-se! Aproximem-se! Purifiquem-se! Humilhem-se! Estas palavras podem não parecer tão legais numa camiseta quanto as palavras "Tem leite?", mas certamente ficarão muito bem em nós.

Senhor amado, preciso de Tua resposta. Como estou me saindo em termos de testemunho para aqueles que ainda não te conhecem? Ajuda-me a me submeter, aproximar-me, purificar-me e a me ajoelhar em Tua presença, o Rei dos reis e Senhor dos senhores, a fim de que os outros enxerguem uma diferença em mim.

O testemunho mais poderoso é uma vida agradável a Deus.

Aproximem-se de Deus

4 De onde vêm as discussões e brigas em seu meio? Acaso não procedem dos prazeres que guerreiam dentro de vocês? ²Querem o que não têm, e até matam para consegui-lo. Invejam o que outros possuem, lutam e fazem guerra para tomar deles. E, no entanto, não têm o que desejam porque não pedem. ³E, quando pedem, não recebem, pois seus motivos são errados; pedem apenas o que lhes dará prazer.

⁴Adúlteros![a] Não percebem que a amizade com o mundo os torna inimigos de Deus? Repito: se desejam ser amigos do mundo, tornam-se inimigos de Deus. ⁵O que vocês acham que as Escrituras querem dizer quando afirmam que o espírito colocado por Deus em nós tem ciúmes?[b] ⁶Contudo, ele generosamente nos concede graça. Como dizem as Escrituras:

"Deus se opõe aos orgulhosos,
 mas concede graça aos humildes".[c]

Resistam ao diabo

⁷Portanto, submetam-se a Deus. Resistam ao diabo, e ele fugirá de vocês. ⁸Aproximem-se de Deus, e ele se aproximará de vocês. Lavem as mãos, pecadores; purifiquem o coração, vocês que têm a mente dividida. ⁹Que haja lágrimas, lamentação e profundo pesar. Que haja choro em vez de riso, e tristeza em vez de alegria. ¹⁰Humilhem-se diante do Senhor, e ele os exaltará.

Não julguem os outros

¹¹Irmãos, não falem mal uns dos outros. Se criticam e julgam uns aos outros, criticam e julgam a lei. Cabe-lhes, porém, praticar a lei, e não julgá-la. ¹²Somente aquele que deu a lei é Juiz, e somente ele tem poder de salvar ou destruir. Portanto, que direito vocês têm de julgar o próximo?

Não confiem em si mesmos

¹³Prestem atenção, vocês que dizem: "Hoje ou amanhã iremos a determinada cidade e ficaremos lá um ano. Negociaremos ali e teremos lucro". ¹⁴Como sabem o que será de sua vida amanhã? A vida é como a névoa ao amanhecer: aparece por um pouco e logo se dissipa. ¹⁵O que devem dizer é: "Se o Senhor quiser, viveremos e faremos isso ou aquilo". ¹⁶Caso contrário, estarão se orgulhando de seus planos pretensiosos, e toda presunção como essa é maligna.

---

[a] **4.4** Em grego, *Adúlteras!* [b] **4.5** Ou *que Deus anseia com zelo pelo espírito humano que colocou em nós?*, ou *que o Espírito que Deus colocou em nós se opõe à nossa inveja?* [c] **4.6** Pv 3.34, conforme a Septuaginta.

¹⁷Lembrem-se de que é pecado saber o que devem fazer e não fazê-lo.

Advertência aos ricos

5 Prestem atenção, vocês que são ricos. Chorem e gemam de angústia por causa das desgraças que os esperam. ²Sua riqueza apodreceu, e suas roupas finas são trapos comidos por traças. ³Seu ouro e sua prata estão corroídos. A mesma riqueza com a qual vocês contavam devorará sua carne como fogo. Esse tesouro corroído que vocês acumularam testemunhará contra vocês nos últimos dias. ⁴Por isso, ouçam os clamores dos que trabalharam em seus campos, cujo salário vocês retiveram de modo fraudulento! Sim, os clamores dos que fizeram a colheita em seus campos chegaram aos ouvidos do Senhor dos Exércitos. ⁵Vocês levam uma vida de luxo na terra, satisfazendo seus desejos e engordando a si mesmos para o dia do abate. ⁶Condenam e matam inocentes,ᵃ sem que eles resistam.ᵇ

Paciência e perseverança

⁷Por isso, irmãos, sejam pacientes enquanto esperam a volta do Senhor. Vejam como os lavradores esperam pacientemente as chuvas do outono e da primavera. Com grande expectativa, aguardam o amadurecimento de sua preciosa colheita. ⁸Sejam também pacientes. Fortaleçam-se em seu coração, pois a vinda do Senhor está próxima.

⁹Irmãos, não se queixem uns dos outros, para que não sejam julgados. Pois, vejam, o Juiz está à porta! ¹⁰Irmãos, tomem como exemplo de paciência no sofrimento os profetas que falaram em nome do Senhor. ¹¹Consideramos felizes aqueles que permanecem firmes em meio à aflição. Vocês ouviram falar de Jó, um homem de muita perseverança. Sabem como, no final, o Senhor foi bondoso com ele, pois o Senhor é cheio de compaixão e misericórdia.

¹²Acima de tudo, meus irmãos, não jurem pelo céu, nem pela terra, nem por qualquer outra coisa. Que seu "sim" seja de fato sim, e seu "não", não, para que não pequem e sejam condenados.

O poder da oração

¹³Algum de vocês está passando por dificuldades? Então ore. Alguém está feliz? Cante louvores. ¹⁴Alguém está doente? Chame os presbíterosᶜ da igreja para que venham e orem sobre ele e o unjam com óleo, em nome do Senhor. ¹⁵Essa oração de fé curará o enfermo, e o Senhor o restabelecerá. E, se cometeu algum pecado, será perdoado.

¹⁶Portanto, confessem seus pecados uns aos outros e orem uns pelos outros para serem curados. A oração de um justo tem grande poder e produz grandes resultados. ¹⁷Elias era humano como nós e, no entanto, quando orou insistentemente para que não caísse chuva, não choveu durante três anos e meio. ¹⁸Então ele orou outra vez e o céu enviou chuva, e a terra começou a produzir suas colheitas.

Restaurem irmãos que se desviaram

¹⁹Meus irmãos, se algum de vocês se desviar da verdade e for trazido de volta, ²⁰saibam que quem trouxer o pecador de volta de seu desvio o salvará da morte e trará perdão para muitos pecados.

ᵃ **5.6a** Ou *o Justo*. ᵇ **5.6b** Ou *e eles não lhes resistem?*, ou *e Deus não se opõe a vocês?*, ou *e eles não os acusam agora diante de Deus?* ᶜ **5.14** Ou *anciãos*.

1 PEDRO

INTRODUÇÃO

Autor. O autor foi o apóstolo Pedro cujo nome antes de se tornar um discípulo era Simão. Nasceu em Betsaida e morou em Cafarnaum, onde seguiu a profissão de pescador. Ele foi trazido a Jesus por André, seu irmão, e se tornou um dos líderes dos apóstolos, tanto antes como depois da morte de Cristo. Sua carreira deve ser estudada como é encontrada em Atos. Ele era impetuoso, corajoso e enérgico e, após a ascensão de Cristo, realizou muitos milagres.

Para quem foi escrita. A permanência da dispersão (1.1) aponta para cristãos judeus. Eles eram estrangeiros (residentes) 1.1,17; 2.11, que foram perseguidos, 3.17; 4.12-19, cuja perseguição veio não dos judeus, mas dos pagãos, 4.3,4. Eles tinham certas falhas e tendências erradas, 2.1,11,12,16; 3.8-12; 4.9; 5.2,3.

Propósito. Consolá-los em seus sofrimentos e exortá-los à fidelidade e dever.

Data. Provavelmente cerca de 64–68 d.C. Certamente não depois de 70 d.C., pois não há dúvida de que a morte dos apóstolos tenha ocorrido antes disso.

ESBOÇO

Introdução, 1.1,2

1. Ação de graças pela bênção da graça, 1.3-12
   1.1. Por uma esperança viva e uma herança imperecível, vv.3-5
   1.2. Pela fé jubilosa durante provações, vv.6-9
   1.3. Pela salvação, vv.10-12
2. Obrigações resultantes das bênçãos da graça, 1.13–4.19
   2.1. Relacionamento correto do coração em relação a Deus e aos homens, 1.13–2.10
   2.2. Conduta correta quanto aos relacionamentos da vida, 2.11–3.12
   2.3. Atitude adequada em relação ao sofrimento, 3.13–4.19
3. Exortações a grupos em particular, 5.1-9

Conclusão, 5.10-14.

PARA ESTUDO E DISCUSSÃO

[1] A lealdade de Pedro a Cristo: (a) Ele faz tudo depender de Cristo: Sua cruz (1.18,19; 2.24; 3.18), Seu sofrimento (2.21; 3.18; 4.13), Sua ressurreição (1.3), Sua manifestação (1.7-13), Sua exaltação (3.22; 4.11; 5.10); (b) Ele chama Cristo de pedra viva (2.4-8); (c) Ele se apega ao ensinamento de Cristo, submissão à autoridade legítima (2.13-16), perdão aos outros (4.8; Mt 18.22), humildade (5.5).
[2] A misericórdia de Deus, nossa esperança, 1.3-7. A partir desta passagem, liste o que é dito dos herdeiros espirituais e de sua herança.
[3] Como obter o ideal cristão, 1.13-21.
[4] Desenvolvimento espiritual, 2.1-10.
[5] Vários mandamentos da sociedade, 2.13-17; da vida doméstica, 2.18; 3.1,7; da fraternidade cristã, 1.22; 2.1-5; 3.8,9; 4.8-11; 5.1-5.
[6] Cite a obra das diferentes pessoas da Trindade.
[7] Palavras preciosas: alegria, misericórdia, amor e fé.

Saudações de Pedro

1 Eu, Pedro, apóstolo de Jesus Cristo, escrevo esta carta aos escolhidos que vivem como estrangeiros nas províncias de Ponto, Galácia, Capadócia, Ásia e Bitínia.[a] ²Deus, o Pai, os conhecia de antemão e os escolheu, e o Espírito os santificou para a obediência e a purificação pelo sangue de Jesus Cristo.

Que vocês tenham cada vez mais graça e paz.

Esperança da vida eterna

³Todo louvor seja a Deus, o Pai de nosso Senhor Jesus Cristo. Por sua grande misericórdia, ele nos fez nascer de novo, por meio da ressurreição de Jesus Cristo dentre os mortos. Agora temos uma viva esperança ⁴e uma herança imperecível, pura e imaculada, que não muda nem se deteriora, guardada para vocês no céu. ⁵Por meio da fé que vocês têm, Deus os protege com seu poder até que recebam essa salvação, pronta para ser revelada nos últimos tempos.

⁶Portanto, alegrem-se com isso, ainda que agora, por algum tempo, vocês precisem suportar muitas provações. ⁷Elas mostrarão que sua fé é autêntica. Como o fogo prova e purifica o ouro, assim sua fé está sendo experimentada, e ela é muito mais preciosa que o simples ouro. Isso resultará em louvor, glória e honra no dia em que Jesus Cristo for revelado.

⁸Embora nunca o tenham visto, vocês o amam. E, ainda que não o vejam agora, creem nele e se regozijam com alegria inexprimível e gloriosa, ⁹pois estão alcançando o alvo de sua fé, a sua salvação.

¹⁰Até mesmo os profetas queriam saber mais sobre essa salvação e investigaram a respeito, quando profetizaram acerca da graça preparada para vocês. ¹¹Buscavam descobrir a que tempo ou ocasião se referia o Espírito de Cristo, que neles estava, ao predizer o sofrimento de Cristo e sua grande glória posterior.

¹²Foi-lhes dito que suas mensagens não eram para eles, mas para vocês. E, agora, essas boas-novas lhes foram anunciadas por aqueles que pregaram pelo poder do Espírito Santo enviado do céu. É algo tão maravilhoso que até os anjos anseiam observar.

Chamados para uma vida de santidade

¹³Portanto, preparem sua mente para a ação e exercitem o autocontrole. Depositem toda a sua esperança na graça que receberão quando Jesus Cristo for revelado. ¹⁴Sejam filhos obedientes. Não voltem ao seu antigo modo de viver, quando satisfaziam os próprios desejos e viviam na ignorância. ¹⁵Agora, porém, sejam santos em tudo que fizerem, como é santo aquele que os chamou. ¹⁶Pois as Escrituras dizem: "Sejam santos, porque eu sou santo".[b]

¹⁷Lembrem-se de que o Pai celestial, a quem vocês oram, não mostra favorecimento. Ele os julgará de acordo com suas ações. Por isso, vivam com temor durante seu tempo como residentes na terra. ¹⁸Pois vocês sabem que o resgate para salvá-los do estilo de vida vazio que herdaram de seus antepassados não foi pago com simples ouro ou prata, que perdem seu valor, ¹⁹mas com o sangue precioso de Cristo, o Cordeiro de Deus, sem pecado nem mancha. ²⁰Ele foi escolhido antes da criação do mundo, mas agora, nestes últimos tempos, foi revelado por causa de vocês.

²¹Por meio de Cristo, vocês vieram a crer em Deus. Depositam sua fé e esperança em Deus porque ele ressuscitou Cristo dos mortos e lhe deu grande glória.

²²Uma vez que vocês foram purificados de seus pecados quando obedeceram à verdade, tenham como alvo agora o amor fraternal sem fingimento. Amem uns aos outros sinceramente, de todo o coração.

²³Pois vocês nasceram de novo, não para uma vida que pode ser destruída, mas para uma vida que durará para sempre, porque vem da eterna e viva palavra de Deus. ²⁴Pois,

"Os seres humanos são como o capim;
   sua beleza é como as flores do campo.
O capim seca e as flores murcham,
   ²⁵mas a palavra do Senhor permanece
   para sempre".[c]

E essa palavra é a mensagem das boas-novas que lhes foi anunciada.

---

[a] **1.1** Províncias romanas onde hoje fica a Turquia. [b] **1.16** Lv 11.44-45; 19.2; 20.7. [c] **1.24-25** Is 40.6-8.

> **PÃO DIÁRIO**

Algo errado com Henrique

...Assim, vocês podem mostrar às pessoas como é admirável aquele que os chamou das trevas para sua maravilhosa luz.

—1 Pedro 2.9

Toda manhã, Henrique, um jovem cristão, entrava em seu escritório cantando uma canção que alegrava os corações: "Oh, que linda manhã; oh, que lindo dia! Tenho uma incrível sensação de que hoje tudo dará certo!".

Porém, certa manhã, ele esqueceu de cantá-la ao chegar ao trabalho. E logo percebeu que havia algo de errado no escritório; todas as pessoas que o cercavam pareciam inquietas. Quando finalmente perguntou a uma colega de trabalho o que havia de errado, ela respondeu: "Você não cantou esta manhã, e pensamos que estivesse aborrecido!".

Henrique tinha se tornado tão conhecido por ser positivo e animado que seus colegas tinham certeza de que havia algo de errado com ele naquela manhã. O jovem não havia percebido que as pessoas o observavam com tanta atenção e, a partir de então, resolveu que *sempre* trabalharia cantando.

O texto de 1 Pedro 2 nos relembra que as pessoas estão nos observando (vv.11,12). Pedro nos ensina que, para sermos bons representantes de Jesus Cristo, devemos ser submissos às autoridades, ter uma vida honrada, praticar boas obras, honrar todas as pessoas e temer a Deus (vv.12-17).

O testemunho da nossa vida pode nos dar oportunidades de compartilhar as boas-novas de Jesus. Quem sabe queiramos nos questionar: "O que os outros veem em mim?".

Senhor, por favor, ajuda-me a viver de maneira a refletir a Tua presença de amor em tudo o que eu fizer e disser. Ajuda-me a estar preparada quando for questionada sobre o motivo da minha alegria.

Os outros veem Jesus refletido em sua vida?

2 Portanto, livrem-se de toda maldade, todo engano, toda hipocrisia, toda inveja e todo tipo de difamação. ²Como bebês recém-nascidos, desejem intensamente o puro leite espiritual, para que, por meio dele, cresçam e experimentem plenamente a salvação, ³agora que provaram da bondade do Senhor.

Pedras vivas para a casa de Deus

⁴Vocês têm se aproximado de Cristo, a pedra viva. As pessoas o rejeitaram, mas Deus o escolheu para lhe conceder grande honra.

⁵E vocês também são pedras vivas, com as quais um templo espiritual é edificado. Além disso, são sacerdotes santos.ᵃ Por meio de Jesus Cristo, oferecem sacrifícios espirituais que agradam a Deus. ⁶Como dizem as Escrituras:

"Ponho em Sião uma pedra angular,
    escolhida para grande honra;
quem confiar nela
    jamais será envergonhado".ᵇ

⁷Sim, vocês, os que creem, reconhecem a honra que lhe é devida.ᶜ Mas, para os que não creem,

"A pedra que os construtores rejeitaram
    se tornou a pedra angular".ᵈ

⁸E também,

"Ele é a pedra de tropeço,
    rocha que faz as pessoas caírem".ᵉ

Tropeçam porque não obedecem à palavra e, portanto, deparam com o destino planejado para elas.

⁹Vocês, porém, são povo escolhido, reino de sacerdotes,ᶠ nação santa, propriedade exclusiva de Deus. Assim, vocês podem mostrar às pessoas como é admirável aquele que os chamou das trevas para sua maravilhosa luz.

¹⁰"Antes vocês não tinham identidade
    como povo,
    agora são povo de Deus.
Antes não haviam recebido misericórdia,
    agora receberam misericórdia de
    Deus."ᵍ

¹¹Amados, eu os advirto, como peregrinos e estrangeiros que são, a manter distância dos desejos carnais que lutam contra a alma. ¹²Procurem viver de maneira exemplar entre os que não creem. Assim, mesmo que eles os acusem de praticar o mal, verão seu

---

ᵃ**2.5** Em grego, *sacerdócio santo*. ᵇ**2.6** Is 28.16, conforme a Septuaginta. ᶜ**2.7a** Ou *Sim, para vocês que creem, existe honra*. ᵈ**2.7b** Sl 118.22. ᵉ**2.8** Is 8.14. ᶠ**2.9** Em grego, *sacerdócio real*. ᵍ**2.10** Os 1.6,9; 2.23.

comportamento correto e darão glória a Deus quando ele julgar o mundo.ª

Respeito pelas autoridades

¹³Por causa do Senhor, submetam-se a todas as autoridades humanas, seja o rei como autoridade máxima, ¹⁴sejam os oficiais nomeados e enviados por ele para castigar os que fazem o mal e honrar os que fazem o bem.

¹⁵É da vontade de Deus que, pela prática do bem, vocês calem os ignorantes que os acusam falsamente. ¹⁶Pois vocês são livres e, no entanto, são escravos de Deus; não usem sua liberdade como desculpa para fazer o mal. ¹⁷Tratem todos com respeito e amem seus irmãos em Cristo.ᵇ Temam a Deus e respeitem o rei.

Instruções para os escravos

¹⁸Vocês, escravos, submetam-se a seu senhor com todo o respeito.ᶜ Façam o que ele mandar, não apenas se for bondoso e amável, mas até mesmo se for cruel. ¹⁹Porque Deus se agrada de vocês quando, conscientes da vontade dele, suportam com paciência o tratamento injusto. ²⁰Claro que não há mérito algum em ser paciente quando são açoitados por terem feito o mal. Mas, se sofrem por terem feito o bem e suportam com paciência, Deus se agrada de vocês.

²¹Porque Deus os chamou para fazerem o bem, mesmo que isso resulte em sofrimento, pois Cristo sofreuᵈ por vocês. Ele é seu exemplo; sigam seus passos.

²²Ele nunca pecou,
   nem enganou ninguém.ᵉ
²³Não revidou quando foi insultado,
   nem ameaçou se vingar quando sofreu,
mas deixou seu caso nas mãos de Deus,
   que sempre julga com justiça.
²⁴Ele mesmo carregou nossos pecados
   em seu corpo na cruz,
a fim de que morrêssemos para o pecado
   e vivêssemos para a justiça;
   por suas feridas somos curados.
²⁵Vocês eram como ovelhas desgarradas,
   mas agora voltaram para o Pastor,
   o Guardião de sua alma.

Instruções para as esposas

3 Da mesma forma, vocês, esposas, sujeitem-se à autoridade de seu marido. Assim, mesmo que ele se recuse a obedecer à palavra, será conquistado por sua conduta, sem palavra alguma, ²mas por observar seu modo de viver puro e reverente.

³Não se preocupem com a beleza exterior obtida com penteados extravagantes, joias caras e roupas bonitas. ⁴Em vez disso, vistam-se com a beleza que vem de dentro e que não desaparece, a beleza de um espírito amável e sereno, tão precioso para Deus. ⁵Era assim que se adornavam as mulheres santas do passado. Elas depositavam sua confiança em Deus e se sujeitavam à autoridade do marido. ⁶Sara, por exemplo, obedecia a Abraão e o chamava de senhor. Vocês são filhas dela quando praticam o bem, sem medo algum.

Instruções para os maridos

⁷Da mesma forma, vocês, maridos, honrem sua esposa. Sejam compreensivos no convívio com ela, pois, ainda que seja mais frágil que vocês, ela é igualmente participante da dádiva de nova vida concedida por Deus. Tratem-na de maneira correta, para que nada atrapalhe suas orações.

Instruções para todos os irmãos em Cristo

⁸Por fim, tenham todos o mesmo modo de pensar. Sejam cheios de compaixão uns pelos outros. Amem uns aos outros como irmãos. Mostrem misericórdia e humildade. ⁹Não retribuam mal por mal, nem insulto com insulto. Ao contrário, retribuam com uma bênção. Foi para isso que vocês foram chamados, e a bênção lhes será concedida. ¹⁰Pois,

"Se quiser desfrutar a vida
   e ver muitos dias felizes,
refreie a língua de falar maldades
   e os lábios de dizerem mentiras.
¹¹Afaste-se do mal e faça o bem;
   busque a paz e esforce-se para mantê-la.
¹²Os olhos do Senhor estão sobre os justos,
   e seus ouvidos, abertos para suas
      orações.
O Senhor, porém, volta o rosto
   contra os que praticam o mal".ᶠ

ª **2.12** Em grego, *no dia da visitação.* ᵇ **2.17** Em grego, *a irmandade.* ᶜ **2.18** Ou *porque vocês temem a Deus*; o grego traz *em todo o temor.* ᵈ **2.21** Alguns manuscritos trazem *morreu.* ᵉ **2.22** Ver Is 53.9. ᶠ **3.10-12** Sl 34.12-16.

Sofrimento resultante de fazer o bem

¹³Quem é que desejará lhes fazer mal se vocês se dedicarem a fazer o bem? ¹⁴Mas, ainda que sofram por fazer o que é certo, vocês serão abençoados. Portanto, não se preocupem e não tenham medo de ameaças. ¹⁵Em vez disso, consagrem a Cristo como o Senhor de sua vida. E, se alguém lhes perguntar a respeito de sua esperança, estejam sempre preparados para explicá-la. ¹⁶Façam-no, porém, de modo amável e respeitoso.ᵃ Mantenham sempre a consciência limpa. Então, se as pessoas falarem mal de vocês, ficarão envergonhadas ao ver como vocês vivem corretamente em Cristo. ¹⁷Lembrem-se de que é melhor sofrer por fazer o bem, se for da vontade de Deus, do que por fazer o mal.

¹⁸Pois Cristo também sofreuᵇ por nossos pecados, de uma vez por todas. Embora nunca tenha pecado, morreu pelos pecadores a fim de conduzi-los a Deus. Sofreu morte física, mas foi ressuscitado pelo Espírito,ᶜ ¹⁹por meio do qual pregou aos espíritos em prisão, ²⁰àqueles que, muito tempo atrás, desobedeceram a Deus quando ele esperou pacientemente enquanto Noé construía sua embarcação. Apenas oito pessoas foram salvas por meio da água do dilúvio, ²¹e aquela água simboliza o batismo que agora os salva, não pela remoção da sujeira do corpo, mas porque no batismo vocês declaram ter boa consciência diante de Deus.ᵈ Ela é eficaz por meio da ressurreição de Jesus Cristo.

²²Agora, Cristo foi para o céu e está sentado no lugar de honra à direita de Deus, e todos os anjos, autoridades e poderes se sujeitam a ele.

A vida dedicada a Deus

4 Portanto, uma vez que Cristo sofreu fisicamente, armem-se com a mesma atitude que ele teve e estejam prontos para também sofrer. Porque, se vocês sofreram fisicamente por Cristo, deixaram o pecado para trás.ᵉ ²Não passarão o resto da vida buscando os próprios desejos, mas fazendo a vontade de Deus. ³No passado, vocês desperdiçaram muito tempo praticando o que gostam de fazer aqueles que não creem: imoralidade e desejos carnais, farras, bebedeiras e festanças desregradas, além da detestável adoração de ídolos.

⁴Agora, essas pessoas ficam surpresas quando vocês deixam de participar de suas práticas desregradas e destrutivas e, por isso, os difamam. ⁵Lembrem-se, porém, de que eles terão de prestar contas àquele que está pronto para julgar a todos, vivos e mortos. ⁶Por isso as boas-novas foram anunciadas até mesmo aos mortos, pois, embora estivessem destinados a morrer como todo ser humano,ᶠ agora vivem para sempre com Deus pelo Espírito.ᵍ

⁷O fim de todas as coisas está próximo. Portanto, sejam sensatos e disciplinados em suas orações. ⁸Acima de tudo, amem uns aos outros sinceramente, pois o amor cobre muitos pecados. ⁹Abram sua casa de bom grado para os que necessitam de um lugar para se hospedar. ¹⁰Deus concedeu um dom a cada um, e vocês devem usá-lo para servir uns aos outros, fazendo bom uso da múltipla e variada graça divina. ¹¹Você tem o dom de falar? Então faça-o de acordo com as palavras de Deus. Tem o dom de ajudar? Faça-o com a força que Deus lhe dá. Assim, tudo que você realizar trará glória a Deus por meio de Jesus Cristo. A ele sejam a glória e o poder para todo o sempre! Amém.

Sofrimentos resultantes de seguir a Cristo

¹²Amados, não se surpreendam com as provações de fogo ardente pelas quais estão passando, como se algo estranho lhes estivesse acontecendo. ¹³Pelo contrário, alegrem-se muito, pois essas provações os tornam participantes dos sofrimentos de Cristo, a fim de que tenham a maravilhosa alegria de ver sua glória quando ela for revelada.

¹⁴Se vocês forem insultados por causa do nome de Cristo, abençoados serão, pois o glorioso Espírito de Deusʰ repousa sobre vocês.ⁱ ¹⁵Se sofrerem, porém, que não seja por matar, roubar, causar confusão ou intrometer-se em assuntos alheios. ¹⁶Mas, se sofrerem por ser

---

ᵃ**3.16** Em algumas traduções essa frase fica no versículo 15. ᵇ**3.18a** Alguns manuscritos trazem *morreu*. ᶜ**3.18b** Ou *em espírito*. ᵈ**3.21** Ou *suplicam a Deus por uma boa consciência*. ᵉ**4.1** Ou *Pois aquele* [ou *Aquele*] *que sofreu fisicamente acabou com o pecado*. ᶠ**4.6a** Ou *embora as pessoas os tivessem julgado dignos de morte*. ᵍ**4.6b** Ou *em espírito*. ʰ**4.14a** Ou *a glória de Deus, seu Espírito*. ⁱ**4.14b** Alguns manuscritos acrescentam *Ele é blasfemado por eles, mas glorificado por vocês*.

cristãos, não se envergonhem; louvem a Deus por serem chamados por esse nome! ¹⁷Pois chegou a hora do julgamento, que deve começar pela casa de Deus. E, se o julgamento começa conosco, que destino terrível aguarda aqueles que nunca obedeceram às boas-novas de Deus! ¹⁸E,

"Se o justo é salvo por um triz,
o que será do pecador perverso?".ᵃ

¹⁹Portanto, se vocês sofrem porque cumprem a vontade de Deus, continuem a fazer o que é certo e confiem sua vida àquele que os criou, pois ele é fiel.

Conselhos para os líderes e para os jovens

5 E agora, uma palavra aos presbíterosᵇ em seu meio. Eu, que também sou presbítero, testemunhei os sofrimentos de Cristo e também participarei de sua glória quando ela for revelada. Assim, peço-lhes ²que cuidem do rebanho que Deus lhes confiou com disposição, e não de má vontade; não pelo que lucrarão com isso, mas pelo desejo de servir a Deus. ³Não abusem de sua autoridade com aqueles que foram colocados sob seus cuidados, mas guiem-nos com seu bom exemplo. ⁴E, quando vier o Grande Pastor, vocês receberão uma coroa de glória sem fim.

⁵Da mesma forma, vocês, que são mais jovens, aceitem a autoridade dos presbíteros. E todos vocês vistam-se de humildade no relacionamento uns com os outros. Pois,

"Deus se opõe aos orgulhosos,
mas concede graça aos humildes".ᶜ

⁶Portanto, humilhem-se sob o grande poder de Deus e, no tempo certo, ele os exaltará. ⁷Entreguem-lhe todas as suas ansiedades, pois ele cuida de vocês.

⁸Estejam atentos! Tomem cuidado com seu grande inimigo, o diabo, que anda como um leão rugindo à sua volta, à procura de alguém para devorar. ⁹Permaneçam firmes contra ele e sejam fortes na fé. Lembrem-se de que seus irmãos em Cristoᵈ em todo o mundo estão passando pelos mesmos sofrimentos.

PÃO DIÁRIO

A vida que importa

Portanto, humilhem-se sob o grande poder de Deus e, no tempo certo, ele os exaltará.
—1 Pedro 5.6

Isaac Hann foi um pastor pouco conhecido que trabalhou numa pequena igreja na Inglaterra, em meados do século 18. Ao fim de seu ministério, os membros da igreja somavam 26 mulheres e sete homens e, destes, apenas quatro homens frequentavam os cultos com regularidade.

Em nossa época de mídia de massa e megaigrejas, quem consideraria a obra de Isaac bem-sucedida? Hoje, Isaac Hann seria considerado um desses pastores que nunca foi, de fato, "bem-sucedido". Com certeza, ele não teria sido convidado para falar em conferências de pastores nem teria escrito artigos sobre o crescimento da igreja.

Ainda assim, quando ele morreu aos 88 anos, os membros de sua congregação colocaram uma placa na parede da casa onde se reuniam. A placa, que permanece até hoje, diz:

Poucos ministros foram tão humildes, mas tão admirados;
Para o Céu pela graça divina aprimorado, como o fruto de outono ele caiu;
Que não pense o leitor em viver tanto, mas procure viver como este santo.

Neste momento, 1 Pedro 5.5 me vem à mente: "…E todos vocês vistam-se de humildade no relacionamento uns com os outros. Pois, 'Deus se opõe aos orgulhosos, mas concede graça aos humildes'". O reverendo Isaac Hann fez "muito sucesso" no aspecto que importa — humildade diante de Deus e recompensa no Céu. Nós também podemos fazer o mesmo.

Jesus querido, buscamos praticar o Teu exemplo de abnegação e humildade. Permita que eu seja quebrantada aos pés da cruz, reconhecendo que qualquer bem que há em mim vem de ti. Em tudo o que eu fizer, ajuda-me a manter o meu foco em ti e em Teu reino.

A humildade é a receita para o sucesso.

---

¹⁰Deus, em toda a sua graça, os chamou para participarem de sua glória eterna por meio de Cristo Jesus. Assim, depois que tiverem sofrido por um pouco de tempo, ele os restaurará,

---

ᵃ**4.18** Pv 11.31, conforme a Septuaginta. ᵇ**5.1** Ou *anciãos*; também em 5.5. ᶜ**5.5** Pv 3.34, conforme a Septuaginta. ᵈ**5.9** Em grego, *sua irmandade*.

os sustentará e os fortalecerá, e os colocará sobre um firme alicerce. ¹¹A ele seja o poder para sempre! Amém.

Saudações finais

¹²Escrevi e enviei esta breve carta com a ajuda de Silas,ᵃ a quem lhes recomendo como irmão fiel. Meu objetivo ao escrever é encorajá-los e garantir-lhes que as experiências pelas quais vocês têm passado são, verdadeiramente, parte da graça de Deus. Permaneçam firmes nessa graça.

¹³Aquela que está na Babilônia,ᵇ escolhida assim como vocês, lhes envia saudações, e também meu filho Marcos. ¹⁴Cumprimentem uns aos outros com um beijo de amor.

Paz seja com todos vocês que estão em Cristo.

ᵃ **5.12** Em grego, *Silvano*. ᵇ **5.13** Ou *Sua igreja irmã aqui na Babilônia*. É provável que *Babilônia* represente Roma.

2PEDRO

INTRODUÇÃO

Ocasião. O motivo da epístola é encontrado no mal causado à igreja por falsos mestres, que eram de duas classes: os libertinos e os escarnecedores, sobre os quais Pedro adverte.

Propósito. Seu propósito era exortá-los ao crescimento cristão e adverti-los contra os falsos mestres.

Comparação com a epístola de primeira Pedro. Não há referência à morte, ao sofrimento, à ressurreição e à ascensão de Cristo. Dê uma olhada novamente em 1 Pedro para ver com que frequência há menção desses eventos. O espírito manifestado é de ansiedade, severidade e denúncia, enquanto em 1 Pedro, é de brandura, doçura e dignidade paternal. Ela relaciona a segunda vinda de Cristo com o castigo dos ímpios, enquanto em 1Pedro a conecta com a glorificação dos santos. O ponto central de 2 Pedro é o conhecimento, enquanto o de 1Pedro é a esperança.

Alguns ensinamentos. (1) Ser santo, não para garantir uma herança, visto que já a temos. (2) Amar os irmãos, não para purificar nossa alma, mas porque ela é pura. (3) Que nos sacrifiquemos, não como penitência, mas como uma expressão de louvor.

ESBOÇO

Introdução, 1.1,2

1. Progresso na vida cristã, 1.3-21
    1.1. Uma exortação ao crescimento, vv.3-11
    1.2. Razões para essas exortações, vv.12-21

2. Falsos mestres, Cap. 2
    2.1. Os mestres maus e seus seguidores, vv.1-3
    2.2. Sua punição, vv.5-10
    2.3. Seu caráter, caminhos maus e fim, vv.11-32

3. A segunda vinda de Cristo, 3.1-13. Ele trará tanto bênçãos quanto destruição

Conclusão, 3.14-18

PARA ESTUDO E DISCUSSÃO

[1] O que envolve nossa salvação, 1.5-11.
[2] As características dos falsos mestres, 2.1-3,10,12-14.
[3] O castigo assegurado desses falsos mestres, 2.4-6,15,16,21,22.
[4] As exortações do livro, tais como a sobriedade, 1.13.
[5] As previsões do livro.

Saudações de Pedro

1 ¹Eu, Simão[a] Pedro, escravo e apóstolo de Jesus Cristo, escrevo esta carta a vocês que compartilham de nossa preciosa fé, concedida por meio da justiça de Jesus Cristo, nosso Deus e Salvador.

²Que vocês tenham cada vez mais graça e paz à medida que crescem no conhecimento de Deus e de Jesus, nosso Senhor.

Crescimento na fé

³Deus, com seu poder divino, nos concede tudo de que necessitamos para uma vida de devoção, pelo conhecimento completo daquele que nos chamou para si por meio de sua glória e excelência. ⁴E, por causa de sua glória e excelência, ele nos deu grandes e preciosas promessas. São elas que permitem a vocês participar da natureza divina e escapar da corrupção do mundo causada pelos desejos humanos.

⁵Diante de tudo isso, esforcem-se ao máximo para corresponder a essas promessas. Acrescentem à fé a excelência moral; à excelência moral o conhecimento; ⁶ao conhecimento o domínio próprio; ao domínio próprio a perseverança; à perseverança a devoção a Deus; ⁷à devoção a Deus a fraternidade; e à fraternidade o amor.

⁸Quanto mais crescerem nessas coisas, mais produtivos e úteis serão no conhecimento completo de nosso Senhor Jesus Cristo. ⁹Mas aqueles que não se desenvolvem desse modo são praticamente cegos, vendo apenas o que está perto, e se esquecem de que foram purificados de seus antigos pecados.

¹⁰Por isso, irmãos, trabalhem ainda mais arduamente para mostrar que, de fato, estão entre os que foram chamados e escolhidos. Façam essas coisas e jamais tropeçarão. ¹¹Assim, sua entrada no reino eterno de nosso Senhor e Salvador Jesus Cristo será acompanhada de grande honra.

Prestem atenção às Escrituras

¹²Portanto, sempre lhes lembrarei estas coisas, embora já as saibam e estejam firmes na verdade que lhes foi ensinada. ¹³E é apropriado que, enquanto eu viver,[b] continue a lembrá-los. ¹⁴Pois nosso Senhor Jesus Cristo me mostrou que, em breve, partirei desta vida,[c] ¹⁵por isso me esforçarei para garantir que vocês sempre se lembrem destas coisas depois de minha partida.

¹⁶Porque não inventamos histórias engenhosas quando lhes falamos da poderosa vinda de nosso Senhor Jesus Cristo. Vimos com os próprios olhos seu esplendor majestoso, ¹⁷quando ele recebeu honra e glória da parte de Deus, o Pai. A voz da glória suprema de Deus lhe disse: "Este é meu Filho amado, que me dá grande alegria".[d] ¹⁸Nós mesmos ouvimos essa voz do céu quando estávamos com ele no monte santo.

¹⁹Além disso, temos a mensagem que os profetas proclamaram, que é digna de toda confiança. Prestem muita atenção ao que eles escreveram, pois suas palavras são como lâmpada que ilumina um lugar escuro, até que o dia clareie e a estrela da manhã brilhe[e] no coração de vocês. ²⁰Acima de tudo, saibam que nenhuma profecia nas Escrituras surgiu do entendimento do próprio profeta,[f] ²¹nem de iniciativa humana. Esses homens foram impulsionados pelo Espírito Santo e falaram da parte de Deus.

O perigo dos falsos mestres

2 ¹Contudo, assim como surgiram falsos profetas entre o povo de Israel, também surgirão falsos mestres entre vocês. Eles ensinarão astutamente heresias destrutivas e até negarão o Mestre que os resgatou, trazendo sobre si mesmos destruição repentina. ²Muitos seguirão a imoralidade vergonhosa desses mestres, e por causa deles o caminho da verdade será difamado. ³Em sua ganância, inventarão mentiras astutas para explorar vocês, mas eles já foram condenados há muito tempo, e sua destruição não tardará.

⁴Pois Deus não poupou nem os anjos que pecaram. Ele os lançou no inferno,[g] em abismos tenebrosos,[h] onde ficarão presos até o dia do julgamento. ⁵Não poupou o mundo antigo, mas protegeu Noé, que proclamava a justiça, e sete pessoas de sua família, quando destruiu com um dilúvio o mundo dos perversos. ⁶Mais tarde,

---

[a] 1.1 Em grego, *Simeão*. [b] 1.13 Em grego, *enquanto eu estiver nesta tenda (ou tabernáculo)*. [c] 1.14 Em grego, *em breve, deixarei minha tenda (ou tabernáculo)*. [d] 1.17 Mt 17.5; Mc 9.7; Lc 9.35. [e] 1.19 Ou *nasça*. [f] 1.20 Ou *é uma questão de interpretação pessoal*. [g] 2.4a Em grego, *Tártaro*. [h] 2.4b Alguns manuscritos trazem *em cadeias de escuridão*.

condenou as cidades de Sodoma e Gomorra e as transformou em montes de cinzas, como exemplo do que acontecerá aos perversos. ⁷Em contrapartida, resgatou Ló, tirando-o de Sodoma, por ser ele um homem justo, afligido com a vergonhosa imoralidade dos perversos ao seu redor. ⁸Sim, Ló era um homem justo, cuja alma justa era atormentada pela maldade que via e ouvia todos os dias. ⁹Vemos, portanto, que o Senhor sabe resgatar das provações os que lhe são devotos e, ao mesmo tempo, manter os perversos sob castigo até o dia do julgamento. ¹⁰Ele é particularmente severo com aqueles que seguem desejos e instintos distorcidos e desprezam a autoridade.

Tais indivíduos são orgulhosos e arrogantes, e atrevem-se até a zombar de seres sobrenaturais.ª ¹¹Já os anjos, muito maiores em poder e em força, não ousam apresentar diante do Senhor uma acusação de blasfêmia contra esses seres.

¹²Os falsos mestres são como criaturas irracionais movidas pelo instinto, que nascem para apanhar e morrer. Nada sabem sobre aqueles a quem insultam e, como animais, serão destruídos porᵇ sua própria corrupção. ¹³Praticam o mal e receberão o mal como recompensa. Gostam de se entregar à imoralidade em plena luz do dia. São uma vergonha e uma mancha no meio de vocês, sentindo prazer em enganá-los enquanto participam de suas refeições. ¹⁴Cometem adultério com os olhos e abrigam um desejo insaciável de pecar. Seduzem os instáveis e são bem treinados na ganância. Vivem sob maldição, ¹⁵desviaram-se do caminho reto e seguem os passos de Balaão, filho de Beor,ᶜ que amou a recompensa que receberia por fazer o mal. ¹⁶Balaão, porém, foi refreado em sua loucura quando uma jumenta, que não fala, o repreendeu com voz humana.

¹⁷Eles são como fontes secas ou a neblina levada pelo vento, e estão condenados às mais escuras trevas. ¹⁸Com palavras vazias, proclamam sua grandeza imaginária e apelam para desejos carnais distorcidos a fim de atrair de volta ao pecado aqueles que mal escaparam de uma vida enganosa. ¹⁹Prometem liberdade, mas eles próprios são escravos da corrupção.

Pois cada um é escravo daquilo que o controla. ²⁰E, quando alguém escapa da maldade do mundo ao conhecer nosso Senhor e Salvador Jesus Cristo, mas depois se deixa emaranhar e se escravizar novamente pelo pecado, está pior que antes. ²¹Teria sido melhor nunca haver conhecido o caminho da justiça do que, conhecendo-o, rejeitar a ordem recebida para viver de modo santo. ²²Neles se confirmam os provérbios: "O cão volta a seu próprio vômito"ᵈ e "A porca lavada volta a revolver-se na lama".

O dia do Senhor se aproxima

3 Amados, esta é minha segunda carta a vocês, e em ambas procurei refrescar sua memória e incentivá-los a pensar com clareza. ²Quero que se lembrem do que disseram os santos profetas muito tempo atrás e do que ordenou nosso Senhor e Salvador por meio dos apóstolos que lhes enviou.

³Acima de tudo, quero alertá-los de que nos últimos dias surgirão escarnecedores que zombarão da verdade e seguirão os próprios desejos, ⁴dizendo: "O que houve com a promessa de que ele voltaria? Desde antes do tempo de nossos antepassados, tudo permanece igual, como desde a criação do mundo".

⁵Eles esquecem deliberadamente que Deus, por sua palavra, há muito tempo criou os céus e a terra seca, que fez surgir em meio às águas. ⁶Depois, com água destruiu todo o mundo antigo, no dilúvio. ⁷Pela mesma palavra, os céus e a terra que agora existem foram reservados para o fogo e estão guardados para o dia do julgamento, quando todos os perversos serão destruídos.

⁸Logo, amados, não se esqueçam disto: para o Senhor, um dia é como mil anos, e mil anos como um dia. ⁹Na verdade, o Senhor não demora em cumprir sua promessa, como pensam alguns. Pelo contrário, ele é paciente por causa de vocês. Não deseja que ninguém seja destruído, mas que todos se arrependam. ¹⁰Contudo, o dia do Senhor virá como um ladrão. Os céus desaparecerão com terrível estrondo, e até os elementos serão consumidos pelo fogo, e a terra e tudo que nela há serão expostos.ᵉ

ª **2.10** Em grego, *seres gloriosos*, provável referência aos anjos caídos. ᵇ **2.12** Ou *em*. ᶜ **2.15** Alguns manuscritos trazem *Bosor*. ᵈ **2.22** Pv 26.11. ᵉ **3.10** Alguns manuscritos trazem *serão queimados*; um manuscrito antigo traz *se encontrarão destruídos*.

PÃO DIÁRIO

A síndrome do monte Santa Helena

E lembrem-se de que a paciência de nosso Senhor permite que as pessoas sejam salvas...
—2 Pedro 3.15

O monte Santa Helena, em Washington, EUA, é um vulcão supostamente adormecido que começou a tremer e a fazer barulho no dia 20 de março de 1980. A população local foi evacuada à distância "segura" de quase 13 quilômetros. Mais tarde, o lado da montanha começou a se arquear. Os cientistas não se alarmaram, porque uma pesquisa com vulcões realizada anteriormente indicara que eles nunca explodiam para os lados.

No entanto, em 18 de maio, o flanco do monte Santa Helena explodiu, lançando toneladas de fragmentos montanha abaixo a uma velocidade de 240 quilômetros por hora. Um minuto depois, o vulcão entrou em erupção com potência equivalente a 500 bombas atômicas! Foram devastados 370 km² de floresta, e 57 pessoas perderam a vida. Os cientistas haviam presumido que as ocorrências naturais continuariam como sempre tinham sido, porém estavam errados.

O livro de 2 Pedro nos fala sobre o futuro no qual, similarmente, a confiança depositada onde não é devida será destruída pelo ardente fim do mundo (3.4-7). Entretanto, a boa notícia é que Deus fará "os novos céus e a nova terra" (v.13). Ele não quer "que ninguém seja destruído" e está esperando com paciência para que mais pessoas descubram a verdadeira segurança em Seu Filho Jesus (v.9). Essas pessoas precisam apenas aceitar a salvação que Ele oferece.

Você já confiou sua segurança a Cristo?

Senhor, é maravilhoso contemplar o Teu plano para a Terra. Sabemos que, um dia, ela será consumida pelo fogo e substituída por algo espetacular. Graças te rendemos pela salvação que nos traz a esperança para o futuro. E oramos pelas pessoas que ainda não confiam em ti. Ajuda-nos a mostrar o caminho para aqueles que ainda precisam confiar em Tua obra consumada na cruz.

O povo de Deus deve indicar o caminho para que outros escapem do juízo de Deus.

---

¹¹Visto, portanto, que tudo ao redor será destruído, a vida de vocês deve ser caracterizada por santidade e devoção, ¹²esperando o dia de Deus e já antecipando sua vinda. Nesse dia, ele incendiará os céus, e os elementos se derreterão nas chamas. ¹³Nós, porém, aguardamos com grande expectativa os novos céus e a nova terra que ele prometeu, um mundo pleno de justiça.

¹⁴Portanto, amados, enquanto esperam que essas coisas aconteçam, esforcem-se para levar uma vida pacífica, pura e sem culpa aos olhos de Deus.

¹⁵E lembrem-se de que a paciência de nosso Senhor permite que as pessoas sejam salvas. Foi isso que nosso amado irmão Paulo lhes escreveu, com a sabedoria que lhe foi concedida. ¹⁶Ele trata dessas questões em todas as suas cartas. Alguns de seus comentários são difíceis de entender, e os ignorantes e instáveis distorceram suas cartas, como fazem com outras partes das Escrituras. Como resultado, eles próprios serão destruídos.

Palavras finais de Pedro

¹⁷Amados, vocês já sabem dessas coisas. Portanto, estejam atentos, a fim de que não sejam levados pelos erros desses perversos e percam sua firmeza. ¹⁸Antes, cresçam na graça e no conhecimento de nosso Senhor e Salvador Jesus Cristo.

A ele seja a glória, agora e para sempre! Amém.

1 JOÃO

INTRODUÇÃO

Autor e data. Provavelmente foi escrita de Éfeso, 80 ou 85 d.C., embora alguns digam que é de 69 d.C., enquanto outros a colocam bem mais tarde, 95 d.C. Em nenhum lugar, o autor indica seu nome, mas através dos séculos tem sido atribuída a João, o discípulo amado.

Para quem foi escrita. Foi, sem dúvida, escrita principalmente às igrejas da Ásia Menor, nas quais João, por causa de seu trabalho em Éfeso, tinha um interesse especial. É evidente que os destinatários eram de todas as idades e eram odiados pelo mundo. Eles estavam inclinados ao mundanismo e ao perigo de olhar o pecado de forma amena. Também estavam em perigo de serem levados a dúvidas por aqueles que negavam a divindade de Jesus.

Estilo. É mais na forma de um sermão ou abordagem pastoral do que a de uma epístola. Possui um tom de autoridade consciente. O pensamento é profundo e místico, mas a linguagem é simples tanto em palavras quanto em frases. Os argumentos são por inferência imediata. Há muitos contrastes, paralelismos e repetições sem figuras de linguagem, exceto talvez pelas palavras luz e escuridão.

Propósito. O propósito principal era dizer-lhes como eles poderiam saber que tinham a vida eterna, 5.13. A realização desse propósito também asseguraria o cumprimento do propósito secundário indicado em 1.3,4.

Tema. A evidência da vida eterna.

ESBOÇO

Introdução, 1.1-4

1. Como viverão aqueles que têm vida eterna, 1.5–5.12
    1.1. Eles viverão na luz, 1.5–2.28
    1.2. Eles farão justiça, 2.29–4.6
    1.3. Eles terão uma vida de amor, 4.7–5.3
    1.4. Eles andarão pela fé, 5.4-12
2. O que os tais que vivem essas vidas devem saber, 5.13-20
    2.1. Que têm a vida eterna, v.13
    2.2. Que suas orações são respondidas, vv.14-17
    2.3. Que o povo de Deus não vive em pecado, v.18
    2.4. Seu verdadeiro relacionamento com Deus e Cristo, vv.19,20

Conclusão, 5.21

O esboço abaixo, elaborado com a ideia do tema "Comunhão com Deus" (1.3,4), é muito sugestivo.

Introdução, 1.1-4

1. Deus é Luz e nossa comunhão com Ele depende de caminharmos na luz, 1.5–2.28
2. Deus é Justiça e nossa comunhão com Ele depende de fazermos justiça, 2.29; 4.6
3. Deus é Amor e nossa comunhão com Ele depende de termos e manifestarmos o espírito de amor, 4.7–5.3
4. Deus é Fiel e nossa comunhão com Ele depende de exercitarmos nossa fé nele, 5.4-12

Conclusão, 5.13-21

PARA ESTUDO E DISCUSSÃO

[1] As diferentes coisas que podemos conhecer e como podemos conhecê-las. Faça uma lista indicando a referência, como por exemplo: "sabemos que o conhecemos se obedecemos a seus mandamentos" (2.3).

[2] Faça uma lista do que cada passagem a seguir descreve e dê a definição em cada caso: 1.5; 2.25; 3.11; 3.23; 5.3; 5.4; 5.11; 5.14.

[3] As várias alegorias e atributos de Deus, como luz, justiça e amor.

[4] Os requisitos das ações de justiça (1.6,7; 2.9-11; 3.17-23).
[5] O amor de Deus por Seus filhos (3.1,2; 4.8-11,16,19).
[6] O dever dos cristãos de amar uns aos outros (2.10; 3.10-24; 4.7-21; 5.1,2).
[7] A morte expiatória de Jesus Cristo (1.7; 2.1,2; 4.10).
[8] Diferença entre cristãos e não-cristãos, 3.4-10. Quantas vezes ocorrem cada uma das seguintes palavras: Amor, luz, vida, escuridão, justiça, pecado, mentiroso e mentira, verdadeiro e verdade?

Introdução

1 Proclamamos a vocês aquele que existia desde o princípio,[a] aquele que ouvimos e vimos com nossos próprios olhos e tocamos com nossas próprias mãos. Ele é a Palavra da vida. ²Aquele que é a vida nos foi revelado, e nós o vimos. Agora, testemunhamos e lhes proclamamos que ele é a vida eterna. Ele estava com o Pai e nos foi revelado. ³Anunciamos-lhes aquilo que nós mesmos vimos e ouvimos, para que tenham comunhão conosco. E nossa comunhão é com o Pai e com seu Filho, Jesus Cristo. ⁴Escrevemos estas coisas para que vocês participem plenamente de nossa alegria.[b]

Viver na luz

⁵Esta é a mensagem que ouvimos dele e que agora lhes transmitimos: Deus é luz, e nele não há escuridão alguma. ⁶Portanto, se afirmamos que temos comunhão com ele mas vivemos na escuridão, mentimos e não praticamos a verdade. ⁷Mas, se vivemos na luz, como Deus está na luz, temos comunhão uns com os outros, e o sangue de Jesus, seu Filho, nos purifica de todo pecado.

⁸Se afirmamos que não temos pecados, enganamos a nós mesmos e não vivemos na verdade. ⁹Mas, se confessamos nossos pecados, ele é fiel e justo para perdoar nossos pecados e nos purificar de toda injustiça. ¹⁰Se afirmamos que não pecamos, chamamos Deus de mentiroso e mostramos que não há em nós lugar para sua palavra.

2 Meus filhinhos, escrevo-lhes estas coisas para que vocês não pequem. Se, contudo, alguém pecar, temos um advogado que defende nossa causa diante do Pai: Jesus Cristo, aquele que é justo. ²Ele mesmo é o sacrifício para o perdão de nossos pecados, e não apenas de nossos pecados, mas dos pecados de todo o mundo.

³E sabemos que o conhecemos se obedecemos a seus mandamentos. ⁴Se alguém diz: "Eu o conheço", mas não obedece a seus mandamentos, é mentiroso e a verdade não está nele. ⁵Mas quem obedece à palavra de Deus mostra que o amor que vem dele[c] está se aperfeiçoando em sua vida. Desse modo, sabemos que estamos nele. ⁶Quem afirma que permanece nele deve viver como ele viveu.

> **PÃO DIÁRIO**
>
> ### Acúmulo de pecados
>
> *Mas, se confessamos nossos pecados, ele é fiel e justo para perdoar nossos pecados e nos purificar de toda injustiça.*
> —1 João 1.9
>
> Durante centenas de anos, moinhos de vento ao redor do mundo têm sido usados para bombear água e processar grãos. Porém, nas últimas décadas, à medida que os geradores de vento que produzem eletricidade passaram a predominar, ocorreu inesperadamente um "elemento desmancha-prazeres".
>
> Os pesquisadores descobriram que os geradores para energia eólica trabalhavam bem em velocidades lentas, mas com os ventos de alta velocidade, os insetos alojados nas pás reduziam a sua potência. Os operadores perceberam que era necessário lavar regularmente as pás para retirar o acúmulo de insetos mortos e evitar que eles diminuíssem lentamente a potência da turbina.
>
> Assim também, o acúmulo de pecados na vida do cristão pode ser um problema. Deus providenciou um jeito de removê-los da nossa vida. Lemos em 1João 1.9: "Mas, se confessamos nossos pecados, ele é fiel e justo para perdoar nossos pecados e nos purificar de toda injustiça". Contudo, a menos que os confessemos com certa frequência, continuaremos com nossa força reduzida. Isso acontece porque o poder para se viver vem de Deus, não de nós mesmas (2Co 4.7). Quando tentamos viver o cristianismo com as nossas próprias forças, sentimo-nos derrotadas, como os moinhos de vento destituídos de sua energia.
>
> O poder de Deus pode ser visto e experimentado mais facilmente em nossa vida quando nos livramos do acúmulo de pecados todos os dias.
>
> *Senhor, tenho permitido que os meus pecados limitem a minha eficácia para ti. Ajuda-me a estar em tal harmonia contigo que todo pecado que eu venha a cometer seja rapidamente confessado. Graças te dou por Tua promessa de que, quando eu confessar meus pecados, tu me perdoarás.*
>
> **O pecado suga a nossa energia espiritual; a confissão a restaura.**

---

[a] 1.1 Em grego, *O que foi desde o princípio*. [b] 1.4 Ou *para que nossa alegria seja completa*; alguns manuscritos trazem *para que a alegria de vocês seja completa*. [c] 2.5 Ou *o amor a ele*.

Um novo mandamento

⁷Amados, não lhes escrevo um novo mandamento, mas um antigo, que vocês têm desde o princípio. É a mesma mensagem que ouviram antes. ⁸E, no entanto, também é um novo mandamento, cuja verdade ele demonstrou, e vocês também a demonstram. Pois a escuridão está se dissipando, e a verdadeira luz já brilha.

⁹Se alguém afirma: "Estou na luz", mas odeia seu irmão, ainda está na escuridão. ¹⁰Quem ama seu irmão permanece na luz e não leva outros a tropeçar. ¹¹Mas quem odeia seu irmão ainda está na escuridão e anda na escuridão. Não sabe para onde vai, pois a escuridão o cegou.

¹²Escrevo a vocês, filhinhos,
  porque seus pecados foram perdoados
  pelo nome de Jesus.
¹³Escrevo a vocês, pais,
  porque conhecem aquele que existia
  desde o princípio.
Escrevo a vocês, jovens,
  porque venceram a batalha contra o
  maligno.
¹⁴Escrevi a vocês, filhinhos,
  porque conhecem o Pai.
Escrevi a vocês, pais,
  porque conhecem aquele que existia
  desde o princípio.
Escrevi a vocês, jovens,
  porque são fortes.
A palavra de Deus permanece em seu
  coração,
  e vocês venceram o maligno.

Não se deve amar este mundo

¹⁵Não amem este mundo, nem as coisas que ele oferece, pois, quando amam o mundo, o amor do Pai não está em vocês. ¹⁶Porque o mundo oferece apenas o desejo intenso por prazer físico, o desejo intenso por tudo que vemos e o orgulho de nossas realizações e bens. Isso não provém do Pai, mas do mundo. ¹⁷E este mundo passa, e com ele tudo que as pessoas tanto desejam. Mas quem faz o que agrada a Deus vive para sempre.

Advertências sobre os anticristos

¹⁸Filhinhos, chegou a hora final. Vocês ouviram que o anticristo está por vir, e muitos anticristos já apareceram. Por isso sabemos que chegou a hora final. ¹⁹Eles saíram de nosso meio, mas, na verdade, nunca foram dos nossos; do contrário, teriam permanecido conosco. Quando saíram, mostraram que não eram dos nossos.

²⁰Mas vocês não são assim, pois o Santo lhes deu sua unção, e todos vocês conhecem a verdade. ²¹Não lhes escrevo porque não conhecem a verdade, mas porque a conhecem e sabem que a verdade não produz mentira alguma. ²²E quem é mentiroso? Aquele que afirma que Jesus não é o Cristo.ᵃ Quem nega o Pai e o Filho é o anticristo. ²³Aquele que nega o Filho também não tem o Pai. Quem reconhece o Filho tem também o Pai.

²⁴Portanto, cuidem para que permaneça em vocês o que lhes foi ensinado desde o começo. Se o fizerem, permanecerão em comunhão com o Filho e com o Pai. ²⁵E, nessa comunhão, desfrutamos a vida eterna, que ele nos prometeu.

²⁶Escrevo estas coisas para adverti-los sobre os que desejam enganá-los. ²⁷Vocês, porém, receberam dele a unção, e ela permanece em vocês, de modo que não precisam que alguém lhes ensine a verdade. Pois o que a unção lhes ensina é verdade, e não mentira, e é tudo que precisam saber. Portanto, como lhes ensinou a unção, permaneçam nele.

Viver como filhos de Deus

²⁸Agora, filhinhos, permaneçam nele para que, quando ele voltar, estejamos confiantes e não nos afastemos dele, envergonhados.

²⁹Porque sabemos que ele é justo, também sabemos que todo o que pratica a justiça é nascido de Deus.

3 Vejam como é grande o amor do Pai por nós, pois ele nos chama de filhos, o que de fato somos! Mas quem pertence a este mundo não reconhece que somos filhos de Deus, porque não o conhece. ²Amados, já somos filhos de Deus, mas ele ainda não nos mostrou o que seremos quando Cristo vier. Sabemos, porém, que seremos semelhantes a ele, pois o veremos como ele realmente é. ³E todos que têm essa esperança se manterão puros, como ele é puro.

ᵃ **2.22** Ou *o Messias*. Tanto Messias (do hebraico) como Cristo (do grego) significam "ungido".

⁴Quem vive no pecado transgride a lei, pois todo pecado é contrário à lei. ⁵E vocês sabem que ele veio para tirar nossos pecados, e nele não há pecado. ⁶Quem permanece nele não continua a pecar. Mas quem continua a pecar não o conhece e não entende quem ele é.

⁷Filhinhos, não deixem que ninguém os engane a este respeito: quando uma pessoa faz o que é justo, mostra que é justa, como ele é justo. ⁸Mas, quando continua a pecar, mostra que pertence ao diabo, pois o diabo peca desde o início. Por isso o Filho de Deus veio, para destruir as obras do diabo. ⁹Aquele que é nascido de Deus não vive no pecado, pois a vida de Deus[a] está nele. Logo, não pode continuar a pecar, pois é nascido de Deus. ¹⁰Assim, podemos identificar quem é filho de Deus e quem é filho do diabo. Quem não pratica a justiça e não ama seus irmãos não pertence a Deus.

Amem uns aos outros

¹¹Esta é a mensagem que vocês ouviram desde o princípio: que amemos uns aos outros. ¹²Não sejamos como Caim, que pertencia ao maligno e assassinou seu irmão. E por que o assassinou? Porque Caim praticava o mal, e seu irmão praticava a justiça. ¹³Portanto, meus irmãos, não se surpreendam se o mundo os odiar.

¹⁴Se amamos nossos irmãos, significa que passamos da morte para a vida. Mas quem não ama continua morto. ¹⁵Quem odeia seu irmão já é assassino. E vocês sabem que nenhum assassino tem dentro de si a vida eterna.

¹⁶Sabemos o que é o amor porque Jesus deu sua vida por nós. Portanto, também devemos dar nossa vida por nossos irmãos. ¹⁷Se alguém tem recursos suficientes para viver bem e vê um irmão em necessidade, mas não mostra compaixão, como pode estar nele o amor de Deus? ¹⁸Filhinhos, não nos limitemos a dizer que amamos uns aos outros; demonstremos a verdade por meio de nossas ações. ¹⁹Com isso saberemos que pertencemos à verdade, e nos tranquilizaremos quando estivermos diante de Deus. ²⁰E, ainda que a consciência nos condene, Deus é maior que nossa consciência e sabe todas as coisas.

²¹Amados, se a consciência não nos condena, podemos ir a Deus com total confiança ²²e dele receberemos tudo que pedirmos, pois lhe obedecemos e fazemos o que lhe agrada.

²³E este é seu mandamento: que creiamos no nome de seu Filho, Jesus Cristo, e amemos uns aos outros, conforme ele nos ordenou.

[a] 3.9 Em grego, *a semente de Deus*.

PÃO DIÁRIO

As respostas

Sabemos, porém, que seremos semelhantes a ele, pois o veremos como ele realmente é.
—1 João 3.2

Conta-se a história de que, um dia, o filósofo Arthur Schopenhauer (1788–1860) estava passeando pelo famoso parque Tiergarden, em Berlim, refletindo sobre as questões de origem e destino que constantemente o desorientavam: *Quem sou? Para onde vou?*

Um zelador do parque, observando de perto o filósofo miseravelmente vestido enquanto ele andava vagarosamente com a cabeça curvada, suspeitou que Schopenhauer fosse um mendigo. Assim caminhou até o filósofo e perguntou: "Quem é você? Para onde está indo?". Com a expressão de alguém aflito, Schopenhauer respondeu: "Não sei. Gostaria que alguém me dissesse".

Perplexo, você também já se fez essas mesmas perguntas? *Quem sou? Para onde eu vou?* Que consolo é ter respostas confiáveis vindas de Deus, na Bíblia! Quem somos? Em 1 João 3, o apóstolo chama seus leitores de "filhos de Deus" (v.2). Tornamo-nos Seus filhos ao receber Jesus como o nosso Salvador, que nos livrou de nossos pecados (Jo 1.12). E para onde vamos? Lemos em João 14.1-6 que, um dia, Ele nos receberá numa casa que está preparando no Céu.

Nosso Criador não somente é o Autor da ciência e da história, mas também é Aquele que escreve a história de cada membro da família de Adão — a sua e a minha. Podemos confiar em Suas respostas.

Agradeço-te, querido Pai celestial, por teres permitido que eu me tornasse Tua filha ao receber Jesus em meu coração. Graças te dou, porque posso ter a certeza de que estou indo para o Céu. Não vejo a hora de estar contigo para sempre. Amém.

Quando você conhece Jesus, você sabe quem você é e para onde vai.

²⁴Aqueles que obedecem a seus mandamentos permanecem nele, e ele permanece neles. E sabemos que ele permanece em nós porque o Espírito que ele nos deu permanece em nós.

Como identificar falsos profetas

4 Amados, não acreditem em todo espírito, mas ponham-no à prova para ter a certeza de que o espírito vem de Deus, pois há muitos falsos profetas no mundo. ²Assim sabemos se eles têm o Espírito de Deus: todo espírito que reconhece que Jesus Cristo veio em corpo humano é de Deus, ³mas todo espírito que não reconhece a verdade a respeito de Jesus não é de Deus. Esse é o espírito do anticristo, sobre o qual vocês ouviram que viria ao mundo e, de fato, já está aqui.

⁴Filhinhos, vocês pertencem a Deus e já venceram os falsos profetas, pois o Espírito que está em vocês é maior que o espírito que está no mundo. ⁵Eles pertencem a este mundo, portanto falam do ponto de vista do mundo, e o mundo os ouve. ⁶Nós, porém, pertencemos a Deus. Quem conhece a Deus nos ouve, mas quem não conhece a Deus não nos ouve. Desse modo sabemos se alguém tem o Espírito da verdade ou o espírito do erro.

Deus é amor

⁷Amados, continuemos a amar uns aos outros, pois o amor vem de Deus. Quem ama é nascido de Deus e conhece a Deus. ⁸Quem não ama não conhece a Deus, porque Deus é amor.

⁹Deus mostrou quanto nos amou ao enviar seu único Filho ao mundo para que, por meio dele, tenhamos vida. ¹⁰É nisto que consiste o amor: não em que tenhamos amado a Deus, mas em que ele nos amou e enviou seu Filho como sacrifício para o perdão de nossos pecados.

¹¹Amados, visto que Deus tanto nos amou, certamente devemos amar uns aos outros. ¹²Ninguém jamais viu a Deus. Mas, se amamos uns aos outros, Deus permanece em nós, e seu amor chega, em nós, à expressão plena.

¹³Deus nos deu seu Espírito como prova de que permanecemos nele, e ele em nós. ¹⁴Além disso, vimos com os próprios olhos e agora testemunhamos que o Pai enviou seu Filho para ser o Salvador do mundo. ¹⁵Aquele que declara que Jesus é o Filho de Deus, Deus permanece nele, e ele em Deus. ¹⁶Sabemos quanto Deus nos ama e confiamos em seu amor.

Deus é amor, e quem permanece no amor permanece em Deus, e Deus nele. ¹⁷À medida que permanecemos em Deus, nosso amor se torna mais perfeito. Assim, teremos confiança no dia do julgamento, pois vivemos como Jesus viveu neste mundo.

¹⁸Esse amor não tem medo, pois o perfeito amor afasta todo medo. Se temos medo, é porque tememos o castigo, e isso mostra que ainda não experimentamos plenamente o amor. ¹⁹Nós amamos[a] porque ele nos amou primeiro.

²⁰Se alguém afirma: "Amo a Deus", mas odeia seu irmão, é mentiroso, pois se não amamos nosso irmão, a quem vemos, como amaremos a Deus, a quem não vemos? ²¹Ele nos deu este mandamento: quem ama a Deus, ame também seus irmãos.

Crer no Filho de Deus

5 Todo aquele que crê que Jesus é o Cristo é nascido de Deus. E todo aquele que ama o Pai também ama os filhos dele. ²Sabemos que amamos os filhos de Deus se amamos a Deus e obedecemos a seus mandamentos. ³Amar a Deus significa obedecer a seus mandamentos. E seus mandamentos não são difíceis. ⁴Pois todo aquele que é nascido de Deus vence este mundo, e obtemos essa vitória pela fé. ⁵Quem vence a batalha contra o mundo? Somente quem crê que Jesus é o Filho de Deus.

⁶Jesus Cristo foi revelado por meio de seu batismo na água e pelo derramamento de seu sangue; não só por meio da água, mas pela água e pelo sangue. E o Espírito, que é a verdade, o confirma com seu testemunho. ⁷Temos, portanto, três testemunhas,[b] ⁸o Espírito, a água e o sangue, e as três concordam entre si. ⁹Porque cremos em testemunho humano, certamente podemos crer no testemunho de Deus, que tem ainda mais valor. E Deus dá testemunho acerca de seu Filho. ¹⁰Quem crê no Filho de Deus sabe, em seu coração, que esse testemunho é verdadeiro. Quem não crê nisso, na realidade,

---

[a] **4.19** Alguns manuscritos trazem *Nós amamos a Deus*; outros, *Nós o amamos*. [b] **5.7** Alguns poucos manuscritos tardios acrescentam *no céu: o Pai, a Palavra e o Espírito Santo, e esses três são um. E temos três testemunhas na terra*...

chama Deus de mentiroso, porque não crê no testemunho de Deus acerca de seu Filho. ¹¹E este é o testemunho: Deus nos deu vida eterna, e essa vida está em seu Filho. ¹²Quem tem o Filho tem a vida; quem não tem o Filho de Deus não tem a vida.

Conclusão

¹³Escrevi estas coisas a vocês que creem no nome do Filho de Deus para que saibam que têm a vida eterna. ¹⁴Estamos certos de que ele nos ouve sempre que lhe pedimos algo conforme sua vontade. ¹⁵E, uma vez que sabemos que ele ouve nossos pedidos, também sabemos que ele nos dará o que pedimos.

¹⁶Se alguém vir um irmão cometer pecado que não leva à morte, ore por ele, e Deus dará vida a esse irmão que pecou de maneira que não leva à morte. Mas há pecado que leva à morte, e não digo que se deva orar por aqueles que o cometem. ¹⁷Toda injustiça é pecado, mas nem todo pecado leva à morte.

¹⁸Sabemos que os nascidos de Deus não vivem no pecado, pois o Filho de Deus os protege e o maligno não os toca. ¹⁹Sabemos que somos filhos de Deus e que o mundo inteiro está sob o controle do maligno.

²⁰E sabemos que o Filho de Deus veio e nos deu entendimento para que conheçamos ao Deus verdadeiro. Agora, vivemos em comunhão com o Deus verdadeiro, porque vivemos em comunhão com seu Filho, Jesus Cristo. Ele é o Deus verdadeiro e é a vida eterna.

²¹Filhinhos, afastem-se dos ídolos.

2 JOÃO

INTRODUÇÃO

É uma epístola amigável e pessoal, escrita algum tempo após a primeira carta, à "senhora escolhida", que pensa-se ser amiga de João, e não uma igreja ou alguma nação, como algumas vezes foi sugerido. O objetivo é, evidentemente, alertar sua amiga contra certos falsos mestres.

ESBOÇO

1. Saudação, vv.1-3
2. Ação de graças, v.4
3. Exortação à obediência, vv.5,6
4. Advertência contra anticristos, vv.7-9
5. Como lidar com os falsos mestres, vv.10,11
6. Conclusão, vv.12,13

PARA ESTUDO E DISCUSSÃO

[1] O caráter dos filhos da senhora escolhida.
[2] Evidência de discipulado verdadeiro.
[3] Como lidar com falsos mestres.

> **REFLETINDO SOBRE:** Escolha-me, escolha-me!

Senhora escolhida

Vocês, porém, são povo escolhido...
—1 Pedro 2.9

Educação Física nunca foi minha disciplina favorita, e eu a temia em especial nos dias em que éramos divididas em times. Duas meninas eram designadas as capitãs dos times e cada uma escolhia meninas para seus grupos começando pelas mais atléticas, e eu não estava entre estas. Eu ficava numa fila com o resto da turma, impaciente. Nós tentávamos aparentar desinteresse enquanto cada uma esperava desesperadamente não ser a última escolhida.

A antiga carta de 2 João é destinada à "...senhora escolhida e a seus filhos...". Estudiosos já debateram o significado dessa frase. Alguns acreditam que o termo se refere a uma mulher específica numa congregação local. Outros especulam que João escreveu a uma mulher cujo nome era semelhante às palavras gregas para "escolhida" ou "senhora". Muitas pessoas acreditam que a frase se refere à igreja local e seus membros.

Estando João se referindo a uma mulher ou a todos os cristãos, a palavra "escolhida" provavelmente soou muito bem às mulheres que ouviram a leitura da carta, enquanto ela circulava pelas igrejas. Elas sabiam que, em certo ponto, somente a nação de Israel poderia alegar ser o povo escolhido de Deus. Agora, Jesus Cristo tinha aberto o caminho para que todas as pessoas fossem ao Senhor fundamentadas somente na fé. Essas mulheres sabiam que, independentemente do que o mundo pensasse delas, eram as escolhidas de Deus.

Nenhuma de nós quer ser escolhida por último, pois isso nos faz sentirmos desvalorizadas. Felizmente, Deus não é um capitão de um time na Terra. Ele não escolhe as mais atléticas ou mais populares. Quando aceitamos a verdade de Deus, nos tornamos Suas mulheres eleitas. Não é uma questão do tempo que esperaremos até que os nossos nomes sejam chamados, mas de quanto tempo esperaremos para chamarmos o Seu nome.

Saudações

1 Eu, o presbítero,[a] escrevo à senhora escolhida e a seus filhos,[b] a quem amo na verdade, como fazem todos os que conhecem a verdade, ²porque a verdade permanece em nós e estará conosco para sempre.

³Graça, misericórdia e paz que vêm de Deus, o Pai, e de Jesus Cristo, o Filho do Pai, estarão conosco, os que vivemos na verdade e no amor.

Permaneçam na verdade

⁴Fiquei muito feliz por encontrar alguns de seus filhos e ver que estão vivendo de acordo com a verdade, conforme o Pai ordenou.

⁵Agora, senhora,[c] peço-lhe que amemos uns aos outros. Não se trata de um novo mandamento; nós o temos desde o princípio. ⁶O amor consiste em fazer o que Deus nos ordenou, e ele ordenou que amemos uns aos outros, como vocês ouviram desde o princípio.

⁷Digo isso porque muitos enganadores têm ido pelo mundo afora, negando que Jesus Cristo veio em corpo humano. Quem age assim é o enganador e o anticristo. ⁸Tenham cuidado para não perder aquilo que nos esforçamos[d] tanto para conseguir. Sejam diligentes a fim de receber a recompensa completa. ⁹Quem se desvia deste ensino não tem ligação alguma com Deus, mas quem permanece no ensino de Cristo tem ligação com o Pai e também com o Filho.

¹⁰Se alguém for a suas reuniões e não ensinar a verdade de Cristo, não o convidem a entrar em sua casa, nem lhe deem nenhum tipo de apoio. ¹¹Quem apoia esse tipo de pessoa torna-se cúmplice de suas obras malignas.

---

[a] **1.1a** Ou *o ancião*. [b] **1.1b** Ou *à igreja escolhida e a seus membros*. [c] **1.5** Ou *Agora, igreja*. [d] **1.8** Alguns manuscritos trazem *vocês se esforçaram*.

Conclusão

¹²Tenho muito mais a lhes dizer, mas não quero fazê-lo com papel e tinta, pois espero visitá-los em breve e conversar com vocês pessoalmente. Então nossa alegria será completa. ¹³Saudações dos filhos de sua irmã[a] escolhida.

PÃO DIÁRIO

Toque o sino

Agora, senhora, peço-lhe que amemos uns aos outros. Não se trata de um novo mandamento; nós o temos desde o princípio.
—2 João 1.5

Conta-se a história de um rei que havia colocado um sino de prata numa torre alta em seu palácio no início de seu reinado. Ele anunciou que tocaria o sino sempre que estivesse feliz para que seus súditos soubessem e compartilhassem de sua alegria.

O povo aguardava o som daquele sino de prata, mas ele permanecia em silêncio. Os dias se tornaram semanas, as semanas, meses, e os meses, anos. Entretanto, nenhum som do sino foi emitido para indicar que o rei estava feliz.

O rei envelheceu e seus cabelos tornaram-se grisalhos. Por fim, ele deitou-se em seu leito de morte no palácio. Quando alguns de seus súditos reuniram-se ao redor dele, o rei descobriu que havia sido realmente amado por seu povo durante todos aqueles anos. Enfim, o rei sentia-se feliz. Um pouquinho antes de morrer, ele levantou a mão e puxou a corda que tocava o sino de prata.

Pense nisso, uma vida de infelicidade por não saber que era calorosamente amado e aceito por seus leais súditos.

Como esse monarca, muitas almas solitárias vivem seus dias sem a alegria de saber que são amadas e estimadas por outras pessoas. Você conhece alguém que precisa de uma palavra de encorajamento? Se a resposta for positiva, diga-lhe o quanto ela significa para você. Suas palavras podem ser exatamente aquilo que essa pessoa está precisando para sentir alegria na vida.

Senhor, que eu possa te honrar ao demonstrar amor e oferecer o encorajamento e incentivo às pessoas que me cercam. Permite que minha alegria seja completa e que eu leve alegria à vida de alguém que esteja sofrendo e vivendo em solidão.

O espírito humano se enche de esperança ao som de uma palavra encorajadora.

---

[a]**1.13** Ou *membros de sua igreja irmã*.

3 JOÃO

INTRODUÇÃO

Esta também é uma carta particular escrita algum tempo depois de 1 João para seu amigo pessoal, Gaio. Havia alguma confusão sobre receber certos evangelistas. Gaio os havia recebido enquanto Diótrefes se opôs a recebê-los. João elogia Gaio por sua hospitalidade e caráter cristão.

ESBOÇO

1. Saudação, v.1
2. Oração por sua prosperidade, v.2
3. Elogia sua caminhada piedosa, vv.3,4
4. Elogia sua hospitalidade, vv.5-8
5. Queixa-se contra Diótrefes, vv.9,10
6. Teste de relacionamento com Deus e valor de Demétrio, vv.11,12
7. Conclusão, vv.13,14

PARA ESTUDO E DISCUSSÃO

[1] O caráter de Gaio e Diótrefes.
[2] A hospitalidade cristã.
[3] Palavras como "verdade", "fiel" e "bem".

Saudações

1 Eu, o presbítero,ª escrevo a Gaio, meu amigo querido, a quem amo na verdade.

² Amado, espero que você esteja bem e fisicamente tão sadio quanto é forte em espírito. ³ Alguns dos irmãos regressaram e me deixaram muito alegre quando falaram de sua fidelidade e de como você vive de acordo com a verdade. ⁴ Eu não poderia ter maior alegria que saber que meus filhos têm seguido a verdade.

Incentivo a Gaio

⁵ Amado, você é fiel quando cuida dos irmãos que passam por aí, embora não os conheça. ⁶ Eles falaram à igreja daqui a respeito de sua amizade afetuosa. Peço que continue a suprir as necessidades deles de modo agradável a Deus. ⁷ Pois eles viajam a serviço do Senhorᵇ e não aceitam coisa alguma dos que são de fora.ᶜ ⁸ Assim, nós mesmos devemos sustentá-los, a fim de nos tornarmos seus cooperadores quando eles ensinarem a verdade.

⁹ Escrevi à igreja sobre isso, mas Diótrefes, que gosta de ser o mais importante, se recusa a receber-nos. ¹⁰ Quando eu for, relatarei algumas das coisas que ele tem feito, bem como suas acusações maldosas contra nós. Ele não apenas se recusa a acolher os irmãos, mas também impede outros de ajudá-los. E, quando o fazem, ele os expulsa da igreja.

¹¹ Amado, não deixe que esse mau exemplo o influencie, mas siga apenas o que é bom. Quem faz o bem prova que é filho de Deus; quem faz o mal prova que não conhece a Deus.ᵈ

¹² Todos, incluindo a própria verdade, falam bem de Demétrio. Nós dizemos o mesmo a respeito dele, e você sabe que falamos a verdade.

Conclusão

¹³ Tenho muito mais a lhe dizer, mas não quero fazê-lo com pena e tinta, ¹⁴ pois espero vê-lo em breve, e então conversaremos pessoalmente.

¹⁵ A paz seja com você.

Seus amigos daqui mandam lembranças. Por favor, envie minhas saudações pessoais a cada um dos amigos daí.ᵉ

PÃO DIÁRIO

Hospitalidade calorosa

Amado, você é fiel quando cuida dos irmãos que passam por aí, embora não os conheça.
—3 João 1.5

Algumas pessoas têm um jeito especial que nos faz sentir em casa. A maneira agradável como nos tratam e a atenção que dão às nossas necessidades transmitem uma mensagem: aqui somos bem-vindos!

Alguns anos atrás, falei numa pequena igreja rural. O pastor havia reservado acomodações para nós numa pousada na cidade. Era uma daquelas lindas casas antigas que oferecem "cama e mesa" aos turistas. A lembrança inesquecível da nossa estadia não foi a charmosa casa antiga nem a cidadezinha silenciosa aninhada nas montanhas, mas a hospitalidade calorosa da sua proprietária. O delicioso café da manhã caseiro oferecia um nutritivo começo para o dia. E, para aumentar a nossa alegria, ela tocava um hino que exaltava a fidelidade do Senhor num curioso órgão antigo. A hospitalidade era natural a essa anfitriã.

A hospitalidade também era uma das características de Gaio, o cristão que o apóstolo João elogiou nesta breve carta. Gaio havia recepcionado "estrangeiros" que tinham sido fiéis no serviço ao Senhor (3Jo 1.5). Ao estender tal generosidade, ele se tornou um obreiro trabalhando pela verdade com eles (v.8). Diótrefes, por outro lado, resistiu à autoridade de João e buscou a primazia entre os irmãos (v.9). Em vez de mostrar hospitalidade, ele demonstrou hostilidade, expulsando da igreja as pessoas que acolhiam os estrangeiros (v.10).

Como reagimos aos novos cristãos em nossa igreja ou comunidade? Pedro disse: "Abram sua casa de bom grado para os que necessitam de um lugar para se hospedar" (1Pe 4.9). Sigamos o exemplo de Gaio.

Pai, ajuda-me a demonstrar o Teu amor, Tua bondade e Tua misericórdia aos que me cercam, especialmente aos que são "estrangeiros", aos que não se encaixam, aos que raramente saboreiam uma refeição caseira, aos que visitam a minha igreja e aos que são novos em minha vizinhança. Amém.

Escreva o seu nome com bondade, amor e misericórdia no coração dos outros, e você jamais será esquecida.

ª **1.1** Ou *ancião*. ᵇ **1.7a** Em grego, *eles saíram por causa do Nome*. ᶜ **1.7b** Em grego, *dos gentios*. ᵈ **1.11** Em grego, *não viu a Deus*.
ᵉ **1.15** Em algumas traduções o versículo 15 faz parte do 14.

JUDAS

INTRODUÇÃO

Autor. Sua autoria leva o nome de Judas, o irmão de Tiago. Ele provavelmente quer dizer o Tiago que escreveu a epístola com esse nome e, portanto, é o irmão do Senhor.

Propósito. Os falsos mestres estavam ousadamente ensinando suas heresias nas reuniões da congregação. Esses homens eram também muito imorais na conduta, e a epístola é escrita para expor seus erros e exortar seus leitores a defenderem a verdadeira fé e a terem vidas dignas. Em muitos pontos, é bastante semelhante à segunda carta de Pedro.

Data. Provavelmente foi escrita cerca de 66 d.C. De qualquer forma, deve ter sido escrita antes de 70 d.C., quando Jerusalém foi destruída, já que Judas dificilmente falharia em mencionar esse acontecimento, com outros exemplos de punição (vv.5-7).

ESBOÇO

Introdução, vv.1-4

1. O destino dos ímpios, vv.5-16
    1.1. Deus pune os ímpios, vv.5-7
    1.2. Ele destruirá esses homens, vv.8-16
2. Como defender a fé, vv.17-23
    2.1. Seja consciente dos inimigos, vv.17-19
    2.2. Seja forte ("firmes no amor de Deus"), vv.20,21
    2.3. Mantenha um espírito evangelístico, vv.22,23

Conclusão, vv.24,25.

PARA ESTUDO E DISCUSSÃO

[1] Faça uma lista de todas as palavras e frases que ocorrem em grupos de três, como "misericórdia", "amor".
[2] Faça uma lista de todos os ensinamentos sobre os maus obreiros mencionados (vv.8-10,12,13,16,19).
[3] O que os apóstolos haviam predito sobre eles.

PÃO DIÁRIO

Verdade

...defendam a fé que, de uma vez por todas, foi confiada ao povo santo.

—Judas 1.3

Certo homem me disse: "Todos os caminhos levam a Deus. É como subir uma montanha. Você pode começar em qualquer lugar da base, mas, por fim, todos chegarão ao mesmo lugar no cume".

Tal inclusivismo é muito popular no mundo atual. Entretanto, contradiz completamente as palavras de Jesus: "Eu sou o caminho, a verdade e a vida. Ninguém pode vir ao Pai senão por mim" (Jo 14.6). E ainda tem mais.

O Novo Testamento nos diz para batalharmos e [defendermos] a fé que, de uma vez por todas, foi confiada ao povo santo" (Jd 1.3). A expressão de Judas "defendam a fé" se refere aos ensinamentos principais em que acreditavam os cristãos do primeiro século, os quais sobrevivem pelo poder do Espírito. Por que tal advertência? Porque os falsos mestres estavam subvertendo a verdade. Eram "perversos" e afirmavam que a graça de Deus lhes permitia que levassem uma vida imoral, e negavam "Jesus Cristo, nosso único Soberano e Senhor" (v.4).

Não devemos abrir mão da exclusividade das palavras de Jesus. E não devemos deixar de proclamar a abrangência completa do evangelho. "Porque Deus amou tanto o mundo que deu seu Filho único, para que todo o que nele crer não pereça, mas tenha a vida eterna" (Jo 3.16).

Sim, a verdade é tanto exclusiva quanto inclusiva.

Senhor, tu és o único caminho para o Céu. Apenas por ti podemos ser salvos. Ainda assim, todo aquele que crê em ti pode receber essa dádiva preciosa. Ajuda-me a disseminar a Tua Palavra.

Pois: Há um só Deus e um só Mediador entre Deus e a humanidade: o homem Cristo Jesus.
—1 Timóteo 2.5

Saudações de Judas

1 Eu, Judas, escravo de Jesus Cristo e irmão de Tiago, escrevo esta carta aos que foram chamados por Deus, o Pai, que os ama e os guarda sob o cuidado de Jesus Cristo.[a]

²Que vocês tenham cada vez mais misericórdia, paz e amor.

O perigo dos falsos mestres

³Amados, embora planejasse escrever-lhes com todo empenho sobre a salvação que compartilhamos, entendo agora que devo escrever a respeito de outro assunto e insistir que defendam a fé que, de uma vez por todas, foi confiada ao povo santo. ⁴Pois alguns indivíduos perversos se infiltraram em seu meio sem serem notados, dizendo que a graça de Deus permite levar uma vida imoral. A condenação de tais pessoas foi registrada há muito tempo, pois negaram Jesus Cristo, nosso único Soberano e Senhor.

⁵Ainda que já saibam dessas coisas, desejo lembrar a vocês que o Senhor[b] libertou o povo de Israel do Egito, mas depois destruiu aqueles que não permaneceram fiéis. ⁶Também lhes lembro os anjos que não se limitaram à autoridade recebida, mas deixaram o lugar a que pertenciam. Deus os mantém acorrentados em prisões eternas, na escuridão, aguardando o dia do julgamento. ⁷E não se esqueçam de Sodoma e Gomorra e das cidades vizinhas, cheias de imoralidade e de perversão sexual de todo tipo, que foram destruídas pelo fogo e servem de advertência do fogo eterno do julgamento.

⁸Da mesma forma, essas pessoas, afirmando ter autoridade com base em sonhos, vivem de modo imoral, desprezam a autoridade e zombam dos seres sobrenaturais.[c] ⁹Mas nem mesmo o arcanjo Miguel se atreveu a acusar o diabo de blasfêmia. Ele disse apenas: "O Senhor o repreenda!". (Isso aconteceu quando Miguel discutia com o diabo a respeito do corpo de Moisés.) ¹⁰Tais indivíduos, porém, zombam de coisas que não entendem. Como criaturas irracionais, agem segundo seus instintos e, desse modo, provocam a própria destruição. ¹¹Que aflição os espera! Pois eles seguem os passos de Caim, enganam outros por dinheiro, como Balaão, e perecem em sua rebelião, como Corá.

¹²Quando esses indivíduos, sem o menor constrangimento, participam de suas refeições de celebração ao amor do Senhor, são

---

[a] 1.1 Ou *os guarda para Jesus Cristo*. [b] 1.5 Vários manuscritos trazem *Jesus*, outros, *Deus*, e ainda outros, *Cristo*; um deles traz *Deus Cristo*. [c] 1.8 Em grego, *dos seres gloriosos*, provável referência aos anjos caídos.

como perigosos recifes que podem fazê-los naufragar.[a] Sim, são como pastores que só se preocupam consigo mesmos, como nuvens que passam sobre a terra sem dar chuva, como árvores no outono, duplamente mortas porque não dão frutos e foram arrancadas pelas raízes. [13]São como ondas violentas no mar, espalhando a espuma de seus atos vergonhosos, como estrelas sem rumo, condenadas para sempre à mais profunda escuridão.

[14]Enoque, que viveu na sétima geração depois de Adão, profetizou a respeito desses homens, dizendo: "Ouçam! O Senhor vem com incontáveis milhares de santos [15]para julgar a todos. Convencerá os pecadores de seus atos perversos e dos insultos que pronunciaram contra ele".[b]

[16]São murmuradores e descontentes, que vivem apenas para satisfazer os próprios desejos. Contam vantagem em alta voz e bajulam outros para conseguir o que querem.

Apelo à fidelidade

[17]Amados, lembrem-se do que previram os apóstolos de nosso Senhor Jesus Cristo. [18]Eles lhes disseram que nos últimos tempos haveria zombadores cujo propósito na vida é satisfazer seus desejos perversos. [19]Eles provocam divisões entre vocês e seguem seus instintos naturais, pois não têm neles o Espírito.

[20]Mas vocês, amados, edifiquem uns aos outros em sua santíssima fé, orem no poder do Espírito Santo[c] [21]e mantenham-se firmes no amor de Deus,[d] enquanto aguardam a vida eterna que nosso Senhor Jesus Cristo lhes dará em sua misericórdia.

[22]Tenham compaixão daqueles[e] que vacilam na fé. [23]Resgatem outros, tirando-os das chamas do julgamento. De outros ainda, tenham misericórdia,[f] mas façam isso com grande cautela, odiando os pecados que contaminam a vida deles.[g]

Oração de louvor

[24]Toda a glória seja àquele que é poderoso para guardá-los de cair e para levá-los, com grande alegria e sem defeito, à sua presença gloriosa. [25]Toda a glória seja àquele que é o único Deus, nosso Salvador por meio de Jesus Cristo, nosso Senhor. Glória, majestade, poder e autoridade lhe pertencem desde antes de todos os tempos, agora e para sempre! Amém.

---

[a]**1.12** Ou *são como manchas que podem contaminá-los.* [b]**1.14-15** Citação proveniente da literatura intertestamentária: Enoque 1.9. [c]**1.20** Em grego, *orem no Espírito Santo.* [d]**1.21** Ou *amor a Deus.* [e]**1.22** Alguns manuscritos trazem *Repreendam aqueles.* [f]**1.22-23a** Alguns manuscritos trazem apenas duas categorias de pessoas: 1) aqueles que vacilam na fé e, portanto, precisam ser resgatados das chamas de julgamento; 2) aqueles que precisam de misericórdia. [g]**1.23b** Em grego, *com temor, odiando até mesmo as roupas manchadas pela carne.*

APOCALIPSE

INTRODUÇÃO

Autor. João, o apóstolo, durante o exílio na ilha de Patmos (1.1,4,9; 22.8).

Data. Cerca de 95 ou 96 d.C.

Livro. (1) É um livro de símbolos e imagens e constantemente cria emoção e maravilhamento. (2) É um livro de batalhas, mas a guerra sempre termina em paz. A palavra batalha ocorre cinco vezes no Apocalipse e apenas cinco vezes em todo o restante do Novo Testamento. (3) É um livro de trovão, mas o trovão e o terremoto desaparecem e são seguidos por liturgias e salmos. (4) É um livro das recompensas dos justos. Isso é visto nas cartas às sete igrejas e nas vitórias dos justos em todos os conflitos e guerras no livro. (5) É, portanto, um livro de otimismo. Em todo lugar, Deus vence Satanás, o Cordeiro triunfa, a Babilônia cai etc.

Interpretação. Existem várias classes de intérpretes, como segue: (1) *Preteristas*, que pensam que foi cumprido em seu sentido primário. Eles fazem com que todas as profecias e visões se refiram à história judaica até a queda de Jerusalém e a história da Roma pagã; (2) *Futuristas*, que interpretam literalmente e pensam que todos os eventos do livro devem acontecer logo antes ou logo após a segunda vinda de Cristo; (3) *Escola Histórica ou Contínua*. Estes pensam que algumas foram cumpridas, algumas estão sendo cumpridas agora e algumas serão cumpridas no futuro; (4) *Espiritualistas*, que se opõem às outras três classes de intérpretes visto que dão muita importância ao elemento tempo. Eles enfatizam o elemento moral e espiritual do Apocalipse e leem esse livro "como uma representação de ideias e não *de* eventos".

Valor. O principal valor do livro parece estar no seu testemunho da fé e da esperança dos cristãos perseguidos e no conforto e inspiração que ele trouxe às almas entristecidas e oprimidas de todas as épocas. Ele indica que haverá um fim para o conflito, que Deus e o Cordeiro triunfarão, que os inimigos de nossa alma serão punidos e que os seguidores de Deus serão recompensados eternamente.

ESBOÇO

Introdução, 1–8

1. As sete igrejas, 1.9–3.22
    1.1. Visão introdutória de Cristo, 1.9-20
    1.2. Comunicados às igrejas, Caps. 2–3

2. Os sete selos, 4.1–8.1
    2.1. Visão introdutória do trono, Caps. 4–5
    2.2. Seis selos abertos em sequência, Cap. 6
    2.3. Os servos de Deus são selados, Cap. 7
    2.4. O sétimo selo é aberto, 8.1

3. As sete trombetas, Caps. 8–11
    3.1. Visão introdutória, 8.1-6
    3.2. Seis trombetas soaram em sequência, 8.7–9.21
    3.3. Um livrinho, uma vara para medir o templo e contar os adoradores, 10.1–11.14
    3.4. O soar da sétima trombeta, 11.15-19

4. As sete figuras místicas, Caps. 12–14
    4.1. A mulher vestida do sol, Cap. 12
    4.2. O dragão vermelho, Cap. 12
    4.3. O filho varão, Cap. 12
    4.4. A besta do mar, 13.1-10
    4.5. A besta da terra, 13.11-18
    4.6. O Cordeiro no monte Sião, 14.1-13; Três anjos
    4.7. O filho do homem sobre a nuvem, 14.14-20; Três anjos

5. Os sete flagelos, Caps. 15–16

APOCALIPSE

5.1. A visão preliminar, Cap. 15 — uma canção de vitória
5.2. Seis flagelos em sequência, 16.1-12
5.3. Um episódio, 16.13-16. Os espíritos do diabo reuniram os reis da Terra para a batalha do Armagedom
5.4. O sétimo flagelo derramado, 16.17-21
6. Três conflitos e triunfos finais, 17.1–22.5
   6.1. O primeiro conflito e triunfo, 17.1–19.10
   6.2. O segundo conflito e triunfo, 19.11–20.6
   6.3. O terceiro conflito e triunfo, 20.7–22.5
7. O Epílogo — Conclusão, 22.6-21
   7.1. Testemunho triplo da veracidade da visão: Anjo, Jesus, João, vv.6-8
   7.2. Instruções dos anjos com respeito à profecia, vv.9,10
   7.3. A lição do livro, vv.11-17
   7.4. Confirmação e saudação de João, vv.18-21

PARA ESTUDO E DISCUSSÃO

[1] A visão sobre Jesus, 1.9-20.
[2] As cartas para as sete igrejas: (a) Quais igrejas recebem apenas elogios? (b) Quais apenas censura? (c) Quais elogios e censuras? (d) O que é elogiado e o que é condenado em cada uma delas?
[3] Os 24 anciãos, quatro seres vivos, o livro selado e o Cordeiro, Caps. 4–5.
[4] O selo dos servos de Deus, Cap. 7.
[5] O livrinho, Cap. 10.
[6] A vara para medir e as duas testemunhas, 11.1-14.
[7] Cada uma das sete figuras místicas, Caps. 12–14. Descreva cada uma.
[8] Mistério da Babilônia, Cap.17.
[9] Canção de triunfo sobre a Babilônia, 19.1-10.
[10] O julgamento de Satanás, 20.1-10.
[11] A descrição da ressurreição geral e do julgamento, 20.11-15; 22.10-15.
[12] A descrição do Céu, Caps. 21–22.
[13] Verifique os seguintes pontos de semelhança nos sete selos, sete trombetas e sete flagelos: (a) O céu está aberto e uma visão preliminar antes de cada série; (b) Os quatro primeiros em cada série se referem especialmente ao presente mundo natural, enquanto os três últimos em cada série se referem mais particularmente ao futuro ou ao mundo espiritual; (c) Em cada série há um episódio após o sexto, que é uma elaboração do sexto ou uma introdução ao sétimo.
[14] Compare estas três séries novamente e observe: (a) Retratam os mesmos eventos em linguagem semelhante; (b) A vitória dos justos e a destruição dos ímpios são retratadas em cada um; (c) A vitória dos redimidos predomina no primeiro (selos), enquanto a destruição do perverso predomina no último (flagelos).
[15] Na série, observe o progresso na severidade da punição: (a) Um quarto afligido no primeiro (selos); (b) Um terço afligido no segundo (trombetas); (c) Todos são destruídos no terceiro (flagelos).
[16] A partir das seguintes passagens, faça uma lista que permita demonstrar com que proximidade o mesmo elemento é afetado em cada uma das sete trombetas e flagelos: (a) 8.7 e 16.2; (b) 8.8 e 16.3; (c) 8.10,11 e 16.4-7; (d) 8.12 e 16.8,9; (e) 9.9-11 e 16.10,11; (f) 9.13-21 e 16.12-16; (g) 11.15-18 e 16.17-21.
[17] Os contrastes e semelhanças das trombetas e flagelos.

Trombetas. 1. Granizo, fogo com sangue lançados sobre a Terra, um terço das árvores queimadas.
Flagelos. 1. O flagelo derramado sobre a Terra, aflição sobre os seguidores da besta.

Trombetas. 2. Um terço do mar torna-se sangue, um terço de suas criaturas e navios é destruído.
Flagelos. 2. Todo o mar torna-se sangue, e toda alma destruída.

Trombetas. 3. Um terço dos rios torna-se amargo, muitos homens destruídos.
Flagelos. 3. Todos os rios tornam-se sangue e a vingança sobre os homens.

Trombetas. 4. Um terço do sol etc., ferido, um terço do dia escurecido.
Flagelos. 4. Todo o sol ferido, homens são queimados, eles blasfemam e não se arrependem.

Trombetas. 5. As estrelas do céu caem; os gafanhotos enviados; homens buscam a morte.

Flagelos. 5. O trono e o reino da besta feridos, homens sofrem, blasfemam e não se arrependem.

Trombetas. 6. Um terço da humanidade morto pelos exércitos do Eufrates; os homens não se arrependem.
Episódio: as duas testemunhas de Deus testemunham em favor dele e fazem milagres. As bestas fazem guerra contra eles.
Flagelos. 6. Um caminho preparado para os reis além do Eufrates. Episódio: Os três espíritos imundos do dragão testemunham a favor dele e fazem milagres. O mundo trava guerra no Armagedom.

Trombetas. 7. Vozes no Céu, julgamento, terremoto, granizo etc.
Flagelos. 7. Voz no Céu, queda da Babilônia, terremoto, granizo etc.

[18] As bênçãos e doxologias do livro.
[19] Ensinos sobre Jesus.
[20] Ensinos sobre Satanás.

APOCALIPSE 1

Prólogo

1 Revelação de Jesus Cristo, que Deus lhe deu para mostrar a seus servos os acontecimentos que ocorrerão em breve.[a] Ele enviou um anjo para apresentá-la a seu servo João, ²que relatou fielmente tudo que viu. Este é seu relato da palavra de Deus e do testemunho de Jesus Cristo.

³Feliz é aquele que lê as palavras desta profecia, e felizes são aqueles que ouvem sua mensagem e obedecem ao que ela diz, pois o tempo está próximo.

Saudação de João às sete igrejas

⁴Eu, João, escrevo às sete igrejas na província da Ásia.[b]

Graça e paz a vocês da parte daquele que é, que era e que ainda virá, dos sete espíritos que estão diante de seu trono, ⁵e de Jesus Cristo. Ele é a testemunha fiel destas coisas, o primeiro a ressuscitar dos mortos e o governante de todos os reis da terra.

Toda a glória seja àquele que nos ama e nos libertou de nossos pecados por meio de seu sangue. ⁶Ele fez de nós um reino de sacerdotes para Deus, seu Pai. A ele sejam a glória e o poder para todo o sempre! Amém.

⁷Vejam! Ele vem com as nuvens do céu,
  e todos o verão,
  até mesmo aqueles que o transpassaram.
E todas as nações da terra
  se lamentarão por causa dele.
Sim! Amém!

⁸"Eu sou o Alfa e o Ômega",[c] diz o Senhor Deus. "Eu sou aquele que é, que era e que ainda virá, o Todo-poderoso."

A visão do Filho do Homem

⁹Eu, João, irmão e companheiro de vocês no sofrimento, no reino e na perseverança para a qual Jesus nos chama, estava exilado na ilha de Patmos por pregar a palavra de Deus e testemunhar a respeito de Jesus. ¹⁰Era o dia do Senhor, e me vi tomado pelo Espírito.[d] De repente, ouvi atrás de mim uma forte voz, como um toque de trombeta, ¹¹e a voz dizia: "Escreva num livro[e] tudo que você vê e envie-o às sete igrejas nas cidades de Éfeso, Esmirna, Pérgamo, Tiatira, Sardes, Filadélfia e Laodiceia".

¹²Quando me voltei para ver quem falava comigo, vi sete candelabros de ouro ¹³e, em

---

PÃO DIÁRIO

Águas poderosas

Os pés eram como bronze polido, refinado numa fornalha, e a voz ressoava como fortes ondas do mar.
—Apocalipse 1.15

Há algum tempo visitei as Cataratas do Iguaçu, um dos maiores conjuntos de quedas d'água do mundo. As gigantescas cachoeiras são de tirar o fôlego, mas o que mais me impressionou em Foz do Iguaçu não foi a vista das quedas nem dos jatos d'água. Foi o som. O barulho era ensurdecedor! Senti-me como se estivesse realmente dentro do próprio som. Foi uma experiência impressionante que me fez lembrar o quanto sou pequeno em comparação à criação.

Mais tarde, com essa cena em mente, não pude evitar de pensar em João na passagem de Apocalipse 1.15. Enquanto ele estava na ilha de Patmos, teve uma visão do Cristo ressurreto. O apóstolo descreveu Jesus na glória de Sua ressurreição, registrando as Suas vestes e as Suas qualidades físicas. Em seguida, João descreveu a voz de Cristo como "fortes ondas do mar".

Não tenho certeza de que eu compreendia completamente o valor e significado de barulho tão majestoso até visitar as cataratas em Foz do Iguaçu e ficar impressionado pelo som trovejante das suas lindas cachoeiras. Assim como aquelas águas poderosas me fizeram lembrar da minha própria pequenez, compreendi melhor por que João se sentiu "como morto" aos pés de Cristo (v.17).

Talvez essa descrição a ajude a entender o temor que a presença de Jesus inspira e a impulsione a seguir o exemplo de João em sua adoração ao Salvador.

Querido Jesus, Tua voz ressoa como "fortes ondas do mar". E, mesmo assim, a Tua presença me atrai para perto de ti e me protege como se eu estivesse abrigada na fenda de uma rocha. Louvo-te, pois a Tua presença e poder causam temor. Em adoração, prostro-me diante de ti e te adoro, pois só tu és digno de todo o louvor!

A verdadeira adoração a Cristo transforma a admiração em adoração.

---

[a] 1.1 Ou *repentinamente*, ou *rapidamente*. [b] 1.4 Província romana situada na região que hoje corresponde ao oeste da Turquia. [c] 1.8 Referência à primeira e à última letra do alfabeto grego. [d] 1.10 Ou *em espírito*. [e] 1.11 Ou *num rolo*.

> **REFLETINDO SOBRE:** Renovando nosso amor por Cristo

Mulheres em Éfeso

Contudo, tenho contra você uma queixa: você abandonou o amor que tinha no princípio.
—Apocalipse 2.4

Podemos imaginar as mulheres esperando ansiosamente pela carta do apóstolo João para ser lida. Por meio de uma visão, João recebeu uma mensagem específica para enviar para cada uma das sete igrejas na Ásia. Essa preciosa mensagem continha palavras do Senhor Jesus Cristo em cartas dirigidas a seu grupo de cristãos. As mulheres provavelmente sentiram uma alegria aconchegante com a abertura da carta contendo louvor a sua igreja. Jesus reconhecera o seu árduo trabalho e paciente resignação durante as dificuldades. Elas tinham resistido ao pecado sexual numa cidade famosa por práticas imorais conectadas com adoração à deusa Artemis e expuseram as mentiras dos falsos profetas.

No começo parecia que a igreja de Éfeso estava fazendo tudo certo. Mas, na sequência, Jesus expôs sua grave falha: "Contudo, tenho contra você uma queixa: você abandonou o amor que tinha no princípio" (Ap 2.4). Os cristãos efésios ficaram tão envolvidos em fazer o que era certo que a sua paixão por Cristo esfriara. Eles eram motivados por uma sensação de obrigação em lugar da ardente devoção a Cristo. O Senhor os incitou a lembrarem-se de como se sentiram quando o conheceram e a recobrar o entusiasmo que tinham na época.

O alerta à igreja de Éfeso toca no cerne do verdadeiro cristianismo. Muitas religiões enfatizam obras, mas o cristianismo é fundamentado no relacionamento de amor com Deus por meio de Jesus Cristo. A sã doutrina e o serviço para Deus são essenciais, mas podemos ficar tão envolvidas com o conhecimento da Bíblia e atividades que uma atitude legalista substitui o nosso desejo de simplesmente estar com Ele. Algumas vezes, precisamos parar e nos lembrar do porquê amamos a Deus e de como nos sentimos quando passamos a compreender Seu sacrifício. Quando viveu na Terra, as mais duras crítica feitas a Jesus vinham de pessoas que apesar de religiosas não amavam a Deus. Se abandonamos o nosso primeiro amor, precisamos fazer todo o possível para voltar a ele.

pé entre eles, havia alguém semelhante ao Filho do Homem.[a] Vestia um manto comprido, com uma faixa de ouro sobre o peito. [14]A cabeça e os cabelos eram brancos como a lã e a neve, e os olhos, como chamas de fogo. [15]Os pés eram como bronze polido, refinado numa fornalha, e a voz ressoava como fortes ondas do mar. [16]Na mão direita tinha sete estrelas, e de sua boca saía uma espada afiada dos dois lados. A face brilhava como o sol em todo o seu esplendor.

[17]Quando o vi, caí a seus pés, como morto. Ele, porém, colocou a mão direita sobre mim e disse: "Não tenha medo! Eu sou o Primeiro e o Último. [18]Sou aquele que vive. Estive morto, mas agora vivo para todo o sempre! E tenho as chaves da morte e do mundo dos mortos.[b]

[19]"Portanto, escreva o que viu, tanto as coisas que estão acontecendo agora como as que acontecerão depois. [20]Este é o significado do mistério das sete estrelas que você viu em minha mão direita e dos sete candelabros de ouro: as sete estrelas são os anjos[c] das sete igrejas, e os sete candelabros são as sete igrejas."

Mensagem à igreja em Éfeso

2 "Escreva esta carta ao anjo[d] da igreja em Éfeso. Esta é a mensagem daquele que segura na mão direita as sete estrelas, daquele que anda entre os sete candelabros de ouro:

[2]"Sei de tudo que você faz. Vi seu trabalho árduo e sua perseverança, e sei que não tolera os perversos. Examinou as pretensões dos que se dizem apóstolos, mas não são, e descobriu que são mentirosos. [3]Sofreu por meu nome com paciência, sem desistir.

[4]"Contudo, tenho contra você uma queixa: você abandonou o amor que tinha no

---

[a]1.13 Ou *semelhante a um filho de homem*. Ver Dn 7.13. "Filho do Homem" é um título que Jesus usa para si mesmo. [b]1.18 Ou *da sepultura*. Em grego, *do Hades*. [c]1.20 Ou *os mensageiros*. [d]2.1 Ou *mensageiro*; também em 2.8,12,18.

princípio. ⁵Veja até onde você caiu! Arrependa-se e volte a praticar as obras que no início praticava. Do contrário, virei até você e tirarei seu candelabro de seu lugar entre as igrejas. ⁶Mas há isto a seu favor: você odeia as obras dos nicolaítas, como eu também odeio.

⁷"Quem tem ouvidos para ouvir, ouça o que o Espírito diz às igrejas. Ao vitorioso, darei o fruto da árvore da vida que está no paraíso de Deus."

Mensagem à igreja em Esmirna

⁸"Escreva esta carta ao anjo da igreja em Esmirna. Esta é a mensagem daquele que é o Primeiro e o Último, que esteve morto mas agora vive:

⁹"Conheço suas aflições e sua pobreza, mas você é rico. Sei da blasfêmia dos que se opõem a você. Eles se dizem judeus, mas não são, pois a sinagoga deles pertence a Satanás. ¹⁰Não tenha medo do que está prestes a sofrer. O diabo lançará alguns de vocês na prisão a fim de prová-los, e terão aflições por dez dias. Mas, se você permanecer fiel mesmo diante da morte, eu lhe darei a coroa da vida.

¹¹"Quem tem ouvidos para ouvir, ouça o que o Espírito diz às igrejas. Quem for vitorioso não sofrerá o dano da segunda morte."

Mensagem à igreja em Pérgamo

¹²"Escreva esta carta ao anjo da igreja em Pérgamo. Esta é a mensagem daquele que tem a espada afiada dos dois lados:

¹³"Conheço o lugar onde você vive, a cidade onde está o trono de Satanás. Ainda assim, você permanece leal a meu nome. Recusou-se a negar sua fé em mim até mesmo quando Antipas, minha testemunha fiel, foi morto onde vocês vivem, o lugar de habitação de Satanás.

¹⁴"Contudo, tenho contra você algumas queixas. Você tolera em seu meio pessoas cujo ensino é semelhante ao de Balaão, que mostrou a Balaque como fazer o povo de Israel tropeçar. Ele os instigou a comer alimentos oferecidos a ídolos e a praticar imoralidade sexual. ¹⁵De igual modo, há entre vocês alguns que seguem o ensino dos nicolaítas. ¹⁶Portanto, arrependa-se ou virei subitamente até você e lutarei contra eles com a espada de minha boca.

¹⁷"Quem tem ouvidos para ouvir, ouça o que o Espírito diz às igrejas. Ao vitorioso, darei do maná escondido. Também lhe darei uma pedra branca, e nela estará gravado um nome novo, que ninguém conhece, a não ser aquele que o recebe."

Mensagem à igreja em Tiatira

¹⁸"Escreva esta carta ao anjo da igreja em Tiatira. Esta é a mensagem do Filho de Deus, cujos olhos são como chamas de fogo e cujos pés são como bronze polido:

¹⁹"Sei de tudo que você faz. Vi seu amor, sua fé, seu serviço e sua perseverança, e observei como você tem crescido em todas essas coisas.

²⁰"Contudo, tenho contra você uma queixa. Você tem permitido que essa mulher, Jezabel, que se diz profetisa, faça meus servos se desviarem. Ela os ensina a cometer imoralidade sexual e a comer alimentos oferecidos a ídolos. ²¹Dei a ela tempo para que se arrependesse, mas não quer se arrepender de sua imoralidade.

²²"Portanto, eu a lançarei doente numa cama, e aqueles que cometerem adultério com ela sofrerão terrivelmente, a menos que se arrependam e abandonem a prática de tais atos. ²³Matarei seus filhos,ª e então todas as igrejas saberão que eu sou aquele que sonda mente e coração. Darei a cada um de vocês aquilo que seus atos merecem.

²⁴"Tenho também uma mensagem para o restante de vocês em Tiatira que não seguiram esse falso ensino ('as verdades mais profundas', como eles dizem, e que na realidade vêm de Satanás). Não lhes pedirei coisa alguma, ²⁵senão que se apeguem firmemente ao que já têm até que eu venha. ²⁶Ao vitorioso que me obedecer até o fim,

Eu darei autoridade sobre as nações.

²⁷Ele as governará com cetro de ferro

ª **2.23** Ou *seus seguidores*.

e as despedaçará como vasos de barro.ᵃ

²⁸Ele terá a mesma autoridade que recebi de meu Pai, e também lhe darei a estrela da manhã.

²⁹"Quem tem ouvidos para ouvir, ouça o que o Espírito diz às igrejas."

Mensagem à igreja em Sardes

3 "Escreva esta carta ao anjoᵇ da igreja em Sardes. Esta é a mensagem daquele que tem os sete espíritos de Deus e as sete estrelas:

"Sei de tudo que você faz. Você tem fama de estar vivo, mas está morto. ²Desperte! Fortaleça o pouco que resta, pois até mesmo isso está quase morto. Vejo que suas ações não atendem aos requisitos de meu Deus. ³Lembre-se do que ouviu e no que acreditou no princípio; agarre-se a isso com firmeza. Arrependa-se. Se não despertar, virei subitamente até você, como um ladrão.

⁴"Há alguns em Sardes, no entanto, que não mancharam suas roupas com o mal. Eles andarão comigo vestidos de branco, pois são dignos. ⁵O vitorioso será vestido de branco. Jamais apagarei seu nome do Livro da Vida e confirmarei, diante de meu Pai e de seus anjos, que ele me pertence.

⁶"Quem tem ouvidos para ouvir, ouça o que o Espírito diz às igrejas."

Mensagem à igreja em Filadélfia

⁷"Escreva esta carta ao anjo da igreja em Filadélfia.

Esta é a mensagem daquele que é santo e verdadeiro,
que tem a chave de Davi.
O que ele abre ninguém pode fechar,
e o que ele fecha ninguém pode abrir:ᶜ

⁸"Sei de tudo que você faz. Abri para você uma porta que ninguém pode fechar. Você tem pouca força, mas ainda assim obedeceu à minha palavra e não negou meu nome. ⁹Veja, obrigarei aqueles que pertencem à sinagoga de Satanás — os mentirosos que se dizem judeus, mas não são — a virem, prostrarem-se a seus pés e reconhecerem que amo você.

¹⁰"Porque obedeceu à minha ordem para perseverar, eu o protegerei do grande tempo de provação que virá sobre todo o mundo para pôr à prova os habitantes da terra. ¹¹Venho em breve.ᵈ Apegue-se ao que você tem, para que ninguém tome sua coroa. ¹²O vitorioso se tornará coluna do templo de meu Deus, de onde jamais sairá. Escreverei nele o nome de meu Deus, e ele será cidadão da cidade de meu Deus, a nova Jerusalém que desce do céu, da parte de meu Deus. E também escreverei nele o meu novo nome.

¹³"Quem tem ouvidos para ouvir, ouça o que o Espírito diz às igrejas."

Mensagem à igreja em Laodiceia

¹⁴"Escreva esta carta ao anjo da igreja em Laodiceia. Esta é a mensagem daquele que é o Amém, a testemunha fiel e verdadeira, a origemᵉ da criação de Deus:

¹⁵"Sei de tudo que você faz. Você não é frio nem quente. Desejaria que fosse um ou o outro! ¹⁶Mas, porque é como água morna, nem quente nem fria, eu o vomitarei de minha boca. ¹⁷Você diz: 'Sou rico e próspero, não preciso de coisa alguma'. E não percebe que é infeliz, miserável, pobre, cego e está nu. ¹⁸Eu o aconselho a comprar de mim ouro purificado pelo fogo, e então será rico. Compre também roupas brancas, para que não se envergonhe de sua nudez, e colírio para aplicar nos olhos, a fim de enxergar. ¹⁹Eu corrijo e disciplino aqueles que amo. Por isso, seja zeloso e arrependa-se.

²⁰"Preste atenção! Estou à porta e bato. Se você ouvir minha voz e abrir a porta, entrarei e, juntos, faremos uma refeição, como amigos. ²¹O vitorioso se sentará comigo em meu trono, assim como eu fui vitorioso e me sentei com meu Pai em seu trono.

²²"Quem tem ouvidos para ouvir, ouça o que o Espírito diz às igrejas".

Adoração no céu

4 Então, quando olhei, vi uma porta aberta no céu, e a mesma voz que eu tinha ouvido

---

ᵃ **2.26-27** Sl 2.8-9, conforme a Septuaginta. ᵇ **3.1** Ou *mensageiro*; também em 3.7,14. ᶜ **3.7** Is 22.22. ᵈ **3.11** Ou *repentinamente*, ou *rapidamente*. ᵉ **3.14** Ou *o governante*, ou *o princípio*.

antes falou comigo como um toque de trombeta. A voz disse: "Suba para cá, e eu lhe mostrarei o que acontecerá depois destas coisas". ²E, no mesmo instante, fui tomado pelo Espírito[a] e vi um trono no céu e alguém sentado nele. ³Aquele que estava sentado no trono brilhava como pedras preciosas, como jaspe e sardônio. Um arco-íris, com brilho semelhante ao da esmeralda, circundava seu trono. ⁴Ao redor do trono havia 24 tronos, nos quais estavam sentados 24 anciãos. Estavam todos vestidos de branco e usando coroas de ouro na cabeça. ⁵Do trono saíam relâmpagos, estrondos e trovões, e na frente dele havia sete tochas com chamas ardentes, que são os sete espíritos de Deus. ⁶Diante do trono havia algo como um mar de vidro, cintilante como cristal.

No centro e ao redor do trono havia quatro seres vivos, cada um coberto de olhos na frente e atrás. ⁷O primeiro deles era semelhante a um leão; o segundo, semelhante a um boi; o terceiro tinha rosto de homem; e o quarto era como uma águia em voo. ⁸Cada um dos seres vivos tinha seis asas, inteiramente cobertas de olhos, por dentro e por fora. Dia e noite, repetem sem parar:

"Santo, santo, santo é o Senhor Deus, o
 Todo-poderoso,
que era, que é e que ainda virá".

⁹Cada vez que os seres vivos dão glória, honra e graças ao que está sentado no trono, àquele que vive para todo o sempre, ¹⁰os 24 anciãos se prostram e adoram o que está sentado no trono, aquele que vive para todo o sempre. Colocam suas coroas diante do trono e dizem:

¹¹"Tu és digno, ó Senhor e nosso Deus,
 de receber glória, honra e poder.
Pois criaste todas as coisas,
 e elas existem porque as criaste segundo
  a tua vontade".

O Cordeiro abre o livro

5 Então, na mão direita daquele que estava sentado no trono, vi um livro,[b] escrito por dentro e por fora e lacrado com sete selos. ²Vi um anjo poderoso que perguntava em alta voz: "Quem é digno de romper os selos deste livro e abri-lo?". ³Mas não havia ninguém no céu, nem na terra, nem debaixo da terra, que pudesse abrir o livro e lê-lo.

[a] **4.2** Ou *em espírito*. [b] **5.1** Ou *rolo*; também em 5.2,3,4,5,7,8,9.

PÃO DIÁRIO

A revelação do coração de Deus

Eu corrijo e disciplino aqueles que amo. Por isso, seja zeloso e arrependa-se.

—Apocalipse 3.19

É fácil pensar em Deus como um mata-moscas divino que está simplesmente esperando você pousar para então acertá-lo por causa dos seus pecados. Entretanto, não é isso o que lemos em Apocalipse 2–3 em Suas cartas às sete igrejas. Essas cartas demonstram o coração compassivo de Deus pelas pessoas rebeldes.

Jesus começou muitas dessas mensagens reafirmando as boas obras feitas por Seu povo. Isso nos mostra que, quando fazemos o que é bom e correto, o Senhor se agrada de nós.

Contudo, Jesus também se preocupa com os erros em nossa vida. Sua recomendação, nessas cartas, frequentemente era seguida de palavras de clara reprovação. Não é confortável ouvi-lo dizer: "tenho contra você uma queixa..." (2.4,14,20). Ele revela o que precisa ser mudado em nossa vida para que nos guardemos do autoengano.

Isso nos leva ao arrependimento, a verdadeira essência da questão. Quando o Senhor disse para essas igrejas se arrependerem, Ele estava revelando o Seu amor pelos santos desobedientes. Seu objetivo não era condenar, mas restaurá-los à íntima comunhão com Ele.

Não nos esqueçamos de que cada carta termina com uma promessa específica para os "vencedores". Jesus nasceu, viveu, morreu e ressuscitou para nos dar condições de "vencer". Claramente, Deus deseja recompensar aqueles que levam uma vida que lhe apraz.

O que Ele está dizendo a você hoje?

Deus, revela-me as áreas em que tenho falhado. Esforço-me para fazer o que é correto, mas há momentos em que vacilo e preciso do Teu perdão e amor. Ajuda-me a ouvir-te, a servir-te e a viver para ti, buscando cuidadosamente viver de acordo com o Teu propósito.

O arrependimento restaura e renova a nossa intimidade com o Senhor.

PÃO DIÁRIO

Lágrimas de medo

Comecei a chorar muito, pois não se encontrou ninguém digno de abrir o livro e lê-lo.

—Apocalipse 5.4

João, o grande apóstolo e aquele a quem Jesus amava, caiu em prantos.

Numa visão que recebeu enquanto esteve preso (Ap 5.1-12), ele se viu na sala do trono de Deus enquanto eventos futuros lhe eram revelados. No Céu, João viu Deus apresentando um pergaminho selado. João chorou porque, ao observar as glórias da presença de Deus, não viu quem pudesse abrir o livro, ninguém com o poder de revelar o apocalipse final de Deus e de completar o capítulo conclusivo do drama da história.

Como apóstolo, João tinha observado o poder do pecado no mundo e havia testemunhado a vida e a morte de Jesus na Terra para vencer o pecado. Ele o vira ascender aos céus. Mas, agora, João sentia medo de que ninguém fosse digno de abrir o livro e derrotar o pecado para sempre (v.4).

Imagine o drama do que ocorreu em seguida. Um ancião se aproximou de João e lhe disse: "Não chore!". Mostrou-lhe também alguém que ele conhecia: "Veja, o Leão da tribo de Judá, o herdeiro do trono de Davi, conquistou a vitória. Ele é digno de abrir o livro e os sete selos". (v.5). João olhou e viu Jesus — o Único com poder para pegar o livro, abrir os selos e completar a história. Logo, as lágrimas desse apóstolo secaram, e milhões de anjos estavam proclamando: "Digno é o Cordeiro" (v.12).

Você está chorando? Olhe para o amigo de João — Jesus. Ele é digno. Entregue tudo a Ele.

Minhas lágrimas foram enxugadas por Jesus, que não tem pecados, que me ama e que deu a vida por mim. Graças te dou, Jesus, pela minha salvação e por me convidares a estar na eternidade contigo.

O Cordeiro que morreu para nos salvar é o Pastor que vive para nos guiar.

---

[4] Comecei a chorar muito, pois não se encontrou ninguém digno de abrir o livro e lê-lo. [5] Então um dos 24 anciãos me disse: "Não chore! Veja, o Leão da tribo de Judá, o herdeiro do trono de Davi,[a] conquistou a vitória. Ele é digno de abrir o livro e os sete selos".

[6] Então vi um Cordeiro que parecia ter sido sacrificado, mas que agora estava em pé entre o trono e os quatro seres vivos e no meio dos 24 anciãos. Tinha sete chifres e sete olhos, que representam os sete espíritos de Deus enviados a todas as partes da terra. [7] Ele deu um passo à frente e recebeu o livro da mão direita daquele que está sentado no trono. [8] Quando o Cordeiro recebeu o livro, os quatro seres vivos e os 24 anciãos se prostraram diante dele. Cada um tinha uma harpa e taças de ouro cheias de incenso, que são as orações do povo santo, [9] e entoavam um cântico novo com estas palavras:

"Tu és digno de receber o livro,
    abrir os selos e lê-lo.
Pois foste sacrificado e com teu sangue
    compraste para Deus
    pessoas de toda tribo, língua, povo e
    nação.
[10] Tu fizeste delas um reino de sacerdotes
    para nosso Deus,
    e elas reinarão[b] sobre a terra".

[11] Então olhei novamente e ouvi as vozes de milhares e milhões de anjos ao redor do trono, e também dos seres vivos e dos anciãos. [12] Cantavam com forte voz:

"Digno é o Cordeiro que foi sacrificado
    de receber poder e riqueza,
sabedoria e força,
    honra, glória e louvor!".

[13] Depois, ouvi todas as criaturas no céu, na terra, debaixo da terra e no mar, cantarem:

"Louvor e honra, glória e poder
    pertencem àquele que está sentado no
    trono
    e ao Cordeiro para todo o sempre!".

[14] E os quatro seres vivos disseram: "Amém!". E os 24 anciãos se prostraram e adoraram.

O Cordeiro abre os seis primeiros selos

6 Enquanto eu observava, o Cordeiro abriu o primeiro dos sete selos do livro.[c] Então ouvi um dos quatro seres vivos dizer com voz de trovão: "Venha!". [2] Quando olhei, vi um cavalo branco. Seu cavaleiro carregava um arco,

---

[a] **5.5** Em grego, *a raiz de Davi*. Ver Is 11.10. [b] **5.10** Alguns manuscritos trazem *elas estão reinando*. [c] **6.1** Ou *rolo*.

e sobre sua cabeça foi colocada uma coroa. Ele saiu batalhando para conquistar vitórias.

³Quando o Cordeiro abriu o segundo selo, ouvi o segundo ser vivo dizer: "Venha!". ⁴Então surgiu um cavalo vermelho. Seu cavaleiro recebeu uma grande espada e autoridade para tirar a paz da terra. E houve guerra e matança em toda parte.

⁵Quando o Cordeiro abriu o terceiro selo, ouvi o terceiro ser vivo dizer: "Venha!". Quando olhei, vi um cavalo preto. Seu cavaleiro tinha nas mãos uma balança. ⁶E ouvi uma voz dentre os quatro seres vivos dizer: "Uma medida de trigo ou três medidas de cevada custarão o salário de um dia,ᵃ mas não desperdice ᵇ o azeite nem o vinho".

⁷Quando o Cordeiro abriu o quarto selo, ouvi o quarto ser vivo dizer: "Venha!". Quando olhei, vi um cavalo amarelo.ᶜ Seu cavaleiro se chamava Morte, e o mundo dos mortosᵈ o seguia. Eles receberam autoridade sobre um quarto da terra para matar pela espada, pela fome e pela doençaᵉ e por meio de animais selvagens.

⁹Quando o Cordeiro abriu o quinto selo, vi sob o altar as almas de todos que haviam sido mortos por causa da palavra de Deus e por seu testemunho fiel. ¹⁰Clamavam ao Senhor em alta voz e diziam: "Ó Soberano Senhor, santo e verdadeiro, quanto tempo passará até que julgues os habitantes da terra e vingues nosso sangue?". ¹¹Então a cada um deles foi dada uma veste branca, e lhes foi dito que descansassem mais um pouco até que se completasse o número de seus irmãos, seus companheiros no serviço, que se juntariam a eles depois de serem mortos.

¹²Enquanto eu observava, o Cordeiro abriu o sexto selo, e houve um grande terremoto. O sol ficou escuro como pano negro, e a lua inteira se tornou vermelha como sangue. ¹³Então as estrelas caíram do céu como figos verdes de uma figueira sacudida por um forte vento. ¹⁴O céu foi enrolado como pergaminho, e todas as montanhas e ilhas foram movidas de seu lugar.

¹⁵Então os reis da terra, os governantes, os generais, os ricos, os poderosos, os escravos e os livres, todos se esconderam em cavernas e entre as rochas das montanhas. ¹⁶E gritavam às montanhas e às rochas: "Caiam sobre nós e escondam-nos da face daquele que está sentado no trono e da ira do Cordeiro! ¹⁷Pois chegou o grande dia de sua ira, e quem poderá sobreviver?".

Os servos de Deus são selados

7 Então vi quatro anjos em pé nos quatro cantos da terra, impedindo os quatro ventos de soprarem na terra, no mar e em qualquer árvore. ²E vi outro anjo que subia do leste e trazia o selo do Deus vivo. Ele gritou aos quatro anjos que haviam recebido poder para danificar a terra e o mar: ³"Esperem! Não façam mal à terra, nem ao mar, nem às árvores, até que tenhamos colocado o selo de Deus na testa de seus servos".

⁴E ouvi o número dos que foram marcados com o selo de Deus. Eram 144 mil, de todas as tribos de Israel:

⁵da tribo de Judá, foram selados doze mil,
da tribo de Rúben, doze mil,
da tribo de Gade, doze mil,
⁶da tribo de Aser, doze mil,
da tribo de Naftali, doze mil,
da tribo de Manassés, doze mil,
⁷da tribo de Simeão, doze mil,
da tribo de Levi, doze mil,
da tribo de Issacar, doze mil,
⁸da tribo de Zebulom, doze mil,
da tribo de José, doze mil,
da tribo de Benjamim, foram selados doze mil.

Louvor da grande multidão

⁹Depois disso, vi uma imensa multidão, grande demais para ser contada, de todas as nações, tribos, povos e línguas, em pé diante do trono e diante do Cordeiro. Usavam vestes brancas e seguravam ramos de palmeiras. ¹⁰E gritavam com grande estrondo:

"A salvação vem de nosso Deus,
  que está sentado no trono,
  e do Cordeiro!".

ᵃ**6.6a** Em grego, *1 choinix de trigo por 1 denário e 3 choinix de cevada por 1 denário*. O choinix correspondia a pouco mais de 1 litro, e o denário, ao salário por um dia completo de trabalho. ᵇ**6.6b** Ou *danifique*. ᶜ**6.8a** Ou *pálido*. ᵈ**6.8b** Ou *a sepultura*. Em grego, *o Hades*. ᵉ**6.8c** Em grego, *morte*.

¹¹E todos os anjos estavam em pé ao redor do trono, dos anciãos e dos quatro seres vivos. Prostraram-se com o rosto em terra diante do trono e adoraram a Deus, ¹²cantando:

"Amém! Louvor e glória e sabedoria,
   gratidão e honra,
força e poder pertencem a nosso Deus,
   para todo o sempre. Amém!".

¹³Então um dos anciãos me perguntou: "Quem são estes vestidos de branco? De onde vieram?".

¹⁴Eu lhe respondi: "Senhor, tu sabes".
E ele disse: "São aqueles que vieram da grande tribulação.ᵃ Lavaram e branquearam suas vestes no sangue do Cordeiro.

¹⁵"Por isso estão diante do trono de Deus
   e dia e noite o servem em seu templo.
E aquele que se senta no trono
   lhes dará abrigo.
¹⁶Nunca mais terão fome, nem sede,
   e o calor do sol nunca mais os queimará.
¹⁷Pois o Cordeiro que está no centro do
   trono
   será seu Pastor.
Ele os guiará às fontes de água viva,
   e Deus enxugará de seus olhos toda
   lágrima".

O Cordeiro abre o sétimo selo

8 Quando o Cordeiro abriu o sétimo selo, houve silêncio no céu por cerca de meia hora. ²Vi os sete anjos que estão em pé diante de Deus, e a eles foram dadas sete trombetas.

³Então veio outro anjo com um incensário de ouro e ficou em pé junto ao altar. Recebeu muito incenso para misturar às orações do povo santo como oferta sobre o altar de ouro diante do trono. ⁴A fumaça do incenso, misturada às orações do povo santo, subiu do altar onde o anjo havia derramado o incenso até a presença de Deus. ⁵Então o anjo encheu o incensário com fogo do altar e o lançou sobre a terra, e houve trovões, estrondos, relâmpagos e um grande terremoto.

As quatro primeiras trombetas

⁶Em seguida, os sete anjos com as sete trombetas se prepararam para tocá-las.

⁷O primeiro anjo tocou sua trombeta, e foram lançados sobre a terra granizo e fogo misturados com sangue. Um terço da terra pegou fogo, e foi queimado um terço das árvores, além de toda relva verde.

⁸O segundo anjo tocou sua trombeta, e foi lançado sobre o mar algo parecido com uma grande montanha em chamas. Um terço da água do mar se transformou em sangue, ⁹morreu um terço de todos os seres vivos dos mares, e foi destruído um terço de todos os barcos.

¹⁰O terceiro anjo tocou sua trombeta, e caiu do céu uma grande estrela, queimando como uma tocha, sobre um terço dos rios e sobre as fontes de água. O nome da estrela era Amargor,ᵇ pois tornou amargo um terço das águas, e muita gente morreu ao beber dessas águas amargas.

¹²O quarto anjo tocou sua trombeta, e foi ferido um terço do sol, da lua e das estrelas, que escureceram. Um terço do dia ficou sem luz, e também um terço da noite.

¹³Então vi e ouvi uma águia que voava no ponto mais alto do céu e gritava em alta voz: "Terror, terror, terror sobre todos os habitantes da terra, pelo que acontecerá quando os três últimos anjos tocarem suas trombetas!".

A quinta trombeta traz o primeiro terror

9 O quinto anjo tocou sua trombeta, e vi uma estrela que havia caído do céu sobre a terra, e lhe foi dada a chave para o poço do abismo. ²Quando o poço foi aberto, dele saiu fumaça como de uma imensa fornalha, e a luz do sol e o ar escureceram com a fumaça.

³Então da fumaça saíram gafanhotos que desceram sobre a terra, e lhes foi dado poder para ferroarem como escorpiões. ⁴Receberam ordens para não danificar a vegetação, nem as plantas, nem as árvores, mas apenas as pessoas que não tivessem o selo de Deus na testa. ⁵Também lhes foi ordenado que não as matassem, mas que as atormentassem por cinco meses, com dor como a da ferroada do escorpião. ⁶Naqueles dias, as pessoas procurarão a morte, mas não a encontrarão. Desejarão morrer, mas a morte fugirá delas.

ᵃ **7.14** Ou *do grande sofrimento*. ᵇ **8.11** Em grego, *Absinto*.

⁷Os gafanhotos pareciam cavalos preparados para a batalha. Tinham na cabeça algo semelhante a coroas de ouro, e o rosto parecia humano. ⁸Os cabelos eram como os de mulher, e os dentes, como os de leão. ⁹Vestiam uma couraça semelhante ao ferro, e suas asas rugiam como um exército de carruagens correndo para a batalha. ¹⁰Tinham caudas que ferroavam como escorpiões, e por cinco meses tiveram poder para atormentar as pessoas. ¹¹Seu rei é o anjo do abismo; seu nome em hebraico é *Abadom*, e em grego, *Apoliom*.ᵃ

¹²O primeiro terror passou, mas ainda vêm outros dois.

A sexta trombeta traz o segundo terror

¹³O sexto anjo tocou sua trombeta, e ouvi uma voz que vinha das quatro pontas do altar de ouro que está na presença de Deus. ¹⁴A voz disse ao sexto anjo que tinha a trombeta: "Solte os quatro anjos que estão amarrados junto ao grande rio Eufrates". ¹⁵Então os quatro anjos que haviam sido preparados para aquela hora, dia, mês e ano foram soltos para matar um terço da humanidade. ¹⁶Ouvi que seu exército era constituído de duzentos milhões de soldados a cavalo.

¹⁷Em minha visão, vi os cavalos e os cavaleiros montados neles. Os cavaleiros usavam couraças vermelhas, azul-escuras e amarelas. Os cavalos tinham cabeças como as de leão, e da boca lhes saíam fogo, fumaça e enxofre. ¹⁸Um terço da humanidade foi morto por estas três pragas que saíam da boca dos cavalos: fogo, fumaça e enxofre. ¹⁹O poder dos cavalos estava na boca e na cauda, pois a cauda tinha cabeças como de serpente, com as quais feriam as pessoas.

²⁰Aqueles que não morreram dessas pragas ainda se recusaram a arrepender-se de seus atos perversos. Continuaram a adorar demônios e ídolos feitos de ouro, prata, bronze, pedra e madeira, ídolos que não podem ver, nem ouvir, nem andar. ²¹E não se arrependeram de seus assassinatos, sua feitiçaria, sua imoralidade sexual e seus roubos.

O anjo e o livrinho

10 Então vi outro anjo poderoso descendo do céu, envolto numa nuvem, com um arco-íris sobre a cabeça. Seu rosto brilhava como o sol, e seus pés eram como colunas de fogo. ²Tinha na mão um livrinhoᵇ aberto. O anjo pôs o pé direito no mar e o pé esquerdo na terra. ³Deu um forte grito, como o rugido de um leão, e os sete trovões responderam.

⁴No momento em que os sete trovões falaram, eu estava prestes a escrever, mas ouvi uma voz do céu que disse: "Guarde em segredoᶜ as coisas que os sete trovões disseram, e não as escreva".

⁵Então o anjo que vi em pé sobre o mar e sobre a terra levantou a mão direita para o céu. ⁶Jurou em nome daquele que vive para todo o sempre, que criou os céus, a terra, o mar e tudo que neles há. "Não haverá mais demora", disse ele. ⁷"Quando o sétimo anjo tocar sua trombeta, o plano que Deus manteve em segredo se cumprirá, conforme ele anunciou a seus servos, os profetas."

⁸A voz do céu falou novamente comigo: "Vá e pegue o livro aberto da mão do anjo que está em pé sobre o mar e sobre a terra".

⁹Então me aproximei do anjo e lhe pedi o livrinho. "Pegue-o e coma-o!", disse ele. "Ele será amargo em seu estômago, embora tenha um sabor doce como mel em sua boca." ¹⁰Peguei o livrinho da mão do anjo e o comi. Em minha boca, era doce como mel, mas, quando o engoli, tornou-se amargo em meu estômago.

¹¹Então me foi dito: "É necessário que você profetize outra vez a respeito de muitos povos, nações, línguas e reis".

As duas testemunhas

11 Depois disso, recebi uma vara de medir e me foi dito: "Vá e tire as medidas do templo de Deus e do altar, e conte o número de adoradores. ²Mas não meça o pátio exterior, porque ele foi entregue às nações. Elas pisotearão a cidade santa durante 42 meses. ³Darei autoridade a minhas duas testemunhas, e elas se vestirão de pano de saco e profetizarão durante 1.260 dias."

⁴Essas duas testemunhas são as duas oliveiras e os dois candelabros que estão diante do Senhor de toda a terra. ⁵Se alguém tentar lhes fazer mal, da boca lhes sairá fogo e consumirá seus inimigos. Assim deve morrer quem tentar lhes fazer mal. ⁶Elas têm poder para fechar o

---

ᵃ 9.11 *Abadom* e *Apoliom* significam "o Destruidor". ᵇ 10.2 Ou *pequeno rolo*; também em 10.8,9,10. ᶜ 10.4 Em grego, *Sele*.

céu, a fim de que não chova durante o tempo que profetizarem, e têm poder para transformar as águas em sangue e para ferir a terra com pragas de toda espécie, quantas vezes desejarem.

⁷Quando tiverem concluído seu testemunho, a besta que vem do abismo lutará contra elas, e ela as vencerá e as matará. ⁸Os corpos ficarão estendidos na rua principal da grande cidade, chamada figuradamente "Sodoma" e "Egito", onde seu Senhor foi crucificado. ⁹Durante três dias e meio, todos os povos, tribos, línguas e nações olharão para esses corpos, e ninguém terá permissão de sepultá-los. ¹⁰Os habitantes da terra festejarão e trocarão presentes entre si para comemorar a morte dos dois profetas que os haviam atormentado.

¹¹Depois de três dias e meio, porém, Deus soprou vida nos dois profetas, e eles se levantaram, enchendo de terror os que os viram. ¹²Então uma forte voz do céu disse aos dois: "Subam aqui!". E eles subiram ao céu numa nuvem, sob o olhar de seus inimigos.

¹³Nesse momento, houve um grande terremoto que destruiu um décimo da cidade. Sete mil pessoas morreram, e as que restaram ficaram aterrorizadas e deram glória ao Deus do céu.

¹⁴O segundo terror passou, mas logo vem o terceiro.

A sétima trombeta traz o terceiro terror

¹⁵O sétimo anjo tocou sua trombeta, e fortes vozes gritaram no céu:

> "O reino do mundo se tornou de nosso
>   Senhor e de seu Cristo,ᵃ
> e ele reinará para todo o sempre".

¹⁶Os 24 anciãos que estavam sentados em seus tronos diante de Deus se prostraram com o rosto em terra e o adoraram, ¹⁷dizendo:

> "Nós te agradecemos, Senhor Deus, o
>   Todo-poderoso,
> que és e que eras,
> pois agora assumiste teu grande poder
>   e começaste a reinar.
> ¹⁸As nações se enfureceram,
>   mas agora chegou o tempo de tua ira.
> É tempo de julgar os mortos
>   e de recompensar teus servos, os
>   profetas,
> assim como teu povo santo
>   e todos que temem o teu nome,
>   desde os pequenos até os grandes.
> É tempo de destruir
>   todos que causaram destruição na terra".

¹⁹Então se abriu no céu o templo de Deus, e dentro do templo foi vista a arca de sua aliança. Houve relâmpagos, estrondos e trovões, um terremoto e uma grande tempestade de granizo.

A mulher e o dragão

12 Então foi visto no céu um grande sinal: uma mulher vestida do sol, com a lua sob os pés e uma coroa de doze estrelas na cabeça. ²Estava grávida e gritava por causa das dores de parto e da agonia de dar à luz.

³Outro sinal foi visto no céu: um enorme dragão vermelho com sete cabeças e dez chifres, e sete coroas nas cabeças. ⁴Com a cauda, arrastou um terço das estrelas do céu e as lançou na terra. E, quando a mulher estava para dar à luz, o dragão parou diante dela, pronto para devorar a criança tão logo ela nascesse.

⁵A mulher deu à luz um filho, que governará todas as nações com cetro de ferro, e ele foi arrebatado para junto de Deus e de seu trono. ⁶A mulher fugiu para o deserto, onde Deus havia preparado um lugar para cuidar dela durante 1.260 dias.

⁷Houve guerra no céu. Miguel e seus anjos lutaram contra o dragão e seus anjos. ⁸O dragão perdeu a batalha, e ele e seus anjos foram expulsos do céu. ⁹Esse enorme dragão, a antiga serpente chamada diabo ou Satanás, que engana o mundo todo, foi lançado na terra com seus anjos.

¹⁰Então ouvi uma forte voz que bradava pelos céus:

> "Finalmente chegaram
>   a salvação, o poder,
> o reino de nosso Deus
>   e a autoridade de seu Cristo.ᵇ
> Porque foi lançado para a terra
>   o acusador de nossos irmãos,
> aquele que dia e noite os acusa
>   diante de nosso Deus.

ᵃ**11.15** Ou *Messias*. Tanto Messias (do hebraico) como Cristo (do grego) significam "ungido". ᵇ**12.10** Ou *Messias*.

¹¹Eles o derrotaram pelo sangue do Cordeiro
e pelo testemunho deles.
Não amaram a própria vida
nem mesmo diante da morte.
¹²Portanto, alegrem-se, ó céus,
e vocês que habitam nos céus!
Sobre a terra e o mar, porém, virá terror,
pois o diabo desceu até vocês com grande fúria,
sabendo que lhe resta pouco tempo".

¹³Quando o dragão percebeu que havia sido lançado na terra, perseguiu a mulher que tinha dado à luz o menino. ¹⁴Ela, porém, recebeu duas asas como as de uma grande águia, para que voasse ao lugar preparado para ela no deserto. Ali, será sustentada e protegida da serpente durante um tempo, tempos e metade de um tempo.ᵃ

¹⁵Então a serpente, com uma torrente de água que fez sair de sua boca, tentou afogar a mulher. ¹⁶Mas a terra ajudou a mulher, abrindo a boca e engolindo o rio que havia jorrado da boca do dragão. ¹⁷O dragão se enfureceu com a mulher e passou a lutar contra o restante de seus filhos, todos os que obedecem aos mandamentos de Deus e se mantêm fiéis no testemunho de Jesus.

¹⁸Então o dragão se colocou em péᵇ na praia, junto ao mar.

A besta que saiu do mar

13 Então vi sair do mar uma besta. Tinha dez chifres e sete cabeças, e uma coroa em cada chifre. Em cada cabeça estavam escritos nomes de blasfêmias. ²A besta parecia um leopardo, mas tinha pés como de urso e boca como de leão. E o dragão deu à besta seu poder, seu trono e grande autoridade.

³Vi que uma das cabeças da besta parecia mortalmente ferida, mas o ferimento mortal foi curado. O mundo inteiro se maravilhou e seguiu a besta. ⁴Adoraram o dragão por ter dado à besta tamanho poder, e também a adoraram a besta. "Quem é tão grande como a besta?", diziam. "Quem é capaz de lutar contra ela?"

⁵Então foi permitido à besta falar grandes blasfêmias, e lhe foi dada autoridade para fazer o que quisesse durante 42 meses. ⁶Ela blasfemou terrivelmente contra Deus, difamando seu nome, seu tabernáculo e os que

---

PÃO DIÁRIO

Disfarce quase perfeito

Porque foi lançado para a terra o acusador de nossos irmãos, aquele que dia e noite os acusa diante de nosso Deus.
—Apocalipse 12.10

O ex-líder político dos servo-bósnios foi acusado de genocídio e tornou-se um dos homens mais procurados do mundo. Durante algum tempo, ele deixou crescer sua barba longa e grisalha, usou documentos falsos, praticou a medicina alternativa e enganou todo mundo. Finalmente, após 13 anos se escondendo, foi capturado.

A Bíblia nos diz que Satanás também engana as pessoas com os seus disfarces. Desde o início da história humana, ele fingiu ser um conselheiro esclarecido dizendo à Eva que Deus não era honesto com ela (Gn 3.4). Ele "se disfarça em anjo de luz" (2Co 11.14), mas o Senhor Jesus Cristo o desmascarou como "mentiroso e pai da mentira" (Jo 8.44).

Frequentemente, as pessoas erram ao enxergar Satanás a partir de dois extremos. Algumas o desprezam enquanto outras lhe atribuem mais poder do que ele realmente tem. Não nos enganemos. Satanás é poderoso, pois é "o deus deste mundo" (2Co 4.4). Contudo, os cristãos não precisam se encolher de medo diante dele, porque "o Espírito que está em vocês é maior que o espírito que está no mundo" (1Jo 4.4). Virá o dia em que Satanás será lançado ao lago de fogo (Ap 20.10).

Até esse dia chegar, não nos deixemos enganar, mas, em vez disso, vivamos com temor a Deus para refletir a imagem de Cristo, pois "quem procura honrar aquele que o enviou diz a verdade, e não mentiras" (Jo 7.18).

Jesus amado, mantém-nos vigilantes do nosso arqui-inimigo Satanás e de todas as formas que ele usa para tentar se disfarçar. Ajuda-nos a impedir que ele tenha espaço para agir em nossa vida. Que possamos permanecer firmes em ti, Jesus, a fim de que nos tornemos cada vez mais semelhantes a ti em toda a Tua beleza e santidade.

Satanás é aquele que oferece o engano e a mentira.

ᵃ **12.14** Ou *três anos e meio*. Ver Dn 7.25. ᵇ **12.18** Em grego, *ele se colocou em pé*; alguns manuscritos trazem *eu me coloquei em pé*. Em algumas traduções, toda a frase aparece em 13.1.

habitam no céu.[a] [7]Foi permitido à besta guerrear contra o povo santo e vencê-lo, e ela recebeu autoridade para governar sobre toda tribo, povo, língua e nação. [8]E todos os habitantes da terra adoraram a besta. São eles os que não têm os nomes escritos no Livro da Vida que pertence ao Cordeiro, que foi morto antes da criação do mundo.[b]

[9]Quem é capaz de ouvir,
 ouça com atenção!
[10]Quem estiver destinado à prisão
 será preso.
Quem estiver destinado a morrer pela
 espada
 morrerá pela espada.

Isso significa que o povo santo deve ser perseverante e permanecer fiel.

A besta que saiu da terra

[11]Então vi outra besta que saiu da terra. Tinha dois chifres, como de cordeiro, mas falava com voz de dragão. [12]Exercia toda a autoridade da primeira besta e exigia que a terra e seus habitantes adorassem a primeira besta, cujo ferimento mortal havia sido curado. [13]Realizava sinais espantosos, chegando a fazer fogo descer do céu sobre a terra, à vista de todos. [14]Enganou os habitantes da terra com os sinais que lhe foi permitido realizar em nome da primeira besta. Ordenou que fizessem uma grande estátua da primeira besta, que havia sido mortalmente ferida e sobrevivido. [15]Então lhe foi permitido dar vida a essa estátua, para que ela falasse, e a estátua da besta ordenou que fossem mortos todos que se recusassem a adorá-la. [16]Exigiu que grandes e pequenos, ricos e pobres, escravos e livres, todos recebessem uma marca na mão direita ou na testa. [17]E ninguém podia comprar nem vender coisa alguma sem essa marca, que era o nome da besta ou o número que representa seu nome. [18]Aqui é preciso sabedoria. Quem tem discernimento, trate de entender o significado do número da besta, pois é número de homem. Seu número é 666.

O Cordeiro e os 144 mil

14 Então vi o Cordeiro em pé no monte Sião, e com ele estavam os 144 mil que tinham o nome dele e o nome de seu Pai escritos na testa. [2]E ouvi um som que vinha do céu, como o som de fortes ondas do mar, como o som de um poderoso trovão. Era como o som de muitos harpistas tocando juntos.

[3]Esse grande coral cantava um cântico novo diante do trono de Deus e diante dos quatro seres vivos e dos 24 anciãos. Ninguém podia aprender o cântico, a não ser os 144 mil que haviam sido comprados da terra. [4]Eles se conservaram puros, sem manter relações com mulheres,[c] e seguem o Cordeiro por onde quer que ele vá. Foram comprados dentre os habitantes da terra como oferta especial[d] a Deus e ao Cordeiro. [5]Não mentem; são irrepreensíveis.

Os três anjos

[6]Vi outro anjo que voava no ponto mais alto do céu, levando as boas-novas eternas para anunciá-las aos habitantes da terra, a toda nação, tribo, língua e povo. [7]"Temam a Deus!", dizia em alta voz. "Deem glória a ele, pois chegou o tempo em que ele julgará a humanidade. Adorem aquele que fez os céus, a terra, o mar e todas as fontes de água."

[8]Então outro anjo o seguiu, dizendo em alta voz: "Caiu a Babilônia! Caiu a grande cidade que fez todas as nações beberem do vinho da fúria de sua imoralidade!".

[9]Um terceiro anjo os seguiu, dizendo em alta voz: "Aqueles que adorarem a besta e sua estátua, ou aceitarem sua marca na testa ou na mão, [10]beberão do vinho da fúria de Deus, que foi derramado, sem mistura, na taça da ira de Deus. E serão atormentados com fogo e enxofre na presença dos santos anjos e do Cordeiro. [11]A fumaça de seu tormento subirá para todo o sempre, e não terão alívio de dia nem de noite, pois adoraram a besta e sua estátua e aceitaram a marca de seu nome".

[12]Isso significa que o povo santo deve ser perseverante, obedecendo aos mandamentos de Deus e permanecendo fiel a Jesus.

---

[a] **13.6** Ou *seu nome e seu tabernáculo, que estão no céu.* [b] **13.8** Ou *os que não estavam escritos no Livro da Vida antes da criação do mundo, o Livro que pertence ao Cordeiro que foi morto.* [c] **14.4a** Em grego, *São virgens que não se macularam com mulheres.* [d] **14.4b** Em grego, *primícias.*

¹³E ouvi uma voz que vinha do céu, dizendo: "Escreva isto: Felizes os que, de agora em diante, morrem no Senhor. Sim, diz o Espírito, eles são verdadeiramente felizes, pois descansarão de seu trabalho árduo; porque suas boas obras os acompanharão".

A colheita da terra

¹⁴Em seguida, vi uma nuvem branca e, sentado na nuvem, alguém semelhante ao Filho do Homem.ᵃ Tinha uma coroa de ouro na cabeça e uma foice afiada na mão. ¹⁵Então outro anjo veio do templo e gritou bem forte para aquele que estava sentado na nuvem: "Use a foice e comece a ceifar, pois chegou a hora da colheita; a safra da terra está madura!". ¹⁶Assim, aquele que estava sentado na nuvem passou a foice sobre a terra, e toda a terra foi ceifada.

¹⁷Depois disso, outro anjo saiu do templo no céu, e ele também tinha uma foice afiada. ¹⁸Então ainda outro anjo, que tinha poder para destruir com fogo, veio do altar e gritou bem forte para o anjo que segurava a foice afiada: "Agora use sua foice para ajuntar os cachos de uvas da videira da terra, pois estão maduras!". ¹⁹O anjo passou a foice sobre a terra e encheu de uvas o grande tanque de prensar da fúria de Deus. ²⁰As uvas foram pisadas no tanque, fora da cidade, e dele correu sangue como um rio de quase trezentos quilômetrosᵇ de comprimento, com altura que chegava aos freios de um cavalo.

O cântico de Moisés e do Cordeiro

15 Vi no céu outro sinal grande e maravilhoso. Sete anjos seguravam as últimas sete pragas que completariam a fúria de Deus. ²Vi diante de mim algo semelhante a um mar de vidro misturado com fogo. Nele estavam em pé todos os que haviam vencido a besta, sua estátua e o número que representa seu nome. Todos seguravam harpas que Deus lhes tinha dado ³e entoavam o cântico de Moisés, servo de Deus, e o cântico do Cordeiro:

"Grandes e maravilhosas são as tuas obras,
    ó Senhor Deus, o Todo-poderoso.
Justos e verdadeiros são os teus caminhos,
    ó Rei das nações.ᶜ
⁴Quem não te temerá, Senhor?
    Quem não glorificará teu nome?
    Pois só tu és santo.

PÃO DIÁRIO

A canção dos santos

Quem não te temerá, Senhor? Quem não glorificará teu nome? Pois só tu és santo. Todas as nações virão e adorarão diante de ti, pois teus feitos de justiça foram revelados.
—Apocalipse 15.4

Todos nós já ouvimos algo assim: "Eu não fico de mal; apenas me vingo". Lendo sobre os juízos descritos em Apocalipse, alguém poderia presumir que Deus "dará o troco" aos pecadores pelas ofensas descomunais praticadas ao longo da história da humanidade.

A verdade é que o juízo final de Deus é uma expressão necessária de Sua justiça santa. Ele não pode fazer vistas grossas ao pecado. Na realidade, se, no final, Ele não consumar a justiça descrita em Apocalipse, isso negará o Seu caráter santo. É por isso que, em meio aos Seus julgamentos, os santos cantarão louvores a Deus: "Quem não te temerá, Senhor? Quem não glorificará teu nome? Pois só tu és santo... pois teus feitos de justiça foram revelados" (15.4). Aqueles que conhecem bem a Deus não o julgam pelos Seus juízos; em vez disso, eles o adoram e declaram Suas ações.

O que deve nos surpreender não é a escala gigantesca de juízos de Deus, mas o fato de Ele esperar tanto tempo! Desejando que ninguém seja destruído, mas que todos se arrependam (2Pe 3.9), Deus está misericordiosamente retendo o Seu juízo e dando o máximo de espaço à Sua maravilhosa graça e misericórdia. Agora é o momento de arrepender-se e aproveitar o Seu amor paciente. E, quando o fizermos, nós nos juntaremos aos santos para louvá-lo por toda a eternidade!

Pai que estás no Céu, a Tua misericórdia é grande e a Tua paciência é maravilhosa. Graças te dou por teres permitido que eu fosse salva pelo sacrifício de Jesus por mim. Embora tu sejas santo e tenhas de julgar o que não é santo, o Teu amor — assim como o sangue de Jesus — tem fluido para os Teus seguidores, provendo-lhes o verdadeiro perdão e esperança!

Os louvores a Ele ressoarão quando a justiça de Deus for totalmente revelada!

ᵃ**14.14** Ou *semelhante a um filho de homem*. Ver Dn 7.13. "Filho do Homem" é um título que Jesus usa para si mesmo. ᵇ**14.20** Em grego, *1.600 estádios*. ᶜ**15.3** Alguns manuscritos trazem *Rei das eras*.

Todas as nações virão e adorarão diante
   de ti,
      pois teus feitos de justiça foram
         revelados".

As sete taças com as sete pragas

⁵Então olhei e vi que se abriu o templo no céu, o tabernáculo da aliança. ⁶Os sete anjos que seguravam as sete pragas saíram do templo. Vestiam linho branco, sem mancha alguma, com uma faixa de ouro sobre o peito. ⁷Um dos quatro seres vivos entregou a cada um dos sete anjos uma taça de ouro cheia da fúria de Deus, que vive para todo o sempre. ⁸O templo se encheu da fumaça da glória e do poder de Deus, e ninguém podia entrar no templo enquanto os anjos não tivessem terminado de derramar as sete pragas.

16 Então ouvi uma poderosa voz que vinha do templo dizer aos sete anjos: "Vão e derramem sobre a terra as sete taças da fúria de Deus".

²O primeiro anjo saiu do templo e derramou sua taça sobre a terra, e se abriram feridas horríveis e malignas naqueles que tinham a marca da besta e adoravam sua estátua.

³O segundo anjo derramou sua taça sobre o mar, que se transformou em sangue como de um cadáver, e morreram todas as criaturas do mar.

⁴O terceiro anjo derramou sua taça sobre os rios e as fontes, que se transformaram em sangue. ⁵E ouvi o anjo que tinha autoridade sobre a água dizer:

"Tu és justo, ó Santo, que és e que eras,
   pois enviaste estes julgamentos.
⁶Porque eles derramaram o sangue
   de teu povo santo e de teus profetas,
   tu lhes deste sangue para beber;
      é sua justa retribuição".

⁷E ouvi uma voz que vinha do altar[a] dizer:

"Sim, Senhor Deus, o Todo-
   -poderoso,
      teus julgamentos são verdadeiros e
         justos".

⁸O quarto anjo derramou sua taça sobre o sol, que com seu fogo fez queimar as pessoas. ⁹Todos foram queimados pelo intenso calor e blasfemaram contra o nome de Deus, que tinha controle sobre essas pragas. E não se arrependeram nem deram glória a Deus.

¹⁰O quinto anjo derramou sua taça sobre o trono da besta, e seu reino foi lançado na escuridão. Angustiados, seus súditos rangiam os dentes[b] ¹¹e, por causa de suas dores e feridas, blasfemavam contra o Deus do céu. E não se arrependeram de seus atos perversos.

¹²O sexto anjo derramou sua taça sobre o grande rio Eufrates, e ele secou, abrindo caminho para os reis que vêm do Oriente. ¹³Então vi saltarem da boca do dragão, da boca da besta e da boca do falso profeta três espíritos impuros semelhantes a sapos. ¹⁴São espíritos demoníacos que realizam sinais e vão aos governantes da terra a fim de reuni-los para a batalha contra o Senhor, no grande dia de Deus, o Todo-poderoso.

¹⁵"Eu virei inesperadamente, como ladrão!
   Feliz é aquele que me espera alerta e mantém puras suas vestes, para que não precise andar nu e envergonhado."

¹⁶E os espíritos reuniram todos os governantes e seus exércitos no lugar que, em hebraico, se chama *Armagedom*.

¹⁷O sétimo anjo derramou sua taça no ar, e do trono do templo veio um forte grito: "Está terminado!". ¹⁸Então houve relâmpagos, estrondos e trovões, e um forte terremoto, o mais violento desde a criação da humanidade. ¹⁹A grande cidade, Babilônia, se dividiu em três partes, e as cidades de muitas nações tombaram. Deus se lembrou de todos os pecados da Babilônia e a fez beber do cálice cheio do vinho de sua furiosa ira. ²⁰Todas as ilhas desapareceram, e todos os montes foram arrasados. ²¹Houve uma forte tempestade de granizo, com pedras que pesavam até 35 quilos[c] caindo do céu sobre as pessoas. E elas blasfemaram contra Deus por causa da terrível praga de granizo.

A grande prostituta

17 Um dos sete anjos que derramaram as sete taças se aproximou e disse: "Venha comigo, e eu lhe mostrarei o julgamento da grande prostituta que governa sobre muitas águas. ²Os reis da terra cometeram adultério

---

[a] **16.7** Em grego, *E ouvi o altar*. [b] **16.10** Em grego, *roíam a língua*. [c] **16.21** Em grego, *1 talento*.

com ela, e os habitantes da terra se embriagaram com o vinho de sua imoralidade".

³Então o anjo me levou no Espírito[a] para o deserto, onde vi uma mulher montada numa besta vermelha, coberta de blasfêmias e com sete cabeças e dez chifres. ⁴A mulher estava vestida de púrpura e vermelho e enfeitada com joias de ouro, pedras preciosas e pérolas. Tinha na mão um cálice de ouro cheio de abominações e das impurezas de sua imoralidade. ⁵Em sua testa estava escrito um nome misterioso: "Babilônia, a Grande, a Mãe das Prostitutas e das Abominações da Terra". ⁶Vi que ela estava embriagada com o sangue do povo santo, o sangue das testemunhas de Jesus. Tomado de espanto, olhei fixamente para ela.

⁷"Por que você está tão espantado?", o anjo perguntou. "Eu lhe explicarei o mistério desta mulher e da besta com sete cabeças e dez chifres na qual ela está montada. ⁸A besta que você viu esteve viva, mas agora não está mais. E, no entanto, em breve subirá do abismo e irá para a destruição. Os habitantes da terra, cujos nomes não foram escritos no Livro da Vida desde a criação do mundo, ficarão admirados com o reaparecimento da besta que havia morrido.

⁹"Aqui é preciso pensar com sabedoria. As sete cabeças da besta representam os sete montes onde a mulher governa, e também representam sete reis. ¹⁰Cinco deles já caíram, o sexto está governando e o sétimo ainda não veio, mas seu reinado será breve.

¹¹"A besta que esteve viva, mas agora não está mais, é o oitavo rei. É como os outros sete, e também caminha para a destruição. ¹²Os dez chifres da besta são dez reis que ainda não subiram ao poder. Serão nomeados para seus reinos por um breve período, para reinarem com a besta, ¹³e concordarão em entregar a ela seu poder e sua autoridade. ¹⁴Juntos, guerrearão contra o Cordeiro, mas o Cordeiro os derrotará, pois é Senhor dos senhores e Rei dos reis. E com ele estarão seus chamados, escolhidos e fiéis."

¹⁵Em seguida, o anjo me disse: "As águas que você viu, onde a prostituta governa, representam multidões de todas as nações e línguas. ¹⁶A besta e os dez chifres que você viu odiarão a prostituta. Eles a deixarão nua, comerão sua carne e destruirão o restante com fogo. ¹⁷Porque Deus colocou no coração deles um plano que executará sua vontade. Eles concordarão em entregar a autoridade à besta, cumprindo-se assim as palavras de Deus. ¹⁸E a mulher que você viu representa a grande cidade que governa sobre os reis da terra".

A queda da Babilônia

18 Depois disso, vi outro anjo descer do céu com grande autoridade, e a terra se iluminou com seu esplendor. ²Ele deu um forte grito:

"Caiu a Babilônia! A grande cidade caiu!
Tornou-se habitação de demônios,
  esconderijo de todo espírito impuro,
  covil de toda ave impura
  e de todo animal impuro e detestável.[b]
³Porque todas as nações caíram por causa do[c] vinho da fúria de sua imoralidade.
Os reis da terra
  cometeram adultério com ela.
Por ela tanto desejar luxo extravagante,
  os comerciantes da terra enriqueceram".

⁴Então ouvi outra voz do céu, que disse:

"Saiam dela, meu povo!
Não participem de seus pecados,
  ou serão castigados com ela.
⁵Pois os pecados dela se amontoaram até o céu,
  e Deus se lembrou de seus atos perversos.
⁶Façam com ela o que ela tem feito;
  deem-lhe em dobro o castigo por[d] seus atos.
Ela preparou um cálice de terror para os outros,
  por isso preparem-lhe uma porção dobrada.[e]
⁷Glorificou a si mesma e viveu em luxo,
  agora retribuam com igual quantidade de tormento e tristeza.
Ela se vangloriou em seu coração:
  'Sou rainha em meu trono.
Não sou uma viúva desamparada,
  e não tenho motivo para me lamentar'.

---

[a] 17.3 Ou *em espírito*. [b] 18.2 Alguns manuscritos condensam as duas linhas e trazem *covil de toda ave impura e detestável*. [c] 18.3 Alguns manuscritos trazem *beberam do*. [d] 18.6a Ou *deem um castigo igual a*. [e] 18.6b Ou *a mesma porção*.

⁸Por isso, estas pragas a alcançarão num só dia:
morte, pranto e fome.
O fogo a consumirá por completo,
pois o Senhor Deus, que a julga, é poderoso".

⁹Os reis da terra que cometeram adultério com ela e desfrutaram seu luxo lamentarão por ela quando virem subir a fumaça de seus restos carbonizados. ¹⁰Ficarão de longe, aterrorizados com seu tormento, e clamarão:

"Que terrível, que terrível,
ó Babilônia, grande cidade!
Num só instante, o julgamento
caiu sobre você!".

¹¹Os comerciantes da terra chorarão e lamentarão por ela, pois não restou ninguém para comprar suas mercadorias. ¹²Ela comprava grandes quantidades de ouro, prata, joias e pérolas; linho fino, púrpura, seda e tecido vermelho; produtos feitos de perfumada madeira de cedro, de marfim e de madeira preciosa; bronze, ferro e mármore. ¹³Também comprava canela, especiarias, incenso, mirra, bálsamo, vinho, azeite de oliva, farinha fina, trigo, gado, ovelhas, cavalos, carroças, escravos e vidas humanas.

¹⁴"Acabaram as coisas extravagantes
de que você tanto gostava", dizem eles.
"Todo o seu luxo e esplendor se foram
para sempre,
e nunca mais serão seus."

¹⁵Os comerciantes que enriqueceram vendendo-lhe essas coisas ficarão de longe, aterrorizados com seu tormento. Chorarão e clamarão:

¹⁶"Que terrível, que terrível para essa
grande cidade!
Ela se vestia da mais fina púrpura e de
linho vermelho,
adornada com ouro, pedras preciosas e
pérolas!
¹⁷Num só instante,
toda a sua riqueza se foi!".

E todos os capitães dos navios mercantes, e também seus passageiros, marinheiros e tripulantes, ficarão de longe. ¹⁸Quando virem subir a fumaça, gritarão e dirão: "Onde há outra cidade tão grande como essa?". ¹⁹Chorarão, jogarão pó sobre a cabeça e clamarão:

"Que terrível, que terrível para essa grande
cidade!
Os donos dos navios se enriqueceram,
transportando pelos mares sua imensa
riqueza.
Num só instante, tudo se foi!".

²⁰Alegrem-se com o destino dela, ó céus,
ó povo santo, apóstolos e profetas!
Porque finalmente Deus a julgou,
por causa de vocês.

²¹Então um anjo poderoso levantou uma pedra enorme, do tamanho de uma grande pedra de moinho, a lançou no mar e gritou:

"Assim, Babilônia, a grande cidade,
será derrubada com violência
e nunca mais será encontrada!
²²Nunca mais se ouvirá em seu meio
o som de harpas, cantores, flautas e
trombetas.
Nunca mais se achará em seu meio
qualquer artífice em algum ofício.
Nunca mais se ouvirá em seu meio
o som do moinho.
²³Nunca mais brilhará em seu meio
a luz da lâmpada.
Nunca mais se ouvirão em seu meio
as vozes alegres de noivas e noivos.
Pois seus comerciantes eram os poderosos
do mundo,
e suas feitiçarias enganavam nações.
²⁴Em suas ruas corria o sangue de profetas
e do povo santo,
e o sangue dos que no mundo inteiro
foram mortos".

Cântico de vitória no céu

19 Depois disso, ouvi algo semelhante ao som de uma grande multidão clamando:

"Aleluia!ᵃ
Salvação, glória e poder pertencem a
nosso Deus.

ᵃ **19.1** Transliteração de um termo hebraico que significa "Louvado seja o Senhor"; também em 19.3,4,6.

> **REFLETINDO SOBRE: Noivo ansioso**
>
> ## A noiva de Cristo
>
> *Aquele que é testemunha fiel de todas essas coisas diz: "Sim, venho em breve!".*
> —Apocalipse 22.20
>
> A jovem alisou seu vestido enquanto esperava sua entrada. Os últimos meses pareceram uma contagem regressiva para este dia. Agora ela não conseguia acreditar que o momento finalmente tinha chegado. Dúvidas surgiam em sua mente. *Meu cabelo está bom? Será que a maquiagem cobriu as manchas de minha pele? Estou mesmo pronta para isto? Será que ele está tendo dúvidas agora?* Repentinamente, ela tomou o braço de seu pai e entrou pela porta. Ela olhou para seu noivo e suas ansiedades desapareceram. Naquele momento, ela viu um reflexo de sua beleza nos olhos dele e seu intenso anseio para declarar que ela era sua.
>
> No Novo Testamento, os cristãos são retratados como a noiva de Jesus Cristo, noiva que se tornou pura e imaculada por Seu sangue derramado na cruz. A passagem em Apocalipse retrata a cena da união entre Cristo e Sua noiva. Todos que creram no evangelho entrarão em um novo relacionamento com Deus e desfrutarão de uma intimidade que antes era impossível. Essa festa de casamento será o apogeu da história humana, o evento pelo qual "toda criação geme como em dores de parto" (Rm 8.22).
>
> Entender o sacrifício que Cristo fez para pagar o preço de nosso pecado é suficiente para nos motivar a ter vidas piedosas. Saber que um dia seremos declaradas noiva de Cristo muda a nossa perspectiva com relação às lutas temporárias de nossa vida na Terra. Olhar para frente, para o "dia de nosso casamento", nos ajuda a resistir à atração pelo pecado e fazer tudo o que podemos para preparar o nosso coração para o nosso noivo. Quando esse dia chegar, entenderemos que toda a nossa vida foi uma contagem regressiva para esse evento tão glorioso. E nesse momento, veremos nossa beleza em Seus olhos e o Seu intenso anseio de estar conosco, por toda a eternidade.

²Seus julgamentos são verdadeiros e justos.
Ele castigou a grande prostituta,
que corrompia a terra com sua imoralidade,
e vingou o assassinato de seus servos".

³E, mais uma vez, as vozes ressoaram:

"Aleluia!
A fumaça dessa cidade sobe para todo o sempre!".

⁴Então os 24 anciãos e os quatro seres vivos se prostraram e adoraram a Deus, que estava sentado no trono. Disseram: "Amém! Aleluia!".

⁵E do trono veio uma voz que dizia:

"Louvem nosso Deus,
todos os seus servos,
todos os que o temem,
pequenos e grandes".

⁶Em seguida, ouvi outra vez algo semelhante ao som do clamor de uma grande multidão, como o som de fortes ondas do mar, como o som de violentos trovões:

"Aleluia!
Porque o Senhor, nosso Deus,[a] o Todo-poderoso, reina.
⁷Alegremo-nos, exultemos
e a ele demos glória,
pois chegou a hora do casamento do Cordeiro,
e sua noiva já se preparou.
⁸Ela recebeu um vestido do linho mais fino,
puro e branco".

Porque o linho fino representa os atos justos do povo santo.

⁹E o anjo me disse: "Escreva isto: Felizes os que são convidados para o banquete de casamento do Cordeiro". E acrescentou: "Essas são as palavras verdadeiras de Deus".

¹⁰Então caí aos pés do anjo para adorá-lo, mas ele me disse: "Não faça isso! Sou um servo,

---

[a] 19.6 Alguns manuscritos trazem *o Senhor Deus*.

como você e seus irmãos que dão testemunho de sua fé em Jesus. Adore somente a Deus, pois o testemunho a respeito de Jesus é a essência da mensagem revelada aos profetas".

O cavaleiro no cavalo branco

[11] Vi o céu aberto, e surgiu um cavalo branco. Seu cavaleiro se chama Fiel e Verdadeiro, pois julga e guerreia com justiça. [12] Seus olhos eram como chamas de fogo, e em sua cabeça havia muitas coroas. Nele estava escrito um nome que ninguém conhece, a não ser ele mesmo. [13] Vestia um manto encharcado de sangue, e seu nome era a Palavra de Deus. [14] Os exércitos do céu, vestidos do linho mais fino, puro e branco, seguiam-no em cavalos brancos. [15] De sua boca saía uma espada afiada para ferir as nações. Ele as governará com cetro de ferro e esmagará as uvas no tanque de prensar da furiosa ira de Deus, o Todo-poderoso. [16] Em seu manto, na altura da coxa,[a] estava escrito o nome: Rei dos reis e Senhor dos senhores.

[17] Então vi um anjo em pé no sol. Gritava para as aves que voavam no ponto mais alto do céu: "Venham! Reúnam-se para o grande banquete que Deus preparou! [18] Venham e comam a carne dos reis, dos generais e dos fortes guerreiros; dos cavalos e de seus cavaleiros; de toda a humanidade, escravos e livres, pequenos e grandes".

[19] Depois vi a besta e os reis da terra e seus exércitos reunidos para lutarem contra aquele que montava no cavalo e contra seu exército. [20] Mas a besta foi presa e, com ela, o falso profeta que fazia sinais em seu nome, sinais que enganaram todos que haviam recebido a marca da besta e adoravam sua estátua. Tanto a besta como seu falso profeta foram lançados vivos no lago de fogo que arde com enxofre. [21] Todo o seu exército foi morto com a espada afiada que saía da boca daquele que montava no cavalo branco. E todas as aves se fartaram com a carne dos cadáveres.

Os mil anos

20 Então vi um anjo descer do céu trazendo na mão a chave do abismo e uma grande corrente. [2] Ele prendeu o dragão, a antiga serpente que é o diabo, Satanás, e o acorrentou por mil anos. [3] O anjo o lançou no abismo, o fechou e pôs um lacre na porta, de modo que ele não pudesse mais enganar as nações até que terminassem os mil anos. Depois disso, é necessário que ele seja solto por um pouco de tempo.

[4] Vi tronos, e os que estavam sentados neles haviam recebido autoridade para julgar. Vi também as almas daqueles que haviam sido decapitados por testemunharem a respeito de Jesus e por proclamarem a palavra de Deus. Não tinham adorado a besta nem sua estátua, nem aceitado sua marca na testa ou nas mãos. Eles ressuscitaram e reinaram com Cristo por mil anos.

[5] Esta é a primeira ressurreição. (O restante dos mortos só voltou à vida depois que terminaram os mil anos.) [6] Felizes e santos são aqueles que participam da primeira ressurreição. A segunda morte não tem poder algum sobre eles, pois serão sacerdotes de Deus e de Cristo e reinarão com ele por mil anos.

A derrota de Satanás

[7] Quando terminarem os mil anos, Satanás será solto da prisão [8] e sairá para enganar as nações, Gogue e Magogue, em todas as extremidades da terra. Ele as reunirá para a batalha, um exército poderoso, incontável como a areia da praia. [9] Subiram pela vasta planície da terra e cercaram o acampamento do povo santo e a cidade amada. Mas fogo desceu do céu e os consumiu. [10] O diabo, que os havia enganado, foi lançado no lago de fogo que arde com enxofre, onde já estavam a besta e o falso profeta. Ali serão atormentados dia e noite, para todo o sempre.

O julgamento final

[11] Vi um grande trono e aquele que estava sentado nele. A terra e o céu fugiram de sua presença, mas não encontraram lugar para se esconder. [12] Vi os mortos, pequenos e grandes, em pé diante do trono de Deus. E foram abertos os livros, incluindo o Livro da Vida. Os mortos foram julgados segundo o que haviam feito, conforme o que estava registrado nos livros. [13] O mar entregou seus mortos, e a morte e o mundo dos mortos[b] também entregaram seus mortos. E todos foram julgados de acordo com seus atos. [14] Então a morte e o mundo dos mortos foram lançados no lago de fogo. Esse lago

---

[a] **19.16** Ou *Em seu manto e em sua coxa*. [b] **20.13** Ou *a sepultura*. Em grego, *o Hades*; também em 20.14.

de fogo é a segunda morte. ¹⁵E quem não tinha o nome registrado no Livro da Vida foi lançado no lago de fogo.

A nova Jerusalém

21 Então vi um novo céu e uma nova terra, pois o primeiro céu e a primeira terra já não existiam, e o mar também não mais existia. ²E vi a cidade santa, a nova Jerusalém, que descia do céu, da parte de Deus, como uma noiva belamente vestida para seu marido.

³Ouvi uma forte voz que vinha do trono e dizia: "Vejam, o tabernáculo de Deus está no meio de seu povo! Deus habitará com eles, e eles serão seu povo. O próprio Deus estará com eles.[a] ⁴Ele lhes enxugará dos olhos toda lágrima, e não haverá mais morte, nem tristeza, nem choro, nem dor. Todas essas coisas passaram para sempre".

⁵E aquele que estava sentado no trono disse: "Vejam, faço novas todas as coisas!". Em seguida, disse: "Escreva isto, pois o que lhe digo é digno de confiança e verdadeiro". ⁶E disse ainda: "Está terminado! Eu sou o Alfa e o Ômega, o Princípio e o Fim. A quem tiver sede, darei de beber gratuitamente das fontes da água da vida. ⁷O vitorioso herdará todas essas bênçãos, e eu serei seu Deus, e ele será meu filho.

⁸"Mas os covardes, os incrédulos, os corruptos, os assassinos, os sexualmente impuros, os que praticam feitiçaria, os adoradores de ídolos e todos os mentirosos estão destinados ao lago de fogo que arde com enxofre. Esta é a segunda morte".

⁹Então um dos sete anjos que seguravam as sete taças com as últimas sete pragas se aproximou e me disse: "Venha comigo, e eu lhe mostrarei a noiva, a esposa do Cordeiro". ¹⁰Ele me levou no Espírito[b] até um grande e alto monte e me mostrou a cidade santa, Jerusalém, que descia do céu da parte de Deus. ¹¹Brilhava com a glória de Deus e cintilava como uma pedra preciosa, como jaspe, transparente como cristal. ¹²O muro da cidade era grande e alto, com doze portas guardadas por doze anjos, e nelas estavam escritos os nomes das doze tribos de Israel. ¹³Havia três portas de cada lado: leste, norte, sul e oeste. ¹⁴O muro da cidade tinha doze pedras de alicerce, e nelas estavam escritos os nomes dos doze apóstolos do Cordeiro.

PÃO DIÁRIO

Uma lição ao chorar

E lhes enxugará dos olhos toda lágrima, e não haverá mais morte, nem tristeza, nem choro, nem dor. Todas essas coisas passaram para sempre.

—Apocalipse 21.4

O seu coração já foi ferido? O que o feriu? Crueldade? Fracasso? Infidelidade? Perda? Talvez, você tenha até se escondido no escuro para chorar.

É bom chorar. "As lágrimas são a única cura para o pranto", disse o pregador escocês George MacDonald. Chorar um pouquinho faz bem.

Jesus chorou a caminho do túmulo de Seu amigo Lázaro (Jo 11.35) e chora conosco (v.33). Seu coração também estava entristecido. Nossas lágrimas atraem a bondade amorosa e o cuidado gentil do nosso Senhor. Ele conhece as nossas noites inquietantes, as que passamos sem dormir. Seu coração dói por nós quando choramos e sofremos. "Louvado seja Deus, Pai de nosso Senhor Jesus Cristo, Pai misericordioso e Deus de todo encorajamento. Ele nos encoraja em todas as nossas aflições" (2Co 1.3,4). E Ele usa o Seu povo para consolarmos uns aos outros.

Porém, as lágrimas e a nossa necessidade de consolo retornam com muita frequência nesta vida. O consolo no momento presente não é a resposta final. Chegará um dia, no futuro, em que não haverá mais morte, nem dor, nem choro, porque todas essas coisas "passaram para sempre" (Ap 21.4). Lá no Céu, Deus enxugará toda lágrima. Somos tão queridas para o nosso Pai que Ele será aquele que enxugará as lágrimas dos nossos olhos. Ele nos ama profunda e pessoalmente.

Lembre-se: "Felizes os que choram, pois serão consolados" (Mt 5.4).

Amado Jesus, graças te dou por Tuas lágrimas que nos lembram de que as realidades da vida às vezes trazem a tristeza e sofrimento. Consolas as minhas lágrimas nos momentos mais escuros da noite, e, principalmente, pela esperança de um futuro em que as lágrimas não serão mais necessárias. Consola-nos nos dias de pranto e relembra-nos do nosso futuro sem lágrimas.

Deus se importa com a nossa tristeza e participa dela.

---

[a] **21.3** Alguns manuscritos acrescentam *o Deus deles*. [b] **21.10** Ou *em espírito*.

> **PÃO DIÁRIO**
>
> ## O agora não dura para sempre
>
> *...e me mostrou a cidade santa, Jerusalém, que descia do céu da parte de Deus, a qual tem a glória de Deus. Brilhava com a glória de Deus e cintilava como uma pedra preciosa...*
>
> —Apocalipse 21.10,11
>
> "Pense na incrível sensação que você terá quando parar de doer", disse meu pai. Ele me deu esse conselho muitas vezes durante a época em que eu estava crescendo, normalmente depois que alguma pancada ou algum pequeno arranhão me causava uma enorme e dramática reação. Na hora, o conselho não ajudava. Eu era incapaz de voltar a atenção para qualquer coisa além da minha dor, e o choro alto, acompanhado de baldes de lágrimas, parecia ser a única resposta apropriada.
>
> Ao longo dos anos, porém, o conselho do meu pai me impulsionou em algumas situações realmente deprimentes. Quer fosse a dor de um coração partido ou a tristeza de uma enfermidade prolongada, lembrava-me sempre: o agora não dura para sempre.
>
> Sendo cristãs temos a confiança de que Deus tem planejado algo bom para nós. Sofrer não fazia parte de Seu ato original de criação, mas serve como lembrete temporário do que acontece num mundo onde a ordem de Deus é infringida. Isso também nos motiva a espalhar pelo mundo a palavra sobre o plano de Deus para redimir a humanidade do sofrimento causado pelo pecado.
>
> Embora não possamos evitar aflições, dores e decepções (Jo 16.33), sabemos que tudo isso é apenas temporário. Nesta vida, teremos algum alívio da tristeza, mas o completo alívio só se dará quando Deus finalmente estabelecer o novo céu e a nova Terra (Ap 21). O agora não dura para sempre.
>
> *Senhor, somos gratas porque a dor e o sofrimento deste mundo são apenas temporários. Graças te damos, porque o "agora" da Terra desvanecerá na "eternidade" em Tua presença.*
>
> ---
>
> **Os benefícios do Céu mais do que compensarão as perdas da Terra.**

[15] O anjo que falava comigo tinha na mão uma vara de ouro para medir a cidade, suas portas e seu muro. [16] A cidade tinha o formato de um quadrado, de comprimento e largura iguais. De fato, tinha 2.200 quilômetros[a] de comprimento, de largura e de altura. [17] Então ele mediu o muro e descobriu que tinha quase 65 metros de espessura[b] (de acordo com a medida humana usada pelo anjo).

[18] O muro era feito de jaspe, e a cidade era de ouro puro, transparente como vidro. [19] O muro da cidade era construído sobre alicerces ornamentados com doze pedras preciosas:[c] a primeira com jaspe, a segunda com safira, a terceira com ágata, a quarta com esmeralda, [20] a quinta com ônix, a sexta com cornalina, a sétima com crisólito, a oitava com berilo, a nona com topázio, a décima com crisópraso, a décima primeira com jacinto, e a décima segunda com ametista.

[21] As doze portas eram feitas de pérolas, cada porta de uma única pérola. E a rua principal era de ouro puro, transparente como vidro.

[22] Não vi templo algum na cidade, pois o Senhor Deus, o Todo-poderoso, e o Cordeiro são seu templo. [23] A cidade não precisa de sol nem de lua, pois a glória de Deus a ilumina, e o Cordeiro é sua lâmpada. [24] As nações andarão em sua luz, e os reis, em toda a sua glória, entrarão na cidade. [25] Suas portas nunca se fecharão, pois ali não haverá noite. [26] E todas as nações trarão sua glória e honra à cidade.

[27] Nenhum mal[d] terá permissão de entrar, nem pessoa alguma que pratique o que é vergonhoso ou enganoso, mas somente aqueles cujos nomes estão escritos no Livro da Vida do Cordeiro.

22 Então o anjo me mostrou o rio da água da vida, transparente como cristal, que fluía do trono de Deus e do Cordeiro [2] e passava no meio da rua principal. De cada lado do rio estava a árvore da vida, que produz doze colheitas[e] de frutos por ano, uma em cada mês, e cujas folhas servem como remédio para curar as nações.

[3] Não haverá mais maldição sobre coisa alguma, porque o trono de Deus e do Cordeiro estará ali, e seus servos o adorarão. [4] Verão seu rosto, e seu nome estará escrito na testa de

---

[a] **21.16** Em grego, *12.000 estádios*. [b] **21.17** Em grego, *144 côvados*. [c] **21.19** A identificação de algumas dessas pedras é incerta. [d] **21.27** Ou *Nada cerimonialmente impuro*. [e] **22.2** Ou *doze espécies*.

cada um. ⁵E não haverá noite; não será necessária a luz da lâmpada nem a luz do sol, pois o Senhor Deus brilhará sobre eles. E reinarão para todo o sempre.

⁶Então o anjo me disse: "Tudo que você ouviu e viu é digno de confiança e verdadeiro. O Senhor, o Deus dos espíritos dos profetas, enviou seu anjo para dizer a seus servos o que acontecerá em breve".ᵃ

Jesus vem

⁷"Vejam, eu venho em breve! Felizes aqueles que obedecem às palavras da profecia registrada neste livro."ᵇ

⁸Eu, João, sou aquele que ouviu e viu todas essas coisas. E, quando as ouvi e vi, caí aos pés do anjo que as mostrou a mim, a fim de adorá-lo. ⁹Mas ele disse: "Não faça isso! Sou um servo, como você e seus irmãos, os profetas, e como todos os que obedecem ao que está escrito neste livro. Adore somente a Deus!".

¹⁰Em seguida, disse: "Não lacre com um selo as palavras proféticas deste livro, porque o tempo está próximo. ¹¹Que o mau continue a praticar a maldade; que o impuro continue a ser impuro; que o justo continue a viver de forma justa; que o santo continue a ser santo".

¹²"Vejam, eu venho em breve e trago comigo a recompensa para retribuir a cada um de acordo com seus atos. ¹³Eu sou o Alfa e o Ômega, o Primeiro e o Último, o Princípio e o Fim."

¹⁴Felizes aqueles que lavam suas vestes. A eles será permitido entrar pelas portas da cidade e comer do fruto da árvore da vida. ¹⁵Do lado de fora da cidade ficam os cães: os feiticeiros, os sexualmente impuros, os assassinos, os adoradores de ídolos e todos que gostam de praticar a mentira.

¹⁶"Eu, Jesus, enviei meu anjo a fim de lhes dar esta mensagem para as igrejas. Eu sou a origem de Davi e o herdeiro de seu trono.ᶜ Sou a brilhante estrela da manhã."

¹⁷O Espírito e a noiva dizem: "Vem!". Que todo aquele que ouve diga: "Vem!". Quem tiver sede, venha. Quem quiser, beba de graça

---

PÃO DIÁRIO

Um serviço eterno

Tudo que você ouviu e viu é digno de confiança e verdadeiro...

—Apocalipse 22.6

Dois jovens irmãos sentavam-se na fileira da frente na igreja todo domingo, observando o pai que conduzia o culto de adoração. Certa noite, depois de mandar os meninos para a cama, o pai ouviu, por acaso, um dos garotos chorando. Ele lhe perguntou o que havia de errado, mas o menino estava hesitante em responder. Finalmente, confessou: "Papai, a Bíblia diz que vamos adorar a Deus para sempre no Céu. É muito tempo!". Por ter imaginado o Céu como um culto de louvor e adoração longo demais com seu pai à frente liderando, o lar celestial parecia muito entediante para ele!

Às vezes, gostaríamos de saber mais sobre como será o novo Céu e a nova Terra. De uma coisa temos certeza: tédio não pode ser a palavra certa para descrevê-los. Veremos beleza como jamais vimos, incluindo "o rio da água da vida, transparente como cristal, que fluía do trono de Deus e do Cordeiro" (Ap 22.1). Experimentaremos a glória de Deus, a qual iluminará a cidade celestial (21.23; 22.5). E desfrutaremos a vida em que "não haverá mais morte, nem tristeza, nem choro, nem dor" (21.4).

Sim, definitivamente adoraremos na presença de Deus. Pessoas "de toda tribo, língua, povo e nação" (5.9) se alegrarão louvando a Jesus, o Cordeiro digno que morreu e ressuscitou por nós (v.12).

Nós nos deleitaremos na glória da presença do Senhor eternamente. Como disse o anjo: "Tudo que você ouviu e viu é digno de confiança e verdadeiro" (22.6).

E nem por um único segundo nós sentiremos tédio!

Que belo dia será quando contemplarmos o Senhor face a face! Quando todos os pecados e tristezas findarem. Nós te adoraremos da forma mais pura e perfeita! Jamais nos cansaremos de crescer no conhecimento de quem tu és e de te louvar. Graças te damos pela promessa desse dia, a qual nos concede esperança para vivermos hoje.

Os prazeres desta vida não podem ser comparados às alegrias do porvir.

ᵃ**22.6** Ou *repentinamente*, ou *rapidamente*; também em 22.7,12,20. ᵇ**22.7** Ou *rolo*; também em 22.9,10,18,19. ᶜ**22.16** Em grego, *Eu sou a raiz e o descendente de Davi*.

da água da vida. ¹⁸Declaro solenemente a todos que ouvem as palavras da profecia registrada neste livro: Se alguém acrescentar algo ao que está escrito aqui, Deus acrescentará a essa pessoa as pragas descritas neste livro. ¹⁹E, se alguém retirar qualquer uma das palavras deste livro de profecia, Deus lhe retirará a participação na árvore da vida e na cidade santa descritas neste livro.
²⁰Aquele que é testemunha fiel de todas essas coisas diz: "Sim, venho em breve!".
Amém! Vem, Senhor Jesus!
²¹Que a graça do Senhor Jesus esteja com todos.ᵃ

ᵃ22.21 Alguns manuscritos trazem *esteja com todos vocês*; outros, *esteja com todo o povo santo*.

ESTUDOS BÍBLICOS

A VIDA ESPIRITUAL EM UMA CULTURA SECULAR

1 O CONFLITO DE CULTURAS

O impacto originado pelas diferenças da fé
O papel da fé pessoal em uma cultura seccionada é inevitável. Sobre isso, o autor Os Guinness escreveu o seguinte em seu livro *O chamado*: "No mundo de hoje, é notório que as diferenças podem fazer a diferença. As crenças têm consequências" (Ed. Cultura Cristã, 2001).

O que principia como concepções de Deus teoricamente diferentes: o mundo, a justiça, a humanidade e a liberdade, acabam sendo maneiras radicalmente divergentes de viver e de morrer.

No passado, algumas pessoas de fé afastaram-se da sociedade para comunidades isoladas, separadas da agitação cultural. Outros se organizaram em grupos de ações políticas. Ainda outros se descobriram destinados a mostrar que, nas mãos de Deus, uma vida pode provocar mudanças — mesmo sem a garantia de direitos civis, ainda que cercada por uma cultura estranha.

A influência de uma vida
Por volta de 600 a.C., Daniel viu sua nação assolada e sua vida desarraigada. Com um grupo de outros reféns judeus, ele foi levado cativo a um lugar chamado Babilônia — uma cultura estrangeira, centenas de quilômetros distante da relativa estabilidade de Jerusalém. Na região que hoje chamamos de Iraque, Daniel experimentou o desafio de exercer a sua fé em uma cultura dedicada a um conjunto de valores e prioridades muito diferentes dos seus.

Ao entrarem nesse novo mundo, Daniel e seus amigos expressaram convicções que estavam fadadas a colocá-los em desacordo com seus poderosos captores. No entanto, em meio ao mundo pagão, Daniel tornou-se:

- *líder governamental*, nomeado para servir em posições de responsabilidade, em três reinados;
- *historiador*, registrando o que Deus fizera em seus dias;
- *profeta*, ocupado em predizer o futuro e falar a verdade aos líderes.
- No desenrolar do drama bíblico, Daniel é um estudo de caso sobre a fé pessoal vivenciada em uma cultura hostil.

O conflito de culturas   Guia de estudo 1

Para entender como as diferenças culturais afetam a vida secular e a vida espiritual e como uma única pessoa pode fazer a diferença.

PARA MEMORIZAR
João 17.15

UM PASSO ADIANTE
Pense a respeito
Examine o texto a seguir e discuta o que isso quer dizer realmente: "Não amem este mundo, nem as coisas que ele oferece, pois, quando amam o mundo, o amor do Pai não está em vocês" (1Jo 2.15).

APROFUNDAMENTO
Leia João 17.12-17.
1. O que significa Jesus dizer que as pessoas "não são do mundo" (v.14)?
2. A solução apresentada por Jesus ao problema dos conflitos seculares não é tirar os cristãos do mundo. O que Ele afirma que os ajudará (v.15)?
3. Que recurso ajudará os que estão no mundo a não serem derrotados (v.17)?

APLICAÇÃO
1. Quando você observa os atuais conflitos culturais com o cristianismo, qual considera ser o maior deles e que requer mais atenção por parte dos que creem?
2. À medida que refletimos sobre tais conflitos, de que forma, sob o seu ponto de vista, a história de Daniel traz uma promessa de esperança para nós?

2 UMA VIDA EM DESTAQUE

Daniel 1

Quando a história de Daniel começa, Judá está sendo invadida, e a atividade comercial usual havia parado. O profeta Jeremias sabia o motivo. Por mais de 20 anos, ele havia insistido com os cidadãos de Judá para retornarem ao seu Deus. Ele os advertira de que, se recusassem, seriam capturados pelos babilônicos e levados cativos por 70 anos (Jr 25.1-11). Como Judá não ouviu, Daniel escreve agora como testemunha da invasão que ocorreu e descreve o que aconteceu no despertamento desse povo.

O plano do rei (Dn 1.1-7)

O rei Nabucodonosor, da Babilônia, decidiu levar os melhores e mais inteligentes da nação cativa de Judá e usá-los para promover sua nação. Diferentemente de Assuero, no livro de Ester, que capturou as mulheres para o prazer pessoal, Nabucodonosor escolheu os melhores rapazes para aperfeiçoar a sua nação.

> *Enfoque*
>
> "Que tipo de caráter esse rei tinha? Mais tarde em seu reinado, ele demonstra sua absoluta crueldade ao matar os filhos do rei de Judá diante dos olhos do pai deles — então os olhos do pai foram arrancados para que esse horror fosse a última coisa que ele visse. Nabucodonosor permite que outro homem seja morto lentamente em uma fogueira. Esse rei era especialista em tortura; sua imaginação cruel alimentava suas más ações. E a palavra de Nabucodonosor era lei. Entretanto Daniel e seus três amigos enfrentaram esse teste moral sabendo que tinham de cumprir as exigências do rei ou arriscarem-se a morrer torturados."
>
> —Ray Stedman (*Aventurando-se pela Bíblia*, Publicações Pão Diário, 2019, p.425)

> *Enfoque*
>
> "As denúncias de Jeremias ao povo de Jerusalém demonstram que não havia muitos lares de pessoas piedosas naquela época; mas, com certeza, havia algumas, de outra forma não seriam encontrados jovens tão bons quanto estes. Eles deveriam achar a condição de cativos difícil, por procederem de boas famílias e por terem o tipo de personalidade que ficou demonstrada na história."
>
> —Leon Wood
> *A Commentary on Daniel* (Comentário sobre Daniel, tradução livre).

Ele associou as melhores mentes e habilidades para tornar a Babilônia mais forte. Esse processo de seleção exigia que preenchessem altos critérios. A lista é impressionante! Eles precisavam ter boa aparência, e nenhum defeito físico, serem hábeis na sabedoria, capazes de aprender e dotados de discernimento (vv.4-7). Esses jovens seriam transformados em sábios.

Essa estratégia apresentava alguns desafios sutis. Sim, eles estariam em condições melhores que os escravos na Babilônia, mas sua situação gerava desafios que os outros não enfrentariam. Esses desafios se estabeleceram de diversas formas.

Ambiente

Os problemas dessa natureza ou moldam o nosso caráter, ou o revelam. A questão é: tendo sido levado para uma terra estranha e pagã em idade influenciável, Daniel manteria sua pureza?

Estilo de vida

A comida do palácio não era nutricionalmente ruim. Porém, eram alimentos que haviam sido oferecidos e dedicados aos falsos deuses da Babilônia. Comer essas iguarias significava endossar seus ídolos.

Lealdade

O plano do rei era um ataque sutil ao centro de gravidade dos rapazes. Primeiro, ele buscou mudar seus pensamentos exigindo que estudassem com os astrólogos da Babilônia. O segundo alvo era mudar sua maneira de adoração pela troca de seus nomes. Todos eles tinham nomes que mencionavam o Deus de Israel: Daniel, "Deus é meu juiz"; Hananias, "Deus é gracioso"; Misael, "Quem é como Deus?"; Azarias, "Ajudado por Deus". A mudança dos nomes indicava a transferência de lealdade aos deuses babilônicos.

Enfoque

"Durante sua infância, Daniel viveu no tempo do rei Josias de Judá — o vigoroso reformador que tentou desfazer 50 vergonhosos anos de apostasia sob os reinados de seu pai e de seu avô. O Templo foi reformado e o Livro da Lei encontrado e lido para o rei e para o povo. Como consequência, houve um reavivamento nacional. Porém, infelizmente esse reavivamento não teve efeito sobre os seus descendentes e, quando eles o sucederam ao trono, tudo o que fizeram foi anular as justas obras de seu pai. No entanto, há razões para se crer que esse avivamento teve um efeito profundo e duradouro sobre a vida de um menino chamado Daniel, que se determinou a ser fiel a Deus por toda sua vida."

—Donal K. Campbell
Daniel: God's Man in a Secular Society
(Daniel, um homem de Deus em uma sociedade secular, tradução livre).

Qual era o propósito de Nabucodonosor? Mudando o modo de pensar, de comer e de adorar desses jovens, o rei esperava mudar o modo de eles viverem. Como esses jovens reagiriam a esse teste de caráter?

A reação de Daniel (Dn 1.8-14)

Daniel reconheceu que alimentar-se das Iguarias do rei suscitava uma questão de princípio. Ele viu algo a respeito da comida que inspirava uma resposta semelhante ao que encontramos o rei Davi dizendo: "Guardei tua palavra em meu coração, para não pecar contra ti" (Sl 119.11).

O que Daniel viu? Primeiro, a comida do rei não era *kosher* — não era preparada de acordo com os princípios alimentares de Israel. A vida no exílio impossibilitou aos rapazes judeus guardarem muitas das leis de Israel baseadas na Torá e no Templo. Mas, o que provavelmente seria uma questão ainda mais importante para Daniel, era o padrão que emergiu em outros aspectos de sua vida. Ele não queria fazer nada que honrasse os deuses babilônicos. Talvez, Daniel viu o ato de se alimentar e beber daquilo que era oferecido aos ídolos como violação da Palavra e da honra do seu Deus.

Seguir o curso da maioria seria o caminho mais fácil, "Quando na Babilônia, aja como os babilônicos". Mas o objetivo de Daniel era a obediência apesar do ambiente em que estava.

Ele e seus amigos tomaram uma posição que aparentemente era diferente da dos outros cativos. Repare que Daniel "decidiu não se contaminar". Essa é a atitude-chave. Se a prioridade é a pureza, você deve ter o desejo de obedecer a Deus e o compromisso de agir com base nesse mesmo desejo. Daniel tinha várias opções, mas estava determinado a ser leal ao seu Deus. Uma vida comprometida com o Senhor fundamenta o firme propósito do coração, e Daniel, desde o início do período de três anos de treinamento, foi testado nesse assunto.

Confrontado com esse dilema, Daniel usou de diplomacia e demonstrou ter a consciência sincera. Até mesmo aqui vemos a obra de Deus em preparação para esse momento. Daniel posicionou-se — e Deus lhe concedeu favor aos olhos do chefe dos eunucos.

Daniel foi ao encarregado e pediu que fizessem uma experiência de 10 dias com uma dieta de legumes. Dez dias de legumes? Além disso, tal teste requeria uma espécie de suspensão das regras nutricionais. Como poderia haver diferença notável em apenas 10 dias? Era uma pequena prova de fé que prepararia Daniel para os testes maiores que estavam por vir.

O livramento de Deus (Dn 1.15-20)

O teste funcionou e mostrou que Daniel e seus amigos sabiam o que Israel já tinha esquecido — Deus recompensa a obediência.

Daniel e seus amigos saíram-se melhor do que os outros porque Deus trabalhou em seu favor. Como resultado, foi-lhes permitido que continuassem com a dieta. Daniel permaneceu firme porque estava comprometido com a pureza que flui da obediência à Palavra, a qual lhe proporcionou um alicerce para viver em uma cultura difícil.

A bênção de Deus foi confirmada no momento em que Daniel e seus amigos foram declarados "dez vezes mais capazes" que todos os outros sábios da Babilônia (v.20).

Ao final de seu treinamento, Daniel não tinha mais do que 20 anos, o que significa que tinha apenas 16 ou 17 quando ele e os outros rapazes foram postos à prova. Com tão pouca idade, esse jovem foi separado para servir, entretanto, ele viveu com grande destaque no poderoso governo pagão da antiguidade.

Uma vida em destaque

Guia de estudo 2

Para ver o que é necessário a fim de se manter santo frente às circunstâncias difíceis.

PARA MEMORIZAR
Daniel 1.8

UM PASSO ADIANTE
Pense a respeito
Como podemos relacionar os versículos a seguir com o que Daniel enfrentou — e também à nossa situação: 1 Pedro 1.14-16; Efésios 5.25-27; João 14.15; 15.14?

APROFUNDAMENTO
Leia Daniel 1.3-17.
1. Que características desses quatro jovens seriam objetivos preciosos para os adolescentes que queiram servir ao Senhor (v.3)? Os jovens deveriam se sentir intimidados por estas características — achando que não estão à altura?
2. O que Daniel precisava saber antecipadamente para responder (v.8)? O que isso nos mostra com relação à educação dele?
3. Como Deus recompensa os jovens na contemporaneidade por sua fidelidade a Ele (v.17)? E como Deus age com os adultos?

APLICAÇÃO
1. Quais as semelhanças entre a história de Daniel e o que acontece no século 21? O que devemos evitar para não nos "contaminarmos"?
2. Que lições podemos aprender com esses quatro rapazes?

3 UMA VIDA DE CONFIANÇA

Daniel 2
Considere as seguintes situações. O que elas têm em comum?

- Um goleiro em uma cobrança de pênalti, jogando na Copa do Mundo.
- Um cirurgião durante uma cirurgia cardíaca muito difícil.
- Um piloto tentando aterrissar um jato com dois motores danificados.

Todas essas situações desafiadoras exigem que o indivíduo desempenhe sua função com extrema habilidade, em momentos de grande pressão e prova. E nessa posição encontramos Daniel e seus amigos na continuação dessa história. Eles vencerão a pressão com profunda confiança em Deus.

O cenário está montado (Dn 2.1-13)
O versículo 1 resume a linha do verso de Shakespeare em *Henrique IV*: "Repousa sem sossego a cabeça coroada". O sono de Nabucodonosor foi perturbado por sonhos, mas um em particular o preocupou. Certo escritor disse que os cuidados do dia se tornaram os cuidados da noite, e o rei acordou perturbado e mandou chamar os seus conselheiros. (Daniel e seus amigos não foram convocados, o que dá a entender que naquele tempo ainda estavam em treinamento.) Quem o rei chamou (v.2)?

"Os magos" eram os eruditos ou escritores sagrados. "Os encantadores" eram sacerdotes sagrados. "Os feiticeiros" estavam envolvidos com o oculto e vendiam ervas e poções. E "os caldeus" eram os sábios do rei.

Quando todos se achavam reunidos diante do rei, um diálogo mostrou o problema com exatidão a esses supostos sábios (vv.3-9). Sua súplica por misericórdia (vv.10-13) revelou a seriedade do perigo em que se encontravam.

Quando os caldeus disseram ao rei que o pedido para interpretar o seu sonho era injusto porque somente os deuses poderiam fazer tal coisa, eles montaram o cenário para o Deus de Daniel fazer exatamente isso!

Uma vez admitida a sua incapacidade, Nabucodonosor explodiu. Ele estava tão furioso a ponto de ordenar que todos os sábios — inclusive Daniel e os rapazes em treinamento — fossem executados. Em decorrência disso, Daniel e seus amigos foram presos.

Os corações submissos (Dn 2.14-23)
Arioque, capitão da guarda do rei, foi enviado para matar todos os sábios da Babilônia, mas, quando chegou a Daniel, o profeta foi capaz de lhe falar "com sabedoria e prudência" (v.14). Daniel pediu uma explicação e Arioque lhe contou toda a história. Aproveitando bem a oportunidade (v.16), Daniel, em essência, disse: "Dê-me tempo, e eu garanto ao rei uma resposta". Essa era uma enorme promessa em face do fracasso dos outros.

Daniel compartilhou o peso de seu coração com os amigos, e juntos começaram a orar pedindo por misericórdia ao Senhor do Céu. Tudo isso era uma poderosa expressão de sua confiança espiritual. Eles desejavam que Deus, em Sua misericórdia, interviesse e os livrasse da execução que havia sido determinada.

Ao orarem, Deus desvendou o mistério do sonho do rei a Daniel. Observe no versículo 19 a declaração simples dessa resposta de oração. Não era uma grande surpresa! Com o conhecido instrumento de execução praticamente ao redor do seu pescoço, a primeira reação de Daniel não foi a de obter alívio ou de usar seu conhecimento em seu benefício. Ao invés disso, sua primeira reação foi a de adorar. E o foco dessa adoração era o Deus de poder e provisão. Que grandioso louvor ele rendeu:

- "Louvado seja o nome de Deus para todo o sempre", que é um emblema do caráter desse profeta;
- "a ele pertencem a sabedoria e o poder", e não a Daniel;
- "Ele muda o curso dos acontecimentos", significando que Deus tem total controle sobre a vida;
- "remove reis de seus tronos e põe outros no lugar", pois o Senhor é soberano sobre todas as nações;
- "Dá sabedoria [...] e conhecimento", como Tiago 1.5 promete;
- "Revela coisas profundas e misteriosas", inclusive esse sonho;
- "sabe o que está escondido nas trevas, embora ele seja cercado de luz".

Daniel atribuiu a Deus toda a glória pela resposta à sua oração (v.23). Que maravilhosa demonstração de adoração! Teria sido inapropriado para Daniel agradecer a Deus por salvar sua vida? É claro que não, mas parece que, em sua mente, até esse livramento milagroso era secundário à maravilha do Deus que o realizou.

A reação desse jovem deveria nos levar a examinar nosso coração para ver qual teria sido o nosso foco:

- Naquele que abençoa ou nas bênçãos?
- No Senhor da obra ou na obra?
- No Deus que responde à oração ou na resposta?

Tudo se trata da ênfase que damos. E quando deixamos de colocar nossa confiança em Deus, é fácil perder o nosso foco. Nossas perspectivas se tornam embaçadas e vemos as árvores, e não as florestas. No entanto, a atenção de Daniel permaneceu clara durante aquela opressão de vida ou morte. O coração dele estava firme em seu Deus, e este lhe deu capacidade para realizar, ao invés de sucumbir sob a pressão.

O segredo revelado (Dn 2.24-30)
Daniel seguiu confiante de que Deus prepararia o caminho.

Foi a Arioque, que anunciou ao rei que a resposta havia sido encontrada. Quando Daniel compareceu perante o rei (aparentemente pela primeira vez, e ainda apenas um jovem), Nabucodonosor lhe fez uma pergunta constrangedora: "Você pode mesmo me dizer qual foi meu sonho e o que ele significa?" (v.26).

Em outras palavras, seria Daniel capaz de ser bem-sucedido quando os outros sábios haviam falhado? Como os versículos seguintes mostram, a resposta foi positiva.

Não era uma questão de falsa humildade. Era uma sincera percepção de seu papel dentro do contexto. Para esse jovem, a questão estava clara — tratava-se de Deus, não de Daniel. E suas ações revelaram a confiança que sentia.

Aplicação
Daniel relataria detalhadamente o sonho e sua interpretação (vv.31-45), o que trouxe um resultado maravilhoso (vv.46,47) — uma declaração sobre a glória do Deus de Daniel.

Na vida, como nas condições atmosféricas, há períodos de alta e baixa pressão — porém, nunca há períodos de ausência de pressão. Nossas escolhas durante esses tempos incertos dizem muito a nosso respeito.

Onde colocamos nossa atenção quando somos pressionados? Estamos nos debatendo para nos protegermos a todo custo? Estamos fazendo coisas desesperadas que prejudicam outras pessoas no processo? Ou nos preocupamos mais sobre como as nossas ações respingarão em nosso Deus?

Em seus momentos de reflexão, peça a Deus para demonstrar a presença dele claramente em sua vida. Use esses momentos para se ajustar aos eternos propósitos e à glória de Deus.

Uma vida de confiança — Guia de estudo 3

Para aprender a reagir com confiança durante os tempos de grande pressão e desafios.

PARA MEMORIZAR
Daniel 2.20

UM PASSO ADIANTE
Pense a respeito

1. Como o texto de 1 Coríntios 2.14,15 nos ajuda a ver que consultar a Deus em oração nos dá vantagem sobre aqueles que não o fazem?
2. Em Daniel 2.27-30, o jovem deu honra a Deus por Seu grande feito. Como podemos aplicar o texto de 1 Pedro 5.5 não só a Daniel, mas a nós também?

APROFUNDAMENTO
Leia Daniel 2.1-28.

1. Nabucodonosor consultou quatro grupos (v.2) a fim de que ajudassem a interpretar seu sonho — talvez fossem os que tinham a melhor formação e melhor reputação como conselheiros. Quem são as pessoas que você conhece hoje que têm reputação e são consultadas para aconselhamento?
2. Quando os caldeus responderam ao rei dizendo: "Não há ninguém, em toda terra, capaz de dizer ao rei qual foi seu sonho!" (v.10), eles estavam certos. Se sim, como Daniel conseguiu atender ao rei?
3. Qual foi o impacto da declaração de Daniel (v.28) em um lugar como a Babilônia onde vários deuses eram adorados?

APLICAÇÃO

1. O que o versículo 16 nos ensina sobre coragem e fé?
2. Como a resposta de Daniel poderá ajudá-la da próxima vez que se encontrar diante de situações de pressão?

4 UMA VIDA DE CORAGEM

Daniel 5
O autor Os Guinness escreve em *O Chamado* (Ed. Cultura Cristã, 2001) que envelhecer na década de 60 era "um privilégio motivador". Ninguém podia ter certeza de coisa alguma. Para as pessoas intelectuais, tudo era questionado e reexaminado desde o princípio.

Guinness continua: "Em nenhum lugar este desafio era mais evidente do que se tratando de conhecermos em quê e por que críamos... E o sentimento predominante de 'tudo menos o cristianismo' dessa década significava, muitas vezes, que qualquer religião era saudável, relevante e empolgante, conquanto não fosse a cristã, a ortodoxa ou tradicional".

Um novo rei (Dn 5.1-4)
Ao nos aproximarmos de Daniel 5, vemos um homem que desafiou tudo — especialmente o Deus a quem Nabucodonosor se entregara anos antes (4.34-37). O ano é 538 a.C., 23 anos depois da morte de Nabucodonosor. O novo rei é o neto de Nabucodonosor, Belsazar — um homem devotado a qualquer deus, menos ao Deus verdadeiro. Essa devoção traria sua própria queda e a de seu reino. A cidade de Babilônia estava cercada pelos exércitos do Império Medo-Persa. Daniel, agora octogenário, teve que confrontá-lo.

Agindo como Nero que se divertia enquanto Roma incendiava, Belsazar decretou um feriado nacional — apesar do cerco que ameaçava a cidade. O rei Belsazar deu um grande banquete a mil dos seus grandes e bebeu vinho na presença deles (v.1).

Por que faria isso? Há várias razões possíveis. Primeiro, para despreocupar o povo. Como alguém que assobia nervosamente ao passar por um cemitério, ele convidou mil líderes da cidade para demonstrar uma atmosfera de confiança apesar do perigo. Segundo, Belsazar pode ter desejado demonstrar a autoridade de seu reino. Terceiro, ele queria celebrar os deuses babilônicos. Estes estavam representados nas paredes da sala do banquete, e Belsazar dedicou um brinde a cada um deles individualmente. Quando estavam todos bêbados, o rei cometeu seu erro fatal.

Lembre-se: a nação está cercada e o rei está tentando de algum jeito escorar o seu reino abalado. Então, em bêbado estupor, ele pede que lhe tragam os utensílios do Templo que foram saqueados de Jerusalém anos antes. Por que esse rei faria isso? Talvez...

- quisesse desafiar Deus;
- quisesse provar que a velha profecia (de Daniel ao avô de Belsazar) sobre a queda da Babilônia era falsa;
- lembrou-se de como Daniel humilhara Nabucodonosor e pode ter decidido demonstrar sua superioridade.

Qualquer que fosse o motivo, Belsazar, na hora em que deveria estar jejuando ao invés de festejando, demonstrou seu total desprezo pelo Deus Altíssimo. Brindou aos seus ídolos em taças feitas para a adoração a Deus.

> ### Enfoque
> "Talvez por se lembrar da experiência humilhante que Deus trouxe a Nabucodonosor (Dn 4), Belsazar quis demonstrar que não ficaria intimidado e assim perpetrou esse ousado desafio. Foi meticulosamente calculado para insultar o Deus cujo Templo estava em Jerusalém."
>
> —Donald K. Campbell
> *Daniel — God's Man in a Secular Society* (Daniel, homem de Deus em uma sociedade secular).

Um novo desafio (Dn 5.5-12)
Com Sua escrita na parede, Deus declarou julgamento — e o rei o viu (vv.5-7)!

Belsazar ficou repentinamente sóbrio. Ficou pálido e fraco, e seus joelhos tremiam. Um pouco antes, estava bêbado demais para poder ficar em pé. Agora estava amedrontado demais!

E imediatamente ele ofereceu uma recompensa a qualquer um que pudesse interpretar a tal escrita (v.7). Quando todos os sábios falharam (v.8), "O rei ficou muito assustado, e seu rosto, ainda mais pálido. Seus nobres também ficaram abalados" (v.9).

O rei perdeu completamente sua placidez e serenidade porque enfrentava uma situação que não podia controlar. A solução viria de um lugar inesperado (vv.10-12).

Uma nova oportunidade (Dn 5.13-31)

Daniel, agora já idoso, foi levado à presença do rei (v.13). Que cena! Quando Daniel viu a sala do banquete, com sua idolatria, imoralidade e desafio a Deus, imagine o que passou pelo coração desse homem piedoso que havia procurado viver em pureza.

Belsazar ofereceu um prêmio a Daniel para interpretar a escritura sobre a parede, mas o profeta não se vendeu (vv.14-16).

Repare como Daniel não demonstrou a mesma compaixão por este rei que havia demonstrado por Nabucodonosor. Secamente, recusou os presentes do rei e expôs o seu pecado. Anteriormente aconselhara Belsazar com compaixão, mas agora o exortava com firmeza e autoridade.

Daniel disse ao rei para guardar os seus presentes e, em seguida, passou a dar-lhe uma lição de história, que remetia aos dias de Nabucodonosor (vv.18,19) trazendo uma vez mais à tona o problema que aquele rei tivera com o orgulho (vv.20,21) — o mesmo problema de Belsazar.

Antes que interpretasse, o profeta declarou o juízo de Deus sobre Belsazar e confirmou que seu pecado não era um pecado de ignorância, pois ele "sabia de tudo isso, mas mesmo assim não se humilhou" (v.22). Se não era ignorância, o que era?

- Arrogância (v.23), vista no espírito desafiador do rei.
- Blasfêmia (v.23), demonstrada na violação dos utensílios do Templo.
- Idolatria (v.23), repare no sarcasmo de Daniel ao descrever os ídolos que estavam adorando.
- Rebelião (v.23), pois o rei recusou-se a permitir que Deus fosse Deus.
- Julgamento divino (v.24), a mensagem escrita na parede indicava que o julgamento estava próximo.

Belsazar falhara ao menosprezar o poder do Deus Altíssimo e Sua intervenção soberana.

A inscrição na parede foi revelada: "MENE, MENE, TEQUEL e PARSIM" (v.25), e Daniel deu a interpretação da mensagem (vv.26-28).

O julgamento estava chegando. Como poderia não estar? Era um caso clássico: "Quem sempre se recusa a aceitar a repreensão será destruído de repente, sem que possa se recuperar" (Pv 29.1). Não houve oferta de alívio ou reparação; não houve possibilidade de escape, nenhum meio de evasão, nenhuma tecnicidade — somente as consequências das escolhas tolas (vv.29-31).

"Naquela mesma noite" tudo aconteceu. Os muros aparentemente impenetráveis da Babilônia foram transpostos pelos exércitos medo-persas, e a cidade caiu. O historiador Xenofonte relata que Ugbaru, general de Ciro, conquistou a Babilônia represando as águas do rio que fluíam através do coração da cidade. Depois o exército avançou e a conquistou.

Observe, no entanto, que, antes que Belsazar fosse morto e seu reino conquistado, ele ordenou que Daniel fosse recompensado e se tornasse o terceiro mais alto governante no reino.

Lição

Belsazar, que foi consumido pelo mesmo orgulho que quase destruiu o seu avô, tentou desafiar Deus. Porém, falhou. Aconteceu, então, que foi "pesado na balança e não atingiu o peso necessário", levantando uma questão importante que cada um de nós precisa responder: E eu, como estou? Qual é a minha avaliação — não aos olhos da multidão, mas aos olhos de Deus, o único na plateia?

Jamais devemos esquecer que somos chamados do princípio ao fim para vivermos diante da única pessoa da plateia — não de outras pessoas. Diante de nós a questão é clara. Vivamos de tal maneira que alcancemos os propósitos de Deus para a nossa vida. Vivamos como Daniel o fez para sermos avaliados somente pelo Senhor.

Uma vida de coragem

Guia de estudo 4

Para ver o que pode acontecer quando uma pessoa defende a verdade.

PARA MEMORIZAR
Daniel 5.10,11

UM PASSO ADIANTE
Pense a respeito

1. Em Apocalipse 17.5 e 18.2, João se refere à antiga Babilônia. O que essa profecia quer dizer, no contexto desses versículos?
2. O profeta criticou Belsazar por não dar glória a Deus (Dn 5.23). Veja como isso é importante para nós de acordo com 1 Coríntios 6.20.

APROFUNDAMENTO
Leia Daniel 5.1-29.

1. Neste relato, o futuro da Babilônia foi escrito em uma parede. Temos uma expressão que diz: "Estava escrito nas estrelas". O que essa expressão significa? É correto dizer que o que estava para acontecer com Belsazar estava "escrito nas estrelas"?
2. O que lhe chama a atenção quando lê que a rainha-mãe descreveu Daniel como "um homem que tem nele o espírito dos santos deuses" (v.11)? Como poderíamos evidenciar aos outros que temos o Espírito de Deus?
3. Daniel deixou claro, antes mesmo de interpretar os escritos, que não o faria por causa do que lhe seria doado (v.17). No entanto, depois que ele os interpretou, Belsazar concedeu os presentes ao profeta e este os aceitou (v.29). Por que, em sua opinião, ele mudou de ideia?

APLICAÇÃO

1. A reputação de Daniel — e a subsequente solicitação de sua ajuda — eram consequências de sua santidade (v.11). O que podemos fazer para ter esse tipo de reputação em nosso contexto?
2. Como a história de Daniel no capítulo 5 pode inspirá-la a ter coragem em meio às provações?

5 UMA VIDA DE DEVOÇÃO (DN 6)

"Qual a sua verdadeira necessidade?", o comercial de TV pergunta enquanto você vem nadando das profundezas do oceano à superfície. Do que você mais precisa? De repelentes de tubarão? De nadadeiras de peixe? De força muscular? De respostas? Oxigênio é o que você mais precisa. É o único de todos esses itens sem o qual você não consegue sobreviver.

Sem o que você é incapaz de viver? Daniel enfrentará essa crítica questão logo em seguida.

O ano é aproximadamente 538 a.C., e Daniel, tendo passado quase toda a sua vida no cativeiro, agora idoso, serve sob seu terceiro governante, Dario — o Medo.

Na abertura do capítulo 6, Dario estabeleceu seu governo na Babilônia. Daniel foi constituído um dos três governantes do rei sobre todo o reino (vv.1,2). Como resultado da fragilidade de um reino dividido (Ciro da Pérsia; Dario da Média) e duplas burocracias, tudo nesse novo reino era complexo.

Quando Dario decidiu elevar Daniel e colocá-lo responsável por todo o reino (v.3), Daniel encontrou-se novamente sob observação.

O problema da inveja (Dn 6.4-9)

Enfoque

"Daniel devia ter mais de 80 anos nesta época; estes homens tiveram muitos anos para observá-lo. Mesmo assim, não havia nada de que eles, honestamente, pudessem acusá-lo. Então, recorreram a um estratagema [...]. Dario ficou preso por seu próprio plano malévolo. Ele não queria condenar Daniel, mas caiu facilmente nesta trapaça."

—James Montgomery Boice
Daniel: An Expositional Commentary (Daniel: Um comentário expositivo, tradução livre).

Os oficiais de categoria inferior desprezavam o fato de Daniel ter autoridade sobre eles — e queriam que ele fosse afastado. O orgulho é competitivo, e a inveja é o resultado do orgulho ferido. C. S. Lewis escreveu: "O orgulho é essencialmente competitivo. [...] O orgulho não tem prazer em possuir algo, mas em ter mais do que o próximo. Dizemos que as pessoas têm orgulho sendo ricas, inteligentes ou bonitas, mas não é verdade. Elas têm orgulho por serem mais ricas, mais inteligentes ou mais bonitas do que as outras" (*Cristianismo puro e simples*, Ed. Martins Fontes, 2005).

Esses homens orgulhosos sentiam-se feridos pela ascensão de um homem íntegro — e queriam destruí-lo por isso.

Como atacariam? Procuraram motivos para acusá-lo, mas não puderam encontrar deslize algum nele. Por quê? Porque "ele era leal" (v.4). Isso é um testemunho e tanto — especialmente vindo de seus inimigos. Apesar de viver em um ambiente que era uma fossa moral, Daniel havia permanecido puro.

Atacar alguém de caráter impecável é um problema. Daniel então foi atacado em seu único ponto fraco, na percepção deles — sua devoção a Deus. Que testemunho! A única maneira de atacar Daniel era atacando seu relacionamento com Deus.

Os oficiais conspiraram entre si e uniram-se em uma petição a Dario (vv.6,7), usando o engano para jogar com o orgulho do próprio rei. Pediram-lhe para criar uma lei que tornaria ilegal fazer orações durante os 30 dias seguintes a qualquer deus ou homem — com exceção do próprio Dario. E, visto que Dario estava em situação inferiorizada a Ciro, o Persa, esse decreto o elevava à posição de um deus e realçava o seu senso de poder que fora restringido por Ciro.

A penalidade pela violação desse decreto era ser lançado "na cova dos leões" (v.7). A inveja dos oficiais não conhecia limites. Eles queriam Daniel morto.

Dario ratificou o decreto deles (v.9), e, sendo "uma lei oficial dos medos e dos persas", não poderia ser revogado. O que explica por que o decreto era limitado a 30 dias. Depois que Daniel estivesse morto, eles poderiam voltar à sua vida normal.

Dario aparentemente era um bom homem, mas, como todos nós, tinha suas fraquezas. No calor do momento, com seu ego afagado, tomou uma decisão imprudente e aprovou a lei desses homens que bania a oração.

O testemunho (Dn 6.10,11)

Daniel era tão devotado a Deus que obedecer-lhe era mais importante do que obedecer às leis injustas. Esse fato ilustra o princípio bíblico de desobediência obediente, de acordo com o qual devemos escolher entre obedecer à

Palavra de Deus ou ao homem. Vemos esse princípio praticado pelos apóstolos, no Novo Testamento quando foram proibidos de pregar. Eles disseram: "Devemos obedecer a Deus antes de qualquer autoridade humana" (At 5.29).

Daniel desobedeceu essa lei injusta, orando. Esse é o segredo de uma vida pura em meio a um ambiente impuro. Ele continuou com suas tarefas costumeiras, não interessado em mudar, nem mesmo em parecer que mudava para satisfazer a multidão.

Daniel quebrou a lei porque esta violava a Lei de Deus — e foi apanhado. O medo de ser preso, porém, não o deteve. O profeta estava disposto a aceitar as consequências de sua obediência a Deus. Uma lição difícil, mas vital.

Tenha duas coisas em mente:

- Devemos estar dispostos a aceitar as consequências por praticarmos o que é correto. O apóstolo Pedro escreveu: "Mas, ainda que sofram por fazer o que é certo, vocês serão abençoados" (1Pe 3.14).
- Deus permanece no controle, mesmo quando a vida nos leva injustamente à cova dos leões. Daniel foi apanhado orando a Deus e sofreria em nome da justiça, mas estava preparado para glorificar ao Senhor.

A paz de Deus (Dn 6.12-17)

Aqueles homens eram muito ardilosos. Primeiro lembraram Dario de seu decreto irrevogável para depois lançarem seu ataque com uma acusação que era um misto de verdade e calúnia. Daniel não havia desconsiderado o rei, mas recusara-se a desconsiderar o seu Deus (vv.12-15).

A resposta de Dario mostra que ele finalmente entendeu o que estava acontecendo, pois "ficou muito angustiado". Ele havia falhado em seu julgamento e estava entristecido. Parece que não era com Daniel ou com o comportamento dele que estava entristecido, mas com o seu próprio orgulho.

Dario procurou libertar Daniel porque não queria que ele sofresse as consequências do tolo decreto (v.14). Procurou por uma brecha na lei, mas não a encontrou. Ele entendeu o impacto de suas ações e viu que era tarde demais. Na realidade, Dario foi pego na armadilha de sua própria lei (v.15). Não havia escape algum — Daniel teria que ser executado (vv.16,17).

Considerado culpado de servir a Deus continuamente (v.16), Daniel foi lançado na cova dos leões. Esses leões estavam ali com o propósito de torturar os prisioneiros. Eles normalmente estavam famintos e eram maltratados e provocados para rasgar um homem em pedaços.

Em desespero, Dario tentou oferecer algum consolo a Daniel na hora de sua execução (v.16). A cova foi então fechada com uma pedra e selada (v.17).

Você já se perguntou o que teria acontecido dentro da cova assim que a pedra foi selada? Um estudioso da Bíblia sugere que Daniel escorregou para o chão da caverna e foi abordado por leões que nada fizeram senão deitar-se ao redor dele para proporcionar-lhe calor e conforto na noite fria que estava pela frente!

A proteção de Deus (Dn 6.18-23)

Enquanto Daniel dormia tranquilamente com os leões, Dario passou uma noite muito diferente, o que demonstra a diferença entre a consciência limpa de Daniel e o coração cheio de culpa de Dario (v.18).

Preocupação, culpa, falta de sono, falta de apetite — eram os efeitos do fracasso de Dario em discernir a conspiração perversa de seus oficiais. Pela manhã, o rei se levantou e foi à cova dos leões.

Após uma noite sem dormir, Dario foi ver o que havia acontecido. Ele foi quase ridículo gritando para dentro da cova onde não era possível haver qualquer pessoa viva. Até mesmo nas palavras de Dario, podemos ver o profundo impacto da vida de Daniel sobre ele: "Daniel, servo do Deus vivo! O Deus a quem você serve tão fielmente pôde livrá-lo dos leões?". É admirável que Dario tenha considerado a possibilidade de Deus haver protegido Daniel dos leões. Então, lá da escuridão, veio a resposta calma e confiante de Daniel, dizendo que Deus, de fato, o havia protegido.

Daniel não fora ferido, "pois havia confiado em seu Deus" (v.23). Hebreus 11.33 afirma que a fé do profeta Daniel *fechou a boca dos leões*. Naturalmente, como Hebreus 11.35-40 indica, nao é sempre que Deus livra os Seus filhos. Na Igreja Primitiva foram incontáveis os mártires dados como alimento aos leões e conduzidos à eternidade. Entretanto, quer Deus conceda livramento ou não numa situação específica, Sua habilidade de livrar jamais diminui. Ele é sempre poderoso.

Uma vida de devoção

Guia de estudo 5

Para entender a importância de permanecer fiel em adoração e oração, não importando os obstáculos.

PARA MEMORIZAR
Daniel 6.10

UM PASSO ADIANTE
Pense a respeito
1. Daniel era um homem de muita fé. Examine Hebreus 11.6 e veja como sua vida ilustra esse versículo. Como ele se relaciona conosco, como cristãos, que tentam manifestar a fé em nosso viver?
2. Leia Tiago 2.14-20 e observe os elementos da fé que podem ser encontrados nessa passagem.

APROFUNDAMENTO
Leia Daniel 6.4-22.

1. Meditem e discutam o significado do versículo 4 com relação a Daniel. O que significaria para nossa comunidade se essas coisas pudessem ser ditas a nosso respeito?
2. Daniel cometeu um ato de desobediência a uma lei específica (v.10). Como isso se alinha com Romanos 13.1,2?
3. O que a resposta de Daniel no versículo 21 nos diz sobre o seu caráter?

APLICAÇÃO
1. Como o exemplo de Daniel pode nos incitar a maior devoção? Mencione duas ou três verdadeiras mudanças que essa história sugere em nossa vida de oração?
2. A vida de Daniel parece não ter defeitos, e nós não podemos nos comparar a ele (vv.4,22). Como podemos seguir o exemplo desse profeta, mesmo que não consigamos atingir o mesmo grau de aparente perfeição?

6 TOMANDO UMA DECISÃO

Quando lemos essa história, centenas de anos mais tarde, sabemos qual foi o final — mas Daniel não sabia. Ele conhecia a capacidade de Deus, mas não os detalhes de Seu plano. Sabia apenas que desejava viver para honrar o seu Deus. Ele precisava tomar a decisão de obedecer a Deus, ao invés de submeter-se ao mais poderoso governante de seus dias.

Daniel sabia, também, que não poderia sobreviver sem declarar seu amor a Deus. Foi dito que a Palavra de Deus é o leite, comida e pão da vida. A oração, porém, é a sua respiração. Você pode viver por um longo período de tempo sem alimento, mas não pode sobreviver mais que alguns minutos sem respirar. Tal é a importância da oração. Será que damos essa prioridade à oração em nossa vida? Esse é o principal item que deve ser cultivado na vida espiritual em meio a uma cultura secular.

A necessidade do momento presente
O pregador E. M. Bounds escreveu: "A igreja está procurando métodos melhores; Deus está procurando homens melhores" (*Poder através da oração*, Ed. Batista Regular, 2009).

O drama que se descortina em Daniel vocifera a mesma mensagem para nós. Estamos vivendo em um mundo semelhante ao da Babilônia, cercados por uma cultura que se transforma e que se deteriora constantemente. Entretanto, é para essa espécie de mundo que somos chamados a ser o "Daniel" de nossa própria geração. Podemos nos amoldar à nossa cultura ou, como Daniel, podemos usar as trevas como oportunidade para refletir a luz do nosso Deus.

Enfoque

"Mas profecia bíblica é coisa séria. Deus não enviou visões a homens como Ezequiel, Daniel e João apenas para nos proporcionar um entretenimento emocionante. Deus nos deu os livros proféticos da Bíblia como guias para Seu programa de história. Eles são destinados a nos informar sobre o futuro — porém, mais do que isso, para nos instruir no presente. Deus nos deu esses livros para que soubéssemos viver hoje com o futuro em mente. Ele no-los deu para nos tranquilizar e nos firmar em Sua perspectiva eterna sobre os acontecimentos humanos e celestiais."

—Ray Stedman
(*Aventurando-se pela Bíblia*, Publicações Pão Diário, 2019, p.421)

A escolha é nossa. De que forma como servos de Deus o serviremos em nossa geração? A coragem que Daniel teve em viver para honrar a Deus é exemplo e legado maravilhoso para nós.

É possível, entretanto, que você ainda não tenha começado a viver no propósito do Deus de Daniel. Se for verdade, você pode encontrá-lo nas páginas do Novo Testamento.

De acordo com os escritores dos evangelhos, o Deus de Daniel veio até nós na pessoa de Seu Filho. Após três anos de vida pública, Jesus morreu, voluntariamente, executado em uma cruz para pagar por nossos pecados.

Três dias depois, Ele ressurgiu dos mortos e oferece agora Sua graça a todos os que reconhecem sua desesperança e confiam nele e em Sua dádiva.

Quando você confia em Jesus como seu Salvador, você recebe o poder e os recursos que Daniel teve em seu relacionamento com Deus. Prossiga com confiança — mesmo em um mundo e cultura que se opõem ao Senhor e à Sua bondade.

Tomando uma decisão

Guia de estudo 6

Para estabelecermos o relacionamento com Deus e termos a fé que fundamenta o coração que deseja viver para Ele.

PARA MEMORIZAR
João 1.12

UM PASSO ADIANTE
Pense a respeito
Examine o significado das passagens a seguir: João 3.16; Efésios 2.8,9; Romanos 3.23; 5.8; 6.23.

APROFUNDAMENTO
Leia João 1.1-13.
1. Se entendermos que o termo *Palavra* nos versículos 1 e 2 significa "Jesus", o que esses versículos nos dizem sobre Deus e Jesus?
2. Quem é a "Luz" sobre quem João testemunha (v.9)?
3. O que significa "creram nele [Jesus] e o aceitaram?" (v.12). O que Ele fez para que confiássemos nele? Você já nasceu de Deus (v.13)?

APLICAÇÃO
1. Viver pela fé como Daniel o fez é algo maravilhoso. Que lições da vida desse profeta podem ajudá-la a viver dessa maneira?
2. Qual é a minha resposta à necessidade desse momento?

Adaptado de *A vida espiritual em uma cultura secular*, Estudo Bíblico da Série Descobrindo a Palavra, de autoria de Bill Crowder. © 2014 Ministérios Pão Diário.

COMO FICAR EM PAZ AO EDUCAR SEUS FILHOS?

1 QUESTÕES A SE CONSIDERAR

Um desafio maravilhoso, mas difícil
Olhando retrospectivamente, poucos avós diriam que ser pai foi tarefa fácil. No entanto, muitos diriam que educar os filhos foi e continua sendo uma das experiências mais recompensadoras de sua vida. Outros diriam que, após anos de experiência e conhecimento, não voltariam a ter filhos.

Algumas pesquisas revelam que a desilusão dos pais é bastante comum. Jornais, programas de rádio e televisão mostram que, provavelmente, existe mais do que um sorriso por trás de alguns humorados adesivos para carros:

- Felicidade é gastar a herança dos seus filhos antes que eles o façam.
- Sucesso como pai é viver o suficiente para ser um problema para os seus filhos.

Por trás do humor, existem um coração abatido, noites sem dormir e sonhos destruídos.

A parte mais difícil desse assunto, para qualquer pai, é que os nossos filhos estão em nosso coração. Muitos de nós reconheceríamos rapidamente que não existe nada mais importante do que os filhos. Alguns diriam que, se os seus filhos não estão felizes, nada mais importa. Nada nos preocupa mais do que quando um filho ou filha está doente, ferido ou atemorizado.

Grande parte dessa preocupação dos pais é saudável. Ela resulta de amarmos o suficiente para nos importarmos com os próprios filhos. Porém, chega um momento em que o cuidado pode se transformar em algo doentio, em que a preocupação com uma criança difícil nos desgasta — e é um sinal de perspectiva perdida.

Sinais de perda de perspectiva
Embora todos os pais e mães passem por situações de frustração e ira, muitos concordam que estariam dispostos a fazer qualquer coisa, incluindo dar a própria vida, pela felicidade e bem-estar de seus filhos. Essas expressões de amor são bem-intencionadas e fazem parte do papel de pai ou mãe.

No entanto, em algum momento, a perspectiva pode se perder. Ainda que a preocupação e a dor sejam compreensíveis, não é saudável quando um pai preocupado vive segundo as seguintes convicções:

- *Não deveria ser assim.* Frequentemente, os pais idealizam o que significa ser um bom pai ou uma boa mãe. Muitos de nós temos expectativas irreais sobre o processo de educação dos filhos. Supomos que se somos bons pais, teremos bons filhos — agora. Os pais amorosos não devem ter tais esperanças e expectativas.
- *Nada mais é importante.* É possível não apenas idealizar o processo de educação, mas também "idolatrar" nossos filhos. Embora eles sejam importantes, não são tudo. Não podemos permitir que se tornem o foco consumidor de nossa vida, nem permitir que as decisões imaturas deles fiquem entre o nosso relacionamento com o nosso cônjuge ou com o nosso Pai celestial.
- *Os problemas dos nossos filhos refletem os nossos erros.* Embora leguemos aos nossos descendentes biológicos a nossa própria natureza humana, não é sábio supor que os problemas dos nossos filhos serão sempre proporcionais aos nossos erros.

Na história de Jó — no Antigo Testamento —, os três amigos desse homem atribulado presumem erroneamente que o que estava acontecendo a esse patriarca e aos seus filhos era o resultado do pecado de Jó. Os seus amigos compreendiam o princípio moral de "colhemos aquilo que plantamos". Mas estavam errados ao presumir que os problemas daquela família eram proporcionais ao pecado desse pai.

Se, em nossa preocupação pelos nossos filhos, notarmos erros, poderemos admitir as nossas falhas e comprometer-nos a mudar. Mas seria um erro pensar que, ao mudarmos os nossos "modos", os nossos filhos farão o mesmo.

- *Toda a esperança está perdida.* A experiência de Jó nos ajuda ainda de outra maneira. Com o tempo, aprendemos que os momentos de escuridão e desespero não escreveram o último capítulo de sua vida. No momento certo, o Deus que estivera tão silencioso — por Suas próprias razões — falou. E o fez com muita convicção.

Muitos pais descobriram que os momentos difíceis não são eternos. Com o tempo, eles aprenderam o valor de esperar em Deus, enquanto dependiam de Sua força para amar e cuidar com sabedoria.

A Bíblia promete bons resultados aos pais?

Um dos princípios bíblicos mais citados sobre educação dos filhos se encontra em Provérbios 22.6. Nele, Salomão, o sábio rei de Israel disse: "Ensine seus filhos no caminho certo, e, mesmo quando envelhecerem, não se desviarão dele". O original hebraico diz, literalmente, que, se você ensinar (iniciar, impregnar, consagrar ou dedicar) uma criança em seu próprio caminho (em relação ao seu próprio temperamento e necessidades individuais em cada etapa de seu crescimento ou desenvolvimento), quando ela for adulta (palavra que significava "barbudo" ou "maduro"), não se afastará desse caminho.

Alguns entendem isso como uma promessa. Outros pensam que ela é uma regra geral de sabedoria que expressa a influência que os pais têm sobre um filho facilmente impressionável. Existe algo verdadeiro em ambas as perspectivas. Pelo menos, esse provérbio nos faz ponderar sobre o fato de que, se você proporciona à criança um bom começo, ensinando-a de forma apropriada em relação às suas próprias necessidades, então a influência positiva deste cuidado inicial permanecerá com ela pelo resto de sua vida. Ela nunca se afastará do que os pais lhe ensinaram. Isso não significa que o filho adulto sempre agirá conforme a influência de seus pais, mas levará na memória a instrução que recebeu até o dia em que morrer.

Em geral, a Bíblia mostra que a abordagem madura da educação de filhos segue o exemplo do Pai celestial. Ele amou como nenhum outro pai amou e também concede espaço suficiente a Seus filhos para que façam suas próprias decisões e cometam os seus próprios erros.

Questões a se considerar — Guia de estudo 1

Para compreender algumas das questões básicas relacionadas ao exercício da paternidade bíblica.

PARA MEMORIZAR
Provérbios 22.6

UM PASSO ADIANTE
Pense a respeito
Leia os versículos a seguir e defina o que eles dizem a respeito das responsabilidades do exercício da paternidade: Deuteronômio 6.7; Isaías 38.19; 2 Coríntios 12.14; Efésios 6.4; 1 Timóteo 3.4,12; Tito 2.4.

APROFUNDAMENTO
Leia Provérbios 22.6 e Colossenses 3.21.
1. Em sua opinião, quais são as implicações espirituais e morais da ordem "Ensine seus filhos..."?
2. Compare o desafio positivo da educação paternal em Provérbios 22.6 com a advertência negativa contra a provocação dos pais em Colossenses 3.21. Como esses versículos se unem no processo de educação dos filhos?

3. Considerando a abordagem sobre Provérbios 22.6 e o ensino de toda a Bíblia sobre a questão da paternidade, qual você considera a visão mais precisa? Por quê?

APLICAÇÃO
1. Se "...no caminho certo..." (Pv 22.6) significa "em relação ao seu próprio temperamento e necessidades individuais", os pais devem aprender a entender completamente seu filho. Como é possível fazer isso? O que você pode fazer para melhorar como alguém que "estuda" seu filho?
2. A sua filosofia de educação atual é diferente da ensinada em Provérbios 22.6? Se sim, no que ela difere? Você acha que algumas mudanças são necessárias na forma como você educa? Que mudanças está disposta a fazer?

2 GARANTIAS, O JOGO DA CULPA E A ESCOLA

Aceitando uma garantia limitada
Como pais que, por vezes, se veem pensando sobre o futuro, podemos nos ver na situação em que desejaríamos que Deus tivesse nos assegurado de resultados mais previsíveis. Na verdade, é mais amoroso, no entanto, educar os filhos sem esse tipo de confiança. Ao observarmos a maneira como o nosso Pai celestial nos amou, veremos que educar vale o esforço — não porque os nossos filhos sempre façam as escolhas certas, mas porque temos a oportunidade, o privilégio e a paz de amá-los da maneira como Ele nos amou.

Uma boa educação não garante bons filhos. Ela somente nos assegura de que os nossos filhos terão a tremenda vantagem de terem recebido boa instrução. Pense no Deus da Bíblia. Ele é um Pai perfeito, mas veja os Seus filhos Adão e Eva, por exemplo; foram criados no melhor dos ambientes. No entanto, jogaram tudo fora, seguiram o caminho da serpente e deram à luz um assassino.

Então veio Israel, uma nação querida e amada, que repetida e cronicamente se tornou um filho incorrigível e rebelde.

Depois veio a Igreja, a qual repetidas vezes manchou o nome do Pai por toda a Terra.

Ezequiel, o profeta, presumia que um bom pai pode ter um filho ruim. Ele também nos lembrou que um pai mau pode ter um filho bom. Insistiu incisivamente contra a existência de um relacionamento determinista entre pais e filhos (Ezequiel 18.1-28).

Essa "tensão da exceção" corre na contramão daquilo que muitas vezes esperamos nos relacionamentos entre pais e filhos. Quando vemos um filho de uma boa família desviar-se para o mal, a nossa tendência é pensar que, em algum momento, deve ter havido um lado obscuro de negligência dos pais. Pode até ser, mas o que dizer dos filhos que vêm de lares problemáticos e se tornam excelentes pessoas? Temos a mesma tendência a pensar que deve ter havido alguma virtude paterna redentora e determinante que não vimos antes? Ou pensamos que esse filho superou as origens de sua criação e decidiu que seria diferente?

Já é bastante difícil carregar a preocupação que qualquer pai ou mãe amorosos sentem sente pelo bem-estar de seus filhos. Basta-nos saber que não demos aos nossos filhos tanto amor, paciência e sabedoria quanto desejaríamos ter dado. Portanto, é ainda mais patético ter nossa paz roubada por pensamentos equivocados.

É lamentável quando os pais experimentam falsa culpa somente por crerem que, se fizerem as coisas certas, seus filhos sempre se sairão bem na vida. A verdade é que, se fizermos bem a nossa parte, os nossos filhos serão abençoados com um bom alicerce.

Aprendendo as regras do jogo
O tênis pode ser jogado de duas maneiras: com o tipo de senso esportivo, que sabe ganhar e perder, ou simplesmente para ganhar e fazer dinheiro. Essa última é o legado de alguns jogadores profissionais que mancharam a dignidade do esporte com os seus acessos de raiva, sua linguagem torpe, suas duras críticas com os árbitros e suas desculpas amargas.

Os pais têm opções semelhantes. Eles podem se concentrar em desenvolver o seu próprio autocontrole, suas habilidades e reações. Ou podem tentar desviar a atenção de suas próprias debilidades culpando os outros por seus problemas. Com esta última atitude, a educação dos filhos termina em desculpas como: "Esses filhos estão me deixando louca. Deixam-me tão furiosa! Às vezes, penso que estou perdendo a cabeça. Eu sei que não deveria gritar, mas não consigo evitá-lo. Eles trazem à tona o pior em mim. Além do mais, creio que grande parte de meu problema se deve ao fato de eu vir de um lar problemático. Eu não consigo parar de gritar, bater e discutir com estes malcriados. Isso não está em mim."

Os nossos primeiros pais começaram a rolar a bola da culpa. Adão culpou Eva. Eva culpou a serpente. A serpente como o diabo, sem dúvida, culpou Deus, mas Deus responsabilizou Adão por suas escolhas e Eva pelo que havia decidido fazer. A serpente também não escapou.

Hoje, tendemos a dizer que os nossos problemas de educação resultam dos erros de nossos próprios pais. Pode haver muita verdade nisso, mas há muito tempo o Senhor ensinou o Seu povo a não culpar os outros por suas próprias escolhas. Ele se opôs a um provérbio usado para diminuir a responsabilidade pessoal das próprias ações: "Os pais comeram uvas azedas, mas os dentes dos filhos é que estragaram" (Ez 18.2).

Isso não quer dizer que Deus negue os problemas que herdamos de nossos pais. As Escrituras certamente reconhecem a existência de predisposições desenvolvidas ou biologicamente herdadas. Deus disse: "...eu, o

Senhor, seu Deus, sou um Deus zeloso. Trago as consequências do pecado dos pais sobre os filhos até a terceira e quarta geração dos que me rejeitam" (Ex 20.5).

Entretanto, as Escrituras também mostram que estar sob a influência de nossos pais não elimina a responsabilidade de como escolhemos reagir a essa influência. Depende de nós escolher se queremos, inconscientemente, seguir o exemplo de nossos pais, se vamos, de maneira consciente, ansiar por isso ou escolher deliberadamente outro caminho.

Um filho adolescente imaturo pode testar os nossos limites. Um pai alcoólatra ou uma mãe neurótica podem permanecer para sempre em nossa memória. Mas nenhum deles nos é justificativa para nos comportarmos como adolescentes irados, críticos ou abusivos em nosso próprio comportamento.

Voltando para a escola

Justamente quando pensamos que terminamos os estudos, nos deparamos com um "baixinho" de uns 10 quilos que rapidamente testa os nossos limites. De repente, nos vemos "de volta à escola". Começamos a compreender que a educação dos filhos não é somente uma questão de descarregar lentamente o conhecimento que acumulamos em mentes frescas, receptivas, moldáveis e famintas. Começamos mais uma vez, a procurar por mais respostas.

Desenvolvemos uma nova perspectiva da "folha em branco" da infância. Ao tomarmos na mão o giz da sabedoria paterna, descobrimos que o quadro-negro está escorregadio e não aceita o nosso desejo entusiasta de escrever e ensinar algo maravilhoso. Essa resistência ao nosso ensino vai durar durante todo o tempo que tivermos os nossos filhos. Para nossa decepção, descobriremos que, com poucas exceções, eles aprendem melhor quando não estamos olhando.

Não gostaríamos que fosse assim. Pensamos que um filho deveria ser um documento fresco e em branco, ao qual pudéssemos transferir todo o conhecimento que desejaríamos ter levado a sério quando tínhamos a idade dele.

Ainda assim, a aprendizagem acontece, quer percebamos ou não. Aprendemos, finalmente, a entender nossos próprios pais. Descobrimos o que significa amar desesperadamente uma criança que parece estar decidida a imitar as nossas falhas, ao mesmo tempo que resiste aos nossos valores, expectativas e sonhos.

Estamos aprendendo algo sobre o coração de Deus, o qual transborda de amor pelos pequeninos que levam Seu nome e Sua imagem. Estamos aprendendo algo sobre a Sua alegria, sobre a dor que Ele sente quando os Seus filhos ignoram a Sua correção amorosa (Is 1.2).

Aprendemos também muito sobre nós mesmos. Descobrimos que essas crianças nos fazem manifestar o melhor e o pior que há em nós. Todavia, até o pior não é de todo ruim. Os nossos nervos em frangalhos, a ansiedade e a ira fazem por nós o mesmo que uma dor de cabeça ou uma febre. A tentação de berrar e gritar ou fazer valer a nossa autoridade de pais ("Porque eu disse, por isso!") são sintomas que não devem ser ignorados.

Essas reações nos dizem que ainda temos muito a aprender sobre o que Deus pode fazer em nós. Precisamos crescer em Seu discernimento, Seu autocontrole, em Sua capacidade de nos orientar com dignidade através dos desafios de conduzir um pequeno "centro do universo" à maturidade. Ao nos conscientizarmos de que isso é bom para nós, encontraremos paz.

Garantias, o jogo da culpa e a escola

Guia de estudo 2

Para observar algumas das dificuldades do exercício da paternidade e como se preparar para elas.

PARA MEMORIZAR
Êxodo 20.5

UM PASSO ADIANTE
Pense a respeito
Leia Ezequiel 18.1-28. O que essa passagem bíblica ensina sobre a responsabilidade individual e responsabilidade diante de Deus? E sobre a misericórdia e o perdão de Deus?

APROFUNDAMENTO
Leia Isaías 1.2,3.
1. Por que o Senhor se refere ao povo de Israel como filhos que Ele criou e engrandeceu? De que maneira isso se compara à forma como criamos nossos filhos?
2. A partir desses versículos, como você descreveria a reação de Deus à rebelião dos Seus filhos? Ira? Tristeza? Decepção? Como você reage à desobediência dos seus filhos?
3. No versículo 3, o Senhor disse que Seus filhos não reconhecem sua desobediência. Como podemos ajudar nossos filhos a compreenderem a necessidade de obedecer?

APLICAÇÃO
Com quais dificuldades relacionadas à educação você tem lidado no momento? Você tem questões na sua criação que ainda não foram resolvidas? Invista alguns momentos orando por sabedoria e direção para lidar com esses assuntos de maneira que honre a Cristo.

3 ANIMAIS DE ESTIMAÇÃO, CONTRATOS E DECISÕES DIFÍCEIS

Aprendendo com animais de estimação
Antes de se sentir ofendida pela comparação, pense nisto: o que é necessário para ensinar um cachorro a sentar-se e pedir algo? Quantas vezes você teria que bater nele com um rolo de jornal, gritar, argumentar ou derrubá-lo com insultos? É possível que, mesmo que consiga fazer com que o seu cachorro fique longe do sofá da sala, batendo-lhe diversas vezes com jornal, essa mesma tática venha a falhar ao ensinar-lhe que se sente, role ou lhe traga os seus chinelos. Um cachorro não vai aprender novos truques, a não ser que lhe demos um petisco, o abracemos ou lhe ofereçamos uma aprovação calorosa.

Educar uma criança é semelhante. Estabelecer as normas, ameaçar com castigo ou fazer uso da autoridade, dizendo: "Porque eu estou mandando e sou a sua mãe, é por isso!" funciona somente por um período. Depois disso, nem todas as ameaças do mundo serão capazes de fazer o seu filho lhe dar atenção. Essas atitudes podem levá-lo a se rebelar na sua frente e certamente também pelas suas costas.

Os filhos não podem ser forçados a serem bons — não indefinidamente. Com o tempo, vão começar a fazer o que eles querem, independentemente de você gostar disso ou não. O segredo é ajudá-los a desejar fazer o que é certo, a fim de seguirem as ordenanças de Deus e também para que as suas necessidades sejam atendidas. Todos desejam ser livres, importantes, experimentar a satisfação e serem valorizados. Comece ajudando-os a sentirem que realmente são amados.

Encoraje-os. Passe tempo com eles. Faça o que eles gostam de fazer. Toque-os. Abrace-os. Faça coisas por eles que demonstrem que estão em seu coração para sempre.

Não se limite a dar-lhes amor. Dê-lhes limites destinados a proteger a sua liberdade. Mostre-lhes o que acontece às pessoas que se recusam a viver sob o conselho sábio e amoroso de Deus. Procure encontrar formas criativas para mostrar-lhes que a Palavra de Deus nos foi dada para suprir as nossas mais profundas necessidades e desejos.

Ajude-os a encontrar a sabedoria que há em Provérbios que mostra repetidamente e de muitas maneiras diferentes que, apesar de Deus poder recorrer à Sua autoridade, Ele não o faz. Ele nos concede o discernimento e o encorajamento.

Como mãe, você evitará muita frustração se perceber a importância de dar aos seus filhos boas razões e incentivos para as escolhas corretas. Eles precisam ver como essas razões e encorajamentos se encaixam em sua necessidade por satisfação, importância, liberdade e valorização. Retê-los é provocar a ira dos filhos (Ef 6.4) e comprometer a nossa tranquilidade.

Vivendo por contrato
Os pais sábios não tentam *forçar* seus filhos a se comportarem. Eles sabem que não podem obrigá-los a serem bons, assim como não se pode forçar um cavalo a beber água. Você pode orientar a criança para que seja boa, mas não pode obrigá-la. Esse é o poder do espírito humano. Crianças que estão de fato sentadas exteriormente, podem permanecer em pé em seu interior.

Isso não quer dizer que não tenha que obrigá-las a fazerem coisas que não queiram. Existem exceções, especialmente nos primeiros anos de vida.

Uma das lições mais importantes que como pais precisamos aprender é a forma como Deus lida com os Seus filhos. Ele é um Deus de contratos e nos diz o que acontecerá se fizermos o que nos pede. Também nos comunica, com detalhes suficientes, o que acontecerá se nos recusarmos. Ele se dispõe a nos ajudar a tomar boas decisões se lhe pedirmos sabedoria. E prontamente oferece Seu auxílio para fazer algo que Ele quer que seja feito, o qual não podemos fazer por conta própria.

A questão da escolha é essencial para todo o relacionamento com os Seus filhos. Se eles se saem mal, é porque decidiram assim. Quando sofrem as consequências, é porque escolheram conscientemente ir contra a Sua vontade.

O melhor que podemos fazer é demonstrar aos nossos filhos claramente o que queremos e em quanto tempo desejamos que seja feito. Diga a eles o que acontecerá se obedecerem e se não obedecerem. Em seguida, permita que escolham as consequências. Se ficarão de castigo, se perderão os privilégios de assistir TV ou usar o computador, se não poderão pegar o carro emprestado ou usar o celular, se terão que ir para a cama mais cedo ou não poderão ir com a família a um jogo — a escolha é deles, não nossa.

Ensinar os nossos filhos a escolherem o seu próprio caminho e então deixá-los sentir o prazer ou a dor dos resultados de suas próprias escolhas é uma das coisas mais importantes que podemos fazer, não apenas para eles, mas também para a nossa própria tranquilidade.

Se fizermos isso, podemos parar de gritar, de ameaçar e de repetir as coisas. Isso significa que podemos parar de nos queixar e reclamar com eles para que recolham as roupas espalhadas pelo quarto. Podemos baixar o tom da nossa voz e ser civilizados com respeito às nossas expectativas. Significa dizer: "De agora em diante, filho, você escolhe como quer as coisas. Da mesma maneira como Deus nos trata como filhos, nós também o faremos. Estou aqui para ajudá-lo, mas sob estas condições. Você decide!".

Fazendo nossos filhos chorar

Vivemos em uma época de abuso infantil desenfreado. Por isso, estamos conscientes dos perigos de bater em uma criança em um momento de ira ou de usar qualquer instrumento, inclusive a mão, que pode causar sérios danos físicos. É igualmente importante se dar conta de que, à medida que uma criança cresce, ela pode ser corrigida pelo uso de consequências previamente estabelecidas, conforme a escolha dela (veja tópico anterior).

Esse é um lado da moeda. O outro lado é que os pais sábios não terão receio de fazer seus filhos chorarem quando necessário. A eterna sabedoria das Escrituras é clara:

- *Quem não corrige os filhos mostra que não os ama; quem ama os filhos se preocupa em discipliná-los* (Pv 13.24).
- *Discipline seus filhos enquanto há esperança; do contrário, você destruirá a vida deles* (Pv 19.18).
- *O coração da criança é inclinado à insensatez, mas a vara da disciplina a afastará dela* (Pv 22.15).
- *A criança que é corrigida se torna sábia, mas o filho indisciplinado envergonha sua mãe* (Pv 29.15).
- *Discipline seus filhos, e eles darão paz a seu espírito e alegria a seu coração* (Pv 29.17).
- *Nenhuma disciplina é agradável no momento em que é aplicada; ao contrário, é dolorosa. Mais tarde, porém, produz uma colheita de vida justa e de paz para os que assim são corrigidos* (Hb 12.11).

Essas podem ser palavras duras para uma mãe ou um pai ouvirem. A curto prazo, é muito mais fácil fazer a vontade de nossos filhos do que suportar a fúria de suas lágrimas e de suas queixas. E isso é doloroso. Mas, a longo prazo, a correção amorosa, apropriada e oportuna é necessária tanto para o bem-estar dos nossos filhos quanto para a nossa própria tranquilidade. Muitas vezes, nossos filhos são muito semelhantes ao servo descrito no livro de Provérbios: "Para corrigir o servo é preciso mais que palavras; ainda que ele as entenda, não obedecerá" (29.19).

Oremos para que, quando fizermos nossos filhos chorarem, isso ocorra por causa de nosso amor e não pela nossa ira. Não foi prometido paz àqueles pais que fazem seus filhos chorarem por egoísmo.

Isso significa que os pais não deveriam dar razões para seus filhos dizerem: "Você não está sendo justo comigo, não está me ouvindo. Está exigindo mais do que posso dar e nunca está satisfeito. Você reage de forma exagerada pelo que fiz de errado. Recusa-se a admitir quando está errado. Eu não posso argumentar com você, pois muda constantemente de ideia. Você só usa a sua autoridade como pai. Você é mau e imprevisível. Eu nunca sei quando vai explodir de raiva. Tenho medo de você. Você deveria me proteger, mas eu preciso ser protegido de você. Eu o odeio por me fazer chorar".

Animais de estimação, contratos e decisões difíceis — Guia de estudo 3

Para ver algumas das tarefas da educação dos filhos e como se ocupar com elas.

PARA MEMORIZAR
Efésios 6.4

UM PASSO ADIANTE
Pense a respeito
Considere cuidadosamente os versículos de Provérbios listados anteriormente. De que maneiras esses princípios têm sido rejeitados pela cultura contemporânea? De que forma pais sem sabedoria ou sem amor podem abusar desses princípios?

APROFUNDAMENTO
Leia Hebreus 12.9-11.
1. A implicação do versículo 9 é que a disciplina aplicada corretamente produz respeito, não ódio ou ressentimento no coração da criança. Por que a disciplina amorosa é uma característica da verdadeira educação dos filhos, até mesmo a paternidade exemplificada pelo próprio Deus?
2. Quando Deus disciplina Seus filhos, é "para aproveitamento" e para produzir santidade em nós (v.10). Como mãe, qual o objetivo de sua disciplina? Quais qualidades você quer ver produzidas em seus filhos como resultado de uma disciplina amorosa?
3. De acordo com o versículo 11, a disciplina em si é dolorosa. Quais são os resultados de tal processo doloroso? Vale a pena sofrer por eles? Por quê?

APLICAÇÃO
Você já viu alguém (ou se viu) disciplinando uma criança por raiva em vez de amor? Como foi para você? E para o seu filho? Quais passos práticos você pode dar a fim de proteger-se de lidar com seu filho num momento de raiva?

4 AGRICULTURA, SACERDÓCIO E CRESCIMENTO DOS FRUTOS

Trabalhando como um agricultor
A educação dos filhos é mais semelhante à agricultura do que à culinária. Boas refeições podem ser preparadas em questão de algumas horas. E seguindo uma receita, você pode assegurar-se do resultado. Mas com crianças as fórmulas não funcionam muito bem.

A fim de obter um modelo para criar filhos, é necessário rastrear o pão e a carne pelo caminho de volta à fazenda de onde vieram. Aí você estará mais próxima do que é educar. A educação de filhos é mais um trabalho do que um jogo. Criar filhos é arar e arrancar; limpar e plantar. É tirar a erva daninha, cultivar e regar e então esperar, no Senhor, pelo tempo da colheita. Dependendo do ano, você pode ter uma safra abundante. Outras colheitas podem se perder devido a pragas, enfermidades, muita ou pouca chuva, calor demais ou frio excessivo.

Isso não quer dizer que a agricultura seja somente uma "questão de sorte". Ela pode ser muito científica. Se colocarmos um preguiçoso ou um *playboy* na fazenda, você pode ter quase certeza de que passará fome no outono. Um bom agricultor trabalha arduamente e sabe o que fazer com as colheitas específicas e com os animais que está criando. Ele não cria galinhas como se fossem perus, nem cultiva o milho como se fosse alfafa. Sobretudo, você não vê o agricultor experimentar receitas rápidas com uma atitude de "isto com certeza não falhará". Um bom agricultor é humilde. Ele conhece o que cultiva, mas não presume o resultado. Tudo o que sabe é a sua responsabilidade a cada passo do caminho. Se obtiver uma colheita abundante é porque terá feito as coisas certas que estavam sob o seu controle, e também porque aquilo que não podia controlar funcionou.

O apóstolo Paulo fez alusão a esse modelo da agricultura em sua primeira carta aos coríntios no Novo Testamento (1 Coríntios 3.5,6,8; 4.12,14-16).

Paulo estava pensando em filhos espirituais, o que é diferente de educar os próprios filhos. Mas existem fortes paralelos. Em ambos os casos, você precisa fazer o que é correto: trabalhar com afinco, esperar em Deus para a colheita e compreender que será recompensado — não pelos resultados, mas pelo cuidado amoroso que dispensou.

A paz de espírito está na compreensão de que a educação dos filhos implica um longo processo de prover o que os nossos pequenos necessitam, enquanto esperamos neles e em Deus pelos resultados, e não tentando forçar um crescimento rápido. Não há paz nem produtividade se tentarmos acelerar a colheita.

Aceitando a função de sacerdote
Eli, um sacerdote do Antigo Testamento, criou um filho que não era seu (1Sm 1.24–2.21). Por diversos anos, assumiu o papel de pai de um menino chamado Samuel. Mas este era somente um menino que estava sob os cuidados desse sacerdote. De certa forma, temos um relacionamento semelhante com os nossos filhos. Eles são como tudo que Deus nos confiou. Na realidade, eles não são nossos. Os filhos foram deixados sob os nossos cuidados temporariamente pelo Senhor, para serem educados para Ele.

De certa forma, o pensamento de que os nossos filhos não nos pertencem não é muito consolador. Nós sabemos o que se sente quando nos preocupamos em devolver um carro alugado ou uma máquina de cortar grama que estão em más condições. Por outro lado, compreender que os nossos filhos são do Senhor é um pensamento bastante libertador. Isso significa que o verdadeiro dono da criança se certificará de que eu tenha todos os recursos que necessito para cuidar dela, em nome de Deus.

Os pais também são como Eli, semelhante a sacerdotes. Em Hebreus 5.1-4 vemos que um sacerdote intercede pelo seu povo e que o faz consciente de suas próprias debilidades. Como conhece os seus próprios problemas, ele pode se solidarizar e compadecer-se ao lidar com aqueles que o buscam para obter ajuda. O autor de Hebreus escreveu o seguinte acerca do sumo sacerdote: "...é capaz de tratar com bondade os ignorantes e os que se desviam, pois está sujeito às mesmas fraquezas. É por isso que precisa oferecer sacrifícios pelos próprios pecados, bem como pelos pecados do povo" (5.2,3).

Como isso foi dito sobre os sacerdotes que serviam antes da vinda de Cristo, o nosso Grande Sumo Sacerdote, alguns podem pensar que isso está obsoleto. Entretanto, o mesmo autor também disse de Cristo: "Nosso Sumo Sacerdote entende nossas fraquezas, pois enfrentou as mesmas tentações que nós, mas nunca pecou" (4.15).

O Novo Testamento chama agora os filhos de Deus de sacerdócio santo e real (1Pe 2.5,9).

Pense nas implicações que existem para os pais. Não faz sentido esperar que os nossos filhos sejam melhores do que nós éramos. Talvez anelemos que eles façam boas decisões. Quem sabe, oremos para que sejam mais sábios do que é normal para a sua idade. Mas nós nem sempre fomos sábios e maravilhosos. Já estivemos no mesmo ponto onde estão nossos filhos hoje. Fomos igualmente imprudentes, com uma visão curta e ingênua. O que temos para lhes oferecer não é um exemplo perfeito, mas corações solidários, compassivos que se aproximam continuamente deles em amor e de Deus, o seu Pai celestial e verdadeiro dono — em seu favor.

Crescendo como uvas em uma videira

O segredo de uma fruta está no seu galho e raízes. Uma boa educação é o fruto de um bom caráter, que tem as suas raízes e cresce no próprio Deus. A Bíblia chama esse caráter de "o fruto do Espírito". Isso significa que ele vem do Espírito Santo de Deus e não de nossa própria capacidade ou força. Observe o que o apóstolo Paulo escreveu em Gálatas 5.22-25 e reflita em como isso assegura uma boa educação dos filhos.

A razão pela qual as palavras de Paulo são tão importantes para os pais é que elas não só refletem as qualidades que asseguram uma boa educação, mas também indicam os recursos do Espírito que não encontramos em nós mesmos ou em nossa própria experiência. Se Paulo está certo, então o nosso próprio senso de insuficiência e nossa própria história de relacionamentos malsucedidos podem nos beneficiar. Essas podem ser as necessidades que nos levam a encontrar no Espírito de nosso Pai celestial as qualidades paternas que, por natureza, não temos em nós. Consulte Gálatas 3.3-5 e veja o que Paulo escreveu aos cristãos que tentaram viver somente pelas próprias forças.

Os recursos espirituais de caráter sobre os quais Paulo estava falando não são resultado de tentar viver segundo os ideais de Deus. Eles são produzidos quando cremos e confiamos que o Senhor deseja e pode fazer isso em nós.

Precisamos lembrar uns aos outros continuamente que o segredo de uma boa educação é como a fruta que está fixa aos galhos e às raízes do Espírito de Cristo. Quando estamos de acordo com Jesus e com a Sua Palavra (Jo 15.1-14), crescemos em nossa experiência do fruto do Espírito Santo.

- Amor sobrenatural *versus* puro esforço e fadiga
- Bom senso de humor (alegria) *versus* pessimismo
- Tranquilidade de espírito *versus* ansiedade
- Atitude paciente *versus* ira precipitada
- Bondade *versus* maldade
- Bons motivos e intenções *versus* egoísmo
- Cumprir promessas *versus* não cumprir a palavra
- Brandura *versus* aspereza
- Domínio próprio *versus* comportamento vicioso

Agricultura, sacerdócio e crescimento dos frutos — Guia de estudo 4

Para ver algumas das oportunidades de criar filhos e como se comprometer com elas.

PARA MEMORIZAR
Provérbios 25.11

UM PASSO ADIANTE
Pense a respeito
Observe os textos de 2 Coríntios 12:14,15; Gálatas 4:19; 1 Tessalonicenses 2:7,11 e liste as várias maneiras que Paulo compara o seu ministério ao desafio de ser pai.

APROFUNDAMENTO
Leia 1 Coríntios 4.12-16.
1. Como a descrição de Paulo de seu trabalho no ministério (observada nesses versículos) se compara com a paternidade?
2. Quais emoções Paulo estava transmitindo (vv.12,13)? Como esses versículos são paralelos às emoções que às vezes sentimos como pais?
3. Por que Paulo lembrou aos coríntios de que ele era seu pai espiritual (v.15)? De que maneira o ministério singular dos pais difere de qualquer outra influência positiva que uma criança possa receber?

APLICAÇÃO
A declaração de Paulo "sejam meus imitadores" (1Co 4.16) é corajosa e ousada. De que maneiras você gostaria que seu filho a imitasse? Ou não a imitasse?

5 ENVOLVIMENTO, ABNEGAÇÃO E TERMINAR BEM

Buscando momentos apropriados para ensinar

No Antigo Testamento, Deus ensinou o Seu povo a construir pilhas de pedras para que, quando um dia seus filhos perguntassem por que elas estavam ali, os pais estivessem preparados para contar a história de como o Deus de Israel havia suprido maravilhosamente as suas necessidades naquele lugar. O segredo estava em estar preparado para momentos de ensino (Jo 4.21,22).

Os pais-mestres de Israel não deviam ser tediosos. Eles deviam fazer coisas que motivassem seus filhos a perguntar: "Pai, mãe, por que estamos fazendo isso? Por que sempre temos um lugar vazio em nossa mesa?" (Dt 6.6-9,20-25).

O pai que escreveu os Provérbios para o seu filho compreendeu o poder que tem uma palavra dita no momento certo (15.23; 25.11). Ele veio de uma tradição que usava formas criativas para cativar o coração das crianças às perspectivas transformadoras da vida. Os judeus ensinavam usando pilhas de pedras, enigmas, objetos, drama, figuras de linguagem e, vendo os filhos, em geral, como participantes desejosos e ativos em sua própria aprendizagem.

Essas lições objetivas são diferentes dos tipos de devocional em família que são forçados, ritualistas e sistemático. Estes últimos, raramente têm o efeito espiritual desejado.

A menos que as nossas palavras cheguem em momentos apropriados para ensinar, elas não inclinarão o coração de nossos filhos a Deus. O que os devocionais obrigatórios fazem é ajudar um pai a se sentir menos culpado por algo que ele crê que deve fazer.

É muito melhor planejar e aproveitar os momentos para ensinar os filhos. Conversas amorosas sobre a vida, geralmente são mais bem recebidas e efetivas, enquanto se está desfrutando uma tarde em um barco de pesca, uma caminhada por um bosque, um passeio de carro por uma região campestre, um diálogo espontâneo durante uma refeição ou uma história bíblica simples e oração na hora de dormir (Dt 6.6-9). O desafio é que você não pode ensinar as crianças dessa maneira sem muito envolvimento e um tempo de criatividade com elas.

Não estou dizendo que não deveríamos ter devocionais durante as refeições com os nossos filhos. Se está funcionando bem e tendo os resultados que você esperava, continue. Mas, se tudo o que está fazendo é forçar os seus filhos a aprenderem algo, é possível que estejam aprendendo a se ressentir não só da leitura da Bíblia e da oração, mas também de você e do seu Senhor.

Morrendo mil vezes

Os pais mais eficientes morrem mil vezes. Ocasionalmente, é o resultado de passarem vergonha por causa das atitudes dos seus filhos. Não raro, é consequência de frustrações e de uma absoluta fadiga. Outras, é devido a uma profunda preocupação pelas escolhas limitadas e autodestrutivas de um filho ou filha. Mas muitas vezes esses pais morrem voluntariamente para os seus próprios desejos, por ser essa a necessidade para se ter um filho.

Ninguém disse que seria fácil conduzir os filhos até a maturidade. É difícil para a mãe passar pelas contrações durante o parto, doar anos de sua vida com bebês e filhos pequenos, que exigem constantemente a sua atenção.

> *Enfoque*
>
> "Momentos de quietude. Momentos de barulho. Momentos agitados. Momentos livres. Sua família tem todos eles. Entre aqueles momentos que ocupam o seu dia, você deve tentar encontrar os momentos de 'ensino'. Esses são os minutos e os segundos importantes quando seus filhos estarão mais dispostos a aprender os princípios essenciais que você pretende lhes ensinar. Prepare-se agora, tendo em mente os conceitos que você deseja que eles aprendam. Assim, espere pelos momentos de ensino."
>
> —Dave Branon

É complicado para a esposa e o marido renunciarem às liberdades que desfrutavam antes de terem filhos. É pesaroso para um pai colocar de lado a sua vontade e dar ao filho o espaço que ele necessita para tomar as suas próprias decisões, assim como conceder aos filhos cada vez mais liberdade e controlá-los cada vez menos, de maneira que possam começar a sentir as responsabilidades da maturidade. É difícil não intervir e resgatá-los quando se metem em problemas e permanecer firme em seu posicionamento ao colocar limites e controles razoáveis, de forma que os filhos não estejam totalmente por conta própria.

Seria mais fácil, algumas vezes, ceder e ver-se livre deles, mas é custoso ajudá-los constantemente a verem que a verdadeira questão não é o que você quer que eles façam, mas o que eles vão escolher e as suas respectivas consequências. É difícil não intervir e assumir o controle. É difícil ser paciente o bastante e dar-lhes todo o tempo que necessitam para crescer. É como morrer e deixá-los enfrentar este mundo frio e cruel.

É um trabalho árduo orar por eles diariamente e é ainda mais difícil orar de tal maneira que a oração reflita a nossa entrega a Deus. Não é fácil dizer ao Senhor: "Faz o que for necessário para que meus filhos se aproximem de ti e cheguem à maturidade da fé e do amor. Senhor, faz o que for preciso."

Ironicamente, estamos inclinados a pensar que, seguindo um caminho mais fácil, o resultado será menos dor e mais alegria. Uma boa educação dos filhos, entretanto, é resultado do caráter à semelhança de Jesus. E a não ser que sigamos a orientação de Cristo e a do apóstolo Paulo (2Co 4.1-12), nunca veremos a diferença que o Espírito do Senhor pode fazer em nós. Somente quando morrermos para nós mesmos, os nossos filhos terão o benefício de ter Cristo educando-os através de nós.

Preparando-se para um ninho vazio

A síndrome do ninho vazio se estabeleceu como a verdadeira dimensão da crise da meia-idade. A vida sem os filhos é reconhecida hoje como uma ameaça real aos casamentos, que sobreviveram às provas anteriores. Pais que viveram toda a vida em função de seus filhos repentinamente se encontram andando pela casa, desconcertados. Tornam-se inquietos, insatisfeitos e irritados. Ansiedade, ira e depressão podem chegar lentamente, como a neblina.

Se a síndrome do ninho vazio é sinal de outra prova para os pais e o seu casamento, também deveria ser vista como a marca de sucesso e esperança para o filho.

Os filhos não nasceram para permanecer crianças. O melhor para eles não é sempre estarem protegidos e guiados por pais que sempre aplainem e encubram tudo. Desde o dia em que um bebê nasce, os seus pais deveriam entender que a sua missão é a de preparar essa criança para "voar".

A maturidade é melhor do que a imaturidade, a independência melhor do que a dependência e o dia de deixar o lar melhor do que o dia da chegada a ele.

Se depois de passar pelas dores normais da partida os pais continuam a se envolver de maneira exagerada na vida dos filhos e protegê-los demais, então é necessária uma autoanálise. Pode ser tempo de admitir e se desfazer de um padrão egoísta de controle e domínio, de aceitar o fato de que estivemos excessivamente envolvidos, não para o bem do filho, mas para satisfazer as nossas próprias necessidades egoístas. É difícil deixá-los ir, especialmente se nos tornamos dependentes deles. A dependência é uma característica infantil em nós e é uma advertência de que não estamos encontrando a nossa satisfação e paz em Deus.

É interessante observar a maneira pela qual Deus age como Pai com os Seus filhos. Nos tempos, do Antigo e do Novo Testamentos, o Pai celestial alimentou temporariamente os Seus filhos com uma grande provisão de sinais maravilhosos e milagres para assegurá-los de Sua presença. Com o tempo, retirou a evidência dos milagres e os forçou a imergir e nadar nas disciplinas da fé.

Deus criou o homem e a mulher para, em determinado tempo, deixarem os seus pais e se unirem a um novo companheiro, de sua escolha. É nessa nova esfera de vida independente que uma pessoa está mais livre para aprender a amar a Deus, a seus pais, a seu cônjuge, a seus filhos e seus amigos. É aqui que podemos encontrar a paz de espírito que Deus provê.

Antes tarde do que nunca

É melhor pedir perdão tarde do que nunca fazê-lo. É melhor dizer: "Eu te amo" em um leito de morte do que morrer sem jamais ter dito essas palavras. Encontrar meios de encorajar os filhos em uma fase avançada da vida é melhor do que deixar que cheguem ao seu fim, perguntando-se: "Será que meu pai e minha mãe realmente se preocupavam comigo?". Uma das experiências mais incríveis é ver o bem que algumas palavras de encorajamento podem fazer mesmo no fim da vida de um pai ou de uma mãe.

Não há como mudar os erros cometidos na vida. As consequências humanas de pais movidos pelo egoísmo, adultério, alcoolismo, abuso e vício pelo trabalho não podem ser apagadas como se faz com o giz em um quadro-negro. Mas você pode conhecer as alegrias do Mestre que ensinou aos Seus seguidores a viver um dia de cada vez, a confessar os seus erros, a fazer restituições quando possível e assim conhecer a paz de Deus.

Mas o que acontece se o filho morrer antes dos pais terem a oportunidade de demonstrar o seu amor? Mesmo assim, você ainda pode honrar e dignificar a vida e a memória desse filho. As lições que os seus erros ensinam podem beneficiar outra pessoa de quem você venha a cuidar.

ESTUDOS BÍBLICOS

O apóstolo Paulo ilustrou a possibilidade de tirar algum proveito dos nossos erros em benefício de outros. Ele se tornou como um pai para muitos, depois de cometer alguns erros graves. Na sua juventude, ele foi um homem abusivo e irado (At 8.1-3). Os seus atos deixaram lembranças que pesavam fortemente sobre ele (1Tm 1.15). Entretanto, ele não desistiu. Seguiu adiante até se tornar uma das melhores figuras paternas de todos os tempos. Motivado pelos erros de seu passado, pelo amor e perdão de Deus, Paulo foi como um pai para aqueles que absorveram o seu amor, sua sabedoria, seu exemplo e suas orações.

Após descobrir o quanto Deus o amou, após uma transformação em seu coração e depois de experimentar o poder redentor de Cristo, Paulo se tornou conhecido por seu exemplo, seus conselhos, sua correção e suas palavras calorosas e firmes de encorajamento. Ele aprendeu a manifestar a bondade de uma mãe e o forte consolo e desafio de um pai (1Ts 2.7-12). Os seus filhos "adotivos" certamente diriam: "Antes tarde do que nunca".

Envolvimento, abnegação e terminar bem — Guia de estudo 5

Para ver algumas das frustrações dos pais e examinar algumas respostas bíblicas a elas.

PARA MEMORIZAR
1 Tessalonicenses 2.12

UM PASSO ADIANTE
Pense a respeito
1. Que exemplo de reconciliação pessoal na vida de Paulo é encontrado em Atos 15.36-40; Colossenses 4.10,11 e 2 Timóteo 4.11?
2. Quais efeitos a reconciliação produz em ambas as partes?

APROFUNDAMENTO
Leia 1 Tessalonicenses 2.7-12.
1. Paulo compara seu ministério ao cuidado de uma mãe cuidadosa com o seu filho (v.7). Quais descrições no ministério desse apóstolo se assemelham ao carinho de uma mãe (vv.8-12)?
2. Quais palavras indicam o relacionamento de Paulo com os cristãos tessalonicenses (vv.7,8)? Quais atitudes compassivas resultaram de seus fortes sentimentos por eles (vv.8-10)? Como o exemplo de Paulo se aplica ao nosso exercício da paternidade?
3. Paulo fez três coisas pelos cristãos tessalonicenses "como um pai trata seus filhos" (v.11). Quais foram elas e por que são importantes?

APLICAÇÃO
Ao pensar a respeito sobre o exercício da maternidade, quais princípios você atualmente tem praticado? Em quais você precisa se tornar mais consistente? Conclua este estudo consagrando os seus filhos ao Senhor e pedindo a Ele por Sua sabedoria e força.

Adaptado de *Como ficar em paz ao educar seus filhos?*, Estudo Bíblico da Série Descobrindo a Palavra, de autoria dos editores do Pão Diário. © 2015 Ministérios Pão Diário.

SUPERE OS DESAFIOS DA VIDA

INTRODUÇÃO

Deus nada desperdiça
No antigo seriado de televisão *Happy Days* (Dias felizes), um filho foi proibido pelo seu pai de sair de casa "pelo resto de sua vida" por causa de sua má conduta.

Ao conversarem a respeito, o pai lhe perguntou: "Entendeu a lição?". A resposta do filho foi surpreendente: "Eu já imaginava que algo que produzisse tamanha dor, de alguma forma, traria uma lição".

Esta é a vida real! Não desenvolvemos o nosso caráter em tempos fáceis e de prosperidade, mas em momentos de dificuldades. As maiores lições da vida são, muitas vezes, o resultado das nossas profundas dores.

Quando o meu pai faleceu, um amigo que era pastor veio ao velório. Eu tinha começado a trabalhar como pastor há apenas alguns meses, e o funeral de meu pai seria o primeiro no qual eu pregaria. O meu amigo colocou os seus braços ao redor dos meus ombros e disse: "Sei que isto lhe dói muito — é óbvio. Mas um dia você agradecerá pelas lições que aprendeu esta semana".

Continuou: "Nunca perdi um ente querido tão próximo, mas fiz muitos cultos fúnebres. Nesses funerais, nunca soube verdadeiramente confortar as pessoas quando enfrentavam suas maiores perdas, pois eu nunca experimentei a mesma dor. O que você aprenderá com seu sofrimento o capacitará a consolar outros em suas dores, de forma muito mais eficaz".

Numa das epístolas mais práticas do Novo Testamento, Tiago escreveu as seguintes palavras: "Meus irmãos, considerem motivo de grande alegria sempre que passarem por qualquer tipo de provação, pois sabem que, quando sua fé é provada, a perseverança tem a oportunidade de crescer. E é necessário que ela cresça, pois quando estiver plenamente desenvolvida vocês serão maduros e completos, sem que nada lhes falte" (Tg 1.2-4).

Seu argumento é simples — Deus nada desperdiça! Tudo o que acontece em nossa vida tem uma razão de ser e grande parte desse propósito é nos ajudar a crescer em nossa fé.

Diz-se que a vida deve ser vivida caminhando em frente, mas nós só a compreenderemos olhando para trás. Esse caminhar exige que confiemos nos propósitos amorosos do Deus soberano. Devemos confiar que Ele controla tudo — especialmente quando a vida parece estar fora de controle.

Paulo se referiu a isso ao escrever que "vivemos por fé" (2Co 5.7), o que contradiz todo e qualquer elemento da autopreservação enraizada em nós. Queremos assumir responsabilidades, manipular e controlar. Mas Deus quer que confiemos no amor do Pai que não comete erros. Ele quer que confiemos naquele que nos faz "...mais que vencedores por meio daquele que nos amou" (Rm 8.37).

Foi assim com José, um dos personagens do Antigo Testamento. Sua vida estava repleta de experiências obscuras e difíceis, porém os resultados finais foram maravilhosos! De fato, ele pode nos ensinar muito sobre como lidar com as dificuldades em nossa própria vida. Tornou-se um homem piedoso numa cultura ímpia — um verdadeiro vencedor —, e seu exemplo pode nos ajudar a nos prepararmos à medida que enfrentamos as questões da vida.

ESTUDOS BÍBLICOS

1 SUPERANDO A TRAIÇÃO

Existem muitas palavras bonitas em nosso idioma — palavras que soam como canções. Mas a palavra *traição* não é uma delas. Quando a ouvimos, podemos lembrar de Absalão, que intentou contra seu pai Davi (2Sm 15–18). Ou ouvimos César, angustiado pela faca cravada firmemente em suas costas, ao gritar: "Até tu, Brutus?". Quando ouvimos a palavra *traição*, a nossa mente retrocede a um jardim, numa noite escura, onde a voz e um beijo de um amigo venderam o Filho de Deus por 30 moedas de prata.

Ao observarmos a vida de José, vemos como ele está situado no limiar da traição — uma traição que surgirá dentro de sua própria família. Esse fato lhe trará dor temporária, mas é uma lição de superação que aquele jovem devia aprender.

Semeadura da tensão

Lembro-me de uma visita que fiz a uma família que estivera em nossa igreja. Logo que entrei na casa, senti a tensão no ar. Não tinha certeza se algum membro da família amava ou não o outro entre si, mas estava muito claro que eles não gostavam uns dos outros. No decurso dos 45 minutos seguintes, duas coisas se tornaram óbvias: o marido e a esposa não dialogavam e a sua guerra pessoal tinha migrado do relacionamento deles para o relacionamento entre seus filhos.

Presumimos que as famílias sejam lugares onde reina o calor, o amor, a aceitação e a segurança. Mas muitas vezes elas não sobrevivem à aparência. Tornam-se solos férteis para ira, ressentimento e amargura. Esse foi o caso da família de Jacó, como se vê em Gênesis 37.

Acendendo o pavio da ira familiar

O patriarca Jacó, filho de Isaque e neto de Abraão, estava aprendendo da forma mais difícil o que significa colher o que se planta. Ele havia ignorado os padrões bíblicos de Gênesis 2 para o casamento tomando muitas esposas para si. Teve filhos com duas esposas e com as servas delas; com isso acabou tendo uma família mista de 12 filhos, e todos eles buscavam uma posição de destaque diante de seu pai.

O problema se intensificou pela óbvia preferência de Jacó por sua segunda esposa, Raquel, e pelos dois filhos que ela lhe dera, José e Benjamim. Isso criou uma grave contenda na família. Ao serem elevados a um lugar especial na casa, esses dois jovens foram marginalizados por seus irmãos.

Além disso, o caráter pouco brilhante de Jacó foi reproduzido em seus filhos. O seu nome significa "enganador" e seus filhos haviam aprendido aos pés do mestre. A família foi abalada por conflitos, decepções e interesses pessoais. A atmosfera explosiva sofreu maior desestabilização pelo fraco exemplo do pai. Gênesis 37 descreve três pontos inflamáveis na família:

- Jacó usou José para espiar os seus irmãos mais velhos, que odiavam esse "filho favorito" (v.2).
- Como pai, Jacó demonstrou o seu favoritismo dando a José "uma linda túnica" (v.3).
- Jacó alimentou a fúria da rivalidade fraterna, mas essa ira atingia a José e não o pai por seus atos insensatos (v.4).

O aumento do conflito entre os irmãos tinha suas raízes nos problemas dentro do casamento de seus pais. Vemos os mesmos resultados em 1 Samuel 1, em que a poligamia produziu uma inevitável competição e conflitos entre as esposas. É claro, a poligamia não precisaria necessariamente ser a fonte de conflitos. Qualquer ruptura no relacionamento entre marido e mulher tem efeitos sérios que transbordam e afetam todos os relacionamentos no lar. Quando esse relacionamento está ligado a uma educação errada por parte dos pais, que elevam um filho acima dos outros como sendo objeto de amor e louvor, então os resultados podem ser catastróficos.

Ao demonstrar preferência por José, Jacó cometeu dois graves erros. Primeiro, ele deu sinais errados a esse filho sobre a sua posição na família, ao colocá-lo acima do seu irmão mais velho. Segundo, pela sua interferência, provocou a dor da rejeição nos filhos que antes haviam sido o alvo da sua atenção, mas agora estavam sendo esquecidos. A tensão resultante criou uma situação comparável a um barril de pólvora, cujo pavio estava prestes a ser aceso. A falta de sabedoria e obediência de Jacó deu origem a uma família cheia de ressentimento e ódio.

Falando em tensões familiares, lembro-me de ter lido o extrato de um testamento, de 1.º de julho de 1935 que dizia:

Para as minhas duas filhas, Frances Marie e Denise Victoria, por causa da sua falta de amor para com o seu pai... deixo a soma de um dólar para cada uma e a maldição de um pai. Que as suas respectivas vidas sejam repletas de miséria, infelicidade e tristeza. Que as suas mortes sejam precoces e de natureza lenta e torturante. Que as suas almas descansem no inferno e sofram os tormentos dos malditos por toda eternidade.

Uma família pode ser o lugar onde cresce o ódio, e os efeitos podem ser realmente destruidores. A imprudência de Jacó havia derramado combustível sobre sua família — e José estava a ponto de acender o fósforo!

A insensatez da juventude

José teve diversos sonhos que profetizavam a sua futura ascensão à grandeza. Mas, em vez de considerar a importância desses sonhos e procurar compreendê-los, ele os exibiu diante da sua família — incluindo os irmãos que já o odiavam. José cometeu três erros cruciais com sua atitude:

- Foi imprudente — não reconheceu a situação problemática em sua família.
- Foi insensível — não considerou o impacto dos seus atos sobre os seus familiares.
- Foi imaturo — não parou para pensar na dor que os seus atos poderiam causar.

Como resultado, a tensão e a ira continuaram a crescer. Faltou o discernimento, uma qualidade de caráter, na vida do jovem José. Embora fosse verdade que um dia exerceria autoridade sobre os seus irmãos, seus atos provaram que ainda não estava pronto para essa posição.

Esse rapaz tinha que estar preparado para a responsabilidade da liderança — e esse preparo viria ao aprender a desempenhar o papel de servo. A liderança de um servo demonstra discernimento, sensibilidade e maturidade; isso se aplica a maridos e esposas, líderes das igrejas, supervisores ou líderes cívicos e cidadãos. Em nossa geração há uma gritante necessidade por líderes com o coração de servo.

Para o cristão que está na liderança, a pergunta é sempre: "Você está usando a sua posição ou está permitindo que Deus o use nessa posição?". Tendo isso em mente, alguém escreveu "A oração do líder":

Senhor, quando eu estiver errado, dá-me disposição de mudar. Quando estiver certo, ajuda-me a ser uma pessoa de fácil convivência. Fortalece-me de tal maneira que o poder do meu exemplo exceda em muito a autoridade que me cabe.

José tinha que desenvolver o caráter de líder, mas isso poderia acontecer somente por meio das lições e da prática de ser servo.

Vigiando os dez filhos

Em Gênesis 37.12-27, Jacó enviou José para vigiar os seus irmãos e, como era de se esperar, os dez irmãos se ressentiram com a sua presença entre eles. A pressão aumentou quando eles avistaram o "predileto do pai".

Primeiro, vemos que a ira substituiu o amor, e "...planejaram uma forma de matá-lo" (v.18). E o sarcasmo tomou o lugar da forma adequada de falar (v.19). Rúben tentou intervir a favor de José, mas foi repelido (vv.21,22). Finalmente, o ataque se deu de forma progressiva:

- Tiraram-lhe a túnica (v.23), símbolo do seu ressentimento.
- Jogaram-no na cisterna (v.24) para tirá-lo de diante deles.
- Com o coração endurecido, sentaram-se para comer, enquanto o seu jovem irmão padecia sozinho naquela cisterna escura (v.25).
- Venderam-no como escravo (vv.25-28), decidindo que obter lucro com a vida de José seria o melhor encerramento para esse triste fato.

Observe os resultados que as tensões familiares não resolvidas haviam produzido. A raiz da amargura é o ódio (Mt 5.21,22). O sintoma da amargura é o sarcasmo (Tg 3.1-8). E seu resultado é a manipulação, ou seja *usar* as pessoas em vez de *amá-las*.

A raiz da amargura e sua trágica consequência

Para aqueles que estudaram essa história bíblica é fácil dizer: "Está bem. No final, tudo dará certo". Mas veja a dor imediata que emana da família afligida pelo ódio. Rúben lamentou pela vida de José (e por sua própria falta de coragem). Os irmãos mentiram ao seu pai, mas nunca se livraram da sua culpa pessoal (Gn 42.22). Jacó, o enganador, era agora enganado e experimentava a dor que recusava o consolo. Ele colhia o que semeara no passado. Da mesma maneira que enganara o seu próprio pai com um cabrito, era agora enganado.

A venda de José como escravo trouxe amargura a essa família. É interessante notar que ele é o único não descrito no texto como alguém perturbado. Estava na melhor posição de todos porque, mesmo sob escravidão, estava onde Deus queria que estivesse. Estava onde deveria estar para aprender as lições que o Senhor queria lhe ensinar — lições que um dia fariam dele um grande líder e o capacitariam a superar a traição e a deslealdade de seus próprios irmãos.

O Salmo 76.10 afirma: "A rebeldia humana resultará em tua glória...". Como Deus é sempre fiel, Ele transformaria o mal causado pelos homens à vida de José e o usaria para o bem do Seu servo e para a Sua glória.

Superando a traição

Guia de estudo 1

Para desenvolver uma reação bíblica aos maus-tratos que os outros nos infligem e avaliar a maneira como tratamos outras pessoas.

PARA MEMORIZAR
Gênesis 50.20

UM PASSO ADIANTE
Pense a respeito
Conforme Romanos 5.3,4; Tiago 1.2-4 e 1 Pedro 1.6,7, por que as provações nos são proveitosas? O que de bom podemos aprender por meio das tribulações? Você pensa que as perspectivas desses escritores bíblicos acerca das provações eram realistas ou fantasiosas? Por quê?

APROFUNDAMENTO
Leia Gênesis 37.2-28.
1. De que maneira a túnica especial de José (Gn 37.3,23,32) retrata o turbulento relacionamento dele com seus pais e irmãos? Por que ela é uma descrição apropriada das atitudes de José em relação à sua família?
2. Essa passagem contém elementos de orgulho, favoritismo dos pais, inveja, ódio, conflitos familiares e rivalidade entre irmãos. De que forma isso nos ensina a ficarmos atentos a essas questões? Como esses elementos nos preparam para reagir à traição e à deslealdade?
3. Em sua opinião, de que maneira Deus estava envolvido nos acontecimentos relatados em Gênesis 37?

APLICAÇÃO
Considere uma situação em que você foi vítima da trama de um amigo, colega ou membro da família. Como se sentiu com a traição? O que de proveitoso pôde extrair dessa situação? A partir deste estudo, que percepções você pode aplicar a essa experiência?

2 SUPERANDO A TENTAÇÃO

Dizer que a vida está cheia de provações e tentações é, como dizia um cronista esportivo, "ter uma maravilhosa percepção do óbvio". Entretanto, compreender que essas provações muitas vezes vêm em seguida aos nossos maiores sucessos pode significar compreender a verdadeira essência do que faz a vida ser tão difícil.

É verdade que a maneira como lidamos com o sucesso provavelmente diz mais a nosso respeito do que a maneira como enfrentamos o fracasso. Ao aprender sobre como superar a tentação, José seria desafiado pelo sucesso e pelas tentações que dele provêm. E demonstraria que as lições de Deus começavam a adentrar em seu jovem, mas amadurecido coração.

Em Gênesis 39, vemos como a saga da vida de José deu uma virada fascinante. Ele se tornara propriedade de Potifar, "oficial e capitão da guarda do faraó" (37.36). É nessa situação que José, como servo — com todos os seus altos e baixos —, aprenderia como ser um líder.

O poder do testemunho
Potifar era o "capitão da guarda" (39.1). Existem algumas discussões entre os especialistas em Bíblia quanto ao significado dessa posição. Alguns dizem que ele era um guarda, outros creem que era comandante da guarda do palácio e ainda outros dizem que ele era o capitão dos carrascos. O que sabemos de fato é que era rico o suficiente para ter muitos servos e escravos (vv.11,14) e agora José fazia parte de seu acervo. José distinguiu-se como um jovem capaz e hábil, mas tornou-se claro que esses talentos não eram o que importava em sua vida. "O Senhor estava com José..." (Gn 39.2). A presença de Deus era o que fazia a diferença.

Imagine quão doloroso deve ter sido, aos 17 anos, não somente ser separado da sua família e ser vendido como escravo, mas saber que a sua própria família fizera isso! Como teria sido fácil encher-se de amargura e de ódio (como os seus irmãos)! Mas não foi assim com José. Apesar de estar longe de casa, a presença de Deus era bastante real em sua vida. Na verdade, esse é o tema de Gênesis 39.2,3,21,23 e esse fato causou um impacto dramático em Potifar. Ele não podia deixar de reconhecer a presença de Deus na vida desse notável escravo. Imagine como foi forte o testemunho de José ao seu senhor, que era pagão, que não somente reconheceu e admirou o caráter de seu servo, mas o atribuiu a Deus e não a José.

A clara exposição do texto é que José não se amargurou com os seus irmãos e não se sentiu escravizado pelas circunstâncias. Contentou-se na presença de Deus (Hb 13.5,6; Fp 4.10-13). Ele não lamentou a sua decepção, mas tornou-se útil onde estava. E Deus usou esse coração cheio de fidelidade e contentamento.

Potifar reconheceu a presença de Deus na vida de José (Gn 39.3) e fez desse jovem escravo o "seu assistente pessoal e o encarregou de toda a sua casa e de todos os seus bens" (vv.4-6). Agora, José cuidava de todos os outros servos, das relações públicas, supervisionava as finanças e era responsável pelas provisões da casa (um treinamento valioso para a tarefa posterior que receberia).

Tudo o que José tocava era abençoado. Nessa ocasião, talvez uns dez anos após ter sido vendido como escravo, José estava no topo, e sua posição o tornara mais vulnerável do que nunca para enfrentar a tentação.

O poder da tentação
Atente para as palavras finais de Gênesis 39: "...José era um rapaz muito bonito, de bela aparência" (v.6). Nesse momento, a esposa de Potifar entra em cena. A reação dela? "...começou a olhar para ele com desejo..." (v.7). Ela teria se sentido muito à vontade na sociedade moderna. Uma pesquisa feita há alguns anos com 60 mil mulheres apresentou resultados assombrosos: 47% disseram que pensavam que as relações sexuais pré-conjugais são aceitáveis e 27% apoiavam os relacionamentos sexuais fora do casamento. A esposa de Potifar tinha a mesma mentalidade. Ela se sentiu fisicamente atraída por esse jovem e por isso se ofereceu a ele.

Observe a reação de José. Ele recusou suas insinuações devido às suas fortes convicções, não aprendidas com seu pai, nem com seus irmãos cheios de ódio, nem nas cortes do Egito pagão. Essas convicções foram adquiridas na presença de Deus. Ele não só lutou contra a tentação, como também tinha um plano que seguiria caso ela continuasse a persegui-lo.

Ele tinha as preocupações corretas (Gn 39.8,9)
José estava eticamente preocupado que seus atos não prejudicassem outras pessoas, nesse caso Potifar. O seu senhor havia depositado tanta confiança nele que esse jovem se recusou a violá-la por um momento de prazer. Ele também enxergou além do imediato, olhou para o final, reconhecendo as consequências que esse pecado

teria em seu relacionamento com Deus (v.9). Estava espiritualmente preocupado porque compreendia que todo pecado é uma ofensa a Deus. A oferta do prazer sensual não vale a pena diante do custo que traz consigo.

Ele tinha a estratégia correta (Gn 39.10)
José evitou ter contato com a esposa de Potifar. Compreendeu que deveria estar consciente da sedução do pecado e evitar as suas oportunidades. Tinha que manter-se alerta!
É como a história de um homem que buscou trabalho como operador telegráfico. Um a um, os candidatos foram entrevistados e rejeitados. Finalmente, chegou a sua vez. Ao responder às perguntas do entrevistador, distraiu-se pelo batuque que o entrevistador fazia com o seu lápis. Rapidamente traduziu-os em pontos e hifens (código *Morse*), decifrou para o entrevistador a mensagem que estava enviando e lhe deram o emprego.

Ele conhecia a rota de fuga (Gn 39.12)
Quando a mulher de Potifar finalmente conseguiu ficar a sós com José, ele correu o quanto pôde, deixando a sua roupa para trás. O que Sansão, Davi e Salomão não fizeram, José o fez. Ele fugiu, tendo a coragem de manter suas convicções e sua integridade intactas. Esse fato serve como exemplo de aplicação ao conselho que Paulo deu a Timóteo: "Fuja de tudo que estimule as paixões da juventude..." (2Tm 2.22). Ele não flertou com o pecado, não argumentou ou procurou justificá-lo. José fugiu do pecado.
Apesar do ambiente ruim, da persistência da mulher e do seu treinamento espiritual limitado, José resistiu à tentação. Como?

- Reconheceu que sua vida pertencia a Deus.
- Reconheceu o efeito do pecado sobre os outros.
- Reconheceu o pecado como sendo ofensa a Deus.

O caráter piedoso desse jovem continuava sendo moldado. Em um mundo perfeito (ou em um seriado de TV de 30 minutos), o seu compromisso teria resultado em uma vida feliz para sempre. Mas na vida real o desfecho não é bem assim. A vida em um mundo decaído raramente recompensa quem vive corretamente.

O poder da vingança
Você já ouviu falar da fúria de uma mulher desprezada? José a vivenciou. Ele era governado por princípios, mas ela era dominada pela paixão. E quando ela se viu desprezada, suas paixões explodiram em ira. Essa mulher tinha a sua própria estratégia — a vingança.

- Mentiu para os servos da casa acerca de José (Gn 39.13-15) usando as vestes que ele abandonara para incriminá-lo.
- Mentiu a Potifar a respeito de José (vv.16-18).
- José foi mais uma vez preso injustamente (vv.19,20).

Lembre-se de que Potifar pode ter sido o capitão dos carrascos. No Egito da antiguidade, o castigo por adultério era mil chicotadas, mas o castigo por estupro era a morte. É possível que Potifar soubesse que a sua esposa estivesse mentindo. Pelo menos, sabia muito bem que tal acusação não correspondia ao caráter desse jovem. Mas, no desespero por manter as aparências, tinha que fazer algo. Então, colocou José no cárcere.
José acabou em um calabouço por ter feito o que era correto. Protestamos: "Isso é injusto!". É verdade. Muitas vezes, a vida não é justa — mas a nossa responsabilidade é fazer o que é correto e deixar as consequências com Deus.
E agora, o que acontecerá com José? Ele reagiu adequadamente à sua escravidão e à sua tentação. Como ele reagiria a esse encarceramento?

A presença de Deus
Mais uma vez, José encontrou conforto na presença de seu Deus: "Mas o Senhor estava com ele na prisão e o tratou com bondade. Fez José conquistar a simpatia do carcereiro" (Gn 39.21). Teria sido fácil perguntar: "Para que ser bom e fazer o que é certo se terminarei aqui?". Mas José não fez isso. Ele descansou na presença de Deus, e o Senhor o abençoou mesmo na prisão (Gn 39.21-23).
Mais uma vez, José começou a aprender o que significa superação. Ele estava aprendendo por meio dos sofrimentos, dos problemas, dos perigos e das provações da vida. Todas essas coisas permanecem nítidas quando as

vemos pelas lentes dos propósitos soberanos de Deus. Podemos, então, confiar em Sua vontade e conhecer a Sua misericórdia.

O caráter de José se desenvolvia enquanto ele era moldado pela adversidade, punido por homens e honrado por Deus. Gênesis 39 termina tal como começou — com José no cativeiro. Todavia, a sua sólida fé na soberania de Deus o ajudou a superar essa dificuldade.

Superando a tentação

Guia de estudo 2

Para desenvolver o contentamento em Cristo, bem como reagir com firmeza contra a tentação.

PARA MEMORIZAR
1 Coríntios 10.13

UM PASSO ADIANTE
Pense a respeito
Que tipos de tentações você enfrenta constantemente? Veja 1 Coríntios 10.13. Esse texto o encoraja ou o frustra em sua luta contra a tentação? Por quê?

APROFUNDAMENTO
Leia Gênesis 39.1-21.
1. Que ação de Deus se destaca nesse capítulo? Por quê? O que tal afirmação: "O Senhor estava com José..." (vv.2,3,21), quer dizer em termos práticos?
2. Quais foram as investidas da mulher de Potifar para induzir José ao pecado (vv.7,10,12)? De que maneira ele resistiu em cada situação?

3. Como você descreveria o caráter de José, suas convicções, seu relacionamento e devoção a Deus? Que função (se há alguma) esses elementos desempenharam na vitória de José sobre a tentação?

APLICAÇÃO
Quais das opções indicadas abaixo o ajudam em suas batalhas contra o pecado? (Marque as alternativas que lhe condizem.) Como elas o ajudam?
( ) A Palavra de Deus
( ) Evitar as situações de tentação
( ) Fugir dos lugares
( ) Oração
( ) Memorizar as Escrituras
( ) Falar com um amigo sobre isso
( ) Conhecer as próprias fraquezas e limitações

3 SUPERANDO A DECEPÇÃO

Durante a sua carreira profissional no beisebol, Joe Torre ganhou um campeonato de rebatidas, conquistou a "Luva de ouro" por suas habilidades no campo e foi nomeado o jogador mais valioso da liga americana. Anos mais tarde, quando tornou-se um locutor da equipe *Angels* (Anjos), da Califórnia, disse em uma transmissão que pouco antes, naquela mesma noite, um menino o havia abordado e fez-lhe uma pergunta interessante: "Você já foi alguém na vida?". Como esquecemos rapidamente!

Algumas vezes, somos consumidos pela expectativa da pergunta: "O que você fez ultimamente por mim?". Certo treinador de futebol, depois de ganhar dez jogos seguidos, chegou ainda mais longe. Disse que a expectativa dos outros não é mais: "O que você fez ultimamente por mim?", porém: "O que você fará por mim na sequência?". Como esquecemos rapidamente!

Alguém se lembra?

Certamente seria compreensível se José, neste momento, caísse em autocomiseração. Ele foi preso e tratado com rispidez. O Salmo 105.18 fala a respeito de José: "Feriram seus pés com correntes e com ferros prenderam seu pescoço". Tudo isso pelo crime de honrar o seu senhor e manter-se sexualmente puro.

Entretanto, Deus permanecia com ele e José ascendeu a uma posição de liderança — mesmo na prisão. O Senhor lhe foi favorável e fez "...José conquistar a simpatia do carcereiro" (Gn 39.21) e este o encarregou "de todos os outros presos e de todas as tarefas da prisão". Por quê? "...O Senhor estava com ele e lhe dava sucesso em tudo que ele fazia" (v.23).

José ainda estava aprendendo sobre liderança. Uma das lições indispensáveis para superar os desafios da vida é a paciência. Embora o jovem estivesse preso, mais uma vez, injustamente, ele dedicou-se a ser útil onde estava. Serviu com fidelidade e esperou com paciência porque estava aprendendo que não estava ali por acaso. Ele não fora esquecido. Deus não somente se lembrava dele, como também tinha um plano para José, que incluía o trabalho na prisão do Egito.

O Deus que jamais esquece

José estava preso por desígnio divino. Em Gênesis 40.1, as peças do quebra-cabeça começam a se completar. Dois oficiais de Faraó — o copeiro-chefe e o padeiro-chefe — ofenderam esse monarca. Eles não eram apenas servos domésticos. Nos tempos antigos das intrigas de palácio e assassinatos políticos, era de suma importância que esses homens fossem totalmente leais. Mas de algum modo eles tinham falhado e foram colocados na prisão sob os cuidados de José (vv.2,3).

Observe quem os entregou aos cuidados de José. Foi o capitão da guarda — Potifar (v.4; 37.36). José aceitou a responsabilidade e começou sua tarefa servindo esses membros da casa de Faraó que haviam caído em desgraça. Isso não foi simplesmente uma obra do acaso. Foi uma designação divina. Como é importante entendermos e aceitarmos isso! Não existe coincidência. Tudo ocorre com um propósito.

Enfrentei um dilema na universidade. Jogava na equipe de futebol, mas também estava envolvido em um ministério itinerante. Houve um conflito de datas entre essas duas atividades. Elas foram programadas para o mesmo dia, e eu tinha que optar por uma delas. Escolhi o jogo de futebol e comecei a procurar um substituto para o ministério com a viagem agendada. Um dia antes da data desses eventos, machuquei-me num jogo de futebol e fui proibido de participar da partida seguinte. Rapidamente, mudei os meus planos e viajei com a equipe do ministério da igreja. No dia em que deveria jogar futebol, conheci a jovem que mais tarde se tornaria minha esposa! Depois desse acontecimento, soube que ela tinha sido a substituta de alguém naquela viagem. Encontramos o nosso parceiro de vida numa viagem que, humanamente falando, nenhum dos dois deveria ter participado. Uma das grandes alegrias e desafios da vida é olhar com expectativa para a mão de Deus em todas as circunstâncias. José e esses dois oficiais afastados pelo rei encontraram-se na prisão no momento exato para o plano perfeito de Deus — embora eles, certamente, não tivessem escolhido essas circunstâncias para si.

Olhe para fora

Observe o seguinte: apesar (ou talvez por causa) da sua própria dificuldade e sofrimento, José tornou-se sensível aos outros, qualidade que antes não possuía (Gn 37). Ele olhou para os homens ao seu redor (40.6,7) e reconheceu sua dor e angústia. Como teria sido fácil afastar-se e pensar: "Ninguém se importa com o tratamento injusto que recebi. Por que haveria eu de me importar com os outros?". Mas ele não fez isso. A reação de José perante a decepção da prisão injusta teve dois aspectos:

- Vertical — ele não permitiu que as suas circunstâncias prejudicassem o seu relacionamento com Deus.
- Horizontal — ele não permitiu que a sua dor o impedisse de se importar com os sofrimentos dos outros.

José poderia tê-los ignorado, mas não o fez. Ele teve a coragem de colocar de lado a sua adversidade pessoal e ajudar os que estavam sofrendo. A vida está repleta de decepções e perdas, mas podemos superá-las ao nos recusarmos a pensar somente em nós e a nos tornarmos egocêntricos. Em vez de gastarmos nossa energia em autocomiseração, podemos investir nosso tempo em aliviar as necessidades dos outros.

Por exemplo, um casal de missionários na Índia viu seus seis filhos morrerem e criaram 300 crianças adotivas. Um homem, após a trágica enchente das Quedas de Toccoa, no estado da Geórgia (EUA), na qual a esposa e dois filhos haviam morrido, disse: "Toda vez que eu queria chorar, alguém precisava de ajuda e eu me sentia compelido a ajudar. Fiquei tão envolvido em auxiliar os outros que não tive tempo para me preocupar comigo mesmo".

É assim que você reage à adversidade e à decepção? Ou você se deixa consumir por sua própria dor a ponto de não enxergar o sofrimento dos outros? A sensibilidade às necessidades alheias pode ser abafada pela preocupação com a decepção pessoal; o que não ocorreu com José. Ele não somente percebeu e se preocupou, mas também se envolveu.

Não me esqueça

José interpretou os sonhos dos dois oficiais (Gn 40.8-19), assegurando-lhes que não era ele quem merecia o crédito, mas Deus. É um contraste notável em relação ao capítulo 37, quando contou orgulhosamente seus sonhos aos seus irmãos. Agora, a sua confiança estava no Senhor, não em si mesmo. Depois que interpretou o sonho do copeiro-chefe, José somente pediu-lhe que não o esquecesse (vv.14,15).

Três dias mais tarde, ambos os sonhos foram cumpridos — exatamente como José os havia interpretado (vv.20-22). Mais uma vez, José se recusara ao ganho pessoal e a ser egoísta. O seu cuidado e preocupação por aqueles homens foram maravilhosos em sua expressão de verdadeira humildade e caráter piedoso.

E como essa sensibilidade foi recompensada? "O chefe dos copeiros, porém, se esqueceu completamente de José e não pensou mais nele" (v.23). Anteriormente, a pureza de José fora recompensada com prisão. Agora, o seu cuidado era retribuído com insensibilidade. E veja por quanto tempo — dois anos inteiros (41.1).

José foi abandonado — dessa vez por um amigo, não por um inimigo, e por muito tempo. Teria sido fácil sucumbir à desilusão e à decepção. Mas esses são os resultados quando colocamos a nossa confiança em homens — e a confiança de José estava no Senhor. Embora o copeiro o tivesse esquecido, Deus não o esquecera. Esses são os momentos que nos fazem cultivar uma qualidade indispensável de caráter — a confiança paciente. A epístola de Tiago diz que podemos aprendê-la somente mediante provas (Tg 1.2-4). Tiago nos ensina que sem paciência não haverá maturidade; e sem provações, atrasos e desilusões não haverá paciência. Diz-se que um homem não é um herói porque é mais valente do que qualquer outro, mas porque é valente por mais tempo.

José tinha superado a traição, a tentação e agora a decepção. As lições para tornar-se um vencedor moldavam sua vida — e ele finalmente estava pronto para Deus usá-lo de maneira especial.

ESTUDOS BÍBLICOS

Superando a decepção

Guia de estudo 3

Para avaliar nossa reação quando outros nos decepcionam e entender o valor dessas experiências difíceis.

PARA MEMORIZAR
Romanos 8.28

UM PASSO ADIANTE
Pense a respeito
José tornou-se, para nós, um grande modelo de paciência espiritual. Você pode identificar outros personagens bíblicos que demonstraram paciência? Você consegue identificar personagens cuja vida evidencia impaciência?

APROFUNDAMENTO
Leia Gênesis 40.14,15,20-23.

1. De que forma José detalhou as circunstâncias em que se encontrava (Gn 40.14,15)? Observando a forma como ele descreveu sua situação, com quais emoções você acredita que José precisou lidar (raiva, tristeza, amargura, desânimo etc.)?

2. O que José esperava que o copeiro fizesse por ele (40.14)? De que maneira você pensa que a fé desse jovem foi afetada quando o copeiro se esqueceu dele (40.15,23)?

3. José ficou decepcionado com Deus ao constatar que os sonhos do copeiro e do padeiro se cumpriram rapidamente (vv.20-22), enquanto o seu próprio sonho (Gn 37) ficou sem se realizar por vários anos? Por quê?

APLICAÇÃO
Quando você reage às dificuldades da vida impacientemente, isso tende a afetar os que estão ao seu redor de maneira nociva. Você consegue se lembrar de uma situação em que sua impaciência feriu alguém que gosta? Já resolveu o prejuízo causado? Se sim, de que maneira? Se não, comprometa-se a fazê-lo em breve?

4 SUPERANDO O SUCESSO

Há anos, Erwin W. Lutzer escreveu um pequeno livro bastante útil intitulado *Vencendo o medo do fracasso* (Ed. Vida, 2013). Esse livro poderia ter sido escrito sobre José. Muitas vezes, são necessários anos de fracassos e retrocessos para se atingir o "sucesso da noite para o dia".

Abraham Lincoln é um exemplo clássico. Ele fracassou em dois negócios, sofreu a morte de um amigo próximo, foi derrotado em sua primeira tentativa a um cargo público e perdeu por pouco a eleição para o senado americano. No entanto, perseverou e foi eleito presidente dos Estados Unidos. Os anos de fracasso o tinham preparado para lidar com a atmosfera que envolve o topo do poder.

As contínuas decepções, fracassos aparentes e tragédias pessoais não o derrotaram. Fortaleceram o seu caráter e o seu compromisso. O mesmo aconteceu com José. Depois de 13 anos de decepções, fracassos e tragédias, a luz do dia finalmente entrou em sua cela. Ele havia sido esquecido pelo copeiro do rei por dois anos. Foram anos de sofrimento contínuo, de dor e solidão. Mas também foram dois anos de preparação e desenvolvimento de seu caráter. Chegara o tempo para o qual ele tinha sido preparado. No tempo perfeito de Deus, Gênesis 41 registra o que aconteceu quando o servo e a tarefa convergiram em um momento da história.

Sonhos que você gostaria de esquecer
O cenário foi preparado por dois sonhos que Faraó teve (Gn 41.1-8). Esses anunciavam uma calamidade que sobreviria à nação, mas a sua mensagem era incerta e o Faraó sentia-se perturbado. Tal como o copeiro e o padeiro dois anos antes, Faraó sentiu que aqueles não eram sonhos comuns. Por isso, buscou os homens mais sábios do seu reino para interpretá-los.

Isso expõe um princípio significativo em nossa vida espiritual. O Faraó estava sendo atribulado por coisas espirituais, fora do seu alcance. Mas havia grande perigo em buscar respostas espirituais em lugares errados. Os homens sábios e mágicos do seu reino não conheciam o Deus que estava tratando com Faraó, e suas respostas eram inadequadas para a agitação no coração desse monarca.

Hoje em dia, existe uma enorme fome por Deus. E dentro do vácuo de verdade espiritual, surgem as seitas, os falsos mestres e falsos líderes espirituais que descobrem que a fome espiritual das pessoas as tornam presas fáceis para o engano.

As respostas devem ser procuradas na verdade revelada por Deus. As respostas vazias dos falsos mestres não têm o poder necessário para satisfazer as verdadeiras necessidades espirituais ou responder às questões cruciais do coração humano. Não encontraremos as respostas que necessitamos para aquilo que atormenta o nosso coração e mente, até que estejamos dispostos a aceitar a autoridade da verdade de Deus em nossa vida.

Um sonho lembrado
Diante da pressão pelo fracasso dos homens sábios do Egito ao interpretar os sonhos de Faraó, o copeiro-chefe lembrou-se de alguém que saberia interpretá-los (Gn 40.9-13). Ele recontou ao Faraó os sonhos que tivera na prisão e a interpretação precisa que havia recebido de um encarcerado hebreu que permanecia lá. José estava prestes a ter contato com um terceiro "sonho daquela trilogia" — e todos tinham ligação entre si.

- Sonhos de domínio sobre seus irmãos.
- Sonhos do copeiro-chefe e do padeiro-chefe.
- Sonhos das espigas e das vacas.

É interessante observar como esses sonhos se encaixam entre si. O segundo sonho interpretado por José colocou-o em contato com o terceiro sonho, o que fez os dois primeiros sonhos se cumprirem. As promessas que Deus fizera para José, 13 anos antes, agora estavam para se cumprir. Aos olhos dos homens, pode parecer que o cumprimento dessas promessas estava atrasado, porém, para o plano soberano de Deus, esse era o momento certo.

Um sonho torna-se realidade
Como Faraó estava sem opções, chamou José. Na saída de José do cárcere (Gn 41.14-16), vemos um segundo princípio vital — o caráter piedoso não é afetado pelas circunstâncias difíceis da vida. Sem se deixar vencer pelo tratamento injusto e pelos anos de prisão, José prosseguiu demonstrando três qualidades:

Dignidade — José barbeou-se (os egípcios eram bem barbeados) e trocou de roupa (v.14). José vestiu-se adequadamente para apresentar-se ao Faraó. Possuía um senso do que é apropriado e honroso, que os anos na prisão não conseguiram apagar.

Humildade — "Essa capacidade não está em minhas mãos" (v.16). José não usou a situação para promover-se. Ele não tentou se exaltar como fizera anteriormente (Gn 37.5-10). Por meio de tudo o que aconteceu, aprendeu a colocar a sua confiança no Senhor, não em si mesmo. Como disse o teólogo escocês James Denney (1856–1917): "Nenhum homem pode provar, ao mesmo tempo, que é astuto e que Jesus Cristo é poderoso para salvar".

Fé — "Deus pode revelar o significado ao faraó e acalmá-lo" (Gn 41.16). Parece a resposta que Daniel (Dn 2.27-30) e Paulo (At 26) dariam no futuro. José expressou a sua fé e deu glória a Deus. Provavelmente, essa pareceu uma resposta incomum da parte de um prisioneiro.

O investimento paciente de Deus na vida desse homem estava apresentando os seus resultados. Essas primeiras palavras ditas por José, após sua prisão, revelaram que as lições haviam sido muito bem aprendidas.

Um intérprete de sonhos

Faraó contou a José o seu sonho (Gn 41.17-36). O fracasso dos homens mais sábios do Egito preparou o cenário para que a glória de Deus pudesse ser revelada por intermédio de um simples escravo. O que estava além do raciocínio humano não estava além do Deus onisciente.

A resposta para os sonhos? "Deus está dizendo ao faraó de antemão o que ele vai fazer" (v.25). José tinha aprendido que podia descansar na soberania do Senhor. Os dois sonhos se confirmaram e se cumpririam porque Deus é Deus. A suprema lição que José havia aprendido por meio da escravidão, da prisão e do mau tratamento era de que Ele está no controle e fará o que diz.

José desafiou Faraó a ver os propósitos de Deus e fazer planos de acordo com os mesmos — porque, se o Senhor assim o disse, isso haveria de acontecer. José ofereceu, com ousadia, conselhos ao rei daquele país e o fez com sabedoria. Ele o orientou a planejar os anos de fome sendo moderado durante os anos de fartura. José provara os benefícios do seu treinamento ao ver a necessidade e reagir de forma sábia. Como um líder britânico do século 19, William Gladstone, disse: "Um grande estadista é um homem que sabe a direção para onde Deus está indo nos próximos 50 anos!". José sabia — quando ninguém sequer imaginava.

A resposta ao sonho

Faraó tomou uma decisão que mudaria o mundo da antiguidade. Ele nomeou José para supervisionar o suprimento de alimentos de todo o Egito. Por quê? Porque vira em José a característica mais importante de um verdadeiro líder. "Será que encontraremos alguém como este homem? Sem dúvida, há nele o espírito de Deus!" (Gn 41.38).

Devemos considerar outro princípio: as qualificações de um verdadeiro líder não são simplesmente físicas, mas também espirituais. Não se trata apenas de talento ou habilidade, mas de caráter e relacionamento com Deus. As qualidades importantes do caráter de um grande líder (que custaram anos de sofrimento para José) são interiores, não exteriores. Envolvem conhecer a Deus, e não apenas ser uma pessoa importante.

Mais uma vez o tempo de Deus foi perfeito. Dois anos antes, a habilidade de José em interpretar sonhos teria sido uma novidade. Agora, era um tesouro nacional. José fora elevado à posição que Deus havia prometido tantos anos antes. Ele foi exaltado sobre toda a casa de Faraó (vv.40-45) e estava preparado para enfrentar e vencer os maiores testes que o sucesso traz a um líder. Ele estava pronto para:

- *Perseverar* — Não seria fácil para um hebreu governar o Egito. A pressão seria intensa, especialmente quando começasse a época da fome.
- *Agir* — As habilidades que José havia aprendido em pequenas tarefas agora seriam aplicadas numa esfera maior.
- *Não se orgulhar* — J. Oswald Sanders escreveu: "Nem todo homem pode carregar um copo cheio. Uma súbita promoção frequentemente conduz ao orgulho e à queda. O teste mais rigoroso de todos é o de sobreviver à prosperidade".

No entanto, José estava pronto para a pressão e responsabilidade. Ele venceria porque fora preparado por Deus. Como Samuel Rutherford disse: "Louve a Deus pelo martelo, pela lima e pelo fogo. O martelo nos molda, a lima nos afia e o fogo nos torna resilientes". José experimentou tudo isso e estava pronto para ser usado por Deus.

Superando o sucesso

Guia de estudo 4

Para entender a necessidade de depender de Deus nos tempos de sucesso bem como nos momentos de fracasso.

PARA MEMORIZAR
Tiago 1.2-4

UM PASSO ADIANTE
Pense a respeito
José disse a Faraó que a revelação de Deus o acalmaria (Gn 41.16), ou seja, lhe traria paz. De que maneira a paz que reconhece a soberania de Deus sobre os fracassos e sucessos da vida é produzida no coração de alguém? Quais textos bíblicos reforçam essa ideia?

APROFUNDAMENTO
Leia Gênesis 41.15,16,25,39.
1. Quantas vezes e de que maneiras diferentes José reconhece Deus nesse capítulo? O que isso diz sobre a soberania de Deus e a humildade de José?
2. Faraó nomeou José para a segunda posição mais alta na hierarquia do Egito (Gn 41.41-44). Quais perigos e tentações você acredita que José teria de enfrentar e vencer em seu cargo?
3. Faraó disse a José: "...Uma vez que Deus lhe revelou o significado dos sonhos, é evidente que não há ninguém tão inteligente ou sábio quanto você" (Gn 41.39). O José que vemos em Gênesis 41 é muito diferente daquele do capítulo 37. Que transformação ocorreu em sua vida? De que maneira 13 anos de dificuldades contribuíram para torná-lo uma pessoa melhor?

APLICAÇÃO
Samuel Rutherford afirma: "Louve a Deus pelo martelo, pela lima e pelo fogo. O martelo nos molda, a lima nos afia e o fogo nos torna resilientes". José experimentou tudo isso e estava pronto para ser usado por Deus. Quais têm sido o martelo, a lixa, e o fogo de Deus em sua vida? Para que eles a tem preparado?

5 SUPERANDO A AMARGURA

Em um dos julgamentos de crimes de guerra, depois da Segunda Guerra Mundial, um dos réus, após ouvir as acusações que pesavam contra ele, respondeu ao promotor: "É a sua palavra contra a minha". A resposta do promotor foi profunda: "Não, é a sua palavra contra a da vítima. Ela sobreviveu e está pronta para testemunhar contra você".

A essa altura da história de José, certamente é difícil visualizá-lo como vítima. Agora, ele era o segundo homem mais poderoso da terra e tinha controle absoluto sobre o destino de milhões de pessoas — inclusive de seus irmãos que o haviam vendido como escravo há tantos anos.

Muita coisa acontecera desde que José fora elevado ao poder (Gn 41). Os sete anos de fartura, anunciados pelos sonhos do Faraó se cumpriram e passaram — e o plano de José funcionara perfeitamente. Os grãos tinham sido armazenados e agora, durante os sete anos de fome, o mundo estava vindo ao Egito em busca de alimentos. Gênesis 42 relata que os irmãos de José foram ao Egito buscar comida e José lhes proveu.

No decurso desse encontro, José lhes fez perguntas e descobriu que seu pai e irmão mais novo ainda estavam vivos. Então, começou a fazer articulações para um reencontro. Sentiu que os seus irmãos haviam mudado — mas, por amor a Benjamim, tinha que ter certeza. Nos acontecimentos que se seguiram, ele os forçou a retornarem ao Egito trazendo Benjamim. Então preparou o teste final. No banquete descrito no capítulo 43, deu a Benjamim cinco vezes mais do que aos outros irmãos, e eles não se ressentiram com o tipo de favoritismo que os levara a desprezar José. Depois colocou Benjamim em uma situação de perigo para testá-los. Será que o protegeriam ou o abandonariam tal como tinham abandonado José há 20 anos?

Somente Deus pode ver o coração (1Sm 16.7), portanto José colocou em andamento o teste que os exporia e revelaria se realmente tinha lhes ocorrido uma mudança genuína.

O plano (44.1-13)

Depois do banquete, José ordenou ao seu mordomo que fizesse diversas coisas: enchesse os recipientes dos irmãos com mantimento, devolvesse o dinheiro deles e colocasse o seu copo de prata na sacola de Benjamim.

Por quê? A única maneira pela qual José poderia testar o caráter dos irmãos era fazê-los "retornar à cena do crime". Eles tinham que ser colocados em posição de escolher entre resgatar Benjamim com grandes riscos pessoais, ou entregá-lo à escravidão tirando proveito pessoal.

Logo que os irmãos saíram em direção a Canaã, José enviou os seus servos para alcançá-los e acusá-los do roubo de seu copo. Os irmãos reagiram chocados e confusos. Eles disseram que eram honestos baseados na devolução do dinheiro que haviam encontrado em sua primeira viagem. E sustentaram suas afirmações de honestidade com uma oferta audaciosa: "Se encontrar o copo de prata com um de nós, que morra quem estiver com ele! E nós, os restantes, seremos seus escravos" (Gn 44.9).

A natureza extrema da sua oferta tinha a intenção de provar a sua inocência e sinceridade. Eles certamente não fariam tal oferta se um deles fosse culpado. A resposta do mordomo no versículo seguinte aumentou o perigo e a pressão: "...apenas aquele que roubou o copo de prata se tornará meu escravo..." (44.10). Imagine a crescente tensão quando foram abertas, uma após outra, todas as sacolas e cada uma continha somente o trigo. O mordomo examinou-as, desde o mais velho ao mais jovem. O estresse do momento chegou ao seu auge quando finalmente chegaram perto do jumento de Benjamim.

Imagine o choque e a dor quando o tal copo foi encontrado em sua sacola. Como poderia ter acontecido isso? Eles estavam tão certos da sua inocência. Como reagiram? Eles "...rasgaram as roupas..." (44.13). Estavam colhendo o que semearam e, com esse gesto dramático de sofrimento, mostraram a profundidade da sua dor e desespero. Reagiram à angústia de Benjamim da mesma maneira que Jacó tinha reagido anos atrás quando lhe mostraram a túnica ensanguentada que pertencia a José.

Agora a pergunta decisiva tinha que ser respondida. O acordo era que somente o culpado seria levado como escravo e os outros poderiam voltar para casa. Mas eles não o fizeram. A inveja e o ressentimento já não governavam os seus pensamentos e ações. Eles retornaram com Benjamim, determinados a enfrentar juntos o que quer que fosse. A evidência estava presente. Eles realmente eram homens transformados.

Enfoque

"A estratégia de José, já brilhantemente bem-sucedida em criar as situações e tensões de que ele precisava, agora produz o seu golpe de mestre. Como o julgamento de Salomão, a repentina ameaça relacionada a Benjamim foi um impulso para o coração. Em um momento, os irmãos foram revelados." —Derek Kidner (*Gênesis: introdução e comentário*, Ed. Vida Nova, 2008)

A súplica (44.14-34)
Observe a diferença em suas atitudes em relação aos anos passados:

- "...seus irmãos chegaram, e eles se curvaram até o chão diante dele [José]" (v.14), cumprindo a promessa dos primeiros sonhos de José.
- "Meu senhor, o que podemos dizer? Que explicação podemos dar? Como podemos provar nossa inocência? Deus está nos castigando por causa de nossa maldade..." (v.16). Não havia desculpas ou racionalizações. Não havia tentativa de esconder algo. Eles admitiram, por meio de Judá, a sua culpa e submeteram-se à escravidão como grupo. Fomos "nós" e não "ele". José testou-os ainda mais, fazendo-lhes uma oferta de libertação — mas eles não aceitaram.
- "Por isso, peço ao senhor que me permita ficar aqui como escravo no lugar do rapaz..." (v.33). Que grande reviravolta! O mesmo Judá que havia feito o plano de vender José estava oferecendo-se para ser o substituto de Benjamim e ser um escravo no Egito Por quê? Por causa da sua preocupação com o seu pai (vv.19-32).

Ele reconhecia claramente que o jovem era o favorito de Jacó. Mas, em vez de ressentimento por causa dessa posição de favoritismo, ele anelava preservá-la oferecendo-se a si mesmo.

Jesus declarou: "...é possível identificar a pessoa por seus frutos" (Mt 7.20) e a mudança em Judá era verdadeira. Examinamos a obra de Deus na vida de José, mas Deus também agiu na vida de Judá e de seus irmãos.

O reencontro (45.1-15)
Para José, os anos de dor dissolveram-se num momento de alegria e em choro incontrolado na presença de seus irmãos. Eram lágrimas de alegria porque os seus irmãos, verdadeiramente, haviam mudado, e lágrimas de amor porque, no final, eles eram os irmãos que deveriam ser.

A atmosfera estava radiante quando José finalmente disse as palavras que tanto desejara falar desde que os viu chegar pela primeira vez em busca de alimento: "Sou eu, José!" (v.3). Mas eles ficaram aterrorizados. O sonho tinha se tornado realidade. José tinha o poder sobre a vida e a morte deles. O que faria? Observe a ternura de José em relação aos irmãos:

- "...se emocionou e começou a chorar" (v.2), expressando abertamente a sua emoção.
- "Cheguem mais perto..." (v.4). Eles tinham se separado por tanto tempo.
- "...não fiquem aflitos ou furiosos uns com os outros por terem me vendido para cá..." (v.5). Esse era um momento para se alegrarem.
- "Foi Deus quem me enviou adiante de vocês..." (vv.5,7,8). Eles deveriam confiar que Deus estava no controle.
- "...voltem depressa a meu pai e digam-lhe: 'Assim diz seu filho José: [...] Venha para cá sem demora!'..." (vv.9,13). Era o momento para compartilhar a alegria.

O perdão resolveu a questão da culpa. Merrill Unger escreveu: "José manifestou a sua profunda fé na onipotência de Deus — destronando Satanás, os poderes demoníacos e os homens maus — para concretizar a soberana vontade de Deus e o Seu plano infalível. A fé ergueu todo o crime sórdido da cova da miséria e autorrecriminação e o colocou no topo da montanha da divina soberania onde a graça do perdão de Deus não somente cura, mas apaga o passado e a dor." — *Unger's Commentary on the Old Testament* (Comentário de Unger sobre o Antigo Testamento) Moody Press, 1981).

José superou todas essas coisas — particularmente a poderosa amargura que parecia ser tão normal. Exemplificou a graça oferecendo perdão completo e não a vingança. Exemplificou o amor descartando os erros do passado pela compaixão do presente. Exemplificou a fé confiando que Deus o preservaria da amargura que conduz à autodestruição.

Fiquei profundamente comovido ao ler a respeito do Sr. e da Sra. Robert Bristol. Em suas férias, fizeram uma longa viagem com o propósito de compartilhar Cristo com um homem que estava na prisão. O que tornou esse episódio extraordinário foi o fato de o criminoso estar na prisão por estuprar e matar a querida filha desse casal. Esse é um espírito de misericórdia, nascido da graça. É amor incondicional não nascido da facilidade, do conforto ou da conveniência, mas de sofrimento e dor.

Essa é a única maneira para superar a amargura. Quando confiamos em Deus e descansamos nele, podemos amar os outros. Por quê? Por crermos no Deus que é grande o suficiente para fazer todas as coisas contribuírem para o nosso bem.

Superando a amargura

Guia de estudo 5

Para superar a amargura pelo poder do perdão.

PARA MEMORIZAR
Efésios 4.31,32

UM PASSO ADIANTE
Pense a respeito
De acordo com Colossenses 3.12-14, quais atitudes e virtudes devem ser as características de um cristão que está em conflito com outro cristão?

APROFUNDAMENTO
Leia Gênesis 50.16-21.
1. No contexto dessa passagem, os irmãos temeram a retaliação de José e em seguida a morte de seu pai. Por que as palavras deles em Gênesis 50.16,17 fizeram José chorar?
2. No versículo 20, José reconheceu um equilíbrio entre a soberania de Deus e a responsabilidade do homem. Como esse equilíbrio foi revelado? Você poderia explicá-lo?
3. José respondeu às palavras de medo dos irmãos com palavras de conforto e bondade (v.21). Como essa resposta reflete o caráter do cristão que está em conflito com outro cristão?

APLICAÇÃO
Considere os relacionamentos em sua vida. Existem questões de ressentimento, raiva, sofrimento ou maus-tratos que corromperam esses relacionamentos? O exemplo de José nos ensina que o perdão é a única solução significativa para essas questões. Quais passos você dará para se reconciliar com aqueles que a feriram?

CONSIDERAÇÕES FINAIS

Confiança que supera

Lemos em Gênesis 50.20 as palavras finais de José aos seus irmãos. Elas são um resumo do seu ponto de vista sobre a vida: "Vocês pretendiam me fazer o mal, mas Deus planejou tudo para o bem. Colocou-me neste cargo para que eu pudesse salvar a vida de muitos". Essa maravilhosa perspectiva refletia a vida de alguém que havia escolhido o Deus vivo e confiou totalmente nele.

Ao enfrentar as dores, os problemas e os maus-tratos da vida, só poderemos vencer mediante total confiança na bondade e no propósito de Deus. Aquilo que poderia destruí-la poderia também tornar-se blocos de construção na jornada da fé ao buscar a mão de Deus em todas as circunstâncias. "...obtemos essa vitória pela fé" (1Jo 5.4).

Adaptado de *Supere os desafios da vida*, Estudo Bíblico da Série Descobrindo a Palavra, de autoria de Bill Crowder. © 2015 Ministérios Pão Diário.

QUEM É ESTE HOMEM QUE DIZ SER DEUS?

1 DIFÍCIL DE ACREDITAR, MAS ESSENCIAL

Muitas pessoas observam as páginas escuras da história e enxergam uma imagem obscura de Jesus. Elas ouviram sobre Sua declaração feita há 2.000 anos em que afirmava ser Deus, mas não acreditam realmente nela; têm dificuldade em aceitar na ideia de que um simples carpinteiro de uma pequena cidade judia poderia ser o Criador do mundo. Preferem acreditar em outras teorias menos sensacionais sobre Ele.

Em que alguns acreditam

Jesus é um homem que alcançou coisas incríveis. Entre os grupos que se apegam a essa ideia está a Igreja de Jesus Cristo dos Santos dos Últimos Dias — os Mórmons. Ensinam que Jesus era um espírito preexistente, porém acreditam o mesmo em relação a qualquer pessoa. Dizem que Jesus se distingue não pelo fato de que Ele era Deus, mas, sim, porque que era o filho-espírito primogênito de Deus. "Jesus, literalmente o Filho de Deus e eterno Pai. Jesus Cristo é o primeiro filho espiritual de Deus" (Doutrinas do evangelho, Manual do aluno). Na doutrina mórmon, Satanás também é filho espiritual de Deus, portanto irmão de Jesus.

Jesus é um ser criado que recebeu o status de ser o segundo em comando. As Testemunhas de Jeová consideram Jesus como "um deus, mas não o Deus Poderoso, que é Jeová", *Let God Be True* (Deixe Deus ser verdadeiro). Em vez disso, dizem que Jesus é "um indivíduo criado" que "é a segunda maior personagem do universo", *Make Sure Of All Things* (Certifique-se de todas as coisas).

Jesus é um homem não melhor do que nós. "Está claro que Jesus não é o próprio Deus", *Divine Principle* (Princípio divino). Essas palavras de Sun Myung Moon explicam claramente a visão de sua Igreja da Unificação. Ensina-se que o valor de Jesus não é maior do que o de qualquer outro homem. Aqueles que seguem a teologia de Moon dizem que a obra de Jesus foi um fracasso.

A existência de Jesus começou em Sua concepção. *The Way International* (O caminho internacional) ensina essa ideia. Em sua reinterpretação da narrativa bíblica, Victor Wierwille afirma: "A existência de Jesus começou quando ele foi concebido por Deus criando a alma de Jesus em Maria", *The Word's Way* (O caminho da Palavra).

Jesus é um profeta e mensageiro de Deus. De acordo com os princípios do Islamismo, "Jesus foi apenas um mensageiro de Alá" (*Alcorão*). Esse grupo também diz que Ele era um profeta sem pecado que nunca alcançou a grandiosidade do profeta Muhammad.

Jesus é menos do que a maioria das pessoas pensa que Ele é. Aqueles que adotam o ateísmo têm uma visão pequena de Jesus. Alguns não conseguem aceitar e colocar Jesus no mesmo patamar de alguns notáveis do passado como Buda ou Sócrates. Bertrand Russell, famoso defensor do ponto de vista ateu, disse: "Não consigo sentir que Cristo, na questão de sabedoria ou na questão de virtude, esteja tão à altura de algumas pessoas conhecidas na história", *Why I Am Not A Christian* (Por que não sou cristão).

Jesus é um grande mestre da moral. Algumas pessoas não rejeitam tudo na obra de Jesus na Terra, ainda que rejeitem Suas alegações de deidade. William Channing da Igreja Unitária disse: "Cristo foi enviado à Terra como um grande mestre da moral e não como um mediador".

Jesus é um médium místico. Os pensadores da Nova Era consideram Jesus como um guia de autorrealização. Nessa circunstância, Jesus seria visto como um canal — um dos muitos patriarcas que dão aos partidários da Nova Era um vislumbre do passado. Eles afirmam que por meio de encarnações anteriores, Jesus atingiu um nível de pureza que todos podem alcançar.

Jesus é uma projeção de nossas necessidades. Alguns sentem que a única razão de Jesus ter alcançado grande importância é que os humanos precisam de alguém como Ele em quem se apoiar. Carl Jung, famoso psicólogo e psiquiatra suíço, disse que Jesus é "o herói de nossa cultura que, apesar de Sua existência histórica, personifica o mito do homem divino".

Uma coisa é certa: alguém está errado! Essas pessoas não podem todas estar certas em relação a Jesus. Cristo não pode ser exatamente quem todas elas dizem que Ele é. Muitos que acham que sabem, não sabem. Se Jesus é apenas um profeta ou um médium, então aqueles que insistem que Ele é Deus estão errados. Se, por outro lado, Jesus é Deus, então aqueles que insistem que Ele é apenas um homem excepcional estão errados. Alguns podem querer um meio termo. Na ciência e no jornalismo investigativo, buscamos a verdade apaixonadamente. Por que seria diferente nesse assunto tão importante?

Por que isso é tão importante?

A maioria das pessoas é liberal em suas descrições elogiosas e nomes para Jesus. Ele recebeu títulos tão nobres como "a segunda maior pessoa do universo", "um profeta de Deus", "um grande mestre da moral", "um homem santo", "usado por Deus mais que qualquer outro". Quem não ficaria entusiasmado se o seu líder fosse considerado em termos tão elevados? Que grupo ficaria insatisfeito com este tipo de respeito e louvor por seu fundador?

Os cristãos são um desses grupos. Os seguidores de Jesus não ficam satisfeitos com esses termos. Para eles, não é suficiente que Jesus seja considerado uma das maiores figuras da história. Os cristãos sentem que há mais em Jesus do que ser visto por milhões como um ser humano exemplar ou até mesmo o maior homem que jamais viveu. Eles acham que os nomes "mestre da moral" e "profeta" não são abrangentes o suficiente. Não, os cristãos insistem em mais uma designação para Jesus — uma em que a plenitude do cristianismo repousa e, no entanto, que estabelece um obstáculo no caminho de muitos que consideram segui-lo.

Os seguidores de Jesus insistem não apenas em chamá-lo de Messias e Salvador, mas também Senhor e Deus. Mas por quê? Qual a importância dessa designação para Jesus? Não podemos simplesmente aprender com Suas sábias declarações, admirar Sua boa vida e parar por aí? É tão vital assim levantarmos a questão sobre Ele ser Deus ou não?

De modo interessante, a deidade de Jesus talvez seja a pergunta mais importante a ser respondida sobre o cristianismo. Por quê? Porque Jesus disse que era Deus. Como veremos, Ele declarou Sua deidade em muitas ocasiões enquanto vivia entre Seus conterrâneos israelenses. Sem temer as ramificações e sem considerar o ceticismo de Sua plateia, Jesus não deixou dúvida na mente de Seus ouvintes sobre Sua declaração de ser Deus.

Isso nos deixa com um dilema. Não podemos confiar na palavra de alguém que disse ser o Deus Todo-poderoso, independentemente das boas obras que fez ou da sabedoria que manifestou, a não ser que realmente seja Deus. Caso contrário, essa pessoa deveria merecer apenas nossa piedade, preocupação e compaixão. Um homem que afirmasse ser Deus sem o ser, definitivamente não mereceria nossa adoração, admiração e imitação.

Então qual é a grande questão? A questão é que, se Jesus não é Deus, Ele não pode ser um exemplo, um mestre sábio, um líder moral ou até uma pessoa histórica importante. Fornecer a prova de que Ele é Deus é a maior questão no mundo. E é isso que este estudo pretende demonstrar.

Não podemos nos satisfazer com nossas ideias individualistas sobre quem Jesus é. Não podemos nos satisfazer com nada menos do que a verdade. Como veremos, nosso destino eterno depende de como respondemos à pergunta: "Quem é este homem que diz ser Deus?".

Difícil de acreditar, mas essencial

Guia de estudo 1

Para entender como outros veem Jesus e como é essencial que saibamos quem Ele verdadeiramente é.

PARA MEMORIZAR
João 10.33

UM PASSO ADIANTE
Pense a respeito
1. Veja João 1.1. Considere o que esse versículo diz sobre a deidade de Jesus.
2. Em João 5.18 lemos que as pessoas que observavam Jesus achavam que Ele falava blasfêmias. O que Ele disse que os fez pensar assim?

APROFUNDAMENTO
Leia João 10.24-30.
1. Por que os judeus foram até Jesus buscando esclarecimento sobre Sua verdadeira identidade? (v.24).

2. O que significa a seguinte resposta de Jesus: "A prova são as obras que realizo em nome de meu Pai" (v.25)? De que obras Ele estava falando? Como as obras de Jesus testificam a respeito de quem Ele é?
3. O que Jesus quis dizer quando afirmou: "O Pai e eu somos um" (v.30)? Que alegação Jesus está fazendo aqui (Dt 6.4)?

APLICAÇÃO
1. Há alguém em sua vida que não aceita a verdade sobre a deidade de Jesus? O que você aprendeu até agora que pode ajudá-la a conversar sobre Jesus com essa pessoa?
2. O que significa para você como cristã ter a certeza de Jesus "ser igual a Deus" (Fp 2.6)?

2   O QUE O ANTIGO TESTAMENTO DIZ

A palavra "comprove" pode bloquear o caminho de qualquer pessoa que tente sustentar a verdade de uma declaração. Se um conceito não pode ser comprovado pela evidência, não é digno do tempo necessário para ser explicado. A chave para encontrar a evidência necessária está em encontrar uma fonte confiável e fidedigna. Sem uma fonte sólida, o inquiridor fica com opiniões e mais nada.

É nisto que a crença de que Jesus é Deus se fortalece: a Bíblia é a fonte dessa revelação e um livro digno de confiança. Intensas pesquisas arqueológicas demonstram que a Bíblia é fidedigna em questões históricas e geográficas. As Escrituras têm sido examinadas por eruditos por mais de 2.000 anos e têm sido declaradas confiáveis. Elas são endossadas por mais manuscritos encontrados do que qualquer outro documento da antiguidade. Todas essas evidências externas nos fornecem a confiança suplementar nesse livro de que Deus concedeu Sua revelação divina à raça humana. A deidade de Cristo é um conceito em que se pode confiar porque vem de fonte fidedigna.

À luz disso, faz sentido que vejamos o que a Bíblia diz sobre a identidade de sua figura central. Faz sentido que sigamos essa evidência até sua conclusão. Se não estivermos dispostos a aceitar o que Jesus disse sobre si mesmo, não faz sentido, todavia, confiar na descrição que a Bíblia faz de Jesus como o Mestre enviado por Deus.

Se a Bíblia é um livro confiável e sua mensagem tem sido miraculosamente preservada para nós no decorrer dos séculos, podemos acreditar que ela é uma valiosa fonte para descobrirmos sobre Aquele que a preservou. Vejamos o que a Bíblia diz sobre o fato de Jesus ser Deus.

As Alegações do Antigo Testamento

A Bíblia não tenta enganar os leitores do Novo Testamento com uma nova mensagem. Não, a ideia de que um Messias visitaria a Terra não é uma surpresa para alguém familiarizado com o Antigo Testamento. Havia muitos sinais desde os profetas de que isso aconteceria. Na verdade, há muitos fatos específicos sobre a vida do Messias preditos no Antigo Testamento que foram cumpridos em Jesus. O quadro a seguir nos dá apenas uma pequena amostra disso:

PROFECIAS DO ANTIGO TESTAMENTO SOBRE JESUS

PROFECIA	REFERÊNCIA	CUMPRIMENTO
Nascido de uma virgem	Isaías 7.14	Mateus 1.23
Nascido em Belém	Miqueias 5.2	Mateus 2.5
Encontrado no Egito	Números 24.8	Mateus 2.15
Curou muitos	Isaías 53.4	Mateus 8.16
Crucificado	Isaías 53.12	Mateus 27.38
Nenhum osso quebrado	Salmo 34.20	João 19.33-36

Está claro que a vinda do Messias era um acontecimento esperado no calendário religioso dos dias pré-cristãos. Mas há algo mais. Os escritos sagrados da era do Antigo Testamento falam não apenas do Messias que viria, mas também afirmam que Ele se manifestaria com um atributo que nenhum outro homem possui: Ele seria Deus. Três versículos do Antigo Testamento se destacam como prova de que Jesus — o Messias preanunciado divinamente — seria o Deus encarnado. Uma análise melhor das passagens a seguir nos apresentará claramente a essa verdade essencial.

Isaías 7.14

"...Vejam! A virgem ficará grávida! Ela dará à luz um filho e o chamará de Emanuel". A chave para ver esse versículo como um prenúncio da vinda de Jesus como Deus encarnado está no nome *Emanuel*. A palavra significa literalmente "Deus conosco". Certamente deve ter sido intrigante para aqueles que ouviram essa profecia. Seria difícil entender o conceito de que esse Filho seria Deus em carne.

Com a revelação adicional do Novo Testamento (Mt 1.21-23), podemos entender o que eles não conseguiam. Podemos ver com antecedência o plano de Deus de visitar a Terra, não somente por meio de um porta-voz e salvador, mas por meio daquele que seria literalmente "Deus conosco". Mas... e o ponto de vista do Antigo Testamento? Que outras evidências podemos encontrar?

Isaías 9.6

"Pois um menino nos nasceu, um filho nos foi dado. O governo estará sobre seus ombros, e ele será chamado de Maravilhoso Conselheiro, Deus Poderoso, Pai Eterno e Príncipe da Paz." Olhando para trás, podemos ver mais uma vez uma incrível profecia em perspectiva. O profeta do Antigo Testamento diz a todos que reconhecem Jesus como sendo o Messias que Ele não seria apenas um governante, mas seria também "Deus Poderoso".

Esse é o mesmo termo e a mesma construção gramatical que o profeta usou em Isaías 10.21 ao dizer que "...o remanescente de Jacó" se converterá ao *Deus Poderoso*, o que nos deixa com apenas duas possibilidades. Primeiro, o profeta poderia estar nos relatando que outro "Deus Poderoso" viria — dando ao mundo dois deuses. No entanto, isso contradiria outros versículos como Isaías 45.22, que diz: "Que todo o mundo se volte para mim para ser salvo! Pois eu sou Deus, e não há nenhum outro". E essa contestação de um sistema de dois *deuses* nos deixa com outra conclusão. O Jeová que Isaías e seu povo adoravam e o Filho-Criança que nasceria e seria chamado *Deus Poderoso* teriam que ser o mesmo.

Enfoque

"Quando dizemos que Jesus é Deus, não estamos simplesmente afirmando que o Senhor Jesus era um homem especialmente bom, ou que tenha se tornado divino, ou até mesmo que era semelhante a Deus em natureza e caráter. Ao invés disso, cremos que Ele é a deidade absoluta, e o adoramos, honramos e amamos como nosso Deus e Salvador. Cristo não foi apenas um homem incrível da história, era também o Deus da eternidade. E como tal, Ele é igual em todas as formas com o Pai."
—Richard DeHaan

Miqueias 5.2

"Mas você, ó Belém Efrata, é apenas uma pequena vila entre todo o povo de Judá. E, no entanto, um governante de Israel, cujas origens são do passado distante, sairá de você em meu favor."

Viver para sempre. É uma ideia que intriga a todos nós, mas é impossível alcançá-la. Ainda que seja verdade que nossa alma viverá para sempre, ninguém pode declarar ter estado com Deus antes do começo do mundo. Ninguém além de Jesus. Miqueias não previu simplesmente que Jesus nasceria em Belém, mas também revelou que este é "...um governante de Israel..." e compartilhou dos concílios de Deus desde a eternidade. Como isso prova a deidade de Jesus? Se apenas Deus existe desde a eternidade e Jesus existe com Ele, então, Jesus tem que ser Deus.

Claramente, todos que reconhecem Jesus como Messias reconhecem que algo incrível aconteceu quando Jesus surgiu em cena. E por último, Ele cumpriu profecias de modo miraculoso. Um pesquisador que analisou apenas oito dos prenúncios do Antigo Testamento sobre Jesus chegou à seguinte conclusão: "A chance de que qualquer homem pudesse ter cumprido todas as oito profecias é de uma em 100 sextilhões".

Se pudermos confiar na veracidade das informações sobre a chegada de Jesus neste planeta, poderemos certamente confiar nessas profecias quando usam designações e títulos para indicar que Jesus, o Messias, é Deus.

O que o Antigo Testamento diz

Guia de estudo 2

Para reconhecer que o Antigo Testamento revela Jesus.

PARA MEMORIZAR
Isaías 7.14

UM PASSO ADIANTE
Pense a respeito
Muitas passagens do Antigo Testamento revelam Jesus como Deus. Como estas passagens do Antigo Testamento e seus cumprimentos no Novo Testamento demonstram a deidade de Cristo?
  a. 2 Samuel 7.12,13, Jeremias 23.5,6 — Lucas 1.31-33; Mateus 2.1,2
  b. Salmo 110.1 — Mateus 22.42-46

APROFUNDAMENTO
Leia Isaías 9.6,7.

1. No versículo 6, Jesus é chamado de *menino* e *filho*. Quais são os dois títulos nesse versículo que falam de Sua deidade? Explique.
2. O versículo 7 apresenta características de Jesus que indicam que Ele é Deus. Quais são estes atributos divinos?
3. Contraste o reino de Jesus — um descendente do rei Davi (v.7) — com os reinos de Judá e Israel.

APLICAÇÃO
1. Quando você pensa em Jesus, é normalmente como Deus ou não? Para você, de que maneira isso deveria mudar?
2. Como podemos adorar, honrar e amar melhor Jesus como Deus e Salvador?

3   O QUE O NOVO TESTAMENTO DIZ

O Novo Testamento é o livro de Jesus que começa com Sua árvore genealógica e finaliza com Seu futuro triunfo. Entremeio, estão os extraordinários relatos de Sua vida, morte, ressurreição, ascensão e Sua aclamação. Mas quem é este Homem? Será que o Seu Livro verdadeiramente nos mostra? Podemos confiar nesse registro? Com certeza Ele curou os doentes, mas não seria Ele apenas um vendedor de algo miraculoso e uma pessoa muito bem relacionada? Com certeza Ele alimentou os famintos, mas não seria Ele um mágico prestidigitador, um bom ilusionista? Com certeza Ele encantou as multidões, mas não seria Ele apenas um *superstar* da antiguidade?

Para saber isso, precisamos ver as histórias por detrás do que Jesus fez. Precisamos descobrir o que aquelas pessoas que o observaram diziam sobre Ele. Um biógrafo que escreve sobre alguém que já não está mais presente conversa com aqueles que ou conheciam o assunto ou pelo menos sabiam algo a partir da experiência daqueles que o conheciam. Nós também podemos *entrevistar* os contemporâneos de Jesus para esclarecer nossa visão sobre Ele. Vamos nos voltar primeiro a um homem que conhecia bem Jesus, o apóstolo João.

O ponto de vista do apóstolo João

O apóstolo João se prontificou realmente a demonstrar que Jesus era Deus? Para começar a responder essa pergunta, voltemo-nos primeiro às palavras iniciais do evangelho de João: "No princípio, aquele que é a Palavra já existia. A Palavra estava com Deus, e a Palavra era Deus. Ele existia no princípio com Deus. Por meio dele Deus criou todas as coisas, e sem ele nada foi criado. Aquele que é a Palavra possuía a vida, e sua vida trouxe luz a todos" (1.1-4).

Uma vez que entendemos o que João quis dizer com o termo *Palavra*, fica difícil enxergar qualquer coisa nessa passagem além da deidade de Jesus. Aqui, como em outras três passagens no Novo Testamento (Jo 1.14; 1Jo 1.1; Ap 19.13), a designação *Palavra* ou *Logos* refere-se especificamente a Jesus. O fato de que João refere-se a Jesus torna-se claro quando olhamos o versículo 14, onde ele afirmou: "Assim, a Palavra se tornou ser humano, carne e osso, e habitou entre nós". Observe em João 1.1-4 que a descrição das características de Jesus são traços exclusivos de Deus.

No princípio...
Qualquer um nos dias de João que tivesse familiaridade com as Sagradas Escrituras teria reconhecido sua alusão ao livro que agora chamamos de Gênesis. Naquela época, Gênesis era comumente conhecido como "No princípio...", portanto o leitor do evangelho de João pensaria automaticamente no registro da criação e sua presunção sobre a eternidade de Deus. João ousadamente declarou que Jesus estava com Deus antes do começo do mundo.

A Palavra estava com Deus...
Essa sentença indica que, ainda que Jesus fosse Deus, Ele era uma entidade distinta que tinha, como a preposição *com* infere, comunhão e relacionamento com Deus, o Pai.

...e a Palavra era Deus.
Eis uma afirmação definitiva da deidade de Jesus. O apóstolo não diz que Ele era "um deus", como alguns sugerem. Essa forma de interpretação é resultado de uma leitura débil do fato de que a palavra grega *theos* (Deus) aparece aqui sem o artigo definido *o*. Aqueles que assim o fazem não conseguem reconhecer que João omitiu o artigo para ressaltar que Jesus é Deus, assim como o Pai é Deus. Caso ele tivesse utilizado o artigo *o*, teria inferido que apenas Jesus é O Deus. No entanto, aqueles que negam a deidade de Cristo continuam insistindo em interpretar essa frase como "um deus".

Há dois problemas nisso. Primeiro, o Novo Testamento está repleto de referências a Deus sem o uso de um artigo definido no grego (282 vezes). Na verdade, até mesmo os tradutores que vertem João 1.1 para que se leia "um deus" traduzem exatamente a mesma frase como "Deus" em 94% dos outros 281 casos. Para serem consistentes, estes casos deveriam afirmar "um deus". Essa construção ocorre 20 vezes só no evangelho de João. Então, João 1.18 deveria ser traduzido: "Ninguém jamais viu a *um deus*".

Além dos problemas com a gramática, há outra dificuldade colocada por essa má tradução. Se realmente o versículo fosse traduzido como "um deus", seríamos colocados diante de um conceito de politeísmo que é completamente estrangeiro a qualquer coisa na fé cristã. Se Jesus é "um deus", deve haver outros. As Escrituras, no entanto, são claras nesta questão: há apenas um Deus. Chamar Jesus de "um deus" entre outros deuses seria inaceitável para o leitor do primeiro século como é para o teísta do século 21. Os contemporâneos de João eram completamente educados no monoteísmo e qualquer desvio dessa doutrina bem estabelecida seria rejeitada.

Por meio dele Deus criou todas as coisas, e sem ele nada foi criado...
Quem além de Deus pode receber o crédito da criação? Recorrendo novamente ao primeiro versículo de Gênesis, somos lembrados que "...Deus criou os céus e a terra". E agora João revelou Jesus como o agente ativo na criação. De que outra forma isso pode ser conciliado a não ser concluir que Jesus o Salvador é também Deus o Criador?

O ponto de vista do apóstolo Paulo

João não era o único a dizer que Jesus era Deus. O apóstolo Paulo fez também dessa doutrina uma grande parte de seus escritos. Aqui está uma amostra de versículos escritos por Paulo que atribuem deidade a Jesus.

Romanos 9.5
"...o próprio Cristo, quanto à sua natureza humana, era israelita. E ele é Deus, aquele que governa sobre todas as coisas e é digno de louvor eterno!" Não há ginástica interpretativa que possa negar a simples gramática desse versículo que afirma que Jesus é Deus.

Filipenses 2.5,6
"Tenham a mesma atitude demonstrada por Cristo Jesus. Embora sendo Deus, não considerou que ser igual a Deus fosse algo a que devesse se apegar." Aqui temos uma imagem de Jesus em Suas duas essências — Deus e homem. Primeiro, Ele existia sempre como Deus em Sua natureza divina. Segundo, Ele voluntariamente deixou de lado a majestade e a glória de ser Deus para tornar-se humano — o Servo humilde que foi obediente até a morte. Jesus, então, era Deus e permaneceu sendo Deus por natureza, mesmo quando tomou a forma humana na Terra.

Filipenses 2.10,11
"...para que, ao nome de Jesus, todo joelho se dobre [...], e toda língua declare que Jesus Cristo é Senhor, para a glória de Deus, o Pai". Deus não permitiria que ninguém além de si mesmo fosse adorado. Permitir que as pessoas adorassem alguém inferior a Ele seria violar o primeiro mandamento (Mt 4.10).

Colossenses 2.9
"Pois nele habita em corpo humano toda a plenitude de Deus." A essência total da deidade está completamente em Jesus. Ele era plenamente Deus enquanto era plenamente homem. Esse ensinamento foi uma refutação de um antigo ensinamento chamado Gnosticismo.

1Timóteo 3.16
"Sem dúvida, este é o grande segredo de nossa fé: Cristo foi revelado em corpo humano, justificado pelo Espírito, visto por anjos, anunciado às nações, crido em todo o mundo e levado para o céu em glória." O Deus que foi manifestado em carne era Jesus, pois Ele fez tudo o que esse versículo disse que Ele fez.

Tito 2.13
"...enquanto aguardamos esperançosamente o dia em que será revelada a glória de nosso grande Deus e Salvador, Jesus Cristo". Em uma tradução literal, a gramática dessa sentença indica que Paulo estava se referindo a apenas uma pessoa aqui: Deus, o Filho.

O que o Novo Testamento diz

Guia de estudo 3

Para entender as alegações que o Novo Testamento faz sobre quem Jesus é.

PARA MEMORIZAR
João 1.1

UM PASSO ADIANTE
Pense a respeito
Que atributos e características de Deus são vistos em Jesus nestas passagens?
Colossenses 1.15-17
Apocalipse 1.18

APROFUNDAMENTO
Leia Filipenses 2.5-11.
1. O que Paulo quer dizer quando afirma que Jesus "...embora sendo Deus..."? (v.6). De que maneira Jesus está "...sendo Deus..."?
2. Por que não seria usurpação Jesus dizer que Ele é "igual a Deus"? De que maneira Jesus é "...igual a Deus" (v.6)?
3. A que acontecimento Paulo está se referindo quando diz "...ao nome de Jesus, todo o joelho se dobre..." (v.10)?

APLICAÇÃO
1. Você acha que os cristãos pensam em Jesus mais frequentemente como um homem perfeito morrendo por homens pecadores ou como o Deus Todo-poderoso morrendo na cruz? Por que isso acontece?
2. Com que frequência "...aguardamos esperançosamente o dia em que será revelada a glória de nosso grande Deus e Salvador, Jesus Cristo" (Tt 2.13)? Como um estudo sobre a deidade de Cristo pode nos deixar mais ansiosos pela volta de Jesus?

4 AS ALEGAÇÕES DE JESUS E AS REAÇÕES DE SEUS OBSERVADORES

As afirmações no Novo Testamento sobre a deidade de Jesus poderiam ter sido feitas por alguns de Seus seguidores mal orientados? Esses escritores poderiam ter interpretado mal os sinais? Talvez o desejo deles de adorar alguém fosse tão forte que desenvolveram por si próprios a ideia da deidade de Jesus. Talvez tenham entendido mal a missão de Jesus na Terra. Se for esse o caso, com certeza, estavam em boa companhia! O próprio Jesus também declarou que era Deus.

Jesus falou algumas vezes em termos e frases que deixaram Seus ouvintes incertos em relação ao que Ele queria dizer, e isso pode ser visto em certos diálogos entre Jesus e Seus discípulos. Dá até para imaginá-los se afastando de algumas dessas discussões com Jesus, coçando a cabeça devido a algum conceito difícil de compreender que Ele acabara de lhes fornecer.

Entretanto, quando Jesus falou de Sua deidade com aqueles que não eram Seus seguidores, eles não ergueram os braços para coçar a cabeça, mas os abaixaram para apanhar pedras, pois sabiam exatamente quem Ele estava afirmando ser e queriam apedrejá-lo por isso.

As alegações de Jesus

João 10
Um bom exemplo disso está em João 10. Conforme Jesus caminhava pelo Templo, alguns judeus o interpelaram: "...Se você é o Cristo, diga-nos claramente" (v.24). A resposta imediata de Jesus a eles não deixou qualquer dúvida (vv.25-30).

Os judeus tinham, claramente, um grande problema com essa afirmação. Eles sabiam que a lei do Antigo Testamento determinava a morte de qualquer um que alegasse deidade. E eles entenderam que era exatamente isso que Jesus estava fazendo e sabiam o que Cristo queria dizer quando chamou Deus de "meu Pai" (v.25) e não *nosso* Pai, alegando ser capaz de conceder vida eterna (v.28), e ao afirmar: "o Pai e eu somos um" (v.30).

As alegações de Jesus deixaram os judeus sem rumo. Não havia dúvida na mente deles sobre as palavras de Jesus. Na verdade, eles lhe disseram que estavam reunindo munição devido a Sua blasfêmia: "Você, um simples homem, afirma que é Deus!" (v.33).

João 8
Uma conversa anterior entre Jesus e um grupo diferente trouxe resultados semelhantes. Numa confrontação que deve ter criado alta tensão, os judeus acusaram Jesus de estar possuído por um demônio. No diálogo que se seguiu, Jesus disse: "Seu pai Abraão exultou com a expectativa da minha vinda. Ele a viu e se alegrou" (v.56). Os judeus não podiam acreditar no que ouviam. Eles queriam saber como um homem que não tinha nem 50 anos poderia ter visto Abraão.

A resposta de Jesus foi ainda mais perturbadora aos Seus ouvintes. "Eu lhes digo a verdade: antes mesmo de Abraão nascer, Eu Sou!" (v.58). Os judeus ficaram chocados. Jesus acabara de dizer-lhes quem Ele era. Ao utilizar o termo *Eu Sou*, Ele indubitavelmente lembrou os judeus da afirmação de Deus a Moisés do meio de um arbusto em chamas: "...Eu Sou o que Sou..." (Êx 3.14). Devido à familiaridade com as Escrituras, eles sabiam que Jesus havia declarado Sua deidade — Sua atemporalidade e Sua identidade com Javé. Sabemos que eles entenderam exatamente o que Jesus estava dizendo, porque Ele precisou se esconder e sair rapidamente para evitar ser alvo das pedras que empunhavam.

João 14
Em outra ocasião, Jesus alegou Sua deidade na presença de uma multidão bem mais receptiva. Enquanto comia com os discípulos, Jesus previu a negação de Pedro e garantiu a Tomé que Ele era "...o caminho, a verdade e a vida..." (v.6). Em seguida Felipe pediu a Jesus que lhes mostrasse o Pai. A resposta que deu é uma declaração inequívoca de Sua deidade. Ele disse: "...Quem me vê, vê o Pai!" (v.9), e "Você não crê que eu estou no Pai e o Pai está em mim?" (v.10).

A reação dos observadores de Jesus
Já vimos que os judeus que ouviram Jesus sabiam que Ele estava alegando ser Deus. Eles não eram os únicos a entender a ideia. Outros de status sociais variados e com graus diferentes de interesse no ministério de Jesus

também o ouviram dizer que Ele era Deus. Suas reações e a resposta de Jesus a eles nos fornecem um estudo interessante.

Mateus 21
Vejamos uma conversa que ocorreu logo após Jesus esvaziar o Templo em Jerusalém. O Senhor havia acabado de chegar à cidade e fora bem recebido por uma multidão. As pessoas clamavam continuamente, "Hosana, Filho de Davi" (v.15). Porém, isso não soou bem aos sacerdotes e escribas. Eles acreditavam que Jesus deveria saber que não poderia aceitar tal adoração. Afinal, Ele não conhecia o primeiro mandamento?

Observe a reação do Mestre à pergunta indignada que lhe fizeram: "Está ouvindo o que as crianças estão dizendo?" (v.16). Jesus lhes deu mais para pensar do que poderiam imaginar ao contra-atacar referenciando o Salmo 8.2: "Sim", respondeu ele, "Vocês nunca leram as Escrituras? Elas dizem: 'Ensinaste crianças e bebês a te dar louvor'" (v.16). Evidentemente, Jesus estava contando a Seus ouvintes que essas palavras de adoração foram inspiradas por Deus para a adoração a Deus. Ao aceitar esses "Hosanas", Jesus estava declarando a Sua deidade.

Essa não foi a única vez em que Jesus aceitou a adoração. Em pelo menos duas outras ocasiões, Ele permitiu que Seus seguidores lhe rendessem o louvor e a honra que devem ser destinados somente a Deus.

Mateus 16
O primeiro incidente ocorreu após Jesus pedir aos Seus discípulos que respondessem a algo como uma pesquisa pública do primeiro século. Eles haviam conversado com as pessoas de Cesareia de Filipe, que fica ao norte do mar da Galileia. Jesus perguntou: "Quem as pessoas dizem que o Filho do Homem é?" (v.13). Após ouvir uma amostra aleatória de respostas, Ele dirigiu a pergunta diretamente aos Doze, "E vocês? [...] Quem vocês dizem que eu sou?" (v.15).

Simão Pedro, em típica ousadia, declarou: "O Senhor é o Cristo, o Filho do Deus vivo!" (v.16). Aqui estava a oportunidade perfeita para Jesus dissipar a ideia crescente de que Ele era algo mais do que apenas um grande homem. Mas Jesus não faria isso. Em vez disso, elogiou Pedro por sua declaração. Os termos que Pedro usou indicam que Jesus "era da mesma matéria" ou "tinha as mesmas características" que Deus. Sabendo que a confissão de Pedro era uma referência à Sua deidade, Jesus afirmou: "Que grande privilégio você teve, Simão, filho de João! Foi meu Pai no céu quem lhe revelou isso" (v.17). Mais uma vez, Jesus deliberadamente recebeu a adoração de um homem.

João 20
Um segundo diálogo entre Jesus e um de Seus discípulos demonstra, em termos ainda mais específicos, a disposição de Jesus em considerar-se digno de adoração. Aconteceu mais de uma semana depois de Jesus ter ressuscitado dos mortos. Todos os discípulos, menos um, Tomé, haviam visto Jesus. Toda a conversa do mundo não o convenceria de que Jesus estava vivo. Ele tinha que ver pessoalmente o Salvador.

Quando ele e os outros se reuniram cedo na segunda semana após a ressurreição, Jesus repentinamente apareceu entre eles. O Senhor pediu que Tomé tocasse em Suas cicatrizes para que este soubesse com certeza que era Jesus ressuscitado. Aparentemente Tomé fez como lhe foi pedido, pois respondeu: "Meu Senhor e Deus meu!" (v.28). Com essas palavras Tomé resumiu a deidade de Cristo como Senhor e Deus. E como Jesus fez com Pedro, Ele elogiou Tomé por não duvidar da Sua deidade.

Não houve muitas mudanças em 2.000 anos. Aqueles que escolhem não aceitar as alegações de Jesus reagem com furor que até estremece o chão diante da sugestão de que Jesus é Deus. Por outro lado, aqueles que o conhecem pessoalmente e o enxergam por quem Ele é reagem com louvor e devoção completa ao Homem que é Deus.

Enfoque
"A Palavra de Deus ensina a suprema e absoluta deidade do Senhor Jesus Cristo com tal simplicidade e força a ponto de colocá-la acima de qualquer dúvida. A verdadeira Igreja de Jesus Cristo crê nisso e descansa solidamente nessa verdade. Ainda que as Santas Escrituras sejam a prova superior, final e infalível, talvez a maior evidência prática da deidade de Cristo para o cristão esteja em seu próprio relacionamento interior, na experiência e comunhão com o Senhor da glória." —George Lawlor

As alegações de Jesus; as reações dos observadores — Guia de estudo 4

Para reconhecer que a reação dos observadores de Jesus destacava a Sua deidade.

PARA MEMORIZAR
João 8.58

UM PASSO ADIANTE
Pense a respeito
Discuta sobre como as passagens a seguir provam que Jesus é Deus.
Mateus 9.3,4
Mateus 12.25
João 4.29

APROFUNDAMENTO
Leia João 14.1,6-11.
1. O que Jesus quis dizer quando afirmou: "Eu sou o caminho, a verdade e a vida. Ninguém pode vir ao Pai senão por mim" (v.6)? Por que Jesus disse isso aos discípulos naquele momento?
2. Qual é a importância de Jesus se referir a Deus como "meu Pai"? (v.7).
3. Que ousada alegação Jesus estava fazendo quando disse a Filipe: "Quem me vê, vê o Pai!" (v.9)? Jesus disse duas vezes: "...que eu estou no Pai e que o Pai está em mim..." (vv.10,11). O que isso significa? De que modo isso prova que Jesus é Deus?

APLICAÇÃO
1. Alguma vez cometemos o mesmo erro de Filipe por não reconhecermos quem Jesus é? Como podemos corrigir esse engano?
2. Descreva o consolo que podemos receber ao ler João 14.1-10 em relação ao nosso futuro com Jesus e, ao nosso presente, devido a nossa compreensão de quem Ele é.

5 VERSÍCULOS PROBLEMÁTICOS

As várias opiniões das pessoas que rejeitam o ensino de que Jesus é Deus podem ser colocadas em pelo menos duas categorias de crença. Primeiro, há aquelas que não utilizam fonte alguma além da própria imaginação para explicar quem elas acham que Jesus poderia ser. Suas opiniões podem variar de extremamente ridículas (como dizer que Ele era de outro planeta) até razoavelmente lógicas (como dizer que Ele era simplesmente um grande mestre da moral). Mas nunca são solidamente bíblicas. As pessoas nessa categoria parecem estar dispostas a aceitar o registro bíblico quando este nos fala do amor de Jesus pelas pessoas, de Sua misericórdia pelos doentes e de Sua sabedoria para as multidões, mas rejeitam a Bíblia quando sua mensagem sugere que Jesus é Deus.

O outro grupo é composto de pessoas *religiosas* que alegam usar a Bíblia como seu guia, e, no entanto, concluíram que é diferente daquela do cristianismo ortodoxo. As várias seitas estão nessa categoria. Essas pessoas realmente sentem que estão certas quando concluem que a Bíblia não defende a controvérsia de que Jesus é Deus. Vejamos alguns dos versículos que elas usam para sustentar sua argumentação ou para tentar refutar a doutrina da deidade de Cristo.

João 14.28

"...Se o seu amor por mim é real, vocês deveriam estar felizes porque eu vou para o Pai, que é maior que eu". Esse versículo tem sido usado por alguns grupos para "provar" que Jesus era inferior a Deus, pois ocupava a segunda posição de comando. Eles questionam como Jesus pode ser Deus se Deus é maior que o Salvador.

Uma explicação para isso começa ao olharmos para o ensino de Paulo em Filipenses 2.5-8. Paulo disse: "Tenham a mesma atitude demonstrada por Cristo Jesus. Embora sendo Deus, não considerou que ser igual a Deus fosse algo a que devesse se apegar. Em vez disso, esvaziou a si mesmo; assumiu a posição de escravo e nasceu como ser humano. Quando veio em forma humana, humilhou-se e foi obediente até a morte, e morte de cruz".

Jesus escolheu deixar de lado alguns de Seus atributos para tornar-se Deus-homem. Ele escolheu subordinar-se — não apenas a Deus, o Pai, mas também ao homem. Esse não é um comentário sobre Sua natureza, que obviamente ninguém pode mudar, mas, sim, sobre Seu propósito — Sua missão — em Seu tempo na Terra. Assim como ninguém poderia concluir que Jesus tornou-se inferior ao ser humano por ter escolhido tornar-se servo do homem (Mc 10.45), da mesma forma ninguém deveria concluir que Jesus era menor que Deus porque se sujeitou ao Pai enquanto esteve na Terra. João 14.28 não refuta a alegação de Jesus de que é Deus. Antes, apenas demonstra Sua submissão voluntária ao Seu Pai durante os 33 anos que viveu entre os homens.

> *Enfoque*
>
> "Se Jesus não é o próprio Deus, que veio à Terra, Sua revelação não é final e pode ser substituída. Se negamos a deidade de Cristo, estamos destinados a tatear para sempre na escuridão de nossa ignorância. Se Jesus não for quem alega ser, Sua morte por nossos pecados não tem valor e não altera de forma alguma o nosso posicionamento diante de Deus."
>
> —Alistair Bagg

Apocalipse 3.14

"Escreva esta carta ao anjo da igreja em Laodiceia. Esta é a mensagem daquele que é o Amém, a testemunha fiel e verdadeira, a origem da criação de Deus." O *Amém* desse versículo é obviamente Jesus Cristo. Mas, com esse fato estabelecido, aqueles que acreditam na deidade de Cristo começam a traçar caminhos separados dos incrédulos quanto a isso. Aqueles que não acham que Jesus é Deus argumentam que a frase: "a origem da criação de Deus" ressalta claramente que Jesus foi o primeiro ser formado por Deus. Essa presunção apenas seria a morte para a teologia de que "Jesus é Deus", pois como poderia alguém que não é eterno ser o eterno Deus? Vamos investigar essa teoria e verificar se ela se mantém.

Primeiro, é essencial um comentário sobre a tradução da frase. No grego lê-se literalmente: "o começo da criação *de Deus*". A construção gramatical no grego impossibilita a tradução para "por Deus".

Segundo, a palavra grega para "começo" (*arché*) infere o papel ativo de criar — não o papel inativo de ser criado. Logo, Jesus é o Iniciador da criação de Deus e não o primeiro ser criado. Essa interpretação apropriada do texto entra em harmonia com outros versículos das Escrituras que nos afirmam a deidade de Cristo e o Seu papel como Criador.

> *Enfoque*
>
> "As Escrituras são claras em que, como o Filho de Deus eterno, Ele é Deus em tudo o que esse termo significa e que Ele existiu desde sempre e continuará existindo para todo o sempre. Apesar de Cristo ser apresentado à maioria de Seus

observadores em conexão com a Sua vida na Terra quando Ele se tornou homem, é claro também que Ele existiu muito antes de ter nascido." —John Walvoord

Colossenses 1.15

"O Filho é a imagem do Deus invisível e é supremo sobre toda a criação." Outra possibilidade de tradução para "supremo sobre toda criação" seria: "primogênito de toda a criação". Todos sabem o que é um primogênito. É o bebê nascido primeiro — aquele com os direitos de primogenitura. Bem, algumas vezes é isso que significa. Mas, como muitas palavras, pode também ter outro significado. Pode também denotar ordem, posição ou privilégio. Observe a afirmação de Paulo três versículos adiante: "Ele é a cabeça do corpo, que é a igreja. Ele é o princípio, o supremo sobre os que ressuscitam entre dos mortos; portanto, ele é o primeiro em tudo" (v.18).

Obviamente, a palavra *supremo* aqui significa *superioridade*. Se todos fossem iguais, qualquer interpretação seria aceitável, porém há outras considerações. No mesmo capítulo de Colossenses há, notavelmente, dois versículos em referência a Jesus em que Paulo faz uma poderosa afirmação: "...Tudo foi criado por meio dele e para ele. Ele existia antes de todas as coisas e mantém tudo em harmonia" (vv.16,17). Aqui Paulo demarcou claramente uma linha entre a criatura e o Criador. Jesus é claramente diferente da criação porque Ele estava envolvido na criação. O Criador não pode criar-se a si mesmo.

Enfoque

Por meio da inspiração do Espírito Santo, a Bíblia prevê as objeções daqueles que não são capazes de aceitar seus claros ensinamentos. Em 1 Coríntios, o apóstolo Paulo deixa evidente que alguns não aceitariam os princípios básicos da verdade registrada na Palavra de Deus e influenciariam alguns a rejeitar ensinamentos tão explícitos como a deidade de Cristo. "E nós recebemos o Espírito de Deus, e não o espírito deste mundo, para que conheçamos as coisas maravilhosas que Deus nos tem dado gratuitamente. Quando lhes dizemos isso, não empregamos palavras vindas da sabedoria humana, mas palavras que nos foram ensinadas pelo Espírito, explicando verdades espirituais a pessoas espirituais. Mas o homem natural não aceita as verdades do Espírito de Deus. Elas lhe parecem loucura, e ele não consegue entendê-las, pois apenas quem é espiritual consegue avaliar corretamente o que diz o Espírito" (1Co 2.12-14).

João 10.34

"Jesus respondeu: 'As próprias Escrituras de vocês afirmam que Deus disse a certos líderes do povo: "Eu digo: vocês são deuses!"'". Esse versículo causa grande celeuma entre aqueles que não querem acreditar que Jesus representa deidade. "E daí que Jesus disse ser Deus?", perguntam. "Há muitos deuses. Jesus chamou inclusive seus inimigos de deuses. Portanto, se houver espaço suficiente na teologia de Jesus para deuses que nem mesmo estão do Seu lado, então ser deus não é algo tão exclusivo."

Esse tipo de pensamento, ainda que lógico superficialmente, não reflete o objetivo das palavras de Jesus em João 10. Sua afirmação era uma citação do Salmo 82.6, em que Deus é descrito como se estivesse entrando numa assembleia de juízes para condenar o tratamento injusto que estes davam aos outros. A palavra traduzida por *deuses* significa *poderosos* ou nesse caso, *juízes*.

Jesus utilizou essa citação um tanto incomum como parte de um argumento para revelar a hipocrisia de Seus inimigos. Eles não objetaram a afirmação de Asafe que se referia a juízes humanos como *deuses*, contudo delataram Aquele que é Impecável quando Ele vindicou para si o título de "Filho de Deus".

Versículos Problemáticos

Guia de estudo 5

Para examinar versículos que alguns utilizam para negar a deidade de Jesus Cristo.

PARA MEMORIZAR
1 João 5.20

UM PASSO ADIANTE
Pense a respeito
Como os versículos a seguir confirmam que Jesus é Deus?
Mateus 18.20
Mateus 28.18
João 2.24

APROFUNDAMENTO
Leia João 10.31-37,39.
1. De qual crime os judeus que observavam Jesus o acusaram? Por que eles fizeram isso (vv.22-30) ?
2. A resposta de Jesus nos versículos 34 a 36 cita o Salmo 82.6 indicando o uso que Deus faz da palavra "deuses" para referir-se a juízes que agiam injustamente. De que maneira essa citação de Jesus refere-se à questão de os judeus duvidarem de que Ele é Deus?
3. Como os judeus reagiram às explicações de Jesus (v.39)? Compartilhe algo que você tenha testemunhado como uma reação negativa à afirmação de que Jesus é Deus.

APLICAÇÃO
1. Ao orarmos, é mais importante orarmos ao Deus Pai, ao Deus Filho ou ao Deus Espírito Santo?
2. Você se sentiria confortável se alguém lhe perguntasse: "Você pode explicar por que acredita que Jesus é Deus?" Qual seriam as evidências que você apresentaria?

6 O QUE VOCÊ PODE DIZER SOBRE JESUS?

Suponhamos que você esteja visitando uma livraria e encontre um livro sobre integridade. Você dá uma olhada no sumário, folheia algumas páginas, checa o último capítulo e decide que essa seria uma aquisição valiosa para sua biblioteca. Você o compra, leva para casa e começa a ler. Fascinada pelas abordagens do autor, você começa a tomar notas, ávida para aprender tudo o que puder sobre integridade para, dessa maneira, aumentar seu nível de honestidade e de lealdade — algo que jamais se terá em excesso.

Obviamente o escritor domina esse assunto, logo você deveria saber um pouco sobre ele. Então você vira o livro e começa a ler a contracapa que informa algo como: "O autor, que alega ser a pessoa mais inteligente que ainda vive, pensa que é o rei do seu país. O autor, que veio de uma galáxia distante até este planeta, gosta de pintar obras-primas, escrever clássicos e fechar negócios imobiliários de bilhões entre uma atividade e outra".

Fechando o livro com força, você correria de volta à livraria para ser reembolsada ou encontraria o caminho mais curto até a lata de lixo mais próxima. Ao descobrir o que esse autor pensa sobre si mesmo, você já não confiaria mais em nenhuma palavra que ele dissesse. Suas palavras sobre integridade e honestidade seriam tão valiosas quanto uma dissertação sobre física nuclear escrita por um jogador de futebol.

Que relação essa história esquisita tem com Jesus Cristo? Ela ilustra como deveríamos reagir à Bíblia caso Jesus não fosse Deus. Demonstra a incredulidade que expressaríamos com a história de Jesus se Ele não fosse realmente o Deus-homem. Exemplifica a necessidade do homem em contrapor as palavras de uma pessoa ao seu caráter. Se não pudermos confiar no caráter de alguém, é impossível confiar em suas palavras. Da mesma forma, a autenticidade e a integridade de caráter são verificadas por palavras fidedignas.

Ao aplicarmos esse teste a Jesus, devemos revisar dois fatores. Primeiro, a vida e os ensinos de Jesus são modelos de integridade e de bondade. Esse fato é reconhecido quase que universalmente. Suas ações de curar os enfermos, ressuscitar os mortos e demonstrar amor gentil se igualam aos Seus ensinos sobre bondade, compaixão e moralidade. Logo, pode-se concluir que Jesus é uma pessoa moral e fidedigna.

O segundo fator a ser considerado é que Jesus alegou ser igual a Deus, ser o Filho de Deus, ser o próprio Deus. Essas alegações foram verificadas pelas palavras e ações de Seus seguidores e contestadas pelas palavras e ações de Seus inimigos.

Esses dois fatores nos deixam com apenas três opções razoáveis sobre quem Jesus é.

1. Um lunático iludido

Se Jesus não é Deus, Ele poderia ser acusado de ter ilusões de grandeza de acordo com as coisas que Ele disse. (Exemplo: Ele alegou onipotência, onisciência, onipresença e a capacidade de perdoar pecados.) No entanto, aqueles que o conheciam melhor reconheceram que as alegações de Jesus e Sua afirmação de deidade não eram estranhas. Eles sabiam que o que Ele falou sobre si mesmo correspondia perfeitamente a quem Ele lhes demonstrava ser.

2. Um grande mentiroso

Se Jesus não é Deus, então Ele devia estar mentindo. Nesse caso, Ele teria que saber que não era quem alegava ser, o que torna gradativamente mais difícil aceitar quanto mais observamos a Sua vida. Como Ele poderia, em uma ocasião ou outra, transmitir a essência de honestidade e credibilidade se nesse ponto principal Ele continuasse mentindo? Como Ele poderia enganar tantas pessoas tementes a Deus fazendo algo tão impiedoso? Como poderia alguém aparentemente tão moral ser um mentiroso de tamanha grandeza?

3. Deus

O que Jesus disse e o que Ele fez sustentam mais firmemente esta opção. Jesus cumpriu as profecias sobre aquele que seria Deus na Terra. Ele manifestou os atributos do Deus eterno. Homens pecadores o reconheceram como sem pecado. Ele conhecia as Escrituras como nenhum outro e fez coisas que apenas Deus poderia fazer. Um lunático pode alegar qualquer coisa, mas não pode agir conforme suas alegações. Jesus pôde. Um mentiroso consegue jogar incrivelmente com a mente das pessoas, mas não pode provar nada do que diz. Jesus, no entanto, nasceu onde o Deus-homem deveria nascer, viveu como o Deus-homem deveria viver, morreu como o Deus-homem deveria morrer e ressuscitou como somente o Deus-homem poderia fazê-lo.

Do que você chama Jesus? Você só tem as três opções, mas tenha cuidado. Chamá-lo de qualquer coisa que não seja Deus colocará sua alma eterna em sério risco. Somente quando você reconhece que Jesus é Deus, pode vê-lo como a fonte de vida. Apenas quando você confia em toda a Palavra de Deus — não apenas em relação à vida de Jesus, mas também em relação à Sua deidade —, entenderá a importância de Sua morte. Tenha cuidado com como você chama Jesus. Sua vida eterna depende disso.

O que você não pode dizer

"Estou tentando impedir que alguém repita a rematada tolice dita por muitos a seu respeito: 'Estou disposto a aceitar Jesus como um grande mestre da moral, mas não aceito a sua afirmação de ser Deus'. Essa é a única coisa que não devemos dizer. Um homem que fosse somente um homem e dissesse as coisas que Jesus disse não seria um grande mestre da moral. Seria um lunático — no mesmo grau de alguém que pretendesse ser um ovo cozido — ou então o diabo em pessoa. Faça a sua escolha. Ou esse homem era, e é, o Filho de Deus, ou não passa de um louco ou coisa pior. Você pode querer calá-lo por ser um louco, pode cuspir nele e matá-lo como a um demônio; ou pode prosternar-se a seus pés e chamá-lo de Senhor e Deus. Mas que ninguém venha, com paternal condescendência, dizer que ele não passava de um grande mestre humano. Ele não nos deixou essa opção, e não quis deixá-la.

Somos confrontados, então, com uma alternativa assustadora. Ou esse homem de quem estamos falando era (e é) o que dizia ser, ou era um lunático ou coisa pior. Ora, parece-me óbvio que ele não era nem um lunático nem um demônio; consequentemente, por mais estranho, assustador ou insólito que pareça, tenho de aceitar a ideia de que ele era, e é, Deus."
—C. S. Lewis (*Cristianismo Puro e Simples*, Ed. Martins Fontes, 2005.)

Uma palavra final

"Temos evidências suficientes diante de nós para concluir que a automanifestação de Jesus de que Ele sabia quem era, o que declarava e demonstrava ser, revela que aquele que está por detrás de tudo nos evangelhos é uma Pessoa divina, que veio para cumprir uma vocação singular. Os ensinamentos que Ele deu, as obras que executou e também as orientações que dá, a autoridade que exerce, o conhecimento que possui e a posição em que se coloca refletem Jesus em cada detalhe. Ele é exatamente aquele que sabemos que Deus deveria ser e que sentimos que Deus seria nas esferas da vida e experiência humana. Quando, no entanto, perguntaram a Ele se Ele era o Cristo, o Filho de Deus, o Filho do Deus Bendito (Lc 22.70; Mc 14.61), Ele não hesitou ao responder. Ele sabia que era; e foi isso que disse." —H. D. McDonald (*Jesus: Human and Divine* — Jesus: Humano e Divino)

O que você pode dizer sobre Jesus?

Guia de estudo 6

Para reconhecer que as autoalegações de Jesus nos deixam apenas uma opção.

PARA MEMORIZAR
Mateus 16.16

UM PASSO ADIANTE
Pense a respeito
Considere as implicações divinas dos seguintes versículos:
Tiago 2.1
1 João 5.20
Judas 1.25

APROFUNDAMENTO
Leia Mateus 16.13-17.
1. Por que Jesus queria que os discípulos lhe dissessem quem as pessoas pensavam que Ele era? (v.13). Por que as pessoas pensariam que Jesus era João Batista ou Elias?
2. O que Pedro quis dizer quando disse que Jesus é "...o Cristo..." (v.16)?
3. Se Jesus lhe perguntasse agora: "Quem você diz que Eu Sou?", qual seria a sua resposta?

APLICAÇÃO
1. Você já reconheceu que Jesus é o Salvador — o único que pode perdoar seus pecados e garantir sua eternidade com Ele no Céu?
2. De que maneira este estudo ampliou sua visão de Jesus e a ajudou a vê-lo como o Deus Criador que Ele realmente é? Como isso pode mudar seu conceito sobre Sua mensagem para proclamar Seu evangelho?

7 O QUE VOCÊ DIZ SOBRE JESUS?

A pergunta que você deve responder é simples. Não é "O que você acha de certa religião?" Nem, "O que você acha dos cristãos?" Nem, "Que boas obras você praticou ultimamente?" Nem, "Quais são as tradições de sua igreja?" A pergunta que fica entre todos os seres humanos e Deus é esta: "O que você fará em relação a Jesus?". Jesus disse: "...Eu sou o caminho, a verdade e a vida. Ninguém pode vir ao Pai senão por mim" (Jo 14.6). Paulo e Silas afirmaram: "...Creia no Senhor Jesus, e você e sua família serão salvos" (At 16.31). Lucas escreveu: "Não há salvação em nenhum outro! Não há nenhum outro nome debaixo do céu, em toda a humanidade, por meio do qual devamos ser salvos" (At 4.12). E Paulo declarou que "...em Cristo, Deus estava reconciliando consigo o mundo..." (2Co 5.19).

A mensagem é clara: a fé em Jesus é o único caminho para Deus. Então o que você fará a respeito disso? Você permitirá que as palavras enganadoras de um filósofo a façam duvidar do Salvador? Permitirá que uma armadilha da tradução a leve a rejeitar Jesus? Permitirá ainda que as elucubrações de meros seres humanos tenham mais peso do que a mensagem do Deus Todo-poderoso?

Não permita que isso aconteça. Aceite Jesus conforme a Sua Palavra. Coloque sua fé no sacrifício que Ele fez por seus pecados na cruz do Calvário. Você encontrará a alegria que advém do fato de ser liberta da punição do pecado. O que você fará a respeito de Jesus? Essa é a pergunta mais importante que você terá que responder em sua vida.

Adaptado de *Quem é este homem que diz ser Deus?*, Estudo Bíblico da Série Descobrindo a Palavra, de autoria de Dave Branon. © 2012 Ministérios Pão Diário.

POR QUE O BOM DEUS PERMITE O SOFRIMENTO?

1 RESPOSTAS EVASIVAS

A vida pode ser difícil de ser compreendida. Ao tentar lidar com as duras realidades de nossa existência, podemos facilmente nos frustrar. Ansiamos por respostas ao imenso problema do sofrimento. Talvez até nos perguntemos se algum dia compreenderemos completamente por que coisas ruins acontecem às pessoas boas e por que coisas boas ocorrem às pessoas más. As respostas, muitas vezes, parecem ser evasivas, estar ocultas ou fora de alcance.

Sim, faz sentido um terrorista morrer em seu ataque-suicida. Seria lógico para nós se um motorista imprudente sofresse um grave acidente. E faz sentido que uma pessoa que brinca com o fogo se queime. E também é óbvio que um fumante inveterado desenvolva um câncer pulmonar.

Mas o que podemos dizer dos homens, mulheres e crianças inocentes que morrem vítimas de um atentado terrorista? E o que dizer de um jovem motorista que sofreu uma lesão cerebral grave porque um bêbado ultrapassou o seu lado da pista? E o que pensar da pessoa que perde a sua casa por um incêndio sem que ela tenha tido qualquer responsabilidade? E o que dizer da criança de dois anos que sofre de leucemia? "O sofrimento, sem dúvida, é um dos maiores desafios à fé cristã" (John Stott).

É perigoso e até tolo fingirmos que temos uma resposta completa sobre o porquê Deus permite o sofrimento. As razões são muitas e complexas. Também seria errado exigir que o entendamos. Quando o aflito Jó, no Antigo Testamento, percebeu que não tinha direito de exigir uma resposta de Deus, ele declarou: "...falei de coisas de que eu não entendia, coisas [...] que eu não conhecia" (Jó 42.3).

Algumas respostas

Entretanto, Deus nos deu algumas respostas. Embora não saibamos o porquê de uma pessoa em particular contrair uma enfermidade, podemos saber parte da razão pela qual existem as doenças. E mesmo que talvez não entendamos por qual motivo enfrentamos determinado problema, podemos saber como lidar com a situação e reagir de maneira que agrade ao Senhor. Mais uma coisa. Não vou fingir que entendo completamente o sofrimento pelo qual você possa estar passando. Embora alguns aspectos da dor humana sejam comuns a todos, as particularidades são diferentes. E talvez, o que você mais necessite neste momento não seja um roteiro com quatro pontos sobre o porquê de seu sofrimento ou mesmo sobre o que fazer com ele. Talvez agora o que você mais precise seja um abraço, alguém que o ouça, ou que simplesmente sente-se ao seu lado e permaneça em silêncio. Entretanto, em determinado ponto, você desejará e terá necessidade de que as verdades da Palavra de Deus a confortem e a ajudem a ver a sua situação sob a perspectiva divina.

Necessitamos mais do que teorias que não foram vivenciadas. Por isso, a seguir, procurei incluir as experiências de pessoas que passaram por vários tipos de sofrimentos físicos e emocionais. Que a sua fé em Deus permaneça firme mesmo que o seu mundo pareça estar desmoronando.

Onde Deus está?

Onde está Deus em nosso mundo de sofrimento? Se Ele é bom e compassivo, por que a vida é frequentemente tão trágica? Será que Ele perdeu o controle? Ou, se Ele está no controle, o que está tentando fazer comigo e com os outros?

Algumas pessoas escolhem negar a existência de Deus porque não podem imaginar um Deus que permita tal miséria. Alguns creem que Ele exista, mas não querem se aproximar dele por não acreditarem que Ele possa ser bom. Outros se conformam com a crença em um Deus bondoso que nos ama, mas que perdeu o controle sobre este planeta rebelde. Outros ainda se aferram firmemente à crença em um Deus sábio, Todo-poderoso e amoroso que de alguma maneira usa o mal para o bem.

Ao estudarmos a Bíblia, descobrimos que ela nos apresenta o Deus que pode fazer tudo o que Ele escolher fazer. Algumas vezes agiu com misericórdia e fez milagres em favor de Seu povo. Em outras ocasiões, porém, decidiu não fazer nada para evitar alguma tragédia. Supostamente, deveria estar intimamente envolvido em nossa vida, mas às vezes parece estar surdo aos nossos pedidos de ajuda. Na Bíblia, Ele nos assegura de que controla tudo o que acontece, mas algumas vezes permite que sejamos o alvo de pessoas más, de maus genes, de vírus perigosos ou de desastres naturais.

Se você for como eu, deve ansiar por alguma forma de encontrar uma resposta para a questão do sofrimento, que é como um quebra-cabeça. Creio que Deus nos deu partes suficientes desse quebra-cabeça para nos ajudar a confiar nele, mesmo que não tenhamos toda a informação que gostaríamos de ter. Neste breve estudo, veremos que as respostas básicas da Bíblia demonstram que o nosso bom Deus permite a dor e o sofrimento em nosso mundo para nos alertar sobre o problema do pecado; para nos guiar a uma resposta em fé e esperança, para nos moldar a fim de nos tornarmos mais semelhantes a Cristo e para nos unir a fim de que ajudemos uns aos outros.

Enfoque

Esperança.

Deus oferece esperança onde não há. E às vezes, esperança é tudo que se precisa — a certeza de que Deus existe e de que Ele se importa. E dela irradia louvor ao único que é chamado de Salvador e Deus.

"Onde está o teu Deus?" Ele está sempre lá, no horizonte, com a Sua mão estendida para oferecer a esperança, porque apenas Ele pode salvar. Apenas Ele é Todo-poderoso.

Almeje o Senhor — a sua única esperança.

—Dave Branon
Beyond the Valley (Além do vale)

Respostas evasivas

Guia de estudo 1

Para reconhecer o problema do sofrimento e do desafio de ver o papel de Deus nessa situação.

PARA MEMORIZAR
Jó 42.2

UM PASSO ADIANTE
Pense a respeito
Compare as experiências de Jó às de José (Gn 37–50). De que forma elas são similares? De que maneira são diferentes?

APROFUNDAMENTO
Leia Jó 42.1-6.
1. Quais são os acontecimentos na vida de Jó (Jó 1.13–2.13) que moldaram seus questionamentos e reclamações?
2. De acordo com o contexto bíblico do capítulo 42, qual foi a resposta de Jó às experiências de vida que ele sofreu? Qual foi a resposta final de Jó (vv.1-6), e por que foi uma confissão difícil de ser feita?
3. Jó foi levado a concluir (v.3) que, se Deus tinha o poder e sabedoria para criar este mundo (Jó 38–41), havia razão para confiar nele em tempos de sofrimento. Por que confiar em Deus durante uma dificuldade é uma resposta sensata por parte de Sua criação?

APLICAÇÃO
1. Pense sobre tragédias do passado que você tenha presenciado ou vivenciado. Qual foi a sua reação a esses acontecimentos?
2. Paulo escreveu: "...vivemos por fé, e não pelo que vemos" (2Co 5.7). Como você pode aplicar essa afirmação ao sofrimento que você vê no mundo?

2 SOFRIMENTO: PARA NOS ALERTAR (PARTE 1)

Imagine um mundo sem dor. Como seria? A princípio, a ideia pode parecer muito atrativa. Não mais dores de cabeça, nem estomacais. Não mais latejamento de dor quando o martelo escapa e bate em seu dedo. Sem dores de garganta. Porém, também não haveria mais a sensação ruim que nos alerta sobre um osso quebrado ou uma ruptura de ligamentos. Não haveria mais o aviso para perceber que uma úlcera está causando danos em seu estômago. Não sentiríamos mais o desconforto que nos alerta sobre um tumor cancerígeno que está crescendo e invadindo todo o corpo. Não haveria a angina de peito para permitir que soubéssemos que os vasos sanguíneos que chegam ao coração estão se obstruindo. Não sentiríamos nunca mais a dor que nos adverte de uma apendicite.

Por mais que repudiemos a dor, devemos admitir que muitas vezes seu propósito é bom. Ela nos adverte quando algo está errado. O verdadeiro problema é a causa da desgraça, e não a agonia em si. A dor é simplesmente um sintoma, uma sirene ou um sino que ressoa quando uma parte do corpo está em perigo ou sob ataque.

Assim, a dor pode ser a maneira pela qual Deus nos alerta de que:

- Algo está errado com o mundo;
- Algo está errado com as criaturas de Deus;
- Algo está errado comigo.

Qualquer um desses problemas poderia ser a razão da dor em nossa vida.

Algo está errado com o mundo

A triste condição de nosso planeta indica que algo está terrivelmente errado. O sofrimento que experimentamos e a angústia que sentimos em outros nos indicam que o sofrimento não discrimina raça, condição social, religião ou mesmo a moralidade. Ele pode parecer cruel, aleatório, sem sentido, grotesco e totalmente fora de controle. Coisas más acontecem a pessoas que procuram ser boas e coisas boas ocorrem àquelas pessoas que têm prazer em ser más.

A aparente injustiça afeta profundamente cada um de nós. Lembro-me de ter observado minha avó, enquanto ela padecia de câncer. Meus avós vieram morar com nossa família. Minha mãe, que é enfermeira profissional, cuidou dela durante seus últimos meses de vida. Minha mãe lhe dava os sedativos para a dor. O meu avô desejava desesperadamente que ela ficasse curada, mas chegou o dia no qual o carro fúnebre levou o corpo frágil e inerte de minha avó. Eu sabia que ela estava no Céu, mas mesmo assim isso doía. Eu odiava e ainda odeio o câncer.

Ao sentar-me aqui refletindo sobre todo o sofrimento que meus amigos, meus companheiros de trabalho, minha família, meus vizinhos e as pessoas da minha igreja têm experimentado, mal posso imaginar a extensão desta lista — e ela está incompleta. Com frequência, essas pessoas sofrem tanto, aparentemente, sem culpa alguma. Um acidente, um problema de nascença, uma desordem genética, um aborto involuntário, um pai abusivo, uma dor crônica, um filho rebelde, uma enfermidade grave, uma doença acidental, a morte de um dos cônjuges ou de um filho, um relacionamento rompido, um desastre natural. Não parece ser justo. De tempos em tempos, sinto o ímpeto de me deixar levar pela frustração.

Como resolvemos isso? Como convivemos com os fatos cruéis da vida sem negar a realidade ou sermos vencidos pelo desespero? Deus não poderia ter criado um mundo onde nada de errado acontecesse? Ele não poderia ter criado um mundo onde as pessoas jamais tivessem a possibilidade de fazer más escolhas ou ferir outras? Não poderia ter feito um mundo onde os mosquitos, a erva daninha e o câncer nunca existissem? Ele poderia, mas não o fez.

O grande presente da liberdade, que Ele nos deu — a habilidade de escolher —, traz consigo o risco de fazer escolhas erradas. Se você pudesse escolher entre ser uma criatura com liberdade de pensamento no mundo em que as más escolhas produzem o sofrimento ou em ser um robô num mundo sem dor, o que você decidiria? Que tipo de ser glorificaria mais a Deus? Que tipo de criatura o amaria mais?

Poderíamos ter sido criados para sermos iguais às graciosas bonecas à pilha que dizem: *Eu te amo*, quando são abraçadas. Mas Deus tinha outros planos. Ele assumiu o "risco" de criar seres que poderiam fazer o inconcebível — rebelar-se contra o seu Criador.

Enfoque
"Lares desfeitos, corações partidos, corpos enfraquecidos, esperanças arruinadas, saúde abalada. Votos quebrados, vidas arrasadas — que tristeza nessas palavras! Mas isso é apenas o curso da natureza. Coisas quebradas sugerem acidentes e cala-

midades. Nós as associamos às decepções e ao fracasso. Mas Deus conhece todas essas 'tragédias', e Ele pode extrair desses fragmentos algo muito melhor, mais bonito e mais duradouro do que aquela coisa preciosa que foi quebrada aos nossos pés."

—Dr. M. R. DeHaan
Broken Things (Coisas quebradas, inédito)

O que aconteceu no paraíso? A tentação, as más escolhas e as trágicas consequências destruíram a tranquilidade existencial dos primeiros seres humanos. Os capítulos 2 e 3 de Gênesis nos mostram com detalhes como Satanás testou o amor de Adão e Eva pelo Senhor — e eles falharam. Em termos bíblicos, aquele fracasso se chama pecado. E assim como o vírus da AIDS infecta o corpo, destrói o seu sistema imunológico e a leva à morte, o pecado também se espalha como uma infecção mortal que passa de uma geração para outra. Cada nova geração herda os efeitos do pecado e o desejo de pecar (Rm 1.18-32; 5.12,15,18).

Enfoque

"Pois toda a criação aguarda com grande expectativa o dia em que os filhos de Deus serão revelados. Toda a criação, não por vontade própria, foi submetida por Deus a uma existência fútil, na esperança de que, com os filhos de Deus, a criação seja gloriosamente liberta da decadência que a escraviza. Pois sabemos que, até agora, toda a criação geme, como em dores de parto."

—Romanos 8.19-22

A entrada do pecado neste mundo não só teve efeitos devastadores sobre a natureza dos seres humanos, mas trouxe também o juízo imediato e contínuo de Deus. Em Gênesis 3 está relatado como a morte física e espiritual tornou-se parte da existência humana (vv.3,19); como o nascimento de filhos tornou-se doloroso (v.16); o solo foi amaldiçoado com ervas daninhas que dificultariam muito o trabalho do homem (vv.17-19); e Adão e Eva foram expulsos do Jardim especial, onde haviam desfrutado íntima comunhão com Deus (vv.23,24).

No Novo Testamento, o apóstolo Paulo descreveu a criação de Deus gemendo e aguardando com grande expectativa o momento quando será redimida da maldição da decadência e será restaurada, liberta dos efeitos do pecado (Rm 8.19-22).

A enfermidade, os desastres e a corrupção são sintomas de um problema mais profundo: a raça humana rebelou-se contra o Criador. Cada tristeza, dor e agonia são memoriais vívidos de nossa difícil situação. À semelhança de um enorme letreiro em néon, a existência do sofrimento comunica em alto e bom som que o mundo não é aquilo que Deus planejou que fosse.

Portanto, a existência do sofrimento foi a primeira e mais básica resposta para a entrada do pecado neste mundo. A dor nos alerta que uma enfermidade espiritual está arruinando o nosso planeta. Muitas vezes, os nossos problemas podem simplesmente ser o efeito colateral, a consequência por vivermos num mundo decaído, sem que haja, muitas vezes, culpa pessoal de nossa parte.

Enfoque

"Deus sussurra quando estamos em tempos prazerosos, fala em nossas consciências, mas grita em nossas dores; este é o Seu megafone para despertar um mundo surdo."

—C. S. Lewis

Sofrimento: para nos alertar (parte 1)

Guia de estudo 2

Para compreender a contribuição positiva da dor e do sofrimento ao nos alertar do perigo.

PARA MEMORIZAR
2 Pedro 3.9

UM PASSO ADIANTE
Pense a respeito
Jesus disse que o sofrimento nem sempre é resultado direto do pecado (Lc 13.2-5; Jo 9.1-3). Quais são algumas outras explicações possíveis para o sofrimento humano? (Ex 4.11; Jó 1.8-12; 2.3-6; Jo 9.3; 11.4).

APROFUNDAMENTO
Leia Romanos 1.18-21
1. O que aconteceu de "muito errado" com o mundo de acordo com Romanos 1.18?

2. Algumas pessoas dizem não haver evidência para a existência de Deus. O que os versículos 19 e 20 declaram a respeito?

3. O versículo 21 parece indicar que as pessoas que não encontram em seu coração a gratidão a Deus criam seus próprios problemas. Descreva o que Paulo diz que podem ser esses problemas.

APLICAÇÃO
Parece que os cristãos e os incrédulos, da mesma forma, têm a responsabilidade de ver Deus em suas circunstâncias. Quando foi que você reagiu mais como uma incrédula do que como uma cristã em meio aos problemas? Você percebe que Deus poderia estar tentando chamar sua atenção?

3 SOFRIMENTO: PARA NOS ALERTAR (PARTE 2)

Algo está errado com as criaturas de Deus
Podemos ser o alvo de atos cruéis de outras pessoas ou do exército rebelde de Satanás. Os seres humanos e os seres espirituais decaídos (anjos que se rebelaram) têm a capacidade de tomar decisões que os prejudicam e também prejudicam os outros.

As pessoas podem causar o sofrimento
Como criaturas livres (e infectadas pelo pecado), as pessoas têm feito, e continuarão fazendo, escolhas erradas na vida. Essas más decisões, muitas vezes, afetam outros.

Por exemplo, um dos filhos de Adão, Caim, decidiu matar seu irmão Abel (Gn 4.7,8). Lameque vangloriava-se de sua violência (vv.23,24). Sarai maltratou Hagar (Gn 16.1-6). Labão enganou seu sobrinho Jacó (Gn 29.15-30). Os irmãos de José o venderam como escravo (Gn 37.12-36). A esposa de Potifar acusou José falsamente de tentar forçá-la sexualmente, e por isso ele foi lançado na prisão (Gn 39). Faraó tratou com muita crueldade os escravos hebreus no Egito (Ex 1). O rei Herodes mandou matar todos os recém-nascidos que viviam em Jerusalém e arredores, numa tentativa de matar Jesus (Mt 2.16-18).

A dor que outros nos infligem pode ser devido a seus egoísmos, ou podemos ser alvo de perseguição por causa de nossa fé em Cristo. Através da história, as pessoas que se identificaram com o Senhor sofreram nas mãos daqueles que se rebelaram contra Deus.

Antes de sua conversão, Saulo foi um fanático anticristão, que fez tudo o que pôde para dificultar a vida dos crentes — colaborando até para que eles fossem mortos (At 7.54—8.3). Mas, depois de se converter de forma dramática ao Senhor Jesus, suportou corajosamente todos os tipos de perseguições ao proclamar ousadamente a mensagem do evangelho (2Co 4.7-12; 6.1-10). Podia até dizer que o sofrimento que estava suportando o ajudou a tornar-se mais semelhante a Cristo (Fp 3.10).

O sofrimento também pode ser causado por Satanás e demônios
A história da vida de Jó é um exemplo vívido de como uma pessoa boa pode sofrer uma tragédia sem precedentes devido aos ataques satânicos. Deus permitiu que Satanás tomasse as posses, a família e a saúde de Jó (1–2).

Estremeci ao escrever a frase anterior. De alguma forma, e por Suas próprias razões, Deus permitiu que o diabo devastasse a vida de Jó. Poderíamos comparar o que o Senhor fez a Jó a um pai que permite que um valentão da vizinhança espanque seus filhos somente para ver se depois disso eles ainda continuariam a amar o papai. Mas, conforme o próprio Jó concluiu, essa avaliação não é justa ao falarmos de nosso sábio e amoroso Deus.

Ainda que Jó não soubesse, nós sabemos que a sua vida foi uma prova, um testemunho vivo da confiabilidade divina. Esse homem ilustrou que a pessoa pode confiar no Senhor e manter sua integridade ainda que a vida desmorone (qualquer que seja a razão), porque Deus é digno de confiança. No final, Jó compreendeu que, mesmo sem ter entendido o propósito de Deus, ele tinha razões suficientes para crer que o Senhor não estava sendo injusto, cruel, sádico ou desleal ao permitir que a sua vida se desfizesse de tal maneira (Jó 42).

O apóstolo Paulo experimentou um problema físico que ele atribuía a Satanás. Chamou-o de "...espinho na carne, um mensageiro de Satanás..." que o atormentava (2Co 12.7). O apóstolo orou para que o Senhor o libertasse desse problema, mas Deus não lhe concedeu o que pedira. Em lugar disso, o Senhor o ajudou a ver como essa dificuldade poderia contribuir para um bom propósito. Esse "espinho na carne" permitiu que Paulo dependesse humildemente do Senhor e o colocou em uma posição na qual experimentou a graça de Deus (vv.8-10).

Embora a maioria dos casos de enfermidades não possa ser relacionada diretamente à ação satânica, os relatos nos evangelhos registram alguns exemplos de sofrimento atribuídos a esse inimigo de nossa alma, incluindo um homem cego e mudo (Mt 12.22) e um jovem endemoninhado que sofria convulsões (17.14-18).

Algo está errado comigo
Com frequência, quando algo dá errado em nossa vida, concluímos imediatamente que Deus está nos castigando devido a algum pecado que tenhamos cometido, o que não é necessariamente verdade. Como citamos anteriormente, muitos sofrimentos surgem em nossa vida porque vivemos num mundo imperfeito, habitado por pessoas imperfeitas e seres espirituais rebeldes.

Os amigos de Jó erroneamente pensaram que ele estava sofrendo por causa de algum pecado em sua vida (Jó 4.7,8; 8.1-6; 22.4,5; 36.17). Os próprios discípulos de Jesus tiraram conclusões equivocadas quando viram um homem cego. Eles se perguntaram se o problema de visão fora devido a um pecado pessoal ou por algo que seus pais haviam feito (Jo 9.1,2). Jesus lhes disse que o problema físico do homem não estava relacionado a um pecado pessoal, nem ao pecado de seus pais (v.3).

Com essas precauções em mente, precisamos lidar com a dura realidade de que alguns sofrimentos são consequências diretas do pecado, ou seja, uma disciplina de Deus para corrigir aqueles a quem Ele ama, ou punição que permite na vida dos rebeldes em Seu Universo.

Correção

Se você e eu já colocamos a nossa confiança em Jesus Cristo como nosso Salvador, então somos filhos de Deus. Como tais, fazemos parte de uma família guiada por um Pai amoroso que nos treina e corrige. Ele não é um pai abusivo ou sádico que distribui golpes severos porque tais atos perversos lhe dão um prazer perverso. Hebreus 12.5,6,9,10 decifra o verdadeiro motivo para a correção divina.

Jesus disse à igreja em Laodiceia: "Eu repreendo e disciplino a quantos amo. Sê, pois, zeloso e arrepende-te" (Ap 3.19).

O rei Davi sabia o que significava experimentar o amor firme do Senhor. Após seu adultério com Bate-Seba e seu ato iníquo para assegurar que o esposo dela fosse morto numa batalha, Davi não se arrependeu até que o profeta Natã o confrontou. O Salmo 51 relata a batalha desse rei com a sua culpa, o seu choro e súplica por perdão. Em outro salmo, esse rei refletiu sobre as consequências de quando encobrimos e ignoramos os pecados. Ele escreveu: "Enquanto me recusei a confessar meu pecado, meu corpo definhou, e eu gemia o dia inteiro. Dia e noite, tua mão pesava sobre mim..." (Sl 32.3,4).

Em 1 Coríntios 11.27-32, o apóstolo Paulo advertiu os cristãos que tratar as coisas do Senhor indignamente — como participar da Santa Ceia sem levá-la a sério — traria disciplina. Explicou que tal disciplina do Senhor tinha um propósito: "Mas, quando somos julgados pelo Senhor, estamos sendo disciplinados para que não sejamos condenados com o mundo" (v.32).

A maioria de nós entende o princípio de que Deus disciplina aqueles a quem Ele ama. Logo, esperamos que, como Pai amoroso, Ele nos corrija e nos chame para renovar nossa obediência a Ele.

Julgamento

Deus também age ao lidar com incrédulos teimosos que persistem em praticar o mal. Uma pessoa que não recebeu o dom da salvação divina, pode esperar a futura ira de Deus no dia do julgamento e pode enfrentar o perigo de um juízo severo no presente, se Deus assim o decidir.

O Senhor enviou o dilúvio para destruir a humanidade decadente (Gn 6), destruiu Sodoma e Gomorra (Gn 18;19), enviou pragas aos egípcios (Ex 7–12), ordenou a Israel que destruísse completamente as nações pagãs que habitavam a Terra Prometida (Dt 7.1-3), enviou a morte ao arrogante rei Herodes nos tempos do Novo Testamento (At 12.19-23) e, no futuro dia do julgamento, revelará a Sua justiça perfeita a todos aqueles que rejeitaram o Seu amor e a Sua autoridade (2Pe 2.4-9).

No entanto, aqui e agora, enfrentamos injustiças. Por Suas sábias razões, Deus escolheu retardar a Sua perfeita justiça. Asafe, escritor de alguns salmos, lutava com esta aparente injustiça da vida. Ele escreveu sobre os perversos que escapavam apesar de suas más obras, e até prosperavam, enquanto muitos justos enfrentavam grandes problemas (Sl 73). Com respeito à prosperidade dos maus, disse: "Tentei compreender por que prosperam; que tarefa difícil! Então, entrei em teu santuário, ó Deus, e por fim entendi o destino deles" (vv.16,17). Ao refletir sobre o soberano Senhor do Universo, Asafe conseguiu ver as coisas novamente sob a perspectiva correta.

Quando lutamos com a realidade e vemos pessoas más literalmente cometendo assassinatos e toda sorte de imoralidade sem serem punidas, precisamos nos lembrar de que "...o Senhor não demora em cumprir sua promessa, como pensam alguns. Pelo contrário, ele é paciente por causa de vocês. Não deseja que ninguém seja destruído, mas que todos se arrependam" (2Pe 3.9).

Portanto, a primeira parte da resposta para o sofrimento é o fato de Deus usá-lo para nos alertar quanto a sérios problemas. A dor soa como um alarme indicando que algo está errado com o mundo, com a humanidade em geral, com você e comigo. Entretanto, como veremos na sequência, o Senhor não apenas enfatiza os problemas, mas os usa para nos encorajar a encontrar as soluções em Deus.

Sofrimento: para nos alertar (parte 2)

Guia de estudo 3

Para ser lembrado de que o problema é muitas vezes o resultado de pessoas decaídas (inclusive nós) agindo como pecadoras.

PARA MEMORIZAR
Jó 2.10

UM PASSO ADIANTE
Pense a respeito
Examine estas referências para saber o que elas nos dizem sobre a disciplina de Deus: Hebreus 12.5,11; Provérbios 12.11; Apocalipse 3.19.

APROFUNDAMENTO
Leia Hebreus 12.5,6,9,10.

1. Como o texto em Hebreus 12 faz distinção entre a correção amorosa e o abuso cruel? O que a disciplina evidencia sobre o seu relacionamento com Deus? Como a disciplina do Senhor difere da disciplina humana?
2. Compare os termos que o escritor de Hebreus usou para descrever correção — *castigo, disciplina*. Qual teria sido a conotação dessas palavras na cultura do primeiro século? Quais são as aplicações desses termos no mundo de hoje?
3. Os textos de Apocalipse 3.19, Salmo 32.3,4 e 1 Coríntios 11.27-32 podem ser utilizados para reforçar a afirmação de Hebreus 12 de que disciplina e correção são atos de amor. Compare e contraste as circunstâncias da disciplina descrita em cada uma dessas referências.

APLICAÇÃO
1. Quando foi que você sentiu a mão corretiva de Deus em sua vida? No que isso resultou?
2. Como a disciplina de Deus tem lhe ajudado a desenvolver a santidade mencionada em Hebreus 12.10?

4 SOFRIMENTO: PARA NOS GUIAR

Quando uma pessoa se afasta de Deus, muitas vezes a culpa é lançada sobre o sofrimento. Mas curiosamente o sofrimento também recebe crédito quando outros descrevem o que os redirecionou, ajudou-os a ver a vida com mais clareza e motivou o relacionamento mais próximo de Deus. Como podem circunstâncias tão semelhantes ter efeitos radicalmente diferentes? As razões estão profundamente arraigadas às pessoas e não aos acontecimentos.

Uma pessoa famosa dos meios de comunicação denunciou publicamente o cristianismo como sendo "uma religião para perdedores". No entanto, essa mesma pessoa nem sempre pensou dessa forma. Quando jovem, estudou a Bíblia e frequentou um colégio cristão. Ao comentar zombeteiramente sobre os ensinamentos doutrinários que havia recebido, disse: "Creio que fui salvo umas sete ou oito vezes". Porém, uma experiência dolorosa transformou a sua perspectiva sobre a vida e sobre Deus. A sua irmã mais nova ficou muito doente, e ele orou por sua recuperação, mas, depois de cinco anos de sofrimento, ela morreu. Foi então que desiludiu-se com o Deus que permitira tal desfecho, e declarou: "Comecei a perder a minha fé e quanto mais a perdia, melhor me sentia".

O que faz a diferença entre uma pessoa assim e outra como Joni Eareckson Tada? Em seu livro *Onde está Deus quando chega a dor?* (Editora Vida, 2005), Philip Yancey descreve a transformação gradual que ocorreu na atitude de Joni nos anos que se seguiram ao seu acidente de mergulho.

"No princípio, Joni achava impossível reconciliar sua condição com a sua fé em um Deus que ama [...]. Sua volta a Deus foi gradativa. A transformação de sua atitude de amargura à confiança se estendeu por mais de três anos de lágrimas e sérios questionamentos."

Uma virada decisiva ocorreu na noite em que uma amiga íntima, Cindy, lhe falou: "Joni, você não é a única. Jesus sabe como você se sente. Afinal Ele também esteve paralisado". Cindy lhe descreveu como Jesus foi pregado na cruz, paralisado pelos pregos.

Yancey observou então: "Esse pensamento deixou Joni intrigada e, por um instante, afastou sua mente de sua própria dor. Nunca lhe havia ocorrido que Deus pudesse ter sentido as mesmas sensações lancinantes que agora torturavam seu corpo. A compreensão desse fato foi profundamente alentadora".

Em vez de continuar a busca por uma resposta para o porquê desse acidente devastador, Joni foi forçada a depender mais fortemente do Senhor e olhar para a vida com uma perspectiva em longo prazo.

Yancey disse mais acerca dessa mulher: "Ela lutou com Deus, sim, mas não se afastou dele. Joni agora chama o seu acidente de um 'glorioso intruso' e afirma que foi a melhor coisa que lhe aconteceu. Deus usou aquele acidente para chamar sua atenção e guiar seus pensamentos em Sua direção".

O princípio de que o sofrimento pode produzir uma saudável dependência de Deus é ensinado pelo apóstolo Paulo em uma de suas cartas à igreja de Corinto (2Co 1.8,9).

Comentários de Paulo

Uma ideia semelhante pode ser encontrada nos comentários de Paulo a respeito de seus problemas físicos. O Senhor disse a esse apóstolo: "...Minha graça é tudo de que você precisa. Meu poder opera melhor na fraqueza" (2Co 12.9). Paulo, então, acrescentou: "Por isso aceito com prazer fraquezas e insultos, privações, perseguições e aflições que sofro por Cristo. Pois, quando sou fraco, então é que sou forte" (v.10).

O sofrimento tem a sua maneira de revelar como os nossos recursos são limitados e fracos. Ele nos obriga a repensar as prioridades, os valores, os alvos, os sonhos, os prazeres, a fonte da verdadeira força e nossos relacionamentos com as pessoas e com Deus. Se não nos afastarmos de Deus, o sofrimento terá suas maneiras de direcionar nossa atenção para as realidades espirituais.

O sofrimento nos força a avaliar a direção da nossa vida. Podemos optar pelo desespero, concentrando nossa atenção em nossos atuais problemas; ou podemos escolher ter esperança, reconhecendo o plano de longo prazo que Deus tem para nós (Rm 5.5; 8.18,28; Hb 3.1).

De todas as passagens bíblicas, o capítulo 11 da carta aos Hebreus é a que mais me assegura de que, seja a vida magnífica ou grotesca, a minha resposta deve ser de fé na sabedoria, no poder e no controle de Deus. Não importa o que suceder, tenho boas razões para confiar nele — como os grandes homens e mulheres do passado esperaram nele.

Por exemplo, em Hebreus 11 nos lembramos de Noé, um homem que passou 120 anos esperando que Deus cumprisse a Sua promessa do devastador dilúvio (Gn 6.3). Abraão esperou muitos anos agonizantes antes que, finalmente, nascesse o filho que Deus lhe prometera. José foi vendido como escravo e colocado em uma prisão injustamente, mas por fim ele viu como Deus usou todo esse aparente mal em sua vida para um bom propósito (Gn 50.20). Moisés esperou até completar 80 anos para que Deus o usasse para libertar os judeus do Egito. E mesmo assim, foi uma luta liderar aquelas pessoas de pouca fé (leia Êxodo).

A carta aos Hebreus no capítulo 11 enumera pessoas como Gideão, Sansão, Davi e Samuel, que viram grandes vitórias ao viverem para o Senhor, mas, no versículo 35, o tom muda. De repente, nos encontramos face a face com pessoas que tiveram de suportar sofrimentos terríveis, pessoas que morreram sem saber por que Deus permitiu que passassem por tais tragédias. Pessoas que foram torturadas, escarnecidas, açoitadas, apedrejadas, serradas ao meio, apunhaladas, maltratadas e forçadas a viver como párias (vv.35-38). Deus havia planejado que somente em uma perspectiva eterna, em longo prazo, a fidelidade delas durante as provações seria recompensada (vv.39,40).

A dor nos força a olhar além de nossas circunstâncias imediatas. O sofrimento nos leva a fazer perguntas decisivas como: "Por que estou aqui?" e "Qual é o propósito da minha vida?". Ao analisarmos tais perguntas e encontrarmos as respostas no Deus da Bíblia, encontraremos a estabilidade que precisamos para suportar até o pior que a vida possa nos infligir, pois sabemos que esta vida presente não é tudo o que existe. Quando compreendermos que o Deus soberano está acima de toda a história humana e entretecendo tudo em uma peça de tapeçaria bonita que, em última instância, o glorificará, então poderemos ter um ponto de vista melhor das coisas.

Na carta aos Romanos, o apóstolo Paulo escreveu: "Considero que nosso sofrimento de agora não é nada comparado com a glória que ele nos revelará mais tarde" (8.18). Paulo não via os problemas de forma superficial, mas estava dizendo aos cristãos que vissem as suas dificuldades presentes à luz da eternidade. As nossas dificuldades podem ser de fato, bastante pesadas, talvez até esmagadoras. Mas o apóstolo Paulo diz que, quando comparadas às incríveis glórias reservadas àqueles que amam a Deus, mesmo as circunstâncias mais tenebrosas e pesadas da vida se desvanecerão.

Precisamos ver mais um exemplo, talvez a ilustração mais significativa que poderíamos considerar. O dia no qual Jesus esteve pendurado na cruz é conhecido hoje como Sexta-feira da Paixão. Aquele dia foi tudo menos um dia santo ou bom. Foi um dia de sofrimento intenso, angústia, trevas e desalento. Foi o dia em que Cristo se sentiu completamente só. Foi o dia em que Deus parecia estar ausente e silencioso, quando parecia que o mal triunfara e que as esperanças se dissiparam. No entanto, veio o domingo. Jesus ressuscitou dos mortos. Esse glorioso evento colocou a Sexta-feira da Paixão sob uma luz diferente. A ressureição deu um significado completamente novo àquilo que acontecera na cruz, pois, ao contrário de ser um momento de derrota, tornou-se um dia de triunfo.

Pausa para teologia: Paulo e a graça

> Alguns dos santos escolhidos do Senhor — incluindo Paulo e os outros apóstolos, passaram por sofrimento atroz e pesar. Essas pessoas piedosas não necessariamente deram as boas-vindas à aflição, porém mais tarde testificaram que estavam espiritualmente enriquecidas por sua nova experiência da graça de Deus.
>
> —Richard DeHaan

Nós também podemos olhar para o porvir; podemos suportar as nossas "sextas-feiras" e sermos capazes de olhar para elas como algo "bom", porque servimos ao Deus do domingo.

Portanto, quando os problemas chegarem, e eles certamente virão, lembre-se disto: Deus usa tais situações para nos guiar a Ele e para termos uma visão de vida em longo prazo. Ele nos chama para termos confiança, esperança e para aguardarmos.

Sofrimento: para nos guiar

Guia de estudo 4

Para compreender as maneiras que o sofrimento pode nos aproximar de Deus.

PARA MEMORIZAR
Romanos 8.18

UM PASSO ADIANTE
Pense a respeito
Ao olhar com esperança para a resposta final de Deus à dor e ao sofrimento no mundo, é útil considerar "o restante da história". Leia Apocalipse 21.1-5 e descreva como se relaciona com as palavras de Paulo em Romanos 8.18.

APROFUNDAMENTO
Leia 2 Coríntios 12.7-10.
1. No capítulo 11 de 2 Coríntios, somos confrontados com o sofrimento de Paulo pelo evangelho. Como esse sofrimento difere do seu "espinho na carne" em 2 Coríntios 12.7?
2. No versículo 8, Paulo relatou suas orações por libertação e súplicas que não foram atendidas de acordo com sua expectativa. O que a graça tem em si que a tornou uma resposta melhor à oração de Paulo do que a cura teria sido?
3. O que permitiu a Paulo dizer que ele aceitava "...com prazer fraquezas e insultos, privações, perseguições e aflições..." (v.10)?

APLICAÇÃO
Você vive sob a perspectiva da esperança ou do desespero? Que passos para o crescimento pessoal está disposta a experimentar para ver a esperança ser forjada em sua vida?

5 SOFRIMENTO: PARA NOS MOLDAR

Trabalho árduo
Os técnicos desportivos gostam de usar a frase: "Sem sacrifício não há vitória". Como astro da equipe de atletismo durante o Ensino Médio (talvez eu não fosse tão maravilhoso, mas me esforçava muito), ouvia como os treinadores nos recordavam sempre que as duras horas de treino seriam recompensadas quando começássemos as competições. Eles estavam certos. Ah, nós nem sempre vencíamos, mas o nosso trabalho árduo trazia benefícios que eram óbvios.

Aprendi muito a respeito de mim mesmo nesses anos. E agora, continuo aprendendo ainda mais, ao me disciplinar a caminhar todos os dias. Muitos dias não tenho vontade de fazê-lo. Não gosto de sentir dor quando faço exercícios de alongamento. Preferiria não forçar o *radiador* de meu corpo ao extremo. Preferiria não lutar com a fadiga quando subo as colinas, mas então por que faço isso? O benefício recompensa a dor. Minha pressão arterial e a pulsação se mantêm baixas, não aumento de peso e me sinto mais alerta e saudável.

O exercício pode trazer benefícios óbvios, mas o que dizer da dor que não escolhemos? O que podemos dizer das enfermidades, dos acidentes e da agonia emocional? Que tipo de proveito podemos obter disso? Será que o benefício *realmente* recompensa a dor?

Companheiros no sofrimento
Consideremos o que um companheiro no sofrimento disse em Romanos. O apóstolo Paulo declarou: "...nos alegramos ao enfrentar dificuldades, pois sabemos que contribuem para desenvolvermos perseverança, e a perseverança produz caráter aprovado, e o caráter aprovado fortalece nossa esperança" (5.3,4).

Esse apóstolo introduziu sua afirmação sobre os benefícios do sofrimento dizendo que também "nos alegramos ao enfrentar dificuldades e provações". Como podia afirmar que devemos nos alegrar ou estar contentes por termos que passar por alguma tragédia dolorosa? Certamente não estava dizendo para celebrar nossos problemas; em vez disso, disse que nos alegrássemos com o que Deus pode e fará por nós e para a Sua glória, *por intermédio* das nossas provações. A afirmação de Paulo nos encoraja a celebrar o produto final, e não o doloroso processo em si. Ele não quis dizer que devemos obter uma espécie de satisfação mórbida com a morte, o câncer, as deformações, os problemas financeiros, os relacionamentos rompidos ou um trágico acidente. Todas essas coisas horríveis são lembretes obscuros de que vivemos num mundo corrompido pela maldição dos efeitos do pecado.

Tiago, em sua carta, também escreveu sobre como deveríamos nos regozijar pelos resultados finais de nossos problemas. Ele afirmou: "Meus irmãos, considerem motivo de grande alegria sempre que passarem por qualquer tipo de provação, pois sabem que, quando sua fé é provada, a perseverança tem a oportunidade de crescer. E é necessário que ela cresça, pois quando estiver plenamente desenvolvida vocês serão maduros e completos, sem que nada lhes falte" (1.2-4).

Ao combinarmos as verdades contidas nessas duas passagens, podemos ver como os bons e dignos resultados do sofrimento são: a perseverança paciente, a maturidade de caráter e a esperança. Deus pode usar as dificuldades da vida para nos moldar, a fim de sermos mais maduros na fé, mais piedosos e mais semelhantes a Cristo.

Quando confiamos em Cristo como nosso Salvador, o Senhor não nos converte instantaneamente em pessoas perfeitas. Ele remove o castigo por causa do pecado e nos coloca no caminho que conduz ao Céu. A vida então se transforma em um tempo para moldar nosso caráter, à medida que aprendemos mais a respeito de Deus e de como devemos agradá-lo. O sofrimento tem a sua maneira dramática de nos forçar a lidar com as questões mais profundas da vida. E ao sofrermos, crescemos mais fortes e adquirimos maturidade.

Em seu livro *Broken Things* (Coisas quebradas), o Dr. M. R. DeHaan escreveu o seguinte sobre o processo de sermos moldados durante a vida:

> Os melhores sermões que escutei não foram pregados em púlpitos, mas em camas de enfermos. As maiores e mais profundas verdades da Palavra de Deus são muitas vezes reveladas não por aqueles que discursam como resultado de sua preparação e treinamento em seminário, mas por almas humildes que passaram pelo seminário da aflição e aprenderam pela própria experiência, as coisas profundas dos caminhos de Deus.
>
> As pessoas mais alegres que encontrei, com raras exceções, foram aquelas que tiveram poucos dias bons e mais dias de dor e sofrimento em suas vidas. As pessoas mais gratas que encontrei não foram aquelas que andaram por caminhos de rosas em toda a sua vida, mas aquelas que, por causa das circunstâncias, encontravam-se confinadas às suas casas, muitas vezes às suas camas, e que aprenderam a depender de Deus como só este tipo de cristãos depende. Tenho observado que os queixosos geralmente são aqueles que desfrutam de excelente saúde. Os que reclamam são aqueles que nada têm para se queixar. E aqueles

queridos santos de Deus que têm alegrado o meu coração repetidamente ao pregarem dos púlpitos de suas doenças são os homens e as mulheres mais alegres e os mais agradecidos pelas bênçãos do Deus Todo-Poderoso.

Como você reage às dificuldades da vida? Você se tornou melhor ou mais amargurado? Cresceu em sua fé ou afastou-se de Deus? Tornou-se mais semelhante a Cristo em seu caráter? Deixou que Ele o moldasse e o conformasse à imagem do Filho de Deus?

Juntos para sempre?

Talvez o versículo 28 de Romanos 8 seja a passagem mais citada da Bíblia durante um momento de sofrimento e dor: "E sabemos que Deus faz todas as coisas cooperarem para o bem daqueles que o amam e que são chamados de acordo com seu propósito". Esse versículo, muitas vezes, tem sido mal-entendido e talvez até mal-usado, mas a verdade contida nele pode trazer grande conforto.

O contexto de Romanos 8 enfatiza o que Deus está fazendo por nós. O Espírito Santo que habita em nós, concede-nos vida espiritual (v.9), assegura-nos de que somos filhos de Deus (v.16) e nos ajuda em nossas orações nos momentos de fraqueza (vv.26,27). Esse capítulo também coloca os nossos sofrimentos em um contexto mais amplo sobre o que o Senhor está fazendo, de que Ele está cumprindo o Seu plano de redenção (vv.18-26). Os versículos 28 a 39 nos asseguram do amor de Deus para conosco, de que ninguém ou nada pode impedir que Deus faça aquilo a que Ele se propôs e que nada poderá nos separar do Seu amor.

Visto de forma apropriada dentro do contexto de Romanos 8, o versículo 28 nos garante firmemente que Deus está trabalhando para o bem de todos os que confiaram em Seu Filho Jesus como Salvador. O versículo não promete que vamos entender todos os acontecimentos da vida ou que, depois de um tempo de provação, seremos abençoados com coisas boas. Mas nos assegura de que Deus está cumprindo o Seu propósito por intermédio da nossa vida. Ele está nos moldando e também as nossas circunstâncias, para glorificar-se a si mesmo.

O autor Ron Lee Davis escreve em seu livro *Becoming a Whole Person in a Broken World* (Tornando-se uma pessoa completa num mundo quebrado, tradução livre): "As boas-novas não afirmam que Deus fará nossas circunstâncias terminarem da forma como gostaríamos, mas que o Senhor pode incluir nossas decepções e desastres em Seu plano eterno. O mal que nos acontece pode ser transformado em bondade divina. Romanos 8.28 traz a garantia divina de que, se amamos a Deus, a vida pode ser usada para cumprir Seus propósitos e mais adiante participarmos do Seu Reino".

Mas, você poderá perguntar: "Como podemos dizer que Deus tem o controle das coisas quando a vida parece estar descontrolada? Como Ele pode usar as circunstâncias para a Sua glória e para o nosso bem?" Em seu livro: *Why Us?* (Por que nós?, tradução livre), Warren Wiersbe afirma que Deus "prova a Sua soberania, não intervindo constantemente e impedindo esses acontecimentos, mas, sim, governando-os e redirecionando-os para que mesmo as tragédias cumpram os Seus propósitos finais".

Como Senhor soberano do Universo, Deus está usando todas as circunstâncias da vida para nos tornar mais maduros e semelhantes a Cristo e para promover o Seu plano eterno. Entretanto, para cumprir tais propósitos, o Senhor quer nos usar para ajudarmos outros e quer que outros nos ajudem. É isso que abordaremos posteriormente.

Sofrimento: para nos moldar

Guia de estudo 5

Para ver como a dor e o sofrimento podem ser um instrumento para nos moldar à imagem de Cristo.

PARA MEMORIZAR
Tiago 1.2

UM PASSO ADIANTE
Pense a respeito
Compare Romanos 8.28 com Gênesis 50.20, Efésios 5.20 e 1 Tessalonicenses 5.18. Quais são os princípios comuns encontrados nessas passagens das Escrituras? Que conforto ou garantia eles lhe oferecem?

APROFUNDAMENTO
Leia Romanos 8.26-29,32
1. "Todas as coisas" é uma frase abrangente. Por que é mais importante que todas as coisas cooperem para o bem do que todas as coisas estejam bem?
2. Usando o contexto (vv.26-28), explique como Paulo descreveu o papel do Espírito Santo neste processo de construção da nossa vida por meio de "todas as coisas". Além disso, como o versículo 28 se relaciona ao que Deus fez e está fazendo por nós, como descrito nos versículos 16 a 39?
3. Paulo também usou a expressão "todas as outras coisas" no versículo 32. Há alguma conexão com "todas as coisas" do versículo 28? Caso haja, qual é? Como o sofrimento de Cristo em nosso favor assegura o objetivo final de Deus (v.29)?

APLICAÇÃO
Como você tem reagido às dificuldades da vida? Você se torna pior ou melhor? Você cresce em sua fé ou se afasta de Deus? Você se torna mais semelhante a Cristo em seu caráter? Permite suas provações moldarem você para conformá-la à imagem do Filho de Deus?

6 SOFRIMENTO: PARA NOS UNIR

A dor e o sofrimento parecem ter uma habilidade especial para nos mostrar como necessitamos uns dos outros. Nossos problemas nos relembram como somos frágeis. Até mesmo a fraqueza dos outros pode nos sustentar quando nossa própria força se esgota.

Cada vez que me encontro com um pequeno grupo de amigos da igreja para orar e ter comunhão, essa verdade se torna bem real para mim. Durante esses momentos em que nos reunimos regularmente, compartilhamos as cargas uns dos outros com relação a um filho doente, perda de emprego, tensões no trabalho, filho rebelde, aborto espontâneo, hostilidade entre membros da família, depressão. É a oportunidade que temos para compartilhar também sobre o estresse de todos os dias, sobre um membro da família que não é salvo, decisões difíceis, crimes na vizinhança, lutas contra o pecado e muito mais. Muitas vezes, ao final dessas reuniões, louvei ao Senhor pelo encorajamento que pudemos propiciar uns aos outros. Nosso relacionamento tornou-se ainda mais sólido. Ao enfrentarmos juntos as lutas da vida, fortalecendo-nos mutuamente.

Esses tipos de experiências pessoais à luz das Escrituras me recordam duas verdades importantes:

1. O sofrimento nos ajuda a perceber a nossa necessidade de outros cristãos.
2. O sofrimento nos ajuda a aliviar as necessidades dos outros, ao permitirmos que Cristo viva em nós.

Vejamos mais de perto cada uma destas maneiras pelas quais Deus usa a dor e o sofrimento com o propósito de nos unir a outros cristãos.

Precisar dos outros

Ao descrever a unidade de todos os cristãos, o apóstolo Paulo usou a analogia do corpo humano (1Co 12). Disse que necessitamos uns dos outros para vivermos adequadamente. Representou a situação desta forma: "Se uma parte sofre, todas as outras sofrem com ela, e se uma parte é honrada, todas as outras com ela se alegram. Juntos, todos vocês são o corpo de Cristo, e cada um é uma parte dele" (1Co 12.26,27).

Em sua carta aos Efésios, Paulo declara o seguinte sobre Cristo: "Ele faz que todo o corpo se encaixe perfeitamente. E cada parte, ao cumprir sua função específica, ajuda as demais a crescer, para que todo o corpo se desenvolva e seja saudável em amor" (4.16).

Ao começarmos a reconhecer tudo o que os outros cristãos têm para oferecer, compreenderemos o quanto podemos ganhar, aproximando-nos deles quando estamos passando por um momento difícil. Quando os problemas parecem esgotar a nossa força, podemos buscar o apoio de outros cristãos para que nos ajudem a encontrar novas forças no poder do Senhor.

Conhecer as necessidades dos outros

O apóstolo Paulo escreveu: "Louvado seja Deus, Pai de nosso Senhor Jesus Cristo, Pai misericordioso e Deus de todo encorajamento. Ele nos encoraja em todas as nossas aflições, para que, com o encorajamento que recebemos de Deus, possamos encorajar outros quando eles passarem por aflições" (2Co 1.3,4). Como vimos anteriormente, precisamos uns dos outros porque temos algo de valor para oferecer.

Temos discernimento espiritual e a sabedoria que adquirimos ao passar por provações de todos os tipos. Conhecemos o valor da presença física de uma pessoa querida. Quando experimentamos o conforto de Deus durante uma situação problemática, podemos nos identificar com aquelas pessoas que passam por situações semelhantes.

Quando me preparava para escrever este estudo, li a respeito de experiências de pessoas que sofreram muito e falei com outras que já estavam familiarizadas com a dor. Tentei descobrir quem eram as pessoas que mais os ajudaram em seus momentos difíceis. Novamente a resposta foi: "outra pessoa que passou por uma experiência semelhante". Esta pessoa pode ter mais empatia e seus comentários refletirão a compreensão advinda da experiência. Quando uma pessoa está suportando uma carga pesada, muitas vezes lhe soa superficial quando alguém lhe diz: "Entendo o que você está passando", a não ser que esse alguém também já tenha passado por uma situação semelhante.

Mesmo sabendo que as pessoas que passaram por situações semelhantes cresceram espiritualmente, isso não quer dizer que o restante de nós não tenha algo a oferecer. Todos temos a responsabilidade de fazer todo o possível para sermos solidários, tentarmos compreender e encorajar (Gl 6.2; Rm 12.15).

O Dr. Paul Brand, especialista em lepra, escreveu: "Quando o sofrimento ataca, nós, os que estamos perto, ficamos aturdidos por seu impacto. Lutamos contra os nós que se formam em nossa garganta, vamos resolutamente ao hospital fazer visitas, murmuramos algumas palavras de ânimo, talvez busquemos alguns artigos sobre sofrimento para saber o que dizer à pessoa que sofre. Mas, quando pergunto aos pacientes e suas famílias: 'Quem o ajudou em seu sofrimento?', ouço uma resposta estranha, indefinida. Raramente a pessoa descrita tem respostas suaves, personalidade atrativa e simpática. Em geral, é alguém calmo, compreensivo, que ouve mais do que fala, que não julga nem dá muito conselho. 'Uma sensação de presença.' Alguém que está presente na hora da necessidade, no momento em que necessito dela. Uma mão para segurar, um abraço de compreensão e envolvimento. Um nó na garganta que se compartilha" (*Fearfully and Wonderfully Made* (Assombrosa e maravilhosamente criado, tradução livre).

Enfoque: Conforto

A partir do exemplo prático de Paulo, podemos ver que o auxílio e o encorajamento do Espírito Santo vêm, muitas vezes, através de irmãos em Cristo. Eles caminham conosco e se tornam o veículo de conforto que o Espírito de Deus usa. As Escrituras provam diversas vezes que isso é verdade, à medida que somos chamados a consolar e encorajar uns aos outros. Nesse aspecto, o papel do Consolador é cumprido por meio da ação de um filho de Deus que caminha ao lado de uma pessoa ferida.

—Onde podemos encontrar conforto?

Enfoque: Amor

Resumindo, não existe a cura mágica para a pessoa que está sofrendo. Ela precisa, com certeza, do amor, pois o amor instintivamente detecta a necessidade.

—Philip Yancey.

Torna-se muito evidente que Deus nos fez para sermos dependentes uns dos outros. Temos muito para oferecer aos que sofrem, e outros têm muito para nos oferecer quando passamos por dificuldades. Ao desenvolvermos essa unidade, experimentaremos consolo maior quando reconhecemos que Deus usa o sofrimento para nos alertar sobre os problemas do pecado. O Senhor usa as dificuldades para nos guiar até Ele. Pode também usar os nossos problemas para nos tornar mais semelhantes a Cristo.

Sofrimento: para nos unir

Guia de estudo 6

Para descobrir maneiras de como o sofrimento pode nos aproximar como Corpo de Cristo e como seres humanos.

PARA MEMORIZAR
Gálatas 6.2

UM PASSO ADIANTE
Pense a respeito
Os evangelhos estão cheios de momentos em que Cristo apresentou o encorajamento e a misericórdia de Deus em Seu ministério. Identifique duas passagens bíblicas para cada uma das seguintes áreas de sofrimento: físico, emocional, espiritual, familiar.

APROFUNDAMENTO
Leia 2 Coríntios 1.3-7
1. Por quais três descrições divinas Paulo louvou a Deus? Por que cada uma é importante em sua vida como um filho de Deus? Como essas verdades sobre Deus podem nos ajudar quando sofremos e nos levam a cooperar com outros em sofrimento?
2. Qual é a razão pela qual Deus "...nos encoraja em todas as nossas aflições" (v.4)? Qual é, então, a nossa responsabilidade, uma vez que fomos encorajados por Deus?
3. O que o versículo 7, quando lido à luz de Romanos 12.15, diz sobre o ministério do Corpo de Cristo?

APLICAÇÃO
Pense sobre uma ocasião em que Deus usou alguém para encorajá-la quando você estava a ponto de desistir. O que essa pessoa fez que a ajudou? Identifique duas pessoas que você conhece e que estejam sofrendo neste momento. De que maneiras específicas você pode compartilhar o conforto de Deus com elas esta semana.

7 PENSAMENTOS FINAIS

Como você pode ajudar?
Pode ser que você, neste momento, esteja sobrecarregada de dor. O pensar em ajudar alguém pode parecer impossível. Entretanto, em determinado ponto ao longo do caminho, ao receber o encorajamento de Deus, você estará pronta a consolar outros (2Co 1). Na verdade, tentar ajudar outras pessoas pode ser uma parte importante no processo de sua própria cura emocional.

Ou talvez você tenha lido este estudo com a esperança de poder ajudar melhor a um amigo ferido ou a uma pessoa que você ama. As sugestões a seguir também foram escritas para auxiliá-la.

Negócio arriscado
Ajudar outros é sempre um risco. Nossa ajuda nem sempre é bem-vinda. Outras vezes, quem sabe, dizemos coisas erradas, mas precisamos estar dispostos a estender a mão. A parábola de Jesus sobre o Bom Samaritano (Lc 10.25-37) nos lembra de que somos responsáveis em ajudar as pessoas feridas que encontramos. Eis algumas sugestões:

- Não espere que outra pessoa aja primeiro.
- Se possível, esteja fisicamente presente com o que sofre e toque a sua mão ou dê-lhe um abraço.
- Concentre-se nas necessidades daquele que sofre e não em seu próprio desconforto se não tiver as respostas adequadas.
- Permita que a pessoa expresse os seus sentimentos. Não condene as emoções dela.
- Busque conhecer os problemas dela.
- Não dê a impressão de que você nunca sofre.
- Seja breve em suas palavras.
- Evite dizer: "Você não deveria se sentir assim" ou "Você já sabe o que deve fazer".
- Assegure a pessoa de que vai orar por ela.
- Ore! Peça a Deus para ajudar você e também a pessoa enferma.
- Mantenha o contato com ela.
- Ajude a pessoa a dissipar a falsa culpa, assegurando-a de que o sofrimento e o pecado não são gêmeos inseparáveis.
- Se a pessoa está sofrendo por causa de um pecado ou se reconheceu algum pecado ao refletir sobre sua vida, ajude-a a encontrar o perdão em Cristo.
- Encoraje a pessoa a se lembrar da fidelidade divina no passado.
- Mostre a ela o exemplo e a ajuda de Cristo.
- Recorde-a de que Deus nos ama e cuida de nós, e que Ele está no controle de tudo.
- Encoraje a pessoa para que viva um dia de cada vez.
- Encoraje a pessoa a procurar a ajuda necessária (com amigos, família, pastor).
- Ajude a pessoa a perceber que lidar com os problemas exige tempo.
- Lembre-a do amor pastoral de Deus (Sl 23).
- Lembre-a de que Deus tem o controle de todo o Universo, dos grandes e dos pequenos acontecimentos da vida.
- Não ignore os problemas da pessoa.
- Não seja artificial tentando "animá-la". Seja genuína. Seja a amiga que você era antes de surgirem os problemas.
- Demonstre o amor que você gostaria que outros lhe demonstrassem, se você estivesse na mesma situação da pessoa.
- Seja uma boa ouvinte.
- Reconheça o quanto a pessoa está sofrendo.
- Dê tempo para a pessoa sarar da dor. Não apresse o processo.

Melhor do que respostas
Ansiamos por respostas completas. Mas, em lugar disso, Deus oferece a si mesmo, e é o suficiente. Se já sabemos que podemos confiar nele, não precisamos de explicações completas. É suficiente saber que o nosso sofrimento

e a nossa dor têm um sentido. Basta-nos saber que Deus ainda governa o Universo e que Ele realmente cuida de nós, individualmente.

A maior evidência da preocupação de Deus por nós pode ser encontrada ao olharmos para Jesus Cristo. Deus amou o nosso mundo cheio de sofrimento de tal maneira que enviou o Seu Filho para agonizar e morrer por nós, para nos libertar de sermos sentenciados a uma tristeza eterna (Jo 3.16-18). Por causa de Jesus, podemos evitar a pior das dores, a dor da separação de Deus — para sempre. E por causa de Cristo, podemos suportar agora, até a pior das tragédias, com a força que Ele nos concede e a esperança que Ele coloca diante de nós.

O primeiro passo para enfrentar de forma realista o sofrimento é reconhecer que suas raízes se originaram no problema universal do pecado. Você já reconheceu o quanto Jesus sofreu na cruz por você para libertá-la da punição do pecado? Coloque sua confiança nele. Receba o dom gratuito de Seu perdão. Somente nele você encontrará a solução duradoura para a dor em sua vida e neste mundo.

Adaptado de *Por que o bom Deus permite o sofrimento?*, Estudo Bíblico da Série Descobrindo a Palavra, de autoria de Kurt DeHaan. © 2015 Ministérios Pão Diário.

PLANO DE LEITURA DA BÍBLIA EM UM ANO

SEQUENCIAL

MÊS 1
01 [ ] Gênesis 1–3
02 [ ] Gênesis 4–7
03 [ ] Gênesis 8–10
04 [ ] Gênesis 11–14
05 [ ] Gênesis 15–17
06 [ ] Gênesis 18–20
07 [ ] Gênesis 21–24
08 [ ] Gênesis 25–27
09 [ ] Gênesis 28–31
10 [ ] Gênesis 32–34
11 [ ] Gênesis 35–37
12 [ ] Gênesis 38–41
13 [ ] Gênesis 42–44
14 [ ] Gênesis 45–47
15 [ ] Gênesis 48–50
16 [ ] Êxodo 1–3
17 [ ] Êxodo 4–6
18 [ ] Êxodo 7–10
19 [ ] Êxodo 11–13
20 [ ] Êxodo 14–17
21 [ ] Êxodo 18–20
22 [ ] Êxodo 21–24
23 [ ] Êxodo 25–27
24 [ ] Êxodo 28–31
25 [ ] Êxodo 32–34
26 [ ] Êxodo 35–37
27 [ ] Êxodo 38–40
28 [ ] Levítico 1–3
29 [ ] Levítico 4–7
30 [ ] Levítico 8–10
31 [ ] Levítico 11–14

MÊS 2
01 [ ] Levítico 15–17
02 [ ] Levítico 18–21
03 [ ] Levítico 22–24
04 [ ] Levítico 25–27
05 [ ] Números 1–3
06 [ ] Números 4–7
07 [ ] Números 8–10
08 [ ] Números 11–14
09 [ ] Números 15–17
10 [ ] Números 18–21
11 [ ] Números 22–24
12 [ ] Números 25–27
13 [ ] Números 28–30
14 [ ] Números 31–33
15 [ ] Números 34–36
16 [ ] Deuteronômio 1–3
17 [ ] Deuteronômio 4–7
18 [ ] Deuteronômio 8–10
19 [ ] Deuteronômio 11–14
20 [ ] Deuteronômio 15–17
21 [ ] Deuteronômio 18–20
22 [ ] Deuteronômio 21–23
23 [ ] Deuteronômio 24–27
24 [ ] Deuteronômio 28–31
25 [ ] Deuteronômio 32–34
26 [ ] Josué 1–3
27 [ ] Josué 4–7
28 [ ] Josué 8–10

MÊS 3
01 [ ] Josué 11–13
02 [ ] Josué 14–17
03 [ ] Josué 18–20
04 [ ] Josué 21–24
05 [ ] Juízes 1–3
06 [ ] Juízes 4–7
07 [ ] Juízes 8–10
08 [ ] Juízes 11–14
09 [ ] Juízes 15–17
10 [ ] Juízes 18–21
11 [ ] Rute 1–4
12 [ ] 1Samuel 1–3
13 [ ] 1Samuel 4–6
14 [ ] 1Samuel 7–9
15 [ ] 1Samuel 10–12
16 [ ] 1Samuel 13–15
17 [ ] 1Samuel 16–19
18 [ ] 1Samuel 20–22
19 [ ] 1Samuel 23–25
20 [ ] 1Samuel 26–28
21 [ ] 1Samuel 29–31
22 [ ] 2Samuel 1–3
23 [ ] 2Samuel 4–6
24 [ ] 2Samuel 7–10
25 [ ] 2Samuel 11–14
26 [ ] 2Samuel 15–17
27 [ ] 2Samuel 18–20
28 [ ] 2Samuel 21–24
29 [ ] 1Reis 1–3
30 [ ] 1Reis 4–6
31 [ ] 1Reis 7–9

MÊS 4
01 [ ] 1Reis 10–12
02 [ ] 1Reis 13–15
03 [ ] 1Reis 16–19
04 [ ] 1Reis 20–22
05 [ ] 2Reis 1–3
06 [ ] 2Reis 4–6
07 [ ] 2Reis 7–9
08 [ ] 2Reis 10–12
09 [ ] 2Reis 13–16
10 [ ] 2Reis 17–19
11 [ ] 2Reis 20–22
12 [ ] 2Reis 23–25
13 [ ] 1Crônicas 1–3
14 [ ] 1Crônicas 4–6
15 [ ] 1Crônicas 7–9
16 [ ] 1Crônicas 10–12
17 [ ] 1Crônicas 13–15
18 [ ] 1Crônicas 16–18
19 [ ] 1Crônicas 19–22
20 [ ] 1Crônicas 23–26
21 [ ] 1Crônicas 27–29
22 [ ] 2Crônicas 1–3
23 [ ] 2Crônicas 4–6
24 [ ] 2Crônicas 7–9
25 [ ] 2Crônicas 10–13
26 [ ] 2Crônicas 14–16
27 [ ] 2Crônicas 17–19
28 [ ] 2Crônicas 20–22
29 [ ] 2Crônicas 23–26
30 [ ] 2Crônicas 27–29

MÊS 5
01 [ ] 2Crônicas 30–32
02 [ ] 2Crônicas 33–36
03 [ ] Esdras 1–4
04 [ ] Esdras 5–7
05 [ ] Esdras 8–10
06 [ ] Neemias 1–3

PLANO DE LEITURA DA BÍBLIA EM UM ANO

07 [ ] Neemias 4–7
08 [ ] Neemias 8–10
09 [ ] Neemias 11–13
10 [ ] Ester 1–3
11 [ ] Ester 4–7
12 [ ] Ester 8–10
13 [ ] Jó 1–3
14 [ ] Jó 4–6
15 [ ] Jó 7–10
16 [ ] Jó 11–13
17 [ ] Jó 14–16
18 [ ] Jó 17–20
19 [ ] Jó 21–23
20 [ ] Jó 24–26
21 [ ] Jó 27–30
22 [ ] Jó 31–33
23 [ ] Jó 34–36
24 [ ] Jó 37–39
25 [ ] Jó 40–42
26 [ ] Salmos 1–5
27 [ ] Salmos 6–10
28 [ ] Salmos 11–15
29 [ ] Salmos 16–18
30 [ ] Salmos 19–22
31 [ ] Salmos 23–26

MÊS 6

01 [ ] Salmos 27–30
02 [ ] Salmos 31–34
03 [ ] Salmos 35–37
04 [ ] Salmos 38–41
05 [ ] Salmos 42–45
06 [ ] Salmos 46–50
07 [ ] Salmos 51–56
08 [ ] Salmos 57–61
09 [ ] Salmos 62–67
10 [ ] Salmos 68–70
11 [ ] Salmos 71–73
12 [ ] Salmos 74–77
13 [ ] Salmos 78–80
14 [ ] Salmos 81–85
15 [ ] Salmos 86–89
16 [ ] Salmos 90–94
17 [ ] Salmos 95–101
18 [ ] Salmos 102–104
19 [ ] Salmos 105–106
20 [ ] Salmos 107–109
21 [ ] Salmos 110–114
22 [ ] Salmos 115–118
23 [ ] Salmo 119
24 [ ] Salmos 120–130
25 [ ] Salmos 131–139
26 [ ] Salmos 140–144
27 [ ] Salmos 145–150
28 [ ] Provérbios 1–3
29 [ ] Provérbios 4–6
30 [ ] Provérbios 7–9

MÊS 7

01 [ ] Provérbios 10–12
02 [ ] Provérbios 13–15
03 [ ] Provérbios 16–18
04 [ ] Provérbios 19–21
05 [ ] Provérbios 22–24
06 [ ] Provérbios 25–27
07 [ ] Provérbios 28–31
08 [ ] Eclesiastes 1–3
09 [ ] Eclesiastes 4–6
10 [ ] Eclesiastes 7–9
11 [ ] Eclesiastes 10–12
12 [ ] Cântico dos cânticos 1–3
13 [ ] Cântico dos cânticos 4–6
14 [ ] Cântico dos cânticos 7–8
15 [ ] Isaías 1–3
16 [ ] Isaías 4–6
17 [ ] Isaías 7–9
18 [ ] Isaías 10–12
19 [ ] Isaías 13–15
20 [ ] Isaías 16–18
21 [ ] Isaías 19–21
22 [ ] Isaías 22–24
23 [ ] Isaías 25–27
24 [ ] Isaías 28–30
25 [ ] Isaías 31–33
26 [ ] Isaías 34–36
27 [ ] Isaías 37–39
28 [ ] Isaías 40–42
29 [ ] Isaías 43–45
30 [ ] Isaías 46–48
31 [ ] Isaías 49–51

MÊS 8

01 [ ] Isaías 52–54
02 [ ] Isaías 55–57
03 [ ] Isaías 58–60
04 [ ] Isaías 61–63
05 [ ] Isaías 64–66
06 [ ] Jeremias 1–3
07 [ ] Jeremias 4–6
08 [ ] Jeremias 7–9
09 [ ] Jeremias 10–12
10 [ ] Jeremias 13–15
11 [ ] Jeremias 16–18
12 [ ] Jeremias 19–21
13 [ ] Jeremias 22–24
14 [ ] Jeremias 25–27
15 [ ] Jeremias 28–30
16 [ ] Jeremias 31–33
17 [ ] Jeremias 34–36
18 [ ] Jeremias 37–39
19 [ ] Jeremias 40–42
20 [ ] Jeremias 43–45
21 [ ] Jeremias 46–48
22 [ ] Jeremias 49–50
23 [ ] Jeremias 51–52
24 [ ] Lamentações 1–3
25 [ ] Lamentações 4–5
26 [ ] Ezequiel 1–3
27 [ ] Ezequiel 4–6
28 [ ] Ezequiel 7–9
29 [ ] Ezequiel 10–12
30 [ ] Ezequiel 13–15
31 [ ] Ezequiel 16–18

MÊS 9

01 [ ] Ezequiel 19–21
02 [ ] Ezequiel 22–24
03 [ ] Ezequiel 25–26
04 [ ] Ezequiel 27–29
05 [ ] Ezequiel 30–31
06 [ ] Ezequiel 32–33
07 [ ] Ezequiel 34–36
08 [ ] Ezequiel 37–39
09 [ ] Ezequiel 40–42
10 [ ] Ezequiel 43–45
11 [ ] Ezequiel 46–48
12 [ ] Daniel 1–3
13 [ ] Daniel 4–6
14 [ ] Daniel 7–9
15 [ ] Daniel 10–12
16 [ ] Oseias 1–3
17 [ ] Oseias 4–6
18 [ ] Oseias 7–8
19 [ ] Oseias 9–11
20 [ ] Oseias 12–14
21 [ ] Joel 1–3
22 [ ] Amós 1–3
23 [ ] Amós 4–6
24 [ ] Amós 7–9
25 [ ] Obadias; Jonas 1
26 [ ] Jonas 2–4
27 [ ] Miqueias 1–3
28 [ ] Miqueias 4–5
29 [ ] Miqueias 6–7
30 [ ] Naum 1–3

MÊS 10

01 [ ] Habacuque 1–3
02 [ ] Sofonias 1–3
03 [ ] Ageu 1–2

04 [ ] Zacarias 1–3
05 [ ] Zacarias 4–6
06 [ ] Zacarias 7–9
07 [ ] Zacarias 10–12
08 [ ] Zacarias 13–14
09 [ ] Malaquias 1–2
10 [ ] Malaquias 3–4
11 [ ] Mateus 1–3
12 [ ] Mateus 4–6
13 [ ] Mateus 7–9
14 [ ] Mateus 10–12
15 [ ] Mateus 13–15
16 [ ] Mateus 16–18
17 [ ] Mateus 19–22
18 [ ] Mateus 23–25
19 [ ] Mateus 26–28
20 [ ] Marcos 1–3
21 [ ] Marcos 4–7
22 [ ] Marcos 8–10
23 [ ] Marcos 11–13
24 [ ] Marcos 14–16
25 [ ] Lucas 1–3
26 [ ] Lucas 4–6
27 [ ] Lucas 7–9
28 [ ] Lucas 10–12
29 [ ] Lucas 13–15
30 [ ] Lucas 16–18
31 [ ] Lucas 19–21

MÊS 11
01 [ ] Lucas 22–24
02 [ ] João 1–3

03 [ ] João 4–6
04 [ ] João 7–9
05 [ ] João 10–12
06 [ ] João 13–15
07 [ ] João 16–18
08 [ ] João 19–21
09 [ ] Atos 1–3
10 [ ] Atos 4–6
11 [ ] Atos 7–9
12 [ ] Atos 10–12
13 [ ] Atos 13–15
14 [ ] Atos 16–18
15 [ ] Atos 19–21
16 [ ] Atos 22–24
17 [ ] Atos 25–28
18 [ ] Romanos 1–3
19 [ ] Romanos 4–6
20 [ ] Romanos 7–9
21 [ ] Romanos 10–12
22 [ ] Romanos 13–16
23 [ ] 1Coríntios 1–3
24 [ ] 1Coríntios 4–6
25 [ ] 1Coríntios 7–9
26 [ ] 1Coríntios 10–12
27 [ ] 1Coríntios 13–16
28 [ ] 2Coríntios 1–3
29 [ ] 2Coríntios 4–6
30 [ ] 2Coríntios 7–10

MÊS 12
01 [ ] 2Coríntios 11–13
02 [ ] Gálatas 1–3

03 [ ] Gálatas 4–6
04 [ ] Efésios 1–3
05 [ ] Efésios 4–6
06 [ ] Filipenses 1–4
07 [ ] Colossenses 1–4
08 [ ] 1Tessalonicenses 1–5
09 [ ] 2Tessalonicenses 1–3
10 [ ] 1Timóteo 1–3
11 [ ] 1Timóteo 4–6
12 [ ] 2Timóteo 1–4
13 [ ] Tito 1–2
14 [ ] Tito 3; Filemom
15 [ ] Hebreus 1–3
16 [ ] Hebreus 4–6
17 [ ] Hebreus 7–9
18 [ ] Hebreus 10–13
19 [ ] Tiago 1–5
20 [ ] 1Pedro 1–5
21 [ ] 2Pedro 1–3
22 [ ] 1João 1–4
23 [ ] 1João 5; 2João
24 [ ] 3João; Judas
25 [ ] Apocalipse 1–3
26 [ ] Apocalipse 4–6
27 [ ] Apocalipse 7–9
28 [ ] Apocalipse 10–12
29 [ ] Apocalipse 13–16
30 [ ] Apocalipse 17–19
31 [ ] Apocalipse 20–22

ORDEM CRONOLÓGICA

MÊS 1
1 [ ] Gênesis 1–3
2 [ ] Gênesis 4–7
3 [ ] Gênesis 8–11
4 [ ] Jó 1–5
5 [ ] Jó 6–9
6 [ ] Jó 10–13
7 [ ] Jó 14–16
8 [ ] Jó 17–20
9 [ ] Jó 21–23
10 [ ] Jó 24–28
11 [ ] Jó 29–31
12 [ ] Jó 32–34
13 [ ] Jó 35–37
14 [ ] Jó 38–39
15 [ ] Jó 40–42

16 [ ] Gênesis 12–15
17 [ ] Gênesis 16–18
18 [ ] Gênesis 19–21
19 [ ] Gênesis 22–24
20 [ ] Gênesis 25–26
21 [ ] Gênesis 27–29
22 [ ] Gênesis 30–31
23 [ ] Gênesis 32–34
24 [ ] Gênesis 35–37
26 [ ] Gênesis 41–42
27 [ ] Gênesis 43–45
28 [ ] Gênesis 46–47
29 [ ] Gênesis 48–50
30 [ ] Êxodo 1–3
31 [ ] Êxodo 4–6

MÊS 2
1 [ ] Êxodo 7–9
2 [ ] Êxodo 10–12
3 [ ] Êxodo 13–15
4 [ ] Êxodo 16–18
5 [ ] Êxodo 19–21
6 [ ] Êxodo 22–24
7 [ ] Êxodo 25–27
8 [ ] Êxodo 28–29
9 [ ] Êxodo 30–32
10 [ ] Êxodo 33–35
11 [ ] Êxodo 36–38
12 [ ] Êxodo 39–40
13 [ ] Levítico 1–4
14 [ ] Levítico 5–7
15 [ ] Levítico 8–10

PLANO DE LEITURA DA BÍBLIA EM UM ANO

16 [ ] Levítico 11–13
17 [ ] Levítico 14–15
18 [ ] Levítico 16–18
19 [ ] Levítico 19–21
20 [ ] Levítico 22–23
21 [ ] Levítico 24–25
22 [ ] Levítico 26–27
23 [ ] Números 1–2
24 [ ] Números 3–4
25 [ ] Números 5–6
26 [ ] Números 7
27 [ ] Números 8–10
28 [ ] Números 11–12
29 [ ] Números 13

MÊS 3

1 [ ] Números 14–15; Salmo 90
2 [ ] Números 16–17
3 [ ] Números 18–20
4 [ ] Números 21–22
5 [ ] Números 23–25
6 [ ] Números 26–27
7 [ ] Números 28–30
8 [ ] Números 31–32
9 [ ] Números 33–34
10 [ ] Números 35–36
11 [ ] Deuteronômio 1–2
12 [ ] Deuteronômio 3–4
13 [ ] Deuteronômio 5–7
14 [ ] Deuteronômio 8–10
15 [ ] Deuteronômio 11–13
16 [ ] Deuteronômio 14–16
17 [ ] Deuteronômio 17–20
18 [ ] Deuteronômio 21–23
19 [ ] Deuteronômio 24–27
20 [ ] Deuteronômio 28–29
21 [ ] Deuteronômio 30–31
22 [ ] Deuteronômio 32–34; Salmo 91
23 [ ] Josué 1–4
24 [ ] Josué 5–8
25 [ ] Josué 9–11
26 [ ] Josué 12–15
27 [ ] Josué 16–18
28 [ ] Josué 19–21
29 [ ] Josué 22–24
30 [ ] Juízes 1–2
31 [ ] Juízes 3–5

MÊS 4

1 [ ] Juízes 6–7
2 [ ] Juízes 8–9
3 [ ] Juízes 10–12
4 [ ] Juízes 13–15

5 [ ] Juízes 16–18
6 [ ] Juízes 19–21
7 [ ] Rute
8 [ ] 1 Samuel 1–3
9 [ ] 1 Samuel 4–8
10 [ ] 1 Samuel 9–12
11 [ ] 1 Samuel 13–14
12 [ ] 1 Samuel 15–17
13 [ ] 1 Samuel 18–20; Salmos 11, 59
14 [ ] 1 Samuel 21–24
15 [ ] Salmos 7, 27, 31, 34, 52
16 [ ] Salmos 56, 120, 140–142
17 [ ] 1 Samuel 25–27
18 [ ] Salmos 17, 35, 54, 63
19 [ ] 1 Samuel 28–31; Salmo 18
20 [ ] Salmos 121, 123–125, 128–130
21 [ ] 2 Samuel 1–4
22 [ ] Salmos 6, 8–10, 14, 16, 19, 21
23 [ ] 1 Crônicas 1–2
24 [ ] Salmos 43–45, 49, 84–85, 87
25 [ ] 1 Crônicas 3–5
26 [ ] Salmos 73, 77–78
27 [ ] 1 Crônicas 6
28 [ ] Salmos 81, 88, 92–93
29 [ ] 1 Crônicas 7–10
30 [ ] Salmos 102–104

MÊS 5

1 [ ] 2 Samuel 5:1-10; 1 Crônicas 11–12
2 [ ] Salmo 133
3 [ ] Salmos 106–107
4 [ ] 2 Samuel 5:11–6:23; 1 Crônicas 13–16
5 [ ] Salmos 1–2, 15, 22–24, 47, 68
6 [ ] Salmos 89, 96, 100–101, 105, 132
7 [ ] 2 Samuel 7; 1 Crônicas 17
8 [ ] Salmos 25, 29, 33, 36, 39
9 [ ] 2 Samuel 8–9; 1 Crônicas 18
10 [ ] Salmos 50, 53, 60, 75
11 [ ] 2 Samuel 10; 1 Crônicas 19; Salmo 20
12 [ ] Salmos 65–67, 69–70
13 [ ] 2 Samuel 11–12; 1 Crônicas 20
14 [ ] Salmos 32, 51, 86, 122
15 [ ] 2 Samuel 13–15
16 [ ] Salmos 3–4, 12–13, 28, 55
17 [ ] 2 Samuel 16–18
18 [ ] Salmos 26, 40, 58, 61–62, 64
19 [ ] 2 Samuel 19–21
20 [ ] Salmos 5, 38, 41–42
21 [ ] 2 Samuel 22–23; Salmo 57

22 [ ] Salmos 95, 97–99
23 [ ] 2 Samuel 24; 1 Crônicas 21–22; Salmo 30
24 [ ] Salmos 108–110
25 [ ] 1 Crônicas 23–25
26 [ ] Salmos 131, 138–139, 143–145
27 [ ] 1 Crônicas 26–29; Salmo 127
28 [ ] Salmos 111–118
29 [ ] 1 Reis 1–2; Salmos 37, 71, 94
30 [ ] Salmo 119:1-88
31 [ ] 1 Reis 3–4; 2 Crônicas 1; Salmo 72

MÊS 6

1 [ ] Salmo 119:89-176
2 [ ] Cântico dos Cânticos
3 [ ] Provérbios 1–3
4 [ ] Provérbios 4–6
5 [ ] Provérbios 7–9
6 [ ] Provérbios 10–12
7 [ ] Provérbios 13–15
8 [ ] Provérbios 16–18
9 [ ] Provérbios 19–21
10 [ ] Provérbios 22–24
11 [ ] 1 Reis 5–6; 2 Crônicas 2–3
12 [ ] 1 Reis 7; 2 Crônicas 4
13 [ ] 1 Reis 8; 2 Crônicas 5
14 [ ] 2 Crônicas 6–7; Salmo 136
15 [ ] Salmos 134, 146–150
16 [ ] 1 Reis 9; 2 Crônicas 8
17 [ ] Provérbios 25–26
18 [ ] Provérbios 27–29
19 [ ] Eclesiastes 1–6
20 [ ] Eclesiastes 7–12
21 [ ] 1 Reis 10–11; 2 Crônicas 9
22 [ ] Provérbios 30–31
23 [ ] 1 Reis 12–14
24 [ ] 2 Crônicas 10–12
25 [ ] 1 Reis 15:1-24; 2 Crônicas 13–16
26 [ ] 1 Reis 15:25–16:34; 2 Crônicas 17
27 [ ] 1 Reis 17–19
28 [ ] 1 Reis 20–21
29 [ ] 1 Reis 22; 2 Crônicas 18
30 [ ] 2 Crônicas 19–23

MÊS 7

1 [ ] Obadias; Salmos 82–83
2 [ ] 2 Reis 1–4
3 [ ] 2 Reis 5–8
4 [ ] 2 Reis 9–11
5 [ ] 2 Reis 12–13; 2 Crônicas 24

PLANO DE LEITURA DA BÍBLIA EM UM ANO

6 [ ] 2 Reis 14; 2 Crônicas 25
7 [ ] Jonas
8 [ ] 2 Reis 15; 2 Crônicas 26
9 [ ] Isaías 1–4
10 [ ] Isaías 5–8
11 [ ] Amós 1–5
12 [ ] Amós 6–9
13 [ ] 2 Crônicas 27; Isaías 9–12
14 [ ] Miqueias
15 [ ] 2 Crônicas 28; 2 Reis 16–17
16 [ ] Isaías 13–17
17 [ ] Isaías 18–22
18 [ ] Isaías 23–27
19 [ ] 2 Reis 18:1-8; 2 Crônicas 29–31; Salmo 48
20 [ ] Oseias 1–7
21 [ ] Oseias 8–14
22 [ ] Isaías 28–30
23 [ ] Isaías 31–34
24 [ ] Isaías 35–36
25 [ ] Isaías 37–39; Salmo 76
26 [ ] Isaías 40–43
27 [ ] Isaías 44–48
28 [ ] 2 Reis 18:9–19:37; Salmos 46, 80, 135
29 [ ] Isaías 49–53
30 [ ] Isaías 54–58
31 [ ] Isaías 59–63

MÊS 8

1 [ ] Isaías 64–66
2 [ ] 2 Reis 20–21
3 [ ] 2 Crônicas 32–33
4 [ ] Naum
5 [ ] 2 Reis 22–23; 2 Crônicas 34–35
6 [ ] Sofonias
7 [ ] Jeremias 1–3
8 [ ] Jeremias 4–6
9 [ ] Jeremias 7–9
10 [ ] Jeremias 10–13
11 [ ] Jeremias 14–17
12 [ ] Jeremias 18–22
13 [ ] Jeremias 23–25
14 [ ] Jeremias 26–29
15 [ ] Jeremias 30–31
16 [ ] Jeremias 32–34
17 [ ] Jeremias 35–37
18 [ ] Jeremias 38–40; Salmos 74, 79
19 [ ] 2 Reis 24–25; 2 Crônicas 36
20 [ ] Habacuque
21 [ ] Jeremias 41–45
22 [ ] Jeremias 46–48
23 [ ] Jeremias 49–50

24 [ ] Jeremias 51–52
25 [ ] Lamentações 1:1–3:36
26 [ ] Lamentações 3:37–5:22
27 [ ] Ezequiel 1–4
28 [ ] Ezequiel 5–8
29 [ ] Ezequiel 9–12
30 [ ] Ezequiel 13–15
31 [ ] Ezequiel 16–17

MÊS 9

1 [ ] Ezequiel 18–19
2 [ ] Ezequiel 20–21
3 [ ] Ezequiel 22–23
4 [ ] Ezequiel 24–27
5 [ ] Ezequiel 28–31
6 [ ] Ezequiel 32–34
7 [ ] Ezequiel 35–37
8 [ ] Ezequiel 38–39
9 [ ] Ezequiel 40–41
10 [ ] Ezequiel 42–43
11 [ ] Ezequiel 44–45
12 [ ] Ezequiel 46–48
13 [ ] Joel
14 [ ] Daniel 1–3
15 [ ] Daniel 4–6
16 [ ] Daniel 7–9
17 [ ] Daniel 10–12
18 [ ] Esdras 1–3
19 [ ] Esdras 4–6; Salmo 137
20 [ ] Ageu
21 [ ] Zacarias 1–7
22 [ ] Zacarias 8–14
23 [ ] Ester 1–5
24 [ ] Ester 6–10
25 [ ] Esdras 7–10
26 [ ] Neemias 1–5
27 [ ] Neemias 6–7
28 [ ] Neemias 8–10
29 [ ] Neemias 11–13; Salmo 126
30 [ ] Malaquias

MÊS 10

1 [ ] Lucas 1; João 1:1-14
2 [ ] Mateus 1; Lucas 2:1-38
3 [ ] Mateus 2; Lucas 2:39-52
4 [ ] Mateus 3; Marcos 1; Lucas 3
5 [ ] Mateus 4; Lucas 4–5; João 1:15-51
6 [ ] João 2–4
7 [ ] Marcos 2
8 [ ] João 5
9 [ ] Mateus 12:1-21, Marcos 3; Lucas 6

10 [ ] Mateus 5–7
11 [ ] Mateus 8:1-13; Lucas 7
12 [ ] Mateus 11
13 [ ] Mateus 12:22-50; Lucas 11
14 [ ] Mateus 13; Lucas 8
15 [ ] Mateus 8:14-34; Marcos 4–5
16 [ ] Mateus 9–10
17 [ ] Mateus 14; Marcos 6; Lucas 9:1-17
18 [ ] João 6
19 [ ] Mateus 15; Marcos 7
20 [ ] Mateus 16; Marcos 8; Lucas 9:18-27
21 [ ] Mateus 17; Marcos 9; Lucas 9:28-62
22 [ ] Mateus 18
23 [ ] João 7–8
24 [ ] João 9:1–10:21
25 [ ] Lucas 10; João 10:22-42
26 [ ] Lucas 12–13
27 [ ] Lucas 14–15
28 [ ] Lucas 16–17:10
29 [ ] João 11
30 [ ] Lucas 17:11–18:14
31 [ ] Mateus 19; Marcos 10

MÊS 11

1 [ ] Mateus 20–21
2 [ ] Lucas 18:15–19:48
3 [ ] Marcos 11; João 12
4 [ ] Mateus 22; Marcos 12
5 [ ] Mateus 23; Lucas 20–21
6 [ ] Marcos 13
7 [ ] Mateus 24
8 [ ] Mateus 25
9 [ ] Mateus 26; Marcos 14
10 [ ] Lucas 22; João 13
11 [ ] João 14–17
12 [ ] Mateus 27; Marcos 15
13 [ ] Lucas 23; João 18–19
14 [ ] Mateus 28; Marcos 16
15 [ ] Lucas 24; João 20–21
16 [ ] Atos 1–3
17 [ ] Atos 4–6
18 [ ] Atos 7–8
19 [ ] Atos 9–10
20 [ ] Atos 11–12
21 [ ] Atos 13–14
22 [ ] Tiago
23 [ ] Atos 15–16
24 [ ] Gálatas 1–3
25 [ ] Gálatas 4–6
26 [ ] Atos 17–18:18

27 [ ] 1 Tessalonicenses;
   2 Tessalonicenses
28 [ ] Atos 18:19–19:41
29 [ ] 1 Coríntios 1–4
30 [ ] 1 Coríntios 5–8

MÊS 12
1 [ ] 1 Coríntios 9–11
2 [ ] 1 Coríntios 12–14
3 [ ] 1 Coríntios 15–16
4 [ ] 2 Coríntios 1–4
5 [ ] 2 Coríntios 5–9
6 [ ] 2 Coríntios 10–13

7 [ ] Atos 20:1-3; Romanos 1–3
8 [ ] Romanos 4–7
9 [ ] Romanos 8–10
10 [ ] Romanos 11–13
11 [ ] Romanos 14–16
12 [ ] Atos 20:4–23:35
13 [ ] Atos 24–26
14 [ ] Atos 27–28
15 [ ] Colossenses; Filemom
16 [ ] Efésios
17 [ ] Filipenses
18 [ ] 1 Timóteo
19 [ ] Tito

20 [ ] 1 Pedro
21 [ ] Hebreus 1–6
22 [ ] Hebreus 7–10
23 [ ] Hebreus 11–13
24 [ ] 2 Timóteo
25 [ ] 2 Pedro; Judas
26 [ ] 1 João
27 [ ] 2 e 3 João
28 [ ] Apocalipse 1–5
29 [ ] Apocalipse 6–11
30 [ ] Apocalipse 12–18
31 [ ] Apocalipse 19–22

ÍNDICE DA SEÇÃO **PÃO DIÁRIO**

Do nada... 5	Ansiosa por respostas 234
A escolha... 7	Não esqueça 239
Escondendo-se de Deus................................. 10	Segure a minha mão 247
Cada passo conta 13	Enquadre as imagens 248
Deus se lembra... 16	Braços eternos.. 252
Promessas, promessas................................... 19	Receita para o sucesso................................... 256
A espera.. 22	Hora da história.. 257
Nunca se é velho demais............................... 24	As pedras.. 261
O melhor da vida.. 30	A doença mais fatal.. 264
O fingido... 37	Mais velha e mais sábia.................................. 273
Eu não havia percebido!................................ 38	Precipitação.. 281
As mãos fortes de Deus................................. 46	Uma pequena escolha.................................... 283
Uma dura ordenança..................................... 52	As histórias de duas varas.............................. 288
Um pecado com outro nome 54	Fortalecimento à meia-noite......................... 295
Paciência na prisão.. 56	Boas intenções 298
Da perda ao ganho... 63	A dor divina 301
A grandeza da santidade............................... 65	Uma mecha de cabelo 308
Quem é Deus?... 76	Bênção inesperada 322
O que você tem na mão?............................... 77	A alegria da espera... 325
A lição dos insetos... 82	Por causa do Seu nome.................................. 338
Coração endurecido....................................... 85	Há toupeiras ao redor?................................... 342
L'Chayim!.. 86	"O boi calado"... 343
A vida depois dos milagres 91	A síndrome do centavo.................................. 346
Um mau hábito... 93	Amigos em todo o tempo.............................. 350
Cuidado com o que deseja............................ 96	O Mestre da redenção 352
Tenho um coração 99	Minha mão não será contra ti....................... 355
Ajuste perfeito... 103	Nenhuma boa ação 356
Simplesmente temos que conversar............ 112	Quando a vida vai mal................................... 364
Com toda a minha arte.................................. 115	Lamento por um amigo................................. 368
Propriedade de quem?.................................. 128	Liberemos o nosso louvor! 373
O lembrete de Levítico.................................. 135	Lixo espacial 377
O outro bode 142	A resposta é não... 379
Um livro para os peregrinos 144	Deslocada... 385
Tesouro enterrado... 146	Papai sabe-tudo 386
O pão de cada dia.. 153	Evitando a tristeza 389
Momento de reequilíbrio.............................. 154	As pessoas mais fortes................................... 395
Abra o portão... 167	Um par de mocassins..................................... 398
Estacionados por um momento................... 173	Afastando-se da sabedoria............................ 404
Entediante?.. 175	Adquirindo sabedoria.................................... 407
Problemas à frente.. 180	Uma causa para louvar.................................. 416
Tão perto, porém, tão longe 182	As seis palavras do rei Salomão.................... 417
Você está ouvindo?.. 188	É o que Deus diz... 422
A grande epidemia.. 191	Suave sussurro... 433
O primeiro passo... 214	Confusão na sala da redação do jornal........ 437
Sem ir a lugar algum..................................... 217	Um título que vale a pena buscar................. 441
Um legado duradouro................................... 220	Mais do que o suficiente............................... 445
Já chegamos?... 222	Sem opções?... 447
Temor e amor... 225	As pequenas coisas 448
Para os pobres... 230	Por que estou com medo?............................. 449

ÍNDICE DA SEÇÃO PÃO DIÁRIO

Enfrentando o perigo com oração	465
Fora da escuridão	470
Demonstrando respeito	491
Gracias!	494
Dar o nosso melhor a Deus	500
Guarde o seu coração	504
Experiências turbulentas	507
O melhor pedido	511
Nossa bússola moral	517
Ele ajuda o desamparado	523
O olho de Deus	526
Louvor de guerra	529
Vivendo em humildade	536
Um milagre contínuo	541
É uma longa história	550
Vendo a mão de Deus	559
A tradução da mamãe	562
O muro da unificação	569
Um líder que serve	571
Confissão e ações de graças	577
Promessas	579
A aventura	590
Ódio autodestrutivo	593
Caridade	595
Distanciando-se de Deus	599
Começando do fim	601
Quando não sabemos o que dizer	604
Porque sim	609
A grande exceção	611
Tanta dor	614
Um sonho sobre respostas esquecidas	634
Não esqueça de mim, Senhor!	644
Revelação divina	649
Força renovada	650
Tempo de louvar	654
Instintos	656
Sentimentos e fidelidade	659
Deixando de ser jovem	661
Socorro!	667
O velho trator	670
Continue	678
Quando a vida parece injusta	684
O prodígio de uma criança	687
Orações perdidas	693
Mais poderoso do que tudo	698
Integridade 101	702
O transbordamento	704
Lembrado por muito tempo	712
O incrível poder de Deus	713
Lugares abandonados	715
Medite nestas coisas	718
O que há em sua boca?	722
Caminho para a humildade	724
Qual é a cor de Deus?	727
Pensando em você	728
Lentes rachadas	730
Salmos, incenso e louvor	733
Agradecemos ao Senhor	739
A formiga sábia	742
Galeria dos sussurros	747
Pontas de espada	749
Elogios gratuitos	755
O potencial da criança	761
Lição do jardim	764
Desprendendo a sujeira	766
Estendendo a mão	771
Tempos de altos e baixos	777
Acumulando ou armazenando?	780
Qual a razão?	784
Diga, fale, expresse-se!	789
Esposa e amiga	791
Quem enviarei?	803
Jesus, nossa esperança	804
Aleluia!	806
Barba Negra	812
Auxílio silencioso	821
Lidando com a demora	822
Sistema de navegação	827
O Leão de Judá	830
Poder ilimitado	839
Ornamentos da Terra	841
A resposta surpreendente de Deus	842
Nos braços de Deus	848
A câmara secreta	854
Face a face	857
Por que o pecado é tão ruim?	858
O que o dinheiro não pode comprar	859
Frutos da graça	860
Acumulando ou repartindo?	862
Aprendendo com as sequoias	871
Aprendendo a confiar	872
Não precisamos de ti	877
Fora das linhas	884
Caminhos antigos	885
Deus pode ser manipulado?	887
Correndo contra os cavalos	894
Onde está a sua confiança?	900
Mestre-artesão	901
Preso no lamaçal	904
Falando por Deus	908
Por inteiro	914
Um livro aberto	918
Por baixo do humo	920
Exemplos de obediência	923
Imutável	925
Até os animais voltam para casa	931

ÍNDICE DA SEÇÃO PÃO DIÁRIO

Silhueta	949
Alimentando-se da Palavra	959
Consequências adiadas	967
Ídolos no coração	970
O presente egocêntrico	973
Alerta!	975
Pecado é coisa séria	983
Pratique!	994
O nome	997
Os três amigos	1015
Mas, ainda que...	1018
As respostas de Deus	1027
O mensageiro	1028
Velas ou estrelas?	1031
O Deus de Oseias	1034
Amor imensurável	1042
Minha vida e minha planta	1044
Anos levados pelos gafanhotos	1049
Uma poderosa corrente de água	1057
O profeta do prumo	1059
Tripudiando sobre o inimigo	1063
Lições de Jonas	1066
Ira ou aprovação?	1067
A vida ideal	1074
Dois contos de uma cidade	1079
Escondendo meu rosto	1082
Renovada no amor de Deus	1089
Casas luxuosas	1092
Um muro de fogo	1096
Ilumine o seu mundo	1097
Jesus no centro	1103
O Sol da justiça	1109
Um companheiro no caminho	1130
A edição revisada	1131
Urso assustado	1133
O cisco	1134
As ações falam mais alto	1137
O voo do pardal	1139
Em tempos de dúvida	1140
O que realmente importa	1150
Chegando tarde	1155
Os ingredientes corretos	1160
Apenas para aparecer	1161
Montanha de Fogo	1163
Dúvidas sinceras	1170
Nossas exigentes agendas	1176
Discipulado 101%	1178
Você nunca sabe	1180
Momentos de sossego	1184
Às avessas	1186
Quem e como	1188
A verdadeira prosperidade	1191
Duas moedas pequenas	1195
O Natal de Maria	1209
Sem chance!	1213
Orações não atendidas	1219
Pescando onde as almas não estão	1220
Muito ocupada para conhecer Deus?	1228
Por onde começo?	1232
O jeito reverso de Deus agir	1237
Perdidos e achados	1238
Busca e resgate	1243
Lágrimas de arrependimento	1248
Atrás do véu	1250
Amor supridor	1256
Na sombra da noite	1259
Pequenas coisas	1266
Água da Vida	1268
O pai da mentira	1271
O nosso melhor argumento	1275
É proibido sorrir	1281
Entrada válida	1282
Ele me chama de amiga	1284
Pecados capitais	1285
Momento Tomé	1290
Manjar turco	1291
Testemunhas	1294
Trabalhar para os amigos	1298
Honestidade completa	1299
Semelhanças tóxicas	1304
Um novo propósito	1306
O que um nome envolve?	1311
Dê ouvidos aos Seus toques	1318
Encontre Deus	1324
Movido pela gratidão	1330
Pelo nome do Senhor	1331
A máquina da dor	1336
Pessoas que encorajam	1339
Ajuntando gravetos	1341
Biografia de Deus	1347
O cerne da questão	1349
Verdadeiramente incrível	1351
O vírus do pecado	1352
Protegido com segurança	1355
Buscando a hospitalidade	1360
"Nós cortamos o carvão"	1364
O Deus esquecido	1373
Mantenha a porta trancada	1376
Quando alguém cai	1381
O momento do check-up	1382
Ajudando o amor a crescer	1384
Ressurreição e vida	1387
Pequenas coisas	1394
Uma muleta?	1397
Ouse ser diferente	1398
Tristeza segundo Deus	1400

ÍNDICE DA SEÇÃO PÃO DIÁRIO

Problema resolvido!	1405
Direto ao ponto!	1410
O que fazer? O que ser?	1414
De que maneira estou envelhecendo?	1415
A parede da separação	1419
Atividade vulcânica	1421
Kit de emergência	1423
A essência de Paulo	1426
Arando linhas retas	1429
Sou feliz?	1430
A queda de Júpiter	1434
Superando o preconceito	1436
Verificador do tom	1437
Que jornada!	1441
A derrota da morte	1443
Ociosos ou trabalhadores?	1447
Uma leitura enganosa	1450
Oração fiel	1451
A verdadeira riqueza	1454
A carta do meu pai	1457
Emaranhado	1458
A "Caixa-mãe"	1460
Testemunho de obras	1463
Restauradas para abençoar	1465
Outra chance	1468
Uma palavra poderosa	1476
O trabalhador esquecido	1478
Completamente limpa	1482
Algo melhor	1483
Escola de golpes duros	1485
Jamais sozinha	1487
O coração de Marisa	1489
Os marginalizados	1490
Duas palavras	1492
Algo errado com Henrique	1496
A vida que importa	1499
A síndrome do monte Santa Helena	1504
Acúmulo de pecados	1507
As respostas	1509
Toque o sino	1514
Hospitalidade calorosa	1516
Verdade	1518
Águas poderosas	1523
A revelação do coração de Deus	1527
Lágrimas de medo	1528
Disfarce quase perfeito	1533
A canção dos santos	1535
Uma lição ao chorar	1541
O agora não dura para sempre	1542
Um serviço eterno	1543

ÍNDICE DA SEÇÃO **REFLETINDO SOBRE**

Batalha dos sexos	Eva	11
Vivendo com pesar	Eva	12
Pai menos que perfeito	As filhas de Ló	26
Jamais abandonada	Hagar	29
Uma dona de casa desesperada	A esposa de Potifar	55
As parteiras	Mulheres na vida de Moisés	73
Mãe protetora	Joquebede	74
Uma punição severa	Filhas dos sacerdotes	149
Não-conformistas	Mulheres hebreias	229
Desventurada, mas não desprovida de graça	A mãe de Sansão	304
Lábios frouxos	A mulher de Sansão	306
Abusando de nosso poder	Dalila	309
Traída e usada	A concubina do levita	312
No melhor e no pior	Mical	349
Contato perigoso	A médium de En-Dor	362
Mulheres belas	Sara, Rebeca, Ester e Bate-Seba	378
Traída	Tamar	381
Precisando de consolo	As concubinas do rei Davi	392
Escolhendo a vida	Uma mãe verdadeira	406
Mulheres de primeira classe	Concubinas	418
Sem disfarce	A esposa de Jeroboão	423
Uma vida desperdiçada	Jezabel	426
Intrusos indesejados	Mulheres sofrendo com invasores	462
Vendo além da dor	A mãe de Jabez	480
Avós	Maaca e Loide	525
Os bons e velhos tempos	Mulheres lembrando o templo original	555
Mulheres patriotas	As filhas de Salum	568
Oposição	Noadia	573
Jamais sentir-se boa o suficiente	Jovens mulheres na Pérsia	588
De ninguém para alguém	Mulheres que se levantaram da escuridão	596
Uma razão para continuar	A esposa de Jó	600
Uma herança notável	As filhas de Jó	635
Examinando o nosso guarda-roupas	Mulheres sedutoras	744
Destruindo um lar	A mulher insensata	751
Investidora sábia	A mulher ideal	774
Companheiras de viagem	Noemi e Rute	778
A maior história de amor	A jovem em Cântico dos Cânticos	787
Voto de pureza	A jovem esposa	794
Jamais anônima	Mulheres anônimas	852
Adoração mal aplicada	Rainha dos céus	888
Triste pelas razões erradas	Mulheres lamentando por Tamuz	964
Falso sentimento de segurança	Falsos profetas	969
"Amada"	Lo-Ruama	1033
Todas estão convidadas	Mulheres ancestrais de Jesus	1126
Mulheres traumatizadas	"Raquel" chorando por seus filhos	1128
Sentindo-se ignorada	A mãe de uma filha possessa por demônios	1147
Jamais rejeitada	Mulheres divorciadas	1154
É só isso que existe?	As esposas dos saduceus	1159
Ouvindo a Sua voz	A filha de Jairo	1182

ÍNDICE DA SEÇÃO REFLETINDO SOBRE

Queremos tudo do nosso jeito	Herodias		1183
Esperança em meio ao sofrimento	Mulheres pranteando a morte de Jesus		1202
Envelhecer não é um problema	Sara, Miriã, Isabel, Ana		1208
Dinheiro bem gasto	Mulheres que apoiavam o ministério de Jesus		1221
Guardando o melhor para o final	O milagre de Jesus em Caná		1258
Testemunha ocular de um milagre	Sobras preciosas		1267
Construindo um santuário	Maria, mãe de Marcos		1312
Jugo desigual	Eunice		1319
Fora de controle	Uma jovem escrava curada por Paulo		1322
Confira!	Mulheres bereanas		1323
Obedecendo à Lei	Mulheres que ouviram a carta de Paulo		1361
Completa nele	Mulheres solteiras		1377
Consolando outros	Mulheres compassivas		1395
Vivendo conforme as regras	Escrava		1413
A carta de Paulo	Mulheres apreciadas		1422
Guardando mágoas	Evódia e Síntique		1428
Permanecendo firme	Mulheres perseguidas		1446
Jamais sozinha	Viúvas		1453
Uma influência poderosa	Eunice e Loide		1459
Mentoras	Mulheres mais velhas		1464
Escolha-me, escolha-me!	Senhora escolhida		1513
Renovando nosso amor por Cristo	Mulheres em Éfeso		1524
Noivo ansioso	A noiva de Cristo		1539

ÍNDICE DA SEÇÃO
APRENDENDO COM AS MULHERES DA BÍBLIA

Eva	Como prever consequências de pequenas decisões em longo prazo	8
Lia	Como viver com um homem que não a ama	40
Miriã	Como contentar-se com o dom que Deus lhe deu	178
Raabe	Como seguir a Deus em meio à sua cultura	258
Débora	Como liderar quando Deus a chama	290
Rute	Como ver Deus no cotidiano da vida	320
Ana	Como lidar com a depressão	326
Abigail	Como viver com um marido difícil	358
A viúva de Sarepta	Como enfrentar tempos de adversidade	430
Hulda	Como usar seus dons espirituais com sabedoria	546
Ester	Como usar o poder para beneficiar outros	586
A mulher de Provérbios 31	Como manter suas prioridades	772
De Eva a Maria	Como trazer Cristo ao seu mundo	1110
A mulher cananeia	Como demonstrar fé em meio às crises da vida	1148
Duas viúvas	Como ofertar e receber generosamente	1196
Maria Madalena	Como caminhar por fé, não por vista	1222
Maria e Marta	Como viver de modo bem-sucedido em dois mundos	1230
A mulher junto ao poço	Como se enxergar "tal como se é"	1262
A mulher surpreendida em adultério	Como responder ao Deus da segunda chance	1272
Dorcas	O Espírito de Deus usa nossas habilidades para nos orientar	1308
Lídia	O Espírito de Deus nos orienta por meio da insatisfação espiritual	1320
Dâmaris	O Espírito de Deus nos orienta para a verdade em uma cultura enganosa	1326
Febe	O Espírito de Deus nos orienta como servas líderes	1366
Júnia[s] e Andrônico	O Espírito de Deus nos orienta por meio de experiências que não valorizamos	1368
Priscila e Áquila	O Espírito de Deus nos orienta em eventos estressantes	1390
Áfia e Filemom	O Espírito de Deus nos orienta em uma aliança abençoada	1470